D1700718

Klaus Garber
Literatur und Kultur im Deutschland der Frühen Neuzeit

Klaus Garber

Literatur und Kultur im Deutschland der Frühen Neuzeit

Gesammelte Studien

Wilhelm Fink

Umschlagabbildung:
Prunksaal Hofbibliothek Wien, 2009.
© Foto: Politikaner / Wikimedia Commons / CC-BY-SA-3.0

Bibliografische Information der Deutschen Bibliothek

Die Deutsche Bibliothek verzeichnet diese Publikation in der Deutschen
Nationalbibliografie; detaillierte bibliografische Daten sind im Internet über
http://dnb.d-nb.de abrufbar.

Alle Rechte vorbehalten. Dieses Werk sowie einzelne Teile desselben sind urheberrechtlich
geschützt. Jede Verwertung in anderen als den gesetzlich zugelassenen Fällen
ist ohne vorherige schriftliche Zustimmung des Verlags nicht zulässig.

© 2017 Wilhelm Fink Verlag, ein Imprint der Brill-Gruppe
(Koninklijke Brill NV, Leiden, Niederlande; Brill USA Inc., Boston MA, USA;
Brill Asia Pte Ltd, Singapore; Brill Deutschland GmbH, Paderborn, Deutschland)

Internet: www.fink.de

Einbandgestaltung: Evelyn Ziegler, München
Herstellung: Brill Deutschland GmbH, Paderborn

ISBN 978-3-7705-5501-7

Inhalt

Vorwort 9

I Späthumanismus – Calvinismus – Poesie
  Zum Ursprung der neueren deutschen Literatur im
  europäischen Kontext 17

1 ›Von europäischer poeterey‹
  Sprachen- und Literatur-Politik im Europa der Frühen Neuzeit 19
2 Die europäische Literatur unter dem Stern des Calvinismus
  Zum Entwurf eines kulturgeschichtlichen Projekts 43
3 Literatur im Zeitalter des Konfessionalismus
  Zum Kontext der nationalliterarischen Bewegung um 1600 59
4 Linker Nationalismus in Deutschland?
  Eine Betrachtung unter dem Aspekt des nationalliterarischen
  Aufbruchs im frühneuzeitlichen Europa 69
5 ›Sub specie theatri‹
  Zur nationalen Ausdifferenzierung einer kulturellen Neuschöpfung
  im Europa der Frühen Neuzeit 81

II Stadt und Literatur – Bürgertum und Barock
   Zur Kritik eines Epochenbegriffs 99

1 Städtische Literatur
  Ein lexikalischer Aufriß 101
2 Gibt es eine bürgerliche Literatur im Deutschland des
  17. Jahrhunderts?
  Eine Stellungnahme zu Dieter Breuers gleichnamigem Aufsatz 113
3 Stadt-Kultur und Barock-Begriff
  Zur Kritik eines Epochenbegriffs am Paradigma der bürgerlich-
  gelehrten humanistischen Literatur des 17. Jahrhunderts 123
4 Europäisches Barock und deutsche Literatur des 17. Jahrhunderts
  Zur Epochenproblematik in der internationalen Diskussion 151

5 Stadt und Literatur im alten deutschen Sprachraum
  Umrisse der Forschung – Regionale Literaturgeschichte und
  kommunale Ikonographie – Nürnberg und Johann Helwigs
  Nymphe Noris als Paradigma 183
6 ›Teutscher Olivenberg‹
  Die städtische Literatur des 17. Jahrhunderts auf ihrem Zenit
  im festlichen Nürnberg 263
7 Literatur in der Stadt – Bilder der Stadt in der Literatur
  Eine europäische Revue 299

III WUNSCHBILD ARKADIEN
   EINE EUROPÄISCHE UTOPIE IN DEUTSCHER VERSION 321

1 Schäfer-, Landleben- und Idyllendichtung
  Ein lexikalischer Aufriß 323
2 Anfänge der Erzählkunst im Deutschland des 17. Jahrhunderts
  Opitz' *Schäfferey Von der Nimfen Hercinie* als Ursprung der Prosaekloge
  und des Schäferromans in Deutschland 341
3 Das Erbe Opitzens im hohen Norden
  Paul Flemings Revaler Pastoralgedicht 389
4 Pastoraler Petrarkismus und protestantisches Bürgertum
  Die Schäferlyrik Johann Rists und Jakob Schwiegers 403
5 Pastorales Dichten des ›Pegnesischen Blumenordens‹ im Rahmen
  der Sozietätsbewegung des 17. Jahrhunderts
  Ein Konspekt in 13 Thesen 429
6 Pastorale Aufrichtigkeit
  Ein Blick in Harsdörffers und Klajs *Pegnesisches Schäfergedicht* 439
7 Utopia
  Zur Naturdichtung der Frühen Neuzeit 457
8 Die Naturform der Poesie im Zeitalter des Naturrechts
  Der Aufstieg der Gattung ›Idylle‹ 475
9 Idylle und Revolution
  Zum Abschluß einer zweitausendjährigen Gattungstradition
  im Zeitalter der Aufklärung 485
10 ›Verkehrte Welt‹ in Arkadien?
   Paradoxe Diskurse im schäferlichen Gewande 513

INHALT 7

IV AUTOR – WERK – ÖFFENTLICHKEIT
PORTRÄTS AUS DEM DEUTSCHLAND DES 17. JAHRHUNDERTS 537

1 Der Autor im 17. Jahrhundert
  Drei Porträts: Opitz – Birken – Weise. 539
2 Eine Stimme aus dem deutschen Südwesten
  Julius Wilhelm Zincgref und der Aufbruch in Heidelberg um 1600 . . . 555
3 Dichter – Kulturpolitiker – Diplomat
  Der ›Vater der deutschen Dichtung‹ Martin Opitz 563
4 Statthalter der Poesie im Norden Deutschlands
  Ein Porträt Johann Rists. 641
5 Lyrisches Ingenium im Kontext der sächsischen Liedtradition
  Ein Porträt Paul Flemings. 669
6 Eine die Zeiten überdauernde Stimme aus dem untergegangenen
  Königsberg
  Zum Bilde Simon Dachs 687
7 Städtischer Ordenspräsident und höfischer Dichter
  Zur Physiognomie des Nürnberger Dichters Sigmund von Birken 711
8 Private literarische Gebrauchsformen im 17. Jahrhundert
  Autobiographika und Korrespondenz Sigmund von Birkens. 737
9 Auf dem langen Wege zur Edition eines Großschriftstellers
  Ein Autoren- und Werk-Porträt Sigmund von Birkens
  nebst einer forschungsgeschichtlichen Retrospektive. 763
10 Zur Statuskonkurrenz von Adel und gelehrtem Bürgertum
  im politischen Schrifttum des 17. Jahrhunderts
  Veit Ludwig von Seckendorffs *Teutscher Fürstenstaat* und
  die deutsche ›Barock‹-Literatur. 883

V DER DEUTSCHE SONDERWEG
POLITISCH – LITERARISCH – WISSENSCHAFTSGESCHICHTLICH 907

1 Der deutsche Sonderweg
  Gedanken zu einer kleindeutsch-calvinistischen Alternative 909
2 Zentraleuropäischer Calvinismus und deutsche ›Barock‹-Literatur
  Zu den konfessionspolitischen Ursprüngen der
  deutschen Nationalliteratur 919
3 Die deutsche Nationalliteratur des 17. Jahrhunderts im historischen
  Kontext der Deutschen
  Ein humanistisches Projekt der Frühen Neuzeit und seine
  zwiegesichtige Nachgeschichte in der Moderne. 955

Vorwort

Nach den Aufsätzen zur ›Literatur und Kultur im Europa der Frühen Neuzeit‹ folgen nun solche zur ›Literatur und Kultur im Deutschland der Frühen Neuzeit‹. Schematische Grenzziehungen sind nicht möglich. Ein jeder Text aus dem deutschen Sprachraum besitzt Vorgänger und Verwandte im durchweg weiter fortgeschrittenen Europa. Nie war der textuelle Verkehr zwischen den nationalen Literaturen lebhafter als im Europa der Frühen Neuzeit. Im Blick auf Deutschland gilt diese Feststellung für die neulateinische Literatur aller drei Jahrhunderte der Frühen Neuzeit zwischen Reformation und Französischer Revolution. Für die deutschsprachige Literatur des nämlichen Zeitraums trifft sie besonders ausgeprägt für das 17. Jahrhundert zu. Es ist das Jahrhundert der Umpolung der lateinischen Formkultur auf die deutsche. Der Prozeß währt das ganze Jahrhundert über. Und er ist begleitet von der Eindeutschung der nationalsprachigen Muster des Auslands. Entsprechend engmaschig ist das durch und durch europäisch tingierte textuelle Gewebe.

Wenn gleichwohl eine triftige Separierung vorgenommen werden konnte, so aus dem einfachen Grund, daß deutsche Autoren mit ihren vornehmlich deutschsprachigen Texten zur Sprache kommen. Die Dichtern und Werken gewidmeten Arbeiten stehen neben den eher theoretisch und systematisch angelegten Versuchen. Auch diese aber gelten in der Regel Aspekten und Perspektiven der deutschen Literatur. Die Fokussierung auf die literarischen und literaturpolitischen Verhältnisse in Deutschland – bzw. genauer: im alten deutschen Sprachraum – begründet das Verbindende der in diesem Band zusammentretenden knapp drei Dutzend Arbeiten. Ihre Aufgabe ist es, auf verschiedenen Wegen den Prozeß der Etablierung einer Philologie der deutschen Literatur der Frühen Neuzeit im europäischen Kontext voranzutreiben. Daher das Programmatische, das mehr als einem Beitrag sein Gepräge verleiht.

In gewissem Sinne behauptet das 17. Jahrhundert eine Achsenstellung innerhalb der frühneuzeitlichen Literatur Deutschlands. Die aus der lateinischen und volkssprachigen Literatur Europas herrührenden Impulse werden assimiliert und zugleich die Grundlagen für das literarische Handeln im 18. Jahrhundert gelegt. Durchaus gegen herrschende Vorstellungen und Praktiken bleibt zu betonen, daß die deutsche Literatur des 18. Jahrhunderts über weite Strecken ohne vorgängige Kenntnis der Literatur der vorangehenden Epoche nicht angemessen zu verstehen ist. Wenn die Wortführer im Zeitalter der Aufklärung zwischen Gottsched und Herder sich wiederholt zurückbeziehen auf die Literatur des 16. und insbesondere des 17. Jahrhunderts, so sollte dies alleine Grund genug sein, es ihnen gleichzutun und den ungezählten Filiationen auch auf der Ebene der literarischen Praxis nachzugehen. Die ›Frühe Neuzeit‹ bietet inzwischen die hinlänglich konsistente kategoriale Handhabe, auf der Basis dieses Heuristikums auch mit der auf Deutschland gerichteten literaturgeschichtlichen Arbeit Ernst zu machen.

Das 17. Jahrhundert steht in den nachfolgenden Arbeiten im Mittelpunkt. Es gilt als das ›barocke‹ im frühneuzeitlichen Literaturprozeß. Mit welcher Berechtigung diese Titulierung geschieht, bildet ein Leitmotiv so gut wie aller Arbeiten, auch wenn nur einer der fünf Teile des Buches dem Problem explizit gewidmet ist. Soll es gelingen, die Frage literaturpolitisch auf die rechte Bahn zu bringen, so vermutlich nur über eine angemessene Würdigung des Anteils der Städte an der Formierung der deutschsprachigen Literatur. Sie verblieben im Hintergrund, als es seinerzeit darum ging, dem Barock-Begriff Konturen zu verleihen. Die deutsche Literatur des 17. Jahrhunderts aber ist über weite Strecken ein an die Infrastruktur der Stadt geknüpftes Phänomen. In der Stadt lebten die Impulse aus dem lateinischen Humanismus vital fort. Sie widerstreiten der umstandslosen Apostrophierung der literarischen Produktion als Zeugnisse ›barocken‹ Stilgebarens. Es will als wünschenswert erscheinen, dem hier sich auftuenden Fragenkreis zukünftig größere Aufmerksamkeit zu widmen.

Im übrigen wird die literarische Praxis dieses Jahrhunderts wie keines anderen sonst geprägt von lokalen und regionalen Vorgaben und Bewandtnissen. So gesehen mögen eine Reihe der folgenden Beiträge auch gelesen werden als Exempel und Vorstudien einer nach Orten und literarischen Landschaften gegliederten Literaturgeschichte des alten deutschen Sprachraums, wie sie als eine der großen Herausforderungen der frühneuzeitlichen Philologie im Blickfeld zu halten ist. Existiert aber ein basierendes Element, das sich in der inneren Strukturierung dieses Sprach- und Literaturraums von weitesten Ausmaßen bestimmend geltend macht, so ist es das konfessionelle Paradigma. Nicht zufällig also wird der Band ein- und ausgeleitet durch Arbeiten, die um dieses Problem kreisen. Und insofern als es allemal um Fragen der Konstitution der neueren deutschen Literatur geht, kommt dann auch der zu wenig gesehene Einschlag der aus dem Reformiertentum herrührenden Impulse zur Sprache, den wir inskünftig in der Philologie des 17. Jahrhunderts nicht mehr missen möchten.

Ist von internen Differenzierungen die Rede, so betreffen diese nicht zuletzt die Profile der Autoren. Die vor knapp einem Jahrhundert sich etablierende Barock-Forschung lief ihrer vorherrschenden Stoßrichtung nach auf eine wenn nicht autorenlose, so doch auf eine den Autor als beiläufige Größe der Referenz behandelnde Figur hinaus. Die Macht der Gattungen und Formen, der normierten rhetorischen und poetologischen Praktiken, der traditionsgesättigten Bilder und Topoi beließ dem Autor vermeintlich nur minimale Spielräume. Darin gab sich auf andere Weise die Ausblendung der zeitgeschichtlichen Rahmenbedingungen und aktuellen Kontexte der literarischen Prozesse zu erkennen, wie sie die frühe Barock-Forschung kennzeichnet. Die Absolutsetzung der formalen poetischen Exerzitien als Ingredienzen ›barocken‹ Dichtens, wie sie gegenüber den erlebnisästhetischen Prämissen der obwaltenden Hermeneutik nur allzu berechtigt erschien, wurde erkauft durch eine

Enthistorisierung, in deren Gefolge der deutschen Literatur eine neuerliche Kappung ihrer historischen Wurzeln drohte. Wie über die Regionen ist folglich auch über die Autoren eine Rückgewinnung historisch differenter Schreibstile zu inaugurieren. Die im vierten Teil gebündelten Arbeiten zu repräsentativen Autoren des 17. Jahrhunderts mögen auch als Versuche in dieser Richtung betrachtet werden.

Die Königsdisziplin indes bleibt auch im Blick auf die Frühe Neuzeit und speziell auf das 17. Jahrhundert die Exegese der Texte. Sie kann im Umkreis des gesamten Humanismus nur in genauer Kenntnis der jeweiligen Gattungsregularien erfolgen, die die formativen Rahmenbedingungen des je einzelnen Textes fixieren. Das Beobachtungsfeld, dem die entsprechenden Versuche in diesem Band entspringen, bleibt wie in seinem Vorgänger zur europäischen Literatur die Schäfer-, Landleben- und Idyllendichtung. Zehn Arbeiten treten in der Mitte des Bandes zusammen, die sich auf verschiedene Weise, je nach Anlaß und anderweitigen externen Vorgaben, dieser Aufgabe zuwenden. In aller Regel sind sie formuliert im Vorgriff auf die ausstehende Geschichte der drei erwähnten prominenten Gattungen der deutschen Literatur der Frühen Neuzeit, mit deren Ausarbeitung der Autor dieser Studien befaßt ist.

So mag es als eine willkommene Beigabe angesehen werden, daß soeben ein umfänglicher Band mit Arbeiten aus dem ›Umkreis der alteuropäischen Arkadien-Utopie‹ erschienen ist, wie es im Untertitel heißt, in dem u.a. über Opitz und die Nürnberger Pegnitzschäfer Wege in die arkadische Literatur des Zeitalters erkundet werden. Nun aber ist die Zeit für die Einzelstudien vorbei, und der große, strikt nach Gattungen und Formen strukturierte Aufriß im Medium eingehender Textanalysen will versucht sein. Aus dieser Perspektive gesehen bietet auch dieser Band wiederum ein Resümee von Forschungen aus knapp fünf Jahrzehnten und stellt doch zugleich ein Prolegomenon zu eben jenem Vorhaben dar, mit dem der Verfasser seit den sechziger Jahren des vergangenen Jahrhunderts befaßt ist. Bleibt es ihm vergönnt, das auf drei Bände berechnete Arkadienwerk zu vollenden, so will er sein tägliches Geschäft des Lesens und Schreibens als an einem Ziel angelangt betrachten.

Wie bei den Vorgängern ist auch in dem vorliegenden Werk vorab ein zu betonender Grundsatz gewahrt. Die Beiträge sollten in der Form erneut vorgelegt werden, in der sie seinerzeit an das Licht der Öffentlichkeit getreten waren. Das schloß insbesondere die nachträgliche Einarbeitung der inzwischen erschienenen Literatur aus. Anders zu verfahren hätte bedeutet, das Bild zu verfälschen. Der Verfasser ist ein leidenschaftlicher Bibliophiler und deshalb stets bemüht, wissenschaftliche Forschung umfassend zu dokumentieren. Der Anmerkungsapparat und die Bibliographie sind das Mittel der Wahl, dieser Neigung zu frönen. In Darstellungen jedoch zählt allein die nahtlose Verknüpfung von Formulierung und Referenz. Sie ist durch eine nachträgliche Aufschwellung des wissenschaftlichen Apparates allemal gefährdet. Nur vor dem jeweils erreichten Erkenntnisstand profiliert sich der je eigene Beitrag. Diese Balance sollte im Regelfall gewahrt werden. Wohl aber war im Einzelfall Gelegenheit, unerläßliche Nachträge anzubringen. Sie sind grundsätzlich als solche durch eckige Klammern ausgewiesen.

Intensiver als bei den Vorgängern hat der Verfasser sich Eingriffe in die Texte selbst gestattet. Sie sind insbesondere stilistisch überarbeitet worden. Das hatte auch arbeitsorganisatorische Gründe. Die Vorbereitung des vorliegenden Bandes hat sich über Jahre erstreckt. Ein wissenschaftlicher Mitarbeiter stand dem betagten Emeritus nicht mehr zur Verfügung. So haben sich zwei Generationen von studentischen Hilfskräften an der Aufgabe versucht, dem Werk eine publikationsfähige Gestalt zu verleihen. Die Texte wanderten wiederholt zwischen den jungen Bearbeiterinnen und Bearbeitern sowie dem Verfasser hin und her. Keine Lesung, die nicht zu neuerlichen Verbesserungen führte. Am Schluß waren alle Mitwirkenden für die redaktionelle Aufgabe derart sensibilisiert, daß nur mittels eines Entschlusses der nicht enden wollende Prozeß der Bearbeitung als beendet deklariert werden mußte.

Der Verfasser hat ein neuerliches Mal das nur schwer in Worte zu fassende Glück erfahren, in der gemeinsamen Arbeit mit den jungen Menschen die eigenen Kräfte beflügelt zu sehen. Die Akribie und Gewissenhaftigkeit, die auf die nach wie vor von ihm betreuten Drittmittelprojekte gewandt werden, sind auch diesem Band in ungewöhnlich reichem Maß zuteil geworden. Insbesondere der studentischen Trias, die sich in der letzten Phase der Redaktion an die Arbeit machte und das Werk noch einmal gänzlich durchformte, ist der Verfasser zu Dank verpflichtet. Miriam Mischendahl, Sven Musiol und Charlotte Schlie, allesamt u.a. in der altphilologischen Ausbildung begriffen, haben das Verdienst, dem Band seinen Weg zum Verlag geebnet zu haben. Daß dieser schließlich beschritten werden konnte, ist Renate Westrup zu verdanken, die sich des Werkes mit ganz ungewöhnlichem Einsatz in der Schlußphase angenommen hat. Angeleitet wurden die Studierenden von dem seit Jahrzehnten in den Projekten des Verfassers wirkenden wissenschaftlichen Mitarbeiter Stefan Anders, dem neuerlich der Dank auch für eine letzte Durchsicht des Manuskripts auszusprechen ist. Der Dank geht schließlich an den seit Jahren befreundeten Kollegen Dr. Winfried Siebers, der sich insbesondere um das Register verdient gemacht hat.

Daß der Autor für seine wissenschaftliche Arbeit seit einigen Jahren stets studentische Hilfskräfte an seiner Seite hat, verdankt er der großzügigen Förderung der Fritz-Thyssen-Stiftung.

Wo im Verlagswesen gegenwärtig die abenteuerlichsten (und beängstigenden) Umbrüche statthaben, da behauptet der Fink-Verlag offenbar ganz unberührt von ihnen seine Position und seine programmatische Statur. Auf der Frankfurter Buchmesse des Jahres 2012 konnte sein fünfzigjähriges Bestehen glanzvoll feierlich begangen werden. Der Verfasser schätzt sich glücklich, seit langer Zeit dem Kreis der dem Verlag verbundenen Autoren angehören zu dürfen. Mehr als zwanzig Jahre ist es her, daß sein zweites Walter Benjamin gewidmetes Buch in ihm erschien. Und dem Wagemut des Verlages allein war es seinerzeit zu verdanken, daß der Walter Benjamin im Jahre 1992 anläßlich des hundertsten Geburtstages gewidmete Kongreß, der die Benjamin-Forscher aus der ganzen Welt in Osnabrück zusammenführte, in drei voluminösen Bänden dokumentiert werden konnte. Verläßlichkeit und wechselseitiges Vertrauen bleiben die sicherste Gewähr für ein gedeihliches Fortwirken. Und so ist es eben kein Zufall, daß die Verantwortlichen im Verlag einer vor Jahrzehnten noch zu Lebzeiten Ferdinand Schöninghs vereinbarten Werk-Trias ganz unerschütterlich und wie selbstverständlich die Treue bewahrt haben.

Nach dem ›alten Buch im alten Europa‹ (2006) und nach ›Literatur und Kultur im Europa der Frühen Neuzeit‹ (2009) erscheint nun also mit ›Literatur und Kultur im Deutschland der Frühen Neuzeit‹ der Schlußstein des Projekts. Der Verfasser ist Raimar Zons und Andreas Knop zu tiefem Dank verpflichtet, daß sie das ihrige dazu beitrugen, einem lange Zeit zurückliegenden Vorhaben zu später Stunde die Voraussetzungen für seine Realisierung geschaffen zu haben. Viel Geduld auf ihrer Seite war dabei vonnöten, wie dem Verfasser nur allzusehr bewußt, der da selbst hauptamtlich und also tagtäglich mit dem Fortschreiben seiner Monographien befaßt ist und stets nur interimistisch sein Augenmerk auf den Fortgang der wissenschaftsgeschichtlichen Reprisen richten konnte. Kein Wort der Enttäuschung oder des Befremdens ist jemals verlautet, der persönliche und telefonische Verkehr all die Jahre über statt dessen stets eine Quelle der Freude und der Ermutigung geblieben. Erfahrungen dieser Art zählen in späten Lebensjahren doppelt. Mögen dem inzwischen aus der aktiven Leitung ausgeschiedenen Verlagschef wie seinem seit Jahren erfolgreich im Verlag wirkenden Nachfolger weiterhin viele gute gemeinsame Jahre im Zusammenwirken mit ihren Autorinnen und Autoren bevorstehen.

Vieler Personen wäre zu gedenken, ginge es denn darum, die gemeinsam beschrittenen Wege in der Frühen Neuzeit zu vergegenwärtigen. Seit langem war es der Vorsatz des Verfassers, diesem Buch, das in seiner Weise einen Abschluß bezeichnet, die Namen derjenigen Freunde und Forscherpersönlichkeiten voranzustellen, denen er sich bereits seit dem Ende der sechziger und dem Anfang der siebziger Jahre des vergangenen Jahrhunderts in besonderer Weise verbunden weiß. Doch war er sich stets auch der Mißlichkeit bewußt, die die Hervorhebung einiger weniger Namen bedeutet hätte. So hat er buchstäblich im letzten Moment von dem Plan Abstand genommen und es bei der allgemeineren Widmungsadresse belassen. Die vielen freundschaftlichen Verbindungen im Kreis der Kollegen gehören zu dem Wunderbaren, das der akademische Beruf für alle diejenigen bereithält, die ein Großteil ihres Lebens freudig ihrem Werk widmen. Und ist nicht der freundschaftliche Widerhall der schönste Lohn, für den ein jeder der Sache Hingegebene empfänglich bleibt? Er ist auch dem Verfasser in dankbar erfahrenem Übermaß zuteil geworden.

Möge der Band dazu beitragen, das junge Fach der Philologie der Frühen Neuzeit im akademischen Raum und außerhalb seiner in der interessierten Öffentlichkeit zu befestigen und zugleich dem vornehmsten Auftrag der Geisteswissenschaften zu genügen, mitzuwirken an der Statuierung lebendiger und also die Zeiten verbindender geistiger Tradition.

Klaus Garber
Osnabrück, im Sommer 2016

Den Kolleginnen und Kollegen, Freundinnen und Freunden, mit denen zusammen die Literatur der Frühen Neuzeit und ihre geschichtlichen Grundlagen die Jahrzehnte über zu erkunden, eine glückgewährende Erfahrung des Lebens begründete.

I

Späthumanismus – Calvinismus – Poesie
Zum Ursprung der neueren deutschen Literatur im europäischen Kontext

›Von europäischer poeterey‹

Sprachen- und Literatur-Politik im Europa der Frühen Neuzeit

Aktueller Einstieg

Es ist noch nicht lange her, da machten die baden-württembergische Landesregierung und insbesondere ihr Ministerpräsident von sich reden. Es ging um die Befriedigung von Ansprüchen des Markgräflichen Hauses Baden. Die CDU-geführte Regierung unter Ministerpräsident Oettinger glaubte ihnen nur durch Veräußerung mittelalterlicher Handschriften begegnen zu können, die zu dem Kostbarsten zählten, was auf deutschem Boden nach dem Verkauf der Kölner Sammlung Ludwig verblieben war. Der Sachverhalt ist bekannt. Auch, daß die Empörung weltweit anschwoll und die Regierung schließlich zum Rückzug oder doch zum Teilrückzug nötigte. Fachleute aus Freiburg waren nicht unwesentlich an der Aufdeckung von Fakten beteiligt, über die im ministerialen Apparat offensichtlich keine Kenntnis bestand. Der Verlust an Ansehen, den Deutschland als Kulturstaat vornehmlich im Ausland hinnehmen mußte, ist schwerlich zu überschätzen, aber natürlich materialiter nicht zu beziffern. Und daß er ausgerechnet von einem Bundesland bewirkt wurde, das sich seiner Verdienste um die Belange der Kultur gerne besonders rühmt, gehörte mit zu den Delikatessen am Rande.

Fast zeitgleich wurde die kulturpolitisch interessierte Öffentlichkeit durch eine ganz anders gelagerte und doch im prinzipiellen vergleichbare Meldung alarmiert, wo nicht geschockt. Das Land Berlin unter einer rot-roten Regierung hatte der Rückgabe eines Bildes von Ernst Kirchner aus der Sammlung der ›Brücke‹ an die klagenden Erben ihre Zustimmung erteilt. Es kam wenig später bei Sotheby's in New York zu einem exorbitanten Preis unter den Hammer. Der seinerzeitige Verkauf, so der lückenlose Indizienbeweis, war jedoch freiwillig und rechtmäßig erfolgt, keinesfalls unter nationalsozialistischem Terror. Die Erben erhielten phantastische Summen für ein Bild, das ihnen seit mehr als sechzig Jahren nicht mehr gehörte, und der weltberühmten Berliner Sammlung war unermeßlicher Schaden mit dem Verlust ihres vielleicht bedeutendsten Exponats zugefügt. Einspruch gegen den Handel zu erheben, hatten der Senat und der regierende Bürgermeister sich gescheut. Sie fürchteten, antisemitischer Motive bezichtigt zu werden bzw. ihnen auf anderen Feldern Vorschub zu leisten. Eine Landesregierung war erpreßbar geworden. Sie hatte sich nicht hinlänglich sachkundig gemacht. Und sie war Täter wie Opfer in einer immer noch weitgehend ungeklärten, um nicht zu sagen desaströsen Lage im Umgang mit der nationalsozialistischen Vergangenheit bis in die jüngste Gegenwart hinein.

Und ein drittes, schon letztes und wiederum fast beliebig gegriffenes Beispiel. Noch unter der rot-grünen Regierung war ein Revirement der Goethe-Institute im europäischen und zumal im westeuropäischen Ausland eingeleitet worden. Verlagerungen vor allem in den ostasiatischen Raum sollten vorgenommen werden und Schließungen bzw. Ausdünnungen in eingeführten Anstalten hierfür die Kompensationen erbringen. Wie das zuging? In der isländischen Hauptstadt Reykjavik waren Fassungslosigkeit und Entsetzen angesichts der Schließung so allgemein, daß die Bürger des Landes eine große Spendenaktion starteten, um das geliebte Haus zu retten und nun eben weitgehend in eigene Regie zu nehmen. In Rom stand eine einzigartige über Jahrzehnte gewachsene Bibliothek. Sie flankierte die weltberühmten Bibliotheken der deutschen Forschungsinstitute vor Ort mit eben jener breitgestreuten Literatur, wie sie nur ein nicht auf Spezialisierung angelegtes Haus zu versammeln vermag. Ihr Wachstum ist seit kurzem storniert, der interessierte Leser in Rom findet die neue deutschsprachige Literatur in dem angestammten Quartier nicht mehr vor und es ist keine Stelle in Sicht, an der Ersatz bereitstände. Vielerorts sind wie in Reykjavik oder Rom die über Jahrzehnte lebendigen Knotenpunkte länderübergreifenden und interkulturellen Austauschs zu Auskunftsbüros zurückgestutzt, besetzt von einer Halb- oder Ganztags-Sekretärin als Repräsentantin deutscher Kultur in den Hauptstädten Europas.

Einleitend erinnert werden sollte nicht mehr als eben jenes, daß das Verhältnis von Kultur und Politik, wenn abgekürzt so gesprochen werden darf, das an einem Beispiel durch die Jahrhunderte verfolgt werden wird, eines ist, das weder an Aktualität noch an Problematik das Geringste eingebüßt hat. Und daß es nötig, ja überlebenswichtig sein könnte, über seine geschichtliche Ausformung zureichend im Bilde zu sein – sei es auch nur, um um Alternativen zu wissen, Spielräume zu kennen, die die Geschichte bereithielt, Modelle vor Augen zu haben, an denen anderes zu gewahren ist als bares Versagen von seiten der Politik. Denn dies freilich ist die Prämisse des im folgenden Vorzutragenden. Über Wahrnehmung, Ansehen, Geltung eines Landes entscheiden kulturelle Faktoren, häufig geknüpft an symbolische Manifestationen, nicht nur immer noch in erheblichem Maße, sondern im medialen Zeitalter vielleicht mehr als je zuvor. Gleichzeitig aber – und nur deshalb ja die erinnerten Beispiele – tut sich ein unverkennbarer Hiat zwischen der Politik und der Kultur, den politischen Machthabern und den Anwälten der Künste und Wissenschaften auf, der sich vor unseren Augen rapide zu vertiefen droht.

Also gebietet staatsbürgerliches Handeln den Mut zur Intervention. Der Frühneuzeitler ist hier im Raum der Wissenschaft ebenso gefragt wie der Vertreter jeder anderen Disziplin einer jeden geschichtlichen Epoche. Seine Chance liegt womöglich darin, daß er Modelle herauszupräparieren vermag, die zum Staunen darüber Veranlassung geben könnten, wie ernst Politiker den Beitrag der Kultur in der Formation von Staat und Gesellschaft nahmen, wie bemüht und beredt Sprecher des gelehrten Standes sein mochten, wenn es darum ging, Zeugnis abzulegen von der innigen Verwobenheit beider Bereiche. Und also zu demonstrieren, daß die staatliche Sphäre unweigerlich Schaden nehmen müsse, wenn die ihr komplementär zugeordnete kulturelle versagte oder nicht pfleglicher Aufmerksamkeit überantwortet bliebe. Es geht im folgenden mit anderen Worten um die Inspektion von einigen Ausprägungen kulturpolitischer Interaktion, mittels derer wir den Bezug auf eine gegenwärtige Krisis über den Umweg der Geschichte als Kulturhistoriker zu parieren suchen. Sprache und Literatur und Nation werden die Fixpunkte sein, über die die Operation vor allem verlaufen soll.[1]

Einsatz mit Dante

Auf eine denkwürdige Weise ist der Einsatz der Betrachtung vorgegeben. Das ist im Raum der Geschichte selten der Fall. Und er ist es im vorliegenden auch nur deshalb, weil er sich an einen Namen knüpft, der auf eine wiederum denkwürdige Weise gewiß seiner Zeit verhaftet blieb, sie zugleich aber wenn nicht ins Zeitlose und Ungemessene, so doch in eine ferne Zukunft hinein überschritt. Als Frühneuzeitler ist man gehalten, ständig nach Italien herüberzublicken, von wo vom 14. bis in das 16. Jahrhundert hinein alle maßgeblichen und Europa in Atem haltenden Anstöße ausgehen. Und das nicht nur in dem Sinne, daß Europa die in Italien erstmals gebahnten Pfade mehr oder weniger phasenversetzt gleichfalls betreten wird, sondern in dem seltener bedachten und vielleicht noch aufregenderen, daß im Ursprung der neueren intellektuellen und künstlerischen Geschichte Europas Gedanken artikuliert und Formen gezeugt werden, über die so kühn Neuland erobert wird, daß Jahrhunderte zu ihrer Assimilation vonnöten sein können. Dann aber mag es nicht oder doch nicht in erster Linie darum gehen, Einflüssen und Filiationen, ikonographischen Pattern oder intertextuellen Konfigurationen nachzugehen. Gefordert ist vielmehr ein Akt der Konstruktion, in dem unter strikter Beobachtung der Regularien geschichtlichen, kulturhistorischen Verfahrens, über die hier kein weiteres Wort verlauten soll, zugleich der Brückenschlag über die Zeiten hinweg erfolgt. Und dies genauso, wie von den großen Theoretikern der Historie immer wieder als Ziel der Geschichtsschreibung apostrophiert und doch so schwer einzulösen. Versuchs- und probeweise also sei zu einigen dieser Maxime folgenden Lesungen und Betrachtungen eingeladen.[2]

Und wer wäre prädestinierter, die Triftigkeit dieser These im Blick auf unser Thema zu veranschaulichen, als die Gestalt Dantes? Er ist nicht im Sinne der Rezeptionsgeschichte, wohl aber im Sinne dessen, was ein Denker wie Walter Benjamin unter dem Titel der Urgeschichte umkreiste, der Ahnherr des Europa Jahrhunderte lang beschäftigenden Diskurses ›De vulgari eloquentia‹, des Redens, Traktierens und Dichtens in der Muttersprache. Wie aber das? Eine große muttersprachliche Dich-

---

1 Die Literatur zu dem Fragenkomplex ist verarbeitet in einer Reihe von Beiträgen zum Thema ›Das Projekt der Nationalsprache und Nationalliteratur in der Frühen Neuzeit Europas‹. – In: Klaus Garber: Literatur und Kultur im Europa der Frühen Neuzeit. Gesammelte Studien. – München: Fink 2009, S. 13–213.
2 Dazu mit weiterer Literatur Klaus Garber: Hoffnung im Vergangenen? Die Frühe Neuzeit und das werdende Europa. – In: Zwischeneuropa/Mitteleuropa. Sprache und Literatur in interkultureller Konstellation. Akten des Gründungskongresses des Mitteleuropäischen Germanistenverbandes. Hrsg. von Walter Schmitz in Verbindung mit Jürgen Joachimsthaler. – Dresden: Thelem 2007 (= Veröffentlichungen des Mitteleuropäischen Germanistenverbandes; 1), S. 43–57.

tung hat es doch lange gegeben, im Minnesang, der Heldenepik, der Artusepik sowie in den lyrischen Schöpfungen der Provençalen Werke von weltliterarischem Rang zeitigend. Diese Emanzipation vom Lateinischen, wie sie sich im hohen Mittelalter vollzieht, erfolgt jedoch so gut wie ohne theoretische oder programmatische Verlautbarungen. Sie setzen, von gelegentlichen Nebenstimmen abgesehen, erst mit Dante ein. Warum aber dieser Zwang zur Begründung, ja zur Deduktion einer Praxis, die doch sehr wohl auf höchstem Niveau auch schon vorher und durchaus ohne sie funktionierte? Ganz offensichtlich, weil Dante seine Argumentation zum einen über das Dichten hinaus auf die Traktatliteratur ausdehnt und also in die Zirkulationssphäre der Wissenschaften einbricht, die wie selbstverständlich allein und ausschließlich über das Lateinische reguliert wurden. Sodann aber im engeren poetologischen Sinn, weil das Dichten in der Volkssprache mit der Wiederauferstehung der klassischen Studien unter einen neuen Legitimationsdruck gerät, Dichten von Rang und Anspruch sich in einem erneuerten Latein vollziehen soll, wie es die Verfechter der reformierten *artes liberales* und die Angehörigen der jetzt aus dem Boden schießenden gelehrten Zirkel im Umkreis der Universitäten wie Bologna wollen. Schließlich aber auch, weil mit dem Dichten in der Volkssprache neue kulturpolitische Ambitionen und Hoffnungen sich verknüpfen, um die es uns hier geht.[3]

Wie reizvoll also wäre es, an den entsprechenden Texten zu zeigen, wie eigenwillig und wie kühn der Denker und der Dichter Dante den philosophischen und damit immer auch den theologischen Diskurs nicht anders als den poetischen aus den Schlingen und Fängen des allmächtigen Latein befreit und seine Zeitgenossen zum beherzten Gebrauch ihrer Muttersprache ermuntert. Hier kann nur eine Einladung zur Lektüre dieser singulär in der europäischen Literatur dastehenden Texte erfolgen. Und das soll geschehen, indem die Linien der Danteschen Argumentation zusammen- und zugleich in ihren futurischen Aspekten ausgezogen werden, denn wir wollen ja einen Moment lang auch noch im nachdanteschen Italien verweilen und sodann so rasch wie möglich herüberwechseln nach Deutschland.[4]

---

[3] Grundlegend von deutscher Seite aus und deshalb neuerlich nachdrücklich zu exponieren: Karl-Otto Apel: Die Idee der Sprache in der Tradition des Humanismus von Dante bis Vico. – Bonn: Bouvier 1963 (= Archiv für Begriffsgeschichte; 8). Darüber hinaus hervorzuheben: Jürgen Trabant: Europäisches Sprachdenken. Von Platon bis Wittgenstein. – München: Beck 2006 (= Beck'sche Reihe; 1693). Der Dantesche Text wird jetzt endlich in einer zweisprachigen kommentierten Ausgabe zugänglich, in der die gesamte einschlägige Literatur aufgeführt ist: Dante Alighieri: Über die Beredsamkeit in der Volkssprache. Lateinisch-Deutsch. Übersetzt von Francis Cheneval. Mit einer Einleitung von Ruedi Imbach und Irène Rosier-Catach und einem Kommentar von Ruedi Imbach und Tiziana Suarez-Nani. – Hamburg: Meiner 2007 (Dante Alighieri. Philosophische Werke; 3. – Philosophische Bibliothek; 465). Vgl. auch die schöne zweisprachige und reich kommentierte Edition: Die Gedichte aus Dantes *De vulgari eloquentia*. Eine Anthologie provenzalischer, französischer und italienischer Gedichte des Mittelalters. Ausgewählt, übersetzt und eingeleitet von Frank-Rutger Hausmann. – München: Fink 1986 (= Klassische Texte des Romanischen Mittelalters in zweisprachigen Ausgaben; 27).

[4] Eine solche, die Danteschen Traktate zusammenführende und in diesem Sinn integrative Lesung vor längerer Zeit vorgenommen von Klaus Garber: Dante. Lingua vulgata – Roma renovata. – In: Nation und Literatur im Europa der Frühen Neuzeit. Hrsg. von Klaus Garber. – Tübingen: Nie-

In dem Traktat mit dem schönen an Platon erinnernden Titel *Il convivio, Das Gastmahl*, hat Dante eine schwierige Güterabwägung vorzunehmen und hernach eine Entscheidung zu treffen und zu begründen. Es geht um die Frage der zu wählenden Sprache für die Behandlung von Gegenständen, die im weitesten Sinn in die Zuständigkeit der Philosophie fallen, eigentlich aber alle auf Sprache beruhenden Äußerungen betreffen unter Ausschluß allein der nichtsprachlichen Zeichensysteme. Schon die Exposition dieser Frage ist unerhört, denn selbstverständlich ist bis dato allein das Lateinische zuständig. Dante verschließt sich den Gründen für das Lateinische nicht. Das Lateinische garantiert eine Verständigung über die Grenzen von Ländern und Nationen hinweg. Das Lateinische ist die Koine, die Gemeinsprache der internationalen Gelehrtenschaft, die sich eben durch Lateinbeherrschung definiert und konstituiert. Gerade darin aber tut sich für Dante das Problem auf. Der räumlichen Extension und der ständischen Exklusivität – das gesamte gelehrte Europa wird prinzipiell mit jeder lateinischen Schrift erreicht – steht die soziale Restriktion und Exklusion gegenüber – alle nicht lateinkundigen Schichten werden von der Teilnahme und Teilhabe an der diskursiven Zirkulation ausgeschlossen. Das aber ist unvereinbar mit dem einen Gebot, unter das Dante seine Abhandlung stellt, das der Freigiebigkeit, der recht verstandenen *liberalitas*. Sie gebietet, dasjenige, was man selbst an Wissen aufgenommen hat – und Dante hat sich als Autodidakt gebildet – an möglichst viele weiterzugeben, das Leib und Seele speisende Brot mit anderen ohne Ansehen der Person und des Standes zu teilen. Oder um es mit Dantes unvergeßlichen, von der Sprache Jesu inspirierten Worten zu sagen:

> O glücklich jene wenigen, die am Tische sitzen, wo man das Brot der Engel ißt, und wie arm sind die daran, die ihre Nahrung mit dem Viehe gemeinsam haben! Doch da jeder Mensch von Natur aus seines Nächsten Freund ist und jedweder Freund mit der Not seines geliebten Freundes Mitleid hat, so sind auch jene, die an einem so erhabenen Tische speisen, nicht ohne Mitleid gegen die Armen, die sie auf der Viehweide Gras und Eicheln essen sehen. Nun aber ist das Mitleid die Mutter der Wohltat, und so reichen

---

meyer 1989 (= Frühe Neuzeit; 1), S. 11–19; ders.: Sozietät und Geistes-Adel. Von Dante zum Jakobiner-Club. Der frühneuzeitliche Diskurs ›de vera nobilitate‹ und seine institutionelle Ausformung in der gelehrten Akademie. – In: Europäische Sozietätsbewegung und demokratische Tradition. Die europäischen Akademien der Frühen Neuzeit zwischen Frührenaissance und Spätaufklärung. Bd. I–II. Hrsg. von Klaus Garber, Heinz Wismann unter Mitwirkung von Winfried Siebers. – Tübingen: Niemeyer 1996 (= Frühe Neuzeit; 26–27), Bd. I, S. 1–39 [wiederabgedruckt unter dem Titel ›Von Dante zum Jakobinerclub. Drei Fallstudien zur Sozial- und Mentalitätsgeschichte der europäischen Sozietäten zwischen Renaissance und Revolution‹ in: ders.: Literatur und Kultur im Europa der Frühen Neuzeit (Anm. 1), S. 385–418]. Dazu das Kapitel ›Die Erfindung der italienischen Nation in den Schriften der Humanisten‹ in: Herfried Münkler, Hans Grünberger, Kathrin Mayer: Nationenbildung. Die Nationalisierung Europas im Diskurs humanistischer Intellektueller. Italien und Deutschland. – Berlin: Akademie Verlag 1998 (= Politische Ideen; 8), S. 75–161. – Es ist immer wieder zu betonen, daß die Grundlagen dieser inzwischen hinlänglich deutlich sich abzeichnenden geschichtlichen Spezifizierung Dantes und des italienischen Frühhumanismus von Konrad Burdach entwickelt wurden. Vgl. Burdach: Rienzo und die geistige Wandlung seiner Zeit. – Berlin: Weidmann 1913–1928 (= Vom Mittelalter zur Reformation; II/1).

auch die Weisen immer mit freigebigem Sinn den wahrhaft Armen aus ihren herrlichen Schätzen und sind so für sie eine lebendig sprudelnde Quelle, deren Wasser den natürlichen Durst kühlt [...].
Nun will auch ich, da ich zwar nicht an jenem seligen Tische sitze, aber doch der Weide des gemeinen Haufens entflohen bin, zu den Füßen derer, die daran sitzen, aufheben, was ihnen zu Boden fällt. Wohl kenne ich das armselige Leben derer, die ich hinter mir zurückließ; ich fühle die Süßigkeit dessen, was ich nach und nach auflese, und von Mitleid ergriffen, doch ohne mich zu vergessen, habe ich für jene Armen etwas aufbewahrt [...]. Nunmehr will ich ihnen den Tisch bereiten und ein gemeinsames Gastmahl anrichten [...].[5]

Das waren im gesamten Mittelalter nie vernommene Worte. Und es waren Worte, die im Umkreis des soeben anhebenden Humanismus für Jahrhunderte nicht wieder zu hören sein werden. Sie entstammen dem Munde eines Dichters und eines Denkers, der sich in seiner epischen Dichtung wie in seinen Traktaten seine eigene Sprache und Gedankenwelt schuf und als solcher wie die Großen der Frühen Neuzeit, ein Cervantes, ein Rabelais, ein Shakespeare, ein Goethe, unassimilierbar blieb, nicht in klassizistische Bahnen gelenkt und kanonisiert zu werden vermochte wie eine Generation später auf die eine oder andere Weise Petrarca hier, Boccaccio dort. Dante war nicht kanonfähig und taugte daher nicht als Archeget – eine Rolle, auf die die Humanisten ihrerseits zwingend verwiesen waren. Wenn wir gleichwohl mit den Kennern der Renaissance – dem großen Konrad Burdach an der Spitze – gehalten sind, mit ihm einzusetzen, so eben aus Gründen der inneren Logik, nicht der faktologischen Geltung, sprich Rezeption. Dante ist der Denker wie der Dichter der Volkssprache als *homo politicus*. Von seinen Theoremen wie seinem poetischen Werk führt der Weg mitten hinein in den Raum der Nation. Ihn umkreist er unaufhörlich, dem politischen Ideal opfert er sein Lebensglück in der Heimatstadt Florenz, sein Werk ist untergründig von dieser visionären Hoffnung durchglüht.

Das zu zeigen, wäre einer erneuerten Lesung seiner *Monarchia* vorbehalten, die hier nicht vorgenommen werden kann.[6] Wir verharren im Umkreis von Sprache

---

5 Hier zitiert nach Dante Alighieri: Das Gastmahl. Aus dem Italienischen übertragen und kommentiert von Constantin Sauter. Mit einem Geleitwort von Hans Rheinfelder. – München: Winkler 1965 (= Die Fundgrube; 12), S. 12f. Jetzt mit der gesamten Literatur heranzuziehen die neue kommentierte Ausgabe: Dante Alighieri: Das Gastmahl. Italienisch-deutsch. Erstes Buch: Übersetzt von Thomas Ricklin. Eingeleitet und kommentiert von Francis Cheneval. Zweites Buch: Übersetzt und kommentiert von Thomas Ricklin. Drittes Buch: Übersetzt von Thomas Ricklin. Kommentiert von Francis Cheneval. Viertes Buch: Übersetzt von Thomas Ricklin. Eingeleitet und kommentiert von Ruedi Imbach in Zusammenarbeit mit Roland Béhar und Thomas Ricklin. – Hamburg: Meiner 1996–2004 (Dante Alighieri. Philosophische Werke; IV/1-4. – Philosophische Bibliothek; 466a–d).

6 Die neue zweisprachige Ausgabe der *Monarchia* im Meiner-Verlag liegt noch nicht vor. Leicht greifbar (mit Literatur): Dante Alighieri: Monarchia. Lateinisch-Deutsch. Studienausgabe. Einleitung, Übersetzung und Kommentar von Ruedi Imbach und Christoph Flüeler. – Stuttgart: Reclam 1989 (= Universal-Bibliothek; 8531). Zur Interpretation neben der oben angegebenen Literatur Klaus Garber: Die Friedens-Utopie im europäischen Humanismus. Versuch einer geschichtlichen Rekonstruktion. – In: Modern Language Notes 101 (1986), S. 516–552, S. 518ff. [wiederabgedruckt unter dem Titel ›Erasmus und die Friedensutopie im europäischen Humanismus. Versuch einer geschichtlichen Rekonstruktion‹ in: ders.: Literatur und Kultur im Europa der Frühen Neu-

und Literatur, *Gastmahl* und *Dichten in der Volkssprache*. Nimmt man sie zusammen, so zeichnet sich ab, was der Politik – schwankend und sich verlierend zwischen universalem Ausgriff im Kaiser- wie im Papsttum und dem Machtkampf der Geschlechter auf engstem Raum – zu Dantes Leidwesen versagt ist: Einheit zu antizipieren in der einen Volkssprache, die alle Italiener umgreift, in der sie sich über ihre Angelegenheiten verständigen und in deren Medium sie sich als poetisch Geadelte begreifen, sich als Angehörige einer großen, ja einer einzig dastehenden Kulturnation im Spiegel ihrer großen Dichtung schauen dürfen, für die Dante in seinen Kanzonen und auf ganz andere Weise in seiner *Commedia* die urbildhaften Muster schafft. Dieser Dante führt mitten hinein in den italienischen Humanismus. Das haben seine Biographen der folgenden Generation, ein Boccaccio, ein Bruni, sogleich begriffen, ging es doch um die Symbiose von Sprache, Literatur und nationaler Autarkie – dem Grundakkord des italienischen wie alsbald des europäischen Humanismus.

Petrarca als Archeget. Zusammenspiel mit Rienzo

Nicht Dante, sondern Petrarca gebührt der Ehrentitel eines Archegeten der europäischen Humanisten, und es ist nicht zu sehen, wo ihm dieser je streitig gemacht worden wäre.[7] Auch im Umkreis der von uns verfolgten Thematik behauptet er eine zentrale Stellung. Und das aus einem einfachen Grund. Petrarca, eine Generation nach Dante die geschichtliche Bühne betretend, ist der erste unter den neueren Dichtern Europas, der systematisch an einer Wiederbelebung des antiken und zumal des römischen Formenrepertoires arbeitet und dies selbstverständlich in der Sprache eines erneuerten Latein. Es ist eine herkulische Aufgabe, der er sich verschrieben hat, ging es doch um nichts Geringeres als die Implantation des antiken Gedankenguts in das christliche Europa. Man muß so allgemein sprechen, denn Petrarca kennt so wenig wie seine Nachfolger eine Separierung der poetischen Formen im engeren Sinn, gar eine Beschränkung auf jene Trias Lyrik, Epik und Dramatik, wie sie später im 18. Jahrhundert sich herausformt. Traktat, Brief, Dialog und alle Formen kolloquialen Agierens, Historiographie, mythische Genealogie etc. sind ihm gleich wichtige Formen der Äußerung. Sie sind durch die Antike verbürgt und also zu revitalisieren.

---

zeit (Anm. 1), S. 525–555]. Französische Version in: Actes du Colloque International Érasme (Tours, 1986). Études réunies par Jacques Chomarat, André Godin, Jean-Claude Margolin. – Genève: Droz 1990 (= Travaux d'Humanisme et Renaissance; 239), pp. 393–425, p. 394ss. Vgl. monographisch aus dem deutschen Raum etwa auch: Dirk Lüddecke: Das politische Denken Dantes. Überlegungen zur Argumentation der *Monarchia* Dante Alighieris. – Neuried: Ars Una 1999 (= Reihe Politisches Denken; 3).

7 Zu Petrarca zuletzt die Monographie von Karlheinz Stierle: Francesco Petrarca. Ein Intellektueller im Europa des 14. Jahrhunderts. – München, Wien: Hanser 2003.

Das ist ein gänzlich anders gelagertes kulturpolitisches Szenario als bei Dante. Und doch gibt es eine Brücke. Auch Petrarca begreift sein Werk, das ihn umtreibt, als ein durch die Politik vermitteltes, weiß sich tätig in geheimer nationaler Mission. Ungezählte Bilder hat er entworfen, die den einsam allein seinem Werk Verschriebenen zeigen:

> Wo wird um Lorbeer, wo um Myrthe gestritten?
> ›Nackt gehst du, Philosophie, und notbeladen‹,
> so spricht die Menge, bedacht nur auf Gewinnen.
>
> Wenig Gefährten hast du auf andern Pfaden:
> nur desto mehr lass, feiner Geist, dich bitten,
> zu lassen nicht dein hochgemutes Sinnen!

So Petrarca gleich zu Beginn im siebten Sonett des *Canzoniere*, das uns soeben in einer neuen Übersetzung geschenkt wurde.[8] Ungezählte ähnliche Verlautbarungen ließen sich zur Seite stellen. Doch so mannigfach die Posen, so gebieterisch, weil einheitsstiftend der selbstergriffene Auftrag. Die Wiederherausführung der antiken und zumal der römischen Gestalten, Bilder, Gedanken, Formen, Milieus ist immer auch ein Brückenschlag in die eigene Vergangenheit. An ihnen allen haftet die Erinnerung an einstige Größe, aufs schärfste kontrastierend mit einer schmählichen Gegenwart. Wie Dante hat auch Petrarca Bilder ergreifenden Schmerzes angesichts der Zerrissenheit seines Heimatlandes gestaltet, wie sie sich für ihn im Schisma, dem päpstlichen Exil in Avignon unter der Gewalt des französischen Königs symbolisch verdichtete.[9]

Die mönchische Klausur, die er sich in eiserner Arbeitsdisziplin verordnete, sie war vonnöten und wurde klaglos gewählt, weil nichts weniger als die Geschicke Italiens auf dem Spiel standen. Wenn dann der Ausbruch aus der Zelle erfolgte, der Kontakt zu den fürstlichen Häusern gesucht wurde, so eben nicht nur aus der immer wieder nachgesagten Befriedigung von Eitelkeit und Ruhmsucht. Es galt, für die Erneuerung der Studien zu werben und persönlich für sie einzustehen, knüpfte sich daran doch stets auch die Hoffnung auf eine politische *renovatio*, ohne die der Begriff des Humanismus leer und konturenlos bleibt.[10]

So ist es kein Zufall, sondern der geheimen Intention Petrarcas gemäß, daß sich der inzwischen europaweit berühmte Humanist hinter die tollkühne Aktion Rienzos stellt, ja ihr womöglich zu Teilen seine Worte leiht, als es darum geht, Rom als Zentrum der italischen Nation neu zu installieren und vom Kapitol aus mit Parolen einer Einheit aller Italiener vor das römische Volk zu treten, die zerstrittenen Geschlechter in der Stadt wie die rivalisierenden Fürsten und nicht zuletzt den

---

8 Die Übersetzung stammt von Peter Rau. Sie ist unpubliziert. Ich danke dem ehemaligen Direktor der Hamburger Staats- und Universitätsbibliothek für die freundliche Gabe.
9 Das ist vor allem in dem Anm. 4 zitierten Werk Burdachs gezeigt worden.
10 Vgl. Konrad Burdach: Reformation, Renaissance, Humanismus. Zwei Abhandlungen über die Grundlage moderner Bildung und Sprachkunst. – Berlin: Paetel 1918. 2. Aufl. 1926. Reprint Darmstadt: Wissenschaftliche Buchgesellschaft 1978.

Papst gleichermaßen herausfordernd.[11] Wiederum ungezählt sind die altrömischen Reminiszenzen in diesen Verlautbarungen. Politische Größe und kultureller Glanz Roms stehen Pate bei der Wiedergewinnung nationaler Würde unter den Bedingungen der Moderne, der sich herausformenden Nationalstaaten. Italien, begabt mit einem einzigartigen Erbe, soll voranschreiten auf dem Weg der Erneuerung antiker Kultur. Petrarca war sich bekanntlich zeitweilig nicht zu schade, einen Versuch zu unternehmen, den böhmischen König und deutschen Kaiser für dieses zu inszenierende nationale Projekt zu gewinnen. Daß es scheiterte, scheitern mußte, besagt nichts über die Funktion, die den gelehrten Studien, den archäologischen Erkundungen kultureller Größe der Vergangenheit zuerkannt waren. Im Gegenteil. Wie auf andere Weise die nationale Sprache bei Dante repräsentierte die altrömische Kultur zumal in ihrer Augusteischen Formation das Versprechen, daß ihre Wiederbelebung langfristig auch eine politische Rekonvaleszenz Italiens im Gefolge haben würde.

Vallas metaphorisch-linguistischer Imperialismus

Auch für diesen Aspekt verfügt die Kulturwissenschaft über entsprechende Zeugnisse, den Fachleuten bekannt, stets jedoch zu erinnern, um geschichtliches Bewußtsein zu festigen und in europäische Bahnen zu lenken. Denn Verlautbarungen wie die hier beizubringenden zirkulierten europaweit. Sie signalisierten, was mit dem von Petrarca in großem Stil eröffneten Projekt zur Debatte stand. In den dreißiger und vierziger Jahren des Quattrocento arbeitete Lorenzo Valla an seinen *Sechs Büchern von den Schönheiten der lateinischen Sprache*.[12] Sie sind ein Gründungsdokument des europäischen Humanismus. In Deutschland sucht man jedoch bislang eine Übersetzung vergebens. Wie soll sich da ein Bewußtsein vom inneren Gefüge europäischer Traditionen bilden? Inzwischen war die Einbürgerung der Antike-Studien in einem Umfang und einer Intensität auf italienischem Boden vorangeschritten, die zu Petrarcas Zeiten noch undenkbar gewesen wäre. Lorenzo Valla konnte sich an eine Analyse der Eigentümlichkeiten der erneuerten lateinischen Sprache machen und die staunenswerte Varietät ihrer Verwendung seinem Publikum darlegen. Das aber geschah mit einem gehörigen Schuß kulturpolitischer Agitation und dies in einer Deutlichkeit, die den Florentiner Gründergestalten gänzlich ferngelegen hätte. Es sind die das linguistische Werk begleitenden politischen Konnotationen, die uns einen Moment zu beschäftigen haben, nicht zuletzt, weil sie zugleich eine Herausforderung für die Humanisten außerhalb Italiens bargen.

---

11 Grundlegend geblieben – auf den von Burdach gebahnten Fährten – Paul Piur: Cola di Rienzo. Darstellung seines Lebens und seines Geistes. – Wien: Seidel 1931.

12 Die für die Wirkung Vallas vor allem einschlägigen Vorreden zu seinen *Elegantiarum Latinae linguae libri VI* findet man lateinisch/italienisch neugedruckt in: Prosatori latini del Quattrocento. A cura di Eugenio Garin. – Milano, Napoli: Ricciardi 1952 (= La letteratura italiana. Storia e testi; 13), pp. 594–631.

Geschichtlich strukturierte Äußerungen im Umkreis des Humanismus sind in aller Regel ebensowohl binär wie auch mehr oder weniger deutlich erkennbar triadisch organisiert. Auch Valla ist massiv an dem Aufweis einstiger politischer und kultureller Größe des eigenen Volkes und eines nachmaligen Verfalls imperialen Glanzes beteiligt. Doch in dieses kontrastive Modell sind – vermittelt über die Sprache – Verstrebungen eingezogen, die es erlauben, Gegenwart und vor allem Zukunft anders als im Modus des Niedergangs in den Blick zu nehmen. Die lateinische Sprache war die Sprache eines Weltreichs. Die dem Imperium einverleibten Völkerschaften erlernten mit der Sprache der Römer zugleich deren kulturelle Errungenschaften und sittliche Praxen. Sie gewannen Anteil an einer Kultur, die in den Augen ihres humanistischen Nachfahren und Restitutors nur als die höchste Zeugung der Menschheitsgeschichte apostrophiert werden kann. So vermag das von Valla geradezu mit ehernem Griffel herausgemeißelte Gesetz statuiert zu werden, daß politische Siege und Niederlagen nicht unbedingt auch solche auf dem Gebiet der Sprache und Kultur im Gefolge haben. Rom ist in der gesamten alten Welt und zumal in der nachmaligen europäischen Romania als kulturelle Vormacht präsent geblieben. Die Segnungen der römischen Kultur haben sich über den Verfall der politischen Herrschaft hinaus erhalten. In einem übertragenen Sinn herrscht Rom immer noch über die einst unterjochten Länder, die in der Gegenwart und jüngsten Vergangenheit zu Konkurrenten im politischen Mächtespiel aufgestiegen sind, ja – wie Spanien oder Frankreich – eine Bedrohung für die ihrerseits rivalisierenden Mächte auf italienischem Boden darstellen. In dieser Situation gewinnen die Vallaschen Sätze eine nicht unerhebliche kulturpolitische Sprengkraft. Ich gebe sie sogleich in deutscher Übersetzung:

> Die römische Herrschaft warfen die unterworfenen Stämme und Völker schon bald wie eine unwillkommene Last ab; die Sprache aber hielten sie für süßer als allen Nektar, glänzender als jede Seide und kostbarer als jedes Gold und jede Perle, und hielten sie gewissermaßen wie einen vom Himmel geschickten Gott bei sich zurück. Denn groß ist das Heiligtum der lateinischen Sprache, fürwahr ein göttliches Zeichen, das bei den Fremden, den Barbaren und den Feinden fest und ehrfürchtig durch so viele Jahre bewahrt wird, daß wir Römer nicht so sehr darunter leiden dürfen als vielmehr uns freuen und uns, auch wenn uns der Erdkreis zuhört, dessen rühmen müssen. Rom haben wir verloren, verloren haben wir das Reich und die Herrschaft; wenn auch nicht durch unsere als vielmehr durch der Zeiten Schuld; trotzdem aber herrschen wir durch diese glänzendere Herrschaft immer noch auf einem großen Teil der Erde. Italien ist das unsere, unser ist Gallien, unser Spanien, Deutschland, Pannonien, Dalmatien, Illyricum und viele andere Nationen. Denn überall dort ist das römische Reich, wo die römische Sprache ihre Herrschaft ausübt.[13]

---

13 Das vorgelegte Zitat in der zitierten Edition p. 596. Der lateinische Text: »Illud iam pridem, tamquam ingratum onus, gentes nationesque abiecerunt; hunc omni nectare suaviorem, omni serico splendidiorem, omni auro gemmaque pretiosiorem putaverunt, et quasi deum quendam e caelo dimissum apud se retinuerunt. Magnum ergo latini sermonis sacramentum est, magnum profecto numen quod apud peregrinos, apud barbaros, apud hostes, sancte ac religiose per tot saecula custoditur, ut non tam dolendum nobis Romanis quam gaudendum sit atque ipso etiam orbe terrarum exaudiente gloriandum. Amisimus Romam, amisimus regnum atque dominatum; tametsi

Oftmals gehörte, vielzitierte Sätze, gewiß. Und zu Recht. Vermögen sie uns doch eine Ahnung zu vermitteln, welche Hochschätzung Sprache und allen in Sprache erfolgenden Verlautbarungen im Umkreis des Humanismus entgegengebracht wurde und mehr noch vielleicht, wie sie als eine Macht begriffen wurde, die über Abgründe im Raum der Politik hinwegzutragen imstande war, Energien barg, die der Politik wieder zugeführt, sie reinigen und kräftigen konnten. Wir sind geneigt, solche Worte als typische Illusion von Menschen abzutun, die von Berufs wegen mit Dingen des Geistes befaßt sind. Und wenn nicht das, so doch an die Gefahren zu erinnern, die von manipulierender Sprache im Kontext korrupter politischer Systeme drohen; die jüngste Vergangenheit hält erschreckende Beispiele zur Genüge bereit. Nun, was die vermeintliche Weltverlorenheit der Intellektuellen, der Humanisten angeht, so werden wir uns darüber gleich des Näheren belehren lassen. Was aber die Botschaft betrifft, die da in der Sprache transportiert wurde und ihr als Hoffnung auf seiten der Humanisten beigesellt war, so oszillierte sie beträchtlich. Da mochte einmal das republikanische Rom, zumal in den Worten, die ihm Cicero verliehen hatte, als erneuerungswürdiges Ideal erscheinen – Hans Baron hat das in einem meisterhaften Werk über den Florentiner Bürgerhumanismus gezeigt –, ein anderes Mal der königlichen oder fürstlichen Herrschaft das Wort geredet werden.[14] Und wie häufig hatte gerade Petrarca sich dazu verstanden. Nie aber geschah dies, ohne die humanistischen Regularien mitzuliefern, an denen diese Botschaft ausgerichtet zu sein hätte. Humanistische Regenten-Literatur ist immer auch Fürstenspiegel-Literatur.

Und was schließlich den am deutlichsten hervortretenden nationalen Impetus bei Valla betrifft, so tut man gut daran, das Metaphorische von dem Aktuellen zu scheiden. Valla wirft sich nicht zum Proklamator imperialer italienischer Kultur in Europa auf. Sein glühendes Plädoyer für die lateinische Sprache ist zunächst ein nach innen gewendetes. Italien soll ganz im Sinne der großen Vorgänger über das Erbe der Vergangenheit als über seine Sprache geeinte Nation wieder zu sich selbst finden, den Aufstieg der nationalen Staaten zumal im Westen nachvollziehen und sich seiner Sprache und Kultur als eines Kompasses und einer Richtmarke auf diesem Weg versichert halten. Was aber den außenpolitischen Aspekt angeht, so steht nicht ein Export italienischer, sondern antiker Kultur zur Rede. Italien ist nicht

---

non nostra sed temporum culpa; verum tamen per hunc splendidiorem dominatum in magna adhuc orbis parte regnamus. Nostra est Italia, nostra Gallia, nostra Hispania, Germania, Pannonia, Dalmatia, Illyricum, multaeque aliae nationes. Ibi namque romanum imperium est ubicumque romana lingua dominatur.« Vgl. dazu aus der reichen Literatur beispielsweise als eine der letzten Äußerungen: Alan Fisher: The Project of Humanism and Valla's Imperial Metaphor. – In: Journal of Medieval and Renaissance Studies 23 (1993), pp. 301–322.

14 Vgl. Hans Baron: The Crisis of the Early Italian Renaissance. Civic Humanism and Republican Liberty in an Age of Classicism and Tyranny. Vol. I–II. – Princeton/NJ: Princeton University Press 1955. Revised One-Volume Edition with an Epilogue. – Princeton/NJ: Princeton University Press 1966. Published in Cooperation with the Newberry Library.

weniger, aber auch nicht mehr als ihr bevorzugter Erbe. In dieser Rolle schickt das Land sich auch in Vallas Worten an, Lehrmeister Europas zu werden. Und eben diesem damit einhergehenden Anspruch und Problem haben wir uns nun in einem zweiten Kursus zuzuwenden. Es kann dies hier nur im Blick auf Deutschland geschehen, und auch das nur exemplarisch.[15]

Übergang nach Deutschland.
Celtis als nationaler Kultur-Propagator im Medium des Lateins

Knapp fünfzig Jahre nach Valla schickt sich in Deutschland ein von dem humanistischen Projekt begeisterter Redner an, seine Landsleute über die vorwaltende Lage im Blick auf den Stand der humanistischen Studien aufzuklären und Rezepte für die Zukunft zu formulieren. Solche Dokumente tragen immer eine persönliche Handschrift und in diesem Fall ganz besonders. Aber sie sind immer auch Indikatoren für die kulturelle Befindlichkeit wenn nicht einer Nation, das wäre zu weit gegriffen, so doch einer Gruppe, vielleicht auch eines regionalen Milieus. Der hier zu Wort sich Meldende spricht vor Studierenden der jüngst gegründeten Ingolstädter Universität. Er ist dort soeben nach längeren Wanderungen durch Deutschland, aber auch durch Polen eingetroffen. Und es wird ihn vor Ort nicht lange halten. Er wird weiterziehen und endlich den Höhe- und Endpunkt seiner Karriere in der Residenzstadt des Habsburger Kaisers, in Wien, finden. Die Universitäten und die fürstlichen Höfe sind sein Lebensraum, ganz so, wie wir es von den europäischen Humanisten und insonderheit denen in Italien kennen. Er ist ein typischer Vertreter dieses Standes. Freilich einer, begabt mit Visionen und umgetrieben von Projekten, die ihn als typischen Einzelgänger ausweisen. Die großen Leistungen kommen immer nur in dieser Doppelrolle zustande, damals wie heute. Es sind genau jene Figuren, an die sich die geschichtliche Erinnerung bevorzugt heftet. Und so auch im vorliegenden Fall.[16]

Kannte Italien einen Erzhumanisten, der nun zugleich als ungekröntes Haupt Europas agierte, bevor eine zweite Gestalt viel später zu ihm trat, Erasmus, so galt dieser Ehrentitel in Deutschland – der als solcher allerdings erst im 19. Jahrhundert geprägt wurde – dem gebürtigen Franken Conrad Celtis. Alle, die sich spätestens

---

15 Für den europäischen Rundgang sei deshalb verwiesen auf die Abhandlung ›Die Idee der Nationalsprache und Nationalliteratur in der Frühen Neuzeit Europas‹ in dem oben (Anm. 1) zitierten Sammelband *Literatur und Kultur im Europa der Frühen Neuzeit*, S. 107–213.
16 Zu Celtis ist inzwischen eine Arbeit erschienen, die seinem Genie erstmals voll gerecht wird. Vgl. Jörg Robert: Konrad Celtis und das Projekt der deutschen Dichtung. Studien zur humanistischen Konstitution von Poetik, Philosophie, Nation und Ich. – Tübingen: Niemeyer 2003 (= Frühe Neuzeit; 76). Ebenfalls von großer Bedeutung auch für die Literatur- und Kulturpolitik des Conrad Celtis: Gernot Michael Müller: Die *Germania generalis* des Conrad Celtis. Studien mit Edition, Übersetzung und Kommentar. – Tübingen: Niemeyer 2001 (= Frühe Neuzeit; 67). Hinzuzunehmen schließlich der mit wichtigen Beiträgen ausgestattete Sammelband: Konrad Celtis und Nürnberg. Hrsg. von Franz Fuchs. – Wiesbaden: Harrassowitz 2004 (= Pirckheimer Jahrbuch für Renaissance- und Humanismusforschung; 19).

seit 1600 zurückwendeten und den Gang der humanistischen Studien auf deutschem Boden bedachten, räumten ihm eine herausragende Stellung ein. Eine solche ist nie nur einem verschriftlichten Werk geschuldet. Sie knüpft sich immer auch an Taten, die sich der Erinnerung eingeschrieben haben. Und das auch dann, wenn der Überhang zwischen Gewolltem und Zuwegegebrachtem ein immenser ist. Auf den *kairos*, das zur rechten Zeit Gewollte und Artikulierte kommt es an. Davon ist zumindest umrißhaft eine Vorstellung zu vermitteln. Denn eine ergiebigere Quelle für die Situation des Humanismus um 1500 und mit ihr für jenen Auftrag, der Sprache und Literatur zugesprochen wurde, dürfte schwerlich namhaft zu machen sein.

Vor seinem Publikum in der Ingolstädter Universität entwirft er ein desolates Bild von dem Stand der Humaniora auf deutschem Boden. Schlechte Noten à la Pisa sollten also nichts Neues sein für deutsche Ohren. Deutschland hat es nicht geschafft, dem italienischen Beispiel zu folgen und den Vorsprung einzuholen. Es klafft ein kulturelles Gefälle zwischen dem gesegneten Nachbarn jenseits der Alpen und dem im Barbarismus verharrenden Germanien. Die hohen Schulen, bestimmt, die moderne Bewegung aufzugreifen und voranzutreiben, halten fest an den überkommenen Scholastizismen. Eine Erneuerung des Denkens, der Sprache, der Poesie, eine allfällige Modernisierung gerade auch im Blick auf die öffentlichen kulturellen Aufgaben, deren Wahrnehmung Celtis anmahnt, ist nirgendwo zu gewahren. Nördlich der Alpen herrscht Finsternis in Sachen moderner Bildung. Oder um es in den zuweilen etwas krausen Worten unseres Gewährsmannes zu sagen und dies zugleich wieder auf deutsch, denn natürlich bedient er selbst sich ausschließlich des Lateinischen:

> So müßt auch Ihr, nachdem Ihr schon Roms Erbe übernommen habt, die häßliche Barberei ablegen und streben nach römischer Bildung. Macht zunichte jene alte, bei griechischen, lateinischen und hebräischen Schriftstellern festgestellte Voreingenommenheit gegen die Deutschen, in der sie uns Trunkenheit, Vertierung, Grausamkeit und was sonst dem Bestialischen und Wahnsinn am nächsten ist, zuschreiben. Zu großer Schmach muß es Euch gereichen, die Geschichte der Griechen und Römer nicht zu kennen, die Höhe aber ist es, in der Lage von Gegend und Land, Gestirnen, Flüssen, Bergen, Altertümern, den Stämmen unseres Vaterlandes und in dem, was die fremden Schriftsteller über uns so sorgfältig gesammelt haben, unbewandert zu sein; [...]. Zieht aus, edle Männer, werft von Euch Euer altes Wesen und reinigt Euere Räuberhöhlen [...]. Macht Euch, deutsche Männer, die Sinnesart Eurer Ahnen zu eigen, mit der sie den Römern so oft Furcht und Schrecken eingeflößt haben, wendet Eure Augen zu den Bastionen Deutschlands und fügt seine zerrissenen und auseinandergezogenen Grenzen wieder zusammen. Schämt Euch, schämt Euch, unserer Nation Joch und Knechtschaft auferlegt zu haben und auswärtigen und barbarischen Königen Tribut zu bezahlen. Du freies und kräftiges Volk, du edler und tapferer Volksstamm, würdig des römischen Imperiums [...].[17]

---

17 Eine zweisprachige Celtis-Ausgabe ist nach wie vor dringendes Desiderat. Hier zitiert nach: Conradus Celtis Protucius: Oratio in Gymnasio in Ingolstadio publice recitata. Eingeleitet und ins Deutsche übertragen von Rudolf Obermeier. – In: Sammelblatt des Historischen Vereins Ingolstadt 62 (1953), S. 3–17. Das vorgelegte Zitat hier S. 10f. Der lateinische Text: Conradus Celtis Protucius: Oratio in Gymnasio in Ingelstadio publice recitata cum carminibus ad orationem per-

Nun, bei solchen Worten wird es dem Einen oder Anderen schaudernd den Rükken herunterlaufen, und wir haben nicht wenig zu tun, mancherlei zurechtzurükken. Zunächst aber: Zustandsschilderungen in humanistischer Manier, das heißt durchdrungen von allen Raffinessen, die die vornehmste Disziplin der freien Künste, die Rhetorik, bereithält, sind nie wortwörtlich zu nehmen. Sie sind immer auf das Warum und Wozu hin zu befragen. Und da liegt es auf der Hand, daß das Neue, zu dem da aufgerufen wird, einen um so dringlicheren Charakter gewinnt, je trostloser die Lage ist, von der man seinen Ausgang nimmt. Vor allem aber: Der Redner, der da ausgestattet zu sein scheint mit den Rezepten, die den Umschwung bewirken sollen, wird er nicht um so verehrungswürdiger sein, je mehr er Hoffnung zu entfachen, ein Ziel für die Zukunft zu benennen weiß? Nicht weniger hat er im Auge, als eine Reform in nationalen Dimensionen zu inaugurieren. Deshalb dürfen diese völkischen Töne nicht irritieren. Der Redner mobilisiert nur jüngst errungenes, modernstes Wissen. Eben ist die *Germania* des Tacitus entdeckt worden. So gut wie alles, was die Humanisten fortan über Deutschland und die Deutschen zu sagen haben, entnehmen sie im wesentlichen diesem Text, der geradezu zum Gründungsdokument des deutschen Humanismus aufrückt. Da wurde ein Bild der Deutschen gezeichnet, das weit entfernt schien von dem defizienten Zustand, den es in der Gegenwart zu beklagen galt. Und das gleichermaßen im Blick auf Sittlichkeit, Tapferkeit und politische Verfaßtheit, freie und selbstbestimmte Regulierung aller öffentlichen Belange wie am Rande auch hinsichtlich der Erfahrenheit in musischen Dingen, dem Gesang, dem Saitenspiel, der erzählerischen Tradierung der Taten von Helden und Göttern. Hier tat sich ein Dokument auf, das einen Rückgriff auf die eigene Vorgeschichte gestattete, ganz so, wie die Italiener es mit den Zeugnissen ihrer großen Vergangenheit gehalten hatten. Daß es von fremder Hand stammte, daß es des Merkwürdigen übergenug enthielt, was tat es zur Sache, wenn es nur Hilfe in gegenwärtigen Nöten und also Legitimation bereithielt.

---

tinentibus. Edidit Iohannes Rupprich. – Lipsiae: Teubner 1932 (= Bibliotheca Scriptorum Medii Recentisque Aevorum. Saecula XV–XVI; 3). Das Zitat: »Ita et vos accepto Italorum imperio exuta foeda barbarie Romanarum artium affectatores esse debebitis. Tollite veterem illam apud Graecos, Latinos et Hebraeos scriptores Germanorum infamiam, qua illi nobis temulentiam, immanitatem, crudelitatem et, si quid aliud, quod bestiae et insaniae proximum est, ascribunt. Magno vobis pudori ducite Graecorum et Latinorum nescire historias et super omnem impudentiam regionis nostrae et terrae nescire situm, sidera, flumina, montes, antiquitates, nationes, denique, quae peregrini homines de nobis ita scite collegere [...]. Exuite, generosi viri, exuite et purgate latrocinia, quae illi apud nos tanquam virtuti data commemorant! [...] Induite veteres illos animos, viri Germani, quibus totiens Romanis terrori et formidini fuistis et ad angulos Germaniae oculos convertite limitesque eius laceros et distractos colligite! Pudeat, pudeat nationi nostrae iugum et servitutem imposuisse externisque et barbaris regibus tributa et vectigalia pendere. O liberum et robustum populum, o nobilem et fortem gentem et plane dignam Romano imperio [...].« (p. 3ss.). Vgl. auch den zweisprachigen Auszug aus der Rede des Celtis in: Spätmittelalter, Humanismus, Reformation. Texte und Zeugnisse. Hrsg. von Hedwig Heger. Zweiter Teilband: Blütezeit des Humanismus und Reformation. – München: Beck 1978 (= Die deutsche Literatur. Texte und Zeugnisse; II/2), S. 4–11.

Auch hier gilt folglich: Wir dürfen die politische, am Schluß gar die rassistische Aufladung, die im Namen dieses Germanenmythos in späterer Zeit und zumal im 20. Jahrhundert geschah, nicht zurückprojizieren in die Frühzeit, da er ganz anderen Intentionen zu Diensten war. Das wird offenkundig, wenn wir nun fragen, was in deutschem Namen für die von Celtis so emphatisch apostrophierte deutsche Nation denn erhofft, was kulturpolitisch auf den Weg gebracht werden soll. Da aber tun sich Dimensionen auf, die auch nicht entfernt erschöpft, allenfalls in ihrer Großartigkeit und Kühnheit erahnbar gemacht werden können. Celtis ist einer der größten Kulturpolitiker, die Deutschland gesehen hat. Und deshalb ergreift der Frühneuzeitler gerne die Chance, dies in Erinnerung zu rufen, wenn es darum geht, mitzuwirken an der Stiftung kulturellen Gedächtnisses. Ich denke, es ist erlaubt, zu Namen wie denjenigen von Leibniz im 17. oder Herder im 18. oder Humboldt im 19. oder Borchardt im 20. Jahrhundert zu greifen, um die Höhe und den Rang anzudeuten, mit denen wir es bei Celtis auf der Wende vom 15. zum 16. Jahrhundert zu tun haben.

Celtis verordnet der deutschen Nation, die er als eine ganze vor Augen hat und dies ohne expansionistische Gelüste, die vielleicht soeben anklangen, eine kulturelle Erneuerung von Grund auf. Deutschland soll umgekrempelt und das heißt, die Antike allüberall heimisch werden. Celtis ist fasziniert von dem, was sich seit anderthalb, ja im Grunde seit zwei Jahrhunderten in Italien abspielt, und dringt darauf, den Vorgang in Deutschland zu wiederholen. Es gehört zum Wesen solcher Gründungsakte, daß bereits Vollzogenes und Existierendes nicht eigentlich in den Blick rückt. Der Anfang ist an Auftreten und Programm des gegenwärtig agierenden Sprechers geknüpft. Eben das begründet die Rolle des Archegeten, die Celtis für sich beansprucht, frisch gekrönt vom Kaiser mit dem Dichterlorbeer und also befugt zum Auftritt aus eigenem Recht und mit eigener Stimme. Die Basis für jedwede Erneuerung auf allen Gebieten ist die sprachliche Kompetenz. Das Lateinische der Alten will beherrscht sein, und wo immer möglich sollten Fertigkeiten im Griechischen und Kenntnisse des Hebräischen hinzutreten. Die Trias der heiligen Sprachen steht Celtis als das lebenslang umworbene Ideal vor Augen. Der Rhetor, den er in seine Rechte, die ihm die Antike verliehen hat, wiedereinzusetzen sucht, ist zuerst und vor allem ein Sprachenkundiger in Wort und Schrift. Doch agiert dieser nicht allein, sondern im Bündnis mit dem Poeten. Und hier spezifiziert sich das Bild auf der einen Seite, um im gleichen Atemzug die weitesten Perspektiven zu eröffnen. Poetische Fertigkeit heißt, schreiben zu können nach dem Muster, das die Alten und de facto die Römer vorgegeben haben. Horaz und Vergil sind die beiden Autoren, in denen sich die Mission Roms erfüllte. Celtis blieb zeitlebens bemüht, ihnen nachzueifern, und empfahl sie daher in seinen programmatischen Verlautbarungen vor allem.

Dieses poetische Erneuerungswerk nebst rhetorischer Grundierung ist nun jedoch in ein geschichts- und kulturpolitisches Modell eingepaßt, das ihm seinen Schub verleiht. Die gesamte Ingolstädter Rede ist durchzogen von dem Stolz, daß die antike Reichsidee, glanzvoll im römischen Reich ein letztes Mal verkörpert, auf die Deutschen übergegangen sei. Das deutsche Volk und kein anderes ist berufen, zum Träger des Heiligen Römischen Reichs zu werden. Und dieser Auftrag ist keineswegs an sein Ende gelangt im Zeitalter der werdenden Nationalstaaten. Er erfüllt sich überhaupt erst in dem Maße, in dem die Deutschen sich antikes Geistesgut aneignen. Und so stellt Celtis in einem kühnen Bogenschlag der bekannten und seit Jahrhunderten in Geltung befindlichen politischen *translatio*-Konzeption eines Übergangs des letzten antiken, nämlich römischen Weltreichs auf die Deutschen eine poetologische *translatio*-Version zur Seite. Die Musen sind von den Hebräern und den Griechen weitergezogen zu den Römern und haben in neuerer Zeit Besitz ergriffen von Italien. Nun aber ist es an den Deutschen, die Alten wie die Italiener zu beerben und Ebenbürtigkeit zu behaupten. Ebenbürtigkeit? Ausgestattet mit dem Rechtstitel, das Heilige Römische Reich auf deutschem Boden zu verwirklichen und fortzutragen in die Zukunft, wird von ihnen Höchstes auch in Sachen des Geistes erwartet.

Damit aber rühren wir an Zonen, die sich mehr noch als das bislang Angedeutete dem resümierenden Wort versagen und die doch verlauten müssen, wenn anders eine Vorstellung der Bildungs-Utopie sich formen soll, die sich um 1500 abzeichnet. Celtis, unermüdlich unterwegs, hat davon geträumt, Deutschland in allen Regionen von Keimzellen der erneuerten antiken Bildung durchwirkt zu sehen, *sodalitates*, wie er sie nannte. In ihnen sollten die den antiken Studien sich Widmenden zusammengeführt werden zu kolloquialem Gespräch, ganz so, wie dies in den antiken Akademien, angefangen bei der Platonischen, geschah und wie es in der neueren Zeit auf italienischem Boden wieder Wirklichkeit geworden war. Was er aber den Jüngern der Symposien verschrieb, geadelt durch Sprach- und Redekundigkeit und gipfelnd in der Poesie, grenzte ans Phantastische. Der Poet nämlich wurde in Erinnerung an alte orphische Überlieferungen, die sich kreuzten mit modernen neuplatonischen, wie sie gleichfalls in Italien soeben wieder eine Heimstatt gefunden hatten, als umfassend Weisheitskundiger exponiert, das Wissen der Theologen und Philosophen nicht anders als der Natur- und Seelenkundigen in sich vereinend und in weisheitsgesättigter Poesie zu Bild und Anschauung bringend. Der Poet ist in den Augen von Celtis der Repräsentant des gesamten der Menschheit bis dato verfügbaren Wissens, das er einschmilzt und umformt in die Glut seiner dichterischen Visionen. Seine Stellung ist unvertretbar, weil er über seine rhetorischen Gebilde suggestive Macht hat über die Gemüter der Menschen und als solcher besondere Verantwortung als ihr Erzieher.

Womit wir zurückkehren zu unserem Thema im engeren Sinn. Wenn Horaz wie Vergil für ihn Höchstes bedeuteten, so deshalb, weil sie als Dichter ein öffentliches Amt wahrnahmen. In Horazischer Manier hat Celtis Kaiser Friedrich III. besungen. Von einer *Maximilianeis* nach Art der Vergilschen *Aeneis* hat er geträumt und sie doch nicht mehr zu schaffen vermocht. Mit Gewißheit aber wäre Maximilian Augustus gleich als Friedenskaiser in der epischen Welt hervorgetreten, und der Dichter hätte ihm als anderer Vergil die Stichworte geliehen für die Ingredienzien, die ein wahres Reich des Friedens auszeichnen, nun nicht länger unter dem Zepter eines römischen, sondern des deutschen Kaisers. Das nicht zuletzt waren die Aufgaben, die einer neuen Sprache und Dichtung aufgetragen blieben. So reiht Celtis sich ein in die Geschichte der Verkünder von Ruhm und Ehre der Poesie, wie sie sich an den Titel des Dichters als eines *vates* von alters her knüpften und zu Beginn des Humanismus in Deutschland neuerlich grandios Gestalt annahmen.

Das kulturpolitische Erneuerungswerk im Medium des Deutschen. Opitz und die ›Fruchtbringende Gesellschaft‹

Vermißten wir gleichwohl etwas? Mit keinem Wort war an dieser, mit keinem Wort ist an anderer Stelle die Rede von der deutschen Sprache, der deutschen Poesie. Es ging ausschließlich um die erneuerten antiken Sprachen und die ihnen einzuschreibenden Gehalte. Und das, obgleich es doch seit einem halben Jahrhundert respektable übersetzerische Leistungen auch auf deutschem Boden gab. Und vor allem, obgleich in Italien ein ganzes Jahrhundert lang über Möglichkeit und Rechtmäßigkeit, über Chancen und Visionen eines Dichtens in der Volkssprache gehandelt worden war – ein anderes großes und hier gar nicht zu berührendes Thema.[18] Fast zeitgleich mit Celtis' Ingolstädter Rede kam in Italien in einem alsbald berühmten Traktat Pietro Bembos dieser langanhaltende Prozeß der Diskussion in gewisser Weise zu einem ersten Abschluß.[19] Nun konnten im Rückgriff auf das Florentiner Dreigestirn, auf Dante, Petrarca und Boccaccio, bereits Regeln für ein Dichten in der Volkssprache entwickelt werden, die Dichter auf stilistische Normen festgelegt, in diesem Sinne ein nicht länger allein den Alten geschuldeter, sondern ein inneritalienischer Klassizismus statuiert werden.

Nicht die Spur eines Bewußtseins davon oder zumindest eines manifesten Interesses daran bei dem deutschen Redner. Der Übergang von der soeben erst zur Norm erhobenen gereinigten lateinischen Sprache zur deutschen steht nicht auf der Tagesordnung, obschon Übersetzungen, sogenannte Translatien, doch bereits versucht und erste zaghafte Begründungen gegeben wurden. Noch befindet sich Deutschland in dieser Situation auf dem gleichen Niveau wie die übrigen Nationen Europas. Italien ist ihnen allen weit vorausgeeilt. Nun aber, in diesen Jahrzehnten, wird zugleich über Deutschlands zukünftige Sonderrolle entschieden.

Ich weiß natürlich um die Sorgen, die die Historiker mit Begriff und Vorstellung eines deutschen Sonderweges haben. Kulturgeschichtlich hat er viel für sich. Und die Weichenstellung erfolgt im 16. Jahrhundert, dem kardinal in die erste Moderne führenden Saeculum.[20] Während alle großen Kulturnationen – und dies

---

18 Vgl. aus der überaus reichhaltigen Literatur zuletzt: Il volgare come lingua di cultura dal Trecento al Cinquecento. A cura di Arturo Calzona, Francesco Paolo Fiore, Alberto Tenenti, Cesare Vasoli. – Firenze: Olschki 2003 (= Ingenium; 7).

19 Vgl. aus der gleichfalls reichen Literatur etwa den – auch Dante mehrfach berührenden – Kongreßband: Prose della volgar lingua di Pietro Bembo. A cura di Silvia Morgana, Mario Piotti, Massimo Prada. – Milano: Cisalpino 2001 (= Quaderni di Acme; 46).

20 Vgl. Klaus Garber: Nation – Literatur – Politische Mentalität. Beiträge zur Erinnerungskultur in Deutschland. Essays, Reden, Interventionen. – München: Fink 2004, S. 79ff. (mit reichhaltigen Literaturverzeichnissen).

keineswegs nur im Westen – im 16. Jahrhundert eine Umstellung von dem antikegeleiteten lateinbasierten Dichten auf die Volkssprachen vornehmen, Italien also zeitversetzt nachfolgen, verabsäumt Deutschland diesen Übergang fast um ein volles Jahrhundert. War es an der Rezeption des von Italien herübergelangenden Humanismus seit der Mitte des 15. Jahrhunderts an vorderster Position beteiligt, so nimmt es hinsichtlich der an antiken und zumal lateinischen Mustern geschulten und auf dieser Basis ins Deutsche transponierten Poesie ein Schlußlicht ein.

Die Gründe liegen auf der Hand, sind bekannt und bedürfen allenfalls weniger Sätze der Erinnerung. Viel wichtiger ist die immer wieder fällige Verständigung über die Konsequenzen. Oder um es etwas anspruchsvoller auszudrücken: Der Umgang mit dem zur Rede stehenden Vorgang entscheidet über den Umgang mit unserer literarischen, unserer kulturellen Überlieferung überhaupt. Natürlich kann man erklären, da Deutschland in den maßgeblichen drei Jahrhunderten zwischen Luther und Lessing nichts den westlichen Nachbarstaaten Vergleichbares auf den Weg gebracht habe, tue man gut daran, sich auch als Literarhistoriker auf die beiden letzten Jahrhunderte, das 19. und das 20., zu konzentrieren.[21]

Der Frühneuzeitler wird andere Maßstäbe ins Feld führen als Orientierungen an Gipfelleistungen. Er wird überhaupt dafür Sorge zu tragen haben, daß auch der zünftige Literaturwissenschaftler Abschied von der Vorstellung nimmt, über Literatur werde nur als gelesener entschieden. Sie ist nicht nur ein Objekt des Lesens, sondern immer auch eine kulturelle Potenz. Als solche wird über sie in Urteilen, Wertungen, geschichtlichen Zäsurierungen befunden, die tief hineinreichen in das Bild, das ein Land über sich in kulturellen Belangen besitzt. Auf diesem Feld aber ist der Fachmann nicht weniger gefragt als auf dem des Umgangs mit der Literatur auf dem nie endenden Königsweg der Textexegese. In diesem Sinn sollten die abschließenden Erwägungen verstanden werden.

Das 16. Jahrhundert steht für Deutschland literaturgeschichtlich nicht im Zeichen einer Erneuerung der deutschen Literatur unter den Auspizien der lateinischen, wie sie sich phasenversetzt ringsum in Europa vollzieht und hier überall begleitet ist von eindrucksvollen theoretischen Manifesten, für die wiederum Italien das Muster gegeben hatte. Die ein Vierteljahrhundert nach Celtis' Rede einsetzende Reformation hat ihrerseits ja nicht nur der deutschen Sprache die reichsten Impulse verliehen. Sie hat auch die Stellung des Lateinischen, ja noch des Griechischen nachhaltig befestigt. Und das vermittelt über die Gründung des Gymnasiums vornehmlich vom Typ Melanchthonscher Prägung. Die Pflege der lateinischen Sprache und der im lateinischen Idiom verfaßten Dichtung, also der nach unserem Wortgebrauch als humanistisch titulierten, hat in der gesamten Frühen Neuzeit im Gymnasium ihre solideste institutionelle Stütze besessen. Über eine vergleichbar prominente Institution verfügte die deutsche Dichtung nicht. Wohl aber ist ihr, als ihre Stunde endlich kam, die Virtuosität, mit der man auf den Gymnasien lateinisch zu dichten gelernt hatte, ungemein zugute gekommen. Das Wunder, daß

---

21 Vgl. Heinz Schlaffer: Die kurze Geschichte der deutschen Literatur. – München, Wien: Hanser 2002. 2. Aufl. – München: dtv 2007.

eine neue und nun deutschsprachige Literatur binnen kürzester Frist auf hohem artistischem Niveau emporwuchs, ist nur über die fast einhundertjährige gymnasial geprägte Inkubationsphase zu erklären. Es ging um nicht weniger, aber auch um nicht mehr, als das im Lateinischen perfekt beherrschte Repertoire auch im Deutschen zu probieren.[22]

Was aber mußte zusammenkommen, um den Übergang zum Deutschen schließlich zu bewerkstelligen? Die vorhandene lateinische Infrastruktur war das Wichtigste. Aber es mußte sich auch wiederholen, was schon Celtis die Schamröte in die Wangen getrieben hatte: Die Wahrnehmung nämlich, daß, so wie seinerzeit Italien, inzwischen auch die anderen Nationen der deutschen weit vorausgeeilt waren und Deutschland endgültig im Begriffe stand, den Anschluß zu verlieren. Wenn ein Jahrhundert nach Celtis nochmals ein Propagator nun für die erneuerte deutsche Sprache und Dichtung auftritt, wortmächtig und von gleichem Ehrgeiz beseelt wie jener und mit ebenso großem organisatorischen Talent begabt, dann ist es dieser Rundblick über das literarisch im 16. Jahrhundert erwachte Europa, der seiner Rede die aufrüttelnde Kraft vor seinen Landsleuten verleiht. Es ist typisch, daß dies nicht bei Hofe oder in adligem oder patrizischem Hause, sondern auf deutschem Boden in einer Bildungsanstalt geschieht, die Rede mit so weitreichenden Konsequenzen zunächst und zuerst als rhetorische Fingerübung konzipiert ist. Der Name des Redners ist wohlbekannt, Martin Opitz. Der Titel seiner Rede indes – *Aristarchus sive De Contemptu Linguae Teutonicae; Aristarch oder Wider die Verachtung deutscher Sprache* – ist vielleicht allzu sehr in den Schatten seines sieben Jahre später erschienenen berühmten *Buches von der Deutschen Poeterey* (1624) getreten. Und die Schule, in der er sprach, das Schönaichianum im schlesischen Beuthen an der Oder, ist vermutlich nur den Wenigsten noch bekannt, obgleich sie für ein gutes Jahrzehnt die Rolle einer in Breslau selbst und darüber hinaus in ganz Schlesien nicht vorhandenen Universität einnahm.[23]

---

22 Vgl. Klaus Garber: Späthumanistische Verheißungen im Spannungsfeld von Latinität und nationalem Aufbruch. – In: Germania latina – Latinitas teutonica. Politik, Wissenschaft, humanistische Kultur vom späten Mittelalter bis in unsere Zeit. Hrsg. von Eckhard Keßler, Heinrich C. Kuhn. Bd. I–II. – München: Fink 2003 (= Humanistische Bibliothek. Reihe 1: Abhandlungen; 54), Bd. I, S. 107–142; Wilhelm Kühlmann: Neo-Latin Literature in Modern Germany. – In: Early Modern German Literature 1350–1700. Ed. by Max Reinhart. – Rochester/NY: Camden House 2007 (= Camden House History of German Literature; 4), pp. 281–329.

23 Die gesamte einschlägige Opitz-Literatur jetzt zusammengefaßt von Julian Paulus, Robert Seidel: Opitz-Bibliographie 1800–2002. – Heidelberg: Palatina 2003. Hinzugetreten (unter dem hier verfolgten Aspekt): Winfried Freund: Literatur als Lebensformung. Martin Opitz und sein *Buch von der Deutschen Poeterey* (1624). – In: Literatur und Kultur im Querschnitt. Hrsg. von Norbert Honsza. – Wrocław: Wydawnictwo Uniwersytetu Wrocławskiego 2003 (= Germanica Wratislaviensia; 125. Acta Universitatis Wratislaviensis; 2468), S. 57–75; Nicola Kaminski: Ex bello ars oder Ursprung der ›Deutschen Poeterey‹. – Heidelberg: Winter 2004 (= Beiträge zur neueren Literaturgeschichte; 205); Jörg Robert: Martin Opitz und die Konstitution der Deutschen Poetik. Norm, Tradition und Kontinuität zwischen *Aristarch* und *Buch von der Deutschen Poeterey*. – In: Euphorion 98 (2004), S. 281–322; Hans-Georg Kemper: Platonismus im Barock. Martin Opitz' Rede über die Dignität der Dichtkunst im *Buch von der Deutschen Poeterey* (Kapitel I–IV). – In: ›auf klassischem Boden begeistert‹. Antike-Rezeptionen in der deutschen Literatur. Festschrift Jo-

Es war 1617, drei Jahre nach der Gründung des Gymnasiums, also der vornehmste Ort der Bildung, den der blutjunge, eben zwanzigjährige Opitz betreten konnte. Wie sein großer Vorgänger bemüht er gleich mit den ersten Sätzen wiederum das ruhmreiche, ehrfurchtgebietende Walten der alten Germanen. Nun aber in einer Hinsicht, die seinem illustren Vorgänger mit keinem Wort in den Sinn gekommen war, nämlich als Sprecher und Sachwalter einer edlen wohlgeformten artikulationsreichen deutschen Sprache. Ursprungslegenden sind für alles gut und am meisten für das aktuell auf der Tagesordnung Stehende, in Deutschland nicht anders als in den Ländern ringsum. Sie tragen dazu bei, die jeweilige nationale Sprache und Literatur in einem quasimythischen Ursprung zu fundieren, und statten sie mit der Würde des Uralten, der Geschichte Entrückten aus – der Ersatz für die fehlende römische Inszenierung, wie sie die Italiener vornehmen konnten.

Das ist auch deshalb so wichtig, weil eine Nation in diesem Uranfänglich-Ersten ein heuristisches Unterpfand für seine Einheit besitzt, die ihr im Zeichen der Konfessionalisierung de facto abhanden gekommen ist. Deutschland ist nicht nur seit je seiner Verfassung nach in viele politische Körperschaften gegliedert, sondern inzwischen auch konfessionell offiziell zweigeteilt, tatsächlich im Blick auf die vielen calvinistischen Gravitationszentren jedoch wenigstens dreigeteilt. Noch einmal also kommt dem Einsatz für eine einheitliche, von Dialektizismen und Sonderbildungen gereinigte deutsche Sprache und eine in ihr sich artikulierende deutsche Dichtung ein ganz erheblicher kultur-, ja nationalpolitischer Überschuß zu. Sprache und Dichtung vermögen sich ungeachtet ihrer vielen heidnischen Ingredienzen zu legitimieren nicht nur im Vorweisen ihrer Schönheit, sondern auch in dem ihnen beigesellten Versprechen, die Glieder der Nation über die konfessionellen Gräben hinweg zu einen.

Daß diese ihre Mitgift indes keine Chimäre ist, dafür hat nun auch der Literaturwissenschaftler wie im Falle Petrarcas so auch im Falle Opitzens und der Seinen Beweismittel an der Hand. Im gleichen Jahr 1617, da Opitz im fernen schlesischen Beuthen seine Rede zur Erneuerung der deutschen Poesie hält, kommen im mittel-

---

chen Schmidt. Hrsg. von Olaf Hildebrand, Thomas Pittrof. – Freiburg/Br.: Rombach 2004 (= Rombach-Wissenschaften. Reihe Paradeigmata; 1), S. 37–66; Ralph Häfner: Das Subjekt der Interpretation. Probleme des Dichtungskommentars bei Martin Opitz. – In: Geschichte der Hermeneutik und die Methodik der textinterpretierenden Disziplinen. Hrsg. von Jörg Schönert, Friedrich Vollhardt. – Berlin, New York: de Gruyter 2005 (= Historia Hermeneutica. Series Studia; 1), S. 97–118; Theodor Verweyen: Parallel Lives. Martin Opitz and Julius Wilhelm Zincgref. – In: Early Modern German Literature (Anm. 22), pp. 823–852; ders.: Pluralisierung und Autorität an der Schwelle zur Literaturrevolution um 1600. – In: Maske und Mosaik. Poetik, Sprache, Wissen im 16. Jahrhundert. Hrsg. von Jan-Dirk Müller, Jörg Robert. – Berlin, Münster: Lit 2007 (= Pluralisierung & Autorität; 11), S. 361–396. – Zum Schönaichianum neben der in der zitierten Bibliographie aufgeführten Literatur (mit der gesamten Literatur): Klaus Garber: Daphnis. Ein unbekanntes Epithalamium und eine wiederaufgefundene Ekloge von Martin Opitz in einem Sammelband des schlesischen Gymnasium Schönaichianum zu Beuthen in der litauischen Universitätsbibliothek Vilnius. – In: ders.: Martin Opitz – Paul Fleming – Simon Dach. Drei Dichter des 17. Jahrhunderts in Bibliotheken Mittel- und Osteuropas. – Köln, Weimar, Wien: Böhlau 2013 (= Aus Archiven, Bibliotheken und Museen Mittel- und Osteuropas; 4), S. 1–158.

deutschen Weimar Fürsten, Adlige, Gelehrte zusammen, um eine kulturpolitische Vereinigung zu gründen, die ›Fruchtbringende Gesellschaft‹. Sie ist ebenso wie das Reformwerk des Celtis oder des Opitz inzwischen voll in das Licht der Forschung getreten.[24] Es hat sich bestätigt, was wir frühzeitig in den sechziger Jahren vermuteten, als die sozialgeschichtliche Forschung endlich auch für das 17. Jahrhundert erste Früchte zeitigte: Man trat am Vorabend des Dreißigjährigen Krieges zusammen, weil man eine Überwältigung durch den hochgerüsteten Gegner, wie er sich vor allem im Jesuitenorden und in Spanien verkörperte, befürchtete. Und man hoffte, den Kampf von Katholiken und Protestanten auf deutschem Boden, den Bürgerkrieg, wie er sich in Frankreich soeben erschreckend vollzogen hatte, im letzten Moment abwenden zu können. Die Nation sollte vor dem Zerbrechen bewahrt werden.

Zu schärfen galt es das Bewußtsein, daß die Deutschen noch vor ihrer Zugehörigkeit zu einer Konfession die Glieder eines Volkes, ja, wie der Begriff in den Flugschriften nun auch schon lautete, Glieder einer Nation seien. Und als Unterpfand dieser Einheit fungierte neuerlich die eine Sprache, die als gereinigte und normierte im Medium einer neuen Literatur erfüllt war von dem Versprechen konfessioneller Duldung und nationaler Einung. In diesem Sinn hat das europäische nationalsprachliche und nationalliterarische Projekt im Zeitalter des Konfessionalismus nochmals eine neue Wendung genommen. Man darf sie durchaus als eine Radikalisierung begreifen. Wo der politische Rahmen im Gefolge der konfessionellen Entzweiung zerbrach, boten Sprache und Literatur nach dem Willen ihrer Schöpfer wie ihrer Adressaten, Fürsten, Adliger und hochgestellter städtischer Repräsentanten, ein von Chiffren und Symbolen reich besetztes Terrain erfahrbarer Gemeinsamkeit.[25]

Zum Abschluß des europäischen Diskurses. Die Stimme Herders

Die Kehrseite des mit so viel Elan auf den Weg gebrachten Projekts? Nun, sie war den Vorgaben im Kontext des Humanismus geschuldet und vermochte auch im Übergang zum Deutschen nicht abgestreift zu werden. Die national ausgelegte ›Fruchtbringende Gesellschaft‹ repräsentiert die soziale Bandbreite, auf die die Gründung einer deutschen Literatur in humanistischen Bahnen zugeschnitten war. Opitz,

---

24 Vgl.: Die Fruchtbringer – eine Teutschhertzige Gesellschaft. Hrsg. von Klaus Manger. – Heidelberg: Winter 2001 (= Jenaer germanistische Forschungen. N.F.; 10). Dazu die von Martin Bircher und Klaus Conermann begründete und jetzt von Conermann im Zusammenwirken mit Gabriele Ball und Andreas Herz herausgegebene Quellen-Dokumentation, die sinnvollerweise zunächst die Dokumente aus der Köthener Phase der Gesellschaft vereinigt. Es handelt sich um die derzeit bedeutendste editorische Maßnahme zum 17. Jahrhundert.

25 Vgl. zuletzt Klaus Garber: Konfessioneller Fundamentalismus und späthumanistischer Nationalismus. Die europäischen Bürgerkriege in der poetischen Transformation um 1600. Opitzens *Trost-Getichte in Widerwärtigkeit des Krieges*. – In: Konfessioneller Fundamentalismus. Religion als politischer Faktor im europäischen Mächtesystem um 1600. Hrsg. von Heinz Schilling unter Mitarbeit von Elisabeth Müller-Luckner. – München: Oldenbourg 2007 (= Schriften des Historischen Kollegs. Kolloquien; 70), S. 23–46.

1625 als ihr Haupt anerkannt, besiegelte das Bündnis im gleichen Jahr mit einer berühmten Widmungsadresse in seiner ersten selbst zusammengestellten Gedichtsammlung an den Begründer der Gesellschaft Fürst Ludwig von Anhalt-Köthen, der ihn alsbald in die Gesellschaft aufnahm. Gewiß, in den Städten des alten deutschen Sprachraums, wo die Bewegung fast zeitgleich Fuß faßte, von Reval und Riga im Nordosten bis herab nach Straßburg und zum Oberrhein im Südwesten, von Schlesien bis nach Franken und Schwaben, von Lübeck, Hamburg und Bremen bis nach Basel, Zürich und Bern nahm die gelehrte bürgerliche Schicht an ihr teil, Professoren, Pfarrer, Juristen, Ärzte, gelegentlich Patrizier und ganz vereinzelt zünftisch verfaßte Angehörige der Mittelschicht. Eine Breitenbewegung vermochte sie ihrer Natur nach nicht auszulösen. Und eben dies hat ihr die Literaturgeschichte im 19. und weit ins 20. Jahrhundert hinein immer wieder vorgeworfen. Sie machte sich zur Anwältin einer mehr oder weniger nebulösen volkstümlichen Literatur bis hin zu der mit Gift besudelten Rede, das ganze auf die Antike und die westlichen Nachbarn gegründete Unternehmen sei ohnedies deutschem oder besser noch germanischem Wesen ungemäß.

Unübersehbar war aber auch, daß die von Opitz und seinen Mitstreitern begründete Richtung die altkatholischen Landschaften nur sehr zögerlich ergriff, die konfessionellen Scheidelinien also nicht wirklich überwunden werden konnten. Soziale wie konfessionelle Barrieren blieben ein Hindernis, um nicht zu sagen ein Ärgernis der nationalliterarischen Bewegung, die diesen Titel eben nur mit halbem Recht führte. Und so wäre es verlockend, zu den Nachbarn herüberzuschauen und Vergleiche anzustellen. Verlockend aber auch, dem Gewoge des Für und Wider um die Opitzsche Schöpfung im 17. Jahrhundert selbst zu folgen und die neu im Übergang in das 18. Jahrhundert ins Spiel kommenden Argumente zu mustern. Das alles kann hier gar nicht geschehen, gehört aber unter dem Titel der Kanonisierung von Literatur in jedem Fall zu unserem Geschäft als Historiker ihres Lebens und Nachlebens in allen Sparten der Gesellschaft.

Statt dessen sei in wenigen Sätzen nochmals eine Station markiert, von der wir glauben, daß sie mit einem gewissen Recht eine letzte auf unserem Weg genannt werden dürfte. Wir wissen, daß in dieser Wahl auch Vorlieben, ja Idiosynkrasien hineinspielen. Aber können, ja sollen wir sie aus unserem historischen Geschäft verbannen? Der junge Herder, im Begriff, von Riga sich abzustoßen und aufzubrechen zu neuen Ufern, hat aus seiner östlichen Heimat die Erinnerung an eine vom westlichen Klassizismus weitgehend unberührte Kultur mit auf den Weg genommen. Sie wird er fortan umkreisen, ihre Impulse möchte er produktiv assimilieren und noch einmal einem großen nationalen kulturpolitischen Projekt zuführen. Dreifach aufgetürmt, so der Herder der *Fragmente über die neuere deutsche Literatur*, seien die Hürden, die ihm entgegenstünden: die Gründung der Literatur nach wie vor auf das Lateinische, geschuldet dem Umstand, daß sie immer noch in den Händen von Gelehrten, also Lateinkundigen, läge und diese nicht aufgehört hätten, zuerst und vor allem auf die Höfe zu schauen. Es sind die drei Säulen des Humanismus und damit der bis tief in das 18. Jahrhundert sich erstreckenden literaturgesellschaftlichen Reform, die Herder ins Wanken, wo nicht zum Einsturz bringen möchte. Und dies aus keinem anderen Grund als dem einen und wahrlich unverächtlichen, diejenigen Schichten, die an diesem elitären Literatursystem nicht teilnehmen konnten, endlich auch in den Kreislauf der Literatur und ihrer kulturellen Insignien mit einzubeziehen.[26]

Wie Dante zu Anfang gewahrt Herder zu Ende hellsichtig, daß eine Kultur, nein eine Nation Schaden nehmen muß, sofern und solange sich literarisches und kulturelles Handeln dauerhaft auf verschiedenen Etagen abspielt, die Interessen der einen wie der anderen Seite wechselseitig nicht anerkannt werden und agierend nicht zur Geltung und Befriedigung kommen. Volkskultur – dieser von den Mystizismen der Romantik und des 19. Jahrhunderts noch gar nicht berührte Begriff – führt bei Herder den mühsam erkämpften Titel einer deutschsprachigen Literatur mit sich. Produktiv wie rezeptiv sollen Menschen jeden Standes an ihr und den ihr entspringenden Zeugungen teilhaben.

Das ist, in einer einzigen Andeutung zusammengefaßt, das literatur- und bildungspolitische Ideal, wie es sich am Vorabend der Revolution in den Worten des größten geschichtlichen Denkers des 18. Jahrhunderts auf deutschem Boden malt. Das humanistische Projekt des alten Europa gelangt damit an sein Ende. War aber das, was fast zeitgleich sich ausformte und nun auch den Deutschen den Ehrentitel einer deutschen Klassik bescherte, fünf Jahrhunderte nach den Italienern, fast drei Jahrhunderte nach den Spaniern, zwei nach den Engländern und weit mehr als einem nach den Franzosen dasjenige, was der Visionär Herder ins Blickfeld genommen hatte? War es überhaupt in die Wirklichkeit zu überführen? In jedem Fall bezeichnete es noch einmal ein Telos kulturellen nationalen Handelns.

Dürfen wir es zulassen, daß unsere Politiker sich dieses Potentials in Ahnungslosigkeit und Unkenntnis, vielleicht aber auch mit Kalkül begeben und vermeinen, fern von jenen Impulsen, wie sie der Sprache, der Literatur, den Künsten eignen, ihren nur allzu häufig bizarren Geschäften nachgehen zu können? Über den Verkauf mittelalterlicher Handschriften durch eine Landesregierung werde nicht durch den Blick der Fachreferenten in das Feuilleton, sondern durch den in den Wirtschaftsteil einer Zeitung entschieden, konstatierte Herr Oettinger wohlgemut, bevor er durch eine noch einmal im Sinne der Aufklärung ihre Rechte behauptende Öffentlichkeit gezwungen wurde, einzulenken. Nicht zuletzt dieser schmählichen Rede sollte durch unseren Beitrag ins Wort gefallen werden, auch wenn wir

---

26 Die letzte Edition dieses grundlegenden Textes mit Kommentar in: Johann Gottfried Herder: Frühe Schriften. 1764–1772. Hrsg. von Ulrich Gaier. – Frankfurt a.M.: Deutscher Klassiker Verlag 1985 (Johann Gottfried Herder. Werke in zehn Bänden; 1. – Bibliothek Deutscher Klassiker; 1), S. 161ff., Kommentar S. 1004ff. – Erlaubt sei abschließend der Verweis auf die Interpretation bei Klaus Garber: Martin Opitz – ›der Vater der deutschen Dichtung‹. Eine kritische Studie zur Wissenschaftsgeschichte der Germanistik. – Stuttgart: Metzler 1976, S. 58ff. Vgl. auch den schönen Beitrag von Hans-Wolf Jäger: Herder und die Frühe Neuzeit oder: Vom Sitz im Leben. – In: ders.: Vergnügen und Engagement. Ein gutes Dutzend Miszellen. – Bremen: edition lumière 2001, S. 213–225.

hoffen, daß er Stoff zu ein wenig mehr als diesem vordergründigen Ansinnen bieten sollte, das sich eines hoffentlich nicht allzu fernen Tages definitiv erledigt hat.

Zuerst erschienen in: Berichte und Forschungen. Jahrbuch des Bundesinstituts für Kultur und Geschichte der Deutschen im östlichen Europa 15 (2007), S. 43–65.

Die europäische Literatur unter dem Stern des Calvinismus

Zum Entwurf eines kulturgeschichtlichen Projekts

Forschungspolitischer Eingang

Der Name Calvins ist in der Literaturwissenschaft kein unbekannter. Aber ein unterschätzter. Und das nirgendwo mehr als in der Germanistik. Ihr Heros, wenn es denn um literaturtheologische Fragen geht, ist Luther. In europäischer Perspektive, aus der Optik Frankreichs und der Niederlande, Ungarns und Polens, am Rande auch Englands und Schottlands, nehmen sich die Dinge anders aus. Aber die Arbeit, die den unerhört radikalen Zusammenhang zwischen der zweiten, auf Europa zielenden Reformation und der Evolution der neueren nationalen, aus dem Geist des Humanismus emporwachsenden Literaturen Europas darlegen würde, steht aus. Luthers Weg führt auf den der Mystik geschuldeten der Innerlichkeit; Calvins führt hinaus in die Welt. Das macht ihn attraktiv für die Humanisten. Sie verlangen nach einem Gegengewicht zu dem nach wie vor dominanten Katholizismus im Zeichen der Jesuiten. Das finden sie nur im Melanchthonismus und im Calvinismus. Während Europas Humanisten aus dem Letzteren ihre Kraft beziehen, bleibt für die deutschen die Symbiose beider typisch. Das Fazit ist ein gleiches. Der Damm muß so oder so gegen die anbrandende Gegenreformation errichtet werden. Und das geschieht, wenn nicht im Namen, so doch im Geiste Calvins.[1]

Auf eine denkwürdige Weise ist das Konfessionalismus-Paradigma an der Literaturwissenschaft vorbeigegangen. Es hat keine inspirierenden Impulse freigesetzt. Ein Brückenschlag zur Geschichtswissenschaft ist nicht zustande gekommen. Ein selten dankbares Feld interdisziplinärer Kooperation ist so gut wie unbestellt geblieben. In den nationalen Philologien sind vereinzelt Schneisen geschlagen worden. Die Chance zu einer synoptischen vergleichenden Betrachtung ist nicht ergriffen worden. Die deutsche Kulturwissenschaft der Frühen Neuzeit, speziell die Germanistik, auch befaßt mit Fragen nach dem Ursprung der neueren deutschen Literatur im nicht länger neulateinischen, sondern volkssprachigen Gewand, leidet unter diesem Defizit besonders. Deutschland ist gerade seitens der Nationalliteraturbewegung im europäischen Maßstab sowohl auf der Ebene der Theorie wie der der dichterischen Praxis vergleichsweise spät am Zuge. Weichenstellungen sind erfolgt. Die Akteure auf deutschem Boden sind mit ihnen vertraut. Intertextuelle

---

[1] Vgl. die einschlägigen Beiträge in: Calvinismus. Die Reformierten in Deutschland und Europa. Eine Ausstellung des Deutschen Historischen Museums Berlin und der Johannes a Lasco Bibliothek Emden. Hrsg. von Ansgar Reiss, Sabine Witt. – Dresden: Sandstein 2009. Hier S. 410–437 ein eingehendes, interdisziplinär angelegtes Literaturverzeichnis.

Schnittmuster sind deshalb allemal vorauszusetzen. Aber wie sollen sie zutage treten, wenn nicht von vornherein vergleichend gearbeitet wird? Einzubekennen gilt es, daß eine europäische Philologie, zwingendes Gebot gerade in der Frühen Neuzeit, über weite Strecken immer noch eher Desiderat denn selbstverständliche Praxis ist.[2]

Im zur Rede stehenden Fall treten spezielle Gründe hinzu. Calvin ließ sich anders als Luther nicht direkt und umstandslos an literarische Entwicklungen anschließen. Das einschlägige Paradigma blieb die Psalmendichtung, wie sie sich mit Genf und dessen Ausstrahlungen verband. Aber das war ein zartes geistlich-literarisches Gewächs, das kaum dazu auserkoren war, sich forschungspolitisch zu behaupten.[3] Über der Gestalt Calvins und seinen Getreuen lag das Verdikt prinzipieller Kunstfeindlichkeit, durch Max Weber machtvoll bekräftigt. Von Calvins Lehre, seiner Theologie her schienen keine verfolgenswerten Wege herüber zur Entfaltung der Künste in dem Jahrhundert der Konfessionalisierung zwischen 1550 und 1650 zu führen. Der Purismus der Wort-Theologie mochte der geistlichen Rhetorik, der Homiletik, dem erbaulichen Schrifttum zugute kommen, mochte schneidend in der kontroverstheologischen Polemik sich geltend machen, für die Literatur schien er Förderliches nicht zu bergen. Wie sonst sollte die doch ins Auge springende Abstinenz auf seiten der Forschung erklärlich sein? Es bedurfte eines Blicks für geschichtliche Konstellationen in der fraglichen Zeit, für indirekte, vermittelte Affinitäten, unter der Oberfläche verborgene Anstöße und ermutigende Impulse, um die sodann überraschend deutlich sich abzeichnenden Konjunktionen zwischen Calvinismus und literarischer Evolution im frühmodernen Europa zu gewahren.

---

2 Vgl. zu den hier angeschnittenen Fragen mit reicher Literatur: Nation und Literatur im Europa der Frühen Neuzeit. Hrsg. von Klaus Garber. – Tübingen: Niemeyer 1989 (= Frühe Neuzeit. Studien und Dokumente zur deutschen Literatur und Kultur im europäischen Kontext; 1). Des weiteren: Klaus Garber: Literatur und Kultur im Europa der Frühen Neuzeit. Gesammelte Studien. – München: Fink 2009.

3 Zur deutschsprachigen Psalmendichtung bekanntlich grundlegend Erich Trunz: Die deutschen Übersetzungen des Hugenottenpsalters von Schede Melissus, Lobwasser und Winnenberg. – In: Euphorion 29 (1928), S. 578–617. In gekürzter Version eingegangen in ders.: Deutsche Literatur zwischen Späthumanismus und Barock. Acht Studien. – München: Beck 1995, S. 176–186. Die Arbeit bildet hier einen Anhang zu der gleichfalls einschlägigen Studie von Trunz: Ambrosius Lobwasser. Humanistische Wissenschaft, kirchliche Dichtung und bürgerliches Weltbild im 16. Jahrhundert. – In: Altpreußische Forschungen 9 (1932), S. 29–97. In dem Sammelband aus dem Jahr 1995, S. 83–176. Hier eine eingehende Zusammenstellung der Literatur zum ›Psalter‹, S. 171f. Eine solche unter reichem Einschluß der jüngeren Literatur auch daselbst, S. 184–186. Jetzt einschlägig der Sammelband: Der Genfer Psalter und seine Rezeption in Deutschland, der Schweiz und den Niederlanden. 16.–18. Jahrhundert. Hrsg. von Eckhard Grunewald, Henning P. Jürgens, Jan R. Luth. – Tübingen: Niemeyer 2004 (= Frühe Neuzeit; 97).

Die hohen Gattungen – politisch besetzt

Und wie hätte es anders sein können? Sie mußten existieren. Schauen wir zunächst und noch vorbereitend von literaturwissenschaftlicher Seite her auf das Problem. Die Poetik, die neulateinische nicht anders als die nationalsprachige, hatte die Dreistillehre nachhaltig ausgebaut. Sie haftete keineswegs nur an Stil und Dekorum, sondern ebenso an thematischem Vorwurf und repräsentativem Sujet. Und das nirgendwo mehr als auf der oberen Etage des *genus grande*. Es war geeicht auf das hohe, das fürstliche Personal. Aber es führte ebensowohl auch einen Index großer besingenswerter Ereignisse mit sich. Rangierte das Epos an oberster Stelle, so gewiß aufgrund seiner archetypischen Ausprägung in der Antike über die beiden Heroen Homer und Vergil. Sie aber – und Vergil mehr noch als Homer – waren Repräsentanten, die ihren Epen den zentralen nationalen Gehalt ihrer Völker vermacht hatten.

Diese Erbschaft verlor sich nicht wieder. Sie erfuhr in der Renaissance ihre Wiederauferstehung und Fortentwicklung. Auf seiten der zweiten hohen Gattung, der Tragödie, lagen diese Zusammenhänge nicht so offenkundig zutage. Indem die Theorie sich um den tragischen Helden gruppierte, schien ein das Volk, die Nation betreffendes Allgemeines abgeblendet. Aber eben nur zum Schein. Die vorbildliche *dramatis persona* nimmt als solche die Belange der politischen Korpora wahr. Ja gerade im Martyrium, dieser modernen Wendung des antiken Opfertodes, vermag die Verpflichtung auf überpersönliche, aber keinesfalls nur überirdische Mächte besonders eindrucksvoll in Szene gesetzt zu werden.

Keinem Zeitalter der nachantiken Ära ist diese nur eben erinnerte poetologische Vorgabe mehr entgegengekommen als dem des Konfessionalismus. Die Dichter wußten, an einer Wende der Zeiten zu stehen. Sie waren Zeugen eines politischen, eines nationalen, eines religiösen Dramas von beispiellosen Dimensionen. Es konnte nicht anders sein, als daß diese sich ihrem Denken über Dichten nicht anders als ihrem Dichten selbst mitteilten. Das ist etwas gänzlich anderes als das, was die Literaturwissenschaft unter dem Titel ›Erlebnisdichtung‹ bucht und traktiert. Diese ist von der neueren Humanismus- und Barockforschung, bezogen auf Phänomene der Dichtung des 16. und 17. Jahrhunderts, als ahistorisch qualifiziert und entsprechend eliminiert worden. Was die neuere Forschung nicht gewahrte und was wir erst jetzt mühsam zu rebuchstabieren lernen, ist der geschichtliche Erfahrungsgehalt, der sich den großen Dichtungen des Zeitalters einschrieb. Die konfessionelle *Querelle* stellt, vermittelt mit der nationalen, geradezu das Paradigma dafür. Und eben deshalb will es so schwer begreiflich erscheinen, daß sie ihre literaturwissenschaftliche Extrapolation im Blick auf den Calvinismus bislang nicht gefunden hat.[4]

---

4 Ein entsprechender Forschungsbericht zuletzt bei Klaus Garber: Konfessioneller Fundamentalismus und späthumanistischer Nationalismus. Die europäischen Bürgerkriege in der poetischen Transformation um 1600. Opitzens ›Trost-Getichte in Widerwärtigkeit des Krieges‹. – In: Konfessioneller Fundamentalismus. Religion als politischer Faktor im europäischen Mächtesystem

Italienisches Vorspiel

Soll sie gelingen, muß sie mit der Feststellung eröffnet werden, daß sie eine Vorgeschichte hat. Diese angemessen ins Kalkül zu ziehen, ist um einer ordnungsgemäßen literaturwissenschaftlichen Buchführung willen vonnöten, um die wir Literaturwissenschaftler, wie es scheint, gerade heute besonders besorgt sein müssen. Die neuere europäische Literatur tritt mit dem Zerbrechen der Einheit von päpstlicher und kaiserlicher Gewalt sowie mit dem päpstlichen Schisma selbst in die Welt. Das Werk Dantes und Petrarcas ist ohne diese erste Erschütterung europäischen Ausmaßes nicht verständlich. Niemand anders als das Berliner Akademie-Mitglied Konrad Burdach hat das bahnbrechend, aber im Grunde weitgehend vergessen, gezeigt. Am Ende dieses ersten welthistorischen Kursus auf dem Boden Europas mit den weitestreichenden Folgen auch für die Künste und speziell die Literatur steht der Einmarsch der Franzosen und Spanier in das Ursprungsland der Renaissance. 1494 und 1527 bezeichnen in der Urgeschichte der neueren europäischen Dichtung traumatisch besetzte Schlüsseldaten.[5]

Schon jetzt und hier werden die poetischen Techniken entwickelt und ausgebaut, die ihnen gewachsen zu sein vermöchten, werden poetische Formeln, Bilder, Metaphern erprobt, die das vordem Undenkbare poetisch handhabbar zurüsten. Es sind dies die in die frühe literarische Moderne Europas führenden Strategien der verdeckten und enigmatischen Rede, des Wiederaufstiegs der nun politisch gewendeten Allegorie, der Montage politisch imprägnierter Versatzstücke der literarischen Tradition Europas. Sie waren dank Vergil in keiner europäischen Literaturform raffinierter und tiefgründiger exponiert als in der Bukolik, der vermeintlich unschuldigen, harmlosen, randständigen Schäferdichtung. Ganz im Gegenteil erfuhr sie eben jetzt, wiederum angefangen bei Dante und Petrarca, ihren europäischen Aufstieg. Sie wird uns folglich in einem zweiten Kursus bei dem nun anzustellenden literarischen Rundgang unter dem Stern des Calvinismus wieder begegnen.[6]

---

um 1600. Hrsg. von Heinz Schilling unter Mitarbeit von Elisabeth Müller-Luckner. – München: Oldenbourg 2007 (= Schriften des Historischen Kollegs. Kolloquien; 70), S. 23–46. Es will als ein verheißungsvolles Ereignis gewertet werden, daß im Rahmen einer Geschichte der deutschen Lyrik der Frühen Neuzeit ein gesamter Band unter den übergeordneten Gesichtspunkt des Konfessionalismus gestellt werden konnte. Vgl. Hans-Georg Kemper: Deutsche Lyrik der frühen Neuzeit. Bd. II: Konfessionalismus. – Tübingen: Niemeyer 1987. Vgl. hier vor allem das Kapitel ›Calvinistische Frömmigkeit und Krisen-Bewährung‹, S. 198–226. Dazu die in den Anmerkungen 10 und 21 zitierten weiteren Arbeiten Kempers.

5 Vgl. Konrad Burdach: Rienzo und die geistige Wandlung seiner Zeit. – Berlin: Weidmann 1913–1928 (= Vom Mittelalter zur Reformation; II/1). Dazu Klaus Garber: Versunkene Monumentalität. Das Werk Konrad Burdachs. – In: Kulturwissenschaftler des 20. Jahrhunderts. Ihr Werk im Blick auf das Europa der Frühen Neuzeit. Hrsg. von Klaus Garber unter Mitwirkung von Sabine Kleymann. – München: Fink 2002, S. 109–157.

6 Vgl. Konrad Krautter: Die Renaissance der Bukolik in der lateinischen Literatur des XIV. Jahrhunderts. Von Dante bis Petrarca. – München: Fink 1983 (= Theorie und Geschichte der Literatur und der Schönen Künste. Texte und Abhandlungen; 65); Klaus Garber: Arkadien und Gesellschaft. Skizze zur Sozialgeschichte der Schäferdichtung als utopischer Literaturform Europas. – In: Utopieforschung. Interdisziplinäre Studien zur neuzeitlichen Utopie. Bd. I–III. Hrsg. von Wil-

Wechsel der nationalen Führungsrollen

Im vorliegenden Zusammenhang ist es von ausschlaggebender Bedeutung, daß die literarische Führung seit der Mitte des 16. Jahrhunderts nicht mehr allein bei Italien liegt, sondern partiell und gerade im Zeichen der Konfessionalisierung auf die Nachbarländer übergeht. Italien kennt das große Epos und seine Travestie im Werk Boiardos, Ariosts und Tassos, ohne die die Ausbildung des modernen Romans, wie sie Spaniens Mission werden sollte, undenkbar ist. Und nachhaltig teilen sich ihm die angedeuteten geschichtlichen Zäsuren im Bruch der epischen Normierungen, den vielfältigen Unterminierungen epischer Gehalte mit. Die Öffnung des Epos für das konfessionelle Drama, wie es sich zeitgleich entrollt, ist nicht mehr auf italienischem Boden erfolgt.

Und als der höfisch-politische Roman das Erbe des Epos antritt, ist Italien gleichfalls nicht mehr zur Stelle. Es führt die Schöpfung der Oper in einem langwierigen Prozeß herauf, wie er in das Zeitalter des Barock hinübergeleitet. Wo indes nicht der repräsentative, sondern der deliberative, argumentative, ja dialektische Gestus im Gefolge des welthistorischen Dramas der Reformation und der sich anschließenden konfessionellen Bürgerkriege zur literarischen Behandlung herausfordert, da übernehmen die betroffenen Länder die literarische Stafette selbst. Wie sehr wünschte man, für diesen atemberaubenden Vorgang auf einen literaturkundlichen Führer zurückgreifen zu können. Für die im Zeichen des Katholizismus stehenden literarischen Prägungen ist viel geschehen. Nicht gleich so für die aus calvinistischem Geist gezeugten. Wir können nur einige Hinweise geben, die große Darstellung nochmals als Desiderat artikulierend.

Frankreich

Zu beginnen ist mit Frankreich. Dem Land, im Begriff, die literarische Führungsrolle, wie sie bis dato Italien innehatte, zu übernehmen, gelingt – ganz anders als Deutschland – eben noch vor Ausbruch der Bürgerkriege die Ausformung einer nunmehr national gepolten Renaissancekultur – der ersten monarchisch legitimierten und monarchiekonformen Bildung im neueren Europa, wie sie sich bleibend mit den Namen der Dichter der Pléiade verbindet. Fortan gabeln sich die Wege im Zeitalter des Konfessionalismus, das wir unter literaturgeschichtlichen Auspizien als eines des Späthumanismus apostrophieren möchten. Aus dem Kreis der Späthumanisten erfolgt die geistige, die politiktheoretische und staatsrechtliche Fundamentierung der postkonfessionellen Monarchie als der einzigen die staatli-

---

helm Voßkamp. – Stuttgart: Metzler 1982 (Taschenbuchausgabe: Frankfurt a.M.: Suhrkamp 1985 (= Suhrkamp-Taschenbuch Wissenschaft; 1159)), Bd. II, S. 37–81. Der Text wiederabgedruckt unter dem Titel ›Arkadien und Gesellschaft. Skizze zur Sozialgeschichte der Schäfer-, Landleben- und Idylldichtung als utopischer Literaturform Europas‹ in: ders.: Literatur und Kultur im Europa der Frühen Neuzeit (Anm. 2), S. 229–274.

che Einheit und Handlungsfähigkeit garantierenden Instanz angesichts der aufgeputschten religiösen Leidenschaften. Immer wieder ist daran zu erinnern, daß es die Gruppe der sogenannten *politiques* ist, der frühzeitig die Deduktion des modernen, weltanschaulich und religiös neutralen Staates gelingt. Die späthumanistische Dichtung gerade im Deutschland um 1600 hat davon ungemein profitiert.[7]

Zeitgleich tritt um 1550/60 die reformierte Dichtung auf den Plan – und das mit großen, imponierenden Würfen. Die Psalmendichtung Clément Marots und Théodore de Bèzes wird das Vorbild für diese allenthalben aus dem Boden sprießenden Bildungen werden. Hier geht es um den weniger wahrgenommenen weltlichen Beitrag in Epos und Drama. Er verbindet sich mit den Namen von Guillaume de Salluste du Bartas und Théodore Agrippa d'Aubigné. Weitab von den zeitgenössischen Friktionen scheint das gewaltige Epos *La sepmaine ou création du monde* der Jahre 1578/79 von du Bartas seine Bahnen zu nehmen. Was aber sicherte ihm den ungeahnten Erfolg, wie er sich in ständigen Nachdrucken sowie in Übersetzungen ins Deutsche, Lateinische, Englische, Niederländische bekundete? Es war die den Calvinisten so affine Welt des Alten Testaments, die erstmals in der neueren Zeit episch erobert wurde. Vor allem aber waren unüberhörbar für eine auf poetische Signale geeichte Leser- und Hörerschaft antikatholische, protestantische, ja reformierte Vorstellungen dem Schöpfungsepos imputiert, die dessen Karriere begünstigten.[8]

Nicht nur die Großen, Tasso, Milton, Goethe, überzeugte das Epos. Vielmehr konnte es kein Zufall sein, daß sich aus dem Kreis der ›Fruchtbringenden Gesell-

---

7 Vgl. Klaus Garber: A propos de la politisation de l'humanisme tardif européen. Jacques Auguste de Thou et das ›Cabinet Dupuy‹ à Paris. – In: Le juste et l'injuste à la Renaissance et à l'âge classique. Études réunies et publiées par C. Lauvergnat-Gagnière, B. Yon. – Saint Étienne: Publications de l'Université de Saint-Étienne 1986, pp. 157–177. – Wesentlich veränderte Fassung unter dem Titel: Paris, die Hauptstadt des europäischen Späthumanismus. Jacques Auguste de Thou und das Cabinet Dupuy. – In: Res publica litteraria. Die Institutionen der Gelehrsamkeit in der Frühen Neuzeit. Hrsg. von Sebastian Neumeister, Conrad Wiedemann. – Wiesbaden: Harrassowitz 1987 (= Wolfenbütteler Arbeiten zur Barockforschung; 14), S. 71–92. In überarbeiteter und erweiterter Fassung wiederabgedruckt in: Literatur und Kultur im Europa der Frühen Neuzeit (Anm. 2), S. 419–442. Dort die einschlägige Literatur.

8 Eine neue große du Bartas-Monographie unter den hier angedeuteten Gesichtspunkten fehlt. Vgl. Kurt Reichenberger: Du Bartas und sein Schöpfungsepos. – München: Hueber 1962 (= Münchener Romanistische Arbeiten; 17); Noel Heather: Du Bartas, French Huguenot Poet, and His Humorous Ambivalence. – Lewiston/NY, Queenston/ON: Mellen Press 1998 (= Studies in French Literature; 31); Kathryn Banks: Cosmos and Image in the Renaissance. French Love Lyric and Natural-Philosophical Poetry. – London: Legenda 2008. Darin: The Cosmos in Du Bartas's *Sepmaine*. Images of God and of War, pp. 30–110; dies.: Les mondes nouveau-né et vieillissant. *La Sepmaine* de Du Bartas et la poésie apocalyptique. – In: Vieillir à la Renaissance. Textes réunis, présentés et édités par Colette H. Winn, Cathy Yandell. – Paris: Champion 2009 (= Colloques, congrès et conférences sur la Renaissance européenne; 62), pp. 319–337. Hinzuzunehmen die letzte kommentierte Edition: Guillaume Du Bartas: La Sepmaine ou Création du monde. Vol. I–III. Ed. par Jean Céard (Vol. I), Yvonne Bellenger (Vol. II), Annotations de Pantaléon Thévenin. Ed. par Denis Bjaï (Vol. III). – Paris: Classiques Garnier 2011 (= Textes de la Renaissance; 173–175). Zum Kontext das wichtige Werk von Doris R. Creegan: Echos de la Réforme dans la littérature de langue française de 1520 à 1620. – Lewiston/NY, Queenston/ON: Mellen Press 2001 (= Studies in French Literature; 47).

schaft‹ sogleich Übersetzer ans Werk machten, denen diese protestantisch-reformierte Mitgift nicht verborgen geblieben und merklich willkommen war. Als mächtiger Weltenherrscher wird Gott exponiert, Gebieter über den Kosmos, die Geschöpfe der Natur, die Menschheit in allen ihren Manifestationen in Vergangenheit, Gegenwart und Zukunft. Nur der Schöpfung, der Geschöpflichkeit genuine Hervorbringungen haben als ursprüngliche ein Anrecht auf Existenz und Akzeptanz, nicht solche eines auf sekundärer Übereinkunft beruhenden Traditionalismus. Die katholische Kirche als mächtiger weltlicher Herrschaftsapparat sieht sich ein Jahrhundert vor den ersten Regungen der Aufklärung in Bayles *Dictionnaire historique et critique* unausgesprochen, gleichwohl unverkennbar vor das Forum der Kritik gezogen. Das hat zur Erfolgsgeschichte des Epos maßgeblich beigetragen. Opitz wußte, warum er gerade auch Passagen von *La sepmaine* des du Bartas seinem einzigen quasiepischen Entwurf integrierte.

Sehr viel deutlicher, direkter und drastischer ist der Schock der Bürgerkriege aus calvinistischer Optik im Werk d'Aubignés verarbeitet. Das Abenteuer seines Lebens, dieses unerschrockenen Streiters für die Sache der Hugenotten an der Seite Heinrichs von Navarra, kann hier nicht rekapituliert werden. *Les Tragiques*, sein 1575 begonnenes, aber erst 1616 anonym erschienenes Epos signalisiert schon titularisch, in welchen Kategorien Geschichte, Zeitgeschichte begriffen sein will. Anders aber als im Trauerspiel des Barock bleiben die epischen *Tragiques* dem Zeitgeschehen, wie es sich vor den Augen des Autors entrollte, unmittelbar auf der Spur. Der Anklang an Ronsards *Discours des misères de ce temps* (1562) ist unüberhörbar. Die Schilderung der Greuel des Krieges – zweifellos Vorlage für den drei Jahre nach Erscheinen des Werkes von d'Aubigné einsetzenden Opitz! – dürfte in ihrer Drastik bis dato keine epische Parallele gehabt haben.[9]

---

9 Vgl. die Untersuchung von Dagmar Stöferle: Agrippa d'Aubigné. Apokalyptik und Selbstschreibung. – München: Fink 2008 (= Theorie und Geschichte der Literatur und der Schönen Künste; 116). Aus der reichhaltigen Literatur sei verwiesen auf: Marguerite Soulié: L'inspiration biblique dans la poésie religieuse d'Agrippa d'Aubigné. – Paris: Klincksieck 1977; Marie-Madeleine Fragonard: La pensée religieuse d'Agrippa d'Aubigné et son expression. – Paris: Champion 2004 (= Bibliothèque littéraire de la Renaissance. Série 3; 53); Elliott Forsyth: La Justice de Dieu. ›Les Tragiques‹ d'Agrippa d'Aubigné et la Réforme protestante en France au XVIe siècle. – Paris: Champion 2005 (= Études et essais sur la Renaissance; 57); Samuel Junod: Agrippa d'Aubigné ou Les misères du prophète. – Genève: Droz 2008 (= Cahiers d'Humanisme et Renaissance; 83). Zum Kontext vgl. die beiden wichtigen Monographien von Stefan Osieja: Das literarische Bild des verfolgten Glaubensgenossen bei den protestantischen Schriftstellern der Romania zur Zeit der Reformation. Studien zu Agrippa d'Aubigné, Francisco de Enzinas, Juan Pérez de Pineda, Raimundo González de Montes, Olympia Fulvia Morata, Scipione Lentolo und Taddeo Duno. – Frankfurt a.M. etc.: Lang 2002 (= Europäische Hochschulschriften. Reihe 13: Französische Sprache und Literatur; 262), und von Marcus Keller: Figurations of France. Literary Nation-Building in Times of Crisis (1550–1650). – Newark: Univ. of Delaware Press; Lanham/MD: The Rowman & Littlefield Publishing Group 2011, sowie die beiden gleichfalls wichtigen Sammelbände: La littérature tragique du XVIe siècle en France. Numéro préparé par Louise Frappier. – Montréal: Les Presses de l'Université de Montréal 2008 (= Études françaises; XLIV/2); Fortune and Fatality. Performing the Tragic in Early Modern France. Ed. by Desmond Hosford, Charles Wrightington. – Newcastle upon Tyne: Cambridge Scholars Publishing 2008.

Sie bildet indes nur den Auftakt für eine Zeitkritik, eine satirische Geißelung der Herrschaft der Könige aus dem Geschlecht der Valois einschließlich der richterlichen und kirchlichen Machtapparate, wie sie in dieser Kühnheit nur in einer Zeit und für eine knapp bemessene Weile möglich blieb, da die Waagschale sich nach der einen oder der anderen Seite senken mochte. *Les Tragiques*, die ›tragischen Reden‹, sind ein in das Epos verwobenes Werk aufrüttelnder antikatholischer Anklage aus dem Munde eines glühenden Anhängers der Reformierten, wie es in dieser konfessionspolitischen Distinktion nicht wieder zustande kommen sollte und konnte, weil es sich einer geschichtlichen Stunde mit offenem Horizont verdankte. Eine solche wiederholte sich nur für wenige Jahre noch einmal vor Beginn des Dreißigjährigen Krieges. Ich wüßte daher dem d'Aubignéschen Werk nur ein verwandtes zur Seite zu stellen, eben das Opitzsche in Gestalt seines *TrostGedichtes Jn Widerwertigkeit Deß Krieges*. Der Preis der Märtyrer, der Kämpfer für den rechten Glauben, der Einzug der Erwählten ins himmlische Jenseits, die Greuel der Verwüstung, die vom Blut der Geschändeten überquellenden Flüsse, die apokalyptischen Visionen und die unerschütterliche Gewißheit, einen streitbaren Gott für die gerechte Sache an der Seite der Kämpfenden zu wissen – all diese bei d'Aubigné geprägten Bilder und Szenen haben bei Opitz in seiner größten poetischen Schöpfung ihre Entsprechung.[10]

England

Doch zunächst der Blick herüber nach England – und das nicht zuletzt, um in aller Kürze die breitgefächerte Palette der poetischen Verfahrensweisen zumindest anzudeuten. Wir rücken zeitlich nur unwesentlich voran. Die Dezennien um 1600 erweisen sich unter allen denkbaren Aspekten als Achsenzeit mit Schlüsselcharakter im Zeichen des Späthumanismus. Der elisabethanische Hof bildet mit den ihm assoziierten Kreisen des Adels und der Humanisten einen fixen insularen Knotenpunkt im dicht geknüpften Netz späthumanistischer Geistigkeit, sympathisierend mit reformiertem Gedankengut und nun um 1600 sich intensivierenden politischen Aktivitäten am Vorabend des pfälzisch-böhmischen Coups. Die Justierung der königlichen Autorität Britanniens, ihre verläßliche Einbindung in das sich abzeichnende europäische Bündnissystem – schon lange nicht mehr unter lutherischer Führung, wie noch zu Schmalkaldischen Zeiten, sondern prononciert unter

---

10 Vgl. Klaus Garber: Martin Opitz. – In: Deutsche Dichter des 17. Jahrhunderts. Ihr Leben und Werk. Hrsg. von Harald Steinhagen, Benno von Wiese. – Berlin: Schmidt 1984, S. 116–184. Hier eine Interpretation des Gedichtes in der angedeuteten Richtung, S. 145–163 (in diesem Band S. 612–635). Vgl. auch das sehr gehaltreiche Kapitel ›Kampf für Freiheit und Frieden (Opitz)‹. – In: Hans-Georg Kemper: Deutsche Lyrik der frühen Neuzeit. Bd. IV/1: Barock-Humanismus. Krisen-Dichtung. – Tübingen: Niemeyer 2006, S. 130–184, insbesondere die Abschnitte ›Der Irritierende – Zur Rezeption und Biographie eines calvinistischen Humanisten‹, S. 130–137, sowie ›»Der Krieg ist Gottes Zeug«: ›Trostgedicht‹ im Wider-Stand des Krieges‹, S. 137–145.

reformierter – erfolgt unter maßgeblicher Beteiligung, wo nicht Initiative der humanistischen Intelligenz.[11]

Poetisch zeitigt sie zwei Entwürfe von weltliterarischem Rang, deren Schicksal im Blick auf spätere Zeiten darin lag, zunehmend in den Schatten der singulären Gestalt Shakespeares zu geraten. Wir sprechen von Philip Sidney und Edmund Spenser. Ihrer beider Werk ist wie dasjenige Shakespeares nur entschlüsselbar angesichts der durch die konfessionellen Bürgerkriege aufgerissenen Gräben und bislang nicht dagewesenen Erschütterungen. Wo Shakespeare indes – wie auf ganz andere Weise das Genie Rabelais – seismographisch seinen poetischen Kosmos auf den Verlust jedweder Gewißheit, das Versinken des einstmals befestigten Bodens gründet, da schlagen Sidney wie Spenser aus der kurzfristig offenen politischen Situation poetisches Kapital über den bukolisch-allegorischen Transfer. Hinter beiden erhebt sich noch einmal die Gestalt eines großen Italieners, ohne den die poetische Operation schwerlich gelungen wäre. Iacopo Sannazaro – unerkannt und verkannt bislang – hat den Untergang seiner Heimat und mit ihr der Dynastie der Aragonesen in seiner *Arcadia* ein Jahrhundert vorher verschlüsselt besungen und betrauert. Seine Bedeutung in europäischer Optik liegt in der Prägung eines ganzen Sets politisch-allegorischer Bilder und Formeln, in denen das geschichtliche Unheil, das Versinken von Hoffnung seine nur vordergründig arkadisch anmutende Inszenierung findet.[12]

Spenser hat in seinem *Shepheardes Calendar* diesen von Sannazaro gebahnten Weg fortgesetzt und gelangte in seinem Vollzug zu einer Radikalisierung in der Handhabung des bukolischen Codes, der die Gattung zu sprengen drohte. In eigenwilligen, bewußt dunklen, schon den Zeitgenossen gewiß nur partiell entschlüsselbaren Chiffren enthüllte der Eklogenkranz in polyperspektivischer Montage ein hintergründiges textuelles Panaroma, das einem Kaleidoskop gleich mit jeder Wendung einen neuen Blick freigab. Das aber nun in einer der Gattung affinen Manier, nämlich im Wechsel der poetischen Einstellungen, im Zitat gerade der Sannazaroschen pastoralen Semantik und so die Bedeutung der geschichtlichen Stunde sinnfällig markierend, was hieß, den von Sannazaro eröffneten Prospekt des Abgrundes nicht zu kaschieren und doch zugleich im bukolisch chiffrierten Signalement der Königin Perspektiven entschiedenen Einsatzes für die bedrohte protes-

---

11 Vgl. aus der reichen Literatur etwa David Norbrook: Poetry and Politics in the English Renaissance. – Oxford, New York: Oxford University Press 2002; Michael Hattaway: Renaissance and Reformations. An Introduction to Early Modern English Literature. – Oxford, Malden/MA: Blackwell 2005 (= Blackwell Introductions to Literature; 12); John S. Pendergast: Religion, Allegory, and Literacy in Early Modern England, 1560–1640. The Control of the World. – Aldershot, Burlington/VT: Ashgate 2006.
12 Vgl. Klaus Garber: Formen pastoralen Erzählens im frühneuzeitlichen Europa. – In: Internationales Archiv für Sozialgeschichte der deutschen Literatur 10 (1985), S. 1–22. Eingegangen unter dem Titel ›Formen pastoralen Erzählens in der europäischen Literatur der Frühen Neuzeit. Von Boccaccio zu Gessner.‹ – In: ders.: Literatur und Kultur im Europa der Frühen Neuzeit (Anm. 2), S. 301–322. Hier die angedeutete Arcadia-Lesung. Verwiesen werden darf auf ein großes Sannazaro-Kapitel in dem abgeschlossenen und derzeit für die Publikation vorbereiteten Werk zur europäischen Arkadien-Utopie.

tantische Sache zu weisen. In diesem Sinn stellt der *Shepheardes Calendar* den Vorläufer, aber zugleich und genau wie bei Vergil das pastorale Komplement zu der epischen Märchenwelt der Elisabeth zugeeigneten *Faerie Queene* Spensers dar.[13]

Sidney umgekehrt, anerkannter Wortführer der politisierten humanistischen Intelligenz mit engen Beziehungen zu den politischen Zentren der calvinistischen Hochburgen, hat in seiner Sannazaro gleichnamigen *Arcadia* das Wunder vermocht, die allegorische Mitgift der Eklogen Vergils, Sannazaros und alsbald eines Spenser mit der jüngsten Errungenschaft der europäischen Literatur im pastoralen Gewande, der Ausbildung des Schäferromans, wie sie sich in Spanien – und eben nicht mehr in Italien – vollzog, zu synthetisieren. Indem er den pastoralen Formtyp des Romans mit dem heroisch-politischen in Kontakt brachte – beide soeben erst in einer Phase der Formierung begriffen und fast zeitgleich, aber in ganz anders gearteter Ausrichtung auf dem Kontinent von d'Urfé in seiner *Astrée* realisiert –, formte er erstmals eine poetische Amalgamierung, von der man wähnen konnte, daß sie nicht lebensfähig zu sein vermöchte, und die als poetisches Experiment gleichwohl grandios gelang. Der Autor, zum aktivsten politischen Flügel der Aristokratie um Elisabeth gemäß Herkunft und Erziehung gehörig, nimmt an dem Ringen um die Monarchie und um die Monarchin im Medium des pastoral-heroischen Romans teil.[14]

Arkadien bleibt ein mit Bedeutung befrachteter Handlungsraum, in dem die im werdenden Staatsroman vom Typ der Barclayschen *Argenis* wiederum fast zeitgleich bereits kulminierenden politischen Debatten durchgespielt werden. Der Status des traditionell bukolisch besetzten arkadischen Raums ist so lange gefährdet, wie der König als staatstragende Figur ihn als einen Fluchtraum mißversteht und mißbraucht. Er entzieht sich seinen königlichen Pflichten, um einem – wie in Guarinis

---

13 Vgl. Wolfgang Iser: Spensers Arkadien. Fiktion und Geschichte in der englischen Renaissance. – Krefeld: Scherpe 1970 (= Schriften und Vorträge des Petrarca-Instituts Köln; 24), wiederabgedruckt in: Europäische Bukolik und Georgik. Hrsg. von Klaus Garber. – Darmstadt: Wissenschaftliche Buchgesellschaft 1976 (= Wege der Forschung; 355), S. 231–265. Zu Spensers Allegorismus als ästhetischen Mediums politischer Intervention: Edmund Spenser. Essays on Culture and Allegory. Ed. by Jennifer Klein Morrison, Matthew Greenfield. – Aldershot, Burlington/VT: Ashgate 2000; Richard Chamberlain: Radical Spenser. Pastoral, Politics and the New Aestheticism. – Edinburgh: Edinburgh University Press 2005; Christopher Burlinson: Allegory, Space and the Material World in the Writings of Edmund Spenser. – Woodbridge/Suffolk, Rochester/NY: Brewer 2006 (= Studies in Renaissance Literature; 17).

14 Zu Sidney vgl. aus der reichen Literatur Andrew D. Weiner: Sir Philip Sidney and the Poetics of Protestantism. A Study of Contexts. – Minneapolis: University of Minnesota Press 1978; Blair Worden: The Sound of Virtue. Philip Sidney's *Arcadia* and Elizabethan Politics. – New Haven/CT, London: Yale University Press 1996. Zu d'Urfés *Astrée* vgl. Norbert Elias: Zur Soziogenese der aristokratischen Romantik im Zuge der Verhofung. – In: ders.: Die höfische Gesellschaft. Untersuchungen zur Soziologie des Königtums und der höfischen Aristokratie mit einer Einleitung: Soziologie und Geschichtswissenschaft. – Neuwied, Berlin: Luchterhand 1969 (= Soziologische Texte; 54), S. 320–393; Erich Köhler: Absolutismus und Schäferroman. – In: Europäische Bukolik und Georgik (Anm. 13), S. 266–270; Reinhard Krüger: Honoré d'Urfés *Astrée* oder *Der Edelmann als Hirte*. Kulturanthropologische und ideologische Voraussetzungen des aristokratischen Schäferideals. – In: Der Traum von Arkadien. Hrsg. von Berthold Heinecke, Michael Niedermeier. – Hundisburg 2007, S. 123–145.

Pastor fido – zweideutig bleibenden Orakel Genüge zu tun. Der defiziente Status Arkadiens kann überwunden werden, sofern die Macht des schicksalhaft in die arkadische Welt hineinreichenden Orakels gebrochen und der Protagonist des Romans, König Evarchus, seine Entscheidungsfreiheit und also seine selbstbestimmte Handlungskraft zurückgewinnt, schäferliche und heroische Welt – wie schon bei Vergil angelegt – in wechselseitiger Verweisung ihre Bekräftigung erfahren. Ein solches Bild vermochten die Zeitgenossen zu lesen. Der Attentismus Elisabeths, das Zögern der englischen Königin, blieb dem Aristokraten und hellsichtigen politischen Diagnostiker Philip Sidney ein Trauma. Ihm arbeitete er mit den Mitteln der jüngsten Errungenschaft der Erzählliteratur, die bei Hofe in dieser Statur durchaus eine Chance hatte, entgegen. Royalistisch inspiriert, aber in der späthumanistischen Pose selbstbewußten Ratgebens und Eingreifens wußte der geniale Erzähler und große Poetologe seinem politischen Anliegen im modernsten erzählerischen Medium unterhaltend Gehör zu verschaffen.[15]

Die Niederlande

Holland dürfen wir in unserer Revue nur mit Blick auf Deutschland berühren, wenn anders das Bild trennscharf bleiben soll. Übergangen werden kann die aus dem Ringen mit dem übermächtigen Spanien siegreich ins Leben tretende Republik jedoch nicht. Vor allem zunächst über Löwen, sodann zunehmend über Leiden war das Land in das späthumanistische politische Netzwerk integriert. Die Beziehungen über den Kanal hinweg nach Paris, in die Pfalz, in den mitteleuropäischen Raum des Ostens waren die lebhaftesten. Sie sollten gerade für Böhmen und seine Nebenländer entscheidend werden. Das kleine Land gab Wortführern unter den Humanisten, aber auch den Predigern, den nun massiver hervortretenden Publizisten, den Verfassern von Flugschriften und Flugblättern ein Beispiel ab, was politisch und militärisch möglich war, sofern Glaubensgewißheit, heldenhafter Mut und einfallsreicher Widerstand ein auf Einigkeit gegründetes Bündnis eingingen. Die Dichtung fand ein unermeßliches Reservoir an Stoffen, Ereignissen, Gestalten vor, das nach memorialer Gestaltung verlangte. Wir müssen uns auf die Profilierung eines einzigen Aspekts beschränken.[16]

Deutlicher als in jedem anderen Land ging die siegreiche Behauptung der nördlichen Niederlande mit der Umrüstung des literarischen Systems zusammen. Der Übergang zur volkssprachigen humanistischen Kunstdichtung war getragen von dem Bewußtsein wie dem Anspruch, der jungen Republik eine wohlverdiente Poesie im volkssprachigen Gewande auf der Höhe der europäischen Standards zu ver-

---

15 Vgl. die knappe Interpretation des Werkes in der angedeuteten Richtung in dem oben Anm. 12 zitierten Aufsatz des Verfassers.

16 Vgl. zum Kontext etwa J.A. van Dorsten: Poets, Patrons, and Professors. Sir Philip Sidney, Daniel Rogers, and the Leiden Humanists. – Leiden, London: University Press 1962 (= Publications of the Sir Thomas Browne Institute, Leiden. General Series; 2).

schaffen. Diesem Ziel genügten Daniel Heinsius' 1616 in Amsterdam erschienenen *Nederduytschen Poemata* auf vorbildliche Weise. Programmatisch steht dem durchkomponierten Gedichtband ein großes Alexandrinergedicht auf einen der Anführer des Widerstands, Jacob van Heemskerck, voran. Ihm folgen poetische Huldigungen an zwei Städte, deren Namen sich aufs engste verbanden mit dem Krieg gegen die Spanier, Leiden und Oostende. Eine so machtvolle triadische Eröffnung ist kein Zufall, sondern kunstverständigem humanistischem Kalkül geschuldet. Dem politischen Drama gebührte der Vorrang vor der Revue der einzelnen lyrischen Gattungen, angefangen bei dem petrarkistischen Liebesgedicht, wie es sich zum Erweis der Beherrschung des Handwerks keiner der neueren Dichter in der Nachfolge Petrarcas versagen durfte.[17]

Der Leidener Professor für Poesie und Rhetorik konnte seinem Werk aber auch eine gewichtige Vorrede voranstellen. Sie stammte aus der Feder seines glühenden Verehrers Petrus Scriverius. Er verstand es, den nationalsprachigen Diskurs, wie ihn Dante eröffnet hatte und wie ihn die europäischen Humanisten in ungezählten Variationen durchgespielt hatten, nun auf die Niederlande zu applizieren und Heinsius als Repräsentanten, wo nicht als Heros des geretteten Vaterlandes zu feiern. Noch einmal schien sich das alte, vor allem von Lorenzo Valla bekräftigte Diktum zu bestätigen, daß große Poesie nur unter glücklichen geschichtlichen Bedingungen erwachsen könne, die Autarkie eines Landes und die Selbstbestimmung seiner Bürger mit der Pflege einer national inspirierten Poesie im Einklang ständen. Diese Koinzidenz gab es am Beispiel der Niederlande in singulär dastehender Eindringlichkeit zu studieren.[18]

Poetisch-publizistische Agitation auch in Deutschland[19]

Martin Opitz und seine Freunde gehörten zu jenen, die diese Lektion verstanden. Und mehr als das: Sie zogen ihre Schlußfolgerungen daraus. Es gehört zu der allmählich sich durchsetzenden literaturgeschichtlichen Erkenntnis, daß das Opitzsche Reformwerk ohne das kurz vorher erfolgte niederländische nicht zustande gekommen wäre. Opitzens programmatische Rede im Jahr 1617 zur Schaffung

---

17 Vgl. Bärbel Becker-Cantarino: Daniel Heinsius. – Boston: Hall 1978 (= Twayne's World Authors Series; 477).
18 Vgl. Klaus Garber: Das Vorbild der Niederlande. – In: Die Idee der Nationalsprache und Nationalliteratur in der Frühen Neuzeit Europas. – In: ders.: Literatur und Kultur im Europa der Frühen Neuzeit (Anm. 2), S. 107–213, S. 180–188. Hier die einschlägige Literatur.
19 Mittel- und Osteuropa können an dieser Stelle in die Betrachtung nicht einbezogen werden. Verwiesen sei auf die entsprechenden Abhandlungen in einem demnächst erscheinenden Buch: Nobilitas literaria Silesiae. Schlesien – Herzlandschaft des mitteleuropäischen Späthumanismus und der deutschen Literatur des 17. Jahrhunderts. Hierin eingangs ›Späthumanismus, Cryptocalvinismus und Spiritualismus. Eine kulturelle Blüte von europäischer Leuchtkraft im Schlesien um 1600 mit einem Blick auf die Regionen in der geistigen Nachbarschaft‹. Der Blick erfolgt von Schlesien aus gleichermaßen nach Böhmen und Mähren, Ungarn und Siebenbürgen sowie nach Großpolen und in das Preußen Königlich Polnischen Anteils.

einer deutschen Poesie im Beuthener Gymnasium an der Oder in Schlesien läßt erste Reflexe bereits erkennen. Seine *Poeterey* von 1624 und seine Gedichtsammlungen von 1624 und 1625 sind ohne die *Nederduytschen Poemata* des Heinsius nicht denkbar.[20]

Doch nicht um intertextuelle Filiationen geht es hier, wie sie sich schließlich nicht weniger um die französische oder italienische Poesie gruppieren – von den neulateinischen Einwirkungen ganz zu schweigen. Maßgeblich ist der konfessions- und nationalpolitische Impetus. Den reformierten Territorien und Ständen im Reich stand politisch bevor, was die Niederlande soeben erfolgreich durchexerziert hatten: die Abwehr katholischer Suprematie und die Unierung der konfessionell wie politisch diversifizierten Glieder des Reichs. Dieser geschichtliche Unterschied ist gravierend. Im einen Fall war ein politischer Erfolg poetisch zu besiegeln, im anderen ein hochbrisantes politisches Projekt poetisch zu flankieren, ja zu antizipieren.[21]

Es hat in einem knapp bemessenen Zeitraum eine poetische Ernte gezeitigt, die einzig dasteht innerhalb der Geschichte der deutschen Literatur. Sie ist von einem agitatorischen Duktus, einem glühenden patriotischen Pathos und einer religiösen Inbrunst getragen, wie sie nur alle drei ineinander verschlungenen Vorstellungskreise hervortreiben konnten. Die mit einem Schlag erfolgende Eroberung eines neuen sprachlichen Vermögens der Artikulation war einer geschichtlichen Akme

---

20 Vgl. Ulrich Bornemann: Anlehnung und Abgrenzung. Untersuchungen zur Rezeption der niederländischen Literatur in der deutschen Dichtungsreform des siebzehnten Jahrhunderts. – Assen, Amsterdam: Van Gorcum 1976 (= Respublica Literaria Neerlandica; 1).

21 Der folgende Gedankengang erstmals entwickelt in einer in den achtziger Jahren geschriebenen, jedoch erst jetzt publizierten Abhandlung des Verfassers: Der junge Martin Opitz. Umrisse einer kulturpolitischen Biographie. – In: ders.: Wege in die Moderne. Historiographische, literarische und philosophische Studien aus dem Umkreis der alteuropäischen Arkadien-Utopie. Hrsg. von Stefan Anders, Axel E. Walter. – Berlin, Boston: de Gruyter 2012, S. 77–145. Hier die einschlägige Literatur bis in die Mitte der achtziger Jahre, insbesondere aus dem böhmisch-pfälzischen Umkreis. Die Arbeit nicht mehr eingegangen in die jetzt für Heidelberg und die Pfalz maßgebliche Dokumentation: Volker Hartmann, Wilhelm Kühlmann: Heidelberg als kulturelles Zentrum der Frühen Neuzeit. Grundriß und Bibliographie. – Heidelberg: Manutius-Verlag 2012. Vgl. jetzt auch den zahlreiche einschlägige Beiträge zu Zincgref und seinem Umkreis enthaltenden Sammelband: Julius Wilhelm Zincgref und der Heidelberger Späthumanismus. Zur Blüte- und Kampfzeit der calvinistischen Kurpfalz. In Verbindung mit Hermann Wiegand hrsg. von Wilhelm Kühlmann. – Ubstadt-Weiher etc.: verlag regionalkultur 2011 (= Mannheimer historische Schriften; 5). Zu Weckherlin vgl. aus der reichen Literatur das große Kapitel ›Konfessioneller Patriotismus (Weckherlin)‹ bei Hans-Georg Kemper: Deutsche Lyrik der frühen Neuzeit. Bd. IV/1 (Anm. 10), S. 102–129. – Zu den schlesisch-pfälzischen Beziehungen neben der oben Anm. 19 zitierten Abhandlung des Verfassers jetzt der einschlägige Sammelband mit zahlreicher weiterer Literatur: Schlesien und der deutsche Südwesten um 1600. Späthumanismus – reformierte Konfessionalisierung – politische Formierung. Hrsg. von Joachim Bahlcke, Albrecht Ernst. – Heidelberg etc.: verlag regionalkultur 2012 (= Pforzheimer Gespräche zur Sozial-, Wirtschafts- und Stadtgeschichte; 5). Hierin vom Verfasser: Schlesisch-pfälzischer Brückenschlag um 1600 im Zeichen von Späthumanismus und Konfessionalismus, S. 13–39. Zum Kontext ist die einschlägige Literatur zusammengestellt bei Klaus Garber: Kulturnation Deutschland? – In: ders.: Nation – Literatur – Politische Mentalität. Beiträge zur Erinnerungskultur in Deutschland. Essays – Reden – Interventionen. – München: Fink 2004, S. 77–144.

geschuldet, die den poetischen Genius beflügelte. Nur in der genauen Textexegese der großen Schöpfungen in kaum mehr als einem Jahrzehnt zu Beginn des 17. Jahrhunderts wäre zu beglaubigen, was hier nur konstatiert und im Blick auf die geschichtlichen Linien perspektiviert werden kann. Autoren wie Opitz, Zincgref, Weckherlin waren von der ihnen zugefallenen Mission erfüllt, beitragen zu können zur Diagnostik des auf der Tagesordnung Stehenden und einer daraus resultierenden mentalen Modellierung ihrer Leser, die schließlich noch die Anweisung für ein allfälliges öffentliches Handeln mit einschloß.

Diese vermeintlich schlecht utopische Verkennung der Verhältnisse von seiten der humanistischen Intelligenz nahm sich für eine kurz bemessene Spanne als eine solche nicht aus, weil sie von wortgewaltigen reformierten Predigern vom Schlage eines Abraham Scultetus oder Publizisten vom Schlage eines Petrus Denaisius oder eines Julius Wilhelm Zincgref gedeckt war. Keine schriftstellerische Bemühung ist in der Lage, das Maß an Hoffnung zu vergegenwärtigen, das sich an den Aufbruch des Kurfürsten von der Pfalz nach Prag im Herbst des Jahres 1619 knüpfte. Das reformierte Königtum auf dem Prager Thron, es verhieß nationale Einigung. Und das in dem durch die Texte vielfach beglaubigten Sinn, daß alle Konfessionen unter dem einen Dach des Reichs sich zu versammeln und ihrem je eigenen Glauben nachzugehen vermöchten.

Der gerade in der Pfälzer Publizistik bis hinein in die politische Lyrik verlautende Tenor ist ein kunstvoll dialektisch gewendeter. Der Aufschrei gegen die Greuel im Namen des Glaubens, einhellig der katholischen Seite und ihrer politischen Speerspitze zugeschrieben, geht einher mit der beschwörende Töne annehmenden Einladung an die Katholiken im Reich, sich abzusetzen von der der Nation Unheil verheißenden Koalition mit den Ligisten und in recht verstandenem Reichs- und Religionsinteresse sich dem Unierungswerk auf deutschem Boden nicht zu versagen. Das meint die so schwer zu vermittelnde Rede vom nationalen Primat um 1600 auch im deutschen Sprach- und Kulturraum. In ihm sind die Errungenschaften gegenwärtig, die die politische Gruppierung der späthumanistischen ›dritten Kraft‹ zumal in Frankreich kodifiziert hatten und die nun unter dem pfälzisch-böhmischen Schirm des reformierten Königtums Wirklichkeit werden sollten. Es bleibt die Überzeugung des Verfassers, daß die gleichzeitige, nämlich 1617 erfolgte und vor allem von den reformierten Fürsten getragene Gründung der ›Fruchtbringenden Gesellschaft‹ sich den nämlichen Impulsen verdankt.[22]

In beiden Fällen, dem schlesisch-pfälzischen poetischen Reformwerk und den kulturpolitischen Aktivitäten der ›Fruchtbringenden Gesellschaft‹, sind volks-

---

22 Vgl.: Die Fruchtbringer – eine Teutschhertzige Gesellschaft. Hrsg. von Klaus Manger. – Heidelberg: Winter 2001 (= Jenaer germanistische Forschungen. N.F.; 10). Die große Quellen-Dokumentation aus dem Umkreis der Gesellschaft enthält zahlreiche Zeugnisse, die zur Entfaltung des angedeuteten Zusammenhangs einladen. Es bleibt zu hoffen, daß das von Klaus Conermann betreute und unter der Mitwirkung von Gabriele Ball und Andreas Herz vorzüglich erarbeitete und inzwischen in sechs voluminösen Bänden bis zum Jahr 1643 gelangte Unternehmen zum Jubiläumsjahr 2017 mit der zunächst den Quellen der Köthener Zeit bis 1650 gewidmeten Edition zu einem ersten Abschluß gebracht werden kann.

sprachlich-nationalliterarische Bemühungen von politischen und konfessionellen Unierungsentwürfen nicht zu trennen. Erst der Vereinigung beider entspringt der zündende Funke. In diesem Sinn hat die zum Reformiertentum tendierende und gelegentlich sich offen zu ihm bekennende humanistische Intelligenz das Reformwerk einer deutschen Nationalliteratur auf den Weg gebracht. Es ist dies im Blick auf die Geschichte der deutschen Literatur ihr womöglich schönster Beitrag.[23]

Blick in die Zukunft

Das Wunder aber wird darin zu suchen sein, daß es den Niedergang des Reformiertentums, wie ihn die verlorene Schlacht am Weißen Berge im November 1620 bezeichnete, überdauerte. Der Duktus änderte sich, gewiß. Das vor 1620 bzw. aus dem Geist des zweiten Jahrzehnts des 17. Jahrhunderts auf den Weg Gebrachte aber war lebenskräftig genug, sich auch in Krieg und Nachkriegszeit zu behaupten. Es ratifizierte nicht einen Sieg wie beim glücklicheren kleinen Nachbarn im Westen. Aber es trotzte den Mächten des Mars in ungezählten Städten zwischen Reval und Nürnberg, Breslau und Straßburg, umspannte den singulär auf dem Teppich der europäischen Landkarte eingezeichneten gesamten deutschen Sprachraum.[24]

Und als es endlich auch in deutschen Landen 1649/50 für eine wieder allzu kurz bemessene Zeit Grund zum Feiern gab, da war die Poesie binnen weniger Dezennien zu einer Blüte herangereift, die niemand hätte prognostizieren können. Die Dichtung eines Johann Klaj, eines Georg Philipp Harsdörffer, eines Johann Helwig, eines Sigmund von Birken brauchte keinen europäischen Vergleich mehr zu scheuen. Nun aber war auch die Zeit gekommen, da die hier thematisierten konfessionellen Impulse verebbten, weil die konfessionellen Fesseln selbst sich locker-

---

23 Vgl. zum angesprochenen kulturpolitischen Dreieck Pfalz – Schlesien – ›Fruchtbringende Gesellschaft‹ vom Verfasser: Späthumanistische Verheißungen im Spannungsfeld von Latinität und nationalem Aufbruch. – In: Germania latina – Latinitas teutonica. Politik, Wissenschaft, humanistische Kultur vom späten Mittelalter bis in unsere Zeit. Hrsg. von Eckhard Keßler, Heinrich C. Kuhn. Bd. I–II. – München: Fink 2003 (= Humanistische Bibliothek. Reihe I: Abhandlungen; 54), Bd. I, S. 107–142. Darüber hinaus einzusehen die im fünften Abschnitt dieses Bandes wiederabgedruckte Arbeit: Zentraleuropäischer Calvinismus und deutsche ›Barock‹-Literatur. Zu den konfessionspolitischen Ursprüngen der deutschen Nationalliteratur. – In: Die reformierte Konfessionalisierung in Deutschland. Das Problem der ›Zweiten Reformation‹. Hrsg. von Heinz Schilling. – Gütersloh: Mohn 1986 (= Schriften des Vereins für Reformationsgeschichte; 195), S. 317–348.
24 Eine Geschichte der deutschen Literatur des 17. Jahrhunderts, die den alten deutschen Sprachraum wohlgegliedert und also in seinen inneren, vor allem über die Konfessionen sich erstreckenden Verbindungen zum organisierenden Prinzip der Darstellung machte, fehlt und dürfte so lange ein Desiderat bleiben, wie die lokalen Quellen insbesondere des Kleinschrifttums nicht zureichend aufbereitet vorliegen. Zum Programm vor allem mit Blick auf den alten deutschen Sprachraum des Ostens vgl. die in dem Band *Nation – Literatur – Politische Mentalität* (Anm. 21) im vierten und fünften Abschnitt zusammengeführten Arbeiten mit Bibliographie (S. 205–253).

ten. Ein wichtiger, ein der literarischen Erinnerung unverlierbarer Schritt auf dem weiten Weg in das große 18. Jahrhundert war auch in Deutschland getan.[25]

Zuerst erschienen unter dem Titel: Die nationalen Literaturen im frühmodernen Europa unter dem Stern des Calvinismus. – In: Calvinismus. Die Reformierten in Deutschland und Europa. Eine Ausstellung des Deutschen Historischen Museums Berlin und der Johannes a Lasco Bibliothek Emden. Hrsg. von Ansgar Reiss, Sabine Witt. – Dresden: Sandstein 2009, S. 169–175. Hier in der ursprünglichen, wesentlich umfänglicheren Fassung.

---

25 Vgl. Klaus Garber: Der Nürnberger Hirten- und Blumenorden an der Pegnitz. Soziale Mikroformen im schäferlichen Gewand. – In: ders.: Wege in die Moderne (Anm. 21), S. 223–341; ders.: Sprachspiel und Friedensfeier. Die deutsche Literatur des 17. Jahrhunderts auf ihrem Zenit im festlichen Nürnberg. – In: Der Westfälische Friede. Diplomatie – politische Zäsur – kulturelles Umfeld – Rezeptionsgeschichte. Hrsg. von Heinz Duchhardt. Redaktion Eva Ortlieb. – München: Oldenbourg 1998 (= Historische Zeitschrift: Beihefte. N.F.; 26), S. 679–713 (in diesem Band S. 263–298); Hartmut Laufhütte: Das Friedensfest in Nürnberg 1650. – In: 1648. Krieg und Frieden in Europa. Bd. I–III. Hrsg. von Klaus Bußmann, Heinz Schilling. – Münster 1998. Textband II: Kunst und Kultur, S. 347–357. In erweiterter Fassung eingegangen in ders.: Sigmund von Birken. Leben, Werk und Nachleben. Gesammelte Studien. Mit einem Vorwort von Klaus Garber. – Passau: Schuster 2007, S. 153–169. Dazu die große Abhandlung Laufhüttes: ›Amalfische promeßen‹ und ›Apollo Hofgericht‹. Sigmund von Birkens unvollendetes Versepos Amalfis. – In: Regionaler Kulturraum und intellektuelle Kommunikation vom Humanismus bis ins Zeitalter des Internet. Festschrift für Klaus Garber. Hrsg. von Axel E. Walter. – Amsterdam, New York: Rodopi 2005 (= Chloe. Beihefte zum Daphnis; 36), S. 431–487, wiederabgedruckt in: ders.: Sigmund von Birken (siehe oben!), S. 171–206. In dem erwähnten Begleitband zur Münsteraner Ausstellung ›1648. Krieg und Frieden in Europa‹ auch ein Beitrag des Verfassers: Pax pastoralis. Zu einer Friedensgattung der europäischen Literatur, S. 319–322. In erweiterter Fassung unter dem Titel ›Pax pastoralis. Glücksverheißungen im Umkreis arkadischer Dichtung‹. – In: ders.: Literatur und Kultur im Europa der Frühen Neuzeit (Anm. 2), S. 323–330 (mit einem Literaturverzeichnis). Vgl. auch das wichtige Kapitel ›»Verschantzte« Schäfer-Welt (Harsdörffer, Klaj, Birken)‹ in Hans-Georg Kemper: Deutsche Lyrik der frühen Neuzeit. Bd. IV/1 (Anm. 10), S. 322–352.

Literatur im Zeitalter des Konfessionalismus

Zum Kontext der nationalliterarischen Bewegung um 1600[*]

Die Erforschung der deutschsprachigen Psalmendichtung um 1600 besitzt eine respektable Tradition. Die frühesten Ansätze, der deutschen Sprache am Ende des Reformations-Jahrhunderts ein neues, nämlich anspruchsvolleres Niveau zu gewinnen, waren zu auffällig, als daß sie nicht eingeladen hätten, an einem vergleichsweise gut überschaubaren Quellencorpus nachvollzogen und interpretativ entfaltet zu werden. In diesem kleinen Beitrag soll indes kein Versuch unternommen werden, die inzwischen erkleckliche Reihe der Arbeiten fortzuführen. Die Stichworte Psalmendichtung, Psalmenübersetzung, Psalmeneindeutschung – oder wie sie sonst lauten – dienen nur dazu, einen mit ihnen mehr oder weniger deutlich konnotierten Aspekt aufzunehmen, um auch ihn sogleich in weitere Dimensionen einzurücken. Der Wink, den die profilierte Form im Blick auf ihren stofflichen Radius birgt, soll genutzt werden, um Probleme des Ursprungs der neueren deutschen Kunstdichtung zu umkreisen, wie sie mit der Psalmendichtung und ihren konfessionellen Milieus verknüpft sind, freilich weit über sie hinausreichen. Um eben die Eröffnung dieses weiteren Horizonts wird es im folgenden gehen.

Eine Frage vorab lautet aber, ob ein solcher Versuch überhaupt noch zeitgemäß ist. Verstehen wir die Zeichen der Zeit richtig, so sind Bemühungen um komplexe, d.h. disziplinenübergreifende, heterogene Quellen- und Traditionsbestände in den Blick nehmende Verfahrensweisen nicht eben favorisiert. Sie suggerieren, daß ih-

---

[*] Vgl.: Der Genfer Psalter und seine Rezeption in Deutschland, der Schweiz und den Niederlanden. 16.–18. Jahrhundert. Hrsg. von Eckhard Grunewald, Henning P. Jürgens, Jan R. Luth. – Tübingen: Niemeyer 2004 (= Frühe Neuzeit; 97). Auf die Beigabe von Anmerkungen wurde verzichtet. Die einschlägige Literatur ist in großer Ausführlichkeit in zwei Büchern des Verfassers versammelt: Nation – Literatur – Politische Mentalität. Beiträge zur Erinnerungskultur in Deutschland. Essays, Reden, Interventionen. – München: Fink 2004; Literatur und Kultur im Europa der Frühen Neuzeit. Gesammelte Studien. – München: Fink 2009. Außerdem darf verwiesen werden auf zwei Aufsätze jüngeren Datums, die – thematisch verwandt – gleichfalls reich mit Literatur ausgestattet sind: Späthumanistische Verheißungen im Spannungsfeld von Latinität und nationalem Aufbruch. – In: Germania latina – Latinitas teutonica. Politik, Wissenschaft, humanistische Kultur vom späten Mittelalter bis in unsere Zeit. Hrsg. von Eckhard Keßler, Heinrich C. Kuhn. Bd. I–II. – München: Fink 2003 (= Humanistische Bibliothek, Reihe I: Abhandlungen; 54), S. 107–142; Konfessioneller Fundamentalismus und späthumanistischer Nationalismus. Die europäischen Bürgerkriege in der poetischen Transformation um 1600: Opitzens ›Trost-Getichte in Widerwärtigkeit des Krieges‹. – In: Konfessioneller Fundamentalismus. Religion als politischer Faktor im europäischen Mächtesystem um 1600. Hrsg. von Heinz Schilling unter Mitarbeit von Elisabeth Müller-Luckner. – München: Oldenbourg 2007 (= Schriften des Historischen Kollegs; 70), S. 23–46. Schließlich sei verwiesen auf die beiden einleitenden Beiträge dieses Bandes und die dort aufgeführte Literatur.

nen gelingen könne, was den Einzeldisziplinen versagt ist, nämlich eine zumindest annäherungsweise Vergegenwärtigung historischer Filiationen und Gemengelagen, um nicht zu sagen interdependenter Systemelemente. Derartige auf historische Bezüglichkeiten ausgerichtete Unternehmungen stehen in einem denkwürdigen Kontrast zu den rapide gerade im krisenanfälligen Fach der Germanistik sich ausbreitenden dekonstruktiven Lesungen von Texten und ihren referentiellen Bezügen. In ihnen ist die Lust am Herauspräparieren des an den Texten noch nie Wahrgenommenen und zutage Getretenen, ihre Bürstung gegen den Strich, das heißt gegen alles, was gesichert galt, so unbändig, daß jeder Versuch, auf Verifizierung zu beharren, von vornherein auf altmodische Antiquiertheit hindeutet. In diesem Beitrag also wird es explizit nicht um Befindlichkeits-Rückmeldungen in der Begegnung mit Texten um 1600 gehen, sondern um Kohärenz und Konsistenz bemühte Thesen im Blick auf ein nur mangelhaft aufgeklärtes historisches bzw. literarhistorisches Rätsel.

Die Pflege der Psalmendichtung erfolgt bevorzugt im Umkreis des reformierten Bekenntnisses. Das ist bekannt, auch wenn zu fragen erlaubt sein darf, ob die möglichen Erklärungen für diesen gesicherten Tatbestand schon ausgeschöpft sind. Es würde sich beispielsweise lohnen, einem kardinalen und immer noch zu wenig beachteten Segment humanistischer Psalmen- und darüber hinaus humanistischer Bibeldichtung um 1600 einmal nähere Aufmerksamkeit zuzuwenden, nämlich der von den gelehrten Autoren besonders raffiniert und anspielungsreich gehandhabten Vorrede. Allein bei Opitz tut sich ein fast unübersehbares und gleichfalls keineswegs hinlänglich beackertes Feld auf: *Lobgesang Jesu Christi, Lobgesang Vber den frewdenreichen Geburtstag Vnsers HErren vnd Heylandes Jesu Christi, Die Episteln Der Sontage [...] Auff die gemeine Weisen der Psalmen gefasset* und wenigstens ein Dutzend weitere selbständige Psalmen-Adaptationen, die *KlageLieder Jeremia*, das *Hohe Lied*, der *Jonas*, die *Judith*, um nur die wichtigsten Titel zu nennen. Die bloße Erwähnung reicht hin, um ein auffälliges Überwiegen alttestamentlicher Stoffe auszumachen.

Die Affinitäten des Calvinismus zum Alten Testament sind bekannt. Etwas anderes aber ist es, wenn ein herausragender Dichter des Späthumanismus, der nicht auf eine Konfession zu verpflichten ist und schon gar nicht als Dichter im Dienste einer Konfession auftritt, sich prononciert alttestamentarischen Sujets zuwendet. Dann führen neben mehr oder weniger deutlichen Signalen in den Texten nur die Vorreden auf die rechte Spur. Die einschlägigen Passagen können hier nicht vorgelegt werden. Sie bezeugen in hinlänglicher Deutlichkeit ein Dreifaches: Die Faszination von Gestalten, die um den Preis ihres Lebens und aller weltlichen Güter an dem einmal ergriffenen Glauben festzuhalten und keine Abweichung zu dulden bereit sind; die Sensibilität für Akte des Widerstands gegen Glaubenszwang und einhergehend mit ihm für Taten der Auflehnung gegen politische Unterjochung und schließlich die Erkenntnis der Vorbildhaftigkeit eines im Glauben seine nationale Identität gewinnenden Volkes, der Kräfte freisetzt, die der säkularen Gemeinschaft notgedrungen unbekannt bleiben müssen. Es reicht, diese Vorstellungen nur eben zu streifen, um sogleich die Nähe zu der aktuellen zeitbezogenen Dichtung

Opitzens und seiner Zeitgenossen zu gewahren. Im *TrostGedichte Jn Widerwertigkeit Deß Krieges*, Opitzens größter Dichtung, sind antike, dem Stoizismus und der *consolatio*-Tradition verpflichtete Argumentationsmuster mit biblischen, humanistischen und nicht zuletzt aktuellen politischen im alteuropäischen Sinn des Begriffes derart ineinander verwoben, daß die Nähe zu der Vorreden-Poetik seiner Bibeldichtung unmittelbar auf der Hand liegt.

Der Literaturwissenschaft aber ist es aufgetragen, nicht einen Zweig der erneuerten deutschen Kunstdichtung, wie etwa die Psalmendichtung, zu isolieren und nach Gründen für das hervorstechende Interesse an ihrer Pflege zu fragen, sondern die Erneuerung der weltlichen wie der geistlichen Dichtung in allen Manifestationen in einer Theorie ursprünglicher Faktoren zu verarbeiten. Welche Hilfe, um bei dieser Fragestellung zu verharren, leistet das konfessionelle Paradigma, von den Historikern in den letzten zwei Jahrzehnten unermüdlich traktiert und hier zu beziehen auf die ›Zweite Reformation‹ mit der Prävalenz der reformierten Glaubensgestalt? Die Antwort muß lauten, daß es zunächst eine auffällige regionale Besonderheit in das Blickfeld rückt und zugleich einen Schlüssel für deren Vorhandensein birgt.

Die frühen Ansätze zur Ausbildung einer deutschsprachigen humanistisch geprägten Kunstdichtung sind erstaunlich wenig von der südlichen Romania inspiriert. Der Schwenk zur neulateinischen Dichtung mehr als ein Jahrhundert früher stand wie selbstverständlich im Zeichen des fortgeschrittenen Italien. Celtis, zweifellos wichtigste Figur in diesem Transformationsprozeß, ist auf Italien fixiert. Die allfällige Akkulturation des Reiches der alten Germanen geschieht nicht zuletzt, um den Italienern einen Vorwand für ihren Spott auf das zurückgebliebene Land jenseits der Alpen zu nehmen. Diese einseitige Ausrichtung auf Italien ist ein Jahrhundert später nicht mehr vonnöten; allzuviel hat sich in anderen Ländern zwischenzeitlich getan, als daß ein einziges Land noch die Führungsrolle behaupten könnte. Spanien überdies wirkt im katholischen Süden sehr früh und zeitweilig auch sehr intensiv. Der Großteil der protestantischen Territorien ist diesem Einfluß naturgemäß sehr viel schwächer ausgesetzt. Die Stunde Spaniens wie Italiens kommt erst wieder bzw. zum ersten Mal in großem Stil nach 1648; sie ist eng verknüpft mit dem Aufstieg der höfischen Kultur in Deutschland und mit der Faszination, die von der atemberaubenden Artistik der Sprachkultur auf literarische Landschaften nahe dem katholischen Kulturkreis wie Schlesien oder Franken ausgeht. Um 1600 sind die kulturellen Gewichtungen gänzlich anders gelagert – und das vor allem aufgrund konfessioneller Optionen und Affinitäten.

Zwei Länder stehen für die reformbereite *nobilitas litteraria* Deutschlands im Lichtkegel des Interesses, Frankreich und die Niederlande. Sie verbindet wenig und eben deshalb muß sogleich differenziert werden. Frankreich gibt das Beispiel für eine vom Hof ausgehende und auf ihn ständig zurückbezogene Erneuerung der französischen Dichtung im Umkreis der Pléiade. Literaturstrategen wie Melissus Schede oder Dornau oder Opitz haben sich von dieser Interaktion zwischen gelehrtem Poeten und monarchischer Regentschaft beeindruckt gezeigt und sie um jeden Preis in Deutschland wenn nicht auf der Ebene des Reiches, so doch auf der der

Territorien zu wiederholen gesucht. Doch damit ist nur die halbe Wahrheit gesagt. Der konfessionelle Bürgerkrieg, in keinem Land leidenschaftlicher und blutiger ausgetragen als in Frankreich, hatte auch den Entfaltungsprozeß der Literatur nicht unberührt gelassen. Die Hugenotten hatten mit Marot und de Bèze, du Bartas und d'Aubigné Dichter auf ihrer Seite, die unter Beweis stellten, daß die konfessionelle Option durchaus mit einer poetischen Erneuerung Hand in Hand gehen konnte, ja Kräfte freisetzte, die zur Selbstbehauptung gegenüber dem mächtigen Glaubensgegner befähigten. Unser Kronzeuge, eben das *TrostGedichte* von Opitz, lehrt, wie genau dieser Aspekt wahrgenommen und als vorbildhaft begriffen wurde.

Womöglich noch intensiver galt nämliches für die Niederlande. Hier hatte ein kleines Volk ein Beispiel gegeben, wie einem mächtigen Aggressor getrotzt wurde und die Poesie genauso wie die gelehrte Kultur – Stichwort Leiden – sich in eins mit dem politischen Widerstand formiert hatte. Sie war durchgängig bedacht auf formale Kultur. Aber das hinderte nicht, daß sie ungezählte Signale für die Behauptung der Freiheit und die Bewahrung nationaler Autarkie barg. Poetisches, politisches und konfessionelles Handeln ging eine Symbiose ein, für die sensible Nachbarn im Reich in einer ganz ähnlich sich zuspitzenden Situation das feinste Gehör besaßen.

Doch damit nicht genug. Der Blick streifte durchaus auch herüber zum Elisabethanischen England und heftete sich an Gestalten aus dem Kreis um Philip Sidney, der aufs engste mit den jungen Niederlanden und den politisch wachen Köpfen in Frankreich kommunizierte, seinerseits fortspann an der Erneuerung der Poesie und zugleich der Sammlung von Kräften, die die Formierung des nachtridentinischen Katholizismus und seine machtpolitische Absicherung mit größter Sorge sahen und zur Einigung der Protestanten anhielten.

Doch wäre es falsch, die Opitz-Generation allein auf den Westen ausgerichtet zu sehen. Die Wahrnehmung wurde auch auf den Osten gelenkt. Für die schlesisch-lausitzische Intelligenz war Böhmen mit Prag im Zentrum erste und wichtigste Station der Orientierung. Wie wiederum das Beispiel Opitzens lehrt, erstreckte die Fühlungnahme sich durchaus weiter nach Ungarn, ja bis in das calvinistische Siebenbürgen. Und in der nordöstlichen Richtung? Nur unweit von der schlesischen Grenze lag Großpolen mit Lissa als zeitweiligem kulturellem Zentrum. Kaum einer der adligen Magnaten, der nicht zum reformierten Bekenntnis neigte und infolgedessen auf den gelehrten Hochburgen des Westens, in Heidelberg und Straßburg, Basel und Lyon, Saumur und La Rochelle in Begleitung gleichgesinnter Hofmeister seinen Studien nachgegangen wäre. Von Großpolen aber führte der Weg weiter in das Preußen Königlich Polnischen Anteils mit Thorn, Elbing und Danzig als gelehrten Kristallisationspunkten in Gestalt illustrer Gymnasien, in deren Lehrkörper der Geist des calvinistischen Glaubens eine vielgestaltige Heimstatt besaß. Man braucht nur dem Lebensweg eines Opitz zu folgen, um zu gewahren, wohin die Schritte in der Not führten, wenn die Heimat drangsaliert wurde, die Luft zum Atmen fehlte und selbst so mächtige Gönner wie die Piasten-Herzöge den Exodus vollziehen mußten.

Genug der rhapsodischen Vergegenwärtigung. Es sollte ein geographisches Terrain und mit ihm ein geistig-religiöses Kräftefeld abgesteckt und in Erinnerung gerufen werden, das nichts weniger als homogen sich darbietet und doch auf eine denkwürdige Weise die Wege Gleichstrebender geleitet hat. Es kann nicht Aufgabe dieses kleinen Beitrags sein, zu erkunden und darzustellen, was bewirkt haben mag, daß weit auseinander liegende Regionen über Lebensläufe einander näher rückten, ja Lebensgeschichten durch sie geformt wurden. Wohl aber soll nicht verschwiegen werden, daß wir uns von derartigen vergleichenden raumkundlichen Betrachtungen für eine werdende Kulturwissenschaft der Frühen Neuzeit viel versprechen. Sie hat nichts gemein mit Rasse und Blut und Boden, viel aber mit dem Versuch, kulturelle Ensembles zu rekonstruieren, vergleichend zu profilieren und mit den künstlerischen Hervorbringungen in Kontakt zu bringen und dabei stets im Auge zu behalten, daß es für lange Zeit weiterhin die Konfessionen sind, die die nachhaltigsten Markierungen in einem dichten Geflecht heterogener Stränge zu hinterlassen pflegen.

Im hier andeutungsweise ausgespannten und zur Rede stehenden Raum ist es immer wieder zu auffälligen Amalgamierungen von humanistischer Sozialisation, zum Reformiertentum tendierender Religiosität und nationaler politischer Artikulation gekommen, die deshalb so schwer zu fassen und zu beschreiben sind, weil sie in raschem Wechsel befindlich sich darbieten und vor allem einer simplen Zurechnung und Identifizierung sich versagen. Ist merklich, daß eine gewisse Bevorzugung des reformierten Bekenntnisses wiederholt durchschlägt, so würde es gleichwohl nicht möglich sein, diese Option theologisch zu konkretisieren. Sie ist dogmatisch nicht zu fixieren, und die Vermutung liegt nahe, daß es um eine der Zeit geschuldete und nur für eine kurze Zeit mögliche Verschlingung politischer Hoffnungen und konfessioneller Optionen ging, die obsolet wurde, als das übernationale Bündnis zusammenbrach und nackte Machtpolitik das letzte Wort behauptete, wie alsbald nach 1620 nur allzu deutlich.

Vor allem aber ist es die humanistische Herkunft und die niemals preisgegebene Haftung an den gelehrten Studien, die die denkwürdige Färbung in das Bild bringen. Diese *nobilitas litteraria* um 1600, von den Außenposten des Reichs, von der Pfalz und dem Oberrhein sowie von Schlesien, Böhmen und der Lausitz aus in ständigem Kontakt mit den Nachbarn in Ost und West auf dem angedeuteten Terrain agierend, hat sich als Sachwalterin der Humaniora in einer geschichtlichen Situation verstanden, die es so in Europa noch nicht gegeben hatte und die neue Antworten erforderte. Stand doch allen die Militarisierung einer definitiv gespaltenen Christenheit vor Augen, die zu nie gehörten und gesehenen Greueln geführt hatte und zu einer Revision alles bislang für gültig Erachteten nötigte. Das aber, so überall bei den Wortführern um 1600 zu studieren, konnte, was den Glauben anging, nur über eine Wiedergewinnung der ersten und einfachen Prinzipien des christlichen Glaubens und der christlichen Lehre gelingen, wenn denn überhaupt noch an ein Überleben der schwer angeschlagenen Religion geglaubt werden durfte. Darum liegt über den Zeugnissen dieser so agilen späthumanistischen Intelligenz wiederholt bereits der Vorschein aufgeklärter Gestalten des Denkens. Um 1600 sind nach einem Jahrhundert des Zerfalls aber eben auch der Erneuerung des christlichen Glaubens von den besten Köpfen Antworten gesucht und teilweise gültig formuliert worden, die weit in die Zukunft wiesen und eben nur im Schnittpunkt von humanistischen, religiösen und politischen Anstößen ihr Besonderes zu erkennen geben.

Damit scheinen wir weit abgekommen von unseren literarhistorischen Belangen. Doch eben nur scheinbar. Das auf den ersten Blick so selbstgenügsame literarische Spiel mit den antiken Formen und ihrer Überführung in die nationalen Idiome ist gerade im konfessionellen Zeitalter enger mit den kurrenten Diskursen verschwistert als noch die erneuerte Barock-Forschung in den zwanziger und frühen dreißiger Jahren wähnte. Hier bestand und besteht entschiedener Nachholbedarf im Zurechtrücken, nein: im In-den-Blick-Nehmen der geschichtlich prägenden Faktoren. Auf eine wiederum schwer zu fassende und doch auf der Hand liegende Art und Weise nimmt auch die Erneuerung der Poesie an jener allenthalben um 1600 spürbaren Modernisierung im Angesicht der großen Herausforderungen der Zeit teil – und dies unserem heuristischen Axiom gemäß in engster Filiation mit humanistisch-religiös und politisch-national unterlegten Grundierungen.

Kein Geringerer als Konrad Burdach, völlig zu Unrecht in den Schatten Jacob Burckhardts getreten, hat in monumentalen, aber offensichtlich nicht mehr studierten Untersuchungen sehen gelehrt, wie der Humanismus im Trecento in Italien in dieser Verschränkung aus religiöser Wiedergeburt, antiker Erneuerung und inbrünstigem Romkult in die Welt trat. In der antiken Polis, die in der besten Zeit ein Weltreich zusammenhielt, besaß das zersplitterte Land ein Versprechen, das gelehrte Bemühung gepaart mit politischer Agitation unter den Bedingungen der werdenden Moderne zu revitalisieren sich anschickte. Dieser frühe nationale Aufbruch, verpuppt in antike Reminiszenzen und – wie Cola di Rienzo lehrt – umspielt von Bildern aus dem Arsenal der Joachimitischen Prophetie, kann in seiner Wirkung auf die werdenden Nationen Europas schwerlich erschöpft werden. Und das gewiß nicht hinsichtlich seiner offenkundig mehr als einmal phantastischen Visionen, sondern im Blick auf seine unterschwelligen Herausforderungen. Dem humanistischen Impuls Italiens außerhalb Italiens folgen hieß, den in die Humaniora verwobenen nationalen Anspruch, der sich schon am Ende des italienischen Quattrocento als ein Problem erwies, zu parieren und also in ein sehr genaues Verhältnis zu ihm sich zu setzen. Die Geschichte der Ausbreitung des Humanismus in Europa ist auch eine der Generierung und Lancierung nationaler Mythen und Legenden. Das gehörte zum humanistischen Geschäft und barg viel Fabulöses und oftmals augenzwinkernd Traktiertes. Aber es enthielt eben auch Begreifbares und Anknüpfungsfähiges, das herauszupräparieren den Kulturwissenschaften obliegt.

Auf dem Felde der Poesie um 1600 in Deutschland ist so wenig wie bei irgend einer Nation sonst zu übersehen, daß die Erneuerung der deutschen Sprache als notwendiger Voraussetzung einer Erneuerung der Dichtung immer noch umspielt ist von all jenen humanistischen Ingredienzen, die die Italiener zum Erweis ihrer kulturellen Überlegenheit artikuliert und in Umlauf gebracht hatten. Sie erfreuten sich gleich eines doppelten Vorzuges. Die Erneuerung des Lateinischen ließ sie als die würdigen Nachfahren ihrer auf dem nämlichen Boden wirkenden großen Vorbilder erscheinen. Da mochte sich die Vorstellung einstellen, daß nur in Italien eine authentische Renaissance, sprich eine Reformulierung der antiken Sprache und Geistigkeit sich vollziehen konnte. Taten die Italiener dann aber den nächsten Schritt und gingen von dem antiken Idiom zum volkssprachigen der Gegenwart über und erwiesen damit, daß auch das Italienische zur Höhe des Lateinischen emporzubilden war, so hatten sie gleich zwei Trümpfe in ihrer Hand. Eine solche Duplizität kulturpolitischen Agierens konnte in dieser Gestalt in keinem anderen Land wortwörtlich wiederholt werden. Auch daher rührt das uneigentliche Sprechen, das mit dem humanistischen so eng verschwistert erscheint und eben immer zu Auslegung und Übersetzung nötigt.

In Deutschland wurde schon von der Celtis-Generation der römisch-nationale Diskurs durch einen germanophilen im Zeichen des Tacitus ersetzt. Er wiederum konnte sich auf denkwürdige Weise mit linguistisch umformulierten *translatio*-Vorstellungen verknüpfen. Am Ende lief es wie bei den anderen Nationen so oder so auf den besonderen Adel der eigenen Volkssprache hinaus. Darum eben ist man gut beraten, neben diesen bekannten und topologisch besetzten Argumentationsreihen auf die aktuellen Konfigurationen sein Augenmerk zu richten, denn an ihnen und nicht an den fabulösen Ursprungsmythen wird deutlich, um was es in jeweils dezidierter Zeitgenossenschaft geht.

Auf seiten Deutschlands gibt sich bei allen führenden Sprechern um 1600 und in den beiden ersten Jahrzehnten des neuen Jahrhunderts ein erstauntes und erschrockenes Erwachen zu erkennen, das ein banges ›Zu spät?‹ auf den Lippen führt. Wenn die kleinen Niederlande seit einigen Dezennien eine nationale Literatur ihr eigen nennen, die Nachbarn im Osten eine nationale Renaissancekultur zuwege gebracht haben – von Italien, Frankreich, England gar nicht zu reden –, dann ist es hohe Zeit, daß auch Deutschland Anschluß findet an eine inzwischen durchgängige europäische Bewegung. Daher das Forcierte in so vielen der programmatischen Verlautbarungen und das gelegentlich Überzogene des panegyrischen Überschwangs angesichts noch des unscheinbarsten poetischen Gehversuchs.

Kurz nach 1600 mehren sich die Zeichen, daß unabhängig voneinander – zugleich aber immer wieder auch in lebhafter Kontaktnahme – in Heidelberg, Stuttgart und Straßburg, in Prag, Breslau und Danzig, alsbald schließlich in Köthen und der in Mitteldeutschland sich formierenden ›Fruchtbringenden Gesellschaft‹ die Versuche, im deutschen Idiom anspruchvolle Poesie zu schreiben, sich verdichten. Die Erfolgsgeschichte von Opitzens 1624 erschienener *Poeterey* ist nur zu erklären aus der Tatsache, daß sie wie schon der voraufgehende *Aristarchus* in wenigen eindrucksvollen Wendungen auf den Punkt brachte, was allenthalben sich bereits regte und nun in eine zündende programmatische Verlautbarung gefaßt wurde. Sondern wir aber von den ungezählten poetischen Exerzitien, die nicht mehr als die Einübung einer inzwischen gemeineuropäischen humanistischen Koine bezeugen, die ambitionierten, mit programmatischem Anspruch auftretenden Denkmäler ab und richten unser Augenmerk auf sie, so sollte es einem geschulten kulturpolitischen Blick nicht schwer fallen, den aktuellen springenden Punkt ausfindig zu machen, der am gewählten Idiom wie an gedanklichem Impetus gleichermaßen haftet.

Deutschland muß mit den Nachbarn in Ost und West verspätet gleichziehen, weil eine Nation zur Behauptung ihrer Würde wie ihrer Autogenität eines linguistischen Codes bedarf, der standardisiert und elaboriert ist und einen Vergleich mit dem seiner Nachbarn ringsum nicht länger zu scheuen braucht. Hat aber das im Zeichen Luthers sprachlich aufgewachsene protestantische Deutschland nicht längst diesen allfälligen Schritt vollzogen? Wir rühren damit an ein Problem, das nach systematischer Behandlung verlangte. Die ›Fruchtbringende Gesellschaft‹ wird ein Jahrhundert nach dem Thesen-Anschlag gegründet. Die zeitgenössischen Panegyren wie die späteren Historiker haben diese sinnfällige Koinzidenz gehörig apostrophiert. Doch sie blieb sprach- wie literaturgeschichtlich folgenlos. Das Lutherdeutsch war nicht das, was im Zuge der humanistischen Dichtungsreform auf dem Programm stand – genausowenig wie die stadtbürgerliche Dichtung des 16. Jahrhunderts, die sich in ihrem Gefolge gebildet hatte. Opitz erteilt nur der letzteren durch Schweigen eine Absage. Doch seine Reform über Rückbezug auf Luther zu begründen, wäre ihm niemals in den Sinn gekommen. Das humanistische Koordinatensystem war ein anders geartetes. Gab es in ihm neben dem Rekurs auf die als Lückenbüßer fungierenden Germanen einen historischen Punkt der nationalen Referenz, so über die höfischen Dichter des Mittelalters. Ansonsten waren es ausschließlich die Dichter des fortgeschrittenen Auslands und ihre Mäzene, die als Vorbilder in Frage kamen und gerade von Opitz immer wieder bemüht wurden.

Die Frage also noch einmal wiederaufgenommen: Ist in dem verspäteten und eben deshalb dezidierten und programmatischen Anschluß an das gemeineuropäische humanistische Erbe eine wie auch immer kryptische und womöglich gar konfessionell unterlegte nationale Komponente auszumachen, wie es sie im 16. Jahrhundert im Zeichen Luthers in dieser Weise nicht gab? Der Erneuerung der deutschen Sprache und Dichtung aus dem Born der Antike und der sie wiederbelebenden jüngeren europäischen Nationen eignet in den Augen ihrer Propagatoren in ihrer klassizistischen und also durch Muster präformierten Gestalt die Befähigung, nationale Anliegen zu integrieren und zu befördern. Eine Akkulturation der deutschen Landschaften nicht mehr wie bei Celtis und den Seinen über die lateinische, sondern nun über die deutsche Sprache sei dazu angetan, Verständigung und damit Einigung zu inaugurieren. Eine im antiken Formengewande deutsch dichtende Gelehrtenschaft nimmt symbolisch linguistisch agierend andere denn nur linguistische Belange wahr.

Wir stoßen auch in Deutschland in der letzten Phase des Humanismus, die mit dem Begriff des Späthumanismus treffend gekennzeichnet ist, noch einmal auf das humanistische Credo, daß der zur Sprache begabte Mensch, indem er spricht, nicht nur seinen menschlichen Adel unter Beweis stellt, sondern alle Bereiche des Lebens als von Sprache geprägt nobilitiert und nach seinem Bilde formt. In diesem Sinn ist poetisches Sprechen auf höchstem, nämlich antikegeleitetem Niveau auch mit der Lizenz versehen, um nicht zu sagen von der Utopie begleitet, in der linguistisch modernisierten Nation auch ihre politische Verfaßtheit befördert zu sehen. Wir vermögen uns diesen an der Sprache haftenden politischen Impetus nur noch mit Mühe zu vergegenwärtigen. Das darf nicht daran hindern, diesen Versuch zu unternehmen, weil nur so eine Kernzone sprachlichen Handelns im Umkreis des Humanismus berührt wird.

Ist dies aber verständlich zu machen, so werden wir zu unserer konfessionspolitischen Überlegung in literarhistorischer Absicht zurückgeführt. Die eigene Sprache im eigenen Land zu ergreifen, hieß Anschluß zu finden an die Nachbarvölker, hieß aber zugleich auch, einen Wall aufzurichten gegenüber unerwünschtem Fremdeinfluß. Es kann in Kenntnis der einschlägigen Äußerungen eines Lingelsheim, eines Zincgref, eines Bernegger – und wie die wachen und hellen Köpfe sonst hießen – schwerlich einem Zweifel unterliegen, daß im deutschen Idiom und einer zu schaffenden deutschen Poesie auch der universalen und deshalb im lateinischen verharrenden kulturellen Agitation im Umkreis des Katholizismus, vorgetragen vor allem durch den Jesuitenorden, ein Schild entgegengehalten wurde. Nationale kulturelle poetische Praxis und katholische Regentschaft brauchten nicht notwendig in Gegensatz zueinander treten. Das hatte das Experiment unter Franz I. in Frankreich unter Beweis gestellt. Aber es war ein national gewendeter Katholizismus, der den Regenten und seinen Hof samt der poetischen Versuche der Dichter stützte und sie zu dem nationalen Experiment ermutigte, das zugleich der Krone eminent entgegenkam.

Eine vergleichbare Situation war fast ein Jahrhundert später im Reich nicht gegeben. Die Wortführer des Humanismus, über die Ländergrenzen hinweg in engstem Kontakt, fürchteten nichts mehr als die Expansion der katholischen Mächte unter der Führung Spaniens. In diesem Lichte nehmen die poetischen Sprachspiele, umgeben von intensiven diplomatischen Aktivitäten, in die die gleichen Gestalten nicht selten ebenfalls verwickelt waren, ein anderes Aussehen an als vormals in der gefestigten Monarchie vor den Bürgerkriegen. Es gibt für die Vorreiterrolle der calvinistischen Territorien nicht nur auf dem Felde der internationalen Diplomatie, sondern auch auf dem der Sprache und Poesie keine andere Erklärung als eben die, daß in ihrem Umkreis ein wacheres und geschärfteres Bewußtsein wiederum nicht nur der drohenden politischen Gefahren, sondern eben auch der subtileren Möglichkeiten symbolischer Intervention am Werk war, das dem Übergang zum nationalen Idiom seine Stoßrichtung und Perspektive verlieh.

Die mit dem Winterkönig aufbrechende Intelligenz erhoffte sich von der Installation des Königtums auf dem böhmischen Thron auch die Konsolidierung der deutschen Sprache und mit ihr der deutschen Poesie. Genau das war das Anliegen des reformierten Fürsten Ludwig von Anhalt-Köthen und der tragenden Kräfte im Umkreis der ›Fruchtbringenden Gesellschaft‹. Opitz und die Seinen taten alles, um diese Sicht der Dinge zu befördern. Das nicht zuletzt vermittelt dem Scheitern des Winterkönigs auch kulturpolitisch seine Konturen. Mit dem Untergang oder besser der Marginalisierung des Calvinismus auf deutschem Boden und der in seinem Gefolge um die Spitze gebrachten poetischen Reformbewegung ging eine Hoffnung zugrunde, die sich an diese Reform kulturpolitisch wie politisch geknüpft hatte.

Es ist ergreifend zu sehen, wie die Dichter in dem nun ausbrechenden Krieg dem nationalen Anliegen treu blieben und in den Gestalten der geschundenen

›Germania‹ ein Mahnmal errichteten, das noch einmal die Statur aus der Frühzeit des Humanismus, verknüpft mit den Namen Dantes und Petrarcas, anzunehmen vermochte. Auch die Psalmendichtung entfaltete in diesem Drama mehr als einmal neuerlich Kräfte des Zuspruchs, des Trostes, der gläubigen Gewißheit.

Hier sollte es um die Profilierung einiger Linien im Hintergrund gehen, die mit der Gattung der Psalmendichtung verwoben sind und deshalb zu der wie auch immer skizzenhaften Konturierung einluden.

Zuerst erschienen unter dem Titel: Erwägungen zur Kontextualisierung des nationalliterarischen Projekts in Deutschland um 1600. – In: Der Genfer Psalter und seine Rezeption in Deutschland, der Schweiz und den Niederlanden. 16.–18. Jahrhundert. Hrsg. von Eckhard Grunewald, Henning P. Jürgens, Jan R. Luth. – Tübingen: Niemeyer 2004 (= Frühe Neuzeit; 97), S. 185–194.

Linker Nationalismus in Deutschland?

Eine Betrachtung unter dem Aspekt des nationalliterarischen Aufbruchs im frühneuzeitlichen Europa

Im Sommer 2005 beherrschte die Wahl Deutschland medial. Einige Monate zuvor stand ein ganz anderes Thema auffällig häufig auf der Tagesordnung. Die Beobachtung wurde staunend und zumeist mehr oder weniger verächtlich traktiert, daß ein neues Interesse für nationale Belange ausgerechnet bei den Linken wahrzunehmen sei. Den Linken? Das waren die alt gewordenen Achtundsechziger. Ihnen wurde eine bereits seit langem anhaltende ideologische und politische Heimatlosigkeit attestiert. Also war offensichtlich ein Surrogat gefunden worden. Daß Zuwendung zu nationalen Fragen und einstige politische Orientierung im Umkreis der Linken a priori und sozusagen schon definitorisch nicht zusammengehen könnten, war allseits ausgemachte Sache. Ein links angehauchter Nationalismus kann nur Alibi-Funktion haben, die Rolle einer kurzweiligen Ersatzreligion einnehmen, wo man auf religiöses Opium in der Linken doch noch niemals verzichten mochte. Fazit also: Ein neuerlicher Beweis, daß mit linken Verlautbarungen in der Postmoderne nichts anzufangen sei. Ehrwürdige Themen wie die nationalen können in falschen Händen nur korrumpiert werden. Sie gehören in die Erbpacht anderer politischer Gruppierungen. Die 68er hatten den vielen Blamagen eine weitere hinzugefügt, so wurde ihnen nahezu einhellig bescheinigt.

Nun soll es im folgenden nicht um die Deduktion eines linken Nationalismus gehen. Gibt es aber, so darf gefragt werden, ein zweites Land, in dem man sich von vornherein ins Abseits katapultiert, sobald man sich politisch, kulturell, literarisch nationalen Fragen zuwendet und im Gedächtnis haften geblieben ist, daß man irgendwann im Leben einmal linke politische Orientierungen hat erkennen lassen? Kaum einmal war das in der jüngsten Vergangenheit offenkundiger als an der Frankfurter Rede Martin Walsers. Es existieren ganze Areale, die denkend, redend, parteiergreifend zu betreten automatisch gleichbedeutend ist mit einem Fehltritt.

Wer Jahrzehnte lang die Frage gestellt hat, ob nicht die planmäßige und militärisch sinnlose Vernichtung deutscher Stadtkerne im Zweiten Weltkrieg auch auf die Tagesordnung einer disputatorischen Agenda unter Europäern gehöre, wer immer wieder die Verrechtlichung oder – im Gegensatz dazu – die Tabuisierung der Beutekunst-Frage angeprangert hat und zu verstehen gab, daß eine mit sich ins reine gekommene Nation berechtigte Ansprüche zu artikulieren habe, wer gar es wagte, einem gereinigten Raum- und Landschaftskonzept für die Erhellung literarischer und kultureller Fragen trotz Josef Nadler das Wort zu reden, der mußte rasch erfahren, daß Schweigen die noch glimpflichste Form der Antwort darstellte. Hier ist ein Wandel eingetreten. Und daß daran linke Denker einen nicht unerheblichen Anteil hatten, sollte gezeigt werden können. Insgesamt bleibt das nationale

Terrain jenseits der Politik, wo es wieder zum guten Ton gehört, in Deutschland von merk- und denkwürdigen Aversionen, Ängsten, defensiven Reflexen beherrscht. Indizieren sie aber nicht nur allzu deutlich, daß der Umgang mit der nationalen Vergangenheit immer noch nicht gelingen will, weil über den Brüchen und Abgründen der jüngsten Zeit die geschichtlich verantwortbaren Orientierungen und Optionen überhaupt verlorengegangen sind?[1]

Im Blick auf diese Frage ist den in der Frühen Neuzeit sich bewegenden Wissenschaftlern eine besondere Verpflichtung auferlegt. Sie haben für eine Erneuerung, wenn nicht gar eine Verabschiedung der eingeschliffenen Diskurse Sorge zu tragen und Bewegung in die Debatte zu bringen durch Einführung von Theoremen, Bildern, Assoziationsketten, die gänzlich anders sich ausnehmen als seit dem 19. und 20. Jahrhundert gewohnt. Vielleicht, daß davon der nationale Dialog längerfristig profitieren könnte. Und das gerade aus der Optik des Literaturwissenschaftlers, der freilich sehr weit ausholen und europäisch votieren muß.

Entsprechend scheint es unerläßlich, die zur Rede stehende nationalliterarische Problematik über die Ursprünge zu ergründen und erst hernach zu den deutschen Verhältnissen überzugehen, die sich je länger desto nachhaltiger als verspätete darbieten. Es dürfte nämlich als fundamental zu bewerten sein, daß die Genese des nationalen wie des nationalliterarischen Votierens mit der offenkundigen Erfahrung einer Krise einhergeht, wie sie sich in Bildern und Gedanken, kreisend um den Topos der ›verkehrten Welt‹, artikuliert. Das kirchliche und sodann das päpstliche Schisma noch inmitten der *societas christiana catholica*, die Diadochenkämpfe zwischen den Dynastien und innerhalb ihrer, die sozialen Aufstände in den städtischen Gemeinden, speziell in Rom die Kämpfe zwischen den rivalisierenden Adelsgeschlechtern, gar nicht zu reden von den auswärtigen Bedrohungen durch die aufsteigenden Mächte Spanien und Frankreich, müssen eine Beunruhigung hervorgerufen haben, wie sie in den Texten der Größten nicht anders als am Exempel ihrer Viten zu gewahren ist.[2]

---

1 Hier muß wegen möglicher Referenzen der nur eben einleitend angeschlagenen Fragen auf die ausführlichen Literaturdokumentationen verwiesen werden, die einem Buch beigegeben sind. Vgl. Klaus Garber: Nation – Literatur – Politische Mentalität. Beiträge zur Erinnerungskultur in Deutschland. Essays – Reden – Interventionen. – München: Fink 2004. Hinzuzunehmen die einschlägigen Beiträge zur Frage der Beutekunst in ders.: Das alte Buch im alten Europa. Auf Spurensuche in den Schatzhäusern des alten Kontinents. – München: Fink 2006, S. 599ff.

2 Auch hier muß notgedrungen auf eine Arbeit des Verfassers mit ausführlichen Referenzen zurückverwiesen werden: Zur Konstitution der europäischen Nationalliteraturen. Implikationen und Perspektiven. – In: Nation und Literatur im Europa der Frühen Neuzeit. Hrsg. von Klaus Garber. – Tübingen: Niemeyer 1989 (= Frühe Neuzeit; 1), S. 1–55. [Sie wird inzwischen ergänzt durch eine umfassendere Untersuchung, betitelt: Die Idee der Nationalsprache und Nationalliteratur in der Frühen Neuzeit Europas. – In: Klaus Garber: Literatur und Kultur im Europa der Frühen Neuzeit. Gesammelte Studien. – München: Fink 2009, S. 107–213]. Die Literatur findet man zusammengeführt in dem Artikel ›Nationalliteratur, Europäische‹ in: Europäische Enzyklopädie zu Philosophie und Wissenschaften. Bd. I–IV. Hrsg. von Hans Jörg Sandkühler. – Hamburg: Meiner 1990, Bd. III, S. 491–508. Diesen drei Arbeiten des Verfassers sind drei wichtige Sammelbände jüngeren Datums zur Seite zu stellen: Herfried Münkler, Hans Grünberger, Katrin Mayer: Nationenbildung. Die Nationalisierung Europas im Diskurs humanistischer Intellektuel-

Es führt kein Weg daran vorbei, folglich bis hin zu Dante zurückzugehen.³ Seine Weltkaiseridee ist nur vor dem Hintergrund dieser allseitigen Verwerfungen zu begreifen. Ihr obliegt nichts anderes und nichts weniger, als eine weltumspannende Kraft der Gerechtigkeit und der Friedensstiftung zu inaugurieren, die in der Lage ist, partikulare Gewalten aller Art zu domestizieren. Das ist eine aus den Aristotelischen Syllogismen deduzierte gedankliche Figur der reinen Vernunft, nicht ein empirisches politisches Programm. De facto konkretisiert sie sich in einem Doppelschritt zunächst im Augusteischen Friedens-Kaisertum und sodann in seiner Repristination auf dem durch die Manen der Alten geheiligten Boden der werdenden einen italischen Nation, die neuerlich ihrer weltgeschichtlichen Mission als Vorreiterin nationaler Einheit in Europa entgegensieht.

Diese Konstruktion der *Monarchia* ist zu verknüpfen mit der der Volkssprache in dem Traktat *De vulgari eloquentia*.⁴ Dem Weltkaiser-Universalismus korrespon-

---

ler. Italien und Deutschland. – Berlin: Akademie Verlag 1998 (= Politische Ideen; 8); Nation und Sprache. Die Diskussion ihres Verhältnisses in Geschichte und Gegenwart. Hrsg. von Andreas Gardt. – Berlin, New York: de Gruyter 2000; Internationalität nationaler Literaturen. Hrsg. von Udo Schöning. – Göttingen: Wallstein 2000 (= Veröffentlichungen aus dem Göttinger Sonderforschungsbereich 529 ›Internationalität nationaler Literaturen‹; Sonderband).

3 Auch hier muß zurückverwiesen werden auf drei innerlich zusammengehörige Beiträge des Verfassers zu Dante, in denen entfaltet ist, was hier in äußerster Verknappung zusammengeführt wird: Klaus Garber: Die Friedens-Utopie im europäischen Humanismus. Versuch einer geschichtlichen Rekonstruktion. – In: Modern Language Notes 101 (1986), S. 516–552. Hier S. 518–523 über Dantes *Monarchia* mit reicher Literatur. (Hinzuzunehmen: Prophecy, Love, and Law. Visions of Peace from Isaiah to Kant (and beyond). – In: Imperiled Heritage. Tradition, History, and Utopia in Early Modern German Literature. Selected Essays by Klaus Garber. Ed. and with an Introduction by Max Reinhart. – Aldershot u.a.: Ashgate 2000 (= Studies in European Cultural Transition; 5), pp. 1–18. Hier pp. 9–12: ›Dante's New World Emperor‹); ders.: Zur Konstitution der europäischen Nationalliteraturen (Anm. 2). Hier Kapitel 2 (S. 11–19): ›Dante. Lingua vulgata – Roma renovata‹ (gleichfalls mit reicher Literatur). Schließlich ders.: Sozietät und Geistes-Adel. Von Dante zum Jakobiner-Club. Der frühneuzeitliche Diskurs ›de vera nobilitate‹ und seine institutionelle Ausformung in der gelehrten Akademie. – In: Europäische Sozietätsbewegung und demokratische Tradition. Die europäischen Akademien der Frühen Neuzeit zwischen Frührenaissance und Spätaufklärung. Bd. I–II. Hrsg. von Klaus Garber, Heinz Wismann unter Mitwirkung von Winfried Siebers. – Tübingen: Niemeyer 1996 (= Frühe Neuzeit; 26–27), Bd. I, S. 1–39. Hier S. 1–16 das Dante-Kapitel, nochmals mit umfassender Literaturdokumentation. Alle drei Aufsätze sind abgedruckt in ders.: Literatur und Kultur im Europa der Frühen Neuzeit (Anm. 2), S. 525–556, S. 15–70, S. 385–418. Der maßgebliche Text Dantes (gleichfalls mit Literaturhinweisen) leicht greifbar in: Dante Alighieri: Monarchia. Lateinisch-Deutsch. Studienausgabe. Einleitung, Übersetzung und Kommentar von Ruedi Imbach und Christoph Flüeler. – Stuttgart: Reclam 1989 (= Universal-Bibliothek; 8531). Hier die Literatur S. 358–366.

4 Eine moderne deutsche Ausgabe dieses zentralen Textes der europäischen Kultur- und Literaturwissenschaft fehlte bislang. Man mußte zurückgreifen auf: Über das Dichten in der Muttersprache. Aus dem Lateinischen übersetzt und erläutert von Franz Dornseiff und Joseph Balogh. – Darmstadt: Wissenschaftliche Buchgesellschaft 1966 (= Libelli; 164) (Erstausgabe 1925). Neuerdings grundlegend: Dante Alighieri: Über die Beredsamkeit in der Volkssprache. Lateinisch-Deutsch. Übersetzt von Francis Cheneval. Mit einer Einleitung von Ruedi Imbach und Irène Rosier-Catach und einem Kommentar von Ruedi Imbach und Tiziana Suarez-Nani. – Hamburg: Meiner 2007 (Dante Alighieri. Philosophische Werke; 3. – Philosophische Bibliothek; 465). Die Literatur zusammengeführt in: The Dante Encyclopedia. Ed. by Richard Lansing. – New York, London: Garland 2000 (= Garland Reference Library of the Humanities; 1836). Sie findet sich auch in den

diert sprachlich nur eine geistige Macht, das universale Latein. Es ist mit der Würde des Allgemeinen begabt, zugleich aber mit der Beschränkung auf die Gebildeten, die lateinkundigen Gelehrten behaftet. Dante vollzieht also auf dem politischen und auf dem linguistischen Terrain eine nationale Volte. So wie der Weltkaiser in der Wiederkehr der römischen Kaiser als Pazifikator der zukünftigen italienischen Nation erscheint, so die gesuchte *eine* noble, regionale und soziale Barrieren transzendierende Sprache im *Volgare*, der von allen Regionalismen gereinigten italienischen Sprache. Sie ist national begrenzt, wird nur von Italienern gesprochen und verstanden, dafür aber von allen unter ihnen und nicht wie das Lateinische nur von den Gelehrten. Das ist die Geburtsstunde der Nationalsprache aus dem Danteschen Geist der Humilität, sich herabneigend zu den Geringsten, Niedersten und Ärmsten, die teilhaben sollen an den Segnungen der Sprache und der über sie statthabenden Akkulturation.

Wie in den folgenden fünf frühneuzeitlichen Jahrhunderten bleibt die *eine* Sprache des *einen* Volkes das Unterpfand der *einen* geeinten, ihre ständischen, sozialen, politischen, regionalen Partikularismen überwindenden Nation. Das universale Friedensversprechen, verkörpert im Friedenskaiser, hat sich verwandelt zur Idee der ihre Antagonismen verabschiedenden, dem friedlichen Ausgleich verpflichteten und darin zu sich selbst findenden Nation. Ihr haften imperiale Aspirationen an, wie sie als Reminiszenzen der antiken Imperiums-Idee sich zu erkennen geben. De facto ist Dantes Werk auf die Befriedung und Einigung des heimatlichen Italien gerichtet. Die antike Imperiums-Idee ist frühneuzeitlich national mutiert. Die Geschichte der nationalen Idee im frühmodernen Europa hebt an.[5]

Sie bleibt nicht nur das kardinale Thema in den italienischen Vorgaben und in den jeweiligen nationalen Brechungen bis in das 18. Jahrhundert hinein. Ihr läßt sich keines von gleicher Attraktivität, Virulenz und Konsistenz zur Seite stellen,

---

neueren Ausgaben. Vgl. etwa die Editionen von Claudio Marazzini und Concetto Del Popolo bei Mondadori (1994), von Vittorio Coletti bei Garzanti (1995) und Giorgio Inglese bei Rizzoli (1998). Selbstverständlich im Zusammenhang auch heranzuziehen Dantes *Convivio*. Hier liegt gleichfalls inzwischen eine mustergültige zweisprachige kommentierte Ausgabe vor, die mittlerweile abgeschlossen wurde: Dante Alighieri: Das Gastmahl. Italienisch-Deutsch. Erstes Buch: Übersetzt von Thomas Ricklin. Eingeleitet und kommentiert von Francis Cheneval. Zweites Buch: Übersetzt und kommentiert von Thomas Ricklin. Drittes Buch: Übersetzt von Thomas Ricklin. Kommentiert von Francis Cheneval. Viertes Buch: Übersetzt von Thomas Ricklin. Eingeleitet und kommentiert von Ruedi Imbach in Zusammenarbeit mit Roland Béhar und Thomas Ricklin. – Hamburg: Meiner 1996 (Buch I und II); 1998; 2004 (Dante Alighieri). Philosophische Werke; IV/1–4. – Philosophische Bibliothek; 466a–d). Das Werk ist mit reichhaltigen Literaturangaben ausgestattet. Heranzuziehen insbesondere die Einleitung zum vierten Buch von dem verantwortlichen Gesamtherausgeber Ruedi Imbach (S. XI–LXIV). Zur *Volgare*-Konzeption in beiden Werken etwa Alessandro Raffi: La gloria del volgare. Ontologia e semiotica in Dante dal *Convivio* al *De vulgari eloquentia*. – Soveria Mannelli (Catanzaro): Rubbettino 2004 (= Iride; 31).

5 Dieser Ursprung freigelegt von Konrad Burdach: Rienzo und die geistige Wandlung seiner Zeit. 2 Halbbände. – Berlin: Weidmann 1913–1928 (= Vom Mittelalter zur Reformation; II/1), S. 170ff., S. 501ff. Die Konstruktion eingehend gewürdigt bei Klaus Garber: Versunkene Monumentalität. Das Werk Konrad Burdachs. – In: Kulturwissenschaftler des 20. Jahrhunderts. Ihr Werk im Blick auf das Europa der Frühen Neuzeit. Unter Mitwirkung von Sabine Kleymann hrsg. von Klaus Garber. – München: Fink 2002, S. 109–157, S. 140ff.

auch nicht das konfessionelle. Was aber ist ihr zu entnehmen für die postrevolutionären und eine andere Bahn einschlagenden nationalen und kulturellen Debatten des 19. und 20. Jahrhunderts? Diese Frage will gestellt sein, um den Kompaß der Betrachtungen zu richten.

Mit dem frühen italienischen Einsatz kommt ein agonales Prinzip zur Geltung, wie es sich zwangsläufig an den Anspruch der aus dem Geist der Antike erneuerten Nation knüpft. Fortan sind alle werdenden Nationen aufgerufen, der Pflege der nationalen Sprache jene Aufmerksamkeit und Sorgfalt angedeihen zu lassen, die Dante seinen Landsleuten abverlangt hatte und die sich in Musterautoren wie Petrarca und Boccaccio als Meistern des *Volgare* erfüllen sollte. Dieses quasi sportliche Agens und Movens ist überall im Rahmen eines alsbald europaweiten Diskurses zu gewahren. Eine jede Nation möchte auch linguistisch der anderen ebenbürtig sein, und alle zusammen dem einen großen Vorbild Italien. Daß dieser Wettstreit für die nicht auf dem Boden Roms agierenden Nationen unter erschwerten Bedingungen stattfindet und deshalb in Permanenz nationale Legenden und Ursprungsmythen in legitimatorischer Absicht generiert werden müssen, ist bekannt und wiederum nur eine Folge der italienischen *rinascita*-Konstruktion. Es scheint von ausschlaggebender Bedeutung, daß der hier ins Spiel kommende nationale Wettstreit deutlich und stringent abgehoben wird von den nationalen Antagonismen seit dem 19. Jahrhundert, die zunehmend Superiorität und Unterwerfung völker- und rassenpsychologisch unterlegten und damit den Nährboden für die machtpolitisch-militärischen Konsequenzen schufen, die die Frühe Neuzeit in dieser Amalgamierung nicht kannte.[6]

Unter den vielfältigen Möglichkeiten der Anknüpfung an die nationalliterarischen Debatten der Frühen Neuzeit soll hier eine bereits für Dante extrapolierte zunächst verfolgt werden. Der mit Petrarca in die Welt tretende Gedanke der Erneuerung der antiken Formkultur und Sprachgebung setzt sich im frühmodernen Europa in zweierlei Hinsicht durch. Er geleitet zur ganz Europa umfassenden Pflege einer neulateinischen Kultur, deren Kontinente eben erst sukzessive erschlossen werden.[7] Und er verpflichtet das Dichten in den nationalen Idiomen auf die Maxi-

---

6 Zu diesen Ursprungslegenden im europäischen Humanismus fehlt eine große vergleichende Untersuchung. Ersatzweise und vorläufig ist zu verweisen auf das Kapitel ›Klassizistische Literatur und nationale Legitimation‹ in der oben Anm. 2 zitierten Abhandlung des Verfassers (1989), S. 26–38, mit der Zusammenführung der Literatur in der dortigen Anm. 73 [wiederabgedruckt in ders.: Literatur und Kultur im Europa der Frühen Neuzeit (Anm. 2), S. 15–70]. Vgl. aus dem Problemzusammenhang neben den zitierten 2 aufgeführten Sammelbänden auch: Latein und Nationalsprachen in der Renaissance. Hrsg. von Bodo Guthmüller. – Wiesbaden: Harrassowitz 1998 (= Wolfenbütteler Abhandlungen zur Renaissanceforschung; 17); Autorität der Form – Autorisierung – Institutionelle Autorität. Hrsg. von Wulf Oesterreicher, Gerhard Regn, Winfried Schulze. – Münster: Lit 2003 (= Pluralisierung & Autorität; 1).

7 Vgl. die Reihe *L'Europe des humanistes (XIVe–XVIIe siècles)*. Répertoire établi par Jean-François Maillard. – Paris: CNRS Ed. 1995ff. (= Institut de Recherche et d'Histoire des Textes. Documents, Études et Eépertoires). Von deutscher Seite aus liegen bislang vier der Pfalz gewidmete Bände unter der Stabführung von Wilhelm Kühlmann vor. Als Forschungsbericht für die Entwicklung der neulateinischen Studien in Deutschland: Peter L. Schmidt: Die Studien in Deutschland zur humanistischen und neulateinischen Literatur seit dem ausgehenden 19. Jahrhundert. –

men der antiken Gattungskonventionen. Dichten in dieser Tradition darf als Transposition eines vorgegebenen internationalen Idioms in die national sich ausdifferenzierenden und verzweigenden Kultur- und Literatursprachen begriffen werden. Damit aber kehrt in allen modernen Nationalkulturen ein Problem wieder, das Dante luzide bezeichnet und in seiner *Volgare*-Konzeption überwunden zu haben glaubte.

An den klassizistischen Literatursprachen konnten nur die antikekundigen Gelehrten teilnehmen und nicht die von Dante anvisierten breiten Schichten des Volkes. So wird die Installation bzw. die Restauration der antikegeleiteten Literatur begleitet von Revolten gegen diesen elitären und restringierten Code des literarischen Sprechens.[8] Und dies gleichermaßen innerhalb des literarischen Systems selbst wie in der späteren Literaturgeschichtsschreibung. Was letztere angeht, so ist offenkundig, daß ihre Verfasser dazu neigen, sich entweder auf die eine oder auf die andere Seite zu schlagen. Bestand indes haben nur solche geschichtlichen Erzählungen gehabt, denen es gelang, einen gerechten, das heißt beiden Seiten ihr Recht belassenden Ausgleich zu erwirken. Es scheint, daß im Blick auf die deutschen Verhältnisse nur einer diesen schwer errungenen Lorbeerkranz für sich beanspruchen darf, Georg Gottfried Gervinus.[9] Wir aber wollen vorerst nicht wissenschaftshistorisch ausweichen, sondern müssen bei dem vorgegebenen Problem verharren.

Das antikegeleitete klassizistische Dichten, mit den Begriffen ›Renaissance‹ oder ›Humanismus‹ durchaus treffend, mit denen des ›Barock‹ oder ›Manierismus‹ jedoch eher unzutreffend bezeichnet, hat sichergestellt, daß Europa nicht nur im Lateinischen, sondern auch in den Nationalsprachen eine Form des Dichtens pflegte, die einen ständigen Transfer über die nationalen Grenzen hinweg erlaubte, wobei die deutschen Territorien überwiegend nehmend, die Italiener und die westlichen Nationalstaaten eher gebend in Erscheinung traten. Hier ist Europa eine Erbschaft zugefallen, die es verdient hätte, in den gegenwärtigen kulturpolitischen Manifestationen stärker profiliert zu werden.[10]

Wenn Dichten im Umkreis des gesamten Humanismus Europas nichts anderes hieß als ständig umzuschreiben, die europäische Literatur also intertextuell verfaßt

---

In: La filologia medievale e umanistica greca e latina nel secolo XX. Vol. II. – Roma: Università di Roma ›La Sapienza‹ 1993 (= Testi e studi Bizantino-Neoellenici; 7), S. 831–910. Dazu das Handbuch des Altmeisters der Neolatinistik Jozef Ijsewijn: Companion to Neo-Latin Studies. Part I: History and Diffusion of Neo-Latin Literature. 2., Entirely Rewritten Edition. – Leuven: Leuven University Press; Louvain: Peeters Press 1990. Part II: Jozef Ijsewijn, Dirk Sacré: Literary, Linguistic, Philological and Editorial Questions. 2., Entirely Rewritten Edition. – Leuven: Leuven University Press 1998 (= Supplementa Humanistica Lovaniensia; 5.14).

8 Dazu ergiebig und anregend Gunter E. Grimm: Letternkultur. Wissenschaftskritik und antigelehrtes Dichten in Deutschland von der Renaissance bis zum Sturm und Drang. – Tübingen: Niemeyer 1998 (= Studien und Texte zur Sozialgeschichte der Literatur; 60).

9 Vgl. Klaus Garber: Martin Opitz – ›der Vater der deutschen Dichtung‹. Eine kritische Studie zur Wissenschaftsgeschichte der Germanistik. – Stuttgart: Metzler 1976, S. 112ff.

10 Eine vergleichende Untersuchung zu den klassizistischen nationalsprachigen Literaturen fehlt ebenso wie eine Darstellung der frühneuzeitlichen Literatur Europas als ganzer, in welcher diese Europa erfassende Reformbewegung ihren prominenten Platz beanspruchen dürfte.

ist wie nie zuvor und nie wieder danach, so ist an dieser Stelle eine Dichte und Verflechtung europäisch ausgerichteten kulturellen Handelns zu konstatieren, für die keine anderweitige Parallele namhaft zu machen sein dürfte. Nicht nur das Neulateinische, sondern auch die auf der Antike fußenden modernen Nationalsprachen und Literaturen bildeten zusammengenommen und ungeachtet der linguistischen Differenzierung eine zunehmend West und Ost, Nord und Süd umgreifende universale Koine, in der ein zukünftiges Europa ein kulturelles Unterpfand von seltener symbolischer Kraft besitzt.[11] Die Ausarbeitung einer frühneuzeitlichen Literaturgeschichte unter diesem Leitgedanken ist daher ein Gebot der Stunde.

Es ist bekannt, um den wissenschaftsgeschichtlichen Gedanken wieder aufzunehmen, daß dieser auf der Antike basierenden deutschen Literatur, wie sie mit Opitz anhebt, gerade in Deutschland seit dem späten 18. Jahrhundert immer wieder der Prozeß gemacht worden ist. Sie wurde als undeutsch und ausländerhörig, verwelscht und intellektualisiert, unnatürlich und seelenlos, unsozial und unchristlich und wie die Schmähworte lauten, gebrandmarkt. An der Geißelung dieser Literatur ließe sich eine Geschichte des niederen instinktgebundenen kulturpolitischen Irrationalismus und Chauvinismus mit antizivilisatorischer, nationalistischer, rassistischer Mitgift je nach Verfasser und Situation schreiben.[12] Darum bleibt es das Desiderat einer europäisch votierenden Kultur- und Literaturwissenschaft, das Grandiose dieses Projekts darstellerisch so zu entwickeln, daß die in die Zukunft verlaufenden Fluchtlinien sich deutlich abzeichnen. Das aber kann mit Erfolg und geschichtlicher Triftigkeit nur gelingen, wenn auch der andere, von Dante ins Auge gefaßte Impetus nationalliterarischer Produktion nicht unterdrückt, sondern zur Geltung gebracht wird. Und dies so, daß jedes Ausspielen der einen Seite gegen die andere vermieden wird und beiden Seiten, ausgestattet mit dem Recht auf Wahrheit, historische Gerechtigkeit widerfährt. Welches Land aber würde sich für ein solches Experiment besser eignen als Deutschland?

Es hat immer noch Nachholbedarf an einer qualifizierten Würdigung seines Dichtens aus dem Geist der europäischen Renaissance. Und dies nicht nur wegen der vielen Widersacher, die ihm im eigenen Land erstanden sind, sondern auch, weil Vertreter einer großen literarischen Tradition vorhanden waren, die sich dem antikeverpflichteten Schreiben, wie es die Humanisten auch auf deutschem Boden praktiziert und propagiert hatten, widersetzten bzw. unabhängig von ihm andere

---

11 Vgl.: Humanismus in Europa. Hrsg. von der Stiftung ›Humanismus Heute‹ des Landes Baden-Württemberg. Mit einem Geleitwort von Helmut Engler. – Heidelberg: Winter 1998 (= Bibliothek der klassischen Altertumswissenschaften. Reihe 2. N.F.; 103); Das eine Europa und die Vielfalt der Kulturen. Kulturtransfer in Europa 1500–1850. Hrsg. von Thomas Fuchs, Sven Trakulhun. – Berlin: Berliner Wissenschafts-Verlag 2003 (= Aufklärung und Europa; 12); Germania latina – Latinitas teutonica. Politik, Wissenschaft, humanistische Kultur vom späten Mittelalter bis in unsere Zeit. Hrsg. von Eckhard Keßler, Heinrich C. Kuhn. Bd. I–II. – München: Fink 2003 (= Humanistische Bibliothek. Reihe 1: Abhandlungen; 54).

12 Dieser ideologisch besetzte Impetus in zahlreichen Literaturgeschichten zumal der zweiten Hälfte des 19. und des Beginns des 20. Jahrhunderts ist Gegenstand des oben Anm. 9 erwähnten Werkes. Vgl. S. 126ff., S. 141ff. und insbesondere S. 155ff. unter dem Titel ›Sendungsbewußtsein und Vereinnahmungsstrategie im Wilhelminismus‹.

Wege gingen. In keinem anderen Land Europas hat sich eine nicht auf die Renaissance, sondern auf die Reformation zurückdatierende Bewegung sprachlich derart erneuernd geltend gemacht wie in Deutschland.[13] Das Lutherdeutsch ist breitenwirksam so in alle Volksschichten gedrungen, wie Dante eben dies sich für das *Volgare* in seinem Land erträumt hatte. Zu keinem Zeitpunkt in der Frühen Neuzeit ist das Volk weniger lesend denn hörend und schauend an einer agitatorischen und im weitesten Sinn literarisierten kulturellen Praxis so intensiv beteiligt gewesen wie im Luther-Deutschland. Hier lag ein Ferment und Erbe bereit, das in anderen Ländern in den religiösen Volksbewegungen und ihren literarischen Manifestationen vielfältige Parallelen besitzt und zum europäisch angelegten Vergleich gleichfalls herausfordert.

Sie alle führen jedoch hinein in ein von Grund auf verändertes, weil inzwischen vom Konfessionalismus ergriffenes Europa.[14] Ihnen eignet, ungeachtet der nationalen Tiefenstruktur, nicht eine gleich ausgeformte transnationale Homogenität. Die formschöpferische Vielfalt, das gattungs- und medien-innovatorische Potential ist beeindruckend und hat daher die Historiker immer wieder in den Bann gezogen. Aufgabe des auf eine Gesamtansicht erpichten Betrachters müßte es sein, den historischen Ausgleich anders denn über ein schlichtes ›Sowohl als Auch‹ zu bewerkstelligen.

Vor diesem Hintergrund ist die Frage des Ursprungs der neueren deutschen Nationalliteratur zu stellen.[15] Da das Thema jedoch inzwischen wiederholt behandelt wurde, sei an dieser Stelle ein anderer Weg eingeschlagen. Es ist von ganz erheblicher Bedeutung, daß sich der Übergang zum nationalliterarischen Diskurs, wie er in Europa seit fast drei Jahrhunderten im Gange ist, in Deutschland erst zu Beginn des 17. Jahrhunderts vollzieht. Reformation und Konfessionalisierung hatten die Verzögerung bewirkt. Deutschland war zum Schauplatz eines religiösen, konfessionellen und machtpolitischen Ringens geworden, das in dieser Intensität keine Parallele in Europa besaß. Die Installation der Literatur auf den Fundamenten der Antike im deutschen Idiom – im Lateinischen war die Transformation schon anderthalb Jahrhunderte früher erfolgt – antwortet viel stärker als bislang gesehen auf diese vorangegangene Konfessionalisierung. Sie versteht sich unausgesprochen als ein Versuch, die Friktionen und Verwerfungen, denen die Nation mit und nach dem Auftreten Luthers ausgesetzt war und die ein Erasmus hellsichtig vorausgesehen hatte, zu überwinden, geschlagene Wunden zu heilen, über die kon-

---

13 Vgl. etwa: Renaissance – Reformation. Gegensätze und Gemeinsamkeiten. Hrsg. von August Buck. – Wiesbaden: Harrassowitz 1984 (= Wolfenbütteler Abhandlungen zur Renaissanceforschung; 5).
14 Zuletzt mit der einschlägigen Literatur Klaus Garber: Konfessioneller Fundamentalismus und späthumanistischer Nationalismus. Die europäischen Bürgerkriege in der poetischen Transformation um 1600. Opitzens *Trost-Getichte in Widerwärtigkeit des Krieges*. – In: Konfessioneller Fundamentalismus. Religion als politischer Faktor im europäischen Mächtesystem um 1600. Hrsg. von Heinz Schilling unter Mitarbeit von Elisabeth Müller-Luckner. – München: Oldenbourg 2007 (= Schriften des Historischen Kollegs. Kolloquien; 70), S. 23–46.
15 Vgl. die drei vorangehenden und die drei abschließenden Kapitel in diesem Band.

fessionellen Grenzen hinweg die Nation in einem Dritten, nämlich Überkonfessionellen, wieder zusammenzuführen. Eine kulturpolitische Agentur wie die ›Fruchtbringende Gesellschaft‹ ist nur aus diesem Impetus heraus zu begreifen.

De facto aber hieß es für die Wortführer, Anlehnung bei jenen zu suchen, die ihr Anliegen am ehesten zu befördern imstande waren. Und das waren im europäischen Kontext die zum reformierten, zum calvinistischen Bekenntnis hinneigenden, im innerdeutschen die zu Melanchthon und nicht zu Luther tendierenden Kräfte.[16] Aus dieser Konstellation heraus ist der gleichermaßen kämpferische wie irenische Geist erwachsen, der auf so verwirrende und von der Forschung bislang kaum entfaltete Weise die Begründer der neuen Literatur vor allem an den Rändern des Reichs, in Böhmen und Schlesien dort, der Pfalz und dem Oberrhein hier, beflügelte.

Er ist gezeichnet von einer Hellsicht und einer politischen Klugheit, die sich einem halben Jahrhundert intensiver politiktheoretischer Arbeit innerhalb der ›dritten Kraft‹ Europas, dem Erasmus und seinen Nachfahren verpflichteten Flügel des west- wie des osteuropäischen Humanismus, verdanken.[17] Er führt die gedankliche Mitgift dieser *politischen* Bewegung in Europa bei sich, wie sie sich als Antwort auf das konfessionell zerrissene Europa und die in konfessionelle Bürgerkriege verstrickten Nationen herausgeformt hatte. Das hier manifest werdende Ethos lautet formelhaft gesprochen: Die Nation hat sich auf Werte zu verständigen, die durch die konfessionellen Verwerfungen nicht länger tingiert werden können. Um dieses Ziel zu erreichen, ist ein doppelter Schritt vonnöten. Das Christentum, Quelle des Unheils in seiner konfessionellen Zurichtung, ist auf einfache transkonfessionelle Prinzipien zurückzuführen, die ein jeder Christ anerkennen und glaubend praktizieren kann. Das ist die Geburtsstunde der Aufklärung im Europa um 1600 unter den Trägerschichten des Humanismus.[18] Solange aber diese Reinigung auf sich warten läßt, ist den Scharfmachern auf allen Seiten kampfesmutig entgegenzutreten – die den geschichtlichen Umständen geschuldete militante Variante der humanistischen *nobilitas litteraria*.

Diese Idee bricht sich geschichtlich Bahn in dem Appell an die verschiedenen konfessionellen Lagern angehörigen Bürger eines Landes, sich als Glieder einer Nation zu verstehen und entsprechend politisch zu agieren. Das ist die Geburts-

---

16 Dieser Gedanke wurde zu entwickeln versucht in: Zentraleuropäischer Calvinismus und deutsche ›Barock‹-Literatur. Zu den konfessionspolitischen Ursprüngen der deutschen Nationalliteratur. – In: Die reformierte Konfessionalisierung in Deutschland. Das Problem der ›Zweiten Reformation‹. Hrsg. von Heinz Schilling. – Gütersloh: Mohn 1986 (= Schriften des Vereins für Reformationsgeschichte; 195), S. 317–348 (in diesem Band S. 919–954).

17 Grundlegend geblieben: Friedrich Heer: Die dritte Kraft. Der europäische Humanismus zwischen den Fronten des konfessionellen Zeitalters. – Frankfurt a.M.: Fischer 1959. Vgl.: Die geistige Welt des Friedrich Heer. Hrsg. von Richard Faber, Sigurd Paul Scheichl. – Köln, Weimar, Wien: Böhlau 2008. Darin zu dem erwähnten Werk Heers der Beitrag von Klaus Garber: Wege in die Zukunft. Friedrich Heers *Die Dritte Kraft* als europäisches Vermächtnis, S. 107–128.

18 Dazu aus anders gearteter Perspektive, jedoch verwandtem Geist: Die Renaissance als erste Aufklärung. Hrsg. von Enno Rudolph. Bd. I–III. – Tübingen: Mohr Siebeck 1998 (= Religion und Aufklärung; 1–3).

stunde des transkonfessionellen modernen Staatsgedankens um 1600, wie er gleichfalls in die Aufklärung herüberwirkt und in den politischen Revolutionen sich Geltung verschafft. Das Zeitalter um 1600 behauptet also eine Schlüsselstellung im frühmodernen Europa.[19] Und die um diese Zeit sich formierende neuere deutsche Literatur partizipiert an diesen modernen Errungenschaften des transkonfessionell-irenischen und national-politischen Denkens in viel größerem Maße als bislang gesehen. Eine Literaturgeschichte des 17. Jahrhunderts unter diesen Auspizien steht aus.

Wir haben also alle Veranlassung, an ihrer Restitution und geschichtlichen Rehabilitierung auf deutschem Boden mitzuwirken, auch wenn die Bereitschaft in den medialen Sparten dafür wenig entwickelt ist und angesehene Vertreter der Zunft damit befaßt sind, Prozesse der *longue durée* wie die angedeuteten zu kappen zugunsten kurzer Geschichten gerade der deutschen Literatur. Schlügen Gedanken wie die hier vorgetragenen Wurzeln, wir würden auch ein geschichtlich gefestigteres Bild unserer Aufklärung gewinnen. Die Besten unter ihren Sprechern, bei Gottsched angefangen und über Lessing, Herder, Hamann fortgehend bis hin zu Goethe, wußten um dieses aus dem 17. Jahrhundert herrührende Vermächtnis.[20]

Wenn sie sich dann wie ein Herder daran machten, nicht nur die irenischen religiösen Überlieferungen auszugraben und in ihrem geschichtlichen Recht zu würdigen, sondern auch daran zu arbeiten, die gelehrten, lateinischen, klerikalen Fundamente der klassizistischen Literatur zu lockern, so wurde darin ein Impuls reaktiviert, der nur zeitweilig unterdrückt erschien, nicht aber zu tilgen war.[21] Niemand anderes als Dante hatte auf diese Öffnung des Sprechens im *Volgare* gedrungen. Die Aufklärung in ihren großen Wortführern, zu denen Herder in besonderem Maße zu rechnen ist, verschrieb sich dieser dem Volke zugewandten Mission. Und knüpfte sich an sie nicht die Hoffnung, eine von den breiten Schichten des Volkes getragene Kultur und Literatur vermöchte auch politisch deren Belange befördern, also voranschreiten auf dem Wege zur Bildung einer politisch geeinten Nation, die sich würdig eingliederte in den Kranz der national geeinten Völkerschaften Europas?

Auf eine denkwürdige Weise zehrt Europa nicht nur politisch, sondern auch ideell im guten wie im bösen von Prozessen der *longue durée*. Es sollte Aufgabe der

---

19 Die einschlägige Literatur bei Klaus Garber: Späthumanistische Verheißungen im Spannungsfeld von Latinität und nationalem Aufbruch. – In: Germania latina – Latinitas teutonica (Anm. 11), Bd. I, S. 107–142.

20 Fundamentale Arbeiten, die diesen Brückenschlag, der in der Aufklärungsforschung wenig entwickelt ist, vornehmen würden, fehlen bislang. Erlaubt sei nochmals ein Verweis: Klaus Garber: Der Weg der Deutschen im Spiegel ihrer Literatur und Bildung. Ein Beitrag zum Problem politischer Kultur in Deutschland. – In: 25 Jahre Universität Osnabrück. Akademische Eröffnungsfeier. Forum der Wissenschaft. Hrsg. vom Präsidenten der Universität Osnabrück. – Osnabrück: Rasch 1999, S. 91–119 (eingegangen in Klaus Garber: Nation – Literatur – Politische Mentalität. Beiträge zur Erinnerungskultur in Deutschland. Esssays – Reden – Interventionen. – München: Fink 2004, S. 79–109 (mit weiterer Literatur)).

21 Das wurde in dem Anm. 9 zitierten Werk im Blick auf die frühneuzeitliche Literatur Deutschlands zu zeigen versucht: Opitz in der altdeutschen Tradition bei Herder, S. 58–69.

Kulturwissenschaften sein, an der Sonderung der Stränge der Überlieferung nach Kräften mitzuwirken und dem Zukunftsfähigen auf die den Geisteswissenschaften einzig geziemende Art Bahn zu brechen: darstellend, redend, für und um sie werbend.

Zuerst erschienen unter dem Titel: Linker Nationalismus in Deutschland und das nationalliterarische Projekt im frühneuzeitlichen Europa. – In: Nation – Europa – Welt. Identitätsentwürfe vom Mittelalter bis 1800. Hrsg. von Ingrid Baumgärtner, Claudia Brinker-von der Heyde, Andreas Gardt, Franziska Sick. – Frankfurt a.M.: Klostermann 2007 (= Zeitsprünge; 11), S. 443–455.

›Sub specie theatri‹

Zur nationalen Ausdifferenzierung einer
kulturellen Neuschöpfung im Europa der Frühen Neuzeit

Der Obertitel des vorliegenden Beitrags entstammt einem zu Lebzeiten des Autors an unscheinbarer Stelle veröffentlichten Text. Der Autor ist kein anderer als mein Lehrer, den ich in einem strengen Sinn als den einzigen anerkennen kann, der mir in lebendiger Gestalt begegnete, also nicht nur über Schriften zu einem solchen wurde. Dies gleich eingangs zu betonen ist vonnöten, weil der Verweis verknüpft ist mit einem nicht abweisbaren Gefühl der Verpflichtung. Der Name Richard Alewyns wird uns daher bei unserem kleinen Versuch begleiten.[1]

---

1 Vgl. Richard Alewyn: Sub specie theatri – Leben und Kunst des Barock. – In: Jahresband der Dramaturgischen Gesellschaft Berlin 13 (1965), S. 12–21. Es handelt sich um einen Vortrag zur Eröffnung der in Salzburg abgehaltenen 13. Tagung der Gesellschaft. Diese ist nur in einem Typoskript dokumentiert. Der Titel des Vortrags wurde dem Inhaltsverzeichnis und dem Vorspann zur Eröffnung (S. 6) entnommen. Entsprechend ist ein Zusatz in der vom Verfasser erarbeiteten Alewyn-Bibliographie anzubringen. Der Titel ist um den zweiten Bestandteil zu erweitern. Vgl. Klaus Garber: Zum Bilde Richard Alewyns. – München: Fink 2005, S. 124. Der Text selbst ist weder eingegangen in die Essay-Sammlung *Das große Welttheater* noch in die einleitende Abteilung ›Theater‹ der Essay-Sammlung *Probleme und Gestalten*. Vgl. dazu die Angaben unten Anm. 7 und Anm. 11. Die Vermutung liegt nahe, daß auch dieser Text im Zuge der Vorbereitung einer ›Kulturgeschichte des Barock‹ in den späten dreißiger Jahren in der Emigration geschrieben wurde. Vgl. dazu *Zum Bilde Richard Alewyns*, S. 125–130. – Der Eingang zu ›Sub specie theatri‹ lautet wie folgt: »Als ich als Zwanzigjähriger zum ersten Male in Venedig war, fand ich an allen Plakatwänden Ankündigungen einer Theateraufführung, ganz groß einen Schauspielernamen, den ich vergessen habe, darunter ›Il Amletto di Guglielmo Shakespeare Drama in cinque atti‹. Da mich das Stück immer schon interessiert hatte beschloß ich, mir die Gelegenheit nicht entgehen zu lassen und wurde durch eine unerwartete Erfahrung belohnt. Ich fand in einem zum brechen erfüllten Saal ein fröhliches Publikum, das sich sichtlich und hörbar zu Hause fühlte und nichts bemerken ließ von der ehrfürchtigen Befangenheit, mit der ein mitteleuropäisches Theaterpublikum dem Bildungserlebnis einer Klassikeraufführung entgegensieht. Man hatte sich familienweise eingestellt, Väter, Mütter, Kinder, Säuglinge, für Kinder unter sechs Jahren war der Eintritt frei. Man tauschte quer über die Reihen Neuigkeiten und Scherze aus, manchmal drängte eine Mutter mit Kind eilig durch die Reihen und strebte dem Notausgang zu. Und als sich der Vorhang geöffnet hatte und die Schauspieler aufzutreten und zu deklamieren begannen, ließ sich das Publikum dadurch wenig stören. Der Zuschauerraum war auch nur wenig verdunkelt, die Aufmerksamkeit wandte sich nur teilweise, nur zeitweise dem tragischen Geschehen auf der Bühne zu. Mäuschenstill aber wurde es auf einmal, als der Hauptdarsteller, unverkennbar ein Liebling des Publikums, mit gefälligem Anstand vor die Mitte der Rampe trat und anhub ›Essere, o non essere, ecco il problema‹. Alles lauschte gespannt bis er den letzten Vers herausgeschmettert hatte und in erwartungsvoller Pose stehen blieb. Und da prasselte der Beifall los. ›Bravo, bravo‹ und dann ›Dacapo‹. Und in der Tat, das Unwahrscheinliche geschah. Der Hauptdarsteller winkte beruhigend mit der Hand und das Publikum beruhigte sich und lauschte ebenso gespannt dem ganzen Monolog zum zweiten Male, um zum zweiten Male in Jubel auszubrechen, der mit ausgebreiteten Armen und mit Handküssen quittiert wurde. Hier war sichtlich Shakespeare mit Verdi verwechselt worden.«

Wäre an dieser Stelle über die Lyrik der Frühen Neuzeit zu handeln oder über den Roman, vielleicht auch das Epos – wir wären nicht in der gleichen Verlegenheit wie im Blick auf das Theater. Wo jene Gattungen durch Muster und Normen und – mit Ausnahme des Romans – durch rhetorische und poetologische Kodifizierungen gesteuert werden, da entzieht sich nicht die Tragödie, nicht die Komödie, ja nicht einmal die Tragikomödie und damit das neuerfundene Schäferspiel, wohl aber das Theater entsprechender Fixierungen. Es ist seiner Bestimmung nach nicht nur auf die Zuschauerschaft verwiesen. Es tritt vielmehr mit dem Anspruch an, ihrer Lebenswirklichkeit verwandlungsreich auf der Spur zu bleiben. Das Theater erleidet daher über die Zeiten und Räume hinweg mannigfache lokale und temporäre Brechungen. Eine Typologie, mittels der der Referent sich der Vielfalt der Erscheinungen bemächtigen könnte, ist deshalb vom Wesen des Gegenstandes her nicht zu haben.

In einer solchen Situation möchte es angezeigt sein, den Blick hilfesuchend auf die zeitgenössische Poetik zu richten. Vergeblich. Die wenigen antiken Zeugnisse, an vorderster Stelle die Einlassungen in der Aristotelischen Poetik, gelten zuallererst der Tragödie, zielen zumal auf die Bestimmung von Wirkungen und bieten erste Handhaben für die in der Frühen Neuzeit voll zur Entfaltung gelangende Dreistillehre und die mit ihr verwobene Lehre von der Ständeklausel – nicht weniger und nicht mehr.[2] An keiner Stelle in der frühneuzeitlichen Literatur und der sie begleitenden Poetik wurde so früh und so radikal die *Querelle des Anciens et des Modernes* eröffnet wie in der Diskussion um das Schauspiel. Man wußte sich als Erbe der Alten in Tragödie und Komödie und schrieb aus, was von ihnen über sie geäußert worden war und sukzessive zur Kenntnis gelangte. Das Entscheidende blieb der Durchbruch, wie er erst in der neueren Zeit erfolgt war – die Bindung des Wortes an die Musik, die Erfindung der Oper und eines mit ihr verschwisterten Seitentriebs, eben der Pastorale. Über sie wie über keine andere Gattung sonst versicherte man sich der innovativen Potenzen in der Gegenwart, seit das Experiment in Italien unternommen und rasch von einem beispiellosen Erfolg gekrönt worden war. Über das Theater in der Frühen Neuzeit zu sprechen heißt daher über weite Strecken stets auch, die musikalischen Adaptationen der Oper mit im Blick zu halten.[3]

---

2 Vgl. Volker Sinemus: Poetik und Rhetorik im frühmodernen deutschen Staat. Sozialgeschichtliche Bedingungen des Normenwandels im 17. Jahrhundert. – Göttingen: Vandenhoeck & Ruprecht 1978 (= Palaestra; 269). Dort die einschlägige Literatur.

3 Vgl. das Kapitel ›Schäferdrama und Schäferoper‹ mit der einschlägigen Literatur in der für die Publikation vorbereiteten Untersuchung des Verfassers zur europäischen Arkadien-Utopie. Hier sei nur verwiesen auf zwei jüngst erschienene und höchst anregende Untersuchungen zur frühneuzeitlichen Oper, die eingehend mit Literatur ausgestattet sind und den Brückenschlag zwischen Literaturwissenschaft und auf die Oper konzentrierter Musikwissenschaft dokumentieren: Bernhard Jahn: Die Sinne und die Oper. Sinnlichkeit und das Problem ihrer Versprachlichung im Musiktheater des nord- und mitteldeutschen Raumes (1680–1740). – Tübingen: Niemeyer 2005 (= Theatron; 45); Christian Seebald: Libretti vom ›Mittelalter‹. Entdeckungen von Historie in der (nord)deutschen und europäischen Oper um 1700. – Tübingen: Niemeyer 2009 (= Frühe Neuzeit; 134). Für die Dokumentation der regionalen Zentren im deutschen Sprachraum nach wie

Sie sind nicht die einzige, wohl aber die letzte Mitgift, die Italien für ganz Europa bereithielt. Wo in allen anderen Gattungen mit Ausnahme des Romans, der Spaniens Domäne blieb, Italien die entscheidenden Vorgaben seit dem Auftreten Petrarcas und Boccaccios ausgeprägt hatte, da entzog sich das Theater Europas dieser durchgängigen Verpflichtung auf italienische Exempla. Gewiß, Italien ging wie vorher in den anderen Gattungen noch einmal voran in der Rebuchstabierung der antiken Muster. Es ist jedoch bezeichnend und bestätigt unsere einleitenden Bemerkungen, daß nicht mehr über diese intertextuelle Antike-Moderne-Konfiguration die innovative Entfaltung des europäischen Theaters erfolgte, so gewiß über Italien vermittelte Filiationen allenthalben zu beobachten sind. Vielmehr setzte jedes Land deutlicher und stilprägender als in allen anderen von Italien übernommenen Gattungen neu an und schaffte das Bedeutendste in je eigener Regie. Eine Untersuchung, die diesen mit dem Theater per se gegebenen und in diesem Sinn apriorischen Prozeß der Ausdifferenzierung nicht zumindest ansatzweise im Auge hätte, dürfte daher ihren Gegenstand verfehlen.[4]

---

vor grundlegend: Renate Brockpähler: Handbuch zur Geschichte der Barockoper in Deutschland. – Emsdetten/Westf.: Lechte 1964 (= Die Schaubühne. Quellen und Forschungen zur Theatergeschichte; 62).

4 Die europäische Theaterwissenschaft verfügt bekanntlich über bedeutende großräumige Handbücher. Zu der bekannten älteren Darstellung von Heinz Kindermann ist jetzt diejenige von Manfred Brauneck getreten. Die ältere Darstellung ist damit keineswegs überholt. Kindermann hat jeweils einen Band der Renaissance und dem Barock vorbehalten und wird damit der eminenten theatergeschichtlichen Bedeutung beider Epochen gerecht. Vgl. Heinz Kindermann: Theatergeschichte Europas. Bd. II: Das Theater der Renaissance. 2., vermehrte und verbesserte Aufl. – Salzburg: Müller 1969; ders.: Theatergeschichte Europas. Bd. III: Das Theater der Barockzeit. 2., verbesserte und ergänzte Aufl. – Salzburg: Müller 1967. Das Werk ist überreich mit Literatur ausgestattet und hätte ohne die großartigen Wiener Sammlungen schwerlich entstehen können. Zu dem problematischen politischen Kontext des Kindermannschen Wirkens in Wien vgl. jetzt: ›Wissenschaft nach der Mode?‹ Die Gründung des Zentralinstituts für Theaterwissenschaft an der Universität Wien 1943. Hrsg. von Birgit Peter, Martina Payr. – Wien, Berlin: Lit 2008 (= Austria. Universitätsgeschichte; 3). Im Vorwort zur ersten Auflage des der Renaissance gewidmeten Bandes und mit Blick auf den Nachfolger heißt es: »Ich hoffe, daß die Leser spüren werden, wie sehr es mir gerade auch bei diesen beiden Bänden am Herzen lag, dem Theater die Rolle im Lebensgeschick der Völker und Epochen zuzubilligen, die ihm als am Antlitz der Nationen und des ganzen Kontinents mitformenden Kulturfaktor von völkerverbindender Bedeutung gebührt.« (S. 8). Im Vorwort zu dem Band des Barockzeitalters liest man: »Die Aufgabe des dritten Bandes ist es, der bisher reichsten und glanzvollsten Epoche des europäischen Theaters, der Barockzeit, gerecht zu werden.« (S. 7). Insofern bedeutet es in gewisser Weise einen Rückschritt, wenn Manfred Brauneck in seiner großen neuen Darstellung: Die Welt als Bühne. Geschichte des europäischen Theaters. Bd. I–VI. – Stuttgart, Weimar: Metzler 1993–2007, den ersten Band der Präsentation des Theaters der Antike, des Mittelalters sowie des Humanismus und der Renaissance insgesamt vorbehält. Der zweite Band (1996) ist dann dem ›Theater im 17. Jahrhundert zwischen Renaissance und Aufklärung‹ gewidmet, meidet also den Begriff des Barock, der, wenn irgendwo im Rahmen der Kulturwissenschaften des 17. Jahrhunderts, so an dieser Stelle seine Berechtigung gehabt hätte. Der Schwerpunkt des imponierenden Werkes liegt auf der Moderne.

I Methodisches Aperçu

Die Berechtigung des Gesagten zu unterstreichen mag eine Erwägung helfen, mit der wir unvermittelt die historische Betrachtung aufnehmen. Wie für keine andere frühneuzeitliche Gattung ist es im Blick auf das Theater vonnöten, Abstand zu nehmen von einem produktions- bzw. rezeptionshistorischen dichotomischen Modell, wie es beispielsweise für die gleichzeitige Lyrik zur Anwendung gelangen darf. Mit Petrarcas Liebeslyrik sind für die neulateinische wie die volkssprachliche Dichtung in ganz Europa bis an die Schwelle des 18. Jahrhunderts Standards gesetzt und Weichen gestellt, die selbstverständlich ein ständiges Umschreiben gestatten, nicht aber ein Ausbrechen aus dem Formtyp als solchem – es sei denn in bewußter und als solcher einbekannter antipetrarkistischer Manier. Die gelehrte Grundierung und Fundamentierung des lyrischen Sprechens ist seit Petrarca verbindlich. Mit der Etablierung der humanistischen klassizistischen Lyrik, ob im Lateinischen oder in der Volkssprache, werden anders geartete Formen lyrischen Sprechens ins Abseits gedrängt und poetologisch diskreditiert – am wirkungsvollsten durch Verschweigen. Seit Petrarca gibt es über Jahrhunderte einen lyrischen Königsweg, den ein jeder Adept zu beschreiten hat, wie weit auch immer er in einem Akt gezielter Abweichung sich von ihm entfernen mag; die Tradition wird unaufhörlich fort- und damit stetig auch umgeschrieben.[5]

Ein solches Modell für das Theater zu konstruieren wäre absurd. Die Erneuerung der antiken Tragödie und Komödie hat weder eine normative noch eine für das Theater dominante substantielle Kraft entfalten können. Das wird am schlagendsten evident über das Fortleben heimischer Bildungen bis tief in die Frühe Neuzeit hinein und lange nachdem die antikegeleiteten Reformulierungen stattgehabt hatten. Dem Werk eines Ruzzante in Italien, eines Juan del Encina in Spanien, eines Gil Vicente in Portugal, ja noch eines Alexandre Hardy in Frankreich – um nur ein paar Namen zu erinnern – ist mit klassizistischen Maßstäben so wenig beizukommen wie den großen weltliterarischen theatralischen Schöpfungen Europas insgesamt.[6] Es gibt sich darin aber nur von einer anderen Seite her nochmals die Triftigkeit der These zu erkennen, daß das Theater der Frühen Neuzeit auf eine

---

5 Vgl. den Artikel ›Petrarkismus‹ von Gerhard Regn in: Historisches Wörterbuch der Rhetorik. Hrsg. von Gert Ueding. Bd. VI. – Tübingen: Niemeyer 2003, Sp. 911–921, sowie: Petrarkismus-Bibliographie 1972–2000. Hrsg. von Klaus W. Hempfer, Gerhard Regn, Sunita Scheffel. – Stuttgart: Steiner 2005 (= Text und Kontext; 22). Sehr ergiebig sodann die Sammelbände: Der Petrarkistische Diskurs. Spielräume und Grenzen. Hrsg. von Klaus W. Hempfer, Gerhard Regn. – Stuttgart: Steiner 1993 (= Text und Kontext; 11); Petrarca-Lektüren. Gedenkschrift für Alfred Noyer-Weidner. – Stuttgart: Steiner 2003 (= Text und Kontext; 17). Hinzuzunehmen – gerade auch im Blick auf die Rezeption: Francesco Petrarca 1304–1374. Werk und Wirkung im Spiegel der Biblioteca Petrarchesca Reiner Speck. Hrsg. von Reiner Speck, Florian Neumann. – Köln: DuMont 2004.

6 Dieser Sachverhalt ist bekanntlich am Beispiel Englands in großem Stil überzeugend entfaltet worden von Robert Weimann: Shakespeare und die Tradition des Volkstheaters. Soziologie, Dramaturgie, Gestaltung. – Berlin: Henschel 1975. Vgl. von Weimann auch: Shakespeare und die Macht der Mimesis. Autorität und Repräsentation im elisabethanischen Theater. – Berlin, Weimar: Aufbau-Verlag 1988 (= Dokumentation, Essayistik, Literaturwissenschaft).

dem Humanismus verpflichtete Statuierung von Tradition nicht zu fixieren ist. Natürlich liegt der Einwand nahe, daß Analoges zumindest für den frühneuzeitlichen Roman gelte. Doch trägt die Analogie wirklich? Er ist in der Trias aus höfischer, pastoraler und pikaresker Spielart eine Schöpfung der Frühen Neuzeit. Nachdem sie in einem langwierigen Prozeß aber ausgebildet war, behauptete sie eine erstaunliche Virulenz und Konsistenz.[7] Nicht so das unaufhörlich in Verwandlung begriffene Theater.

Forschungspolitisch folgt daraus vor allem die Anweisung, dem im Raum der Städte beheimateten Spielwesen besondere Aufmerksamkeit zu widmen und sich nicht verführen zu lassen, Theater nur im Kontext von Hof und höfischer Gesellschaft aufzusuchen. Gemeint sind damit keineswegs nur jene prähumanistischen Zeugungen eines städtischen bürgerlichen Schauspiels im 15. und 16. Jahrhundert, die noch weitgehend unberührt von den inzwischen zur Norm erhobenen antiken Mustern sich darbieten. Wir denken vielmehr an das vitale, aber insgesamt immer noch wenig erforschte Fortleben städtischer Schauspielpraxis im 17. Jahrhundert nach Etablierung des klassizistischen Systems, das sich weiterhin unbeeindruckt von einem solchen gibt. Die Germanisten sind nicht eben reich gesegnet mit autobiographischen Zeugnissen aus der Frühen Neuzeit und speziell des 17. Jahrhunderts. Immerhin, mit den Tagebüchern Sigmund von Birkens aus der Mitte des 17. Jahrhunderts liegt ausnahmsweise ein solches Korpus vor. Und das überdies aus einem für literarische Traditionsbildungen besonders ergiebigen Beobachtungsort, dem Kleinod des Alten Reichs, der Freien Reichsstadt Nürnberg.[8]

Die Einträge sind nicht zu zählen, in denen vom Besuch im eben errichteten Fechthaus berichtet wird, leider nur gelegentlich mit Angabe von Titeln oder Verfassern. Da werden keine schulgemäß eingerichteten humanistischen Tragödien oder Komödien beschaut. Vielmehr reißt der Durchzug von Wandertruppen und Theaterbanden das ganze 17. Jahrhundert über nicht ab. Sie bringen in den Spielzeiten zwischen Frühjahr und Spätherbst in guten Jahren 40 bis 50 Aufführungen zuwege und locken 20.000 bis 25.000 Zuschauer allein ins Fechthaus. Sie importieren insbesondere seit der Mitte des Jahrhunderts länderübergreifend die neueste

---

7 Diese Typologie prägnant entfaltet von Richard Alewyn: Der Roman des Barock. – In: Formkräfte der deutschen Dichtung vom Barock bis zur Gegenwart. Hrsg. von Hans Steffen. – Göttingen: Vandenhoeck & Ruprecht 1963 (= Kleine Vandenhoeck-Reihe. Sonderband; 1), S. 21–34, wiederabgedruckt unter dem Titel ›Gestalt als Gehalt‹. Der Roman des Barock‹. – In: Richard Alewyn: Probleme und Gestalten. Essays. – Frankfurt a.M.: Insel 1974, S. 117–132. Eine große vergleichende Gesamtdarstellung zum europäischen Roman der Frühen Neuzeit fehlt. Von deutscher Seite aus vgl. die einschlägigen Kapitel zu den drei Formen bei Volker Meid: Die deutsche Literatur im Zeitalter des Barock. Vom Späthumanismus zur Frühaufklärung. 1570–1740. – München: Beck 2009, S. 527–714.

8 Vgl.: Die Tagebücher des Sigmund von Birken. Teil I–II. Hrsg. von Joachim Kröll. – Würzburg: Schöningh 1971–1974 (= Veröffentlichungen der Gesellschaft für Fränkische Geschichte. Reihe 8: Quellen und Darstellungen zur fränkischen Kunstgeschichte; 5). Zur eigenen theatralischen Produktion des Tagebuchschreibers vgl. Karl-Bernhard Silber: Die dramatischen Werke Sigmund von Birkens (1626–1681). – Tübingen: Narr 2000 (= Mannheimer Beiträge zur Sprach- und Literaturwissenschaft; 44).

Ware der Bühnenkunst. Bluttriefende Haupt- und Staatsaktionen sind ständig darunter. Entsprechend beklagen sich die vor Ort wirkenden Verfasser von Schaustükken über die Konkurrenz, vermögen es aber durchaus immer wieder, die aus dem 16. Jahrhundert herrührenden Praktiken in das neue Jahrhundert herüberzuretten und ihr Publikum weiterhin daran zu binden.[9]

Anders als in anderen frühneuzeitlichen Gattungen, da mit ihrer Etablierung eine eindeutige und innovative Umpolung gegenüber älteren Traditionsbeständen erfolgt, bleibt das Theater der Frühen Neuzeit mehrschichtig. Und entsprechend wäre es verfehlt, einzelne Typen oder gar einen einzigen dominant zu setzen und als typisch frühneuzeitlichen zu prämieren. Jüngst erschienene Publikationen bezeugen, daß diesem nur eben gestreiften Sachverhalt inzwischen Rechnung getragen und damit der Sache adäquat verfahren wird.[10]

II Theater des Barock im Zeitalter des Konfessionalismus

Anlaß zu der soeben erfolgten Bemerkung war aber selbstverständlich auch die Sonderstellung, die das Theater des Barock im Gefüge der Frühen Neuzeit nach wie vor behauptet und dies eben zu Lasten anderweitiger und vor allem städtischer Überlieferungen. Auch die Arbeiten Richard Alewyns, von denen einleitend zu sprechen war, sind mit Ausnahme der Commedia dell'Arte alle diesem Formtypus gewidmet, umgreifen also die Frühe Neuzeit nicht zur Gänze, wie in den erwähnten Münsteraner Sammelbänden – dem Stand der inzwischen auf alle Gattungen ausgreifenden frühneuzeitlichen Forschung entsprechend – geschehen.[11] Auch im

---

9 Vgl. Markus Paul: Reichsstadt und Schauspiel. Theatrale Kunst im Nürnberg des 17. Jahrhunderts. – Tübingen: Niemeyer 2002 (= Frühe Neuzeit; 69), S. 110ff., S. 280ff., S. 344ff.
10 Vgl. aus der ertragreichen Reihe des Münsteraner Sonderforschungsbereichs ›Symbolische Kommunikation und gesellschaftliche Wertesysteme‹ die unter der Federführung von Christel Meier-Staubach entstandenen Sammelbände, aus denen hier die drei folgenden herausgehoben seien: Das Theater des Mittelalters und der Frühen Neuzeit als Ort und Medium sozialer und symbolischer Kommunikation. Hrsg. von Christel Meier, Heinz Meyer, Claudia Spanily. – Münster: Rhema 2004; Akteure und Aktionen. Figuren und Handlungstypen im Drama der Frühen Neuzeit. Hrsg. von Christel Meier, Bart Ramakers, Hartmut Beyer. – Münster: Rhema 2008; Europäische Schauplätze des frühneuzeitlichen Theaters. Normierungskräfte und regionale Diversität. Hrsg. von Christel Meier, Angelika Kemper. – Münster: Rhema 2011.
11 Alewyns bekannteste Untersuchung erschien zunächst im Rahmen einer Koproduktion. Vgl. Richard Alewyn, Karl Sälzle: Das große Welttheater. Die Epoche der höfischen Feste in Dokument und Deutung. – Hamburg: Rowohlt 1959 (= Rowohlts Deutsche Enzyklopädie; 92). Es handelt sich nicht um ein durchgeschriebenes Buch, sondern um vier Beiträge Alewyns, die früher verfaßt, anderweitig veröffentlicht und für die Buchfassung überarbeitet wurden. Karl Sälzle steuerte im zweiten Teil unter dem Titel ›Höfische Feste nach zeitgenössischen Berichten und Dokumenten‹ einen Bericht von fünf ausgewählten Festen auf der europäischen Bühne bei. Eine zweite Auflage, ohne die Beiträge Sälzles, erschien 1985 parallel in München im Beck-Verlag und in Berlin/DDR im Verlag Henschel und wurde 1989 als Band 389 in der ›Beck'schen Reihe‹ nachgedruckt. Hinzu kamen in der zweiten Auflage die Beiträge ›Maske und Improvisation. Die Geburt der europäischen Schauspielkunst‹ aus der Festschrift für Carl Niessen (1952) sowie als Erstveröffentlichung aus dem Nachlaß Alewyns der Essay ›Schauspieler‹. – In der Essay-Sammlung *Proble-*

Blick auf das Barock aber gilt, daß Ausdifferenzierung, Scheidung, Sonderung das Gebot der Stunde ist, wenn anders der Vielfalt nicht nur im europäischen, sondern auch im kleinräumigeren regionalen Maßstab Rechnung getragen werden soll.[12]

Wenn es der theatergeschichtlichen Forschung nicht allein, aber doch ganz wesentlich zu verdanken ist, daß die Kategorie des ›Barock‹ literaturgeschichtlich Relief gewann, so sind die Zeiten doch lange vorbei, da von Geist und Gestalt des barocken Theaters als mehr oder weniger fixer Entität gehandelt werden konnte und die Metapher des Theaters, des Großen Welttheaters, womöglich ins Zentrum der Epoche zu geleiten versprach. Diese metaphorischen Überblendungen waren der Erkenntnis in den zwanziger Jahren geschuldet, an der in der Germanistik Forscher wie Günther Müller und Richard Alewyn maßgeblichen Anteil hatten, daß über die bis dato favorisierte Lyrik kein genuiner Zugang zum Barock möglich sei.[13] Diese Linien ausgezogen und auf den Skopus gebracht, zeichnete sich ab, daß auch im

---

me und Gestalten (Anm. 7) stehen eingangs drei dem Theater gewidmete Stücke: ›Theatralische Oper‹ (1972), die erwähnte Arbeit ›Maske und Improvisation‹ und ›Goldonis Theater‹ (1963). Die einzelnen Arbeiten gehören durchweg in den Kontext des 1937/38 geplanten Buches zur ›Kulturgeschichte des Barock‹, das in der amerikanischen Emigration nicht zum Abschluß gebracht werden konnte und – wie alle großen Buchvorhaben Alewyns seit 1932 – unvollendet blieb.

12 Neben den bereits erwähnten großen synoptischen Darstellungen ist für das Theater des Barock etwa zu verweisen auf: Margarete Baur-Heinhold: Theater des Barock. Festliches Bühnenspiel im 17. und 18. Jahrhundert. – München: Callwey 1966 (= Kulturgeschichte in Einzeldarstellungen); Spectaculum Europaeum. Theatre and Spectacle in Europe. Histoire du Spectacle en Europe (1580–1750). Hrsg. von Pierre Béhar, Helen Watanabe-O'Kelly. – Wiesbaden: Harrassowitz 1999 (= Wolfenbütteler Arbeiten zur Barockforschung; 31); Theater und Publikum im europäischen Barock. Hrsg. von Anselm Maler, Ángel San Miguel, Richard Schwaderer. – Frankfurt a.M. etc.: Lang 2002 (= Studien zur neueren Literatur; 10); Europa triumphans. Court and Civic Festivals in Early Modern Europe. Ed. by J.R. Mulryne, Helen Watanabe-O'Kelly, Margaret Shewring. – Aldershot: Ashgate 2004. Als vorbildliche regionale Studien sei exemplarisch verwiesen auf: Höfische Festkultur in Braunschweig-Wolfenbüttel 1590–1666. Hrsg. von Jörg Jochen Berns. – Amsterdam: Rodopi 1982 (= Daphnis; X/4); Weißenfels als Ort literarischer und künstlerischer Kultur im Barockzeitalter. Hrsg. von Roswitha Jacobsen. – Amsterdam: Rodopi 1994 (= Chloe. Beihefte zum Daphnis; 18); Helen Watanabe-O'Kelly: Court Culture in Dresden. From Renaissance to Baroque. – Basingstoke etc.: Palgrave 2002. Zu einem zentralen Seitenzweig theatralischer Kunst im Barock vgl. jetzt die äußerst erhellende Dokumentation: Barocktanz im Zeichen französisch-deutschen Kulturtransfers. Quellen zur Tanzkultur um 1700. Dreisprachige Edition (deutsch, französisch, englisch) hrsg. von Stephanie Schroedter, Marie-Thérèse Mourey, Giles Bennett. – Hildesheim, Zürich, New York: Olms 2008 (= Tanzforschungen; 9).

13 Zum Ausdruck gebracht vor allem in Günther Müllers Studie ›Höfische Kultur der Barockzeit‹. – In: Hans Naumann, Günther Müller: Höfische Kultur. – Halle/Saale: Niemeyer 1929 (= Deutsche Vierteljahrsschrift für Literaturwissenschaft und Geistesgeschichte. Buchreihe; 17), S. 79–154. Hier heißt es: »In den Großgattungen hat sich der höfische Kreis die rhetorisch-dichterischen Formen geschaffen, in denen literarisch zu repräsentieren ist, was höfisch-absolutistisch ernst genommen wird: Staatsdrama und Staatsroman.« (S. 140). Entsprechend Richard Alewyn: Johann Beer. Studien zum Roman des 17. Jahrhunderts. – Leipzig: Mayer & Müller 1932 (= Palaestra; 181): »Was endlich unsere Stellung zur Barockforschung selbst anbetrifft, so glauben wir, daß die vorangegangenen Untersuchungen und Deutungen, die sich fast alle mehr oder weniger bewußt an der Lyrik orientierten, sich nur im Vorgelände bewegten, das erst vom Zentralmassiv der barocken Großformen: Roman und Theater, her betrachtet in die wahren Verhältnisse rückt.« (Vorrede, S. VIII).

17. Jahrhundert als dem für das sogenannte ›Barock‹ vornehmlich ins Auge gefaßten die Regularien humanistischen lyrischen Sprechens weiterhin in Geltung standen und einzelne stilistische Weiterbildungen, gerne unter dem Titel des Manierismus gebucht, keinesfalls dazu berechtigten, einen nomenklatorischen epochalen Wechsel darauf zu gründen.[14] Es ist indes nicht zu sehen, daß die entsprechenden forschungsstrategischen Konsequenzen aus diesem Sachverhalt bereits hinlänglich deutlich gezogen worden wären. Einführungen in die Lyrik des 17. Jahrhunderts unter dem wohlfeilen Titel des Barock erscheinen bis in die jüngste Zeit weiterhin so, als wäre nichts geschehen.

Der Forschung zum Theater – stets und mit voller Berechtigung im Rekurs auf das bahnbrechende Werk Josef Nadlers[15] – und zum Roman vor allem in seiner höfischen Variante ist es zu verdanken, daß der Begriff des Barock eine soziale und konfessionelle Verankerung fand, fortan eben über diese beiden prominentesten Ausprägungen entwickelt wurde und derart Kontur gewann.[16] Die benachbarte

---

14 Vgl. Klaus Garber: Stadt-Kultur und Barock-Begriff. Zur Kritik eines Epochenbegriffs am Paradigma der bürgerlich-gelehrten humanistischen Literatur des 17. Jahrhunderts. – In: Europäische Städte im Zeitalter des Barock. Gestalt – Kultur – Sozialgefüge. Hrsg. von Kersten Krüger. – Köln, Wien: Böhlau 1988 (= Städteforschung. Veröffentlichungen des Instituts für Vergleichende Städtegeschichte in Münster. Darstellungen. Reihe A; 28), S. 93–119 (in diesem Band S. 123–149); ders.: Europäisches Barock und deutsche Literatur des 17. Jahrhunderts. Zur Epochenproblematik in der internationalen Diskussion. – In: Europäische Barock-Rezeption. In Verbindung mit Ferdinand van Ingen, Wilhelm Kühlmann, Wolfgang Weiß hrsg. von Klaus Garber. Bd. I–II. – Wiesbaden: Harrassowitz 1991 (= Wolfenbütteler Arbeiten zur Barockforschung; 20), Bd. I, S. 3–44 (in diesem Band S. 151–182); ders.: Artikel ›Barock‹. – In: Das Fischer-Lexikon Literatur. Bd. I. Hrsg. von Ulfert Ricklefs. – Frankfurt a.M.: Fischer Taschenbuchverlag 1996, S. 190–249, wiederabgedruckt in: Klaus Garber: Literatur und Kultur im Europa der Frühen Neuzeit. Gesammelte Studien. – München: Fink 2009, S. 695–745.
15 Vgl. das fünfte Buch, dem ›Barock‹ gewidmet, mit dem einleitenden großen Kapitel über Wien, München und die bayerischen Landschaften in: Josef Nadler: Literaturgeschichte der deutschen Stämme und Landschaften. 3. Aufl. Bd. I: Die altdeutschen Stämme (800–1740). – Regensburg: Habbel 1929, S. 397–450. Hier heißt es: »Die höchste Form dieser neuen Kunst mußte die Bühne sein, wo zum Bild, zum Bauwerk, zur Musik das Kunstwerk des Menschen kommen konnte, das schöne Sprechen, Schreiten, Handeln, Leiden. [...] In der Kunstlehre des Barocks traten die schöpferischen Gedanken der Mystik als Gegenspieler der scholastischen Einflüsse auf. Man weiß, daß die Mystik keine Anschauung, kein Bildwerk weltlichsten Lebens verschmähte, das sich als Sinnbild der Beziehungen zwischen Gott und Geschöpfe verwerten ließ. [...] Zu dieser Überlieferung kehrte der Barock zurück, wenn er alles Kunstverlangen auf die Bühne zuleitete und die Bühne wiederum zum Spielfeld aller schaubaren und hörbaren Künste erhob, wenn er alle Künste in den Dienst des göttlichen Gedankens und des Heilswerkes stellte, wenn er, dem Verlangen der Mystik folgend, jene Künste bevorzugte, die ein unmittelbares Verhältnis zwischen dem verkörperten Geistigen und zwischen dem anschauenden Zuhörer schufen.« (S. 398, S. 402). Vgl. auch den Textausschnitt ›Das bayerisch-österreichische Barocktheater‹ von Nadler in der unten Anm. 16 aufgeführten Dokumentation zur Barockforschung, S. 94–106.
16 Dazu die große forschungsgeschichtliche Reprise: Deutsche Barockforschung. Dokumentation einer Epoche. Hrsg. von Richard Alewyn. 2. Aufl. – Köln, Berlin: Kiepenheuer & Witsch 1966 (= Neue Wissenschaftliche Bibliothek; 7). Hier heißt es im ›Vorwort‹ des Herausgebers: Das Barock »ist das Zeitalter zwischen Renaissance und Aufklärung, in dem – in Deutschland wie in Europa – die höfische Kultur gegenüber der bürgerlichen, der Katholizismus gegenüber dem Protestantismus, die Bildende Kunst und das Theater gegenüber der Literatur das Übergewicht besaßen. Damit ist im gesellschaftlichen Raum das Phänomen der höfischen Kultur [...] zu bestim-

Geschichtswissenschaft hat in den vergangenen zwei, drei Jahrzehnten im Zeichen eines regen und ergiebigen Austausches um das Paradigma der Konfessionalisierung gestanden, das sich alsbald mit dem älteren der Staatsbildung verknüpfte, so daß auch für jenes letztere neue Perspektiven sich auftaten.[17] Die Literaturwissenschaft hat nur sehr partiell von dem inzwischen bereitstehenden Diskurs-Angebot Gebrauch gemacht, obgleich die innere Linienführung frühneuzeitlicher literarischer Prozesse von ihm in der Regel nur profitieren kann.[18]

Nadler, Müller und Alewyn, um nur diese Drei im Auge zu behalten, verankerten ihr Bild des Barock im Katholizismus und nahmen das Theater als maßgebliche, in der Kirche und bei Hof angesiedelte kulturelle Agentur für die neu gewonnene Epoche in Anspruch, bei Müller in seiner *Höfischen Kultur* von 1929 vor allem ergänzt eben um den Roman mit dem Kardinalparadigma Anton Ulrich von Braunschweig-Wolfenbüttel. Erst seither ist ein relatives konfessionspolitisches Gleichgewicht in die Barock-Forschung eingekehrt und die Rede von einer fortwährenden Privilegierung der protestantischen Überlieferungen, wie sie vor allem in der nationalliberalen Literaturgeschichtsschreibung vorherrschte, nicht eigentlich mehr berechtigt. Gäbe es immer noch Anlaß zu Kritik, so im Blick auf die nach wie vor im Schatten liegenden literarischen Impulse des Reformiertentums, der inzwischen so apostrophierten ›Zweiten Reformation‹ – und das gleichermaßen aus deutschem wie aus europäischem Blickwinkel.[19] Dazu ein paar Hinweise.

Es ist der große Vorzug der Konzentration auf konfessionelle Prozesse, daß sie die Aufmerksamkeit auf die mentalen Verwerfungen zu lenken gestattet, die mit der Ausdifferenzierung der Konfessionen einhergingen und die in der Geschichtswissenschaft ebenso wenig wie in der Kirchengeschichtsschreibung bislang voll zur forscherlichen Entfaltung gelangt sind. Das Krisenparadigma um 1600 gründet eben

---

men und zu beschreiben, die sich allerdings nur in den Künsten von Architektur und Theater angemessen spiegelt, in der Literatur dagegen nur spärlich und ungenügend vertreten ist, so im höfischen Roman [...].« (S. 11).

17 Vgl. etwa Heinz Schilling: Ausgewählte Abhandlungen zur europäischen Reformations- und Konfessionsgeschichte. Hrsg. von Luise Schorn-Schütte, Olaf Mörke. – Berlin: Duncker & Humblot 2002 (= Historische Forschungen; 75); Konfessionelle Pluralität als Herausforderung. Koexistenz und Konflikt in Spätmittelalter und Früher Neuzeit. Festschrift Winfried Eberhard. Hrsg. von Joachim Bahlcke, Karen Lambrecht, Hans-Christian Maner. – Leipzig: Leipziger Universitätsverlag 2006; Frühneuzeitliche Konfessionskulturen. Hrsg. von Thomas Kaufmann, Anselm Schubert, Kaspar von Greyerz. – Gütersloh: Gütersloher Verlagshaus 2008 (= Schriften des Vereins für Reformationsgeschichte; 207). Vgl. auch die folgende Anmerkung!

18 Vgl. Klaus Garber: Konfessioneller Fundamentalismus und späthumanistischer Nationalismus. Die europäischen Bürgerkriege in der poetischen Transformation um 1600: Opitzens ›Trost-Gedichte in Widerwärtigkeit des Krieges‹. – In: Konfessioneller Fundamentalismus. Religion als politischer Faktor im europäischen Mächtesystem um 1600. Hrsg. von Heinz Schilling unter Mitarbeit von Elisabeth Müller-Luckner. – München: Oldenbourg 2007 (= Schriften des Historischen Kollegs; 70), S. 23–46.

19 Dazu jetzt mit der einschlägigen Literatur: Klaus Garber: Die nationalen Literaturen im frühmodernen Europa unter dem Stern des Calvinismus. – In: Calvinismus. Die Reformierten in Deutschland und Europa. Eine Ausstellung des Deutschen Historischen Museums Berlin und der Johannes a Lasco Bibliothek Emden. Hrsg. von Ansgar Reiss, Sabine Witt. – Dresden: Sandstein 2009, S. 169–175 (in erweiterter Fassung in diesem Band S. 43–58).

vor allem auf dem definitiven Zusammenbruch der *una societas christiana*.[20] Auch die theatergeschichtliche Forschung bleibt aufgefordert, diesem Tatbestand Rechnung zu tragen, will sie der Gefahr entgehen, der Fixierung auf Repräsentation und Apotheose als leitenden Ausdrucksformen barocken Theaters zu verfallen. Es ist nicht zu sehen, wie anders ein Zugang zu einer weltliterarischen theatralischen Ausprägung um 1600 wie derjenigen Shakespeares zu gewinnen wäre.[21] Dann, so die Vermutung, würden sich alsbald die überraschendsten Konsonanzen mit den unergründlichen, um nicht zu sagen unheimlichen, bukolischen Kodierungen ergeben, wie sie nicht nur das gleichzeitige Werk Spensers, sondern verdeckt auch noch dasjenige Sidneys durchziehen.[22]

Die Pastorale, maßgeblich an der Ausformung des theatralischen Kosmos der Frühen Neuzeit seit Tasso und Guarini beteiligt, führt über die Ekloge nicht anders als über die schäferliche Erzählung – angefangen bei der immer noch verkannten *Arcadia* Sannazaros – einen komplexen Fundus katastrophenimprägnierter Bilder mit sich – und zwar keinesfalls nur erotischer, sondern auch politisch formbestimmter.[23] Es gehört zu den fälligen Aufgaben, dem Herüber- und Hineinwirken dieser Unheilsszenarien in das Schäferdrama und die Schäferoper nachzuspüren und darüber hinaus überhaupt ein geschärftes Sensorium für die literarische Manifestation geschichtlicher Krisen im europäischen Theater auf seinem Zenit zu entwickeln. Nicht ausgeschlossen, daß davon auch die Forschung zum klassischen spanischen Drama profitieren könnte, das seit eh und je für die letztmalige Kundgebung alteuropäischer katholischer Spiritualität in Anspruch genommen wurde. Besitzen wir zulängliche und einläßliche Arbeiten, die den Zusammenhängen zwi-

---

20 Vgl. zuletzt mit der einschlägigen Literatur: Bernd Roeck: Die Krise des späten 16. Jahrhunderts. Überlegungen zu ihren kulturellen Auswirkungen und zu Formen ihrer Bewältigung. – In: Konfessioneller Fundamentalismus (Anm. 18), S. 3–21.
21 Aus der unendlichen Literatur zwei gezielte Hinweise: Harold Bloom: Shakespeare. The Invention of the Human. – New York: Riverhead 1998; G. Wilson Knight: The Wheel of Fire. Interpretations of Shakespearian Tragedy. – London etc.: Routledge 2002 (= Routledge Classics). Dazu die jüngst erschienene schöne Einführung mit weiterer Literatur von Thomas Kullmann: William Shakespeare. – Berlin: Schmidt 2005 (= Grundlagen der Anglistik und Amerikanistik; 26). Hingewiesen sei auf einen eindrucksvollen Begleitband, den das Wiener Burgtheater im Zusammenhang mit der Shakespeare-Sequenz 2007/08 vorgelegt hat: Shakespeare. Eine Republik von Fehlern. Vorträge zum Shakespeare-Zyklus des Burgtheaters. – Wien: Burgtheater 2008.
22 Vgl. Wolfgang Iser: Spensers Arkadien. Fiktion und Geschichte in der englischen Renaissance. – Krefeld: Scherpe 1970 (= Schriften und Vorträge des Petrarca-Instituts Köln; 24), wiederabgedruckt in: Europäische Bukolik und Georgik. Hrsg. von Klaus Garber. – Darmstadt: Wissenschaftliche Buchgesellschaft 1976 (= Wege der Forschung; 355), S. 231–265; John Buxton: Sir Philip Sidney and the English Renaissance. Third Edition. – London: Macmillan 1987. Zum Kontext: David Norbrook: Poetry and Politics in the English Renaissance. – Oxford, New York: Oxford University Press 2002.
23 Vgl. Klaus Garber: Arkadien und Gesellschaft. Skizze zur Sozialgeschichte der Schäferdichtung als utopischer Literaturform Europas. – In: Utopieforschung. Interdisziplinäre Studien zur neuzeitlichen Utopie. Bd. I–III. Hrsg. von Wilhelm Voßkamp. – Stuttgart: Metzler 1982, Bd. II, S. 37–81 (1985 auch als Bd. 1159 in der Reihe ›suhrkamp taschenbuch wissenschaft‹ erschienen); ders.: Formen pastoralen Erzählens im frühneuzeitlichen Europa. – In: Internationales Archiv für Sozialgeschichte der deutschen Literatur 10 (1985), S. 1–22. Beide Beiträge in ders.: Literatur und Kultur im Europa der Frühen Neuzeit (Anm. 14), S. 229–274, S. 301–322.

schen der von tiefem Pessimismus durchwalteten pastoralen Erzählwelt eines Lope de Vega und seinen gleichzeitigen dramatischen Hervorbringungen nachgingen?[24] Und wölbt sich nicht ein nur vermeintlich fugen- und bruchloser Himmel über den gewaltigen Schöpfungen Calderóns, zittert nicht auch die gewaltsam erzwungene konfessionelle Unierung selbst in ihnen nach?[25] Parallel gelesen mit der zeitgleichen Romanproduktion – und keinesfalls nur der pikaresken Satire, und auch nicht nur der chevaleresken Travestie, nein wiederum auch der pastoralen Erzählung von Montemayors *Diana* über Cervantes' grandiose *Galathea* bis hin eben zu Lopes *Arcadia* – würde sie sich einer stilphysiognomisch angelegten Exegese womöglich erschließen.

Für Deutschland hat bekanntlich Walter Benjamin die mit der Konfessionalisierung einhergehende Säkularisierung als eines der Schlüsselphänomene nicht der barocken Dramatik, sondern des von ihm so betitelten barocken Trauerspiels freigelegt.[26] Hier ist nicht der Ort, dem nach wie vor als erratischer Block in der Forschungslandschaft stehenden Werk näherzutreten.[27] Wenn das Bild des Barock

---

24 Zum Drama Lope de Vegas sei hier verwiesen auf Joachim Küpper: Diskurs-Renovatio bei Lope de Vega und Calderón. Untersuchungen zum spanischen Barockdrama. Mit einer Skizze zur Evolution der Diskurse in Mittelalter, Renaissance und Manierismus. – Tübingen: Narr 1990 (= Romanica Monacensia; 32), vor allem S. 36–93. Zum angedeuteten Problemzusammenhang: Theatralität und die Krisen der Repräsentation. Hrsg. von Erika Fischer-Lichte. – Stuttgart, Weimar: Metzler 2001 (= Germanistische Symposien-Berichtsbände; 22).

25 Zu Calderón vgl. Hugo Friedrich: Der fremde Calderón. 2. Aufl. – Freiburg: Schulz 1966 (= Freiburger Universitätsreden; 20), S. 32ff.: Ungewisse Wirklichkeit; Hans-Jörg Neuschäfer: El triste drama del honor. Formas de crítica ideológica en el teatro de honor de Calderón. – In: Hacia Calderón. Segundo coloquio anglogermano. Ponencias publicadas por Hans Flasche. – Berlin, New York: de Gruyter 1973 (= Hamburger romanistische Studien. B. Ibero-amerikanische Reihe; 36), pp. 89–108; Harald Wentzlaff-Eggebert: Calderóns Ehrendramen. – In: Pedro Calderón de la Barca (1600–1681). Beiträge zu Werk und Wirkung. Hrsg. von Titus Heydenreich. – Erlangen: Universitätsbund Erlangen-Nürnberg 1982 (= Erlanger Forschungen. Reihe A: Geisteswissenschaften; 28), S. 19–32; J. Küpper: Diskurs-Renovatio (Anm. 24). Zum Kontext die tiefschürfende Untersuchung von Américo Castro: Algunas observaciones acerca del concepto del honor en los siglos XVI y XVII. – In: Revista de filología española 3 (1916), pp. 1–50, pp. 357–386. Zu weiterer Literatur Christoph Strosetzki: Calderón. – Stuttgart, Weimar: Metzler 2001 (= Sammlung Metzler; 327).

26 Walter Benjamin: Ursprung des deutschen Trauerspiels. – Berlin: Rowohlt 1928. Das Werk wurde erstmals wieder einem größeren Leserkreis im Rahmen der zweibändigen Auswahl der Werke Benjamins zugänglich, die Theodor W. Adorno und Gershom Scholem 1955 im Suhrkamp-Verlag veranstalteten. Eine revidierte Leseausgabe legte Rolf Tiedemann 1963 im Suhrkamp-Verlag vor. Eine mit einem Apparat versehene und bislang maßgeblich gebliebene Ausgabe erschien in: Walter Benjamin: Gesammelte Schriften. Bd. I. Hrsg. von Rolf Tiedemann, Hermann Schweppenhäuser. – Frankfurt a.M.: Suhrkamp 1974, S. 203–430, Apparat S. 868–981. Auf diesem Text beruht die Taschenbuchausgabe, die 1990 gleichfalls im Suhrkamp-Verlag in der Reihe ›suhrkamp taschenbuch wissenschaft‹ als Band 225 erschien. Eine Neuausgabe mit Abdruck der bislang unpublizierten, in Jerusalem im Nachlaß Scholem verwahrten Urschrift wird vom Verfasser im Rahmen der neuen, von Christoph Gödde und Henri Lonitz herausgegebenen Ausgabe der Schriften Benjamins im Suhrkamp-Verlag vorbereitet.

27 Vgl. zuletzt mit der einschlägigen Literatur Bettine Menke: ›Ursprung des deutschen Trauerspiels‹. – In: Benjamin-Handbuch. Leben – Werk – Wirkung. Hrsg. von Burkhardt Lindner unter Mitarbeit von Thomas Küpper und Timo Skrandies. – Stuttgart, Weimar: Metzler 2006, S. 210–229. Dazu das Kapitel ›Konfession, Politik und Geschichtsphilosophie im *Ursprung des deutschen*

fortan überschattet blieb von Trauer, selbst die unbestreitbar vorhandenen christlichen Züge die Unterminierung der Glaubensgewißheit nicht verleugnen konnten, Märtyrer wie Tyrann ein Janusgesicht wahrten, so erhielten wir unverhofft auch von dieser Seite Bestätigung für unsere Anregung, den von einer welthistorischen Krise gezeichneten Bau des Barocktheaters ins Visier zu nehmen. Alewyn kannte das Benjaminsche Buch sehr genau, und Benjamin erwartete seine angekündigte Rezension lebhaft bis in die Zeit der Emigration hinein.[28] Sie blieb aus. Was hätte er erwidert? Vermutlich dies, daß auch Benjamin im Vorhof barocken theatralischen Votierens verblieben sei. Es handelte sich um Schultheater, es handelte sich um Wortkunst, es handelte sich um ein auf Studium und Lektüre gegründetes und nicht eigentlich nach Aufführung verlangendes Unternehmen – also, so die naheliegende Folgerung, um ein im Umkreis des gelehrten humanistischen Wirkungskreises angesiedeltes, nicht ein dem Geist des Barock entspringendes.[29]

Im barocken Theater, so Alewyns oft wiederholte und mündlich in den Vorlesungen bekräftigte Ansicht, spielt das Wort eine untergeordnete Rolle. Es ist verwoben mit Klang und Bild und Tanz und Kostüm, integriert in einen in steter Wandlung begriffenen dreidimensionalen Bühnenprospekt und zudem in den emblematisch-mythologischen Zurüstungen eher als Schrift denn als verlautende Rede gegenwärtig. Mit Nadler und anderen hat Alewyn die gesellschaftliche Funktionalisierung barocker Theatralik zum Zwecke weltlicher wie geistlicher Repräsentation und herrschaftlicher Legitimation betont; sie geriet ihm selbst womöglich zu einem Sinnbild, was barocker Kunst, die diesen Titel zu Recht trug, insgesamt aufgetragen blieb. Wenn dann in Verlängerung der Linien Gott als oberster Spieler auf diesem Theater in Erscheinung trat, weltliches Geschehen zur Gänze in göttliche Regie genommen wurde, so schien der Übergang aus der irdischen in die himmli-

---

Trauerspiels‹. – In: Klaus Garber: Rezeption und Rettung. Drei Studien zu Walter Benjamin. – Tübingen: Niemeyer 1987 (= Studien und Texte zur Sozialgeschichte der Literatur; 22), S. 81–120. Vgl. auch: Der Ursprung der Moderne im Zeitalter des Barock. Die antiklassischen Epochen im Denken Benjamins. – In: ders.: Zum Bilde Walter Benjamins. Studien, Porträts, Kritiken. – München: Fink 1992, S. 193–253, hier insbesondere ›Erstarrte Urlandschaft der Geschichte im Barock‹, S. 195–219.

28 Vgl. die entsprechenden Nachweise bei Klaus Garber: Walter Benjamin als Briefschreiber und Kritiker. – München: Fink 2005, S. 188, S. 195f. Benjamin scheint das Barockbuch Alewyns, der Entdeckung des Musikers und Romanciers Johann Beer gewidmet, das 1932 in Leipzig kurz vor der Emigration Alewyns und Benjamins erschien, nicht mehr kennengelernt zu haben, zumindest sind bislang keine entsprechenden Äußerungen bekannt. Vgl. das Kapitel ›Der Metaphysiker in der Rolle des Kritikers. Benjamins Barock-Rezensionen‹ in dem oben angeführten Buch des Verfassers, S. 183–236.

29 Diese Antithese durchzieht bereits den Anm. 15 zitierten Entwurf Nadlers. Alewyn hat seine dem schlesischen Barockdrama geltenden Vorstellungen nur in seiner Barock-Vorlesung vorgetragen und abgesetzt von der Welt des barocken Theaters. Zur Publikation gelangten diese Ausführungen nicht mehr. Vgl. Klaus Garber: Die ungeschriebene Literaturgeschichte. Das Bild des Barock in dem späten Bonner Vorlesungs-Zyklus. – In: ders.: Zum Bilde Richard Alewyns (Anm. 1), S. 19–36.

sche Welt bruchlos sich zu vollenden – ganz so, wie die überzeugten Katholiken Nadler oder Müller dies gesehen hatten.[30]

Alewyn dachte anders. Es war der gleißende schöne Schein, der da in allen den Titel ›barock‹ verdienenden Künsten bewußt erzeugt wurde – und dies am üppigsten und sinnfälligsten im Theater.[31] Mit keinem Wort sei barocke Mentalität besser zu treffen als mit dem des ›Theatralischen‹, so in ›Sub specie theatri‹.[32] Aber der Schein war erzeugt, um eine Blöße zu verbergen. Hinter dem Prunk lauerte das Nichts, hinter der imposanten herrscherlichen Gebärde die Todverfallenheit der Kreatur. Da ergaben sich überraschend denn doch Parallelen zum Benjaminschen Werk – und zu unseren eigenen von der konfessionell fundierten Krise am Eingang des Barock ihren Ausgang nehmenden Erwägungen.

III Übergänge in das 18. Jahrhundert

Ein Rätsel aber mußte es bleiben, daß das Land, welches das höfische Kulturgebaren zur höchsten Vollendung brachte, aus seiner Mitte heraus ein höfisches Wortdrama entwickelte. Frankreich war diese singulär dastehende theatralische Wendung vergönnt.[33] Und das bekanntlich mit den überraschendsten Folgen auch auf dem Felde der deutschen Literaturgeschichte. Wir leiten damit den dritten und letzten Kursus unseres kleinen Beitrags ein. Aufgetragen war uns, Aspekte des frühneuzeitlichen Theaters ins Auge zu fassen. Wird man zu einer so weiträumigen Be-

---

30 Vgl. die Schlußpassage von ›Der Geist des Barocktheaters‹ mit dem Untertitel ›Das Leben – ein Traum, die Welt – ein Theater‹. – In: Das große Welttheater (Anm. 11), S. 87–90 in der selbständigen Publikation aus dem Jahr 1985 bzw. in dem Nachdruck von 1989.

31 In ›Der Geist des Barocktheaters‹ (Anm. 30) heißt es: »Wo die Illusion gewollt und bewußt ist, wird sie nicht zur Gefahr. Der Täuschung des Theaters folgt keine Enttäuschung. Denn diese ist ja schon im Ansatz vorweggenommen und damit unschädlich gemacht. Man kann sich ihr ohne Furcht überlassen und sie so unbefangen genießen, wie man die Wirklichkeit zu genießen sich niemals trauen dürfte. Hoch über dem Taumel der Getäuschten und dem Ekel der Enttäuschten, erlöst von allem Ernste, errichtet das Theater des Barock sein luftiges Reich. Es macht aus der metaphysischen Not eine ästhetische Tugend. Aber zugleich predigt es mit seinem schönen Zauber doch auch wieder eine metaphysische Wahrheit. Denn es begreift in sich alle Verführungen der Welt zugleich mit dem Eingeständnis ihrer Nichtigkeit. Wie die Welt ist es sinnlich, aber nicht wirklich. Als Bekenntnis zur Wirklichkeit ist das Theater nicht zu gebrauchen. Wirklichkeitsbejahende Zeiten und Völker lassen es sich kümmern und legen es an die Kette des Wortes. Nur wo die Welt zum Nichts entwertet und das Leben als Traum begriffen wurde, konnte das Theater solche Breiten und Tiefen des Daseins umfassen. Schwebend über dem Abgrund zwischen Wirklichkeit und Schein, verwaltet es mit der Kirche die wichtigste Stelle im barocken Universum. Es beherrscht den Ausgang aus der Wirklichkeit.« (S. 88f.).

32 Vgl. den abschließenden Passus in ›Sub specie theatri‹ (Anm. 1), S. 21. Die vorgelegten Beispiele in dem ausdrücklich mentalitätsgeschichtlich angelegten Beitrag Alewyns sollten verdeutlichen, daß der Begriff des ›Theatralischen‹ »die passendste, eindringendste Bezeichnung für das Wesen, nicht nur des barocken Theaters, auch der barocken Kunst, auch des barocken Lebens gewesen ist.«

33 Vgl. den herausragenden Beitrag von Klaus Heitmann: Das französische Theater des 16. und 17. Jahrhunderts. – In: Neues Handbuch der Literaturwissenschaft. Bd. IX und X: Renaissance und Barock. Hrsg. von August Buck. – Frankfurt a.M.: Athenaion 1972, Bd. IX, S. 272–310.

trachtung gebeten und ermutigt, dann vermag man sich nur durch Überbieten zu salvieren. Und doch auch wieder nicht. Gelang es den Kulturwissenschaften in den letzten zwei, drei Jahrzehnten, den Historikern das Monopol über die Kategorie der Frühen Neuzeit zu entwinden und mit Leben eben aus dem Raum der Kultur heraus zu begaben, so mußte klar sein, daß ihre zeitliche Erstreckung nicht um 1700 an ein Ende gelangen könne. Das 18. Jahrhundert ist in frühneuzeitlicher Perspektive eines der Erfüllung nicht anders als eines der Überschreitung. Als solches will es gerade von dem Frühneuzeitler gewürdigt sein. Und wie häufig krankt nicht die Aufklärungsforschung daran, daß ihr die Frühe Neuzeit verschlossen bleibt.[34]

Im Blick also auf unsere dem Theater gewidmeten Überlegungen mag das Folgende erinnert sein. Aufklärung formiert sich im Aufbegehren gegen das dominante höfische Kulturgebaren, welches allmächtig gerade im Deutschland des 18. Jahrhunderts sich wie niemals zuvor und niemals hernach geltend machte. Arbeiten zum Barock in Deutschland, die sich im wesentlichen auf das 18. Jahrhundert kaprizieren, eignet also nur auf den ersten Blick der Charakter des Paradoxen. Aufklärung und Barock wollen synchron entwickelt werden und das nirgendwo mehr als auf dem Gebiet des Theaters.[35]

Gottsched, nach Celtis und Opitz die dritte nationale Gründergestalt, auf andere Weise wie seine Vorgänger erfüllt von nationalkulturellen Aspirationen, setzte seinen Hebel am Theater an. Bestimmt von Widerwillen, wo nicht von Haß gegen den imperialen politischen wie kulturellen Gestus des französischen Hofes, wie er sich im Fest und allen seinen Ablegern am deutlichsten manifestierte, wußte er doch kein anderes theatralisches Paradigma zu bemühen als das französische, wenn es darum ging, den Deutschen ein nicht mehr vom Hof als alleiniger Leitinstanz geprägtes Theater zu verschaffen.[36] Und dies, weil es als einziges sein Verlangen

---

34 Dazu zuletzt mit der einschlägigen Literatur Klaus Garber: ›Frühe Neuzeit‹ – Early Modernity. Reflections on a New Category of Literary History. – In: Early Modern German Literature. 1350–1700. Ed. by Max Reinhart. – Rochester/NY: Camden House 2007 (= The Camden House History of German Literature; 4), pp. 3–30.

35 Auch hier muß wegen der Perspektivierung des nur Angedeuteten und des Nachweises reichhaltiger weiterer Literatur nochmals auf einen Beitrag des Verfassers verwiesen werden: Aufklärung. Umrisse eines Epochen-Profils im Kontext der Frühen Neuzeit. – In: Literatur, Sprache, Kultur. Studien zu Ehren von Lothar Knapp. Hrsg. von Wolfgang Asholt, Siegfried Kanngießer. – Osnabrück: Secolo 1996, S. 41–68. Jetzt als Schlußbeitrag unter dem Titel ›Aufklärung. Wissenschaftsgeschichtliche Rückvergewisserung‹ in: Literatur und Kultur im Europa der Frühen Neuzeit (Anm. 14), S. 747–776.

36 Verwiesen sei hier nur auf drei einschlägige Beiträge von Catherine Julliard: La condamnation de l'opéra dans les ›Critische Beyträge‹ (1732–1744). Gottsched et ses sources françaises. – In: Théâtre et ›Publizistik‹ dans l'espace germanophone au XVIIIe siècle. Theater und Publizistik im deutschen Sprachraum im 18. Jahrhundert. Études réunies par Raymond Heitz et Roland Krebs. – Bern: Lang 2001 (= Convergences; 22), pp. 19–38; dies.: Gottsched et sa réception patriotique des modèles esthétiques français. – In: Médiation et conviction. Mélanges offerts à Michel Grunewald. Sous la direction de Pierre Béhar, Françoise Lartillot, Uwe Puschner. – Paris: L'Harmattan 2007 (= De l'Allemand), pp. 285–295; dies.: Johann Christoph Gottsched et l'esthétique théâtrale de Pierre Corneille. – In: Pierre Corneille et l'Allemagne. L'œuvre dramatique de Pierre Corneille dans le monde germanique (XVIIe–XIXe siècles). Sous la direction de Jean-Marie Valentin. –

nach Purifizierung, Domestizierung, Vergeistigung befriedigte – Ingredienzen, derer das Zwitterwesen des höfischen Theaters in seinen Augen durchgängig ermangelte. Es ist Wortkunstwerk, nicht theatralisches Gesamtkunstwerk.[37] An der Wiege des frühaufgeklärten Theaters in Deutschland steht das Drama des das ganze Jahrhundert über allgegenwärtigen kulturpolitischen Erzrivalen, mit dem ein Lessing, ein Herder, ja noch der junge Goethe sich auseinanderzusetzen haben – eine bekannte, gleichwohl von ihrem geschichtlichen Reiz nichts einbüßende Konstellation.

Sie ist jedoch nicht nur retrospektiv, sondern auch prospektiv von Interesse. Denn Gottsched reaktiviert mit dem klassischen Drama Frankreichs zu später Stunde noch einmal das gesamte Arsenal neostoischer Mentalität – und gräbt sich eben damit sein Grab noch zu Lebzeiten. Ist der Gedanke statthaft, daß es ein bürgerliches Trauerspiel in der Façon und der Vitalität, als welches es die Führungsrolle im 18. Jahrhundert übernahm, nicht gegeben hätte, wenn anders Gottsched nicht den Franzosen des 17. Jahrhunderts ein ehrenvolles Entree zu Beginn des neuen Jahrhunderts bereitet hätte? Entehrte es aber den großen Namen, wenn er unversehens auch noch als Geburtshelfer der jüngsten und nachhaltigsten Mode sich erwies, als welche das bürgerliche Trauerspiel als letzte Metamorphose des frühneuzeitlichen Theaters angesprochen werden darf?[38]

So wie das aufgeklärte Jahrhundert nicht von der *ratio*, sondern von der Empfindung her aufzurollen wäre, so das System der Gattungen von ihren empfindsamen, bis in die Klassik fortzeugenden Impulsen.[39] Dem bürgerlichen Trauerspiel

---

Paris: Desjonquères 2007 (= La mesure des choses), pp. 219–242. Wichtig geblieben die Arbeit von Hans Freier: Kritische Poetik. Legitimation und Kritik der Poesie in Gottscheds Dichtkunst. – Stuttgart: Metzler 1973. Zum Kontext: Johann Christoph Gottsched in seiner Zeit. Neue Beiträge zu Leben, Werk und Wirkung. Hrsg. von Manfred Rudersdorf. – Berlin, New York: de Gruyter 2007.

37 Vgl. die treffende Bemerkung von Hugo Friedrich, in der französischen Tragödie der Klassik, insbesondere Racines, habe eine »Aufsaugung ins Wort« statt. Hugo Friedrich: Lessings Kritik und Mißverständnis der französischen Klassik. – In: Zeitschrift für Deutsche Bildung 7 (1931), S. 601–611, hier S. 607.

38 Die Deutung des bürgerlichen Trauerspiels ist kontrovers geblieben. Vgl. die nach wie vor treffende Charakteristik von Karl S. Guthke: Das deutsche bürgerliche Trauerspiel. – Stuttgart: Metzler 1972 (= Sammlung Metzler; 116), S. 32–37: Empfindsamkeit und Bürgerlichkeit. Auf eine schwer nachvollziehbare Weise versagte der Kulturhistoriker Richard Alewyn vor diesem Problem, so daß auch seine Schüler, die sich bevorzugt in Dissertationen auf Anregung Alewyns des bürgerlichen Trauerspiels annahmen, in die Irre gerieten. Vgl. Klaus Garber: Zum Bilde Richard Alewyns (Anm. 1), S. 16f. Vgl. des weiteren die Forschungsberichte von Lutz Danneberg und Friedrich Vollhardt: Sinn und Unsinn literaturwissenschaftlicher Innovation. Mit Beispielen aus der neueren Forschung zu G.E. Lessing und zur ›Empfindsamkeit‹, sowie von Gerhard Sauder: Empfindsamkeit. Tendenzen der Forschung aus der Perspektive eines Betroffenen. – In: Themenschwerpunkt: Empfindsamkeit. Hrsg. von Karl Eibl. – Hamburg: Meiner 2001 (= Aufklärung; 13), S. 33–69, S. 307–338. Vgl. jetzt auch: Helmut J. Schneider: Humanity's Imaginary Body. The Concepts of Empathy and Sympathy and the New Theatre Experience in the 18th Century. – In: Deutsche Vierteljahrsschrift für Literaturwissenschaft und Geistesgeschichte 82 (2008), pp. 382–399.

39 Auch dieses geschichtliche Theorem steht noch unter den Auspizien unseres Gewährsmannes. Vgl.: Das Projekt Empfindsamkeit und der Ursprung der Moderne. Richard Alewyns Sentimentalismusforschungen und ihr epochaler Kontext. Hrsg. von Klaus Garber, Ute Széll. – München:

war es wie keiner Gattung sonst vorbehalten, die frühneuzeitliche Ständeklausel zu brechen und das Theater zum Organon menschheitlicher Belange fortzubilden. Die Hoffnungen auf ein Nationaltheater auch für die Deutschen – hierin gründen sie, und die besten Köpfe hörten nicht auf, für diese nationale Institution auf dem Sektor der Kultur zu kämpfen. Gäbe es ein überzeugenderes Indiz für das unbegrenzte bildungspolitische Zutrauen, das dem Theater derart attestiert wurde? So rein wie in der gleichzeitigen Idylle, in der Naturdichtung und dem Roman gibt sich im bürgerlichen Trauerspiel aus dem Geist der Empfindsamkeit ein den Titel des Dramentyps rechtfertigendes Verlangen nach einer den gesamten öffentlichen Raum umgreifenden Realisierung bürgerlich-empfindsamer Werte als alle Menschen verbindender ungeachtet von Unterschieden des Ranges und des Standes zu erkennen. Es muß eine bezwingende Gewalt über die Herzen besessen haben, ist reinste Gestaltwerdung aufgeklärter Mentalität.

Und doch ist das bürgerliche Trauerspiel des 18. Jahrhunderts aus der Gegenwart unserer Theater so gut wie verschwunden. War es nicht lebensfähig? Oder könnte es sein, daß es eine neuerliche und nun definitiv letzte Metamorphose erlebte? Jahrhunderte nach den Italienern und den westlichen Nachbarn erlangt Deutschland in bescheidenem äußerem Rahmen und auf wenig mehr denn ein Dezennium beschränkt seine im 19. Jahrhundert so titulierte zweite literarische klassische Blüte – die seit der zweiten Hälfte des 16. Jahrhunderts andauernde kulturelle Verspätung nochmals drastisch vor Augen führend. Im Drama nicht allein, aber doch am reinsten und am wirkungsmächtigsten hat sie sich bezeugt. Es fehlt, ungeachtet der vorhandenen Vorstöße, immer noch das große Buch über die Empfindsamkeit und das klassische Drama Goethes und Schillers.[40] Richard Alewyn hätte auch dieses wie niemand sonst zu gestalten gewußt, wie wir aus seinen Vorlesungen und Seminaren wissen, wenn anders er sich dann in und nach der Emigration noch zum Schreiben von Büchern verstanden hätte. Besser sind wir hingegen über die Linien unterrichtet, die über das klassische deutsche Drama noch einmal zurückführen zu dem großen Nachbarn Frankreich und dem Genie Racines. Erst in der Trias aus unbarockem Wortdrama, empfindsam getönter Humanität und graecophiler Formbildung erschließt sich die späte Blüte des klassischen Dramas.

Wäre aber damit der anderweitige Traditionsbestand des frühneuzeitlichen Theaters definitiv verabschiedet? Mitnichten. Und das keineswegs nur im Rückgriff auf altdeutsche Gestalten, Motive, Formbildungen vorzüglich der stadtbürgerlichen Kultur, wie sie unversehens ihre Wiederauferstehung gerade auch im Drama des

---

Fink 2005. Zum Kontext: Themenschwerpunkt: Aufklärung und Anthropologie. Hrsg. von Karl Eibl. – Hamburg: Meiner 2002 (= Aufklärung; 14); Gefühlskultur in der bürgerlichen Aufklärung. Hrsg. von Achim Aurnhammer, Dieter Martin, Robert Seidel. – Tübingen: Niemeyer 2004 (= Frühe Neuzeit; 98).

40 Vgl. Hans-Jürgen Schings: Der mitleidigste Mensch ist der beste Mensch. Poetik des Mitleids von Lessing bis Büchner. – München: Beck 1980 (= Edition Beck). Zum Kontext zuletzt mit reicher Literatur: Rüdiger Nutt-Kofoth: Weimarer Klassik und Empfindsamkeit – Aspekte einer Beziehung. Mit einigen Überlegungen zum Problem von Epochenbegriffen. – In: Gefühlskultur in der bürgerlichen Aufklärung (Anm. 39), S. 255–270.

Sturm und Drang erleben. Das barocke Theater selbst erweist sich als ein unverwüstliches. Und das bekanntlich nicht nur im Blick auf die Wende zum 20. Jahrhundert mit Hofmannsthal als erstem Gewährsmann.[41] Goethe selbst, der nachklassische, hat das bedeutendste Exempel gestellt. Als ›Wiederbringung aller Dinge‹ titulierte Ernst Robert Curtius den zweiten Teil des *Faust* mit den Worten der Apostelgeschichte.[42]

> Es geht hier nicht, wie im klassizistischen oder realistischen Drama, um innermenschliche oder zwischenmenschliche Konflikte, die ausschließlich auf der irdischen Ebene ausgetragen werden, sondern es geht um Heil oder Verdammnis der Seele, um die Himmel und Hölle miteinander streiten. Denn die irdische Handlung ist nur ein Exempel oder eine Phase eines kosmischen Zwists zwischen Gott und Satan, wie im geistlichen Theater, oder zwischen freundlichen und feindlichen Gottheiten, wie in der mythologischen Oper des Barock. Wie es im Himmel begonnen hat, so endet das Spiel im Himmel.
> Um diesen kosmischen Rahmen legt sich aber als ein weiterer Ring das ›Vorspiel auf dem Theater‹, dem am Ende eine nicht ausgeführte ›Abkündigung‹ entsprechen sollte, in dem das Theater die Maske fallen läßt und das gewaltige Ringen als ein bloßer Schein und der tragische Ernst als ein bloßes Spiel enthüllt wird. Das ist durch keine klassische und keine realistische Dramaturgie zu rechtfertigen. Damit erweist sich vielmehr Goethes ›Faust‹ als der letzte und größte Ausläufer des untergegangenen Weltreichs des Barock.[43]

So Richard Alewyn nochmals. Die Nähe zu den Schlußpassagen des Benjaminschen Trauerspielbuchs ist schlagend. Nicht nur große Kunstwerke, auch große wissenschaftliche Texte wollen um der Gewahrung der Konsonanzen willen immer wieder gelesen werden.

---

41 Erinnert sei an die klassische Arbeit von Ernst Robert Curtius: George, Hofmannsthal und Calderón. – In: Die Wandlung 2 (1947), S. 401–423, wiederabgedruckt in: ders.: Kritische Essays zur europäischen Literatur. 2., erweiterte Aufl. – Bern: Francke 1954, S. 128–151. Vgl. auch den Beitrag ›Hofmannsthal und die Romanität‹ in dem Gedenkheft der *Neuen Rundschau* für Hofmannsthal im November des Jahrgangs 1929, S. 654–659, in dem es heißt: »Von den frühesten Gedichten bis zum ›Turm‹ streben alle Werke Hofmannsthals der Idealform eines Theatrum Mundi zu; eines allegorisch-symbolischen Weltgedichtes, welches alle Wirrung des Daseins in die Ordnung der großen Gesetze erhebt, so daß durch die Zeitlichkeit das Ewige durchscheint.« (S. 655; der Beitrag wiederabgedruckt in den *Kritischen Essays*, S. 122–127). Vgl. schließlich auch das furiose, mit Calderón und Hofmannsthal endende Kapitel ›Schauspielmetaphern‹. – In: Curtius: Europäische Literatur und lateinisches Mittelalter. 2., durchgesehene Aufl. – Bern: Francke 1954, S. 148–154. Des weiteren ergiebig: Egon Schwarz: Hofmannsthal und Calderón. – 's-Gravenhage: Mouton 1962 (= Harvard Germanic Studies; 3), sowie Peter Michelsen: Das ›Große Welttheater‹ bei Pedro Calderón und Hugo von Hofmannsthal. – In: Pedro Calderón de la Barca. Hrsg. von Theodor Berchem, Siegfried Sudhof. – Berlin: Schmidt 1983, S. 29–47.
42 Vgl. Ernst Robert Curtius: Europäische Literatur und lateinisches Mittelalter (Anm. 41), S. 196, im Kapitel über ›Die Ideallandschaft‹ und damit die Bukolik: »Goethes *Faust* ist eine ›Wiederbringung aller Dinge‹ (*Apg.* 3,21) im Weltprozeß der Literatur – also auch der Hirtenpoesie.«
43 Richard Alewyn: Goethe und das Barock. – In: Goethe und die Tradition. Hrsg. von Hans Reiss. – Frankfurt a.M.: Athenäum 1972 (= Wissenschaftliche Paperbacks: Literaturwissenschaft; 19), S. 130–137, wiederabgedruckt in: ders.: Probleme und Gestalten (Anm. 7), S. 271–280. Das Zitat hier S. 279f.

Schauspiele aber möchte man im Theater sehen. Auch die frühneuzeitlichen erwiesen sich in ihren Gipfeln bis in die jüngste Zeit hinein als gegenwärtig. Heute im Zeichen schrankenloser und mehr als einmal dreister Willkür des Regietheaters muß man um sie bangen. Die nachhaltige, um nicht zu sagen die erschütternde Begegnung mit einem jeden großen theatralischen Werk als einem eigenen und fremden und zugleich doch nahen und empfängnisstiftenden ist zu einem Glücksfall geworden – und dies im Wiener Burgtheater als einem Hort von Tradition nicht anders als irgendwo sonst. Wir aber wünschen ihm zu begegnen in dem, was in allen Verwandlungen wenn nicht Auftrag und Bestimmung, so doch Verheißung und Geschenk nicht nur des Theaters, sondern aller Kunst bliebe, den Menschen in der unendlichen, der unerschöpflichen Fülle seiner Möglichkeiten zu zeigen.

Zuerst erschienen unter dem Titel: Sub specie theatri. Ein weiter Blick aus dem Abstand auf das europäische Theater der Frühen Neuzeit. – In: Europäische Schauplätze des frühneuzeitlichen Theaters. Normierungskräfte und regionale Diversität. Hrsg. von Christel Meier, Angelika Kemper. – Münster: Rhema 2011 (= Symbolische Kommunikation und gesellschaftliche Wertesysteme; 34), S. 25–41.

II

STADT UND LITERATUR –
BÜRGERTUM UND BAROCK
ZUR KRITIK EINES EPOCHENBEGRIFFS

Städtische Literatur

Ein lexikalischer Aufriß

Stadt und Literatur

Die Stadt ist neben Hof und Sozietät, Kirche, Kloster und Orden eine wichtige Stätte literarischer Produktion, Distribution und Rezeption und zugleich als Bild und Motiv, Schauplatz und Kulisse vielfach in der Literatur selbst gegenwärtig. Dabei war es für die Geschichte der europäischen Literatur maßgebend, daß über die Antike mit Athen (Polis), Alexandrien (hellenistischer Hof) und Rom (Republik und Prinzipat) divergente Interaktionsformen zwischen den Künstlern und Herrschaftszentren ausgebildet wurden. Hinzu kam, daß der Orient und insbesondere Israel in der Opposition des verworfenen Babylon und des prophetisch verheißenen neuen Jerusalem die Stadt zum Paradigma des Lasters wie der Erlösung erhoben hatten.

Dieser religiösen Antithese gesellte sich in Literatur, Philosophie und Bildender Kunst vor allem der Römer die von großstädtischer Okkupation und ländlichem Otium zu. Auf dem Land, in der Villa, am Rande der Stadt wurden die politischen Alternativen diskutiert, die geselligen und gelehrten Freuden als Inbegriff humaner Selbstverwirklichung gepriesen, zugleich aber auch die Mitwirkung an politischen Entscheidungsprozessen eingefordert. Aus der Mitte des Bauerntums sah Vergil in der größten Lehrdichtung der Römer *(Georgica)* eine Erneuerung nach den Bürgerkriegen erwachsen. Damit sind entscheidende Prädispositionen für die Geschichte der neueren europäischen Literatur gegeben. Hier können nur einige idealtypische sozialgeschichtlich orientierte Schlaglichter geworfen werden; für das Bild der Stadt in der Literatur muß auf die Hilfsmittel verwiesen werden.

Für die hochmittelalterliche Literatur, sofern sie sich von den geistlichen Schreibzentren emanzipiert, ist die Stadt keine prägende Produktions- und Anschauungsform. Die Artusepik als vielleicht wichtigste literarische Artikulation adliger Selbstdarstellung und Normenbildung findet ihre symbolischen räumlichen Zentren im Wald als Ort ritterlichen Abenteuers und Bewährens sowie bei Hof als einem Ort gewählten Sprechens und Gebarens einer adligen Elite, die in der legendären Artus-Tafelrunde ihr Urbild besitzt. Artus bleibt

> vorbildliche[r] König, dessen Hof das Zentrum der Welt, die Mitte idealen Menschentums ist. [...] Das Artusreich bildet eine Welt, in der praktisch nur ein Rittertum existiert, das seine politischen Ansprüche vermöge durchgehender Moralisierung der feu-

dalrechtlichen und ständischen Begriffe mit den Prinzipien edelsten menschlichen Sittlichkeitsstrebens gleichgesetzt hat.[1]

Parallel dazu entwirft die hochmittelalterliche Minnelyrik normenverpflichtete und normenbildende fiktionale und codierte Formen der höfischen Liebessprache. Entsprechend

> tritt vor allem der Zusammenhang mit der Idee der höfischen Liebe und dem neuen höfischen Gesellschaftsideal hervor. Für die adligen Herren, die Minnelieder gedichtet haben, war die Selbststilisierung als Minnediener in der Sängerrolle wohl immer auch ein Bekenntnis zu diesem Ideal und eine Verpflichtung auf die höfischen Wertvorstellungen, die darin eingeschlossen waren.[2]

Der Eintritt der Stadt als Raum von Literatur ist daher eine epochale Zäsur, wie sie nur in sozialen Umschichtungen großen Stils gründen kann, als welche sich die Renaissance darstellt. In keinem Land war die antike städtische Erbschaft intakter erhalten als in Italien; in keinem lag der Anteil der städtischen an der gesamten Bevölkerung auch im Mittelalter mit ca. 25% höher als in Italien; in keinem bedeutete jedwede ›patriotische‹ kulturpolitische Aktion zugleich die Wiederbegegnung mit der antiken Vergangenheit und zumal mit Rom. Zwei weitere Besonderheiten kamen hinzu. Der Adel siedelte vielfach in der Stadt, nahm an den politischen, wirtschaftlichen, kulturellen Aktivitäten teil und verschmolz mit den Oberschichten des Handels-, Finanz- und Manufakturbürgertums. Während in Städten wie Verona (della Scala) und Mailand (Visconti) aus den Geschlechterkämpfen frühzeitig eine erbliche Alleinherrschaft (Tyrannis) erwuchs, bewahrten andere Städte bzw. Stadtstaaten vor allem in der Toscana ihre ›republikanische‹, auf der Mitwirkung der verschiedenen Schichten des Groß- und (teilweise) des Zunftbürgertums beruhende Verfassung länger, an der Spitze Florenz und Venedig.

Die in Italien sich herausbildende humanistische Kultur und Literatur, wesentlich von der Gelehrtenschaft und zumal von dem Juristenstand getragen, wird daher schon im Trecento in die Kämpfe zwischen Signorie und Republik verwickelt und formt im Rückgriff auf die Antike argumentative Muster aus, die für die Sozialgeschichte der klassizistischen Literaturen Europas bis in das 18. Jahrhundert hinein verbindlich bleiben. Salutati, Bruni, Poggio und andere sind als führende Humanisten zugleich ihrem Stadtstaat Florenz als Kanzler, Diplomaten, Redner dienstbar. In Chronik, Geschichtsschreibung und Traktat, Rede, Brief und Städtelob verteidigen sie die ›Freiheit‹ ihrer Vaterstadt gegenüber dem Machtanspruch der Signorie, wie etwa der Visconti in Mailand. Umgekehrt scheuen Humanisten wie Petrarca – selbst glühender Verfechter römischer ›Wiedergeburt‹ – sich nicht,

---

1 Erich Köhler: Ideal und Wirklichkeit in der höfischen Epik. Studien zur Form der frühen Artus- und Graldichtung. 2., ergänzte Aufl. – Tübingen: Niemeyer 1970 (= Beihefte zur Zeitschrift für Romanische Philologie; 97), S. 7, S. 11.
2 Joachim Bumke: Geschichte der deutschen Literatur im hohen Mittelalter. – München: Deutscher Taschenbuch Verlag 1990 (Geschichte der deutschen Literatur im Mittelalter; 2. – dtv; 4552), S. 112.

einer Einladung an den Mailänder Hof für Jahre zu folgen. Zwischen Stadt und Hof wird sich der europäische Humanismus entfalten.

Auch in Deutschland regt sich humanistischer Formwille – vermittelt vor allem über Petrarca – bereits am Hof Karls IV. in Prag. Höfe wie derjenige Mechthilds von Rottenburg, Eberhards von Württemberg, Eleonores von Österreich, sodann vor allem diejenigen in Wien und Heidelberg, Mainz und München ebenso wie fast alle Universitäten werden den Humanisten Raum für Übersetzungen und erste selbständige Versuche nach italienischem Muster bieten. Zugleich eröffnen zumal die oberdeutschen Reichsstädte mit Nürnberg, Augsburg und Ulm in Franken und Schwaben, Straßburg, Schlettstadt und Basel im Elsaß und in der Schweiz an der Spitze mit glanzvollen Druckerdynastien in ihren Mauern den Humanisten ein Wirkungsfeld. Die Pirckheimer in Nürnberg, die Peutinger in Augsburg sind ihren Vaterstädten wie die großen italienischen Vorbilder diplomatisch zu Diensten.

Entscheidend ist, daß diese Städte zugleich Kristallisationspunkte für eine deutschsprachige und insofern ›volkstümliche‹ Literatur werden, als an ihr schreibend, lesend, hörend auch die mittelständischen zünftigen Schichten des Bürgertums teilhaben. Das Lied in allen Variationen vom politischen über das historische bis zum erotischen, Meistersang und Fastnachtspiel sowie der Text und Bild vereinende aktuelle Einblattdruck sind die beliebtesten Formen. Das Nebeneinander einer gelehrten lateinischsprachigen und einer breitenwirksameren volkssprachigen Literatur in den Mauern ein und derselben Stadt ist ein literatursoziologisch reizvolles und in dieser Prägnanz offensichtlich in Deutschland besonders merklich hervortretendes Phänomen.

In der Forschung ist in jüngster Zeit wenig glücklich nach den ›bürgerlichen‹ Zügen dieser frühneuzeitlichen städtischen Literatur gefragt worden. Es dürfte deutlich sein, daß gänzlich verschiedene Paradigmen vorliegen, die durch keinen gemeinsamen Begriff zu fassen sind. Der ›bürgerliche‹ Charakter der volkssprachigen Literatur liegt auf der Hand. Wie aber steht es mit der humanistischen? Sie ist zu den Höfen, zum Adel und zu den Führungsschichten der Städte hin orientiert. Die höfischen Verhaltensbücher und Fürstenspiegel sind in der Regel von Humanisten entworfen worden. Zur aristokratischen Elite suchte man Zugang und verwies stolz auf die Nähe zum Regenten.

Aber das hinderte nicht, Standesinteressen zu artikulieren. Den Aufstieg vielfach aus bürgerlicher Enge verdankte man dem Studium, vor allem des Rechts. Folglich bestanden die Humanisten auf Kompetenz. Geblüt, adlige Herkunft, adlige Wertvorstellungen alleine reichen nicht hin. Sachkundige Berater zu haben, mußte auch das Ziel der Fürsten sein. In diesem Sinn haben die Humanisten mit dazu beigetragen, die alten Vorrechte des Adels in Frage zu stellen und diesen zur Anpassung an die Anforderungen des modernen Fürstenstaates zu zwingen. Hier ist ein moderner Leistungsgedanke geboren worden, der zur Unterminierung des feudalen Ethos geleitete und aus der Sozialgeschichte der frühneuzeitlichen Literatur nicht wegzudenken ist. Spricht man von diesem humanistischen Ethos als einem bürgerlich-gelehrten, so ist die Rede zulässig, jedoch die Differenz zu den anders gearteten stadtbürgerlichen Ausdrucksformen stets im Auge zu behalten.

Wenig erforscht sind bislang die Umstände, die zum Niedergang der stadtbürgerlichen Kultur in der zweiten Hälfte des 16. Jahrhunderts führten. An großen Metropolen und Stadtstaaten wie Nürnberg ist die sich intensivierende Umklammerung durch den nach der Reformation gestärkten Territorialstaat – hier Ansbach-Bayreuth – unübersehbar. In der Forschung ist folglich für das 17. Jahrhundert von einer sozialen, politischen und kulturellen Kräfteverlagerung auf den Hof die Rede. Sie ist literaturgeschichtlich nur bedingt zu akzeptieren. Eine höfische Kultur formiert sich in größerem Stil in Deutschland erst seit der zweiten Hälfte des Jahrhunderts. Auch ist in der höfischen Kultur die Literatur nur ein Faktor neben anderen. Vor allem aber bleiben in der Fokussierung auf den Hof die städtischen kulturellen Potenzen im 17. Jahrhundert unterschätzt.

Die Forschung steht noch ganz am Anfang in der Rekonstruktion der besonders schwer greifbaren nichtgelehrten literarischen Produktionsformen wie Flugblatt und Flugschrift, Zeitung und Kalenderblatt, Ratgeber- und Sachliteratur, aber auch Lied und städtischem Schauspiel, Schwank- und Unterhaltungsliteratur etc. Desgleichen ist die gelehrte und vielfach in der Nachfolge des Humanismus weiterhin lateinische Literatur nur zu einem Bruchteil gesichtet. Erst im 17. Jahrhundert erhalten auch kleinere Städte ihre Druckereien, häufig verbunden mit einem Gymnasium oder einer Universität. Ungezählte Städte, vor allem im Nordosten, treten überhaupt erst auf der Wende zum 17. Jahrhundert erkennbar in das literarische Leben ein.

Die Gelehrten, d.h. Juristen, Rechtsanwälte, Notare, Ärzte, Apotheker, Pfarrer, Professoren, Lehrer bedichten sich, ihre Angehörigen und die städtische Oberschicht zu jedem erdenklichen Anlaß und bedienen sich dabei der von Opitz, Fleming, Rist und anderen bereitgestellten Muster. Diese – wenn überhaupt – nur in kleiner Auflage gedruckte Gelegenheitsdichtung wird erst soeben wiederentdeckt und als Einübung im deutschsprachigen Dichten auf humanistischer Grundlage gewürdigt. Hunderttausende solcher ›Casualia‹ zu Hochzeiten, Sterbefällen und sonstigen persönlichen Ereignissen entstehen vor allem in den protestantischen Städten und harren der Erschließung. Wo ein Gymnasium oder eine Universität am Ort vorhanden ist, kommt das akademische Disputations- und Dissertations-Schrifttum in großem Umfang als zweite Gattung hinzu. In bedeutenden Druck- und Verlagszentren wie Frankfurt, Nürnberg oder Ulm sorgt ein Heer von Redaktoren und Kompilatoren für aktuelle Nachrichten in Zeitungen und Flugschriften, Unterhaltungs- und Kolportageliteratur. Die humanistische deutschsprachige Literatur von ein paar Dutzend Autoren unserer Literaturgeschichte – häufig zusammengeschlossen in Sprach- und Dichtergesellschaften –, ihre Lyriksammlungen und Schuldramen, Erzählungen und Romane, Sachbücher und gelehrten Kompendien sind nur ein dünner Firnis auf einem unerforschten Sockel an Gebrauchs- und Tagesschrifttum neben dem weiterhin rege gepflegten Kirchenlied und der Erbauungs-Literatur.

Unerforscht sind weitgehend auch die Wege, die zur Stadt-Kultur und -Literatur sowie ihren neuen Zentren im 18. Jahrhundert führen. Drei Schwerpunkte kristallisieren sich zunächst heraus: Leipzig, Hamburg und Zürich. Hier entsteht eine wohlhabende, teilweise – wie in Hamburg und Zürich – durch den Dreißigjährigen Krieg nur am Rande in Mitleidenschaft gezogene Kaufmanns- und Handelsschicht, in deren Händen die politische Leitung der Stadt liegt und die nach neuen, nicht ausschließlich durch den Hof geprägten kulturellen Mustern sucht.

Damit rückt erstmals das weit fortgeschrittene England in den Vordergrund, das insbesondere über Hamburg ein Einfallstor findet. Zeitungen, Zeitschriften, moralische Wochenschriften, der neue bürgerliche und empfindsame Unterhaltungsroman, Natur- und Gesellschaftslyrik, später das empfindsame bürgerliche Trauerspiel besitzen ihr Vorbild in England und erreichen zunehmend ein gebildetes, nicht mehr ausschließlich gelehrtes Publikum. Auch Formen wie die Rokokodichtung werden von diesen neuen bürgerlichen Schichten getragen, wie am deutlichsten bei Hagedorn in Hamburg zu studieren. Scherzhafte Liebe, mäßiger Weingenuß und heitere Geselligkeit sind die literarische Codierung für eine neue diesseitige Kultur, in der eine wohlsituierte städtische Oberschicht ihren Lebensraum gegenüber dem höfischen Kulturmonopol behauptet, sich zur Wortführerin eines neuen Patriotismus erhebt und ihren Führungsanspruch in der Stadt bekräftigt.

Zugleich sind der erst jetzt voll entfaltete höfische Beitrag sowie das Nebeneinander verschiedener höfischer Kulturformen im 18. Jahrhundert zu berücksichtigen. Während ein in unmittelbarer Nähe Leipzigs gelegener Hof wie der Dresdener unter den zum Katholizismus herübergewechselten Albertinern – in Personalunion mit der polnischen Krone vereint – jetzt wie viele andere Höfe sich dem italienischen und französischen Einfluß vor allem in der Musik, der Oper und dem Ballett öffnet, gehen vom Brandenburger Hof Anstöße zu einem neuen Klassizismus und insbesondere weitgreifende, in die Aufklärung herüberführende Impulse zur Universitätsreform aus, wie mit der Gründung Halles (1694 in der Nachfolge der reformierten Universitäten Frankfurt/Oder und Duisburg) dokumentiert. 1737 wird sich die Reformuniversität Göttingen unter dem Protektorat der Welfen in Hannover – mit der englischen Krone seit 1714 verbunden – anschließen. Thomasius, Wolff, August Hermann Francke finden dort, Albrecht von Haller, Christian Gottlob Heyne, Georg Christoph Lichtenberg hier ihre Wirkungsstätte. Die landesherrliche Universität wirkt so tief wie in keinem anderen Land in die Geschichte der Literatur herein. Noch die empfindsamen Dichterbünde wie etwa der *Hallenser Kreis* um Pyra und Lange oder der *Göttinger Hain* sind ohne die Universität nicht denkbar.

In der Mitte des Jahrhunderts übernimmt für eine kurze Zeit erstmals Berlin die Führung: ohne höfische Protektion, denn der Hof ist zum aufgeklärten Frankreich hin orientiert, ohne nationalen politischen Auftrag wie in anderen Metropolen, aber voller patriotischen Eifers seiner Dichter und Organisatoren für eine deutsche Literatur. Lessing, Nicolai und Mendelssohn bilden hier das Dreigestirn, geschart um ein mächtiges und gefürchtetes nationales Rezensionsorgan, die *Allgemeine Deutsche Bibliothek* sowie Lessings *Briefe die neueste Literatur betreffend*, mit denen die aufgeklärte Intelligenz Ersatz zu schaffen sucht für den fehlenden nationalen Impetus der Berliner Akademie. Berlin wird mit Mendelssohn zum Katalysator der deutsch-jüdischen Assimilation und wahrt diese Führungsrolle, spät erst gefolgt von Frankfurt.

Ein wenig wahrgenommenes kulturgeschichtliches Kapitel ist die Öffnung der Höfe für die Aufklärung und Empfindsamkeit. Klopstock findet in Kopenhagen einen angesehenen Platz und Anhänger, Voß in Eutin; im Südwesten macht sich Markgraf Karl Friedrich von Baden-Durlach zum Sprecher physiokratischer Reformen. Und im Schutze des Darmstädter Hofes der Landgräfin Karoline trifft sich die von der Empfindsamkeit gestreifte Jugend mit Merck und dem von Frankfurt herüberkommenden jungen Goethe im Zentrum. So bleibt das Wechselspiel zwischen den nichthöfischen Städten und den Residenzen in einer nur Deutschland eigenen Vielfalt erhalten. Es wiederholt sich im berühmtesten sozialen Paradigma der deutschen Literatur, dem Neben- und Miteinander von Weimar und Jena.

Das Herüberwechseln Goethes von der freien Reichsstadt in die bescheidene, 6000 Seelen zählende Residenz Anna Amalias und Karl Augusts von Sachsen-Weimar beleuchtet schlagartig die nach wie vor intakte Attraktivität des Hofes für die bürgerliche Intelligenz. Das ab 1794 gestiftete ›Commercium‹ mit dem seit 1789 an der Universität in Jena wirkenden Schiller und die nicht abreißende Kette illustrer Besucher in Goethes Haus am Frauenplan müssen die fehlende Metropole ersetzen. Dem Zustrom utopischen Potentials über eine vor der Tür sich ausbreitende Parklandschaft im Werk Goethes, dem utopischen menschheitlichen Prospekt im geschichtlichen und politischen Denken und Dichten Schillers, flankiert von Musik und Philosophie, steht die Erfahrungslosigkeit im Umgang mit der in Frankreich nicht nur politisch, sondern auch gesellschaftlich manifest werdenden und literarisch verarbeiteten Moderne (Restif de la Bretonne, Sébastien Mercier) gegenüber. Der Nachvollzug der politischen Revolution in der ästhetischen durch die Jenenser Frühromantik bekräftigt auf andere Weise die Differenz zum westlichen Nachbarn, wie sie als Erbe von Klassik und Romantik bestimmend für das deutsche Geistesleben des 19. und 20. Jahrhunderts werden sollte.

Was in Deutschland im städtischen Raum um 1800 kulturell möglich war, wurde sinnfällig in der allzu sehr im Schatten Weimars verbliebenen Berliner Literaturszene. Die Salons der jüdischen Frauen Henriette Hertz, Rahel Levin, Dorothea Veit zogen die Humboldts und Schleiermacher, die Gebrüder Schlegel, Varnhagen, Gentz und ungezählte andere an. Hier bildete sich – neben der Universität, wie sie 1810 glanzvoll in die Welt trat und für ein Jahrhundert die wissenschaftliche Führung übernahm – ein in der deutschen Literaturgeschichte bislang unbekannter, in Frankreich seit Jahrhunderten existenter Kristallisationspunkt über den städtischen Salon. Im Theater Ifflands wurde das Historiendrama Schillers (noch in Anwesenheit des Dichters) gefeiert. Hier vollzog sich über Tieck, Wackenroder und die Schlegels, über Koch, von der Hagen und Adam von Müller die Hinwendung zur altdeutschen Vergangenheit.

In Tiecks *William Lovell* (verlegt in das englische Milieu) und in die Erzählungen des aus Königsberg zugewanderten E.T.A. Hoffmann dringt erstmals merklich die Großstadt ein – und dies sogleich in ihrer dämonischen Version. Wiens Mission auf der anderen Seite lag zwischen Gluck und Beethoven in der Musik. Lessing, Wieland, Klopstock, noch Herder schauten voller Pläne und Hoffnungen herüber. Eine wirkliche Alternative vermochte die katholische Metropole, in der ein Denis,

Schikaneder, Stranitzky dichteten, Friedrich Schlegel nach seiner katholischen Wende Vorlesungen hielt, ungeachtet der Josephinischen Reformen, den protestantischen Dichtern so wenig wie München oder andere Städte des katholischen Südens zu bieten.

Nur Hamburg hatte auf andere Weise um 1800 immer noch genügend großbürgerliche Potenz, um in den Häusern der Sievekings, von Axens und Reimarus' ein gehobenes bildungsfreudiges Treiben zu ermöglichen. August von Hennings, Johann von Gurlitt, Gerhard von Halem, mehr als einer der Revolution zugetan, verkehrten hier. Die Gesandtschaften waren in der Freien Reichsstadt präsent; nicht nur das französische, auch das spanische und portugiesische Element, vermittelt über die regen Handelsbeziehungen, kam zur Geltung und prägte die übersetzerischen Leistungen. Ein florierendes Zeitschriftenwesen – darunter August von Hennings' *Der Genius der Zeit* –, eine Reihe literarischer Gesellschaften, angefangen bei der *Harmonie*, eine verlegerische und buchhändlerische Massierung mit Hoffmann und Campe und Perthes war zur Stelle. So wenig wie Frankfurt, das Goethe, Klinger, die Brentanos, den jungen Hölderlin ziehen ließ, vermochte Hamburg eine Generation später seine Größten zu halten.

> Im Hamburg der Metternich-Zeit profitierte das Verlagswesen von den laxeren Zensurverhältnissen, nicht aber die Schriftsteller: Heine und Börne flohen nach Paris, Büchner nach Zürich, Freiligrath nach London, Hebbel ging nach Wien. Man stelle sich vor: Heine, Büchner, Hebbel zusammen in Hamburg, und um sie eine Reihe von Trabanten – welch literarische, gesellschaftliche, staatsbürgerliche Energie hätte eine solche Konzentration von Genies und Talenten im Raum einer aufstrebenden, ökonomisch gesicherten Freien Hansestadt besessen![3]

Man weiß, welche Rolle die Metropole in der Literatur und zumal in der neuen literarischen Großmacht Roman des 19. Jahrhunderts bei den Nachbarn spielt: Paris im Werk Stendhals, Balzacs, Hugos, Sues, Zolas, der Goncourts, London bei Dickens sowie in den Erzählungen Poes, Petersburg im Werk Dostojewskis. In Deutschland hingegen waltet das idyllische Epos, die Dorfgeschichte, der Bauernroman vor dem sozialkritischen Großstadtroman.

> Der ›Zeitgeist‹ erscheint als ein mythisches Ungetüm, das sich in nichts vom Satan selbst unterscheidet. Er soll, dafür kämpft ›Gotthelf‹ mit der mächtigen Sprache der Predigt, vor dem biblisch-homerischen Idyll der Bauern haltmachen. Das Dorf wird zur Festung gegenüber der historischen Bewegung, in welche die Stadt rettungslos gerissen ist

– ein Grundmuster der erzählenden Literatur in Deutschland.[4]

---

3 Robert Minder: Dichter in der Gesellschaft. Erfahrungen mit deutscher und französischer Literatur. – Frankfurt a.M.: Insel 1966, S. 10.

4 Friedrich Sengle: Wunschbild Land und Schreckbild Stadt. Zu einem zentralen Thema der neueren deutschen Literatur. – In: Studium Generale 16 (1963), S. 619–631, wiederabgedruckt in: Europäische Bukolik und Georgik. Hrsg. von Klaus Garber. – Darmstadt: Wissenschaftliche Buchgesellschaft 1976 (= Wege der Forschung; 355), S. 432–460. Das Zitat hier S. 444.

Die Großstadt zum dichterischen, kulturkritischen und politischen Vorwurf zu erheben, ist den Emigranten in Paris und London, an der Spitze Heine und Börne dort, Marx und Engels hier, vorbehalten. Gerade wo die Stadt aus der Optik der literarischen Landtradition gesehen wird, nimmt sie oft diabolische, nicht selten apokalyptische Züge an (Raabe: *Schüdderump*) – Ausdruck auch dafür, daß Anschauung, großstädtische Lebenserfahrung ebenso fehlen wie literarische Traditionen zur (wie auch immer realistischen) Bewältigung im Detail.

Fontane vor allem war es so gut wie als Einzigem gegeben, den Ausgleich zwischen Land, Adel und Stadt erzählerisch zu versuchen, doch noch in seinem Werk ist das Berlin vor der Industrialisierung und Modernisierung festgehalten; die Natur ragt immer noch in die Großstadt hinein; der Adel bleibt in ihr das bestimmende Element. Erst Döblin und Heinrich Mann werden das moderne und unheimliche Berlin gestalten. Auf der anderen Seite hatte Baudelaire der Lyrik die Großstadt als Erfahrungsraum gewonnen. Diese Revolution erreicht Deutschland weniger über den Symbolismus als den Expressionismus – mit einschlägigen Folgen einer neuerlichen Dämonisierung der Großstadt, wie am deutlichsten bei Heym und Stadler.

Die kulturpolitischen und literarischen Konsequenzen der zu später Stunde über Berlin erfolgenden Zentralisierung auch in Deutschland sind ein eigenes Thema. Zum ersten Mal konzentrieren sich nicht nur Akademien, Bibliotheken und Forschungsinstitute sowie Zeitungen, Zeitschriften und Theater wie nie zuvor in einer deutschen Stadt. Auch die Abfolge künstlerischer Stile läßt sich erstmals einem Laboratorium gleich an einem Ort studieren. Gewiß, Wien und Prag, München und Dresden, das Elsaß – also immer noch in erster Linie die Residenzen – bleiben ein Hort eigenständiger künstlerischer Physiognomie. Aber nun richtet sich der Blick des gesamten deutschen Sprachraums auf einen Fixpunkt, streben die wissenschaftlich wie künstlerisch Ehrgeizigsten aus allen Teilen des Reichs nach Berlin, entstehen – bei dem *Tunnel über der Spree* angefangen – literarische Vereinigungen. Strömungen wie der Naturalismus, Impressionismus, Expressionismus, die Neue Sachlichkeit werden von Berlin aus entwickelt oder assimiliert. Das gesamte literarische und kulturelle Leben wird von einer hauptstädtischen Kritik mit ungezählten Foren begleitet.

Diese in der Weimarer Republik kulminierende Stellung Berlins hat rückblickend gesehen auch die Kehrseite, daß mit ihrem Fall 1933 Deutschland schneller und wirkungsvoller von den Nazis gleichgeschaltet werden konnte. 45 Jahre nach der Zweiteilung der Stadt und des Landes steht Berlin als deutsche Hauptstadt wieder vor der Stunde null. Wird es gelingen, Vergangenheit und Zukunft in ein ausbalanciertes Gleichgewicht zu bringen oder werden die allenthalben sich abzeichnenden Sachzwänge siegen? Deutschland besaß dank seiner Geschichte die reichste und vielfältigste Stadtkultur auf europäischem Boden. Sie ist in und nach dem Zweiten Weltkrieg untergegangen. Wird ein Bewußtsein von dem Verlust und damit von den Aufgaben der recht verstandenen Bewahrung und Rettung des Überkommenen in der späten Stunde des neuerlichen nationalen Anfangs sich regen und durchsetzen?

Ausgewählte Literatur

Das vorliegende Verzeichnis wurde bewußt nicht aktualisiert. Es dokumentiert an ausgewählten Beispielen den Stand der Diskussion bis in die frühen neunziger Jahre.

Sammelbände

Die Stadt Goethes. Frankfurt am Main im XVIII. Jahrhundert. Hrsg. von Heinrich Voelcker. – Frankfurt a.M.: Hauserpresse 1932. Reprint Frankfurt a.M.: Weidlich 1982 (= Weidlich-Reprints).

Caspar Voght und sein Hamburger Freundeskreis. Briefe aus einem tätigen Leben. Teil I–III. Hrsg. von Anneliese Tecke. – Hamburg: Christians 1959–1967 (= Veröffentlichungen des Vereins für Hamburgische Geschichte; XV/1–3).

Beschreibung einer Stadt. Nach der Sendereihe des Norddeutschen Rundfunks. Hrsg. von Rainer Hagen. – Hamburg: Wegner 1963.

Geist und Schönheit im Zürich des 18. Jahrhunderts. Mit Beiträgen von Martin Bircher und Franz Hafner. Hrsg. von Richard Zürcher. – Zürich: Füssli 1968.

Deutsche Großstadtlyrik vom Naturalismus bis zur Gegenwart. Hrsg. von Wolfgang Rothe. – Stuttgart: Reclam 1973 (= Universal-Bibliothek; 9448–52 a/b).

Literarischer Führer durch die Bundesrepublik Deutschland. Hrsg. von Fred und Gabriele Oberhauser. Geleitwort von Robert Minder. – Frankfurt a.M.: Insel 1974.

Stadt – Schule – Universität – Buchwesen und die deutsche Literatur im 17. Jahrhundert. Hrsg. von Albrecht Schöne. – München: Beck 1976 (= Germanistische Symposien-Berichtsbände; 1).

Über Bürger, Stadt und städtische Literatur im Spätmittelalter. Bericht über Kolloquien der Kommission zur Erforschung der Kultur des Spätmittelalters 1975–1977. Hrsg. von Josef Fleckenstein, Karl Stackmann. – Göttingen: Vandenhoeck & Ruprecht 1980 (= Abhandlungen der Akademie der Wissenschaften zu Göttingen: Philologisch-Historische Klasse. Dritte Folge; 121).

Zeitschrift für Literaturwissenschaft und Linguistik 12 (1982), Heft 48: Stadt und Literatur. Hrsg. von Wolfgang Haubrichs.

Literatur in der Stadt. Bedingungen und Beispiele städtischer Literatur des 15. bis 17. Jahrhunderts. Hrsg. von Horst Brunner. – Göppingen: Kümmerle 1982 (= Göppinger Arbeiten zur Germanistik; 343).

Die Stadt in der Literatur. Hrsg. von Cord Meckseper, Elisabeth Schraut. – Göttingen: Vandenhoeck & Ruprecht 1983 (= Kleine Vandenhoeck-Reihe; 1496).

Stadt und Kultur. Hrsg. von Hans Eugen Specker. – Sigmaringen: Thorbecke 1983 (= Stadt in der Geschichte; 11).

Medium Metropole. Berlin, Paris, New York. Hrsg. von Friedrich Knilli und Michael Nerlich unter Mitarbeit von Heino Maß. – Heidelberg: Winter 1986 (= Reihe Siegen; 68).

Literarisches Leben in Berlin. 1871–1933. Hrsg. von Peter Wruck. Bd. I–II. – Berlin: Akademie-Verlag 1987.

Prag um 1600. Kunst und Kultur am Hofe Rudolfs II. Ausstellung Kulturstiftung Ruhr Essen. – Freren: Luca-Verlag 1988.

Rom – Paris – London. Erfahrung und Selbsterfahrung deutscher Schriftsteller und Künstler in den fremden Metropolen. Hrsg. von Conrad Wiedemann. – Stuttgart: Metzler 1988 (= Germanistische Symposien-Berichtsbände; 8).

Die Unwirklichkeit der Städte. Großstadtdarstellungen zwischen Moderne und Postmoderne. Hrsg. von Klaus R. Scherpe. – Reinbek bei Hamburg: Rowohlt 1988 (= Rowohlts Enzyklopädie; 471).

Aufklärung in Berlin. Hrsg. von Wolfgang Förster. – Berlin: Akademie-Verlag 1989.

Berlin. Literary Images of a City. Eine Großstadt im Spiegel der Literatur. Hrsg. von Derek Glass, Dietmar Rösler, John J. White. – Berlin: Erich Schmidt 1989 (= Publications of the Institute of Germanic Studies, University of London; 42).

In der großen Stadt. Die Metropole als kulturtheoretische Kategorie. Hrsg. von Thomas Steinfeld, Heidrun Suhr. – Frankfurt a.M.: Hain 1990.

Stadt und Literatur im deutschen Sprachraum der Frühen Neuzeit. Hrsg. von Klaus Garber unter Mitwirkung von Stefan Anders und Thomas Elsmann. Bd. I–II. – Tübingen: Niemeyer 1998 (= Frühe Neuzeit; 39).

Monographien und Aufsätze

Barth, Ilse-Marie: Literarisches Weimar. Kultur, Literatur, Sozialstruktur im 16.–20. Jahrhundert. – Stuttgart: Metzler 1971 (= Sammlung Metzler; 93).

Benjamin, Walter: Das Paris des Second Empire bei Baudelaire. – In: ders.: Charles Baudelaire. Ein Lyriker im Zeitalter des Hochkapitalismus. – Frankfurt a.M.: Suhrkamp 1969 (= Suhrkamp-Taschenbuch Wissenschaft; 47), S. 7–100.

Booß, Rutger: Ansichten der Revolution. Paris-Berichte deutscher Schriftsteller nach der Juli-Revolution 1830. Heine, Börne u.a. – Köln: Pahl-Rugenstein 1977 (= Sammlung Junge Wissenschaft).

Brüggemann, Heinz: »Aber schickt keinen Poeten nach London!« Großstadt und literarische Wahrnehmung im 18. und 19. Jahrhundert. Texte und Interpretationen. – Reinbek bei Hamburg: Rowohlt 1985 (= rororo; 7928).

Brüggemann, Heinz: Das andere Fenster. Zur Literaturgeschichte einer urbanen Wahrnehmungsform. – Frankfurt a.M.: Fischer 1989 (= Fischer Wissenschaft; 7422).

Classen, Carl Joachim: Die Stadt im Spiegel der Descriptiones und Laudes urbium in der antiken und mittelalterlichen Literatur bis zum Ende des zwölften Jahrhunderts. Um ein Nachwort vermehrte zweite Aufl. – Hildesheim, Zürich, New York: Olms 1986 (= Beiträge zur Altertumswissenschaft; 2).

Cramer, Thomas: Städtische Literatur im 14. und 15. Jahrhundert. – In: ders.: Geschichte der deutschen Literatur im späten Mittelalter. – München: Deutscher Taschenbuch Verlag 1990 (Geschichte der deutschen Literatur im Mittelalter; 3. – dtv; 4553), S. 232–348.

Drees, Jan: Die soziale Funktion der Gelegenheitsdichtung. Studien zur deutschsprachigen Gelegenheitsdichtung in Stockholm zwischen 1613 und 1719. – Stockholm: Almqvist & Wiksell 1986 (= Kungl. Vitterhets Historie och Antikvitets Akademiens).

Egyptien, Jürgen: Höfisierter Text und Verstädterung der Sprache. Städtische Wahrnehmung als Palimpsest spätmittelalterlicher Versromane. – Würzburg: Königshausen & Neumann 1987 (= Epistemata; 29).

Garber, Klaus: Stadt-Kultur und Barock-Begriff. Zur Kritik eines Epochenbegriffs am Paradigma der bürgerlich-gelehrten humanistischen Literatur des 17. Jahrhunderts. – In: Europäische Städte im Zeitalter des Barock. Gestalt – Kultur – Sozialgefüge. Hrsg. von Kersten Krüger. – Köln, Wien: Böhlau 1988 (= Städteforschung. Veröffentlichungen des Instituts für vergleichende Städtegeschichte in Münster; 28), S. 93–119 [in diesem Band S. 123–149].

Jacob, Herbert: Literaturgeschichte in räumlicher Begrenzung. – In: Arnold, Robert F.: Allgemeine Bücherkunde zur neueren deutschen Literaturgeschichte. 4. Aufl. Neu bearbeitet von Herbert Jacob. – Berlin: de Gruyter 1966, S. 126–142 [grundlegende Bibliographie!].

Ignasiak, Detlef: Das literarische Jena. Von den Anfängen bis in die ersten Jahrzehnte unseres Jahrhunderts. 2., veränderte Aufl. – Jena: Jena-Information 1988.

Kähler, Hermann: Berlin. Asphalt und Licht. Die große Stadt in der Literatur der Weimarer Republik. – Berlin: das europäische buch 1986.

Kleinschmidt, Erich: Stadt und Literatur in der Frühen Neuzeit. Voraussetzungen und Entfaltung im südwestdeutschen, elsässischen und schweizerischen Städteraum. – Köln, Wien: Böhlau 1982 (= Literatur und Leben. N.F.; 22).

Klotz, Volker: Die erzählte Stadt. Ein Sujet als Herausforderung des Romans von Lesage bis Döblin. – München: Hanser 1969.

Kopitzsch, Franklin: Grundzüge einer Sozialgeschichte der Aufklärung in Hamburg und Altona. Teil I–II. – Hamburg: Christians 1982. 2., ergänzte Aufl. [In einem Band]. – Hamburg: Verlag Verein für Hamburger Geschichte 1990 (= Beiträge zur Geschichte Hamburgs; 21).

Kühlmann, Wilhelm; Schäfer, Walter E.: Frühbarocke Stadtkultur am Oberrhein. Studien zum literarischen Werdegang J.M. Moscheroschs (1601–1669). – Berlin: Erich Schmidt 1983 (= Philologische Studien und Quellen; 109).

Kugler, Hartmut: Die Vorstellung der Stadt in der Literatur des deutschen Mittelalters. – München, Zürich: Artemis 1986 (= Münchener Texte und Untersuchungen zur deutschen Literatur des Mittelalters; 88).

Liersch, Werner: Dichters Ort. Ein literarischer Reiseführer. – Rudolstadt: Greifenverlag 1985.

Minder, Robert: Kultur und Literatur in Deutschland und Frankreich. Fünf Essays. – Frankfurt a.M.: Insel 1962 (= Insel-Bücherei; 771).

Minder, Robert: Paris in der französischen Literatur (1760–1960). – In: ders.: Dichter in der Gesellschaft. Erfahrungen mit deutscher und französischer Literatur. – Frankfurt a.M.: Insel 1966, S. 287–340, S. 374–379.

Nadler, Josef: Literaturgeschichte der deutschen Stämme und Landschaften. Bd. I–IV. 3. Aufl. – Regensburg: Habbel 1929–1932.

Peters, Ursula: Literatur in der Stadt. Studien zu den sozialen Voraussetzungen und kulturellen Organisationsformen städtischer Literatur im 13. und 14. Jahrhundert. – Tübingen: Niemeyer 1983 (= Studien und Texte zur Sozialgeschichte der Literatur; 7).

Pike, Burton: The Image of the City in Modern Literature. – Princeton: Princeton University Press 1981 (= Princeton Essays in Literature).

Prätorius, Bernd: Stadt und Literatur im Frühabsolutismus am Beispiel Leipzigs. Historisch literatursoziologische Prolegomena. – Magisterarbeit der Universität Osnabrück 1985.

Riha, Karl: Die Beschreibung der ›Großen Stadt‹. Zur Entstehung des Großstadtmotivs in der deutschen Literatur (ca. 1750 – ca. 1850). – Bad Homburg v.d.H., Berlin, Zürich: Gehlen 1970 (= Frankfurter Beiträge zur Germanistik; 11).

Riha, Karl: Deutsche Großstadtlyrik. Eine Einführung. – München, Zürich: Artemis 1983 (= Artemis-Einführungen; 8).

Rölleke, Heinz: Die Stadt bei Stadler, Heym und Trakl. 2., durchgesehene und ergänzte Aufl. – Berlin: Erich Schmidt 1988 (= Philologische Studien und Quellen; 34).

Schnabel, Hildegard: Zur Funktion und Wirkung der volkssprachlichen Literatur. – In: Entner, Heinz; Lenk, Werner; Schnabel, Hildegard; Spriewald, Ingeborg: Grundpositionen der deutschen Literatur im 16. Jahrhundert. – Berlin, Weimar: Aufbau-Verlag 1972, S. 21–106, S. 402–424.

Schöffler, Herbert: Das literarische Zürich. 1700–1750. – Frauenfeld, Leipzig: Huber 1925 (= Die Schweiz im deutschen Geistesleben; 40).

Schubert-Riese, Brigitte: Das literarische Leben in Eutin im 18. Jahrhundert. – Neumünster: Wachholtz 1975 (= Kieler Studien zur deutschen Literaturgeschichte; 11).

Sengle, Friedrich: Wunschbild Land und Schreckbild Stadt. Zu einem zentralen Thema der neueren deutschen Literatur. – In: Studium Generale 16 (1963), S. 619–631. In überarbeiteter Version wiederabgedruckt in: Europäische Bukolik und Georgik. Hrsg. von Klaus Garber. – Darmstadt: Wissenschaftliche Buchgesellschaft 1976 (= Wege der Forschung; 355), S. 432–460.

Stekelenburg, Dick van: Michael Albinus ›Dantiscanus‹ (1610–1653). Eine Fallstudie zum Danziger Literaturbarock. – Amsterdam: Rodopi 1988 (= Amsterdamer Publikationen zur Sprache und Literatur; 74).

Versluys, Kristiaan: The Poet in the City. Chapters in the Development of Urban Poetry in Europe and the United States (1800–1930). – Tübingen: Narr 1987 (= Studies in English and Comparative Literature; 4).

Witkowski, Georg: Geschichte des literarischen Lebens in Leipzig. – Leipzig, Berlin: Teubner 1909 (Geschichte des geistigen Lebens in Leipzig. – Schriften der Königlich-Sächsischen Kommission für Geschichte; 17).

Zuerst erschienen unter dem Titel: Stadt. – In: Literaturlexikon. Autoren und Werke deutscher Sprache. Bd. XIV: Begriffe, Realien, Methoden. Hrsg. von Volker Meid. – Gütersloh: Bertelsmann 1993, S. 397–402.

Gibt es eine bürgerliche Literatur im Deutschland des 17. Jahrhunderts?

Eine Stellungnahme zu Dieter Breuers gleichnamigem Aufsatz

Kann man sich in der Philologie der Frühen Neuzeit leichter kompromittieren als durch Applikation des Epithetons ›bürgerlich‹ auf das 17. Jahrhundert? Für das 16. und das 18. Jahrhundert erscheint sein Gebrauch – unter gewissen Voraussetzungen und in gewissen Grenzen – legitim; auf das 17. Jahrhundert bezogen, pflegt er alsbald Aversionen zu wecken. Das mag auch forschungsgeschichtliche Gründe haben. Die Verfechter ›bürgerlicher‹ Elemente in der deutschen Literatur des 17. Jahrhunderts haben es ihren Kritikern leicht gemacht. Das beginnt mit Arnold Hirschs berühmter Untersuchung *Bürgertum und Barock* (1934), auf die sich jeder entsprechende Versuch zurückzubeziehen hat.[1] Wenn ›Bürgertum‹ und ›Barock‹, wie bei Hirsch, als Gegenbegriffe eingeführt werden, ist das Problem bereits vom Ansatz her nicht mehr lösbar. ›Barock‹ – diese Epochensignatur als zweifelhafte begriffliche Erbschaft aus der Kunstwissenschaft und Geistesgeschichte – meint bei Hirsch konfessionsgeschichtlich und soziologisch vornehmlich die Kunst im Umkreis der Gegenreformation und der Höfe und weltanschaulich-gehaltlich die konsequente Entwertung des Diesseits, meint Askese und Transzendenz auf der einen, repräsentatives höfisch-heroisches Ethos und Regentenideologie auf der anderen Seite. In der Spaltung hoher und niederer Literaturformen findet die Dichotomie des Zeitalters ihr formales Äquivalent. Für das ›bürgerliche‹ 17. Jahrhundert bleiben – mit Ausnahme des ›Pegnesischen Blumenordens‹ – nur die Randzonen: der verbürgerlichte späte Pikaroroman, der landadlige, später der bürgerliche bzw. studentische Schäferroman, der politische Roman, schließlich der Adelsroman in der Nißlenschen bzw. Beerschen Gestalt – ein heterogenes Gattungskonglomerat, das nur via Kategorien wie Diesseitigkeit, Privatheit, Realismus etc. zusammengehalten wird. Mir scheint, die Frage müßte grundsätzlich von einer anderen Seite her angegangen werden.

---

1 Arnold Hirsch: Bürgertum und Barock im deutschen Roman. Eine Untersuchung über die Entstehung des modernen Weltbildes. – Frankfurt a.M.: Baer 1934. – 2. Aufl. (mit dem Untertitel: Ein Beitrag zur Entstehungsgeschichte des bürgerlichen Weltbildes) besorgt von Herbert Singer. – Köln, Graz: Böhlau 1957 (= Literatur und Leben. N.F.; 1). Vgl. dazu Wilfried Barner: Barockrhetorik. Untersuchungen zu ihren geschichtlichen Grundlagen. – Tübingen: Niemeyer 1970, S. 217ff.; Klaus Garber: Vergil und das *Pegnesische Schäfergedicht*. Zum historischen Gehalt pastoraler Dichtung. – In: Deutsche Barockliteratur und europäische Kultur. Hrsg. von Martin Bircher, Eberhard Mannack. – Hamburg: Hauswedell 1977 (= Dokumente des Internationalen Arbeitskreises für Deutsche Barockliteratur; 3), S. 168–203, S. 192ff. [wiederabgedruckt in: ders.: Literatur und Kultur im Europa der Frühen Neuzeit. Gesammelte Studien. – München: Fink 2009, S. 275–300].

Dieter Breuer hat im Gegenzug zu den Anhängern ›bürgerlichen‹ Bewußtseins im 17. Jahrhundert auf die Forschungen vor allem Gerhard Oestreichs und Conrad Wiedemanns verwiesen, die ein angemesseneres begriffliches Instrumentarium zur Erschließung auch der deutschen Literatur dieses Zeitraums bereitstellen würden.² In der Tat ist die klassizistische Literatur des 17. Jahrhunderts über die Gattungsgrenzen hinweg durchgehend geprägt von Staatsmentalität, von Staatsloyalität, vom Geist des gelehrten Staatsdieners, des Beamten. Aber eben weil für diesen Sachverhalt »die Fülle der Beispiele«³ parat ist, bedarf er der geschichtlichen Spezifizierung. Methodisch gesprochen: Der mentalitätsgeschichtliche Ansatz müßte dem standesgeschichtlichen integriert werden. Vielleicht ließe sich in gesamthistorischer Optik vermitteln, was bei Breuer in starrer Opposition erscheint.

Seit den konfessionspolitischen Bürgerkriegen der zweiten Hälfte des 16. Jahrhunderts macht sich die humanistische Gelehrtenschaft in maßgeblichen Fraktionen – angeführt von der juristischen *noblesse de robe* in Frankreich um die Gruppierung der *politiques* – zur Fürsprecherin einer starken, von ständischen wie von konfessionellen Fesseln befreiten Staatsgewalt.⁴ Die Konflikte mit den Ultramontanen wie mit dem alten Feudaladel sind folglich nirgends besser zu studieren als in Frankreich. Die Generation Opitzens – ihrerseits in lebhaftem Austausch mit den westeuropäischen Humanisten – nimmt diese Strategie vielfach aus calvinistischer Gesinnung auf.⁵ Diese wandelt sich nach dem Niedergang des Calvinismus in den

---

2 Die Arbeiten Gerhard Oestreichs sind zusammengefaßt in den beiden großen Sammelbänden: Geist und Gestalt des frühmodernen Staates. Ausgewählte Aufsätze. – Berlin: Duncker & Humblot 1969; Strukturprobleme der frühen Neuzeit. Ausgewählte Aufsätze. Hrsg. von Brigitta Oestreich. – Berlin: Duncker & Humblot 1980. Neben der inzwischen vielzitierten Abhandlung von Conrad Wiedemann: Barocksprache, Systemdenken, Staatsmentalität. Perspektiven der Forschung nach Barners *Barockrhetorik*. – In: Internationaler Arbeitskreis für Deutsche Barockliteratur. Vorträge und Berichte. – Wolfenbüttel: Bibliothek 1973 (= Dokumente des Internationalen Arbeitskreises für Deutsche Barockliteratur; 1), S. 21–51, vgl. vor allem auch ders.: Barockdichtung in Deutschland. – In: Renaissance und Barock. Teil I–II. Hrsg. von August Buck. – Frankfurt a.M.: Athenaion 1972 (= Neues Handbuch der Literaturwissenschaft; 9–10), Teil II, S. 177–201.

3 Dieter Breuer: Gibt es eine bürgerliche Literatur im Deutschland des 17. Jahrhunderts? Über die Grenzen eines sozialgeschichtlichen Interpretationsschemas. – In: Germanisch-romanische Monatsschrift 61. N.F. 30 (1980), S. 211–226, S. 217.

4 Vgl. Roman Schnur: Die französischen Juristen im konfessionellen Bürgerkrieg des 16. Jahrhunderts. Ein Beitrag zur Entstehungsgeschichte des modernen Staates. – Berlin: Duncker & Humblot 1962. Vgl. auch ders.: Moderner Staat, moderne Dichtung und die Juristen. – In: Die Rolle der Juristen bei der Entstehung des modernen Staates. Hrsg. von Roman Schnur. – Berlin: Duncker & Humblot 1986, S. 851–878.

5 Vgl. Kåre Langvik-Johannessen: Die Rolle der Kalvinisten in der ästhetischen Entwicklung der deutschen Literatur. – In: Dikt og idé. Festskrift til Ole Koppang på syttiårsdagen. Redigert av Sverre Dahl. – Oslo: Germanistisches Institut 1981 (= Osloer Beiträge zur Germanistik; 4), S. 59–72. Der Verfasser dankt Sven Aage Jørgensen (Kopenhagen) für den Hinweis auf diesen wichtigen Beitrag zur deutschen Literatur des frühen 17. Jahrhunderts. Vgl. auch die Rezension von Klaus Garber zu: Julius Wilhelm Zincgref: Gesammelte Schriften. Hrsg. von Dieter Mertens, Theodor Verweyen. Bd. III: Facetiae Pennalium. – Tübingen: Niemeyer 1978 (= Neudrucke Deutscher Literaturwerke. N.F.; 28). – In: Internationales Archiv für Sozialgeschichte der deutschen Literatur 5 (1980), S. 262–268 (in diesem Band S. 555–562); ders.: Martin Opitz. – In:

protestantischen Territorien und Kommunen zu loyaler lutherischer Obrigkeitsgesinnung.[6] Die Transformation sollte nicht über die progressive Funktion hinwegtäuschen, die die Humanisten bei der Ausbildung der Staatsideologie kurz vor und um 1600 innegehabt haben. Immerhin war deren Propagierung begleitet vom Einsatz für konfessionelle Toleranz, der Entflechtung staatlicher und religiöser Praxis und damit der Garantie relativer ›privater‹ Autonomie in dem Maße und Umfang, wie sie die staatliche Souveränität nicht tangierte, die ihrerseits für einen kurzen Zeitraum als friedens- und ordnungsstiftende Macht über den konfligierenden Parteiungen begriffen werden konnte – die zeitgemäße Variante des älteren humanistischen Irenismus.

Doch es geht um einen anderen Aspekt dieses Prozesses. Die Rede von der ›Staatsmentalität‹ in der deutschen ›Barockdichtung‹ bleibt so lange unvollständig, wie nicht die mit ihr zugleich latent oder manifest einhergehenden ständepolitischen Implikationen erfaßt werden. Breuer problematisiert in seinem kritischen Resümee auch »das weniger umfassend angelegte Postulat einer Antinomie von ›Bürgertum‹ und ›Adel‹«.[7] Zu Unrecht, wie ich meine. Wohin man im Umkreis der Opitzschen Reformbewegung (und also zumal der ›Sprachgesellschaften‹) auch blickt, überall geht die Panegyrik weiser monarchischer Regentschaft in der gelehrten Literatur des 17. Jahrhunderts Hand in Hand mit der des kompetenten Staatsdieners. Kompetenz aber verdankt sich Leistung, Wissen, Erfahrung. Genau dies ist die Stelle, an der – keinesfalls nur »in einem engen Textrahmen« etwa der Bukolik, sondern gleichfalls über die Gattungsgrenzen hinweg – die adels- (nicht fürsten-!)kritische Komponente der Literatur des 17. Jahrhunderts hervortritt.[8] Stets unterliegen die traditionalen, allein auf Herkunft beruhenden Normen des Adels einer konsequenten Dequalifizierung.[9] Adel wird als solcher nur anerkannt, sofern er sich seinerseits durch Leistung, durch intellektuelle Fähigkeiten, durch moralische Qualitäten auszeichnet. Die sozialen Prärogative werden ihm streitig gemacht, sofern sie ihren Grund nur in der Abstammung haben. Der Adressat dieser Einlassungen ist nicht immer genannt, doch in der Regel ist evident, daß das regierende Fürstentum gemeint ist. Ihm wird aus dem Mund der Gelehrten bedeutet, daß

Deutsche Dichter des 17. Jahrhunderts. Ihr Leben und Werk. Hrsg. von Harald Steinhagen, Benno von Wiese. – Berlin: Schmidt 1984, S. 116–184 (in diesem Band S. 563–639).

6 Vgl. Klaus Garber: Der Autor im 17. Jahrhundert. – In: Zeitschrift für Literaturwissenschaft und Linguistik 42 (1981), S. 29–45 (in diesem Band S. 539–554).

7 Dieter Breuer: Gibt es eine bürgerliche Literatur im Deutschland des 17. Jahrhunderts? (Anm. 3), S. 213.

8 Ebd.

9 Vgl. das Kapitel ›Adel der Geburt und Adel der Feder‹ in: Volker Sinemus: Poetik und Rhetorik im frühmodernen deutschen Staat. Sozialgeschichtliche Bedingungen des Normenwandels im 17. Jahrhundert. – Göttingen: Vandenhoeck & Ruprecht 1978 (= Palaestra; 269), S. 207–241; Klaus Garber: Zur Statuskonkurrenz von Adel und gelehrtem Bürgertum im theoretischen Schrifttum des 17. Jahrhunderts. Veit Ludwig von Seckendorffs *Teutscher Fürstenstaat* und die deutsche ›Barockliteratur‹. – In: Hof, Staat und Gesellschaft in der Literatur des 17. Jahrhunderts. Hrsg. von Elger Blühm, Jörn Garber, Klaus Garber. – Amsterdam: Rodopi 1982 (= Daphnis; 11), S. 115–143 (in diesem Band S. 883–906).

staatliche Effizienz allein über eine sachkompetente und integre Beamtenschaft gewährleistet ist und der Rückgriff auf die alten, nicht qualifizierten Adelsgeschlechter dem Ansehen des Staatswesens nur abträglich sein kann.

Mit anderen Worten: Die nun auch in der deutschen Literatur mit Opitz und den Seinen einsetzende ständische Aufwertung der Gelehrtenschaft gegenüber dem Feudaladel zieht ideologisch das Fazit aus der de facto seit langem praktizierten Integration der nichtadligen Studierten in den frühmodernen Staat.[10] In gewisser Hinsicht hat diese Entwicklung im 17. Jahrhundert ihren Höhepunkt bereits überschritten, und die Krongewalt befördert die soziale Reprivilegierung des Adels. Auch vor diesem Hintergrund muß die teilweise lebhafte publizistische Debatte um die Statuskonkurrenz von altem Feudaladel und nicht- bzw. neuadligem Gelehrtentum gesehen werden. Der Aufstieg des frühmodernen Territorialstaates – von Breuer idealtypisch prägnant in der Formel von der Transformation der ›altständischen‹ zur ›Untertanen‹-Gesellschaft festgehalten – führt Adel wie Gelehrtenschaft in eine Legitimationskrise. So wie Gelehrsamkeit um 1600 verbunden sein muß mit weltmännischem Verhalten, mit ›politischer‹ Qualifikation – auch diesem Programm hatte Opitz seit seinem *Aristarchus* vorgearbeitet –, so Adel mit gelehrten Exerzitien, mit Wissen. Beide Stände haben sich der Krise gestellt, doch literarisch obsiegte die Gelehrtenschaft, weil sie die Domäne über die Schrift besaß und nicht zuletzt die klassizistischen Literaturgattungen zum Organon ihres Standesbewußtseins machte.

Vielleicht sind damit bereits die Umrisse einer historischen Rekonstruktion des ›Bürgerlichen‹ im 17. Jahrhundert sichtbar geworden. Diese darf nicht von den sozialen Randzonen her, sondern muß aus dem produktiven Schwerpunkt der Epoche heraus erfolgen. Insbesondere die Zeugnisse der nichtrepräsentativen, sogenannten ›privaten‹ literarischen Kultur des 17. Jahrhunderts, darin ist Breuer zuzustimmen, sollten nicht in die Vorgeschichte bürgerlicher Mentalität eingerückt werden. Der frühe deutsche Schäferroman, der von Hirsch und Nachfolgern gerne herangezogen wird, scheint im vorgegebenen Zusammenhang wenig ergiebig.[11]

---

10 Dazu zusammenfassend und mit der entsprechenden Literatur Alberto Martino: Daniel Casper von Lohenstein. Geschichte seiner Rezeption. Aus dem Italienischen von Heribert Streicher. Bd. I: 1661–1800. – Tübingen: Niemeyer 1978, S. 61ff. Besonders hervorzuheben die sozialgeschichtliche Analyse von Bernd Wunder: Die Sozialstruktur der Geheimratskollegien in den süddeutschen protestantischen Fürstentümern (1660–1720). Zum Verhältnis von sozialer Mobilität und Briefadel im Absolutismus. – In: Vierteljahrschrift für Sozial- und Wirtschaftsgeschichte 58 (1971), S. 145–220.

11 Vgl. Hirsch: Bürgertum und Barock (Anm. 1), S. 89ff. Prononcierte Aufnahme des Ansatzes von Hirsch bei Klaus Kaczerowsky: Bürgerliche Romankunst im Zeitalter des Barock. Philipp von Zesens *Adriatische Rosemund*. – München: Fink 1969. Abweichende Position (›Vorschläge‹ des gelehrten Bürgertums an den Adel) bei Wilhelm Voßkamp: Landadel und Bürgertum im deutschen Schäferroman des 17. Jahrhunderts. – In: Stadt – Schule – Universität – Buchwesen und die deutsche Literatur im 17. Jahrhundert. Hrsg. von Albrecht Schöne. – München: Beck 1976 (= Germanistische Symposien. Berichtsbände; 1), S. 99–110, mit der wichtigen Diskussion S. 158ff. Vgl. auch ders.: Le roman pastoral allemand en tant que ›privat-werck‹. (Formes et fonctions de la vie privée dans les romans: *Die Vier Tage Einer Newen und Lustigen Schäfferey* et *Damon und Lisille*). – In: Le genre pastoral en Europe du XVe au XVIIe siècle. Publié sous la direction de Claude Longeon. – Saint-Étienne: Université de Saint-Étienne 1980 (= Publications de l'Uni-

Auszugehen wäre stets von der von Hirsch selbst eingeführten Beobachtung, daß der frühe Schäferroman Schicksale aus dem Umkreis des (Land-)Adels gestaltet. Dieser aber operiert – Urs Herzog hat das für Catharina Regina von Greiffenberg und den niederösterreichischen protestantischen Adel gezeigt – durchweg aus der politischen und ästhetischen Defensive.[12] So gehen auch in einigen der frühen deutschen Schäferromane soziale Abkapselung und petrarkisierende Innerlichkeit, forcierte höfische Etikette und opitzianischer Stilwille eine Verbindung ein, der eine zukunftsweisende Perspektive fehlt. Einer solchen aber verdankt die Opitzsche literarische und kulturpolitische Reformbewegung ihre Schubkraft, so daß noch Gottsched und die Frühaufklärung daran anzuknüpfen verstanden.[13] Hirsch hat die soziale und ideologische Konsolidierung des gelehrten Beamtentums als maßgeblicher Trägerschicht des absolutistischen Staates anhand Christian Weises und der ›politischen‹ Bewegung exemplifiziert.[14] Aber was hier – in Opposition zum ›Barock‹ – als Zeugnis neuerwachender ›bürgerlicher‹ Mentalität eines selbst- und karrierebewußten Beamtentums gewertet wird, ist Generationen vor Weise überall im Umkreis des territorialstaatlichen Humanismus artikuliert worden – freilich ohne die griffige Instrumentalisierung von Ethik, Rhetorik und Poetik in bezug auf die von dem neuen Staatswesen ausgehenden Anforderungen.[15]

Entsprechend führt die Diskussion um eine ›bürgerliche Literatur‹ oder besser um ›bürgerliche‹ Elemente in der deutschen Literatur des 17. Jahrhunderts zurück zu deren humanistisch-gelehrtem Fundament, wie es Trunz, Dyck, Barner und andere in weitausholenden Arbeiten umrissen haben. Dieses aber – und das soll an einem breiten Material gezeigt werden – ist durchsetzt von ›bürgerlichen‹ Zügen.[16]

---

versité de Saint-Étienne), pp. 257–267. Vgl. auch die ausgewogene Gesamtdarstellung von Voßkamp: Der deutsche Schäferroman des 17. Jahrhunderts. – In: Handbuch des deutschen Romans. Hrsg. von Helmut Koopmann. – Düsseldorf: Bagel 1983, S. 105–116. Vgl. auch die vorsichtigen Einschätzungen bei Marieluise Bauer: Studien zum deutschen Schäferroman des 17. Jahrhunderts. – Diss. phil. München 1979, sowie Klaus Garber: Pétrarquisme pastoral et bourgeoisie protestante. La poésie pastorale de Johann Rist et Jakob Schwieger. – In: Le genre pastoral en Europe du XVᵉ au XVIIᵉ siècle (wie oben), pp. 269–297 (in deutscher Version in diesem Band S. 403–428); ders.: Martin Opitz' *Schäferey von der Nymphe Hercinie*. Ursprung der Prosaekloge und des Schäferromans in Deutschland. – In: Martin Opitz. Studien zu Werk und Person. Hrsg. von Barbara Becker-Cantarino. – Amsterdam: Rodopi 1982 (= Daphnis; XI/3), S. 547–603 (in diesem Band S. 341–387).

12 Urs Herzog: Literatur in Isolation und Einsamkeit. Catharina Regina von Greiffenberg und ihr literarischer Freundeskreis. – In: Deutsche Vierteljahrsschrift für Literaturwissenschaft und Geistesgeschichte 45 (1971), S. 515–546.
13 Vgl. Klaus Garber: Martin Opitz – ›der Vater der deutschen Dichtung‹. Eine kritische Studie zur Wissenschaftsgeschichte der Germanistik. – Stuttgart: Metzler 1976, S. 45ff.
14 Hirsch: Bürgertum und Barock (Anm. 1), S. 40ff. Vgl. dazu auch Barner: Barockrhetorik (Anm. 1), S. 135ff.
15 Dazu grundlegend Wilhelm Kühlmann: Gelehrtenrepublik und Fürstenstaat. Entwicklung und Kritik des deutschen Späthumanismus in der Literatur des Barockzeitalters. – Tübingen: Niemeyer 1982 (= Studien und Texte zur Sozialgeschichte der Literatur; 3).
16 Vgl. Klaus Garber: Arkadien und Gesellschaft. Skizze zur Sozialgeschichte der Schäferdichtung als utopischer Literaturform Europas. – In: Utopieforschung. Interdisziplinäre Studien zur neuzeitlichen Utopie. Bd. I–III. Hrsg. von Wilhelm Voßkamp. – Stuttgart: Metzler 1982, Bd. II, S. 37–81

Darin behauptet sich – wie modifiziert auch immer und den historischen Gegebenheiten des absolutistischen Territorialstaates angepaßt – das Ethos des Humanismus aus dessen Frühzeit.[17] Darum ist die historisch-soziologische Erschließung auch der deutschen Barock-Literatur unabdingbar auf traditionsgeschichtliche Forschung angewiesen. Denn am *civic humanism* (Baron) der oberitalienischen Stadtstaaten läßt sich in aller Deutlichkeit jener Zusammenhang zwischen dem Aufstieg des Handels-, Finanz- und Manufakturbürgertums und der parallel dazu einhergehenden *de-vera-nobilitate*-Konzeption zeigen, der mit dem Niedergang des Großbürgertums im Südwesten des Reiches seit der zweiten Hälfte des 16. Jahrhunderts wieder unscharf wird. Ohne diese Erfahrung der Etablierung einer neuen Klasse, die dem Feudaladel ihre Dynamik aufzwingt oder ihn ins gesellschaftliche Abseits verweist, hätte sich die frühhumanistische Leistungsideologie, gruppiert um das Thema des Geistesadels und der konsequenten Dequalifizierung feudaler Dezendenzprinzipien, nicht so radikal formulieren lassen. Dringend erwünschte Vergleiche mit den entsprechenden antiken und mittelalterlichen Ausprägungen dürften diesen Sachverhalt bestätigen.[18] Im Umkreis der humanistisch-gelehrten Barock-Literatur leben derartige Argumentationsfiguren weiter, nun jedoch, in der Phase des frühabsolutistischen Territorialstaates, vielfach zugespitzt zur Frage der Amtsqualifikation im Gefüge des Fürstenstaates und damit zur Auseinandersetzung mit feudalen Prärogativen.

Gibt das Junktim zwischen ›gelehrt‹ und ›bürgerlich‹, so gefaßt, keinen Sinn? Rechtfertigt sich von hierher nicht die von Breuer gleichfalls zurückgewiesene Differenzierung zwischen ›Bildungs‹- und ›Besitzschichten‹,[19] diese Begriffe selbst einmal zugestanden? Es macht das Prekäre der humanistisch-gelehrten Position im 17. Jahrhundert aus, daß sie in der Regel weder einen Rückhalt im zünftigen noch im patrizischen Bürgertum hat. Harsdörffer und Hoffmann von Hoffmannswaldau stellen durchaus Ausnahmen dar. Und hat nicht Harsdörffers poetische Aktivität seiner patrizischen Reputation eher Abbruch getan? Erklärt sie nicht vielleicht die verspätete Aufnahme des aus altem ratsfähigem Geschlecht stammenden Dichters in den inneren Rat der Stadt? Und ergibt nicht eine soziale Analyse des ›Pegnesischen Blumenordens‹ ein ähnliches Bild? Das Patriziat fehlt weitgehend und hat

---

[wiederabgedruckt in: ders.: Literatur und Kultur im Europa der Frühen Neuzeit (Anm. 1), S. 229–274].

17 Hier sei nur verwiesen auf Alfred von Martin: Soziologie der Renaissance. 3. Aufl. – München: Beck 1974 (= Beck'sche Schwarze Reihe; 106) (1. Aufl. 1932); Hans Baron: The Crisis of the Early Italian Renaissance. Civic Humanism and Republican Liberty in an Age of Classicism and Tyranny. Revised One-Volume Edition with an Epilogue. – Princeton/NJ: Princeton University Press 1966 (1. Aufl. 1955).

18 Vgl. etwa Karl Heinz Borck: Adel, Tugend und Geblüt. Thesen und Beobachtungen zur Vorstellung des Tugendadels in der deutschen Literatur des 12. und 13. Jahrhunderts. – In: Beiträge zur Geschichte der deutschen Sprache und Literatur 100 (1978), S. 423–457. [Vgl. jetzt Klaus Garber: *De vera nobilitate*. Zur Formation humanistischer Mentalität im Quattrocento. – In: ders.: Literatur und Kultur im Europa der Frühen Neuzeit (Anm. 1), S. 443–503].

19 Breuer: Gibt es eine bürgerliche Literatur im Deutschland des 17. Jahrhunderts? (Anm. 3), S. 213.

das Wirken der Gesellschaft eher mit Reserve beobachtet; das mittlere zünftige Bürgertum ist ohnehin nicht beteiligt.[20] Über die traditionellen, auch kulturell führenden Schichten des späten 15. und des 16. Jahrhunderts ist das Problem ›bürgerlicher‹ Elemente in der deutschen Literatur des 17. Jahrhunderts nicht zu lösen, sondern nur über die Gelehrtenschaft, die die Gedankenwelt aus der Frühphase des Humanismus produktiv verarbeitet und aktualisiert weiterträgt.

Damit ist allerdings noch kaum etwas gesagt zu der vielleicht schwierigsten Frage nach den ›bürgerlichen‹ Elementen in der höfischen Kultur bzw. der noch viel weiter reichenden nach der Funktion des Absolutismus im Übergang vom Feudalismus zum Kapitalismus, auf die Breuer nur formell, nicht aber substantiell eingeht – und auch schwerlich eingehen kann, solange die ›Staatsdiener‹- bzw. ›Beamtenschaft‹ als Stand wie als Mentalitätsträger nicht im sozialen Gefüge der Epoche verankert wird. In der Marx-Engelschen Theorie wird die geschichtliche Funktion und damit die zeitweilige Attraktivität des absolutistischen Systems aus der Balance zwischen Adel und Bürgertum erklärt, die die absolute Monarchie für eine Weile zustande bringt. Diese hier nicht näher zu beschreibende Theorie hat unter anderem den Vorteil – und entsprechend ist diese kleine Skizze auf literarisch-kulturellem Sektor angelegt –, daß sie die Anweisung enthält, den Absolutismus aus dem sozio-ökonomischen und politischen Wechselspiel von Krongewalt, Adel und Bürgertum zu begreifen, statt eine Komponente (wie häufig im etatistischen bzw. ständischen Ansatz) zu isolieren und dominant zu setzen.[21] Freilich käme es in der marxistischen Theorie und gerade hinsichtlich der deutschen Territorien darauf an, nicht nur auf das Großbürgertum im Handels-, Finanz- und Manufakturwesen zu schauen, sondern auf das gelehrte und vielfach beamtete und nobilitierte Bürgertum, das im Zuge seiner Integration in Kommune und Territorium den latenten Antagonismus im Blick auf den Feudaladel prägnanter erfährt und formuliert als das im 17. Jahrhundert oftmals in den Adel herüberwechselnde alte reichsstädtische Großbürgertum.

---

20 Vgl. dazu Hans-Georg Klindt: Studien zur kulturellen Bedeutung des ›Pegnesischen Blumenordens‹ im Nürnberg des 17. Jahrhunderts. – Staatsarbeit des Fachbereichs IX der Universität Marburg 1976 (Masch.); Dietrich Jöns: Literaten in Nürnberg und ihr Verhältnis zum Stadtregiment in den Jahren 1643–1650 nach den Zeugnissen der Ratsverlässe. – In: Stadt – Schule – Universität – Buchwesen und die deutsche Literatur im 17. Jahrhundert (Anm. 11), S. 84–98; Klaus Garber: Sigmund von Birken. Städtischer Ordenspräsident und höfischer Dichter. Historisch-soziologischer Umriß seiner Gestalt, Analyse seines Nachlasses und Prolegomenon zur Edition seines Werkes. – In: Sprachgesellschaften, Sozietäten, Dichtergruppen. Hrsg. von Martin Bircher, Ferdinand van Ingen. – Hamburg: Hauswedell 1978 (= Wolfenbütteler Arbeiten zur Barockforschung; 7), S. 223–254 (in diesem Band S. 711–736).
21 Vgl. die entsprechenden Stellennachweise in dem grundlegenden Forschungsbericht von Rudolf Vierhaus: Absolutismus. – In: Sowjetsystem und demokratische Gesellschaft. Eine vergleichende Enzyklopädie. Hrsg. von Claus Dieter Kernig. Bd. I–VI. – Freiburg, Wien, Basel: Herder 1966–1972, Bd. I: Abbildtheorie bis Diktatur des Proletariats, Sp. 17–37. [Vgl. jetzt das Kapitel ›Absolutismus, Adelskultur und kritische Theorie der ›feudal-absolutistischen‹ Gesellschaft‹ in Klaus Garber: Wege in die Moderne. Historiographische, literarische und philosophische Studien aus dem Umkreis der alteuropäischen Arkadien-Utopie. Hrsg. von Stefan Anders, Axel E. Walter. – Berlin, Boston: de Gruyter 2012, S. 3–60].

Wo immer programmatische Verlautbarungen von fürstlicher bzw. von gelehrter Seite zur aktuellen Kulturpolitik vorliegen – aufschlußreich sind hier vor allem die Dokumente aus der Gründungsphase der ›Fruchtbringenden Gesellschaft‹ –, zielen diese auf die Interaktion beider Stände. Ohne gelehrte Kompetenz war keine ›nationalsprachige‹ Reformbewegung auf klassizistischer Basis zu entfalten, ohne fürstliches Engagement der materielle Rückhalt und die soziale Reputation der gelehrten Aktivitäten nicht gewährleistet. Dementsprechend ist auch und gerade den höfischen Gattungen ein humanistisches Fürstenspiegel-Ethos eingezeichnet, der affirmative Gestus höfischer Panegyrik zugleich kritisch-normativ gewendet in der Verpflichtung auf vorbildliche Regentschaft. Dies und die entsprechende Geißelung willkürlicher Herrschaft und Ämterbesetzung sind die repräsentativen Formen humanistischer ›Hofkritik‹ im 17. Jahrhundert, die man unterscheiden sollte von eher rückwärts gewandten Äußerungen antihöfischer Polemik vornehmlich aus dem alten reichsstädtischen Bürgertum des Südwestens. So wie sich die humanistische Intelligenz höfischer Form anbequemen mußte – Opitz galt auch hier theoretisch und praktisch als großes Vorbild –, so Fürstentum und Adel der humanistischen Verpflichtung auf Leistung, auf Sachkompetenz in Regierung und Verwaltung.

In eine andere Richtung führt die Frage nach dem Ursprung der Mechanismen allseitiger Konkurrenz, allseitigen Mißtrauens, allseitigen Scheins bei Hofe. Auch hier sollte eine plane Identifizierung mit entsprechenden bürgerlich-kapitalistischen Ausprägungen ebenso wenig statthaben wie eine strikte Entgegensetzung. Deshalb empfiehlt sich wieder ein Blick über die deutschen Grenzen hinweg, etwa zu Gracián in Spanien.

> Wenn die Entstehung der absolutistischen Höfe eng mit dem Aufstieg des Bürgertums verbunden ist, so auch der an den Höfen zunehmend zutagetretende Denkmodus der Strategie, der sich nun gegen das Bürgertum wendet. Manifest wird diese innere Affinität, wenn Gracián die höfische Verkehrsform mit Hilfe des Modells des Marktes beschreibt.[22]

Ein Plädoyer also dafür, fruchtbare und noch wenig erprobte Fragestellungen nicht vorschnell aufzugeben, sondern an möglichst breitgestreutem Material weiterzuverfolgen.

Und schließlich zum ›Finalismus‹-Verdacht. Ist es wirklich unstatthaft, das 17. Jahrhundert auch aus der Perspektive des 18. Jahrhunderts zu sehen? Ist nicht noch die empfindsame Insistenz auf dem Tugend- bzw. Seelenadel gegenüber den Herrschaftsständen des Ancien Régime inspiriert von den alten humanistischen Argumentationsfiguren? Konnte nicht die Konzeption der ›wenigen Edlen‹ als Paradigma und utopisches Gegenbild wahrer, gelungener Gesellschaft an die humanistische Sozietätsbewegung anknüpfen, in der – wie spielerisch auch immer – antihierarchi-

---

22 Gerhart Schröder: Gracián und die spanische Moralistik. – In: Renaissance und Barock (Anm. 2), Teil II, S. 257–279, S. 259f.

sche, egalitäre Sozialformen inmitten des Absolutismus probiert wurden?[23] Freilich ohne den antietatistischen Affekt, wie er seit der Empfindsamkeit zunehmend ins Spiel kommen wird. Staatsloyalität und gelehrtes Standesbewußtsein mit den angedeuteten ›bürgerlichen‹ Konnotationen gehen im 17. Jahrhundert eben noch zusammen; sie sollten nicht in eine ungeschichtliche Opposition zueinander gerückt werden.

Zuerst erschienen in: Germanisch-Romanische Monatsschrift 31 (1981), S. 462–470.

---

23 Vgl. etwa Jörg Jochen Berns: Zur Tradition der deutschen Sozietätsbewegung im 17. Jahrhundert. – In: Sprachgesellschaften, Sozietäten, Dichtergruppen (Anm. 20), S. 53–73.

Stadt-Kultur und Barock-Begriff

Zur Kritik eines Epochenbegriffs am Paradigma der bürgerlich-gelehrten humanistischen Literatur des 17. Jahrhunderts

Lange vorbei sind die Zeiten, da der Streit um Epochen- (wie um Gattungs-)begriffe die wissenschaftlich gestimmten Gemüter erhitzen konnte. An der Debatte um die Wechselbegriffe von Renaissance, Humanismus und Reformation beteiligten sich namhafte Gelehrte verschiedenster Disziplinen in den ersten Dezennien dieses Jahrhunderts. Die nationalen Brechungen und Sonderungen der europäischen Aufklärung, speziell die Frage der ›Deutschen Bewegung‹ im 18. Jahrhundert, blieben bis in die 30er Jahre hinein ein bestimmendes Thema. Und eine lange Liste erlauchter Namen der europäischen Literaturwissenschaft wäre nach Wölfflins Entwürfen im Kontext der Barock-Diskussion zusammenzubringen. Gewiß ist die Aktualität eines Problems noch kein Ausweis für das wissenschaftliche Niveau seiner Behandlung. Doch genauso gibt der gegenwärtige Agnostizismus in Fragen der Epochentheorie zu denken. Die immer erneute Bemühung um die Konstitution von Epochen- (wie von Gattungs-)begriffen ist nicht ein Zusatzgeschäft zur Quellenarbeit, die ihren ruhigen und geordneten Gang womöglich auch ohne sie zu nehmen vermöchte – der weit verbreitete Irrtum so vieler und nicht selten Kärrner-Dienste verrichtender Arbeiter. Textarbeit – unter welchen methodischen Prämissen auch immer – und theoretische Formierung des Epochenprofils müssen in dialektischer Verschränkung und in der empirischen Gestalt eines jeden einzelnen Forschers vorangetrieben werden, wenn nicht das eine wie das andere jeweils Schaden nehmen soll. Arbeitsteilung, zwingend geboten angesichts der wissenschaftlichen Differenzierung, ist in dem hier angesprochenen Verhältnis von Theorie und Praxis nicht nur nicht möglich, sie ist schlechterdings unstatthaft. Die Barock-Philologie muß, will sie den Anschluß an die entwickeltere Renaissance- und Aufklärungs-Forschung nicht verlieren, ihre theoretischen Defizite im Diskurs aller an ihr Beteiligten zu beseitigen suchen. Ihre Aktualität im Fach wie in der Öffentlichkeit kann davon nur profitieren.

Die epochale Zäsurierung der Frühen Neuzeit, um hier nur von ihr zu sprechen, ist kein Theorem, das sich gediegener und kontinuierlicher Erörterung erfreute, gar im Lichtkegel kontroverser Betrachtungen stünde. Speziell die Barock-Debatte ist als unerledigte und ungelöste zu den Akten gelegt worden. Sie fristet in Dokumentationen einer ruhmreichen Vergangenheit ihr Dasein, inspiriert aber nicht mehr zur Wiederaufnahme. Es ist dies jedoch nur ein symptomatischer Indikator für die Diskontinuität des literaturwissenschaftlichen Diskurses, oder vorsichtiger und spezieller, der ›Barock‹-Philologie. Der Nationalsozialismus hat auch in diesem Fall eine verhängnisvolle Zäsur bewirkt. Er hat nicht nur einer Assimilation des 17. Jahrhunderts an völkisch-rassistische Ideologien selbst unter namhaften Forschern Vorschub geleistet, sondern auch die historisch-soziologischen Ansätze zur geschichtlichen Spezifizierung der Epoche nach den geistesgeschichtlichen Höhenflügen diskreditiert bzw. verhindert. Und nach dem Kriege waren elementarste Bedürfnisse in der Grundlagenforschung zu erfüllen, Editionen herzustellen, Bibliographien anzulegen etc. – Aufgaben, von denen das meiste ungeachtet aller Bemühungen immer noch zu tun bleibt. Das wissenschaftliche Interesse aber war nach der völkischen Verirrung gefesselt an die Universalisierung, und das hieß die Europäisierung des Gegenstandes. Die Verflechtung der deutschen Literatur in den europäischen Kontext, die europäischen Filiationen, die europäische Rhetorik, die europäische Emblematik, das europäische Schul- und Bildungswesen blieben – nach den verheißungsvollen Ansätzen der späten 20er und der frühen 30er Jahre – das vorrangige Arbeitsfeld der erneuerten Barock-Philologie.[1] Die Poetik der Literatur des 17. Jahrhunderts steht seither klarer denn je vor unseren Augen. Nicht so ihre Soziologie, ihre Aktualität im geschichtlichen Kräftefeld, und schon gar nicht ihre epochale Physiognomie im Kontext der Frühen Neuzeit, im Kontext von Renaissance – Humanismus – Reformation hier, Aufklärung dort. Die Theorie der Epoche harrt nach den vielen materialen Forschungen der neuerlichen Reflexion und mit ihr der wissenschaftsgeschichtlichen Rückversicherung, die allein die Konsistenz der Debatte verbürgen kann. In diesem Sinn mag das Prononcierte des folgenden Beitrags verstanden werden, der sich bewußt und dezidiert in wissenschaftsgeschichtlicher – wenn man so will: in rezeptionsgeschichtlicher – Optik um die Reintegration der literarischen Evolution des 17. Jahrhunderts in den übergeordneten frühneuzeitlichen Literaturprozeß bemüht.

I Der Barock-Begriff – Eine wissenschaftsgeschichtliche Reprise

Renaissance wie Aufklärung sind bekanntlich Begriffe, die dem Selbstverständnis der jeweiligen Epoche einen prägnanten, vielleicht einen durch keinen anderweitigen Terminus überbietbaren Ausdruck verleihen.[2] Ist der Begriff des Humanismus

---

1 Die Bemühungen bis 1970 skizziert bei Manfred Brauneck: Deutsche Literatur des 17. Jahrhunderts – Revision eines Epochenbildes. Ein Forschungsbericht 1945–1970. – In: Deutsche Vierteljahrsschrift für Literaturwissenschaft und Geistesgeschichte 45 (1971), Sonderheft Forschungsreferate, S. 378–468, hier S. 389ff. zur ›Diskussion des Barockbegriffs‹. Ein Anschlußbericht für den Zeitraum von 1970–1985 ist dringendes Desiderat angesichts des neuerlichen Aufschwungs der Barockforschung. Die vorangehende ›heroische‹ Phase der Barockforschung resümiert bei Erich Trunz: Die Erforschung der deutschen Barockdichtung. Ein Bericht über Ergebnisse und Aufgaben. – In: Deutsche Vierteljahrsschrift für Literaturwissenschaft und Geistesgeschichte (Referatenheft) 18 (1940), S. 1–100. Ergänzend: Erik Lunding: Stand und Aufgaben der deutschen Barockforschung. – In: Orbis Litterarum 8 (1950), S. 27–91. Die maßgebliche Dokumentation: Deutsche Barockforschung. Dokumentation einer Epoche. Hrsg. von Richard Alewyn. – Köln, Berlin: Kiepenheuer & Witsch 1965 (= Neue Wissenschaftliche Bibliothek; 7). – Im folgenden nur die unerläßlichen Angaben (bevorzugt Beiträge mit weiterführenden Literaturhinweisen).

2 Dazu vor allem: Renaissance, Barock, Aufklärung. Epochen- und Periodisierungsfragen. Hrsg. von Werner Bahner. – Berlin/DDR: Akademie-Verlag; Kronberg/Ts.: Scriptor 1976.

zu Recht als der engere und spezifiziertere auf die Erneuerung der antiken Literatur eingeschränkt worden, so hat sich der Renaissancebegriff als umfassend historiographischer zur Kennzeichnung des sozio-ökonomischen, politischen, verfassungsrechtlichen und kulturhistorischen Umbruchs, wie er in Italien seit dem Trecento statthat, ebenso durchgesetzt wie der Begriff der Aufklärung für die Formierung der postkonfessionellen vernunftteleologischen Konzeptionen in allen Bereichen des objektiven und absoluten Geistes, in deren Licht der Zerfall der alteuropäischen ständisch-feudalen Hierarchisierungen manifest und in Proklamationen aus dem Zentrum der eigenen Zeit heraus reflexiv als irreversibler Aufbruch in die Moderne erfahren wird.

> In der Genesis und dem Inhalt des Renaissance- und Aufklärungsbegriffs war ein historisches Selbstbewußtsein geronnen, das die geschichtliche Bewegung der bezeichneten Periode in eine objektiv bestimmte Relation zur Gegenwart stellte, also Bewegtheit, nicht Statik in der methodologischen Konzeption erlaubte und das Ausschreiten der Periode als Fortschreiten im historischen Prozeß bejahte. Es war ein Fortschreiten, zu dem wir uns [...] noch heute (und erst recht heute) in eine historiographisch produktive Beziehung setzen können. Das war und das ist eine Beziehung, die ein funktionales Moment im gesellschaftlichen Bewußtsein der Gegenwart erfüllt, eine Beziehung, die den Vorgang der Periodisierung und den Inhalt der Nomenklatur selbst nicht nach Kategorien der Anschauung, sondern nach Kategorien der Praxis, als einen Aspekt wirklicher geschichtlicher Tätigkeit, realisiert.³

Diese selbstreferentielle Kraft und damit eben jene historische Dignität eignet dem Barock-Begriff in keinerlei Hinsicht. Als Schmäh- und Zerrbegriff in der Aufklärung zur Charakteristik des höfisch-konfessionellen Zeitalters im Schwange, ist er zur typologisierenden Stil- und zur wertneutralen Epochensignatur erst zu Ende des 19. Jahrhunderts erhoben worden. Das nötigt von vornherein zur Vorsicht. Nicht, daß die fehlende zeitgenössische Prägung zu monieren wäre. Problematisch bleibt allein der Kontext, und zwar der gesamthistorische und nicht nur der ideologische, in dem der Barock-Begriff figurierte und zur Geltung gelangte. Er gehört hinein in jene von Jahrzehnt zu Jahrzehnt sich steigernde irrationale Bewegung des europäischen Geistes in der zweiten Hälfte des 19. Jahrhunderts, in der die technologisch-soziale Entwicklung der bürgerlichen Gesellschaft im Übergang vom Hoch- zum Monopolkapitalismus kompensatorisch und im weitesten Sinn lebensphilosophisch verarbeitet wird. Mag immer der Barock-Begriff gerade in der kunstwissenschaftlichen Terminologie wertneutral und dezidiert stilphysiognomisch konzipiert worden sein, so ließ sich doch nicht hindern, daß auch die bedeutendsten Exponenten der Stilforschung ihm eine nationale bzw. völkisch-rassenpsychologische Wendung verliehen, in deren Zeichen der eben erst geborene Terminus viel weiterreichenden und überaus einflußreichen weltanschaulichen Ideologien (im ausschließlich kritischen Sinn des Begriffs) assimiliert wurde bzw. selbst als

---

3 Robert Weimann: Zur historischen Bestimmung und Periodisierung der Literaturgeschichte des 17. Jahrhunderts. – In: Werner Bahner (Hrsg.): Renaissance, Barock, Aufklärung (Anm. 2), S. 143–148, hier S. 144f.

deren Organon fungierte. Hier ist nicht der Ort, die Genese des neueren Barock-Begriffs nachzuzeichnen. Im Ganzen, jedoch noch nicht in allen Details besitzen wir inzwischen hinlängliche Kenntnis über diesen Vorgang. Was so gut wie völlig fehlt, ist die Konsequenz für die gegenwärtige Diskussion und insbesondere für eine kritische Konfrontation des rekonstruierten Prozesses mit dem derzeit gewonnenen Bild eben jener Epoche, auf die er sich bezieht.

Hans Tintelnot hat in einem weit ausholenden Beitrag den Aufstieg des Barock-Begriffs in der Kunstwissenschaft vor dem gleichfalls breit entfalteten Hintergrund klassizistischer Barockabwertung des 18. und 19. Jahrhunderts im einzelnen nachgezeichnet – freilich unter weitgehendem Verzicht auf die historisch-politischen Eckdaten dieses Prozesses. Auf ihn darf hier verwiesen werden. Tintelnot konnte zeigen, daß die positive oder zumindest wertneutrale Fassung des Barock-Begriffs ihrerseits auf einen Umschwung im Publikumsgeschmack antwortet.

> Die internationale Aristokratie und das gesamte europäische Bürgertum hatten längst ›ihren‹ Barock am Vorbild begriffen und in die Praxis ihrer künstlerischen und Lebensbedürfnisse zu übertragen begonnen, ehe die Kunstforschung genügend Überblick besaß, um auch nur Hauptzüge und Grundsätzlichkeiten der barocken Kunstentwicklung umreißen zu können.[4]

Hans-Harald Müller und Herbert Jaumann gebührt das Verdienst, den Anschluß an die begriffs- wie wissenschaftsgeschichtlich in der Barock-Forschung weiter fortgeschrittene Kunstwissenschaft hergestellt zu haben.[5] Es spricht für den Rang beider Arbeiten und insbesondere der methodisch strikt kontrollierten Müllers, daß die Rekonstruktion des literaturwissenschaftlichen Argumentationszusammenhangs auch für die kunstwissenschaftlichen Nachbardisziplinen noch von Ertrag ist, also Aspekte beleuchtet, die diesen selbst verborgen geblieben waren. Die seit den späten 60er Jahren erprobte ideologiekritische Schulung in der Germanistik machte sich hier – bei umsichtiger und quellennaher historisch-dialektischer Handhabung – fruchtbar geltend.

Einzusetzen war nach einem kurz vorher erschienenen wichtigen Beitrag Wilfried Barners mit Nietzsches hellsichtiger und gänzlich alleinstehender Divination zur Rehabilitierung des Barock.[6] Während Burckhardts heimlicher Bezugspunkt vor allem in der *Kultur der Renaissance*, aber auch im *Cicerone* ungeachtet eines

---

4 Hans Tintelnot: Zur Gewinnung unserer Barockbegriffe. – In: Die Kunstformen des Barockzeitalters. Vierzehn Vorträge. Hrsg. von Rudolf Stamm. – Bern: Francke 1956, S. 14–91, hier S. 37. Vgl. auch ders.: Über den Stand der Forschung zur Kunstgeschichte des Barock. – In: Deutsche Vierteljahrsschrift für Literaturwissenschaft und Geistesgeschichte 40 (1966), S. 116–158.
5 Hans-Harald Müller: Barockforschung. Ideologie und Methode. Ein Kapitel deutscher Wissenschaftsgeschichte 1870–1930. – Darmstadt: Thesen Verlag 1973; Herbert Jaumann: Die deutsche Barockliteratur. Wertung – Umwertung. Eine wertungsgeschichtliche Studie in systematischer Absicht. – Bonn: Bouvier 1975 (= Abhandlungen zur Kunst-, Musik- und Literaturwissenschaft; 181).
6 Wilfried Barner: Nietzsche über ›Barockstil‹ und ›Rhetorik‹. – In: ders.: Barockrhetorik. Untersuchungen zu ihren geschichtlichen Grundlagen. – Tübingen: Niemeyer 1970, S. 3–21, wiederabgedruckt in: Der literarische Barockbegriff. Hrsg. von Wilfried Barner. – Darmstadt: Wissenschaftliche Buchgesellschaft 1975 (= Wege der Forschung; 358), S. 568–591. In beiden Bänden

dezidierten Bestrebens zur Wertfreiheit die Renaissance blieb, hatte Nietzsche das Barock als genuine ästhetische Kategorie aus den Fesseln einer Präokkupation durch die Renaissance gelöst – freilich um den Preis einer antihistorischen Hypostasierung, wie sie dem Barock in der Folgezeit stets erneut widerfahren sollte. »Der Barockstil entsteht jedesmal beim Abblühen jeder großen Kunst, wenn die Anforderungen in der Kunst des klassischen Ausdrucks allzu groß geworden sind«.[7] Damit ist nicht nur einer – bei Nietzsche überraschenden – organologischen Kunstbetrachtung das Wort geredet, sondern auch die Sprengung des epochalen Reliefs des Begriffs zugunsten seiner typologischen Verwendung antizipiert. Nach rückwärts wird der Begriff auf die Antike ebenso applizierbar wie in der Gegenwart auf das Werk Richard Wagners. Wie ›dionysisch‹ als zeitloser Gegenbegriff zu ›apollinisch‹ figuriert, so ›barock‹ als zeitloser zu ›klassisch‹, und die Äquivokation beider liegt ebenso auf der Hand wie ihre Prävalenz im Kontext des Nietzscheschen Textes gegenüber den beiden Gegenbegriffen.

Die Modernität Nietzsches zeigt sich im Spiegel des Wölfflinschen Werkes, das den nachhaltigsten Einfluß auf die Barock-Debatte des 20. Jahrhunderts gewann. Dabei ist es symptomatisch, daß der Theoretiker der ästhetischen Form schon in seiner Dissertation das Fundament für die Geisteswissenschaften in der Psychologie finden möchte.[8] Stilformen erwachsen dem ›Volksgefühl‹ und differieren dementsprechend. Derart ist eine ›nationale Formpsychologie‹ von Beginn an begünstigt, wie sie sich ungeachtet aller formimmanenten Dialektik, die Wölfflin später in den *Kunstgeschichtlichen Grundbegriffen* (1915) entwerfen wird, auch in seinem Werk stets wieder behauptet und von seinen Nachfolgern ebenso virtuos wie bedenkenlos national- bzw. rassenpsychologisch ausgebaut wird. So sucht Wölfflin in *Renaissance und Barock* (1888) sehr wohl auf der einen Seite der innerkünstlerischen Gesetzmäßigkeit auf die Spur zu kommen, welche sich im Übergang von der einen Kunstepoche zur anderen durchsetzt. Das Fazit lautet, daß dieser Übergang nicht ableitbar sei und in keiner Hinsicht entwicklungsgeschichtlich relativiert bzw. paralysiert werden dürfe. Die Opposition besagt nichts anderes, als daß sich zwei grundsätzlich verschiedene Stilhaltungen entgegenstehen. Sie sollen unableitbar bleiben, gleichwohl gehorchen sie einer differenten psychischen Ausdrucksintention. Indem Wölfflin sich bemüht, diese begrifflich zu fassen, bereitet er wider Willen der ahistorischen Ontologisierung der Epochenbegriffe den Boden. Mag immer die Geschichte der einander ablösenden wechselnden Formen emphatisch von der empirischen Geschichte abgehoben sein – die Preisgabe der materialen Gehalte der Kunst rächt sich im nun unvermeidlichen Rückgriff auf pseudohistorische Surrogate, wie er auch im Werk Wölfflins – und zwar gerade auch in den formtypologischen *Kunstgeschichtlichen Grundbegriffen* – als Regreß auf eine neben der Form-

---

(S. 22–67 bzw. 1–13) auch Skizzen zur Geschichte der Barockforschung bzw. zum Problem des Barockbegriffs.

7 Friedrich Nietzsche: Werke in drei Bänden. Hrsg. von Karl Schlechta. – München: Hanser 1966, Bd. I, S. 791.

8 Ich folge Hans-Harald Müllers umsichtiger kritischer Exposition der methodischen Prämissen Wölfflins, vgl. Müller: Barockforschung. Ideologie und Methode (Anm. 5), S. 33ff.

geschichte herlaufende Ausdrucksgeschichte im Stil des künstlerischen Individuums, einer Schule, eines Landes, einer Rasse manifest wird. Bevorzugt besetzt ist die nationale Formpsychologie, wie sie unter dem Titel ›Nationale Charaktere‹ in den *Kunstgeschichtlichen Grundbegriffen* explizit abgehandelt wird. Die reinen Sehformen werden durch die Nationalcharaktere gebrochen und derart individuiert. So widerstreitet die metahistorische Typenbildung, welche sich in der Überführung von Renaissance und Barock als historischen Epochen- zu kunstgeschichtlichen Grundbegriffen abzeichnet, der Materialisierung in Gestalt von Nationalcharakteren, in denen sich ein Rest pseudohistorischer Anschauung bewahrt. Wölfflin hat bekanntlich in seinem Spätwerk eine nochmalige ›Revision‹ der *Kunstgeschichtlichen Grundbegriffe* vorgenommen, deren Tendenz in der Aufwertung der nationalpsychologischen Komponenten des Formgefühls zu suchen ist, in denen bereits Spuren von Boden und Rasse virulent sind, die sich in national-anthropologischen Konstanten verdichten. Schon bei Wölfflin ist die Zuordnung der romanischen Völker zur Kunst der Renaissance und die der germanischen zu der des Barock im Sinne einer inneren Affinität und Wesensverwandtschaft vollzogen. Damit ist von Wölfflin nahezu das gesamte Inventar antizipiert, mit dem die neuere kunst- wie literaturwissenschaftliche Barock-Forschung bis in die 30er Jahre hinein hantieren wird.

Hans-Harald Müller hat diesen Prozeß exakt im einzelnen beschrieben. Was uns – stets im Blick auf die Brauchbarkeit des Barock-Begriffs – einen Moment lang weiter zu beschäftigen hat, ist die Aktualisierung der nationalpsychologischen und formalistischen Wölfflinschen Vorgaben, die in der Kontamination überhaupt erst ihre Sprengkraft freigeben. Der politische Imperialismus im letzten Drittel vor der Jahrhundertwende ist begleitet von einer nationalen Aufwertung der je eigenen Kulturtradition. Die populäre Literaturgeschichtsschreibung des Wilhelminismus mit ihrer militanten Stilisierung der deutschen literarischen Leistungen ist dafür ein prägnantes Beispiel. In der Kunstwissenschaft hatte Langbehn mit seiner breitenwirksamen Rembrandt-Monographie die Vereinnahmung des 17. Jahrhunderts für den germanischen Geist eingeleitet.[9] Ihr war die Gotik-Adaptation als repräsentatives Zeugnis deutschen Kunstwollens vorausgegangen.[10]

Das – im Blick auf die Barock-Forschung – gewiß einflußreichste Werk liegt in Worringers *Formproblemen der Gotik* (1911) vor, die unverhohlen die Gotik zum großen und letztlich überlegenen Kontrahenten der Klassik stilisieren, beide Begriffe jedoch wiederum nicht epochal begrenzen, sondern typologisierend der gesamten Kunstgeschichte unterlegen. Selbstverständlich setzt sich die ›geheime‹ Gotik in den nordischen Völkern in einem – unerklärlichen – Rhythmus bevorzugt durch. Unruhiges Drängen, Pathetik, emotionale Zerrissenheit, Überhang der Phantasie (bis ans Pathologische grenzend) sind die präferierten Merkmale psycho-

---

9 Dazu Hans-Harald Müller: Barockforschung. Ideologie und Methode (Anm. 5), S. 53ff. mit der entsprechenden Literatur.
10 Vgl. Paul Frankl: The Gothic. Literary Sources and Interpretations Through Eight Centuries. – Princeton/NJ: Princeton University Press 1960, p. 669ss.

typischer Disposition des ›Gotikers‹. Sie behaupten auch im Barock – der Antwort des ›nordischen Formeninstinkts‹, des ›nordischen Formwillens‹ auf die widernatürliche Vergewaltigung durch die Renaissance – wie in anderen antiklassischen Epochen (z.B. dem Expressionismus) ihr historisches Recht unter wechselnden Verkleidungen – »eine zeitlose Rassenerscheinung [...], die in der innersten Konstitution der nordischen Menschheit verwurzelt ist und deshalb auch durch die nivellierende europäische Renaissance nicht entwurzelt werden konnte.«[11]

Das waren Stichworte, die sich eine – nur mit zweifelhaftem Recht auf Dilthey berufende – Geisteswissenschaft in und nach dem Ersten Weltkrieg nicht entgehen ließ. *Die Renaissance, das Verhängnis der deutschen Kultur* (1915), dieser Titel eines der Wortführer der Bewegung, Richard Benz, zeigt an, daß es auch und gerade in der Barock-Debatte fortan um die Aufwertung der germanisch-deutschen Tradition und die Separierung von der Romania und mit ihr von der Renaissance bzw. vor allem der Aufklärung ging. Ungewollt präfaschistisch inspiriert, gelangte sie zur Wirkung in der Weimarer Republik, während Konrad Burdachs hellsichtige Zurückweisung der mythologischen Geschichtsklitterungen verhallte. So darf das Fazit lauten,

> daß die inhaltlichen Bestimmungen der historischen Epochenbegriffe ›Gotik‹ und ›Barock‹ nicht oder nicht ausschließlich akademische Ergebnisse wertfreier historischer Forschung waren, sondern je schon in einen Kontext aktueller praktischer – künstlerischer und kulturpädagogischer – Interessenzusammenhänge gehörten, deren zumeist romantisch-reaktionäre politische Dimension aufgrund des ideologisch-unpolitischen Selbstverständnisses der Wissenschaften ebenso unreflektiert blieb wie sie praktisch wirksam war.[12]

Unter diesen umrißhaft erinnerten Auspizien tritt die literaturwissenschaftliche Barock-Forschung mit Fritz Strichs Aufsatz *Der lyrische Stil des 17. Jahrhunderts* (1916) in der Germanistik ins Leben.[13] Stil ist für Strich Ausdruck eines lebensphilosophisch gewendeten, letztlich bipolaren Geistes (*Vollendung und Unendlichkeit* lautet der Untertitel seines Werkes *Klassik und Romantik*). Dementsprechend sucht Strich den Makel von der Gelehrtenpoesie des 17. Jahrhunderts zu nehmen, indem er auch in ihr den ›Atem des Lebens‹ empfindet und sie damit der Gegenwart assimilierbar macht. Das impliziert in der ersten dezidiert literaturwissenschaftlichen Arbeit zur deutschen ›Barockdichtung‹ die – historisch unhaltbare – Loslösung von den Wurzeln der europäischen Renaissance, um sie derart einem germanisch-deutschen Formgesetz unterstellen zu können. Die romanische Form – fast durchgängig Vorbild für Stil- und Dichtungsreform der Opitzianer – trifft in Deutschland auf einen machtvollen, von Erschütterung erregten Ausdruckswillen, der sie zerbricht, womit die Geburt des Barock aus dem Geist des Expressionismus auch für die Literaturwissenschaft bewerkstelligt ist. Der poetologisch-rhetorische Zug der

---

11 Wilhelm Worringer: Formprobleme der Gotik. 5. Aufl. – München: Piper 1918, S. 126.
12 Hans-Harald Müller: Barockforschung. Ideologie und Methode (Anm. 5), S. 82.
13 Zum folgenden eingehend ebd., S. 84ff.

Dichtung des 17. Jahrhunderts kommt angesichts der Parallelisierung mit der altgermanischen Dichtung im Zeichen intensiver seelischer Bewegtheit zur Geltung; die gelehrt-klassizistische Tradition verschwindet; zur Erkenntnis der Faktur von Dichtung im Umkreis des europäischen Humanismus gibt Strichs Aufsatz nichts her.

Wo diese Strategie, deren kulturpolitische Implikationen und Funktionen nur allzu offen zutage liegen, nicht mitvollzogen wurde, brauchte das Bild des 17. Jahrhunderts gleichwohl nicht in historisch prägnanteren Zügen hervorzutreten. Vielmehr wurde auf der Gegenseite der alte, aus der Literaturgeschichtsschreibung seit dem frühen 19. Jahrhundert geläufige Vorwurf der undeutschen, weil rationalistischen, verstandesmäßigen, unschöpferischen Struktur der deutschen Dichtung des Zeitraums neu belebt. So in Gundolfs Arbeiten, die – auf Bergson fußend – die deutsche Bewegung seit dem Sturm und Drang im Zeichen von Irrationalismus und Vitalismus gegen das klassizistische Barock-Jahrhundert konsequent (und nicht selten perfide) ausspielen. Denn die Literatur zwischen Opitz und Klopstock besitzt »keine eigentliche Lebenskraft«, sie wurde »ohne Leidenschaft gemacht, und wenn auch die Dichter dabei schwitzten: Seelenleben wurde keins dabei erschüttert.«[14] Das ist nur die Kehrseite der Aufwertung unter dem vermeintlichen Primat germanischen Ausdruckswillens. Wahrgenommen wird sehr wohl die Dominanz der Form, die durchgängige Rhetorisierung der Dichtung, jedoch nur, wie das ganze 19. Jahrhundert über, von den Kündern deutschen Wesens und deutscher Sonderart, um als undeutsch verworfen zu werden.

Die teleologische Ehrenrettung, von Gundolf und – unter anderen Vorzeichen – von Cysarz, von Ermatinger und anderen versucht, kann auf dieser Grundlage nur mißlingen – eine ohnmächtige, weil geschichtlich nicht fundierte Rehabilitierung. Liegt das Fundament der deutschen Dichtung des 17. Jahrhunderts sowohl in der Antike wie in der europäischen Renaissance, so kann es – wie bei Cysarz – nur zu geschichtlicher Verzerrung führen, wenn dem Barock-Jahrhundert der Stempel einer ›Pseudo-Renaissance‹ aufgedrückt wird und die ›echte Renaissance‹ der Klassik des 18. Jahrhunderts vorbehalten bleibt. Erst in ihr erfülle sich das Gesetz ›deutscher Art‹, nicht in der Proto-Renaissance unter dem Primat der Romanen.[15] Wie nahe sich die Gundolfianer und die Germanophilen auch in der Einschätzung des Barock-Jahrhunderts sind, zeigt Cysarz' *Deutsches Barock in der Lyrik*, in dem der Barock-Dichtung nun das Glück widerfährt, zum »Spiegel unseres leidensschwersten Jahrhunderts« zu avancieren.

> Deutscher Geist, deutsches Blut widersetzt sich der Vergewaltigung durch die fremde Form; und ebendadurch reckt und wulstet es diese Form zu noch fremdartigerem Ge-

---

14 Friedrich Gundolf: Shakespeare und der deutsche Geist. 11. Aufl. – München, Düsseldorf: Küpper 1959, S. 63f.
15 Vgl. das ein- und das ausleitende Kapitel (›Einheit und Ganzheit‹ bzw. ›Zerfall und Zeitwende‹) in: Herbert Cysarz: Deutsche Barockdichtung. – Leipzig: Haessel 1924 (Reprint Hildesheim, New York: Olms 1979), S. 1–56 bzw. S. 261–299.

bild. [...] Barocke Form [...], die radikalste Form und dennoch am wenigsten Form um der Form willen, setzt eine toll schwankende deutsche Welt ins Gleichgewicht.[16]

So vollendet sich der Kult des Barocken, wie er mit Nietzsche angehoben hatte, von der Kunst- wie von der Literaturwissenschaft im Zeichen nebulöser Germanisierung voll orchestriert worden war, mit innerer Konsequenz im Nationalsozialismus. Ein besonders eifriger Künder des Barockmenschen war Willi Flemming, Verfasser der bekannten (und im einzelnen immer noch brauchbaren) Barock-Darstellung im *Handbuch der Kulturgeschichte* (1937). Wie bruchlos eine von allen gesellschaftlichen Gehalten gelöste Barock-Ideologie in den faschistischen Staat zu überführen und ihm zu integrieren war, belegt Flemmings Werk paradigmatisch. »Unser Wille zum totalen Staat und zur autoritären Führung macht uns empfänglich dem absolutistischen Staatsprinzip« und – wie man hinzufügen darf – auch der barocken Dichtung gegenüber.[17] Wieder ist es die deutsche Seele, die deutsche Rasse, die sich aller Fremdbestimmung zum Trotz in der barocken Dichtung zu behaupten weiß. Der Aktivismus, bevorzugtes Attribut des Barockmenschen, entäußert und erfüllt sich im Dienst an einem Höheren, Transsubjektiven, Allgemeinen, wie sie sich politisch in einem patriarchalisch-organologisch-religiös verklärten Territorialstaat als dem historischen Analogon zum germanischen Gefolgschaftswesen auf der einen bzw. zum zeitgenössischen Führerstaat auf der anderen Seite gemäß einer genuin deutschen Form der Staatsbildung realisieren.

Reich an soziologischen Einsichten ist schließlich das ausgebreitete Werk Günther Müllers zur Renaissance wie zum Barock, vielleicht das anregendste und vielseitigste, das die Germanistik vor dem Zweiten Weltkrieg hervorgebracht hat. Die Anknüpfung der Barock-Literatur an den vorangehenden Humanismus und folglich die soziale Fundierung in der bürgerlichen Gelehrtenschaft ist in seinem Werk ebenso vorgegeben wie die Filiation der Gelehrtenkultur mit der höfisch-klerikalen. Über letztere vor allem und damit über höfische Normen wie Zucht und Gehorsam, über die das Wirken Fortunas in die Schranken gewiesen wird, erfolgt freilich nach der Machtergreifung ebenfalls eine Anknüpfung an die Gegenwart, nachdem Müller früher historisch durchaus zutreffender jedwede Verwandtschaft zwischen dem 17. und dem 20. Jahrhundert in Abrede gestellt hatte:

> Führer und Volk, Führer und Gefolgschaft, es handelt sich bei all den politischen Gemeinschaften um die Verwirklichung des Menschen in der Fortuna, um die Durchformung, Ausformung des Eigentlichen, der angelegten Norm. Nur wo das Führer-Geführte-Verhältnis im Sein gründet, hat es Bestand, dann aber ist seine Verwirklichung durch die Beglückungen und Bedrückungen der Fortunawelt hindurch ein nicht zusätzliches, sondern mit dem Sein gegebenes Gebot, das den Einsatz als Bedingung für die Sinn- und Seinserfüllung fordert.[18]

---

16 Herbert Cysarz: Deutsches Barock in der Lyrik. – Leipzig: Reclam 1936, S. 6, S. 13, S. 130.
17 Willi Flemming: Das deutsche Barockdrama und die Politik. – In: Dichtung und Volkstum (Euphorion) 37 (1936), S. 281–296, hier S. 282.
18 Günther Müller, Helene Kromer: Der deutsche Mensch und die Fortuna. – In: Deutsche Vierteljahrsschrift für Literaturwissenschaft und Geistesgeschichte 12 (1934), S. 329–351, hier S. 350.

II Umrisse eines sozialgeschichtlichen Ansatzes

Dies in knappsten Umrissen das ›Barock‹-Bild der Kunstwissenschaft wie der Germanistik in der Zeitspanne zwischen dem Zweiten und dem Dritten Reich. Muß nochmals gesagt werden, daß es auf Fundamenten ruht, die eine mehr oder weniger fraglose Adaptation bzw. Rezeption von vornherein diskreditieren? Es ist deshalb bestürzend zu sehen, daß der Barock-Begriff nach dem Zweiten Weltkrieg in den Nachbardisziplinen eine stets noch sich steigernde Konjunktur erlebt, während seine Herkunft und die mit ihr verbundenen Probleme nicht hinreichend bedacht werden. In der Germanistik (wie in anderen Fächern) sank er nicht selten zur unverbindlichen Epochenbezeichnung herab, ohne daß Abkunft und Geltung noch angemessen aufeinander bezogen wären. Es liegt außerhalb der Möglichkeiten dieses Diskussionsbeitrages, die Aufnahme und Aneignung des Barock-Begriffs in den Kulturwissenschaften nachzuzeichnen. Das ist in Dokumentation, Kommentar und Forschungsbericht mehr als einmal geschehen und muß für unsere Zwecke ausreichen, obgleich eine kritische neuerliche Revision dieses Prozesses an der Zeit wäre.[19]

Es kann heute nicht mehr zweifelhaft sein, daß ein Epochenbegriff, der diesen Namen verdient, so umfassend anzulegen ist, daß er eine historisch-kulturelle dialektische Totalität zu repräsentieren imstande ist.[20] Die Konstitution des Begriffs

---

19 Das war Thema und Aufgabe des VI. Internationalen Barock-Kongresses 1988 in der Herzog-August-Bibliothek in Wolfenbüttel, den der Verfasser mit Wilhelm Kühlmann (Freiburg) vorbereitet hat. Vgl.: Europäische Barock-Rezeption. In Verbindung mit Ferdinand van Ingen, Wilhelm Kühlmann, Wolfgang Weiß hrsg. von Klaus Garber. Bd. I–II. – Wiesbaden: Harrassowitz 1991 (= Wolfenbütteler Arbeiten zur Barockforschung; 20). Neben den bereits zitierten interdisziplinären Sammelbänden von Rudolf Stamm (Anm. 4) und Wilfried Barner (Anm. 6) und den ebenfalls schon erwähnten Forschungsberichten (Anm. 1) sei hier aus der inzwischen gleichfalls stattlichen Reihe von Kongreßberichten nur hervorgehoben der besonders ertragreiche: Manierismo, Barocco, Rococò. Concetti e termini. Convegno internazionale, Roma 21–24 aprile 1960. Relazioni e discussioni. – Roma: Accademia Nazionale dei Lincei 1962 (= Problemi attuali di scienza e di cultura; 52). Die materialreichste (freilich überaus knappe) Skizze zur internationalen Forschung (neben Brauneck) bei René Wellek: Der Barockbegriff in der Literaturwissenschaft (einschl.) Postskriptum (1962). – In: ders.: Grundbegriffe der Literaturkritik. – Stuttgart: Kohlhammer 1965 (= Sprache und Literatur; 24), S. 57–94, S. 234–245 (Erstfassung 1946). Mit umfassenden Literaturangaben ausgestattet: August Buck: Forschungen zur romanischen Barockliteratur. – Darmstadt: Wissenschaftliche Buchgesellschaft 1980 (= Erträge der Forschung; 130). Zuletzt: Alberto Martino: The Tradition of the Baroque. – In: German Baroque Literature. The European Perspective. Ed. by Gerhart Hoffmeister. – New York: Ungar 1983, pp. 357–377. Ergiebig schließlich die beiden Barock-Problemen gewidmeten Jahrgänge der Zeitschriften *Colloquia Germanica* 1 (1967) und der *Studi Musicali* 3 (1974). Reichhaltige Literatur aus dem Umkreis der Kunstwissenschaft im Artikel ›Barocco‹ der *Enciclopedia Universale dell'Arte*. – Venezia, Roma: Istituto per la Collaborazione Culturale 1958, Vol. II, pp. 345–468.
20 Vgl. zur Debatte die Vorträge der Sektion ›Epochendarstellung und Epochengliederung‹ in: Literatur und Sprache im historischen Prozeß. Vorträge des Deutschen Germanistentages Aachen 1982. Hrsg. von Thomas Cramer. Bd. I–II. – Tübingen: Niemeyer 1983, Bd. I: Literatur, S. 155ff.; Epochenschwellen und Epochenstrukturen im Diskurs der Literatur- und Sprachhistorie. Hrsg. von Hans Ulrich Gumbrecht, Ursula Link-Heer. – Frankfurt a.M.: Suhrkamp 1985 (= Suhrkamp-Taschenbuch Wissenschaft; 486). Dazu der in Anm. 2 zitierte Sammelband.

muß so vonstatten gehen, daß dieser sozialökonomische, verfassungsrechtliche, politische Aspekte und Prozesse ebenso zu integrieren vermag wie philosophische, theologische, ästhetische etc., und zwar nicht in beliebiger Addition, sondern in möglichst weit vorangetriebener wechselseitiger Bezugnahme. Idealiter nehmen alle historischen Disziplinen an der begrifflichen Fixierung der Epoche als der nominellen Synthesis ihres historischen Gehalts aus der Perspektive der stets relativen Autonomie ihres Gegenstandes im Ensemble der geschichtlich wirksamen Kräfte teil. Daß dabei von der fachspezifischen Forschungsgeschichte ebenso wenig abgesehen werden darf wie von der an sie gebundenen Debatte um die Epochen-Nomenklatur, sollte sich von selbst verstehen, harren doch erzielte Lösungen und unerledigte Ansätze ihrer neuerlichen Reflexion im Lichte der Gegenwart und damit des jeweils akuten Epochenbildes. In diesem Sinn hat die in Auseinandersetzung mit Peter Szondi vor mehr als zehn Jahren gewonnene Feststellung Dieter Richters nach wie vor Gültigkeit auch und gerade für die Konstitution von Epochenbegriffen, daß jedwede

> ›additive‹ Auffassung von ›Kooperation‹ im Gegensatz steht zum ›dialektischen‹ Verständnis vom ›Zusammenhang‹ der Wissenschaften. Der dialektische Zusammenhang konstituiert sich nämlich wesentlich durch die Einheit des Erkenntnis- und Arbeits›ziels‹; die Verschiedenheit der Erkenntnis- und Arbeits›weise‹ rangieren demgegenüber an zweiter Stelle. Zu Szondis Satz ›Der Dreißigjährige Krieg und ein Sonett des Andreas Gryphius werden so wenig auf gleiche Weise zum Gegenstand des Wissens, daß die Geschichtswissenschaft in diesem Punkt den exakten Naturwissenschaften näher als der Literaturwissenschaft zu stehen scheint‹, ist zu sagen, daß Literatur- und Geschichtswissenschaft (im engeren Sinn) sich zwar auf ungleiche ›Weise‹ mit ihrem jeweiligen Gegenstand befassen, daß aber vom Standpunkt der materialistischen Dialektik aus diese Gegenstände vom gleichen Erkenntnis›ziel‹ her befragt werden. Das Gryphius-Sonett und der Dreißigjährige Krieg sind, wenn auch in jeweils ganz verschiedener Weise, Elemente der ›einen‹, historisch-gesellschaftlichen Totalität (deren ›Anatomie‹ ›eine‹ ökonomische Verfassung bildet). Der Dreißigjährige Krieg ist also ebensowenig mit dieser Totalität identisch, wie Totalität (in welcher Form auch immer) dem Kunstwerk zukommt. Nicht nur die Literatur-, auch die ›Geschichts‹-Wissenschaft also, von der Szondi hier ausgeht, kann sich nicht zur Wissenschaft vom Gesamtzusammenhang erheben. Umgekehrt aber kann auf die Erfahrung von Totalität gerichtete Erkenntnis letzten Endes auch keines der die Totalität konstituierenden individuellen Elemente negieren (wenn auch das eine oder andere zeitweise vernachlässigen). Gegen Szondis Alternative, nicht ›das Kunstwerk in der Geschichte‹, sondern ›die Geschichte im Kunstwerk‹ zu betrachten, gilt also vom Standpunkt der materialistischen Dialektik, daß das Kunstwerk ›als‹ Geschichte darzustellen ist.[21]

Es liegt auf der Hand, daß der Barock-Begriff diesen Anforderungen weder bei den zitierten Autoren noch in der gegenwärtigen germanistischen Fachdiskussion auch nur annäherungsweise genügt. Weder über die Stiltypologie noch über eine – le-

---

21 Dieter Richter: Geschichte und Dialektik in der materialistischen Literaturtheorie. – In: Zur Kritik literaturwissenschaftlicher Methodologie. Hrsg. von Viktor Žmegač, Zdenko Škreb. – Frankfurt a.M.: Fischer 1973 (= Fischer-Athenäum-Taschenbücher; 2026), S. 216–234, hier S. 229f.

bensphilosophisch durchsetzte – Geistesgeschichte und schon gar nicht über eine völkisch-rassistische Ideologie ist dem Begriff jene dialektische Konkretion zu verleihen, auf der in der Tradition Hegels wie Marxens bestanden werden muß. Sofern sich die literatur- wie die kunstwissenschaftliche Forschung überhaupt um eine gesellschaftsgeschichtliche Profilierung der Epoche und des sie umfassenden Begriffs bemüht hat, ist der Akzent auf den höfischen Raum gelegt worden; sofern konfessionshistorische Entwicklungen Berücksichtigung fanden, dominierten gegenreformatorische Aspekte. Das Werk Günther Müllers steht dafür in der germanistischen Barock-Forschung der Zwischenkriegszeit vor allem ein. Authentische Barockkunst in den Großformen des Dramas und des Theaters, des Epos und des Romans kommt für Müller im 17. Jahrhundert dort zustande, wo der machtvoll erneuerte imperiale Gedanke im Zeichen Habsburgs die Werke inspiriert, ob nun im Epos des protestantischen niederösterreichischen Adligen Wolf Helmhard von Hohberg, ob im Roman des zum Katholizismus zurückfindenden braunschweigischen und lüneburgischen Herzogs Anton Ulrich, ob im Trauerspiel oder Roman der Schlesier Gryphius und Lohenstein.

Wenn der Barock-Begriff sich nach 1945 hat behaupten und im ganzen hat durchsetzen können, nachdem das Prekäre stiltypologischer Invarianz wie psychologisierender Fetischisierung hervorgetreten war, so ist dies den niemals wirklich entwickelten, wohl aber am Rande mitgeführten soziologisch-konfessionellen Konnotationen zu verdanken. Sie schienen zu gewährleisten, daß der Epoche zwischen Renaissance und Aufklärung, zwischen der im engeren Sinn stadtbürgerlichen Dichtung des Spätmittelalters bzw. der gelehrten humanistischen Produktion in den Stadtstaaten und den Fürstentümern auf der einen Seite, der Formierung der bürgerlichen Literatur für ein sich verbreiterndes gebildetes Publikum im 18. Jahrhundert auf der anderen Seite, die nötige epochale Konsistenz zuteil wurde, die Stil- wie Geistesgeschichte ihr nicht zu verleihen vermochten.

> Bewahrt blieb der Begriff Barock [...] als Bezeichnung einer Epoche, und es ist vielleicht sein bedeutendstes Verdienst, daß er zur Anerkennung der Autonomie und zur Erkenntnis des Wesens dieses Zeitalters verholfen hat. Es ist das Zeitalter zwischen Renaissance und Aufklärung, in dem – in Deutschland wie in Europa – die höfische Kultur gegenüber der bürgerlichen, der Katholizismus gegenüber dem Protestantismus, die Bildende Kunst und das Theater gegenüber der Literatur das Übergewicht besaßen.[22]

So der Altmeister der Barock-Philologie in Deutschland, Richard Alewyn, in seinem von Verständnis wie von Skepsis gleichermaßen geprägten Rückblick auf die Barock-Forschung zwischen den beiden Weltkriegen.

Wovon Alewyn nicht sprach – obgleich doch bis in die Wurzeln der Existenz betroffen –, war die Zäsur, die das Jahr 1933 auch für die Barock-Forschung bedeutete. Denn nicht nur unterlag sie der angedeuteten ›Attraktion‹ faschistischer

---

22 Richard Alewyn: Vorwort zu: Deutsche Barockforschung (Anm. 1), S. 11; vgl. auch R. Alewyn: Goethe und das Barock. – In: ders.: Probleme und Gestalten. Essays. – Frankfurt a.M.: Insel 1974, S. 271–280, hier S. 271f.

Ideologeme. Vielmehr wurden die vielversprechenden und weitreichenden historisch-soziologischen Forschungsstrategien mit einem Schlag sistiert. 1934 erschien die nach wie vor bedeutendste Studie zur Genese bürgerlichen Bewußtseins inmitten der höfischen Welt des 17. Jahrhunderts von Arnold Hirsch, die Richard Alewyn zugeeignet ist.

Als das Buch im Frankfurter Kommissionsverlag Joseph Baer & Co. 1934 erschien, hatte Arnold Hirsch Deutschland schon verlassen müssen. Nur der letzte Satz des Buches weist unauffällig auf dieses Schicksal hin: ›Es ist dem Verfasser zur Zeit nicht möglich, archivalischen Untersuchungen nachzugehen.‹ Den Leserkreis, dem das Werk bestimmt war, erreichten nur wenige Exemplare der kleinen Auflage, nur wenige entgingen überhaupt der Vernichtung, und sie haben es nicht vermocht, Hirschs Untersuchungen die Aufnahme und den Widerhall, die sie verdienten, zu sichern.[23]

Angeknüpft hatte Hirsch bewußt an Groethuysens Studien zur *Entstehung der bürgerlichen Welt- und Lebensanschauung in Frankreich* (1927–1930). Hier eröffneten sich neue Wege des Zugangs zum 17. Jahrhundert. Sie wurden im Dritten Reich diskreditiert und nach 1945 bis in die jüngste Zeit hinein vernachlässigt. Die Debatte um den Barock-Begriff und damit um das 17. Jahrhundert heute wieder aufzunehmen, heißt notwendig, die von Hirsch und wenigen anderen formulierten Fragen neu zu durchdenken und der Anschauung der Epoche produktiv zuzuführen; das ›Barock‹-Problem dürfte nur so lösbar sein.[24]

Hier ist von dem Umstand auszugehen, daß die deutsche Literatur des 17. Jahrhunderts, also die sogenannte ›Barockliteratur‹, ihre wichtigste Wirkungsstätte weiterhin in der Stadt besessen hat und nicht bei Hof.[25] Wenn diese Einsicht sich bislang nicht in wünschenswertem Maß durchgesetzt hat, vor allem über die Folgerungen aus diesem Sachverhalt immer noch mangelnde Klarheit herrscht, so liegt dies an der historisch unhaltbaren Macht, die die in der Goethezeit ausgebildete und von Hegel kanonisierte ästhetische Prämisse der drei dichterischen

---

23 Herbert Singer: Vorbemerkung zu: Arnold Hirsch: Bürgertum und Barock im deutschen Roman. Ein Beitrag zur Entstehungsgeschichte des bürgerlichen Weltbildes. 2. Aufl. besorgt von Herbert Singer. – Köln, Graz: Böhlau 1957 (= Literatur und Leben. N.F.; 1), S. V. Zum Kontext: Wilhelm Voßkamp: Kontinuität und Diskontinuität. Zur deutschen Literaturwissenschaft im Dritten Reich. – In: Wissenschaft im Dritten Reich. Hrsg. von Peter Lundgreen. – Frankfurt a.M.: Suhrkamp 1985 (= Edition Suhrkamp; 1306. N.F.; 306), S. 140–162.
24 Dazu: Dieter Breuer: Gibt es eine bürgerliche Literatur im Deutschland des 17. Jahrhunderts? Über die Grenzen eines sozialgeschichtlichen Interpretationsschemas. – In: Germanisch-Romanische Monatsschrift N.F. 30 (1980), S. 221–226; Klaus Garber: Gibt es eine bürgerliche Literatur im Deutschland des 17. Jahrhunderts? Eine Stellungnahme zu Dieter Breuers gleichnamigem Aufsatz. – In: Germanisch-Romanische Monatsschrift N.F. 31 (1981), S. 462–470 (in diesem Band S. 113–121).
25 Dazu eingehend: Erich Kleinschmidt: Stadt und Literatur in der Frühen Neuzeit. Voraussetzungen und Entfaltung im südwestdeutschen, elsässischen und schweizerischen Städteraum. – Köln, Wien: Böhlau 1982 (= Literatur und Leben. N.F.; 22); Literatur in der Stadt. Bedingungen und Beispiele städtischer Literatur des 15. bis 17. Jahrhunderts. Hrsg. von Horst Brunner. – Göppingen: Kümmerle 1982 (= Göppinger Arbeiten zur Germanistik; 343); Klaus Garber: Der Autor im 17. Jahrhundert. – In: Zeitschrift für Literaturwissenschaft und Linguistik 11 (1981), Heft 42: Der Autor, S. 29–45 (in diesem Band S. 539–554).

Grundformen des Lyrischen, Epischen und Dramatischen auch in der Anschauung der älteren klassizistischen Literatur behauptet. Sie ist für die vorempfindsame Literatur unzutreffend, unterschlägt insbesondere den Formenreichtum in den ›lyrischen‹ Genera und verschließt den Zugang zur Produktion des 17. Jahrhunderts eben an jener Stelle, die allein in sie hineinführt, nämlich ihrem so gut wie durchgängig okkasionellen Charakter.

Die deutsche Literatur des 17. Jahrhunderts ist ihrer ganz überwiegenden Mehrzahl nach Gebrauchs- bzw. Gelegenheitsdichtung gewesen.[26] Das diskreditierte sie seit der Empfindsamkeit, also seit der Setzung eines autonomen und nicht selten sakralen ästhetischen Bereichs, unvergleichlich viel nachhaltiger als ihre befremdenden stilistischen Extravaganzen, enthielt jedoch *ex negativo* den Verweis auf die Kernsubstanz dichterischer Produktion im 17. Jahrhundert. Diese ist weder immanent noch traditionsgeschichtlich allein zu erfassen, sondern nur funktional. Sie ist in einer heute nicht mehr vorstellbaren und nicht mehr nachvollziehbaren Intensität von der Intention, von der Wirkungsabsicht, von der kontinuierlich gesteuerten Rezeption her bestimmt. Deshalb hat die sozial- oder, wenn man so will, die funktionsgeschichtliche Bemühung um die Literatur des 17. Jahrhunderts nicht den Charakter eines derzeit favorisierten Zugangs neben anderen, sondern ist im Gegenteil die einzige methodisch a priori gerechtfertigte, weil nur im sozialen Kommunikationsfeld von Produktion, Distribution und Rezeption der Zugang zum Text sich eröffnet, dessen gesamte Poetik und Rhetorik sich nach Maßgabe des vorgeordneten Interaktions-Paradigmas formen.

Blickt man unter numerischem Aspekt auf die literarischen Hervorbringungen des 17. Jahrhunderts, so zeichnen sich drei Schwerpunkte ab: die reiche und zumeist liedhafte geistliche Produktion, die gleich reiche akademische und bevorzugt disputatorische Literatur und schließlich die auch heute noch ungeachtet schwerster Kriegsverluste nach Tausenden zählende Gelegenheitsdichtung. Verharren wir bei letzterer als der für unsere Fragestellung ergiebigsten Gattung.[27] Innerhalb ihrer überwiegen wiederum die Leichenpredigten samt Epicedien. Doch auch die Hochzeitsgedichte, die Epithalamia, nehmen einen breiten Raum ein. Daneben ist die

---

26 Dazu grundlegend Wulf Segebrecht: Das Gelegenheitsgedicht. Ein Beitrag zur Geschichte und Poetik der deutschen Lyrik. – Stuttgart: Metzler 1977.

27 Zum gegenwärtigen Stand der Erforschung bzw. Erfassung und zu den Aufgaben: Wulf Segebrecht: Die bibliographische Erschließung der Gelegenheitsdichtung des 16. bis 18. Jahrhunderts. – In: Beiträge zur bibliographischen Lage in der germanistischen Literaturwissenschaft. Referate eines DFG-Kolloquiums 1980. Hrsg. von Hans Henrik Krummacher. – Boppard: Boldt 1981 (= Kommission für Germanistische Forschung. Mitteilungen; 3), S. 223–256; Rudolf Lenz: Leichenpredigten. Eine Bestandsaufnahme. Bibliographie und Ergebnisse einer Umfrage. – Marburg: Schwarz 1980 (= Marburger Personalschriften-Forschungen; 3); Klaus Garber: Erwartungen der Wissenschaft an Erschließung und Benutzungsmöglichkeiten älterer Literatur. Deutscher Nationalkatalog und deutsche Nationalbibliothek. Eine gesamtdeutsche Aufgabe im gesamteuropäischen Kontext. – In: Literaturversorgung in den Geisteswissenschaften. 75. Deutscher Bibliothekartag in Trier 1985. Hrsg. von Rudolf Frankenberger, Alexandra Habermann. – Frankfurt a.M.: Klostermann 1986 (= Zeitschrift für Bibliothekswesen und Bibliographie; Sonderheft 43), S. 206–233 [wiederabgedruckt in: Klaus Garber: Das alte Buch im alten Europa. Auf Spurensuche in den Schatzhäusern des alten Kontinents. – München: Fink 2006, S. 21–47].

poetische Behandlung diverser Anlässe obligat: Geburtstage, Namenstage, berufliche Ehrungen, Abreisen, Ankünfte, herausragende Ereignisse im weltlichen wie im geistlichen Bereich etc.

Als keinesfalls ausschließliche, aber doch maßgebliche Produzenten- wie Adressatenschicht tritt die des Lateins kundige, Gymnasium oder Universität wie kurzfristig auch immer absolvierende und als solche im Verständnis der Zeit ausgewiesene Gelehrtenschaft hervor: Theologen vom Diakon und Dorfpfarrer bis zum Generalsuperintendenten und Oberhofprediger, Räte, Kanonici, Sekretäre, Schreiber und Kanzlisten in höfischen wie in städtischen Diensten, Schulmänner, Rektoren, Professoren, Ärzte, Apotheker, Advokaten etc.[28] Nur selten mischt sich einer der so gerne angesprochenen Patrizier oder Patriziersöhne unter die Schar der Schreibenden; kaum jemals ergreift das zünftige Handwerk das Wort, das doch die Dichtung des späten 15. und 16. Jahrhunderts bestimmend geprägt hatte; nur das Druck- und Verlagsgewerbe nimmt die Gelegenheit zur poetischen Verklärung und Verewigung mehr als einmal gerne wahr.[29]

Dieses Kasualschrifttum hat mit der älteren städtischen Auftrags- und Gelegenheitsdichtung der ›Pritschmeister‹ nichts gemein, von der man sich seit Opitz dezidiert und programmatisch zu distanzieren pflegt. Seine Wurzeln liegen in der neulateinischen Kasualdichtung, wie sie in Deutschland seit den 70er Jahren des 16. Jahrhunderts an Verbreitung merklich zunimmt, um 1600 kulminiert, in den ersten Dezennien des 17. Jahrhunderts zunächst zögernd, dann intensiver von einer deutschen Version begleitet, seit der Mitte des Jahrhunderts sodann abgelöst wird, bevor in den 70er und 80er Jahren neue poetische Formen in Gestalt von Arien, Kantaten etc. ausgebildet werden und das Schrifttum schließlich in den 30er und 40er Jahren des 18. Jahrhunderts im Zuge der empfindsamen Literatur-Revolution in der humanistischen Version abstirbt. Gewiß sind etliche Stücke auch an den Hof und an das höfische Personal adressiert. Doch machen sie schon deshalb eine verschwindend geringe Minderheit aus, weil die Ehrung der fürstlichen Würdenträger und die herausragenden höfischen Ereignisse in eigenen höfischen Festakten und Formen begangen werden, in denen die optischen und akustischen Künste dominieren, das Wort in der verewigenden Form der Schrift die Erinnerung an das prachtvolle Begängnis wachhält und den genealogischen Rahmen des Gefeierten bzw. Betrauerten memoriert.

---

28 Grundlegend Erich Trunz: Der deutsche Späthumanismus um 1600 als Standeskultur. – In: Deutsche Barockforschung (Anm. 1), S. 147–181; Alberto Martino: Barockpoesie, Publikum und Verbürgerlichung der literarischen Intelligenz. – In: Internationales Archiv für Sozialgeschichte der deutschen Literatur 1 (1976), S. 107–145 (vgl. auch den überaus wichtigen Grundlegungsteil des gleichen Autors in dem unten in Anm. 39 zitierten Werk); Gunter E. Grimm: Literatur und Gelehrtentum in Deutschland. Untersuchungen zum Wandel ihres Verhältnisses vom Humanismus bis zur Frühaufklärung. – Tübingen: Niemeyer 1983 (= Studien zur deutschen Literatur; 75).

29 Vgl. Bernd Prätorius: Stadt und Literatur im Frühabsolutismus am Beispiel Leipzigs. Historisch literatur-soziologische Prolegomena. – Magisterarbeit, Osnabrück 1985, S. 27ff., S. 98ff.

Doch warum die Insistenz auf dieser so gut wie vergessenen städtischen Gelegenheitsliteratur als einem, wenn nicht dem Herzstück der literarischen Produktion des 17. Jahrhunderts im Rahmen einer wissenschafts-historischen und kritischen Erörterung des Barock-Begriffs? Aus drei Gründen: Weil die Stadt als literarischer Raum im 17. Jahrhundert gegenüber Hof und Kirche angemessen zur Geltung gebracht sein will. Weil das Kasualschrifttum die übrigen Literaturgattungen des 17. Jahrhunderts nachhaltiger als bisher gesehen geprägt hat. Und weil über diese Textsorte die Frage bürgerlich-gelehrter Bewußtseinsgeschichte wiederaufzunehmen ist. Eine weit verbreitete Gattung wie die Hirtendichtung hat in der ganz überwiegenden Mehrzahl der Fälle eben nicht zur Evokation eines arkadischen Traumreichs gedient und ist schon gar nicht Medium eines präsentimentalen Naturgefühls gewesen, sondern vor allem zu Zwecken poetischer Huldigung verwandt worden. Die von einem konkreten Anlaß entbundenen Natur- und Liebesgedichte, die Ding- und Figurengedichte, die Sonette und Oden, wie sie in den Lyriksammlungen zwischen Weckherlin und Opitz zu Anfang und den späten Schlesiern zu Ende des Jahrhunderts überliefert sind, bilden nur eine ästhetisch vielleicht reizvollere, numerisch jedoch verschwindend schmale Schicht, die auf einem breiten Fundament poetischen Tagesschrifttums ruht, welches im übrigen in nahezu alle Lyriksammlungen gleichfalls Eingang fand.

Vor allem aber – und darauf alleine zielt die Argumentation: Das kasuale Schrifttum des 17. Jahrhunderts ist zugleich ein Hort der Mentalität seiner Trägerschaft. Die Gelehrten im angedeuteten Sinn, die es schrieben und lasen bzw. hörten, ließen es sich nicht nehmen, ihre Gattung zum Medium ihres ständischen Selbstverständnisses zu erheben. Die gelehrten Normen und Werte, die in ihr präsentiert werden, verweisen zurück auf ihre Abkunft aus dem älteren Humanismus. Der Stand der Humanisten weiß sich ausgezeichnet durch die Ingredienzen der Tugend und der Gelehrsamkeit, welche beide darin koinzidieren, daß Wissen, Einsicht, Kompetenz, daß Rechtschaffenheit, Verläßlichkeit und Frömmigkeit sich einer das Leben in allen Bereichen bestimmenden Vernunft verdanken, nicht jedoch mit der Herkunft gegeben sind. Dieser hier sich artikulierende Stand ist vom Großbürgertum wie vom zünftigen Bürgertum gleich weit entfernt in seiner Wertschätzung allein der eruditären Qualitäten. Er macht sich immer noch zum Fürsprecher einer wahren Adelstradition im Namen und Zeichen erworbener, nicht ererbter Qualitäten; darin gründet die antitraditionale, antifeudale und, wenn man so will, moderne, nämlich durch die Erfahrung der europäischen Renaissance geprägte Physiognomie einer in diesem und nur in diesem Sinn bürgerlich-gelehrten Tradition in der Dichtungs- und Kunstgeschichte des 17. Jahrhunderts.[30]

---

30 Zu diesem – kontroversen – Problemkomplex die einschlägigen Beiträge in: Hof, Staat und Gesellschaft in der Literatur des 17. Jahrhunderts. Hrsg. von Elger Blühm, Jörn Garber, Klaus Garber. – Amsterdam: Rodopi 1982 (= Daphnis; XI/1–2). Vgl. auch mit weiterer Literatur: Jörg Jochen Berns: ›Princeps poetarum et poeta principum‹. Das Dichtertum Anton Ulrichs als Exempel absolutistischer Rollennorm und Rollenbrechung. – In: ›Monarchus Poeta‹. Studien zum Leben und Werk Anton Ulrichs von Braunschweig-Lüneburg. Akten des Anton-Ulrich-Symposions in

Dem Barock-Begriff mit Reserve zu begegnen, rührt folglich daher, daß in ihm eine entscheidende Linie sozialer Identität und poetischen Selbstverständnisses so lange nicht angemessen zur Geltung kommt, wie der bürgerlich-gelehrte und also der humanistische Anteil der Dichtung des 17. Jahrhunderts neben oder besser in der höfischen und teilweise auch in der klerikalen Kultur nicht hinreichend berücksichtigt und mit ihr vermittelt ist. Um auch hier möglichen Mißverständnissen vorzubeugen: Die Opitzsche Dichtungsreform ist nicht an den Höfen vorbei geplant worden.[31] Sie hatte überhaupt nur im Bündnis mit den Höfen eine Chance. Wenn die spärlich überlieferten Reste der älteren stadtbürgerlichen Literatur sich nicht mehr zu einer konsistenten Tradition zusammenschlossen, die sogenannten ›populären‹ Literaturformen bis hin zum Gipfel erzählender Kunst im 17. Jahrhundert, bis hin zu Grimmelshausens *Simplicissimus*, nicht prägend in das zeitgenössische literarische Bewußtsein eingingen, so liegt das auch an der ermangelnden höfischen Protektion. Es macht vielleicht Opitzens größte kulturpolitische Leistung aus, die Kooperation mit Fürstentum und Adel als unumgängliche Voraussetzung für seine nationalliterarischen Bemühungen erkannt und sodann zielstrebig ins Werk gesetzt zu haben. Sie trafen sich mit parallelen auf fürstlicher Seite, wie die 1617 erfolgende Gründung der bedeutendsten kulturellen Sozietät auf deutschem Boden durch Ludwig von Anhalt-Köthen beweist.[32]

Hier wurde in Deutschland nur nachvollzogen, was konstitutiv für die Sozialgeschichte des europäischen Humanismus seit dem Auftreten Petrarcas geblieben war. Ohne den Zusammenschluß der *uomini novi* in Politik und Literatur hätte es weder eine höfische Kultur noch eine nationalsprachige klassizistisch-gelehrte Literatur in den werdenden National- bzw. Territorialstaaten des frühneuzeitlichen Europa gegeben. Nur will die Kontamination beider Elemente ernst genommen und hinlänglich entfaltet sein. Die Humanisten haben das Werk europäischer Repräsentationskunst zur Legitimation der neuen Herrschaftsgewalten seit Petrarca in den vielfältigsten Formen mitgetragen. Daneben aber und in engster Verschwisterung mit ihm artikulierten sie in ihren an antiken *nobilitas-litteraria*-Konzepten orientierten literarischen Versuchen in den verschiedensten Gattungen den eigenen Anteil an der höfischen Kultur (ebenso wie an Diplomatie und Verwaltung), mit dem sie dem alteuropäischen Adel seine staatlichen Prärogative streitig machten. Diese gleich wichtige, im älteren italienischen Humanismus neu belebte und im 16. wie im 17. Jahrhundert weiterlebende und, wenn man so will, ›moderne‹ mentale Figuration ist vor allem bedroht, wenn mit dem Übergang von der Renaissance zum Barock nur der höfisch-repräsentative und konfessionelle Aspekt betont wird.

Nancy 1983. Hrsg. von Jean-Marie Valentin. – Amsterdam: Rodopi 1985 (= Chloe. Beihefte zum Daphnis; 4), S. 3–29.
31 Die einschlägige Literatur in: Klaus Garber: Martin Opitz. – In: Deutsche Dichter des 17. Jahrhunderts. Ihr Leben und Werk. Hrsg. von Harald Steinhagen, Benno von Wiese. – Berlin: Schmidt 1984, S. 116–184 (in diesem Band S. 563–639).
32 Dazu die Dokumentation: Fruchtbringende Gesellschaft. Der Fruchtbringenden Gesellschaft geöffneter Erzschrein. Das Köthener Gesellschaftsbuch Fürst Ludwigs I. von Anhalt-Köthen. Hrsg. von Klaus Conermann. Bd. I–III. – Leipzig, Weinheim: VCH 1985 (= Acta humaniora).

Muß nach dem Gesagten noch einmal wiederholt werden, daß das ›Barock‹-Problem als ›Stil‹-Problem demnach nicht zu fassen und nicht zu lösen ist? Man muß sich die Mühe gemacht haben, einen Blick in das literarische Gebrauchsschrifttum des 17. Jahrhunderts in den Städten zwischen Reval und Zürich zu werfen, um sogleich zu gewahren, daß es stilphysiognomisch wenig geeignet ist, Begriffen wie Manierismus oder Barock hinlängliche Kontur zu verleihen. Es lebt von den Opitzschen Errungenschaften, und die sind, wie spätestens seit Richard Alewyns bahnbrechender Analyse der Optizschen *Antigone*-Übersetzung bekannt, gewiß nicht als ›manieristisch‹ bzw. ›barock‹ zu klassifizieren.[33] Das Stilideal Opitzens und der Seinen ist ausgerichtet an den Neulateinern des 15. und 16. Jahrhunderts und innerhalb der Nationalsprachen an den Italienern des Quattro- und Cinquecento, an den Dichtern der Pléiade und an den unmittelbaren Vorgängern in den Niederlanden mit Heinsius an der Spitze.[34] Es bleibt für die frühen Dichterkreise ungeachtet aller regionalen und individuellen Besonderheiten in Kraft, ob bei den Leipzigern um Fleming und Gloger, den Königsbergern um Dach und Albert, den Hamburgern um Rist und teilweise auch um Zesen sowie an ungezählten anderen Orten.

Gewiß mehren sich um die Jahrhundertmitte die Versuche, dem in rascher Zeitfolge souverän beherrschbar gewordenen poetischen Sprachkörper neue, ungewohnte, in der Opitzschen Tradition so nicht vorgegebene Möglichkeiten abzugewinnen.[35] Sei es, daß das akustische Element sich – vor allem nach Entdeckung des Daktylus für die poetische Sprache der Deutschen – zu emanzipieren beginnt, wie in den virtuosen Klangmalereien zumal der Nürnberger; sei es, daß der Bildfonds und mit ihm der metaphorische bzw. allegorisch-emblematische Apparat die poetische Rede überlagert und der von Opitz sorgsam gewahrte Ausgleich zwischen Thema und Stil, Motivik und poetischer Präsentation zugunsten des stilistischen Raffinements verschoben wird wie bei den späteren Schlesiern in der weltlichen wie der geistlichen Produktion; sei es, daß Einzelgänger wie Gryphius ihrer stoizistisch-religiösen Erfahrung eine nur ihnen eigene, die Ausdrucksschemata der Zeit sprengende Form zu verleihen vermögen.

Diese einem ästhetischen Gesetz immanenter stilistischer Erneuerung, Erweiterung und Überbietung geschuldeten Experimente sind jedoch nicht geeignet, einen

---

33 Richard Alewyn: Vorbarocker Klassizismus und griechische Tragödie. Analyse der ›Antigone‹-Uebersetzung des Martin Opitz. – Heidelberg: Köster 1926 (Sonderdruck aus: Neue Heidelberger Jahrbücher. N.F.; 1926). Reprint: Darmstadt: Wissenschaftliche Buchgesellschaft 1962 (= Libelli; 79).

34 Die neulateinische Fundierung (nach dem Vorgang Georg Ellingers) entwickelt bei Karl Otto Conrady: Lateinische Dichtungstradition und deutsche Lyrik des 17. Jahrhunderts. – Bonn: Bouvier 1962 (= Bonner Arbeiten zur deutschen Literatur; 4). Sodann grundlegend in umfassender sozialgeschichtlicher Perspektive: Wilhelm Kühlmann: Gelehrtenrepublik und Fürstenstaat. Entwicklung und Kritik des deutschen Späthumanismus in der Literatur des Barockzeitalters. – Tübingen: Niemeyer 1982 (= Studien und Texte zur Sozialgeschichte der Literatur; 3).

35 Vgl. etwa Peter Schwind: Schwulst-Stil. Historische Grundlagen von Produktion und Rezeption manieristischer Sprachformen in Deutschland 1624–1738. – Bonn: Bouvier 1977 (= Abhandlungen zur Kunst-, Musik- und Literaturwissenschaft; 231).

Epochenbegriff zu konstituieren, der ohnehin nur einen Zeitraum von wenigen Jahrzehnten in Deutschland umfassen würde, setzt doch noch im 17. Jahrhundert unter den – irrtümlich so apostrophierten – Hofdichtern vornehmlich in Berlin und Dresden eine deutlich vernehmbare Opposition gegen die vermeintlichen Exzesse ein, die der Sache der deutschen Literatur nur zum Schaden gereichen könnten – eine Argumentation, die dann sogleich in der Frühaufklärung wieder aufgenommen wird.[36] Aber auch der von Ernst Robert Curtius gewiesene Ausweg aus dem Dilemma über den Umweg des Manierismus ist nicht angetan zur Lösung des Problems. Denn dieser Begriff ist von Curtius, Hocke und anderen explizit wieder als stiltypologischer antithetisch zur Renaissance bzw. zur Klassik exponiert und somit nicht dazu qualifiziert, das historisch Spezifische der kurzfristigen antiopitzschen Wendung in der Literatur der zweiten Jahrhunderthälfte angemessen zu erfassen.[37]

III Die Literatur des 17. Jahrhunderts im bürgerlichen Zeitalter: Von Gottsched zu Gervinus

In dieser Situation ist es geraten, abschließend zurückzukehren zur wissenschaftsgeschichtlichen Entwicklung der Frage.[38] Eine Beschäftigung mit der Literatur des 17. Jahrhunderts hat es lange gegeben, bevor der Barock-Begriff aufkam und die Geister verwirrte. Wenn etwas geeignet ist, den weit verbreiteten Glauben an den unaufhörlichen Erkenntniszuwachs in den Wissenschaften zu dementieren, so ist es die Geschichte der ›Barock‹-Philologie. Niemand wird behaupten wollen, daß unsere Kenntnis und Einschätzung des literarischen 17. Jahrhunderts zumal durch die Berliner Schule der 20er und frühen 30er Jahre, die der geistesgeschichtlichen Spekulation im Zuge eines moderaten Neopositivismus allenthalben zu begegnen suchte, nicht gefördert worden wäre. Die traditionsgeschichtliche Orientierung, die Beobachtung der Gattungsgesetze, die Einsicht in die poetologische und rhetorische Fundierung nahezu der gesamten Produktion des 17. Jahrhunderts – dies

---

36 Entwickelt bei Manfred Windfuhr: Die barocke Bildlichkeit und ihre Kritiker. Stilhaltungen in der deutschen Literatur des 17. und 18. Jahrhunderts. – Stuttgart: Metzler 1966 (= Germanistische Abhandlungen; 15).

37 Ernst Robert Curtius: Europäische Literatur und Lateinisches Mittelalter. 2., durchgesehene Aufl. – Bern: Francke 1954, S. 277ff.; Gustav René Hocke: Manierismus. 2. Teil: Manierismus in der Literatur. Sprach-Alchemie und esoterische Kombinationskunst. Beiträge zur vergleichenden europäischen Literaturgeschichte. – Hamburg: Rowohlt 1961 (= Rowohlts Deutsche Enzyklopädie; 82–83).

38 Ich resümiere im folgenden Ergebnisse einer monographischen Studie: Klaus Garber: Martin Opitz – ›der Vater der deutschen Dichtung‹. Eine kritische Studie zur Wissenschaftsgeschichte der Germanistik. – Stuttgart: Metzler 1976. Dort das Quellenmaterial und die wissenschaftliche Literatur. Zum Kontext: Klaus Weimar: Zur Geschichte der Literaturwissenschaft. Forschungsbericht. – In: Deutsche Vierteljahrsschrift für Literaturwissenschaft und Geistesgeschichte 50 (1976), S. 298–364; Rainer Rosenberg: Zehn Kapitel zur Geschichte der Germanistik. Literaturgeschichtsschreibung. – Berlin/DDR: Akademie-Verlag 1981 (= Literatur und Gesellschaft).

und vieles andere rührt her von der erneuerten Barock-Forschung, an die nach dem Kriege angeknüpft werden konnte. Darüber drohten jedoch zugleich Einsichten der älteren Literaturgeschichtsschreibung verloren zu gehen. Gewiß war die obstinate Disqualifizierung der Gelehrtenpoesie des 17. Jahrhunderts ein Ärgernis. Aber sie war keineswegs *communis opinio*, wurde im Gegenteil bevorzugt von der konservativen, wo nicht reaktionären Fraktion betrieben und rief zu allen Zeiten die einsichtigeren Historiker vor allem im liberalen Lager auf den Plan. Es lohnt sich immer noch, zu den Wortführern dieser Debatte, die in das frühe 18. Jahrhundert führt, zurückzugehen. Nicht nur, weil eine große frühbürgerliche historiographische und literaturwissenschaftliche Tradition unter allen denkbaren Aspekten und also auch im Blick auf die ›Barock‹-Rezeption erinnert sein will, sondern auch, weil ihre Vergegenwärtigung hilfreich erscheint, Lösungen hinsichtlich der aporetisch anmutenden Situation in der Gegenwart zu indizieren.

Alberto Martino hat in einer großangelegten Untersuchung gezeigt, wie die Verherrlichung eines Repräsentanten ›barocker‹ Dichtung, des Breslauer Syndikus und Kaiserlichen Rats Daniel Casper von Lohenstein, sukzessive im 18. Jahrhundert übergeht in Distanzierung und Kritik, schließlich in Verdammung.[39] Was für Lohenstein gilt, gilt auch für andere Dichter der zweiten Jahrhunderthälfte, deren Wirkungsgeschichte noch ungeschrieben ist. Wortführer der Kritik ist ein Autor, dem selbst eine zwiespältige, um nicht zu sagen verhängnisvolle Nachgeschichte im bürgerlichen Deutschland seit Lessing beschieden war, der Leipziger Literaturpapst Johann Christoph Gottsched. Seine Ausrichtung am französischen Klassizismus ist ihm von der jüngeren Generation, die bei ihm noch gelernt hatte, schlecht gedankt, seine Rehabilitation der klassizistischen Poetik und Rhetorik im Zeichen einer irrationalen Erlebnisästhetik von den produktiven Geistern verspottet und von der späteren Literaturgeschichtsschreibung stets wieder als antipoetisch, wo nicht gar als antideutsch diskreditiert worden.

Dagegen – und vor allem die DDR-Literaturwissenschaft hat hier bahnbrechend vorgearbeitet – ist das Bild Gottscheds als eines großen Frühaufklärers auf deutschem Boden bei jeder sich bietenden Gelegenheit zu konturieren und vom Makel des platten Rationalismus zu reinigen.[40] Gottsched hat sich mit einer Emphase wie niemand vor und niemand nach ihm im Zuge eines umfassenden und weitsichtigen kulturpolitischen Erneuerungsprogramms zu seinem großen Vorgänger Opitz zurückgewandt. Er verehrte in ihm den Wortführer einer nationalspra-

---

39 Alberto Martino: Daniel Casper von Lohenstein. Geschichte seiner Rezeption. Bd. I: 1661–1800. Aus dem Italienischen von Heribert Streicher. – Tübingen: Niemeyer 1978 (italienische Fassung 1975).
40 Das ist vor allem geschehen durch das Werk von Werner Rieck: Johann Christoph Gottsched. Eine kritische Würdigung seines Werkes. – Berlin/DDR: Akademie-Verlag 1972. Vgl. auch Hans Freier: Kritische Poetik. Legitimation und Kritik der Poesie in Gottscheds Dichtkunst. – Stuttgart: Metzler 1973. Die philologischen Grundlagen für eine Neubewertung Gottscheds sind inzwischen durch die große Ausgabe von Joachim Birke und Phillip M. Mitchell: Ausgewählte Werke. – Berlin, New York: de Gruyter 1968ff. (= Ausgaben Deutscher Literatur des XV. bis XVIII. Jahrhunderts) geschaffen worden.

chigen Kultur und in diesem Sinn den Vorläufer der Aufklärung. Denn Ablösung des lateinischen Primats und Breitenwirkung im Medium des Deutschen als unerläßliche Voraussetzung für jedwede Bildungsarbeit waren für ihn nur zwei Seiten der gleichen Sache. Gottsched sah nicht, daß Opitz mit seiner Wendung der Literatursprache ins Deutsche nichts weniger als Breitenwirkung im Auge hatte. Dessen Programm war exklusiv, war auf Hof und Adel, Patriziat und Gelehrtenschaft abgestellt. Gottsched charakterisierte wie so häufig in produktiven Rezeptionsakten mehr seine eigenen Intentionen als die seines Gewährsmannes, den er in dieser Hinsicht eher in dem gleichfalls gelobten Luther fand. Doch eben in der historischen Differenz zwischen Opitz und Gottsched tritt das je Eigene im Spiegel der Rezeptionsgeschichte deutlicher als anderswo zutage. Wenn Gottsched Opitz und dessen Zeitgenossen sowie die nachfolgende Generation um Fleming und Dach mit beredten Worten preist und wenn er umgekehrt die Nachkriegsgeneration mit Lohenstein und Hoffmann von Hoffmannswaldau als Repräsentanten geißelt, so hat das andere als nur stilistische Gründe. Gottsched sieht die deutsche Poesie um ihre Möglichkeiten gebracht, wo Klangmalerei und Metaphorik das Primat gegenüber dem lehrreichen Gehalt der Dichtung gewinnen. Er mutmaßt, daß diese ›manieristische‹ Verirrung einem primär höfischen Publikum geschuldet ist, das sich mehr am ›Wie‹ der Präsentation als am ›Was‹ des Gestalteten erfreut.

Damit aber ist in der Frühaufklärung – und am nachhaltigsten durch Gottsched – eine Perspektive auf das 17. Jahrhundert freigegeben, die die Literaturdebatte des gesamten 18. Jahrhunderts beherrschen wird. Bodmer und Breitinger, Lessing und Klopstock, ja selbst noch Herder haben sich zu Opitz und den Seinen bekannt, ihre späten schlesischen Nachfahren jedoch verworfen. Das Jahrhundert wurde polarisiert und mit konträren Wertungen versehen. Die Frühzeit blieb aktualisierbar und schien nach wie vor geeignet, die eigenen kulturpolitischen Ambitionen zu decken; die Spätzeit wurde kritisiert, weil ihr eine höfische Volte unterstellt wurde, in deren Verurteilung man stets auch das Primat der höfischen Kultur in der eigenen Gegenwart bekämpfte. Am deutlichsten ist dies bei dem größten Literatur- und Kulturhistoriker des Jahrhunderts, bei Herder.[41] Ihm verdanken wir nicht nur die Wiederentdeckung des katholischen Literaturraums mit Balde an der Spitze, nicht nur die Erinnerung an den irenischen Flügel um Andreae und die Rosenkreuzer, an die großen Gestalten vor und neben Opitz wie Fischart, Zincgref, Weckherlin, also den Südwesten neben dem Nordosten. Ihm verdanken wir auch die Rehabilitierung einer ›altdeutschen‹ literarischen Tradition. Sie hat ihr Zentrum im 16. Jahrhundert. Wenn Herder ihr Opitz und manchen Weggefährten gleichwohl noch zurechnet, so allein, weil er im Beharren auf einer schlichten deutschen Sprachgestalt die besten Voraussetzungen für eine weit ausgreifende Wirkung von Literatur erblickt.

---

41 Einschlägig hier vor allem Herders *Fragmente über die neuere Deutsche Literatur* (1766–1767) in: Johann Gottfried Herder: Herders Sämmtliche Werke. Bd. I. Hrsg. von Bernhard Suphan. – Berlin: Weidmann 1877, S. 131–531.

Wie auf andere Weise Gottsched, aber intensiviert im Zeichen des vorrevolutionären Sturm und Drang, sucht Herder ein letztes Mal die Potenzen der altdeutschen Bewegung im Namen eines ›volkstümlichen‹ Kulturprogramms zu entbinden und derart zu mobilisieren gegenüber der Frankophilie der Höfe wie der elitären Selbstgenügsamkeit der Gelehrten. Gottsched wie Herder haben Opitz gewiß partiell mißverstanden, der doch alle Veranlassung hatte, das mühsam erworbene Standesprestige des Gelehrten zu behaupten und in seiner Literaturreform zur Geltung zu bringen. Sein Werk vor allem ist die höfische Ausrichtung, die Gottsched vorsichtig lockert, Herder radikal in Frage stellt. Einig aber sind sich die beiden ganz verschiedenen Aufklärer mit vielen anderen Historikern ihres Jahrhunderts darin, daß sie Opitz als Ahn- und Schutzherrn ihres eigenen national-literarischen Wirkens und Dichterberufs reklamieren und zwar in dem Bestreben, zunächst eine neu sich formierende Schicht gebildeter Bürger, dann ein ständeübergreifendes Publikum aus allen und gerade auch den unteren Schichten des Volkes an der Sache der Literatur zu beteiligen.

Damit sind von Herder Stichworte vorgegeben, die im 19. Jahrhundert Karriere machen werden. Es gehört zu den faszinierenden, aber auch deprimierenden Kapiteln deutscher Geistesgeschichte, die Auszehrung des aufklärerischen Anspruchs zu verfolgen und zugleich die Abwehr der Verfälschung zu gewahren, die schließlich doch vergeblich bleiben mußte, weil die an sie geknüpften politischen Hoffnungen sich nicht verwirklichten. Die entscheidende Weichenstellung erfolgt unmittelbar nach der Französischen Revolution, wenn zumal August Wilhelm Schlegel die universale adlige und klerikale Kultur des Mittelalters einschließlich der frühmodernen katholisch gebliebenen Romania gegenüber der modernen von Renaissance und Reformation ausspielt, wie sie in seinen Augen in der Aufklärung und der Revolution gleich verhängnisvoll gipfelt. Es versteht sich, daß unter diesen Vorzeichen allenfalls den katholischen Dichtern des 17. Jahrhunderts Interesse abgewonnen werden kann.

Dagegen trat sogleich ein Mann auf, dessen große europäische Literaturgeschichte der Frühen Neuzeit so gut wie vergessen scheint, Friedrich Bouterwek. Durchaus berührt von der romantischen Bewegung und Literaturgeschichtsschreibung, verstand er es gleichwohl, die Göttinger aufgeklärte Tradition in der Nachfolge Eichhorns zu wahren und in seinem weitschauenden europäischen Werk zu bewähren. Anders als Herder bezeichnete er die Zäsur, die das Auftreten Opitzens für die Geschichte der Deutschen Literatur bedeutet.[42] Anders als die Schlegels ließ er sich jedoch nicht dazu verleiten, diesen Neueinsatz zu diskreditieren, sondern würdigt ihn im Gegenteil als Beginn einer Phase deutschen Dichtens, die erst zu Ende des 18. Jahrhunderts kulminieren sollte. Damit war der liberalen Literaturgeschichtsschreibung des Vormärz entscheidend vorgearbeitet. Doch wie einsam stehen Männer wie Bouterwek in ihrer umfassenden Bildung neben den nun in und nach den

---

42 Friedrich Bouterwek: Geschichte der Poesie und Beredsamkeit seit dem Ende des dreizehnten Jahrhunderts. Bd. IX [17. Jahrhundert]. – Göttingen: Röwer 1812 (= Geschichte der Künste und Wissenschaften seit der Wiederherstellung derselben bis an das Ende des achtzehnten Jahrhunderts; Abth. 3. Geschichte der schönen Wissenschaften; 9).

Freiheitskriegen das Wort ergreifenden ahnungslosen Fabulierern eines ausgezeichneten und singulären deutschen Wesens samt eines kulturellen deutschen Sonderweges.

Schon 1805 bescheinigt Franz Horn in seiner *Geschichte und Kritik der deutschen Poesie und Beredsamkeit* den Deutschen »das metaphysische Streben, die entschiedene Genügsamkeit mit sich selbst, der zu Folge die politische Unbedeutenheit und das Verkanntwerden von anderen Nationen, leicht verschmerzt wird« – die nur allzu beredte Antwort auf die politische Umwälzung im Nachbarland und den Aufstieg ihres Sachwalters Napoleon.[43] Die Folge? Hemmungslose Aufwertung deutschen Wesens allüberall. Hegewisch deklariert Opitz 1812 in Friedrich Schlegels *Deutschem Museum* zum ›deutschen Patrioten‹, der sein Werk in der schwersten Zeit des ›Vaterlandes‹ verrichtet habe.[44] Wachler attestiert ihm 1818/19 in seinen *Vorlesungen über die Geschichte der teutschen Nationallitteratur* »mannhaft=teutsche, innig=fromme, sittlich=rechtliche Gesinnung« und sucht ihn dem popularisierenden Programm, das sein Pathos den Befreiungskriegen verdankt, zu integrieren.[45]

Wie kraftlos solche wohlgemeinten, aber improvisierten Aufwertungen und Vereinnahmungen blieben, wurde wenig später deutlich, als die Kategorie ›Volk‹ unversehens eine Bedeutung annahm, die einen Zugang zum 17. Jahrhundert nicht mehr erlaubte. Kurz vor der deutschen bürgerlichen Revolution hielt Vilmar in Marburg in einem Kaffeehaus Vorlesungen zur *Geschichte der deutschen National-Literatur*, die in gedruckter Fassung Dutzende von Auflagen erlebten und noch im Nationalsozialismus verbreitet wurden.[46] Kultur formiert sich für Vilmar wie später im Wilhelminismus unter den Vorzeichen eines Kampfes zwischen den Nationen, in dem man einmal obsiegt, einmal unterliegt und ›Schrammen und Narben‹ davonträgt. Schon der Stadtkultur des Spätmittelalters mißtraut Vilmar als einem Hort des Materialismus. Die Gelehrtenliteratur des 17. Jahrhunderts in ihrer schmählichen Unterwerfung unter das Ausland ebenso wie die alle Werte zersetzende, in Wieland, Lessing und Schiller kulminierende Aufklärung geißelt Vilmar im Namen wahrhafter Volksdichtung, wie er sie im Mittelalter zu gewahren und in der Romantik wiederaufzuerstehen glaubt. Die gleichwohl versuchte Ehrenrettung des Opitzschen Werkes unter den Auspizien eines neuerlichen Gipfels um 1800 kann daher nur eine vergebliche sein.

Auch philologische Meister wie Goedeke oder Koberstein haben sich in ihrer Anschauung des 17. Jahrhunderts nicht von dem Zauberwort des Volkstümlichen

---

43 Franz Horn: Geschichte und Kritik der deutschen Poesie und Beredsamkeit. – Berlin: Unger 1805, S. 9ff.
44 Dietrich Hermann Hegewisch: Leben des Dichters, Martin Opitz v. Boberfeld. Nebst Bemerkungen über seinen poetischen Charakter. – In: Deutsches Museum. Hrsg. von Friedrich Schlegel. – Wien: Camesinasche Buchhandlung 1812, Zweyter Bd., S. 116–157, S. 285–311, hier S. 127f.
45 Ludwig Wachler: Vorlesungen über die Geschichte der teutschen Nationallitteratur. 2 Theile. – Frankfurt a.M.: Hermann 1818–19, Theil 2, S. 24.
46 A.F.C. Vilmar: Geschichte der deutschen National-Literatur. – Marburg, Leipzig: Elwert'sche Verlagsbuchhandlung 1844. Letzte bekannte Version: 11. Aufl. bearb. und fortgesetzt von Johannes Rohr. – Berlin: Safari-Verlag 1936.

befreien und deshalb bestenfalls das Ambivalente des Zeitalters zwischen gelehrter Fixierung und nationalem Anspruch bemerken können. Noch Lemckes oder Scherers vielgerühmte Darstellungen vermögen nach 1871 diesen Widerspruch nicht zu lösen. Und als die Kunstwissenschaft in den 80er Jahren eben damit befaßt ist, den Barock-Begriff in vermeintlicher Abstraktion von den historischen wie den aktuellen politischen Kräften zu befreien, feiert die nationale Aufladung auch noch des fremdbestimmtesten Jahrhunderts in der deutschen Literaturgeschichte, feiert die Hineinnahme des 17. Jahrhunderts in das Pantheon deutscher Werte und deutschen Wesens in der populären Wilhelminischen Literaturgeschichtsschreibung von König, von Leixner, von Koch, schließlich von Engel wahre Triumphe, während mit Bartels' Werk der manifeste Übergang zur völkisch-rassistischen Ausbeutung des kulturellen Erbes vollzogen wird.

Nichts wäre folglich unangemessener, als die Historiographie des 19. Jahrhunderts umstandslos gegen die geistesgeschichtlichen Klischees der ›Barock‹-Forschung des 20. Jahrhunderts aufzubieten. Wohl aber sind die großen geschichtlichen Entwürfe in Erinnerung zu rufen, in denen das Schmähliche reaktionärer Geschichtsklitterung überwunden ist und in denen aus liberaler bzw. radikaldemokratischer Vormärz-Gesinnung Einsichten in die Geschichte der neueren deutschen Literatur gewonnen wurden, die in der bürgerlichen Geschichtsschreibung nicht nur nicht wieder erreicht, sondern die im Gegenteil preisgegeben wurden, ohne daß sie bis in die jüngste Zeit hinein in der marxistischen Literaturwissenschaft angesichts des notorischen Desinteresses an diesem Jahrhundert ihre Fortführung gefunden hätten. Zu denken ist an das Werk von Gervinus, am Rande auch von Karl Herzog, an das Werk von Hoffmann von Fallersleben, an das Werk von Hermann Kurz und mit Blick auf das 18. Jahrhundert an das Werk Hettners.[47]

Es ist Gervinus gewesen, der – vielleicht im Rückgriff auch auf Bouterwek – den konservativen, wo nicht reaktionären Mittelalter-Mythos aus der Literaturgeschichte verbannt hat und konsequent aus dem liberalen Geist des Vormärz heraus das Zeitalter der Aufklärung, gipfelnd in der Klassik Schillers und Goethes, zum Orientierungs- und Zielpunkt seiner Rekonstruktion der deutschen Literatur erhob und dieser letzten bürgerlichen Epoche des Aufstiegs das Versprechen der immer noch ausstehenden politischen Einigung im nationalen konstitutionellen Staat abgewann. Nie vorher und nie wieder nachher ist das geschichtlich Notwendige der Opitzschen Reform so zwingend und so plausibel dargetan worden. Natürlich hängt das Herz der Liberalen an der Dichtung des 16. Jahrhunderts und zumal des Oberrheins. Aber unbestechlich notiert Gervinus, daß die Kräfte des Stadtbürger-

---

47 Vgl. Georg Gottfried Gervinus: Geschichte der poetischen National-Literatur der Deutschen. Theil III: Vom Ende der Reformation bis zu Gottsched's Zeiten. – Leipzig: Engelmann 1838 (= Historische Schriften; 4); Karl Herzog: Geschichte der deutschen National-Litteratur. Mit Proben der deutschen Dichtkunst und Beredsamkeit. – Jena: Schmid 1831; Heinrich Kurz: Geschichte der deutschen Literatur. Mit ausgewählten Stücken aus den Werken der vorzüglichsten Schriftsteller. Bd. I–III. – Leipzig: Teubner 1864–65. Das Werk Hettners leicht greifbar (und von Gotthard Erler vorzüglich eingeleitet) in: Hermann Hettner: Geschichte der deutschen Literatur im achtzehnten Jahrhundert. Bd. I–II. – Berlin, Weimar: Aufbau 1979.

tums ökonomisch wie politisch und kulturell sich erschöpft hatten und die geschichtliche Stunde auf geraume Zeit dem absolutistischen Staat und seiner Gelehrten- und Beamtenschaft gehörte, wie Opitz sie so prononciert repräsentierte.

Gervinus – ästhetisch wie ethisch befangen – hat die in kürzester Zeit gesicherten formalen und sprachlichen Errungenschaften der neuen Dichtung vorbehaltlos zu würdigen gewußt. Und ihm als geschultem Historiker war klar, daß diese neue Schöpfung nur im Bund mit der zukunftsträchtigen politischen Macht, also mit dem Territorialfürstentum, eine Chance des Überlebens besaß. Deshalb gehört er zu den Wenigen, die nach Gottsched im 19. Jahrhundert noch einmal einen Blick für die Verdienste der ›Fruchtbringenden Gesellschaft‹ entwickelten, in der die Opitzsche Reform ihren institutionellen und kulturpolitischen Halt fand. In seinem Werk ist die Achsenstellung des Jahrhunderts zwischen Reformation und Aufklärung zutreffend bestimmt und damit der frühneuzeitliche Literaturprozeß als ein dialektisch gegliederter sozialgeschichtlich erkennbar geworden.

Es macht das Verdienst eines überzeugten Demokraten wie Kurz aus, dieses Erbe Gervinus' der Nachmärz-Generation vermittelt zu haben in seiner heute noch lesenswerten Literaturgeschichte (1850–59), ohne daß sie sich gegenüber den populären, an die nationalen Instinkte appellierenden Machwerken hätte behaupten können. Und nimmt man die hellsichtigen Annotationen des Entdeckers altdeutscher Überlieferung aus der Feder Hoffmann von Fallerslebens hinzu, in denen er etwa das libertäre Element der frühen politischen Dichtung Opitzens aus dem Umkreis des *TrostGedichtes Jn Widerwertigkeit Deß Krieges* aufdeckt, so wird evident, wie die besten frühaufklärerischen Züge der ›Barockdichtung‹ nur in der politisch zukunftsweisenden und in diesem Sinn aktuellen Optik auszumachen sind. Damit war ein Fundament errichtet, auf das Hettner sein imponierendes Werk der europäischen Aufklärung gründen konnte, die noch einmal verpflichtenden Charakter gewann, ohne daß Hettner dem teleologischen Glauben weiter angehangen hätte.

Sollte am Schluß nun eine Entscheidung in der Streitfrage erwartet werden, ob der Barock-Begriff in Umlauf bleiben dürfe oder eliminiert werden müsse, so gedenkt der Verfasser einer solchen aus dem Wege zu gehen. Es sollte deutlich geworden sein, daß dies nicht eine Frage der Nomenklatur ist, sondern der geschichtlichen Erschließung. Sofern sichergestellt ist, daß im Namen des ›Barock‹ nicht länger eine geschichtlich unhaltbare Herauslösung des 17. Jahrhunderts aus dem frühneuzeitlichen literarischen Prozeß erfolgt, so mag der Begriff in Kraft bleiben. Niemand wird leugnen, daß die geschichtlichen Erschütterungen, angefangen bei dem Einzug Karls VIII. in Neapel über die nationalen konfessionspolitischen Kriege zunächst in Frankreich und den Niederlanden, sodann in England und Deutschland, die Physiognomie des europäischen Humanismus nicht entscheidend geprägt hätten, ja daß der Begriff des europäischen Späthumanismus nicht erst in diesem Rahmen Gestalt gewinnen würde.[48] Die irenische wie die etatistische wie die nicht

---

48 Dazu neben dem Werk von Kühlmann (Anm. 34) Leonard Forster: Kleine Schriften zur deutschen Literatur im 17. Jahrhundert. – Amsterdam: Rodopi 1977 (= Daphnis; VI/4). Als paradigmatischer Versuch: Klaus Garber: Paris, die Hauptstadt des europäischen Späthumanismus. Jac-

selten antirömische, antispanische Ausrichtung der *nobilitas litteraria* auf der Wende vom 16. zum 17. Jahrhundert wird das kulturpolitische Programm und das politisch-diplomatische Handeln dieser Schicht bestimmen.

So verstanden ist Staatsmentalität das zündende Stichwort gewesen.[49] Aber in der späthumanistischen Metamorphose war das ältere humanistische Erbe, ob Dantes, ob Mirandolas, ob Erasmus', ebenso gewahrt wie umgekehrt die großen Vermittler, ob Calixt, ob Conring, ob Leibniz, in Vorbereitung der Aufklärung an dieses wiederum anknüpfen konnten. Deshalb ist die einleitende Forderung Harald Steinhagens aus einer Literaturgeschichte zum 17. Jahrhundert mit dem verheißungsvollen Titel *Zwischen Gegenreformation und Frühaufklärung: Späthumanismus, Barock* zu unterstreichen:

> Daß die Literatur der Barockepoche, zumindest die protestantische, die Brücke vom aufgeklärten Humanismus und den neuen reformatorischen Glaubenslehren des 16. Jahrhunderts zur Aufklärung des 18. Jahrhunderts sein soll, ist auf den ersten Blick wenig einleuchtend; gleichwohl wäre es an der Zeit, einmal zu überprüfen, ob es sich so verhält, ob es also nicht zumindest untergründig eine durch Aufklärung geprägte Kontinuität des neuzeitlichen Denkens gibt, die bereits um 1500 beginnt und sich über die Epoche der Aufklärung hinaus fortsetzt.[50]

---

ques Auguste de Thou und das Cabinet Dupuy. – In: Res publica litteraria. Die Institutionen der Gelehrsamkeit in der Frühen Neuzeit. Hrsg. von Sebastian Neumeister, Conrad Wiedemann. – Wiesbaden: Harrassowitz 1987 (= Wolfenbütteler Arbeiten zur Barockforschung; 14), S. 71–92. Vielfach abweichende französische Fassung in: Le juste et l'injuste à la Renaissance et à l'âge classique. Éd. par Christiane Lauvergnat-Gagnière, Bernard Yon. – Saint-Étienne: Publications de l'Université de Saint-Étienne 1986, pp. 157–177 [jetzt in nochmals überarbeiteter Version in: Klaus Garber: Literatur und Kultur im Europa der Frühen Neuzeit. Gesammelte Studien. – München: Fink 2009, S. 419–442].

49 Conrad Wiedemann: Barocksprache, Systemdenken, Staatsmentalität. Perspektiven der Forschung nach Barners ›Barockrhetorik‹. – In: Internationaler Arbeitskreis für deutsche Barockliteratur. Erstes Jahrestreffen in der Herzog-August-Bibliothek Wolfenbüttel 1973. Vorträge und Berichte. – Wolfenbüttel: Bibliothek 1973 (= Dokumente des Internationalen Arbeitskreises für Deutsche Barockliteratur; 1), S. 21–51.

50 Zwischen Gegenreformation und Frühaufklärung. Späthumanismus, Barock 1572–1740. Hrsg. von Harald Steinhagen. – Reinbek bei Hamburg: Rowohlt 1985 (Deutsche Literatur. Eine Sozialgeschichte; 3. – rororo; 6252), S. 15. Vgl. dazu auch den wichtigen Problem-Aufriß in der Einleitung zu: Harald Steinhagen: Wirklichkeit und Handeln im barocken Drama. Historisch-ästhetische Studien zum Trauerspiel des Andreas Gryphius. – Tübingen: Niemeyer 1977 (= Studien zur deutschen Literatur; 51). Ein improvisierter Versuch, der Aufforderung Steinhagens umrißhaft zu entsprechen: Klaus Garber: Gelehrtenadel und feudalabsolutistischer Staat. Zehn Thesen zur Sozial- und Mentalitätsgeschichte der ›Intelligenz‹ in der Frühen Neuzeit. – In: Kultur zwischen Bürgertum und Volk. Hrsg. von Jutta Held. – Berlin: Argument 1983 (= Argument-Sonderband; 103), S. 31–43 [jetzt in: Klaus Garber: Literatur und Kultur im Europa der Frühen Neuzeit (Anm. 48) unter dem Titel: Nobilitas literaria und societas erudita. Zehn Thesen zur Sozial- und Mentalitätsgeschichte der ›Intelligenz‹ in der Frühen Neuzeit Europas, S. 333–345]. Als wichtiger Beitrag aus der [ehemaligen] DDR: Studien zur deutschen Literatur im 17. Jahrhundert. – Berlin, Weimar: Aufbau 1984 (Akademie der Wissenschaften der DDR, Zentralinstitut für Literaturgeschichte), Autoren: Heinz Entner, Werner Lenk, Ingrid Schieweg, Ingeborg Spriewald.

Die alte Barock-Kontroverse, sollte sie denn eines Tages wieder aufleben, wird daran zu messen sein, ob und auf welchem Niveau sie dieser Forderung Genüge tut.

Zuerst erschienen in: Europäische Städte im Zeitalter des Barock. Gestalt – Kultur – Sozialgefüge. Hrsg. von Kersten Krüger. – Köln, Wien: Böhlau 1988 (= Städteforschung. Reihe A, Darstellungen; 28), S. 93–119.

Europäisches Barock und deutsche Literatur des 17. Jahrhunderts

Zur Epochenproblematik in der internationalen Diskussion

I Ausstellungs-Barock und wissenschaftliche Rezeption

Das Berliner Schloß hat ziemlich genau fünf Jahrhunderte bestanden. Zwischen seiner ersten Erbauung in den Jahren 1443–1451 und seinem Untergang in den Jahren 1944–1951 hat es den brandenburgisch-preußisch-deutschen Staat architektonisch repräsentiert, war dessen baulicher Mittelpunkt. Selten hat ein Großbau die Schicksale der politischen Kraft, die ihn sich geschaffen hatte, so sehr geteilt wie dieser. Seine Gründung durch die brandenburgischen Kurfürsten fällt in eins mit, ja ist Werkzeug zu der Errichtung einer frühen Stufe landesfürstlich-absolutistischen Regiments. Sein glanzvoller Ausbau ein knappes Jahrhundert später entspricht dem Aufschwung und der Konsolidierung landesfürstlicher Gewalt in der Reformationszeit. Der vielbewunderte barocke Um- und Ausbau dann der Zeit um 1700 [durch Andreas Schlüter], der bis zuletzt dem Schloß und der ganzen Stadt Berlin das Gesicht gegeben hat, stand in wohlbewußtem Zusammenhang mit der Begründung des Königreichs Preußen. Das Schloß blieb Residenz auch des preußisch-deutschen Kaiserreichs bis 1918. Dann schien es aus der aktiven Geschichte entlassen und in den Bestand des kulturellen Erbes Europas aufgenommen werden zu sollen, wurde aber doch zusammen mit Preußen-Deutschland zerstört.

So Goerd Peschken, Professor für Baugeschichte an der Hochschule für Bildende Künste in Hamburg, im Vorwort zur monumentalen posthumen Bilddokumentation des Berliner Schlosses aus dem Jahre 1982.[1] Die Zerstörung ereilte das Berliner Schloß wie ungezählte andere historische Bauten des alten Deutschland nicht auf einen Schlag. Der gezielten Vernichtung einer tausendjährigen Kultur auf deutschem Boden – gerade in England gegen erbitterten Widerstand durchgesetzt, in dem das Gefühl lebendig blieb, mit diesem verbrecherischen Akt selbst Opfer der Hitlerschen Barbarei zu werden – folgte der geschichtslose Kahlschlag in den eben sich formierenden, in Angst und Haß sich verstrickenden deutschen Staaten. Wiederum wie ungezählte andere Bauten, ja ganze Städte, wurde auch das Berliner Schloß ein Opfer der letzten Kriegsmonate. Am Vormittag des 3. Februar 1945

> luden 937 viermotorige Bomber, begleitet von 600 Jagdflugzeugen, ihre todbringende Last über dem räumlich kleinen Gebiet zwischen den Anhalter- und Potsdamer Bahnanlagen im Westen, der Prinzenstraße im Osten, der Straße Unter den Linden im Norden und der Gneisenaustraße im Süden ab, […]. […] Das Schloß, schon am Rande der eigentlichen Vernichtungszone liegend, war von mehreren Spreng- und einer Unzahl

---

1 Goerd Peschken, Hans-Werner Klünner: Das Berliner Schloß. Das klassische Berlin. Unter Mitarbeit von Fritz-Eugen Keller und Thilo Eggeling. – Frankfurt a.M., Wien, Berlin: Propyläen 1982, S. 9.

von Brandbomben getroffen worden und brannte mit Ausnahme der Nordwestecke mit dem Weißen Saal und einiger kleiner Raumfluchten, von denen die Zwischendecken erhalten blieben, restlos aus.[2]

Gleichwohl bildete die imposante Schloßruine im »größten Trümmerfeld der Weltgeschichte« auch weiterhin das Herz der deutschen Hauptstadt. Alsbald setzten die Auseinandersetzungen zwischen dem ersten Nachkriegs-Stadtrat für Bauwesen Hans Scharoun und Vertretern der KPD »um Mittel für die Notreparatur der unzerstörten Teile und für die Bergung von Kunstwerken aus der Ruine« ein.[3] Doch dauerte es noch vier Jahre, bis die SED unter Walter Ulbricht ihren politischen Kurs vollstreckte, die Schloß-Überbleibsel gegen den Willen der Bevölkerung und der internationalen Kunsthistoriker-Zunft sprengte und den Demonstrationsplatz des ersten deutschen Arbeiter- und Bauernstaates an dem am 1. Mai 1951 neu getauften Marx-Engels-Platz schuf.

Gute dreißig Jahre später geht die erste umfassende Barock-Schau der DDR auf die Reise in das westliche deutschsprachige Ausland.[4] Zwar ist es noch nicht die Bundesrepublik – erst 1986 wird das barocke Dresden in der Villa Hügel der Firma Krupp zu besichtigen sein –, sondern vorerst die Schallaburg in Österreich, in der Barock und Klassik erstmals in der Kulturgeschichte der jungen DDR ein historisches Bündnis eingehen, Dresden und Potsdam gleichberechtigt neben Dessau und Weimar figurieren, die Fixierung auf die Klassik sich zu lockern scheint, das 18. Jahrhundert und seine ›Kunstzentren‹ in der ganzen Breite seiner Manifestationen in Augenschein genommen werden dürfen – freilich vorerst um den Preis einer nicht unproblematischen Dehnung des Erbebegriffs:

In den nunmehr 35 Jahren der Existenz ihres Staates hatten die Bürger der DDR das schwere, unheilvolle Erbe des Faschismus zu überwinden, eine neue Gesellschaft aufzubauen, der Welt ihren Willen zu friedlichem Zusammenleben zu beweisen. In diesem Prozeß ist das Erbe von Kunst und Kultur des deutschen Volkes von unschätzbarem Wert. Die hier eingeschlossenen vielfältigen Beweise der Schöpferkraft, des Humanismus, des Schönheitsempfindens, der Wahrhaftigkeit, des Mutes, der Vitalität und des Optimismus der Künstler und Handwerker, der Baumeister und Arbeiter, öffnen den

---

2 Vgl. den Beitrag von Hans-Werner Klünner: Das Schloß von der Novemberrevolution bis zur Zerstörung. – In: G. Peschken, H.-W. Klünner: Das Berliner Schloß. Das klassische Berlin (Anm. 1), S. 113–136, S. 129.
3 Vgl. ebd., S. 129ff. Außerdem: Das Berliner Schloß und sein Untergang. Ein Bildbericht über die Zerstörung Berliner Kulturdenkmäler. Im Auftrag des Bundesministeriums für Gesamtdeutsche Fragen hrsg. von Karl Rodemann. – Berlin: Tauber 1951; Helmut Räther: Vom Hohenzollernschloß zum Roten Platz. Die Umgestaltung des Berliner Stadtzentrums. – Berlin: Verlag für Politische Publizistik 1952.
4 Staatliche Kunstsammlungen Dresden/Kulturstiftung Ruhr: Barock in Dresden. Kunst und Kunstsammlungen unter der Regierung des Kurfürsten Friedrich August I. von Sachsen und Königs August II. von Polen genannt August der Starke 1694–1733 und des Kurfürsten Friedrich August II. von Sachsen und Königs August III. von Polen 1733–1763. – Leipzig: Edition Leipzig 1986; Schallaburg '84: Barock und Klassik. Kunstzentren des 18. Jahrhunderts in der Deutschen Demokratischen Republik. – Wien: Amt der Nö. Landesregierung, Abt. III/2 Kulturabteilung 1984 (= Katalog des Nö. Landesmuseums. N.F.; 146).

Blick auf das Leben vieler Generationen. Den Künstlern und Baumeistern verdanken wir zuallererst diese Zeugnisse der Kunstepochen, die wir heute in der Ausstellung ›Barock und Klassik – Kunstzentren des 18. Jahrhunderts in der Deutschen Demokratischen Republik‹ in einem der bedeutendsten Ausstellungszentren des Landes Niederösterreich, der Schallaburg, sehen. Wir verneigen uns voller Bewunderung vor den Leistungen unserer Vorfahren, wohl wissend, wieviel Opfer, Schweiß und Tränen in ihnen geronnen sind.[5]

Da erscheint – fast einem Zitat aus fernen Zeiten gleich – noch einmal die ehemals topische Verweisung von Fürstenstaat und Ausbeutung, splendidem Repräsentationsgelüst und Schinderei der Leibeigenen. Die kulturellen Manifestationen auch des Barock aber sind eingeholt in das nationale Pantheon, in dem nunmehr alle großen stilbildenden Epochen des Abendlandes, angefangen bei der romanischen Sakralkunst, ihren Platz gefunden haben. Daß hier mehr im Spiele ist als devisenkräftiger Kulturexport, belegt die Historiographie der DDR, die in den letzten Jahren beträchtliche Schritte unternommen hat, um das Terrain zwischen frühbürgerlicher und Französischer Revolution, zwischen Reformation und Aufklärung neu zu vermessen und dem Bild einer immer noch dialektischen, aber eben doch nationalen Bewegung der Geschichte zu integrieren.[6]

Vergleichbare Schwierigkeiten mit dem Barock gab es auf dem Boden der Bundesrepublik begreiflicherweise nicht, ohne daß dieses Entree sogleich mit kulturkritischen Reprisen getrübt werden soll. Was zu sagen war, hat Theodor W. Adorno vor mehr als zwanzig Jahren der jungen Republik in seinem *Mißbrauchten Barock* ins Stammbuch geschrieben.[7] Ausgeklammert hatte Adorno seinerseits das barocke Ausstellungswesen, von dem wir unseren Ausgang nahmen. Es hat die Republik inzwischen voll erfaßt, und wenig prognostische Phantasie gehört dazu, den eigentlichen Boom in allen Künsten noch vor uns zu wissen. Hören wir ein letztes Mal, was hier mit ins Spiel gerät. 1977 eröffnete Ministerpräsident Hans Filbinger die inzwischen legendäre Staufer-Ausstellung im Württembergischen Landesmuseum Stuttgart mit einem Beitrag ›Vom Sinn dieser Ausstellung‹.[8]

Das Jubiläum des vereinten Landes Baden-Württemberg rückt die geglückte Staatsbildung im deutschen Südwesten mit ihren politischen, geschichtlichen und kulturellen Voraussetzungen verstärkt ins Bewußtsein der Allgemeinheit. Was lag näher, als sich zu diesem Anlaß auch auf die großen gemeinsamen Überlieferungen dieses südwestdeutschen Raums aus der staufischen Ära zu besinnen und den Versuch zu wagen, einen Bogen zu schlagen zwischen einer großen Vergangenheit und unserer Gegenwart.

---

5 Ebd., S. XVII.
6 Vgl. etwa Ingrid Mittenzwei, Erika Herzfeld: Brandenburg-Preußen 1648 bis 1789. Das Zeitalter des Absolutismus in Text und Bild. – Berlin/DDR: Verlag der Nation 1987; Der Große Kurfürst. Sammler – Bauherr – Mäzen. 1620–1688. – Potsdam-Sanssouci: Generaldirektion der Staatlichen Schlösser und Gärten 1988.
7 Theodor W. Adorno: Der mißbrauchte Barock. – In: ders.: Ohne Leitbild. Parva Aesthetica. – Frankfurt a.M.: Suhrkamp 1967 (= Edition Suhrkamp; 201), S. 133–157. Auch in ders.: Gesammelte Schriften. Bd. X/1. – Frankfurt a.M.: Suhrkamp 1977, S. 401–422.
8 Württembergisches Landesmuseum Stuttgart: Die Zeit der Staufer. Geschichte – Kunst – Kultur. Bd. I–V. – Stuttgart: Cantz 1977–1979.

Die Staufer dort, das »gesunde und blühende Bundesland von ausgewogener, kräftiger und krisenfester Struktur«[9] hier – die Beziehungen waren eindeutig und so schlagend, daß sie keine Wiederholung duldeten.

Die Legitimation also für einen neuerlichen Schauakt, jetzt im Zeichen des Barock? Nun, man kennt die geheime Rivalität im begnadeteren Süden unserer Republik zwischen München und Stuttgart. Sie überlagerte nicht nur die Ausstellung, sie schien wenigstens in den Worten des nunmehrigen Ministerpräsidenten Späth ihr geheimes Movens zu werden:

> Nach dem Stauferjahr 1977 wird in Baden-Württemberg in diesem Jahr ein weiteres Mal hervorgehoben, was uns in einer besonderen Weise zugehört. Ich spreche vom Südwestdeutschen Barock. Große Zeugnisse dieses letzten, Europa künstlerisch einigenden Stiles finden sich nicht nur – wie es da und dort die landläufige Meinung ist – unter dem weiß-blauen Himmel Bayerns, sondern eben und gerade auch in Baden-Württemberg. Neben Bayern beherbergt unser Bundesland den größten Reichtum an Kunstdenkmälern im allgemeinen und solchen des Barocks [!] im besonderen. Das gilt gleichermaßen für kirchliche und weltliche Bauten, für Schlösser und Kirchen, für Klöster, Gemeinden und Städte. Wenn wir uns in diesem Jahr besonders dem Barock zuwenden, so tun wir dies […] im Bewußtsein des besonders reichen Erbes, das es im Zusammenhang der geschichtlichen und kulturellen Tradition der verschiedenen Landesteile Baden-Württembergs pflegerisch zu bewahren und befruchtend in das Ganze [!] einzubringen gilt.[10]

Noch immer regt sich die Erinnerung an die Zerschlagung der gewachsenen historischen Landschaften nach dem Kriege, wie sie in der DDR und der BRD gleich rücksichtslos betrieben wurde. Das Barock hilft nicht nur mit, gegenüber dem mächtigen bayerischen Nachbarn sich zu behaupten, ihm fällt einmal mehr auch die Aufgabe zu, Einheit im Disparaten zu stiften, oder, wie die Kulturreferenten unserer politischen Eliten sich auszudrücken belieben, sich »befruchtend in das Ganze einzubringen[.]«

Genug des bitter-genüßlichen Spiels, das sich ad libitum fortsetzen ließe. Muß eigens betont werden, daß es nicht ersonnen ist, um die Verlegenheit einer wirkungsvollen Eröffnung zu überspielen? Die »Werke integrieren für den [Historiker]« – so hatte uns Walter Benjamin belehrt – »ihre Vor- wie ihre Nachgeschichte – eine Nachgeschichte, kraft deren auch ihre Vorgeschichte als in ständigem Wandel begriffen erkennbar wird. Sie lehren ihn, wie ihre Funktion ihren Schöpfer zu überdauern, seine Intentionen hinter sich zu lassen vermag; wie die Aufnahme durch seine Zeitgenossen ein Bestandteil der Wirkung ist, die das Kunstwerk heute auf uns selber hat, und wie die letztere auf der Begegnung nicht allein mit ihm, sondern mit der Geschichte beruht, die es bis auf unsere Tage hat kommen lassen.«[11]

---

9 Ebd., Bd. I: Katalog der Ausstellung. Hrsg. von Reiner Haussherr. 6. verbesserte Aufl. – Stuttgart: Cantz 1977, S. Vf.

10 Badisches Landesmuseum Karlsruhe: Barock in Baden-Württemberg. Vom Ende des Dreißigjährigen Krieges bis zur Französischen Revolution. Bd. I–II. – Karlsruhe 1981, Bd. I: Katalog, S. 5.

11 Walter Benjamin: Eduard Fuchs, der Sammler und der Historiker. – In: ders.: Gesammelte Schriften. Bd. II/2: Aufsätze, Essays, Vorträge. Hrsg. von Rolf Tiedemann, Hermann Schweppenhäu-

Diese Begegnung mit der Geschichte, speziell unserer deutschen Geschichte, ist auch in der Beschäftigung mit dem sogenannten Barock nicht nur unausweichlich, sondern geboten, willkommen und wo immer möglich (in kontrollierter Weise) herbeizuführen.

Drei thematisch aufeinander abgestimmte internationale Barock-Kongresse zur höfischen, zur populären und zur gelehrten Kultur im 17. Jahrhundert liegen hinter uns. Die Herausgeber der Akten zur *nobilitas litteraria* und ihrer Institutionen, mit denen wir zum Kernbereich bürgerlich-gelehrter Mentalitätsgeschichte im 17. Jahrhundert vordrangen, haben ihrerseits auf diese Konfiguration und ihre zukünftigen Perspektiven Bezug genommen.

> Das fünfte Jahrestreffen des Internationalen Arbeitskreises für Barockliteratur [...] setzte mit seinem Rahmenthema die kultur- und sozialgeschichtlichen Fragestellungen der vorangegangenen Treffen fort [...]. Während das sechste Jahrestreffen 1988 der europäischen Barockrezeption gewidmet sein wird, könnten spätere Kongresse diese Reihe thematisch wiederaufnehmen (z.B. Literatur, Kirche und Konfession in der Frühneuzeit; Literatur und Individualität in der Frühneuzeit).[12]

Ich möchte nicht nur die eminente Vordringlichkeit der beiden vorgeschlagenen weiteren Kongreßthemen unterstreichen, sondern zugleich betonen, daß auch dieser Kongreß nicht jenseits der so wohldurchdachten Sequenz angesiedelt ist, sondern ihr uneingeschränkt und ausnahmslos im Sinne des Benjaminschen Diktums zugehört. Wenn wir Glück haben und der Kongreß auch nur in Umrissen dem gestellten Thema genügen wird, dann werden wir mehr vernehmen als die unendliche Geschichte der Meinungen, Theorien, Erkenntnisse, Spekulationen, Bemühungen über und um eine Epoche, welcher erst so spät ein Name zuteil wurde, der bis heute nicht aufgehört hat, Streit auszulösen. Wir würden vielmehr herangeführt an die sukzessive Formation des Bildes der zur Rede stehenden Epoche. Und zwar so, daß wir uns diese Formation nicht als schlichte Kumulation von Wissen und auch nicht als mehr oder weniger stetigen Prozeß in der Gewinnung einer optimalen geschichtlichen Tiefenperspektive vorstellen dürfen. Sondern eben so, daß dem unstreitigen Zuwachs unserer Erkenntnis auf der einen Seite unübersehbare Defizite, Lücken, Abbrüche auf der anderen gegenüberstehen, die den schönen Schein der Kontinuität zu zerstreuen geeignet sind.

---

ser. – Frankfurt a.M.: Suhrkamp 1977, S. 465–505, S. 467. Dazu mit der einschlägigen Literatur Klaus Garber: Benjamins ästhetische Theorie der Rezeption. – In: ders.: Rezeption und Rettung. Drei Studien zu Walter Benjamin. – Tübingen: Niemeyer 1987 (= Studien und Texte zur Sozialgeschichte der Literatur; 22), S. 16–20: Von Engels zu Benjamin: Der Fuchs-Aufsatz. Zum Kontext auch die parallele Arbeit von Heinrich Kaulen: Rettung und Destruktion. Untersuchungen zur Hermeneutik Walter Benjamins. – Tübingen: Niemeyer 1987 (= Studien zur deutschen Literatur; 94).

12 Res publica litteraria. Die Institutionen der Gelehrsamkeit in der Frühen Neuzeit. Hrsg. von Sebastian Neumeister, Conrad Wiedemann. – Wiesbaden: Harrassowitz 1987 (= Wolfenbütteler Arbeiten zur Barockforschung; 14), S. Xf.

Ließe sich nicht vielleicht gerade an dieser Stelle eine triftige Differenz zwischen der eingeführten Gattung des Forschungsberichts und der vergleichsweise jüngeren Disziplin der Rezeptionsgeschichte ausmachen? Wo jener neben den zwangsläufigen Desiderata vor allem den Kenntnis- und Erkenntniszuwachs registriert, legt diese idealiter immer auch die geschichtlichen Kräfte frei, die die Aneignung der Vergangenheit steuern, stößt also zwangsläufig auf Fragen, die einmal gestellt, aber nicht beantwortet, auf Hoffnungen, die einmal geweckt, aber nicht befriedigt, auf Ansätze, Seitenpfade und Umwege, die einmal versucht und schließlich doch nicht begangen wurden. Mit anderen Worten: Dieser Kongreß mag mit dazu beitragen, wieder in Erinnerung zu rufen, daß die Epoche, um die wir uns in unserem Arbeitskreis stetig bemühen, wie jede andere nicht unabhängig von ihrer Rezeption daliegt und unter Absehung von ihr betrachtet werden kann, sondern im Medium ihrer Adaptation sich entfaltet und lebt, so daß auch unser heutiger Zugang desto intensiver und erfolgreicher zu werden verspricht, je mehr er sich sättigt mit Erinnerung an die Vorgänger, und das gerade auch im Blick auf die gegenwärtig nicht favorisierten Fragen und Methoden. Denn wie eine jede Epoche ihre vernachlässigten Bezirke, so hat jede Geschichte ihrer Auslegung beschattete Zonen, vielleicht gar inkriminierte oder allzu früh abgebrochene Erzählungen. Aber alle – und nur das sollte unsere Einleitung in Erinnerung rufen – gehorchen nicht nur wissenschaftsinternen, methodisch keimfreien Laboratoriumsbedingungen, sondern sind imprägniert von Entwürfen, Interessen, Zielen in der je eigenen Gegenwart, in denen wir im Umgang mit der Vergangenheit stets auch unsere Zukunft entwerfen.

II Aktualität des Barock?
Eine wissenschaftsgeschichtliche Vergewisserung

Die Wissenschaft von der Literatur und Kunst des Barockzeitalters ist – wenn hier zunächst vom deutschsprachigen Raum gesprochen werden darf – in der glücklichen Lage, über eine Reihe teils methodisch vorbildlicher, teils materialiter reichhaltiger, weit über die Fachgrenzen hinausreichender wissenschaftsgeschichtlicher Arbeiten zu verfügen, wie sie in dieser Form weder für die Renaissance bzw. für den Humanismus noch die Aufklärung auf deutschem Boden bereitstehen. Auch fünfzehn Jahre nach dem Erscheinen von Hans-Harald Müllers *Barockforschung: Ideologie und Methode. Ein Kapitel deutscher Wissenschaftsgeschichte 1870–1930* sehe ich – möglicherweise im Gegensatz zum Verfasser – nicht, was an den Untersuchungsergebnissen einschneidend zu korrigieren, wo das Bild lückenhaft geblieben, der Ansatz zu relativieren wäre.[13] Die entscheidende, weil konstitutive Phase wenigstens der deutschsprachigen Barockforschung in der Kunst- wie der Literaturwissenschaft ist mit diesem Werk in den wesentlichen Etappen und in den Grundzügen aufgeklärt – ein Sachverhalt, der sich eben auch in dem Umstand

---

13 Hans-Harald Müller: Barockforschung. Ideologie und Methode. Ein Kapitel deutscher Wissenschaftsgeschichte 1870–1930. – Darmstadt: Thesen-Verlag 1973 (= Germanistik; 6).

spiegelt, daß die Kongreßleiter zu vielen der von Müller behandelten – und das heißt nun tatsächlich analysierten – Autoren keine neuen Beiträge erhielten und die Probleme offensichtlich bis auf weiteres als erledigt betrachtet wurden. Vermutlich dürfte es nur in weiter ausholenden Monographien oder methodisch anders – etwa institutionsgeschichtlich – angelegten Arbeiten gelingen, über die bislang erzielten Resultate etwa zu Scherer, zu Wölfflin, Riegl und Worringer, zu Strich, Nadler und Cysarz, aber auch etwa zu Gundolf und Ermatinger, am Rande auch zu Günther Müller hinauszugelangen. Daß man die Arbeit Müllers gern bis 1945 oder vielleicht sogar bis zum Einsatz der zweiten Phase der Barockforschung in den frühen sechziger Jahren fortgeführt gesehen hätte, versteht sich.

Die von Müller glücklich gehandhabte exemplarische, der Argumentation einzelner Autoren kritisch folgende Behandlung dieser dreißig Jahre zwischen dem Abklingen der ersten und dem Einsatz der zweiten um das Barock zentrierten Forschungsphase bleibt ungeachtet des literaturintensiven Forschungsberichts von Brauneck für die Jahre zwischen 1940 und 1965 ein dringendes Desiderat.[14] Daß wir darüber hinaus das 18. wie das 19. Jahrhundert in wesentlichen Etappen und Beiträgen zur Erschließung des 17. Jahrhunderts wenigstens in Umrissen zu übersehen vermögen, verdanken wir auf der einen Seite der monumentalen, auch entlegenste kritische und kulturhistorische Zeugnisse beibringenden Untersuchung von Herbert Jaumann, am Rande auch der schmaleren Studie von Volkmar Braunbehrens, auf der anderen Seite den monographischen Rezeptionsgeschichten etwa zu Opitz und zu Lohenstein, die als eigene Gattung neben der Epochenrezeption ein ergiebiges und ausbaufähiges Beobachtungsfeld abgeben.[15] Nehmen wir hinzu, daß die deutsche Barockforschung in ihrer ›heroischen Phase‹ der zwanziger Jahre durch die Dokumentation Richard Alewyns und die internationale Barockforschung bis in die Mitte der siebziger Jahre durch diejenige Wilfried Barners in ihren repräsentativen Stimmen vergegenwärtigt und in beiden Fällen durch knappe, aber perspektivenreiche, nach wie vor nicht voll ausgeschöpfte Einleitungen eröffnet sind, so scheint dem reflexiven Anspruch in bezug auf das deutsche 17. Jahrhundert gerade im Vergleich mit anderen Epochen Genüge getan.[16]

---

14 Manfred Brauneck: Deutsche Literatur des 17. Jahrhunderts – Revision eines Epochenbildes. Ein Forschungsbericht 1945–1970. – In: Deutsche Vierteljahrsschrift für Literaturwissenschaft und Geistesgeschichte 45 (1971), (Sonderheft Forschungsreferate), S. 378–468.

15 Herbert Jaumann: Die deutsche Barockliteratur. Wertung – Umwertung. Eine wertungsgeschichtliche Studie in systematischer Absicht. – Bonn: Bouvier 1975 (= Abhandlungen zur Kunst-, Musik- und Literaturwissenschaft; 181); Volkmar Braunbehrens: Nationalbildung und Nationalliteratur. Zur Rezeption der Literatur des 17. Jahrhunderts von Gottsched bis Gervinus. – Berlin: Spiess 1974; Klaus Garber: Martin Opitz – ›der Vater der deutschen Dichtung‹. Eine kritische Studie zur Wissenschaftsgeschichte der Germanistik. – Stuttgart: Metzler 1976; Alberto Martino: Daniel Casper von Lohenstein. Storia della sua ricezione. Vol. I: 1661–1800. – Pisa: Athenaeum 1975, deutsche Übersetzung von Heribert Streicher. – Tübingen: Niemeyer 1978. Vgl. von Martino auch: The Tradition of the Baroque. – In: German Baroque Literature. The European Perspective. Ed. by Gerhart Hoffmeister. – New York: Ungar 1983, pp. 357–377.

16 Deutsche Barockforschung. Dokumentation einer Epoche. Hrsg. von Richard Alewyn. 4. Aufl. – Köln, Berlin: Kiepenheuer & Witsch 1970 (= Neue wissenschaftliche Bibliothek; 7); Der literari-

Das Merkwürdige, Irritierende und Beunruhigende ist aber darin zu suchen, daß die gegenwärtige und vornehmlich im Umkreis Wolfenbüttels sich abspielende Barockforschung ohne wesentliche Fühlung mit dieser ihr doch dargebotenen eigenen Tradition operiert. Hier waltet offensichtlich ein ähnliches Verhältnis nobler Gleichgültigkeit vor wie in dem viel erörterten zwischen poetologischer Theorie und dichterischer Praxis im 17. Jahrhundert selbst. Hat sich nicht auch die Dichtung des Zeitalters ihre Wege unabhängig von den mühseligen Kodifizierungen, Rezepten, Schablonen über *imitatio, variatio, aemulatio* des jeweils reichhaltig Vorgegebenen gesucht? Aber was dort im Bereich der dichterischen Praxis produktiv und legitim ist, wiederholt sich auf der wissenschaftlichen, der literarhistorischen Ebene nicht ungestraft. Der allzu seltene und eben selten anders denn in partieller Zustimmung oder Ablehnung erfolgende Rückbezug auf die Forschungstradition wird mitverantwortlich sein für das denkwürdige Kuriosum, daß in ein und derselben Wissenschaft in einer Sparte die plausibelsten Argumente für und gegen einen Epochenbegriff wie den des Barock vorgetragen und in einer anderen ohne erkennbaren Bezug zur Diskussion in der unmittelbaren Nachbarschaft vielfach ganz unbesehen an ihm festgehalten oder von ihm Abschied genommen wird, ohne daß literatur- und wissenschaftsgeschichtliche Vertreter miteinander ins Gespräch gekommen wären und wechselseitig voneinander hätten lernen können.

Es sollte eine der vordringlichen Aufgaben dieses Kongresses sein, nicht nur auf eine Abstellung dieses wenig erquicklichen Zustandes hinzuwirken, sondern vor allem auch zu klären, ob wir es hier mit einer typisch deutschen Diskurs-Variante zu tun haben. Dem Germanisten steht kein Urteil über die nichtdeutschen Philologien zu. Täuscht jedoch nicht alles, so scheint sich dieser denkwürdige Hiat zwischen hochentwickelter Meta-Diskussion um das Barock, die eben dieses Jahr ihren hundertsten Geburtstag begeht, wenn man sie mit Wölfflins *Renaissance und Barock* aus dem Jahre 1888 für eröffnet hält, und gediegener literarhistorischer Arbeit an eben der nämlichen Epoche in den letzten fünfundzwanzig Jahren so schroff bei unseren Nachbarn nicht aufzutun. Entsprechend wird man feststellen dürfen, daß die Reserve gegenüber dem prekären Begriff bezeichnenderweise in England oder auch in den Niederlanden merklich blieb und die Erschließung des Zeitraumes zwischen der zweiten Hälfte des 16. und dem Ende des 17. Jahrhunderts nicht primär gesteuert wurde durch die parallele Diskussion um Wesen, Manifestationen und Grenzen des Barock.[17] Und umgekehrt dürfte gelten, daß nach

---

sche Barockbegriff. Hrsg. von Wilfried Barner. – Darmstadt: Wissenschaftliche Buchgesellschaft 1975 (= Wege der Forschung; 358).

17 Es ist symptomatisch, daß die aufwendigsten Arbeiten zum sogenannten englischen Literaturbarock von deutscher Seite stammen. Vgl. etwa Paul Meissner: Die geistesgeschichtlichen Grundlagen des englischen Literaturbarocks. – München: Hueber 1934. Vorangegangen war Werner Paul Friederich: Spiritualismus und Sensualismus in der englischen Barocklyrik. – Wien, Leipzig: Braumüller 1932 (= Wiener Beiträge zur englischen Philologie; 57). Zur Forschung: Lothar Fietz: Fragestellungen und Tendenzen der anglistischen Barock-Forschung. – In: Deutsche Vierteljahrsschrift für Literaturwissenschaft und Geistesgeschichte 43 (1969), S. 752–763. Bezeichnend auch, daß ein deutscher Kenner der niederländischen Verhältnisse den Barock-Begriff bewußt vermeidet und statt dessen sachlich angemessen vom 17. Jahrhundert spricht. Vgl. Erich Trunz:

EUROPÄISCHES BAROCK UND DEUTSCHE LITERATUR 159

einer erheblichen Phasen-Verzögerung spätestens seit der Mitte des 20. Jahrhunderts der Barock-Begriff einen derart triumphalen Einzug in der italienischen und spanischen, teilweise auch in der französischen Literaturgeschichtsschreibung hielt, daß er nur allzusehr dazu angetan sein mußte, die eminenten Konstitutionsprobleme vergessen zu machen, die mit ihm verknüpft bleiben.[18] Von dieser Zusammen-

---

Dichtung und Volkstum in den Niederlanden im 17. Jahrhundert. Ein Vergleich mit Deutschland und ein Überblick über die niederländisch-deutschen Beziehungen in diesem Jahrhundert. – München: Reinhardt 1937 (= Schriften der Deutschen Akademie in München; 27). Hier heißt es treffend:»In der langen Auseinandersetzung der germanischen Völker mit dem Geist des Altertums und der romanischen Renaissance stand Holland im 17. Jahrhundert an bedeutsamer Stelle und fand gültige Lösungen, wie England in der Zeit Shakespeares, Deutschland in der Zeit Goethes.« (Vorwort). Entsprechend auch Johan Huizinga: Holländische Kultur des 17. Jahrhunderts. Ihre sozialen Grundlagen und nationale Eigenart. – Jena: Diederich 1933 (= Schriften des Deutsch-Niederländischen Instituts Köln; 1), S. 5ff. Die große neuere deutsche Untersuchung wahrt diese begriffliche Reserve wenigstens im Titel: Ulrich Bornemann: Anlehnung und Abgrenzung. Untersuchungen zur Rezeption der niederländischen Literatur in der deutschen Dichtungsreform des siebzehnten Jahrhunderts. – Assen, Amsterdam: Van Gorcum 1976 (= Respublica literaria Neerlandica; 1). Im Text selbst ist dann ohne Begründung wiederholt die Rede vom ›Frühbarock‹ für die ersten Jahrzehnte des 17. Jahrhunderts.

18 Für Italien sei hier nur verwiesen auf die zuletzt erschienenen Sammelbände: Barocco in Italia e nei paesi slavi del sud. A cura di Vittore Branca e Sante Graciotti. – Firenze: Olschki 1983 (= Civiltà veneziana; 37) (mit Schwerpunkt auf dem slawischen Barock); Il segno barocco. Testo e metafora di una civiltà. A cura di Gigliola Nocera. – Roma: Bulzoni 1983 (= Biblioteca di storia e cultura; 1); Barocco romano e barocco italiano. Il teatro, l'effimero, l'allegoria. A cura di Marcello Fagiolo, Maria Luisa Madonna. – Roma: Gangemi 1985 (= Roma. Storia, cultura, immagine; 1). Des weiteren seien erwähnt die Monographien bzw. Aufsatzsammlungen von Franco Croce: Tre momenti del barocco letterario italiano. – Firenze: Sansoni 1966 (= La civiltà europea); Giulio Carlo Argan: Immagine e persuasione. Saggi sul barocco. A cura di Bruno Contardi. – Milano: Feltrinelli 1986 (= Opere di Giulio Carlo Argan). Für Spanien liegt ein exzellenter Forschungsbericht von Emilio Carilla vor: Manierismo y barroco en las literaturas hispánicas. – Madrid: Ed. Gredos 1983 (= Biblioteca Románica Hispánica. II: Estudios y ensayos; 332). Hier auch eingehend über die zahlreichen Beiträge zum Problem von Helmut A. Hatzfeld. An weiteren Untersuchungen sei hier nur verwiesen auf die parallele materiale Arbeit von Carilla: El barroco literario hispánico. – Buenos Aires: Ed. Nova 1969 (= Biblioteca Arte y ciencia de la expresión) und auf Emilio Orozco Díaz: Manierismo y barroco. 2. ed. – Madrid: Ed. Cátedra 1975, sowie auf José Antonio Maravall: La cultura del barroco. Análisis de una estructura histórica. – Barcelona: Ed. Ariel 1975 (= Letras e ideas. Maior; 7). Als Einzelstudie: Calderón and the Baroque Tradition. Ed. by Kurt Levy, Jesús Ara, Gethin Hughes. – Waterloo/Can.: Wilfrid Laurier University Press 1985, sowie die Antología del entremés barroco. Ed. de Celsa Carmen García Valdés. – Barcelona: Plaza & Janés 1985 (= Clásicos Plaza y Janés; 41) mit einer wichtigen Bibliographie pp. 129–139; Joachim Küpper: Diskurs-Renovatio bei Lope de Vega und Calderón. Untersuchungen zum spanischen Barockdrama. Mit einer Skizze zur Evolution der Diskurse in Mittelalter, Renaissance und Manierismus. – Tübingen: Narr 1990 (= Romanica Monacensia; 32). Ich danke Herrn Küpper, daß ich das seinerzeit unpublizierte Manuskript bereits vor Kongreßbeginn einsehen durfte. Hier die gesamte einschlägige ältere und neuere Literatur zum Barock-Problem in Spanien. Für Portugal sei hier nur am Rande verwiesen auf die Einleitungen (mit Bibliographien) zu den beiden Lyrik-Anthologien: Apresentação da poesia barrôca portuguêsa. Introdução: Segismundo Spina. Seleção, estabelecimento do texto e notas: Maria Aparecida Santilli. – Assis: Faculdade de Filosofia, Ciências e Letras 1967, pp. 5–59; Poetas do período barroco. Ed. Maria Lucília Gonçalves Pires. – Lisboa: Ed. Comunicação 1985 (= Colecção textos literários; 41), pp. 15–55. Dazu Afrânio dos Santos Coutinho: Aspectos da literatura barroca. Tese de concurso. – Rio de Janeiro: Noite 1950, p. 120ss.; Francisco Casado Gomes [e.a.]: Aspectos do barroco em Portugal, Espanha e Brasil. –

kunft sollte ein Resümee und Fazit zu erwarten sein, wie es sich in der vergleichenden Betrachtung stets am schärfsten konturiert.

Dieser Erörterung ist hier nicht vorzugreifen. Beschränken wir uns, um dem Kernbereich dieses Beitrags, der Skizze einer Epochen-Theorie, näherzutreten, auf eine einzige exemplarische Inspektion. Die Romanistik hat noch zu Beginn der achtziger Jahre einen annähernd tausend Titel verarbeitenden Literaturbericht zur romanischen Barockliteratur aus der Feder von August Buck entgegennehmen dürfen – eine beneidenswerte Ausgangslage für jedwede Fortführung des Internationalen Fachgesprächs.[19] »Den überzeugendsten Beweis für die Praktikabilität und die Fruchtbarkeit des Barock-Begriffs liefert seine Verwendung in der einschlägigen Forschung, [...].« Die ist in dem vielstimmigen Chor überwältigend, darf aber nicht hindern, die Legitimität des Begriffs immer wieder zu befragen. »Mag auch der Barock der letzte in der Reihe der universalen europäischen Stile gewesen sein, hat er doch von der Romania seinen Ausgang genommen und sich dort zu seiner größten Blüte entfaltet.«[20] Das vernimmt der Germanist lieber als die über Jahrzehnte sich erstreckenden und nicht abreißenden Spekulationen über die besonderen Prädispositionen des germanischen Geistes zum barocken Stilgebaren. Gewiß kommen bei Buck auch die Kritiker des Barock-Begriffs zu Wort, an der Spitze Benedetto Croce. Aber das sind vereinzelte Stimmen und vor allem solche, die an der Einheit der Epoche der Klassik im französischen 17. Jahrhundert festhalten. Im übrigen gruppiert sich das Barockbild nach Buck poetologisch um eine merkliche Subjektivierung des Schöpfungsvorganges mit entsprechender Aufwertung der Phantasie, des Ingeniums auf seiten des Poeten, der Präponderanz des Stils und des Artifiziellen auf seiten des Werkes; thematisch um die aus der deutschen Barockfor-

---

Porto Alegre: Ed. Sulina 1972 (= Instituto Estadual do Livro). Zur französischen Barock-Diskussion – bekanntlich eröffnet vor allem durch die Arbeiten von Tapié und Rousset – sei hier nur verwiesen auf den schönen Sammelband der Cerisy-Kolloquien: Figures du Baroque. Ed. par Jean-Marie Benoist. – Paris: Presses Universitaires de France 1983 (= Croisées), sowie auf André Baiche: La naissance du baroque français. Poésie et image de la Pléiade à Jean de La Ceppède. – Toulouse: Association des Publications de l'Université de Toulouse-Le Mirail 1976 (= Publications de l'Université de Toulouse-Le Mirail. Série A; 31) und auf Mitchell Greenberg: Detours of Desire. Readings in the French Baroque. – Columbus: Ohio State University Press 1984. Vgl. im übrigen auch die thematischen Schwerpunkt-Hefte der *Revue Internationale Baroque* (Montauban) sowie der *Studi Francesi* (Torino). Von deutscher Seite der glänzende Problem-Prospekt von Wilfried Floeck: Die Literarästhetik des französischen Barock. Entstehung, Entwicklung, Auflösung. – Berlin: Schmidt 1979 (= Studienreihe Romania; 4) sowie Jürgen von Stackelberg: Französische Literatur. Renaissance und Barock. Eine Einführung. – München, Zürich: Artemis 1984 (= Artemis-Einführungen; 13). Als kritischer Führer: Daniela Dalla Valle: Barocco e Classicismo nella letteratura francese del Seicento. Antologia di testi critici. – Ravenna: Longo 1976 (= Pleiadi; 1). Zum historischen Kontext: L'Etat baroque. Regards sur la pensée politique de la France du premier XVIIe siècle. Textes réunis sous la direction de Henry Méchoulan. – Paris: Vrin 1985 (= Histoires des idées et des idéologies) (Text-Anthologie mit eingehenderen Vorworten und Kommentaren).

19 August Buck: Forschungen zur romanischen Barockliteratur. – Darmstadt: Wissenschaftliche Buchgesellschaft 1980 (= Erträge der Forschung; 130). Hier auch die zahlreichen weiteren Arbeiten Bucks zum Problem aufgeführt.

20 Ebd., S. VIIf.

schung hinlänglich bekannten Dualismen, die Überblendung der Unbeständigkeit als Grunderfahrung in allen Formen der Bewegung, die Priorisierung des Artefakts vor der Natur, die Sensualisierung des Mythos; stilistisch um den exzessiven Metaphern-Kult, den »ins Maßlose übersteigerte[n] Gebrauch der Antithese«, die Vorliebe für das Oxymoron, für das Hyperbaton etc.[21] Diese Merkmale werden als sogenannte ›barocke Züge‹ in den Gattungen wiedergefunden und in vielen Fällen wie schon hundert Jahre vorher bei Wölfflin auf ein ihnen zugrundeliegendes ›barockes Lebensgefühl‹ zurückgeführt.[22]

Bedenkenswert an dem Buckschen Modell dürfte auf der einen Seite der Versuch sein, die hier in Abbreviatur versammelten Charakteristika in einer epochalen Krisensituation zu verankern, auf die sogleich zurückzukommen sein wird, und die Epochen-Struktur im Schnittpunkt von stilistischen, thematischen und gattungsspezifischen Pattern zu suchen. Problematisch hingegen erscheint auf der anderen Seite das axiomatische Ausdrucksmodell, demzufolge Dichtung immer wieder auf ein bestimmtes barockes ›Lebensgefühl‹ zurückgeführt wird, das doch nirgends anders existent ist als in den herangezogenen Texten selbst und folglich nicht zugleich einen Erklärungsgrund für eben diese abzugeben vermag; problematisch erscheint das einfache parataktische Neben- und Nacheinander von Thema, Stil und Gattung, das nicht in einer wie auch immer gearteten ästhetischen Theorie vermittelt ist und deshalb die wiederkehrende Inanspruchnahme eines isolierten ästhetischen Segments für die epochale und also im vorliegenden Fall barocke Physiognomie begünstigt, wo doch allenfalls aus der Konfiguration oder Konstellation entsprechender signifikanter Befunde eine Begriffs-Konstitution denkbar wäre; problematisch erscheint schließlich die daraus folgende Neigung zur metaphorischen Handhabung des Barock-Begriffs. Sind Lopes Dramen aufgrund ihrer gigantischen Ausmaße und ihrer Fülle, Camões' *Lusiaden* aufgrund ihrer bereits im Proömium bekundeten Tendenz zur Überbietung, Racines Dramen aufgrund ihrer Grundsubstanz der Leidenschaften etc. ›barock‹, so verliert der Epochenbegriff gerade im Blick auf die Renaissance jedwede Kontur und nähert sich einer umgangssprachlichen legeren charakterisierenden Bezeichnung.[23] Er kann nicht am Leib der Dichtung umstandslos abgelesen und in klassifizierenden Merkmalsreihen summativ zusammengezogen werden, sondern ersichtlich nur das Resultat einer epochentheoretischen Konstruktion sein. Und die erfreut sich unter Literaturwissenschaftlern oftmals weniger großer Beliebtheit.

Bevor wir eine kleine Exkursion in diese Richtung unternehmen, muß ein Bedenken freilich noch aus dem Weg geräumt werden. Wir haben genug warnende Stimmen im Ohr, behutsam und pfleglich mit eingeführten Epochenbegriffen umzugehen. Ich schließe mich diesen Stimmen vorbehaltlos an. Noch dringlicher aber erscheint es mir, der immer noch kurrenten Vorstellung zu begegnen, als sei die Arbeit an der geschichtlichen Profilierung von Epochen und entsprechender No-

---

21 Ebd., S. 77.
22 Ebd., S. 77 u.ö.
23 Vgl. das wichtige Gattungs-Kapitel in: Buck (Anm. 19), S. 84–152.

menklaturen ein – wo nicht müßiges, so doch – sekundäres Geschäft gegenüber der in jedem Fall vorrangigen literarhistorischen Arbeit in der Bereitstellung und Erschließung von Texten bzw. Textgruppen und der Eruierung ihrer jeweils spezifischen Kontexte, Traditionen, Rezeptionen etc.[24] Es bedarf an dieser Stelle nicht des umständlichen Beweises, daß ein jeder Schritt im Text- und Kontext-Gefüge, ob methodisch expliziert oder nicht, ob bewußt oder nicht, gesteuert und geleitet wird von dem apriorischen Epochenverständnis. Daß also die Wissenschaft immer wieder innehält und sich dieser ihrer vielleicht vornehmsten heuristischen Vorgabe zuwendet, wäre schon aus methodischen Gründen ein unabweisbares Postulat.

Doch kommt etwas anderes hinzu. In der Zusammenführung der diversen historischen und speziell literarhistorischen Detailaktivitäten zum Aufbau eines Epochen-Konstrukts versichert sich die Forschergemeinschaft nicht nur ihres leitenden historischen Steuerungsinstrumentes, das noch über den Gattungen zu hierarchisieren ist. Vielmehr legt sie in der Abgrenzung von und in der Vermittlung mit den anderen und speziell den benachbarten Epochen zugleich die Basis für die Linien der literarischen Evolution und damit auch für die Markierung des Fluchtpunktes, auf den diese nicht nur zuläuft, sondern von dem aus sie konstruiert wird. In diesem Sinne verständigt sich der an der Erforschung der jeweiligen Epoche beteiligte Personenkreis immer zugleich über beides, die Epochenfixierung mit ihren diversen Binnenstrukturen und die Gewichtung der heterogenen Traditionsbestände, wie die Einpassung in die epochenübergreifenden Prozesse der *longue durée* und damit die Statuierung einer wie auch immer zäsurierten und diskontinuierlichen Diachronie. Insofern ist der Aufarbeitung der Rezeptionsgeschichte der Anspruch beigesellt, diese im stets neuen Entwurf eines rezeptionsgeschichtlich gesättigten Epochenbildes zu bewähren, in dem die bewahrenswerten – und häufig zwischenzeitlich vergessenen oder obsolet gewordenen – Züge ebenso aufgehoben sind wie die problematischen, fragwürdigen, unzutreffenden nun mit Grund eliminiert.

III Das Zeitalter der Krisis

Das vielleicht wichtigste Zwischenergebnis bei der Bemühung um den Begriff ›Barock‹ scheint sich derzeit auf einem Terrain abzuzeichnen, auf dem man es am wenigsten erwartet hätte, im Bereich der im weitesten Sinne gesamthistorischen Fundierung. Das Bild mag noch unscharf sein, den Historiker in seinen Merkmalen und Pointierungen noch nicht befriedigen, in seinen nationalen Differenzierungen wie in seinen supranationalen Verzahnungen noch zu wünschen übrig lassen – in seiner

---

24 Zur Epochentheorie: Epochenschwellen und Epochenstrukturen im Diskurs der Literatur- und Sprachhistorie. Hrsg. von Hans Ulrich Gumbrecht, Ursula Link-Heer. Unter Mitarbeit von Friederike Hassauer, Armin Biermann, Ulrike Müller-Charles, Barbara Ullrich. – Frankfurt a.M.: Suhrkamp 1985 (= Suhrkamp-Taschenbuch Wissenschaft; 486); Epochenschwelle und Epochenbewußtsein. Hrsg. von Reinhart Herzog, Reinhart Koselleck. – München: Fink 1987 (= Poetik und Hermeneutik; 12). Dazu Peter Por: Epochenstil. Plädoyer für einen umstrittenen Begriff. – Heidelberg: Winter 1982 (= Reihe Siegen. Beiträge zur Literatur- und Sprachwissenschaft; 37).

Tendenz dürfte es längerfristig eine annehmbare, konsensfähige Gestalt gewinnen. Ob man in der Romanistik herüberschaut zu August Buck in der Italianistik, zu Gerhart Schröder in der Hispanistik, zu Wolfgang Floeck in der Französistik, ob zu Andreas Angyal oder Tibor Klaniczay in der Slawistik, ob zu Hugh Trevor-Roper und R.J.W. Evans in der Geschichtswissenschaft, um hier nur einige wenige Namen zu nennen – von den älteren Arbeiten etwa Gustav René Hockes oder Arnold Hausers und anderer zu schweigen – : Über die Philologien und Disziplinen hinweg und teilweise bis in die Titelgebung der großen Monographien hinein hat sich die Gepflogenheit durchgesetzt, die zur Rede stehende Epoche unabhängig von der Benennung mit dem Signum der ›Krise‹ zu versehen.[25] Nun ist dieser Begriff nach dem jahrzehntelangen inflationären Gebrauch für wenigstens jedes Jahrhundert, wo nicht jedes Jahrzehnt der nachmittelalterlichen neueren europäischen Geschichte, wenig dazu angetan, Vertrauen zu erwecken und gar als fundierende Kategorie einer Epochentheorie zu figurieren. Immerhin ist es den verschiedenen Disziplinen inzwischen gelungen, hinlänglich tragfähige Kriterien namhaft zu machen, die zusammengeführt und wechselseitig aufeinander bezogen eine respektable Kohärenz erlangen. Der Literatur- bzw. Kulturhistoriker wird in diesem Zusammenhang mit einer gewissen Faszination beobachten, wie ein zentrales und in gewisser Weise vielleicht dominantes Moment in einer durch zahllose Faktoren bestimmten Konstellation und ein zumal in der deutschen Geisteswissenschaft und Religionssoziologie ehemals lebhaft favorisiertes Paradigma eine gewisse Renaissance und im Kontext neuer Disziplinen und Erklärungsmuster auch eine neue Plausibilität erhält: das konfessionsgeschichtliche Argument.[26] Krise meint dann mentalitätsgeschichtlich insonderheit Zusam-

---

25 Vgl. Buck: Forschungen zur romanischen Barockliteratur (Anm. 19), S. 32ff.: Krise, Krisenbewußtsein und Lebensgefühl; Gerhart Schröder: Logos und List. Zur Entwicklung der Ästhetik in der frühen Neuzeit. – Königstein/Ts.: Athenäum 1985, S. 20ff. u.ö.; Wilfried Floeck: Die Literarästhetik des französischen Barock (Anm. 18), S. 54–63: Die Krise der Moral als Parallelerscheinung (zur Orientierung der Kunst an der Natur), S. 64–71: Eine weitere Parallele: die Krise der Erkenntnislehre; Andreas Angyal: Die slawische Barockwelt. – Leipzig: Seemann 1961, passim (zur Forschungsgeschichte auch der bekannte Aufsatz von Angyal: Das Problem des slawischen Barocks. – In: Der literarische Barockbegriff (Anm. 16), S. 329–359 (Beitrag aus dem Jahr 1956/57 mit einem Nachtrag 1970)); Tibor Klaniczay: Renaissance und Manierismus. Zum Verhältnis von Gesellschaftsstruktur, Poetik und Stil. Aus dem Französischen übersetzt von Reinhard und Evelyn Gerlach. – Berlin/DDR: Akademie-Verlag 1977 (= Literatur und Gesellschaft), passim, insbesondere S. 79–133: Die Krise der Renaissance und der Manierismus; Hugh Redwald Trevor-Roper: Religion, the Reformation and Social Change. And Other Essays. – London: Macmillan 1967, deutsche Übersetzung unter dem Titel: Religion, Reformation und sozialer Umbruch. Die Krisis des 17. Jahrhunderts. Mit einem Vorwort des Autors zur deutschen Ausgabe. Aus dem Englischen von Michael Erbe. – Frankfurt a.M., Berlin: Propyläen 1970. Vgl. auch den wichtigen Sammelband: Crisis in Europe 1560–1660. Essays From Past and Present. Ed. by Trevor Aston. – London: Routledge & Kegan Paul 1965, 5. Aufl. 1975. Dazu R.J.W. Evans: Rudolf II and His World. A Study in Intellectual History 1576–1612. – Oxford: Clarendon Press 1973, deutsche Übersetzung unter dem Titel: Rudolf II. Ohnmacht und Einsamkeit. – Wien, Graz, Köln: Styria 1980; J.H. Elliot: Das geteilte Europa 1559–1598. – München: Heyne 1980 (= Heyne-Geschichte; 35).

26 Dazu mit der einschlägigen Literatur Heinz Schilling: Die Konfessionalisierung im Reich. Religiöser und gesellschaftlicher Wandel in Deutschland zwischen 1555 und 1620. – In: Historische Zeitschrift 246 (1988), S. 1–45.

menbruch der religiösen Leitbilder, Fragwürdigkeit der kirchlich-institutionell sanktionierten Identifikationsangebote, Diversifikation heterogener Konfessionen mit allen aus dieser Paralyse der *una societas christiana* resultierenden tiefen und vielfach bezeugten Verunsicherungen.[27]

Ihr korrespondieren die parallele Verfestigung und Ausdifferenzierung der staatlichen Strukturen. Sie erfolgt einerseits, wie vor allem von dem Kirchenrechtler und Historiker Martin Heckel herausgearbeitet, im engsten Wechselspiel mit den sich formierenden konfessionellen Parteiungen, wobei beide Partner in diesem Bündnis sich zugleich stärken und schwächen.[28] Auf der anderen Seite ist in dem beim Staatsaufbau am weitesten fortgeschrittenen Land Europas, in Frankreich, bereits in den sechziger Jahren des 16. Jahrhunderts zu beobachten, wie die konfessionelle Fessel gelockert, wo nicht abgestreift wird und sich insbesondere die Beamten- und Parlamentselite zum Fürsprecher eines konfessionell nicht länger tingierten, sondern über den konfessionellen Parteiungen sich erhebenden und diese zu partialen Kräften herabsetzenden nationalen und in diesem Sinne eine neue säkulare Einheit unter den Bürgern stiftenden Bewußtseins macht.[29] Dieser im einzelnen divergent und phasenverschoben verlaufende National- bzw. Territorialstaats-Bildungsprozeß ist verschränkt mit der langfristigen Verlagerung und Umschichtung der Handelswege und -zentren sowie einer gerade auf deutschem Boden allenthalben zu belegenden Umklammerung der Kommunen durch die territorialen Gewalten mit wiederum allen Folgen der Verunsicherung und Beschwörung althergebrachter Freiheiten, der Geißelung neuer und im Hof sich verdichtender Kräfte, deren moralisches, theologisches, epistemologisches Verdikt die von den modernen Zentren ausgehende Bedrohung nur um so sinnfälliger macht.[30] Nimmt man in eher sozialgeschichtlicher Optik die funktionalen Umgruppierungen in den adligen Führungsschichten, den Aufstieg der gelehrten Beamteneliten, die nicht abreißenden, sondern sich eher verschärfenden Konkurrenzverhältnisse zwischen dem alten Adel und den neuen staatstragenden Schichten, aber auch zwischen den Patrizier-Oligarchien und den Spitzen des Gelehrtenstandes in Gestalt der juristischen Funktionsträger bei gleichzeitiger Stagnation, wo nicht partiellem Absinken

---

27 So schon tiefdringend Walter Benjamin: Ursprung des deutschen Trauerspiels. – In: ders.: Gesammelte Schriften. Bd. I. Hrsg. von Rolf Tiedemann, Hermann Schweppenhäuser. – Frankfurt a.M.: Suhrkamp 1974, S. 203–430, S. 257, S. 317f. Dazu eingehender Klaus Garber: Rezeption und Rettung (Anm. 11), S. 89ff., S. 110ff.

28 Martin Heckel: Deutschland im konfessionellen Zeitalter. – Göttingen: Vandenhoeck & Ruprecht 1983 (Deutsche Geschichte; 5. – Kleine Vandenhoeck-Reihe; 1490), Kapitel 1: ›Konfession und Staatsgewalt‹, S. 9ff.

29 Dazu mit weiterer Literatur Klaus Garber: Paris, die Hauptstadt des europäischen Späthumanismus. Jacques Auguste de Thou und das Cabinet Dupuy. – In: Res publica litteraria (Anm. 12), S. 71–92 [wiederabgedruckt in bearbeiteter Version in: ders.: Literatur und Kultur im Europa der Frühen Neuzeit. Gesammelte Studien. – München: Fink 2009, S. 419–442].

30 An einem besonders instruktiven Beispiel gezeigt von Wilhelm Kühlmann, Walter E. Schäfer: Rompler und die ›Aufrichtige Gesellschaft von den Tannen‹ im Nachwort zu: Des Jesaias Romplers von Löwenhalt erstes gebüsch seiner Reim-getichte 1647. – Tübingen: Niemeyer 1988 (= Deutsche Neudrucke. Reihe Barock; 38), S. 67*–82*.

der traditionellen mittelständischen Schichten hinzu,[31] so dürften diese leicht aus anderen Bereichen zu ergänzenden Stichworte hinreichen, um wenigstens die Umrisse einer hinlänglich spezifizierten Epoche der Frühen Neuzeit zu vergegenwärtigen, die nun unter kultur- und speziell literarhistorischen Fragestellungen erneut ins Auge zu fassen ist. Zu beginnen ist mit schlichten, dennoch unverächtlichen Fragen der Chronologie.

In den sechziger Jahren des 16. Jahrhunderts wird der konfessionelle Konflikt und die mit ihm einhergehende Bedrohung der Krone in Frankreich manifest. In den fast drei Jahrzehnten bis zur Regentschaft Heinrichs IV. fällt die unter Franz I. stabil geschmiedete monarchische Zentralgewalt im Gefolge der die Nation aufwühlenden, in der Bartholomäusnacht gipfelnden Auseinandersetzung mehrfach aus. Dann verlagert sich das konfessionelle und politische Ringen in die Niederlande und nach Böhmen, die den beiden katholischen Habsburger Vormacht-Bastionen Madrid und Wien im Zeichen eines militanten Calvinismus und im Pochen auf republikanische bzw. ständische Libertät die Stirn bieten. Hernach ergreift der Brand das Heilige Römische Reich, in dem Katholiken und Protestanten in den dreißiger Jahren des 16. Jahrhunderts bereits zusammengestoßen waren, überzieht fast alle Territorien und Kommunen mit Krieg und nötigt manche mehr als einmal in den rasch wechselnden militärischen Konstellationen auch zu wechselnden konfessionellen Optionen. Während in Frankreich bis in die zweite Jahrhunderthälfte die auch konfessionell motivierte Fronde aufflackert, Polen die Integration vielfältiger Sektenbewegungen und Bekenntnisse abseits des Staats-Katholizismus zu bewerkstelligen hat, wird England seit Jakob I. nahezu das gesamte 17. Jahrhundert in einen Bürgerkrieg hineingezogen, in dem sich, wie jüngst von Peter Wende gezeigt, ein ganzes Bündel heterogener Motive verschränkt, in dem jedoch neben den konstitutionellen Beweggründen die konfessionellen ihr massives Recht behaupten, bevor zu später Stunde 1688 in einem inzwischen erschöpften Land ein Ausgleich und eine weit in das 18. Jahrhundert vorausweisende Lösung gefunden wird, die – ungeachtet aller insularen Besonderheiten – den Status eines die Epoche beschließenden Geschichtszeichens beanspruchen darf.[32]

---

31 Klaus Garber: Zur Statuskonkurrenz von Adel und gelehrtem Bürgertum im theoretischen Schrifttum des 17. Jahrhunderts. Veit Ludwig von Seckendorffs ›Teutscher Fürstenstaat‹ und die deutsche ›Barockliteratur‹. – In: Hof, Staat und Gesellschaft in der Literatur des 17. Jahrhunderts. Hrsg. von Elger Blühm, Jörn Garber, Klaus Garber. – Amsterdam: Rodopi 1982 (= Daphnis; 11), S. 115–143 (in diesem Band S. 883–906); Luise Schorn-Schütte: Prediger an protestantischen Höfen der Frühneuzeit. Zur politischen und sozialen Stellung einer neuen bürgerlichen Führungsgruppe in der höfischen Gesellschaft des 17. Jahrhunderts, dargestellt am Beispiel von Hessen-Kassel, Hessen-Darmstadt und Braunschweig-Wolfenbüttel. – In: Bürgerliche Eliten in den Niederlanden und in Nordwestdeutschland. Studien zur Sozialgeschichte des europäischen Bürgertums im Mittelalter und in der Neuzeit. Hrsg. von Heinz Schilling, Herman Diederiks. – Köln, Wien: Böhlau 1985 (= Städteforschung. Veröffentlichungen des Instituts für vergleichende Städtegeschichte in Münster. Reihe A: Darstellungen; 23), S. 275–336.

32 Die Literatur nach wie vor am umfassendsten in europäischer Perspektive im Handbuch der europäischen Geschichte. Hrsg. von Theodor Schieder. Bd. III: Die Entstehung des neuzeitlichen Europa. – Stuttgart: Union 1971. Das erwähnte Werk von Peter Wende: Probleme der englischen Revolution. – Darmstadt: Wissenschaftliche Buchgesellschaft 1980.

Es ist nun von erheblicher Tragweite, daß die beiden Länder in Westeuropa, die von der – zumindest zeitweiligen – konfessionellen Spaltung verschont bleiben bzw. abweichende Positionen wie die der Reformkatholiken und Protestanten zu marginalisieren bzw. wie die der Juden und Morisken zu verdrängen wissen, daß also Italien und Spanien, die auf die literarische Entwicklung in dem sogenannten ›Zeitalter des Barock‹ in Europa einen nicht hoch genug zu veranschlagenden Einfluß nehmen, von der hier thematisierten Krisenerfahrung nicht nur am Rande berührt, sondern zutiefst und im Blick auf die Literatur gattungsbestimmend ergriffen wurden, und zwar am frühesten, nämlich noch vor Ausbruch des europäischen konfessionellen Schismas. 1494 ist heute in der Geschichts- wie in der Kunst- und Literaturwissenschaft ein anerkanntes, in seinen weit über Italien hinausreichenden Konsequenzen zunehmend sich konkretisierendes Schlüsseldatum der italienischen wie der europäischen politischen und kulturellen Geschichte. Der Einbruch zunächst Karls VIII., dann Ludwigs XII. in Neapel und Mailand, des weiteren das Ringen zwischen Spanien und Frankreich um die Vorherrschaft auf der Apennin-Halbinsel und schließlich die Konsolidierung der französischen Herrschaft im Norden, der spanischen im Süden besiegeln das Ende der Autonomie des führenden Landes der europäischen Renaissance und den Zusammenbruch des relativen kräftepolitischen Gleichgewichts der italienischen Pentarchie zwischen Venedig, Mailand, Florenz, Rom und Neapel, wie er in dem *Sacco di Roma* drastisch und in ganz Europa mit Schrecken wahrgenommen manifest wurde. Spanien aber erlebt bereits in der Mitte des 16. Jahrhunderts den Abstieg von den Höhen der Macht als führendes Weltreich. Um es mit den Worten eines der besten Spanien-Kenner des Zeitraums zu sagen:

> Anders als im übrigen Europa schlägt der Versuch der Konstruktion eines modernen Staates in Spanien fehl; er hinterläßt die spanische Gesellschaft als Scherbenhaufen. Anders auch als in Italien: kleinteiliger in seiner politischen und administrativen Struktur, wird dieses Land von den Krisen des Frühkapitalismus nicht in so extremer Weise getroffen wie Spanien. In den anderen großen Nationen Europas vollzieht sich in der Epoche des Absolutismus allmählich eine Umstrukturierung der gesellschaftlichen Ordnung von Grund auf. In Spanien zeichnet sich mit dem Rückfall auf frühere Strukturen, die doch nicht mehr den gleichen Stellenwert haben können, das Bild einer zunehmenden Desintegration ab. Die spanische Krone zerstört bei dem Versuch, die Einheitlichkeit des Territoriums herzustellen, rücksichtslos die überkommenen gesellschaftlichen Strukturen. Die Unterdrückung und Vertreibung minoritärer Gruppen (Juden, moriscos) nach Jahrhunderten des Zusammenlebens bewirkt das Gegenteil von dem, was mit einer solchen Maßnahme beabsichtigt war: sie hat verhängnisvolle Folgen nicht nur im sozialen, sondern auch im wirtschaftlichen Bereich, was sich wiederum als zerstörerischer Faktor in den überkommenen sozialen Strukturen auswirkt. Im Lauf des 17. Jahrhunderts kann aufgrund des wirtschaftlichen Debakels auch die höhere Aristokratie den traditionellen Ansprüchen der Repräsentation nicht mehr nachkommen.[33]

Aus literaturwissenschaftlicher Optik besitzt das Epochenrelief unabhängig von der vorerst noch ausgeklammerten Frage der Nomenklatur eine gewisse Plausibilität.

---

33 Gerhart Schröder: Logos und List (Anm. 25), S. 98.

Wir besitzen bislang keine Geschichte der europäischen Literatur, die uns nach dem unumgänglichen Einsatz in Italien und Spanien die Infiltration, Spiegelung und Verarbeitung des angedeuteten konfessionellen und politischen Ringens vergleichend und ins Detail führend schildern würde. Besäßen wir sie – einzelne Paradigmen dürften sich schon jetzt in jeder Philologie namhaft machen lassen, und von einem europäischen soll sogleich noch die Rede sein –, dann würde gewiß bekräftigt werden können, was hier nur als These und Heuristikum formuliert werden darf, daß nämlich der Zerfall der christlichen Welt mit allen angstbesetzten Konsequenzen und die verzweifelte Suche nach Auswegen aus der politischen und staatlichen ebenso wie aus der weltanschaulichen und religiösen Krise das kardinale, die Gattungen und Formen übergreifende Thema des angesprochenen Zeitraums bleibt und vor allem in den Großformen des Romans, des Theaters, des Dramas sowie in den publizistischen Medien des Flugblatts, der – zu wenig untersuchten – Flugschrift und der Emblematik seine vornehmliche Heimstatt hat. Die in der Barockforschung allzu selten gestellte Wertfrage in der Textinterpretation dürfte gerade im Blick auf die Integration der angedeuteten zeitgeschichtlichen Probleme in das Werk zu exponieren sein.

Wenn ein Epos oder Lehrgedicht wie Opitzens *TrostGedichte Jn Widerwertigkeit Deß Krieges*, das dramatische Werk des Andreas Gryphius, der heroische Roman Anton Ulrichs oder Lohensteins immer noch einen Impuls auszulösen vermögen, so rührt dies auch daher, daß das aus ihnen sprechende tiefe Leiden an den Bedingungen menschlichen Daseins zugleich als ein geschichtlich distinktes zur Darstellung gelangt, so daß eine auf Seins- und Wesensbestimmungen fixierte Literaturwissenschaft diesen Zeitkern, an dem die ästhetische Wirkung vor allem haftet, verfehlt, wohingegen der strikt historisch verfahrenden Betrachtung die Chance eignet, in der Konzentration auf die Verschränkung von temporalem und metaphysischem Gehalt und ihrer bildlichen Chiffrierung der Kräfte auch für das Nachleben der Texte inne zu werden. Wenn Opitz in epischer Tradition sein Lehrgedicht den nationalen Schicksalsfragen der Nation in Deutschland weit öffnet und Mittel und Wege findet, sie derart zu gestalten, daß dem Bild eine appellative Kraft zukommt und der in die dichterische Welt eingegangene Impetus eine unvermindert aktualisierbare Wirkung zu entfalten imstande ist, so dürfte das auch der Exemplifizierung etwa in den Hugenotten- und Remonstranten-Partien des Werks geschuldet sein.[34]

---

34 Versuche derartiger Analysen etwa bei Karl-Heinz Habersetzer: Politische Typologie und dramatisches Exemplum. Studien zum historisch-ästhetischen Horizont des barocken Trauerspiels am Beispiel von Andreas Gryphius' ›Carolus Stuardus‹ und ›Papinianus‹. – Stuttgart: Metzler 1985 (= Germanistische Abhandlungen; 55); Werner Lenk: Absolutismus, staatspolitisches Denken, politisches Drama. Die Trauerspiele des Andreas Gryphius. – In: Studien zur deutschen Literatur im 17. Jahrhundert. Autorenkollektiv: Heinz Entner, Werner Lenk (Leiter des Autorenkollektivs), Ingrid Schiewek, Ingeborg Spriewald. – Berlin/DDR, Weimar: Aufbau-Verlag 1984, S. 252–351; Elida Maria Szarota: Lohensteins Arminius als Zeitroman. Sichtweisen des Spätbarock. – Bern, München: Francke 1970; Maria Munding: Christentum als absolute Religion und religiöse Toleranz in der späten ›Octavia‹ und im Leben Anton Ulrichs zu jener Zeit. – In: ›Monarchus poeta‹. Studien zum Leben und Werk Anton Ulrichs von Braunschweig-Lüneburg. Hrsg. von Jean-Marie Valentin. – Amsterdam: Rodopi 1985 (= Chloe. Beihefte zum Daphnis; 4), S. 105–133; Klaus

Die Feuerprobe dieser kleinen (aber nicht improvisierten) Epochentheorie wird also an den Texten und nirgends sonst gemacht. Es wäre von großem Reiz, wenigstens ein Paradigma vorzuführen. Ein Versuch wurde am Beispiel der weitverzweigten europäischen Arkadien-Dichtung gemacht.[35] Der Einsatz ist geradezu idealtypisch in Konsonanz mit unserem Epochen-Fixpunkt zu markieren. Zwischen 1485 und 1502 entsteht in Neapel ein Schlüsselwerk nicht nur der europäischen Schäferdichtung, sondern zugleich der kleinen erzählerischen Form überhaupt in der Nachfolge Boccaccios: Iacopo Sannazaros *Arcadia*. Nicht leicht wird man dem – bislang nur durch den Editor Michele Scherillo im Jahr 1888 angebahnten und dann wieder in Vergessenheit geratenen – Ergebnis der historischen Exegese Glauben schenken mögen. Und doch: Das Werk einer Gattung, die landläufiger Vorstellung nach auf harmonische Interaktionsformen angelegt zu sein scheint, Konflikte, Tragik, Schuld aus ihrer fiktiven Organisation vermeintlich konsequent eliminiert, leiht seine Stimme in radikaler, die pastorale Szene von innen sprengender politischer Allegorik der geschichtlichen Tragödie des Untergangs Neapels und damit der Aragonesischen Dynastie, die in den humanistischen Kreisen um Pontano und Sannazaro zumal in der Gestalt des den Künsten und Wissenschaften aufgeschlossenen Regenten Alfons I. Vertrauen und Sympathie erworben hatte. Derart steht ein volkssprachiges, in ganz Europa wahrgenommenes und rezipiertes Werk am Beginn der neueren Gattungsgeschichte, mit dem die neulateinischen wie volkssprachigen Eklogen-Experimente zwischen Dante und Pontano zu einem Abschluß geführt werden.

Weit davon entfernt, jener heiteren Utopie wunschlos-glücklichen Daseins im Liebes-Paradies des Goldenen Zeitalters aus dem Geist der Renaissance zu entspringen, zeichnet die *Arcadia* – und dies durchaus in Übereinstimmung mit den Vorbildern Theokrit und Vergil – der Gattung Pastorale in den Großformen des Dramas und Romans eine dunkle, ja abgründige Linie ein, die sich aus ihrer Geschichte bis zum Beginn der Aufklärung nicht wieder verlieren wird. Erinnert sei nicht nur an Tassos *Aminta* und Guarinis *Pastor fido*, in denen die forcierte gegenreformatorische Bewegung einmal als Leidensdruck, einmal in rigider Bekräftigung ihre unübersehbaren Spuren hinterläßt, sondern mehr noch an den spanischen Schäferroman, der von Montemayors *Diana* bis hin zu Lopes *Arcadia* von Ernüchterung, von Desillusionierung, ja mehrfach von abgründigem Pessimismus geprägt ist. Auch der Eklogenkranz Spensers, der Schäferroman Sidneys, in denen die englische Pastorale ihren Gipfel erreichen, sind in ihrer motivischen Substanz wie in ihren ästhetischen Lösungsangeboten nur verständlich, solange wie die konfessionelle Erschütterung

---

Garber: Martin Opitz. – In: Deutsche Dichter des 17. Jahrhunderts. Ihr Leben und Werk. Unter Mitarbeit zahlreicher Fachgelehrter hrsg. von Harald Steinhagen, Benno von Wiese. – Berlin: Schmidt 1984, S. 116–184, S. 145ff. (in diesem Band S. 563–639).

35 Extrakte z.B. in: Utopieforschung. Interdisziplinäre Studien zur neuzeitlichen Utopie. Bd. I–III. Hrsg. von Wilhelm Voßkamp. – Stuttgart: Metzler 1982, Bd. II, S. 37–81: Arkadien und Gesellschaft. Skizze zur Sozialgeschichte der Schäferdichtung als utopischer Literaturform Europas; Formen pastoralen Erzählens im frühneuzeitlichen Europa. – In: Internationales Archiv für Sozialgeschichte der deutschen Literatur 10 (1985), S. 1–22 [beide Beiträge eingegangen in: Literatur und Kultur im Europa der Frühen Neuzeit (Anm. 29), S. 217–274, S. 301–322].

auch auf dem insularen Boden und die Sorge um die Sicherung des protestantischen Bekenntnisses unter Elisabeth I. im Blick bleiben. Vielleicht hat überhaupt niemand in der bewegten Geschichte der politisch-allegorischen Ekloge den Sannazaroschen Impuls konsequenter aufgenommen und in den visionären Katastrophenszenarien verarbeitet als Spenser. Selbst ein so durchgebildeter Ordnungsentwurf wie die d'Urfésche *Astrée* lebt nicht nur aus der Spannung von adliger Selbstbehauptung und monarchischer Autokratie, sondern ebenso (wenngleich verborgener und gleichfalls noch kaum wahrgenommen) von dem nicht abreißenden Experiment, die in Bewegung geratene schäferliche Welt nicht nur moralisch, sondern auch konfessionell wieder zu befrieden, weil andernfalls die staatliche Sphäre, als deren Repräsentanten Céladon und Astrée fungieren, bedroht und gefährdet bleibt.

Hat man sich schließlich durch die selten überragende, historisch jedoch überaus signifikante deutsche Produktion hindurchgearbeitet, so wird man mit Fug feststellen dürfen, daß das Kriegsgeschehen wie nichts sonst das gattungsübergreifende, alles beherrschende Thema der auf Frieden, Versöhnung, Harmonie ausgerichteten Literaturform ist. Eine Überwindung des europäischen Dramas, wenn dieses Kürzel hier verwendet werden darf, zeichnet sich erst ab, als unter dem Einfluß vornehmlich des englischen Deismus die in der Gattung seit je favorisierte Betrachtung der Natur nicht nur ihr neues philosophisches Relief erhält, sondern in eins damit das Vertrauen in die Potentialität gelingender menschlicher Interaktionsformen sich wiederherstellt und die *parva societas* der Schäfer- und Landleute den Charakter einer vorweggenommenen menschheitlichen Verbrüderung annimmt, in der soziale, religiöse und geschichtliche Schranken als gewordene gefallen und eine im Innersten gute Menschheit sich im paradiesischen Urzustand wiedererkennt. Spätestens mit Thomsons *Seasons* ist dieser Scheitelpunkt in der Gattungsgeschichte erreicht.

IV Humanismus versus Barock im 17. Jahrhundert

Ein Paradigma von vielen möglichen und geeignet vielleicht, die Sinnfälligkeit der skizzierten gesamthistorischen Epochen-Problematik im Spiegel der Literatur zu bekräftigen. Doch nun darf die Frage der Nomenklatur nicht länger umgangen werden. Es wäre die Aufgabe, die Barock-Diskussion und die mit ihr verschränkte Manierismus-Problematik vor dem angedeuteten geschichtlichen Hintergrund in wiederum europäischer Perspektive fortschreitend von Land zu Land zu entfalten. Denn Fragen der Epochenbildung und Nomenklatur können nicht ad libitum vertagt und zwischenzeitlich allenfalls dilatorisch und interimistisch behandelt werden. Sie sind so wichtig wie die literarhistorischen Fragen im engeren Sinn. Das Gespräch muß also kontinuierlich und mit Leidenschaft geführt werden.[36]

---

36 Als parallel hinzuzunehmender Versuch: Klaus Garber: Stadt-Kultur und Barock-Begriff. Zur Kritik eines Epochenbegriffs am Paradigma der bürgerlich-gelehrten humanistischen Literatur des 17. Jahrhunderts. – In: Europäische Städte im Zeitalter des Barock. Gestalt – Kultur – Sozialgefü-

Auf einem Osnabrücker Kongreß ›Nation und Literatur im Europa der Frühen Neuzeit‹ wurde 1986 ein Rundgang durch die Nationalliteraturen Westeuropas angetreten und versucht, ihre formativen, von Land zu Land wechselnden Bedingungen seit der Frührenaissance im Trecento herauszuarbeiten.[37] Verweilen wir bei dem deutschen Exempel, so gibt es schwerlich noch eine ernsthafte Diskussion darüber, daß der europakonforme, auf die neulateinische wie die deutschsprachige Literatur vornehmlich Italiens, Frankreichs, der Niederlande und ihrer aller Fundament in der römischen Literatur zurückgreifende deutsche Beitrag um 1600 bei Martin Opitz und den Seinen zu suchen ist. Und zwar in den drei maßgeblichen Zentren der Pfalz einschließlich des Oberrheins, sodann Schlesiens und schließlich Mitteldeutschlands im Umkreis der ›Fruchtbringenden Gesellschaft‹ – literarischen Landschaften also, die alle erkennbare Fühlung mit der reformierten Konfession unterhalten.[38] Es ist die gleiche Zeit, da die konfessionspolitischen Parteiungen auf deutschem Boden in Gestalt der Liga und Union sich formieren, die *nobilitas litteraria* in ihren führenden Köpfen – geschult an Frankreich und den Niederlanden – nach einem überkonfessionellen nationalen Ausweg sucht und die nationale Sache eben auch und zugleich als literarische, nämlich nationalsprachige begreift. Wie aber läßt sich diese Bewegung, gruppiert um Schede Melissus und Denaisius, um Bernegger und Lingelsheim, Zincgref und Weckherlin, um Opitz und Schwabe von der Heyde, Colerus und Cunrad, Czepko und Apelles von Löwenstern, um die Werders und Hübner, schließlich um Ludwig von Anhalt-Köthen selbst und ungezählte andere zwischen 1570/80 und 1620/30 in einem treffenden Namen zusammenführen, der die sachlich unzweifelhaft existierende und von den Akteuren durchaus empfundene, im Bewußtsein der Zeit fraglos vorhandene Gemeinsamkeit prägnant zum Ausdruck bringen würde?

Die These sei riskiert, daß sich kein einziger Grund für das Charakteristikum ›barock‹ im Zusammenhang mit diesen Gründergestalten der neueren deutschen Literatur namhaft machen läßt. Was hier geschieht, läßt sich auf die allenthalben in Westeuropa vollzogene bzw. nahezu parallel sich vollziehende Umstellung des Literatursystems auf die antike – sprich römische – Literatur und ihre modernen Ableger im neulateinischen und nationalsprachigen Idiom zurückbeziehen. Für diesen vielleicht folgenreichsten Umschwung der neueren deutschen Literaturgeschichte aber sind genügend eingeführte Begriffe im Umlauf, lauten sie nun Renaissance, Humanismus, Klassizismus, Späthumanismus etc. Sie hatten bis zum

---

ge. Hrsg. von Kersten Krüger. – Köln, Wien: Böhlau 1988 (= Städteforschung. Veröffentlichungen des Instituts für vergleichende Städtegeschichte in Münster. Reihe A: Darstellungen; 28), S. 93–119 (in diesem Band S. 123–149).

37 Nation und Literatur im Europa der Frühen Neuzeit. Akten des ersten Internationalen Osnabrücker Kongresses zur Kulturgeschichte der Frühen Neuzeit. Hrsg. von Klaus Garber. – Tübingen: Niemeyer 1989 (= Frühe Neuzeit; 1).

38 Vgl. mit der einschlägigen Literatur Klaus Garber: Zentraleuropäischer Calvinismus und deutsche ›Barock‹-Literatur. Zu den konfessionspolitischen Ursprüngen der deutschen Nationalliteratur. – In: Die reformierte Konfessionalisierung in Deutschland. Das Problem der ›Zweiten Reformation‹. Hrsg. von Heinz Schilling. – Gütersloh: Mohn 1986 (= Schriften des Vereins für Reformationsgeschichte; 195), S. 317–348 (in diesem Band S. 919–954).

Jahre 1916, als Fritz Strich seinen bekannten Versuch unternahm, die Wölfflinschen Begriffe an der deutschen Lyrik des 17. Jahrhunderts durchzuspielen, keinerlei Konkurrenz durch einen Barock-Begriff zu erleiden, dessen Kontamination mit einem spezifisch germanischen Ausdruckswillen bei Strich offenkundig zutage liegt, sondern trafen den historischen Zusammenhang ungeachtet aller ästhetischen Werturteile exakt, man denke an Max von Waldbergs *Deutsche Renaissance-Lyrik* aus dem Jahre 1888, an Karl Borinskis *Poetik der Renaissance und die Anfänge der literarischen Kritik in Deutschland* aus dem Jahre 1886, oder auch an Stachels *Seneca und das deutsche Renaissancedrama* aus dem Jahr 1907.

Hat die Forschung – um hier bei der Lyrik zu bleiben – von Strich über Cysarz, Müller und Fricke bis hin zu ihren jüngsten Historikern Volker Meid und Hans-Georg Kemper genügend Argumente bei der Hand, um diese vergleichsweise junge Redeweise des 20. Jahrhunderts zu legitimieren und zu substantiieren? Kempers beiden Achsen-Bänden III und IV ›Barock-Mystik‹ – ›Barock-Humanismus‹ sehen wir mit Erwartung auch unter diesem Aspekt entgegen.* Die schöne Einführung Volker Meids in die *Barocklyrik* innerhalb der Sammlung Metzler hebt an mit dem entwaffnenden Geständnis, daß der im Titel verwendete Epochenbegriff keinerlei Verbindlichkeit erheische. »Wenn [in der Darstellung] gelegentlich vom ›Barock‹ die Rede ist, so wird der Begriff – ohne ideologischen Nebensinn – nur als alternative Bezeichnung für den Zeitraum von etwa 1600 bis 1720 verstanden.«[39] D.h. er ist gänzlich konventionalisiert, jeder Semantik bar und einzig verwendet, um einen etwas über hundert Jahre währenden Zeitraum pragmatisch und vielleicht aus Gründen stilistischer *variatio* zusammenzufassen. Meid hat selbst in seiner kurz vorher erschienenen Einleitung zur Interpretation von Gedichten aus Renaissance und Barock die literaturhistorischen – und was heißt das in diesem Zeitraum anders als die traditionsgeschichtlichen – Bezüge klargestellt. »Von deutscher (d.h. deutschsprachiger) Renaissancelyrik läßt sich im 16. Jahrhundert nur bedingt sprechen.«[40] Warum? Weil die deutsche Renaissance im späten 15. und im 16. Jahrhundert von verschwindend geringen Ausnahmen im neulateinischen Medium statthat, das eben erst mit Opitz und den Seinen eingedeutscht wird und im übrigen, wie auch von Meid betont, bis tief in das 17. Jahrhundert sich behauptet. Dies sind eindeutige Argumente für den Begriff Renaissance oder die, wie es bei Meid korrekt heißt, »Neuorientierung der deutschen Dichtung auf humanistischem Fundament[.]«[41] Aber eben nicht ein einziges Argument für den Band selbst: *Renaissance und Barock*! Müssen wir uns damit abfinden, ihn nur noch zu titularischen

---

* [Vgl. jetzt die einschlägigen Bände innerhalb der großangelegten Geschichte der frühneuzeitlichen Lyrik von Hans-Georg Kemper: Die deutsche Lyrik der frühen Neuzeit. Bd. I–VI/3. – Tübingen: Niemeyer 1987–2006. Hierin insbesondere Bd. II: Konfessionalismus (1987), Bd. IV/1: Barock-Humanismus: Krisen-Dichtung (2006), Bd. IV/2: Barock-Humanismus: Liebeslyrik (2006)].

39 Volker Meid: Barocklyrik. – Stuttgart: Metzler 1986 (= Sammlung Metzler; 227), S. VII.
40 Gedichte und Interpretationen. Bd. I: Renaissance und Barock. Hrsg. von Volker Meid. – Stuttgart: Reclam 1982 (= Reclams Universal-Bibliothek; 7890), S. 16.
41 Ebd., S. 17.

Zwecken verwendet zu sehen? Ist es dann nicht konsequenter – so Paul Derks 1985 in seinem kleinen, aber gehaltreichen Beitrag zu Steinhagens Literaturgeschichte bei Rowohlt – gleich das Titel-Paradoxon zu wählen, das die Dinge auf den Punkt bringt: ›Deutsche Barocklyrik als Renaissancelyrik‹.[42] Nochmals: Warum? Weil

> die deutsche Literatur durch Martin Opitz [...] und sein *Buch von der deutschen Poeterey* [...] Anschluß gefunden hatte an die internationalen Standards der europäischen Renaissance italienisch-französischer und niederländisch-englischer Prägung, einer verspäteten zwar, aber notwendig, um aus der provinziellen Enge der von den Pastoren besorgten Kirchenliederdichtung und der knittelverselnden Paarreimlyrik heraus zu europäischem Format zu gelangen, wenigstens dem Anspruch nach. Renaissance aber ist nicht nur ein Messen mit der literarischen Moderne, sondern auch mit deren Grundlage und Anstoß, der antiken Dichtung der mediterranen Welt.[43]

Daß es hier um mehr geht als um müßige Begriffs-Spielereien, läßt sich rasch verdeutlichen. Zu halten wäre der Begriff, soll er anderes sein denn eine zeitliche Marge, nur, wenn eine von zwei Operationen gelingen würde. Entweder müßte gezeigt werden, daß die deutsche mit Opitz anhebende klassizistische Dichtung Merkmale aufweist, die sie von der vorangehenden Renaissanceliteratur trennen und also einen Begriffswechsel plausibel machen würde, oder aber den Rezeptionsparadigmen müßte selbst schon eine augenfällige barocke Qualität eignen. Beides ist ersichtlich nicht der Fall und ein entsprechender Nachweis nicht zu führen. Niemand wird die Opitzschen Vorbilder, heißen sie nun Petrarca, Veronica Gambara oder Bembo, Ronsard, Baïf oder du Bellay, Heinsius, Grotius, Scaliger oder die Beiträger des *Bloemhof* als Dichter mit typisch barocken Zügen einstufen wollen. Und steht es anders mit der Lyrik Garcilasos, Montemayors oder Boscáns, Sidneys, Barclays oder Spensers? Eines der wenigen gesicherten Ergebnisse der sogenannten Barockforschung ist in jedem Fall, daß Opitz und die Seinen einen genauen Blick für die kunstvolle, aber eben niemals stilistisch überfrachtete poetische Diktion bei der Wahl ihrer ausländischen Vorbilder an den Tag legten.

Erinnert sei einen Moment lang an Opitzens theoretischen Erstling, den *Aristarchus*. Er läßt sich über weite Strecken als Klage des eben Zwanzigjährigen über den Verfall des ehrwürdigen Latein in der Gegenwart lesen, und das nicht, um das Deutsche als Literatursprache an seine Stelle zu setzen, sondern aus Verachtung und Mißtrauen gegenüber einem Sprachgebaren, in dem das Wie über das Was, der Hang zur ausgefallenen Wendung, zur ›Manier‹ so eindeutig dominiert, das Gleichgewicht zwischen der Sache und dem Schmuck, *res* und *ornatus*, zuungunsten der ersteren verschoben ist. Wilhelm Kühlmann hat dies überzeugend gezeigt.[44]

---

[42] Paul Derks: Deutsche Barocklyrik als Renaissancelyrik. – In: Zwischen Gegenreformation und Frühaufklärung. Späthumanismus, Barock. 1572–1740. Hrsg. von Harald Steinhagen. – Reinbek bei Hamburg: Rowohlt 1985 (Deutsche Literatur. Eine Sozialgeschichte; 3. – rororo; 6252), S. 385–393.
[43] Ebd., S. 385f.
[44] Wilhelm Kühlmann: Gelehrtenrepublik und Fürstenstaat. Entwicklung und Kritik des deutschen Späthumanismus in der Literatur des Barockzeitalters. – Tübingen: Niemeyer 1982 (= Studien

Gäbe es einen zuverlässigeren Indikator für Opitzens nun im Deutschen ein Leben lang praktizierten Werkstil? Als ›vorbarocken Klassizismus‹ hat Alewyn dessen Duktus bekanntlich getauft und damit exakt die hier vorherrschende Stillage getroffen. Der Begriff war aber weiter konzipiert und von Alewyn geprägt für »jene Gruppe von Dichtern (die sogenannte Erste Schlesische Schule) [...], die sich vor den Eingang des Barockjahrhunderts lagert«,[45] von uns aber – und zweifellos in Übereinstimmung mit dem späteren Alewyn – auszudehnen ist auf weitere Dichtergruppen. Ob man zu den am frühesten nach den Schlesiern sich artikulierenden Leipzigern schaut, zu Fleming und Gloger, Finckelthaus und Brehme, Homburg und Schoch – von Schein gar nicht zu reden –, ob zu den Königsbergern Dach und Albert, Robertin und Kaldenbach – von den Kapellmeistern Eccard und Stobaeus wiederum nicht zu reden –, ob nach Danzig zu Albinus und Titz, nach Elbing zu Bärholtz und den Zamehls, nach Riga zu den Hörnicks und den Wittes, nach Reval zu den Freunden Flemings, Brockmann und Timotheus Polus an der Spitze, ja selbst nach Hamburg zu Rist und Zesen, Greflinger und Schwieger – welch eine Vielfalt der Talente, ja durchaus auch der individuellen Töne, die wir in einer neuen Geschichte der deutschen Lyrik gerne nach Landschaften gegliedert und in individuellen Porträts vergegenwärtigt wüßten. Aber nirgends doch lyrische Entwürfe, die sich jenseits des von Opitz und seiner unmittelbaren Schule Vorgegebenen bewegen würden, nicht in der Stilhaltung, nicht in der Thematik, nicht im Gattungsrepertoire.

Und verschiebt sich das Bild gravierend nach der Mitte des Jahrhunderts, wie uns die Literaturgeschichten von Müller, von Viëtor, von Hankamer etc. glauben machen wollen? Gewiß ist die Freude am Gebrauch der in kurzer Frist souverän beherrschten metrischen und klanglichen Register der deutschen Sprache bei den Nürnbergern, der metaphorischen und concettistischen Volten bei den späten Schlesiern unübersehbar. Doch handelt es sich hier nicht um eine typische Erscheinung des gattungsgebundenen Schreibens, insofern nämlich, nachdem das Terrain gewonnen ist, nun das immanente künstlerische Formgesetz der Abwechslung und Überbietung in seine Rechte tritt, die vorgegebenen Möglichkeiten des lyrischen Sprechens mit sicherem Kunstverstand bis an die Grenzen des in der Gattung Zulässigen durchgespielt und einem sachverständigen Publikum zum Erweis der Qualitäten deutscher Sprachkunst dargeboten werden? Soll diese immanente Weiterbildung des artistischen Arsenals, wie sie die moderne Gattungsästhetik, aber auch die moderne ästhetische Theorie etwa Adornos überzeugend sehen gelehrt hat, die Einführung eines neuen Terminus wie den des Barock rechtfertigen, der ersichtlich nur als Epochenbegriff einen Sinn gäbe, zur Kennzeichnung stilistischer Varianten und Evolutionen aber nicht hinreichend fundiert wäre?

---

und Texte zur Sozialgeschichte der Literatur; 3), S. 255–266: Caspar Barth und Martin Opitz. Der neulateinische Manierismus und die Begründung der muttersprachlichen Kunstdichtung.

45 Richard Alewyn: Vorbarocker Klassizismus und griechische Tragödie. Analyse der ›Antigone‹-Übersetzung des Martin Opitz. – In: Neue Heidelberger Jahrbücher N.F. 1926, S. 3–63. Neudruck Darmstadt: Wissenschaftliche Buchgesellschaft 1962 (= Libelli; 79), S. 53.

Die erwähnten Dichternamen sind den Kennern der Lyrik des 17. Jahrhunderts noch vertraut; fast alle haben sie – und sei es mit einem einzigen Beitrag – Eingang wenigstens in eine der Lyriksammlungen gefunden, die wir zum 17. Jahrhundert besitzen. Hinter ihnen aber stehen Dutzende, nein Hunderte, die uns nicht mehr vertraut sind und die uns nur noch begegnen, wenn wir uns die Muße nehmen zu reisen und das städtische Gelegenheitsschrifttum vor Ort inspizieren, denn dort alleine ist es (wenn überhaupt) heute noch zu lesen. Es hat die schwersten Verluste im Zweiten Weltkrieg hinnehmen müssen und zählt doch immer noch – und zwar ohne die Leichenpredigten! – nach Zehn-, nein nach Hunderttausenden. Keine Stadt zwischen Reval und Straßburg, Thorn und Bern, Danzig und Ulm, die einen Drucker und eine gelehrte Institution in ihren Mauern hatte, in der nicht auch Gelegenheitsdichtung gepflegt worden wäre. Sie hat den poetischen Alltag zumal im protestantischen deutschen Sprachraum beherrscht, und zwar das ganze Jahrhundert über, zunächst seit 1570 im Lateinischen, dann seit 1610 mit ersten deutschen Einsprengseln, seit den vierziger Jahren im etwa erreichten Gleichgewicht zwischen beiden Idiomen, in der zweiten Jahrhunderthälfte überwiegend auf deutsch mit den bekannten Übergängen in die Kantate, die Serenade, das Rezitativ seit den achtziger Jahren. Sie ist *der* poetische Beitrag des protestantischen Gelehrtenstandes zwischen Schede Melissus und Gottsched im alten deutschen Reich geblieben, zugleich das klassische Medium gelehrter Mentalität und Identitätsbildung zwischen Renaissance und Aufklärung und deshalb ganz besonders bedroht, wenn es um die Etablierung des Barock-Begriffes im 17. Jahrhundert geht, dem andere Konnotationen anhaften.[46]

V Verborgene Traditionen zwischen Renaissance und Aufklärung

Was wir akzeptieren müssen, ist der Umstand, daß es bei der Frage nach dem Begriff des Barock, seiner Handhabung, seiner Zweckmäßigkeit, seinen Chancen bzw. Gefahren um mehr geht als um eine beliebig zu treffende Übereinkunft. Es geht immer auch um die Pointierung und Profilierung ganzer literarischer Provinzen, wie hier an der städtischen Literatur des 17. Jahrhunderts angedeutet, wie aber mit gleichem Recht etwa für die parallele mystisch-spiritualistische Überlieferung des Zeitraumes darzulegen wäre. Der Barock-Begriff verdankt seine Karriere einem Überdruß an den bürgerlichen Kunstpraktiken des 18. und 19. Jahrhunderts oder – vorsichtiger gesagt – deren Relativierung.[47] Bei Burckhardt, der das Erbe der Renaissance in seiner Gegenwart als fortwirkendes und lebendiges erfährt und eben

---

46 Das habe ich in dem oben Anm. 36 angeführten Aufsatz zu zeigen gesucht.
47 Dazu neben den Arbeiten etwa von Müller und Jaumann auch das reichhaltige (freilich in dieser Richtung kaum gedeutete) Material bei Hans Tintelnot: Zur Gewinnung unserer Barockbegriffe. – In: Die Kunstformen des Barockzeitalters. Vierzehn Vorträge. Hrsg. von Rudolf Stamm. – Bern: Francke 1956 (= Sammlung Dalp; 82), S. 13–91. Zum Grundsätzlichen stets heranzuziehen: Renaissance, Barock, Aufklärung. Epochen- und Periodisierungsfragen. Hrsg. von Werner Bahner. – Kronberg/Ts.: Scriptor 1976 (= Literatur im historischen Prozeß; 8).

deshalb Sorge um die Objektivität seines kulturgeschichtlichen Gemäldes äußert, ist die Wertung bezeichnenderweise noch eindeutig: »Die Barockbaukunst spricht dieselbe Sprache wie die Renaissance, aber einen verwilderten Dialekt davon«, heißt es in der bekannten Formulierung zum Barockstil im *Cicerone* aus dem Jahr 1855.[48] Daß es »ausgeartete Formen« sind, mit denen Burckhardt in der Architektur, der Skulptur und der Malerei sich konfrontiert sieht, ist von vornherein ausgemachte Sache. »Mitleben der italienischen Kulturgeschichte« meint aber für den unbestechlichen Historiker, die »schönern Zeiten« zwar vorzuziehen, »keine Epoche« jedoch ganz auszuschließen. »Wer sich irgendeines weitern Gesichtskreises in der Kunst rühmen will, ist auch dieser Masse einige Aufmerksamkeit schuldig.« Und dies mit dem expliziten Vorsatz, »dem wahren Verdienst« so mancher Bauten auch dieses Stils Gerechtigkeit widerfahren zu lassen, statt »in Bausch und Bogen« zu verurteilen, und geleitet von dem methodischen Interesse an der »Physiognomie dieses Stiles«.[49] Wichtig erscheint an der vielzitierten Formulierung Burckhardts ein bislang nicht genügend gewürdigter Aspekt: Beide Stile sprechen die gleiche Sprache. An ihrer geschichtlichen Einheit also wird prinzipiell festgehalten. Eine starre binäre Opposition ist Burckhardt fremd.

Dreißig Jahre später ist die Affinität zu der verkannten und verunglimpften Formensprache in Nietzsches Aphorismus ›Vom Barockstile‹ aus dem zweiten Band ›Menschliches, Allzumenschliches‹, den Wilfried Barner erschlossen hat, dann evident.[50] Der an Wagner in Liebe und Haß gefesselte Denker, der in der Wagnerschen Musik die Vollendung des barocken Stilwillens in der Gegenwart erkennt – mit Wagner geht »die *Musik* in diese letzte Epoche«[51] über –, ist prädisponiert für antiklassische Ausschläge des europäischen Geistes; für die

> Wahl von Stoffen und Vorwürfen höchster dramatischer Spannung, bei denen auch ohne Kunst das Herz zittert, weil Himmel und Hölle der Empfindung allzu nah sind: dann die Beredsamkeit der starken Affekte und Gebärden, des Häßlich-Erhabenen, der großen Massen, überhaupt der Quantität an sich – wie dies sich schon bei Michelangelo, dem Vater oder Großvater der italienischen Barockkünstler, ankündigt –: die Dämmerungs-, Verklärungs- oder Feuersbrunstlichter auf so starkgebildeten Formen: dazu fortwährend neue Wagnisse in Mitteln und Absichten, vom Künstler für die Künstler kräftig unterstrichen, während der Laie wähnen muß, das beständige unfreiwillige Überströmen aller Füllhörner einer ursprünglichen Natur-Kunst zu sehen: diese Eigenschaften alle, in denen jener Stil seine Größe hat, sind in den früheren, vorklassischen

---

48 Jacob Burckhardt: Der Cicerone. Eine Anleitung zum Genuß der Kunstwerke Italiens. Bd. I–II. – Darmstadt: Wissenschaftliche Buchgesellschaft 1964 (Gesammelte Werke. Jacob Burckhardt; 9–10), Bd. I, S. 305. Zum Kontext u.a. die Arbeit von Heinz-Günther Brietzke: Zur Geschichte der Barockwertung von Winckelmann bis Burckhardt (1755–1855). – Diss. phil. FU Berlin 1954.
49 Die Zitate Burckhardts in dem Kapitel ›Gesamtbild des [...] *Barockstils*‹, Bd. I, S. 303f.
50 Friedrich Nietzsche: Werke in drei Bänden (nebst einem Nietzsche-Index). Hrsg. von Karl Schlechta. 8. Aufl. – München: Hanser 1977 (Index-Band, 3. Aufl., 1976), Bd. I, S. 791f.: Vom Barockstile. Dazu Wilfried Barner: Nietzsches literarischer Barockbegriff. – In: Der literarische Barockbegriff (Anm. 16), S. 568–591.
51 Friedrich Nietzsche: Werke in drei Bänden (Anm. 50), Bd. I, S. 792.

und klassischen Epochen einer Kunstart nicht möglich, nicht erlaubt: solche Köstlichkeiten hängen lange als verbotene Früchte am Baume.⁵²

»Von den griechischen Zeiten ab«, so Nietzsche, habe es

> schon oftmals einen Barockstil gegeben, in der Poesie, Beredsamkeit, im Prosastile, in der Skulptur ebensowohl als bekanntermaßen in der Architektur – und jedesmal hat dieser Stil, ob es ihm gleich am höchsten Adel, an dem einer unschuldigen, unbewußten, sieghaften Vollkommenheit gebricht, auch vielen von den Besten und Ernstesten seiner Zeit wohlgetan: – weshalb es, wie gesagt, anmaßend ist, ohne weiteres ihn abschätzig zu beurteilen; so sehr sich jeder glücklich preisen darf, dessen Empfindung durch ihn nicht für den reineren und größeren Stil unempfänglich gemacht wird.⁵³

Spricht diese Warnung vor den *paradis artificiels* nicht für sich? Eben entdeckt und emphatisch beschworen, muß der große Kulturkritiker schon warnen vor dem verführerischen Zauber des Barock, der die Begegnung mit dem Klassischen nicht unberührt lassen kann. Und hat Nietzsche nicht Recht behalten, wenn wir nur auf die eindringlichsten Stimmen hören, angefangen bei Wölfflin und Riegl und keineswegs endend bei Gustav René Hocke und Arnold Hauser?

Immer wieder ist in der Literatur zu lesen, daß Wölfflin für die Erschließung des Barock das gewesen sei, was Burckhardt für die Historiographie der Renaissance bedeutet habe. Zwei Jahre nach seiner Dissertation mit dem bezeichnenden Titel *Prolegomena zu einer Psychologie der Architectur* erschien Wölfflins *Renaissance und Barock*.⁵⁴ Das ganze Dilemma ist hier wie in nuce vorprogrammiert. Die Nagelprobe des Wölfflinschen Werkes bildet die Frage nach den »Gründen des Stilwandels« von der Renaissance zum Barock. Rein formimmanent ist sie nicht zu beantworten. Geändert haben muß sich die »Grundstimmung der Zeit«.⁵⁵ Von der Realität, sei es der materiellen, sei es der geistigen, führt kein Weg zur Form. Künstlerische Gebilde deuten wir wie alle Gegenstände der Außenwelt »nach den Ausdrucksprincipien, die wir von unserm Körper her kennen«. Kunst in allen Spielarten hat Teil »an dieser unbewussten Beseelung«. So auch die Architektur.

> Sie ist Ausdruck einer Zeit, insofern sie das körperliche Dasein der Menschen, ihre bestimmte Art sich zu tragen und zu bewegen, die spielend-leichte oder gravitätisch-ernste Haltung, das aufgeregte oder das ruhige Sein, mit einem Wort, *das Lebensgefühl einer Epoche* in ihren monumentalen Körperverhältnissen zur Erscheinung bringt. Als Kunst aber wird die Architectur dieses Lebensgefühl ideal erhöhen, sie wird das zu geben suchen, *was der Mensch sein möchte*.⁵⁶

---

52 Ebd., S. 791f.
53 Ebd., S. 792.
54 Heinrich Wölfflin: Renaissance und Barock. Eine Untersuchung über Wesen und Entstehung des Barockstils in Italien. – München: Ackermann 1888. Neudruck: Leipzig: Koehler & Amelang 1986, S. 78–98: Die Gründe des Stilwandels.
55 Ebd., S. 83. Hier Anm. 2 auch der Verweis auf die als Manuskript gedruckte Dissertation Wölfflins.
56 Ebd., S. 84.

Die Gewährsmänner braucht man nicht zu suchen. Wölfflin hat sie selbst angegeben: Lotze, Vischer, Volkelt, die Theoretiker einer psychologisierenden Ästhetik, durch welche die Erlebnis-Ästhetik seit der empfindsamen Kunstrevolution mehr als hundert Jahre später unter gänzlich anderen geschichtlichen Bedingungen auf den Begriff gebracht wird und nun im Blick auf jene Epoche zur Anwendung gelangt, gegen die sie einst in den Tagen Klopstocks vehement gemünzt war, die des Barock. Epochale Zäsurierungen erscheinen nun als Ausdruck differenter seelischer Befindlichkeiten. Von einer »gothischen Haltung« ist denn auch sogleich bei Wölfflin die Rede,

> jeder Muskel gespannt, die Bewegungen präcis, scharf, auf's Exacteste zugespitzt, nirgends ein Gehenlassen, nichts Schwammiges, überall bestimmtester Ausdruck eines Willens. Der Nasenrücken wird fein und schmal. Alle Masse, alle ruhige Breite schwindet; der Körper wird ganz aufgelöst in Kraft. Die Figuren, hoch aufgeschossen und schlank, scheinen den Boden gleichsam nur tippend zu berühren. Im Gegensatz zur Gothik entwickelt dann die Renaissance den Ausdruck jenes wohligen Daseins, das Harte und Starre wird frei und gelöst, ruhige Kraft der Bewegung, kräftige Ruhe des Bleibens.[57]

Die Prädikate des Barock? Nun, sie sind alle bei Wölfflin schon da und haben seither nicht aufgehört, die kunsthistorische Literatur zu bevölkern: Das Herkulische, Massige, Schwere, Bewegte, Erregte, Affektvolle, leidenschaftlich Angestrengte, Schwungvoll-Pathetische, Wild-Entzückte etc. Michelangelo, der Stammvater des Barock, »hat nie ein glückliches Dasein verkörpert; schon darum greift er über die Renaissance hinaus. Die Zeit der Nachrenaissance ist ernst von Grund aus.«[58] Damit ist das Niveau der folgenden Barockforschung vorgegeben. Welten liegen zwischen dieser Verflüchtigung des geschichtlichen Gehalts von Kunst in den »unmittelbaren Ausdruck eines Seelischen« und der gediegenen, alle Lebensbereiche abschreitenden Kulturgeschichte Burckhardts.[59]

Wir lächeln heute über die nordisch-germanisch-deutsche Aufladung des Barock-Begriffs, über die Konstruktion des gothisch-barocken-romantischen-expressionistischen Menschen, die immer neue Fassung der Wellenbewegungen des europäischen Geistes, der seinen Bezug zur Geschichte der materiellen Kultur verloren hat. Vorgezeichnet ist diese vorgeblich stilkritische und geistesgeschichtliche Methodik bei dem Meister einer vermeintlich voraussetzungslosen und wertfreien Stilphysiognomie selbst. Es ist gezeigt worden und soll hier deshalb nicht wiederholt werden, wie von Wölfflin über Worringer, Benz und Spengler bis hin zur Stilkritik eines Walzel und Strich unter wechselnden methodischen Prämissen und Akzenten stets auch an der Profilierung einer antiklassischen, antiromanischen, antiaufgeklärten und nicht selten antidemokratischen Geschichtslegende und Ästhetik gearbeitet wird. Ein einziges Zitat mag das verdeutlichen:

---

57 Ebd., S. 84f.
58 Ebd., S. 91.
59 Ebd., S. 86.

Das romanische Kunstideal hat im 16. Jahrhundert über das germanische den Sieg davongetragen. Vermochte es die deutsche Kunstbetätigung auch nicht gänzlich zu ersticken, so hat es doch die romanische Geltung und den romanischen Begriff der Kunst, die Einrichtungen romanischer Kunstpflege und Kunstgenusses dem Deutschen aufzwingen können; und er hat sich, bis auf den heutigen Tag, von dieser geistigen Fremdherrschaft nicht befreit [...]. Wir bedürfen aber nicht nur der Negation des Fremden, wir bedürfen eines positiven Ideals, eines Heilmittels, eines Gegengiftes: wir müssen wieder zurückfinden zu unsrer nationalen künstlerischen Vergangenheit. Es ist eine fast selbstverständliche Forderung, daß wir dort wieder anknüpfen, wo das Eindringen des Fremden, die Renaissance, uns abgerissen hat. Aber es hat der Erfahrung eines Weltkriegs bedurft, diese Forderung der Gesammtheit der Nation begreiflich zu machen: der Erfahrung, daß es mit dem Fremden im letzten Sinne keine Verständigung giebt, daß man auf die eigene Kraft, auf die eigene Cultur, auf die eigene Sprache angewiesen bleibt.

So Richard Benz in den soeben gegründeten *Blättern für deutsche Art und Kunst* 1915.[60] Darum sollte es bis tief in die Weimarer Republik hinein bei der Etablierung des Barock-Begriffs im Umkreis der national-konservativen Geisteswissenschaft auch immer gehen.

Anders steht es um die in den späten zwanziger und frühen dreißiger Jahren entstandenen literaturwissenschaftlichen Arbeiten, die sich aus dem Sog der kunstwissenschaftlichen Schule und damit dem zweifelhaften Unterfangen einer wechselseitigen Erhellung der Künste zu lösen und genuine literaturwissenschaftliche Methoden auszubilden vermochten.[61] Sie haben den sachgemäßen Begriff von Dichtung für das vorempfindsame Zeitalter des 17. Jahrhunderts entwickelt, von dem in der zweiten Phase der Barockforschung seit den frühen sechziger Jahren kaum etwas zurückzunehmen war. Und sie waren um so wertvoller, als sie sich gerade in Deutschland mit einer mächtigen Tradition von *Erlebnis und Dichtung* konfrontiert sahen, gegen die sie mühsam durchgesetzt werden mußten. Hier im Umkreis der Berliner Schule und – nicht zu vergessen – bei dem Außenseiter Walter Benjamin hat die im Zeichen des Expressionismus und der neuen Sachlichkeit sich lockernde Vorherrschaft der empfindsam-klassisch-romantischen Literaturtradition die Entdeckung eines ganzen Kontinents voraufgeklärten europäischen Dichtens befördert, an die nach dem Kriege wiederum unter dem Stern der europäischen Moderne seit Baudelaire angeknüpft werden konnte. Blicken wir aber zu den Arbeiten etwa von Alewyn, von Kayser, von Pyritz, so bleibt der epochentheoretische Befund der nämliche und liegt auf der Linie unserer Argumentation: merkliche Reserve gegenüber dem Barock-Begriff und statt dessen unermüdlicher Aufweis der europäischen Renaissance-Bestände im deutschen 17. Jahrhundert und also Anknüpfung an Theorie und Praxis klassizistischen Dichtens im Gefolge des

---

60 Richard Benz: Die Renaissance, das Verhängnis der deutschen Cultur. – In: Blätter für deutsche Art und Kunst 1 (1915), S. 1–40, S. 37, 39.
61 Der Ertrag zusammengeführt in dem bekannten Forschungsbericht von Erich Trunz: Die Erforschung der deutschen Barockdichtung. Ein Bericht über Ergebnisse und Aufgaben. – In: Deutsche Vierteljahrsschrift für Literaturwissenschaft und Geistesgeschichte 18 (1940), S. 1–100. Dazu die oben Anm. 16 zitierte Dokumentation Alewyns.

europäischen Humanismus. Die Sache, um die es ging, ließ sich von den besten Köpfen und zumal in der Gattung der Lyrik auch ohne Bemühung des Barock-Begriffs traktieren, der umgekehrt vielfach expressiv besetzt war und deshalb der Statuierung einer gelehrten Schreibkultur mit ihren festen Traditionen und rhetorischen Operationen im Wege stand.

Den *poeta doctus*, das doktrinale Schreiben und die spezifische Semantik des gattungsgebundenen Dichtens als unverächtliche Kategorien auch der deutschen Literaturwissenschaft gewonnen zu haben, ist das vielleicht größte Verdienst dieser allzu kurzen Phase einer stoffgesättigten und inspirierten Forschungsphase zwischen 1925 und 1933 gewesen, die ein letztes Mal – auch das möge nicht vergessen werden – den reichen und vielfach ungehobenen Schatz der deutschen Bibliotheken und vor allem der Preußischen Staatsbibliothek für ihre neuen Forschungsstrategien nutzen durfte, die ein Jahrzehnt später in den Strudel der Katastrophe gerissen wurden, von dem sich die deutsche Geisteswissenschaft nicht wieder erholt hat und an dem sie leiden wird, bis sie es gelernt haben wird, ihre Grundlagenforschung effizienter als bislang in die Hand zu nehmen und zu organisieren.

Schon Alewyn hatte in der Vorrede zu seinem *Beer*-Buch die Meinung geäußert, daß »die vorangegangenen Untersuchungen und Deutungen, die sich fast alle mehr oder weniger bewußt an der Lyrik orientierten, sich nur im Vorgelände bewegten, das erst vom Zentralmassiv der barocken Großformen: Roman und Theater, her betrachtet in die wahren Verhältnisse rück[e].«[62] Alewyn bewährte diese Maxime mit seinen Studien zum Roman des 17. Jahrhunderts und seinen Essays zum barocken Fest, in denen das Theater zum vollkommenen Abbild wie zum vollkommenen Sinnbild des Zeitalters erhoben wurde – nun ohne jedwede *reservatio mentalis* als Zeitalter des Barock deklariert.[63] Dieses Zeitalter des Barock, so der späte Alewyn in einer seiner letzten Einlassungen zu dieser ihn ein Leben lang fesselnden fremden Welt,

> wurde bestimmt von den Mächten des Staats in der Phase des Absolutismus und der katholischen Kirche in der Phase der Gegenreformation. Den adäquaten künstlerischen Ausdruck fand es in Architektur, Malerei, Dekoration, Schauspielkunst, Tanz und Musik, insbesondere in der Kooperation sämtlicher Künste des Auges und des Ohrs: dem Gesamtkunstwerk von Fest und Theater. [...] Das Barock findet in seinem Zeitalter seine Grenze: gesellschaftlich an der bürgerlichen Welt, konfessionell am protestantischen Raum, kulturell an der Sphäre von Literatur und Philosophie. Jenseits dieser Grenze entsteht allenfalls ein halbherziges Randbarock, so die nur mit halbem Recht so genannte ›Barockliteratur‹ [...].[64]

Es ist nicht zu sehen, was an diesen Feststellungen zu korrigieren wäre. Sie sind freilich auch zugleich als Aufforderung zu lesen, der »nur mit halbem Recht so

---

[62] Richard Alewyn: Johann Beer. Studien zum Roman des 17. Jahrhunderts. – Leipzig: Mayer & Müller 1932 (= Palaestra; 181), S. VIII.
[63] Richard Alewyn: Das große Welttheater. Die Epoche der höfischen Feste. 2., erweiterte Aufl. – München: Beck 1985.
[64] Richard Alewyn: Probleme und Gestalten. Essays. – Frankfurt a.M.: Insel 1974, S. 271f.

genannte[n] ›Barockliteratur‹« ihren Platz in der Entwicklungsgeschichte der klassizistischen Nationalliteraturen Europas zu sichern und eben als maßgebliches Bindeglied zwischen der neulateinischen humanistischen und der nun definitiv deutschsprachigen aufgeklärten Literatur zu begreifen.

Historische Gerechtigkeit gebietet überdies die Erinnerung, die ungeachtet aller politischen und methodischen Verirrungen heute emotionslos und voller Respekt für die materialen Leistungen formuliert werden kann, daß ein ›Zentralmassiv‹ schon 1918, zwei Jahre nach Strichs fabulösen Entdeckungen des Germanischen im deutschen Barockstil, drei Jahre nach Wölfflins typologischen kunstgeschichtlichen Grundbegriffen, im Alleingang bezwungen worden war: die Erschließung und Morphologie des Habsburgischen und Wittelsbacher Barock in Wien und München und seiner diversen Ableger in Bayern und Österreich jenseits der beiden Metropolen, wie sie vorher in keiner deutschen Literaturgeschichte zu lesen war. »Die Zeitwende des Augsburger Religionsfriedens 1555, der die Kirchentrennung in Deutschland anerkannte, scheidet auch das Zeitalter des Humanismus vom Zeitalter des Barock«, hieß es bündig zu Eingang des letzten Buches im ersten, den Altstämmen gewidmeten Band von Nadlers Literaturgeschichte.[65] Für die im Zeichen der Gegenreformation sich entfaltenden Formen des Theaters, des Erbauungsschrifttums, der Lyrik, der Predigt, des allegorischen Romans gilt dies gewiß. Das

> Barocktheater ist nicht Schuldrama, sondern in Wien und München Hoftheater. Habsburger und Wittelsbacher verfügten rücksichtsloser darüber, als sie jemals über ihre Hofbühnen des neunzehnten Jahrhunderts verfügen konnten. Es war ein Staatstheater im höchsten Sinne und wirkte auf die Festigung des österreichischen Gedankens etwa wie das Theater zu Athen. Die Barockbühne ist das Gesamtkunstwerk, allgemein und einem ganzen weiten Stamme geschenkt, was Richard Wagner nur als einzelner schuf. Und ebenso war dieses Drama ein ausgesprochenes Festspiel und Weihewerk. Es war unliterarisch, Wort und Vers nur der allerkleinste und schwächste Träger des Gehaltes und der Wirkung. [...] Unter Leopold I. und Karl VI. war die hohe Zeit dieser Kunst. Das Heldenzeitalter des Habsburgerreiches. [...] Mitten im größten Umbildungswerk Europas wurde diese Großmacht geschaffen, der staatliche Ausdruck dessen, was der Barock als Kunst gestaltete.[66]

Das nördliche Äquivalent dazu? Günther Müller fand es in der zweiten von Alewyn anvisierten Ausdrucksform des Barock, dem höfisch-historischen Roman mit seinem Gipfel bei Anton Ulrich.

---

65 Josef Nadler: Literaturgeschichte der deutschen Stämme und Landschaften. 3. Aufl. Bd. I: Die altdeutschen Stämme (800–1740). – Regensburg: Habbel 1929, S. 404. Vgl. auch den schon 1914 vorliegenden Aufsatz von Nadler: Bairisches Barocktheater und bairische Volksbühne. – In: Süddeutsche Monatshefte 11 (1914), S. 548–565. Zu Nadlers Barock-Konzeption vgl. George C. Schoolfield: Nadler, Hofmannsthal und ›Barock‹. – In: Vierteljahresschrift des Adalbert-Stifter-Instituts des Landes Oberösterreich 35 (1986), S. 157–170. Vgl. auch in der gleichen Zeitschrift Donald G. Daviau: Hermann Bahr, Josef Nadler und das Barock, S. 171–190.
66 Nadler: Literaturgeschichte der deutschen Stämme und Landschaften (Anm. 65), Bd. I, S. 407f.

In keiner andern Gattung hat die deutsche Barockzeit ihr mannigfaches Glauben und ihre abschattungsreiche Weltsicht so umfassend und so eindringend gedichtet wie im höfischen Roman. Denn ihr Theater gibt Zusammenpressung des Wesens in einen repräsentativen Einzelfall, ihre Lyrik ist dekoratives Nebenstundenwerk oder spiritualistischer Persönlichkeitsausdruck. Die Romane dagegen entfalten die kulturbestimmenden Bestände der barocken Welt in ihrer Weite und Höhe.[67]

Und im Blick auf Anton Ulrich:

> Diese Großdichtungen eines deutschen Barockfürsten gestalten die Weltwirklichkeit in der Ansicht und Perspektive, wie sie sich den höfischen Kreisen bot. Sie umspannen den hochhöfischen Ausschnitt des menschlichen Lebens, das weite und verwirrende Gebiet absoluter Herrschaften und ihrer Repräsentanten, und dieser Ausschnitt stellt sich als das Kernhafte, das Eigentliche des Menschen, der ›Humanität‹ dar. Staatengeschichte und Humanität sind da eine ebenso unlösliche Verbindung – die typisch barocke Verbindung – eingegangen, wie im Zeitalter der ›deutschen Bewegung‹ Humanität und Naturgeschichte. Es ist echt barocke ›Antike‹, wenn der Mensch nicht als Organismus, sondern als Zoon politikon gesehen, die reale ›Polis‹ aber als absolutistisch gebaute Staatseinheit aufgefaßt wird. [...] Die Repräsentanten dagegen sind nicht nur Staatsrepräsentanten, sondern sind zugleich Individuen der Heilsgeschichte. Als solche bewähren sie sich eben in ihrem geschichtlichen Wirken, dessen Entscheidungen immer zugleich nicht nur staatswichtig, sondern auch für das individuelle Heil wichtig sind. So wird die Staatengeschichte, das eigentliche irdisch-menschliche Seinsbereich, zu einer Kette von beispielhaften Entscheidungen mit sowohl staatswichtigem wie heilswichtigem Ausschlag.[68]

Dies das Niveau der Barockforschung am Ende der Weimarer Republik, das auch in Gestalt Günther Müllers verpflichtend vor Augen bleiben muß, gerade wenn die der Politik geschuldete Verirrung wenige Jahre später als Menetekel präsent zu halten ist.

Was hier in drei repräsentativen Stimmen im Medium des europäischen Theaters, der süddeutsch-katholischen Kulturwelt und des Staatsromans vergegenwärtigt wurde, hat sich als Kernbereich der Epoche des Barock behauptet. Selbst wenn man, der prekären Herkunft des Begriffs eingedenk, geneigt sein sollte, ihn aus der wissenschaftlichen Debatte zu eliminieren, bliebe ein solches Unterfangen vergeblich. Die Arbeiten zur Kulturgeschichte des europäischen Barock haben – mit Italien und Spanien an der Spitze – eine Verdichtung erfahren, die in den zwanziger und dreißiger, ja noch in den fünfziger und sechziger Jahren undenkbar und unvorhersehbar gewesen wäre. Vornehmlich auf die bildenden Künste bezogen, er-

---

67 Günther Müller: Barockromane und Barockroman. – In: Literaturwissenschaftliches Jahrbuch der Görres-Gesellschaft 4 (1929), S. 1–29, S. 4.
68 Ebd., S. 23f. Wie sehr sich Müller im übrigen mit unseren Überlegungen trifft, mag seine kleine Charakteristik der Opitzschen *Hercinie* erhellen: »Man sieht unschwer, in diesem von Opitz selbst erfundenen Werke kommt nicht das Kräftebereich zur Erscheinung, von dem die Barockzeit mit der ihr allein eigenen Geistigkeit und Kultur, mit der Barockpolitik, der Barockwissenschaft, der Barockkunst geprägt wurde. Da sind vielmehr Kräfte schüchtern am Werke, die vom bürgerlichen Humanismus des 16. Jahrhunderts zur Welt der moralischen Wochenschriften im beginnenden 18. Jahrhundert einen mühseligen und doch wichtigen Pfad bahnen.« (Ebd., S. 14).

greifen sie inzwischen die Musik, das Theater, die Oper gleichermaßen und stützen und legitimieren damit die Nomenklatur im Blick auf die zuletzt herangezogenen Zeugnisse. Der zum Zwecke landesherrlicher Repräsentanz hergerichtete Ausstellungs-Barock, von dem einleitend die Rede war, wird das Seinige besorgen, die monarchische wie die kirchliche, die staatskonforme wie staatskirchliche Variante des Barock zu akzentuieren.

Statt dagegen Sturm zu laufen, einen vergeblichen Kampf gegen einen wohletablierten Begriff aufzunehmen, ist womöglich ein anderes aufgetragen. Das, was dem Barock sich begrifflich wie sachlich nicht fügen wollte – die von Alewyn mit typischem Understatement »nur mit halbem Recht so genannte ›Barockliteratur‹«, von Günther Müller bezeichnenderweise als dekoratives Nebenstundenwerk oder spiritualistischer Persönlichkeitsausdruck an den Rand gedrängt – birgt es nicht eben jene Überlieferung, die untergründig und am ›Zentralmassiv‹ des Barock vorbei das Erbe des bürgerlich-gelehrten Aufbruchs der Renaissance in den beiden gleich wichtigen Spielarten der klassizistisch-antiken und der mystisch-spiritualistischen Tradition in das 17. Jahrhundert hinüberrettet und durch dieses hindurch dem 18. Jahrhundert zuführt, das sich noch einmal in jener erkennt und aus der die Klassik wie die Romantik ihr Bestes ziehen werden, in denen die pagane wie die mystische Saat aufgeht. Neben der Gestalt Martin Opitzens steht am Eingang des Jahrhunderts die Gestalt Jakob Böhmes. So wie das Werk Opitzens und der Späthumanisten um und nach ihm nicht für den kleinstaatlichen Territorialismus konzipiert war, sondern eine nationale Komponente aus der Renaissance wahrte, um derentwillen es dem Jahrhundert zwischen Gottsched und Gervinus teuer war, so widersetzten sich Mystik und Spiritualismus, in denen das vor- wie das linksreformatorische Glaubensgut fortlebte, dem Zwang der Konfessionalisierung und beschäftigten eben deshalb die andere, die zweite Aufklärung von Bengel und Oettinger über Hamann und Herder, Novalis und Schelling bis zu Ritter, Baader und ungezählten anderen. Es ist also nicht die pure Lust an der begrifflichen Negation, die uns stets wieder nötigt, ein Fragezeichen hinter die unbefragte Rede vom ›Zeitalter des Barock‹ zu setzen und auf Scheidung, Sonderung, Eingrenzung zu drängen. Es geht um Überlieferungen, die vom Begriff des Barock nicht oder nur ganz am Rande getroffen werden und die wir mit Renaissance und Aufklärung verknüpfen müssen, wenn wir ihr vielleicht Bestes wahren und neu aneignen wollen.

Zuerst erschienen in: Europäische Barock-Rezeption. In Verbindung mit Ferdinand van Ingen, Wilhelm Kühlmann, Wolfgang Weiß hrsg. von Klaus Garber. – Wiesbaden: Harrassowitz 1991 (= Wolfenbütteler Arbeiten zur Barockforschung; 20), S. 3–44.

Stadt und Literatur im alten deutschen Sprachraum

Umrisse der Forschung – Regionale Literaturgeschichte und kommunale Ikonographie – Nürnberg und Johann Helwigs *Nymphe Noris* als Paradigma[*]

I Umrisse der Forschung

Hof und Stadt

Als 1974 – zwei Jahre, nachdem sich eine kleine Gruppe von Barockforschern auf Einladung Paul Raabes erstmals in Wolfenbüttel versammelt hatte – von Albrecht Schöne zum ersten Germanistischen (Barock-)Symposion der Deutschen Forschungsgemeinschaft gebeten wurde, figurierte unter den vier Paradigmen, denen ein besonderer forscherlicher Nachholbedarf attestiert wurde, neben Schule, Universität und Buchwesen auch die Stadt.[1] Rolf Tarot als Sektionsleiter akzentuierte diesen auffälligen und keineswegs selbstverständlichen Sachverhalt alsbald. Die erneuerte Barockforschung der zwanziger Jahre war zusammen mit den poetologischen und rhetorischen, den soziologischen und funktionalen Grundlagen und Aspekten der Dichtung des 17. Jahrhunderts durchaus etwa zu Hof und Adel, Kirche und Orden vorgedrungen. Erinnert sei hier beispielhaft an die Werke von Josef Nadler, Günther Müller und Richard Alewyn.[2]

Viel sinnfälliger stellte sich das Bild bekanntlich in den Kunstwissenschaften dar. Die Arbeiten von Hausenstein und Weisbach rückten nach dem Vorgang von

---

[*] Der folgende Beitrag versucht nicht, eine möglichst große Zahl von Arbeiten zum Problemkreis ›Stadt und Literatur‹ zu besprechen oder auch nur bibliographisch aufzuführen. Vielmehr ist die Hervorhebung und Vorstellung ausgewählter wichtiger Studien und ihr Einbezug in einen problemgeschichtlichen Kontext angestrebt, um dessen Profilierung es vor allem geht.

1 Stadt – Schule – Universität – Buchwesen und die deutsche Literatur im 17. Jahrhundert. Hrsg. von Albrecht Schöne. – München: Beck 1976 (= Germanistische Symposien. Berichtsbände; 1). Das vorangegangene erste Wolfenbütteler Symposion unter dem Titel ›Quellen der Barockforschung‹ dokumentiert in: Jahrbuch für Internationale Germanistik IV/2 (1972), S. 7–106.

2 Josef Nadler: Literaturgeschichte der deutschen Stämme und Landschaften. Bd. III: Hochblüte der Altstämme bis 1805 und der Neustämme bis 1800. – Regensburg: Habbel 1918; Günther Müller: Höfische Kultur der Barockzeit. – In: Hans Naumann, Günther Müller: Höfische Kultur. – Halle/Saale: Niemeyer 1929 (= Deutsche Vierteljahrsschrift für Literaturwissenschaft und Geistesgeschichte. Buchreihe; 17), S. 79–154; Richard Alewyn: Johann Beer. Studien zum Roman des 17. Jahrhunderts. – Leipzig: Mayer & Müller 1932 (gleichzeitig als Bd. 181 erschienen in der Reihe *Palaestra*). Zu dieser Phase der Barockforschung bekanntlich: Deutsche Barockforschung. Dokumentation einer Epoche. Hrsg. von Richard Alewyn. – Köln, Berlin: Kiepenheuer & Witsch 1965 (= Neue wissenschaftliche Bibliothek; 7). Zu erwähnen wären auch etwa die Arbeiten von Bernhard Duhr und Gottlieb Merkle, am Rande auch von Heddy Neumeister und Ernst Hövel, gar nicht zu reden von den weiter ausgreifenden und nicht veralteten Studien etwa von Herbert Schöffler oder Levin Schücking.

Gurlitt, Lübke, Semrau und auch noch Wölfflin Malerei, Skulptur und Architektur in den weltlichen und geistlichen höfischen Rahmen ein.[3] Auf seiten des Theaters lag dieser Zusammenhang ohnehin auf der Hand, und die Untersuchungen von Gregor, Alewyn, Tintelnot, später Kindermann und anderen bekräftigten ihn allenthalben.[4] Auch die Musikwissenschaft beteiligte sich an der Zuarbeit zu dieser soziokulturellen Figuration. Man denke an die Arbeiten von Sachs, Moser, Haas und anderen.[5]

So war es kein Wunder, daß in der letzten kulturgeschichtlichen Vorkriegssynopse aus der dem Zeitgeist so entgegenkommenden Feder von Willi Flemming das Bild des Barock und zumal des ›barocken Menschen‹ über das heroische, von Leidenschaften gepeitschte und die Ekstase bändigende ›Ich‹ aufgebaut wurde, das stellvertretend im Sinne der zeitgenössischen Poetik im Regenten zur idealen Re-

---

3 Die maßgebliche Rekonstruktion nach wie vor bei Hans Tintelnot: Zur Gewinnung unserer Barockbegriffe. – In: Die Kunstformen des Barockzeitalters. Vierzehn Vorträge. Hrsg. von Rudolf Stamm. – Bern: Francke 1956 (= Sammlung Dalp; 82), S. 13–91. Dazu mit der weiteren Literatur die Beiträge der Sektion ›Zur Barockdiskussion in der Kunstwissenschaft‹ in: Europäische Barock-Rezeption. In Verbindung mit Ferdinand van Ingen, Wilhelm Kühlmann, Wolfgang Weiß hrsg. von Klaus Garber. Bd. I–II. – Wiesbaden: Harrassowitz 1991 (= Wolfenbütteler Arbeiten zur Barockforschung; 20), Bd. II, S. 1205–1339.

4 Vgl. Joseph Gregor: Weltgeschichte des Theaters. – Zürich: Phaidon 1933. Vollständig überarbeitete Neuausgabe. Bd. I: Von den Ursprüngen bis zum Ausgang des Barocktheaters. – München: Piper 1944, S. 422–481: Das Welttheater des Barockzeitalters; Richard Alewyn: Das große Welttheater. Die Epoche der höfischen Feste. 2., erweiterte Aufl. – München: Beck 1985 (zumeist in den dreißiger Jahren entstanden); Hans Tintelnot: Barocktheater und barocke Kunst. Die Entwicklungsgeschichte der Fest- und Theater-Dekoration in ihrem Verhältnis zur barocken Kunst. – Berlin: Mann 1939; Heinz Kindermann: Theatergeschichte Europas. Bd. III: Das Theater der Barockzeit. – Salzburg: Müller 1959. Zuletzt mit der einschlägigen Literatur Manfred Brauneck: Die Welt als Bühne. Geschichte des europäischen Theaters. Bd. II. – Stuttgart, Weimar: Metzler 1996 (mit den beiden Kapiteln ›Das Theater im 17. Jahrhundert. Zwischen Renaissance und Aufklärung‹ und ›Das Theater im 18. Jahrhundert‹).

5 Curt Sachs: Barockmusik. – In: Jahrbuch der Musikbibliothek Peters 26 (1919), S. 7–15; Hans Joachim Moser: Die Zeitgrenzen des musikalischen Barock [Bericht von Hans Gaartz über einen Vortrag Mosers in der Ortsgruppe Halle (Saale) der Deutschen Musikgesellschaft auf der Basis eines vorliegenden Vortragsmanuskripts]. – In: Zeitschrift für Musikwissenschaft 4 (1921/22), S. 253f.; ders.: Geschichte der deutschen Musik. Bd. I–II, 1/2. – Stuttgart, Berlin: Cotta 1920–1924. Neue [5.], vermehrte und verbesserte Aufl. Bd. I–III. – Stuttgart, Berlin: Cotta 1930. Reprint Hildesheim: Olms 1968. Bd. II: Vom Beginn des Dreißigjährigen Krieges bis zum Tode Joseph Haydns, speziell mit den drei Büchern ›Die Kirchenmusik […]‹ bzw. ›Die weltliche Tonkunst im Jahrhundert des Frühbarock‹ sowie ›Das Halbjahrhundert des Hochbarock‹; ders.: Corydon. Das ist: Geschichte der mehrstimmigen Generalbaßliedes und des Quodlibets im deutschen Barock. Bd. I–II. – Braunschweig: Litolff 1933. 2., ergänzte und verbesserte Aufl. – Hildesheim: Olms 1966; Robert Haas: Die Musik des Barocks [!]. – Wildpark-Potsdam: Athenaion 1928 (= Handbuch der Musikwissenschaft; 3). Zum Kontext der meisterhafte Artikel ›Barock‹ von Friedrich Blume in: Die Musik in Geschichte und Gegenwart. Allgemeine Enzyklopädie der Musik. Hrsg. von Friedrich Blume. Bd. I. – Kassel, Basel: Bärenreiter 1949–1951, Sp. 1275–1338, wiederabgedruckt in: Epochen der Musikgeschichte in Einzeldarstellungen. – Kassel u.a.: Bärenreiter; München: dtv 1974 (= dtv: Wissenschaftliche Reihe; 4146), S. 168–232. Die neuere Literatur in: Die Musik in Geschichte und Gegenwart. Allgemeine Enzyklopädie der Musik. 2., neu bearb. Ausgabe. Hrsg. von Ludwig Finscher. Bd. I. – Kassel u.a.: Bärenreiter; Stuttgart, Weimar: Metzler 1994, Sp. 1251–1256.

präsentation gelangt.⁶ Erich Trunz, dem das nicht genug zu rühmende Verdienst zukommt, so gut wie den gesamten Ertrag dieser bewegten Phase deutscher Literatur- und Geistesgeschichte, an dem er selbst so fruchtbar beteiligt war, aus eigener Anschauung heraus im Jahre 1940 bilanziert zu haben, apostrophierte unter den methodischen Neuerungen und Errungenschaften auch den soziologischen Ansatz, mittels dessen sich die Erschließung der ›höfischen Kultur‹ des Zeitraums vollzog.⁷

Es gibt keine Arbeit aus der neueren Barockforschung, die sich gleich durchschlagend mit der Stadt im Kontext von Kultur und Literatur zumal des 17. Jahrhunderts verbinden würde. Selbst die vielleicht bedeutendste und wichtigste Arbeit der Vorkriegszeit, an die in diesem Zusammenhang zuerst zu denken wäre, Hirschs Studie zur Formation des bürgerlichen Weltbildes im 17. Jahrhundert, schreitet über weite Strecken gattungstypologisch und -geschichtlich ohne Bezugnahme auf die Stadt voran und spezifiziert sich in dieser Hinsicht nur an einer – freilich um so gewichtigeren – Stelle mit Blick auf den ›Pegnesischen Blumenorden‹ in Nürnberg.⁸ Und die zweite glanzvolle, gruppensoziologisch und bildungsgeschichtlich gleich wichtige Studie von Erich Trunz zum ›Späthumanismus als Standeskultur‹ findet den Skopus ihrer Überlegungen gerade in der – auf ganz andere Weise von Mannheim und später von Martin bereits vorgetragenen – relativen sozialen Bindungslosigkeit der zwischenständischen Gelehrtenschaft.⁹ Die Stadt erscheint keineswegs als einschlägiger, Produktion, Distribution und Rezeption stimulierender Faktor der typischen (spät-)humanistischen Formen der Kommunikation. Schließlich wird man schwerlich behaupten können, daß die vergleichsweise rege Sprachgesellschaftsforschung die Chancen einer Verknüpfung mit dem Kommunikati-

---

6 Willi Flemming: Deutsche Kultur im Zeitalter des Barock. – Potsdam: Athenaion 1937 (= Handbuch der Kulturgeschichte). 2., neu bearb. Aufl. – Konstanz: Athenaion 1960.
7 Erich Trunz: Die Erforschung der deutschen Barockdichtung. Ein Bericht über Ergebnisse und Aufgaben. – In: Deutsche Vierteljahrsschrift für Literaturwissenschaft und Geistesgeschichte 18 (1940), S. 1–100 (Referatenheft). Der Bericht ist leider nicht in die beiden (singulär dastehenden) Aufsatzsammlungen von Trunz eingegangen: Weltbild und Dichtung im deutschen Barock. Sechs Studien. – München: Beck 1992; Deutsche Literatur zwischen Späthumanismus und Barock. Acht Studien. – München: Beck 1995. Dazu die gleichfalls bereits auf die späten dreißiger und frühen vierziger Jahre zurückgehende und an Prägnanz kaum je wieder erreichte Studie: Wissenschaft und Kunst im Kreise Kaiser Rudolfs II. 1576–1612. – Neumünster: Wachholtz 1992 (= Kieler Studien zur deutschen Literaturgeschichte; 18).
8 Arnold Hirsch: Bürgertum und Barock im deutschen Roman. Eine Untersuchung über die Entstehung des modernen Weltbildes. – Frankfurt a.M.: Baer 1934. 2. Aufl. besorgt von Herbert Singer [mit dem – vermutlich auf Hirsch zurückgehenden – neuen Untertitel:] Ein Beitrag zur Entstehungsgeschichte des bürgerlichen Weltbildes. – Köln, Graz: Böhlau 1957 (= Literatur und Leben. N.F.; 1). Dazu Klaus Garber: Gibt es eine bürgerliche Literatur im Deutschland des 17. Jahrhunderts? Eine Stellungnahme zu Dieter Breuers gleichnamigem Aufsatz. – In: Germanisch-Romanische Monatsschrift N.F. 31 (1981), S. 462–470 (in diesem Band S. 113–121).
9 Vgl. Erich Trunz: Der deutsche Späthumanismus um 1600 als Standeskultur. – In: Zeitschrift für Geschichte der Erziehung und des Unterrichts 21 (1931), S. 17–53, wiederabgedruckt – und damit erst zur Wirkung gelangend – in: Deutsche Barockforschung (Anm. 2), S. 147–181. Die jetzt maßgebliche Version in ders.: Deutsche Literatur zwischen Späthumanismus und Barock (Anm. 7), S. 7–82.

onsraum Stadt bislang wahrgenommen hätte.[10] Welche Möglichkeiten sich auf diesem Wege nicht nur für Nürnberg aufgetan hätten, zeigt der Einsatz bei Hirsch am Beispiel der Stockfleths. Insgesamt war auch hier das Interesse auf die vom Hof inspirierte kulturpolitische Organisation der ›Fruchtbringenden Gesellschaft‹ konzentriert (ohne daß es gelungen wäre, ihr Aktionsprogramm und ihre Frühgeschichte mit der Formierung der evangelischen Union und den anderweitigen Bündnisbestrebungen auf seiten der Protestanten zusammen zu entfalten).[11]

Akzeptiert man diesen bekannten und verkürzt und komprimiert erinnerten Sachverhalt aus der Geschichte der werdenden neueren Barockforschung, so wird man auch beipflichten, daß sich an dieser Situation bis in jüngere Zeit Wesentliches nicht eigentlich geändert hat. Das Ende der sechziger Jahre zeitigte den verspäteten, dafür jedoch um so glanzvolleren Aufstieg der beiden aufeinander verweisenden mentalitäts- und zivilisationsgeschichtlichen Bücher zum Hofmechanismus von Norbert Elias, die den Literatur- und Kulturwissenschaften einen reichen Fundus an Anknüpfungen und Anregungen vermittelten, der in den folgenden Jahren intensiv ausgeschöpft wurde. Als besonders ertragreich erwiesen sich dabei in jüngerer Zeit – nach dem Vorstoß älterer und vielfach gerade in den Wertungen überholter Arbeiten – Untersuchungen zu Verhaltensweise, Etikette und Zeremoniell bei Hof.

Die Arbeiten bzw. die Sammelbände von Beetz, Berns, Frühsorge, Gerteis, Giesey, Hartmann, Hofmann, Kruedener, Plodeck, Ragotzky/Wenzel, Scheffers, Vocelka wären hier vor allem hervorzuheben.[12] Unterschiedlich in Anlage, Gegen-

---

10 Der Ertrag bibliographisch zusammengeführt von Ulrich Seelbach und Georg Schild im Artikel ›Sprachgesellschaften‹. – In: Die Deutsche Literatur. Biographisches und bibliographisches Lexikon. Reihe 3: Die Deutsche Literatur zwischen 1620 und 1720. Hrsg. von Hans-Gert Roloff, Gerhard Spellerberg. Abteilung B: Forschungsliteratur. Teil: 1. Lieferung 3. – Bern u.a.: Lang 1991, S. 212–238. Das Werk von Karl F. Otto: Die Sprachgesellschaften des 17. Jahrhunderts. – Stuttgart: Metzler 1972 (= Sammlung Metzler. Abteilung D: Literaturgeschichte; 109), bedürfte dringend einer Neubearbeitung. Vgl. auch Andreas Gardt: Die Sprachgesellschaften des 17. und 18. Jahrhunderts. – In: Sprachgeschichte. Ein Handbuch zur Geschichte der deutschen Sprache und ihrer Erforschung. 2., vollständig neu bearbeitete und erweiterte Aufl. Hrsg. von Werner Besch, Anne Betten, Oskar Reichmann, Stefan Sonderegger. Teilband I. – Berlin, New York: de Gruyter 1998, S. 332–348.
11 Dazu erste Bemerkungen bei Klaus Garber: Zentraleuropäischer Calvinismus und deutsche ›Barock‹-Literatur. Zu den konfessionspolitischen Ursprüngen der deutschen Nationalliteratur. – In: Die reformierte Konfessionalisierung in Deutschland. Das Problem der ›Zweiten Reformation‹. Hrsg. von Heinz Schilling. – Gütersloh: Mohn 1986 (= Schriften des Vereins für Reformationsgeschichte; 195), S. 317–348, S. 341ff. (mit weiterer Literatur) (in diesem Band S. 919–954), nicht aufgegriffen und fortgeführt von Traugott Flamm: Eine deutsche Sprachakademie. Gründungsversuche und Ursachen des Scheiterns (von den Sprachgesellschaften des 17. Jahrhunderts bis 1945). – Frankfurt a.M. u.a.: Lang 1994 (= Europäische Hochschulschriften. Reihe 1: Deutsche Sprache und Literatur; 1449), S. 16–52.
12 Diese und die folgenden Titel so gut wie alle aufgeführt in den reichhaltigen Bibliographien bei Volker Bauer: Die höfische Gesellschaft in Deutschland von der Mitte des 17. bis zum Ausgang des 18. Jahrhunderts. Versuch einer Typologie. – Tübingen: Niemeyer 1993 (= Frühe Neuzeit; 12), S. 135ff., sowie bei Rainer A. Müller: Der Fürstenhof in der Frühen Neuzeit. – München: Oldenbourg 1995 (= Enzyklopädie deutscher Geschichte; 33), S. 106ff., und daher hier nicht wiederholt. Zum Problem-Konspekt Jörg Jochen Berns: Die Festkultur der deutschen Höfe zwi-

stand und Resultat, dürfen sie doch unter dem Gesichtspunkt einer Privilegierung des höfischen Horizonts zusammen genannt und gesehen werden. Daß darüber hinaus die allgemeine Rhetorikforschung mit Erfolg auch auf die Sozialfigur des Hofes ausgedehnt werden konnte, schuf eine tragfähige Brücke zur konkreten kommunikativen Situierung der höfischen Literatur, wie etwa die Studien von Braungart, Kiesel und Uhlig zeigen. Einen nicht gleich energischen, gleichwohl respektablen Aufschwung hat die Erschließung der geistlichen Literatur und ihrer rhetorischen wie ihrer institutionellen Voraussetzungen genommen (Hüttl, Herzog). In der Hofkulturforschung ist zudem der zwingend gebotene Übergang zur exemplarischen Untersuchung qualifizierter Paradigmen bereits vollzogen worden, der voranschreiten wird, weil er die einzige Gewähr dafür bietet, daß die idealtypischen Prämissen und Strukturbildungen am je einzelnen Fall überprüft, spezifiziert und ggf. auch korrigiert zu werden vermögen. In jüngerer Zeit ist unter diesem Aspekt etwa an die Monographien, vor allem aber die Tagungsbände von Bahl (Ansbach), Berns (Braunschweig-Wolfenbüttel), Berns/Ignasiak (Hessen, Thüringen), Czok (Dresden), Ehalt (Wien), Hellfaier (Detmold), Jacobsen (Weißenfels), Straub und Klingensmith (München), Winterling (Köln), Zimmermann (Würzburg) etc. zu denken. Mit einem gewissen Bedauern wird man konstatieren müssen, daß ein anderes epochemachendes Werk nur sehr eingeschränkt zur Wirkung gelangt ist, obgleich es doch wie kein anderes den Blick auf die Struktur und Probleme landadliger Kultur hätte lenken können: Otto Brunners meisterhafte Studie *Adeliges Landleben und europäischer Geist* (1949). Gar nicht berührt werden sollen aus naheliegenden Gründen an dieser Stelle die internationalen Beiträge zur Hofkulturforschung. Ihre Präsentation würde bestätigen, daß dieses soziokulturelle Feld frühneuzeitlicher Kulturraumforschung inzwischen vielfach befriedigend und vermutlich besser als jeder andere Bereich bestellt ist (Asch, Asch/Birke, Baker, Bertelli/Cardini/Zorzi, Buck u.a., Cannadine/Price, Cattini, Dickens, Giesey, Koenigsberger, Lauer/Majer, Mączak, Möseneder, Moran, Mozzarelli/Venturi, Ossola, Pallach, Papagno, Romani, Solnon, Starkey, Strong, Trevor-Roper, Vierhaus, Wilentz).

Ansätze kulturwissenschaftlicher Stadtforschung

Entsprechend wird man Einverständnis darüber herbeiführen können, daß der Stadt als Agentur literarischen und kulturellen Lebens im 17. Jahrhundert das Privileg einer gleich intensiven Beachtung weder im Rahmen der weiter dimensionierten Gesamtdarstellungen noch in Gestalt der besonders erwünschten exemplarischen Fallstudien zuteil geworden ist.[13] Wo sie in Angriff genommen wurden, siedelten sie sich

---

schen 1580 und 1730. Eine Problemskizze in typologischer Absicht. – In: Germanisch-Romanische Monatsschrift N.F. 34 (1984), S. 295–311.

13 Zu einem ganz ähnlichen Ergebnis gelangt in seinem Forschungsbericht von historischer Seite aus Friedrich Lenger: Probleme und Chancen einer stadtgeschichtlichen Synthese. – In: Historische

bezeichnenderweise zunächst im traditionsgesättigten und fruchtbaren deutschen Südwesten an, in dem der Ablösungsprozeß von den älteren Formationen zu studieren ist und Nachleben und Umgruppierung der literarischen Paradigmen einen erfolgreichen Zugang verhießen. In diesem Sinne stellt die Gemeinschaftsarbeit von Wilhelm Kühlmann und Walter E. Schäfer eines der wenigen Beispiele für die Entfaltung des Lebensganges eines wenn nicht prominenten und repräsentativen, so doch typischen und symptomatischen Sprechers und Dichters aus dem deutschfranzösischen Grenzraum im Rahmen und unter den Bedingungen der letzten Phase einer alten deutschen Reichsstadt dar, die ihren programmatischen Obertitel *Frühbarocke Stadtkultur am Oberrhein* eben deshalb durchaus zu Recht führt und einlöst.[14] Die vielfältigen, schon 1974 konstatierten und auf die Schwesterstadt Nürnberg im 17. Jahrhundert gerichteten Aktivitäten haben sich bedauerlicherweise in den Dezennien, da ein lebhafteres Interesse an, ja sogar ein Bedürfnis nach sozialgeschichtlich angelegten Detailuntersuchungen bestand, nicht zu einer – womöglich gar modellhaften – Morphologie städtischen literarischen Lebens an der Pegnitz im 17. Jahrhundert fortentwickelt, und es sieht nicht danach aus, daß das Versäumte sich in absehbarer Zeit nachholen ließe.[15]

Schon Erich Trunz hatte hellwach angemerkt, daß sich eine einzige in seinem Forschungsbericht zu streifende, auf den städtischen Raum bezogene Arbeit wie

---

Zeitschrift 254 (1992), S. 97–114: »Trotz einer Fülle stadtgeschichtlicher Neuerscheinungen in den letzten Jahren ist der Stellenwert der Stadtgeschichtsschreibung innerhalb der ›Allgemeingeschichte‹ ein recht geringer geblieben.« (S. 97). Vgl. auch den sehr ergiebigen Bericht von Helmut Flachenecker: Stadtgeschichtsforschung als Akt der Selbstvergewisserung. Ein Literaturüberblick. – In: Historisches Jahrbuch 113 (1993), S. 128–158.

14 Wilhelm Kühlmann, Walter E. Schäfer: Frühbarocke Stadtkultur am Oberrhein. Studien zum literarischen Werdegang J.M. Moscheroschs (1601–1669). – Berlin: Schmidt 1983 (= Philologische Studien und Quellen; 109). Vgl. auch Walter E. Schäfer: Moral und Satire. Konturen oberrheinischer Literatur des 17. Jahrhunderts. – Tübingen: Niemeyer 1992 (= Frühe Neuzeit; 7), sowie: Literatur und Kultur im deutschen Südwesten zwischen Renaissance und Aufklärung. Neue Studien. Festschrift Walter E. Schäfer. Hrsg. von Wilhelm Kühlmann. – Amsterdam, Atlanta/GA: Rodopi 1995 (= Chloe. Beihefte zum Daphnis; 22). Zum Ganzen auch die glänzende Skizze von Otto Borst (1964; vgl. Anm. 43), S. 211ff.

15 Der Ertrag der Forschung dokumentiert bei Renate Jürgensen: Utile cum dulci – Mit Nutzen erfreulich. Die Blütezeit des Pegnesischen Blumenordens in Nürnberg 1644 bis 1744. – Wiesbaden: Harrassowitz 1994, S. 207ff. Vgl. auch: ›der Franken Rom‹. Nürnbergs Blütezeit in der zweiten Hälfte des 17. Jahrhunderts. Hrsg. von John Roger Paas. – Wiesbaden: Harrassowitz 1995. Eine – vergleichsweise – herausragende strukturanalytische Untersuchung, wie sie für Augsburg vorliegt mit: Bernd Roeck: Eine Stadt in Krieg und Frieden. Studien zur Geschichte der Reichsstadt Augsburg zwischen Kalenderstreit und Parität. Teilband I–II. – Göttingen: Vandenhoeck & Ruprecht 1989 (= Schriftenreihe der Historischen Kommission bei der Bayerischen Akademie der Wissenschaften; 37), existiert m.W. für Nürnberg für den fraglichen Zeitraum nicht. Eine bereits 1977 geschriebene Darstellung des Verfassers zum ›Pegnesischen Blumenorden‹ im Spiegel der Pastorale im Rahmen eines Werkes zur europäischen Arkadien-Utopie, die sich ihrerseits zu einer Monographie ausgewachsen hatte, blieb seinerzeit unpubliziert [jetzt unter dem Titel ›Der Nürnberger Hirten- und Blumenorden an der Pegnitz. Soziale Mikroformen im schäferlichen Gewand‹ in: Klaus Garber: Wege in die Moderne. Historiographische, literarische und philosophische Studien aus dem Umkreis der alteuropäischen Arkadien-Utopie. Hrsg. von Stefan Anders, Axel E. Walter. – Berlin, Boston: de Gruyter 2012, S. 223–341]. Eine umfangreiche Interpretation des Helwigschen Schäfergedichts unten S. 222–261.

ein Fremdkörper in der für ihre Publikation gewählten Reihe ausnähme, und das um so mehr bedauert, als ungeachtet offenkundiger und eklatanter Mängel zu begrüßen war, daß mit der »bisher vernachlässigte[n] Danziger Dichtung [...] die barocke Dichtung einer ganzen Stadt einmal einheitlich erfaßt« worden sei.[16] Folgerichtig hatte Trunz bei späterer Gelegenheit dem Wunsch Ausdruck gegeben, daß die Dichterkreise auch anderer Städte des 17. Jahrhunderts wie Königsberg oder Hamburg erschlossen würden, genauso wie er im Anschluß an den ersten Band von Heckels Literaturgeschichte Schlesiens entsprechende Unternehmungen für andere und womöglich gar »eine Darstellung des Barock für alle deutschen Landschaften« gefordert hatte.[17] Fragt man fünfzig Jahre später im Blick auf das 17. Jahrhundert, das Zeitalter des ›Barock‹, nach dem inzwischen Eingelösten, so ist zu Überschwang kein Anlaß. Die auf die ›Dichterkreise‹, also in erster Linie immer noch auf die städtischen ›Sprachgesellschaften‹ gerichteten Arbeiten waren zu sehr auf Probleme der Mitgliedschaft (Einzugsbereich, Herkunft und Werdegang, Anteil der Frauen), der Organisationsform, der Programmatik etc. konzentriert, als daß das städtische Terrain als Basis und Bedingung des gelehrten sozietären Treibens anders denn skizzenhaft und okkasionell in den Blick getreten und mit der literarischen Produktion vermittelt worden wäre.[18]

So dürfte es wiederum kein Zufall sein, daß diejenige Arbeit, die am überzeugendsten den Radius der seit den späten sechziger Jahren ausgebildeten Fragen ausgeschritten und das Wirken eines repräsentativen, weil durchschnittlichen Autors im allseits herangezogenen städtischen Beziehungsgeflecht rebuchstabiert hat, nicht über eine institutionalisierte Dichtergesellschaft, sondern über die für das städtische literarische Leben des 17. Jahrhunderts typischere Praxis informeller Kooperation durchgeführt wurde. Gemeint ist Dick van Stekelenburgs Fallstudie zum Danziger Literaturbarock am Beispiel des Michael Albinus aus dem Jahre 1988.[19] Was diese Arbeit attraktiv erscheinen läßt, ist der Versuch, das gesamte Werk eines Autors in Augenschein zu nehmen und in seiner gattungsbedingten Vielfalt mit allen für seine geschichtliche Erkenntnis einschlägigen Faktoren im städtischen Ensemble in förderlichen, also textaufschließenden Kontakt zu bringen, ohne sich auf

---

16 Trunz: Die Erforschung der deutschen Barockdichtung (Anm. 7), S. 10. Die Bemerkung ist bezogen auf den Ergänzungsband der Reihe ›Barock‹ in der Sammlung *Deutsche Literatur [...] in Entwicklungsreihen*: Danziger Barockdichtung. Hrsg. von Heinz Kindermann. – Leipzig: Reclam 1939.
17 Trunz: Die Erforschung der deutschen Barockdichtung (Anm. 7), S. 21f.
18 Vgl. Anm. 10.
19 Dick van Stekelenburg: Michael Albinus ›Dantiscanus‹ (1610–1653). Eine Fallstudie zum Danziger Literaturbarock. – Amsterdam: Rodopi 1988 (= Amsterdamer Publikationen zur Sprache und Literatur; 74). Vgl. auch Joseph Leighton: Gelegenheitssonette aus Breslau und Danzig in der Zeit zwischen 1624 und 1675. – In: Stadt – Schule – Universität – Buchwesen (Anm. 1), S. 536–548; Thomas Elsmann: Bürgertum und Humanismus. Untersuchungen zum Einfluß des Humanismus auf Bildungsverständnis und Mentalität des Bürgertums in Städten des 16. und 17. Jahrhunderts, dargestellt an Bremen, Groningen und Danzig. Eine Forschungsskizze. – In: Nordost-Archiv 24 (1991), S. 183–194. Leider unpubliziert blieb die in diesem Zusammenhang zu nennende, methodisch vorbildliche Studie von Bernd Prätorius: Stadt und Literatur im Frühabsolutismus am Beispiel Leipzigs. Historisch literatursoziologische Prolegomena. – Magisterarbeit Osnabrück 1985.

wie auch immer geartete primäre und leitende Kräfte zu kaprizieren. Danzig als multikultureller und multireligiöser Schmelztiegel, erschüttert wie alle großen Städte von konfessionellen Konflikten, dem Krieg preisgegeben und dem Frieden entgegenharrend, wird hier in Beziehung gebracht mit Albinus' geistlich-erbaulicher Literatur; die reizvolle Konfiguration von Stadt und Land und ihre Wiederkehr und Verwandlung im ›Lob des Feldlebens‹ führt über die Gestalt des Landpfarrers zu einer neuen Optik auf die alte Gattung; über die Gelegenheitsdichtung, das Epigramm, das Schauspiel konkretisiert sich die Stellung des Autors im literarischen Betrieb der Stadt, an deren Festwesen er zugleich produktiven Anteil nimmt; noch den verborgenen Filiationen zwischen ›Poesie und ›Policey‹‹, schwarzem Tod und Predigt ist die Untersuchung auf der Spur – kurzum ein ebenso behutsames wie phantasiereiches Stiften von erhellenden wechselseitigen Verweisen, so daß formale Organisation, Gehalt und Adressatenbezug der Texte gleichermaßen davon profitieren. Den umgekehrten Weg hat bekanntlich auf dem Wolfenbütteler Barock-Symposion Albrecht Schöne angetreten, indem er einen einzelnen Text in allen seinen auf den städtischen Raum verweisenden Signalen ausleuchtete, um ihn zugleich als Organon einer geistlich-metaphysischen Orientierung sehen zu lehren, über welche der kommunale Kommunikationsraum überschritten und der Text als prozessualer Ort dieser Transfiguration gewürdigt zu werden vermag.[20] Verschieden im Ausgangspunkt, bekräftigten beide Arbeiten auf je andere Weise, was als selbstverständliches Postulat in einer kunsthistorischen Analyse zu gelten hat: daß der Verselbständigung sozialhistorischer Datenerhebung zu wehren und die textuelle Verarbeitung der geschichtlichen Welt und also des dem Autor vor Augen stehenden städtischen Milieus in das Zentrum literaturwissenschaftlicher Arbeit zu rücken sei.

Fragt man im Anschluß an diese nur um einige Beispiele gruppierte Rundschau auf gelungene Versuche nach den Gründen für die merkliche Reserve gegenüber der Stadt als Literatur prägenden, steuernden und ermöglichenden Raum im 17. Jahrhundert, so ist ein Bündel an Erklärungen zu bedenken. Die wichtigste Ursache dürfte wie immer in der Fachgeschichte selbst, und innerhalb ihrer in der gleichermaßen integrativen wie exkludierenden Macht ihrer leitenden Kategorien zu suchen sein. So war es von ausschlaggebender Bedeutung, daß sich die Ablösung vom subjektzentrierten erlebnisästhetischen Paradigma des Schreibens über den Begriff des ›Barock‹ nicht nur als Gattungs- und Stil-, sondern zugleich als Epochen- und Weltanschauungs-Markenzeichen vollzog, das weit über literarische oder ästhetische Belange hinaus national- und rassenpsychologisch, ja letztlich affektiv und anthropologisch besetzt war.[21]

---

20 Albrecht Schöne: Kürbishütte und Königsberg. – In: Stadt – Schule – Universität – Buchwesen (Anm. 1), S. 599–660 (auch separat mit dem Untertitel ›Modellversuch einer sozialgeschichtlichen Entzifferung poetischer Texte am Beispiel Simon Dach‹ erschienen. – München: Beck 1975 (= Edition Beck). 2., durchgesehene Aufl. 1982).

21 Dazu umfassend das in Anm. 3 zitierte Sammelwerk: Europäische Barock-Rezeption (1991).

Wie auch immer gewendet und nuanciert, lud der Begriff in keiner denkbaren Variante oder Kombination zur Inspektion der städtischen literarischen Erzeugnisse ein, weil sie mit dessen leitenden Vorstellungen in der nun favorisierten Nomenklatur der Epoche nicht kommunizierten. Was an der städtischen Literatur als typischem, d.h. auf Anlässe bezogenem Gebrauchsschrifttum zu demonstrieren war – oder soll man besser sagen: zu demonstrieren gewesen wäre –, betraf den handwerklichen, poetologisch fixierten, rhetorisch präfabrizierten, Topoi arrangierenden Duktus der kurrenten Schreibformen. Und der ließ sich exemplarisch dartun – und damit ein für alle Mal auch abtun. Für alle weiteren, auf ›Weltanschauung‹, Daseinsentwürfe, Zeitsignaturen, auf nationale Kontraste, anthropologische Entwürfe und soziale Parameter gerichteten Fragen, Erwartungen, Dispositionen boten sich allemal (und gewiß nicht nur zu ihrem Vorteil) prominentere Demonstrationsobjekte dar als das in der Regel ephemere und anspruchslosere städtische Kleinschrifttum. Es blieb vor dem kühnen und weit ausholenden Zugriff geschützt, partizipierte aber damit auch nicht an der Konjunktur der neuen Forschungsrichtung. Wo indes unter dem Leitstern des neuen Epochenbegriffs im gesellschaftlichen Raum neue Einsichten gewonnen und an Gehalt und Zirkulation der Texte entwickelt wurden, da betrafen sie vor allem und in erster Linie den höfischen Literaturraum, der durch die neue Kategorie pointiert wurde und der sie aufzuschließen half, für den städtischen Raum aber keine qualifizierten Handhaben bot.

Stimmen diese Überlegungen, dann sollten sie sich im Blick auf die beiden benachbarten Zeiträume bestätigen lassen. Die gesamte Literaturgeschichtsschreibung des 19. Jahrhunderts pflegte bekanntlich sorgfältig, mit spürbarer und durch die Großen des 18. Jahrhunderts genährter Sympathie die städtische Literaturproduktion des 15. und 16. Jahrhunderts zumal des deutschen Südwestens und Südostens zu traktieren, bevor mit der ›Sprachmengerei‹ und dem ›A-la-mode‹-Wesen unter dem Diktat der westlichen, welschen Nachbarn diese Blüte gebrochen und die kommunale Literatur in die Defensive gedrängt wurde. Auch in der neueren Barockforschung lebte diese Sichtweise fort. Die auf die städtische Literaturpraxis des späteren 15. und des 16. Jahrhunderts gerichtete Forschung hatte mit anderen Worten zu keinem Zeitpunkt ihren Gegenstand gegenüber einem dominanten Paradigma aufzubauen, sondern durfte sich der forschungsgeschichtlichen Kontinuitäten versichert wissen (auch wenn die mit der vorangehenden höfischen Dichtung gegebenen expliziten oder impliziten Maßstäbe der Bewertung auch hier hereinspielten). Dafür galt es in diesem Zeitraum, das Nebeneinander von neulateinisch-humanistischen und genuin stadtbürgerlichen Traditionen sowie den mit der Reformation einhergehenden Paradigmenwechsel zu kalkulieren. Die späten siebziger und frühen achtziger Jahre zeitigten für die Erforschung der städtischen Literaturverhältnisse in mehrfacher Hinsicht einen Ertrag jener sozialgeschichtlich orientierten Bemühungen, die in der Mediävistik früher und gediegener ausgearbeitet und erprobt worden waren als auf dem Felde der Geschichte der neueren Literatur.

Der Beitrag der Mediävistik

Ein gewisses Fazit, zugleich aber auch ein Prospekt zukünftiger Aufgaben wurde mit dem abschließenden Beitrag zu einem Band gezogen, in dem insgesamt nur wenig von städtischer Literatur im späten Mittelalter zumal auf deutschem Boden die Rede ist. Gemeint ist Kurt Ruhs ›Versuch einer Begriffsbestimmung von ›städtischer Literatur‹ im deutschen Spätmittelalter‹ im Rahmen der *Kolloquien der Kommission zur Erforschung der Kultur des Spätmittelalters* der Göttinger Akademie der Wissenschaften, die 1980 publiziert wurden.[22] Ruh geht von einer definitorischen Trennung von ›städtisch‹ und ›bürgerlich‹ aus. ›Städtisch‹ verweist auf den Raum der Literatur, ›bürgerlich‹ auf ihre mentale Disposition. Der erste Begriff kann nicht triftig über den Autor, sondern muß über den Leser, das Publikum, bestimmt werden. Er erfährt seine entscheidende Konkretisierung in den Institutionen, den Singschulen für den Meistersang, den patrizischen Zirkelbrüder- und Handwerkergesellschaften für das Fastnachtspiel als typisch städtischen Literaturformen. Der zweite spezifiziert sich – über die bereits bei Thomas von Aquin ausgebildete Wertlehre – in den klassischen Berufsfeldern des Bürgers, dem ordnungsgemäßen, in Handarbeit erstellten ›Werk‹ im Gewerbeleben, dem erlaubten und notwendigen, dem ehrenhaften und redlichen Handel mit Waren wie mit Geld. Erfaßbar über synchrone Schnitte auf der diachronischen Achse wären entsprechende Prozesse nur »unter Berücksichtigung sämtlicher Literaturtypen, nicht nur dessen, was als ›Kunst‹, sei es als Dichtung oder Prosa, von hohem spirituellen und ästhetischen Rang, angesprochen wird«, und unter Berücksichtigung der Rezepti-

---

22 Über Bürger, Stadt und städtische Literatur im Spätmittelalter. Bericht über Kolloquien der Kommission zur Erforschung der Kultur des Spätmittelalters 1975–1977. Hrsg. von Josef Fleckenstein, Karl Stackmann. – Göttingen: Vandenhoeck & Ruprecht 1980 (= Abhandlungen der Akademie der Wissenschaften in Göttingen. Philologisch-Historische Klasse. Folge 3; 121). Hier der Beitrag von Ruh, S. 311–328. Wiederabgedruckt in ders.: Kleine Schriften. Bd. I–II. Hrsg. von Volker Mertens. – Berlin, New York: de Gruyter 1984, Bd. I: Dichtung des Hoch- und Spätmittelalters, S. 214–233. Wichtig auch die einleitenden Erwägungen in dem Beitrag von Eckart Conrad Lutz: Methodische Probleme einer Sozialgeschichte der Stadt und der städtischen Literatur im Spätmittelalter. Heinrich Wittenwiler und sein *Ring*. – In: Germanistik – Forschungsstand und Perspektiven. Bd. I–II. Hrsg. von Georg Stötzel. – Berlin, New York: de Gruyter 1985, Bd. II: Ältere deutsche Literatur. Neuere deutsche Literatur, S. 223–240. Aus der reichen älteren Literatur sei hier nur gezielt auf zwei richtungsweisende Beiträge verwiesen: Wolfgang Stammler: Die ›bürgerliche‹ Dichtung des Spätmittelalters. – In: Zeitschrift für deutsche Philologie 53 (1928), S. 1–24, wiederabgedruckt in ders.: Kleine Schriften zur Literaturgeschichte des Mittelalters. – Berlin u.a.: Schmidt 1953, S. 71–95; Willy Andreas: Die Kulturbedeutung der deutschen Reichsstadt zu Ausgang des Mittelalters. – In: Deutsche Vierteljahrsschrift für Literaturwissenschaft und Geistesgeschichte 6 (1928), S. 62–113 (mit umfangreicher Literatur), eingegangen in das wichtige (sechste) Kapitel ›Kulturbedeutung der deutschen Stadt zu Beginn des 16. Jahrhunderts‹ in ders.: Deutschland vor der Reformation. Eine Zeitenwende. 5., neu durchgesehene Aufl. – Stuttgart: Deutsche Verlags-Anstalt 1948 (= Archiv für Geschichte und Philosophie), S. 375–436. Zum Kontext unübertroffen: Hermann Heimpel: Deutschland im späteren Mittelalter. – In: Handbuch der deutschen Geschichte. Hrsg. von Leo Just. Bd. I: Deutsche Geschichte bis zum Ausgang des Mittelalters. Abschnitt 5. – Konstanz: Athenaion 1957.

onsgeschichte, um die »Triebkräfte der Überlieferung zu erkennen«.[23] Wenig später konnte Johannes Janota nicht nur einen binnen Kurzem erfolgten Schub stadtliterarischer und -soziologischer Forschung für die Zeitspanne vom 13. bis 16. Jahrhundert konstatieren, sondern darüber hinaus programmatisch Heuristika künftiger Arbeit umreißen, die freilich durchweg als Bestätigung des bereits von Kurt Ruh Formulierten zu lesen waren.[24]

In die drei Jahre zwischen diesen Berichten fielen insbesondere die beiden großen monographischen Studien von Ursula Peters und Erich Kleinschmidt, dazu ein von Horst Brunner betreuter Sammelband, wenig später lag nochmals eine Monographie aus der Feder von Hartmut Kugler vor; parallel dazu erlebte die spätmittelalterliche Hofliteratur eine gediegene funktionsgeschichtliche Erschließung, auf die hier nur noch verwiesen werden kann.[25]

---

23 Ruh: Versuch einer Begriffsbestimmung (Anm. 22), S. 323.
24 Johannes Janota: Stadt und Literatur im Spätmittelalter. Hinweise auf aktuelle Forschungsprobleme. – In: Stadt und Kultur. Hrsg. von Hans Eugen Specker. – Sigmaringen: Thorbecke 1983 (= Stadt in der Geschichte; 11), S. 57–69. Vgl. von Janota auch: Städter und Bauer in literarischen Quellen des Spätmittelalters. – In: Die alte Stadt 6 (1979), S. 225–242.
25 Ursula Peters: Literatur in der Stadt. Studien zu den sozialen Voraussetzungen und kulturellen Organisationsformen städtischer Literatur im 13. und 14. Jahrhundert. – Tübingen: Niemeyer 1983 (= Studien und Texte zur Sozialgeschichte der Literatur; 7); Erich Kleinschmidt: Stadt und Literatur in der Frühen Neuzeit. Voraussetzungen und Entfaltung im südwestdeutschen, elsässischen und schweizerischen Städteraum. – Köln, Wien: Böhlau 1982 (= Literatur und Leben. N.F.; 22); Literatur in der Stadt. Bedingungen und Beispiele städtischer Literatur des 15. bis 17. Jahrhunderts. Hrsg. von Horst Brunner. – Göppingen: Kümmerle 1982 (= Göppinger Arbeiten zur Germanistik; 343). Der Titel der Kuglerschen Arbeit in Anm. 33. Vgl. auch die Dokumentation der Tagung ›Literatur und Stadtkultur im späten Mittelalter und in der frühen Neuzeit‹ (Basel 1991) in: Jahrbuch der Oswald von Wolkenstein Gesellschaft 7 (1992/93), S. 9–433. – Zur höfischen Literaturpraxis des Spätmittelalters grundlegend Jan-Dirk Müller: Gedechtnus. Literatur und Hofgesellschaft um Maximilian I. – München: Fink 1982 (= Forschungen zur Geschichte der älteren deutschen Literatur; 2). Dazu im Kontext Dieter Mertens: Zu Sozialgeschichte und Funktion des poeta laureatus im Zeitalter Maximilians I. – In: Gelehrte im Reich. Zur Sozial- und Wirkungsgeschichte akademischer Eliten des 14. bis 16. Jahrhunderts. Hrsg. von Rainer Christoph Schwinges. – Berlin: Duncker & Humblot 1996 (= Zeitschrift für historische Forschung. Beiheft; 18), S. 327–348 (mit reicher Literatur). Vgl. auch den Sammelband: Höfische Literatur, Hofgesellschaft, höfische Lebensformen um 1200. Hrsg. von Gert Kaiser, Jan-Dirk Müller. – Düsseldorf: Droste 1986 (= Studia humaniora; 6), sowie als weitere Fallstudie Klaus Grubmüller: Der Hof als städtisches Literaturzentrum. Hinweise zur Rolle des Bürgertums am Beispiel der Literaturgesellschaft Münchens im 15. Jahrhundert. – In: Befund und Deutung. Zum Verhältnis von Empirie und Interpretation in Sprach- und Literaturwissenschaft. Festschrift Hans Fromm. Hrsg. von Klaus Grubmüller, Ernst Hellgardt, Heinrich Jellissen, Marga Reis. – Tübingen: Niemeyer 1979, S. 405–427. Aus den Arbeiten jüngeren Datums jetzt besonders zu verweisen auf die gediegenen Heidelberg-Studien von Jan-Dirk Müller: Der siegreiche Fürst im Entwurf der Gelehrten. Zu den Anfängen eines höfischen Humanismus in Heidelberg. – In: Höfischer Humanismus. Hrsg. von August Buck. – Weinheim: VCH, Acta Humaniora 1989 (= Mitteilungen der Kommission für Humanismusforschung der Deutschen Forschungsgemeinschaft; 16) S. 17–50, und von Martina Backes: Das literarische Leben am kurpfälzischen Hof zu Heidelberg im 15. Jahrhundert. Ein Beitrag zur Gönnerforschung des Spätmittelalters. – Tübingen: Niemeyer 1992 (= Hermaea. N.F.; 68). Vgl. zur Chronistik des pfälzischen Hofkaplans Matthias von Kemnat († 1476) und ihrer Bedeutung für den Heidelberger Hof unter der Regierung des Kurfürsten

Während die Kleinschmidtsche Untersuchung wie der von Brunner betreute Sammelband über das 15. und 16. sogar in das 17. Jahrhundert herüberreicht, widmet sich die Arbeit von Peters dem 13. und 14. Jahrhundert. Die über fünfzig Seiten umfassende Einleitung und Grundlegung ihrer Studie ist die ausführlichste Dokumentation und Problematisierung aller mit der Konstitution städtischer Literatur und bürgerlichen Bewußtseins in der Frühphase in Mitteleuropa einhergehenden Fragen geblieben. Wie sich die erkennbaren Ansätze einer städtischen Literaturpraxis in diesen beiden Jahrhunderten zum voll entfalteten städtischen literarischen Leben in den beiden folgenden verhalten, bildet eines der Motive für den Rückgang in die vergleichsweise frühe Periode. Peters läßt sich dabei von der in der neueren Geschichtswissenschaft bekräftigten Maxime leiten, von deutlich zäsurierten Phasen, wo nicht gar von Kontinuitätsbrüchen in der Entfaltung der städtischen Gesellschaft und ihrer künstlerischen Hervorbringungen auszugehen, statt Kontinuitäten und grundsätzlich vergleichbare mentale Dispositionen für den gesamten Zeitraum des 13. bis 18. Jahrhunderts im Rahmen und unter dem übergeordneten Gesichtspunkt einer bruchlosen Evolution bürgerlicher Gesellschaft und Kultur vorauszusetzen. Insbesondere die Annahme eines bereits in dieser Frühphase sich abzeichnenden Antagonismus von Stadt und Land, bürgerlichem und adligem Lebensraum verfällt der Kritik; das Auseinandertreten von kaufmännischer Oberschicht und stadtadligen, zum Land hin orientierten und mit dem Adel verschmelzenden Eliten gehört ebenso wie der innerstädtische Konflikt zwischen Ober- und Mittelschichten einer späteren Zeit an. Die markant konturierte Opposition adliger und bürgerlicher Mentalitäten – am deutlichsten manifest im *Guoten Gerhart* – ist ein aus Gattungsregularien wie Publikumserwartungen resultierendes Konstrukt der Literatur, das noch kein erkennbares Pendant in der gesellschaftlichen Realität des 13. und 14. Jahrhunderts besitzt und dieser folglich nicht umstandslos unterlegt werden darf. Die Rekonstruktion von Erwartungshaltungen gleichermaßen über Textanalyse wie über die städtischen Produktions- und Rezeptionsräume der einschlägigen Textsorten schält sich derart als überzeugendes Konzept einer hier in den Ergebnissen nicht mehr zu referierenden Studie heraus.

> Denn städtische Publikumsgruppierungen, für die einzelne Autoren arbeiten, und städtische Kommunikationsgemeinschaften, die sich der gemeinsamen Pflege bestimmter Literaturtypen widmen, sind bereits seit dem 13. Jahrhundert bezeugt und decken im Spätmittelalter bereits einen breiten Bereich des literarischen Lebens ab. Von ihnen aus ließe sich möglicherweise der Faktor ›Stadt‹ in seiner Relevanz für die literarische Betätigung von Autoren, die Konstituierung eines Publikums und sogar die spezifische literarische Ausgestaltung einzelner Texte bzw. Texttypen plausibel machen, ohne dabei auf die problematische Vorstellungswelt einer Antinomie von adligen und ›bürgerlich‹-patrizischen Interessen rekurrieren zu müssen.[26]

Friedrichs I. des Siegreichen von der Pfalz auch Birgit Studt: Fürstenhof und Geschichte. Legitimation durch Überlieferung. – Köln, Weimar, Wien: Böhlau 1992 (= Norm und Struktur; 2).
26 Peters: Literatur in der Stadt (Anm. 25), S. 59.

Wenn insbesondere an den aus Flandern (Arras) vorgelegten Quellen gezeigt werden kann, wie institutionelle Rahmenbedingungen späterer literarischer Praxis in der Stadt fiktiv vorweggenommen werden, so dokumentiert sich darin jener nicht zu vernachlässigende Faktor der Autonomie und Autogenität literarischer Gattungen, der umstandslose Parallelisierungen verbietet. Statt dessen durchwirken städtische Bilder, Sozialcharaktere und Mentalitäten die Stoffschichten und Handlungszüge der Texte, wie sie nur in Anschauung der neuen Sozialfigur der Stadt literarisch geprägt zu werden vermochten, ohne bereits einem städtischen Literaturbetrieb oder gar einem profilierten bürgerlichen Bewußtsein zu entspringen. Die stadt- und landadligen Oberschichten und die beamteten Eliten der Bischofs-, Residenz- und Reichsstädte wie Straßburg, Basel, Zürich bleiben die bevorzugten Auftraggeber und Adressaten, und deutlich konturiert sich allein die gelehrte Schicht der Stadtschreiber im kommunalen Dienst als Träger eines neuen Gedankens des gemeinen Wohls heraus – Präfiguration jenes gelehrten Beamtenethos, wie es sich in der Sozialgeschichte der humanistischen Literatur bis in die Aufklärung hinein stets wieder artikulieren wird.

Frühneuzeitliches Exempel

Sucht die Arbeit von Peters in exemplarischen Fallstudien die Vorgeschichte städtischer Literatur und Literaturverhältnisse zu fassen, so ist die im gleichen Jahr von Erich Kleinschmidt vorgelegte Arbeit *Stadt und Literatur in der Frühen Neuzeit* bei gleichfalls deutlicher Präferenz des deutschen Südwestens bemüht, ein Modell einschlägiger struktureller Faktoren im stadtliterarischen Kommunikationsprozeß zu entwickeln, bevor im Schlußteil der Übergang zu erzählter Urbanität selbst vollzogen wird. Auch für diesen forschungsgeschichtlich privilegierten Zeitraum hat der Verfasser zu konstatieren, daß

> [d]ie urbane Sphäre, obwohl sie ein weitaus größeres Potential als die höfische darstellt, [...] über die Untersuchung von Einzelaspekten, von jeweiligen auktorialen Werkperspektiven und von zeitlich und stofflich begrenzt ausgewählten Kommunen nicht hinaus [gedieh]. Die systematische Behandlung des literarischen Lebens in den frühneuzeitlichen Städten stand bisher noch aus.[27]

Wie Peters für das 13. und 14. Jahrhundert, stellt Kleinschmidt auch für die folgenden Jahrhunderte fest:

> Es gibt frühneuzeitlich keine städtische Sonderliteratur, die durch einen eigenen Darstellungsmodus nach Stil, Stoff oder Gattung ausgrenzbar wäre. Was sich jedoch feststellen läßt, ist ein spezifisch städtischer Funktionsraum von Literatur in der Epoche, der auf die Entstehung und Rezeption bestimmter Texte und Textgruppen einwirkt und sich in ihnen auch inhaltlich spiegelt.[28]

---

27 Kleinschmidt: Stadt und Literatur (Anm. 25), S. 1.
28 Ebd., S. 5.

Zwischen Spätmittelalter und Barock, Reformation und Ende des Dreißigjährigen Krieges bewegt sich die Untersuchung im zeitlichen Rahmen; zwischen dem Oberrheinischen Kreis, dem Schwäbischen Kreis und der Eidgenossenschaft im räumlichen.[29] Die ›gelehrte Ausdruckssphäre‹, die ›gelehrte Kommunikationsebene‹, d.h. insbesondere der neulateinische Humanismus, bleiben weitgehend ausgespart – unter der gewiß zu problematisierenden Prämisse, daß sie nicht bzw. nur sehr partiell einen spezifisch urbanen Duktus aufweisen. Gleichwohl wird der »Angleichungsprozeß zwischen einer esoterischen Gelehrtenkultur« und der breitenwirksameren volkssprachigen Literatur ausdrücklich und vor allem den Städten zugesprochen.[30] Vermittelt über Bildung und Konfession, formt sich der urbane Lebensraum, dessen ideelle Fundierung des *unum corpus* in der Realität durch die erkennbaren politischen Hierarchisierungen und sozialen Antagonismen wo nicht dementiert, so doch in ihrem Geltungsanspruch eingeschränkt und in ihrer integrativen Funktion relativiert wird.

> Ein harmonisierendes Stadtmodell, das auch in Vorstellungen über die urbane Wirtschaftsgemeinschaft seinen Niederschlag gefunden hat, vereinigt kompensatorisch die starken Gegensätze des frühneuzeitlichen Stadtbürgertums. Der Entwurf einer *civitas media*, die frei von Reichtum und Mangel wie von Freiheit und Knechtschaft sein soll, überspielt durch Ausgleich das zentrale Problem der urbanen Lebenswirklichkeit, wie trotz der sozialen Spannung das Konsensprinzip als Grundlage der Ordnungsform Stadt in den Kommunen verwirklicht werden kann.[31]

Damit ist ein regulatives Prinzip zur Aufschließung von ›Stadtkultur und literarischem Leben‹ formuliert, das – plaziert in der Mitte der Untersuchung – zugleich deren eigentliches Zentrum ausmacht. Bindung des Textes an Musik (Prototyp Lied), Institutionalisierung in den *convivia/collegia musica*, die das ideelle Selbstverständnis einer ›Stadtgesellschaft‹ bekräftigen, Intensivierung aller denkbaren Formen religiös-gemeindlichen Handelns zumal in Kirchen- und Psalmengesang, gemeinschaftliche Formen (kollektiver Vollzug) des Lesens und Erzählens, ja noch des Produzierens von Texten in Haus- und Kirchen-, Berufs- und Stadtgemeinschaft, Neben- und Miteinander von Text und Bild und Privilegierung visueller Rezeption, paradigmatisch in allen Formen öffentlichen Schauspielens zur Geltung gelangend, Literarisierung in den Städten und vor allem eben über sie, gipfelnd in der Kasualpoesie als dem Medium eines Ausgleichs von gelehrtem Anspruch und volkssprachlichem Gewand, Formierung rudimentärer Öffentlichkeit über die ›neuen Medien‹, insbesondere die Zeitung, das Flugblatt und die Flugschrift, aber auch die Wissensmagazine, die Stadt also als Nachrichtenzentrum wie als Brennpunkt eines sukzessive sich formierenden Buchmarkts und diverser Formen ›geselligen Lesens‹, Durchsetzung von individuellem Lesen fiktionaler Texte als sozialem Akt mit ›Sozialisationseffekt‹, Entgegenwirken per urbaner Zensur, urbane Sozialisation via Kirche und

---

29 Vgl. ebd., S. 7 und 15.
30 Ebd., S. 9.
31 Ebd., S. 57.

Schule, urbane Gedächtnisstiftung via Archiv und Bibliothek, Chronistik und Historiographie, Zirkulation des Buches in der Stadt, ›städtische Textsoziologie‹, überragende Rolle des Schauspiels als deiktischen Instruments im städtischen kulturellen Ensemble – diese thematisch weitgefächerten, konzentrisch auf die Stadt als innovativen Schauplatz kultureller Interaktion zielenden Beobachtungen stellen strukturell zugleich die Elemente einer Morphologie städtischen literarischen Lebens dar, als die sie methodologisch ungeachtet ihres notwendig umrißhaften Charakters die Debatte um Voraussetzungen, Erscheinungsformen und Wirkungsweisen städtischer Literatur in der Frühen Neuzeit befördert haben.

Urbane Mentalität im Mittelalter

Schon Kleinschmidt beschließt sein Werk mit einem Kapitel zu Formen ›erzählerischer Urbanität‹, das freilich gleichfalls im wesentlichen Rahmenbedingungen absteckt und mentale Spielarten beschreibt.[32] Unersetzbar und schließlich allein ins Zentrum literaturwissenschaftlicher Arbeit geleitend, bleibt die Entzifferung städtischer Bilder und Vorstellungen in den Texten selbst. Auf diesem schwierigen Gelände schreitet in dem zur Rede stehenden Zeitraum Hartmut Kugler vielleicht am entschiedensten voran.[33] Entsprechend rege – und kontrovers! – war die Reaktion auf seine Arbeit. Städteschilderungen, literarische Städtebilder werden von vornherein unter dem Gesichtspunkt »der Herausbildung städtischer Mentalität« untersucht:[34]

---

32 Das Resultat für den oberdeutschen Raum um 1600 ist weiterführend und wird von Kleinschmidt wie folgt zusammengefaßt: »Das Forschungsbild vom emanzipatorischen Stadtbürgertum, das sich der feudalen Literatursphäre anzunähern versucht hätte, kann, wenn überhaupt, allenfalls für das späte Mittelalter gelten. Die frühneuzeitlichen Verhältnisse zumal in der Region, aber auch darüber hinaus waren anders. Das Bildungsprimat der städtisch konzentrierten Gelehrtenschicht bedingte auch für die Rezeption der höfischen Literaturformen West- und Südeuropas [vom Typ des *Amadis*, sodann des französischen Schäferromans] eine primär urbane Rezeption, die gleichzeitig oder sogar erst verspätet auf ein territorial verstreutes Adelspublikum weiterwirkte. Erst über die in den Städten geleistete, volkssprachliche Adaptation konnten die politischen Leittexte der frühneuzeitlichen Feudalität überhaupt weiter vermittelt werden.« (S. 271).

33 Hartmut Kugler: Die Vorstellung der Stadt in der Literatur des deutschen Mittelalters. – München, Zürich: Artemis 1986 (= Münchener Texte und Untersuchungen zur deutschen Literatur des Mittelalters; 88). Hinzuzuziehen vom gleichen Autor auch: Die Stadt im Wald. Zur Stadtbeschreibung bei Hans Sachs. – In: Hans Sachs. Studien zur frühbürgerlichen Literatur im 16. Jahrhundert. Hrsg. von Thomas Cramer, Erika Kartschoke. – Bern, Frankfurt a.M.: Lang 1978 (= Beiträge zur älteren deutschen Literaturgeschichte; 3), S. 83–103; ders.: Stadt und Land im humanistischen Denken. – In: Humanismus und Ökonomie. Hrsg. von Heinrich Lutz. – Weinheim: Acta Humaniora 1983 (= Mitteilungen der Kommission für Humanismusforschung der DFG; 8), S. 159–182. In mancher Hinsicht verwandt die auf den spätmittelhochdeutschen Versroman bezogene ergebnisreiche Studie von Jürgen Egyptien: Höfisierter Text und Verstädterung der Sprache. Städtische Wahrnehmung als Palimpsest spätmittelalterlicher Versromane. – Würzburg: Königshausen & Neumann 1987 (= Epistemata. Reihe Literaturwissenschaft; 29).

34 Kugler: Die Vorstellung der Stadt (Anm. 33), S. 11.

Es sollte möglich sein, die Stadt-Literatur in einer inneren Verbindung mit der Stadtgeschichte zu analysieren, ohne daß dabei ihre spezifisch literarische Qualität vernachlässigt wird. Es sollte möglich sein, die Texte daraufhin zu untersuchen, wie sich in ihnen und mit ihnen das ›Selbstverständnis‹ einer Stadtgesellschaft, wie sich urbanes Denken, wie sich, wenn man so will, ›bürgerliche Weltanschauung‹ herausgeformt und artikuliert hat.[35]

Dafür ist es erforderlich, den jeweiligen individuellen, textspezifischen Besonderheiten im Rahmen der *laus-urbis*-Schemata nachzugehen. Kugler setzt bei Veldekes Karthago-Bild ein und kann hier bereits die spezifische frühmittelalterliche Adaptation zeigen: Karthago weniger als Stadt denn als Burg. Selbstverständlich liegen allenthalben Stilisierungen vor, »aber diese sind nicht ohne eine historische Substanz.«[36] An dieser Stelle kann einen Moment lang nur der spätmittelalterlich-frühneuzeitliche Befund herangezogen werden. In den exegierten Schilderungen kündige sich »eine Emanzipation der Stadtwahrnehmung« an, und zwar zunächst im süd- und westeuropäischen Raum.[37] Aus dem deutschsprachigen Bereich werden Bamberg und Basel als ›Modell‹ gewählt. Frühzeitig wird naturgemäß der Konnex zwischen Stadt und Wissenschaft befestigt. In der Erfurt-Passage Gerhards von Seeon aus dem Beginn des 11. Jahrhunderts dürfte »erstmals in einem Poem des deutschen Mittelalters die Entwicklung und auch die historische Bedeutung einer Stadt mit der einer Bildungseinrichtung in genuiner Verknüpfung dargestellt worden« sein.[38] Erfurt als erhöhtes, als neues und größeres Athen. Die mehr als ein Jahrhundert später entstandene Schilderung Gottfrieds von Viterbo bemüht sich um eine genaue topographische Fixierung der illustren Baulichkeiten; seine »Betonung der Kreuzgestalt und seine Richtungsangaben schaffen den Eindruck stadträumlicher Geschlossenheit und Kohärenz.«[39] Mehr als 250 Jahre später wird Albrecht von Eyb den gleichen Vorwurf in seiner Bamberg-Rede wählen. Lage, Bauten und Stadtregiment sind gemäß dem *laus-urbis*-Schema die tragenden Pfeiler seiner *descriptio*. Erstmals tritt unter dem Einfluß des Humanismus das Umland klar hervor; Landschaft und Stadt gelangen in ein ausgewogenes Verhältnis zueinander; die Stadt ist dem Land gegenüber – ganz anders als bei dem fast zeitgleichen Rosenplüt – geöffnet, so wie sich die Regentschaft des Bischofs über Stadt und Territorium gleichermaßen erstreckt. Daß die Umgebung ideale Züge der Lustort-Topik annimmt, ist nur die neuerliche Bekräftigung ihres humanistischen Ursprungs. Dieser tritt in Enea Silvios – vor allem über Bruni vermittelten und diesen zugleich überbietenden – Basel-Darstellung am schlagendsten zutage, wohingegen Rosenplüt (wie auf andere Weise Sachs) sich an dem antik-humanistischen Schema desinteressiert zeigt, das bei Celtis auch für Nürnberg schon vorgebildet und adaptiert war. Es ist die Differenz zwischen lateinisch-humanistischer und volkssprachi-

---

35 Ebd., S. 26.
36 Ebd., S. 44.
37 Ebd., S. 148.
38 Ebd., S. 157f.
39 Ebd., S. 163.

ger Dichtung, die auch in der Stadtsicht und -schilderung durchschlägt.[40] Damit aber ist bereits das große Problem des Kuglerschen Ansatzes formuliert. Die von ihm beigezogenen Texte liegen vom Gattungstyp her zu weit auseinander und sind durch zu weitmaschige Erklärungsmuster verknüpft, als daß sich innerhalb einer einzigen Gattungsreihe hinlänglich präzise Abwandlungen und Neueinsätze beobachten und markieren ließen. In diesem Sinn eignet dem Buch ein sympathischer, zugleich aber auch problematischer Duktus des Amateurhaften.

Vom Barock zur Aufklärung

Nur kurz soll abschließend auch noch ein Wort über das 18. Jahrhundert verlauten. In vielerlei Hinsicht stellt es gerade in Deutschland den Literatur- und Kulturhistoriker der Stadt vor reizvolle, schwierige und durchaus besondere Aufgaben. Es ist bekannt, daß die Propagatoren der erneuerten deutschen Kunstdichtung sich im Blick auf fürstliches Patronat zumal in Italien und königliches Patronat in den jungen Nationalstaaten die Aufmerksamkeit und Förderung von seiten der Höfe besonders angelegen sein ließen.[41] Diesem angestrebten Bündnis, wie es am schönsten in den Anfängen der ›Fruchtbringenden Gesellschaft‹ Wirklichkeit wurde, blieb der längerfristige Erfolg versagt. In gewisser Weise, so wird man überspitzt sagen dürfen, reiften die historischen Voraussetzungen dafür in Deutschland erst nach dem Dreißigjährigen Krieg. Das große Jahrhundert höfischer Kultur in Deutschland ist erst das achtzehnte. Da aber steht die Literatur bei allen maßgeblichen Sprechern – seit Gottsched, enttäuscht von der Romanophilie der Höfe – bereits im Begriff, für das immer noch unvollendete Projekt einer deutschen Nationalliteratur nach neuen Bündnispartnern Ausschau zu halten und insbesondere die jungen großbürgerlichen Zentren anzuvisieren.[42]

Eine Kulturgeschichte der frühneuzeitlichen Stadt, die diesen Sachverhalt nicht in das Kalkül zieht und zu einer Ausbalancierung der widerstrebenden Kräfte gelangt, dürfte schwerlich den komplexen deutschen Verhältnissen gerecht werden. Ein wie immer signifikanter Indikator bleibt die Terminologie. Die Musik-, die Kunst-, die Geschichtswissenschaft handeln von Stadt, Hof und Kultur im 18. Jahrhundert mehr oder weniger unbefragt und unbesorgt unter dem Titel des ›Barock‹,

---

40 Das von Kugler auch bemühte Motiv der Stadtfremdheit bzw. der Stadtansässigkeit im Blick auf die gravierenden Differenzen ist zweifellos nicht einschlägig und, wie manch andere globale geistesgeschichtliche Herleitung, nicht eigentlich von aufschließender und erklärender Kraft.

41 Die entsprechende Literatur zusammengestellt in des Verfassers Artikel: Barock. – In: Das Fischer-Lexikon Literatur. Hrsg. von Ulfert Ricklefs. Bd. I: A–F. – Frankfurt a.M.: Fischer 1996, S. 190–249 [jetzt in Klaus Garber: Literatur und Kultur im Europa der Frühen Neuzeit. Gesammelte Studien. – München: Fink 2009, S. 695–745].

42 Auch hier darf für die einschlägige Literatur verwiesen werden auf des Verfassers Artikel: Aufklärung. Umrisse eines Epochen-Profils im Kontext der Frühen Neuzeit. – In: Literatur, Sprache, Kultur. Studien zu Ehren von Lothar Knapp. Hrsg. von Wolfgang Asholt, Siegfried Kanngiesser. – Osnabrück: secolo 1996, S. 41–68 [jetzt in Klaus Garber: Literatur und Kultur im Europa der Frühen Neuzeit (Anm. 41), S. 747–776].

der von der Literaturwissenschaft doch für das 17. Jahrhundert reklamiert wird. Unter dieser Nomenklatur hat man folglich maßgebliche Arbeiten zur Frage nach der Erforschung städtischer Literatur und Kultur im 18. Jahrhundert zu suchen. Erinnert sei beispielsweise an die Sammelbände der beiden Institutionen, denen – neben dem Südwestdeutschen Arbeitskreis für Stadtgeschichtsforschung – die lebhafteste Bemühung um die Stadt in der Frühen Neuzeit in den letzten Jahrzehnten zu danken ist, den Österreichischen Arbeitskreis für Stadtgeschichtsforschung, der 1982 einen Band zur *Städtischen Kultur in der Barockzeit* publizierte, und das Institut für Vergleichende Städtegeschichte in Münster, das 1988 das Sammelwerk *Europäische Städte im Zeitalter des Barock. Gestalt – Kultur – Sozialgefüge* vorlegen konnte.[43] Beide Herausgeber thematisieren das zur Rede stehende Problem und meinen mit guten Gründen an dem inzwischen eingeführten Begriff auch für das 18. Jahrhundert festhalten zu dürfen.

Entsprechend handeln so gut wie alle Referate der 1978 in Salzburg abgehaltenen Tagung vom 18. Jahrhundert, allenfalls in gelegentlicher Kombination mit dem 17., wohingegen der Münsteraner Band – zurückgehend auf eine im Jahr 1984 in Münster veranstaltete Tagung – den Schwerpunkt im 17. Jahrhundert besitzt, die epochale Kategorie jedoch ausdrücklich auf den Zeitraum zwischen dem Ende des Dreißigjährigen Krieges und der Französischen Revolution ausdehnt.[44]

---

43 Städtische Kultur in der Barockzeit. Hrsg. von Wilhelm Rausch. – Linz (Donau): Österreichischer Arbeitskreis für Stadtgeschichtsforschung 1982 (= Beiträge zur Geschichte der Städte Mitteleuropas; 6). Hier im Blick auf die Gesamtproblematik des 18. Jahrhunderts der dichte und perspektivenreiche Beitrag von Otto Borst: Kulturfunktionen der deutschen Stadt im 18. Jahrhundert, S. 1–34, mit der einschlägigen Literatur bis in die frühen achtziger Jahre. Wiederabgedruckt in der Festschrift zum 60. Geburtstag: ders.: Babel oder Jerusalem? Sechs Kapitel Stadtgeschichte. Hrsg. von Helmut Böhme, Eberhard Jäckel, Rainer Jooß. – Stuttgart: Theiss 1984, S. 355–392 und 567–592. Vgl. von Borst auch den vorangegangenen, gehaltreichen und für die Kulturmorphologie der Stadt im 18. Jahrhundert richtungsweisenden Beitrag: Die Kulturbedeutung der oberdeutschen Reichsstadt am Ende des alten Reiches. – In: Blätter für deutsche Landesgeschichte 100 (1964), S. 159–246, wiederabgedruckt in: Babel oder Jerusalem? (wie oben), S. 201–303 und 468–508. Heranzuziehen auch der parallele Band: Die Städte Mitteleuropas im 17. und 18. Jahrhundert. Hrsg. von Wilhelm Rausch. – Linz (Donau): Österreichischer Arbeitskreis für Stadtgeschichtsforschung 1981 (= Beiträge zur Geschichte der Städte Mitteleuropas; 5). Vgl. im Zusammenhang auch Erich Kleinschmidt: Die ungeliebte Stadt. Umrisse einer Verweigerung in der deutschen Literatur des 18. Jahrhunderts. – In: Stadt und Literatur. Hrsg. von Wolfgang Haubrichs. – Göttingen: Vandenhoeck & Ruprecht 1982 (= Zeitschrift für Literaturwissenschaft und Linguistik; 48), S. 29–49. Sodann: Europäische Städte im Zeitalter des Barock. Gestalt – Kultur – Sozialgefüge. Hrsg. von Kersten Krüger. – Köln, Wien: Böhlau 1988 (= Städteforschung. Reihe A: Darstellungen; 28). Darin im Blick auf die kategoriale Problematik Klaus Garber: Stadt-Kultur und Barock-Begriff. Zur Kritik eines Epochenbegriffs am Paradigma der bürgerlich-gelehrten humanistischen Literatur des 17. Jahrhunderts, S. 93–119 (in diesem Band S. 123–149).

44 Vgl. das Vorwort des Herausgebers Kersten Krüger, in dem »die Einheit der mit Barock bezeichneten Epoche noch unterstellt« wird. Es »scheinen für die Stadtgeschichte – insbesondere Mitteleuropas – im Zeitraum vom Westfälischen Frieden 1648 bis zur Französischen Revolution 1789 die gemeinsamen, verbindenden Faktoren zu überwiegen, so daß an der Einheit der Epoche festgehalten werden kann.« (S. VII). Dazu der Herausgeber des Salzburger Tagungsbandes Wilhelm Rausch: »Für das Salzburger Tagungsthema wählten wir den gewiß nicht ganz außer Streit stehenden Übertitel ›Städtische Kultur in der Barockzeit‹. Die Barockzeit ist das große kunstgeschichtli-

Daß diese Entscheidung in der kulturwissenschaftlichen Arbeit den Blick auf die höfische Kultur befördert, liegt auf der Hand und wird durch das Beispiel bestätigt, wie unsere einleitenden Bemerkungen zeigten.

Die Städte, in denen die Aufklärung sich zentrierte und mit der Literatur verband und die eben nicht mit dem Barock-Begriff assoziiert bzw. belegt werden, haben in eklatantem und nun wiederum bezeichnendem Unterschied zum 17. Jahrhundert teils noch im 19., teils in der ersten Hälfte des 20. Jahrhunderts ihre Historiker gefunden.[45] Hamburg, unbestrittene Kapitale der Frühaufklärung im Norden des alten deutschen Sprachraums, wurde schon 1856 von Feodor Wehl porträtiert und hat zumindest in Teilaspekten immer wieder zur Beschäftigung mit der wichtigsten Phase seiner Literatur- und Kulturgeschichte angeregt.[46] Eine gewisse Summe wurde durch die Arbeiten von Franklin Kopitzsch gezogen.[47] Die verwandte Metropole des 18. Jahrhunderts im oberdeutschen Sprachraum hat eine der schönsten Darstellungen von einem Meister der kulturellen Topographie empfangen: Herbert Schöfflers *Das literarische Zürich*, die sich einfügt in die Reihe glänzender Arbeiten zum 18. Jahrhundert, die wir seiner Feder verdanken.[48] Und schließlich besitzt auch das dritte Zentrum der werdenden Aufklärung, alsbald an vorderster Stelle in die Literaturfehde um Klassizismus und Empfindsamkeit verwickelt, eine gediegene und naturgemäß ihren Schwerpunkt in der ersten Hälfte des 18. Jahrhunderts findende Arbeit: Georg Witkowskis Leipzig-Werk.[49] Wenn in der

---

che Phänomen in Österreichs Städten, sie hat die Äußerlichkeit des Wandels der Bürgerschaft bestimmt und geprägt, sie tritt in der Fürstenstadt Salzburg augenscheinlich in den Vordergrund. Wir sind uns dessen bewußt, daß die annähernd zeitgleiche Geistesströmung der Aufklärung auch zum werkprägenden Editionstitel hätte genommen werden können, ebensogut wie andere synchrone Erscheinungen.« (S. XI)

45 Es ist eine bemerkenswerte Schwäche der kurrenten Einführungen in die Literatur der deutschen Aufklärung, daß sie diesen regionalen Gegebenheiten zu wenig Rechnung tragen.

46 Feodor Wehl: Hamburgs Literaturleben im achtzehnten Jahrhundert. – Leipzig: Brockhaus 1856. Reprint Wiesbaden: Sändig 1967. Das Werk ist keinem Geringeren als Karl August Varnhagen von Ense gewidmet.

47 Franklin Kopitzsch: Grundzüge einer Sozialgeschichte der Aufklärung in Hamburg und Altona. Bd. I–II. – Hamburg: Christians 1982 (= Beiträge zur Geschichte Hamburgs; 21). 2., ergänzte Aufl. – Hamburg: Verlag des Vereins für Hamburgische Geschichte 1990. Vgl. auch: Hamburg im Zeitalter der Aufklärung. Hrsg. von Inge Stephan, Hans-Gerd Winter. – Hamburg: Reimer 1989 (= Hamburger Beiträge zur öffentlichen Wissenschaft; 6). Vgl. auch: Hamburger literarisches Leben im 18. Jahrhundert. Ein Verzeichnis der Bestände der Staats- und Universitätsbibliothek Hamburg Carl von Ossietzky. Redaktion Harald Weigel. – Herzberg: Bautz 1994 (= bibliothemata; 11).

48 Herbert Schöffler: Das literarische Zürich 1700–1750. – Frauenfeld, Leipzig: Huber 1925 (= Die Schweiz im deutschen Geistesleben. Eine Sammlung von Darstellungen und Texten; 40). Teilweise wiederabgedruckt unter dem Titel: Anruf der Schweizer. – In: ders.: Deutscher Geist im 18. Jahrhundert. Essays zur Geistes- und Religionsgeschichte. Hrsg. von Götz von Selle. – Göttingen: Vandenhoeck & Ruprecht 1956, S. 7–60. Dazu die schöne, von Max Wehrli herausgegebene Dokumentation: Das geistige Zürich im 18. Jahrhundert. Texte und Dokumente von Gotthard Heidegger bis Heinrich Pestalozzi. – Zürich: Atlantis 1943 (= Atlantis-Ausgaben).

49 Georg Witkowski: Geschichte des literarischen Lebens in Leipzig. – Leipzig, Berlin: Teubner 1909 (= Schriften der Königlichen Sächsischen Kommission für Geschichte; 17), bekanntlich erschienen im Rahmen des Jubiläumswerkes anläßlich des 500. Jahrestages der Gründung der Uni-

Mitte des 18. Jahrhunderts die Fäden eine Weile lang sodann in Berlin zusammenlaufen, so findet auch diese Entwicklung in der monumentalen und leider nur noch selten herangezogenen Monographie von Ludwig Geiger ihre darstellerische Entsprechung.[50] Daß darüber hinaus die für die literarische Bewegung so wichtigen Zentren wie Straßburg oder Frankfurt, Göttingen oder Halle teilweise noch vor dem Krieg vielfach einschlägige Darstellungen erhielten, versteht sich.[51] Nicht zu unterschätzen ist jedoch auch der Beitrag gerade der kleinen Residenzen zwischen Emkendorf und Ansbach, Weimar und Darmstadt, die dem Bedürfnis nach intimer Geselligkeit und standesübergreifendem Auftrag der Literatur genügten.[52]

---

versität Leipzig, dem wir auch Wustmanns *Musikgeschichte Leipzigs* in drei Bänden und Kaemmels *Geschichte des Leipziger Schulwesens* verdanken. Reprint des grundlegenden Werkes mit einem Nachwort von Christel Foerster München u.a.: Saur 1994.

50 Ludwig Geiger: Berlin. 1688–1840. Geschichte des geistigen Lebens der preußischen Hauptstadt. Bd. I–II. – Berlin: Paetel 1893–1895. Reprint Aalen: Scientia 1987; vgl. von Geiger auch: Geschichte der Juden in Berlin. Bd. I–II. – Berlin: Guttentag 1871.

51 Man vergleiche etwa für Straßburg das gerade für das 18. Jahrhundert wichtige Kapitel bei Joseph Lefftz: Die gelehrten und literarischen Gesellschaften im Elsass vor 1870. – Heidelberg: Winter 1931 (= Schriften der Elsass-Lothringischen Wissenschaftlichen Gesellschaft zu Strassburg. Reihe A: Alsatica und Lotharingica; 6), S. 65ff.; vgl. zum Ausgang des Jahrhunderts auch das ergiebige vergleichende Werk von Ernst Baumann: Straßburg, Basel und Zürich in ihren geistigen und kulturellen Beziehungen im ausgehenden 18. Jahrhundert. Beiträge und Briefe aus dem Freundeskreise der Lavater, Pfeffel, Sarasin und Schweighäuser (1770–1810). – Frankfurt a.M.: Diesterweg 1938 (= Schriften des Wissenschaftlichen Instituts der Elsaß-Lothringer im Reich an der Universität Frankfurt am Main. N.F.; 20); für Frankfurt: Die Stadt Goethes. Frankfurt am Main im XVIII. Jahrhundert. Hrsg. von der Stadt Frankfurt am Main durch Heinrich Voelcker. – Frankfurt a.M.: Hauserpresse, Blazek & Bergmann 1932. Reprint Frankfurt a.M.: Weidlich 1982; für Göttingen: Robert E. Prutz: Der Göttinger Dichterbund. Zur Geschichte der deutschen Literatur. – Leipzig: Wigand 1841. Reprint Bern: Lang 1970; Ernst Metelmann: Zur Geschichte des Göttinger Dichterbundes 1772–1774. Faksimile-Neudruck einer Quellenpublikation aus der Zeitschrift *Euphorion* 33 (1932). – Stuttgart: Metzler 1965; für Halle: Waldemar Kawerau: Aus Halles Litteraturleben. – Halle: Niemeyer 1888 (= Culturbilder aus dem Zeitalter der Aufklärung; 2).

52 Man vgl. z.B. die schöne Studie von Otto Brandt: Geistesleben und Politik in Schleswig-Holstein um die Wende des 18. Jahrhunderts. – Stuttgart: Deutsche Verlags-Anstalt 1925 (= politische Bücherei), mit ihrem Emkendorf-Porträt. Vgl. auch z.B. die Beiträge von Siegfried Hoyer zu Dresden, Michael Schattenhofer zu München, Bernhard Kirchgäßner zu Mannheim und Elisabeth Lichtenberger zu Wien in dem Anm. 43 aufgeführten Sammelband: Städtische Kultur in der Barockzeit (1982). Jetzt auch: Residenzstädte und ihre Bedeutung im Territorialstaat des 17. und 18. Jahrhunderts. – Gotha: Forschungs- und Landesbibliothek 1991 (= Veröffentlichungen der Forschungs- und Landesbibliothek Gotha; 29). Hinzunehmen exemplarisch etwa Hans Erich Bödeker: Strukturen der Aufklärungsgesellschaft in der Residenzstadt Kassel. – In: Mentalitäten und Lebensverhältnisse. Beispiele aus der Sozialgeschichte der Neuzeit. Festschrift Rudolf Vierhaus. – Göttingen: Vandenhoeck & Ruprecht 1982, S. 55–76; Jörg Jochen Berns: Deutsche Musenhofkultur im Zeitalter Christian Knorrs von Rosenroth. Eine Problemskizze. – In: MorgenGlantz 4 (1994), S. 29–39. Zur Frühgeschichte der Residenzkultur liegt inzwischen eine umfängliche ergiebige Literatur vor. Vgl.: Fürstliche Residenzen im spätmittelalterlichen Europa. Hrsg. von Hans Patze, Werner Paravicini. – Sigmaringen: Thorbecke 1991 (= Konstanzer Arbeitskreis für Mittelalterliche Geschichte. Vorträge und Forschungen; 36); dazu auch die von der ›Residenzen-Kommission‹ der Göttinger Akademie der Wissenschaften betreute Reihe *Residenzforschung* (Sigmaringen: Thorbecke 1990ff.; besonders wichtig der dritte Band mit der Fallstudie von Konrad Amann: Die landesherrliche Residenzstadt Passau im spätmittelalterlichen Deutschen Reich, 1992).

Inzwischen kommt die allenthalben erkennbare Regionalisierung der geschichtlichen und kulturgeschichtlichen Forschung nicht zuletzt der Stadt im 18. Jahrhundert in besonderer Weise zugute.[53] Es bleibt erstaunlich, daß aus dem von Rainer Gruenter ins Leben gerufenen Arbeitskreis zum 18. Jahrhundert keine Untersuchung zu den städtischen Literaturverhältnissen hervorgegangen ist. Wolfenbüttel mit der Lessing-Akademie und der Gesellschaft zur Erforschung des 18. Jahrhunderts hat zumal unter der Ägide von Rudolf Vierhaus dem Problemkomplex ›Bürgertum und Bürgerlichkeit‹ (für das 17. Jahrhundert obsolet) Tagungen und Sammelbände gewidmet, bevor zu vergleichsweise später Stunde dann auch städtische Zentren der Aufklärung erschlossen wurden.[54] Es steht zu hoffen, daß die mit Halle, Leipzig, Riga, Königsberg und Kopenhagen eröffnete Sequenz ebenso zügig wie profiliert fortgeführt wird, so daß in einem übersehbaren Zeitraum die einschlägigen Städte ihre Darstellung erhalten. Eine erste, gleichfalls von Wolfenbüttel initiierte Synopsis ist wiederum in Gestalt eines Sammelbandes zustande gekommen, in dem die Literatur freilich nur am Rande figuriert.[55] Daß darüber hinaus die qualifizierte historische Gesamtdarstellung einzelner Städte willkommen bleibt, bedarf keines Wortes. Und gerne sähe man auch die junge kulturgeschichtliche Kategorie ›Frühe Neuzeit‹ im Blick auf einzelne städtische Paradigmen bewährt. Welche Vorkehrungen dafür u.a. vonnöten wären, soll im folgenden Abschnitt bedacht werden. Mit ihm werden Erwägungen aufgenommen und fortgeführt, die auf dem Osnabrücker Kongreß zum Thema ›Nation und Literatur im Europa der Frühen Neuzeit‹ bereits im Mittelpunkt der Erörterungen standen.

---

53 Man vgl. etwa Rolf Engelsing: Der Bürger als Leser. Lesergeschichte in Deutschland 1500–1800. – Stuttgart: Metzler 1974, mit dem Schwerpunkt auf den Literaturverhältnissen im Bremen des 18. Jahrhunderts; Zürich im 18. Jahrhundert. Zum 150. Jahrestag der Universität Zürich. Hrsg. von Hans Wysling. – Zürich: Buchverlag Berichthaus 1983; Klaus Hermsdorf: Literarisches Leben in Berlin. Aufklärer und Romantiker. – Berlin (DDR): Akademie-Verlag 1987; Königsberg. Beiträge zu einem besonderen Kapitel der deutschen Geistesgeschichte des 18. Jahrhunderts. Hrsg. von Joseph Kohnen. – Frankfurt a.M. u.a.: Lang 1994.

54 Bürger und Bürgerlichkeit im Zeitalter der Aufklärung. Hrsg. von Rudolf Vierhaus. – Heidelberg: Schneider 1981 (= Wolfenbütteler Studien zur Aufklärung; 7). Dazu der gerade für die soziale und mentale Bestimmung des Bürgertums wichtige Band von Rudolf Vierhaus: Deutschland im 18. Jahrhundert. Politische Verfassung, soziales Gefüge, geistige Bewegungen. Ausgewählte Aufsätze. – Göttingen: Vandenhoeck & Ruprecht 1987. – Die stadtgeschichtlichen Wolfenbüttel-Sammelbände unter dem Obertitel *Zentren der Aufklärung* umfassen: Bd. I: Halle. Aufklärung und Pietismus. Hrsg. von Norbert Hinske. – Heidelberg: Schneider 1989 (= Wolfenbütteler Studien zur Aufklärung; 15); Bd. II: Königsberg und Riga. Hrsg. von Heinz Ischreyt. – Tübingen: Niemeyer 1995 (= Wolfenbütteler Studien zur Aufklärung; 16); Bd. III: Leipzig. Aufklärung und Bürgerlichkeit. Hrsg. von Wolfgang Martens. – Heidelberg: Schneider 1990 (= Wolfenbütteler Studien zur Aufklärung; 17); Bd. IV: Der dänische Gesamtstaat. Kopenhagen, Kiel, Altona. Hrsg. von Klaus Bohnen, Sven-Aage Jørgensen. – Tübingen: Niemeyer 1992 (= Wolfenbütteler Studien zur Aufklärung; 18).

55 Stadt und Bürger im 18. Jahrhundert. Hrsg. von Gotthardt Frühsorge, Harm Klueting, Franklin Kopitzsch. – Marburg: Hitzeroth 1993 (= Das achtzehnte Jahrhundert. Supplementa; 2).

II Regionale Kulturgeschichte und kommunale Ikonologie

Die Stimme Morhofs

Wir haben derer/ so wohl bekannten/ als unbekannten Tichter gar keinen Mangel/ und fehlet wenig daß die Tichterey nicht gar den Handwerckern unter die Fäuste geräht. Wer einen Reim zusammen setzen kan/ der schreibet schon immer drauff loß/ und weiß doch im Grunde nicht/ worinnen die rechte Zierligkeit eines Verses bestehet.

Mit diesen Worten beschließt Daniel Georg Morhof seinen Rückblick auf die deutsche Literatur des 17. Jahrhunderts, wie sie sich an dessen Ende nun zu mehren beginnen.[56] »[I]ch werde mich nicht unternehmen allhier den Richterstab zuführen«, hatte der Rostocker und spätere Kieler Professor für Poesie und Beredsamkeit versichert.[57] Und doch ist dieser keineswegs verbannt, nur eben dezenter in Aktion. Einer Erwähnung oder Würdigung für wert befunden werden auf der einen Seite diejenigen Autoren, deren Namen schon damals einen guten Klang hatten oder doch zumindest nicht mehr unbekannt waren: Petrus Denaisius und Martin Opitz, Tobias Hübner und Diederich von dem Werder, Paul Fleming – den Morhof für den Größten hält – und Andreas Tscherning, die Schlesier Matthäus Apelles von Löwenstern, Andreas Gryphius, Daniel Casper von Lohenstein und Christian Hoffmann von Hoffmannswaldau, sodann Johann Rist in Hamburg, Simon Dach und sein »lieber Freund« Johann Röling in Königsberg, schließlich die Nürnberger Harsdörffer, Klaj und Birken, denen der Norddeutsche – wie dem katholischen Oberdeutschland überhaupt – mit merklicher Reserve begegnet. »Die Bayern/ Tyroler und Oesterreicher haben keine sonderliche Art im Poetisiren/ und weiß ich deren keine zu nennen. Denn ihre Sprache und Mundart ist unfreundlich/ deßhalben die Tichterey frembde und unlieblich.«[58] Die Namen Weises und Zesens, Kaldenbachs und Neumarks, der Leipziger Schirmer, Sieber und Schoch runden das Bild ab. Baldes, Lunds und Freinsheims wird nur als tüchtiger Lateiner, aber mäßiger deutscher Dichter gedacht, wie man überhaupt, so Morhof, »selten die Vollkommenheit in beyden Sprachen beysammen« findet.[59] Ganz am Schluß tut Morhof auch einiger Frauen Erwähnung, Sibylla Schwarz' in Greifswald, Henriette Catharina von Gersdorfs aus einer jener ungezählten Linien der Gersdorfs im Sächsischen, schließlich Gertrud Mollers aus Königsberg.

Schriftstellerkataloge sind ein reizvoller, weil aussagekräftiger Seitentrieb der Literaturgeschichte. Und so wäre die Versuchung groß, hier bei Morhof oder bei Birken, Hoffmann von Hoffmannswaldau, Neukirch, später dann bei Neumeister,

---

56 Daniel George Morhofens Unterricht Von der Teutschen Sprache und Poesie, Deren Ursprung, Fortgang und Lehr=Sätzen, Sammt dessen Teutschen Gedichten, Jetzo von neuen vermehret und verbessert, Und Nach des Seligen Autoris eigenem Exemplare übersehen, Zum drittemhale von den Erben heraus gegeben. – Lübeck, Leipzig: Kloß und Wiedemeyer 1718, S. 396.
57 Ebd.
58 Ebd., S. 394f.
59 Ebd., S. 398.

Mencke und Gottsched über die Auswahl, die Bewertungen, die Verknüpfungen zu reden.[60] Dem ist an dieser Stelle zu widerstehen. Gewiß wäre ein erster Zugang auch über traditionsgeschichtliche Forschung denkbar. So wenig wie die Macht der Gewährsleute darf jedoch der Einfluß der Region und damit der persönlichen Verbindungen unterschätzt werden. Der in Norddeutschland wirkende Professor ist am besten über die Holsteiner, die Mecklenburger und Pommeraner, schließlich die Ostpreußischen Dichter orientiert. Da bewährt sich die druck- und bibliotheksgeschichtlich immer wieder bestätigte Einheit des Ostseeraums auch in der Literaturgeographie der Frühen Neuzeit.[61] Einige der von Morhof erwähnten Namen dürften heute auch dem Barockspezialisten kaum noch bekannt sein; so der geistliche Dichter Johann Franck aus Guben oder der gleichfalls von Morhof angeführte Heinrich Held aus Schlesien. Auf welche Weise gelangten sie in Morhofs Repertoire? In Rostock, der Mecklenburgischen Landesuniversität, hatte Andreas Tscherning einen Lehrstuhl für Poetik innegehabt; Held, von dem wir einen *Vortrab deutscher Gedichte* (1643) besitzen, und sein schlesischer Freund, Johann

---

60 Die nach wie vor gediegenste Information für diesen wichtigen Zeitraum der Formation einer deutschsprachigen Literaturgeschichtsschreibung bei Sigmund von Lempicki: Geschichte der deutschen Literaturwissenschaft bis zum Ende des 18. Jahrhunderts. 2., (von Gertrud Chappuzeau) durchgesehene, um ein Sach- und Personenregister sowie ein chronologisches Werkverzeichnis vermehrte Aufl. – Göttingen: Vandenhoeck & Ruprecht 1968, S. 125ff., speziell zu Morhof der besonders ausführliche Abschnitt S. 150ff. Rudolf von Raumer: Geschichte der germanischen Philologie vorzugsweise in Deutschland. – München: Oldenbourg 1870 (= Geschichte der Wissenschaften in Deutschland. Neuere Zeit; 9), eröffnet sein Kapitel ›Die germanische Philologie in Deutschland 1665 bis 1748‹ (S. 154ff.) mit Morhof, beschränkt sich freilich hier wie sonst auf den linguistischen Beitrag. Vgl. auch das Kapitel ›From Opitz to the Middle of the Eighteenth Century‹ in: Michael S. Batts: A History of Histories of German Literature. Prolegomena. – New York u.a.: Lang 1987 (= Canadian Studies in German Language and Literature; 37), pp. 31–48, zu Morhof pp. 37–39. Dazu das sehr knappe Kapitel ›Litterärhistorie und deutsche Poesie‹ bei Klaus Weimar: Geschichte der deutschen Literaturwissenschaft bis zum Ende des 19. Jahrhunderts. – München: Fink 1989, S. 117–121 (vgl. auch über den Polyhistor Morhof die sehr instruktive Passage S. 113ff.).

61 Vgl. aus der reichhaltigen Literatur: Der Ostseeraum im Blickfeld der deutschen Geschichte. Hrsg. von der Senatskommission für das Studium des Deutschtums im Osten an der Rheinischen Friedrich-Wilhelms-Universität Bonn. – Köln, Wien: Böhlau 1970 (= Studien zum Deutschtum im Osten; 6); Der Ost- und Nordseeraum. Politik – Ideologie – Kultur vom 12. bis zum 17. Jahrhundert. Hrsg. von Konrad Fritze, Eckhard Müller-Mertens, Johannes Schildhauer. – Weimar: Böhlau 1986 (= Hansische Studien; 7. Abhandlungen zur Handels- und Sozialgeschichte; 25); Economy and Culture in the Baltic 1650–1700. Ed. by Sven-Olof Lindquist, Brigitte Radhe. – Visby: Gotlands Fornsal 1989 (= Acta Visbyensia; 8); Mare Balticum. Beiträge zur Geschichte des Ostseeraums in Mittelalter und Neuzeit. Festschrift Erich Hoffmann. Hrsg. von Werner Paravicini unter Mitwirkung von Frank Lubowitz, Henning Unverhau. – Sigmaringen: Thorbecke 1992 (= Kieler historische Studien; 36); Klaus Zernack: Nordosteuropa. Skizzen und Beiträge zu einer Geschichte der Ostseeländer. – Lüneburg: Verlag Nordostdeutsches Kulturwerk 1993. Vgl. auch die ergiebigen buchkundlichen Beiträge in: Bibliotheca Baltica. Hrsg. von Jörg Fligge, Robert Schweitzer. – München u.a.: Saur 1994 (= Beiträge zur Bibliothekstheorie und Bibliotheksgeschichte; 10); Bibliotheca Baltica. Hrsg. von Malle Ermel, Robert Schweitzer. – Tartu: Universitätsbibliothek Tartu 1996. Dazu der schöne Führer an entlegenster Stelle: Sammlung Otto Fritz Böhme (Drucke aus Offizinen im Raum der ehemaligen (Ost-)Hanse). Bearbeitet von Elke von Radziewsky. – Hamburg: Antiquariat Böhme 1986.

Franck, hatten hier wie Morhof selbst studiert.[62] Morhof reaktivierte seine Kenntnisse aus der Rostocker Studienzeit, so wie er neben Dach nicht Albert oder Roberthin oder Kaldenbach, sondern seinen Jugendfreund Röling stellt, der gleichfalls bei Tscherning in Rostock gelernt hatte.[63] Solchen lokalen und amikalen Imponderabilien verdanken Dichterkataloge ihre Physiognomie. Gen Süden hingegen wird das Bild mit Ausnahme der Nürnberger unscharf; der katholische Literaturraum fällt bis auf den Neulateiner Balde aus.[64]

Ein Heer von gelehrten Schreibern

Was fehlt und was auf dem Wolfenbütteler Barock-Rezeptions-Kongreß 1988 auch nur ansatzweise geleistet werden konnte, ist eine Geschichte des sukzessiven Zugewinns, aber auch des Verlusts von Autoren und Autorinnen seit den Tagen Morhofs bis in die Gegenwart.[65] Aber selbst wenn wir die in den vergangenen drei Jahrhunderten im Gespräch gewesenen und heute gegenwärtigen oder wieder vergessenen Namen kennen würden, hätten wir doch nur einen Bruchteil der im 17. Jahrhundert schreibenden – und zwar in gebundener Rede und also nach dem Verständnis der Zeit dichtenden – Personen erfaßt. »Wir haben derer/ so wohl bekannten/ als unbekannten Tichter gar keinen Mangel«, hatte Morhof konstatiert. Unsere Literaturgeschichte des 17. Jahrhunderts – einschließlich der ihr gewidmeten Bibliographien – ist immer noch eine Geschichte der wohlbekannten und eine des Still-

---

62 Vgl. Hans Heinrich Borcherdt: Andreas Tscherning. Ein Beitrag zur Literatur- und Kultur-Geschichte des 17. Jahrhunderts. – München, Leipzig: Hans Sachs-Verlag 1912, S. 151f. und S. 308, Anm. 15.
63 Ebd., S. 366f.
64 Dazu die Arbeiten Dieter Breuers: Literaturgeschichtsschreibung und deutsche Literatur im 17. Jahrhundert. – In: ders.: Oberdeutsche Literatur 1565–1650. Deutsche Literaturgeschichte und Territorialgeschichte in frühabsolutistischer Zeit. – München: Beck 1979 (= Zeitschrift für bayerische Landesgeschichte. Beiheft. Reihe B; 11), S. 1–21; ders.: Warum eigentlich keine bayerische Literaturgeschichte? Defizite der Literaturgeschichtsschreibung aus regionaler Sicht. – In: Kontroversen, alte und neue. Hrsg. von Albrecht Schöne. Bd. VII: Bildungsexklusivität und volkssprachliche Literatur. Literatur vor Lessing – nur für Experten? Hrsg. von Klaus Grubmüller, Günter Hess. – Tübingen: Niemeyer 1986, S. 5–13; ders.: Deutsche Nationalliteratur und katholischer Kulturkreis. – In: Nation und Literatur im Europa der Frühen Neuzeit. Hrsg. von Klaus Garber. – Tübingen: Niemeyer 1989 (= Frühe Neuzeit; 1), S. 701–715; ders.: Das Ärgernis der katholischen Literatur. Zur Geschichte einer Ausgrenzung. – In: Europäische Barock-Rezeption (Anm. 3), S. 455–463. Dazu der Anm. 67 zitierte Beitrag.
65 An dieser Stelle sei es erlaubt anzumerken, daß es in langen (und unvergessenen) Debatten in München anläßlich der Konzeption des Werkes glücklicherweise gelang, in dem Killyschen *Literaturlexikon* gerade auch den *poetae minores* des 16. und 17. Jahrhunderts den ihnen gebührenden Platz zu sichern. Wenn das Lexikon bis auf weiteres hervorragende Dienste auch für die Philologie der Frühen Neuzeit leistet, so ist dies neben der Qualität der Artikel selbst eben jener Ausweitung des lexikalisch zulässigen Kanons zu danken, die der Verfasser vor Ausscheiden aus dem Unternehmen durchzusetzen vermochte.

schweigens über die unbekannten Dichter, welch letztere sich in einer erdrückenden Überzahl befinden. In der großen und zu Unrecht gelegentlich despektierlich zitierten *Geschichte der deutschen Literatur* nennt Richard Newald in dem sachlich angemessenen Zeitraum zwischen Späthumanismus und Empfindsamkeit, also zwischen 1560/1570 und 1730/1740, knapp vierhundert einschlägige Namen. Das parallele Unternehmen in der DDR – eingegrenzt auf den Zeitraum zwischen 1600 und 1700 – kommt mit gut zweihundert Namen aus (wobei Menge von Namen selbstverständlich kein Kriterium für Güte ist). Auch bei Bouterwek, Koberstein, Gervinus, bei Lemcke, Bartels oder Nadler dürften es nicht mehr sein, eher weniger. Das ist – provokant gesprochen und nicht exakt verifizierbar – die Zahl derjenigen, die in einer Generation allein in Breslau, Danzig und in Königsberg oder in Leipzig, Hamburg und Nürnberg de facto zur Feder gegriffen haben. Man sehe die Gelegenheitsgedichte in Breslau, in Danzig sowie in Warschau und Thorn, St. Petersburg und Vilnius (nach dem Untergang der Königsberger Stadt- und der Königsberger Universitätsbibliothek) oder in Zwickau (nach dem Untergang der Leipziger Stadtbibliothek), in der Commerzbibliothek Hamburg (nach dem Untergang der alten Stadtbibliothek) sowie der Stadtbibliothek, der Bibliothek des Germanischen Nationalmuseums und des Landeskirchlichen Archivs in Nürnberg durch, und man wird auf diese Zahlen für jede Stadt allein in der Gattung Kasualgedicht kommen.

Die Frage lautet: Wollen wir fortfahren, eine Literaturgeschichte der Wenigen zu betreiben oder wollen wir beginnen, eine der Vielen ins Auge zu fassen? Die eine hat die Kraft einer dreihundertjährigen Tradition hinter sich, die andere müßte neu gezeugt werden. Die eine darf darauf setzen, daß schon von den Zeitgenossen und dann fortlaufend von den Nachfahren das Werk der Reinigung, Ausscheidung und Kritik besorgt worden ist; die andere müßte Gewichtungen, Wertungen, Profile neu erarbeiten. Die eine hätte das Recht des Lebens auf das schöpferische Vergessen auf ihrer Seite, die andere operierte am Rande des ständigen Verdachts, unstatthafte Exhumierungen vorzunehmen, die dem Leben noch nie bekommen sind. Sind wir nicht, indem wir unseren Fuß über die Schwelle des Kanonisierten in einem ohnehin an großen Einzelnen armen Jahrhundert setzen, auf dem besten Wege, uns monströse Lasten aufzubürden, an denen mehr als einer leicht zerbrechen könnte?

Es wird niemanden geben, der sich auf das Feld der regionalen, lokalen, kommunalen Literaturgeschichte des 17. Jahrhunderts – gleichgültig an welcher Stelle – eingelassen hat, dem diese Fragen fremd wären. Wer mit dem Gebirge von Autoren, Beiträgern und Adressaten, von Titeln, Druckern und Verlegern, von Lebensdaten, Bildungsgängen, personellen Querverbindungen in einer jeden Stadt zwischen Reval und Zürich, Liegnitz und Straßburg, Königsberg und Basel konfrontiert worden ist, das sich bei einem Blick in jede auch nur intakte lokale Sammlung von Kasualia auftut, der kann nur resignieren oder den Vorfahren bescheiden bestätigen, daß sie recht taten, nicht an dem überkommenen Bild zu rütteln, die Toten ruhen zu lassen und bestenfalls kleine Revisionen statt großer Umbrüche ins Auge zu fassen. Erwarten darf man umgekehrt freilich von einer selbstkritisch verfahrenden Wissenschaft, daß sie den Preis für ihr Verharren beim Hergebrachten kennt.[66]

Die deutsche Literaturwissenschaft zum 17. Jahrhundert ist nicht in der Lage, eine komplette Edition auch nur eines Dichters dieser Epoche, auch nicht ihrer größten zustandezubringen, wie jeder Kundige weiß. Die laufenden großen Werkausgaben von Zincgref, Opitz, Czepko, Rist, Zesen, Birken, Gryphius, Lohenstein, Hallmann, um hier nur einige zu nennen, haben ebenso wenig eine Chance auf Vollständigkeit wie ihre Vorgänger, ob sie nun Weckherlin oder Dach, Fleming oder Günther gewidmet waren – mit dem einen Unterschied vielleicht, daß dieser Mangel als solcher im 19. Jahrhundert und zu Anfang des 20. womöglich weniger empfunden wurde, während Vollständigkeit heute eine selbstverständliche und – was die fragliche Gattung des Kasualgedichts angeht – auch poetologisch besser abzustützende Maxime ist. Analoges gilt für die zweite Grundlagendisziplin der Bibliographie. Keine Personal-, keine Regional-, keine Gattungsbibliographie wird den Anspruch auf Vollständigkeit reklamieren können, solange Gebirge von Stoffmassen nicht durchdrungen sind. Eine Nationalbibliographie oder eine Nationalbibliothek der deutschen, d.h. im deutschen Sprachraum entstandenen und außerhalb des deutschen Sprachraums von deutschen Autoren geschriebenen bzw. auf Deutsch erschienenen Literatur ist folglich bis auf weiteres Illusion. Und Entsprechendes gilt für die Drucker-, Verleger-, Stecher-, Porträtlexika etc. Der *Benzing* sähe anders aus, wenn der Weg in das Regionalschrifttum beschritten worden wäre, und zwar nicht nur in bezug auf immer mögliche Ergänzungen bei den schon bekannten Druckorten, sondern bereits auf ungezählte neu zu gewinnende selbst. Und analog steht es um die großen Regional-Biographien. Sie sind für die Literaturgeschichte des 17. Jahrhunderts noch nie ausgeschöpft worden. Aber selbst wenn sie in ihrem gesamten Namens- und Titelbestand ausgewertet wären, bliebe das Bild fragmentarisch. Auch die größten und bestgearbeiteten unter ihnen aus dem 19. Jahrhundert, etwa der *Recke-Napiersky* für Kurland, Livland und Estland, der *Schröder* für Hamburg, der *Strieder* für Hessen, um hier nur drei Beispiele zu nennen, sind schon in Hinblick auf die Namen nicht komplett und arbeiten etwa bei den Kasualia oder auch bei den akademischen Dissertationen vielfach mit pauschalen Verweisungen und Charakteristiken oder sind, wo sie sich um Verzeich-

---

66 Zum folgenden darf verwiesen werden auf Klaus Garber: Erwartungen der Wissenschaft an Erschließung und Benutzungsmöglichkeiten älterer Literatur. Deutscher Nationalkatalog und Deutsche Nationalbibliothek. Eine gesamtdeutsche Aufgabe im gesamteuropäischen Kontext. – In: Literaturversorgung in den Geisteswissenschaften. Hrsg. von Rudolf Frankenberger, Alexandra Habermann. – Frankfurt a.M.: Klostermann 1986 (= Zeitschrift für Bibliothekswesen und Bibliographie. Sonderheft; 43), S. 206–233 [jetzt unter dem Titel ›Deutsche Nationalbibliothek und Deutsche Nationalbibliographie. Eine gesamtdeutsche Aufgabe im gesamteuropäischen Kontext‹ in: K. Garber: Das alte Buch im alten Europa. Auf Spurensuche in den Schatzhäusern des alten Kontinents. – München: Fink 2006, S. 21–47]. Zum generellen Kontext die epochemachende Studie von Bernhard Fabian: Buch, Bibliothek und geisteswissenschaftliche Forschung. Zu Problemen der Literaturversorgung und der Literaturproduktion in der Bundesrepublik Deutschland. – Göttingen: Vandenhoeck & Ruprecht 1983 (= Schriftenreihe der Stiftung Volkswagenwerk; 24).

nung mühen, auf wenige meist vor Ort vorfindliche Sammlungen angewiesen und basieren nicht auf aufwendigen Umfragen, für die in größerem Stil ohnehin die Voraussetzungen fehlten.

Literaturgeschichte der Städte und Regionen

Die daraus zu ziehenden Konsequenzen hängen ab von der Verständigung über die Prämissen. Wir besitzen keine neuere Literaturgeschichte zum 17. Jahrhundert. Die letzte, von Harald Steinhagen bei Rowohlt herausgegebene, ist eine anregende und interessante Essay-Sammlung, aber keine Geschichte des Zeitraums im strengen Sinn. Die anderen Projekte, bei Metzler, bei Hanser, bei Athenäum, im Westdeutschen Verlag, sind auf der Strecke geblieben bzw. noch nicht zustande gekommen. Das ist vielleicht nicht nur beklagenswert. Spiegelt es nicht auch das Bewußtsein, in herkömmlicher Manier nicht einfach fortfahren zu können? Was aber würde dann erwartet? Sicher vielerlei. Könnte man sich jedoch darauf verständigen, daß eine Geschichte der deutschen Literatur des 17. Jahrhunderts, gegliedert nach Städten und Regionen, heute an vorderster Stelle der Wünsche rangierte?[67]

---

67 [Die imponierende Literaturgeschichte von Volker Meid im Beck-Verlag lag seinerzeit ebenso wenig vor wie der dem 17. Jahrhundert gewidmete und von Albert Meier betreute Sammelband bei Hanser]. Zum Regionalismus als leitendem Prinzip literarischer Produktion und Rezeption und damit als nicht nur legitimer, sondern als unverzichtbarer und nach ihren völkisch-rassistischen Entstellungen um so dringlicher der rekonstruktiven literatur- und kulturwissenschaftlichen Arbeit gerade für die Frühe Neuzeit und speziell für das 17. Jahrhundert zurückzugewinnender Kategorie vgl. etwa Anthony J. Harper: Neglected Areas in Seventeenth-Century Poetry. – In: German Life and Letters 36 (1983), pp. 258–265, in deutscher Version (›Vernachlässigte Gebiete der Barocklyrik‹) wieder gedruckt in ders.: Schriften zur Lyrik Leipzigs 1620–1670. – Stuttgart: Heinz 1985 (= Stuttgarter Arbeiten zur Germanistik; 131), S. 47–66; hier auch S. 67–82 der Beitrag ›Probleme bei der Definierung eines regionalen poetischen Stils in der Barocklyrik‹; Wilhelm Kühlmann: Zur literarischen Lebensform im deutschen Späthumanismus. Der pfälzische Dramatiker Theodor Rhodius (ca. 1575–1625) in seiner Lyrik und in seinen Briefen. – In: Daphnis XVII/4 (1988), S. 671–749, S. 671ff.; Detlef Ignasiak: Die Entstehung einer kulturellen Öffentlichkeit in Thüringen am Ausgang des 16. Jahrhunderts. Baustein für eine regional-historisch orientierte Kulturgeschichte. – In: Archiv für Kulturgeschichte 73 (1991), S. 265–312; ders.: Zum Problem der Regionalisierung in der Literaturgeschichtsschreibung. – In: Beiträge zur Geschichte der Literatur in Thüringen. Hrsg. von Detlef Ignasiak. – Rudolstadt u.a.: Hain 1995 (= Palmbaum-Studien; 1), S. 7–13; Dieter Breuer: Regionale Vielfalt und nationale Einheit. Zu einer Kontroverse des Barockzeitalters. – In: Weißenfels als Ort literarischer und künstlerischer Kultur im Barockzeitalter. Hrsg. von Roswitha Jacobsen. – Amsterdam, Atlanta/GA: Rodopi 1994 (= Chloe. Beihefte zum Daphnis; 18), S. 7–22; Klaus Garber: Literaturgeschichte als Memorialwissenschaft. Die deutsche Literatur im Osten Europas. – In: Probleme und Methoden der Literaturgeschichtsschreibung in Österreich und in der Schweiz. Beiträge der Tagung in Innsbruck 1996. Hrsg. von Wendelin Schmidt-Dengler. – Wien: Edition Praesens 1997 (= Stimulus. Beiheft; 1), S. 39–53 [jetzt in: Klaus Garber: Nation – Literatur – Politische Mentalität. Beiträge zur Erinnerungskultur in Deutschland. Essays – Reden – Interventionen. – München: Fink 2004, S. 207–225]. Zum Kontext Hans Peter Ecker: Region und Regionalismus. Bezugspunkte für Literatur oder Kategorien der Literaturwissenschaft. – In: Deutsche Vierteljahrsschrift für Literaturwissenschaft und Geistesgeschichte 63 (1989), S. 295–314; Norbert Oellers: Aspekte und Prinzipien regionaler Literaturgeschichtsschreibung. – In: Literatur an der Grenze. Der Raum Saarland – Lothringen – Luxemburg –

Die Zeit dafür scheint günstig. Städte, Landschaften, Bundesländer, geschichtlich gewachsene Regionen über die nationalen Grenzen hinweg gehen zunehmend dazu über, Rückblicke nicht nur ihrer politischen und sozialen, sondern auch ihrer alltagsweltlichen, kulturellen oder speziell ihrer literarischen und gelehrten Traditionen vorzulegen. Die Region als Lebensraum in Geschichte und Gegenwart hat Konjunktur. Die Beschäftigung mit ihr rückt dabei häufig in Gegensatz zu der allzu lange favorisierten nationalen Optik; sie wird statt dessen gerne als Komplement zur gleichfalls transnationalen europäischen Dimension betrachtet. Auch das scheint den Rahmenbedingungen der Literatur des 17. Jahrhunderts entgegenzukommen: regionale Verhaftung einerseits, europäische Verflechtung andererseits bei schwach ausgebildeter nationaler Intention.

Schaut man freilich genauer hin, mustert man die vorliegenden Quer- und Längsschnitte in den gegenwärtigen, für ein breiteres Publikum konzipierten regionalen Rückblenden, dann sind es für das 17. Jahrhundert immer die schon bekannten Namen, die da im Kontext des Dreißigjährigen Krieges figurieren, wobei der Ausfall der ganzen Epoche keine Seltenheit ist. Es gibt zu denken, wenn eine repräsentative sechsbändige Universitätsgeschichte mit keinem Wort der Anfänge der neueren Kunstdichtung im Umkreis von Hof und Universität zu Heidelberg gedenkt.[68] Und sieht es anders aus in den uns zur Verfügung stehenden regionalen Literaturgeschichten älteren und jüngeren Datums? Kaum eine von ihnen ist vor Ort aus den Quellen der damals noch intakten Stadtbibliotheken und Stadtarchive bzw. Staats- und Landesbibliotheken gearbeitet worden, und wenn, dann setzte der Prozeß der Ausscheidung zu früh und zu wenig reflektiert ein. Der Fundus der Namen unserer großen Literaturgeschichten zwischen Gervinus, Nadler und Ne-

---

Elsaß als Problem der Literaturgeschichtsschreibung. Festgabe für Gerhard Schmidt-Henkel. Hrsg. von Uwe Grund, Günter Scholdt. – Saarbrücken: SDV 1992, S. 11–21. Zum historischen Kontext: Regionen in der Frühen Neuzeit. Reichskreise im deutschen Raum, Provinzen in Frankreich, Regionen unter polnischer Oberhoheit. Ein Vergleich ihrer Strukturen, Funktionen und ihrer Bedeutung. Hrsg. von Peter Claus Hartmann. – Berlin: Duncker & Humblot 1994 (= Zeitschrift für historische Forschung. Beiheft; 17). Zum Methodischen der Sammelband: Kultur und Staat in der Provinz. Perspektiven und Erträge der Regionalgeschichte. Hrsg. von Stefan Brakensiek, Axel Flügel, Werner Freitag, Robert von Friedeburg. – Bielefeld: Verlag für Regionalgeschichte 1992 (= Studien zur Regionalgeschichte; 2), vor allem die Beiträge von Axel Flügel: Der Ort der Regionalgeschichte in der neuzeitlichen Geschichte, S. 1–28, und Jochen Hoock: Regionalgeschichte als Methode. Das französische Beispiel, S. 29–39. – Eine meisterhafte Bibliographie zur regionalen Literaturgeschichte in: Internationale Bibliographie zur Geschichte der deutschen Literatur von den Anfängen bis zur Gegenwart. Hrsg. von Günter Albrecht, Günther Dahlke. Bd. I–II, 1/2. – Berlin (DDR): Volk und Wissen 1969–1972, Bd. I, S. 242–268, Bd. II, 2: Nachträge, S. 937–940; dazu die beiden Ergänzungshalbbände für den Berichtszeitraum 1965–1974. Hrsg. von Günter Albrecht. – Berlin (DDR): Volk und Wissen 1984, S. 264–270. Knappe, jedoch gleich meisterhaft disponierte Auswahl in der vierten, von Herbert Jacob neu bearbeiteten Auflage von: Robert F. Arnold: Allgemeine Bücherkunde zur neueren deutschen Literaturgeschichte. – Berlin: de Gruyter 1966, S. 126–142: ›Literaturgeschichte in räumlicher Begrenzung‹. Hier jeweils auch die einschlägigen Darstellungen zu den einzelnen Städten, so daß die bibliographischen Angaben zur älteren Literatur in unserem Beitrag bewußt knapp gehalten werden können.

68 Semper apertus. Sechshundert Jahre Ruprecht-Karls-Universität Heidelberg 1386–1986. Bd. I–VI. Bearbeitet von Wilhelm Doerr. – Berlin u.a.: Springer 1985.

wald wird selten überschritten, derjenige der von Weller, Goedeke, Hayn-Gotendorf in den Bibliographien gebotenen nicht erreicht, und das ist in der Regel auch nicht einmal angestrebt.

Regionalismus als leitendes Kriterium

Noch einmal: Ist eine Ausweitung des Kanons vonnöten und wünschenswert? Gewiß nicht in einer weiterhin primär autor- und werkbezogenen Literaturgeschichtsschreibung. Wenn es um Profile und Physiognomien des Autors im 17. Jahrhundert, um Bandbreite und Sonderung von Textsorten, Poetik und Rhetorik der einzelnen dichterischen Verwirklichungen geht, dürften wir mit dem uns Verfügbaren auskommen. Ganz anders aber sieht es aus, wenn wir das Feld unserer Betrachtungen von der Literaturgeschichte im engeren Sinn auf das der Kulturgeschichte ausdehnen, und zwar so, daß der Text immer noch geheimer Richt- und Orientierungspunkt aller Unternehmungen bliebe, aber nun in die Konfigurationen eingerückt würde, in denen er in praxi steht – und schwerlich in einem Jahrhundert mehr als dem 17. Jahrhundert. Ist es für einen Autor in diesem späthumanistisch-konfessionellen Jahrhundert nicht gleichgültig, welche Schulen und Universitäten er besucht hat, welchen Richtungen in der kurrenten Disziplinen- und Methodendiskussion, insonderheit welchen konfessionellen Optionen er im Zuge seines Bildungsgangs begegnete, welche Position er in den gelehrten oder kirchlichen oder berufsständischen Hierarchien einnahm, welchen konfessionellen Rahmenbedingungen er mit der Wahl von Stadt und Territorium ausgesetzt war, welche herkömmlichen politischen, kulturellen, konfessionellen Kontakte zu anderen und ggf. weit abgelegenen, aber verwandten Städten und Territorien bestanden usw., dann folgen daraus Konsequenzen für die tägliche Arbeit, die wir effizienter als bislang ins Auge fassen und einer Lösung entgegenführen müssen. Können wir institutionsgeschichtlich in der weiten Fassung des Begriffes heute noch anders arbeiten, und zwar – um jedes Mißverständnis auszuschalten – nicht alternativ zur Textarbeit, sondern als unerläßlicher Voraussetzung für diese, eben weil die Texte wie vielleicht in keinem anderen Jahrhundert sonst in die Kontexte von Kirche, Schule, Universität, städtischem und landesherrlichem Regiment samt der entsprechenden buchkundlichen Rahmenbedingungen eingebettet sind, die in den älteren regionalen Literaturgeschichten wegen der dichterzentrierten Optik zu wenig Beachtung fanden?

Werden derartige Institutionen aber, wie sachlich geboten, berücksichtigt, erweitert sich das personelle und literaturgeschichtlich relevante Spektrum um ein Vielfaches, so daß auch die besten bio-bibliographischen Hilfsmittel durchweg versagen. Wie soll die immer gleiche oder nur geringfügig variierende Reihenfolge der Beiträger eines stets wieder auftretenden Schreiberkreises behandelt werden ohne genaue Kenntnis etwa ihrer gymnasialen Funktionen, wie die immer wiederkehrende Wortmeldung auswärtiger Beiträger ohne die Kenntnis der Kontakte zwischen den entsprechenden Institutionen oder – wo diese ausfallen – die vermutlich zu entschlüsselnden Beziehungen zum Adressaten, wie die Mitwirkung der Geistlichen an einer Sammelschrift ohne genaue Kenntnis der konfessionellen städtischen Gruppierungen, wie die Bevorzugung gewisser Adressaten für gewisse Autorengruppen, die anderer für andere ohne die in aller Regel in Anschlag zu bringenden divergenten konfessionellen Optionen usw.? Jeder kennt die daraus erwachsenden Schwierigkeiten für die Arbeit, die sich potenzieren durch den Umstand, daß erstens schon für den jeweiligen Ort die benötigten Quellen selten an der entsprechenden einen Stelle zusammen vorzufinden sind, sondern an verschiedenen zusammengesucht werden müssen, und zweitens die Spuren zu häufig weit entfernt liegenden Orten und Regionen zu verfolgen sind, so daß de facto viele und weiträumige Untersuchungsschritte eingeleitet werden müssen, um ein vom Untersuchungsmaterial her enges und lokalspezifisches Schrifttum angemessen aufschlüsseln zu können.[69]

Ein Verzeichnis der deutschen Drucke des 17. Jahrhunderts

Eine Lösung dieses Dilemmas dürfte für die Städte und Territorien des 17. Jahrhunderts nur in Sicht sein, wenn die hier wartende Arbeit als vordringliche anerkannt und begonnen wird, diese zu organisieren, zu koordinieren, Schwerpunkte zu bilden, Absprachen zu treffen über einheitliche Verfahrensweisen, wo diese sich anbieten, und dezentrale Arbeitsschritte mit zentraler Koordinierung, Zusammenführung und Speicherung des Erarbeiteten zu verknüpfen. Erlaubt seien daher in hartem Schnitt einige praktisch-organisatorische Erwägungen, die in unserem Fach der einsamen Interpretationskunst nicht zu dem Beliebtesten gehören, aber eben doch von Zeit zu Zeit angestellt werden müssen. Sie bleiben auch weiterhin auf die mittlere Phase frühneuzeitlicher Literatur vom Ende des 16. bis zum Beginn des 18. Jahrhunderts konzentriert. Für diesen Zeitraum wird schon in Kürze ein fühlbarer Wandel in der Grundlagenforschung auch im Blick auf die städtischen Literaturverhältnisse mit der Installation und dem Inkrafttreten des *Verzeichnisses der im deutschen Sprachraum erschienenen Drucke des 17. Jahrhunderts (VD 17)* einsetzen.[70] Die

---

69 Die Forschungsstelle zur Literatur der Frühen Neuzeit an der Universität Osnabrück hat aus dieser Situation die Konsequenz gezogen und ein Film- und Kopien-Archiv aufgebaut, das die einschlägige regionale Literatur mit Schwerpunkt für den Zeitraum des ›langen‹ 17. Jahrhunderts vereinigt und computergestützt nach einem eigens hierzu entwickelten Thesaurus erschließt. Eine Bibliographie der regionalen Sammelbibliographien von Klaus Garber mit ca. 1500 Titeln steht zur Verfügung, die gleichfalls sukzessive verfilmt werden. Dabei wird den jeweils in den Bibliotheken der Region annotierten und ergänzten Handexemplaren der Vorzug gegeben.

70 Dazu grundlegend Wolfgang Müller: Die Drucke des 17. Jahrhunderts im deutschen Sprachraum. Untersuchungen zu ihrer Verzeichnung in einem VD 17. – Wiesbaden: Harrassowitz 1990 (= Beiträge zum Buch- und Bibliothekswesen; 31). Vgl. von Müller auch die Kurzfassung: Ein Weg zu einem VD 17. Untersuchungen über eine Verzeichnung der deutschen Drucke des 17. Jahrhunderts. – In: Zeitschrift für Bibliothekswesen und Bibliographie 37 (1990), S. 201–221. Wolfgang Müller hat dankenswerterweise die Ergebnisse seiner im Auftrag der DFG durchgeführten Untersuchung auch auf dem Osnabrücker Kongreß vorgetragen und damit eine Basis

Deutsche Forschungsgemeinschaft hat sich dankenswerterweise dazu verstanden, nach einer Förderung der entsprechenden Arbeiten für das 16. Jahrhundert jetzt auch die Voraussetzungen für die bibliographische Erschließung des folgenden und druckgeschichtlich womöglich kompliziertesten Jahrhunderts in der Geschichte des deutschen Buches zu schaffen. In einer insgesamt fünfzehnjährigen wissenschaftlichen Vorlaufphase war es möglich, die mit dem Großforschungsprojekt zusammenhängenden Fragen auf Expertenebene wiederholt zu behandeln. Dabei erwies sich das Zusammenwirken von Bibliothekaren, Literaturwissenschaftlern und Informatikern in einem eigens von der DFG ins Leben gerufenen Ausschuß als optimale Voraussetzung für eine kontinuierliche Vorbereitung und Begleitung des Projekts. Wenn an einer Stelle zu beobachten war, wie über Jahrzehnte geführte Diskussionen um eine allen Kulturwissenschaften dienliche Aufarbeitung der großen Titelmengen nun in die praktische bibliothekarisch-bibliographische Arbeit eingingen, so hier. Erstmals in der – nach Jahrhunderten segmentierten – nationalbibliographischen Arbeit ist sichergestellt, daß eine gerade von literaturwissenschaftlicher Seite immer wieder erhobene Forderung nach Berücksichtigung des Kleinschrifttums und nach Einbezug der Beiträger, Widmungsempfänger und Adressaten eingelöst und damit ein erheblicher Fortschritt über die Erfassung der obligatorischen buchkundlichen Daten hinaus erzielt wird. Nicht damit genug, werden auch die informationsreichen und vielfältig auswertbaren Schlüsselseiten, also insbesondere der sogenannte Vor- und Nachspann der Werke, in die Verfilmung und digitale Speicherung einbezogen. Den Kultur- und speziell wiederum den Literaturwissenschaften stehen mit Fortschreiten des Unternehmens jene für eine regional in die Tiefenschichten der Überlieferung vordringende Geschichtsschreibung einschlägigen Informationen in größerem Umfang als je zuvor zur Verfügung.

Das imponierende Unternehmen der DFG bleibt freilich in vielfacher Hinsicht erweiterungs- und ergänzungsbedürftig. Getragen wird es gegenwärtig von sechs von seiten der DFG geförderten Bibliotheken: der Staatsbibliothek zu Berlin Stiftung Preußischer Kulturbesitz in Assoziation mit der Sächsischen Landesbibliothek Dresden, der Bayerischen Staatsbibliothek München in Assoziation mit der For-

---

für die teilweise lebhaften Debatten um Größenordnungen und Prioritäten im Blick auf die anstehenden Aufgaben in der Grundlagenforschung geschaffen. Dazu Klaus Garber: Schmelze des barocken Eisberges? Eine Zwischenbetrachtung anl. der Studie von Wolfgang Müller. Die Drucke des 17. Jahrhunderts im deutschen Sprachraum. Untersuchungen zu ihrer Verzeichnung in VD 17. – In: Zeitschrift für Bibliothekswesen und Bibliographie 38 (1991), S. 437–467 [jetzt unter dem Titel ›Schmelze des barocken Eisberges? Das Verzeichnis der deutschen Drucke des 17. Jahrhunderts‹ in: ders.: Das alte Buch im alten Europa (Anm. 66), S. 54–86]. Hier die vorangehende Literatur. Zuletzt wiederum im Blick auf die einschlägige Literatur: Marianne Dörr: Das Verzeichnis der im deutschen Sprachraum erschienenen Drucke des 17. Jahrhunderts. – In: Zeitschrift für Bibliothekswesen und Bibliographie 43 (1996), S. 409–421. Vgl. auch von der gleichen Verfasserin: Eine Nationalbibliothek des 17. Jahrhunderts – online. Verzeichnis der im deutschen Sprachraum erschienenen Drucke. – In: Forschung. Mitteilungen der DFG 4 (1996), S. 20–22, sowie Werner Arnold, Thomas Bürger, Peter Pfeiffer: Zur Bibliographie der deutschen Drucke des 17. Jahrhunderts (VD 17). – In: Zeitschrift für Bibliothekswesen und Bibliographie 40 (1993), S. 32–43.

schungsbibliothek Gotha und der Herzog August Bibliothek Wolfenbüttel in Assoziation mit der Universitätsbibliothek Jena. Angesichts der unvergleichlich größeren Streuung der Drucke des 17. Jahrhunderts im Vergleich zum 16., durchaus aber auch dem 18. Jahrhundert, wie sie sich bibliothekarisch im jeweils erheblichen Aufkommen unikater bzw. seltener Titel ausdrückt, bleibt das VD 17 angewiesen auf die Mitbeteiligung weiterer Bibliotheken. Denn nur in dem Maße, wie sie ihrerseits ihre Titel – normengemäß nach den hier nicht im einzelnen zu charakterisierenden Regularien – dem VD 17 zuführen, wird dieses sich in einem sukzessiven Wachstumsprozeß dem großen und niemals zu erreichenden Fernziel nähern, die deutsche Druckproduktion im nationalbibliographischen Sinne komplett zu erfassen und computergestützt weltweit verfügbar zu machen. Der – gleichfalls von der DFG auf einem anderen Wege geförderte – Beitrag etwa der traditionsreichen Ratsschulbibliothek Zwickau mit ihrem reichhaltigen Gelegenheitsschrifttum vor allem aus dem sächsischen und dem fränkischen Raum läßt erkennen, wie über die neue Technologie die vielfältigen Anschlußmöglichkeiten zum Gewinn des Ganzen längerfristig genutzt werden können und müssen.

Der Beitrag des alten deutschen Sprachraums im Osten

Die DFG ist nur zur Förderung deutscher Institutionen in der Lage. Die deutschen Drucke der Frühen Neuzeit und wiederum in ganz besonderem Maße die des 17. Jahrhunderts lagern jedoch in ungezählten Exemplaren unikaten Charakters nicht in deutschen Bibliotheken, wie zumal im Blick auf das Kleinschrifttum leicht zu belegen ist. Folglich bleibt das Verzeichnis der Drucke insbesondere des 17. Jahrhunderts auf die Zuarbeit aus dem Ausland ebenso angewiesen wie auf die forscherliche Initiative aus dem eigenen Land. Es profitiert am unmittelbarsten von den retrospektiven katalogischen, aber auch von den nationalbibliographischen Bemühungen der europäischen Nachbarstaaten immer dort, wo diese die Produktion von Druckorten des alten deutschen Sprachraums betreffen.[71] Freilich wird man nicht erwarten dürfen, daß jene Unternehmungen jeweils regelkonform zum VD 17 angelegt werden. Und für viele Bibliotheken wird es gleichfalls bis auf weiteres vordringlichere Aufgaben geben als die Erfassung und Erschließung gerade der deutschen Druckproduktion des 17. Jahrhunderts.

---

71 Vgl. unter diesem Gesichtspunkt beispielsweise die beeindruckende litauische Nationalbibliographie: Lietuvos TSR bibliografija. Serija A. Knygos lietuvių kalba. Vol. I: 1547–1861. – Vilnius: Mintis 1969; Ergänzungsband. – Vilnius: Mintis 1990; Vol. II, 1/2: 1862–1904. – Vilnius: Mintis 1985–1988. Zur gleichfalls weit fortgeschrittenen estnischen Nationalbibliographie vgl. Erich Richter: Die Nationalbibliographien der finnisch-ugrischen Völker in der Sowjetunion. – In: Biblos 30 (1981), S. 122–144; Laine Peep: Baltica in estnischen Bibliotheken und das Programm der retrospektiven Nationalbibliographie. – In: Buch und Bibliothekswissenschaft im Informationszeitalter. Festschrift Paul Kaegbein. Hrsg. von Engelbert Plassmann, Wolfgang Schmitz, Peter Vodosek. – München u.a.: Saur 1990, S. 415–423. Zum Ganzen: Nationalbibliographie in Estland, Lettland, Litauen und Rußland. – In: Esko Häkli: Erschließung, Sammeln, Informationstätigkeit – Ansätze zur Kooperation. – In: Bibliotheca Baltica (1994) (Anm. 61), S. 85–96, S. 94–96.

So bedeutet es eine glückliche Fügung, daß sich die Volkswagen-Stiftung fast zeitgleich mit der Eröffnung des VD 17 ein von langer Hand vorbereitetes bio-bibliographisches Großprojekt förderungspolitisch zu eigen machte, das mit Ausnahme einer einzigen Institution ausschließlich auf Bibliotheken im Osten des alten deutschen Sprachraums jenseits von Oder und Neiße gerichtet ist.[72] Konzentriert auf eine einzige Gattung, das personale Gelegenheitsschrifttum der Frühen Neuzeit bis 1800, schöpft es die Bestände von mehr als zwei Dutzend Archiven und Bibliotheken in Polen, den drei baltischen Staaten und Rußland aus.[73] Diese sind so gewählt, daß mit ihrer Auswertung ein Maximum an Drucken aus den Druckzentren Schlesiens sowie des alten deutschen Sprachraums im Nordosten zutage gefördert wird, also aus Stettin und Danzig, Elbing und Thorn, Königsberg und Riga, Reval und Dorpat etc. Steht das genuin literaturwissenschaftliche Interesse im Vordergrund, der eigenen Disziplin eine möglichst große Zahl vielfach unbekannter Texte, Beiträger und sonstiger Personen zuzuführen, so dürfte gleichsam als Nebeneffekt auch die textsortenspezifische Ergänzung des VD 17 durch Berücksichtigung außerdeutscher Bibliotheken mit reichem Aufkommen an deutschen Drucken gerade auch aus dem 17. Jahrhundert willkommen sein. Im Falle Königsbergs vermag die Beschränkung auf die eine Gattung sogar durchbrochen zu werden. Zu den im Projekt ausgeschöpften Bibliotheken gehören auch diejenigen, die nach dem Krieg zu den maßgeblichen Verwahrungsorten der einst in Königsberg beheimateten Bücher aufgerückt sind.[74] So werden in einem dem Projekt angegliederten Vorhaben alle im Zuge der Katalogrecherchen und der Magazinarbeiten zutage geförderten und aus Königsberger Bibliotheken und Archiven stammenden Bücher verzeichnet und in einem separaten Katalogwerk zusammengeführt.

---

72 Vgl. Klaus Garber: Literaturwissenschaftliche Forschungen zum alten deutschen Sprachraum des Ostens in der Forschungsstelle zur Literatur der Frühen Neuzeit an der Universität Osnabrück. – In: Deutsche Literatur und Sprache im östlichen Europa. Hrsg. von Carola L. Gottzmann. – Leipzig: Universitätsverlag 1995, S. 31–39. Wiederabgedruckt unter dem Titel: Mediale Revolution in der Frühen Neuzeit und ›Schreiben bei Gelegenheit‹. Zu einem Projekt kulturwissenschaftlicher Grundlagenforschung in Archiven und Bibliotheken Mittel- und Osteuropas. – In: Klaus Garber: Nation – Literatur – Politische Mentalität (Anm. 67), S. 238–244.
73 Die Archive und Bibliotheken im einzelnen aufgeführt und charakterisiert im Sonder-Prospekt des Olms-Verlages: Handbuch des personalen Gelegenheitsschrifttums in europäischen Bibliotheken und Archiven (1997). Zum Kontext mit der gesamten einschlägigen Literatur Klaus Garber: Das alte Buch im alten deutschen Sprachraum des Ostens. – In: Deutscher Buchdruck im Barockzeitalter. Teil I–II. Hrsg. von Gillian Bepler, Thomas Bürger. – Wiesbaden: Harrassowitz 1997 (= Wolfenbütteler Barock-Nachrichten; 24), S. 445–520 [eingegangen unter dem Titel ›Der alte deutsche Sprachraum des Ostens. Stand und Aufgaben der literatur-, buch- und bibliotheksgeschichtlichen Forschung am Beispiel des Kleinschrifttums‹ in: Klaus Garber: Das alte Buch im alten Europa (Anm. 66), S. 679–748].
74 Vgl. Klaus Garber: Auf den Spuren verschollener Königsberger Handschriften und Bücher. Eine Bibliotheksreise nach Königsberg, Vilnius und Sankt Petersburg. – In: Altpreußische Geschlechterkunde 23 (1993), S. 1–22 [jetzt in: ders.: Das alte Buch im alten Europa (Anm. 66), S. 151–182]; ders.: Königsberger Bücher in Polen, Litauen und Rußland. – In: Nordost-Archiv N.F. 4 (1995), S. 29–61 [auch in: Festschrift für Erich Trunz zum 90. Geburtstag. Vierzehn Beiträge zur deutschen Literaturgeschichte. Hrsg. von Dietrich Jöns, Dieter Lohmeier. – Neumünster: Wachholtz 1998 (= Kieler Studien zur deutschen Literaturgeschichte; 19), S. 233–255].

Kleinschrifttums-Textsorten

Projekte dieser Größenordnung, in denen auch in den Geisteswissenschaften ein großer Stab von Mitarbeitern für einen freilich befristeten Zeitraum beschäftigt werden kann, dürften die Ausnahme bleiben. Um so wichtiger ist es, daß sie ergänzt werden durch weitere womöglich bescheideneren Zuschnitts mit all den Chancen, die gerade dem fest umrissenen Kleinprojekt innewohnen. Ein gewisser Vorzug wird in der bio-bibliographischen und editorischen Grundlagenforschung der Frühen Neuzeit in der Regel dem regional, temporal und textsortenspezifisch klar begrenzten Projekt zukommen. Vorhaben, die zur Erschließung einzelner Textgruppen, ggf. für einen überschaubaren Zeitraum, aber auch der Druckproduktion einer einzelnen Offizin, der Überlieferung in einer einzelnen Institution, ggf. auch der Dokumentation in Katalogen, in litterärgeschichtlichen oder anderweitigen qualifizierten buchkundlichen Organen führen, sind deshalb von so erheblichem Gewicht, weil sie in und mit der lokalen Fokussierung in ganz anderer Weise als die flächenübergreifenden Unternehmungen in die Tiefenschichten der Überlieferung vorzudringen vermögen und dabei stets auf Textzeugen stoßen, die der Integration in den literatur- und kulturhistorischen Organismus bislang entgangen sind. Entgegen immer wieder geäußerter Meinung reicht auf diesem Feld die Beschränkung auf exemplarische und modellhaft angelegte Vorhaben keineswegs aus.

Je mehr qualifizierte Paradigmen, breit gestreut nach Textsorten und Institutionen, vorliegen, um so größer nicht nur die Differenzierung des Blicks, sondern auch die Chance der datenintensiven Vernetzung über die einzelnen Regionen hinaus. Denn wenn die Literatur- und Kulturgeschichte sich weiterhin der Aufgabe von Gesamtdarstellungen verschreiben muß, so mit Erfolg und Effizienz doch nur in dem Maße, wie von den Regionen und der Vielfalt der Textsorten her angemessen vorgearbeitet ist und also das ebenso reizvolle wie unumgängliche synoptische Werk auf eine möglichst große Fülle wohlpräparierter Spezialarbeiten zurückgreifen kann. So wichtig das rehabilitierte Gelegenheitsschrifttum für die Rekonstruktion der städtischen Literaturverhältnisse bleibt, so falsch wäre die Fixierung auf diese Gattung.[75] Das akademische Schrifttum, Flugblatt und Flugschrift, das Fach-

---

75 Zum Ertrag der Forschung im Anschluß an die grundlegende Monographie von Wulf Segebrecht (1976) sowie die Gattungsuntersuchung von Hans-Henrik Krummacher: Das barocke Epicedium. Rhetorische Tradition und deutsche Gelegenheitsdichtung im 17. Jahrhundert. – In: Jahrbuch der deutschen Schillergesellschaft 18 (1974), S. 89–147, und Wulf Segebrecht: Steh, Leser, still! Prolegomena zu einer situationsbezogenen Poetik der Lyrik. Entwickelt am Beispiel von poetischen Grabschriften und Grabschriftenvorschlägen in Leichencarmina des 17. und 18. Jahrhunderts. – In: Deutsche Vierteljahrsschrift für Literaturwissenschaft und Geistesgeschichte 52 (1978), S. 430–468, vgl. vor allem: Gelegenheitsdichtung. Eingeleitet von Wulf Segebrecht. Hrsg. von Dorette Frost, Gerhard Knoll. – Bremen: Universitätsbibliothek Bremen 1977 (= Veröffentlichungen der Abteilung Gesellschaftswissenschaften und der Spezialabteilung [Bremensia der UB Bremen]; 11); Joseph Leighton: On Occasional Baroque Poetry. – In: For Lionel Thomas. A Collection of Essays Presented in His Memory. Ed. by Derek Attwood e.a. – Hull: University of Hull 1980, pp. 1–20; ders.: Occasional Poetry in the Eighteenth Century in Germany. – In: The Modern Language Re-

schrifttum, die verschiedenen Liedgattungen, die diversen erzählerischen oder dramatischen Gattungen, die Spielarten der geistlichen Literatur sind alle in ihren je-

---

view 78 (1983), pp. 340–358; Wulf Segebrecht: Die bibliographische Erschließung der Gelegenheitsdichtung des 16.–18. Jahrhunderts. – In: Beiträge zur bibliographischen Lage in der germanistischen Literaturwissenschaft. Hrsg. von Hans-Henrik Krummacher. – Boppard: Boldt 1981 (= Mitteilungen der Kommission für germanistische Forschung der DFG; 3), S. 223–256; Ruth Ledermann-Weibel: Zürcher Hochzeitsgedichte im 17. Jahrhundert. Untersuchungen zur barokken Gelegenheitsdichtung. – Zürich, München: Artemis 1984 (= Zürcher Beiträge zur deutschen Literatur- und Geistesgeschichte; 58); dazu mit Verweis auf die Zürcher Unternehmungen, die 1990 in Osnabrück gleichfalls präsentiert wurden: Rolf Tarot: Probleme der Erfassung und Edition von Gelegenheitsschriften. – In: Probleme der Edition von Texten der Frühen Neuzeit. Hrsg. von Lothar Mundt, Hans-Gert Roloff, Ulrich Seelbach. – Tübingen: Niemeyer 1992 (= Beihefte zu editio; 3), S. 194–197; Rudolf Drux: Casualpoesie. – In: Zwischen Gegenreformation und Frühaufklärung: Späthumanismus, Barock. 1572–1740. Hrsg. von Harald Steinhagen. – Reinbek bei Hamburg: Rowohlt 1985 (Deutsche Literatur. Eine Sozialgeschichte; 3. – rororo-Handbuch; 6252), S. 408–417; Jan Drees: Die soziale Funktion der Gelegenheitsdichtung. Studien zur deutschsprachigen Gelegenheitsdichtung in Stockholm zwischen 1613 und 1719. – Stockholm: Almqvist & Wiksell 1986 (= Kungl. Vitterhets Historie och Antikvitets akademiens handlingar); ders.: Deutschsprachige Gelegenheitsdichtung in Stockholm und Uppsala zwischen 1613 und 1719. Bibliographie der Drucke nebst einem Inventar der in ihnen verwendeten dekorativen Druckstöcke. – Stockholm: Kungliga Biblioteket 1995 (= Acta Bibliothecae Regiae Stockholmiensis; 56); Wolfgang Adam: Poetische und kritische Wälder. Untersuchungen zu Geschichte und Formen des Schreibens ›bei Gelegenheit‹. – Heidelberg: Winter 1988 (= Beihefte zum Euphorion; 22); Juliane Fuchs: HimmelFelß und Glückes Schutz. Studien zu Bremer Hochzeitsgedichten des 17. Jahrhunderts. – Frankfurt a.M. u.a.: Lang 1994 (= Helicon; 16); Ulrich Ernst: Intertextualität in der barocken Kasuallyrik. – In: Intertextualität in der Frühen Neuzeit. Studien zu ihren theoretischen und praktischen Perspektiven. Hrsg. von Wilhelm Kühlmann, Wolfgang Neuber. – Frankfurt a.M. u.a.: Lang 1994 (= Frühneuzeit-Studien; 2), S. 325–356; Gelegenheitsgedichte aus einem mitteldeutschen Bücherschatz. Zusammengestellt von W.A. Kelly. – East Linton: Cat's Whiskers Press 1996; Lachrymae Catharinae. Five Collections of Funeral Poetry from 1628. Ed. with Studies on the Theoretical Background and the Social Context of the Genre by Annika Ström. – Stockholm: Almqvist & Wiksell 1994 (= Studia Latina Stockholmiensia; 38. Acta Universitatis Stockholmiensis); Kerstin Heldt: Der vollkommene Regent. Studien zur panegyrischen Casuallyrik am Beispiel des Dresdner Hofes Augusts des Starken. – Tübingen: Niemeyer 1997 (= Frühe Neuzeit; 34); Klaus Garber: Ephemeres Kleinschrifttum und lexikalisch-literarhistorische Großprojekte. Forschungspolitische Erwägungen für den alten deutschen Sprachraum des Ostens. – In: Deutsche Literatur im östlichen und südöstlichen Europa. Konzepte und Methoden der Geschichtsschreibung und Lexikographie. Hrsg. von Eckhard Grunewald, Stefan Sienerth. – München: Südostdeutsches Kulturwerk 1997 (= Veröffentlichungen des Südostdeutschen Kulturwerks. Reihe B: Wissenschaftliche Arbeiten; 69), S. 43–53 [eingegangen unter dem Titel ›Vermessung eines versunkenen Kontinents. Ephemeres Kleinschrifttum und literaturgeschichtlich-lexikalische Großprojekte im Blick auf den alten deutschen Sprachraum des Ostens‹ in: Garber: Nation – Literatur – Politische Mentalität (Anm. 67), S. 226–237]; Ute Széll: Institutionen der Gelehrsamkeit und Dichten ›bey Gelegenheit‹. Ein Beitrag zum literarischen Leben im Osnabrück der Frühen Neuzeit. – Diss. phil. Osnabrück 1997. Zum Übergang in das 18. Jahrhundert Uwe-K. Ketelsen: Die Krise der Gelegenheitspoesie in der deutschen Frühaufklärung und die Rede von der ›Wahren Poesie‹ – Christian Gryphius' *Uber seiner Schwester/ Jungfer Annä Rosinä Gryphien/ Absterben* als Exempel. – In: Wahre lyrische Mitte – ›Zentrallyrik‹? Ein Symposium zum Diskurs über Lyrik in Deutschland und in Skandinavien. Hrsg. von Walter Baumgartner. – Frankfurt a.M. u.a.: Lang 1993 (= Texte und Untersuchungen zur Germanistik und Skandinavistik; 34), S. 33–49.

weiligen kommunalen Kontexten gleich ergiebige und behandlungswürdige Textformen.[76]

Kommunale Bilder-Semantik

Dem Vorwurf neopositivistischer Stoffhuberei, dem sich notgedrungen immer wieder ausgesetzt sieht, wer Erwägungen wie die angedeuteten anstellt, begegnet der derart Geziehene am besten durch das Hinüberwechseln auf die andere Seite, die Bestimmung derjenigen Aufgaben und Ziele, die für eine Literaturgeschichtsschreibung kommunaler Kultur in der Frühen Neuzeit auf der Basis eben jener Grundlagenforschung in neuen kulturgeschichtlichen Kontexten absehbar würden. Die in den Literaturwissenschaften und zumal in der Germanistik entbrannte Debatte um eine erneuerte Kulturwissenschaft ermutigt freilich nicht eben zum Betreten dieses bereits wiederum rasch und sorgfältig verminten Terrains. Den auf ihm errichteten Warnschildern mangelt es indes an Plausibilität. Wo Literatur- und Kulturwissenschaft in Opposition gerückt werden, ist eine gedeihliche Debatte oder auch Kontroverse schwerlich zu erwarten. Kulturwissenschaftliche Ansätze sind gewiß nicht geeignet, textwissenschaftliche Verfahrensweisen überflüssig zu machen und zu ersetzen. Die jeweiligen Spezialwissenschaften haben nur in dem Maß eine Chance, sich am kulturwissenschaftlichen Gespräch zu beteiligen, wie sie aus der Mitte ihres Gegenstandes heraus operieren.[77] Und der bleibt der je einzelne Text in seiner jeweiligen historisch-spezifischen intertextuellen Verfaßtheit. Insofern ist die Alternative von Text- und Kulturwissenschaft eine von Schein durchwirkte. Der literaturwissenschaftliche Beitrag zu einer integrativen Kulturwissen-

---

76 Zur Dissertation bekanntlich die grundlegenden Verzeichnisse von Hanspeter Marti: Philosophische Dissertationen deutscher Universitäten 1660–1750. Eine Auswahlbibliographie. Unter Mitarbeit von Karin Marti. – München u.a.: Saur 1982, und Manfred Komorowski: Bibliographie der Duisburger Universitätsschriften (1652–1817). – St. Augustin: Richarz 1984 (= Duisburger Studien. Geistes- und Gesellschaftswissenschaften; 7); ders.: Promotionen an der Universität Königsberg 1548–1799. Bibliographie der pro-gradu-Dissertationen in den oberen Fakultäten und Verzeichnis der Magisterpromotionen in der Philosophischen Fakultät. – München u.a.: Saur 1988. Die auf das 16. Jahrhundert konzentrierten und vor allem von Hans-Joachim Köhler vorangetriebenen bibliographischen Arbeiten zur Flugschrift bedürften dringend einer Erweiterung auf das 17. Jahrhundert. Die einschlägigen Arbeiten zur frühneuzeitlichen Publizistik aufgeführt und besprochen in der ergiebigen Studie von Silvia S. Tschopp: Heilsgeschichtliche Deutungsmuster in der Publizistik des Dreißigjährigen Krieges. Pro- und antischwedische Propaganda in Deutschland 1628 bis 1635. – Frankfurt a.M. u.a.: Lang 1991 (= Mikrokosmos; 29). Der Titel der Arbeit von Maria Pfeffer: Flugschriften zum Dreißigjährigen Krieg. Aus der Häberlin-Sammlung der Thurn- und Taxisschen Hofbibliothek. – Frankfurt a.M. u.a.: Lang 1993 (= Regensburger Beiträge zur deutschen Sprach- und Literaturwissenschaft. Reihe B: Untersuchungen; 53), ist irreführend; die Verfasserin handelt de facto vom Flugblatt, das durch die Arbeiten von Wolfgang Harms und seiner Schüler gut erschlossen ist, während Arbeiten zur Flugschrift des 17. Jahrhunderts das Desiderat bleiben. Zum Lied und zur Liedpublizistik bekanntlich Rolf Wilhelm Brednich: Die Liedpublizistik im Flugblatt des 15. bis 17. Jahrhunderts. Bd. I–II. – Baden-Baden: Koerner 1974–1975 (= Bibliotheca Bibliographica Aureliana; 55.60).

77 Auf die Dokumentation der rezenten publizistischen Debatte sei hier verzichtet.

schaft ist so gut und so triftig, wie er durch texterschließende Arbeit vorbereitet ist, ohne daß an dieser Stelle methodologische Fragen eben dieser Erschließung aufgegriffen werden sollen.

Wichtig scheint vor allem, daß dem Ausschreiten in die räumliche Breite, dem Aufsuchen divergenter Stadttypen und Textsorten flexible Verfahren semiotischer Dekodierung antworten, die den einmaligen, unverwechselbaren und unersetzlichen Beitrag des jeweiligen Textes bzw. der jeweiligen Textsorte im Ensemble der kulturellen Praktiken und symbolischen Systeme der Stadt erschließen helfen.[78] Die Stadt als soziale Korporation ist in ihrer Geschichte begleitet von immer wieder neu artikulierten Entwürfen ihres Selbstverständnisses, ihres geschichtlichen Auftrags, ihrer von keiner anderen Gemeinschaft in dieser Form wahrnehmbaren Chance der kulturellen Akzeleration der Menschheit. Auch im Blick auf die Fixierung städtischen Selbstverständnisses zu Beginn der Frühen Neuzeit erwies es sich als hilf- und folgenreich, daß zurückgegriffen werden konnte auf Selbstentwürfe und Legitimationsmuster aus der Antike mit der bekannten Privilegierung gleichermaßen der republikanischen Polis- wie der caesaristischen Residenz-Topologie.[79]

Die Stadt figuriert neben dem Staat als ein mythisch beglaubigtes Paradigma sozialer Harmonie und Interaktion, das zu mannigfacher Anknüpfung und Weiterentwicklung einlud.[80] Dabei blieb insbesondere die alttestamentarische Dichotomie zwischen Babel und Jerusalem ein dem kulturellen Gedächtnis nicht wieder verlierbarer Archetypus, der Bild und Deutung der Stadt bis tief in das 20. Jahrhundert begleitete. Die Kulturwissenschaften sind in der glücklichen Lage, belehrt beispielsweise durch die epochemachenden Studien Hans Barons, der Virulenz

---

78 Dazu die entsprechende (und bislang noch sehr wenig entwickelte) Literatur bei Bernd Roeck: Lebenswelt und Kultur des Bürgertums in der Frühen Neuzeit. – München: Oldenbourg 1991 (= Enzyklopädie deutscher Geschichte; 9); Richard van Dülmen: Kultur und Alltag in der Frühen Neuzeit. Bd. II: Dorf und Stadt. 16.–18. Jahrhundert. – München: Beck 1992. Vgl. auch den wichtigen Band: Stadt und Repräsentation. Hrsg. von Bernhard Kirchgässner, Hans-Peter Becht. – Sigmaringen: Thorbecke 1995 (= Stadt in der Geschichte; 21). Zum Grundsätzlichen: Historische Bildkunde. Probleme – Wege – Beispiele. Hrsg. von Brigitte Tolkemitt, Rainer Wohlfeil. – Berlin: Duncker & Humblot 1991 (= Zeitschrift für historische Forschung. Beiheft; 12).
79 Vgl. etwa Otto Borsts titelgebenden Beitrag: Babel oder Jerusalem? Prolegomena zu einer Geistesgeschichte der Stadt. – In: ders.: Babel oder Jerusalem? (Anm. 43), S. 15–123, mit der entsprechenden Literatur S. 433–454.
80 Vgl. die einschlägige Literatur in den entsprechenden Artikeln etwa des *Lexikons der Alten Welt* (1965), Sp. 2881–2900, *Killys Literaturlexikon* XIV (1993), S. 397–402 (in diesem Band S. 101–112), des *Lexikons des Mittelalters* VII (1995), Sp. 2169–2208, VIII (1997), Sp. 1–8, sowie daselbst die Artikel ›Stadtansicht und Stadtbild‹ und ›Stadttypen‹ (Sp. 8–12; Sp. 29–32). (Im *Lexikon der Geschichtlichen Grundbegriffe* fehlt zwischen ›Staat/Souveränität‹ und ›Stand‹ ein Eintrag ›Stadt‹! In der Neubearbeitung der Pyritzschen Barock-Bibliographie durch Reiner Bölhoff kommt noch im Jahre 1991 ein Eintrag zum Komplex ›Stadt und Literatur‹ nicht vor). – Als Aperçu ein einziger, freilich inkommensurabler Beitrag zu Geist und Ethos der alteuropäischen Stadt: Carl Jacob Burckhardt: Städtegeist. (Vortrag am 9. August 1952 anläßlich der Säkularfeier des Germanischen Nationalmuseums). – Erstmals in: Noris. Zwei Reden. – Berlin: Hartmann 1953, S. 27–63, wiederabgedruckt in ders.: Betrachtungen zur Geschichte und Literatur. – Bern: Neue Schweizer Bibliothek 1971 (Carl Jacob Burckhardt. Gesammelte Werke; 2), S. 12–35.

und Konsistenz des städtischen Diskurses seit der Frührenaissance und des unveräußerlichen humanistisch-literarischen Beitrags in ihm gewärtig zu sein.[81]

In der in diesem Beitrag vor allem thematisierten Phase zwischen den letzten Dezennien des 16. und den ersten des 18. Jahrhunderts hat das Bemühen um die Artikulation städtischen Selbstverständnisses und städtischer Selbstbehauptung nichts von seiner Dynamik, um nicht zu sagen: seiner Dramatik verloren. Ja, in gewisser Weise dürfte sie einen Höhepunkt kommunalen, von den Künsten wie der Politik im weitesten Sinne geprägten Ringens um Selbstvergewisserung bezeichnen.[82] Noch einmal von der Erfahrung des Aufschwungs, der Akkumulation von Reichtum, von Macht und Wissen in den großen Kapitalen zumal des oberdeutschen Raums bestimmt, zeichnet sich in den Städten allenthalben doch bereits der rasch wachsende Druck des Territorial- bzw. jenseits des Reiches des Nationalstaates ab – ein schwer kalkulierbarer, im ganzen als bedrohlich wahrgenommener Widerpart zur kommunalen Freiheit und zur politischen, aus dem Reichsverband Sein und Selbstbewußtsein beziehenden Autogenität.

Das Ensemble aller kulturellen Bilder, aller symbolischen Zeichensysteme ins Auge zu fassen und zu erschließen, in denen sich die Selbstbehauptung des kommunalen Verbandes vollzieht, sie womöglich schichtenspezifisch zu trennen, vergleichend synchron wie diachron, regional und typologisch zu differenzieren, scheint eine ebenso lohnende wie schwierige, den Charakter einer Herausforderung bewahrende Aufgabe kulturgeschichtlicher Erforschung der Frühen Neuzeit zu sein. Kein Bereich sollte dabei von vornherein ausgeklammert, jeder vielmehr als möglicher sprechender Bedeutungsträger befragt werden.

Das beginnt bei der städtischen Topographie, der ständisch besetzten Markierung von Straßen, Vierteln und Quartieren, ihrer größeren Nähe oder Ferne zu den Zentren der Macht, allenthalben in dem Rathaus und womöglich seinen Annexen als dem Wahrzeichen städtischen Gemeingeists und Wohlstands, deliberativer Kunst und bürgerlicher Freiheit zur sinnfälligsten kommunalen Repräsentanz gelangend, setzt sich fort in den Emblemen, Wappen und Sprüchen der herrschenden Geschlechter an Haus und Kontor, auch sie wiederum nur ständische Derivate jener öffentlichen bildlichen Signale, in denen die Stadt ihre genuine politische Ikonologie dem Fürstenhof wie dem alten Adel auf dem Lande entgegensetzt und eben ihre Autogenität symbolisch bekräftigt, manifestiert sich in öffentlichen Gebäuden, wie

---

81 Dazu mit den einschlägigen Titeln Barons Horst Günther: Hans Baron und die emigrierte Renaissance. – In: Hans Baron: Bürgersinn und Humanismus im Florenz der Renaissance. Aus dem Englischen von Gabriele Krüger-Wirrer. Mit einem Vorwort von Horst Günther. – Berlin: Wagenbach 1992 (= Kleine kulturwissenschaftliche Bibliothek; 38), S. 7–10. Vor allem immer wieder zu erinnern an das große Werk des Emigranten: The Crisis of the Early Italian Renaissance. Civic Humanism and Republican Liberty in an Age of Classicism and Tyranny. Vol. I–II. – Princeton/NJ: Princeton University Press 1955. Revised One-Volume Edition with an Epilogue. – Princeton/NJ: Princeton University Press 1966. Dazu: Republiken und Republikanismus im Europa der Frühen Neuzeit. Hrsg. von Helmut G. Koenigsberger unter Mitarbeit von Elisabeth Müller-Luckner. – München: Oldenbourg 1988 (= Schriften des Historischen Kollegs. Kolloquien; 11).

82 Dazu paradigmatisch die unten Anm. 90 für Nürnberg angegebene Literatur.

sie die Silhouetten der Städte in der Gebrauchs- und Repräsentationsgraphik prägen, in Plätzen, Monumenten, sächlichen und personalen Memorialstätten, in denen sich die Geschichte des kommunalen Verbandes verdichtet und einhaltgebietend in das tägliche geschäftige Treiben hineinragt, und konzentriert sich schließlich in jenen ungezählten festlichen Aufzügen, deklamatorischen, schauspielerischen, musikalischen Aktivitäten zu festen Stunden und Tagen im Jahr ebenso wie in den herausragenden singulären Ereignissen in der Geschichte der Stadt, in denen sie ihr intellektuelles und künstlerisches Potential zusammenfaßt und neuerlich dem Hof ihren alleinigen Anspruch auf die Zurschaustellung seiner Macht streitig macht und kalkuliert unterläuft.

Nicht anders also als der geistliche und weltliche Hof erheischt die Stadt eine synoptische Zusammenschau aller zu ihrem Selbstverständnis geleitenden, nicht ausschließlich pragmatischen, sondern eben symbolischen Handlungen – und was anderes wäre die Analysis ihres kulturellen Gebarens als eben diese, exekutiert von einer Wissenschaft, die es gelernt hat, noch die unscheinbarsten Zeichen als Chiffren der Mentalität eines sozialen Verbandes bzw. einzelner Gruppen zu lesen und in einer ›Kulturgeschichte‹ modernen Anspruchs und Zuschnitts zu synthetisieren?

Die Literaturwissenschaft hat in ihr ein sehr maßgebliches Wort mitzureden. Und das keinesfalls nur über das beliebte Genus des Städtelobs.[83] Besonders aussagekräftig dürften gerade jene Gattungen sein, in denen städtisches Leben und Bewußtsein nicht immer schon manifest sind, sondern sich von Fall zu Fall einschreiben. Als eine solche darf auch die Pastorale gelten. In ihr ist wie im komplementären Lob des Landlebens die Kritik höfischen wie städtischen Lebens aus dem Blickwinkel der ›natürlichen‹ Existenzform des ›Schäfers‹ bzw. des ›Landmanns‹ beheimatet. Gegenläufig dazu – und gleichermaßen durch Theokrit wie durch Vergil legitimiert – hat jedoch durchaus auch das Lob der Stadt in der Pastorale einen Platz. Dann aber erscheint der kommunale Verband ausgestattet mit allen jenen Privilegien und Prävalenzen des Ursprungs, wie sie in dieser Gattung wie in keiner anderen sonst reklamiert und transportiert werden. Ontologische Paradigmen aber sind als metahistorische sensible Indikatoren geschichtlicher, zeitspezifischer Mentalitäten zu entziffern. Sie mit dem Instrumentarium, wie es nur dem Literaturwissenschaftler im Ensemble der Kulturwissenschaften zur Verfügung steht, aufzuschließen, bleibt daher eine genuine Aufgabe.

---

[83] Aus der inzwischen reichhaltigen Literatur sei hier verwiesen auf den Forschungsbericht von Hermann Goldbrunner: Laudatio Urbis. Zu neueren Untersuchungen über das humanistische Städtelob. – In: Quellen und Forschungen aus italienischen Archiven und Bibliotheken 63 (1983), S. 313–328. Paradigmatisch und zugleich umfassend mit der gesamten einschlägigen Literatur Walther Ludwig: Die Darstellung südwestdeutscher Städte in der lateinischen Literatur des 15. bis 17. Jahrhunderts. – In: Stadt und Repräsentation (Anm. 78), S. 39–76. Für die Traditionsgeschichte heranzuziehen Carl Joachim Classen: Die Stadt im Spiegel der Descriptiones und Laudes urbium in der antiken und mittelalterlichen Literatur bis zum Ende des zwölften Jahrhunderts. Um ein Nachwort vermehrte 2. Aufl. – Hildesheim, New York: Olms 1986 (= Beiträge zur Altertumswissenschaft; 2).

Erlaubt sei deshalb abschließend ein Blick auf einen berühmten, insgesamt freilich nur wenig wahrgenommenen bukolischen Text aus dem Nürnberger Raum – Johann Helwigs *Nymphe Noris* (1650), an dem vielleicht gezeigt werden kann, was gemeint sein könnte mit der Aufforderung, die quellenaufarbeitende Grundlagenforschung weiterzuentwickeln zu einer Analyse von Formen der Wahrnehmung von Stadt und städtischer Existenz als Zeugnissen bürgerlich-gelehrter Identitätsfindung im alten Europa.

III Ein Paradigma aus dem Nürnberger Raum: Johann Helwigs ›Nymphe Noris‹

Ein drittes pastorales Gründungsdokument aus dem Nürnberger Pegnitzorden

In der dritten frühen Schäferei des ›Pegnesischen Blumenordens‹ aus dem Jahr 1650 wird der titularische Zusammenhang mit dem *Pegnesischen Schäfergedicht* Harsdörffers und Klajs (1644) und seiner *Fortsetzung* (1645) durch Sigmund von Birken nicht explizit hergestellt.[84] Mit der *Nymphe Noris* knüpft der selbstbewußte

---

84 Zu später Stunde, nachdem das Harsdörffersche und Klajsche *Pegnesische Schäfergedicht* wiederholt neugedruckt worden war und auch die Birkensche *Fortsetzung Der Pegnitz=Schäferey* im Reprint wieder zugänglich wurde – vgl. Georg Philipp Harsdörffer, Sigmund von Birken, Johann Klaj: Pegnesisches Schäfergedicht. 1644–1645. Hrsg. von Klaus Garber. – Tübingen: Niemeyer 1966 (= Deutsche Neudrucke. Reihe: Barock; 8) –, hat auch die Helwigsche *Nymphe Noris* ihre kritische Edition erfahren. Die Bemühung um den Dichter in der schönsten Form einer Trias aus Edition, Bibliographie und Interpretation ist Max Reinhart zu danken. Vgl.: Johann Hellwig's *Die Nymphe Noris* (1650). A Critical Edition. Ed. by Max Reinhart. – Columbia/SC: Camden House 1994 (= Studies in German Literature, Linguistics, and Culture). Die Edition wird eröffnet mit einer ausführlichen Einführung in das Werk, seine Traditionsgeschichte und Stellung in der Nürnberger Stadt- und Literaturgeschichte und abgeschlossen mit einer Bibliographie der Quellen in der europäischen Literatur sowie der wissenschaftlichen Literatur. Der Edition tritt die eingehend erschließende Bibliographie des schmalen Helwigschen Werkes und der chronologisch angeordneten und annotierten wissenschaftlichen Literatur zur Seite, eingeleitet von der ausführlichsten bislang vorliegenden und aus den derzeit verfügbaren Quellen geschöpften Biographie: Johann Hellwig. A Descriptive Bibliography. Compiled and with an Introduction and Notes by Max Reinhart. – Columbia/SC: Camden House 1993 (= Studies in German Literature, Linguistics, and Culture). Zur Interpretation: Max Reinhart: The Privileging of the Poet in Johann Hellwig's *Die Nymphe Noris*. – In: Sprachgesellschaften – Galante Poetinnen (Literary Societies/ Literary Women). Zusammengestellt von Erika A. Metzger, Richard E. Schade. – Amsterdam: Rodopi 1988 (= Daphnis; XVII/3), pp. 229–243; ders.: Historical, Poetic and Ideal Representation in Hellwig's Prose Eclogue *Die Nymphe Noris*. – In: Konstruktion. Untersuchungen zum deutschen Roman der frühen Neuzeit. Hrsg. von Lynne Tatlock. – Amsterdam, Atlanta/GA: Rodopi 1990 (= Daphnis; XIX/1), pp. 41–66. Zum literar- und sozialgeschichtlichen Kontext ders.: Poets and Politics. The Transgressive Turn of History in Seventeenth-Century Nürnberg. – In: Writing on the Line. Transgression in Early Modern German Literature – Variationen zur Literatur im Umbruch. Grenzüberschreitungen in der deutschen Literatur der Frühen Neuzeit. Ed. by Lynne Tatlock. – Amsterdam, Atlanta/GA: Rodopi 1991 (= Daphnis; XX/1), pp. 199–299; ders.: Welt und Gegenwelt im Nürnberg des 17. Jahrhunderts. Ein einleitendes Wort zur sozialkritischen Funktion der Prosaekloge im Pegnesischen Blumenorden. – In: Pegnesischer Blumenorden in

Sohn Nürnbergs Johann Helwig an die Huldigungen der Stadt im Spiegel ihrer namenspendenden Nymphe an, die ihr Urbild in der neueren europäischen Literatur in Boccaccios *Ninfale Fiesolano* besitzt. Helwig hat sogleich in der Vorrede auf den inneren Zusammenhang mit den beiden vorangehenden Nürnberger Werken verwiesen und damit seiner *Nymphe Noris* eine Art Untertitel mit auf den Weg gegeben, der in der – spärlichen und erst jüngst sich belebenden – wissenschaftlichen Literatur als solcher stets wahrgenommen wurde:

> Dieser Schreibart nun hat sich besagter Urheber/ mit Ergetzung seiner selbsten/ in diesem Werklein auch gebrauchet/ und solcher Massen die dritte und vierdte Fortsetzung/ oder den dritten und vierdten Theil der PegnitzSchäferey/ die von andern wolbelobten PegnitzSchäfern (für derer unwürdigen Mitgenossen er sich auch erkennet) unlangsten angefangen worden/ den treuen Liebhabern der reinen Teutschen Sprache an die Hand geben wollen [...].[85]

Wie nimmt sich diese Spielart in Helwigs Augen aus?[86]

Nürnberg. Festschrift zum 350jährigen Jubiläum. Hrsg. von Werner Kügel. – Nürnberg: Tümmel 1994, S. 1–6.

85 Im folgenden zitiert nach der Reinhartschen Edition (Anm. 84). Hier das vorgelegte Zitat S. 5.

86 Die Nürnberger Bukolik, in deren Kontext Helwigs Werk zu situieren ist, wurde bekanntlich erstmals von Heinrich Meyer: Der deutsche Schäferroman des 17. Jahrhunderts. – Diss. phil. Freiburg/Br. 1927, Reprint der Druckfassung (Dorpat: Mattiesen 1928): Hannover-Döhren: Hirschheydt 1978, zusammenhängend (unter dem wenig glücklichen Titel ›Schäferroman als Gesellschaftsdichtung‹) vorgestellt (S. 27ff.: Die Nürnberger; zu Helwig S. 32–34, S. 33f.: »Die Schäfergattung erfüllt sich hier mit Naturstimmung. Die Liebe tritt ganz zurück.«). Die nomenklatorisch zutreffende Differenzierung in ›bukolische Gelegenheitsdichtungen‹ und ›deutsche Schäferromane‹ bei Ursula Schaumann: Zur Geschichte der erzählenden Schäferdichtung in Deutschland. – Diss. phil. Heidelberg 1930 (Druck: Duderstadt 1931) (von Waldberg-Schule); die Nürnberger werden nur auf einer Seite (S. 23f.) eben gestreift. Eine knappe Zusammenfassung unter dem wiederum fragwürdigen Titel ›Epische Schäferdichtung in Deutschland: Gelegenheitsschäfereien‹ bei Ernst Günter Carnap: Das Schäferwesen in der deutschen Literatur des 17. Jahrhunderts und die Hirtendichtung Europas. – Diss. phil. Frankfurt a.M. 1939, S. 22ff. Zur Gattungsdefinition und europäischen Traditionsgeschichte Klaus Garber: Der locus amoenus und der locus terribilis. Bild und Funktion der Natur in der deutschen Schäfer- und Landlebendichtung des 17. Jahrhunderts. – Köln, Wien: Böhlau 1974 (= Literatur und Leben. N.F.; 16), S. 26–38 (›Die Prosaekloge‹), zur Naturdarstellung S. 111–146 (›Erweiterung des locus amoenus – Landschaftlicher Realismus in der Prosaekloge‹). Die Erforschung der Schäferdichtung der Nürnberger im Kontext des Hirten- und Blumenordens an der Pegnitz und damit der deutschen wie der europäischen Sozietätsbewegung ist Gegenstand eines entsprechenden abgeschlossenen Manuskripts für das Arkadienbuch des Verfassers (vgl. Anm. 15). Gedruckte Ausschnitte etwa in: Klaus Garber: Arkadien und Gesellschaft. Skizze zur Sozialgeschichte der Schäferdichtung als utopischer Literaturform Europas. – In: Utopieforschung. Interdisziplinäre Studien zur neuzeitlichen Utopie. Bd. I–III. Hrsg. von Wilhelm Voßkamp. – Stuttgart: Metzler 1982 (1985 auch als Suhrkamp-Taschenbuch erschienen), Bd. II, S. 37–81, S. 58ff. [wiederabgedruckt in ders.: Literatur und Kultur im Europa der Frühen Neuzeit (Anm. 41), S. 229–274]; ders.: Martin Opitz' *Schäferey von der Nymphe Hercinie*. Ursprung der Prosaekloge und des Schäferromans in Deutschland. – In: Martin Opitz. Studien zu Werk und Person. Hrsg. von Barbara Becker-Cantarino. – Amsterdam: Rodopi 1982 (= Daphnis; XI/3), S. 547–603, hier S. 578–590 (in diesem Band S. 341–387); ders.: Utopia. Zur Naturdichtung der Frühen Neuzeit. – In: Respublica Guelpherbytana. Wolfenbütteler Beiträge zur Renaissance- und Barockforschung. Festschrift für Paul Raabe. Hrsg. von August Buck, Martin Bircher. – Amsterdam: Rodopi 1987 (= Chloe. Beihefte zum Daphnis; 6),

Die Stimme aus dem städtischen Verband

Der hier zur Feder greifende Schreiber hat seine eigene Ansicht der Dinge und müht sich, sie möglichst genau und unter Absehung eines stilistischen Feuerwerks präzise und eindringlich zu artikulieren. Er gehört als Arzt nicht zu den berufsmäßig mit dem Wort und der Schrift vertrauten Gelehrten. Gleichwohl sieht er sich – wie offensichtlich idealiter jedweden Studierten – verpflichtet, sich »seinem gethanen Gelübd nach/ in Ausübung der Teutschen Heldensprache desto mehrers zu üben/ in den reinen Quellen derselben sich umzuschauen/ und also anderen mehrern zum Beyspiel mit vorzugehen.« Diese alte ›teutsche Heldensprache‹ aber ist ihm anders als seinen illustren Vorgängern kein prunkendes und glitzerndes Gebilde, das mit Kunstsinn und Raffinesse stets weiter durchgebildet und verfeinert werden müßte – es ist ein kostbares und doch bodenständiges Gefäß zur Fassung reiner und edler, zum rechten Verhalten geleitender poetischer Gedanken. Ziel ›kunstfüglichen‹ Schreibens sei es, »etwas gutes/ nutzliches/ und zu seiner Zeit sich schickliches auf das Papyr zu bringen [...]«. Bücher dieser Façon aber haben es schwer. Die Buchläden sind voll von ihnen; sie finden keine Käufer. Gleichwohl gibt es keine Alternative zu ihnen. Schreiben um »Erhaltung eitler Ehr und grossen Namens« wegen verfällt der Ablehnung. Kunst, so Helwig in einer ihm eigenen

---

S. 435–455 (in diesem Band S. 457–473); ders.: Sozietät und Geistes-Adel: Von Dante zum Jakobiner-Club. Der frühneuzeitliche Diskurs ›de vera nobilitate‹ und seine institutionelle Ausformung in der gelehrten Akademie. – In: Europäische Sozietätsbewegung und demokratische Tradition. Die europäischen Akademien der Frühen Neuzeit zwischen Frührenaissance und Spätaufklärung. Bd. I–II. Hrsg. von Klaus Garber, Heinz Wismann. – Tübingen: Niemeyer 1996 (= Frühe Neuzeit; 26–27), Bd. I, S. 1–39, hier S. 16–29 [wiederabgedruckt in ders.: Literatur und Kultur im Europa der Frühen Neuzeit (Anm. 41), S. 385–418]. Die komplette bibliographische Bestandsaufnahme der Nürnberger Produktion ist im Rahmen der gleichfalls unpublizierten ›Bukolik-Bibliographie‹ von Renate Jürgensen und dem Verfassers erfolgt. Kurztitelverzeichnis auf dem Stand von 1970 bei Garber: Der locus amoenus und der locus terribilis (wie oben), S. 315–354. Reichhaltige Nachweise (mit Textproben) jetzt auch bei Jürgensen: Utile cum dulci (Anm. 15). Tiefdringend der knappe Abschnitt zur Nürnberger Hirtendichtung bei Irmgard Böttcher: Der Nürnberger Georg Philipp Harsdörffer. – In: Deutsche Dichter des 17. Jahrhunderts. Ihr Leben und Werk. Hrsg. von Harald Steinhagen, Benno von Wiese. – Berlin: Schmidt 1984, S. 289–346, hier S. 317ff. Die Arbeit von Jane O. Newman: Pastoral Conventions. Poetry, Language, and Thought in Seventeenth-Century Nuremberg. – Baltimore, London: The Johns Hopkins University Press 1990, handelt nur abschließend und eher am Rande von den Nürnberger Schäfereien selbst (pp. 214–248: The Nuremberg Pastorals: ›Inventing‹ Origins in the Local Grove) und legt statt dessen deren institutionsgeschichtliche (sozietäre), sprachphilosophische und poetologische Voraussetzungen dar. Das pastorale Singspiel gerade auch der Nürnberger ist erschlossen durch Mara R. Wade: The German Baroque Pastoral ›Singspiel‹. – Bern u.a.: Lang 1990 (= Berner Beiträge zur Barockgermanistik; 7). Vgl. auch dies.: Seelewig. The Earliest Extant German Opera and its Antecedent. – In: Daphnis 14 (1985), pp. 559–578 (dazu: Christiane Caemmerer: Das *Geistliche Waldgetichte: Die Glückseelige Seele* von 1637 und seine Quelle. – In: Daphnis 16 (1987), S. 665–678); dies.: Music in the Works of the Early Pegnitzschäfer. – In: Sprachgesellschaften – Galante Poetinnen (Anm. 84), pp. 633–646. Zur Trauerekloge gerade auch der Nürnberger einschlägig Maria Fürstenwald: Letztes Ehren=Gedächtnüß und Himmel=klingendes SCHAEFERSPIEL. Der literarische Freundschafts- und Totenkult im Spiegel des barocken Trauerschäferspiels. – In: Daphnis 2 (1973), S. 32–53.

Gedankenfigur, muß die schwierige Aufgabe vollbringen, dem »gemeine[n] Welthauf/ auch mitten in seinem üblen Zustand«, der da »immerzu nach neuen und ihme beliebigen Dingen gelustet/ und bey seinem lasterhafften Thun/ wie ein Räudiger/ nur stetig wil gekützlet und liebkoset seyn«, nicht nachzugeben und doch eine Form anzunehmen, die dem »rohen Hauffen«, der mit (satirischer) »Schärffe« nicht zu erreichen ist, »mit versüssten Wortten und Schertzen« beikommt und der es derart gelingt, die »Laster« zu »verbannen/ und hingegen die waare Tugend an das Burgerrecht [zu] bringen; die Fromme hierdurch tröstliche Belustigung/ und die boßhafte heimliche Reu empfinden« zu lassen.[87] Dahinter steht immer noch die Horazische Formel des *utile cum dulci*. Doch dem Skeptiker und illusionslosen Realisten, der da auf seine Zeit schaut, verschieben sich die Gewichte zugunsten des *utile*, und die schwere, gedankenreiche, der Lehre zuneigende Sprache gemahnt noch einmal an das Wächteramt, das der stadtbürgerliche Dichter vom Typ Fischarts in der Mitte des vorangehenden Jahrhunderts für sich reklamiert hatte.

Johann Helwigs *Nymphe Noris* lehrt, daß deren Potenzen, gefestigtes Standesbewußtsein vorausgesetzt, wie es der angesehene Stadtmedikus besaß, sich um die Mitte des 17. Jahrhunderts keineswegs erschöpft haben und in der Gattung der Pastorale nochmals zu einer Form des Schreibens geleiten, in der die gelehrten Repräsentanten der Kommune eine eigene, von der Opitzschen Vorgabe charakteristisch abweichende Tonlage finden, ohne doch zu den ›Spruchsprechern und Fabelhannsen‹ zurückzukehren, denen auch Helwigs Spott gilt. Dichtung ist nicht plan und einsinnig. Dichtung vermählt das Erfundene (»als ein lebhafte Geschicht«) mit dem Nutzen, verbirgt »warhafte Geschichte in Gedichten«, ist also immer mehrdimensional angelegt, weiß »hinter solchen lieblichen Larven erbauliche Lehren zu verstekken«, hat »in der Warheit etwas mehrers oder höhers hinter sich«, ist also auf Urteil und Kunstverstand angewiesen, will von dem ›Verständigen‹ in ihrem nicht auf der Oberfläche liegenden Sinn entdeckt sein und zugleich über den schönen Schein dazu anlocken, sich auf dieses Abenteuer einzulassen.[88]

Auch Helwig bekennt sich zu den Sprachspielen, die insbesondere Harsdörffer aus dem Spanischen an der Pegnitz heimisch gemacht hat. Sein eigentliches und ihm eigenes Thema jedoch, das wird das Gedicht erweisen, ist

> die Beschreibung seines lieben Vatterlands/ zu dessen schuldigsten Ehren meisten Theils Er dieses Werklein unter die Hand genommen/ indem er nicht allein desselben von Gott reichgesegnet Landsart mit Poetischem Grieffel abreisset/ sondern auch zugleich dessen hochrühmliche *Regimentsform/* benebenst denen Adelichen Geschlechtern/ denkwürdigsten Begebenheiten/ und namhaftesten Gebäuen lebhaft abmahlet/ und mit sonderlichen Lehrberichten auszieret/ vermeinend/ gnugsam gethan zu seyn/ so etwas darinnen denen noch kommenden zur Tugendbringender Anmahnung und löblicher Nachfolge dienen solte.[89]

---

[87] Die voranstehenden Zitate nach der Reinhartschen Edition der Helwigschen *Nymphe Noris* (Anm. 84), S. 4.
[88] Ebd., S. 5.
[89] Ebd.

Mit Helwigs Gedicht kehrt die Pastorale nach Birkens Exkursion in die Welt des Krieges und seiner Helden zurück in den kommunalen Verband und nimmt erneut ihre ortspanegyrische und gedächtnisstiftende Rolle wahr. Deutlicher aber als bei den Vorgängern geschieht dies aus der bürgerlichen Verpflichtung heraus, Ethos und Maximen der Bürgerschaft und insonderheit der regierenden Oberschicht vor dem Verfall zu schützen und zukünftigen Generationen als verpflichtendes Erbe zuzueignen. Helwigs Werk ist die Bedrohung anzumerken, welcher der Stadtstaat um die Mitte des 17. Jahrhunderts sich ausgesetzt sieht.[90] Der Dichter antwortet durch die Bekräftigung der moralischen und religiösen Überzeugungen, denen dieser seinen Zusammenhalt und prinzipiellen Konsens verdankt. Lehre, Nutzen und Appell werden also noch einmal aus dem Geiste des älteren Bürgerhumanismus an Wohl und Wehe der Bürgergemeinde geknüpft, als deren verantwortlicher Wahrer und Deuter der Dichter sich weiß.

Städtelob und Geschlechterpanegyrik

Wieder ist es die Schäferei, genauer die anlaß- und adressatenbezogene, der Geschichte und dem öffentlichen Raum besonders zugewandte Ekloge aus Vers und Prosa, der dieses Ethos anders als den ›Helden= und Liebsgedichten‹, in denen ›hohe und zierliche Hofreden‹ vorherrschen, eingeschrieben werden kann. Denn ›nidriger Schäfersstand‹, das heißt auch für Helwig ›offenhertzige Einfalt‹, zu der »unbeschminkte und der Natur ähnliche Gespräche/ als getreue Glaitsleute/ sich alle zeit zu gesellen«. Ungeschminkt zu reden meint indes keineswegs, unvorsichtig zu reden. Auch bei Helwig wird deutlich, welcher Kautelen es bedarf, wenn es darum gehen soll, das hohe Thema der Geschlechterpanegyrik angemessen zu traktieren. Nichts sorgt den Dichter mehr, als ›vorgreiflich‹, sprich voreilig und unbedacht gehandelt zu haben. Er hat »nichts geheimes/ noch nachtheiliges« in seinem Werk verzeichnet.[91] Wie das Verrätseln und Verbergen vonstatten ging, hatte Hars-

---

90 »Nürnbergs großes Jahrhundert, das den Erwerb des neuen Landgebiets gebracht hatte, endet mit dem im Markgrafenkrieg eingetretenen Verlust seiner ungebrochenen finanziellen Kraft. Es endet mit einer dadurch hervorgerufenen Schwächung seiner politischen Entscheidungsfreiheit.« So Gerhard Pfeiffer in: Nürnberg. Geschichte einer europäischen Stadt. Hrsg. von Gerhard Pfeiffer. – München: Beck 1971, S. 170. Dazu Hanns Hubert Hofmann: Ansbach. Physiognomie eines Territoriums und seiner Städte. – In: Zeitschrift für bayerische Landesgeschichte 36 (1973), S. 645–661; Heinz Quirin: Markgraf Albrecht Achilles von Brandenburg-Ansbach als Politiker. Ein Beitrag zur Vorgeschichte des Süddeutschen Städtekriegs. – In: Jahrbuch für fränkische Landesforschung 31 (1971), S. 261–308; Richard Kölbel: Der erste Markgrafenkrieg 1449–1453. – In: Mitteilungen des Vereins für Geschichte der Stadt Nürnberg 65 (1978), S. 91–123; Heinz-Joachim Neubauer: Der Bau der großen Bastei hinter der Veste 1538–1545. Ein Beitrag zur Geschichte der Nürnberger Stadtbefestigung und zu den Auseinandersetzungen des reichsstädtischen Rates mit Markgraf Georg dem Frommen von Brandenburg-Ansbach. – In: Mitteilungen des Vereins für Geschichte der Stadt Nürnberg 69 (1982), S. 196–263, insbesondere S. 232ff. Zum Kontext das bekannte Werk von Gerald Strauss: Nuremberg in the Sixteenth Century. – New York u.a.: Wiley 1966 (= New Dimensions in History. Historical Cities).
91 Helwig: Nymphe Noris (Anm. 84), S. 5f.

dörffer soeben in seinen politischen Allegorien nochmals bewiesen. Und von der Pastorale war bekannt und durch die Pegnitzschäfer bekräftigt, daß sie sich zum uneigentlichen verhüllenden Sprechen besonders eignete.

Diesem vielfachen Schriftsinn der Schäferei tritt Helwig in seinem Werk entgegen, und ›unbeschminkte‹ Rede bedeutet eben auch dies. Wenn Helwig in der Vorrede zu seinem Werk seine Gewährsleute nennt, so nicht, um über sie den allegorischen Duktus der Pastorale zu bestätigen, wie seine Vorgänger das getan hatten, sondern um zu unterstreichen, daß die Geschlechterhuldigung in Nürnberg seit langem heimisch ist und seine eigenen lobenden Wendungen auf eine Tradition zurückbezogen werden können. Es sind dies auf der einen Seite Historiker wie Sleidanus, Chytraeus, Peucerus und Dresserus, die Helwig verwertet hat, andererseits Nürnberger Gelehrte wie der Patrizier Carl Nützel und der Altdorfer Professor für Poesie und Metaphysik Michael Piccart, die

> von den Adelichen Geschlechten schöne Lateinische Verse gemacht haben/ auf welcher aller glaubwürdiges Ansehen Er/ der Urheber/ sich beständig beruffet/ es mögen gleich seine Mißgönstige von dem gegenwärtigen sowol/ als andern seinen/ dem lieben Vatterland zum rühmlichen Andenken/ wolgemeinten/ künftigen Werklein urtheilen/ was sie wollen [...].[92]

Vaterlandbezogenes, der Ehre und dem Ruhm Nürnbergs gewidmetes Schreiben führt ins Zentrum des Helwigschen poetischen Selbstverständnisses. Darum ist er mehr noch als andere und auch als seine Vorgänger auf das Echo angewiesen, welches seine patriotischen Äußerungen finden. Will er »etwas erbaulichers künftig zur vollkommener Geburt [...] bringen«, so muß sein Werk »irgent einen wolgeneigten Beyfall überkommen«, und dies weniger als Lohn für gehabte Bemühungen denn als Bestätigung dafür, daß die unterweisende, dem »Vatterland zum Ruhm« dienende Botschaft angekommen ist und Frucht gezeitigt hat.[93]

Frommes Schäfertum

Der erste Vorstellungskreis, der in der Helwigschen Schäferei aufgerufen wird, wird auch der letzte sein: Das fromme Gebaren des Schäfers ist eine durch keine Allegorie verdeckte, unzweideutig praktizierte und existenztragende Gewißheit, die allem Folgenden ihre spezifische Färbung verleiht. Frömmigkeit ist die Säule, auf der das individuelle Leben nicht anders als der Stadtverband nach Helwigs Anschauung unverrückbar ruhen. Mußevolle pastorale Existenz und Pflege der Poesie als vornehmste Ingredienzen des Schäferstandes erscheinen deutlicher als irgend sonst als Geschenk und Gnade Gottes, an denen menschliche Einwirkung keinerlei Anteil hat. Die Schäferei Helwigschen Typs hat lange vor Birken und anders als die Opitzsche erbaulichen Charakter. Nur entwertet die religiöse Orientierung die öffentli-

---

[92] Ebd., S. 6.
[93] Ebd.

che Sphäre nicht, sondern führt aus einem altlutherischen Ethos heraus zur Bewährung im Hier und Jetzt des kommunalen Verbandes.

Das hiesige, Denken und Trachten beherrschende ›Vatterland‹, so dürfen wir in Vorwegnahme späterer Passagen schon jetzt feststellen, ist nur Abbild eines höheren unvergänglichen, das jene Dauer verleiht, die auf Erden versagt ist bzw. nur uneigentlich, nämlich schreibend, angestrebt zu werden vermag. So ist das einleitende geistliche Morgenlied anders als bei Birken in der *Nymphe Noris* in der Prosapartie bereits angebahnt und lyrischer Ausdruck der vorangegangenen erbaulichen Besinnung.

Ach lieber Gott! sagte er bey sich selbsten/ in was Gefahr stehet doch unser Thun und Leben/ wann es nicht mit deinem Gnadenschutz umzäunet were? Unsre Ruh und Schlaf ist nichts anders als ein waares Todenband/ mit welchem die Sinne und Glieder gleichsam gefesslet/ und Arme und Reiche/ Grosse und Kleine in gleicher Würde gehalten werden. Wiebald könnte uns ein ohngefährer Zustand überfallen/ ein Dieb berukken/ eine böse Luft berühren/ ein reisend Thier erschrekken/ ein Gewürm vergieften? Ach ja! wann hier deine Vatterhand nicht were/ würden wir/ wie ein Rauch/ vergehen/ und sich weder Beine/ noch Aschen mehrers finden. Dein ist die Ehre; dein ist der Ruhm/ ô liebreicher Gott/ daß wir noch bißhero dieses alles mit beheglicher Ruhe geniessen/ die jüngst Wollenberaubte Heerde zur Waide führen/ und uns in unseren Schäferspielen so süssiglich vergnügen mögen: darum wir Dir billichen Dank zu sagen haben. Und fienge hierauf an besagter Schäfer folgendes Morgenlied zu singen:

1.
DEin Lob/ *ô* Gott/ vermehre
   mein Mund an allem Ort;
Dir bleib allein die Ehre/
   Du bist der einig Hort/
des Güte wir vertrauen/
all unser Thun erbauen
   in deinem Gnadenport.

2.
Du hast mich und die Heerden/
   die dein Geschenk und Gab/
beschützet für Gefährden;
   Du segnest meinen Stab/
der Du uns sicher machest/
und mächtiglich bewachest
   all unser Thun und Haab.

3.
Nun diese deine Hulde
   werd' alle Morgen neu;
vergib uns unsre Schulde/
   und stetig um uns sey.
Kein Feind uns nicht berukke/
die Sorgenlast nicht drukke/
   die Nahrung wol gedey.

4.
Dein Lob darum erklinget
   auf grüner Heid und Au/
und mein Mund frölich singet
   bey früem Morgentau/
auf daß dein Nam erschalle/
und aller Ort erhalle/
   wie ich Dir/ Gott/ vertrau.[94]

Heimatlicher Lebensraum

In diesem Horizont vollzieht sich das schäferliche Handeln. Was dessen sprachliche Façon angeht, so nimmt Helwigs *Nymphe Noris* den outrierten Birkenschen Gestus der *Fortsetzung* wieder zurück. Die klangmalenden Mittel sind sparsam eingesetzt, die Metaphorik fast ganz gemieden, das Sprachspiel auf wenige Episoden beschränkt, die einzelnen Perioden durch knappe sachliche Überleitungen verknüpft. Wie in eine Oase nach einem erhitzenden Marsch durch eine von sprachlichen Sensationen und Exzessen durchwirkte Landschaft gelangt der Leser aus der Birkenschen *Fortsetzung* in die wohltuend nüchternen Regionen des Helwigschen Poems. Montano-Helwig und seine Mitsänger haben es nicht nötig, sich durch Überbietung hervorzutun.

Die aus den beiden Vorgängern bekannten Plätze werden erneut besucht und eher verhalten nochmals besungen. Helwig scheut sich dabei durchaus nicht, wertende Prädikate über die Gedichte der Vorgänger einzuflechten oder sie eben auch zu versagen. Er zögert nicht, die ›löblich‹ von Klaj besungene Hallerwiese erneut zu bedichten – die von Floridan ›namhaft‹ gemachten Brückenverse wiederholt er nicht –, weniger virtuos, aber in anmutiger Dezenz, der sich ein spröder Zug beigesellen mag.

1.
Schöne Matten!
Deren grünbebäumter Lust gibet Ruh' und kühlen Schatten;
   deines Platzes reiche Zier
   grune/ grüne stets allhier.

2.
Flutgerienne;
Laß/ daß diese Pegnitzflur neubegrünte Krafft gewienne/
   und daß euer Liebesbund
   sey der hohen Stämme Grund!

---

94 Ebd., S. 7ff.

3.
BlumenAue!
Hier mit stoltzem Lindenblat dich in deinem Strom beschaue:
jährlich dich in dich verneu;
uns die Schäferzunft erfreu!⁹⁵

Poetisch neu erschlossen wird nun der in der Nähe gelegene Schießplatz, der sich unter der Hand des geistlichen Didaktikers zu einem gnomischen Exempel der Flüchtigkeit und Freudlosigkeit irdischen Lebens verwandelt.

So trägt man an nichtigen Dingen Belieben!
Es rauchet und schmauchet das Leben dahin/
die zeitliche Freude hat kurtzen Gewinn;
oft Jammer und Leide die Freude betrüben.⁹⁶

Das Figurengedicht ist gleichfalls erlaubt, repräsentiert aber bei Helwig die Gestalt eines Herzens in einem Trauerstein auf dem Johannis-Friedhof, in dem das Vergänglichkeitspathos jedweden Anklang an die Heiterkeit der schäferlichen Szenerie verdrängt. Die Vergegenwärtigung des düsteren Pomps der Mahnmale auf dem Friedhof dürfte eine Seltenheit, wenn nicht gar eine Ausnahme in der Ekloge darstellen. Sie ist veranlaßt durch ein Ereignis, dessen Behandlung nun wieder in eben dieser Gattung statthaft ist, den Tod der Helwigschen Tochter, deren Gedenken ein weiteres Figurengedicht gewidmet ist, das ausläuft in Ermahnung und Lehre und in der ergreifenden Gebärde des von ›Schwermuth‹ ergriffenen weinenden Dichters nachklingt – die Ekloge wie seit je als Gefäß des Persönlichsten.

Stella schön und wolgeart/ truge lust am Künstenspiel'
in der besten Freudenzeit sie der schwartze Neid anfiel:
Hirten und der Hirtinn Zunfft/ wollet ihrer nicht vergessen
in Betrachtung ihres Falls/ auch der Jahre Freude messen!⁹⁷

Nur Helwig eigen ist auch die detaillierte Aufzählung derjenigen »Blumen/ Früchte und Kräuter/ die im Sommer und zu Anfang des Herbstes sich sehen lassen«, deren Kenntnis den geschulten Naturwissenschaftler ebenso erkennen läßt wie die spätere Beschreibung des »KnoblauchLand[s] hinter der Vesten/ bey Klein= und GroßReuth«.⁹⁸

---

95 Ebd., S. 10.
96 Ebd., S. 11.
97 Ebd., S. 14.
98 Ebd., S. 15 und 22.

Schäferlich-gelehrte versus adlig-höfische Normen

Daß ein Dichter von der Statur Helwigs in der Lage ist, den ethischen wie den sozialkritischen Gehalt des literarischen Schäfertums hervorzutreiben, liegt auf der Hand. Anlaß bietet die Kritik Perianders an der törichten Sucht des Menschen, die Natur verschönern zu wollen, wie vor allem höfische Praxis. Aber wird dadurch nicht den »Unwissenden und Unbewanderten [...] Gottes wundersame Allmacht« um so mehr bedeutet?, hält Helianthus dagegen. Montano hat die Aufgabe, in dieser wichtigen Frage zu vermitteln, eben nach der Mitte zu suchen.

> Ja/ antwortet Montano/ wann es zu keinem Stoltz und Pracht geschihet/ und solcher Handel allein denen mit Reichthum Gesegneten/ und hohen Standes Personen/ zu einer zuläßlichen Ergetzligkeit heimgestellt verbleibet. Mit seines Nächsten bößlich an sich gebrachtem Gut aber/ auser dem Stand prachten/ und solchen Uberfluß treiben/ ist es/ traun/ ein schlechter Ruhm und ärgerliches Wesen. Darum noch billicher unser freyer Schäferstand in seiner Einfalt zu loben ist/ der sich solcher Eitelkeiten nicht achtet/ und sich an deme/ was Gott bescheret/ und die Natur und LandesArt gibet/ genügen lässet [...].[99]

Die Bewegung dieser Argumentationsfigur ist komplizierter als auf den ersten Blick ersichtlich. Das Modeln der Natur wird den Reichen und Personen von Stand in der Stadt wie bei Hof vorbehalten. Am ständischen Ordo explizit zu rütteln, ist nicht Sache der Pastorale im 17. Jahrhundert. Die Kritik gilt, wie schon im früheren Humanismus, den Neureichen und ihrem durchaus nicht immer mit ehrbaren Mitteln erwirkten Reichtum, der nicht zu ›zuläßlicher Ergetzligkeit‹, sondern zur Demonstration von ›Stoltz und Pracht‹ eingesetzt wird. Diese Kritik ist das eine, die Selbstdarstellung des ›Schäferstandes‹ das andere und möglicherweise der Skopus auch dieser Partie. Indem die Schäfer sich ausgenommen wissen von einer im einen Fall geduldeten, im anderen Fall ausdrücklich in Frage gestellten Praxis, bezeugen sie ihre Orientierung an Gütern, die bleibenden Wert haben. Ihre Integrität ist durch gesellschaftliche Attraktionen nicht gefährdet. Was ihnen an Stand und Reichtum womöglich fehlt, kompensieren sie durch inneren Adel und Reichtum, welche der Zeit nicht unterworfen sind. Diese ideelle Aufstiegsbewegung der *schäferlichen* Gelehrten hält die Pastorale weniger als ein fixes sozialgeschichtliches Datum fest, als daß sie sie vielmehr – in der ihr eigenen Bescheidenheitstopik geborgen – suchend und experimentierend spielerisch vorantreibt. Das latente Messen mit den Personen ›hohen Standes‹ aus der Position von unten heraus ist die Gattungschance, die sie den Gelehrten lieb und wert machte und zu einem der maßgeblichen, ja vielleicht zu dem wichtigsten literarischen Medium der *nobilitas litteraria* in der Frühen Neuzeit erhob. Hier ist der Sinn der immer wieder auftauchenden und von der Forschung oftmals vergeblich befragten hof- und stadtkritischen Partien zu suchen. Sie markieren eine Gegenwelt, auf welche blickend und sich distanzierend der pastoral-gelehrte Stand seine Identität entwirft und Parität anmeldet –

---

99 Ebd., S. 17.

innere zunächst und äußere alsbald als zur Bestimmung seiner selbst gelangter dritter Stand der Aufklärung, dem der gelehrte Humanisten-Adel Jahrhunderte über bewußtseinsbildend vorarbeitet.

Der Wettgesang um die Vorzüge des höfischen oder schäferlichen Lebens ist der gegebene Ort in der gebundenen Rede, um diese Antithesen erneut zu vergegenwärtigen. Der Vorzug der Prosaekloge ist eben darin zu suchen, daß in den Prosa-Unterredungen manch hilfreicher Wink zur Deutung und also zur aktuellen Applikation der topischen Oppositionsverhältnisse erfolgen kann. Montano hat es sich vorbehalten, im Wettgesang den Part des Schäferpreises zu übernehmen.

> ES hat die HimmelsGnad die Schäfer so begabt/
>   daß auch der Adelsstand nicht ihnen zu vergleichen.
> Der fromme Schäfersmann sich sonder Müh' erlabt/
>   es ist ihm eine Lust die Trieften zu durchstreichen;
> [...]
> Bey der Zufriedenheit die Frommkeit hellt und quillt/
>   in solchem nidren Stand die Tugend gerne heget.
> Ihm ist die gröste Sorg/ wie er unschuldig leb'/
>   und seines Namens Ruhm bey seinem Nachvolk schweb'.
> [...]
> DEm armen Schäfer ist kein Trug noch List verwanth/
>   er kan/ und wil auch nicht mit Falschheit sich beladen;
> die Einfalt seines Sinns ist iederman bekannt/
>   aufrichtig seyn hat nie gesetzt in Schand und Schaden:
> Die Stad= und HofmannsEhr verlacht er als ein Tand/
>   Da man im Sorgenwust und Kummer pflegt zu waden.
> Kein Neid/ Hass/ Zank und Forcht den Schäfersmann berukkt/
>   im Schertz mit Lieb und Freud' er seine Pfeiffen drukkt.[100]

Figurales Lesen, wie es die Schäferdichtung schon im Blick auf den allegorischen Stand des Schäfers fordert, impliziert die Fähigkeit zum Auffinden der angemessenen Bezüge zwischen den verschiedenen Ebenen des Sprechens in der prosimetrischen Form. Das gelehrte Gespräch der Schäfer mag als pastorales noch so sehr den Status einer fiktionalen Deliberation reklamieren, es unterliegt als in Prosa gefaßtes der intensiveren Kontrolle als das mit größeren Lizenzen begabte Versgedicht. Daher ist die Opposition zwischen Land und Trift hier, Stadt und Hof dort gerade im Lobpreis des schäferlichen bzw. ländlichen Lebens eine uneingeschränkte. Das Prosagespräch hingegen sucht die Vermittlung. Muß folglich die Verspartie auf der einen Seite strikt aus ihren Gattungsnormen heraus begriffen werden, so hat sie doch auf der anderen Seite verweisenden Charakter, indem aus dem ihr impliziten Deutungsangebot heraus ein neues Licht auf die vorgetragenen Positionen in den Prosapartien fällt. Der Leser der Prosaekloge bleibt aufgefordert, einen sachkundigen und das heißt jedwede Einseitigkeit meidenden Pfad des Lesens und Auslegens anzutreten und seinerseits zwischen Vers- und Prosadiskurs zu vermitteln. Es ist symptomatisch, daß es Montanos Opponent Helianthus ist, der in der Prosa eine

---

100 Ebd., S. 18f.

Rechtfertigung dafür glaubt liefern zu müssen, daß er sich erkühnt hat, den Part des Hofmanns zu übernehmen – »Was ich gethan habe/ das ist aus Kurtzweil beschehen/ und solle er mich deswegen keiner Abtrünnigkeit beschuldigen« –, um im gleichen Atemzug die Revokation über das allfällige Argument der gottgewollten Ständeordnung vorzunehmen – »wiewol eines iedern Standes/ also auch des Hoflebens Lob/ an seinem Ort erhellet/ und solchen Unterscheid der Stände der wolweiseste Gott nicht aufhebet/ sondern vielmehr selbsten angeordnet hat«.[101]

Diese Explikation aber, der Montano ausdrücklich als ganzer zustimmt, ist nun von dem Leser ihrerseits erneut im Lichte des Wechselgesangs und damit der Prädikationen des Schäferstandes und des Standes bei Hof zu betrachten. Von der Jagdlust des Hofmanns, seiner Freude an der ›reichen Kost‹, seiner Verachtung des ›groben Baurenstands‹, die Helianthus namhaft macht, führt kein Weg zu den Idealen schäferlichen Lebens. Wohl aber sieht sich der Hofmann aus der pastoralen Welt heraus auf deren Normen verpflichtet, wenn ihm der ›Sprach und Künsten Lieb‹ zugesprochen wird, wenn an ihn die Aufforderung ergeht, tugendhaft zu leben wie auf andere Weise der Schäfer – »Es tracht der Hofmann stets/ wie er also hier leb'/ | auf daß nach seinen Tod sein Stamm in Ehren schweb'« – und wenn er insbesondere als der unverrückbar gegenüber fürstlicher Willkür an dem Rechten Festhaltende apostrophiert wird, als der sich der Schäfer als idealer Stadtbürger und Staatsdiener selbst immer schon begreift:

> Sein Tugendhaffter Sinn mit nichten wird berukkt/
> wann über ihm ergrimmt der Fürst/ ihn unterdrukkt.[102]

Dieses Ethos, dem Adelsspiegel angenähert, hat in der Pastorale seinen genuinen Platz, die ihrer Anlage nach zum ständigen spielerischen Changement zwischen den Ständen tendiert und eben wegen ihrer impliziten ständeverschleifenden Potenzen um so demonstrativer ihr Festhalten an der hergebrachten Ordnung bekräftigt.

Als wiederum ungewöhnlich und erneut die dichterische Freiheit Helwigs unterstreichend muß die anschließende Applikation der schäferlichen Ideale auf den Begründer der neueren deutschen Kunstdichtung gelten. Was undenkbar in einer Harsdörfferschen, auch aber in einer Birkenschen Schäferei wäre, wird bei Montano-Helwig Wirklichkeit: ein Preis Opitzens aus dem Munde seines Landsmanns Periander, in dem die Helwigschen Bilder und Vorstellungen wahren Schäfertums nun das Bild des Verewigten prägen, war er doch, was diese Schäfer sein wollen:

> ES lacht/ veracht des Opitz hoher Geist
>   im runden Zirk/ was hier wird hoch geacht/
>   weil Lust und Last/ ja Frucht und Furcht vermenget:
> Dis alles er ein schnödes Tantwerk heisst/
>   ein Windsgesäuß/ und unbeschmukten Pracht/
>   da Freud mit Leid/ ja Schertz mit Schmertz besprenget.

---
101 Ebd., S. 20.
102 Ebd., S. 19.

zuletzt der Tod anhänget.
Dorten die Freud auf ewig lässt sich schauen/
wann Opitz Seel
ohn allem Fehl
des Höchsten Güt' erwegt/
Ihm allen Ruhm zulegt;
und uns bezeugt den Nutzen des Vertrauen.[103]

›Hochrühmliche Regimentsform‹

Damit ist der Radius dieses durchaus eigenständigen Eingangs des ›dritten und vierdten Theils der PegnitzSchäferey‹ umrissen. Fast programmatisch hat ihn Helwig in dem letzten Wechselgesang zwischen Montano und Helianthus nochmals ins Gedächtnis gerufen, bevor dann ein Themenwechsel stattfindet. Es ist die Dualität zwischen den Verlockungen der Welt und den Verheißungen der Transzendenz, die diese Schäfer in immer erneuten Anläufen umkreisen und im Bilde gelungenen schäferlichen Lebens aufzuheben trachten. Als die Freuden der Welt geziemend Genießende und doch zugleich um ihre jenseitige Heimat Wissende sind sie nicht nur Vorbilder für die Gattung Mensch, die da im Tode – wie es einleitend auch bei Helwig heißt, stände-, aber keineswegs namenlos! – in die Ewigkeit eingeht. Vielmehr sind sie nun auch qualifiziert zum Preis der ratsfähigen Geschlechter der Stadt, der keinem würdigeren Munde anvertraut sein könnte als dem ihrigen. Von diesem Preis gilt deshalb vorab ein Dreifaches: 1. Er kann prinzipiell keine panegyrischen Prädikationen enthalten, die wesentlich abweichen von denen, die den Schäfern in der Eröffnungspartie bereits zuerkannt worden sind. 2. Es gibt einen literarischen Stand, in dem immer schon Wirklichkeit ist, was da in den Tempeln des Ruhmes den Großen der Welt zugesprochen erscheint. 3. Helden und Schäfer stehen als Angehörige zweier verschiedener Welten auf nicht vergleichbarer Ebene zueinander und sind doch gleich darin, daß sie als Exempel der Tugend figurieren dürfen. Aus diesem Identischen des Nichtidentischen zieht die Pastorale generell, die Helwigsche speziell ihr Reservoir kritischer wie amplifizierender und letztlich eben prospektiver Kräfte.

Gewichtiger noch als bei Helwigs Vorgängern wird der panegyrische Mittel- und Hauptteil des Werkes angelegt und ausgestaltet, der dem Nürnbergischen ›Vatterland‹ und dessen ›hochrühmlicher Regimentsform‹ sowie den »Adelichen Geschlechten/ denkwürdigsten Begebenheiten/ und namhaftesten Gebäuen« gewidmet ist.[104] Damit tritt so markant wie in keiner Nürnberger Schäferei sonst das Nürnberger Patriziat in diese Gattung ein. Es galt als eines der strahlendsten des Alten Reichs. Seine Genese, seine Sozial- und Verfassungsgeschichte, seine Mentalität, die insbesondere in dem zu früh verstorbenen fränkischen Landeshistoriker

---

103 Ebd., S. 21.
104 Ebd., S. 5.

Hanns Hubert Hofmann ihren meisterhaften Historiker gefunden haben, können hier nicht dargestellt werden.[105] Die Situation der städtischen Oberschicht und speziell des Patriziats, das die Mitglieder des obersten Exekutivorgans, des inneren Rats, stellt, ist im 17. Jahrhundert durch eine zunehmende Abkapselung gekennzeichnet, die freilich von langer Hand vorgezeichnet war. Noch im 14. und 15. Jahrhundert gibt es in der Oberschicht eine gewisse Mobilität. Von 1380 bis zum Ende des 15. Jahrhunderts gelingt immerhin noch 28 Familien der Aufstieg in den inneren Rat, darunter einer Familie, nämlich den Fütterer, aus dem Handwerk.

Ab 1521 schließt sich der Rat mit dem sogenannten Tanzstatut, das die zum Tanz auf das Rathaus zu ladenden Familien festlegt, definitiv zu einer Kaste ab. Die Ordnung ist nach Kriterien der Ancienität gegliedert: zwanzig alte, sieben neue, fünfzehn erst seit 1440 ratsfähig gewordene Geschlechter tauchen da auf, zu der letzteren Gruppe zählen auch die Harsdörffer. 1536 finden die Schlüsselfelder noch Aufnahme, 1544 die Starck; damit ist die Rekrutierung neuer Geschlechter in den inneren Rat abgeschlossen – und zugleich der Grund gelegt für die nicht

---

105 Vgl. vor allem die auch für die Sozialgeschichte der Nürnberger gelehrten Literatur der Frühen Neuzeit einschlägige Studie von Hanns Hubert Hofmann: Nobiles Norimbergenses. Beobachtungen zur Struktur der reichsstädtischen Oberschicht. – In: Zeitschrift für Bayerische Landesgeschichte 28 (1965), S. 114–150, sowie in: Untersuchungen zur gesellschaftlichen Struktur der mittelalterlichen Städte in Europa. Reichenau-Vorträge 1963–1964. Hrsg. von Otto Brunner u.a. – Konstanz, Stuttgart: Thorbecke 1966 (= Vorträge und Forschungen; 11), S. 53–92. Vgl. von Hofmann für die Spätzeit Nürnbergs auch: Adelige Herrschaft und souveräner Staat. Studien über Staat und Gesellschaft in Franken und Bayern im 18. und 19. Jahrhundert. – München: Kommission für Bayerische Landesgeschichte 1962 (= Studien zur bayerischen Verfassungs- und Sozialgeschichte; 2); schließlich ders.: Der Adel in Franken. – In: Deutscher Adel 1430–1555. Büdinger Vorträge 1963. Hrsg. von Hellmuth Rössler. – Darmstadt: Wissenschaftliche Buchgesellschaft 1965 (= Schriften zur Problematik der deutschen Führungsschichten in der Neuzeit; 1), S. 95–126, insbesondere S. 107, Anm. 21 (»Vielleicht wäre denkbar, daß statt des unglücklichen, weil zu weit gefaßten Terminus Patriziat hier der Begriff ›Stadtgeschlechter‹ gebraucht würde, wenn sie den Adelsgeschlechtern ständisch ebenbürtig sind«). Des weiteren Gerhard Pfeiffer: Nürnberger Patriziat und fränkische Reichsritterschaft. – In: Norica. Beiträge zur Nürnberger Geschichte. Festschrift Friedrich Bock. Hrsg. von der Stadtbibliothek. – Nürnberg: Fränkische Verlagsanstalt 1961 (= Veröffentlichungen der Stadtbibliothek Nürnberg; 4), S. 35–55, sowie Gerhard Hirschmann: Das Nürnberger Patriziat. – In: Deutsches Patriziat 1430–1740. Büdinger Vorträge 1965. Hrsg. von Hellmuth Rössler. – Limburg (Lahn): Starke 1968 (= Schriften zur Problematik der deutschen Führungsschichten in der Neuzeit; 3), S. 257–276, wiederabgedruckt in: Aus sieben Jahrhunderten Nürnberger Stadtgeschichte. Ausgewählte Aufsätze von Gerhard Hirschmann. Festgabe zu seinem 70. Geburtstag. Hrsg. von Kuno Ulshöfer. – Nürnberg: Selbstverlag des Vereins für Geschichte der Stadt Nürnberg 1988 (= Nürnberger Forschungen; 25), S. 123–142. Zum Kontext Gerhard Hirschmann: Das Nürnberger Patriziat im Königreich Bayern 1806–1918. Eine sozialgeschichtliche Untersuchung. – Nürnberg: Verein für Geschichte der Stadt Nürnberg 1971 (= Nürnberger Forschungen; 16); Rudolf Endres: Adel und Patriziat in Oberdeutschland. – In: Ständische Gesellschaft und soziale Mobilität. Hrsg. von Winfried Schulze unter Mitarbeit von Helmut Gabel. – München: Oldenbourg 1988 (= Schriften des Historischen Kollegs. Kolloquien; 12), S. 221–238; Knut Schulz: Stadtadel und Bürgertum vornehmlich in oberdeutschen Städten im 15. Jahrhundert. – In: Stadtadel und Bürgertum in den italienischen und deutschen Städten des Spätmittelalters. Hrsg. von Reinhard Elze, Gina Fasoli. – Berlin: Dunkker & Humblot 1991 (= Schriften des Italienisch-Deutschen Historischen Instituts in Trient; 2), S. 161–181.

abreißenden Auseinandersetzungen mit den Gelehrten und insbesondere den hohen städtischen Beamten einerseits, den nicht als ratsfähig erachteten hohen Kaufmannsgeschlechtern andererseits, die sich beide gegen die Privilegierung anhaltend zur Wehr setzen, nachdem der Widerstand der Handwerker schon früh im 14. Jahrhundert gebrochen worden war.

Die Geschichte dieser unmittelbar in die Literaturgeschichte hineinreichenden Auseinandersetzung, die auch für die Artikulation gelehrter Mentalität in den Schäfereien in Anschlag zu bringen ist, kann hier nicht dargestellt werden.[106] Der Abspaltungsprozeß der patrizischen Oberschicht führt zu einem sukzessiven Rückzug von den ökonomischen Aktivitäten und einer zunehmenden Orientierung am ländlichen Adel. Dieser aber kennt gleichfalls seit der Mitte des 14. Jahrhunderts eine Tendenz zur Absonderung von den nichtfeudalen Schichten, deren Ausdruck etwa »die Ritterspiegel und die neuen weltlichen Ritterorden und Rittergesellschaften sind und an deren Ende die Heidelberger Turnierordnung von 1485 stand, die das Handel treibende Stadtpatriziat ebenso als unebenbürtig ablehnte, wie man

---

106 Dazu – neben den entsprechenden Abschnitten in der von Gerhard Pfeiffer herausgegebenen Stadtgeschichte (Anm. 90) – Hans Liermann: Nürnberg als Mittelpunkt deutschen Rechtslebens. – In: Jahrbuch für fränkische Landesforschung 2 (1936), S. 1–17; Ottmar Böhm: Die Nürnbergische Anwaltschaft um 1500 bis 1806, ihr Verhältnis zum örtlichen Gerichtswesen sowie ihre Stellung im reichsstädtischen Organismus. – Diss. jur. Erlangen 1949 (Masch.); Friedrich Wolfgang Ellinger: Die Juristen der Reichsstadt Nürnberg vom 15. bis 17. Jahrhundert. – In: Reichsstadt Nürnberg. Altdorf und Hersbruck. Genealogica, Heraldica, Juridica. – Nürnberg: Die Egge 1954 (= Freie Schriftenfolge der Gesellschaft für Familienforschung in Franken; 6), S. 130–228; Andreas Gedeon: Zur Rezeption des römischen Privatrechts in Nürnberg. – Nürnberg: Abraham 1957 (= Nürnberger rechts- und sozialwissenschaftliche Vorträge und Schriften; 5). Speziell zur sozialen Reputation und Stellung der Doktoren die aufschlußreiche Studie von Ferdinand Elsener: Die Doktorwürde in einem *consilium* der Tübinger Juristenfakultät des 18. Jahrhunderts. Ein Beitrag zur Geschichte der Stände im ›Imperium Romano-Germanicum‹. – In: Mélanges Philippe Meylan. Vol. I–II. Recueil de travaux publiés par la Faculté de Droit. – Lausanne: Imprimerie Centrale 1963, Vol. II: Histoire du droit, S. 25–40, sowie Hermann Lange: Vom Adel des doctor. – In: Das Profil des Juristen in der europäischen Tradition. Symposion aus Anlaß des 70. Geburtstages von Franz Wieacker. Hrsg. von Klaus Luig, Detlef Liebs. – Ebelsbach: Gremer 1980, S. 279–294. Vgl. auch den instruktiven Beitrag von Winfried Theiss: ›Nur die Narren und Halßstarrigen die Rechtsgelehrte ernehren…‹. Zur Soziologie der Figuren und Normen in G. Ph. Harsdörffers ›Schauplatz‹-Anthologien von 1650. – In: Literatur und Volk im 17. Jahrhundert. Probleme populärer Kultur in Deutschland. Hrsg. von Wolfgang Brückner, Peter Blickle, Dieter Breuer. – Wiesbaden: Harrassowitz 1985 (= Wolfenbütteler Arbeiten zur Barockforschung; 13), Teil II, S. 899–916. Zum Kontext Heinz Lieberich: Die gelehrten Räte. Staat und Juristen in Baiern in der Frühzeit der Rezeption. – In: Land und Volk, Herrschaft und Staat in der Geschichte und Geschichtsforschung Bayerns. Festschrift Karl Alexander von Müller. – München: Beck 1964 (= Zeitschrift für bayerische Landesgeschichte; 27), S. 120–189. – Zum institutionellen europäischen Kontext Klaus Garber: Gelehrtenadel und feudalabsolutistischer Staat. Zehn Thesen zur Sozial- und Mentalitätsgeschichte der ›Intelligenz‹ in der Frühen Neuzeit. – In: Kultur zwischen Bürgertum und Volk. Hrsg. von Jutta Held. – Berlin: Argument-Verlag 1983 (= Argument-Sonderband; 103), S. 31–43 [eingegangen unter dem Titel ›Nobilitas literaria und societas erudita. Zehn Thesen zur Sozial- und Mentalitätsgeschichte der ›Intelligenz‹ in der Frühen Neuzeit Europas‹ in: ders.: Literatur und Kultur im Europa der Frühen Neuzeit (Anm. 41), S. 333–345]. [Jetzt: ders.: ›De vera nobilitate‹. Zur Formation humanistischer Mentalität im Quattrocento. – In: Literatur und Kultur im Europa der Frühen Neuzeit (Anm. 41), S. 443–503].

ihm auch die Stiftsfähigkeit in des deutschen Adels Spitälern versagt hatte«.[107] Die Nürnberger Oberschicht

> schuf sich dort, wo sie vom Adel abqualifiziert war, ihre eigene Qualifikation, im Gesellenstechen der Geschlechter anstatt der ritterlichen Turniere ebenso wie in der Stiftsfähigkeit für die ausschließlich ihr vorbehaltenen Propsteien und Klöster der Reichsstadt. Als in den Siebziger Jahren [des 15. Jahrhunderts] das bis dahin selbstverständliche Connubium mit dem Landadel rundum fast schlagartig abriß, heiratete man nur noch im gleichen Kreis der Geschlechter.[108]

Das vom Landadel zeitweilig abgeschnittene Patriziat gibt seine Absonderung seinerseits im städtischen Verband durch strikte Abgrenzung von den übrigen Schichten des Bürgertums weiter und dokumentiert sie in ritterlichen Ehren, Orden, Titulaturen, Kleiderordnungen und vermehrten und verbesserten Wappen.

Diese vom Rat bekräftigten ständischen Prinzipien sind freilich mit »einer vom Gesetz des Kapitals diktierten und darum mobilen Gesellschaft« unvereinbar.[109] Sie werden noch im Laufe des 16. Jahrhunderts von der wirtschaftlichen und gesellschaftlichen Entwicklung überholt. Immer weniger Patrizier finden sich in den Listen der Handeltreibenden, denn diese orientieren sich zunehmend stärker zum Lande hin. Einige erlangen jetzt sogar Aufnahme in die adelsstolze Reichsritterschaft. Zu Ende des 17. Jahrhunderts, im Kaiserprivileg von 1696, wird das reichsstädtische Patriziat dann auch formell der Reichsritterschaft gleichgestellt. Das ein Jahr später ausgefertigte Kaiserliche Diplom betont ausdrücklich die Abstinenz von Handelsgeschäften und bürgerlichem Gewerbe. Entsprechend laufen das ganze 18. Jahrhundert über »Bewegungen der Kaufleute und der aus dem Handwerk kommenden Verleger gegen die Kastendiktatur des Rats«.[110] Erst im späten 17. und dann häufiger im 18. Jahrhundert gelingt es den Kaufleuten, eigene, vom Rat unabhängige und nicht länger kontrollierte berufsständische Vereinigungen zu gründen. Es ist aufschlußreich zu sehen, wie nun auch die nicht ratsfähigen Kaufleute – genauso wie die angesehenen und oftmals geadelten Stadtjuristen – dem Stadtpatriziat im Erwerb von Landbesitz nacheifern.

Das Nürnberger Patriziat im gedenkenden Vers

Vor diesem Hintergrund dürfte eine einläßlichere Inspektion der Memorialpanegyrik des Nürnberger Patriziats in Helwigs *Nymphe Noris* von Interesse sein. Diese bleibt indes eingebettet in den Preis der alten Reichsstadt selbst. Die Nymphen Alithia (!) und Dorila, über die die Glorifizierung eingefädelt wird, werden zwar als Schönheiten eingeführt, an denen die Natur sich »nicht als eine Stiefmutter [hatte]

---
107 Hofmann: Nobiles Norimbergenses (Anm. 105), S. 134.
108 Ebd., S. 135f.
109 Ebd., S. 138.
110 Ebd., S. 143.

erzeigen wollen«, das Porträt selbst aber gerät dem Dichter zu einem Muster höfischer Personenbeschreibung. Es soll dem Vorwurf des Preises der ›Weltberühmten Stadt‹ adäquat sein.[111] Beide haben den Auftrag der »grosse[n] Nymphe NORIS/ die eine mächtige Vorsteherin dieser Landsart ist«, die Schäfer als einzige und also wiederum ausgezeichnete »dahin zu leiten/ wo ihr eures lieben Vatterlandes grösste Herrligkeit sehen möcht«.[112] Weit entfernt von der spielerischen Leichtigkeit der Pegnesen, präsentiert sich die Vergegenwärtigung Nürnbergs als Inbegriff von Tugend, Frömmigkeit und Kaisertreue wie ein Abkömmling der voropitzschen Zeit, der Sprache eines Weckherlin, eines Hoeck, aber auch eines Rompler näher als jener der wendigen Ordensgenossen an der Pegnitz.

1.
Alith. *Neronsburg* heisst und ist der Francken Cron;
Pallas hat dieses Orts die stete Wohn'/
und daselbst in dem Paner führt die Tugend.
Dor. ziert die Jugend.

2.
Alith. *Neronsburg*/ du des Grossen Kaisers Aug/
dein Verstand dessen Gnade Gunsten saug':
ach! dir nichts sich an Teutschland recht vergleichet.
Dor. Alls erbleichet.

3.
Alith. *Neronsburg*/ unter deines Gottes Schutz/
du getrost/ biete deinen Feinden Trutz.
Nun dein Ruhm grunend im Nachvolk bekleibe;
Dor. Ewig bleibe.[113]

Wieder ist es ein »schöner runder Tempel«, der sich da auf einer »schöne[n]/ grüne[n]/ und mit vielen Blümlein besetzten Auen« erhebt, dem die Kleinode der Nürnberger Geschlechter und Geschichte einverleibt sind.[114] Auch er ist splendid aufgeführt wie nur ein höfisches Prachtgebäude und allenthalben ausgestattet mit Insignien und Emblemen, in denen vorab und allgemein bedeutet ist, was die einzelnen Geschlechter auf ihre Weise einlösen und derart individuieren werden: Allegorie der Klugheit mit Spiegel und Schlange und der *subscriptio* ›Was klüglich nutzt‹ und die der Tapferkeit mit dem Löwen und der *subscriptio* ›Auch Standhafft schutzt‹.

Das Tor zum Tempel selbst ist geziert mit der Gestalt Europas – die Kaiserkrone auf dem Haupt und Zepter und Reichsapfel in den Händen. Sie sitzt auf einem Adler, unter dessen ausgebreiteten Flügeln die beiden Nürnberger Wappen zu sehen sind: auf blauem Schild die gekrönte nackte Jungfrau, statt der Arme gelbe

---

111 Helwig: Nymphe Noris (Anm. 84), S. 26f.
112 Ebd., S. 28.
113 Ebd., S. 27.
114 Ebd., S. 28.

Flügel und der hintere Teil des Unterleibs auslaufend in Füße und Schwanz eines gelben Adlers und die *inscriptio* ›Jungfrau rein‹; in dem anderen Schild der Adler mit drei roten Balken und der *inscriptio* ›Gnadenschein‹. Unfern steht ein Brunnen mit Lämmern und den Worten ›Unschuld und Gedult‹, die gegenüber der Nymphe Noris zu beobachten sind.

> DEr Nymphen NORIS Macht und Herrligkeit zu sehen
> ist hier an diesem Ort/ kein Frefler dörf sich nähen:
> in Unschuld und Gedult erwart der rechten Zeit/
> wann dich der Nymphen Gnad an dieses Ort herleit.[115]

Die Opferhandlung der Reinigung wird auch den Helwigschen Schäfern abverlangt. Erst danach dürfen sie sich dem Innern des Tempels nähern, in dem auf Saphirtafeln sternförmig die Namen derjenigen funkeln, »die sich mit Raht und That vor andern sonders verdient gemacht/ und nun ihre Gedächtniß/ als ein Liecht in Tugenden zu wandlen/ den Nachkommenden vorleuchte«. Doch geht es nicht um sie alleine. Neben den Wappen der Geschlechter birgt der Tempel auch zwischen jeder Geschlechtersäule »eine denkwürdige Geschicht«, oder aber »ein berühmtes und namhaftes Gebäu«, nämlich, wie die Marginalie erläutert, »Was sich denckwürdigst zu Nürmberg/ oder derentwegen zugetragen: imgleichen die namhaftesten Gebäu daselbsten«.[116] Auf diese Weise gelingt Helwig eine Verzahnung von Patrizier- und Städtelob, die sein Werk über ein Panegyrikon der Ratsgeschlechter hinaushebt.

Statt für letzteres das Prinzip der Anciennität zu bemühen, hat sich Helwig für das formale des Alphabets in der Abfolge der achtundzwanzig Huldigungen entschieden – »unvorgreifliches vorzugs eines und des andern Geschlechts ihres ältern Herkommens oder Zutritts wegen zum Raht«.[117] Die Vierzeiler auf die Impresen der Geschlechter (in Achthebern, Alexandrinern und Vierhebern, zumeist jambisch-trochäisch, gelegentlich daktylisch) geben sich als deren moralisch-erbauliche Deutungen, in die zuweilen wiederum kritische oder adhortative Wendungen einfließen können und insonderheit die Symbiose von Kunst und Tugend als Inbegriff wahren adlig-patrizisch-gelehrten Daseins apostrophiert wird.

> DEr Vogel und die Blum bezieren/ besingen hier dieses Geschlecht/
> der Vogel zeigt die Kunst/ wie gleicher Maß Lilien Treue mit Recht:
> O Gott/ der du versorgst/ und speissest die Vögel/ bekleidest die Blum/
> in deiner Hut erhalt' hier aller Geschlechten wol edelen Ruhm.[118]

Dieser Wunsch, angeregt durch das Wappen der Paumgartner, liest sich wie ein Motto zu allen Subskriptionen, in denen Gottesfurcht, Gottvertrauen, Gedenken der Ewigkeit in wechselnden Begriffen und Bildern nach Maßgabe der figürlichen

---

115 Ebd., S. 28f.
116 Ebd., S. 30.
117 Ebd.
118 Ebd.

Vorgaben der Imprese artikuliert werden. Zumeist geht in den beiden ersten Zeilen die Nachbildung der Züge des Geschlechterwappens voran, aus der die ins Bleibende gewendete Maxime der beiden Schlußzeilen, ihre lehrhafte Sentenz, gewonnen wird. Gott ist der Spender aller Gaben des Lebens, des Lachens und also des Glücks nicht anders als des Unglücks, in beidem auf die ›Seeligkeit‹ zu zielen, ist daher eigentliche Bestimmung des Lebens.[119] Sie erfüllt sich – neu formuliert – immer noch im Gebot der Bergpredigt:

> Fromkeit lebet sonder Schulde; Fromkeit träget Tugendhuld;
> Fromkeit ihren Feinden reichet ofters alles mit Gedult.[120]

Direkt daneben steht – wie immer im 17. Jahrhundert – der Preis der zumeist stoisch eingefärbten Tugenden wie der ›Treue‹, die »das Unglüksrad eh brechen und zerlechtzen« läßt, ehe sie dem ›grimmen Neid‹ nachgibt.[121] Oder ohne nähere Spezifizierung:

> Ein solcher/ der für sich das Tugendmaß beacht/
> mit rechtem Löwenmuht den Lasterweg veracht.[122]

Ihr, der *virtus*, gilt der letzte Vierzeiler, wieder wie der Eingangsspruch unter Bezugnahme auf die Lilie:

> WAs soll der Lilie Weiß' und Röte hier vergleichen?
> das Tugendlieb nicht soll zur Krieg= und Friedzeit weichen:
>   der TugendRuhm erhallt hier noch in dieser Zeit/
>   verbleibt auch einverleibt der grauen Ewigkeit.[123]

Besonders eindringliche Wendungen findet der Dichter dort, wo er anknüpfen kann an den bedingungslosen Einsatz eines Geschlechts für das ›Vatterland‹. Hier wird eine ›EhrenCron‹ im Zeitlichen gewonnen, die in den Augen des Dichters und Patrioten der im Jenseitigen am meisten gleichen dürfte.

> Zu Lieb dem Vatterland Ehr/ Gut/ und Leib wer wagt/
> dem ohn der Zeiten End die EhrenCron behagt.[124]

Sie spezifiziert sich im unbeugsamen Festhalten am Recht; das richtende Schwert »straft im Grimm so wol den Herren/ als den Knecht.«[125] Zugleich ist das öffentliche Wirken nicht denkbar ohne die Kunst des Redens, die klug eingesetzt ›Hitze‹ zu steuern, ›Wilde‹ zu zähmen vermag.[126] Hinsichtlich des Geschlechts der Nützel

---

119 Ebd., S. 31 und S. 33.
120 Ebd., S. 41.
121 Ebd., S. 34.
122 Ebd., S. 37.
123 Ebd., S. 54.
124 Ebd., S. 36.
125 Ebd., S. 40.
126 Ebd., S. 39.

erscheint genau wie schon vorher bei Harsdörffer und Klaj dieser Dienst am Vaterland in der Trias von Rat, Kirche und Schulwesen sich zu erfüllen:

> WIe der dreygesetzten Blum Ruch und schöne Farb erhellet/
> so des Rahts/ der Kirch' und Schul' Ehr und Nutz wird vorgestellet/
> wann mit Treuen sie vereint in des grossen Adlers Schutz:
> solche Lieb Gott wolgefällt/ biet den Neidern Hohn und Trutz.[127]

Daneben aber steht die schlichte alltagsweltliche Weisheit, die keineswegs zu gering ist, Eingang in den Ehrentempel zu finden. So im Blick auf die Holzschuher:

> WEr viel weiß/ viel Schue zureisst/
> ist ein altes Wortt der Alten;
> Doch mit Witz wer weit geraisst/
> kan Stadt/ Land und Leut verwalten.[128]

Oder:

> GOld die Ehr'/ und Schwartz das Leiden
> hier in diesem Schild bedeuten;
> Ach! bey hohen EhrenSchein
> Neid und Hass sich menget ein.[129]

Oder:

> DAs Glük/ das schwankend Glük/ oft schmeichlet und belacht/
> wann es am höchsten steht/ schnell wieder knappt und kracht:
> es ist doch unser Thun nichts anders als ein Spiel/
> da wir bald seyn im Werth/ bald gelten nimmer viel.[130]

Die Scharfsinnigkeit des Dichters beweist sich aber nicht nur in der Überführung des Individuellen ins Allgemeine, sondern auch in der versteckten und dem Rätsel wiederum sich nähernden Berücksichtigung des Besonderen in der Geschichte und dem Rhythmus einzelner Geschlechter. So erinnert der Weg der Ebner daran, »daß man durch Schweiß erreichet | den höchstbelobten Nam; oft nutzt ein kleiner Schad«.[131]

Bezeichnenderweise sind es die Harsdörffer, denen die Vereinigung von religiösen, moralischen und eruditären Tugenden zuerkannt wird, deren Profilierung sich die Gelehrten seit den Tagen des Frühhumanismus besonders angelegen sein lassen:

> DEs HERREN Namen ist die starke Burg und Vest'/
> auf der sich der Gerecht in aller Noht verlässt:

---

127 Ebd., S. 44.
128 Ebd., S. 38.
129 Ebd., S. 45.
130 Ebd., S. 51.
131 Ebd., S. 34.

die hohe Wartt bezeugt/ wie Tugend/ Kunst/ und Recht
in aller Wachsamkeit berühmt macht diß Geschlecht.[132]

Adel, so Helwig durchaus auch in panegyrischem Kontext, verliert seine Berechtigung, wo er den Pfad der Tugend verläßt:

WIe das schöne Frauenbild als ein Wunderfisch sich endet/
und die wolgestalte Lilie sich darob errot/ erbleicht:
solcher Weiß der AdelsRuhm des/ der ihn zur Unbühr wendet/
seltzam scheint/ verleurt den Namen/ und sich aller Ehr' entzeucht.[133]

Stiftung von kommunalem Gedächtnis

Die Illustrationen dürften hinreichen, um plausibel zu machen, daß sich bei einem Moralisten wie Helwig das Huldigungsszenario noch weniger als sonst im Preis der Geschlechter erschöpft. Gewiß gibt sich Helwig mit seinem Werk auch in dem Sinn als getreuer Bürger seiner Heimatstadt zu erkennen, daß er einen Grundpfeiler ihrer politischen Ordnung, das oligarchische Regiment, in der Auslegung ihrer Wappen amplifizierend befestigt. Gleichwohl ist zu gewahren, daß der panegyrischen Komponente – wie durchweg in der Sozialgeschichte des Humanismus – eine normensetzende und also kritisch-verpflichtende beigesellt ist. Und schließlich sind die Exemplifikationen so angelegt, daß sie ihre adressatenbezogene Vereinzelung überschreiten und allgemeinen belehrenden Charakter annehmen. Über sie kann Verständigung in der städtischen Bürgergemeinschaft insgesamt herbeigeführt werden. Letztlich aber sind sie, obgleich von der städtischen Oberschicht ihren Ausgang nehmend, überhaupt nicht nur einem sozialen Verband oder Stand zugesprochen, sondern als verbindliche Leitsätze für jedermann formuliert, wie sie sich aus den Axiomen des christlichen Glaubens und der antik-humanistischen Tugendlehre herleiten. Es ist deshalb von großem Interesse zu verfolgen, wie der Dichter die parallel geführte und mit der Huldigung verschränkte Vergegenwärtigung der geschichtlichen Stationen und der bemerkenswerten Denkmäler seiner Heimatstadt handhabt, die hier aus analytischen Gründen gesondert betrachtet wird.

Helwig läßt sich die Chance nicht entgehen, die Präsenz der Römer an der Stelle der späteren Stadt zu erwähnen, die ihr einen ›berühmten Anfang‹ verschafft. Das erste geschichtlich relevante Datum aber ist ein durch das Kaisertum gesetztes, das als bestimmende Größe die Jahrhunderte über durch die Dichter herausgehoben wird.[134] Auf das Jahr 912 datiert Helwig den »erste[n] Anfang der Stadt Nürm-

---

132 Ebd., S. 37.
133 Ebd., S. 46.
134 Dazu Brigitte Altherr: Das Verhältnis von Kaiser und Reichsstadt in der 2. Hälfte des 15. Jahrhunderts. Dargestellt am Beispiel Nürnbergs und Augsburgs. – Zulassungsarbeit Universität Erlangen-Nürnberg 1981. Vgl. auch den Ausstellungsführer des Staatsarchivs Nürnberg: Nürnberg – Kaiser und Reich. – Neustadt (Aisch): Degener 1986 (= Ausstellungskataloge der Staatlichen Archive Bayerns; 20). Dazu auch die instruktive exemplarische Studie von Franz Willax: ›Gefährliche Patri-

berg/ zu Zeiten Kaisers Conrad [I.]«; durch »hohe KaisersGunst« wird sie »ein Glied des Teutschen Reichespracht«; »REdligkeit und frischer Muth« sind die Ursache für die 1105 erfolgte Zerstörung. Der ›gantze Leib‹ des Reichs wird durch »ein zerstümlets Glied […] [ge]schändet«; der Wiederaufbau findet unter der »Gnadengunst« eines ›hohen Helden‹, des Staufers Konrad III., statt. Die Einverleibung der Burg in die Stadt unter Heinrich VII. im Jahr 1313 vollzieht sich erneut im Zeichen kaiserlichen Schutzes, dem die Stadt sich gemäß der herkömmlichen *sponsa*-Allegorik jungfräulich anvertraut (»itzt kan ich friedlich schweben/ | weil meine JungfrauEhr des Kaisers hohe Macht | Gemeiner Stadt befohln/ die treulich mich bewacht«).[135] Im Bau der »Kaiserliche[n] Capell zu unserer Lieben Frauen am Mark« – »AUs des Kaisers milden Schatze | man mich widmet und erbaut« –, in der Einholung der Kaiserlichen Kleinodien – »WAs Gnadengunst das Reich und Kaiser mir bewiesen/ | der hab ich billich stäts mit Ruh' und Lieb zu niesen/« – kommt diese enge Verbindung zum Kaiser sinnfällig zum Ausdruck.[136]

Als freie Reichsstadt bleibt Nürnberg ein Hort des Friedens- und Einheitsgedankens, der sich insonderheit gegen fürstliche Autonomie, Eigenmächtigkeit und Friedlosigkeit richtet, so in dem Sinnspruch anläßlich der Unterzeichnung der Goldenen Bulle, der unter dem merklich an die Sozietäten gemahnenden Motto ›Teutsche Treu‹ steht:

> SO war die guldne Bull gantz löblich aufgerichtet/
> und so der Fürsten Fehd' im Teutschland auch geschlichtet.
>   Ach! laß durch deine Gnad'/ o höchster Gott/ bestehn
>   diß Band der treuen Lieb'/ im Unfried nicht zergehn![137]

Der ›Stadt belobte Treu‹ meint diese Orientierung zum Reich hin, in der sie sich – wie die großen italienischen Kommunen – als Statthalterin einer antipartikularen Bewegung bewährt, deren kaiserliche, dem Reich verpflichtete Ausrichtung eben auch die humanistische ›nationale‹ Mitgift umgreift.[138] Auch darum kann der Dichter das Gebot politischer Neutralität, das in den Schäfereien stets wieder aus gutem Grund beobachtet wird, verabschieden, wenn es darum geht, der beiden Kriege mit den Markgrafen von Ansbach und Bayreuth zu gedenken, die keinesfalls übersprungen werden, sondern in drei Tableaus gegenwärtig sind, welche an Deutlichkeit nichts zu wünschen übrig lassen.

> KUhnheit/ die aus Frevel kommt/ selten Nutz und Frommen bringet/
> Kühnheit/ die mit Füg' und Recht/ tringet durch/ und alls bezwinget.
>   Nicht der Kützel dich geluste deinem Nächsten seyn zum Schad
>   sonder Ursach/ leichtlich könte dich selbst treffen solches Bad.[139]

---

oten und schädliche Leuth‹. Antischwedischer Widerstand in Nürnberg 1631–1635. – In: Mitteilungen des Vereins für Geschichte der Stadt Nürnberg 78 (1991), S. 123–173.
135 Helwig: Nymphe Noris (Anm. 84), S. 31–35.
136 Ebd., S. 38–41.
137 Ebd., S. 39.
138 Ebd., S. 40.
139 Ebd., S. 44.

Kühnheit ist auf beiden Seiten am Werk; das eine Mal im Bündnis mit ›Frevel‹, das andere Mal mit ›Füg' und Recht‹. Wieder setzt alsbald der Mechanismus der Verallgemeinerung ins Ethische ein, nun aber ganz offensichtlich, um den in aller Schärfe gebrandmarkten singulären Fall zu kaschieren, damit er in der dem Kenner und aufmerksamen Leser erkennbaren Stoßrichtung stehen bleiben kann. Entsprechend hintersinnig ist der Rekurs auf das Stechen zwischen den markgräflichen und den Nürnberger Adligen angelegt.

> FReyer Sinn und Adel liebet
> Rennen/ Stechen/ Ritterspiel;
> wol dem/ der mit gleichem Ziel
> auch in Kunst und Zucht sich übet.[140]

Das ist aus dem städtischen Raum als Aufforderung und Ermahnung in den territorialen hineingesprochen. Wer da Zweifel hegte ob des Dichters Stellung in dem Ringen, in dem es um das Überleben der freien Reichsstadt ging, findet sich durch den Vierzeiler anläßlich des Zweiten Markgräflichen Krieges belehrt:

> EIn freyer Held wolt' hier mit unverschuldten Straffen
> bestraffen mich/ wo nicht Gott sonders hielte Wacht/
> wer ich unschuldiglich erödet in den Waffen.
> Gott hat ans Tageliecht mein' Unschuld auch gebracht.

Welcher Art dieser freie Held ist, wird angesichts der ›Unschuld‹ der ›mit unverschuldten Straffen‹ überzogenen Stadt manifest.[141]

Die Reformation bezeichnet eine wichtige Zäsur auch in der politischen Geschichte der Stadt. Helwig hat es sich nicht nehmen lassen, auch sie in sein Gedenkwerk mit hineinzunehmen. Zwei Signale verweisen auf das Besondere ihres theologischen Gehalts: die Insistenz auf ›Gottes Wort‹ und die Ermutigung, der Wahrheit nachzuforschen, statt sich Autorität und dogmatischer Tradition unbefragt zu unterwerfen. Jede konfessionspolitische Anspielung unterbleibt. Allenfalls mag ein Anflug von Kritik an der Neigung zu ›weltlich' Ehr‹ auch in der vorreformatorischen Kirche anklingen.

> SChnell die weltlich' Ehr verschwindet/ und hält ihre Wäre nicht;
> Gottes Wort auf ewig bleibet. Wol! wer wandlet in dem Liecht/
> und der Warheit forschet nach. Gott kan alles wieder geben;
> was man ihm zu Lieb verlässt/ hier und auch in jenem Leben.[142]

›Das Wallnsteinische Lager‹ (1632) ist das letzte politische Datum, an dessen Verarbeitung der Dichter sich wagt. Darf man auch ihr noch eine verhüllte Option entnehmen? Die Belagerung wird zu einem Probierstein der ›Gedult‹ der Stadt. Es ist der ›Feind‹, der dort an Gottes Schutz scheitert, mit dem die Stadt sich weiter-

---

140 Ebd., S. 45.
141 Ebd., S. 50.
142 Ebd., S. 48.

hin, da die Bekenntnisse sich geschieden haben, so unverbrüchlich im Bündnis weiß wie einst mit dem Kaiser:

> SChikt uns Gott ein Leiden zu/ wil er seine Lieb erweissen/
> drum diß mit Gedult man trag'/ er kan auch mit Troste speissen:
> dieses Creutz ist wie die Wolkke/ die der Sonnen Glantz bedekkt/
> aller unsrer Feinde Sturme Gott zernicht/ und Heil erwekkt.[143]

Diese politische Orientierung, die der Dichter seiner Schäferei verhalten, aber in den entscheidenden Punkten unmißverständlich einschreibt und mit der er sich immer noch in der kommunalen Tradition der Bürgerhumanisten des späten 14., des 15. und des frühen 16. Jahrhunderts fühlen darf, wird nun begleitet von einer Würdigung ihrer identitätsstiftenden Insignien. So durchläuft die Bürgerschaft an der Hand des Dichters nicht nur die Stationen ihrer denkwürdigen Geschichte, sondern nimmt mit seinem Auge auch deren Manifestationen in den kulturellen Zeugnissen der Vergangenheit wahr, die die Kräfte für die Bewährung in der Zukunft bergen. Da ist die Pfarrkirche St. Lorenz, dem Glauben wie dem Opfergeist des Adels verdankt – »EIns Degen Andacht mich/ und anderer Gestiffte | so herrlich hat erbaut«.[144] Da ist das Spital zum Heiligen Geist, gestiftet von Konrad Groß – »GRoß ist gute Werk' erweisen/ | groß der Armen sich erbarmen«.[145] Da ist das Sakramentshäuslein bei St. Lorenz als Stiftung der Imhoffs – »ihr Lob nicht werd vernichtet«.[146] Da ist das Grab des heiligen Sebald – noch heute in der evangelischen Stadt ein Werk, das »seins Meisters Lob hoch bis an die Wolken bringet«.[147] Und da ist das (neuerbaute) Rathaus, in dem »KLugheit und Gerechtigkeit | [...] Sitz und Wohnung haben«.[148] Keine der alten Städte, die nicht stolz auf ihre Bibliothek geblickt hätte, auch wenn sie ihre Schätze zumeist mehr der Weitsicht ihrer Bürger als den Mitteln des Magistrats zu danken hatte. In ihrer Pflege weiß sich auch der Dichter immer zugleich geehrt – »allein der Musen Gunst unsterblich alles macht/ | drum derer Schenk alhier man hält in hoher Acht«.[149] Noch das Zeughaus und das jüngst eingeweihte ›Theatrum oder Spielhauß‹ der Stadt, noch die neuerbaute Fleischbrücke oder die Roßmühle nimmt er in die Galerie städtischer Denkmäler auf. So erweist sich die im kommunalen Raum beheimatete Schäferei als würdige, den höfischen Gattungen ebenbürtige Form zur Repräsentation kulturellen Vermögens und bürgerlichen Selbstbewußtseins im städtischen Verband.[150]

---

143 Ebd., S. 53.
144 Ebd., S. 36.
145 Ebd., S. 37.
146 Ebd., S. 42.
147 Ebd., S. 43.
148 Ebd., S. 49.
149 Ebd., S. 45.
150 Daß ein aufgeklärter Geist wie Helwig keinen Zweifel hören läßt gegenüber der Vertreibung der Juden, gehört freilich auch zum Bild und verleiht ihm einen tiefen Schatten: »DEn Geitz/ den Eigennutz/ das Wuchervolk vertreiben/ | zur Aufnam einer Stad/ ist vieler Lobred werth/ | so kan des Nächsten Lieb/ so kan die Treue bleiben; | da hat Gott seine Wohn'/ und alles Guts beschert« (ebd., S. 47). Vgl. auch den Spruch auf die ›Kaiserliche Capell zu unserer Lieben Frauen am

Helwig hat im ersten Teil seiner *Nymphe Noris* auch den adligen, nicht ratsfähigen achtzehn Geschlechtern gedenkende Zeilen gewidmet. Und er hat sein panegyrisches Vorhaben in deren zweiten Teil mit der Würdigung der abgestorbenen ratsfähigen siebenundzwanzig Geschlechter fortgesetzt. Ihre Betrachtung würde das Bild weiter differenzieren, nicht aber grundsätzlich modifizieren. Lohnend wäre freilich ein Blick auf die Galerie einzelner Vertreter des Patriziats, die Helwig gleichfalls im zweiten Teil seines Werkes errichtet. Nicht weniger als fünfzig »wolverdiente[n] und lobwürdige[n] Personen des obersten Standes« gelten die ehrenden Vierzeiler.[151] Interessanterweise hat ihnen Helwig nach Art der Akademien und Sozietäten charakterisierende Namen verliehen, durch die sie über die Jahrhunderte hinweg zu einer Art imaginärem Tugendbund der städtischen Oberschicht zusammenwachsen. Wir müssen uns eine Betrachtung auch dieser Ehrenformation versagen. Noch die Wappen der Ämter und Flecken, die Nürnberg unterworfen sind, integriert der Dichter seiner Pastorale und greift damit auch auf den Raum vor den Toren der Stadt aus, in dem das Ringen um die hoheitlichen Rechte mit den Markgrafentümern besonders unerbittlich verlief.

Norimbergischer Ehrentempel

Seine allegorische Verkörperung findet der stolze Stadtstaat in der Nymphe Noris und ihrem Reich.[152] So wie den Eingang des Tempels Klugheit und Tapferkeit zierten, so den Ausgang Apollo und Herkules; die Dualität und Polarität von musischem und heldischem Tun (›Geist und Macht‹) bleibt durchgehend gewahrt. Und nun erst, nachdem die Schäfer Bekanntschaft gemacht haben mit den ›Helden‹ Nürnbergs und ihrer ruhmreichen Geschichte, zieht der Dichter ein erstes Fazit und gibt eine Leseanweisung, die im Vorangehenden beherzigt worden sein dürfte. Der Tempel samt seiner Schaustücke dient nicht nur dem frommen Gedächtnis, sondern der Nachfolge. In den Patriziern ist exemplifiziert und affirmiert, was Weltsicht und Verhaltensweise der gesamten städtischen Gemeinschaft sein soll. Diese Formulierung und Befestigung eines ständeübergreifenden Normensystems sieht der Dichter in der Rolle des Geschichtsschreibers in genauer Analogie zu den Fürstenspiegeln und der ihnen eingeschriebenen Unterweisung als seine eigentliche Aufgabe im Stadtstaat an. Derart enthüllt sich der ›Wunderbau‹ des Tempels als allegorisches Schauhaus Nürnberger Selbstverständnisses im Spiegel seines gelehrten Schriftkundigen.

Mark‹: »AUs des Kaisers milden Schatze | man mich widmet und erbaut; | Dann alhier der Juden Platze | wurd zerstört/ und Gott vertraut.« (Ebd., S. 39).
151 Ebd., S. 121.
152 Vgl. Werner Schultheiss: Woher stammt die Bezeichnung ›Noris‹? Dr. med. Johannes Hellwig (1609–1674) als Schöpfer des Namens. – In: Mitteilungen des Vereins für Geschichte der Stadt Nürnberg 52 (1963/64), S. 551–553; Harry Vredefeld: Zur Herkunft des Wortes ›Noris‹. – In: Mitteilungen des Vereins für Geschichte der Stadt Nürnberg 71 (1984), S. 208–211.

> WEr diesen Wunderbau beschaut/ bey sich betrachte/
> daß nächst des Höchsten Hülf' und unendlicher Machte
> die kluge Vorsicht hier und unverdrossner Fleiß
> erhalten dieses Werk in seinem Ehrenpreiß.
> Wie nun das Oberhaubt/ so seynd die Unterthanen:
> wann jene ihren Weg mit Tugendvorbild bahnen/
> auch diese folgen nach. Der Wolstand blüet und grünt
> mit Ruhm in solchem Land/ und Gott zu Ehren dient.[153]

Treue und Liebe, Andacht, Ehre und Lob sind die Kardinaltugenden, in denen sich der Gehalt des Werkes – allegorisch verkörpert in drei Frauengestalten im Innern des Tempels – zusammenzieht. Sie alle gründen in der Reinheit des Herzens (›rein von Hertzen‹), die sich in dem ›Ohne Falsch und Heucheley‹ zu leistenden ›Gelübde‹ kundtut.[154] Insofern der Tempel als eine Repräsentation, als »eine Vorstellung der grossen Herrligkeit der Göttlichen Nymphen und Vorsteherin dieses Orts und Lands/ NORIS genannt«, apostrophiert wird, sind die in ihm zu schauenden Tugenden immer zugleich beides: Ausdruck eines vorhandenen idealen Selbstverständnisses und Aufforderung, dieses praktizierend fortzuentwickeln, ihm Dauer und Konsistenz zu verleihen.[155] In den sieben ältesten Personen des Regiments, dem ›älteren geheimen Raht‹, Träger ›höchster Gewalt‹ und Wahrer der ›grössten Geheimnisse‹, manifestiert sich das im Tempel sinnbildlich verkörperte Ethos in der Verfassungswirklichkeit des Stadtstaats.[156] Die Arkana der Regimentskunst sind nur denen zugänglich, die sich »durch sittsame Gedult und unbefleckten Lebenswandel« auszeichnen und diesen gleichermaßen durch ›Gerechtigkeit‹ wie durch ›seiner selbst Ernidrigung‹ – symbolisiert durch Lamm, Brunnen und Bilder vor dem Tempel – unter Beweis gestellt haben.[157]

Helwig aber geht es um den Verhaltenskanon, die Sittlichkeit der Bürgergemeinde. Entsprechend widmet er den Pan-Altar der Birkenschen *Fortsetzung* um zu einem der Nymphe Noris. Er ist ein »von der Natur ausgewürktes Meisterstuk«, den die Nymphe selbst

> mit sondern Bedachte hierein geordnet/ und zu ihrem Ehrendienst gewidmet hat/ als an welchem/ nach Anweisung der Natur/ gantz klüglich erhellet/ in welchen Stukken zuförderst dieser Landschafft und Orts herrlicher Wolstand und glüklicher Aufnam bestehe.[158]

Die Verfassung des Stadtstaats nicht anders als die Verhaltensmaximen seiner Bürger sind der ›Natur‹ konform, sind naturrechtlich fundiert und sanktioniert. Das ist der entscheidende Vorzug, den der Stadtstaat in einem seiner gelehrten Repräsentanten dem fürstlichen Absolutismus gegenüber in die Waagschale zu werfen

---

153 Helwig: Nymphe Noris (Anm. 84), S. 57.
154 Ebd., S. 57f.
155 Ebd., S. 58.
156 Ebd., S. 58f.
157 Ebd., S. 59.
158 Ebd.

hat und dies, wie das Beispiel Helwigs zeigt, seit der Mitte des 17. Jahrhunderts auch tut. Dessen Artikulation vollzieht sich freilich prägnant in pastoral verschlüsselten Bildern und Unterredungen und nicht in ausdrücklich staatsrechtlichen Kategorien. Der Sonne gleich sind die wohltätigen Wirkungen der Nymphe Noris. Jedem gewährt sie ›Trost‹ und ›Vergnügung‹, der sich in ihren Dienst stellt.

> Ihr Nam' hallt und schallt auf Auen/
> und durchklinget Berg' und Thal;
> herrlich ist ihr Thun zu schauen/
> prächtig ihrer Machten Stral.[159]

So gesehen ist auch der Name der Nymphe ein Widerhall der von der Stadt empfangenen Gaben, die keinen glühenderen Fürsprecher im 17. Jahrhundert in ihren Mauern gesehen haben dürfte als Johann Helwig.

Erst nachdem der Sinn des Noris-Tempels umfassend expliziert ist, wird es den Hirten vergönnt, die Nymphe selbst für einen Moment lang zu sehen. Sinnreich ist ihre Erscheinung verwoben mit der Vergegenwärtigung des Nürnberger Umlandes. Denn hier sind die Feld- und Flurgottheiten der niederen Mythologie beheimatet. Ein kostbarer vergoldeter Wagen mit dem schwarzen gekrönten Adler und ausgebreiteten Flügeln auf einem Bogenrund birgt die Wappen »der zur Zeit der löbl. ReichsStadt Nürmberg unterworffener Aembter und Flekken«. Satyren »oder Geyßgefüsste Waldmänner/ mit Farrenkraut und Ginst becräntzet/ und mit kleinen Pauken/ Schilfpfeifen/ und klingenden Dreyangeln« springen dem Triumphwagen voraus.[160] Sechs schneeweiße Ochsen, mit Blumenkränzen geziert, ziehen den Wagen, gelenkt von einer Nymphe mit silbernem Stab. Es ist ein Erntewagen, die Faune – »oder wilde Bauren« – sind bekränzt mit Früchten der Erde. Inmitten dieses Ernte- und Triumphzuges thront die Nymphe, mit einer goldenen Krone »wie eine Mauer oder Stadtzinne geformet« auf dem Haupt und mit Palme und Zepter ausgestattet, Pegnitz und Regnitz in Gestalt zweier nackter ›Mannsbilder‹, das Geschlecht im Schilf verborgen, zu ihren Füßen. Dem Wagen folgen Nymphen, »unter denen man auch die Najaden/ Napeen/ Dryaden/ Hamadryaden/ Oreaden und Hymniden wol unterscheiden mochte«.[161] Die Bedeutung des Bildes suchen die Schäfer zu erfragen, erhalten jedoch keine Antwort mehr. Die Noris-Szene des ersten Teils ist abgeschlossen.

Sie wird im zweiten Teil wiederaufgenommen. Nun ist es ein alter Mann in einem sternendurchwirkten Gewand und mit einer geflügelten Sanduhr, begleitet von entblößten Knaben mit silberner Seide um den Leib, Trauben und Ähren in der Hand und Mohnköpfen auf dem Haupt und umgeben von musizierenden, Harfe und Laute, Viola und Kithara spielenden Nymphen – nochmals also ein bacchantischer Zug, domestiziert zur Übermittlung der einen und immer gleichen Botschaft:

---

159 Ebd., S. 61.
160 Ebd., S. 69.
161 Ebd., S. 71.

SO/ so/ so/ Nachsinnen üben/
  Tugend lieben
    macht bekant/
und bringt Nutz dem Vatterland.¹⁶²

So singen die Knaben, während zwei Nymphen die aus Zedernholz gefertigte Ehrentafel mit dem Bild des 1648 verstorbenen ›Aufrichtigen‹, Lukas Friedrich Behaim, entgegennehmen und im Tempel postieren. Das ›Gepräng‹, dessen Zeugen die Schäfer da im Gefolge der Funeral-Pastorale werden,

> ist uns allzeit üblich bey Einholung einer und der andern neuen Tafel oder Bilde/ und dienet so wol zur Ehre des Abgebildeten/ als zur Anreitzung anderer/ sich auch in dergleichen Tugendhalt und rühmlichen Thaten zu befleissigen; woraus nicht allein eines ieden eigene Ehre/ als des Vatterlands durch ihn beförderter Wolstand erhellen möge.¹⁶³

Um den imitativen, adhortativen, zur Nachfolge geleitenden Aspekt also geht es erneut. Der alte Mann repräsentiert die Zeit und ist als ›GroßCantzler‹ der Nymphe verantwortlich für die Zurschaustellung der Ehrenmale. Die Nymphen stellen die jungfräuliche Reinheit auf den verschiedenen Altersstufen dar – zur Freude der ›Naturgeisterlein‹, der »treumeinende[n] Begleiter solcher Menschen«.¹⁶⁴ Die Nymphen ›Consideratio‹ und ›Judicium‹ aber sind verantwortlich für die Wahl der Gepriesenen, deren Ruhm auszubreiten ›Fama‹ obliegt.

So lebt der Reigen allegorischer Gestalten aus den mittelalterlichen Minne- und Tugendlehren, über Boccaccio der frühneuzeitlichen Erzählliteratur vermacht, im 17. Jahrhundert ungebrochen fort. Daß Tugend indes kein Standesprivileg ist, bedeutet die letzte auslegende Rede im Umkreis der Tempelmetaphysik. Ist Tugend nur unter ›hohen Standspersonen‹ zu Hause, kann sie nicht auch »bey mindern ihren Sitz finden«? Selbstverständlich, da doch »ein ieder Mensch seinem Gewissen/ zu des Höchsten GOttes Ehre/ und zu Dienste seines Nächsten und des Vatterlandes/ zum Beyspiel sich darzustellen verbunden ist«.¹⁶⁵ Warum aber dann die Bevorzugung des höchsten Standes? Weil sich die im Regenten (und die in der Oligarchie) anzuschauende Tugend eher zur Repräsentation eignet und von ihr eine stärkere erzieherische Kraft ausgeht. Daß diese im Adel verkörperte Tugend aber nichts Statisches und nichts Unbefragtes ist, lehren die außerhalb der Huldigung angesiedelten schäferlichen Szenen.

Denn die mit zweihundert Seiten breiten Raum beanspruchende Helwigsche Schäferei enthält nun jenseits der anlaßbezogenen Partien weitere thematische Zentren, auf die näher einzugehen geboten ist. Wo in den Harsdörfferschen *Frauenzimmer Gesprechspielen* eine Vielzahl von Themen in knappster Form und im ständigen Wechsel der Perspektiven berührt wird, widmen sich die Schäfer in der

---

162 Ebd., S. 135.
163 Ebd., S. 137.
164 Ebd., S. 138.
165 Ebd.

Ekloge einigen wenigen ausgewählten und kompensieren die Beschränkung durch Vertiefung, wie sie gerade Helwig vorbildlich betreibt.

Aberglauben verbannt

Nach Absolvierung der letzten Ehrenpartie läßt Helwig ein Gewitter heraufziehen, um den Schäfern Gelegenheit zu einer Unterhaltung über dessen Natur zu geben. Intensiver als in anderen Schäfereien dringen naturwissenschaftliche Fragen in das Werk des Arztes ein. Helwig läßt sie aufwerfen, um gegen den grassierenden Aberglauben vorzugehen und für Aufklärung zu sorgen. Auch ein Gewitter hat nur ›natürliche Ursachen‹.[166] Man sehe aber, mit welcher Präzision das Phänomen selbst hier beschrieben und damit zugleich ein Ausweichen in Pseudoerklärungen abgeschnitten wird:

> Massen solches Wetter nichts anders ist/ als eine durch der Sonnen Gewalt veranlasste Wärme und Trükne/ auch mit etwas zeher Feuchte vermengte Aufdämpfung aus der Erde/ welche/ wann sie an den mitlern Raum der Luft gelanget/ alda wegen Kälte des Orts die Feuchte zusammen getrieben/ und die Wärme sich ie mehrers in sich ziehend gleichsam in einer Wolke/ als in einer Haut oder Blase eingeschlossen wird; dahero dann nohtwendig folget/ daß solches aufgedämpftes Wesen/ wegen der Kälte der äussersten Feuchte/ oder umschlossner Wolke so wol/ als wegen seiner natürlicher Bewegniß/ desto mehrers sich erhitzt/ und einzwengt/ bis es endlichen seinen Ausgang suchet/ den es in die höhere Luft/ und weil die Wolke oberhalb dichter und fester/ nicht haben kan/ derowegen sich solches Gefängniß frey zu machen/ mit Gewalt herabwerts tringet/ und die Wolke zerreisset/ die Wolke aber algemächlich durch den Regen sich zerflösset.[167]

Die exakte Erklärung von Blitz und Donner und ihren Wirkungen folgt. Dem Verfasser des *Schatzkästleins* gleich bewährt Helwig seinen Vorsatz zur Lehre in der Schäferei durch freigiebiges Spenden eines Wissens, das nicht allen gelehrten Schäfern gleichermaßen umfassend zur Verfügung steht und das helfen soll, den Glauben von seinen abartigen Verirrungen zu reinigen und auf den Bereich einzuschränken, in dem allein er genuin zuständig ist. Noch der antike Mythos, die orientalische Bildwelt wird über diese rationale Erklärungsstrategie in ihrem sachhaltigen Kern begreifbar. Und die göttliche Allmacht auch gegenüber der Natur bleibt bei Helwig unangetastet.

Sodann hat Helwig seiner *Nymphe Noris*, dem Lob des heimatlichen Fleckens so besonders zugetan, auch den Preis Altdorfs und seiner Universität integriert, in dem sich auf andere Weise noch einmal wiederholt, was Vorwurf der *laus Norimbergae* war. Und wiederum ist es die merk- und denkwürdige Naturerscheinung, bei der das Gespräch verharrt. Aus einer Höhle stammen vermeintlich uralte Gebeine, die man zu Arznei gegen Gifte verarbeitet. Nun ist es wieder an Montano, eine ›moderne‹, auf dem letzten Stand der Kenntnis beruhende ›natürliche‹ Theo-

---

166 Ebd., S. 150.
167 Ebd.

rie vorzutragen und zur Diskussion zu stellen. Es ist Kalkmergel, der sich da in den Erdadern mit dem Wasser zu gebeinähnlichen Gebilden geformt hat. Die Natur, so Montano, liebe es, »sich der ihr von dem Höchsten Gott und Schöpfer mildest verliehener Freyheit« zu gebrauchen und aus einem ›wundersamen Lusttrieb‹ heraus Formen nachzuahmen.[168] Die heilende Wirkung aber, auch das weiß Montano, rührt her von dem im Kalk enthaltenen Schwefel. So bewährt Helwig die dem Dichter immer zugeschriebene Universalität in seiner Person und nutzt sie zur Belehrung im städtischen Verband.

Auch das menschliche Zusammenleben jenseits der politischen Ordnungen will bedacht und reguliert sein. Hier führt Helwig das Thema rechten Liebens fort, das schon in der *Hercinie* breiten Raum eingenommen hatte. Strefon ist es vorbehalten, in dem Hin und Her der Ansichten und Argumente den entscheidenden Satz zu formulieren: »Demnach mit Verstand lieben/ und Verlangen tragen nach dem/ was nutzlich und löblich/ ist Englisch/ die blosse Schönheit und äusserliche Leibsgaben lieben ist viehisch; beedes aber zugleich beobachten ist menschlich.«[169] Im Hochzeits-Glückwunsch für Klaj ist poetisch geborgen, worauf das Gespräch seinerseits zielt:

> DIe recht' und waare Lieb in nirgent etwas wanket;
> dann solche nicht nur sich im Freudenfall entdekkt/
> ja ihre Wirkung auch sich bis in Tod erstrekkt/
> im Glük' und Unglük sie hält standfest/ und nicht schwanket.[170]

Solcherart nimmt die Schäferei fernab von ihrer panegyrischen Rolle teil an der der Poesie seit je zugeschriebenen und von Helwig nachdrücklich bekräftigten Aufgabe, sittigend zu wirken.

›Nobilitas pastoralis‹

Alle Wege jedoch führen zurück zum Schäfertum, seiner Auslegung in dieser selbstreferentiellen Gattung par excellence, seinem Vollzug im poetischen Agieren des sozietären Verbundes, seiner Verschmelzung mit der *aetas-aurea-* und Paradies-Topik und schließlich seiner Überführung in den transmundanen Bereich. Auch der zweite Teil der *Nymphe Noris* wird mit einem Spaziergang eröffnet. Er führt über die Wöhrdter Wiesen und den Kressischen Lustgarten zum Gleißhammer der Imhoffs und zum Zabelshof, um allerorten wiederum die Sehens- und Merkwürdigkeiten zu betrachten und zu erörtern. Hier in der Umgebung finden sich reichlich heilende Quellen, deren Eigenart den naturkundigen Dichter wieder herausfordert, um gleich daran die Klage zu knüpfen, daß die Menschen durch Völlerei und Trunksucht die wohltätigen Wirkungen dieses Gottesgeschenks selbstverschuldet

---

[168] Ebd., S. 175.
[169] Ebd., S. 158.
[170] Ebd., S. 160.

zunichte machen. »Es thun auch solche Unartige/ mit ihrem sichern und ungezämten Leben vielmehrers Gott verhönen/ als um diese Wolthat danken.«[171] Dahinter aber tut sich das weite Feld der Affektregulierung auf. Massiv und ohne den leisesten Anflug von Dialektik ist auch in der Schäferei dieses selbständigen Raisonneurs der Primat der Vernunft über die Sinne sanktioniert.

> O thorichter Wandel/ [...] eines solchen Menschen/ der seinen Verstand nach wol weiß/ wie schnell es um ihn geschehen/ dannoch sich nicht regirn/ noch seine Begierde bezämen kan/ und also mehrers Herrschafft dem Knecht/ als dem Herrn einraumet. Sintemal Gott der allerhöchste der vernünftigen Seele die Herrschafft anbefohlen/ und dardurch uns Menschen ihme zum Ebenbild erschaffen/ derer nun zu Dienst der Leib/ als ein Knecht/ solle unterworffen seyn. Aber leider! man kehret es um/ und wird die Seele dem Leibe unterworffen/ daß sie ihre Wirkungen den fleischlichen Lüsten nach vollbringen muß/ und wird sie also dem Göttlichen Wesen/ aus welchem sie ihren Ursprung hat mit Gewalt entzogen/ und frefler Weise in das ewige Verderben gestürtzet.[172]

Wir kennen die theologischen und die philosophischen, die sozialpsychologischen und auch die politischen Vorgaben dieses anthropologischen Dualismus und Pessimismus inzwischen hinlänglich. Weniger entfaltet indes sind die ständetheoretischen und -politischen Implikationen, die in der diskursiven Schäferei einen prominenten Platz einnehmen. So auch bei Helwig. Und wieder wird das Gesehene und Gehörte als Erfahrungsschatz für das sich anschließende Gespräch genutzt, werden die Konsequenzen, zu denen es führt, derart gestützt und untermauert.

»Im gehen nun gerieten diese Schäfer in ein zimlich weitläuffiges Gespräch/ und war die Haubtfrag/ ob auch die freye Wissenschafften und Sittenlehre ihrem ringen Schäferstand anständig/ und vor Jahren üblich gewesen wäre?« Zwei konkurrierende historische Paradigmen stehen nebeneinander. Die freien edelgeborenen Spartaner führen ihren Kindern die Folgen der Laster wie etwa der Trunkenheit an ihren Sklaven vor. »Wissenschafft und Tugendübung« sind »allein dem höhern Stand/ als dem Adel und Regenten« vorbehalten, wohingegen der »minder[e] Stand in einem Regiment/ darunter auch die Schäfer begrieffen«, von ›besagter Wissenschafft‹ ausgeschlossen bleibt. Dagegen setzt Montano das Beispiel der Athener,

> bey welchen der mindere sowol als der obere/ der Leibeigene sowol als der Freye/ der Knecht sowol als der Herr/ ob gehabter solcher Wissenschafft/ in grosser Acht gehalten worden/ wurde auch oftmals den Knechten deßwegen die Freyheit ertheilet/ dannenhero der Freye Adelsstand zweifels ohne entstanden/ und seinen Anfang genommen.[173]

Das ist das historische Argument, ohne dessen verbürgende Kraft im Umkreis des Humanismus der Gedanke sich so wenig erhebt wie die Poesie gedeiht. Aber er bildet doch nur das Unterpfand, von dem aus als akzeptiertem und befestigtem die schäferliche Erörterung ihre eigenen gattungskonformen Wege nimmt, die weit

---

171 Ebd., S. 115.
172 Ebd., S. 111f.
173 Ebd., S. 117f.

über das historische Vorbild hinausführen, aber immer noch durch seine Autorität gedeckt scheinen. Montano formuliert sie:

> Und gesetzt/ daß diese Wissenschafften dem Adel und höherem Stand etwas anständiger/ dieweil auch die Kunst wol und weißlich zu regirn darunter verhüllet ist/ solte es darum desto unthunlicher seyn/ solche imgleichen bey dem gemeinen/ wie auch unserm Schäferstand zu hegen? Nein/ keineswegs. Sintemal sie nicht/ wie der Adeliche Name oder stattliches Herkommen ererbet werden/ sondern eine sondere Himmelsgabe sind/ die so wol sich unter einem ringen Schäferskleid/ als einem Königlichen Purpurmantel erhalten können. So stekket über das unter solcher Wissenschafft nicht nur die Weise andere zu regirn/ sondern eine noch viel höhere/ sich und seine Sinnneigungen selbsten weißlich anzuführen/ die der vorbesagten Regirkunst/ als ein erbauliches Beyspiel/ an die Seiten gesetzet wird. Dann wie die Gedult als den stärksten Feind überwunden haben der grössseste Siegspracht ist/ also ist auch sich selbsten/ und seine Sinne zämen/ die höchste Kunst und Wissenschafft; welche/ obwol sie eine Himmelsgaab/ doch nicht iederzeit ohne Mittel und Anweisung getreuer Lehrmeister erlernet wird. Warum seyn dann/ fragte Helianthus weiters/ bey unserer vor Eltern Zeiten die meiste Stifftungen und Clöster nur dem Adel zum besten gewidmet worden/ in welchen man sie von allerhand Wissenschafften und Tugendlehren unterrichten solte? Freylich/ saget ihr recht/ ihr mein vertrauter Helianthus/ zur Unterrichtung in den Wissenschafften und Tugendlehren/ antworttete Montano/ und sonderlich dem Adelstand/ dieweil meinem einfältigen Bedunken nach/ die liebe Vorfahren mit scharffrn Augen albereit gesehen/ daß der Adel auf seinen Reichthum sich verlassend/ und auf sein Herkommen pochend/ der Wissenschaft und Tugend sich wenig achten/ und demnach ein wüstes und wildes Leben führen würde/ also haben sie dieses Mittel erfunden/ die tauglichen Gemüther in solchen Schranken zu behalten/ und bey vorgesetzter und abgemessener Leibesunterhalt und täglicher Nohtdurft dieselbe/ mit Vermeidung des verzärtleten Uberflusses/ dahin zu leiten/ darmit sie desto bequemlicher würden besagte Lehren und Unterricht zu fassen/ und bey steter Ausübung derselben sich und ihren Schöpfer recht zu erkennen/ und im klugen Nachsinnen ersehen/ zu was Ende sie erschaffen/ und des Menschen Wandel anzustellen sey. Im Gegentheil hat der mindere/ wie auch unser ringer Schäferstand/ schauet! diesen Vortheil/ daß er in seiner Nidrigkeit und Einfalt/ des unnatürlichen Schwelgens/ schandlicher Wollust/ eitler Standshoffahrt/ frefler Mißgunst/ und Gewissenschädlicher Geldsucht überhoben/ seine Sinne und Gedanken was freyers hat/ und tüchtiger ist/ nebenst seinem Beruf solchen Wissenschafften und Unterrichten abzuwarten/ und zu rechtmässiger Ausübung zu bringen; ja wol solches alles/ ohne anderer Beyhülfe aus dem Naturbuch selber erlernen kan.[174]

Wissenschaft und Tugend müssen abgekoppelt werden von ständischen Hierarchien. Sie sind grundsätzlich nicht vererbbar, unterliegen weder dem Dezendenzprinzip noch dem bürgerlichen Erbrecht und können daher auch kein Privileg der oberen Stände, des Fürstentums, des Adels oder des reichen Bürgertums sein. Werden sie als ›Himmelsgabe‹ bezeichnet, so sind sie ein göttliches Geschenk doch nur in dem Sinne der Verleihung eines Vermögens. Die Nutzung des Vermögens steht in der Freiheit des Menschen, wie das vorangehende Exemplum bekräftigt, und ist in jedermanns eigene Hand gegeben. Noch das Privileg des ›Adels und höheren Stands‹ zu ›regirn‹ wird aufgefangen und in gewisser Weise entkräftet durch das

---

174 Ebd., S. 118f.

bekannte aus der antiken Moralphilosophie der ›Regirkunst‹ über sich selbst, und zwar wiederum im Sinne des bereits vorab am Beispiel Demonstrierten. Dazu aber ist ein jeder kraft seiner verliehenen Gaben in der Lage und aufgefordert. Diese innere, moralische Regierkunst ist eine durch Erkenntnis, durch Wissen vermittelte. Insofern sind Wissenschaft und Tugendlehre die Basis des individuellen Lebens nicht anders als des sozialen, über sie erfolgt nicht nur die individuelle Affektregulierung, sondern auch die soziale Konsensbildung.

Mit ihr ist die Schäferei, sind die Schäfer unaufhörlich befaßt. So mag das soziale Gefüge sich einen Moment lang umkehren. Gefährdet scheint nun, wie Montano in sokratischer Gebärde den fragenden Helianthus bescheidet, der oberste Stand des Adels, wann immer er dazu neigt, auf Ansehen, Herkommen, die ererbten Rechte zu setzen. Sie aber sind niemals erste, sondern stets zweite Natur. Sie sind mit anderen Worten ergänzungsbedürftig. Dies aber so, daß sie überhaupt erst ihren Wert durch Erwerb von Wissenschaft und darauf basierender Tugend empfangen. Die Schäfer hingegen, wiewohl niedrigen Standes, leben aus der ersten Natur, erlangen ihre Weisheit, ihr Wissen, ihre Tugend nicht aus der Gesellschaft, sondern aus dem ›Naturbuch‹. Dies aber ist nichts anderes als ein Siegel des Ursprungs, will sagen, daß die schäferlichen Werte, verkörpert in dem ›Pegnesischen Hirten- und Blumenorden‹ und des weiteren in der *nobilitas litteraria* der raum- und zeitübergreifenden Gelehrtenschaft, göttlicher Ordnung und menschlicher Vernunft konform, eben ein Erstes und Unabgeleitetes darstellen.

In diesem Sinn vollbringt auch die Helwigsche *Nymphe Noris* das Wunder aller großen Zeugnisse der Gattung, den Regentenstand zu preisen und ihn zugleich mit den Normen zu konfrontieren, die im niedersten von jeher und unbefragt ihre Heimstatt haben. Das ist der Gehalt der pastoralen Rede, daß die Himmelsgabe der Wissenschaft, Kunst und Tugend »so wol sich unter einem ringen Schäferskleid/ als einem Königlichen Purpurmantel erhalten« kann. Das Allgemeine, die Menschen über die nicht angetasteten Stände Verbindende liegt in der Obhut der Schäfer, der nicht an der Spitze des Gemeinwesens Stehenden. Diese biblische Rede war bei dem – nach dem Zeugnis der Poetik – der Schöpfung nächsten Stand der Hirten wohl aufgehoben. Sie dürfte der entscheidende Grund für die Attraktion der Gattung in der Geschichte des Humanismus zwischen Dante und Fontenelle sein und birgt schließlich noch alle Keime der Aufklärung in sich.

Musische Schäfer

Wie immer bei den Pegnesen löst sich der Gedanke in der Musikalität des Verses, der bei Helwig freilich stets ein sinnbeschwerter bleibt:

    1.
    LAsset uns/ lasset uns lieben die Künsten/
        Schäfer und Schäferin haltet die werth.
    Mehret/ nicht wehret die nützliche Brünsten/
        edleren Schatz nicht ihr findet auf Erd'.

> Abseumet nicht diese/
> sie können mit Süsse
> verkürtzen die Zeit;
> erhöhen die Sinne/
> und bringen zum Gwinne
> ja allen beheglichen Lusten und Freud.
> [...]
> 4.
> SChäfer und Schäferinn nidrigen Stande
> Wissenschaft zieret/ belobet ihn macht.
> Tugend ist derer getreuestes Bande/
> welches die Schäfer in Rufe gebracht.
> Drum Tugend stets lieben
> die Schäfer/ sich üben
> in solcher mit Fleiß;
> klugs wissen sie lernen
> sich niemals entfernen
> so süssem beheglichen Nectar und Speiß.[175]

Als solche sind die Hirten wie im ersten so im zweiten Teil der Schäferei die Berufenen zur Huldigung der Adligen des Stadtstaats. Und als solchen ist ihnen das kostbare Gut der deutschen Sprache überantwortet. Die Schäfer sind aufgefordert, ihr ›Dank= und Lobopfer‹ für das im Umkreis der *Nymphe Noris* Geschaute in Gestalt von ›Gedichten‹ darzubringen![176] Das erste Thema, dem sie sich sogleich nach Verlassen des Noris-Tempels zuwenden, ist die ›Ehre unsrer Teutschen Mutter-Sprache‹.[177] Damit kehren sie in ihren genuinen Bereich zurück, denn deren Mehrung liegt allein in ihrer Hand und stellt ihr ›heldisches‹ Werk dar.

> Str. Der Teutschen Teutscher Sprach sich nirgend andre gleichet/
> wie hoch sie immer ist.
> Kl. Der Teutschen Zungen Lob der Sternen Bahn durchstreichet/
> ihr Ruhm sich nicht vermisst.
> Str. Was Ehr' und welche Gnad' hat oftermals erhoben
> ihr groß Vermögen hie?
> Kl. Daher die Reinligkeit derselben hoch zu loben;
> ihr Preiß ermanglet nie.[178]

So werden die Reinheit der Sprache und ›alte Teutschhergestamte Aufrichtigkeit‹ als einander bedingende Größen aufeinander bezogen, und die Schäfer stellen diese Koinzidenz vor Augen.[179] Daß die Sprache – angefangen bei Karl dem Großen über Rudolf I. bis hin zu Ludwig von Anhalt-Köthen – von den Höchsten des Reichs in Obhut genommen wurde, ist im öffentlichen Bereich der Ausweis ihrer

---

175 Ebd., S. 119f.
176 Ebd., S. 59f.
177 Ebd., S. 72.
178 Ebd., S. 73.
179 Ebd.

Würde wie in der pastoralen Welt der ihrer Integrität, und ihre klangmalenden, auch von Helwig bemühten Qualitäten weisen zurück in ihre ursprüngliche adamitische Sphäre. Ohne ›fremde Hülf‹, von sich aus ›schalt sie über andre‹, weil sie den Phänomenen in Natur und Geschichte gleich nah ist. »Sie rasslet mit dem Mars/ sie sauslet mit der Flöten: | in allem Thun sie walt.«[180] Die Nürnberger demonstrieren diese ihre Qualitäten in ihren Sprachspielen. Und so hat sich auch Helwig nicht gescheut, unter Harsdörffers Stabführung weitere Kostproben zu bieten. Seine Norica-Schäferei ist nochmals eine ergiebige Quelle für ›Bilderreyme‹, für ›Räthsel‹ und für ›Sinnbilder‹ aller Art.

Und sie dient der Kommunikation der Schäfer untereinander. Ihre Entstehung fällt in die Zeit, da Birken zunächst am Wolfenbütteler Hof weilt, danach seine ›Norddeutschen Wanderjahre‹ antritt. So wird Floridan nicht nur bedichtet, sondern steuert selbst in Vers und Prosa aus der Ferne reichlich zur *Nymphe Noris* bei, ja, wie seine eigenen Schäfereien wird auch diese durch seine Zuschriften zur biographischen Quelle für den unermüdlich auf Selbstdarstellung drängenden jungen Dichter. Er bekennt unverhohlen den Grund für sein unfreiwilliges Exil fernab von den Pegnesen:

> Höret/ was mich wil vertreiben.
>   Mir gebricht an Vieh' und Haab;
>   meine Nahrung nimmet ab.
>
> Darum muß ich mich umschauen/
>   wo ich weiter neme Brod;
>   und zu Wendung meiner Noht
> anderwerts mein Glükk erbauen.[181]

Saale und Oker mögen noch so viele Freuden bereithalten, verglichen mit denen der Pegnitz wiegen sie gering. So nimmt das wiederholt eingeflochtene autobiographische Lied des abwesenden Schäfers den Charakter einer Bitte an die Ordensgenossen in Nürnberg an, das in ihren Kräften Stehende zu unternehmen, um dem mittellos auf Wanderschaft Befindlichen die Rückkehr zu ermöglichen.

> Nachdem selbiger nunmehr in die drey Jahr lang an den NiederSächsischen Flüssen herumgewandert/ mancherlei Haiden und Weiden betrieben/ und auf ausländischen Rohren geschnittenen Pfeiffen seinen Heerden bißhero zur Tafel gespielet und geflötet: befindet er bey seinen Schäfelein ein sehnendes Verlangen nach denen wolgestimmten Flöten der Pegnitzhirten/ einen lechtzenden Hunger nach den Kleereichen Pegnitzfeldern/ einen heisen Durst nach den goldrinnenden und krystallenklaren Pegnitz=Armen/ und eine verlangende Wiedergedächtniß der ergetzlichen Baumschatten in der Nähe daselbst.[182]

---

180 Ebd.
181 Ebd., S. 81.
182 Ebd., S. 168.

Birken scheut sich nicht, die ihm von Helwig eröffnete Möglichkeit zur Zuschrift wieder extensiv zur Rekapitulation der Lebensstationen wahrzunehmen, und es besteht keinerlei Anlaß, an der Ernsthaftigkeit seines Leidens wie seiner Sehnsucht zu zweifeln; die Schäferei erlaubt diesen persönlichen Ton.

Pax pastoralis

Helwig selbst aber erweist sich fixiert auf den politischen, den standespolitischen, den im weitesten Sinn öffentlichen Diskurs, der seiner Schäferei die besondere Note verleiht und sie weit hinaushebt über so viele nur dem Anlaß gewidmete Stücke. War schon im ersten Teil der Hochzeit Klajs mit besonders gelungenen Beiträgen gedacht worden, so findet sich im zweiten Teil ein Lob auf die Helwig nahestehenden Kress von Kressenstein auf Kraftshof eingeflochten, in denen alle adligen Tugenden, kulminierend in der Liebe zum ›Vatterland‹, sich nochmals versammeln. Das Schloß aber der Kressens ist wie andere kostbare Bauwerke ein Opfer dieser »Hertzschmirtzenden und Bluttrieffenden Zeiten« geworden, die endlich nun der Vergangenheit angehören.[183]

So klingt das Werk aus im Preis des Friedens, der sich verschränkt mit dem des Kaisers. Auch dieses Jahrhundertthema also hat Helwig besetzt und ihm im Reigen der Nürnberger Jubelrufe eine eigene Note zu verleihen gewußt.[184] Jetzt sind die Schäfer nicht mehr die Geführten. Der Frieden ist ihr ureigenes Metier. Und so machen sie sich an die Stiftung eines ›kunstartigen Friedensgedächtniß‹ in Gestalt eines durch ihre Worte erbauten allegorischen Palastes.[185] Der Leser verfolgt dessen sukzessives Wachsen bis zur Vollendung. Von weißem Marmor erstrahlt er, »anzuzeigen/ daß der liebe Fried ein aufrichtiges/ unbeflektes und Jungfraureines Wesen« sei. Nur auf der »Mittelstraß der Tugend« ist er zu betreten. Über dem Tor prangt

---

183 Ebd., S. 181.
184 Zur Friedensdichtung der Nürnberger vgl. Hartmut Laufhütte: Der gebändigte Mars. Kriegsallegorie und Kriegsverständnis im deutschen Schauspiel um 1648. – In: Ares und Dionysos. Das Furchtbare und das Lächerliche in der europäischen Literatur. Hrsg. von Hans-Jürgen Horn, Hartmut Laufhütte. – Heidelberg: Winter 1981 (= Mannheimer Beiträge zur Sprach- und Literaturwissenschaft; 1), S. 121–135; Gerd Dethlefs: Die Nürnberger Dichterschule und die Friedensmedaillen 1648/50. – In: Wolfenbütteler Barock-Nachrichten 16 (1989), S. 1–18; Klaus Garber: Sprachspiel und Friedensfeier. Die deutsche Literatur des 17. Jahrhunderts auf ihrem Zenit im festlichen Nürnberg. – In: Der Westfälische Friede. Diplomatie, politische Zäsur, kulturelles Umfeld, Rezeptionsgeschichte. Hrsg. von Heinz Duchhardt. Redaktion Eva Ortlieb. – München: Oldenbourg 1998 (= Historische Zeitschrift. Beihefte. N.F.; 26), S. 679–713 (in diesem Band S. 263–298). Vgl. auch die Beiträge von Klaus Garber und Hartmut Laufhütte in den Begleitbänden zu der Jubiläums-Ausstellung des Europarats ›350 Jahre Westfälischer Friede‹. Zum Kontext grundlegend Antje Oschmann: Der Nürnberger Exekutionstag 1649–1650. Das Ende des Dreißigjährigen Krieges in Deutschland. – Münster: Aschendorff 1991 (= Schriftenreihe der Vereinigung zur Erforschung der Neueren Geschichte e.V.; 17).
185 Helwig: Nymphe Noris (Anm. 84), S. 181.

das Bildnis Ferdinands III., dem es zu verdanken sei, daß »inheimisches Blut vergiessen in unsrem Vatterland nunmehr aufgehebet sey«.[186]

So mündet die Helwigsche wie die Vergilsche Ekloge in die Hineinnahme des höchsten Repräsentanten irdischer Macht in die schäferliche Welt. Folgerichtig ist sein Platz zwischen Alexander und Augustus. Sein Friedenswerk ist das Geschenk einer ›milden‹ Tat. Durch ›klugen SorgenSchweiß‹ hat er dem ›lieben Vatterland‹ den Frieden ›aus treuer Lieb gebracht‹.[187] Erst nachdem so der Kaiser hervorgehoben und die unwandelbare Bindung der Reichsstadt an das Oberhaupt des Reichs bekräftigt ist, wird auch der beiden anderen ›Potentaten‹ – des französischen und des schwedischen – gedacht. Neben dem Podest mit den beiden allegorischen Nymphen der ›aufrichtigen Treue‹ und der ›lieben Einigkeit‹ und dem mit den Fahnen des zweiköpfigen gekrönten Adlers flattern das Lilienbanner zur Rechten und das Löwenbanner zur Linken.[188] Diesen Ehrenmalen der Regenten aber sind auf der Rückseite ihre pastoralen Symbole und Insignien beigegeben. Die Siegesgöttin und die Friedensgöttin umarmen einander auf dem kaiserlichen Podest, die eine den Lorbeerkranz auf dem Haupt und den Palmenzweig in der Hand, die andere den Ölzweig auf dem Haupt und den aufgesprungenen Granatapfel in der Hand. Zur Rechten steht das ›Bild der Demuht‹ mit Schäferstab und Hirtentasche und einem Strauß zur Seite, zur Linken das der Geduld mit Zügel und Zaum und einem Lämmlein.[189]

Nur auf dem Boden von Geduld auf seiten des Siegers, Demut auf seiten des Besiegten, so Helwigs Einsicht, ist das Wüten des Krieges dauerhaft zu überwinden. In dem nackten Schwert, von einem Ölzweig umwunden, und der Hellebarde, eingezogen in einem Pflug, kommt die Durchdringung der Welt des Krieges und des Friedens, der Geschichte und der Natur, des Regenten und des Schäfers sinnfällig zum Ausdruck, und zwar so, daß die zerstörerische Gewalt eingeht in ihr immer schon friedliebendes Gegenteil, die pastorale Gewaltlosigkeit. Nimmt es noch wunder, wenn sich alsbald die Bilder der *aetas aurea* einstellen, an der seit Vergils Ekloge die Vision befriedeter Geschichte haftet? Hat Strefon Elefant und Löwe als Sinnbilder aus der ägyptischen politischen Ikonographie dem Tempel vermählt, so bleibt es Montano vorbehalten, für den krönenden Abschluß in der Rückkehr zur Pastoral-Symbolik zu sorgen:

> Und ich/ sagte anderseits Montano/ staffirte den inneren Raum der Pforten/ am Bogen oben mit vielen Engelein oder Naturgeisterlein aus/ die gleichsam begehrten allerley schöne Blumen auf die Durchgehende zu streuen. Dann an einer Seiten herab müste ein Schäfer unter den Erlen/ auf seiner Flöte dudlend/ ruhen/ nebenst dem die grosse Schaafrüden schlaffend liegen/ die Wölffe und Schaafe aber untereinander sich friedlich aus dem nahligenden Bächlein tränken; hergegenüber sollen in einer Schmidten die Schmidtsknechte/ aus Schwertern/ Spiesen und Waffen Sensen/ Sichel/ Pflugschaar/

---

186 Ebd., S. 181ff.
187 Ebd., S. 183.
188 Ebd., S. 184.
189 Ebd.

und andern zum Feldbau dienlichen Gezeug schmieden/ zu bemerken hiermit die beheglichen Glükseeligkeit der Friedliebenden und Ruhgenossen.[190]

Das ist die Vermählung der heidnisch-vergilschen mit der biblisch-prophetischen Welt, wie sie zwei Jahrtausende frommer Vergil-Exegese praktiziert und im Preis des göttlichen Kindes aus der Prophetie des Jesaja wie der vierten Ekloge Vergils hatten kulminieren lassen, mit dem auch Helwig die Feier des Friedens ausklingen läßt.

> DU schönes Götterkind! Ach komm'/ ach komme bald/
> laß völlig schauen dich in deiner schön Gestalt.
> Du Wolstandsstiffterin! Friedseelig ist/ der find
> dich/ und umarmet hält/ du schönes Götterkind![191]

Abendröte geistlich gewendet

Der Schäferei selbst aber ist ein anderer Ausgang bestimmt. Am Schluß in der Abendröte bleibt der Hirte Montano allein auf dem Feld zurück, »dem Friedensgerüchte weiters nachsinnend«.

> ANfangs aus blossem Nichts ward dieses Rund gestaltet
>   durch Gottes Mund und Geist/
>   die Schrifft es klärlich weisst/
> des Höchsten höchste Macht ob solchen heut noch schaltet.
>
> Des Menschen Ankunft ist hinwidrum aus dem Runde/
>   das anfangs nicht gewesst;
>   wann Gott die Hand ablesst/
> der Mensch und dieses Rund schnell senken hin zu Grunde.
>
> So unbeständig ist des Menschen eigenes Wessen/
>   der steht/ und doch vergeht/
>   fällt/ eh' er recht anfäht/
> wie kan begründtes Stands sein Wandel sich vermessen?
>
> Ein eingehauchter Luft dem Menschen gibt das Leben/
>   ein aufgeglimter Dampf
>   mit Luftbeseeltem Kampf
> des Menschen Will' und Werk' ans helle Tagliecht geben.
>
> Wie unstet diese Luft in ihrem Ort verbleibet/
>   sich wandlet fort und fort/
>   bald Sudwerts/ bald nach Nord/
> der Luftbenöhtet Mensch so seinen Handel treibet.

---

190 Ebd., S. 186.
191 Ebd., S. 187.

> Demnach was Menschenwitz erklüglet und ersinnet
> > in Freundschafft oder Streit/
> > sich richtet nach der Zeit/
> gantz unverhofft es offt ein wiedrigs End gewinnet.
>
> Der beste Fried auf Erd' ist die Gewissensraste
> > die sonder Lasterschuld
> > erwirbet Gunst und Huld;
> dem Menschen ist die Sünd ein unberuhter Gaste.
>
> Wer das Gewissen nun in solcher Ruhe findet/
> > des Geist sich aufwerts schwingt/
> > ein Lobgesang erklingt
> zu Ehren dem/ der sich mit ihm in Lieb verbindet.
>
> Ist nun der höchste Gott in Lieb mit uns verbunden/
> > wer solt uns schaden dann?
> > so haben wir die Bahn
> in rechtbelobter Weiß zum waaren Fried gefunden.
>
> Der Fried bey Gott erhebt/ und unsrem eignen Gwissen
> > ernähret und erhelt/
> > uns an die Stelle stellt/
> wo sonder Zeit der Zeit wir Friedens Freud geniessen.[192]

Eine solche Sprache ist im 17. Jahrhundert von niemandem sonst gesprochen worden. Es ist die Sprache eines selbständig denkenden Einzelnen, der sich seine eigene formt. Am Schluß der Schäferei hat die Freude der Pegnitzschäfer am Spiel mit der Sprache ein Ende. Und doch ist es auch nicht das schlichte protestantische geistliche Lied, mit dem Helwig den ersten und zweiten Teil seiner Schäferei eröffnet und den ersten auch beschlossen hat. Ein einzig dastehendes Lehrgedicht beendet das Werk.

Noch einmal dem Vergilschen Schäfer gleich hebt der Dichter an, vom Werden der Welt zu singen, der Hesiod-Lukrezischen Wendung des großen antiken Vorgängers nun die jüdisch-christliche Antwort und damit auch ihr Vergehen in der Version der Mitte des 17. Jahrhunderts, nach mehr als einem Jahrhundert europäischer Religions- und Bürgerkriege, entgegenstellend. Klein geworden ist des Menschen Größe erneut nach all dem, was fünf Generationen zwischen der Bartholomäusnacht und dem Fall Jakobs II. in unbarmherzigen geschichtlichen Lektionen hatten erfahren und verarbeiten müssen. »[G]antz unverhofft es offt ein wiedrigs End gewinnet.«

Zurückgeworfen auf sich selbst, nachdem die Konfessionen sich in mörderischem Konflikt verschlissen haben und als solche nie wieder auferstehen werden, bleibt dem Suchenden, als der das lyrische Ich am Schluß unter Verzicht auf jede gestanzte sprachliche Wendung erscheint, nur ›die Gewissensraste‹, die alleine zum Lobgesang des Schöpfers berechtigt und der allein die Hoffnung, nein doch noch

---

192 Ebd., S. 189ff.

einmal die Gewißheit einer Antwort beigesellt ist. Solchem Leben ist die Erfahrung eines Friedens vergönnt, der Vorschein eines zeitlosen ist. So geht die schäferliche Sprache über in die kreatürliche und hält in der Transfiguration des pastoralen Bildes dessen nüchternen Wahrheitsgehalt fest.

Zuerst erschienen in: Stadt und Literatur im deutschen Sprachraum der Frühen Neuzeit. Bd. I–II. Hrsg. von Klaus Garber unter Mitwirkung von Stefan Anders und Thomas Elsmann. – Tübingen: Niemeyer 1998 (= Frühe Neuzeit; 39), Bd. I, S. 3–89.

›Teutscher Olivenberg‹

Die städtische Literatur des 17. Jahrhunderts auf ihrem Zenit im festlichen Nürnberg

Europäischer Auftakt

Die deutsche Literatur der neueren Zeit ist ein Kind des Krieges. Dieses Schicksal teilt sie mit anderen Nationen, am meisten mit den fast zeitgleich geistig und politisch Selbständigkeit erlangenden Niederlanden, in gewisser Weise aber auch mit dem Frankreich der Hugenottenkriege, dem England der Tudors und Stuarts. Die Geburtsstunde der neueren europäischen Nationalliteraturen fällt in die Zeit des europäischen Glaubensschismas, das Europa und die Nationen zerriß und in die Söldner- und Bürgerkriege trieb. Auch Länder und Staaten, denen die Spaltung erspart blieb, wurden nicht verschont von den Sinnkrisen hervortreibenden geschichtlichen Erfahrungen. Italien, Mutterland aller neueren europäischen Literaturen, wurde am Ende des blühenden humanistischen Quattrocento von den beiden avanciertesten Nationalstaaten, von Frankreich im Norden und von Spanien im Süden, in die Zange genommen. Die Literatur antwortete sofort. Größtes zeitgleiches, vom Schmerz über den Fall Neapels durchfurchtes und vom Wunsch nach dem Wiedererstehen seiner Größe flehentlich durchwaltetes Zeugnis ist Sannazaros *Arcadia*, als sentimentale bukolische Muse bis heute von einer im Entziffern von Allegorien immer noch mäßig geschulten Literaturwissenschaft mißdeutet und verkannt. Zur gleichen Zeit hatte die spanische Krone die Mauren und Juden, Träger der frühhumanistischen Blüte im Lande, vertrieben oder zwangschristianisiert, und die Dichtung eines Juan de Mena, eines Juan Alfonso de Baena legte ergreifend Zeugnis davon ab.

Die erwachenden Nationalliteraturen des 16. Jahrhunderts konnten also auch in der literarischen Verarbeitung des Krieges bei den Italienern in die Schule gehen, mit denen alles anfing. Und als sich die Desillusionierung nach den Erfahrungen mit den korrumpierten weltlichen wie geistlichen Mächten eine Stimme in der Literatur verschaffte, da waren die Spanier mit ihrer Philosophie des *desengaño* allemal zur Stelle, um den Dichtern das Wort zu leihen. Hinter allen und allem aber, auch daran sei mit Blick auf Späteres an dieser Stelle zu erinnern erlaubt, standen zwei andere unverlierbare Schlüsselgestalten und Stammväter der bis zum Ende der Frühen Neuzeit *einen* großen Familie der europäischen Literatur: Vergil und Dante, in dem größten Gedicht der werdenden Neuzeit so friedlich zu Gefährten vereint wie in dem größten an ihrem Ende, in Goethes Faust II, allgegenwärtig als Generatoren der poetischen Phantasie und Spender der mythisch durchwachsenen Bilder: Dort der Dichter der Bürgerkriege und des emporwachsenden und von den *vates* geweissagten Friedensreiches; hier der vom Schisma der geistlichen und weltlichen Universalgewalten verzehrte und in die Emigration getriebene Dichter-Denker, in dessen politischer Vision des universalen Friedenskaisers sich die humanistische Wiedergeburt Roms auf italienischem Boden vollzieht. Die trauernde Witwe Roma, das Antlitz verhärmt ob des Leides um ihre sich zerfleischenden Söhne – es ist Dantes nochmals von Vergil inspirierte Schöpfung, die fortan hinter allen schluchzenden und klagenden allegorischen Gestalten der geschändeten Städte, Territorien und Nationen Europas stehen und ihnen ihre unvergängliche poetische Physiognomie leihen wird.[1]

Später deutscher Einsatz

Man kann von der deutschen Literatur des 17. Jahrhunderts nicht sprechen, ohne ständig auf die europäische zu blicken, und man kann von der in ihr artikulierten Friedenssehnsucht, Friedenshoffnung und Friedensfreude nicht handeln, ohne des Krieges zu gedenken, der ihr wie der neueren europäischen Literatur insgesamt als Kainsmal auf der Stirn geschrieben steht. Die deutsche Literatur war im Konzert der Literaturen der europäischen Mächte ein Spätling. Das hatte vielerlei Gründe, die hier nicht erörtert werden sollen, und barg Probleme wie Chancen zugleich.

---

1 Eine Einführung in bzw. eine Geschichte der frühneuzeitlichen Literatur Europas unter den angedeuteten Aspekten fehlt. Ein Werk wie das von Friedrich Bouterwek: Geschichte der Poesie und Beredsamkeit seit dem Ende des dreizehnten Jahrhunderts. 12 Bände. – Göttingen: Röwer 1801–1819 (= Geschichte der Künste und Wissenschaften; 3), ist in der Geschichte der europäischen Philologie kein zweites Mal zustande gekommen. Ein erster Versuch einer modernen Ansprüchen genügenden Synopsis in: Nation und Literatur im Europa der Frühen Neuzeit. Hrsg. von Klaus Garber. – Tübingen: Niemeyer 1989 (= Frühe Neuzeit; 1). Sehr gehaltreich auch der im Rahmen der Propyläen-Literaturgeschichte der westlichen Welt erschienene Band: Renaissance und Barock. 1400–1700. Hrsg. von Erika Wischer. – Berlin: Propyläen-Verlag 1984 (= Propyläen-Geschichte der Literatur. Literatur und Gesellschaft der westlichen Welt; 3). Für Osteuropa ist zu verweisen auf den wichtigen Sammelband: Humanismus und Renaissance in Ostmitteleuropa vor der Reformation. Hrsg. von Winfried Eberhard, Alfred A. Strnad. – Köln, Weimar, Wien: Böhlau 1996 (= Forschungen und Quellen zur Kirchen- und Kulturgeschichte Ostdeutschlands; 28). Eine Einführung in die Literatur der drei großen literarischen und kulturellen Epochen der Frühen Neuzeit mit weiterführenden Arbeiten bei Klaus Garber: Renaissance/Humanismus. – In: Das Fischer-Lexikon Literatur. 3 Bände. Hrsg. von Ulfert Ricklefs. – Frankfurt a.M.: Fischer-Taschenbuch-Verlag 1996, Bd. III, S. 1606–1646; ders.: Barock. – In: ebd., Bd. I, S. 190–249; ders.: Aufklärung. Umrisse eines Epochen-Profils im Kontext der Frühen Neuzeit. – In: Literatur, Sprache, Kultur. Studien zu Ehren von Lothar Knapp. Hrsg. von Wolfgang Asholt, Siegfried Kanngießer. – Osnabrück: Secolo 1996, S. 41–68 [wiederabgedruckt in: ders.: Literatur und Kultur im Europa der Frühen Neuzeit. Gesammelte Studien. – München: Fink 2009, S. 747–776]. Vgl. auch ders.: Nationalliteratur, Europäische. – In: Europäische Enzyklopädie zu Philosophie und Wissenschaften. 4 Bände. Hrsg. von Hans Jörg Sandkühler. – Hamburg: Meiner 1990, Bd. III, S. 491–508 [wiederabgedruckt in: ders.: Literatur und Kultur im Europa der Frühen Neuzeit (wie oben), S. 71–105]. Schließlich ders.: Dogmatismus und Toleranz in der Literatur des europäischen Humanismus. – In: 1648 – Krieg und Frieden in Europa. Hrsg. von Klaus Bußmann, Heinz Schilling. – Münster: Veranstaltungsgesellschaft 350 Jahre Westfälischer Friede 1998, Textband II, S. 29–44 [wiederabgedruckt in: ders.: Literatur und Kultur im Europa der Frühen Neuzeit (wie oben), S. 557–588].

Probleme, weil alles bereits gesagt war und in Gefahr stand, zur billigen poetischen Dutzendware zu verkommen; Chancen, weil nach einem Jahrhundert der literarischen und religiösen Kämpfe die deutschen Geister aufgerufen waren, ihr Pensum in der ersten Aufgabe des Dichters, des Künstlers nachzuholen, die Pflege der Form, also der Sprache, der Bilder und Verse, der Strophen und Gattungen. Zu Beginn des Dreißigjährigen Krieges waren – von einigen Ausnahmen abgesehen – die ersten Versuche in der neuen klassizistischen, d.h. auf der antiken, neulateinischen und nationalsprachigen, also vornehmlich romanischen Formkultur fußenden Dichtung unternommen worden; Weckherlin, Opitz, Zincgref und andere stehen dafür ein.[2]

Drei Jahrzehnte später war die immer noch junge deutsche Dichtung vor den Augen der Nation und denen der Gesandten Europas zur Bewährung aufgerufen

---

2 Vgl. Klaus Garber: Der Ursprung der deutschen Nationalliteratur zu Beginn des Dreißigjährigen Krieges. – In: 1648 – Krieg und Frieden in Europa (Anm. 1), S. 311–318. Für die Anfänge der neueren deutschen Literatur ist hier vor allem zu verweisen auf Erich Trunz: Deutsche Literatur zwischen Späthumanismus und Barock. Acht Studien. – München: Beck 1995; Leonard Forster: Kleine Schriften zur deutschen Literatur im 17. Jahrhundert. – Amsterdam: Rodopi 1977 (= Daphnis; VI/4), S. 57–160. Zu den Vorläufern von Martin Opitz Heinz Entner: Der Weg zum ›Buch von der Deutschen Poeterey‹. Humanistische Tradition und poetologische Voraussetzungen deutscher Dichtung im 17. Jahrhundert. – In: Studien zur deutschen Literatur im 17. Jahrhundert. Hrsg. von einem Autorenkollektiv des Zentralinstituts für Literaturgeschichte. Leitung Werner Lenk. – Berlin (DDR), Weimar: Aufbau 1984, S. 11–144; Klaus Garber: Zentraleuropäischer Calvinismus und deutsche ›Barock‹-Literatur. Zu den konfessionspolitischen Ursprüngen der deutschen Nationalliteratur. – In: Die reformierte Konfessionalisierung in Deutschland. Das Problem der ›Zweiten Reformation‹. Hrsg. von Heinz Schilling. – Gütersloh: Mohn 1986 (= Schriften des Vereins für Reformationsgeschichte; 195), S. 317–348 (in diesem Band S. 919–954). Außerordentlich wertvoll auch die ältere Arbeit von Ernst Höpfner: Reformbestrebungen auf dem Gebiete der deutschen Dichtung des XVI. und XVII. Jahrhunderts. – Progr. K. Wilhelms-Gymnasium Berlin 1866. Zu dem Dreigestirn Weckherlin – Zincgref – Opitz zu Anfang des Jahrhunderts vgl. Leonard Forster: Georg Rudolf Weckherlin. Zur Kenntnis seines Lebens in England. – Basel: Schwabe 1944, sowie die in dem Sammelband von Forster (wie oben) zusammengestellten Arbeiten zu Weckherlin; Dieter Mertens, Theodor Verweyen: Bericht über die Vorarbeiten zu einer Zincgref-Ausgabe. – In: Jahrbuch für Internationale Germanistik 4 (1972), S. 125–150; Dieter Mertens: Zu Heidelberger Dichtern von Schede bis Zincgref. – In: Zeitschrift für deutsches Altertum 103 (1974), S. 200–241; Theodor Verweyen: Zwischenbericht über die Ausgabe der ›Gesammelten Schriften‹ Zincgrefs. – In: Literatur und Kultur im deutschen Südwesten zwischen Renaissance und Aufklärung. Neue Studien. Festschrift für Walter E. Schäfer. Hrsg. von Wilhelm Kühlmann. – Amsterdam, Atlanta/GA: Rodopi 1995 (= Chloe. Beihefte zum Daphnis; 22), S. 185–218; Axel E. Walter: Ein politischer Publizist im Dreißigjährigen Krieg. Das literarische Schaffen Julius Wilhelm Zincgrefs. – In: 1648 – Krieg und Frieden in Europa (Anm. 1), S. 377–383; Marian Szyrocki: Martin Opitz. 2., überarbeitete Aufl. – München: Beck 1974 (= Edition Beck); Martin Opitz. Studien zu Werk und Person. Hrsg. von Barbara Becker-Cantarino. – Amsterdam: Rodopi 1982 (= Daphnis; XI/3); Klaus Garber: Martin Opitz. – In: Deutsche Dichter des 17. Jahrhunderts. Ihr Leben und Werk. Hrsg. von Harald Steinhagen, Benno von Wiese. – Berlin: Schmidt 1984, S. 116–184 (mit der Literatur zum literarhistorischen und historischen Kontext) (in diesem Band S. 563–639); Opitz und seine Welt. Festschrift für George Schulz-Behrend. Hrsg. von Barbara Becker-Cantarino, Jörg-Ulrich Fechner. – Amsterdam: Rodopi 1990 (= Chloe. Beihefte zum Daphnis; 10); Wilhelm Kühlmann: Martin Opitz. Deutsche Literatur und deutsche Nation. – Herne: Stiftung Martin-Opitz-Bibliothek 1991 (= Schriften der Martin-Opitz-Bibliothek Herne; 1).

angesichts der größten Herausforderung, die ihr im Jahrhundert ihres Werdens entgegentrat. Vor allem anderen sollte daran erinnert werden, daß es keine Selbstverständlichkeit war, wenn sie diese Probe glänzend bestand. Haben wir uns ein Sensorium dafür bewahrt, daß es einem Wunder gleichkam, wie rasch die deutsche Literatur die Schlacken der verehrungswürdigen, aber eben biederen, redlichen, hölzernen stadtbürgerlichen Bemühungen vom Schlage Sachsens, Folzens, Murners abstreifte und sich unter den Fittichen der Großen Europas, eines Petrarca und Bembo, eines Garcilaso und Boscán, eines Ronsard und du Bellay, eines Sidney und Spenser, eines van der Noot und Heinsius und wie sie sonst heißen mögen, zu poetischen Leistungen emporraffte, die in der Tat vielfach den Vergleich nicht zu scheuen brauchten? Was aber heißt das anderes – und wie sollte es in seinen Konsequenzen auch nur annähernd auf knappstem Raum ausgeschöpft werden –, als daß Deutschland literarisch zurückkehrte in den Kreis der europäischen Nationen, Anschluß fand an die Bemühungen, die nationalen Literaturen an den wiederaufgestiegenen Mustern der Antike zu bilden, klassische Blüten aus der Amalgamierung von Heimischem und Fremdem zu zeugen – wofür in Deutschland dann schließlich doch noch fast zwei Jahrhunderte vonnöten waren.[3]

Krieg und Frieden in der frühneuzeitlichen Dichtung

Den literarischen Beitrag der Deutschen zum Frieden im Kontext des Dreißigjährigen Krieges zu schildern, wäre identisch mit der Darstellung dreier Jahrzehnte deutscher Literatur, denn sie ist viel mehr als bislang wahrgenommen von diesem geschichtlichen Drama erfüllt.[4] Uns geht es um ein paar neue Züge im so vertraut

---

3 Vgl. dazu Klaus Garber: Die deutsche Nationalliteratur des 17. Jahrhunderts im historischen Kontext der Deutschen. – In: Zwischen Renaissance und Aufklärung. Beiträge der interdisziplinären Arbeitsgruppe Frühe Neuzeit der Universität Osnabrück/Vechta. Hrsg. von Klaus Garber und Wilfried Kürschner unter Mitwirkung von Sabine Siebert-Nemann. – Amsterdam: Rodopi 1988 (= Chloe. Beihefte zum Daphnis; 8), S. 179–200 (in diesem Band S. 955–972).

4 Vgl. Wilhelm Kühlmann: Krieg und Frieden in der Literatur des 17. Jahrhunderts. – In: 1648 – Krieg und Frieden in Europa (Anm. 1), S. 329–337. Ansonsten ist zu verweisen auf: Karl Schultze-Jahde: Dreißigjähriger Krieg und deutsche Dichtung. – In: Historische Zeitschrift 143 (1931), S. 257–297; Paul Truman McCarty: ›Hora Martis‹. A Study of the Literary Reaction of Seventeenth-Century Writers to the Thirty Years War in Germany. – Phil. Diss. University of Wisconsin 1940; Brigitte Walter: Friedenssehnsucht und Kriegsabschluß in der deutschen Dichtung um 1650. – Diss. phil. Breslau 1940; Hermann Schneider: Der Dreissigjährige Krieg und die deutsche Dichtung. – In: Der Friede in Osnabrück 1648. Beiträge zu seiner Geschichte. Hrsg. von Ludwig Bäte. – Oldenburg: Niederdeutsches Verlagshaus 1948, S. 135–146; Gabriele M. Muncker: War in German Literature of the Seventeenth Century. – Phil. Diss. University of Cincinnati 1950; Will Erich Weber: Die Motive Krieg und Frieden in der Dichtung des deutschen Barock. – Diss. phil. Marburg 1950 (Masch.); Irmgard Weithase: Die Darstellung von Krieg und Frieden in der deutschen Barockdichtung. – Weimar: Böhlau 1953 (= Studienbücherei; 14); Ferdinand van Ingen: Der Dreißigjährige Krieg in der Literatur. – In: Zwischen Gegenreformation und Frühaufklärung. Späthumanismus, Barock. 1572–1740. Hrsg. von Harald Steinhagen. – Reinbek bei Hamburg: Rowohlt 1985 (Deutsche Literatur. Eine Sozialgeschichte; 3. – rororo; 6252), S. 237–256. Eine reizvolle Sonderform der auf den Dreißigjährigen Krieg bezogenen Lyrik ist der späte Meistersang. Vgl. dazu Hartmut Kugler: Meisterlie-

erscheinenden Bild und vor allem um einige wenige Paradigmen aus dem Kreise des Nürnberger Pegnitzordens, vor dessen Augen das große Ereignis der Feier des endlich Einzug haltenden Friedens stattfand. Auf einem weniger beschrittenen Wege soll die Brücke zum Thema ›Sprachspiel und Friedensfeier‹ bei den Nürnbergern geschlagen werden.

Rhetorische Exposition des Sujets

Zu dem festen und inzwischen fast schon kanonischen Instrumentarium der neueren Humanismus- und insonderheit Barockforschung gehört der Zugang zu den Texten über das System der Rhetorik.[5] Sie steuert jeden Akt der mündlichen Rede wie des verschriftlichten Textes, ob pragmatischer oder poetisch-fiktionaler Natur. In diesem Sinn ist die Rhetorik, mehr noch als die Poetik, die eigene und von der Praxis unabhängige Themata verfolgt, zur Leitdisziplin der frühneuzeitlichen Literatur avanciert. Rhetorik handelt von der Kunst der Erzeugung von kalkulierten emotionalen Wirkungen durch den kalkulierten, kunstvollen Einsatz sprachlicher Mittel. Ursprünglich in der Antike ganz auf die situativen und pragmatischen Zwecke vor Gericht, in der politischen Bürgerversammlung, im Rahmen der Prunkrede abgestellt, wandern die in ihr ausgebildeten Praktiken in abgewandelter Form auch in die Dichtung ein und prägen seither den Duktus jeder auf die Antike sich zurückbeziehenden literarischen Äußerung. Diese Mittel wurden in der neulateinischen Dichtung in engster Fühlungnahme mit den antiken Mustern gelernt und gingen von dort in die nationalsprachige Dichtung über.

So auch in Deutschland. Es zeichnet die Reformer der ersten Stunde aus, daß sie von dem inzwischen auch in den neueren Literaturen verfügbaren rhetorischen Ar-

---

  der zum Dreißigjährigen Krieg. – In: Hans Sachs und Nürnberg. Bedingungen und Probleme reichsstädtischer Literatur. Hrsg. von Horst Brunner, Gerhard Hirschmann, Fritz Schnelbögl. – Nürnberg: Edelmann 1976 (= Nürnberger Forschungen; 19), S. 289–310. Speziell zur Gustav-Adolf-Rezeption: Werner Milch: Gustav Adolf in der deutschen und schwedischen Literatur. – Breslau: Marcus 1928 (= Germanistische Abhandlungen; 59). Reprint: Hildesheim, New York: Olms 1977 (mit reichhaltiger Bibliographie, auch zu weiteren Liedanthologien, zur Rezeption Wallensteins etc.).
5 Dieses Feld gehört zu den bestbestellten der deutschen Literatur des 17. Jahrhunderts. Auszugehen ist mit Gewinn immer wieder von Joachim Dyck: Ticht-Kunst. Deutsche Barockpoetik und rhetorische Tradition. – Bad Homburg etc.: Gehlen 1966 (= Ars poetica; 1). 3. Aufl. – Tübingen: Niemeyer 1991. Die klassische Synopsis dann im Werk von Wilfried Barner: Barockrhetorik. Untersuchungen zu ihren geschichtlichen Grundlagen. – Tübingen: Niemeyer 1970, mit dem besonders wichtigen abschließenden dritten Teil zur ›Verankerung der Rhetorik im Bildungswesen des 17. Jahrhunderts‹ (protestantische Gelehrtenschule, Jesuitengymnasium, Ritterakademie, Universität). Zu den sozialgeschichtlichen Implikationen sodann grundlegend Volker Sinemus: Poetik und Rhetorik im frühmodernen deutschen Staat. Sozialgeschichtliche Bedingungen des Normenwandels im 17. Jahrhundert. – Göttingen: Vandenhoeck & Ruprecht 1978 (= Palaestra; 269). Erwähnt seien weiterhin zwei ergebnisreiche exemplarische Fallstudien: Barbara Bauer: Jesuitische ›ars rhetorica‹ im Zeitalter der Glaubenskämpfe. – Frankfurt a.M.: Lang 1986 (= Mikrokosmos; 18); Georg Braungart: Hofberedsamkeit. Studien zur Praxis höfisch-politischer Rede im deutschen Territorialabsolutismus. – Tübingen: Niemeyer 1988 (= Studien zur deutschen Literatur; 96). Zum europäischen Kontext: Renaissance-Rhetorik. Hrsg. von Heinrich F. Plett. – Berlin, New York: de Gruyter 1993.

senal behutsam Gebrauch machten. Dies dürfte vor allem auf den Einfluß der unmittelbar vorangehenden niederländischen Literatur mit Heinsius an der Spitze zurückzuführen sein. In der von Richard Alewyn geprägten und auf Opitz gemünzten Formel vom ›vorbarocken Klassizismus‹ hat dieser Stilzug seine bündige und seither nicht mehr in Frage gestellte Charakteristik gefunden.[6] Die Großen der ersten Hälfte des 17. Jahrhunderts, Fleming, Dach, Rist, in vielerlei Hinsicht und unter den Bedingungen des stadtbürgerlichen Südwestens auch Zincgref, Rompler und Schneuber, ja selbst Weckherlin, repräsentieren ihn auf je eigene Weise.

Die Maxime lautet: Enge Verknüpfung von Sache und Sprache, Bindung der Sprache an die Erfordernisse des Gegenstandes und der gewählten Stilhöhe, Kontrolle der Sprache unter dem Aspekt ihrer möglichen Emanzipation von dem Gesagten. Diese Konvention wird binnen einer Generation aufgekündigt, ohne daß man gleich zu neuen Begriffen wie dem des ›Manierismus‹ oder ›Barock‹ greifen müßte, um den vorliegenden Sachverhalt zu charakterisieren. Er folgt zunächst aus der Logik künstlerischer Produktion, die in jedem gelungenen Werk vor dem Hintergrund des bis dato Geleisteten nach einem Neuen tastet und dieses abweichend von der Tradition und also differenzsetzend in ihm exponiert. Was aber lag näher, als einer Sprache, die sich eben erst gebildet hatte und alsbald vorzüglich bewährte, neue Aufgaben abzuverlangen, die ihr inhärenten ästhetischen Qualitäten freizulegen und im Werke auszustellen? Fortan und nirgendwo so radikal wie bei den Nürnberger Dichtern ist der Gegenstand, das Sujet, zunächst und zuerst ein sprachliches Problem. Seit der Mitte der vierziger Jahre und also in unmittelbarer zeitlicher Nähe zu den hier zur Rede stehenden Zeugnissen hat die Poesie einen Sprung weit über die Opitzsche Reform hinaus vollzogen; das literarische System ist transformiert worden, und die Nürnberger hatten daran den maßgeblichen Anteil.

Sprachtheoretische Voraussetzungen

Wir greifen diesen Wandel am exaktesten, wenn wir ihn aus dem Zentrum des zeitgenössischen Denkens über die Sprache selbst entfalten.[7] Die neueren Literaturen Europas konstituierten sich im humanistischen Wetteifer um die je eigene Würde der nationalen Idiome. Das ist eine Folge der italienischen Führungsrolle auch auf diesem Gebiet, denn die Italiener erneuerten im Lateinischen, anders als

---

6 Richard Alewyn: Vorbarocker Klassizismus und griechische Tragödie. Analyse der ›Antigone‹-Übersetzung des Martin Opitz. – In: Neue Heidelberger Jahrbücher. N.F. 1926, S. 3–63. Auch als Separatdruck – Heidelberg: Köster 1926. Reprint: Darmstadt: Wissenschaftliche Buchgesellschaft 1962 (= Libelli; 79).

7 Dazu mit der gesamten Literatur Andreas Gardt: Sprachreflexion in Barock und Frühaufklärung. Entwürfe von Böhme bis Leibniz. – Berlin, New York: de Gruyter 1994 (= Quellen und Forschungen zur Sprach- und Kulturgeschichte der germanischen Völker. N.F.; 108). Vgl. von Andreas Gardt auch den Artikel: Die Sprachgesellschaften des 17. und 18. Jahrhunderts. – In: Sprachgeschichte. Ein Handbuch zur Geschichte der deutschen Sprache und ihrer Erforschung. 1. Teilband. Hrsg. von Werner Besch, Oskar Reichmann, Stefan Sonderegger. 2., vollständig neu bearb. und erweiterte Aufl. – Berlin, New York: de Gruyter 1998, S. 332–348.

jedes andere Volk, die Sprache ihrer großen Vergangenheit und statteten ihre nationale Sprache mit dem Nimbus des antiken Paradigmas aus. Folglich mußten gleichfalls alle anderen modernen Völker Europas ihre gegenwärtige Sprachpraxis auf einen Ursprung zurückführen, der ihrem Treiben Konsistenz, Legitimität, Dignität verschafft. Daß allenthalben in künstlerischen wie in religiösen Dingen ein geschichtlich Neues am Werk war, dafür gibt es keinen triftigeren Beweis als die unaufhörliche Produktion von Ursprungslegenden, die keinen anderen Zweck hatten, als einen Paradigmenwechsel zu fundieren.

Auf deutschem Boden führte ein einziger Sprachtheoretiker, Historiker und Chefideologe alle seit dem Frühhumanismus kurrenten linguistischen Diskurse zusammen, der für die Nürnberger wie niemand sonst zur ersten Autorität aufstieg: der am Wolfenbütteler Hof als Prinzenerzieher und Hofbeamter wirkende Justus Georg Schottel.[8] Er lancierte in weitläufigen Digressionen und Deduktionen seines schließlich auf 1500 Folioseiten angewachsenen Werkes von der ›Teutschen Hauptsprache‹ die den Dichtern so sympathische und einladende Vorstellung, daß keine unter den neueren Sprachen Europas der heiligen Ursprache der ersten Schöpfungszeit näher stünde als eben das Deutsche. Beweis? Die Fülle der sogenannten ›Stammwörter‹, in denen sich in Klang, Bild und Bedeutung das geschöpfliche Wesen der Dinge als Folge ihrer in die früheste Zeit zurückreichenden Wurzeln unmittelbar und sozusagen von Gott beglaubigt kund- und zu erkennen gäbe. Darüber hat man sich womöglich schon im Nürnberg des 17. Jahrhunderts augenzwinkernd verständigt. Bedenken wir aber, daß den größten Denker zwischen Sebastian Franck und Leibniz, daß Jakob Böhme das Problem der Natursprache zeitlebens umtrieb, so wird deutlich, daß sich hier eine semantische Tiefenstruktur auftut, die gerade in der rehabilitierten Mystik ihren genuinen Platz besaß. Allenthalben im Umkreis des Humanismus – und nirgendwo mehr als bei den Nürnbergern – wird sie profanisiert, funktionalisiert, in den poetischen Wettkampf eingerückt, aber damit eben auch zur Schau gestellt und dem rhetorischen Gesetz der Poesie assimiliert. Wir haben unser Thema, die Friedensfeier, folglich aus dem Geiste der Natur-, Ur- und Hauptsprachenlehre und den Regularien ihrer poetischen Umsetzung – die an einem anderen großen Theoretiker der Zeit, dem Wittenberger Professor für Poetik, August Buchner, orientiert sind – zu entfalten, wenn anders wir es nicht a priori verfehlen wollen.

---

8 Grundlegend Jörg Jochen Berns: Justus Georg Schottelius (1612–1676). Untersuchungen zu Leben und Werk. – Habilitationsschrift Marburg/Lahn 1972. Vgl. auch ders. unter Mitarbeit von Wolfgang Born: Justus Georg Schottelius, 1612–1676. Ein Teutscher Gelehrter am Wolfenbütteler Hof. Ausstellung und Katalog. – Wolfenbüttel: Herzog August Bibliothek 1976 (= Ausstellungskataloge der Herzog-August-Bibliothek; 18). Das Hauptwerk von Schottelius ist leicht wieder greifbar: Ausführliche Arbeit Von der Teutschen HaubtSprache 1663. Teil I–II. Hrsg. von Wolfgang Hecht. 2., unveränderte Aufl. – Tübingen: Niemeyer 1995 (= Deutsche Neudrucke. Reihe: Barock; 11).

Gattungsregularien

Vornehmster Ort zur poetischen Behandlung von nicht alltäglichen, sondern herausragenden Ereignissen im geschichtlichen Leben eines Volkes ist nach humanistischer und insonderheit von Petrarca bekräftigter Übereinkunft das königliche Genus der europäischen Literatur, das Epos.[9] Das galt für die Griechen – Homer –, für die Römer – Vergil – und also auch für die Neueren. Kein Dichter seit Petrarca, welcher auf sich hält, der sich nicht an ihm versucht hätte; keine Gattung der europäischen Literatur, in der die Rate des Scheiterns so groß war: Die Literaturlandschaft ist seit Petrarca mit Ruinen übersät (die bekanntlich auch ihr Faszinierendes haben). Opitz war bescheiden gewesen, hatte mit seinem *TrostGedichte Jn Widerwertigkeit Deß Krieges* aus dem Jahre 1620/21 die Mitte zwischen Lehrgedicht und Epos gehalten, und Klugheit, vereint mit Vorsicht, hatten auch seine Nachfolger beobachtet.[10]

Das erzählende Epos, nun in der zeitgenössischen Variante des höfisch-heroischen Prosaromans, war eine Sache der zweiten Jahrhunderthälfte, als der Krieg vorbei war und die Staaten sich gefestigt hatten. Greflingers Versepos vom Dreißigjährigen Krieg stellt durchaus eine Ausnahme dar.[11] Die gegebenen, weil zu bewältigenden Formen bildeten – neben Flugblatt und Emblemliteratur – alle denkbaren Spielarten des Liedes und der Kunstlyrik, die als politische Lyrik ihres Historikers immer noch harrt, und vor allem das Schauspiel.[12] Letzteres hatte schon die Aus-

---

9 Eine vergleichende Untersuchung zum national votierenden Epos im Umkreis des europäischen Humanismus fehlte bislang. Vgl. inzwischen Ernst Rohmer: Das epische Projekt. Poetik und Funktion des ›carmen heroicum‹ in der deutschen Literatur des 17. Jahrhunderts. – Heidelberg: Winter 1998 (= Beihefte zum Euphorion; 30), mit der einschlägigen Literatur auch zur europäischen Traditionsgeschichte. Der Artikel von Robert M. Durling: Das Ideal vom Epos. – In: Renaissance und Barock. 1400–1700 (Anm. 1), S. 509–527, kapriziert sich, wie üblich, auf die Linie Dante, Tasso, Ariost, Spenser, Milton.

10 Zu diesem immer noch verkannten großen Text von Opitz vgl. Klaus Garber: Martin Opitz (Anm. 2), S. 145–163; S. 182f., Anm. 108, die einschlägige Literatur. Zu ergänzen um: Jörg-Ulrich Fechner: Martin Opitz' Trostgedichte in der Nachfolge von Petrarcas ›De remediis utriusque fortunae‹? Eine methodische Überlegung. – In: Opitz und seine Welt (Anm. 2), S. 157–172; Jean Charue: Les ›Trost-Gedichte‹ d'Opitz. – In: Le texte et l'idée 10 (1995), pp. 45–61.

11 Vgl. Kommentar und Nachwort zu der von Peter Michael Ehrle veranstalteten Ausgabe. – München: Fink 1983 (= Literatur-Kabinett; 2).

12 Eine eigene Form, deren Zusammenhänge mit der klassizistischen Kunstlyrik nach wie vor der genauen Aufhellung harren, ist das historisch-politische Lied, das im Dreißigjährigen Krieg eine Hochkonjunktur erlebte. Die klassische Dokumentation der Lied-Publizistik stammt von dem großen Sammler, Bibliographen und Publizisten Emil Weller: Die Lieder des Dreißigjährigen Krieges nach den Originalen abgedruckt. Mit einer Einleitung von Wilhelm Wackernagel. 2., vermehrte Aufl. – Basel: H. Georg 1858. (Dem Reprint im Olms-Verlag, 1968, liegt merkwürdigerweise die erste Aufl. aus dem Jahre 1855 zugrunde). Nachträge unter dem Titel: Zur poetischen Literatur des dreißigjährigen Krieges. – In: Anzeiger für Kunde der Deutschen Vorzeit. N.F. 9 (1862), S. 84–87, S. 115–118, S. 151–155. S. XV–L des Grundwerkes eine sehr wertvolle ›Bibliographie der Lieder des dreißigjährigen Krieges‹. Vgl. von Weller auch: Historische Lieder und Gedichte. – In: Serapeum 28 (1867), S. 157–160, S. 173–176, S. 190–192, S. 205–208, S. 223f., S. 237–240, S. 255f., S. 270–272, S. 287f.; 29 (1868), S. 320. Zur Erschließung vgl. Richard Müller: Über die historischen Volkslieder des 30-jährigen Krieges. – In: Zeitschrift für Kulturge-

breitung der Reformation in das konfessionelle Zeitalter hinein begleitet, hatte am protestantischen und Jesuitengymnasium seinen festen Platz und war über die Wandertruppen auch in den Städten präsent, so daß frühzeitig der Versuch gewagt werden konnte, das alles beherrschende Thema des Krieges und die an seinen Fersen haftende Hoffnung auf Frieden im Schaustück poetisch zu verarbeiten. Der Statthalter Opitzens im Norden, Johann Rist, der schon erwähnte Schottel und andere haben diesen Weg beschritten, der hier nicht verfolgt werden kann.[13]

---

schichte 2 (1895), S. 199–216, S. 284–301; Gerhard Heine: Lieder und Gedichte des dreißigjährigen Krieges als Spiegel der Zeit. – In: Deutsch-evangelische Blätter 22 (1897), S. 613–624; Julius Becker: Über historische Lieder und Flugschriften aus der Zeit des Dreißigjährigen Krieges. – Diss. phil. Rostock 1904; Erwin Schroeder: Das historische Volkslied des dreißigjährigen Krieges. – Diss. phil. Marburg 1916; Annemarie H. Delfs: Die politische Lyrik des Dreißigjährigen Krieges. – Phil. Diss. University of California, Berkeley 1934. – Eine dankbare Quelle für die Kenntnis des historisch-politischen Liedes ist die reiche Flugblattliteratur. Vgl. dazu die grundlegend gebliebene Sammlung: Der Dreiszigjährige Krieg. Eine Sammlung von historischen Gedichten und Prosadarstellungen. Hrsg. von Julius Opel, Adolf Cohn. – Halle/Saale: Buchhandlung des Waisenhauses 1862. Dazu die gleichfalls grundlegende Untersuchung von Rolf Wilhelm Brednich: Die Liedpublizistik im Flugblatt des 15. bis 17. Jahrhunderts. Bd. I–II. – Baden-Baden: Koerner 1974–1975 (= Bibliotheca bibliographica Aureliana; 55.60). Zur Gattung selbst Michael Schilling: Bildpublizistik der frühen Neuzeit. Aufgaben und Leistungen des illustrierten Flugblatts in Deutschland bis um 1700. – Tübingen: Niemeyer 1990 (= Studien und Texte zur Sozialgeschichte der Literatur; 29); Wolfgang Adam: Das Flugblatt als kultur- und literaturgeschichtliche Quelle der Frühen Neuzeit. – In: Euphorion 84 (1990), S. 187–206. Dazu jeweils mit weiterer Literatur Silvia Serena Tschopp: Heilsgeschichtliche Deutungsmuster in der Publizistik des Dreißigjährigen Krieges. Pro- und antischwedische Propaganda in Deutschland 1628 bis 1635. – Frankfurt a.M.: Lang 1991 (= Mikrokosmos; 29); Wolfgang Harms: Feindbilder im illustrierten Flugblatt der Frühen Neuzeit. – In: Feindbilder. Die Darstellung des Gegners in der politischen Publizistik des Mittelalters und der Neuzeit. Hrsg. von Franz Bosbach. – Köln: Böhlau 1992 (= Bayreuther Historische Kolloquien; 6), S. 141–177; Maria Pfeffer: Flugschriften zum Dreißigjährigen Krieg. Aus der Häberlin-Sammlung der Thurn- und Taxisschen Hofbibliothek. – Frankfurt a.M.: Lang 1993 (= Regensburger Beiträge zur deutschen Sprach- und Literaturwissenschaft; 53). Zu weiteren publizistischen Formen sehr ergiebig Konrad Repgen: Der Westfälische Friede und die zeitgenössische Öffentlichkeit. – In: Historisches Jahrbuch 117 (1997), S. 38–83, insbesondere S. 43ff.

13 Das Kriegs- und Friedensdrama des 17. Jahrhunderts hat einer patriotisch beflügelten Philologie im Kaiserreich willkommenen Anlaß zur Ausstellung eines nicht versiegenden nationalen Borns inmitten von Fremdherrschaft und *à la mode*-Wesen geboten. Eine neuere Untersuchung fehlt. Vgl. zusammenhängend Josef Jansen: Patriotismus und Nationalethos in den Flugschriften und Friedensspielen des Dreißigjährigen Krieges. – Diss. phil. Köln 1964. Zur Gattung auch (mit irreführendem Titel) Berta Müller: Der Friede von Osnabrück und Münster im Lichte der dramatischen Literatur des 17. Jahrhunderts. – Diss. phil. Frankfurt a.M. 1922 (Masch.). Zum ›patriotischen Ethos‹ wegen des Materials immer noch heranzuziehen Kurt Wels: Die patriotischen Strömungen in der deutschen Literatur des Dreissigjährigen Krieges. Nebst Anhang: Das tyrtäische Lied bei Opitz und Weckherlin in ihrem gegenseitigen Abhängigkeitsverhältnis. – Diss. phil. Greifswald 1913. Zu Rist Otto Heins: Johann Rist und das niederdeutsche Drama des 17. Jahrhunderts. Ein Beitrag zur deutschen Literaturgeschichte. – Marburg: Elwert 1930 (= Beiträge zur deutschen Literaturwissenschaft; 38); Ingrid Schiwek: Theater zwischen Tradition und Neubeginn. Die Zwischenspiele des Johann Rist. – In: Studien zur deutschen Literatur im 17. Jahrhundert (Anm. 2), S. 145–251, insbesondere ›Das Friedensspiel *Irenaromachia*‹, S. 210–236, und ›Rists spätere Friedensspiele und seine Impulse für die nachfolgende deutsche Dramatik‹, S. 236–251. Zu Schottel die gründliche Arbeit von Sara Smart: Justus Georg Schottelius and the Patriotic Movement. – In: The Modern Language Review 84 (1989), pp. 83–98. Vgl. zum Kontext auch

Übergang zum Nürnberger Dichterkreis

Betreten wir nun Nürnberger Boden, müssen wir von Anfang an wissen, daß wir uns auch in dieser Hinsicht, im Blick nämlich auf das Schaustück, nochmals auf gänzlich verändertem Terrain bewegen. Denn erst in Nürnberg werden alle denkbaren Konsequenzen aus dem literatur- wie theatergeschichtlich vielleicht bedeutendsten Ereignis der nachmittelalterlichen neueren europäischen Literatur gezogen: der Ausbildung der Oper und also der Vermählung von Wort, Bild, Gebärde und Musik. Die Neueren wußten und betonten unaufhörlich, daß die Alten diese Kunstform in dieser Spielart nicht gekannt hatten. Wo also war der Wettstreit mit ihnen erfolgreicher aufzunehmen und zu bestehen als eben auf diesem Felde? Die Oper, die Verschwisterung von Wort und Musik, war eine Offenbarung für die Nürnberger. Bis zur Romantik ist auf deutschem Boden keine so innige Symbiose beider mehr geglückt. Wenn die Sprache der Deutschen nach der Vorstellung Schottels und vieler anderer der Schöpfung näher steht als jede andere, ihre Stammwörter das Wesen der Dinge klarer symbolisieren als in jeder anderen Sprache, ihre Laute die Klänge der Natur reiner und differenzierter nachahmen als die jeder anderen, wenn Poesie ihren vornehmsten Auftrag in der Entbindung der Sprache der Dinge über die musikalischen Potenzen der Dichtung empfängt, wie sollte da nicht das Bündnis mit der wortlosen, immateriellen, Sinnliches und Geistiges verschmelzenden Schwesterkunst, auch aber mit der zeichenhaft auf das Wesen der Dinge verweisenden Malerei gesucht werden?[14]

Jörg Jochen Berns: Trionfo-Theater am Hof von Braunschweig-Wolfenbüttel. – In: Höfische Festkultur in Braunschweig-Wolfenbüttel 1590–1666. Hrsg. von Jörg Jochen Berns. – Amsterdam: Rodopi 1982 (= Daphnis; 10), S. 663–710, S. 673–694 grundlegend zu Schottels *Friedens-Sieg*.

14 Zu diesem hier eben nur anzudeutenden Komplex nach wie vor auszugehen von Wolfgang Kayser: Die Klangmalerei bei Harsdörffer. Ein Beitrag zur Geschichte der Literatur, Poetik und Sprachgeschichte der Barockzeit. 2., unveränderte Aufl. – Göttingen: Vandenhoeck & Ruprecht 1962 (= Palaestra; 179) (Erstauflage 1932), mit dem für die Nürnberger besonders wichtigen Kapitel zur ›Sprachtheorie als Grundlage für die Verwendung der Klangmalerei‹, S. 137ff. Zur Symbiose von Text und Musik bei den Nürnbergern vor allem die Arbeiten von Mara R. Wade. Vgl. Mara R. Wade: The German Baroque Pastoral ›Singspiel‹. – Bern: Lang 1990 (= Berner Beiträge zur Barockgermanistik; 7); dies.: Das ›Historische Konzert‹ im Kontext. Literarische Musikkultur des 17. Jahrhunderts in Nürnberg. – In: ›der Franken Rom‹. Nürnbergs Blütezeit in der zweiten Hälfte des 17. Jahrhunderts. Hrsg. von John Roger Paas. – Wiesbaden: Harrassowitz 1995, S. 114–131. Hier und im Artikel ›Nürnberg‹ von Franz Krautwurst in: Die Musik in Geschichte und Gegenwart (MGG), Bd. IX (1961), Sp. 1745–1762, die gesamte vorangehende Literatur. Der Zusammenhang zwischen Sprachtheorie des 17. Jahrhunderts, Klangmalerei und Pastorale bei den Nürnbergern gut herausgearbeitet von Jane O. Newman: Pastoral Conventions. Poetry, Language, and Thought in Seventeenth-Century Nuremberg. – Baltimore, London: The Johns Hopkins University Press 1990. Zur Emblematik der Nürnberger vgl. die von Dietmar Peil veranstaltete Ausgabe der *Drei=ständige[n] Sonn= und Festtag=Emblemata, oder Sinne=bilder* von Johann Michael Dilherr und Georg Philipp Harsdörffer. – Hildesheim, New York: Olms 1994 (= Emblematisches Cabinet). Ergiebig auch Willard James Wietfeld: The Emblem Literature of Johann Michael Dilherr (1604–1669). An Important Preacher, Educator and Poet in Nürnberg. – Nürnberg: Korn und Berg 1975 (= Nürnberger Werkstücke zur Stadt- und Landesgeschichte; 15), sowie Jean-Daniel Krebs: Georg Philipp Harsdörffers geistliche Embleme zwischen katholisch-jesu-

Womit wir bereits im Zentrum der Nürnberger Literatur- und Kunstdebatten stehen, die man kennen muß, wenn man einen Zugang zu ihren Friedensspielen gewinnen will.¹⁵ Der Nürnberger Dichterkreis, der sich ab 1644 im sogenannten ›Pegnesischen Hirten- und Blumenorden‹ zusammenschloß, hatte das Glück, als Mentor, Patron und Promotor in den ersten Jahren einen Mann an seiner Spitze wirken zu sehen, der wie niemand sonst im zeitgenössischen Deutschland Kenntnis besaß von den neuesten ästhetischen Debatten, die in Europa geführt und deren kühnste Experimente soeben in Italien und Spanien unternommen wurden. Dank dem Nürnberger Patriziersohn Georg Philipp Harsdörffer sind sie dem zeitgenössischen Deutschland und insonderheit den Nürnbergern frühzeitig vermittelt worden.¹⁶ Die singuläre Stellung der alten Reichsstadt zwischen Nord und Süd,

---

itischen Einflüssen und protestantischen Reformbestrebungen. – In: Religion und Religiosität im Zeitalter des Barock. Hrsg. von Dieter Breuer. – Wiesbaden: Harrassowitz 1995 (= Wolfenbütteler Arbeiten zur Barockforschung; 25), S. 539–552.

15 Eine große moderne Gesamtdarstellung des ›Pegnesischen Blumenordens‹ fehlt ebenso wie eine Darstellung zu den sogenannten ›Sprachgesellschaften‹ des 17. Jahrhunderts. Den schönsten Einblick in die sozietären Praktiken wie die ästhetischen Verlautbarungen und künstlerischen Manifestationen der Nürnberger vermittelt die zum 350jährigen Jubiläum verfaßte, für einen weiteren Kreis konzipierte Einführung von Renate Jürgensen: Utile cum dulci. Mit Nutzen erfreulich. Die Blütezeit des Pegnesischen Blumenordens in Nürnberg 1644 bis 1744. – Wiesbaden: Harrassowitz 1994 (mit reichhaltigen Literaturangaben). Zum gleichen Anlaß wurde unter Leitung von John Roger Paas eine interdisziplinäre Konferenz in den historischen Räumen des Nürnberger Rathauses abgehalten, dokumentiert in dem Sammelband ›der Franken Rom‹ (Anm. 14). Das bio-bibliographische Grundwerk stammt von Johann Herdegen: Historische Nachricht von deß löblichen Hirten= und Blumen=Ordens an der Pegnitz Anfang und Fortgang/ biß auf das durch Göttl. Güte erreichte Hunderste Jahr. – Nürnberg: Riegel 1744. Es ist von Renate Jürgensen auf der Basis der reichhaltigen Bestände der Nürnberger Bibliotheken gänzlich revidiert worden; ein Druck der umfänglichen Arbeit wird vorbereitet. [Inzwischen erschienen: dies.: Melos conspirant singuli in unum. Repertorium bio-bibliographicum zur Geschichte des Pegnesischen Blumenordens in Nürnberg (1644–1744). – Wiesbaden: Harrassowitz 2006 (= Beiträge zum Buch- und Bibliothekswesen; 50)]. Die Literatur zum ›Pegnesischen Blumenorden‹ auch in der Bibliographie zu den deutschen Sprachgesellschaften von Ulrich Seelbach, Georg Schild. – In: Die Deutsche Literatur und bibliographisches Lexikon. Reihe 3: Die Deutsche Literatur zwischen 1620 und 1720. Hrsg. von Hans-Gert Roloff, Gerhard Spellerberg. Abteilung B: Forschungsliteratur I, Lieferung 3. – Bern: Lang 1987, S. 212–238, S. 230–232. Vgl. jetzt auch Klaus Garber: Der Nürnberger Hirten- und Blumenorden an der Pegnitz. Soziale Mikroformen im schäferlichen Gewand. – In: ders.: Wege in die Moderne. Historiographische, literarische und philosophische Studien aus dem Umkreis der alteuropäischen Arkadien-Utopie. Hrsg. von Stefan Anders, Axel E. Walter. – Berlin, New York: de Gruyter 2012, S. 223–341. Zum Kontext der deutschen wie der europäischen Sprachgesellschaften und Akademien: Europäische Sozietätsbewegung und demokratische Tradition. Die europäischen Akademien der Frühen Neuzeit zwischen Frührenaissance und Spätaufklärung. Bd. I–II. Hrsg. von Klaus Garber, Heinz Wismann. – Tübingen: Niemeyer 1996 (= Frühe Neuzeit; 26–27).

16 Zu Harsdörffer vgl. den Sammelband: Georg Philipp Harsdörffer. Ein deutscher Dichter und europäischer Gelehrter. Hrsg. von Italo Michele Battafarano. – Bern: Lang 1991 (= Forschungen zur europäischen Kultur; 1). Vgl. unter dem angedeuteten Aspekt auch Italo Michele Battafarano: Harsdörffers Beitrag zur Entprovinzialisierung deutscher Kultur. – In: Nürnberg und Italien. Begegnungen, Einflüsse und Ideen. Hrsg. von Volker Kapp, Frank-Rutger Hausmann. – Tübingen: Stauffenburg 1991 (= Erlanger romanistische Dokumente und Arbeiten; 6), S. 213–226; ders.: Vom Dolmetschen als Vermittlung und Auslegung. Der Nürnberger Georg Philipp Harsdörffer – Ein Sohn Europas. – In: ›der Franken Rom‹ (Anm. 14), S. 196–212; Christoph E. Schweitzer:

Protestantismus und Katholizismus, Reichstagsdeutschland und Habsburgdeutschland schien sich in seiner Gestalt in einer Vermählung germanischer und romanischer Geistigkeit ein einziges Mal zu erfüllen. Die Nürnberger Dichtung empfing daraus einen Impuls, der sich in einem unverwechselbaren Ton jeder gelungenen poetischen Schöpfung aus ihrem Kreis mitteilte.

In dem ersten kulturpolitischen Jahres-Periodikum auf deutschem Boden, den *Frauenzimmer Gesprechspielen*, kündete Harsdörffer in der den Italienern abgelauschten Kunst des Gesprächs von dieser vielleicht schönsten Begegnung des deutschen Geistes im 17. Jahrhundert und hob in Theorie und Praxis die deutsche Dichtung auf ein neues Niveau. »Die Reimkunst ist ein Gemälde/ das Gemälde eine ebenstimmende Music/ und diese gleichsam eine beseelte Reimkunst.«[17] Dieses Verweisen der Künste aufeinander, ihre Affinität zueinander, ihr Sich-Stützen, ihr Streben zu einem ›Gesamtkunstwerk‹, wie es im 19. Jahrhundert aus ganz anderem Geiste im Zeichen Wagners heißen wird, ist – aus zahllosen Quellen gespeist, in unendlich vielen Variationen durchgeführt – Zentrum aller Nürnberger Beiträge zur Pflege der erneuerten deutschen Literatur und allein ihr Geheimnis und ihre Sendung geblieben. So auch in ihren Kriegs- und Friedens-Schöpfungen.[18] Wir beschränken uns auf die große Trias der Ordensgründer Harsdörffer – Klaj – Birken; ein wenig bekannter, aber höchst bedeutender und auch für die

---

Harsdörffer, Quevedo, Espinosa und Arcimboldo. – In: ebd., S. 213–223; Jean-Daniel Krebs: Georg Philipp Harsdörffer liest die französischen Dichter. – In: ebd., S. 224–242 (jeweils mit weiterer Literatur). Die grundlegende biographische Studie stammt von Theodor Bischoff: Georg Philipp Harsdörffer. Ein Zeitbild aus dem 17. Jahrhundert. – In: Festschrift zur 250jährigen Jubelfeier des Pegnesischen Blumenordens. Hrsg. von Theodor Bischoff, August Schmidt. – Nürnberg: Schrag 1894, S. 1–474. Der Lebensbau auf der Basis der verfügbaren Archivalien nochmals gründlich recherchiert von Georg Adolf Narciss: Studien zu den Frauenzimmergesprächspielen Georg Philipp Harsdörfers (1607–1658). Ein Beitrag zur deutschen Literaturgeschichte des 17. Jahrhunderts. – Leipzig: Eichblatt 1928 (= Form und Geist; 5). Dazu sind – neben der erwähnten Arbeit von Kayser (Anm. 14) – vor allem getreten: Jean-Daniel Krebs: Georg Philipp Harsdörffer (1607–1658). Poétique et Poésie. Vol. I–II. – Bern: Lang 1983 (= Publications universitaires européennes; 642); Irmgard Böttcher: Der Nürnberger Georg Philipp Harsdörffer. – In: Deutsche Dichter des 17. Jahrhunderts (Anm. 2), S. 289–346 (auch sehr wichtig zum Orden insgesamt, mit reichhaltiger Literatur).

17 Georg Philipp Harsdörffer: Frauenzimmer Gesprechspiele. Teil III. – Nürnberg: Endter 1643, S. 242. Parallele Äußerungen etwa im zweiten Teil, 2. Aufl. Nürnberg 1657, S. 304; ebd. 3. Teil, S. 171; 4. Teil (1644), S. 157; 5. Teil (1645), S. 17. Nähere Angaben zu dem Werk unten Anm. 20.

18 Zur Nürnberger Friedensdichtung Hartmut Laufhütte: Das Friedensfest in Nürnberg 1650. – In: 1648 – Krieg und Frieden in Europa (Anm. 1), S. 347–357. Vgl. von Laufhütte auch: Der gebändigte Mars. Kriegsallegorie und Kriegsverständnis im deutschen Schauspiel um 1648. – In: Ares und Dionysos. Das Furchtbare und das Lächerliche in der europäischen Literatur. Hrsg. von Hans-Jürgen Horn, Hartmut Laufhütte. – Heidelberg: Winter 1981 (= Mannheimer Beiträge zur Sprach- und Literaturwissenschaft; 1), S. 121–135. Instruktiv auch der Spezialbeitrag von Gerd Dethlefs: Die Nürnberger Dichterschule und die Friedensmedaillen 1648–50. – In: Wolfenbütteler Barock-Nachrichten 16 (1989), S. 1–18. Vgl. zum folgenden auch den besonders ergiebigen Beitrag von Bernd Roeck: Die Feier des Friedens. – In: Der Westfälische Friede. Diplomatie, politische Zäsur, kulturelles Umfeld, Rezeptionsgeschichte. Hrsg. von Heinz Duchhardt unter Mitarbeit von Eva Ortlieb. – München: Oldenbourg 1998 (= Historische Zeitschrift. Beihefte. N.F.; 26), S. 633–660.

Friedensdichtung einschlägiger Einzelgänger – Johann Helwig – wird an anderer Stelle zur Sprache kommen.[19]

Harsdörffers ›Germania deplorata‹

Harsdörffers *Frauenzimmer Gesprechspiele* sind durchsetzt von der Kriegs- und Friedensthematik; sie können an dieser Stelle nicht ausgeschöpft werden.[20] Im selben Jahr 1641, da Harsdörffer den ersten Band der achtteiligen Serie vorlegte, erschien seine *Germania deplorata*.[21] Mit ihr finden die Nürnberger Anschluß an ein seit Opitz, Fleming, Moscherosch gern behandeltes und über den deutschen in den europäischen Humanismus zurückführendes Thema.[22] Seit der Wiederkehr der an-

---

19 Vgl. dazu den Beitrag von Klaus Garber: Stadt und Literatur im alten deutschen Sprachraum. Umrisse der Forschung – Regionale Literaturgeschichte und kommunale Ikonologie – Nürnberg als Paradigma. – In: Stadt und Literatur im deutschen Sprachraum der Frühen Neuzeit. Bd. I. Hrsg. von Klaus Garber unter Mitwirkung von Stefan Anders und Thomas Elsmann. – Tübingen: Niemeyer 1998 (= Frühe Neuzeit; 39), S. 3–89, mit der bislang eingehendsten Interpretation von Johann Helwigs *Nymphe Noris* sowie der gesamten einschlägigen Literatur (in diesem Band S. 183–261).
20 Eine Spezialarbeit zu diesem ergiebigen Thema fehlt. Vgl. jedoch Rudolf Drux: Sprachspiele gegen den Krieg. Ein Beitrag zur europäischen Nachahmung bei Harsdörffer. – In: Georg Philipp Harsdörffer (Anm. 16), S. 83–103. Das achtteilige Gesamtwerk leicht greifbar als Reprint mit den Beigaben von Irmgard Böttcher. – Tübingen: Niemeyer 1968–1969 (= Deutsche Neudrucke. Reihe: Barock; 13–20). Dazu Narciss: Studien (Anm. 16), sowie Rosmarie Zeller: Spiel und Konversation im Barock. Untersuchungen zu Harsdörffers ›Gesprächspielen‹. – Berlin, New York: de Gruyter 1974 (= Quellen und Forschungen zur Sprach- und Kulturgeschichte der germanischen Völker. N.F.; 58). Zur Gattung vgl. Rolf Hasselbrink: Gestalt und Entwicklung des Gesprächspiels in der deutschen Literatur des 17. Jahrhunderts. – Diss. phil. Kiel 1956 (Masch.).
21 Das Werk ist bislang nicht eingehend interpretiert worden. Vgl. Bischoff: Georg Philipp Harsdörffer (Anm. 16), S. 30ff.; Curt von Faber du Faur: German Baroque Literature. – New Haven/CT: Yale University Press 1958, p. 136. Zum politischen und werkgeschichtlichen Kontext vor allem die grundlegende Untersuchung von Ferdinand Josef Schneider: Japeta (1643). Ein Beitrag zur Geschichte des französischen Klassizismus in Deutschland. – Stuttgart: Metzler 1927.
22 Eine Gesamtdarstellung steht wiederum aus. Die Trennung zwischen Humanismus- und Barock-Philologie macht sich bei einem Thema wie dem angesprochenen besonders fatal geltend. Die über die Tacitus-Rezeption vermittelte *Germania*-Vogue des deutschen Humanismus geht bruchlos über in das 17. Jahrhundert und verschmilzt nun mit dem kulturpolitischen Programm einer nationalsprachigen Literatur. Diese Filiationen sind bislang nur angedeutet, aber nicht im einzelnen verfolgt. Vgl. den Sammelband Garber (Hrsg.): Nation und Literatur (Anm. 1), mit den Beiträgen von Garber und Kühlmann zum Thema, sowie Entner: Humanistische Tradition (Anm. 2). Die Literatur zur Germanenrezeption im Humanismus bei Garber: Martin Opitz (Anm. 2), S. 180f., Anm. 72, sowie in: Die Deutsche Literatur. Biographisches und bibliographisches Lexikon. Reihe II: Die deutsche Literatur zwischen 1450 und 1620. Hrsg. von Hans-Gert Roloff, Redaktion Jörg Jungmayr. Abteilung B: Forschungsliteratur I, Lieferung 6. – Bern: Lang 1985, S. 421–424. Vgl. Hartmut Riemenschneider: Sprachpatriotismus. Nationale Aspekte in der literarischen Kultur des deutschen Barock. – In: Dichter und ihre Nation. Hrsg. von Helmut Scheuer. – Frankfurt a.M.: Suhrkamp 1993 (= Suhrkamp-Taschenbuch Materialien; 2117), S. 38–52, sowie Rudolf Drux: Die Dichtungsreform des Martin Opitz zwischen nationalem Anspruch und territorialer Ausrichtung. – In: ebd., S. 53–67. Zum Kontext mit der gesamten Literatur Jörn Garber: Vom universalen zum endogenen Nationalismus. Die Idee der Nation im deut-

tiken Literatur unter dem Stern Petrarcas stand die gefestigte Nation, einmal in republikanischem, einmal in caesaristischem Gewande den Humanisten vor Augen; sie bleiben bis an die Schwelle der Aufklärung – einmal im Bündnis mit den Stadtstaaten und freien Reichsstädten, einmal unter dem Schutze fürstlicher Herrschaft, und eine kleine, aber bedeutsame Zeitspanne im Einklang mit den Monarchien – Promotoren und Propagatoren des konfessionsneutralen und über die Weltanschauungen hinweg geeinten Staates – und dies bekanntlich niemals leidenschaftlicher als in der Zeit der europäischen Bürgerkriege.[23] Freiheit, so Harsdörffer, sei die Losung allenthalben, aber hinter ihr wie der prätendierten religiösen Wahrheit und Reinheit verbergen sich Eigennutz, Machtgier, Expansionstrieb. Die religiöse Parole sieht sich dem Verdacht der Ideologie ausgesetzt, und die Humanisten sind aufgerufen, jenseits der beschädigten Konfessionen und des nicht endenden Fortzeugens von Sonderbildungen nach dem Übergreifenden und die Bürger Verbindenden zu suchen. Gerechtigkeit und Frieden sind Freundinnen; dieses Augustinische Motto steht über dem Traktat. Darum sei diejenige Religion eine grausame und zu bekämpfende, die alle Menschen zu einer einzigen Glaubensform zwingen will. Aus dieser Wurzel rührten die Greuel der Bartholomäusnacht, das Wüten Albas in den Niederlanden, die nicht endenden Kriegsnöte in Deutschland.

Genau so hatten Bernegger, Opitz, Zincgref zu Anfang des Krieges gesprochen und ihre warnende Stimme erhoben.[24] Der antikatholische Einschlag ist hier wie dort unverkennbar, die Wiedererlangung der handlungsfähigen, geeinten Nation immer noch, wie achtzig Jahre vorher bei den *politiques* in Frankreich, das Angebot, das die Vertreter der ›dritten Kraft‹ in die Waagschale zu werfen haben – das historisch einzig triftige, wie es rückblickend immer wieder scheinen will. Die Angehörigen der Nation als Brüder, die Bewohner Europas als Christen, die Untertanen jedweder Staatsform als leidende, schonungsbedürftige, einer gerechten Obrigkeit harrende Geschöpfe – das ist die Trias, in der die Harsdörffersche Argumentation mit der aller auf Erasmus zurückblickenden Humanisten zusammenläuft und in der ihre an die Öffentlichkeit tretenden Sprecher koinzidieren. Und das natürlich auf Latein, denn nur so ist die Internationalität der Wirkung gesichert, nur so aber auch

---

schen Spätmittelalter und in der frühen Neuzeit. – In: ebd., S. 16–37. Zur Zeitklage auch die wichtigen Bemerkungen bei Wilhelm Kühlmann: Gelehrtenrepublik und Fürstenstaat. Entwicklung und Kritik des deutschen Späthumanismus in der Literatur des Barockzeitalters. – Tübingen: Niemeyer 1982 (= Studien und Texte zur Sozialgeschichte der Literatur; 3), S. 31ff. Dazu die in Anm. 4 erwähnte Arbeit Kühlmanns. Zum Ursprung der Klagen um Rom und Italien bei Dante und Petrarca immer noch am triftigsten Konrad Burdach: Rienzo und die geistige Wandlung seiner Zeit. – Berlin: Weidmann 1913–1928 (= Vom Mittelalter zur Reformation; 2), S. 46ff., S. 61ff.

23 Zum Zusammenhang mit der Literatur vgl. Klaus Garber: Die Friedens-Utopie im europäischen Humanismus. Versuch einer geschichtlichen Rekonstruktion. – In: Modern Language Notes 101 (1986), S. 516–552 [wiederabgedruckt in: ders.: Literatur und Kultur im Europa der Frühen Neuzeit (Anm. 1), S. 525–555].

24 Zu Bernegger und seiner *Tuba Pacis* vgl. Waltraud Foitzik: ›Tuba Pacis‹. Matthias Bernegger und der Friedensgedanke des 17. Jahrhunderts. – Diss. phil. Münster 1955. Zum Tacitismus und der ›politischen‹ Philosophie im Umkreis Berneggers vgl. Wilhelm Kühlmann: Gelehrtenrepublik und Fürstenstaat (Anm. 22), S. 43ff.

der ängstliche Rat der Stadt zu beschwichtigen, der nichts mehr fürchtete als den politischen Bazillus unter dem Volk in seinen Mauern. Erfolgt der Übergang zum Deutschen, wie zwei Jahre später in dem Schaustück *Japeta*, so ist die allegorische Verrätselung in Barclayscher Manier so perfekt, daß die Literaturwissenschaft erst in diesem Jahrhundert das Rätsel der Verfasserschaft lösen konnte.[25]

Der Auftritt Pamelas

Ein weiteres Jahr später – 1644 – tritt Harsdörffer zusammen mit Johann Klaj im *Pegnesischen Schäfergedicht* hervor, das wiederum ein Jahr später von Sigmund von Birken als Ursprungsdokument des ›Pegnesischen Blumenordens‹ deklariert wurde.[26] Ein ganzer Beitrag vermöchte der Konfiguration von Krieg und Frieden in diesem vermeintlich leicht dahingetupften und doch hintergründigen Werk gewidmet sein, in und mit dem die beiden Nürnberger Ordensarchegeten bereits den Zenit ihrer sprachlichen Artistik erreichen. Können empfängliche Leser den Auftritt der erbärmlich wehklagenden melancholischen Schäferin Pamela vergessen, der die beiden Hirtendichter da vor den Toren der alten freien Reichsstadt inmitten einer arkadisch-paradiesischen Natur unversehens begegnen?

> Es schlürfen die Pfeiffen/ es würblen die Trumlen/
> Die Reuter und Beuter zu Pferde sich tumlen/
>   Die Donnerkartaunen durchblitzen die Lufft/
>   Es schüttern die Thäler/ es splittert die Grufft/
> Es knirschen die Räder/ es rollen die Wägen/
> Es rasselt und prasselt der eiserne Regen/
>   Ein jeder den Nechsten zu würgen begehrt/
>   So flinkert/ so blinkert das rasende Schwert.
>   Ach wer wird mir Ruhe schaffen/
>   Wann die niemals müde Waffen/
>   Wüten mit Nahm/ Raub und Brand/
>   Jn des Kriegers Mörderhand.

---

25 Das eben ist das Verdienst Ferdinand Josef Schneiders. Vgl. Anm. 21.
26 Eine eingehende Interpretation des *Pegnesischen Schäfergedichts* (1644) von Harsdörffer und Klaj und der *Fortsetzung Der Pegnitz=Schäferey* (1645) von Sigmund von Birken wurde für den Nürnberger Jubiläums-Kongreß 1994 vorbereitet und ist inzwischen publiziert unter dem Titel: Nuremberg. Arcadia on the Pegnitz. The Self-Stylization of an Urban Sodality. – In: Imperiled Heritage. Tradition, History, and Utopia in Early Modern German Literature. Selected Essays by Klaus Garber. Ed. and with an Introduction by Max Reinhart. – Aldershot u.a.: Ashgate 2000 (= Studies in European Cultural Transition; 5), pp. 117–208. Vgl. auch Klaus Garber: Vergil und das *Pegnesische Schäfergedicht*. Zum historischen Gehalt pastoraler Dichtung. – In: Deutsche Barockliteratur und europäische Kultur. Hrsg. von Martin Bircher, Eberhard Mannack. – Hamburg: Hauswedell 1977 (= Dokumente des Internationalen Arbeitskreises für Deutsche Barockliteratur; 3), S. 168–203 [wiederabgedruckt in: ders.: Literatur und Kultur im Europa der Frühen Neuzeit (Anm. 1), S. 275–300]; sowie die besonders schöne Arbeit von Silvia S. Tschopp: Friedensentwurf. Zum Verhältnis von poetischer Struktur und historischem Gehalt im ›Pegnesischen Schäfergedicht‹ von G. Ph. Harsdörffer und J. Klaj. – In: Compar(a)ison 2 (1993), S. 217–237.

>   Welche meine Schmertzenflamme
>   Treiben/ sind vom Teutschen Stamme:
>   Kein Volk hat mich nie bekriegt
>   Und den Meinen obgesiegt.
>   Sehet an die freyen Anken/
>   Welche man heut nennet Franken/
>   Haben sie der Galljer Kron
>   Nicht erhaben in den Thron?
>   Sehet an der Gothen Ahnen/
>   Kennet ihr die Löwenfahnen?
>   Sind sie nicht von alter Zeit
>   Von der Teutschen Adelheit?
>   Wie kan dann die Drachengallen
>   Unter Nahgesipten wallen?
>   Wie hat doch der Haß forthin
>   Gantz durchbittert ihren Sinn?
>   Meine Söhne/ jhr seyd Brüder/
>   Leget eure Degen nieder!
>   Schauet doch mein Mutterherz
>   Threnen/ ob dem Heldenscherz!
>   Last ihr euch nicht erbitten erbitterte Brüder?
>   Sind das dann Freundesitten vereinigter Glieder?
>   Mein Bitten ist ümsunst/
>   Umsonst ist alles Bitten/
>   Die hohe Kriegesbrunst
>   Läst sich nicht so entschütten.
>   Sie flammet liechterloh/
>   Geschwinder als das Stroh/
>   Die Zehren fliesset ab
>   Und gräbt der Städte Grab.
> Sol dann mich/ mich Mutterland/ meiner Söhne Schand beflekken?
> Und als eine Mördergrub mit verruchten Greul bedekken?
>   Muß ich dann zum Raube werden/ als des Krieges Jammerbeute/
>   Und zwar nicht durch fremde Waffen/ sondern meiner Landesleute.
> Jhr nicht so meine Söhn'/ erweichet euren Sinn/
> Bedenket wer ihr seyd und wer ich Arme bin.[27]

Der Literaturwissenschaftler hat vor der versammelten Zunft der Historiker, Juristen und Theologen nicht mehr in die Waagschale zu werfen als Gebilde beispiels-

---

27 Das *Pegnesische Schäfergedicht* ist mit einem instruktiven Nachwort von Eberhard Mannack leicht greifbar in: Die Pegnitz-Schäfer. Nürnberger Barockdichtung. 2. Aufl. – Stuttgart: Reclam 1988 (= Universal-Bibliothek; 8545), S. 18–64. Ein Faksimile-Druck des gleichen Werkes sowie der *Fortsetzung Der Pegnitz=Schäferey* mit einem eingehenderen Nachwort liegt vor in: Georg Philipp Harsdörffer, Sigmund von Birken, Johann Klaj: Pegnesisches Schäfergedicht. 1644–1645. Hrsg. von Klaus Garber. – Tübingen: Niemeyer 1966 (= Deutsche Neudrucke. Reihe: Barock; 8). Zitate im folgenden nach dieser Ausgabe, hier S. 14f. Interpretation eines verwandten Gedichts bei Ingeborg Springer-Strand: ›Der Kriegsmann wil ein Schäfer werden‹ oder: Krieg, Frieden und Poesie in Harsdörffers ›Friedenshoffnung‹. – In: Gedichte und Interpretationen. Bd. I: Renaissance und Barock. Hrsg. von Volker Meid. – Stuttgart: Reclam 1982 (= Universal-Bibliothek; 7890), S. 246–254.

weise dieses Zuschnitts, von denen er wähnt, daß sie ganz vergangen, ganz abgelebt vielleicht doch nicht seien. Es sei ihm erlassen, sein Handwerkszeug auszupacken und eine Musterinterpretation zu liefern; sie würde lange währen und zu weit führen. Der stilistische Gestus bedarf nicht der Rekapitulation, er ist sinnfällig. Die Bilder und Metaphern, Klänge und Rhythmen entheben den prosaischen geschichtlichen Sachverhalt den realen Ordnungen und überführen diese in das Medium der Kunst, auf daß Abstand hergestellt, Bewunderung hervorgelockt, ein Resonanzraum erzeugt wird, in den einzustimmen der Leser eingeladen bleibt: Genuß also des heiteren Spiels und Nachsinnen des tödlichen Ernstes über die Zeiten hinweg – was anderes wären Auftrag und Geschenk der Kunst? Daß die Sprache vor dem Krieg nicht resigniert, daß sie ihn zu bannen, in Klang und Bild vernehm- und anschaubar zu halten weiß, auch das will als Auszeichnung der sprachbegabten Gattung Mensch gewürdigt und durch jedes gelungene Gedicht bekräftigt sein.

Die artistische Raffinesse ist ausgestellt zu Lob und Anerkennung, in klangmalende bildzeugende Sprache aber umgesetzt ist der Krieg doch auch ontologisiert, dingfest gemacht, erkannt in seinem Wesen und somit zugleich zur Gegenwehr aufgerufen von seiten aller der Sprache, der Einsicht fähigen Wesen. Dieses minimale Quentchen Hoffnung setzt die Kunst auch der Nürnberger dem Rasen der kriegerischen Vernichtung entgegen, nicht mehr, nicht weniger. Man sollte das Bild von den stammverwandten Franzosen und Schweden nicht überstrapazieren. Es war Gemeingut der Zeit und es wird im Gedicht bemüht, um die Eintracht nicht nur der Deutschen im alten Reich, sondern die Eintracht der Europäer ganz im Sinne der *Germania deplorata* zu beschwören.

Noch jenseits der Grenzen der Nation lebt nach humanistischem Verständnis, das diese Form des Nationalismus eben von dem späteren, nachrevolutionären scheidet, der prinzipiell Gleichgesinnte, und ihrer aller Feind ist nur der diese Gleichheit nicht Anerkennende, das Partikulare über das Allgemeine Setzende. Pamela, die von Sinnen gekommene Schäferin, steht als allegorische Gestalt des sich zerfleischenden Deutschland und zugleich als urbildliche Präfiguration eines in der Völkerwanderung sich herausformenden christlichen Europa, so daß jede Versehrung eines der Glieder der großen Gemeinschaft die ehrwürdige Mutter ins Herz trifft. Franzosen und Schweden, die Protagonisten in der Schlußphase des Krieges, sie mögen sich an den gemeinsamen Ursprung erinnern und erinnern lassen, um auf das Eine sich zu besinnen, an dem das geknebelte ›Teutschland‹ zu genesen vermag: die flinkernden und blinkernden Schwerter sinken und endlich Frieden einkehren zu lassen. Das ist die zeitgenössische Transfiguration der Danteschen trauernden Roma, die als Archetypus hinter allen den verzweifelten Mutterfiguren der Frühen Neuzeit ihr Haupt erhebt.[28]

Harsdörffer hat sich an den Friedensfeierlichkeiten 1649/50 nur noch mäßig beteiligt.[29] Er hatte sich ein Jahr vorher im Lobpreis des Feldmarschalls Wrangel

---

28 Dazu eingehend die Anm. 22 zitierte Untersuchung von Burdach: Rienzo und die geistige Wandlung seiner Zeit.
29 Vgl. Anm. 37.

nach Meinung der überängstlichen, stetig auf den Kaiser blickenden Stadtväter zu weit vorgewagt und ungeachtet seiner Stellung und seines Ruhms sieben Tage lang Bekanntschaft mit dem Nürnberger Gefängnis machen müssen.[30] Das Programm für Schauessen und Schaugericht anläßlich des festlichen Friedensmahles, zu dem Pfalzgraf Carl Gustav im September 1649 lud, dürfte er entworfen haben; zumindest hat er es literarisch verewigt. Das eine oder andere Gedicht steuerte er noch bei, so auf das Feuerwerk, zu dem man sich nach einem ›Lustigen Feldpanquet‹, einer abendlichen Gartenlust in einer ›Lauberhütte‹, im Juni 1650 zusammenfand. Ansonsten überließ er das Feld den Jüngeren, dem Schützling Dilherrs und studierten, aber nicht zum Abschluß gelangten Theologen Johann Klaj und seinem eigenen literarischen Zögling, dem eben rechtzeitig vom Hofdienst aus Wolfenbüttel zurückkehrenden und stellenlosen, also – und dies zeitlebens – auf die Schriftstellerei angewiesenen Pfarrerssohn und böhmischen Exulanten aus Eger, Sigmund von Birken.

Ein Klajscher Kontrapunkt

Klaj, wir erinnern uns, war schon gemeinsam mit Harsdörffer im *Pegnesischen Schäfergedicht* aufgetreten.[31] Unter den Lyrikern des Ordens ist er der Größte – ein musikalisches Genie.

> Hellgläntzendes Silber/ mit welchem sich gatten
> Der astigen Linden weitstreiffende Schatten/
> Deine sanfftkühlend=beruhige Lust
> \> Jst jedem bewust.
> Wie solten Kunstahmende Pinsel bemahlen
> Die Blätter? die schirmen vor brennenden Strahlen/
> Keiner der Stämme/ so grünlich beziert/
> \> Die Ordnung verführt.
> Es lisplen und wisplen die schlupfrigen Brunnen/
> Von jhnen ist diese Begrünung gerunnen/
> Sie schauren, betrauren und fürchten bereit
> \> Die schneyichte Zeit.[32]

---

30 Dazu John Roger Paas: Poeta incarceratus. Georg Philipp Harsdörffers Zensurprozeß 1648. – In: Literatur und Gesellschaft im deutschen Barock. Aufsätze. Hrsg. von Conrad Wiedemann. – Heidelberg: Winter 1979 (= Germanisch-romanische Monatsschrift. Beihefte; 1), S. 155–164.
31 Eine moderne Biographie fehlt. Vgl. Albin Franz: Johann Klaj. Ein Beitrag zur deutschen Literaturgeschichte des 17. Jahrhunderts. – Marburg: Elwert 1908 (= Beiträge zur deutschen Literaturwissenschaft; 6).
32 Harsdörffer, Birken, Klaj: Pegnesisches Schäfergedicht (Anm. 27), S. 20. Dazu Jean-Daniel Krebs: Interpretation eines Barockgedichts. Johann Klajs ›Hellgläntzendes Silber‹. – In: Nouveaux cahiers d'allemand 4 (1986), S. 171–183; Gerhard Kaiser: Sprachliche Spazier-Lust. Johann Klajs ›Hellgläntzendes Silber‹. – In: ders.: Augenblicke deutscher Lyrik. Gedichte von Martin Luther bis Paul Celan. – Frankfurt a.M.: Insel-Verlag 1987 (= Insel-Taschenbuch; 978), S. 89–93; Klaus Garber: Utopia. Zur Naturdichtung der Frühen Neuzeit. – In: Respublica Guelpherbytana. Wolfenbütteler Beiträge zur Renaissance- und Barockforschung. Festschrift für Paul Raabe. Hrsg. von

Das ist an die Hallerwiese vor den Toren Nürnbergs gerichtet, deren Linden noch heute so reihenweise angeordnet sind wie in der Frühzeit des Ordens. Wo der Zweite Weltkrieg, der als einziger den Dreißigjährigen an zerstörerischer Kraft übertraf, das alte Nürnberg ausgelöscht hat, erneuert sich, wie in Königsberg, wie in Breslau, wie in Dresden, jenseits der Gebilde der Menschen und ihrer schöpfungsfeindlichen Aggression das Bild der zur Stadt gehörigen natürlichen Silhouette, so als ob sie die Geschichte Lügen strafen und das Bleibende im Bilde dem Menschen vor Augen stellen wolle.

Ein Gedicht wie das Klajsche ist als Kontrapunkt zum Auftritt der vor Schmerz rasenden Schäferin Pamela zu lesen. Mensch und Natur begegnen sich in der schönen Parklandschaft vor der Stadt, hinter der wiederum ein Urbild sichtbar wird: der Garten Eden, in dem die Geschöpfe paradiesisch vereint im Einklang mit ihrem Schöpfer leben. Der Krieg schändet nach dem Verständnis der Dichter des 17. Jahrhunderts auch und gerade diese gottgewollte Ordnung und ist also nicht nur Stifter von unübersehbarem Leid, sondern frevelt auch an einer transzendenten Ordnung. Die reine, von Menschenhand gehegte und gepflegte, in ihren schönen Zügen entbundene Natur vermählt sich der deutschen Sprache als Ursprache, und die Laute, die da erklingen, sind Urlaute der jauchzenden, Gott antwortenden und sein gelungenes Werk preisenden Kreatur. Bis in die Tage der Romantik, bis zu einem Eichendorff und Brentano muß man blicken, um noch einmal einer derartig von Musik gesättigten, schwerelosen und vollendeten Sprache zu begegnen – und beide Male treffen sich die Zeitalter in der offensichtlich dem kulturellen Gedächtnis der Menschheit unverlierbaren Idee einer vernehmbaren Sprache der Natur, dem brüderlichen Horchen des Menschen auf ihre unvordenklichen Geheimnisse. Eigentlicher Friede herrscht erst dann, wenn auch die Natur an ihm Anteil hat, der Mensch im ehrfürchtigen Umgang mit der Schöpfung zu sich selbst gefunden hat.[33]

Klaj ließ sich auf seiten der Protestanten unter schwedischem Patronat in poetische Dienste nehmen. Er war für diese Aufgabe prädestiniert. Denn er ist – angeregt von seinem Patron und Mäzen, dem Nürnberger Ireniker und Theologen Johann Michael Dilherr – der Schöpfer einer in der deutschen Literatur einzig dastehenden Form des geistlichen Redeoratoriums, einer von Musik umrahmten und begleiteten Vergegenwärtigung der Stationen des Erlösungswerkes Christi, die der Dichter selbst vor großem Publikum im Dilherrschen Auditorium bzw. im Hof des Augustiner-

---

August Buck, Martin Bircher. – Amsterdam: Rodopi 1987 (= Chloe. Beihefte zum Daphnis; 6), S. 435–455 (in diesem Band S. 457–473).
33 Dazu – neben der in Anm. 14 zitierten Literatur – der schöne Beitrag von Rosmarie Zeller: Adamitische Sprache, Natursprache und Kabbala. Überlegungen zu Sprachtheorie und Poesie im 17. Jahrhundert. – In: Morgen-Glantz. Zeitschrift der Christian Knorr von Rosenroth Gesellschaft 6 (1996), S. 133–154. Vgl. weiterhin immer auch Paul Hankamer: Die Sprache. Ihr Begriff und ihre Deutung im sechzehnten und siebzehnten Jahrhundert. Ein Beitrag zur Frage der literarhistorischen Gliederung des Zeitraums. – Bonn: Cohen 1927, Reprint Hildesheim: Olms 1965, S. 117ff.; ders.: Jakob Böhme. Gestalt und Gestaltung. – Bonn: Cohen 1924, S. 218ff.

klosters deklamierte.³⁴ Sechs solcher Darbietungen, in denen Redekunst und Dichtung, Musik und Theologie sich trafen, sind bekannt: Die *Aufferstehung Jesu Christi* zum Oster- und die *Höllen= und Himmelfahrt Jesu Christi* zum Pfingstfest 1644, die beiden Bearbeitungen neulateinischer Dramen *Herodes der Kindermörder* und *Der Leidende Christus* aus dem Anfang des Jahres 1645, schließlich der *Engel= und Drachen=Streit*, Carl Gustav gewidmet, und das *Freudengedichte Der seligmachenden Geburt Jesu Christi*, Carl Gustaf Wrangel zugeeignet; beide ohne Jahreszahl, das eine jedoch 1649 erschienen, das andere auf den 24. Dezember 1650 datiert.³⁵

›Irene‹ inmitten des ›locus terribilis‹

Das ist die Zeit, in der Klaj nun auch zu den weltlichen Anlässen hervortrat – aber was besagen derartige Scheidungen in dieser Zeit und bei diesem Dichter? Am 25. September 1649 lud Pfalzgraf Carl Gustav anläßlich der Unterzeichnung des Interims- und Präliminarrezesses der Nürnberger Friedensexekutionsverhandlungen zum Festmahl in den Rathaussaal der Kaiserstadt. Kein Geringerer als Harsdörffer hat den festlich hergerichteten Saal in seinem *Trincir=Buch* von 1652 geschildert, von wo aus das Tableau in das *Theatrum Europaeum* hinüberwanderte: Vornehmster Zweck der schwedischen Seite, so lesen wir bei Harsdörffer, sei es,

> das Teutsche Reich in friedlichen Wolstand/ bedingter und fast endlich verglichner Massen/ zu setzen/ und in lang hergebrachter Freyheit zu hinterlassen. Solches Vorhabens/ ist der grosse Saal auf dem Rahthauß in Nürnberg/ für das raumigste und bequemste Ort ausersehen/ und auf seiner Hochfürstl. Durchl. gnäd. Begehren/ von einem Edlen Raht zu besagter Mahlzeit/ mit aller Zugehör/ willigst überlassen worden: deßwegen sie auch alsobalden drey grosse Kuchen aufrichten und zubereiten lassen. Dieser Saal ist sehr hochgewölbt/ mit güldnen Rosen/ Laub= und Mahlwerck bezieret/ und zu diesem FriedensFest mit vielen grossen Wandleuchtern/ absonderlich aber mit dreyen grossen Kronen/ zwischen sechs Festinen oder Fruchtgehängen/ welchen 30. arten Blumen und lebendige Früchte/ mit Flindergold eingebunden/ versehen worden. Auf den vier Ecken hat man vier Chör mit der Musike/ wie auch darzwischen zwo Schenckstelle/ mit ihrer Zubehör/ angeordnet/ und Kuchen und Keller mit aller Nohtdurfft gebürlich versehen.³⁶

---

34 Dazu Conrad Wiedemann: Johann Klaj und seine Redeoratorien. Untersuchungen zur Dichtung eines deutschen Barockmanieristen. – Nürnberg: Carl 1966 (= Erlanger Beiträge zur Sprach- und Kunstwissenschaft; 26).

35 Reprint dieser Werke mit Nachwort in: Johann Klaj: Redeoratorien und ›Lobrede der Teutschen Poeterey‹. Hrsg. von Conrad Wiedemann. – Tübingen: Niemeyer 1965 (= Deutsche Neudrucke. Reihe: Barock; 4).

36 Vgl. das XI. Kapitel: Das Königliche Schwedische Friedens=Banket zu Nürnberg/ von H. Generalissimi Carl Gustav/ Pfaltzgrafen/ Hochfürstl. Durchleuchtl. gehalten 1649. – In: Vollständig vermehrtes Trincir=Buch. – Nürnberg: Pillenhofer 1652, S. 178–191, wiederabgedruckt in: Das Zeitalter des Barock. Texte und Zeugnisse. Hrsg. von Albrecht Schöne. 2., verbesserte und erweiterte Aufl. – München: Beck 1968 (= Die Deutsche Literatur. Texte und Zeugnisse; 3), S. 377–381, hier das Zitat S. 377f. Vgl. auch den entsprechenden Bericht im ›Theatrum Europaeum‹. Teil VI. – Frankfurt a.M.: Merian 1668, S. 937.

Was all das zu bedeuten habe und warum es denn wert sein solle, der Nachwelt in der Schrift überliefert zu werden? Wir brauchen nur unserem Gewährsmann zu folgen, der, nun schon Pfarrherr in Kitzingen, das festliche Ereignis in seiner *Irene/ das ist/ Vollständige Außbildung Deß zu Nürnberg geschlossenen Friedens* aus dem Jahre 1650 »nach Poetischer Reimrichtigkeit/ vorgestellet und mit nohtwendigen Kupferstücken gezieret« festgehalten hat.[37]

> ES war ein wüster Ort/ da kein Thier nicht hinkömmet/
> da weder Sonn noch Mond/ noch einig Sternlein glimmet/
> da weder Laub noch Frucht an Bäumen wird gespürt/
> da nichts nicht wird gesät/ geschnitten/ eingeführt;
> da gantz kein Vögelein schwirrt in Blätterkahlen Püschen/
> da nichts als rauher Wind und schlancke Schlangen zischen/
> der Wind/ der Todenruch Cypressen=Sträucher regt/
> in dero Wurtzeldach die Blindschleich sich gelegt.
> Auß diesem düstern Ort kam Kriegskrieg aufgestiegen/
> als ich noch/ als ein Kind/ geweint in meiner Wiegen;
> deß Krieges Stirne war mit Runtzeln durchgepflügt/
> sein Augenpar im Kopf gleich Kolenkugeln ligt.
> Das Zornvergällte Bild das hetzete zusammen/
> es war bemüht die Welt zu setzen in die Flammen/
> es thrönte mit dem Schild/ es schlug das Fackelliecht
> das Liecht/ das Stadt und Dorf zu Grund und Boden richt.[38]

Eine Anmerkung verweist auf die Quelle dieses Bildes: Petronius und seine Schilderung der Schrecken des Bürgerkrieges, sinnfällig zusammentretend an einem Orte, da der Herbst keine Früchte bringt, der Acker keine Pflanzen trägt, der fröhliche Gesang der Schnitter ausbleibt. Es ist mit anderen Worten der *locus terribilis*, der Ort des Schreckens, den Klaj hier in den Zügen Opitzens, Flemings und anderer aufruft und der die europäische Literatur wiederum kontrapunktisch zum Lustort des *locus amoenus* durchzieht.[39] Seine urbildliche Präfiguration hat er in Hades und Hölle, und wieder ist es Dante, der den Neueren gleich im Eingang zu

---

37 Auch Klaj hat eine Beschreibung dieser Festivität angefertigt, die von Jeremias Dümler offensichtlich im gleichen Jahr gedruckt wurde: Kurtze Beschreibung Deß Schwedischen Friedensmahls/ gehalten in Nürnberg den 25. Herbstmonats Anno 1649. – Nürnberg: Dümler 1649. Teile daraus gingen in den Anmerkungsapparat des versifizierten ›Schwedischen Fried= und Freudmals‹ ein, das seinerseits Bestandteil der Klajschen *Irene* wurde. Vgl. Anm. 38.

38 Johann Klaj: Friedensdichtungen und kleinere poetische Schriften. Hrsg. von Conrad Wiedemann. – Tübingen: Niemeyer 1968 (= Deutsche Neudrucke. Reihe: Barock; 10), S. 13f., Reprint [S. 21f.]. Dieser Band ist außer einem Nachwort auch mit einer Bibliographie der Schriften Klajs und einem Verzeichnis der wissenschaftlichen Literatur ausgestattet.

39 Klaus Garber: Der locus amoenus und der locus terribilis. Bild und Funktion der Natur in der deutschen Schäfer- und Landlebendichtung des 17. Jahrhunderts. – Köln: Böhlau 1974 (= Literatur und Leben. N.F.; 16). – Das Petronius-Zitat in: Petronius: Satyrica. Schelmenszenen. Lateinisch-deutsch. Hrsg. und übersetzt von Konrad Müller und Wilhelm Ehlers. Mit einem Nachwort von Niklas Holzberg. 4. Aufl. – München, Zürich: Artemis 1995 (= Sammlung Tusculum), S. 67ff., S. 120, S. 272ff.

seiner *Divina Commedia* die Bilder ewiger Verdammnis vermittelte, die nachwirkten bis in die Erichtho- und Sorge-Szenen des Faust II.

Daran ist zu erinnern, um Stilhöhe und Deutungshorizont zu ermessen, in denen wir uns auch im Umkreis der Nürnberger Friedensdichtung bewegen. Der Krieg war diesen Dichtern wie allen, die ihn vor dem Hintergrund von Prophetie und Apokalyptik, *aetas-aurea*-Mythos und sibyllinischer Weissagung zu bedenken und bedichten pflegten, mehr und anderes als ein politisches oder konfessionelles Ringen. Wo immer er sein furchtbares Haupt erhebt, bekräftigt er den Status der Menschheit als gefallener – unter den von Todesgeruch umwehten Zypressen liegt bei Klaj die Schlange! –, nährt er sich doch vom Abfall des Menschen von Gott, ist Frevel und evoziert in der Raumphantasie das Bild der Hölle qua topischem *locus terribilis*.

›Salomonenszeiten‹

Der Friede aber bedeutet Leben, inneres geistliches und äußeres glückliches, und so verlangt er nach der heiter-amönen, bukolisch-georgischen Natur, weil in ihr der Schöpfungsordnung Genüge getan, die Eintracht über die menschliche Welt hinaus auf die ganze Natur ausgedehnt ist, so daß der Fluch sistiert erscheint.

> Die Sonne gieng bergab mit ihrem Flammenwagen/
> man sah sich Lust mit Lust/ mit Freude Freude jagen/
> das frohe Volck der Welt schnidt/ führte Garben ein/
> gieng Wild und Vögeln nach/ brach Aepfel/ lase Wein
> und was der Herbstlust mehr; Es war die Zeit der Zeiten/
> [...].[40]

Das ist die angemessene Zeit, der angemessene Ort der Friedensfeier – herbstliche Aura jubelnden Glücks, dankbarer Entgegennahme der Gaben der Erde und immer auch arielhaft Verlautbarung der befreiten, der erlösten Kreatur. Drei Engel sind es, die Deutschland die frohe Botschaft des endlich vertriebenen Krieges, des endlich einziehenden Friedens bringen:

> Nun kommen Salomonenszeiten/
> da sich die Weinstöck weit außbreiten/
> wann der belaubte Feigen Baum
> dem Haus und Hauswirth gibet Raum/
> da kan er frey und sicher wohnen/
> es muß ihm Wind und Winter schonen.
> Fort werden Schäfer in der Ruh
> die Schläferaugen schliessen zu/
> die Mägdlein werden mit den Knaben
> die Gassen zu dem Spielplatz haben/
> die greisen Leute häuffig stehn
> und krumgebückt an Stecken gehn/

---

40 Klaj: Friedensdichtungen (Anm. 38), S. 33, bzw. in der neuen Paginierung [S. 41].

die Lämmer bey den Wölfen ligen/
die Böcke sich zum Pardeln schmigen
Fried ist der STROM/ der sich ergoß/
auß Eden in vier Wasser floß;
Fried ist deß frommen Noe TAVBE;
Fried ist deß heilgen Landes TRAVBE;
Fried ist die RVT/ die bey der Nacht
geblüht und Mandeln hat gebracht;
Fried ist die Tochter der Gestirne/
die Gabenreiche Himmeldirne;
Fried ist die Tugendkönigin;
Fried ist die Wolstandnehrerin.
Das Beste/ das erdacht kan werden/
wird Friede bringen Teutscher Erden.[41]

In diesen Dimensionen müssen wir Krieg und Frieden sehen, wenn wir dem Thema im Verständnis des 17. Jahrhunderts, im Verständnis der christlich-humanistischen Dichter des alten Europas der Frühen Neuzeit gerecht werden wollen. Es umgreift Jung und Alt, die Geschlechter und den Kosmos, das innere Leben der Menschen vor Gott und Gedeihen und Wohlergehen auf Erden im befriedeten Gemeinwesen, ganz so wie Erasmus dies in der *Querela pacis* unvergeßlich formuliert hatte. Noch immer lebt die Botschaft von den unverwüstlichen Bildern des Propheten Jesaja.[42] Auf dem Titelkupfer des Werkes erscheint Irene vor den Toren des Nürnberger Rathauses, die Friedenstaube mit dem Olivenzweig im Schnabel in der Rechten, das blutige, aber nun zerbrochene Schwert in der Linken: Zitation Noahs zur Bezeugung von »GOttes Frieden, zu der letzten Abendstund«.[43] Von der Stiftung dieser Bezüge über die Zeiten hinweg, der ständigen Erneuerung und Tradierung des Bildgedächtnisses der Menschheit lebt und zehrt auch dieser kleine Friedenstext, von dem wir schon Abschied nehmen müssen, obgleich noch viel zu sagen wäre.

Die festliche ›Lauberhütte‹

Im nächsten Jahr war die katholische Seite am Zuge. Nach der endlich erfolgten Unterzeichnung des Friedens am 16. Juni 1650 lud Ottavio Piccolomini am 4. Juli zu einem Abschlußfest auf den Schießplatz hinter St. Johannis ein. Wir verstehen nun, warum es eine ›Lauberhütte‹ ist, wo sich die Festversammlung einfindet. Als ›Tempel deß Friedens‹ wird dieses ›Haus von grünen Zweigen‹ von Klaj apostro-

---

41 Ebd., S. 4f., bzw. in der neuen Paginierung [S. 12f.].
42 Vgl. aus der unübersehbaren Literatur vor allem den schönen Beitrag von Jürgen Ebach: Ende des Feindes oder Ende der Feindschaft? Der Tierfrieden bei Jesaja und Vergil. – In: ders.: Ursprung und Ziel. Erinnerte Zukunft und erhoffte Vergangenheit. Biblische Exegesen, Reflexionen, Geschichten. – Neukirchen-Vluyn: Neukirchener Verlag 1986, S. 75–89.
43 Vgl. das Gedicht zur Erklärung des Titelkupfers: Klaj: Friedensdichtungen (Anm. 38), [S. 7].

phiert. Ein »Kirchhaus« nennt er es, »das wirdig wird gepreist/ so lange man die Welt der Menschen Wohnhaus heist«. Frieden und Gerechtigkeit küssen sich über dem Portal, und auf der Spitze des Daches schwebt ein Adler auf der Weltkugel. Gegenüber dem Tempel des Friedens aber erhebt sich das ›Castell deß Vnfriedens‹, ein als Festung drapiertes Feuerwerksgerüst, das auf dem Höhepunkt des Festes von dem Frieden entzündet und zerstört wird. Klaj hat dieses Abschlußfest in seinem ›Geburtstag deß Friedens‹ nochmals hinreißend und tiefgründig bedichtet.[44] Hier fehlt der Raum, das ähnlich wie die *Irene* gebaute Stück zu behandeln. Vielmehr ist es Zeit, den letzten der drei Nürnberger Poeten zu Wort kommen zu lassen, der seinem Auftritt förmlich entgegenfieberte und sich geradezu überschlug, als es endlich so weit war: der junge, 22jährige Sigmund von Birken, der in Wolfenbüttel unter Schottelius miterlebt hatte, wie man höfisch feiert.[45] Er ist es, der die geistliche Redeform Klajs in den politischen Raum überführt.[46]

Birkens ›Krieges= und Friedensbildung‹

Bereits am 6. Januar 1649 bei einem Gastmahl der Kaiserlichen im Augustinerhof war ihm aufgetragen worden, *Bey hochansehnlicher Volkreicher Versammlung* eine Rede zum Thema *Krieges= und Friedensbildung* zu deklamieren.[47] Der Freiherr Gal-

---

44 Im Faksimile wiederabgedruckt ebd. [S. 97–182]. Hier die Beschreibung des ›Tempel deß Friedens‹, S. 34–38 [138]–[142], sowie des ›Castell deß Vnfriedens‹, S. 56–60 [160]–[164].
45 Für Birken ist grundsätzlich auszugehen von der unvollendeten und unpublizierten, gleichwohl bis auf weiteres maßgeblichen Biographie von Otto Schröder: Sigmund von Birken. Quellenstudien zur Biographie. (Masch.). Hier S. 166–192 das einschlägige 6. Kapitel ›Die Friedensfeiern. Ingratitudo et paupertas 1649–1651‹. Für die hier nicht mehr interessierenden späteren Jahre Birkens sind die Arbeiten von Joachim Kröll maßgeblich. Man findet sie aufgeführt bei Klaus Garber: Ein Blick in die Bibliothek Sigmund von Birkens. Handexemplare der eigenen Werke und der Ordensfreunde – Überliefertes und Verschollenes. – In: Methodisch reflektiertes Interpretieren. Festschrift für Hartmut Laufhütte. Hrsg. von Hans-Peter Ecker. – Passau: Rothe 1997, S. 157–180, Anm. 3. Hier auch die weitere Literatur über Birken, die nicht nochmals rekapituliert werden soll. Eine gegenwärtigen Anforderungen genügende Biographie dieser Schlüsselgestalt des literarischen Lebens des 17. Jahrhunderts gehört zu den dringlichsten Desideraten der Barockforschung.
46 Die folgenden Ausführungen stellen eine Kurzfassung eines vor längerer Zeit abgeschlossenen umfänglichen Kapitels zur Nürnberger Bukolik im Rahmen einer größeren Studie des Verfassers zur europäischen Arkadien-Utopie dar. Vgl. auch – neben der erwähnten Studie von Laufhütte: Das Friedensfest (Anm. 18) – Ferdinand van Ingen: Sigmund von Birken. Ein Autor in Deutschlands Mitte. – In: ›der Franken Rom‹ (Anm. 14), S. 257–275.
47 Die Schäfer- und Friedensdichtungen Birkens liegen in der Ausgabe der ›Gesammelten Schriften‹ im Niemeyer-Verlag, hrsg. von Klaus Garber, Ferdinand van Ingen, Dietrich Jöns, Hartmut Laufhütte, noch nicht vor und sind auch anderweitig in Neudrucken nur ausnahmsweise greifbar. Die ganz besonders komplizierte Überlieferungslage der Birkenschen Friedensdichtungen soll an dieser Stelle nicht rekapituliert werden. Allerdings stimmt es bedenklich, daß sich ein bibliographisches Phantom bis in die jüngste Bibliographie hinein fortschleppt, obgleich das Problem in der Forschung seit Jahrzehnten geklärt ist. Birken hat eine geplante Sammlung seiner Friedensdichtungen unter dem Titel ›Teutscher Olivenberg‹ niemals zustande gebracht. Vgl. Klaus Garber: Sigmund von Birken. Städtischer Ordenspräsident und höfischer Dichter. Historisch-soziologischer Umriß seiner Gestalt, Analyse seines Nachlasses und Prolegomenon zur Edition seines Wer-

lus von Rägknitz, ein österreichischer Exulant, hatte – wie später so viele österreichische Protestanten – dem jungen Dichter den Weg vor das erlauchte Publikum gebahnt, der für ihn den Durchbruch bedeutete. Er hat alles, was er vermochte, in diese Rede hineingelegt und sie zu einem rhetorischen Prunkstück gemacht. Das Drama, das er im Zeichen der Hoffnung auf Frieden beschwört, ist kein politisches, datierbares, sondern ein immerwährendes, geistlich-moralisches. Der erwartete Frieden heißt Ruchlosigkeit, Ungerechtigkeit und Armut ab-, hingegen Gottesfurcht, Gerechtigkeit und Wohlstand auftreten. Der Dichter hat seine Kunst in ihrer beider eindringliche Vergegenwärtigung gelegt, Bilder unsäglicher Greuel und tiefster Verheißung geprägt und am Ende doch seine Überforderung einbekennen müssen. Denn er hat es mit einem Vorwurf zu tun, der zwingend über die Rede hinausweist und zum Schaustück, zum Auftritt von allegorischen Gestalten hindrängt. Und so sehen wir Birken alsbald diese dem Fest einzig zustehende literarische Form in die Friedensversammlung hineintragen.

›Teutscher Kriegs Ab= und Friedens Einzug‹

Über den kaiserlichen ›General-Auditiar-Lieutenant‹, den Militärgerichtspräsidenten Heinrich Graß, erhielt er die auf Piccolomini persönlich zurückgehende Weisung, für das geplante kaiserliche Gastmahl auf dem Schießplatz bei St. Johannis ein Schauspiel zu verfassen.[48] Damit war der Kontakt zum Kaiserhaus definitiv

---

kes. – In: Sprachgesellschaften, Sozietäten, Dichtergruppen. Hrsg. von Martin Bircher, Ferdinand van Ingen. – Hamburg: Hauswedell 1978 (= Wolfenbütteler Arbeiten zur Barockforschung; 7), S. 223–254, S. 243f., mit Anm. 51–55, S. 253 (in diesem Band S. 711–736). Entsprechend zu korrigieren die Angabe in der *Bibliographie zum Westfälischen Frieden*. Hrsg. von Heinz Duchhardt. Bearb. von Eva Ortlieb, Matthias Schnettger. – Münster: Aschendorff 1996 (= Schriftenreihe der Vereinigung zur Erforschung der Neueren Geschichte; 26), S. 153, Nr. 1369. Statt dessen an dieser Stelle vor allem nachzutragen Birkens *Teutonie*, vgl. unten Anm. 69. Auch die unten Anm. 56 zitierte Arbeit Birkens fehlt in dem Abschnitt ›Kultur und Literatur‹. – Ein Exemplar der *Krieges= und Friedensbildung*. – Nürnberg: Endter 1649, ist filmisch leicht zugänglich über die Sammlung Faber du Faur: German Baroque Literature (Anm. 21), S. 144, Nr. 529. Zum Kontext vgl. Schröder: Sigmund von Birken (Anm. 45), S. 173ff.

48 Teutscher Kriegs Ab- und Friedens Einzug. – Nürnberg: Endter 1650, Vgl. Faber du Faur: German Baroque Literature (Anm. 21), Nr. 533. Die Beschreibung des Festmahls erfolgte gleichfalls eingehend durch Birken. Vgl.: Teutschlands Krieges=Beschluß/ und FriedensKuß/ beklungen und besungen In Den Pegnitzgefilden von dem Schäfer Floridan [Sigmund von Birken]. – [s.l., s.a.]. Ein zweiter Titel verdeutlicht das Vorhaben: Eigentliche beschreibung/ auch Grund= und Perspectivischer Abriß des Fried= und Freudenmahls/ Schaupiel[s] und Feuerwerks. Vgl. Faber du Faur: German Baroque Literature (Anm. 21), Nr. 532. Hier findet sich Birkens *Friedens-Schauspiel* nebst Szenenangaben und Rollenverzeichnissen sowie einer Beschreibung des festlichen Treibens zwischen den einzelnen Akten nochmals abgedruckt (S. 20–60). Außerdem ist das Werk mit Kupfern des Ereignisses geziert. Vgl. dazu auch John Roger Paas: Sigmund von Birkens ›Des Friedens Vermählung mit Teutschland‹. – In: Wolfenbütteler Barock-Nachrichten 17 (1990), S. 82–89. Zur Zusammenarbeit zwischen Sandrart und Birken vgl. Christian Klemm: Sigmund von Birken und Joachim von Sandrart. Zur Entstehung der ›Teutschen Academie‹ und zu anderen Beziehungen von Literat und Maler. – In: ›der Franken Rom‹ (Anm. 14), S. 289–313. Zum Kontext vgl. Eberhard Fähler: Feuerwerke des Barock. Studien zum öffentlichen Fest und seiner literarischen

geknüpft; er sollte der wichtigste in Birkens Leben bleiben.[49] Der stolze Autor und Regisseur, der das ihm zugefallene Amt in seiner Selbstbiographie unter dem Titel ›Sparta Scenica‹ verbucht, ließ es sich nicht nehmen, die Söhne der Patrizier, denen er Privatunterricht erteilt hatte, für die große Aufgabe zu verpflichten.[50] Und so sind denn Träger der klangvollsten Namen der Stadt bei dem Spektakel aktiv, die Schlüsselfelder und die Holzschuher, die Löffelholz und die Oelhafen, die Scheurl und Imhoff, die Fürer und Welser. Wieder sind es, wie im Jesuitendrama, die allegorischen und mythologischen Gestalten, die bunt gemischt die Szene beherrschen: Zwietracht und Eintracht, Gerechtigkeit und Teufel, Frieden und Fama, Mars und Venus, Cupido und Vulcanus, nun aber von Person und Stimme des einen Redners emanzipiert, in Rollen verkörpert, Verse – vom Alexandriner bis zum Zweitakter – rezitierend und nur noch eingeführt durch den – freilich immer noch sehr üppig Regie führenden – Dichter. Theatralisch am ergiebigsten ist eine Einlage genau in der Mitte des Stücks, in der Birken einen Soldaten und einen Schäfer aufeinandertreffen läßt. Der Soldat spricht ein makkaronisches Deutsch oder besser Undeutsch, denn seine Sprache gleicht einem Flickenteppich:

> Hie bin ich arrivirt, ein Mann de bon Courage,
> Bericht zu nehmen ein von dieses Orts passage,
>   da man parlirt vom Fried. Jhr Waffen/ eur Estat
>   muß fallen par ma foy, weil Teutschland Leute hat/
> die Frieden schmieden aus. [...][51]

Sprache à la mode und Sprache der Poesie

Das ist die Sprache à la mode, wie es zu jener Zeit heißt, nach oben schielend, dem Hofe nacheifernd, den Welschen hörig. Die reine, wohlgebildete, modeste deutsche Sprache ist dem rangtieferen Schäfer vorbehalten.

> [...] Man butzte schon die Degen.
> Man warf Olivenzweig hinweg/ und nahm dargegen
>   Zipressen in die Hand. Die Trifft/ in der ich weid/
>   und selbst mein frommes Vieh/ wie war es voller Leid!
> Jtzt da ich aus der Fern zu Hause wiederkommen/
> hab ich mir von dem Fried zu fragen vorgenommen
> [...].[52]

    Deutung vom 16. bis 18. Jahrhundert. – Stuttgart: Metzler 1974 (= Göttinger philosophische Dissertationen).
49 Vgl. dazu Klaus Garber: Sigmund von Birken (Anm. 47), sowie Ernst Rohmer: Die Hirten in der Grotte. Zur Funktion genealogischen Wissens in den Schriften des Sigmund von Birken. – In: ›der Franken Rom‹ (Anm. 14), S. 276–288.
50 Vgl. Sigmund von Birken: Prosapia / Biographia. Hrsg. von Dietrich Jöns, Hartmut Laufhütte. – Tübingen: Niemeyer 1988 (= Werke und Korrespondenz; 14), S. 43ff.
51 Teutscher Kriegs Ab= und Friedens Einzug (Anm. 48), S. 20.
52 Ebd., S. 22. Es ist aufschlußreich zu sehen, wie später in den Türkenkriegen der ›Staatsmann‹ die linguistische Travestie des Soldaten erneut in den Mund gelegt erhält, ›teutsches Vertrauen‹ hinge-

Wie in dem nationalen Lehrgedicht des Vergil, seinen *Georgica*, vollzieht sich die Gesundung des Volkes, seine Reifung zum Frieden, über den unverbildeten Stand der Natur – einer poetischen Kreation gewiß und allegorisch entworfen auch sie, eben deshalb um so signifikanter im Hinblick auf das Intendierte.[53] Im Abstand von der Welt des Krieges, verkörpert im Soldaten und über sein Marodieren angeschlossen an die gleißnerische hochgestellte Gesellschaft, hat sich die reine deutsche Sprache als Ingredienz moralischer Integrität bewahrt. So ist es der Schäfer als Allegorie des gelehrten poetischen Standes, an den der Frieden anzuknüpfen vermag, weil die Dichter nicht nur die Helden verewigen, wie Birken auch in diesem Friedensspiel, sondern dem Frieden selbst das Wort leihen und seine Widersacher – mit einer gehörigen Portion Sadismus – der höllischen Qual überantworten. Das ist genau die Figur, in deren Zeichen sich die sogenannten ›Sprach- und Dichtergesellschaften‹ des 17. Jahrhunderts formieren, die von dem theoretischen Angebot eines Schottel, Gueintz, Buchner leben und ihr sprachreinigendes Werk als moralische, als religiöse, als nationale Erneuerung feiern, denn nichts anderes verbirgt sich hinter der ständigen Zitation von alter ›teutscher‹ Treu, Redlichkeit, Biederkeit und wie die Formeln sonst heißen mögen, an denen die Germanistik bislang scheiterte.[54]

Ein mit diesen Attributen ausgestatteter Schäfer gewinnt bei Birken angesichts des nahenden Friedens unverhofft unwiderstehliche Attraktivität für den Soldaten. Die unverschandelte, über den Krieg hinweg ein menschliches Antlitz bewahrende Lebensform verführt ihn zum Abwerfen von Hut und Degen und zum Übertritt auf die Gegenseite. Den Schäfer aber überrascht dies nicht, denn er weiß, daß schon Könige in den niederen Stand hinüberwechselten, sind es doch die inneren Werte und nicht die äußeren Attribute, die vor der Ewigkeit zählen. Mit einem großen Lobpreis des schäferlichen Lebens ist Birken im Zeichen des Größten der

---

gen – Zentralbegriff und Erkennungsformel der bürgerlich-gelehrten Intelligenz – in der ›schäferlichen‹ Sprache sich artikuliert. Vgl.: Unbekannte Gedichte und Lieder des Sigmund von Birken. Hrsg. von John Roger Paas. – Amsterdam, Atlanta/GA: Rodopi 1990 (= Chloe. Beihefte zum Daphnis; 11), S. 116. Die Diskussion dieses Sachverhalts würde tief hineinführen in die ungeschriebene Funktions- und Mentalitätsgeschichte der deutschen Sozietäten des 17. Jahrhunderts. Dazu das Aperçu von Klaus Garber: Pastorales Dichten des Pegnesischen Blumenordens in der Sozietätsbewegung des 17. Jahrhunderts. Ein Konspekt in 13 Thesen. – In: ›der Franken Rom‹ (Anm. 14), S. 146–154 (in diesem Band S. 429–437).

53 Dazu im Rahmen der unendlichen Literatur nach wie vor herausragend (und stets neben der klassischen Darstellung von Friedrich Klingner: Virgil. Bucolica, Georgica, Aeneis. – Zürich, Stuttgart: Artemis 1967, gegenwärtig zu halten) Vinzenz Buchheit: Der Anspruch des Dichters in Vergils Georgika. Dichtertum und Heilsweg. – Darmstadt: Wissenschaftliche Buchgesellschaft 1972 (= Impulse der Forschung; 8).

54 Vgl. die Arbeiten im vorliegenden Band, sowie zum Kontext Klaus Garber: Arkadien und Gesellschaft. Skizze zur Sozialgeschichte der Schäferdichtung als utopischer Literaturform Europas. – In: Utopieforschung. Interdisziplinäre Studien zur neuzeitlichen Utopie. 3 Bände. Hrsg. von Wilhelm Voßkamp. – Stuttgart: Metzler 1982, Bd. II, S. 37–81 [wiederabgedruckt in: ders.: Literatur und Kultur im Europa der Frühen Neuzeit (Anm. 1), S. 229–274]; ders.: Gelehrtenadel und feudalabsolutistischer Staat. Zehn Thesen zur Sozial- und Mentalitätsgeschichte der ›Intelligenz‹ in der Frühen Neuzeit. – In: Kultur zwischen Bürgertum und Volk. Hrsg. von Jutta Held. – Berlin: Argument-Verlag 1983 (= Argument-Sonderband; 103), S. 31–43 [wiederabgedruckt in: ders.: Literatur und Kultur im Europa der Frühen Neuzeit (Anm. 1), S. 333–345].

Friedens-Bukoliker, im Zeichen des Eklogendichters Vergil, eine überzeugende dichterische Repräsentation der Segnungen dieses erfüllten und daher den Frieden stets begleitenden Schöpfungsstandes gelungen.

> Laster sind der Städte Last; Tugend darf auf Dörfern leben.
> Hoheit ist der Freyheit Gast; da dort Sorgenfässel schweben.
> Einfalt blühet in den Feldern; in der Stadt ist List zu kauff.
> Unschuld wohnet in den Wäldern; Städte häuffen Schulden auf.
> Nun alles dieses gut/ das war bisher verlohren.
> Und alles dieses wird jetzt wieder neugebohren.
> O danke Feld und Wald/ der teuren Himmels=Treu/
> die deine alte Lust nach Unlust machet neu.[55]

Birken aber wäre nicht der gewesen, der er war, wenn er es bei diesen beiden Veranstaltungen, zu denen er gerufen worden war, belassen hätte. Der da tagtäglich an seinem Werk strickte, es neu verknüpfte und mit seinen Gönnern verwob, sich nicht scheute, das Pensum der absolvierten Verse zu zählen, sorgfältig zu addieren und zu notieren – wie hätte er nicht mehr und anderes aus dem Ereignis des Jahrhunderts abkeltern sollen als diese beiden auf den Tag berechneten Proben seines Talents? Er hat sie in immer neuen Varianten und Kontaminationen drucken lassen, die von Sandrart entworfenen Kupfer stets wieder bedichtet und verwendet, seinen Auftritt vor der großen Welt nicht nur in seiner Selbstbiographie, sondern auch in der persönlich gehaltenen Schäferei für Freunde und Nachwelt poetisch festgehalten. Hier kann aus all dem die Aufmerksamkeit nur auf zwei Werke gelenkt werden, von denen zu hoffen steht, daß sie nicht nur für den Spezialisten und Literaturwissenschaftler von Interesse geblieben sind.

›Vergnügtes, Bekriegtes und Widerbefriedigtes Teutschland‹

1651 kam in Nürnberg unter Assistenz eines jungen Barons, des späteren Grafen Gottlieb von Windischgraetz, und unter Mitwirkung der schon einmal rekrutierten Patriziersöhne, die Geschmack an der Schauspielerei gefunden zu haben scheinen, wiederum unter Birkens Stabführung das *Vergnügte, Bekriegte und Widerbefriedigte Teutschland* zur Aufführung.[56] Der Druck aus dem Jahre 1651 weist sich als *Kurzer Entwurf eines neuen Schauspiels* aus. Tatsächlich hat Birken den Stoff sein Leben lang mit sich getragen und erst im Jahr 1679, zwei Jahre vor seinem Tod und nach neuerlichen und nun eindeutig expansorischen Kriegen, in der endgültigen

---

55 Teutscher Kriegs Ab= und Friedens Einzug (Anm. 48), S. 28.
56 Sigmund von Birken: Kurzer Entwurf eines neuen Schauspiels/ darinnen ausgebildet wird das Vergnügte/ Bekriegte und Widerbefriedigte Teutschland. – [s.l.] 1651. Das kleine Werk gehört nach dem Verlust des Birkenschen Handexemplars in der Bibliothek des ›Pegnesischen Blumenordens‹ zu den größten Kostbarkeiten der deutschen Literatur des 17. Jahrhunderts. In Nürnberg selbst hat sich nur das Exemplar aus der Fenitzer-Bibliothek des Landeskirchlichen Archivs erhalten (Fen II. 87. 12 [3]). Zum Kontext vgl. die Autobiographie: Birken: Prosapia / Biographia (Anm. 50), S. 47.

Version unter dem Titel *Margenis oder Das vergnügte, bekriegte und wieder befriedigte Teutschland* der Öffentlichkeit übergeben.[57] Das war nicht nur in gewisser Weise verständlich, sondern in einem tieferen Sinn auch bedeutungsvoll, ging es doch um die prägende Erfahrung einer ganzen Kriegsgeneration, die, sofern sie überlebte, ein Leben zur inneren Verarbeitung des Erlebten benötigte.

Man kann diesen Text nur verstehen, wenn man sich in zweitausend Jahren europäischer Pastoralpoesie gut auskennt. Denn es handelt sich um ein schäferliches Liebesgedicht, das unbekümmert die Motive des griechischen Liebesromans mit denen der neueren höfischen und pastoralen Großformen in Gestalt von Drama und Roman verschneidet; Heliodorus und Longus, der *Amadis* und Barclays *Argenis*, die spanischen Schäferromane, die d'Urfésche *Astrée* und Sidneys *Arcadia*, nicht zuletzt Guarinis wirkungsmächtiger *Pastor fido* sind verarbeitet. Zudem ist es ein allegorisches Pastoraldrama. »Kein Zweifel«, so Birken in seinem ›Vorbericht‹, »der verständige Leser werde leichtlich begreiffen/ daß/ unter diesem LiebGedichte/ die Geschichte von damaligem Teutschen Frieden/ als der Kern in der Schale/ verborgen lige.«[58] Auf diesen kundigen, mündigen Leser konnte der Autor bauen, solange die europäische Tradition noch wie selbstverständlich präsent war. Wir müssen alles mühsam rebuchstabieren. Das soll und kann hier nicht geschehen.[59] So sei nur ein Aspekt akzentuiert.

Liebe und Eintracht, so Birken einleitend, seien die besten ›PflegMutter‹ des Friedens, deshalb biete das Liebesgedicht sich an, wenn es gelte, dieses kostbare und stets gefährdete Gut literarisch zu behandeln.[60] Von wo aber droht ihm vor allem Gefahr? Von dem »böse[n] Kind der Religion-Strittigkeit«.[61] So spricht nun der Autor am Ende seines Lebens ungeschützt. Wie ungezählte andere hatte er sich lange abgewandt von einer bestimmten Konfession, wie sie alle voller Abscheu auf den nicht endenden Hader zurückblickend. Mit Gestalten wie Breckling, Gichtel, Spener stand er in brieflichem Kontakt; von dieser wenige Jahre später von Arnold im Eingang der Aufklärung glänzend rehabilitierten Phalanx gottesfürchtiger Sucher und Täter im Glauben versprach er sich fortzeugende Kraft.[62]

---

57 Die *Margenis* erschien, wie der Kupfertitel ausweist, bei dem Kunsthändler Georg Scheurer in Nürnberg.
58 Ebd., Vorbericht, fol. 1ʳ.
59 Eine ausführliche Interpretation ist für das Arkadienbuch des Verfassers vorbereitet. [Inzwischen zu Teilen erschienen, vgl. Klaus Garber: Der Nürnberger Hirten- und Blumenorden an der Pegnitz (Anm. 15), S. 295–297: ›Margenis und Irenian. Lockerung ständischer Hierarchien‹].
60 Birken: Margenis (Anm. 57), fol. 1ᵛ.
61 Ebd., fol. 2ʳ.
62 Vgl. Klaus Garber: Private literarische Gebrauchsformen im 17. Jahrhundert. Autobiographika und Korrespondenz Sigmund von Birkens. – In: Briefe deutscher Barockautoren. Probleme ihrer Erfassung und Erschließung. Hrsg. von Hans-Henrik Krummacher. – Hamburg: Hauswedell 1978 (= Wolfenbütteler Arbeiten zur Barockforschung; 6), S. 107–138, hier S. 120 (in diesem Band S. 737–761). Zu Arnold maßgeblich: Gottfried Arnold (1666–1714). Mit einer Bibliographie der Arnold-Literatur ab 1714. Hrsg. von Dietrich Blaufuß, Friedrich Niewöhner. – Wiesbaden: Harrassowitz 1995 (= Wolfenbütteler Forschungen; 61). Zum Kontext vgl. Richard van Dülmen: Sozietätsbildungen in Nürnberg im 17. Jahrhundert. – In: Gesellschaft und Herrschaft. Forschungen zu sozial- und landesgeschichtlichen Problemen vornehmlich in Bayern. Festschrift

Was aber setzt er in seinem Werk ›der Religion-Strittigkeit‹ gegenüber? Die Zentral- und Initiationsformel der deutschen humanistischen Intelligenz des 17. Jahrhunderts: das ›Teutsche Vertrauen‹. Es ist bislang nicht gelungen, diesen dunklen und verdächtigen Begriff im Kontext der Sozietätsbewegung luzide zu entfalten. Man braucht sich jedoch nur in den Friedens- und Schäfertexten der Nürnberger umzutun, um den Schlüssel in der Hand zu halten – und der einzige, der dies soziologisch-dialektisch geschult vermochte, war der große deutsch-jüdische Gelehrte Arnold Hirsch, gleich bei Machtantritt von den Nazis verjagt.[63] Die *Margenis*, hinter der sich wiederum das Sorgenkind der Humanisten seit den Tagen des Celtis, die ehrwürdige ›Germania‹, verbirgt, handelt von der Liebe der hochgestellten Prinzessin Margenis zum niederen Schäfer Irenian – der Liebe zweier durch ihre soziale Stellung geschiedener Liebender, also einem märchenhaften Archetypus, der seine Heimstatt in der europäischen Literatur seit den Tagen des Stesichoros aus dem sechsten vorchristlichen Jahrhundert in der Schäferdichtung hat, die eben mehr ist als Rokoko-Tändelei des Ancien Régime, nämlich eine über alle Genera und Medien hinweg die literarische, die bildnerische, die musikalische Phantasie inspirierende Generatorin von Wunschbildern, in denen aktuelle zeitspezifische mit archaischen urgeschichtlichen eine keinesfalls nebulöse, sondern geschichtlich sehr exakt zu bestimmende Symbiose eingehen.[64]

»Der Friede«, so Birken nochmals in der Vorrede, »ist/ in diesem Schauspiel/ ein Sohn des Kriegs/ der ihn mit dem gütlichen Vertrag gezeuget.«[65] Bewegter, heroischer, von grellem Licht und dunklen Schatten durchwalteter Schauplatz dieser endlich zum Vertragsschluß führenden kriegerischen Auseinandersetzung ist Deutschland, verkörpert in der schönen Prinzessin, leidenschaftlich umworben von Polemian und dessen rasender Eifersucht preisgegeben, als sie sich berührt und angezogen

---

für Karl Bosl. – München: Beck 1969, S. 153–190; Klaus Garber: Gefährdete Tradition. Frühbürgerliches Erbe und Aufklärung. Arnold – Leibniz – Thomasius. – In: Kulturelles Erbe zwischen Tradition und Avantgarde. Hrsg. von Thomas Metscher, Christian Marzahn. – Köln, Weimar, Wien: Böhlau 1991 (= Europäische Kulturstudien; 2), S. 3–64, hier S. 14–22 [wiederabgedruckt in: ders.: Literatur und Kultur im Europa der Frühen Neuzeit (Anm. 1), S. 607–657]; Wilhelm Kühlmann: Frühaufklärung und chiliastischer Spiritualismus – Friedrich Brecklings Briefe an Christian Thomasius. – In: Christian Thomasius (1655–1728). Neue Forschungen im Kontext der Frühaufklärung. Hrsg. von Friedrich Vollhardt. – Berlin: de Gruyter 1997 (= Frühe Neuzeit; 37), S. 179–234, vgl. insbesondere S. 180f., Anm. 5.

63 Arnold Hirsch: Bürgertum und Barock im deutschen Roman. Eine Untersuchung über die Entstehung des modernen Weltbildes. – Frankfurt a.M.: Baer 1934. 2. Aufl. besorgt von Herbert Singer. – Köln, Graz: Böhlau 1957 (= Literatur und Leben. N.F.; 1). Hier das Nürnberg gewidmete Kapitel: Die Polemik gegen die höfischen Tugenden in Stockfleths ›Macarie‹, S. 107–117, S. 139–143 [wiederabgedruckt in: Europäische Bukolik und Georgik. Hrsg. von Klaus Garber. – Darmstadt: Wissenschaftliche Buchgesellschaft 1976 (= Wege der Forschung; 355), S. 329–346].

64 Dazu mit der einschlägigen Literatur die Artikel ›Schäferdichtung‹ bzw. ›Bukolik‹. – In: Literaturlexikon. Autoren und Werke deutscher Sprache. Bd. XIV: Begriffe, Realien, Methoden. Hrsg. von Volker Meid. – Gütersloh, München: Bertelsmann-Lexikon-Verlag 1993 (Literaturlexikon. Autoren und Werke deutscher Sprache; 14), S. 338–341; Fischer-Lexikon Literatur (Anm. 1), Bd. III, S. 1746–1765 (in diesem Band S. 323–339); Reallexikon der deutschen Literaturwissenschaft. Hrsg. von Klaus Weimar. Bd. I. 3. Aufl. – Berlin, New York: de Gruyter 1997, S. 287–291.

65 Birken: Margenis (Anm. 57), fol. 1ᵛ.

fühlt von der schäferlichen Gestalt Irenians und seinem Lebensraum. Die Prinzessin ist verstrickt in die Welt der Geschichte, der Politik, des Kampfes um die Macht – in geistlichen wie in weltlichen Belangen. Irenian ist diesem Toben enthoben. Er ist der Repräsentant des »Friedens-Standes«, wie es wiederum bei Birken heißt.[66] Er lebt selbstgenügsam, unschuldig, fromm, in Übereinstimmung mit sich und seinem Los, kurzum er kontrastiert der Geschichte als kreatürliches Wesen, in dem sich die Versprechungen der Schöpfung bewahrt haben.

Kommt es nun zur Liebe zwischen den beiden, so wird dem ranghohen Stand das Opfer der Lösung aus dem anvertrauten Lebensraum abverlangt. Er gerät in eine Sinn- und Identitätskrise, denn er muß bekennen, daß er das Beste im Leben verliert, wenn er seinen ursprünglichen, geschöpflichen Stand vergißt oder verleugnet. Indem die Prinzessin sich herabneigt zur Friedensgestalt des Schäfers Irenian, wird sie selbst friedensbereit und friedensfähig. Das ist in ungezählten Variationen das Konstruktionsschema der Pastorale, ihr Kalkül. Margenis muß das blutige Schwert ablegen, bevor sie die befriedete Zone Irenians betreten darf. Das Schäferwesen, der Raum, in dem der Schäfer lebt, hat den Status eines Reservats.[67] Vergeblich sucht Polemian in ihn einzudringen und sich der untreuen, ihm sich entziehenden Margenis wieder zu bemächtigen; die Entzweiung, der Krieg, die Geschichte prallen an ihm ab.

Aber damit wird er doch kein ungeschichtlicher, zeitloser, ontologisch hypostasierter Raum wie später in der Kulturkritik des 19. Jahrhunderts oder gar der Existentialphilosophie. Er ist ein Ort der Kultur, bevölkert von Schäferinnen und Schäfern, an dem alle jene Werte und Ideale versammelt sind und im stets allegorisch konzipierten Schäfertum verkörpert werden, welche die gelehrte Humanistenschaft ausgebildet hat und in den Städten sowie im Adel, in den Fürstentümern und Nationalstaaten zur Geltung zu bringen sucht – ursprungstheologisch und pastoral mystifiziert und überhöht, eben dadurch beglaubigt und legitimiert und ausgewiesen als erprobtes Mittel zur Heilung der Gebrechen der Zeit und vor allem ihrer Friedlosigkeit. Wir haben es, mit anderen Worten, verschlüsselt in das allegorische Liebesdrama, mit einer humanistischen Gelehrten-Utopie zu tun, in deren Nischen und wenig betretenen Ecken überall schon das Vorausdenken des mit kompetenten, erfahrenen, vernünftigen Beraterstäben ausgestatteten und deshalb vorsorglich und klug und friedensbewahrend handelnden Staates sich vollzieht, wie er dann im aufgeklärten Absolutismus Gestalt annehmen sollte.[68] Wie das aber auch zu verstehen sein könnte, darüber belehrt uns Birkens letzte Schrift aus seinem Friedens-Bouquet.

---

66 Ebd.
67 Vgl. dazu die in Anm. 32 zitierte Arbeit des Verfassers.
68 Dazu Hirsch: Bürgertum und Barock (Anm. 63), sowie Klaus Garber: Gibt es eine bürgerliche Literatur im Deutschland des 17. Jahrhunderts? Eine Stellungnahme zu Dieter Breuers gleichnamigem Aufsatz. – In: Germanisch-romanische Monatsschrift 31 (1981), S. 462–470 (in diesem Band S. 113–121).

›Fried=erfreuete Teutonie‹

Denn zwei Jahre, nachdem die Festlichkeiten vorüber waren, als die große Politik sich wieder aus der alten Reichsstadt verabschiedet hatte, rekapitulierte Birken das gesamte Geschehen nochmals in seiner *Fried=erfreueten Teutonie*, einer *Geschichtschrifft von dem Teutschen Friedensvergleich, mit allerhand Staats= und Lebenslehren/ Dichtereyen/ auch darein gehörigen Kupffern gezieret*, wie es im Untertitel heißt.[69] Die dramatische Form ist also als nur für den Anlaß sinnvolle wieder verabschiedet, und Birken weist ausdrücklich darauf hin. Statt dessen stehen wir – genau wie auf andere Weise schon mit seiner *Margenis* – am Ursprung des später von Birken in seiner Poetik so genannten ›Geschicht-Gedichts‹ – einem Zwitter, dem in der zweiten Hälfte des Jahrhunderts in Drama und Roman eine große Zukunft beschert war.[70] Zugrunde liegt stets ein historisches, politisches, reales Sujet. Mit seiner Statuierung salvieren sich die Dichter gegenüber dem nicht verstummenden Vorwurf des puren Fabulierens. Zugleich aber beharren sie auf der Lizenz zum freien Umgang mit dem faktischen Geschehen, also seiner Deutung, der Erkundung seines Sinns, seiner Einpassung in Welt- und Heilsgeschehen.[71] Gäbe es etwas Attraktiveres für einen vor den Augen von Stadtobrigkeit und Adel, Fürsten und Kaiser agierenden Poeten? Diese Zielgruppe hatte Opitz in seiner Reform konsequent und ehrgeizig ins Auge gefaßt. Im großen heroischen, die Zeit und ihre geheimen Signaturen verarbeitenden Poem, dem höfisch-heroisch-allegorischen Roman, aber auch dem politisch-allegorischen Schaustück, löste die *nobilitas litteraria* den hohen Anspruch ein.[72] Und nur wenn man diese Verpflichtung der Poesie auf den öffentlichen, den staatlichen, den im weitesten Sinne politischen Raum kennt,

---

69 Sigmund von Birken: Die Fried=erfreuete Teutonie. Eine Geschichtschrifft von dem Teutschen Friedensvergleich/ was bey Abhandlung dessen/ in des H. Röm. ReichsStadt Nürnberg/ nachdem selbiger von Osnabrügg dahin gereiset/ denkwürdiges vorgelauffen; mit allerhand Staats= und Lebenslehren/ Dichtereyen/ auch darein gehörigen Kupffern gezieret/ in vier Bücher abgetheilet. – Nürnberg: Jeremias Dümler 1652.

70 Sigmund von Birken: Teutsche Rede-bind- und Dicht-Kunst/ oder Kurze Anweisung zur Teutschen Poesy/ mit Geistlichen Exempeln. – Nürnberg: Riegel 1679. Reprint Hildesheim, New York: Olms 1973, S. 301ff. Birken plaziert seine Ausführungen über Epos und Roman – die ersten zusammenhängenden innerhalb der Poetik des 17. Jahrhunderts! – in dem Kapitel über die Gattung des Schäfergedichts. Die weitreichenden poetologischen Konsequenzen aus diesem Sachverhalt können hier nicht diskutiert werden. Vgl. auch Birkens Ausführungen zu Epos und Roman in der Vorrede zu Herzog Anton Ulrich von Braunschweig und Lüneburg: Die Durchleuchtige Syrerinn Aramena. Teile I–V. – Nürnberg: Hofmann 1669–1673. Reprint. Hrsg. und mit einem Nachwort versehen von Blake Lee Spahr. – Bern, Frankfurt a.M.: Lang 1975–1983 (= Nachdrucke deutscher Literatur des 17. Jahrhunderts; IV/1–5). Dazu Wilhelm Voßkamp: Romantheorie in Deutschland. Von Martin Opitz bis Friedrich von Blanckenburg. – Stuttgart: Metzler 1973, S. 7ff., S. 69–71.

71 Im Verrätseln der Namen kommt das sinnfällig zum Ausdruck. Dieses geschieht, wie Birken in der Vorrede bezeugt, um »eine desto freyere Rede zu führen«! Birken: Teutonie (Anm. 69), fol. A2ʳ. Die gleiche Funktion zur Statuierung eines sozialkritischen, utopischen Raums hat die Wahl des pastoralen bzw. idyllischen Genres. Vgl. die entsprechenden Arbeiten in diesem Band.

72 Ein einziges Beispiel, zu welch weitreichenden Ergebnissen eine im Entschlüsseln der enigmatischen Zeichensysteme geschulte Literaturwissenschaft inzwischen zu gelangen vermag: Thomas

vermag man die ganze Wucht des Umschwungs zu ermessen, der mit dem Entzug des öffentlichen Anspruchs und der dezidierten Beschränkung auf das Private, Familiäre, das in diesem Sinne ›Bürgerliche‹ mit der Empfindsamkeit des 18. Jahrhunderts neu ins Spiel gerät.[73]

Unter den Fittichen des uralten Welfenhauses, der Herzöge von Braunschweig und Lüneburg, sucht die Prinzessin Teutonie, nachdem sie so lange »im Feld unter den Zelten der Helden« verweilen mußte, nun »nach erlangter Friedensruhe [...] Schutz/ Wohnung/ und Aufenthalt/ so sie nirgend besser zu finden weiß.«[74] Genau so hatte sich Margenis zu Irenian herabgeneigt; Hirte und Herrscher stehen komplementär zueinander. Und mit einer Verewigung des Hauses hebt die Schrift denn auch an, um später in der *Guelfis* (1669) in einem großen dynastischen Geschichtswerk das hier und parallel in den Wolfenbütteler Schäfereien auf den Weg Gebrachte zu vollenden. Auch das Kaiserhaus, die ungarischen Könige, das Haus Brandenburg-Bayreuth, den ›Sächsischen Heldensaal‹ wird Birken in seinem langen Schriftstellerleben ebenso in monumentalen, immer wieder die Mitte zwischen Geschichte und Dichtung, epischer Panegyrik und Bukolik suchenden Werken verewigen. In diesem Sinne darf Birken als der höfische Dichter par excellence im städtischen Raum des deutschen 17. Jahrhunderts gelten. In seiner frühesten Arbeit auf diesem Weg erkundet er nochmals das Wesen von Krieg und Frieden auf nahezu unerschöpfliche und hier nicht entfernt auszuschöpfende Manier. Voll Stolz behauptet er in diesem seinem Tun ein gewisses Recht auf Priorität. Wie interessant wäre es, den Mitteln und Mustern nachzufragen, die Birken auf die Rekapitulation des großen Kriegs und den mühseligen Weg zum Frieden wendet, mit der er einsetzt; wie unterhaltend und belehrend, den Physiognomien der Gestalten und zuallererst Teutoniens selbst nachzusinnen. Denn, wie sie sagt, »das Angesicht ist ein Buch/ darinn die Natur die Gedanken der Menschen/ gleichsam Sinnbildsweiß vorstelliget.«[75] Aus der rasenden Schäferin Pamela ist wieder eine Prinzessin – Teutonie – geworden, um fürstliche Hoheit, um Fassung, um Würde vor den Untertanen bemüht, denn »der Fürsten Unmuht/ macht die Unterthanen blöde«, gleichwohl angesichts der Ungeheuerlichkeiten am Rande des Abgrunds wandelnd.[76]

    Borgstedt: Reichsidee und Liebesethik. Eine Rekonstruktion des Lohensteinschen Arminiusromans. – Tübingen: Niemeyer 1992 (= Studien zur deutschen Literatur; 121).
73 Vgl. Carsten Zelle: Von der Empfindsamkeit zum l'art pour l'art. Zu Richard Alewyns geplantem Sentimentalismus-Buch. – In: Euphorion 87 (1993), S. 90–99; ebd. S. 100–105: Richard Alewyn: The Changing Concepts of the Arts and the Artist in the Years between 1750 and 1850. Plans for Work.
74 Birken: Teutonie (Anm. 69), Widmungszuschrift, fol. 3ᵛ.
75 Ebd., S. 4.
76 Ebd.

Zierde und Ehre der deutschen Sprache

Wenn es einen Trost über die Jahre hinweg gegeben hat, dann in gut Opitzscher, in gut humanistischer Weise den, der von der Erneuerung und dem Wachstum der deutschen Poesie inmitten des Wütens ausging – zuallererst, wie sollte es anders sein, von dem der ›Tesping-Schäfere‹, dem Blumenorden also an der Pegnitz. In die Sprache ist die Hoffnung verpuppt, die sich an die Wiedererlangung der staatlichen Souveränität knüpft. »Sprach und Staat blüheten miteinander. Man lese in den Geschichtbüchern/ daß jederzeit/ wann die Sprache eines Reichs oder Landes/ so sey auch dessen Macht und Staatswesen in Ab= oder Aufnemen kommen«, heißt es mit Quintilian, mit Valla, mit Scaliger und anderen.[77] Da ist sie wieder, die Schmähung der ›Flick- und Lappwörter‹, in deren Gebrauch sich der Verrat am Vaterland manifestiert.

> Sie [die deutsche Sprache]/ die eine von den vier vornehmsten Haubtsprachen ist/ muß von denen/ aus andern zusammen gebettelten Sprachen noch Wörter betteln/ ungeact sie an deren Anzahl selbst reicher ist/ als alle andre. Wir reisen mit grossem Unkosten/ und kauffen gleichsam der Fremden ihre Reden/ Kleider und Laster ins Land/ ihnen dargegen unsre Treu und Dapfferkeit lassende. Was wunder ist es dann/ daß sie auch zu uns kommen/ und uns solche/ zu samt dem Lande/ mit Gewalt wider abnehmen?[78]

Das also sind die machtpolitischen Implikationen und Konsequenzen fehlgeleiteten Sprachverhaltens, angesichts derer Emphase und Pathos des rechten Wortes, der reinen Poesie im Umkreis der Humanisten und ihrer Sozietäten verständlich werden. Und wieder hinüberwechselnd in den Raum der Politik, des Staats, des Rechts: Eine Schande, wenn da die Staatsverträge und Gesetze nicht in der deutschen Muttersprache abgefaßt werden.

> Haben nicht auch alle andere ReichsStände und Städte ihre absonderliche Staatsordnung in derselben? Warüm solte man dann nicht die allgemeinen Rechte ebenmässig darinn haben können? In was für einer Sprache werden alle diese Reichs Grundgesetze verfasset/ alle Versammlungstäge verabschiedet/ alle Vorträge und Gerichtstritte abgehandelt? Ist es nicht die Teutonische? Die ernehret/ die lehret uns auch/ so wol auf den Cantzlen/ als in den Cantzleyen/ sowol zu= als ausser Hause. [...] Man verwirft die andern/ insonderheit die drey Hauptsprachen nicht/ in welchen alle Künste und Lehren der Weißheit beschrieben: Man soll aber ihrentwegen die edle Teutonische nicht verwerffen/ die wir von der Mutter gesogen/ die uns erzogen hat/ und noch immer erhält.[79]

So weiß der Lobredner die hohe Politik mit der hehren Spracharbeit erneut zu verknüpfen und Teutonie auf das Patronat der sprachkundigen Poeten zu verpflichten.

---

77 Ebd., S. 12.
78 Ebd.
79 Ebd., S. 13. Vgl. in diesem Zusammenhang auch die Polemik gegen den (ungenannten) Philipp von Zesen, S. 14f.

Dem Maler gleich im Bilde

Wähnt man aber im Ernst, der Dichter könne an dieser Stelle der Versuchung widerstehen, sich, dem Maler auf dem Bilde gleich, in seinem Werke zu verewigen? Harsdörffer, Helwig, Klaj, die drei Großen des Ordens, sie werden rasch gestreift, um dann beim edlen Floridan alias Sigmund von Birken zu verweilen, der sich an den Toren der Norisburg zum Empfang der Prinzessin Teutonie postiert hat, seine Friedensrede in der Hand, ehrfürchtig sich verneigend und alsbald in einen Diskurs um Krieg und Frieden, das Recht und die Grenzen der Waffen verwickelt. So geht es zu, so ging es immer zu auf dem Parnaß der ruhmspendenden und ruhmerheischenden Humanisten, das wissen wir seit Jacob Burckhardt und sollten es nicht überbewerten, denn ihre Werke, wir deuteten es an, zeugen ja von mehr als Eitelkeit. »Lorbeerlaub machet den Oelzweig grünen. Eisen schützet das Gold deß Friedens. Soll der Zepter fäst stehen/ so muß das Schwerd bey ihm liegen.«[80] Darauf läuft es ungeachtet des leisen Einspruchs Teutoniens viele Seiten füllend hinaus. Und so erweist sich der des waffenlosen Utopismus geziehene Dichter am Schluß wie jeder auf sich haltende Humanist als staatstragender Realist.

Seine Friedensrede aber verwandelt sich nun auf Geheiß der Teutonie in eine Gedenksäule – Mehrfachverwendung des patentierten Werkes, wie sie im Buche steht. Auch das muß hier unbesprochen bleiben. Es ist die planmäßige Verzahnung von Politik und Pastorale, von geschichtlicher und geschöpflicher Welt, in der sich das Geschichtsgedicht erfüllt – ein Modell, das hinter allen dynastisch-historiographisch-panegyrischen Werken Birkens steht und für das so gut wie als einziger kein Geringerer als der Historiker Gervinus ein Gespür hatte, wo sich die wohlgesittete Zunft der auf die Erlebnisdichtung kaprizierten Literaturwissenschaft ob der nackten, fleischgewordenen Fürstendienerei, die man doch zu Kaisers Zeiten lange hinter sich wähnte, entrüstet abwendete.[81]

Erlaubt sei ein abschließender Satz. Permanent mußte und sollte von den europäischen Vorgaben gesprochen werden, in denen unsere deutschen Texte stehen. Die deutsche ästhetische Theorie hingegen ist in der von uns assimilierten Version ein weitgehend deutsches Erzeugnis. Sie aber, die Werke der ersten Blütezeit aus den Tagen der Novalis, Schlegel, Schleiermacher, und die aus der zweiten und von Hitler verjagten der Benjamin, Bloch, Adorno, haben uns, ob aus theologischen oder geschichtsphilosophischen, aus sprachkritischen oder messianischen Motiven heraus, ermächtigt, die Werke der Kunst weiterzudenken und durch Aneignung immer wieder neu zu vollenden. Wenn es gelungen wäre, im Gedenken an den Westfälischen Frieden anzudeuten, daß die zeitgleichen literarischen Texte vielleicht auch in unserer Zeit noch zu sprechen vermöchten, wäre die kleine Exkursion in die arkadisch-irenische Welt der Nürnberger nicht umsonst gewesen.

---

80 Ebd., S. 18.
81 Vgl. Georg Gottfried Gervinus: Geschichte der poetischen National-Literatur der Deutschen. 5 Bände. 2., umgearbeitete Ausgabe. – Leipzig: Engelmann 1840–1844. Dritter Teil: Vom Ende der Reformation bis zu Gottsched's Zeiten, S. 302ff.

Zuerst erschienen unter dem Titel: Sprachspiel und Friedensfeier. Die deutsche Literatur des 17. Jahrhunderts auf ihrem Zenit im festlichen Nürnberg. – In: Der Westfälische Friede. Diplomatie, politische Zäsur, kulturelles Umfeld, Rezeptionsgeschichte. Hrsg. von Heinz Duchhardt. – München: Oldenbourg 1998 (= Historische Zeitschrift. Beihefte. N.F.; 26), S. 679–713.

Literatur in der Stadt – Bilder der Stadt in der Literatur

Eine europäische Revue

Seitenpfade

Die Stadt als eine der zentralen Agenturen literarischen Lebens ist stets wahrgenommen worden. Es wäre folglich abwegig zu meinen, man müsse für sie als Ort literarischer Kommunikation mit besonderer Dringlichkeit und Werbewirksamkeit in die wissenschaftliche und publizistische Offensive gehen. Aufklärung, Liberalismus, Sozialismus haben sich aus einer Reihe von Gründen stets besonders interessiert gezeigt an literarischen Erscheinungsformen, die von städtischem Geist geprägt waren. Und die literarischen Avantgarden zumal des 20. Jahrhunderts haben die vorgeschobensten Bastionen künstlerischer Praxis so gut wie ausnahmslos an metropolitane Erfahrungen geknüpft. Stadt als Stätte kultureller Interaktion sowie prononcierte Formulierung und Positionierung jeweiliger ästhetischer Modernismen in Theorie und Praxis sind ohne einander nicht vorzustellen. Die Großstadt und die Spur, die sie in den Künsten und speziell in der Literatur hinterlassen hat, sind heute in jeder denkbaren Richtung und teilweise auf exzellentem Niveau erforscht. Wenn wir trotzdem die Einladung von historischer Seite an den Literaturwissenschaftler dankbar angenommen haben, so nicht nur aus dem Gefühl nachbarschaftlicher Verpflichtung heraus. Gerade den Vertreter frühneuzeitlicher Literatur- und Kulturgeschichte drängt es, in dem vermeintlich gut erforschten Gelände weniger betretene Zonen zu markieren und die Aufmerksamkeit auf diese zu lenken. Das soll in Wahrnehmung der Lizenz, welche die zugestandene offene Formulierung des Themas erlaubt, im folgenden bevorzugt geschehen. Dies indes kann nur in europäischer Optik erfolgen – und damit in gleichermaßen weiter räumlicher wie zeitlicher Anlage. Dabei müssen Bilder von Städten nicht anders als städtische Ensembles als Grund für die Konstitution literarischer Kommunikation ins Auge gefaßt werden.[1]

---

[1] Der Beitrag ist fundamentiert durch das zweibändige Sammelwerk: Stadt und Literatur im deutschen Sprachraum der Frühen Neuzeit. Hrsg. von Klaus Garber unter Mitwirkung von Stefan Anders, Thomas Elsmann. – Tübingen: Niemeyer 1998 (= Frühe Neuzeit; 39). Da hier und insbesondere in dem Grundlegungsbeitrag des Verfassers die einschlägige Literatur reichhaltig verarbeitet und nachgewiesen ist, darf im folgenden auf eingehendere nochmalige Nachweise verzichtet werden; berücksichtigt ist vor allem Literatur jüngeren Datums. Vgl. auch den lexikalischen Eintrag ›Stadt‹. – In: Literaturlexikon. Autoren und Werke deutscher Sprache. Bd. XIV: Begriffe, Realien, Methoden. Hrsg. von Volker Meid. – Gütersloh: Bertelsmann Lexikon Verlag 1993, S. 397–402, hier nochmals einschlägige Literatur (in diesem Band S. 101–112). Perspektivenreich auch der Artikel ›Stadt‹. – In: Elisabeth Frenzel: Motive der Weltliteratur. Ein Lexikon dichtungsgeschichtlicher Längsschnitte. 3., überarbeitete und erweiterte Aufl. – Stuttgart: Kröner

Archetypische Bilder

Was erstere angeht, so sind die primären und durchaus auch literarisch ambitionierten Prägungen so alt wie menschliches Sprechen und Gedenken im Umkreis verschriftlichter Kultur Europas überhaupt. Die frühesten Bilder von Städten und städtischer Erfahrung haben urbildlichen Charakter besessen. Sie sind Generatoren literarischer Erfahrung und konziser Artikulation von einer Langzeitwirkung gewesen, in der sich die Unverwüstlichkeit einer Sprache in Bildern als eines fortan gemeinsamen Schatzes und Hortes europäischer Selbstfindung behauptete und kundtat. Wir sprechen von der kontrastiven Figuration Babylon–Jerusalem im Alten Testament, wie sie zumal vermittelt über die Offenbarung des Johannes der europäischen Geistesgeschichte als theologisch wie anthropologisch gleich hochbesetzte menschliche Existenzerfahrung zugeführt wurde. Es war die unerhörte Radikalität der Verwerfung dort, die unerhörte Spiritualität der Verheißung hier, die in einer dreitausendjährigen Geschichte der Aneignung und Auslegung ein schöpferisches Arsenal von bildhaften Amalgamierungen nicht anders als von gedanklichen Antworten auf einen schier unerschöpflichen archegetischen Fundus zeitigte, der in der ungeschriebenen Geschichte der Europa konstituierenden Bilder seinerseits noch einmal singulär dastehen dürfte.[2]

1988 (= Kröners Taschenausgabe; 301), S. 667–681 (mit weiterer Literatur). Der in dem Osnabrücker Tagungsband dokumentierte Schwerpunkt städtischen literarischen Lebens im alten deutschen Sprachraum des Ostens ist weiter ausgebaut in: Literatur und Institutionen der literarischen Kommunikation in nordeuropäischen Städten im Zeitraum vom 16. bis zum 18. Jahrhundert. Hrsg. von Edmund Kotarski in Zusammenarbeit mit Małgorzata Chojnacka. – Gdańsk: Wydawnictwo Uniwersytetu Gdańskiego 1996. Zur Stadtbildforschung zuletzt umfassend: Das Bild der Stadt in der Neuzeit 1400–1800. Hrsg. von Wolfgang Behringer, Bernd Roeck unter Mitwirkung zahlreicher Autoren. – München: Beck 1999. Aus den Nachbarbereichen vor allem: Stadt und Mäzenatentum. Hrsg. von Bernhard Kirchgässner, Hans-Peter Becht. – Sigmaringen: Thorbecke 1997 (= Veröffentlichungen des Südwestdeutschen Arbeitskreises für Stadtgeschichtsforschung; 33); Stadt und Bildung. Hrsg. von Bernhard Kirchgässner, Hans-Peter Becht. – Sigmaringen: Thorbecke 1997 (= Stadt in der Geschichte; 24). Die historische Literatur zusammengeführt bei Heinz Schilling: Die Stadt in der Frühen Neuzeit. – München: Oldenbourg 1993 (= Enzyklopädie Deutscher Geschichte; 24).

2 Lexikalisch im vorliegenden Zusammenhang am ergiebigsten die Einträge zu Babylon und Jerusalem im *Reallexikon für Antike und Christentum* (RAC), Bd. I (1950), Sp. 1118–1134; Bd. XVII (1996), Sp. 631–764. Vgl. in letzterem Artikel insbesondere den hervorragend gearbeiteten Abschnitt ›Jerusalem II (Sinnbild)‹, Sp. 718–764, mit reicher Literatur. Instruktiv für die Bildende Kunst der Artikel ›Jerusalem, Himmlisches‹ im *Lexikon der Christlichen Ikonographie*, Bd. II (1970), Sp. 394–399, wiederum mit weiterer Literatur. Dazu im Bd. IV (1972), Sp. 198–205 bzw. 205–209, die Einträge ›Stadt, Städte‹ und ›Städte, Zwei (Bethlehem und Jerusalem)‹. Vgl. auch die Artikel ›Babylonien‹ und ›Jerusalem‹ sowie den Artikel ›Stadt‹ in der *Theologischen Realenzyklopädie* mit der einschlägigen Literatur. Vor allem in letzterem (Bd. XXXII (2001), S. 90–104) der knappe Abschnitt ›Geistige Auseinandersetzungen mit der Stadt‹ sowie die wiederholten Einträge unter dem Stichwort ›Das Bild der Stadt‹ bzw. ›Idealbilder der Stadt‹. – Zum dichotomischen Modell Josef Kroll: Gott und Hölle. Der Mythos vom Descensuskampfe. – Leipzig, Berlin: Teubner 1932 (= Studien der Bibliothek Warburg; 20), insbesondere S. 205–262, S. 342ff., S. 363ff. Als Publikation zum Jerusalem-Bild in Mittelalter und Renaissance: Le mythe de Jérusalem, du moyen âge à la renaissance. Études réunies par Evelyne Berriot-Salvadore. – Saint-Étienne: Université 1995. Vgl. als interessanten Beitrag von kunsthistorischer Seite auch Bernd Roeck:

Die griechisch-römische Antike, auf ungezählten Feldern die Spenderin der ersten und häufig prototypischen Formulierung, besaß in puncto Stadt keine gleich einprägsame und wirkungsträchtige literarische Überlieferung. Dafür stellte sie ein geschichtliches Paradigma, an dessen politischer wie kultureller Assimilation so gut wie jede Generation bis in das 20. Jahrhundert hinein Genüge finden sollte: Rom als Inbegriff und Hort von Universalität jedwedes Menschlichen, an dem sich Daseinsentwürfe wie politische Visionen mit universalem Anspruch entzündeten. Die Stadt hat das Glück gehabt, auf ihrem Zenit einen poetischen Dolmetscher an ihrer Seite zu wissen, der ihre Mission in einer von dem grassierenden Weissagungswesen an der Wende der Zeiten nicht unbeeinflußten Sprache ebenso verbindlich wie auslegungsfähig in allen drei europäischen Leitgattungen – dem Hirtengedicht, dem bäuerlichen Lehrgedicht und dem Epos – strukturprägend für die europäische Literatur entwarf. Es gibt keinen zweiten Dichter, der es in Alteuropa zu ähnlichem Ansehen gebracht hätte wie Vergil. Seine Verhaftung an die imperiale Metropole und ihre weltumspannende, vom Dichter antizipierte Sendung ist der Grund für seinen unerschöpflichen Ruhm bis in die Tage Goethes und der Frühromantik hinein. Nimmt man hinzu, daß römische Literatur und Philosophie ein alternatives, auf Natur verpflichtetes Paradigma mit sich führten, daß überhaupt die von Urbanität geprägte griechisch-römische Kultur in den ungezählten Varianten ihrer Bilderwelt vom Goldenen Zeitalter und den Inseln der Seeligen eine gleichfalls zugkräftige mentale Formation, umspielt von der binären Opposition zwischen Natur und Kultur, bereithielt, so dürfte auch in dieser äußersten Verknappung plausibel sein, daß in der jüdisch-christlichen wie der griechisch-römischen Überlieferung Potenzen ausgeformt waren, deren energetische Zeugungskraft hinreichte, den alten Kontinent über zwei Jahrtausende immer neu zu inspirieren und unter den wechselnden Bildern des Lebensraums ›Stadt‹ seiner selbst ansichtig werden zu lassen. Diese Geschichte in immer neuen Variationen nachzuerzählen, bleibt ein intellektuelles Vergnügen und Abenteuer großen Reizes.[3]

Gerusalemme Celeste e spirito geometrico. Sull'iconografia e sulla storia sociale delle mura cittadine, dall'esempio di Augusta. – In: La città e le mura. A cura di Cesare De Seta, Jacques Le Goff. – Roma: Laterza 1989 (= Grandi opere), pp. 291–320. Zur Übertragung der Babylon-Metaphorik auf Rom nach der Zerstörung Jerusalems grundlegend Harald Fuchs: Der geistige Widerstand gegen Rom in der antiken Welt. – Berlin: de Gruyter 1938, speziell S. 63–73. Vgl. auch den großen Artikel von Werner Schäfke: Frühchristlicher Widerstand. – In: Aufstieg und Niedergang der Römischen Welt (ANRW) II: Principat, Bd. XXIII/1 (1979), S. 460–723, hier S. 562–572: ›Die ›Stadt‹ der Christen.‹ Zum Gegenpol unter dem Stern Jerusalems: Werner Müller: Die heilige Stadt. Roma quadrata, himmlisches Jerusalem und die Mythe vom Weltnabel. – Stuttgart: Kohlhammer 1961. Zum Kontext: Civitas. Religious Interpretations of the City. Ed. by Peter S. Hawkins. – Atlanta/GA: Scholars Press 1986 (= Scholars Press Studies in the Humanities; 10). Dazu der fundamentale titelgebende Beitrag in der von Helmut Böhme, Eberhard Jäckel und Rainer Jooß herausgegebenen Aufsatzsammlung des führenden deutschen Historikers städtischer Geistigkeit und Ikonologie Otto Borst: Babel oder Jerusalem. Sechs Kapitel Stadtgeschichte. – Stuttgart: Theiss 1984, S. 15–123, Anmerkungen S. 433–454.

3 Neben den bekannten Arbeiten und Anthologien von Fedor Schneider, Percy Ernst Schramm, Walter Rehm, Friedrich Klingner, Otto Seel, Michael von Albrecht, Bernhard Kytzler etc. vgl. im vorliegenden Zusammenhang zuletzt Karl Galinsky: Augustan Culture. An Interpretive Introduc-

Adliges Sozialprestige im bürgerlichen Raum

Wenn das Thema ›Stadt und Literatur‹ in der angemessenen Tiefenperspektive situiert werden soll, muß es von der schwierigen, weil komplexen Übergangszeit des späten Mittelalters und der Frühen Neuzeit den Ausgang nehmen. Auch das Thema städtische Literatur ist wie das aller kulturellen Formationen im Übergang zur frühen Moderne verschlungen mit dem – in gewisser Weise vorgängigen, weil zeitlich prioritären und hierarchisch normsetzenden – adliger Kultur und Literatur. Der erste Ausbruch in großem und neue Werte setzendem Stil aus der dominanten klerikal-monastischen Schriftkultur erfolgt in der Literatur – und nur von ihr ist die Rede, nicht von der Philosophie, die hier parallel zu behandeln wäre – in einer von adligem Ethos vollends durchwalteten neuen literarischen Formensprache, die ungeachtet ihrer antiken, frühchristlichen und frühmittelalterlichen Anleihen eine Schöpfung sui generis darstellt, als solche begabt mit allen für Langzeitwirkung qualifizierenden Ingredienzen. Die höfische Versepik, ob als Artusepik oder als Heldenepik, sowie der höfische Minnesang bezeugen nach einem runden Jahrtausend erstmals wieder das innovative kulturelle Vermögen eines sozial hochgestellten Laienstandes, der seinerseits zwei durch die Antike verbürgte und zumindest in dem einen Fall mit höchstem Ansehen ausgestattete Gattungen in den Dienst genuiner und in dieser Ausprägung nicht vorgegebener sozialer Repräsentation zu stellen vermag.[4]

---

tion. – Princeton/NJ: Princeton University Press 1996, insbesondere Chapter III: Ideas, Ideals, and Values, p. 80ss., mit einem eigenen Abschnitt ›The Golden Age‹, p. 90ss., und einem weiteren ›Vergil and the Creation of the Augustan Ethos‹, p. 121ss., mit weiterer Literatur. Zur Ikonographie und Ikonologie nach wie vor herausragend Paul Zanker: Augustus und die Macht der Bilder. – München: Beck 1987; vor allem Kapitel V: Die mythische Überhöhung des neuen Staates, S. 171ff. Dazu die vielen einschlägigen Beiträge in: Aufstieg und Niedergang der Römischen Welt (ANRW) II: Principat, Bd. XXXI: Sprache und Literatur. Literatur der Augusteischen Zeit, insbesondere die Teilbände I (1980) und II (1981) mit den Beiträgen zu Vergil. Dazu Hans Erich Stier: Augustusfriede und römische Klassik. – In: ANRW II: Principat, Bd. II (1975), S. 3–54; sowie Bertram Haller: Augustus und seine Politik. Ausgewählte Bibliographie. – In: ebd., S. 55–74. Zur Verschränkung von arkadischer und politischer Welt: Klaus Garber: Arkadien und Gesellschaft. Skizze zur Sozialgeschichte der Schäferdichtung als utopischer Literaturform Europas. – In: Utopieforschung. Interdisziplinäre Studien zur neuzeitlichen Utopie. Hrsg. von Wilhelm Voßkamp. Bd. I–III. – Stuttgart: Metzler 1982, Bd. II, S. 37–81 [wiederabgedruckt in: ders.: Literatur und Kultur im Europa der Frühen Neuzeit. Gesammelte Studien. – München: Fink 2009, S. 229–274]. Vgl. auch Wolfgang Kofler: Aeneas und Vergil. Untersuchungen zur poetologischen Dimension der Aeneis. – Heidelberg: Winter 2003 (= Bibliothek der klassischen Altertumswissenschaften; 111). Aus historischer Perspektive: Klaus Bringmann, Thomas Schäfer: Augustus und die Begründung des römischen Kaisertums. – Berlin: Akademie-Verlag 2002 (= Studienbücher Geschichte und Kultur der Alten Welt).

4 Am prägnantesten herausgearbeitet in den unüberholten Arbeiten von Erich Köhler und Joachim Bumke, mit denen demonstriert wurde, zu welchen Leistungen die sozialgeschichtliche Literaturforschung in den Händen von Kennern in der Lage war (und ist). Vgl. Erich Köhler: Ideal und Wirklichkeit in der höfischen Epik. Studien zur Form der frühen Artus- und Graldichtung. 2., ergänzte Aufl. – Tübingen: Niemeyer 1970 (= Beihefte zur Zeitschrift für romanische Philologie; 97) (1. Aufl. 1956); ders.: Trobadorlyrik und höfischer Roman. Aufsätze zur französischen und provenzalischen Literatur des Mittelalters. – Berlin/DDR: Rütten & Loening 1962 (= Neue Bei-

Dieser hier nicht näher zu spezifizierende Sachverhalt hat einen mit dem Thema doppelt vermittelten allgemeinen und besonderen Aspekt. Wissenschaftsgeschichtlich hat die Existenz einer adlig-laikalen Kulturblüte schon in der Aufklärung zur Statuierung des Einsatzes der Moderne um 1200 geführt. Maßgeblich war die erstmals deutlich erkennbare Überwindung – oder vorsichtiger: Überformung – christlich inspirierter Geistigkeit durch neue immanente Werte sozialer Reputation, die sich nicht länger bruchlos mit christlichen Traditionen verrechnen ließen. Umgekehrt geleitete die um 1200 erstmals zutage tretende soziale Privilegierung und kulturelle Führerschaft des wie auch immer zu differenzierenden adligen Standes zu der in der Romantik angebahnten, in der Neuromantik aktualisierten und insbesondere nach dem Zweiten Weltkrieg im Zeichen eines neuen Europa-Gedankens nochmals reformulierten Ansicht, im Hochmittelalter seien unter Aktivierung antiker und christlicher Überlieferungen Paradigmen laikaler Kultur entworfen worden, deren fortzeugende Kraft bis in das Zeitalter der bürgerlichen Revolutionen lebendig geblieben und für jenes spezifische, von adligem Ethos getragene kulturelle Milieu Alteuropas in Anschlag zu bringen sei, das erst im Zuge der industriellen Revolution zersetzt wurde.[5]

Der Zusammenhang mit unserem Thema dürfte auf der Hand liegen. Der städtische Diskurs stand von jeher wenn nicht im Schatten von, so doch in Konkurrenz

---

träge zur Literaturwissenschaft; 15); Joachim Bumke: Höfische Kultur. Literatur und Gesellschaft im hohen Mittelalter. Bd. I–II. – München: Deutscher Taschenbuch Verlag 1986 (= dtv; 4442); ders.: Geschichte der deutschen Literatur im Mittelalter. Bd. II: Geschichte der deutschen Literatur im hohen Mittelalter. 4., aktualisierte Aufl. – München: Deutscher Taschenbuchverlag 2000 (= dtv; 30778) (1. Aufl. 1990). Zuletzt die jeweils einschlägigen Beiträge mit weiterer Literatur in den Sammelbänden: Höfische Literatur, Hofgesellschaft, höfische Lebensformen um 1200. Hrsg. von Gert Kaiser, Jan-Dirk Müller. – Düsseldorf: Droste 1986 (= Studia humaniora; 6); Curialitas. Studien zu Grundfragen der höfisch-ritterlichen Kultur. Hrsg. von Josef Fleckenstein. – Göttingen: Vandenhoeck & Ruprecht 1990 (= Veröffentlichungen des Max-Planck-Instituts für Geschichte; 100); Mittelalterliche Literatur im Lebenszusammenhang. Hrsg. von Eckart Conrad Lutz. – Freiburg/Schweiz: Universitätsverlag 1997 (= Scrinium Friburgense; 8); Mittelalterliche Literatur und Kunst im Spannungsfeld von Hof und Kloster. Hrsg. von Nigel F. Palmer, Hans-Jochen Schiewer. – Tübingen: Niemeyer 1999; Formen und Funktionen öffentlicher Kommunikation im Mittelalter. Hrsg. von Gerd Althoff. – Stuttgart: Thorbecke 2001 (= Vorträge und Forschungen; 51). Als monographische Studie: Aldo Scaglione: Knights at Court. Courtliness, Chivalry, and Courtesy from Ottonian Germany to the Italian Renaissance. – Berkeley/CA etc.: University of California Press 1991. Einführend mit Forschungsbericht und reicher Literatur. Werner Paravicini: Die ritterlich-höfische Kultur des Mittelalters. – München: Oldenbourg 1994 (= Enzyklopädie Deutscher Geschichte; 32).

5 Dazu mit der einschlägigen Literatur die beiden parallelen Arbeiten des Verfassers: Frühe Neuzeit. Fragen an eine neue kulturwissenschaftliche Kategorie im Lichte der Rezeptionsgeschichte. – In: Texte, Bilder, Kontexte. Interdisziplinäre Beiträge zu Literatur, Kunst und Ästhetik der Neuzeit. Hrsg. von Ernst Rohmer, Werner Wilhelm Schnabel, Gunther Witting. – Heidelberg: Winter 2000 (= Beihefte zum Euphorion; 36), S. 3–19; Umrisse der Frühen Neuzeit – oder: Elegische Besichtigung von großen Männern, größeren Werken und unabsehbaren Torsi. – In: Das Berliner Modell der Mittleren Deutschen Literatur. Hrsg. und eingeleitet von Christiane Caemmerer, Walter Delabar, Jörg Jungmayr, Knut Kiesant. – Amsterdam, Atlanta/GA: Rodopi 2000 (= Chloe. Beihefte zum Daphnis; 33), S. 443–468. Zur ›Renaissance um 1200‹ vgl. zuletzt: Aufbruch – Wandel – Erneuerung. Beiträge zur ›Renaissance‹ des 12. Jahrhunderts. Hrsg. von Georg Wieland. – Stuttgart-Bad Cannstatt: frommann-holzboog 1995.

zu dem vom Adel dominierten, und die im weitesten Umkreis des Liberalismus angestrengten Versuche zur Rehabilitierung städtischer kultureller Praxis müssen vor diesem Hintergrund gesehen und beurteilt werden. Historiographisch kehrt dieser hier zunächst angedeutete wissenschaftsgeschichtliche Befund in erwünschter Eindeutigkeit in der Formationsphase städtischer Literaturpraxis wieder. Städtische Oberschichten sind nicht anders als adlige Kreise auf Reputation bezeugende kulturelle Prestigeobjekte angewiesen. Es gehört zu den denkwürdigen Episoden in der Kulturgeschichte des frühen städtischen Patriziats, daß dieses literarisch zunächst keine genuine standesgemäße Verkörperung findet, möglicherweise auch gar nicht danach trachtet, sondern sich seinerseits zum Träger und Wahrer adliger Kulturpraxis macht. Ob in Augsburg oder Ulm, Nürnberg oder Straßburg, Basel oder Zürich, überall im literarisch nach wie vor führenden oberdeutschen Raum sind es hochgestellte Sammler und Mäzene – Hadloub in Zürich unter ihnen nur der bekannteste und durch Gottfried Keller und C.F. Meyer auch literarisch verewigte –, die ihr Augenmerk auf die Artus- und Heldenepik nicht anders als den Minnesang richten, in den Besitz von Handschriften zu gelangen suchen, selbst Abschriften in Auftrag geben, ja das überkommene Werk fortschreiben, Kompilationen versuchen, Sammelhandschriften erstellen, wo immer möglich Brückenschläge unter den heterogenen Überlieferungen zuwege bringen. Es ist dies aus der Perspektive der adlig-ritterlichen Literatur eine letzte und abschließende, aus der Optik der städtisch-bürgerlichen Trägerschichten eine Gründerphase im Umgang mit Literatur. Man muß diesen Sachverhalt gleich eingangs so prononciert herausstellen, weil es keinen Zugang zum Literaturbetrieb in den Städten die folgenden Jahrhunderte über gibt, wenn nicht die Prozesse des Austausches mit der nach wie vor und über Jahrhunderte weiterhin intakten und normensetzenden adlig-höfischen Produktion im Blick bleiben. Wie im Turnierwesen, in den Artusgesellschaften, in der ritterlichen Gewandung fällt allenthalben der Glanz adliger Standeskultur auf die tastenden Versuche in den Städten und zunächst ihrer Führungsschichten, kulturelle Ausdrucksformen zu entwickeln, die sozialen Spitzenpositionen symbolische Weihen verleihen.[6]

---

6 Vgl. die einschlägigen Beiträge in den Sammelbänden: Literarische Interessenbildung im Mittelalter. Hrsg. von Joachim Heinzle. – Stuttgart: Metzler 1993 (= Germanistische Symposien-Berichtsbände; 14); Laienlektüre und Buchmarkt im späten Mittelalter. Hrsg. von Thomas Kock, Rita Schlusemann. – Frankfurt a.M. etc.: Lang 1997 (= Gesellschaft, Kultur und Schrift; 5); Kultureller Austausch und Literaturgeschichte im Mittelalter. Hrsg. von Ingrid Kasten. – Sigmaringen: Thorbecke 1998 (= Beihefte der Francia; 43); Kulturelle Reformation. Sinnformationen im Umbruch 1400–1600. Hrsg. von Bernhard Jussen, Craig Koslofsky. – Göttingen: Vandenhoeck & Ruprecht 1999; Ze hove und an der strâzen. Die deutsche Literatur des Mittelalters und ihr ›Sitz im Leben‹. Hrsg. von Anna Keck, Theodor Nolte. – Stuttgart, Leipzig: Hirzel 1999. Zum parallelen höfischen Kontext neben der bekannten Arbeit von Jan-Dirk Müller: Gedechtnus. Literatur und Hofgesellschaft um Maximilian I. – München: Fink 1982 (= Forschungen zur Geschichte der älteren deutschen Literatur; 2), etwa Birgit Studt: Fürstenhof und Geschichte. Legitimation durch Überlieferung. – Köln etc.: Böhlau 1992 (= Norm und Struktur; 2); Martina Backes: Das literarische Leben am kurpfälzischen Hof zu Heidelberg im 15. Jahrhundert. Ein Beitrag zur Gönnerforschung des Spätmittelalters. – Tübingen: Niemeyer 1992; Bernd Bastert: Der Münchner Hof und Fuetrers ›Buch der Abenteuer‹. Literarische Kontinuität im Spätmittelal-

Humanismus in der Stadt

Eine neue Phase tritt erst ein, als der Humanismus nördlich der Alpen Einzug hält. Es ist bekannt, daß auch er eine bevorzugte Heimstatt zunächst an den Höfen findet. Das kann nicht anders sein, ist er doch im Ursprungsland Italien allemal mit den führenden Geschlechtern verwoben, die ihre Residenzen vor allem und in erster Linie mit Hilfe der Humanisten zu Schaustätten ihres Ruhmes ausbauen. Die Funktionalisierung der antiken Kultur zum Zwecke fürstlich-monarchischer Repräsentation, ein immer noch zu wenig gesehenes Kapitel in der Geschichte des europäischen Humanismus, konnte nur durch Fachkräfte bewerkstelligt werden, die über entsprechende historische Anschauung und Kompetenz insbesondere in Fragen mythologischer Semantik verfügten. Die These sei erlaubt, daß sich die Herrschaften der Geschlechter nicht so erfolgreich hätten etablieren können, wenn nicht ganze Stäbe von Kulturarrangeuren zur Stelle gewesen wären, die oftmals mehr als zweifelhaften historischen Ansprüchen die Aura des seit jeher Verbürgten und Ursprünglichen und damit des für alle Zeiten Gültigen verliehen hätten. Die Funktionalisierung einer ihrerseits zur Norm erhobenen Kulturstufe zum Zwecke politischer Stabilisierung und Legitimation ist in großem Stil erstmals im Umkreis der höfischen Agenturen Italiens durchgespielt worden, und der Humanismus hat auf diesem Feld seine erste gesellschaftliche Bewährungsprobe abgelegt, die fortan für die höfische Kulturpraxis in Europa vorbildlich wurde.[7]

---

ter. – Frankfurt a.M. etc.: Lang 1993 (= Mikrokosmos; 33); Wissen für den Hof. Der spätmittelalterliche Verschriftungsprozeß am Beispiel Heidelberg im 15. Jahrhundert. Hrsg. von Jan-Dirk Müller. – München: Fink 1994 (= Münstersche Mittelalter-Schriften; 67); Andrea Klein: Der Literaturbetrieb am Münchner Hof im fünfzehnten Jahrhundert. – Göppingen: Kümmerle 1998. Vgl. auch die grundsätzlichen Bemerkungen im wichtigen Beitrag von Klaus Grubmüller: Der Hof als städtisches Literaturzentrum. Hinweise zur Rolle des Bürgertums am Beispiel der Literaturgesellschaft Münchens im 15. Jahrhundert. – In: Befund und Deutung. Zum Verhältnis von Empirie und Interpretation in Sprach- und Literaturwissenschaft. Hrsg. von Klaus Grubmüller. – Tübingen: Niemeyer 1979, S. 405–427.

7 Die Affinitäten zwischen Humanismus und Hof sind neuerdings detaillierter ins Blickfeld gerückt. Vgl. etwa: Die Humanisten in ihrer politischen und sozialen Umwelt. Hrsg. von Otto Herding, Robert Stupperich. – Boppard: Boldt 1976 (= Deutsche Forschungsgemeinschaft. Kommission für Humanismusforschung; 3); Höfischer Humanismus. Hrsg. von August Buck. – Weinheim: Acta humaniora 1989 (= Deutsche Forschungsgemeinschaft. Kommission für Humanismusforschung; 16); Humanismus und höfisch-städtischen Eliten im 16. Jahrhundert. Hrsg. von Klaus Malettke und Jürgen Voss in Zusammenarbeit mit Rainer Babel und Ute Müller. – Bonn: Bouvier 1989 (= Pariser Historische Studien; 27); The Harvest of Humanism in Central Europe. Essays in Honor of Lewis W. Spitz. Ed. by Manfred P. Fleischer. – St. Louis: Concordia 1992; Humanismus und Renaissance in Ostmitteleuropa vor der Reformation. Hrsg. von Winfried Eberhard, Alfred A. Strnad. – Köln etc.: Böhlau 1996 (= Forschungen und Quellen zur Kirchen- und Kulturgeschichte Ostdeutschlands; 28). Dazu der wichtige Forschungsbericht von Alfred Noë: Der Einfluß des italienischen Humanismus auf die deutsche Literatur vor 1600. Ergebnisse jüngerer Forschung und ihre Perspektiven. – Tübingen: Niemeyer 1993 (= Internationales Archiv für Sozialgeschichte der deutschen Literatur. Sonderheft; 5), hier insbesondere das Kapitel ›Die Entstehung des Humanismus in den Städten, an den Höfen und an den Universitäten‹, S. 56ff. Am Rande sei zudem verwiesen auf einige Tagungs- und sonstige Sammelbände bzw. Kataloge zur höfischen Kulturpraxis in der Frühen Neuzeit, in denen das angesprochene Problem gleichfalls

Mit dem Übergang in die Städte fiel damit ein weiteres Mal der Schein adligen Glanzes auf die Adepten der neuen Bewegung innerhalb der städtischen Führungsschichten. Und doch ist deutlich, wie der Humanismus im urbanen Raum nun Potenzen entfaltet, die nicht mehr bruchlos aufgehen in den vom Adel geprägten ständischen Anliegen. Die großen Trägergestalten des Humanismus im alten Reich wie die Pirckheimer oder Peutinger, nach wie vor angesiedelt in den Metropolen Oberdeutschlands mit Nürnberg und Augsburg, Straßburg und Basel an der Spitze, sind alle so oder so involviert in das große Werk, über humanistischen Import die Kommunen als soziale wie als kulturelle Domänen sui generis aufzuwerten und mittels der ihnen eigenen gesellschaftlichen Verkehrsformen und verfassungsgemäßen Regularien abzusetzen von den Fürstentümern und ihren höfischen Agenturen. Das ist im Ursprungsland Italien bereits deutlich erkennbar, und das Schlagwort Hans Barons vom *civic humanism* zumal in Florenz deutet die Stoßrichtung an. Chronistik und Genealogie, Stadtbeschreibung und Städtelob, Ursprungslegenden und mythologische Referenzen, Prunkrede und Geschlechterpanegyrik, Ständeordnung und Evokation althergebrachter Freiheiten werden – vielfach wiederum in genauer Analogie zur höfischen Praxis – bemüht, um der gerade gegenüber dem Hof nach wie vor legitimationsbedürftigen sozialen Figuration Stadt im Medium des humanistisch verbürgten Wortes zur Seite zu springen. Dabei kam es dem städtischen Humanismus zugute, daß die antike Literatur einen Fundus republikanischer Formeln und Argumente mit sich führte, die – einst auf die Republik und zumal das republikanische Rom bezogen – nun in den Dienst kommunaler Selbstaufwertung mit antihöfischen und antifürstlichen Konnotationen gerückt zu werden vermochten. Im Humanismus sind auch die Städte literarisch erwacht und haben internationale literarische Kommunikationsformen entwickelt, im Rahmen derer die städtischen Eliten sich zum Fürsprecher und Propagator der Vorzüge städtisch geprägter Lebensformen und Lebensentwürfe erhoben.[8]

---

wiederholt berührt wird: Höfische Repräsentation. Das Zeremoniell und die Zeichen. Hrsg. von Hedda Ragotzky, Horst Wenzel. – Tübingen: Niemeyer 1990; Literary Aspects of Courtly Culture. Ed. by Donald Maddox, Sara Sturm-Maddox. – Woodbridge: Brewer 1994; Zeremoniell als höfische Ästhetik in Spätmittelalter und Früher Neuzeit. Hrsg. von Jörg Jochen Berns, Thomas Rahn. – Tübingen: Niemeyer 1995 (= Frühe Neuzeit; 25); The Court and Cultural Diversity. Ed. by Evelyn Mullally, John Thompson. – Woodbridge: Brewer 1997 (= Selected Papers from the Eighth Triennial Congress of the International Courtly Literature Society; 8); Erdengötter, Fürst und Hofstaat in der Frühen Neuzeit im Spiegel von Marburger Bibliotheks- und Archivbeständen. Ein Katalog. Hrsg. von Jörg Jochen Berns. – Marburg: Universitätsbibliothek 1997 (= Schriften der Universitätsbibliothek Marburg; 77).

8 Dazu – neben den in Anm. 7 zitierten Studien sowie den in dem Sammelband *Stadt und Literatur* (Anm. 1) vom Verfasser eingehend besprochenen Arbeiten von Kugler, Peters, Kleinschmidt u.a. – vgl. darüber hinaus etwa: Nürnberg und Italien. Begegnungen, Einflüsse und Ideen. Hrsg. von Volker Kapp, Frank-Rutger Hausmann. – Tübingen: Stauffenburg-Verlag 1991 (= Erlanger romanistische Dokumente und Arbeiten; 6); Literarisches Leben in Augsburg während des 15. Jahrhunderts. Hrsg. von Johannes Janota, Werner Williams-Krapp. – Tübingen: Niemeyer 1995 (= Studia Augustana; 7); Nürnbergs große Zeit. Reichsstädtische Renaissance, europäischer Humanismus. Hrsg. von Oscar Schneider. – Cadolzburg: Ars Vivendi 2000 (= Anthologie). Die bekannten Baronschen Arbeiten zum *civic humanism* jetzt zu ergänzen um und durch das Vorwort

›Zweite Kultur‹

Diesen aus dem Geist der Latinität geborenen Verlautbarungen trat eine zweite Kultur zur Seite, die ein gänzlich anders geartetes Erscheinungsbild darbot, angefangen bei dem häufig viel geringeren Grad literarisierter Durchbildung und Strukturiertheit. Das literarische Erwachen der städtischen Mittelschichten in eins mit der machtvollen Entfaltung der Stadt in der Frühen Neuzeit zwischen 1450 und 1550 war das Unterpfand für alle auf die Stadt gerichteten historiographischen Konstruktionen, von denen eingangs die Rede war. Man lese Herder, den jungen Goethe, die Jungdeutschen und Vormärzler, Laube, Mundt, Gervinus, Kurz und wie sie heißen, noch den jungen Engels, Mehring, am Rande Lukács, sodann die Wortführer der historischen Literaturwissenschaft in der DDR und aus dem Umkreis der 68er-Generation, um das ganze Spektrum der Hoffnungen zu gewahren, das sich an diesen kulturellen Aufbruch in den Kommunen knüpfte. Literatur wurde erstmals ein Massenereignis in dem doppelten Sinn des Wortes. Sie erreichte die Menschen in nie gekanntem Umfang, beteiligte Schichten produktiv wie rezeptiv, die bislang nur als anonyme Statisten in geistlichen Zusammenhängen und Chargen zugegen waren. Und Literatur wurde selbst ein massenhafter Faktor, indem sie einen Grad an Popularität erzielte, der sie zu einem gefragten Artikel machte, der ganze Heere von Druckern in den Städten beschäftigte. Natürlich ist es richtig, daß die Reformation einen maßgeblichen Anteil an diesem Schub hatte. Aber auch hier obwalteten auf Wechselseitigkeit gegründete Verhältnisse. Der reformatorische Impetus in Sachen des Glaubens, der Moralität, der alltagsweltlichen Sittlichkeit wurde der Literatur, den Liedern, den Schauspielen, den Schwänken, den Flugblättern und Flugschriften, den Ehespiegeln und populären Ratgebern, ja noch den erzählenden Genres zugeführt – ein mentalitätsgeschichtliches Ereignis größten Stils, in und mit dem bürgerliche Lebensorientierung in den Städten überhaupt erst erzeugt und befestigt wurde. Umgekehrt formierte sich im Schatten dieser kollektiven kulturellen Szenarien zugleich eine auf soziale wie mentale Ausgrenzung, eine auf ängstliche Selbstbehauptung verpflichtete Geistigkeit, die ihre Physiognomie nur allzubald nach Überschreiten des kommunalen Zenits zu erkennen geben sollte. Von der zumindest zeitweilig auf Weltläufigkeit bedachten Orientierung der Oberschichten war diese mittelständische Mentalität so weit entfernt wie von den anspruchsvollen humanistischen Lebensentwürfen. Es ist vielleicht das größte Wunder dieser städtischen Gemischt- und Gemengelage, daß sie für eine knapp

---

von Horst Günther: ›Hans Baron und die emigrierte Renaissance‹, in: Hans Baron: Bürgersinn und Humanismus im Florenz der Renaissance. Aus dem Englischen von Gabriele Krüger-Wirrer. Mit einem Vorwort von Horst Günther. – Berlin: Wagenbach 1988 (= Kleine Kulturwissenschaftliche Bibliothek; 38). Zum Ganzen der interessante Sammelband: Humanismus und Ökonomie. Hrsg. von Heinrich Lutz. – Weinheim: Acta humaniora 1983 (= Deutsche Forschungsgemeinschaft. Kommission für Humanismusforschung; 8). Zum historischen Kontext vgl. Heinz Schilling: Stadt und frühmoderner Territorialstaat. Stadtrepublikanismus versus Fürstensouveränität. – In: Recht, Verfassung und Verwaltung in der frühneuzeitlichen Stadt. Hrsg. von Michael Stolleis. – Köln, Wien: Böhlau 1991 (= Städteforschung. Reihe A: Darstellungen; 31), S. 19–39.

bemessene Weile den verschiedensten, sozialgeschichtlich recht deutlich zu scheidenden Kulturen Raum und Lebensrecht gewährte.[9]

Die neuerliche Verengung hatte politisch ihr Pendant in dem nach 1550 deutlich sich verschärfenden Ausgriff der territorialen Herrschaften auf die Stadt, kirchengeschichtlich in der nicht aufzuhaltenden Verfestigung und Verkrustung der konfessionellen Parteiungen, sozialgeschichtlich in einer zunehmenden Zementierung der ständischen Formationen. Um 1560/70 darf auch literaturgeschichtlich eine neuerliche Zäsur markiert werden. Die innovativen Potenzen der Mittelschichten erschöpfen sich und werden im materiellen Substrat von Handschriften und Drucken immer schwerer greifbar. Eine mittelständische literarische Kultur, angesiedelt in den Städten, ist im 17. Jahrhundert nur sporadisch und diskontinuierlich, nicht aber als bestimmender kultureller Faktor gegenwärtig. Dafür formiert sich in den Städten eine Schreibkultur, die ihren Historiker bislang nicht gefunden hat. Wir sprechen von jener zunächst auf Latein, dann vermehrt auch auf Deutsch verfaßten gelehrten poetischen Dutzendware, in und mit welcher der Humanismus auf deutschem Boden – allen hergebrachten Klassifizierungen und Periodisierungen zum Trotz – erstmals seinerseits wenn nicht eine Massenerscheinung, so doch eine flächendeckende Veranstaltung wird.[10]

Späthumanismus und Literaturreform

Erst nachdem das Kampfgetümmel um die Reformation sich gelegt hat und die konfessionellen Bastionen abgesteckt sind, erhebt die Literatur wieder ihr Haupt. Sie tut es im Blick auf die Autoritäten des vorangehenden Jahrhunderts in Deutschland, die durch die Reformation daran gehindert worden waren, ihr Erneuerungswerk zu vollenden, indem sie den allfälligen Schritt vom Lateinischen zum Deutschen im Gleichschritt mit ihren Nachbarn in Ost und West vollzogen hätten. Und sie tut es im Blick auf diese Nachbarn, die allemal inzwischen neben den lateinischen auch nationalsprachige Muster vorzuweisen haben, an denen die einst voran-

---

9 Dazu grundlegend Maximilian L. Baeumer: Die Reformation als Revolution und Aufruhr. – Frankfurt a.M. etc.: Lang 1991 (= Forschungen zur Literatur- und Kulturgeschichte; 30). Die Arbeiten Baeumers zur ›Zweiten Kultur‹ haben seinerzeit Epoche gemacht. Vgl. vor allem Baeumer: Gesellschaftliche Aspekte der ›Volks‹-Literatur im 15. und 16. Jahrhundert. – In: Popularität und Trivialität. Fourth Wisconsin Workshop. – Hrsg. von Reinhold Grimm, Jost Hermand. – Frankfurt a.M.: Athenäum 1974, S. 7–50; ders.: Sozialkritische und revolutionäre Literatur der Reformationszeit. – In: Internationales Archiv für Sozialgeschichte der deutschen Literatur 5 (1980), S. 169–223. Zum Kontext, in dem diese und verwandte Arbeiten standen, vgl.: Kultur zwischen Bürgertum und Volk. Hrsg. von Jutta Held. – Berlin: Argument-Verlag 1983 (= Argument-Sonderband; 103).

10 Zum literaturgeschichtlichen Umriß des Problems in der Frühen Neuzeit und speziell des 17. Jahrhunderts vgl. die Akten des seinerzeit vom Verfasser angeregten Wolfenbütteler Kongresses: Literatur und Volk im 17. Jahrhundert. Probleme populärer Kultur in Deutschland. Hrsg. von Peter Blickle, Dieter Breuer, Wolfgang Brückner. – Wiesbaden: Harrassowitz 1985 (= Wolfenbütteler Arbeiten zur Barockforschung; 13).

schreitende und nun verspätete kulturelle Nation sich zu schulen anschickt. Als späthumanistische Frucht ist zu klassifizieren, was angefangen bei Melissus Schede und Zincgref, Weckherlin und Bernegger im Südwesten, bei Dornau und Opitz, Logau und Czepko im Osten zuerst auf den Weg gebracht wurde und mehr als ein Jahrhundert lang sodann die literarische Praxis zumal in den Städten bestimmt, zunächst im Latein, dann im erstaunlich rasch unter der Ägide Opitzens zur Literatursprache sich mausernden Deutsch.[11]

Es gehört zu den Wundern der deutschen Literaturgeschichte, ohne daß wir auch nur die Ansätze für eine entsprechende Darstellung dieses Vorgangs besäßen,

---

11 Die Anzeichen mehren sich, daß der Späthumanismus das ihm gebührende Interesse findet, auch wenn überhaupt nicht abzusehen ist, wie die fundamentalen Probleme einer Erschließung der Kontinente unbekannter Handschriften und Drucke aus dem Umkreis der produktivsten Phase um 1600 auch nur in Umrissen bewerkstelligt werden sollen. Das über Mitteleuropa geknüpfte Netzwerk der Späthumanisten ist nur über die nach Zehntausenden zählenden Briefe sowie die poetisch-kasualen Zuschriften in den Blick zu bekommen, die zwischen St. Petersburg und London in zahlreichen Bibliotheken und Archiven in zumeist nur notdürftig verzeichneten Konvoluten lagern. – Auszugehen ist nach dem Vorgang Gillets, Höpfners, Reifferscheids, Palms, Bauchs, Hartfelders u.a. von den Arbeiten von Trunz und Forster, die inzwischen weitgehend gesammelt vorliegen. Vgl. Erich Trunz: Deutsche Literatur zwischen Späthumanismus und Barock. Acht Studien. – München: Beck 1995; ders.: Wissenschaft und Kunst im Kreise Kaiser Rudolfs II. 1576–1612. – Neumünster: Wachholtz 1992 (= Kieler Studien zur deutschen Literaturgeschichte; 18); Leonard Forster: Kleine Schriften zur deutschen Literatur im 17. Jahrhundert. – Amsterdam: Rodopi 1977 (= Daphnis; VI/4); ders.: Die Niederlande und die Anfänge der Barocklyrik in Deutschland. – Groningen: Wolters 1967 (= Voordrachten gehouden voor de Gelderse Leergangen te Arnhem; 20); ders.: Christoffel van Sichem in Basel und der frühe deutsche Alexandriner. – Amsterdam etc.: North-Holland Publishing Company 1985 (= Verhandelingen der Koninklijke Nederlandse Akademie van Wetenschappen. Afdeling Letterkunde. Nieuwe Reeks; 131). Eine zweite wichtige Phase der Beschäftigung hat es sodann in den siebziger und frühen achtziger Jahren gegeben. Exemplarisch zu den besonders wichtigen Fragen späthumanistischer Gruppenbildung sei genannt: Dieter Mertens: Zu Heidelberger Dichtern von Schede bis Zincgref. – In: Zeitschrift für deutsches Altertum 103 (1974), S. 200–241; Wilhelm Kühlmann: Gelehrtenrepublik und Fürstenstaat. Entwicklung und Kritik des deutschen Späthumanismus in der Literatur des Barockzeitalters. – Tübingen: Niemeyer 1982 (= Studien und Texte zur Sozialgeschichte der Literatur; 3); ders.: Zur literarischen Lebensform im deutschen Späthumanismus. Der pfälzische Dramatiker Theodor Rhodius (ca. 1572–1625) in seiner Lyrik und in seinen Briefen. – Amsterdam: Rodopi 1988 (= Daphnis; XVII/4); Gunter E. Grimm: Literatur und Gelehrtentum in Deutschland. Untersuchungen zum Wandel ihres Verhältnisses vom Humanismus bis zur Frühaufklärung. – Tübingen: Niemeyer 1983 (= Studien zur deutschen Literatur; 75); Manfred P. Fleischer: Späthumanismus in Schlesien. Ausgewählte Aufsätze – München: Delp 1984 (= Silesia; 32); Klaus Garber: Martin Opitz. – In: Deutsche Dichter des 17. Jahrhunderts. Ihr Leben und Werk. Hrsg. von Harald Steinhagen, Benno von Wiese. – Berlin: Schmidt 1984, S. 116–184. Aus der Schule Kühlmanns und des Verfassers jetzt die beiden großen Monographien von Robert Seidel: Späthumanismus in Schlesien. Caspar Dornau (1577–1631). Leben und Werk. – Tübingen: Niemeyer 1994 (= Frühe Neuzeit; 20); Axel E. Walter: Späthumanismus und Konfessionspolitik. Die europäische Gelehrtenrepublik um 1600 im Spiegel der Korrespondenzen Georg Michael Lingelsheims. – Tübingen: Niemeyer 2004 (= Frühe Neuzeit; 95). Als verwandtes und gleichfalls gediegen gearbeitetes Werk hinzuzunehmen: Béatrice Nicollier-de Weck: Hubert Languet (1518–1581). Un réseau politique international de Melanchthon à Guillaume d'Orange. – Genf: Droz 1995 (= Travaux d'Humanisme et Renaissance; 293). Zu erwähnen schließlich die locker gefügte Aufsatzsammlung: Späthumanismus. Studien über das Ende einer kulturhistorischen Epoche. Hrsg. von Notker Hammerstein, Gerrit Walther. – Göttingen: Wallstein 2000.

eine Stadt nach der anderen von dieser jungen Reformbewegung berührt, ihren literarischen Analphabetismus beendigen und Teilhabe gewinnen zu sehen an der Koine klassizistischen literarischen Sprechens im Zeichen der Alten und der Koryphäen der Renaissance im In- und Ausland, die nun den nur allzu häufig unscheinbaren poetischen Verlautbarungen Nimbus und Relief zu verleihen haben. Denn das ist offenkundig und unstrittig: Große Literatur ist nur ausnahmsweise zu erwarten. Die diversen Formen des Dramas und des Romans kommen ohnehin erst nach 1648 in Schwung, als die Bewegung schon drei Generationen währt. Was wir anträfen auf unserem Gang, wenn wir ihn denn antreten könnten, von Straßburg nach Reval und Dorpat und von Mömpelgard nach Hermannstadt und Klausenburg den ganzen weiten deutschen Sprachraum abschreitend, der da erstmals im 17. Jahrhundert zu literarischem Leben in den Städten erwacht, ist Gelegenheitsliteratur im weitesten Sinne des Wortes, literarische Produktion zu den vielen Anlässen des Tages, denen sich das gewählte Wort – den flüchtigen Augenblick erhöhend und verewigend – beigesellt.[12]

Städtisches literarisches Leben am Leitfaden der Kasualpoesie

Aber auf was für einem Niveau, wenn wir vom 16. Jahrhundert, von den Schreibübungen eines Sachs und ungezählter anderer aus herüberschauen in das 17. Jahrhundert! Da ist mit der diese Produktion fundierenden neulateinischen Literatursprache dem Deutschen eine artistische Kultur zugewachsen, die es allenfalls ein einziges Mal fünf Jahrhunderte vorher unter der Zuchtrute der Provenzalen gegeben hatte. Die aber ist nun in den Händen eines jeden Gelehrten und also Lateinkundigen in einer jeden Stadt mit einem Gymnasium und einer Druckerei und findet ihren Weg in die bedichteten Kreise der Stadt vom Patrizier und hochgestellten Handelsherrn bis herab zum Handwerksmeister und Schreiber mit den Gelehr-

---

12 Die Gattung ist nach dem grundlegenden Vorgang Segebrechts inzwischen in das volle Licht der Aufmerksamkeit geraten; die einschlägigen Arbeiten zählen nach Dutzenden. Sie sind zusammengeführt in einer Auswahlbibliographie zur Gattung von Martin Klöker in: Göttin Gelegenheit. Das Personalschrifttums-Projekt der Forschungsstelle ›Literatur der Frühen Neuzeit‹ der Universität Osnabrück. Hrsg. von der Forschungsstelle ›Literatur der Frühen Neuzeit‹ der Universität Osnabrück unter redaktioneller Bearbeitung von Stefan Anders und Martin Klöker. – Osnabrück: Rasch 2000 (= Kleine Schriften des Instituts für Kulturgeschichte der Frühen Neuzeit; 3), S. 209–232. Zum Kontext Klaus Garber: Literaturwissenschaftliche Forschungen zum alten deutschen Sprachraum des Ostens in der Forschungsstelle zur Literatur der Frühen Neuzeit an der Universität Osnabrück. – In: Deutsche Literatur und Sprache im östlichen Europa. Hrsg. von Carola L. Gottzmann. – Leipzig: Universität Leipzig 1995, S. 31–39. Wiederabgedruckt unter dem Titel: Vermessung eines versunkenen Kontinents. Ephemeres Kleinschrifttum und literaturgeschichtlich-lexikalische Großprojekte im Blick auf den alten deutschen Sprachraum des Ostens. – In: Klaus Garber: Nation – Literatur – Politische Mentalität. Beiträge zur Erinnerungskultur in Deutschland. Essays – Reden – Interventionen. – München: Fink 2004, S. 226–237; ders.: Frühe Neuzeit an einer Neugründung. – In: Profile der Wissenschaft – 25 Jahre Universität Osnabrück. Hrsg. von Rainer Künzel zusammen mit Jörn Ipsen, Chryssoula Kambas, Heinz W. Trapp. – Osnabrück: Rasch 1999, S. 15–21.

ten vor Ort allemal im Zentrum. Hunderttausende solcher humanistisch inspirierter Elaborate sind in der Hochphase dieses Genres zwischen 1560/70 und 1730/40 entstanden. Sie wären es nicht, wenn es nicht Nachfrage nach ihnen gegeben hätte. Sie vertreten für anderthalb Jahrhunderte einen Gutteil deutscher Literaturgeschichte, wenn man sich einmal angewöhnt hat, von den Gipfeln fortzustreben und in die Niederungen herabzusteigen, also in die ungezählten Städte, die alle gelehrte Köpfe in ihren Mauern hatten, welche sich nun an dem literarischen Gesellschaftsspiel mit Geschick und Kennerschaft beteiligten. Solange wie diese literarische Mode in ihrer räumlichen Verbreitung und in ihren tausend Spielarten nicht erschlossen ist, besitzen wir ein nur unzulängliches Bild literarischen Lebens zwischen dem 16. und 18. Jahrhundert. Und erst, wenn wir uns der Mühe dieses Rundgangs unterzogen hätten, wären wir gefeit gegen die Rede vom ›Barock‹, die sich da fast automatisch zusammen mit dem 17. Jahrhundert einstellt. Sie ist für die städtische Literaturpraxis dieses Zeitraums abwegig und geeignet, Zusammenhänge zu zerreißen. Um es mit einem Satz zu sagen: In und mit dieser humanistisch eingefärbten städtischen Schreibpraxis des 17. Jahrhunderts sind zugleich die Grundlagen für die Aufklärung geschaffen worden, die ohne dieses literarische Exerzitium aus humanistischem Geist keine Basis für ihr literarisches Werk in erzieherischer und das heißt auf Breitenwirksamkeit bedachter Absicht gehabt hätte.[13]

---

13 Eine Geschichte der deutschen Literatur zwischen Späthumanismus und Empfindsamkeit, gegliedert nach Regionen, wie sie in der Literaturgeschichtsschreibung des älteren Humanismus durchaus Tradition hat, fehlt. Sie ist gediegen erst nach Erschließung des Gelegenheitsschrifttums in allen einschlägigen Städten und Territorien zu bewerkstelligen. Zu diesem Programm vgl. Klaus Garber: Literaturgeschichte als Memorialwissenschaft. Die deutsche Literatur im Osten Europas. – In: Probleme und Methoden der Literaturgeschichtsschreibung in Österreich und in der Schweiz. Beiträge der Tagung in Innsbruck 1996. Hrsg. von Wendelin Schmidt-Dengler. – Wien: Edition Praesens 1997 (= Stimulus. Beiheft; 1), S. 39–53, wiederabgedruckt in: ders.: Nation – Literatur – Politische Mentalität (Anm. 12), S. 207–225. Dazu die sich belebenden Diskussion um diese Fragen: Anthony J. Harper: Neglected Areas in Seventeenth-Century Poetry. – In: German Life and Letters 36 (1983), pp. 258–265. In deutscher Version wiederabgedruckt in: ders.: Schriften zur Lyrik Leipzigs 1620–1670. – Stuttgart: Heinz 1985 (= Stuttgarter Arbeiten zur Germanistik; 131), S. 47–66. Hier auch der Beitrag ›Probleme bei der Definierung eines regionalen poetischen Stils in der Barocklyrik‹, S. 67–82. Des weiteren etwa: Dieter Breuer: Regionale Vielfalt und nationale Einheit. Zu einer Kontroverse des Barockzeitalters. – In: Weißenfels als Ort literarischer und künstlerischer Kultur im Barockzeitalter. Hrsg. von Roswitha Jacobsen. – Amsterdam etc.: Rodopi 1994 (= Chloe. Beihefte zum Daphnis; 18), S. 7–22; ders.: Raumbildungen in der deutschen Literaturgeschichte der frühen Neuzeit als Folge der Konfessionalisierung. – In: Zeitschrift für deutsche Philologie 117 (1998), Sonderheft, S. 180–191; Detlef Ignasiak: Zum Problem der Regionalisierung in der Literaturgeschichtsschreibung. – In: Beiträge zur Geschichte der Literatur in Thüringen. Hrsg. von Detlef Ignasiak. – Rudolstadt etc.: Hain 1995 (= Palmbaum-Studien; 1), S. 7–13; Regina Hartmann: ›Regionalität‹ – ›Provinzialität‹? Zu theoretischen Aspekten der regionalliterarischen Untersuchungsperspektive. – In: Zeitschrift für Germanistik 7 (1997), S. 585–598; Klaus Garber: Regionale Literaturgeschichte und kommunale Ikonologie. – In: Stadt und Literatur (Anm. 1), S. 27–47. Zum Problemkreis aus historischer Perspektive der instruktive Beitrag von Bernd Schönemann: Die Region als Konstrukt. Historiographiegeschichtliche Befunde und geschichtsdidaktische Reflexionen. – In: Blätter für deutsche Landesgeschichte 135 (1999), S. 153–187. – Daß diese in den Regionen erwachsende neuere deutsche Kunstdichtung nicht als ›barock‹ zu klassifizieren ist, wurde bereits gezeigt. Vgl. Klaus Garber: Stadt-Kultur und Barock-Begriff. Zur Kritik eines Epochenbegriffs am Paradigma der bürgerlich-gelehrten

Primat der Höfe im 18. Jahrhundert

Man möchte meinen, daß die Dinge im Übergang zum 18. Jahrhundert sich wandeln und klarere Vorstellungen über die städtischen literarischen Verhältnisse sich einstellen sollten. Das aber ist nur in sehr begrenztem Maß der Fall. An exemplarischen Studien gerade zu kleineren Städten in der Provinz und ihrem literarischen Profil herrscht immer noch Mangel. Selbst die Hochburgen wie Hamburg oder Leipzig oder Zürich sind unter morphologischem Aspekt, das heißt im Blick auf die am literarischen Handeln beteiligten Schichten und die unter ihnen zirkulierenden literarischen Gattungen keinesfalls erschöpfend behandelt. Die literaturwissenschaftliche Aufklärungsforschung bleibt bislang zu sehr auf die großen Namen vor allem aus der Philosophie kapriziert, ist gleichfalls noch zu wenig für den Abstieg in die Niederungen gerüstet, als daß wir hoffen dürften, derzeit bereits ein halbwegs authentisches Bild zeichnen zu können. Es ist offensichtlich nach wie vor vonnöten, falschen Vorstellungen von der sozialen wie der kulturellen Verankerung der Aufklärung zu wehren, und also daran zu erinnern, daß erst das 18. Jahrhundert eine höfische Blüte in Deutschland zeitigt. Die zahlreichen Residenzen erwachen erst jetzt zu mehr oder weniger regem kulturellem Leben, und keine Phantasie reicht hin, die von ihnen ausgehende Faszination für die Untertanen in Stadt und Land zu vergegenwärtigen. Was im Glanz bei den Herrschaften da oben erstrahlte, schien wider in den häufig ärmlichen Hütten da unten, war Gespräch des Tages, genährt von der Sehnsucht, am Abglanz teilzuhaben. Es reicht, in die Erzählungen und Romane Tiecks, Eichendorffs und Brentanos hineinzuschauen, um eine Ahnung von der nachhaltigen Präsenz dieser Adelskultur im sogenannten Zeitalter der Aufklärung zu gewinnen. Was sich an städtischer Geistigkeit regt, verbleibt zuallermeist im Schatten dieser höfischen Pracht. Und die Namen der Größten, ob Klopstocks oder Wielands, Lessings oder Goethes, Bachs oder Mozarts, verraten, wo die eigentlichen Wirkungsorte des Genies immer noch liegen. Es ist folglich schwierig, den literarischen Beitrag der Städte im kulturellen Ensemble der Zeit genau und in den rechten Proportionen zu umreißen.[14]

---

humanistischen Literatur des 17. Jahrhunderts. – In: Europäische Städte im Zeitalter des Barock. Gestalt – Kultur – Sozialgefüge. Hrsg. von Kersten Krüger. – Köln, Wien: Böhlau 1988 (= Städteforschung. Veröffentlichungen des Instituts für Vergleichende Städtegeschichte in Münster. Reihe A: Darstellungen; 28), S. 93–119 (in diesem Band S. 123–149). Inzwischen liegt das umfängliche Sammelwerk vor, in dem das Problem vielfältig wieder aufgegriffen wurde: Europäische Barock-Rezeption. Hrsg. von Klaus Garber in Verbindung mit Ferdinand van Ingen, Wilhelm Kühlmann, Wolfgang Weiß. Bd. I–II. – Wiesbaden: Harrassowitz 1991 (= Wolfenbütteler Arbeiten zur Barockforschung; 20).

14 Vgl. die Reihe ›Zentren der Aufklärung‹ mit Beiträgen bislang zu Halle, Königsberg und Riga, Leipzig und Kopenhagen, Kiel und Altona im Rahmen der ›Wolfenbütteler Studien zur Aufklärung‹, Bände 15–18 (1989–1995), die man gerne fortgeführt sehen würde. Dazu der grundlegende Beitrag von Otto Borst: Kulturfunktionen der deutschen Stadt im 18. Jahrhundert. – In: Städtische Kultur in der Barockzeit. Hrsg. von Wilhelm Rausch. – Linz/Donau: Trauner 1982 (= Beiträge zur Geschichte der Städte Mitteleuropas; 6), S. 1–34, wiederabgedruckt in ders.: Babel oder Jerusalem (Anm. 2), S. 355–392, S. 567–592. Vgl. auch den ansprechenden literarischen Führer von Engelhard Weigl: Schauplätze der deutschen Aufklärung. Ein Städterundgang. –

Bildungsbürgerliches Ethos aus dem Geist der Empfindsamkeit

Was schließlich den Ausschlag gab für den allmählichen Aufstieg der Städte, war das Zusammenspiel und die Institutionalisierung verschiedener die Literarisierung befördernder Faktoren, die zusammengenommen bewirkten, daß die Rede von der Ausbreitung der Aufklärung gerade auch in den Mauern der Städte keine leere blieb. Wir meinen jenen Paradigmenwechsel in Ansehung zunächst der Literatur, der sich mit der Rede ›von den Formen zu den Sachen‹ am ehesten andeuten läßt. Die Literatur des 17. Jahrhunderts war jenseits der geistlichen Formensprache in allen weltlichen Spielarten eine hochartifizielle, weil es das humanistische Handwerkszeug in der deutschen Sprache unter Beweis zu stellen galt. Als dieses Exerzitium absolviert war und die Stimmen sich mehrten, die dem Was vor dem Wie neuerlich den Vortritt einräumen wollten, da war es von entscheidender Bedeutung, daß in der immer noch Maßstäbe setzenden Theologie soeben ganz ähnliche Umschwünge erfolgt waren. Der Kampf um den Pietismus ging vielerorts Hand in Hand mit dem Kampf um eine gereinigte, auf Unterweisung und Erbauung zielende Poesie. Das Fazit aber, resultierend aus beiden Anstößen, wurde erst seit den vierziger Jahren gezogen, als sich Frömmigkeit und Dichtung in einem Dritten trafen, dem die Zukunft gehören sollte: der alle Lebensbereiche ergreifenden Emp-

---

Reinbek bei Hamburg: Rowohlt-Taschenbuch-Verlag 1997 (= Rowohlts Enzyklopädie; 55583), mit (teilweise wiederholten) Einträgen zu Leipzig, Halle, Hamburg, Zürich, Königsberg, Berlin, Göttingen und Wien. Arbeiten zu den einzelnen Städten, wie sie sich inzwischen mehren, sollen hier nicht aufgeführt werden; das ist in der Einleitung zu dem Anm. 1 erwähnten Sammelband für das 17. wie für das 18. Jahrhundert geschehen. Welche Möglichkeiten hier zukünftig liegen, zeigt die Bochumer Dissertation von Manfred Finke: Sulzbach im 17. Jahrhundert. Zur Kulturgeschichte einer süddeutschen Residenz. – Regensburg: Pustet 1998. – Das 18. Jahrhundert als ein höfisches ist in der kulturgeschichtlichen Forschung weiterhin unterrepräsentiert. In der themenbezogenen Schriftenreihe der Gesellschaft zur Erforschung des 18. Jahrhunderts fehlt bislang ein Band zur Hofkultur des 18. Jahrhunderts ebenso wie in der dem 18. Jahrhundert gewidmeten Zeitschrift des Wolfenbütteler Arbeitskreises. Auch in der Wuppertaler Arbeitsstelle zur Erforschung des 18. Jahrhunderts ist kein Band zur höfischen Kultur im Zeitalter der Aufklärung präsentiert worden. Die vorhandene Literatur jetzt sehr ergiebig zusammengeführt in: Festivals and Ceremonics. A Bibliography of Works Relating to Court, Civic and Religious Festivals in Europe 1500–1800. Ed. by Helen Watanabe-O'Kelly, Anne Simon. – London: Mansell 2000. Vgl. auch den von Helen Watanabe-O'Kelly und Pierre Béhar herausgegebenen Sammelband: Spectacvlvm Evropævm (1580–1750) – Theatre and Spectacle in Europe – Histoire du spectacle en Europe. – Wiesbaden: Harrassowitz 1999 (= Wolfenbütteler Arbeiten zur Barockforschung; 31). Ebenfalls von Watanabe-O'Kelly die Studie zur Hofkultur Dresdens: Court Culture in Dresden. From Renaissance to Baroque. – Basingstoke: Palgrave 2002. Als weiteres Hilfsmittel Jan Hirschbiegel: Auswahlbibliographie von Neuerscheinungen zu Residenz und Hof 1995–2000. – Kiel: Christian-Albrechts-Universität 2000 (= Mitteilungen der Residenzen-Kommission der Akademie der Wissenschaften zu Göttingen; 5). Vgl. schließlich auch Andreas Gugler: Feste des Wiener Hofs von der Mitte des 15. Jahrhunderts bis zum Ende des 18. Jahrhunderts. – In: Frühneuzeit-Info 11 (2000), S. 90–176. Zum Kontext Volker Bauer: Die höfische Gesellschaft in Deutschland von der Mitte des 17. bis zum Ausgang des 18. Jahrhunderts. Versuch einer Typologie. – Tübingen: Niemeyer 1993 (= Frühe Neuzeit; 12); Rainer A. Müller: Der Fürstenhof in der Frühen Neuzeit. – München: Oldenbourg 1995 (= Enzyklopädie Deutscher Geschichte; 33).

findsamkeit, in die der Jahrhunderte währende Kampf um die Reformulierung der ursprünglichen christlichen Glaubensgehalte einmündete.[15]

Denn als zeitgenössische und zeitgemäße Fassung der christlichen Botschaft aus dem Geist des Puritanismus und Pietismus muß die in England wie in Deutschland grassierende Empfindsamkeit apostrophiert werden, wenn anders das Epidemische dieser Erscheinung dingfest gemacht werden soll. Es gibt kein verschriftlichtes Zeugnis dieser Zeit, das von der empfindsamen Mode nicht erfaßt wäre. Beileibe also sind es keinesfalls nur die klassischen literarischen Gattungen wie die Lyrik, das Drama in Gestalt des bürgerlichen Trauerspiels oder der Roman vor allem in der Ausprägung des sentimentalen Familienromans, die von der Empfindsamkeit leben. Renommierorgane der Aufklärung, die erst jetzt entstehen, hätten niemals die Wirkung erreicht, die ihnen tatsächlich beschieden war, wenn sie nicht dem Bedürfnis nach empfindsamer Erbauung ihrer Leser entsprochen hätten. Am deutlichsten ist das im Umkreis der Moralischen Wochenschriften, die seit den ersten Ausprägungen bei den Hamburgern und Zürichern unter diesem Stern stehen, so daß selbst die Gottschedianer in Leipzig mehr als einmal allfälligen Tribut

---

15 Die Ablösung des ›barocken‹ Stilideals im frühen 18. Jahrhundert wurde mit bleibendem Resultat dargelegt von Manfred Windfuhr: Die barocke Bildlichkeit und ihre Kritiker. Stilhaltungen in der deutschen Literatur des 17. und 18. Jahrhunderts. – Stuttgart: Metzler 1966 (= Germanistische Abhandlungen; 15), mit zwei abschließenden Kapiteln zu ›Klassizistischen Deutlichkeits- und Richtigkeitstendenzen‹ sowie ›Pietistische Verinnerlichung und die Bildtheorie der Schweizer‹, S. 400ff. bzw. S. 438ff. Zur theoretischen Begründung des neuen Stilideals vgl. neben den bekannten Arbeiten zur Geschichte der Poetik (wichtig aus der neueren Literatur vor allem: Dichtungstheorien der deutschen Frühaufklärung. Hrsg. von Theodor Verweyen in Zusammenarbeit mit Hans-Joachim Kertscher. – Tübingen: Niemeyer 1995 (= Hallesche Beiträge zur Europäischen Aufklärung; 1)) an versteckter Stelle das aufschlußreiche Kapitel ›Das Verhältnis zur Literatur‹, in: Wolfgang Martens: Die Botschaft der Tugend. Die Aufklärung im Spiegel der deutschen Moralischen Wochenschriften. – Stuttgart: Metzler 1968, S. 404ff., insbesondere die Abschnitte ›Die schöne Literatur‹, S. 442ff., und ›Die dichterische Schreibart‹, S. 461ff. Hingewiesen sei zudem auf zwei spätere wichtige Arbeiten aus dem Umkreis des angesprochenen Problemkomplexes: Rüdiger Campe: Affekt und Ausdruck. Zur Umwandlung der literarischen Rede im 17. und 18. Jahrhundert. – Tübingen: Niemeyer 1990 (= Studien zur deutschen Literatur; 107); Peter-André Alt: Begriffsbilder. Studien zur literarischen Allegorie zwischen Opitz und Schiller. – Tübingen: Niemeyer 1995 (= Studien zur deutschen Literatur; 131). Die Verschränkung mit dem Pietismus überzeugend aufgewiesen von Wolfgang Martens: Literatur und Frömmigkeit in der Zeit der frühen Aufklärung. – Tübingen: Niemeyer 1989 (= Studien und Texte zur Sozialgeschichte der Literatur; 25). Vgl. im Kontext auch die Untersuchung von Burkhard Dohm: Poetische Alchimie. Öffnung zur Sinnlichkeit in der Hohelied- und Bibeldichtung von der protestantischen Barockmystik bis zum Pietismus. – Tübingen: Niemeyer 2000 (= Studien zur deutschen Literatur; 154). Die den Zusammenhang von Poesie und Philosophie neu aufrollende Darstellung, welche interessanterweise ihren Ausgang von der Gelegenheitsdichtung nimmt, stammt von Uwe Steiner: Poetische Theodizee. Philosophie und Poesie in der lehrhaften Dichtung im achtzehnten Jahrhundert. – München: Fink 2000. Die parallelen Übergänge in der Musik an einem besonders ergiebigen Beispiel verfolgt von Gisela Jaacks: Hamburg zu Lust und Nutz. Bürgerliches Musikverständnis zwischen Barock und Aufklärung (1660–1760). – Hamburg: Verlag Verein für Hamburgische Geschichte 1997 (= Veröffentlichungen des Vereins für Hamburgische Geschichte; 44). Zum gesamten Problemkomplex auch: Der galante Diskurs. Kommunikationsideal und Epochenschwelle. Hrsg. von Thomas Borgstedt, Andreas Solbach. – Dresden: Thelem 2001 (= Arbeiten zur neueren deutschen Literatur; 6).

zahlen müssen. Aber auch die Traktate der Popularphilosophen, die jetzt die Szene betreten, die poetischen Verklärungen des Alltags im nachbarocken Stil, die poetischen Feiern der Natur, der Geschlechter, der Liebe, der Gottheit, die Briefe, die Tagebücher, die Kalenderschriften etc. – sie alle sind nicht nur berührt von der empfindsamen Vogue, nein, sie sind von ihr getragen; sie wären nicht zustande gekommen, wenn nicht bei Schreibern wie Lesern ein Verlangen bestanden hätte, teilzuhaben am Kult des neuen Menschen im Zeichen einer neuen Selbsterfahrung, die auf eine neue Anthropologie hinsichtlich einer neuen Würdigung der emotionalen Qualitäten des Menschen als eines Siegels seiner göttlichen Herkunft und Bestimmung hinauslief.[16]

Es waren die Städte und nur ganz am Rande die Höfe, in denen diese neue Botschaft florierte, durchweg mit mehr oder weniger deutlichen antihöfischen Konno-

---

[16] Die Erforschung der Empfindsamkeit, wie man sie seit Jahrzehnten in viel größerem Umfang hätte erwarten sollen, hat Konjunktur. Vgl. den unter anderem dem Themenschwerpunkt Empfindsamkeit gewidmeten Jahresband der Reihe ›Aufklärung‹ (Bd. XIII, Jahrgang 2001) mit den beiden Forschungsberichten von Lutz Danneberg, Friedrich Vollhardt: Sinn und Unsinn literaturwissenschaftlicher Innovation. Mit Beispielen aus der neueren Forschung zu G.E. Lessing und zur ›Empfindsamkeit‹, S. 33–69, sowie von Gerhard Sauder: Empfindsamkeit. Tendenzen der Forschung aus der Perspektive eines Betroffenen, S. 307–338 (mit einer Auswahlbibliographie neuerer Arbeiten). Dazu die Forschungsberichte von Friedrich Vollhardt: Die Entdeckung der ›Empfindsamkeit‹ in der germanistischen Aufklärungsforschung nach 1960. – In: Transactions of the Ninth International Congress on the Enlightenment. Vol. III. – Oxford: Voltaire Foundation 1996 (= Studies on Voltaire and the Eighteenth Century; 348), S. 1536–1539; ders.: Aspekte der germanistischen Wissenschaftsentwicklung am Beispiel der neueren Forschung zur ›Empfindsamkeit‹. – In: Aufklärungsforschung in Deutschland. Hrsg. von Holger Dainat, Wilhelm Voßkamp. – Heidelberg: Winter 1999 (= Beihefte zum Euphorion; 32), S. 49–77. Zur neuen Kommunikationsstruktur im Zeichen der Empfindsamkeit Albrecht Koschorke: Körperströme und Schriftverkehr. Mediologie des 18. Jahrhunderts. – München: Fink 1999; Hans von Trotha: Angenehme Empfindungen. Medien einer populären Wirkungsästhetik im 18. Jahrhundert vom Landschaftsgarten bis zum Schauerroman. – München: Fink 1999. Zur anthropologischen Fundierung: Der ganze Mensch. Anthropologie und Literatur im 18. Jahrhundert. Hrsg. von Hans-Jürgen Schings. – Stuttgart etc.: Metzler 1994 (= Germanistische Symposien-Berichtsbände; 15). Zum Kontext: Emotionalität. Zur Geschichte der Gefühle. Hrsg. von Claudia Benthien, Anne Fleig, Ingrid Kasten. – Köln, Weimar, Wien: Böhlau 2000 (= Literatur – Kultur – Geschlecht. Kleine Reihe; 16). Zum neuen Status dichterischen Sprechens: Joachim Jacob: Heilige Poesie. Zu einem literarischen Modell bei Pyra, Klopstock und Wieland. – Tübingen: Niemeyer 1997 (= Studien zur deutschen Literatur; 144); Johann Erich Maier: Gnade und Ästhetik. Von der Wiedergeburt zur Gnadenpoetik. – Frankfurt a.M. etc.: Lang 1998 (= Frankfurter Hochschulschriften zur Sprachtheorie und Literaturästhetik; 11); Helmut Pape: Klopstock. Die ›Sprache des Herzens‹ neu entdeckt. Die Befreiung des Lesers aus seiner emotionalen Unmündigkeit. Idee und Wirklichkeit dichterischer Existenz um 1750. – Frankfurt a.M. etc.: Lang 1998; Klaus Hurlebusch: Klopstock, Hamann und Herder als Wegbereiter autorzentrischen Schreibens. Ein philologischer Beitrag zur Charakterisierung der literarischen Moderne. – Tübingen: Niemeyer 2001 (= Studien und Texte zur Sozialgeschichte der Literatur; 86); Bernadette Malinowski: ›Das Heilige sei mein Wort‹. Paradigmen prophetischer Dichtung von Klopstock bis Whitman. – Würzburg: Königshausen & Neumann 2002 (= Epistemata; 381). Zum philosophischen Kontext: Die Moralität der Gefühle. Hrsg. von Sabine A. Döring, Verena Mayer. – Berlin: Akademie-Verlag 2002 (= Deutsche Zeitschrift für Philosophie. Sonderband; 4). Zum musikhistorischen Kontext: Laurenz Lütteken: Das Monologische als Denkform in der Musik zwischen 1760 und 1785. – Tübingen: Niemeyer 1998 (= Wolfenbütteler Studien zur Aufklärung; 24).

tationen versehen, denn die höfische Gesellschaft, so der Topos, war den Quellen des Ursprungs entfremdet und damit der Weihen der schönen unverbildeten Natur nicht teilhaftig. Dies ist die Botschaft der Gebildeten, die sich von Jahrzehnt zu Jahrzehnt auf breiterer Grundlage in den Städten angesichts der Empfindsamkeit durchsetzt, welcher es vergönnt war, die Kluft in der Bildungsgeschichte, die sich seit dem Humanismus aufgetan hatte, zu mildern und einem größeren und nunmehr lesefreudigen Publikum Selbstbewußtsein und bürgerliche Identität zu vermitteln. Wenn es jetzt über die Städte und die nun aufsteigenden großen Verlegergestalten erstmals in Deutschland zu einem ansatzweise zu erkennenden – weil noch immer durch die konfessionellen Verhältnisse beengten – nationalen literarischen Markt kommt, so ist dies dem Umstand zuzuschreiben, daß die Literatur die Rolle übernahm, die bis dahin der Bibel, dem Gesangbuch und dem Erbauungsbuch vorbehalten war, nämlich Lebensdeutung und Praxisanleitung in großem Stil anzubieten. Daß sie dies vermochte, war jedoch ihrer empfindsamen moralischen Mitgift, ihrer *moral sensibility* geschuldet, die wie die christliche Botschaft keine Unterschiede unter den Menschen mehr zuließ, sondern prämierte und auszeichnete, wer immer sich ihren Verheißungen anvertraute. In der Stadt waren Kaffeehäuser, Lesezirkel, gelehrte Vereinigungen, Bibliotheken, Tugendgesellschaften, Freimaurerlogen etc. zur Stelle, in denen über die wie Pilze aus dem Boden sprießenden Journale und Zeitschriften diese neue menschheitliche Botschaft, der der Stempel gediegener Bürgerlichkeit deutlich auf der Stirne geschrieben stand, ihren institutionellen Rückhalt fand und sich ihren Weg unter den sich zu ihr bekennenden Gebildeten bahnte. Das etwa könnte auch der Sinn der so häufig beschworenen Revolutionierung der literarischen, der kulturellen Verhältnisse im 18. Jahrhundert sein.[17]

Europäische Scheidelinien im 19. Jahrhundert

An dessen Ende spätestens scheiden sich die Wege auch im Blick auf die städtische Literatur und insonderheit die Bilder der Stadt in ihr. In Frankreich, auf andere Weise in England sind es die Metropolen, die nicht nur die Distribution von Literatur beherrschen, sondern die auch das innere Gefüge der Literatur ummodeln. Restif de la Bretonne und Sébastien Mercier erheben die Kapitale der Revolution zum genuinen literarischen Vorwurf, und alsbald stellen sich neben den faszinierenden die abgründigen, von der Apokalypse imprägnierten Bilder ein, unter denen alleine der Moloch Metropole literarisch zu vergegenwärtigen ist. Der Roman

---

17 Eine neuere, synoptisch angelegte Arbeit zum literarischen Leben im 18. Jahrhundert in Analogie zu den seinerzeit vielbeachteten Untersuchungen etwa von Kiesel und Münch oder von Engelsing und Kopitzsch fehlt. Unter den Höfen nahm Darmstadt bekanntlich eine Sonderrolle ein. Zur literarischen Kommunikation in Hessen-Darmstadt im 18. Jahrhundert umfassend Robert Seidel: Literarische Kommunikation im Territorialstaat. Funktionszusammenhänge des Literaturbetriebs in Hessen-Darmstadt zur Zeit der Spätaufklärung. – Tübingen: Niemeyer 2003 (= Frühe Neuzeit; 83).

des 19. Jahrhunderts in seinen drei großen nationalen Ausprägungen in Frankreich, in England, in Rußland wäre nicht denkbar gewesen ohne die Erfahrungen, die Paris, die London und die St. Petersburg für den aufmerksamen Beobachter bereithielten und die allemal – wie verschieden auch immer gelagert – dazu angetan waren, den aufgeklärten Traum der schönen Natur auch im Bilde des Menschen zuschanden werden zu lassen. Ob Balzac oder Flaubert, ob Dickens oder Poe, ob Gontscharow oder Dostojewski – so vielfältig die literarischen Entwürfe im einzelnen, so verschieden die Antworten hier wie dort –, die Beunruhigung über die Deformation, die der Einzelne in der Masse erleidet, die sich in der Großstadt respektgebietend und furchterheischend zusammenzieht, ist allen Schöpfungen eigen. Und das, weil diese anthropologisch neue Formation jene Wertesysteme, aus denen die Literatur bis an die Schwelle des 19. Jahrhunderts ihr Daseinsrecht bezog, unterminiert und in den fortgeschrittenen Zeugnissen – am tiefgründigsten womöglich bei Flaubert – bereits hinter sich gelassen hat. Wenn dann – am frühesten und vielleicht am bleibendsten bei Baudelaire – auch die Lyrik von diesem großstädtischen Bazillus infiziert wird, ihre über Jahrhunderte verbürgte lyrische Substanz angesichts der neuen großstädtischen Sensationen zergeht, so wird deutlich, daß die Literatur überall dort, wo sie sich den Erfahrungen der Moderne aussetzt, stets zugleich mit der von der Großstadt ausgehenden ambivalenten Faszination befaßt ist, der sie sich zu stellen, um nicht zu sagen, zu beugen hat.[18]

---

18 Vgl. neben den bekannten älteren Arbeiten von Volker Klotz: Die erzählte Stadt. Ein Sujet als Herausforderung des Romans von Lesage bis Döblin. – München: Hanser 1969, und Karl Riha: Die Beschreibung der ›Großen Stadt‹. Zur Entstehung des Großstadtmotivs in der deutschen Literatur (ca. 1750–1850). – Bad Homburg: Gehlen 1970, vor allem die große Studie von Robert Minder: Paris in der französischen Literatur (1760–1960). – In: ders.: Dichter in der Gesellschaft. Erfahrungen mit deutscher und französischer Literatur. – Frankfurt a.M.: Insel 1966, S. 287–340. Hier auch zur Vorgeschichte. Zur deutschen Variante: Paris? Paris! Bilder der französischen Metropole in der nicht-fiktionalen deutschsprachigen Prosa zwischen Hermann Bahr und Joseph Roth. Hrsg. von Gerhard R. Kaiser, Erika Tunner. – Heidelberg: Winter 2002 (= Jenaer germanistische Forschungen. N.F.; 11). Vgl. auch Norbert Reichel: Der Dichter in der Stadt. Poesie und Großstadt bei französischen Dichtern des 19. Jahrhunderts. – Frankfurt a.M., Bern: Lang 1982 (= Bonner Romanistische Arbeiten; 15), sowie das große, vielfach Benjaminsche Themen wieder aufnehmende Werk von Karlheinz Stierle: Der Mythos von Paris. Zeichen und Bewußtsein der Stadt. – München, Wien: Hanser 1993. Zur Vorgeschichte Ralph-Rainer Wuthenow: Die Entdeckung der Großstadt in der Literatur des 18. Jahrhunderts. – In: Die Stadt in der Literatur. Hrsg. von Cord Meckseper, Elisabeth Schraut. – Göttingen: Vandenhoeck & Ruprecht 1983 (= Kleine Vandenhoeck-Reihe; 1496), S. 7–27. Anregend auch Heinz Brüggemann: ›Aber schickt keinen Poeten nach London!‹ Großstadt und literarische Wahrnehmung im 18. und 19. Jahrhundert. Texte und Interpretationen. – Reinbek bei Hamburg: Rowohlt 1985 (= rororo-Sachbuch. Kulturen und Ideen; 7928), sowie Susanne Hauser: Der Blick auf die Stadt. Semiotische Untersuchungen zur literarischen Wahrnehmung bis 1910. – Berlin: Reimer 1990 (= Reihe Historische Anthropologie; 12). – Zur englischen Parallele: Uwe Böker: Von Wordsworths schlummerndem London bis zum Abgrund der Jahrhundertwende. Die Stadt in der englischen Literatur des 19. Jahrhunderts. – In: Die Stadt in der Literatur (wie oben), S. 28–56; Victorian Urban Settings. Essays on the Nineteenth-Century City and its Contexts. Ed. by Debra N. Mancoff, D.J. Tela. – New York etc.: Garland Publ. 1996 (= Garland Reference Library of the Humanities; 1889. Literature and Society in Victorian Britain; 1). Die Vorgeschichte breit entfaltet in: The Country and the City Revisited. England and the Politics of Culture. 1550–1850. Ed. by Gerald MacLean, Donna Landry, Joseph P. Ward. – Cambridge: University

Verspätete Assimilation der Moderne

Das aber sind eigene und hier nicht zu eröffnende schwierige thematische Komplexe, berührt nur, um gerüstet zu sein für einen letzten, durch Vergleich geschulten Blick auf Deutschland. Deutschland besitzt eine vergleichbare Kapitale bis an die Schwelle des 20. Jahrhunderts bekanntlich nicht. Wenn E.T.A. Hoffmann das Berlin seiner Zeit geheimnisvoll und gespenstisch verfremdet, Poe in manchem vorwegnehmend, so bleibt dies eine Ausnahme, die rasch verständlich werden läßt, daß dieser Autor im westlichen Nachbarland eine unerhörte Karriere machte. Der vorwaltende Gestus der deutschen Literatur das 19. Jahrhundert hindurch ist – wiederum von Ausnahmen abgesehen – von Abwehr gegenüber der Metropole bestimmt. Es sind die kleineren Städte, die Residenzen, Universitätsstädte, kleinen Reichsstädte, die den Rahmen für städtische Handlungsführungen und Personengestaltungen abgeben, Orte also, denen Natur nahe ist und an denen Natur erfahrbar bleibt. Erst im 19. Jahrhundert prägt sich die immer schon vorgegebene politische Vielgestaltigkeit, wie sie in der in Europa singulär dastehenden städtischen Vielfalt ihren sichtbarsten Ausdruck fand, auch literarisch mentalitätsbildend aus. Das Fehlen der Kapitale wird als besondere Chance ergriffen, Lebensverhältnisse überschaubar zu halten, ein Gleichgewicht zwischen Stadt und Land zu wahren, die erneuernde Regulierung menschlichen Daseins im Einklang mit der Natur und den in ihr obwaltenden ewigen Ordnungen zu vollziehen. Wenn ein Autor wie Fontane in den letzten Jahrzehnten eine nachhaltige Aufwertung erfuhr, so auch und vor allem deshalb, weil bei ihm wie bei kaum einem anderen sonst die in der Literatur allgegenwärtige Verpflichtung des Daseins auf Natur außer Kraft gesetzt schien, der Roman sich durchgehend der Gesellschaft öffnete und auf seine den speziellen deutschen Verhältnissen geschuldete Weise den großen ausländischen Mustern standzuhalten vermochte.[19]

Press 1999. Dazu die bekannte Studie von Raymond Williams: The Country and the City. – London: Chatto & Windus 1973. Daraus unter anderem der Beitrag: ›Städte der Dunkelheit und des Lichts. Zur Londonliteratur des 19. Jahrhunderts.‹ Abgedruckt in deutscher Fassung in: ders.: Innovationen. Über den Prozeßcharakter von Literatur und Kultur. Hrsg. und übersetzt von Gustav Klaus. – Frankfurt a.M.: Suhrkamp 1983 (= Suhrkamp-Taschenbuch Wissenschaft; 430), S. 142–162. Vgl. auch: London in Literature. Visionary Mappings of the Metropolis. Ed. by Susana Onega, John A. Stotesbury. – Heidelberg: Winter 2002 (= Anglistische Forschungen; 309).

19 Dazu nach wie vor grundlegend in der Perspektive Friedrich Sengle: Wunschbild Land und Schreckbild Stadt. Zu einem zentralen Thema der neueren deutschen Literatur. – In: Studium generale 16 (1963), S. 619–631, wiederabgedruckt in: Europäische Bukolik und Georgik. Hrsg. von Klaus Garber. – Darmstadt: Wissenschaftliche Buchgesellschaft 1976 (= Wege der Forschung; 355), S. 432–460. Die singuläre Stellung E.T.A. Hoffmanns im Blick auf Poe und Baudelaire zuerst exponiert in den für die literarische Stadterfahrung bahnbrechenden Baudelaire-Studien von Walter Benjamin: Charles Baudelaire. Ein Lyriker im Zeitalter des Hochkapitalismus. – Frankfurt a.M.: Suhrkamp 1969, S. 43ff., S. 126ff. Dazu Willi Bolle: Physiognomik der modernen Metropole. Geschichtsdarstellung bei Walter Benjamin. – Köln, Wien: Böhlau 1994 (= Europäische Kulturstudien; 6). Zum Kontext – neben der bekannten älteren Arbeit von Marianne Thalmann: Romantiker entdecken die Stadt. – München: Nymphenburger 1965 (= Sammlung Dialog; 6) – : Die Stadt in der europäischen Romantik. Hrsg. von Gerhart von Graevenitz in Verbindung mit Alexander von Bormann. – Würzburg: Königshausen & Neumann 2000 (= Stiftung für Romantikforschung; 11).

Die Assimilation der Moderne und damit die Inkorporation auch der Großstadt in das Gefüge der Literatur ist in Deutschland erst auf der Wende zum 20. Jahrhundert auf verschiedenen Wegen erfolgt, über den Naturalismus zumal in Novelle und Drama, über den Expressionismus zumal in der Lyrik, am Rande auch im Drama, über die Neue Sachlichkeit der Weimarer Republik schließlich ebenso in der Gattung Roman – auch dies Themen jeweils für weitere Beiträge, während hier eine Beschränkung auf die Frühe Neuzeit statthaben sollte. Über Stadt und Literatur, welchen Zeitraums auch immer, kann besonders in Deutschland jedoch nicht gehandelt werden ohne Blick auf ein Ende ganz unliterarischer und schließlich dann doch zur Literatur zurückgeleiteter Art. Als Canetti, einer der unbestechlichen diaristischen Chronisten des 20. Jahrhunderts, von der Zerstörung der spanischen Städte durch die deutsche Luftwaffe erfuhr, galt sein erster Gedanke der Zukunft der deutschen Städte. Ein Jahrzehnt später hatte sich deren Schicksal erfüllt. Eine mehr als tausendjährige städtische Kultur war in Schutt und Asche gelegt worden. Es gab keine Großstadt zwischen Königsberg und München, die nicht mehr oder minder ausradiert war; in den letzten Monaten nach dem gescheiterten Attentat waren auch die kulturellen Kleinode mittlerer Größenordnung noch gezielt vernichtet worden. Einige Monate länger, und auch die letzten militärisch gänzlich unwichtigen urbanen Zeugen deutscher Geschichte wären versunken.

Untergang der deutschen Städte

Was ein solcher Verlust für die kollektive geschichtliche Orientierung eines Volkes zu besagen hat, ist von keiner einzelnen Person oder Disziplin bislang aufgearbeitet worden. Vielleicht entzieht es sich der wissenschaftlichen Bearbeitung. Der Literatur ist inzwischen bescheinigt worden, daß sie das Thema Luftkrieg auf eine staunenerregende Weise aus dem Repertoire ihrer Nachkriegs-Sujets ausgespart habe. Die Debatte über die Gründe hält bekanntlich an. Sie können nicht prinzipiell verschieden sein von denen, die namhaft zu machen und zu bedenken wären, wenn es um den Umgang der Deutschen mit ihrer jüngsten Geschichte zwischen 1933 und 1945 geht. Daß die Schuld, ob einbekannt oder nicht, mitverantwortlich sein könnte für das Schweigen, das über dem tabuisierten Thema der Zerstörung unserer Städte liegt, möchte man mutmaßen. Der Literatur aber dürfte in diesen traumatisch besetzten Sphären über kurz oder lang eine bisher wenig bedachte Rolle zufallen. In ihr sind Bilder unserer Städte vor ihrer Zerstörung gespeichert, die helfen könnten, ihrer entschwundenen Physiognomien wieder ansichtig zu werden, wenn denn das Verlangen sich regte, geschichtlich gegründete Kunde von dem alten Deutschland im alten Europa vor der großen, der inkommensurablen Katastrophe zu gewinnen. Dann tritt Literatur wie auf allen Gebieten des Lebens so auch im Blick auf die untergegangenen Städte in die ihr eigenen Rechte ein. Sie ist Stifterin von Memoria und damit von Tradition aufgrund des nur ihr im Kosmos der Schrift zukommenden Privilegs bildhafter Rede. Bilder aber, gerade auch Bilder der Stadt, sind Generatoren von geschichtlicher Erfahrung. Sie also auch zu entziffern im Gedenken an die in ihr bewahrten Bilder deutscher Städte, ja der singulär dastehenden deutschen Vorkriegs-Städtelandschaft als ganzer, könnte eine zukünftige Aufgabe der deutschen Literaturwissenschaft sein, in und mit der sie nicht zuletzt ihre Berechtigung, ja ihre Notwendigkeit im werdenden Europa unter Beweis zu stellen vermöchte.[20]

Zuerst erschienen in: Vielerlei Städte. Der Stadtbegriff. Hrsg. von Peter Johanek, Franz-Joseph Post. – Köln, Weimar, Wien: Böhlau 2004 (= Städteforschung. Reihe A: Darstellungen; 61), S. 71–89.

---

20 Vgl. dazu – neben der bekannten älteren Studie von Heinz Rölleke: Die Stadt bei Stadler, Heym und Trakl. – Berlin: Schmidt 1966 (= Philologische Studien und Quellen; 34) – Karl Riha: Deutsche Großstadtlyrik. Eine Einführung. – München, Zürich: Artemis 1983 (= Artemis Einführungen; 8); Hee-Jik Noh: Expressionismus als Durchbruch zur ästhetischen Moderne. Dichtung und Wirklichkeit in der Großstadtlyrik Georg Heyms und Georg Trakls. – Diss. phil. Tübingen 2001. Zur Prosa: Hermann Kähler: Berlin – Asphalt und Licht. Die große Stadt in der Literatur der Weimarer Republik. – Berlin: Das Europäische Buch 1986; Christof Forderer: Die Großstadt im Roman. Berliner Großstadtdarstellungen zwischen Naturalismus und Moderne. – Wiesbaden: DUV 1992 (= DUV. Literaturwissenschaft); Sabina Becker: Urbanität und Moderne. Studien zur Großstadtwahrnehmung in der deutschen Literatur 1900–1930. – St. Ingbert: Röhrig 1993 (= Saarbrücker Beiträge zur Literaturwissenschaft; 39); Erk Grimm: Semiopolis. Prosa der Moderne und Nachmoderne im Zeichen der Stadt. – Bielefeld: Aisthesis 2001. Als ältere Synopsis Christoph Perels: Vom Rand der Stadt ins Dickicht der Städte. Wege der deutschen Großstadtliteratur zwischen Liliencron und Brecht. – In: Die Stadt in der Literatur (Anm. 18), S. 57–80. Hinzu treten inzwischen eine Reihe von anregenden, weil interdisziplinär angelegten und vielfach ergiebigen Sammelbänden: Visions of the Modern City. Essays in History, Art, and Literature. Ed. by William Sharpe, Leonard Wallock. – Baltimore, London: The Johns Hopkins University Press 1987; Rom – Paris – London. Erfahrung und Selbsterfahrung deutscher Schriftsteller und Künstler in den fremden Metropolen. Hrsg. von Conrad Wiedemann. – Stuttgart: Metzler 1988 (= Germanistische Symposien-Berichtsbände; 8); Die Unwirklichkeit der Städte. Großstadtdarstellungen zwischen Moderne und Postmoderne. Hrsg. von Klaus R. Scherpe. – Reinbek bei Hamburg: Rowohlt 1988; Berlin. Eine Großstadt im Spiegel der Literatur. Hrsg. von Derek Glass. – Berlin, London: Schmidt 1989 (= Publications of the Institute of Germanic Studies of the University of London; 42); ›In der großen Stadt‹. Die Metropole als kulturtheoretische Kategorie. Hrsg. von Thomas Steinfeld, Heidrun Suhr. – Frankfurt a.M.: Hain 1990 (= Athenäums Monographien. Literaturwissenschaft; 101); Die Großstadt als ›Text‹. Hrsg. von Manfred Smuda. – München: Fink 1992 (= Bild und Text); Stadt-Bilder. Allegorie, Mimesis, Imagination. Hrsg. von Andreas Mahler. – Heidelberg: Winter 1999 (= Beiträge zur neueren Literaturgeschichte; 170). Als exemplarischer Beitrag mit regionalem Schwerpunkt: ›Die Großstadt rauscht gespenstisch fern und nah‹. Literarischer Expressionismus zwischen Neisse und Berlin. Hrsg. von Detlef Haberland. – Berlin: Mann 1995 (= Tagungsreihe der Stiftung Haus Oberschlesien; 6). Zum internationalen Kontext monographisch: Werner Gotzmann: Literarische Erfahrung von Großstadt (1922–1988). – Frankfurt a.M. etc.: Lang 1990 (= Europäische Hochschulschriften. Reihe 18: Vergleichende Literaturwissenschaften; 53); Richard Lehan: The City in Literature. An Intellectual and Cultural History. – Berkeley etc.: University of California Press 1998. Jetzt das Thema auch berührt von Heinz Brüggemann: Architekturen des Augenblicks. Raum-Bilder und Bild-Räume einer urbanen Moderne in Literatur, Kunst und Architektur des 20. Jahrhunderts. – Hannover: Offizin-Verlag 2002 (= Kultur und Gesellschaft; 4). Vgl. schließlich auch den schönen Katalog zur Ausstellung: Ich und die Stadt. Mensch und Großstadt in der deutschen Kunst des 20. Jahrhunderts. In der Berlinischen Galerie, Martin-Gropius-Bau 1987. Hrsg. von Eberhard Roters, Bernhard Schulz. – Berlin: Nicolaische Verlagsbuchhandlung Beuermann 1987. Wie sehr das Thema nach wie vor floriert, mag aus dem Schwerpunkt des Doppelheftes von ›Literaturen‹ (Juli/August 2002) ersehen werden, das unter dem Thema ›Ich und die Stadt, zehn literarische Expeditionen‹ gestellt ist.

III

WUNSCHBILD ARKADIEN
EINE EUROPÄISCHE UTOPIE IN DEUTSCHER VERSION

Schäfer-, Landleben- und Idyllendichtung

Ein lexikalischer Aufriß

Schäferdichtung begegnet dem modernen Leser als zeitgenössische Gattung nicht mehr. Sie ist zusammen mit dem alteuropäischen Literatursystem in der empfindsamen Literaturrevolution des 18. Jahrhunderts untergegangen. Ihr Erbe lebte fort in der im 18. Jahrhundert neu aufsteigenden Gattung der Idylle. Von der Frührenaissance bis zur Aufklärung gehörte die Schäferdichtung für vier Jahrhunderte zu den verbreitetsten Formen der europäischen Literatur. In allen großen Kulturländern wurde sie gleich intensiv produziert und rezipiert. Es muß also Gründe für die Beliebtheit gerade dieser Spielart europäischen Dichtens gegeben haben. Sie liegen nicht da, wo der moderne Betrachter sie vermuten würde: in der Sehnsucht nach dem einfachen Leben und der Verklärung des ländlichen Standes, dem Überdruß an der Zivilisation und dem Ausweichen in die schöne Natur, der innigen Empfänglichkeit für ihre Annehmlichkeiten und dem Trost, den sie für den Einsamen, in und an der Gesellschaft Leidenden bereithält. Diese Verhaltensmuster, mentalen Dispositionen und antithetischen Entwürfe entstehen überhaupt erst im Zuge der Empfindsamkeit und haben sich der Literaturwissenschaft, -kritik und -geschichte seither bemächtigt. Entsprechend wurde mit der vorsentimentalen Dichtung auch die Hirtenpoesie an diesen Normen gemessen – und verworfen, gehorchte sie doch ganz anderen Gesetzen. Sie ist keinem wie auch immer divinatorischen Akt der ›Einfühlung‹ zugänglich – dieser zählebigsten Erbschaft der Empfindsamkeit an die Hermeneutik der Kunstwissenschaften. Nur aus der Kenntnis des alteuropäischen Gattungssystems, in der Antike ausgebildet und in der Renaissance erneuert und ausgebaut, erschließt sie sich in eins mit dem Wissen um die Aufgaben, die den diversen pastoralen Formen gemäß dichterischem Selbstverständnis und gesellschaftlichem Erwartungshorizont aufgetragen waren.

Schäferdichtung gehörte seit den ›Vergil-Kommentaren‹ des Donatus und Servius in der Spätantike aufgrund ihres Personals zu den ›niederen‹ Literaturformen (*genus humile* bzw. *tenue*), im Gegensatz zu den ›hohen‹ des Epos nach Art der Vergilschen *Aeneis* bzw. der Tragödie (*genus grande*) und den ›mittleren‹ der Lehrdichtung nach Art der Vergilschen *Georgica* (*genus medium*). Diese auch stilistisch untermauerte Plazierung kontrastierte aufs schärfste mit ihrer gehaltlichen Aufwertung. Schon Vergil hatte sie als Komplementärform zum Epos behandelt und aus dem Kontrast von ›hohem‹ würdigem Thema und ›niederem‹ schäferlichem Ton den raffinierten Gestus der Gattung entwickelt, der bis hin zu Salomon Gessner verbindlich bleiben sollte. Seit Vergil gibt es keinen Gegenstand, der der Schäferdichtung nicht assimilierbar wäre – stets jedoch transponiert in das schäferliche Ambiente und also verhüllt, versteckt, verrätselt. Allegorismus ist das beherrschende Prinzip der Schäferdichtung. Er zog die Humanisten seit Dante Alighieri und Francesco Petrarca an, erlaubte ihnen die Anspielung, die Verschlüsselung, das Zitat – kurzum das gelehrte Spiel für die Kenner und mit ihnen, dem sich keiner der Zunftgenossen entziehen konnte. So wurde die Schäferdichtung für die gesamte Frühe Neuzeit in allen Ländern Europas neben dem Brief zur beliebtesten, weil chiffrierten Kommunikationsform bis in die Tage der Empfindsamkeit, die dem gelehrten Schreiben den Kampf ansagte.

Die Theoretiker der Hirtendichtung sahen in ihr die älteste Gattung, wurde sie doch dem – auch biblisch beglaubigten – ältesten Stand, nämlich dem des Hirten in den Mund gelegt. »WEr nach der Edlen Kunst/ der Poesy/ Ankunft forschet/ der wird solche in Feldern und Wäldern gebohren/ und von den Hirten erzogen befinden«, äußerte noch 1679 Sigmund von Birken im ersten Satz seiner *Teutschen Redebind= und Dicht-Kunst*. Aber das war selbst ein allegorisches Argument, um über die Frühe der Gattung und ihre Nähe zur Schöpfung zugleich ihre Würde und bevorzugte Stellung im Kosmos der Poesie zu demonstrieren. Literaturgeschichtlich liegen die Dinge genau umgekehrt. Die Hirten- oder Schäferdichtung bzw. Bukolik oder Pastorale (abgeleitet von ὁ βουκολος = der Rinderhirt bzw. *pastor* = der Hirte) ist – genau wie der Roman – eine Spätform der europäischen Literatur. Epos, Lyrik und Tragödie waren ausgebildet in Griechenland, bevor in hellenistischer Zeit mit Theokrits εἰδύλλια die kleine Form des Hirtengedichts geboren wird. Der Begriff hat nichts mit dem modernen der ›Idylle‹ gemein, bezeichnet nur das kleine selbständige Einzelgedicht in Abgrenzung zu den eingeführten Sprechweisen des Iambus, der Ode, der Elegie, des Epigramms etc. und den Großformen des Epos und der Tragödie. Entsprechend stehen städtische, höfische, mythische Sujets neben den ländlich-bukolischen. Aus dem Gegen- und Ineinander von kunstvoller hexametrischer Form, anspielungsreicher zitativer literarisierter Sprache, kontrafaktischer Umformulierung des Mythos und mehr als einmal schlichtem stofflichem Vorwurf baute der gebildete, zwischen Syrakus, Kos und Alexandrien sich bewegende Dichter Theokrit (um 310–250 v.Chr.) eine neue, nur dem Kenner sich erschließende Kunstwelt auf: gelehrter Alexandrinismus wie bei dem Zeitgenossen Kallimachos als Ursprung einer vermeintlichen Ur- und Naturform der Poesie.

Schon im zweiten vorchristlichen Jahrhundert zirkulierten Theokrit-Handschriften in Rom. Vergil machte Bekanntschaft mit ihnen wie vielleicht auch mit einigen nicht bezeugten Versuchen seiner Vorgänger und schuf mit seinen zehn *Eklogen* (von ἡ ἐκλογή = ausgewähltes kleines Stück, vielleicht aber auch von ἡ αἴξ = die Ziege) das Grundbuch der europäischen Schäferdichtung und das neben der Bibel am häufigsten gelesene und nachgeahmte Stück der europäischen Literatur. Vergil baute das Regentenlob, das bei Theokrit noch nicht bukolisch behandelt worden war, in seine Hirtenwelt ein. Damit waren der niederste und der höchste Stand literarisch miteinander in Kontakt gebracht – und zwar anders als im simplen Verhältnis von Über- und Unterordnung. Dem Vergilschen Hirten war es vorbehalten, dem Regenten pastoral verschlüsselt zu huldigen. Zugleich aber entwarf er das Programm kaiserlicher augusteischer Politik auf der Zeitenwende zwischen untergegangener Republik und heraufziehendem Prinzipat. Weltherrschaft Roms mußte Friedensherrschaft sein. Frieden war in der kleinen Hirtenwelt als freundschaftlicher, besorgter, mitfühlender Umgang der Hirten untereinander, aber auch als dankbares Verweilen in der schönen Natur und als sensible Aufmerksamkeit für ihre Annehmlichkeiten gegenwärtig. Er sollte über politisches Handeln durch den Regenten auf der Erde herbeigeführt, das minoritäre pastorale Glück in ein menschheitliches überführt werden. Dieser weitreichende (und unausgesprochen eben utopische) Anspruch legitimierte den als Hirten verkleideten Dichter zur Zwiesprache mit dem Regenten. Er erlaubte ihm, seinem Gedicht epische Weihen zuzuerkennen. Dichter und Dichtung, Regentenlob und Regentenunterweisung, Politik und Telos der Geschichte waren seit Vergil Themen der niederen Gattung ›Schäferdichtung‹. Das erklärt ihren unerhörten Erfolg in Europa bis an die Schwelle der bürgerlichen Revolutionen.

Zu den Gaben des Hirtendichters gehört die prophetische Schau in die Zukunft, ein altes Erbe der auf Hesiod und Pindar zurückgehenden *vates*-Rolle des Dichters. Der Dichter weissagt für die Zukunft, was er in seiner eigenen Gegenwart sich vollziehen sieht – eine wiederum indirekte Form der Huldigung: *vaticinium ex eventu*. So kündet Vergil in seiner berühmtesten, der vierten Ekloge von einer zukünftigen Wiederkehr des Goldenen Zeitalters, verknüpft mit dem Aufwachsen eines göttlichen Kindes. Natürlich meinte er Oktavian. Aber den Kirchenvätern verbarg sich in dieser Prophezeiung ein höheres Geheimnis, nämlich die Verheißung des Christuskindes zur Zeit des Kaisers Augustus, den Vergil besang. Damit war die heidnische Gattung für die christliche Literaturpraxis gewonnen. Es gehört zu den bislang nicht gelösten Rätseln der Gattungsgeschichte, warum das Mittelalter nicht lebhafter Gebrauch von der Ekloge machte. Während von Calpurnius, durch die anonymen *Carmina Einsidlensia* und von Nemesianus die heidnische Ekloge in der Kaiserzeit bezeugt ist, war das geistliche Gegenstück die Ausnahme. Bei Paulinus von Nola und Endelechius (4. Jh. n.Chr.) werden Vorgänge aus der ländlichen Welt durch den Schäfer als Prädikanten einer christlichen Deutung unterworfen. Die Ekloge selbst blieb ihrer eigentlichen Bestimmung nach Regenten-Ekloge, wie die Beispiele Modoins und Alkuins am Hofe Karls des Großen zeigen. Die *Ecloga Theoduli* aus dem 10. Jahrhundert ist ein allegorischer Wettstreit zwischen Pseustis und Alithia (Irrtum und Wahrheit), und die sogenannte Renaissance des 12. Jahrhunderts brachte mit den Eklogen des Marco Valerio und Metellus von Tegernsee gleichfalls keine spezifisch mittelalterliche Variante in das Gattungsbild. Nur in der Pastourelle und im Weihnachtsspiel mit Hirten-Einlage liegen zwei nicht durch die Antike präformierte Sonderformen vor.

Erst mit der Renaissance stieg der Stern der Schäferdichtung hell strahlend am Himmel der europäischen Literatur auf. Zugleich vollzog sich eine ungeahnte Ausdifferenzierung der Formen, die bislang in keiner Poetik oder Geschichte der Gattung nachgezeichnet worden ist. Die Ekloge behauptete in der neulateinischen wie in der volkssprachigen Version ihre Führungsrolle. Tausende solcher Dichtungen sind geschrieben worden; nur der kleinere Teil ist bekannt, ein noch kleinerer bibliographisch erfaßt. Das Florentiner Dreigestirn Dante – Petrarca – Boccaccio nahm im Rückgriff auf Vergil die Gattung sogleich in der italienischen Frührenaissance auf und gab damit ein Beispiel, dem die Größten der europäischen Literatur nacheifern sollten. Dante, einsam, unerschrocken und tiefgründig der volkssprachigen Literatur in Theorie und Praxis den Weg bahnend, faßte auch seine beiden epistolarischen Eklogen auf Italienisch ab. Er rief den Protest des Bologneser Rhetorik- und Poetikprofessors Giovanni del Virgilio hervor, der das Lateinprivileg der Gelehrten unterlaufen sah und eine unstatthafte Öffnung des Sprechens und Schreibens gegenüber dem lateinunkundigen Publikum befürchtete. Genau dies strebte Dante an, weil eine Wiedergeburt der italienischen Nation nur in eins mit der Durchsetzung der italienischen Sprache in allen Schichten und zu allen Anlässen und Zwecken gelingen konnte. Die niedere Form des Schäfergedichts war das gegebene Gefäß für die zu Unrecht verachtete italienische Sprache und zugleich das poetologische Medium, um dem gelehrten Widersacher in hintergründigen und bis heute nicht restlos entschlüsselten Wendungen das revolutionäre kulturpolitische Programm nahezubringen.

Damit war über die Physiognomie der europäischen Ekloge bis zum Einsatz der Aufklärung entschieden. Sie sollte das bevorzugte Forum für die gelehrte, anspielungsreiche, nur den Eingeweihten verständliche Rede bleiben und derart zur Selbstverständigung kleiner elitärer Zirkel beitragen. Nur so ist ihre Dominanz im Umkreis der europäischen Humanisten-Akademien und -Sozietäten zu erklären. Die kühne Dantesche Entscheidung für die Volkssprache mußte freilich im Quattrocento mühsam durchgesetzt werden. Bis in das 18. Jahrhundert hinein liefen die neulateinische und volkssprachige Ekloge in den europäischen Nationalliteraturen nebeneinander her. Petrarca und Boccaccio, beide als Lyriker und Novellisten große volkssprachige Dichter, kehrten mit ihren zwölf bzw. sechzehn Eklogen zum Neulateinischen zurück. Sie behandeln in ihren Hirtengedichten politische, geschichtliche, theologische, philosophische, ästhetische, standespolitische und persönliche Fragen in einer unerhört verschlüsselten und verrätselten Form, die offensichtlich nach der lateinischen Sprache als einer durch Tradition beglaubigten und durch literarische Anspielungen durchsetzten Redeweise verlangte. Ihre neulateinischen Nachfahren, angefangen bei Baptista Mantuanus, folgten ihnen darin. Der Ehrgeiz in den jungen Nationalliteraturen entzündete sich aber an der Abfassung nationalsprachiger Muster. Leon Battista Alberti und Matteo Maria Boiardo in Italien, Juan del Encina und Garcilaso de la Vega in Spanien, Clément Marot, Jean-Antoine de Baïf und Pierre de Ronsard in Frankreich, Edmund Spenser, John Fletcher und John Milton in England, Nicolaas Heinsius und Jacob Cats in den Niederlanden und ungezählte andere Dichter sollten die volkssprachige Ekloge pflegen.

Nicht von gleichem historischem Gewicht, aber gewiß ebenso beliebt bei den Humanisten war die schäferliche Liebesdichtung. Auch sie kann sich auf die Antike berufen, ja, das erste bezeugte, aber nicht erhaltene pastorale Chorlied ist ein Liebesgedicht. Es stammt aus dem sechsten Jahrhundert und rührt her von Stesichoros, dessen Werk nur indirekt und fragmentarisch bezeugt ist. Schon er singt von dem sagenumwobenen Hirten Daphnis, der nach ältester mythischer Überlieferung für seine Treulosigkeit geblendet wird. Dieses Motiv griffen Theokrit im ersten εἰδύλλιον ›Thyrsis‹ und Vergil in der fünften Ekloge auf, formulierten es jedoch einschneidend um. Nun versagt sich Daphnis der Liebe und zieht es vor, in den Tod zu gehen, statt sich der Gewalt der Liebesgöttin zu unterwerfen. Beide lassen den sein Leben opfernden Hirten-Heros ebenso wie den göttlichen Sänger Orpheus von der Natur betrauern, stellen ihren an Orpheus wie an Dionysos gleichermaßen gemahnenden Gesang unter den Schutz des ersten Hirtensängers und weihen die Schäferdichtung seinem Gedächtnis; Vergil erhebt ihn sogar in den Himmel. Damit war der Hirtendichtung das Motiv unglücklicher, in Leid verstrickter, tragischer Liebe gewonnen, das schon die antike Bukolik in ungezählten Variationen durchzieht. Es verschmilzt in der Renaissance mit der – auf antike, provenzalische und sizilianische Traditionen zurückgreifenden – Liebessprache des einflußreichsten – nichtpastoralen! – lyrischen Werkes der erotischen Poesie, dem *Canzoniere* Petrarcas. Entgegen landläufiger Vorstellung überwiegt auch in der europäischen Hirtendichtung fortan das von Liebesleid, von versagter Leidenschaft, von Todessehnsucht geprägte Lied. Viel seltener finden Glück, Erfüllung, wechselseitige Treue – wie ganz vereinzelt auch schon in der Antike (27. pseudotheokritsches Idyll) – im Hirtengedicht den ihnen zwanglos zuzuordnenden pastoralen Rahmen. Neulateinische wie volkssprachige Liebesdichtung stehen wiederum nebeneinander, doch wechselten die Dichter gerne in das heimische Idiom herüber, konnten sie doch anläßlich der Behandlung der Liebe als eines ›Wetzsteins der Poeten‹, wie Martin Opitz sagte, an der scharfsinnigen Ausbildung einer nationalsprachigen gehobenen Poesie arbeiten. Nahezu alle bereits erwähnten Eklogendichter und ungezählte andere, vielfach namenlose haben sich ihrer Pflege gewidmet. Theokrit und Vergil, Petrarca und später dann Iacopo Sannazaro kann man immer wieder hinter ihren Stimmen durchhören – eine auf hochartistischem Experiment, nicht auf modernem Erlebnis- und Ausdrucksbedürfnis gründende Kunstwelt.

Der Renaissance war es vorbehalten, den Schritt von der Ekloge bzw. dem pastoralen Liebeslied zu den Großformen des Dramas, des Theaters, der Oper und insbesondere des Romans zu vollziehen. Schäferdrama und Schäferroman sind – wenn man von der spätantiken Hirtenerzählung *Daphnis und Chloe* des Longos absieht – eine Errungenschaft der Neuzeit; die Dichter und Poetologen wußten das und fühlten sich derart in ihrem Anspruch, gleichberechtigt neben den antiken Dichtern auftreten zu dürfen, bestätigt. Lang ist der Weg von den ›Sacre Rappresentazioni‹, den dramatisierten Eklogen, den mythologischen Dramen mit pastoralem Ambiente nach Art von Angelo Polizianos *Orfeo* zum ausgebildeten Schäferdrama, wie es uns in Torquato Tassos *Aminta* vollendet entgegentritt. Es kam 1573 auf der Po-Insel Belvedere vor den Este zur Aufführung, gehörte also wie die nachfolgende europäische Produktion dem Ensemble der höfischen Kultur zu. In einer niemals wieder erreichten melodischen Sprachgebung verschmilzt Tasso das Leiden an den höfischen Zwängen, der höfischen Etikette, der höfischen Ehre mit der spielerischen Vergegenwärtigung einer gegenbildlichen Zeit, in der Rang, Reichtum, Rolle noch keine Macht über die Menschen und insbesondere die Liebenden besaßen, und verlegt dieses Gegenbild in das Goldene Zeitalter. Der Inbegriff moderner Zivilisation, der Hof als Ort vollendeter gesellschaftlicher Kultur, wird spielerisch mit einem Bild von Natur konfrontiert, in der unbeschränkte Autonomie, Erfüllung des Lebens in erfüllter Liebe, seliges Einverständnis zwischen Mensch und Natur gelten. Nirgendwo spitzt der Dichter die Opposition zweier Lebens- und Erfahrungswelten zur eindeutigen Hofkritik zu; genausowenig geißelt er den gegenreformatorischen Eifer gegen die weltlichen Künste und Lebensformen. Doch indirekt bewahrt er einen arkadischen, urzeitlichen Freiraum, der sich dem höfischen wie kirchlichen Zugriff versagt und der Schäferdichtung den Anspruch auf Glück und Erfüllung im Diesseits anvertraut. Sein Widersacher Giovanni Battista Guarini sollte diesem melancholischen und skeptischen Traum der Spätrenaissance in seinem *Pastor fido* (1590, Aufführung 1595) begegnen und Ehre, Treue, Fügung unter die Vorschriften des Gesetzes der arkadischen Welt einschreiben, sich derart Staat und Kirche im Zeitalter des Absolutismus empfehlend. Sein Drama ist vielfach variiert über die höfischen und gelegentlich auch städtischen Bühnen Europas gegangen. Daneben entstanden aus der Kreuzung der italienischen Muster mit den heimischen nationalen Traditionen die mehr oder weniger schäferlich oder ländlich durchgeformten Dramen der Weltliteratur, gipfelnd in Pedro Calderón de la Barca und Lope de Vega, William Shakespeare und Andrew Marvell, Rémy Belleau und Honorat de Bueil, Seigneur de Racan, Corneliszoon Hooft und Joost van den Vondel.

Auch die Geschichte des Schäferromans führt in das Ursprungsland der Moderne, führt nach Italien zurück. Gab Giovanni Boccaccio mit seinem *Decamerone* das Beispiel für die Novellistik, so dürfen darüber sein *Ameto* (1341/42), seine *Fiammetta* (1343/44) und sein *Ninfale Fiesolano* (1344–46) nicht vergessen werden, die ungeachtet ihrer allegorischen Anlage der schäferlichen Liebeserzählung wie der mythisch verklärten Lobpreisung der heimatlichen Stadt gleichermaßen die Wege wiesen. Wie weit Dante, Petrarca und Boccaccio ihrer Zeit vorauseilten, wird auch darin deutlich, daß erst anderthalb Jahrhunderte später der erzählerische Faden im pastoralen Rahmen weitergesponnen wurde. Seit den achtziger Jahren des 15. Jahrhunderts entstand in Neapel das meistgelesene und -ausgebeutete pastorale Werk der neueren europäischen Literatur, das seinen Schlüsselcharakter bis in das späte 17. Jahrhundert behauptete: Sannazaros *Arcadia* (unautorisierter Erstdruck der ersten 10 Eklogen 1501, autorisierte Fassung 1504). Mit ihr wurde der folgenschwere Schritt einer erzählerischen Verknüpfung von zwölf Eklogen zu einem narrativen Kontinuum vollzogen. Der Hirte Sincero gelangt aus Liebesleid von Neapel nach Arkadien, der Heimat des Hirtengottes Pan und der Hirtengestalten Vergils, findet wie ehemals Daphnis Trost unter ihnen und kehrt schließlich geheilt in seine Heimat zurück. Die modernen Literarhistoriker haben folglich in der *Arcadia* eine sentimentale Beschwörung der antiken Hirtenwelt gesehen, die ihnen um so mehr in das Zeitalter der Renaissance zu passen schien, als Sannazaro genau wie später Tasso in der Mitte einen Preis auf die Liebesfreuden und irdischen Wonnen des Goldenen Zeitalters eingelegt hatte. Das Gegenteil ist wahr. Die *Arcadia* ist eine der ergreifendsten und tiefgründigsten pastoralen Elegien der europäischen Literatur, in der – verschlüsselt über das Motiv des Liebesleids – die Bedrohung und der endliche Untergang Neapels nach dem Einfall der Spanier und Franzosen 1494 allegorisch verarbeitet werden. Der Dichter, dessen Herz wie das seines großen Zeitgenossen Giovanni Pontano und vieler anderer an der Dynastie der Aragonesen und zumal des Mäzens Alfons I. hing, wußte um die Unwiederbringlichkeit des Künsten und Wissenschaften eine Heimstatt bietenden Königreichs und weihte am Ende des klassischen Jahrhunderts der Renaissance sein Schäfergedicht dem Gedächtnis der im Strudel der Geschichte versinkenden Parthenope. Er fand seinen größten Nachfolger in dem wiederum pastoralen Propheten des bedrohten englischen wie europäischen Protestantismus im Zeitalter Elisabeths I., in Edmund Spensers aus zwölf Monats-Eklogen zusammengefügtem *Shepheardes Calendar* (1579).

In der Gattung des Schäferromans aber übernahm Spanien die Führung. Die Saat des Sannazaroschen Pessimismus ging hier auf. Jorge de Montemayor verschmolz in seinen *Siete libros de la Diana* (1559) die kurrenten Stoffe der italienischen Liebesnovelle mit den vor allem aus Sannazaro entlehnten Motiven der schäferlichen Welt. Leid, Enttäuschung, Verzweiflung haben die Liebenden bis zum Überdruß erfahren müssen; Heilung erwächst ihnen nicht mehr aus eigener Kraft; der Zauberin Felicia auf ihrem Schloß bleibt es vorbehalten, die Verwirrung zu lösen. Arkadisches Glück ließ sich inmitten der von wirtschaftlichen und sozialen Verwerfungen gezeichneten Weltmacht nicht bruchlos restituieren. *Desengaño*, Enttäuschung, Ernüchterung, Desillusion ist auch das Zauberwort, das über Lope de Vegas *Arcadia* (1598) geschrieben steht. Kunst und Wissenschaft verbleiben dem Helden als Halt, da alles Irdische und mit ihm die Liebe in den Strudel der Vergänglichkeit hinabgerissen werden. Auch der Größte der frühneuzeitlichen Erzähler, auch Miguel de Cervantes Saavedra war sich nicht zu schade, der pastoralen Erzählung seine Feder zu leihen. Sein Erstling, die *Galatea* (1585), den Namen der Theokritschen Nymphe beschwörend, ist zu Unrecht über dem komischen Ritterepos, der pikaresken Arabeske und der Novelle vergessen worden. Dabei zeigt sie einen Erzähler, der wie schwerlich ein Zweiter um die Abgründe, aber auch die Verheißungen der Liebe weiß und die schäferliche Form bewußt wählt, um die emotionale wie die philosophische Spannbreite der erotischen Welt zu durchmessen. In seiner *Galatea* erfüllt sich der schäferliche Liebesroman Europas.

England stellt das weltliterarische Paradigma mit Philip Sidneys *Arcadia* (1590, [2]1593). Der in die europäische Politik verwickelte Diplomat und überzeugte Parteigänger der Protestanten kehrt in alter bukolischer Tradition zur politischen Schäferdichtung zurück, entwirft in der Gestalt des – wie der Sannazarosche Sincero – nach Arkadien sich zurückziehenden Monarchen Basilius ein Bild des pflichtvergessenen Regenten, der in der Stunde der Gefahr, statt sein Volk zu führen, dem amourösen Müßiggang frönt und durch eine Gegenfigur, Evarchus von Makedonien, aufgerüttelt werden muß. Daß Elisabeth die Sache der Protestanten nicht energisch genug zu ihrer eigenen machen könnte, war Sidneys wie Spensers Trauma; verhüllt in das pastorale Szenarium verliehen sie ihm einen für den Kenner prophetischen Ausdruck.

Frankreich blieb es vorbehalten, die in die Zukunft weisende und das heißt den absolutistischen Staat stützende Antwort auf die konfessionellen Bürgerkriege im Schäferroman zu finden. Als Friedensstifter wird Heinrich IV. in der Vorrede zur

Astrée (1607–1627) des Honoré d'Urfé gefeiert. Das heroische schäferliche Paar Céladon und Astrée zeigt, um welchen Preis dieses Glück in die Welt tritt: unabdingbare Treue, bedingungslose Unterwerfung unter den unergründlichen Willen der Frau, Absage an alle anarchisch tingierten Lebensformen, verkörpert im Schäfer Hylas, Verzicht auf konfessionellen Fanatismus, Verpflichtung auf Toleranz und interkonfessionellen Ausgleich in einer ›nationalen‹ Religion und leitbildhafte Führung durch eine aristokratische Elite, die dem aus den Bürgerkriegen siegreich hervorgehenden Regenten ein wiederum pastoral verschlüsseltes Porträt ihres adligen Ethos übermittelt. Die *Astrée* blieb das Vorbild für höfisches Gebaren, höfische Sprach- und Briefkunst, höfische Zähmung der Leidenschaften im vollkommenen *honnête homme*, als der der Schäfer die höfische Bühne Europas von Frankreich aus betritt.

In der weltlichen pastoralen Liebesdichtung lag zugleich eine wichtige Wurzel für die gleichfalls verbreitete geistliche Schäferdichtung, denn diese ist über weite Strecken eine Kontrafaktur der weltlich-erotischen Liebessprache. Ebenso wichtig war jedoch der reichhaltige pastorale Fundus des Alten und Neuen Testaments. Neben die heidnische Antike trat damit der jüdische bzw. christliche Orient als Kraftquelle der europäischen Bukolik. Könige erscheinen – wie bei Ägyptern, Assyrern, Babyloniern und Griechen – als Hirten, Gott selbst ist Hirte seines Volkes (›Der Herr ist mein Hirte‹, Psalm 23,1 etc.), er weidet sein Volk gleich einem guten Hirten und führt es gleich einer zerstreuten Herde zusammen. Im Neuen Testament kommt dann, vor allem in den Johanneischen Gleichnissen (Joh. 10,1ff.), die Übertragung auf Christus als guten Hirten hinzu, der seinerseits als Auferstandener Petrus zum Hirten seiner Herde einsetzt. Der Patristik, der Malerei, der Bildenden Kunst – am eindrucksvollsten in den Hirten-Mosaiken Ravennas und Monreales – erschloß sich ein unerschöpfliches Motiv-Reservoir. Nicht wiederum dem Mittelalter, das den Hirten im wesentlichen als Prädikanten auftreten ließ, sondern der Neuzeit, genauer Spanien ist die Entwicklung der geistlichen Bukolik zu danken. Nachdem schon Sebastian von Cordoba die drei Eklogen des Petrarca-Imitators Garcilaso de la Vega ins Geistliche transponiert hatte, führte Juan de la Cruz (1542–1591) als Schüler von Fray Luis de León und Teresa de Ávila in seinen *Canciones entre el Alma y el Esposo* und in seinem geistlichen Schäfergedicht *El Pastorciso* die Hohe-Lied- mit der Hirt-Christus-Tradition zusammen und wurde damit ebenso wie Herman Hugo mit seinem geistlichen Emblembuch *Pia Desideria* (1624) vorbildlich für den größten geistlichen Bukoliker auf deutschem Boden: Friedrich Spee von Langenfeld. Zugleich entwickelte Juan – wie vorher Fernando de Herrera für Garcilaso – den Kommentar als Organon einer Spiritualisierung und Transponierung der weltlichen Liebes- und Pastoralsprache in den Bereich des Geistlichen und Mystischen.

Gattungsgeschichtlich von der Schäferdichtung getrennt und doch in engster Nachbarschaft zu ihr entfaltete sich das ›Lob des Landlebens‹ in der europäischen Literatur. Wie die Schäferdichtung in den Eklogen Vergils, so besitzt die Landlebendichtung ihren Prototyp in Horazens 2. Epode ›Beatus ille qui procul negotiis‹. Entscheidend für die Gattungsbildung wurde nicht die ironische Rollensprache – Horaz legt den Lobpreis einem Wucherer in den Mund –, sondern die antithetische Exposition der Vorzüge des Landlebens gegenüber anderen Lebensformen. Hier eröffneten sich weitreichende satirische Möglichkeiten, die von den Humanisten wahrgenommen wurden. War das geistige und dichterische Leben als ein mußevolles, kontemplatives, weisheitsgesättigtes schon bei den Elegikern und zumal bei Horaz gerne auf dem Lande lokalisiert worden, so blieb die Sehnsucht nach *otium* und ungeteilter gelehrter Muße das Wunschbild humanistischer Existenz, so daß das Porträt des Landlebens einschließlich der bäurischen Tätigkeiten überformt erscheint durch das humanistische Ideal ungeteilten geistigen Daseins. Petrarca und Lorenzo de' Medici, Juan Boscán und Garcilaso, Fray Luis de León und Francisco de Sá de Miranda, Baïf und Jean Vauquelin de la Fresnaye, Marvell und Ben Jonson, Constantijn Huygens und Cats waren die Meister der Form in der europäischen Literatur vor dem 18. Jahrhundert. Daß es zur großen geistlich-satirischen Prosadidaxe ausgebaut werden konnte, zeigt vor allem Antonio de Guevaras *Menosprecio dé corte y alabança de aldea* (1539), das in alle Sprachen übersetzt und auch in Deutschland – vermittelt über den Münchener Hofprediger Aegidius Albertinus – das meistaufgelegte Prosawerk der hier skizzierten europäischen Gattungen wurde.

In den Ländern der Romania, in England und den Niederlanden gehört die Schäferdichtung zur Weltliteratur. Die Rückständigkeit und Verspätung Deutschlands wird auch in der Schäfer- und Landlebendichtung darin erkennbar, daß Europa von dem deutschen Gattungsbeitrag überhaupt erst im 18. Jahrhundert Kenntnis nahm; die große Masse der Produktion blieb ein provinzielles, gleichwohl zeittypisches Ereignis. Dabei hatte Deutschland auf der Wende vom 15. zum 16. Jahrhundert große Namen aufzuweisen, die sich der Ekloge zuwandten und den Anschluß an die Renaissance in Italien wahrten. Heinrich Bebel und Helius Eobanus Hessus, Euricius Cordus und Joachim Camerarius, Johannes Bocer und Petrus Lotichius Secundus sowie wiederum ungezählte andere haben die neulateinische Ekloge aufgegriffen und in der ganzen Bandbreite ihrer formalen und thematischen Möglichkeiten bis hin zur Parteinahme im Bauernkrieg und zur Sozialkritik genutzt. Das gesamte 17. Jahrhundert über wurde sie von den Größten zwischen Opitz, Jakob Balde und Birken weiter gepflegt; Dutzende von unbekannten Stücken verbergen sich in den ungesichteten Sammlungen von Gelegenheitsgedichten. In den ersten Jahrzehnten des 16. Jahrhunderts wäre die Stunde gewesen, im Gleichschritt mit Spanien, Frankreich, bald darauf England und schließlich den Niederlanden den Übergang in die deutsche Literatursprache zu vollziehen. Doch dieser kam nicht mehr zustande, weil die Reformation die Geister gebannt hielt, reformatorische Überzeugungen nach einem deutschen Sprachgewand verlangten und die schwierige Umpolung der neulateinisch-humanistischen Kunstwelt nicht mehr in das glaubensaufgewühlte Land paßte.

Erst um 1600 regten sich schüchterne Versuche: in Heidelberg und Stuttgart bei Paul Melissus Schede und Georg Rudolf Weckherlin, in Mitteldeutschland im Umkreis der ›Fruchtbringenden Gesellschaft‹ Ludwigs von Anhalt-Köthen, in Schlesien um Caspar Dornau, Andreas Scultetus und Martin Opitz, in Böhmen bei Theobald Hoeck. Schäferdichtung blieb über weite Strecken Übersetzung, Eindeutschung,

Assimilation. So lagen die großen europäischen Muster fast alle in Übersetzung vor, bevor die deutsche Produktion ihrerseits sich verdichtete und Konsistenz gewann. Noch zu Ende des 16. Jahrhunderts wurde der Reigen in Mömpelgard mit der Eindeutschung von Nicolas de Montreux' fünfbändigem Schäferroman *Les Bergeries de Juliette* eröffnet (1595–1617), ihr schloß sich die der *Astrée* zunächst in Mömpelgard, dann wiederaufgenommen und fortgeführt in Halle und Leipzig an (1619–1632). Schon 1615 war Longos' *Daphnis und Chloe* übertragen worden, Hans Ludwig von Khufstein folgte mit der Montemayorschen *Diana* (1619–1624), die Georg Philipp Harsdörffer später überarbeitete und um den dritten Teil Gaspar Gil Polos erweiterte (1646, ²1661, ³1663). Sidneys *Arcadia* kam 1629 unter einem Pseudonym heraus und wurde 1638 von Opitz revidiert. Nur Sannazaros *Arcadia* wirkte direkt über die italienische bzw. französische Version und fand bis heute keinen Übersetzer. Tassos *Aminta* erschien zunächst in der *Schau=Bühne Englischer und Frantzösischer Comödianten* (1630, ²1670), dann in den Versionen von Michael Schneider (1636, ²1642), Philipp von Zesen (1646), Georg Wilhelm von Reinbaben (1711) und Johann Heinrich Kirchhoff (1742); an Guarinis *Pastor fido* versuchten sich Eilger Mannlich (1619), Statius Ackermann (1636, ²1663), Ernst Geller (1653), Johann Willwelm Baur (1671), Christian Hoffmann von Hoffmannswaldau (1678), Hans Aßmann von Abschatz (1704) und August Bohse (o.J.).

Selbständige Großformen europäischen Zuschnitts sind in Deutschland so gut wie nicht zustande gekommen. Welche Potenzen hier schlummerten, zeigen Weckherlins aus dem Geist der Spätrenaissance geborene vier Jahreszeiten-Eklogen (umrahmt von zwei weiteren Corydon-Eklogen), in denen die Wonnen der Liebe in den Kreislauf des Jahres eingebettet und zusammen mit der schönen Natur gefeiert und gepriesen werden. Auch Julius Wilhelm Zincgrefs ›Pastoral‹ im Anhang zu Opitzens *Teutschen Poemata* (1624) atmet diese unbefangene Freude an der wechselseitigen treuen Liebe. Opitz ist dann wie überall, so auch in der Schäfer- und Landlebendichtung auf Systematisierung dieser verstreuten Ansätze bedacht. Schon in der Sammlung der frühen zwanziger Jahre, 1624 von Zincgref in Straßburg publiziert, steht neben dem ›Lob des Landlebens‹ in Horazischer und Fischartscher Manier die petrarkistische Hirtenklage ebenso wie die Begegnung des Hirten mit dem Liebesgott, die pastorale Aufforderung zum Liebesgenuß neben dem Bekenntnis zur einfachen schäferlichen Geliebten. In der von Opitz autorisierten Ausgabe seiner Gedichte von 1625 wird sodann vor allem die – den Franzosen und Niederländern nachgebildete – autobiographisch durchsetzte monologische Ekloge *Galathee* hinzugefügt, während die beliebte dialogische Versekloge nicht im Deutschen, sondern nur im Lateinischen bezeugt ist. Eigene Wege beschritt Opitz mit seinen wiederum autobiographisch durchsetzten Landlebengedichten *Zlatna* (1623) und *Vielguet* (1629) sowie vor allem mit seiner *Schäfferey Von der Nimfen Hercinie* (1630), die er in Sannazaroscher Manier aus Vers und Prosa zusammensetzte und damit eine überaus beliebte Form zur Präsentation von Gedichten wie zur humanistisch gelehrten Erörterung in Prosa bereitstellte. Nimmt man hinzu, daß er das mythologische Schäferspiel mit seiner Bearbeitung der *Dafne* Ottavio

Rinuccinis (1627, Vertonung durch Heinrich Schütz), den Schäferroman mit seiner *Arcadia*-Überarbeitung Sidneys und den geistlichen Gesang durch Übertragung des *Hohen Liedes* in Deutschland heimisch machte, so erweist sich der Vater der neueren deutschen Dichtung auch in der Schäfer- und Landlebendichtung als Pionier und Schöpfer eines beachtlichen Formenrepertoires.

In den Städten und den vielfach in ihnen sich bildenden Dichtergesellschaften und gelehrten Zirkeln wurde sein Programm aufgenommen und weiterentwickelt. Das Schäfergedicht eignete sich zur gefälligen poetischen Behandlung von Eheschließungen und Todesfällen; Hunderte solcher pastoralen Gelegenheitsgedichte sind inzwischen bekannt geworden. Leipzig ging voran. Hier war die ältere Liedtradition lebendig geblieben, die sich zwanglos mit dem mondänen schäferlichen Ton verband. Die Studenten machten sich einen Spaß daraus, sich hinter der Hirtenmaske zu verstecken und um so kecker und frivoler ihre Sprachkünste darzubieten, durften sie sich doch neben Opitz auf ihr großes Vorbild Paul Fleming berufen, der selbst mit anmutigen Hirtengedichten hervorgetreten war. In den Liederbüchern der Brehmes und Finckelthaus', Schirmers und Schochs, Homburgs und Greflingers ist das schäferliche und ländliche Element in allen denkbaren Tönen vorwaltend. Eine zweite pastorale Hochburg wurde Hamburg, wo Johann Rist im nahen Wedel die Opitzsche Statthalterschaft anstrebte, mit seiner *Galathea* (1642 u.ö.) und *Florabella* (1644 u.ö.) zwei große pastorale Liederbücher vorlegte und gleichzeitig die autobiographische Landlebendichtung – nun in Prosa und Gespräch – im Rahmen seiner *Monatsgespräche* fortführte. In Danzig, Elbing und Königsberg, in Riga und Reval nahmen Johann Peter Titz und Michael Albinus, die Zamehls, Simon Dach und Christoph Kaldenbach die Opitzschen Impulse auf. Insbesondere Dach sind Lobpreisungen des einfachen ländlichen Lebens als Inbildern frommer demütiger Existenz von tiefer Schlichtheit und Innigkeit gelungen. In Opitzens Heimat Schlesien selbst trat neben das Gelegenheitsgedicht und das Landgedicht (herausragend Daniel Czepkos *Corydon und Phyllis*) in der großen mystischen Tradition des Landes das geistliche Hirtengedicht, wie es neben Caspar Cunrad und Czepko vor allem durch Angelus Silesius' *Heilige Seelen=Lust* (1657 u.ö.) bezeugt ist. Die eigentliche Heimstatt der Hirtendichtung aber blieb der ›Pegnesische Hirten- und Blumenorden‹ in Nürnberg, den Georg Philipp Harsdörffer und Johann Klaj 1644 ins Leben riefen und mit ihrem *Pegnesischen Schäfergedicht* glanzvoll eröffneten, weihten sie es doch vor allem dem neuen daktylischen Hirten- und Naturgedicht, in dem sie und ihre Nachfolger wie Johann Helwig oder Martin Limburger wahre Wunder an raffinierter Kultur der Melodie, des Rhythmus, des Klanges vollbrachten. Der spätere Ordenspräsident Sigmund von Birken hat sein langes Leben dichtend vorwiegend auf die Schäferdichtung gegründet. Indem er auch seine großen höfisch-dynastischen Arbeiten für die Habsburger und die Welfen pastoral rahmte (*Ostländischer Lorbeerhäyn* 1657, *Guelfis* 1669), gelang ihm zugleich – wie dem verwandten Dichter und Sekretär der ›Fruchtbringenden Gesellschaft‹ Georg Neumark in Weimar – der Brückenschlag zum pastoralen Fürstenspiegel. Die späteren Schlesier nahmen diese Aufgipfelung zurück zugunsten des scharfsinnigen concettistischen Liebesgedichts. Die *Neukirchsche Sammlung*, durchsetzt von der ungebrochen gepflegten Gattung, läßt den Übergang zum Klassizismus bei Johann von Besser, Friedrich von Canitz, Christian Hölmann und eben Benjamin Neukirch selbst vorzüglich erkennen. Die gleiche Wendung zur naturgetreueren Beobachtung zeigen die Dichter von Christian Friedrich Weichmanns *Poesie der Nieder=Sachsen*. Hier wurde der Grund gelegt nicht nur für die Naturdichtung eines Barthold Heinrich Brockes und Albrecht von Haller, sondern auch noch für die anmutige Rokokodichtung eines Friedrich von Hagedorn, Johann Wilhelm Ludwig Gleim, Johann Peter Uz und Johann Nikolaus Götz, mit deren Schäfer- und Landlebengedichten die lyrische Spielart in Deutschland ausklingt.

Für die großen pastoralen Formen fehlten in Deutschland die gesellschaftlichen Voraussetzungen. So ist es bezeichnend, daß die geräumigere Erzählung zwar im gelehrten und im geistlichen Milieu zustande kam, nicht aber im höfischen. Der deutsche Schäferroman, eine reizvolle Sonderform im europäischen Gattungsensemble, blieb eine anspruchslosere, für einen kleinen Kreis Eingeweihter konzipierte, die Liebesschicksale adliger oder bürgerlich-gelehrter Personen im schäferlichen Gewande verarbeitende Erzählform, die nirgendwo den politischen oder gesellschaftlich repräsentativen Anspruch der europäischen Muster erreichte. Zesens *Adriatische Rosemund* (1645) und Johann Thomas' *Damon und Lisille* (1661, ²1672) ragen aus der zumeist anonymen Produktion heraus. Für Erzählungen wie Christian Brehmes *Die Vier Tage Einer Newen und Lustigen Schäfferey/ Von der Schönen Coelinden Vnd Deroselben ergebenen Schäffer Corimbo* (1647) oder die anonyme *Zweyer Schäfer Neugepflanzter Liebes=Garten* (1661) fehlen der Forschung bislang die Instrumentarien der Erschließung und Einordnung. Selbst ein so monumentales Dokument wie Heinrich Arnold und Maria Catharina Stockfleths zweibändige *Kunst= und Tugend-gezierte Macarie* (1669–1673), in dem das Selbstbewußtsein der bürgerlich-gelehrten Intelligenz in kritischer Absetzung von den adligen Normen einen markanten Ausdruck im Rahmen der Nürnberger Sozietät findet, hinterließ romangeschichtlich keinerlei Spuren, von der dürftigen moralischen Didaxe eines Jakob Schwieger oder Johann Gorgias ganz zu schweigen. Für das 18. Jahrhundert war der Schäferroman keine erneuerungsfähige Gattung mehr; Gessners *Daphnis* erwuchs – ebenso wie Jean-Pierre Claris de Florians *Arcadie* in Frankreich – anderen Voraussetzungen. Das Schäferdrama auf der anderen Seite stand im Schatten der Italiener und zumal Guarinis. Daniel Casper von Lohenstein verschmähte die Form, Andreas Gryphius (der auch ein schäferliches Hochzeitsgedicht schrieb) ließ sie nur in der Travestie Thomas Corneilles in seinem *Schwermenden Schäffer* (1663) zu. Und als Johann Christian Hallmann die Form ergriff, war sie bereits zur Schäferoper weiterentwickelt, als welche sie auch die deutschen Höfe eroberte. Wiederum in bewußter Abkehr von dieser Prunkform entstand in Deutschland das anspruchslose kleine Schäferspiel eines Christian Fürchtegott Gellert, Salomon Gessner und Karl Wilhelm Ramler, eines Karl Christian Gärtner, Johann Arnold Ebert und Gleim, in dem sich die Empfindsamkeit eine weitere Spielart aus dem pastoralen Kosmos aneignete. Auch die geistliche Schäferdichtung, die ihre eigentliche Verbreitung im katholischen Kulturkreis besaß und mit Spees *Trutz Nachtigal, Oder Geistlichs=Poetisch Lust-Waldlein* (1649 u.ö.) gleich in der Frühphase das Meisterwerk zeitigte – Johann Khuen und Laurentius von Schnüffis sollten ihm folgen –, zeugte keine schöpferischen Potenzen mehr.

Die Zukunft gehörte zwei Gattungen: dem aus empfindsamem Geist ergriffenen ›Lob des Landlebens‹, das in Ewald Christian von Kleist seinen Meister hatte, und der ›Idylle‹, mit der Deutschland bzw. die Schweiz zunächst in der Gestalt Gessners, dann in der des Dichters des *Werther* und *Hermann und Dorotheas* nach zwei Jahrhunderten den Weg zur europäischen Literatur gebend zurückfand.

Auswahl-Bibliographie

1. Europäische Schäfer- und Landlebendichtung

Carrara, Enrico: La poesia pastorale. – Milano: Vallardi s.a. [1936] (= Storia dei generi letterari italiani). [Erstdruck 1906].

Christoffel, Ulrich: Italienische Kunst. Die Pastorale. – Wien: Bergland Verlag 1952.

Cooper, Helen: Pastoral. Mediaeval into Renaissance. – Ipswich: Brewer 1977.

Effe, Bernd (Hrsg.): Theokrit und die griechische Bukolik. – Darmstadt: Wissenschaftliche Buchgesellschaft 1986 (= Wege der Forschung; 580).

Effe, Bernd; Binder, Gerhard: Die antike Bukolik. Eine Einführung. – München, Zürich: Artemis-Verlag 1989 (= Artemis-Einführungen; 38). [Mit reichhaltiger Bibliographie zur antiken Bukolik].

Effe, Bernd; Binder, Gerhard: Antike Hirtendichtung. Eine Einführung. 2., überarb. und erweiterte Ausgabe. – Düsseldorf etc.: Artemis & Winkler 2001.

Eikel, Elfriede: Die Entstehung der religiösen Schäferlyrik. Von Petrarca bis Spee. – Diss. phil. Heidelberg 1956 (Masch.).

Empson, William: Some Versions of Pastoral. A Study of the Pastoral Form in Literature. – London: Chatto & Windus 1935. – Taschenbuchausgabe: Harmondsworth etc.: Penguin 1966 (= Peregrine Books; Y 56).

Faber, Richard: Politische Idyllik. Zur sozialen Mythologie Arkadiens. – Stuttgart: Klett 1977 (= Literaturwissenschaft, Gesellschaftswissenschaft; 26).

Garber, Klaus (Hrsg.): Europäische Bukolik und Georgik. – Darmstadt: Wissenschaftliche Buchgesellschaft 1976 (= Wege der Forschung; 355). [Mit ausführlicher Bibliographie, auch zur Schäfer- und Landlebendichtung in den einzelnen Nationalphilologien].

Garber, Klaus: Arkadien und Gesellschaft. Skizze zur Sozialgeschichte der Schäferdichtung als utopischer Literaturform Europas. – In: Utopieforschung. Interdisziplinäre Studien zur neuzeitlichen Utopie. Hrsg. von Wilhelm Voßkamp. Bd. I–III. – Stuttgart: Metzler 1982, Bd. II, S. 37–81. – Taschenbuchausgabe: Frankfurt a.M.: Suhrkamp 1985 (= Suhrkamp-Taschenbuch; 1159). [Der Aufsatz ist wiederabgedruckt in: Klaus Garber: Literatur und Kultur im Europa der Frühen Neuzeit. Gesammelte Studien. – München: Fink 2009, S. 229–274].

Garber, Klaus: Arkadien und Gesellschaft. Die Geschichte einer utopischen Literaturform Europas. Bd. I: Die europäische Tradition. – Manuskript Universität Osnabrück, Forschungsstelle Literatur der Frühen Neuzeit.

Gerhardt, Mia I.: La Pastorale. Essai d'analyse littéraire. – Assen: Van Gorcum 1950 (= Van Gorcum's Litteraire Bibliotheek; 8). [Auch erschienen unter dem Titel: Essai d'analyse littéraire de la pastorale dans les littératures italienne, espagnole et française. – Leiden: Van Gorcum 1950].

Grant, W. Leonard: Neo-Latin Literature and the Pastoral. – Chapel Hill: Univ. of North Carolina Press 1965.

Greg, Walter W.: Pastoral Poetry and Pastoral Drama. A Literary Inquiry, with Special Reference to the Pre-Restoration Stage in England. – New York: Russell & Russell 1959. [Erstdruck 1906].

Himmelmann, Nikolaus: Über Hirten-Genre in der antiken Kunst. – Opladen: Westdeutscher Verlag 1980 (= Abhandlungen der Rheinisch-Westfälischen Akademie der Wissenschaften; 65).

Hulubei, Alice: L'Églogue en France au XVIe siècle. Époque des Valois (1515–1589). – Paris: Droz 1938.

Hulubei, Alice: Répertoire des églogues en France au XVIe siècle (Époque des Valois 1515–1589). – Paris: Droz 1939.

Iser, Wolfgang: Spensers Arkadien. Fiktion und Geschichte in der englischen Renaissance. – Krefeld: Scherpe 1970 (= Schriften und Vorträge des Petrarca-Instituts Köln; 24).

Jung, Hermann: Die Pastorale. Studien zur Geschichte eines musikalischen Topos. – Bern, München: Francke 1980 (= Neue Heidelberger Studien zur Musikwissenschaft; 9).

Kempf, Theodor Konrad: Christus der Hirt. Ursprung und Deutung einer altchristlichen Symbolgestalt. – Rom: Officium Libri Catholici 1942.

Kettemann, Rudolf: Bukolik und Georgik. Studien zu ihrer Affinität bei Vergil und später. – Heidelberg: Winter 1977 (= Heidelberger Forschungen; 19).

Krautter, Konrad: Die Renaissance der Bukolik in der lateinischen Literatur des XIV. Jahrhunderts. Von Dante bis Petrarca. – München: Fink 1983 (= Theorie und Geschichte der Literatur und der schönen Künste. Texte und Abhandlungen; 65).

Longeon, Claude (éd.): Le genre pastoral en Europe du XVe au XVIIe siècle. – Saint-Etienne: Univ. de Saint-Etienne 1980 (= Publications de l'Université de Saint-Etienne).

Mähl, Hans-Joachim: Die Idee des goldenen Zeitalters im Werk des Novalis. Studien zur Wesensbestimmung der frühromantischen Utopie und zu ihren ideengeschichtlichen Voraussetzungen. – Heidelberg: Winter 1965 (= Probleme der Dichtung; 7). [2., unveränderte Aufl. – Tübingen: Niemeyer 1994 (mit einem neuen Vorwort)].

Merkelbach, Reinhold: Die Hirten des Dionysos. Die Dionysos-Mysterien der römischen Kaiserzeit und der bukolische Roman des Longus. – Stuttgart: Teubner 1988.

Patterson, Annabel: Pastoral and Ideology. Virgil to Valéry. – Oxford: Clarendon Press 1988.

Poggioli, Renato: The Oaten Flute. Essays on Pastoral Poetry and the Pastoral Ideal. – Cambridge/MA: Harvard Univ. Press 1975.

Rosenmeyer, Thomas G.: The Green Cabinet. Theocritus and the European Pastoral Lyric. – Berkeley/Los Angeles: Univ. of California Press 1969. [– Bristol: Bristol Classical Press 2004 (= BCP Paperback Series)].

Schmid, Wolfgang: Tityrus Christianus. Probleme religiöser Hirtendichtung an der Wende vom vierten zum fünften Jahrhundert. – In: Europäische Bukolik und Georgik. Hrsg. von Klaus Garber. – Darmstadt: Wissenschaftliche Buchgesellschaft 1976 (= Wege der Forschung; 355), S. 44–121. [Erstdruck 1953].

Schmidt, Ernst A.: Bukolische Leidenschaft oder Über antike Hirtenpoesie. – Frankfurt a.M. etc.: Lang 1987 (= Studien zur klassischen Philologie; 22).

Segal, Charles: Poetry and Myth in Ancient Pastoral. Essays on Theocritus and Virgil. – Princeton: Princeton Univ. Press 1981 (= Princeton Series of Collected Essays).

Williams, Raymond: The Country and the City. – London: Chatto & Windus 1973.

2. Deutsche Schäfer- und Landlebendichtung

Bauer, Marieluise: Studien zum deutschen Schäferroman des 17. Jahrhunderts. – Diss. phil. München 1979.

Böschenstein-Schäfer, Renate: Idylle. 2., durchgesehene und ergänzte Aufl. – Stuttgart: Metzler 1977 (= Sammlung Metzler; 63).

Breuer, Dieter: Der ›Philotheus‹ des Laurentius von Schnüffis. Zum Typus des geistlichen Romans im 17. Jahrhundert. – Meisenheim/Glan: Hain 1969 (= Deutsche Studien; 10).

Brinkmann, Sabine Christiane: Die deutschsprachige Pastourelle. 13. bis 16. Jahrhundert. – Göppingen: Kümmerle 1985 (= Göppinger Arbeiten zur Germanistik; 307).

Carnap, Ernst Günter: Das Schäferwesen in der deutschen Literatur des 17. Jahrhunderts und die Hirtendichtung Europas. – Diss. phil. Frankfurt a.M. 1939.

Dedner, Burghard: Topos, Ideal und Realitätspostulat. Studien zur Darstellung des Landlebens im Roman des 18. Jahrhunderts. – Tübingen: Niemeyer 1969 (= Studien zur deutschen Literatur; 16).

Garber, Klaus: Der locus amoenus und der locus terribilis. Bild und Funktion der Natur in der deutschen Schäfer- und Landlebendichtung des 17. Jahrhunderts. – Köln, Graz: Böhlau 1974 (= Literatur und Leben. N.F.; 16).

Garber, Klaus; Jürgensen, Renate: Bibliographie der deutschen Schäfer- und Landlebendichtung des 17. Jahrhunderts. Computergestützte Datenbank Universität Osnabrück, Forschungsstelle Literatur der Frühen Neuzeit.

Genz, Bernd: Johannes Kuen. Eine Untersuchung zur süddeutschen geistlichen Lieddichtung im 17. Jahrhundert. – Diss. phil. Köln 1957.

Heetfeld, Gisela: Vergleichende Studien zum deutschen und französischen Schäferroman. Aneignung und Umformung des preziösen Haltungsideals der ›Astrée‹ in den deutschen Schäferromanen des 17. Jahrhunderts. – Diss. phil. München 1954 (Masch.).

Hoffmeister, Gerhart: Die spanische Diana in Deutschland. Vergleichende Untersuchungen zu Stilwandel und Weltbild des Schäferromans im 17. Jahrhundert. – Berlin: Schmidt 1972 (= Philologische Studien und Quellen; 68).

Hübner, Alfred: Das erste deutsche Schäferidyll und seine Quellen. – Diss. phil. Königsberg 1910.

Jäger, Hella: Naivität. Eine kritisch-utopische Kategorie in der bürgerlichen Literatur und Ästhetik des 18. Jahrhunderts. – Kronberg/Ts.: Scriptor 1975 (= Skripten Literaturwissenschaft; 19).

Jürgensen, Renate: Die deutschen Übersetzungen der ›Astrée‹ des Honoré d'Urfé. – Tübingen: Niemeyer 1990 (= Frühe Neuzeit; 2).

Kaczerowsky, Klaus: Bürgerliche Romankunst im Zeitalter des Barock. Philipp von Zesens ›Adriatische Rosemund‹. – München: Fink 1969.

Kaiser, Gerhard: Wandrer und Idylle. Goethe und die Phänomenologie der Natur in der deutschen Dichtung von Geßner bis Gottfried Keller. – Göttingen: Vandenhoeck & Ruprecht 1977.

Kesselmann, Heidemarie: Die Idyllen Salomon Geßners im Beziehungsfeld von Ästhetik und Geschichte im 18. Jahrhundert. Ein Beitrag zur Gattungsgeschichte der Idylle. – Kronberg/Ts.: Scriptor 1976 (= Scriptor-Hochschulschriften Literaturwissenschaft; 18).

Lange, Thomas: Idyllische und exotische Sehnsucht. Formen bürgerlicher Nostalgie in der deutschen Literatur des 18. Jahrhunderts. – Kronberg/Ts.: Scriptor 1976 (= Scriptor-Hochschulschriften Literaturwissenschaft; 23).

Lederer, Gerda: Studien zur Stoff- und Motivgeschichte der Schäferdichtung des Barockzeitalters. – Diss. phil. Wien 1970 (Masch.).

Lohmeier, Anke-Marie: Beatus ille. Studien zum ›Lob des Landlebens‹ in der Literatur des absolutistischen Zeitalters. – Tübingen: Niemeyer 1981 (= Hermaea. N.F.; 44).

Meyer, Heinrich: Der deutsche Schäferroman des 17. Jahrhunderts. – Diss. phil. Freiburg i. Br. 1927. [Fotomechanischer Nachdr. (der Ausg.) Dorpat 1928. – Hannover-Döhren: Hirschheydt 1978].

Newman, Jane O.: Pastoral Conventions. Poetry, Language, and Thought in Seventeenth-Century Nuremberg. – Baltimore: The Johns Hopkins Univ. Press 1990.

Ninger, Karl: Deutsche Schäferspiele des 17. Jahrhunderts. – Diss. phil. Wien 1923 (Masch.).

Nowak, Wolfgang: Versuch einer motivischen Analyse des Schäferhabits bei Friedrich von Spee. – Diss. phil. Berlin 1954 (Masch.).

Olschki, Leonardo: G.B. Guarinis Pastor Fido in Deutschland. Ein Beitrag zur Literaturgeschichte des 17. und 18. Jahrhunderts. – Diss. phil. Heidelberg 1908.

Rosenfeld, Emmy: Neue Studien zur Lyrik von Friedrich von Spee. – Milano, Varese: Ed. Cisalpino 1963, S. 151–187 ›Die Eklogen‹.

Sautermeister, Gert: Idyllik und Dramatik im Werk Friedrich Schillers. Zum geschichtlichen Ort seiner klassischen Dramen. – Stuttgart etc.: Kohlhammer 1971 (= Studien zur Poetik und Geschichte der Literatur; 17).

Schneider, Helmut J.: Bürgerliche Idylle. Studien zu einer literarischen Gattung des 18. Jahrhunderts am Beispiel von Johann Heinrich Voss. – Diss. phil. Bonn 1975.

Schneider, Helmut J.: Die sanfte Utopie. Zu einer bürgerlichen Tradition literarischer Glücksbilder. – In: Idyllen der Deutschen. Texte und Illustrationen. Hrsg. von Helmut J. Schneider. – Frankfurt a.M.: Insel 1978, S. 353–424.

–: Deutsche Idyllentheorien im 18. Jahrhundert. Mit einer Einführung und Erläuterungen hrsg. von Helmut J. Schneider. – Tübingen: Narr 1988 (= Deutsche Text-Bibliothek; 1).

Schwarz, Alba: »Der teutsch-redende treue Schäfer.« Guarinis ›Pastor Fido‹ und die Übersetzungen von Eilger Mannlich 1619, Statius Ackermann 1636, Hofmann von Hofmannswaldau 1652, Assmann von Abschatz 1672. – Bern, Frankfurt: Lang 1972 (= Europäische Hochschulschriften, Reihe 1; 49).

Spahr, Blake Lee: The Pastoral Works of Sigmund von Birken. – Diss. Yale University 1951 (Masch.).

Tismar, Jens: Gestörte Idyllen. Eine Studie zur Problematik der idyllischen Wunschvorstellungen am Beispiel von Jean Paul, Adalbert Stifter, Robert Walser und Thomas Bernhard. – München: Hanser 1973 (= Literatur als Kunst).

Voss, Ernst Theodor: Arkadien und Grünau. Johann Heinrich Voss und das innere System seines Idyllenwerkes. – In: Europäische Bukolik und Georgik. Hrsg. von Klaus Garber. – Darmstadt: Wissenschaftliche Buchgesellschaft 1976 (= Wege der Forschung; 355), S. 391–431.

Voßkamp, Wilhelm (Hrsg.): Schäferdichtung. – Hamburg: Hauswedell 1977 (= Dokumente des Internationalen Arbeitskreises für Deutsche Barockliteratur; 4).

Wade, Mara R.: The German Baroque Pastoral ›Singspiel‹. – Bern etc.: Lang 1990 (= Berner Beiträge zur Barockgermanistik; 7).

Wüstling, Gertraud: Fischart und Opitz. Ein Vergleich ihrer Bearbeitungen der 2. Epode des Horaz. – Diss. phil. Halle/Saale 1950 (Masch.).

Wurmb, Agnes: Die deutsche Übersetzung von Sidneys Arcadia (1629 und 1638) und Opitz' Verhältnis dazu. – Diss. phil. Heidelberg 1911.

Zuerst erschienen unter dem Titel: Schäferdichtung. – In: Das Fischer-Lexikon Literatur. Bd. III. Hrsg. von Ulfert Ricklefs. – Frankfurt a.M.: Fischer Taschenbuch Verlag 1996, S. 1746–1765.

Anfänge der Erzählkunst im Deutschland des 17. Jahrhunderts

Opitz' *Schäfferey Von der Nimfen Hercinie* als Ursprung der Prosaekloge und des Schäferromans in Deutschland

I Der Opitzsche Prototyp

Eine neue pastorale Form im europäischen Ensemble

Selten läßt sich im 17. Jahrhundert die Entstehung neuer Gattungen beobachten. Opitzens *Schäfferey Von der Nimfen Hercinie* aus dem Jahr 1630 gehört dazu. Mit ihr schafft Opitz eine zwischen Ekloge und Schäferroman angesiedelte pastorale Erzählform, die in der europäischen Tradition kein direktes Vorbild hat. Den Anschluß an das Literatursystem Europas suchte Opitz bekanntlich auf dem Weg der Übersetzung. Niemand hat sich im 17. Jahrhundert konsequenter und systematischer um den Import des europäischen Formenkanons bemüht als Opitz. Sein Ruf als Reformator der deutschen Dichtung beruht wesentlich auf dieser Assimilation.[1]

Mit seiner *Hercinie* aber beschritt er einen anderen Weg. Auch in ihr bedient er sich des formalen, motivischen und thematischen Reservoirs der Renaissance, aber nur, um es zu einem Ganzen zu fügen, das offensichtlich ein Novum in der europäischen Literatur darstellt.[2] Die *Hercinie* verdankt sich einem Montageprinzip, das von einer sicheren Kenntnis der Überlieferung und einem ebenso versierten klassizistischen Kunstverstand zeugt. So wenig wie irgendein anderes Werk des 17. Jahrhunderts erschließt sich die *Hercinie* als singulärer Text. Nur wo sie als Glied einer Tradition, als *variatio* einer Reihe gesehen werden kann, gewährt sie Genuß wie Erkenntnis.

Gehört zum Lesen im Umkreis des Humanismus die Freude an der Identifizierung der verarbeiteten Autoren und Werke, so spezifiziert sich das geschichtliche Ambiente des Einzeltextes nur vor der Autorität der Vorgänger. Auch für die *Hercinie* hat positivistische Forschung die einschlägigen Quellen ermittelt.[3] Hier geht es um die Rekonstruktion des geschichtlichen Gehalts des Werkes sowie um seine

---

1 Dazu umfassend Martin Opitz: Weltliche Poemata 1644. Zweiter Teil. Mit einem Anhang: Florilegium variorum epigrammatum. Unter Mitwirkung von Irmgard Böttcher und Marian Szyrocki hrsg. von Erich Trunz. – Tübingen: Niemeyer 1975 (= Deutsche Neudrucke. Reihe: Barock; 3), Nachwort, S. 24ff., 57ff. Opitz »war der vielseitigste Übersetzer, den es in Deutschland vor Herder gegeben hat.« (S. 25). Zum Grundsätzlichen: Frederick M. Rener: Martin Opitz. The Translator. A Second Look. – In: Daphnis 9 (1980), pp. 477–502.
2 Vgl. Klaus Garber: Der locus amoenus und der locus terribilis. Bild und Funktion der Natur in der deutschen Schäfer- und Landlebendichtung des 17. Jahrhunderts. – Köln, Wien: Böhlau 1974 (= Literatur und Leben. N.F.; 16), S. 29ff.
3 Vgl. Alfred Huebner: Das erste deutsche Schäferidyll und seine Quellen. – Diss. phil. Königsberg 1910.

innovatorische Funktion für die Konstitution der deutschen Prosaekloge und des deutschen Schäferromans im 17. Jahrhundert.

Fehlender großer Schäferroman in Deutschland

In der Opitzschen Reform stellte die Prosa das gravierendste Problem dar. Nachdem in der Lyrik im Südwesten und in Schlesien theoretisch und praktisch der Durchbruch zu Anfang des 17. Jahrhunderts erzielt war, schmeidigte sich vor allem seit dem Auftreten Flemings und der Leipziger die lyrische Sprache binnen kurzem in einem Maße, das denkwürdig bleiben wird, solange es eine geschichtliche Erinnerung des Entfaltungsprozesses der deutschen Literatur gibt.[4]

Im Drama mußte die Aneignung der Antike vollzogen werden, und Opitz absolvierte auch dieses Pensum im Rahmen seiner Möglichkeiten.[5] Wo es nicht um akademische Demonstration, sondern um lebendige kulturpolitische Legitimation ging, da sorgte der höfische Internationalismus für den lebhaftesten Austausch im höfischen Theater- und Festwesen, das dem gesprochenen Wort ohnehin nur beiläufige Beachtung schenkte.[6] In der Novellistik aber und im Roman hatten die maßgeblichen Kulturnationen jeweils eigenständige höfische Schöpfungen auf einem Niveau zustande gebracht, an denen gemessen der deutsche Provinzialismus um so deutlicher zutage trat. Opitz hat auch hier durch Übersetzungen den Anschluß an die Entwicklung in Europa sicherzustellen versucht.[7] Der Ehrgeiz aber mußte sich auf das genuin deutsche Epos, den genuin deutschen Roman richten; erst mit ihnen hätte sich die Opitzsche Reform erfüllt.[8]

Opitzens schmale schäferliche Erzählung impliziert auch das Eingeständnis, daß eine originäre erzählerische Großform am Ende der zwanziger Jahre in Deutschland weder im pastoralen noch im höfisch-politischen Roman möglich war. Opitz sorgte mit seiner kleinen Gelegenheitsschrift in richtiger Einschätzung dessen, was die Zeit erlaubte, dafür, daß das Problem der Reform erzählerischer Literatur le-

---

4 Zur Opitzschen Versform Harald Steinhagen: Dichtung, Poetik und Geschichte im 17. Jahrhundert. Versuch über die objektiven Bedingungen der Barockliteratur. – In: Deutsche Dichter des 17. Jahrhunderts. Ihr Leben und Werk. Hrsg. von Harald Steinhagen, Benno von Wiese. – Berlin: Erich Schmidt 1984, S. 9–48. Der Verfasser dankt Herrn Steinhagen, daß ihm das Manuskript des Beitrages vor Publikation zugänglich gemacht wurde.

5 Dazu grundlegend geblieben Richard Alewyn: Vorbarocker Klassizismus und griechische Tragödie. Analyse der ›Antigone‹-Übersetzung des Martin Opitz. – In: Neue Heidelberger Jahrbücher. N.F. 1926, S. 3–63. Neudruck Darmstadt: Wissenschaftliche Buchgesellschaft 1962 (= Libelli; 79). Kritisch: Hans-Harald Müller: Barockforschung. Ideologie und Methode. Ein Kapitel deutscher Wissenschaftsgeschichte 1870–1930. – Darmstadt: Thesen Verlag 1973 (= Germanistik; 6), S. 194ff.

6 Immer wieder betont von Richard Alewyn. Vgl. vor allem Richard Alewyn, Karl Sälzle: Das große Welttheater. Die Epoche der höfischen Feste in Dokument und Deutung. – Hamburg: Rowohlt 1959 (= Rowohlts Deutsche Enzyklopädie; 92).

7 Vgl. unten S. 378f.

8 Vgl. Klaus Garber: Martin Opitz. – In: Deutsche Dichter des 17. Jahrhunderts (Anm. 4), S. 116–184, Kapitel IV, S. 145f. (in diesem Band S. 612f.).

bendig blieb. Während der höfisch-heroische Roman in Deutschland später auf dem Wege der Übersetzung vor allem französischer Vorbilder angekurbelt wurde, wären die deutsche Prosaekloge, aber auch der deutsche Schäferroman und andere verwandte erzählerische Kleinformen ohne Opitz' bahnbrechende Leistung schwerlich zustande gekommen. Insofern nimmt auch dieses kleine Werk eine Schlüsselstellung in der Geschichte der neueren deutschen Literatur ein.

Welchen Zügen verdankte es seine formprägende Kraft, welchen Erwartungen und Bedürfnissen kam es entgegen?

Prosaekloge versus Versekloge

Im Mittelpunkt der *Hercinie* steht die Huldigung an das Geschlecht der Schaffgotsch, speziell an den derzeitigen Chef des Hauses, Hans Ulrich von Schaffgotsch. Opitz realisiert damit aus dem Gattungsangebot nicht ausschließlich, aber doch in erster Linie dessen panegyrische Komponente. Sie war latent bereits bei Vergil angelegt, dominierte die europäische Versekloge seit Calpurnius und wanderte über Sannazaros *Arcadia* mit ihrer ausgebreiteten Grotten-Mythologie und Ehrungs-Architektur auch in den europäischen Schäferroman ein.[9]

So vollzog Opitz einen für die Entwicklung der deutschen Dichtung und speziell der Schäferdichtung wiederum folgenreichen Schritt. Opitz hatte in seine *Teutschen Poemata* von 1624 bzw. 1625 ein paar schäferliche Liebeslieder eingestreut und damit diese mehr oder weniger petrarkisierende Mode mit in Gang gesetzt.[10] Er war mit seinem *Lob deß Feldlebens*, mit *Zlatna* und *Vielguet* zum Begründer der *laus-ruris*-Poesie im 17. Jahrhundert geworden.[11] Er wies der späteren Pastoral-Oper mit seiner *Dafne* den Weg.[12]

Mit der *Hercinie* aber befestigte Opitz die Verpflichtung auch der deutschen Pastoral-Poesie auf gesellschaftliche Anlässe. Damit wurde der Weckherlinsche

---

9 Vgl. Huebner: Das erste deutsche Schäferidyll (Anm. 3), S. 24ff.
10 Vgl. Max Freiherr von Waldberg: Die deutsche Renaissance-Lyrik. – Berlin: Hertz 1888; Ernst Günter Carnap: Das Schäferwesen in der deutschen Literatur des 17. Jahrhunderts und die Hirtendichtung Europas. – Diss. phil. Frankfurt a.M. 1939, S. 47; Janis Little Gellinek: Die weltliche Lyrik des Martin Opitz. – Bern, München: Francke 1973, S. 86ff.
11 Dazu Anke-Marie Lohmeier: Beatus ille. Studien zum ›Lob des Landlebens‹ in der Literatur des absolutistischen Zeitalters. – Tübingen: Niemeyer 1981 (= Hermaea. N.F.; 44), S. 191ff. [sowie Klaus Garber: Arkadien und Gesellschaft. Skizze zur Sozialgeschichte der Schäferdichtung als utopischer Literaturform Europas. – In: Utopieforschung. Interdisziplinäre Studien zur neuzeitlichen Utopie. Bd. I–III. Hrsg. von Wilhelm Voßkamp. – Stuttgart: Metzler 1982, Bd. II, S. 37–81].
12 Vgl. dazu Otto Taubert: *Daphne*, das erste deutsche Operntextbuch. – Torgau: Jacob 1879 (mit Abdruck des Textes); ders.: Das Datum der ersten deutschen Oper und Nachträge zur Schilderung der betreffenden festlichen Tage. – Torgau: Jacob 1890; Hans Heinrich Borcherdt: Beiträge zur Geschichte der Oper und des Schauspiels in Schlesien bis zum Jahre 1740. – In: Zeitschrift des Vereins für Geschichte Schlesiens 43 (1909), S. 217–242, hier S. 223ff.; ders.: Geschichte der italienischen Oper in Breslau. – In: Zeitschrift des Vereins für Geschichte Schlesiens 44 (1910), S. 18–51; Anton Mayer: Zu Opitz' Dafne. – In: Euphorion 18 (1911), S. 754–760; Arthur Scherle: Das deutsche Opernlibretto von Opitz bis Hofmannsthal. – Diss. phil. München 1954, S. 4ff.

Eklogen-Typ aus dem Geiste der Renaissance ebenso an den Rand gedrängt wie die traditionelle Versekloge, die die neulateinische Literatur Deutschlands vital beherrscht hatte, in der deutschsprachigen Version im Schatten der Mischform aus Prosa und Vers, wie sie mit der *Hercinie* verbindlich wurde, jedoch nicht mehr recht gedieh.

Ranghoher gesellschaftlicher Anlaß

Als Adressaten seiner Schäferei hatte Opitz eines der führenden Adelsgeschlechter Schlesiens gewählt. Auch das ist in vielfacher Hinsicht bedeutungsvoll.[13] Man kennt Opitzens Abfertigung der städtischen Gelegenheitsdichtung der Pritschmeister. Opitz wollte die Angemessenheit der Form, vor allem aber auch die Würde des gesellschaftlichen Anlasses gewahrt wissen. Getragen von der Autorität, die Opitz so schnell zugewachsen war, wurde nun auch durch seine *Hercinie* die Brücke der Pastorale zum Hochadel geschlagen. Das *genus humile* blieb dank Opitz im 17. Jahrhundert ein angesehenes und qualifiziertes Medium für poetische Themen höchsten gesellschaftlichen Ranges. Überwog im ganzen das bürgerlich-gelehrte Milieu, so stellte sich doch dank Opitzens Muster zwanglos immer wieder die Verbindung auch zum Patriziat, zum Adel und zum Fürstentum bis hin zum großen pastoralen Fürstenspiegel eines Neumark oder Birken her. Die gesellschaftliche Plazierung der Gelegenheitsschäferei in den von Opitz für seine neue Kunstdichtung anvisierten Kreisen war damit sichergestellt.

Zur Pastorale gehört das Lob der Natur. Dementsprechend eröffnet auch Opitz seine Schäferei mit einem Preis der Gefilde unterhalb des Riesengebirges; seine Nachfolger an der Elbe, der Pleiße, der Pegnitz etc. werden es genauso halten und im Lokal-Realismus vielfach über Opitz hinausgehen.[14] Eine der möglichen Funktionen in der *laus naturae* der Schäfereien Opitzscher Provenienz tritt sogleich hervor. Hebt der Dichter das Zirkelrunde des Tales am Fuße des Riesengebirges hervor, so daß die Natur von sich aus dem geometrischen Ideal des höfischen Parks entgegenzukommen scheint, so verbirgt sich in ihrer abwechslungsreichen Vielfalt (hohe Warten, schöne Bäche, Dörfer, Maierhöfe, Schäfereien), in ihrer Anmut und Heiterkeit (Wohnplatz aller Freuden, fröhliche Einsamkeit, Lusthaus der Nymphen und Feldgötter, Meisterstück der Natur) auch bereits der Verweis auf das hier regierende Geschlecht. Befriedete, schöne Natur und weise Regentschaft gehören zusammen; eines wird im anderen sinnfällig.

---

13 Vgl. zum folgenden auch Ulrich Maché: Opitz' Schäfferey von der Nimfen Hercinie in Seventeenth-Century Literature. – In: Essays on German Literature in Honour of G. Joyce Hallamore. Ed. by Michael S. Batts, Marketa Goetz Stankiewicz. – Toronto: University of Toronto Press 1968, pp. 34–40, insbesondere p. 39s.; sowie Karl F. Otto in seinem wichtigen Vorwort zum Reprint der *Hercinie*. – Bern, Frankfurt a.M.: Herbert Lang 1976 (= Nachdrucke deutscher Literatur des 17. Jahrhunderts; 8), S. 38ff.

14 Vgl. Garber: Der locus amoenus (Anm. 2), S. 111ff.

Allegorische Grottenlandschaft: Das Reich der Nymphe Hercinie

Folgerichtig endet der Spaziergang der diskutierenden Hirten, kaum daß sie einen Blick auf die Vorgebirgslandschaft geworfen haben, alsbald in einer allegorisch-mythologischen Grottenwelt.[15] Indem Opitz sich an dieser Stelle dem europäischen Schäferroman anschließt, gelingt ihm zugleich die partielle Integration des höfischen Ambiente in seine *Hercinie*. Über die kreisrunden tempelförmigen Höhlen mit den gefrorenen Kristallsäulen, die kunst- und bedeutungsvoll mit Muscheln und Steinen verzierten Wände, die kristallinen Fußböden, die mit Lazursteinen belegten Deckengewölbe und durch das viele kostbare Gerät aus Bernstein, Gold und Silber wird noch vor aller ikonographischen Semantik die Assoziation zum prunkvollen höfischen Grotten- und Palastwesen hergestellt und ein für die Huldigung angemessener Rahmen inszeniert.

Die Führung übernimmt die Quellnymphe Hercinie. Das ist eine Erbschaft Sannazaros, dem Opitz hier unmittelbar folgt.[16] Opitz verleiht ihr eine magische und zauberische Kraft, tilgt ansonsten jedoch jegliches mythologische Fluidum um ihre Gestalt, indem er sie zur ortskundigen gelehrten Geleitperson für seine Hirten macht, die den Schaffgotschs durch ihren Mund huldigen. Der Akt des Schauens, zu dem die Nymphe einlädt, gerät zugleich zur Demonstration fürstlicher Größe und gelehrter Standesaufwertung – diesen beiden aufs engste verquickten Themen des Opitzschen Lebenswerkes, mit dem er einem ganzen Jahrhundert das geistige Rüstzeug des älteren Humanismus in zeitgemäßer Form vermittelte. Nichts ist hier zufällig, fast alles dem Aufweis gelehrter Kompetenz zugeordnet.

Wie bei Sannazaro wird die Grottenwanderung eröffnet mit einer Betrachtung der »springkammer der flüße/ darvon so viel felder befeuchtet/ so viel flecken vnd städte versorget werden.«[17] Das herrschaftliche Gebiet der Residierenden wird abgesteckt und zugleich gewürdigt und erhoben. Indem Opitz hier »die Gewässer entspringen läßt, die der Landschaft Fruchtbarkeit und Wohlstand schenken, wird Gleiches auch für das Wirken der dynastischen Herrschaft suggeriert (wobei ihm ein spezifisches Interesse des regierenden Grafen für die schlesischen Heilquellen zu Hilfe kommt).«[18]

---

15 Im folgenden nehme ich Gedanken der Studie von Conrad Wiedemann auf und versuche, sie weiter zu entwickeln. Vgl. Conrad Wiedemann: Bestrittene Individualität. Beobachtungen zur Funktion der Barockallegorie. – In: Formen und Funktionen der Allegorie. Hrsg. von Walter Haug. – Stuttgart: Metzler 1979 (= Germanistische Symposien-Berichtsbände; 3), S. 574–591, besonders S. 585ff. Vgl. auch Rudolf Drux: Nachgeahmte Natur und vorgestellte Staatsform. Zur Struktur und Funktion der Naturphänomene in der weltlichen Lyrik des Martin Opitz. – In: Naturlyrik und Gesellschaft. Hrsg. von Norbert Mecklenburg. – Stuttgart: Klett-Cotta 1977 (= Literaturwissenschaft – Gesellschaftswissenschaft; 31), S. 33–44.
16 Vgl. Huebner: Das erste deutsche Schäferidyll (Anm. 3), S. 64ff.
17 Im folgenden zitiert nach der zuverlässigen und mit einem erhellenden Nachwort versehenen Edition von Peter Rusterholz: Martin Opitz: Schäfferey von der Nimfen Hercinie. – Stuttgart: Reclam 1969 (= Reclams Universalbibliothek; 8594), hier S. 26f.
18 Wiedemann: Bestrittene Individualität (Anm. 15), S. 588.

Bündnis Herrscher und Dichter

Im anschließenden Gemach residieren die Musen und Nymphen. Keine fürstliche Herrschaft, keine dynastische Kontinuität ohne das rühmende und einheitsstiftende Wort des gelehrten Dichters. Monarchische Regentschaft, der eben aus dem Chaos der Bürgerkriege aufsteigende frühmoderne Staat, so Opitz auch in der *Hercinie*, bedarf des legitimistischen, geschichtliche Erinnerung herstellenden poetischen Aktes. Der Dichter, der Gelehrte empfiehlt sich als Garant von Ordnung und Stabilität. Unter dem Aspekt unantastbarer Herrschaft und ihres Zusammenspiels mit gelehrtem Sachverstand erfolgt die Aneignung und Aktualisierung der antiken Mythologie. An der Gestalt der gegen Minerva aufbegehrenden stolzen Weberin Arachne wird klargestellt, daß Obrigkeit sakrosankt ist, Auflehnung gegen die himmlischen – und also mutatis mutandis gegen die irdischen – Götter obsolet. »Wer seine hoffart an den vnsterblichen außlaßen wil [...], dem bekömpt es ja allzeit übel«.[19]

Opitz exemplifiziert das am gleich folgenden Midas-Mythos, aber nur, um den Verächtern des Gelehrtenstandes den Kampf anzusagen. »Es mögen wol rhore sein [...] darmit gelehrte leute schreiben/ vnd die jenigen für der gantzen welt zue schanden machen/ welche mitt jhrem vnbesonnenen vrtheile von hurtigen vnd gelehrten gemütern wol zue erkennen geben/ daß sie Midas gleichen sindt.«[20] Solche Allegorisierung des Midas-Mythos entspringt nicht nur standespolitischem Kalkül. Es geht immer auch zugleich um das Schicksal des gelehrten klassizistischen Reformwerkes, das Opitz so eng an das Wohlwollen der Großen dieser Welt geknüpft hatte.

Dynasten-Panegyrik

Nach Exposition des mythologisch-figuralen Reliefs erfolgt die des politisch-panegyrischen Bereichs. Auch sie bleibt gebunden an das Medium gelehrter Existenz. »Jhr hirten/ fieng Hercinie an/ wir wißen was der himmel vnd die Musen euch verliehen/ vnd mitt was für begiehr der wißenschafft jhr behafftet seidt.«[21] Verankert wird das Herrscherlob in einer transhistorischen Sphäre. Der verschwenderische Reichtum an kostbarem Metall und Gestein in der Gegend bildet ein natürliches Pfand weltlicher Herrschaft:

> Hieher mensch/ die Natur/ die Erde ruffet dir:
> Wohin? nach guete: bleib: warumb? du hast es hier.

Nechst diesen Versen/ die in eine schwartze steinerne platten gehawen waren/ folgeten auff der einen seiten viel historien vnd bilder von erschaffung der welt; von der gülde-

---

19 Opitz: Hercinie (Anm. 17), S. 28.
20 Ebd.
21 Ebd., S. 30.

nen/ silbernen/ irrdenen vndt letzlich eisernen zeit; von dem himmelstürmerischen Giganten; der überschwemmung des erdtbodens.²²

So erscheint die Regentschaft eingepaßt und zurückprojiziert in einen natürlichen, einen mythologischen, einen theologischen Ursprung, der Dauer und dynastische Konsistenz verbürgt. Beides wird auch über die Geschichte sinnfällig gemacht. »Dieses/ sagte sie/ ist die gelegenheit hiesiger orte/ deren größestes theil von langer zeit her die edelen Schaffgotschen [...] beherrschen.«²³

Bürgerlich-gelehrter, humanistischer ›Patriotismus‹ als Ferment der ›Nationalliteratur‹-Bewegung gebietet zunächst die Eruierung der ›teutschen‹ Elemente. Das Herrschaftsgebiet der Schaffgotsch ist von germanischen Völkerschaften besiedelt gewesen, bevor die ›Sarmatischen Winde‹ die Gegend überschwemmten. Die germanische Phase ist mit dem gravierenden Manko behaftet, schriftlich nicht bezeugt zu sein. Die Einheit von *arma et litterae* war noch nicht hergestellt, die *res gestae* im verewigenden Wort noch nicht festgehalten.

Die ›Hirten‹ als Sachwalter von ›Memoria‹

Die gelehrten Humanisten, Opitz und Nachfolger, entbieten sich für diese Aufgabe. Die höfische Monarchie, der territoriale Absolutismus wird dank gelehrter Arbeit glorifiziert in die Geschichte eingehen. Der Schaffgotsch »vhraltes geblüte/ jhre tugendt/ jhre löbliche thaten/ vndt sonderlich die stille rhue/ welcher wir vnter jhnen als gleichsam schutzgöttern bißanhero genoßen/ hatt verdienet/ jhnen bey vns allhier diß gedächtniß auff zue richten.«²⁴ Die geschichtliche Überlieferung reicht nicht bis in die kriegerische Vorzeit zurück; sie setzt vor gut dreihundert Jahren ein.

> Hetten ewere Deutschen mit solchem fleiße denckwürdige große thaten auffschreiben/ als verrichten können/ oder die blutigen kriege für etzlichen hundert jharen mitt den leuten nicht auch zuegleich das gedächtniß derselbten vndt alle geschicklichkeit außgerottet/ so köndte der edelen Schoffe (dann also worden sie vormals genennet) werther name/ vndt die tapfferkeit welche sie zue beschützung des vaterlandes angewendet/ euch mehr vor augen gestellet werden: bey vns haben wir jhren rhum allein von der zeit auffgemercket/ seidt vnsere bäche vnter jhrem schirme ruhig gefloßen/ vndt sie besitzer der orte/ die zum theile hier entworffen stehen/ gewesen sindt.²⁵

Erst nach dieser *introductio* treten die Schaffgotsch ins Blickfeld. Die Barockforschung, nach ihrer geistesgeschichtlichen Verirrung auf Traditionsgeschichte fixiert, hat es auch in diesem Fall versäumt, den historischen Kontext der *Hercinie* angemessen zu erschließen. Opitz stand 1629 im Dienst des katholischen Statthal-

---

22 Ebd., S. 31.
23 Ebd., S. 32.
24 Ebd.
25 Ebd., S. 32f.

ters in Schlesien, Karl Hannibals von Dohna.²⁶ Ende der zwanziger Jahre trat die Rekatholisierung Schlesiens in ihre entscheidende Phase, die Forcierung war unübersehbar. So kam seiner Huldigung an den ehemaligen Wortführer der Protestanten erhebliche Bedeutung zu. Sie war Teil einer umfassenden Widmungsstrategie, die Opitz gerade in dieser Phase seines Lebens streng beobachtete. Natürlich mußte er seinem Gönner huldigen und tat dies ausführlich auch in der *Hercinie*. Daneben aber ließ er den Kontakt zu seinen konfessionspolitischen Gesinnungsgenossen, denen er sich nach wie vor verbunden wußte, keinen Moment lang abreißen. Die Ehrung der Schaffgotsch ist auch unter diesem Aspekt zu sehen.

Die Dynastie der Schaffgotsch und ihr gegenwärtiges Haupt

Das Haus der von Schaffgotsch, dem Opitz über Georg Rudolf von Liegnitz und Brieg verbunden war und dessen derzeitigen Repräsentanten, Hans Ulrich, er nach Vermittlung Georg Rudolfs im Jahre 1623 persönlich aufgesucht hatte, galt als das reichste grundbesitzende Adelsgeschlecht Schlesiens, dessen Besitzungen an diejenigen der regierenden Herzöge von Liegnitz und Brieg heranreichten.²⁷ Schon

---

26 Vgl. – neben dem entsprechenden Quellenmaterial bei Reifferscheid – Colers Lobrede auf Opitz in der deutschen Übersetzung bei Kaspar Gottlieb Lindner: Umständliche Nachricht von [...] Martin Opitz. Bd. I. – Hirschberg: Krahn 1740, S. 186ff.; Hermann Palm: Beiträge zur Lebensgeschichte und Charakteristik des Dichters Martin Opitz von Boberfeld. – In: Abhandlungen der Schlesischen Gesellschaft für vaterländische Cultur I/3 (1861), S. 24–31; ders.: Opitz im Hause des Kammerpräsidenten Karl Hannibal von Dohna. 1626–1632. – In: ders.: Beiträge zur Geschichte der deutschen Literatur des XVI. und XVII. Jahrhunderts. – Breslau: Morgenstern 1877. Reprint Leipzig: Zentralantiquariat der DDR 1977, S. 189–214; Marian Szyrocki: Martin Opitz. 2., überarb. Aufl. – München: Beck 1974, S. 74–94.

27 Die beste und informativste Bibliographie des Geschlechts der von Schaffgotsch stammt von Heinrich Nentwig: Schaffgotschiana in der Reichsgräflich Schaffgotsch'schen Majoratsbibliothek zu Warmbrunn. – Leipzig: Harrassowitz 1899. Hier speziell S. 23–29 über Hans Ulrich von Schaffgotsch. Des weiteren stets heranzuziehen die (in der Germanistik erstaunlicherweise gar nicht beachteten) Schlesien-Bibliographien von Johann George Thomas: Handbuch der Literaturgeschichte von Schlesien. Eine gekrönte Preisschrift. – Hirschberg: Krahn 1824 (hier über Hans Ulrich von Schaffgotsch S. 118f.), sowie Heinrich Nentwig: Silesiaca in der Reichsgräflich Schaffgotsch'schen Majoratsbibliothek zu Warmbrunn. – Leipzig: Harrassowitz 1900–1902. Weitere Literatur bei Otto Gundlach: Bibliotheca familiarum nobilium. Repertorium gedruckter Familien-Geschichten und Familien-Nachrichten. Ein Handbuch für Sammler, genealogische Forscher und Bibliothekare. 3., vollständig umgearbeitete, verbesserte und bedeutend vermehrte Aufl. – Neustrelitz: Gundlach 1897, S. 915f. Von einer großangelegten repräsentativen dreibändigen *Hausgeschichte und Diplomatorium der Reichs-Semperfreien und Grafen Schaffgotsch* in siebzehn (!) Teilen und einem Registerband ist offensichtlich nur der 900 Seiten umfassende zweite Teil des Bandes erschienen, der eine ›Besitzgeschichte‹ des Geschlechts bietet: Johannes Kaufmann: Die Erhaltung der Schaffgotschischen [!] Stammgüter durch Fideicommisse. – Bad Warmbrunn: Leipelt 1925. Des weiteren zur Familiengeschichte heranzuziehen neben den einschlägigen adelsgeschichtlichen, genealogischen und silesiographischen Standardwerken von Henelius, Cunrad, Lucae, Sinapius etc.: Johannes Tralles: Mausoleum Schaff-Gotschianum. – Leipzig: Schürer 1621 (Ex. NLB Hannover G-A 2155), wiederabgedruckt in: Theodor Krause: Miscellanea Gentis Schaffgotschianae, Oder Historisch-Genealogischer Bericht/ Von dem Uralten Geschlechte Derer Herren von Schaff-Gotschen. – Striegau: Weber 1715, S. 1–117 (hier auch u.a. S. 147–195

Adam von Schaffgotsch gehörte im 16. Jahrhundert zu den eifrigen Verfechtern des Protestantismus in Schlesien. Sein Erbe, Christoph von Schaffgotsch, diente dem Kurfürsten von Sachsen und ist bei der Unterdrückung der Grumbachschen Händel bezeugt. Er vereinigte die ausgedehnten Erbschaften des Geschlechts zu einem zusammenhängenden Besitz und machte sich um die Ausbreitung des Protestantismus auch in seinem Hoheitsgebiet verdient, wehrte jedoch calvinistische Tendenzen vom ihm ab. Seine zweite Frau war die Tochter des gelehrten Freiherrn Seifried von Promnitz, Oberlandeshauptmann in Schlesien, dem Opitz eine eigene Biographie widmete.[28]

Zu den ersten Lehrern Hans Ulrichs gehörte der bekannte Jurist Georg Schönborner, der 1614 auch mit einem Panegyrikum auf seinen Schüler hervortrat, sich einen Namen durch seine *Politicorum libri septem* (1614) machte und durch Hans Ulrich 1615 zeitweilig zum Kanzler bestellt wurde.[29] Nach dem Studium an den

---

Christian Gryphius' *Hoch-Gräffliches Schaff-Gotschisches Ehren-Mahl*). Der Schaffgotsch-Artikel bei *Zedler* XXXIV (1742), Sp. 785–800 ist übernommen aus Johann Franz Buddeus und Jakob Christoph Iselin: Allgemeines Historisches Lexicon. Bd. IV. 3. Aufl. – Leipzig: Fritschens Erben 1732, S. 330–333. Schließlich (meist genealogisch) Rudolph Stillfried: Stammtafel und Beiträge zur älteren Geschichte der Grafen Schaffgotsch. – Berlin 1860, wiederabgedruckt in: ders.: Beiträge zur Geschichte des schlesischen Adels. – Berlin: Decker 1864 (mit gesonderter Paginierung); Hans-Jürgen von Witzendorff-Rehdiger: Die Schaffgotsch. Eine genealogische Studie. – In: Jahrbuch der Schlesischen Friedrich-Wilhelms-Universität zu Breslau 4 (1959), S. 104–123. Zu Hans Ulrich von Schaffgotsch maßgeblich die aus den Quellen gearbeitete Biographie von Julius Krebs: Hans Ulrich Freiherr von Schaffgotsch. Ein Lebensbild aus der Zeit des dreißigjährigen Krieges. – Breslau: Korn 1890. Von Krebs stammt auch der entsprechende Artikel in der *ADB* 30 (1890), S. 541–545. Die »ausführliche Lebensbeschreibung«, die Willy Klawitter für die oben erwähnte große Familiengeschichte geschrieben hatte, ist leider nicht mehr publiziert worden. Vgl. Willy Klawitter: Hans Ulrich Freiherr von Schaffgotsch. – In: Schlesier des 17. bis 19. Jahrhunderts. Hrsg. von Friedrich Andreae, Max Hippe, Paul Knötel, Otfried Schwarzer. – Breslau: Korn 1928 (= Schlesische Lebensbilder; 3) (Reprint Sigmaringen: Thorbecke 1985), S. 27–36. Mit der Arbeit von Krebs ist die ältere Literatur überholt. Zahllose bereits 1635 einsetzende Artikel beschäftigen sich mit dem Lebensende Schaffgotschs. Dazu quellenkritisch Krebs: Hans Ulrich Freiherr von Schaffgotsch (siehe oben), S. 277–279: Zur Litteratur. Noch Karl Simrock hat diese im Wortlaut meist identischen *Lebensbeschreibungen* in seine Sammlung: Die deutschen Volksbücher. Bd. XIII. – Frankfurt a.M.: Winter 1867, S. 507–524, aufgenommen. Vgl. in diesem Zusammenhang auch Wilhelm Wattenbach (Hrsg.): Die letzten Lebenstage des Obersten Hans Ulrich Schaffgotsch. – In: Zeitschrift des Vereins für Geschichte und Alterthum Schlesiens 1 (1855), S. 155–177 (Relation des Dieners von Schaffgotsch Constantin von Wegrer).

28 Illvstris Domini Seyfridi Promnicii Baronis Plessensis, Sorauiae, Tribellii & Hoierswerdae Domini, &c. Herois fortissimi, Vita. Scriptore Martino Opitio. Bregae Ex Officinâ Typographicâ Augustini Grunderi. M.DCXXIV. Dieses seltene Werk Opitzens leicht zugänglich – verbunden mit den einschlägigen Daten über von Promnitz – in: Martin Opitz: Gesammelte Werke. Kritische Ausgabe. Hrsg. von George Schulz-Behrend. Bd. II: Die Werke von 1621–1626. 1. Teil. – Stuttgart: Hiersemann 1978 (= Bibliothek des Literarischen Vereins in Stuttgart; 300), S. 293–313. [Jetzt auch erstmals mit deutscher Übersetzung und ausführlichem Kommentar von Walther Ludwig in: Martin Opitz: Lateinische Werke. Bd. II: 1624–1631. In Zusammenarbeit mit Wilhelm Kühlmann, Hans-Gert Roloff und zahlreichen Fachgelehrten hrsg., übersetzt und kommentiert von Veronika Marschall und Robert Seidel. – Berlin, New York: de Gruyter 2011 (= Ausgaben Deutscher Literatur des XV. bis XVIII. Jahrhunderts), S. 4–41, Kommentar S. 255–282].

29 Georgii Schönborneri J.C. Panegyricus In reditum ex Equestri litterariâque quinquennii peregrinatione Illustris & Generosi Domini, Dn. Johannis-Ulrici Schaffgotsch, de Kienast, Greiffenstein

Universitäten Tübingen, Altdorf und Leipzig absolvierte Hans Ulrich eine mehr als dreijährige adlige Kavalierstour durch die wichtigsten europäischen Länder, die Opitz in seiner *Hercinie* ausführlich rekapitulieren wird.

Involviert in die Böhmen-Politik

Seine große politische Stunde kam im Zuge der weitgespannten pfälzisch-böhmischen Politik im Jahre 1618/19. Seinem Stand entsprechend war er an der Spitze einer schlesischen Gesandtschaft in Prag tätig, nahm in dieser Funktion an der Krönung Friedrichs V. in Prag teil, leistete den Eid auf die mit Böhmen geschlossene Konföderation und wurde zu ihrem schlesischen Defensor gewählt. Am Empfang Friedrichs V. in Breslau war er an führender Stelle beteiligt.[30] An seiner procalvinistischen, ganz auf der Linie des schlesischen wie des böhmischen Adels liegenden Orientierung in diesen zwei entscheidenden Jahren schlesischer Politik kann es daher keinerlei Zweifel geben. Wenn Hans Ulrich – wie der schlesische Adel insgesamt – nach der verlorenen Schlacht am Weißen Berge glimpflicher als seine böhmischen Standesgenossen davonkam, so ist dies vornehmlich der Intervention Sachsens zu danken; Dohna hatte sich bei dem Kaiser für eine unnachsichtige Bestrafung Schaffgotschs und des Freiherrn von Maltzahn in Militsch als Hauptträdelsführer verwendet.

Da sich seine Schwäger Georg Rudolf und Johann Christian von Liegnitz und Brieg – Schaffgotsch hatte 1620 Barbara Agnes, die Schwester Johann Christians und Georg Rudolfs, geheiratet[31] – noch ungleich mehr in der Böhmenpolitik exponiert hatten, ging die Oberlandeshauptmannschaft 1621 auf Wunsch der Stände von den Piasten auf Hans Ulrich über. Im November 1621 huldigte er bereits Ferdinand II. durch Handschlag und Eid. Hans Ulrich hat seinem protestantischen Glauben niemals abgeschworen und sich für die konfessionelle Freiheit der Evangelischen in Schlesien stets eingesetzt. Militärisch wurde er jedoch zunehmend für den Kaiser tätig – eine Rolle, die ihn über kurz oder lang notwendig in Konflikt

---

& Kemnitz: Lib. Baronis in Trachenberg & Prausnitz & Solennibus Soteriis votivè dictus. XIX. Januar. Die, qui Auctori natalis. Anno Nativ. Christi. MDCXIV. Glogaviae impressus Typis Funccianis. (Drei Exemplare in der BU Wrocław, darunter ein Widmungsexemplar für Caspar Reinhard: 549104). Wiederabgedruckt bei Krause: Miscellanea Gentis Schaffgotschianae (Anm. 27), S. 132–146. Zu Schönborner vgl.: ADB 32 (1891), S. 282f., sowie Marian Szyrocki: Der junge Gryphius. – Berlin: Rütten & Loening 1959 (= Neue Beiträge zur Literaturwissenschaft; 9), S. 110ff. Weitere Ehrenschriften auf Schaffgotsch bei Nentwig: Schaffgotschiana (Anm. 27), S. 23ff.

30 Vgl. Karl Bruchmann: Die Huldigungsfahrt König Friedrichs I. von Böhmen (des ›Winterkönigs‹) nach Mähren und Schlesien. – Breslau: Hirt 1909 (= Darstellungen und Quellen zur schlesischen Geschichte; 9).

31 Vgl. die spätere Trauerrede auf sie von Opitz: Oratio Funebris, Honori & Memoriae Celsissimae Principis Barbarae Agnetis Ducis Silesiae Lignicensis ac Bregensis, Conjugis Schaff-Gotschianae, etc. Ad Illustrissimum Ejus Maritum. Auctore Martino Opitio. – Breslau: Baumann 1631 (Ex. BU Wrocław, 2 E 80/33).

mit seinen Glaubensgenossen und vor allem mit den Herzögen von Liegnitz und Brieg führen mußte.

1626 legte er die Landeshauptmannschaft nieder, setzte seine militärischen Aktivitäten für die schlesischen Stände aus und begann in kaiserlichem Auftrag mit dem Aufbau eines Regiments, ohne freilich die Beziehung zu den Piasten-Herzögen abreißen zu lassen, die sich weiter seines Rates bedienten. Schon 1627 erfolgte die erste kaiserliche Gunst- und Dankesbezeugung. Schaffgotsch erhielt für sich und seine Nachkommen den Titel ›Hochwohlgeboren‹ und das Recht, sich ›Semperfreier‹ nennen zu dürfen.

Gerade für die Jahre 1628/29, wegen der zeitlichen Nähe zur *Hercinie* wichtig, fehlen nähere Nachrichten über den Grafen.

> Es ist wohl möglich, daß die seit dem Jahre 1628 so eifrig in Schlesien betriebene Gegenreformation und die Veröffentlichung des Restitutionsedikts ihn, den standhaften Protestanten, bestimmt haben, ins Privatleben zurückzutreten; andererseits wird diese Annahme durch die Thatsache, daß der Freiherr bald danach unter unveränderten kirchlichen Verhältnissen wieder in kaiserlichen Diensten erscheint, wenig unterstützt.[32]

Opitz wandte sich also an den Freiherrn zu einer Zeit, als dessen kaiserliche Orientierung sich allenfalls abzeichnete, ohne bereits definitiv entschieden zu sein. Seine Widmungsadresse konnte ihn daher vor den protestantischen Freunden nicht kompromittieren. Im Gegenteil. Das Werk darf auch unter der Perspektive gelesen werden, den einstigen calvinistischen Parteigänger – den obwaltenden politischen Umständen entsprechend verklausuliert – an sein ehemaliges politisches Engagement zu erinnern.

Im Banne Wallensteins

Erst im Frühjahr 1630, also im Erscheinungsjahr der *Hercinie*, ist Schaffgotsch wieder im kaiserlichen Dienst bezeugt. Sein politisches, sein militärisches und nicht zuletzt sein persönliches Schicksal ist fortan aufs engste mit demjenigen Wallensteins verknüpft. Auch Schaffgotsch erlag der von Wallenstein ausgehenden Faszination. Zu spät erkannte er die Doppelbödigkeit der Wallensteinschen Politik, als andere Getreue des Generalissimus längst die Fühlung zum Kaiser wieder aufgenommen hatten. Seit dem ersten Pilsener Schluß (1634), den Schaffgotsch unterzeichnete und der auch ihm keinen Zweifel an der Abtrünnigkeit Wallensteins belassen konnte, lavierte er ängstlich und dilettantisch zwischen dem Kaiser und Wallenstein.

Gerade das Bestreben, die Wallensteinsche antikaiserliche Politik in Schlesien nicht zum Durchbruch gelangen zu lassen, erforderte auf der anderen Seite stets neue verbale Ergebenheitsbekundungen. Die letzte, am 23. Februar 1634 an Trzka

---

32 Krebs: Hans Ulrich Freiherr von Schaffgotsch (Anm. 27), S. 19.

gerichtet – zwei Tage vor Wallensteins Ermordung und fast einen Monat nach Wallensteins Entsetzung! –, wurde ihm zum Verhängnis. Am 23. Juli starb er auf kaiserlichen Befehl durch das Schwert, obgleich er im Dienst Wallensteins doch nur das politische Wohl des Kaisers im Auge zu haben glaubte.

Die Einzelheiten der Huldigung des Hauses Schaffgotsch in der *Hercinie* brauchen hier nicht rekapituliert zu werden. Es geht um die Verquickung, die planmäßige, strategisch geschickte Verzahnung fürstlich-adliger und bürgerlich-gelehrter Normen, die erst zusammen theoretisch und praktisch den frühneuzeitlichen Absolutismus konstituieren und ihn vom alteuropäischen Adelsstaat und dessen Ethos abheben.

Ahnengalerie humanistisch stilisiert

Die Ahnengalerie wird mit Gotthardt von Schaffgotsch unter Karl IV. eröffnet; der namentlich ebenfalls bezeugte Vater Ulrich ist Burggraf zu Kinsberg. Adel bedarf der stetigen Bewährung durch die Tat, wie im Wappen bedeutet, das Karl IV. verleiht. Mittels der *subscriptio* erfolgt die Typisierung:

> Schaw hier den edlen schildt als ie der tag beschienen:
> Was zeigt der frische bawm? die tugent muß stets grünen:
> Vndt was das schaff? ein mensch soll guet vndt guetig sein;
> Das blut? wo guet nicht hilfft/ schlag mitt der faust darein.[33]

Die Anspielung auf die tapfere Faust des Ahnherrn der Schaffgotsch ist mehr als eine funktionslose Referenz des Gelehrten gegenüber dem Adligen. Erinnert man sich des drei Jahre später veröffentlichten *TrostGedichtes* und der Bedeutung, die der kämpferische Einsatz für die gerechte Sache in ihm hat, so wird deutlich, daß eine aktuelle Rehabilitierung dieses adligen Privilegs sehr wohl möglich war.[34]

Eine zweite wichtige Station in der aus naheliegenden Gründen umständlich reproduzierten Genealogie bildet die Übernahme des Kanzler- und Hofgerichtsamtes durch die Schaffgotsch. Gesellt sich zur Rechtskunde das poetische Talent, so erfüllt sich eine weitere Voraussetzung wahren Adels aus humanistischer Perspektive, denn damit qualifiziert sich der Adel in der Regel zugleich mäzenatisch, erweist sich aufgeschlossen gegenüber Wissenschaft und Kunst.

> Soll ich mich schämen dann des namens der Poeten?
> Ist kunst vndt wißenschafft dem adel nicht von nöthen?
> Standt blüet durch verstandt: hett ich nicht standt gehabt/
> So hette mich verstandt mitt adel doch begabt.[35]

---

33 Opitz: Hercinie (Anm. 17), S. 34.
34 Dazu ausführlich mit der entsprechenden Literatur Garber: Martin Opitz (Anm. 8), Kapitel IV, S. 145ff.
35 Opitz: Hercinie (Anm. 17), S. 36.

Im Adressaten, in Hans Ulrich von Schaffgotsch, resümieren sich diese Vorzüge und Verdienste. Er ist ein Held des Friedens, unter dessen Regentschaft

> dieses vorgebirge/ diese wälder vndt brunnen/ vndt wir Nimfen solcher rhue/ solchen friedens genießen/ daß wir die angräntzenden fewer der blutigen Bellonen/ dieses klägliche getümel der waffen biß anhero zwar von ferren angeschawet haben vndt gehöret/ aber (welches zue einer gueten stunden geredet sey) nie erfahren dürffen.

Er verdiente es, »von allen edelen gemütern sinnreicher Poeten in das register der ewigkeit eingetragen zue werden/ er aber/ als ein vollkommener Heldt/ ist auch mitt solcher demut begabet/ daß er nicht gern von jhm rhümen leßt/ was doch die that vndt warheit selber redet.«[36]

Prophetie der Parzen

Opitz besorgt dies in der Form der Prophetie aus dem Munde der Parzen. Hans Ulrich wird »kein feindt der bücher sein«, wird die lateinische Sprache beherrschen, von der »lust der weißheit« erfüllt sein, kurzum, die adlige Verpflichtung zur Tat, zur Tapferkeit mit »kunst vndt klugheit« zu vereinen wissen.[37] Unter diesen Auspizien steht entsprechend die adlige Kavalierstour, die Opitz in das Zentrum seiner Huldigung gerückt hat. Sie beginnt in Venedig, wo »Freyheit jhren grundt tieff in die see geleget«, führt über Padua, wo er seine Zeit »an güldne tapfferkeit/ An sprachen vndt verstandt« wenden wird, nach Rom und in weitere italienische Städte.[38]

Malta, Spanien, sogar Nordafrika werden berührt. Unüberhörbar der distanzierte Ton, den Opitz gegenüber Spanien wahrt. Hier lernt Hans Ulrich die taciteischen Künste des Zuhörens und Schweigens, in Frankreich dagegen – »der edlen demut landt/ In welcher jederman geehrt wirdt vndt bekandt Der tugend leiden kan« – die Kunst der Rede.[39] Über England geht es zurück in die Niederlande. Opitz nähert sich diesem Thema mit erkennbarer Vorsicht und Diplomatie. Sowohl die freie Republik wie der inzwischen spanische Teil der Niederlande werden von Hans Ulrich besucht. Letzterer gehorcht dem Zepter, das »gegen Ost vndt West gehorsamb wirdt geehrt« – eine verklausulierte Formel für die spanische Zwangsherrschaft.[40] Und auf der anderen Seite die Generalstaaten, die »gegen wercke« zum spanischen Joch, die »nun so lange zeit mitt großer list vndt stärcke Sich wieder jhn [das spanische Zepter] gesetzt« haben, so die Worte des Dohna-Bediensteten.[41]

---

36 Ebd., S. 36f.
37 Ebd., S. 39.
38 Ebd.
39 Ebd., S. 41.
40 Ebd., S. 42.
41 Ebd.

Heldische Bewährung

Doch bevor Opitz eine politische Perspektive eröffnet, wird der geistige Ertrag der Reise resümiert. Der Angehörige aus dem Geschlecht der Schaffgotsch kehrt zurück, nachdem er sich »der Musen volck«, Gelehrte wie Poeten, zu Freunden gemacht hat.[42] Casaubon in London, de Thou in Paris, Scaliger in Leiden und viele andere – drei Namen, die für die Einheit von gelehrtem und politischem Handeln stehen, wie sie nun auch dem Sproß aus adligem Geschlecht obliegt. Einem zweiten Herkules gleich wird er »an den wilden thieren [...] versuchen seine krafft«.[43] Das ist auf die Jagdlust des Adligen gemünzt, als Ablenkung von den Regentenpflichten gedacht. Doch ist es unstatthaft, auch in diesem Bild den allegorischen, den politischen Zeitbezug verschlüsselt zu finden? Auf den Schultern dieses anderen Herkules ruht

> Des Vaterlandes last/ für welches er soll streiten
> Mitt ritterlicher faust/ wann gar in kurtzen zeiten
> Auch diß ort/ welches jetzt der werthe friede ziehrt/
> Auff krieg ohn alle schuldt wirdt werden angeführt.
> [...] er wirdt dem feinde weisen
> Wie schlechtes glücke hatt wer hunger/ glut vndt eisen
> Zue frembden leuten tregt/ vndt bringt ein armes landt
> Vmb freyheit/ recht vndt heil ohn vrsach vndt verstandt.
> Damitt er rhümlich auch mag nach dem tode leben/
> So wirdt der himmel jhm viel edle zweige geben
> Durch einen werthen stamm/ den du/ o heldt Piast/
> Mitt Zepter vndt gewalt so weit erhaben hast[.][44]

Diese Worte gelten nicht dem Kriegsherrn im kaiserlichen Dienst. Von dieser Funktion ist bezeichnenderweise nicht ein einziges Mal die Rede. Sie gelten dem schlesischen Kriegsherrn, der die Freiheit der Heimat bewahren soll. Der Begriff der Freiheit aber meint im Kontext der politischen Dichtung Opitzens politische und konfessionelle Autonomie und ist als solcher in aller Regel antikatholisch gewendet. Auch Schlesien sieht sich Ende der zwanziger Jahre dem mächtigen Druck Habsburgs ausgesetzt. Die Apostrophierung Hans Ulrichs als ›heldt Piast‹ weist in die gleiche Richtung.

An den Freiheitswillen appellieren, gegen Unterdrückung aufbegehren, konnte in Schlesien am Vorabend der großen Entscheidungsschlacht zwischen Protestanten und Katholiken, als der Stern Gustav II. Adolfs schon aufgegangen war, nur heißen, das Recht auf den angestammten protestantischen Glauben hochzuhalten und zu verteidigen. Der Text verweigert sich einer zweifelsfreien Auslegung. Aber daß dem Diplomaten und Strategen Opitz ein chiffriertes Signalement in der an-

---

42 Ebd.
43 Ebd., S. 43.
44 Ebd., S. 43f.

gedeuteten Richtung möglich war, ohne daß er sich bei seinem Brotgeber kompromittierte, wird man schwerlich in Abrede stellen können.

Die Huldigungspartie endet, wie sie begonnen hat, mit einer in den Mythos verhüllten Warnung vor der Auflehnung gegen die himmlischen, sprich gegen die irdischen Helden, die Regenten. Solange es eine Opitz verpflichtete Dichtung im 17. Jahrhundert gibt, wird sie herrschafts-, wird sie staatskonform bleiben. Über die Heilquellen mythischen Ursprungs wird der Bezug zu den Warmbrunner Quellen hergestellt. Die allegorische Grottenwanderung hat ihren Abschluß gefunden, Hercinie entfernt sich, die gelehrten Hirten setzen ihren Spaziergang durch das Herrschaftsgebiet der Schaffgotsch fort.

Landschaft geprägt von herrschaftlichen Insignien

Erst am Schluß, als Warmbrunn mit seinen Heilquellen erreicht ist, wenden sich die ›Hirten‹ den Schaffgotschs nochmals direkt zu. Hatten sie schon vorher an sagenhaftem, mythologischem und literarischem Wissen versammelt, was über Gewässer aller Art präsent war, so versuchen sie sich nun an einer Erklärung der heilbringenden Wirkungen der Quellen – Demonstration umfassender Kenntnisse, wie sie Opitz in Übereinstimmung mit der humanistischen Poetik dem Dichter seit je nahegelegt hatte. Die Heilquellen liegen in der schönen Natur wie ein vornehmer Stein in einem goldenen Ring. Die Herrlichkeit der Landschaft des Gepriesenen, die Anmut »der lustigen gelegenheit des ortes/ wo nicht ferren so fruchtbare berge vndt hügel ringes herumb/ da zue nechst der Zacken/ hier die grünen wiesen sich anmutig zeigen«, vollendet sich in den heilenden Wassern hier, der herrschaftlichen Bebauung dort.[45]

Gilt das Lob der schönen und heilende Kräfte bergenden Natur den Nymphen und Wassergöttinnen, so das Lob der Quellen-Architektur Hans Ulrich von Schaffgotsch. Das Schloß der Schaffgotsch, die Brunnenhalle und andere Gebäude zieren die Gegend, die vielfach auf Hans Ulrich zurückgehen.[46] Herrschaftliche Architektur, der Intention des Bauherrn nach auf Repräsentanz angelegt, findet Resonanz im beziehungsstiftenden Wirken der Poeten. Mythische Weihe des Ortes und höfischer Bauwille vereinen sich zur vollendeten Symbiose von Natur und Kunst, in der sich der fürstliche Herrscher ein Denkmal der Größe setzt, das zu enthüllen dem gelehrten Dichter vorbehalten ist.

---

45 Ebd., S. 61.
46 Hierzu grundlegend Günther Grundmann: Schlesische Architekten im Dienste der Herrschaft Schaffgotsch und der Propstei Warmbrunn. Veröffentlichung aus dem Graf-Schaffgotschen Archiv. – Straßburg: Heitz 1930 (= Studien zur deutschen Kunstgeschichte; 274), insbesondere S. 61ff., S. 83f. Heranzuziehen auch Heinrich Nentwig: Schaffgotsch'sche Gotteshäuser und Denkmäler im Riesen- und Isergebirge. – Warmbrunn: Gruhn 1898 (= Mitteilungen aus dem Reichsgräflich Schaffgotschen Archive; 2).

Venator.

    Jhr Schwestern/ derer geist auff vns Poeten schwebet/
Anietzt begehr ich nicht zue ewrem Helicon;
Jhr Waßernimfen kompt/ sucht einen süßen thon/
Damit jhr deßen rhum der euch auch ziehrt erhebet.
    Jhm dancket daß jhr ietzt das quell noch schöner gebet/
Seht jung auß wie jhr seidt/ besitzet einen thron
Der schawens würdig ist/ da Venus vndt jhr Sohn/
Vndt alle Gratien/ vndt rhue/ vndt frewde lebet.
    Du heldt/ dem dieses Badt von alters zuegehört/
Du hast jhm seine ziehr durch deinen baw vermehrt/
Drumb hebt ein weiser sinn dich billich hoch auff erden.
    Nach dem durch dein verdienst/ durch thaten/ durch verstandt/
Dein schuldner worden ist das gantze Vaterlandt/
So muß das waßer auch von dir begabet werden.[47]

Dem entdeckenden Sinn des Dichters kommt die antike Form des Quellhauses, das »seiner runde vndt anderer weise halben einem heidnischen tempel nicht vngleich sahe/ inwendig aber mitt gemächern vndt stuben also eingetheilet war/ daß jhrer mehr zue sein schienen/ weder fast der raum des ortes solte leiden können«, nur allzu gelegen.[48] In diesem ist die Antike so aufgehoben wie in der klassizistischen Kunstdichtung Opitzens. Die allegorische Grottenarchitektur bildet zugleich die Präfiguration des Schaffgotschen Konstrukts. Mit leichter Hand allegorisch interpretiert, gehen die antike Mythologie und der antike Formenkanon in die legitimistische Architektur und Literatur im Umkreis des frühneuzeitlichen Regententums ein.

Nüßler.

    Hier wo das klare quell mitt einfalt war vmbringet/
Das seiner adern krafft in vnsern adern regt/
Vndt beydes sinnen trost vndt leibeswolfarth hegt/
Hier wo jhr Najades in schlechter einfalt gienget/
    Vndt ewren jägerzeug an faule wände hienget/
Ist worden vmb euch her ein newer grundt gelegt/
Der jetzt das edle hauß zue ewren ehren tregt/
Vndt der Natur auch selbst nicht wenig schönheit bringet.
    Diß hatt der heldt gethan dem dieses ort gehöret/
Der seinen namen zwar mitt großen thaten mehret/
Doch gleichwol wirdt von jhm nicht minder auff die noth
    Vndt lust der lebens zeit durch dieses werck geschawet.
Fragt jhr/ warumb er es nach tempelsart gebawet?
Er meint gesundtheit sey der siechen leute Gott.[49]

---

47 Opitz: Hercinie (Anm. 17), S. 64.
48 Ebd., S. 62.
49 Ebd., S. 63.

Dichter und Mäzen

So wie Natur und menschliche Herrschaft sich wechselseitig erhöhen, so Mäzen und Dichter. In Warmbrunn hat sich Opitz dank Schaffgotscher Großmut vor vielen Jahren zwei Monate aufhalten dürfen, wie der Dichter am Schluß erinnert. Hier »bey einer hochansehlichen gesellschafft« gelang ihm die Biographie des Seifried von Promnitz, hier entstand eine Reihe von Gedichten.[50] Derart bestätigt sich die in der Dichtung umkreiste Symbiose von Held und Dichter auch in der Lebensgeschichte Opitzens. Taten allein, so Opitz in seinem Schlußgedicht, sind nichtig, wo sie die Musen nicht aufgreifen und tradieren:

> Keine heereskrafft kan streiten
> Wieder die gewalt der zeiten;
>   Das metall vndt eisen bricht;
> Kron vndt Zepter legt sich nieder;
> Aber ewre schöne lieder
>   Wißen von dem tode nicht.[51]

Der gelehrte Dichter, der sich entfernt hat vom alten städtischen Bürgertum, wird verwiesen auf das fürstliche Mäzenat. Doch hat er sein Wort und sein Wissen, das über die geschichtliche Überlieferung in die mythischen Ursprünge zurückreicht, einzubringen. Das Bündnis bleibt eines wechselseitiger Verpflichtung. Wo der Regent als einzig distinguierter Adressat die neue Schöpfung trägt, da überlebt er zugleich als vorbildlicher *rex iustus* im Wort des Dichters:

> Deine blüte/ deine wercke/
> Diese ritterliche stärcke
>   Fühlet endtlich doch die zeit:
> Komm/ Heldt/ friste dir das leben/
> Komm/ Thalia wirdt dir geben
>   Einen krantz der ewigkeit.[52]

Es macht den Reiz der Opitzschen *Hercinie* aus, daß sie auf dieses Huldigungsszenarium nicht zu reduzieren ist. Die Landschaft, die die ›Hirten‹ durchwandern, charakterisiert der Dichter als »herbrige der Waldnimfem/ eine rhue der hirten/ eine gelehrte entweichung der Poeten/ ein spatzierplatz der liebhabenden gemüter«.[53] Die *Hercinie* ist eine Schöpfung aus dem Geiste des gelehrten Humanismus. Opitz richtete sie so ein, daß sie neben der Panegyrik genügend Raum für die Präsentation von gelehrten Gesprächen und Erörterungen sowie von monologischen Reflexionen und lyrischen Einlagen bot. Und genau dieser Offenheit der Form verdankte sie ihre Beliebtheit.

---

50 Ebd., S. 62.
51 Ebd., S. 65.
52 Ebd.
53 Ebd., S. 57.

Prosaekloge und Gesprächspiel

Vielfalt und Reichtum des thematischen Spektrums hatte schon die antike und humanistische Versekloge ausgezeichnet. In der Regel setzten aber der schmale Umfang und die gebundene Rede der weitausgreifenden *disputatio* Grenzen. Im Schäferroman hatte der pastorale Diskurs seinen festen Platz. Doch war er – wenn man absieht von Außenseitern wie Lopes *Arcadia* – konzentriert auf die liebestheoretische Debatte.

Beide Einschränkungen überwindet Opitz in seinem pastoralen Erstling. Richtig betrachtet, stellt er eine wichtige Vorstufe zur Ausbildung des gelehrten und unterhaltenden *Gesprächspiels* im 17. Jahrhundert dar. Die parallele Verwendung von Prosaekloge und Gesprächspiel im ›Pegnesischen Blumenorden‹ verliert so ihren zufälligen Charakter. Die Opitzsche Schöpfung blieb das ganze Jahrhundert über die beliebte Form gelehrter Selbstvergewisserung und Selbstdarstellung, eines emphatischen Universalismus – und nicht zuletzt eines liebenswürdigen Hanges zur Kuriosität, zum änigmatischen Spiel, kurz eine Walstatt enzyklopädischer Wissensdemonstration und versierten Kunstverstandes.

Integration des poetologischen Liebes-Diskurses

Nicht in der Tradition der Ekloge, sondern der des Schäferromans fand Opitz ein Vorbild für die pastorale Erzählung. Dieser formalen Herkunft aus dem Schäferroman hat Opitz zu Beginn seines Werkes im ironischen Zitat auch thematisch Rechnung getragen. Seit Sannazaros *Arcadia* hebt der Schäferroman mit der Liebesklage an, und genau so hält es Opitz. Es ist daher abwegig, hinter der fingierten Situation erlebte Wirklichkeit zu suchen, wie immer wieder geschehen.[54] Die Beschränktheit des Positivismus, der von seinem quellenkritischen Ansatz her gegen derartige Identifizierungen hätte gewappnet sein müssen, tritt hier deutlich zutage.

Wie in seiner Poetik, so hat Opitz auch in seiner *Hercinie* einen unüberhörbaren Hinweis angebracht. Nüßler rechtfertigt hier den Liebesdichter Opitz:

> Ich muß jhn gleichwol nicht gar hülffloß laßen/ fieng Nüßler an/ vndt bilde mir gäntzlich ein/ daß er jhm auff der Poeten art/ welche/ der Natur nichts nach zue geben/ offtmals sachen erdencken/ die nie gewesen sindt/ noch sein werden/ eine liebe mache/ die er nie in den sinn gebracht/ vndt zum theile anderer leute buhlschafften/ eitelkeiten vndt müßige vnrhue durch seine ertichtete fürbilden/ zum theile die einsamkeit/ darinnen er sich dieser zeit befindet/ lieber mitt diesem/ als mitt nichts thun erleichtern wolle. Steckt aber auch etwas von dem anmutigen übel bey jhm/ das vnseren standes leuten nicht vngemein ist/ so schätze ich jhn freilich weniger glückselig als die jenige/ welcher er mitt seiner Poeterey ein vnsterbliches lob vndt gerüchte vervrsachen wirdt; wiewol

---

54 Wiederbelebung längst erledigt geglaubter biographisch-ausdrucksästhetischer Ansätze bei Janis L. Gellinek: Liebesgedichte und Lebensgeschichte bei Martin Opitz. – In: Deutsche Vierteljahrsschrift für Literaturwissenschaft und Geistesgeschichte 42 (1968), S. 161–181. Richtig dagegen Huebner: Das erste deutsche Schäferidyll (Anm. 3), S. 52f.

das Frawenzimmer dergleichen offtmals entweder nicht verstehet/ oder vnsere getichte lieber als vns hatt.[55]

Ähnlich hatte sich Opitz bereits in der Vorrede zu seiner *Hercinie* geäußert und damit indirekt eingestanden, daß hier ein gravierendes Problem der neuen Kunstdichtung lag.

> Etzliche vernichten die Poeterey gar miteinander: die als leute von keiner vernunfft/ auch keiner antwort würdig sindt. Etzliche/ vnd diese die klügesten/ gestehen zwar/ daß hierdurch die sprache mercklich verbeßert/ die beredtsamkeit in schwang gebracht/ vnd viel guetes herfür gesucht werde sagen aber/ es geschehe doch nicht ohn verletzung der alten einfalt/ vnd deutschen fromen sitten: weil in dieser art büchern gleichwol nicht wenig zue finden sey/ daß ärgerniß zue vermeiden wol köndte nachbleiben. Wie nun freylich zue wündtschen were/ daß edele gemüter jhre stattliche beschaffenheiten lieber an sonst etwas/ als eine vnd andere außschreitung verwenden vnd anlegen wolten so mußen wir doch auch gestehen/ daß eben in solchen weltlichen schrifften (der heiligen lobgesänge/ der bücher von Kriegesthaten vnd friedenskünsten/ der glückwündtschungen/ der trostgetichte/ der naturbeschreibungen/ vnd was dergleichen ist/ zue geschweigen) viel herrliche exempel/ lehren vnd vnterweisungen herfür leuchten/ vmb derer willen man wol ein auge zuedrucken/ vnd einen solchen dornstrauch/ angesehen daß er viel liebliche rosen tregt/ onaußgerottet laßen kan. Dieses buch/ Gnädiger Herr/ wie es dem ersten ansehen nach auch mitt einer vberbleibung der jugendt bekleidet zue sein scheinet; also wirdt es in der that viel ein anders erweisen/ wann es jhm zuevor durch erwehnung einer liebe/ die ich füglicher mir/ wiewol sie mir niemals in den sinn ist kommen/ als einem andern antichten wollen/ die liebe des lesers (weil man ie heutiges tages der eitelkeit so gern augen vndt hertze gönnet) wirdt erbuhlet haben.[56]

Domestizierung des Liebeslieds aus dem Geist des Humanismus

Selbstverständlich aber war das Fiktions-Argument allein nicht zureichend, das Ärgernis für den der neuen Dichtung unkundigen Leser aus der Welt zu schaffen. Die Sache selbst mußte einer Deutung unterworfen werden, welche sie einer immer noch theologisch okkupierten Leserschaft akzeptabel machte. Opitz löst an dieser Stelle seinen in der Vorrede ausgesprochenen Vorsatz ein, das mit der Pastorale verbundene Thema Liebe angemessen poetisch zu behandeln. Es lohnt sich, diese Verfahrensweise eingehender zu studieren.[57]

Die Liebesklage wird ausgelöst durch die bevorstehende Trennung von der Geliebten. Gleich das Eingangssonett führt unter den petrarkistischen Topoi zwei

---

55 Opitz: Hercinie (Anm. 17), S. 21.
56 Ebd., S. 6.
57 Zum folgenden Klaus Garber: Pétrarquisme pastoral et bourgeoisie protestante. La poésie pastorale de Johann Rist et Jakob Schwieger. – In: Le genre pastoral en Europe du XVe au XVIIe siècle. Ed. par Claude Longeon. – Saint-Étienne: Publications de l'Université de Saint-Étienne 1980 (= Centre d'Études de la Renaissance et de l'Âge Classique), pp. 269–297. Vgl. auch den deutschsprachigen Beitrag in diesem Band, S. 403–428. Zur Lyrik in der *Hercinie* auch Gellinek: Die weltliche Lyrik des Martin Opitz (Anm. 10), S. 166–175.

zentrale stoisch gefärbte Begriffe ein, mittels derer die Liebe ihres ausschließlich sinnlichen Charakters entkleidet wird und moralphilosophisch geläutert erscheint. Der Liebende wird sich ›mitt gedult‹ in das über ihn verfügte ›Verhengniß‹ schikken. Und er tituliert sich als einen, den ›trewes lieben‹ in allem Elend auszeichnet.[58] Der anschließende Monolog des Schäfers nimmt das zentrale Stichwort der ›Geduld‹ wieder auf und ergänzt es um den stoischen Kernbegriff der ›Freiheit‹.

> Soll dir ie die freyheit/ welche dir von kindtheit an gefallen/ zue theile werden/ so sey nicht allein anderswo/ sondern auch anders/ vndt segele mitt gebundenen augen vndt verstopfften ohren zue der gedult dem hafen des kummers/ welche dich sampt jhrer muter der zeit in gewündtschte sicherheit setzen kan.[59]

Ein zweites Liebesgedicht aus dem Munde Opitzens fügt sich dem Bilde; hier waltet kein Zufall. Es ist ein Lobpreis auf die einfache, ständisch niedrig gestellte, aber tugendhafte Geliebte, wie er in der Bukolik des 17. Jahrhunderts immer wieder angestimmt werden wird. Liebender und Geliebte sind hier ungeachtet des niedrigen Standes durch ›bestendiges gemüte‹, durch ›Trew‹, durch ›sicherheit‹, durch ›rhue‹ verbunden – Inbegriff der *schäferlichen* und *ländlichen* Liebe im 17. Jahrhundert.[60]

Freiheit und Dienstbarkeit erotisch und poetologisch gewendet

Derart ist in den lyrischen Exempla ebenso wie in der Prosa-Reflexion der große liebestheoretische Disput bereits bedeutsam präludiert. Er wird mit den hinzutretenden ›Hirten‹ Nüßler, Venator und Buchner geführt, die »entweder der Musen söhne/ oder auch die Musen selbst zue sein schienen«, und nimmt seinen Ausgang von der Dialektik zwischen Freiheit und Dienstbarkeit in der Liebe.[61] Die Bedrohung der Liebe liegt darin, daß sie »auch das freye theil des menschen das gemüte zum sclaven macht«, insofern verbirgt sich »vnter jhrem scheinbaren glantze ein greifflicher betrug«. Liebe ist nicht zu rechtfertigen, wenn sie das ist, »darüber so viel hirtengetichte schreyen/ welche auff allen schawplätzen gezeiget/ vndt in allen fabeln verklaget wirdt; voll wütens/ voll vngedult/ voll weinens vndt jammers ist.«[62]

Gerade diese in der Pastorale der Renaissance überlieferte Mitgift gedanklich wie künstlerisch zu bewältigen, stellte sich als zentrale Aufgabe am Eingang des 17. Jahrhunderts, wie Opitz sogleich erkannt hatte. Seine *Hercinie* zeigt einen Weg der Lösung. Liebe muß tugendhafte Haltungen auslösen, nicht Raserei, und das kann sie nur, wo die Begierde und der Anblick von Schönheit durch Vernunft gelenkt sind. Keine größere Wollust ist denkbar, »als ein bestendiges gemüte [...]/ das mitt einem gueten gewißen begleitet wirdt.«[63] Mit dieser Integration neoplato-

---

58 Opitz: Hercinie (Anm. 17), S. 10.
59 Ebd., S. 11.
60 Ebd., S. 14f.
61 Ebd., S. 12.
62 Ebd., S. 15f.
63 Ebd., S. 19.

nisch-neostoizistischer Lehrstücke in seine Schäferei sicherte Opitz das Thema Liebe in der klassizistischen Reformpoesie theoretisch ab und verlieh der Pastorale auch in ihrer erotischen Variante ein Anrecht auf poetische Pflege in Deutschland.

Rübezahl: Sage und Brauchtum als Mitgift der Ekloge

Der diskursive Vorwurf ›rechter Liebe‹ trägt mehr oder weniger das Gespräch der ›Hirten‹ bis zum Einsatz der Huldigung. Hernach kristallisiert sich als zweites Element der Unterredung der gelehrten Partner der volkstümliche Brauch heraus. Opitz hat auch hier geschickt das räumliche Szenarium geschaffen. Erst jetzt vollzieht sich der ehemals frühzeitig unterbrochene Aufstieg in das Gebirge. Er ist ungewöhnlich genug für eine Schäferei. Opitz konnte sich auch hier wieder an Sannazaro anlehnen. Die auffällige Bemerkung jedoch, daß sich »bey so lieblichem wetter dennoch ein dünner schnee sehen ließ/ der aber auff der erden alsobaldt zue tawe vndt waßer wardt. Weiter hinauff war es gantz heiter vndt stille«, hat in der *Arcadia* kein Vorbild.[64] Auf den Höhen des Riesengebirges – dies ist der Grund für das Motiv – ist die Rübezahl-Sage beheimatet.

Sagenhaftes, Magisches, Okkultistisches hatte, da der niederen Mythologie assoziiert, im *genus humile* seit Theokrit seinen Platz. Sannazaro, der Kompilator und Transformator der antiken Bukolik, hatte auch diesen Strang der Überlieferung erneuert. Opitz nutzt die gattungsspezifische Lizenz, um gelehrtes Ethos zu profilieren und seinem Werk lokales Kolorit zu verleihen. Die Problematik, wie sie Opitz hier aufgreift, bildet ihrerseits nur eine Variante seiner lebenslänglichen Auseinandersetzung mit den Fragen volkstümlicher kultureller Überlieferung schlechthin. Der Passus ist auf Dichte und auf Zusammenführung heterogener Überlieferungen hin angelegt. Die Stellungnahme und Einschätzung des Dichters gibt sich folglich nur indirekt im gelegentlich ironisch-distanzierten Ton sowie im figuralen Arrangement der Themen zu erkennen.

Die fingierte poetische Anrufung Rübezahls durch einen Anonymus, der sich Rat und Hilfe von dem Berggeist verspricht und dafür ein Dankopfer bringen will, gewährt sogleich Veranlassung, sich von derlei Machenschaften zu distanzieren. Der Unbekannte habe sich eben »auch bereden laßen/ es sey ein Rübezal allhier/ wie jhn die jenigen nennen/ die jhn nie gesehen haben.« Und Opitz bekräftigt denn auch sogleich spöttisch, es läge »einer hier oben begraben der nicht mehr lebet.« Er zieht sich dafür wie seine beiden Landsleute Nüßler und Venator den Tadel zu, »daß jhr alle drey dem hauffen zugethan seidt der nichts übrigs glaubet«.[65] Damit ist gleich zu Beginn des Gesprächs klargestellt, wie die hier verhandelten Gegenstände aus der

---

64 Ebd., S. 46.
65 Ebd.

Optik der aufgeklärten Humanisten zu bewerten sind. Um so extensiver vermag sich humanistische Neigung zum Kuriosum alsdann zu befriedigen.[66]

Hier geht es nur um die wertsetzenden und deutenden Akzentuierungen des Dichters in der Fülle des von ihm zusammengetragenen Stoffes. Die Gestalt Rübezahls, darauf verständigen sich die Hirten, ist eine Inkarnation des Teufels, da sie zauberischer Beschwörung gehorcht. Die Heimstatt des Teufels aber ist die abgelegene, unfruchtbare wüste Örtlichkeit, der *locus desertus* bzw. *terribilis* als Schauplatz der Melancholie.[67]

Die darauf folgende Zauberin-Episode muß als bewußte Theokrit- und Sannazaro-*Imitatio* in ihrer kontrapunktischen Funktion zur humanistischen Liebeskonzeption, wie sie auch in der *Hercinie* sich abzeichnet, begriffen werden. Das Metier der Zauberin ist – ganz wie in Theokrits zweitem Idyll und in Sannazaros neunter Prosa – die Liebesbeschwörung. Die Zauberin hat Macht über die Natur, nicht aber über das Herz eines sich der Liebe versagenden Jünglings. Opitz beantwortet das teuflische Unwesen dieser Alten mit einem Liebesgedicht, in dem statt Hexerei schlichte Gegenliebe waltet:

> Meine Frewde die mich bindet
>   Ist der list vndt kräuter frey:
> Zwar sie hatt mich angezündet/
>   Doch ohn alle Zauberey:
> Daß mein sinn sich jhr ergiebt/
> Kömpt daher weil sie mich liebt.[68]

Auch die folgende Sestine betont die unwandelbare treue Liebe und schlägt so über den Hexenspuk hinweg den Bogen zur Liebespartie des Anfangs der *Hercinie*.

Wanderung an der Grenze zu Böhmen: Politische Perspektivierung

Die vier gelehrten Dichter bewegen sich auf der Grenze zwischen Schlesien und Böhmen. In die Pfälzer Böhmen-Politik war Hans Ulrich verwickelt. Opitz widmet daher Böhmen und seinem politischen Schicksal, das mit der Biographie des Dichters selbst so eng verknüpft blieb, im zweiten Teil seiner *Hercinie* ein großes Zeit-Gedicht in Form eines schäferlichen Wettgesangs. Die Hirten schauen während ihres Spaziergangs in das jenseitige Königreich hinüber, »als deßen ebene von dem gemach vndt gemach auffsteigenden gebirge gleich wie von einem krantze

---

[66] Dazu Christoph Daxelmüller: Disputationes curiosae. Zum ›volkskundlichen‹ Polyhistorismus an den Universitäten des 17. und 18. Jahrhunderts. – Würzburg: Bayerische Blätter für Volkskunde 1979 (= Veröffentlichungen zur Volkskunde und Kulturgeschichte; 5). Vgl. auch Huebner: Das erste deutsche Schäferidyll (Anm. 3), S. 86ff.
[67] Opitz: Hercinie (Anm. 17), S. 48.
[68] Ebd., S. 55f.

vmbgeben ist/ vndt daß außsehen eines künstlichen schawplatzes hatt/ darinnen etwan die alten jhre spiele zue zeigen gewohnt gewesen.«[69]

Die antike Präfiguration unterstreicht das Gewicht derjenigen Landschaft, die in den Augen der gelehrten calvinistischen Intelligenz eine Schlüsselstellung in der politischen Geschichte der Gegenwart eingenommen hatte und diese soeben unter Wallenstein zurückgewann. Gleich zu Beginn des Gedichts heftet sich daher die Erinnerung an den böhmischen Aufstand, und die erfolgt aus der Opitz gemäßen, aus der Pfälzer Perspektive. So hebt Venator, der gebürtige Schlesier und jetzige Wahlpfälzer, mit dem Gesang an:

> Ist jenes dann das feldt/ liegt da hinein das landt/
> Wo vnlengst eine glut so hoch ist auffgebrandt/
> Darvon wir schäffer auch bey vnserm klaren Reine/
> Sindt worden angesteckt? wir saßen vor im weine/
> Das vieh gieng in das graß biß an den bauch hinein;
> Jetzt sehen wir den krieg für schaffe/ blut für wein.[70]

Die Opposition von blühender, befriedeter Schäferei und kriegerischer Verheerung ist durch Vergil, zumal seine erste und neunte Ekloge, vorgegeben.[71] Opitz bedient sich ihrer Motivik in diesem Gedicht zum wiederholten Male und eröffnet damit auch die zahllosen Vergil-Variationen in der Ekloge des 17. Jahrhunderts. Dem pastoralen Bild ungetrübten Glücks ist die Zeit hoffnungsvollen poetischen und politischen Aufbruchs in der Pfalz Friedrichs V. vor dem Einbruch der Katholiken zu assoziieren.

> Wer hette diß gedacht! noch ist es so weit kommen/
> Ein frembdes glücke hatt den Neckar eingenommen/
> Sampt vnser hirtentrifft/ vndt mich hinweg gejagt
> Von deßen bühels rhue wo Jette wargesagt.[72]

In der pastoralen Welt gilt als Feind, wer das schäferliche Treiben, wer die Muße zur ungetrübten Pflege von Dichtung und Wissenschaft als ausgezeichneten Ingredienzen gelehrter Tätigkeit stört. Der Makel, *arkadisches* Dasein in Heidelberg zerstört zu haben, fällt auf die katholische Seite zurück. Pastorales Rollensprechen – die Worte sind wiederum Venator in den Mund gelegt – und poetische Symbolik eröffnen den politischen Spielraum für diese indirekte, jedem geschulten Leser zugängliche Form der Kritik. Der Panegyrik würdige Regentschaft existiert im Umkreis des Humanismus nur dort, wo gelehrter Existenz Raum gewährt, gelehrter Arbeit Anerkennung gezollt wird.

---

69 Ebd., S. 52.
70 Ebd., S. 52f.
71 Vgl. Klaus Garber: Vergil und das *Pegnesische Schäfergedicht*. Zum historischen Gehalt pastoraler Dichtung. – In: Deutsche Barockliteratur und europäische Kultur. Hrsg. von Martin Bircher, Eberhard Mannack. – Hamburg: Hauswedell 1977 (= Dokumente des Internationalen Arbeitskreises für Deutsche Barockliteratur; 3), S. 168–203 [wiederabgedruckt in: ders.: Literatur und Kultur im Europa der Frühen Neuzeit. Gesammelte Studien. – München: Fink 2009, S. 275–300].
72 Opitz: Hercinie (Anm. 17), S. 53.

So muß die Erneuerung des *arma-litterae*-Motivs in der speziellen bukolischen Variante aus Vergils neunter Ekloge gleichfalls als versteckte Anklage derjenigen politischen Macht entziffert werden, die dem friedfertigen musischen Treiben am Neckar ein jähes Ende bereitete:

> Buchner.
> Ich hette doch vermeint/ es solte ja dein singen/
> Dein edler schäffer thon/ dir gunst vndt liebe bringen/
> Vndt freye sicherheit.
>
> Nüßler.
> der Musen seiten spiel/
> Es sey so guet es kan/ schafft eben also viel
> Bey einer heereskrafft/ als etwan eine taube
> Für einem adler gilt der außfleugt nach dem raube.
>
> Venator.
> Es ist ein berg bey vns/ vom Neckar nicht sehr weit/
> Der heißt der königstul/ da hatt zue mancher zeit/
> Von einer eichen her/ die schildtkrae angekündet
> Was eben ietzt mein landt (nicht ietzt mein landt) empfindet:
> Sie hatt vns wol gesagt: jhr schäffer/ seht euch für:
> Nun milckt man vnser vieh auff eine stunde zwier;
> Die euter werden schlaff.[73]

Die pfälzisch-böhmische Katastrophe hat Schlesien, das mit seinen führenden Köpfen in das große Unternehmen verstrickt war, nicht verschont. Auch hier setzt der Katholizismus seine siegreiche Rückgewinnung verlorenen Terrains fort:

> Nüßler.
> Diß ist der Böhmerwaldt/ das heißen die Sudeten;
> Wie hoch sie aber gehn/ so sindt doch angst vndt nöthen
> Geflogen vber sie. du hast nur vnser landt
> Vergebens/ o natur/ von diesem abgetrannt.[74]

Noch die dann folgende Einbettung des singulären politischen Falls ins Typische und Allgemeine enthält einen verschlüsselten politischen Kern. Unterliegt alles Irdische dem Wechsel, so knüpft sich an den Untergang doch auch die Hoffnung auf Erneuerung, die im Kontext des Gedichts eine politische Wende einschließt:

> Nüßler.
> so laßt vns dem vertrawen:
> Der dorff/ stadt/ obst vndt wein/ der bäwme/ feldt vndt awen/
> Der vieh vndt vögel hegt; sein werther sonnenschein
> Wirdt nach der strengen lufft vns desto lieber sein.[75]

---

73 Ebd., S. 53f.
74 Ebd., S. 53.
75 Ebd., S. 55.

Vor dem Aufbruch nach Paris

Neben der Panegyrik, neben der aktuellen diskursiven Thematik bestimmt noch ein dritter Bereich den von Opitz geschaffenen Pastoraltyp, der persönlich-biographische. Auch hier integrierte Opitz seinem Werk nur ein Motiv der europäischen Schäferdichtung seit Theokrit und Vergil, das in der Ekloge seinen festen Platz hatte, aber auch Opitzens Vorbild Sannazaro eigen war und von den Autoren der europäischen Schäferromane stets wieder genutzt wurde. Opitz fühlte sich durch die Ekloge wie den Schäferroman gleichermaßen zum kaum verhüllten Biographismus seiner Schöpfung ermächtigt und trug auch unter diesem Aspekt zur erfolgreichen Gattungsbildung in Deutschland bei.

Opitz stand 1629 zur Zeit der Abfassung der *Hercinie* vor einer der wichtigsten kulturpolitischen und diplomatischen Missionen seines Lebens. Venator spielt darauf direkt an. »Ich habe freylich gehöret/ daß du deinem Vaterlande auff etzliche monat guete nacht geben/ vnd in dem königreiche darauß ich newlich abgereiset bin/ die ziehr der städte/ die schule der leutseligkeit/ die muter der gueten sitten auff der insel der Seyne begrüßen wilt.«[76] Im Frühjahr 1630 wird Opitz im Auftrage seines Dienstherrn Karl Hannibal von Dohna nach Paris aufbrechen, dort die Institution des Pariser Parlaments kennenlernen, mit Hugo Grotius zusammentreffen und vermittelt durch ihn Zugang zu dem wichtigsten Informationszentrum der europäischen Politik zu Anfang des 17. Jahrhunderts finden, zum Gelehrten- und Diplomatenkreis um die Gebrüder Dupuy.[77]

Die Reise brachte sowohl für den Auftraggeber Dohna wie für Opitzens politisch-calvinistischen Freunde in Schlesien einen reichen Ertrag an Informationen und steht als biographisches Faktum hinter der fingierten Liebesszenerie zu Anfang der *Hercinie*. Aber natürlich nutzte Opitz die persönlich-biographische Option der Gattung zu mehr als nur zur Anspielung auf Leben und Werk. Unter der interessegeleiteten Konfiguration Dichter – Mäzen führt er sich selbst in seinem Werk ein. Seinem Dienstherrn habe er »das beste theil [seiner] wolfarth zue dancken«, denn dieser läßt ihn singen, was er will, verschafft ihm also die Möglichkeit zur Pflege

---

[76] Ebd., S. 13f.
[77] Die Paris-Reise Opitzens, in den Biographien und der Literatur zur *Hercinie* immer wieder erwähnt (vgl. die in Anm. 26 zitierten Arbeiten), ist im einzelnen kaum gewurdigt worden. Vgl. dazu den in Anm. 8 zitierten Opitz-Essay des Verfassers. Vgl. auch ders.: Paris, die Hauptstadt des europäischen Späthumanismus. Jacques Auguste de Thou und das *Cabinet Dupuy*. – In: Res publica litteraria. Die Institutionen der Gelehrsamkeit in der Frühen Neuzeit. Hrsg. von Sebastian Neumeister, Conrad Wiedemann. – Wiesbaden: Harrassowitz 1987 (= Wolfenbütteler Arbeiten zur Barockforschung; 14), S. 71–92. In überarbeiteter und erweiterter Fassung wiederabgedruckt in: ders.: Literatur und Kultur im Europa der Frühen Neuzeit (Anm. 71), S. 419–442. [Inzwischen ist zu verweisen auf: Wilhelm Kühlmann: Martin Opitz in Paris (1630). Zu Text, Praetext und Kontext eines lateinischen Gedichtes an Cornelius Grotius. – In: Martin Opitz (1597–1639). Nachahmungspoetik und Lebenswelt. Hrsg. von Thomas Borgstedt, Walter Schmitz. – Tübingen: Niemeyer 2002 (= Frühe Neuzeit; 63), S. 191–221; Klaus Garber: Im Zentrum der Macht. Martin Opitz im Paris Richelieus. – In: ders.: Wege in die Moderne. Historiographische, literarische und philosophische Studien aus dem Umkreis der alteuropäischen Arkadien-Utopie. Hrsg. von Stefan Anders, Axel E. Walter. – Berlin, New York: de Gruyter 2012, S. 183–222].

von Wissenschaft und Kunst neben seinen Sekretariatstätigkeiten und diplomatischen Verpflichtungen.[78]

So geht die Einführung der Person des Dichters Hand in Hand mit der versteckten Huldigung an Karl Hannibal von Dohna, der als rechter Mäzen gepriesen, damit aber zugleich auch auf die rechte Wahrnehmung dieser Rolle festgelegt wird. Dohna, so heißt es wenig später, meint es ›gnädig‹ mit Opitz. Er, »dem ich getrewlich auff zue warten verbunden bin/ ist so gar mitt mir zue frieden/ daß er mir nicht allein diesen spatzierweg zue erlauben/ sondern auch allen gnädigen vorschub zu thun auß gewöhnlicher leutseligkeit vndt liebe gegen mir verheißen hatt.«[79] Opitzens *Hercinie* macht genau dies sinnfällig. Denn sie schildert den mußevollen Aufenthalt der ›Hirten‹ mit Gesang und Diskussion in der freien Natur abseits von ›allen geschäfften‹ – humanistische Existenz als mäzenatisches Geschenk in jenem paradigmatischen Sinn, den auch die *Hercinie* stets erneut umkreist.

Der staatstragende Poet

In diesem Kontext fällt nochmals ein bezeichnendes Licht auf das schon erörterte Problem Freiheit und Liebe. Indem der Dichter sich nicht der vernunftlosen Raserei hingibt, bewahrt er sich Freiheit für die Pflege von Dichtung und gelehrte Arbeit und erweist sich damit der mäzenatischen Gnade würdig. So ist der Entschluß, die fingierte Geliebte zu verlassen und dem Auftrag seines Dienstherrn zu gehorchen, auch ein Indikator dafür, daß er sich nicht zum petrarkistischen Sklaven der Liebe hat machen lassen. Die Alternative ›lieben vnd reisen‹, um die der erste Teil der *Hercinie* gruppiert ist, wird zugunsten der Reise entschieden. Die Liebe zum ›vaterland‹ rangiert höher als die private Leidenschaft.[80]

Die »liebe der deinigen/ vndt die rhue welche dir bißher so gnädig ist verliehen worden«, wäre Grund genug, die Heimat nicht zu verlassen.[81] Opitz entscheidet sich für die Mission. Ausdrücklich stellt Nüßler fest, daß er sich nicht »eines vndt anderes trübes wölcklein vnsers Vaterlandes« wegen vertreiben läßt, »dann du ja auß der aschen in das fewer/ vndt an die jenigen orte gedenckest/ wohin das freßende wüten der waffen/ vndt die rache der gesuchten beleidigung/ sich auß hiesigen winckeln erst recht zue wenden/ vndt alles auff eine merckliche verenderung angesehen zue sein scheinet.«[82]

---

78 Opitz: Hercinie (Anm. 17), S. 10.
79 Ebd., S. 14.
80 Dieser Gedanke ist bereits sehr schön entwickelt in dem Nachwort von Peter Rusterholz zur Edition der *Hercinie* (Anm. 17), S. 77ff.
81 Opitz: Hercinie (Anm. 17), S. 23.
82 Ebd. Zum privaten Bereich in der *Hercinie* gehört in der Nachfolge Vergils und des europäischen Humanismus der Verweis auf das dichterische Werk in der Pastorale, hier auf die *Dacia antiqua*. Vgl. dazu die Abhandlung von Walter Gose: Dacia Antiqua. Ein verschollenes Hauptwerk von Martin Opitz. – In: Südostdeutsches Archiv 2 (1959), S. 127–144.

Opitz' Reise fand unmittelbar nach dem unter Frankreichs Einfluß zustande gekommenen schwedisch-polnischen Friedensschluß statt, der die Kräfte Gustav II. Adolfs nach Richelieus Kalkül endlich gegen Habsburg freisetzte. Die europäische Ausweitung des Krieges stand bevor; der Eingriff Frankreichs wurde erwartet. Das verleiht der Opitzschen Reise jenseits der humanistischen Gelehrtentour, auf die auch Nüßler anspielt, ihr Gewicht. Sie erfolgt im Interesse des Staates und in Identifizierung mit seinen Zielen, die den Vorrang vor privaten Obliegenheiten behaupten. Es ist dies die kulturpolitisch vorbildliche Antwort des ›staatstragenden‹ Dichters auf seine Indienstnahme durch die politischen Herrschaftsträger.

II Adels-Diskurse in einer frühen Ekloge Sigmund von Birkens

Birken als Erbe Opitzens

Die Rolle Opitzens als Initiator der Prosaekloge in Deutschland verdankt sich den drei konstitutiven Elementen seiner *Hercinie*, dem Panegyrischen, dem Disputativ-Standespolitischen und dem Persönlich-Biographischen; die eines Initiators der schäferlichen Liebeserzählung in Deutschland nur dem Letzteren in Kombination mit einigen Formprinzipien. Zentrum für die Produktion, Distribution und Rezeption der neuen Eklogen-Schöpfung ist die Stadt, nur in Ausnahmefällen der Adel oder sogar das regierende Fürstentum. In Königsberg, Danzig, den Ostseeprovinzen, in Hamburg und Leipzig, Breslau und Straßburg, vor allem in Nürnberg, aber auch in vielen anderen Orten finden sich Zeugnisse der neuen Form. Und wie bei Opitz konzentriert sich das Interesse vielfach keineswegs ausschließlich auf den gesellschaftlichen Anlaß, sondern wird die Gelegenheit zur gelehrten Kommunikation wie zur persönlichen Expertise im Geiste humanistischer *amicitia* dankbar ergriffen.

Der bedeutendste Nachfolger Opitzens in der Prosaekloge ist Sigmund von Birken. Er festigt den gesellschaftlichen Rang, den Opitz der Gattung verlieh, und nähert sie vielfach dem Fürstenspiegel an. Wie niemand vor und nach ihm hat Birken die Schäferei zum Medium persönlicher Selbstdarstellung und zugleich zur standespolitischen Selbstaufwertung erhoben. Persönliche Situation – seine Stellung als Exulant zwischen Stadt und Hof – und gattungsspezifische Zitation gehen in den besten seiner Werke eine unverwechselbare und so im 17. Jahrhundert nicht wieder erreichte Symbiose ein. Hier ist nicht der Ort für eine nähere Charakteristik. Erlaubt sei die Beschränkung auf ein Werk und auf ein Thema, um exemplarisch die politischen und sozialkritischen Impulse anzudeuten, die die Schäferei Opitzscher Provenienz im Deutschland des 17. Jahrhunderts freizusetzen imstande war.[83]

---

[83] Im folgenden führe ich Untersuchungen zum Problem der kategorialen Fassung und der historischen Spezifikation bürgerlich-gelehrter Mentalität in der deutschen Literatur des 17. Jahrhunderts fort. Vgl. dazu Klaus Garber: Zur Statuskonkurrenz von Adel und gelehrtem Bürgertum im

*Restitution einer verschollenen Schäferei aus dem Umkreis
der niedersächsischen Wanderjahre*

Birkens *Glükkwünschende Zuruffung auff den TrauungsTag des Edlen/ Vesten und
Hochgelarten Herrn H. Joh. Friederich Friesendorff/ Der berüemten Stadt Lüneburg
wolbestalten Syndici, und Der [...] Fr. Anna Jlse Töbings/ des [...] H. Heinrich Mölners/
Höchstgedachter Stadt Lüneburg wolverdienten H. Bürgermeisters hinterlassenen
Witwen. so den 17. Tag Brachmohnats Jm Jahr M.DC.L. glüklich vollenzogen geschehen
von Freunden. Hamburg/ auß der Papischen Drukkerei* ist in der Urfassung verschollen.[84] Erhalten haben sich die Kernpartien nur deshalb, weil Birken sie in den

---

theoretischen Schrifttum des 17. Jahrhunderts. Veit Ludwig von Seckendorffs ›Teutscher Fürstenstaat‹ und die deutsche Barockliteratur. – In: Hof, Staat und Gesellschaft in der Literatur des 17. Jahrhunderts. Hrsg. von Elger Blühm, Jörn Garber, Klaus Garber. – Amsterdam: Rodopi 1982 (= Daphnis; XI/1–2) (in diesem Band S. 883–906); ders.: Gibt es eine bürgerliche Literatur im Deutschland des 17. Jahrhunderts? Eine Stellungnahme zu Dieter Breuers gleichnamigem Aufsatz. – In: Germanisch-Romanische Monatsschrift 31 (1981), S. 462–470 (in diesem Band S. 113–121). – Die einschlägige Birken-Literatur ist versammelt bei Klaus Garber: Sigmund von Birken. Städtischer Ordenspräsident und höfischer Dichter. Historisch-soziologischer Umriß seiner Gestalt, Analyse seines Nachlasses und Prolegomenon zur Edition seines Werkes. – In: Sprachgesellschaften, Sozietäten, Dichtergruppen. Hrsg. von Martin Bircher, Ferdinand van Ingen. – Hamburg: Hauswedell 1978 (= Wolfenbütteler Arbeiten zur Barockforschung; 7), S. 223–254 (in diesem Band S. 711–736); ders.: Private literarische Gebrauchsformen im 17. Jahrhundert. Autobiographika und Korrespondenz Sigmund von Birkens. – In: Briefe deutscher Barockautoren. Probleme ihrer Erfassung und Erschließung. Hrsg. von Hans-Henrik Krummacher. – Hamburg: Hauswedell 1978 (= Wolfenbütteler Arbeiten zur Barockforschung; 6), S. 107–138 (in diesem Band S. 737–761). Zu ergänzen um: Joachim Kröll: Sigmund von Birken (1626–1681). – In: Fränkische Lebensbilder 9 (1980), S. 187–203. [Jetzt die Literatur zu Birken zusammengefaßt in: Killy-Literaturlexikon. Autoren und Werke des deutschsprachigen Kulturraumes. 2., vollständig überarb. Aufl. Hrsg. von Wilhelm Kühlmann. – Berlin u.a.: de Gruyter, Bd. I (2008), Sp. 558–564 (Garber)].

84 Das Werk war bis 1945 als sechstes Beistück in dem Sammelband P.Bl.O. 3, 4° in der Stadtbibliothek Nürnberg vorhanden. Es handelte sich – wie bei vielen anderen Werken Birkens aus dem Bestand des ›Pegnesischen Blumenordens‹ – um Birkens Handexemplar. Dazu Garber: Sigmund von Birken (Anm. 83), S. 240f. Heinrich Meyer: Der deutsche Schäferroman des 17. Jahrhunderts. – Diss. phil. Freiburg/Br. 1927. Druck Dorpat: Mattiesen 1928, hat das Werk in Nürnberg in der Erstfassung benutzen können, gibt S. 46f. jedoch nur eine flüchtige Charakteristik. Am Druckort Hamburg ist das kleine Werk offensichtlich auch nicht in die umfänglichen, gleichfalls im Zweiten Weltkrieg vernichteten Sammlungen der Gelegenheitsschriften des 17. Jahrhunderts eingegangen. In dem handschriftlichen, nach Adressaten geordneten Katalog von Nicolaus Matthias Hübbe: Alphabetisches Verzeichnis der hamburgischen Hochzeitsgedichte, welche sich in der Stadtbibliothek zu Hamburg befinden. – Hamburg 1847. Supplement I. [s.a.], erscheint der Name Friesendorffs nicht. Auch in den reichhaltigen Sammlungen von Personalschriften in der Commerzbibliothek Hamburg sowie in den kleineren Beständen im Hamburgischen Staatsarchiv ist das gesuchte Stück nicht überliefert. Vgl. Hans Arnold Plöhn: Sammlung der Hochzeitsgedichte und Leichenpredigten in der Commerzbibliothek Hamburg. Namen und Daten aus vier Jahrhunderten. – Hamburg: Zentralstelle für Niedersächsische Familienkunde e.V. 1960 (= Veröffentlichungen der Zentralstelle für Niedersächsische Familienkunde; 4). Desgleichen ist es in der Ratsbücherei Lüneburg nicht nachweisbar. [Inzwischen gelang es dem Verfasser, ein unvollständiges Exemplar in den unerschöpflichen Sammlungen von Gelegenheitsgedichten in der Russischen Nationalbibliothek St. Petersburg wiederaufzufinden. Es handelt sich um den vier Blatt umfassenden Bogen A. Das Werk umfaßte nach Meyer 6 Blatt. Die Petersburger Signatur:

ersten Teil seiner *Pegnesis* aufnahm. Dort ist die kleine Ekloge kontaminiert mit dem etwas später entstandenen *Schönheit=Lob auf ein Freudenreiches Eh= und Ehrenfest/ neben einem Glück=Zuruf gesungen und aus fremder Ferne übersendet von Falindor und Hylas/ zween Schäfern. Nürnberg/ bey Wolfgang Endtern/ dem ältern. M.DC.LI.*[85] Während das *Schönheit=Lob* den Mitgliedern der angesehenen Nürnberger Patriziergeschlechter Nützel von Sünderspühl und Tetzel von Kirchensittenbach gewidmet ist, ehrt Birken mit seiner *Glükkwünschenden Zuruffung* den Stadtsyndikus von Lüneburg, Johann Friedrich Friesendorff, und dessen Ehefrau Anna Ilse Töbing, Witwe des dortigen Bürgermeisters Heinrich Möllner.[86] Die Schäferei gehört also in den Umkreis der auf Lüneburg bezogenen Dichtungen Birkens.

Birken hatte im Herbst 1646 nach der überraschend schnellen Quittierung seines Hofdienstes in Wolfenbüttel die Nähe des in Norddeutschland einflußreichsten Dichters Johann Rist gesucht.[87] Auf dem Wege nach Hamburg machte er in Lüneburg Station und wurde von einem Briefpartner Harsdörffers, dem Stadtsekretär und späteren Ratsherrn Joachim Pipenburg, freundlich aufgenommen. Nach Rückkehr aus Hamburg fand er am Kloster Lühne beim dortigen Vorsteher Theodor Damman vorläufige Beschäftigung, bevor er nach Dannenberg hinüberwechselte und für einundhalb Jahre als Erzieher im Hause des Rentmeisters Johann Schröder wirkte. Die Verbindung zu Pipenburg und damit zu Lüneburg riß auch nach Birkens Rückkehr in seine Wahlheimat Nürnberg anläßlich der Friedensfeierlichkeiten nicht ab. Wie die Wolfenbütteler und Dannenberger, so prägt sich auch die Lüneburger Episode in der dem Persönlichen affinen Gattung der Schäferei aus. Birkens Glückwunschgedicht anläßlich des Erwerbs der Ratswürde von seiten Pipenburgs (1650), sein besonders intim gehaltenes Trauergedicht anläßlich des Todes von Magdalena Pipenburg (1652) sowie sein – leider gleichfalls verschollenes – Epithalamium anläßlich Pipenburgs zweiter Hochzeit (1655) gehören im pastoralen Genre zu dieser Gruppe, der das Gedicht auf Friesendorff zuzuordnen ist.[88]

6.35.1.212. Die verknappten und teilweise nicht korrekten bzw. modernisierten Meyerschen Angaben zum Titel konnten nach dem Original korrigiert werden. – Film und Kopie des bedeutenden Fragments im Filmarchiv des Instituts für Kulturgeschichte der Frühen Neuzeit der Universität Osnabrück. Vgl. auch die aus den so gut wie komplett in Osnabrück vorhandenen Birken-Materialien erstellte Dokumentation von Hermann Stauffer: Sigmund von Birken (1626–1681). Morphologie seines Werks [!]. Bd. I–II. – Tübingen: Niemeyer 2007. Hier Bd. I, S. 100–102, Nr. 63].

85 Vgl. Meyer: Der deutsche Schäferroman (Anm. 84), S. 46. Der hier gebotene vollständige Titel nach dem Exemplar aus der Bibliothek Amberger in der Stadtbibliothek Nürnberg (Amb. 151 (2) 4°).

86 Näheres über Johann Friedrich Friesendorff in den entsprechenden Personalakten des Stadtarchivs Lüneburg (A 71 Nr. 6 m; A 7a Nr. 10 xx²). Für wiederholte Auskünfte habe ich dem Leiter der Ratsbücherei der Stadt Lüneburg, Herrn Gerhard Hopf, vielmals zu danken.

87 Zum folgenden grundlegend die leider unabgeschlossene großangelegte Untersuchung von Otto Schröder: Sigmund von Birken. Quellenstudien zur Biographie. Hier das Kap. V: Poeta Laureatus Caesareus. Die niederdeutschen Wanderjahre (1645–1648).

88 Behandlung dieser zusammengehörigen Pipenburg-Dichtungen Birkens erstmals bei Meyer: Der deutsche Schäferroman (Anm. 84), S. 42–45. Das *Hochzeitliche Schäfer=Gedicht in Besprechung der Pegnitzhirten übersendet von Floridan* (1649) ist allerdings nicht, wie Meyer S. 42 behauptet, zur Hochzeit Pipenburgs, sondern zur Hochzeit Heinrich Krolows verfaßt. Es ist dem *Glük=*

›Schönheit-Lob und Adels-Prob‹

Birken hat der Pegnesis-Fassung seiner beiden Schäfergedichte den Titel *Floridans Schönheit-Lob und Adels-Prob* gegeben.⁸⁹ Damit sind die zentralen Themen der beiden Stücke angedeutet, deren innere Verwandtschaft und gedanklicher Zusammenhang ganz zweifellos zu ihrer Kompilation in der *Pegnesis* geführt haben. In beiden Fällen hat Birken die pastorale Diskussion mit dem gesellschaftlichen Anlaß verknüpft. Doch der Konnex bleibt locker, und der Akzent liegt ganz auf dem disputativen Gehalt, zu dessen Integration in die Prosaekloge sich Birken durch Opitz ermächtigt wußte. Die Erörterung über das Wesen der Schönheit wie des Adels koinzidiert in dem Vorrang innerer Vorzüge und Werte vor äußeren Attributen der Erscheinung und der gesellschaftlichen Hierarchie.

Der späte Birken, bestrebt, die Ernte seines verstreuten Lebenswerkes zu bündeln und hinsichtlich seines Lehr- und Frömmigkeitsgehaltes zu läutern, hatte hier an seinen frühen Produkten besonders wenig zu retouchieren. Das *Schönheit-Lob* ist so gut wie unverändert in die *Pegnesis* übergegangen, und die Vermutung liegt nahe, daß auch die *Glükkwünschende Zuruffung* kaum gemodelt zu werden brauchte, weil auch in dieser die Adelsdiskussion schon im Zentrum stand. Beide Stücke genügten offensichtlich den Ansprüchen des Dichters, der im Begriffe stand, sein literarisches Vermächtnis zu stiften.⁹⁰

Die zwischen Falindor (= Floridan-Birken) und Hylas geführte Debatte um die Merkmale wahrer Schönheit ist u.a. auch durch Opitz' *Hercinie* präformiert, obgleich Birken, sonst nicht sparsam mit Referenzen, sich eines diesbezüglichen Hinweises enthält. Das rhetorische Exerzitium erfordert hier die Exposition der gedanklichen Extreme und ihre Zuweisung zu den beiden schäferlichen Kontrahenten, bevor eine Vermittlung angesteuert werden kann, die in Umrissen der Anschauung der gelehrten Disputanten und ihrer Leser entsprochen haben dürfte.

---

wünschende[n] *Gedichte Auf den Hochzeitlichen Ehren=Tag Deß [...] Heinrich Krolowen/ Beyder Rechten Candid. & Consiliarii der Stadt Lüneburg. und Der [...] Magdalenen Wulkowwen/ Des [...] Herren Wilhelm Wulkowen/ beyder Rechten Doctorn vnd wolverdienten Burgermeisters daselbsten/ Eheleiblichen Tochter* integriert, das auch Beiträge von Dilherr, Harsdörffer, Klaj, Birken und Christoph Arnold sowie von Heinrich Hahn und Enoch Gläser enthält. Zum Trauergedicht auf Magdalena Pipenburg vgl. auch Maria Fürstenwald: Letztes Ehrengedächtnüß und Himmel-klingendes Schäferspiel. Der literarische Freundschafts- und Totenkult im Spiegel des barocken Trauerschäferspiels. – In: Daphnis 2 (1973), S. 32–53.

89 Das Stück steht als vierter Beitrag unter den ›Tagzeiten‹ in dem Birkenschen pastoralen Sammelwerk aus seiner Spätzeit: PEGNESJS: oder der Pegnitz Blumgenoß-Schäfere FeldGedichte in Neun Tagzeiten: meist verfasset/ und hervorgegeben/ durch Floridan. Nürnberg/ Gedruckt und verlegt von Wolf Eberhard Felseckern, A. MDCLXXIII. *Floridans Schönheit-Lob und Adels-Prob. MDCL.* hier auf den Seiten 211–272.

90 Nicht mehr zu entscheiden ist, ob das Überleitungsstück (Pegnesis I, 247ff.) schon am Ende in der *Glükkwünschenden Zuruffung* stand oder von Birken später in der *Pegnesis*-Fassung eingeschaltet wurde. Ersteres scheint wahrscheinlicher. Meyers Inhaltsangabe reicht nicht hin, um diese Frage zu klären. Zu Birkens niemals zum Abschluß gekommenen Versuchen einer Synthetisierung seines Lebenswerkes unter gattungsspezifischen, thematischen und gesellschaftlichen Gesichtspunkten vgl. Garber: Sigmund von Birken (Anm. 83), S. 235ff., S. 243ff.

Schönheit im Licht von Moralphilosophie und Poetologie

Nimmt Hylas zunächst die Position des Pessimisten ein, indem er die Nichtigkeit und Vergänglichkeit jedweder Schönheit herausstreicht, so verweist Falindor auf die Aporie einer derartigen Argumentation. Genuß der Natur etwa wäre nicht mehr sinnvoll, denn gerade sie figuriert ja als Paradigma von Vergänglichkeit. Die vermittelnde Position ist durch Tradition vorgezeichnet und – wie schon Opitz' *Hercinie* zeigte – im 17. Jahrhundert vielfach bekräftigt worden. Schönheit wird fundiert in inneren Qualitäten, erscheint als deren Repräsentation und gewinnt derart die ihr eigene Dignität. Doch es bleibt das Problem der Diskrepanz von innerer Schönheit und äußerer Häßlichkeit und umgekehrt. Auch hier behält Falindor das letzte Wort. Mißförmigkeit dementiert Verdienst nicht, Schönheit ohne Tugend bleibt gleißnerischer Schein. Vollendung bahnt sich dort an, wo die Tugend ihren Sitz in einem schönen Körper hat – wie natürlich bei den Hochzeitern.

Wichtig sind wie bei Opitz so auch bei Birken die poetologischen Konsequenzen aus diesem theologisch-moralphilosophischen Theorem. So wie die Hochzeits-Kasualdichtung von hier ihre beliebtesten Argumentationsfiguren empfängt, so die erotische Dichtung ihre prinzipielle Rechtfertigung. Deshalb will es schwerlich als Zufall erscheinen, daß Birken im Übergang vom *Schönheit-Lob* zur *Adels-Prob* einige Liebeslieder eingeschoben hat. Darin ist nochmals der von Opitz bekannte Verweisungszusammenhang zwischen schäferlicher und erotischer Welt wirksam und zugleich jene bürgerlich-gelehrte Spezifikation erkenntlich, die für die Rezeption des Petrarkismus in Deutschland besonders typisch zu sein scheint.

Die erotische Welt ist nicht eine gegenwärtige, sondern eine erinnerte. Birken ist hier besonders kunstvoll vorgegangen. Noch einmal liegt über dem Gedicht an eine Person aus dem Lüneburger Raum zu Anfang wie zu Ende der verklärende Glanz des Eingedenkens an die Jetze und die Ilmenau – die Schäferei als ein literarisches Medium, in dem die Stationen des Lebens zur Einheit sich zusammenschließen, Erfahrung von Identität poetisch Gestalt gewinnt. Insbesondere der Lebensraum an der Ilmenau ist in einer Dichte vergegenwärtigt, die schwerlich in den offiziellen hohen Gattungen des 17. Jahrhunderts anzutreffen ist, in der Ekloge jedoch wiederholt gelingt. Der persönlichen Erinnerung ist die erotische Sphäre integriert, und damit findet die Schönheits-Debatte auf anderer Ebene ihre Fortsetzung.

Schäfer als wahre Liebende

> Dieses weiß ich/ (sagte Klajus) daß das Lieben niemand bäßer anstehe/ als Schäfern. Dann die Liebe nirgend lieber wohnet/ als in unbefleckten und freyen gedanken/ dergleichen in der Schäfere Unschuld-herzen geboren werden. Zu dem so können ja ihre Lieder keinen anmutigern inhalt haben/ als die Liebe: welche dan/ wann sie nicht lügen wollen/ sich auf etwas beliebtes beziehen müssen. Eine keusche Liebe aber verdächtig halten/ ist eben soviel gethan/ als den Schöpfer straffen/ daß er so liebwürdige Geschöpfe

hat werden lassen. Unzuläßige Brunst ist an sich selbst/ aber deswegen nicht auch zuläßige Liebe/ straffbar: dann keiner Sache Misbrauch/ deren guten Gebrauch aufhebet.[91]

Der argumentative Zusammenhang ist auch ohne ausdrücklichen Verweis sinnfällig. Im moralisch integren Schäfer-Poetenstand ist Liebe und Dichtung von Liebe erlaubt, ohne daß es zur Kollision mit der öffentlich sanktionierten, immer noch religiös präformierten Moral kommen muß. So wie Opitz steuert Birken die Rezeption der antik-erotischen Poesie und sucht sie klerikaler wie kleinbürgerlicher Verdächtigung zu entziehen. Wie bei Opitz ist der Rezeptionsrahmen abgesteckt, innerhalb dessen das intermittierende Liebesgedicht ohne Diskreditierung des Poetenstandes möglich wird, in welchem sich der Preis der Schönheit und Tugend auf andere Weise fortsetzt. Die Assoziation zu d'Urfés Gestalt des Hylas, der Wechsel in der Liebe zum Prinzip erhebt, zeigt von einer anderen Seite, wie bei dem poetischen Spiel die Sorge um die ethische Qualifikation der poetischen Produktion angesichts des ständigen Wechsels der besungenen Schönen bewußt bleibt.

Die ›schwere Frage‹ wahren Adels

Die poetische Einlage trennt den Schönheits- vom Adels-Diskurs. Birken, niemals zimperlich in den Mitteln zur Selbstdarstellung, hat die Wichtigkeit des Themas schon dadurch unterstrichen, daß er es dem Disput entzieht und in Vortragsform abhandelt. Sprecher ist niemand anders als Floridan. Er versucht sich an einer explizit »schwere[n] Frage«. Existenz von Adel ist kein Spezifikum der menschlichen Gesellschaft. Sie hat eine Analogie im Reich der Natur.

> Daß ein Adel sey/ bezeuget die Natur/ in allen/ auch unvernünftigen/ Geschöpfen. [...] Rechne von dem kleinsten Stäublein/ Gräslein und Würmlein an/ so wirst du finden eine stätswährende Aufstaffelung der Dinge/ welche sich zulezt in der Vollkommenheit der Gottheit endet/ von der sie auch anfähet.[92]

Das scheint in üblicher Manier auf die Legitimation der faktischen Existenz von Adel und damit der ständisch verfaßten Gesellschaft hinauszulaufen. Das Gegenteil ist jedoch der Fall. Adel – so Birken zunächst in Übereinstimmung mit der zeitgenössischen Theorie über Ursprung und Genese des Adels – konstituiert sich in der Beseitigung usurpierter Macht durch ausgezeichnete und verdienstvolle Einzelne.[93] Erbschaft von Macht ist so lange legitim, wie die Söhne die Qualitäten ihrer Väter bewahren. Demgemäß unterscheidet Birken dreierlei Formen des Adels:

> Der erste war der erworbene/ oder der Adel des Gemüts/ mit dessen Besitzer die hoheit seines Stammes sich angefangen. Der andre/ war der angeborne/ oder der Adel des Ge-

---

91 Birken: Pegnesis I (Anm. 89), S. 249.
92 Ebd., S. 258f.
93 Zur zeitgenössischen Adelstheorie grundlegend Klaus Bleeck, Jörn Garber: Nobilitas. Standes- und Privilegienlegitimation in deutschen Adelstheorien des 16. und 17. Jahrhunderts. – In: Hof, Staat und Gesellschaft in der Literatur des 17. Jahrhunderts (Anm. 83), S. 49–114.

blütes und Gemütes zugleich: da beydes/ die Hoheit und die Tugend des Stammvaters/ in dem Sohne sich eräugte. Der dritte war der bloße angeerbte/ oder der Adel des Geblüts: da zwar die Hoheit der Vorfahren dem Sohne nachgeblieben/ ihre Tugend aber in seinem verartetem Gemüt ganz erstorben und verloschen ware.[94]

Die letztgenannte Form des Adels, so Birken einschränkungslos, ist in Wahrheit keine. Der Adel bleibt an persönliches Verdienst, an praktizierte Qualifikation, an Tugend gebunden.

> Wann die Verdienste Edel machen/ so ist allein der Edel/ dessen sie sind. Eines andern Klarheit/ machet keinen Durchleuchtig. Den Baumglotz entschuldigt auch nicht/ daß er einmal grün und fruchtbringend gewesen. Was vor dir gewesen/ ist nicht dein/ du machest es dann dein eigen. Bist du eines Edlen Sohn: thue auch eines Edlen Thaten/ so wirst du seyn/ was der gewesen ist.[95]

Zuspitzung im Schutze des ›Hirtentums‹

Doch Birken treibt die Argumentation noch einen Schritt weiter. Die höchste Form scheint – auch zeitgenössischem Verständnis nach – die *nobilitas duplex*, in der Geburt und Verdienst, ›Stand und Verstand‹ zusammentreffen. Diese Vorstellung muß in den Augen der nichtadligen, der ›bürgerlichen‹ Gelehrtenschaft in Stadt und Territorium Anlaß zum Konflikt bieten. Birken, unmittelbar betroffen, artikuliert auch diesen ungeschützt und in einer Form, die innerhalb der ›Barockdichtung‹ vermutlich einzig dastehen dürfte. Er macht sich zum Fürsprecher der nobilitierten Bürgerlichen, die ihren Adel nichts anderem als ihrer Leistung verdanken, also eben der humanistischen Gelehrtenschaft, die vor allem in den Städten in einem zähen Streit mit dem nobilitierten Patriziat und ihrer Stellung innerhalb der Ständeordnung lag.

> Dann wie solte der/ der durch behuf selbst-angemaster Tugend den Adel erwirbt/ nicht Edler zu achten seyn/ als der/ der ihn von seinen Ahnen empfangen/ und solchen allein zu erhalten und fortzusetzen sich bemühet? Welches solte wol schwerer seyn/ eine hohe Sache anfangen/ oder dieselbe also/ wie sie angefangen/ fortführen? etwas grosses erwerben/ oder erworbenes erhalten? ein ding erfinden/ oder zu dem erfundenen etwas hinzuthun?

Zugleich wird die reale gesellschaftliche Hierarchisierung durch Rückbezug auf ein theologisches Argument der ursprünglichen Gleichheit aller Menschen vor Gott – dem theologischen Äquivalent zur säkularisierten Naturrechtslehre – in Frage gestellt und durch eine auf anderen Kriterien ruhende ersetzt.

> [Es] unterscheidet uns ja alle miteinander/ nicht die Geburt/ sondern die Tugend. Nicht durch geboren werden/ sondern durch leben/ wird der Adel erlanget. Vor GOtt sind wir

---

94 Birken: Pegnesis I (Anm. 89), S. 260.
95 Ebd., S. 261.

alle gleiches Herkommens/ und ist kein Mensch unedel/ wann er nicht seine Edle Ankunft/ die/ wie unser aller/ von GOtt ist/ mit Lastern schändet und unehret. [...] Der Ausspruch könte dieser seyn: weil allein und anfangs der Adel von Tugend gekommen/ auch ohne sie nicht bestehen kan: so muß/ die Hoheit des Adels/ nach größe der Tugend abgemessen werden. Je tugendhafter nun einer ist/ je mehr soll er Edel/ und also der Tugendhafteste auch der aller-Edelste heißen.[96]

Deshalb muß sich Birken in eins mit dem Gelehrtenstand auch gegen das Großbürgertum und seine Möglichkeit des Einkaufs in den Adel verwahren: »Erkaufter Adel ist nicht wehrt/ hierbey eingeführt zu werden. Wann Reichtum Edel machte/ würde mancher Stänker/ Räuber/ oder ungeschliffener Bauer/ einem dapfern Mann/ der Land und Leuten nützet/ vorzuziehen seyn?«[97] Erst an dieser Stelle wird Harsdörffer das Wort erteilt. Er verkörpert die Instanz der Realität. Birkens Argumentation ziele an der bestehenden Verfassungswirklichkeit vorbei:

> Die Sache ist wol und weißlich unterschieden: (sagte Strefon) wir haben aber hierinn allein die Weißheit-kündigen/ und die Käys. Rechte gar nicht/ auf unsrer seite/ von welchen lezten der Adel nicht in so änge schranken/ wie du jetzund beschrieben/ eingefangen wird. Jch weiß es gar wol/ (versezte Floridan) und hätte vielleicht anders hiervon geredet/ wann wir auf den Rathaus wären/ sowol als wir hier im Felde stehen/ da wir so wenig Zoll von Worten geben/ als an andern Orten von Gedanken.[98]

Historische Situierung

Texte wie dieser Birkensche stehen in der festen Tradition der humanistisch-gelehrten Traktatliteratur *de vera nobilitate*. Erst deren dringend fällige Aufarbeitung wird die Aussonderung der Spezifika des vorliegenden Textes ermöglichen. Weitgehend unberührt davon bleibt die Frage der Funktion, die in Umrissen, dank der Forschung der letzten Jahre, zu beantworten ist.[99] Stellungnahmen in so dezidierter

---

96 Ebd., S. 263f.
97 Ebd., S. 264.
98 Ebd.
99 Ich verweise – neben den in Anm. 83 erwähnten Arbeiten – hier vor allem auf Alberto Martino: Barockpoesie. Publikum und Verbürgerlichung der literarischen Intelligenz. – In: Internationales Archiv für Sozialgeschichte der deutschen Literatur 1 (1976), S. 107–145; ders.: Daniel Casper von Lohenstein. Geschichte seiner Rezeption. Bd. I: 1661–1800. – Tübingen: Niemeyer 1978, S. 61ff.; Volker Sinemus: Poetik und Rhetorik im frühmodernen deutschen Staat. Sozialgeschichtliche Bedingungen des Normenwandels im 17. Jahrhundert. – Göttingen: Vandenhoeck & Ruprecht 1978 (= Palaestra; 269), S. 207ff.; Wilhelm Kühlmann: Gelehrtenrepublik und Fürstenstaat. Entwicklung und Kritik des deutschen Späthumanismus in der Literatur des Barockzeitalters. – Tübingen: Niemeyer 1982 (= Studien und Texte zur Sozialgeschichte der Literatur; 3); Gunter Grimm: Literatur und Gelehrtentum in Deutschland. Untersuchungen zum Wandel ihres Verhältnisses vom Humanismus bis zur Frühaufklärung. – Tübingen: Niemeyer 1983 (= Studien zur deutschen Literatur; 75). Von historischer Seite aus der umfänglichen Literatur vor allem heranzuziehen die exemplarische Fallstudie von Bernd Wunder: Die Sozialstruktur der Geheimratskollegien in den süddeutschen protestantischen Fürstentümern (1660–1720). Zum Verhältnis von sozialer Mobilität und Briefadel im Absolutismus. – In: Vierteljahrschrift für Sozial- und Wirtschaftsgeschichte 58 (1971),

Form wie die Birkens sind in der deutschen ›Barockliteratur‹ selten. Daß diese durchweg und insbesondere im Umkreis der ›Sprachgesellschaften‹ von vergleichbaren Argumentationsstrukturen durchzogen ist, lehrt ein einläßliches Studium der einschlägigen Quellen. Es ist dies die Folge des ›gelehrten‹ Status der deutschen Literatur des 17. Jahrhunderts, der stets betont wurde, jedoch erst durch die großen Untersuchungen zur rhetorischen Fundierung der Dichtung des 17. Jahrhunderts und ihrer Institutionen angemessen ins Bewußtsein getreten ist.

Im kommunalen wie im territorialen Dienst seit dem Aufstieg zunächst der Freien Reichsstädte, dann der Territorien von zunehmender Bedeutung als Ratskonsulenten und Diplomaten, schließlich in den sich festigenden Kollegialorganen und der Behördenorganisation als Beamte und Räte leistet die nichtadlige humanistische Gelehrtenschaft ihren unersetzlichen Beitrag zur Formierung der städtischen Korporationen und des Territorialstaates in einem ausgedehnten Schrifttum, dessen Spitze notwendig gegen die herkömmlichen privilegierten adligen Herrschaftsstände gerichtet ist. Diese erleiden zwar im Formationsprozeß des frühmodernen Staates erhebliche Einbußen ihrer politischen Rechte und geraten zeitweilig gegenüber der römisch-rechtlich geschulten Juristenschaft bei der Ämterbesetzung ins Hintertreffen.

Gerade aber weil das Fürstentum diesen seit der Mitte des 16. Jahrhunderts deutlich erkennbar werdenden Prozeß durch soziale Reprivilegierung des alten Feudaladels zu kompensieren sucht und selbiger verlorengegangene Führungspositionen auch in den hohen Verwaltungs- und Kollegialorganen zurückerobert – bei Hof, in der Diplomatie, im Militär war er ohnehin kaum je gefährdet –, wahrt, ja potenziert das Schrifttum über den wahren Adel im 17. wie im 18. Jahrhundert Aktualität für die bürgerlichen Gelehrten. Deren Insistenz auf ›Tugend‹, auf ›Verstand‹, d.h. auf moralische Zuverlässigkeit, auf Sachwissen und Leistung, muß seiner Intention nach als der angestrengte – um nicht zu sagen: vielfach verzweifelte – Versuch verstanden werden, die kommunalen wie territorialen Führungsspitzen, Patriziat und Fürstentum, auf die Kriterien von berufsständischer Integrität und Kompetenz zu verpflichten, um derart die Chancen des Gelehrtenstandes im Rahmen der Ständegesellschaft zu behaupten.

So gesehen stellt der Preis dichterischer und gelehrter Fähigkeiten in der ›Barockdichtung‹ des 17. Jahrhunderts mehr dar als ein Relikt antik- humanistischer Standesaufwertung. Eine soziale Konfiguration von erheblicher Aktualität wird erkennbar. Die Schäferdichtung nimmt gerade in der von Opitz entwickelten Form der Gesellschaftsschäferei oder Prosaekloge in dieser Auseinandersetzung eine

---

S. 145–220; ders.: Hof und Verwaltung im 17. Jahrhundert. – In: Hof, Staat und Gesellschaft in der Literatur des 17. Jahrhunderts (Anm. 83), S. 5–14. Instruktiv auch Lars Gustafsson: Dienstadel, Tugendadel und Politesse mondaine. Aristokratische Bildungsideale in der schwedischen Großmachtzeit. – In: Arte et marte. Studien zur Adelskultur des Barockzeitalters in Schweden, Dänemark und Schleswig-Holstein. Hrsg. von Dieter Lohmeier. – Neumünster: Wachholtz 1978 (= Kieler Studien zur deutschen Literaturgeschichte; 13), S. 100–127. [Jetzt auch Klaus Garber: ›De vera nobilitate‹. Zur Formation humanistischer Mentalität im Quattrocento. – In: ders.: Literatur und Kultur im Europa der Frühen Neuzeit (Anm. 71), S. 443–503].

wichtige Rolle ein, wie das Birkensche Beispiel zeigt. Zu den angedeuteten formalen Präferenzen der Prosa- gegenüber der Versekloge kommt die besondere Affinität der Gattung Pastorale und speziell der Schäferei vom Typ der *Hercinie* zu dem hier zur Rede stehenden Thema wahren Adels.

›Wahrer Adel‹ aufgehoben bei den Hirten

Seit Vergil zieht sich durch die Bukolik das Thema vom Hirten als dem wahren König. Die poetische Verkehrung des ständischen Ordo hat in ihr eine feste Tradition. Daß der sozial niedrige Schäferstand in einem Akt poetischer Transformation zum höchsten werden kann, liegt in der Dignität begründet, die ihm Vergil verliehen hatte und die zudem durch das biblische Zeugnis eminent gefördert wurde. Die Aufwertung ist vielfach eine moralische gegenüber den herrschenden Ständen, sie ist jedoch zugleich im Umkreis des Humanismus vielfach auch eine politische, wie die ausgebreitete Fürstenspiegel-Literatur im Rückgriff auf das alttestamentliche David-Bild zeigt. Insofern ist die Birkensche Rede, daß man sich nicht auf dem ›Rathaus‹, sondern auf dem ›Feld‹ befände, ernst zu nehmen.

Der pastorale Naturraum, das ›Feld‹, bezeichnet in seiner faktischen Abgelegenheit von der Gesellschaft, vom ›Rathaus‹, einen utopischen Ort, an dem die Gesetze der bestehenden Ordnung dispensiert sind. Das per Reichsrecht kodifizierte Adelsrecht ist ein anderes als das im gelehrten humanistischen Diskurs ins Auge gefaßte. Flektiert jenes bestehende Verfassungswirklichkeit, so nimmt dieser zukünftige Rechtsverhältnisse vorweg und negiert in diesem Sinn die faktisch existenten. Auf dem Feld ist im emphatischen Sinne des Wortes herrschaftsfreier, von den Restriktionen der bestehenden Gesellschaft Abstand nehmender Dialog, ist Entlastung von der Konformität und damit die spielerische Erwägung von Alternativen möglich.

Die Hirtendichtung ist der durch Tradition legitimierte poetische Ort im 17. Jahrhundert – wie in anderer Weise auch im 18. Jahrhundert –, in der das Experiment einer nur auf erworbenen, nicht auf ererbten Qualitäten beruhenden Gesellschaft gedacht und in der gelehrten Schäfergesellschaft an der Pegnitz wie in den übrigen Sprachgesellschaften zugleich institutionell ausgeformt werden kann. Die der Schäferdichtung von Vergil verliehene gegenbildliche Dimension gegenüber herrschender politischer und gesellschaftlicher Praxis spezifiziert sich im Umkreis des Territorialabsolutismus und der ihn tragenden bürgerlich-gelehrten Schichten zur symbolischen Antezipation einer nicht mehr nach traditionalen Privilegien, sondern nach Kriterien der Leistung differenzierten frühmodern funktionalistischen Gesellschaft.

In diesem Sinne wird mit Argumentationsfiguren wie den vorgelegten durch die Gelehrtenschaft des 17. Jahrhunderts – ungeachtet deren topischer Substanz – die Debatte der Aufklärung um die Rolle des Adels im Staat und letztlich die große bürgerliche Revolutionsbewegung des ausgehenden 18. Jahrhunderts ideologisch vorweggenommen. Die bürgerlich-gelehrte Dichtung des 17. Jahrhunderts oder doch zumindest einzelne Gattungen unter diesem übergeordneten Gesichtspunkt der Konstitution bürgerlich-gelehrten Bewußtseins zwischen Reformation und Revolution zu interpretieren, scheint eine vordringliche Aufgabe literaturwissenschaftlicher Barock-Forschung zu sein. Unter dem Gesichtspunkt der Staatsloyalität, der Staatsmentalität allein ist sie nicht zu fassen.

III Sonderform des frühen deutschen Schäferromans

Fehlende höfische Patronage und Rolle der ›Fruchtbringenden Gesellschaft‹

Weniger offenkundig ist Opitzens Beitrag zur Ausbildung des Schäferromans in Deutschland. Der europäische Schäferroman ist seit Sannazaros *Arcadia* im Umkreis der Höfe gediehen. Er ist neben Schäferdrama und Schäferoper die klassische höfische Pastoralform Europas und erreicht als solche mit d'Urfés *Astrée* seine Vollendung.[100] Einen großen, der Romania bzw. England auch nur entfernt vergleichbaren höfischen pastoralen Erzähltyp hat es in Deutschland nicht gegeben. Es fehlten höfische Zentren, höfische Mäzene, ein höfisch gebildetes Publikum, das Schöpfungen wie diejenigen in der Romania hätte inspirieren und tragen können. Deutschland mußte wie stets zunächst übersetzend tätig werden.

Das ist geschehen, und zwar im Umkreis der wichtigsten kulturpolitischen Institution des 17. Jahrhunderts, der ›Fruchtbringenden Gesellschaft‹. Zu ihr führt – nach einem wichtigen südwestdeutschen Vorspiel in Montbéliard, wo der für den deutsch-französischen Kulturaustausch so rührige Verleger Foillet saß – das große, freilich niemals zum Abschluß gelangte Projekt der *Astrée*-Übersetzung zurück, das ein Seitenstück in einer adligen Sozietätsgründung besaß. Von dem ihr assoziierten niederösterreichischen Adel geht die Übersetzung der Montemayorschen *Diana* aus. Der Vergil-Übersetzer Friedrich von Cahlen ist Gesellschaftsmitglied. Schließlich weisen die eine und andere der vielen Tasso- und Guarini-Übersetzungen auf Interesse und Protektion der ›Fruchtbringenden Gesellschaft‹. Es hätte einer langfristigen Kooperation zwischen Autor und höfisch-adligem Auftraggeber bzw. Publikum bedurft, um Werke dieses Zuschnitts auch in Deutschland zu schaffen.

Dazu reifte die Zeit erst nach 1648. Der ›Fruchtbringenden Gesellschaft‹, die als einzige am Beginn des Jahrhunderts zu einer derartigen literaturgesellschaftlichen Interaktion imstande gewesen wäre, ist diese Frist nicht vergönnt gewesen. Sie war ein Unternehmen, in dem (aus hier nicht darzulegenden Gründen) der Calvinismus auf seiten ihrer Exponenten dominierte, und wurde in dessen für Deutschland wie für Europa verhängnisvolle Katastrophe hineingerissen. Ein Kristallisationspunkt eigenständiger höfischer Dichtung ist sie nicht mehr geworden. Was in

---

100 Eine große vergleichende Darstellung zum europäischen Pastoralroman fehlt bisher. Sie ist für den Grundlegungsteil des Arkadienwerks des Verfassers, der die europäische Tradition der Bukolik und Georgik behandelt, geschrieben worden und wird daselbst vorgelegt werden.

Deutschland speziell in der höfischen Bukolik auf den Weg gebracht wurde, verdankte sich in Schäferdrama und Schäferoper weitgehend italienischem und französischem Einfluß. Einen deutschen höfischen Schäferroman hat es überhaupt nicht gegeben.

Rolle Opitzens im Blick auf den deutschen Schäferroman

Auch Opitz, eifrig um das Bündnis mit dem Hof bemüht, hat keinen höfischen Schäferroman verfaßt. Mit sicherem Instinkt des großen Literaturstrategen hatte er das bedeutendste Zeugnis der neuen höfischen Romankunst, Barclays *Argenis*, dem deutschen Publikum verfügbar gemacht.[101] In der Gattung des Schäferromans sorgte er für die seiner Reform gemäße poetische Einrichtung von Sidneys *Arcadia* und lenkte damit ausnahmsweise neben der Romania und den Niederlanden den Blick auf die englische Literaturszene.[102] Seine *Schäfferey Von der Nimfen Hercinie* sollte und konnte kein Ersatz für den europäischen Schäferroman sein. Eben deshalb vermochte sie indirekt zum Anknüpfungspunkt für die deutsche Schäfererzählung zu werden.

Opitz hat mit seiner Reduktion der europäischen Gattung des Schäferromans auf einen locker gefügten, handlichen Erzähltyp die nachfolgende deutsche Spielform insofern freigesetzt, als er deren Verfasser zum erzählerischen Kleinformat angesichts der ganz anders gearteten europäischen Tradition ermutigte. Der eher novellistische Charakter des deutschen Schäferromans bedurfte daher nicht ausschließlich der Legitimation durch die italienische, spanische und französische Novelle. Ohne Opitzens *Hercinie* wäre ein von den Vorbildern des europäischen Schäferromans merklich abweichender Erzähltyp schwerlich entstanden. So aber hatte man die Autorität des großen Reformers im Hintergrund und vermochte, gestützt auf ihn, an der Entwicklung der deutschen Sonderform wie in der Ekloge so auch im Roman weiterzuarbeiten.

Dabei wurde der Biographismus der Opitzschen Schöpfung entscheidend. So wie die Verfasser der Prosaeklogen, Birken an der Spitze, diese Erbschaft aufnahmen und vorantrieben, so die Verfasser der Schäferromane. Freilich aus ganz anderem

---

101 Vgl. Karl Friedrich Schmid: John Barclays Argenis. Bd. I: Ausgaben der Argenis, ihrer Fortsetzungen und Übersetzungen. – Berlin, Leipzig: Felber 1904 (= Literarhistorische Forschungen; 31), insbesondere S. 73–80; Paula Kettelhoit: Formanalyse der Barclay-Opitzschen *Argenis*. – Diss. phil. Münster 1934; George Schulz-Behrend: Opitz' Übersetzung von Barclays *Argenis*. – In: Publications of the Modern Language Association of America 70 (1955), S. 455–473; Dietrich Naumann: Politik und Moral. Studien zur Utopie der deutschen Aufklärung. – Heidelberg: Winter 1977 (= Frankfurter Beiträge zur Germanistik; 15), S. 15–67.
102 Bezeichnenderweise über den Umweg einer französischen Vorlage. Vgl. Agnes Wurmb: Die deutsche Übersetzung von Sidneys Arcadia (1629 und 1638) und Opitz' Verhältnis dazu. – Diss. phil. Heidelberg 1911; Vincenz Springer: Sir Philip Sidney's *The Countess of Pembroke's Arcadia* in der deutschen Bearbeitung durch Martin Opitz. – Diss. phil. Prag 1911; Hildegard Hüsgen: Das Intellektualfeld in der deutschen *Arcadia* und in ihrem englischen Vorbild. – Diss. phil. Münster 1935 (Sprachkritischer Versuch auf der methodischen Basis der Trierschen Sprachfeldforschung).

Geist. Im deutschen Schäferroman bestimmt – leicht verhüllt unter der pastoralen Maske – individuelles Liebesschicksal wie an keiner Stelle sonst im Literatursystem des 17. Jahrhunderts die Physiognomie vieler der Werke. Die Vers- und Prosaekloge, die Liebeslyrik und das Liebesdrama sind konsistente Gattungen mit fest umrissenen Gattungsgesetzen; die Universalia der Gattung überwiegen die Spezifika des einzelnen Gattungsrealisats. Nicht so im Schäferroman. Hier hat jedes Werk seine ganz unverwechselbare Gestalt. Wiederum an einem Beispiel sei daher die Transformation des Opitzschen pastoralen Erzähltyps im deutschen Schäferroman des 17. Jahrhunderts angedeutet.

Rätsel um den ersten deutschen Schäferroman

Zwei Jahre nach der *Hercinie* erschien der erste deutsche Schäferroman, *Jüngst=erbawete Schäfferey/ Oder Keusche Liebes=Beschreibung/ Von der Verliebten Nimfen AMOENA, Vnd dem Lobwürdigen Schäffer AMANDUS*, bei Elias Rehefeld 1632 in Leipzig. Er erlebte im 17. Jahrhundert – teils in veränderter Gestalt, teils mit Notenbeigaben – mehr als ein Dutzend Auflagen. Die Faszination, die von diesem kleinen Werk ausging, ist aus der Retrospektive nur schwer begreiflich. Hätte sie Zesens *Adriatischer Rosemund* (1645) oder Johann Thomas' *Damon und Lisille* (1663) gegolten, wäre sie verständlicher. Die Begeisterung für die *Schäferei von Amoena und Amandus* entzündete sich gewiß auch an ihrem Neuigkeitswert. Die Liebeserzählung von Amoena und Amandus begründet ja nicht nur den deutschen Schäferroman; sie ist die erste deutsche Liebeserzählung in der neuen Opitzschen Richtung überhaupt. Der Adel, die bürgerliche Gelehrtenschaft, aber auch nichtgelehrte Kreise, die zu der Opitzschen Reform sonst keinen Zugang hatten, beteiligten sich offensichtlich an der Lektüre. Der Roman ist zerlesen worden – das beweist seine vergleichsweise geringe Überlieferung –, wie die sangbare Lyrik im Umkreis der Leipziger zersungen.

Blickt man auf die Geschichte der Auslegung dieser Erzählung, so kann man sich als Mitglied der Zunft nur schämen und den Verächtern des Faches beipflichten. Was im Blick auf sie vulgärsoziologisch fabuliert wurde – vom Roman im Studentenmilieu bis zum Roman aus dem Großbürgertum –, ist erschreckend.[103] Dabei hätte es nur einiger elementarer Kenntnisse der schlesischen Familien-, Lokal- und Verfassungsgeschichte bedurft, um aus der pastoralen Verschlüsselung herauszulösen, was erst seit kurzem ermittelt wurde: Die Titelheldin dürfte die Tochter Johann Christians, Herzog zu Liegnitz, Brieg und Wohlau, Sibylle Margarethe, sein; der

---

103 Auflistung der soziologischen Zuweisungsversuche in dem grundlegenden Aufsatz von Franz Heiduk: Die ›Liebes-Beschreibung von Amoena und Amandus‹. – In: Jahrbuch der Deutschen Schillergesellschaft 17 (1973), S. 136–153, S. 137–139. Die Auseinandersetzung mit der Arbeit Heiduks und der sonstigen vorliegenden Literatur erfolgt an anderer Stelle. Sie wird zu einer grundsätzlichen Revision des nachfolgend Dargelegten führen. An dieser Stelle ist im Vorgriff darauf nur zu verweisen auf Gerhard Spellerberg: Schäferei und Erlebnis. Der erste deutsche ›Schäferroman‹ und die Forschung. – In: Daphnis 18 (1989), S. 59–112.

Titelheld Hans Adam von Gruttschreiber und Czopkendorff, Inhaber der Herrschaft Michelau in Schlesien und möglicherweise zugleich Verfasser der Schäferei.

Sibylle Margarethe, 1620 geboren, also zur Zeit der Niederschrift der Erzählung erst zwölf Jahre alt, heiratete 1637 Opitzens Gönner in dessen späteren Jahren, den Reichsgrafen Gerhard von Dönhoff. Hans Adam von Gruttschreiber und Czopkendorff gehörte zum studierten Teil des Adels, hatte in den zwanziger Jahren die Universität Frankfurt/Oder besucht und sich für den Fürstendienst qualifiziert, zunächst als Assessor am Hofgericht, später als Herzoglich-Briegischer Rat, schließlich als Landesältester im Briegischen Herzogtum. So exakt sind wir für keinen der drei nachfolgenden Schäferromane aus dem Adelsmilieu orientiert. Wie präsentiert sich dieser höfische Adel im schäferlichen Gewande, wie stilisiert er sich literarisch, besitzt er Handlungsperspektiven und sind diese dem bürgerlichen Gelehrten vergleichbar?

Abweichung vom europäischen Schäferroman

Der anonyme Verfasser Schindschersitzky stellt sogleich in seiner Vorrede an das ›Adeliche/ lieb-löbliche Frawenzimmer‹ klar, was ihn an der pastoralen Liebesdichtung interessiert, was er aus dem Gattungsangebot zu realisieren gedenkt: die von »*Virgilius, Theocritus*, Ritter Siedney/ vnd andere[n] Scribenten« der Gattung der ›LiebesHistorien‹ verliehene Lizenz, »wahrhaffte Geschichte/ so vnter dem Vorhang eines anmutigen Gedichtes verborgen [...] mit entlehneten Namen« zu präsentieren.[104] Der Verweis auf den moralisch-erbaulichen Zweck erfolgt an zweiter Stelle. Es gehörte zum festen Inventar der Vorreden des europäischen Schäferromans, die lebenswirkliche Realität der erotischen Fiktion zu betonen. Gleichwohl darf der europäische Schäferroman nur mit Vorsicht als Schlüsselroman gelesen werden. In ihm geht es – so in Spanien – um die Konfrontation zwischen arkadischer Idealität und alltäglicher Realität bzw. – so in Frankreich – um die Extrapolation vorbildlicher höfischer Normen, nicht aber um die fiktionale Verarbeitung privater Liebeserlebnisse.[105]

---

104 Zitiert im folgenden nach der leicht greifbaren und zuverlässigen Ausgabe von Klaus Kaczerowsky: Schäferromane des Barock. – Reinbek bei Hamburg: Rowohlt 1970 (= Rowohlts Klassiker der Literatur und der Wissenschaft; 35). Das Zitat hier S. 9.
105 Zum spanischen Schäferroman sei hier nur verwiesen auf Erich Köhler: Wandlungen Arkadiens. Die Marcela-Episode des ›Don Quijote‹. – In: Europäische Bukolik und Georgik. Hrsg. von Klaus Garber. – Darmstadt: Wissenschaftliche Buchgesellschaft 1976 (= Wege der Forschung; 355), S. 202–230 (Erstdruck 1961); Annemarie Rahn-Gassert: Et in Arcadia Ego. Studien zum spanischen Schäferroman. – Diss. phil. Heidelberg 1967; Werner Krauss: Der spanische Hirtenroman. Prolegomena für seine Darstellung und Sinngebung. – In: ders.: Werk und Wort. Aufsätze zur Literaturwissenschaft und Wortgeschichte. – Berlin, Weimar: Aufbau 1972, S. 205–241, S. 351–369. Insgesamt enttäuschend Juan Bautista Avalle-Arce: La novela pastoril española. 2. ed. corr. y aum. – Madrid: Ed. Istmo 1974 (= Biblioteca de estudios criticos; 3). Zur *Astrée* herausragend Norbert Elias: Zur Soziogenese der aristokratischen Romantik im Zuge der Verhofung. – In: ders.: Die höfische Gesellschaft. Untersuchungen zur Soziologie des Königtums und der höfischen Aristokratie. Mit einer Einleitung: Soziologie und Geschichtswissenschaft. – Neuwied, Berlin: Luchterhand 1969, S. 364–393. Instruktiv auch der Beitrag von Christian Wentzlaff-Egge-

Der deutsche Adel ist hingegen an der pastoralen Form so gut wie ausschließlich interessiert gewesen, weil sie die leicht verhüllte und geringfügig stilisierte ästhetische Präsentation erlebter Liebeswirklichkeit gestattete. Erst der spätere ›bürgerliche‹ Schäferroman eines Schwieger und Gorgias, der bürgerlich-gelehrte der Stockfleths und Viebings wird diesen lebensgeschichtlichen Bezug zurücknehmen und den Schäferroman zum Organon ›kleinbürgerlicher‹ Moralität bzw. bürgerlich-gelehrter Standesaufwertung umformen. Im frühen deutschen Adelsroman ist es zumindest partiell berechtigt, die Fiktion auf die Realität, d.h. auf die Lebenssphäre des Hoch- bzw. des studierten Hofadels zurückzubeziehen. Noch die moralisch-didaktische Funktion, die der Verfasser seinem Werk in der Vorrede zuschreibt und die er zum Schluß seiner Erzählung einlösen wird, besitzt hier mentalitätsgeschichtliche Signifikanz.

Unheroischer pastoraler Raum

Eine entwickelte raum-zeitliche Symbolik fehlt im ersten deutschen Schäferroman ebenso wie in den nachfolgenden Adelsromanen. Er spielt – wie die Datierung »Jn der schönen *Amoena* Behausung zu N. Jm Jahr 1632« unterstreicht – in der Gegenwart. Brieg war zu jener Zeit »zum Sammelpunkt der antihabsburgisch Eingestellten in Schlesien geworden«.[106] Der Krieg ragt wiederholt in das Geschehen hinein; er dürfte auch verantwortlich sein für die abrupte Trennung der Liebenden. Orte der Handlung sind der Wohnsitz Amoenas, also die herzogliche Residenz in Brieg mit Lustgarten und Lusthaus, das vornehme, vielleicht palastähnliche Gebäude des Amandus im vierzehn Kilometer entfernten Michelau sowie dessen Stadthaus in Brieg und ein zwischen Michelau und Brieg gelegener Wald, vielleicht der Oderwald.

Man erinnere sich an die *Astrée* von d'Urfé. Hier ist die ländliche Landschaft um den Lignon des fünften nachchristlichen Jahrhunderts zu einem normativen gesellschaftlichen Kontrastraum gegenüber der höfisch-absolutistischen Welt ausgebaut, innerhalb derer sich der Adel seiner sozialen und kulturellen Identität gegenüber der siegreichen frühmodernen Monarchie zu versichern sucht. Oder man denke an die Schäfereien Opitzens und Birkens. Der pastorale Raum fungiert hier immer auch als gelehrtes Refugium, in dem die Werte gelehrter Existenz für einen utopischen Augenblick ihre Realisierung erfahren, was, wie gezeigt, topographische Herrscherpanegyrik keineswegs ausschließt.

---

bert: Quelques hypothèses sur le public de l'*Astrée*. – In: Conditions sociales de la production et de la réception des œuvres littéraires. – Cologne: 1974, pp. 45–56. Zur *Diana*-Rezeption (mit entsprechender Literatur) Gerhart Hoffmeister: Die spanische Diana in Deutschland. Vergleichende Untersuchungen zu Stilwandel und Weltbild des Schäferromans im 17. Jahrhundert. – Berlin: Schmidt 1972 (= Philologische Studien und Quellen; 68). Zur *Astrée*-Rezeption vgl. Renate Jürgensen: Die deutschen Übersetzungen der *Astrée* des Honoré d'Urfé. – Tübingen: Niemeyer 1990 (= Frühe Neuzeit; 2).
106 Heiduk: Die ›Liebes-Beschreibung von Amoena und Amandus‹ (Anm. 103), S. 147.

Nichts davon im ersten deutschen Schäferroman, obgleich dessen Verfasser mit d'Urfés wie mit Opitzens Werk gleichermaßen vertraut ist. Die anagrammatische Verschlüsselung der Örtlichkeit dient der Wahrung des *incognito* bzw. der Lust am Rätsel. Wo die Räume der Amoena nach Art des europäischen Schäferromans und der *Hercinie* kostbar ausgeschmückt und mit mythologischen Szenen geziert sind, da unterstreicht der Autor den gehobenen Stand seiner Heldin und verkörpert zugleich die Macht der Liebe, der auch sie unterliegen wird. Wenn Amoena zu Anfang des Romans mit ihrer ›Hofmeisterin‹ ins ›Feld‹ hinausspaziert, so arrangiert der Autor auf diese Weise das erste Treffen mit Amandus. Wenn die Liebenden sich später im ›Lustgarten‹ oder im ›Wald‹ treffen, so steht hier der *locus amoenus* ebenso als konventionelles Requisit des Liebesgeschehens wie später der *locus desertus* als Ort der Klage des Helden, nachdem die Geliebte dem vereinbarten Treffen fernbleiben muß. Der Verzicht auf den Entwurf einer gegenbildlichen Gesellschaftsordnung spiegelt sich derart schon in dem räumlichen Aufbau des Romans. Er hat sein Äquivalent in der Präsentation des Liebesgeschehens.

Unhöfisches Gebaren der Geliebten

Die ›Nymphe‹ ist der Liebe, genauer der Eheschließung abgeneigt – eine Haltung, die sie nach der ersten Begegnung mit dem Geliebten umgehend revidieren muß. Der radikale Umschwung von Sprödigkeit in Leidenschaft gehört zum festen Repertoire der pastoralen Liebesliteratur Europas. Dagegen ist es im europäischen Schäferroman wie im europäischen Schäferdrama schwerlich denkbar, daß die mit allen Prädikaten einer schönen, vornehmen und vollkommenen Dame eingeführte Geliebte sich während und nach dem ersten Treffen so aufführt wie Amoena im ersten deutschen Schäferroman. Sie ist es, die dem Schäfer sogleich ihre Zuneigung kundtut, so daß dieser »als ein in dergleichen Höffligkeit abgeführter *Cavalier* [...] *wol wuste/ wo David zu hause war*« und alsbald auf Distanz geht und jene Form zu wahren trachtet, die von Amoena wenig beachtet wird.[107] Ihm ist es unbegreiflich, daß die Tochter eines Herzogs, »daß eine so vornehme Dam/ jhm jhre Dienstmildigkeit gleichsam selbsten anböte.«[108]

Sie ist es, die gegen jede höfische Etikette, gegen die ausdrückliche Warnung ihrer Hofmeisterin und zur grenzenlosen Überraschung des Liebenden in einem Brief die Initiative ergreift und den Geliebten zu sich einlädt. Sie habe »vbermessige gegen jhm habende Liebe jhm nicht förder bergen mögen/ sondern jhm trewmeynender massen in höchster Geheim erklären wollen«.[109] Sie malt sich vor dem ersten Treffen aus, in ihres Geliebten Schoß zu sitzen und geküßt zu werden; sie geht nach der ersten Begegnung auf den Geliebten zu, um ihn zu umarmen; sie verwahrt sich davor, mit einem Handkuß abgespeist zu werden; sie muß von dem

---

107 Schäferromane des Barock (Anm. 104), S. 23.
108 Ebd., S. 24.
109 Ebd., S. 33.

Geliebten darauf aufmerksam gemacht werden, daß es nicht schicklich sei, das erste Treffen allzulange auszudehnen. Schließlich weiß sie es mit Hilfe ihrer erfahrenen Hofmeisterin so einzurichten, daß sie sich ungestört im Schloß treffen und liebkosen können, bis beide und insbesondere die Geliebte der Sache überdrüssig sind und durch eine auswärtige – vermutlich militärische – Verpflichtung des Liebenden auseinandergerissen werden.

›Privatheit‹ und Isolierung des Adels

Man muß einen Schäferroman wie die kurz vorher erschienene *Astrée* vor Augen haben, um die Abgründe zwischen der romanischen und der deutschen Ausprägung des Schäferromans ermessen zu können. Auch der deutsche Schäferroman aus dem Adel sucht das Verhalten der Liebenden zu stilisieren, Sprache und Gebaren einem höfischen Normenkodex zu unterwerfen.[110] Aber das ist – noch viel krasser in der nachfolgenden anonymen Schäfererzählung *Die verwüstete vnd verödete Schäferey* (1642) – ein dünner Firnis, unter dem das unhöfische Verhalten um so deutlicher hervortritt. Bei d'Urfé erscheint das Einzelne und Individuelle dem höfischen Ordnungsgedanken subsumiert; im deutschen Schäferroman durchbricht gelebte Wirklichkeit die Ansätze zur höfischen Conduite. Der Adel benutzt die Gattung des Schäferromans, um private Liebesschicksale literarisch zu verarbeiten und einem mehr oder weniger eingeweihten Publikum mitzuteilen. Der Versuch, dem Geschehen eine gesellschaftlich verbindliche Form zu verleihen, scheitert, weil die Liebeshandlung sich dem normativen Gestus widersetzt.

Ganz offensichtlich ging die Aktivität in der Liebeshandlung zwischen Amoena und Amandus von der jungen, noch unerfahrenen Geliebten aus, die der Liebende teils irritiert, teils amüsiert registriert. Hier kommt ein Stand zu Wort, der abgeschnitten ist von der großen höfischen Kulturwelle Westeuropas um 1600 und sich nicht in der Lage zeigt, Literatur zu legitimistischen bzw. repräsentativen Zwecken zu gebrauchen. Der Verfasser habe, so versichert er in der Vorrede an den Leser, »Opitianischer Art im Schreiben nachgegangen«.[111] Das sprachliche und versifikatorische Instrumentarium wird dem bürgerlichen Gelehrtentum entnommen und – mit zahlreichen volkstümlichen und sprichwörtlichen Wendungen – mehr schlecht als recht in den Dienst der eigenen Sache gestellt. Weder von der Form noch vom gesellschaftlichen Gehalt her zeichnet sich im frühen deutschen Schäferroman des Adels eine zukunftsweisende Perspektive ab. Dieser Stand operiert politisch wie ästhetisch aus der Defensive.

---

110 Dazu Gisela Heetfeld: Vergleichende Studien zum deutschen und französischen Schäferroman. Aneignung und Umformung des preziösen Haltungsideals der *Astrée* in den deutschen Schäferromanen des 17. Jahrhunderts. – Diss. phil. München 1954 (Masch.).
111 Schäferromane des Barock (Anm. 104), S. 11.

Die Geliebte als Erzieherin?

Amoena, in ihrem gesellschaftlichen Gebaren so weit entfernt von den Standards der westeuropäischen Hocharistokratie, wird bezeichnenderweise vom Autor zur Fürsprecherin von Sitte und Moral erhoben. Sie fragt den Schäfer besorgt, ob es denn rechtens sei, im Gedicht von ihm als Göttin apostrophiert zu werden. Die der Liebe Geneigte besteht auf moralische Distinktion im Küssen. Keusche Küsse sind zugelassen, Begierden erweckende sind verpönt, denn wenn man »mit dem Gifft eines vnverantwortlichen Kusses angestecket worden/ so ist kein Mittel/ sich solchen Schiffbruches der Keuschheit zu entnehmen/ vnd man wird hernach/ durch die vnbesonnene Begierde/ auß dem Schrancken der Züchtigkeit verleitet/ daß man in das Netze der Vnseligkeit kömpt/ ehe man es jnnen wird.«[112]

Als der Schäfer sich später zu einem Sonett auf ihre weißen Brüste versteht, hegt die Angeredete alsbald den Verdacht, daß »meine Brüste eine Jnstrument oder Werckzeug seyn/ dadurch er seine vnzüchtige Begierden stillen wil?«[113] So stellt der Autor auf der Ebene der Moral die Überlegenheit seiner Heldin wieder her, die sie im Umgang mit dem Geliebten hatte vermissen lassen.

Aufgesetzter asketischer Diskurs

Der Roman endet mit einer großen *Philippika* eines Freundes des Amandus gegen die Liebe. In ihr wird die Liebe in satirischer Manier als Wollust disqualifiziert, das weibliche Geschlecht verunglimpft und der Held zur Befreiung von den Fesseln der Sinnlichkeit aufgerufen. Die erzählerische Funktion dieses erbaulichen Traktats liegt auf der Hand. Der Verfasser des Romans sucht den abrupten Abbruch der Liebeshandlung zu motivieren und genügt zugleich seinem eingangs gegebenen Versprechen sittlicher Besserung durch seine Erzählung. Nichts wäre verkehrter als dessen Identifizierung mit der Position des Philippus.

Symptomatische Bedeutung hingegen wird man den theologisch-moralischen Bedenken der Heldin gegenüber der neuen klassizistischen Kunst ebenso wenig absprechen können wie der asketischen Tirade des Philippus. Wo Opitz, wie die *Hercinie* zeigt, die ästhetische und philosophische Lösung der Liebesprobleme gelingt, liegt über der *Schäferei von Amoena und Amandus* der Schatten der Reaktion gegenüber der neuen Kunstpraxis und der sie begleitenden humanistischen Aufklärung in Sitte und Moral.

---

112 Ebd., S. 53.
113 Ebd., S. 55.

Frühbürgerliche Züge?

Arnold Hirsch hat das große Verdienst, die Soziologie des frühen deutschen Schäferromans auf eine neue Grundlage gestellt zu haben, indem er die vier frühen Vertreter der Gattung dem Umkreis des Landadels zuwies und die unhöfischen Züge in ihnen herauspräparierte.[114] Schwerlich wird man Hirsch dagegen folgen können, wenn er diese Zeugnisse in die Vorgeschichte des bürgerlichen Romans im 18. Jahrhundert einrückt und in ihnen Frühformen bürgerlicher Mentalität entdeckt. Daß hier unhöfische ›private‹ Schicksale in unhöfischem Milieu gestaltet werden, besagt nicht, daß sie schon deshalb der Entwicklung bürgerlichen Bewußtseins zugerechnet werden dürften. Hirsch wird hier der Gefangene seiner nicht haltbaren Antithese von ›Bürgertum‹ und ›Barock‹. Gerade wenn man das 17. Jahrhundert aus der Sozial- und Mentalitätsgeschichte des gelehrten Bürgertums nicht heraussprengen, sondern ihr integrieren möchte, muß man seine maßgeblichen Manifestationen auf der Ebene der gelehrten staatstragenden Schichten aufsuchen. Die ihnen zugeordnete Literatur kennzeichnet in der Regel eine latent adelskritische, antitraditionale Physiognomie und eine mehr oder weniger deutliche Identifizierung mit dem Territorialstaat.

Nichts davon im frühen Schäferroman. Eine gesellschafts- oder kulturpolitische Perspektive zeichnet sich in ihm nirgendwo ab, wie sie Opitz der gelehrten Literatur in Anknüpfung an den älteren Humanismus als Mitgift hinterließ. Der Privatheit des Adelsromans eignet anders als der gelehrten Literatur des 17. Jahrhunderts bzw. der bürgerlichen des 18. Jahrhunderts gerade nicht die latente oder manifeste Anweisung, in der Privatsphäre die Strukturen einer neuen antifeudalen und antihierarchischen Gesellschaft angelegt zu sehen. Diese dem Adel entsprungene Pastorale kennt anders als das höfische Paradigma d'Urfés und anders als die bürgerlich-gelehrte Dichtung Opitzscher Provenienz keine utopische Dimension; sie ist ohne Zukunft.

Dieses Untersuchungsergebnis wäre gewiß durch Analyse weiterer adliger Schäferromane zu modifizieren und differenzieren. Prinzipiell aber trifft es sich mit dem von Urs Herzog anhand der ober- und niederösterreichischen Adelsliteratur gewonnenen Bild.[115] Noch ist es zu früh für eine Theorie adliger Dichtung im 17. Jahrhundert.[116] Immerhin zeichnet sich eine Richtung ab, in die sie führen könnte.

---

114 Vgl. Arnold Hirsch: Die Entstehung der modernen Seelenlage im Schäferroman, sowie ders.: Die Polemik gegen die höfischen Tugenden in Stockfleths *Macarie*. – In: ders.: Bürgertum und Barock im deutschen Roman. Ein Beitrag zur Entstehungsgeschichte des bürgerlichen Weltbildes. 2. Aufl. besorgt von Herbert Singer. – Köln, Graz: Böhlau 1957 (= Literatur und Leben. N.F.; 1), S. 89–106 und S. 107–117, wiederabgedruckt in: Europäische Bukolik und Georgik (Anm. 105), S. 306–328 und S. 329–346.
115 Vgl. Urs Herzog: Literatur in Isolation und Einsamkeit. Catharina Regina von Greiffenberg und ihr literarischer Freundeskreis. – In: Deutsche Vierteljahrsschrift für Literatur und Geistesgeschichte 45 (1971), S. 515–546.
116 Sie müßte regionalhistorisch fundiert werden. Vgl. neben dem in Anm. 99 erwähnten instruktiven Sammelband Dieter Lohmeiers etwa Martin Bircher: Johann Wilhelm von Stubenberg

Der spätere ›verbürgerlichte Schäferroman‹: Aufgaben für die Zukunft

Damit ist noch nichts gesagt über das Problem ›bürgerlicher‹ Züge im späteren ›verbürgerlichten‹ Schäferroman.[117] Auch hier aber ist Vorsicht angeraten. Antihöfische Moralität kennzeichnet die – ästhetisch dürftigen – Machwerke eines Schwieger und Gorgias. Hofkritik hat es das ganze 17. Jahrhundert über gegeben.[118] Gerade in ihr setzen sich vielfach ältere aus dem 16. Jahrhundert stammende Traditionen fort. Moscherosch und andere Autoren des Südwestens sind dafür typisch. Schwiegers und Gorgias' Moralität ist deutlich kleinbürgerlich geprägt.[119] Ihr fehlt die Amalgamierung mit dem Ethos des europäischen Humanismus. Sie erst verbürgt die offensive Auseinandersetzung mit dem Adel und die Bindung an das Fürstentum. Hofkritische Reserve, Insistenz auf Tugend ist nicht per se vorwärtsweisend. Auch Gorgias und Schwieger operieren aus der Defensive.

Und auf der anderen Seite steht ein Werk wie Thomas' *Damon und Lisille*, in seiner Anmut, Innigkeit und Zartheit vielleicht die vollendetste pastorale Schöp-

---

(1619–1663) und sein Freundeskreis. Studien zur österreichischen Barockliteratur protestantischer Edelleute. – Berlin: de Gruyter 1968 (= Quellen und Forschungen zur Sprach- und Kulturgeschichte der germanischen Völker. N.F.; 25). Zum übergeordneten Zusammenhang (leider ohne eigenen Beitrag zum 17. Jahrhundert): Legitimationskrisen des deutschen Adels 1200–1900. Hrsg. von Peter Uwe Hohendahl, Paul Michael Lützeler. – Stuttgart: Metzler 1979 (= Literaturwissenschaft und Sozialwissenschaften; 11).

117 Hier liegt eine wichtige und ergiebige Literatur vor. Vgl. neben den älteren Arbeiten von Meyer, Carnap und Hirsch vor allem die beiden ausgewogenen Gesamtdarstellungen von Marieluise Bauer: Studien zum deutschen Schäferroman des 17. Jahrhunderts. – Diss. phil. München 1979, und Wilhelm Voßkamp: Der deutsche Schäferroman des 17. Jahrhunderts. – In: Handbuch des Romans. Hrsg. von Helmut Koopmann. – Düsseldorf: Bagel 1983, S. 105–116. In beiden Studien auch die weiterführende Literatur. Verwiesen sei – neben den in Anm. 57 und 71 zitierten Arbeiten – auf: Klaus Kaczerowsky: Bürgerliche Romankunst im Zeitalter des Barock. Philipp von Zesens *Adriatische Rosemund*. – München: Fink 1969; Ferdinand van Ingen: Philipp von Zesens *Adriatische Rosemund*. Kunst und Leben. – In: Philipp von Zesen 1619–1969. Beiträge zu seinem Leben und Werk. Hrsg. von Ferdinand van Ingen. – Wiesbaden: Steiner 1972 (= Beiträge zur Literatur des XV. bis XVIII. Jahrhunderts; 1), S. 47–122; ders.: Johann Joseph Bekkhs *Elbianische Florabella* (1667). – In: Europäische Tradition und deutscher Literaturbarock. Internationale Beiträge zum Problem von Überlieferung und Umgestaltung. Hrsg. von Gerhart Hoffmeister. – Bern, München: Francke 1973, S. 285–303; Wilhelm Voßkamp: Landadel und Bürgertum im deutschen Schäferroman des 17. Jahrhunderts. – In: Stadt – Schule – Universität – Buchwesen und die deutsche Literatur im 17. Jahrhundert. Hrsg. von Albrecht Schöne. – München: Beck 1976, S. 99–110; ders.: Le roman pastoral allemand en tant que *Privat-Werck*. (Formes et fonctions de la vie privée dans les romans: *Die Vier Tage Einer Newen und Lustigen Schäfferey* et *Damon und Lisille*). – In: Le genre pastoral en Europe du XVe au XVIIe siècle (Anm. 57), pp. 257–267.

118 Vgl. Helmuth Kiesel: ›Bei Hof, bei Höll‹. Untersuchungen zur literarischen Hofkritik bei Sebastian Brant bis Friedrich Schiller. – Tübingen: Niemeyer 1979 (= Studien zur deutschen Literatur; 60).

119 Vgl. Klaus Garber: Pétrarquisme pastoral (Anm. 57), p. 293ss. Vgl. auch Dieter Lohmeier, Karin Unsicker: Literarisches Leben des 17. Jahrhunderts in Glückstadt, einer fürstlichen Verwaltungsstadt Schleswig-Holsteins. – In: Stadt – Schule – Universität – Buchwesen und die deutsche Literatur im 17. Jahrhundert (Anm. 117), S. 44–54; Karin Unsicker: Weltliche Barockprosa in Schleswig-Holstein. – Neumünster: Wachholtz 1974 (= Kieler Studien zur deutschen Literaturgeschichte; 10), S. 233ff.; Dieter Lohmeier, Anke-Marie Lohmeier: Jacob Schwieger. Lebenslauf, Gesellschaftskreis und Bücherbesitz eines Schäferdichters. – In: Jahrbuch der Deutschen Schillergesellschaft 19 (1975), S. 98–137.

fung des 17. Jahrhunderts.[120] Auch hier erfolgt die Entbindung der gattungsspezifischen Möglichkeiten des *genus humile* im nichtpolitischen und nichtrepräsentativen, eben im privaten Bereich der Liebe, der Ehe. Die Makellosigkeit der Form rührt her von der Selbstverständlichkeit, mit der die intime Sphäre als humane gezeigt wird, ohne auf Normen verpflichtet, ohne von Entwertung bedroht zu sein. Die Bejahung der Liebe teilt sich der unprätentiösen Gestalt mit. Anders aber als im 18. Jahrhundert werden Liebe und Freundschaft von Johann Thomas nicht als Alternative zur staatlichen, zur ›höfischen‹ Praxis entworfen, in die auch Thomas als Hofbeamter des Herzogs von Sachsen Altenburg eingespannt war.

Diese Tendenz eignet, so weit zu sehen, nur der *Kunst= und Tugend=gezierte[n] Macarie* (1669–1673) des Ehepaars Stockfleth.[121] In ihr wird der hergebrachte Sozietätsgrundsatz sozialer Egalisierung – oder besser: sozialer Unterminierung – von bestehenden gesellschaftlichen Hierarchisierungen im Namen von Tugend und Wissen, wie sie der Schäfer-Gelehrtenstand verkörpert, teilweise pronociert nochmals vorgetragen. Es ist dies die Aktualisierung von humanistischen Grundsätzen, die Opitz den Sprachgesellschaften auch über seine *Schäfferey Von der Nimfen Hercinie* vermittelt hatte. Wo das gelehrte Bürgertum die Pastorale produktiv zu erneuern verstand, diente sie dem Adel als formales und motivisches Reservoir, ohne ihn aus seiner kulturpolitischen Isolierung zu befreien.[122]

Zuerst erschienen unter dem Titel: Martin Opitz' ›Schäferei von der Nymphe Hercinie‹. Ursprung der Prosaekloge und des Schäferromans in Deutschland. – In: Daphnis 11 (1982), S. 547–603.

---

120 Die Entdeckung dieses Schäferromans ist Richard Alewyn zu verdanken. Vgl. Richard Alewyn: Johann Beer. Studien zum Roman des 17. Jahrhunderts. – Leipzig: Mayer & Müller 1932 (= Palaestra; 181), S. 173, Anm. 13. Vgl. das schöne Nachwort von Herbert Singer in: Johann Thomas: Damon und Lisille 1663 und 1665. Hrsg. von Horst Gronemeyer, Herbert Singer. – Hamburg: Maximilian-Gesellschaft 1966, S. 232–240 (dort auch weitere Nachweise). Die Ermittlung des Verfassers Johann Thomas gelang Karl Winkler (Amberg): Ein lange vergessener Meisterroman des deutschen Barocks und sein Verfasser. – In: Verhandlungen des Historischen Vereins von Oberpfalz und Regensburg 94 (1953), S. 147–167.
121 Vgl. neben Hirsch vor allem Volker Meid: Ungleichheit gleich Ordnung. Zur *Macarie* (1669–1673) von Heinrich Arnold und Maria Katharina Stockfleth. – In: Schäferdichtung. Hrsg. von Wilhelm Voßkamp. – Hamburg: Hauswedell 1977 (= Dokumente des Internationalen Arbeitskreises für Deutsche Barockliteratur; 4), S. 59–66; ders.: Vorwort zu Heinrich Arnold Stockfleth, Maria Katharina Stockfleth: *Die Kunst= und Tugend=gezierte Macarie*. Teil I–II. – Bern, Frankfurt a.M., Las Vegas: Peter Lang 1978 (= Nachdrucke deutscher Literatur des 17. Jahrhunderts; 19–20), S. 5–22.
122 [Vgl. dazu Klaus Garber: Der Nürnberger Hirten- und Blumenorden an der Pegnitz. Soziale Mikroformen im schäferlichen Gewand. – In: ders.: Wege in die Moderne (Anm. 77), S. 223–341].

Das Erbe Opitzens im hohen Norden

Paul Flemings Revaler Pastoralgedicht

Flemings anspruchsloses kleines pastorales Stück, 1635 in Reval gedruckt und alsbald in Leipzig nachgedruckt, ist verfaßt zur Hochzeit des Professors für griechische Sprache am Gymnasium in Reval, Reiner Brockmann, und seiner Braut Dorothea Temme. Es handelt sich also um ein Epithalamium. Nur fünf Jahre nach Opitzens *Schäfferey Von der Nimfen Hercinie* liegt damit in der von Opitz begründeten prosimetrischen Form auch im Baltikum eine den Hochzeitern huldigende Prosaekloge mit eingelegten Versen vor. Der Typus selbst wird in Riga Nachfolge finden; der Flemingsche Erstling aber bleibt ein einzig dastehendes Juwel – und das nicht nur im Baltikum.[1]

---

1 Die Schäferei Flemings findet in den ungezählten, fast immer mit den gleichen Ergebnissen daherkommenden Arbeiten zur Gottorfer Gesandtschaftsreise mit dem Intermezzo in Reval und der dort sich entspinnenden Liebe Flemings zu den Niehusen-Töchtern stets Erwähnung. Sie sollen hier nicht Revue passieren. Das Informativste in dem Nachwort Dieter Lohmeiers zu dem Reprint von Adam Olearius: Vermehrte Newe Beschreibung Der Muscowitischen vnd Persischen Reyse. – Schleswig: Holwein 1656. – Tübingen: Niemeyer 1971 (= Deutsche Neudrucke. Reihe: Barock; 21). Vgl. auch Michail P. Alekseev: Ein deutscher Dichter im Novgorod des 17. Jahrhunderts. – In: ders.: Zur Geschichte russisch-europäischer Literatur-Traditionen. Aufsätze aus vier Jahrzehnten. – Berlin: Rütten & Loening 1974 (= Neue Beiträge zur Literaturwissenschaft; 35), S. 32–60, S. 349–361 (zu der russischen Erstfassung vgl. die weiterführende Anzeige von Dietrich Gerhardt: Paul Fleming und Rußland. – In: Germanoslavica 4 (1936), S. 310–317); neuerdings Hans-Georg Kemper: ›Denkt, daß in der Barbarei/ Alles nicht barbarisch sei!‹ Zur ›Muscowitischen vnd Persischen Reise‹ von Adam Olearius und Paul Fleming. – In: Beschreibung der Welt. Zur Poetik der Reise- und Länderberichte. Hrsg. von Xenja von Ertzdorff unter Mitarbeit von Rudolf Schulz. – Amsterdam: Rodopi 2000 (= Chloe. Beihefte zum Daphnis; 31), S. 315–344; speziell zu Reval: F. Amelung: Der Dichter Paul Fleming und seine Beziehungen zu Reval. – In: Baltische Monatsschrift 28 (1891), S. 361–390, sowie umfassend im biographischen Rahmen Heinz Entner: Lust und Liebe, Liebe und Leid. Reval 1635. – In: ders.: Paul Fleming. Ein deutscher Dichter im Dreißigjährigen Krieg. – Leipzig: Reclam 1989 (= Reclams Universal-Bibliothek; 1316), S. 381–446.

Eklatanter Mangel herrscht im Gegensatz zur reichen biographischen Literatur an einläßlichen Studien zu dem reizvollen kleinen Text Flemings selbst. Das Werk stand im Schatten seines lyrischen Schaffens. Es teilt das Schicksal der meisten Stücke, die dem Opitzschen Vorbild folgen und in großer Zahl erhalten sind. Eine Geschichte der sogenannten ›Prosaekloge‹ steht aus. Alle maßgeblichen Ausprägungen wird man in dem der deutschen Schäferdichtung des 17. Jahrhunderts gewidmeten Teil des Arkadienbuchs des Verfassers behandelt sehen, das nach langer Zeit aus gegebenem Anlaß wieder Erwähnung finden darf. Die weit über hundert Titel allein dieses Zweiges der bukolischen Literatur des 17. Jahrhunderts findet man vorläufig verzeichnet bei Klaus Garber: Der locus amoenus und der locus terribilis. Bild und Funktion der Natur in der deutschen Schäfer- und Landlebendichtung des 17. Jahrhunderts. – Köln, Wien: Böhlau 1974 (= Literatur und Leben. N.F.; 16), S. 315–354. Ausführliches annotiertes maschinenschriftliches Exemplar mit

Noch bevor das Werk selbst einsetzt, steht in Gestalt eines Sonetts eine ›Zuschrifft An Braut vnd Bräutigamb‹. Ihr korrespondiert ein schlichtes sechsstrophiges Lied zum Ausklang, nochmals mit den Wünschen für die Hochzeiter. Die Adres-

---

Kollationen und Standortnachweisen in der Bibliothek des Instituts für Kulturgeschichte der Frühen Neuzeit der Universität Osnabrück.
   Zum Flemingschen Gattungsbeitrag selbst ist vor allem zu verweisen auf das Kapitel ›Baltic Pastoral: Fleming's *Schäferei* for Reiner Brokmann (1635)‹. – In: Marian R. Sperberg-McQueen: The German Poetry of Paul Fleming. Studies in Genre and History. – Chapel Hill, London: The University of North Carolina Press 1990 (= University of North Carolina Studies in the Germanic Languages and Literatures; 110), pp. 78–132, mit den Anmerkungen, pp. 197–206. Sperberg-McQueen bietet einen Überblick über die pastorale Produktion zwischen dem Erscheinen der Opitzschen *Schäfferey Von der Nimfen Hercinie* (1630) und dem 1635 publizierten Flemingschen Text, rekapituliert den um die Gesandtschaftsreise sich gruppierenden biographischen Kontext, stellt einen eingehenden Vergleich zwischen dem Opitzschen Vorbild und der Flemingschen Adaptation an, gipfelnd in einem Abschnitt ›Fleming's Epithalamium as a Critique of Opitz's Depiction of Love‹, und schließt mit einer vor allem über Johann Hermann Schein vermittelten Darstellung der schon von Pyritz und Alewyn ins Zentrum gerückten Frage nach Herkunft und Eigenart von Flemings ›Treue‹-Konzeption im Rahmen seiner Liebesdichtung und speziell seines pastoralen Epithalamiums. Eine Auseinandersetzung mit dieser bislang wichtigsten forscherlichen Äußerung zu dem Flemingschen Text verbietet sich im vorgegebenen Rahmen. Vgl. auch die Charakteristik des Stückes bei Entner (wie oben), S. 399ff.
   Der Revaler Erstdruck, der lange als verschollen galt und auch Lappenberg unbekannt war, konnte 1979 in der Ratsschulbibliothek Zwickau und 1984 in der Akademiebibliothek zu Tallinn eingesehen werden. Vgl. Klaus Garber: Kleine Barock-Reise durch die DDR und Polen. – In: Wolfenbütteler Barock-Nachrichten 7 (1980), S. 2–10, S. 50–62; ders.: Paul Fleming in Riga. Die wiederentdeckten Gedichte aus der Sammlung Gadebusch. – In: Daß eine Nation die ander verstehen möge. Festschrift Marian Szyrocki. Hrsg. von Norbert Honsza, Hans-Gert Roloff. – Amsterdam: Rodopi 1988 (= Chloe. Beihefte zum Daphnis; 7), S. 255–308 [jetzt in wesentlich erweiterter Fassung mit zweisprachiger Darbietung der Texte selbst in ders.: Martin Opitz – Paul Fleming – Simon Dach. Drei Dichter des 17. Jahrhunderts in Bibliotheken Mittel- und Osteuropas. – Köln, Weimar, Wien: Böhlau 2013 (= Aus Archiven, Bibliotheken und Museen Mittel- und Osteuropas; 4), S. 159–336].
   Marian Sperberg-McQueen gebührt das Verdienst, den Revaler Erstdruck mit den bei Lappenberg aus dem Leipziger Nachdruck und den in die *Teütschen Poemata* von 1646 eingegangenen Gedichten verglichen und eine Liste der teilweise erheblichen Abweichungen vor allem im Blick auf die posthume Lyrik-Sammlung Flemings hergestellt zu haben. Vgl. Sperberg-McQueen: Neues zu Paul Fleming. Bio-bibliographische Miszellen. – In: Simpliciana 6/7 (1985), S. 173–183, hier S. 177ff. Die dankenswerterweise in die kleine Auswahl der *Deutschen Gedichte* von Volker Meid aufgenommene Schäferei (Stuttgart 1986, Reclams Universalbibliothek; 2455) wird nach dem Leipziger Nachdruck dargeboten, der sich u.a. in Berlin (derzeit Krakau) und in der Sammlung Faber du Faur erhalten hat.
   Das Exemplar des Revaler Drucks wurde uns schon 1984 von Kyra Robert in einer filmischen Reproduktion zur Verfügung gestellt. Dieser großen Forscherin des deutsch-estnischen Frühdrucks und der Revaler Bibliotheksgeschichte, die inzwischen verstarb, verdanken wir die einläßlichsten Untersuchungen zu Fleming in Reval und insbesondere zu seiner Bibliothek sowie den heute in Tallinn noch nachweisbaren Stücken. Vgl. vor allem von Robert: Der Büchernachlaß Paul Flemings in der Bibliothek der estnischen Akademie der Wissenschaften. – In: Daphnis 22 (1993), S. 27–40. Dieser Beitrag steht in estnischer Version (mit deutscher Zusammenfassung) auch in der wichtigen Sammlung der buch- und bibliotheksgeschichtlichen Arbeiten der Verfasserin: Kyra Robert: Raamatutel on oma saatus. Kirjutisi aastaist 1969–1990. – Tallinn: Eesti Tea duste Akadeemia Raamatukogu 1991. Wiederabdruck mit vorzüglicher deutscher Übersetzung von Medea Jerser in dem schönen Ausstellungskatalog anläßlich der 450-Jahr-Feier der Gründung

saten haben das erste und das letzte Wort, denn es handelt sich ja um ein Gelegenheitsgedicht.[2]

Entsprechend ist es die Aufgabe des einleitenden Gedichts, eine Gemeinschaft herzustellen zwischen den Hochzeitern und dem Dichter. Der vom Musengott Begünstigte ist im Bunde mit »Dem Volcke/ wie Jhr seyd«.[3] Volk, *plebs*, meint das Gegenteil zu dem Gelehrtentum des Hochzeiters und der vornehmen Abstammung der Braut. Der Dichter weiß um diese Spannung und er kostet sie aus. Sie aber kehrt alsbald im Poetologischen wieder: Der Dichter schenkt den Hochzeitern »nichts hohes«, sondern Niederes, dem *stilus humilis* Verpflichtetes, eben Pastorales, nach der *Rota Vergilii* auf der untersten Skala der Gattungshierarchie Angesiedeltes, das in Wahrheit doch reich des Kunstvollen, Gediegenen, Hintergründigen ist. Dem anspruchslosen Schäferdichter ist bewußt, daß er das Höchste, weil Dauerhafte zu spenden vermag: den poetischen Wunsch, der Flüchtigkeit des Tages enthoben, Memoria stiftend über die Zeiten hinweg; Gold, unvergängliches Gold spinnen die Parzen für die Liebenden – statt gewöhnlicher Seide.

Im Zeichen Hymens hebt der Brauttanz an, und der Dichter ist nicht mehr als dessen Dolmetscher. Er ist es, der das hohe Lied des Findens, des ehelichen, des elterlichen Glücks singt. Und nicht anders zu Ende, nun in womöglich noch schlichteren Vierzeilern. Erneut ist der Musen Chor zur Stelle, um seine Stimme zu Ehren des Paares verlauten zu lassen, Zeit und Liebe gegeneinander stellend, das stets sich Wandelnde gegen das Unverbrüchliche. Die Sonne selbst möchte teilhaben am Glück der Liebenden, wo doch diese nichts mehr ersehnen als ihren Untergang. Sie werden Phöbus überwinden, Mann und Frau sein, bevor der Gott sich erneut erhebt.

> Liebstes Paar/ seyd vnbetrübt.
> Liebt doch/ wie jhr habt geliebt.
> Seyd doch ewer/ wie jhr seyd/
> Vnd verschmertzt den neid der zeit.[4]

---

der Revaler Olai-Bibliothek: Bibliotheca Revaliensis Ad D. Olai. – Tallinn: Eesti Akadeemiline Raamatukogu, Tallinna Linnaarhiiv 2002, S. 55–61.
Der Hochzeiter Brockmann, von 1634 bis 1639 Professor für Griechisch am jüngst gegründeten Gymnasium, ist inzwischen durch eine ausgezeichnete Ausgabe seines schmalen Werkes geehrt worden: Reiner Brockmann: Teosed / Reiner Brockmann's Werke. Koostanud ja toimetanud Endel Priidel. – Tartu: Ilmamaa 2000. Die auch mit den erhaltenen Briefen Brockmanns ausgestattete Ausgabe enthält eine komplette Bibliographie der (spärlichen) wissenschaftlichen Literatur, so daß sich Wiederholungen an dieser Stelle erübrigen. Die Braut Dorothea Temme war die Tochter des ehemaligen Pfarrers an der Kirche zu St. Nicolai in Reval, Magister Johann Temmius. Vgl. H.R. Paucker: Ehstlands Geistlichkeit in geordneter Zeit- und Reihefolge. – Reval: Lindfors Erben 1848 (Reprint: Hannover-Döhren: Harro v. Hirschheydt 1968), S. 364.
2 Wir zitieren aus dem Revaler Erstdruck in dem Exemplar der Estnischen Akademischen Bibliothek Tallinn: Paull Flemings Gedichte Auff des Ehrnvesten vnd Wolgelarten Herrn Reineri Brocmans/ der Griechischen Sprache Professorn am Gymnasio zu Revall/ Vnd der Erbarn/ Viel Ehren vnd Tugendreichen Jungfrawen Dorotheen Temme/ Hochzeit. Zu Revall/ druckts Chr. Reusner. 1635. Die ›Zuschrifft‹ hier fol. A1^v, das Lied fol. C2^r.
3 Ebd., fol. A1^v.
4 Ebd., fol. C2^r.

Es ist die Sprache Paul Flemings, wie sie nur ihm zu Gebote stand: schlicht in der Tradition der Leipziger Liedkultur, sparsam im Einsatz der poetischen Mittel, einfallsreich in der *inventio* und doch nie gesucht, überspitzt, finessenreich; die Botschaft der Treue ist dezent poetisch umspielt. Der Dichter weiß sich im Vollbesitz seines Könnens und kann sich daher um so leichter zurücknehmen; der demonstrativ klassizistische Gestus Opitzens, des Lehrers, ist zu einem von großer Anspruchslosigkeit fortentwickelt; nach dem illustren Vorgänger bedarf es nicht mehr des Herzeigens der Kunst.

Dann setzt mit der Zeitangabe – Frühling, April – und der Ortsangabe – die Koppel vor den Toren der Stadt mit dem Blick auf die Ostseebucht – die Erzählung in Prosa ein; deshalb ›Prosaekloge‹ ungeachtet der mannigfachen Verseinlagen. Pastorale Anlaßdichtung im Stile der *Hercinie* ist Ich-Erzählung; der gerade noch Dichtende erscheint nun einsam und gedankenverloren im Freien. Pastorale Natur ist Stätte des Sinnens, des Erinnerns, des sich selbst Findens. Es ist dies die Chance der Gattung, daß sie Individualität zu ihrem Recht kommen läßt, so bei Sannazaro, so bei Opitz, so bei Fleming und eben allen, die die Gattung authentisch fortschreiben. Ein einzelnes und zugleich doch ein ständisches, der Korporation der Gelehrten zugehöriges Ich artikuliert sich.

Der Lebensweg dieser Generation ist vom Krieg gezeichnet – auch das ein Grund für die immer wieder erfolgende Wahl der Gattung, war sie doch inmitten der römischen Bürgerkriege geboren worden. Wann wird der Dichter »zue den lieben meinigen« zurückkehren können, die er »voller kriegsvnruhe vnd betrübnüß vor zweyen jahren verlassen muste«? Zwar »wie die sage gehet/ so hat der versöhnte Gott mein Meissen mit friedensaugen gnädiglich wieder angesehen/ aber die meinen müssen noch vnglückseelig seyn/ in dem/ daß sie solch sein groß glücke leiblich nicht anschawen mögen.«[5]

Ob deutlich wird, wie der Vergilische Archetypus immer noch vorstellungslenkend gegenwärtig ist? Ein Gott hat dem Tityrus der ersten Ekloge Muße, Schutz, Frieden bereitet, während Meliboeus Krieg, Vertreibung, Entwurzelung der Existenz erleidet. Aus dem Vergilschen Gott Augustus wird in der humanistischen Bukolik der nachantiken Zeit der christliche – und wie es bei Fleming heißt: ›versöhnte‹ – Gott. Sein Werk ist der Dresdener Akkord, der Separatfriedensschluß Sachsens mit dem Kaiser, der die Lage der Protestanten zumal im benachbarten Schlesien endgültig hoffnungslos werden ließ und auf den hier im Jahre 1635 angespielt wird. So ist die Politik in der Pastorale präsent. Fleming macht keine Ausnahme. Und doch ist auffällig, daß er es bei dem Anklang bewenden läßt. Die Gattung soll ihr Intimes, Privates, Zwiesprachehaftes wahren. Ihrer Aufgipfelung zum Organon von Politik, Regentenpanegyrik und Fürstenspiegel schiebt der Dichter alsbald einen Riegel vor.

Sogleich ist das Thema der Reise erreicht, schon bei Opitz, der 1630 vor seiner Paris-Mission stand, lebhaft umkreist und nun bei Fleming auf seine Teilnahme an der Gottorfer Gesandtschaftsreise nach Rußland und Persien bezogen. So wie der

---

5 Ebd., fol. A2ʳ.

versöhnte Gott Frieden über das geplagte Sachsen gebracht hat, so entriß ihn »ein geneigter verhängnüß« der Kriegsgefahr in der Heimat und vergönnte ihm vor zwei Jahren das Entweichen im Rahmen »dieser löblichen vnd der gantzen Christenheit ersprießlichen Reise«.[6]

Die Pastorale ist ihrer Vergilschen Anlage gemäß auf Entdeckung und Stiftung von Sinn hin angelegt – was ihre christliche Adaptation begünstigte. Den eigenen Lebensweg nicht anders als den Gang der Geschichte noch einmal Gottes Ratschluß anheimgestellt zu wissen, ist unveräußerlicher Ausgangspunkt und unbezweifeltes Ziel des Dichter-Schäfers, der da ermutigt von seinem großen Vorgänger ins Freie aufgebrochen ist, »allda ich meine gedancken außlassen/ vnd jhnen desto mehr vnd freyer nachhengen köndte.«[7] Es macht den Reiz der von Opitz der deutschen Literatur gewonnenen prosimetrischen Form aus, daß sie die nämlichen Gegenstände in Prosa und Vers parallel zu behandeln gestattet. So gleitet die Erinnerung an die Gesandtschaftsreise zwanglos hinüber zur poetischen Feier der Freunde, denen Fleming auf ihr begegnete. Wo sie die rühmlichen, dem öffentlichen Wohl dienenden, der Christenheit zugute kommenden Taten vollbringen, da sorgt der Dichter für Verewigung im poetischen Wort, erinnernd, deutend, den Chiffren einer sinnvoll lenkenden Gottheit nachsinnend:

> HERR/ wer er auch wird seyn/ der etwas auff wird schreiben/
> Das biß zum ende hin der grawen Zeit kan bleiben/
> Das seinen Tod verlacht/ der wird auch zeigen an/
> Was diß sey für ein werck/ das jtzo wird gethan/
> Vnd wie/ vnd wer es thut. […].[8]

Das ist natürlich Olearius, der da schon an seinem Werk der *Persianischen Reißbeschreibung* arbeitet. Einem zweiten Barclay gleich wird er die Gesandtschaftsreise läutern zum Epos in der modernen, d.h. in Prosa gefaßten Form. Aber auch der vor den Toren Revals sich ergehende Dichter nimmt auf seine pastoral bescheidene, in Wahrheit episch komplementäre Weise an dem Memorialwerk teil. Er hat den Geburtstag des Gesandten Brüggemann im fernen Moskau zum Anlaß für ein großes Reisegedicht genommen, und die Rückkehr an die äußerste Grenze des deutschen Sprachraums im hohen Nordosten bietet ihm nun Gelegenheit, sein Poem – eingebettet in die offene Form der Schäferei – bei Christoph Reusner unter die Presse zu geben; noch im gleichen Jahr wird es auch im Herzen des alten deutschen Sprachraums, wird es im heimatlichen Sachsen in einem Druck von Gregor Ritzsch in Leipzig zu lesen sein.

Und wenn es Auftrag des episch-heroischen ›Geschichtsgedichts‹ der Moderne seit Barclay ist, den »lauf der sachen« zu ergründen, so steht des Dichters pastoralpoetisches Panegyrikon unter dem Stern des bukolischen Archegeten, dem es gelang, die Trias von Ekloge, Lehrgedicht und Epos zu formen, dahinter nicht zu-

---

6 Ebd.
7 Ebd.
8 Ebd., fol. A2ᵛ.

rück. Im Namen des Gottes auf Delos, im Namen Apollos, tritt er erneut an, um die Namen derer zu verewigen, die das Gesandtschaftswerk vollführten: zuvörderst den des Gottorfer Herzogs Friedrich selbst, auf dessen und seiner Räte Betreiben die kühne und aufsehenerregende Unternehmung überhaupt in Gang gesetzt wurde und dessen Namen nun der Dichter hinausträgt in die ferne Welt:

> Der thewre FRJEDRJCH liebt den witz der klugen Räthe/
> Macht seine Cimbern froh. erbawet newe Städte.
> Vermehrt sein reiches Land. lässt einer andern welt
> Durch euch sein hertze sehn. hat alles heimgestellt
> Jn ewer weises thun. [...].[9]

So erhebt sich die Brockmann-Schäferei einen Moment lang zum Preis des weisen Fürsten, dessen Größe nach humanistischem Verständnis darin besteht, seinen gelehrten Beamten sich anzuvertrauen und ihnen den Spielraum zu gewähren, dessen sie bedürfen, um das Gedeihen des Landes zu befördern. Sie, die Ergebenen des Herzogs und zugleich die Freunde des Dichters, sind es, die die fernen Länder dem Herzogtum erschließen, über den Handel freundschaftlich miteinander verknüpfen und überdies einen missionarischen Auftrag gleich mit erfüllen.

Wie der Vergilische Hirt das Augusteische Friedenswerk, so umwirkt der in Reval rastende Dichter das Gottorfer Gesandtschaftsabenteuer mit Gold, auf daß es würdig werde, sich der Nachwelt in das Gedächtnis einzuschreiben. Das ist es, was er als Bruder des Epikers im pastoralen ›Understatement‹ in die Waagschale zu werfen und seinem Gönner zu bedeuten hat. So nimmt der Frühling, in dem die Hochzeit statthat, für einen Moment lang unter dem Zauberstab des musenbegabten Dichters noch einmal die Züge der Vergilischen *aetas aurea* zum Zeichen dafür an, daß der Herzog und seine Getreuen Großes bewirkten in der Geschichte, würdig des preisenden und Erinnerung stiftenden Wortes.

Fleming wäre aber auch als pastoraler nicht der mit Sinn für Maß und Dekorum ausgestattete Dichter, wenn er nicht alsbald in den intim-amikalen Bezirk zurücklenkte. Nach dem Absingen des Geburtstagsliedes, der Einlage eines der bezaubernden Flemingschen Liebeslieder, das uns hier nicht beschäftigen kann, ist es gemäß pastoraler Übereinkunft in der Gattung ›Prosaekloge‹ an der Zeit, aus dem Status des einsamen Raisonnements herüberzuwechseln in den Raum der Geselligkeit.

Und so treten nach dem Gedenken an die Reisebegleiter nun neben ihnen die Revaler Freunde in die pastorale Szenerie ein. Sie hält mehr noch als der zeitgenössische Brief in unvertretbarer und nur schwer erschöpfbarer Form humanistisch inspirierte Freundschaft im Bilde über die Zeiten hinweg fest und wird einem jeden Kenner gerade deshalb teuer bleiben. Venator, Nüßler, Buchner waren es bei Opitz, also müssen es auch bei Fleming Dreie sein, die sich zu Scherz und geistreicher Unterhaltung, Spiel und Gesang mit dem Gaste aus dem fernen Sachsen vereinen – deutsch-estnische Begegnung im Anblick der Ostseegestade zu einer Zeit,

---

9 Ebd.

in der die Koine der humanistischen Formkultur die Konsistenz von Sprache, Erfahrung, Verstehen gewährleistet.

Polus, zehn Jahre älter als Fleming, bereits gekrönter Dichter, aus Merseburg nach Reval gelangt und nun am Gymnasium als Professor für Poesie wirkend, tritt als erster hervor. Von der Liebe singend, wird der Dichter Fleming von dem Freund genau wie bei Opitz überrascht und schalkhaft seiner Verstrickung überführt. Warum diese immer wieder bemühte Konstellation? Zum Erweis und zur Erinnerung daran, daß man sich in der anspruchslosen Gattung der Pastorale bewegt, daß man auch dem Thema Liebe Anmutiges und Geistreiches abzugewinnen vermag, schließlich, um unversehens zu anderen und bedeutenderen Sujets herüberwechseln zu können.

Die junge deutsche Kunstdichtung bedarf aus dem Munde eines jeden ihrer Jünger der immer wiederholten Versicherung, daß das Liebesgedicht nicht Lebensausdruck, sondern Kunstübung sein will, begabt mit hintergründigem Sinn auch und gerade in Liebesdingen. »Die Liebe ist das Sardinische Gewächse/ welches den Leuten mit lachen heimhilfft«, an welchem sie alsbald zu sterben pflegen, so heißt es.[10] Sie vertritt den Bereich der Natur, und deshalb ist sie willkommenes Objekt der Demonstration, was der einfallsreiche Dichter aus ihr zu machen versteht – wohlgemerkt im Epithalamium, das dafür wie keine Gattung sonst prädestiniert ist. Liebesdiskurs und Hochzeitswunsch gehören zusammen; was im Gespräch der Freunde offen bleibt oder gar gegeißelt wird – der *amor crudelis et infidelis* –, findet im Hochzeitscarmen seinen überzeugenden Gegenpart.

Viel rascher als bei Opitz gleitet das Gespräch zum nächsten Thema. Es ist uns in seinem Sinn nicht mehr voll verständlich. Auch Fleming macht von der Lizenz der Gattung Gebrauch, in rätselhafter Andeutung zu sprechen, den zeitgenössischen Hörer und Leser im Auge, der sich einen Reim auf die Anspielung zu machen weiß. Dieser momentane Verzicht auf *repraesentatio*, auf Funktionalisierung eines jeden einzelnen Motivs, ist gleichfalls der niederen Gattung mit ihrer Verpflichtung auf die flüchtige Gelegenheit eigen und macht sie eben deshalb doppelt liebenswert. Polus ist mißgestimmt, fühlt sich von Neid und übler Nachrede verfolgt. Warum? Wir wissen es nicht – oder wenigstens zunächst nicht – und können fürs erste nur den textinternen Sinn nachvollziehen, denn natürlich bleibt der Verweis auf Seneca, der Aufruf, dem Mißgeschick mannhaft zu begegnen, aus dem Munde des Freundes nicht aus.

Dann aber führt uns der Dichter doch auf die Spur. Auch das große Rom sei nicht an einem Tag gebaut worden, und da sollte es mit dem Gymnasium anders sein? »Ewer Gymnasium welches jetzo noch in den ersten Jahren ist/ wird dermaleins auch zu seiner Mandheit kommen. Wer sind sie/ die Euch vnd ewren Fleiß verkleinern? Vnverständige/ mit Löwenheuten verkapte Midasbrüder.«[11]

Wir wissen um die Schwierigkeiten, das Gymnasium in Reval zu installieren. Bürgerschaft und Geistlichkeit, ländlicher Adel und Gelehrtenschaft mußten befriedigt und die divergierenden Interessen ausgeglichen werden. 1631 war es ge-

---

10 Ebd., fol. A4ᵛ.
11 Ebd., fol. B1ʳ.

gründet worden, und Gründungsrektor Evenius zielte von Anfang an auf ein großes akademisches Gymnasium. Das aber überschritt die Kräfte der Stadt, und so wäre es gleich nach der Gründung beinahe wieder eingegangen. Der Versuch des Rats, das eben errichtete Institut zu einer Partikularschule zurückzustutzen – »*weil das Wort Gymnasium vielerhand Unwehsen und nur Hoffahrt verursachet*«, indem »*die Collegen stracks hohe professores, die Knaben aber academici sein wollen*« –, konnte verhindert werden und hätte der Stadt selbst nur zum Nachteil gereicht.[12]

Als langwieriger und schwieriger erwiesen sich die Auseinandersetzungen mit der Geistlichkeit vor Ort. Ludwig Dunte, Diakon der Olai-Kirche und Inspektor der Partikularschulen, suchte bei dem neuen Rektor des Gymnasiums Vulpius das Examinationsrecht für den Katecheten in den Räumen der Schule durchzusetzen, obgleich die Predigten doch in der Olai-Kirche abgehalten wurden. Vulpius wehrte sich gegen den Einbruch der Kirche in den gymnasialen Raum, strebte danach, sich der Hilfe des Adels zu versichern und mußte doch klein beigeben, weil der Rat unerbittlich blieb. So wurde das Gymnasium zwar von den konfessionellen Querelen verschont, konnte sich aber von dem Einfluß der lutherischen Geistlichkeit nicht freimachen.

Daß es hier auch um sehr weltliche Dinge, nämlich um soziale Prestige- und Statusfragen ging, belegt der gleich nach Gründung des Gymnasiums im Jahr 1633 einsetzende Rangstreit zwischen den Geistlichen und Professoren, der sich über Jahrzehnte hinzog und manche Analogien zu den Rangstreitigkeiten zwischen den Doktoren und dem Patriziat in den alten Reichsstädten aufweist. Die ursprünglich vom Rat vorgesehene Gleichstellung von Professoren und Geistlichen bei feierlichen Gelegenheiten wurde hartnäckig vom geistlichen Ministerium attackiert, ohne daß uns das hier beschäftigen könnte.

Uns haben die literarischen Konsequenzen zu interessieren. Indem der Dichter den prekären Wirkungsraum seiner Freunde in Reval vergegenwärtigt, seine Leser teilhaben läßt an den Sorgen der Freunde, die da immer noch berühren, gelten sie doch dem Gelingen des von Menschenhand Begonnenen zu jeder Stunde, weiß er sich selbst aufgerufen zum Trost – und wie sollte dieser überzeugender Ausdruck finden als im Gedicht, das den Weg zurückweist zum Allgemeinen?

    Neid ist nur bey hohen Sachen/
Vnd die nicht gemeine sind/
Hierein setzt er seinen Rachen
Des Gelücks Gefert' vnd Kind/
Steigt vnd fellt mit seinem Rade/
Wenn es Zorn braucht oder Gnade.
    Grosse Dannen/ hohe Fichten
Die bestürmt des Nordwinds Zorn/
Der doch nichts dran auß kan richten/
Keine hat kein Haar verlohrn.
Wer der Tugend an wil siegen/

---

12 Das Zitat entnommen aus: Ernst Gierlich: Reval 1621 bis 1645. Von der Eroberung Livlands durch Gustav Adolf bis zum Frieden von Brömsebro. – Bonn: Kulturstiftung der deutschen Vertriebenen 1991 (= Historische Forschungen), S. 360.

Pfleget allzeit zu erliegen.
[…]
Diß mein redliches Gewissen
Jst mir Zeuge gnug für mich.
Wes ich allzeit mich beflissen/
Wissen zweye: Gott vnd ich.
Welcher alles wil verfechten/
Der muß heut vnd allzeit rechten.[13]

Weit fortgelangt von den Sorgen des Polus ist der Text. Der Dichter waltet seines Amtes, lehrend, tradierten Sinn bekräftigend in die Festgemeinschaft, in den kommunalen Verband hereinzusprechen. Das ist immer ein Akt von doppelter Wirkung. Gewiß geht es zuerst um das Gesagte. Und kaum einer vermochte wie Fleming in Dingen rechten Verhaltens ein so schlichtes, einprägsames, von den Schlacken der Überlieferung, des Zweifels, des Zanks gereinigtes, über die Zeiten hinweg bedenkenswertes Wort zu finden.

Zugleich aber wirkt er mit an dem Auftrag, den Opitz seinen Getreuen eingeschärft hatte, nämlich unter Beweis zu stellen, daß die neue Kunst dem christlichen Zeugnis nicht widerstreite, sondern auch in ihrem antiken Gewande mit ihm koinzidiere, der Dichter also befugt sei, in die Öffentlichkeit zu treten, weil er Weisheit zu spenden, eine sittigende Botschaft zu übermitteln habe. Insofern darf das Gedicht auch als eine Antwort an jene gelesen werden, die da dem jungen Gymnasium seinen Bildungsauftrag in der Stadt streitig machten. Es legt Zeugnis davon ab, was vermittelt über die Alten an Bleibendem in den Fächern der Grammatik, der Rhetorik, der Poetik zu erlernen sei, sehr wohl dazu angetan, auch und gerade Frömmigkeit zu befördern, gewiß aber nicht orthodoxe Spitzfindigkeit.

Nimmt es wunder, daß Fleming das nicht weniger als achtzehn Strophen umfassende Gedicht nutzt, um einen neuerlichen Szenenwechsel durchzuführen? Olearius und Pömer, die beiden Freunde aus der Gesandtschaft, denen Flemings Zuneigung und Verehrung galt und die er immer wieder bedichtete, stoßen hinzu, und nun erst ist das Quartett genau wie bei Opitz zusammen. Überschwenglich ist die Freude unter den Vieren über das Wiedersehen, und der Pastorale ist es vorbehalten, diesem fast schon festlichen Treiben der Freunde Ausdruck zu verleihen. Wie aber sollte das anders geschehen als durch Necken und Scherz, Disputation und vor allem Poesie?

Bitter beklagt sich Pömer, so lange brieflich nichts von dem in Reval zurückgebliebenen Freund gehört zu haben; der aber antwortet flugs mit einem Poem und erhält, ausdrücklich als ›Bruder‹ apostrophiert, einen warmen Händedruck als Dank, ist er doch ein ›liebhaber‹ der Poesie des Freundes.[14] Es hält den Widerpart zu dem soeben erklungenen ernsten Lied in seiner Aufforderung, die Zeit, das Glück zu ergreifen und sich unbeschwert den geselligen Freuden unter den Freunden hinzugeben:

---
13 Paull Flemings Gedichte Auff […] Reineri Brocmans […] Hochzeit (Anm. 2), fol. B1ʳˢ.
14 Ebd., fol. B2ʳ.

> Folge/ Bruder/ was zu üben
> Wir/ vnd Zeit/ vnd Himmel heisst.
> Mein/ wer wolte den doch lieben/
> Der sich stets der Lust entreisst?
> Denn ists zeit/ daß wir vns grämen/
> Wenn wir vnsers glücks vns schämen.
> […]
>   GOtt weiß/ was wir morgen machen.
> Heute laß vns lustig seyn.
> Trawren/ froh seyn/ weinen/ lachen/
> Ziehn bald bey vns auß/ bald ein.
> Wol dem/ welcher ist vergnüget/
> Wie sich sein verhängnüß füget.[15]

Nichts von jenem überhitzten *vanitas*-Pathos, das da den Aufruf zum Genießen der Freuden des Tages so häufig entwertet. Die Zeit des Beisammenseins der Freunde will ergriffen sein, sie trägt ihre Würde und ihren Wert in sich, und der Pastorale ist es überantwortet, dieses humanistische Verständnis des Lebens innerhalb der Bürgergemeinde zu bekräftigen, um Beifall zu werben für die unschuldigen Freuden nicht anders als für die Chancen, die da mit dem gelehrten Treiben im Umkreis des Gymnasiums Einzug auch im Norden halten. Von Opitz kommend würde man erwarten, die Viere nun in umständliche gelehrte Erörterungen sich verwickeln zu sehen. Fleming will es anders. Die gebrechliche junge Form soll entlastet werden von allzu schwerer Fracht und dienstbar sein dem einen, das ihr Auftrag und ihre Mission war seit jenen urdenklichen Zeiten des Stesichoros – dem Gesang. So steuert Fleming entschieden auf die Mitte, die Gelegenheit, zu.

Aber wie auch dies! Keine Grotten à la Sannazaro oder Opitz, keine Tempel oder Schlösser à la Lope de Vega oder Montemayor; auch hier Anpassung des Huldigungsszenarios an das pastorale Ambiente. In diesem Sinne bringt Fleming ein eigenes, nur ihm zugehöriges Gebilde mit in den Norden. Eben hat Pömer dem Dichter für sein Lied gedankt, »als wir vor vns in dem püschlein ein liebliches gethöne allerhand süsser Jnstrumenten/ doch von fernen/ erhöreten«.[16] Kein Vorwerk, kein Landgut im Livländischen und insbesondere im langen Winter, da man nicht mit Musik sich erfreute. Wie aber ist es vonstatten gegangen, daß ein so anmutiger Klang im hohen Norden ertönt, hart an die ›Barbarey‹ grenzend und weit, weit entfernt vom Parnaß der Musen?

Die Frage ist noch nicht gestellt, und schon ist der Sänger in Reval, ist Polus aufgebracht zur Stelle. »Sey doch nicht so hönisch/ antworttete Polus/ auf das gute Liefland/ welches/ were es ohne die fast in die hundert jhare mit jhren Nachtbarn geführte vnerhörte Kriege/ vnserm Deutschlande an Künsten/ Reichthumb vnd Gerüchte nicht weichen solte.«[17] Und wie steht es jetzt mit Deutschland inmitten des Krieges und wie vor allem mit dem fernen Rußland, in das der Dichter erneut

---

15 Ebd.
16 Ebd., fol. B2ᵛ.
17 Ebd.

im Begriffe ist zu ziehen? Da also klingt denn doch für einen Moment ein bedeutendes Thema an, schimmert der humanistische Wettstreit der Nationen in Kunst und Wissenschaft hindurch. Keine Region, die nicht auf den Einzug des Humanismus eine neue Ära datierte. Wir stehen in den frühen dreißiger Jahren inmitten dieses Aufbruchs in Reval. So ist es auch ein dezentes Selbstlob, das sich die gymnasialen Professoren mit ihrem illustren Freund in der Schäferei spenden, ist sie doch selbst das schönste Siegel auf den in Reval und Livland eingetretenen Wandel. Und Rußland? Olearius ist es vorbehalten zu formulieren:

> Daß auch in der Barbarey
> Alles nicht barbarisch sey.[18]

Lange vor dem späten 18. Jahrhundert, vor Herder und den Seinen, sorgen diese humanistisch inspirierten Reisenden für ein neues, abschattiertes und ausgewogenes Rußlandbild in ihrer Heimat, auch auf diesem Felde wie auf jedem anderen der Aufklärung vorarbeitend. Und schließlich und endlich: Wie süß wird die Rückkehr ins Vaterland sein, das sich aus der Ferne doppelt verlockend darbietet. So hat auch das die Zeit beherrschende Thema der Fremde und der Nähe seinen genuinen Ort in der Pastorale und wird – nur eben angetippt – dem Hörer und Leser zum weiteren Nachsinnen überantwortet. Weit ist dieser humanistische Wettstreit entfernt von dem nationalen Pathos, das zu Ende des 18. Jahrhunderts im Gefolge der Französischen Revolution sich artikulieren und das 19. Jahrhundert vergiften sollte.

Noch einmal: Statt monumentaler Prunkbauten zur Ehrung, die sich in der Pastorale immer als Fremdkörper ausnehmen, bei Fleming nur die holde Musik. Näher tretend löst sich das Rätsel. Es waren die neun Musen selbst, die da zu Ehren Brockmanns musizierten. Fort sind sie beim Auftauchen der Freunde, aber in schöner goldener Schrift haben sie auf hölzernen Tafeln an den Pflaumenbäumen ihre poetischen Ergüsse hinterlassen. Alexandriner, Vierheber, Fünfheber wechseln miteinander, selbst Daktylen, von Opitz noch nicht verwendet, sind schon darunter; das erste Wort hat Clio, das letzte Polyhymnia:

> Die schöne Temmin freyt/ vnd Brocmann wird jhr mann.
> Jhr Götter/ seht diß werck mit gnadenaugen an.
> [...]
> Seyd tausent mahl gegrüst/ vnd tausentmahl gesegnet/
> Jhr beyde/ denen nichts als Glück' vnd Heil begegnet![19]

Wohin man schaut – es ist immer das nämliche Bild. Ohne jede selbstverliebte Gebärde steht das Gedicht ganz im Zeichen des geliebten Paares, dem der Glück- wie der Segenswunsch gleich innig und schlicht zugesprochen erscheint. Und erst nachdem derart die Musen das Wort hatten, nehmen es nun die Freunde. In der Stadt wird schon gefeiert, unbändig ist der Wunsch, unter den Hochzeitern und den Freunden zu weilen. Bevor man aber aufbricht, verabschiedet man sich gezie-

---
18 Ebd., fol. B3ʳ.
19 Ebd., fol. B3ʳˢ.

mend von dem durch die Musen geweihten Raum, den »Oreaden vnd Hamadryaden/ als einheimische Nimfen des orts« Referenz erweisend – eine pastorale Gattungsreminiszenz gewiß, aber eben doch auch eine Verbeugung vor den heidnischen niederen Gottheiten, um das Publikum daheim mit dem unschuldigen Spiel vertraut zu machen, ästhetische Kultur inmitten der herben protestantischen Welt zu befördern.[20]

Dann aber bricht die liebende Verehrung gegenüber dem Bräutigam sich Bahn, der da als Professor des Griechischen am Revaler Gymnasium wirkt.

> Jch liebe/ redete Olearius weiter/ den Breutigam als meinen Bruder. Jch nichts weniger/ sagte ich. Er ist der erste von den gelehrten/ der bey vnserer ankunfft nach mir gefraget/ vnd mit dem ich gute freundschafft gemacht. Zu dessen Zeugniß ich jhm bey vberreichung seines Stammbuchs nachfolgendes zu Latein drein schriebe:
>
>> So viel Athen vnd Rom an weißheit schönes hat/
>> So viel hat beydes dir gegeben in der that.
>> O du der Musen zier/ vnd lust der Charitinnen/
>> Den jeder lieben muß/ der liebe kan beginnen.
>> Jch ehre deinen geist/ vnd wundre mich der kunst.
>> Doch übertrifft sie zwey der freundschafft wehrte gunst.
>> Jch weiß nicht/ was ich vor vnd nach an dir soll lieben.
>> Diß weiß ich/ du bist mir gantz in den sinn geschrieben.[21]

So zieht sich durch die Pastorale in immer neuen Wendungen der Ausdruck redlicher unverbrüchlicher Freundschaft, noch über Wissen und Können rangierend, wie er die Gattung adelt. Erfüllung aber findet sie in der Sprache der Liebe, einleitend als tödliches Gift gegeißelt, nun angesichts der beiden Liebenden ihr anderes, ihr wahres Antlitz offenbarend. Zunächst hat der Bräutigam selbst das Wort, so fingiert der Dichter zumindest, der ihm da womöglich seine Feder und Stimme leiht:

> So komm/ vnd laß mich werden innen
> Der schönen frewde süssen frucht.
> Schatz/ deiner recht geniessen können/
> Jst einig/ was mein hertze sucht.[22]

Wer immer von den beiden da spricht – es ist die eine gleiche Sprache schlichten Einverständnisses der Herzen, weit entfernt vom spielerischen Exerzitium in einem nur um sich selbst kreisenden poetischen Gesellenstück. Der Bräutigam aber gibt sich nun unversehens einen Moment lang als zünftiger Petrarkist zu erkennen, einen Diamanten, ein Armband, die Halsperlen der Geliebten bedichtend. Ein Band mit Liebesgedichten des Hochzeiters sei dem Dichter da in die Hände gefallen, er brauche nur zu zitieren, leicht beschämt ob des Vertrauensbruches.

---

20 Ebd., fol. B3ᵛ.
21 Ebd., fol. B3ᵛs.
22 Ebd., fol. B4ʳ.

Bey übersendung eines Confects.
Cupido schickt euch diß/ jhr schönste der Jungfrawen/
Auß seiner Mutter schoß/ vmb fast nur anzuschawen.
Er weiß/ daß ewer Mund sich über diß erstreckt/
Für dem der zucker auch wie bittrer wermuth schmeckt.[23]

Die Liebe in der Façon des Petrarkismus, eine reine Kunstwelt, erschaffen und gepflegt zum poetischen Exerzitium und nur innerhalb dieser Grenzen gültig, ist das genaue Gegenbild zur ehelichen Liebe und zu ihrer Feier im Gedicht; dort der dialektische *concetto*, hier die Gebärde innigen Zugehörens – auch diesen Gegensatz dem heranzubildenden Publikum dezent zu bedeuten, ist Aufgabe des erfahrenen kunstsinnigen Dichters.

Doch ist es erlaubt, noch einen Schritt weiter zu gehen? An der Olai-Kirche, so wird uns nun erzählt, begegnete Polus jüngst dem Hochzeiter, und da verlor der Arme ein Brieflein. »Das werden gewiß geistliche sachen seyn/ fieng Olearius an/ weil es an einem geistlichem orte von so einer geistlichen person verschüttet/ vnd einer gleichen standes auffgenommen worden.«[24] Herzliches Lachen, denn natürlich kommt ein Gedicht zutage, betitelt »Wie er wolle geküsset seyn.« Ob auch Herr Pastor Dunte in das Lachen eingestimmt hätte? Mögen die gestrengen Herren verstehen lernen, daß das fromme Leben eines, das freie Spiel der Kunst ein anderes ist und beides sehr wohl zueinander paßt.

Zum Schlusse haben die Viere jeder ein Gedicht frei. Ob Olearius, Pömer, Polus selbst zur Feder gegriffen haben, ob Fleming das poetische Geschäft für sie verrichtete, letztlich verschlägt es nicht viel; vermocht hätten sie es alle. Die drei Freunde sind mit dem anspruchsvolleren Sonett zur Stelle; nur Fleming verbleibt beim Lied, den Abstand, den Unterschied des Ranges im Spiel mit den Formen auf das dezenteste bedeutend. Sprächen wir literaturgeschichtlich, so wäre vielleicht zu sagen, daß sich alle drei Sonette nicht über den Opitzschen Horizont erheben. Olearius weist denn auch sogleich darauf hin, daß wohl zu hören sei, bei wem man da in die Schule gegangen sei. Es ist auf Polus gemünzt und gilt doch für sie Dreie. Nur Flemings kleines Lied bleibt unkommentiert.

Liebstes Paar/ seyd vnbetrübt.
Liebt doch/ wie jhr habt geliebt.
Seyd doch ewer/ wie jhr seyd/
Vnd verschmertzt den neid der zeit.[25]

Diese Sprache ist erst mit Fleming in die deutsche Literatur gekommen, die von einem Dezennium zum anderen so unerhört rasche und im nachhinein kaum faßbare Fortschritte machte. Von hier führt der eine Weg zu Dach und seinen Freunden im Norden, der andere zu den Nürnbergern im Zeichen des Südens, bei denen

---

23 Ebd., fol. B4^v.
24 Ebd., fol. C1^r.
25 Ebd., fol. C2^r.

die Sprache alles vermag, die Kunst ihr huldigt, indem sie sich selbst zu feiern gestattet.

Es war der Wunsch des Exegeten, en passant den einen oder anderen Wink im Blick auf die Flemingsche Pastorale zu geben. Durch den expliziten Rückbezug auf die Opitzsche *Hercinie* darf sie in die von Opitz eröffnete Reihe gestellt werden. Deren Geist, deren Ethos, deren Bestimmung, wenn so gesprochen werden darf, erfüllte sie auf das schönste in diesem Jahrhundert, wie hoffentlich ein wenig deutlich geworden ist.

Bleiben die Fragen am Schluß. Der Dichter, in Kontakt mit dem heimischen literarischen Leben, importierte ein junges Gewächs in der ihm eigenen Manier in das ferne Reval. Initiierte er hier eine Tradition, so wie sie in der Opitzschen Version in Hamburg, in Leipzig, allem voran in Nürnberg begründet wurde, oder blieb es bei dem einen Mal? Wir wissen es bislang nicht definitiv, möglich aber ist es schon, daß niemand mit dem verehrten Dichter in dieser Form konkurrieren wollte. Dann wäre seine Einzigartigkeit auf andere Weise wiederum evident.

Noch entscheidender aber: Hat die Flemingsche Schöpfung in den fremden Sprachkreis herüberzuwirken vermocht, dürfen wir hoffen, ein estnisches, ein lettisches, ein litauisches Gegenstück kennenzulernen, so wie Brockmann den eben bei Opitz und Fleming erlernten lyrischen Ton nicht nur im Deutschen, sondern alsbald auch im Estnischen probierte – und andere nach ihm in Reval, Riga, Dorpat? Dann erst würde sich der Kreislauf schließen, der Austausch zwischen den nationalen Idiomen in die Koine der humanistischen Kultur Europas münden.

Wir warten auf das Votum der Experten. Wie immer jedoch ihre Antwort lautet – daß unser kleines Stück das Bewußtsein gestärkt hat, allerorten auf dem verheißungsvollen Weg einer gereinigten Poesie zu sein, das ferne Reval auch mit ihm ein wenig näher an die literarischen Zentren rückte, mit und durch die schäferliche Erzählung Kunde von einem Erblühen der Künste an der Peripherie gegeben wurde, ist gewiß. Dieses Verdienst aber verbleibt der Flemingschen Schäferei über die Zeiten hinweg. Dank ihrer wissen wir mehr über das Reval der frühen dreißiger Jahre nach Installation von Gymnasium und Druckerei.

Ist es schon nicht wenig, wenn sie derart beiträgt zur Stiftung von Erinnerung, von geschichtlicher Kultur, so dürfte das eine oder andere Gedicht aus dem kleinen Zyklus gute Chancen haben, gelesen und gehört, bedacht und vielleicht gar beherzigt zu werden, solange das Interesse an den Anfängen der deutschen Kunstdichtung und damit an der Geschichte der deutschen Literatur lebendig bleibt. Nur daran mitzuwirken, so gut es von Fall zu Fall angeht, war Aufgabe auch dieses kleinen Beitrags unter dem Stern eines großen Dichters des deutschen 17. Jahrhunderts.

Zuerst erschienen in: Kulturgeschichte der baltischen Länder in der Frühen Neuzeit. Mit einem Ausblick in die Moderne. Hrsg. von Klaus Garber, Martin Klöker. – Tübingen: Niemeyer 2003 (= Frühe Neuzeit; 87), S. 303–317.

Pastoraler Petrarkismus und protestantisches Bürgertum

Die Schäferlyrik Johann Rists und Jakob Schwiegers

Neues Interesse an der Schäferdichtung

In den Literaturen der Romania, aber auch Englands und der Niederlande prägen große pastorale Schöpfungen die Physiognomie der sich herausbildenden Nationalliteraturen maßgeblich mit und manche von ihnen sind als unerschöpfliches Erbe in die europäische Literatur eingegangen. Es genügt – ohne hier eigens von der mit Dante einsetzenden neulateinischen Produktion zu reden –, an Sannazaros *Arcadia*, Tassos *Aminta* und Guarinis *Pastor fido* zu erinnern, an die Eklogen Garcilasos und die Schäferromane Lope de Vegas und Cervantes' (einschließlich der pastoralen Einlagen im *Don Quichote*), an Racans *Bergeries* und d'Urfés *Astrée*, an Spensers *Shepheardes Calendar* und Sidneys *Arcadia*, schließlich an Hoofts *Granida*, um die Potenzen anzudeuten, die die eher schmale bukolische Überlieferung der Antike unter dem Stern Vergils in der europäischen Literatur freigesetzt hat.

Dem vermag Deutschland nichts Vergleichbares zur Seite zu stellen. Die Großen des Jahrhunderts, wie Grimmelshausen, schweigen im bukolischen Genre oder nehmen es in satirischer Absicht auf, wie Gryphius. Wo es zu gelungenen und unverwechselbaren Schöpfungen kommt, wie beispielsweise in Thomas' *Damon und Lisille*, bleiben sie ohne Wirkung. Die maßgeblichen Theoretiker nehmen keine Notiz von ihnen, Nachfolger fehlen und von einer Ausstrahlung ins Ausland kann erst recht keine Rede sein.

Auch Birken, der versierteste und fruchtbarste Bukoliker des Jahrhunderts, bleibt ein deutsches Ereignis. Seine großen historiographischen Arbeiten findet man heute noch überall in den Bibliotheken West- und Osteuropas. Doch liegt dieser weitgestreuten Verbreitung gewiß nicht das Interesse an dem gelegentlichen bukolischen Rahmen zugrunde, sondern vielmehr an dem dynastischen Material, das in ihnen verarbeitet ist. Erst im 18. Jahrhundert werden Haller über *Die Alpen* dem Landgedicht und Gessner über seine *Idyllen* Deutschland einen Weg nach Europa zurückbahnen.[1]

Wenn der Schäferdichtung des 17. Jahrhunderts gleichwohl in den letzten Jahren von seiten der Germanistik erstmals beträchtliche Aufmerksamkeit gewidmet

---

[1] Eine Zusammenstellung der wissenschaftlichen Literatur zur europäischen Schäfer-, Landleben- und Idyllendichtung findet man in: Europäische Bukolik und Georgik. Hrsg. von Klaus Garber. – Darmstadt: Wissenschaftliche Buchgesellschaft 1976 (= Wege der Forschung; 355), S. 483–529, so daß sich die folgenden Anmerkungen auf die unumgänglichen Nachweise beschränken können.

wurde, so vor allem, weil sie einem neuen sozialhistorischen und gelegentlich auch historisch-dialektischen Erkenntnisinteresse in der Literaturwissenschaft entgegenkam. Das herkömmlicherweise in ihr beliebte Maskenspiel lud zur Identifizierung der fiktionalen Gestalten ebenso wie ihrer Schöpfer und ihres Publikums ein; die gleichfalls seit Vergil in der Gattung gepflegte Ausmalung harmonischer, glückgewährender Formen menschlichen Zusammenlebens mit mehr oder weniger deutlichen politischen Konnotationen zur Identifizierung des zeitspezifischen Realitätsgehaltes und zur sozialen Funktionsbestimmung dieser Gattung bzw. einzelner ihrer Zweige.[2]

Der vorliegende Beitrag sucht an diese Forschungsstrategien anzuknüpfen und sie weiterzuentwickeln. Von deutscher Seite sind für den in St. Etienne abgehaltenen Kongreß Beiträge zum Schäferdrama und zum Schäferroman angekündigt worden.[3] Beide Formen gehören in thematischer Hinsicht zur schäferlichen Liebesdichtung, die neben der auf einen gesellschaftlichen Anlaß bezogenen Ekloge, der Landlebendichtung und der religiösen Bukolik den vierten großen Sektor pastoraler Produktion in Deutschland ausmacht.[4]

So lag es nahe, um das Bild wenigstens auf diesem Feld abzurunden, einen weiteren Beitrag zur schäferlichen Liebeslyrik in Deutschland beizusteuern. Gerade auch aus dem angedeuteten historisch-soziologischen Blickwinkel dürfte diese Kombination reizvoll sein. Das Schäferdrama ist naturgemäß zum Hof hin orientiert, auch wenn es keinesfalls allein dort zur Aufführung kam. Der Schäferroman ist in seinen frühen Ausprägungen mit dem Landadel verknüpft, ohne daß die hier vorliegenden Zuweisungsprobleme schon befriedigend gelöst wären. Und in der pastoralen Lyrik schließlich artikuliert sich vornehmlich die bürgerliche Gelehrten-

---

2 Vgl. den Sammelband: Schäferdichtung. Hrsg. von Wilhelm Voßkamp. – Hamburg: Hauswedell 1977 (= Dokumente des Internationalen Arbeitskreises für Deutsche Barockliteratur; 4), sowie den der Arbeitsgruppe ›Schäferdichtung‹ zugeordneten Plenarvortrag von Klaus Garber: Vergil und das *Pegnesische Schäfergedicht*. Zum historischen Gehalt pastoraler Dichtung. – In: Deutsche Barockliteratur und europäische Kultur. Hrsg. von Martin Bircher, Eberhard Mannack. – Hamburg: Hauswedell 1977 (= Dokumente des Internationalen Arbeitskreises für Deutsche Barockliteratur; 3), S. 168–203, wiederabgedruckt in: Klaus Garber: Literatur und Kultur im Europa der Frühen Neuzeit. Gesammelte Studien. – München: Fink 2009, S. 275–300.

3 Vgl. Wilhelm Voßkamp: Le roman pastoral allemand en tant que ›privat-werck‹ (Formes et fonctions de la vie privée dans les romans: *Die Vier Tage Einer Newen und Lustigen Schäfferey* et *Damon und Lisille*). – In: Le genre pastoral en Europe du XVe au XVIIe siècle. Actes du colloque international Saint-Étienne 1978. Ed. par Claude Longeon. – Saint-Étienne: Publications de l'Université de Saint-Étienne 1980 (= Centre d'Études de la Renaissance et de l'Âge Classique), pp. 257–267. [Ein von Hans-Gert Roloff avisierter Beitrag zum deutschen Schäferdrama ist nicht zur Publikation gelangt. Vgl. dazu die aus der Schule Roloffs hervorgegangene Dissertation von Christiane Caemmerer: Siegender Cupido oder Triumphierende Keuschheit. Deutsche Schäferspiele des 17. Jahrhunderts. Dargestellt in einzelnen Untersuchungen. – Stuttgart-Bad Cannstatt: frommann-holzboog 1998 (= Arbeiten und Editionen zur Mittleren Deutschen Literatur. N.F.; 2)].

4 Entsprechender Entwurf einer Gattungstypologie der deutschen Schäfer- und Landlebendichtung des 17. Jahrhunderts bei Klaus Garber: Der locus amoenus und der locus terribilis. Bild und Funktion der Natur in der deutschen Schäfer- und Landlebendichtung des 17. Jahrhunderts. – Köln, Wien: Böhlau 1974 (= Literatur und Leben. N.F.; 16), S. 1–84.

schaft der sogenannten ›Sprach- und Dichtergesellschaften‹ des 17. Jahrhunderts. So ist mit dieser Trias auch für die historisch-soziologische Varietät der Aspekte gesorgt.[5]

Schäferlyrik und Petrarkismus

Die deutsche Schäferlyrik hat – ebenso wie die deutsche Versekloge – als Gattung zu keinem Zeitpunkt größeres Interesse auf sich ziehen können. Die einzige eingehendere Betrachtung, die Max von Waldberg ihr hat zuteil werden lassen, liegt mehr als hundert Jahre zurück.[6] Das ist kein Zufall. Die pastorale Lyrik ist als Liebeslyrik weitgehend determiniert durch den lyrischen Gestus des europäischen Petrarkismus. Während in allen anderen Spielarten der europäischen Schäferdichtung ein unverwechselbarer, spezifisch pastoraler Formtyp mit ganz bestimmten pastoralen Konstellationen und Situationen vorliegt, zehrt die schäferliche Lyrik über weite Strecken von der Substanz des Petrarkismus. In ihm geht die antike Tradition pastoraler Liebesklagelyrik auf, und nur am Rande und eher sporadisch bewährt sich – wenigstens in Deutschland – eine schmale Überlieferung schäferlich-erotischer Lyrik, in der das antik-pastorale Erbe sinnlich-erfüllter Liebe – wie gebrochen auch immer – ein Refugium findet.

Es gelangt in Deutschland nur kurzfristig im 18. Jahrhundert im Bündnis vor allem mit der anakreontischen Dichtung zum Durchbruch – ein Prozeß, der bezeichnenderweise Hand in Hand geht mit der Paralysierung des petrarkistischen Motivbestands.[7] Wenn Conrad Wiedemann in einem Versuch zur Typologie barocken Rollensprechens feststellt, daß die Liebeslyrik des Zeitalters überwiegend pastoral votiere und beispielhaft auf Hoffmann von Hoffmannswaldaus Lesbia-Gedichte verweist, so muß man sich bewußt bleiben, daß diese erotische Variante lyrischen Sprechens im 17. Jahrhundert durchaus eine Ausnahme darstellt.[8] Die

---

5 [Vgl. zum Näheren Klaus Garber: Arkadien und Gesellschaft. Skizze zur Sozialgeschichte der Schäferdichtung als utopische Literaturform Europas. – In: Utopieforschung. Interdisziplinäre Studien zur neuzeitlichen Utopie. Bd. I–III. Hrsg. von Wilhelm Voßkamp. – Stuttgart: Metzler 1982, Bd. II, S. 37 81 (auch als Suhrkamp-Taschenbuch Wissenschaft. Bd. 1159. 1985), wiederabgedruckt in: ders.: Literatur und Kultur im Europa der Frühen Neuzeit (Anm. 2), S. 229–274. Englische Version in: ders.: Imperiled Heritage. Tradition, History, and Utopia in Early Modern German Literature. Selected Essays. Edited and with an Introduction by Max Reinhart. – Aldershot, Singapore, Sidney: Ashgate 2000 (= Studies in European Cultural Transition; 5), pp. 73–116].
6 Max Freiherr von Waldberg: Die deutsche Renaissance-Lyrik. – Berlin: Hertz 1888, S. 83–200: Schäferlyrik.
7 Vgl. Heinz Schlaffer: Musa iocosa. Gattungspoetik und Gattungsgeschichte der erotischen Dichtung in Deutschland. – Stuttgart: Metzler 1971 (= Germanistische Abhandlungen; 37); Herbert Zeman: Die deutsche anakreontische Dichtung. Ein Versuch zur Erfassung ihrer ästhetischen und literarhistorischen Erscheinungsformen im 18. Jahrhundert. – Stuttgart: Metzler 1972 (= Germanistische Abhandlungen; 38).
8 Vgl. Conrad Wiedemann: Heroisch – schäferlich – geistlich. Zu einem möglichen Systemzusammenhang barocker Rollenhaltung. – In: Schäferdichtung (Anm. 2), S. 95–122, S. 106.

Schäferlyrik, so könnte man variierend sagen, votiert im 17. Jahrhundert petrarkistisch und damit antierotisch. Nur auf der Grundlage einer Deutung des petrarkistischen Systems und der seit langem fälligen temporalen und regionalen Differenzierung kann daher auch die Erschließung des pastoralen Genres in der Lyrik gelingen, und erst vor diesem Hintergrund dürfte sich allenfalls das spezifisch bukolische Element innerhalb dieser übermächtigen Tradition lyrischen Sprechens bis an die Schwelle zum 18. Jahrhundert abheben.

Blickt man jedoch auf die Erforschung des Petrarkismus in Deutschland, so ist das Bild kaum ermutigender als im Fall der Schäferlyrik.[9] Hier kam es zunächst darauf an, die durchweg negativen Urteile über die ›erlebnisarme‹ und ›unwahrhaftige‹ Liebesdichtung des 17. Jahrhunderts wenn nicht außer Kraft zu setzen, so doch durch den Aufweis der Gattungstraditionen und die Rekonstruktion der rhetorisch-poetischen Grundlagen lyrischen Sprechens im 17. Jahrhundert zu relativieren. Diese Aufgabe ist für Deutschland bekanntlich durch die Arbeit von Hans Pyritz geleistet worden.[10] Pyritz hat dabei von vornherein das sachgemäße Erkenntnisziel anvisiert, sich nicht auf den Nachweis der überall zu greifenden Topoi zu beschränken, sondern im prinzipiell vorgeprägten Ausdruckssystem nach der jeweils individuellen Adaption zu fragen – ein Verfahren, das sich im Falle Flemings besonders anbot, auch wenn (wie Richard Alewyn sogleich bemerkte) bei der Identifizierung der singulären Momente vielleicht noch größere Vorsicht geboten ist, da ja stets mit heterogenen gattungsspezifischen Einflüssen im Schnittpunkt des individuellen lyrischen Ausdrucks zu rechnen ist.[11]

---

9 Zusammenstellung der Literatur zum europäischen Petrarkismus bei Gerhart Hoffmeister: Petrarkistische Lyrik. – Stuttgart: Metzler 1973 (= Sammlung Metzler; 119). Hier der Verweis auf die vorliegende Arbeit in dem ›Nachtrag‹, S. 40. Vgl. auch: Übersetzung und Nachahmung im europäischen Petrarkismus. Studien und Texte. Hrsg. von Luzius Keller. – Stuttgart: Metzler 1974 (= Studien zur Allgemeinen und Vergleichenden Literaturwissenschaft; 7); Horst Rüdiger, Willi Hirdt: Studien über Petrarca, Boccaccio und Ariost in der deutschen Literatur. – Heidelberg: Winter 1976 (= Beihefte zum Euphorion; 8), S. 9–31, sowie die beiden Petrarca gewidmeten Sammelbände: Petrarca 1304–1374. Beiträge zu Werk und Wirkung. Hrsg. von Fritz Schalk. – Frankfurt a.M.: Klostermann 1975, sowie: Petrarca. Hrsg. von August Buck. – Darmstadt: Wissenschaftliche Buchgesellschaft 1976 (= Wege der Forschung; 353).

10 Hans Pyritz: Paul Flemings Liebeslyrik. Zur Geschichte des Petrarkismus. – Göttingen: Vandenhoeck & Ruprecht 1963 (= Palaestra; 234). Es handelt sich um die Wiedervorlage der 1932 unter dem Titel *Paul Flemings deutsche Liebeslyrik* veröffentlichten Berliner Dissertation von Pyritz, ergänzt um zwei ehemals separat publizierte Kapitel zu den *Suavia* und den Übersetzungen Flemings, die jetzt den ersten Teil unter dem Titel ›Die Anfänge: Lateinische Lyrik und deutsche Übersetzungen‹ des neu herausgegebenen Werkes bilden. Zum Nachweis der Einzeldrucke: Paul Flemings *Suavia*. – In: Münchener Museum für Philologie des Mittelalters und der Renaissance V/3 (1931), S. 251–321; Der Liebeslyriker Paul Fleming in seinen Übersetzungen. – In: Zeitschrift für deutsche Philologie 56 (1931), S. 410–436. Vgl. auch den 1931 gehaltenen Vortrag von Pyritz: Petrarca und die deutsche Liebeslyrik des 17. Jahrhunderts. – In: ders.: Schriften zur deutschen Literaturgeschichte. Hrsg. von Ilse Pyritz. – Köln, Graz: Böhlau 1962, S. 54–72.

11 Vgl. Richard Alewyn (Rez.): Hans Pyritz: Paul Flemings deutsche Liebeslyrik. – In: Deutsche Literaturzeitung 54 (1933), Sp. 924–932, wiederabgedruckt in: Deutsche Barockforschung. Dokumentation einer Epoche. Hrsg. von Richard Alewyn. – Köln, Berlin: Kiepenheuer & Witsch. 2. Aufl. 1966 (= Neue Wissenschaftliche Bibliothek; 7), S. 438–443.

Leider sind die Pyritzschen Forschungen nicht systematisch fortgesetzt worden. Entsprechend zu verfahren, hätte bedeutet, die literarischen Landschaften des 17. Jahrhunderts vor allem im Umkreis der Dichtersozietäten und studentischen Gruppen in Hamburg und Schleswig-Holstein, in Danzig und Königsberg, in Breslau und Leipzig, in Nürnberg, in Heidelberg und Straßburg etc. abzuschreiten.[12] Dann hätte sich wahrscheinlich herausgestellt, was vorerst nur als Hypothese zu äußern ist und der Verifizierung bedarf, daß nämlich die Variationsbreite lyrischen Sprechens auch in der deutschen Liebesdichtung sehr viel reicher ist, als man gemeinhin anzunehmen pflegt. Die Aufgabe ist freilich, gründlich ausgeführt, beträchtlich. Es müßten die einschlägigen Ausprägungen im europäischen Kontext ebenso wie im deutschen übersehen werden, um Assimilation und Verwandlung jeweils im einzelnen exakt angeben zu können. Die Vorgaben aus dem Neulateinischen wären ebenso zu kalkulieren wie diejenigen aus der Romania und den Niederlanden, am Rande auch aus England, ja gelegentlich aus den skandinavischen und den slawischen Literaturen.

Dieser Vorbehalt ist auch im Blick auf die folgenden Darlegungen zu machen. Im Unterschied zu Pyritz geht es in ihnen nicht um den Versuch einer individuellen und speziell biographischen Motivierung für die Art der Rezeption des überkommenen petrarkistischen Kanons. Uns interessiert, ob sich auch in einem so festgefügten Form- und Motivsubstrat wie dem petrarkistischen Kristallisationspunkte ausfindig machen lassen, die ihrer Trägerschicht im Umkreis der bürgerlichen Gelehrtenkreise des 17. Jahrhunderts die Artikulation bestimmter standesspezifischer Werte gestatteten. Es ist bekannt, daß die Schäferdichtung in ihren verschiedenen Spielarten und insbesondere in der Ekloge seit Vergil erhebliche Möglichkeiten einer eigenständigen Adaptation besaß. Daß dies auch für die so formelhafte petrarkistische Schäferlyrik zutreffen könnte, wurde bisher nicht wahrgenommen. So mag hier ein erster Versuch unternommen werden.

Das schäferliche Liederbuch in Deutschland

Als Beispiele der folgenden Analyse sollen die schäferlichen Lyriksammlungen von Johann Rist (1607–1667) und Jakob Schwieger (ca. 1629/31–1663/64) herangezogen werden. Sie sind insofern besonders geeignet, als in ihnen die pastorale Fiktion durchgehend gewahrt wird. Das ist keineswegs das Übliche. Seitdem Opitz in seine Gedichtsammlungen einige schäferliche Beiträge eingestreut hatte, findet man sol-

---

12 Erster Überblick mit der (spärlichen) Literatur bei Hoffmeister: Petrarkistische Lyrik (Anm. 9), S. 65ff. [Jetzt aus der inzwischen reicheren Literatur vor allem zu verweisen auf: Anthony J. Harper: German Secular Song-Books of the Mid-Seventeenth Century. An Examination of the Texts in Collections of Songs Published in the German-Language Area Between 1624 and 1660. – Aldershot: Ashgate 2003. Der Verfasser hat ein nach Regionen gegliedertes Kapitel zur deutschen Schäferlyrik inzwischen abgeschlossen, das in dem dem 17. Jahrhundert gewidmeten Teil des in Vorbereitung befindlichen Arkadienbuchs zur Publikation gelangt. Hier auch die neuere Literatur zum Petrarkismus].

che in vielen lyrischen Sammelwerken des 17. Jahrhunderts. Am ergiebigsten sind die lyrischen Liederbücher der Leipziger und der ihnen nahestehenden Dichter: Finckelthaus' zwischen 1635 und 1645 erscheinende Lieder, Homburgs *Schimpff=vnd Ernsthaffte Clio* (1638–1642), Schirmers *Rosen=Gepüsche* (1650–1657) und Schochs *Neu=erbaueter Poetischer Lust= und Blumen=Garten* (1660).[13]

Das ausgesprochen zyklische pastorale Liederbuch ist jedoch – wenn man von Scheins *Diletti pastorali* (1624) absieht, die in einer älteren Tradition stehen – eine Schöpfung des großen Repräsentanten der Opitzschen Reformbewegung im Norden, des in Wedel bei Hamburg wirkenden Pastors Johann Rist.[14] Seine beiden lyrischen Schäferbücher *Des Daphnis aus Cimbrien Galathee* (1642) und *Des Edlen Dafnis aus Cimbrien besungene Florabella* (1656) sind jeweils in mehrfacher Auflage erschienen. Sie erfreuten sich nicht nur im deutschen Sprachraum großer Beliebtheit, sondern wirkten auch in das Ausland hinüber, besonders nach Dänemark.[15] Ein ähnlicher Erfolg ist Schwiegers *Adelicher Rose* (1659) nicht beschieden gewesen; nur ganz wenige Exemplare der einzigen Auflage haben sich erhalten.[16] Rist

---

13 [Diese Lyriksammlungen waren Gegenstand eines Editionsprojekts, das unter dem Titel *Weltliche Lieder des 17. Jahrhunderts. Die Leipziger Lyriker, ihre Freunde und Nachfolger* stand. Es wurde im engen Zusammenwirken mit dem inzwischen verstorbenen Kollegen Anthony J. Harper entworfen, der das lyrische Werk Christian Brehmes und David Schirmers zur Publikation brachte. Vgl. zum Näheren: Klaus Garber: Zum Gedenken an Anthony J. Harper. – In: Daphnis 40 (2011), S. 715–719. Vgl. auch ders.: Weltliche Lieder des 17. Jahrhunderts. Die Leipziger Lyriker, ihre Freunde und Nachfolger. – In: Wolfenbütteler Barock-Nachrichten 6 (1979), S. 267–269. Vgl. jetzt auch: Ernst Christoph Homburg: Schimpff= vnd Ernsthaffte Clio. Historisch-kritische Edition nach den Drucken von 1638 und 1642. Bd. I–II. Bd. I: Text. Bd. II: Kommentar. Hrsg. und kommentiert von Achim Aurnhammer, Nicolas Detering, Dieter Martin. – Stuttgart: Hiersemann 2013 (= Bibliothek des Literarischen Vereins in Stuttgart; 345–346)].

14 Zur Lyrik Rists vgl. Theodor Hansen: Johann Rist und seine Zeit. Aus den Quellen dargestellt. – Halle: Buchhandlung des Waisenhauses 1872 (Reprint 1973); Wilhelm Krabbe: Johann Rist und das deutsche Lied. Ein Beitrag zur Geschichte der Vokalmusik des 17. Jahrhunderts. – Diss. phil. Berlin 1910; Oskar Kern: Johann Rist als weltlicher Lyriker. – Marburg: Elwert 1919 (= Beiträge zur deutschen Literaturwissenschaft; 15) (Reprint 1968); Rudolf Mews: Johann Rists Gesellschaftslyrik und ihre Beziehung zur zeitgenössischen Poetik. – Diss. phil. Hamburg 1969; Leif Ludwig Albertsen: Strophische Gedichte, die von einem Kollektiv gesungen werden. Das Zersingen, analysiert am Schicksal einiger Lieder von Johann Rist. – In: Deutsche Vierteljahrsschrift für Literaturwissenschaft und Geistesgeschichte 50 (1976), S. 84–102. Zur hier nicht behandelten geistlichen Lyrik Rists: Rudolf Kipphan: Johannes Rist als geistlicher Lyriker. – Diss. phil. Heidelberg 1924 (Masch.). – Die von uns verfolgte Fragestellung ist in der bisherigen Literatur nicht angebahnt. [Jetzt gerade auch im Blick auf den geistlichen Dichter heranzuziehen ist der gehaltreiche Sammelband: Ewigkeit, Zeit ohne Zeit. Gedenkschrift zum 400. Geburtstag des Dichters und Theologen Johann Rist. Hrsg. von Johann Anselm Steiger. Mit einem Geleitwort von Hans Christian Knuth. – Neuendettelsau: Freimund 2007 (= Testes et testimonia veritatis; 4)].

15 Dazu – außer der Arbeit von Albertsen – mit der entsprechenden Literatur: Sören Terkelsen: Astree Siunge-Choer. Förste Snees 1648. Hrsg. von E. Sönderholm in Zusammenarbeit mit Dieter Brandt und Dieter Lohmeier. Einrichtung der Melodien von Jörgen Berg. – Neumünster: Wachholtz 1976 (= Kieler Studien zur deutschen Literaturgeschichte; 12).

16 Grundlegend zu Schwieger: Dieter Lohmeier, Anke-Marie Lohmeier: Jacob Schwieger. Lebenslauf, Gesellschaftskreis und Bücherbesitz eines Schäferdichters. – In: Jahrbuch der Deutschen Schillergesellschaft 19 (1975), S. 98–137. Wichtig zu den soziologischen Grundlagen auch: Dieter Lohmeier, Karin Unsicker: Literarisches Leben des 17. Jahrhunderts in Glückstadt, einer fürstlichen Verwaltungsstadt Schleswig-Holsteins. – In: Stadt – Schule – Universität – Buchwesen und

hatte bekanntlich keine hohe Meinung von dem in seiner Nähe vorwiegend in Stade und Glückstadt lebenden Münzmeister.[17] In der Tat sind manche seiner Gedichte vor allem aus dem Umkreis der Kasualproduktion heute nur noch schwer genießbar. Daß er lange Zeit mit Kaspar Stieler, dem vielleicht bedeutendsten Lieddichter des Zeitalters, verwechselt werden konnte, erscheint schwer begreiflich.[18]

Wenn hier Rist und Schwieger zusammen vorgestellt werden, so deshalb, weil sie eine theologische und moralische Komponente in ihrer Lyrik ins Spiel gebracht haben, die zwar latent im Petrarkismus angelegt ist und gerade in Deutschland manifest wird, in dieser Radikalität jedoch selbst im Deutschland des 17. Jahrhunderts ungewöhnlich sein dürfte. Ist sie einmal wahrgenommen, wird sie sich in Zukunft auch anderweitig leichter identifizieren lassen. Wir können hier auf knappem Raum keine Vergleiche mit der vorangehenden Tradition oder der gleichzeitigen deutschen Produktion vornehmen, sondern beschränken uns darauf, den Befund an zwei Exempeln herauszupräparieren und einen Versuch zu seiner historisch-soziologischen Deutung vorzutragen. Es muß künftigen Studien vorbehalten bleiben, das Untersuchungsergebnis auf deutscher und europäischer Ebene komparatistisch zu vertiefen und zu spezifizieren.

Erotische Poesie und auktoriale Strategie

Sowohl die *Galathee* als auch die *Florabella* Rists erscheinen ohne ein begleitendes Wort ihres Autors. Das ist um so auffälliger, als Rist es sich sonst in keiner seiner zahllosen weltlichen und geistlichen Lyriksammlungen nehmen läßt, die Adressaten seiner Werke zumeist in großer Ausführlichkeit anzusprechen und in der nachfolgenden Vorrede den Leser gleichfalls nicht selten in aller Breite über seine Intention, über das Wesen der Poesie, die gewählte Gattung etc. zu unterrichten.[19] Wenn entsprechende Äußerungen in den beiden schäferlichen Lyriksammlungen fehlen, so kann dies nur als Resultat einer geschickt eingefädelten und konsequent durchgehaltenen literarpolitischen Strategie verstanden werden.

---

die deutsche Literatur im 17. Jahrhundert. Hrsg. von Albrecht Schöne. – München: Beck 1976, S. 44–56.

17 Vgl. die schon von Goedeke III, 105 zitierte, zuletzt von Dieter Lohmeier und Anke-Marie Lohmeier: Jacob Schwieger (Anm. 16), S. 106, herangezogene Äußerung Rists gegenüber Neumark.

18 Vgl. die bekannte Arbeit von Albert Köster: Der Dichter der geharnschten Venus. Eine litterarhistorische Untersuchung. – Marburg: Elwert 1897, in der die Identifizierung Stielers als Dichter der *Geharnschten Venus* gelang. – Zum entsprechenden Nachweis für die Rudolstädter Festspielproduktion: Conrad Höfer: Die Rudolstädter Festspiele aus den Jahren 1665–67 und ihr Dichter. Eine literarhistorische Studie. – Leipzig: Voigtländer 1904 (= Probefahrten; 1). Zu Stielers Lyrik: Herbert Zeman: Kaspar Stielers *Die Geharnschte Venus*. Aspekte literaturwissenschaftlicher Deutung. – In: Deutsche Vierteljahrsschrift für Literaturwissenschaft und Geistesgeschichte 48 (1974), S. 478–527. Die Dissertation Zemans: Kaspar Stieler. Versuch einer Monographie. – Diss. phil. Wien 1965, ist leider ungedruckt geblieben.

19 Die Vorreden zu Rists Werken bedürften dringend einer eingehenden separaten Untersuchung. Paraphrasierende Rekapitulation des Materials bei Hansen: Johann Rist (Anm. 14). Knappe und instruktive Einführung bei Mews: Johann Rists Gesellschaftslyrik (Anm. 14), S. 22ff.

In der *Galathee* ergreift anstelle des Autors der Musiker und Freund Rists Theobaldt Grummer aus Lüneburg das Wort. Er führt Galathee als »die Crone aller Edel tugend liebenden Schäfferinnen« und Daphnis als »ein Außbund der von Tugend und Wissenschafft geadelten Schäffer« ein – zwei Charakteristiken der beiden Hauptgestalten, die in den Gedichten selbst vielfach umspielt und variiert werden.[20] Zu beachten ist dabei schon in der Vorrede die allegorische Transparenz der Schäfernamen. Daphnis ist sowohl der Name des fiktiven Liebenden im Liederbuch als auch der schäferliche Name des Autors, wie er auf dem Titelkupfer des Werkes erscheint und 1646 mit der Aufnahme Rists in den ›Pegnesischen Blumenorden‹ offiziell sanktioniert wird. Galathee ist ihrerseits ebenfalls die fiktive Gestalt des Werkes; zugleich assoziiert sich mit ihr als einer poetischen Kreation des Dichters jedoch stets auch die poetische Muse Johann Rists.

Die Vorrede changiert in traditioneller pastoraler Manier zwischen diesen beiden Ebenen genauso wie der dichterische Text. Beide »Schäfer« wissen, »daß es eine grosse Kunst sey nichtes böses thun/ und noch eine weit grösser den Leuten allen unbilligen Verdacht und Argwohn benehmen«.[21] Tugend ist in der Schäfer- wie in der Landlebendichtung aus hier nicht zu erörternden Gründen an den Rückzug aus der Welt und ihrer Versuchungen geknüpft. Dieses Gebot befolgt auch die Schäferin Galathee und das meint in der allegorisch-pastoralen Sprache der Vorrede nichts anderes als den Entschluß des Autors, seine schäferlichen Liebeslieder der Welt nicht preiszugeben, sondern unter Verschluß zu halten. In dieser Maßnahme realisiert sich der Vorsatz der beiden Schäfer, der Welt kein Ärgernis zu geben. Wenn die Liebeslieder inzwischen gleichwohl gesammelt und gedruckt vorliegen, so ist dies die Reaktion auf die unlauteren Machenschaften, denen sich der Autor und sein Werk in der Welt ausgesetzt sehen.

An diese Konstellation schließt der Herausgeber eine Reflexion an, die eine weit über den speziellen Anlaß hinausweisende Perspektive auftut. Der Rückzug aus der Welt bleibt vergeblich, weil die Vernunft sich damit der Möglichkeit begibt, dem Unheil zu wehren – ein Gedanke, der in den das Zeitalter beherrschenden Diskussionen um Chancen und Gefahren der *vita solitaria* immer wieder erörtert wird und in der Schäferdichtung einen prominenten Platz einnimmt. Im vorliegenden Fall konkretisiert sich die Bosheit der Welt im frevelhaften Zugriff auf die schöne Schäferin Galathee, unmetaphorisch gesprochen in der unrechtmäßigen Publikation einzelner Lieder der *Galathee* unter Verschweigen von Rists Namen. Der Wahrheitsgehalt dieser Behauptung ist sekundär und belangvoll primär ihre Funktion. Denn sie gestattet nun dem Herausgeber, für seinen Schritt der Publikation Ver-

---

20 [Johann Rist:] Des DAPHNJS aus Cimbrien GALATHEE[.] Hamburg Bey Jacob Rebenlein. [Der Titel nebst Impressum dem Kupfer entnommen]. Es existieren auch Exemplare ohne Impressum. Auf dem Exemplar der Musikbibliothek Leipzig (aus der Stiftung C.F. Becker) ist von alter Hand das Jahr 1642 ergänzt. Die Vorrede Theobaldt Grummers ist datiert: »Lüneburg den letzten des Mertzen 1642.« (fol. B1^r). Im folgenden zitiert nach dem Exemplar der Niedersächsischen Staats- und Universitätsbibliothek Göttingen (8° Poet. Germ. II. 7268). Hier das Zitat fol. A2^{v}s.

21 Ebd., fol. A3^r.

ständnis zu erwarten. Bewußt wird der Autor Rist aus diesem Vorgang herausgehalten. Der – Eigenmächtigkeit fingierende – Editor kann nur hoffen, daß »der Cimbrische Daphnis als ein grosser Liebhaber der Redligkeit und Trewhertzigkeit« diese auch bei seinem Freund und Editor Grummer in Anschlag bringt.[22]

Bis in die Präsentation der Druckfehlerliste reicht die Fiktion hinein. Da niemand den Druck habe überwachen können, möge der Leser selbst seines Amtes walten und korrigieren. Die mit den Initialen ›A.v.S.‹ gezeichnete Nachrede tut ein Übriges, indem sie versichert, es habe »der Daphnis aus Cimbrien gantz ungern vernommen/ daß seine/ in der Jugend aus Lust zur edlen Poeterey auffgesetzte Lieder und überschrifften/ durch seiner grossen Freunde einen hinter seinen Wissen unnd Willen zum Drucke sind übergeben/ und da sie nunmehr fast gantz verfertiget/ jhme erstlich vor die Augen kommen« seien.[23]

Nach dem gleichen Muster ist die – später fortfallende – Vorrede zur *Florabella* von 1651 gearbeitet. Wieder habe sich der Herausgeber Peter Meier – gleichfalls Musiker und Freund Rists – ohne Wissen des Autors zur Publikation entschlossen, nachdem etliche Lieder durch Rists »eigne Haußgenossen bereits unter die Leüte gebracht/ da sich denn etliche unwürdige grobe Gesellen/ mit dieses Edlen Schwahnens Federen haben zieren/ und bißweilen ein Lied/ daß sie zuvor nicht einmahl gesehen/ für das ihrige ausgeben dörffen.«[24] Der Autor, seit langem vornehmlich mit geistlichen Sachen befaßt, achte seine weltliche Produktion nicht der Überlieferung wert.

Die Manöver sind zu durchsichtig, als daß sie nicht leicht durchschaut werden könnten.[25] Natürlich hatte der Autor ein elementares Interesse daran, auch diesen Zweig seiner Produktion angemessen repräsentiert zu sehen, nachdem er ihn aus seinen großen Gedichtsammlungen glaubte verbannen zu müssen. Verhielte es sich anders, wäre der Bruch mit den als Herausgebern einspringenden Freunden wie auch mit den Verlegern unvermeidlich gewesen – beides trat jedoch nicht ein.[26] Warum sah sich Rist genötigt, diese Winkelzüge einzuschlagen?

---

22 Ebd., fol. A7ʳ.
23 Ebd., fol. M1ʳ.
24 [Johann Rist:] Des Edlen Dafnis aus Cimbrien besungene Florabella. Mit gantz neüen und anmuthigen Weisen ausgezieret und hervorgegeben von Peter Meiern. Bei demselben am Pferdemarckt für dem Alsterthor zu bekommen. Hamburg/ Gedrukt bei Jacob Rebenlein/ in Verlegung des Autoris, Jm Jahre 1651. Das Zitat nach dem offensichtlich einzigen erhaltenen Exemplar der Erstausgabe der *Florabella*, fol. (a)3ᵛs. Eine Ausgabe aus dem Jahr 1644 (Goedeke III, 84, Nr. 37a) dürfte nicht erschienen sein. Der Verfasser dankt Dieter Lohmeier (Kiel) für die Überlassung eines Films der Ausgabe 1651 nach dem Original in der Koninklijken Bibliotheek Den Haag.
25 Wie wenig die ältere Forschung imstande war, mit den Ristschen Mystifikationen zurande zu kommen, zeigen gerade die Ausführungen Kerns: Johann Rist als weltlicher Lyriker (Anm. 14), S. 83ff., die ihrer reichhaltigen Materialien wegen hier ergänzend hinzuzuziehen sind.
26 Vgl. Kern (Anm. 14), S. 86f.

Vorreden-Poetik

Hier ist zunächst ein Blick auf die reichhaltigen Vorreden zu den Ristschen Werken zu werfen, in denen der einflußreichste Repräsentant der Opitzschen Bewegung im Norden das kulturpolitische Programm des großen Vorgängers konsequent weiterführt. In der ersten Lyriksammlung, der *Musa Teutonica* von 1634, konnte Rist die Integration von weltlicher Liebeslyrik noch mit dem Hinweis auf ihren juvenalen Status und die erlauchten Vorbilder motivieren. Eines sei es, als kunstbeflissener Student Amatoria zu schreiben, ein anderes, wenn man in öffentlichen Ämtern sitze. Dieses Argument hatte jedoch den Nachteil, nur ein Mal benutzt werden zu können.

Folglich enthält sich denn auch der Autor in der nächsten Sammlung, dem *Poetischen Lust=Garten* (1638), weitgehend der Liebesdichtung; »erinnere ich mich doch billig/ daß weder meinem jetzigen Stande/ noch auch meinem Alter/ als in welchem ich nunmehr das dreissigste Jahr durch GOttes Gnade habe erreichet/ ein solches zustehen noch gebühren wolle.«[27] Der gleiche Befund ergibt sich nach Durchsicht der zwei weiteren umfänglichen Kollektionen, in denen Rist vor allem seine Kasuallyrik vereinigte, dem *Poetischen Schauplatz* (1646) und dem fast tausend Seiten umfassenden *Neuen Teutschen Parnass* (1652, ³1668).

Die Alternative, die Rist für seine Liebesdichtung fand, wurde angedeutet. Für den inzwischen etablierten und wohlbestallten Pfarrer, der sein poetisches Geschäft in Einklang mit seinem pastoralen bringen mußte, war die offizielle Distanzierung von seiner Liebeslyrik die einzige Möglichkeit, das kirchliche Verbotssystem, an dem Rist selbst in seinem vehementen Kampf gegen die antike erotische Mythologie mitwirkte, zu parieren.

Freilich zeigen gerade die Vorreden zu Rists weltlichen und geistlichen Schriften, daß auch im Medium der Theorie weltlicher Liebesdichtung ein Ausweg aus dem Dilemma eröffnet werden konnte, der nun direkt zum Gehalt der beiden schäferlichen Liederbücher hinüberleitet. Schon in der Vorrede zum *Poetischen Lust=Garten* relativiert Rist sein Verdikt der erotischen Poesie mit dem Hinweis, daß auch Opitz – »ein Mann/ der zum höhesten Preise vnsers allgemeinen Vaterlandes ist gebohrn« – Liebesgedichte in sein Werk eingeflochten habe und daß – dies das Entscheidende – darunter doch so gut wie keines sei, »durch welches keusche Hertzen vnd züchtige Ohren könten geärgert oder verletzet werden.«[28] Auch in der Liebesdichtung und speziell der liedhaften Liebeslyrik kann man sich so äußern, daß die Koinzidenz mit dem Moralkodex, den der Wedeler Pfarrer als kirchlicher Repräsentant zu vertreten hat, gewahrt bleibt.

Dieser Gedanke wird interessanterweise gerade in den Vorreden zu den geistlichen Schriften Rists weiter verfolgt. Im gleichen Jahr wie die erste Auflage der *Florabella* erscheint Rists *Neüer Himlischer Lieder Sonderbahres Buch*. Hier wird eine eindeutige Distinktion getroffen, die es wert ist, insgesamt zitiert zu werden:

---

27 Johannis Ristii Holsati Poetischer Lust=Garte. – Hamburg: Rebenlein 1638, fol. aa4ᵛ.
28 Ebd., fol. aa5ʳˢ.

Verwerflich sind alle die jenige/ welche mit ungebührlichen/ leichtfertigen/ schändlichen und ärgerlichen Reden und Sprüchen ihre Lieder oder Gesänge anfüllen/ und dadurch gleichsam ein Feuer anblasen/ welches jungen und unerfahrnen Leuten (die gleich den kleinen Butter=Vögelein bei Nacht mit grosser Lust üm dasselbe herfliegen/) endlich die Flügel gar verbrennet/ das ist/ ihnen an Leib und Seele einen unwiederbringlichen Schaden zufüget.

Die jenige Lieder und Gesänge aber/ welche auff ehrliche Liebeshändel/ und keusche Zuneigunge sind gerichtet/ auch sonst keinen Menschen Aergerniß geben/ als nur denjenigen/ die sich aus selbst ingebildeter Heiligkeit auch an guhten und nützlichen Dingen leicht können ärgern/ die/ sage ich/ sind wol zu dulden/ wenn sie nur die Schranken der Ehrbarkeit (welches denn mit höchstem Fleiß muß beachtet/ und zum Uberflusse von mir hiebei abermahls erinnert werden) nicht überschreiten.²⁹

In der Vorrede zum *Neuen Musikalischen Seelenparadis* (1662) resümiert Rist diese Erkenntnis dahingehend,

daß ein gahr grosser Unterscheid unter erbaulichen Tugendliedern/ oder ehrlichen Libes=Gesängen/ und den ärgerlichen Schand und Huhrenliedern sei zu machen: Diese sind nichtes bessers wehrt/ als/ das sie bei ihrer ersten Gebuhrt im Feuer ümkommen/ und/ ehe sie noch jemand in die Hände gerahten/ zu Aschen gemachet werden. Jenne mögen nicht allein frei durchgehen/ sondern sie können auch zu Zeiten gelibet und gelobet werden/ wie solches mit unterschiedlichen Exempeln zu erweisen.³⁰

Und dann folgt eine lange Liste, die alles, was Rang und Namen im 17. Jahrhundert hat, vereinigt, um zu zeigen, daß es sehr wohl eine den Kodex der Schicklichkeit nicht verletzende Liebesdichtung gäbe. Besonders aufschlußreich ist in diesem Zusammenhang die Ristsche Exkursion in die Gattung des höfischen Romans am Beispiel von Bucholtz' *Herkules und Valiska* (1659/60). In ihm kommt jenes vorbildliche Ethos in der Liebe am reinsten zum Ausdruck, das auch in gelungenen Exempeln der Liebeslyrik, die Rist im Auge hat, intendiert ist. Petrarkistische Lyrik und heroischer Roman rücken unter diesem Aspekt aufs engste zusammen – ein Sachverhalt, der nicht mehr überraschen kann, wenn man den mehr oder weniger manifesten moralisch-theologischen Impetus im Petrarkismus des 17. Jahrhunderts erst einmal wahrgenommen hat. Rists schäferliche Liebeslieder gehören in prononcierter Weise zu der Gattung der »erbaulichen Tugendlieder«, und ihr Autor hätte folglich alle Veranlassung gehabt, sich in die illustre Phalanx der ehrbaren weltlichen Liederdichter einzureihen. Doch das ist nun zu zeigen.

---

29 Johann Rist: Neüer Himlischer Lieder Sonderbahres Buch. – Lüneburg: Stern 1651, fol. A3ᵛs.
30 Johann Rist: Neues Musikalisches Seelenparadis. – Lüneburg: Stern 1662, fol. (c)3ʳs. Vgl. in diesem Zusammenhang auch die Vorrede zu Rists *Neüe[n] Musikalische[n] Katechismus Andachten.* – Lüneburg: Stern 1656, in der sich Rist mit dem Vorwurf auseinanderzusetzen hat, daß seine geistliche durch seine weltliche Dichtung dementiert werde. Seine weltlichen Lieder enthielten »nichtes unehrbares noch ärgerliches«, gleichwohl habe er bereits öffentlich dazu aufgefordert, die ihm heimlich durch seine »Hausgenossen« entwendeten und sodann gegen sein Wissen und seinen Willen zum Druck beförderten Stücke zu vernichten (S. 22).

Standespolitische Implikationen schäferlichen Sprechens

Nachdem der Hirte Daphnis in der *Galathee* in einem einleitenden Gedicht erstmals seine Liebe zur umworbenen Schäferin Galathee bekundet hat, folgt gleich im zweiten Gedicht eine Absage an die gesellschaftlich höher gestellte, offensichtlich adelige ›Schäferin‹ Asterie. Der Schäfer – und Liederdichter! – Daphnis demonstriert damit, daß ihn nichts auf der Welt von der geliebten Schäferin Galathee abbringen kann. Er ist so treu wie nur ein Held in den heroischen Gattungen. Doch lebt er anders als dieser jenseits der Machtsphäre des Hofes; nicht auf den Bergen in gesellschaftlichen Spitzenpositionen, sondern auf den Feldern in niederem Stand. Die vom Hof ausgehenden Versuchungen – typische Konstellation in der pastoralen Dichtung – haben keine Macht über ihn. Als ›Schäfer‹ bewahrt er die seinem literarischen Stande eigene Tugend der Zufriedenheit auf der unteren Stufe des gesellschaftlichen Ordo:

> Jch weiß ja nicht bey Herren mich zu schicken/
> Auch hab' ich nie gelernet höfisch bücken.
>   Schlecht bin ich von Geberden
>   Nach alter Hirten Art
>   Kan auch nicht anders werden
>   Als ich erzogen ward.
>
> Darumb treib ich nur mein Herd' auff dürre Weiden/
> Mein Auffenthalt das hab ich in den Heiden/
>   Die Berge lass ich fahren
>   Die Hügel lieb' ich nicht/
>   Da sich die Heldin paaren
>   Mit jhrer Augen Licht.[31]

Das ist die der pastoralen Liebesdichtung adäquate Adaption des Lobpreises einfachen schäferlichen und ländlichen Lebens, wie sie alle Formen der Hirtendichtung durchzieht. Attrahiert diese die mannigfaltigsten Spielarten in ihrer Geschichte, so behauptet sich über die Varietät der Formen hinweg ein an die Schäfermaske geknüpftes homogenes Ethos in immer wiederkehrenden Argumentationsfiguren. Aufgabe einer historisch-dialektischen Literaturwissenschaft ist es, diese aus dem festen Motiv- und Argumentationsapparat herrührende scheinbare Geschichtslosigkeit der Gattung aufzubrechen – und das heißt nichts anderes, als den vorgegebenen durchweg traditionellen Textbefund in seiner standesspezifischen historischen Funktion einzusehen.

In der schäferlichen Liebesdichtung ist der Absage des Liebenden an den Hof die Funktion zugeordnet, die durch nichts in der Welt aufzuwiegende Hingabe an die Geliebte sinnfällig zu machen. So wie im heroischen Schäferroman vom Typ der *Astrée* der Held seiner auserwählten Schäferin auch und gerade am Hof und den von ihm ausgehenden Verlockungen unbeirrt die Treue wahrt, so in der Lyrik

---

[31] Rist: Galathee (Anm. 20), fol. B4ʳ.

der Hirte Daphnis seiner Galathee. Dementsprechend bekräftigt der Dichter in dem vorletzten Gedicht der Sammlung unter den Hirtennamen Corydon und Amaryllis, daß der Schäfer lieber im Umkreis des aus ›schlechten Zweigen‹ aufgeführten ›Hüttleins‹ seiner Schäferin verharre »als in der Fürsten Saal/ | Wo Silber/ Gold und edle Stein | Herprangen überall«:

> Jch achte nicht der edlen Pracht
>   Noch Herren Höffligkeit
> Das/ was mein Amaryllis macht
>   Jhr Hirten=Volck erfreut/[.]³²

Auch in der *Florabella* greift der Dichter mehrfach auf diesen Vorstellungskreis zurück. Hierher gehört vor allem der häufige Hinweis des Schäfers auf seinen niedrigen Stand. Er erfolgt durchweg in Kombination mit der ihm zugeordneten Selbstcharakteristik, daß die dem Schäfer fehlenden äußeren Güter reichlich durch die inneren aufgewogen würden:

> Bin Jch gleich kein Herr des Landes/
> Bin Jch gleich nicht hohes Standes/
>   Oder Adel von Geblüht:
> Hier ist meine frische Jugend/
> Die nur suchet Lehr und Tugend/
>   Und mein redliches Gemüht/
> Das auch ein Weiser höher hält
> Als alle Güter dieser Welt/
>   Ja dieses ist/ durch welches man/
>   Auch nach dem Tode leben kan.³³

Liebe im schäferlichen Stand besitzt ihr Spezifikum gerade darin, daß die geliebte Schäferin ihrerseits die inneren Vorzüge des Geliebten seinem äußeren gesellschaftlichen Ansehen vorzuziehen bereit ist. Umgekehrt ist die Orientierung der Geliebten am höheren gesellschaftlichen Rang des Geliebten in der schäferlichen Welt, wie sie Rist aufbaut, mit dem Makel des Wankelmuts und Verrats, ja der Sünde belegt. Bricht Galathee gleich zu Anfang der *Florabella* aus dem pastoralen Bezirk der ›Felder‹ aus, um einen ›groben Hirten‹ zu lieben, der sie »mit Ach und Weh | Hernachmahls wird bewihrten« – während Dafnis seine Liebe weiter »bei den Heerden« sucht –, so überantwortet sie sich damit dem Bereich des vergänglichen Scheins:

> Du trotzest auff dein Angesicht
>   Und Schönheit deiner Glieder
> Ach! poche nicht/ des Leibes Pracht

---

32 Ebd., fol. L5ʳ.
33 Die *Florabella* Rists wird im folgenden nach der dritten und – seit der zweiten Auflage von 1656 – erweiterten Auflage, Hamburg: Guth 1666 zitiert (Ex SuUB Göttingen: Poet. Germ. II. 7261). Das vorgelegte Zitat hier fol. P8ᵛs. Vgl. beispielsweise in diesem Zusammenhang auch die jeweils dritte Strophe des 49. und des 70. Liedes.

Verschwindet offt in einer Nacht/
Bestand in Liebes Sachen
Pflegt Weiber schön zu machen.[34]

Von hierher erklärt es sich auch, daß inmitten der Liebeslyrik ein ironisches *Lob deß Hofelebens* ohne jeden Bezug auf das Liebesthema plaziert werden kann, in dem die Freiheit des schäferlichen Standes in herkömmlicher Manier gegen die Sklaverei bei Hofe abgesetzt wird.[35]

Diesen sozialen Bezugsrahmen muß man im Auge haben, wenn man der Charakteristik der schäferlichen Gestalten zugleich in ihren latenten standespolitischen Valenzen gerecht werden möchte. Um zunächst von dem männlichen Liebhaber zu sprechen, so ist dieser in petrarkistischer Tradition als beharrlich Werbender eingeführt, der sein Geschick in die Hände der Geliebten gelegt hat, ihr unwandelbar ergeben ist, alle Leiden um ihretwillen erträgt, bereit ist, den Tod seiner Liebe wegen auf sich zu nehmen.[36] Fraglich ist jedoch, ob auch das reflexive Moment in bezug auf die moralische Integrität des Liebenden in der Geschichte des europäischen Petrarkismus gleich intensiv akzentuiert ist wie hier bei Rist.

Moralisierung des Liebes-Diskurses

Diese Frage, die angemessen nur in einer großen komparatistischen Untersuchung zum europäischen Petrarkismus beantwortet werden kann, über die wir bisher nicht verfügen, braucht uns hier nicht zu beschäftigen, weil das Problem der historischen Signifikanz und Funktion davon durchaus unberührt bleibt. Kaum ein Lied in der *Galathee* oder der *Florabella*, das nicht mehr oder weniger demonstrativ die ethischen Qualitäten des Schäfers unterstriche. Hier sei nur ein bewußt knapp gehaltenes Florilegium geboten, um eine Anschauung zu vermitteln.

Der Schäfer haßt sein Leben, weil ein ›böser‹ und ›falscher Raht‹ ihn dazu verführt hat, untreu zu werden und einer Anderen zu folgen.[37] Ihm ist es nicht möglich, mit der Liebe zu spielen, wie es das blinde Glück zu tun pflegt:

Wil einer recht auff Tugend ziehlen
Der mach' erst fest den schwachen Muht/
Wer lieben wil/ und doch nicht stehn
Als eine Säul' von Marmorsteinen/

---

34 Ebd., fol. A8ʳ.
35 Ebd., fol. C7ᵛss.; Lied Nr. 11.
36 Vgl. die Zusammenstellungen der einschlägigen petrarkistischen Wendungen etwa bei Pyritz: Paul Flemings Liebeslyrik (Anm. 10), S. 124ff.; Hugo Friedrich: Epochen der italienischen Lyrik. – Frankfurt a.M.: Klostermann 1964, S. 192ff., S. 311ff.; Leonard Forster: Das eiskalte Feuer. Sechs Studien zum europäischen Petrarkismus. Übersetzt von Jörg-Ulrich Fechner. – Kronberg/ Ts.: Scriptor 1976 (= Theorie, Kritik, Geschichte; 12) (englischer Erstdruck 1969), S. 13ff.; Gerhart Hoffmeister: Petrarkistische Lyrik (Anm. 9), S. 25ff.
37 Rist: Galathee (Anm. 20), fol. D2ʳss: ›Klag=Lied des Hirten Daphnis/ Als er gezwungen ward/ die Flavien zu lieben‹.

Der wird sein Elend für sich sehn
Viel eh' als Er es selbst wird meinen[.][38]

Betrügerei und Falschheit sind weit von ihm, so daß alle Welt bekennen muß, daß der »Schäffer redlich sei«.[39] Denn er weiß,

[…] verbotnes lieben/
Jst nur nichtes als betrüben/
Ja die gröste Hertzensquahl.[40]

Tugend bewahrt ihn vor Neid und Mißgunst anderer:

Gottes Lieb' und Menschen Gunst
Wünsch ich mir vor allen Dingen/
Dieser zwahr durch Lehr' und Kunst/
Jennes durch mein gläubigs Singen.[41]

So geht die Liebeslyrik bruchlos in die Erbauungsdichtung über. Wenn in beide Sammlungen immer wieder Abschiedslieder eingeflochten sind, so vor allem, um das ganze Spektrum der Schmerzensbeteuerungen auszubreiten. Zugleich aber bieten gerade diese Gedichte die Möglichkeit, wie im heroischen Roman über die räumliche Trennung hinweg die unverbrüchliche Treue der Liebenden manifest werden zu lassen. ›Verflucht‹ müsse er sein, so äußert der Schäfer, »wenn ich o treues Lieb/ wenn ich vergesse dein«.[42] Sollte er ihr untreu werden, so darf sie mit Fug behaupten, »das keine Redligkeit und Treü | Mehr sey zu finden auff der Erden«.[43] »Ohne Falsch und ohne List« ist sie auch dem Fernen ins Herz geschrieben.[44] Nichts auf der Welt vermag seinen Mut und seine Treue zu erschüttern, so lange wie er sich ihrer Gegenliebe versichert weiß.[45]

Damit kommen wir zur Gegenseite, zum Bild der Geliebten in diesen beiden schäferlichen Liederbüchern. Natürlich wird auch sie in petrarkistischer Manier wiederholt als Spröde und Harte, Stolze und Unbarmherzige, Unnahbare und Abweisende eingeführt. Doch daneben finden sich zahllose Strophen bzw. Gedichte, in denen sie als Muster an »Tugend Zucht und Ehr« erscheint und sich dem gleichen Ideal bleibender Bindung einschließlich der emotionalen Werte verpflichtet zeigt wie der Liebende.[46] Sie achtet so wenig wie der Schäfer »weder Gold noch Geld«, übertrifft die Pallas an Klugheit und die keusche Dido an »Zucht und Ehr«,

---

38 Rist: Florabella (Anm. 33), fol. E8ᵛ.
39 Ebd., fol. N6ᵛ.
40 Ebd., fol. O1ʳ.
41 Ebd., fol. O6ᵛ.
42 Rist: Galathee (Anm. 20), fol. I6ʳ.
43 Rist: Florabella (Anm. 33), fol. L1ʳ.
44 Ebd., fol. O8ᵛ.
45 Vgl. ebd., fol. R7ᵛss. (Lied Nr. 8).
46 Rist: Galathee (Anm. 20), fol. B6ʳ.

hat ihre Jugend geschmückt »mit Tugend | Der Frömmigkeit und Treu.«[47] Sie ist ein Inbild von »Zucht und Kunst«; »Gut/ Muth/ Witz Schönheit/ Tugend/ | Sind Gaben eurer Jugend.«[48] Programmatisch hebt dementsprechend die *Florabella* mit einem großen Preis der Schäferin an, in der sich die inneren Vorzüge den äußeren Reizen hinzugesellen:

> Du suchest nicht was irrdisch heist
> Und nur den Leib erquikket
> Dein Geist der liebet allermeist
> Den Himmel der dich zükket/
> Denn/ weil du lauter Himlisch bist
> So spottest du der Erden/[.][49]

Das gleiche Gedicht zeigt aber auch, daß die Vollkommenheit der Geliebten ihre Bereitschaft zur Erwiderung der Liebe und damit zur Vermeidung von Leid einschließt:

> Du liebest was dein treues Hertz
> Verbunden ist zu lieben/
> Dich quählet des geliebten Schmertz
> Dich ängstet sein Betrüben/[.][50]

Liebender wie Geliebte wissen sich in der Ausrichtung ihrer Liebe auf die inneren Werte des Partners geeint. Eine gewisse Logik des Aufbaus unter diesem Aspekt ist in den – ansonsten nur vereinzelt ordnende Akzente setzenden – Sammlungen vor allem zu Beginn der *Galathee* zu erkennen. Nach der Werbung um die schöne Schäferin und der Absage an die höfische Dame antwortet Galathee dem Preislied des Daphnis mit einem *Lob=Gesang Von ihren lieben Schäffer Daphnis*. Wie er liebt auch sie zuallererst seine inneren Gaben, seine Freundlichkeit, seine Treue und Redlichkeit, seine Klugheit und Weisheit und nicht zuletzt seine Kunst des Gesangs, die ihn wie den Hirten-Dichter ›Daphnis aus Cambrien‹ auszeichnen. Wertschätzung der moralischen Qualitäten des Partners und Bewußtsein der eigenen Beständigkeit – »Ach mier ist nichts bewust | Als nur beständig seyn« – gehören zusammen.[51]

Diesen Beobachtungen fügt sich eine komplementäre an. Natürlich hat auch Rist seinen Tribut an die petrarkistische Beschreibung der Schönheiten der Geliebten gezollt und zuweilen einzelne ihrer Glieder und Organe besungen. Und doch bleibt seine Zurückhaltung in dieser Richtung im ganzen denkwürdig. Über dieser Lyrik liegt kein sinnlicher, kein erotischer Zauber wie bisweilen bei Weckherlin, gelegentlich auch den Leipzigern und insbesondere bei Stieler. Es sind nur immer

---

[47] Ebd., fol. F8ʳs. Vgl. beispielsweise auch in der gleichen Sammlung *Er preiset die treffliche Vollenkommenheit seiner Amaryllis*, fol. H2ʳs.
[48] Ebd., fol. K1ʳ.
[49] Rist: Florabella (Anm. 33), fol. A4ᵛ.
[50] Ebd.
[51] Rist: Galathee (Anm. 20), fol. C1ʳ, ›Lob=Gesang‹ fol. B8ʳ–C1ʳ.

wieder ihre Zier, ihre Pracht, ihre Schönheit, die formelhaft zitiert werden, ohne daß sich ein körperliches Fluidum bildete.

So macht es die vollkommene Liebe in der schäferlichen Welt aus, daß nicht nur der Liebende unwiderruflich seiner Angebeteten zugetan bleibt, sondern die Geliebte die Liebe erwidert – »Ach wie treulich hast du doch | Florabella mich geliebet«[52] – und die beiden sich in einer auf Tugend gegründeten Liebe wechselseitig binden:

> Glaube doch O süsser Mund
>   Was dein Schäffer schweret
> Tugend ist der Liebe Grund
>   Daß er dein begehret
> Tugend die dich Edel macht
> Hat mich in diß Joch bracht
>   Daß ich dir mein Leben
>   Mich so gahr ergeben.
>
> Billig liebt mein treüer Sinn
>   Solch ein Edle Krone
> Denn du schönste Schäfferinn
>   Gibst mir ja zu Lohne
> Gegenlieb' und wahre Gunst
> Solches mehret meine Brunst/
>   Weil du dich mir schenkest
>   Und zu mir dich lenkest.[53]

Zwanglos und ohne daß ein Bruch im Akt lyrischen Sprechens eintreten würde, kann der Dichter daher seiner Sammlung ein Lehrgedicht integrieren, in dem er die ›züchtige Jugend‹ ›vermahnet‹, daß »Sie nur ein Hertz/ und dasselbe […] keusch und beständig liebe.«[54] Was hier unverhohlen in paränetischer Manier abgehandelt wird, bestimmt auch das Ethos und Verhalten der fiktionalen petrarkistischen Schäfer, und zwar vor allem des männlichen Partners.[55] Die Geliebte war im Petrarkismus weniger merklich auf diese Ideale hin angelegt. Wie hätten auch die Dichter ihre Lyrik mit einem Heer seufzender und schmachtender Liebender bevölkern können, wenn die Geliebte stets zur bleibenden Erwiderung der Liebe geneigt gewesen wäre? Das System, das eben aus der Versagung sein poetisches Lebensrecht zieht, wäre zusammengebrochen. Man beobachte aber, wie häufig Rist bemüht ist,

---

52 Rist: Florabella (Anm. 33), fol. Q2ᵛ.
53 Ebd., fol. E4ᵛ.
54 Ebd., fol. B7ʳss. (Lied Nr. 8).
55 Vgl. in diesem Zusammenhang auch das interessante, von Mews: Johann Rists Gesellschaftslyrik (Anm. 14), S. 24, wiedergegebene Zeugnis zur allegorischen Deutung des Schäfertums:
>   […] Ein anders wird verstanden/
> Ein anders wird gesagt: Denn/ was von Liebes Banden
>   und von der Schäffer Treü uns der Poeten Geist
>   gesungen hat/ das trifft den Ehstand allermeist.

Johann Risten POetischer Schauplatz. – Hamburg: Werner 1646, S. 156.

die Vergegenwärtigung der Schäferin vom Makel der Härte und Flatterhaftigkeit freizuhalten. Immer wieder sind es äußere Anlässe, die den Abschied, die Trennung und damit Leid und Klage provozieren.

Von hierher erklärt sich auch das bei Rist so beliebte Motiv des Neids und der Mißgunst, gelegentlich sogar in der Gestalt des ›Neidhart‹ verkörpert. Auch daß die Geliebte einem anderen versprochen wird, gehört dazu. So schafft der Dichter Situationen, die es ihm erlauben, seine Gestalten dem endlosen Klagestrom zu überantworten, ohne an das selbststatuierte Ideal weiblicher Vollkommenheit rühren zu müssen. Gleichwohl gibt es immer noch viele Gedichte, in denen die Geliebte als rechtes petrarkistisches Geschöpf aus freien Stücken ihre Gunst versagt und damit die seelische und nicht selten auch die physische Katastrophe des Liebenden herbeiführt.

Immerhin paßt es zu dem bisher Vorgetragenen, daß dieser sich nicht in jedem Fall dem grenzenlosen Schmerz überläßt. Insbesondere in der *Florabella* stehen teilweise an prominenter Stelle Gedichte, in denen der Liebende um der stoischen Trias, der Freiheit, der Ruhe, des Glücks, willen der Liebe abschwört und sich damit gewinnt. So will es schwerlich als Zufall erscheinen (und weist vielleicht doch auf die ordnende Hand Rists zurück), daß gleich im Einleitungsgedicht der *Florabella* die Liebe als Eitelkeit gebrandmarkt wird, der der Mensch sich zu entschlagen habe. Fröhlichkeit versus Eitelkeit, Tugend versus ›Liebes Fantasei‹, Freiheit versus ›süßes Leiden‹, Vernunft und Selbstbehauptung versus Sklaverei der Liebe – das sind die im Gedicht exponierten Antithesen, die, wie man sieht, tief in das Zeitalter hineinführen.

Ihnen korrespondiert zu Ende der Sammlung eine »Betrachtung aller weltlichen Eitelkeiten | Welche vielmahls wider die wahre Tugend streiten«, in der auch die Liebe nochmals unter den nichtigen Gütern der Welt figuriert.[56] Daneben freilich gibt es Gedichte, in denen der Liebende seine Freiheit, sein Selbst bedenkenlos hingibt, um ganz seine hoffnungslose Liebe leben zu können. Doch was derart als unstoische Verlorenheit an die *passio* erscheint, kann im nächsten Moment schon wieder als Bekräftigung seiner *constantia* gelten.

Brüche in der Konzeption

Damit ist schon angedeutet, daß die Ristsche Lyrik so wenig wie die petrarkistische sonst im 17. Jahrhundert von einem gehaltlich konsistenten und in sich bruchlosen Ethos getragen wird. Wenn dieser Eindruck im vorigen erweckt wurde, so nur aufgrund unserer Synopsis des thematisch und gedanklich Zusammengehörigen. Die Texte bieten in bezug auf weltanschauliche Homogenität ein durchaus disparates Bild. Leonard Forster hat in seinen Studien zum europäischen Petrarkismus wiederholt auf die Diskrepanz zwischen dem Selbstverständnis der petrarkistischen

---

56 Rist: Florabella (Anm. 33), fol. S5ᵛss., Lied Nr. 71 (fälschlich als Nr. 70 gezählt). Es folgt dann noch ein letztes 72. Stück, durch das die thematische Schlußpointe verwischt wird.

Lyriker und den häufig ganz unangemessenen Anforderungen der modernen Gelehrten an sie hingewiesen. Das Vorstehende könnte ein Beweis für diese These sein.

Darum ist es nun an der Zeit, für einen Moment lang den dialektischen Gegenpart zu vollziehen, um sodann eine Vermittlung zu versuchen. Rist hat selbst in seinen beiden Sammlungen gelegentlich auf die rein fiktive Existenz seiner schäferlichen Gestalten verwiesen und allein ein sprachlich-artistisches Interesse für sie reklamiert.[57] Das trifft sich mit zahllosen anderen Äußerungen in den eingangs herangezogenen Vorreden Rists und mit gleichlautenden Bekundungen anderer Lyriker. Wenn das 17. Jahrhundert in Deutschland mit der Einführung der neuen humanistisch-gelehrten Kunstdichtung zugleich von einer Flut petrarkistischer Lyrik überschwemmt wird, so aus keinem anderen Grund als dem, daß diese eine ideale ›Vorschule der Dichtung‹ darstellt.[58]

Und das nicht nur, weil das Erbe in einem langwierigen Transformationsprozeß bereits zu einem vergleichsweise stabilen Bild-, Motiv-, Situations- und Argumentationssystem geronnen war, dessen man sich bedienen konnte unter ausschließlicher Konzentration auf das ›Wie‹ des Sagens in einer überhaupt erst zu schaffenden poetischen Kunstsprache. Vielmehr begünstigte die im Petrarkismus lancierte Neigung zu emotionalem Extremismus und gedanklicher Dialektik eine von Antithesen durchsetzte Diktion, in der das artifizielle Interesse sich befriedigen vermochte. Gab es etwas Vordringlicheres, nachdem die Geschmeidigung der deutschen Sprache in Konkurrenz zu den übrigen Nationalsprachen auch in Deutschland auf der Tagesordnung stand? Gänzlich konzentriert auf Rhythmus und Klang, auf Bild und Metapher, auf Knappheit und Präzision der poetischen Diktion, haben die deutschen Dichter des 17. Jahrhunderts der deutschen Sprache innerhalb weniger Jahrzehnte nach dem Auftreten von Opitz gerade in der Liebeslyrik ein Maß an Elastizität und Prägnanz verliehen, das zu Beginn des Jahrhunderts niemand zu prognostizieren gewagt hätte.

Doch innerhalb dieses artifiziellen Exerzitiums, für das die petrarkistische Lyrik geradezu als Paradigma stehen kann, lassen sich gelegentliche argumentative Präferenzen erkennen, die eine spezifische historisch signifikante Integration in das Zeitalter ihrer Entstehung erlauben. Das soll nun an einem zweiten Vertreter, nämlich an Jakob Schwieger, gezeigt werden, bevor eine historische Erklärung versucht werden mag. Sein Werk entsteht in unmittelbarer räumlicher Nachbarschaft zu demjenigen Rists, ist jedoch in einem andersgearteten Adressatenkreis verankert und weist eine dementsprechende variierende Tendenz auf.

---

57 Am deutlichsten im 65. Lied der *Florabella* mit dem Titel ›*An seinen unverständigen Meister Hämmerling/ Welcher sich einbildete/ daß alle die erdichtete Namen der Schäfferinnen/ wahrhaffte und von dem Dafnis hochgehaltene Weibes Bilder weren*‹. Vgl. etwa auch Rist: Galathee (Anm. 20), fol. I5ʳ.
58 Vgl. Leonard Forster: Europäischer Petrarkismus als Vorschule der Dichtung. – In: ders.: Das eiskalte Feuer (Anm. 36), S. 49ff.

Depravierung der schäferlichen Rolle im Werk Schwiegers

Auch Schwieger führt in seiner *Adelichen Rose* den männlichen Partner Siegreich – in allen Werken Schwiegers Pseudonym für den Autor! – nicht nur als beharrlich Werbenden und zu Tode Verzweifelten ein, sondern explizit als Inbegriff eines tugendhaften, weil treuen und beständigen Liebhabers. Wohl erstreckt sich seine Liebe durchaus und sehr viel entschiedener als bei Rist auf die sinnlichen Reize der Geliebten. Vor allem ihre Brüste haben es ihm angetan; sie werden immer wieder besungen. Das ist eine Konzession an den Petrarkismus, und der Autor versäumt überdies nicht herauszustellen, daß deren Härte auf die Tugend ihrer Besitzerin verweise. Vor allem ist ihr Genuß nur demjenigen gestattet, der sich keuscher, d.h. dauerhafter Liebe befleißigt. Inbegriff der sinnlichen Freuden, die sie zu gewähren vermag, ist ihr ›Röslein‹, um das er gleich in dem ersten Gedicht bettelt. Nur der lebenslängliche Treue Verheißende darf es brechen. Und so jubelt denn auch Siegreich, nachdem sie sich ihm hingegeben hat:

> Himmel laß zu
> daß ich in Ruh
> möge mit Adelmuht schliessen mein Leben.[59]

Zudem ist dem zweiten Teil der insgesamt dreiteiligen Gedichtsammlung ein langes Ehrengedicht für Schwieger vorangestellt, das eine allegorische Deutung anbietet:

> [...] Ach! was sind dann die Rosen?
> Sie sind die Blühmelein/ als dadurch uns das Kosen
>   der reinen Liebe wird gar deutlich fürgemahlt.
>   O wol uns! wann der Glantz der Rosen in uns strahlt.
> Dann wie die Rosen stehn und immer herzlich glänzen
> mit Roht= und weisser Farb: Also sol uns bekräntzen
>   die schöne weisse Farb mit rechter Reinigkeit
>   und auch die Röhtliche mit Schaam und Züchtigkeit.[60]

Die Schäferin Adelmuht ist ihrerseits gleichfalls weit entfernt davon, nur durch äußere Schönheit zu glänzen. Vielmehr steht Schönheit wie durchweg im 17. Jahrhundert im Bündnis mit inneren Werten, und eben auf sie gründet sich Siegreichs Liebe. Anders als bei Rist versagt die Geliebte sich jedoch und löst damit den entsprechenden Schmerzensstrom aus. Wenn der Schäfer sie immer wieder auffordert, sich zu verhalten wie er, so meint das, so zu lieben wie er. Der Autor verfolgt mit

---

[59] Jacob Schwiegers Adeliche Rose. Welche den Getreüen Schäfer Siegreich/ und die wankkelmühtig Adelmuht; der Edlen und keuschen Jugend vorstellet. Jn drey Theile abgetheilet. Gedrükket zur Glükstadt/ durch Melchior Koch/ Jm Jahr 1659. Zitiert nach dem Exemplar der Niedersächsischen Staats- und Universitätsbibliothek Göttingen (8° Poet. Germ. II. 7168). Das vorgelegte Zitat Teil II, fol. B5^v (= S. 34).
[60] Ebd., ›Das zweyte Zehen‹, fol. π4^{r}s.

seiner Liebeslyrik einen ausdrücklich didaktischen Zweck und klärt anders als Rist den Adressaten und damit den Leser ausführlich darüber auf. Die Veröffentlichung seiner Gedichte erfolge, um

> der Jugend ein Muster der getreüen und wandel=bahren Liebe/ die Treüe an den Schäfer Siegreich/ den Wankkel=muht an der Adelmuht vorzustellen/ und daß Sie darauß einen zwiefachen Spiegel nehmen möge/ ihr Hertz zubeschauen/ ob es dem Siegreich oder der Adelmuht gleiche/ und endlich den Schluß daraus machen könne/ daß besser sey dem Siegreich als der Adelmuht nachzufolgen.[61]

Dieses Bekenntnis läßt an Deutlichkeit wie stets bei dem eifernden Moralisten nichts zu wünschen übrig. Die Crux des Autors aber besteht darin – und dafür ist die *Adeliche Rose* nur ein Beispiel –, daß er sich außerstande zeigt, seine hehren Grundsätze poetisch zu realisieren. Es mißlingt ihm, die Tradition petrarkistischer Liebessprache mit seiner rigoristischen Moralität zu vermitteln.

Daß die Geliebte unbeständig und wankelmütig ist, erfährt der Leser im drittletzten Gedicht, und wenn er darüber nicht überrascht ist, dann nur, weil er auf eine derartige Wendung vom Autor vorbereitet war. Der Sinneswandel kommt so plötzlich wie die Liebeserfüllung zu Ende des zweiten Teils, die sich gleichfalls nur als leere Veranstaltung erweist, um den späteren Treuebruch motivieren zu können. Der Autor, der sich auch sonst in seinen Dichtungen nicht verlegen zeigt, wenn es gilt, noch das Unwahrscheinlichste fiktional abzustützen, greift an dieser Stelle zur Begründung auf den Einfluß falscher Freunde zurück. Ihm geht es nur um die exemplarische Lehre:

> Untreü wird dich endlich schlagen
> und in Unfall stürtzen dich/
> daß du wirst mit Wehmuht klagen
> wegen Liebe gegen mich/
> und mit allzu=spätter reü
> lernen reden von der Treü.[62]

Und in einem der letzten Gedichte mit dem Titel ›Der Eid wird sich rechen‹, die in der abschließenden Abteilung ›Überschrifften‹ zusammengeführt sind, heißt es:

> Wer hätte je gedacht daß du den teüren Eid
> den du mihr hast getahn/ so balde soltest brechen.
> Ach gläub' es/ Adelmuht/ es blikket schon die Zeit
> da sich der Eid wird selbst an deiner Falschheit rechen.[63]

---

61 Ebd., ›Zuschrift‹ zum Gesamtwerk, fol. a5^r.
62 Ebd., ›Das dritte Zehen‹, fol. B4^r (= S. 31).
63 Ebd., fol. B11^{v}s.

Narrative Varianten

Wie so häufig ist gerade der ästhetisch mißglückte Versuch symptomatisch für die Intention des Autors. Der Schwiegersche Text beweist, welche Schwierigkeiten dem Vorhaben entgegenstanden, einem festgefügten literarischen System einen ihm wesensfremden Stempel aufzudrücken. Bruchlos gelingt dies Schwieger bezeichnenderweise im erzählerischen Genre, das weniger durch Schreibkonventionen festgelegt ist und überdies im 17. Jahrhundert eine feste erbauliche Tradition besitzt.[64]

Hier in der Prosa zeichnet sich nun auch der soziale Rahmen des Liebesgeschehens deutlicher ab, der in der *Adelichen Rose* nicht weiter profiliert ist. In der Lyrik wurde die Geliebte mit dem Makel der Verfehlung ausgestattet. In der Erzählung *Die Verführte Schäferin Cynthie* ist hingegen der Liebhaber mit dem Makel belegt – eine vom Ansatz her antipetrarkistische Situation. Der ›listige‹ Verführer wird zwar der pastoralen Konvention entsprechend als Schäfer tituliert, gebärdet sich aber gleichwohl als vornehmer höfischer Kavalier. Sie wehrt den einleitend als ›treulos‹ und ›leichtsinnig‹ Apostrophierten unter Hinweis auf ihren niedrigen Schäferstand ab, doch er wünscht nichts von ›Hoheit‹ zu hören.[65]

Unter der auf einer städtischen Hochzeit zusammenkommenden ›Schäfergesellschaft‹ erscheint er merklich als Ranghöherer. Die Unterwürfigkeit und die Ergebenheit in den Willen der Geliebten ist hier in dem Verführer verkörpert. Die petrarkistische Metaphorik, die ihm gewandt von der Zunge geht, hat ihr Pendant im Flitter seiner modischen Kleidung. Versucht der Lyriker, dem Petrarkismus einen verborgenen Sinn zu imputieren, so entlarvt der Erzähler die petrarkistische Sprechhaltung nun in eins mit der sozialen Identifizierung des Sprechers als nichtigen Schein. Wechselseitige Treue, die ›unauflößliche Verknüpfung‹ der Liebenden, wird für den Verführer zu einem leeren Wort, nachdem er ihre Gunst genossen hat.[66] Derart bricht von außen durch die ›höfischen Gesellen‹ das Unheil in die moralisch integre schäferliche Welt ein:

> SO ist der edle Schäfer Orden
>   der sonst der Einfalt zugetahn
> auch listig und betriglich worden
>   und weicht von der Tugend Bahn?
> So wil der Wolf nuhn mit den Schafen
> hinfort in einem Stalle schlafen?[67]

---

64 Zur erzählenden Schäferdichtung Schwiegers grundlegend Karin Unsicker: Weltliche Barockprosa in Schleswig-Holstein. – Neumünster: Wachholtz 1974 (= Kieler Studien zur deutschen Literaturgeschichte; 10), S. 237ff.

65 Die Verführte Schäferin Cynthie/ Durch Listiges Nachstellen des Floridans: Entdekket Von Jacob Schwigern. Glükstadt/ gedruckt durch Melchior Koch/ im Jahr 1660. Zitiert nach dem Exemplar der Niedersächsischen Staats- und Universitätsbibliothek Göttingen (8° Poet. Germ. II. 7168/2). Die vorgelegten Zitate fol. A2^v und B3^r.

66 Ebd., fol. C2^r.

67 Ebd., fol. C4^v.

Daß der Moralist indes auch auf die ständische Pointe verzichten kann, zeigt die ein Jahr früher erschienene *Verlachte Venus*, in der der Autor die »Hoch= Ehr= und Tugend=edelen Glüksburginnen« ebenso wie alle »keüschen/ Tugend=liebenden Hertzen« vor den Gefahren der sinnlichen Liebe warnen und die Venus als ›Lust=seüche‹ begriffen wissen möchte.[68] Man muß traktatförmige Erzählungen wie die Schwiegerschen im Kopfe haben, um die Vorsichtsmaßnahmen zu verstehen, die ein Autor wie Rist in bezug auf seine Liebeslyrik trifft.

Schäfer und Autor

Die Barockforschung war seit den zwanziger Jahren intensiv damit befaßt, die erlebnisästhetischen Kategorien durch historisch angemessenere zu ersetzen. Inzwischen kommt es darauf an, in der nach festen Gattungsgesetzen geregelten dichterischen Produktion, die niemand mehr ungestraft auf die Biographie oder gar ausdrucksästhetisch auf die psychische Struktur des Autors zurückbeziehen kann, die geschichtlichen Kräfte zu diagnostizieren, die auch in ihr mehr oder weniger manifest hervortreten. Hier stehen wir noch am Anfang, und jeder Schritt bedarf umständlicherer Herleitungen, als sie in einer knappen Studie möglich sind.

Die Schäferdichtung bietet dafür, wie angedeutet, besondere Chancen. In ihr ist die allegorisch verhüllte Selbstdarstellung und Selbstthematisierung von Dichter und Dichtung seit Vergil, ja im Grunde bereits seit Theokrits siebtem Idyll zu Hause. Die maßgebliche Gattung ist die Versekloge sowie speziell in Deutschland die von Opitz geschaffene ›Prosaekloge‹ mit Verseinlagen. In den übrigen Gattungen ist die Vermittlung zwischen fiktionalem Schäfer und gelehrtem Dichter komplizierter. Wenn Rist und Schwieger die pastorale Manier in der petrarkistischen Lyrik aufgreifen und konsequent durchführen, so geschieht dies wie bei allen Vorgängern und Nachfolgern zunächst, um den fiktiven Status dieses lyrischen Sprechens zu unterstreichen.

Es ist entscheidend für die Erkenntnis der schäferlichen Lyrik in Deutschland, daß die Einführung schäferlicher Gestalten und gelegentlich auch pastoraler Räume der Befreiung vom petrarkistischen Schema der Versagung und des Leides nur ausnahmsweise zugute kommt. In der überwiegenden Zahl der Fälle fördert das schäferliche Kostüm durchaus nicht die Ausbildung einer heiter-erotischen, glückversprechenden Aura, und nur vereinzelt gehen Schäfertum und erfüllte Liebe jene enge Verbindung auch in der deutschen Lyrik des 17. Jahrhunderts ein, die sich nach geläufiger Vorstellung vor allem mit diesem Genre assoziiert. Die Zitation des schäferlichen Milieus hat – über die Konvention und die Betonung der Fiktionali-

---

68 Verlachte Venus/ aus Liebe der Tugend und teütsch=gesinneten Gemühtern zur ergetzung/ sonderlich auf begehren Der Hoch=Tugend Edelen und Ehren=wehrten Constantia/ aufgesetzet von Jacob Schwigern. Glükstad/ gedrukt bey Melchior Koch/ im Jahr 1659. Zitiert nach dem Exemplar der Niedersächsischen Staats- und Universitätsbibliothek Göttingen (8° Poet. Germ. II. 7168/3). Die vorgelegten Zitate hier fol. A2^v und A8^r.

tät hinaus – in aller Regel nicht einen hedonistischen, sondern einen eudämonistischen Sinn.

Wenn die Einführung des Schäfers Daphnis in der *Galathee* und der *Florabella* einen Rückbezug auf die Person Rists, um es vorsichtig zu sagen, wenigstens nicht ausschließt und wenn der Schäfer Siegreich als Pseudonym für den Autor Schwieger steht und ihrer beider Identifizierung im Akt des lyrischen Sprechens eine Option bleibt, so deshalb, weil Verhalten und Maximen der schäferlichen Gestalten durchweg durch anderweitige Äußerungen ihrer Schöpfer gestützt werden. Wir haben das durch einen Blick auf die Vorreden Rists und die Erzählungen Schwiegers angedeutet, und es wäre ein Leichtes, weitere Zeugnisse beizubringen. Die um Treue und Beständigkeit, Unschuld und Redlichkeit, um Verführung und Verstellung, Sinnenfeindlichkeit und Askese kreisenden Vorstellungen, wie sie sich im pastoralen Gewand mit dem petrarkistischen System verflechten und es durchsetzen, sind gelegentlich und eher dezent in einen höfischen Rahmen eingepaßt und mit antihöfischen Akzenten versetzt. Auch das ist eine mit der schäferlichen Sprechweise vorgegebene Antithese.

Entsprechend überall im 17. Jahrhundert anzutreffende und gerade in der Schäferdichtung bevorzugt wiederkehrende Äußerungen dürfen deshalb auch nicht umstandslos einer antihöfischen Bewegung im Zeitalter zugerechnet werden.[69] Sie müssen zunächst weniger in ihrer negativen als vielmehr in ihrer positiven Funktion sozialer Selbstdarstellung verstanden werden. Der antihöfische Topos ist zuerst und vor allem ein argumentatives Schema, um im Kontrast zu anderen Lebensformen die eigenen standesspezifischen Wertvorstellungen zu profilieren, so wie Rist das in seinem Februar-Gespräch *Das AllerEdelste Leben Der Gantzen Welt* (1663) mustergültig durchgeführt hatte. Wenn er dort mit Zustimmung seiner Gesprächspartner das Landleben als die glücklichste Lebensform bestimmt und seine Existenz als Landpfarrer vor den Toren Hamburgs dafür existentiell einsteht, so zeigt das nur ein weiteres Mal die enge Verklammerung von ländlicher Lebensform und gelehrtem Dichtertum, wie sie für die Schäferdichtung insgesamt typisch ist und sich latent auch in den vorgelegten Texten manifestiert.

Der Attitüde schäferlichen Sprechens obliegt dabei in allen pastoralen Gattungen, soziale Ordnungen und Hierarchien spielerisch einmal umzukehren, einmal zu nivellieren. Die faktisch ohnehin selbstverständliche, aber auch in der Literatur stets unbestrittene ›Niedrigkeit‹ des schäferlichen Standes geht mit dem Paradoxon einher, daß gerade dieser Stand Träger und Wahrer höchster intellektueller, moralischer und ästhetischer Werte ist, die den Umständen entsprechend vielfältig konkretisiert werden können. Biblische wie antike Tradition legitimieren den literarischen Hirtenstand gleichermaßen zur Ingangsetzung derartiger Projektionsmechanismen. So kommt alles auf die historische Spezifizierung dieses Mechanismus an, und dazu bieten auch zwei so unterschiedliche Dichter wie Rist und Schwieger hinlängliche Veranlassung.

---

69 Vgl. Erika Vogt: Die gegenhöfische Strömung in der deutschen Barockliteratur. – Leipzig: Weber 1932 (= Von deutscher Poeterey; 11).

Kleinbürgerliches Ethos und ›nobilitas litteraria‹

Schwiegers Publikum ist dank Dieter Lohmeiers und Anke-Marie Lohmeiers Forschungen gut übersehbar.[70] Es rekrutiert sich aus der Beamtenschaft der von Christian IV. aus dem Boden gestampften Verwaltungszentrale Glückstadt sowie dem kleineren Handwerks-, Kaufmanns- und Handelsbürgertum in Hamburg einschließlich des weiblichen Elements in beiden Kreisen. An diese Schichten ist die große Masse der schäferlichen Gelegenheitsgedichte adressiert, die zugleich das Lesepublikum für die erbauliche Lyrik und die allegorisch-satirische Prosa stellen. Sie sind an der Erörterung und Entfaltung der *nobilitas-litteraria*-Thematik des europäischen Humanismus nicht interessiert. Schwieger seinerseits begnügt sich mit einem Minimum an gelehrtem Beiwerk in seinen Schriften. Er versorgt sein Publikum mit handfesten Moralanschauungen und hat damit, wie die schnelle Folge seiner Werke auf der Wende von den fünfziger zu den sechziger Jahren des 17. Jahrhunderts zeigt, in einem regional und sozial beschränkten und homogenen Kreis offensichtlich durchaus Erfolg. Die Inspiration durch holländische Vorbilder, insbesondere durch Cats, den er übersetzt, liegt auf der Hand.

Gleichwohl scheint mir Vorsicht geboten bei dem Versuch, Schwieger in die Reihe der Vorboten bürgerlichen Bewußtseins in der Literatur des 18. Jahrhunderts einzurücken, so sehr das Grundmodell darauf verweist.[71] Die Insistenz auf einer lustfeindlichen Moral verbindet sich mit einem defensiven Gestus gegenüber den von der galanten Welt ausgehenden Verführungen. Die Selbstbehauptung gegenüber der von der höfisch-adligen Welt herrührenden Irritation erfolgt im Namen traditioneller, von der Orthodoxie verwalteter Prinzipien. Eine offensive, in die Zukunft weisende Strategie ist bei Schwieger, der eher im kleineren und mittleren Bürgertum verwurzelt ist, nicht zu bemerken. Diese den Dichtern und Gelehrten des 17. Jahrhunderts im Rückgriff auf den europäischen Humanismus erschlossen zu haben, bildet das eigentliche Ferment der unerhörten Wirkung von Martin Opitz, der sich gerade auch der Schäfer- und Landlebendichtung als eines kulturpolitischen Organons bedient.[72]

Rist machte sich zum Propagator der Opitzschen Reform im Norden. Er hatte nicht nur Kontakt zu den Gelehrten und Beamten vor allem in Hamburg und Schleswig-Holstein, sondern ebenso zu dem Patriziat wiederum Hamburgs, aber auch anderer nord- und ostdeutscher Städte und insbesondere zum Adel wie zum regierenden Fürstentum, und zwar bevorzugt in Schleswig-Holstein und Dänemark sowie in Mecklenburg und in Braunschweig-Lüneburg. Als kaiserlich-gekrönter und geadelter Dichter, der in die ›Fruchtbringende Gesellschaft‹ aufge-

---

70 Vgl. D. Lohmeier, A.-M. Lohmeier: Jacob Schwieger (Anm. 16), S. 112ff.
71 Vgl. Unsicker: Weltliche Barockprosa in Schleswig-Holstein (Anm. 64), S. 249, im Anschluß an die Untersuchung von Arnold Hirsch: Bürgertum und Barock im deutschen Roman. Ein Beitrag zur Entstehungsgeschichte des bürgerlichen Weltbildes. 2. Aufl. besorgt von Herbert Singer. – Köln, Graz: Böhlau 1957 (= Literatur und Leben. N.F.; 1).
72 Vgl. dazu Klaus Garber: Martin Opitz – ›der Vater der deutschen Dichtung‹. Eine kritische Studie zur Wissenschaftsgeschichte der Germanistik. – Stuttgart: Metzler 1976.

nommen wurde, später sogar die Hofpfalzgrafenwürde erhielt, die ihm – wie im Falle Birkens – die Basis für die Rekrutierung seines ›Elbschwanenordens‹ mit gekrönten Dichtern verschaffte, operierte er von einer anderen sozialen Position aus als Schwieger.

Im Unterschied zu Opitz trat er jedoch nicht selbst den Weg durch die höfische Welt an, obgleich es ihm an Angeboten nicht fehlte, nachdem er einmal berühmt geworden war, sondern bewahrte seiner Gemeinde in Wedel die Treue. Im Kirchenlied und im erbaulichen zeitkritischen Schrifttum kam diese Seite seines Wirkens auch literarisch am deutlichsten zum Ausdruck. Den Kontakt zur großen Welt jedoch schuf er durch seine Gelegenheitsdichtung. Wie Opitz wußte Rist, daß Adel und Fürstentum für die neue Bewegung nur zu gewinnen waren, wenn ihre Schöpfer sich von der älteren stadtbürgerlichen Reimerei distanzierten. Daher in fast allen poetologischen Äußerungen Rists der Kampf gegen die Vielschreiber und Stümper sowie das Pochen auf Gelehrsamkeit und Kunstverstand als Ingredienzen des ›modernen‹ Poeten – einer Forderung, der er selbst im täglichen Studium, das die Naturwissenschaften durchaus einschloß, nachkam.

Mit der im Schäfer und Landmann verkörperten moralischen Integrität, deren Spuren wir auch in Rists petrarkistischer Lyrik nachzuweisen suchten, geht dieses *eruditio*-Ideal jene charakteristische Symbiose ein, mittels derer das gelehrte Bürgertum des 17. Jahrhunderts seinen Anspruch auf soziale Gleichberechtigung mit dem alten Feudaladel im Blick auf das regierende Fürstentum mehr oder weniger prononciert anmeldete und in eins mit der neuen Kunstdichtung zugleich jene diskursiven Elemente ausformte, auf die gestützt das gebildete Bürgertum des 18. Jahrhunderts gegen die Hegemonie des Adels und später des absolutistischen Staates selbst antrat.

Zuerst – in der französischen Übersetzung von Danielle Laforge – erschienen unter dem Titel: Pétrarquisme pastoral et bourgeoisie protestante. La poésie pastorale de Johann Rist et Jakob Schwieger. – In: Le genre pastoral en Europe du XVe au XVIIe siècle. Ed. par Claude Longeon. – Saint-Etienne: Publications de l'Université de Saint-Etienne 1980 (= Centre d'Études de la Renaissance et de l'Âge Classique), pp. 269–297. Hier erstmals in der deutschen Version. Vgl. jetzt auch: Klaus Garber: Johann Rists Arkadien. – In: Johann Rist (1607–1667). Profil und Netzwerke eines Pastors, Dichters und Komponisten der Barockzeit. Internationale Tagung in Hamburg vom 02.–05. Mai 2013. Hrsg. von Bernhard Jahn, Johann Anselm Steiger, Axel E. Walter. Im Druck.

Pastorales Dichten des ›Pegnesischen Blumenordens‹ im Rahmen der Sozietätsbewegung des 17. Jahrhunderts

Ein Konspekt in 13 Thesen*

Keine Stadt im deutschen Sprachraum des 17. Jahrhunderts hat eine ähnlich lebhafte und formal differenzierte pastorale Produktion in Verbindung mit einer immer wieder ansetzenden theoretischen Reflexion aufzuweisen wie Nürnberg. Schäferliches Rollensprechen ist ein knappes halbes Jahrhundert lang in einer Intensität und einem Verwandlungsreichtum durchgespielt worden, die in anderen Hochburgen schäferlichen Maskenspiels wie vor allem in Leipzig nicht entfernt erreicht wurden oder auch nur intendiert waren.[1]

---

* Der vorliegende Beitrag ist einer für die Jubiläumsfeier des ›Pegnesischen Blumenordens‹ vorbereiteten umfänglicheren Untersuchung entnommen, die neben den hier dargebotenen abschließenden Thesen eine geschichtliche Einleitung sowie eine eingehendere Interpretation des *Pegnesischen Schäfergedichts* von Harsdörffer und Klaj (1644), der Birkenschen *Fortsetzung Der Pegnitz=Schäferey* (1645) und der Helwigschen *Nymphe Noris* (1650) enthält, auf deren Abdruck aus Raumgründen verzichtet werden mußte. Auch die Gestaltung des Anmerkungs-apparates mußte auf ein Minimum reduziert werden. Die komplette Abhandlung mit hinlänglichem Referenzwerk ist in englischer Version zugänglich: Nuremberg, Arcadia on the Pegnitz: The Self-Stylization of an Urban Sodality. – In: Imperiled Heritage. Tradition, History, and Utopia in Early Modern German Literature. Selected Essays by Klaus Garber. Ed. and with an Introduction by Max Reinhart. – Aldershot u.a.: Ashgate 2000 (= Studies in European Cultural Transition; 5), pp. 117–208. Der deutsche Text geht ein in das Arkadienwerk des Verfassers. Voraus ging eine 1977/78 geschriebene Abhandlung mit dem Titel ›Der Nürnberger Hirten- und Blumenorden an der Pegnitz‹ [jetzt unter dem Titel ›Der Nürnberger Hirten- und Blumenorden an der Pegnitz. Soziale Mikroformen im schäferlichen Gewand‹ in: Klaus Garber: Wege in die Moderne. Historiographische, literarische und philosophische Studien aus dem Umkreis der alteuropäischen Arkadien-Utopie. Hrsg. von Stefan Anders, Axel E. Walter. – Berlin, Boston: de Gruyter 2012, S. 223–341]. Mit diesen Arbeiten wird erstmals wieder seit Heinrich Meyers Freiburger Dissertation zum deutschen Schäferroman des 17. Jahrhunderts aus dem Jahr 1927 (Druck: Dorpat 1928), die bekanntlich die Nürnberger Eklogen mitumfaßt, und seit Blake Lee Spahrs ungedruckt gebliebener Dissertation: The Pastoral Works of Sigmund von Birken. – Phil. Diss. Yale University (New Haven/CT) 1952 (Masch.), die Pastoraldichtung des fruchtbarsten Schäferdichters des 17. Jahrhunderts, Sigmund von Birkens, einschließlich der Nürnberger Friedensdichtung eingehend interpretiert. Außerdem enthalten die Texte Interpretationen vor allem der Schäfereien Harsdörffers, Klajs und Helwigs sowie derjenigen Stockfleths und Limburgers.

1 Der Schäferdichtung der Nürnberger im Kontext des Hirten- und Blumenordens an der Pegnitz ist ein eigener und inzwischen abgeschlossener Teil im Arkadienwerk des Verfassers gewidmet. Gedruckte Ausschnitte etwa in: Klaus Garber: Arkadien und Gesellschaft. Skizze zur Sozialgeschichte der Schäferdichtung als utopischer Literaturform Europas. – In: Utopieforschung. Interdisziplinäre Studien zur neuzeitlichen Utopie. Bd. I–III. Hrsg. von Wilhelm Voßkamp. – Stuttgart: Metzler 1982, (auch als Suhrkamp-Taschenbuch; 1159), Bd. II, S. 37–81 [eingegangen in: ders.: Literatur und Kultur im Europa der Frühen Neuzeit. Gesammelte Studien. – München: Fink 2009, S. 229–274]; ders.: Martin Opitz' *Schäferey von der Nymphe Hercinie*. Ursprung der Prosaekloge und des Schäferromans in Deutschland. – In: Martin Opitz. Studien zu Werk und

Die einzigartige Symbiose zwischen literarischem Hirtentum und sozietärem Dichten in Nürnberg, die Attraktion, welche das traditionsgeschichtlich verbürgte pastorale Sprechen auf eine Reihe von Mitgliedern des ›Pegnesischen Blumenor-

---

Person. Hrsg. von Barbara Becker-Cantarino. – Amsterdam: Rodopi 1982 (= Daphnis; XI/3), S. 547–603 (in diesem Band S. 341–387).

Eine ausführliche Darstellung zur latenten Statuskonkurrenz zwischen Patriziat und Gelehrtenschaft in Nürnberg auf der Basis von Kleiderordnungen und anderweitigen Quellen findet man im Rahmen des entsprechenden Kapitels zum ›Hirten- und Blumenorden an der Pegnitz‹ (siehe Sternchenanmerkung). Diese These des Verfassers vor allem bestätigend wiederaufgenommen und weitergeführt in den Arbeiten von Max Reinhart zu Johann Hellwig. Vgl. Max Reinhart: The Privileging of the Poet in Johann Hellwig's *Die Nymphe Noris*. – In: Sprachgesellschaften – Galante Poetinnen (Literary Societies/Literary Women). Zusammengestellt von Erika A. Metzger, Richard E. Schade. – Amsterdam: Rodopi 1988 (= Daphnis; XVII/3), pp. 229–243; ders.: Historical, Poetic and Ideal Representation in Hellwig's Prose Eclogue *Die Nymphe Noris*. – In: Konstruktion. Untersuchungen zum deutschen Roman der frühen Neuzeit. Hrsg. von Lynne Tatlock. – Amsterdam, Atlanta/GA: Rodopi 1990 (= Daphnis; XIX/1), pp. 41–66; ders.: Poets and Politics. The Transgressive Turn of History in Seventeenth-Century Nürnberg. – In: Writing on the Line. Transgression in Early Modern German Literature = Variationen zur Literatur im Umbruch. Grenzüberschreitungen in der deutschen Literatur der frühen Neuzeit. Ed. by Lynne Tatlock. – Amsterdam, Atlanta/GA: Rodopi 1991 (= Daphnis; XX/1), pp. 199–299; ders.: Welt und Gegenwelt im Nürnberg des 17. Jahrhunderts. Ein einleitendes Wort zur sozialkritischen Funktion der Prosaekloge im Pegnesischen Blumenorden. – In: Pegnesischer Blumenorden in Nürnberg (Anm. 5), S. 1–6.

Zum institutionellen europäischen Kontext Klaus Garber: Gelehrtenadel und feudalabsolutistischer Staat. Zehn Thesen zur Sozial- und Mentalitätsgeschichte der ›Intelligenz‹ in der Frühen Neuzeit. – In: Kultur zwischen Bürgertum und Volk. Hrsg. von Jutta Held. – Berlin: Argument-Verlag 1983 (= Argument-Sonderband; 103), S. 31–43 [eingegangen unter dem Titel ›Nobilitas literaria und societas erudita. Zehn Thesen zur Sozial- und Mentalitätsgeschichte der ›Intelligenz‹ in der Frühen Neuzeit Europas‹ in: ders.: Literatur und Kultur im Europa der Frühen Neuzeit (wie oben), S. 333–345].

Darüber hinaus liegt als Datenbank und als 3.500seitiger Computerausdruck eine ›Bibliographie der deutschen Schäfer- und Landlebendichtung des 17. Jahrhunderts‹ von Klaus Garber und Renate Jürgensen vor, in der die nach Hunderten zählende pastorale Produktion der Nürnberger in einem nach literarischen Landschaften gegliederten Kapitel zur pastoralen Kasualpoesie – in diesem Genre gelangen die eigentlichen Entdeckungen in den vergangenen dreißig Jahren – einen herausragenden Platz einnimmt. Das Werk ist als *bibliographie raisonnée* angelegt und bietet ausführliche Angaben und Referenzen zu den einzelnen verzeichneten Texten und ihren Dichtern. Kurztitelverzeichnis auf dem Stand von 1970 bei Klaus Garber: Der locus amoenus und der locus terribilis. Bild und Funktion der Natur in der deutschen Schäfer- und Landlebendichtung des 17. Jahrhunderts. – Köln, Wien: Böhlau 1974 (= Literatur und Leben. N.F.; 16), S. 315–354. Reichhaltige Nachweise (mit Textproben) auch bei Renate Jürgensen: Utile cum dulci (Anm. 5).

Erstmalige Vorstellung des Materials unter dem irreführenden Titel ›Schäferroman als Gesellschaftsdichtung‹ bei Heinrich Meyer (vgl. einleitende Sternchen-Anmerkung), S. 27ff. Nomenklatorisch zutreffendere Differenzierung in ›bukolische Gelegenheitsdichtungen‹ und ›deutsche Schäferromane‹ bei Ursula Schaumann: Zur Geschichte der erzählenden Schäferdichtung in Deutschland. – Diss. phil. Heidelberg 1930 (Druck: Duderstadt 1931) (von Waldberg-Schule); die Nürnberger werden nur auf einer Seite (S. 23f.) eben gestreift. Knappe Zusammenfassung unter dem wiederum fragwürdigen Titel ›Epische Schäferdichtung in Deutschland: Gelegenheitsschäfereien‹ bei Ernst Günter Carnap: Das Schäferwesen in der deutschen Literatur des 17. Jahrhunderts und die Hirtendichtung Europas. – Diss. phil. Frankfurt a.M. 1939, S. 22ff.

Zur Gattungsdefinition und europäischen Traditionsgeschichte Garber: Der locus amoenus (wie oben), S. 26ff. (›Die Prosaekloge‹); zur Naturdarstellung S. 111ff. (›Erweiterung des locus amoenus – Landschaftlicher Realismus in der Prosaekloge‹), weitergeführt in ders.: Utopia. Zur Naturdichtung der Frühen Neuzeit. – In: Respublica Guelpherbytana. Wolfenbütteler Beiträge

dens‹ ausübte, und die Innovation, die diese der Schäferdichtung als literarischer Gattung, als Medium dichtungstheoretischer Reflexion und als Organon poetischen Selbstverständnisses und Selbstentwurfs verliehen, sind in ihrer komplexen Struktur und in der Mannigfaltigkeit der ihnen überantworteten bzw. ihnen impliziten Funktionen sowie schließlich ihrer Stellung im literarischen Entwicklungsprozeß und insonderheit ihrer prospektiven Züge nur im Rahmen eines breiten Spektrums analytischer Instrumentarien zu fassen.

Hier folgt die Nomination einiger Heuristika, die in einer Geschichte der Nürnberger Schäfereien im Kontext der europäischen Pastoraltradition sowie der europäischen Sozietätsbewegung zur Geltung gelangen sollten.

1. Die Schäferliteratur findet in Nürnberg produktive Verarbeitung, weil sie ›uneigentliches‹, nämlich indirektes, verrätseltes, mehrdeutiges Sprechen qua Gattungskonvention fordert. Indem der literarische Schäfer von vornherein ein anderer ist als der nach den Regeln der Wahrscheinlichkeit porträtierte der Wirklichkeit und jede theoretische Äußerung diese qualitative Differenz anders als bei anderen literarischen Figuren stets betont, kommt die Gattung ihrer Struktur nach argutem, ›scharfsinnigem‹ Sprechen eminent entgegen. Sie hat bei den Nürnbergern geblüht, weil sie zumal die poetologische Theorie ihres ersten Mentors Harsdörffer von den verwandelnden, die Wirklichkeit transzendierenden, imaginativen Potenzen der Poesie wie keine Gattung sonst zu bestätigen und zu bekräftigen imstande war.

2. Dieses Vermögen eignete einer Gattung, der in der Theorie immer wieder ihre Natur- bzw. Schöpfungsnähe, ihre Natürlichkeit und Einfachheit zugesprochen wurde. Gerade die gattungshierarchisch anspruchslose ›niedere‹ Gattung wird zum Experimentierfeld arguten Sprechens in allen denkbaren Formen. Die darin beschlossene Paradoxie ist in dem Sinn zuzuspitzen, daß die scharfsinnige Qualität

---

zur Renaissance- und Barockforschung. Festschrift für Paul Raabe. Hrsg. von August Buck, Martin Bircher. – Amsterdam: Rodopi 1987 (= Chloe. Beihefte zum Daphnis; 6), S. 435–455 (in diesem Band S. 457–473). Tiefdringend auch der knappe Abschnitt zur Nürnberger Hirtendichtung bei Irmgard Böttcher: Der Nürnberger Georg Philipp Harsdörffer. – In: Deutsche Dichter des 17. ahrhunderts. Ihr Leben und Werk. Hrsg. von Harald Steinhagen, Benno von Wiese. – Berlin: Schmidt 1984, S. 289–346, hier S. 317ff. Die Arbeit von Jane O. Newman: Pastoral Conventions. Poetry, Language, and Thought in Seventeenth-Century Nuremberg. – Baltimore, London: The Johns Hopkins University Press 1990, handelt abschließend, jedoch eher am Rande von den Nürnberger Schäfereien selbst (pp. 214-248: The Nuremberg Pastorals. ›Inventing‹ Origins in the Local Grove) und legt statt dessen deren sozietäre, sprachphilosophische und poetologische Voraussetzungen dar.

Das pastorale Singspiel gerade auch der Nürnberger ist hervorragend erschlossen durch Mara R. Wade: The German Baroque Pastoral ›Singspiel‹. – Bern u.a.: Lang 1990 (= Berner Beiträge zur Barockgermanistik; 7). Vgl. auch dies.: Seelewig. The Earliest Extant German Opera and its Antecedent. – In: Daphnis 14 (1985), pp. 559–578 (dazu: Christiane Caemmerer: Das *Geistliche Waldgetichte: Die Glückseelige Seele* von 1637 und seine Quelle. – In: Daphnis 16 (1987), S. 665–678); dies.: Music in the Works of the Early Pegnitzschäfer. – In: Sprachgesellschaften – Galante Poetinnen (wie oben), pp. 633–646. Zur Trauerekloge gerade auch der Nürnberger einschlägig: Maria Fürstenwald: Letztes Ehren=Gedächtnüß und Himmel=klingendes SCHAEFERSPIEL. Der literarische Freundschafts- und Totenkult im Spiegel des barocken Trauerschäferspiels. – In: Daphnis 2 (1973), S. 32–53.

der Gattung eben in dieser Kontamination des Naturhaften und Ursprünglichen mit dem Geistvollen und Artifiziellen liegt. Diese *coincidentia oppositorum* haben die Pegnesen an der Gattung geschätzt, indem sie die überlieferten Gattungsvorgaben radikalisierten und die die Gattung konstituierenden Oxymora pointierten.

3. So verstanden, gehört die Pflege der Bukolik bei den Nürnbergern zunächst als eine besonders augenfällige und delikate Variante in die Geschichte der Rezeption und Ausbreitung des Concettismus in der zweiten Hälfte des 17. Jahrhunderts in Deutschland, wie er zumal dank Harsdörffers italienisch-spanischer Orientierung in Nürnberg eine einzigartige Heimstatt besaß. Daraus aber folgt forschungslogisch die Anweisung, die weiteren Gattungsmerkmale im vorgängigen geschichtlichen Horizont dieser modernsten poetischen und poetologischen Bewegung Europas zu würdigen, an die Deutschland vor allem dank Harsdörffers poetischer Theorie und Praxis um die Jahrhundertmitte Anschluß findet. Die Geschichte der Nürnberger Schäferdichtung ist deshalb als eine Geschichte der Auseinandersetzung mit dieser ihr von Harsdörffer und im weiteren Sinn von allen drei Gründern des Ordens verliehenen dominanten stiltypologischen Figuration zu schreiben. Die unablässige Produktion von Differenz, die bereits in den drei gattungsbildenden Mustern deutlich wird, ist eine relative in bezug auf die concettistische Tiefenstruktur der Nürnberger Pastorale.

4. Mit den Nürnbergern gewinnt die poetologische Bestimmung der Hirtendichtung als dem *vetustissimum genus*, wie sie Scaliger am ausführlichsten rekapituliert und entwickelt hatte, eine multidimensionale und ihrerseits scharfsinnige Weiterbildung, die in dieser extremen Ausprägung ein Spezifikum Nürnbergs darstellt. Einer Theorie und geschichtlichen Entfaltung der Nürnberger Pastorale obliegt folglich die Exposition der aus dieser Charakteristik herrührenden Valenzen der Pastorale. Sie sind gleichermaßen poetologischer und linguistischer, moralphilosophischer und ständepolitischer sowie theologischer und poetischer Natur.

5. Die Qualifikation der Hirtendichtung als ältester Dichtung sowie als ältester Kunst nach der Musik setzt die Pastorale in ein distinktes Verhältnis zur Musik. Dieses nimmt sich bei Scaliger so aus, daß der Hirte als im Stand der Muße lebender eher zum Singen gelangt als der Bauer. Sein Singen verbindet sich konfliktlos mit seiner einzigen Beschäftigung, dem Viehhüten. Das Singen des Hirten ist seinerseits bereits ein imitativer Akt, dessen Besonderheit darin zu suchen ist, daß Naturlaute – das Singen der Vögel, das Rauschen der Bäume – nachgeahmt werden, Singen also ein Vorbild in der Natur hat, gleich wie der erste poetische Vorwurf der Hirten die elementarste natürliche Äußerung des Menschen bildet, die Liebe.[2]

6. Daraus folgt die einzigartige Qualifikation der Pastorale für die Entfaltung der musikalischen Potenzen der Sprache. Die Pastorale ist aufgrund ihrer Verschwisterung mit der Musik Sprache gewordene Musik. In der Musik wie der Pa-

---

2 Vgl. Julius Caesar Scaliger: Poetices libri septem. Sieben Bücher über die Dichtkunst. Bd. I: Buch 1 und 2. Hrsg., übersetzt, eingeleitet und erläutert von Luc Deitz. – Stuttgart-Bad Cannstatt: frommann-holzboog 1994, Buch 1, Kap. 4, S. 94ff.: ›Pastoralia‹.

storale ist die ursprüngliche geschöpfliche Artikulation am reinsten bewahrt. Dieser poetologische Sachverhalt impliziert, daß noch auf die elaboriertesten und avanciertesten Sprachspiele der Nürnberger das Licht des Schöpfungsstandes fällt. Die akustischen Experimente in der Poesie sind ein Erweis für die der deutschen Sprache in besonderer Weise eigenen musikalischen Qualitäten als ursprünglichen. Die Pastorale der Nürnberger drängt daher wie keine sonst zur Musik und findet in ihr ihre Erfüllung. Noch die virtuosesten ›spätzeitlichen‹ klanglichen Darbietungen sind gedeckt durch die Pastorale als *vetustissimum genus* und bestätigen dieses Theorem in jedem pastoralen sprachmusikalischen Kalkül. Ihrer Intention nach tendiert die Sprache der Pastorale über ihre Auflösung in intentionslose Musik zur Rückkehr in die ungeschiedene eine adamitische Ursprache.

7. Damit wird der sprachphilosophische Horizont der Pastorale in der spezifischen Spielart der Nürnberger berührt. Wie der Buchnersche Impetus in der Verskunst, so kommt der des Schottelius zu Anfang der vierziger Jahre in der Sprachtheorie erstmals in vollem Umfang bei den Nürnbergern in Theorie und Praxis zur Geltung und verbindet sich mit der Pastorale aufgrund der wechselseitigen Affinitäten so eng wie mit keiner anderen Gattung sonst.[3] Ist die deutsche Sprache der (hebräischen) Ursprache als adamitischer am nächsten, so ist die älteste literarische Gattung ihr genuines Gefäß und damit zugleich der Hort aller jener Prädikationen, die ihr Schottelius in seiner Theorie und Geschichte der ›deutschen Haupt- und Heldensprache‹ zugesprochen hatte. Jedes Schäfergedicht als Realisat des *vetustissimum genus* steht unter dem Anspruch, die besondere Nähe der deutschen Sprache zur Ursprache zu bekräftigen und in seiner sprachlichen Gestalt einzulösen. Zugleich gilt, daß auf jedes gelungene poetische Zeugnis der ältesten Gattung das Licht des Adels der deutschen Sprache als ›Haupt- und Heldensprache‹ fällt.

8. Diese für das Verhältnis von Musik, Ursprache und Pastorale und damit für die Musikalität der pastoralen Sprache gewonnenen Bestimmungen gelten mutatis mutandis für alle sprachlich-stilistischen Ausprägungen der Pastorale als *vetustissimum genus*. Noch das scharfsinnigste Figurengedicht, noch das raffinierteste Buchstaben-, Wort- und Satzspiel, noch die kühnste Metapher ist sanktioniert durch die Nähe zur Ursprache und treibt diese zugleich hervor. Idealiter wird durch sie nicht anders als über die musikalischen Mittel an der Aufhebung der partikularen Sprachen gearbeitet, und die Pastorale ist das vornehmste Vollzugsinstrument dafür.

9. Der Entbindung des concettistischen Potentials der Sprache in der Poesie und in ausgezeichneter Weise der Pastorale als Medium zur Annäherung an die Ursprache steht auf der anderen Seite der vor allem durch Schottelius zur Geltung gebrachte ethisch-moralische Aspekt der deutschen ›Haupt- und Heldensprache‹ gegenüber. In Wendungen wie der »frommen tapfferen teutschen Worte«, die ihrerseits der »uhralten Teutschen Redligkeit/ fleissiges und strenges Tapfer=seyn zum Vorschein« bringen, gelangt er zum Ausdruck. Nicht mehr die akustischen und sonstigen nichtreferentiellen, sondern ausschließlich die semantischen Valen-

---

3 Dieser Sachverhalt ist zuletzt gut gesehen bei Newman: Pastoral Conventions (Anm. 1), p. 69ss.

zen interessieren sodann.[4] Insofern die nach der Tacitus-Rezeption im deutschen Humanismus umlaufenden sittlichen Qualitäten der deutschen Sprache und ihrer Sprecher als ursprachennaher herausragende Bedeutung gewinnen, rückt die Pastorale als älteste Gattung zum vornehmsten literarischen Organon zwecks literarischer Repräsentation dieser ethisch privilegierten Sprache auf. Sprecher eben dieser Sprache aber ist niemand anderes als der Schäfer. Derart ist jeder Schäfer geadelt durch die Sprache, die er spricht, und trägt seinerseits zur Fortbildung auch ihrer sittlichen Qualitäten bei.

10. Die Prädikationen der Schäfer als tugendhafter sind solche, die sie zugleich als Sprecher der der Ursprache am nächsten stehenden deutschen Sprache betreffen. Eine auf diese Weise qualifizierte Sprache kann nur von tugendhaften Sprechern gesprochen werden. Schäferliche Tugend stellt die unerläßliche Voraussetzung eines jeden im obigen Sinn ausgezeichneten Sprachakts dar. Von allen soziologisch differierenden Sprechern gilt a priori, daß sie den Schäfer an ursprachlicher Kompetenz nicht übertreffen, sondern nur hinter ihm zurückbleiben können, weil ihnen dessen Vorzug, Angehöriger des ältesten Standes zu sein, abgeht. Als solcher ist der Schäfer exklusiver Sprecher auch unter dem Gesichtspunkt der Wahrung und Beförderung der ethischen Qualitäten der deutschen Sprache.

11. Alle nichtlinguistischen Qualifikationen des Schäfers leiten sich aus der Tatsache her, daß das Schäfertum dem geschöpflichen adamitischen Stand am nächsten und also zur Wahrung aller geschöpflichen Tugenden prädisponiert ist. Lag in den Sprachspielen der Pegnesen der Skopus auf der Koinzidenz von ›Humilität‹ der Gattung und ›Argutheit‹ der Sprachpraxis, so formen sich auf der sittlichen Ebene die Extreme als externe und zumal binäre Oppositionsverhältnisse aus. Während der Schäfer die urzeitlichen Werte wahrt und als solcher die reinste und zugleich radikalste normensetzende Instanz bildet, leben die anderen Stände in mehr oder minder weitem Abstand von dem normengenerierenden Ursprung. Dieser Abstand

---

4 Vgl. Justus Georg Schottelius: Ausführliche Arbeit Von der Teutschen HaubtSprache 1663. Teil I–II. Hrsg. von Wolfgang Hecht. – Tübingen: Niemeyer 1967 (= Deutsche Neudrucke. Reihe: Barock; 11–12), Teil I, S. 5 und öfter. Zu den kulturpolitischen Aspekten der Sprachtheorie des 17. Jahrhunderts und speziell des Schottelius: Katrin Schletter: Zu einigen sprachgeschichtlichen Normierungsprozessen des 17. und 18. Jahrhunderts im Urteil zeitgenössischer Poetiken. Ein Beitrag zur Untersuchung der Herausbildung der nationalsprachlichen Norm der deutschen Literatursprache. Teil I–II. – Berlin: Akademie der Wissenschaften der DDR. Zentralinstitut für Sprachwissenschaft 1985 (= Linguistische Studien. Reihe A: Arbeitsberichte; 132/1–2); Wilfried Kürschner: Zur Geschichte der Sprachkultur in Deutschland. Notizen zu Schottelius und Leibniz. – In: Pragmantax. Hrsg. von Armin Burkhardt, Karl-Hermann Körner. – Tübingen: Niemeyer 1986, S. 335–345; Hartmut Riemenschneider: Sprachpatriotismus. Nationale Aspekte in der literarischen Kultur des deutschen Barock. – In: Dichter und ihre Nation. Hrsg. von Helmut Scheuer. – Frankfurt a.M.: Suhrkamp 1993 (= Suhrkamp-Taschenbuch Materialien; 2117), S. 38–52. Zum Kontext grundlegend das Nachwort von Jörg Jochen Berns zu: Justus Georg Schottelius: Ethica. Die Sittenkunst oder Wollebenskunst. Hrsg. von Jörg Jochen Berns. – Bern, München: Francke 1980 (= Deutsche Barock-Literatur).

bezeichnet einen Modus der Defizienz, der sich in dem Maße mildert, wie es den nichtschäferlichen Ständen gelingt, sich dem schäferlichen anzunähern. Die Annäherung kann nur eine approximative sein, weil kein anderer Stand das Ursprungsprivileg des Schäferstandes besitzt.

12. Gleichwohl verbleibt auf der sozialen Ebene ein entscheidender Unterschied zur linguistischen, innerhalb dessen die Differenz von internen und externen Oppositionen auf andere Weise wiederkehrt. Die Pastorale erfüllt sich nicht darin, daß alle Gestalten Schäfer werden, sondern darin, daß alle Gestalten, welchen Standes auch immer, die schäferlichen Normen annehmen. Diese sind der Inbegriff der interpretativ zu entfaltenden und hier nochmals idealtypisch statuierten. Sie gehören schäferlichem Selbstverständnis nach der Sphäre des *otiums*, der *vita contemplativa* als Voraussetzung poetischen Agierens an. Ihnen komplementär zugeordnet sind jene der *vita activa*, die in den geschichtlichen Raum hineinführen und im Helden repräsentiert sind. Moralische Vollendung, Tugend und fürstliche Bewährung in der politischen Welt meint aus der Perspektive der Pastorale immer auch Anerkennung der pastoralen Ideale und deren Durchsetzung in der geschichtlichen Welt. Der Friede als *summum bonum* der geschichtlich-politischen Dimension der Pastorale indiziert diese Symbiose schäferlicher und heldischer Qualitäten. Sie ist in allen normativen Ingredienzen immer schon im Schäfertum präfiguriert und tritt aus der Potentialität in die Aktualität in dem Maße, wie die geschichtliche Welt sich den pastoralen Werten unterwirft, oder, um es mit Hegels Worten zu sagen, wie jene als an sich seiender Geist zum an und für sich seienden fortschreitet und zu sich selbst kommt, oder – nochmals anders gesprochen – als absoluter im vollendeten objektiven Geist sich anschaut.

13. In diesem Konnotationssystem sind schließlich die in wechselnden Abstufungen und Intensitätsgraden sich artikulierenden theologischen Prävalenzen in der Nürnberger Pastorale zu suchen. Als schöpfungsnaher ursprünglicher Stand ist der schäferliche prädisponiert zum Eingriff in die kurrenten theologischen Debatten. Ausgezeichnet mit diesem Vorzug kann der Schäfer nur eine schöpfungstheologische Option ergreifen. Er muß religiöse Sachverhalte und Ausdrucksformen bevorzugen, die universalen Status haben, und die partikularen Sonderbildungen der Bekenntnisse zurücknehmen zugunsten eines alle Bekenntnisse Verbindenden. Damit gewinnt das Schäfertum von anderer Seite her Anschluß an die interkonfessionellen, vermittlungstheologischen, irenischen Tendenzen, wie sie das Zeitalter in den mannigfachsten Formen durchziehen. Die Gattung besitzt aufgrund der markierten ursprünglichen Qualitäten eine natürliche Affinität zu jenen reformtheologischen Bestrebungen, die auf Anerkennung und Durchsetzung der elementaren Wahrheiten des christlichen Glaubens, ja prinzipiell aller monotheistischen Religionen zielen. Auch unter diesem Gesichtspunkt wäre die Trias von theologischer, musikalischer und poetischer Reformbewegung in Nürnberg seit den dreißiger und vierziger Jahren des 17. Jahrhunderts neu zu entwickeln.

Wir brechen ab, ging es doch um einige exemplarische Probleme im Umkreis der Nürnberger Pastorale. Die ›Hirten- und Blumengesellschaft‹ begreift sich als Dichtergesellschaft, in der die pastoralen Normen symbolisch repräsentiert sind und zugleich ihre weitestmögliche Verwirklichung gefunden haben.[5] Diese Koinzidenz von Schäfertum und Sozietät ist das Spezifikum der Nürnberger. Doch auch alle anderen Dichtergesellschaften und sonstigen städtischen, gelehrt-poetischen Vereinigungen haben Schäferdichtung produziert, und sei es nur in der überall anzutreffenden Kleinform des pastoralen Kasualgedichts.

Umgekehrt prägen pastorale Ideale auch die nichtschäferlichen Gattungen und insbesondere die poetologischen, linguistischen, kulturpolitischen und sozietärprogrammatischen Verlautbarungen.[6] Womit angedeutet ist, daß es nicht ausreichen kann, die Besonderheit der Pegnesen in ihrer pastoralen Manier als solcher zu suchen. Damit wäre nur ein auf der Hand liegender Befund bestätigt, nicht aber eine kultur- und literaturgeschichtliche Gruppenbildung in ihrer Einzigartigkeit rekonstruiert. Diese konkretisiert sich in dem Maße, wie die geschichtliche Physiognomie auch der anderen Sozietäten hervortritt. In vergleichender und funktionsgeschichtlicher Betrachtung steht die Erforschung der deutschen ›Sprachgesellschaften‹

---

[5] Die Literatur zum ›Pegnesischen Blumenorden‹ zusammengestellt in der 250 Jahre nach Herdegen erstmals wieder ein Gesamtbild der ersten hundert Jahre der Ordensgeschichte bietenden Monographie von Renate Jürgensen, die – als Begleitband zu den von der Verfasserin besorgten Jubiläumsausstellungen konzipiert – einen reichen, vielfach bislang unbekannten Quellenfundus hebt und mit den erwünschten biographischen sowie den einschlägigen sozietären Daten versieht: Utile cum dulci – Mit Nutzen erfreulich. Die Blütezeit des Pegnesischen Blumenordens in Nürnberg 1644 bis 1744. – Wiesbaden: Harrassowitz 1994. Renate Jürgensen hat auch einen umfänglichen bio-bibliographischen Dokumentationsband zum ersten Jahrhundert des ›Pegnesischen Blumenordens‹ erarbeitet, in dem der dichterische Ertrag aller Mitglieder bis hin zum bislang in der Regel nicht berücksichtigten Klein- und Gelegenheitsschrifttum auf der Basis intimer Kenntnis der Archiv- und Bibliotheksbestände in Nürnberg erfaßt ist. [Inzwischen publiziert: Renate Jürgensen: Melos conspirant singuli in unum. Repertorium bio-bibliographicum zur Geschichte des Pegnesischen Blumenordens in Nürnberg (1644–1744). – Wiesbaden: Harrassowitz 2006 (= Beiträge zum Buch- und Bibliothekswesen; 50)].

In der kleinen Jubiläumsschrift des Ordens: Pegnesischer Blumenorden in Nürnberg. Festschrift zum 350jährigen Jubiläum. Hrsg. von Werner Kügel. – Nürnberg: Tümmel 1994, im vorliegenden Zusammenhang wichtig die Beiträge von Max Reinhart und Theodor Verweyen. Leider nicht publiziert, jedoch für die Soziologie des Ordens ergiebig die in der Schule von Jörg Jochen Berns entstandene Staatsarbeit von Hans-Georg Klindt: Studien zur kulturellen Bedeutung des ›Pegnesischen Blumenordens‹ im Nürnberg des 17. Jahrhunderts. – Staatsarbeit des Fachbereichs IX der Universität Marburg 1976 (Ms.). Weitere Literatur bei Ulrich Seelbach und Georg Schild: Artikel ›Sprachgesellschaften‹. – In: Die Deutsche Literatur. Biographisches und bibliographisches Lexikon. Reihe 3: Die Deutsche Literatur zwischen 1620 und 1720. Hrsg. von Hans-Gert Roloff, Gerhard Spellerberg. Abteilung B: Forschungsliteratur 1. Lieferung 3. – Bern u.a.: Lang 1991, S. 212–238. Hier zum ›Pegnesischen Blumenorden‹ S. 230–232.

[6] Vgl. die Abhandlung von Klaus Garber: Sozietät und Geistes-Adel: Von Dante zum Jakobiner-Club. Der frühneuzeitliche Diskurs ›de vera nobilitate‹ und seine institutionelle Ausformung in der gelehrten Akademie. – In: Europäische Sozietätsbewegung und demokratische Tradition. Die europäischen Akademien der Frühen Neuzeit zwischen Frührenaissance und Spätaufklärung. Bd. I–II. Hrsg. von Klaus Garber, Heinz Wismann. – Tübingen: Niemeyer 1996 (= Frühe Neuzeit; 26–27), Bd. I, S. 1–39 [eingegangen in ders.: Literatur und Kultur im Europa der Frühen Neuzeit (Anm. 1), S. 385–418]. Zur europäischen Sozietätsbewegung mit umfassender Bibliographie: ders.: Sozietäten, Akademien, Sprachgesellschaften. – In: Europäische Enzyklopädie zu Philosophie und Wissenschaften. Bd. I–IV. Hrsg. von Hans Jörg Sandkühler. – Hamburg: Meiner 1990, Bd. IV: R–Z, S. 366–384 [eingegangen in ders.: Literatur und Kultur im Europa der Frühen Neuzeit (Anm. 1), S. 347–383].

jedoch immer noch ganz am Anfang. Es wäre daher eine unverantwortliche Improvisation, ihr gleichfalls mit thesenartigen Formulierungen vorzugreifen.

Gewiß ist nur, daß die Sozietätsbewegung des 17. Jahrhunderts in Deutschland mit dem Hervortreten der Nürnberger Anschluß an die fortgeschrittenste und in gewissem Sinn letzte große Stilbewegung der europäischen Literatur vor Einsatz der Aufklärung gewinnt. Die Anweisung für eine dialektisch geschulte Literaturwissenschaft – und warum sollte der Barock-Philologie vorbehalten und vergönnt sein, theorielos zu substantiellen Ergebnissen zu gelangen? – läge also auch und vielleicht gerade im Blick auf die Nürnberger darin, das Neue, das mit ihnen in die Welt trat, in dem zu suchen, welches in dem Moment, da das wiederum Neue in der neoklassizistischen Bewegung geschichtlich manifest wurde, rückhaltloser Kritik als eines schlagartig zum jüngstvergangenen Alten Herabgesunkenen verfiel.

Zuerst erschienen in: ›der Franken Rom‹. Nürnbergs Blütezeit in der zweiten Hälfte des 17. Jahrhunderts. Hrsg. von John Roger Paas. – Wiesbaden: Harrassowitz 1995, S. 146–154.

Pastorale Aufrichtigkeit

Ein Blick in Harsdörffers und Klajs *Pegnesisches Schäfergedicht**

Aufrichtigkeit steht in der pastoralen Welt im Kontext einer Trias zusammen mit Bescheidenheit und Redlichkeit. Umfangen wird sie – weniger in der pastoralen Poesie als der pastoralen Poetik – durch einen auf andere Weise ausgezeichneten Begriff, den der Niedrigkeit. *Humilitas* lautet das Fach- und Kernwort, über das auch *simplicitas*, *modestia* und *sinceritas* im Gefolge der lateinischen Tradition anschlußfähig werden. Dieser theoretische Horizont muß daher zunächst ganz knapp erinnert werden, bevor wir uns nach gutem philologischen Brauch einem einzigen Text zuwenden, um die Trias nun mit der Aufrichtigkeit in der Mitten als geheimes Kraftzentrum pastoraler Poesie des 17. Jahrhunderts zu entfalten.

Pastorale ›humilitas‹

Zunächst zum theoretischen Horizont, ohne den die Praxis unverständlich bliebe. *Humilitas* mit einem Hof weiterer Begriffe um sich regiert die Gattung seit ihren ersten reflexiven Verlautbarungen, wie sie in den Eklogen Vergils selbst und sodann in den Vergil-Viten und Kommentaren des Donatus und Servius vorliegen.[1] Über

---

* Dem kleinen Beitrag liegt ein größeres Manuskript zugrunde, das deutschsprachig noch unpubliziert ist, jedoch einging in: Nuremberg, Arcadia on the Pegnitz. The Self-Stylization of an Urban Sodality. – In: Imperiled Heritage. Tradition, History, and Utopia in Early Modern German Literature. Selected Essays by Klaus Garber. Ed. and with an Introduction by Max Reinhart. – Aldershot u.a.: Ashgate 2000 (= Studies in European Cultural Transition; 5), pp. 117–208. Die die Abhandlung beschließenden 13 Thesen in deutscher Fassung unter dem Titel: Pastorales Dichten des Pegnesischen Blumenordens in der Sozietätsbewegung des 17. Jahrhunderts. Ein Konspekt in 13 Thesen. – In: ›der Franken Rom‹. Nürnbergs Blütezeit in der zweiten Hälfte des 17. Jahrhunderts. Hrsg. von John Roger Paas. – Wiesbaden: Harrassowitz 1995, S. 146–154 (in diesem Band S. 429–437). Die englischsprachige Fassung ist (wie die unpublizierte deutschsprachige) reichlich mit weiterführenden Literaturangaben ausgestattet, so daß sich Wiederholungen – von Ausnahmen abgesehen – erübrigen.
1 Die Zeugnisse des Donatus und Servius zusammen mit anderen zweisprachig am leichtesten greifbar in: Vergil: Landleben. Bucolica, Georgica, Catalepton. Hrsg. von Johannes und Maria Götte. Vergil-Viten. Hrsg. von Karl Bayer. Lateinisch und deutsch. 4., verbesserte Neuaufl. – München: Artemis 1981. Dazu die beiden maßgeblichen älteren Editionen: Scholia Bernensia ad Vergili Bucolica atque Georgica. Edidit emendavit praefatus est Hermannus Hagen. – Leipzig: Teubner 1861–1867 (= Jahrbücher für classische Philologie. 4. Supplementheft; 5). Reprint: Hildesheim: Olms 1967; Servii Grammatici qui feruntur in Vergilii carmina commentarii recensuerunt Georgius Thilo et Hermannus Hagen. Vol. I: Aeneidos librorum I–V commentarii (1881). Vol. II: Aeneidos librorum VI–XII commentarii (1884). Vol. III/1: In Vergilii Bucolica et Georgica commentarii (1887). Vol. III/2: Appendix Serviana (1902). – Leipzig: Teubner 1881–1902. Reprint: Hildesheim, Zürich, New York:

sie formt sich das Bild der Gattung, das sich in beispiellosen Modulierungen bis in das späte 18. Jahrhundert hinein unentwegt erneuert und ausdifferenziert. Eine Geschichte der europäischen Literatur und der jeweiligen zeitgenössischen Äußerungen über sie ließe sich sehr wohl in perspektivischer pastoraler Verkürzung entwerfen. Denn es ist das Wesen dieser Gattung, daß sie sich in Beziehung zu den anderen, und das heißt: den ganz andersgearteten, selbst setzt und entsprechend von den Theoretikern ihrerseits gerückt wird. Nur im Kosmos der europäischen Literatur, um nicht zu sagen: des alteuropäischen Literatursystems, ist ihre Einzigartigkeit und Unvertretbarkeit zu fassen.

> Sicelides musae, paulo maiora canamus!
> non omnis arbusta iuvant humilisque myricae:
> si canimus silvas, silvae sint consule dignae.
>
> Musen Siziliens, auf! Laßt höhere Weisen ertönen!
> Reben und Myrtengehölz, das bescheidene, fruchtet nicht jedem;
> Singen wir Wälder, so sei'n des Konsuls würdig die Wälder.[2]

So der Eingang zu dem berühmtesten Stück, das in der gut zweitausendjährigen Geschichte der Gattung zustande gekommen ist, Vergils vierter Ekloge, von der Ernst Robert Curtius sagen konnte, daß sie der meistgelesene Text der europäischen Literatur nach der Bibel sei – zumindest, so fügen wir hinzu, bis an die Schwelle des 20. Jahrhunderts, solange das humanistische Gymnasium intakt war.

›Paulo maiora canamus!‹ – ›ein wenig Größeres wollen wir singen!‹ Ein erhabenerer Vorwurf indes hätte nicht gewählt werden können, nicht nur in den *silvae*, den Eklogen, sondern in der Literatur überhaupt. Geweissagt wird nicht weniger als die Wiederkehr des Goldenen Zeitalters und mit ihr die Geburt eines Kindes, mit dem im Kontext der Eklogen nur Oktavian gemeint sein kann. Der Dichter der Hirtenlieder ist ein *vates*, der seinem Volk unter Zuhilfenahme antiker *aetas-aurea*- und sibyllinischer Weissagungsformeln in verschlüsselten Bildern seine große Zukunft prophezeit, also das kardinale epische Thema der *Aeneis* bukolisch präludiert.[3]

Olms 1961–1986. Dazu – mit Rückgriff auf die antiken Kommentatoren – die klassische Abhandlung von Werner Krauss: Über die Stellung der Bukolik in der ästhetischen Theorie des Humanismus. – In: Archiv für das Studium der neueren Sprachen und Literaturen 174 (1938), S. 180–198, wiederabgedruckt in: ders.: Gesammelte Aufsätze zur Literatur[-] und Sprachwissenschaft. – Frankfurt a.M.: Klostermann 1949, S. 68–93, sowie in: Europäische Bukolik und Georgik. Hrsg. von Klaus Garber. – Darmstadt: Wissenschaftliche Buchgesellschaft 1976 (= Wege der Forschung; 355), S. 140–164, sowie in Werner Krauss: Das wissenschaftliche Werk. Hrsg. von Werner Bahner, Manfred Naumann, Heinrich Scheel. Bd. II: Cervantes und seine Zeit. Hrsg. von Werner Bahner. – Berlin: Akademie-Verlag 1990, S. 235–254, mit der editorischen Anmerkung des Herausgebers S. 483f.

2 Text und Übersetzung des Eingangs der vierten Ekloge Vergils in: Vergil: Bucolica. Hirtengedichte. Lateinisch & in deutscher Übersetzung von Rudolf Alexander Schröder mit Holzschnitten von Aristide Maillol. – Frankfurt a.M.: Suhrkamp 1957, S. 38f.

3 Aus der unermeßlichen Vergil-Literatur seien hier mit Blick auf die obigen Andeutungen drei gezielte Hinweise auf die ältere deutschsprachige Literatur gestattet: Friedrich Klingner: Römische Geisteswelt. 4., vermehrte Aufl. – Hamburg, München: Ellermann 1961. Hier S. 239ff. die vier

›Paulo maiora canamus!‹ – ›ein wenig Größeres wollen wir singen‹. Was ist es ›Größeres‹, das mit dieser vierten Ekloge ins Spiel kommt? Der Verzicht auf die pastorale Rahmung und die dezidierte Rollensprache der Prophetie. Nicht weniger, aber auch nicht mehr. Entscheidend ist, daß das Gedicht dem bukolischen Zyklus integriert bleiben kann. Es fällt aus ihm nicht heraus. Es radikalisiert in Anspruch und Ton, was auf andere Weise auch in anderen Eklogen zu lesen ist.

Die der vierten an Berühmtheit ebenbürtige erste, aber auch die neunte Ekloge hatten auf die künftige Friedensherrschaft Oktavians gezielt, in die fünfte Ekloge war die politische Wende Roms eingeschrieben worden. Das epische Sujet imperialer Friedensherrschaft des *genus grande* ist dem *genus humile* der Bukolik also nicht fremd, es ist ihm eingewoben, und deshalb kann auch die vierte Ekloge dem Kranz zugesellt werden. Und es bleibt nicht das einzige ›große‹ Thema der niederen Gattung. Die sechste Ekloge singt in der Manier des Lukrez von der Entstehung der Welt, die achte versucht sich an der Deutung Amors etc. Der thematische Radius der Pastorale ist seit dem Archegeten der Gattung unbegrenzt. Noch die tragische Liebeserfahrung als Ingredienz der späteren Großformen des Schäferdramas wie des Schäferromans, selbstverständlich aber auch der pastoral-petrarkistischen Liebeslyrik, ist ihr dezent von den antiken Gründervätern eingezeichnet worden.

Nicht also über die Themen, sondern über die Form konstituiert sich die von den Pastoraldichtern und ihren Theoretikern reklamierte *humilitas*. Es sind Hirten, die von den höchsten Dingen singen. Deshalb das ›paulo‹ im ersten Vers der vierten Ekloge. Nur um ein weniges verrückt der Dichter die Verhältnisse. Er verzichtet auf die pastorale Szenerie, bleibt im übrigen aber bei seinem poetischen Vorwurf. Dieser ist nicht gattungsfremd, sondern gattungseigen. Die Konstruktion der Gattung beruht seit Vergil darauf, daß niederstem Personal – Schafhirten – höchste Gegenstände in den Mund gelegt werden können. An dieser Vorgabe haben sich die Poetologen zwei Jahrtausende lang abgearbeitet und die Poeten die Lizenz für eine allegorische Praxis gefunden, die in der europäischen Literatur keine Parallele hat.

Das *genus humile*, mit der Gabe ausgestattet, zu Sujets des *genus grande* greifen zu dürfen, lebt aus der Paradoxie dessen, was gemäß strenger Gattungslehre als hierarchisch gefügter nicht sein darf. Die Bukolik – oder wie in terminologischer Überblendung auch gesagt werden darf: die Pastorale – oszilliert zwischen niederster und höchster Rangstufe, und eben aus diesem ständigen Changieren zieht sie wenn nicht poetologisch, so doch in der poetischen Praxis ihre besten Kräfte. In ihr kann das Höchste uneigentlich gesagt werden und das Niederste unversehens als das Höchste in Erscheinung treten. In der immer wiederkehrenden Rede vom Hir-

---

einschlägigen Beiträge: ›Virgil. Wiederentdeckung eines Dichters‹; ›Die Einheit des Virgilschen Lebenswerkes‹; ›Virgil und die geschichtliche Welt‹; ›Das erste Hirtengedicht Virgils‹. Sodann (insgesamt zu wenig gewürdigt) Vinzenz Buchheit: Vergil über die Sendung Roms. Untersuchungen zum Bellum Poenicum und zur Aeneis. – Heidelberg: Winter 1963 (= Gymnasium. Beihefte; 3); ders.: Der Anspruch des Dichters in Vergils Georgika. Dichtertum und Heilsweg. – Darmstadt: Wissenschaftliche Buchgesellschaft 1972 (= Impulse der Forschung; 8). Schließlich mit Blick auf die epischen Anschlüsse Viktor Pöschl: Die Dichtkunst Virgils. Bild und Symbol in der Äneis. 2., erweiterte Aufl. – Darmstadt: Wissenschaftliche Buchgesellschaft 1964.

ten als geheimem König hat diese Vertauschung der Hierarchien ihre prägnante Formel gefunden.[4]

Um noch einmal einen nun direkt zu unserem Thema führenden Einsatz zu nehmen: Es sind Vertreter des niedersten Standes, denen das Höchste zu artikulieren gegeben, wenn nicht sogar vorbehalten ist. Ihre Reden sind beglaubigt durch die Würde des Ursprungs. Schäfer, so Bibel und antike Mythologie, betreiben ein erstes und ursprüngliches Geschäft des Menschen. Sie sind, biblisch gesprochen, schöpfungsnah und also paradiesisch inkliniert – oder, antik gesprochen, naturnah und somit den Kräften des Kosmos affin. Im Gesang liegt in beiden Fällen ihre Prädestination zur Wahrnehmung des dichterischen Geschäfts. Was aus ihrem Mund verlautet, mag der Unwissende als Verlautbarung eines sozial niederen Wesens verkennen. Der Wissende weiß die pastoralen Worte geadelt durch den Nimbus des Ersten und Uranfänglichen, und der Dichter als Hirtendichter zehrt von diesem Nimbus.

Der Schäfer ist eine Kreuzung aus seiner weltlichen und also geschichtlichen und transitorischen Eigenschaft als Angehöriger eines niederen Standes und seiner ontologischen bzw. theologischen und also transtemporalen Eigenschaft als Repräsentant des Menschen schlechthin. Seine soziale *humilitas* ist in poetischer Metamorphose seine *humanitas*, und seine *simplicitas* nicht anders als seine *modestia* oder *integritas* rühren *in poeticis* daher, daß der Schäfer sich aufgerufen weiß zu Höchstem und zugleich doch im Niedersten verharrt, ist jenes doch nur um den Preis von diesem zu haben.[5]

In diesem Sinn ist der *sermo humilis* von niemandem mit mehr Recht artikuliert worden als von dem Schäfer, der einmal als *Tityrus christianus* biblische Weihen auf sich zieht, ein anderes Mal als *Tityrus Vergilianus* Träger der antiken Verheißungen auf der Schwelle der Zeiten bleibt. Letztlich ist es nur der dem Ursprung und dem Schöpfungsstand verhafteten Gestalt vergönnt, das Ethos des Menschlichen zu repräsentieren. Daher die Affinität der Bukolik zur Satire, wie sie alle Theoretiker herausgestellt haben. Als der im Status von Natur Verharrende ist der Schäfer prädestiniert zur Kritik an allem, was durch den Terminus ›zweite Natur‹ umschrieben ist. Er ist Garant der Würde und Unverbrüchlichkeit der ersten. Daß hier aber nicht Ursprungs-Mythologica oder -Theologumena ins Spiel kommen, sondern

---

4 Dieser ›Kunstgriff‹ scharf gesehen von Helmut J. Schneider: Deutsche Idyllentheorien im 18. Jahrhundert. Mit einer Einführung und Erläuterungen hrsg. von Helmut J. Schneider. – Tübingen: Narr 1988 (= Deutsche Text-Bibliothek; 1), S. 16ff.: ›Imitatio und goldenes Zeitalter. Die antik-humanistischen Voraussetzungen der Hirtendichtung‹. Exemplifikation an dem Gattungsmodell bei Klaus Garber: Arkadien und Gesellschaft. Skizze zur Sozialgeschichte der Schäferdichtung als utopischer Literaturform Europas. – In: Utopieforschung. Interdisziplinäre Studien zur neuzeitlichen Utopie. Bd. I–III. Hrsg. von Wilhelm Voßkamp. – Stuttgart: Metzler 1982 (auch als Suhrkamp-Taschenbuch; 1159), Bd. II, S. 37–81 [eingegangen in: ders.: Literatur und Kultur im Europa der Frühen Neuzeit. Gesammelte Studien. – München: Fink 2009, S. 229–274].

5 Zum Kontext Erich Auerbach: Sermo humilis. – In: ders.: Literatursprache und Publikum in der lateinischen Spätantike und im Mittelalter. – Bern: Francke 1958, S. 25–63; ders.: Sacrae scripturae sermo humilis. – In: ders.: Gesammelte Aufsätze zur Romanischen Philologie. – Bern, München: Francke 1967, S. 21–26.

nur eine Gattungskonstruktion umrissen wird, die sich in jedem gelungenen Stück mit geschichtlichem Leben erfüllt, mag nun an einem Text demonstriert werden.[6]

Adaptation im pastoralen Archetypus des ›Pegnesischen Blumenordens‹

Das Beispiel ist der deutschen Schäferdichtung in der Phase ihrer Kulmination um die Mitte des 17. Jahrhunderts entnommen, und zwar einem ihrer großen und in gewisser Hinsicht nach Opitz nochmals musterbildenden Stücke: Harsdörffers und Klajs *Pegnesischem Schäfergedicht*, 1644 bei Endter in Nürnberg erschienen. Weit mehr als hundert Nachfolger wird es allein in Nürnberg hervorrufen und gleich ein Jahr später Birkens weit anspruchsvollere, in der Kunst der Überbietung sich übende *Fortsetzung* zeitigen. Abgesehen vielleicht von Johann Helwigs wenig späterer *Nymphe Noris* bleibt der Norische Archetypus das gelungenste Stück. Ein entsprechender Erweis jedoch würde in eine andere Richtung führen. Wir lesen den Text im Blick auf ›Aufrichtigkeit‹ und verwandte Tugenden und werden nicht enttäuscht werden. Befähigung zu genauem Lesen wird uns freilich ebenso abverlangt werden wie Mut zur Spekulation im unverächtlichen Hegelschen Sinn. Denn die niedere Gattung als allegorische verlangt danach.[7]

Was bei Vergil als Vierzeiler der vierten Ekloge vorausgeschickt war, kann in der selbständigen und geräumigen Prosaekloge mit eingelegten Versen in einer Adresse an den Leser eigens in einem Prosa-Passus wenn nicht entwickelt, so doch angedeutet werden. Seit Theokrit und Vergil hätten »die Poeten jhre liebreichste Kunstge-

---

6 Die Nähe zur Satire prägnant bei Scaliger fixiert und seither überall auch in der nationalsprachigen Theorie zur Bukolik wiederkehrend.

7 Im folgenden zitiert nach: Georg Philipp Harsdörffer, Sigmund von Birken, Johann Klaj: Pegnesisches Schäfergedicht. 1644–1645. Hrsg. von Klaus Garber. – Tübingen: Niemeyer 1966 (= Deutsche Neudrucke. Reihe: Barock; 8). Aus der neueren Literatur: Michael Schilling: Gesellschaft und Geselligkeit im *Pegnesischen Schäfergedicht* und seiner *Fortsetzung*. – In: Geselligkeit und Gesellschaft im Barockzeitalter. Teil I–II. Hrsg. von Wolfgang Adam. – Wiesbaden: Harrassowitz 1997 (= Wolfenbütteler Arbeiten zur Barockforschung; 28), Teil I, S. 473–482; Ernst Rohmer: Friedenssehnsucht und Landschaftsbeschreibung. Der Realismus des ›locus amoenus‹ in der Dichtung der Pegnitz-Schäfer um 1650. – In: Morgen-Glantz 9 (1999), S. 53–79; Michael Schilling: Wildnis, Liebe, Sprache. Zur befriedeten Natur in der deutschen Schäferdichtung des 17. Jahrhunderts. – In: Der Frieden – Rekonstruktion einer europäischen Vision. Bd. I–II. Hrsg. von Klaus Garber, Jutta Held. – München: Fink 2001, Bd. I: Erfahrung und Deutung von Krieg und Frieden. Religion – Geschlechter – Natur und Kultur. Hrsg. von Klaus Garber, Jutta Held, Friedhelm Jürgensmeier, Friedhelm Krüger, Ute Széll, S. 715–724. Zur Gattung erhellend Christiane Caemmerer: Drei in einem? Schäferdichtung als Prosatextsorte. – In: Textsorten deutscher Prosa vom 12./13. bis 18. Jahrhundert und ihre Merkmale. Hrsg. von Franz Simmler. – Bern u.a.: Lang 2002 (= Jahrbuch für Internationale Germanistik. Reihe A: Kongressberichte; 67), S. 53–64; Martin Disselkamp: ›Der Pegnitz-Hirten Freuden-Klang‹. Zu Funktion und Ideologie bukolischer Lieder in ›pegnesischen‹ Hochzeitsdichtungen. – In: Morgen-Glantz 14 (2004), S. 105–138. Wie aus dem in der Sternchenanmerkung zitierten Beitrag des Verfassers ersichtlich, enthält das zweite Heft des dritten Jahrgangs der komparatistischen Zeitschrift ›Compar(a)ison‹ (1993) gleichfalls wichtige Beiträge zur Gattung.

danken durch lustige Schäfergedichte an= und ausgebildet«.[8] Das ist eine Opitz in der Tradition Scaligers noch fremde Bestimmung. Eine Verlagerung auf die angenehme, wohllautende, lusterregende Machart des Schäfergedichts scheint sich anzubahnen. Aber das ist eher aus der Kenntnis des Textes bzw. der Texte der Nürnberger heraus gedacht.

Harsdörffer, den man als Verfasser der Anrede an den Leser wird vermuten dürfen, verbleibt im angedeuteten Rahmen, wenn er noch im gleichen Satz feststellt, das Schäferleben habe den Dichtern »vielleicht darüm beliebet/ weil das Sorgenlose Hirtenleben ein uhralter/ nohtwendiger/ unschuldiger/ und dem höchsten GOTT wolgefälliger Stand ist: Massen mit selbem der Geist= und Weltliche verglichen wird.«[9] Schäfertum ist mit Donatus und Servius, Scaliger und Vossius der älteste Stand, so wie bukolische Poesie die älteste Gattung – *vetustissimum genus*. Als solcher ist er ein von Gott verordneter (›nohtwendiger‹), integrer (›unschuldiger‹) und Gott ›wolgefälliger‹ Stand – eine *figura* des gottesebenbildlichen Geschöpfes.

Dieser Ingredienzen einer uralten Tradition sich versichernd, erhebt der Dichter jeweils in bestimmter geschichtlicher Stunde das Wort. Die Bevorzugung des Schäfergedichts hat also mit der Privilegierung des Standes zu tun, der als uranfänglicher schöpfungstheologisch ausgezeichnet und zugleich als Emblem weltlicher wie geistlicher Regentschaft allegorisch prominent besetzt ist. Die Attraktion des literarisch distinguierten Schäfers veranlaßt die Dichter – Opitz, Fleming, Zesen werden von Harsdörffer aus Deutschland erwähnt, alle drei Schöpfer von Prosaeklogen – immer wieder, ihre ›liebreichsten‹, sprich ausgezeichnetsten ›Kunstgedanken‹ gerade dieser Gattung anzuvertrauen.

Man vernimmt den Schöpfer der *Gesprächspiele* und des *Poetischen Trichters*, der es in wenigen Sätzen vermag, das Besondere der Gattung zu umreißen und zugleich neue Rätsel aufzugeben. Diejenigen seien auf dem Irrweg, die vermeinten, »daß die Schäfer dergleichen Vnterredungen nicht führen/ ja solche zu verstehen nicht fähig weren«.[10] Szenen aus dem realen schäferlichen Leben würden nur Verdruß statt ›Belustigung‹ hervorrufen. Das literarische Schäfertum führt ein eigenes Leben, und das Vehikel der Transposition realer schäferlicher Obliegenheiten in literarisch qualifizierte ist die Allegorie, denn »diese Schäfer durch die Schafe ihre Bücher/ durch derselben Wolle ihre Gedichte/ durch die Hunde ihre von wichtigen Studieren müssige Stunden bemerket haben: Welches sie dem Leser Eingangs anzumelden nicht ümgehen sollen.«[11]

Die Schäfer also sind umstandslos gleichzusetzen mit den Poeten. Zu dieser simplen Operation ermächtigt auch diese Vorrede. Was dann aber über ihre Schafe, deren Wolle und die zu ihnen gehörenden Hunde verlautet, dürfte kaum jemals mit diesen Bedeutungen behaftet in der dichterischen Praxis anzutreffen sein. Möglich, daß Harsdörffers gern zitierter Gewährsmann Lope de Vega hinter der

---

8 Harsdörffer, Klaj: Pegnesisches Schäfergedicht (Anm. 7), fol. A2ᵛ.
9 Ebd.
10 Ebd.
11 Ebd.

Passage steht. Möglich aber auch, daß Harsdörffer selbst der Erfinder dieser Allegorien ist, ja vielleicht die allegorische pastorale Praxis nochmals allegorisch überbietet, ihr tiefsinniges, geheimnisvolles Wesen in grelles Licht rückend und in gleichem Atemzug kaschierend und ins Uneindeutige zurücknehmend. Die pastorale literarische Praxis erscheint ihrerseits als ein *concetto*, wie ihn niemand im 17. Jahrhundert souveräner handhabte als eben dieser Nürnberger.

Wir sind auch durch den Schäfer-Dichter gerüstet und ermächtigt zum allegorischen Lesen. Das Gedicht selbst wird eröffnet durch die Begegnung des Emigranten Klaj alias Clajus mit dem Patriziersohn Harsdörffer alias Strefon vor den Toren Nürnbergs an den Ufern der Pegnitz. Der aus Meißen Verschlagene hat einige Kostproben seiner Kunst geliefert, den Pegnitzstrom und Nürnberg besungen, wehmütig seiner Heimat gedacht, bevor er – ein zweiter Meliboeus – auf den sorgenlos im Schatten weidenden und singenden Strefon trifft, dem die gleiche Muße beschieden ist wie dem Vergilschen schäferlichen Archetypus Tityrus. Wir müssen es uns versagen, diesen Eingang hier zu betrachten – eine der Perlen der pastoralen Poesie in Deutschland – und gleich zu den beiden Freunden kommen.

Das erste, was aus Strefons Mund vernehmbar wird, ist ein daktylischer Lobpreis auf die Freuden des schäferlichen Lebens. Jeder Liebhaber der Lyrik des 17. Jahrhunderts kennt diese Zeilen, so etwa die aus der zweiten Strophe:

> Jch lebe mit Ruh in kleebaren Auen/
> Vergnüget in meinem niedrigem Stand/
> Die/ welche zu Hof auf Hoffnungen bauen/
> Befesten den Grund auf weichenden Sand.[12]

Da ist er neuerlich, der niedere Stand, spielerisch in Antithese gesetzt zum Hof und jenes Vergnügen auf Dauer begründend, das an der gesellschaftlichen Spitze bei Hofe nicht gegeben ist. Wir werden uns hüten, an dieser Stelle bereits weiter zu gehen. Phänomenologische Geduld scheint uns auch eine philologische Tugend. Der Kreis der Beobachtungen will weiter ausgeschritten sein, bevor Umrisse einer Deutung erkennbar werden. Gewiß nur, so der Gang des Gedichts, daß schäferliches Leben begabt ist mit Freiheit zum Gesang und dieser Gesang ein solcher ist, der am Spiel von Klängen und am Erfinden von Bildern sein Genügen findet. Wenn diese Schäfer, wie es in den beiden letzten Versen heißt, fortziehen »mit unseren Hürden/ | Vnd weiden in Freuden unsere Schaf«, so weiß der Kenner, daß dieses Weiden ein poetisches ist. Und wenn dann, wie in der vorletzten Strophe, »reichlich bereiffte Früchte gefallen [sind]/ | Vnd lieget in Wochen das heurige Jahr«[13], so war und ist die poetische Ernte dieser Hirten an der Pegnitz eine ergiebige.

»Der unwürdig Spielende«,[14] so in der *subscriptio*, hat diese poetischen Spiele ersonnen. Der Ruhm des Mitglieds der ›Fruchtbringenden Gesellschaft‹, dessen

---

12 Ebd., fol. B2ʳ.
13 Ebd.
14 Ebd., fol. B2ᵛ.

Gesellschaftsname an dieser Stelle Erwähnung findet, ist weit über Nürnberg hinausgedrungen. Und so vermeint auch der mittel- und fast noch namenlose Clajus, ihn in erlesener höfischer Rede ansprechen zu sollen: »Lobwürdigster Strefon/ der gütige Himmel/ der ihn sonst mit hohen Glükseligkeiten beschenket/ der bereichere ihn ferner mit behäglicher Zufriedenheit/ kan ich bittselig seyn/ seiner Vnterredung auf ein kleines zu geniessen.«[15]

Doch diese unterwürfige Rede paßt nicht in die pastorale Landschaft, in der Gleich und Gleich sich zu begegnen bestimmt sind. Clajus – so Strefon –

> müsse hiesiger Orten ein wilkommener Gast seyn/ so hohe Begrüssungen und Hofworte/ wie er führet/ wohnen nicht in unseren niederigen Hütten/ sondern die liebe Einfalt/ und offenhertzige Teutsche Redlichkeit: Beliebe demnach meinem Schäfer mit mir der Heerde zu folgen/ hab ich mich seiner Gegenwart zu erfreuen/ weilen seine Geistreiche Hirtengedichte von der Elbe bis an die Pegnitz bereit erschollen.[16]

Das Kompliment also will erwidert sein. Für den Kenner der literarischen Szene ist auch Clajus kein Unbekannter mehr. ›Hofworte‹, die Ränge zuweisen, Abstände markieren, mit dem Verdacht der unschäferlichen Unaufrichtigkeit behaftet sind, haben an ›hiesigen Orten‹, in ›niederigen Hütten‹ keinen Platz. Hier werden ›die liebe Einfalt‹, die ›offenhertzige Teutsche Redlichkeit‹ gepflegt. Sollte es gelingen, diese aus anderen Kontexten wohlvertrauten Formeln mit geschichtlichem Leben zu erfüllen, wäre der pastorale Code gewiß zu einem Gutteil dechiffriert.

An lieblichem Ort, umspült von der Pegnitz, begegnen sich die beiden Dichter. Ihr Tun und poetisches Treiben ist umfangen von Natur. Gesellschaftliche Hierarchien und Zwänge der Realität, bedeutet im Hof, der stets den allegorischen Gegenpol zur schäferlichen Welt markiert und nicht als Topos von Hofkritik mißzuverstehen ist, sind abwesend. In der heiteren Landschaft erneuern sich die Züge der paradiesischen Frühe. Und so liegt auf den Worten und den Liedern der Hirten immer auch ein Abglanz jener ersten Zeit. Der Schäfer als Dichter darf für sich in Anspruch nehmen, daß für ihn und seinesgleichen die ›liebe Einfalt‹ und ›offenhertzige Teutsche Redlichkeit‹ verbindliche Werte sind – geblieben sind, wie wir hinzufügen. Er ist ihr prädestinierter Sachwalter und Dolmetscher, schlägt er doch eine Brücke zwischen dem Einst und dem Jetzt, zu der sein Stand ihn in einzigartiger und unvertretbarer Weise ermächtigt. Er ist Bürge und Garant von Kontinuität und damit von Tradition. Was durch die Zeit geadelt ist, als Neues im Alten und Verbürgten sich zu erkennen gibt, im Dichter-Schäfer inmitten der lieblichen Schöpfung seine Verkörperung und damit seine Beglaubigung findet, hat Anrecht darauf, ernst, nicht aber beim Wort genommen zu werden.

Die Tugenden, die im *Pegnesischen Schäfergedicht* aufgerufen werden, sind genau jene, die überall in den Gründungszeugnissen der Dichtergesellschaften, als welches ja auch das *Pegnesische Schäfergedicht* gelesen werden darf, bemüht werden – bis hinauf zu den Verlautbarungen im Umkreis der ›Fruchtbringenden Gesell-

---

15 Ebd.
16 Ebd.

schaft‹. Es handelt sich um programmatische Archetypen der Sozietäten, zu denen der rechte Schlüssel offensichtlich bislang immer noch fehlt. Verharren wir bei unserem Text, so ist als erstes festzuhalten, daß dieselben von der Aura des Althergebrachten, immer schon Gültigen, den Menschen als Menschen Auszeichnenden umgeben sind. In der Gegenwart freilich scheinen sie bedroht, stehen in Gefahr, durch andere Verhaltens- und Redeweisen ersetzt oder doch überformt zu werden, modernen, im Hof bedeuteten Maximen und Strategien weichen zu müssen.

So gesehen empfängt der schäferliche Raum der Gegenwart den Status eines Reservats. Hier ist wie selbstverständlich die Regel, was anderwärts, außerhalb der Enklave, seine einstige Kraft eingebüßt hat. Das aber ist deshalb erschreckend und gefährlich, weil die Tugenden ein gewichtiges Epitheton mit sich führen. Sie sind national spezifiziert. Die ›offenhertzige Redlichkeit‹, von der Strefon, Klaj begrüßend, behauptet, daß sie unter den Pegnitzhirten zu Hause sei, hier also im Reservat ungebrochen fortlebe, ist eine ›teutsche‹, und so gewiß nicht anders die ›liebe Einfalt‹. Auch das ist keine Erfindung des Nürnbergers oder der Nürnberger, sondern bei den Straßburgern, den Hamburgern, den Leipzigern, selbst den ›Fruchtbringern‹ überall bis in den Wortlaut hinein in gleichen Wendungen zu lesen. Es muß sich also um Essentialia des pastoral-sozietären Selbstverständnisses handeln. Wir wollen gleichwohl der Versuchung widerstehen, bereits spekulativ im angedeuteten Sinn tätig zu werden, und uns im Text zunächst weiter umtun.[17]

Eben hat Strefon eine weitere Probe seiner Sangeskunst vorgetragen, das Wasserrad an der Pegnitz besungen und der Hoffnung Ausdruck gegeben, daß dem Silber-

---

[17] Die einschlägige Literatur zu den Sozietäten zusammengeführt bei Klaus Garber: Sozietäten, Akademien, Sprachgesellschaften. – In: Europäische Enzyklopädie zu Philosophie und Wissenschaften. Bd. I–IV. Hrsg. von Hans Jörg Sandkühler. – Hamburg: Meiner 1990, Bd. IV, S. 366–384 [unter dem Titel ›Sozietäten, Akademien und Sprachgesellschaften Europas. Ein lexikalischer Aufriß‹ eingegangen in ders.: Literatur und Kultur im Europa der Frühen Neuzeit (Anm. 4), S. 347–383]. Die Zeichen mehren sich, daß die politische und kulturpolitische Funktion der sogenannten ›Sprachgesellschaften‹ allmählich in das Blickfeld rückt. Vgl. Dieter Merzbacher: Der Abendmahlstreit zwischen dem Vielgekörnten und dem Spielenden, geschlichtet vom Unveränderlichen. Georg Philipp Harsdörffers Lehrgedicht *Vom H. Abendmahl Christi* in einer Anhalter Akte aus dem Jahre 1651. – In: Daphnis 22 (1993), S. 347–392; Manfred Betz: Wirklichkeit und Wirkung von Geschichte für die Idee einer deutschen Nationalsprache in den Sprachgesellschaften des 17. Jahrhunderts. – Diss. phil. Heidelberg 1995; Max Reinhart: Battle of the Tapestries. A War-Time Debate in Anhalt-Köthen. Georg Philipp Harsdörffer's *Peristromata Turcica* and *Aulaea Romana*. – In: Daphnis 27 (1998), pp. 291–333; Wilhelm Kühlmann: Sprachgesellschaften und nationale Utopien. In: Föderative Nation. Deutschlandkonzepte von der Reformation bis zum Ersten Weltkrieg. Hrsg. von Dieter Langewiesche, Georg Schmidt. – München: Oldenbourg 2000, S. 245–264; Die Fruchtbringer – eine teutschhertzige Gesellschaft. Hrsg. von Klaus Manger. – Heidelberg: Winter 2001 (= Jenaer germanistische Forschungen; 10). Zum Kontext beachtenswert: Markus Hundt: ›Spracharbeit‹ im 17. Jahrhundert. Studien zu Georg Philipp Harsdörffer, Justus Georg Schottelius und Christian Gueintz. – Berlin, New York: de Gruyter 2000 (= Studia linguistica Germanica; 57). Vgl. auch Andreas Gardt: Das Konzept der *Eigentlichkeit* im Zentrum barocker Sprachtheorie. – In: Sprachgeschichte des Neuhochdeutschen. Gegenstände, Methoden, Theorien. Hrsg. von Andreas Gardt. – Tübingen: Niemeyer 1995 (= Reihe Germanistische Linguistik; 156), S. 145–167, sowie die einschlägigen Beiträge in dem Sammelband: Nation und Sprache. Die Diskussion ihres Verhältnisses in Geschichte und Gegenwart. Hrsg. von Andreas Gardt. – Berlin, New York: de Gruyter 2000.

bache gleich auch die Tinte aus der Feder rinnen möge »in die felder Teutscher Sprach'«, da ist auch schon »die Melancholische Schäferin Pamela« zur Stelle, »die ihr sicherlich einbildete/ sie were das arme und in letzten Zügen liegende Teutschland.«[18] Sie ist vom Wahnsinn gezeichnet wie alle Frauengestalten seit Dantes *Commedia* und Petrarcas *Episteln*, in denen der Schmerz über das daniederliegende und verwüstete Mutterland sich in Physiognomie und Verfassung düster und geistesentrückt ausgeprägt hat. Sie alle verdienten ein vergleichendes, groß angelegtes europäisches Porträt, denn Prophetinnen und Schicksalsgöttinnen gleich stehen sie vor den Portalen am Eingang zu den werdenden und kriegerisch sich zerfleischenden Nationen des frühmodernen Europas.

Rasend vor Schmerz bricht auch Pamela in ›Schwarmreden‹ aus, denen jedoch nichts anderes als die schiere Wahrheit eignet. Und wie zum Siegel dafür verlauten sie – gleich anderen Versen im selben Gedicht – in einer Sprache, die ein erstes Mal als deutsche vernehmbar wird. Es ist nicht möglich, sie Zeile für Zeile durchzugehen und dem kunstvollen Bau der Verse nicht anders als dem Gang des Gedankens zu folgen und dabei Acht zu haben auf die Inszenierung der Klangspiele, die auch mit diesem Gedicht im Jahre 1644 eröffnet werden. Themengebundene ›Bescheidenheit‹ muß statthaben.[19]

Der Krieg hat das Land ergriffen. Er ist nicht von außen hereingebrochen. Er wütet unter dem »Teutschen Stamme«. Es herrscht, so wie wenig vorher in Frankreich, Bürgerkrieg, den Opitz ein gutes Jahrzehnt früher besungen hatte. Niemals sind die Deutschen von auswärtigen Mächten besiegt worden; die Tapferkeit »von

---

18 Harsdörffer, Klaj: Pegnesisches Schäfergedicht (Anm. 7), fol. B3ʳˢ.
19 Die Gelegenheit sei ergriffen, neuerlich auf diejenige Arbeit hinzuweisen, in der die europäischen Perspektiven dieses Vorstellungskreises umrißhaft vergegenwärtigt und auf die Ursprünge der Renaissance zurückdatiert werden: Konrad Burdach: Rienzo und die geistige Wandlung seiner Zeit. Bd. I–II. – Berlin: Weidmann 1913–1928 (Briefwechsel des Cola di Rienzo; 1. Teil. – Vom Mittelalter zur Reformation; II/1). Hier insbesondere: ›Die Phönixerwartung und das ideale Rom‹, S. 61ff.; ›Säkularisierung und Synkretismus der Vorstellung des Imperiums‹, S. 94ff.; ›Bühne, Szene und Publikum des Anfangs der Renaissance‹, S. 104ff.; ›Menschheitsgemeinde und Weltkultur, Staat und Nationalität‹, S. 170ff.; ›Der Nationalitätsbegriff und die Renaissance‹, S. 201ff.; ›Friedrichs II. Staatslehre und Dantes politische Ethik‹, S. 324ff.; ›Der Wettstreit um das Imperium und die Stadt Rom‹, S. 337ff.; ›Der Apollinische Kranz [–] das Insigne des neuen Imperiums‹, S. 501ff. Es gibt keine zweite Untersuchung, in der der Ursprung des nationalen Gedankens und dessen Verschlingung mit dem universal-imperialen gleich prägnant herausgearbeitet und geistesgeschichtlich hergeleitet worden wäre. Jetzt mit weiterer Literatur (und leider falschem bibliographischen Burdach-Eintrag): Nationenbildung. Die Nationalisierung Europas im Diskurs humanistischer Intellektueller. Italien und Deutschland. Hrsg. von Herfried Münkler, Hans Grünberger, Kathrin Mayer. – Berlin: Akademie-Verlag 1998 (= Politische Ideen; 8), S. 75ff.: ›Die Erfindung der italienischen Nation in den Schriften der Humanisten‹. Daß Harsdörffer die Schäferin Pamela aus Sidneys *Arcadia* eine nationale Wehklage anstimmen läßt, bedürfte der Untersuchung. Wie nur der Zeitgenosse und Weggefährte Edmund Spenser hat Philip Sidney der Pastorale einen nationalen Impetus eingeschrieben, der zugleich dem europäischen Protestantismus verpflichtet blieb. Zu diesem Kontext grundlegend die Arbeiten van Dorstens. Vgl. Jan Adrianus van Dorsten: Poets, Patrons, and Professors. Sir Philip Sidney, Daniel Rogers, and the Leiden Humanists. – Leiden: University Press, London: Oxford University Press 1962 (= Publications of the Sir Thomas Browne Institute, Leiden. General series; 2).

alter Zeit«, von »der Teutschen Adelheit«[20] hat sie vor dieser Schmach bewahrt. Doch nun verrichtet der Haß im Innern, was der Feind von außen nicht vermochte.

> Wie kan dann die Drachengallen
> Vnter Nahgesipten wallen?
> Wie hat doch der Haß forthin
> Gantz durchbittert ihren Sinn?
> Meine Söhne/ jhr seyd Brüder/
> Leget eure Degen nieder!
> Schauet doch mein Mutterherz
> Threnen/ ob dem Heldenscherz![21]

Gäbe es eine Kultur des literarischen Gedächtnisses in Deutschland – und nicht statt dessen prominente Vertreter innerhalb unserer Zunft, die sich ihrer Unterminierung medienwirksam mittels kurzatmiger Erzählungen befleißigen –, hätten auch Stücke wie dieses ein Anrecht darauf, erinnernd bewahrt zu werden. Die Diversifikation der Nation, im 16. Jahrhundert im Schmalkaldischen Krieg erstmals offenbar und sogleich von den neulateinischen Bukolikern thematisiert, vollendet sich im Dreißigjährigen Krieg, und immer noch waltet im Gefolge des römischen Bürgerkriegs-Dichters der ersten wie der neunten Ekloge der Hirtendichter seines satirischen, die Greuel schonungslos beim Namen nennenden und zugleich seines prophetischen, Rettung darbietenden Geschäfts.[22]

> Sol dann mich/ mich Mutterland/ meiner Söhne Schand beflekken?
> Vnd als eine Mördergrub mit verruchten Greul bedekken?
> Muß ich dann zum Raube werden/ als des Krieges Jammerbeute/
> Vnd zwar nicht durch fremde Waffen/ sondern meiner Landesleute.[23]

---

20 Harsdörffer, Klaj: Pegnesisches Schäfergedicht (Anm. 7), fol. B3ᵛ.
21 Ebd., fol. B3ᵛ's.
22 Auch diese tief in die (ungeschriebene) Gattungsgeschichte hineinführende Linie kann hier nicht verfolgt werden. Verwiesen sei etwa auf: Harry Vredeveld: Pastoral Inverted. Baptista Mantuanus' Satiric Eclogues and their Influence on the *Bucolicon* and *Bucolicorum Idyllia* of Eobanus Hessus. – In: Daphnis XIV/3 (1985), pp. 461–496; ders.: A Neo-Latin Satire on Love-Madness. The Third Eclogue of Eobanus Hessus' *Bucolicon* of 1509. – In: Satire in der Frühen Neuzeit. Hrsg. von Barbara Becker-Cantarino. – Amsterdam: Rodopi 1985 (= Daphnis; XIV/4), pp. 673–719; ders.: The *Bucolicon* of Eobanus Hessus. Three Versions of Pastoral. – In: Acta Conventus Neo-Latini Guelpherbytani. Ed. by Stella P. Revard, Fidel Rädle, Mario A. Di Cesare. – Binghamton/NY: Center for Medieval & Early Renaissance Studies, State University 1988 (= Medieval & Renaissance texts & studies; 53), pp. 375–382; Eckart Schäfer: Idylle und Realität. Die Hirtendichtung des Euricius Cordus (unveröffentlichtes Manuskript), [inzwischen neu gestaltet und veröffentlicht: Eckart Schäfer: Euricius Cordus. Vergil in Hessen. – In: Candide Iudex. Beiträge zur augusteischen Dichtung. Festschrift für Walter Wimmel. Hrsg. von Anna Elissa Radke. – Stuttgart: Steiner 1998, S. 283–313]; ders.: Bukolik und Bauernkrieg. Joachim Camerarius als Dichter. – In: Joachim Camerarius (1500–1574). Beiträge zur Geschichte des Humanismus im Zeitalter der Reformation. Hrsg. von Frank Baron. – München: Fink 1978 (= Humanistische Bibliothek. Reihe 1: Abhandlungen; 24), S. 121–151.
23 Harsdörffer, Klaj: Pegnesisches Schäfergedicht (Anm. 7), fol. B4ʳ.

Nein, das letzte Wort hat die ohnmächtige Klage nicht. Es gibt ein Zeichen der Hoffnung: die seit Opitz manifeste Erneuerung der deutschen Sprache, wie sie inzwischen »ruchtbar und am Tag [ist] auß vieler Teutschen Mund.«[24] Und so ist es dem Schäfer vorbehalten, wie der große römische Vorgänger in einer allegorisch umspielten poetischen Weissagung vom zukünftigen Frieden in ahndungsvollen Wendungen und zeichendeutend zu künden, endend mit dem Trost:

> Jch hoff'/ als ein frommer Christ/
> Da auch nichts zu hoffen ist.[25]

Pamela indes ist nicht zu überzeugen. »Euer Trost/ sagte die Schäferin/ fruchtet nichts bey mir/ dann ich bin das bejochte Teutschland/ und ist ja ein Friede in mir zu hoffen/ so dürffte er doch/ wie ehmals/ bald wider zu Wasser werden.«[26] Also bleibt es den Schäferdichtern aufgetragen, ihr nationales Werk poetisch – aber eben keinesfalls poetisch allein – zu verfolgen.[27]

Ihr Spaziergang führt die Hirten, begleitet von Perlen deutscher Poesie, über die Hallerwiese zu den fruchtbaren Gärten um den Johannis-Friedhof, von denen aus der Blick sich auf die Nürnberger Burg richtet. Ihr sagenumwobenes, womöglich auf Kaiser Nero zurückgeleitendes Alter bietet Anlaß zu einer neuerlichen und wiederum gleichermaßen elegischen wie hoffnungsgestimmten Betrachtung, die wir noch einmal im Wortlaut vernehmen müssen, um einen stabilen Grund für unsere Bemerkungen zu gewinnen:

> Hätten/ fienge Klajus an/ unsere edle/ unverzagte/ und von allen Völkern hochgefürchte Teutsche Biederleute mit solchem Fleiß ihre löbliche Heldenthaten aufgeschrieben/ als sie selbe verrichtet/ oder die blutigen Kriege vor etlich hundert Jahren/ mit den Leuten/ nicht auch zugleich derselben Gedächtnis ausgerottet/ so könten wir von dero tapfern Mannheit/ männlichen Waffen/ buntbemahlten Schilden/ stürmst=schrekkenden und wekkenden Lermenschlagen/ rühmlichen Siegen mehr/ als so/ Nachricht haben. Freylich wol/ sagte Strefon/ ist es zu betrauren/ aber doch stehe ich im Zweiffel/ ob jenes mehr zu beklagen/ oder über dem sich mehr zu verwundern/ daß seyther die Teutschen einander selbst in die Haar gerahten/ viel hocherwekte Geister sich dahin bemühet und annoch bemühen/ daß/ was das Feuer aufgefressen/ die Regen und Vngewitter von den Steinen ausgewaschen/ die Zeit aus den Metallen gekratzet/ in das Register der Ewigkeit einzutragen/ und dahin zuschreiben/ da es keine Glut noch Flut belangen kan/ daß es die Nachwelt (so anderst eine zu hoffen) bis zur letzten Posaunen lesen wird.[28]

Erneut eröffnet sich – wie in allen Germanen-Rekursen der Humanisten – eine zwischen Geschichte und Mythologie oszillierende Perspektive. Den tapferen und

---

24 Ebd.
25 Ebd., fol. C1ʳ.
26 Ebd.
27 Zu diesem hier nur eben angetippten Problem jetzt mit kritischer Diskussion der vorliegenden Deutungsentwürfe Nicola Kaminski: Ex bello ars oder Ursprung der ›Deutschen Poeterey‹. – Heidelberg: Winter 2004 (= Beiträge zur neueren Literaturgeschichte; 205). Eine Auseinandersetzung mit dieser gewichtigen Studie muß einer anderen Gelegenheit vorbehalten bleiben.
28 Harsdörffer, Klaj: Pegnesisches Schäfergedicht (Anm. 7), fol. C3ʳs.

einigen und eben deshalb unbesiegbaren Vorvätern stehen die nichtswürdig seither sich ›in die Haar gerahtenen‹ Deutschen der Gegenwart und jüngsten Vergangenheit gegenüber. Die alten deutschen Tugenden, die da zugleich in heldischen Taten sich bewährten, sind untergegangen in einer von Leidenschaften aufgepeitschten Nation, deren Kennzeichen Zerwürfnis, Entzweiung, Diversifikation sind. Grell erscheint das politische Geschehen in Kontrast zum pastoralen Raum, in den die alten deutschen Tugenden sich geflüchtet haben. Gibt es eine die Gegenwart und jüngste Vergangenheit auszeichnende Handlung, so die Gedächtnis stiftende über die Schrift, welche dauern wird bis an den jüngsten Tag.

Wie aber ist die Kluft zu schließen, die sich da auftut zwischen der Erinnerung an die Taten der alten ›Teutschen Biederleute‹ und der gegenwärtigen Zwietracht, da doch ›hocherwekte Geister‹ in Scharen wie nie zuvor bereitstehen, erinnerungswürdige Taten im Medium der Schrift zu verewigen?[29]

Ein letzter Schritt ist zu tun. In jeder Prosaekloge erhebt sich in deren Mitte ein Tempel oder ein ähnlich würdiges Bauwerk – nur Fleming, der Große, macht hier eine Ausnahme in seiner Revaler Schäferei –, in dem das Huldigungsszenario sich vollzieht.[30] Die Haller, die Schlüsselfelder und die Tetzel werden anläßlich einer Doppelhochzeit von den beiden Hirtendichtern besungen. Dazu müssen sie eingewiesen werden von Fama:

---

[29] Zu den hier anklingenden Motivkreisen vgl. Gernot Michael Müller: Die *Germania generalis* des Conrad Celtis. Studien mit Edition, Übersetzung und Kommentar. – Tübingen: Niemeyer 2001 (= Frühe Neuzeit; 67); Jörg Robert: Konrad Celtis und das Projekt der deutschen Dichtung. Studien zur humanistischen Konstitution von Poetik, Philosophie, Nation und Ich. – Tübingen: Niemeyer 2003 (= Frühe Neuzeit; 76), mit der einschlägigen Literatur auch zum Problem der Germanen- und Germania-Renaissance im deutschen Frühhumanismus, die tief in das 17. Jahrhundert hineinreicht. Vgl. auch die Kapitel ›Enea Silvio Piccolominis Anstösse zur Entdeckung der nationalen Identität der ›Deutschen‹‹ und ›Origo et Vetustas. Herkunft und Alter als Topoi nationaler Identität‹. – In: Nationenbildung (Anm. 19), S. 163ff., S. 235ff.

[30] Dieses Huldigungsszenario ist am tiefgründigsten von dem Nürnberger Arzt Johann Helwig ausgebaut worden, dessen editorische und bibliographische Wiederentdeckung Max Reinhart zu verdanken ist. Vgl.: Johann Hellwig's *Die Nymphe Noris* (1650). A Critical Edition. Ed. by Max Reinhart. – Columbia/SC: Camden House 1994 (= Studies in German Literature, Linguistics, and Culture); Johann Hellwig. A Descriptive Bibliography. Compiled and with an Introduction and Notes by Max Reinhart. – Columbia/SC: Camden House 1993 (= Studies in German Literature, Linguistics, and Culture). Zur Interpretation: Max Reinhart: The Privileging of the Poet in Johann Hellwig's *Die Nymphe Noris*. – In: Sprachgesellschaften – Galante Poetinnen (Literary Societies/Literary Women). Zusammengestellt von Erika A. Metzger, Richard E. Schade. – Amsterdam: Rodopi 1988 (= Daphnis; XVII/3), pp. 229–243; ders.: Historical, Poetic and Ideal Representation in Hellwig's Prose Eclogue *Die Nymphe Noris*. – In: Konstruktion. Untersuchungen zum deutschen Roman der frühen Neuzeit. Hrsg. von Lynne Tatlock. – Amsterdam, Atlanta/GA: Rodopi 1990 (= Daphnis; XIX/1), pp. 41–66. Zur Interpretation der *Nymphe Noris* vgl. das Kapitel ›Return to the Urban Community: Johann Hellwig's *Die Nymphe Noris*‹ bei Garber: Nuremberg, Arcadia on the Pegnitz (Anm. *), pp. 165–204. Birken verewigt in seiner *Fortsetzung Der Pegnitz=Schäferey* bekanntlich die Helden des Dreißigjährigen Krieges, überschreitet also den kommunalen Verband und bahnt den Weg der Pastorale zur Politik, der später zum pastoralen Fürstenspiegel führt. Vgl. das Kapitel ›Surpassing the Prototype: Birken's *Fortsetzung der Pegnitz-Schäferey*‹ bei Garber: Nuremberg (Anm. *), pp. 142–165.

Als nun das Gerücht vermerkte/ wie die zween Schäfer ob so unverhoffter Begegnis stillschweigend erstarret/ Ach/ sprach es/ lasset euch die Bildnis dieser Helden nicht erschrekken/ sondern betrachtet vielmehr/ wie die Warheit/ welche mit mir dieses Orts verschwestert/ diesen Tempel der Gedächtnis/ zu stetsbleibender Nachfolge so ansehnlicher/ redlicher/ wolverdienter alten Teutschen aufgeführet/ und allen Titteltand/ den die Heucheley vielmal anzuschmitzen pflegt/ an seinen Ort verbleiben lassen. Einmal ist die Tugend in ihren Erben unsterblich/ und könte ich auch dieser Altadelichen Ahnen von vielen hundert Jahren hero vorweisen/ wann die geschwinde Zeit uns aufzuhalten vergönnete.[31]

Humanistischer Patriotismus im pastoralen Gewand

Sind wir damit gerüstet für eine hinlänglich fundamentierte Exegese, auch ohne die Porträts der Geehrten noch im einzelnen in Augenschein zu nehmen? ›Teutsche‹ Redlichkeit, Biederkeit, Tapferkeit, Ehrbarkeit und wie die Begriffe sonst lauten mögen reichen – ›Titteltand‹ und ›Heucheley‹ hinwegfegend – aus der Vergangenheit bis in die jüngste Zeit hinein, wie die zwölf Tugend-Tafeln bezeugen, die da im ›Tempel der Gedächtnis‹ für zwölf Angehörige der drei Geschlechter aufgerichtet sind. Noch unter den Hochzeitern, also Patriziern der Gegenwart, haben sie ihre Wohnstatt. Sie sind erneuerbar auch außerhalb des Schäferstandes.

> Teutscher Treue Tugendhaab
>   Sind der Jahre heller Schein/
> Solche reiche Himmelsgab'
>   Hallet nach dem Leichenstein.[32]

So der Vierzeiler, noch nicht auf einer Säule angebracht, für Hans Albrecht Haller von Hallerstein mit der neuerlichen Reminiszenz an ›Teutsche Treue‹ und Tugend. Und entsprechend ganz ähnlich der Fünfzeiler für Johann Jakob Tetzel, der die Einheit von Mund und Hand, von Wort und Tat im Zeichen von Tugend als Aufrichtigkeit umkreist:

> Sein Verstand und Ehrenstand
> Jst der wahren Tugend Pfand.
>   Statt und Land bekennet/
> Daß er beyder MVND und HAND
>   Werde recht genennet.[33]

Der Text fingiert, daß die Schäfer, geleitet von Fama, lesend und staunend durch den Tempel schreiten. In Wahrheit sind sie die Schöpfer der huldigenden Verse und damit der Gedächtnis stiftenden Schrift. Den Angehörigen des ersten Standes ist in der Façon, die ihnen die Schäfer verleihen, bei aller individuellen Verschie-

---

31 Harsdörffer, Klaj: Pegnesisches Schäfergedicht (Anm. 7), fol. C4ᵛ.
32 Ebd., fol. D2ʳ.
33 Ebd.

denheit eines gemein: Sie haben in der Stadt oder aber für die Stadt als Angehörige des Patriziats ihr Bestes gegeben und mehr als einmal noch darüber hinausgreifend zum Wohl ihres Vaterlandes gewirkt. Und dies stets derart, daß ihr ihrem adeligen Stand geschuldetes Tun Ausfluß ist von ihrer Tugend, die nicht immer, wie bei Carl Schlüsselfelder, explizit nochmals als »Aufrichtigkeit/ und alte Teutsche Treu«[34] spezifiziert werden muß, so oder ähnlich aber stets gemeint ist.

Das *Pegnesische Schäfergedicht* arbeitet wie ungezählte andere Stücke bevorzugt aus dem pastoralen Genre an der Statuierung einer öffentlichen, einer politischen, einer nationalen Ethik, die sich im Ursprung ihrer Dignität und in ihrer Repristination unter ausgezeichneten Repräsentanten der Gegenwart und jüngsten Vergangenheit ihrer Geltung und damit ihrer Wahrheit versichert. Huldigende und Gehuldigte sind vereint in einem gemeinsamen Wertekanon, wie er von den der Schrift kundigen Schäferdichtern im gleichen Atemzug tradiert und erzeugt wird. Dieser Normenkodex ist so geartet, daß ihm größtmögliche integrative Kraft eignet. Er scheint individuelle, nur den Einzelnen als moralisches Subjekt betreffende Eigenschaften zu umfassen. Tatsächlich ist er so strukturiert, daß in und mit seiner Praktizierung einem nationalen Anliegen Genüge getan wird.

Entsprechend ist er offen für Vertreter aller Stände, wie der Schäfer als ständeübergreifende Figur am sinnfälligsten demonstriert. Und er ist als explizit moralischer sehr wohl weiterhin anschlußfähig an Religion und damit Gottesfürchtigkeit. So gut wie alle Porträts beweisen das. Nicht länger jedoch ist er zu verpflichten und rückzuprojizieren auf eine bestimmte Konfession. Diese schäferlichen Tugenden sind konfessionsneutral. Sie sind religiös über den Schäferstand als gottwohlgefälligen unterfangen, aber sie versagen sich jedweder konfessionellen Zuschreibung. Eingang in den Ehrentempel kann nur finden, wer den von den Schäfern statuierten moralischen Ingredienzen gehorcht. Das ist ihre Tat als Sachwalter der Schrift, die sie zu ebenbürtigen Partnern der auf andere Weise dem öffentlichen Wohl verpflichteten Geschlechter erhebt. In diesem Sinn sind in der Pastorale, wie in der Theorie gerne bezeugt, die ständischen Unterschiede nicht aufgehoben, sehr wohl ist jedoch das Aufeinanderangewiesensein der Stände und damit die Wechselseitigkeit der Verdienste bedeutet.

Steht aber der Schäferdichter als Repräsentant des der Schrift Kundigen und der Nation ihren Weg Weisenden, so scheint damit nur die alte Formel des Zusammenspiels von *arma et litterae* oder noch weiter gefaßt die Kontamination von *res gestae* und *res eruditae* auf andere Weise bekräftigt. Wir aber würden beidem gerne exakteres geschichtliches Relief verleihen.

In der Pegnitzlandschaft des Jahres 1644 werden Reminiszenzen aus einer in den Mythos sich verlierenden Vergangenheit den Deutschen erinnernd gegenwärtig gehalten, die so geartet sind, daß die Schäferdichter sie immer noch als die ihren erkennen und den von ihnen Porträtierten vorbildhaft zusprechen können. Sobald das Wüten der Waffen enden wird, soll ihnen jene allgemeine Geltung zukommen, die derzeit inmitten der Zwietracht Einzelne über die Zeiten hinwegretten. Diese

---

34 Ebd., fol. D1ʳ.

Tugenden alter ›teutscher‹ Redlichkeit, Treue und Aufrichtigkeit, von dem niederen Schäferstand zitiert, in die Urvergangenheit zurückreichend, in der Gegenwart immer noch verbindlich, tragen ungeachtet ihrer altdeutschen Färbung die Signatur des eben sich formierenden postkonfessionellen Zeitalters.

Einung aller Glieder der Nation über die konfessionellen Entzweiungen hinweg war das Fazit, das die politischen Theoretiker und Parlamentsjuristen Frankreichs inmitten des Wütens der Bürgerkriege gezogen hatten. Es war der Generation Opitzens vertraut und wirkte bereits in ihre Dichtung hinein, wie am *TrostGedichte Jn Widerwertigkeit Deß Krieges* und anderen Zeugnissen zu zeigen. Harsdörffer und die Nürnberger eine Generation später haben ihrerseits, wie die Exponenten der sogenannten ›Sprachgesellschaften‹ auch anderwärts, an der Ausformung der Idee auf deutschem Boden teilgenommen.

Die Zitation der alten deutschen Tugenden, am glaubwürdigsten von den durch Tradition geadelten Schäfern in den Mund genommen, erfolgt, wie die Pamela-Szene lehrt, in einem nationalen Raum, der zerrissen ist und deshalb Einheit stiftender Parolen bedarf. Die zitierten Tugenden sind also nicht zufällig mit dem Attribut ›teutsch‹ versehen. Sie führen eine politische Konnotation in appellativer Funktion mit sich, gleichen einem Code, über den eine humanistische Elite sich – nochmals: konfessionsneutral! – verständigt und der dem nationalen Anliegen, wie es mit dem Humanismus in die Welt getreten war, unter den Bedingungen der entfesselten Bürgerkriege Genüge zu tun sucht.

In der dialektologisch gereinigten deutschen Sprache ist diese Einheit linguistisch seit der Opitz-Reform vollzogen. Das ist allen am literarischen Spiel Teilnehmenden bewußt und wird in guter humanistischer Manier bezeugt. Das Schäfergedicht Harsdörffers und Klajs beweist, welch ein Fortschritt binnen weniger Jahre erreicht wurde. Diese Virtuosität in der Handhabung der Sprache kommt einer poetisch-linguistischen Revolution gleich, nur vergleichbar mit den Umbrüchen zwischen Klopstock und Hölderlin und dann nochmals um 1900 im Zeichen Hofmannsthals und Georges, auch das sollte nicht vergessen werden.

Praktiziert aber wurde sie bei aller unverkennbaren Freude am kunstvollen Spiel und dem Herausstellen der Potenzen auch der deutschen Sprache von allen bewußten Geistern im Gefolge der ersten großen Generation um Weckherlin, Zincgref und Opitz derart, daß dem die deutsche Sprache pflegenden Dichter ein humanistischer und deshalb unverächtlicher nationaler Auftrag beigesellt blieb. Er wird auch in den Formeln manifest, die da im Umkreis von ›Redlichkeit‹ und ›Aufrichtigkeit‹, ›Ehrbarkeit‹ und ›Biederkeit‹ und wie sie heißen sich ausdifferenzieren und auch das *Pegnesische Schäfergedicht* durchwirken. Die schäferliche Gemeinschaft, abseits von der großen Welt, daher nicht affiziert von ihren Gebrechen, bewahrt ein nationales Versprechen aus der Frühe, das seine Einlösung erfahren wird in der Zukunft, in der die Nation in ihrem Geist zueinanderfindet und sich geeint weiß. In diesem Sinn sind moralische Integrität, poetische Kompetenz und nationale Autarkie ineinander verschränkt und das pastorale Gedicht in Vergilscher Manier als *genus humile* immer noch Träger großer und also nach dem Epos verlangender Verheißungen.

Wird derart aber nicht auch über ein Gedicht wie die Pegnitz-Pastorale – eingeführte epochale Nomenklaturen Lügen strafend – der Blick hinüber in das 18. Jahrhundert gelenkt, in dem eine gebildete Elite neuerlich – oder vielleicht immer noch? – der weiterhin auf dem Wege zu sich selbst befindlichen Nation die Stichworte und Codes an die Hand gibt, in denen ihre Zukunft – umspielt von einem Schimmer der Hoffnung – aufscheint?[35]

Zuerst erschienen unter dem Titel: Pastorale Aufrichtigkeit. Ein Blick in Georg Philipp Harsdörffers und Johann Klajs Pegnesisches Schäfergedicht. – In: Die Kunst der Aufrichtigkeit im 17. Jahrhundert. Hrsg. von Claudia Benthien, Steffen Martus. – Tübingen: Niemeyer 2006 (= Frühe Neuzeit; 114), S. 191–206.

---

35 Vgl. dazu die drei Beiträge unter dem Obertitel ›Kulturnation Deutschland?‹ mit jeweils reichhaltigen Literaturangaben bei Klaus Garber: Nation – Literatur – Politische Mentalität. Beiträge zur Erinnerungskultur in Deutschland. Essays – Reden – Interventionen. – München: Fink 2004, S. 77ff.

Utopia

Zur Naturdichtung der Frühen Neuzeit

Alteuropäische Gattungsregularien

Die Moderne pflegt selten traditionsgeschichtlich betrachtet zu werden. Einer merklichen Beliebtheit erfreut sich die Opposition Antike – Moderne. Der Rückbezug hingegen auf die Frühe Neuzeit, auf das 16., 17. und 18. Jahrhundert, bleibt die Ausnahme. Mit einem gewissen Recht auf den ersten Blick. Die Bindung der europäischen Literatur an feste – und dem modernen Bewußtsein unvorstellbar konsistente und autonome – Gattungen, in der Antike begründet, im Humanismus erneuert, im Barock nochmals vielfältig ausdifferenziert und tief in das Zeitalter der Aufklärung hineinwirkend, lockert sich erst sukzessive im Verlauf des 18. Jahrhunderts.

Noch Goethe, dem letzten großen ›höfischen‹ Dichter, ist das europäische klassizistische Formenrepertoire lesend und schreibend gegenwärtig. Und darf nicht die Klassik auch als letzte Metamorphose des europäischen Klassizismus, als bemühte und bewußte Rehabilitierung des alteuropäischen Literaturkanons nach der Revolte des Sturm und Drang begriffen werden, wie sie in Goethes *Faust* als »Wiederbringung aller Dinge« ihr erhabenstes Denkmal fand? Noch in der Romantik vollzieht sich die dezidert moderne Aufwertung des Künstlers und der Kunst, wie sie das 116. Athenäums-Fragment Schlegels prägnant vornimmt, in unmittelbarer Nachbarschaft zur *renovatio* des vormodernen katholischen Europa.

Und da sollte die geschichtliche Spezifizierung der deutschen wie der europäischen Literatur des 19. und 20. Jahrhunderts nicht vom Vergleich, von der Konfrontation mit dem frühneuzeitlichen Literatursystem profitieren? Die Erwägung darf geäußert werden, daß der Philologie der Moderne im Blick darauf ein reiches Feld zu bestellen bleibt.

Von der Natur in der Dichtung des 17. und 18. Jahrhunderts zu sprechen, heißt, die seit dem 19. Jahrhundert geltenden Prämissen und Normen zu relativieren, zu historisieren und eben damit des geschichtlich Spezifischen gewahr zu werden. *Das Bild der Natur, den* festgeprägten und topologisch fixierten dichterischen Vorwurf der Natur, *die* poetische wie *die* soziale wie *die* mentale Funktion der Natur hat es auch in der Frühen Neuzeit schon deshalb nicht gegeben, weil dichterische Vergegenwärtigung von Natur strikt an Gattungsregularien gebunden ist. Arbeiten zum Naturgefühl *des* 17. oder *des* 18. Jahrhunderts werden damit a priori obsolet. Es kann nur Arbeiten zur Rolle von Natur in einzelnen Gattungen geben.

Gattungsspezifische Naturdarstellung

Noch im 17. Jahrhundert ist die Schematisierung nach höheren und niederen Gattungen – mit einer theoretisch-poetologisch wenig ausgewiesenen, dafür poetisch-praktisch um so interessanteren Gattung in der Mitte zwischen den Extremen, von der im folgenden vor allem zu sprechen sein wird – voll in Kraft. Hohe Dichtung ist höfische Dichtung im 17. Jahrhundert. Und es verlohnte sich wohl, die vielen Naturschilderungen insbesondere des höfischen Romans einer typologisch-funktionalen Analyse zu unterziehen. Drei bevorzugte Varianten dichterischer Naturgestaltung dürften zu sondern sein.

Die Kulisse im Umkreis des Hofes, zumal in Gestalt des Gartens um den Palast, in dessen erlesenen Kostbarkeiten, in dessen mythologischem Aufgebot die Grandeur des höfischen Personals in einer gezähmten, verwandelten und restlos durchgebildeten Natur sich spiegelt, die höfische Gesellschaft ihr Zeremoniell für eine genau bemessene Zeitspanne ins Freie verlegt, repräsentative Öffentlichkeit im höfischen Fest als ihrer reinsten Verkörperung sich bekundet. Sodann die Natur als Hintergrund des Liebesgeschehens: In den verborgeneren Zonen des Gartens, sofern die Liebenden sich unbehelligt zu begegnen wünschen (um dann in der Regel doch belauscht zu werden); in den abgelegenen und finsteren Zonen, sofern sie sich ihrem Liebesleid hingeben möchten, wobei Natur wie in der gesamten alteuropäischen Dichtung seit den römischen Elegikern eine halballegorische Funktion als sinnbildliche Trauerlandschaft einnimmt. Und schließlich in der Tradition des europäischen Epos: Natur als Ort des ritterlichen bzw. des höfischen Abenteuers oder als willkommener Ort des Überfalls.

Die niederen Gattungen hingegen sind denkbar arm an Naturszenen. So vor allem der pikareske Roman und folglich auch noch Grimmelshausens *Simplicissimus*. Natur mag hier für einen Moment die heitere Kulisse in der Vaganten-Tradition für eine erotische Exkursion abgeben, mag einsame Züge im Leid und in der geistlichen Meditation annehmen, mag eine Station im Verlauf der ungezählten Gaunereien und Scharmützel markieren. Aber erlebter Raum wie bei den Nachfahren des Picaros in der Romantik ist nirgendwo gegenwärtig. Es wäre wohl eine reizvolle und gediegene Aufgabe, die Assimilation von Natur in den klassischen Großformen des Romans und des Dramas im Übergang vom 17. zum 18. Jahrhundert zu verfolgen, wie sie zunächst in der Empfindsamkeit, dann im Sturm und Drang kulminiert. Das kann hier nicht einmal andeutungsweise geschehen.

Natur hat ihr Refugium im 17. Jahrhundert im *genus tenue*, in den mittleren Literaturgattungen, also in der poetischen Produktion der bürgerlichen Gelehrtenschaft und damit im wesentlichen in den aus dem Späthellenismus bzw. der römischen Antike übernommenen klassizistischen Kleinformen gefunden. Auch hier hat der europäische Humanismus ein reichhaltiges und differenziertes Gattungssystem über die antiken Vorgaben hinaus ausgebildet, in dem Natur ihr jeweils festumrissenes gattungstypisches Dasein führt: in den verschiedensten Spielarten der zumeist petrarkisierenden Liebeslyrik, in der variationsreichen Gelegenheitsdichtung, im Stadt- und Landschaftslob und nicht zuletzt in der Schäfer- und

Landlebendichtung. Am Leitfaden eben dieser Gattung sollen einige Gedanken zur Naturerfahrung in der Literatur des 17. und 18. Jahrhunderts entwickelt werden, die sich in Umrissen womöglich zu einer Theorie von Natur in der Literatur der Frühen Neuzeit verdichten.

Auch die Schäfer- und Landlebendichtung ist tief bis in das 18. Jahrhundert hinein nach festen Gattungsanweisungen gearbeitet, wie sie in allen wesentlichen Aspekten in der Antike durch Theokrit, durch Vergil und durch Horaz dichterisch kodifiziert worden waren. Entsprechend ist auch die Präsentation von Natur nicht das Resultat subjektiver Schöpfungsintention, sondern objektiver Verbindlichkeiten der Gattung. Gleichwohl sollte dargetan werden können, daß sich in der Schäfer- und Landlebendichtung ungeachtet von genrespezifischen Bindungen der Geist des Zeitalters in besonderer, ja vielleicht in einmaliger Weise spiegelt.

Konstitution der Prosaekloge und Nürnberger Prototyp

Um derart über eine Gattung zur historischen Physiognomie eines Zeitalters vorzudringen, bedarf es wohlüberlegter Schritte. Gilt es doch, nach den Errungenschaften der gattungs- und traditionsgeschichtlichen Forschung das Zeittypische, das historisch Signifikante der Texte in ebenso behutsamer wie entschiedener Weise zu extrapolieren, sie also als Spiegel ihrer Zeit zu begreifen und zugleich ihrer formativen Rolle beim Aufbau der frühmodernen Welt und Kultur gewahr zu werden. Das kann sinnvoll nur an einzelnen Beispielen geschehen.

Anläßlich der Reorganisation des deutschen Literatursystems, wie sie Opitz keinesfalls alleine, aber doch maßgeblich und überaus geschickt besorgte, waren auch die pastoralen Gattungen übersetzend, imitierend, variierend einzudeutschen. Opitz hat sich dieser Aufgabe souverän entledigt. Die Kabinettstücke seiner Reform stellen innerhalb der Landlebendichtung das Gedicht *Zlatna, Oder von Rhue des Gemütes* (1623), in der Schäferdichtung seine *Schäfferey Von der Nimfen Hercinie* (1630) dar. Mit letzterer wurde die kleine schäferliche Gelegenheitserzählung in Prosa mit vielen eingelegten Versen begründet, die sich in allen literarischen Landschaften des protestantischen Deutschlands alsbald großer Beliebtheit erfreute.

Zu ihnen gehört Harsdörffers, Klajs und Birkens *Pegnesisches Schäfergedicht* (1644/45), mit dem die lange Reihe der Nürnberger Schäfereien im ›Pegnesischen Blumenorden‹ eröffnet wird. An diesem Kleinode deutscher Dichtung und Pastoralpoesie des 17. Jahrhunderts seien einige regulative Prinzipien dichterischer Naturerfahrung und -gestaltung entwickelt, bevor dann aus dem 18. Jahrhundert wiederum ein einziges Beispiel Kontinuität und Wandel in der Gestaltung und Funktion von Landschaft bezeugen soll.

›Heimat‹ im Schäfergedicht

Es ist humanistisch-topographische und zugleich bukolische Tradition, wenn auch das *Pegnesische Schäfergedicht* von seinen Schöpfern einen festen räumlichen und zeitlichen Rahmen zugewiesen erhält. Die Schäferdichtung ist bis an die Schwelle der empfindsamen Literatur diejenige Gattung, in der prägnante und suggestive Vergegenwärtigungen heimatlicher Landschaft ihren Platz haben. Von Theokrit und Vergil über Pontano und Sannazaro, Garcilaso und Montemayor, die Dichter der Pléiade und d'Urfé spannt sich der Bogen bis hin zu Sidney und Spenser, Heinsius und Hooft, schließlich zu deutschen Neulateinern, den Opitzianern und eben den Pegnesen.

Es ist das Charakteristische, vielleicht sogar das Einzigartige dieser Naturbilder, daß der humanistisch gebildete Leser die Schäferdichtung mit der Lizenz ausgestattet wußte, nicht nur die liebliche und schöne, eben die amöne Natur, sondern zugleich auch die lokaldistinkte, die bekannte Umgebung von Dichter, Adressat und Leser dichterisch vergegenwärtigt zu finden. Und zwar dergestalt, daß er den vertrauten Namen in der Literatur wiederbegegnete, zugleich jedoch diese heimatliche Umgebung dichterisch stilisiert, überhöht, verklärt fand. Erst beides zusammen hat zum Komfort, zur Beliebtheit und damit zur Verbreitung dieser Gattung im Europa der Frühen Neuzeit beigetragen.

Entsprechend wird es in der Nürnberger Schäferei auch um eine *laus Norimbergae* gehen. Harsdörffer und Klaj haben dem Lob der alten Kaiserstadt und dem Treiben der Pegnitz-Schäfer Relief verliehen, indem sie es mit dem Los Meißens und der dortigen Hirten-Dichter, repräsentiert durch den großen Lyriker Johann Klaj, konfrontieren. Die poetische Idylle in Meißen ist durch den Krieg zerstört worden, der auch Klaj zur Emigration zwingt.

> DA/ wo der Meisnerbach sich durch die Thäler zwänget/
> Die Silberklare Flut dem Landesstrom vermenget/
> Der in dem Böhmerwald Geburtesqwellen hat/
> Vnd geust sich in die See/ dort nechst der Cimberstat

> Liegt die höchstgepriesene Provintz Sesemin/ und darinnen der anmutige Schäfer Aufenthalt Sanemi/ welchem an Lust und Zier kein Ort etwas bevorgibt: Man möchte jhn mit Warheit einen Wohnplatz der Freuden/ ein Lusthauß der Feldnymfen/ eine Herberge der Waldgötter/ eine Ruhstelle der Hirten/ eine gelehrte Entweichung der Poeten/ und ein Spatzierplatz der liebhabenden Gemüter/ nennen: Massen er üm und üm/ gleich der Siegprachtenden Mutter Rom/ mit sieben Bergen erhaben und ümzircket ist. Dahero

> Hat Vater Jupiter/ zu zeigen seine Macht/
> Jn diesen schönen Thal den Blitz hervorgebracht/
>   Neptun den Dreyzankstab/ Minerva ihre Eule/
>   Die Harfe Cynthius/ Alcides seine Keule/
> Die gelbe Ceres Korn/ Gott Bacchus Rebensafft/
> Pan Pfeiffen/ Flora Gras – – –

Aus derselben hat das rasende Schwert/ die Rache der gesuchten Beleidigung/ und das wütende Getümmel der Waffen unlängst alle Kunst und Gunst verjaget: Schäfer und Schäferinnen sind üm ihre liebe Wollenheerde gebracht/ alle Dörfer/ Mayerhöf/ Forwerge und Schäfereyen sind verödet/ Auen und Wiesen verwildert/ das Gehöltze durch die Wachfeuere verösiget/ Obst= und Blumgärten zu Schantzen gemachet worden. Statt der belaubten Fichten schimmern lange Spiese und Lantzen/ vor die Dorfschalmeyen und Hirtenlieder höret man das wilde Feld- und Mordgeschrey der Soldaten/ vor das fromme Blöken der Schafe/ das Wiehern der Pferde/ das Brausen der Paukken und Schrekken der Trompeten: darüm sich dann auch Klajus/ ein namhaffter Schäfer/ aus selbigen Orten fortgemachet/ welchem nach vielen wandelbaren Vnglüksfällen sein Verhängnis an den Pegnitzfluß geführet.

Eine wolgelegene Einsamkeit selbiger Vfer lude ihn ein/ daß er sich in seiner Müdigkeit zu erholen auf den begrünten Wasen niederliesse.[1]

Archetypus und Moderne

Diese Eingangspassage aus dem Gattungsmuster an der Pegnitz ist zunächst und zuerst eine Huldigung an den Begründer der Gattung, an Martin Opitz, der dem Musenort der schlesischen Poeten während eines Ausflugs in das Riesengebirge mit ähnlichen Begriffen gewürdigt hatte. Bekundung von humanistischer Reverenz vollzieht sich im versteckten und variierten Zitat; die Kunst, Anspielungen zu dechiffrieren, wie sie nur ausgedehnte Lektüre und intime Gattungskenntnis verschaffen, ist eine Voraussetzung zum Verständnis humanistischer Dichtung. Doch diese Eröffnung des *Pegnesischen Schäfergedichts* will zugleich in einer weiteren historischen Tiefenperspektive erfaßt werden. Wenn Klaj aus der gelehrten Enklave, aus dem akademischen Symposion in Meißen vertrieben wird, dann teilt er das Los des Hirten Meliboeus in Vergils erster Ekloge, der den römischen Söldnern seinen Landsitz einräumen mußte und die Flucht ergriff.

Klajs Schicksal, überhaupt die bipolare antithetische Struktur von Hirtenglück hier, kriegerischer Zerstörung dort, besitzt ihre archetypische *praefiguratio* im Werk des Begründers der europäischen Ekloge, bei Vergil. Zwischen Krieg aber und Idylle vermittelt der die Zerstörung bannende, das Schöne in der Zwietracht beschwörende Gesang. So läßt Klaj sich an den Ufern der Pegnitz singend nieder, so hört er alsbald Harsdörffer ein Lied anstimmen. Denn wie Tityrus in Vergils erster Ekloge vom Wüten des Bürgerkriegs verschont wurde, so hat sich in Nürnberg eine Oase pastoral-poetischen Treibens erhalten, deren Mittelpunkt der Schäfer Strefon, also der Dichter Georg Philipp Harsdörffer ist. Dieser nimmt unversehens die Züge des Vergilschen Tityrus an, hinter dem sich, humanistischer Übereinkunft gemäß, der

---

1 Georg Philipp Harsdörffer, Sigmund von Birken, Johann Klaj: Pegnesisches Schäfergedicht. 1644–1645. Hrsg. von Klaus Garber. – Tübingen: Niemeyer 1966 (= Deutsche Neudrucke. Reihe: Barock; 8). Das vorgelegte Zitat aus: Pegnesisches Schaefergedicht/ in den Berinorgischen Gefilden/ angestimmet von Strefon und Clajus. Nürnberg/ bey Wolfgang Endter. M.DC.XXXXIV., S. 5f.

Dichter Vergil verbarg. So sind beide Pegnitzschäfer durch den römischen Archegeten geadelt – Huldigung im Medium einer archetypischen poetischen Figuration.

Vernehmen wir den Gesang der Schäfer, die Begegnung der beiden berühmten Sänger Strefon und Clajus alias Tityrus und Meliboeus und verschlungen in sie die poetische Vergegenwärtigung der Schönheiten Nürnbergs.

Klajus were im Singen fortgefahren/ wenn er nicht von fern vernommen einen in dem kühlen Schatten ruhenden Schäfer/ welcher eben damals folgendes Liedlein spielete:

1
Das Sorgenbefreyte Leben in Hürden
    Jst schätzbarer als hochtrabender Pracht/
Als mühsame Zeit in höhesten Würden/
    Vnd grosses Vermögens dienstbare Wacht.

2
Jch lebe mit Ruh in kleebaren Auen/
    Vergnüget in meinem niedrigem Stand/
Die/ welche zu Hof auf Hoffnungen bauen/
    Befesten den Grund auf weichenden Sand.

3
Man höret den Vogel im Käfig beklagen
    Der eisernen Bande knechtischen Zwang/
Ein anderer findt in Lüfften Behagen/
    Der kräußlicher führet freyen Gesang.

4
Jch liebe die Flutgeschmoltzne Crystallen/
    Betaueter Erden triefendes Haar/
Wenn reichlich bereiffte Früchte gefallen/
    Vnd lieget in Wochen das heurige Jahr.

5
Wann andere voller Kümmernis Bürden
    Ermüdet von Sorgenbrechendem Schlaf/
So ziehen wir fort mit unseren Hürden/
    Vnd weiden in Freuden unsere Schaf'.

Jn dem sprang er auf/ schnitte etwas in den Baum/ vielleicht/ wegen des genossenen Ruhschattens/ sich dankbarlich zu bezeugen. Samlete nachmaln seine Heerde/ und trieb sie pfeiffend fort. Soches beschahe auf einer frisch begrünten Ebene/ durch welche sich strömeten unterschiedene/ vermittelst etlicher Wasserräder hineingeführte Bächlein/ zu feisterer Begrasung der herbstlichen Nachweide.

Klajus eilete auf vorerwehnten Baum zu/ und befunde diese Wort:

    Schöne Linde
    Deine Rinde
Nehm den Wunsch von meiner Hand:
    Kröne mit dem sanfften Schatten
    Diese stets begrasten Matten/

Stehe sicher vor dem Brand;
    Reist die graue Zeit hier nieder
        Deine Brüder/
Sol der Lentzen diese Aest'
    Jedes Jahr belauben wieder
Vnd dich hegen Wurtzelfest.

Dieser und etlich andere alldar befindliche Bäume wässerte der nechstanstehende See/ welchen die Pegnitz mit einem Arm anzuschwemmen pflegte dessen Crystalline Silberhelle zeigete als in einem klaren Spiegel die überschattende Stämme/ ja die flammende Mittagssonne und der heitere Himmel selbsten hatten sich Bildungsweise dergestalt herabgelassen/ daß solcher Gegenschein wegen Stralwerffenden Glantzes die Augen lieblichen weidete.

Er kunte leichtlichen muhtmassen/ wessen Meisterhand solches eingeschnitten/ weiln die Vnterschrifft war:
        Der unwürdig Spielende.

Er gedachte bey sich selbsten/ diß ist der ruhmwürdige so genante Strefon/ welcher seine Flöte in die hin= unnd herrauschende Wässerlein stimmete/ darffst du dich auch erkühnen ihn anzusprechen/ und in dem wandte sich Strefon den zu empfahen/ der ihn folgender Massen begrüssete:

Lobwürdigster Strefon/ der gütige Himmel/ der ihn sonst mit hohen Glükseligkeiten beschenket/ der bereichere ihn ferner mit behäglicher Zufriedenheit/ kan ich bittselig seyn/ seiner Vnterredung auf ein kleines zu geniessen. Wol/ sagte Strefon/ wol/ Klajus (denn er hatte den Namen an seinem Schäferstabe erbliket) müsse hiesiger Orten ein wilkommener Gast seyn/ so hohe Begrüssungen und Hofworte/ wie er führet/ wohnen nicht in unseren niederigen Hütten/ sondern die liebe Einfalt/ und offenhertzige Teutsche Redlichkeit: [...].

Sie befunden sich nun auf einer aus der Massen lustigen und von der Vogel hellzwitscherenden und zitscherenden Stimlein erhallenden/ Wiesen Reyhenweise besetzet mit gleichausgeschossenen/ krausblätrichten/ dikbelaubten hohen Linden/ welche/ ob sie wol gleiches Alters/ schienen sie doch zu streiten/ als wenn eine die andere übergipflen wolte. Vnter denselben waren drey hellqwellende Springbrunnen zu sehen/ die durch das spielende überspülen ihres glatschlüpfrigen Lägers lieblich platscheten und klatscherten. Bey solchem Spatzierlust sange Klajus:

Hellgläntzendes Silber/ mit welchem sich gatten
Der astigen Linden weitstreiffende Schatten/
Deine sannftkühlend=beruhige Lust
    Jst jedem bewust.
Wie solten Kunstahmende Pinsel bemahlen
Die Blätter? die schirmen vor brennenden Strahlen/
Keiner der Stämme/ so grünlich beziert/
    Die Ordnung verführt.
Es lisplen und wisplen die schlupfrigen Brunnen/
Von jhnen ist diese Begrünung gerunnen/
Sie schauren/ betrauren und fürchten bereit
    Die schneyichte Zeit.[2]

---

2 Die vorgelegten Zitate ebd., S. 10–12, S. 20.

Poetische Eroberung der Natur im 17. Jahrhundert

Ob in wenigen Worten die Schönheit, aber auch die Tiefgründigkeit dieser Eingangspassage sich erschließen läßt? Beginnen wir mit dem Schlußgedicht. Das Gedicht ist 1644 erschienen. Es ist eben zwanzig Jahre her, daß Opitzens *Poeterey* herausgekommen war. Auch der weitsichtigste Zeitgenosse hätte nicht vorauszusagen vermocht, daß knapp eine Generation später lyrische Gebilde von einer derartigen Vollendung in der deutschen Sprache gelingen könnten. Die deutsche Sprache hat hier im wiegenden Rhythmus des Daktylus – der Erfindung von Klajs Lehrer in Wittenberg, August Buchner – eine Leichtigkeit, eine Geschmeidigkeit, eine Musikalität gewonnen, die weit jenseits der von Opitz eröffneten Möglichkeiten – und auch er wahrlich kein geringer Dichter! – liegt. Dieses Gedicht ist ganz konkret, ganz exakt, ganz realistisch in seiner Gegenständlichkeit – es ist die Hallerwiese in Nürnberg, die da besungen wird –, und doch ist alles Dingliche eingeschmolzen in die dahingleitende Bewegung einer schlackenlos durchgestalteten Sprache und darin verwandelt. Groß ist die Artistik und doch verselbständigt sie sich nicht, sondern tritt in den Dienst der poetischen Formung eines schönen Ausschnitts der Wirklichkeit, der in der dezenten Metapher, der sparsam eingesetzten Klangmalerei, dem Epitheton ornans seine poetische Verklärung erfährt.

Von der deutschen Naturdichtung des 17. und 18. Jahrhunderts zu sprechen heißt daher zunächst und zuerst, dem Vorurteil zu begegnen, diese beginne im eigentlichen Sinne erst mit Brockes, Haller und Hagedorn. Das deutsche 17. Jahrhundert hat nach den Anfängen bei Weckherlin, bei Zincgref, bei Opitz und anderen in allen maßgeblichen Landschaften – in Hamburg bei Rist und Zesen, in Königsberg bei Dach und Albert, in Leipzig bei Fleming und Finckelthaus, bei Brehme und Schirmer, um hier nur wenige Namen zu nennen – Naturgedichte von einer Originalität, einer Varietät, einer künstlerischen Vollendung gesehen, die in der deutschen Lyrik denkwürdig bleiben werden und in deren ungeschriebener Geschichte den ihnen gebührenden Platz besitzen sollten. Die reiche Naturdichtung des 18. Jahrhunderts wäre ohne diese Vorgänger ebenso wenig denkbar gewesen wie die deutsche Dichtung insgesamt, die sich zu Ende des 18. Jahrhunderts nicht zu jenem Gipfel erhoben hätte, wäre ihr nicht die Reformarbeit durch Opitz und seine Nachfolger vorangegangen. Und erst wenn dies klargestellt ist, kann und muß nun das Humanistisch-Spezifische des 17. Jahrhunderts herausgestellt werden.

Abglanz paradiesischer Urverhältnisse

Der ortskundige Leser oder Hörer des Gedichts – und gewiß wird es zu der Doppelhochzeit der Nürnberger Patrizier-Kinder vorgetragen worden sein – war in der Lage, den Spaziergang der Hirten, der an den Gärten des Johannis-Friedhofs unweit der Hallerwiese endet, zu verfolgen und sich an der Identifizierung des Lokals wie seiner poetischen Erhöhung zu erfreuen. Die Schilderung Nürnbergs hatte in der Stadt seit Eobanus Hessus' *Noriberga Illustrata* eine bedeutende Tradition. Zugleich aber ist die Pegnitz-Landschaft ideale Hirtenlandschaft. Und damit wird mehr als eine Obliegenheit der Gattung erfüllt. Der Ort des Geschehens ist mit den Drahtzieh- und Papiermühlen, der Lindenallee auf der Hallerwiese, den Obst- und Gemüsegärten um den Johannis-Friedhof präzise gezeichnet; insofern bezeichnet auch und gerade die Schäferdichtung ein zentrales Kapitel in der literarischen Eroberung spezifisch topographischer Wirklichkeit.

Zugleich aber ist die Örtlichkeit in der humanistischen Ekloge und so auch im *Pegnesischen Schäfergedicht* mehr und etwas anderes als ein exakt zu fixierendes Lokal. Auf die heitere, die Sinne ergötzende, den sinnbildenden Geist beschäftigende schäferliche Natur fällt stets auch ein Strahl aus dem paradiesischen Schöpfungsstand. Die unschuldige liebliche Natur ist das Werk eines gütigen, weisen Gottes. Mag das Bild der geschichtlichen Wirklichkeit in Drama und Roman im Zeitalter der konfessionspolitischen Bürgerkriege sich noch so düster ausnehmen – in der Bukolik behauptet eine schöpfungstheologische Hoffnung ihr Recht. Ungezählt sind die Stellen, in denen die pastorale Natur in ihren Herrlichkeiten als ein kostbares Geschenk Gottes an den Menschen gepriesen und ihr verborgener spiritualer Sinn von den Hirten entdeckt wird. Gerade im Wüten des Krieges, der Zerstörung, des Untergangs verklärt die Natur sich in der Pastorale als Unterpfand göttlicher Gnade. Wo Geschichte in den hohen Gattungen im Modus der Vergänglichkeit traktiert wird, da behauptet sich in der schönen Natur der Schäferdichtung ein Seiendes, Geistiges, Schöpfungs- und Gnadenstand Verbindendes. Die Physikotheologie eines Brockes, und mehr noch, die Geschichte des Deismus im 18. Jahrhundert besitzt in der Pastoralpoesie ein wichtiges und bisher zu wenig beachtetes Vorspiel, gespeist vor allem aus biblisch-patristischer Tradition.

Ein Abglanz paradiesischer Urverhältnisse aber spiegelt sich nicht nur in der freudespendenden Natur, sondern ebenso im Hirtenstand selbst. Auch in ihm verschlingen sich urgeschichtliche und aktuale Momente. Und erst damit legen wir die vielleicht wichtigste Sinnschicht der pastoralen Natur und in gewisser Weise des frühneuzeitlichen humanistischen Naturverständnisses frei. So wie die ursprüngliche Natur der geschichtlichen entgegengesetzt ist, so auch die schäferliche Lebensform. Erst in dieser Opposition gibt sie ihre Signatur kund. Den geschichtlichen, den politischen, den zeitverhafteten Katastrophen entronnen, qualifiziert sich der Schäferstand eben damit zum Vermögen, zurückzuwirken auf die Zeit, indem er sie historisch distinkt negiert.

Erinnern wir uns der Bilder und Begriffe des Harsdörfferschen Gedichtes. Dem Vergilschen Tityrus gleich ruht Strefon singend und spielend im kühlenden Schatten – archetypisches pastorales Symbol für die Geborgenheit des Standes und die Macht des Gesanges, in dem sich alle Vorzüge der Lebensform vereinen und zugleich zu sinnfälligem Ausdruck gelangen. Die erste Strophe des Liedes aus dem Munde Strefons kehrt soziale Hierarchisierungen um:

> Das Sorgenbefreyte Leben in Hürden
>   Jst schätzbarer als hochtrabender Pracht/

Als mühsame Zeit in höhesten Würden/
Vnd grosses Vermögens dienstbare Wacht.[3]

Der niedere Schäferstand kann in bestimmter Optik als der ranghöhere erscheinen. Dann nämlich, wenn das Zwiespältige, das Problematische, ja vielleicht sogar das Nichtige der sozial ranghohen Lebensformen erkannt und das Leben auf Wertvolles, auf Normatives, auf Bleibendes gegründet ist, wie es der Schäferstand seinerseits repräsentiert. Der Schäfer lebt in der seligen Anschauung der schönen Natur, die er singend erhebt – wie die schattenspendende Linde; er befleißigt sich ungespreizter Umgangsformen – Harsdörffer verweist deshalb Klaj den höfisch-diplomatischen Ton; er bekennt sich zur Tugend der »lieben Einfalt/ und offenhertzigen Teutschen Redlichkeit« – wie sie in den »niederigen Hütten« der Schäfer beheimatet ist; er beteiligt sich an dem Werk der Ausbildung und Pflege einer deutschen Kunstsprache und Poesie – »seine Geistreichen Hirtengedichte [sind] von der Elbe bis an die Pegnitz bereit erschollen«; er setzt im Medium der Poesie ein Zeichen nationaler Einheit und nationaler Größe, wo die »Melancholische Schäferin Pamela« als das »arme und in letzten Zügen liegende Teutschland« nur die nationale Katastrophe im Bürgerkrieg der Deutschen schaut und zu verzweifeln droht – »Hoff/ da nichts zu hoffen ist!«; er schließlich hält die *res gestae* im dichterischen Wort fest, sorgt damit auf seine Weise für die Stiftung geschichtlicher Erinnerung und für die Formierung nationaler Identität, indem er die große Vergangenheit als Versprechen einer größeren Zukunft begreift.[4]

Natur und Geschichte

Erst derart enthüllt sich der Sinn pastoraler Natur im *Pegnesischen Schäfergedicht* wie in der humanistisch-gelehrten Bukolik der Frühen Neuzeit insgesamt. Sie bezeichnet einen Raum, der als Geschichte enthobener Geschichte doch zugleich regulativ bestimmt. Geschichte wird verpflichtet auf das eine Ideal, das in der Bukolik seit Vergil seine Heimstatt besitzt und das im Zeitalter der Bürgerkriege der Moderne nochmals Aktualität gewinnt, das Ideal des Friedens zwischen den Territorien einer Sprachgemeinschaft, zwischen den Bürgern einer Nation, zwischen den Konfessionen einer Religion, zwischen den Völkern eines christlich-abendländischen, eines europäischen Kulturkreises. Das aber setzt ordnungsgemäße, weise, eben friedensstiftende Regentschaft voraus. Insofern ist der Fürstenspiegel, wie ihn die Pastorale vielfältig ausgebildet hat, an deren *summum bonum* gebunden.

In den Friedensrufen der Frühen Neuzeit fehlt eine verhaltene, aber überzeugende Stimme, wenn die Hirtendichtung nicht zu ihnen tritt. Friedensfähige Politik setzt Einsicht, Kompetenz, Qualifikation voraus. Sie vereint der Schäfer wie nie-

---

3 Ebd., S. 10.
4 Die vorgelegten Zitate ebd., S. 12, 14 und 16.

mand sonst. Er ist daher nicht nur der ideale Berater, er ist schlechterdings auch der ideale Amtsträger. Die Hofkritik will also nicht wörtlich genommen sein. Stets geht es um die Zurückweisung angemaßter, jedoch nicht eingelöster Würden. Der Adel des Blutes wird auf den Adel der Leistung verpflichtet.

Das ist das antitraditionale moderne Gesicht der humanistischen Bukolik. Sie vollendet sich im Ideal der Dichter- und Gelehrtengemeinschaft, in der nur Befähigung, nur Integrität, nur poetisches Vermögen ausschlaggebend sind, nicht aber Herkunft, Rang und Stand. Die Natur, der mit allen Requisiten des *locus amoenus* ausgestattete und zugleich lokalgetreu angereicherte natürliche Raum, ist in diesem Sinn ein gegenbildlicher, ein utopischer Raum, in dem die Normen einer humanistisch-gelehrten Elite versammelt und im ästhetisch-freien Spiel den herrschenden Werten entgegengehalten werden. Das ist ein Spiel, und doch ein Spiel, aus dem eines fernen Tages der blutige Ernst der Revolution werden sollte. Dichterische Naturgestaltung und Formulierung des Naturrechts gehören in der Frühen Neuzeit zusammen. In den reifen, den geschichtlich authentischen poetischen Zeugnissen, zu denen das *Pegnesische Schäfergedicht* zu rechnen ist, gewinnt Natur, gewinnt natürliches Leben, gewinnt das Schäfertum als Schöpfungsstand jene erhabene futuristische Potenzialität, auf deren geschichtliche Einlösung das 18. Jahrhundert in der Aufklärung dann drängen wird.

Temporalisierung im 18. Jahrhundert

Viele Wege poetischer Naturerfahrung führen in das 18. Jahrhundert. Statt den Versuch einer entwicklungsgeschichtlichen Linienführung zu unternehmen, soll nochmals der einer exemplarischen Exegese mit merklich epochenstilisierendem Einschlag skizziert werden. Das große Kapitel dichterischer Naturgestaltung zwischen Spätbarock und Empfindsamkeit bleibt der germanistischen wie der komparatistischen europäischen Literaturwissenschaft aufgetragen. Es geht dabei gleichermaßen um die gegenständliche Expansion wie um die emotionale Sensibilisierung wie um die normative Potenzierung der Naturerfahrung, wie sie auf je eigene Weise in der Frühaufklärung bei Brockes und Haller, im Rokoko bei Hagedorn, in der Empfindsamkeit bei Kleist und Gessner manifest wird.

Bleiben wir in der Gattung, setzen wir den Akzent in der Empfindsamkeit, werfen wir einen Blick auf das Idyllen-Werk Gessners. Die Vorrede zu Gessners *Idyllen* gehört, obgleich nur wenige Seiten umfassend, zu den gewichtigsten Äußerungen pastoraler Theoriebildung und wurde dementsprechend kontrovers behandelt; sie bildet einen Scheitelpunkt ästhetischer Diskussion im 18. Jahrhundert. Hier brauchen nur einige Partien herausgegriffen, um gattungspoetologisch und geschichtsphilosophisch betrachtet zu werden, bevor dann wiederum exegetisch-paradigmatisch ein Fazit im Blick auf die Funktion der Natur gezogen werden kann.

Die Pastorale des 17. Jahrhunderts argumentiert *ex loco*, die des 18. Jahrhunderts *ex tempore*. Das indiziert eine merkliche Lockerung der allegorischen Potenzen der Pastorale, wenn nicht der Dichtung überhaupt. Opitzens *Hercinie*, Harsdörffers,

Klajs und Birkens *Pegnesisches Schäfergedicht* und ungezählte andere Eklogen zeigen, daß in die vielfach realistisch gezeichnete Landschaft die Repräsentations-Architektur zur Huldigung umstandslos eingepaßt werden kann. Die Scheidung in den pastoralen und den panegyrischen Raum kehrt auf seiten der pastoralen Natur in der Dichotomie von bukolischem Schauplatz und sozialkritisch-utopisch chiffrierter Räumlichkeit wieder. Simultaneität heterogener Räume – am reinsten ausgeprägt in der höfisch-barocken Festkultur – ist auch der humanistischen Literatur durchaus vertraut und in der neueren Pastorale seit Dante im ständigen Changement räumlicher Funktionen übliche Gepflogenheit. Die temporale Umstrukturierung der Pastorale im 18. Jahrhundert – ihrerseits der Verzeitlichung der Utopie im 18. Jahrhundert geschuldet – beweist, daß das barocke Raumprinzip mit dem neuen Naturideal nicht länger vereinbar ist.

Idyllisch-empfindsames Programm: Gessners ›Idyllen‹-Vorrede

Hören wir Gessner:

> Diese Idyllen sind die Früchte einiger meiner vergnügtesten Stunden; denn es ist eine der angenehmsten Verfassungen, in die uns die Einbildungs-Kraft und ein stilles Gemüth setzen können, wenn wir uns mittelst derselben aus unsern Sitten weg, in ein goldnes Weltalter setzen. Alle Gemählde von stiller Ruhe und sanftem ungestöhrtem Glük, müssen Leuten von edler Denkart gefallen; und um so viel mehr gefallen uns Scenen die der Dichter aus der unverdorbenen Natur herholt, weil sie oft mit unsern seligsten Stunden, die wir gelebt, Ähnlichkeit zu haben scheinen. Oft reiß ich mich aus der Stadt los, und fliehe in einsame Gegenden, dann entreißt die Schönheit der Natur mein Gemüth allem dem Ekel und allen den wiedrigen Eindrüken, die mich aus der Stadt verfolgt haben; ganz entzükt, ganz Empfindung über ihre Schönheit, bin ich dann glüklich wie ein Hirt im goldnen Weltalter und reicher als ein König.
>
> Die Ekloge hat ihre Scenen in eben diesen so beliebten Gegenden, sie bevölkert dieselben mit würdigen Bewohnern, und giebt uns Züge aus dem Leben glüklicher Leute, wie sie sich bey der natürlichsten Einfalt der Sitten, der Lebens-Art und ihrer Neigungen, bey allen Begegnissen, in Glük und Unglük betragen. Sie sind frey von allen den Sclavischen Verhältnissen, und von allen den Bedürfnissen, die nur die unglükliche Entfernung von der Natur nothwendig machet, sie empfangen bey unverdorbenem Herzen und Verstand ihr Glük gerade aus der Hand dieser milden Mutter, und wohnen, in Gegenden, wo sie nur wenig Hülfe fordert, um ihnen die unschuldigen Bedürfnisse und Bequemlichkeiten reichlich darzubieten. Kurz, sie schildert uns ein goldnes Weltalter, das gewiß einmal da gewesen ist, denn davon kan uns die Geschichte der Patriarchen überzeugen, und die Einfalt der Sitten, die uns Homer schildert, scheint auch in den kriegerischen Zeiten noch ein Überbleibsel desselben zu seyn. Diese Dichtungs-Art bekömmt daher einen besondern Vortheil, wenn man die Scenen in ein entferntes Weltalter sezt; sie erhalten dardurch einen höhern Grad der Wahrscheinlichkeit, weil sie für unsre Zeiten nicht passen, wo der Landmann mit saurer Arbeit unterthänig seinem Fürsten und den Städten den Überfluß liefern muß, und Unterdrükung und Armuth ihn ungesittet und schlau und niederträchtig gemacht haben. Ich will damit nicht läugnen, daß ein Dichter, der sich ans Hirten-Gedicht wagt, nicht sonderbare Schönheiten ausspüren kann, wenn er die Denkungsart und die Sitten des Landmanns bemerket,

aber er muß diese Züge mit feinem Geschmak wählen, und ihnen ihr Rauhes zu benehmen wissen, ohne den ihnen eigenen Schnitt zu verderben.[5]

Inthronisation der Einbildungskraft

Die Einbildungskraft war das Instrument, mittels dessen die transzendenten Kräfte der Poesie, der Mythologie, der Theologie gegenüber dem Wolff-Gottschedschen vernunftimmanenten Kosmos behauptet wurden. Gessner greift die Lieblingsvokabel seiner Landsleute Bodmer und Breitinger auf, um das Recht zur poetischen Imagination der *aetas aurea* zu statuieren. Deren *revocatio* erfolgt im Namen einer weiteren Argumentationsfigur der Schweizer, der poetischen Wahrscheinlichkeit. Weil Natur, weil natürliches Leben gemäß Gattungskonvention und gemäß gemeinsamer Überzeugung aller Fraktionen der Aufklärung als ideale(s) entworfen werden soll, erleiden beide keinen Vergleich mit den Verhältnissen der Wirklichkeit.

Die soziale Realität fungiert also keinesfalls als Richtschnur der Dichtung, welche via Einbildungskraft ihre Autonomie wahrt. Wohl aber rücken Dichtung und Wirklichkeit in ein so im 17. Jahrhundert unbekanntes Referenzsystem. Nicht nur wird Realität an der Dichtung gemessen, sondern umgekehrt muß sich Dichtung der Realität fügen. Wo der Bauer der Wirklichkeit in geknechteten, versklavten, entwürdigenden Verhältnissen sein Dasein fristet, kann die Dichtung diese Lebensform nicht zum Inbegriff selbstbestimmten, allseitig entfalteten, humanen Daseins erheben. Das Goldene Zeitalter vereinigt in idealtypischer Komposition, was der Gegenwart ermangelt. Dabei ist es interessant zu beobachten, wie selbst noch die *aetas aurea* den Anforderungen poetischer Wahrscheinlichkeit unterworfen wird. Biblisch-patristische und heidnisch-homerische Zeugnisse dienen der Beglaubigung natürlicher Urverhältnisse.

›Aetas aurea‹ und Gegenwart

Bleibt aber die Idylle – oder wie Gessner symptomatischerweise synonym sagt: die Ekloge – auf die mythische Symbolik und den Aktionsradius mythischer Figuren des Goldenen Zeitalters, wie diese seit Vergil Heimatrecht in der Bukolik besitzen, alleine verwiesen? Keineswegs. Stets wechseln die Zeitebenen in der Hirtendichtung zwischen *aetas aurea*, arkadischer Zeit und Gegenwart. Sie können durchgehend voneinander abgehoben werden – wie etwa in Sannazaros *Arcadia*. Sie können aber auch im Umkreis des Humanismus metaphorisch miteinander gleichgesetzt werden – so vor allem in huldigender Absicht in der Regenten-Ekloge, auch aber in der

---

5 Salomon Gessner: Idyllen. Kritische Ausgabe. Hrsg. von E. Theodor Voss. – Stuttgart: Reclam 1973 (= Universal-Bibliothek; 9431–35), S. 15–17. [Jetzt zu benutzen: Salomon Gessner: Idyllen. Kritische Ausgabe. Hrsg. von E. Theodor Voss. 3, durchgesehene und erweiterte Aufl. – Stuttgart: Reclam 1988 (= Universal-Bibliothek; 9431)].

Säkular-Panegyrik, wenn es gilt, das eigene Zeitalter als Inbegriff der wiederbelebten Künste und Wissenschaften sowie der Tugenden und des Glaubens zu feiern.

Das Bemerkenswerte der Gessnerschen poetischen Synthesis besteht darin, daß er *aetas aurea* und Gegenwart über Naturempfindung einander annähert. Noch Haller vermochte die Brücke nur über die Sittlichkeit zu schlagen. Seiner *Alpen*-Idylle wohnt ein merkliches asketisches Moment inne. Naturgemäßheit meint Übereinstimmung von Wunsch und Wirklichkeit, und letztere ist eine karge, keine üppige, die sich bei Haller stets mit der höfischen Sphäre assoziiert; auch deshalb das dezidierte Arbeitsethos. Erst Gessner entbindet das ästhetische wie das emotionale Moment in der fiktiven Idyllen-Welt, ohne diese der moralischen Grundierung zu berauben. ›Ähnlichkeit‹, so Gessner, scheinen die aus einer ›unverdorbenen Natur‹ in der *aetas aurea* geschöpften schäferlichen Szenen »mit unsern seligsten Stunden, die wir gelebt«, zu haben. Aber ist in dieser fragend-zweifelnden Kongruenz nur ein Mangel der Gegenwart gegenüber der Urvergangenheit bedeutet? Gewinnt die Gegenwart nicht auch eine neue Würde?

> Oft reiß ich mich aus der Stadt los, und fliehe in einsame Gegenden, dann entreißt die Schönheit der Natur mein Gemüth allem dem Ekel und allen den wiedrigen Eindrüken, die mich aus der Stadt verfolgt haben; ganz entzükt, ganz Empfindung über ihre Schönheit, bin ich dann glüklich wie ein Hirt im goldnen Weltalter und reicher als ein König.[6]

In der einsamen, von Zivilisation nicht berührten, von Gesellschaft nicht bevölkerten Natur ist dem Menschen ein Glück vorbehalten, das dem des Goldenen Zeitalters nicht nachsteht, dieses vielleicht gar übersteigt und in jedem Fall eine grundsätzlich andere Qualität besitzt. Dieser schönen Natur eignet eine suggestive Kraft. Sie will nicht nur erfreuen, nicht nur das Gefühl in sanfte Bewegung versetzen, sondern sie soll von dem gesellschaftlichen Ekel heilen, mit dem behaftet der Mensch sie – anders als im Goldenen Zeitalter – betritt. Aufsuchen der schönen Natur setzt seit der Empfindsamkeit Leiden an der Gesellschaft voraus, für die bei Gessner in der Vorrede die Chiffre ›Stadt‹ steht.

Genese von ›Naturgefühl‹

Am ›Naturgefühl‹, einem Begriff der – wie Richard Alewyn nicht müde wurde zu betonen – überhaupt erst historisch statthaft ist seit der Empfindsamkeit, hat das Leiden an einem Mangel also keinen geringeren Anteil als die Erhebung angesichts eines Vollkommenen. Dieses Glück ist ein potenziertes, weil es ein sentimentalisches ist, kein naives, wie in der *aetas aurea*. Es bildet die Überzeugung der Gessnerschen Botschaft, daß Glück nicht an den Modus der Vergangenheit geknüpft

---

6 Ebd., S. 15.

ist, nicht also (wie Schiller ihm vorwarf) als elegisches allein genossen zu werden vermag, sondern – angemessene Vorkehrungen getroffen – auch und gerade in der Gegenwart wieder herstellbar ist.

»Ganz Empfindung über ihre Schönheit, bin ich dann glüklich wie ein Hirt im goldnen Weltalter und reicher als ein König.« Es gibt kein gesellschaftliches Ziel, das höher rangierte als die Kultur der Empfindung, die die schöne Natur im aufmerksamen Menschen auslöst. Naturerfahrung im emphatischen Sinne des Wortes macht das *summum bonum* menschlicher Existenz aus. Sie bleibt an die Enklave des Einzelnen gebunden, zu der allenfalls der Gleichgesinnte Zutritt hat. Und doch wäre es verkehrt, ihr illusionären Fluchtcharakter zuzuschreiben.

›Unsere Sitten‹ und das ›goldne Weltalter‹ stehen in Opposition zueinander. Aber die in das Goldene Zeitalter verlegten »Gemählde von stiller Ruhe und sanftem ungestöhrtem Glük« sind beglaubigt in einer ›unverdorbenen Natur‹, welche in den ›seligsten Stunden‹ gelebten Daseins ihre unverbrauchten Kräfte stets wieder freigibt und derart dem Tugendhaften und Redlichen die Erfahrung seliger Anschauung der göttlichen Natur momentan und stellvertretend für das nicht restringierte Glück in der Urvergangenheit vergönnt. Damit aber rückt diese erfüllte Existenzform ihrerseits in denkbar extremen Kontrast zur Gegenwart.

Gessner hat dies aus naheliegenden poetologischen Gründen in der Vorrede am Schicksal der zumeist leibeigenen, geschundenen Bauern deutlich gemacht, deren Los so wenig vergleichbar sei mit dem idealen Hirten-Dichter-Dasein, welches die *Idyllen* beschwören. Aber diese Kluft ist keine ontologische; sie ist eine soziale und damit eine veränderbare. Die ›sclavischen Verhältnisse‹ verweisen auf eine »unglükliche Entfernung von der Natur«, die rückgängig gemacht sein will. Entfernung von der Natur rührt nicht von einem subjektiven Versagen her. Sie ist von Gessner auf gesellschaftliche Umstände zurückgeführt. Sie gehört einer Zeit an, »wo der Landmann mit saurer Arbeit unterthänig seinem Fürsten und den Städten den Überfluß liefern muß, und Unterdrükung und Armuth ihn ungesittet und schlau und niederträchtig gemacht haben.« Das allein ist der Grund, weshalb der Dichter nicht in realistischer Manier auf die Wirklichkeit zurückgreifen darf. Lehnt er sich an die Realität an, so muß er eine genaue Mitte zwischen notwendiger Stilisierung hier, notwendiger Naturwahrheit dort wahren, d.h. den Bauern »ihr Rauhes zu benehmen wissen, ohne den ihnen eigenen Schnitt zu verderben.«

Idyllische Synthesis

Nichts haben die Dichter des Sturm und Drang – voran der junge Herder und der junge Goethe – ihrem großen Vorgänger übler genommen als das Artifizielle dieser klug kalkulierten poetischen Synthesis. Sie sahen nicht, daß hier nicht Unfähigkeit waltete, sondern ein Kunstwille, der sich ein letztes Mal im Namen einer Jahrhunderte alten klassizistischen Literaturtradition gerade über die Abstandnahme von der Wirklichkeit deren exaktere Erkenntnis, ja womöglich deren Kritik und Veränderung versprach. Indem der schlechten Realität ihr besseres Gegenbild entgegengehalten wird, wird jene zwangsläufig an diesem gemessen. Um diese Differenz ist es Gessner, ist es den Natur- und Hirten-Dichtern Alteuropas gegangen.

Wenn Gessner Theokrit gegenüber Vergil zu rehabilitieren sucht, so nur deshalb, weil er die Vergil-Rezeption als eine höfisch-panegyrisch geprägte identifiziert, gegen die er seine antirealistische Idylle setzt. Natürlich müßte das Bild der Natur, wie es Gessners *Idyllen* in unvergänglicher Weise prägt, im einzelnen analysiert, müßten die Formen beseelter Naturerfahrung im einzelnen differenziert, müßten die Konturen gesellschaftlicher Orte und Mächte im einzelnen namhaft gemacht werden. Das wäre gleichbedeutend mit einer Einzelexegese seines Idyllen-Corpus. Wo immer man eintritt in diese Gessnersche Kunstwelt, wird man alsbald gewahr, daß sie polar, binär, antithetisch strukturiert ist. Das pastorale Glück in und durch die schöne Natur verdankt sich dem bewußten Ergreifen einer Lebensform, die sich von der realiter herrschenden energisch und kompromißlos geschieden weiß.

Die ›wenigen Edlen‹ als menschheitliche Repräsentanten

Diese ist anders als im 17. Jahrhundert nicht mehr umstandslos auf den (bürgerlichen) Gelehrtenstand zurückzubeziehen, ist soziologisch schwerer zu spezifizieren, weil sie die ›wenigen Edlen‹, wie es bei Klopstock heißt, über die Grenzen des Standes und Geschlechts hinweg vereint. Daß sie gleichwohl dem gebildeten Bürgertum, wie es im Zeitalter der Aufklärung überhaupt erst freigesetzt wurde, als maßgebliches Forum der Identifikation diente, ist offenkundig. Im Zeichen idealer Natur, einfacher natürlicher Sozialmuster, empfindsam-tugendhafter Interaktionsformen wird der tonangebenden Schicht bei Hofe wie im Großbürgertum ein kritischer Spiegel vorgehalten; dieser lockert, relativiert, unterminiert das geschichtlich wie kulturell dominierende Selbstverständnis in der Setzung einer ästhetischen Gegen-Bildlichkeit.

Diese im strikten Sinn utopische Funktion ist ›Natur‹, ist ›natürlichem Leben‹ in der alteuropäischen Schäfer- und Landlebendichtung der Frühen Neuzeit von Dante und Petrarca bis zur Empfindsamkeit Gessners durchgehend überantwortet. Ihr gelehrter Allegorismus dort, ihre empfindsame Idealität hier ist nur das Siegel auf ihre Qualifikation zur bestimmten Negation, in der die Alternative stets mit angelegt bleibt. Insofern ist die Naturdichtung und mit ihr ihre vielleicht prominenteste gattungsgeschichtliche Ausprägung in Gestalt der europäischen Bukolik und Georgik aus der Bewußtseinsgeschichte der frühbürgerlichen vorrevolutionären Welt nicht nur nicht wegzudenken, sondern umgekehrt deren maßgeblicher Promotor gewesen.

Erst das nachrevolutionäre 19. Jahrhundert wird diese kritische Funktion lokkern, Natur zum Fluchtraum vor einer Gesellschaft erheben, die sich einer rationalen und humanen Einrichtung je länger desto mehr zu entziehen scheint. Ihre Übermacht, dem Einzelnen undurchschaubar, dem Kollektiv nicht mehr gestaltend und eingreifend verfügbar, verhält das Subjekt im Natur-Refugium zu ohnmächtiger Reflexivität. Auch sie aber ist eine geschichtlich bestimmte, temporäre. Das mag nicht zuletzt im Lichte frühneuzeitlich-arkadischer Naturdichtung vielleicht deutlich geworden sein.

Zuerst erschienen in: Respublica Guelpherbytana. Wolfenbütteler Beiträge zur Renaissance- und Barockforschung. Festschrift Paul Raabe. Hrsg. von August Buck, Martin Bircher. – Amsterdam: Rodopi 1987 (= Chloe. Beihefte zum Daphnis; 6), S. 435–455.

Die Naturform der Poesie im Zeitalter des Naturrechts

Der Aufstieg der Gattung ›Idylle‹*

Vetustissimum genus

Poesie ist die Muttersprache des menschlichen Geschlechts; wie der Gartenbau, älter als der Acker: Malerey, – als Schrift: Gesang, – als Deklamation: Gleichnisse, – als Schlüsse: Tausch, – als Handel. Ein tieferer Schlaf war die Ruhe unserer Urahnen; und ihre Bewegung, ein taumelnder Tanz. Sieben Tage im Stillschweigen des Nachsinns oder Erstaunens saßen sie; – – und thaten ihren Mund auf – zu geflügelten Sprüchen.[1]

So Hamann im Eingang zu seiner *Aesthetica in nuce* im Rahmen der *Kreuzzüge des Philologen* aus dem Jahr 1762, die für die Generation des Sturm und Drang, von Herder angefangen, zur ästhetischen Offenbarung werden sollten. Die Prämierung der Ur- und Frühformen der Poesie war auf eine bündige Formel gebracht und schöpfungstheologisch als Sprache der paradiesischen Kreatur ausgewiesen. Keine Gattung mußte von dieser Revolutionierung aller ästhetischen Verhältnisse mehr profitieren als die Schäfer- und Landlebendichtung.

Ihre herausragende Stellung im Gattungsspektrum der europäischen Literatur war schon in den Vergil-Kommentaren des Donatus und Servius angelegt, wenn »die Hirtendichtung die Stelle der Urdichtung einnimmt und ihre Ursprünglichkeit verklärt wird durch die Erinnerung an die goldene Zeit.«[2] Scaliger hatte die These am wirkungsvollsten in der Renaissance belebt. Mit der Hirtendichtung hebt die Geschichte der Dichtung überhaupt an; sie ist ihm das *vetustissimum genus* schlechthin.

Im Deutschland des 17. Jahrhunderts sind diese Theorien bekannt und kurrent. Birken gab ihnen in seiner Poetik schon mit dem ersten Satz in der Vorrede die einprägsamste Formulierung. »WEr nach der Edlen Kunst/ der Poesy/ Ankunft forschet/ der wird solche in Feldern und Wäldern gebohren/ und von den Hirten

---

* Der vorliegende kleine Beitrag bildet das Komplement zu einer größeren Abhandlung, in der die einschlägige wissenschaftliche Literatur versammelt ist, die hier nicht wiederholt wird. Vgl. Klaus Garber: Idylle und Revolution. Zum Abschluß einer zweitausendjährigen Gattungstradition im 18. Jahrhundert. – In: Gesellige Vernunft. Zur Kultur der literarischen Aufklärung. Festschrift Wolfram Mauser. Hrsg. von Ortrud Gutjahr, Wilhelm Kühlmann, Wolf Wucherpfennig. – Würzburg: Königshausen & Neumann 1993, S. 57–82 (in diesem Band S. 485–511).
1 Johann Georg Hamann: Sämtliche Werke. Bd. II: Schriften über Philosophie / Philologie / Kritik 1758–1763. Hrsg. von Josef Nadler. – Wien: Herder 1950, S. 197.
2 Werner Krauss: Über die Stellung der Bukolik in der ästhetischen Theorie des Humanismus. – In: ders.: Gesammelte Aufsätze zur Literatur[-] und Sprachwissenschaft. – Frankfurt a.M.: Klostermann 1949, S. 68–93, S. 69.

erzogen befinden.«[3] Wie stets in der Geschichte der alteuropäischen Dichtung und ihrer Theorie ist immer schon alles gesagt. Folglich kommt es nur darauf an, die traditionsgeschichtlich beglaubigten Wendungen in ihre wechselnde geschichtliche Umwelt zu versetzen, um ihnen das Neue abzugewinnen.

Die Theoretiker der Renaissance und des Barock vermochten die Ursprungslegenden auf die Gattung Hirtendichtung als ganze ungeachtet ihrer gattungsgeschichtlichen Differenzierung zu beziehen, denn alle einzelnen Formen bis hin zum Roman und Drama profitierten von dem urzeitlichen Bonus. Dem 18. Jahrhundert jedoch stehen die pastoralen Großformen des Schäferromans und des Schäferdramas als höfische Literaturgattungen vor Augen. Selbst die Ekloge in der Vergilschen Gestalt ist als Panegyrikon lange von dem Pfad der Natur abgewichen.

Aufstieg der Idylle

Als pastoral im engeren Sinn dürfen nur solche Werke gelten, in denen einfache, übersehbare, familiäre und also staatsferne Urformen zur Darstellung gelangen. Der Aufstieg der Gattung Idylle im 18. Jahrhundert hat an dieser Stelle seine Wurzel. Er setzt den Zusammenbruch des alteuropäischen Gattungssystems voraus. Aus dem Zusammenschmelzen der älteren Eklogen- und Landlebentradition – ehemals theoretisch und praktisch geschieden und mit Vergil und Horaz als jeweiligen Leitbildern versehen – formt sich aus dem Geist empfindsamer Verklärung der Natur die in der vorangehenden Literatur nicht vorgegebene neue Gattung.

Schon Gottsched führt den Gattungsbegriff als Titel in seiner *Critischen Dichtkunst*. Sie bildet einen untrüglichen Indikator dafür, daß die Stunde für die allegorische Pastorale geschlagen hat. Verfasser von »Idyllen oder Schäfergedichten« tun gut daran, die Handlung in Hesiodsche oder patriarchalische Urzeiten zu verlegen, ist doch der Schäferstand der Gegenwart »in unserm Vaterlande« nicht zum poetischen Vorwurf angetan. »Unsere Landleute sind mehrentheils armselige, gedrückte und geplagte Leute.«[4]

Gottsched zieht aus dieser Kluft zwischen Gattungs-Desiderat und realer ländlicher Verfassung nur die Konsequenz, zur Wahrung der Fiktion in die Vergangenheit auszuweichen. Die gattungstypologisch normierte poetische Welt darf keine Risse aufweisen. Deshalb auch die Empfehlung – mit merklicher Reserve gegenüber Vergils Oktavian-Ekloge formuliert –, Regenten, wenn sie denn erscheinen müssen, die Gestalt vornehmer Schäfer zu geben. An sich sollen »Schäfer nichts von Königen und Fürsten wissen« – und wenn, dann gehört es zu ihren Obliegenheiten, daß sie »von einem solchen republikanischen, oder monarchischen Zustan-

---

3 Siegmund von Birken: Teutsche Rede-bind= und Dicht-Kunst/ oder Kurze Anweisung zur Teutschen Poesy. – Nürnberg: Riegel 1679. Reprint Hildesheim, New York: Olms 1973. ›Vor-Rede‹, S. 1 (unpaginiert; fol. π7ʳ).
4 Johann Christoph Gottsched: Versuch einer Critischen Dichtkunst. 4., vermehrte Aufl. – Leipzig: Breitkopf 1751. Reprint Darmstadt: Wissenschaftliche Buchgesellschaft 1962, S. 582.

de eines Landes, allezeit mit einiger Verabscheuung reden, und ihre güldene Freyheit allem Prachte der Städte weit vorziehen.«[5] So denkt Gottsched noch einmal von der Erfüllung vorgegebener Gattungsnormen her, ohne die doch schon anklingenden potentiellen sozialkritischen Möglichkeiten zu aktualisieren.

Gründung der Nation aus dem Geist des Bauerntums: Haller

Wenn Haller mehr als zwanzig Jahre vor Erscheinen der vierten Auflage von Gottscheds *Critischer Dichtkunst* statt in die Ferne der Zeit in die Erhabenheit des heimatlichen Raums, in seine als Schweizer Idyll klassifizierten *Die Alpen*, ausweicht, so sind mit dieser Entscheidung zeit-, kultur- und sozialkritische Implikationen verknüpft, die in dieser Gestalt der Gattung Landlebengedicht des Barock fremd waren. In einer gattungsgeschichtlich und -physiognomisch schwer zu fassenden Manier wandelt sich das gesamte von Haller noch einmal rekapitulierte Arsenal antithetisch exponierter konträrer Lebensformen von einer rhetorischen Stilgebärde zwecks *amplificatio* seligen ländlichen Lebens zur Invektive gegenüber dem höfischen Pracht-, Repräsentations- und Unrechtssystem, wie sie in dieser Schärfe nur vom Schweizer Boden aus zu artikulieren war. Erinnert man sich der winterlichen Erzählungen unter den Alpenbauern?

> Bald aber spricht ein Greis, von dessen grauen Haaren
> Sein angenehm Gespräch ein höhers Ansehn nimmt,
> Die Vorwelt sah ihn schon, die Last von achtzig Jahren
> Hat seinen Geist gestärkt und nur den Leib gekrümmt;
> Er ist ein Beispiel noch von unsern Helden-Ahnen,
> In deren Faust der Blitz und Gott im Herzen war;
> Er malt die Schlachten ab, zählt die ersiegten Fahnen,
> Bestürmt der Feinde Wall und rühmt die kühnste Schaar.
> Die Jugend hört erstaunt und wallt in den Geberden,
> Mit edler Ungeduld noch löblicher zu werden.
> Ein andrer, dessen Haupt mit gleichem Schnee bedecket,
> Ein lebendes Gesetz, des Volkes Richtschnur ist,
> Lehrt, wie die feige Welt ins Joch den Nacken strecket,
> Wie eitler Fürsten Pracht das Mark der Länder frisst,
> Wie Tell mit kühnem Muth das harte Joch zertreten,
> Das Joch, das heute noch Europens Hälfte trägt;
> Wie um uns alles darbt und hungert in den Ketten
> Und Welschlands Paradies gebogne Bettler hegt;
> Wie Eintracht, Treu und Muth, mit unzertrennten Kräften,
> An eine kleine Macht des Glückes Flügel heften.[6]

---

5 Ebd., S. 596.
6 Albrecht von Haller: Gedichte. Hrsg. und eingeleitet von Ludwig Hirzel. – Frauenfeld: Huber 1882 (= Bibliothek Älterer Schriftwerke der Deutschen Schweiz und ihres Grenzgebietes; 3), S. 32f., V. 281–300.

So kennt die Gattung Idylle die Figur des Historiographen in Gestalt des uralten Erzählers, aus dessen Munde die staunende Jugend die heroischen Taten der Vorväter vernimmt – eine andere Variante des Eindringens von Zeit in die Gattung. Die Erzählung gilt der Rückversicherung einer Tradition, auf deren Grund der beste Teil des gegenwärtigen Lebens ruht. Die Freiheit der Alpenbauern ist einst von den »Helden-Ahnen« erstritten worden. Wenn heute immer noch – oder schon wieder – »die feige Welt ins Joch den Nacken strecket« und »eitler Fürsten Pracht das Mark der Länder frisst«, dann ist ein solcher Zustand unvereinbar mit dem, was in der Väterwelt einst in Gang gesetzt wurde, unvereinbar aber auch mit jener Lebensform, die sich fernab von den zivilisatorischen Gesetzen in der Alpenidylle bewahrt hat.

Derart mobilisiert Haller, wie einst Vergil in den *Georgica*, das Ethos des freien Bauerntums als Instanz politischer und sittlicher Kontinuität im Blick auf die Vergangenheit und als Hort der Erneuerung. Dieser gesellschaftlichen Utopie aus der alpinen Enklave haftet im 18. Jahrhundert noch nicht der Makel des Reaktionären an; ihr ist im Namen einer weisen, mäßigen, vernunftgeleiteten Natur zugesprochen, was Ferment zukünftiger, auf Vernunft und Natur gegründeter gesellschaftlicher Ordnung sein soll. In diesem Sinn hat Haller mit seinen *Alpen* maßgeblich zum Schweizkult des 18. Jahrhunderts beigetragen – und im übrigen mit der zitierten Partie ein Vorbild für Gessners *Das hölzerne Bein. Eine Schweitzer Idylle* geliefert, mit dem dieser sein Idyllenwerk beschließt.

›*Einfalt der Sitten und der Empfindungen*‹: Die empfindsame Wendung Gessners

Gessners Leitbild ist ein – produktiv mißverstandener – Theokrit. Warum? Weil er in die Frühzeit der Gattungsgeschichte gehört, sie als erster literarisch bezeugt und damit Natur am nächsten steht. Zwar hat Gessner ein erstaunliches Gespür für das künstlerische Kalkül der Theokritischen Idyllen.

> [E]r hat die schwere Kunst gewußt, die angenehme Nachlässigkeit in ihre Gesänge zu bringen, welche die Poesie in ihrer ersten Kindheit muß gehabt haben; er wußte ihren Liedern die sanfte Mine der Unschuld zu geben, die sie haben müssen, wenn die einfältigen Empfindungen eines unverdorbenen Herzens eine Phantasie befeuern, die nur mit den angenehmsten Bildern aus der Natur angefüllt ist.[7]

Damit war das Gesetz der eigenen Idylle, klug disponierte poetische Naivität, umschrieben, das ihm die kommende Generation um den jungen Goethe auch im Namen Hamanns als Verrat an der Naturwahrheit der Poesie ankreidete. Wenn

---

7 Salomon Gessner: Idyllen. Kritische Ausgabe. Hrsg. von E. Theodor Voss. – Stuttgart: Reclam 1973 (= Universal-Bibliothek; 9431–35), S. 17f. [Jetzt zu benutzen: Salomon Gessner: Idyllen. Kritische Ausgabe. Hrsg. von E. Theodor Voss. 3., durchgesehene und erweiterte Aufl. – Stuttgart: Reclam 1988 (= Universal-Bibliothek; 9431)].

»die noch weniger verdorbene Einfalt der Sitten zu seiner Zeit, und die Achtung die man damals noch für den Feldbau hatte, die Kunst ihm erleichtert hat«, so muß in der Gegenwart die »angenehme Nachlässigkeit« der Pastorale, in der sich eine Gestalt der Poesie wiederholt, welche diese »in ihrer ersten Kindheit muß gehabt haben«, gegen einen »Epigrammatischen Witz« und eine »schulgerechte Ordnung der Sätze« durchgesetzt werden, an der »eine Menge von Leuten, die ihre Bestimmung in einer falsch-ekeln Galanterie finden«, Gefallen finden.[8]

Damit ist der Rezeptionsraum angedeutet, in dem auch die höfische Pastorale ihren Rückhalt findet. Ihm setzt Gessner mit seinem Gewährsmann Theokrit das Gattungsideal der Idylle entgegen, in der »die Einfalt der Sitten und der Empfindungen«, in der »das Ländliche und die schönste Einfalt der Natur«, in der »Naivität« und ein »unverdorbenes Herz« ihren genuinen literarischen Ort haben.[9] An anderer Stelle wurden in exemplarischen Interpretationen die gleichwohl in diese ländliche Welt eingesenkten hof- und adelskritischen und damit satirischen Elemente aufgedeckt. Auch ohne sie aber behauptet die Gessnersche Idylle ihren prospektiven, zur Revolution führenden Zug. Die bewußte Beschränkung auf naive Natur, auf seelische Empfindung, auf empfindsame Kultur des Herzens soll sicherstellen, daß die idyllische Welt vor den Unbilden der Gesellschaft und den Deformierungen, welche sie den Menschen zufügt, bewahrt bleibt.

Gessners versuchsweise und im Bewußtsein des Kunstvollen und Stilgemäßen vorgenommene Angleichung der pastoralen an die urzeitliche Welt der *aetas aurea* bekräftigt diese Abschirmung gegenüber einer Gegenwart, die nur im Refugium der Natur, nicht aber in der Öffentlichkeit der politisch-sozialen Welt einen wahrhaft poetischen Gehalt zu entfalten vermag. Insofern birgt die improvisierte Marxsche Deutung der Robinsonade in der Einleitung zu den *Grundrissen der Kritik der politischen Ökonomie* aus dem Jahre 1857/58 einen Schlüssel zur poetischen Verklärung reiner Natur und freier Menschlichkeit in den Idyllen vom Gessnerschen Typ. Die Vereinzelung der schönen Gestalten, ihre Zusammenführung in Bünden der Liebe, der Freundschaft, der Familie, ihre Ansiedlung in einem sympathetischen Naturraum stellt in allen Einzelheiten den Kontrast zur empirisch vorgegebenen, von den Schlacken des Alten durchsetzten, der Natur entfremdeten Form der Vergesellschaftung dar.

So wie im Naturrecht vom Schlage Rousseaus »die von Natur independenten Subjekte durch Vertrag in Verhältnis und Verbindung« gebracht werden, wie Marx sich ausdrückt, so in der Idylle die einzelnen Gestalten aufgrund einer Homogenität, die nicht länger eine gesellschaftliche Norm, sondern individuelle empfindsame Herzenskultur stiftet.[10] Das Moderne in der Form der Gemeinschaftsbildung gilt es wahrzunehmen. Vorbereitet war es in der Gattung durch den humanisti-

---

8 Ebd.
9 Ebd., S. 17.
10 Karl Marx: Grundrisse der Kritik der politischen Ökonomie. (Rohentwurf) 1857–1858. Anhang 1850–1859. – Frankfurt a.M.: Europäische Verlagsanstalt; Wien: Europa Verlag [s.a.] (= Politische Ökonomie, Geschichte und Kritik), S. 5.

schen Diskurs *de vera nobilitate*. Wo aber bis an die Schwelle des 18. Jahrhunderts die Gelehrten-Korporation den arkadischen Freiraum utopisch bevölkert, öffnet sich die empfindsame Idylle zur Integration der edel Gesinnten und Fühlenden in der paradigmatischen Hirtengesellschaft, die den Charakter einer Enklave aller Möglichkeiten der in und durch Natur geadelten Menschheit wahrt.

Der ausgezeichnete Dichter wie das ausgezeichnete Geschöpf seiner Phantasie muß in dieser Prämierung des Urzeitlichen als des gesellschaftlich Unverbildeten im paradiesischen Zeitalter selbst angesiedelt werden. So ist es kein Zufall, daß Gessner an den Anfang seiner Schriften den *Tod Abels* gestellt hat, in dem das Urbild integrer empfindsamer Humanität, Abel, dem dieser paradiesischen Welt sich Versagenden, Kain, zum Opfer fällt – derjenigen Person, in der bezeichnenderweise die spätere Aufklärung um Kant und Schiller gerade den Motor der Zivilisation erblickt.

Patriarchalisch-Urzeitliche Gründungen: Das idyllische Epos im Zeitalter der Französischen Revolution

In den Idyllen Maler Müllers wird der Radius der idyllischen Welt durch die biblisch-patriarchalische und antik-mythologisierende Idylle auf der einen, die heimatnahe sozialkritische Pfälzer Idylle auf der anderen Seite bezeichnet. Nicht deutlicher könnte die innere Bezogenheit und dialektische Verschränkung von Ursprünglichkeit und Zeitkritik in der Idylle des 18. Jahrhunderts gattungstypologisch in Erscheinung treten. Auch diese Spur kann hier nicht verfolgt werden.

Für Johann Heinrich Voß, mit dessen Idyllenwerk die vorrevolutionäre Idylle ihren Scheitelpunkt erreicht, ist das ursprüngliche legitimatorische Potential der Gattung wieder an die Antike und zumal an die Versform des *eidyllions*, den Hexameter geknüpft. Dieser mediatisiert noch den schmerzlichsten Aufschrei der geknechteten Kreatur, verbürgt die Einheit der Kunstwelt gegenüber der drastisch ins Auge gefaßten Realität der Leibeigenschaftsverhältnisse und stellt sicher, daß die Kommunikation zwischen den heterogenen Mächten gewahrt bleibt.

Aber die antike Tradition ist auch materialiter präsent und – entgegen allen gegenläufigen theoretischen Proklamationen – mehr in Gestalt Vergils denn Theokrits. Der schonungslose Aufweis des Unrechts, das den leibeigenen Bauern von den Gutsherren widerfährt, muß einer Gattung integriert werden, die von Vergil ungeachtet ihrer Öffnung gegenüber der Geschichte – also der Zeit der Bürgerkriege und dem Aufstieg Oktavians – auf Befriedung, auf Beendigung des Zwistes, auf einen utopischen Prospekt hin angelegt ist.

Voß hat diese Gattungseigentümlichkeit, die Europa über Vergil und nicht über den Theokritischen Mimos vermittelt wurde, vor Augen gehabt. Indem er aufgeklärte Herrschaft seiner Idylle einverleibt, den Prozeß der Befreiung von Leibeigenschaft *in actu* demonstriert, den Aufruhr der Leibeigenen an der Einsicht der zur Reform gewillten Herrschaft bricht und die Erlösung vom Joch als Resultat tatkräftigen Eingreifens einer ihrer Privilegien sich freiwillig begebenden Gutsherrenschicht zur Darstellung bringt, vermag er gleichermaßen dem Gattungsgesetz Genüge zu tun und den nicht preisgegebenen pädagogischen Impetus seiner poetischen Entwürfe zu sichern.

Damit war die in Deutschland fortgeschrittenste Position in der Gattungsgeschichte markiert. Wie in den der Aufklärung sich öffnenden absolutistischen Fürstentümern selbst führte der Weg über die Reform und die war, wie aus der dargestellten bäurischen Welt in der Idylle selbst zu ersehen, geboten, wenn anders der Aufruhr vermieden werden sollte. Insofern ist Vossens Antwort repräsentativ für die reformorientierte kritische Intelligenz vor der Revolution.

Die Revolution, die alle Gattungen in ihren Strudel reißt, hat auch vor der Idylle nicht Halt gemacht. In ihr vollzieht sich unter dem Eindruck des revolutionären Geschehens in Frankreich die Umbildung von der antiken Klein- zur epischen Großform nebst Umstellung vom ländlichen zum bürgerlichen Personal. Damit findet Deutschland im Zeitalter der Klassik zu später Stunde noch einmal Anschluß an die Debatten um das Epos, die den Aufstieg der neueren europäischen Nationalliteraturen seit der Renaissance begleitet hatten. Deutschland war die Erfüllung in Gestalt eines nationalen Epos versagt, das die Humanisten bei Anbruch des großen Krieges konzipiert hatten, im Strudel des Umsturzes, wie ihn der Untergang des Calvinismus mit sich brachte, jedoch nicht mehr realisieren konnten.

Schwerlich wird man den Umstand unterschätzen dürfen, daß nach dem geistlichen Versuch Klopstocks und der märchenhaften Traumbildung Wielands die Gattung im späten 18. Jahrhundert noch einmal mit nationalem Gehalt erfüllt zu werden vermochte. Der Weg führte über Vossens *Luise*. Die entsprechenden drei Idyllen erschienen zunächst in der ersten Hälfte der achtziger Jahre separat im *Hamburger Musenalmanach* bzw. im *Teutschen Merkur*, bevor sie 1795 zum dreiteiligen Idyllenkranz zusammengeflochten wurden.

Noch einmal weht der vorrevolutionäre Wind der Frühe dem Betrachter entgegen. Dem protestantischen Pfarrhaus, vermittelnd zwischen Stadt und Land, ist es in einer so nur in Deutschland denkbaren Aufwertung des geistlichen Standes vorbehalten, die Hoffnungen der Menschheit zu assimilieren und in der großfamiliären Idylle Gestalt werden zu lassen. Dem Pfarrer kann nach einem das Jahrhundert erfüllenden Kampf um die rechte Religion das Bekenntnis zur *einen* Gestalt des gütigen Vaters in den verschiedenen konfessionellen Ausformungen glaubwürdig anvertraut werden; ihm die gelungene Vermittlung zwischen Herrschafts- und Dienerstand als Vorschein einer Versöhnung zwischen den Ständen nach erfolgter Reform überantwortet und im gelingenden, von Freundschaft, Achtung, Menschenwürde bestimmten Umgang bestätigend verkörpert werden; ihm als maßgeblichem Träger aufgeklärten Raisonnements der über die Publizistik vermittelte Kommentar zu den politischen Umbrüchen zumal in Amerika in den Mund gelegt werden.

So flektiert sich das welthistorische Ereignis der bürgerlichen Revolutionen im aufgeklärten Bürgerstand der ländlich-idyllischen Welt und bekräftigt stimulierend, legitimierend, moderierend den bereits beschrittenen Weg der Aufhebung unmenschlicher Zustände zumal auf dem Lande und den Gedanken an gerechte, fromme, weise Herrschaft durch eine aufgeklärte Obrigkeit. War es nur und immer noch der mächtige Schatten der Vergilschen Regenten-Ekloge, der zu dieser idyllischen Version von Politik in der Gattung geleitete? Oder erfüllte sich ihre Sendung in einem Adel, Bürgertum und Landvolk umgreifenden maßvollen Reformprogramm, das den deutschen Kleinstaaten die Feuerprobe der Revolution ersparte?

So viel nur ist gewiß, daß Voß seine Idylle im Lichte des geläuterten Gehalts der europäischen Aufklärung errichtete und ihrer Abtrennung von diesen Wurzeln mit Verve begegnet wäre. Aber hatte er genügend Vorsorge getroffen, um den prospektiven menschheitlichen und politischen Horizont seiner Grünau-Enklave zu umreißen und vor falscher Vereinnahmung im ideologischen Kampfe der Nationen des 19. Jahrhunderts zu sichern?

Goethe zumindest, allem nationalen Pathos abhold, hatte die nationale Komponente der Gattung sehr wohl im Gedächtnis und zögerte nicht, sie seiner epischen Idylle einzubilden. Doch was an politischem Gehalt der epischen Form zwischen Homer und Vergil, Petrarca und Ronsard, Spenser und Milton eignete, blieb unlöslich an den Prozeß des Zusammenwachsens der Nation, an kriegerische Verwicklung und Lösung, in der neueren Zeit an konfessionelle Dissoziierung und deren Überwindung geknüpft. Goethe bewahrte selbst noch diese Reminiszenz in den Schlußworten Hermanns:

> [...] Und drohen diesmal die Feinde
> Oder künftig, so rüste mich selbst und reiche die Waffen.
> Weiß ich durch dich nur versorgt das Haus und die liebenden Eltern,
> O, so stellt sich die Brust dem Feinde sicher entgegen.
> Und gedächte jeder wie ich, so stünde die Macht auf
> Gegen die Macht, und wir erfreuten uns alle des Friedens.[11]

Der Feind aber war identifizierbar. Er hatte in Gestalt des Revolutionsheeres Eingang in das Werk gefunden. Die Verschlingung von epischem und idyllischem Genre kehrt in der Dichotomie von revolutionärer Umwälzung und Verharren im geläuterten – und wie stets in der Idylle als ›Natur‹ verklärten – Überkommenen wieder. In der über Nation und Stand sich hinwegsetzenden freien Wahl der Geliebten, der Gründung der Familie und ihrer Einpassung in ein aufgeklärtes Regiment vollzieht sich in Deutschland der unblutige, der naturgemäße, der beherrschbar bleibende Weg der Wandlung und Anpassung an die Erfordernisse der Moderne.

Es macht das Einzigartige der Goetheschen Schöpfung im Blick auf die Gattungsgeschichte der Idylle im 18. Jahrhundert wie die der Schäfer- und Landlebendichtung im alten Europa aus, daß sie das geheime Band, welches die Naturform der Poesie mit der sozialphilosophischen Formulierung des Naturrechts verknüpft hatte, löst, weil es den Aufruhr aller Elemente im politischen Körper des Nachbarlandes befördert hatte, um demgegenüber das Bild einer auf ewige Naturverhältnisse gegründeten Gesellschaftsordnung zu entwerfen, das diesem Zeitgeist nicht hörig ist. Indem Goethe ihn noch einmal im Weltgeschehen der Revolution flektierte,

---

11 Goethes Werke. Bd. II. Textkritisch durchgesehen und mit Anmerkungen versehen von Erich Trunz. 3. Aufl. – Hamburg: Wegner 1956, S. 514, V. 313–318.

verlieh er der Gattung jene epische Dignität, die Schiller, Humboldt und Hegel bewunderten.

Räumliche und zeitliche Abschirmung gegenüber der Gesellschaft bildete ein konstitutives Merkmal der Gattung. Immer war es die bestehende und mit den Gebrechen des Überkommenen gezeichnete politische Welt, der gegenüber sich das ländliche Residuum behauptete, in dem sich die Keime der besseren Zukunft bildeten. In Goethes *Hermann und Dorothea* wird nicht ein überkommenes Abgelebtes, sondern ein aktuelles Neues im Namen von Natur als Perversion von Natur gebrandmarkt und also ein Palladium wider die bürgerlich-revolutionäre Moderne errichtet. Auch Goethes Werk bezeichnet eine gewichtige Station auf dem Wege der Abkehr der Deutschen von dem Nachbarn im Westen, dem eine so verhängnisvolle Nachgeschichte beschieden sein sollte.

Zuerst erschienen unter dem Titel: Zu einer Naturform der Poesie im Zeitalter des Naturrechts. – In: ›Sei mir, Dichter, willkommen!‹ Studien zur deutschen Literatur von Lessing bis Jünger. Festschrift Kenzo Miyashita. Hrsg. von Klaus Garber, Teruaki Takahashi unter Mitwirkung von Ludger Rehm. – Köln, Weimar, Wien: Böhlau 1995 (= Europäische Kulturstudien; 4), S. 7–15.

Idylle und Revolution

Zum Abschluß einer zweitausendjährigen Gattungstradition im Zeitalter der Aufklärung

Sonderstellung der Idylle im revolutionären Zeitalter?

Das Thema dieses Beitrags hat bereits zitativen Charakter. Über die Gattung Idylle darf im Kontext nicht von Revolutionen und geschichtlichen Umbrüchen, sondern eben der *einen* französischen Revolution seit langem gehandelt werden. Das literarische Refugium ästhetischer Einfalt und moralischer Unschuld scheint im Vorfeld und Umkreis der Französischen Revolution wie aus heiterem Himmel seinen illusionären Eskapismus wie seinen naiven Utopismus abzustreifen und sich mehr oder weniger deutlich den Fragen der Zeit erstmals nach zweitausend Jahren zu stellen. Zwischen 1770 und 1800 soll für einen kurzen, vorher so nicht bekannten, nachher so nicht wiederkehrenden Augenblick ein identifizierbares Verhältnis zwischen Gattung und Realität, Literatur und Gesellschaft, geschichtlichem Gehalt des Textes und politisch-revolutionärer Programmatik auszumachen sein, das je nach Geschmack des Interpreten das eine Mal den Scheitelpunkt der Gattung, das andere Mal ihre Zersetzung im billigen Tribut an die Mächte der Zeit markiert.[1]

---

[1] Die lebhafte Beschäftigung mit der Gattung ›Idylle‹ in den späten sechziger und siebziger Jahren ist im darauf folgenden Jahrzehnt merklich zurückgegangen. Das darf nicht hindern festzustellen, daß wesentliche Schritte zur Erschließung der Gattung und insbesondere ihres literarischen Umfeldes weiterhin zu tun bleiben. Eine die Breite der idyllischen Produktion ins Auge fassende Monographie fehlt ebenso wie eine Bibliographie. [Vgl. zu ersterem Desiderat inzwischen: Carsten Behle: ›Heil dem Bürger des kleinen Städtchens‹. Studien zur sozialen Theorie der Idylle im 18. Jahrhundert. – Tübingen: Niemeyer 2002 (= Frühe Neuzeit; 71)]. Das mit der Idylle aufs engste verflochtene Landlebengedicht ist für das 18. Jahrhundert gleichfalls nicht zusammenhängend untersucht. Die aussterbende, aber immer noch virulente Gattung der Ekloge (gelegentlich immer noch im Neulateinischen!) hat bislang keinen Bearbeiter gefunden. Für die pastorale Verserzählung fehlt die Monographie. Und auch das mit dem älteren Schäferdrama kaum noch vergleichbare Schäferspiel des Rokoko und der Empfindsamkeit ist so gut wie nicht erschlossen. Eine Geschichte des lyrischen pastoralen Rollensprechens im 18. Jahrhundert fehlt gleichfalls. Damit bleiben maßgebliche Gattungsfelder bearbeitungsbedürftig.

Die Beschäftigung hat auszugehen von Renate Böschenstein-Schäfers hilfreichem Führer: Idylle. 2., durchgesehene und ergänzte Aufl. – Stuttgart: Metzler 1977 (= Sammlung Metzler; 63) mit der gesamten einschlägigen Literatur auch zu den einzelnen Autoren des 18. Jahrhunderts. Nicht ersetzt bzw. maßgeblich modifiziert durch Virgil Petre Nemoianu: Micro-Harmony. The Growth and Uses of the Idyllic Model in Literature. – Bern, Frankfurt a.M., Las Vegas: Lang 1977 (= Europäische Hochschulschriften. Reihe 18; 11); Gerhard Hämmerling: Die Idylle von Geßner bis Voß. Theorie, Kritik und allgemeine geschichtliche Bedeutung. – Frankfurt a.M., Bern: Lang 1981 (= Europäische Hochschulschriften. Reihe 1; 398); Brigitte Peucker: Arcadia to Elysium. Preromantic Modes in 18th Century Germany. – Bonn: Bouvier 1980 (= Studien zur Germani-

Nun sind Wunder in der Geschichte der Literatur gewiß immer wieder zu konstatieren. Sie pflegen sich jedoch in der Regel mit der Zeugung einer Gattung in den sogenannten Prototypen zu verbinden, selten unvermittelt in die literarische Evolution einzubrechen. So liegt die Vermutung auf der Hand, daß die Entdeckung revolutionärer Potenzen der Gattung erst zu Ende des 18. Jahrhunderts weniger dieser selbst geschuldet ist als dem mangelnden Sehvermögen ihrer Interpreten. Sie haben sich allzulange an der Oberfläche der idyllischen Motive vor allem im Blick auf die kargen Handlungen bewegt und weder die allegorisch verschlüsselten Signale vernommen, noch waren sie in der Lage, diese in Beziehung zu setzen zum politisch-sozialen und kulturell-konfessionellen Umfeld. Die Gattung bildete sie so wenig wie irgend eine andere künstlerische Äußerung schlicht ab, spiegelte oder verdoppelte sie nicht, sondern verarbeitete sie wie jedes geistig-künstlerische Produkt auswählend und urteilend, unter ihren Zwängen leidend, an ihren Freiräumen partizipierend, erfüllt von Bildern einer symbiotischen Kindheitswelt der Lebensgeschichte ihrer Verfasser wie der Erfahrungen der Gattung Menschheit, in denen zugleich das Bild der Zukunft mythisch verhüllt und traumerfüllt sich malte.

Wir also wollen festhalten an dem uneingelösten Anspruch, die Texte in ihrer geschichtlichen Lebenswelt aufzusuchen und in ihrer unendlichen Mannigfaltigkeit der Korrespondenzen zu studieren, unbesorgt darüber, uns an sie und ihre geschichtlichen Figurationen zu verlieren, weil überzeugt, daß wir uns als Individuen wie als Zeitgenossen unserer je eigenen und einmaligen Gegenwart nicht auf dem Wege der Introversion, sondern auf dem Umweg über die Geschichte am ehesten selbst begegnen werden.

Möglichkeiten der Selbsterfahrung hält die Gattung übergenug bereit, doch verbergen sie sich im Abseitigen, Entlegenen, Fremden und entziehen sich dem ver-

---

stik, Anglistik und Komparatistik; 81); Norman Gronke: Idylle als literarisches und soziales Phänomen. – Diss. phil. Frankfurt a.M. 1987.

Gleich wichtig die tiefschürfende Studie von Helmut J. Schneider: Die sanfte Utopie. Zu einer bürgerlichen Tradition literarischer Glücksbilder. – In: Idyllen der Deutschen. Texte und Illustrationen. Hrsg. von Helmut J. Schneider. – Frankfurt a.M.: Insel 1978, S. 353–424 (auch als inseltaschenbuch; 551, 1981); ders.: Antike und Aufklärung. Zu den europäischen Voraussetzungen der deutschen Idyllentheorie. – In: Deutsche Idyllentheorien im 18. Jahrhundert. Mit einer Einführung und Erläuterungen hrsg. von Helmut J. Schneider. – Tübingen: Narr 1988 (= Deutsche TextBibliothek; 1), S. 7–74. Die beiden wohlkomponierten Anthologien sind gleichfalls mit ausführlichen Literaturverzeichnissen ausgestattet.

Als dritter grundlegender Gattungsversuch für das 18. Jahrhundert sei erwähnt: Gerhard Kaiser: Wandrer und Idylle. Goethe und die Phänomenologie der Natur in der deutschen Dichtung von Geßner bis Gottfried Keller. – Göttingen: Vandenhoeck & Ruprecht 1977. Zum begrifflichen und sozialhistorischen Kontext Hella Jäger: Naivität. Eine kritisch-utopische Kategorie in der bürgerlichen Literatur und Ästhetik des 18. Jahrhunderts. – Kronberg/Ts.: Scriptor 1975 (= Skripten Literaturwissenschaft; 19); Thomas Lange: Idyllische und exotische Sehnsucht. Formen bürgerlicher Nostalgie in der deutschen Literatur des 18. Jahrhunderts. – Kronberg/Ts.: Scriptor 1976 (= Scriptor-Hochschulschriften Literaturwissenschaft; 23).

Die europäische Gattungsgeschichte der Bukolik und Georgik, welche nicht ausschließlich, aber doch maßgeblich in der Idyllik des 18. Jahrhunderts mündet, hat als ganze nach wie vor ihren Historiker nicht gefunden; eine entsprechende Arbeit wird vorbereitet.

meintlich Gewohnten, Bekannten, unmittelbar Ansprechenden. Denn die lebendige Flamme der Wahrheit, so hatte uns schon der jüngere, des Marxismus noch unverdächtige Walter Benjamin belehrt, brennt fort »über dem schweren Scheitern des Gewesenen und der leichten Asche des Erlebten.« Wir brauchen um Leben und Erleben nicht besorgt zu sein in der Bemühung um die Geschichte, gibt sie doch, wie der gleiche Kritiker gezeigt hat und wie jede Erfahrung bestätigt, in der zugleich asketischen wie leidenschaftlichen Fahndung nach ihrem Jetztzeitlichen womöglich immer noch ein messianisches Leuchten frei.[2]

Einsatz mit Gessner

Jede Geschichte der Idylle des 18. Jahrhunderts, auch der revolutionsverdächtigen, muß mit dem Schöpfer und Vollender der empfindsamen Idylle, muß mit Salomon Gessner beginnen. Er hat nicht nur den Spott der übermütigen Genies der nachfolgenden Sturm- und Drang-Generation auf sich gezogen, nicht nur das Kopfschütteln der Sachwalter des unermüdlichen Geistes auf dem Wege zu sich selbst im Gefolge Hegels erregt, sondern auch der Literaturwissenschaft bis tief in das 20. Jahrhundert hinein das Alibi für ihre vermeintlich kritischen, in Wahrheit ahnungslosen Invektiven geliefert. Es wird der literaturgeschichtlichen Bemühung der jungen Generation der späten sechziger Jahre zur Ehre gereichen, daß sie mit den Klischees des Gekünstelten, Unwahren, Seichten, Tränenseligen, Eskapistischen, Substanzlosen und wie die Reizworte heißen, aufräumte und des Unverächtlichen, historisch Spezifischen und eben deshalb Aktuellen der idyllischen Welt Gessners ansichtig wurde.[3]

---

2 Walter Benjamin: Goethes Wahlverwandtschaften [Methodische Vorbemerkung zum Wahlverwandtschaften-Essay]. – In: ders.: Gesammelte Schriften. Bd. I. Hrsg. von Rolf Tiedemann, Hermann Schweppenhäuser. – Frankfurt a.M.: Suhrkamp 1974, S. 126.

3 Erwähnt seien drei herausragende Arbeiten: E. Theodor Voss: Salomon Geßner. – In: Deutsche Dichter des 18. Jahrhunderts. Ihr Leben und Werk. Hrsg. von Benno von Wiese. – Berlin: Schmidt 1977, S. 249–275 (mit Bibliographie); Renate Böschenstein-Schäfer: Idylle (Anm. 1), S. 73ff. (mit Bibliographie); Helmut J. Schneider: Die sanfte Utopie (Anm. 1), S. 369ff. Dazu als monographische Spezialstudie Heidemarie Kesselmann: Die Idyllen Salomon Geßners im Beziehungsfeld von Ästhetik und Geschichte im 18. Jahrhundert. Ein Beitrag zur Gattungsgeschichte der Idylle. – Kronberg/Ts.: Scriptor 1976 (= Hochschulschriften Literaturwissenschaft; 18). Am Rande auch Berthold Burk: Elemente idyllischen Lebens. Studien zu Salomon Geßner und Jean-Jacques Rousseau. – Frankfurt a.M., Bern: Lang 1981. Als jüngere Gessner-Monographie John Hibberd: Salomon Gessner. His Creative Achievement and Influence. – London, New York, Melbourne: Cambridge University Press 1976 (= Anglica Germanica Series 2). Die ältere Literatur zusammengeführt in der eindrucksvollen Bibliographie von Paul Leemann-van Elck: Salomon Gessner. Sein Lebensbild. Mit beschreibenden Verzeichnissen seiner literarischen und künstlerischen Werke. – Zürich, Leipzig: Füssli 1930 (= Monographien zur Schweizer Kunst; 6), S. 139–142. [Jetzt vor allem auch heranzuziehen: Maurizio Pirro: Anime floreali e utopia regressiva. Salomon Gessner e la tradizione dell'idillio. – Pasian di Prato (Udine): Campanotto 2003 (= Le Carte Tedesche; 19), sowie: Salomon Gessner als europäisches Phänomen. Spielarten des Idyllischen. Hrsg. von Maurizio Pirro. – Heidelberg: Winter 2012 (= Beihefte zum Euphorion; 66)].

1772 erschienen – nach dem ersten Idyllenkranz von 1756 – Gessners *Neue Idyllen*.⁴ So wie das einzelne Gattungsexemplar die Schaffung eines erzählerischen Rahmens begünstigte, so der Idyllenkranz als ganzer. Die *Idyllen* von 1756, die seinen europäischen Ruhm begründeten, hatte Gessner in dem ersten Stück *An Daphnen* mit dem poetologischen Bekenntnis zur Gattung eingeleitet, das sie seit den Tagen Theokrits begleitete: »Nicht den blutbespritzten kühnen Helden, nicht das öde Schlachtfeld singt die frohe Muse; sanft und schüchtern flieht sie das Gewühl, die leichte Flöt' in ihrer Hand.«⁵

Derart bekräftigte der Dichter gleich am Eingang der Idyllen, was er seinen Lesern in der Vorrede versichert hatte:

> Alle Gemählde von stiller Ruhe und sanftem ungestöhrtem Glük, müssen Leuten von edler Denkart gefallen; und um so viel mehr gefallen uns Scenen die der Dichter aus der unverdorbenen Natur herholt, weil sie oft mit unsern seligsten Stunden, die wir gelebt, Ähnlichkeit zu haben scheinen.⁶

Damit schien der Radius der kleinen Form erschöpft. War es also nur Zufall, daß der Dichter am Schluß der Sammlung in seiner Idylle *Der Wunsch* sich nicht scheute, die Nichtigkeit und Blöße der herrschenden Adelsschicht satirisch aufs Korn zu nehmen und mit der Erfülltheit und Würde des natürlichen Lebens auf dem Lande zu konfrontieren?⁷

Seiner fast zwanzig Jahre später erscheinenden neuen Sequenz hat er keine Vorrede und keine prononcierte Eröffnung mehr zu verleihen brauchen. Poetik und Rhetorik der unverwechselbaren Gessnerschen Handschrift waren europäisches Gemeingut geworden. Der erste Satz reicht hin, um den Leser und Hörer – wie so nur später bei Eichendorff – in den Bann seiner poetischen Welt zu ziehen. »Sieh, schon steigt der Mond hinter dem schwarzen Berg herauf, schon glänzt er durch die obersten Bäume. Hier dünkt es mich so anmuthsvoll, laß uns hier noch verwei-

---

4 Die Texte Gessners zitiert nach: Salomon Gessner: Idyllen. Kritische Ausgabe. Hrsg. von E. Theodor Voss. – Stuttgart: Reclam 1973 (= Universal-Bibliothek; 9431–35) (mit reichhaltiger Bibliographie!). Vgl. zur Textkonstitution den Abschnitt ›Prinzipien unserer Ausgabe‹, S. 207–214, sowie zur ›Textgeschichte‹ S. 214–225. Zur Entstehungs- und Textgeschichte der *Neuen Idyllen* vgl. S. 220ff. und S. 273–288. [Vgl. jetzt auch das Nachwort zur 3., durchgesehenen und erweiterten Aufl. von 1988, S. 323–364].

5 Ebd., S. 19. Zur Entstehungs- und Textgeschichte der *Idyllen* von 1756 vgl. wiederum das Nachwort des Herausgebers, S. 214ff. und S. 237–244. Der Lesartenapparat zu *An Daphnen*, S. 245ff. Dazu S. 215.

6 Ebd., S. 15. Dazu die Lesarten S. 245ff. Interpretation dieser für die deutsche Idyllentheorie des 18. Jahrhunderts vor Schiller maßgeblichsten Äußerung bei Klaus Garber: Utopia. Zur Naturdichtung der Frühen Neuzeit. – In: Respublica Guelpherbytana. Wolfenbütteler Beiträge zur Renaissance- und Barockforschung. Festschrift Paul Raabe. Hrsg. von August Buck, Martin Bircher. – Amsterdam: Rodopi 1987 (= Chloe. Beihefte zum Daphnis; 6), S. 435–455, S. 448–455 (in diesem Band S. 457–473).

7 Gessner: Idyllen (Anm. 4), S. 66–72, Lesarten S. 262–266. Versuch einer exemplarischen Interpretation bei Klaus Garber: Arkadien und Gesellschaft. Skizze zur Sozialgeschichte der Schäferdichtung als utopischer Literaturform Europas. – In: Utopieforschung. Interdisziplinäre Studien zur neuzeitlichen Utopie. Bd. I–III. Hrsg. von Wilhelm Voßkamp. – Stuttgart: Metzler 1982. Bd. II, S. 37–81, hier S. 65–70.

len; [...].«[8] Wieder aber hat es sich der Dichter, der einen so eminenten Sinn für Form besaß, nicht nehmen lassen, am Schluß ein Stück zu plazieren, das auf den ersten Blick so gar nicht in die heitere geschichtslose Szenerie paßte, mit dem Gessner sich gleichwohl von seinem europäischen Publikum als Idyllendichter definitiv verabschiedete: *Das hölzerne Bein. Eine Schweitzer Idylle.*[9]

Geburt der freien Schweiz als Sujet von Gessners letzter Idylle

Auf dem Gebürge, wo der Rautibach ins Thal rauschet, weidete ein junger Hirte seine Ziegen. Seine Querpfeife rief den siebenfachen Wiederhall aus den Felsklüften, und tönte munter durchs Thal hin. Da sah er einen Mann von der Seite des Gebürges heraufkommen, alt und von silbergrauem Haar; und der Mann, langsam an seinem Stabe gehend, denn sein eines Bein war von Holz, trat zu ihm, und setzte sich an seiner Seite auf ein Felsenstück. Der junge Hirte sah ihn erstaunt an, und blickt' auf sein hingestrecktes hölzernes Bein. Kind, sagte der Alte mit Lachen, gewiß du denkst, mit so einem Bein blieb ich wol unten im Thal? Diese Reise aus dem Thal mach' ich alle Jahr' einmal. Dieß Bein, so wie du es da siehst, ist mir ehrenhafter als manchem seine zwey guten; das sollst du wissen. Ehrenhaft, mein Vater, mag es wol seyn, erwiederte der Hirte; doch ich wette, die andern sind bequemer. Aber müde must du doch seyn. Willst du, so geb' ich dir einen frischen Trunk aus jener Quelle, die dort am Fels rieselt.[10]

Knapp und prägnant und wie seit Theokrit üblich ist derart der pastorale Rahmen für Gespräch und Erzählung gezimmert. Wie gleichfalls häufig seit Theokrit ist der Raum exakt lokalisiert; die zeitliche Tiefenperspektive eröffnet der Dichter in der Begegnung von Jung und Alt. In die musische pastorale Welt des Jungen dringt die herbe geschichtliche des Alten ein. Und noch vor der tiefgründigen Vermittlung beider ist sie in der pastoralen Szene symbolisch antizipiert. Fürsorglich wie Tityrus zu dem vom Bürgerkrieg gezeichneten Meliboeus in Vergils erster Ekloge neigt sich der Junge zu vom Aufstieg erschöpften Alten herab, um ihn durch einen frischen Trunk zu erquicken. Beseelte Teilnahme am Geschick des Nächsten bleibt die erste und letzte Ingredienz der Gessnerschen Hirten. Sie ist in der kleinen schäferlichen Welt so umstandslos und natürlich zu praktizieren, weil sich jene einer Aktion in der geschichtlich-politischen Welt verdankt, deren Impulse über die die Generationen verbindende Erzählung in die pastorale hineinwirken und ihre Normen bestimmen.

Die Neugierde des Jungen und die Mitteilsamkeit des Alten beleben und fördern sich wechselseitig. Ohne die Aufmerksamkeit des Jungen kein kommunikativer Transfer, ohne die historische Erfahrung des Alten kein Bewußtsein der politischen Bedingungen des Lebens.

---

8 Gessner: Idyllen (Anm. 4), S. 87 (*Daphne. Chloe.*).
9 Ebd., S. 132–136. Der textkritische Apparat S. 295f.
10 Ebd., S. 132f.

> Daß mancher eurer Väter, so sprach er [der Greis], voll Narben und zerstümmelt ist, das sollt ihr Gott und ihnen danken, ihr Jungen. Muthlos würdet ihr den Kopf hängen, statt jetzt an der Sonne froh zu seyn, und mit muntern Liedern den Wiederhall zu rufen. Munterkeit und Freude tönt jetzt durchs Thal, und frohe Lieder hört man von einem Berg zum andern; Freyheit, Freyheit beglückt das ganze Land. Was wir sehen, Berg und Thal, gehören uns; freudig bauen wir unser Eigentum, und was wir sammeln das sammeln wir mit Jauchzen für uns.[11]

Die Alpenidylle ist so wenig wie bei Haller eine geschichtslose Urform menschlichen Daseins. Sie entspringt politischer Aktion und ist als freie Lebensform nur so lange denkbar, wie die Erinnerung an die weit zurückliegende Tat lebendig und die Bereitschaft zu ihrer Wiederholung unter den Nachgeborenen gesichert ist. Der Greis ist lebender Zeuge des einstmaligen Geschehens, der Junge aufgeschlossen lauschender Empfänger der Botschaft. Der Erzählung ist es aufgetragen, Kontinuität zwischen den Generationen im Medium geschichtlicher Erinnerung zu stiften. Die Idylle wird nicht durch geschichtslose Gesetze des Herzens regiert; sie ruht nicht auf mythischem, sondern auf geschichtlichem Grund. Das idyllische Glück, repräsentiert wie seit eh und je im muntern Lied, in der Musik, vollendet sich in der Freiheit, und die ist erstritten und also gefährdet. Eigentum steht in unmittelbarer Nachbarschaft zu ihr. Doch gilt von ihm das Nämliche. Sein ungestörter Genuß verweist auf Autarkie, auf politische Selbstbestimmung, auf Abwesenheit fremden Jochs.

Der nun folgenden Erzählung sind ihr Lehrgehalt und zumal ihre Funktion schon vorab eingeschrieben. Es ist ein Gebot der Pietät – dem Jungen bereits sehr wohl vertraut –, sich der heroischen Taten zu erinnern. Freiheit ist nur solange erfahrbar als ein lebendiges Gut, wie ihr Ursprung bekannt und ihre Tradierung gesichert ist. Und, so fügt der Alte mahnend hinzu, wie jedes neue Glied in der Folge der Generationen die Tat der Väter zu wiederholen bereit ist. Nicht in der lieblichen Natur des Tales, sondern in der heroischen Welt des Gebirges weiht sich der Alte alljährlich dem Angedenken des die freiheitliche Verfassung seiner Heimat begründenden Krieges. Hallers Bauern verharren in der Alpenwelt als der natürlichen Basis ihrer Tugend und Reinheit. Gessners Gestalten werden in das liebliche Tal der Idylle zurückkehren. Doch ihr vermeintlich unschuldiges einfältiges Glück ist ein heroisch erkämpftes.

Idylle als Hort zukunftszugewandter Erinnerung

»Von hier seh' ich die ganze Ordnung der Schlacht, die wir für unsre Freyheit gewannen.«[12] Der Alte ist noch Akteur. Während seines vermutlich letzten Aufstiegs gibt er die Stafette weiter an den Jüngeren, der das Geschehen nur noch als Zuhörer kennt. Doch wird er in der Ehe mit der Tochter auch die leibliche Ver-

---

11 Ebd., S. 133.
12 Ebd., S. 134.

schmelzung mit der heroischen Väterwelt vollziehen und gleichzeitig deren Früchte in einer höheren paradiesähnlichen idyllischen Existenz genießen.

Idylle und Krieg schließen sich nach landläufiger Gattungshermeneutik aus. Dabei könnte jeder Blick auf die Gattungsrepräsentanten, auf Vergil und Sannazaro, Sidney und Spenser, d'Urfé und Lope de Vega lehren, daß der Krieg Gemeingut jener europäischen Pastoraltradition ist, in die Gessner sich bewußt mit seiner Hirtenidylle noch einmal stellt. Nicht um die Elimination, sondern die Überwindung geschichtlicher Konflikte geht es in der Pastorale.

> Sieh, hier an der Seite hervor kam die Schlachtordnung der Feinde; viele tausend Spiesse blitzten daher, und wol zweyhundert Ritter in prächtiger Rüstung; Federbüsche schwankten auf ihren Helmen, und unter ihren Pferden zitterte das Land.[13]

Die sozialen Referenzen sind verklausuliert, dem Kenner jedoch leicht dechiffrierbar. Geometrische Ordnung, blitzende Spieße, prachtvolle Rüstung verweisen auf den Hof als Agenten dieses Heeres. Historisch konkret gemeint ist Habsburg, das 1386 in der Schlacht bei Sempach und zwei Jahre später 1388 in der Schlacht bei Näfels, die Gessner hier im Auge hat, gegen die Eidgenossen antrat. Die Schilderung ist jedoch so gehalten, daß sie ihre historische Spezifik verliert und folglich ihre Aktualität wahrt. Der Spätabsolutismus wird genau wie bei Haller der Opponent und Kontrahent bäurisch-schäferlicher Freiheit bleiben, in deren symbolischem Freiraum sich alle nichthöfischen Schichten bis in das Reformbeamtentum hinein treffen. Der geschlossenen Formation des höfischen Heeres, die das Land erzittern macht, steht das zerstreute Häuflein der um ihre Freiheit kämpfenden Alpenbewohner gegenüber.

> Schon einmal war unser kleine Haufe zertrennt; nur wenig hunderte waren wir. Wehklagen war weit umher, und der Rauch des brennenden Näfels erfüllte das Thal, und schlich fürchterlich an den Gebürgen hin.[14]

Die biblische Assoziation der wenigen Auserwählten ist ebenso wenig überhörbar wie die laikal-pastorale der wenigen Edlen. Der Hof bringt Leid und Elend über Berg und Tal. Dieser Erfahrung eingedenk, kennt umgekehrt der Mut der zerstreuten Verteidiger der Freiheit keine Grenzen.

> [A]m Fuß des Berges stand jetzt unser Hauptmann; dort stand er, wo die beyden Weißtannen auf dem Felse stehn; nur wenige standen bey ihm. Mir ist's, ich seh' ihn noch muthvoll dastehn, wie er die zerstreuten Haufen zusammenruft; wie er das Panner hoch in die Luft schwingt, daß es rauscht wie ein Sturmwind vor einem Gewitter; von allen Seiten her liefen die Zerstreuten zu.[15]

Dem nur auf die Insignien der Macht gestützten höfischen Heer setzen die Alpenbewohner das Banner einer Idee entgegen, um das die Zerstreuten sich scharen.

---

13 Ebd.
14 Ebd.
15 Ebd.

Hans-Wolf Jäger hat in einer maßgeblichen Abhandlung die Gewitter-Symbolik in den Texten der zweiten Jahrhunderthälfte in ihren revolutionären Konnotationen entfaltet.[16] Die Idyllik Gessners darf der dort behandelten Textreihe ohne Bedenken zugesellt werden. Gessner hat wie alle emanzipatorischen Autoren des 18. Jahrhunderts das Seine getan, um die menschliche Aktion mit dem Geschehen in der Natur zu parallelisieren, und das heißt im 18. Jahrhundert stets: zu beglaubigen.

Substantieller idyllischer Gehalt: Heroismus im Namen von Freiheit

> Siehst du, vom Felsen herunter, jene Quellen? Steine, Felsen und umgestürzte Bäume mögen sich ihnen entgegensetzen; sieh, sie dringen durch; sie stürzen sich weiter und sammeln sich dort im Teiche: So war's, so eilten die Zerstreuten herbey, und schlugen durch die Feinde sich durch; standen um den Held her und schwuren, wir kleiner Haufe, steht Gott uns bey, zu siegen oder doch zu sterben![17]

Die geschichtlich fortschrittliche Kraft gewinnt derart den Charakter des Unversehrbaren, gegen alle Widerstände sich Behauptenden und Durchsetzenden. Deshalb können von der Erzählung immer noch Impulse in die Gegenwart des Erzählers gelangen und über ihn hinaus solange in der Zukunft vernehmbar bleiben, wie Freiheit der Wirklichkeit nicht restlos eingebildet ist. Die idyllische Wunschwelt ist nichts anderes als die poetische Antizipation dieses Zustandes der Befreiung. Der Alte wie der Junge wissen sich als Herolde dieser Idee ebenso wie als Vollstrecker im geschichtlichen Raum.

> In gedrängter Schlachtordnung stürmte der Feind auf uns ein. Eilfmal schon hatten wir ihn angegriffen, und zogen dann wieder an den uns schützenden Berg zurück. Ein engegeschlossener Haufe standen wir wieder da, undurchdringlich wie der hinter uns stehende Fels: Aber jetzt, jetzt fielen wir, durch dreyssig Tapfre von Schweitz verstärkt, in die Feinde, wie ein Bergfall oder ein geborstener Fels hoch hinunter in einen Wald sich wälzt und vor sich her die Bäume zersplittert. Die Feinde vor und um uns her, Ritter und Fußknechte, in fürchterliche Unordnung gemengt, stürzten einander selbst, indem

---

16 Hans-Wolf Jäger: Politische Metaphorik im Jakobinismus und im Vormärz. – Stuttgart: Metzler 1971 (= Texte Metzler; 20), S. 29ff. Vgl. aus andersgearteter kulturhistorischer Perspektive auch Heinz D. Kittsteiner: Das Gewissen im Gewitter. – In: ders.: Gewissen und Geschichte. Studien zur Entstehung des moralischen Bewußtseins. – Heidelberg: Manutius 1990, S. 25–65. Speziell zum Gessnerschen Kontext: Renate Böschenstein-Schäfer: Gessner und die Wölfe. Zum Verhältnis von Idylle und Aggression. – In: Maler und Dichter der Idylle. Salomon Gessner 1730–1788. 2. Aufl. – Wolfenbüttel 1982 (= Ausstellungskataloge der Herzog August Bibliothek; 30), S. 71–73. Dazu der komplementäre, weite Horizonte erschließende Beitrag der gleichen Verfasserin: Arbeit und Muße in der Idyllendichtung des 18. Jahrhunderts. – In: Goethezeit. Studien zur Erkenntnis und Rezeption Goethes und seiner Zeitgenossen. Festschrift Stuart Atkins. Hrsg. von Gerhart Hoffmeister. – Bern, München: Francke 1981, S. 9–30.

17 Gessner: Idyllen (Anm. 4), S. 134.

sie unsrer Wuth wichen. So wüteten wir unter den Feinden, und drangen über Todte und Zerstümmelte vorwärts, um weiter zu töden.[18]

Die Erinnerung sei erlaubt, daß wir uns in der Gattung der Idylle bewegen. »Seine Schäfer« – so Herder – »sind alle unschuldig, nicht weil die Unschuld aus ihrer Bildung folgt: sondern weil sie im Stande der Unschuld leben: lauter Schäferlarven, keine Gesichter: Schäfer, nicht Menschen. Statt zu handeln, beschäftigen sie sich, singen und küssen, trinken und pflanzen Gärten.«[19] Das klingt schon fast nach Hegel:

> Unschuldig leben heißt hier [in der Idylle] aber nur: von nichts wissen als von Essen und Trinken, und zwar von sehr einfachen Speisen und Getränken, zum Exempel von Ziegenmilch, Schafmilch und zur Not höchstens von Kuhmilch, von Kräutern, Wurzeln, Eicheln, Obst, Käse aus Milch – Brot, glaube ich, ist schon nicht mehr recht idyllisch [...]. [Theokrit versteht noch zu unterhalten]. Kahler schon ist Vergil in seinen *Eklogen*, am langweiligsten aber *Geßner*, so daß ihn wohl niemand heutigentags mehr liest und es nur zu verwundern ist, daß die Franzosen jemals so viel Geschmack an ihm gefunden haben, daß sie ihn für den höchsten deutschen Dichter halten konnten.[20]

Ob es nicht auch daran liegen mag, daß im Nachbarland das Sensorium für die verborgenen politischen Potenzen seiner Idyllen ausgebildeter war als in Deutschland? Daß es just die Physiokraten und Jakobiner waren, die Gessner in Ehren hielten, spräche dafür und bestätigte unsere Lesung, die nun rasch zum Abschluß gebracht werden kann.[21] Denn zum Schluß nimmt Gessners Idylle märchenhafte Züge an, und wir haben noch mehr Mühe, ihn vor dem Verdacht billigen Harmonisierens zu schützen. In dem Rasen und Töten, das hier in den Raum der Idylle eindringt, wird der Erzähler vom Pferd gerissen und seines einen Beines beraubt. Ein beherzter Mitkämpfer ist zur Stelle, schafft den Verletzten aus dem Getümmel und kehrt zur Schlacht zurück. Die Schlacht wird gewonnen, der Verletzte geheilt, doch der Name des Retters bleibt unbekannt bis zu dieser Stunde, da das Rätsel sich löst. Niemand anders als der Vater des jungen Hirten ist es.

---

18 Ebd., S. 134f.
19 Johann Gottfried Herder: Theokrit und Geßner. Aus: Fragmente über die neuere deutsche Literatur (1767). – In: Deutsche Idyllentheorien (Anm. 1), S. 154–162, S. 159.
20 Georg Wilhelm Friedrich Hegel: Aus: Vorlesungen über die Ästhetik. (1835–1838). Die Idylle. – In: Deutsche Idyllentheorien (Anm. 1), S. 208–210, S. 209f.
21 Dazu die materialreichen älteren Arbeiten von Fernand Baldensperger – dem Verfasser der besten *Bibliography of Comparative Literature*, Chapel Hill 1950, hier p. 611 zu Gessner – Gessner en France. – In: Revue d'Histoire Littéraire de la France 10 (1903), pp. 437–456; ders.: L'épisode de Gessner dans la littérature européenne. – In: Salomon Gessner 1730–1930. Gedenkbuch zum 200. Geburtstag. Hrsg. vom Lesezirkel Hottingen. – Zürich 1930, pp. 85–116 mit der Anm. auf p. 162. Zum Kontext die bekannte Untersuchung von Paul van Tieghem: Les idylles de Gessner et le rêve pastoral dans le préromantisme européen. – In: Revue de littérature comparée 4 (1924), pp. 41–72, pp. 222–269; auch in ders.: Le Préromantisme. Études d'Histoire Littéraire Européenne. Vol. I–III. – Paris: Rieder 1924–1947. Reprint Genève: Slatkine 1973. Vol. II. Paris: La nouvelle édition 1930, pp. 205–311. Speziell zu Turgot: Fritz Ernst: Turgot und Gessner. Eine Freundschaft. – In: Neue Schweizer Rundschau 38/39 (1930), S. 198–204; auch in ders.: Essais. Bd. I–III. – Zürich: Fretz & Wasmuth 1946, Bd. III, S. 124–141.

Der Alte umarmt' ihn. O Gott sey's gedankt, so kann ich seine Gutthat in dir ihm wieder vergelten! Komm Sohn, komm in meine Wohnung; ein andrer kann diese Ziegen hüten. Und sie giengen hinunter ins Thal, nach seiner Wohnung: Reich war der Greis an Feld und an Heerden, und eine einzige schöne Tochter war seine Erbin. Kind, so sprach er, der mein Leben gerettet, war der Vater dieses Knaben. Könntest du ihm gut seyn, ich gäb ihm dich zum Weibe. Schön und munter war der Knabe; gelbe Locken kräusten sich um sein schönes Gesicht, und feuervolle doch bescheidne Augen blinkten draus hervor. Aus jungfräulicher Zucht bedachte sie drey Tage sich; der dritte war ihr schon zu lange. Sie gab dem Jüngling ihre Hand, und der Alte weinte mit ihm Freudenthränen und sprach: Seyd mir gesegnet! Jetzt, jetzt bin ich der glücklichste Mann![22]

Der mörderischen Schlacht antwortet zu später Stunde die Rückkehr zur Liebe, zur Ehe, zur familiären Gemeinschaft. Aus beiden Extremen formt sich die idyllische Welt. Nur selten hat Gessner der Politik direkten Einlaß in sie gewährt. Seine *Schweitzer Idylle* zeigt, wie die Bilder wunschlosen Glücks, liebender Eintracht, familiärer Sorge gelesen sein wollen: Als Vorgriff auf befriedete Verhältnisse, in denen der Übergriff der Mächtigen nicht mehr zu befürchten ist, mehr noch: in denen Politik ganz in die Hände der freien Menschen selbst übergegangen ist, nicht als Schicksal über ihnen schwebt. Genau das hatte der junge Hegel – und nicht der späte der *Ästhetik* – im Begriff der Sittlichkeit festgehalten und am Paradigma der griechischen Polis demonstriert. Der idyllische Raum ist Gessners poetisches Laboratorium, in dem er vermeintliche Urverhältnisse als geschichtlich geprägte entwirft und sich so einreiht in die Gruppe vorrevolutionärer Schriftsteller, die aus dem Noch-Nicht ihr Bestes ziehen.

Antihöfisches Pathos in Hallers ›Die Alpen‹

War Gessner zu überbieten? Ja und nein. Schon sein Landsmann und Vorgänger Albrecht von Haller hatte ein bemerkenswertes Maß an Sozial- und Hofkritik seiner Alpen-Idylle inkorporiert.[23] Insbesondere letztere verliert bei Haller merklich

---

22 Gessner: Idyllen (Anm. 4), S. 136.
23 Eine einläßliche neuere Untersuchung zu den *Alpen* fehlt erstaunlicherweise. Ich kann unter dem hier verfolgten Gesichtspunkt – neben den bekannten Arbeiten von Karl S. Guthke zu Haller und Umkreis, zur Gattung des Lehrgedichts (R. Eckart ²1909, Georg Willy Vontobel Diss. phil. Bern 1942, W. Ulrich Diss. phil. Kiel 1959 (Masch.), Leif L. Albertsen 1967, Christoph Siegrist 1974, H.-W. Jäger 1980), zur Natur- und Landschaftsdarstellung (Max Batt Phil. Diss. Chicago 1901, Friedrich Kammerer 1909, Ernest A. Kubler Phil. Diss. Cornell/Ithaca 1926, A. Langen 1947/48, A. Müller 1955, H. Meyer 1964, P. Böckmann 1968, K. Richter 1972, G. Maurer 1973, Uwe-Karsten Ketelsen 1974, H. Jäger 1975, Bernhard Böschenstein 1977, H.-G. Kemper 1981) sowie neben den den Alpen bzw. den Bauern bzw. der Schweiz in der deutschen Literatur gewidmeten Arbeiten (Franz Anselm Schmitt II ³1976, 30ff., 301, Siegrist 1981) und den in Anm. 1 aufgeführten Studien zur Gattungsgeschichte – nur verweisen auf Giorgio Tonelli: Poetica delle Alpi in Albrecht von Haller. – In: Filosofia N.S. 12 (1961), pp. 239–278; Josef Helbling: Albrecht von Haller als Dichter. – Bern: Lang 1970 (= Europäische Hochschulschriften. Reihe 1; 39), S. 65ff.; Richard Toellner: Albrecht von Haller. Über die Einheit im Denken des letzten Universalgelehrten. – Wiesbaden: Steiner 1971 (= Sudhoffs Archiv. Beihefte; 10), S. 52ff.; John van Cleve: Social Commentary in Haller's *Die Alpen*. – In: Monatshefte 72 (1980), pp. 379–388; Dorothy Roller

ihren halballegorischen Charakter. Die europäischen Humanisten, eng mit dem Hof liiert, hatten die Schäfer- und Landlebendichtung stets auch genutzt, um ihre Eigenständigkeit gegenüber dem Hof zu markieren und im meditativen Lebensraum des Landes zu konkretisieren. Die kritische Demarkationslinie verläuft in Abgrenzung zu den höfischen Beraterstäben, insbesondere den privilegierten, aber nicht zureichend qualifizierten adligen Chargen, denen gegenüber die Humanisten ihre Kompetenz herausstreichen und sich dem Fürsten empfehlen, der wie das höfische Regentensystem selbst merklich verschont bleibt von den Invektiven. Haller kennt diese im Humanismus sorgfältig beobachtete Grenzziehung nicht mehr.

> Versuchts, ihr Sterbliche, macht euren Zustand besser,
> Braucht, was die Kunst erfand und die Natur euch gab;
> Belebt die Blumen-Flur mit steigendem Gewässer,
> Theilt nach Korinths Gesetz gehaune Felsen ab;
> Umhängt die Marmor-Wand mit persischen Tapeten,
> Speist Tunkins Nest aus Gold, trinkt Perlen aus Smaragd,
> Schlaft ein beim Saitenspiel, erwachet bei Trompeten,
> Räumt Klippen aus der Bahn, schließt Länder ein zur Jagd;
> Wird schon, was ihr gewünscht, das Schicksal unterschreiben,
> Ihr werdet arm im Glück, im Reichthum elend bleiben![24]

So eröffnet Haller sein neunundvierzig Strophen umfassendes Lehrgedicht. Ähnlich lautende Partien hatte es auch im Humanismus gegeben. Haller aber tut nichts, um die Kritik im Fortgang zu mildern, allegorisch umzufunktionieren, den Hof als Sinnbild der Welt zu erheben. Die Kritik ist wörtlich zu nehmen, und die Obsession durch das Thema nicht zu übersehen, welches sich durch das gesamte Gedicht zieht. In der Garten-, Palast- und Festkultur ist der soziale, politische und kulturelle Führungsanspruch des frühmodernen Fürstenstaates am sinnfälligsten manifest geworden. Im Blick auf Deutschland muß stets daran erinnert werden, daß der Aufbau höfischer Zentren in großem Stil mit hochqualifizierten Stäben für Musik, Tanz, Theater, Aufzug, Legitimations-Rhetorik etc. überhaupt erst in die zweite Hälfte des 17. Jahrhunderts fällt und im 18. Jahrhundert kulminiert. Der höfische ist – von wenigen Ausnahmen abgesehen – der dominante öffentliche Raum, in den hinein und von ihm zugleich sich abkehrend die Stimmen Hallers aus der Schweiz und anderer Wortführer der Frühaufklärung erschallen.

Wiswall: A Comparison of Selected Poetic and Scientific Works of Albrecht von Haller. – Bern, Frankfurt a.M.: Lang 1981 (= Europäische Hochschulschriften. Reihe 1; 439), p. 53ss.; Maria Sechi: Una lettura poetica della natura: Die Alpen. – In: Ricerche Halleriane. A cura di Bianca Cetti Marinoni, Giorgio Cusatelli, Maria Sechi. – Milano 1984, pp. 261–292. Zuletzt die wichtige Studie von Wolfgang Martens: ›Schüler der Natur‹. Albrecht von Hallers Alpengedicht als Utopie sündloser Existenz. – In: Festschrift Herbert Kolb. Hrsg. von Klaus Matzel, Hans-Gert Roloff. – Bern, Frankfurt a.M.: Lang 1989, S. 419–429. Zur Rezeption Franz R. Kempf: Albrecht von Hallers Ruhm als Dichter. Eine Rezeptionsgeschichte. – New York, Bern, Frankfurt a.M.: Lang 1986 (= American University Studies. Series 1; 52), S. 131ff.

24 Hier zitiert nach: Albrecht von Hallers Gedichte. Hrsg. und eingeleitet von Ludwig Hirzel. – Frauenfeld: Huber 1882 (= Bibliothek Älterer Schriftwerke der Deutschen Schweiz und ihres Grenzgebietes; 3). Das vorgelegte Zitat hier S. 20f., V. 1–10.

›Schüler der Natur‹

Dabei wird schon in der ersten Zeile die Stoßrichtung der Kritik deutlich. Höfische Kulturpraxis läßt sich mit einem Wort in den Augen Hallers als Frevel an der Natur deuten. Haller wendet damit ins Negative, was nach dem eigenen Selbstverständnis der Agenten des obersten Standes gerade als Vorzug des höfischen Kulturwillens erscheint: Überbietung, Unterwerfung, grenzenlose Disponibilität der menschlichen wie der außermenschlichen Natur. Es ist Hallers Überzeugung, daß dem luxuriösen Umgang mit der äußeren Natur eine Verarmung der inneren korrespondiert. Sein Gedicht markiert eine Wendung in der Sozialgeschichte der europäischen, auf Horaz fußenden Landlebendichtung, insofern als es den Bezugspunkt ›Natur‹ in seinen räumlichen, landschaftlichen, materiellen Qualitäten beim Wort nimmt.

Haller, der seine gesamte Dichtung auf Erfahrung zu gründen sucht und deshalb geradezu verzweifelt darum ringt, die überkommenen erfahrungsarmen, rein spielerischen Metaphern und Klangtrophäen des Spätbarock zu überwinden, hat auch sein Landlebengedicht *Die Alpen* auf der Beobachtung der Zustände unter den Alpenbauern im Berner Oberland aufgebaut. Die Prädikate des ländlichen Lebens sind nicht länger humanistisch stipuliert, sondern wenigstens der Tendenz nach aus der Nachzeichnung einer realen sozialen Lebensform gewonnen, die der Moralphilosophie des großen Naturforschers in wesentlichen Zügen entgegenkam.

> Ihr Schüler der Natur, ihr kennt noch güldne Zeiten!
> Nicht zwar ein Dichterreich voll fabelhafter Pracht;
> Wer misst den äußern Glanz scheinbarer Eitelkeiten,
> Wann Tugend Müh zur Lust und Armuth glücklich macht?
> Das Schicksal hat euch hier kein Tempe zugesprochen,
> Die Wolken, die ihr trinkt, sind schwer von Reif und Strahl;
> Der lange Winter kürzt des Frühlings späte Wochen,
> Und ein verewgt Eis umringt das kühle Thal;
> Doch eurer Sitten Werth hat alles das verbessert,
> Der Elemente Neid hat euer Glück vergrößert.[25]

Ausdrücklich nimmt Haller gegen die gesamte europäische Pastoralpoesie eine einschneidende Uminterpretation des *aetas-aurea*-Motivs vor. Es wird aller hedonistischen Züge beraubt. Guarini war darin vorangegangen und hatte das Goldene Zeitalter als eines der Herrschaft des Gesetzes verklärt, damit der höfisch-absolutistischen Doktrin das schäferliche Stichwort bietend, wie es d'Urfé in großem Stil entfalten sollte. Haller interessiert nur das menschheitsgeschichtlich begründete Argument fehlenden Reichtums und nicht vorhandener Prachtentfaltung. Die Gaben der Natur sind überaus karg bemessen. Sie nötigen zur Arbeit, die gleichwohl nur zur Befriedigung der notwendigsten Bedürfnisse führt. Tugend und Arbeit und Armut sind die Pfeiler, auf denen Haller sein Gebäude argumentativer Lobpreisungen errichtet. Sie begegnen auch als Verstrebungen in den Ekphrasis-Partien seines Gedichtes wieder.

---

25 Ebd., S. 22, V. 31–40.

Heroische Vergangenheit als Widerpart höfischer Gegenwart

Daß die Alpenwelt kein ›Tempe‹ darstellt – Inbegriff mediterraner landschaftlicher Schönheit, Bequemlichkeit, Annehmlichkeit – ist geradezu die Vorbedingung für das nicht scheinhafte, sondern beständige Glück dieser Menschen. Unter den harten Bedingungen der Alpennatur entwickeln die Bauern in den Augen Hallers notwendig Lebensformen, die den in der römischen Stoa entworfenen gleichen und die auch Haller als Ideal in seinem Werk statuiert.

> Hier herrschet die Vernunft, von der Natur geleitet,
> Die, was ihr nöthig, sucht und mehrers hält für Last.
> Was Epictet gethan und Seneca geschrieben,
> Sieht man hier ungelehrt und ungezwungen üben.[26]

Überfluß führt zum Laster. Darum entbrennt seine Kritik an den Höfen mit unerhörter Wucht, wie sie im 18. Jahrhundert schwerlich noch überboten werden konnte. Die freie Schweiz, die unzensierte dichterische Rede, die ungeschützte Hofkritik verschränken sich für die bürgerliche schreibende Intelligenz zu einer so nur im republikanischen Gemeinwesen möglichen Trias. Genau wie bei Gessner ist es den Alten in den winterlichen Gesprächen vorbehalten, die Erinnerung an die heroische Vergangenheit zu bewahren und weiterzutragen, welche mit der Schmähung des nach wie vor auf halb Europa lastenden höfischen Jochs verschmilzt:

> Er ist ein Beispiel noch von unsern Helden-Ahnen,
> In deren Faust der Blitz und Gott im Herzen war;
> Er malt die Schlachten ab, zählt die ersiegten Fahnen,
> Bestürmt der Feinde Wall und rühmt die kühnste Schaar.
> [...]
> Lehrt, wie die feige Welt ins Joch den Nacken strecket,
> Wie eitler Fürsten Pracht das Mark der Länder frißt,
> Wie Tell mit kühnem Muth das harte Joch zertreten,
> Das Joch, das heute noch Europens Hälfte trägt;
> Wie um uns alles darbt und hungert in den Ketten
> Und Welschlands Paradies gebogne Bettler hegt;
> Wie Eintracht, Treu und Muth, mit unzertrennten Kräften,
> An eine kleine Macht des Glückes Flügel heften.[27]

Damit war prinzipiell gesagt, was im Ancien Régime vordringlich und in der Gattung ›Lob des Landlebens‹ zu sagen möglich war. Haller aber scheut sich nicht, im Verlaufe des Gedichts zur drastischen Konkretisierung voranzuschreiten.

> Elende! rühmet nur den Rauch in großen Städten,
> Wo Bosheit und Verrath im Schmuck der Tugend gehn,
> Die Pracht, die euch umringt, schließt euch in güldne Ketten,
> Erdrückt den, der sie trägt, und ist nur andern schön.

---

26 Ebd., S. 23, V. 67–70.
27 Ebd., S. 32, V. 285–288 sowie S. 33, V. 293–300.

Noch vor der Sonne reißt die Ehrsucht ihre Knechte
An das verschlossne Thor geehrter Bürger hin,
Und die verlangte Ruh der durchgeseufzten Nächte
Raubt euch der stäte Durst nach nichtigem Gewinn.
Der Freundschaft himmlisch Feur kann nie bei euch entbrennen,
Wo Neid und Eigennutz auch Brüder-Herzen trennen.
Dort spielt ein wilder Fürst mit seiner Diener Rümpfen,
Sein Purpur färbet sich mit lauem Bürger-Blut;
Verläumdung, Haß und Spott zahlt Tugenden mit schimpfen,
Der Gift-geschwollne Neid nagt an des Nachbarn Gut;
Die geile Wollust kürzt die kaum gefühlten Tage,
Weil um ihr Rosen-Bett ein naher Donner blitzt;
Der Geiz bebrütet Gold, zu sein und andre Plage,
Das niemand weniger, als, wer es hat, besitzt;
Dem Wunsche folgt ein Wunsch, der Kummer zeuget Kummer,
Und euer Leben ist nichts als ein banger Schlummer.[28]

Haller führt zwei Stränge der Sozialkritik im ›Lob des Landlebens‹ wieder zusammen, die in der Sozialgeschichte der frühbürgerlichen Dichtung des 16. und 17. Jahrhunderts verschieden gewichtet worden waren. Fischart, aus dem alten reichsstädtischen Kulturraum des Südwestens heraus schreibend, hatte die Zersetzung der kommunalen Korporation durch den Frühkapitalismus in scharfen Wendungen gebrandmarkt und beklagt. Opitz umgekehrt besaß für diese Problematik kein Ohr. Er ist fixiert auf den Weg zum Hof und ringt um seinen Platz und den der Gelehrten an der Spitze der Sozialpyramide in direktem Umkreis des Monarchen. Haller gewahrt die sozialen Verwerfungen in der Stadt wie bei Hofe gleichermaßen. Das Erschrecken über die Zerreißung aller bürgerlichen Bande durch das nackte Streben nach Gewinn vibriert in den Zeilen merklich nach. Daß Freundschaft, Brüderlichkeit, Menschlichkeit an den unerbittlichen Mechanismen des Profits zuschanden gehen, ist von dem nüchternen Beobachter illusionslos konstatiert.

Nur schwer ist plausibel zu machen, daß hier nicht wie in ungezählten Landlebengedichten des 17. Jahrhunderts soziale Antithesen gehäuft werden, um die Vorzüge des allegorisch umspielten Bauerntums rhetorisch herauszustreichen, sondern eine neue soziale Erfahrung ihre dichterische Gestaltung erfährt, Dichtung zu Beginn des 18. Jahrhunderts Organon eines neuen sozialen Realismus wird. Der gesamte Kontext ist darauf abgestellt, das tatsächlich Nichtige dieses Pracht- und Geld-, Macht- und Ehrrausches zu demonstrieren. Für die Fürstenkritik in der anschließenden Strophe dürfte kein Gegenstück im 17. Jahrhundert zu benennen sein. Sie ist auch im Sturm und Drang zwei Generationen später auf deutschem Boden nicht mehr überboten worden. Das erbarmungslose Verheizen der Söldnerheere fand bei Haller die zündenden Stichworte. Die Trinität aus Ehrsucht, Wollust und Prachtgier durchzieht die Hofschilderungen des 18. Jahrhunderts. Aber noch Schiller scheidet säuberlich zwischen den obersten verworfenen Hofchargen und dem Fürsten, wo Haller den Regenten selbst ins Visier nimmt.

---

28 Ebd., S. 40f., V. 451–470.

Bäurisch-puritanischer und idyllisch-empfindsamer Lebensraum

Der Lebensraum des Bauern wird mit neuen, so bislang nicht dagewesenen, realistischen Zügen vergegenwärtigt. Auch Opitz hatte das Landleben im Gefolge Horazens und der Humanisten lebensgeschichtlich konkretisiert. Sein Lehrgedicht *Zlatna* verklärt den Aufenthalt auf dem Gut des gelehrten Freundes Lisabon zur Utopie humanistischer Existenz auf dem Lande.[29] Haller sucht die Merkmale rechten Lebens direkt der Beobachtung der Alpenbauern zu entnehmen. Das ist nur möglich, weil er Armut, Genügsamkeit, Beschränkung in das Gegebene als das Naturgemäße apostrophiert, das ihm als eine Alternative zu den zivilisatorischen Auswüchsen in der Stadt und bei Hofe erscheint. Ein gewisser puritanischer Zug der Askese ist der Alpenidylle Hallers eigen. Arbeit, in der Schäferliteratur nicht präsent, ist für Haller nicht mit dem Makel des biblischen Fluches belegt, sondern ein Gebot der Natur. Sie verbürgt die Angleichung an die Rhythmik der Jahreszeiten, sie hindert alle naturwidrigen Eskapaden, sie läßt schließlich noch einen Strahl des Glanzes auf die Stunden der Muße, des Spiels, der Erzählung, der Liebe fallen.

Das Hallersche Arbeitsethos verschmilzt nahtlos mit der Bauernidylle, weil Arbeit das Palladium wider die Entfernung von Natur ist, welche als der eigentliche Frevel erscheint. Leben in allen sozialen Formen soll auf Normen der Natur gegründet werden. Daß diese geschichtlich vermittelt sind, liegt auf der Hand. Es geht um deren Funktion. Relativierung, Unterminierung, Depravierung der unnatürlichen Daseinsformen bei Hofe und in der Stadt ist intendiert. Die Beschreibung der Alpenbauern hält genügend Züge fest, die *per analogiam* auch im bürgerlichen und höfischen Lebensraum Geltung beanspruchen dürfen.

Es gehört zu den Reizen in der Entwicklung der Gattung, daß die Schweiz mit Haller und Gessner zwei kontrastive Modelle bereitstellte. Gessner konnte sich in seinen Idyllen, deren sozialkritische Partien vor allem in der Idylle *Der Wunsch* kulminieren und an Deutlichkeit gerade im Blick auf den Landadel nichts zu wünschen übrig lassen, anläßlich dieser Implantation hof- und adelskritischer Invektiven in die Gattung der Hirtenidylle ausdrücklich von Haller ermutigt fühlen. Es besteht aber durchaus Veranlassung, den Zuwachs utopischen Potentials in der empfindsamen Idylle vom Typ Gessners gegenüber Hallers Alpenenklave zu markieren. Dieser ist auch dem gattungsgeschichtlichen Wechsel geschuldet. In der Landlebendichtung ist die Arbeit zu Hause, in der Schäferdichtung die Muße.

---

29 Zur Gattung im 17. Jahrhundert die bekannte Arbeit von Anke-Marie Lohmeier: Beatus ille. Studien zum ›Lob des Landlebens‹ in der Literatur des absolutistischen Zeitalters. – Tübingen: Niemeyer 1981 (= Hermaea; 44). Hinzuzunehmen die gediegenen Studien von George Schulz-Behrend: Opitz' Zlatna. – In: Modern Language Notes 77 (1962), pp. 398–410, und von Leonard Forster: Henricus Lisbona und Martin Opitz. – In: Archiv für das Studium der neueren Sprachen und Literaturen 215 (1978), S. 21–32. [Anfang der siebziger Jahre geschrieben und soeben publiziert: Klaus Garber: Ständische Kulturpolitik und ländliche Poesie. Ein Auftakt zum Arkadienwerk. – In: ders.: Wege in die Moderne. Historiographische, literarische und philosophische Studien aus dem Umkreis der alteuropäischen Arkadien-Utopie. Hrsg. von Stefan Anders und Axel E. Walter. – Berlin, Boston: de Gruyter 2012, S. 146–182].

Die Aufmerksamkeit, mit der Gessner die Schattierungen der lieblichen Natur registriert, die Behutsamkeit, mit der er die emotionale Bewegung nachzeichnet, die Emphase, mit der er Feier und Genuß der schönen Natur und – eingebettet in sie – den freundschaftlichen, besorgten und liebenden Umgang der Menschen untereinander zum Hauptvorwurf der Idylle erhebt, überschreitet Hallers aus puritanischem Geist entworfenen ländlichen Prospekt erheblich. In der Symbiose aus moralischen und emotionalen Kräften stellt Gessner nicht nur den Anschluß an Brockes und den pietistisch getönten Sensualismus, sondern auch noch an die Eudämonie-Konzeption der Klassik her. Das Ausgezeichnete seiner Idyllen dürfte darin zu suchen sein, daß er dem Aufbau der idyllischen Welt – wie auf andere Weise Haller – die Kritik an den herrschenden Lebensformen einschreibt und derart sicherstellt, daß das Ideal als ein noch ausstehendes in die Dichtung eingeht und folglich nicht als hier und jetzt und überall zu realisierendes anthropologisches Existential mißverstanden werden kann.

Wir aber haben abschließend die Formation idyllischer Motive in der vorrevolutionären Literaturphase der siebziger Jahre aufzusuchen. Sie ist mit dem sinnwidrigen Titel ›Sturm und Drang‹ belegt und wurde von Werner Krauss nebst seinen Weggefährten sachgemäß als die letzte Phase der Aufklärung erkannt, in der in radikaler Zuspitzung zu Wort kommt, was das Jahrhundert bewegt und sukzessive auf den Weg gebracht hatte. Wir können hier nur eine Stimme hören, diejenige von Johann Heinrich Voß.[30]

---

30 Auch zu Voß ist der sachgemäße Zugang erst in den sechziger Jahren gebahnt worden. Vorangig Ernst Theodor Voss mit seinem bahnbrechenden Nachwort zu der von ihm besorgten Edition der Idyllen aus dem Jahre 1801: Johann Heinrich Voß: Idyllen. Faksimiledruck nach der Ausgabe von 1801. Mit einem Nachwort von E. Theodor Voss. – Heidelberg: Lambert Schneider 1968 (= Deutsche Neudrucke. Reihe: Goethezeit). Das Nachwort in veränderter Gestalt unter dem Titel ›Arkadien und Grünau. Johann Heinrich Voss und das innere System seines Idyllenwerkes‹ wiederabgedruckt in: Europäische Bukolik und Georgik. Hrsg. von Klaus Garber. – Darmstadt: Wissenschaftliche Buchgesellschaft 1976 (= Wege der Forschung; 355), S. 391–431. Skeptischer in der Bewertung der emanzipatorischen Potenzen der Idyllen von Voß: Helmut J. Schneider: Bürgerliche Idylle. Studien zu einer literarischen Gattung des 18. Jahrhundert am Beispiel von Johann Heinrich Voss. – Diss. phil. Bonn 1975. Hinzuzunehmen neben den Anm. 1 zitierten Arbeiten vor allem Schneiders Voß-Porträt in: Deutsche Dichter des 18. Jahrhunderts (Anm. 3), S. 782–815. Vgl. auch den Beitrag von Gerhard Kaiser: Idyllik und Sozialkritik bei Johann Heinrich Voß. – In: Literaturwissenschaft und Geschichtsphilosophie. Festschrift Wilhelm Emrich. Hrsg. von Helmut Arntzen, Bernd Balzer, Karl Pestalozzi, Rainer Wagner. – Berlin, New York: de Gruyter 1975, S. 302–319, wiederabgedruckt in dem Anm. 1 zitierten Sammelband *Wanderer und Idylle* von G. Kaiser. Seither vor allem noch: Friedrich Sengle: *Luise* von Voß und Goethes *Hermann und Dorothea*. Didaktisch-epische Form und Funktion des Homerisierens. – In: Europäische Lehrdichtung. Festschrift Walter Naumann. Hrsg. von Hans Gerd Rötzer, Herbert Walz. – Darmstadt: Wissenschaftliche Buchgesellschaft 1981, S. 209–223, wiederabgedruckt in ders.: Neues zu Goethe. Essays und Vorträge. – Stuttgart: Metzler 1989, S. 49–68.

Die Leibeigenschafts-Trilogie des Johann Heinrich Voß

Voß hat seine Herkunft aus dem Leibeigenschaftsdasein seiner Vorfahren in Mecklenburg nicht vergessen und vielleicht auch niemals verwunden. Die Verletzung wirkte noch in dem Enkel eines Leibeigenen nach. Wie in ungezählten Karrieren aus dem kleinbürgerlichen, bäuerlichen oder nichtständischen Milieu führte der Aufstieg in Deutschland über die Bildung, das Studium, dem sich Voß an Göttingens ruhmreicher *Georgia Augusta* bei dem Altphilologen Christian Gottlob Heyne widmen konnte. Und das mit Folgen für seine Idyllen.

Schon Gessner hatte Theokrit über Vergil gesetzt, obgleich er doch Vergil sehr viel näher stand. Voß imitiert Theokrit erstmals explizit. Die Hexameter-Idylle ist sein Werk. Der Name Theokrits ist im 18. Jahrhundert das mißverstandene Kürzel für Realismus, so wie die höfische Verfeinerung der Schäferdichtung fälschlich Vergil angelastet wurde. Voß hat sich durch die vermeintliche Theokritische Naturnähe zur Integration der Verhältnisse auf dem Lande in seine Idyllen ausdrücklich ermutigt gefühlt. Sein frühes, im Januar bzw. März 1775 vollendetes, im *Lauenburger Musenalmanach* von 1776 erschienenes Idyllen-Paar *Die Leibeigenschaft*, das 1800 zu einer Trilogie erweitert wurde, bezeichnet den Radius des ihm lebenslänglich Möglichen.

Die *Pferdeknechte* – so der Titel der ersten Idylle – Michel und Hans dürfen noch einmal als späte Nachfahren des Meliboeus und Tityrus aus Vergils erster Ekloge gelten; der eine verzweifelt als Opfer der Herrschaft, der andere tröstend, mildernd, behutsam ratend.[31]

> Michel.
> Pfingsten wird klar. Ohne Hof ist der Mond, und hängt wie ein Kahn da.
> Ehmals pflegt' ich mich wohl am heiligen Abend zu freuen;
> Aber nun schallt mir das Festgebeier wie Totengeläute.
> Hans.
> Michel, nicht so verzagt! Sieh, alles holt sich auf morgen
> Kalmus und Blumen und Mai. Man ruht doch einmal vom Frondienst!
> Laß uns ein wenig singen! Es klingt so prächtig des Abends!
> Und die Pferde sind gut getüdert, und Lustig ist wachsam.
> Ringsum duften die Maien, und lieblich röcheln die Frösche,
> Und die Nachtigall schlägt dazwischen, […].[32]

Doch dem Gepeinigten ist so wenig zum schäferlichen Singen zumute wie dem gehetzten Meliboeus. Er möchte heiraten, hat alle Auflagen der Herrschaft erfüllt und steht unversehens doch wieder vor dem Nichts:

---

31 Die folgenden Zitate nach der für die Erstdrucke der Idyllen nach wie vor maßgeblichen Ausgabe von August Sauer in: Der Göttinger Dichterbund. Erster Teil: Johann Heinrich Voß. – Berlin, Stuttgart: Spemann [s.a.] (= Deutsche National-Litteratur; XLIX/1), S. 69–163; hier *Die Leibeigenschaft*, S. 73–84.
32 Ebd., S. 73f., V. 1–9.

Michel.
[...] Verspricht der Kerl mir die Hochzeit,
Und die Freiheit dazu, für hundert Thaler! Mein Alter,
Mit dem kahlen wackelnden Kopf, und mein krüpplicher Bruder,
Den der Kerl an die Preußen verkauft, und den die Kalmucken,
Tatern und Menschenfresser im Kriege zu Schanden gehauen,
Scharren alles zuhauf, Schaumünzen mit biblischen Sprüchen,
Blanke Rubel, und schimmliche Drittel, und Speciesthaler;
Und verkaufen dazu den braunen Hengst mit der Blässe,
Und den bläulichen Stier, auf dem Frühlingsmarkte, für Spottgeld.
Michel, sagen sie, nimm das bischen Armut, den letzten
Not= und Ehrenschilling, und bring's dem hungrigen Junker!
Besser, arm und frei, als ein Sklave bei Kisten und Kasten!
Wasser und trocknes Brot schmeckt Freien wie Braten und Märzbier!
Weinend bring' ich's dem Kerl; er zählt es: Michel, die Hochzeit
Will ich euch schenken; allein ... mit der Freiheit ... Hier zuckt er die Achseln.[33]

Bestimmen wir das Neue über die gattungsgeschichtliche Differenz, bevor wir die außerliterarischen Funktionen umkreisen. Herrschaft wird in diesem Stück nicht als ein der idyllischen Enklave Fernes objektivierend gebrandmarkt, sondern als blinde Verfügungsgewalt über das Leben eines der Knechte erfahrbar gemacht. Sie dringt wie bei Vergil in die Idylle ein. Voß gestaltet, was aus den Leibeigenschaftsverhältnissen in Schleswig-Holstein, in Mecklenburg, in Pommern bekannt ist. Diese Mißstände sind identifizierbar. Die Konkretisierung ist nochmals vorangeschritten und wird in der Gattung nicht mehr überboten werden. Auch der Gesprächspartner kann nichts beschönigen – nur bezeichnenderweise den Weg der Klage vor dem »gnädigsten Landsherrn«[34] anempfehlen. Doch für den Moment ist der Gekränkte nicht zu besänftigen; den roten Hahn über dem Dach will er dem Herrn anzünden und dann fort in den Schutz Hamburgs. Nur knapp vermag Hans den Aufgebrachten abzuhalten. Was wird aus den Kindern des Herrn? Und überhaupt: Heißt es nicht: Die Rache ist mein? Der Ausweg muß in lutherischer Tradition in Deutschland auf anderen Pfaden gesucht werden.

Poetologische Aspekte

Bevor wir sie aufzeigen, müssen wir jedoch bei der Gattungs-Poetologie verharren. Genau wie Theokrit wendet Voß seinen Kunstverstand auf den Kontrast von alltagsweltlichem Stoff und hexametrischer Form. Voß kennt die Prosa-Idylle nicht; sie ist dem Gräzisten undenkbar. Schon in der Form muß der Protest kanalisiert, in schönen Schein verwandelt werden. Hinzu kommt das Theokrit Fremde und Vergil Abgesehene des pastoral-utopischen Prospekts. Die Maien duften bei Voß vor dem Gesang so, wie Vergil auch das antiarkadische Thema stets noch in die pasto-

---

33 Ebd., S. 74f., V. 24–38.
34 Ebd., S. 75, V. 49.

rale Natur als sein Gegenteil einpaßt. Voß überträgt die arkadische Kulisse in das ländliche Milieu, beläßt ihr jedoch ihre dialektische Position. Die bukolische Ordnung des Gesangs, des Naturgenusses, der Versöhnung unter den Menschen ist gestört. Diese Disharmonie widerstreitet dem Wesen der Idylle. Sie verlangt nach Auflösung, und wo diese in der einen Idylle nicht zustande kommt, sondern nur symbolisch markiert wird, da muß eine Sequenz gebildet werden, um zurückzuleiten zum idyllischen Frieden.

Unvermittelt fügt Voß in der ersten Fassung die zweite Idylle *Der Ährenkranz* den *Pferdeknechten* an. Der Baron hat die Freiheit geschenkt, und nun singt alles im Dorfe. Wie aber ist dieser Umschwung zustande gekommen? Diese Frage hat Voß dem Leser beantworten wollen und deshalb noch im Jahre 1800 eine zwischen den Extremen vermittelnde Idylle *Die Erleichterten* eingeschaltet.[35]

            Frau.
[...] Froh ist der Anblick,
Wann nach langem Geschäft sich erlustigen Männer und Weiber,
Stattlich im Feiergewand' und jeglicher Sorge vergessend;
Wann mit prunkendem Kranze der Segensernte daherziehn,
Sens' und Hark' in der Hand, lautjubelnde Mäher und Jungfrau'n,
Hüfener samt dem Gesind', und ältliche Leute des Taglohns.
Doch mir regt sich geheim Wehmut und herzliches Mitleid;
Denn die Feiernden sind – Leibeigene!

            Herr.
            Wie man sich ausdrückt.
Nicht Leibeigene, Frau, Gutspflichtige nennt sie ein jeder,
Wer schon waltet mit Fug, und wer sich schämet des Unfugs.

            Frau.
Was nicht taugt, durch Worte beschönigen, sei unerlaubt uns!
Trautester, wem sein Herr Arbeit aufleget nach Willkür;
Wem er den kärglichen Lohn nach Willkür setzet und schmälert,
Geld sei's oder Gewächs, sei's Kornland oder ein Kohlhof;
Wen er nach Willkür straft, für den Krieg aushebet nach Willkür;
Wen er mit Zwang von Gewerbe, mit Zwang von Verehlichung abhält;
Wen sein Herr an die Scholle befestiget, ohne der Scholl' ihm
Einiges Recht zu gestehn, als Lastvieh achtend und Werkzeug;
Wessen Kraft und Geschick an Leib und Seele der Herr sich
Eignete; wer die Ersparnis verheimlichen muß vor dem Fronherrn:
Trautester Mann, der *ist* Leibeigener, nenn' ihn auch anders!

            Herr.
Solche Gewalt doch üben in unseren Tagen gewiß nur
Wenige. Dank der Vernunft und der edleren Menschenerziehung,
Auch des gefürchteten Rufs lautstrafendem Tadel und Abscheu!

---

35 Abgedruckt in der Sauerschen Edition (Anm. 31), S. 152–163. Vorgelegt sind die Verse 44–67, S. 154f.

Herrschaft im Zeichen von Aufklärung

Voß kann sein Idyllenwerk in das neue Jahrhundert hinüberretten, weil sein Vertrauen in Aufklärung, Bildung, Reform über Einsicht unerschüttert ist. Er durfte sich schmeicheln, in Schleswig-Holstein unter den Rantzaus direkt über seine Dichtung die Abschaffung der Leibeigenschaft mitbewirkt zu haben. *Die Erleichterten* weisen den Weg. Auf den Höfen der gnadenlosen Fronherren sieht man Menschen

> [...] wie entmenscht durch so unmenschliche Herrschaft:
> Wildlinge, bleich und zerlumpt, und wie Ackergaule verhagert,
> Welche träg' aus dem Dunst unsauberer Katen sich schleppend,
> Offenen Munds anstarren den Fragenden [...].[36]

So geht es auf dem Gut der in den *Erleichterten* vorgeführten Gutsherren nicht zu. Hier sind die Leibeigenen als Menschen behandelt worden, »lernten vertraun sich selber und uns [...].« Gleichwohl beharrt Voß durch die Sprecherin der Gutsfrau darauf, daß Freiheit ihnen nach wie vor mangelt. »Freiheit, zwar mit Vernunft,« – so bestätigt der Herr – »ist göttliches Recht«. »Frei muß werden, sobald zu Vernunft er gelangte, der Mitmensch!«[37]

Insofern koinzidiert die höchste Entfaltung der Gattung Idylle mit dem Zeitalter der Aufklärung. Voß leistet sich die deutlichen Worte über die barbarischen Mißstände, weil er darauf hoffen darf, daß diese über Aufklärung zugleich zu beheben sind. Er braucht also keine räumlichen oder zeitlichen Reservate mehr aufzubauen, wie auf die eine oder andere Weise Haller oder Gessner, weil er den Prozeß der Reform *in actu* in die idyllische Welt verlegen kann. Die *petitio principii* liegt auf der Hand. Wo die Herrschaft von dem Licht der Aufklärung nicht erleuchtet ist, gibt es keine Reform. Der Weg von unten, das Erstreiten der Freiheitsrechte, ist nicht vorgesehen. Der Vergilsche Gott, der dem Tityrus Frieden schenkt, kehrt in der Metamorphose des aufgeklärten Gutsherrn bei Voß wieder und verfügt Befreiung aus Einsicht und Vertrauen in die Menschennatur, sofern Vernunft erwacht ist.

Das Vertrauen in die potentielle Menschlichkeit von Herrschaft, sei es auf dem Lande, sei es im Pfarrhaus, sei es bei Hofe, beflügelt alle Stücke Vossens. Wo es enttäuscht würde, gäbe es keine Alternative. Die apotheotische Verherrlichung von Herrschaft im Verein mit praktizierter Humanität bleibt ein Charakteristikum der Idyllen von Voß und erlaubt jene künstlerische und substantielle Rundung, wie sie sich mit der Theorie der Gattung verbindet. Die Bilder befreiten Lebens auf dem Lande bzw. im Pfarrhaus wie in der *Luise* verweisen stets auf den vorgängigen politischen Rahmen, der mit der Existenz von aufgeklärter Herrschaft gegeben ist und sich im Entschluß zur Einräumung von Freiheitsrechten manifestiert. Die Rezeptionsgeschichte der Vossischen Idyllen und zumal der *Luise* lehrt, daß im 19. Jahrhundert diese Verzahnung keineswegs mehr umstandslos mitvollzogen wurde. Hatte Voß

---

36 Ebd., S. 156, V. 70–73.
37 Die vorgelegten Zitate ebd., S. 156, V. 85f. und S. 157, V. 89.

selbst nicht zureichend vorgebaut, um nicht intendierte und nicht erwünschte Lesarten seiner Idyllen auszuschließen?

Dialektik der idyllischen Rede

Der hier obwaltende Sachverhalt ist stilphysiognomisch nur schwer zu fassen. Es herrscht gerade in der epischen Idylle die Homer nachgebildete Form der gnomischen Charakteristik der Figuren. Die immer gleichen Epitheta fixieren die Gestalten statisch und befördern damit einen stets beobachteten Gattungszug. Voß hat dem hier sich auftuenden Problem durch das Mittel des Humors entgegenzuwirken gesucht. Der aber war eher dazu angetan, das Betuliche, Kleinkarierte, Beschränkte des Horizonts zu befördern, statt Abstand zu markieren und auf das Gleichnishafte, nämlich futurisch Gemeinte hinzulenken. Das idyllische Glück im Winkel, von Voß gehaßt, war durch seinen Stil vorprogrammiert und verband sich mit der Konzeption selbst. Versagte der Mechanismus der Aufklärung von Herrschaft, degradierte auch das politisch gemünzte Glück zum Palladium wider Politik, wie immer wieder im 19. Jahrhundert bezeugt.

Davor waren Hallers und auf andere Weise auch Gessners Texte aufgrund ihrer Praxisferne, ihres Verzichts auf Handlungsanweisung und Funktionalisierung für den reformerischen Transfer geschützt. Dieser Dialektik des eindrucksvollen Vossischen Werkes wird man sich versichert halten müssen. Kein Zufall, daß es nicht ihm, sondern Goethes *Hermann und Dorothea* beschieden war, von der bürgerlichen Philologie des 19. und 20. Jahrhunderts zum Gipfel der Gattung erhoben zu werden, an dem die Wesensgesetze der Idylle hypostasierend abgelesen wurden. Dabei vollzieht gerade dieses Werk den Bruch mit der zweitausendjährigen alteuropäischen Gattung – und zwar explizit als Antwort auf die Revolution. Gattungskonstruktionen, die an Goethes Epos gebildet sind, verfehlen deshalb konstitutive Züge der Gattungsgeschichte zwischen Vergil und Voß.[38]

---

38 Die Literatur handlich sortiert in der mustergültigen *Goethe-Bibliographie* von Hans Pyritz: Goethe-Bibliographie. Bd. I–II. Begründet von Hans Pyritz unter red. Mitarbeit von Paul Raabe. Fortgeführt von Heinz Nicolai und Gerhard Burkhardt unter red. Mitarbeit von Klaus Schröter. – Heidelberg: Winter 1965–1968. Bd. I, S. 733–735; Bd. II, S. 223–224, sodann bei Böschenstein-Schäfer: Idylle (Anm. 1), S. 116. Seither hat sich die Diskussion um das Goethesche Werk – im Gegensatz zur stagnierenden Gattungsforschung – nochmals merklich belebt. [Vgl. zuletzt etwa: Yahya A. Elsaghe: Untersuchungen zu *Hermann und Dorothea*. – Bern, etc.: Lang 1990 (= Zürcher germanistische Studien; 22); Peter Morgan: The Critical Idyll. Traditional Values and the French Revolution in Goethe's *Hermann und Dorothea*. – Columbia, SC: Camden House 1990 (= Studies in German literature, linguistics, and culture; 54)]. Es sei – neben Robert Leroux: La Révolution Française dans *Hermann und Dorothea*. – In: Études Germaniques 4 (1949), pp. 174–186 – verwiesen auf: Hans Geulen: Goethes *Hermann und Dorothea*. Zur Problematik und inneren Genese des epischen Gedichts. – In: Jahrbuch des Freien Deutschen Hochstifts 1983, S. 1–20; Christa Bürger: *Hermann und Dorothea* oder: Die Wirklichkeit als Ideal. – In: Unser Commercium. Goethes und Schillers Literaturpolitik. Hrsg. von Wilfried Barner, Eberhard Lämmert, Norbert Oellers. – Stuttgart: Cotta 1984 (= Veröffentlichungen der Deutschen Schiller-Gesellschaft; 42), S. 485–505; Karl Eibl: Anamnesis des ›Augenblicks‹. Goethes poetischer Gesellschaftsent-

Antwort auf die Revolution: Goethes ›Hermann und Dorothea‹

Zur Gattung der Schäferdichtung und auch der Idylle gehört eigentümlich die Lockerung der ständischen Fesseln. Der Hirt als König und umgekehrt ist mehr als ein billiger Topos. Auch Goethe hat bewußt darauf hingearbeitet, seinen Helden den kleinbürgerlichen Rahmen überschreiten zu lassen. Über kleinbürgerliche Vorbehalte setzt er sich hinweg, um der Flüchtenden unbekannten Standes – Dorothea – die Hand zu reichen. Mit dem Strom der durch das Revolutionsheer Entwurzelten kommt sie über den Rhein herüber, einzig auf Linderung der Not unter den Mitfliehenden bedacht, nachdem auch ihr Lebenstraum in der Revolution versank. Der Bräutigam – in dem die Philologie immer wieder Georg Forster gesehen hat – ist enthusiastisch nach Paris geeilt und hat dort im Kampf für die Freiheit sein Leben gelassen. Der geschichtliche Umbruch ist noch einmal in Goethes idyllischem Epos so gegenwärtig wie in den römischen Eklogen Vergils, und die Poetologen Schiller, Humboldt, Hegel haben Goethe nicht genug dafür rühmen können, daß es ihm derart gelungen sei, die vermeintlich auf beschränkte Verhältnisse festgelegte Gattung dem welthistorischen Prospekt geöffnet zu haben.

Es muß also genauer gefragt werden, was da wie inszeniert wird. Die Revolution setzt die Flüchtenden frei, deren Exponent Dorothea ist. Das war bei Vergil nicht anders. In bewußt dunkel gehaltenen Wendungen setzt Vergil dem Bürgerkrieg die pastoral verschlüsselte Hoffnung auf eine Augusteische Friedensordnung entgegen. Ein Ausweg jenseits der Politik ist dem Römer undenkbar. Goethes Idylle ist hingegen darauf geeicht, einen politikfreien, oder besser: einen revolutionsfreien Raum zu statuieren. Die revolutionäre Aktion ist gescheitert. Nicht an Auswüchsen, an Fehlentscheidungen, an menschlichem Versagen, sondern als Revolution per se. Goethes Worte sind eindeutig. Sie verlauten im sechsten Gesang *Das Zeitalter*, ei-

---

wurf in *Hermann und Dorothea*. – In: Deutsche Vierteljahrsschrift für Literaturwissenschaft und Geistesgeschichte 58 (1984), S. 111–138; Peter Morgan: The Polarization of Utopian Idealism and Practical Politics in the Idyll. The Role of the First ›Bräutigam‹ in Goethe's *Hermann und Dorothea*. – In: German Quarterly 57 (1984), pp. 532–545; Paul Michael Lützeler: Hermann und Dorothea (1797). – In: Goethes Erzählwerk. Interpretationen. Hrsg. von Paul Michael Lützeler, James E. McLeod. – Stuttgart: Reclam 1985 (= Universal-Bibliothek; 8081), S. 216–267; Wolfgang Martens: Halten und Dauern? Gedanken zu Goethes *Hermann und Dorothea*. – In: Verlorene Klassik? Ein Symposium. Hrsg. von Wolfgang Wittkowski. – Tübingen: Niemeyer 1986, S. 79–98; Detlef Rasmussen: Georg Forster und Goethes *Hermann und Dorothea*. Ein Versuch über gegenständliche Dichtung. – In: ders.: Der Stil Georg Forsters. – Bonn: Röhrscheid 1983, S. 271–302; Louis F. Helbig: Goethe's *Hermann und Dorothea* as a Refugee Epic. – In: Goethe in the Twentieth Century. Ed. by Alexej Ugrinsky. – New York: Greenwood Press 1987 (= Contributions to the Study of World Literature; 17), pp. 139–146; T.M. Holmes: Goethe's *Hermann und Dorothea*. The Dissolution of the Embattled Idyll. – In: Modern Language Review 82 (1987), pp. 109–118; Eberhard Mannack: Bedrohte Idylle. Zu Goethes *Hermann und Dorothea*. Mit einem Beitrag von Hermann und Dorothee Kalepky: *Hermann und Dorothea*. Gedanken zu einer bibliophilen Sammlung der Einzelausgaben. – Kiel: Goethe-Gesellschaft. Jahresgabe 1988.

nem Echo und Abgesang auf den Achsengesang *Hermann und Dorothea*. Sie sind einem Sprecher überantwortet, dem »fremden Richter« – *nomen est omen*.[39]

[...] Nicht kurz sind unsere Leiden;
Denn wir haben das Bittre der sämtlichen Jahre getrunken,
Schrecklicher, weil auch uns die schönste Hoffnung zerstört ward.
Denn wer leugnet es wohl, daß hoch sich das Herz ihm erhoben,
Ihm die freiere Brust mit reineren Pulsen geschlagen,
Als sich der erste Glanz der neuen Sonne heranhob,
Als man hörte vom Rechte der Menschen, das allen gemein sei,
Von der begeisternden Freiheit und von der löblichen Gleichheit!
Damals hoffte jeder sich selbst zu leben; es schien sich
Aufzulösen das Band, das viele Länder umstrickte,
Das der Müßiggang und der Eigennutz in der Hand hielt.
Schauten nicht alle Völker in jenen drängenden Tagen
Nach der Hauptstadt der Welt, die es schon so lange gewesen
Und jetzt mehr als je den herrlichen Namen verdiente?
Waren nicht jener Männer, der ersten Verkünder der Botschaft,
Namen den höchsten gleich, die unter die Sterne gesetzt sind?
Wuchs nicht jeglichem Menschen der Mut und der Geist und die Sprache?
[...]
Aber der Himmel trübte sich bald. Um den Vorteil der Herrschaft
Stritt ein verderbtes Geschlecht, unwürdig, das Gute zu schaffen.
Sie ermordeten sich und unterdrückten die neuen
Nachbarn und Brüder und sandten die eigennützige Menge.
Und es praßten bei uns die Obern und raubten im großen,
Und es raubten und praßten bis zu dem Kleinsten die Kleinen;
Jeder schien nur besorgt, es bleibe was übrig für morgen.
Allzugroß war die Not, und täglich wuchs die Bedrückung;
Niemand vernahm das Geschrei, sie waren die Herren des Tages.
[...]
Überall raste die Wut und die feige, tückische Schwäche.
Möcht' ich den Menschen doch nie in dieser schnöden Verirrung
Wiedersehn! Das wütende Tier ist ein besserer Anblick.
Sprech' er doch nie von Freiheit, als könn' er sich selber regieren!
Losgebunden erscheint, sobald die Schranken hinweg sind,
Alles Böse, das tief das Gesetz in die Winkel zurücktrieb.

---

39 Zitiert nach: Goethes Werke. Bd. II. Textkritisch durchgesehen und mit Anmerkungen versehen von Erich Trunz. 3. Aufl. – Hamburg: Wegner 1956, S. 437–514. Das folgende Zitat S. 478–481, V. 3–19, 40–48 sowie 75–80.

Freiheit verinnerlicht

Es gibt keine Stimme, die dieser Beurteilung der Dinge antwortete. Sie bleibt unwidersprochen. Die Goethesche Antwort ist eine im Goetheschen Sinn idyllische, weil ontologische und für einen gefährlichen Moment lang um 1800 zugleich eine nationalpsychologisch imprägnierte. Auch Hermann geht in Goethes Augen durch das Feuer der Revolution. Herkömmlichen Besitz, herkömmlichen Stand, herkömmlichen Familienverband relativiert und überschreitet er.

Das ist genau jene Wahrnehmung bürgerlicher Freiheitsrechte, die die Sozial- und Rechtsphilosophien zwischen Kant und Hegel als Wesen der auf Freiheit gegründeten bürgerlichen Gesellschaft explizierten. Die bürgerliche Gesellschaft zerreißt die überkommenen partialen Feudal- und Zunftrechte, um die prinzipiell grenzenlose Disponibilität von Eigentum neu zu regeln – mit all den Antinomien, die schon Hegel vor Marx in der Philosophie der ›objektiven Sittlichkeit‹ umkreiste. In diesem Sinn ist die Revolution von Hermann heroisch so verinnerlicht, wie die Vossischen Gestalten Freiheit als weise Herrschaft und Gedankenfreiheit als das Substrat der Revolution preisen. Diese Modernisierung aber ist ohne Revolution zu vollziehen. Sie setzt den heroischen Entschluß des Mannes voraus, genau so wie Dorothea den Wirrnissen im Flüchtlingslager durch tätige Hilfe entgegenarbeitet.

Der politische Umsturz hingegen kann nur zu Chaos führen, weil er die menschliche Natur von Fesseln befreit, die unerläßlich sind zur Aufrechterhaltung von Ordnung. Herrschaft muß für Goethe kontinuierlich garantiert sein, darf keinen Moment bei Strafe der Anarchie unterbrochen werden. Das ist im Prinzip die gleiche Antwort, die Luther zweieinhalb Jahrhunderte vorher gegeben hatte. Sie gründet im Mißtrauen gegen die menschliche Natur, das noch immer den Ruf nach der solide fundamentierten Herrschaft im Gefolge hatte. Es bedarf keiner Erläuterung, welche Folgen die Stimmen der beiden einflußreichsten Sprecher der neueren deutschen Geistesgeschichte zumindest im protestantischen Deutschland für Theorie und Praxis des Widerstandes bis in das 20. Jahrhundert hinein hatten.

Urzeitliche Lebensverhältnisse klassisch gewendet

Die Revolution läutert die Hauptgestalten, führt sie zur Freiheit, sich jenseits der Schranken des Herkommens zu verbinden. Doch diese Läuterung, einmal vollzogen – und diesen Akt fordert Goethe seinen Protagonisten im Angesicht der Revolution ab! –, vermag sich unter jedweder Herrschaft zu bewähren und ins Leben zu treten. Die Ehe Hermanns und Dorotheas ruht auf befestigterem Grund, weil sie auf Freiheit gegründet ist. Diese »kleine Sozietät«, wie es in der Idylle stets wieder hieß, verweist jedoch erstmals nicht mehr auf ein umfassenderes politisches Geschehen, das ihre Allgemeinheit garantierte, sondern wird als hier und jetzt und überall praktikable Lebensform gerade der politischen und insonderheit der revolutionären Aktion entgegengesetzt.

Sie ist ausgezeichnet mit der Würde des Urzeitlichen, des Seienden, des Natürlichen und darum noch einmal ein Gegenbild, aber nun zum ersten Mal nicht mehr ein solches zu einer anderen überlebten und zu überwindenden sozialen Lebensform, die durch eine bessere, höher organisierte, zukunftsträchtige zu ersetzen wäre, sondern ein jeder politischen Einflußsphäre enthobenes, von ihr nicht mehr berührtes, der modernen bürgerlichen Freiheitsbewegung in ihrer politisch revolutionären Konsequenz explizit entgegengesetztes. Es ist dies in Goethes Werk die spezifisch deutsche Antwort auf den Umbruch in Frankreich, die die geschichtlich höhere, reifere, endgültige Stufe darstellt. Und ihr wird deshalb zugestanden, der neu gewonnenen inneren Freiheit mit Waffengewalt den Lebensraum zu sichern, wo und wann immer ein neuerlicher Anschlag auf sie verübt wird.

> Desto fester sei bei der allgemeinen Erschütterung,
> Dorothea, der Bund! Wir wollen halten und dauern,
> Fest uns halten und fest der schönen Güter Besitztum.
> Denn der Mensch, der zur schwankenden Zeit auch schwankend gesinnt ist,
> Der vermehret das Übel und breitet es weiter und weiter;
> Aber wer fest auf dem Sinne beharrt, der bildet die Welt sich.
> Nicht dem Deutschen geziemt es, die fürchterliche Bewegung
> Fortzuleiten und auch zu wanken hierhin und dorthin.
> ›Dies ist unser!‹ so laß uns sagen und so es behaupten!
> Denn es werden noch stets die entschlossenen Völker gepriesen,
> Die für Gott und Gesetz, für Eltern, Weiber und Kinder
> Stritten und gegen den Feind zusammenstehend erlagen.
> Du bist mein; und nun ist das Meine meiner als jemals.
> Nicht mit Kummer will ich's bewahren und sorgend genießen,
> Sondern mit Mut und Kraft. Und drohen diesmal die Feinde
> Oder künftig, so rüste mich selbst und reiche die Waffen.
> Weiß ich durch dich nur versorgt das Haus und die liebenden Eltern,
> O, so stellt sich die Brust dem Feinde sicher entgegen.
> Und gedächte jeder wie ich, so stünde die Macht auf
> Gegen die Macht, und wir erfreuten uns alle des Friedens.[40]

Muß noch gesagt werden, daß diesen Schlußzeilen und mittels ihrer dem gesamten Werk eine unerhörte Nachgeschichte unter den Deutschen beschieden war? Den Begriff der Idylle hat es wie kein anderes sonst geprägt. Dem deutschen Sonderweg hat es einen Gutteil seiner Bilder verabreicht und – wie immer gegen Goethes Willen – der ›Erbfeindschaft‹ gegen den westlichen Nachbarn Argumente geliefert. Das berühmteste Zeugnis der Gattung in Deutschland war ein konterrevolutionäres. Die Literaturwissenschaft hat Veranlassung, die geschichtlich offene vorgoethesche Gattung von der ontologisch strukturierten Goetheschen Ausprägung zu trennen, wie sie in das 19. Jahrhundert hineinführte.

---

40 Ebd., S. 514, V. 299–318.

Die fortwährende Stimme der Romantik

Statt darüber zu handeln, soll mit einem anders gearteten Gedanken geschlossen werden. Auch die Frühromantik fällt noch in das 18. Jahrhundert. Sie hat das revolutionäre Ereignis in Frankreich vor allem zur Revolutionierung der Ästhetik genutzt. Im Gegenzug zu den theoretischen Bemühungen Friedrich Schlegels wurden die werkpoetologischen Konsequenzen am radikalsten von Novalis gezogen. Hans-Joachim Mähl hat in seiner maßgeblich gebliebenen Arbeit zur Idee des Goldenen Zeitalters im Werk des Novalis zeigen können, wie dieses Zentralmotiv der europäischen Schäfer-, Landleben- und Idyllendichtung alle Gattungen bei Novalis durchdringt und miteinander in Beziehung setzt: als Idee des ewigen Friedens im Bereich der Politik unter dem Titel der Monarchie und als Idee des ewigen Friedens im Bereich des Wissens unter dem Titel der Enzyklopädie jeweils in den *Athenäums*-Fragmenten; als Goldenes Zeitalter der Einheit des Menschen mit der Natur in den *Lehrlingen zu Sais*, als tausendjähriges Reich und Neues Jerusalem unter Wiederaufnahme der chiliastischen Traditionen Europas in der *Christenheit oder Europa*, als Weltmission der Poesie und ihrer Überführung ins Märchen unter der leitenden Vorstellungsform des Goldenen Zeitalters im *Heinrich von Ofterdingen*.[41]

Verharren wir nur einen Moment bei den naturphilosophischen Fragmenten der *Lehrlinge zu Sais*, in denen die gesamte naturphilosophisch-mystisch-spiritualistische Überlieferung Alteuropas noch einmal zusammengeführt und reaktiviert erscheint. Neu jedoch und im Umkreis des europäischen Humanismus so nicht denkbar ist die Vorstellung, daß Poesie das ausgezeichnete Organon von Naturphilosophie sei. Am »hellsten ist in Gedichten der Naturgeist erschienen. [...] Naturforscher und Dichter haben durch Eine Sprache sich immer wie Ein Volk gezeigt.«[42] Natur, schon einmal inmitten der konfessionellen Dissoziierung die zweite Quelle der Offenbarung neben der Schrift bei den Pansophen jedweder Art, speist nun den Erfahrungsgehalt der revolutionierten Poesie, die selbst einer revolutionierten Menschheit entspringt.

> Langer, unablässiger Umgang, freie und künstliche Betrachtung, Aufmerksamkeit auf leise Winke und Züge, ein inneres Dichterleben, geübte Sinne, ein einfaches und gottesfürchtiges Gemüth, das sind die wesentlichen Erfordernisse eines ächten Naturfreun-

---

41 Hans-Joachim Mähl: Die Idee des goldenen Zeitalters im Werk des Novalis. Studien zur Wesensbestimmung der frühromantischen Utopie und zu ihren ideengeschichtlichen Voraussetzungen. – Heidelberg: Winter 1965 (= Probleme der Dichtung; 7), S. 305ff. [2., unveränderte Aufl. (mit einem neuen ›Vorwort‹). – Tübingen: Niemeyer 1994].

42 Novalis: Schriften. Bd. I: Das dichterische Werk. Hrsg. von Paul Kluckhohn und Richard Samuel unter Mitarbeit von Heinz Ritter und Gerhard Schulz. Revidiert von Richard Samuel. 3., nach den Handschriften ergänzte, erweiterte und verbesserte Aufl. – Stuttgart: Kohlhammer 1977, S. 84. Zum Kontext vgl. die einschlägigen Beiträge in: Romantische Utopie – Utopische Romantik. Hrsg. von Gisela Dischner, Richard Faber. – Hildesheim: Gerstenberg 1979, sowie in: Romantik in Deutschland. Ein interdisziplinäres Symposion. Hrsg. von Richard Brinkmann. – Stuttgart: Metzler 1978, und: Romantik. Aufbruch zur Moderne. Hrsg. von Karl Maurer, Winfried Wehle. – München: Fink 1991 (= Romanistische Kolloquien; 5).

des, ohne welche keinem sein Wunsch gedeihen wird. Nicht weise scheint es, eine Menschenwelt ohne volle aufgeblühte Menschheit begreifen und verstehn zu wollen.[43]

Voraussetzung dafür ist jene uralte pansophische Idee, daß die Natur selbst Geschichte hat, selbst Geist ist, andernfalls sie nicht »jenes einzige Gegenbild der Menschheit« darstellen könne. Die Dichter sind die berufenen Dolmetscher ihrer Sprache.

> Alles finden sie in der Natur. Ihnen allein bleibt die Seele derselben nicht fremd, und sie suchen in ihrem Umgang alle Seligkeiten der goldnen Zeit nicht umsonst. [...] Ist es denn nicht wahr, daß Steine und Wälder der Musik gehorchen und, von ihr gezähmt, sich jedem Willen wie Hausthiere fügen?[44]

Utopischer Prospekt

In Zeilen wie diesen scheint sich die Idee der alteuropäischen Gattung Idylle in der Einheit von Menschheit und Natur zu erfüllen. Als schlichter Rückgriff auf die vorrevolutionäre, voraufgeklärte, vorprotestantische Welt ist diese Idee nicht angemessen beschrieben. Sie besitzt noch einmal eine futurische Komponente. In den *Geschichtsphilosophischen Thesen* mobilisiert Benjamin gegen den Arbeitswahn der Sozialdemokratie, dem noch die Natur ›gratis‹ da ist, die Utopie der französischen Frühsozialisten.

> Nach Fourier sollte die wohlbeschaffene gesellschaftliche Arbeit zur Folge haben, daß vier Monde die irdische Nacht erleuchteten, daß das Eis sich von den Polen zurückziehen, daß das Meerwasser nicht mehr salzig schmecke und die Raubtiere in den Dienst des Menschen träten. Das alles illustriert eine Arbeit, die, weit entfernt die Natur auszubeuten, von den Schöpfungen sie zu entbinden imstande ist, die als mögliche in ihrem Schoße schlummern.[45]

Wäre es nicht denkbar, daß der Gehalt der alteuropäischen Idylle, in und durch die Revolution in konträrer Weise angeeignet und umgedeutet, in dieser durch die Romantik vermittelten, durch den utopischen Sozialismus gesellschaftstheoretisch neu gefaßten Version eine lebendigere Zukunft vor sich hätte als in den Derivaten der Goetheschen Metamorphose, die bislang, geschützt durch den großen Namen des Dichters und seiner Epoche, der klassischen, die gattungsprägende und allemal die historisch siegreiche war?

Zuerst erschienen unter dem Titel: Idylle und Revolution. Zum Abschluß einer zweitausendjährigen Gattungstradition im 18. Jahrhundert. – In: Gesellige Vernunft. Zur Kultur der literarischen Aufklärung. Festschrift Wolfram Mauser. Hrsg. von Ortrud Gutjahr, Wilhelm Kühlmann, Wolf Wucherpfennig. – Würzburg: Königshausen & Neumann 1993, S. 57–82.

---

43 Novalis: Schriften (Anm. 42), S. 87.
44 Ebd., S. 99f.
45 Walter Benjamin: Über den Begriff der Geschichte. – In: ders.: Gesammelte Schriften. Bd. I. (Anm. 2), S. 699.

›Verkehrte Welt‹ in Arkadien?

Paradoxe Diskurse im schäferlichen Gewande

›Verkehrte Welt‹ in Arkadien? Streicht man das Fragezeichen, formuliert man den nachgefragten Sachverhalt als faktologischen, ließe sich schwerlich ein pointierteres Paradoxon in den Kulturwissenschaften ausmachen. ›Arkadien‹ ist wie sonst nur die *aetas-aurea*-Chiffre für unverstelltes und unverschandeltes, gerechtes und glückliches Leben, dabei gegenüber dem ›Goldenen Zeitalter‹ mit dem Vorzug ausgestattet, die jüngere, geschichtlich gesättigtere, kulturelle Befindlichkeit und Zukünftigkeit signalisierende Kategorie zu sein. Was mag dazu ermutigen, a priori Inkompatibles zusammenzuzwingen? Oder läßt sich womöglich aus dem Paradoxon doch Sinn herausspinnen?[1]

Die Frühe Neuzeit in der Optik von Krisen

Ein Wort vorweg von dem Frühneuzeitler. Der Topos der ›Verkehrten Welt‹ gelangt geschichtlich überhaupt erst in der Frühen Neuzeit zur literarischen Entfaltung – und das infolge von Krisen, von Umbrüchen und geschichtlichen Verwerfungen so ungeheuren Ausmaßes, daß große Literatur davon nicht nur nicht unberührt bleiben kann, sondern eigene Konzepte einer Antwort entwickeln muß, zu denen eben auch der Topos ›Verkehrte Welt‹ gehört, in der Antike ausgebildet und nun in der Frühen Neuzeit seine Virulenz entfaltend.

Das 16. Jahrhundert ist eines der Krise, wie es sie in der nachantiken Geschichte in diesen Dimensionen bislang nicht gegeben hatte. Es ist von Erschütterungen gezeichnet, für die es offenkundig in der jüngeren Geschichte nur eine Parallele gibt, nämlich in dem jüngst vergangenen 20. Jahrhundert, von mehr als einem berufenen Historiker als ›Katastrophen-Jahrhundert‹ tituliert. Bleiben wir beim 16. Jahrhundert. Natürlich lassen sich immer ›Vorboten‹ ausmachen und entsprechend Zeugen finden, die anders datieren und bewerten. Das Schisma zwischen Kaiser und Papst ist eine solche geschichtliche Konfiguration, die die Größten, ob einen Walther von der Vogelweide, einen Dante, einen Chaucer herausgefordert hat. Die

---

1 Zum Topos ›Verkehrte Welt‹ vgl. Ernst Robert Curtius: Europäische Literatur und lateinisches Mittelalter. 2., [letzte vom Autor] durchgesehene Aufl. – Bern: Francke 1954, S. 104ff. Reiches Material bei Gustav René Hocke: Manierismus in der Literatur. Sprach-Alchimie und esoterische Kombinationskunst. Beiträge zur vergleichenden europäischen Literaturgeschichte. – Reinbek bei Hamburg: Rowohlt-Taschenbuch-Verlag 1959 (= Rowohlts Deutsche Enzyklopädie; 82–83). Es wird sogleich deutlich werden, daß wir den Topos selbst metaphorisch verwenden, ihn also nicht einschränken auf die eingeführten ›topologischen‹ Wendungen.

Unterjochung des Landes, in dem die Moderne geboren ward, die Unterwerfung des Italiens des Quattrocento durch die beiden mächtigen nationalen Monarchien Spanien und Frankreich, anhebend im Schlüsseljahr 1494 und vorläufig gipfelnd in dem *Sacco di Roma* 1527, wäre eine weitere. Schlüsselwerke wie die *Arcadia* Sannazaros, die burleske Epik eines Boiardo – von dem Einschlag in den bildenden Künsten, angefangen bei Michelangelo, gar nicht zu reden – sind ohne diese Eckdaten von dramatischer Wucht überhaupt nicht denkbar.[2]

Die Krise des 16. Jahrhunderts ist nochmals von anderer Qualität.[3] Und das schon aufgrund ihrer *longue durée*. Sie ist kein Ereignis mehr, sondern eine Umpflügung aller Grundlagen des Lebens, in deren Gefolge die Welt zwangsläufig fortan anders aussah. Wir deuten in ein paar Sätzen diese Zusammenhänge an, weil sie sogleich auch in unsere Betrachtung hineinspielen werden.

Mit der Spaltung der Christenheit, der Konfessionalisierung Europas, der Statuierung von divergenten Glaubensbekenntnissen unter jeweils wechselseitigem Ausschluß der anderen und ihrer vielfachen Verteufelung als Erscheinungsformen und Ausgeburten des in der Johannis-Apokalypse geweissagten Antichristen werden die mentalen Glaubensgewißheiten unrevidierbar erschüttert und die mit ihnen verbundenen kriegerischen Auseinandersetzungen je länger desto deutlicher als religiös kaschierte und maskierte politische Machtkämpfe diagnostiziert. Das Werk von Repräsentanten der Weltliteratur, heißen sie nun Cervantes oder Gracián, Rabelais oder Montaigne, Shakespeare oder Spenser, Fischart oder Grimmelshausen, ist ohne Referenz auf diese welthistorischen Erschütterungen schlechterdings unverständlich.[4]

Schon in den sechziger und siebziger Jahren des 16. Jahrhunderts zeichnen sich theologisch wie politiktheoretisch jedoch bereits Lösungsversuche ab, die in die Moderne führen – dort in der Erkundung der einfachen ›apriorischen‹ Prinzipien des christlichen Glaubens jenseits der konfessionellen Barrieren, hier in der Erkun-

---

2 Zum Übergang vom Quattro- zum Cinquecento und damit den Wende- und Krisenjahren zwischen 1480 und 1530 vgl. etwa von Franco Cardini: La crisi del sistema comunale. Terz. ed. – Milano: Teti 1982 (Storia della società italiana. Pt. 2: Il Medioevo e l'età dei comuni; 7). Die Konsequenzen für eine Interpretation der literarischen Dokumente des Zeitraums – etwa der *Arcadia* Sannazaros – sind bislang, so weit zu sehen, noch nicht gezogen.

3 Der apokalyptische Prospekt um 1500 auf der Basis reicher (und vielfach erschreckender) Quellen bezeichnenderweise meisterhaft entfaltet von einem Outsider der Zunft: Will-Erich Peuckert: Die große Wende. Bd. I–II. Bd. I: Das apokalyptische Saeculum und Luther. Bd. II: Geistesgeschichte und Volkskunde. – Hamburg: Hoffmann & Campe 1948. Paperback-Edition. – Darmstadt: Wissenschaftliche Buchgesellschaft 1966. Einschlägig der erste Band. Zum Kontext vgl. das berühmte Werk von Jean Delumeau: Angst im Abendland. Die Geschichte kollektiver Ängste im Europa des 14. bis 18. Jahrhunderts. Bd. I–II. – Reinbek bei Hamburg: Rowohlt 1985 (= rororo-Sachbuch. Kulturen und Ideen; 7919–20). Eine aus den reichen alltagsweltlichen Quellen schöpfende Geschichte des 16. Jahrhunderts ›von unten‹, wo sich die täglichen Kämpfe zumal um den rechten Glauben abspielten und die Zerwürfnisse am eklatantesten manifest wurden, fehlt bislang. Verwiesen sei auf Lucien Febvre: Le problème de l'incroyance au XVIe siècle. La religion de Rabelais. Nouv. éd. – Paris: Michel 1988 (= L'évolution de l'humanité; 9).

4 Das große Buch zur europäischen Literatur als Seismograph der Krise um 1600 fehlt gleichfalls bislang, so weit zu sehen.

dung der einfachen ›apriorischen‹ Prinzipien des weltanschaulich und religiös neutralen, über den Konfessionen agierenden Staates. Sei für den theologischen Part der Name eines Jakob Böhme erwähnt, für den etatistischen derjenige Bodins, so dürfte zumindest andeutungsweise erhellen, was mit den Kürzeln gemeint ist.[5]

Entscheidend ist nun, um den Übergang zur ›arkadischen‹ Betrachtung zu gewinnen, daß die theologische wie die politiktheoretische Lösung machtpolitisch überspielt wird von der Ausformung der modernen Monarchien im 17. Jahrhundert, unter deren Schutz und Schirm und nicht selten in engster Liaison mit den jeweiligen Konfessionen soziale und mentale Verwerfungen wiederum von drastischen Dimensionen sich auftun, die alleine die Macht und Durchschlagskraft der Gegenbewegungen verständlich machen, wie sie noch im 17. Jahrhundert selbst einsetzen und sodann im 18. Jahrhundert kulminieren. In der Auseinandersetzung der Aufklärung mit dem tief in das 18. Jahrhundert hineinreichenden Barock mag man diesen geschichtlichen Antagonismus kategorial und epochennomenklatorisch indiziert sehen. Wir erwähnen ihn, weil er in die folgende Betrachtung hineinspielt. Der Renaissance bzw. dem Humanismus und zumal dem Späthumanismus, dem Barock und der Aufklärung als den Makroepochen der Frühen Neuzeit entnehmen wir unsere Beispiele für die nun ohne weitere Vorkehrungen zu eröffnende Synchronisierung von arkadischer und verkehrter Welt, dieser aberwitzigen Kontamination.[6]

Stände-Poetik

Zu beginnen ist mit einer gattungstheoretischen bzw. poetologischen Erwägung, welche hinauslaufen soll auf eine Erhebung der Metapher von der ›verkehrten Welt‹ in eine Metapher zweiter Potenz, eine Meta-Metapher, und das anläßlich ihrer Implantation in die Schlüssel-Gattung Arkadiens. Als eine solche nämlich hat die Schäferdichtung als das eigentliche literarische Substrat bzw. gattungsgeschicht-

---

5 Drei Hinweise auf magistrale Werke, die in der Internetflut zu verschwinden drohen: Friedrich Heer: Die Dritte Kraft. Der europäische Humanismus zwischen den Fronten des konfessionellen Zeitalters. – Frankfurt a.M.: Fischer 1959 (dazu Klaus Garber: Wege in die Zukunft. Friedrich Heers Die Dritte Kraft als europäisches Vermächtnis. – In: Die geistige Welt des Friedrich Heer. Hrsg. von Richard Faber, Sigurd Paul Scheichl. – Wien, Köln, Weimar: Böhlau 2008, S. 107–128); Joseph Lecler: Geschichte der Religionsfreiheit im Zeitalter der Reformation. Bd. I–II. – Stuttgart: Schwabenverlag 1965 (französische Originalausgabe: Histoire de la tolérance au siècle de la réforme. Vol. I–II. – Paris: Aubier 1955); Robert John W. Evans: Rudolf II and His World. A Study in Intellectual History 1576–1612. – London: Oxford University Press 1973 (deutsche Version unter dem Titel: Rudolf II. Ohnmacht und Einsamkeit. – Graz, Wien, Köln: Styria 1980).

6 Zu diesen epochalen Problemen vgl. die einschlägigen Beiträge in: Klaus Garber: Literatur und Kultur im Europa der Frühen Neuzeit. Gesammelte Studien. – München, Paderborn: Fink 2009, S. 659–776. Vgl. auch ders.: Sub Specie Theatri. Ein weiter Blick aus dem Abstand auf das europäische Theater der Frühen Neuzeit. – In: Europäische Schauplätze des frühneuzeitlichen Theaters. Normierungskräfte und regionale Diversität. Hrsg. von Christel Meier, Angelika Kemper. – Münster: Rhema 2011 (= Symbolische Kommunikation und gesellschaftliche Wertesysteme; 34), S. 25–41 (in diesem Band S. 81–98).

liche Paradigma der Arkadien-Utopie seit Vergil zu gelten. Ihre Bestimmungen in der Poetologie nicht anders als in den mit ihr in der Praxis zur Geltung gelangenden strategischen Verfahrensweisen gehorchen metaphorisch gesprochen dem Topos ›verkehrte Welt‹ im gattungstheoretischen Haushalt Alteuropas, der ein nach Hierarchien strukturierter ist. Verankert ist er in der Stillehre, wie ihn Rhetorik und Poetik gleichermaßen traktieren. Hier wie dort wird die sogenannte Dreistillehre behandelt. Sie geht schon auf die Vergil-Kommentatoren des zweiten nachchristlichen Jahrhunderts zurück und rekurriert durchgängig auf das Werk Vergils.[7]

Demnach begründen die drei Hauptwerke Vergils drei Schreibstile, an denen die Ranghöhe der Gattungen haftet. Vergils Frühwerk, die Hirtengedichte oder *Eclogae*, repräsentieren den niederen Stiltyp, in der Fachterminologie der Poetologen den *stilus humilis*. Das zeitlich in der Mitte des Schaffens von Vergil angesiedelte Werk, seine Lehrdichtung vom Landbau, die *Georgica*, prägt eine mittlere Stilhöhe aus, den *stilus tenuis*. Und sein reifes Meisterwerk, das Epos *Aeneis*, verkörpert den hohen Stil, den *stilus grandis*. Gemäß dieser Stil-Trias ist die europäische Literatur bis in das 18. Jahrhundert hinein, genauer bis hin zur Empfindsamkeit, rubriziert und schematisiert gewesen. Das ist ein weitreichendes Thema, nicht zuletzt im Blick auf nachantike Gattungen wie die Oper oder den Roman. Wir dürfen an dieser Stelle nur den einen thematisch relevanten Aspekt berühren.

›Verkehrte Welt‹ poetologisch

Hirtendichtung als Trägerin auch der arkadischen Glücks-Chiffren ist nicht eine, sondern prononciert und paradigmatisch *die* eigentliche Repräsentantin der niederen Stilform und steht als solche vielfach stellvertretend für andere literarische Formen auf der rangtiefen Ebene in der Gattungshierarchie. Diese Plazierung verkehrt sich jedoch in praxi und alsbald auch in den theoretischen Verlautbarungen vor allem von seiten der Hirtendichter selbst in ihr genaues Gegenteil. Der alteuropäischen Gattungstypologie ist ein Konstruktionsmechanismus inhärent, der nach den Prinzipien des Topos der ›verkehrten Welt‹ funktioniert, demzufolge das Unterste zuoberst und das Oberste zuunterst gekehrt wird. Eine metaphorische Implantation der Figur der ›verkehrten Welt‹ in den poetologischen Diskurs hat statt; und das ausschließlich nur im Blick auf die Hirtendichtung und über die Epochengrenzen bis in das 18. Jahrhundert hinein, ja in einem Akt der Transformation

---

7 Zum folgenden vgl. Irene Behrens: Die Lehre von der Einteilung der Dichtkunst, vornehmlich vom 16. bis 19. Jahrhundert. Studien zur Geschichte der poetischen Gattungen. – Halle/Saale: Niemeyer 1940 (= Zeitschrift für Romanische Philologie: Beihefte; 92); Franz Quadlbauer: Die antike Theorie der genera dicendi im lateinischen Mittelalter. – Wien: Böhlau 1962 (= Abhandlungen der Österreichischen Akademie der Wissenschaften Wien. Philosophisch-Historische Klasse; 241/2).

noch über die weltliterarische Zäsur der Empfindsamkeit hinweg, da die Schäferdichtung zur Idylle mutiert.[8]

Einige wenige Bemerkungen zu diesem poetologischen Rochade-Verfahren – einem der spektakulärsten der alteuropäischen Literatur und Literaturgeschichte – müssen hinreichen. Vergil weissagt in seinen Hirtengedichten ein zukünftiges Reich des Friedens, das nach den Bürgerkriegen unter Augustus heraufzieht und in der Lebensform der Hirten antizipiert erscheint. In nuce ist in Vergils Hirtendichtung vorweggenommen, was sein dichterisches Hauptwerk, was das *genus grande*, das Epos *Aeneis*, zum poetischen Vorwurf erheben wird, nämlich das Heranwachsen Roms zu einer beherrschenden Weltmacht, kulminierend in der Friedensherrschaft des Augustus, verschwistert mit dem Versprechen, die Welt als ganze zu befrieden. Poetologisch gesprochen heißt dies, daß die niedere Gattung der Hirtendichtung ihrerseits Themen von epischer Dignität umspielt, die nach poetologischer Kodifikation in das Fach der hohen Gattung gehören. Der Hirtendichtung ist es gegeben, im unschuldigen, friedfertigen, die Natur verehrenden Leben der Hirten Züge und Ingredienzen symbolisch zu verkörpern, die eines womöglich gar nicht fernen Tages – für Vergil verknüpfen sie sich mit dem Antritt der Herrschaft des Augustus – zu Maximen einer befriedeten Weltordnung avancieren sollen.[9]

Die Hirtenpoesie als niederste literarische Form ist ein Widergänger des Epos, eine komplementäre Spielart der höchsten Form der Dichtung; ja, das literarische Votieren Alteuropas erfüllt sich überhaupt erst im Miteinander von Schäfer- und Heldendichtung. Die niederste Figur des Hirten steht gleichberechtigt neben der höchsten des Heroen. Der heroische Impetus des *genus grande* wird gespeist von den arkadischen Energien der Hirtendichtung. Die niederste Gattung bildet den geschichtsphilosophisch teleologischen Kompaß für die höchste.

Von dieser Paradoxie, der poetisch ›verkehrten Welt‹, hat die Hirtendichtung Alteuropas ebenso gelebt wie die poetologische Theorie. Sie alleine ist verantwortlich dafür, daß sich alle Großen der Weltliteratur der Hirtendichtung verschrieben und dem ihr inhärenten Arkadien-Mythos eine jeweilig nur geschichtsphilosophisch zu entziffernde Note verliehen haben. Eben deshalb ist mit der Geschichte der europäischen Arkadien-Utopie durchaus eine perspektivisch verkürzte Geschichte der alteuropäischen Literatur am Beispiel ihrer prominentesten literarischen Verkehrsform, der Hirtendichtung, zu schreiben.

---

8 Die einschlägige Literatur im Artikel ›Bukolik‹ des Vf. – In: Reallexikon der Deutschen Literaturwissenschaft. Bd. 1: A–G. 3., neubearb. Aufl. – Berlin, New York: de Gruyter 1997, S. 287–291.

9 Die einschlägige Literatur bei Michael von Albrecht: Vergil. Bucolica – Georgica – Aeneis. Eine Einführung. – Heidelberg: Winter 2006 (= Heidelberger Studienhefte zur Altertumswissenschaft). Ein einziger Verweis: Friedrich Klingner: Vergil und die geschichtliche Welt. – In: ders.: Römische Geisteswelt. 4., vermehrte Aufl. – Hamburg, München: Ellermann 1961, S. 293–311.

Hirte und Dichter

Weil die Hirtendichtung eine paradoxale Literaturform ist, nämlich jeder von Hirten formulierte Satz ein uneigentlicher, Hirtendichtung per se allegorisches Rollensprechen meint, ist alles in ihr möglich und nicht zuletzt die Umkehrung des in der Welt Beglaubigten, also die Verkehrung der Welten. Und eben dies soll nun an einigen Beispielen gezeigt werden. Sie sind so gewählt, daß eine möglichst weite semantische Bogenspannung erkennbar wird. Ausgehoben sind sie aus der deutschen Literatur, um nicht ins Uferlose zu gelangen.

Zunächst jedoch zu einem ständisch-stratifikatorischen Paradigma. Vergil – und in gewisser Weise schon Theokrit mit seinem siebten Idyll *Thalysia* – hat die verklausulierte Annäherung der Gestalt des Hirten an die des Dichters eingeleitet. Das ist kein eins zu eins zu verrechnender Vorgang, vielmehr eine virtuelle Überblendung zweier Lebensformen, einer literarisch und damit traditionsgeschichtlich präformierten und einer keinesfalls individuellen, sondern im Mythos zumal über Apollo und Orpheus archetypisch aufgewerteten musisch-dichterischen.[10] Diese Kreuzung hat in der europäischen Hirtendichtung die überraschendsten Effekte gezeitigt.

Keine Gruppe, kein Stand hat sich den dieser Liaison eigenen Chancen kompetenter und raffinierter verschrieben als die Humanisten seit der Frührenaissance. Das beginnt schon bei Dante und seinem poetisch-pastoralen Briefwechsel mit Giovanni del Virgilio, setzt sich fort in den großen Eklogen-Zyklen Petrarcas und Boccaccios und begleitet seither die Geschichte der lateinisch wie volkssprachig gleichermaßen bukolisch votierenden Humanisten bis in das 18. Jahrhundert hinein. Eine Literaturgeschichte des europäischen Humanismus ist ohne permanenten Einbezug der Hirtendichtung, zumal in der Gestalt der Ekloge, nicht denkbar. Sie ist das Organon der poetologisch-standespolitischen Entwürfe der Humanisten gewesen. Und diese sind so geartet, daß sie sich versuchsweise durchaus auch einmal unter dem metaphorischen Titel der ›verkehrten Welt‹ traktieren lassen.

Humanistische Exempel inmitten des 17. Jahrhunderts

Das sei an einem Beispiel aus dem deutschen Humanismus gezeigt, und zwar an einem aus dem 17. Jahrhundert. Die Literatur dieses Zeitraums ist entgegen landläufigen Vorstellungen als eine des Humanismus und nicht des Barock zu qualifizieren, setzt sie doch die lateinischen Vorgaben des älteren Humanismus in die Nationalsprache um, genauso wie dies zumeist bereits im 16. Jahrhundert in den Ländern ringsum geschehen war. Der Begriff des ›Barock‹ sollte für spezielle kultu-

---

10 Wiederum ein Hinweis: Ernst A. Schmidt: Poetische Reflexion. Vergils Bukolik. – München: Fink 1972. Die Konsequenzen eindrucksvoll entfaltet bei Vinzenz Buchheit: Der Anspruch des Dichters in Vergils Georgika. Dichtertum und Heilsweg. – Darmstadt: Wissenschaftliche Buchgesellschaft 1972 (= Impulse der Forschung; 8).

relle Formationen vor allem im Umkreis von Hof und Kirche vorbehalten bleiben. Im gelehrten Milieu hat er nichts zu suchen. Entsprechend haben auch die deutschen Eklogen des 17. Jahrhunderts – diejenigen in Versen und diejenigen in prosimetrischer Anlage vom Typ der Opitzschen *Schäfferey Von der Nimfen Hercinie* – als ein Produkt des deutschsprachigen Humanismus zu gelten und dies um des Paradoxons willen mitten im sogenannten Zeitalter des Barock.

Zu den vornehmsten Merkmalen der humanistischen Hirten zählt, daß sie ihrem gelehrten, um nicht zu sagen ihrem professoralen Stand entsprechend nicht nur sanges-, sondern auch diskussionsfreudig sind. Das gehört zu den apriorischen Paradoxien dieser allein von der Literatur lebenden und durch sie geadelten Geschöpfe, an denen zwei Jahrhunderte lang bürgerlicher Literaturwissenschaft ob solcher unnatürlichen Kreuzung Anstoß nahmen, wurde Natur doch vergewaltigt, Natürlichkeit in Künstlichkeit überführt und eben dadurch verschandelt – ein anderes, hier nicht aufzumachendes Thema.

Unter diesen gelehrten Hirten-Diskutanten gibt es eine Handvoll in Umlauf befindlicher Themen, die unentwegt abgewandelt und mit einer neuen Note versehen werden. Gelehrtes Schreiben im Humanismus und also auch in der Schäferdichtung ist ein ständiger Prozeß des Umschreibens. Die intertextuelle Matrix ist so dicht wie in keiner anderen literarischen Epoche sonst. *Einen* Diskurs haben die Humanisten besonders geschätzt und in herausragender Weise zu ihrem eigenen gemacht. Er besaß scharfsinnigen Charakter, eignete sich für paradoxe Ausformungen, nahm Züge an, die ihn der Stilfigur der ›verkehrten Welt‹ kompatibel machten, aber nun eben nicht *ex negativo*, sondern in futurisch-utopischer, eben arkadischer Perspektive.[11]

›De vera nobilitate‹ im juristischen Milieu

1650 erscheint von dem rührigsten Schäferdichter, den das 17. Jahrhundert hervorgebracht hat, erscheint von dem aus Eger in Böhmen im Zuge der Gegenreformation geflohenen und nach Nürnberg verschlagenen Sigmund Betulius, dem späteren Sigmund von Birken, eine kleine Hochzeitsschrift zu Ehren eines Lüneburger Juristen, der zeitweilig ein Gönner des Mittellosen gewesen war.[12] Juristen

---

11 Vgl. zuletzt mit der einschlägigen Literatur Klaus Garber: ›De vera nobilitate‹. Zur Formation humanistischer Mentalität im Quattrocento. – In: ders.: Literatur und Kultur im Europa der Frühen Neuzeit (Anm. 6), S. 443–503.

12 Sigmund von Birken: Glükkwünschende Zuruffung auff den TrauungsTag des Edlen/ Vesten und Hochgelarten Herrn H. Joh. Friederich Friesendorff/ [...]. Hamburg/ auß der Papischen Drukkerei (1650). Das Werk, das sich in Birkens Handbibliothek befand, ist seit 1945 verschollen; (ein inkomplettes Exemplar in der Russischen Nationalbibliothek zu St. Petersburg). Man muß auf die *Pegnesis*-Fassung ausweichen. Dort ist das Stück zusammengefügt mit einer weiteren zeitgleichen Ekloge Birkens: Schönheit=Lob auf ein Freudenreiches Eh= und Ehrenfest/ neben einem Glück=Zuruf gesungen und aus fremder Ferne übersendet von Falindor und Hylas/ zween Schäfern. Nürnberg/ bey Wolfgang Endtern/ dem ältern. M.DC.LI. Vgl. zum Einzelnen Hermann Stauffer: Sigmund von Birken (1626–1681). Morphologie seines Werks. Bd. I–II. – Tübingen:

waren die Produzenten der komplizierten Rechtsgebäude des Absolutismus und die stärkste Stütze von Ratsregimenten und fürstlichen Verwaltungen einschließlich des gesamten politischen Verkehrs im Innern wie vor allem nach außen hin. Sie waren die entscheidenden Sachwalter des Bestehenden, Garanten unverbrüchlicher Ordnung und, wenn es denn im Interesse der Obrigkeit lag, die gefragten und gut dotierten Lieferanten passender, den Auftraggebern entgegenkommender Gutachten. Der Stand genoß höchsten Respekt, trat er doch als Repräsentant sanktionierter Herrschaft auf.

So ist es kein Zufall, daß Birken ausgerechnet diese einem Juristen zugedachte Hochzeits-Schäferei dazu auserkor, einen Diskurs anzuzetteln, dessen Fazit dazu angetan war, einen jeden Rechtskundigen in Harnisch zu versetzen. Nichts anderes und nicht weniger wurde schäferlich-spielerisch probiert als gegenüber der etablierten Rechts- und Ständeordnung eine diametral entgegengesetzte in Stellung zu bringen, die Verhältnisse buchstäblich auf den Kopf zu stellen, verkehrte Welt vorsätzlich in provokativ-progressiver Absicht zu generieren.

Der Schäfer Floridan, so der schäferliche Name Birkens in dem 1644 in Nürnberg gegründeten ›Hirten- und Blumenorden an der Pegnitz‹, versteigt sich – geschützt durch sein schäferliches Kostüm und also ermächtigt zu uneigentlicher Rede – im Gespräch mit seinen Mithirten dazu, an der bestehenden sozialen Pyramide mit dem Adel an der Spitze entschieden zu rütteln. Ein schlimmeres Sakrileg ist in den Augen eines standesbewußten Juristen nicht denkbar. Der jugendliche Feuerkopf Birken, eben über zwanzig, erkühnt sich in zunehmend disputativer Rage zu dem Gedanken, an der Spitze der gesellschaftlichen Pyramide hätten jene zu stehen, die am meisten durch Tugend und Verstand ausgezeichnet wären, keinesfalls aber automatisch jene, denen dieses Vorrecht von Geburt an zukäme wie eben dem Hochadel. Wie sich das in dem Munde eines Hirten ausnimmt, der seine humanistischen Exerzitien erfolgreich absolviert hat? Hören wir einen Moment in seine Rede hinein, auch um von der Aura dieses schäferlich-humanistisch getönten Idioms ein wenig zu verspüren.

> Dann wie solte der/ der durch behuf selbst=angemaster Tugend den Adel erwirbt/ nicht Edler zu achten seyn/ als der/ der ihn von seinen Ahnen empfangen/ und solchen allein zu erhalten und fortzusetzen sich bemühet? Welches solte wol schwerer seyn/ eine hohe Sache anfangen/ oder dieselbe also/ wie sie angefangen/ fortführen? etwas grosses erwerben/ oder erworbenes erhalten? ein ding erfinden/ oder zu dem erfundenen etwas hinzuthun? Zudem so unterscheidet uns ja alle miteinander/ nicht die Geburt/ sondern die Tugend. Nicht durch geboren werden/ sondern durch leben/ wird der Adel erlanget. Vor GOtt sind wir alle gleiches Herkommens/ und ist kein Mensch unedel/ wann er nicht seine Edle Ankunft/ die/ wie unser aller/ von GOtt ist/ mit Lastern schändet und unehret. […]

Niemeyer 2007, S. 100–102 (Nr. 53). Vgl. auch Klaus Garber: Martin Opitz' *Schäferey von der Nymphe Hercinie*. Ursprung der Prosaekloge und des Schäferromans in Deutschland. – In: Martin Opitz. Studien zu Werk und Person. Hrsg. von Barbara Becker-Cantarino. – Amsterdam: Rodopi 1982 (= Daphnis; XI/3), S. 547–603, S. 578–590. Dort neben der Darlegung der Überlieferungsverhältnisse auch eine Interpretation der beiden Stücke (in diesem Band S. 341–387).

Der Ausspruch könte dieser seyn: weil allein und anfangs der Adel von Tugend gekommen/ auch ohne sie nicht bestehen kan: so muß/ die Hoheit des Adels/ nach größe der Tugend abgemessen werden. Je tugendhafter nun einer ist/ je mehr soll er Edel/ und also der Tugendhafteste auch der aller=Edelste heißen. Erkaufter Adel ist nicht wehrt/ hierbey eingeführt zu werden.[13]

Fluchtpunkt Naturrecht

Hier wird ein Sozialmodell skizziert, das allein und ausschließlich apriorischen Prinzipien der Vernunft gehorcht, wie es anderthalb Jahrhunderte später heißen soll, oder aber, um in der Zeit zu bleiben, das kompatibel ist mit Prinzipien des Naturrechts, wie es eben jetzt sich herausformt. Ein Naturstand, so gemäß der poetologischen Terminologie des Zeitalters, macht sich zum Anwalt einer Natur, die einen geschöpflichen Status besitzt und als solche jene regulativen sozialen Normen in sich birgt, für deren verbindliche Artikulation es nicht mehr bedarf als der rechten Dolmetscher und Ausleger, als welche eben jene Gestalten figurieren, die in der Natur ihren Lebensraum haben, die Hirten, umgemodelt zu Humanisten mit Expertenwissen. Hirten entwerfen im Blick auf eine geschöpfliche Natur, der alle Menschen als gleiche Wesen entspringen, eine Ordnung der Welt, so daß gemessen an ihr die bestehende Ordnung nur als eine widernatürliche zu qualifizieren ist, die ihrerseits durch eine Drehung um 180 Grad von einer ›verkehrten‹ zu einer ›wahren‹ Welt erhoben werden kann.

Gesellschaftliche Realität und schäferlicher Lebensraum

Kein Geringerer als der Patrizier Georg Philipp Harsdörffer, Gründer des ›Pegnesischen Blumenordens‹ und unter dem von dem Engländer Philip Sidney und seiner *Arcadia* entlehnten schäferlichen Namen ›Strefon‹ in der Sozietät agierend, ist denn auch sogleich zur Stelle als Repräsentant und Anwalt des Realität-Prinzips. Er wirft ein, daß wir Schäfer anläßlich einer solchen Argumentation »allein die Weißheit=kündigen/ und die Käys. Rechte gar nicht/ auf unsrer seite [haben]/ von welchen lezten der Adel nicht in so änge schranken/ wie du jetzund beschrieben/ eingefangen wird.« Doch auch diesem Einwand weiß Floridan zu begegnen. Er hätte anders geredet, »wann wir auf den Rathaus wären/ […].« Jetzt aber erfolge das Gespräch auf dem »Felde«, »da wir so wenig Zoll von Worten geben/ als an andern Orten von Gedanken.«[14]

---

13 Sigmund von Birken: Floridans Schönheit-Lob und Adels-Prob. MDCL. – In: Pegnesis: oder der Pegnitz Blumgenoß-Schäfere FeldGedichte in Neun Tagzeiten: meist verfasset/ und hervorgegeben/ durch Floridan. Nürnberg/ Gedruckt und verlegt von Wolf Eberhard Felseckern. A. MDCLXXIII., S. 211–272, Zitat S. 263f.
14 Ebd., S. 264.

Die Argumentation auf dem ›Feld‹ kann eine andere sein als die auf dem ›Rathaus‹. Letztere verkörpert die Instanz der Realität. Hier orientieren sich Verleihung und Bestätigung des Adels von seiten des Kaisers an anderen als den in der Schäferei vorgetragenen Maßstäben. Auf dem ›Feld‹ ist die Zensur des Gedankens aufgehoben. Die in allen theoretischen Äußerungen zur Bukolik wiederkehrende Beteuerung, die Poeten hätten die Hirtennamen entlehnt, »damit sie unter solchem Vorzug ihres anderwärtlichen Standes ihre Gedanken desto freyer ausbilden« können, hat unter anderem auch diese Bedeutung.[15] Der Schäfer Floridan macht von dieser Lizenz Gebrauch. ›Feld‹ markiert eine Chiffre, in die Natur, schöpfungstheologisch gedeutet, eingewandert ist, Urverhältnisse sich erhalten haben, in deren Licht die bestehenden als temporäre sich darbieten, die in Anbetracht von Maximen der ›Weißheit=kündigen‹, als deren Sprecher die Hirten sich geben, nicht zu bestehen vermögen. Die Verhältnisse stehen wortwörtlich auf dem Kopf.

Schäfer als König – König als Schäfer

Das aber ist nicht eine Spezialität nur dieser kleinen schäferlichen Erzählung in der Gestalt einer prosimetrischen Ekloge, für die wir zur Unterscheidung von der reinen Versekloge von Vergilschem Typ vor langer Zeit den Begriff ›Prosaekloge‹ eingeführt haben, der sich inzwischen kommentarlos durchgesetzt hat. Vielmehr ist die schäferliche Dichtung als Hort urzeitlicher und damit menschheitlicher und als solcher ›arkadischer‹ Versprechen auf die Präsentation paradoxer, dem Bestehenden widerstreitender Bilder und Gedankenfiguren geradezu spezialisiert. Nicht zu zählen sind die Titel, und die Geschichten nicht zu erzählen, in denen ein Hirt aus

---

15 Sigmund von Birken: Fortsetzung Der Pegnitz=Schäferey/ behandlend/ unter vielen andern rein=neuen freymuhtigen Lust=Gedichten und Reimarten/ derer von Anfang des Teutschen Krieges verstorbenen Tugend=berühmtesten Helden Lob=Gedächtnisse; abgefasset und besungen durch Floridan/ den Pegnitz=Schäfer. mit Beystimmung seiner andern Weidgenossen. – Nürnberg: Endter 1645, fol. π2ᵛ (›Vorbericht‹). Vgl. auch die Widmungsadresse an den ›Hochgeehrten Leser‹ in: Georg Philipp Harsdörffer, Johann Klaj: Pegnesisches Schaefergedicht/ in den Berinorgischen Gefilden/ angestimmet von Strefon und Clajus. – Nürnberg: Endter 1644, fol. A2ᵛ. Beide Texte im Faksimile mit editorischen Beigaben in: Georg Philipp Harsdörffer, Sigmund von Birken, Johann Klaj: Pegnesisches Schäfergedicht. 1644–1645. Hrsg. von Klaus Garber. – Tübingen: Niemeyer 1966 (= Deutsche Neudrucke. Reihe: Barock; 8). Vgl. auch Georg Philipp Harsdörffer: Gesprechspiele. Fünfter Theil. – Nürnberg: Endter 1645. Reprint. Hrsg. von Irmgard Böttcher. – Tübingen: Niemeyer 1969 (= Deutsche Neudrucke. Reihe: Barock; 17). Hier das Kapitel ›Das Schäfergedicht‹, S. 315–325 bzw. S. 440–450 (Reprint). Schließlich sei verwiesen auf den ›Nothwendigen Vorbericht‹ Harsdörffers in seiner Übersetzung der Montemayorschen Diana. – Nürnberg: Endter 1646 (Reprint: Darmstadt: Wissenschaftliche Buchgesellschaft 1970), fol. 1π4ʳ–2π6ᵛ. Die ausführlichste zeitgenössische theoretische Äußerung zur Hirtendichtung findet sich bei Sigmund von Birken: Teutsche Rede- bind= und Dicht-Kunst. – Nürnberg: Riegel 1679. Hier vor allem heranzuziehen die Vorrede sowie das Kapitel ›Von den Feld=Helden und Straff-Gedichten. De Eclogis, Epicis & Satyris.‹, S. 293–314. Wie kein anderer hat Birken als fruchtbarster Bukoliker des 17. Jahrhunderts den Zusammenhang von Hirten- und Heldengedicht sowie den Konnex zwischen Schäferdichtung und Satire in seinem Werk theoretisch und praktisch reflektiert. Eine eingehende Untersuchung zur bukolischen Theorie im 17. Jahrhundert fehlt bislang.

niederem Stand in den obersten aufsteigt – und das alleine aufgrund seiner inneren Werte, seiner Tugend, seiner Frömmigkeit, seiner Urteilskraft, insgesamt seiner nicht angestammten, sondern erworbenen und praktizierten Qualitäten.

In der Pastorale und zumal in der Schäferoper, von der es allein in Deutschland Hunderte gab, ist die Rede zu Hause, ein eigentlicher König zu sein, sei nur dem Schäfer vorbehalten. In seiner Gestalt, ausgestattet mit allen Attributen aus der Antike und zumal Vergils nicht anders als mit denen aus der jüdisch-christlichen Tradition vom guten Hirten, vom *pastor bonus*, wird das Unterste zuoberst gekehrt, kann der Hirt als Repräsentant des von Gott geschaffenen Menschen in dieser Eigenschaft die symbolisch besetzte Spitze unter den Menschen einnehmen und als Stellvertreter all jener fungieren, die nichts sind als Menschen. In der zeitgenössischen Wirklichkeit bemißt sich die Stellung des Menschen allein nach seinem sozialen Rang. Ein ganzes Heer von Berufen ist damit befaßt, diesen Rang in Kleidung und Schmuck, in Mimik und Gebärde, in Rede und Verkehrsform zu modellieren, für Hierarchisierungen und damit für Abstufungen zu sorgen, ständische Stufenleitern visuell und symbolisch kenntlich und erfahrbar zu machen. Die Zeremonialwissenschaft ist nicht umsonst eine Königsdisziplin des Zeitalters.

Diesen von Kirche und Staat, städtischen Regimentern und territorialen Behörden vielfach bekräftigten gesellschaftlichen Verbindlichkeiten widerstreitet die Pastorale als literarische Trägerin der Arkadien-Vision in allen ihren authentischen Zeugnissen. Hier gelten kontrafaktische Werte und symbolische Rangordnungen. Und so ist es in der paradoxalen Konstruktion dieser Gattung begründet, wenn am Ende nicht nur der Hirt zum König aufsteigt, sondern umgekehrt der König, der Fürst, der Repräsentant von Herrschaft Zepter und Krone ablegt und freiwillig herabsteigen wird in den Hirtenstand, weil er, weil sie alle in einem der Bekehrung vergleichbaren Akt der Einsicht erkannt haben, daß nur in diesem niederen Stand das der Zeit Enthobene, das Bleibende verkörpert ist und gelebt wird. Ein solches Szenarium ist nicht denkbar ohne das Wissen um die Homologie mit der Gedankenfigur von der verkehrten Welt. Die pastorale Pointe besteht in ihrer spielerischen Umkehr, daß nämlich mit der Verabschiedung der ›verkehrten‹ Welt die ›wahre‹ geboren wird. Spiegelbildliche Verhältnisse obwalten, und die Schäferdichtung ist dazu bestimmt, diese zu flektieren und zugleich diskursiv durchzubuchstabieren.

›Wirtschaften‹ auf dem ›theatrum mundi‹

Daß dem so ist, läßt sich zeigen, indem für einen Moment lang eine Gegenprobe aufgemacht wird. Könige, Fürsten nahmen an diesem Rollenspiel teil und das auch außerhalb der Literatur, z.B. in den sogenannten ›höfischen Wirtschaften‹.[16] Da

---

16 Vgl. Claudia Schnitzer: Königreiche – Wirtschaften – Bauernhochzeiten. Zeremonielltragende und -unterwandernde Spielformen höfischer Maskerade. – In: Zeremoniell als höfische Ästhetik in Spätmittelalter und Früher Neuzeit. Hrsg. von Jörg Jochen Berns, Thomas Rahn. – Tübingen: Niemeyer 1995 (= Frühe Neuzeit; 25), S. 280–331; dies.: Höfische Maskeraden. Funktion und

ließen es sich die Spitzen der Gesellschaft nicht nehmen, im Hirten- und Bauernkostüm zu erscheinen, als Hirten und Bauern zu speisen und zu tanzen, zu sprechen und zu singen. Als Entlastung von den Zwängen der Etikette wird diese Kuriosität in der Forschung, wenn überhaupt wahrgenommen, behandelt. Sie ist mehr und anderes. In diesem Spiel gibt ein Wissen sich kund, daß auf dem *theatrum mundi* die reale und sanktionierte Rolle eine vorläufige, der Zeit geschuldete und am Ende wieder von ihren Trägern abfallende und zurückzugebende ist. Auf Totalität ist das dreidimensionale, Erde, Himmel und Hölle gleichermaßen umspannende Theater des Barock aus.

Die höfisch inszenierten sogenannten ›Wirtschaften‹ sind eine Miniatur dieses *theatrum mundi*. Könige und Fürsten bekennen im Vollzug solcher Festivitäten ein, daß ihr Gegenteil, daß die niederen Stände hinzugehören zu der Gesamtheit der ständisch gegliederten Gesellschaft. Sie werden eingemeindet, von Herrschaft umsponnen, dem herrschaftlichen Reglement integriert, indem die verkleidete und ins Natürliche verpuppte Herrschaft sich symbolisch-spielerisch in sie verwandelt.

So haben wir es mit zwei Modellen und Funktionen von verkehrter Welt im Lichte Arkadiens zu tun. Die Schäfer steigen in Verkehrung der realen Gegebenheiten empor an die Spitze, weil sie Repräsentanten des Menschen qua Menschen sind. Sie agieren futurisch, die ›verkehrte‹ faktische Welt unterminierend. Und die als Schäfer und Bauern verkleideten Könige und Fürsten suchen umgekehrt in der spielerischen Aufhebung der Rangordnungen deren Zementierung auf dem Umweg symbolischer Interaktion – metaphorisch gesprochen über einen zeremoniell umgedrehten Kniefall vor den unteren Ständen. Diese Dialektik ist der Arkadien-Utopie inhärent und will entfaltet sein.

›Wann Gottes Hammer gleist‹

Doch die Geschichte geht noch weiter, und auch das an der Hand unseres Gewährsmannes und schäferlichen Wortführers Floridan alias Sigmund von Birken. Kurz vorher war ein anderer Rechtsbeflissener und Consiliarius wiederum der Stadt Lüneburg zu seiner Hochzeit zu beglückwünschen, und das erneut in der typischen Nürnberger Manier, nämlich schäferlich und also bereit zum Raisonnie-

---

Ausstattung von Verkleidungsdivertissements an deutschen Höfen der Frühen Neuzeit. – Tübingen: Niemeyer 1999 (= Frühe Neuzeit; 53), S. 195–253: Verkleidungsbankette (S. 220ff.: ›Wirtschaften‹). Paradigmatisch: Helen Watanabe-O'Kelly: Court Culture in Dresden. From Renaissance to Baroque. – Basingstoke, New York: Palgrave 2002, p. 166ss.; Uta Deppe: Die Festkultur am Dresdner Hofe Johann Georgs II. von Sachsen (1660–1679). – Kiel: Ludwig 2006 (= Bau + Kunst; 13), S. 53ff. Vgl. schließlich auch die Hinweise bei Richard Alewyn und Karl Sälzle: Das große Welttheater. Die Epoche der höfischen Feste in Dokument und Deutung. – Hamburg: Rowohlt 1959 (= Rowohlts Deutsche Enzyklopädie; 92). Zum Kontext: Helen Watanabe-O'Kelly, Anne Simon: Festivals and Ceremonies. A Bibliography of Works Relating to Court, Civic and Religious Festivals in Europe 1500–1800. – London, New York: Mansell 1999.

ren.¹⁷ Nun aber herrscht nicht heitere Stimmung inmitten der schönen Natur, wie durchweg in der Pastorale üblich. Ganz im Gegenteil. Ein Unwetter geht danieder. Wenn das aber in der Schäferdichtung geschieht, dann ist Unheil im Schwange. Solches kann durchaus auch haften an sozialen Mißständen, und die Schäfer sind zur Stelle, um von dem Unrecht, ja von einer auf dem Kopf stehenden Welt Kunde zu geben in ihrer Eigenschaft als Weisheitskundige und Experten der Geheimnisse von Natur und Schöpfung. Drunter und drüber geht es zu in der kleinen Schäferei, und der Dichter findet ein ideales Feld vor, das wort- und metaphernreich zu bestellen ist. Folgen wir ihm einen Moment.

Floridan tritt in das Freie heraus. Im Hause hält es ihn nicht. Der furchtbarste Krieg, den die Menschheit bis dato erleiden mußte, ist eben zu Ende gegangen. Wir schreiben das Jahr 1649. »Kriegerische Stechfliegen und Blutegeln« schwärmen ihm immer noch vor den Augen herum. Und dazu paßt der Platzregen nur zu gut als allegorische Kulisse.»[A]uf dem Felde [war] wenig Ergötzlichkeit/ als welches nicht von der lachenden Sonnen bestralet/ sondern von weinenden Wolken betriefet wurde.« Die Gegend ist überschwemmt. Für den erfindungsreichen Schäfer sind solche in der pastoralen Welt eher ungewöhnlichen Vorgänge Herausforderungen, auch ihnen poetisch gerecht zu werden, und zwar gleichermaßen in Vers wie in Prosa. Das Faktologische darf nicht roh und unbearbeitet in die Pastorale eingehen. Es will gedeutet und zugleich geistreich umspielt sein, auch und gerade, wenn es Unheilschwangeres mit sich führt.

> Wann Gottes Hammer gleist/ und schmeisset auf uns los/
> so muß Erd/ Wasser/ Luft/ und Feuer/ Unfall schmieden.
> Die Flut/ die Wolken=ab der zürnend' Himmel gos/
> erinnert/ daß man auch mit Gott soll sliessen Frieden.
> Sonst wird der Weltvertrag/ gleich wie der Wasser stoß
> zerrissen Deich und Damm/ sich wieder auch zerglieden.
> Du aber Tullenau/ solst heissen Dultenau:
> das Türmlein der Gedult man unzerrissen schau.

Und dann erfolgt der Übergang zur Prosa:

> Wahr ist es/ er sahe viel wunderliches Wesens/ als er in die Stadt kame. Die Häuser liefen vor den Thüren herüm/ die Türme begunten ein pfeiffendes Getöne von sich zugeben. Etliche hatten die Fenster am Hals/ und frageten die vorbeiwandlenden/ wie ihnen

---

17 Sigmund von Birken: Hochzeitliches Schäfer=Gedicht in Besprechung der Pegnitzhirten übersendet von Floridan. – In: Glükwünschende Gedichte Auf den Hochzeitlichen Ehren=Tag Deß Ehrenvesten und Hochgelarten Herren Heinrich Krolowen/ Beyder Rechten Candid. & Consiliarii der Stadt Lüneburg. und Der WolEhren= und Tugendreichen Jungfern Magdalenen Wulkowen/ Des Edlen/ Vesten/ Hochgelarten vnd Hochweisen Herren Wilhelm Wulkowen/ beyder Rechten Doctorn vnd wolverdienten Burgermeisters daselbsten/ Eheleiblichen Tochter. Welcher gehalten den 29. Tag deß WeinMonats Jm Heil=Jahre MDCXLIX. vbersendet von Vornehmen Freunden vnd Pegnitzschäferen aus Nürnberg. Gedruckt zu Hamburg bey Michael Pfeiffern, fol. B1ʳ–C2ᵛ.

das Haus anstünde. Die andern liefen/ fremde Ankömmlinge zuerkennen; da sie unterdessen ihnen selbst unbekandt blieben.[18]

Das ehemals ›lustige Thal‹ ist in eine ungestalte ›Wüsteney‹ verwandelt worden. Erinnerungen an die Sintflut werden wach. Ein Unwetter dieses Ausmaßes kann – genauso wie der mörderische Krieg – nicht anders denn als Strafgericht Gottes gedeutet werden. Der ›Weltvertrag‹, das Miteinander von Gott und Mensch, steht zur Disposition.

Wir streifen diese Bilder und Vorstellungen nur eben. Sie sind Gemeingut der Zeit. Der Dichter aber zitiert sie, ruft sie in das Gedächtnis seiner Hörer und Leser, weil er sie kontaminieren möchte mit aktuellen und im Alltagsbewußtsein keineswegs bereits verankerten. Diese Technik der assoziativen Montage verbreiteter theologischer Bilder mit standespolitischen Vorstellungen der Humanisten gehört zu den Spezifika der Pastorale und ist bislang so gut wie gar nicht forschungsstrategisch entfaltet.

Fiktionale zwischenständische Positionierung

Das Volk ist wie der Dichter unterwegs im Freien, um die Verheerungen ringsum zu inspizieren. Die besondere Aufmerksamkeit erregt ein im Unwetter umgestürzter Wagen, der sich aufgrund seiner Insignien als ein von einem Adeligen gesteuerter zu erkennen gibt. Da sieht man es also wieder:

> Dann ob sie wol an Stand und Ehre/ welches beydes nur ein Wahn ist/ etwas vor andern waren/ so waren sie doch gleichmäßiger natürlicher Herkunfft/ und Menschlichen Gebrechlichkeiten eben auch/ oder wol/ das Schande zusagen/ noch zehenmal mehr/ als geringe Leute/ unterworfen. Noch dennoch renneten die närrischen Leute/ diese/ dem Augenschein nach/ hohe Personen in augenschein zunehmen/ und dachten nicht daran/ daß sie indessen in ihren Seelen eine viel währ= und wärhaftere Hoheit zusuchen hätten/ gegen welcher jene für nichts wehrten Schatten/ ja gantz für keine Hoheit/ zu achten und zuhalten.[19]

Selten in der Pastorale zeichnet sich die Stellung des Hirten-Poeten als eines Repräsentanten des gelehrten Standes so klar ab wie in der vorgelegten Partie. Hinsichtlich des Adels ist er sogleich mit der Lehre zur Hand, daß eben niemand vor Unglück gefeit sei, und der ständisch Erhobene womöglich noch weniger als der kleine Mann. Aber auch dieser erhält einen ermahnenden Wink. Statt zu versuchen, einen Blick auf die ›hohen Personen‹ zu erhaschen, stände es ihm besser an, sein Auge auf sein Inneres zu richten und nach ›Hoheit zusuchen‹. Der Schäfer wahrt eine Mitte zwischen oben und unten.

Das qualifiziert ihn zur Lehre in beiden Richtungen, garantiert ihm seinen Ausgriff in das Allgemeine, die Stände Überschreitende. Er bleibt Anwalt eines Mensch-

---

18 Die vorgelegten Zitate ebd., fol. B1ᵛ.
19 Ebd.

lichen, in das, wie verpuppt auch immer, egalitäre Momente hineinspielen. Sie mögen, ja sie dürften nicht im Spiel sein. Aber sie sind als Potenz gegenwärtig, harren also der Stunde ihrer Entbindung, wie sie im 18. Jahrhundert kommen wird. Daß indes im Umkreis des gelehrten Humanismus allemal Positionen argumentativ bezogen, ja erobert werden, die langfristig sozialen Sprengstoff bergen, lehrt auch dieser kleine Text. Wieder geht es um die Zitation des Adel-Diskurses, und wieder wagt der Dichter als Hirt verkleidet sich weit vor.

Adel makkaronisierend

Nun aber gelangt ein neues, bislang nicht zur Sprache gekommenes Moment hinzu, das zu einem anderen Aspekt ›verkehrter Welt‹ in Arkadien führt. Es ist kein moralischer oder eruditärer, sondern ein linguistischer. Auch in der Sprache vermag die Welt Kopf zu stehen. Und an dem Schäfer als einem Sachwalter der Sprache ist es, diesen linguistischen Sündenfall aufzuspießen, mit einem gehörigen Schuß satirischer Mimikry poetisch zu vergegenwärtigen und sodann mit aller gebotenen Vorsicht die Linien auszuziehen, also die Urheber dieses Frevels an der Sprache zu identifizieren.

Der Schäfer, als Reporter auf den Spuren eines ungewöhnlichen Ereignisses unterwegs, ist sich als guter Rechercheur nicht zu schade, sich umzuhorchen, was es denn mit dem umgefallenen Wagen jenes »Fürnemsten oder Fürsten/ wie sie verkürtzt genennet werden«, auf sich haben könne.

> Er fragte einen/ was dann darbey sonderlichs vorliefe/ das beschauens wehrt wäre. Der antwortete: O grand fol! Da siehet man ja schon baiselesmains, hurtige politezzen/ courtois, minen, und des Trinceanten zierliche Legons. En passet der Speiß=rariteten/ des regalirens/ des pocculirens/ und der aggregablen discoursen nicht zuerwähnen/ welches alles nicht nur mit proufit/ sondern auch mit höchstem plaisir und contentement pour passer le temps envisagiret und angeschauet wird.[20]

Der Schäfer kann sich darauf keinen Reim machen, meint einen »Zauberer« vor sich zu haben, der ihn »mit dergleichen unbegreifflichen Reden bannen und besweren« will. Das Unwetter in der Natur und der Mord im Krieg verlängern sich in die Sprache hinein. Aber dieser ›Zauberer‹ läßt sich sozial lokalisieren. Im nächsten Moment nämlich taucht in kalkulierter erzählerischer Regie ein Reiter auf, den man sich sehr wohl als Sprecher der makkaronisierenden Rede, wie es in der Zeit hieß, vorstellen kann. Hören wir noch einmal in den Text hinein, um mit dem Kolorit dieser schäferlich-satirischen Sprache vertraut zu werden.

> [I]n dem kam ihm ein ander zu gesicht/ welcher zwey Beine über ein Pferd herabhängend daher=/ und weil auf seine und seiner Diener Kleider gantze Bergwerke gesmolzen waren/ iedermanns Augen gleich als mit einem Magnetischen Blitz an sich/ zoge. Das gute Gerüchtt/ daß dieselbe Person nicht schelten liese/ hielte ihn zurükk; sonst hätte er

---

20 Die Zitate ebd., fol. B2ʳ.

bey sich geslossen/ es müste wenig innerliche Trefflichkeit unter dieser äuserlichen verborgen seyn. Dann die Tugend findet sich in sich selbst/ und hat keines äuserlichen Glantzes vonnöten/ ohne/ der von ihr herfür blitzet. Wann das Kleid den Mann macht/ so kommt die ertheilte Ehre nicht dem Manne/ sondern dem Kleid zu. Ist aber der Mann an sich selber Ehrenwehrt/ so darf seine Tugend keines schönen Kleides. Soll Ehre Ehre seyn/ so muß auch der ein geehrter Mann seyn/ der sie giebt: geehrte Leute aber ehren nur üm das/ was sie selber geehrt machet/ nämlich/ üm Tugend. Dargegen der Pöbel/ der seine Ehre sucht in Reichtum und äuserlichem Pracht/ gibt auch andern deßwegen Ehre: wie aber die Ehre/ die er hat/ keine wahre Ehre ist; also auch diese/ die er andern giebet.[21]

Noch einmal wiederholen sich die Argumente aus dem Diskurs um den ›wahren‹ Adel, der einer der Sittlichkeit, der Tugend, nicht zuletzt auch des Dekorums ist. Dieser Adlige, der da dem Schäfer begegnet, ist korrumpiert, usurpiert einen Adelstitel, der ihm nicht zukommt, und verbleibt bei allem Reichtum im Status des Pöbels. In der Schäferliteratur darf Derartiges ausgesprochen werden.

Der Schäfer als Anwalt eines nationalsprachlichen Projekts

Doch hier und jetzt geht es um den *linguistic turn*. Der Adel ist auch sprachlich defekt. Eine Sprache wie die verlautete verleugnet ihre Herkunft nicht. Die welschen Brocken weiß ein jeder Leser oder Hörer als dem höfischen Code zugehörige wahrzunehmen. Die Schäferliteratur ist voll von solchen makkaronisierenden Schwadroneuren. Da ist auch Freude am poetischen Imaginieren am Werk, aber zugleich doch mehr. Die Schäfer sind der Schöpfung nahe Wahrer der Ursprache.[22] Eine jede Nation befindet sich seit der Renaissance im Wetteifer um die größtmögliche Nähe zur Ursprache. Für die deutschen Humanisten war es ausgemachte Sache, daß die deutsche Sprache nicht nur zu den vier Hauptsprachen neben dem Hebräischen, Griechischen und Lateinischen zählte, sondern als die jüngste unter den vieren zugleich eine verjüngte war und so der Ursprache am nächsten. Die Sprachgesellschaftsbewegung des 17. Jahrhunderts ist ohne diese Philosopheme nicht verständlich. Der Adel und das hochgestellte ständische Personal aus dem Umkreis der Höfe sind dem ursprünglichen Sprechen entfremdet, haben das Ur-

---

21 Die Zitate ebd.
22 Vgl. Jane O. Newman: Pastoral Conventions. Poetry, Language, and Thought in Seventeenth-Century Nuremberg. – Baltimore, London: The Johns Hopkins University Press 1990; Klaus Garber: Pastorales Dichten des Pegnesischen Blumenordens in der Sozietätsbewegung des 17. Jahrhunderts. Ein Konspekt in 13 Thesen. – In: ›der Franken Rom‹. Nürnbergs Blütezeit in der zweiten Hälfte des 17. Jahrhunderts. Hrsg. von John Roger Paas. – Wiesbaden: Harrassowitz 1995, S. 146–154 (in diesem Band S. 429–437); ders.: Sprachspiel und Friedensfeier. Die deutsche Literatur des 17. Jahrhunderts auf ihrem Zenit im festlichen Nürnberg. – In: Der Westfälische Friede. Diplomatie, politische Zäsur, kulturelles Umfeld, Rezeptionsgeschichte. Hrsg. von Heinz Duchhardt. Redaktion Eva Ortlieb. – München: Oldenbourg 1998 (= Historische Zeitschrift: Beihefte. N.F.; 26), S. 679–713 (in diesem Band S. 263–298).

sprachen-Projekt verkehrt in sein Gegenteil, praktizieren ›verkehrte Welt‹ im Umgang mit der Sprache.

Der Hirte aber als Sachwalter des ursprachlichen Erbes in der nationalen Sprache der Deutschen ist mehr als ein versponnener Restaurateur. Er ist nochmals Repräsentant, nun aber der Dignität der deutschen Sprache als einer der Ursprache affinen. Ihre Pflege führt stets nicht nur einen quasitheologischen, sondern immer auch einen nationalkulturellen Index mit sich. Pflege der ursprachlich fundierten einen deutschen Sprache ist ein Unterpfand zugleich der nationalen Integrität. Und diese spezifiziert sich religiös und moralisch nicht anders als verfassungspolitisch und selbst noch defensorisch. Versündigung an der Sprache ist Versündigung an dem Gedeihen einer Nation. Die Hirten, welche aus dem Geist des Humanismus sprechen, wahren ein arkadisches Gut in der Inobhutnahme eines Sprachkörpers, an dem symbolisch immer auch der Vorschein einer humanistischem Verständnis gemäßen nationalen Mitgift haftet.

Zu betonen bleibt, daß diese polito-linguistische Operation im Humanismus nirgendwo auf Überwältigung, auf Superiorität der Sprachen und Nationen ringsum abzielt, sondern nur, das aber entschieden, auf den Wettkampf um die Trophäen *in artibus et litteris*. Indem die Hirten im Gegensatz zu den oberen Ständen an einem national gewendeten ursprachlichen Impetus festhalten und ihn offensiv verteidigen, nehmen sie wiederum und nun auf der sprachlichen Ebene einen allgemeinen wider einen partikularen Gedanken und einen mit diesem verknüpften kulturpolitischen Anspruch wahr.[23]

Übergänge in das 18. Jahrhundert

Das Reizvolle an der Schäferdichtung nicht anders als an der mit ihr vielfach sich überschneidenden Landlebendichtung besteht nun darin, daß beide Gattungen die in die erste Moderne hineinführende Schwelle überschreiten.

Die Landlebendichtung erfährt seit der Mitte des 18. Jahrhunderts einen eminenten Aufschwung und adaptiert vielfältig arkadische Erbschaften aus der Schäferdichtung, die ihrerseits in den interessantesten Bildungen in die im 18. Jahrhundert überhaupt erst gezeugte Idylle übergeht. Für mentalitätsgeschichtliche Fragen etwa, wie sie sich auch mit dem Topos ›verkehrte Welt‹ verbinden, ist diese doppelte gattungsgeschichtliche Konsistenz von kaum zu überschätzendem Vorteil. Es gibt keine zweite Gattung Alteuropas, die so vital im 18. Jahrhundert fortleben würde und zwar bis an dessen Ende, als sich nochmals eine Metamorphose mit der Schöpfung des idyllischen Epos Vossens und Goethes vollzieht.

---

23 Vgl. mit der einschlägigen Literatur Klaus Garber: Die Idee der Nationalsprache und Nationalliteratur in der Frühen Neuzeit Europas. – In: ders.: Literatur und Kultur im Europa der Frühen Neuzeit (Anm. 6), S. 107–213.

Pseudogriechische Wendung bei Gessner

Wir sind auf punktuelle, paradigmatische Fallbetrachtung aus, nicht zuletzt, um den Texten nahe zu bleiben. Eine Sonderstellung hat Salomon Gessner inne, der erste deutsche Dichter seit den Tagen der Reformation, der eine nachhaltige europäische Reaktion auslöst. Seine Idyllen, 1756 in einer ersten Sammlung an die Öffentlichkeit tretend, dürfen als ein Schlüsselwerk der arkadischen Literatur auch unter dem Gesichtspunkt des Topos der ›verkehrten Welt‹ befragt werden. In großen Texten entscheidet der Eingang, entscheiden die ersten Sätze über Rang und Statur, bergen in nuce das Geheimnis des mit jedem Werk neu aufgespannten poetischen Kosmos. Blicken wir also in die Vorrede zu den Gessnerschen *Idyllen*, zugegeben, ein berühmter, viel behandelter Text.

Wir dürfen uns nicht stoßen daran, daß in ihm der bereits erwähnte Topos vom Goldenen Zeitalter im Zentrum steht, nicht Arkadien. Das Motiv des Goldenen Zeitalters ist eine mythische Schöpfung der Griechen, Arkadien eine solche Roms, genauer Vergils. Insofern indizieren auch die Gessnerschen *Idyllen* die nicht nur für die deutsche, sondern für die europäische Literatur des 18. Jahrhunderts charakteristische Griechenwendung. Bei Gessner konkretisiert sie sich im emphatischen Bekenntnis zu dem hellenistischen Dichter Theokrit, der erstmals vor Vergil gerückt wird. Er sucht in dem Vorgänger Vergils den Dichter ursprünglicher Natur, natürlicher Lebensverhältnisse – zu Unrecht, denn Theokrits *eidyllia* repräsentieren eine hochartifizielle Poesie, die nur aus dem elaborierten Kunstwillen der alexandrinischen Spätzeit verständlich wird.[24]

Doch ›falsch‹, ›mißverstanden‹, ›verständnislos‹ sind in epochalen Akten der Rezeption obsolete Begriffe. Vergil steht für den Schweizer Idyllendichter als Repräsentant allegorischen höfischen Dichtens, und das ausdrücklich bereits als Hirtendichter. Dieser Wendung der Gattung sucht er im Namen Theokrits zu widerstreiten. Es ist ein Verdienst der neueren Forschung der sechziger und siebziger Jahre, gezeigt zu haben, wie nachhaltig der bukolische Habitus Vergils auch bei Gessner fortlebt. Es ist ein zeitkritischer, ein sozialkritischer, ein aus dem Ursprung her votierender, und es ist ein durch und durch futurisch gewendeter – drei Kategorien, die nur auf Vergil, nicht aber auf Theokrit passen.[25]

---

24 Vgl.: Theokrit und die griechische Bukolik. Hrsg. von Bernd Effe. – Darmstadt: Wissenschaftliche Buchgesellschaft 1986 (= Wege der Forschung; 580); Bernd Effe, Gerhard Binder: Die antike Bukolik. – München, Zürich: Artemis 1989 (= Artemis Einführungen; 38), S. 15ff. Im vorliegenden Kontext: Wulf D. von Lucius: Der deutsche Theokrit. Votivtafel für Salomon Gessner. – In: Zwischen Zettelkasten und Internet. Ein Feststrauß für Susanne Koppel. Hrsg. von Meinhard Knigge. – Eutin: Lumpeter & Lasel 2005, S. 21–31. Zur Diskussion im 18. Jahrhundert zuletzt: Maurizio Pirro: Teocrito e Virgilio nel dibattito settecentesco sulla poesia pastorale. – In: Università degli Studi di Napoli ›L'Orientale‹. Annali. Sezione germanica 17 (2007), No. 1–2, pp. 175–188.
25 Zu Recht immer wieder betont von den Kennern der idyllischen Tradition. Vgl. Renate Böschenstein-Schäfer: Idylle. 2., durchgesehene und ergänzte Aufl. – Stuttgart: Metzler 1977 (= Sammlung Metzler; 63), S. 73ff.; Ernst Theodor Voss: Salomon Geßner. – In: Deutsche Dichter des 18. Jahrhunderts. Ihr Leben und Werk. Hrsg. von Benno von Wiese. – Berlin: Schmidt 1977, S. 249–275; Helmut J. Schneider: Die sanfte Utopie. Zu einer bürgerlichen Tradition literarischer

Hirt als Wiederbringer des Goldenen Zeitalters

Diese Idyllen sind die Früchte einiger meiner vergnügtesten Stunden; denn es ist eine der angenehmsten Verfassungen, in die uns die Einbildungs-Kraft und ein stilles Gemüth setzen können, wenn wir uns mittelst derselben aus unsern Sitten weg, in ein goldnes Weltalter setzen. Alle Gemählde von stiller Ruhe und sanftem ungestöhrtem Glük, müssen Leuten von edler Denkart gefallen; und um so viel mehr gefallen uns Scenen die der Dichter aus der unverdorbenen Natur herholt, weil sie oft mit unsern seligsten Stunden, die wir gelebt, Ähnlichkeit zu haben scheinen. Oft reiß ich mich aus der Stadt los, und fliehe in einsame Gegenden, dann entreißt die Schönheit der Natur mein Gemüth allem dem Ekel und allen den wiedrigen Eindrüken, die mich aus der Stadt verfolgt haben; ganz entzükt, ganz Empfindung über ihre Schönheit, bin ich dann glüklich wie ein Hirt im goldnen Weltalter und reicher als ein König.[26]

Aus der Stadt losreißen muß sich der Sprecher dieser Vorrede, um »Gemählde von stiller Ruhe und sanftem ungestöhrtem Glük« in der Gegenwart genießen zu können. Das ist die Geburtsstunde des modernen Naturgefühls, wie es in dieser Konfiguration die alteuropäische Literatur nicht kannte, weil es ein Leiden an den Zwängen städtischer, zivilisatorischer Existenz in dieser überhaupt erst mit der Empfindsamkeit ins Spiel kommenden Gestalt nicht gab. Es bedarf des Auszugs aus der Gesellschaft in die Natur, um ursprünglicher Erfahrungen, indiziert im Goldenen Zeitalter, in der Gegenwart noch einmal teilhaftig zu werden. Zu diesem Exodus in die Natur muß eine Prädisposition bestehen. Wie in der vorangehenden Schäferdichtung ist sie in der empfindsamen Idylle der Kunstfigur des Hirten unterlegt. Er lebt literarisch vor, was Sehnsucht des Städters, des kultivierten Menschen ist.

Erhalten hat sich die Fixierung des Hirten als ständisch rangtiefer Figur. Eben als einer solchen ist dem Hirten die Erfahrung eines Glücks vergönnt, die dem Ranghohen verschlossen bleibt. Neuerlich hat eine Umkehrung der Werte statt. Genuß der Natur, Erfahrung der Individualität, reflexives Eingehen in die Ge-

---

Glücksbilder. – In: Idyllen der Deutschen. Texte und Illustrationen. Hrsg. von Helmut J. Schneider. – Frankfurt a.M.: Insel 1978, S. 353–423, S. 380ff. Vgl. von Schneider auch: Selbstbescherung. Zur Phänomenologie des Landschaftsblicks in der Empfindsamkeit. – In: Das Projekt Empfindsamkeit und der Ursprung der Moderne. Richard Alewyns Sentimentalismusforschungen und ihr epochaler Kontext. Hrsg. von Klaus Garber, Ute Széll. – München: Fink 2005, S. 129–138. Zur Gattung zuletzt: Carsten Behle: ›Heil dem Bürger des kleinen Städtchens‹. Studien zur sozialen Theorie der Idylle im 18. Jahrhundert. – Tübingen: Niemeyer 2002 (= Frühe Neuzeit; 71); Florian Schneider: Im Brennpunkt der Schrift. Die Topographie der deutschen Idylle in Texten des 18. Jahrhunderts. – Würzburg: Königshausen & Neumann 2004 (= Epistemata; 496). Zur – seit je bekannten, gleichwohl überraschenden – Rezeption Gessners in Frankreich jetzt die große Untersuchung von Wiebke Röben de Alencar Xavier: Salomon Gessner im Umkreis der Encyclopédie. Deutsch-französischer Kulturtransfer und europäische Aufklärung. – Genève: Slatkine 2006 (= Travaux sur la Suisse des Lumières; 5).

26 Salomon Gessner: Idyllen. Kritische Ausgabe. Hrsg. von E. Theodor Voss. 3., durchgesehene und erweiterte Aufl. – Stuttgart: Reclam 1988 (= Universal-Bibliothek; 9431). Die Ausgabe ist mit einem reichhaltigen Herausgeberteil ausgestattet, der zahlreiche Winke zu einem angemessenen Gessner-Verständnis enthält. Das vorgelegte Zitat S. 15.

heimnisse, die die innere seelische Welt bereit hält, Ausmessen der zeitlichen Dimension des Daseins, Kultivierung von *memoria*, Antizipation zukünftiger jenseitiger Freuden und wie die empfindsamen Losungsworte im einzelnen lauten mögen – sie alle sind so geartet, daß sie den gesellschaftlich sanktionierten Normen widerstreiten. Die aus der alteuropäischen Schäferliteratur bekannte Umkehr der das Leben prägenden Güter setzt sich fort, nun empfindsam getönt.

Der Hirt bleibt die Projektionsfigur dieser Wunschvorstellungen. Und noch einmal wird der Vergleich mit dem König als dem ranghöchsten Vertreter der ständischen Hierarchie gesucht. Die dem Hirten zugänglichen Daseinserfahrungen rangieren über allen Prämierungen, die die Gesellschaft zu vergeben hat. Der Topos der ›verkehrten Welt‹ in der spezifisch schäferlich-arkadischen Variante, empfindsam neu justiert, hält sich durch. Ihm korrespondiert schon bei Gessner eine radikale Kritik an gesellschaftlichen Mißbildungen, und zwar aus der Mitte der Idylle selbst heraus. ›Verkehrte Welt‹ herrscht dann in der anderen, zweiten Bedeutung, die wir zu profilieren suchten, als satirisch aufgespießtes Auf-dem-Kopf-Stehen der Realität.

Vom Hirten zum Bauern

Auch dazu soll noch einmal ein Beispiel gegeben werden, nun aus dem späten 18. Jahrhundert, in dem die frühneuzeitliche Literatur an ein Ende gelangt und mit ihr auch die alteuropäische Schäfer-, Landleben- und Idyllendichtung in ihrer vorrevolutionären Gestalt. Zu den Dichtern, die die Idylle mit Verve und Leidenschaft adaptiert haben, gehört der Sohn eines aus der Leibeigenschaft Entlassenen, der gebürtige Holsteiner aus Eutin Johann Heinrich Voß, heute nur noch als unübertroffener Übersetzer Homers bekannt. Schon Gessner hatte in seiner zitierten Vorrede Homer als Zeugen für idyllische Urverhältnisse in Anspruch genommen. Goethes *Werther* wird ihm eine Generation später folgen. Es walten seit der Mitte des 18. Jahrhunderts nochmals merkwürdige und auszuhorchende Konsonanzen zwischen der epischen und der idyllischen Welt, wie sie in der Zeugung des idyllischen Epos weltliterarisch zu Buche schlagen. Voß war dessen Begründer mit seiner *Luise*, in der er, verkörpert im Pfarrerstand, das Ideal einer aufgeklärt-patriarchalischen, von Toleranz, Weltfrömmigkeit, Freiheitsbewußtsein und sozialer Fürsorge bestimmten zukünftigen weltbürgerlichen Gesellschaft entwarf – ein erhabenes Denkmal der deutschen Spätaufklärung. Goethe antwortete mit *Hermann und Dorothea* sogleich darauf.[27]

---

27 Wiederum meisterhaft gezeigt in dem Nachwort zu: Johann Heinrich Voß: Idyllen. Faksimiledruck nach der Ausgabe von 1801. Mit einem Nachwort von E. Theodor Voss. – Heidelberg: Lambert Schneider 1968 (= Deutsche Neudrucke. Reihe: Goethezeit). Das Nachwort in überarbeiteter Form unter dem Titel ›Arkadien und Grünau. Johann Heinrich Voss und das innere System seines Idyllenwerkes‹ eingegangen in: Europäische Bukolik und Georgik. Hrsg. von Klaus Garber. – Darmstadt: Wissenschaftliche Buchgesellschaft 1976 (= Wege der Forschung; 355), S. 391–431. Stets des weiteren heranzuziehen: Helmut J. Schneider: Bürgerliche Idylle. Studien

In seinem Frühwerk war Voß auf andere, radikalere Töne gestimmt. Der Stachel der Leibeigenschaft saß ihm im Fleisch. Die Idylle schien ihm das geeignete Medium, seiner Kritik an den unwürdigen Verhältnissen auf dem Lande literarisch präformierten Ausdruck zu verleihen. Dafür mußte sie umgerüstet, mußte der Schäfer durch den Bauern ersetzt werden. Der vermochte zwar immer noch in Hexametern zu sprechen, teilte ansonsten aber das bittere Los der Leibeigenschaft mit den Bauern im Ancien Régime und lehnte sich vehement dagegen auf. So in der Idylle *Die Pferdeknechte*, die im Januar 1775, ein Jahr nach dem *Werther*, vollendet wurde, 1776 im *Lauenburger Musenalmanach* erschien und mit der er sich sogleich die Kritik seiner adligen Freunde im Göttinger Hain, der Gebrüder zu Stolberg, zuzog.[28]

Satanische Märchen in der Idylle

Pfingsten zieht herauf. Darauf pflegte man sich als Kind zu freuen. Damit ist es vorbei. Wie ›Totengeläute‹ schallen die Kirchglocken. Der Pferdeknecht Michel hat das Versprechen von seinem adligen Herrn erhalten, heiraten zu dürfen und aus der Leibeigenschaft entlassen zu werden, das aber nur gegen eine phantastische Summe von hundert Talern. Die ganze Familie kratzt die letzten Wertsachen zusammen. Umsonst. Die Hochzeit wird zugestanden, nicht so die Freiheit. Michel rast. Und sein Kompagnon Hans weiß zu erzählen, wie es zugeht in den Kreisen des Adels, mit welch satanischen Spielen man sich delektiert.

> Michel, du sprachst doch vom Tanz. Ich will dir ein Märchen erzählen.
> Kennst du die wüste Burg? Mein seliger Oheim, der Jäger,
> Lauert da im Mondschein einst auf den Fuchs, in den Zwölften. Mit einmal
> Braust, wie ein Donnerwetter, das wütende Heer aus der Heide.
> Hurra! rufen die Jäger, die Pferde schnauben, die Peitschen
> Knallen, das Hifthorn tönt, und gewaltige feurige Hunde
> Bellen hinter dem Hirsch, und jagen ihn grad' in das Burgthor.
> Oheim hält's für die fürstliche Jagd, ob sein Tiras gleich winselt,
> Denk mal, und geht (wie er denn zeitlebens ein herzhafter Kerl war!)
> Ihnen nach in die Burg. Nun denk, wie der Satan sein Spiel hat!
> Jäger und Pferd' und Hunde sind Edelleute, mit Manteln,
> Langen Bärten und eisernen Kleidern und großen Perücken;
> Wie die Schlaraffengesichter im Spiegelsaale des Junkers.

---

zu einer literarischen Gattung des 18. Jahrhunderts am Beispiel von Johann Heinrich Voss. – Diss. phil. Bonn 1975. Vgl. auch Klaus Garber: Idylle und Revolution. Zum Abschluß einer zweitausendjährigen Gattungstradition im 18. Jahrhundert. – In: Gesellige Vernunft. Zur Kultur der literarischen Aufklärung. Festschrift Wolfram Mauser. Hrsg. von Ortrud Gutjahr, Wilhelm Kühlmann, Wolf Wucherpfennig. – Würzburg: Königshausen & Neumann 1993, S. 57–82 (in diesem Band S. 485–511).

28 Textkritisch nach wie vor maßgeblich: Der Göttinger Dichterbund. Erster Teil: Johann Heinrich Voß. Hrsg. von August Sauer. – Berlin, Stuttgart: Spemann [s.a.] (= Deutsche National-Litteratur; 49). Hier ein großes Vorwort von Sauer.

> Weiber mit hohen Fontanschen und Bügelröcken und Schlentern
> Fodern sie auf zum Tanz. Da rasseln dir glühende Ketten!
> Statt der Musik erschallt aus den Wänden ein Heulen und Winseln.
> Drauf wird die Tafel gedeckt. Ganz oben setzt sich der Stammherr
> Vom hochadligen Haus', ein Straßenräuber. Sein Beinkleid,
> Wams und Bienenkapp' ist glühendes Eisen. Sie fressen
> Blutiges Menschenfleisch, und trinken siedende Thränen.²⁹

Ein Märchen soll's sein. Doch die beiden tun nichts, um ihm seinen makabren Charakter zu nehmen. Es ist ein vom Teufel eingegebenes schwarzes. Endzeitstimmung herrscht. Diese Frevel werden nicht ungerächt bleiben. Die Revolution kündigt sich an, um Auskehr in der verkehrten Welt zu halten.

> Michel.
> Bald ist der Kerl dabei! Dann schallen ihm unsre Seufzer
> Statt der Musik, dann brennen ihm unsre Thränen die Seele!
> Hans.
> Hu! wie wird er dann springen! Wie wird sein Weib, das Gerippe!
> Auf französisch dann fluchen, wenn keine Zofe die Ketten
> Ihr nach der Mode mehr hängt! Da wird sich der Satan ergötzen! …³⁰

Gesang Ariels

Das ist ein unvergilscher, ein unpastoraler, ein unidyllischer Ausklang. Zur Gattung in allen ihren drei Ausprägungen gehört jedoch der Entwurf von Alternativen, das eben ist ihre Vergilsche Mitgift. Voß, der Altphilologe, wußte darum. Und deshalb ist er zur Zyklenbildung geschritten, einer Neuerung in der Gattungsgeschichte. Eine Trilogie hat er nachträglich ausgeformt, in der *Die Pferdeknechte* den Eingang bilden. In mittlerer Position wird eine Idylle plaziert, in der ein Gutsbesitzer und seine Frau über die Leibeigenschaft raisonnieren und der Frau es schließlich gelingt, den Ehegemahl von der Unmenschlichkeit dieser Fron zu überzeugen. Eine dritte Idylle hallt wider vom Jubel der Befreiten, der im hochgestimmten und den Hochzeitern zugedachten Gesang sich verströmt: *Arkadien und Grünau*, wie ein Nachfahre Johann Heinrich Vossens, wie Ernst Theodor Voss vor vierzig Jahren seinen bahnbrechenden Artikel zur *Luise* seines Vorfahren titulierte.

> […] O wie selig, gesellt wohlthätigen Geistern,
> Schweben wir einst herüber und sehn Paradiese, wo Fluch war;
> Hören genannt vom Hirten und Ackerer unsere Namen,
> Feurig in Red' und Gesang' und in segnender Mütter Erzählung;
> Hören am Freiheitsfest sie genannt vom Pfarrer mit Andacht,
> Leise mit Thränen genannt von dem weither denkenden Greise;

---

29 Ebd., S. 77, V. 75–94.
30 Ebd., S. 77f., V. 99–103.

Und umschwebende Seelen Entlassener winken uns lächelnd,
Dort uns Tochter und Sohn, dort Enkelin zeigend und Enkel,
Die im erneueten Erdparadies gottähnlicher aufblühn!
Aber geeilt, mein Guter, bevor wir beide dahingehn,
Wo nicht folgt ein Besitz, als redlicher Thaten Bewußtsein!
Schauerlich, hätten wir halb nur gethan, und nach täuschendem Labsal
Marterte hier von neuem ein unbarmherziger Fronherr![31]

Es ist nicht der französische Weg, den Voß in seinen Idyllen einschlägt, obgleich sie an sozialkritischem Elan doch schwerlich zu überbieten waren. Es bleibt der deutsche, der erfüllt ist von der Hoffnung, daß Herrschaft, daß der Adel erziehbar und einsichtsfähig sei, in der Begegnung mit dem Gedankengut der Aufklärung zu Reformen sich verstehe. Auch ein revolutionärer Geist wie Voß erweist sich dem paternalistischen Erbe der lutherischen Reformation verpflichtet – ein in die Nachgeschichte der Idylle im 19., ja noch im 20. Jahrhundert hineinführendes Thema.

Genug, wenn es gelungen wäre, zu zeigen, daß auch die arkadischen Gattungen teilhaben könnten an einer Geschichte des Topos von der ›verkehrten Welt‹, und das in den beiden Komponenten der ihr eigenen Konstruktion: in der satirischen Geißelung der pathologischen Züge einer entstellten Welt, die aus der Perspektive der Schäfer, Landleute und Bauern verantwortet wird durch die an der Spitze der gesellschaftlichen Pyramide stehenden Schicht. Und sodann in der bis an den Vorabend der Revolution nicht preisgegebenen Hoffnung, daß Umkehr möglich sei, die entstellte Welt eine menschenwürdige Gestalt anzunehmen vermöchte, sobald das von den Hirten und ihren Widergängern, den Humanisten, den Gelehrten, den Gebildeten artikulierte Vermächtnis lebenswerter, dem Menschen als Menschen zukommender Maximen die Menschheit als eine nach arkadischen und also vernünftigen Prinzipien regulierte erreicht hätte und von ihr in tätigen Besitz genommen worden wäre.[32]

Unpubliziert. Der Beitrag wird auch erscheinen in: Künstliche Natürlichkeit. Die Naivität der Idylle als Fantasma, Utopie und Überwindungstopos. Hrsg. von Nina Birkner, York-Gothart Mix, Arbogast Schmitt.

---

31 Ebd., S. 158, V. 119–131.
32 Ein erster Prospekt zu einer derartigen Lesart der Gattung: Klaus Garber: Arkadien. Ein Wunschbild der europäischen Literatur. – München: Fink 2009.

IV

Autor – Werk – Öffentlichkeit
Porträts aus dem Deutschland des 17. Jahrhunderts

Der Autor im 17. Jahrhundert

Drei Porträts: Opitz – Birken – Weise

Den Autor des 17. Jahrhunderts, des ›Barock‹, hat es so wenig gegeben wie den anderer Epochen. Er ist eine literarhistorische Fiktion. An ihr hat auch die neuere, methodisch so bewußte ›Barockforschung‹ mitgewirkt. Rückblickend erscheint das nur allzu verständlich. Galt es doch, die seit dem Auftreten Klopstocks wie selbstverständliche ›Schöpfer‹- und ›Schöpfungs‹-Ästhetik außer Kraft zu setzen, wenn anders ein Zugang zur Dichtung des 17. Jahrhunderts gebahnt werden sollte. Diese beruht nicht auf dem ›Erlebnis‹, auf der singulären Erfahrung des großen Individuums. Sie hat ihr Fundament in der Gelehrsamkeit.

Der Autor des 17. Jahrhunderts ist *poeta doctus* par excellence. Als solcher tritt er das Erbe des europäischen Humanismus an. Dichten heißt Schreiben in einer großen, stets in die Antike zurückführenden Tradition. Kenntnis des europäischen Repertoires, der theoretischen Normen und praktischen Rezepte, bleibt eine unabdingbare Voraussetzung literarischer Produktion im 17. Jahrhundert. Auch ein Autor wie Grimmelshausen steht unter diesem Gesetz.

Traditionsgeschichte und ›Topos‹-Forschung auf der einen Seite, Poetik und Rhetorik auf der anderen bilden dementsprechend die Brennpunkte der ›Barock‹-Forschung zunächst in den späten zwanziger und frühen dreißiger, dann wieder in den sechziger und frühen siebziger Jahren. Auf ihr beruht auch unser heutiges Bild vom Autor im 17. Jahrhundert. Was aber fehlt darin, was ist abgeblendet oder an den Rand getreten?

Wir kennen nun den Autor als versierten Meister seines Metiers. Aber haben wir hinlängliche Kenntnisse von seiner Stellung im sozialen Gefüge seiner Zeit, von den Institutionen, in die er integriert war, von den geschichtlichen Kräften, an denen er partizipierte? Gewiß, die große Masse der literarischen Überlieferung erschöpft sich in der korrekten Nutzung des Handwerkszeugs. Große Dichtung aber ist auch im 17. Jahrhundert nur zustande gekommen im Kontakt mit den epochalen Bewegungen der Zeit. Sie ist gespeist von geschichtlicher Erfahrung.

Dieser ist bisher zu wenig Aufmerksamkeit geschenkt worden. Eine nicht nur verstehende, sondern zugleich kritische Geschichte der deutschen Literatur im 17. Jahrhundert, die wir bisher nicht besitzen, müßte die Autoren aus dem geschichtlichen Kräftefeld ihrer Zeit heraus begreifen und ihre Werke als Zeugnis und produktiven Faktor des historischen Prozesses deuten.

So liegt die methodische Alternative zur Bemühung um *den* Autor im 17. Jahrhundert nicht im begriffslosen phänomenologischen Empirismus. Vielmehr soll auf knappstem Raum der Versuch unternommen werden, an drei Gestalten dreier Generationen des 17. Jahrhunderts exemplarisch drei geschichtliche Phasen literarischer Autorschaft historisch-dialektisch zu rekonstruieren.

I Martin Opitz und die Schöpfung einer neuen deutschen Literatur aus dem Geist des Späthumanismus

Als Prototyp des Autors im 17. Jahrhundert ist Martin Opitz in die literarische Erinnerung eingegangen. Genau genommen verkörpert er jedoch eine Möglichkeit des Dichtens, der in ihrer Geburtsstunde bereits das Lebensrecht entzogen wurde. 1624 erscheint Opitzens *Buch von der Deutschen Poeterey*, 1625 die autorisierte, fortan verbindliche Edition seiner *Acht Bücher, Deutscher Poematum* mit einer programmatischen Widmungsadresse. Der Beginn der neueren deutschen Kunstdichtung pflegt – von einigen Vorläufern abgesehen – auf diese Daten fixiert zu werden. Schwerlich zu Recht.

Opitz wurde noch im 16. Jahrhundert geboren – 1597. Dieser Sachverhalt ist ernst zu nehmen. Er hat die Jahre des Lernens in unmittelbarem und teils persönlichem Kontakt mit den großen Gestalten des europäischen Späthumanismus verbringen können, deren Bildungswelt dem 16. Jahrhundert verhaftet blieb.

Hier ist nicht an die bekannte Tatsache gedacht, daß die Opitzsche Reform auf die neulateinische und nationalsprachige Produktion und Programmatik vornehmlich Frankreichs und der Niederlande zurückgreift. Opitz und seine Generation, ob in Böhmen oder Schlesien, in der Pfalz oder am Oberrhein, bewegen sich ein letztes Mal wie selbstverständlich auf einem europäischen Terrain, das für die deutsche Intelligenz im ersten Drittel des 17. Jahrhunderts unwiderruflich zerstört werden sollte.

Die Ansätze zu einer Nationalliteratur stehen in den westeuropäischen Ländern des 16. Jahrhunderts in engster Verbindung mit der reformatorischen Bewegung und zumal mit dem Calvinismus. Literaturgeschichte und Konfessionsgeschichte sind im 16. Jahrhundert eng verzahnt. Dieses faszinierende Kapitel europäischer Kulturgeschichte ist als Ganzes noch ungeschrieben. Ob man nach Frankreich hinüberblickt zu Marot oder du Bartas, ob in die Niederlande zu van der Noot oder Utenhove, zu Marnix oder Vondel, ob nach England zu Spenser oder Sidney, um nur ein paar Namen zu nennen – überall verlaufen zwischen literarischer und religiöser Reform mehr oder weniger offenkundige Verbindungslinien. Nicht selten ist die gesamte Biographie von den konfessionspolitischen Querelen gezeichnet.

Das gleiche Bild ergibt ein Blick auf die Wortführer des europäischen Späthumanismus. Casaubon und Bongars, de Thou und Pasquier, Dousa und Scaliger, Heinsius und Grotius, Bernegger und Lingelsheim – sie alle und so viele andere haben aktiv in die politischen Auseinandersetzungen eingegriffen. Sie standen durchweg auf der antikatholischen und antispanischen Seite, waren vielfach Vorkämpfer der calvinistischen Sache, sympathisierten zugleich mit der irenischen Bewegung und setzten sich nicht selten als ›Politiker‹ für den souveränen, religiöse Toleranz garantierenden Staat jenseits der konfessionspolitischen Parteiungen ein.

Opitz konnte noch Zeuge dieser über die Grenzen hinwegreichenden Politisierung des europäischen Späthumanismus werden. Liegt nicht auch und gerade darin eine Erklärung für seine säkulare Wirkung? Seine Biographie zumindest organisiert sich unter dieser Perspektive erstaunlich folgerichtig.

Opitz – dem Kleinbürgertum Bunzlaus in Schlesien entstammend – dürfte schon auf dem Breslauer Magdalenäum mit den Anhängern des Calvinismus in Berührung gekommen sein. Der Rektor der Schule Johannes von Hoeckelshoven stand unter entsprechendem Verdacht. Im Beuthener Gymnasium der Schönaichs – dem nur allzu kurzfristigen Substitut für die fehlende schlesische Landesuniversität – macht sich die mehr oder weniger latente calvinistische Orientierung der Gründer in der irenischen, dem rigiden Konfessionalismus abholden Programmatik der Anstalt geltend. Caspar Dornau, der berühmteste der Professoren auf dem neugeschaffenen Lehrstuhl für Sittenlehre, verfügte zudem über die einschlägigen personellen Kontakte zum calvinistischen Südwesten.

So ist es kein Zufall, sondern in schlesischer Tradition begründet, wenn Opitz zum weiteren Rechtsstudium in die Hochburg des Calvinismus, nach Heidelberg, übersiedelt. Hier gewinnt er über eine der Schlüsselgestalten des europäischen Späthumanismus, über Janus Gruter, die entscheidenden Kontakte zur *nobilitas litteraria* in Westeuropa und über Lingelsheim als Mitglied des Pfälzer Oberrats Zugang zur großen Politik.

Nirgendwo im deutschen Sprachraum sind die Bemühungen um eine erneuerte nationalsprachige Dichtung um 1600 weiter fortgeschritten als in der Pfalz. Dahinter stehen wiederum weitgespannte konfessionspolitische Beweggründe. Der Einsatz für eine deutsche ›Nationaldichtung‹ koinzidiert mit der politischen Ablösung von den Habsburgern und damit der Abwendung von der universalen klerikal-katholischen Latinität.

Am offenkundigsten tritt diese kulturpolitische Interdependenz im publizistischen Wirken Julius Wilhelm Zincgrefs zutage. Opitz ist hier im Westen durchaus Empfangender. Beide Freunde stehen uneingeschränkt hinter dem Böhmenzug Friedrichs V. Aus Zincgrefs Feder stammt ein *Epos* auf Friedrich V., von Opitz eine zum Unternehmen ermunternde *Oratio ad Fridericvm*. Beide Werke lassen über die procalvinistische Ausrichtung ihrer Verfasser keinen Zweifel. Dichtung steht unmittelbar im Dienste von Politik. Propagiert wird die Zusammenfassung der protestantischen und reformierten Kräfte unter der böhmischen Krone des Pfälzers gegenüber der katholischen Tyrannei.

Hier zeichnet sich für einen kurzen geschichtlichen Augenblick die Konzeption eines föderativen Bündnisses calvinistischer Fürstentümer unter pfälzischer Führung ab. Sie vermittelte auch dem Einsatz für eine deutschsprachige Literatur die mitreißende Kraft. Derart sind die Wortführer der neueren deutschen Dichtung wie in Westeuropa in die weitreichendsten politischen Unternehmungen verwickelt.

Diese und die auf sie gegründeten kulturpolitischen Hoffnungen brechen zusammen, als der ›Winterkönig‹ in Böhmen scheitert. Die verlorene Schlacht am ›Weißen Berge‹ markiert nicht nur konfessionspolitisch, sondern auch literarhistorisch ein Schlüsseldatum. Man lese Opitzens *TrostGedichte Jn Widerwertigkeit Deß Krieges*, um eine Ahnung zu gewinnen, welche politischen Energien, welche antikatholischen Potenzen, welche Sympathien für das Hugenottentum in Frankreich und den Republikanismus in den Niederlanden der Calvinismus auch in Deutschland freizusetzen vermochte. Nur in dieser geschichtlichen Konstellation konnten die Ansätze für ein Epos gedeihen, das dann im 17. Jahrhundert bezeichnenderweise als *genus politicum* nicht mehr zustande kam.

In Holland begegnete Opitz noch einmal einer vom Calvinismus geprägten politischen und literarischen Kultur. Dann kehrte er über Jütland nach Schlesien zurück. Er fand ein von Grund auf verändertes Land vor. Das Regiment führte nun der Vertrauensmann Ferdinands II. in Schlesien, Karl Hannibal von Dohna. Er hatte sich jeder Unterstützung des Winterkönigs enthalten; so war jetzt seine große Stunde gekommen. Zielstrebig schritt die Rekatholisierung des Landes voran und erreichte Ende der zwanziger Jahre ihren Höhepunkt. Der politische Einfluß der Piasten-Fürsten Johann Christian und Georg Rudolf von Liegnitz und Brieg, nacheinander Inhaber einer schlesischen Landeshauptmannschaft, war gebrochen; zu offenkundig war die Kollaboration mit dem Winterkönig gewesen.

So gelang es auch Opitz nicht, am Hof der Piasten Fuß zu fassen, wo sein Platz gewesen wäre. Er wich zunächst nach Siebenbürgen aus zu Bethlen Gábor und begegnete in ihm nochmals einer politischen Schlüsselgestalt des Calvinismus. Dann jedoch wurde der Übertritt ins katholische Lager unvermeidlich, nachdem der Dichter in Wien vom Kaiser gekrönt und hernach nobilitiert worden war. Der Wechsel zum katholischen Brotgeber ließ schlagartig die veränderten politischen Bedingungen erkennen, unter denen die calvinistisch ausgerichtete Intelligenz sich zu arrangieren hatte – in Schlesien nicht anders als in der Pfalz.

Die katholische Phase Opitzens hat immer wieder die Entrüstung seiner Biographen hervorgerufen. Sie mußte seinen politischen Freunden als Verrat an der gemeinsamen Sache dünken. Dennoch ist es Opitz nach dem Sieg der Schweden in Schlesien erstaunlich leicht gefallen, in die alten Kreise zurückzukehren. Ganz offensichtlich waren diese nicht uninteressiert daran, einen der Ihren mit wichtigen diplomatischen Aktionen betraut zu wissen. Die Verhandlungen mit Brandenburg, mit Sachsen, mit Schweden und mit Polen verliefen vielfach über Opitz. Er versäumte denn auch keine Gelegenheit, den Kontakt mit den Piasten zu wahren.

Die Jahre im Dienste Dohnas brachten ihm die entscheidenden politischen Erfahrungen in Zentren der europäischen Politik mit dem Höhepunkt der Paris-Mission im Jahre 1630. Sie entschieden darüber, daß auch das knappe letzte ihm verbleibende Jahrzehnt im Zeichen der Diplomatie stand, nun jedoch nach dem Abschied von Dohna wieder im überzeugenden Wirken für die protestantische Sache. Wie eine sinnbildliche Fügung will es scheinen, daß er am Ende seines allzu kurzen Lebens in der Gestalt des polnischen Agenten Bartholomäus Nigrinus in Danzig nochmals den Weg eines bedeutenden Reformierten kreuzte.

Nach Danzig gingen die Informationsgesuche und Verhandlungsaufträge der polnischen wie der schwedischen Krone, Wladislaws IV. und Oxenstiernas, gerichtet an die Adresse des inzwischen zu hohem politischem Ansehen gekommenen Dichters. Zwischen diesen rivalisierenden Mächten sich zu behaupten und das Vertrauen keiner der beiden zu verlieren, setzte erhebliches diplomatisches Geschick voraus. Für eine Weile verlief ein Faden der europäischen Politik zwischen Stockholm und Warschau über Danzig, wo Opitz offiziell als polnischer Historiograph des Königs engagiert war.

Daß Opitz kurz vor seinem Tode im Jahre 1639 seine politische Korrespondenz vernichtet haben soll, wie der Editor seiner Briefe Jasky berichtet, entbehrt von daher nicht der Glaubwürdigkeit. So hat die politisch-diplomatische Tätigkeit Opitzens die Priorität gegenüber der dichterischen inne. Darin erweist sich Opitz als Nachfahre der großen politischen Humanisten des 16. Jahrhunderts.

Die Spannung zwischen diesen beiden Polen seiner Existenz durchzieht in humanistischer Tradition sein Werk. Die *vita contemplativa* ungeteilter Muße für die gelehrten und poetischen Aufgaben bleibt das sehnsuchtsvoll umkreiste Utopikon. Gleichwohl kann es keinen Zweifel daran geben, daß die öffentliche Wirksamkeit des Dichters seinem Werk die lebendigsten Kräfte zugeführt hat. Im irenischen Gestus, in der Verpflichtung auf Toleranz und konfessionellen Ausgleich ebenso wie in der Kritik der Tyrannei jedweder Provenienz, der Gebärde des Leidens gegenüber den Greueln des Krieges ist das humanistische Erbe überzeugend, ja gelegentlich ergreifend bewahrt worden.

Wenn die Assimilation der Politik an die Dichtung eine Episode blieb, so aus den angedeuteten geschichtlichen Gründen. Die mehr als zehnjährige Unterdrückung der bedeutendsten dichterischen Leistung Opitzens, des *TrostGedichtes*, läßt erkennen, wie vorsichtig der Dichter nach 1620 zwischen den konfessionspolitischen Parteiungen taktieren mußte. Vorher jedoch, zu Ende des 16. Jahrhunderts und in den ersten Jahrzehnten des 17. Jahrhunderts, zeichnete sich auch in Deutschland in den reformierten Territorien eine Westeuropa konforme, nämlich öffentliche Funktion des Dichters in der Gesellschaft ab. Gestalten wie Zincgref, wie der früh emigrierte Weckherlin, wie Opitz waren berufen, diese Rolle zu übernehmen. Hier gab es Ansätze für eine in Deutschland sporadische Tradition politischer Dichtung. Sie sind in eins mit dem Untergang des Calvinismus verschüttet worden.

Diese knappen Andeutungen sollten hinreichen, um hinter das in der wissenschaftlichen Literatur bereitstehende Schlagwort von der fürstlichen Servilität des ›Barock‹-Dichters ein Fragezeichen zu setzen. Opitz hat das Bündnis des Dichters mit den Herrschaftsständen des Ancien Régime gesucht, den Adel und insbesondere das regierende Fürstentum als Adressaten der neueren Dichtung stets wieder apostrophiert. Die vielen, systematisch noch nicht ausgeschöpften Vorreden zu seinen Werken bezeugen das ebenso wie der *Aristarchus* und die *Poeterey*. Opitz folgte damit einer gemeineuropäischen Entwicklung.

Die Konstitution der ›National‹-Literaturen ist in allen Ländern, Holland teilweise ausgenommen, im Zusammenspiel mit den Monarchien bzw. Fürstentümern vonstatten gegangen. Der kompromißlose Bruch Opitzens mit der kulturellen Überlieferung des Stadtbürgertums hatte nicht nur formale Gründe. Mit dem ökonomischen und politischen Niedergang der alten Reichsstädte erschöpfte sich auch deren innovatorische kulturelle Potenz. Nur eine formal den europäischen Standards genügende Dichtung durfte auf das Interesse des Hochadels zählen. Opitz und die Seinen waren sich dieser sozialen Implikationen der neuen Dichtung sehr wohl bewußt.

Ihrer Einführung korrespondierten zu Anfang des Jahrhunderts parallele Aktivitäten von seiten der Höfe selbst. Die Gründung und das Wirken der ›Fruchtbringenden Gesellschaft‹ stehen dafür ein. Auch diese höfische Vereinigung wurde initiiert und getragen von den reformierten Fürstentümern des Reiches. Eine eingehende historisch-politische Untersuchung vermöchte gewiß zu zeigen, wie die kulturpolitische Selbstbehauptung gegenüber der katholischen Suprematie, die Aneignung der reformierten literarischen Überlieferung Europas und die Zusammenfassung der politischen, konfessionellen und literarischen Aktivitäten auf seiten der Protestanten und Calvinisten tragende Motive dieser bedeutendsten Gesellschaftsgründung des 17. Jahrhunderts auf deutschem Boden bildeten.

Stellte der Adel das Gros der Mitglieder, so gingen die entscheidenden Impulse doch von der Interaktion zwischen den Fürstenhäusern und den Gelehrten aus. Ohne die gelehrte Kompetenz der häufig wie Opitz dem Bürgertum entstammenden Dichter, ohne deren internationale Kontakte war eine repräsentative Kultur, die dem Vergleich mit dem Ausland standzuhalten vermochte, nicht aufzubauen. Zwar gestaltete sich das Zusammenwirken zwischen Opitz und der ›Fruchtbringenden Gesellschaft‹ zu Anfang schwierig, doch besagt das nichts gegen diesen soziokulturellen Nexus. Persönliche Rivalitäten und die katholische Volte Opitzens dürften gleichermaßen eine Rolle gespielt haben.

Hernach galt Opitz der uneingeschränkte Respekt des fürstlichen Gründers und der maßgeblichen Mitglieder. Er und die Seinen hatten dem kulturellen Legitimationsbedürfnis der Fürsten mit ihrem Programm einer deutschsprachigen Kunstdichtung einen Weg zur Realisierung gewiesen. Wenn das Interesse der Höfe an der literarischen Reformbewegung rasch wieder erlahmte, so scheint dies gleichfalls nicht zuletzt herzurühren von dem Untergang des Calvinismus in Deutschland. Die Stellung des Dichters bei Hofe – zumeist in den Chargen des Bibliothekars oder Historiographen – sank zum Beiträger und Arrangeur höfischen Festwesens herab, dem jener prospektive politische Impetus der Frühzeit nur allzu häufig verloren gegangen war.

II Sigmund von Birken zwischen Stadt und Hof im Kontext der Sozietätsbewegung

Opitzens theoretische und dichterische Manifestationen seit den zwanziger Jahren setzen nicht mit einem Schlag die produktiven Kräfte des Jahrhunderts frei. Die Dinge so zu sehen, hieße nicht nur, die verheißungsvollen Ansätze vor und neben Opitz unterzubewerten, sondern auch, die gravierende Zäsur nicht zu gewahren, die zwischen seinem ersten öffentlichen Auftreten und der allmählichen Verdichtung der literarischen Aktivitäten in der zweiten Hälfte der dreißiger Jahre liegt.

Zunächst galt das Interesse der Erprobung und Weiterentwicklung der von Opitz und seinen Anhängern bereitgestellten lyrischen Formen, dann stieg um die Jahrhundertmitte das Trauerspiel empor, dem Opitz durch Übersetzungen vorgearbeitet hatte, und ab den sechziger Jahren folgte der von Opitz gleichfalls schon eingeführte Roman nach. Ist es erlaubt, zur Erklärung dieser Zäsur nochmals auf die konfessionspolitischen Kräfteverschiebungen zurückzugreifen?

Mit der Rekatholisierung der Pfalz, Schlesiens, Böhmens und Oberösterreichs ging eine zeitweilige Erstarrung des literarischen Lebens einher. Die kulturpolitisch fruchtbare Achse zwischen Schlesien und der Pfalz wurde unterbrochen. Abseits davon – und bald auch abseits von den calvinistischen Höfen – vollzog sich in den protestantischen Kommunen des Nordens und Ostens mit einer erheblichen Phasenverzögerung die Aneignung und Fortsetzung der Opitzschen Reformbewegung.

Damit tritt die Stadt als Kristallisationspunkt des literarischen Lebens auch des 17. Jahrhunderts hervor. Ihre Erforschung unter kultur- und literatursoziologischem Aspekt hat lange unter der auf Hof und Kirche zentrierten Aufmerksamkeit gelitten. Einen Zugang zur literarischen Praxis in den Kommunen des 17. Jahrhunderts findet man am ehesten an einer bisher gleichfalls zu wenig beachteten Stelle, im Gelegenheitsschrifttum.

Schreiben für einen festen Adressaten- und Auftraggeberkreis gilt als typisches Merkmal höfischer Abhängigkeit des Autors im 17. Jahrhundert. Selbstverständlich ist das höfische Kasualgedicht aus dem 17. Jahrhundert nicht wegzudenken. Es war das gegebene Medium zur Kontaktpflege mit dem Personal in Hof und Verwaltung und – sofern es den Regenten einschloß – den bereits eingeführten Dichtern vorbehalten. Aufs Ganze gesehen hat es an der unermeßlichen Produktion von Gelegenheitsschriften einen vergleichsweise geringen Anteil und das schon deshalb, weil es nur eine Variante der zumeist nicht auf das Wort beschränkten Formen höfischer Huldigung darstellt. Seine Domäne liegt im bürgerlich-gelehrten Bereich.

Davon überzeugt man sich am schnellsten in Bibliotheken mit umfänglichen Beständen dieses Typs. Gelehrter Sammeleifer hat hier vielfach das lokal bzw. regional Zusammengehörige in reichen Sammelbänden vereinigt. Es bedürfte dringend der soziologischen Entschlüsselung hinsichtlich der Verfasser und Adressaten, aber auch der Drucker und Verleger etc. Erst dann würden wir über ein Bild des literarischen Lebens im 17. Jahrhundert verfügen, das nicht mehr nur an den personellen und institutionellen Gipfeln orientiert wäre.

Selbstverständlich wechseln die an der literarischen Kommunikation beteiligten Schichten je nach Stadttyp. Es macht einen Unterschied, ob man einen Sammelband mit Beiträgen aus einer Residenzstadt oder einer Universitätsstadt, einer großen freien Reichsstadt oder einer kleinen Territorialstadt in die Hand bekommt. Dennoch dürften in verschiedener prozentualer Zusammensetzung immer wieder Pfarrer und Diakone, Richter und Advokaten, Räte und Sekretäre, Schreiber und Kanzlisten, Professoren und Schulmänner, Ärzte und Apotheker als Schreibende auftauchen.

Das Patriziat, sofern vorhanden, mag als Adressat dieser Dichtung erscheinen. An der Produktion ist es in der Regel ebenso wenig beteiligt wie das zünftige Bürgertum. Es sind die des Lateins Mächtigen, die ›gelehrten‹ Kreise, die schreibend und lesend das literarische Leben des Alltags tragen. Dementsprechend ist das bevorzugte sprachliche Medium dieser im letzten Drittel des 16. Jahrhunderts anschwellenden Woge bis in die drei ersten Jahrzehnte des 17. Jahrhunderts hinein das Lateinische, bevor sich der Übergang zum Deutschen dann auch im Gelegenheitsschrifttum sukzessive geltend macht.

Die sogenannten Sprach- und Dichtergesellschaften, die gleichfalls erst jetzt wieder ins Blickfeld treten, müssen zunächst als institutionell verfestigte Formen des kommunalen literarischen Betriebs im 17. Jahrhundert verstanden werden. Auch sie leben in erster Linie von der Gelegenheitsdichtung. Wenn sie einen gewissen Nimbus noch im 17. Jahrhundert erlangten, so aufgrund ihrer Repräsentanten und Organisationsformen, ihrer Satzungen und Programme und nicht zuletzt wegen ihrer vielfältigen personellen Verflechtungen. Sie definieren sich so gut wie alle im Rückbezug auf die ›Fruchtbringende Gesellschaft‹ und verstehen sich als ihr verpflichtete Gründungen, die ihren Mitgliedern den Aufstieg in die berühmte fürstliche Sozietät erleichtern sollten.

In dieser Subordination wird das soziale Gefälle nochmals offenkundig. Die ›Fruchtbringende Gesellschaft‹ bot den protestantisch-calvinistischen Territorialstaaten die Möglichkeit, den Adel der von Fürsten und Gelehrten initiierten politischen und kulturellen Sammlungsbewegung zu integrieren. Er trat nur selten produktiv hervor, fand jedoch in der angesehenen überregionalen Vereinigung ein Forum zur Teilnahme am höfischen Kulturgebaren und damit immer auch zur eigenen Repräsentation. An den städtischen ›Sprachgesellschaften‹ war der Adel hingegen naturgemäß kaum interessiert.

Nur Zesen war es möglich, seiner ›Teutschgesinneten Genossenschaft‹ einen vergleichsweise größeren Prozentsatz an Adeligen zu gewinnen; die Vorstände seiner vier ›Zünfte‹ sollten überdies dem Adel vorbehalten bleiben. Der Eintritt von Mitgliedern aus dem Adel bzw. dem häufig gleichfalls nobilitierten Patriziat erhöhte das Prestige der städtischen Sozietäten. Desgleichen kam es dem Renommee dieser Gesellschaften zugute, wenn ihre Gründer bzw. einzelne ihrer Mitglieder Aufnahme in die ›Fruchtbringende Gesellschaft‹ gefunden hatten. Harsdörffer als Patrizier und späterem Gründer des ›Pegnesischen Blumenordens‹ und Rist als Repräsentanten der norddeutschen ›Barockdichtung‹ und späterem Initiator des ›Elbschwanenordens‹ gelang der Zugang vergleichsweise mühelos. Birken hatte einen zähen Kampf auszutragen.

Besondere Schwierigkeiten stellten sich dem Aufnahmegesuch Zesens entgegen. Er hatte sich vermessen, das dem regierenden Hochadel zukommende Prädikat ›Durchleucht‹ den gelehrten Poeten zu vindizieren und beharrte ungeachtet des vehementen Einspruchs von seiten des fürstlichen Gründers der ›Fruchtbringenden Gesellschaft‹ auf dieser Titulatur. Zudem ging Zesen in der Wortbildung und Orthographie eigene Wege. Sie liefen den Versuchen der ›Fruchtbringenden Gesellschaft‹ zuwider, die Sprache der Verwaltung und des diplomatischen Verkehrs innerhalb der Territorien und gegenüber dem Ausland zu vereinheitlichen. Es bedurfte erheblicher Anstrengungen, bis das Oberhaupt der Gesellschaft, Fürst Ludwig von Anhalt-Köthen, seinen Widerstand aufgab. In den kommunalen Gesellschaften selbst fand die ›Fruchtbringende Gesellschaft‹ ihrerseits in der Tendenz zu sprachlicher Normierung willkommene Partner frühabsolutistischer Kulturpolitik.

Doch es wäre unangemessen, die Sozietäten und Dichtervereinigungen in Hamburg, Danzig und Königsberg, in Leipzig, Nürnberg, Straßburg und anderwärts nur als Derivate der höfisch-adligen Gründung literarhistorisch zu würdigen. Sie müssen zugleich als genuin bürgerlich-gelehrte Organisationsformen im sich formierenden frühabsolutistischen Staat angesprochen werden. Als solche gehören sie in die Vorgeschichte der Etablierung einer bürgerlichen Öffentlichkeit im 18. Jahrhundert.

Schon die ›Fruchtbringende Gesellschaft‹ kennt die von den europäischen Vorbildern übernommene Gepflogenheit, die Gesellschafter mit Gesellschaftsnamen und Emblemen auszustatten. Die darin enthaltene latente Unterminierung ständischer Grenzen darf nicht überbewertet werden. Der Streit Zesens mit Fürst Ludwig beweist das. Immerhin liegen hier Ansätze zu einem Organisationsmodell vor, das symbolisch die reale gesellschaftliche Hierarchisierung zurücknimmt und damit – wie indirekt auch immer – auf eine Verschleifung ständischer Grenzziehungen verweist. In der Kooperation von Fürstentum und gelehrtem Bürgertum und in der Heranziehung der Gelehrten neben dem Adel zeichnen sich auch in der ›Fruchtbringenden Gesellschaft‹ interessante und zukunftsweisende soziale Interferenzen ab.

Die städtischen Vereinigungen haben die Spielregeln der ›Fruchtbringenden Gesellschaft‹ teilweise übernommen. Sie dürfen gleichfalls nicht überbewertet werden, zeitigten jedoch gelegentlich überraschende Konsequenzen. So etwa im Blick auf die Rolle des weiblichen Geschlechts in einigen dieser Gesellschaften und insbesondere im ›Pegnesischen Blumenorden‹.

Sie ist von den Mitgliedern wahrgenommen, bewußt gefördert und theoretisch legitimiert worden. Dichten sei wie alle geistige Tätigkeit nicht an die anthropologische Vorgabe des Geschlechts gebunden, sondern ein Produkt von Begabung und Schulung. Die intellektuelle Emanzipation der Frau gehört zu den auf das 18. Jahrhundert vorausweisenden Errungenschaften der ›Sprachgesellschaften‹. In ihnen konkretisiert sich der in den theoretischen und programmatischen Verlautbarungen vorgetragene Anspruch dieser Gesellschaften, ihre Legitimation in Tugend und Glauben, Wissen und Können, also in der moralischen Integrität und intellektuellen Fähigkeit ihrer Mitglieder zu besitzen, nicht jedoch in deren differenter sozialer oder geschlechtlicher Herkunft.

Das schließt nicht aus, daß sich ihre Wortführer alle um die Nobilitierung bemüht haben. Sie erleichterte den Zugang zur ›Fruchtbringenden Gesellschaft‹ und verschaffte die soziale Reputation, die dem Ansehen des Poetenstandes und seiner Schöpfungen gleichermaßen zugute kam. Das von den kaiserlichen Pfalzgrafen, von Rist, von Birken und anderen lebhaft gepflegte Geschäft der Dichterkrönung hat hier seine Wurzeln.

Der Adel als führender erster Stand blieb der soziale Orientierungspunkt auch für die bürgerlichen Gelehrten. Doch setzten sie dessen auf Herkommen, auf Tradition gegründeten Wertvorstellungen und Führungsqualitäten ihre auf Leistung, auf persönlichem Verdienst beruhende Qualifikation gegenüber und begründeten damit ihren Anspruch auf einen gleichrangigen Platz innerhalb der im übrigen nicht angetasteten Ständegesellschaft. Die ›Sprachgesellschaften‹ bildeten den lokkeren und bescheidenen institutionellen Rahmen bürgerlich-gelehrter Kompetenz im 17. Jahrhundert. Die deutschen Gesellschaften des 18. Jahrhunderts und deren

Wortführer haben sie denn auch als Präfigurationen ihrer regional und sozial sehr viel weiter gestreuten Aktivitäten gerne in Anspruch genommen.

Ein Exempel mag das Gesagte verdeutlichen. Sigmund von Birken, Mitglied des ›Pegnesischen Blumenordens‹, hat wie Opitz niemals einen festen Beruf innegehabt. Er wollte Gott nach eigenem Bekenntnis nicht von der Kanzel herab, sondern durch seine Feder dienen. Unter den besonderen Bedingungen des 17. Jahrhunderts darf er deshalb – wie auf andere Weise Zesen – als einer der ersten ›freien Schriftsteller‹ gelten. Der gesellschaftliche und literarische Spielraum des Autors im 17. Jahrhundert ist daher am Beispiel Birkens gut abzulesen.

Als Sohn eines evangelischen Pfarrers gehörte er einer Schicht an, die für die Pflege der deutschen Literatur des 17. wie des 18. Jahrhunderts eine kaum zu überschätzende Bedeutung besaß. Während es Opitz eine geraume Zeit vergönnt war, sich im geistigen Raum des Calvinismus zu bewegen, wurde der junge Birken in die Katastrophe des Protestantismus in Böhmen hineingerissen. Dreijährig floh er 1629 mit der Familie aus Eger in die Heimatstadt der Mutter nach Nürnberg. Hier wurde er an der Schule der Heilig-Geist-Kirche unterwiesen, wo sein Vater als Prediger und Diakon wirkte, bevor er nach dessen Tod für ein Jahr an Dilherrs ›Neues Gymnasium‹ hinüberwechselte. Der bedeutende Theologe und Pädagoge – er geriet in den sechziger Jahren zeitweilig unter Calvinismus-Verdacht – vermittelte als fürsorglicher und einflußreicher Mentor den Kontakt zur Universität Jena, die Birken wegen mangelnder finanzieller Mittel jedoch nur drei Semester – vorwiegend Jura, Philosophie und Theologie studierend – besuchen konnte.

Zurückgekehrt nach Nürnberg nahm sich neben Dilherr auch Harsdörffer des jungen poetischen Talents an und integrierte ihn dem sich eben jetzt 1644/45 bildenden ›Hirten- und Blumenorden‹ an der Pegnitz. Doch ein Jahr später war Birken schon wieder auf Wanderschaft. Er wurde neben Schottel Prinzenerzieher am Wolfenbütteler Hof und begründete die lebenslängliche Freundschaft mit Herzog Anton Ulrich, mußte jedoch erstaunlich rasch seinen Abschied nehmen, knüpfte u.a. Verbindungen zu Rist und kehrte nach Nürnberg zurück, als es in der freien Reichsstadt die Friedensfeierlichkeiten auszurichten galt.

Birken wirkte an ihnen auf katholischer Seite für Piccolomini maßgeblich mit und machte so seinen Namen erstmals in Wien bekannt. Doch bevor er in den Dienst des Kaiserhauses treten konnte, sollten noch Jahre vergehen. Eine Erzieherstelle im Hause der Patrizierfamilie Rieter von Kornburg ernährte ihn in der ersten Hälfte der fünfziger Jahre. 1655 verhalfen ihm seine Kontakte zum niederösterreichischen Adel und insbesondere zu Gottlieb von Windischgraetz zur lang angestrebten Nobilitierung samt Pfalzgrafenwürde. Drei Jahre später erfolgte nach zermürbenden Auseinandersetzungen mit dem Ordenssekretär Georg Neumark wiederum dank einläßlicher Interventionen von Windischgraetz und Harsdörffer die Aufnahme in die ›Fruchtbringende Gesellschaft‹.

1658 ist auch das Todesjahr Harsdörffers. Birken war nun als nobilitiertes Mitglied der ›Fruchtbringenden Gesellschaft‹ der gegebene Nachfolger in der Leitung des ›Pegnesischen Blumenordens‹. Wenn der Orden überlebt hat, so ist das seiner zähen Energie und seinem Ehrgeiz zu verdanken. Und nun setzten auch die großen höfischen Aufträge ein. Für das protestantische Haus Brandenburg-Bayreuth war Birken mit der Einrichtung von höfischen Singspielen und Ballets, mit fürstlichen Diarien und Fürstenspiegeln befaßt. Vom Habsburgischen Kaiserhaus erging der Auftrag, nachdem Birken schon 1657 mit einem *Ostländischen Lorbeerhäyn* hervorgetreten war, den Fuggerschen *Ehrenspiegel* der Dynastie zu überarbeiten – ein mühseliges und häufig demütigendes, die sechziger Jahre ausfüllendes Geschäft. In den siebziger Jahren trat die kursächsische Linie an den frühzeitig gealterten Dichter gleichfalls mit einem historiographischen Auftrag heran, dem im voluminösen *Sächsischen Helden=Saal* (1677) entsprochen wurde. 1681 starb der Dichter in seiner Wahlheimat Nürnberg.

So nimmt Birkens Lebensweg einen gänzlich anderen Verlauf als derjenige von Opitz. Eine politische Karriere kennt Birken nicht. Sie war möglicherweise nicht sein Ziel; sie wäre ihm aber auch aus anderen als persönlichen Gründen verwehrt gewesen. Auch Harsdörffer, der einer angesehenen Patrizierfamilie entstammte und eine glänzende Bildungsreise absolviert hatte, stand seiner Vaterstadt ungeachtet seines politischen Interesses – von dem u.a. seine *Japeta*-Übersetzung zeugt – nur kurzfristig und keinesfalls sonderlich glücklich für diplomatische Missionen zur Verfügung. Hier lockerte sich eine Symbiose von Gelehrsamkeit, Dichtung und Politik, der der europäische Humanismus bis an die Schwelle des 17. Jahrhunderts seine fruchtbarsten Impulse verdankte.

Birkens Exilierung führte ihn mit Nürnberg in eine Stadt, die immer noch ein politisches und kulturelles Zentrum ersten Ranges darstellte, auch wenn die Umklammerungspolitik des Brandenburgisch-Ansbachschen Territorialstaats schwer auf ihr lastete. Gleichwohl vermochte Birken in ihr nicht dauerhaft Fuß zu fassen. Er knüpfte Verbindungen zu den bedeutenden Verlegern in der Stadt, insbesondere zu den Endters, schrieb für den angesehenen, aber dem Orden niemals beigetretenen Dilherr, unterwies gelegentlich die Söhne der Nürnberger Patrizier und huldigte diesen in seinen Schäfereien, näherte sich dem in und um Nürnberg versammelten protestantischen Exulanten-Adel und empfing von ihm manche Aufträge und widmete sich schließlich der Pflege und Expansion seiner ›Hirtengesellschaft‹.

Das alles reichte nicht aus, um seine Naturalisation sicherzustellen und seinen schriftstellerischen Ehrgeiz zu befriedigen. Die großen Aufträge kamen vom Hof, bildeten die materielle Grundlage seiner Existenz und verschafften ihm Ansehen in den Gelehrten- und Dichterkreisen weit über die Grenzen Nürnbergs hinaus. Birken ist für die protestantischen Fürstenhäuser und das katholische Kaiserhaus gleichermaßen tätig geworden, ohne daß sich daraus erkennbare Konflikte ergeben hätten.

Noch ist es zu früh, ein Urteil über Birken als höfischen Schriftsteller abzugeben. Aber sichtbar ist doch bereits, daß sein Spielraum denkbar eng war. Keine Seite des Habsburgischen *Ehrenspiegels*, die nicht die strenge Zensur des kaiserlichen Beauftragten und Bibliothekars Lambeck zu passieren gehabt hätte, keine des *Brandenburgischen Ulysses*, die nicht von Caspar von Lilien in Bayreuth hätte abgesegnet werden müssen. Wie weit er Einfluß nicht nur auf die stilistische Präsentation, sondern vor allem auf die gehaltliche Konzeption der *Aramena* und der *Oktavia* Anton Ulrichs nehmen konnte, wird sich im einzelnen schwer rekonstruieren lassen.

Frei war Birken dagegen im Entwurf immer neuer erbaulicher Betrachtungen, die die Masse seines erhaltenen Nachlasses ausmachen und denen er selbst große Bedeutung beimaß. Hier sind humanistisch-synkretistische Tendenzen gelegentlich unverkennbar. Und frei äußern konnte er sich in den zumeist nicht für die Publikation bestimmten Tagebüchern und anderen autobiographischen Formen, die sich gleichfalls in seinem Nachlaß erhalten haben. Aber ist es nicht eher ein beklemmendes Bild, auf das der Betrachter da in den sechziger und siebziger Jahren stößt? Der Dichter, eingeigelt in sein ›Museum‹, die immense Auftragsarbeit über Jahre zäh und gegen den Widerstand der Auftraggeber verfolgend, in regem brieflichen Kontakt mit den auswärtigen Gesellschaftern, in Nürnberg selbst auf das Gespräch mit den heimischen Mitgliedern und die Zerstreuungen, die die Stadt zu bieten hat, verwiesen; dazwischen die nicht endenden häuslichen und verwandtschaftlichen Kalamitäten.

Was dieser Existenz fehlt, soweit sie uns in den privaten Zeugnissen entgegentritt, ist der Kontakt mit dem öffentlichen, dem politischen Leben, der für Opitz und seine Generation ein Lebenselixier darstellte. Es scheint, als habe mit dem Übergang in die protestantischen Kommunen eine gewisse Abstinenz vom aktiven und expliziten politischen Wirken Platz gegriffen. Nürnberg selbst, schwankend zwischen protestantischer Sympathie und kaiserlicher Bindung, bot ein Beispiel ängstlicher und halbherziger Politik während des stets wechselnden Kriegsgeschehens. Sie ließ es auch den Dichtern geraten erscheinen, vorsichtig zu operieren, sofern überhaupt noch ein politisches Interesse sich regte. Tief hinein in das Jahrhundert wirkten die politischen Erschütterungen und konfessionellen Umschichtungen, die sich an seinem Anfang zugetragen hatten.

III Christian Weise, die Neujustierung der ›politischen‹ Bewegung und die Freisetzung der Poesie

Die Sprach- und Dichtergesellschaften haben zwischen den vierziger und siebziger Jahren die Physiognomie des literarischen Lebens im Deutschland des 17. Jahrhunderts maßgeblich mitgeprägt. Danach verlieren sie ihre integrierende und stimulierende Kraft. Auch wo sie sich in das neue Jahrhundert herüberretteten, wie etwa der noch heute existierende ›Pegnesische Blumenorden‹, gingen von ihnen keine wegweisenden Impulse mehr aus. Es bedurfte eines neuen Anstoßes, um das Interesse an den Sozietäten zu beleben.

Unmittelbar nach dem Dreißigjährigen Krieg ergriff Schlesien nochmals die literarische Führungsrolle. Eine formelle Dichtervereinigung ist in Breslau ebenso wie in vielen anderen Städten nicht zustande gekommen. In den großen Gestalten aber wie Hoffmann von Hoffmannswaldau oder Lohenstein bewährte sich noch einmal die Konjunktion poetischer und politischer Tätigkeit. Beide Dichter haben ihrer Heimatstadt Breslau und ihrem Land in wichtigen diplomatischen Missionen als geschulte Juristen zur Verfügung gestanden, so wie ja auch Gryphius als Syndikus der Landstände in Glogau fungierte.

Die Zunahme der studierten Juristen in der zweiten Jahrhunderthälfte insbesondere in Schlesien ist unübersehbar. Die Festigung des Territorialstaats und die von ihm ausgehenden Qualifikationsansprüche schlagen unverkennbar in der Wahl des Studiums durch. So sind es zeitweilig nochmals einzelne Höfe, in denen literarisch-frühklassizistische und ›politische‹ Neuerungen ihre soziologische Verankerung finden. Die Höfe in Mitteldeutschland mit Weißenfels an der Spitze, in Berlin und zeitweilig auch in Dresden wären hervorzuheben. Gleichzeitig gelingt in Hamburg die Adaption und produktive Umformung höfischer Kulturtraditionen.

Die beiden großen Handelsstädte Hamburg und Leipzig, die die Folgen des Krieges rasch überwinden, steigen als kulturelle Zentren neben den Höfen auf. Hier auch wird man das Lesepublikum für die nun sprunghaft anwachsende Buchproduktion vermuten dürfen, das sich an verschiedenartigen, bevorzugt jedoch adlig-höfischen Stoffen erfreut, bevor das gebildete Bürgertum – vermittelt über England – genuine Medien literarischer Selbstdarstellung entwickelt. So ist das Bild diffus. Einzelne, die literarische und ideologische Richtung maßgeblich prägende Gestalten treten schärfer als ehemals hervor. Zu ihnen gehört Christian Weise.

Weise entstammt wie Birken einer böhmischen Exulantenfamilie aus Zittau. Die Oberlausitz, deren wirtschaftliches und ökonomisches Zentrum Zittau bildete, war kurz vor Weises Geburt (1642) im Zuge des Separatfriedens des Kaisers mit Sachsen (1635) dem Kurfürstentum angegliedert worden. Während der Großvater noch in einfachen ländlichen Verhältnissen lebte, hatte der Vater schon den Schritt ins gelehrte Milieu getan. Er war als ›Collega tertius‹ am Zittauer Gymnasium tätig und übernahm die Unterweisung des Jungen selbst, noch bevor dieser das Gymnasium besuchte.

Das Jura-Studium an der sächsischen Landesuniversität mußte der Sohn gegen den Willen des Vaters durchsetzen, der das Studium der Theologie lieber gesehen hätte. Das Interesse verlagerte sich noch während des Studiums merklich von der Juristerei auf die Politik, die Weise bei Franckenstein hörte, und auf die Rhetorik, die er glänzend durch Jacob Thomasius praktiziert fand. Anders als Opitz, als Birken und so viele andere Dichter des 17. Jahrhunderts hatte Weise mit dem Magister tatsächlich einen akademischen Abschluß erreicht. Die Hoffnung auf eine Universitätskarriere zerschlug sich indes, und so war auch Weise auf den Hof verwiesen. Während Opitz jedoch nie eine feste Stellung bekleidete und Birken nur schreibend für den Hof tätig wurde, nahm Weise eine Sekretärstelle am Hallenser Hof an.

So trat zur Kenntnis des gelehrten Betriebs die des höfischen Lebens. Es sind dies immer noch die beiden prägenden Erfahrungen eines Autors im 17. Jahrhundert. Im Fall Weises sticht aber – unter Anleitung des Freiherrn Georg Dietrich von Rondeck – die profunde Einarbeitung in die Verwaltungsarbeit bis hin zur gründlichen Rezeption der Statistik hervor.

Einem Zwischenspiel an der Universität in Helmstedt, dem Zentrum der politischen Wissenschaft unter Conring und des theologischen Irenismus unter Calixt und seiner Schule, folgte die Annahme einer Hofmeisterstelle bei Gustav Adolf von der Schulenburg. Hier baute er seine Kenntnisse in den Realwissenschaften vor allem auf historischem Sektor aus. Den Höhepunkt seiner Karriere bezeichnete die Berufung zum Professor für Politik, Rhetorik und Poesie an das ›Gymnasium illustre‹ in Weißenfels. Es war erst 1664 von Herzog August von Sachsen-Weißenfels gegründet worden und hatte praktisch die Funktion einer Ritterakademie inne. Hier konnte Weise seine universitären und seine höfischen Erfahrungen gleichermaßen einbringen. Sein ›politisches‹ Konzept formte sich theoretisch und praktisch jetzt definitiv aus.

Nach Rückkehr in die akademische Sphäre seiner Heimatstadt Zittau hatte Weise ab 1678 dann Gelegenheit, als Rektor des Gymnasiums seine neue Konzeption politischer Rhetorik mit der überkommenen Form des humanistischen Schulbetriebs zu vermitteln. Insbesondere das von Weise reformierte Schultheater bot die willkommene Möglichkeit, moderne ›politische‹ Stoffe zu verarbeiten und dem Unterricht zuzuführen.

Eine Gestalt wie diejenige Christian Weises zeigt, daß die zu Anfang des Jahrhunderts von Opitz anvisierte Integration des Dichters in den absolutistischen Territorialstaat an dessen Ende mustergültig zu bewerkstelligen war. Doch hätte Opitz in einem Schriftsteller wie Weise die Erfüllung seiner Hoffnungen gesehen? Entsprach das konfliktlose Hineinwachsen in die gelehrten Ämter seinen Intentionen? Hätte er die Rolle des Poeten und der Poesie in Weises Konzept angemessen aufgehoben gewußt?

Ein Blick in Opitzens theoretischen Erstling, den *Aristarchus*, reicht, um sich zu überzeugen, daß schon der junge Dichter eine erhebliche Aversion gegen pedantisches und weltfremdes Gelehrtentum hegte. Eine Symbiose von gelehrter Kompetenz und höfischer Conduite schwebte ihm vor. Natürlich war sie nicht seine Erfindung, sondern hatte sich allenthalben im Umkreis des Späthumanismus herausgeschält. Die Ausbildung einer deutschsprachigen gelehrten Literatur für Hof und Adel, die einen anspruchsvollen formalen Duktus begünstigte, und der Nachweis vielfältiger Verwendungsmöglichkeiten des Gelehrten und Dichters im frühmodernen Staat, der entsprechendes weltmännisches Gebaren voraussetzte, gehörten in diesem Entwurf zusammen. Die Verschränkung beider Momente sicherte der Opitzschen Reform ihre Durchschlagskraft und begründete den Ruhm Opitzens unter den Gelehrten und an den Höfen gleichermaßen.

In diesem Sinne hat es lange vor Weise eine tief in das 16. Jahrhundert zurückweisende ›politische‹ Bewegung gegeben. Sie war, wie exemplarisch bei Opitz angedeutet, keinesfalls auf den Sektor höfischer Verhaltenslehre beschränkt, sondern integraler Bestandteil einer weiter gefaßten Anschauung von ›Politik‹. In ihr ist die Erinnerung an den Aufstieg des frühabsolutistischen Staates aus den konfessionspolitischen Bürgerkriegen, in dessen Dienst sich die ›Politiker‹ in Frankreich und den Niederlanden stellten, genauso gegenwärtig wie die stoizistische Erneuerung der ›politischen‹ Bewegung, die auf jeweils verschiedene Weise zur Inthronisation der absolutistischen Staatsgewalt wie zur Disziplinierung der Untertanen qualifiziert war.

Die Spur dieser Herkunft ›politischen‹ Denkens und Handelns beginnt sich bei Weise und seiner Generation zu verwischen. Politisches Verhalten bedeutet nun geschicktes Anpassen an die höfischen Normen und Mechanismen, ohne darüber machiavellistischer Skrupellosigkeit zu verfallen. Der Ausgleich zwischen Faszination und Irritation durch den Hof ist auch Weise nicht gelungen. Die entscheidende Neuerung in Weises Konzeption des ›Politischen‹ liegt in der Ausdehnung auf den ›bürgerlichen‹, den ›privaten‹ Bereich. Sie hat zu kontroversen Auslegungen in der lebhaften Weise-Debatte geführt.

Ist in dieser Umformung des ›Politischen‹ schon die Dissoziierung von höfisch-repräsentativer und bürgerlich-privater Öffentlichkeit antizipiert? Schwerlich. Weise hat als Adressaten seines ›politischen‹ Programms die Beamten aller Chargen des absolutistischen Staates im Auge. Ihre Eingliederung in Hof und Verwaltung hatte auch seine Vorgänger beschäftigt, galt es doch, die repräsentative Funktion des Staates nicht durch eine ungeschliffene Staatsdienerschaft diskreditieren zu lassen. So wie Weise nach allen vorliegenden Zeugnissen das Muster eines fleißigen, pünktlichen, einfügsamen Beamten abgab, so propagierte er die Modellierung der menschlichen Natur gemäß den vorgegebenen sozialen und staatlichen Strukturen.

Weit davon entfernt, der höfischen Sphäre eine unterschwellig hofkritische private entgegenzusetzen, erfolgte im Gegenteil im nichtöffentlichen ›bürgerlichen‹ Bereich mit der Übernahme des *prudentia*-Ideals die Ratifizierung höfischer Normen. Weises Werk bezeugt ungeachtet aller verbliebenen theologisch-moralischen Reserven die Suggestion des nach 1648 sich rasch konsolidierenden Staates im Blick auf seine bürgerlich-gelehrte Trägerschaft. Aufklärung aber konstituiert sich, wo die ständeübergreifenden Werte zunächst der Vernunft, dann der Empfindsamkeit – wie latent auch immer – in Opposition zur staatlichen Gewalt und gesellschaftlichen Hierarchisierung rücken.

Und Weises Poetik? Hier wird am Ende des Jahrhunderts die Antwort auf die von Opitz und seinem Kreis zu Anfang des Jahrhunderts aufgeworfenen Fragen denkwürdig bleiben. Opitz hatte den Topos von der Dichtung als ›verborgener Theologie‹ noch unbedenklich aufgreifen können, weil dieser die Dignität der Poesie stützte. Weise dagegen verweist lakonisch auf die dafür zuständigen separaten theologischen bzw. politischen Disziplinen und die ihnen zugeordneten Organe der Publikation, in denen diese Fragen doch wohl angemessener traktiert würden.

Die gleiche distanzierte Optik fällt auf den Poeten. Die Amtlosigkeit Opitzens nötigt Weise Respekt ab, weil der Dichter sich gleichwohl durchzusetzen vermochte. Doch vorbildlich soll und darf diese dichterische Existenzform nicht werden. Für das Blendende der diplomatischen Karriere hat Weise keinen Blick mehr. Mit Opitz teilt Weise die Skepsis gegenüber der exzessiv gehandhabten Praxis der Gelegenheitsdichtung. Opitz aber hatte die städtischen Pritschmeister im Auge gehabt. Das große an Fürstentum und Adel gerichtete Gelegenheitsgedicht wurde ausdrücklich befürwortet, und niemand hat es für seine Karriere geschickter eingesetzt als Opitz.

Weises Verdikt ist hingegen so gut wie total. Ein Amt innezuhaben ist für ihn die beste Gewähr dafür, sich diesem Unwesen nicht mehr verschreiben zu müssen. Die der Poesie verbleibenden Funktionen sind keineswegs mehr die Opitzschen. Poesie tritt in den Dienst der Rhetorik und trägt dazu bei, die Eloquenz ihrer Adepten zu befördern. Darum insistiert Weise darauf, den jungen Leuten ihre poetischen Ambitionen und Flausen zu nehmen und sie auf die nutzbringenden Berufe im Staatsdienst zu verweisen. Poesie wird zum Produkt und zum Schmuck von Nebenstunden.

Das ist die Aufkündigung des weitgespannten kulturpolitischen Programms der Opitz-Generation. Die prospektive ›nationale‹ Konzeption geht in ihr ebenso verloren wie die legitimistische territorialstaatliche Funktion als Pendant zur Verpflichtung auf die Monarchie in Westeuropa. Dieser Lösung aus politischen und sozialen Bindungen korrespondiert jedoch eine überraschende und zukunftsweisende Aufwertung der Poesie. Sie wird zum Medium einer zwecklosen Belustigung, einer vergnüglichen Affizierung der Affekte.

Jenseits imperialer Indienstnahme, jenseits aber auch utilitaristischer Domestizierung, wie sie für Weise so typisch ist, zeichnet sich im Ansatz die Statuierung eines ästhetischen Freiraums ab. Wo das Bündnis zwischen Poet und Hof aufgekündigt, die Verpflichtung der Poesie auf den Staat suspendiert wird, endet auch die Geschichte des Autors im 17. Jahrhundert. Beides bildet – ganz entgegen der Weiseschen Intention – die Voraussetzung für die Heiligung der Poesie und ihres Schöpfers seit der Empfindsamkeit. Der Name Klopstocks gibt dafür die Losung ab.

Zuerst erschienen in: Zeitschrift für Literaturwissenschaft und Linguistik 11, Heft 42 (1981), S. 29–45. Dieses Heft von ›LiLi‹ war dem ›Autor‹ gewidmet. Es enthält sechs Beiträge. Herausgeber des Heftes ist Helmut Kreuzer, dem der Verfasser ein ehrendes Andenken bewahrt.

Eine Stimme aus dem deutschen Südwesten

Julius Wilhelm Zincgref und der Aufbruch in Heidelberg um 1600

Die Publikation einer auf sechs Bände berechneten historisch-kritischen Gesamtausgabe der Werke Julius Wilhelm Zincgrefs dürfte überraschen. Der Name Zincgrefs ist allenfalls im Zusammenhang mit dem seines berühmten Freundes Martin Opitz lebendig geblieben. Als Herausgeber der ersten deutschsprachigen Gedichtsammlung Opitzens, von der Opitz sich sogleich distanzierte, und als Schöpfer der ersten Anthologie deutscher Gedichte in der neuen Manier sowie als Verfasser der *Vermanung zur Dapfferkeit* und der *Apophthegmata* ist Zincgref in die Literaturgeschichte eingegangen.

Die rezeptionsgeschichtliche Provenienz dieser Sicht der Dinge ist deutlich erkennbar. Nachdem Opitz schon im 17. Jahrhundert als Archeget der neuen Bewegung gefeiert worden war, sanktionierte Gottsched zu Anfang des 18. Jahrhunderts dieses Bild zur Legitimation eigener kulturpolitischer Ziele, das dann in der Literaturgeschichtsschreibung verbindlich wurde. Die Anfänge vor und neben Opitz tauchten – wenn überhaupt – im Kontext des Schlesiers auf.

Daneben verlief eine zweite, auf Herder zurückgehende und in der Romantik ausgebaute Tradition literarischer Kanonbildung. In ihr lag das Primat auf den ›volkstümlichen‹ Zügen der deutschen Dichtung. Moscherosch und Grimmelshausen stellten dafür die maßgeblichen Gewährsleute. In diese Perspektive konnte Zincgref als Sammler deutscher Sprichwörter, Sentenzen und Anekdoten sowie als Verfasser des *Soldatenlobs*, mit dem er seine Anthologie im Anhang der Opitzschen Gedichte von 1624 beschloß, eingerückt werden. Die Literaturgeschichtsschreibung und Lexikographie hat diese beiden Überlieferungslinien bis in jüngste Zeit hinein mit wechselnden Akzentuierungen kontaminiert.

Ein ganz anderes Bild ergibt sich hingegen, wenn man Zincgref und seinen Freundeskreis aus dem soziokulturellen und konfessionspolitischen Kontext der Pfalz um 1600 begreift. Ansätze dazu hatte es – nach dem Vorgang von Gervinus – schon in der zweiten Hälfte des 19. Jahrhunderts gegeben. Ernst Höpfner hatte – auf der Basis der Bestände der Königlichen Bibliothek zu Berlin – eine umfassende Studie über die Anfänge der neuen deutschen Kunstdichtung vor und neben Opitz vorbereitet. Publiziert wurden daraus jedoch nur das letzte Kapitel über Weckherlin sowie ein gehaltreicher Extrakt *Reformbestrebungen auf dem Gebiete der deutschen Dichtung des XVI. und XVII. Jahrhunderts*.[1] Beide Schriften beweisen, daß

---

1 Vgl. Ernst Höpfner: G.R. Weckherlins Oden und Gesänge. Ein Beitrag zur Geschichte der deutschen Dichtung. – Berlin: Stilke u. van Muyden 1865 (hier insbesondere das Vorwort); ders.: Reformbestrebungen auf dem Gebiete der deutschen Dichtung des XVI. und XVII. Jahrhunderts. –

Höpfner durchaus eine Vorstellung von der Rolle Heidelbergs bei der Entstehung der deutschen ›Nationalliteratur‹ an der Wende vom 16. zum 17. Jahrhundert seit dem Wirken von Melissus Schede besaß.

Die weitverzweigten personellen Verbindungen des Heidelberger Kreises und insbesondere Zincgrefs zeichneten sich erstmals in Franz Schnorr von Carolsfelds bio- wie bibliographisch gleich reichhaltiger Abhandlung über Zincgref ab, die auf jeder Seite die strenge Schule des umsichtigen Bibliothekars verrät.[2] Als dann zehn Jahre später die große Briefdokumentation Reifferscheids mit den Briefen Berneggers, Lingelsheims und ihrer Freunde vornehmlich aus dem Heidelberger, dem Straßburger und dem Schlesischen Raum hinzutrat, Witkowski seine Editionen des jungen Opitz, Braune die Zincgrefsche Anthologie vorlegte, sie alle informationsreich eingeleitet, waren die Voraussetzungen für eine gründliche literaturgeschichtliche Erschließung des Heidelberger Kreises gegeben.[3]

Nur Nadler hat diese Chance auf seine Weise und für seine Zwecke genutzt. Die geistesgeschichtliche ›Barockforschung‹ verhinderte auch auf diesem Gebiet einen sachgemäßen, nämlich historisch fundierten Fortschritt der Erkenntnis. Soweit zu sehen, hat nur Erich Trunz in seinen grundlegenden Studien zu den Psalmenübersetzungen und zur Entwicklung des barocken Langverses die Kontinuität mit der älteren Forschung produktiv zu wahren verstanden.[4] Noch das große Nachwort zum Reprint von Opitz' Werken letzter Hand zehrt davon.[5]

Nach dem Kriege hat Leonard Forster in seinen weitverzweigten historisch-komparatistischen Studien zu den Vorläufern von Martin Opitz immer wieder

---

Progr. K. Wilhelms-Gymnasium Berlin 1866. Wichtig in diesem Zusammenhang auch ders.: Straßburg und Martin Opitz. – In: Beiträge zur deutschen Philologie. Julius Zacher dargebracht als Festgabe zum 28. Oktober 1879. Hrsg. von Ernst Bernhardt. – Halle/Saale: Buchhandlung des Waisenhauses 1880, S. 293–302.

2 Franz Schnorr von Carolsfeld: Julius Wilhelm Zincgrefs Leben und Schriften. – In: Archiv für Litteraturgeschichte 8 (1879), S. 1–58, 446–490.

3 Vgl.: Briefe G.M. Lingelsheims, M. Berneggers und ihrer Freunde. Nach Handschriften. Hrsg. von Alexander Reifferscheid. – Heilbronn: Henninger 1889 (= Quellen zur Geschichte des geistigen Lebens in Deutschland während des siebzehnten Jahrhunderts; 1 [mehr nicht erschienen]); Martin Opitzens Aristarchus sive de contemptu linguae Teutonicae und Buch von der Deutschen Poeterey. Hrsg. von Georg Witkowski. – Leipzig: Veit 1888; Martin Opitz: Teutsche Poemata. Abdruck der Ausgabe von 1624 mit den Varianten der Einzeldrucke und der späteren Ausgaben. Hrsg. von Georg Witkowski. – Halle/Saale: Niemeyer 1902 (= Neudrucke Deutscher Literaturwerke des 16. und 17. Jahrhunderts; 189–192); Auserlesene Gedichte deutscher Poeten gesammelt von Julius Wilhelm Zincgref. 1624. Hrsg. von Wilhelm Braune. – Halle/Saale: Niemeyer 1879 (= Neudrucke Deutscher Literaturwerke des 16. und 17. Jahrhunderts; 15).

4 Vgl. Erich Trunz: Die deutschen Übersetzungen des Hugenottenpsalters. – In: Euphorion 29 (1928), S. 578–617; ders.: Die Entwicklung des barocken Langverses. – In: Euphorion 39 (1938), S. 427–468. Vgl. auch ders.: Der deutsche Späthumanismus um 1600 als Standeskultur (1931). – In: Deutsche Barockforschung. Dokumentation einer Epoche. Hrsg. von Richard Alewyn. 2. Aufl. – Köln, Berlin: Kiepenheuer & Witsch 1966 (= Neue Wissenschaftliche Bibliothek; 7), S. 147–181, bes. S. 160 mit Anm. 19.

5 Martin Opitz: Weltliche Poemata 1644. Zweiter Teil. Mit einem Anhang: Florilegium variorum epigrammatum. Hrsg. von Erich Trunz. – Tübingen: Niemeyer 1975 (= Deutsche Neudrucke. Reihe: Barock; 3).

auch Heidelberg berührt und den englischen Jahren einer der Schlüsselgestalten, Janus Gruters, eine tiefdringende Monographie gewidmet.[6]

Doch erst mit den zwei wiederum grundlegenden, Zincgref und den Heidelbergern geltenden Arbeiten von Dieter Mertens und Theodor Verweyen, in denen die bisherige Forschung verarbeitet ist und personal-, rezeptions- und sozialhistorische Aspekte ebenso wie (konfessions-)politische und literarhistorische integriert sind, zeichnet sich die Physiognomie dieser Gruppe deutlich ab.[7] Die von den beiden Verfassern in Angriff genommene Ausgabe der Werke Zincgrefs sowie weitere, bereits angekündigte Arbeiten werden unsere Kenntnis vertiefen. Es bleibt zu hoffen, daß in diesem Zusammenhang die großen Werke von Ritter zur Heidelberger Universität und von Press zur Behördengeschichte und zum Calvinismus bis zum Winterkönigtum Friedrichs V. in nicht allzu ferner Zukunft ihre Fortsetzung finden.[8]

Heidelberg war seit Friedrich III. die Vorhut des Calvinismus auf deutschem Boden. Von hier verliefen Ausstrahlungen nach Nassau und Hessen, nach Anhalt und Brandenburg, ja bis zu den Piastenhöfen in Schlesien und zu den reformierten Enklaven in Mittelosteuropa. Zugleich begünstigte das calvinistische Bekenntnis die Orientierung der Pfalz nach Westeuropa, insbesondere Frankreich, aber auch zu den Niederlanden und nach England. In die Hugenottenkriege in Frankreich und den Freiheitskampf der Niederlande war die Pfalz wiederholt verwickelt; nach England hin bestanden verwandtschaftliche Beziehungen.

So vermochte sich in der Pfalz – angefangen bei Melissus – am frühesten eine Anschauung von der volkssprachigen Kunstdichtung in den fortgeschrittenen westlichen Nationalstaaten zu bilden. Sie regte zur Nachahmung an, die ihrerseits getragen war von weitreichenden konfessions- und kulturpolitischen Erwartungen.

Der Erneuerung des Katholizismus im Tridentiner Konzil begegnete der Calvinismus – viel entschiedener als das Luthertum – mit einer forcierten Unterstützungs- und Bündnispolitik. Die Pfalz und ihr geheimer Führer Christian von Anhalt unternahmen im Reich alle erdenklichen Anstrengungen zur Einigung der

---

6 Vgl. vor allem Leonard Forster: Kleine Schriften zur deutschen Literatur im 17. Jahrhundert. – Amsterdam: Rodopi 1977 (= Daphnis; VI/4), S. 57–160: Zu den Vorläufern von Martin Opitz; ders.: Janus Gruter's English Years. Studies in the Continuity of Dutch Literature in Exile in Elizabethan England. – Leiden: University Press, London: Oxford University Press 1967 (= Publications of the Sir Thomas Browne Institute; 3).

7 Vgl. Dieter Mertens, Theodor Verweyen: Bericht über die Vorarbeiten zu einer Zincgref-Ausgabe. – In: Jahrbuch für Internationale Germanistik IV/2 (1972), S. 125–150; Dieter Mertens: Zu Heidelberger Dichtern von Schede bis Zincgref. – In: Zeitschrift für deutsches Altertum und deutsche Literatur 103 (1974), S. 200–241. Mit dieser letzten Studie von Mertens ist die Arbeit von Jörg-Ulrich Fechner: Thomas Ludolf Adam. Ein bislang unbeachteter Angehöriger des frühbarocken Heidelberger Dichterkreises. – In: Euphorion 65 (1971), S. 419–427, hinfällig geworden.

8 Vgl. Gerhard Ritter: Die Heidelberger Universität. Ein Stück deutscher Geschichte. Bd. I: Das Mittelalter (1386–1508). – Heidelberg: Winter 1936; Volker Press: Calvinismus und Territorialstaat. Regierung und Zentralbehörden der Kurpfalz 1559–1619. – Stuttgart: Klett 1970 (= Kieler Historische Studien; 7) (dazu der Verfasser in: Daphnis 7 (1978), S. 743–745). [Vgl. inzwischen: Semper apertus. 600 Jahre Ruprecht-Karls-Universität Heidelberg 1386–1986. Bd. I–VI. Hrsg. von Wilhelm Doerr u.a. – Berlin u.a.: Springer 1985].

Protestanten und suchten nach außen hin ein enges Band mit den calvinistischen Verbündeten zu knüpfen.

Diese Versuche sind gescheitert. Als Friedrich V. schließlich nach Böhmen aufbrach, war er bereits weitgehend isoliert. Die Niederlage nach fünfzehn Monaten bestätigte diese Isolierung. Die verlorene Schlacht am Weißen Berge im November 1620 besiegelte indes nicht nur das Schicksal des deutschen Protestantismus und insbesondere das des Calvinismus auf deutschem Boden, sondern auch das der deutschen Dichtung.

Bis zur Katastrophe in Böhmen und wenig später in der Pfalz selbst galt die Pflege der deutschen Sprache und Dichtung als Ferment der Selbstbehauptung der protestantischen und vor allem der reformierten Territorien gegenüber den Hegemoniebestrebungen Spaniens, Habsburgs und der Jesuiten. Zincgrefs Vorrede zu seiner Opitz-Ausgabe vermittelt davon eine Ahnung. In der rührigen publizistischen Unterstützung des Winterkönigs treten antikatholische, konfessionspolitisch-libertäre und ›nationalsprachlich‹-kulturelle Elemente nebeneinander.

Als dann nach einer erheblichen zeitlichen Zäsur auf lutherischem Boden die in den kommunalen ›Sprachgesellschaften‹ institutionalisierte ›Barockdichtung‹ einsetzte, hatten sich die Gewichtungen gravierend verschoben. Die auf die Pfalz gerichteten Hoffnungen, die auch noch in die Anfänge der ›Fruchtbringenden Gesellschaft‹ hineinwirkten, waren zerstoben; die obrigkeitlich orientierte lutherische Gesinnung hatte das Wort; eine große politische Perspektive fehlte. Hier ist die vielbeklagte Provinzialität der deutschen ›Barockdichtung‹ geschichtlich verankert.

Unter den Heidelberger Dichtern läßt sich ein älterer Kreis um Melissus, Denaisius und Friedrich Lingelsheim von einem jüngeren um Zincgref und Opitz unterscheiden. Georg Michael Lingelsheim – der Vater des früh verstorbenen Friedrich – und Janus Gruter bilden die personelle Brücke zwischen den beiden Generationen. Über den einen verlaufen die Kontakte zum Heidelberger Hof und Oberrat, über den anderen zur Universität. Die beiden großen Humanisten Heidelbergs knüpften zugleich die weitreichenden Kontakte zur humanistischen *nobilitas litteraria* Europas.

Opitz blieb in Heidelberg durchaus ein Empfangender. Die latente calvinistische Orientierung, vernehmlich in Beuthen unter den Schönaichs und Dornau angelegt, fand im politischen Milieu Heidelbergs ihre Bestätigung und Bewährung.[9] Sie hatte in der Pfalz seit Melissus und Denaisius eine feste Tradition. Maßgeblicher Kopf im Blick auf ihre Vermittlung mit dem Programm einer deutschsprachigen Dichtung blieb jedoch Zincgref. In seiner Gestalt tritt Opitz der politisch geschulte Publizist entgegen, für den das Bekenntnis zur calvinistischen Politik der Pfalz und der Einsatz für die deutsche Sprache nur zwei Seiten derselben Sache sind.

---

9 Der Verfasser hat ein umfangreicheres Kapitel über Schlesien und Böhmen, Heidelberg und die Pfalz im Rahmen einer politischen Biographie Opitzens abgeschlossen. Hier die gesamte einschlägige Literatur [jetzt unter dem Titel ›Der junge Martin Opitz. Umrisse einer kulturpolitischen Biographie‹ in: Wege in die Moderne. Historiographische, literarische und philosophische Studien aus dem Umkreis der alteuropäischen Arkadien-Utopie. Hrsg. von Stefan Anders, Axel E. Walter. – Berlin, New York: de Gruyter 2012, S. 77–145]. Vgl. auch die Kapitel zu Heidelberg und der Pfalz in dem nachfolgenden Opitz-Beitrag in diesem Band, hier S. 570–578.

Das Werk Zincgrefs verkörpert die literarischen Möglichkeiten der Pfalz zu Anfang des 17. Jahrhunderts vielleicht am prägnantesten. Auch Zincgref ist wie fast alle deutschen Dichter des 17. Jahrhunderts als Neulateiner tätig geblieben. Nicht weniger als 184 Beiträge enthält die gemeinsam mit Friedrich Lingelsheim und Johann Leonard Weidner veranstaltete *Triga Amico-poetica* (1619). Doch dürfte es kaum ein Zufall sein, daß nicht Zincgref, sondern Weidner sie herausgab. Denn sie wirkt »größtenteils wie eine Fortsetzung der ständisch bestimmten neulateinischen Poesie [...]; der Schulrektor Weidner legte mit ihr den traditionellen Beweis seiner Sprachbeherrschung und zugleich ein Zeugnis seiner für einen Schulmann ungewöhnlichen Freundschaften und Bekanntschaften vor.«[10]

Zincgrefs Wirken ist dagegen von anderen Impulsen bestimmt. Schon das Arrangement der Gedichte innerhalb seiner deutschsprachigen Anthologie birgt Hinweise dafür. Sie ist eingerahmt von Zincgrefs Gedicht *An die Teutschen* (neben entsprechenden Einleitungsversen von Habrecht und Melissus), das ansport, für ›Teutschlandes Ehr‹ im Medium der Poesie zu wirken, und seiner berühmten *Vermanung zur Dapfferkeit*, die während der Belagerung Heidelbergs 1622 entstand.

Seinen unverwechselbaren Ton findet der Autor als politischer Propagator. Neben dem – von Mertens und Verweyen entdeckten – lateinischen *Epos* auf Friedrich V. und der *Emblematvm Ethico-Politicorvm Centvria* (beide 1619) steht die große, glänzend geschriebene politisch-allegorische Satire *Quodlibetisches Weltkefig* (1623), die Zincgref als mutigen und ungebrochenen Anwalt der Pfälzer Sache auch nach dem Sieg der Katholiken erweist, steht eine Reihe möglicherweise von Zincgref stammender Flugschriften.[11]

> Diese Schriften sind nicht mehr aus einem gegebenen gesellschaftlichen Anlaß für eine kleine Gruppe geschrieben, sondern aus politischem Anlaß entstanden, mit öffentlichen Problemen befaßt und für ein größeres Publikum in und außerhalb der Pfalz bestimmt. Der Weigerung Zincgrefs, die standesübliche Karriere einzuschlagen, entspricht das Abrücken von der ständischen Gesellschaftspoesie. Seine literarische Tätigkeit ist nicht mehr an den Konventionen einer begrenzten Personengruppe ausgerichtet, sondern zielt auf ein Sachprogramm, als dessen Elemente der politische Kampf der Pfalz und die ›Teutsche Musa‹ zu nennen sind.[12]

---

10 Mertens: Zu Heidelberger Dichtern (Anm. 7), S. 231.
11 Dazu: Der Dreißigjährige Krieg. Eine Sammlung von historischen Gedichten und Prosadarstellungen. Hrsg. von Julius Opel, Adolf Cohn. – Halle/Saale: Buchhandlung des Waisenhauses 1862, S. 371–392, 476–486; Franz Schnorr von Carolsfeld: Eine Ergänzung zu ›Opel und Cohn. Der Dreißigjährige Krieg‹. – In: Archiv für Litteraturgeschichte 3 (1874), S. 464–471; ders.: Julius Wilhelm Zincgrefs Leben und Schriften (Anm. 2), S. 43ff. [Jetzt eingehend zu Zincgref als Publizisten eine Reihe einschlägiger Beiträge einschl. einer zweisprachigen Edition des Zincgrefschen *Epos* in dem nochmals grundlegenden Sammelband: Julius Wilhelm Zincgref und der Heidelberger Späthumanismus. Zur Blüte- und Kampfzeit der calvinistischen Kurpfalz. In Verbindung mit Hermann Wiegand hrsg. von Wilhelm Kühlmann. – Ubstadt-Weiher etc.: verlag regionalkultur 2011 (= Mannheimer historische Schriften; 5)].
12 Mertens: Zu Heidelberger Dichtern (Anm. 7), S. 232.

So wird die von Mertens und Verweyen betreute Ausgabe der Werke Zincgrefs nicht nur einen weitgehend vergessenen Dichter und Publizisten wieder zugänglich machen. Sie wird die Kenner und Liebhaber auch mit einer Möglichkeit deutscher Dichtung um die Wende vom 16. zum 17. Jahrhundert konfrontieren, der aus geschichtlichen Gründen – nämlich dem Zusammenbruch des Calvinismus in Deutschland – ihre Entfaltung versagt war.

Sie ist auf sechs Bände angelegt. Der erste Band wird die – sinnvollerweise komplette – *Triga* und das übrige lateinische Schrifttum Zincgrefs bringen, darunter auch sein *Epos*. Der zweite wird die *Emblemata* enthalten, der vierte die *Apophthegmata* (in jedem Fall sollten die drei Fortsetzungen durch die Weidners mitgedruckt werden!), der fünfte politische, juristische, epistolographische Schriften, der sechste Realien.[13]

Nur aus äußeren Gründen der Überlieferung legen die Herausgeber zunächst den dritten Band mit den *Facetiae Pennalium* vor.[14]

Das Interesse an Sprichwörtern, Sentenzen und Anekdoten hat Zincgref sein Leben lang beherrscht, wie die stetige Weiterarbeit an den Facetien, den Emblemata und den Apophthegmata zeigt. Es galt, den Nachweis der ›*deutschen*‹ Redetüchtigkeit und Breviloquenz‹ wie der ›Breviloquenz und Scharfsinnigkeit‹ der Deutschen zu führen.[15]

Die *Facetiae* schließen an die Witzsammlung *Philogelos* des Pseudo-Hierokles sowie an die *Charaktere* des Theophrast an.

> Beide Traditionslinien hatte vor Zincgref schon Melchior Goldast (und Marquard Freher) in seiner editio princeps des Pseudo-Hierokles von 1605 zusammengeführt. [...] Nicht mehr die Verschiedenheit der skizzierten Charaktertypen, sondern die Treffsicherheit der Skizze im Detail und ihr kritischer Impuls im ganzen stehen im Vordergrund und werden auf den ›Scholasticus‹ allein gelenkt. Mit derart zugespitzten ›Characterismi‹ vereinigt, mußten sich [...] aktuelle Bedeutung und Funktion der adaptierten *Facetiae* des Pseudo-Hierokles ändern. Sie erhalten nun eine Wirkungskomponente, welche ihren ursprünglichen Sinn des ›ridendo dicere verum‹ zugunsten eines aggressiven Witzes zurückdrängt.[16]

---

13 Vgl. Mertens, Verweyen: Bericht über die Vorarbeiten (Anm. 7), S. 150, sowie die vorläufige Zincgref-Bibliographie ebd., S. 137–139. [Inzwischen erschienen: Julius Wilhelm Zincgref: Emblemata ethico-politica. Hrsg. von Dieter Mertens, Theodor Verweyen. 1. Teilband: Text. 2. Teilband: Erläuterungen und Verifizierungen. – Tübingen: Niemeyer 1993 (Julius Wilhelm Zincgref. Gesammelte Schriften; II/1-2. – Neudrucke Deutscher Literaturwerke. N.F.; 44–45); ders.: Apophthegmata teutsch. Hrsg. von Theodor Verweyen, Dieter Mertens, Werner Wilhelm Schnabel. 1. Teilband: Text. 2. Teilband: Erläuterungen und Identifizierungen mit einer Einleitung von Theodor Verweyen und Dieter Mertens. – Berlin, Boston: de Gruyter 2011 (Julius Wilhelm Zincgref. Gesammelte Schriften; IV/1-2. – Neudrucke Deutscher Literaturwerke; 57–58)].

14 Julius Wilhelm Zincgref: Facetiae Pennalium. Hrsg. von Dieter Mertens, Theodor Verweyen. – Tübingen: Niemeyer 1978 (Julius Wilhelm Zincgref. Gesammelte Schriften; 3. – Neudrucke Deutscher Literaturwerke. N.F.; 28).

15 Vgl. Theodor Verweyen: Apophthegma und Scherzrede. Die Geschichte einer einfachen Gattungsform und ihrer Entfaltung im 17. Jahrhundert. – Bad Homburg etc.: Gehlen 1970 (= Linguistica et Litteraria; 5), S. 124f.

16 Julius Wilhelm Zincgref: Facetiae Pennalium (Anm. 14), S. IXf.

Entsprechend gereizt war denn auch die Reaktion der Heidelberger Gelehrten schon auf das Werk Goldasts.

Zincgrefs *Facetiae* sind seine früheste deutschsprachige Arbeit. In ihr zeichnet sich sogleich das zeitkritische Interesse des Autors ab.

> Diese Schrift ist, obschon aus lauter kleinen Geschichtchen und einzelnen ›Apophthegmata‹ zusammengesetzt, dennoch nicht etwa eine harmlose Anekdotensammlung, welche nur die Belustigung der Leser bezweckte, sie ist vielmehr eine durch die Zeitereignisse veranlaßte, gegen die Verirrungen hochmüthiger und unpraktischer Gelehrsamkeit gerichtete, schneidige Satire.[17]

Dieses Thema hat eine Reihe von Konsonanzen im Zincgrefschen Werk. Wiederholt hat er sich gegen die erstarrten Formen akademischer Gelehrsamkeit ausgesprochen, weil sie Praxis – auch und gerade im Bereich der Politik – unterband. Insbesondere das Privileg der Akademiker, vom Waffendienst ausgenommen zu sein, war ihm ein Dorn im Auge.

> Zincgrefs Bildungskritik und Patriotismus hängen zusammen; denn dadurch, daß jedermann studieren (d.h. auch die damit verbundenen Freiheiten wahrnehmen) wolle und die Hohen Schulen ›an statt wenig gelährter/ viel Waichling vnd verdorbene Banquerottirische Studenten vnd Schreiber‹ hervorbrächten, sieht er vor allem die – sc. für die Durchsetzung der pfälzisch-deutschen Politik – ›nothwendige Waffenhandlung zugrunde‹ gehen.[18]

Die *Apologia* in der Ausgabe der *Facetien* von 1624 führt ein weiteres, gleichfalls auf der Linie der Pfälzer Intelligenz liegendes Thema ein: die Kritik an der Geistlichkeit. Das politisch geschulte Auge Zincgrefs gewahrt im konfessionellen Hader eine Gefahr für die politische Ordnung des Landes. Das »Constantinopolitanische Kirchengezänck« sei »gleichsam ein Vorbott gewesen selbiges herrlichen Reichs vnnd gantzen Lands vndergang vnnd versclafirung«.[19] Das ist im Prinzip das gleiche Argument, dessen sich auch die Theoretiker des absolutistischen Staates bei der Statuierung und Sanktionierung der absoluten Staatsgewalt gegenüber den konfligierenden konfessionspolitischen Parteien bedienen. Aufgeklärte Irenik und Aufstieg des frühmodernen Staates gehören zusammen.

Zincgrefs Werk schlug ein. Zwölf Auflagen haben die Herausgeber ermitteln können, die zwischen 1618 und 1654 erschienen. Der Text von 1618 – eine der beiden Auflagen von 1618 ist nach dem Verlust des Exemplars der Staatsbibliothek Berlin nicht mehr bezeugt – erfuhr viermal eine Erweiterung; zwei Auflagen weisen einen reduzierten Textbestand auf. In einer überaus interessanten sprachgeographischen Betrachtung, die in der Barock-Philologie so gut wie keine Vorbilder hat, bieten die Herausgeber mit aller Behutsamkeit Beobachtungen für diese These,

---

17 Schnorr v. Carolsfeld: Julius Wilhelm Zincgrefs Leben und Schriften (Anm. 2), S. 25.
18 Mertens: Zu Heidelberger Dichtern (Anm. 7), S. 234.
19 Julius Wilhelm Zincgref: Facetiae Pennalium (Anm. 14), S. 92.

»daß die Rezeption der ›Facetiae Pennalium‹ von Westen nach Osten fortzuschreiten scheint.«[20]

Die Edition trägt der komplexen Druckgeschichte, die in der Unabschließbarkeit der Gattung selbst ihren Grund hat, dadurch vorbildlich Rechnung, daß in ihr »alle Erweiterungen sowie Auslassungen und Umstellungen dargestellt werden.«[21] Dem Basisbestand der 197 Facetien in der Ausgabe von 1618 werden die Erweiterungen in den Ausgaben von 1624, 1636, 1647 und der Ausgabe ohne Jahr sukzessive angefügt und überdies typographisch unterschieden. Umstellungen innerhalb des Bestandes der einzelnen Ausgaben sind durch Querverweise angezeigt.

So vermag sich der Leser mühelos in dieser scharfsinnig angelegten Ausgabe zu orientieren. Darüber hinaus bietet der Apparat die Varianten »im Wort- und Satzrang« und verifiziert »Hinweise Zincgrefs auf den ›kulturellen Kontext‹ seiner *Facetiae Pennalium*«.[22] Eine Dokumentation der Herkunftsgeschichte größerer Textkorpora wie einzelner Facetien ist für den Realienband vorgesehen. Die einleitenden Erörterungen zur Verfasser- und Gattungsfrage, zur Entstehungs- und Druckgeschichte sowie zur Gestaltung des Textes sind von schwerlich zu überbietender Kürze und Prägnanz.

Hier liegt eine Maßstäbe setzende Edition vor. Man möchte wünschen, daß es den Editoren möglich ist, ihr Werk zügig fortzusetzen. Die Zeit für eine Rezeption Zincgrefs und der Heidelberger Dichter scheint günstig.

Zuerst erschienen in: Internationales Archiv für Sozialgeschichte der deutschen Literatur 5 (1980), S. 262–268. Rezension zu: Julius Wilhelm Zincgref: Gesammelte Schriften. Hrsg. von Dieter Mertens, Theodor Verweyen. Bd. III: Facetiae Pennalium. – Tübingen: Niemeyer 1978 (= Neudrucke Deutscher Literaturwerke. N.F.; 28).

---

20 Ebd., S. XXVI.
21 Ebd., S. XXIX.
22 Ebd., S. XXXIV.

Dichter – Kulturpolitiker – Diplomat

Der ›Vater der deutschen Dichtung‹ Martin Opitz

I Eingang

»Die Überlieferung unserer Literatur und unserer Bildung ist kürzer als die anderer Nationen.«[1] Auch nach dem Auftreten Klopstocks, Lessings und Wielands bleibt sie einseitig und fragmentarisch. Die Fixierung auf die beiden ›Klassiker‹ sowie den einen oder anderen ›romantischen‹ Ableger hat schon die Anschauung der Aufklärung verzerrt. Die Literatur des 17. Jahrhunderts jedoch hat sie in eine Ferne gerückt, aus der sie auch die ästhetische Rehabilitierung des ›Barock‹ in den zwanziger und frühen dreißiger Jahren dieses Jahrhunderts kaum befreien konnte.[2]

Ungebrochen und gleichsam naturwüchsig lebte das Kirchenlied des 17. Jahrhunderts fort; die Mystik des Zeitalters speiste Anthologien und Breviers, und der große Einzelgänger des Jahrhunderts, Grimmelshausen – zu dem nach den Kriegen des 20. Jahrhunderts jeweils Andreas Gryphius hinzutrat – bewahrte sich seit den Tagen der Romantik ein stetes Lesepublikum; an seiner Gestalt und seinem Werk hat sich die populäre Anschauung über die Epoche des Dreißigjährigen Krieges vor allem gebildet.

Die deutschsprachige Kunstdichtung jedoch, die Schöpfung des Martin Opitz, ist vergessen. Wenn sein Name als einer der wenigen des 17. Jahrhunderts lebendig geblieben ist, so hat sich daran doch nicht die Kenntnis seines Werkes geknüpft. Selbst seine *Poeterey*, die seinen Ruhm begründete, dürfte nur der Fachwelt bekannt geworden sein. Mit seinem Namen verbindet sich die wie auch immer unscharfe Erinnerung an die verspätete Begründung der deutschen ›Nationalliteratur‹. Als ›Vater der deutschen Dichtung‹ ist Opitz in deren Geschichte eingegangen.[3]

Niemand wird diese kanonisierte Anschauung in Frage stellen wollen. Und richtig verstanden besteht dazu auch kein Anlaß. Wohl aber ist es an der Zeit, ihr we-

---

1 Richard Alewyn, Nachwort zu: Johann Beer: Das Narrenspital sowie Jucundi Jucundissimi Wunderliche Lebens-Beschreibung. – Hamburg: Rowohlt 1957 (= Rowohlts Klassiker der Literatur und der Wissenschaft; 9), S. 141.
2 Dazu Hans-Harald Müller: Barockforschung. Ideologie und Methode. Ein Kapitel deutscher Wissenschaftsgeschichte 1870–1930. – Darmstadt: Thesen-Verlag 1973 (= Germanistik; 6), und Herbert Jaumann: Die deutsche Barockliteratur. Wertung – Umwertung. Eine wertungsgeschichtliche Studie in systematischer Absicht. – Bonn: Bouvier 1975 (= Abhandlungen zur Kunst-, Musik- und Literaturwissenschaft; 181), sowie die von Richard Alewyn herausgegebene Dokumentation: Deutsche Barockforschung. Dokumentation einer Epoche, 2. Aufl. – Köln, Berlin: Kiepenheuer & Witsch 1966 (= Neue Wissenschaftliche Bibliothek; 7).
3 Vgl. Klaus Garber: Martin Opitz – ›der Vater der deutschen Dichtung‹. Eine kritische Studie zur Wissenschaftsgeschichte der Germanistik. – Stuttgart: Metzler 1976.

niger vertraute Züge abzugewinnen. Die historisch und soziologisch, poetologisch und rhetorisch geschulte Literaturwissenschaft hält dafür inzwischen das nötige Instrumentarium bereit. Denn weit entfernt davon, die Dichtung des 17. Jahrhunderts und ihre Schöpfer der eigenen Gegenwart unstatthaft anzunähern – der Fehler bis in die Geistesgeschichte hinein –, gibt erst der historische (nicht historistische!) Ansatz den Blick auf einen Dichter wie Opitz frei, der mit dem Titel eines ›Reformators der deutschen Dichtung‹ nicht zutreffend erfaßt ist. Als solchen allein haben auch die Zeitgenossen ihn nie gesehen.

Die Physiognomie Martin Opitzens zu vergegenwärtigen heißt, ihn als Angehörigen und maßgeblichen Repräsentanten des europäischen Späthumanismus im Spannungsfeld zwischen Konfessionalismus und Absolutismus zu begreifen. Seine Biographie ist zunächst und in erster Linie eine politische. Als solche soll sie hier skizziert werden, bevor dann jeweils exemplarisch Theorie und Werk vorgestellt und ein Blick auf seine Nachfolger geworfen werden kann.[4]

II Skizze einer Biographie

Aufstieg Schlesiens

Mit dem Auftreten Opitzens und seiner Generation steigt eine neue Landschaft in der Geschichte der deutschen Literatur empor: Schlesien.[5] Eine umfassende historische und soziokulturelle Erklärung dieses rätselhaften Vorgangs steht aus. Besonders ergiebige Hinweise findet man bei Josef Nadler, die auch dann weiter zu entwickeln sind, wenn man die Prämissen dieses Autors nicht teilt, sowie bei Herbert Schöffler.[6]

Der Schwerpunkt der deutschen Literatur des späten 15. und des 16. Jahrhunderts lag in den reichsstädtischen Regionen des Südwestens. Das Städtewesen hatte in Schlesien nicht die gleiche Bedeutung gewinnen können. Die einzige Ausnahme

---

4 Die folgende Abhandlung bietet das Resümee einer umfangreicheren zur Opitzschen Reformbewegung, in deren Mittelpunkt eine politische Biographie Opitzens steht [inzwischen unter dem Titel ›Der junge Martin Opitz. Umrisse einer kulturpolitischen Biographie‹ publiziert in dem Buch des Verfassers: Wege in die Moderne. Historiographische, literarische und philosophische Studien aus dem Umkreis der alteuropäischen Arkadien-Utopie. Hrsg. von Stefan Anders, Axel E. Walter. – Berlin, Boston: de Gruyter 2012, S. 77–145]. Zugleich faßt die Arbeit Ergebnisse eines mehrsemestrigen Forschungs-Kolloquiums an der Universität Osnabrück zusammen, deren Teilnehmern der Verfasser zu großem Dank verpflichtet ist.

5 Immer noch maßgeblich Hans Heckel: Geschichte der deutschen Literatur in Schlesien. Bd. I: Von den Anfängen bis zum Ausgange des Barock. – Breslau: Ostdeutsche Verlagsanstalt 1929 (= Einzelschriften zur Schlesischen Geschichte; 2) [Mehr nicht erschienen].

6 Vgl. Josef Nadler: Literaturgeschichte der deutschen Stämme und Landschaften. Bd. II: Sachsen und das Neusiedelland (800–1786). 3. Aufl. – Regensburg: Habbel 1931, S. 109ff., 259ff., 290ff., sowie Herbert Schöffler: Deutsches Geistesleben zwischen Reformation und Aufklärung. Von Martin Opitz zu Christian Wolff. Mit einer Vorbemerkung von Eckhard Heftrich. 3. Aufl. – Frankfurt a.M.: Klostermann 1974 (= Das Abendland. N.F.; 6).

bildete die Handelsstadt Breslau.⁷ Schlesien partizipierte aufgrund seines gut ausgebildeten Schulwesens am lateinischsprachigen Humanismus.⁸ Und als die Blütezeit des Meistersangs in den Metropolen des Reichs schon überschritten war, kam es in der Gestalt Puschmanns auch in Schlesien zu einer kurzfristigen und durchaus episodenhaften Reprise.

Schlesiens Stunde schlägt erst im 17. Jahrhundert. Die regionale Verlagerung des kulturellen Schwergewichts vom Südwesten in den mittel- und ostdeutschen Raum geht Hand in Hand mit einer sozialen von den Städten auf die Höfe. In Schlesien liegen auf vergleichsweise engem Raum eine Reihe von Erbfürstentümern unter böhmischer Krongewalt und herzoglichen Mediatfürstentümern zusammen.⁹ Sie sind seit der Herrschaft des Ungarn Matthias Corvinus dem Druck

---

7 Hier sei nur verwiesen auf Hermann Aubin: Antlitz und geschichtliche Individualität Breslaus. – In: Bewahren und Gestalten. Festschrift Günther Grundmann. – Hamburg: Christians 1962, S. 15–28; Gerhard Pfeiffer: Die Entwicklung des Breslauer Patriziats. – In: Deutsches Patriziat 1430–1740. Büdinger Vorträge 1965. Hrsg. von Hellmuth Rössler. – Limburg/Lahn: Starke 1968 (= Schriften zur Problematik der deutschen Führungsschichten in der Neuzeit; 3), S. 99–123, sowie die exemplarische Studie von Ludwig Petry: Die Popplau. Eine schlesische Kaufmannsfamilie des 15. und 16. Jahrhunderts. – Breslau: Marcus 1935 (= Historische Untersuchungen; 15). (Die Habilitationsschrift von Ludwig Petry (Diss. phil. Breslau 1937) ist leider ungedruckt geblieben). [Sie ist inzwischen erschienen: Ludwig Petry: Breslau und seine ersten Oberherren aus dem Hause Habsburg 1526–1635. Ein Beitrag zur politischen Geschichte der Stadt. Im Auftrag der Historischen Kommission für Schlesien hrsg. von Joachim Bahlcke. – St. Katharinen: Scripta Mercaturae Verlag 2000 (= Beihefte zum Jahrbuch der Schlesischen Friedrich-Wilhelms-Universität zu Breslau; 10. Einzelschrift der Historischen Kommission für Schlesien)]. Vgl. auch von Petry: Breslaus Beitrag zur deutschen Geschichte. – Breslau: Nischkowsky 1941.

8 Grundlegend zum schlesischen Humanismus die von Gustav Bauch in der *Zeitschrift des Vereins für Geschichte und Alterthum Schlesiens* (seit Bd. 40: Zeitschrift des Vereins für Geschichte Schlesiens) zwischen 1882 und 1906 publizierten Arbeiten. Vgl. auch vom gleichen Verfasser: Caspar Ursinus Velius. Der Hofhistoriograph Ferdinands I. und Erzieher Maximilians II. – Budapest: Kilian 1886, sowie ders.: Valentin Trozendorf und die Goldberger Schule. – Berlin: Weidmann 1921 (= Monumenta Germaniae Paedagogica; 57). Vgl. auch die Humanisten-Porträts in den *Schlesischen Lebensbildern*. Bd. IV: Schlesier des 16. bis 19. Jahrhunderts. Hrsg. von Friedrich Andreae, Erich Graber, Max Hippe. – Breslau: Priebatsch 1931. Reprint Sigmaringen: Thorbecke 1985. Neuerdings: Manfred P. Fleischer: The Institutionalization of Humanism in Protestant Silesia. – In: Archiv für Reformationsgeschichte 66 (1975), pp. 256–274.

9 Zur schlesischen Geschichte liegen zwei Standardwerke vor: Colmar Grünhagen: Geschichte Schlesiens. Bd. I–II. – Gotha: Perthes 1884–1886; Geschichte Schlesiens. Bd. I: Von der Urzeit bis zum Jahre 1526. 3. Aufl. Hrsg. von der Historischen Kommission für Schlesien unter Leitung von Hermann Aubin, Ludwig Petry. – Stuttgart: Brentano 1961; Geschichte Schlesiens. Bd. II: Die Habsburgerzeit 1526–1740. Hrsg. von Ludwig Petry, J. Joachim Menzel. – Darmstadt: Bläschke 1973. [Vgl. jetzt: Schlesien. Hrsg. von Norbert Conrads. – Berlin: Siedler 1994 (Deutsche Geschichte im Osten Europas)]. Von polnischer Seite in deutscher Sprache: Beiträge zur Geschichte Schlesiens. Hrsg. von Ewa Maleczyńska. – Berlin: Rütten & Loening 1958. Grundlegend zur Verfassungsgeschichte Schlesiens: Felix Rachfahl: Die Organisation der Gesamtstaatsverwaltung Schlesiens vor dem dreißigjährigen Kriege. – Leipzig: Duncker & Humblot 1894 (= Staats- und socialwissenschaftliche Forschungen; XIII/1), fortgeführt durch Hans Hübner: Die Gesamtstaatsverfassung Schlesiens in der Zeit des 30jährigen Krieges. – Diss. phil. Frankfurt a.M. 1922 (Masch.). Extrakt unter dem Titel: Die Verfassung und Verwaltung des Gesamtstaats Schlesien in der Zeit des Dreißigjährigen Krieges. – In: Zeitschrift des Vereins für Geschichte Schlesiens 59 (1925), S. 74–89.

der königlichen Zentralgewalt ausgesetzt, der sich mit dem Übergang der böhmischen Krone an Habsburg (1526) unter Ferdinand I. noch verstärkt und in der Schaffung der schlesischen Kammer als Institution der landesherrlichen Finanzverwaltung auch institutionell in Erscheinung tritt.

Wie überall in Mittelosteuropa, so bildet auch in Schlesien die Religion ein Ferment politischer Opposition gegen den Zentralismus des katholischen Kaiserhauses.[10] Ständische und konfessionelle Libertät sind untrennbar. Die zeitweilige reformierte Ausrichtung der beiden wichtigsten Fürstentümer Liegnitz und Brieg begünstigt die Orientierung nach Brandenburg, nach Anhalt und insbesondere zur Pfalz hin. Zwischen Schlesien und der Pfalz verlaufen um 1600 die lebhaftesten politischen, konfessionellen und kulturellen Verbindungen, die sich in zahllosen personellen Kontakten manifestieren. Schlesien bildet ein großes Reservoir an Fachkräften für das Bildungs- und Kirchwesen sowie die Verwaltung und die politischen Behörden in der Pfalz.[11]

Der Einsatz für die deutsche Sprache und ihre Pflege in einer nationalsprachigen Kunstdichtung stellen ein Moment ständischer und konfessioneller Identität dar. So regen sich in Schlesien und in der Pfalz vor und neben Opitz überall die Ansätze für eine neue deutsche Dichtung.[12]

---

10 Aus der reichhaltigen Literatur zur Kirchengeschichte Schlesiens sei hier nur auf einige das Calvinismus-Problem berührende Arbeiten verwiesen. Grundlegend die von der Literaturwissenschaft immer noch zu wenig berücksichtigte große Studie von Johann Franz Albert Gillet: Crato von Crafftheim und seine Freunde. Ein Beitrag zur Kirchengeschichte. Bd. I–II. – Frankfurt a.M.: Brönner 1860. Des weiteren: Gerhard Eberlein: Zur kryptocalvinistischen Bewegung in Oberschlesien. – In: Correspondenzblatt des Vereins für Geschichte der Evangelischen Kirche Schlesiens IV/3 (1895), S. 150–161; Ernst Siegmund-Schultze: Kryptocalvinismus in den schlesischen Kirchenordnungen. Eigenart und Schicksal des Kryptocalvinismus. – In: Jahrbuch der Schlesischen Friedrich-Wilhelms-Universität zu Breslau 5 (1960), S. 52–68. [Vgl. jetzt auch: Ulrich Hutter-Wolandt: Die Reformierten in Schlesien. – In: Kirchen und Bekenntnisgruppen im Osten des Deutschen Reiches. Ihre Beziehungen zu Staat und Gesellschaft. Zehn Beiträge. Hrsg. von Bernhart Jähnig, Silke Spieler. – Bonn: Kulturstiftung der Deutschen Vertriebenen 1991, S. 131–147]. Zum Ganzen: Hellmut Eberlein: Schlesische Kirchengeschichte. 4., unveränderte Aufl. – Ulm: Verlag ›Unser Weg‹ 1962 (= Das evangelische Schlesien; 1).

11 Vgl. dazu G. Hecht: Schlesisch-kurpfälzische Beziehungen im 16. und 17. Jahrhundert. – In: Zeitschrift für die Geschichte des Oberrheins 81, N.F. 42 (1929), S. 176–222. Vgl. auch: Ludwig Petry: Mittelrhein und Schlesien als Brückenlandschaften der deutschen Geschichte. – In: Geschichtliche Landeskunde und Universalgeschichte. Festgabe für Hermann Aubin. – Hamburg: Nölke 1950, S. 205–216. [Vgl. jetzt: Schlesien und der deutsche Südwesten um 1600. Späthumanismus – reformierte Konfessionalisierung – politische Formierung. Hrsg. von Joachim Bahlcke, Albrecht Ernst. – Heidelberg etc.: verlag regionalkultur 2012 (= Pforzheimer Gespräche zur Sozial-, Wirtschafts- und Stadtgeschichte; 5)].

12 Dazu Ernst Höpfner: Reformbestrebungen auf dem Gebiete der deutschen Dichtung des XVI. und XVII. Jahrhunderts. Progr. K. Wilhelms-Gymnasium Berlin 1866; Leonard Forster: Zu den Vorläufern von Martin Opitz. – In: ders.: Kleine Schriften zur deutschen Literatur im 17. Jahrhundert. – Amsterdam: Rodopi 1977 (= Daphnis VI/4), S. 57–160.

Herkunft aus dem Kleinbürgertum Bunzlaus

Opitz, 1597 geboren, entstammt dem zünftigen Bürgertum Bunzlaus am Bober; der Vater ist Fleischermeister.[13] Opitz genoß weder den Vorzug eines akademisch geprägten Elternhauses, das gelehrte Anregungen hätte vermitteln können, noch gehörte er dem Patriziat an, das ihm Bildungsreisen und ein Studium im Ausland gestattet hätte. Trotzdem gelang es ihm rasch, in die gelehrte und in die höfische Welt aufzusteigen. Schon den Zeitgenossen prägte sich dieser Aufstieg als Beweis für den Erwerb sozialer Reputation vermittelst wissenschaftlicher, politischer und poetischer Leistung ein. Opitz demonstrierte einem ganzen Jahrhundert, daß und wie man im frühabsolutistischen Staat Karriere machen konnte.

Hilfe leistete dabei zu Anfang der Onkel Christoph Opitz. Er bekleidete das Amt des Rektors an der schon zu Ende des 14. Jahrhunderts bezeugten städtischen Lateinschule, bevor er 1606 durch Valentin Senftleben abgelöst wurde. Der Übergang in das Breslauer Magdalenäum wurde dem jungen Opitz durch eine Dotation des ratsfähigen Geschlechts der Rothmanns ermöglicht, dem die Mutter des Dichters entstammte.[14] Schon in Breslau hatte er das Glück, einflußreichen und mit glänzenden Verbindungen ausgestatteten Persönlichkeiten zu begegnen.

---

13 Zur Biographie Opitzens vor allem heranzuziehen: Christoph Colerus: Laudatio Honori & Memoriae V. CL. Martini Opitii paulò post obitum ejus A. MDC.XXXIX. in Actu apud Uratislavienses publico solenniter dicta. – Leipzig: Fuhrmann 1665, wiederabgedruckt in: Henning Witte: Memoriae Philosophorum, Oratorum, Poetarum, Historicorum, et Philologorum Nostri Secvli Clarissimorum Renovatae Decas Prima[.] – Frankfurt a.M.: Hallervord 1677, pp. 439–477. Ein weiterer Abdruck mit deutscher Übersetzung: Umständliche Nachricht von des weltberühmten Schlesiers, Martin Opitz von Boberfeld, Leben, Tode und Schriften, nebst einigen alten und neuen Lobgedichten auf Jhn. Teil I–II. Hrsg. von Kaspar Gottlieb Lindner. – Hirschberg: Krahn 1740–1741, Teil I, S. 35–112, S. 113–238. Dazu die sehr gehaltreichen ›Nacherinnerungen zu Coleri verdeutschter Lobrede auf Opitzen‹, Teil I, S. 239–278. Des weiteren: Hermann Palm: Martin Opitz. – In: ders.: Beiträge zur Geschichte der deutschen Literatur des XVI. und XVII. Jahrhunderts. Mit einem Bildnisse von Martin Opitz. – Breslau: Morgenstern 1877. Reprint Leipzig: Zentralantiquariat der Deutschen Demokratischen Republik 1977, S. 129–260; Max Rubensohn: Der junge Opitz. – In: Euphorion 2 (1895), S. 57–99; 6 (1899), S. 24–67, S. 221–271 [jetzt im Neudruck: ders.: Studien zu Martin Opitz. Mit einem wissenschaftshistorischen Nachwort hrsg. von Robert Seidel. – Heidelberg: Winter 2005 (= Beihefte zum Euphorion; 49)]; Marian Szyrocki: Martin Opitz. – Berlin: Rütten & Loening 1956 (= Neue Beiträge zur Literaturwissenschaft; 4). 2., überarb. Aufl. – München: Beck 1974 (ohne den wichtigen quellendokumentarischen Anhang). [Vgl. inzwischen auch Wilhelm Kühlmann: Martin Opitz. Deutsche Literatur und deutsche Nation. – Herne 1991 (= Martin-Opitz-Bibliothek Herne. Schriften; 1). 2., durchgesehene und erweiterte Aufl. – Heidelberg: Manutius 2001. Vgl. zum folgenden jeweils die einschlägigen Arbeiten, dokumentiert in: Julian Paulus, Robert Seidel: Opitz-Bibliographie. 1800–2002. – Heidelberg: Palatina 2003, sowie in dem Opitz-Eintrag des Verfassers in der 2., vollständig überarb. Aufl. von Killys Literaturlexikon 8 (2010), S. 715–722].

14 Vgl. zum folgenden Carl Schönborn: Beiträge zur Geschichte der Schule und des Gymnasiums zu St. Maria Magdalena in Breslau. Teil I: Von 1266–1400; Teil II: Von 1400–1570; Teil III: Von 1570–1616; Teil IV: Von 1617–1643. – Schulprogr. Gymnasium Maria Magdalena Breslau 1843, 1844, 1848, 1857.

Übergang nach Breslau

Im Hause des Breslauer Arztes und Dichters Daniel Rindfleisch (Bucretius) übte Opitz in humanistischer Tradition das Amt eines Hauslehrers aus, wie nach ihm so viele andere deutsche Dichter. Der Rektor des Magdalenäums, Johannes von Hoekkelshoven, der sich Opitzens gleichfalls annahm, geriet zeitweilig in den Verdacht, mit dem Calvinismus zu sympathisieren.

Offen zutage trat dieser bei Nicolaus Henelius, dem großen Juristen und Historiographen Schlesiens, und Caspar Cunrad, dem Gelehrten, Dichter und Nachfolger von Rindfleisch im Amt des Stadtmedikus. Beide hatten sich im Südwesten des Reichs aufgehalten und standen weiter in Korrespondenz mit den humanistischen Wortführern in Heidelberg und Straßburg.

So wird schon in Breslau ein politisches, konfessionelles und literarisches Kräftefeld sichtbar, das die Bildungsgeschichte von Opitz nachhaltig prägen sollte.

Auf dem Gymnasium in Beuthen

Die erste und nun lebensbestimmende Station stellte der Eintritt in das Gymnasium zu Beuthen an der Oder dar.[15] Es war soeben von Georg von Schönaich gegründet worden und erlangte schnell für die allzu kurze Zeit seines Bestehens den Rang und die Bedeutung einer in Schlesien fehlenden Landesuniversität. 1564 war Fabian von Schönaich, einem Vetter Georgs, das Patronat über die Pfarrkirche in Beuthen überantwortet worden. Der erste evangelische Pfarrer daselbst, Peter Tietz, geriet unter den Verdacht des Calvinismus, als er sich der Praxis des Exorzismus in der Taufe widersetzte. Georg von Schönaich, in dieser Frage zu einer Stellungnah-

---

15 Zur Geschichte des Beuthener Gymnasiums vgl. die beiden wichtigen Arbeiten von Daniel Heinrich Hering: Geschichte des ehemaligen berühmten Gymnasiums zu Beuthen an der Oder. Erste [bis] (fünfte) Nachlese. – Progr. Friedrichs-Gymnasium Breslau 1784–1788; ders.: Ein Anhang zur Geschichte des beuthnischen Gymnasiums. – Progr. Friedrichs-Gymnasium Breslau 1789, sowie C.D. Klopsch: Geschichte des berühmten Schönaichischen Gymnasiums zu Beuthen an der Oder, aus den Urkunden des Fürstlich=Carolatischen Archivs und den besten darüber vorhandenen Schriften gesammelt. – Groß-Glogau: Günter 1818. Die einschlägigen Quellen in: Die evangelischen Schulordnungen des siebenzehnten Jahrhunderts. Hrsg. von Reinhold Vormbaum. – Gütersloh: Bertelsmann 1863 (= Evangelische Schulordnungen; 2), S. 109–135; Stiftungsurkunde der Schule und des Gymnasiums zu Beuthen an der Oder aus dem Jahre 1616. Hrsg. von Konrad Kolbe. – In: Mitteilungen der Gesellschaft für deutsche Erziehungs- und Schulgeschichte 3 (1893), S. 209–268. (Das nachfolgende Zitat daselbst S. 246). Neuerdings (ohne Kenntnis von Hering und Klopsch) Jörg-Ulrich Fechner: Der Lehr- und Lektüreplan des Schönaichianums in Beuthen als bildungsgeschichtliche Voraussetzung der Literatur. – In: Stadt – Schule – Universität – Buchwesen und die deutsche Literatur im 17. Jahrhundert. Vorlagen und Diskussionen eines Barock-Symposions der Deutschen Forschungsgemeinschaft 1974 in Wolfenbüttel. Hrsg. von Albrecht Schöne. – München: Beck 1976 (= Germanistische Symposien-Berichtsbände; 1), S. 324–334. Zur Geschichte des Geschlechts: Christian David Klopsch: Geschichte des Geschlechts von Schönaich. Heft I–IV. – Glogau: Gottschalk 1847–1856; Günther Grundmann: Die Lebensbilder der Herren von Schoenaich auf Schloß Carolath. – In: Jahrbuch der Schlesischen Friedrich-Wilhelms-Universität zu Breslau 6 (1961), S. 229–330.

me aufgerufen, sprang dem bedrängten Prediger bei und gibt sich als überzeugter Ireniker in konfessionellen Angelegenheiten zu erkennen.

Den gleichen Geist der Toleranz und einer aufgeklärten Auslegung der christlichen Botschaft atmet die von Georg von Schönaich selbst verfaßte Stiftungsurkunde des Instituts. Georg zieht in ihr die Kernsubstanz des christlichen Glaubens in vier Artikeln zusammen, um jegliches Gezänk über Einzelheiten zu unterbinden und statt dessen den Akzent auf die Praktizierung eines Glaubens zu legen, der sein Zentrum in der Duldung hat. Auch Georg von Schönaich sympathisierte wie mancher seiner Geistlichen und Professoren mit der reformierten Religion und unterhielt persönliche Verbindungen zu ihren Anhängern. Der Calvinismus, von der offiziellen Anerkennung im Augsburger Religionsfrieden ausgenommen, lebte in den Ländern, in denen er nur einen Minderheitenstatus hatte, von der religiösen Duldung und dem interkonfessionellen Ausgleich. Im Werk Georgs von Schönaich treten diese Tugenden, die zur Symbiose mit dem frühmodernen Staat besonders qualifiziert waren, zu Anfang des Jahrhunderts sogleich deutlich hervor.

Opitz wird in Beuthen mit der konfessionspolitisch modernsten und in die Zukunft weisenden Strömung Europas bekannt. In der Einrichtung eines Lehrstuhls für Frömmigkeitspraxis *(pietas)* neben einem solchen für Exegese und Dogmatik konkretisiert sich diese Konzeption im theologischen Lehrplan.

Desgleichen wird den klassischen Disziplinen der Ethik und Politik ein Lehrstuhl für Sittenlehre *(mores)* zugeordnet. Er ist eine eigenständige Schöpfung Georgs von Schönaich, mit dem sein Stifter auf andere Weise das Fazit aus dem Aufstieg des frühmodernen Staates zieht. In der Professur *morum* behaupten die öffentlichen, die ›politischen‹ Interessen das Feld. Sie ist eingerichtet, um die studierende Jugend für ›dass gemeine weltliche wesen vnnd zustandt‹ angemessen zu präparieren.

Als wichtigste Adressaten dieses Bildungsprogramms lassen sich die gelehrte Beamtenschaft des Territorialstaats und die kommunale gelehrte Bedienstetenschicht ausmachen. Ihrer praktischen Schulung bis hin zum gewandten, des Staatsdienstes würdigen Auftreten gilt das Augenmerk des Landesherrn. Dieser hatte das Glück, in Caspar Dornau einen Gelehrten für das neugeschaffene Amt seiner Anstalt zu finden, der wie niemand sonst in der Lage war, ihm theoretisch und praktisch Profil zu verleihen.[16]

Auch Dornau hatte in Begleitung Sigismunds von Smirziz seine entscheidenden Impulse im Südwesten, in Basel und Heidelberg empfangen, hatte seinen adligen Gönner in die maßgeblichen Länder Westeuropas, nach Frankreich, nach England

---

16 Über Caspar Dornau, eine Schlüsselgestalt des europäischen Späthumanismus, fehlt bislang eine ausführlichere Biographie. [Jetzt zu konsultieren die grundlegende Studie von Robert Seidel: Späthumanismus in Schlesien. Caspar Dornau (1577–1631). Leben und Werk. – Tübingen: Niemeyer 1994 (= Frühe Neuzeit; 20)]. Vgl. auch außer der angegebenen Literatur R.J.W. Evans: Rudolf II and his World. A Study in Intellectual History 1576–1612. – Oxford: Clarendon Press 1973, p. 148ss., sowie Wilhelm Kühlmann: Gelehrtenrepublik und Fürstenstaat. Entwicklung und Kritik des deutschen Späthumanismus in der Literatur des Barockzeitalters. – Tübingen: Niemeyer 1982 (= Studien und Texte zur Sozialgeschichte der Literatur; 3), S. 140ff., 165ff. u.ö.

und in die Niederlande begleiten können und war so geeignet, nach seiner Tätigkeit als Rektor in Görlitz und als Professor in Beuthen diplomatische Missionen im Dienste schlesischer Fürsten und Stände durchzuführen, bevor er Leibarzt Johann Christians von Liegnitz und Brieg wurde. Dornaus Antrittsrede in Beuthen ist ein Widerklang seiner Weltläufigkeit.[17]

Sie steht ganz im Zeichen des *elegantia*-Ideals, auf das Dornau seine Schüler mit vielen Beispielen zu verpflichten sucht. Opitz dürfte 1617 diese Rede Dornaus gehört haben, denn er weilte bereits in Beuthen. Sein *Aristarchus* lehrt, daß er auch diesen zweiten, den ›politischen‹ Anstoß einer modernisierten *philosophia practica* in Beuthen produktiv zu verarbeiten wußte.

Frankfurter Interim

Opitz hat nie in seinem Leben ein ordnungsgemäßes Studium absolviert. Er hielt sich kurzfristig mit seinem Freund Bernhard Wilhelm Nüßler in der Schlesien zunächst gelegenen Universitätsstadt Frankfurt/Oder auf, deren Hohe Schule nach dem Übertritt der Brandenburger Dynastie zum Calvinismus im Jahre 1613 als reformierte Hochschule im Osten firmierte.[18]

Ob Opitz sich hier im Hinblick auf eine höfische Karriere wie Nüßler kurze Zeit dem Jurastudium widmete, ist nicht mehr zu ermitteln. Ausgedehnte Studien- und Bildungsreisen ins Ausland schieden für den mittellosen Dichter von vornherein aus. Was er an Gelehrsamkeit erwarb, verdankte er zähem Selbststudium und seinen glänzenden humanistischen Kontakten.

Im Zentrum des politischen Calvinismus: Heidelberg

Über sie gelangte er 1619 denn auch in die Stadt, die in seiner politischen wie in seiner dichterischen Biographie den nachhaltigsten und prägendsten Einfluß hinterlassen hat: Heidelberg.[19] Offiziell dürfte sich Opitz in Heidelberg seinen juristi-

---

17 Vgl. Caspar Dornau: Charidemus, hoc est, De Morum Pulchritudine, Necessitate, Utilitate, ad civilem conversationem, Oratio Avspicalis, Habita in Illustri Panegyre gymnasii Schönaichii ad Oderam. – Beuthen: Dörfer 1617.
18 Vgl. Gottfried Kliesch: Der Einfluss der Universität Frankfurt (Oder) auf die schlesische Bildungsgeschichte dargestellt an den Breslauer Immatrikulierten von 1506–1648. – Würzburg: Holzner 1961 (= Quellen und Darstellungen zur schlesischen Geschichte; 5); Otto Bardong: Die Breslauer an der Universität Frankfurt (Oder). Ein Beitrag zur schlesischen Bildungsgeschichte 1648–1811. – Würzburg: Holzner 1970 (= Quellen und Darstellungen zur schlesischen Geschichte; 14).
19 Zum folgenden vgl. Ludwig Häusser: Geschichte der Rheinischen Pfalz nach ihren politischen, kirchlichen und literarischen Verhältnissen. Bd. I–II. – Heidelberg: Mohr 1845; Claus-Peter Clasen: The Palatinate in European History 1555–1618. – Oxford: Blackwell 1966, sowie die – leider nur bis 1619 führende – große behördengeschichtliche Arbeit von Volker Press: Calvinismus und Territorialstaat. Regierung und Zentralbehörden der Kurpfalz 1559–1619. – Stuttgart: Klett 1970 (= Kieler Historische Studien; 7). Stets heranzuziehen gerade für Heidelberg und die Pfalz

schen Studien gewidmet haben. Im Hause des Humanisten und Politikers Georg Michael Lingelsheim, wo Opitz wieder eine Erzieherstelle einnahm, erschloß sich ihm jedoch rasch eine Welt ganz anderer Dimensionen, der er sich – prädisponiert ebenso durch Beuthen wie durch die politische Situation Schlesiens insgesamt – emphatisch öffnete und in die er alsbald aktiv mitgestaltend eingriff.

Der kurpfälzische Hof in Heidelberg war um die Wende vom 16. zum 17. Jahrhundert das geistige, das kulturelle und das politische Zentrum des Protestantismus in Deutschland. Die calvinistischen bzw. dem Calvinismus zuneigenden Territorien und Kommunen zwischen dem Ober- und Niederrhein und Schlesien und Böhmen blickten auf die pfälzische Metropole, die ihrerseits nach dem Übergang zum reformierten Bekenntnis unter Friedrich III. (1559–1576) die weitreichendsten politischen Verbindungen insbesondere mit Frankreich, England und den Niederlanden unterhielt. Noch im 16. Jahrhundert in die Hugenottenkriege in Frankreich und in den Abwehrkampf gegen die Spanier in den Niederlanden verwickelt, übernahm die Pfalz – ermuntert bis 1610 vor allem durch die antihabsburgische Politik Heinrichs IV. – die Führungsrolle in den Unierungsbestrebungen des Protestantismus.[20]

Treibende Kraft auf pfälzischer Seite war – neben Ludwig Camerarius – Christian von Anhalt. Er hat als der Initiator auf dem von der Pfalz seit langem angesteuerten Weg zur protestantischen Union zu gelten.[21] Über ihn verlief der Kontakt zu Heinrich IV., denn er hatte bereits 1591 auf hugenottischer Seite in Frankreich gekämpft. Er war der Mittelsmann zu den böhmischen Ständen. Über ihn erfolgte die Annäherung an die zentrale Gestalt des ober- und niederösterreichischen Protestantismus, Erasmus von Tschernembl, der die Idee eines nichtkatholischen Herrscher-

---

die umfängliche Quellensammlung von Reifferscheid: Briefe G.M. Lingelsheims, M. Berneggers und ihrer Freunde. Nach Handschriften hrsg. und erläutert von Alexander Reifferscheid. – Heilbronn: Henninger 1889 (= Quellen zur Geschichte des geistigen Lebens in Deutschland während des siebzehnten Jahrhunderts; 1) [Mehr nicht erschienen!]. [Jetzt grundsätzlich zu konsultieren: Volker Hartmann, Wilhelm Kühlmann: Heidelberg als kulturelles Zentrum der Frühen Neuzeit. Grundriß und Bibliographie. – Heidelberg: Manutius 2012].

20 Zum folgenden Aart A. van Schelven: Der Generalstab des politischen Calvinismus in Zentraleuropa zu Beginn des Dreißigjährigen Krieges. – In: Archiv für Reformationsgeschichte 36 (1939), S. 117–141; speziell Bernhard Vogler: Die Rolle der pfälzischen Kurfürsten in den französischen Religionskriegen (1559–1592). – In: Blätter für pfälzische Kirchengeschichte und religiöse Volkskunde 37/38 (1970/71), Teil 1, S. 235–266.

21 Grundlegend zu Camerarius: Friedrich Hermann Schubert: Ludwig Camerarius 1573–1651. Eine Biographie. – Kallmünz/Obpf.: Lassleben 1955 (= Münchener historische Studien. Abt. Neuere Geschichte; 1); ders.: Die pfälzische Exilregierung im Dreißigjährigen Krieg. Ein Beitrag zur Geschichte des politischen Protestantismus. – In: Zeitschrift für die Geschichte des Oberrheins 102, N.F. 63 (1954), S. 575–680. Zu Christian I. von Anhalt sei hier neben den bekannten Arbeiten zum Dreißigjährigen Krieg – hervorzuheben immer wieder die materialreichen älteren Studien von Moriz Ritter, Anton Gindely u.a. – nur verwiesen auf: Julius Krebs: Christian von Anhalt und die Kurpfälzische Politik am Beginn des dreissigjährigen Krieges (23. Mai bis 3. Oktober 1618). – Leipzig: Duncker & Humblot 1872; Hans Georg Uflacker: Christian I. von Anhalt und Peter Wok von Rosenberg. Eine Untersuchung zur Vorgeschichte des pfälzischen Königtums in Böhmen. – Diss. phil. München 1926; Annelise Tecke: Die kurpfälzische Politik und der Ausbruch des dreißigjährigen Krieges. – Diss. phil. Hamburg 1931.

hauses ins Spiel brachte, wie sie unter Friedrich V. dann – lebhaft unterstützt vom Heidelberger Dichterkreis – für eine allzu kurze Frist Wirklichkeit werden sollte.[22]

Genau wie in Schlesien gab es auch in der Pfalz schon vor und neben Opitz bemerkenswerte Ansätze zur Ausbildung einer deutschen Kunstdichtung. Opitz, geprägt vor allem durch Dornau und Tobias Scultetus von Schwanensee und Bregoschitz in Beuthen, geriet in Heidelberg in den Umkreis lebhaftester literarischer Aktivitäten, die nicht von ihm initiiert wurden, sondern an denen er im Gegenteil lernend und empfangend teilnahm.[23]

Der Heidelberger Kreis der Dichter und Gelehrten

Institutionell ist der Heidelberger Dichterkreis über den Heidelberger Oberrat und die Heidelberger Universität vermittelt. Im Oberrat saß Georg Michael Lingelsheim.[24] Er entstammte der religiösen Minorität Straßburgs, hatte in Heidelberg und Basel studiert und bewahrte der calvinistischen Sache während der drei Jahrzehnte seines politischen Wirkens für die Pfalz die Treue. Zugleich verstand er es, seinen vielfältigen humanistischen Neigungen weiter nachzugehen und einen lebhaften gelehrten Briefwechsel zu pflegen, der alle bedeutenden Späthumanisten Europas einschloß. Opitz gewann hier einen lebenslänglichen einflußreichen Mentor und Förderer gleichermaßen in gelehrten und politischen Angelegenheiten.

In Janus Gruter lernte er den bedeutendsten, gleichfalls durch Familienschicksal vom Calvinismus geprägten Philologen und Bibliothekar Heidelbergs kennen, der

---

22 Auch hier liegt eine hervorragende Biographie vor: Hans Sturmberger: Georg Erasmus Tschernembl. Religion, Libertät und Widerstand. Ein Beitrag zur Geschichte der Gegenreformation und des Landes ob der Enns. – Graz, Köln: Böhlau 1953 (= Forschungen zur Geschichte Oberösterreichs; 3).

23 Zum Heidelberger Dichterkreis vgl. neben den schon zitierten Arbeiten von Höpfner und Forster (vgl. Anm. 12) vor allem Dieter Mertens, Theodor Verweyen: Bericht über die Vorarbeiten zu einer Zincgref-Ausgabe. – In: Jahrbuch für Internationale Germanistik IV/2 (1972), S. 125–150; Dieter Mertens: Zu Heidelberger Dichtern von Schede bis Zincgref. – In: Zeitschrift für deutsches Altertum und deutsche Literatur 103 (1974), S. 200–241; Klaus Garber: (Rezension zur neuen Zincgref-Edition von Mertens und Verweyen). – In: Internationales Archiv für Sozialgeschichte der deutschen Literatur 5 (1980), S. 262–268 mit weiterer Literatur (in diesem Band S. 555–562). [Vgl. jetzt auch das grundlegende Werk: Die deutschen Humanisten. Dokumente zur Überlieferung der antiken und mittelalterlichen Literatur in der Frühen Neuzeit. Abteilung I: Die Kurpfalz. Bd. I/1: Marquard Freher. Bd. I/2: Janus Gruter. Hrsg. und bearb. von Wilhelm Kühlmann, Volker Hartmann, Susann El Kholi. Bd. II: David Pareus, Johann Philipp Pareus und Daniel Pareus. Bd. III: Jacobus Micyllus, Johannes Posthius, Johannes Opsopoeus und Abraham Scultetus. Hrsg. und bearb. von Wilhelm Kühlmann, Volker Hartmann, Susann El Kholi, Björn Spiekermann. Bd. IV: Hieronymus Commelinus, Balthasar Copius, Lambertus Ludolfus Pithopoeus, Henricus Smetius, Simon Stenius, Friedrich Sylburg. Hrsg. von Wilhelm Kühlmann, Ralf Georg Czapla, Michael Hanstein, Volker Hartmann, Susann El Kholi, Björn Spiekermann. – Turnhout: Brepols 2005–2012 (= Europa Humanistica)].

24 Eine Lingelsheim-Biographie, für die Reifferscheid mit seiner Quellensammlung die Grundlage geschaffen hat, fehlt bisher. [Jetzt heranzuziehen die wiederum grundlegende Studie von Axel E. Walter: Späthumanismus und Konfessionspolitik. Die europäische Gelehrtenrepublik um 1600 im Spiegel der Korrespondenzen Georg Michael Lingelsheims. – Tübingen: Niemeyer 2004 (= Frühe Neuzeit; 95)].

wie Lingelsheim über unerschöpfliche Kontakte zur *nobilitas litteraria* in Europa und insbesondere in seiner niederländischen Heimat verfügte.[25]

Den Heidelberger Dichtern ist dieses dichte Netz gelehrter Kommunikation zugute gekommen. Mehr als eine Generation vor Opitz hatte hier der weitgereiste und vom Kaiser gekrönte Dichter Melissus Schede aus calvinistischem Geist im Auftrag Friedrichs III. den Versuch unternommen, das Psalmenwerk Clément Marots und Theodor Bezas einzudeutschen.[26]

Sein Altersgenosse Petrus Denaisius war durch Vermittlung Lingelsheims diplomatisch für den Kurpfälzer Hof tätig, bevor er eine Stelle am Kammergericht in Speyer fand.[27] Als Übersetzer des Fürstenspiegels Jakobs I. von England und einer Kampfschrift des Pariser Parlamentsmitglieds Antoine Arnauld gegen die Jesuiten, der er eine eigene brillante politische Analyse im Vorwort vorausschickte, verkörpert Denaisius die Rolle des calvinistischen politischen Schriftstellers in der Pfalz, an die die jüngere Generation um Opitz und Zincgref anzuknüpfen vermochte.

Begegnung mit Bernegger in Straßburg

Diese Heidelberger Dichter und Gelehrten verfügten traditionell über enge Beziehungen zum Oberrhein, insbesondere zur reformierten Minorität in Straßburg.[28] Das gleiche gilt für die schlesische Intelligenz, die wie nach Heidelberg, so nach Straßburg und Basel ausgerichtet war. Auch Opitz nahm von Heidelberg aus die

---

25 Vgl. Gottfried Smend: Jan Gruter. Sein Leben und Wirken. Ein Niederländer auf deutschen Hochschulen. Letzter Bibliothekar der alten Palatina zu Heidelberg. – Bonn 1939; Leonard Forster: Janus Gruter's English Years. Studies in the Continuity of Dutch Literature in Exile in Elizabethan England. – Leiden: University Press, London: Oxford University Press 1967 (= Publications of the Sir Thomas Browne Institute Leiden; 3). [Vgl. auch den Zusatz in Anm. 1].

26 Aus der reichhaltigen Literatur sei hier nur verwiesen auf Ludwig Krauß: Paul Schede-Melissus. Sein Leben nach den vorhandenen Quellen und nach seinen lateinischen Dichtungen als ein Beitrag zur Gelehrtengeschichte jener Zeit. Bd. I–II. – Nürnberg 1918; Eckart Schäfer: Deutscher Horaz. Conrad Celtis, Georg Fabricius, Paul Melissus, Jacob Balde. Die Nachwirkung des Horaz in der neulateinischen Dichtung Deutschlands. – Wiesbaden: Steiner 1976, S. 65–108. Zu den Psalmenübersetzungen die grundlegenden Arbeiten von Erich Trunz. Zuletzt ders.: Über deutsche Nachdichtungen der Psalmen seit der Reformation. – In: Gestalt, Gedanke, Geheimnis. Festschrift Johannes Pfeiffer. Hrsg. von Rolf Bohnsack, Hellmut Heeger, Wolf Hermann. – Berlin: Verlag ›Die Spur‹ 1967, S. 365–380.

27 Auch eine Denaisius-Biographie fehlt. Prinzipiell selbstverständlich stets heranzuziehen die Artikel in der ADB und der NDB sowie Reifferscheid. [Vgl. jetzt auch die entsprechenden Arbeiten in dem Anm. 33 zitierten Sammelband].

28 Straßburg steht in den letzten Jahrzehnten im Mittelpunkt historischer, konfessions- und kulturgeschichtlicher Forschung. Hier sei nur verwiesen auf Anton Schindling: Humanistische Hochschule und Freie Reichsstadt. Gymnasium und Akademie in Straßburg 1538–1621. – Wiesbaden: Steiner 1977 (= Veröffentlichungen des Instituts für Europäische Geschichte Mainz; 77); Strasbourg au cœur religieux du XVIe siècle. Hommage à Lucien Febvre. Ed. par Georges Livet, Francis Rapp. – Strasbourg: Librairie Istra 1977 (= Société Savante d'Alsace et des Régions de l'Est. Collection ›Grandes Publications‹; 12); Thomas A. Brady, Jr.: Ruling Class, Regime and Reformation at Strasbourg. 1520–1555. – Leiden: Brill 1978 (= Studies in Medieval and Reformation Thought; 22); Erdmann Weyrauch: Konfessionelle Krise und soziale Stabilität. Das Interim in Straßburg

Gelegenheit wahr, der berühmten alten Reichsstadt einen Besuch abzustatten.[29] Er galt dem Haupt des Straßburger Humanismus, das in engstem Kontakt mit den Heidelbergern und vor allem Lingelsheim stand: Matthias Bernegger.[30]

Damit verschaffte sich Opitz in jungen Jahren – vermittelt über Lingelsheim – nochmals Zugang zu einer der Schlüsselgestalten des europäischen Späthumanismus. Bernegger, seit 1613 Professor für Geschichte an dem berühmten, von Sturm begründeten Gymnasium, das 1621 in eine Universität umgewandelt wurde, war eben damit befaßt, seine *Tuba Pacis* (1621) abzufassen, der schon 1620 ein *Proaulium tubae pacis* vorausging. Aus der Perspektive der späteren ›Barockdichtung‹ nimmt sich Berneggers politische Kampfschrift – wie die in die gleiche Zeit fallende Produktion der Heidelberger – revolutionär aus.[31]

Mit einer Entschiedenheit, die ebenso von politischer Klarsicht, die sich Bernegger bis zu seinem Tode bewahrte, wie von emotionaler Distanz gegenüber den politischen Machenschaften der Gegenseite gespeist ist, ruft Bernegger in der *Tuba Pacis* die Anhänger aller drei Konfessionen im alten Reich zur Einsicht in die Hintergründe der spanischen Hegemonialpolitik und zum geschlossenen Widerstand gegen die drohende, unmittelbar bevorstehende Überwältigung auf. Insbesondere die Katholiken in Deutschland sucht er zu überzeugen, daß ihr konfessionelles Anliegen bei den Spaniern und ihren Handlangern, den Jesuiten, keineswegs aufgehoben sei, sondern von den kühl rechnenden Taktikern nur dazu benutzt werde, einen Stützpunkt im Reich zu gewinnen.

Die Parteinahme ist also nicht umstandslos antikatholisch. Vielmehr bemüht sich Bernegger, alle konfessionspolitischen Fraktionen des alten Reiches zum Widerstand und das heißt zunächst zur Einigung zu motivieren. Das setzt den Verzicht auf dogmatische Profilierung der Konfessionen voraus. Im Werk Berneggers gehen antispanische Militanz und konfessionelle Toleranz eben jene Symbiose ein,

---

(1548–1562). – Stuttgart: Klett-Cotta 1978 (= Spätmittelalter und Frühe Neuzeit; 7). Zu den gelehrten Gesellschaften: Joseph Lefftz: Die gelehrten und literarischen Gesellschaften im Elsass vor 1870. – Heidelberg: Winter 1931 (= Schriften der Elsass-Lothringischen Wissenschaftlichen Gesellschaft zu Straßburg. Reihe A: Alsatica und Lotharingica; 6); Heinz Ludwig: Die Aufrichtige Gesellschaft von der Tannen zu Straßburg. – Diss. phil. Innsbruck 1972 (Masch.); Walter Ernst Schäfer: Straßburg und die Tannengesellschaft. – In: Grimmelshausen und seine Zeit. Hrsg. von Günther Weydt, Ruprecht Wimmer. – Amsterdam: Rodopi 1976 (= Daphnis V/2–4), S. 531–547. [Vgl. inzwischen auch Wilhelm Kühlmann, Walter E. Schäfer: Literatur im Elsaß von Fischart bis Moscherosch. Gesammelte Studien. – Tübingen: Niemeyer 2001].

29 Vgl. Ernst Höpfner: Strassburg und Martin Opitz. – In: Beiträge zur deutschen Philologie. Festgabe Julius Zacher. – Halle/Saale: Verlag der Buchhandlung des Waisenhauses 1880, S. 293–302.

30 Grundlegend, jedoch veraltet in den Wertungen: Carl Bünger: Matthias Bernegger. Ein Bild aus dem geistigen Leben Strassburgs zur Zeit des Dreissigjährigen Krieges. – Straßburg: Trübner 1893. Vgl. auch Erich Berneker: Matthias Bernegger. Der Straßburger Historiker. – In: Julius Echter und seine Zeit. Hrsg. von Friedrich Merzbacher. – Würzburg: Echter 1973, S. 283–314.

31 Vgl. Waltraud Foitzik: ›Tuba Pacis‹. Matthias Bernegger und der Friedensgedanke des 17. Jahrhunderts. – Diss. phil. Münster 1955 (Masch.).

wie sie besonders typisch ist für die Gruppe der *politiques* in Frankreich, darüber hinaus jedoch überall im Späthumanismus ihre Anhänger hat.

Einher geht diese mit dem Aufstieg des absolutistischen Staates verbundene Orientierung mit einer Instrumentalisierung der überkommenen wissenschaftlichen Disziplinen. Bernegger hat darauf bestanden, in Straßburg neben der Geschichte die Politik vertreten zu können. Und das nicht in einem planen Nebeneinander, sondern in der Aktualisierung der Geschichte als Exemplum für die sachgemäße Erkenntnis und Lösung gegenwärtiger politischer Probleme. Das Vorbild gab ihm die Gestalt des Justus Lipsius ab, dessen *Politik* mit dem Herzstück der *prudentia civilis* er in den akademischen Unterricht in Straßburg einführte.

Und mit Lipsius ist Bernegger geeint im Versuch einer produktiven Rezeption der Gestalt des Tacitus, dessen politischer Realismus unter den Bedingungen der römischen Kaiserzeit im Zuge des sich formierenden Absolutismus – wie auf andere Weise die Philosophie Senecas – eben jetzt ein geschärftes Interesse fand. Nimmt man hinzu, daß der antikatholische Impetus Berneggers getragen ist von einem Plädoyer für die deutsche Muttersprache – so etwa im *Suetonischen Fürstenspiegel* (1625) –, daß Bernegger die jungen Heidelberger Dichter lebhaft ermunterte und dementsprechend auch Opitzens erste, in Straßburg erschienene und von Zincgref veranstaltete Ausgabe seiner Gedichte betreute, so dürfte deutlich sein, daß Opitz in Straßburg nochmals einen Mentor fand, der die zukunftsweisenden Elemente der europäischen Bildung um 1600 mit sicherer Hand zusammenfaßte und in seinem Irenismus und humanistischen ›Nationalismus‹ auch noch – wie die Gestalt Georg Philipp Harsdörffers zeigt – die folgende Generation prägte.

Das Böhmen-Abenteuer des Pfälzischen Kurfürsten

Die Stunde der Heidelberger Humanisten kam mit dem böhmischen Unternehmen Friedrichs V. Zu den folgenreichsten Erfahrungen, die den politischen und gelehrten Repräsentanten der Pfalz im Kontakt mit dem westeuropäischen Calvinismus zuteil geworden waren, gehörte die des aktiven konfessionspolitischen Widerstands gegen die katholische Obrigkeit, wie er sich im lutherisch-protestantischen Raum nicht durchzusetzen vermocht hatte. Sein theologisches Äquivalent bildet der theokratische Utopismus in der calvinistischen Lehre, der Widerstand gegen eine die göttliche Weltordnung verletzende Herrschaft – wie vermittelt durch Ephoren auch immer – zur Pflicht macht.

Ganz anders als in den binnendeutschen lutherischen Territorien bildete sich in den Außenposten des deutschen Protestantismus im politischen und militärischen Kontakt mit den westeuropäischen Staaten ein Bewußtsein der Gefahren, die dem Bestand des Protestantismus auf europäischer Ebene insgesamt drohten. Die forcierten Bündnisbestrebungen unter Führung der Pfalz stellten die politisch einzig realistische Antwort auf diese Gefahr dar. Es gehört zur Tragik dieser antikatholischen Unierungspolitik, daß das Bewußtsein ihrer geschichtlichen Notwendigkeit in den lutherischen Territorien unentwickelt und insbesondere das Herzland der

Reformation Sachsen – von kurzen Episoden abgesehen – ein halbherziger und stets zögernder Partner blieb.

Hinzu kam die unglückliche außenpolitische Konstellation. Die großangelegte antihabsburgische Politik Frankreichs brach nach der Ermordung Heinrichs IV. für anderthalb Jahrzehnte zusammen, bevor Richelieu sie in gänzlich anderer Lage wiederaufnahm. Jakob I. von England, durch Heirat seiner Tochter mit Friedrich V. verwandtschaftlich verbunden, mied die offene Konfrontation mit Wien, und die Kräfte des calvinistischen Holland waren nach einem ein halbes Jahrhundert währenden Kampf gegen Spanien erschöpft.

So war Friedrich V. innen- wie außenpolitisch weitgehend isoliert, als er im August 1619 aufbrach, um die ihm von den böhmischen Ständen angetragene Königskrone entgegenzunehmen.[32] Die Pfälzer Königswürde ist denn auch nur eine Episode geblieben. Nach der verlorenen Schlacht am Weißen Berg endete sie im November 1620 mit der überstürzten Flucht des ›Winterkönigs‹ aus Prag. Nicht nur die militärische und ideologische Überlegenheit des Katholizismus trat darin zutage, der in der Situation höchster Gefahr zur Einheit zurückfand und den traditionellen Gegensatz zwischen den Habsburgern und den Wittelsbachern zu überwinden verstand. Auch die tiefe Krise des Protestantismus, wie sie sich im Gegensatz zwischen Heidelberg und Dresden, Genf und Wittenberg manifestierte, kam darin zum Vorschein.

---

32 Aus der überaus reichhaltigen Literatur zur böhmisch-pfälzischen Problematik sei hier nur verwiesen auf die prägnante und perspektivenreiche knappe Darstellung von Hans Sturmberger: Aufstand in Böhmen. Der Beginn des Dreißigjährigen Krieges. – München, Wien: Oldenbourg 1959 (= Janus-Bücher; 13), sowie auf Josef Polišenský: Der Krieg und die Gesellschaft in Europa 1618–1648. – Prag: Academia; Wien, Köln, Graz: Böhlau 1971 (= Documenta Bohemica Bellum Tricennale Illustrantia; 1). Weitere reichhaltige Literaturangaben bei Karl Richter: Die böhmischen Länder von 1471–1740. – In: Die böhmischen Länder von der Hochblüte der Ständeherrschaft bis zum Erwachen eines modernen Nationalbewußtseins. Hrsg. von Karl Bosl. – Stuttgart: Hiersemann 1974 (= Handbuch der Geschichte der böhmischen Länder; 2), S. 97–412, S. 267ff. Zur publizistischen Begleitung: Rudolf Wolkan: Der Winterkönig im Liede seiner Zeit. – In: Deutsche Zeitschrift für Geschichtswissenschaft 2 (1889), S. 390–409; Deutsche Lieder auf den Winterkönig. Hrsg. von R. Wolkan. – Prag: Calve'sche Universitäts-Buchhandlung 1898 (= Bibliothek deutscher Schriftsteller aus Böhmen; 8); ders.: Politische Karikaturen aus der Zeit des Dreißigjährigen Krieges. – In: Zeitschrift für Bücherfreunde II/11 (1898/99), S. 457–467; Johannes Gebauer: Die Publicistik über den böhmischen Aufstand von 1618. – Halle: Niemeyer 1892 (= Hallesche Abhandlungen zur Neueren Geschichte; 29); Karl Mayr-Deisinger: Die Flugschriften der Jahre 1618–1620 und ihre politische Bedeutung. – Phil. Habilschrift München 1893; Karl Bruchmann: Die auf den ersten Aufenthalt des Winterkönigs in Breslau bezüglichen Flugschriften der Breslauer Stadtbibliothek. – Progr. Königl. König-Wilhelm-Gymnasium Breslau 1904/05; ders.: Archivalia inedita zur Geschichte des Winterkönigs. – Progr. Königl. König-Wilhelm-Gymnasium Breslau 1908/09; Der Prager Fenstersturz i. J. 1618. Flugblätter und Abbildungen. Hrsg. von Friedel Pick. – Prag 1918 (= Pragensia; 1).

Die verlorene Schlacht am Weißen Berg als deutsches Schlüsseldatum

Insgesamt ist der Zusammenbruch der Pfälzer Böhmenpolitik nur in den weitesten geschichtlichen Dimensionen angemessen einzuschätzen. Mit dem Verschwinden des Calvinismus als politisch gestaltender Kraft im Reich verlor auch das Luthertum seine Widerstandskraft gegen den Katholizismus; die obrigkeitsstaatliche Mentalität verfestigte sich in ihm. Vor allem aber nahmen in der Katastrophe der Pfalz die traditionellen Verbindungen zu den westeuropäischen Staaten Schaden. Hier liegt eine der Wurzeln für die Entfremdung Deutschlands von den westlichen Nachbarn.

Wenig wahrgenommen bisher und doch gleichfalls von kaum zu überschätzender Tragweite sind die Folgen dieses europäischen Schlüsseldatums für die Geschichte der deutschen Literatur. Die Heidelberger Dichter, Gelehrten, Theologen und Beamten, insbesondere die Mitglieder des Oberrats, hatten das Unternehmen Friedrichs V. – von einzelnen Skeptikern abgesehen – mit großen Hoffnungen begleitet. Neben vielen anderen traten Zincgref und Opitz mit Beiträgen auf den ›Winterkönig‹ und seinen Böhmenzug hervor.

Kämpferische Publizistik im Umkreis des ›Winterkönigs‹

Kürzlich ist es gelungen, ein aus der Feder Zincgrefs stammendes, 184 Hexameter umfassendes neulateinisches *Epos* wiederaufzufinden, in dem der Dichter den jungen Herrscher vorbehaltlos zur Annahme der böhmischen Krone ermuntert und die noch Zögernden zu überzeugen und zu aktivieren sucht.[33] Als Widersacher erscheint in eher verschlüsselter Form das Habsburgische Kaiserhaus. Seiner Kritik gilt nach der Niederlage der Pfalz Zincgrefs große allegorische Satire *Quodlibetisches Weltkefig* (1623), die die über ganz Deutschland sich ausbreitende katholische Tyrannis in flammenden Wendungen geißelt und die unter dem konfessionellen Deckmantel verborgenen machtpolitischen Machenschaften des Gegners illusionslos freilegt.

Opitz beteiligt sich an der publizistischen Unterstützung des Winterkönigs – außer mit einem Panegyrikus auf Ludwig Camerarius und einem *Gebet/ daß Gott die Spanier widerumb vom Rheinstrom wolle treiben* – mit einer *Oratio ad Fridericum*

---

[33] Zu Zincgref vgl. neben den oben Anm. 23 zitierten Arbeiten von Mertens und Verweyen vor allem die grundlegende Studie von Franz Schnorr von Carolsfeld: Julius Wilhelm Zincgrefs Leben und Schriften. – In: Archiv für Litteraturgeschichte 8 (1879), S. 1–58, S. 446–490. Der Verfasser ist Dieter Mertens (Freiburg/Breisgau) zu großem Dank verpflichtet, daß ihm eine Kopie des einzigen erhaltenen und in der Königlichen Bibliothek in Kopenhagen bewahrten Exemplars des Zincgrefschen *Epos* zugänglich gemacht wurde. [Jetzt von Mertens ediert in dem Sammelband mit zahlreichen einschlägigen Beiträgen: Julius Wilhelm Zincgref und der Heidelberger Späthumanismus. Zur Blüte- und Kampfzeit der calvinistischen Kurpfalz. In Verbindung mit Hermann Wiegand hrsg. von Wilhelm Kühlmann. – Ubstadt-Weiher etc.: verlag regionalkultur 2011 (= Mannheimer historische Schriften; 5), S. 101–133].

*Regem Bohemiae.*³⁴ Wieder wird die von der indirekt angesprochenen Habsburger Herrschaft ausgehende Schmach als Tyrannei gebrandmarkt, die in dem Schicksal der böhmischen Protestanten ihr Exempel findet. Friedrich darf und kann sich daher der an ihn ergehenden Verpflichtung nicht entziehen, für die Erhaltung der politischen wie der religiösen *libertas* zu wirken.

So zeichnen sich in der Pfalz im Umkreis des Winterkönigs die Umrisse einer politischen Dichtung und Publizistik ab, die getragen ist von einer großen geschichtlichen Thematik in europäischer Perspektive und, wie der von Zincgref gewählte Gattungsbegriff zeigt, zum ›Epos‹ als dafür angemessener Form tendiert. Diese verheißungsvollen Ansätze im Ursprung der Geschichte der neueren deutschen ›Nationalliteratur‹ haben sich im 17. Jahrhundert nicht zu einer konsistenten Tradition verdichten können. Sie waren an die Aufbruchsbewegung des Protestantismus unter calvinistisch-pfälzer Führung gebunden, in der sich für einen Moment lang eine ›kleindeutsche‹ antihabsburgische Föderation unter der böhmischen Krone abzeichnete. Sie hätte den spezifisch deutschen Beitrag neben der monarchischen bzw. der föderativ-›republikanischen‹ Nationalstaats-Bewegung in Westeuropa bilden können. Mit ihrem Scheitern verzögerte sich die Einheit der Nation um Jahrhunderte mit allen bekannten Folgen. Zugleich verlor die Dichtung ihre explizit politische Dimension, und der Dichter büßte einen Raum öffentlichen Wirkens ein. Beides blieb für die Geschichte der deutschen Literatur und die Stellung des Dichters in der Gesellschaft bestimmend.

Opitz in den reformierten Niederlanden

Der Einbruch der Spanier unter Spinola in die Pfalz zerstreute auch den Dichter- und Humanistenkreis in Heidelberg. Friedrich V. ging ins Exil nach Den Haag, Lingelsheim wich in seine Heimatstadt Straßburg aus, Gruter verlor mit der Palatina und seiner Privatbibliothek die Herzstücke seines wissenschaftlichen Wirkens, Venator fand vorläufig Asyl bei Lingelsheim in Straßburg, für Zincgref begann ein

---

34 Abgedruckt in: Martin Opitz: Gesammelte Werke. Kritische Ausgabe. Hrsg. von George Schulz-Behrend. Bd. I: Die Werke von 1614 bis 1621. – Stuttgart: Hiersemann 1968 (= Bibliothek des Literarischen Vereins in Stuttgart; 295), S. 170–181 [jetzt auch – mit Übersetzung – in: Martin Opitz: Lateinische Werke. Bd. I: 1614–1624. In Zusammenarbeit mit Wilhelm Kühlmann, Hans-Gert Roloff und zahlreichen Fachgelehrten herausgegeben, übersetzt und kommentiert von Veronika Marschall und Robert Seidel. – Berlin, New York: de Gruyter 2009 (= Ausgaben Deutscher Literatur des XV. bis XVIII. Jahrhunderts), S. 200–221, Kommentar von Robert Seidel S. 417–425]. Dort S. 181–186 gleichfalls die Wiedergabe des Gedichts auf Camerarius. Das *Gebet* findet man in: Martin Opitz: Gesammelte Werke. Kritische Ausgabe. Hrsg. von George Schulz-Behrend. Bd. II: Die Werke von 1621 bis 1626. 1. Teil. – Stuttgart: Hiersemann 1978 (= Bibliothek des Literarischen Vereins in Stuttgart; 300), S. 216f. Zu diesen Schriften die freilich veraltete und vielfach problematische Arbeit von K.H. Wels: Opitzens politische Dichtungen in Heidelberg. – In: Zeitschrift für deutsche Philologie 46 (1915), S. 87–95. Vgl. auch Mertens und Verweyen: Bericht über die Vorarbeiten (Anm. 23), S. 148f.

unstetes, von finanziellen Nöten bedrücktes Wanderleben, und Opitz floh in die Niederlande.

Noch einmal berührte der junge Dichter auf seiner durch die politischen Umstände erzwungenen Bildungsreise ein vom Geist des Calvinismus durchdrungenes Land.[35] Allgegenwärtig war die Erinnerung an den vor mehr als fünfzig Jahren ausgebrochenen Freiheitskrieg in den Niederlanden. Opitz indes traf das Land in einer Phase tiefer religionspolitischer Erschütterungen an. Nachdem der äußere Druck seit 1606 für eine Weile erlahmt war, brachen nun die heftigsten Konflikte im Inneren der jungen Republik aus.[36]

Mit der jahrelangen Auseinandersetzung zwischen Arminianern und Gomaristen, Remonstranten und Kontraremonstranten und der anschließenden kompromißlosen Lösung des Konflikts auf der Dordrechter Synode 1618/1619 fiel ein tiefer Schatten auf ein Gemeinwesen, das sein Daseinsrecht in der heroischen Verteidigung seiner Autonomie und seiner überkommenen soziopolitischen Strukturen gegenüber dem spanisch-katholischen Absolutismus besaß. Mit der gewaltsamen Durchsetzung der orthodoxen calvinistischen Linie und der ebenso unnachsichtigen Verdammung des Arminianismus kehrte der Calvinismus in einem Land, in dem er selbst die Führungsrolle übernehmen konnte, seine militante Seite hervor. Die Einkerkerung des Arminianers Hugo Grotius und die Hinrichtung des über siebzigjährigen Führers des Aufstandes Oldenbarnevelt sind Schandmale auf dem jungen Staat, die als solche auch von den Zeitgenossen und insbesondere den reformierten Parteigängern wahrgenommen wurden.

Die knappe, aber tiefsinnige Bemerkung von Opitzens Freund und erstem Biographen Christoph Colerus, daß Opitz an Ort und Stelle aus diesem tragischen Vorgang lernte und in seiner Heimat Gelegenheit hatte, von dergleichen selbstmörderischen Unternehmungen abzuraten, will ernst genommen sein. Der Gewaltakt in Dordrecht und seine Exekution mußten als Desavouierung des humanistischen Irenismus erscheinen, der gerade in den Niederlanden eine feste Tradition besaß und dem vor allem die Reformierten, Opitz eingeschlossen, das Wort geredet hatten. Wenn die Niederlande im 17. Jahrhundert gleichwohl den verschiedensten religiösen Gruppierungen eine Heimstatt boten, so ist das u.a. auch hier der zeit-

---

35 Hier kann nur verwiesen werden auf Geoffrey Parker: Der Aufstand der Niederlande. Von der Herrschaft der Spanier zur Gründung der Niederländischen Republik 1549–1609. – München: Callwey 1979; Pieter Geyl: The Netherlands in the Seventeenth Century. Part One: 1609–1648. Second Edition. – London: Benn; New York: Barnes & Noble 1966 (1. Aufl. 1936), sowie auf den perspektivenreichen Forschungsbericht von Heinz Schilling: Der Aufstand der Niederlande. Bürgerliche Revolution oder Elitenkonflikt? – In: 200 Jahre amerikanische Revolution und moderne Revolutionsforschung. Hrsg. von Hans-Ulrich Wehler. – Göttingen: Vandenhoeck & Ruprecht 1976 (= Geschichte und Gesellschaft. Sonderheft; 2), S. 177–231.

36 Vgl. neben dem zitierten Werk von Pieter Geyl auch Douglas Nobbs: Theocracy and Toleration. A Study of the Disputes in Dutch Calvinism from 1600 to 1650. – Cambridge: University Press 1938; Joseph Lecler: Geschichte der Religionsfreiheit im Zeitalter der Reformation. Bd. II. – Stuttgart: Schwabenverlag 1965, S. 367ff.; Gerhard Güldner: Das Toleranz-Problem in den Niederlanden im Ausgang des 16. Jahrhunderts. – Lübeck, Hamburg: Matthiesen 1968 (= Historische Studien; 403), S. 138ff.

weiligen Konsolidierung fürstenähnlicher Macht unter der Statthalterschaft Friedrich Heinrichs von Oranien zu danken, die sich durch Neutralität und Toleranz in religiösen Dingen legitimierte und so die Folgen der verhängnisvollen Dordrechter Synodalen-Politik milderte.

Leiden als Hochburg gelehrter Studien

Opitz gelangte anläßlich seines Aufenthalts in Leiden in eines der Zentren späthumanistischer europäischer Bildung. Um die Ansätze zu einer humanistischem Geist entsprungenen klassizistischen niederländischen Kunstdichtung kennenzulernen, bedurfte es freilich keiner Reise nach Holland mehr. Heinsius' eben erschienene *Nederduytsche Poemata* (1616) und der *Bloem-Hof van de Nederlantsche Ieught* (1608) waren ihm durch seinen Freund Caspar Kirchner und seinen Beuthener Gönner Tobias Scultetus von Schwanensee und Bregoschitz bekannt. Auch dem Leiden-Besuch Opitzens wird man daher in philologischer Perspektive allein nicht gerecht.

Die Universität Leiden war 1575 unmittelbar nach dem Abzug der spanischen Belagerer gegründet worden.[37] Dieser Ursprung lag als Verpflichtung über der frühesten und bedeutendsten Universität des Landes und prägte auch die politischwissenschaftliche Physiognomie ihrer Repräsentanten. Der Begründer des europäischen Ruhmes der Leidener Hohen Schule, Justus Lipsius, hatte – ungeachtet seiner späteren Rückkehr in die katholischen Südstaaten und seines Wirkens in Löwen – während seiner Leidener Jahre die Politik der nördlichen Niederlande gegen die Spanier mitgetragen. Seine auf ganz Europa ausstrahlende Neubegründung des Stoizismus ist ohne die Erfahrung der konfessionspolitischen Bürgerkriege in Frankreich und den Niederlanden undenkbar.[38]

---

37 Dazu umfassend und mit umfänglicher Bibliographie: Leiden University in the Seventeenth Century. An Exchange of Learning. Ed. by Th.H. Lunsingh Scheurleer, G.H.M. Posthumus Meyjes. – Leiden: University Press, Brill 1975. Dazu der von R.E.O. Ekkart zusammengestellte Sammelband: Athenae Batavae. De Leidse Universiteit – The University of Leiden. 1575–1975. – Leiden: University Press 1975. Des weiteren: Paul Dibon: L'Université de Leyde et la République des Lettres au 17e siècle. – In: Quaerendo 5 (1975), pp. 4–38, sowie von deutscher Seite aus Heinz Schneppen: Niederländische Universitäten und deutsches Geistesleben. Von der Gründung der Universität Leiden bis ins späte 18. Jahrhundert. – Münster: Aschendorff 1960 (= Neue Münstersche Beiträge zur Geschichtsforschung; 6) und das bereits Anm. 6 zitierte Werk von Herbert Schöffler.

38 Die Gestalt des Justus Lipsius und die gesellschaftspolitische Rolle des Neustoizismus sind – speziell auch für die Barockforschung – durch das Lebenswerk von Gerhard Oestreich erschlossen worden. Vgl. vor allem G. Oestreich: Antiker Geist und moderner Staat bei Justus Lipsius (1547–1606). Der Neustoizismus als politische Bewegung. – Habilitationsschrift FU Berlin 1954 (Masch.). [Vgl. inzwischen: Antiker Geist und moderner Staat bei Justus Lipsius (1547–1606). Der Neustoizismus als politische Bewegung. Hrsg. und eingeleitet von Nicolette Mout. – Göttingen: Vandenhoeck & Ruprecht 1989 (= Schriftenreihe der Historischen Kommission bei der Bayerischen Akademie der Wissenschaften; 38)]; ders.: Geist und Gestalt des frühmodernen Staates. Ausgewählte Aufsätze. – Berlin: Duncker & Humblot 1969. Des weiteren von Oestreich heranzu-

Sein gleichfalls illustrer Nachfolger Justus Joseph Scaliger – Sohn des berühmten Julius Caesar – hatte in Frankreich selbst noch aktiv an den kriegerischen Auseinandersetzungen mitgewirkt, hatte im Anschluß an die Bartholomäusnacht nach Genf fliehen müssen, trat nach seiner Leidener Berufung in Kontakt mit Staatsmännern wie Moritz von Nassau und Oldenbarnevelt und geriet später in die Schußlinie der Jesuiten.[39]

Der Briefwechsel Scaligers insbesondere mit Lingelsheim belegt, in welchem Maße die beiden Gelehrten in der Sorge um das Schicksal des Pfälzer und niederländischen Calvinismus verbunden waren. In der jüngeren, um Scaliger in Leiden gescharten Generation, mit der Opitz nach Colerus' Zeugnis persönlich Bekanntschaft machte, verschoben sich die Gewichtungen, doch im gelehrten Milieu allein hat es auch sie nicht durchweg gehalten. Nur Scriverius, der Herausgeber der Gedichte des Heinsius, ist, soweit zu sehen, politisch nicht hervorgetreten, artikulierte sich in der Vorrede zur Heinsius-Ausgabe jedoch gleichfalls deutlich.[40] Vossius war überzeugter Arminianer und als solcher auf alle erdenkliche Weise auch um den Preis seiner Amtsenthebung bemüht, die konfessionellen Gegensätze zu mildern.[41] Rutgers – Heinsius' Schwager – war seit 1614 in schwedischen Diensten vorwiegend als Gesandter tätig, wofür er 1619 geadelt wurde.[42]

---

ziehen: Calvinismus, Neustoizismus und Preussentum. Eine Skizze. – In: Jahrbuch für die Geschichte Mittel- und Ostdeutschlands 5 (1956), S. 157–181; ders.: Das politische Anliegen von Justus Lipsius' ›De constantia ... in publicis malis‹ (1584). – In: Festschrift Hermann Heimpel. Bd. I. Hrsg. von den Mitarbeitern des Max-Planck-Instituts für Geschichte. – Göttingen: Vandenhoeck & Ruprecht 1971 (= Veröffentlichungen des Max-Planck-Instituts für Geschichte; 36/1), S. 618–638; ders.: Justus Lipsius als Universalgelehrter zwischen Renaissance und Barock. – In: Leiden University in the Seventeenth Century (Anm. 37), S. 177–201. Daneben sei hier nur verwiesen auf Jason Lewis Saunders: Justus Lipsius. The Philosophy of Renaissance Stoicism. – New York: Liberal Arts Press 1955; Hendrik D.L. Vervliet: Lipsius' jeugd 1547–1578. Analecta voor een kritische biografie. – Bruxelles: Paleis d. Academien 1969 (= Meded. van de Koninklijke Vlaamse Academie voor Wetenschappen, Letteren en Schoone Kunsten van Belgie. Kl. d. Lett., Jg. 31, Nr. 7); Jacques Kluyskens: Justus Lipsius (1547–1606) and the Jesuits. With Four Unpublished Letters. – In: Humanistica Lovaniensia 23 (1974), pp. 244–270; Günter Abel: Stoizismus und Frühe Neuzeit. Zur Entstehungsgeschichte modernen Denkens im Felde von Ethik und Politik. – Berlin, New York: de Gruyter 1978, S. 67–113; Wilhelm Kühlmann: Gelehrtenrepublik und Fürstenstaat (Anm. 16), S. 204ff.

39 Vgl. Charles Nisard: Le triumvirat littéraire au XVIᵉ siècle. Juste Lipse, Joseph Scaliger et Isaac Casaubon. – Paris: Amyot 1852; Jacob Bernays: Joseph Justus Scaliger. – Berlin: Hertz 1855; Clemens M. Bruehl: Josef Justus Scaliger. Ein Beitrag zur geistesgeschichtlichen Bedeutung der Altertumswissenschaft. – In: Zeitschrift für Religions- und Geistesgeschichte 12 (1960), S. 201–218; 13 (1961), S. 45–65. Zu Julius Caesar Scaliger: Vernon Hall, Jr.: Life of Julius Caesar Scaliger (1484–1558). – Philadelphia: American Philosophical Society 1950 (= Transactions of the American Philosophical Society. N.S.; 40/2), pp. 85–170.

40 Zu Scriverius Pierre Tuynman: Petrus Scriverius. 12 January 1576 – 30 April 1660. – In: Quaerendo 7 (1977), pp. 5–45; Cornelis S.M. Rademaker: Scriverius and Grotius. – In: Quaerendo 7 (1977), pp. 46–57.

41 Zu Vossius umfassend Cornelis S.M. Rademaker: Gerardus Joannes Vossius (1577–1649). – Zwolle: Willink 1967 (= Zwolse reeks van taal- en letterkundige studies; 21); ders.: Gerardi Joannis Vossii de vita sua usque ad annum MDCXVII delineatio. – In: Lias 1 (1974), pp. 243–265.

42 Zu Rutgers liegt m.W. keine Monographie vor. Vgl. die in Anmerkung 43 zitierten Arbeiten zu Heinsius.

Und schließlich Opitzens bewundertes Vorbild Heinsius, dem er jetzt in Leiden huldigen durfte.[43] Auch dessen Familie war in den Bürgerkrieg involviert. Sie mußte aus dem für kurze Zeit calvinistischen Gent nach Zeeland und England fliehen, bevor sie später in die nördlichen Niederlande zurückkehren konnte. Heinsius machte ab 1600 auf der Leidener Universität Karriere. Aber auch für ihn blieb das imposante wissenschaftliche Lebenswerk nur eine Seite seines Wirkens. Als Sekretär nahm er an der Dordrechter Synode teil und war für die endgültige Revision der synodalen Artikel verantwortlich. Dem orthodoxen calvinistischen Flügel zuneigend, wahrte er gleichwohl Kontakte zu den Arminianern wie Grotius. In Heinsius' neulateinischer Tragödie auf die Ermordung Wilhelms von Oranien, seinem Gedicht auf Heemskerck zu Anfang der *Nederduytschen Poemata*, seinem Panegyrikus auf den Friedensschluß zwischen Philipp IV. und den Generalstaaten flektierte sich das politische Interesse des führenden Vertreters nationalsprachiger Dichtung in den Niederlanden.

So hat Opitz in Leiden nochmals eine Gelehrtenrepublik vor Augen gehabt, für die die Einheit von Wissenschaft und Politik als Vermächtnis des 16. Jahrhunderts selbstverständlich war. In der Einsamkeit Jütlands hatte er anschließend neun Monate Muße, den Bildungsgehalt seiner bewegten Reisejahre poetisch zu läutern. Das *TrostGedichte Jn Widerwertigkeit Deß Krieges*, seine größte Dichtung, fernab von den großen Schauplätzen der Politik geschrieben, legt Zeugnis ab von den geistigen und politischen Impulsen seiner Jugendzeit unter den Leitsternen des Calvinismus und Neustoizismus.

Rückkehr nach Schlesien und Umschwung nach 1620

Als Opitz im Sommer 1621 nach Schlesien zurückkehrte, hatte sich die politische Lage grundlegend gewandelt, und Schlesien war wie Böhmen nachhaltig davon betroffen. Denn die Exponenten, insbesondere die Herzöge von Liegnitz und Brieg, hatten selbstverständlich und ungeachtet ihrer vorsichtigen Politik nach dem

---

43 Zu Heinsius vgl. Paul R. Sellin: Daniel Heinsius and Stuart England. With a Short-Title Checklist of the Works of Daniel Heinsius. – Leiden: University Press; London: Oxford University Press 1968 (= Publications of the Sir Thomas Browne Institute Leiden; 3); Bärbel Becker-Cantarino: Daniel Heinsius. – Boston: Twayne 1978 (= Twayne's World Authors Series; 477: The Netherlands). Zur Lyrik das Kapitel ›Lyrical and Reflective Poetry of the Renaissance‹. – In: Theodoor Weevers: Poetry of the Netherlands in its European Context 1170–1930. Illustrated with Poems in Original and Translation. – London: Athlone Press 1960, pp. 64–101. Zur Rezeption in Deutschland Ulrich Bornemann: Anlehnung und Abgrenzung. Untersuchungen zur Rezeption der niederländischen Literatur in der deutschen Dichtungsreform des 17. Jahrhunderts. – Assen, Amsterdam: Van Gorcum 1976 (= Respublica Literaria Neerlandica; 1), S. 59ff. Vgl. auch die wichtige Abhandlung von Leonard Forster: Die Niederlande und die Anfänge der Barocklyrik in Deutschland. Mit Textbeispielen und einer Abbildung. – Groningen: Wolters 1967 (= Voordrachten gehouden voor de Gelderse Leergangen te Arnhem; 20).

Prager Fenstersturz auf den Winterkönig gesetzt.[44] Im Februar 1620 traf Friedrich V. auf seiner Huldigungsfahrt durch die Habsburger Erblande in Breslau ein.[45] Ludwig Camerarius, nun Kanzler in Böhmen, und Abraham Scultetus, der aus Schlesien stammende Hofprediger des Pfälzers und einer der lebhaftesten Agitatoren für den Erwerb der böhmischen Krone, begleiteten ihn.

Endlich fanden die in Breslau seit langem schwelenden calvinistischen Strömungen ihre vom König begünstigte Institutionalisierung in einer eigenen Gemeinde.[46] Der Breslauer Dichterkreis, Opitzens mehr oder weniger zum Reformiertentum neigende Freunde, huldigten dem ersten deutschen protestantischen Oberhaupt in Schlesien in zahlreichen Gelegenheitsgedichten, Reden und Predigten.[47] Noch im Herbst des gleichen Jahres berührte Friedrich V. ein weiteres Mal schlesischen und Breslauer Boden; nun jedoch als Flüchtender nach der verlorenen Schlacht am Weißen Berg. Der Weg für die zunächst behutsame, dann vehement fortschreitende Rekatholisierung Schlesiens unter Karl Hannibal von Dohna war frei.[48]

---

44 Die Monographie von Georg P.A. Hausdorf: Die Piasten Schlesiens. – Breslau: Franke 1933, ist ersetzungsbedürftig. Vgl. Josef Joachim Menzel: Die schlesischen Piasten. Ein deutsches Fürstengeschlecht polnischer Herkunft. – In: Schlesien 20 (1975), S. 129–138. Vgl. auch Norbert Conrads: Abstammungssage und dynastische Tradition der schlesischen Piasten. – In: Schlesien 20 (1975), S. 213–218, sowie Ludwig Petry: Das Verhältnis der schlesischen Piasten zur Reformation und zu den Hohenzollern. – In: Schlesien 21 (1976), S. 206–214. [Vgl. jetzt: Maximilian Eiden: Das Nachleben der schlesischen Piasten. Dynastische Tradition und moderne Erinnerungskultur vom 17. bis 20. Jahrhundert. – Köln etc.: Böhlau 2012 (= Neue Forschungen zur Schlesischen Geschichte; 22)]. Speziell zum Schicksal der Piasten unter Dohna: Julius Krebs: Der Vorstoß Kaiser Ferdinands II. gegen die Piastenherzöge (1629). – In: Zeitschrift des Vereins für Geschichte Schlesiens 48 (1914), S. 89–112. Zur Geschichte der Piasten in Brieg: Karl Friedrich Schönwälder: Die Piasten zum Briege oder Geschichte der Stadt und des Fürstenthums Brieg. Bd. I–III. – Brieg: Bänder 1855–1856; Heinrich Schoenborn: Geschichte der Stadt und des Fürstentums Brieg. Ein Ausschnitt aus der Geschichte Schlesiens. – Brieg: Leichter u. Süßmann 1907. Eine zweite, von E. Richtsteig bearbeitete Auflage befindet sich als fünfbändiges maschinenschriftliches Exemplar im Herder-Institut zu Marburg.
45 Vgl. Karl F.H. Bruchmann: Die Huldigungsfahrt König Friedrichs I. von Böhmen (des ›Winterkönigs‹) nach Mähren und Schlesien. – Breslau: Hirt 1909 (= Darstellungen und Quellen zur schlesischen Geschichte; 9).
46 Vgl. Gillet: Crato von Crafftheim (Anm. 10), Bd. II, S. 419ff.
47 Dieses Material ist glücklicherweise in der BU Wrocław erhalten geblieben. Nähere Spezifizierung in: Katalog der Druckschriften über die Stadt Breslau. [Bearbeitet von Heinrich Wendt]. – Breslau: Morgenstern 1903, S. 2ff.
48 Vgl. außer den genannten Darstellungen zur Geschichte Schlesiens vor allem Heinrich Ziegler: Die Gegenreformation in Schlesien. – Halle: Max Niemeyer 1888 (= Schriften des Vereins für Reformationsgeschichte; 24); Dorothee von Velsen: Die Gegenreformation in den Fürstentümern Liegnitz – Brieg – Wohlau. Ihre Vorgeschichte und ihre staatsrechtlichen Grundlagen. – Leipzig: Heinsius 1931 (= Quellen und Forschungen zur Reformationsgeschichte; 15); Joachim Köhler: Das Ringen um die Tridentinische Erneuerung im Bistum Breslau. Vom Abschluß des Konzils bis zur Schlacht am Weissen Berg 1564–1620. – Köln, Wien: Böhlau 1973 (= Forschungen und Quellen zur Kirchen- und Kulturgeschichte Ostdeutschlands; 12). Vgl. auch Georg Loesche: Zur Gegenreformation in Schlesien. Troppau, Jägerndorf, Leobschütz. Neue archivalische Aufschlüsse. Bd. I: Troppau – Jägerndorf. Bd. II: Leobschütz. – Leipzig: Haupt 1915–1916 (= Schriften des Vereins für Reformationsgeschichte Jahrgang 32/1-2, Jahrgang 33/1; Nr. 117–118, Nr. 123). [Vgl. jetzt: Jörg Deventer: Gegenreformation in Schlesien. Die habsburgische Rekatholisierungs-

Opitz hat sogleich nach seiner Rückkehr in die Heimat versucht, an Georg Rudolf von Liegnitz heranzutreten, auf den die Oberlandeshauptmannschaft von seinem Bruder Johann Christian von Brieg übergegangen war, da er sich weniger in der böhmischen Affäre exponiert hatte. Diesem Versuch war kein Erfolg beschieden. Opitz gelang es nicht mehr, auf der bedrängten protestantisch-reformierten Seite Schlesiens Fuß zu fassen.

Exkursion in das Siebenbürgen Bethlen Gábors

Erneut mußte er außerhalb seines Heimatlandes seinen Weg suchen; noch einmal zog es ihn in den Bannkreis des Reformiertentums. Mit der Übernahme eines Lehramts am fürstlichen Gymnasium in Weißenburg in Siebenbürgen kam Opitz in die Residenz des calvinistischen Fürsten Bethlen Gábor.[49] Das ränkereiche und gelegentlich undurchsichtige politische Wirken Bethlens war von dem einen Bestreben geleitet, über das Fürstentum Siebenbürgen die Machtstellung Ungarns zwischen den Habsburgern und der Türkei neu zu begründen. Diesem Zweck diente auch die Stützung der katholischen Kräfte im Lande, denen es wesentlich zuzuschreiben sein dürfte, daß Bethlen nicht sogleich zu Beginn der Böhmischen Krise auf der Seite der Protestanten zu finden war.

Der Wille zum interkonfessionellen Ausgleich war auch in Siebenbürgen, wie die Neusohler Landtagsbeschlüsse zeigen, Ziel der fürstlichen Territorialstaatspolitik. Das Siebenbürgen Bethlens ist nicht nur für Opitz, sondern für viele Protestanten und Reformierte aus dem Adels- und Predigerstand nach dem Zusammenbruch in Böhmen, Mähren, Schlesien und Oberösterreich ein vielfach in Anspruch genommenes Asyl gewesen.

Opitz hatte in Siebenbürgen keine Möglichkeit, politisch zu wirken. Er hat sich nicht eben enthusiastisch über seine dortige Zeit geäußert – ausgenommen die Tage, die er auf dem Landgut seines Freundes Henricus Lisbona, dem Verwalter der fürstlichen Gold- und Quecksilbergruben in Zlatna zubringen konnte.[50] Wie-

---

politik in Glogau und Schweidnitz 1526–1707. – Köln, Weimar, Wien: Böhlau 2003 (= Neue Forschungen zur Schlesischen Geschichte; 8))].

49 Vgl. zum folgenden: D. Angyal: Gabriel Bethlen. – In: Revue Historique 158 (1928), pp. 19–80. Zu den geschichtlichen Zusammenhängen: Georg Daniel Teutsch: Geschichte der Siebenbürger Sachsen für das sächsische Volk. Bd. I–II. – Kronstadt: Gött 1852–1858; Louis Karl: La Hongrie et la Diplomatie Européenne au dix-septième siècle. – In: Revue des Études Historiques 94 (1928), pp. 121–136; Maja Depner: Das Fürstentum Siebenbürgen im Kampf gegen Habsburg. Untersuchungen über die Politik Siebenbürgens während des Dreißigjährigen Krieges. – Stuttgart: Kohlhammer 1938 (= Schriftenreihe der Stadt der Auslandsdeutschen; 4); Mihály Bucsay: Der Protestantismus in Ungarn 1521–1978. Ungarns Reformationskirchen in Geschichte und Gegenwart. Teil I: Im Zeitalter der Reformation, Gegenreformation und katholischen Reform. – Wien, Köln, Graz: Böhlau 1977 (= Studien und Texte zur Kirchengeschichte und Geschichte. 1. Reihe; III/1).

50 Vgl. die viele neue Ergebnisse bringende und zugleich die gesamte ältere Literatur über Opitz in Siebenbürgen zusammenfassende Studie von Leonard Forster, Gustav Gündisch, Paul Binder: Henricus Lisbona und Martin Opitz. – In: Archiv für das Studium der Neueren Sprachen und

der kreuzte er den Weg eines Angehörigen einer reformierten Familie, die während der Freiheitskriege in den Niederlanden aus Antwerpen emigriert war. In dem ländlichen Gedicht *Zlatna*, seiner partienweise persönlichsten Schöpfung, hat Opitz dem Freund ein bleibendes Denkmal aus humanistischem Geist gesetzt.[51]

Zwischen den Fronten

Nach der Rückkehr aus Siebenbürgen war Georg Rudolf erneut die erste Anlaufstelle. Dieser vermittelte den Dichter jedoch an seinen Schwager Hans Ulrich von Schaffgotsch in Warmbrunn weiter.[52] Auch die Familie der Schaffgotsch war frühzeitig zum Protestantismus übergetreten, so daß die Parteinahme für Friedrich V. für dieses adlige Geschlecht gleichfalls eine Selbstverständlichkeit war. Die Achterklärung nach dem Untergang des Winterkönigs konnte Schaffgotsch durch den Treueeid auf den Kaiser abwehren. Er ist später auf die Seite des Kaisers hinübergeschwenkt, der mit Würden nicht sparte, um den schlesischen Bundesgenossen an sich zu ziehen. Seine Liaison mit Wallenstein aber wurde ihm zum Verhängnis. Wiederum in einem ländlich-schäferlichen Gedicht, der *Schäfferey Von der Nimfen Hercinie*, hat Opitz den Aufenthalt in Warmbrunn poetisch verklärt und seinem Gönner gehuldigt.

Die Ernennung Opitzens zum fürstlichen Rat durch die Herzöge von Liegnitz und Brieg hatte nur titularische Bedeutung; ein Amt vermochten ihm die Brüder, deren politischer Einfluß im Sinken war, nicht mehr zu bieten. Die Zukunft gehörte der katholischen Seite. Zu Anfang des Jahres 1625 hatte Opitz Gelegenheit, einer Gesandtschaft der schlesischen Fürsten und Stände anläßlich des Todes von Erzherzog Karl nach Wien beizuwohnen. Sie brachte Opitz die Würde eines kaiserlich gekrönten Poeten ein, der 1627 die Nobilitierung und 1629 die Aufnahme in die ›Fruchtbringende Gesellschaft‹ folgten – maßgebliche Insignien für das Anse-

---

Literaturen 215, Jg. 130 (1978), S. 21–32. [Vgl. jetzt auch: Achim Aurnhammer: Tristia ex Transilvania. Martin Opitz' Ovid-Imitatio und poetische Selbstfindung in Siebenbürgen (1622/23). – In: Deutschland und Ungarn in ihren Bildungs- und Wissenschaftsbeziehungen während der Renaissance. Hrsg. von Wilhelm Kühlmann, Anton Schindling unter Mitarbeit von Wolfram Hauer. – Stuttgart: Steiner 2004 (= Contubernium; 62), S. 253–272].

51 Zugleich galt der Aufenthalt Opitzens in Siebenbürgen der Sammlung antiker Inschriften und damit der Arbeit an einem unvollendet gebliebenen Lebenswerk des Dichters. Vgl. dazu Walter Gose: Dacia Antiqua. Ein verschollenes Hauptwerk von Martin Opitz. – In: Südostdeutsches Archiv 2 (1959), S. 127–144. Ergänzungen bei Jörg-Ulrich Fechner: Unbekannte Opitiana. Edition und Kommentar. – In: Daphnis 1 (1972), S. 23–41. [Vgl. auch den Anm. 50 zitierten wichtigen Sammelband].

52 Vgl. Julius Krebs: Hans Ulrich Freiherr von Schaffgotsch. Ein Lebensbild aus der Zeit des dreißigjährigen Krieges. – Breslau: Korn 1890; Willy Klawitter: Hans Ulrich Freiherr von Schaffgotsch. – In: Schlesische Lebensbilder. Bd. III: Schlesier des 17. bis 19. Jahrhunderts. Hrsg. von Friedrich Andreae, Max Hippe, Paul Knötel, Otfried Schwarzer. – Breslau: Korn 1928, Reprint Sigmaringen: Thorbecke 1985, S. 27–36; Hans-Jürgen von Witzendorff-Rehdiger: Die Schaffgotsch. Eine genealogische Studie. – In: Jahrbuch der Schlesischen Friedrich-Wilhelms-Universität 4 (1959), S. 104–123.

hen des gelehrten Dichters und seiner Dichtung innerhalb der höfischen Ständegesellschaft.[53]

Vor allem aber verdankte der Dichter der Wiener Reise die nähere Bekanntschaft mit dem Leiter der schlesischen Delegation, dem schlesischen Kammerpräsidenten Karl Hannibal von Dohna.[54] Dieser stammte – im Gegensatz zu dem berühmten protestantischen preußischen Geschlecht – aus der katholischen schlesischen Nebenlinie und war damit der einzige Katholik unter den schlesischen Standesherren.[55] Dohna hatte sich jeder Unterstützung für den Winterkönig strikt enthalten und verlor daraufhin sein Amt eines kaiserlichen Landvogtes der Oberlausitz und seinen Besitz auf Wartenberg. Die unbedingte Kaisertreue machte ihn zum geeigneten Mann der Habsburger nach der Vertreibung der Pfälzer. 1623 wurde er vom Kaiser zum Direktor der Schlesischen Kammer in Breslau bestellt. Er nahm damit die einflußreichste Position in Schlesien ein, denn das Amt des Oberlandeshauptmanns – jetzt in den Händen Georg Rudolfs – hatte erhebliche Einbußen seiner Befugnisse hinnehmen müssen. Zunächst eher zurückhaltend operierend, forcierte er in der zweiten Hälfte der zwanziger Jahre die Rekatholisierung Schlesiens.

Im Dienst Karl Hannibals von Dohna

Seit 1626 stand Opitz als Sekretär und Leiter der geheimen Kanzlei in Dohnas Diensten. Diese überraschende Wendung in Opitzens Leben hat seine Biographen immer wieder beschäftigt. Auch wenn man seine Biographie nicht – wie hier versucht – am Leitfaden des Calvinismus entwickelte, mußte der Übergang in katholische Dienste doch als gravierende Zäsur seiner öffentlichen Wirksamkeit erschei-

---

53 Vgl. dazu Theodor Verweyen: Dichterkrönung. Rechts- und sozialgeschichtliche Aspekte literarischen Lebens in Deutschland. – In: Literatur und Gesellschaft im deutschen Barock. Aufsätze. Hrsg. von Conrad Wiedemann. – Heidelberg: Winter 1979 (= Germanisch-Romanische Monatsschrift. Beiheft; 1), S. 7–29.

54 Eine Biographie Karl Hannibals von Dohna, wie sie gerade auch für die Erforschung der schlesischen Literatur des 17. Jahrhunderts besonders wichtig wäre, existiert nicht. Neben dem NDB-Artikel ist man auf die Literatur zur Geschichte Schlesiens angewiesen. Vgl. auch Hermann Palm: Beiträge zur Geschichte der deutschen Literatur des XVI. und XVII. Jahrhunderts (Anm. 13), S. 189ff., sowie Julius Krebs: Zur Geschichte der inneren Verhältnisse Schlesiens von der Schlacht am weißen Berge bis zum Einmarsche Waldsteins. – In: Zeitschrift des Vereins für Geschichte und Alterthum Schlesiens 16 (1882), S. 33–62.

55 Die Angabe von Marian Szyrocki: Martin Opitz (Anm. 13), S. 77 bzw. S. 74, daß Karl Hannibal der »Sohn eines fanatischen Lutheraners« sei, ist also unzutreffend. Hier liegt eine Verwechslung mit dem großen reformierten brandenburgischen Staatsmann Abraham von Dohna vor. Vgl. Anton Chroust: Abraham von Dohna. Sein Leben und sein Gedicht auf den Reichstag von 1613. – München: Verlag der Königl. Bayerischen Akademie der Wissenschaften 1896; A. Jeroschewitz: Der Übertritt der Burggrafen zu Dohna zum reformierten Bekenntnis. – Diss. theol. Königsberg 1920; Gerhard Oestreich: Calvinismus, Neustoizismus und Preussentum (Anm. 38), S. 173f. Zum Geschlecht der von Dohnas vgl. Johann Sinapius: Schlesischer Curiositäten Erste Vorstellung. – Leipzig: Fleischer 1720, S. 21–28; ders.: Des Schlesischen Adels Anderer Theil. – Leipzig: Rohrlach 1728, S. 64–70.

nen. Die gesamte Bildungsgeschichte Opitzens bis zur Verbindung mit Dohna resümiert sich im Interesse und praktischen Engagement für die protestantische Sache. So behält seine Entscheidung für die Gegenseite rätselhafte, nicht mehr aufklärbare Züge.

Umstandslos von konfessionspolitischem Opportunismus zu sprechen, ist nicht zulässig; der immer wieder angestellte Rekurs auf persönliche Eigenschaften Opitzens sowie auf vermeintliche charakterologische Gemeinsamkeiten und identische Interessensphären mit Dohna bleibt rein spekulativ. Daß Opitz gezwungen war, sich der katholischen Seite zur Verfügung zu stellen, belegt zunächst drastisch die Verschiebung der politischen Machtverhältnisse von der protestantischen auf die katholische Seite; nur auf letzterer war für ein knappes Jahrzehnt Karriere zu machen. Colerus und nach ihm modifiziert Palm – Opitzens gewissenhafteste Biographen – äußern die Feststellung bzw. Vermutung, daß Kirchner bzw. Kirchner und Nüßler den Freund an Dohna weiterempfohlen haben könnten. Damit verlöre Opitzens Schritt den Nimbus des Extraordinären, er wäre mitgetragen von den ihm Nahestehenden.[56]

Tatsächlich ist es Opitz später überraschend schnell gelungen, ohne größere Schwierigkeiten in das protestantische Lager und zu den Piasten zurückzukehren. Lag seinen politischen Gefährten daran, einen der ihren an verantwortlicher Stelle auf der Breslauer Burg agieren zu wissen? Denn der wichtigsten diplomatischen Missionen war Opitzens Leben fortan nun voll. Er begleitete seinen Herrn an den brandenburgischen Hof in Berlin, den Habsburger Hof in Prag, den polnischen Hof in Warschau, hielt sich zu Verhandlungen am kursächsischen Hof in Dresden und an anderen Orten auf. Die weitaus wichtigste Mission führte ihn im Jahre 1630 nach Paris.

Politische Mission in Paris

Die Reise nach Paris brachte ihn vor allem noch einmal mit den Freunden der Heidelberger Zeit zusammen. In Leipzig begegnete er Caspar von Barth wieder, in Frankfurt traf er mit Melchior Goldast zusammen, in Straßburg wurde er von den beiden nun wieder vereinten Humanisten der Stadt, von Bernegger und Lingelsheim willkommen geheißen; Freinsheim und Boecler, die beiden bedeutendsten Schüler Berneggers, lernte er kennen. In Paris selbst wurde er von Hugo Grotius eingeführt, der nach seiner Verurteilung im Anschluß an die Dordrechter Synode nach Frankreich hatte fliehen können.[57]

---

[56] Vgl. die entsprechenden Äußerungen bei Colerus und Lindner: Umständliche Nachricht. Teil I (Anm. 13), S. 186f., sowie bei Palm: Beiträge zur Geschichte der deutschen Literatur (Anm. 13), S. 198.
[57] Hier sei nur verwiesen auf W.S.M. Knight: The Life and Works of Hugo Grotius. – London: Sweet & Maxwell 1925 (= The Grotius Society Publications; 4), speziell p. 150ss.; Willem J.M. van Eysinga: Hugo Grotius. Eine biographische Skizze. – Basel: Schwabe 1952, insbesondere S. 68ff.; Erik Wolf: Hugo Grotius. – In: ders.: Große Rechtsdenker der deutschen Geistesge-

Es ist mehr als eine Geste der Verehrung gegenüber dem großen Gelehrten und Pazifisten, wenn Opitz sich sogleich an eine Übersetzung von Grotius' *Bewijs van den waren Godsdienst* (1622) machte. Hier hatte er Gelegenheit, den Geist humanistischer Irenik, der Grotius' Werk durchdrang, vor seinen Freunden noch während seiner ›katholischen‹ Zeit zu bezeugen. Die Widmung an den Rat der Stadt Breslau, in der seit langem alle drei Konfessionen beheimatet (wenn auch nicht offiziell anerkannt) waren, gewinnt von daher Bedeutung. Nur wo der Staat sich das Gebot der Toleranz, wie Grotius es vertrat, zu eigen gemacht hatte, war ein Überleben auch der calvinistischen Minoritäten gesichert. Die französische, noch im 16. Jahrhundert eingeleitete Ediktpolitik konnte als vorbildlich gelten.

Grotius war es, der Opitz mit dem Pariser Parlament und dem Kreis der Dupuys bekannt machte. Daß Colerus diese beiden Momente aus der Pariser Zeit Opitzens hervorhebt, dürfte kaum zufällig sein. In der Institution der französischen Parlamente und insbesondere des angesehenen Pariser Parlaments hatte die europäische Intelligenz – ungeachtet der Praxis der Ämterkäuflichkeit – ein Beispiel vor Augen, wie sich gelehrt-juristischer Sachverstand im absolutistischen Staat bewährte. Die Parlamente stellten in Zeiten äußerster Gefährdung während der Bürgerkriege und zumal während der Herrschaft der Liga in Paris ein Element der Kontinuität und Stabilität französischer Politik und französischen Verfassungslebens dar.[58]

---

schichte. 4., durchgearb. und ergänzte Aufl. – Tübingen: Mohr 1963, S. 253–310, speziell S. 269ff.; Hasso Hofmann: Hugo Grotius. – In: Staatsdenker im 17. und 18. Jahrhundert. Reichspublizistik – Politik – Naturrecht. Hrsg. von Michael Stolleis. – Frankfurt a.M.: Metzner 1977, S. 51–77. Hier weitere reichhaltige Literatur. [Vgl. inzwischen auch u.a. Wilhelm Kühlmann: Martin Opitz in Paris (1630). Zu Text, Praetext und Kontext eines lateinischen Gedichtes an Cornelius Grotius. – In: Martin Opitz (1597–1639). Nachahmungspoetik und Lebenswelt. Hrsg. von Thomas Borgstedt, Walter Schmitz. – Tübingen: Niemeyer 2002 (= Frühe Neuzeit; 63), S. 191–221; Klaus Garber: Im Zentrum der Macht. Martin Opitz im Paris Richelieus. – In: ders.: Wege in die Moderne (Anm. 4), S. 183–222].

58 Neben den beiden bekannten institutionsgeschichtlichen Arbeiten von Roger Doucet: Les institutions de la France au XVIe siècle. Vol. I–II. – Paris: Picard 1948, und Gaston Zeller: Les institutions de la France au XVIe siècle. – Paris: Presses Universitaires de France 1948, sei hier verwiesen auf die beiden klassischen Werke von Edouard Maugis: Histoire du Parlement de Paris. De l'avènement des rois Valois à la mort d'Henri IV. Vol. I–III. – Paris: Picard 1913–1916, sowie von Ernest-Désiré Glasson: Le Parlement de Paris. Son rôle politique depuis le règne de Charles VII jusqu'à la révolution. Vol. I–II. – Paris: Hachette 1901. Reprint Genève: Slatkine-Megariotis 1974. Neuerdings Joseph Hugh Shennan: The Parlement of Paris. – London: Eyre & Spottiswoode 1968; Pirette Girault de Coursac: La monarchie et les Parlements. – In: Découverte 8 (1975), pp. 21–39; Denis Richet: Elite et noblesse. La formation des grands serviteurs de l'état (fin XVIe–début XVIIe siècle). – In: L'Arc 65 (1976), pp. 54–61. Zur Nachgeschichte: A. Lloyd Moote: The Revolt of the Judges. The Parlement of Paris and the Fronde. 1643–1652. – Princeton/NJ: Princeton University Press 1971; Albert N. Hamscher: The Parlement of Paris after the Fronde. 1653–1673. – Pittsburgh: University of Pittsburgh Press 1976.

Jacques-Auguste de Thou und das ›Cabinet Dupuy‹

Vielfach dem Gallikanismus verpflichtet, haben die meisten der Mitglieder des Parlaments zwischen den Fronten der ultramontanen Parteigänger Spaniens und des Papstes sowie der militanten und teilweise separatistischen Hugenotten einen Kurs der ›nationalen‹ Mitte gesteuert und als ›politische‹ Fraktion die Einheit der Monarchie als Leitmotiv des Handelns zur Geltung gebracht.

Natürlich blieb die souveräne Entscheidung dem König vorbehalten. Immerhin waren die Institute der Remonstranz und der Registratur wirkungsvolle Mittel in der Hand der bürgerlich-gelehrten und vielfach nobilitierten Juristenschaft, den Regenten auf den Weg des Kompromisses zu verpflichten.

Zwischen dem Parlament und dem Gelehrtenzirkel der Dupuys verliefen seit den Tagen des großen Historikers und Parlamentspräsidenten Jacques-Auguste de Thou – dessen Sohn Opitz in Paris noch kennenlernte – vielfache personelle Verbindungen.[59] Wahrscheinlich wird man sagen dürfen, daß es sich in dem Kreis um die Gebrüder Dupuy um die bedeutendste Gelehrten-Vereinigung im Europa Richelieus handelte.[60] Von ihrem Wirkungsradius gewinnt man nur eine Vorstellung

---

[59] Eine – modernen Ansprüchen genügende – Biographie de Thous fehlt. Die älteren Preisschriften aus dem Jahre 1824 sind veraltet. Vgl. hier nur H. Düntzer: Jacques Auguste de Thou's Leben, Schriften und historische Kunst verglichen mit der der Alten. Eine Preisschrift. – Darmstadt: Leske 1837. Darüber hinaus sei hier verwiesen auf A. Joseph Rance-Bourrey: J.-A. de Thou. Son Histoire Universelle et ses démêlés avec Rome. – Thèse théol. Paris 1881; Henry Harrisse: Le Président de Thou et ses descendants. Leur célèbre bibliothèque, leurs armoiries et les traductions françaises de J.-A. Thuani historiarum sui temporis, d'après des documents nouveaux. – Paris: Leclerc 1905; Samuel Kinser: The Works of Jacques-Auguste de Thou. – The Hague: Nijhoff 1966 (= Archives Internationales d'Histoire des Idées; 18); Ernst Hinrichs: Fürstenlehre und politisches Handeln im Frankreich Heinrichs IV. Untersuchungen über die politischen Denk- und Handlungsformen im Späthumanismus. – Göttingen: Vandenhoeck & Ruprecht 1969 (= Veröffentlichungen des Max-Planck-Instituts für Geschichte; 21), S. 150ff.; Alfred Soman: De Thou and the Index. Letters from Christophe Dupuy (1603–1607). – Genève: Droz 1972, ›Introduction‹ pp. 13–28. Zur Gestalt des Vaters: René Filhol: Le Premier Président Christofle de Thou et la Réformation des Coutumes. – Thèse Poitiers. Faculté de Droit. – Paris: Recueil Sirey 1937. Zur berühmten Bibliothek de Thous vgl. den von den Gebrüdern Dupuy vorbereiteten *Catalogus Bibliothecae Thuanae*. Vol. I–II. – Paris 1679.

[60] Auch eine Monographie über die Gebrüder Dupuy und ihren Kreis ist niemals zustande gekommen und bleibt ein dringendes Desiderat. Die Arbeit hat auszugehen von: Léon Dorez: Catalogue de la Collection Dupuy. Vol. I–II. – Paris: Leroux 1899; Suzanne Solente: Introduction à la table alphabétique du Catalogue de la Collection Dupuy par Léon Dorez. – Paris: Leroux 1928, sowie der wichtigen Einführung in das Material von ders.: Les manuscrits des Dupuy à la Bibliothèque Nationale. – In: Bibliothèque de l'École des Chartes 88 (1927), pp. 177–250. Die wichtigste Literatur ist aufgeführt – außer in dem selbstverständlich stets zu konsultierenden bibliographischen Standardwerk von Alexandre Cioranescu – bei Roman Schnur: Die französischen Juristen im konfessionellen Bürgerkrieg des 16. Jahrhunderts. Ein Beitrag zur Entstehungsgeschichte des modernen Staates. – Berlin: Duncker & Humblot 1962, S. 29, Anm. 15, sowie bei Jürgen Voss: Das Mittelalter im historischen Denken Frankreichs. Untersuchungen zur Geschichte des Mittelalterbegriffes und der Mittelalterbewertung von der zweiten Hälfte des 16. bis zur Mitte des 19. Jahrhunderts. – München: Fink 1972 (= Veröffentlichungen des Historischen Instituts der Universität Mannheim; 3), S. 145ff. Der Verfasser ist Herrn Jürgen Voss (Paris) für eine Reihe wichtiger Hinweise zu großem Dank verpflichtet.

über den immensen Nachlaß der Gebrüder Dupuy, der heute in der Pariser Nationalbibliothek verwahrt wird.

Diese sogenannte ›Collection Dupuy‹ ist nämlich nichts weniger als ein umfassendes Archiv zur Dokumentation der europäischen und teilweise auch außereuropäischen Politik der Frühen Neuzeit mit dem besonderen Schwerpunkt auf der Konfessionspolitik. An keinem anderen Ort Europas dürfte es bessere Möglichkeiten zur historisch-politischen Information gegeben haben als im ›Cabinet Dupuy‹.

Die Brüder Dupuy waren keineswegs nur sammelnd und archivierend tätig. Vielmehr haben sie die Politik Richelieus durch umfängliche Gutachten über die legitimen Rechtsansprüche der französischen Krone und – in der Tradition Pithous – durch große Arbeiten über die Freiheiten der gallikanischen Kirche ideologisch flankiert und wurden dazu – wie viele andere Intellektuelle – von Richelieu ausdrücklich angehalten. Von daher muß es als widersinnig erscheinen, wenn in der Opitz-Literatur nicht selten zu lesen ist, der Dichter habe in Paris vornehmlich seinen privaten gelehrten Ambitionen gefrönt.

Colerus hat ausdrücklich hervorgehoben, daß er im Auftrage Dohnas politische Erkundungen einzuziehen hatte und die zukünftige französische Politik nach dem unter französischer Vermittlung zustande gekommenen polnisch-schwedischen Waffenstillstand in Erfahrung bringen sollte. Er hätte keine bessere Informationsquelle auftun können als den Kreis der Dupuys, wo sich Gelehrte und Politiker, Dichter und Diplomaten wie selbstverständlich noch einmal vereint fanden.

Die Paris-Reise bildete die letzte wichtige Aktion Opitzens für Dohna. Der Vormarsch der Schweden unter Gustav Adolf weckte überall nochmals die Hoffnungen der Protestanten. So auch in Schlesien. Die gemeinsamen Heere der Brandenburger, der Sachsen und der Schweden standen 1632 auch vor den Toren Breslaus. Die Stadt suchte ihre Neutralität zu wahren, während Dohna den Kampf wünschte. Vor der aufgebrachten Bürgerschaft konnte Dohna sich nur knapp retten und flüchtete nach Böhmen, wo er 1633 starb.

Rückkehr in das protestantische Lager

Opitzens Rückkehr in das protestantische Lager stand damit nichts mehr im Wege, und er vollzog sie zügig. Wie nicht anders zu erwarten, gelangte er alsbald neuerlich in den Umkreis der Piasten-Herzöge. Wieder wurde er für die Brüder Johann Christian und Georg Rudolf diplomatisch tätig, so in einer Mission bei Ulrich von Holstein, dem Sohn Christians IV., dem das *TrostGedichte* gewidmet ist, so am Brandenburger Hof, so bei Oxenstierna, dem schwedischen Kanzler, um das Bündnis Breslaus mit den evangelischen Schutzmächten abzuschließen.

Über seine protestantenfreundliche Politik zu dieser Zeit kann es keinen Zweifel geben; die von langer Hand angelegte, Opitzens gesamte Bildungsgeschichte bestimmende antikatholische politische Orientierung setzte sich sogleich nach dem Abschied von Dohna wieder durch. Opitz gehörte zu den treibenden Kräften antikaiserlicher, proevangelischer Politik in Schlesien. Er war der maßgebliche Kontaktmann zum Führer des schwedischen Heeres Banér, der sich voller Anerkennung über Opitzens diplomatische Fähigkeiten gegenüber Johann Christian äußerte.

Banér nahm denn auch Opitz seinerseits in Dienst und sendete ihn an den kurfürstlichen Hof in Dresden, so daß sich nun die enge Kooperation mit den Schweden anbahnte, die bis zu seinem frühzeitigen Tode bestimmend bleiben sollte. Denn mit dem Überwechseln Sachsens auf die kaiserliche Seite wurde Opitzens Situation nach dem uneingeschränkten Einsatz für eine protestantische Politik Schlesiens erneut prekär. Nach Bekanntwerden des Prager Separatfriedens zwischen dem Kaiser und Sachsen im Jahre 1635 zog Opitz es vor, Schlesien zu verlassen und zu den bereits in Thorn weilenden Herzögen von Liegnitz und Brieg herüberzuwechseln.[61]

Exil in Polen

Opitzens Abschied von Schlesien war ein endgültiger; er erreichte die letzte Station seines Lebens: Polen.

Noch einmal betrat Opitz ein Land, in dem sich in der zweiten Hälfte des 16. Jahrhunderts eine Politik relativer konfessioneller Toleranz durchgesetzt hatte.[62] Wie anderswo in Europa fand die Reformation auch in Polen ihre Hauptstütze in den Städten und vor allem im Adel, der seine Autogenität durch die Rezeption des Protestantismus gegenüber dem Königtum zu wahren und auszubauen suchte. Die durchweg katholischen Könige profitierten dagegen von dem Bündnis mit der Kir-

---

61 Vgl. Richard Alewyn: Opitz in Thorn (1635/1636). – In: Zeitschrift des Westpreußischen Geschichtsvereins 66 (1926), S. 171–179.
62 Im folgenden stütze ich mich aus der reichhaltigen Literatur auf Gotthold Rhode: Die Reformation in Osteuropa. Ihre Stellung in der Weltgeschichte und ihre Darstellung in den ›Weltgeschichten‹. – In: Gestalten und Wege der Kirche im Osten. Festgabe Arthur Rhode. Hrsg. von Harald Kruska. – Ulm: Verlag ›Unser Weg‹ 1958, S. 133–162; Bernhard Stasiewski: Reformation und Gegenreformation in Polen. Neue Forschungsergebnisse. – Münster: Aschendorff 1960 (= Katholisches Leben und Kämpfen im Zeitalter der Glaubensspaltung; 18); Kazimierz Lepszy: Die Ergebnisse der Reformation in Polen und ihre Rolle in der europäischen Renaissance. – In: Renaissance und Humanismus in Mittel- und Osteuropa. Eine Sammlung von Materialien. Hrsg. von Johannes Irmscher. Bd. I–II. – Berlin: Akademie-Verlag 1962 (= Deutsche Akademie der Wissenschaften zu Berlin. Schriften der Sektion für Altertumswissenschaft; 32), Bd. II, S. 210–219; La Renaissance et la Réformation en Pologne et en Hongrie (1450–1650). Renaissance und Reformation in Polen und in Ungarn (1450–1650). Hrsg. von G. Székely, E. Fügedi. – Budapest: Akadémiai Kiadó 1963 (= Studia Historica Academiae Scientiarum Hungaricae; 53); Gottfried Schramm: Der polnische Adel und die Reformation 1548–1607. – Wiesbaden: Steiner 1965 (= Veröffentlichungen des Instituts für Europäische Geschichte Mainz; 36. Abt. Universalgeschichte); ders.: Die polnische Nachkriegsforschung zur Reformation und Gegenreformation. – In: Kirche im Osten 13 (1970), S. 53–66; Reformation und Frühaufklärung in Polen. Studien über den Sozinianismus und seinen Einfluß auf das westeuropäische Denken im 17. Jahrhundert. Hrsg. von Paul Wrzecionko. – Göttingen: Vandenhoeck & Ruprecht 1977 (= Kirche im Osten. Studien zur osteuropäischen Kirchengeschichte und Kirchenkunde. Monographienreihe; 14); Adam Schwarzenberg: Besonderheiten der Reformation in Polen. – In: Wirkungen der deutschen Reformation bis 1555. Hrsg. von Walther Hubatsch. – Darmstadt: Wissenschaftliche Buchgesellschaft 1967 (= Wege der Forschung; 203), S. 396–410; Janusz Tazbir: Geschichte der polnischen Toleranz. – Warszawa: Interpress 1977.

che. Sie konnten sich anders als in Westeuropa und in den deutschen Territorien nicht auf einen ausgebildeten royalistischen Beamtenapparat stützen und setzten daher die Bischöfe bewußt als Gegengewicht gegen den Großadel, die Magnaten, ein.

Sonderstellung des Königlichen Preußen

Die längste Tradition hatte der Protestantismus im Preußen Königlichen Anteils. Bereits ab 1520 wandte sich insbesondere die deutsche Bevölkerung der Städte Danzig, Thorn und Elbing dem Protestantismus zu. Dem Luthertum kam hier auf der einen Seite die Nähe des Herzogtums Preußen zugute. Königsberg war das maßgebliche Druck- und Verlagszentrum für das reformatorische Schrifttum und bot nach Gründung seiner Universität den Protestanten Polens und Litauens eine Möglichkeit des Studiums. Auf der anderen Seite war der Herzog von Stettin 1534 zum neuen Glauben übergegangen, 1539 setzte sich das junge Bekenntnis auch in der Kur- und Altmark durch, und damit stand die Universität in Frankfurt/Oder als zweites reformatorisches Bildungszentrum zur Verfügung.

1557/58 erhielten die drei großen Städte die Religionsfreiheit. Infolge des frühen Auftretens der Reformation gab es noch keine konkurrierenden Gruppen, sondern nur Lutheraner. In den anderen Teilen Polens begann die Reformation dagegen erst in den letzten Lebensjahren Sigismunds I. und unter Sigismund II. August (1548–1572), also zu einem Zeitpunkt, da die Differenzierung zwischen Lutheranern und Reformierten bereits vollzogen war. Zu ihnen traten die vertriebenen Böhmischen Brüder und die Antitrinitarier. So standen mehrere reformatorische Bekenntnisse regional gegliedert, aber in etwa gleich stark, nebeneinander.

Konfessionelle Toleranz in Polen

In Polen kam es schon 1570 im ›Consensus von Sandomir‹ zur wechselseitigen Anerkennung von Lutheranern, Reformierten und Böhmischen Brüdern – ein erster und besonders früher Ansatz zur Überwindung der konfessionellen Gegensätze in Europa. In Kleinpolen bemühte sich der Calvinist Jan Łasky um eine Union der reformierten Bekenntnisse. Der in einer Konföderation zusammengeschlossene protestantische Adel erreichte bereits 1555 Glaubensfreiheit, die 1573 bestätigt wurde. Der konsequenten Beachtung dieser Toleranz-Politik unter Stefan Báthory folgte auch in Polen unter Sigismund III. eine Phase forcierter Rekatholisierung, die wie immer Hand in Hand ging mit dem Versuch, den Aufbau des absolutistischen Staates voranzutreiben, und entsprechend auch in Polen 1606/07 eine Fronde-Bewegung des Adels auslöste.

In den letzten Regierungsjahren Sigismunds III. und vor allem unter der Herrschaft Wladislaws IV. während einer längeren Periode relativen Friedens fand Polen zur Politik des konfessionellen Ausgleichs zurück. Wladislaw IV. hegte merkliche Sympathien gegenüber den Protestanten und erwog zeitweilig eine Heirat mit der

Tochter des Winterkönigs. Polen wurde ein Ort der Zuflucht zahlloser böhmischer und schlesischer Protestanten.

Die Annäherung an Wladislaw IV. erfolgte – wie stets bei Opitz – über die Gattung des Lobgedichts.[63] Entscheidender Mittelsmann war Graf Gerhard von Dönhoff, der eben zu dieser Zeit in verwandtschaftliche Beziehungen mit den Piasten durch seine Heirat mit Sibylle Margarethe, der Tochter Johann Christians, trat.[64] Ihm widmete Opitz seine *Antigone*-Übersetzung.

Die nach einiger Zeit zustande kommende Anstellung Opitzens als Sekretär und Historiograph des Königs war mit einem beachtlichen Salär des inzwischen angesehenen Diplomaten verknüpft, das Opitz Muße zur Vollendung einer Reihe von Arbeiten gewährte.[65] Zu ihnen gehörte eine Grabrede auf die Protestantin Anna Wasa, die sich besondere Verdienste um die Protestanten erworben hatte. So vermochte Opitz ungeachtet aller panegyrischen Geschäftigkeit doch stets wieder Akzente zu setzen. Poetisch stand die letzte Zeit im Zeichen der Übersetzung der Psalmen – der calvinistischen Gattung par excellence, in der sich die lebenslängliche Bindung an das reformierte Bekenntnis nun auch dichterisch ein weiteres Mal manifestierte.

Letzte Lebensjahre in Danzig

Die letzten Jahre seines Lebens verbrachte Opitz in Danzig.[66] Dort existierte wie in den meisten protestantischen Kommunen ein regionaler Dichterkreis, der voller Verehrung zu Opitz aufschaute. Und hier kreuzte er am Ende seines Lebens nochmals den Weg eines bedeutenden Reformierten, des Vorstehers der reformierten

---

63 Vgl. Elida Maria Szarota: Dichter des 17. Jahrhunderts über Polen (Opitz, Dach, Vondel, La Fontaine und Filicaia). – In: Neophilologus 55 (1971), S. 359–374; Die gelehrte Welt des 17. Jahrhunderts über Polen. Zeitgenössische Texte. Hrsg. von Elida Maria Szarota. – Wien, München, Zürich: Europaverlag 1972, S. 235–243.
64 Vgl. Gustav Sommerfeldt: Zur Geschichte des Pommerellischen Woiwoden Grafen Gerhard von Dönhoff († 23. Dezember 1648). – In: Zeitschrift des Westpreußischen Geschichtsvereins 43 (1901), S. 219–265.
65 Dazu Robert Ligacz: Martin Opitz. Der Hofhistoriograph Wladislaus' IV. und sein Verhältnis zu Polen. – In: Annali, Sezione Germanica 8 (1965), S. 77–103 (nicht zureichend).
66 Zum folgenden von historischer Seite: Paul Simson: Geschichte der Stadt Danzig. Bd. II: Von 1517 bis 1626. – Danzig: Kafemann 1918. Reprint Aalen: Scientia-Verlag 1967; Erich Keyser. Danzigs Geschichte. – Danzig: Kafemann 1928. Reprint Hamburg: Danziger Verlagsgesellschaft Rosenberg 1980; Heinz Neumeyer: Kirchengeschichte von Danzig und Westpreußen in evangelischer Sicht. Bd. I: Von den Anfängen der christlichen Mission bis zum Ende des 18. Jahrhunderts. – Leer/Ostfriesland: Rautenberg 1971. Zur literarhistorischen Situation: Theodor Hirsch: Über literarische und künstlerische Bestrebungen in Danzig während der Jahre 1630–1640. – In: Neue Preußische Provinzial-Blätter 7 (1849), S. 29–58, 109–130, 204–225; Bruno Pompecki: Literaturgeschichte der Provinz Westpreußen. Ein Stück Heimatkultur. – Danzig: Kafemann 1915, S. 43–65; Walter Raschke: Der Danziger Dichterkreis des 17. Jahrhunderts. – Diss. phil. Rostock 1922 (Masch.); Danziger Barockdichtung. Hrsg. von Heinz Kindermann. – Leipzig: Reclam 1939 (= Deutsche Literatur in Entwicklungsreihen. Reihe Barock. Ergänzungsband); Helmut Motekat: Ostpreußische Literaturgeschichte mit Danzig und Westpreußen 1230–1945. – München: Schild 1977 (= Ost- und Westpreußenstiftung in Bayern; 2), S. 80–100.

Gemeinde der Peterskirche und des Agenten Wladislaws IV., Bartholomäus Nigrinus.[67] Nigrinus war mit Comenius befreundet, beteiligte sich an der Vorbereitung des Thorner Colloquiums und galt als entschiedener Ireniker.

In Danzig entfaltete Opitz neben der dichterischen und gelehrten noch einmal eine rege diplomatische Aktivität. Er vermittelte im Zollstreit zwischen der Stadt und dem polnischen König, erledigte Teile von dessen Auslandskorrespondenz und versorgte ihn über seine vielfältigen Kanäle mit politischen Neuigkeiten und Analysen. Interessanterweise wurde Opitz zugleich auch für den polnischen Gegenspieler, für Schweden, tätig.[68] Auch an Oxenstierna und Banér übermittelte Opitz seine politischen Einschätzungen und wurde dafür bezahlt. Er verwendete seine Informationen über Polen und Schweden jeweils wechselseitig und befriedigte die Interessen seiner Auftraggeber auf beiden Seiten vorzüglich.

Das setzte erhebliches Geschick voraus. Colerus wird denn auch nicht müde, Opitzens politische Fähigkeiten – an erster Stelle seine Kunst der Verschwiegenheit – zu loben, die ihm das Vertrauen der Großen erwarben. Colerus selbst bewährte diese Tugend in seiner Gedenkrede vor dem Auditorium des Magdalenäums der Stadt Breslau und unter den Augen des katholischen Oberherrn, so daß zur Vorsicht in der Tat aller Anlaß bestand. Opitz seinerseits hatte kurz vor seinem Tode, der ihn im August 1639 anläßlich der Pestepidemie in Danzig ereilte, noch veranlaßt, daß seine politische Korrespondenz vernichtet würde.

So trat sein politisches Wirken gegenüber seinem poetischen und poetologischen in den Hintergrund, und sein humanistisch-reformierter Irenismus als geheimes Kraftzentrum seines Lebens blieb verdeckt. Tatsächlich war Opitz, wie deutlich geworden sein dürfte, jedoch in erster Linie Diplomat und erst in zweiter Linie Gelehrter und Dichter. Nur einer modernen, an der Empfindsamkeit orientierten Anschauung vom Dichter und von der Dichtung mochte diese Existenzform befremdlich erscheinen. Opitz stand mit ihr in bester humanistischer Tradition. Weit entfernt davon, seinem Werk zu schaden, hat gerade seine öffentliche, seine politische Wirksamkeit seinen besten Leistungen jene Tiefe der geschichtlichen Erfahrung vermittelt, die ihnen als historisches Zeugnis zugleich ihr geschichtliches Nachleben sicherte.

---

67 Vgl. Eduard Schnaase: Geschichte der evangelischen Kirche Danzigs actenmäßig dargestellt. – Danzig: Bertling 1863, S. 359, 581, 605; Walther Faber: Johann Raue. Untersuchungen über den Comeniuskreis und das Danziger Geistesleben im Zeitalter des Barock. – In: Zeitschrift des Westpreußischen Geschichtsvereins 68 (1928), S. 185–242, insbesondere S. 209.

68 Neben den stets heranzuziehenden Arbeiten von Palm und Szyrocki (Anm. 13) vgl. auch Hermann Palm: Martin Opitz als Agent schlesischer Herzoge bei den Schweden. Beiträge zur Lebensgeschichte und Charakteristik des Dichters Martin Opitz von Boberfeld. – In: Abhandlungen der Schlesischen Gesellschaft für vaterländische Cultur I/3 (1861), S. 24–31.

III Der Poetologe und Kulturpolitiker

Die ›Querelle‹ humanistisch gewendet

Die Entfaltung der neulateinischen wie der ›national‹- bzw. ›vulgär‹-sprachlichen Literatur des Humanismus ist in Deutschland wie in anderen Ländern begleitet von theoretischer Reflexion. Die dezidierte Rückwendung zu einer vorgegebenen Literaturtradition mußte Erwägungen zum Verhältnis von *traditio* und *renovatio* hervortreiben, galt es doch, den vorbildlichen Charakter des Musters, der antiken Literatur, mit der prätendierten Ebenbürtigkeit wo nicht gar Überlegenheit der gegenwärtigen Produktion in Einklang zu bringen. Die *Querelle des Anciens et des Modernes* ist daher lange vor Ende des 17. Jahrhunderts mehr oder weniger manifest im Umkreis des europäischen Humanismus.[69]

Eben weil der eigene literarische Gestus stets vermittelt ist durch vorgegebene literarische Medien, ist die Debatte um die Konstitution der jeweiligen Nationalliteraturen zugleich eine um deren Ursprünge. Das dialektische und in der Regel legitimistisch gewendete Bedingungsverhältnis eröffnet der historischen Rekonstruktion der Nationalliteratur-Bewegung die fruchtbarsten Einsichten. Dagegen dürfen die gattungs- und versifikationstheoretischen Spezialfragen – so ergiebig ihre Erschließung in literatursoziologischer und funktionsanalytischer Hinsicht sein könnte – an dieser Stelle unberücksichtigt bleiben. Damit entfällt auch die Diskussion des näheren Zusammenhangs zwischen literarischer Theorie und Praxis.

Vorrede als Paradigma humanistischer Paratexte

Ein Herzstück humanistischer Literatur bildet der Vorspann zu dem eigentlichen Werk. Er ist der Ort, an dem sich humanistische gelehrte Freundschaft und Verehrung in der dichterischen Zuschrift bewähren und – untrennbar davon – gelehrte Ruhmsucht, gelehrte Eitelkeit verewigt; er ist der Ort des mehr oder weniger persönlichen Gesprächs zwischen Autor und Leser, der Ort für die mehr oder weniger verhüllte und literarisch stilisierte Selbstdarstellung des Dichters und nicht zuletzt der willkommene Platz, um über die Poesie und den Poetenstand, ihre Aufgaben und Funktionen zu handeln. Vorreden sind eine kulturpolitische Quelle ersten Ranges. Hier bleibt der Forschung ein weites Feld zu bestellen.

Diese Anregung kann an dieser Stelle nur formuliert, nicht aber weiter verfolgt werden. Vielmehr soll eine strikte Beschränkung auf die drei wichtigsten theoreti-

---

69 Vgl. das Kapitel ›Mutatum genus dicendi. Klassizismus und Modernismus in der Stildiskussion des Späthumanismus‹. – In: Wilhelm Kühlmann: Gelehrtenrepublik und Fürstenstaat (Anm. 16), S. 189–266 mit der einschlägigen Literatur, sowie S. 138, Anm. 2.

schen Zeugnisse Opitzens statthaben, den *Aristarchus*, das *Buch von der Deutschen Poeterey* und die Vorrede zu den Gedichten von 1625.[70]

Auftakt mit dem ›Aristarchus‹

Opitzens *Aristarchus* ist das Werk eines Zwanzigjährigen.[71] Wie für das übrige Werk, so lassen sich auch für diese Jugendarbeit Einflüsse und Entlehnungen nachweisen. Der *Aristarchus* ist 1617 in Beuthen entstanden und vermutlich im dortigen Gymnasium auch vorgetragen worden.[72] Die unter dem Vorsitz seines Lehrers Caspar Dornau in der Anstalt abgehaltenen Disputationen kreisen um Fragen der

---

70 Im folgenden stütze ich mich auf ein Manuskript zur kulturpolitischen Theorie Opitzens, das in den frühen siebziger Jahren für ›Arkadien und Gesellschaft‹ ausgearbeitet wurde und jetzt vorliegt in: Klaus Garber: Ständische Kulturpolitik und ländliche Poesie. Ein Auftakt zum Arkadienwerk. – In: ders.: Wege in die Moderne (Anm. 4), S. 146–182. Inzwischen ist die bedeutende Untersuchung von Volker Sinemus: Poetik und Rhetorik im frühmodernen deutschen Staat. Sozialgeschichtliche Bedingungen des Normenwandels im 17. Jahrhundert. – Göttingen: Vandenhoeck & Ruprecht 1978 (= Palaestra; 269) erschienen, in der im ersten Teil gleichfalls über Opitz' ›Poetik als Mittel der Literaturpolitik‹ gehandelt wird. Die vielen Übereinstimmungen, zu denen wir unabhängig voneinander gelangt sind, dürften gewiß auch auf das Konto einer streng geschichtlichen Orientierung literaturwissenschaftlicher Arbeit gehen, die in ganz anderem Maße Intersubjektivität verbürgt als die traditionelle geisteswissenschaftliche Hermeneutik. Vgl. für die im folgenden diskutierten Probleme neben dem Buch von Sinemus vor allem Joachim Dyck: Apologetic Argumentation in the Literary Theory of the German Baroque. – In: Journal of English and Germanic Philology 68 (1969), pp. 197–211; Wilfried Barner: Barockrhetorik. Untersuchungen zu ihren geschichtlichen Grundlagen. – Tübingen: Niemeyer 1970, S. 225ff.; Conrad Wiedemann: Barockdichtung in Deutschland. – In: Renaissance und Barock. Teil 2. Hrsg. von August Buck. – Frankfurt a.M.: Athenaion 1972 (= Neues Handbuch der Literaturwissenschaft; 10), S. 177–201; Wolfram Mauser: Opitz und der Beginn der deutschsprachigen Barockliteratur. Ein Versuch. – In: Filologia e critica. Studi in onore di Vittorio Santoli. A cura di Paolo Chiarini. Vol. II. – Roma: Bulzoni 1976 (= Studi di filologia tedesca; 7), S. 281–314. [Die weitere Literatur hierzu und zum folgenden in den beiden in Anm. 13 hinzugefügten Werken jüngeren Datums].
71 Zur Interpretation des *Aristarchus* vgl. die Einleitung zu dem von Georg Witkowski besorgten Neudruck, nach dessen deutscher Übersetzung im folgenden zitiert wird: Martin Opitzens Aristarchus sive de contemptu linguae Teutonicae und Buch von der Deutschen Poeterey. Hrsg. von Georg Witkowski. – Leipzig: Veit 1888. Zum Werk selbst vgl. Max Rubensohn: Der junge Opitz (Anm. 13), Teil 2 (1899), S. 44ff.; Horst Rüdiger: Martin Opitz. – In: ders.: Wesen und Wandlung des Humanismus. – Hamburg: Hoffmann & Campe 1937 (= Europäische Bibliothek), 2. verbesserte Aufl. – Hildesheim: Olms 1966, S. 137–155, insbesondere S. 145ff.; Paul Böckmann: Formgeschichte der deutschen Dichtung. Bd. I: Von der Sinnbildsprache zur Ausdruckssprache. Der Wandel der literarischen Formensprache vom Mittelalter zur Neuzeit. – Hamburg: Hoffmann & Campe 1949, S. 356ff.; Curt von Faber du Faur: Der *Aristarchus*. Eine Neuwertung. – In: Publications of the Modern Language Association 69 (1954), S. 566–590; Volker Sinemus: Poetik und Rhetorik im frühmodernen deutschen Staat (Anm. 70), S. 17f.; Wilhelm Kühlmann: Gelehrtenrepublik und Fürstenstaat (Anm. 16), S. 262–266. mit Anm. 219: »Eine einläßliche, kontextbezogene Analyse fehlt.« [Die neuere Literatur in der Anm. 13 zitierten *Opitz-Bibliographie* von Paulus und Seidel].
72 Vgl. zu dieser in der Literatur kontroversen Frage Ernst Höpfner: Strassburg und Martin Opitz (Anm. 29), S. 298ff.; Martin Opitzens Aristarchus (Anm. 71), S. 16, insbesondere Anm. 2; Max Rubensohn: Der junge Opitz (Anm. 13), Teil 2 (1899), S. 60ff.; Martin Opitz: Gesammelte Werke. Bd. I (Anm. 34), S. 60, Anm. 16; S. 67, Anm. 40.

Sprachpflege und der Dichtungspraxis im heimischen Idiom, um die Qualifikation des Deutschen im Vergleich zu anderen Nationalsprachen etc. Doch wie stets im Umkreis klassizistischer Literaturtradition führt nicht der Hinweis auf die Quelle, sondern der Nachvollzug der Argumentation und der Versuch der historischen Entzifferung in das Zentrum des geschichtlichen Gehalts des Textes.

Funktion der Germanen

Opitz beginnt nicht sogleich mit seinem Plädoyer für eine Reinigung und Erneuerung der deutschen Sprache und Literatur, sondern beschäftigt sich zunächst mit der germanischen und antiken Kultur. Der Rückgriff auf die Germanen hat seit der Wiederentdeckung des Tacitus und seiner *Germania* eine feste Tradition im deutschen Humanismus.[73] Er stellt das kulturpolitische Äquivalent der germanischen

---

73 Zu diesem Komplex liegt eine umfängliche Literatur vor, gleichwohl ist das Problem aus historisch-dialektischer Sicht bisher nicht zureichend geklärt. Hier sei verwiesen auf die grundlegenden Beiträge von Paul Joachimsen: Geschichtsauffassung und Geschichtsschreibung in Deutschland unter dem Einfluß des Humanismus. Erster Teil. – Leipzig, Berlin: Teubner 1910 (= Beiträge zur Kulturgeschichte des Mittelalters und der Renaissance; 6). Reprint Aalen: Scientia-Verlag 1968; ders.: Gesammelte Aufsätze. Beiträge zu Renaissance, Humanismus und Reformation; zur Historiographie und zum deutschen Staatsgedanken. Ausgewählt und eingeleitet von Notker Hammerstein. – Aalen: Scientia-Verlag 1970. Darin die Aufsätze: Tacitus im deutschen Humanismus (1911), S. 275–295, und: Der Humanismus und die Entwicklung des deutschen Geistes (1930), S. 325–386. Des weiteren vgl. Ludwig Buschkiel: Nationalgefühl und Vaterlandsliebe im älteren deutschen Humanismus. – Progr. Chemnitz 1887; Friedrich Gotthelf: Das deutsche Altertum in den Anschauungen des 16. und 17. Jahrhunderts. – Berlin: Duncker 1900 (= Forschungen zur neueren Literaturgeschichte; 13). Reprint Hildesheim: Gerstenberg 1976; Hans Tiedemann: Tacitus und das Nationalbewußtsein der deutschen Humanisten Ende des 15. und Anfang des 16. Jahrhunderts. – Diss. phil. Berlin 1913; Kurt Wels: Die patriotischen Strömungen in der deutschen Literatur des Dreißigjährigen Krieges, nebst Anhang: Das tyrtäische Lied bei Opitz und Weckherlin in ihrem gegenseitigen Abhängigkeitsverhältnis. – Diss. phil. Greifswald 1913; Hedwig Hintze: Der nationale und der humanitäre Gedanke im Zeitalter der Renaissance. – In: Euphorion 30 (1929), S. 112–137; Richard Buschmann: Das Bewußtwerden der Deutschen Geschichte bei den deutschen Humanisten. – Diss. phil. Göttingen 1930; Hedwig Riess: Motive des patriotischen Stolzes bei den deutschen Humanisten. – Diss. phil. Freiburg 1934; Werner Kaegi: Nationale und universale Denkformen im deutschen Humanismus des 16. Jahrhunderts. – In: Deutsche Zeitschrift 49 (1935), S. 87–99; Ulrich Paul. Studien zur Geschichte des deutschen Nationalbewußtseins im Zeitalter des Humanismus und der Reformation. – Berlin: Ebering 1936 (= Historische Studien; 298); Ludwig Sponagel: Konrad Celtis und das deutsche Nationalbewußtsein. – Bühl/Baden: Konkordia 1939 (= Bausteine zur Volkskunde und Religionswissenschaft; 18); Otto Kluge: Der nationale Gedanke in der humanistischen Geschichtsschreibung. – In: Gymnasium 50 (1939), S. 12–29; Else-Lilly Etter: Tacitus in der Geistesgeschichte des 16. und 17. Jahrhunderts. – Basel, Stuttgart: Helbing & Lichtenhahn 1966 (= Basler Beiträge zur Geschichtswissenschaft; 103); Max Wehrli: Der Nationalgedanke im deutschen und schweizerischen Humanismus. – In: Nationalismus in Germanistik und Dichtung. Dokumentation des Germanistentages in München vom 17. bis 22. Oktober 1966. Hrsg. von Benno von Wiese, Rudolf Henß. – Berlin: Schmidt 1967, S. 126–144; Klaus von See: Deutsche Germanen-Ideologie. Vom Humanismus bis zur Gegenwart. – Frankfurt a.M.: Athenäum 1970; Frank L. Borchardt: German Antiquity in Renaissance Myth. – Baltimore, London: The Johns Hopkins University Press 1971; Franz Josef Worstbrock: Über das geschichtliche Selbstverständnis des deutschen Hu-

Völker zur Rom-Ideologie der humanistischen Romania und insbesondere Italiens dar. Hier wie dort formiert sich die gegenwärtige literarische Programmatik und Praxis in der Statuierung eines geschichtlichen Ursprungsortes, der den eigenen Ansatz legitimiert und das Neue mit der Würde des Althergebrachten und damit historisch Beglaubigten umgibt.

Dabei ist auffällig – und gleichfalls in der Überlieferung vorgegeben –, daß die Germanen-Panegyrik weniger um die physische Tapferkeit des den Römern widerstehenden Volkes gruppiert ist, als vielmehr um dessen sittliche und religiöse Integrität. In den Programmschriften der deutschen Sprachgesellschaften pflegt dieser Komplex unter dem Stichwort der ›alten teutschen Treu und Redlichkeit‹ so oder ähnlich zitiert zu werden, auf die die Sozietäten ihre Mitglieder verpflichten. Über diese Chiffre vollzieht sich im Umkreis des deutschen Humanismus die Bildung politischer und kultureller Identität vor allem gegenüber den geschichtlich weiter fortgeschrittenen National- bzw. Territorialstaaten. Wenn Tugend und Sittlichkeit die Bewahrung der Freiheit der Germanen garantierten, der militärischen Tapferkeit und Vaterlandsliebe Sinn und Ziel verliehen, dann ist darin, wie die Verlautbarungen aus den zeitgenössischen Sozietäten zeigen, zugleich immer auch ein Moment gegenwärtiger Selbstbehauptung der Deutschen im Bildungsprozeß der Nationen in der Frühen Neuzeit angesprochen.

Das römische Paradigma

In diesem Zusammenhang kommt der kulturellen Praxis eine erhebliche, der politischen durchaus gleichgewichtige Rolle zu. Das lehrt ein Blick auf den knappen Antike-Passus im *Aristarchus*. Bei den Germanen, so Opitz, bildeten Sittlichkeit, Politik und Sprache eine integrale Einheit. Gleiches gilt für die Antike wenigstens in ihrer Spätzeit nicht. Opitz hält für den Niedergang der griechischen Sprache keine genaueren historischen Belege bereit, doch spezifiziert sich das römische Paradigma in interessanter, will sagen aktualisierbarer Form. Denn der Verfall der lateinischen Sprache im Anschluß an das Augusteische Zeitalter geht Hand in Hand mit dem politischen Niedergang des Weltreichs.

Wenn Opitz diplomatisch das Gesetz des Schicksals und die Schuld der Herrschenden als mögliche Ursache namhaft macht, so illustriert der Kontext, wo die Verantwortlichen zu suchen sind. »Denn unter einem Claudius, Nero, Domitian, diesen verbrecherischen Ungeheuern in Menschengestalt, deren wir ohne Abscheu

---

manismus. – In: Historizität in Sprach- und Literaturwissenschaft. Vorträge und Berichte der Stuttgarter Germanistentagung 1972. Hrsg. von Walter Müller-Seidel. – München: Fink 1974, S. 499–519; Jacques Ridé: L'image du Germain dans la pensée et la littérature allemandes de la redécouverte de Tacite à la fin du XVIème siècle. (Contribution à l'étude de la genèse d'un mythe). Vol. I–III. – Thèse de l'Université de Paris IV 1976, Lille: Atelier Reproduction des thèses, Université de Lille III; Paris: Champion 1977; Ludwig Krapf: Germanenmythos und Reichsideologie. Frühhumanistische Rezeptionsweisen der taciteischen ›Germania‹. – Tübingen: Niemeyer 1979 (= Studien zur deutschen Literatur; 59).

nicht einmal gedenken können, wollte die Sprache nicht besser sein, als die Herrscher ihres Zeitalters.«[74] Eine intakte Sprache und Literatur gibt es nur unter intakten politischen Verhältnissen. Wichtig und signifikant ist schon hier der Hinweis, daß das römische Reich mit seinem politischen und linguistischen Niedergang reif wird für die Eroberung von außen. Die politische und kulturelle Interferenz ist bereits im *Aristarchus* erfaßt.

Daß im übrigen die Propagierung des deutschen Idioms nicht mit einer Schmähung der antiken Überlieferung einhergeht, sondern im Gegenteil von tiefer Trauer über den Verfall der griechischen und römischen Studien getragen ist – sichtbarster Ausdruck ist für den Klassizisten Opitz die Geringschätzung des Ciceronischen Stilideals – beweist, daß die *renovatio* der deutschen Sprache und Literatur eine aus humanistischem Geiste sein wird.

Nationale kulturelle Mission

Die germanische Sprache, so Opitz im *Aristarchus*, ist von ihren Trägern über Jahrhunderte »lauter und rein, frei von jeder fremden Befleckung« bewahrt worden; »bis auf den heutigen Tag [ist sie] unvermengt und unverfälscht den Zungen der Nachkommen verblieben, wie die Treue und Einfalt ihren Herzen.«[75] Germanische Sprache und Sitte rücken damit wiederum zum vorbildlichen Exemplum auf. Im Ursprung ist idealiter realisiert, was in der Gegenwart restituiert werden soll. Denn die Gegenwart des Dichters steht unter dem Gesetz der Fremdbestimmung, des Diktats von außen, dem sich der deutsche Geist willig unterwirft.

> Mit unglaublichen, gefahrvollen Mühen und mit nicht geringen Kosten durchwandern wir fremde Länder und streben eifrig, unser Vaterland und unser Wesen nicht erkennen zu lassen. Indem wir so mit ungezügelter Gier eine fremde Sprache erlernen, vernachlässigen wir die unsrige und machen sie verächtlich.[76]

Ein solcher Satz ist um die Wende vom 16. zum 17. Jahrhundert im Umkreis des Späthumanismus noch frei von nationalem Dünkel und Disqualifizierung des Fremden. Dieses hat vielmehr den Charakter des Vorbildlichen, dem nachzueifern Aufgabe der Deutschen ist.

---

74 Martin Opitzens Aristarchus (Anm. 71), S. 106. Der lateinische Text: »Imperantibus enim Claudiis, Neronibus & Domitianis monstris hominum ac sceleribus, & quorum sine flagitio ne meminisse quidem possumus; lingua principibus sui temporis melior esse non voluit.« (p. 88).
75 Ebd., S. 106 und S. 108. Der lateinische Text: »puram [...] & ab omni externa illuvie mundam«; »Germanorum tamen sermo linguas posterorum, ut fides & candor animos, hucusque indivulsus & incorruptus semper est comitatus.« (p. 88 und p. 90).
76 Ebd., S. 108. Der lateinische Text: »Exteras regiones periculoso ac incredibili labore, neque sumptibus exiguis peragramus; & impense hoc agimus, ne similes patriae ac nobis videamur. Sic dum effrenata quadam cupidine peregrinum idioma addiscimus, negligimus nostrum ac in contemptum adducimus.« (p. 90).

> Wir wollen eifrig dafür sorgen, daß wir von den Franzosen und Italienern, von denen wir Bildung und feine Sitten entlehnen, auch erlernen, unsere Sprache mit Sorgfalt auszubilden und zu schmücken, wie wir sie mit der ihrigen im Wetteifer thun sehen. Unbedacht handelt, wer das Einheimische zurücksetzt und Fremdes vorzieht.[77]

Diesem auf der Linie des Dornauschen Programms liegenden Vorsatz korrespondiert die im Medium der Historie bereits vorbereitete Erkenntnis, daß die sprachliche Preisgabe der Deutschen vor allem an die romanischen Völker notwendig mit ihrer politischen Degradierung Hand in Hand gehen muß.

> Wir schämen uns jetzt unseres Vaterlandes und streben oft nach dem Schein, die deutsche Sprache schlechter als jede andere zu verstehen.
>
> ›Aus dieser Quelle entsprungen
> Strömte das Verderben über Land und Volk dahin.‹
>
> So verachten wir uns selbst und werden verachtet.[78]

Kennzeichen des Ursprungs ist, daß er als geschichtliche Verpflichtung in die Gegenwart hereinragt. So ist hier der leidenschaftliche Aufruf des jungen Dichters, sich der deutschen Sprache anzunehmen und sie als ebenbürtige in den Kreis der europäischen Nationalliteraturen einzuführen, auch als die Antwort des Nachfahren auf die appellative Kraft des germanischen Auftrags zu begreifen. Hinlänglich qualifiziert, so Opitz schon an dieser Stelle, ist die deutsche Sprache, um keinen Vergleich mit den übrigen Nationalsprachen scheuen zu brauchen. »Der Geist unserer Worte und der Fluß unserer Sätze ist ein so angemessener, so glücklicher, daß sie weder der gemessenen Würde des Spaniers, noch der Feinheit des Italieners, noch der Zierlichkeit und Zungenfertigkeit des Franzosen zu weichen« brauche.[79]

Ansätze zur Kanonbildung

Gleiches gilt für die literarische Überlieferung. Opitz kann auf die Zeugnisse altdeutscher Dichtung verweisen, die der Polyhistor, Sammler und Calvinist Melchior Goldast in den *Paraenetica* und anderen Sammlungen seinen Zeitgenossen zu-

---

77 Ebd. Der lateinische Text: »Sedulo hoc agamus, ut qui à Gallis ac Italis humanitatem mutuamur & elegantiam: non minus ab ipsis & linguam nostram, quod certatim eos facere in sua animadvertimus, perpolire accurate & exornare addiscamus. Inconsulte facit, qui neglectis domesticis extera habet antiquiora.« (p. 91).
78 Ebd., S. 109. Der lateinische Text:
»Nunc pudet patriae; & saepe hoc agimus, ne nihil minus quam Teutonicum idioma callere videamur.
Hoc fonte derivata clades
In patriam populumque fluxit.
Contemnimus itaque nos ipsi, & contemnimur.« (p. 92).
79 Ebd., S. 111. Der lateinische Text: »Ingenium certe verborum nostrorum & tractus sententiarum ita decens est, ita felix: ut neque Hispanorum majestati, neque Italorum decentiae, neque Gallorum venustae volubilitati concedere debeat.« (p. 95).

gänglich gemacht hatte, und er kann aus der Gegenwart die deutschsprachige Übersetzung des *Amadis* namhaft machen – eine Stelle, die sein Lehrer Dornau durch den treffenderen Hinweis auf die Fischart-Übersetzung von Marnix' *De Byen corf der H. Roomscher Kercke* ersetzte, dieser beißenden Satire auf die katholische Kirche aus der Feder eines der führenden calvinistischen Aufständischen in den Niederlanden.[80]

In diese Reihe stellt Opitz nun auch seine eigenen Versuche, ohne sich des Versäumnisses schuldig zu machen, gehörig zu betonen, daß sie unabhängig von denen seines Freundes Ernst Schwabes von der Heyde entstanden seien. Ein Alexandriner-Gedicht für Tobias Scultetus von Schwanensee und Bregoschitz, ein paar epigrammatische Zeilen, ein Sonett Schwabes, Eindeutschungen des französischen ›vers commun‹ und einige Anagramme sind der Ertrag, den Opitz mitzuteilen vermag, um die Dignität der deutschen Sprache als einer poetischen zu demonstrieren und damit aus klassizistischem Geiste fortzuführen, was er als Verpflichtung aus dem Germanenmythos extrapoliert hatte und was ihm in Gestalt der europäischen Nationalliteraturen als strahlendes Vorbild vor Augen stand, das einzudeutschen seine selbstgewählte poetische Mission wurde.

Strategie der Widmung: ›De vera nobilitate‹

Gewidmet ist der *Aristarchus* einem Schüler Dornaus, Friedrich von Kreckwitz, sowie Wiegand von Gersdorf. Nachdem er sein dichterisches Erstlingswerk, den *Strenarum Libellus* (1616), dem Rektor der Bunzlauer Schule, Valentin Senftleben, dediziert hatte, wendet er sich mit der ersten programmatischen Schrift an den Adressaten seines Lebenswerkes, den Adel. Und in eins damit präludiert Opitz in Wiederaufnahme älterer humanistischer Gedanken ein Thema, das für die poetische Theorie und Praxis des 17. Jahrhunderts von zentraler Bedeutung bleiben sollte und zugleich in die Vorgeschichte aufgeklärten Denkens des 18. Jahrhunderts gehört.

Der humanistische Preis auf den menschlichen Geist und die menschliche Tugend spezifiziert sich nämlich in Opitzens Dedikation als Preis auf den Adel, der dem Vorzug seiner Geburt den des gelehrten Studiums hinzuzufügen weiß. Das scheint eine herkömmliche panegyrische Phrase zu sein. In Wahrheit trägt der bürgerlich-gelehrte Humanist auf seine Weise zur Paralysierung adligen Ethos' und adligen Selbstverständnisses bei. Reiten und Jagen, Duellieren und prinzipienloses affektives Handeln entpuppen sich vor den Augen des Humanisten als nichtig, ohne daß er das Ideal trockener Schulgelehrsamkeit propagieren würde. Ziel muß die Symbiose aus Kenntnis der Wissenschaften und äußerer Gewandtheit sein, so

---

80 Vgl. dazu Ernst Höpfner: Amadis, nicht Bienenkorb. – In: Zeitschrift für deutsche Philologie 8 (1877), S. 467–477; Hilkert Weddige: Die ›Historien vom Amadis auss Franckreich‹. Dokumentarische Grundlegung zur Entstehung und Rezeption. – Wiesbaden: Steiner 1975 (= Beiträge zur Literatur des XV. bis XVIII. Jahrhunderts; 2), S. 185f.

daß die geselligen Qualitäten den Studientrieb regulieren und zügeln, so wie umgekehrt menschliches Leben vom Geist, von den Künsten und der Weisheit geleitet sein soll.

Die Adressaten verkörpern diesen Nexus von *prudentia politica et civilis* auf der einen, *vita litterata et erudita* auf der anderen Seite auf das vortrefflichste. Auch das ist mehr als eine leere Huldigungsformel. Bedeutet wird dem Adel, daß er sich der Domäne der Gelehrten, den Wissenschaften, nicht versagen darf. Und das nicht primär, weil anders sein Überleben im frühmodernen absolutistischen Staat gefährdet wäre, sondern vor allem, um die Anerkennung gelehrter Leistung in den Kreisen des Adels durchzusetzen. Umgekehrt vermag gelehrtes Wissen sich nur zu behaupten, wo es mit der Einsicht in das politische Gefüge einhergeht und eleganter Form nicht entgegensteht, sondern ihr bruchlos einzubilden ist.

So wird hinter der Formulierung eines neuen Anspruchs an den Adel und indirekt auch an den bürgerlichen Gelehrten im späthumanistischen Schrifttum um 1600 der Aufstieg des frühneuzeitlichen Staates erkennbar, der beide Stände in eine Legitimationskrise führt und zur Revision überkommener Normen und Maßstäbe zwingt. Dieses große Thema der deutschen und lateinischen Literatur des 17. Jahrhunderts zu entfalten, wäre eine der vordringlichen Aufgaben der erneuerten ›Barockforschung‹.

Mittelstellung des ›Buches von der Deutschen Poeterey‹

1624 erscheint Opitzens *Buch von der Deutschen Poeterey*. Sie begründete zusammen mit der im gleichen Jahr herauskommenden Sammlung seiner Gedichte bzw. in deren gereinigter Fassung aus dem Jahre 1625 seinen Ruhm. Wie schon im *Aristarchus* beweist der Dichter auch in der *Poeterey* sein besonderes Gespür für das Aktuelle, das Zeitgemäße. Daß sich dieses im Arrangement überkommener Argumentationsfiguren expliziert, ist gute humanistische Gepflogenheit und sagt nichts über Intention und Funktion, die allemal nur in Vermittlung mit dem geschichtlichen Prozeß zu erschließen sind. Entsprechend geht es auch hier wiederum um das kulturpolitisch Relevante, nicht aber um die Specialia der Gattungs- und Verslehre.[81]

---

81 Die umfängliche Literatur zur *Poeterey* braucht an dieser Stelle nicht rekapituliert zu werden. Vgl. im vorliegenden Zusammenhang neben den in Anm. 70 erwähnten Arbeiten noch: Rudolf Drux: Martin Opitz und sein poetisches Regelsystem. – Bonn: Bouvier 1976 (= Literatur und Wirklichkeit; 18), insbesondere Kapitel III: Das Werk des Martin Opitz in seinem geschichtlichen Kontext, S. 147ff. [Vgl. des weiteren die einschlägigen Arbeiten in den Anm. 13 zitierten Literaturverzeichnissen].

Literarhistorische Linienführung: Kritik der stadtbürgerlichen Dichtung

Das Germanenthema tritt in der *Poeterey* zurück; Opitz streift es nur noch ganz kurz. Neu hinzu kommt dagegen der Verweis auf Barden, Vates und Druiden, der seitdem zum Repertoire poetologischer Äußerungen gehört.[82] Und stärker als im *Aristarchus* macht sich in der *Poeterey* ein Interesse an der geschichtlichen Formation der deutschen Literatur geltend. Sie erscheint in den Augen der Humanisten, die sich anschicken, eine klassizistische deutsche Literatur aus dem Boden zu stampfen, als Vorgeschichte zu ihrem eigenen Projekt. In der Ahnenreihe mittelhochdeutscher Dichter, die Opitz wiederum aus Goldast bezieht, fällt die Präferenz für die adligen Dichter und ihre Stellung bei Hofe auf: Präfiguration einer literaturgesellschaftlichen Distinktion, die Opitz und die Seinen unter veränderten Bedingungen wiederherzustellen suchen.

Dagegen fehlt jeder Rückbezug auf die stadtbürgerliche Dichtung des Spätmittelalters, wie sie Dornau mit seinem Verweis auf Fischart durchaus noch im Auge hatte. Ihrer wird nur indirekt anläßlich einer Dequalifikation des Gelegenheitsgedichtes gedacht.

> Es wird kein buch/ keine hochzeit/ kein begräbnüß ohn vns gemacht; vnd gleichsam als niemand köndte alleine sterben/ gehen vnsere gedichte zuegleich mit jhnen vnter. Mann wil vns auff allen Schüsseln vnd kannen haben/ wir stehen an wänden vnd steinen/ vnd wann einer ein Hauß ich weiß nicht wie an sich gebracht hat/ so sollen wir es mit vnsern Versen wieder redlich machen. Dieser begehret ein lied auff eines andern Weib/ jenem hat von des nachbaren Magdt getrewmet/ einen andern hat die vermeinte Bulschafft ein mal freundtlich angelacht/ oder/ wie dieser Leute gebrauch ist/ viel mehr außgelacht; ja deß närrischen ansuchens ist kein ende. Mussen wir also entweder durch abschlagen jhre feindschafft erwarten/ oder durch willfahren den würden der Poesie einen mercklichen abbruch thun.[83]

Es ist die Poesie der Pritschmeister, die Opitz hier geißelt. Auch sein eigenes Werk ist voll von Kasualpoemata. So darf sein Diktum nicht als Verdammung der Gattung generell verstanden werden. Er sieht die Poesie durch die anspruchslose Vielschreiberei diskreditiert, fordert also formales Niveau. Vor allem aber will er die Würde des Anlasses berücksichtigt wissen. Das Gelegenheitsgedicht in seiner neuen Version hat repräsentativen Charakter und wendet sich an die oberen Stände: Monarchen, Fürsten und Adlige, Patrizier und Gelehrte.

So zeichnet sich in seiner Poetik die geschichtliche Rhythmik der deutschen Dichtung deutlich ab. Auf die Blütezeit mittelalterlicher adliger Produktion folgt ein Stadium des Verfalls. Während die anderen Völker, insbesondere die Romanen,

---

82 Vgl. Conrad Wiedemann: Druiden, Barden, Witdoden. Zu einem Identifikationsmodell barocken Dichtertums. – In: Sprachgesellschaften, Sozietäten, Dichtergruppen. Hrsg. von Martin Bircher, Ferdinand van Ingen. – Hamburg: Hauswedell 1978 (= Wolfenbütteler Arbeiten zur Barockforschung; 7), S. 131–150.
83 Die *Poeterey* wird im folgenden zitiert nach: Martin Opitz: Gesammelte Werke. Bd. II. 1. Teil (Anm. 34), S. 331–416. Das vorgelegte Zitat hier S. 349.

bereits an der Installation einer nationalsprachigen Dichtung arbeiten und diese in der antiken Literatur fundieren, vollziehen erst Opitz und seine Generation den entsprechenden Schritt auf deutschem Boden. Es ist nicht zuletzt diese wirkungsvolle geschichtliche Situierung des eigenen Ansatzes, die sich schon den Zeitgenossen und sodann der geschichtlichen Erinnerung der Nachfahren einprägte und Opitz zum unbestrittenen Archegeten der neueren deutschen Literatur aufsteigen ließ.

Aufwertung der Poesie und des Poeten

Eingebettet ist diese geschichtliche Profilierung in eine ebenso unermüdliche wie beflissene Aufwertung der Poesie und des Poetenstandes. Ihr sind das zweite und dritte sowie das abschließende achte Kapitel der *Poeterey* gewidmet. Der von Opitz einleitend aufgegriffene Topos, demzufolge die »Poeterey anfanges nichts anders gewesen [ist] als eine verborgene Theologie/ vnd vnterricht von Göttlichen sachen«, dient weniger der Annäherung von Poesie und Theologie – so willkommen diese Konfiguration Opitz und seinem Gefolge sein mußte – als vielmehr zur Explikation der thematischen Universalität der Poesie.[84]

Das Argument der Popularisierung theologischer und philosophischer Lehre im allegorischen Medium der Poesie zielt dagegen ins Leere. Es hat keinen Anknüpfungspunkt und keinen Adressaten in der Gegenwart, denn an Breitenwirkung, an Teilhabe des ›gemeinen pöfels‹ am Prozeß kultureller Interaktion zeigen sich Opitz und die Seinen gänzlich desinteressiert. Wohl aber macht der Rückgriff auf die Ursprünge der Poesie ihren erzieherischen Nutzen und ihre sittliche Funktion sinnfällig.

Wie durchgängig auch in diesem Punkte historische Debatten aktuelle Perspektiven haben, zeigt die Anspielung auf eine antike Kontroverse.

> Hat also Strabo vrsache/ den Eratosthenes lügen zue heissen/ welcher/ wie viel vnwissende leute heutiges tages auch thun/ gemeinet/ es begehre kein Poete durch vnterrichtung/ sondern alle bloß durch ergetzung sich angeneme zue machen. Hergegen/ spricht er Strabo im ersten Buche/ haben die alten gesagt/ die Poeterey sey die erste Philosophie/ eine erzieherinn des lebens von jugend auff/ welche die art der sitten/ der bewegungen des gemütes vnd alles thuns vnd lassens lehre. Ja die vnsrigen (er verstehet die Stoischen) haben darvor gehalten/ das ein weiser alleine ein Poete sey. Vnd dieser vrsachen wegen werden in den Griechischen städten die Knaben zueföderst in der Poesie vnterwiesen: nicht nur vmb der blossen erlüstigung willen/ sondern damit sie die sittsamkeit erlernen.[85]

Hinter solchen Digressionen darf nicht nur die Rücksicht auf die Geistlichkeit und das städtische Ratsregiment vermutet werden. Auch die territorialstaatliche Obrigkeit, deren Physiognomie in ihrer konservativ-lutherischen Ehrbarkeit sich so präg-

---

84 Ebd., S. 344.
85 Ebd., S. 345f.

nant in Traktaten wie denen von Reinkingk, von Löhneyß, später von Seckendorff ausprägt, konnte und mußte mit derartigen Versicherungen gewonnen werden. Zugleich verschafft sich Opitz auf diese Weise die disputative Grundlage für die im dritten Kapitel folgende Apologie des Poetenstandes.

Ist Poesie verborgene Weisheitslehre, leistet sie Dienste bei der Sozialisation und insbesondere der Regulierung der Affekte, dann geht es nicht länger an, den Dichter als unsittliches, den Wollüsten ergebenes Wesen zu diskreditieren. Auch hier ist der aktuelle Skopus rasch identifiziert. Die Amtsfähigkeit der Poeten steht zur Rede, ihre Verwendung in ›öffentlichen Ämptern‹.

Schon in der Widmung an den Bunzlauer Rat hatte Opitz versichert, »das es mit der Poeterey alleine nicht außgerichtet sey/ vnd weder offentlich noch Privatämptern mit versen könne vorgestanden werden[.]«[86] Die herausragende Stellung der Poesie ist nur gewährleistet, wenn sich der Poet ebenso durch umfassende Sachkenntnis wie durch moralische Integrität auszeichnet; beides erweist folglich die *Poeterey*. Die Opposition zwischen dem ungelehrten stadtbürgerlichen Dichter des späten Mittelalters und dem gelehrten humanistischen Poeten, der mit der Rezeption der literarischen Überlieferung der Antike im Idealfall zugleich den Kosmos der antiken Wissenschaften sich angeeignet hat, muß auch unter diesem Gesichtspunkt gesehen werden und wird ausdrücklich von Opitz an dieser Stelle erwähnt.

Der soziale Bezugspunkt dieser argumentativen Strategie zeichnet sich in der *Poeterey* indes nur indirekt ab. Ist der größte Lohn

> den die Poeten zue gewarten haben; das sie nemlich inn königlichen vnnd fürstlichen Zimmern platz finden/ von grossen vnd verständigen Männern getragen/ von schönen leuten (denn sie auch das Frawenzimmer zue lesen vnd offte in goldt zue binden pfleget) geliebet/ in die bibliothecken einverleibet/ offentlich verkauffet vnd von jederman gerhümet werden,

so ist darin der Verweis auf die höfisch-adligen Kreise als Adressaten der neuen Opitzschen Kreation unüberhörbar.[87]

Abwertung des Einsatzes der Heidelberger: Die Ausgabe Zincgrefs von 1624 in den Augen von Opitz

Die ein Jahr später entstandene Vorrede zu den *Deutschen Poemata* von 1625 bestätigt das in aller Deutlichkeit.

Kurz vor der *Poeterey* war die erste Sammlung der deutschsprachigen Gedichte Opitzens erschienen. Zincgref hatte die Ausgabe besorgt, Bernegger überwachte den Druck, Zetzner in Straßburg verlegte das Werk. Zincgref dürfte ein Manuskript Opitzens aus dessen Heidelberger Zeit in Händen gehabt haben. Er fügte nicht nur inzwischen erschienene bzw. ihm zugängliche Opitiana ein, sondern

---

86 Ebd., S. 339.
87 Ebd., S. 411.

sammelte in einem Anhang weitere Zeugnisse der neuen Richtung vornehmlich aus dem Umkreis des Heidelberger Dichterkreises. Die Symbiose zwischen Schlesien, der Pfalz und dem Oberrhein im Ursprung der neueren Kunstdichtung kam in diesem Gemeinschaftswerk sinnfällig zum Ausdruck.

Die Heidelberger und Straßburger, Zincgref allen voran, waren anders als Opitz um Rivalitäten und Prioritäten weniger besorgt; ihnen ging es um die Sache, die Förderung einer deutschsprachigen reformierten Poesie. Die Zuschrift Zincgrefs an den elsässischen Adligen Eberhard von Rappoltstein betont denn auch, daß für die Deutschen kein Anlaß bestehe, den kulturpolitischen Weg der übrigen Nationalstaaten nicht auch ihrerseits zu beschreiten. Im Gegenteil ist sich der politisch wache Zincgref durchaus bewußt, daß kulturelle Entfremdung als einseitige Bindung an das Ausland immer auch ein Moment potentieller politischer Unterwerfung mit sich führt, »sintemahl es nicht ein geringeres Joch ist/ von einer außländischen Sprach/ als von einer außländischen Nation beherrscht vnd Tyrannisiret werden.«[88]

Neidlos hat Zincgref dem Freunde Opitz das Verdienst zuerkannt, als Protagonist der neuen Bewegung zu erscheinen, obgleich er doch allen Anlaß gehabt hätte, der Ansätze in der eigenen Heimat zuvörderst zu gedenken, statt nur bescheiden im Anhang auf diese Versuche zu verweisen. Opitz dagegen ging es mit der von ihm propagierten Sache stets auch um die Mehrung seines Ruhmes. Er hat den Freunden ihre Mühewaltung für sein Werk schlecht gedankt. Das rasche Erscheinen der *Poeterey* ist nicht zuletzt darauf zurückzuführen, daß Opitz seine Fortschritte in Theorie und Praxis während seiner Heidelberger Zeit demonstrieren wollte. So hat er sich denn auch bei verschiedenen Anlässen von der Zincgrefschen Edition mehr oder weniger deutlich distanziert und alles darangesetzt, rasch mit einer neuen, von ihm selbst verantworteten Ausgabe hervorzutreten.

Die Vorrede zu den Gedichten von 1625 als kulturpolitisches Manifest

Das Resultat sind die *Acht Bücher, Deutscher Poematum* aus dem Jahre 1625. Daß Opitz mit diesem Werk die Summe seines bisherigen Schaffens zieht und ihm repräsentative Bedeutung zumißt, zeigt schon die Wahl des Adressaten.[89] Das sorgfältig nach Gattungen in acht Bücher gegliederte Werk ist dem Oberhaupt der ›Frucht-

---

88 Die Ausgabe der *Teutschen Poemata* von Opitz aus dem Jahr 1624 samt dem Zincgrefschen Anhang ist jetzt wieder zugänglich im Rahmen der kritischen Opitz-Ausgabe von Schulz-Behrend (vgl. Anm. 34). Das vorgelegte Zitat hier Bd. II. 1. Teil, S. 169.
89 Knappe weiterführende Hinweise zu dieser besonders wichtigen Vorrede vor allem bei Barner: Barockrhetorik (Anm. 70), S. 227ff., sowie bei Sinemus: Poetik und Rhetorik im frühmodernen deutschen Staat (Anm. 70), S. 18ff. Zitiert wird im folgenden nach: Martin Opitz: Gesammelte Werke. Kritische Ausgabe. Hrsg. von George Schulz-Behrend. Bd. II: Die Werke von 1621 bis 1626. 2. Teil. – Stuttgart: Hiersemann 1979 (= Bibliothek des Literarischen Vereins in Stuttgart; 301). Der Titel des Werkes: Martini Opitii Acht Bücher, Deutscher Poematum durch Jhn selber heraus gegeben/ auch also vermehret vnnd vbersehen/ das die vorigen darmitte nicht zu uergleichen sindt. Jnn Verlegung Dauid Müllers Buchhandlers Jnn Breßlaw. 1625.

bringenden Gesellschaft‹ Fürst Ludwig von Anhalt-Köthen zugeeignet. Derart meldet der Dichter den Anspruch auf Kooptation in die angesehene kulturpolitische Vereinigung an. Nur als Mitglied und nur mittels ihrer Unterstützung durfte er seinen persönlichen Ehrgeiz befriedigt und die Durchsetzung seines Werkes sowie dessen Verankerung bei Adel und Fürstentum neben den humanistischen Gelehrtenkreisen gesichert sehen.

Im Eingang zur Dedikation stellt Opitz die schon im *Aristarchus* anvisierte Parallelität zwischen politischer und künstlerischer Verfassung eines Landes sogleich programmatisch heraus. Die Betrachtung der Geschichte – unhistoristisch zur Verwendung und Orientierung in der eigenen Situation gehandhabt – lehrt, »daß wie Regimentern vnd Policeyen/ also auch mit jhnen der Geschicklichkeit vnnd freyen Künsten jhr gewisses Ziel vnd Maß gestecket sey/ vnnd sie auff ein mal mit einander entweder steigen oder zu Grunde gehen.«[90]

»Sint Mœcenates, non deerunt forte Marones« hatte es Martial variierend im *Aristarchus* geheißen.[91] Diese Sentenz wird nun in der Vorrede an Ludwig umfassend geschichtlich entfaltet. Denn wenn die dialektische Verknüpfung von Politik und Künsten zutrifft, so spezifiziert sie sich im Zeichen des Absolutismus als Interaktion von Regent und Poet, denn »gelehrter Leute Zu- vnd Abnehmen auff hoher Häupter vnd Potentaten Gnade/ Mildigkeit vnnd Willen sonderlich beruhet.«[92] Mag darin der Akzent einseitig zugunsten des Mäzenatentums verschoben sein, so stellt die nachfolgende Reihe der Exempla die Proportionen wieder her.

Exempel fürstlichen Mäzenatentums: Rom als Paradigma

Theoretisch festgehalten, aber geschichtlich reichhaltiger illustriert wird die aus dem *Aristarchus* vertraute Einsicht, daß die römischen Kaiser die »Wissenschafft so lange in jhren Schutz vnd Förderung genommen/ so lange jhr Reich vor Einfall barbarischer Völcker vnnd eigener Nachlessigkeit bey seinen Würden verblieben ist.«[93] Die Reihe der Stifter und Mäzene wird eröffnet mit Cäsar. Er »hat das Keyserthumb vnd die Poeterey (gleichsam als sie beysammen seyn müsten) zu einer Zeit auffgerichtet vnd erhöhet.«[94] Und mit ihm auch ist die Einsicht von produktiver Tätigkeit und mäzenatischem Engagement vorgegeben. Sein verlorenes Gedicht *Iter* sei einem breiteren Publikum bekannt geworden. Er selbst müsse Euripides gekannt haben, Licinius und Catullus seien von ihm – ungeachtet ihrer despektierlichen Äußerungen – in Ehren gehalten und Letzterer sogar zu seiner Tafel gezogen worden.

Diese Symbiose fand der gesamte monarchisch orientierte Humanismus vorbildlich in der Gestalt des Augustus verkörpert. Aus der Sammlung der entspre-

---

90 Ebd., S. 530f.
91 Martin Opitzens Aristarchus (Anm. 71), S. 85.
92 Martin Opitz: Gesammelte Werke. Bd. II. 2. Teil (Anm. 89), S. 531.
93 Ebd.
94 Ebd.

chenden Fragmente und Zeugnisse Rutgers', den Opitz in Leiden kennengelernt hatte, war er über die dem Kaiser zugeschriebenen Stücke informiert. Die daran angeschlossene Folgerung – »Darumb ist sein Hoff auch ein Auffenthalt vnd Zuflucht gewesen aller Poeten« – zeigt einmal mehr die große Bedeutung, die die Gestalt des schreibenden Fürsten für die bürgerlich-gelehrten Humanisten haben mußte.[95] Sie bildete die Gewähr für das Interesse, das die Regenten an Kunst und Wissenschaft zu nehmen bereit waren. Die illustre Reihe römischer Dichter von Gallus über Vergil und Horaz bis hin zu Ovid steht dafür ein.

Als keinesfalls zufällig muß es wiederum gelten, daß sich Opitz nicht auf den Nachweis der unmittelbaren Wirkungen der Poesie beschränkt. Wohl weiß er aus Sueton, daß die kaiserliche Familie angesichts der poetischen Gewalt der *Aeneis* den Dichter schweigen heißt, genau so wichtig jedoch ist der Hinweis, daß der Dichter Gallus »vngeachtet seiner geringen Ankunfft/ von jhm [i.e. dem Kaiser] zum Verwalter vber Egypten gemacht ist worden.«[96] Die umfassende Verwendungsmöglichkeit des Poeten (vornehmlich als Berater und Beamter), die die *Poeterey* begründet hatte, wird derart *per analogiam historicam* sinnfällig gemacht.

Horaz wird als Sekretär vom Kaiser in den Dienst genommen, und im Zusammenhang mit Horaz führt Opitz das Thema fürstlichen Nachruhmes ein. Über diesen gebietet das verewigende Wort des Dichters. Die Abhängigkeit zwischen Poet und Monarch ist folglich eine wechselseitige. Schließlich umgreift der kulturpolitische Auftrag des Regenten die Organisation von Kunst und Wissenschaft. Die Errichtung eines Apollo-Musentempels zur Zusammenführung von Poeten und Rhetoren gilt Opitz als wirksames Stimulans poetischer Produktion; die Akademie-Konzeption unter fürstlichem Patronat ist hier präfiguriert.

Im Augusteischen Zeitalter erreicht die Dichtung alsbald ihren Gipfel; die um Augustus versammelten Dichter »haben die Poeterey so hoch getrieben/ daß sie nachmals entweder also verbleiben/ oder nothwendig geringer werden müssen.«[97] Den auf Augustus folgenden Kaisern kann eine ähnlich vorbildliche Korrelation von Politik und Poesie nicht mehr zugeschrieben werden. Opitzens Strategie besteht nun jedoch darin, ungeachtet der defizienten Form monarchischer Regentschaft das in modifizierter Art und Weise fortlebende Interesse an den schönen Künsten zu dokumentieren. Tiberius dichtet selbst griechisch und lateinisch und ist der Adressat zahlreicher poetischer Werke. Und vor allem achtet er peinlich darauf, sich jeglicher Gräzismen in seiner Rede zu enthalten.

Es ist nur eine Ausnahme, wenn Opitz an dieser Stelle explizit eine aktuelle Notation hinzufügt; sie muß überall mitgehört werden. Ein Bogen über die Zeiten hinweg zu Ludwig von Anhalt-Köthen wird geschlagen, wenn Opitz feststellt, daß die Gestalt des Fürsten in dieser Tugend dem römischen Kaiser »so ähnlich ist/ als

---

95 Ebd., S. 532.
96 Ebd.
97 Ebd., S. 533.

sie jhm vnähnlich ist an dem jenigen/ was von Regenten fürnemlich erfordert wird.«[98]

Noch Claudius zeigt sich ungeachtet allen Schwachsinns aufgeschlossen gegenüber Poet und Poesie. »Zu Lyon in Franckreich stifftete er vnter den Rednern vnd Poeten bey des Augustus Altare eine stattliche Vbung/ vnnd satzte vor die so gewinnen oder verlieren würden gewisse Verehrung vnd Straffen aus.«[99] Er bemüht sich also um Institutionalisierung und Förderung beider. »Nero war von Art zur Poeterey geneiget/ vnnd hat ohn alle Müh einen stattlichen Vers weg gemacht; wie dann Plinius des Getichtes erwehnet/ darinnen er seiner Poppeen Haar gerühmet habe.«[100] Und so geht die Reihe hinab bis zu Kaiser Julian.

Der Preis für die kulturpolitische Konstruktion liegt auf der Hand. Das wechselseitige Bedingungsverhältnis von politischem und kulturellem Status kann abschließend nur noch in abstracto behauptet werden; es ist durch die lange Reihe verwerflicher Regenten längst diskreditiert. Doch das Theorem wird darum nicht falsch. Historisches Lesen im Umkreis des Humanismus heißt, die jeweilige Zielrichtung, den jeweiligen Skopus der Argumentation zu ermitteln. In der Reihe der historischen Exempla ging es Opitz um den Nachweis durchgehender Hochschätzung der *artes* unter den römischen Kaisern.

Erst im Resümee kehrt er zu seiner kulturpolitischen Prämisse zurück, die sich im folgenden dann erneut bewähren wird:

> Nach diesem ist auff ein mal die Gewalt vnd Wissenschafft der ewigen Stadt gemach vnd gemach verdorret/ vnd sind aus Römischen Keysern Gottische Tyrannen/ aus Lateinischen Poeten aber barbarische Reimenmacher vnd Bettler worden. Daß man also beydes fast nichts löbliches gethan/ vnnd wenig artliches geschrieben hat.[101]

Schlüsselrolle der ›karolingischen Renaissance‹

Der zweite Kursus der Geschichte der europäischen Literatur wird mit der Gestalt Karls des Großen eröffnet. Dieser interessiert Opitz nicht als Erneuerer und Förderer der lateinischen Literatur des europäischen Mittelalters, sondern als Ahnherr der deutschen Poesie; der germanischen Ursprünge wird derart nur noch indirekt gedacht. Mit Karl beginnt die Reihe der adligen und fürstlichen Stifter und Dichter der deutschen Literatur des Mittelalters, die Opitz erneut aufzählt.

> Hat sich also bey der gemeinen Finsternis vnd grossen Verachtung des Studirens doch jmmerzu ein Stral der Wissenschafft blicken lassen; biß hernachmals durch Zuthun hoher Leute (denn ohne dieselbigen dißfals nie etwas ausgerichtet ist worden) Griechische/

---

98 Ebd., S. 534.
99 Ebd.
100 Ebd., S. 534f.
101 Ebd., S. 538.

Lateinische/ vnd andere Poeten sich gefunden/ vnd den Alten im minsten nichts nachgegeben haben.[102]

Nicht deutlicher könnte die Dialektik im Ursprung des Humanismus der germanischen Völker hervortreten. Die Statuierung einer autochthonen ›nationalen‹ Variante im Gefüge des europäischen Humanismus und die Abgrenzung gegenüber der Romania gebieten den primären Rückgriff auf die heimische literaturgesellschaftliche Tradition. Aus der Perspektive des auf die Antike fixierten Klassizisten kann diese Tradition jedoch nur als spärliches Intermezzo inmitten genereller Barbarei bewertet werden, bevor in der Renaissance mit der *renovatio* der Antike die Geschichte der neueren europäischen Dichtung im eigentlichen Sinn anhebt. Der Rückgang in das germanische Mittelalter hat legitimistische Funktion für das Programm einer deutschen ›Nationalliteratur‹. Deren formales Niveau, deren gehaltliche Substanz ist nur im Rückgriff auf die Antike und die auf ihr fußende Renaissanceliteratur gewährleistet; hier gehen von der germanischen Überlieferung keine expliziten Impulse aus.

Fürst und Poet in der Renaissance

Gar nicht zu unterschätzen ist die Bedeutung des literarischen Kanons der europäischen Literatur, ihrer Mäzene und Institutionen, den Opitz in seiner Vorrede von 1625 entwirft. So wie sich im *Aristarchus* und vor allem in der *Poeterey* der Anteil Opitzens und der Seinen in der Entfaltung der deutschen Literatur profilierte, so nun im entsprechenden Kontext der europäischen Literatur. Die selbst vorgenommene geschichtliche Situierung kam seinem säkularen Nimbus in der Mit- und Nachwelt nochmals erheblich zugute. Vom Florenz der Frührenaissance bis zu Fürst Ludwig spannt sich der Bogen der literarhistorischen Konstruktion.

Notierenswert ist bereits bei Dante die Erhebung des Dichters durch die Florentiner »zu dem höchsten Ampte«.[103] Bei Petrarca, »so den Meister an Wissenschaft vnnd Zierligkeit weit vbertroffen«, wird die Tatsache der Poetenkrönung akzentuiert, ist sie doch das sichtbare Zeichen der neugewonnenen sozialen Reputation des Dichters.[104] In mäzenatischer Funktion werden Leo X. sowie Cosimo (genannt: il Vecchio) und Lorenzo de' Medici erwähnt. Diese geht bei letzterem Hand in Hand mit der eigenen poetischen Betätigung. Hinzutreten die erinnerungswürdigen Gesten von Alfons, Ferdinand und Friedrich aus dem Hause Aragonien, von Matthias Corvinus in Ungarn und von Franz I., »der in seinem Lande den guten Künsten so einen festen Grund gebawet hat/ daß sie von selbiger Zeit an die vielfältigen ausländische vnnd Bürgerliche Kriege abzubrechen im wenigsten nicht vermocht haben.«[105]

---

102 Ebd., S. 539.
103 Ebd.
104 Ebd., S. 540.
105 Ebd., S. 541.

Übergang nach Deutschland:
Der Fürstliche Gründer der ›Fruchtbringenden Gesellschaft‹ als Adressat

Damit ist das historische Relief umrissen, von dem abschließend die Verhältnisse in Deutschland abgehoben werden:

> Wir Deutschen/ wie wir zu dem Latein vnnd Griechischen/ nebenst den freyen Künsten/ etwas später kommen sind/ vnnd doch alle andere Nationen an reichem Zuwachs der gelehrtesten Leute vberholet/ vnnd hinter vns gelassen haben/ also wollen wir von vnserer eigenen Poeterey ingleichen hoffen/ die/ vngeachtet der nunmehr langwirigen krige/ sich allbereit hin vnd wieder so sehr wittert vnd reget/ daß es scheinet/ wir werden auch dißfals frembden Völckern mit der Zeit das Vortheil ablauffen.[106]

Indem Opitz an dieser Stelle und in dieser geschichtlichen Situation zur Gestalt des Fürsten Ludwig zurückkehrt, konfrontiert er diesen über die geschichtlichen Exempla mit einer großen fürstlich-mäzenatischen Tradition, der ein adhortatives Element, der Aufruf zur *imitatio*, innewohnt. Daß Ludwig sich zu dieser Zeit bereits um die deutsche Sprache und Dichtung verdient gemacht hat, ist ein willkommener Anknüpfungspunkt, rückt er doch damit schon jetzt in die Galerie der Förderer von Wissenschaft und Kunst ein. »Daß nun Ewre Fürstliche Gnade auch der Poesie die hohe Gnade vnd Ehre anthut/ folget sie dem rühmlichen Exempel oben erzehlter Potentaten so verstorben sind/ vnnd giebet selber ein gut Exempel denen die noch leben.«[107]

Die nochmalige Bemühung des Unsterblichkeits-Topos stellt klar, daß Ludwig wie die anderen Großen zugleich das eigene Überleben sichert, weil ihr Werk aufgehoben ist im Werk der sie preisenden Dichter. So hat Opitz in seiner Theorie das Bündnis zwischen Dichtung und Territorialfürstentum begründet, dem die geschichtliche Stunde gehörte und das für mehr als ein Jahrhundert intakt bleiben sollte. Weiterreichende etwa konfessionspolitische Äußerungen in ihr zu erwarten, hieße die geschichtlichen Bedingungen theoretischer Reflexion im 17. Jahrhundert verkennen. An dieser Stelle war spätestens seit 1620 eine unverrückbare Grenze gesetzt. Wenn überhaupt, so gab es nur eine Möglichkeit der Parteinahme im Modus indirekten Sprechens. Die Poesie, nach Opitzens eigenem Bekenntnis mehr mit dem befaßt, was sein solle als mit dem, was ist, trat derart in ihre genuinen Rechte ein.[108] Auch dem 17. Jahrhundert war ihre utopische Dimension nicht fremd. An einem Beispiel soll das gezeigt werden.

---

106 Ebd., S. 542.
107 Ebd., S. 543.
108 Vgl. Martin Opitz: Gesammelte Werke. Bd. II. 1. Teil (Anm. 34), S. 350.

IV Zwischen Lehrgedicht und Epos: Opitzens ›TrostGedichte‹

Spitzenstellung des Epos im Humanismus

Die europäischen Humanisten seit der Frührenaissance haben vom Epos geträumt. Sie waren dabei weniger auf Homer denn auf Vergil fixiert. In der Gattung des Epos hatte sich die Ebenbürtigkeit wenn nicht die Überlegenheit der neueren gegenüber der antiken Literatur zu erweisen. Die Theoretiker haben die Würde des *genus heroicum* immer wieder herausgestrichen. So auch Opitz. Doch tut man gut daran, das hier vorliegende Problem nicht nur von der formalen, sondern auch von der stofflichen Seite her zu betrachten.

Die nachantiken Theoretiker waren in der Lage, die Besonderheit ihres Sujets als eines christlichen und folglich dem antiken a priori überlegenen zu statuieren. Damit war jedoch das Bewußtsein keinesfalls getilgt, daß das antike Epos vor allem in der Vergilschen Gestalt eben nicht in der Heilsgeschichte, sondern im geschichtlichen Zusammenwachsen eines Volkes und dessen nationaler Selbstfindung seine organisierende Mitte besaß. Genau dies aber war das große Thema der Humanisten, und zwar nicht als eine antike Reminiszenz, sondern als Reflex der vor ihren Augen sich abspielenden Dissoziierung der *una societas christiana* und der Ausformung einer politisch und konfessionell diversifizierten europäischen Staatenwelt.

Der Ausweg in das christliche Epos mußte gerade den politisch engagierten und hellsichtigen Humanisten als Verlegenheitslösung erscheinen, wenn anders ihm nicht eine politische Perspektive imputiert zu werden vermochte. Als Thema von expliziter Dignität galten Ursprung und Evolution der Nationen. Wie keine andere Zeit boten die konfessionspolitischen Bürgerkriege eine Anschauung ebensowohl der Destruktion wie zugleich der Formation ›nationaler‹ Identität und Selbstbehauptung. Eine derartige Mentalität hat sich in der Abwehr katholischer Hegemonieansprüche gebildet und sich in den protestantisch-calvinistischen Ländern bzw. deren Minoritäten am deutlichsten artikuliert.

Aufstieg zum Epos sistiert

Auch Opitzens *TrostGedichte Jn Widerwertigkeit Deß Krieges* hat einen Vorwurf von epischer Größe.[109] Denn der Krieg ist hier als europäisches Ereignis des 16. und frühen 17. Jahrhunderts mit seinen politischen und konfessionellen Implikationen voll gegenwärtig. Wenn die Entfaltung zum Epos sistiert erscheint, das Werk als großes alexandrinisches Lehrgedicht vom Autor eingeführt wird, so aus werkexternen, aus geschichtlichen Gründen. Eine wie auch immer geartete apotheotische

---

109 Zu Opitz' Epos-Plänen vgl. Rubensohn: Der junge Opitz (Anm. 13), Teil 1 (1895), S. 65, Anm. 1. Zu Opitz' *TrostGedichte* liegt eine umfänglichere, vielfach jedoch nicht weiterführende Literatur vor. Vgl. Kurt H. Wels: Opitz und die stoische Philosophie. – In: Euphorion 21 (1914), S. 86–102; Adam Stössel: Die Weltanschauung des Martin Opitz, besonders in seinen Trostge-

Rundung analog zu dem Vergilschen Archetypus, analog aber auch zu dem späteren heroischen Roman war ihm versagt.

Als Opitz das *TrostGedichte* konzipierte und verfaßte, waren die politischen Hoffnungen seiner calvinistischen Generation wo nicht zerronnen, so doch erschüttert. Es kann keinen Zweifel daran geben, daß der Duktus des großen Werkes ein anderer gewesen wäre, wenn Friedrich V. in Böhmen sich hätte behaupten können. Zincgrefs *Epos* und Opitzens *Oratio* bildeten Keimzellen für das *genus grande*, die einer umfassenden, geschichtlich fundierten Exposition harrten. Die Verlagerung, die Transformation vom politischen Epos mit krönendem Abschluß in das Lehrgedicht mit christlich-neustoizistischer Ausrichtung wird als ästhetischer Reflex auf den politischen Umbruch begriffen werden müssen. Es ist die Verschlingung politisch-programmatischer Züge in der Pfälzer Tradition mit den paränetisch-neustoizistischen in eher abgeschatteter Tönung, die dem *TrostGedichte* seine geschichtliche Physiognomie verleihen und in ihrer wechselseitigen Bedingtheit erkannt sein wollen.

---

dichten in Widerwärtigkeit des Krieges. – Diss. phil. Erlangen 1918; Hugo Max: Martin Opitz als geistlicher Dichter. – Heidelberg: Winter 1931 (= Beiträge zur neueren Literaturgeschichte. N.F.; 17), S. 159–187; Wolfgang Ulrich: Studien zur Geschichte des deutschen Lehrgedichts im 17. und 18. Jahrhundert. – Diss. phil. Kiel 1959 (Masch.), S. 60–67; Horst Nahler: Das Lehrgedicht bei Martin Opitz. – Diss. phil. Jena 1961 (Masch.), hier auch S. 69ff. eine ausführliche Erörterung der Gattungsfrage; Werner Welzig: Constantia und barocke Beständigkeit. – In: Deutsche Vierteljahrsschrift für Literaturwissenschaft und Geistesgeschichte 35 (1961), S. 416–432; L.L. Albertsen: Das Lehrgedicht. Eine Geschichte der antikisierenden Sachepik in der neueren deutschen Literatur mit einem unbekannten Gedicht Albrecht von Hallers. – Aarhus: Akademisk Boghandel 1967. Hier S. 10–29: Der Begriff ›Lehrgedicht‹, S. 30–39: Das Lehrgedicht und die literarischen Gattungen, S. 76–107: Der Klassizismus, Opitz und das Lehrgedicht, S. 88–94 über das *TrostGedichte* von Opitz. Des weiteren Bernhard Ulmer: Martin Opitz. – New York: Twayne 1971 (= Twayne's World Authors Series; 140), pp. 91–106; Marian Szyrocki: Martin Opitz (Anm. 13), S. 43–49 bzw. 2. Aufl. S. 44–49; William L. Cunningham: Martin Opitz. Poems of Consolation in Adversities of War. – Bonn: Bouvier 1974 (= Abhandlungen zur Kunst-, Musik- und Literaturwissenschaft; 134) (dazu die wichtige Rezension von Wilhelm Kühlmann in: Daphnis 4 (1975), S. 217–219); Richard D. Hacken: The Religious Thought of Martin Opitz as the Determinant of his Poetic Theory and Practice. – Stuttgart: Heinz 1976 (= Stuttgarter Arbeiten zur Germanistik; 18), pp. 62–79; Xaver Stalder: Formen des barocken Stoizismus. Der Einfluß der Stoa auf die deutsche Barockdichtung – Martin Opitz, Andreas Gryphius und Catharina Regina von Greiffenberg. – Bonn: Bouvier 1976 (= Studien zur Germanistik, Anglistik und Komparatistik; 39), S. 35ff. (vielfach abwegig). Die folgende Interpretation geht durchweg eigene Wege, so daß sich ein systematischer Rückbezug auf die vorliegende Literatur erübrigt. [Vgl. auch die zwischenzeitlich erschienenen und in den Opitz-Bibliographien in Anm. 13 nachgewiesenen Arbeiten]. Zitiert wird – um die Angabe Anm. 34 zu wiederholen – nach: Martin Opitz: Gesammelte Werke. Kritische Ausgabe. Hrsg. von George Schulz-Behrend. Bd. I: Die Werke von 1614 bis 1621. – Stuttgart: Hiersemann 1968 (= BLVS; 295), S. 187–266. Die Zitation erfolgt unter Angabe von Buch, Seite und Vers.

Der fürstliche Widmungsempfänger als Vorbild

Das *TrostGedichte* ist Prinz Ulrich von Holstein gewidmet, dem Sohn Christians IV. von Dänemark. Natürlich kam als Adressat nur ein Protestant in Frage. Ulrich führte ein sächsisches Regiment. Opitz erfreute sich der großen Verehrung des Prinzen. Er hat dem im Erscheinungsjahr des *TrostGedichtes* 1633 durch einen Söldner Piccolominis ermordeten Prinzen auf dessen ausdrücklichen Wunsch hin in einer lateinischen Lobrede ein bleibendes Denkmal gesetzt. Nimmt es wunder, wenn auch die lateinische Widmungszuschrift sogleich die Bildung, die Kenntnis der Wissenschaften, die rhetorischen Fähigkeiten des Adressaten herausstreicht? Sie stehen im Bündnis mit der Tapferkeit, auf die sich die Hoffnung des ›bedrückten Germanien‹ richtet. Ulrich ist die Inkarnation dessen, wovon das Gedicht kündet; geschickt weiß der Dichter den Fluchtpunkt des fiktionalen Textes in einer politischen Gestalt der Gegenwart zu lokalisieren, in der sich der vom Text ausgehende Appell in praxi realisiert.

Das weit ausholende deutsche Lobgedicht wiederholt und konkretisiert diese Charakteristika. Ulrich ist der »Freyheit trewer Schutz«.[110] Wie das zu verstehen ist, lehrt eine entsprechende Passage. Der schlechte Fürst haßt die Bücher;

> [...] Dich/ Heldt/ hat eingenommen
> Ein Ehrgeitz/ hinter diß mit gantzer Macht zu kommen/
> Was Weißheit heißt vnd ist; Dir sind die Sprachen kundt
> Die gantz Europa liebt/ vnd dein gelehrter Mund
> Kan reden was er wil [...].
> [...] Du bist ein König=Sohn;
> Diß gibt dir die Natur/ vnd nicht der Musen Lohn.
> Doch hast du deine Lust an diesen edlen Sachen/
> Die keinen mächtiger/ jedennoch weiser machen[.][111]

Derart entfaltet der Panegyrikus den in der Theorie vorgegebenen Zusammenhang zwischen gelehrtem Dichter und fürstlichem Adressaten in der dichterischen Praxis.

»Ein Heroisch getichte (das gemeiniglich weitleufftig ist/ vnd von hohem wesen redet) soll man stracks von seinem innhalte vnd der Proposition anheben; [...].«[112] Dieser Regel entsprechend eröffnet auch Opitz das erste Buch mit dem Kardinalthema seines *TrostGedichtes*, dem Problem des Krieges.

---

110 Dieses deutschsprachige Lobgedicht ist in der chronologisch angelegten kritischen Ausgabe noch nicht abgedruckt; man muß auf das Original zurückgehen: TrostGedichte Jn Widerwertigkeit Deß Krieges; Jn vier Bücher abgetheilt/ Vnd vor etzlichen Jahren von einem bekandten Poëten anderwerts geschrieben. – Breslau: Müller [Druck: Leipzig: Köhler] 1633. Das Zitat hier fol. B3ʳ.
111 Ebd., fol. B2ʳs.
112 Martin Opitz: Gesammelte Werke. Bd. II. 1. Teil (Anm. 34), S. 360.

Zeitgeschichtlicher Gehalt

Schon in der vorangehenden Inhaltsangabe zum ersten Buch weist Opitz ausdrücklich darauf hin, daß in ihm von dem »jetzigen vnglückseligen Böhmischen Krieg« die Rede ist, nicht vom Wesen des Krieges schlechthin.[113] Diesem Verweis ist Beachtung zu schenken. Die Literatur des 17. Jahrhunderts tendiert zur Typisierung und Allegorisierung. Die Kunst der Exegese besteht in der Regel jedoch darin, diesen Sachverhalt nicht nur anzuerkennen und interpretativ nachzuvollziehen, sondern zugleich umgekehrt und gegebenenfalls durchaus gegen die ostentativ zur Schau gestellte Intention des Textes eine Rückbuchstabierung in den singulären Fall, das konkrete Ereignis vorzunehmen, von dem der allegorische Tiefsinn des Autors seinen Ausgang nahm.

Zu einem solchen, der geschichtlichen Substanz barocker Texte sich versichernden Verfahren ermutigt Opitz ausdrücklich. Damit rückt auch die theologische Dimension des Werkes, die gleichfalls in den ersten Versen eingeführt wird, in die angemessenen Proportionen. Sie will als Zeugnis ernstgenommen werden. Doch vielfach handelt es sich um traditionelles Lehrgut, das im einzelnen nicht der Rekapitulation bedarf. Wohl aber sind Erwägungen zu dessen binnenliterarischer Funktion am Platze. Denn in dem Maße, wie der Autor am überkommenen dogmatischen Lehrgehalt partizipiert und damit dem Erwartungshorizont seines Publikums entspricht, schafft er sich den ästhetischen Freiraum zur Einführung und Entfaltung der politischen Thematik. Das weitverzweigte theologische Rahmenwerk liegt schützend und bergend um den historisch-politischen Zeitgehalt des Werkes.

Nationaler Auftakt im Zeichen des Böhmischen Krieges

> DEs schweren Krieges Last/ den Deutschland jetzt empfindet/
> Vnd daß GOTT nicht vmbsonst so hefftig angezündet
>   Den Eyfer seiner Macht/ auch wo in solcher Pein
>   Trost her zu holen ist/ sol mein Getichte seyn.[114]

Drei Sommer sind vergangen, seit der Krieg in Deutschland seinen Anfang nahm. Noch ehe der Dichter dazu übergeht, die mit ihm einhergehenden Greuel zu vergegenwärtigen, umkreist er das Thema, das im Mittelpunkt seines Werkes stehen wird.

> [...] Wir haben viel erlidten/
> Mit andern vnd mit vns selbst vnter vns gestritten.
>   Mein Haar das steigt empor/ mein Hertze zittert mir/
>   Nehm' ich mir diese Zeit in meinen Sinnen für.
> Das edle Deutsche Land/ mit vnerschöpfften Gaben

---

113 Martin Opitz: TrostGedichte. – In: ders.: Gesammelte Werke. Bd. I (Anm. 109), Buch I, S. 191.
114 Ebd., Buch I, S. 192, V. 1–4.

> Von GOtt vnd der Natur auff Erden hoch erhaben/
> Dem niemand vor der Zeit an Krieges-Thaten gleich'/
> Vnd das viel Jahre her an Friedens-Künsten reich
> In voller Blühte stund/ ward/ vnd ist auch noch heute/
> Sein Widerpart selbselbst/ vnd frembder Völcker Beute.[115]

›Nationalgefühl‹ lautet das Stichwort dazu in der älteren wissenschaftlichen Literatur. Doch dieser der Anschauungswelt des 19. Jahrhunderts verhaftete Begriff ist wenig geeignet, die hier vorliegende Problematik angemessen zu erschließen. Zu gewahren gilt es die latente und kaum jemals offen ausgetragene Dialektik zwischen der territorialstaatlichen Fixierung und der nationalstaatlichen Orientierung humanistischer Dichtung im Deutschland des 17. Jahrhunderts. Da anders als in Spanien und Westeuropa eine zukunftsweisende Zentralgewalt fehlt, die auch den deutschen Dichtern des 17. Jahrhunderts eine kulturpolitische Perspektive hätte bieten können, sind diese gezwungen, sich regionalem Protektionismus anzubequemen. Die politische und kulturelle Einung der Nation ist jedoch seit der italienischen Frührenaissance eines der leitenden Themen der humanistischen Literatur Europas, einmal gegen päpstliche oder kaiserliche Suprematie, ein anderes Mal gegen fürstliche oder adlige Autogenität gewendet.

Derart löst sich auch dieses im Umkreis der Literatur des Humanismus vorgegebene Spannungsgefüge erst im 18. Jahrhundert auf, in dem der nationale, der ›patriotische‹ Impetus sich nun zunehmend gegen das Territorialfürstentum richtet. Die Verbindung mit ihm bestimmt jedoch gerade die soziale Physiognomie der deutschen ›Barockliteratur‹. Sie führt in ihrer ›Teutschland‹-Thematik einen utopischen Index mit sich, der es erst dem 18. Jahrhundert – bei Gottsched angefangen – gestattet, sie in ihren klassizistischen, antimanieristischen Ausprägungen unter dem Gesichtspunkt der eigenen Vorgeschichte zu würdigen und zu rezipieren.

Segnungen des Friedens, Schandmale des Krieges

Die Schilderung der Folgen des Krieges selbst steht dann ausdrücklich unter dem Vorsatz, nichts zu beschönigen, nichts zu retuschieren, sondern dem Grauen sehend standzuhalten.

> Ich wil den harten Fall/ den wir seither empfunden/
> Vnd männiglich gefühlt (wiewol man frische Wunden
>   Nicht viel betasten sol) durch keinen blawen Dunst
>   Vnd Nebel vberziehn/ wie der Beredten Kunst
> Zwar sonsten mit sich bringt. [...][116]

---

115 Ebd., Buch I, S. 193f., V. 57–66.
116 Ebd., Buch I, S. 193, V. 53–57.

Es ist ein Land langjährigen Friedens, das nun mit Krieg überzogen wird. Wie überall in der Dichtung des 17. Jahrhunderts ist der Zustand des Friedens im pastoralen Bild vergegenwärtigt:

> Wo Tityrus vorhin im Schatten pflag zu singen/
> Vnd ließ von Galathee Wald/ Thal vnd Berg erklingen/
> Wo vor das süsse Lied der schönen Nachtigal/
> Wo aller Vogel Thon biß in die Lufft erschall/
> Ach! ach! da hört man jetzt die grawsamen Posaunen/
> Den Donner vnd den Plitz der fewrigen Carthaunen/
> Das wilde Feldgeschrey: wo vormals Laub vnd Graß
> Das Land vmbkrönet hat/ da ligt ein faules Aas.[117]

Die Bukolik ist folglich die gegebene utopische Gattung, wenn es in diesem Jahrhundert darum geht, der Sehnsucht nach Frieden poetisch Ausdruck zu verleihen und Bedingungen und Strukturen irenischer Regentschaft zu umreißen – woraus zugleich die Affinität von Pastorale und Fürstenspiegel folgt. In ihr ist Natur als liebliche und harmonisch mit dem Menschen versöhnte gegenwärtig; sie, die nun im Kriege zum Schauplatz der Barbarei und selbst in Mitleidenschaft gezogen wird, so daß der Mensch den göttlichen Schöpfungsauftrag nicht mehr vollziehen kann und sein kulturstiftendes Werk zerstört wird.

> Was hilfft es/ daß jetzund die Wiesen grüne werden/
> Vnd daß der weisse Stier entdeckt die Schoß der Erden
> Mit seiner Hörner Krafft/ daß aller Platz der Welt
> Wie newgeboren wird? Das Feld steht ohne Feld/
> Der Acker fraget nun nach keinem grossen bawen/
> Mit Leichen zugesäet; er fragt nach keinem tawen/
> Nach keinem düngen nicht: Was sonst der Regen thut/
> Wird jetzt genung gethan durch feistes Menschen-Blut.[118]

Wo in der Dichtung des 17. Jahrhunderts häufig das handwerkliche Arrangement geprägter Formeln vorwaltet, da gelingt Opitz – ganz unabhängig von der hier nicht weiter zu verfolgenden Frage möglicher Vorbilder – im Medium der deutschen Sprache die über die Zeiten hinweg ergreifende Gestaltung menschlichen Leids und Elends im Gefolge des Krieges.

> Das Volck ist hin vnd her geflohn mit hellem hauffen/
> Die Töchter sind bey Nacht auff Berge zugelauffen/
> Schon halb für Schrecken todt/ die Mutter hat die Zeit/
> In der sie einen Mann erkandt/ vermaledeyt.
> Die Männer haben selbst erbärmlich müssen flehen/
> Wann sie jhr liebes Weib vnd Kinder angesehen.
> Die kleinen Kinderlein/ gelegen an der Brust/
> So noch von keinem Krieg' vnd Kriegesmacht gewust/

---

117 Ebd., Buch I, S. 194, V. 81–88.
118 Ebd., Buch I, S. 194, V. 73–80.

> Sind durch der Mutter Leid auch worden angereget/
> Vnd haben allesampt durch jhr Geschrey beweget;
> Der Mann hat seine Fraw beweynt/ die Fraw den Mann/
> Vnd was ich weiter nicht aus Wehmuth sagen kan.[119]

Konfessionspolitische Identifizierung des ›Feindes‹

Wandelt sich dann jedoch die Perspektive, wendet sich der Blick von den Leidenden zu den Akteuren, so gilt es, hinter der Schilderung des ›Feindes‹, seines ›harten Sinnes‹ und seiner ›grossen Tyranney‹ den nicht genannten Adressaten der entsprechenden Passagen in Erinnerung zu halten, die katholische Gegenseite. Das tyrannische Wesen wird in den Folgen des von ihr zu verantwortenden Kriegsgeschehens sinnfällig, ohne daß der Dichter dies explizit sagen müßte. Aus anderen Partien des Werkes, insbesondere aus dem zentralen dritten Buch, fällt das Licht der geschichtlichen Wahrheit auch auf die vermeintlich historisch unspezifischen des ersten Buches. Die barocken Texte als chiffrierte zu begreifen, ihren verborgenen Verweisungen auf das aktuelle Geschehen nachzugehen, das im Text selbst Getrennte zusammenzubringen, muß die Antwort auf diesen weniger ästhetischen Gesetzen als politischen Vorsichtsmaßnahmen entspringenden literarischen Befund sein.

> Viel Menschen/ die der Schaar der Kugeln sind entrant/
> Sind mitten in die Glut gerathen vnd verbrant/
> Sind durch den Dampff erstickt/ verfallen durch die Wände:
> Was vbrig blieben ist/ ist kommen in die Hände
> Der ärgsten Wüterey/ so/ seit die Welt erbawt
> Von GOtt gestanden ist/ die Sonne hat geschawt.
> Der Alten grawes Haar/ der jungen Leute Weynen/
> Das Klagen/ Ach vnd Weh/ der grossen vnd der kleinen/
> Das Schreyen in gemein von Reich vnd Arm geführt
> Hat diese Bestien im minsten nicht gerührt.
> Hier halff kein Adel nicht/ hier ward kein Stand geachtet/
> Sie musten alle fort/ sie wurden hingeschlachtet.[120]

Ist es unstatthaft, hinter Schilderungen wie der zitierten den Reflex des Wütens der Gegenreformation nach der Niederwerfung der Pfalz und Böhmens zu sehen, das gerade den aufsässigen protestantischen Adel besonders hart traf?

---

119 Ebd., Buch I, S. 195, V. 109–120.
120 Ebd., Buch I, S. 196, V. 139–150.

Lädierung der christlichen Religion

Daß der Frevel an der menschlichen Kreatur im Namen der christlichen Religion erfolgt, ist das Skandalon für den Humanisten, der darin indirekt auf die tiefe religiöse Krise im Zeitalter des Konfessionalismus verweist, von der sie sich nicht mehr erholen sollte und von der der absolutistische Staat profitierte.

> Ihr Heyden reicht nicht zu mit ewrer Grawsamkeit:
> Was jhr noch nicht gethan das thut die Christenheit.
> Wo solcher Mensch auch kan den Christen-Namen haben.[121]

Sehr wohl gewahrt der Dichter den Widerspruch, daß der im Namen der Religion angezettelte Krieg gerade religiöse Apathie im Gefolge hat. Zugleich assoziiert sich mit dem Einbruch des Feindes die Überfremdung jener hergebrachten Werte, die – wie schon in der Theorie, so hier in der dichterischen Praxis – im Begriff ›alter Deutscher Trew‹ als dem Ferment humanistischen Glaubens nationaler Identität umkreist sind.

> So ist die Gottesfurcht auch mehrentheils verschwunden/
> Vnd die Religion gefangen vnd gebunden/
>   Das Recht ligt vnterdruckt/ die Tugend ist gehemmt/
>   Die Künste sind durch Koth vnd Vnflat vberschwemmt/
> Die alte Deutsche Trew hat sich hinweg verlohren/
> Der Frembden Vbermuth der ist zu allen Thoren
>   Mit jhnen eingerannt/ die Sitten sind verheert/
>   Was GOtt vnd vns gebührt ist alles vmbgekehrt.[122]

Die dann folgende theologische Deutung des Geschehens (V. 209ff.) ist über weite Strecken erbauungsgeschichtliches Gemeingut und vielfach ohne aktuelle Konturen. Hier ist nicht der Ort, die verschiedenen Bausteine der Gedankenführung einer Interpretation zu unterziehen und Erwägungen zur Funktion dieser Partien anzustellen. Beides hätte in einer Sozial- und Funktionsgeschichte erbaulicher Literatur des 17. Jahrhunderts zu geschehen. Es liegt auf der Hand, daß die bei Opitz wie bei so vielen anderen Autoren anzutreffende Tendenz, das Weltgeschehen auch und gerade in seinen Verfehlungen als gottgewolltes – und damit letztlich heilsgeschichtlich motiviertes – zu interpretieren, eine kritische und das hieße zugleich eine funktionale Betrachtung erforderte.

Im hier verfolgten Zusammenhang ist entscheidend, daß die paränetischen Passagen aktuelle Zitationen nicht nur nicht ausschließen, sondern überhaupt erst ermöglichen. So rekurriert Opitz auf den im Erbauungsschrifttum beliebten Wunderglauben, um Gottes Weisheit und Güte im bedeutungsvollen, auf die Katastrophe vorausweisenden Naturgeschehen zu demonstrieren – zugleich ein Beispiel humanistisch-christlicher Adaptation heidnischen Wunderglaubens und heidni-

---

[121] Ebd., Buch I, S. 197, V. 167–169.
[122] Ebd., Buch I, S. 198, V. 197–204.

scher Astrologie. Derart eingebettet in traditionelles, teilweise populäres Anschauungsgut seiner Zeit, wagt Opitz nun auch im ersten Buch, den Aggressor, den ›Feind‹ und ›Tyrannen‹, beim Namen zu nennen, der auch ihn aus Heidelberg vertrieb.

> Der Flüsse Vater/ auch/ der sonsten schöne Rhein/
> Hat seine Last gefühlt/ daß nun für klaren Wein
> Das grosse Kriegesheer der scheußlichen Maranen
> An seinem Vfer sey/ daß jhre stoltze Fahnen
> Nun stünden auffgesteckt wo vor Thriambus war/
> Vnd wo man jetzund noch kan sehen sein Altar.[123]

Das sogleich sich anschließende Bekenntnis durchgängiger Sündhaftigkeit menschlichen Wesens, welches alles Unglück und Leid als gerechte Strafe Gottes erscheinen läßt, hindert nicht, an dieser Stelle direkt, an anderen indirekt, die geschichtlich Verantwortlichen für den politischen Frevel identifiziert zu sehen.

Nur beiläufig und des Zusammenhangs mit der kulturpolitischen Theorie Opitzens wegen sei darauf verwiesen, daß sich im ersten Buch des *TrostGedichtes* (V. 392ff.) ein ausführlicher Exkurs zur römischen Geschichte findet. Er steht als Beleg dafür, daß es mit der politischen Geltung eines Landes bergab zu gehen pflegt, sobald ein gewisses Maß an verfügbarem Reichtum überschritten ist: »Durch jmmer glücklich seyn | Schleicht vnser Vntergang mit bösen Sitten ein.«[124] Hier figuriert die römische Geschichte während der Kaiserzeit als Exempel sittlichen und politischen Verfalls. Daß antithetisch dazu die republikanische Phase Roms konsequent aufgewertet wird, sei hier gleichfalls vermerkt; das Problem bedarf einer ausführlichen Untersuchung im Blick auf Opitz und das 17. Jahrhundert.

Glauben nicht zu erzwingen

Rückkehrend in die Gegenwart beschließt Opitz das erste Buch seines Gedichtes mit einem vorbehaltlosen und leidenschaftlichen Aufruf zu religiöser Toleranz, der gesättigt ist mit aktuellen Notationen. Ein Blick in das politische Tagesschrifttum des protestantischen Westeuropa zeigt, daß es die katholische Seite, insonderheit die spanische Krone und der Jesuitenorden, ist, der die Unterdrückung und Verfolgung der Andersdenkenden, der Protestanten, zum Vorwurf gemacht wird. Daß die Vergewaltigung des Gewissens, die rücksichtslose Durchsetzung des *einen* Glaubens nicht statthaben darf, darin ist sich die Gruppe der staatstragenden *politiques* mit den Calvinisten (zumindest, solange diese eine Minorität bilden) gegen die Scharfmacher der ultramontanen Seite einig.

---

123 Ebd., Buch I, S. 199, V. 247–252.
124 Ebd., Buch I, S. 201, V. 323–324.

So sol die Welt auch sehn daß keine Noth vnd Leiden/
Daß keine Tyranney GOtt vnd sein Volck kan scheiden/
   Vnd daß ein solcher Mensch/ der die Gewissen zwingt/
   Vergeblich vnd vmbsonst die Müh vnd Zeit verbringt;
Daß wir für vnser Maul kein Blat nicht dürffen nehmen/
Daß wir für keinem vns nicht schewen oder schämen/
   Er sey auch wer er wil; daß vnsers Hertzen Grund
   Nicht falsch/ nicht anders sey als etwan Red' vnd Mund.
[...]
   Wir müssen lassen sehn gantz richtig/ klar vnd frey
   Daß die Religion kein Räubermantel sey/
Kein falscher Vmbhang nicht. Was macht doch jhr Tyrannen?
Was hilfft/ was nutzet euch das Martern/ das Verbannen/
   Schwerdt/ Fewer/ Galgen/ Radt? gezwungen Werck zerbricht:
   Gewalt macht keinen fromm/ macht keinen Christen nicht.
Es ist ja nichts so frey/ nichts also vngedrungen
Als wol der Gottesdienst: so bald er wird erzwungen/
   So ist er nur ein Schein/ ein holer falscher Thon.
   Gut von sich selber thun das heist Religion/
Das ist GOtt angenehm. Laßt Ketzer Ketzer bleiben/
Vnd gleubet jhr für euch: Begehrt sie nicht zu treiben.
   Geheissen willig seyn ist plötzlich vmbgewandt/
   Trew die aus Furchte kömpt hat mißlichen Bestand.[125]

Man muß wissen, wer das Wort von den ›Ketzern‹ stets im Munde führte, um zu erkennen, wen Opitz an dieser Stelle verschlüsselt anspricht, wer hinter der ›Tyranney‹ steht, die unter dem Deckmantel der Religion andere, nämlich imperiale Machtinteressen verfolgt. Die Freiheit des Bekenntnisses, die Freiheit des Gottesdienstes – es sind dies die kardinalen Forderungen der Humanisten und Juristen sowohl katholischer wie auch und gerade calvinistischer Provenienz. Nur so war die Etablierung der nicht-katholischen Bekenntnisse zu erreichen, nur so – und das der Ansatz der *politiques* – die uneingeschränkte Staatsgewalt zu sichern. Zugleich macht die zitierte Partie deutlich, wie in der Dissoziierung und Paralysierung der Christenheit eine humanistische Ethik als Lösung des konfessionellen Rätsels sich artikuliert, wie sie im 18. Jahrhundert dann aufgegriffen und entfaltet wird.

Meditative Digressionen

Das zweite Buch des *TrostGedichtes* ist einerseits der Fortführung theologisch-erbaulicher Meditation gewidmet und geleitet andererseits zu den Fundamenten neostoizistischen Denkens; es gehört – 1620 entstanden – zu den ersten großen Manifesten neostoizistischer Rezeption im Deutschland des 17. Jahrhunderts. Die theologische Reprise akzentuiert zunächst den über die Naturphilosophie der Renaissance und insbesondere den Neuplatonismus vermittelten Gedanken göttlicher

---
125 Ebd., Buch I, S. 205f., V. 445–452; V. 459–472.

Harmonie und Gesetzmäßigkeit in der Natur und im Kosmos (V. 45ff.). Dieser Konzeption ist ihre Entfaltung und Resonanz im 17. Jahrhundert weitgehend versagt geblieben. Sie wurde überlagert von pessimistischen Philosophemen, die aus – heute erkennbaren – geschichtlichen Gründen die Oberhand gewannen.

Im Übergang zum Bereich des Menschen und damit in Abbreviatur auch zum Raum der Geschichte streift Opitz den gleichfalls im 17. Jahrhundert nicht eigentlich weiterentwickelten Gedanken der Schönheit und Würde des Menschen und sieht in traditioneller Optik die menschliche Geschichte göttlicher Fügung überantwortet. Vorgetragen wird dieser Gedanke jedoch im Rahmen des übergeordneten Themas allseitigen Wechsels, allseitiger Vergänglichkeit im Kosmos, in der Natur und in der Geschichte, die selbst göttlichem Schöpfungswillen entspringen.

Damit erreicht Opitz die um die Fortuna-Allegorie gruppierten Anschauungs-, Sinnbild- und Gedankenkomplexe, denen die *vanitas*-Idee assoziiert ist und die ihrerseits die Folie zur Statuierung christlich-neostoizistischer Werte abgibt, in deren Namen die Selbstbehauptung des Menschen erfolgen soll.

Die Aufgabe, diesen weitverzweigten, die deutsche Literatur wie kaum etwas anderes beherrschenden Vorstellungskreis einer geschichtlichen Exegese und soweit als möglich einer historischen Erklärung zuzuführen, bleibt eine reizvolle Perspektive.[126] Versuchen wir, dem Duktus des Textes folgend, Umrisse einer entsprechenden Theorie zu skizzieren.

Daß selbst der Kosmos und damit die Erde der Zeitlichkeit unterworfen sind, erwähnt Opitz nur eben, immerhin ist das Bewußtsein davon präsent. Vor Augen stand dem Zeitalter die Vergänglichkeit als fundamentaler Modus alles Seins im Medium der Geschichte; sie wird denn auch bei Opitz extensiv zitiert. Sinnfälligstes Beispiel des Untergangs bleibt Rom. Göttliches Mittel der Bestrafung ist der Krieg, der in dieser Sicht seine – ganz unhumanistische, an Hegel gemahnende – Rechtfertigung erfahren kann, die jedoch nicht allzu stark zu gewichten ist. Keinen

---

126 Auch die Arbeit von Gottfried Kirchner: Fortuna in Dichtung und Emblematik des Barock. Tradition und Bedeutungswandel eines Motivs. – Stuttgart: Metzler 1970 (= Metzler Studienausgabe), bietet kaum Ansätze für eine Klärung. Aus dem reichhaltigen Schrifttum zur Vorgeschichte sei hier nur verwiesen auf: Alfred Doren: Fortuna im Mittelalter und in der Renaissance. – In: Vorträge der Bibliothek Warburg. Bd. II. 1. Teil: Vorträge 1922–1923. – Leipzig, Berlin: Teubner 1924, S. 71–144; Willy Theiler: Tacitus und die antike Schicksalslehre. – In: Phyllobolia. Festschrift Peter von der Mühll. – Basel: Schwabe 1946, S. 35–90; Jürgen Kroymann: Fatum, fors, fortuna und Verwandtes im Geschichtsdenken des Tacitus. – In: Satura. Früchte aus der antiken Welt. Festschrift Otto Weinreich. – Baden-Baden: Verlag für Kunst und Wissenschaft 1952, S. 71–102; Georg Pfligersdorffer: Fatum und Fortuna. Ein Versuch zu einem Thema frühkaiserlicher Weltanschauung. – In: Literaturwissenschaftliches Jahrbuch N.F. 2 (1961), S. 1–30; Howard Rollin Patch: The Tradition of the Goddess Fortuna in Roman Literature and in the Transitional Period. – In: Smith College Studies in Modern Languages III/3 (1922), pp. 131–177; ders.: The Tradition of the Goddess Fortuna in Medieval Philosophy and Literature. – In: Smith College Studies in Modern Languages III/4 (1922), pp. 179–235; Klaus Heitmann: Fortuna und Virtus. Eine Studie zu Petrarcas Lebensweisheit. – Köln, Graz: Böhlau 1958 (= Studi italiani; 1); Horst Rüdiger: Göttin Gelegenheit. Gestaltwandel einer Allegorie. – In: Arcadia 1 (1966), S. 121–166; [Klaus Reichert: Fortuna oder die Beständigkeit des Wechsels. – Frankfurt a.M.: Suhrkamp 1985].

expliziten Versuch unternimmt Opitz, die Idee göttlicher Providenz mit der breit eingeführten heidnischen Fortuna-Vorstellung gedanklich zu vermitteln.

Zuspitzen kann sich, wie der Opitz-Text gleichfalls zeigt, die Vergänglichkeitsthematik durchaus auch sozialkritisch. Opitz versteht es, das den Humanisten teure Thema des wahren Adels als Versatzstück seiner Beispiel-Reihe zu integrieren, um die Hinfälligkeit und Nichtigkeit des nur auf Herkunft beruhenden Adels zu verdeutlichen.

> Wie nichtig ist doch auch den Adels-Namen führen?
> Ist dieses nicht sich nur mit frembden Federn zieren?
>   Wann Adel einig heist von Eltern Edel seyn/
>   So putzet mich heraus ein angeerbter Schein/
> Vnd ich bin der ich bin. Kan gleich von vielen Zeiten
> Dein Stamm bewiesen seyn/ vnd dir zu beyden Seiten
>   Kein Wapen an der Zahl/ kein offen Helm gebricht/
>   Du aber bist ein Stock/ so hilfft die Ankunfft nicht.[127]

Damit ist die Reihe der Exempla nicht erschöpft. Doch gerade der exemplifizierende Zugriff auf die verschiedensten Bereiche bewirkt, daß sich das *genus demonstrativum* ›Geschichte‹ als eigentliches Herzstück der Argumentation behauptet und einprägt. Ist es statthaft, schon an dieser Stelle die Vermutung zu äußern, daß die Konjunktion von *vanitas/fortuna* und *historia*, wie sie das 17. Jahrhundert beherrscht, als Reflex auf den folgenschwersten Umbruch der nachantiken, der christlichen Geschichte verstanden werden muß, wie er seit der Mitte des 16. Jahrhunderts mit der konfessionellen Dissoziierung Europas und der damit einhergehenden Erschütterung traditioneller Weltanschauungs- und Verhaltensmuster statthatte?

Dialektik der ›virtus‹

Als Remedium gegenüber der Omnipotenz der Herrschaft von Fortuna empfiehlt Opitz in eins mit seinem Zeitalter den Rückzug auf die Tugend als Gewähr, der allseitigen Eitelkeit zu entkommen:

> Wil aber jemand Gut das jmmer wäret finden/
> Das weder durch Gewalt noch Waffen sol verschwinden/
>   Der binde nur sein Schiff der Tugend Ancker an/
>   Die nicht zu boden sinckt/ die nicht vergehen kan.[128]

Der Begriff von ›Tugend‹ in der Fassung des Neostoizismus – wie er in Lipsius' *De Constantia* seine klassische Ausprägung erfahren hat – ist die ins Innere zurückgenommene einzige und letzte Bastion der Selbstbehauptung des Subjekts in einer als sinn- und wertlos angesehenen Welt.

---

127 Martin Opitz: TrostGedichte. – In: ders.: Gesammelte Werke. Bd. I (Anm. 109), Buch II, S. 219, V. 293–300.
128 Ebd., Buch II, S. 220, V. 325–328.

> Er [Der Weise] weis daß im Gemüth'/ in Sinnen vnd Verstande
> Der rechte Mensch besteh'/ vnd daß nur einem Bande
> Der Leib zu gleichen sey das vns zusammen helt
> Biß vnser Stündlein kömpt/ vnd reißt vns von der Welt.[129]

Die Physiognomie einer dequalifizierten, ihrer Schönheit, ihres heimatlichen Charakters entkleideten Welt gibt sich auch im Gewande der Opitzschen Paradigmata zu erkennen. Der Römer Tullius, der sich dagegen wehrt, seinen vertrauten Lebensraum verlassen zu müssen und aus Rom fortgejagt zu werden, muß sich vorhalten lassen, daß Rom nicht die ganze Welt und dem Weisen jeder Flecken Erde Vaterland sei (V. 529ff.). Dem Verweis auf die allerorten anzutreffende Schönheit der Welt eignet nicht wahrhaft Trost, weil ihm das Moment der Geborgenheit abgeht. Das Argument, daß »Noth vnd Pein« überall dort anzutreffen seien, »Wo Tugend/ wo Gedult/ wo Langmut nicht kan seyn«, belegt ex negativo die Körperlosigkeit des verheißenen Glücks.[130]

In der Abwertung der Erotik, der Gleichgültigkeit gegenüber dem Vollzug von Freundschaft anstelle des nur treuen Gedenkens gibt sich die gleiche Entmaterialisierung kund.

> Der Feind hat dir dein Schloß/ dein Haus hinweg gerissen;
> Fleuch in der Mannheit Burg die wird er nicht beschiessen.
> Er hat den Tempel dir verwüstet aus vnd aus:
> GOtt schleust sich nirgend ein/ sey du sein reines Haus.[131]

Krisenerfahrung

Es ist die zunächst in Westeuropa, dann alsbald aber auch in Mitteleuropa in den Konfessionskriegen sich vollziehende Relativierung und Unterminierung aller Normen, die die in den vorgelegten Zitaten manifest werdende Bindungslosigkeit hervorgetrieben hat. Sie ist Symptom einer seit der Mitte des 16. Jahrhunderts sukzessive um sich greifenden Krise.

Krise meint Auflösung der Weltverhältnisse, so daß

> staatliche Organisation und Ordnung, politische und in die individuelle Lebensführung reichende handlungsmotivationale Zucht sowie die kirchlich-religiöse Heils- und Lebensautorität in ihrer unbefraglichen Wirkung und Leistung versagen. Dies ist ein geschichtlicher Auflösungsprozeß, dessen grundlegendes Merkmal darin besteht, daß die zu bewerkstelligende Identitäts- und Integrationsleistung sowohl hinsichtlich der Individuen als auch hinsichtlich größerer Zusammenhänge (bis hin zu den einzelnen objektiven Kultursphären untereinander) nicht mehr über die bisherigen Weltbilder geleistet werden kann. Die geschichtliche Welt scheint der Kontingenz ausgeliefert zu sein, [...].

---

129 Ebd., Buch II, S. 222, V. 397–400.
130 Ebd., Buch II, S. 227, V. 563–564.
131 Ebd., Buch II, S. 228, V. 589–592.

Die Suche nach einem »stabilen Innenverhältnis«, einem »durch die ›ratio‹ geleiteten Inneren«, ist die eine Antwort auf diesen krisenhaft zugespitzten Umbruch.[132]

Tugend politisch gewendet: Affinität zum frühmodernen Staat

Neben diesem defensiven, in das Innere zurückgenommenen Moment im Tugendbegriff zeichnet sich ein zweites, eher aktives und dynamisches auch im Opitzschen Text ab. Es ist die heroische Variante stoischer Tugendlehre. Ihre Adaptation erfolgt bei Opitz, wie ein zentraler Passus aus dem Eingang zum zweiten Buch zeigt, aus dem Geist humanistisch-patriotischer Gesinnung.

> Ich lasse dieses mal die Zuckerworte bleiben/
> Wil auff mein Deutsches hier von Deutscher Tugend schreiben/
>   Von Mannheit welche steht; wil machen offenbar
>   Wie keiner vnter vns in Nöthen vnd Gefahr
> Die jetzt für Augen schwebt/ so gäntzlich sey verlassen/
> Daß er nicht wiederumb ein Hertze solle fassen.[133]

Hier scheint einen Augenblick lang ein Oppositionsverhältnis zwischen antiker und neostoizistisch-moderner Heldenkonzeption auf. Dem stoischen Weisen, ›deutsche‹ Tugend verkörpernd, ist – anders als dem antiken Heros – die Lizenz versagt, Empfindungen und Leidenschaften zu äußern. Gleichwohl ist es eine antike Gestalt, an der Opitz heroisches Verhalten exemplifiziert. Odysseus – in der kritischen Theorie das Exempel für die aller Naturbeherrschung innewohnende Dialektik – avanciert im Umkreis der Stoa und somit bei Opitz zum vorbildlichen Helden, weil er sich durch keine äußere Macht von seinem inneren Vorsatz abbringen läßt, die Vernunft, den *mundus intellegibilis*, gegenüber den Versuchungen der raum-zeitlichen Welt, dem *mundus sensibilis*, zu behaupten:

> Diß was sein eigen ist kan niemand jhm entziehn.
> [...]
> Sein vnverzagter Geist/ sein Geist erzeugt zu Kriegen/
> Zu Ehren angewehnt/ der kan nichts als nur siegen/
>   Als jmmer oben seyn [.][134]

Unglück, Leiden vermag immer nur in der äußeren, der sensuellen Sphäre sich einzustellen, das ›Herz‹, das Innere, bleibt davon unberührt. Tragik ist dieser Philosophie dem Wesen nach fremd. Am Ende steht im Falle des Odysseus – wie am

---

132 Günter Abel: Stoizismus und Frühe Neuzeit (Anm. 38), S. 65f.
133 Martin Opitz: TrostGedichte. – In: ders.: Gesammelte Werke. Bd. I (Anm. 109), Buch II, S. 211, V. 33–38.
134 Ebd., Buch II, S. 223, V. 424; V. 433–435.

Ende des barocken Romans – der glückliche Ausgang, und noch über dem physischen Untergang des Helden liegt – wie im barocken Trauerspiel – der tröstende Schein sittlicher Rechtfertigung.

Der freiwillige Abschied vom Leben – Beispiel Cato – wird aus schöpfungstheologischer Perspektive konsequent gegeißelt. Dieser Glorifizierung heldischer Tugend ist ein elitäres Moment inhärent.

> Er stehet hoch empor/ weit von des Pöfels Hauffen/
> Siht diesen hier/ den da/ vnd jenen sonsten lauffen/
> Verlacht die Eitelkeit/ verhöhnet Schmach vnd Spott/
> Schawt seinem Glücke zu/ erschrickt vor keiner Noth.[135]

Vollkommen repräsentiert ist die heroische Tugend – ungeachtet der anderweitig betonten ständenivellierenden Nebenwirkungen (V. 329ff.) – im fürstlichen Stand. Womit eine weitere politisch-soziale und kulturelle Funktion des Neostoizismus angedeutet ist. Er enthält nicht nur ein Angebot zur gedanklichen Bewältigung des Chaos in den Bürgerkriegen, sondern legitimiert zugleich auch den Aufstieg monarchischer Gewalt, die Etablierung des souveränen, jenseits der Parteien angesiedelten Staates, der im heroischen, die Leidenschaften überwindenden, dem gemeinen Besten verpflichteten Regenten seine ideale Repräsentanz erfährt, welche dichterisch zur Anschauung zu bringen zentrale Aufgabe der Literatur des 17. Jahrhunderts blieb.

Tugend im Bündnis mit Widerstand aus calvinistischem Geist

In diesem Sinn erfüllte die neostoizistische Tugendlehre eine wichtige Rolle im frühabsolutistischen Monarchismus. Daß ihr unabhängig davon eine affektbändigende und regulierende Komponente eignet, qualifizierte sie zugleich als wirksames disziplinierendes Agens gegenüber den Untertanen im werdenden absolutistischen Staat. Opitz' Text zeigt freilich auch, daß ihr – im calvinistischen Geist adaptiert – selbst noch ein Element geistigen und politischen Widerstands abzugewinnen war.

> Die Freyheit wil gedruckt/ gepreßt/ bestritten werden/
> Wil werden auffgeweckt; (wie auch die Schoß der Erden
>   Nicht vngepflüget trägt:) sie fodert Widerstand/
>   Ihr Schutz/ jhr Leben ist der Degen in der Hand.
> Sie trinckt nicht Mutter-Milch; Blut/ Blut muß sie ernehren;
> Nicht Heulen/ nicht Geschrey/ nicht weiche Kinder-Zähren:
>   Die Faust gehört darzu; GOtt steht demselben bey
>   Der erstlich jhn ersucht/ vnd wehrt sich dann auch frey.
> [...]
>   Des Feindes Angesicht/ der Grimm/ das rote Blut/
>   Diß ist jhr rechter Sporn/ von dannen nimbt sie Muth.

---

135 Ebd., Buch II, S. 222, V. 393–396.

> Wann diese Wächter vns sind aus den Augen kommen/
> Da wird vns auch der Sinn zur Munterkeit genommen:
> Wird einmal dann das Hertz vmbringet von der Nacht/
> Gewiß es ist so bald nicht wieder auffgewacht.[136]

Das waren Sätze, für die man sich im Vormärz interessierte; Hoffmann von Fallersleben hat sie der Aufnahme in seine Anthologie politischer Dichtung gewürdigt.[137] Im Kontext des *TrostGedichtes* gelesen, konnten sie für den geschulten, zwischen den Zeilen Lesenden nur als Aufruf zum Ausharren bei der gerechten, der protestantisch-calvinistischen Sache verstanden werden. Widerstand ist Voraussetzung der Freiheit, und der Mut zu ihm entzündet sich an der Vergegenwärtigung des blutrünstigen Tyrannen.

Schlüsselstellung des dritten Buches

Das dritte Buch ist das Herzstück des *TrostGedichtes*; es ist ein Denkmal großer politischer Dichtung, wie sie im 17. Jahrhundert kaum jemals wieder erreicht wurde. Blickt man auf den Vorspann, so scheint von nichts als »Vnschuld vnd gutem Gewissen« die Rede zu sein, welch letzteres »vmb GOttes/ der Religion/ vnd der Freyheit willen Gewalt« leidet.[138] Das ist schwerlich anders denn als Verschleierung der brisanten politischen Botschaft zu identifizieren. Wenn es Veranlassung gab, die Veröffentlichung des *TrostGedichtes* hintanzustellen, so wegen des dritten Buches, denn in ihm wird explizit politisch argumentiert. Es reiche nicht, so Opitz gleich in den einleitenden Versen, sich gefaßt in das Elend zu fügen. Für »eine gute Sach vnd heiliges Gewissen« lohne es sich vielmehr zu kämpfen; wo »Vbel vnd Gewalt vns auch wird angethan«, ist Widerstand geboten.[139]

Das dritte Buch entspringt noch einmal – nun in der Gattung ›Lehrgedicht‹ – dem Erfahrungshorizont Pfälzer Agitation. Dafür muß der Humanist den gedanklichen Rahmen schaffen. Das höchste Gut bleibt der Friede; Krieg kann nur der Inbegriff allen Übels sein – auch und nicht zuletzt im Hinblick auf Wissenschaft und Kunst. Die Wahrung des Friedens ist die vornehmste Aufgabe des ›Christlichen Herrn‹.[140] Doch diese Maxime findet ihre Grenze an der Stelle, da der Tyrannei Einhalt zu gebieten ist; wo sie waltet, ist der Krieg, ist Gegenwehr ein legitimes Mittel der Regentenkunst.

> Wil vnsrer Nachbar gar von keinem Frieden wissen/
> Wird vns das harte Joch vnd Dienstbarkeit zu schwer/
> So sucht man billich dann das Schwerdt vnd FaustRecht her.[141]

---

136 Ebd., Buch II, S. 221f., V. 365–372; V. 379–384.
137 Vgl. Klaus Garber: Martin Opitz (Anm. 3), S. 123ff.
138 Martin Opitz: TrostGedichte. – In: ders.: Gesammelte Werke. Bd. I (Anm. 109), Buch III, S. 230.
139 Ebd., Buch III, S. 230, V. 6 und 8.
140 Ebd., Buch III, S. 232, V. 57.
141 Ebd., Buch III, S. 233, V. 90–92.

Summum bonum, welches es ohne Abstriche zu verteidigen gilt, ist die Freiheit, und das heißt im Zeitalter des Konfessionalismus primär die Freiheit der religiösen Praxis, die wiederum unabdingbar geknüpft ist an die Abwehr katholischer Suprematie.

> Was kan nun besser seyn dann für die Freyheit streiten
> Vnd die Religion/ wann die von allen Seiten
>   Gepreßt wird vnd verdruckt/ wann die kömpt in Gefahr?
>   Wer sol nicht willig stehn für Herdt und für Altar?[142]

Die konfessionspolitischen Bürgerkriege als episches Sujet

Und dann folgen die Beispiele aus der Zeitgeschichte, nämlich der Bürgerkriege, die keine Zweifel daran lassen, auf welcher Seite für die gerechte Sache gestritten wird und von welcher das Unrecht, die ›Tyranney‹ (V. 108), ausgeht.

An erster Stelle steht die Bartholomäusnacht in Frankreich mit der Ermordung des greisen Coligny, dieser bleibende Schandfleck in der Regentenzeit Katharinas von Medici und Karls IX. Und doch ist sie nur der offenkundige Ausbruch eines religiösen Fanatismus, wie er sich überall in Frankreich in der Verfolgung der Hugenotten wiederholt.

> O Schande dieser Zeit! Wer hat vor Zeit vnd Jahren
> Auch in der Heydenschafft dergleichen doch erfahren?
>   Noch ward auch Geld gemüntzt/ vnd gar darauff gepregt:
>   Die wahre Gottesfurcht hat Billigkeit erregt.
> O schöne Gottesfurcht durch Menschen-Blut besprenget!
> O schöne Billigkeit/ da alles wird vermenget/
>   Da nichts nicht als Betrug/ als Falschheit wird gehört/
>   Da der Natur Gesetz' auch selber wird versehrt![143]

Der Ehrentitel des christlichen Märtyrertums, er kommt nur der reformierten Seite zu; sie weist alle Merkmale der Gerechtfertigten auf, die sich sogleich wieder um die Attribute stoischer *constantia* gruppieren. Den Titel des Tyrannen aber, von Gewissensqualen zermürbt, von Träumen verfolgt wie im Trauerspiel, trägt Karl IX. von Frankreich. Derartige Wendungen vermochten auch im Umkreis der frankreichfeindlichen Habsburger Länder nicht publiziert zu werden. Im Kampf für Gott – will sagen: die protestantische Sache – und das Vaterland – will sagen: die Behauptung nationaler Identität gegenüber dem imperialen katholischen Anspruch – ist der Griff zum Schwert gerechtfertigt, nein, geboten.

> Jetzt steht die Freyheit selbst wie gleichsam auff der Spitzen/
> Die schreyt vns sehnlich zu/ die müssen wir beschützen:
>   Es mag das Ende nun verlauffen wie es kan/

---

142 Ebd., Buch III, S. 233, V. 97–100.
143 Ebd., Buch III, S. 234f., V. 141–148.

> So bleibt die Sache gut vmb die es ist gethan.
> Wann die Religion wird feindlich angetastet/
> Da ist es nicht mehr Zeit daß jemand ruht vnd rastet.
>   Viel lieber mit der Faust wie Christen sich gewehrt/
>   Als daß sie selbst durch List vnd Zwang wird vmbgekehrt.[144]

In diesem Zusammenhang gelingt Opitz im Gegenzug zur stoischen Entwertung von Heimat ein großer Panegyrikus auf das Vaterland, der inspiriert ist von der Erinnerung an die bedrängten protestantischen Kronländer Habsburgs.

> Die güldne Freyheit nun lest kein Mann eher fahren
> Als seine Seele selbst: Dieselbe zu verwahren/
>   Derselben Schutz zu thun/ ist allzeit gut vnd recht;
>   Wer sie verdrücken lest wird billich auch ein Knecht.
> Wer kan sein Vaterland auch wüste sehen stehen/
> Daß er nicht tausend mal muß einen Tag vergehen?[145]

Spanische Tyrannei und Selbstbehauptung der Niederlande

Das zweite zeitgenössische Paradigma liefert der Kampf der Niederländer gegen die ›Hoffart‹ der Spanier (V. 258). An ihm läßt sich darlegen, daß sich das gerechte und Gott wohlgefällige, das historisch richtige Prinzip in der Geschichte durchsetzen wird, auch wenn die Übermacht der dem Unrecht verhafteten Gegenseite noch so groß ist. Der Sieg des kleinen Volkes über die Spanier liegt jenseits der Fassungskraft der Vernunft. Hier ist es die Gestalt Albas, in der sich »Marter/ Pein vnd Plagen | Der grimmen Tyranney« vereinen.[146] Angesichts seiner Blutrunst ist die Frage der Rechtmäßigkeit des Widerstands obsolet. Die Niederlande liefern den Beweis für das im zweiten Buch statuierte Theorem, daß sich die Kampfeslust am Blut der schändlich Ermordeten entzündet.

> Der grimmen Tyranney war länger nicht zu tragen:
>   Das sehr bedrengte Volck ward endlich auffgehetzt/
>   Nachdem sein Blut genung das gantze Land genetzt/
> Vnd Alba solchen Grimm vnd Wüterey begangen
> Dergleichen nie gehört; Die Ritterschafft gefangen/
>   Den Edlen Helden Horn sampt Egmund weggcrafft/
>   Die Städte leer gemacht/ die Leute fortgeschafft
> In Wald vnd Wüsteney Mann/ Weib vnd Kind vertrieben/
> Gejaget auff die See: Jedoch sind sie geblieben;
>   So wenig haben sich der grossen Macht erwehrt/
>   Vnd jhren harten Dienst in Freyheit vmbgekehrt.[147]

---

144 Ebd., Buch III, S. 237, V. 213–220.
145 Ebd., Buch III, S. 237, V. 229–234.
146 Ebd., Buch III, S. 238, V. 265–266.
147 Ebd., Buch III, S. 238, V. 266–276.

Leuchtendes Beispiel des Widerstands bleibt Leiden. Es ist diese Symbiose aus calvinistischer Heroik und wissenschaftlich-künstlerischer Blüte, die den Dichter fasziniert. Davon hebt sich das Schicksal Oostendes ab. Doch ist es Sieg zu nennen, wenn der Sieger nur noch eine tote Stadt vorfindet? »So thun sie Widerstand/ das Volck zu Stahl vnd Eisen | Von Wiegen an gewehnt[.]«[148]

Das dritte Buch vermittelt eine Ahnung, wie tief sich die Schande der katholischen Gegenreformation – ob in Frankreich, ob in den Niederlanden, ob alsbald in den Habsburger Kronländern – in das Gedächtnis der humanistischen Intelligenz eingegraben hat. Aus ihm sind die Schmähungen der ›Tyranney‹ gespeist, die Opitz an dieser Stelle beim Namen nennt und historisch dingfest macht.

Die Einheit des deutschen Vaterlandes

Das Fazit der Erinnerung an das Schicksal der Protestanten in Europa ist ein aktuelles und adhortatives. Deutschland hat die Lehre aus der Geschichte zu ziehen. Und sie lautet: unerbittlicher, den Tod nicht scheuender Widerstand gegen die katholischen Invasoren, die Opitzens Wahlheimat, die Pfalz, bereits erreicht haben.

> Ach/ Deutschland/ folge nach! Laß doch nicht weiter kommen
> Die so durch falschen Wahn so viel schon eingenommen/
>   Zu Schmach der Nation; Erlöse deinen Rhein/
>   Der jetzund Waffen trägt/ vor seinen guten Wein.
> GOtt/ die Religion/ die Freyheit/ Kind vnd Weiber/
> Sol dieses minder seyn als vnsre schnöde Leiber
>   Die gleich so wol vergehn? Was Nothdurfft bey vns thut/
>   Es gehe wie es wil/ das bleibet recht vnd gut.
> Der Nutz ist offenbar: Die Freyheit zu erwerben/
> Für GOttes Wort zu stehn/ vnd ob man müste sterben/
>   Zu kriegen solches Lob das nimmer vntergeht/
>   Das hier mit dieser Welt wie in die Wette steht.[149]

Hinter dieser Gefahr verblaßt eine andere, von Opitz nur knapp in einem anderen Gedankengang gestreifte, die der Türken (V. 435ff.). Hier hat der Dichter Gelegenheit, die Einheit des ganzen, des protestantischen wie des katholischen Deutschland zu beschwören. Der Begriff der Nation war auch gegen die Spanier mobilisiert worden (V. 355). Ihm ist ein Dualismus inhärent, der nun jedoch bei Opitz und den Seinen eine interessante Auflösung erfährt.

Wird die innere Zerrissenheit Deutschlands bei Opitz wie bei so vielen seiner Nachfolger beklagt, so bleibt der Aufruf zum Zusammenschluß aller Kräfte, zur Bewahrung bzw. Wiedergewinnung der nationalen Identität mit dem Widerspruch behaftet, daß er die katholische Gegenseite umfassen muß, die doch im Bündnis mit dem auswärtigen Angreifer steht. Ein Ausweg eröffnet sich in zweierlei Rich-

---

148 Ebd., Buch III, S. 240, V. 321–322.
149 Ebd., Buch III, S. 241, V. 353–364.

tung. Liegt der Primat der Argumentation auf der Abgrenzung der Protestanten gegenüber den Katholiken, so resultiert daraus eine ›kleindeutsche‹ Option. Sie wurde vor allem durch die Böhmen-Politik Friedrichs V. genährt.

Deutlicher zeichnet sich jedoch gerade auch im *TrostGedichte* in humanistischer Tradition eine andere Strategie ab. Sie war lange vorher von den *politiques* in Frankreich ausgebildet worden.[150] Katholiken wie Protestanten galt es in Frankreich wie in Deutschland zu überzeugen, daß sie in erster Linie Franzosen bzw. Deutsche seien. Dementsprechend wendet sich auch Opitz immer wieder an die ganze Nation und fordert sie auf, zusammenzustehen und gemeinsam dem Aggressor zu begegnen. Es ist dies der Versuch, die Katholiken aus der Liaison mit den Spaniern herauszubrechen.

Derart erhebt sich die Nation über den Konfessionen als ein Integral politischer, aber ebensowohl auch kultureller Selbstfindung.

Denn die Dichter stehen in diesem Kampf, der als politischer immer zugleich auch ein kultureller ist, nicht abseits. Ihnen obliegt die Verewigung der *res gestae* im Geschichte transzendierenden Wort. Sie ist gute humanistische Praxis und steht im Dienste des Lobpreises dichterischer und gelehrter Fähigkeit. Aber ist sie nicht auch eine Mahnung, in dem großen geschichtlichen Ringen nicht passiv zu bleiben, sondern den protestantischen Kampf publizistisch zu flankieren, wie Opitz es mit dem *TrostGedichte* demonstriert? Die Poesie tradiert nicht nur, sondern scheidet vielmehr das Wahre vom Falschen, nimmt für die gute Sache Partei, brandmarkt die schlechte Politik als tyrannische und befördert derart politische Praxis über Vermittlung von Einsicht in deren Hintergründe.

Kampf der Tyrannei

Das Fazit der politischen Philosophie Opitzens, wie es sich in seiner Frühzeit abzeichnet, lautet, daß derjenige schuldig wird, der seine Kräfte nicht in den Dienst des geschichtlich berechtigten, d.h. des protestantischen Prinzips stellt. Geleitet wird solches Tun vom Anblick des Leids der Kreatur unter der katholischen Tyrannei. Derart gibt die humanistische Irenik einen Moment lang ihren calvinistisch-militanten Aspekt frei: Beistand den Unterdrückten, heißt die Losung.

> Da wird der gantzen Welt ohn alle schew verkündet
> Was sonst vertuschet wird/ die Fackel angezündet
>   Die klärlich offenbart was beydes schlimm vnd gut
>   Gehandelt worden sey/ die keinem Vnrecht thut.
> Dann wird die Tyranney durch stete Schmach bezahlet/
> Mit jhrer rechten Farb' auffs Leben abgemahlet:
>   So wird Caligula nach solcher langen Zeit/

---

150 Vgl. dazu neben der in Anm. 60 angegebenen Literatur vor allem Rudolf von Albertini: Das politische Denken in Frankreich zur Zeit Richelieus. – Marburg: Simons 1951 (= Beihefte zum Archiv für Kulturgeschichte; 1).

> So wird noch Nero jetzt sampt andern angespeyt.
> Dann werden außgestellt zu aller Menschen Hassen
> Die die Religion im Stiche sitzen lassen/
>   Der Freyheit abgesagt/ vnd wo der Wind geweht
>   Vmb zeitlichen Gewinn den Mantel hingedreht.
> Auch dieser Schande kan nicht vnvergessen bleiben
> Die jhnen nicht begehrt den Vnfall ab zu treiben/
>   Die/ wann sie schon gekunt/ der Armen Creutz vnd Pein
>   Mit trewem Raht' vnd That nicht beygesprungen seyn.
> Wir Menschen sind geborn einander zu entsetzen/
> Vnd keinen durch Gewalt gestatten zu verletzen.
>   Wer dem/ der vnrecht stirbt/ nicht beyspringt in der Noth/
>   Vnd seinem Feinde wehrt/ der schlägt jhn selber todt.[151]

Folgerichtig endet dieses politische Vermächtnis in einem ebenso leidenschaftlichen wie ergreifenden Aufruf an das ›werthe Volck‹, das für den Humanisten angesichts der Bedrohung Protestanten und Katholiken umschließen sollte, dem ›frembden Stoltz‹, der ›Hoffart‹, dem Feind, »Der auch der Sonnen Bahn gedenckt mit einer Ketten | Zu schliessen in sein Reich«, also Spanien, beherzt und mit Todesmut entgegenzutreten.[152] Hilfe kommt dabei nicht zuletzt von der Rückbesinnung auf die ›nationale‹ kulturelle Tradition im Ursprung der Germanen. Sie figuriert wie in der kulturpolitischen Theorie als Stimulanz nationaler Einheit und Selbstbehauptung, für die der Humanist der Gegenwart vehement streitet. Der Einsatz für die Muttersprache, von der die letzten Verse künden, hat an dieser Stelle seinen geschichtlichen Ort.

Consolatio

Mit dem vierten und letzten Buch kehrt Opitz zur Paränese zurück. Der Höhepunkt ist überschritten, der Spannungsbogen senkt sich. Das Thema ›Trost‹ rückt wieder in den Vordergrund. Aber ist es ein Trost, daß die Stafette des Krieges von einem Land zum anderen weitergegeben wird, Deutschland also nicht allein leidet? Das Bewußtsein, daß die Krise ganz Europa, die gesamte Christenheit ergriffen hat, ist allgegenwärtig.

> Wo ist der tolle Mars nicht leider außgelassen?
> Ist gantz Europa durch nicht Krieg vnd Kriegs-Verfassen?
>   Ist inner dem Revier der gantzen Christenheit/
>   Vnd ausser jhr darzu nicht ein gemeiner Streit?[153]

---

151 Martin Opitz: TrostGedichte. – In: ders.: Gesammelte Werke. Bd. I (Anm. 109), Buch III, S. 245f., V. 497–516.
152 Ebd., Buch III, S. 246f., V. 533; V. 541–544.
153 Ebd., Buch IV, S. 250, V. 25–28.

Das Leiden aber ist bei den Unschuldigen vergleichsweise am geringsten, weil sie nicht auch noch die inneren Skrupel zu bekämpfen haben – ein Zuspruch an die protestantische Adresse. Trost spenden sodann die Wissenschaften. Auch sie sind eine Kraftquelle in der Gefahr. Dankt der Dichter (V. 121ff.) der Wissenschaft für die Tugend und für die Einsicht, die sie ihm hat zuteil werden lassen, so impliziert dies die Gewährung von geschichtlicher und politischer Orientierung, wie sie im *TrostGedichte* selbst manifest wird.

Die Hoffnung als probates Remedium kann sich auf die seit den Germanen nicht versiegte Tapferkeit der Deutschen und ihrer Regenten stützen. Erfolg hat der Gegner nur, wo die Eintracht der Deutschen selbst seit der Glaubensspaltung unterminiert ist. Eben daß die katholischen Reichsstände sich nicht scheuen, mit dem Ausland zu paktieren, ist das eigentliche Skandalon.

> Es bleibet nur gewiß; jhr wird nicht angesieget
> Der Teutschen Nation wann daß sie friedlich krieget/
>   Vnd bey einander helt/ wie vbel thun dann die
>   So jhrer Feinde Heer mit grossem Fleiß' vnd Müh
> Auch an den blossen Leib des Vaterlandes hetzen?[154]

Das Locklied, mit dem man den Vogel zu fangen sucht – ist es nicht die Propagierung der *einen* katholischen Religion, mittels derer man auch die deutschen Katholiken zu gewinnen trachtet? Den gleichen Feldzug hatten die *politiques* in Frankreich gegen die spanienhörigen Landsleute zu führen, die die Einheit der Nation aufs Spiel setzten.

> O flieht des Neydes Gifft/ reicht doch die trewen Hände
> Einander Brüderlich vnd steht als veste Wände
>   Die kein Gewitter fellt/ so wird in kurtzer Zeit
>   Der stoltze Feind/ nechst Gott/ durch vnser' Einigkeit
> Zurücke müssen stehn[.][155]

Über dem konfessionellen Hader rangiert die Wahrung der Einheit der Nation. So wächst aus den Glaubenskriegen die säkulare Vorstellung der Nation heraus; hier artikuliert von seiten eines Protestanten, der über dieses Argument Gehör bei den Katholiken sich erhofft.

Auch die Liebe als letztes Trostmittel bewährt sich im treuen Ausharren bei den Bundesgenossen. Sie umgreift die Liebe zu ›Ritterlichen Thaten‹, ist durchaus militant.

> Nun jhr deßgleichen auch/ jhr ehrlichen Soldaten/
> In denen Liebe steckt zu Ritterlichen Thaten/
>   Laßt jetzt/ laßt jetzt doch sehn den rechten Deutschen Muth/
>   Vnd schlagt mit Frewden drein: Der Feinde rothes Blut
> Steht besser vber Kleid vnd Reuterrock gemahlet

---

154 Ebd., Buch IV, S. 255, V. 185–189.
155 Ebd., Buch IV, S. 255, V. 197–201.

> Als köstlich Posament/ das thewer wird bezahlet/
> Ziert einen Kriegesmann: Ein schöner Grabestein
> Der bringt der Leichen nichts/ ist nur ein blosser Schein:
> Das Feld/ das blancke Feld/ in dem viel Helden liegen
> So vor jhr Vaterland vnd Freyheit wollen kriegen
> Steht Männern besser an[.][156]

Der würdigste Tod bleibt der für die gerechte Sache.

> [...] O wol! O wol doch denen
> Die vor jhr Land vnd GOtt sich auffzuopffern sehnen/
> Vnd schewen nicht das Schwerdt! [...][157]

Schlußgebet als Friedensvision

Der Gerechte geht in Gott ein. Zu ihm erhebt sich der Dichter in einem Schlußgebet. Gott ist alle Zeit mit den Gerechten gewesen. Daß die Protestanten seiner Treue versichert sein dürfen, steht als Gewißheit hinter dem Gebet und wird durch geschichtliche Beispiele nochmals erhärtet. Gott nimmt sich gerade der Minoritäten an. Er möge die »Potentaten | Die vnsers Glaubens sind«, erleuchten.[158] Dem Gebet vorausgegangen war die dichterische Evokation des Jüngsten Gerichts. In ihm wird der blutrünstige Tyrann seiner verdienten Strafe entgegengeführt.

> Der Bluthund der sich hier zu Krieg vnd Streiten dringet/
> Der Hertze/ Geist/ vnd Sinn an Meutterey ergetzt/
> Wird einen ärgern Feind sehn auff sich angehetzt/
> Als er gewesen ist/ der stündlich jhn wird jagen/
> Der Augenblicklich jhn wird ängsten/ martern/ plagen
> Mit vnerhörter Pein. [...][159]

Auf der anderen Seite figuriert die Utopie des Friedens, transponiert ins Jenseits als Reich ewiger Seligkeit der Frommen, tatsächlich jedoch seit Erasmus das eigentliche Reagenz politischer Philosophie im Umkreis des Humanismus und zugleich dessen irenisches Vermächtnis aus der frühen Neuzeit an das Zeitalter der Aufklärung.

> Was vmb vnd vmb wird seyn wird alles Frieden heissen;
> Da wird sich keiner nicht vmb Land vnd Leute reissen/
> Da wird kein Ketzer seyn/ kein Kampff/ kein Zanck vnd Streitt/
> Kein Mord/ kein Städte-brand/ kein Weh vnd Hertzeleid.
> Dahin/ dahin gedenckt in diesen schweren Kriegen/
> In dieser bösen Zeit/ in diesen letzten Zügen

---

156 Ebd., Buch IV, S. 256f., V. 233–243.
157 Ebd., Buch IV, S. 260, V. 341–343.
158 Ebd., Buch IV, S. 266, V. 553–554.
159 Ebd., Buch IV, S. 261f., V. 398–403.

Der nunmehr-krancken Welt; Dahin/ dahin gedenckt
So läßt die Todesfurcht euch frey vnd vngekränckt.[160]

V Generator des humanistischen Gattungsrepertoires in deutschem Gewand

Drei Dingen verdankt Opitz seinen Ruhm: seiner blendenden diplomatisch-politischen Karriere, seinem zündenden kulturpolitischen Programm und seiner poetischen Reform. Letztere war an die Bereitstellung von Mustern geknüpft. Opitz hat sie den deutschen Dichtern des 17. Jahrhunderts mit einer Konsequenz und Zähigkeit vermittelt, die beispiellos in der deutschen, vielleicht sogar in der europäischen Literatur dasteht.[161]

Innere Organisation der Gedichtsammlung von 1625

Die Reform mußte ansetzen bei der Lyrik. Hier waren vor und neben Opitz, vor allem im Südwesten, aber auch in Schlesien parallele Versuche eingeleitet worden. Opitz faßte sie zusammen, unterwarf sie seinem ausgesprochenen Sinn für Maß und Form und lieferte das ebenso einfache wie durchschlagende poetologische Rezept. Die Sammlung seiner Gedichte von 1625 gab das Beispiel ab. Man pflegt ihren Fortschritt gegenüber der Ausgabe von 1624 im Versifikatorischen zu sehen. Viel wichtiger war jedoch das in ihr beobachtete Prinzip der inneren Organisation. Das Werk ist in acht Bücher streng nach Gattungen und Formen gegliedert.

Es wird eröffnet mit geistlichen Gedichten, u.a. dem *Lobgesang Vber den frewdenreichen Geburtstag Vnsers HErren vnd Heylandes Jesu Christi* (1624), der Übersetzung von Heinsius' *Lobgesang Jesu Christi* (1621) und einem Psalm, zu denen 1638 in der Ausgabe der *Geistlichen Gedichte* letzter Hand die Übersetzung des *Hohen Liedes* (1627), die *KlageLieder Jeremia* (1626), der *Jonas* (1628), die *Judith* (1635), die *Episteln* (1628), die Rede *Vber das Leyden vnd Sterben vnsers Heylandes* (1628), eine Reihe weiterer Psalmen sowie das *Trost=Gedichte* (1633) treten werden. Die Übersetzung des Jesuiten Becanus (1631) fehlt in den *Gesammelten Werken*, ebenso ist die Übersetzung von de La Serres *Süssen Todes-gedancken* nicht übernommen worden.

---

160 Ebd., Buch IV, S. 262, V. 413–420.
161 Dazu zuletzt in umfassender geschichtlicher Perspektive das große Nachwort von Erich Trunz zum zweiten Band der von ihm herausgegebenen *Weltlichen Poemata* von Martin Opitz, auf das hier nachdrücklich verwiesen sei: Martin Opitz: Weltliche Poemata 1644. Zweiter Teil. Mit einem Anhang: Florilegium variorum epigrammatum. Unter Mitwirkung von Irmgard Böttcher und Marian Szyrocki hrsg. von Erich Trunz. – Tübingen: Niemeyer 1975 (= Deutsche Neudrucke. Reihe: Barock; 3). Das mit neuer Paginierung versehene Nachwort umfaßt über hundert Seiten, darin u.a. die Kapitel ›Die literarische Situation in Deutschland vor Opitz‹ (S. 36*–56*); ›Opitz' Sicht der Weltliteratur‹ (S. 57*–76*); ›Opitz und die deutsche Literatur des 17. Jahrhunderts‹ (S. 76*–112*).

Dann folgt die in der Poetik an erster Stelle eingeführte Gattung des Lehrgedichts, hier vertreten durch *Zlatna* (1623) und das *Lob des Feldtlebens* (1623), zu denen die Übersetzung von Heinsius' *Lobgesang Bacchi* gestellt ist und denen sich später in der Auflage letzter Hand 1638 bzw. 1644 der *Vesuvius* (1633), *Vielguet* (1629), das *Lob des Krieges Gottes Martis* (1628) und die Übersetzung von Chandieus *Von der Welt Eytelkeit* (1629) hinzugesellen werden. Ihnen wären die gleichfalls im ersten Band der *Weltlichen Poemata* plazierten Übersetzungen der *Catonis Disticha* (1629) und der *Tetrasticha* Pibracs (1634) zuzuordnen. Die Übersetzung von Grotius' *Von der Warheit Der Christlichen Religion*, ebenfalls hierher gehörig, legte Opitz nicht nochmals vor.

Im dritten Buch steht die im Deutschen zu neuen Ehren gebrachte Gattung des Gelegenheitsgedichts auf hochgestellte Personen und gelehrte Freunde, angefangen mit einem Epicedium auf Erzherzog Karl von Österreich. Später konnte Opitz sowohl im ersten Band der *Weltlichen Poemata* von 1638 bzw. 1644 mit seinem *Lobgedicht An die Königliche Majestät zu Polen vnd Schweden* (1636) und dem entsprechenden auf Ulrich von Holstein (1633) sowie im zweiten posthumen Band der *Weltlichen Poemata* von 1644 mit den im ersten Buch der *Poetischen Wälder* plazierten Gedichten auf den Kaiser sowie auf andere fürstliche und adlige Personen ein bestechendes Repertoire präsentieren.

Das vierte Buch versammelt Hochzeitsgedichte. In der Ausgabe 1644 tritt zu den im zweiten Buch der *Poetischen Wälder* zusammengeführten Hochzeitsgedichten ein eigenes drittes Buch mit Begräbnisgedichten einschließlich der großen *Trostschrifft* für seinen Verleger David Müller hinzu. Das fünfte Buch ist der Gattung des Liebesgedichts gewidmet. 1644 vermerkt Opitz im Titel zum entsprechenden vierten Buch ausdrücklich, daß diese Stücke der ›Ersten Jugendt‹ entstammten. Das sechste Buch bringt – wie Weckherlin schon 1618/19 – die *Oden oder Gesänge*, darunter das autobiographische Pastoralgedicht *Galathee*. Das siebte Buch präsentiert die erste deutsche Sammlung mit Sonetten; das achte und letzte gilt den deutschen Epigrammen.

Damit war der deutschen Literatur im Prinzip bereits 1625 ein neues Terrain gewonnen, das den Anschluß an die europäische Entwicklung sicherstellte und vielfältige Möglichkeiten der *imitatio* bot. In den lyrischen Formen artikulierte sich die neue Kunstdichtung denn auch am frühesten.

Trauerspiel und Singspiel, Roman und schäferliche Erzählung

Opitzens säkulare Tat bestand nun jedoch darin, daß er auch in den anderen Gattungen für Vorbilder sorgte und die literarische Produktion in Gang brachte. Entscheidend war die Bemächtigung der erzählenden und dramatischen Großformen. Daß dies zumeist im Medium der Übersetzung geschah, tat dem keinen Abbruch – im Gegenteil. Qualifikation und Dignität der deutschen Sprache konnten derart unter Beweis gestellt werden.

Noch 1625 kam Opitzens Übersetzung von Senecas *Trojanerinnen* heraus, der 1636 die der *Antigone* des Sophokles folgte. Damit war eine Schneise zur Ausbildung des Trauerspiels freigelegt, in dem Schlesiens literarische Mission gipfeln sollte. Ihnen schlossen sich 1626 und 1632 die Übersetzung von Barclays *Argenis* und 1638 die Überarbeitung einer schon im Jahre 1629 erschienenen Übersetzung von Sidneys *Arcadia* an. So kommt Opitz auch in der Geschichte des Romans eine wichtige Rolle zu. Der deutsche Schäferroman beschritt zwar zunächst andere, von der europäischen Tradition fortführende Wege, und der höfisch-heroische Roman entfaltete sich überhaupt erst in der zweiten Jahrhunderthälfte nach der Konsolidierung des Absolutismus.

Keinen Zweifel kann es jedoch daran geben, daß diese beiden wichtigsten Romangattungen des 17. Jahrhunderts von Opitzens Leistungen profitierten und ihre Autoren durch seine Autorität ermutigt wurden. Speziell für die schäferliche Literatur kam hinzu, daß Opitz mit seiner *Schäfferey Von der Nimfen Hercinie* (1630) der deutschen Literatur einen Erzählungstyp gewonnen hatte, der nicht nur die Ausbildung des deutschen Schäferromans und der deutschen Gelegenheitsschäferei (Prosaekloge) beförderte, sondern überhaupt die Gattung der bislang wenig erforschten erzählerischen Kleinform in Deutschland stimulierte.

Daß Opitz dann auch noch die barocke Gattung par excellence, die Oper, mit seiner Übersetzung von Rinuccinis *Dafne* (1627) eröffnete, die bis tief in das 18. Jahrhundert hinein ihren festen Platz an den deutschen Höfen behielt, mag den Radius seiner Wirksamkeit nochmals illustrieren. Nur in die Entwicklung der niederen Literaturgattungen hat Opitz in praxi nicht eingegriffen. Pikaroroman und Komödie gediehen ohne sein Patronat. Ist es ein Zufall, daß gerade in den vom gelehrt-klassizistischen Geist nicht präformierten Gattungen die das Jahrhundert überdauernden Leistungen innerhalb der weltlichen Dichtung gelangen, und dies in Gestalt der Komödien des Gryphius und mehr noch der Simpliziaden Grimmelshausens?

Aspekte der Nachgeschichte

So mag abschließend die Frage nach der Geltung von Opitzens Reformwerk gestreift werden. Nicht Opitz allein, aber doch vor allem seinem Wirken ist es zu danken, daß die deutsche Literatur den Anschluß an die europäische Literatur wiederfand. Sie war im vorausgehenden Jahrhundert eigenwillige, in ihrem Formenreichtum, ihrem konfessionellen und politischen Engagement vielfach faszinierende Wege gegangen; im letzten Drittel des Jahrhunderts versiegte die Inspiration jedoch. Nur von außen konnte die Literatur neu belebt, nur durch das Bündnis mit den sozial führenden Ständen wieder emporgeführt werden.

Beides erkannte Opitz. Der formalen Kultur der deutschen Literatur ist die Anlehnung vor allem an die Romania in kaum zu überschätzender Weise zugute gekommen. Die späte Blüte in der zweiten Hälfte des 18. Jahrhunderts wäre ohne die disziplinierende Arbeit, die Opitz und die Seinen der deutschen Sprache und den poetischen Formen angedeihen ließen, undenkbar gewesen. Aber der Klassizismus Opitzscher Provenienz hatte seinen Preis. Die Fundierung in der Gelehrsamkeit als

Vorbedingung der literarischen Produktion machte diese zu einer Sache von Gelehrten und für Gelehrte. Die Ansätze zu einer breitenwirksamen, auch agitatorisch zündenden literarischen Tradition wurden nicht weiterentwickelt, sondern vielmehr die verbliebenen Verbindungen zur heimischen Überlieferung systematisch gekappt.

Die ›volkstümliche‹ Literatur führte seither ein apokryphes, ästhetisch wie sozial von den Gelehrten inkriminiertes Dasein. Über dieses wissen wir bisher nur wenig und damit auch über die Wege des Austausches zwischen eruditärer und populärer Literatur; das Verdikt der Gelehrten wirkt immer noch nach. Vom Ansatz in Theorie und Praxis her aber blieb das Volk, blieben der ›Pöbel‹ und damit die städtischen Mittel- und Unterschichten von der Opitzschen Reform ausgeschlossen. In einem langwierigen Prozeß mußte im 18. Jahrhundert preisgegebenes Terrain für die Literatur zurückerobert werden, ohne daß der Bruch je wieder ganz zu schließen gewesen wäre.

Die deutsche Literatur des 17. Jahrhunderts in der Opitzschen Version war – wenn man vom zeitweiligen Interesse des Hofes und des Adels vornehmlich zu Anfang des Jahrhunderts absieht – eine Angelegenheit späthumanistischer Kreise.[162] Ihre Repräsentanten waren zum Patriziat, zum Adel und vor allem zum Hof hin orientiert. Diese von Opitz eröffneten Bahnen kultureller Interaktion blieben verbindlich. Doch bedurfte es eigener soziokultureller Institutionen der bürgerlichen Gelehrtenschaft neben dem Monopol der Höfe. Hier haben die sogenannten ›Sprachgesellschaften‹ ihre Wurzel.[163]

Sie gehen zwar gleichfalls auf höfische Initiativen zurück, und die von den calvinistischen Fürsten ins Leben gerufene ›Fruchtbringende Gesellschaft‹ repräsentierte schon aufgrund ihrer sozialen Zusammensetzung das nicht einzuholende Vorbild. Gleichwohl kamen in einzelnen Städten, in Hamburg, in Königsberg, in Leipzig, in Nürnberg, in Straßburg, genuine Ausprägungen der bürgerlichen Gelehrtenschaft zustande. Die Physiognomie dieser und anderer Städte als Instanzen literarischer Produktion und Rezeption neben den Höfen zu erforschen, gehört zu den großen Aufgaben einer Sozialgeschichte der deutschen Literatur des 17. Jahrhunderts.[164]

Ob und in welchem Umfang je nach Stadttypus ein Hof, eine Universität, ein Gymnasium, ein Verlag, eine Kirche das literarische Leben prägten, ob das Patriziat für die gelehrten Exerzitien interessiert werden konnte, ob es in einzelnen Fällen

---

162 Dazu ausführlich Alberto Martino: Daniel Casper von Lohenstein. Geschichte seiner Rezeption. Bd. I: 1661–1800. Aus dem Italienischen von Heribert Streicher. – Tübingen: Niemeyer 1978, S. 28ff.; ders.: Barockpoesie, Publikum und Verbürgerlichung der literarischen Intelligenz. – In: Internationales Archiv für Sozialgeschichte der deutschen Literatur 1 (1976), S. 107–145.

163 Ein erfolgversprechender, teilweise bereits historisch-funktional orientierter Versuch zur Erschließung der Sprachgesellschaften ist in der neueren Forschung in einigen Beiträgen zu dem von Martin Bircher und Ferdinand van Ingen organisierten Sprachgesellschafts-Kolloquium gemacht worden. Vgl. den in Anmerkung 82 zitierten Sammelband.

164 Erste Ansätze dazu – neben der in Anm. 82 zitierten Dokumentation zum Sprachgesellschafts-Kolloquium – in: Stadt – Schule – Universität – Buchwesen und die deutsche Literatur im 17. Jahrhundert (Anm. 15), S. 3ff.

zu Kontakten mit den städtischen Mittelschichten kam und Elemente der stadtbürgerlichen Kultur des Spätmittelalters im 17. Jahrhundert lebendig blieben – diese und andere Fragen sind aktuell. Gewiß jedoch wird man sagen dürfen, daß die von Erich Trunz in einer Pionierarbeit entwickelte Soziologie des Späthumanismus aufs Ganze gesehen den Rahmen auch für die literaturgesellschaftlichen Verhältnisse des 17. Jahrhunderts abgibt.[165]

Freilich mit einer Einschränkung, die den Aufriß auch dieses Versuchs über Opitz bestimmte.[166] Der Späthumanismus ist in Westeuropa und im Reich – und dieser Aspekt bleibt bei Trunz abgeblendet – aufs engste in die konfessionspolitischen Auseinandersetzungen verwickelt. Seine Vertreter stehen in der Regel auf seiten der Protestanten oder doch der staatstragenden *politiques*. Insbesondere vollziehen sich die Anfänge der neueren Kunstdichtung sowohl im Umkreis der ›Fruchtbringenden Gesellschaft‹ wie in Schlesien und der Pfalz im Zeichen des Calvinismus.

Die kommunalen Sprachgesellschaften als die eigentlichen Sozialisationsagenturen der sogenannten deutschen ›Barockliteratur‹ konstituieren sich jedoch erst, als der Calvinismus seine zentralen Bastionen bereits verloren hat. Sie entwachsen lutherisch-protestantischem Milieu. Wohl regt sich vor allem unter dem Eindruck Gustav Adolfs noch einmal die politische Aktivität der Dichter. Aufs Ganze gesehen begünstigt der Protestantismus seiner Theologie wie seiner geschichtlichen Tradition nach den politischen Attentismus.

Das hat den Gestus der deutschen Literatur des 17. Jahrhunderts geprägt. War sie ohnehin dem Handwerklich-Gelehrten verpflichtet, so verlor sie nicht selten mit der politischen auch ihre geschichtliche Substanz. Opitz' Werk bringt beide Aspekte zur Geltung. Die auf gelehrte *imitatio* gerichtete Bemühung seiner Reformarbeit erfuhr wiederholt lebendige Impulse durch die Begegnung mit der geschichtlich-politischen Welt. Wo diese unterbrochen wurde, gewann der leere Technizismus die Oberhand. Das ›Manierismus‹-Problem dürfte auch unter diesem Gesichtspunkt zu sehen sein. Es hat die Nachgeschichte des ›Barock‹ über weite Strecken im 18. und 19. Jahrhundert bestimmt. So scheint es an der Zeit, die deutsche Literatur des 17. Jahrhunderts der kritischen Sonde geschichtlicher Betrachtung zu unterwerfen. Der vorliegende Beitrag stellt einen Versuch in diese Richtung dar.

Zuerst erschienen unter dem Titel: Martin Opitz. – In: Deutsche Dichter des 17. Jahrhunderts. Ihr Leben und Werk. Unter Mitarbeit zahlreicher Fachgelehrter hrsg. von Harald Steinhagen, Benno von Wiese. – Berlin: Schmidt 1984, S. 116–184. Hier mit einigen Nachträgen zur Literatur.

---

165 Erich Trunz: Der deutsche Späthumanismus um 1600 als Standeskultur (1931). – In: Deutsche Barockforschung. Dokumentation einer Epoche. Hrsg. von Richard Alewyn. 2. Aufl. – Köln: Kiepenheuer & Witsch 1966 (= Neue Wissenschaftliche Bibliothek; 7), S. 147–181.
166 Dazu Klaus Garber: Der Autor im 17. Jahrhundert. – In: LiLi 42 (1981), S. 29–45 (in diesem Band S. 539–554).

Statthalter der Poesie im Norden Deutschlands

Ein Porträt Johann Rists

Regionale Gliederung der frühneuzeitlichen Literatur

Deutschland ist nicht nur politisch, sondern auch kulturell über Jahrhunderte dezentral verfaßt gewesen. Kein anderes Land Europas war so reich an Fürstenhöfen und Schlössern des Adels, an bischöflichen Zentren und Hauptkirchen mit klangvollen Namen, an Universitäten und Gymnasien, Kunstkammern und Museen, Archiven und Bibliotheken, Orchestern und Chören wie das Heilige Römische Reich Deutscher Nation. Und in keinem Land verliefen deutlichere Scheidelinien zwischen den Konfessionen als eben in einem Land, das sich mit dem Namen eines Reformators so innig verband wie nirgendwo sonst auf der Welt. Das protestantische und das katholische Deutschland repräsentierten, was anderwärts in der einen oder anderen Ausprägung unter einem staatlichen Dach vereint war, in ungezählten Varianten je nach landesherrlicher oder magistraler Ausformung. Eine Reise durch die deutschen Lande vermochte einen Eindruck zu vermitteln, was auf dem Kontinent als ganzem in Blüte stand. Denn weit geöffnet blieben die kulturellen Zentren für die Aufnahme des Neuen aus dem Ausland. Das Reich in der Mitte Europas war immer auch ein Spiegel von dessen Kultur.[1]

Die Regionalisierung erhielt durch den Humanismus einen mächtigen Schub. Als eine gelehrte Veranstaltung verlangte er nach Institutionen, an denen er ein

---

1 Eine Kulturgeschichte des Heiligen Römischen Reichs Deutscher Nation, die das innere Gefüge dieses komplexen politischen Gebildes und in eins damit die räumliche Verfaßtheit der Künste vergegenwärtigen würde, existiert als ganze nicht, so eindrucksvoll auch Teilkomplexe bearbeitet und darüber hinaus methodische Erklärungen wiederholt abgegeben wurden. In der Kunstgeschichte ist ein bahnbrechender Versuch mit dem mehrbändigen Werk von Wolfgang Braunfels unternommen worden, das leider nicht zum Abschluß gelangte. Vgl. Braunfels: Die Kunst im Heiligen Römischen Reich Deutscher Nation. Bd. I–VI. – München: Beck 1979–1989. Bd. I: Die weltlichen Fürstentümer; Bd. II: Die geistlichen Fürstentümer; Bd. III: Reichsstädte, Grafschaften, Reichsklöster; Bd. IV: Grenzstaaten im Westen und Süden. Deutsche und romanische Kultur; Bd. V: Grenzstaaten im Osten und Norden. Deutsche und slawische Kultur; Bd. VI: Das Werk der Kaiser, Bischöfe, Äbte und ihrer Künstler. 750–1250. – Die Zeitalter zwischen Spätmittelalter und anhebender Moderne um 1800 gelangten leider nicht mehr zur Darstellung. Diese war auf zwei weitere Bände berechnet, hätte jedoch mit Gewißheit nochmals den gleichen Umfang angenommen wie das Werk zum Mittelalter. Die Literaturgeschichte arbeitet mit Josef Nadlers schon im Titel die methodischen Probleme spiegelndem, im einzelnen jedoch reichem und hellsichtigem Werk, zu benutzen in der dritten, vor Eintritt in den Faschismus zu Ende gebrachten Auflage: Literaturgeschichte der deutschen Stämme und Landschaften. Bd. I–IV. – Regensburg: Habbel 1929–1932. Eine Übertragung auf die Musikgeschichte wurde von Hans Joachim Moser versucht: Die Musik der deutschen Stämme. – Wien, Stuttgart: Wancura 1957.

Wirkungsfeld fand. Und das waren in erster Linie die Kreise, wie sie sich um die Höfe scharten, waren die Universitäten und alsbald auch die Gymnasien, letztere vor allem in der Anlage, die ihnen Johannes Sturm in Straßburg und Philipp Melanchthon in Wittenberg verliehen hatten. Noch die Größten unter ihnen, ein Conrad Celtis, ein Johannes Reuchlin, ein Rudolf Agricola, blieben auf diesen Lebensraum verwiesen. Und nur dort, wo wie im Falle Huttens das Bündnis mit Luther und der Reformation vorbehaltlos vollzogen war, öffneten sich neue und weite Felder des Wirkens. Mit jedem Hof, mit jeder Stadt verbanden sich die Namen von Gelehrten, die ihnen Protektion und mäzenatische Gunst erwiesen und reich beschenkt wurden durch Arbeiten, die auch dann zum Lobpreis ihrer Wirkungsorte gerieten, wenn sie nicht ausdrücklich zu diesem Zweck verfaßt waren. Im Ursprungsland des Humanismus, in Italien, war dieses Bündnis mit Petrarca und Boccaccio eindrucksvoll begründet worden. In Deutschland wiederholte es sich. Und wenn nicht in gleicher Splendidität, so gewiß doch in noch größerer Mannigfaltigkeit und Varietät.[2]

Was es indes zu sehen gilt, ist der Umstand, daß sich diese Strukturen erhielten, als es auch in Deutschland darum ging, die gelehrte und also lateinische kulturelle Praxis auf die deutsche Sprache umzustellen. Das geschah erst mit Beginn des 17. Jahrhunderts. Da waren die Staaten des Westens und teilweise auch des Ostens den Deutschen inzwischen weit vorausgeeilt. Eine ganze Nation hatte an dem welthistorischen Ereignis der Reformation teilgehabt. Auf deutschem Boden wurde über das Schicksal des Heiligen Römischen Reichs und den Geltungsanspruch des im alten Glauben verharrenden Kaisertums entschieden, das immer noch die Klammer des weiten Reichs bildete.[3]

Und auf deutschem Boden war es zur ersten, dem Konfessionalismus geschuldeten Auseinandersetzung im Schmalkaldischen Krieg gekommen. Das Reich, locker gefügt, drohte zu zerbrechen oder doch ein gänzlich neues, vom Protestantismus geprägtes Antlitz anzunehmen. Nur mühsam konnte im Augsburger Religionsfrieden des Jahres 1555 ein Kompromiß erwirkt werden. Er war brüchig, schloß er doch die Calvinisten auf deutschem Boden aus. Die ganze zweite Jahrhunderthälfte stand im Zeichen eines erbitterten Kampfes um die rechten Lehrpositionen,

---

2 Für diese lokale Situierung des deutschen Humanismus fehlt eine moderne Gesamtdarstellung gleichfalls. Die beste Anschauung ist immer noch zu gewinnen über das entsprechende Kapitel bei Wolfgang Stammler: Von der Mystik zum Barock. 1400–1600. 2., durchgesehene und erweiterte Aufl. – Stuttgart: Metzler 1950 (= Epochen der deutschen Literatur), S. 23–195: ›Neues Lebensgefühl und neuer Stil‹, insbesondere S. 60–111. Hinzuzunehmen der überaus reiche Anmerkungsapparat. Der entsprechende Abschnitt ›Humanismus und Renaissance‹ bei Hans Rupprich: Die deutsche Literatur vom späten Mittelalter bis zum Barock. Erster Teil: Das ausgehende Mittelalter, Humanismus und Renaissance. 1370–1520. – München: Beck 1970. Zweite Aufl. Neubearbeitung von Hedwig Heger 1994 (Geschichte der deutschen Literatur; IV/1), ist leider mit Namen und Titeln überlastet, jedoch ebenfalls vor Eintritt in die Behandlung der einzelnen Gattungen räumlich strukturiert.

3 Vgl. den immer noch ergiebigen Sammelband: Renaissance – Reformation. Gegensätze und Gemeinsamkeiten. Hrsg. von August Buck. – Wiesbaden: Harrassowitz 1984 (= Wolfenbütteler Abhandlungen zur Renaissanceforschung; 5).

zwischen den Lutheranern selbst wie auch zwischen Lutheranern und Calvinisten. In diesem keine Grenzen wahrenden Kampf haben die widerstreitenden Konfessionen und mit ihnen der christliche Glaube insgesamt einen Substanzverlust erlitten, der nicht wieder zu heilen war.[4]

Geburtsstunde der deutschen Literatur

Es ist dies aber zugleich die Geburtsstunde der deutschen Literatur. Oder genauer gesagt: der deutschen Literatur nach den Mustern, die in der neueren Zeit die Italiener und sodann die Spanier und Franzosen, die Engländer und die Niederländer, die Polen und die Ungarn gestellt hatten. Sie alle hatten nationale Literaturen ausgeformt oder zumindest doch einzelne große Dichter des neuen Stils gekannt, die sich zurückbezogen auf die leuchtenden Vorbilder der Antike. Das Werk der Transformation und der Implantation einer vergangenen Kultur in einen gänzlich anders gearteten modernen Kulturraum – ein nationenübergreifendes Projekt ohne Beispiel – war zunächst und zuerst als ein lateinisches gedacht. So verstanden es die italienischen Humanisten, die sich an den Universitäten und Höfen Norditaliens ans Werk machten. Und genauso proklamierte und praktizierte es ihr größter Repräsentant, Petrarca.[5]

Aber es erwies sich rasch, daß der Prozeß nicht in eine einzige Richtung zu lenken war. Warum nicht dasselbe, was da in einem erneuerten, an den Alten geschulten Latein lernend und nachahmend vollzogen wurde, auch im volkssprachlichen Idiom versuchen? Insbesondere die Provençalen hatten gezeigt, daß eine kunstvolle, hohen artistischen und gesellschaftlichen Ansprüchen genügende Dichtung sehr wohl in einer elaborierten Volkssprache möglich war. Was also sprach gegen den Versuch, die in der griechischen und insonderheit der römischen Antike ausgebildeten Formen nicht nur im Lateinischen, sondern auch in den modernen Volkssprachen zu erneuern?

Dieses grandiose Experiment ist erstmals in Italien durchexerziert worden. Und wieder war es Petrarca, der – womöglich wider Willen – zum Musterautor auch in der italienischen Literatur mit seinem lyrischen Liederbuch, dem *Canzoniere*, aufstieg. An ihm haben sich Jahrhunderte über gelehrte Dichter im lyrischen Sprechen in ihren Volkssprachen geschult. Wie oft haben sie später ihre Schöpfungen als

---

4 Vgl. aus der reichen Literatur zuletzt: Konfessionelle Pluralität als Herausforderung. Koexistenz und Konflikt in Spätmittelalter und Früher Neuzeit. Festschrift Winfried Eberhard. Hrsg. von Joachim Bahlcke, Karen Lambrecht, Hans-Christian Maner. – Leipzig: Universitätsverlag 2006; Konfessioneller Fundamentalismus. Religion als politischer Faktor im europäischen Mächtesystem um 1600. Hrsg. von Heinz Schilling. – München: Oldenbourg 2007 (= Schriften des Historischen Kollegs. Kolloquien; 70).
5 Dazu etwa die Sammelbände: Nation und Literatur im Europa der Frühen Neuzeit. Hrsg. von Klaus Garber. – Tübingen: Niemeyer 1989 (= Frühe Neuzeit; 1); Latein und Nationalsprachen in der Renaissance. Hrsg. von Bodo Guthmüller. – Wiesbaden: Harrassowitz 1998 (= Wolfenbütteler Abhandlungen zur Renaissanceforschung; 17).

Jugendsünden gegeißelt und sich zu – vorgeblich – Größerem aufgeworfen. Das änderte nichts an dem grundsätzlichen Tatbestand, daß Schreiben in der modernen nationalsprachlichen Version an Petrarcas Gedichten und denen seiner Nachfolger eingeübt wurde, wie sie in allen kulturtragenden Ländern Europas erklangen.[6]

Das Erwachen der Länder Europas unter dem Stern Roms, des antiken wie des modernen, für das das Herz der italienischen Humanisten seit Petrarca, ja seit Dante, schlug, ist ein faszinierendes Kapitel europäischer Kulturgeschichte. Gattung für Gattung wird sukzessive erobert, jedes Land leistet seinen unverwechselbaren Beitrag, ein jedes stellt Dichter von weltliterarischem Rang. Und so gut wie alle haben ihr ›goldenes Zeitalter‹ der Dichtung im volkssprachigen Idiom, haben ihr ›klassisches Zeitalter‹ bereits hinter sich oder streben ihm soeben zu, als Deutschland – verspätet infolge der Reformation – erste Versuche unternimmt, mit den weit vorausgeeilten Nachbarn wieder in einen Gleichschritt zu gelangen.

Die Situation, in der dies geschieht, könnte sich nicht verwickelter darbieten. Es sind Protestanten, vielfach mit mehr oder weniger erkennbarem reformiertem Einschlag, die sich zu Vorreitern und Propagatoren einer Reform der deutschen Dichtung nach dem Muster der Alten und der Nachbarn ringsum aufwerfen. Sie umspielen deutlich vernehmbar das Thema der Einheit und Größe einer Nation, wie es humanistisches Geschäft seit eh und je war und wie es nun auch auf Deutschland appliziert wird. Damit aber tut sich fast automatisch eine Konfliktlinie gegenüber dem katholischen Kaiserhaus, aber auch den katholischen Landesherrn im Reichsverband auf.

Der geheime kulturpolitische Anspruch einer erneuerten und national votierenden Dichtung aus dem Geist des Humanismus und die konfessionspolitische Verfaßtheit des Reichs nach dem Augsburger Religionsfrieden schließen einander aus. Es kann in einem konfessionell gespaltenen Land keine einheitliche und womöglich vom kaiserlichen Oberhaupt gestützte Literatur geben. Das haben calvinistische Dichter wie du Bartas und d'Aubigné in Frankreich bitter erfahren müssen. Es wird dies auch die Lektion sein, die deutsche Dichter alsbald im 17. Jahrhundert zu lernen haben. Emigration und Exil – ein kaum jemals gesehenes, geschweige denn gründlich bearbeitetes Kapitel der deutschen Literatur des 17. Jahrhunderts – zeichnet als Menetekel überall dort sich ab, wo der Arm Habsburgs gebieterisch in das literarische und nun auf die Volkssprache umgestellte Handeln hineinragt.

Nimmt es von daher wunder, daß die Anfänge der neueren deutschen Literatur in das machtpolitische Ringen am Vorabend des Dreißigjährigen Krieges aufs innigste verwoben sind? Auch dafür fehlen bislang eindringliche, also quellenkundlich und interpretativ gleich gediegen abgesicherte Untersuchungen. Immerhin, die Richtung, in die da zu fragen und zu graben ist, sollte seit längerem nicht eigentlich mehr in Zweifel zu ziehen sein. Die gelehrte humanistische Intelligenz, die die erneuerte deutsche Sprache als Medium einer erneuerten deutschen Literatur

---

6 Vgl. zuletzt am Exempel Deutschlands: Francesco Petrarca in Deutschland. Seine Wirkung in Literatur, Kunst und Musik. Hrsg. von Achim Aurnhammer. – Tübingen: Niemeyer 2006 (= Frühe Neuzeit; 118).

ins Auge faßt, tut dies im Einklang mit den Vorgängern anderwärts in Europa in der Hoffnung, daß ihr Vorhaben den Belangen der Deutschen als Gliedern einer Nation nur dienlich sein kann.

Einheit der Nation

Wie aber ist diese Einheit zu denken? Nur zwei Wege erscheinen gangbar, beide gleich kompliziert, der eine mit unübersehbaren Konflikten beladen, der andere womöglich geschichtlich noch nicht auf der Tagesordnung. Immer wieder steigt im konfessionellen Zeitalter die Versuchung empor, eine Problemlösung durch Unifizierung gewaltsam herbeizuführen. Im Zeitalter des Konfessionalismus kann dies nur heißen, eine Konfession zur staatlich sanktionierten zu erheben. Die kaiserliche Seite hat dies seit den zwanziger Jahren des 17. Jahrhunderts insbesondere an den Außenstellen Habsburgs in Böhmen und den böhmischen Nebenländern, aber auch in Nieder- und Oberösterreich drastisch versucht und zugleich im Westen, insbesondere in der Pfalz unter Zuhilfenahme spanischer Truppen, Exempel statuiert. Zwangsweise wurde der alte Glauben verordnet – oder aber der Exodus mußte angetreten werden.[7]

Voraufgegangen aber war der Versuch, den gordischen konfessionellen Knoten auf deutschem Boden im Geist des Humanismus und zugleich machtpolitisch abgestützt zu lösen. Es handelt sich um eine der einschneidendsten Weichenstellungen in der neueren deutschen Geschichte. Wäre sie von Erfolg gekrönt gewesen – der Lauf der Dinge in Mitteleuropa wäre mit Gewißheit ein anderer gewesen. Die Installation eines reformierten Fürsten auf dem Königsthron im Herzen des zentralen habsburgischen Nebenlandes, der böhmischen Kapitale Prag, wäre de facto einer definitiven Schismatisierung des Reichs nicht nur konfessionell, sondern zugleich auch politisch gleichgekommen. Jenseits Habsburgs hätten die Geschicke, von Ausnahmen abgesehen, in den Händen protestantischer Fürsten gelegen. Ja, mit der Mehrheit der kurfürstlichen Stimmen wäre so gar eine Wende auf dem Kaiserthron selbst absehbar geworden.

Kein Wunder also, daß das Experiment der Wahl eines reformierten Kurfürsten auf den böhmischen Königsthron ein Ereignis war, das einen Wirbel auslöste wie bis dato nur die Ereignisse um die Reformation selbst und später nur noch einmal anläßlich des Einfalls Ludwigs XIV. in die Pfalz. Deutschland war aufgewühlt, noch bevor der Dreißigjährige Krieg überhaupt begonnen hatte.

Als dann das Experiment nach wenigen Monaten gescheitert war und der Kaiser siegreich mit seinen Verbündeten die Oberhand behielt, war ein lähmendes Erschrecken zu gewahren, das Schlimmes für die Zukunft verhieß. Viele der Wort-

---

[7] Zu den folgenden Abschnitten vgl. die reichen Literaturangaben, die man – kapitelweise gegliedert – zusammengeführt findet bei Klaus Garber: Nation – Literatur – Politische Mentalität. Beiträge zur Erinnerungskultur in Deutschland. Essays – Reden – Interventionen. – München: Fink 2004.

führer für die deutsche Literatur wie die nationale Sache sahen sich von einem Moment auf den anderen vor das Nichts gestellt. Und das nicht nur in Böhmen, Schlesien, der Lausitz, also im Osten, sondern nicht minder im Westen, zumal der Pfalz, von der die Bewegung ihren Ausgang genommen hatte und in die spanische Truppen nun siegreich einmarschierten.

In dieser aufgewühlten Krisenzeit hat sich die neuere deutsche Literatur formiert. Will man ihrer Gehalte wie der Situation ihrer Schöpfer eingedenk bleiben, dann ist daran stets zu erinnern. Denn ein so gearteter Rahmen ist etwas anderes als die Zitation der Greuel des Dreißigjährigen Krieges, mit denen da die ältere Literaturgeschichtsschreibung so gut wie ausnahmslos operierte.

Zu betonen aber ist vor allem auch der intellektuelle, um nicht zu sagen der utopische Entwurf, der das politische Kalkül bestimmte. Die Flugblätter und Flugschriften, die da zirkulierten und an deren Produktion sich die literarischen Wortführer lebhaft beteiligten, sie bargen eine Vision, mit der die Moderne für einen Moment, einen geschichtlichen Atemzug lang auch in Deutschland Einzug hielt. Verlockend zeichnete sich inmitten der überkommenen Strukturen die Perspektive einer staatsbürgerlichen Gemeinschaft ab, ohne daß der Begriff schon zur Verfügung gestanden hätte. Das ebenso einfache wie revolutionäre Argument – soeben im Bürgerkrieg zwischen Katholiken und Hugenotten in Frankreich von einer Partei der Mitte, der humanistischen Gruppierung der *politiques* entwickelt – lautete: Bevor ihr Menschen Deutschlands Mitglieder einer konfessionellen Gruppierung, gar einer militanten religiösen Partei seid, seid ihr Mitglieder der einen deutschen Nation. Sie ist das im öffentlichen, im politischen Raum Erste und alles andere ihr nachgeordnet.

Das war beileibe keine Absage an den Glauben, an die Religion, selbst die Konfession. Sie sollten jedermann erhalten bleiben, aber in domestizierter Façon. Die staatlichen, die gouvernementalen, die nationalen Belange durften nicht länger ein Vehikel oder gar ein Opfer konfessioneller Auseinandersetzungen sein. Schließlich war die französische Monarchie, die stabilste auf europäischem Boden, soeben in den Strudel des Versinkens geraten. Protestanten, Reformierte, Katholiken sollten sich also verständigen und als gefestigte Nation eintreten in ein allenthalben im 16. Jahrhundert seine nationalen Physiognomien gewinnendes Europa.

Auch diese weit in die Zukunft vorausweisende, in vagen Umrissen sich erstmals artikulierende verfassungspolitische Konzeption steht an der Wiege der nachreformatorischen deutschen Literatur in der antikegeleiteten und also europakonformen Version.

Der Norden und Osten erwacht literarisch

Bevor wir unserem Protagonisten uns nähern, kehren wir für einen Moment lang noch einmal zurück zu unserer einleitenden Betrachtung. Die ältere deutsche Literatur sei regional verfaßt, so sagten wir. Diese Feststellung, so dürfen wir nun ergänzen, ist auch für das 17. Jahrhundert ungebrochen in Kraft. Die Ingredienzen des lateinischen Humanismus gelten auch für den deutschsprachigen Humanismus des 17. Jahrhunderts. Denn in diese, eben die humanistische Fluchtlinie müssen wir einen Gutteil der literarischen Produktion einrücken, wenn anders das Gefüge des literarischen Lebens im 17. Jahrhundert angemessen in das Blickfeld treten soll. Es sind immer noch die Gelehrten, die das Bild schreibend, lesend, vermittelnd und derart durchweg adressatenbezogen bestimmen. Und es gehört zu den schönsten Erfahrungen des Literaturhistorikers, eine kulturelle Landschaft nach der anderen auch literarisch erwachen und teilnehmen zu sehen an dem aus humanistischem Geist gezeugten Spiel.

Da kommen keine natürlichen ›landschaftlichen‹ Momente in das Spiel, sondern ausschließlich kulturelle. Und so bestände die Aufgabe in nicht weniger, aber auch nicht mehr, als diese kulturellen Provinzen, Höfe, Städte, Adelssitze zu porträtieren und das literarische Geschehen, das ihnen allemal verhaftet bleibt, dem jeweiligen Ensemble einzupassen und als lebendige Konfiguration wiedererstehen zu lassen. Eine Literaturgeschichte dieses Zuschnitts besitzen wir nicht. Denn das Schema taugt nicht für alle Zeiten. Das ›lange‹ 17. Jahrhundert alleine, von 1560/70 bis 1730/40 sich erstreckend, forderte dem Historiker Höchstes ab. Der Schreibende nicht anders als die Lesenden würden mit Gewißheit belohnt.

Daß es ohne den Rückblick auf die Formation des lateinischen Humanismus auf deutschem Boden nicht ginge, liegt auf der Hand. Und sei es nur, um die Verschiebung der Gravitationszentren zu gewahren. Der ältere Humanismus hat seine wichtigsten Bastionen im Südwesten und Südosten, also in vergleichsweise räumlicher Nähe zum Mutterland Italien, aber auch zu Frankreich.[8] Städte wie Straßburg, Basel oder Zürich, wie Nürnberg, Augsburg oder Ulm verfügen nach Erfindung des Buchdrucks über eine Infrastruktur, die sie automatisch zu den maßgeblichen geistigen Umschlagplätzen heranwachsen läßt – mit allen Folgen für die Konzentration intellektueller Kapazitäten vor Ort. Mit den Froschauer in Zürich, den Froben in Basel, den Grüninger in Straßburg, mit den Koberger in Nürnberg, den Schönsperger in Augsburg, den Zainer und Schäffler in Ulm vermochten sich Städte in Mitteldeutschland ebenso wenig wie im Norden, Osten oder Nordosten Deutschlands zu messen, auch Lübeck oder Danzig oder Breslau nicht. Sind dann großbürgerliche, patrizische Kreise zur Stelle, die der neuen Bewegung sich annehmen, sie mäzenatisch stützen, gar selbst an ihr produktiv teilnehmen, so sind Gegebenheiten vorhanden, die denen in Norditalien im Prinzip gleichen – mit dem unverkennbaren Unterschied, daß die Höfe diesseits der Alpen sehr viel zurückhaltender agieren.

Umgekehrt ist die langsame prozentuale Verschiebung im Druckaufkommen vielleicht der zuverlässigste Indikator für die sukzessive Verlagerung der Gewichte insgesamt. Am deutlichsten ist dieser Prozeß am Beispiel Breslaus zu studieren.[9]

---

8 Vgl.: Humanismus im deutschen Südwesten. Biographische Profile. Hrsg. von Paul Gerhard Schmidt. – Sigmaringen: Thorbecke 1993.
9 Vgl. die entsprechenden Beiträge in der neuen von Marek Hałub herausgegebenen Reihe ›Die schlesische Gelehrtenrepublik‹ mit dem polnischen Titel ›Śląska republika uczonych‹, von der bisher drei Bände vorliegen.

Die Stadt gehört zu den Hochburgen des lateinischen Humanismus seit der zweiten Hälfte des 16. Jahrhunderts. Sie hätte diese Rolle nicht zu spielen vermocht, wenn die Druckaufträge nach außen hätten gegeben werden müssen. Die Scharffenbergs und die Baumanns waren zur Stelle, um das lateinische und alsbald auch das deutsche Schrifttum zu drucken. Opitz und die Seinen profitierten vielfältig davon. Und so wenig anders in Danzig und Elbing und Thorn, den zentralen Agenturen gelehrten humanistischen Lebens im Preußen Königlich polnischen Anteils – gruppiert um bedeutende Gymnasien vor Ort, während im herzoglichen Preußen in Königsberg bezeichnenderweise der Hof die zentrale Schaltstelle blieb.[10]

Ganz besonders sinnfällig wird der Prozeß der Verlagerung und Ausbreitung des Druckgeschehens mit dem Übergang zum 17. Jahrhundert. Nun greifen nicht länger nur die erwähnten Städte jenseits von Elbe und Oder massiv in das Publikationswesen ein. Auch Städte, die im 16. Jahrhundert noch gar keine Offizin in ihren Mauern hatten, ziehen im Gefolge von gelehrten Gründungen wie Gymnasien oder Universitäten Druckereien an sich und schaffen damit die Voraussetzungen für ein literarisches Leben vor Ort, das an rasche und zuverlässige Pressen in unmittelbarer Nähe gebunden bleibt. Riga, Reval, Dorpat an der baltischen Ostseeküste wären hier beispielhaft ebenso zu nennen wie Brieg oder Schweidnitz oder Glatz in Schlesien. Die deutsche Literatur des 17. Jahrhunderts wird zu einem flächendeckenden Ereignis in dem Maße und dem Umfang, wie gelehrtes Leben sich auch in ehemals druckerlosen Ortschaften und Regionen zu formieren vermag.[11]

Übergang zu Johann Rist

An der Akkulturation Norddeutschlands, der Ingangsetzung und Verbreitung der deutschen Literatur im neuen, dem Opitzschen Gewande, hat Johann Rist Anteil wie niemand sonst vor und nach ihm. Die Universitäten oder universitätsähnlichen Gründungen in der Nachbarschaft besaßen Druckereien. Rostock versorgte den ganzen Ostseeraum.[12] Auch Helmstedt und Herborn, später Rinteln und Kiel wä-

---

10 Vgl. dazu den wichtigen Sammelband: Humanismus im Norden. Frühneuzeitliche Rezeption antiker Kultur und Literatur an Nord- und Ostsee. Hrsg. von Thomas Haye. – Amsterdam, Atlanta/GA: Rodopi 2000 (= Chloe. Beihefte zum Daphnis; 32). Vgl. auch: Reformation and Latin Literature in Northern Europe. Ed. by Inger Ekrem, Minna Skafte Jensen, Egil Kraggerud. – Oslo: Scandinavian University Press 1996, sowie: Mare Balticum – Mare nostrum. Latin in the Countries of the Baltic Sea (1500–1800). Ed. by Outi Merisalo, Raija Sarasti-Wilenius. – Jyväskylä 1994 (= Annales Academiae Scientiarum Fennicae. Ser. B; 274).
11 Vgl. Klaus Garber: Schatzhäuser des Geistes. Alte Bibliotheken und Büchersammlungen im Baltikum. – Köln, Weimar, Wien: Böhlau 2007 (= Aus Archiven, Bibliotheken und Museen Mittel- und Osteuropas; 3).
12 Vgl. Matthias Asche: Von der reichen hansischen Bürgeruniversität zur armen mecklenburgischen Landeshochschule. Das regionale und soziale Besucherprofil der Universitäten Rostock und Bützow in der Frühen Neuzeit (1500–1800). 2., durchgesehene Aufl. mit einer kommentierten Bibliographie über neuere Arbeiten zur Rostocker und Bützower Universitätsgeschichte seit dem 575. Gründungsjubiläum im Jahre 1994. – Stuttgart: Steiner 2010 (= Contubernium; 70).

ren zu nennen, alle freilich in gebührendem Abstand zu Rostock. Und natürlich gab es in den großen Städten, in Hamburg oder Bremen oder Lübeck, ein florierendes Druckwesen bereits im 16. Jahrhundert. Die Namen der Löw, Wessel oder Richolff stehen dafür ein. Während Lübeck indes im 17. Jahrhundert zurückfällt, Bremen in etwa seine Stellung behauptet, vollzieht sich der Aufstieg Hamburgs zu einer Druckmetropole noch im 17. Jahrhundert, um sich im 18. zu vollenden.[13]

Vor allem aber gilt auch für das Hamburgische Umland, was wir im Osten bereits konstatierten: Mehrere Städte erwachen erst jetzt als Druckorte. Ihre Namen zu nennen ist gleichbedeutend mit alsbald sich einstellenden Assoziationen im Blick auf Johann Rist. Das berühmteste Beispiel geben die Stern in Lüneburg. Aber auch die Koch und Janßen in Glückstadt, die de Löw und van der Meulen in Altona, die Holwein in Stade, die Schmuck und wiederum die Holwein in Celle spielen in das Bild hinein. Sie alle setzen erst im 17. Jahrhundert ein, leisten ihren Beitrag zur Drucklegung und Verbreitung der deutschen Literatur und sind in vielen Fällen mit der Schriftstellerei Rists und der ihm Nahestehenden verbunden. Druck- und Literaturgeschichte gehen in wechselseitiger Initiierung und Stützung zusammen. Ein ehemals nur um einige wenige Zentren sich erstreckender kultureller Raum beginnt sich regional zu formieren und einer der Großen der deutschen Literatur steht vielfach Pate dabei.[14]

---

13 Das Druckaufkommen Hamburgs im 16. Jahrhundert ist hervorragend zu studieren über die große Dokumentation von Werner Kayser und Claus Dehn: Bibliographie der Hamburger Drucke des 16. Jahrhunderts. – Hamburg: Hauswedell 1968 (= Mitteilungen aus der Staats- und Universitätsbibliothek Hamburg; 6). Dazu Werner Kayser: Hamburger Buchdruck im 16. Jahrhundert. Ergänzungen zu einer Bibliographie. – In: Zeitschrift des Vereins für Hamburgische Geschichte 72 (1986), S. 1–23. Eine Anschlußstudie zum 17. Jahrhundert, für die Kayser noch Vorbereitungen getroffen hatte und die dringend benötigt würde, steht leider weiterhin aus. Ergänzend: Hamburger Bücher 1491–1850. Hrsg. von Werner Kayser. – Hamburg: Hauswedell 1973 (= Mitteilungen aus der Staats- und Universitätsbibliothek Hamburg; 7).

14 Zu dem Verlag der Sternen in Lüneburg vgl. die Monographie von Hans Dumrese, Friedrich Carl Schilling: Lüneburg und die Offizin der Sterne. – Lüneburg: Stern 1956. Rist hat seine *Depositio Cornuti Typographici* bekanntlich der Buchdrucker-Dynastie in Lüneburg gewidmet. Vgl. den ansprechenden Neudruck des Werkes, der 1925 von der Schriftgießerei Genzsch & Heyse in Hamburg hergestellt wurde. Vgl. auch Karl Theodor Gaedertz: Gebrüder Stern und Ristens Depositionspiel. Neudruck der ersten Ausgabe 1655. – Lüneburg: Stern 1886. – Zu Glückstadt die anregende Studie von Dieter Lohmeier und Karin Unsicker: Literarisches Leben des 17. Jahrhunderts in Glückstadt, einer fürstlichen Verwaltungsstadt Schleswig-Holsteins. – In: Stadt – Schule – Universität – Buchwesen und die deutsche Literatur im 17. Jahrhundert. Hrsg. von Albrecht Schöne. – München: Beck 1976, S. 44–56. Dazu Christoph Weber: Andreas Koch. Glückstadts erster Drucker. 1632–1656. – Breslau: Hirt 1932 (= Veröffentlichungen der Schleswig-Holsteinischen Universitätsgesellschaft; 40). Zu Altona, wo de Löw den Buchdruck begründete, vgl. Paul Theodor Hoffmann: Victor de Löw. Altonas ältester Buch- und Zeitungsdrucker. – In: Altonaische Zeitschrift für Geschichte und Heimatkunde 1 (1931), S. 179–199; 2 (1932), S. 175–177. Zu Stade vgl. Bernhard Wirtgen: Die Königlich-Schwedische privilegierte Buchdruckerei in Stade. Elias Holwein und seine Nachfolger von 1651–1848. – In: Stader Jahrbuch 1959, S. 51–94; ders.: Dreihundert Jahre Stader Buchdruck. – Stade: Hansa-Druckerei Stelzer 1960. Zu Celle und damit nochmals den Holweins vgl. O[tto]. von Boehn: Celler Buchdrucker und Verleger bis 1800. – In: Der Sachsenspiegel 4 (25.05.1940).

Akademische Wege ins Leben

Ottensen, der Geburtsort Rists, seinerzeit im Königlichen Anteil der Grafschaft Pinneberg in Stormarn gelegen, dürfte sich nur für einen Hamburger noch mit Anschauung verbinden. Und das vor allem über die prachtvollen Landhäuser, die die Hamburger Kaufmannschaft im 18. und 19. Jahrhundert dort an der Elbe nahe Altona errichtete. Der literarisch Versierte weiß um den Friedhof der Kirche zu Ottensen und um das Grab des Größten im Umkreis Hamburgs, Klopstocks.[15]

Rists Name hat sich nicht mit Ottensen verbunden, weil er seinen lebenslänglichen Wohnort nicht gar zu weit von seinem Geburtsort fand. Sein Leben griff nicht aus in die Weite wie das der Vorgänger in der späthumanistischen Generation um 1600. Formierte diese sich an zwei weit voneinander entfernten Landschaften, in Schlesien und der Pfalz, so sorgte die fehlende Universität in Schlesien für den lebhaften Verkehr zwischen dem Osten und dem Westen. Und das nicht nur zwischen Breslau, Liegnitz, Brieg dort, Heidelberg, Straßburg und Basel hier. Vielmehr führten die Wege zumeist weiter in die Schweiz hinein, nach Oberitalien, Südfrankreich, Paris, in die Niederlande, gelegentlich, aber doch eher ausnahmsweise nach England. Dieser calvinistischen Intelligenz kamen die gerne betretenen Wanderwege entlang den Hochburgen des Reformiertentums zugute.

Kaum eine Spur davon bei dem Lutheraner Rist, so wenig wie bei vielen Gleichgesinnten seiner Generation. Das Herz der Lutheraner schlug in Mitteldeutschland, nicht an den Rändern und schon gar nicht im Westen Europas. Die Konsequenzen für das Bildungsgebaren, für die geistige Orientierung der Intelligenz insgesamt sind schwerlich zu überschätzen. Unsere Literaturgeschichtsschreibung des 17. Jahrhunderts weiß wenig davon bislang. Sie hat den um 1620 stattlichen Umbruch nach dem Verlust Prags und Heidelbergs und dem damit einhergehenden Untergang des Reformiertentums auf deutschem Boden noch kaum im Blick.

Die bekannte Familiengeschichte der Rists führt nur zurück in die großelterliche Generation.[16] Der erste bekannte Namensträger, Melchior Rist, lebte als Huf-

---

15 Zu Ottensen sei hier nur verwiesen auf den gehaltreichen Katalog einer Ausstellung des Jahres 1982/83 im Altonaer Museum in Hamburg, das zugleich als Norddeutsches Landesmuseum fungiert: Ottensen. Zur Geschichte eines Stadtteils. – Hamburg: Altonaer Museum 1982.

16 Die lange Zeit maßgebliche Biographie von Theodor Hansen: Johann Rist und seine Zeit. Aus den Quellen dargestellt. – Halle: Buchhandlung des Waisenhauses 1872, ist inzwischen in ihren biographischen Daten vielfach korrigiert. Vgl. vor allem den Artikel von Dieter Lohmeier, Klaus Reichelt: Johann Rist. – In: Deutsche Dichter des 17. Jahrhunderts. Ihr Leben und Werk. Hrsg. von Harald Steinhagen, Benno von Wiese. – Berlin: Schmidt 1984, S. 347–364 (mit weiterer Literatur). Zur Genealogie (mit einschneidenden Korrekturen Hansens): Arnold Plöhn: Johann Rist und sein Geschlecht. – In: Familiengeschichtliche Blätter 41 (1943), Sp. 223–230. Dazu die ergiebige Miszelle von Richard E. Schade: Baroque Biography. Johann Rist's Self-Concept. – In: The German Quarterly 51 (1978), pp. 338–345. Die Leichenpredigt auf Rist ist dankenswerterweise kommentiert wieder zugänglich gemacht worden: Johann Hudemann: Leichenpredigt auf Johann Rist. Kommentierte Edition, bearb. von Johann Anselm Steiger. – In: ›Ewigkeit, Zeit ohne Zeit‹. Gedenkschrift zum 400. Geburtstag des Dichters und Theologen Johann Rist. Hrsg. von Johann Anselm Steiger. Mit einem Geleitwort von Hans Christian Knuth. – Neuendettelsau:

schmied und Beisasse oder Paktbürger seit mindestens 1579 in der Reichsstadt Nördlingen an der Eger. Erst im Zuge der zweiten Eheschließung mit Maria Vogt, Tochter des Lodenmachers Hans Vogt, erwarb er 1597 das Bürgerrecht in Nördlingen. Über diesen Rechtsakt wurde auch seine Herkunft bekannt. Er wurde in Göggingen, vermutlich im bayerischen Schwaben, geboren.

Mit dessen Sohn Caspar wird die Reihe der Geistlichen in der bekannten Geschichte der Familie eröffnet und zugleich der entscheidende räumliche Wechsel vollzogen. Im Anschluß an das Studium der Theologie in Wittenberg kam der Vater Rists als Dolmetscher nach Hamburg, 1606/07 wurde er in Ottensen als Pfarrer bestellt. Seine Gattin Margarethe stammte aus Steinbrügge im Herzogtum Braunschweig-Lüneburg. Sie war eine geborene Ringemuth und heiratete nach dem frühen Tod Caspar Rists im Jahr 1626 den sächsischen Orgelbauer Gottfried Fritsch. Aus der ersten Ehe gingen acht Kinder hervor, vier Jungen und vier Mädchen. Johann, der Älteste, wurde offensichtlich frühzeitig zum Pfarrer bestimmt.

Die schulische Ausbildung, vorbereitet und begleitet durch privaten Unterricht, erfolgte an zwei hervorragenden akademischen Instituten, den Gymnasien in Hamburg und Bremen. Sie erlebten beide soeben eine erste Blütezeit, Bremen zudem mit merklicher Affinität zum reformierten Bekenntnis. Das akademische Gymnasium in Hamburg stand unter dem Rektorat von Paul Sperling und seit 1620 von Zacharias Scheffter, bevor wenig später die größte Kapazität, Joachim Jungius, die Leitung der Anstalt übernahm. Das Konrektorat wurde durch Johannes Starck wahrgenommen, der gleichermaßen von Peter Lauremberg wie von Daniel Georg Morhof ob seiner gelehrten und poetischen Fertigkeiten gerühmt wird.[17]

Freimund-Verlag 2007 (= Testes et testimonia veritatis; 4 [recte: 5]), S. 215–277. Eine erste Information zu Wedel: Stadt an der Elbe, Marsch und Geest. Ein Heimatbuch zur 750-Jahrfeier. Hrsg. von Curt Brauns. – Wedel/Holstein: Bartmann 1962.

17 Eine große moderne Studie zum Hamburger Gymnasium in der Frühen Neuzeit fehlt. Nach wie vor zunächst heranzuziehen ist die einzige gediegene Gesamtdarstellung des seinerzeitigen Direktors der Anstalt Edmund Kelter: Hamburg und sein Johanneum im Wandel der Jahrhunderte 1529–1929. Ein Beitrag zur Geschichte unserer Vaterstadt. – Hamburg: Lütcke & Wulff 1928 (mit reichhaltiger Bibliographie). Dazu die institutionengeschichtlich wie personenkundlich gleich wichtige und nicht überholte Studie von J.A.R. Janssen: Ausführliche Nachrichten über die sämmtlichen evangelisch=protestantischen Kirchen und Geistlichen der freyen und Hansestadt Hamburg und ihres Gebiethes, sowie über deren Johanneum, Gymnasium, Bibliothek, und die dabey angestellten Männer. – Hamburg: Hoffmann & Campe 1826. Hier S. 425–472 das Kapitel ›Das höchste Lehr=Jnstitut unsers Staates das Gymnasium, zunächst und hauptsächlich für künftige Gelehrte aus allen Fächern der Wissenschaften bestimmt, mit all dabey angestellt gewesenen Männern seit seinem Ursprunge bis jetzt.‹ Die Arbeit basiert ihrerseits auf der wichtigen älteren Untersuchung: Verfassung des Gymnasii und Johannei und der öffentlichen Stadt=Bibliothek. – In: Sammlung der Hamburgischen Gesetze und Verfassungen in Bürger= und Kirchlichen, auch Cammer= Handlungs= und übrigen Policey=Angelegenheiten und Geschäften. Teil VI. – Hamburg: Piscator 1768, S. 1–224, insbesondere S. 42–63, S. 78–85. Zum Kontext einschlägig: Bibliotheken und Gelehrte im alten Hamburg. Ausstellung der Staats- und Universitätsbibliothek Hamburg anläßlich ihres 500jährigen Bestehens. Ausstellung und Katalog Eva Horváth. – Hamburg: Hauswedell 1979. – Zu Rist und dem Hamburger Gymnasium vgl. Kelter (siehe oben), S. 29f. Zum Bremer Gymnasium vgl. Hermann Entholt: Geschichte des Bremer Gymnasiums bis zur Mitte des 18. Jahrhunderts. – Bremen: Winter 1899; Friedrich Prüser: Das Bremer Gymnasium Illustre in seinen landschaftlichen und personellen Beziehungen. – Bremen: Schünemann 1961

In Bremen wirkte u.a. Matthaeus Martini. Er hatte zunächst das Amt des Hofpredigers in Dillenburg bekleidet, war an der Seite eines Olevianus, Ursinus und Piscator Professor der Theologie in der calvinistischen akademischen Hochburg in Heidelberg gewesen und von dort – über ein Pastorat in Emden – an das 1584 gegründete ›Gymnasium Illustre‹ nach Bremen herübergewechselt. Hier lehrten neben Martini Heinrich Isselburg, ein Niederländer, der von Duisburg aus berufen worden war, sowie Ludwig Crocius, der Bruder von Johann Crocius, des Freundes u.a. von Georg Calixt in Helmstedt. Alle drei wurden vom Senat der Stadt im Jahre 1618 zur berühmten Dordrechter Synode gesandt. Sie nahmen, gemäß Weisung des Rats, in dem Gewoge um die Prädestination eine gemäßigte Haltung ein. Rist hätte im norddeutschen Raum keine besseren Bildungsstätten auftun können.

Der universitäre Weg führte über Hamburg zunächst nach Rostock. Wie ungezählte andere mittellose Bürgersöhne und seinem Vater gleich verdingte sich auch der junge Rist in Hofmeisterdiensten. Vermutlich als Begleiter eines Hamburger Patriziersohns gelangte er 1626 nach Rostock. Solange wie es in Kiel noch keine Universität gab, nahm die Mecklenburgische Landesuniversität Rostock diese Rolle auch für die Herzogtümer Schleswig und Holstein wahr. Hier wurde eine gemäßigte lutherische Theologie gelehrt. Rostock stand immer noch im Zeichen eines Großen dieser an imponierenden Gestalten so reichen Zeit, nämlich des David Chytraeus und damit eines Melanchthon zugewandten Geistes. Ihm zur Seite wirkte Lucas Bacmeister, auch er bekannt als stürmischer Gegner des Flacius und dessen Anhängern. Und auch Johann Quistorp d.Ä. zeichnete sich durch eine auf Mäßigung und Ausgleich bedachte Theologie aus. Drei namhafte spätere Vertreter der Rostocker Theologie, Quistorp d.J., Großgebauer und Lütkemann, traten freilich nicht mehr in seinen Gesichtskreis.[18]

Rist selbst zeigte sich vor allem beeindruckt von dem Orientalisten Johann Tarnow. In Rostock vermochte der Theologiestudent darüber hinaus im Rahmen der propädeutischen *artes liberales* zugleich seinen mathematischen und naturwissenschaftlichen sowie speziell seinen botanischen und medizinischen Neigungen zu frönen. Diese Fächer wurden in Rostock u.a. von Kapazitäten wie Peter Laurem-

---

(Geschichte der Hochschulen und Höheren Schulen Bremens seit 1528; 2). Des weiteren heranzuziehen die ersten drei Beiträge zur ›Schulgeschichte‹ in: Festschrift zur Vierhundertjahrfeier des Alten Gymnasiums zu Bremen. 1528–1928. – Bremen: Winter [s.a.], S. 9–101.

18 Vgl. neben der in Anm. 12 zitierten Arbeit von Asche auch die unter der Leitung von Gerhard Heitz umfassend angelegte Jubiläums-Darstellung: Geschichte der Universität Rostock 1419–1969. Bd. I–II. – Berlin: Deutscher Verlag der Wissenschaften 1969. Im Anschluß daran: Mögen viele Lehrmeinungen um die eine Wahrheit ringen. 575 Jahre Universität Rostock. – Rostock: Konrad Reich 1994. Dazu der wichtige Sammelband: David Chytraeus (1530–1600). Norddeutscher Humanismus in Europa. Beiträge zum Wirken des Kraichgauer Gelehrten. Hrsg. von Karl-Heinz Glaser, Steffen Stuth. – Ubstadt-Weiher: verlag regionalkultur 2000. Jüngst zur Frühgeschichte, in die auch Hamburg im Blick auf eine Wiederbelebung involviert war: Marko Andrej Pluns: Die Universität Rostock 1418–1563. Eine Hochschule im Spannungsfeld zwischen Stadt, Landesherren und wendischen Hansestädten. – Köln, Weimar, Wien: Böhlau 2007 (= Quellen und Darstellungen zur hansischen Geschichte. N.F.; 58).

berg oder Joachim Jungius in modernem Stil auf empirischer und experimenteller Grundlage betrieben. Rist zehrte von den hier erworbenen Kenntnissen als nachmaliger Landpfarrer ein Leben lang.

Zwischen 1629 und 1631 setzte Rist sein Studium in Rinteln fort.[19] Rinteln war soeben zur Landesuniversität der Grafschaft Schaumburg erhoben worden und fungierte bei Gründung 1621 kurzzeitig als einzige evangelisch-lutherische Hochschule in Norddeutschland. Hier wirkte der Superintendent der Grafschaft Schaumburg Josua Stegmann als Professor der Theologie. Er war als bedeutender geistlicher Liederdichter hervorgetreten. Nicht zuletzt von ihm dürfte Rist nachhaltige Impulse für sein später so reiches Schaffen gerade in diesem Zweig seines Werkes empfangen haben.

Ob es dem Studenten der Theologie vergönnt war, ein einziges Mal die – freilich nahen – Grenzen zu überschreiten und herüberzuwechseln an die beiden bedeutenden niederländischen Universitäten Leiden und Utrecht, ist bis heute definitiv nicht zu verifizieren. Wenn ja, wie durch die Leichenpredigt von Johannes Hudemann nahegelegt, dann wäre er nochmals in ein theologisch interessantes Milieu geraten. Denn hier wirkten inmitten des offiziellen calvinistischen Bekenntnisses gleichwohl lutherische Theologen unbehelligt. Ludwig de Dieu und Andreas Rivetus, womöglich auch Wilhelm Teelinck, könnten ihm dort u.a. begegnet sein.

Die aufgerufenen Namen zu hören, die seinen Weg säumten, heißt zugleich, eine sichere Gewähr für die Zukunft zu besitzen, daß dieser lutherische Pfarrer schwerlich einstimmen würde in den leidenschaftlichen Kampf um den rechten Buchstaben und die wahre Lehre. Er war akademisch in irenischem Geist erzogen.

Lebensraum Wedel als Mikrokosmos

Die erste Station nach dem Studium bezeichnete wiederum eine Position, wie sie sich vielen mittellosen Akademikern für einen mehr oder weniger langen Zeitraum anbot. Rist wirkte seit 1633 als Hauslehrer bei dem in Heide lebenden Landschreiber Heinrich Sager im Kreis Norderdithmarschen. Das waren gerne ergriffene Gelegenheiten zur Überbrückung auf einem von Unsicherheiten gesäumten Lebensweg. Sie verdeutlichen indes zugleich, wie eingeschränkt und beengt die Wirkungsmöglichkeiten auch der Großen der Literatur des 17. Jahrhunderts blieben. Wo nicht der Hof ein Betätigungsfeld eröffnete, in den oberen Chargen der großen Städte Positionen mit Nimbus eingenommen werden konnten, blieb der öffentliche Radius der Gelehrten beschränkt.

Es schien dies auch das Schicksal zu sein, das sich Rist auftat, als er zwei Jahre später als Pastor in den Flecken Wedel nahe Hamburg berufen wurde. Ein seit jugendlichen Jahren von ehrgeizigen Zielen bestimmtes Leben schien sich neuerlich in ein Winkeldasein zu verlieren. Rist indes sollte – wie andere aus ärmlichen Ver-

---

19 Vgl. Gerhard Schormann: Academia Ernestina. Die Schaumburgische Universität zu Rinteln an der Weser (1618/21–1810). – Marburg: Elwert 1982 (= Academia Marburgensis; 4).

hältnissen stammende Bürger- und zumal Pfarrersöhne im 17. Jahrhundert – mit seinem Wirken unter Beweis stellen, daß die Rede von dem durch Leistung erworbenen Adel, wie sie unter den Humanisten kursierte, keine Chimäre war, sondern in jedem Landstrich bewährt zu werden vermochte. Als er nach mehr als dreißig Jahren segensreichen Wirkens starb, war Wedel nebst Pfarrhaus, Gärten und Poeten-Parnaß über die deutschen Lande hinaus mit einem klangvollen Namen begabt. Die Örtlichkeit hatte sich gelehrtes und poetisches Renommee im Geiste humanistischer Akkulturation erworben.

Wir blicken folglich nicht zuerst auf das Werk, sondern auf den Aufbau eines Lebens- und Wirkungsraums, wie er sich auch in der Provinz vollziehen konnte. Daß das Werk daran den entscheidenden Anteil behielt, versteht sich von selbst. Aber daß es sich zu formieren, später so gar ins Weite auszugreifen vermochte, war nur möglich, sofern Strukturen vorhanden waren, die den Übertritt in den öffentlichen Raum begünstigten. Immer wieder wird es sich dabei als ein (ungeschriebenes) Gesetz frühneuzeitlicher kultureller Interaktion bestätigen, daß es des Zusammenspiels von höfischen und adligen, städtischen und insonderheit kirchlich-akademischen Impulsen bedarf, um den produktiven Elan zu beflügeln.

Und das einfach deshalb, weil die sich eröffnenden Chancen und mit ihnen die zu bewerkstelligenden Herausforderungen so vielfältig sich darbieten, daß nur eine weite Palette schriftstellerischer Optionen ihnen zu genügen vermag. Alle zu Gründergestalten der deutschen Literatur des 17. Jahrhunderts erhobenen Dichter haben von ihr profitiert und sie sich zugleich zunutze zu machen gewußt – ein Opitz nicht anders als ein Harsdörffer, ein Zesen nicht anders als ein Birken, ein Lohenstein nicht anders als ein Weise etc. Hinter ihnen aber erheben sich stets die großen Gelehrtenfiguren im öffentlichen Raum, denen selbst das poetische Wort nicht an vorderster Stelle zugehört, das sie jedoch zu entbinden wissen: ein Bernegger und ein Lingelsheim im Westen, ein Scultetus und ein Dornau im Osten, von den Ausnahmegestalten, einem Lipsius, einem Grotius, einem Leibniz, gar nicht zu reden. Rist ist zu einer der poetischen Leitfiguren seinerseits herangewachsen.

Er schuf sich seine eigene Welt im kleinen wie im großen. Sein Pfarrhaus in Wedel nahm je länger desto mehr den Charakter einer musealen Stätte an.[20] Es gelang ihm ungeachtet der bescheidenen Verhältnisse eine Anverwandlung an patrizische und adlige Gewohnheiten, wie sie den ehrgeizigen Pfarrer und Gelehrten mit Freude und Genugtuung erfüllen mußten. Daß er eine ansehnliche Bibliothek sein eigen nannte, mochte noch am wenigsten erstaunen. Er war universaler Sammler aus Passion. Ausgegrabene Urnen und diverse vorzugsweise optische und mathematische Instrumente standen in seinem Haus. Medaillen, Münzen, Prismen

---

20 Vgl. die anläßlich des 300. Todestages von Johann Rist vom Magistrat der Stadt Wedel herausgegebene Broschüre: Johann Rist 1607–1667, mit dem abschließenden Beitrag von Kantor Heinz Kegel: ›Das Johann-Rist-Archiv Wedel‹, S. 26. Von demselben Verfasser liegt ein anläßlich einer Ausstellung zum nämlichen Gedenkdatum verfertigtes Typoskript mit einer Aufstellung der im Rist-Archiv vorhandenen Materialien vor, datiert auf den 30.12.1965. Über ein neueres Repertorium ist nichts bekannt.

waren daselbst angehäuft. Eine Apotheke war vorhanden, ein eigener Raum mit Destillieröfen ausgestattet.

Trat man dann jedoch ins Freie, so fand man den Garten mit Zier- und Nutzpflanzen aller Art besetzt, sie alle sorgfältig beschriftet und täglich gehegt und gepflegt. Unweit davon hatte sich der Dichter ein Musenplätzchen mit Tisch und Bank bei Quelle und Bäumen mit Blick über die Elbe bis weit hinein in das Alte Land geschaffen.[21] Das alles signalisierte, daß hier im kleinen hoch oben im Norden ein Dichter- und Gelehrtenleben gelebt wurde, das sich zugleich im Nachvollzug großer Vorbilder konstituierte. Man wußte allenthalben um die dem *otium* und den Musen gewidmeten Plätze eines Horaz oder Cicero im alten Rom, eines Petrarca oder Ronsard in neueren Zeiten.

Teilhabe an dem Wissen in allen seinen Spielarten, wie es rapide im 15. Jahrhundert, gespeist aus hundert Quellen, emporsproß, blieb der Traum der Humanisten. Und wo die ländliche Pfarre eine bescheidene Stätte der Existenz bot, da mochte der Ausgriff ins Weite immer wieder als ein unverhofftes Geschenk gepriesen werden. Johann Rist reiht sich ein in die Galerie der Humanisten, die die Humaniora noch einmal so umfassend wie möglich zu ergreifen und in gelebtes Leben anzuverwandeln suchten. Das Werk nicht anders als die umworbenen Widmungsempfänger und Mäzene bieten den Schlüssel dafür.

Hamburg im Zentrum eines niederelbischen Kulturkreises[22]

Wir haben Druckorte in der näheren und weiteren Umgebung Rists namhaft gemacht. Wir haben ihn als Studenten nach Rostock und Rinteln ziehen sehen. Zwei andere akademische Stätten mit gutem Klang, Helmstedt und Herborn, gleichfalls in sein späteres Wirken hineinspielend, berührte er nicht. Entscheidend blieben auf lange Sicht für die tägliche literarische Praxis die Adelssitze ringsum, die Höfe bis hinauf nach Kopenhagen und Stockholm und allen voran die Nähe der mächtigen Handelsstadt Hamburg.

Hamburg kannte er von seinen Besuchen spätestens nach Eintritt ins Gymnasium. Aber die Stadt bot andere denn nur akademische Anregungen, die alsbald Niederschlag im Werk fanden. Als von kaufmännischem Geist und händlerischem Umschlag bestimmtes Gemeinwesen war sie der gegebene Anziehungspunkt für schauspielernde Wandertruppen, die sich vor einem rasch wechselnden zahlungsfähigen Publikum präsentieren konnten.[23] Rist soll sich in frühester Zeit stückeschreibend und produzierend daselbst hervorgetan haben. Offene akademische und

---

21 Vgl. Klaus Garber: Der locus amoenus und der locus terribilis. Bild und Funktion der Natur in der deutschen Schäfer- und Landlebendichtung des 17. Jahrhunderts. – Köln, Wien: Böhlau 1974 (= Literatur und Leben; 16), S. 145f.

22 Vgl. schon bei Lohmeier und Reichelt (Anm. 16) die Rede, daß »in der Literaturgeschichte des Frühbarock von einem um Hamburg gruppierten ›niederelbischen Kreis‹ zu sprechen« sei (S. 347).

23 Vgl. Johann Friedrich Schütze: Hamburgische Theater=Geschichte. – Hamburg, Leipzig: Bärenreiter-Verlag 1794; Karl Theodor Gaedertz: Das niederdeutsche Schauspiel. Zum Kulturleben

soziale Strukturen kamen solcherart Betätigung entgegen. Mit Gewißheit hat der nachmalige Dramatiker sich in diesem Milieu schulen können. Er war also nicht allein auf das Vorbild in der Literatur verwiesen.

Und so auf andere Weise in einem weiteren künstlerischen Zweig, der bestimmend auch zu dem seinen wurde. Hamburg war Hochburg der Musik, der geistlichen, an Kirchen, Chöre, Gemeinden gebundenen nicht anders als der weltlichen, an Rat, Schule und Handwerk geknüpften. Bedeutende Komponisten wirkten in den Mauern der Stadt und standen dem Textdichter später für sein ausgebreitetes Liedschaffen zur Verfügung.[24]

Schließlich durfte Hamburg auch als kirchliche Hochburg gelten. Mit vier Hauptkirchen war gleich zweierlei gegeben. Es bestand ein Wirkungsraum für ein vielfältiges geistliches musikalisches Schaffen. Und es wurden theologische Lehrmeinungen und Anschauungen wiederum in einer Vielfalt laut, die es dem Pfarrer in ländlicher Nachbarschaft erlaubten, sich informiert zu halten und – geschützt durch die Pfarre auf dem Lande – einen eigenen Reim auf die Dinge sich zu machen. Der Erbauungsschriftsteller wie der tagtäglich gefragte Seelsorger ist ohne diese in der Nähe sprudelnde Quelle gar nicht denkbar.[25]

Kehren wir dann aber zum Anfang zurück, zum Druckwesen und damit zur Publizistik, die auf leistungsfähige Offizinen verwiesen bleibt, so ist die Elbmetropole auch auf diesem Sektor in steilem Auftrieb begriffen gewesen. Vielfach sehen wir die Pfeiffer, die Rebenlein, die Pape druckend und verlegend nebeneinander und offensichtlich gut beschäftigt wirken. Ein so produktiver Autor wie Rist fand hier ideale Bedingungen für die Publikation insonderheit seiner nach Hunderten zählenden Gelegenheitsgedichte, aber selbstverständlich auch seiner vielfach kompendiösen Bücher vor.[26]

Hamburgs. Bd. I: Das niederdeutsche Drama von den Anfängen bis zur Franzosenzeit. – Berlin: Hofmann 1884. Neue Ausgabe. Teil I. – Hamburg: Buske 1894.

24 Dazu unter Einschluß des reichen Umfeldes: Thomas Selle (1599–1663). Beiträge zu Leben und Werk des Hamburger Kantors und Komponisten anläßlich seines 400. Geburtstages. – Herzberg: Bautz 1999 (= Auskunft; 19,3). Vgl. auch: Der Kantor mit dem Wolkenkragen. Thomas Selle und die Glanzzeit des Hamburger Musiklebens im 17. Jahrhundert. Ausstellung zum 400. Geburtstag. Konzeption und Texte Jürgen Neubacher. – Hamburg: Staats- und Universitätsbibliothek Hamburg Carl von Ossietzky 1999. Zum Kontext wichtig geblieben: Weltliches und geistliches Lied des Barock. Studien zur Liedkultur in Deutschland und Skandinavien. Hrsg. von Dieter Lohmeier. – Amsterdam: Rodopi 1979 (= Chloe. Beihefte zum Daphnis; 2).

25 Vgl. die gehaltreiche Synopsis in der oben Anm. 17 zitierten Studie von Janssen: Ausführliche Nachrichten über die sämmtlichen evangelisch=protestantischen Kirchen und Geistlichen der freyen und Hansestadt Hamburg (1826). Hier S. 23–118 das Kapitel: ›Die hohe Stifts= oder Marianische Dom=Kirche mit deren Superintendenten und Pastoren, oder Lectores primarii und secundarii[,] dann die 5 Hauptkirchen nebst St. Gertruden= und der alten wie neuen kleinen St. Michaels-Kirche mit den dabey angestellten Pastoren und Diaconen seit der Reformation, nach ihrem Range und der Zeitfolge geordnet, wo bey jeder Kirche eine kurze Geschichte ihrer Entstehung, Beschaffenheit und Veränderungen vorangeschickt steht.‹

26 Dazu die klassische Darstellung von Johann Martin Lappenberg: Zur Geschichte der Buchdruckerkunst in Hamburg. – Hamburg: Meißner 1840. Zusätze von F.L. Hoffmann in: Serapeum 27 (1866), S. 193–200.

Ein anderes war der persönliche Austausch. Wie oft hat Rist berichtet, daß es ihn aus der Pfarre hinauszog in die Stadt zu Gespräch und Information. Besäßen wir eine nach Dichtergruppen und Institutionen eingerichtete Geschichte der deutschen Literatur des 17. Jahrhunderts, vielleicht gar der Frühen Neuzeit, Hamburg und Umkreis dürften nicht fehlen, sie behaupteten im Gegenteil einen guten Platz. Und das eben keineswegs erst im Übergang zum 18. Jahrhundert, dem größten in der Geschichte der Literatur auf dem Boden Hamburgs.

Den Durchbruch in der Region im Übergang zum Schreiben im deutschen Idiom hatten noch vor Rist zwei Pastoren geschafft, wie üblich aus dem lateinischen späthumanistischen Milieu kommend und in ihm geschult: Henrich Hudemann und Martin Ruarus. Sie sind uns erst im 20. Jahrhundert durch einen Kenner wie Erich Trunz als Dichter gewonnen worden.[27] Wie Opitz selbst nahmen sie sich des Deutschen im Blick auf die nahen Niederlande an, wo Heinsius mit seinen *Nederduytschen Poemata* (1616) soeben ein sogleich Berühmtheit erlangendes Beispiel gegeben hatte.[28] In Hamburg selbst dichtete Zacharias Lund seine *Allerhand artigen Deutschen Gedichte*, die 1636 in der Liederhochburg Leipzig erschienen. Aus unbekanntem Grund gelangte sein zu gleicher Zeit in Hamburg verfaßtes Trauerspiel ›Zedechias‹ nicht zum Druck.[29]

Der große Satiriker Balthasar Schupp und der freie Publizist Georg Greflinger fanden bezeichnenderweise in Hamburg ihre Wirkungsstätten, der letztere als Begründer einer Zeitung nur in Metropolen wie Hamburg oder Danzig denkbar.[30] Der Handel, die Wirtschaft, der Senat verlangten nach raschen und zuverlässigen Informationen aus erster Hand. In der unmittelbaren Nähe, zunächst in Hamburg und Stade, sodann in Glückstadt, nahm Jakob Schwieger die Ristschen Impulse auf und legte ein reiches Liederwerk vor, mit dem er tatsächlich nicht nur gelehrte, sondern auch kleinbürgerliche Kreise erreichte, waren seine Gedichte doch erfüllt von wort- und gestenreichen moralischen Bekundungen.[31]

Der größte unter Rists Zeitgenossen in Hamburg und Umgebung führte nicht nur ein unstetes, zwischen Hamburg und Amsterdam sich teilendes Leben. Er war offensichtlich auch das Gegenteil zu dem auf Seßhaftigkeit bedachten Wedeler Pfarrer. Tragisch überschattet blieb der literarische Aufbruch im Norden durch das

---

27 Vgl. Erich Trunz: Henrich Hudemann und Martin Ruarus, zwei holsteinische Dichter der Opitz-Zeit. – Neumünster: Wachholtz 1935 (= Sonderdruck aus Band 63 der Zeitschrift der Gesellschaft für Schleswig-Holsteinische Geschichte).
28 Dazu die Untersuchung von Ulrich Bornemann: Anlehnung und Abgrenzung. Untersuchungen zur Rezeption der niederländischen Literatur in der deutschen Dichtungsreform des siebzehnten Jahrhunderts. – Assen/Amsterdam: Van Gorcum 1976 (= Respublica literaria neerlandica; 1).
29 Vgl. Ulrich Moerke: Die Anfänge der weltlichen Barocklyrik in Schleswig-Holstein. Hudemann – Rist – Lund. – Neumünster: Wachholtz 1972 (= Kieler Studien zur deutschen Literaturgeschichte; 8).
30 Vgl. den Eintrag von Bernd Prätorius im Killyschen Literaturlexikon IV (2009), S. 388–390, mit der entsprechenden Literatur.
31 Vgl. Dieter Lohmeier, Anke-Marie Lohmeier: Jacob Schwieger. Lebenslauf, Gesellschaftskreis und Bücherbesitz eines Schäferdichters. – In: Jahrbuch der Deutschen Schillergesellschaft 19 (1975), S. 98–137.

Zerwürfnis zwischen Philipp von Zesen und Johann Rist. Die beiden waren das weit über den Norden hinaus leuchtende Licht am eben im Aufgang begriffenen literarischen Himmel im protestantischen Deutschland.[32]

Der Dichter als kulturpolitischer Stratege

Anonym auf dem Markt zirkulierende Dichtungen sind ein Produkt der neueren Zeit. Sie verlangen nach dem anonymen einsamen Leser. Literatur in diesem Sinn konstituiert sich erst im 18. Jahrhundert. Die ältere Literatur ist in ihrer überwiegenden Menge adressatenbezogen. Kein Dichter, welcher auf sich hielt, der sein Buch ohne einen oder mehrere Widmungsempfänger hinausgehen ließ. Selten auch ein Buch, dem nicht Zuschriften von Freunden und Kollegen beigegeben waren. Der Aufbau eines dem Dichter und Gelehrten verpflichteten Kreises von Gönnern und Liebhabern seines Treibens gehörte zu den elementaren Pflichten eines jeden vor die Öffentlichkeit tretenden Schreibenden. Das einzelne Buch wie das Lebenswerk blieben eingepaßt in eine in ständigem Wandel und Wachsen begriffene Konfiguration von Namen und Amtsträgern, die über das Ansehen des Dichters und die Zirkulation des Werkes gleichermaßen entschieden. Kenntnisnahme und Charakteristik dieses Kranzes von Personen und Institutionen, der sich da um ein Werk rankte, gehören daher zu den Voraussetzungen der Gewinnung eines dichterischen und gelehrten Profils.[33]

Der Radius ist zunächst klein und bescheiden, bevor er sich erweitert und zunehmend sozial distinguiert. Rist macht da keine Ausnahme. Mit einer *Musa Teutonica* betrat er 1634 die literarische Szene. Sieben Männern aus der näheren Umgebung ist das Werk gewidmet, und schon steht ein Adliger an der Spitze, Ernst von Wietersheim, Gräflich Holsteinischer Rat und Landdrost der Grafschaft Holstein, residierend im Pinneberger Schloß. Auch lobende Zuschriften weiß der Dichter schon beizubringen. Daß er erfolgreich mit seinem Werk war, ist auch daraus ersichtlich, daß es drei Auflagen erlebte. Auch der nachfolgende *Poetische Lust-Garte* aus dem Jahr 1638 steht nochmals im Zeichen der von Wietersheims. Nun ist es der ältere Bruder Gabriel, Domherr und Großvogt im Bistum Lübeck. Erstmals tritt auch der Hamburger Freundes- und Bekanntenkreis hinzu, drei pro-

---

32 Vgl. Ferdinand van Ingen: Philipp von Zesen. – Stuttgart: Metzler 1970 (= Sammlung Metzler; 96); Philipp von Zesen 1619–1969. Beiträge zu seinem Leben und Werk. Hrsg. von Ferdinand van Ingen. – Wiesbaden: Steiner 1972; Ferdinand van Ingen: Philipp von Zesen. – In: Deutsche Dichter des 17. Jahrhunderts (Anm. 16), S. 497–516. Jetzt: ders.: Philipp von Zesen in seiner Zeit und seiner Umwelt. – Berlin, Boston: de Gruyter 2013 (= Frühe Neuzeit; 177).

33 Ein entsprechender Versuch wie der hier vorgelegte ist – mit teilweise anderen Akzenten – sehr überzeugend auch schon unternommen worden von Günter Dammann: Johann Rist als Statthalter des Opitzianismus in Holstein. Aspekte seiner literaturpolitischen Strategie anhand der Widmungsbriefe und Vorreden. – In: Literaten in der Provinz – Provinzielle Literatur? Schriftsteller einer norddeutschen Region. Hrsg. von Alexander Ritter. – Heide in Holstein: Westholsteinische Verlagsanstalt Boysen & Co. 1991, S. 47–66. Vgl. auch Eberhard Mannack: Johann Rist. Gelehrter, Organisator und Poet des Barock. – München: Gesellschaft der Bibliophilen 1988.

movierte Juristen und zwei Lizentiaten; die Hamburger Klientel formiert sich ebenso wie alsbald die Lübecker oder Lüneburger. Mit dem zwei Jahre späteren *Kriegs und Friedens Spiegel* wird bereits ein Adliger von überregionalem Rang geehrt, Reichsgraf Christian von Pentz, Königlich dänischer Geheimrat und Gouverneur von Glückstadt, der wiederholt als Gesandter am kaiserlichen Hof tätig war. Kopenhagen und Wien beginnen als Pole der schriftstellerisch ausgreifenden Existenz sich abzuzeichnen.

Die Verbindung in den Norden befestigte sich mit Rists *Lobrede* auf Friedrich, den Sohn Christians IV. von Dänemark und Norwegen. Rist bewies also die richtige Witterung für zukünftige Chancen. Und so auf ganz andere Weise mit der Widmungsadresse seines dem Schicksal Holsteins gewidmeten *Erbärmlichen Klag= und Jammer=Lieds*, das er im Gründungsjahr des ›Pegnesischen Blumenordens‹ 1644 Georg Philipp Harsdörffer zueignete. Wieder ging das Kalkül auf. Schon ein Jahr später wurde Rist als ›Daphnis von Cimbrien‹ in die Gesellschaft aufgenommen, die sich zur bedeutendsten kommunalen Sozietät im Deutschland des 17. Jahrhunderts entwickelte. Mit seiner zwei Jahre später publizierten *Friedens=Posaune* kehrte er widmend in die nähere Umgebung zurück, indem er einen Sproß aus der berühmten Familie der Rantzaus beehrte, den nachmaligen Königlichen Statthalter in den Herzogtümern Schleswig und Holstein Christian. Mit Rists gleichzeitigem *Poetischen Schauplatz* kam erstmals eine Frau zum Zuge, Sophia Amalia, Gemahlin jenes Friedrichs, der als Friedrich III. 1648 auf den dänisch-norwegischen Königsthron gelangte. Insbesondere die geistliche Dichtung Rists wird – wie seit je üblich – hochgestellten adligen Damen zugeeignet werden.

Nun setzte die Woge der Ehrungen ein. 1646 krönte ihn der Reichsgraf Hermann Czernin von Chudenitz zum Dichter, und der Kaiser verlieh ihm den persönlichen Adel. Seitdem Petrarca von Karl IV. mit dem Dichterlorbeer gekrönt worden war, Conrad Celtis in Deutschland die nämliche Ehre durch Kaiser Friedrich III. widerfuhr, galt diese Auszeichnung als Nobilitierung erster Klasse. Wortführern wie Melissus Schede oder Opitz war sie zuteil geworden. Jetzt gesellte sich Rist hinzu und bedankte sich wie die Vorgänger überschwenglich in einer *Lobrede* zu Ehren des Kaisers. Damit war sein Status als Statthalter der Poesie im Norden gesichert. Zwei Jahrzehnte durfte Rist von dem Ruhm zehren, der sich nun nur noch stetig verbreitern konnte.

Schon ein Jahr später wurde Rist, wiederum auf Empfehlung Harsdörffers, als ›der Rüstige‹ in die ›Fruchtbringende Gesellschaft‹ aufgenommen. Diese bedeutendste kulturpolitische Vereinigung auf deutschem Boden, als nationale Agentur konzipiert und zugleich als Bollwerk der protestantischen Stände am Vorabend des Dreißigjährigen Krieges 1617 gegründet, begünstigte Fürsten und Adelige. Dichtern und Gelehrten war der Zugang nur sehr viel seltener möglich. Und Theologen waren satzungsgemäß ausgeschlossen, um das ambitionierte Unternehmen von konfessionellen Querelen freizuhalten. Wenn Rist – neben Johann Valentin Andreae – der Zugang gewährt wurde, so warf das auch ein Licht auf den Theologen, dem derart Irenismus bescheinigt wurde, auf den man dringlich verwiesen war. Sein Schauspiel *Das FriedeWünschende Teutschland* aus dem Jahr 1647 ist nicht zuletzt als Dankesadresse an die Gesellschaft und ihre herausragenden Dichter konzipiert. Die Widmung gilt ihnen.

Kehrte Rist mit seinem Lehrgedicht *Holstein vergiß eß nicht* 1648 ins lokale Milieu zurück, so legte sich eine andersgeartete Widmung nahe. Hamburg rückte mit dem Domherrn Eberhard Möller, dem Juristen, Schwedischen Hofrat und Residenten sowie Schleswig-Holsteinischen Geheimen Rat Vincent Möller und dem späteren Bürgermeister Barthold Twestreng in den Mittelpunkt. Ging es dann freilich noch einmal um eine poetische Summe, wie sie Rists fast tausendseitiger *Neuer Teutscher Parnass* aus dem Jahr 1652 bezeichnet, so muß eine adlige Adresse voranstehen. Herzog Rudolf August von Braunschweig-Lüneburg ist das Werk zugeeignet. Es geschieht dies selbstverständlich nicht ohne eine Erinnerung an den berühmten Vater Herzog August. So wird das bedeutende norddeutsche Fürstengeschlecht, seinerseits involviert in die Geschichte der ›Fruchtbringenden Gesellschaft‹, in das stetig sich verbreitende Netz der Widmungsempfänger einbezogen.

Man wird nicht fehlgehen in der Annahme, daß dieses Kompendium adressatenbezogenen Dichtens Rists beitrug zur höchsten einem Bürgerlichen erreichbaren Ehre. Ein Jahr später, 1653, wurde Rist durch Kaiser Ferdinand III. zum Kaiserlichen Hofpfalzgrafen erhoben. Als nunmehriger *comes palatinus* war er seinerseits in der Lage, Dichter zu krönen, Doktoren, Magister, Notare zu ernennen, Wappenbriefe auszustellen etc. Wie später Sigmund von Birken im ›Nürnberger Blumenorden‹ machte er von diesem Recht ausgiebig Gebrauch. Immer wurde in diesen symbolkräftigen Akten zugleich eine Klientel verpflichtet, die ihrerseits dankbar und ruhmspendend antwortete.[34]

Den Schlußstein in dieser Erfolgsgeschichte bildete die Installation einer eigenen Dichtersozietät. Es war die letzte formelle Gründung im 17. Jahrhundert, nachdem Straßburg, Nürnberg und Hamburg selbst – sie alle im Gefolge der ›Fruchtbringenden Gesellschaft‹ – vorangegangen waren. Hamburg kam damit als einzige Stadt in Deutschland in den Genuß, gleich zwei Gesellschaften beherbergen zu dürfen. Schon in den vierziger Jahren hatte sich Rists Widersacher und Konkurrent Philipp von Zesen eine wunderliche Vereinigung geschaffen. Sie war bürgerlichem Brauch gemäß in Zünfte gegliedert und führte zugleich geistliche Assoziationen bei sich ganz nach Art der Rosenkreuzer-Fraternitäten und anderweitiger geistlicher Bruderschaften, begleitet von mystifizierendem Zeremoniell und von Geheimnis umspielten Aufnahmepraktiken, wie sie nur ein Außenseiter erdenken konnte.[35]

---

34 Dazu die ergiebige Untersuchung von Gymnasialdirektor Prof. Dr. Detlefsen: Johann Rist's geschäftliches Treiben als gekrönter Poet und kaiserlicher Pfalz- und Hofgraf. – In: Zeitschrift der Gesellschaft für Schleswig-Holstein-Lauenburgische Geschichte 21 (1891), S. 265–293. Hinzuzunehmen der Eintrag von Jürgen Arndt über Johann Rist im *Hofpfalzgrafen-Register*, bearb. von Jürgen Arndt. Bd. I. – Neustadt a.d. Aisch: Degener 1964, S. 5–7. Jetzt nochmals grundlegend John L. Flood: Johann Rist. – In: Poets Laureate in the Holy Roman Empire. A Bio-Bibliographical Handbook. Vol. I–IV. – Berlin, New York: de Gruyter 2006, Vol. III, pp. 1709–1719.

35 Eine große Untersuchung zum Hamburger Sozietätswesen des 17. Jahrhunderts steht aus. Ein erster Zugang – neben den Einführungen von Karl F. Otto (1972) und Christoph Stoll (1973) –

In der Ristschen Gründung zählten ein Georg Greflinger, ein Balthasar Kindermann, ein Constantin Christian Dedekind, schließlich ein Gottlob Christian Sacer zu den bekannteren unter den rund fünfzig Gesellschaftern. Wie die Königsberger in ihrer ›Kürbishütte‹, die Nürnberger auf der Pegnitzinsel, fanden die Mitglieder des norddeutschen Zirkels einen lokalen Mittelpunkt. Rist pflegte die Mitglieder seines ›Elbschwanenordens‹ in Haus und Garten sowie auf seinem Musensitz oberhalb der Elbe zu empfangen und zu bewirten. Der *Neue Teutsche Parnass*, auf Wanderschaft in Europa begriffen seit eh und je, hatte Besitz ergriffen von einer weiteren Landschaft. Und wenn sich dieser symbolkräftige Akt in die Geschichte der Literatur eingeschrieben hat, so deshalb, weil ihr *spiritus rector* Sorge dafür trug, das unschuldige Treiben im holsteinischen Wedel vor den Toren Hamburgs in Wort und Bild zu verewigen. Sein Werk ist der nachhaltigste Zeuge des kurzlebigen ›Elbschwanenordens‹ geblieben.

Morphologie des Werkes

Wir haben Titel gestreift, konnten Adressaten identifizieren, und wäre Raum, so böten die Ristschen Zuschriften an seine Leser und nicht zuletzt die ihn Ehrenden Gelegenheit zu weiterführenden Betrachtungen. Am Schluß unseres kleinen Rundgangs hat das Werk selbst zu stehen. Und wenn wiederum hier der Ort nicht ist, die einzelnen Texte in Augenschein zu nehmen, so muß doch das innere Gefüge vergegenwärtigt werden. Die Bindung der Autoren an Vorgaben, wie sie aus Theorie und Praxis der Gattungen herrühren, hilft dabei. Autorenprofile prägen sich nicht nur über individuelle Schreibstile aus. Auch die Wahl der Gattung bzw. der Gattungen, zu denen die Dichter greifen, bestimmt das Bild, das sich von ihnen die Zeit über erhält. Je größer der Anspruch, desto erkennbarer das Bestreben, in möglichst vielen Textsorten Proben der Kunst zu geben. Und stehen Autoren in einem Land oder einer Region am Anfang, begründen sie literarische Praxis überhaupt erst, so macht sich die prätendierte Rolle als Pionier doppelt fruchtbar geltend.

So auch bei Rist. Er ist neben dem Begründer der neueren deutschen Kunstdichtung Martin Opitz, seinem Hamburger Kollegen Philipp von Zesen und dem nachmaligen Präsidenten des ›Pegnesischen Blumenordens‹ Sigmund von Birken der fruchtbarste Schöpfer verschiedenster dichterischer Formen der deutschen Literatur

---

in dem nach wie vor wichtigen Sammelband: Sprachgesellschaften, Sozietäten, Dichtergruppen. Hrsg. von Martin Bircher, Ferdinand van Ingen. – Hamburg: Hauswedell 1978 (= Wolfenbütteler Arbeiten zur Barockforschung; 7). Hier: Karl F. Otto: Soziologisches zu den Sprachgesellschaften. Die Deutschgesinnte Genossenschaft, S. 151–161; Eberhard Mannack: Hamburg und der Elbschwanenorden, S. 163–179. Immer noch heranzuziehen L. Neubaur: Zur Geschichte des Elbschwanenordens. – In: Altpreußische Monatsschrift 47 (1910), S. 113–183. Zu Rists Einsatz für die deutsche Sprache im Kontext der Sprachgesellschaftsbewegung vgl. Thomas Mast: Patriotism and the Promotion of German Language and Culture. Johann Rist's ›Rettung der Edlen Teutschen Hauptsprache‹ (1642) and the Language Movement of the Seventeenth Century. – In: Daphnis 30 (2001), pp. 71–96.

des 17. Jahrhunderts. Und im Gegensatz zu seinem jüngeren Mitstrebenden Sigmund von Birken, der zu ihm in Verehrung aufblickte, war es Rist vergönnt, sein Werk weitgehend zum Druck zu bringen.[36] Es ist eines der umfangreichsten, das wir aus dem 17. Jahrhundert besitzen. Gleichwohl greift nicht öde Wiederholung Platz. Dem Kenner stehen die einzelnen Titel als geprägte mit individuellem Kolorit vor Augen.

Die erste zu treffende Feststellung muß lauten, daß sich weltliches und geistliches Werk in etwa die Waage halten. Gewiß, die Grenzen sind im 17. Jahrhundert keineswegs trennscharf zu markieren. Gleichwohl reichen die poetologischen Vorgaben in der Regel aus, um zu plausiblen Sonderungen zu gelangen. Die gleichgewichtige Pflege beider Spielarten der Poesie ist keinesfalls die Regel im Humanismus und entsprechend auch nicht im 17. Jahrhundert. Opitz, den man immer als ersten im Auge haben wird, hat sich sehr wohl bemüht, auch als geistlicher Dichter einen Namen zu gewinnen. Das große und anspruchsvolle Vorhaben, für möglichst alle Gattungen Muster bereit zu stellen, führte automatisch zu einem Übergewicht in der weltlichen Sparte.

Auch seine Zeitgenossen, einen Weckherlin oder Zincgref, wird man nicht nominieren wollen, wenn es um die hier zur Rede stehende Symbiose geht. Bei anderen großen Dichtern in der unmittelbaren Opitz-Nachfolge, etwa Paul Fleming in Leipzig oder Simon Dach in Königsberg, liegen die Verhältnisse derart anders, daß Vergleiche unstatthaft sind. Sie dichten nicht ausschließlich aber doch überwiegend zu Gelegenheiten. Dann fallen vor allem die Trauergedichte eher in die geistliche Sparte, ohne daß sie ein eigenes, geistlich strukturiertes Werk begründeten. Und bei den späteren großen Namen, etwa den Schlesiern Hoffmann von Hoffmannswaldau oder Lohenstein, würde eine derartige Scheidung überhaupt nicht mehr ins Zentrum führen. Wieder wüßten wir nur Sigmund von Birken als Kandidaten für einen Sinn ergebenden Vergleich zu benennen.

Rist ist in erster Linie und vor allem Lyriker. Und das im weltlichen wie geistlichen Metier gleichermaßen. Aber eben Lyriker im Verständnis seiner Zeit. Und das heißt, verpflichtet auf Ereignisse, Anlässe und fixe Daten. Die große Masse seiner Lyrik ist wie die seiner Kollegen Gelegenheitsdichtung. Die damit über Jahrhunderte gegebene Abwehrhaltung unter den zünftigen Historikern ist lange überwunden. Alteuropäisches lyrisches Sprechen, bei den Griechen und Römern angefangen, ist adressatenbezogenes, auf ein Gegenüber oder an eine Gruppe gerichtetes Dichten. Und so im Umkreis des neueren Humanismus allüberall. Die Würde der Poesie bestimmt sich nach ihrer Befähigung, Stationen und herausgehobene Ereignisse im menschlichen Leben poetisch zu umspielen und festlich zu erhöhen, dem flüchtigen Augenblick zu entheben und in Schrift zu überführen, ihnen derart Dauer verleihend. Daß andere, profane Zwecke ins Spiel kommen mochten, tut dieser Bestimmung keinen Abbruch.

---

36 Das Verhältnis zwischen Rist und Birken jetzt beleuchtet bei Ralf Schuster: ›Jst es hier nit Eitelkeit!‹ Der Briefwechsel zwischen Sigmund von Birken und Johann Rist als Beispiel für literarisches Konkurrenzdenken im Barock. – In: Daphnis 34 (2005), S. 571–602.

Doch macht es einen Unterschied, ob man für den Tag dichtet, der Text zum Druck gelangt und es damit für den Dichter sein Bewenden hat. So etwa hielt es einer der größten und tiefsinnigsten Gelegenheitsdichter, Simon Dach. Rist sann auf Höheres. Und er wußte sich in Einklang mit vielen seiner humanistischen Vorgänger im Lateinischen wie im Volkssprachigen und beispielsweise wiederum auch mit Opitz. Er sammelte konsequent das dem flüchtigen Ereignis geschuldete Poem und bestimmte es für die alsbald fällige Sammlung. Kein Dichter des 17. Jahrhunderts, so weit wir zu sehen vermögen, hat ein derart reiches Aufkommen an lyrischen Sammelbänden zuwegegebracht wie Johann Rist. Es zählt nach Tausenden von Seiten. Während zahlreiche der gewiß einst vorhandenen Einzeldrucke verschollen sind, blieben die Gedichte in Buchform erhalten. Vier große weltliche lyrische Sammlungen, überwiegend angefüllt mit Gelegenheitsgedichten, hat Rist hinterlassen. Allein die letzte aus dem Jahr 1652 zählt fast tausend Seiten. Wir haben sie alle oben bereits namhaft gemacht.[37]

Als Gelegenheitsdichtung im weiteren Sinn darf aber auch die geistliche lyrische Dichtung gelten, ist sie doch biblischen Vorgaben ebenso geschuldet wie dem Zyklus des Kirchenjahrs mit seinen geprägten Zäsuren und großen festlichen Erhebungen.[38] Nahezu ein Dutzend große geistliche Liederbücher hat Rist geschaffen.

---

37 Eine gründlichere neuere Untersuchung zur Lyrik Rists fehlt. Vgl. neben der erwähnten Arbeit von Moerke (Anm. 29) die Studie von Rudolf Mews: Johann Rists Gesellschaftslyrik und ihre Beziehung zur zeitgenössischen Poetik. – Diss. phil. Hamburg 1969. Die lyrischen Sammelwerke besprochen bei Oskar Kern: Johann Rist als weltlicher Lyriker. – Marburg: Elwert 1919 (= Beiträge zur deutschen Literaturwissenschaft; 15). Zur Lieddichtung: Wilhelm Krabbe: Johann Rist und das deutsche Lied. Ein Beitrag zur Geschichte der Vokalmusik des 17. Jahrhunderts. – Diss. phil. Berlin 1910, Bonn: Broch & Schwarzinger 1910. Dazu R. Hinton Thomas: Music in the Service of Poetry. Johann Rist and his Composers. – In: ders.: Poetry and Song in the German Baroque. A Study of the ›Continuo Lied‹. – Oxford: Clarendon Press 1963, pp. 65–72. Zum Kontext das große Kapitel ›Hamburg and the North‹. – In: Anthony J. Harper: German Secular Song-Books of the Mid-Seventeenth Century. An Examination of the Texts in Collections of Songs Published in the German-Language Area Between 1624 and 1660. – Aldershot, Burlington: Ashgate 2003, pp. 223–316.
38 Zur geistlichen Lyrik Rists vgl. W. Gordon Marigold: Aspekte des geistlichen Liedes im 17. Jahrhundert. Johann Rist, Hinrich Elmenhorst, Christian Knorr von Rosenroth. – In: Morgen-Glantz 6 (1996), S. 81–98; Hans-Henrik Krummacher: Lehr- und trostreiche Lieder. Johann Rists geistliche Dichtung und die Predigt- und Erbauungsliteratur des 16. und 17. Jahrhunderts. – In: Vox Sermo Res. Beiträge zur Sprachreflexion, Literatur- und Sprachgeschichte vom Mittelalter bis zur Neuzeit. Festschrift Uwe Ruberg. Hrsg. von Wolfgang Haubrichs. – Stuttgart etc.: Hirzel 2001, S. 143–168 (wiederabgedruckt in: ›Ewigkeit, Zeit ohne Zeit‹ (Anm. 16), S. 37–76); Inge Mager: Johann Rists ›Himmlische Lieder‹. Ihre Veröffentlichung und ihre Vorlagen. – In: Orthodoxie und Poesie. Hrsg. von Udo Sträter. – Leipzig: Evang. Verl.-Anst. 2004 (= Leucorea-Studien zur Geschichte der Reformation und der Lutherischen Orthodoxie; 3), S. 63–83; Hermann Kurzke: ›Ermuntre dich, mein schwacher Geist‹ (Johann Rist, 1641). Ein erbauliches Lied und seine Rezeptionsschicksale. – In: Aedificatio. Erbauung im interkulturellen Kontext in der Frühen Neuzeit. Hrsg. von Andreas Solbach. – Tübingen: Niemeyer 2005, S. 157–175. Zur Erbauungsdichtung Rists vgl. auch den Beitrag von Heike Bartsch: Zum sprachlichen Einfluß Luthers auf die Erbauungsliteratur Johann Rists. – In: Beiträge zur Sprachwirkung Martin Luthers im 17. und 18. Jahrhundert. Teil 1. Hrsg. von Manfred Lemmer. – Halle/Saale 1987 (= Wissenschaftliche Beiträge; 10), S. 124–134. Jetzt der große Beitrag von Konrad Küster: ›O du güldene Musik!‹ Wege zu Johann Rist. – In: ›Ewigkeit, Zeit ohne Zeit‹ (Anm. 16), S. 77–179.

Mit den *Himlischen Liedern*, fünfzig an der Zahl, setzte er gleich in den frühen vierziger Jahren ein, wie fast alle anderen Titel immer wieder aufgelegt. Und das kaum zufällig, nehmen doch die Stationen Jesu und die daran sich knüpfenden großen Tage im geistlichen Jahr nebst entsprechenden geistlichen Betrachtungen, Gebeten und Lobgesängen einen breiten Raum ein. Zu Beginn der fünfziger Jahre trat ein weiteres halbes Hundert hinzu. Der Akzent verschob sich merklich. Einmal eingeführt als dichterische Autorität im geistlichen Lied, durfte Rist dazu übergehen, die Belange des Tages, Teuerung und Hungersnot, Armut und Krankheit, ein Ungewitter aber auch den erwachenden Frühling, poetisch zu umspielen. Was im weltlichen Lied mühsam errungen werden mußte, das poetische Handwerkszeug, war im geistlichen Lied seit den Tagen Luthers eingeübt und verfügbar. Die Texte sind durchweg von makelloser Form.

In der *Sabbahtischen Seelenlust* von 1651 gaben dann die sonntäglichen Ausschnitte des Evangeliums den Rahmen ab. Hier hatte Opitz ein Beispiel mit der poetischen Fassung der *Episteln* gegeben; entsprechend wandte sich Rist nun den Evangelien zu und vermerkte die Koinzidenz aufmerksam. In der Vorrede aber bekräftigte er, was ihm gelegentlich zum Vorwurf gemacht wurde, tatsächlich indes zur Ehre gereichte, daß er sich nämlich in seinen »Büchern oder Schriften aller Streitsachen schier gänzlich entschlage«. Dieser irenische Ton fand seinen reinsten Ausdruck in der Lyrik. Ihr Klang überdauerte die Zeiten. Und das im Bündnis mit der Musik, die mehrfach titelprägend wirkte. Rists *Alltägliche Haußmusik* aus dem Jahr 1654 ist womöglich seine populärste Schöpfung geblieben. Zu ihr aber gesellten sich die ein Jahr später erschienenen *Musikalischen Fest=Andachten* sowie die *Musikalischen Katechismus Andachten* wiederum nur ein Jahr später. Noch drei weitere Sammlungen vermochte Rist zu komponieren, bevor der Reigen mit den *Paßions=Andachten* im Jahre 1664 endete.

Ein derart auf vorbildliches lyrisches Wirken bedachter Dichter im weltlichen wie im geistlichen Metier tat sich schwer mit der zweckfreien lyrischen Muse. Aber er mußte sich auch in ihr versuchen, wenn anders er den Anspruch einlösen wollte, zum Opitz des Nordens sich aufzuschwingen. Auch der hatte der verfänglichen Praxis der Liebesdichtung gehuldigt. Also mußte Rist ihr gleichfalls seinen Tribut zollen. Er tat dies schon in seiner ersten Gedichtsammlung, der *Musa Teutonica*. Lyrische Liebesgedichte sollten auch im Norden erklingen, so sein Votum. Und das, um zu zeigen, daß die bis dato unbestellten Landschaften des nördlichen Deutschland nicht in amouröser Fruchtlosigkeit verharrten. Die Ermächtigung der Volkssprache zur humanistisch geläuterten Poesie nach dem Muster der Alten erfolgte allüberall im Liebeslied. Es bildete in der neueren Zeit seit Petrarca eine Schule der Poesie. War der Erweis erbracht, durfte man sich von diesem Metier verabschieden und die poetischen Zeugnisse alsbald als läßliche Jugendsünde apostrophieren. Das hatten die neueren Dichter des Auslands vorgemacht und Opitz und die Seinen wiederholt. Rist bildete da keine Ausnahme.

Oder doch? Er ließ keineswegs ab von dem gewagten Spiel. Er wechselte nur das Gattungs-Szenarium um ein weniges, ging über zur benachbarten Schäferdichtung.³⁹ Sie war im lyrischen Genre seit Theokrit und Vergil ein bevorzugtes Medium zur leicht verhüllten, nämlich pastoral inszenierten Liebessprache. Rist als einzigem Dichter des 17. Jahrhunderts verdanken wir zwei lyrische Liederbücher in schäferlicher Manier, seine *Galathee* aus dem Jahr 1642 und seine *Florabella* aus dem Jahr 1651, sie beide mehrfach wiederaufgelegt, also gleichfalls Erfolgsbücher.

Was aber vermochte den Pfarrer zu bewegen, diesen modischen Schwenk mitzuvollziehen? Nun, er gab dem Spiel eine Wendung, die ihm eine einzigartige Stellung in der Geschichte der lyrischen Pastorale sicherte. Was da als petrarkistisches Motivarsenal überkommen war, nahm im pastoralen Gewand eine neue, dem literarischen Schäfertum affine Gestalt an. Die angebetete Schäferin, der schmachtende Schäfer, sie rückten zu Exempeln treuer, frommer, und also – ungesagt – die christliche Lebensform der Ehe verkörpernder Boten der Tugend auf. Befreit vom Wahn der Affekte, geläutert im Wissen um die Schönheit wie die Würde der dauerhaften Liebe durften sie eingehen in das dichterische Pantheon des seines geistlichen wie poetischen Amtes gleichermaßen waltenden Patrons im Norden.

Daß er als solcher die eingeführte und von Opitz eindrucksvoll beglaubigte Form des Lehrgedichts auch zu der seinen machte, versteht sich fast von selbst. Hier konnte der Moralist in die Rolle des Sittenrichters wie des Zeitkritikers schlüpfen und immer zugleich die Maximen frommen gläubigen Lebens darein verweben. Die unerhörten Zeitläufe boten Stoff in Fülle. Und als der Krieg schließlich auch die Herzogtümer erreichte, Rists Hab und Gut einschließlich seiner schriftlichen Hinterlassenschaft ein Opfer von Raub und Habgier wurde, da bestand aller Anlaß, die so häufig verlautete Botschaft der Beständigkeit glaubend zu bezeugen und in Tat, Wort und Schrift zu bewähren. Titel wie der *Kriegs und Friedens Spiegel* (1640) oder der *Starke Schild Gottes* (1644), aber auch *Holsteins Erbärmliches Klag= und Jammer=Lied* (1644) nebst *Holstein vergiß eß nicht* (1648), schließlich *Die verschmähete Eitelkeit* (1658) geben davon Zeugnis.⁴⁰ Daß sich ein Autor wie Rist dann übersetzend an einen *Adelichen Hausvatter* machte, paßt in das Bild.⁴¹

Auf dem Feld der literarischen Ehre entschied jedoch nicht die lyrische Kleinform, war sie gleich noch so vielfältig assimiliert, und auch nicht das Lehrgedicht. Der Aus-

---

39 Vgl. in diesem Band den Beitrag: Pastoraler Petrarkismus und protestantisches Bürgertum. Die Schäferlyrik Johann Rists und Jakob Schwiegers, S. 403–428. Eine französische Version liegt vor unter dem Titel: Pétrarquisme pastoral et bourgeoisie protestante. La poésie pastorale de Johann Rist et Jakob Schwieger. – In: Le genre pastoral en Europe du XVe au XVIIe siècle. Ed. par Claude Longeon. – Saint-Étienne: Publications de l'Université de Saint-Étienne 1980 (= Centre d'Études de la Renaissance et de l'Âge Classique), pp. 269–297.

40 Vgl. in diesem Zusammenhang Sebastian Olden-Jørgensen: Dennemark ein Erbkönigreich im Jahre 1660. – In: Aufklärung als Problem und Aufgabe. Festschrift Sven-Aage Jørgensen. – München: Fink 1994 (= Text & Kontext. Sonderreihe; 33), S. 11–25.

41 Vgl. Gotthardt Frühsorge: Die Gattung der ›Oeconomia‹ als Spiegel adligen Lebens. Strukturfragen frühneuzeitlicher Ökonomieliteratur. Per Brahe – Schering Rosenhane – Johann Rist. – In: Arte et Marte. Studien zur Adelskultur des Barockzeitalters in Schweden, Dänemark und Schleswig-Holstein. Hrsg. von Dieter Lohmeier. – Neumünster: Wachholtz 1978 (= Kieler Studien zur deutschen Literaturgeschichte; 13), S. 85–107, S. 104ff.

griff auf die hohen Gattungen im Gefüge der alteuropäischen Poetik war obligatorisch. Das Drama und an der Spitze das Epos standen dem humanistischen Dichter als poetische Herausforderungen und zugleich als Garanten erhofften Ruhms vor Augen. Opitz hatte übersetzend und bearbeitend in der Tragödie und im Roman gleichermaßen Beispiele gegeben. Er hatte sich erzählend in seiner *Schäfferey Von der Nimfen Hercinie* und in einer Kreuzung aus Lehrgedicht und Epos sogar im *genus grande* mit seinem *TrostGedichte Jn Widerwertigkeit Deß Krieges* hervorgetan. Dieses Repertoire, den Verpflichtungen als Höfling und Diplomat abgerungen, begründete seine singuläre Stellung. Wer durfte hoffen, ein Neuerliches zu bewerkstelligen?

Rist hat den Abstand nie verleugnet. Und er sann auf Wege, es auf andere Weise dem Meister gleichzutun. Schon als Jugendlicher hatte er in Hamburg Bekanntschaft mit dem Schauspiel gemacht. Was da von Wandertruppen und heimischem Personal auf die Bühnen gelangte, war weit entfernt von gehobenen literarischen Ansprüchen. Es war das Schauspiel des 16. Jahrhunderts in allen Spielarten publikumswirksamer Agitation, nicht das elaborierte Bühnenstück des 17. Jahrhunderts nach dem Muster der Alten, wie es Opitz vorschwebte und später von Gryphius und Lohenstein meisterhaft in Szene gesetzt wurde. Ist es mehr als ein Zufall, daß sich der Name Rists die Jahrhunderte über vor allem an diese populärere Variante seiner Produktion knüpfte, wenn man absieht von seiner geistlichen Poesie?

Dazu trug zweierlei bei. Im Drama, und zumal in den Zwischenspielen, durfte der Dichter sich des Niederdeutschen bedienen. Hatte er es schon abgelehnt, dem Vers Eingang in die Schauspielerei zu gewähren, um der Sprache des Alltags nahe zu bleiben, so boten die der Haupthandlung kontrastierenden und mehr als einmal burlesken Einlagen die Möglichkeit, die aus der hohen Literatur verbannten Dialekte zu bewahren und Kostproben in einer Sparte vorzulegen, für die kein Opitz mehr Hilfe leistete. Auch über die Literarisierung des Niederdeutschen befestigte Rist seinen Anspruch als Gewährsmann und Konservator der kulturellen Szene im Norden.[42]

Zugleich aber griff er zu Stoffen, die seine Zuschauer bewegten. Rist ist einer der großen Dramatiker aktueller Zeitereignisse. Auch das ist eine Erbschaft der Reformation. Nun aber ging es um die dramatische Verarbeitung des die Nation aufwühlenden Dreißigjährigen Krieges, die Artikulation der Sehnsucht nach Frieden und schließlich den Jubel nach seinem endlichen – und nur allzu kurzfristigen –

---

42 Immer noch heranzuziehen Karl Theodor Gaedertz: Johann Rist als niederdeutscher Dramatiker. – In: Jahrbuch des Vereins für niederdeutsche Sprachforschung 7 (1881), S. 101–172; Otto Heins: Johann Rist und das niederdeutsche Drama des 17. Jahrhunderts. Ein Beitrag zur deutschen Literaturgeschichte. – Marburg: Elwert 1930 (= Beiträge zur deutschen Literaturwissenschaft; 38). Dazu die große Untersuchung von Ingrid Schiewek: Theater zwischen Traditionen und Neubeginn. Die Zwischenspiele des Johann Rist. – In: Studien zur deutschen Literatur im 17. Jahrhundert. – Berlin, Weimar: Aufbau-Verlag 1984, S. 145–251, mit dem reichen Anmerkungsapparat S. 457–472. Zum Kontext die ergiebige Studie von Agathe Lasch: Die Mundart in den nordniedersächsischen Zwischenspielen des 17. Jahrhunderts. – In: Aufsätze zur Sprach- und Literaturgeschichte. Festschrift Wilhelm Braune. – Dortmund: Ruhfus 1920, S. 299–351, wiederabgedruckt in: dies.: Ausgewählte Schriften zur niederdeutschen Philologie. – Neumünster: Wachholtz 1979, S. 360–412.

Einzug in deutschen Landen. Die Titel mit den klangvollen Namen haben sich im literarischen Gedächtnis bewahrt, angefangen mit der frühen *Irenaromachia* aus dem Jahr 1630 über *Das FriedeWünschende Teutschland* (1647) bis hin zum *Friedejauchtzenden Teutschland* (1653). Sie bildeten einen Ausschnitt aus einer viel reichhaltigeren Produktion, die sich freilich nur zum geringeren Teil erhielt.[43]

Mit der dramatischen Trias indes eroberte er sich nicht nur die Herzen und Federn der späteren national gesinnten Literaturhistoriker. Er vermochte mit ihr jene Erbschaft des Humanismus zu aktivieren, die seit den Tagen Dantes und Petrarcas umspielt war von nationalen Aspirationen. Viele der Dichter in der Opitz-Nachfolge widmeten sich dem großen Thema. Rist aber verstand es, ihm Breitenwirksamkeit zu sichern. Viele Aufführungen an den verschiedensten Orten sind bezeugt. Er hatte den Nerv seiner Zeit getroffen. Doch wie allen Dramatikern des 17. Jahrhunderts blieb auch ihm eine dauerhafte Anwesenheit auf den deutschen Bühnen versagt.

Der weisheitskundige Dichter

Am Schluß seines Lebens war es ihm vergönnt, eine Form des Schreibens zu entwickeln, die nur ihm zugehörte. Wie immer fehlte es nicht an Anregungen. Die Gestalt indes, die er ihr zu verleihen vermochte, war ganz die seine. Wir zögern nicht, darin ein besonderes Vermächtnis zu verehren. Harsdörffer, der Nürnberger Patrizier, das nach Opitz vor allem verehrte Vorbild, hatte mit seinen *Frauenzimmer Gesprechspielen* Muster literarischer Gesprächskultur für das literarische Deutschland gewonnen. Ihm eiferte Rist mit seinen sechs *Monatsgesprächen* (1663–1668) nach. Im Haus und im Garten zu Wedel fanden sich die Gesellschafter ein, um mit dem ›Palatin‹ des Ordens kolloquialen Austausch zu pflegen und sich überdies an Speis und Trank zu erfreuen.[44]

---

[43] Zur Friedensdichtung Rists vgl. Günter Dammann: Das Hamburger Friedensfest von 1650. Die Rollen von Predigt, Feuerwerk und einem Gelegenheitsgedicht Johann Rists in einem Beispielfall städtischer Repräsentation. – In: Stadt und Literatur im deutschen Sprachraum der Frühen Neuzeit. Bd. I–II. Hrsg. von Klaus Garber unter Mitwirkung von Stefan Anders, Thomas Elsmann. – Tübingen: Niemeyer 1998 (= Frühe Neuzeit; 39), Bd. II, S. 697–728 (wiederabgedruckt in: Hamburgische Kirchengeschichte in Aufsätzen. Teil 1: Von der Christianisierung bis zur Vorreformation. Teil 2: Reformation und konfessionelles Zeitalter. – Hamburg: Verein für Hamburgische Geschichte 2003–2004 (= Arbeiten zur Kirchengeschichte Hamburgs; 21–22), Teil 2, S. 351–387); Thomas Rahn: Krieg als Störfall der Rhetorik. Die Friedensspiele von Johann Rist und Justus Georg Schottelius. – In: Krieg und Rhetorik. Hrsg. von Thomas Rahn. – Tübingen: Niemeyer 2003 (= Rhetorik; 22), S. 43–57.

[44] Zu Rists Prosawerk Thomas Albert Mast: The Prose Author Johann Rist. A Contextualized Study of his Non-Dramatic Works. – Phil. Diss. University of Maryland 1998. Die ›Monatsgespräche‹ bekanntlich untersucht von Alfred Jericke: Johann Rists Monatsgespräche. – Berlin, Leipzig: de Gruyter 1928 (= Germanisch und Deutsch. Studien zu Sprache und Kultur; 2). Es ist schwer verständlich, daß ihre Edition in der von Eberhard Mannack besorgten und leider nicht zum Abschluß gelangten Ausgabe unter dem Obertitel ›Epische Dichtungen‹ erfolgte, der in eine ganz andere Richtung führt. Epische Texte von Rist liegen nicht vor. Vgl. die Bände IV–VI der Rist-

Was da verhandelt wurde? Nun, was auch in einzelnen Schriften gelegentlich schon Gegenstand des Ristschen Interesses gewesen war, jetzt aber auf verschiedene Gesprächspartner verteilt in seinen vielfältigen Facetten entfaltet wurde. Ob die Vorzüge der Tinte vor Wein, Milch und Wasser, des Lebens auf dem Lande vor dem im Krieg, in der Stadt oder bei Hofe, der Malerei vor Schauspielkunst, Poesie und Musik, ob die Suche nach dem Stein der Weisen oder die Erfindung der Buchdruckerkunst und nicht zuletzt die Kunst des Sterbens thematisiert werden – immer weiß Rist das im Umlauf befindliche Wissen zu aktualisieren und in ansprechender Weise seinen Partnern in den Mund zu legen. Wenn er selbst dann als letzter das Wort ergreift, so ist nicht nur die Autorität ›des Rüstigen‹ bestätigt, immer fällt auch ein Glanz auf den durch seine Rede ausgezeichneten Gegenstand.

Nicht nur als großer Dichter, auch als ein dem Volke sich verbindender Ratgeber und Weiser steht das Bild des Pfarrers Johann Rist uns über die Zeiten hinweg vor Augen.

Zuerst erschienen unter dem Titel: Literarischer und kulturpolitischer Statthalter im Norden Deutschlands. Ein Portrait Johann Rists. – In: ›Ewigkeit, Zeit ohne Zeit‹. Gedenkschrift zum 400. Geburtstag des Dichters und Theologen Johann Rist. Hrsg. von Johann Anselm Steiger. Mit einem Geleitwort von Hans Christian Knuth. – Neuendettelsau: Freimund 2007 (= Testes et testimonia veritatis; 4), S. 9–36. Hier in einer sogleich im Anschluß an die Publikation mit Anmerkungen versehenen Version. Jetzt vor allem auch zum Umfeld Rists heranzuziehen: Hamburg. Eine Metropolregion zwischen Früher Neuzeit und Aufklärung. Hrsg. von Johann Anselm Steiger, Sandra Richter. – Berlin: Akademie-Verlag 2012 (= Metropolis).

Ausgabe im Rahmen der ›Ausgaben deutscher Literatur des XV. bis XVIII. Jahrhunderts‹ im Verlag de Gruyter, Berlin, New York 1972–1976.

Lyrisches Ingenium im Kontext der sächsischen Liedtradition

Ein Porträt Paul Flemings

Prekäre Nachgeschichte

Fleming ist ein Sonderfall der deutschen Literatur des 17. Jahrhunderts. Sein Bild hat die Jahrhunderte über keine Verdunkelung erleiden müssen. Eben aufgetreten, nahmen Person und Werk bereits Züge der Verklärung an. Die nur um wenige Jahre Jüngeren huldigten ihm überschwenglich. Als er den Kreis der in Leipzig versammelten jugendlichen Talente frühzeitig verlassen hatte, schossen die von Sehnsucht und Hoffnung auf eine Rückkehr erfüllten Gedichte nur so aus dem Boden.

Das waren keine Pflichtübungen, die ein Gottfried Finckelthaus, ein Christian Brehme, ein Martin Christenius verlauten ließen, waren nicht Ehrengedichte zu Publikationen, Gratulationen zu Namens- und Geburtstagen oder akademischen Würden, sondern der Bezeugung von Freundschaft und Liebe gewidmete poetische Grüße. Kein Dichter des 17. Jahrhunderts hat eine so absichtslose und innige Verehrung genossen wie der nach wenigen Jahren aus den Augen der Vertrauten Entschwundene und nur noch aus der Ferne Vernehmbare.[1]

Auf eine bemerkenswerte Weise setzte sich der Kult nach dem frühen Tod fort. Schon im 17. Jahrhundert ließen sich Stimmen hören, die Opitz und Fleming

---

[1] Man vergleiche in der auf Fleming selbst zurückgehenden ersten Ausgabe seiner deutschsprachigen Gedichte (vgl. unten Anm. 5) die Abteilung ›D. Paull Flemings Absonderliches Buch Poetischer Wälder/ Jn welchem Seiner Freunde Ehren=Gedicht an Jhn zu befinden.‹ Sie steht auf S. 231–267 und bedürfte einer gesonderten eingehenden Untersuchung hinsichtlich der Beiträger wie der von ihnen verwandten poetischen Formen. Nicht auszuschließen, sondern eher wahrscheinlich ist, daß Fleming selbst noch eine Zusammenstellung der ihm gewidmeten poetischen Zuschriften vornahm. Es ist kein Gedicht auf seinen Tod darunter, vielmehr handelt es sich durchgehend um noch zu seinen Lebzeiten verfaßte Arbeiten, die zudem fast alle datiert sind. So erklärt es sich, daß etwa auch Flemings verstorbener Freund Georg Gloger zu Wort kommt. Unter den insgesamt 25 Beiträgern befinden sich – wiederholt mit mehreren Beiträgen – Reiner Brockmann, Martin Christenius, Christian Hertranft und Timotheus Polus. Formgeschichtlich verdient eine in der Aufmachung offensichtlich im 17. Jahrhundert singulär dastehende *Hirten-Ode* von Hertranft besondere Aufmerksamkeit. Die zu Flemings Tod verfaßten Beiträge sind in die Lübecker Ausgabe nicht eingegangen – auch das ein Indiz dafür, daß eine kompetente herausgeberische Hand fehlte. Vgl. unten Anm. 5. Nur Christian Hertranft fügte der Flemingschen Grabschrift am Schluß der Ausgabe einen Vierzeiler in Gestalt einer an den Leser gerichteten ›memor[ia] mortis‹ hinzu. Vgl. *Eines Andern*:
Hier liegt der deutsche Schwan/ der Ruhm der weisen Leute/
Der Artzney lieber Sohn/ der wolberedte Mund/
Dem noch kein Landsmann ie gleich reden hat gekunt.
Was/ Leser/ er itzt ist/ das kanstu werden heute. (S. 670)

verglichen und zugunsten des Letzteren votierten. Dieses Schicksal teilte Fleming mit einem anderen Großen, mit Simon Dach. Beide hätten sich gegen dieses Ranking verwahrt. Sie wußten, wer sie waren und was sie konnten. Aber sie wußten ebensowohl, was Opitz geleistet hatte und was man ihm schuldete. So kündigten sich frühzeitig Friktionen an, die nichts Gutes verhießen.

Die großen Spurensucher im 18. Jahrhundert zwischen Gottsched und Herder haben es vermocht, den Leipziger wie den Königsberger Dichter in Erinnerung zu halten; Opitzens Autorität stand für sie außer Frage. Dann aber, mit Formierung der Literaturgeschichte im frühen 19. Jahrhundert, setzte die Verwirrung ein. Opitz wurde zunehmend als undichterisch gescholten; Fleming hingegen als gefühlsinniger, erlebnisgeleiteter Poet inthronisiert, dessen Poesie Zeugnis ablegte von unglücklicher Liebe, umschattetem frühem Ende und mannhafter Bewährung. Wo gab es das noch im Jahrhundert, von dem Spätling Johann Christian Günther abgesehen?[2]

Fehlende moderne Werkausgabe

Der 400. Geburtstag Flemings sollte Anlaß genug sein, sein Werk von diesen Verzeichnungen zu reinigen und also in seiner geschichtlichen Statur in den Blick zu nehmen. Um die materialen Voraussetzungen dafür ist es denkbar schlecht bestellt. Das allen Moden so geneigte Fach ist mangelhaft gerüstet, wenn es um gesicherte Texte selbst unter den Großen der deutschen Literatur geht. Anders als Weckherlin, Opitz oder Rist, anders aber auch als seine Freunde Finckelthaus und Brehme oder seine Nachfolger Schirmer, Schoch und Stieler hat Fleming keine Ausgabe seiner Dichtungen veranstalten oder auch nur einzelne Werkgruppen publizieren können. Seine Texte waren verstreut, nur ein Bruchteil war zur Veröffentlichung gelangt, vieles allein handschriftlich in Umlauf.

So mußte es als ein Glücksfall gelten, daß er noch vor seinem Tod seine lateinischen wie seine deutschen Gedichte zumindest teilweise zusammenführen und seine Freunde und Reisegefährten, an der Spitze Adam Olearius, mit ihrer Betreuung und Publikation beauftragen konnte.[3] Sie haben sich des in sie gesetzten Vertrauens

---

2 Eine Rezeptionsgeschichte Flemings fehlt. Vgl. die reichhaltig kommentierte und mit dem Beitrag von Henricus Janichius aus dem Todesjahr Flemings einsetzende Dokumentation von Siegfried Scheer: Paul Fleming 1609–1640. Seine literarhistorischen Nachwirkungen in drei Jahrhunderten. – In: Imprimatur 9 (1939/1940), Anhang, S. 1–16. Jetzt der Beitrag von Wilhelm Kühlmann: Erinnerung als Roman. Fleming in der erzählenden Literatur des 19. und 20. Jahrhunderts. – In: Was ein Poëte kan! Studien zum Werk von Paul Fleming (1609–1640). Hrsg. von Stefanie Arend und Claudius Sittig in Verbindung mit Sonja Glauch und Martin Klöker. – Berlin, Boston: de Gruyter 2012 (= Frühe Neuzeit; 168), S. 425–440. Vgl. auch unten Anm. 9 und 10.

3 Das maßgebliche Zeugnis hierfür ist die Vorrede des Adam Olearius zur ersten kleinen Auswahl Flemingscher Gedichte, die ein Jahr nach seinem Tod erschien und als ›Prodromus‹, als ›Vorläufer‹ – oder, wie es zeitgenössisch hieß, als ›Vortrab‹ – zur Gesamtausgabe seiner lateinischen und deutschen Gedichte verstanden sein wollte. Vgl.: D. Paul Flemings POetischer Gedichten So nach seinem Tode haben sollen herauß gegeben werden. Prodromus. Hamburg Gedruckt bey

nur sehr bedingt als würdig erwiesen – mit allen bis heute schmerzlich fühlbaren Konsequenzen. Nur ein Teil der lateinischen Gedichte kam nach Flemings Tod zur Publikation.[4] Und die Edition der deutschen Gedichte, ein erstes Mal in den vierziger Jahren in Lübeck erschienen, ließ keine ordnende Hand mehr erkennen.[5]

    Hans Gutwasser/ in Verlegung Tobiae Gundermans Buchhändlers/ Anno M.DC.XLI. Hier heißt es in der von Olearius abgefaßten Widmungsschrift an drei Angehörige der ›Vornehmen Rahtsverwanten der Stadt Hamburg‹: »Es hette auch der Seel. Mann [Paul Fleming] diese seine Arbeit mit den ehesten/ weil er von vielen darumb ersuchet worden/ in offentlichen Druck herauß gegeben/ wenn nicht der vnverhoffte Todt jhm sein Ziel verrucket vnd jhn allzu schleunig auß dieser Welt gerissen hette. Gleichwol aber damit dz Werck nicht zugleich mit dem Meister stürbe vnd vergraben würde/ hat oberwehnte Sel. D. Fleming kurtz vor seinem Ende/ als er vermercket/ das es nunmehr mit jhm alles biß auff das Grab (wie er selbst in seinem letzten oder valet Carmine schleust) gethan sey/ hat er mehrerwente Poëmata in guter Disposition vnd ordentliche Inscriptionen, mir als seinem alten Freunde gewesenen Reisegefehrten vnd vieler seiner beschwerlichen Fortun Conscio & consorti zu vberreichen/ vnd zum beförderlichsten an den Tag zugeben/ ernstlich begehret/ wie ich denn auch diesen seinen letzten Willen zu vollenzihen mir emsig angelegen sein lassen wil/ auch darumb desto mehr weil das Werck der Wichtigkeit wol ist/ das es balt herauß vnd in Gelerter Leute Hände komme.« (fol. A2ᵛs.) (Hier zitiert nach dem Exemplar der SuUB Göttingen, Poet. Germ. II,5211).
4 Vgl.: Pauli Flemmingii Carmina aliquot inedita. Exemplar ohne Druckvermerk bzw. Kolophon in der Herzog August Bibliothek Wolfenbüttel (Gn [Gu?] 9028, S. 45–76). Zusätzlich heranzuziehen ist etwa das Exemplar der Deutschen Staatsbibliothek zu Berlin (8 W 30), das mit dem Kolophon ausgestattet ist: Hamburg: Naumann 1649. Vorausgegangen war zu Flemings Lebzeiten die kleine Sammlung: Paulli Flemmingii Promus miscellaneorum Epigrammatvm & Odarum, Omnem nuperorum dierum historiae penum abundanter extradens. Lipsiæ, Mense Septembri, Nobis meritißimo Sacro MDCXXXI. [1631] Sumptibus Rehefeldianis. Excudebat Gregorius Ritzsch. (Dünnhaupt Bd. II, S. 1494, Nr. 3, mit vier inkorrekten Transkriptionen). Die Sammlung enthält gleichermaßen lateinische und deutschsprachige Texte. Ein leicht greifbares Exemplar in der Sammlung Faber du Faur.
5 D: Paul Flemings Teütsche Poemata. Lübeck Jn Verlegung Laurentz Jauchen Buchh. Die Ausgabe liegt – ohne editorische Beigaben – in einem Reprint des Olms-Verlages, Hildesheim 1969, vor (nicht jedoch der *Prodromus*, wie Dünnhaupt (Bd. II, S. 1492, Nr. 1.2) fälschlich angibt). Sie ist wiederum mit einer Vorrede ausgestattet, die freilich nicht mehr gezeichnet ist – ein weiteres Indiz dafür, daß ein verantwortlicher Herausgeber nicht zur Stelle war. In der Vorrede wird wiederholt auf den Vorspann des *Prodromus* zurückgegriffen. Die Erwägung liegt nahe, daß der Verleger selbst oder eine ihm nahestehende Persönlichkeit zur Feder griff. Der Name von Olearius erscheint nicht mehr. Statt dessen wird Flemings Schwiegervater Heinrich Niehusen, der schon als treibende Kraft anläßlich der Publikation des *Prodromus* von Olearius in seiner Vorrede namhaft gemacht wurde, nun auch als maßgebliche Instanz für das Zustandekommen der Ausgabe der deutschen Gedichte Flemings eingeführt. Die Vermutung, daß der Verleger auf diese Weise die Authentizität der Ausgabe zu untermauern suchte, ist schwerlich von der Hand zu weisen.
    Im einzelnen heißt es in der ›Vorrede An alle Liebhabere der hochgestiegenen Deutschen Poesy‹: »Wie nun sein Geist nach verrichteten Feriis nimmer ruhen können/ Also haben seine Poetische Labores von Tage zu Tage zu genommen/ biß Sie endlich zu einem grossen Convolut erwachsen/ und weil Sie zugleich in vieler Hände/ entweder von Jhme selbst/ oder auch da ein Liebhaber dem andern solche eintzeln communiciret, gerathen ist Er von vielen fürnehmen Leuten in Schrifften auch mündlich ersucht/ ermahnet und gereitzet worden/ Er solchen seinen Partum nicht untergehen lassen/ sondern der Posteritet durch offenen Druck consecriren möchte/ gleich unterschiedliche/ so an Jhn als andere seine gute Freunde deßwegen außgelassene annoch vorhandene Missiven bezeugen. Dannenhero Er Ursach genommen/ alle seine Labores, so viel Er derselben noch bey sich gehabt/ aus dem ersten Concept ins reine zu schreiben/ und in eine gewisse Ordnung zu fassen/ deß gäntzlichen Vorsatzes und Willens/ dieselben nach abgelegter Persianischer Reise in offenen Druck zu geben/ und dadurch/ was Er in solchen abgelegenen Orten obser-

Hätte es nicht im 19. Jahrhundert der große Hamburger Archivar Johann Martin Lappenberg in seinen späten Jahren als eine ihm zugefallene Verpflichtung empfunden, dem in Hamburg Verstorbenen und in der Katharinenkirche Begrabenen ein editorisches Denkmal zu setzen, es stünde nach dem Versagen der Freunde noch schlechter um Flemings Werk.[6]

Lappenberg hat sich bemüht, der Gesamtheit der Flemingschen Texte habhaft zu werden, sie ausnahmslos zu publizieren und mit Annotationen, einer Bibliographie und zahlreichen editorischen Beigaben aus dem Kreis um Fleming zu verse-

---

viret, auch wie es zuweilen Jhme oder seinen Gefährten ergangen/ den Liebhabern der Edlen Poeterey und fernen Reisen mit zutheilen.

Alldieweil Er aber nach seiner von der berühmten Universitet Leyden in Holland/ woselbst Er den Gradum Doctoris in Facultate Medicâ mit grossen Ruhm angenommen/ Anno 1640. zu Hamburg beschehenen Zurückkunfft durch den Todt/ wiewol frühzeitig hingerissen/ solch sein für gesetztes Ziel nicht erreichen mügen. Damit demnach sothane herrliche monumenta von den Motten nicht verzehret/ vielmehr aber deß Autoris, der mit allen Ehren unter die berühmte Fruchtbringende Gesellschafft der trefflichen Poeten/ als Opitij/ Werders/ Buchners und dergleichen mit zurechnen/ löbliche Propos ins Werck gesetzet/ zugleich auch vieler fürnehmer Leute desiderium erfüllet würde/ als hat der Ehrenveste/ Für=Achtbare und Wolfürnähme Herr Heinrich Niehausen/ der löblichen Gemeine und Bürgerschafft zu Revall Eltester und Handelsmann/ seine dem Autori auch in der Gruben zugetragene Schwieger=väterliche Affection zu bezeugen und daneben seiner in dem/ vergangenen 1641. Jahrs außgelassenen Prodromo gethanen Zusage ein Genügen zu thun/ nunmehr alle deß Sel. D. Flemingij verhandene Deutsche Poemata, wie Sie/ derselbe ordentlich disponiret, und sothan gantzes Opus dem Durchläuchtigen/ Hochgebornen Fürsten und Herrn/ Herrn Friedrichen/ Erben zu Norwegen/ Hertzogen zu Schleßwig [...] aus unterthäniger Devotion, und damit dieser sein Partus [!] Principem literarissimum zum mächtigen Patronen haben möchte/ dediciret, heraus geben wollen« (fol. π6ʳ–π7ᵛ). Vgl. zur Problematik der zeitgenössischen Fleming-Ausgaben auch Entner (Anm. 12), S. 529–535.

6 Vgl.: Paul Flemings Lateinische Gedichte. Hrsg. von J.M. Lappenberg. – Stuttgart: Litterarischer Verein 1863 (= Bibliothek des Litterarischen Vereins in Stuttgart; 73). Reprint Amsterdam: Rodopi 1969. – Paul Flemings Deutsche Gedichte. Hrsg. von J.M. Lappenberg. Bd. I–II. – Stuttgart: Litterarischer Verein 1865 (= Bibliothek des Litterarischen Vereins in Stuttgart; 82–83). Reprint Darmstadt: Wissenschaftliche Buchgesellschaft 1965. Hier in der Ausgabe der lateinischen Gedichte, S. 476–480, eine Skizze zur Überlieferung der lateinischen Gedichte Flemings. In der Ausgabe der deutschen Gedichte, Bd. II, S. 835–850, findet sich eine grundlegende Bibliographie der Schriften Flemings, die eingeleitet wird mit einer Angabe der seinerzeit verfügbaren Editionen. Hinzuzunehmen ist das Kapitel ›Die bisherigen Ausgaben der deutschen Gedichte und Plan der neuen‹, S. 894–900. Die leichtfertig hingeworfene Bemerkung des ansonsten für seine Penibilität bekannten Fleming-Forschers Hans Pyritz, daß Lappenbergs Ausgabe »textkritisch falsch fundiert« sei, da nicht auf den *Prodromus* rekurrierend – so unter Verweis auf Albert Bornemann: Die Überlieferung der deutschen Gedichte Flemings. – Diss. phil. Greifswald 1882 –, ist nicht haltbar. Vgl. Hans Pyritz: Paul Flemings Liebeslyrik. Zur Geschichte des Petrarkismus. – Göttingen: Vandenhoeck & Ruprecht 1963 (= Palaestra; 234) (Erstdruck 1932), S. 11. – Zu Lappenberg vgl. die einschlägige Monographie von Rainer Postel: Johann Martin Lappenberg. Ein Beitrag zur Geschichte der Geschichtswissenschaft im 19. Jahrhundert. – Lübeck, Hamburg: Matthiesen 1972 (= Historische Studien; 423); ders.: Johann Martin Lappenberg. Wegbereiter der hamburgischen Geschichtswissenschaft. – In: Gelehrte in Hamburg im 18. und 19. Jahrhundert. Hrsg. von Hans-Dieter Loose. – Hamburg: Christians 1976 (= Beiträge zur Geschichte Hamburgs; 12), S. 157–178. Hinzuzunehmen die zeitgenössische Studie von einem Wahlverwandten: Friedrich Lorenz Hoffmann: Hamburgische Bibliophilen, Bibliographen und Litterarhistoriker. XVIII: Johann Martin Lappenberg. – In: Serapeum 28 (1867), S. 209–216, S. 225–235.

hen.⁷ Es bedeutete viel, daß auch der lateinische Dichter zu Wort kam. Ein Jahrhundert später, als Walther Ziesemer in Königsberg an eine Dach-Ausgabe ging und vier voluminöse Bände vorlegte, war – von Ausnahmen abgesehen – nur der deutschsprachige Teil an die Öffentlichkeit gelangt – gleichfalls ein bis heute andauerndes Ärgernis.

Lappenberg aber meinte, säuberlich die Sprachgrenzen beobachten zu müssen. Reiz und Besonderheit lagen im durchgängig bilingualen 17. Jahrhundert jedoch gerade im Nebeneinander von lateinischen und deutschen Texten in einer und derselben Schrift. Eine solche war auch im Falle Flemings häufig aus mehreren Gedichten zusammengefügt, einmal bestückt mit Arbeiten ausschließlich von Fleming, ein anderes Mal mit Texten von seiner Hand und denen seiner Freunde, die sich zusammentaten, um einen Anlaß, eine ›Gelegenheit‹, gemeinsam poetisch zu begehen.

Dieses gesamte interne Verweisungs- und Kommunikationsnetz ist in der Lappenbergschen Ausgabe nicht erkennbar. Ein sensibles Organon ist empfindlich versehrt. Lappenbergs Ausgabe ist aber die einzige wissenschaftlich brauchbare geblieben. Wann endlich wird die Fleming-Edition in Angriff genommen, die den zeitgenössischen Produktions- und Distributionsformen Rechnung trägt, geschlossene Textcorpora in originärer Gestalt darbietet und der Deformierung ein Ende bereitet?⁸

---

7 Diese Beigaben füllen den Textteil des zweiten Bandes der deutschen Gedichte Flemings in der Ausgabe Lappenbergs. Es handelt sich im einzelnen um den Abdruck von Rinckarts *Die Müllerin-Stimme*, um Flemings *Sylvarum liber adoptivus* insbesondere mit Briefen und poetischen Zuschriften von und an Fleming, um die Wiedergabe der Fleming zuteil gewordenen und oben erwähnten poetischen Huldigungen aus der Lübecker Ausgabe, die Lappenberg um weitere Zeugnisse vermehrt und zudem in eine chronologische Reihenfolge gebracht hat. Auch wurden einige Lappenberg bekannte und Fleming gewidmete poetische Beiträge – bis hin zu August Wilhelm Schlegels poetischen Würdigungen – hinzugefügt. In einer vierten Rubrik findet man die lateinischen und in einer fünften die deutschsprachigen Gedichte Georg Glogers vereinigt. Eine abschließende sechste Sequenz ist Glogers *Decas Latino-Germanicorum Epigrammatum* aus dem Jahre 1631 gewidmet. Die Lappenbergsche Fleming-Ausgabe ist also auch für die Kenntnis des Werkes von Gloger von erheblicher Bedeutung. Ansonsten ist der Wert der Lappenbergschen Ausgabe vor allem in dem reichen Anmerkungsapparat zu suchen. Sie ist ein Organon ersten Ranges vor allem für die Personenkunde im Umkreis Flemings geblieben.

8 Beiträge zu einer neuen Fleming-Ausgabe wurden in den achtziger und frühen neunziger Jahren vor allem von Marian Sperberg-McQueen und Klaus Garber geliefert. Vgl. Marian R. Sperberg-McQueen: Gedichte von Paul Fleming in der Stolbergschen Leichenpredigten-Sammlung. – In: Jahrbuch der Deutschen Schillergesellschaft 26 (1982), S. 1–8; dies.: Neues zu Paul Fleming. Biobibliographische Miszellen. – In: Simpliciana 6/7 (1985), S. 173–183; dies.: Paul Fleming. A Report on a Newly-Found Poem and Imprints in Zwickau and Wrocław. – In: Michigan Germanic Studies XII/2 (1986), pp. 105–132; dies.: Zu Paul Fleming. Erstdrucke seiner Gedichte in Erlangen. – In: Simpliciana 11 (1989), S. 263–265; dies.: An Autograph Manuscript of Early Poems by Paul Fleming in der Ratsschulbibliothek in Zwickau. – In: Humanistica Lovaniensia 42 (1993), pp. 402–450. – Klaus Garber: Paul Fleming in Riga. Die wiederentdeckten Gedichte aus der Sammlung Gadebusch. – In: Daß eine Nation die ander verstehen möge. Festschrift für Marian Szyrocki. Hrsg. von Norbert Honsza, Hans-Gert Roloff. – Amsterdam: Rodopi 1988 (= Chloe. Beihefte zum Daphnis; 7), S. 255–308. [Wesentlich erweiterte Fassung mit Präsentation der Gedichte Flemings aus der Sammlung Gadebusch in einer zweisprachigen Edition in: Klaus Gar-

Erlebnis versus geschichtliche Erfahrung

Paul Fleming (1609–1640), früh herangereift, früh vollendet, früh als Bräutigam gestorben, hat nicht aufgehört, die Phantasie seiner Leser und Interpreten zu beschäftigen. Hier einmal schien ein menschliches und künstlerisches Wunder sich zu ereignen. Inmitten einer von Nachahmung, poetischen Rezepten, rhetorischen Strategien geprägten Poesie hätte demnach ein Einzelner das Wagnis auf sich genommen, sein Leben, sein Schicksal, seine Liebe zur Grundlage seiner Poesie zu machen. Ein einziges Mal wäre Dichtung den Erlebnissen einer großen Persönlichkeit entsprungen, gehorchte den Gesetzen, die man an der Dichtung der Goethezeit zu gewahren glaubte, nicht aber im 17. Jahrhundert. Ein Brückenschlag von Fleming über einen Wahlverwandten, Johann Christian Günther, zu Ende des Jahrhunderts bis hin zum jungen Goethe schien sich über einer Literatur aufzutun, in der ansonsten Dürre, Verstandeskälte, Seelenlosigkeit obwalteten.

Auch Fleming also entging den Fängen einer ebenso ahnungslosen wie biedermännischen Zunft nicht, beherrscht von den trivialen Prämissen einer vielköpfigen Hydra der Erlebnis-Ästhetik, nur daß in seinem Fall der Spieß umgedreht und ins vermeintlich Positive gewendet wurde.[9] Inzwischen ist lange aufgeräumt mit diesen Klischees.[10] Dichtung so wenig wie irgendeine andere Kunst wurzelt in Gefühlen,

---

ber: Martin Opitz – Paul Fleming – Simon Dach. Drei Dichter des 17. Jahrhunderts in Bibliotheken Mittel- und Osteuropas. – Köln, Weimar, Wien: Böhlau 2013 (= Aus Archiven, Bibliotheken und Museen Mittel- und Osteuropas; 4), S. 159–336]. – Vgl. aus der jüngeren Literatur auch: Barbara Becker-Cantarino: Drei Briefausgaben von Paul Fleming. – In: Wolfenbütteler Beiträge. Aus den Schätzen der Herzog August Bibliothek 4 (1981), S. 191–204; Martin Bircher: Paul Fleming. Zwei unbekannte Gedichte auf Martha Elisabeth Aeschel, geb. Herold (1631). – In: Wolfenbütteler Barock-Nachrichten 11 (1984), S. 10–14; John Roger Paas: Ergänzende Einzelheiten zu Paul Flemings deutschen Einblattdrucken. – In: Wolfenbütteler Barock-Nachrichten 11 (1984), S. 14f.; Heinz Entner: Die Paul-Fleming-Werkhandschrift der Herzog August Bibliothek Wolfenbüttel. – In: Wolfenbütteler Barock-Nachrichten 17 (1990), S. 73–82. Vgl. jetzt auch Dieter Martin: Fortgesetzte Trauer. Ein unbekannter Druck mit Begräbnisgedichten Paul Flemings. – In: Daphnis 35 (2006), S. 695–711.

9 Vgl. die entsprechende kritische Revue Walter Benjamins anläßlich des Erscheinens des von Emil Ermatinger betreuten Sammelwerks *Philosophie der Literaturwissenschaft* (Berlin: Junker & Dünnhaupt 1930), wo es abschließend heißt: »In diesem Sumpfe ist die Hydra der Schulästhetik mit ihren sieben Köpfen: Schöpfertum, Einfühlung, Zeitentbundenheit, Nachschöpfung, Miterleben, Illusion und Kunstgenuß zu Hause.« Vgl. Walter Benjamin: Literaturgeschichte und Literaturwissenschaft. – In: ders.: Kritiken und Rezensionen. Hrsg. von Hella Tiedemann-Bartels. – Frankfurt a.M.: Suhrkamp 1972 (= Gesammelte Schriften; 3), S. 283–290, hier S. 286.

10 Vgl. etwa die symptomatischerweise an der lateinischen Dichtung Flemings gewonnenen Einsichten in den Arbeiten von Beate Czapla: Erlebnispoesie oder erlebte Poesie? Paul Flemings *Suavia* und die Tradition des zyklusbildenden Kußgedichts. – In: Lateinische Lyrik der Frühen Neuzeit. Poetische Kleinformen und ihre Funktionen zwischen Renaissance und Aufklärung. Hrsg. von Beate Czapla, Ralf Georg Czapla, Robert Seidel. – Tübingen: Niemeyer 2003 (= Frühe Neuzeit; 77), S. 356–397; dies.: Sarbiewski und Fleming. Parodistische und andere intertextuelle Verfahren in Maciej Kasimierz Sarbiewskis und Paul Flemings Hochzeits-Dithyramben (Sarbiewski, Epode 7; Fleming, Sylva 8, Dithyrambus). – In: ›Parodia‹ und Parodie. Aspekte intertextuellen Schreibens in der lateinischen Literatur der Frühen Neuzeit. Hrsg. von Reinhold F. Glei, Robert Seidel. – Tübingen: Niemeyer 2006 (= Frühe Neuzeit; 120), S. 67–89. Vgl. von Czapla auch: Paul Flemings *Parentatio Adonidis*. Edition und Interpretation eines bislang wenig beachteten Gedich-

Erlebnissen, psychischen Dispositionen. Sie ist überhaupt nicht auf einen Ursprung außerhalb ihrer selbst zurückzuführen. Wohl aber ist sie Seismograph von Erfahrungen, individuellen wie kollektiven. Erfahrung ist geprägt von Erinnerung, persönlicher wie geschichtlicher. Als solche spricht sie über die Zeiten hinweg, verlangt nach Lesern und Interpreten, die sich auf die Wahrnehmung der Nähe wie der Ferne, die Entzifferung nicht verstummter Botschaften über die Zeiten hinweg verstehen.

Auch das deutsche 17. Jahrhundert, immer wieder gescholten und jüngst sogar von Zunftgenossen aus dem literarischen Kanon der Deutschen verbannt, hat Dichter von Statur mit weitem geschichtlichem Horizont besessen; auch im sogenannten ›Zeitalter des Barock‹ ist große, die Zeiten überdauernde Dichtung entstanden. Und keinesfalls nur Gryphius oder Grimmelshausen, Angelus Silesius oder Friedrich von Spee stehen dafür ein. Von der Gründer-Generation um Georg Rudolf Weckherlin, Julius Wilhelm Zincgref und Martin Opitz bis hin zu Christian Hoffmann von Hoffmannswaldau, Anton Ulrich von Braunschweig-Wolfenbüttel und Daniel Casper von Lohenstein in der zweiten Jahrhunderthälfte erstreckt sich ein Reigen erlauchter Namen von Dichtern, die beitrugen zur Ausbildung einer deutschsprachigen Dichtung aus dem Geist des europäischen Humanismus, welche ebenbürtig neben der des nachfolgenden Jahrhunderts der Aufklärung steht. Die wiederum großen Aufklärer, angefangen bei Johann Christoph Gottsched und nicht endend bei Lessing, Wieland und Herder, wußten, was sie ihren Vorgängern schuldeten.[11]

---

tes. – In: Neulateinisches Jahrbuch 4 (2002), S. 31–53. Hier heißt es als Resümee: »Weit davon entfernt also, irgendwelche Gefühle des Dichters abzubilden, erweist sich die *Parentatio Adonidis* als artifizielles Gebilde im Schnittpunkt antiker und zeitgenössischer, paganer und religiöser Dichtung, als geistreiches poetisches Spiel mit der antiken Tradition der Adonis-Dichtung, als Gattungsmetamorphose von der Epik zur Lyrik, als metaphorisch-mythische Gestaltung des Konfliktes zwischen zwei Lebensformen, nämlich der Hingabe an die Liebe in der Jugend, zu der das Opfer der Keuschheit gehört, und die Bewahrung der Tugend, mit der das nutzlose Vergehen der Schönheit in Kauf genommen wird« (S. 44). Zum Grundsätzlichen: Robert Seidel: ›Parodie‹ in der Frühen Neuzeit. Überlegungen zu Verbreitung und Funktion eines intertextuellen Phänomens zwischen Humanismus und Aufklärung. – In: Wolfenbütteler Renaissance-Mitteilungen 27 (2003), S. 112–134. – Die gesamte ältere Literatur ist mehr oder weniger explizit dem erlebnisästhetischen Paradigma verpflichtet. Kanonisiert wurde es erstaunlicherweise über einen unbefragten seelengeschichtlichen Ansatz von Hans Pyritz in der oben Anm. 6 aufgeführten Studie. Dazu kritisch (vornehm zurückhaltend, aber, wie immer, grundsätzlich) Richard Alewyns Besprechung in der ›Deutschen Literaturzeitung‹ 54 (1933), Sp. 924–932. Wiederabgedruckt in: Deutsche Barockforschung. Dokumentation einer Epoche. 2. Aufl. Hrsg. von Richard Alewyn. – Köln, Berlin: Kiepenheuer & Witsch 1966 (= Neue Wissenschaftliche Bibliothek; 7), S. 438–443. Vgl. zum Problemkomplex auch Peter Krahé: Persönlicher Ausdruck in der literarischen Konvention. Paul Fleming als Wegbereiter der Erlebnislyrik? – In: Zeitschrift für deutsche Philologie 106 (1987), S. 481–513; Mari Tarvas: Paul Fleming und Autobiografie. Zu einigen Tendenzen der Rezeption seines Werks. – In: Autobiografisches Schreiben von der Frühen Neuzeit bis in die Gegenwart. Hrsg. von Mari Tarvas. – Frankfurt a.M. u.a.: Lang 2009, S. 17–28. Schließlich sei auch verwiesen auf die in diesem Zusammenhang heranzuziehende Arbeit von Manfred Beller: Thema, Konvention und Sprache der mythologischen Ausdrucksformen in Paul Flemings Gedichten. – In: Euphorion 67 (1973), S. 157–189.

11 Vgl. die einschlägigen Beiträge in: Europäische Barock-Rezeption. In Verbindung mit Ferdinand van Ingen, Wilhelm Kühlmann, Wolfgang Weiß hrsg. von Klaus Garber. Bd. I–II. – Wiesbaden:

Stationen des Lebens im literarhistorischen Kontext

Um 1600 zählten wenige Jahre viel. Paul Fleming war um ein gutes Dutzend Jahre jünger als die Archegeten der neuen Bewegung. Ihm blieb die Teilnahme am Aufbruch des protestantisch-calvinistischen Deutschland gegen den erstarkten Katholizismus ebenso versagt wie die bewußte Gewahrung des Scheiterns eben dieses calvinistischen Mitteleuropas im November 1620 in der Schlacht am Weißen Berge bei Prag mit den weitreichendsten Folgen für die Geschicke der Deutschen und ihrer Literatur. Ihm im Gegenteil winkte eine glückliche Zukunft.

Er wuchs auf in der gesegneten Musiklandschaft Mitteldeutschlands.[12] Geboren in Hartenstein im Vogtländischen, kam er frühzeitig nach Leipzig, einer Hochburg musikalischer Kultur, wie sie im Umkreis der Universität, der Kirchen St. Thomas und St. Nicolai und nicht zuletzt des Dresdener Hofes und seiner berühmten Hofkapelle zu Gehör gelangte.[13] Bei dem namhaftesten dieser Leipziger Musiker, der zugleich auch als Dichter zu seinen Kompositionen hervortrat, bei Johann Hermann Schein, dem Thomaskantor, ging er in die musikalische Schule. Das Werk Flemings ist nur zu verstehen, wenn es aus dem Geist der Liedkultur, wie sie um 1600 ihre letzte Blüte erlebte, entfaltet wird.[14]

Als er zu dichten anhob, lagen aber auch bereits die ersten Kostproben der neuen Poesie vor. Weckherlin hatte 1618/19 seine *Oden und Gesänge* in zwei schmalen, aber gehaltreichen Bändchen zusammengestellt. Die Freunde Opitzens in Heidelberg und Straßburg mit dem rührigen Zincgref an der Spitze hatten eine von Opitz aus Breslau an Neckar und Rhein mitgebrachte Sammlung seiner Gedichte bearbeitet, hatten sie erweitert um einige Stücke jüngsten Datums und mit einer programmatischen Vorrede versehen. Im gleichen Jahr 1624 erschien Opitzens schmale Poetik, das *Buch von der Deutschen Poeterey*. Ein Jahr später lagen seine Gedichte in einer von ihm autorisierten Fassung vor, wohlgegliedert in acht Bücher und wiederum ausgestattet mit einer berühmten Vorrede an den Gründer der ›Fruchtbringenden Gesellschaft‹ Fürst Ludwig von Anhalt-Köthen. Hernach traten seine ersten Übersetzungen hinzu, stets begleitet von eigenen Arbeiten. Die junge deut-

---

Harrassowitz 1991 (= Wolfenbütteler Arbeiten zur Barockforschung; 20).

12 Die maßgebliche Biographie stammt von Heinz Entner: Paul Fleming. Ein deutscher Dichter im Dreißigjährigen Krieg. – Leipzig: Reclam 1989 (= Reclams Universal-Bibliothek. Biographien; 1316). Vielfach immer noch mit Gewinn zu lesen ist die im Anhang zu Lappenbergs Edition der deutschen Gedichte Flemings (vgl. Anm. 6) plazierte und aus zwanzig einzelnen Abschnitten gefügte Studie ›Zur Biografie Paul Flemings‹, S. 851–894. Auf die vielen Fleming-Porträts braucht hier ebenso wenig eingegangen zu werden wie auf Spezialarbeiten zu einzelnen Lebensabschnitten. Zu letzteren vgl. die folgenden Anmerkungen.

13 Dazu jetzt Indra Frey: Paul Flemings deutsche Lyrik der Leipziger Zeit. – Frankfurt a.M. u.a.: Lang 2009 (= Europäische Hochschulschriften. Reihe 1: Deutsche Sprache und Literatur; 1987).

14 Vgl. zum Kontext: Werner Braun: Thöne und Melodeyen, Arien und Canzonetten. Zur Musik des deutschen Barockliedes. – Tübingen: Niemeyer 2004 (= Frühe Neuzeit; 100). Vgl. jetzt auch Manfred Kern, Otto Rastbichler: Wie klinget mein Gethöne? Zur Intermedialität barocker Lyrik und zu Vertonungen von Flemings weltlichen Gedichten. – In: Was ein Poëte kan! (Anm. 2), S. 409–423.

sche Literatur hatte Anschluß gefunden an das weiter fortgeschrittene Ausland in West und Ost, und rasch vermehrte sich die Zahl der Muster.

Sprechen wir also von einem glücklichen Geschick Flemings, so im Blick auf diese doppelte Erbschaft, die er sich produktiv anzueignen vermochte. In der Zusammenführung der älteren deutschen Liedkultur mit der aus dem Geist des Humanismus eben erwachsenen neuen deutschen Poesie wird man das Geheimnis seiner Poesie zu suchen haben. Diese poetische Synthesis bewerkstelligte er wie niemand sonst in seinem Jahrhundert – den einen Simon Dach in Königsberg vielleicht ausgenommen, der aber zugleich doch andere Wege beschritt. Traditionsgeschichtliche und landschaftliche Situierung sind also auch im Falle Flemings die Schlüssel, die einen Zugang zu seinem Werk versprechen – einem singulären, ebenso anmutigen und leicht geschürzten wie tiefgründigen und zum Sinnen und Entziffern einladenden.[15]

Im Aufgebot einer fürstlichen Gesandtschaft

Dazu kam jedoch etwas Drittes und wiederum Extraordinäres. In Leipzig und Sachsen vermochte das poetische Genie, seines bürgerlichen Zeichens Magister der Philosophie, beruflich nicht Fuß zu fassen. Da winkte die Glücksgöttin mit einem ihrem Wesen entsprechenden und eben deshalb in seinen Augen zwielichtigen Geschenk, das ein lebensbestimmendes werden sollte.

Über einen älteren Weggefährten, der als frischgebackener Magister zu seinen Prüfern in der Leipziger Artistenfakultät gehört hatte und alsbald zu seinen engen Freunden zählen sollte, über Adam Olearius erging das Angebot, an einer Gesandtschaft des holsteinischen Hofes in Gottorf nach Rußland und Persien teilzunehmen. Das war eine jener kühnen Unternehmungen eines kleinen Herzogtums, von der sich ein ehrgeiziger Fürst im Zuge des eben erwachenden merkantilistischen Agierens die Entdeckung eines neuen Handelsweges zur Heranführung der kostbaren persischen Seide versprach. Sie endete wirtschaftlich in einem Fiasko. Aber sie zeitigte unversehens wenn nicht weltliterarische, wie später beim alten Goethe, so doch für die deutsche Literatur des 17. Jahrhunderts weitreichende Folgen.[16]

---

[15] Dazu jetzt neben den einschlägigen Beiträgen in dem Anm. 2 zitierten Sammelband *Was ein Poëte kan!* auch der gehaltreiche weitere, Paul Fleming gewidmete Sammelband: Paul Fleming und das literarische Feld der Stadt Tallinn in der Frühen Neuzeit. Zum Sprach-, Literatur- und Kulturkontakt einer Region. Hrsg. von Mari Tarvas unter Mitwirkung von Heiko F. Marten, Aigi Heero, Merle Jung, Helju Ridali und Maris Saagpakk. – Würzburg: Königshausen & Neumann 2011. Die wichtigste Monographie aus der jüngeren Zeit zum Werk Flemings rührt her von Marian R. Sperberg-McQueen: The German Poetry of Paul Fleming. Studies in Genre and History. – Chapel Hill, London: The University of North Carolina Press 1990 (= University of North Carolina Studies in the Germanic Languages and Literatures; 110).

[16] Die ausgebreitete Literatur zu diesem Komplex findet man zusammengeführt bei Detlef Haberland: Paul Fleming – Reise, Rhetorik und poetische ›ratio‹, sowie bei Dietmar Schubert: ›Zeuch in die Mitternacht/ in das entlegne Land‹. Rußlandbilder in den Gedichten Paul Flemings und in der Reisebeschreibung des Adam Olearius. – In: Spiegelungen. Entwürfe zu Identität und Alteri-

Und das dank des Gespanns der beiden Freunde Olearius und Fleming. Olearius nämlich legte schon 1647 seine *Beschreibung Der Muscowitischen und Persischen Reyse* vor, die wiederholt neu aufgelegt wurde und dem 17. Jahrhundert erstmals eine genauere Vorstellung des bislang als *terra incognita* geltenden russischen Riesenreichs vermittelte.[17] Fleming aber war als Lyriker zur Stelle und bedichtete Personen und Stationen während der insgesamt sechs Jahre zwischen 1633 und 1639 sich hinziehenden Reise. Er war als poetischer Diarist tätig wie auf ganz andere Weise später die Nürnberger Dichter im Zuge der Verhandlungen und Feierlichkeiten anläßlich des Friedensschlusses von Münster und Osnabrück. Sie wurden in Nürnberg zelebriert, während derer das poetische Genie des Fleming einzig kongenialen Dichters Johann Klaj sich vernehmen ließ. Im fernen Rußland indes war Alterität in der Begegnung mit slawischem Menschentum erfahrbar geworden, wie sie in dieser Form den wenigsten Humanisten vergönnt war. Beide, der Prosaiker wie der Lyriker, nutzten ihre Chance.

---

tät. Festschrift für Elke Mehnert. Hrsg. von Sandra Kersten, Manfred Frank Schenke. – Berlin: Frank & Timme 2005, S. 413–431 bzw. S. 433–452. Vgl. auch die eingehenden Nachweise bei Garber: Paul Fleming in Riga (Anm. 8), S. 255f., Anm. 1. Seither vor allem hinzuzunehmen das Kapitel ›Epistolae ex Persia. The Poetic Epistles Written during the Persian Journey (1636–1638)‹ bei Sperberg-McQueen: The German Poetry of Paul Fleming (Anm. 15), pp. 133–178, pp. 206–210 (Anmerkungen); Wolfgang Struck: ›Persien in Persien suchen und nicht finden.‹ Adam Olearius und Paul Fleming auf der Reise nach Isfahan (1633–1639). – In: Ins Fremde schreiben. Gegenwartsliteratur auf den Spuren historischer und fantastischer Entdeckungsreisen. Hrsg. von Christof Hamann, Alexander Honold. – Göttingen: Wallstein 2009 (= Poiesis; 5), S. 23–41. Vgl. jetzt auch die einschlägigen Arbeiten in den beiden Anm. 2 und 15 zitierten neuen Fleming-Sammelbänden. Verwiesen sei auf den Beitrag von Hamid Tafazoli: Paul Flemings Reiselyrik als Versuch einer transkulturellen Kommunikation der Frühen Neuzeit. – In: Paul Fleming und das literarische Feld der Stadt Tallinn (Anm. 15), S. 61–73, sowie die vier Beiträge von Roswitha Jacobsen, Ivars Orehovs, Laura Auteri und Māra Grudule, daselbst zusammengeführt unter dem Titel ›Literatur der Frühen Neuzeit: Reiseliteratur und Gelegenheitsdichtung‹, S. 75–142. In dem Sammelband *Was ein Poëte kan!* (Anm. 2) sind einschlägig: Joachim Hamm: Ovid am Kaspischen Meer. ›Imitatio‹ und Selbststilisierung in Paul Flemings *Dagestaner Epigrammen*, S. 317–332; Maximilian Bergengruen: Die epigrammatische Überschrift. Zu einem Strukturmerkmal von Paul Flemings Reisegedichten, S. 333–347; Kristi Viiding: Die lateinischen Reisegeleitgedichte von Paul Fleming, S. 349–367; Harald Tausch: Erinnerungen an das irdische Paradies. Persien und die Alchimie bei Paul Fleming und Adam Olearius, S. 369–407.

17 Sie liegt leicht greifbar wieder vor: Adam Olearius: Vermehrte Newe Beschreibung Der Muscowitischen vnd Persischen Reyse. Schleswig 1656. Hrsg. von Dieter Lohmeier. – Tübingen: Niemeyer 1971 (= Deutsche Neudrucke. Reihe: Barock; 21). Hier im Nachwort (mit gesonderter Paginierung) ein eingehendes Porträt zu Leben und Werk von Olearius sowie zur Reise der Gesandtschaft und zur Tätigkeit von Olearius am Gottorfer Hof, jeweils mit reichhaltiger Literatur. In einem weiteren Kapitel wird die Reisebeschreibung des Olearius selbst vorgestellt. Die wissenschaftlichen Beigaben werden beschlossen mit einer Bibliographie der diversen Arbeiten des Olearius, seiner Gedichte in Werken anderer Verfasser, der bekannten Briefe und Stammbuchblätter sowie der bis in die frühen siebziger Jahre vorliegenden wissenschaftlichen Literatur. Jetzt der aktuelle, gleichfalls von Lohmeier stammende Eintrag zu Olearius in der zweiten Auflage des Killyschen Literaturlexikons, hrsg. von Wilhelm Kühlmann, Bd. VIII (2010), S. 703–705. Vgl. auch: Jürgen Andersen, Volquard Iversen: Orientalische Reise-Beschreibungen. In der Bearbeitung von Adam Olearius. Schleswig 1669. Hrsg. von Dieter Lohmeier. – Tübingen: Niemeyer 1980 (= Deutsche Neudrucke. Reihe: Barock; 27). Auch dieses Werk ist mit einem ausführlichen Nachwort und dem Nachweis der einschlägigen Literatur ausgestattet.

Stammvater der livländischen und estnischen Poesie

Die Reise in den Osten und den vorderen Orient nahm den Weg über die baltischen Lande, das seinerzeitige Livland. Nur kurz machte man Station in der livländischen Kapitale Riga.[18] Statt dessen gerieten zwei Aufenthalte im estländischen Reval für Fleming – Hinreise und Rückkehr zusammengerechnet – zu einer anderthalb Jahre währenden ereignis- und erlebnisreichen Phase seines Lebens, an die später die erwähnten erlebnisästhetischen Spekulationen sich vor allem knüpften.[19]

Für den Literar- und Kulturhistoriker ist maßgeblich, daß Fleming in ein frühzeitig von der Reformation geprägtes Land kam. Als solches stand es in engstem Kontakt mit den kirchlichen und gelehrten Zentren in Deutschland, von denen immer wieder Prediger und Gelehrte an die Ostseeküste im hohen Nordosten aufbrachen, um daselbst eine Stätte ihres Wirkens zu finden.

Fleming führte als poetisch erste Autorität, zu der er rasch herangewachsen war, die neue Opitzsche Literatur und ihre poetischen Regularien im Handgepäck mit sich. Und das war für die junge deutsche wie die in ihrem Zeichen sich nun formierende junge lettische und estnische Literatur gleichermaßen folgenreich. Just zur gleichen Zeit waren sowohl in Riga wie in Reval erstmals Gymnasien gegründet worden.[20] Sie bildeten überall die gelehrte Infrastruktur für die humanistischen Studien und damit auch für das lateinische und deutschsprachige Dichten im Zeichen des Humanismus, wie es Opitz den Zeitgenossen imponierend vorgemacht hatte. Fleming trat vor allem mit den Professoren des Revaler Gymnasiums in Kontakt, sie wurden seine Freunde, er sang und dichtete mit ihnen und feierte mit ihnen den Einzug der Musen im hohen Norden.[21]

---

18 Vgl. Martin Klöker: Paul Fleming anonym in Riga. Der bislang unbekannte Erstdruck von Oden IV,31. – In: Kulturgeschichte der baltischen Länder in der Frühen Neuzeit. Mit einem Ausblick in die Moderne. Hrsg. von Klaus Garber, Martin Klöker. – Tübingen: Niemeyer 2003 (= Frühe Neuzeit; 87), S. 283–301; ders.: Ein Dichter kommt in die Stadt. Flemings literarische Kontaktaufnahme in Riga. – In: Was ein Poëte kan! (Anm. 2), S. 297–316.

19 Dazu mit der einschlägigen Literatur das Kapitel ›Paul Fleming in Reval‹ in: Martin Klöker: Literarisches Leben in Reval in der ersten Hälfte des 17. Jahrhunderts (1600–1657). Institutionen der Gelehrsamkeit und Dichten bei Gelegenheit. Teil I: Darstellung. Teil II: Bibliographie der Revaler Literatur. – Tübingen: Niemeyer 2005 (= Frühe Neuzeit; 112), Teil I, S. 453–466. Vgl. auch im Anhang zum ersten Band die Kapitel ›Paul Flemings Revaler Gedichte‹, S. 619–623, sowie ›Die Widmungen in Flemings Werkausgaben‹, S. 625f.

20 Zum Gymnasium in Riga mit der einschlägigen Literatur das Kapitel ›Gelehrte Fundierung in Riga. Domschule, Gymnasium, Lyzeum und ihre geistigen Repräsentanten‹ bei Klaus Garber: Schatzhäuser des Geistes. Alte Bibliotheken und Büchersammlungen im Baltikum. – Köln, Weimar, Wien: Böhlau 2007 (= Aus Archiven, Bibliotheken und Museen Mittel- und Osteuropas; 3), S. 11–32. Zum Gymnasium in Reval wiederum mit der einschlägigen Literatur: Martin Klöker: Literarisches Leben in Reval (Anm. 19), Teil I, S. 255–347: ›Das Gymnasium, seine Professoren und Schüler‹.

21 Der Erstdruck wurde nahezu zeitgleich in zwei verschiedenen Exemplaren wiederentdeckt und beschrieben von Marian R. Sperberg-McQueen: Neues zu Paul Fleming (Anm. 8), S. 179f. (Beschreibung des defekten Exemplars der Akademiebibliothek Tallinn); dies.: Paul Fleming. A Report on a Newly-Found Poem and Imprints in Zwickau and Wrocław (Anm. 8), p. 123s. (Beschreibung des Exemplars der Ratsschulbibliothek Zwickau); Klaus Garber: Paul Fleming in Riga

Aber dabei hatte es nicht sein Bewenden. Die der lettischen und estnischen Sprache mächtigen Freunde gingen weiter und taten den folgerichtigen nächsten Schritt. Nun verlauteten die soeben in der lateinischen und deutschen Sprache erklungenen Gedichte auch in der lettischen und estnischen Sprache. So steht Fleming auch noch an der Wiege der neueren Literaturen der baltischen Nachbarvölker.[22] Große Historiker der deutschen und europäischen Literatur wie der zeitweilig in der zweiten Hälfte des 18. Jahrhunderts in Riga wirkende Johann Gottfried Herder wußten davon zu erzählen.

Für Fleming aber sollte das ferne Reval die letzte länger währende Station seines unsteten Lebens fern der Heimat werden. Hier war er, wie auf andere Weise zu Beginn des Jahrzehnts in Leipzig, der angesehene Wortführer einer neuen und von ihm meisterhaft beherrschten Kunstpraxis. Und hier fand er Zugang auch zu den führenden Geschlechtern der Stadt. Dazu zählte die Familie des Kaufmanns Heinrich Niehusen.[23] Den drei Töchtern des Hauses galt Flemings Zuneigung, mit der jüngsten von ihnen verlobte er sich nach der Rückkehr von der Reise im Jahr 1639.

Nun war es sein Ehrgeiz, auch bürgerlich Fuß zu fassen. Eine Karriere als Hofdichter und Diplomat, wie Opitz sie eingeschlagen und vorgelebt hatte, wäre nicht die seinige gewesen. Eine letzte Reise führte zur späten Begegnung mit dem Westen und zu einem Mekka der humanistischen Studien in den jungen Niederlanden, in die nach dem Freiheitskrieg gegen Spanien neu gegründete Universität Leiden.

Das Epitaph

Hier erwarb er den Titel eines Doktors der Medizin und stand im Begriff, in seine Wahlheimat Reval zurückzueilen, wo er von seinen Freunden und der Familie Niehusen erwartet wurde.[24] Zwischenstation machte er in Hamburg, wo er schon auf der Hinreise seinen alten Freund Gottfried Finckelthaus wiedergetroffen hatte.[25]

(Anm. 8), S. 287f. (Beschreibung des Exemplars der Lettischen Nationalbibliothek zu Riga). Dünnhaupt (Bd. II, S. 1509, Nr. 62) bietet nur den Verweis auf die erstgenannte Arbeit von Sperberg-McQueen, nicht aber auf diejenige Garbers, obgleich er auch das Rigaer Exemplar aufführt.

22 Vgl. Marju Lepajõe: Reiner Brockmann und die Anfänge der estnischen Kunstpoesie. – In: Kulturgeschichte der baltischen Länder in der Frühen Neuzeit (Anm. 18), S. 319–335, mit reichhaltiger Literatur.

23 Zu den Niehusens vgl. die Lappenbergsche Edition der deutschen Gedichte Flemings (Anm. 6), Bd. II, S. 878–886.

24 Vgl. wiederum Marian R. Sperberg-McQueen: Paul Fleming's Inaugural Disputation in Medicine. A ›Lost‹ Work Found. – In: Wolfenbütteler Barock-Nachrichten 11 (1984), pp. 6–9. Erhalten haben sich auch die Gratulationsgedichte zu Flemings Promotion. Vgl. dazu Entner: Paul Fleming (Anm. 12), S. 526f. Ein Exemplar wird in der Universitäts- und Sächsischen Landesbibliothek zu Dresden verwahrt. Vgl. jetzt auch Jörg Robert: Der Petrarkist als Pathologe. Bemerkungen zu Flemings medizinischer Dissertation *De lue venerea* (1640). – In: Was ein Poëte kan! (Anm. 2), S. 75–95. Vgl. auch Stefanie Arend: Was vermag die Medizin? Figurationen des Arztes in Paul Flemings Gedichten, ebd. S. 59–73.

25 Vgl. den poetischen Austausch zwischen Fleming und Finckelthaus, abgedruckt in der Lübecker Ausgabe, S. 597f., Nr. 56 und 57. Das Flemingsche Gedicht auch in der Ausgabe von Lappenberg

Wie ein Jahr zuvor das Leben Opitzens im fernen Danzig, so endete im April 1640 das Leben Flemings in der Hansestadt. In der Katharinenkirche liegt er begraben.[26] Der Grabstein mit der noch selbstgefertigten Inschrift birgt sein moralisches, sein religiöses und sein poetisches Vermächtnis.

> JCh war an Kunst/ und Gut/ und Stande groß und reich.
> Deß Glückes lieber Sohn. Von Eltern guter Ehren.
> Frey; Meine. Kunte mich aus meinen Mitteln nehren.
> Mein Schall floh überweit. Kein Landsmann sang mir gleich.
> Von reisen hochgepreist; für keiner Mühe bleich.
> Jung/ wachsam/ unbesorgt. Man wird mich nennen hören.
> Biß daß die letzte Glut diß alles wird verstören.
> Diß/ Deütsche Klarien/ diß gantze danck' ich Euch.
> Verzeiht mir/ bin ichs werth/ Gott/ Vater/ Liebste/ Freunde.
> Jch sag' Euch gute Nacht/ und trette willig ab.
> Sonst alles ist gethan/ biß an das schwartze Grab.
> Was frey dem Tode steht/ das thu er seinem Feinde.
> Was bin ich viel besorgt/ den Othem auffzugeben?
> An mir ist minder nichts/ das lebet/ als mein Leben.[27]

Was läßt sich in der gebotenen Kürze über das der Gewalt der Zeit trotzende Ingenium Flemings sagen, in dem wie bei allen Großen eine der Zeit geschuldete und zugleich eine der Zeit entrückte menschliche Erfahrung derart dichterische Gestalt gewann, daß eine jede Begegnung mit einem jeden gelungenen Gedicht einen Prozeß des Eingedenkens und des Selbstfindens inauguriert?

(Anm. 6), Bd. I, S. 489, Kommentar Bd. II, S. 782f., Nr. 62. Der Text von Finckelthaus ist bei Lappenberg nur im Kommentar zu lesen. – Das Flemingsche Gedicht und die Antwort von Finkkelthaus kann man auch in der Hamburger Ausgabe der Gedichte von Finckelthaus nachlesen, die um 1640 erschien. Vgl. fol. G6ʳˢˢ.

26 Dort besaßen die Niehusens ein Familiengrab. Vgl. im einzelnen William Gerber: Vom Grab des Kirchenlied-Dichters Paul Fleming unter dem rechten Chorseitenschiff der St.-Katharinenkirche. – In: Mitteilungen der Sonnin-Bauschulgesellschaft V/3 (1957), S. 13f. Hinzuzunehmen: Paul Flemings Deutsche Gedichte. Hrsg. von J.M. Lappenberg (Anm. 6), S. 893f., mit dem Hinweis auf den oben Anm. 1 zitierten Vierzeiler Hertranfts, der auch in dem bekannten Werk Theodor Anckelmanns zu den Hamburger Inschriften wiedergegeben wird.

27 Hier zitiert nach der oben Anm. 5 zitierten Lübecker Ausgabe, S. 670. Zur Interpretation vgl. Wilhelm Kühlmann: Sterben als heroischer Akt. Zu Paul Flemings *Grabschrifft*. – In: Gedichte und Interpretationen. Bd. I: Renaissance und Barock. Hrsg. von Volker Meid. – Stuttgart: Reclam 1982 (= Reclams Universal-Bibliothek; 7890), S. 167–175, wiederabgedruckt in ders.: Vom Humanismus zur Spätaufklärung. Ästhetische und kulturgeschichtliche Dimensionen der frühneuzeitlichen Lyrik und Verspublizistik in Deutschland. Hrsg. von Joachim Telle, Friedrich Vollhardt, Hermann Wiegand. – Tübingen: Niemeyer 2006, S. 506–511; Jochen Schmidt: Der Tod des Dichters und die Unsterblichkeit seines Ruhms. Paul Flemings stoische Grabschrift ›auf sich selbst‹. – In: Zeitschrift für deutsche Philologie 123 (2004), S. 161–182. Zum Kontext: Bo Andersson: Ein titelloses Begräbnis auf Anna Bach. Zu Paul Flemings *Gedancken über der Zeit*. – In: Text & Kontext 15 (1987), S. 7–42. Verwiesen sei auch auf die in Anm. 8 zitierte Arbeit von Dieter Martin: Fortgesetzte Trauer. Ein unbekannter Druck mit Begräbnisgedichten Paul Flemings.

Vorrang des formalen Repertoires

Fleming ist Lyriker.[28] Und das so gut wie ausschließlich. Als solcher war er ein Meister der Form. Seine letztwillige Verfügung in bezug auf sein Werk will gewürdigt sein. Er hat eine Anlage für die Ordnung seiner Gedichte vorgeschrieben, die bis dato keine Parallele hatte und ihm eigen blieb. Er kannte keine vorgängige Scheidung in geistliche und weltliche Poemata wie Weckherlin oder Opitz. Seine übergeordneten Ordnungskriterien waren formale. In Wälder, Oden, Epigramme und Sonette gliederte er seine deutschen Gedichte. Erst innerhalb dieser vier Abteilungen setzte eine Binnendifferenzierung ein. Geistliche, Trauer- und Hochzeitsgedichte, Glückwünsche und schließlich Liebes- und Scherzgedichte sollten jeweils aufeinander folgen. Die Form und ihre Erprobung bewahrten den Primat gegenüber Anlässen, Stoffen und Themen.

In allen vier Formen und allen fünf thematisch ausgerichteten Sparten hat Fleming Unvergleichliches geleistet. Er war der Meister der poetischen Formulierung bei jedweder Gelegenheit. Und das eben nicht nur zu den obligatorischen Festivitäten. Es gab kein Vorkommnis, vor allem nicht auf der Jahre währenden baltisch-russisch-persischen Expedition, das er nicht in Poesie zu überführen gewußt hätte. Einem Skizzen verfertigenden Künstler gleich notierte er die Ankunft der Holsteinischen Gesandten in Riga nicht anders als den Schiffbruch des Olearius, die Reiseerlebnisse auf der Wolga nicht anders als die Genesung des Freundes Hartmann Gramann im fernen Astrachan. Er war ein begnadeter poetischer Diarist.

---

28 Hier sei auf einige Arbeiten zumeist jüngeren Datums verwiesen: Liselotte Supersaxo: Die Sonette Paul Flemings. Chronologie und Entwicklung. – Diss. phil. Zürich 1956; Anna Maria Carpi: La lirica religiosa di Paul Fleming. – In: Studi di letteratura religiosa tedesca. In memoria di Sergio Lupi. – Firenze: Olschki 1972 (= Biblioteca della Rivista di storia e letteratura religiosa. Studi e testi; 4), pp. 315–351; Maria Cäcilie Pohl: Paul Fleming. Ich-Darstellung, Übersetzungen, Reisegedichte. – Münster u.a.: Lit 1993 (= Zeit und Text; 1); Heba Fathy: Nachahmung und Neuschöpfung in der deutschen Odendichtung des 17. Jahrhunderts. Eine gattungsgeschichtliche Untersuchung. – Hamburg: Kovač 2007 (= Schriften zur Literaturgeschichte; 9). Jetzt in dem Sammelband *Paul Fleming und das literarische Feld der Stadt Tallinn* (Anm. 15): Michael Ludscheidt: Paul Flemings Revaler Gelegenheitssonette, S. 27–44. In dem Sammelband *Was ein Poëte kan!* (Anm. 2): Nicola Kaminski: ›Man wird mich nennen hören‹. Dichtung als Nachlaß, S. 1–16; Thomas Althaus: ›Ich sage noch einmahl‹ – Paul Flemings Wiederholungen, S. 17–34; zur geistlichen Dichtung daselbst Dietmar Schubert: ›Denn mein Erlöser trug mich allzeit auf den Armen‹. Nachdenken über Paul Flemings geistliche Lyrik, S. 97–114; Johann Anselm Steiger: Hephata! Ein geistliches Gedicht des Dichters und Arztes Paul Fleming und dessen auslegungshistorischer Kontext, S. 115–140; Franz Fromholzer, Jörg Wesche: ›Ich bin nicht itzo ich‹. Flemings Psalmenübersetzung im Kontext der frühneuzeitlichen Bußpraxis, S. 141–157. Zur politischen Lyrik daselbst Barbara Becker-Cantarino: Paul Flemings *Schreiben vertriebener Frauen Germanien*. Zu Ikonographie und Konzept von ›Germania‹ im 17. Jahrhundert, S. 233–255; Dirk Niefanger: ›Ich sags auch mir zum Hohne‹. Paul Flemings Kriegslyrik, S. 257–271; Gunter E. Grimm: Zwischen Propaganda und Distanz. Gustav II. Adolf von Schweden in der politischen Lyrik Paul Flemings, S. 273–295. Zur vornehmlich neulateinischen Dichtung dort – neben den in Anm. 10 zitierten Arbeiten – Tino Licht: *Varipediclauda*. Innovationen in Paul Flemings lateinischer Dichtung, S. 35–46; Beate Hintzen: Sprache der Liebe, Sprache der Freundschaft, Sprache des Glaubens. Zur Interferenz der Diskurse in Paul Flemings Dichtung, S. 159–180.

In den Oden kam sein Sächsisches Erbe zum Tragen. Seine Liebes- und Freundschaftsgedichte, seine religiösen Eingebungen, fern von allem konfessionellen Hader, seine von stoischer Weisheit durchwirkten poetischen Verlautbarungen gehören zum unverlierbaren Bestand deutscher Lyrik. Und das Sonett, das sein Werk beschließt, es war die Jahrhunderte über das poetische Gefäß petrarkistischer Liebesdichtung gewesen. Auch Fleming hat es souverän als Liebesdichter gehandhabt. Und doch wäre es verkehrt, ihn mehr oder weniger ausschließlich als solchen zu sehen.[29]

Entdeckung und Behauptung des Ich

Wann immer er zur Feder griff, wußte er das Individuelle dem Allgemeinen zu vermählen, gelebtes Leben in tradierbare Lebenskunst zu überführen, auf dezente Weise seine Rolle als Poet zugleich als die eines Ratgebers wahrzunehmen. Da war noch die Miszelle nicht zu schade, dem flüchtigen Leben Sinn und dauerhaften Gehalt abzugewinnen.

Wo aber stets die Freunde ins Bild treten, unermüdlich Freundschaft im Wort bezeugt und über die Zeiten hinweg festgehalten wird, da hält der Dichter zuweilen inne in der Begegnung mit sich selbst. Seinen Grabspruch haben wir schon vernommen. Er war nur in der Formulierung der Eingebung einer begnadeten späten Stunde geschuldet. Bedacht war das Leben und damit das Rätsel des Ich in allen seinen Gedichten. Eines jedoch vor allem prägte sich über die Zeiten hinweg ein, lautete sein Titel doch nun einmal ausdrücklich *An Sich*.

---

29 Zur Liebeslyrik Flemings aus der jüngeren Literatur: Wilhelm Kühlmann: Ausgeklammerte Askese. Zur Tradition heiterer erotischer Dichtung in Paul Flemings Kußgedicht. – In: Gedichte und Interpretationen. Bd. I (Anm. 27), S. 176–186, wiederabgedruckt in: ders.: Vom Humanismus zur Spätaufklärung (Anm. 27), S. 512–518; Thorsten Unger: Barocke Kussgedichte. Weltliche und geistliche Osculologie bei Paul Fleming und Angelus Silesius. – In: Zeitschrift für deutsche Philologie 123 (2004), S. 183–205; Thomas Borgstedt: Paul Flemings stoizistische Liebesdichtung und die Latenz des Subjekts in der Frühen Neuzeit. – In: Die Kunst der Aufrichtigkeit im 17. Jahrhundert. Hrsg. von Claudia Benthien, Steffen Martus. – Tübingen: Niemeyer 2006 (= Frühe Neuzeit; 114), S. 279–295; Das Kapitel ›Liebe als Lebens-Macht (Fleming)‹ in: Hans-Georg Kemper: Deutsche Lyrik der frühen Neuzeit. Bd. IV/2: Barock-Humanismus. Liebeslyrik. – Tübingen: Niemeyer 2006, S. 109–145; Jochen Schmidt: Petrarkismus und Stoizismus. Die Kreuzung zweier Diskurse in Paul Flemings Lyrik. – In: Francesco Petrarca in Deutschland. Seine Wirkung in Literatur, Kunst und Musik. Hrsg. von Achim Aurnhammer. – Tübingen: Niemeyer 2006 (= Frühe Neuzeit; 118), S. 211–222; Thomas Borgstedt: Eleganz und Intimität. Zu Paul Flemings Petrarkismus. – In: Was ein Poëte kan! (Anm. 2), S. 47–57; Peter J. Burgard: Flemings verdrehte Osculo-Logik und die Ästhetik des Barock, daselbst S. 181–204. – Zu Flemings Freundschaftsdichtung als einer der letzten Beiträge: Tino Licht: ›Alter ego‹. Chiffre der Freundschaft bei Paul Fleming und Georg Gloger. – In: Mentis amore ligati. Lateinische Freundschaftsdichtung und Dichterfreundschaft in Mittelalter und Neuzeit. Festschrift Reinhard Düchting. Hrsg. von Boris Körkel, Tino Licht, Jolanta Wiendlocha. – Heidelberg: Mattes 2001, S. 243–251. Vgl. auch Barbara Sturzenegger: Kürbishütte und Caspische See. Simon Dach und Paul Fleming. Topoi der Freundschaft im 17. Jahrhundert. – Bern u.a.: Lang 1996 (= Deutsche Literatur von den Anfängen bis 1700; 24).

> SEY dennoch unverzagt. Gieb dennoch unverlohren.
> Weich keinem Glücke nicht. Steh' höher als der Neid.
> Vergnüge dich an dir/ und acht es für kein Leid/
> hat sich gleich wieder dich Glück'/ Ort/ und Zeit verschworen.
> Was dich betrübt und labt/ halt alles für erkohren.
> Nim dein Verhängnüß an. Laß' alles unbereut.
> Thu/ was gethan muß seyn/ und eh man dirs gebeut.
> Was du noch hoffen kanst/ das wird noch stets gebohren.
> Was klagt/ was lobt man doch? Sein Unglück und sein Glücke
> ist ihm ein ieder selbst. Schau alle Sachen an.
> Diß alles ist in dir/ laß deinen eiteln Wahn/
> und eh du förder gehst/ so geh' in dich zu rücke.
> Wer sein selbst Meister ist/ und sich beherschen kan/
> dem ist die weite Welt und alles unterthan.[30]

Mit einem Anruf, dennoch unverzagt zu bleiben, setzt das Gedicht ein. Der lyrische Sprecher ist nicht geborgen in einer Welt, in der er sich vertrauensvoll einrichten könnte. Die wankelmütige Glücksgöttin regiert die Welt. Neid herrscht unter den Menschen. Leid zu erfahren, ist ihr Los. Da verlautet keine frohe Botschaft über Natur und Mensch wie ein Jahrhundert später im Zeitalter der Aufklärung. Das 17. Jahrhundert, das als eines des ›Barock‹ zu bezeichnen wir uns nur mit halbem Recht angewöhnt haben, zieht das Fazit aus dem vorangehenden 16., das eines der konfessionellen Spaltung Europas und damit eines der Bürgerkriege und des Verlusts aller über Jahrhunderte gegründeten Gewißheiten ist. In Flemings bewußtem Leben wie in dem ungezählter dichterischer Zeitgenossen wiederholte sich das Drama zu vergleichsweise später Stunde auf deutschem Boden im Dreißigjährigen Krieg, nachdem es im Schmalkaldischen Krieg ein Jahrhundert früher seinen ganz Europa erfassenden Anfang genommen hatte.

Das Flemingsche Gedicht hat wie ein jedes großes nach einem schönen Wort Adornos den Charakter einer geschichtsphilosophischen Sonnenuhr. Es hält seismographisch die Erschütterung fest, von der wir wähnen, daß sie die tiefste und abgründigste in der nachantiken Zeit gewesen sein möchte, die die wachen und

---

30 Hier wieder zitiert nach der Lübecker Ausgabe, S. 576. Vgl. zu dem Text: Wilhelm Kühlmann: Selbstbehauptung und Selbstdisziplin. Zu Paul Flemings *An sich*. – In: Gedichte und Interpretationen. Bd. I (Anm. 27), S. 159–166, wiederabgedruckt in ders.: Vom Humanismus zur Spätaufklärung (Anm. 27), S. 500–505; Konstanze Fliedl: Das Gedicht an sich. Paul Flemings Trostsonett. – In: Modern Language Notes 117 (2002), S. 634–649; Barbara Neymeyr: Das autonome Subjekt in der Auseinandersetzung mit Fatum und Fortuna. Zum stoischen Ethos in Paul Flemings Sonett *An sich*. – In: Daphnis 31 (2002), S. 235–254; Gabriella Szögedi: Die Gestaltung des kulturellen Ich in Paul Flemings Gedicht *An sich*. – In: Neue Reflexionen zur kulturwissenschaftlichen Literaturwissenschaft. Hrsg. von Tamás Lichtmann. – Debrecen: Kossuth Egyetemi Kiadó 2007 (= Német filológiai tanulmányok; 28), S. 121–133. Vgl. im Kontext auch: Jochen Schmidt: ›Du selbst bist Dir die Welt‹. Die Reise nach Utopia als Fahrt zum stoisch verfaßten Ich. Paul Flemings Gedicht *In grooß Neugart der Reussen*. – In: Daphnis 31 (2002), S. 215–233; Ulrich Kinzel: Projekt und Spiegel. Fleming und Gryphius ›über sich selbst‹. – In: An den Rändern der Moral. Studien zur literarischen Ethik. Ulrich Wergin gewidmet. Hrsg. von Ulrich Kinzel. – Würzburg: Königshausen & Neumann 2008, S. 78–88.

sprachbegabten Geschlechter in dem Jahrhundert zwischen 1550 und 1650 zu verarbeiten hatten. Die Welt mußte geistig neu erschaffen werden. Der Generator ist ein Ich, das tastend Sinn erkundet und artikuliert. Es gilt sich behaupten in einer feindlichen Welt, da sich, wie es heißt, Glück, Ort und Zeit wider es verschworen haben. Das aber nicht in Trotz, erfüllt von Kampfeswillen, titanenhaft sich auflehnend wie später Goethes ›Prometheus‹.

Aus einer schwer ergründbaren Tiefe heraus antwortet noch einmal ein frommes Gemüt auf die Schläge des Schicksals. Sie werden aufgefangen, unterlaufen, kanalisiert von einem Ich, das sich nicht nehmen lassen will, was ihm nicht genommen werden kann. Ihm verbleibt ein Strahl von Hoffnung in der Brust. Das Erhoffte wird Wirklichkeit – »Was du noch hoffen kanst/ das wird noch stets gebohren« – und sei es am Ende von Welt und Zeit, menschlicher Regie entzogen.

Hier und jetzt, nun wieder ganz goethisch, ist – mit den Worten Thomas Manns zu sprechen – der ›Forderung des Tages‹ zu genügen, unverzagt, furchtlos, getragen von einer in aller Drangsal nicht verstummenden inneren Stimme. »Diß alles ist in dir«. Der Katastrophe entringt sich die Erfahrung eines unzerstörbaren Ich, das getrost trotz allem seine Bahn während der beschiedenen Erdentage zieht. Es ist dies Ethos und Vermächtnis aller großen Zeugen des Zeitalters der Krise, heißen sie nun Cervantes oder Shakespeare, Montaigne oder Rabelais oder eben auch, nach Deutschland blickend, Jakob Böhme oder Daniel Czepko, Angelus Silesius oder Paul Gerhardt.

›Wahn‹, so Fleming, also Nichtigkeit, Nihilismus, lauert schon als willfähriger Dämon inmitten der ersten Krise der Moderne, bereit, sich einzunisten in Köpfen und Herzen der Menschen. Über den Abgrund hinweg, sehenden Auges, ergreift der Dichter das Bleibende als eines der Transzendenz zugewandten inneren Lebens, eben so, wie er es in seiner Grabschrift festgehalten wissen wollte:

Was bin ich viel besorgt/ den Othem auffzugeben?
An mir ist minder nichts/ das lebet/ als mein Leben.

Zuerst erschienen in kürzerer Fassung und ohne Anmerkungen unter dem Titel: Paul Fleming (1609–1640). Zum 400. Geburtstag des Dichters. – In: Zeitschrift für Germanistik N.F. 3 (2009), S. 626–630.

Eine die Zeiten überdauernde Stimme aus dem untergegangenen Königsberg

Zum Bilde Simon Dachs*

Segensreiches Nachleben

Kein Dichter des 17. Jahrhunderts scheint so gut über die Zeiten hinweg gekommen zu sein wie Simon Dach. Er hat, soweit bekannt, keine kritischen Stimmen auf sich gezogen. Diese Rolle teilt er mit anderen, aber eben doch auf eine kaum vergleichbare Weise. Flemings durchgängige Wertschätzung rührte daher, daß man bei ihm Züge der späteren Zeit präformiert fand, wie in anderer Form etwa bei Günther. Es war also ein Aspekt der Peripherie, der das Urteil prägte. Andere wie Gryphius oder Grimmelshausen wurden die Jahrhunderte über für so unterschiedliche, in steter Wandlung begriffene Aspekte – um nicht zu sagen ›Weltanschauungen‹ – in Anspruch genommen, daß schon deshalb ein irgend gearteter Vergleich nicht statthaft wäre. Hier kamen eben auch Disparitäten der Gattungen ins Spiel.

Verbleibt man aber auf dem Feld der Lyrik, so dürfte die Diagnose sich bestätigen. Opitz, das große Vorbild auch für Dach, war im Blick auf sein Nachleben mit dem Verdikt belastet, nicht eigentlich zum Dichter zu taugen. Rist geriet in die Kritik ob des Übermäßigen seines Selbstanspruchs, gepaart mehr als einmal mit dem Vorwurf der Vielschreiberei. Zesens prekäre Rolle schon in der eigenen Zeit ist bekannt. Sie hat sein Bild verdunkelt und wurde immer wieder genährt durch seine Entrüstung herausfordernden sprachlichen Extravaganzen. Die Kritik an den Nürnbergern, Birkens an erster Stelle, ist gleichfalls aktenkundig, setzte sie doch noch im späten 17. Jahrhundert selbst ein, und nur Wenige vermochten sich ihr in den folgenden Jahrhunderten zu entziehen. Kaum anders erging es den späteren Schlesiern.

---

* Dem folgenden Beitrag liegt ein Abendvortrag zugrunde, der im Juni 2007 im litauischen Klaipėda auf einer von dem dortigen Lehrstuhlinhaber Axel E. Walter veranstalteten und Simon Dach gewidmeten Tagung vorgetragen wurde. In ihm wurde aus dem ersten Jahr eines jeden Jahrzehnts des Dachschen Schaffens ein Gedicht ausgewählt und knapp besprochen. Der allen Teilnehmerinnen und Teilnehmern unvergeßliche Kongreß gab den letzten Anstoß, eine lange geplante Abhandlung zur Überlieferung der Gedichte Simon Dachs abzufassen. Sie ist eingegangen in ein Buch des Verfassers, das den Titel trägt: Martin Opitz – Paul Fleming – Simon Dach. Drei Dichter des 17. Jahrhunderts in Bibliotheken Mittel- und Osteuropas, und als Bd. IV in der gemeinsam mit Herrn Walter herausgegebenen Reihe *Aus Archiven, Bibliotheken und Museen Mittel- und Osteuropas* 2013 im Böhlau Verlag (Köln, Weimar, Wien) erschienen ist. Sie steht dort auf den Seiten 337–630. Hier findet man die einschlägige Literatur, so daß an dieser Stelle nur die unerläßlichen Nachweise beigefügt sind. Die Tagung selbst ist inzwischen gleichfalls dokumentiert: Simon Dach (1605–1659). Werk und Nachwirken. Hrsg. von Axel E. Walter. – Tübingen: Niemeyer 2008 (= Frühe Neuzeit; 126).

Maßgeblich verantwortlich für die Verteilung der Akzente waren die Klassizisten um 1700, mit Morhof, Neukirch und vor allem Gottsched an der Spitze. Dach gehört – wie Opitz, wie Fleming, wie Rist – zu denjenigen, die von Gottsched emphatisch gepriesen werden, anders aber als diese späterer Kritik enthoben blieb, wobei freilich einzuräumen ist, daß der Königsberger nicht die gleiche Aufmerksamkeit auf sich zog wie die drei anderen erwähnten Dichter. Grund genug freilich für die Leitfrage, was an seinem Werk dazu angetan war, den Fährnissen und Klippen der nachfolgenden Jahrhunderte unbescholten zu trotzen. Wir gäben viel darum, zur Ergründung dieses Rätsels beitragen zu können, betrifft sie doch die ureigenste Aufgabe unseres gleichermaßen historischen wie kritischen Geschäfts.

Überlieferung des Werks

Die philologischen Voraussetzungen für ein solches Unterfangen sind im Vergleich mit anderen Autoren gewiß nicht die schlechtesten.[1] Aber sie sind umgekehrt doch keinesfalls als zufriedenstellend anzusprechen. Die große, heutigen Ansprüchen genügende Ausgabe fehlt. Das geht vielen anderen Autoren ähnlich. Doch ist die Situation im Falle Dachs neuerlich eine besondere. Und das nicht nur im Blick auf die fehlende Ausgabe zu Lebzeiten oder alsbald nach seinem Tode, vielmehr angesichts der Lage der Überlieferung. Ein in seiner Produktion derart auf die lokalen Bewandtnisse verwiesener Autor wie Dach besaß die Stützen für die Sammlung seines Werkes in der Region. Sie ist wie keine andere Mitteleuropas im Zweiten Weltkrieg lädiert worden. Die archivalischen und bibliothekarischen Zentren existierten nicht mehr und wurden nach dem Krieg nicht rekonstruiert. Wir sind seit 1979, seit der ersten Reise in die DDR sowie nach Polen, und sodann seit 1984, dem Zeitpunkt der ersten Reise in die Sowjetunion, damit befaßt, die Fragmente des Zerschlagenen allerwelts wieder zusammenzusuchen und den ursprünglichen sammlerischen Einheiten zu reintegrieren. Ein Ende dieser Bemühungen ist nicht abzusehen.

In dieser Situation bleibt es zu beklagen, daß der kurz vor der Katastrophe unternommene bewundernswerte Versuch einer wenigstens im Deutschen um Vollständigkeit bemühten Versammlung der Dachschen Texte mit eminenten Mängeln behaftet ist. Für einen Dichter, dessen Werk durchgängig vom Schreiben bei Gelegenheit lebt, gelten andere editorische Regularien. Wir wissen bei keinem der Hunderte von Dachschen Texten in Sammelschriften, welche Position sie dort einnahmen, ob sie womöglich betitelt waren, wie sie also in einem Ensemble sich präsentierten, als welches die kasuale Sammelschrift einen Anspruch auf Würdigung hat. Auch die Bibliographie Dünnhaupts hilft hier nicht weiter.

---

1 Eine Besprechung der Dach-Ausgaben – der existierenden wie der geplanten – in dem ersten Teil der zweiteiligen, jeweils acht Kapitel umfassenden und oben in der Sternchen-Anmerkung erwähnten Abhandlung des Verfassers.

Der nachfolgende kleine Beitrag, ohnehin nur auf deutschsprachige Texte bezogen, hätte nicht vorbereitet werden können, wenn nicht der Rückgriff möglich gewesen wäre auf die großen Sammlungen originaler Dachscher Texte der Wallenrodts in Vilnius und St. Petersburg, der Königsberger Deutschen Gesellschaft an diversen Stellen im Osten, Arlets in Breslau, Meusebachs in Berlin etc., die wir in Osnabrück zusammengetragen haben. Ist dies ein Zustand, mit dem wir uns auf Dauer abzufinden haben?

Wulf Segebrecht hat auf einem der Kulturgeschichte Ostpreußens in der Frühen Neuzeit gewidmeten Kolloquium in Rauschen geäußert, daß er vier »bedeutende Initiativen zur Belebung der Simon Dach-Forschung und -Rezeption« in der Nachkriegszeit erkennen könne: Albrecht Schönes Vortrag ›Königsberg und Kürbishütte‹ auf dem Wolfenbütteler Barock-Kolloquium 1974, Günther Grass' ›Treffen in Telgte‹, Alfred Kelletats Edition des Königsberger Dichterkreises bei Reclam und schließlich Gerhard Dünnhaupts Dach-Bibliographie.[2] Es wird erlaubt sein, dieser Reihe die auf das akademische Königsberg bezogene Grundlagenforschung Manfred Komorowskis und Hanspeter Martis sowie die Osnabrücker Quellen-Ermittlungen in Osteuropa und Rußland hinzuzugesellen. Mögen sie alle dazu beitragen, eine neu konzipierte Edition sowie eine gereinigte und erweiterte Bibliographie der Dachschen Texte zu erarbeiten.

Im Dienste dieser Texte und der mit ihnen verbundenen Aufgaben stehen auch die folgenden Bemerkungen. Sie sind jeweils einem Gedicht aus dem ersten Jahr eines neuen Jahrzehnts im Schaffen Dachs gewidmet, gehorchen also bewußt einem Prinzip des Zufalls.

Das erste Hochzeitsgedicht aus dem Jahr 1630

Vier Stücke liegen aus dem Eingangsjahr 1630 der Dachschen Produktion vor, verteilt auf den April, Juni und November, eines undatiert. Die Produktion aus dem ersten Jahr, in dem Dach – von Ausnahmen abgesehen – öffentlich hervortrat, weist also noch erhebliche Amplituden auf.[3] Es handelt sich um zwei Hochzeitsgedichte und zwei Trauergedichte. Nur eines von ihnen, das Hochzeitsgedicht zum 19. November, steht in deutscher Sprache. Folglich wird die Ausgabe Ziesemers, die ausdrücklich der Pflege des Deutschtums im deutschen Osten dienen sollte

---

[2] Wulf Segebrecht: Unvorgreifliche, kritische Gedanken über den Umgang mit Simon Dachs Gedichten. – In: Kulturgeschichte Ostpreußens in der Frühen Neuzeit. Hrsg. von Klaus Garber, Manfred Komorowski, Axel E. Walter. – Tübingen: Niemeyer 2001 (= Frühe Neuzeit; 56), S. 943–962, S. 944–946.

[3] Die Ausnahme: Michael Schilling: Simon Dach in Magdeburg. Ein unbekanntes Epicedium aus der Schulzeit des Königsberger Poeten. – In: Memoria Silesiae. Leben und Tod, Kriegserlebnis und Friedenssehnsucht in der literarischen Kultur des Barock. Zum Gedenken an Marian Szyrocki (1928–1992). Hrsg. von Mirosława Czarnecka, Andreas Solbach, Jolanta Szafarz, Knut Kiesant. – Wrocław: Wydawnictwo Uniwersytetu Wrocławskiego 2003, S. 367–377.

und also die lateinischen Texte ausspart, eben mit diesem Text eröffnet.[4] Oesterley verzichtet auf das Gedicht in seiner Dach-Ausgabe überhaupt, verzeichnet es nur bibliographisch mit dem schönen Zusatz, daß die Sammelschrift mehrere ›fremde Gedichte‹ kenne, darunter eines von Albert.[5]

Nackt und bloß und nur versehen mit den Namen der Hochzeiter und dem Datum des Anlasses erscheint der Text bei Ziesemer. Immerhin ist der betreffenden Anmerkung zu entnehmen, daß es sich um eine Sammelschrift mit lateinischem Titel handelt, der abgekürzt ist.[6] Zwei weitere Teilnehmer an dem Gemeinschaftswerk tragen lateinisch bei, zwei andere deutsch, darunter Heinrich Albert mit dem gleichfalls ersten von ihm bekannten Gedicht, das Ziesemer ausweist: *Delia, die Pracht der Felder*.

Das Wertvollste der Ziesemerschen Ausgabe sind die Angaben zu den Personen. Sie waren nur zu erstellen, solange wie das Königsberger Stadtarchiv verfügbar war, über dessen mögliche Fortexistenz weiterhin kaum gesicherte Nachrichten vorliegen. Ziesemer hat eine umfangreiche Personenkartei angelegt, aus der er für seine Ausgabe schöpfte. Sie befindet sich heute im Geheimen Preußischen Staatsarchiv zu Berlin, wo sie von uns benutzt wurde. Das kleine Sammelwerk stand in der berühmten Handschrift 301.4.286 der Bibliothek des Königsberger Staatsarchivs, die

---

4 Im folgenden wird grundsätzlich nach den Erstdrucken zitiert, da die verfügbaren Ausgaben der Werke Dachs mit erheblichen Mängeln behaftet sind, über die im einzelnen in der oben aufgeführten Abhandlung das Nähere nachzulesen und die (spärliche) Literatur nachgewiesen ist. Die nachstehend gebotenen bibliographischen Nachweise und sonstigen Bemerkungen beziehen sich auf die beiden einschlägigen Ausgaben von Oesterley (siehe folgende Anmerkung) und von Ziesemer: Simon Dach: Gedichte. Bd. I: Weltliche Lieder. Hochzeitsgedichte. Hrsg. von Walther Ziesemer. – Halle/Saale: Niemeyer 1936 (= Schriften der Königsberger Gelehrten Gesellschaft. Sonderreihe; 4); Simon Dach: Gedichte. Bd. II: Weltliche Lieder. Gedichte an das kurfürstliche Haus. Dramatisches. Hrsg. von Walther Ziesemer. – Halle/Saale: Niemeyer 1937 (= Schriften der Königsberger Gelehrten Gesellschaft. Sonderreihe; 5); Simon Dach: Gedichte. Dritter [und] Vierter Bd.: Geistliche Lieder. Trostgedichte. Erster [und] Zweiter Teil. Hrsg. von Walther Ziesemer. – Halle/Saale: Niemeyer 1937–1938 (= Schriften der Königsberger Gelehrten Gesellschaft. Sonderreihe; 6–7). – Der erwähnte Text bei Ziesemer im ersten Band, S. 3–5, mit der bibliographischen Referenz S. 317, Nr. 1.

5 Vgl. die bibliographische Referenz bei Hermann Oesterley, in: Simon Dach. Hrsg. von Hermann Oesterley. – Tübingen: Fues 1876 (= Bibliothek des Litterarischen Vereins in Stuttgart; 130). Reprint Hildesheim, New York: Olms 1977. Hier S. 1007, Nr. 942.

6 Die bibliographischen Angaben bei Ziesemer sind grundsätzlich nicht buchstabengetreu und vielfach auch nicht wörtlich zu nehmen. Sie sind vielmehr von erheblichen herausgeberischen Eingriffen erstellt, taugen also nicht für bibliographische Ansetzungen und schon gar nicht für mögliche Exemplar-Vergleiche. In der Dünnhauptschen, über 1200 Nummern umfassenden und deshalb verdienstvollen Dach-Bibliographie ist so gut wie jeder Titel mit Fehlern behaftet, wie in der erwähnten Dach-Abhandlung des Verfassers gezeigt. Vgl. Gerhard Dünnhaupt: Personalbibliographien zu den Drucken des Barock. 2., verbesserte und wesentlich vermehrte Aufl. des Bibliographischen Handbuches der Barockliteratur. 2. Teil. – Stuttgart: Hiersemann 1990 (= Hiersemanns Bibliographische Handbücher; IX/2). Der Eintrag des vorliegenden Gedichts bei Dünnhaupt ebd., S. 1012, Nr. 74, mit Verweis auf Eintrag sub verbo Albert, ebd., Bd. I, S. 179, Nr. 5. Der dort plazierte Kurztitel der Sammelschrift – grundsätzlich fälschlich als ›Anon.‹ qualifiziert – ist nur unerheblich besser und durch willkürliche Zusammenziehungen gleichfalls nur für eine erste sachliche, nicht jedoch für eine bibliographische Verwendung brauchbar. – Auch Dünnhaupt kennt nur das Breslauer Exemplar.

verschollen ist, und in der Breslauer Sammlung des Arletius, die sich erhalten hat.⁷ Ihr also entnehmen wir die weiteren Informationen, die stets herangezogen sein sollten, bevor es zum Text selbst gehen kann.

Dachs Gedicht ist ohne eigenen Titel an vierter Stelle plaziert nach zwei acht- bzw. sechszeiligen lateinischen Beiträgen und einem vierzigzeiligen deutschen in paarreimigen Alexandrinern. Beschlossen wird die Schrift durch das erwähnte schäferliche Lied Alberts ohne Noten, das Opitz nachgebildet ist. Dachs Gedicht behauptet also keinen herausragenden Platz. Auffällig innerhalb der kleinen Sammelschrift ist seine Länge. Es handelt sich um ein großes Alexandrinergedicht in 26 Strophen mit jeweils vier paarreimigen Versen. So viel Raum hat Dach später nur noch ausnahmsweise für ein Epithalamium beansprucht und überdies den Alexandriner in dieser Gattung kaum mehr verwendet. Da meldet sich ein Dichter zu Wort, der noch beträchtliche Zeit auf ein einzelnes Gedicht verwenden kann und Formulierungen erstmals prägt.

Wer aber vermeinte, daß der Eintritt in das literarische Leben, wenn er denn überhaupt mit diesem Stück geschah, zum demonstrativen Herzeigen formalen Könnens verführen würde, sieht sich getäuscht. Die Verse sind – von gelegentlichen doppelten Senkungen abgesehen – korrekt gebaut, mythologische Verweise sind sparsam gehandhabt, nur Venus findet Erwähnung, die Bilder sind die eingeführten – die Lebensreise, des falschen ›Glückes Rund‹ bzw. des ›Glückes Zinnen‹, des Lebens Schiff einmal im windlosen Meer, einmal inmitten der stolzen Wellen, etc.

Um so mehr Sorgfalt hat der Dichter auf die Entwicklung des Themas und dessen eindringliche gedankliche Ausschöpfung gelegt. Dafür eben braucht er Raum. Er behandelt das im Epithalamium Übliche und über Opitz Vermittelte des Gegensatzes von ehelicher und freier Liebe. Wir haben soeben ein vor geraumer Zeit in Vilnius entdecktes, aus Grodno in Weißrußland herrührendes, bislang also unbekanntes Gedicht des jungen Opitz zu diesem Thema wieder in der Hand gehabt. Der überschlägt sich geradezu in der Engführung ungewöhnlicher Bilder und Wendungen.⁸

---

7 Der Text steht damit in der größten verfügbaren Dach-Sammlung, derjenigen des Johann Caspar Arletius, die die BU Wrocław verwahrt – überkommen aus der Breslauer Stadtbibliothek – in der ersten Gruppe der Hochzeitsgedichte, und dort im zweiten Halbband als Stück 113. Entsprechend lautet die alte Signatur der einst in der Rhedigerschen Bibliothek in der Elisabethkirche verwahrten Sammlung mit dem Ordnungsbuchstaben E für die Poesie: 4 E 221 (113). Das verbirgt sich hinter den kryptischen Angaben bei Oesterley: ›Rhed. 2,733‹ und Ziesemer: ›Rhed. 2,113 (733)‹. Beide zählen nur die Bände in der Dach-Folge und geben zusätzlich die handschriftlich eingetragenen Seitenzahlen mit an, die in Sammelbänden indes bibliographisch keine Bedeutung haben. Es fehlt bei beiden die Systemstelle der Breslauer Stadtbibliothek. Die jetzige Signatur in der BU Wrocław: 353637. – Das siebte Kapitel des zweiten Teils der Dach-Abhandlung des Verfassers ist der Dach-Sammlung des Arletius in Breslau gewidmet. Dort auch die Literatur zu dem Sammler. [Das Kapitel ist inzwischen auch separat erschienen: Ein Sammler im Breslau des 18. Jahrhunderts und seine Verdienste um die Literatur des 17. Jahrhunderts. Johann Caspar Arletius und seine Sammlung der Dichtungen Simon Dachs. – In: Aufklärung. Stationen – Konflikte – Prozesse. Festschrift Jörn Garber. Hrsg. von Ulrich Kronauer, Wilhelm Kühlmann. – Eutin: Lumpeter & Lasel 2007, S. 63–104].

8 Das wiederentdeckte Opitzsche Gedicht ist in dem eingangs erwähnten Buch des Verfassers zitiert, mit einer Übersetzung versehen und interpretiert. Hier S. 36–46. [Es ist inzwischen auch

»WJe vngleich geht es zu auff dieser Lebens Reise«

Nichts von alledem bei Dach. »WJe vngleich geht es zu auff dieser Lebens Reise« lautet die mottoartige Feststellung in der ersten Zeile. Sie wird entfaltet im Blick auf die ganz verschiedenartigen Lebenswege unter dem Stern von Venus und Fortuna, die beide ein verhängnisvolles Spiel mit dem Menschen zu treiben vermögen. Vor ihm zu warnen, ist der weit über den Anlaß hinausführende Impetus des Gedichts. Es nimmt die Gestalt eines Lehrgedichts an: Der Bräutigam – »er lebet gantz befreyt/ | Indem er schläfft vnd wacht in steter Sicherheit.« (V. 15f.) Der Autor als Sprecher eines kollektiven ›Wir‹ vergönnt sie ihm, verbunden mit dem Segenswunsch und dem weiteren, daß die Zeit der Eheleute im Zeichen ›höchstgewünschter Lust‹ stehen möge (V. 23).

Sein sorgenvoller Blick aber gilt den anderen, die dieses Glücks bislang nicht teilhaftig sind und also den Gefährdungen der Venus auf der Lebensreise ausgesetzt bleiben – hier ist die Schiffahrts- und Meeres-Metaphorik verankert. Der Ausmalung der Verheißungen, die sich als Verführungen herausstellen werden, ist die Mehrzahl der Strophen gewidmet. Psychologisch versiert arbeitet der Autor auf den Umschlag hin, wonach ein Liebhaber sein Leben auf die Gewinnung seiner Angebeteten gewendet hat, um nach Nichterhörung in deren höllische Schmähung zu verfallen.

> Wir schmähen/ die zuvor die schönste war auff Erden/
> Wiewols nicht hertzlich ist/ im fall der bösen Lust
> Der wütenden begier ein anders ist bewust. (V. 66–68)

Wer sich schreibend zu artikulieren weiß, so der Dichter, beklagt fortan die ›Tyranney‹ der vormals Angebeteten. Es ist das Rollenspiel aus den *schönen Schäffereyen* und dem *Amadis* – beide im Text ausdrücklich erwähnt –, das da lebensgeschichtlich und existentiell gewendet und ohne eine Spur von Cervanteschem oder Sorelschem Humor in seine todernsten Konsequenzen überführt wird. Denn angenommen – und der Dichter spielt das Spiel ganz gegen die petrarkistischen Regeln zu Ende –, die Angebetete und dann Verdammte vermag schließlich doch erweicht zu werden:

> Jm Fall dieselbe Lust/ was bringt sie nicht zu wegen?
> Vor Ehren Schimpff vnd Spott/ den Fluch vor guten Segen/
> Die zu gar falsche Lust/ was bringt sie nicht für Leid?
> Sie ist der Tugend Mord/ sie ist ein Raub der Zeit/

---

wiederabgedruckt mit Übersetzung und Kommentar in: Martin Opitz: Lateinische Werke. Bd. I: 1614–1624. In Zusammenarbeit mit Wilhelm Kühlmann, Hans-Gert Roloff und zahlreichen Fachgelehrten herausgegeben, übersetzt und kommentiert von Veronika Marschall und Robert Seidel. – Berlin, New York: de Gruyter 2009 (= Ausgabe Deutscher Literatur des XV. bis XVIII. Jahrhunderts), S. 48–52, Kommentar S. 312–315].

> Was einem/ weil er Jung die Lieb' hat geben müssen/
> Das muß er/ wenn er alt vnd schwach/ offt erstlich büssen/
>   Es naschet mancher jetzt so viel ohn allen Raht/
>   Daß er biß in das Grab gnug zuverdawen hat. (V. 89–96)

Das Ganze der Lebensreise, wie es in der ersten Zeile hieß, wird ins Auge gefaßt. Und so steht am Ende der die Freuden der Venus Genießende, um die sich nicht das Band der ehelichen Liebe schlang, als Betrogener da. Er hat in der Zeit vertan, was ihm in der allemal bemessenen Zeit als segensvolles Geschenk hätte zufallen können. Er ist am Schluß der arme Sünder, der den falschen Weg einschlug, auch ohne daß der Dichter – wie alsbald so häufig – die biblischen Analogien bemühen würde. Das Glück der Hochzeiter ist ihm nicht zuteil geworden. Eheleute, so hatte es in einer nur schwer wieder aus Kopf und Herz zu bannenden Formulierung in der vorletzten Strophe geheißen,

> Sie sind ergeben gar der höchsten freundligkeit/
> Verwart vnd zugedeckt/ vor alles Glückes neidt. (V. 99f.)

Erst in der letzten Strophe wendet sich der Dichter nach dieser Feststellung den beiden Hochzeitern wieder zu, um derentwillen er doch poetisch tätig geworden ist. Es geschieht dies ohne die geringste Konzession an den gewöhnlichen augenzwinkernden Wunsch für die Nacht. Die keusche Lust, die der Bräutigam mit seiner Braut teilt, wird von eben jener Erkenntnis begleitet sein, die der Dichter soeben allgemein formuliert hatte, die herauszumeißeln Aufgabe seines Erstlings in deutscher Sprache war und die sich nun an dem Bräutigam bewährt und bewahrheitet:

> Der Bräutgam wird nun auch hiervon zu sagen wissen/
> Wenn er die keusche Lust mit seiner Braut wird büssen/
>   Es wird jhm numehr auch/ recht erstlich sein bekadt/
>   Was Liebe sey vor Noth/ die ausser diesem Stand. (V. 101–104)

Stimme, Weltverständnis, Stil großer Künstler wie großer Denker sind offensichtlich – und sei es nur keimhaft – von Beginn an vorhanden und vernehmbar. Dach hat seine Rolle in der städtischen Gemeinschaft Königsbergs mit seinem ersten – einen weiteren Kreis über die deutsche Sprache erreichenden – Gedicht gefunden. Er wird stets Sorge tragen für das Dekorum. Das Hochzeitsgedicht soll Freude spenden in der festlichen Gesellschaft. Doch bleibt einem jeden gelungenen ohne die leiseste Spur des Zwanges die Artikulation von Wissen und Erfahrung, eben von Weisheit vermählt.

Das war das Erbe, das der neueren Poesie im Zeichen des Humanismus jenseits von konfessioneller Agitation sowie beschränkter und mehr als einmal ins Spießige abgleitender bürgerlicher Genügsamkeit nun auch in der deutschen Sprache zugefallen war. Dach hat in den ihm verbleibenden dreißig Jahren wie niemand sonst – weder in Königsberg, noch in irgendeiner anderen Stadt des deutschen Sprachraums im 17. Jahrhundert – dieser sittigenden, Geselligkeit stiftenden Kraft der aus humanistischem Geist erneuerten Poesie seine musischen Gaben zuteil werden lassen.

Auf dem Wege zum Ruhm

Ein Jahrzehnt später steht er beruflich gefestigt und als Dichter gesucht inmitten der Königsberger Stadtgemeinde und zugleich exzellent ausgestattet mit Verbindungen zum kurfürstlichen Haus da. Dach ist über die Position des Kollaborators und des Konrektors der Domschule auf ausdrückliche Intervention des Kurfürsten hin 1639 zum Professor für Poesie an der ›Albertina‹ ernannt worden. 1640 übernimmt Friedrich Wilhelm, der spätere ›Große Kurfürst‹, die Regentschaft – Dach fortan freundschaftlich zugetan.

Der Dichter aber hatte 1635 auch schon im Mittelpunkt gestanden, als in Anwesenheit Wladislaws IV. die Huldigung des Monarchen in allegorisch verpuppter schäferlicher Manier mit dem *Cleomedes* in der Albertschen Vertonung im Haus des Bürgermeisters von Kneiphof vor reichlich versammeltem preußischem und polnischem Adel über die Bühne ging.

Und selbstverständlich ist er gemeinsam mit Albert zur poetischen Begrüßung zur Stelle, als Opitz im Juli 1638 ein Jahr vor seinem Tod in Königsberg weilt. Doch das sind die wenigen spektakulären Ereignisse im Leben eines Gelehrten, der nach seiner Rückkehr im Jahr 1626 von den Stätten der Ausbildung – Wittenberg und Magdeburg – seine preußische Heimat nicht mehr verlassen hatte und nun in der Stadt unermüdlich poetische Dienste wahrnahm. Und das weit über das von Amts wegen ihm Auferlegte, aber auch das finanziell Erforderliche hinaus, das ihm immer wieder als entscheidender Antrieb unterstellt wurde.

Ein Querschnitt durch die lyrische Produktion des Jahres 1640

Aus dem Jahr 1640 liegen 25 Hochzeitsgedichte vor, zwölf auf Latein, elf auf Deutsch, zwei auf Griechisch.[9] Die weitaus überwiegende Zahl entstammt Sammelschriften, Dach ist also Beiträger neben anderen. In den meisten Fällen nimmt er aus Gründen, die sich eruieren lassen, hier aber nicht im einzelnen namhaft gemacht werden, die Position an der Spitze oder aber am Ende ein. Mehrfach stehen ein lateinischer und ein deutscher Beitrag in der gleichen Sammelschrift zum selben Anlaß. Dann ist das Verhältnis beider zueinander zu erkunden. Und dieses liegt keineswegs immer so offenkundig zutage wie in dem Fall, daß dem Hochzeiter ein Rollengedicht in den Mund gelegt wird, (in dem ausnahmsweise die gängigen Petrarkismen erscheinen), und der Dichter dann selbst nochmals das Wort ergreift. Die griechischen Beiträge sind selbstverständlich im akademischen Milieu angesie-

---

9 Es ist nicht auszuschließen, daß die Zählungen geringen Schwankungen unterliegen. Es war nicht mehr möglich, die neu entdeckten deutschen und lateinischen Gedichte Dachs, die in dem Buch des Verfassers präsentiert werden, im Blick auf einen etwaigen Zuwachs hinsichtlich der auf die runden Jahreszahlen bezogenen Produktion zu untersuchen. Die ins Auge springenden Gewichtungen werden davon so oder so nicht berührt.

delt, im einen Fall für einen Hofgerichtsrat und Beamten des Samländischen Konsistoriums, im anderen für Michael Behm, den Theologen.

Die Trauerproduktion des Jahres 1640 beziffert sich auf 23 Beiträge, 18 auf Deutsch, fünf auf Latein, die letzteren wiederum im gelehrten Terrain beheimatet. In den deutschen Trauerschriften tritt Dach jetzt sehr viel häufiger als alleiniger Autor hervor, folglich überwiegt die Verfasserschrift, sie mehrfach mit zwei Beiträgen zum gleichen Anlaß ausgestattet. Gerade dieser Typ kommt einem ausgeprägten Dachschen Bedürfnis entgegen, einmal die schlichte christliche Botschaft ohne Adressatenbezug zu formulieren, das andere Mal die Hinterbliebenen anzusprechen oder den bzw. die Verstorbene zu würdigen. Wo nur ein Gedicht pro Anlaß vorhanden ist, dominiert im Gegensatz zu den rhetorischen Rezepten die Artikulation der Glaubensgewißheit ohne direkte persönliche Bezugnahme auf den Verstorbenen – eine bemerkenswerte Bewahrung von Freiheit angesichts der wichtigsten festlich zeremoniellen Begehung, die die menschliche Gemeinschaft seit Menschengedenken kennt.

Bleibt zu erwähnen, daß aus dem Musterjahr noch zwei personenbezogene Gedichte aus anderem Anlaß und ein Lied auf den ersten Mai vorliegen. Hinzutreten 17 Beiträge aus der Feder Dachs in Alberts *Arien und Melodeyen*, von denen im Jahr 1640 der dritte Teil erschien. Durchschnittlich also werden monatlich knapp ein halbes Dutzend Texte verfaßt. Sieht man aber, daß es z.B. eine lange Sommerpause gibt, so sind es de facto in vielen Monaten mehr. Und natürlich müssen wir gewärtig sein, keinesfalls alles mehr verfügbar zu haben.

Auf eine denkwürdige Weise hat Dach es gleichwohl verstanden, Niveau zu wahren; nur ganz selten ist eine eher routinemäßige Behandlung zu spüren. Ganz offensichtlich beförderten der Auftrag, dem er sich verschrieben hatte, und die Achtung, um nicht zu sagen die Demut gegenüber den ihm poetisch anvertrauten Personen dieses stets neuerlich einsetzende Exerzitium an meditativer Konzentration und ein ihr geschuldetes Bemühen um die persönlich geprägte Handschrift.

Ein Trauergedicht auf den Tod von Anna Gericke aus dem Jahr 1640

Es fällt folglich schwer, eine Wahl zu treffen. Nach einem Hochzeitsgedicht soll es nun ein Trauergedicht sein. Der Alexandriner ist bis auf zwei Ausnahmen verschwunden. Es überwiegt wie in der Hochzeitsdichtung nun auch in der Trauerdichtung die liedförmige Strophik. Mehrere Gedichte sind vertont, fast alle von Stobaeus. In einem Fall hat Dach sogar ein paar Daktylen gewagt.

Aus Gründen der Symmetrie sei nochmals eines der beiden Alexandrinergedichte herangezogen, und zwar nicht das in diesem Versmaß stehende Sonett, sondern eine Einzelschrift vom 26. Juli – drei Tage vor Dachs Geburtstag und zugleich das letzte Gedicht vor der Sommerpause dieses Jahres. Weder bei Oesterley noch bei Kelletat oder sonstwo ist es nachzulesen, nur bei Ziesemer findet man es, und der kannte erstaunlicherweise auch schon kein Königsberger Exemplar mehr, sondern mußte nach Breslau zu Arletius ausweichen.

An Herrn Greger Werner, Bürger und Handelsmann der Stadt Kneiphoff, als er der Frawen Annae Gericken, seines Hertzgeliebten Ehegatten Hintrit betrawren muste; geschrieben den 26. Hewm. i. J. 1640.[10] Sechzig strophisch nicht gegliederte, paarreimige Alexandriner hat Dach dem Ereignis gewidmet. Das Gedicht gehört zu der insgesamt kleineren Gruppe, in der eine persönliche Anrede erfolgt, hier also an den Witwer. Als ›liebster Freund‹ wird er gleich in der zweiten Zeile tituliert. Der Dichter weiß nicht, ob er lieber reden oder schweigen soll. Wir kennen diese topischen Eingänge angeblich mangelnder rednerischer Befähigung. Solche Wendungen benutzt Dach so gut wie gar nicht. Das Zögern am Eingang entspringt der Erwägung, ob er über Sprechen oder Schweigen dem Trauernden eher beizustehen vermag.

Dieser Auftakt transzendiert den Raum der Poesie, obgleich doch in ihr artikuliert, um die Entscheidung von dem Gegenüber abhängig zu machen. Der rhetorische Schachzug ist wortlos verabschiedet. Die Entscheidung fällt mit Blick auf die Verstorbene. Sie darf nicht wortlos ins Grab sinken. Dem Witwer wird zugemutet, das in der Rede wieder aufgeweckte Leid zu ertragen um der geliebten Gattin willen, zugleich aber auch – dies jedoch erst der Skopus am Schluß und in allen Dachschen Trauergedichten virulent –, um zu lernen, sich in seinem Schmerz zu fassen und zu mäßigen, den Blick nach innen und nach oben zu richten.

Es ist diese Gabe der Empathie in den Eingängen zu den Dachschen Trauergedichten, die über die Zeiten hinweg anrührt und dazu beigetragen haben dürfte, Dach – wie sonst nur den Dichtern des Kirchenliedes – eine kleine treue Leserschaft zu bewahren. Hören wir den Eingang:

MJt was Thun sol ich mich in ewrem Kreutze zeigen/
Herr Werner liebster Freund/ mit reden oder schweigen?
Jch weiß daß jedes Wort von ewrer Noth vnd Pein
Jn ewrem Hertzen werd' ein scharffes Messer seyn
Das Marck vnd Bein durchdringt; mit schweigen übergehen
Der wahren Tugend Preiß scheint mir nicht zu=zu=stehen/
Vnd ewrer Liebsten Sinn vnd Gutthat treibt mich an/

---

10 Vgl. Oesterley Nr. 613; Ziesemer III, S. 49f. mit S. 466, Nr. 43; Dünnhaupt Nr. 229. Die alte Breslauer Signatur: 4 E 223 (156); die jetzige: 354142. Der bislang an keiner Stelle korrekt zu lesende Titel lautet: An den | Ehrnvesten vnd Vornehmgeachten | Herrn Greger Werner/ | Bürger vnd Handelsmann in der Churfl. Stadt | Kneiphoff Königsberg | als er mit hochbetrübtem Hertzen | Der | Ehr vnd Tugendreichen | Frawen Annae Gericken/ | seines Hertzgeliebten Ehegatten seeligen Hintrit | betrawren muste | Geschrieben | Den. 26 [!] Hewmonats=Tag | im Jahr 1640. | [Holzschnitt mit Totenkopf auf dem Sarg. Strich.] Gedruckt zu Königsberg in der Altstadt | bey Segebaden Erben. – Die Lesung des Impressums ist wegen Beschädigung der Textsubstanz unsicher. Man vgl. damit die Dünnhauptsche Aufnahme. Sie ist mit Gewißheit nicht über Autopsie erfolgt, sondern Ziesemers verknappter Angabe nachgebildet, wie dort mit Lesefehlern, fehlenden Zeilenbrechungen, fälschlicher Klammerung (›[Als er]‹) etc. Es bleibt unverständlich, daß Ziesemer wie Dünnhaupt auf Nachweis der Drucker verzichten. – Dem hier zitierten Stück voran steht die Trauerschrift Dachs für Gregor Werner, der 1652 verstarb. Solche Zusammenhänge werden über die alphabetisch nach Adressaten geordneten Trauergedichte in der Sammlung Arletius mühelos greifbar. Ziesemer hat einen entsprechenden Hinweis bereits versäumt. Folglich ist auch bei Dünnhaupt keine diesbezügliche Information zu finden.

Daß ich derselben nicht vergessen sol noch kan
Jm fall noch nie bey mir ein Vndanck Platz gefunden.[11]

Es ist eine ethische, eine vom ›Du‹ sich herleitende Verpflichtung, die den Dichter zum Sprechen verhält. Und der hat keine Scheu, die persönlichen Bewandtnisse, die ihn mit dem Paar verbanden, im Gedicht zur Sprache zu bringen, sind sie doch die Ursache auch für seinen eigenen Schmerz ebenso wie für die Nötigung, das nun ins Vergangene Gerückte gegenwärtig zu halten und derart der Erinnerung zuzuführen. Ihre Tugend, ihr gutes Wesen war in dem Mund der Bürger ringsum. Der Dichter weiß es aus eigener Erfahrung zu bekräftigen:

Jch bin nicht bey mir selbst/ vnd kenne kaum den Tag/
Vor Müh' vmb Sie vnd Euch. Jch wil darauff nicht kommen/
Mit was Bescheidenheit sie mich offt angenommen
Bewirtet vnd versehn/ nur darumb daß sie meint'
Jch were/ wie ich bin in Warheit/ ewer Freund
Vnd künfftig werde seyn. (V. 24–29)

Dieses in das bürgerliche händlerische Milieu hereinsprechende Gedicht ist nicht einer wie auch immer gearteten Verpflichtung geschuldet, kennt keinen kalkulatorischen, strategischen, eigennützigen Seitenblick, sondern entspringt der privaten freundschaftlichen Verbundenheit und besitzt keinen anderen Grund als sie. Man möchte wähnen, daß sich die Gattung des Gelegenheitsgedichts in derart schlichten Bekundungen mitfühlender Menschlichkeit erfüllt, aber vielleicht ist eine solche Mutmaßung dann doch zu weit über das Zeitalter hinaus gedacht. Nur eben die Lebendigkeit über die Zeiten hinweg mag darin gründen.

Gelebter Glaube

Das Gedicht indes hat neben dem privaten Vertrautsein einen weiteren Grund in einem gemeinsam gelebten Glauben. Kennern der Königsberger Theologiegeschichte ist bekannt, was sich im Gefolge der Reformation auf dem Boden Königsbergs und weit darüber hinaus abgespielt hat. Der Streit um die Lehre Osianders erschütterte nicht nur die Grundfesten des Glaubens, sondern auch die des Staates. Der Herzog, auf das redlichste bemüht, die Wahrheit herauszufinden und Frieden unter den Zankenden zu stiften, starb vereinsamt und verbittert und im Bewußtsein, daß alle seine Bemühungen gescheitert waren. Und so zogen sich die Auseinandersetzungen weit über seinen Tod hin und währten noch im neuen Jahrhundert fort.

Das im Ohr, muß man die Dachschen Verse vernehmen, die wie ein Wunder an Reinheit, Schlichtheit und frommer Gewißheit anmuten und sich geben, als habe

---

[11] Ich verzichte hier wie sonst auf Namhaftmachung der Abweichungen von Ziesemer. Es sind keineswegs ausnahmslos nur Virgeln statt Kommata zu setzen, sondern diese in nicht weniger als drei Fällen auch zu eliminieren. Zudem ist eine Zusammenschreibung aufzulösen. Der Wortlaut ist ansonsten korrekt.

der Boden nicht gewankt, in Wahrheit aber ihre Botschaft aus dem Wissen ziehen, welche Abgründe links und rechts sich aufgetan hatten.

> Was sol ich viel erwehnen
> Der wahren Gottes Furcht/ der Seufftzer vnd der Thränen
> Bey armer Leute Noth? Sie [die Verschiedene] that des Hertzens grund
> Des Glaubens tieffen Schatz mit edlen Früchten kunt
> Die jetzt zwar seltzam sind vnd Christen doch geziemen.
> Wer wil mag jmmer hin sich grossen Glaubens rühmen/
> Jch halte den für fromm/ der Stoltz vnd Vbermuth
> Von gantzer Seelen hasst/ den Armen gutes thut/
> Nicht zänck= vnd neid=isch ist/ sucht Gott mit reinem Hertzen/
> Steht rechten Sachen bey/ erkennt mit A[n]gst vnd Schmertzen
> Der Sünden grosse Schuld/ vnd kan bereitet stehn/
> Sobald der HErr gebeut aus dieser Welt zu gehn. (V. 29–40)[12]

Dieses christliche Bekenntnis ist durch das Feuerbad des Konfessionalismus gegangen und geläutert aus ihm emporgestiegen. Der Glaube bewährt sich wie selbstverständlich in seinen Früchten, hinweggewischt sind endlose Debatten darum. Die Sakramente, die so viel Zwist auslösten, bleiben unerwähnt. Unverrückbar aber hält sich in der gesamten Dachschen Dichtung das Bewußtsein durch, daß auch das reinste und rechtschaffenste Herz beladen bleibt mit Sünde und Schuld – *conditio humana* im Lichte des Ewigen, vielfach von Dach in seinem Werk bekräftigt. Der Dichter tritt in seinen eingeschränkten städtischen Verhältnissen auf als Sprecher des als verbindlich Erkannten, das immer neu bedacht und immer neu der Sprache zugeführt und in allen Lebenslagen beobachtet sein will.

Die Verstorbene, Anna Gericke, hat diesen Glauben gelebt, steht als Person für ihn ein, besiegelt ihn existentiell. Und so gilt wie stets bei Dach im Blick auf die Hinterbliebenen ein Doppeltes. Wo ein reiner Mensch ging, ist der Schmerz unbändig. Zugleich aber ist ihm Trost beigesellt. Auch in diesem Leben lag eine über das Leben hinausreichende Verheißung beschlossen. Sie umgreift die Ehegatten, weist über sie hinaus, bezieht am Schluß die zurückbleibenden kleinen Kinder ein und erkennt auch dem Witwer als Vater eine neue Aufgabe zu.

Das Dachsche Trauergedicht kennt den vergrübelten selbstquälerischen Zweifel nicht. Es ist dem Leben und der ihm vermählten praktischen Belange verpflichtet. Auch das dürfte bewirkt haben, daß der Dichter in der Bürgergemeinde bis in die letzten Tage hinein um sein Wort, ja um seinen geistlichen Beistand gebeten wurde. Wenn anders dem Begriff altlutherischer Mentalität, mit Deutschland und also auch mit Königsberg im fernen Herzogtum Preußen und späteren Ostpreußen Jahrhunderte über in aller Welt assoziiert, noch eine irgend geartete Leuchtkraft eignen sollte – angesichts der Dachschen Verse schiene sie erfahrbar.

---

12 Ziesemer liest in Vers 36 ›Seele‹ statt ›Seelen‹. Der Druckfehler in Vers 38 ›Agst‹ ist schon bei Ziesemer korrigiert.

Poetische Ernte am Eingang der Jahrhundertmitte

Ein Jahrzehnt später war die Situation keine wesentlich andere. Dach verblieb auf dem Lehrstuhl für Poesie. Wieder war in die Zeit ein weithin sichtbares und mit seiner Person verknüpftes Ereignis gefallen. 1644 war der hundert Jahre zurückliegenden Gründung der Universität zu gedenken.[13] Damals war Sabinus, ihr erster Rektor, in guter humanistischer Gepflogenheit als Sprecher preußischer Akkulturation hervorgetreten. Die christlichen wie die im unverfänglichen humanistischen Sinne nationalen und nicht zuletzt die territorialen Bande wurden derart geknüpft.

Dach nahm das Thema in seinem 1644 zur Aufführung gelangenden *Prussiarchus* wieder auf und spann es weiter. Es sollten neben seinen größeren geistlichen Dichtungen und seiner Malapertius-Übersetzung seine einzigen weiter ausholenden Arbeiten bleiben. Unter dem Titel ›Dramatisches‹ figurieren der *Cleomedes* und der *Prussiarchus* in den Ausgaben unserer beiden Gewährsleute Oesterley und Ziesemer. Natürlich handelt es sich um politisch-allegorische Schaustücke, wie sie zu besonderem Anlaß auch in dem städtischen Verband ihren Platz fanden. Dachs Stellung in Königsberg mit dem Amtsbonus im Hintergrund war offensichtlich konkurrenzlos.

Wir blicken wiederum numerisch und exemplarisch auf die lyrische Ernte des Jahres 1650. Gewiß ähnelt die Situation jener des Jahres 1640. Die Unterschiede sind für den aufmerksamen Beobachter jedoch unverkennbar. Das Gedicht-Aufkommen ist leicht zurückgegangen. Wir zählen acht deutsche und vier lateinische Epithalamia. In einem Fall stehen ein deutscher und ein lateinischer Beitrag in einer Schrift Dachs, in einem anderen wird ein Epithalamium mit einer lateinischen Strophe eröffnet und dann mit fünf deutschsprachigen Strophen fortgeführt – gewiß ein besonders seltener und wiederum interpretationsbedürftiger Sachverhalt. Gelehrtes Milieu für die lateinischen Beiträge ist stets in Anschlag zu bringen.

Die Trauer-Produktion ist gegenüber dem Jahr 1640 sogar noch angestiegen. 29 Stücke zählen wir. Nicht ein einziges ist noch auf Latein darunter. Auch wo Dach zu einer Sammelschrift beiträgt und seine Kollegen sich des Lateins bedienen, verbleibt er im Deutschen. Es kommt vor, daß er dreimal pro Tag zur Feder greifen muß, wenn die Umstände es fügen. Zeiten, in denen seine Feder täglich gefragt ist, wechseln mit Perioden, während derer sie über Wochen ruhen darf. Wo

---

13 Ein der Forschung unbekannter, auch bei Erman-Horn nicht erwähnter Sammelband mit Einladungen, oratorischen und poetischen Beiträgen zu den das akademische Königsberg ein Jahr in Atem haltenden Festlichkeiten aus der Stadtbibliothek Königsberg hat sich in der Nationalbibliothek Warschau erhalten. Ausführliche Beschreibung und Analyse in dem sechsten Kapitel des zweiten Teils der oben aufgeführten Untersuchung des Verfassers, das den reichen Nachkriegs-Dach-Beständen der Warschauer Nationalbibliothek gewidmet ist. Dort auch zur Überlieferung des Dachschen *Prussiarchus*. Über den einzig erhaltenen und wiederaufgefundenen Erstdruck des *Cleomedes* wurde schon 1980 berichtet: Klaus Garber: Kleine Barock-Reise durch die DDR und Polen. – In: Wolfenbütteler Barock-Nachrichten 7 (1980), S. 2–10 und S. 50–62, hier S. 59 [wiederabgedruckt in: ders.: Das alte Buch im alten Europa. Auf Spurensuche in den Schatzhäusern des alten Kontinents. – München: Fink 2006, S. 97–123, hier S. 122].

die Texte musikalisch begleitet werden, ist es jetzt Albert, der tätig wird, in einem Fall auch bereits Weichmann.

Gewandelter Adressatenkreis und veränderte Präsentation

Der Adressatenkreis hat sich verändert. Mehr als früher wird der Adel der Umgebung ebenso wie der Hofadel bedichtet. Die Bürgermeister der Dreistädtestadt werden stets bedacht, sofern in ihrem familiären Umkreis einer Hochzeit oder eines Verstorbenen und seiner Hinterbliebenen zu gedenken ist.

Entscheidend bleibt, daß der Publikationstyp einer Wandlung unterliegt. Nur noch ausnahmsweise erscheint Dach als Beiträger. Die Einzelschrift ist die Regel geworden. Der Dichter ist als *die* Autorität zur Behandlung gesellschaftlicher Anlässe in der Stadt während der Mitte des Jahrhunderts ausgewiesen und zeichnet für die häufig nur zwei Blatt umfassende Quartschrift alleine verantwortlich – und dies offensichtlich mit Billigung seiner Kollegen. Ich wüßte auch dafür nichts Vergleichbares aus einer anderen deutschen Stadt mit florierendem literarischen Leben namhaft zu machen.

Neben den Hochzeits- und Trauergedichten stehen vier weitere personenbezogene. Ein lateinisches und ein deutsches gelten dem Günstling Königin Christines von Schweden und späteren Oberbefehlshaber der Ostseeprovinzen Graf Magnus Gabriel de la Gardie, ein lateinisches seinem Kollegen Christoph Tinctorius und ein letztes dem Großen Kurfürsten. Schließlich gibt es einen Beitrag zu Alberts *Arien* des Jahres 1650 und ein an sich selbst gerichtetes Gedicht. Es ist bezeichnenderweise nicht zum Druck gekommen, und es bleibt schwer vorstellbar, daß Dach es für einen Druck freigegeben hätte.

Es stand in einer Breslauer und einer Königsberger Dach-Handschrift – beide im Krieg verschollen, wenn anders es nach endlosen Sucharbeiten in Breslau nicht doch noch gelingen sollte, die Handschrift Rhediger 225 bzw. Rhediger 225a wieder aufzutun.[14] Hätte Ziesemer nicht in letzter Minute die Handschrift aus dem Königsberger Staatsarchiv ausgeschöpft, wir würden dieses Kleinod so wenig wie die Klage über den Untergang der ›Kürbishütte‹ und andere Juwelen kennen – kaum auszudenken, welche Zufälle auch über den gedruckten Texten und damit unserem Tun walten. Wenden wir uns also der selbstgesetzten Spielregel gemäß nach dem Hochzeits- und dem Trauergedicht einem dritten Typ im schmalen Gattungsrepertoire des Dachschen Œuvres nun aus dem Jahr 1650 zu.

---

14 Dazu mit allen Einzelheiten die eingehende Diskussion der überaus komplizierten Situation in dem Breslau- und Arletius-Kapitel II,7 der obigen Untersuchung.

Ein Selbstporträt des Dichters aus dem Jahr 1650

Die Dachsche Gelegenheitsdichtung zieht einen ihrer Reize auch aus der überraschenden und wie selbstverständlichen Anwesenheit des Dichters in dem Milieu der bedichteten Personen. Das betrachtete Trauergedicht stellte auch dafür ein Beispiel. Der Dichter baut gerne, wo es sich anbietet, die persönliche Brücke, die seinen Gedichten den oft konstatierten intimen, ja gelegentlich familiären Ton verleiht. Es ist eines der Mittel, die Authentizität des Gesagten zu bekräftigen, entspricht aber auch seinem Verständnis des Sprechens bei Gelegenheit, das bewußt zwischen den Polen der Lehre und der lebensgeschichtlichen Situierung oszilliert und beiden die nämliche Berechtigung der dichterischen Behandlung einräumt. So kann es nicht verwundern, daß das lyrische Ich, das da in der Gestalt des Dichters in vielen Gelegenheitsgedichten gegenwärtig ist, sich selbst zum Vorwurf des Gedichts erhebt.

Alß ich Anno 1650 d. 25. Augstm. in der Nacht für grosser Engbrüstigkeit nicht schlaffen kunte. So der Titel in der Königsberger Handschrift, der mit an Sicherheit grenzender Wahrscheinlichkeit von Dach herrühren dürfte.[15] Neun Strophen zu jeweils acht dreihebigen jambischen Versen im Kreuzreim mit streng alternierender weiblicher und männlicher Kadenz fügt der Dichter aneinander. Die Dreihebigkeit verleiht dem Gedicht, vermählt in die liedhafte Schlichtheit, ein Moment des Hastenden und Atemlosen, dem die rasch wechselnde Szenerie korrespondiert. Fast in Mörikescher Manier tut sich ›sachtlich‹ der Morgen kund. Der Dichter aber hat ›für Keichen‹ – vor Keuchen als Asthmatiker – noch kein Auge zugetan. Nicht von der verzauberten traumreichen Zeit der ersten Frühe wird die Rede sein, sondern den Beschwernissen einer langen Nacht.

    Alß alles ist entschlaffen,
    Kutsch ich mich gleichfalls ein[.]

So eine typische ostpreußische Wendung im Eingang zur zweiten Strophe. Das da ins Bett sich einwickelnde lyrische Ich aber hält es unter der wärmenden Decke nicht aus – »Zu ängstig ist die Pein« (V. 12). Feuer schlagen und Lesen – freilich ›mit Verdruß‹ (V. 14) – sind die versuchsweise erprobten Remedien, um das ›Vngehewer‹, das da in der Brust tobt, zu ›betriegen‹ (V. 15f.). Indes schleppen die

---

15 Wir besitzen nur den Abdruck bei Oesterley (Anm. 5), S. 803–805, nach dem verschollenen Manuskript der Sammlung Rhediger (vgl. Bibliographie Nr. 176) und bei Ziesemer (Bd. I, S. 252f.) nach der verschollenen Königsberger Handschrift aus dem Staatsarchiv (vgl. Nachweis daselbst, Bd. I, S. 354, Nr. 229). Wir zitieren nach dem Abdruck Ziesemers. Über die bei Oesterley erwähnte sog. Bocksche Handschrift vgl. die Vorrede Oesterleys S. 4. Sie war Bestandteil der verschollenen Breslauer Handschrift R 225ª. – Das Dünnhauptsche Incipit zu Nr. 693 mit dem entsprechenden bibliographischen Nachweis ist freie Erfindung. Wir haben seit 1945 keinen handschriftlichen Textzeugen mehr, der mit dem ersten Wort in der von Dünnhaupt bestenfalls vermuteten Schreibung ›DJe‹ einsetzte. Auch Dünnhaupt standen nur noch Oesterley und Ziesemer als Gewährsleute zur Verfügung, die beide ›Die‹ schreiben. Das Beispiel steht hier, um den bibliographisch gänzlich ungewöhnlichen Umgang mit Titeln und verfügbaren Textzeugen in der Dünnhauptschen Dach-Bibliographie zu dokumentieren. Dazu grundsätzlich bereits Segebrecht in der oben Anm. 2 angeführten Arbeit, S. 954ff.

Stunden sich voran, der stündliche Glockenschlag ist vernehmbar, der Schlaf will sich nicht einstellen, ›Ohnmacht‹ (V. 23) breitet in den Gliedern sich aus, nicht aber die erwünschte Ruhe. »Jst dieß nicht grosser Jammer?« So die bange Frage zu Beginn der vierten Strophe (V. 25).

Alle Welt schläft, über dem mondbeschienenen Pregel ist Stille eingekehrt, noch der Gefangene findet in seinen Banden nächtliche Erquickung. Das lyrische Ich bietet ein Sinnbild der Hinfälligkeit, so wie es da sitzt, den Kopf in beide Hände gestützt, vor sich her winselnd.

> Solt jemand ietzt mich schawen,
> Er hätt ob meiner Quahl
> Mitleiden oder Grawen,
> Auch wär er harter Stahl. (V. 37–40)

Die Kunst der Ärzte versagt an ihm. Es wäre bereit, ›GassenKoht‹ als Arznei zu schlucken, wann immer Hoffnung auf Linderung bestünde.

> Mein Leid ist nicht zu heben,
> Es kriegt den SiegesPreiß[.] (V. 53f.)

Mag das Fieber verschwinden, der Durst sich legen, es bleibt ›der zähe Wust‹, der »Die Athems=Kürtz erreget | In meiner engen Brust.« (V. 62ff.) Da mag manch einer auf den bösen Gedanken kommen, der derart Gepeinigte vernachlässige sein ›Ampt‹ (V. 65), sei ›Arbeit=faul‹ (V. 68). Möge Gott Genesung schenken, dann werde offenkundig werden, was der Grund für sein mögliches Versäumnis war, die heimtückische Krankheit oder womöglich die Person selbst.

So gilt der letzte Gedanke dem guten Leumund, bezogen auf die Pflichten in der Öffentlichkeit, wie sie aus dem Amt herrühren – ein Gelegenheitsgedicht also auf seine Weise. Als Ganzes aber und zumal in seinem Eingang weist das Gedicht auf die der Öffentlichkeit abgekehrte Seite der Person. In eindrucksvoller Zurückhaltung hat der Dichter darauf verzichtet, sich selbst zum Exempel zu erheben. In einer durchaus menschlichen Sorge klingen die Verse aus. Wer aber Dachs Gedichte vor Augen hat, dem bietet die nächtliche Gestalt sich gleichnishaft dar.

Trostspendend war sie in ungezählten seiner Trauergedichte gegenwärtig. Kaum eines, das nicht menschliche Verfaßtheit als kreatürliche zu Gehör gebracht hätte. Das schonungsloseste Bild kreatürlicher Verfallenheit bietet der Dichter selbst. Keine Vorkehrung ist getroffen, und doch stellt sich angesichts des gebrechlichen todwunden Wesens die *ecce homo*-Vorstellung ein. Der Dichter, das lyrische Ich, ist fleischgeworden, wovon sein Werk, das durch und durch ein geistliches ist, als Grund und Bedingung menschlichen Wesens spricht.

Nur eine fromme Wendung ist in schlichter Demut dem Gedicht eingeschrieben – »Gott lasse mich genesen« (V. 69). Aus so gut wie jedem der Dachschen Gedichte könnten wir ersehen, daß die Erfüllung dieses Wunsches dem Angerufenen ohne die Spur eines Zagens und Haderns anheimgestellt bleiben wollte. Der in Dezenz und stets auf Schonung bedachte Trostspender war zuallererst des Trostes selbst bedürftig. Ist es unstatthaft, in dieser Erfahrung das über die Zeiten hinweg anrührende Sprechen des Dichters gegründet zu sehen? Auch Dach reiht sich ein in die Schar der Großen, die sich nicht scheuen, ihrer Nackt- und Bloßheit, ihrer Angst und ihrem Ausgesetztsein bildnerische Gestalt zu verleihen.

Das letzte Jahrzehnt des Lebens und Dichtens

In das erste Jahr des folgenden Jahrzehnts, das Jahr 1660, können wir nicht mehr ausgreifen. Dach lebte nicht mehr. Aus seinem Todesjahr 1659 sind ein Hochzeitsgedicht vom 7. Januar und ein Trauergedicht vom 10. Januar bezeugt. Dann verstummt er als Gelegenheitsdichter, nicht aber als geistlicher Dichter. Seit seinem Dienstantritt war er an der ›Albertina‹ zu den großen kirchlichen Festen alljährlich als dafür zuständiger *professor poeseos* mit lateinischen Versen vor die akademische Festgemeinschaft getreten. Keine Publikation gibt uns von ihnen Kenntnis. Wieder müßten wir zu den großen Sammlern des 18. Jahrhunderts und gelegentlich zu einem ihrer Nachfahren wie dem Freiherrn von Meusebach zurückgehen, wenn wir sie einsehen wollten. Am Ostersonntag, den 13. April des Jahres 1659, ließ der Dichter sich ein letztes Mal mit einem *Triumphus | Qvo ... redivivum se stetit | Jesus Christus* vernehmen, anhebend mit den Versen »Diras minatus, quamdiu speraverat«.[16] Zwei Tage später, am 15. April 1659, starb er.

Wollen wir also ein letztes Mal in einem Jahresquerschnitt uns umtun, so müssen wir zurückgehen in das Jahr 1658. Da ist Dach noch ununterbrochen tätig. 27 Trauergedichte liegen vor. Bis auf eine Ausnahme zeichnet Dach alleine. Wir haben es also mit Verfasserschriften zu tun. Die eine Ausnahme ist eine Sammelschrift, in der Dach gleich mit zwei Beiträgen, einem deutschen und einem lateinischen – dem einzigen unter den Trauergedichten des Jahres 1658 –, vertreten ist. In zwei Fällen tritt er zweimal zum nämlichen Anlaß in separaten Schriften hervor – auch das ein untersuchungsbedürftiger Befund.

Auffällig ist die jetzt zu beobachtende Gewohnheit, den Titel der Schrift mit einer mottoartigen lateinischen Sentenz zu eröffnen und sodann auf Deutsch fortzufahren, wofür keine Parallelen über Einzelfälle hinaus bekannt und in dem Osnabrücker *Handbuch des Personalen Gelegenheitsschrifttums* bislang auch solche nicht belegt sind, welches alle diese Besonderheiten genauestens zu registrieren erlaubt. Als Musiker sind Albert, Stobaeus und Matthaei mit Dach tätig.

Neben den Hochzeits- und den Trauergedichten steht vereinzelt ein lateinisches Gratulationsgedicht in einer Sammelschrift, in der Dach mit anderen lateinischen Beiträgern figuriert. Außerdem ist ein deutschsprachiges Osterlied in der Vertonung Friedrich Schweitzers zu erwähnen. Daß Dach weiterhin für das Kurfürstli-

---

16 Die geistlichen akademischen Arbeiten verstreut aufgeführt bei Ziesemer (Anm. 4) im Anhang zum vierten Band unter dem Stichwort ›Lateinische Gedichte‹, sowie bei Dünnhaupt: Personalbibliographien (Anm. 6) unter der Rubrik ›Akademische Festdichtungen‹, S. 1002–1009. Bei Oesterley verbergen sie sich unter den nach Incipits angeordneten deutschen wie lateinischen Gedichtnachweisen. Die bislang vorliegenden Verzeichnisse sind nicht komplett, wie wir in unserer oben aufgeführten Untersuchung zeigen konnten, auf die verwiesen werden muß.

che Haus tätig ist, belegen zwei Geburtstagsgedichte für den Großen Kurfürsten und einen seiner Söhne, Karl Emil, sowie für den anderen, den Kurfürsten Friedrich von Brandenburg.

Außerdem liegt ein großes repräsentatives lateinisches Gedicht zur Feier eines vertraglichen Abschlusses zwischen dem polnischen König und dem Kurfürsten vor. Wenn wir unser kleines auf die Jahrzehnte gemünztes Spiel zum Abschluß bringen und dabei das von Dach gepflegte Formenspektrum im Deutschen im Auge behalten wollen, so müssen wir jetzt ein an eine Person gerichtetes Glückwunschgedicht wählen, also eine der beiden fürstlichen Zuschriften.

Das aber soll nicht geschehen, ohne neuerlich die Philologie zu ihrem Recht gelangen zu lassen. Und zwar über die Bemerkung en passant, daß es um die kleineren Formen neben den vorwiegenden Hochzeits- und Trauergedichten editorisch besonders schlecht bestellt ist. Oesterley wie Ziesemer haben nur den an das Kurfürstliche Haus gerichteten Gedichten eine naheliegende geschlossene Präsentation vorbehalten.

Ziesemer kennt überhaupt neben diesen drei Gruppen und der Abteilung ›Dramatisches‹ – welch ein dilettantischer, aber eben schon bei Oesterley verwendeter Begriff! – keine weiteren Untergliederungen. Oesterley fügt dieser Quattrologie noch eine fünfte Abteilung ›Dach und sein Freundeskreis‹ sowie eine sechste ›Vermischte Gelegenheitsgedichte‹ hinzu – beide ohne eine irgend geartete strukturbildende Kraft. Zu den Aufgaben der Dach-Philologie gehört es also auch, den eher am Rande verbleibenden Zweigen der Dachschen Produktion überzeugende Positionen in einer künftigen Edition zu verschaffen, handelt es sich doch keinesfalls um Ephemera.

Ein Jahr vor dem Tod:
Ein Geburtstagsgedicht für den Kurfürsten und den Kurprinzen
aus dem Jahr 1658 als politisches Vermächtnis

Werfen wir einen letzten Blick auf das Geburtstagsgedicht für den Kurfürsten und den Kurprinzen.[17] Dach hat nicht zum heroischen Alexandriner gegriffen, sondern ist beim schlichten trochäischen Vierheber geblieben. 27 sechszeilige kreuzreimende Strophen hat er dem Ereignis am 16. Februar 1658 gewidmet.

Der Nordische Krieg tobt. Mitten hinein ist das Gedicht gesprochen. Es muß, wo es um Krieg und Frieden geht, Züge des Fürstenspiegels annehmen. Wird der Kurfürst seines Geburtstages und dem seines Sohnes überhaupt gedenken? Es ge-

---

17 Vgl. Oesterley (Anm. 5), S. 693–697 mit dem bibliographischen Nachweis Nr. 308 (nur Nachweis des Drucks in der posthumen Dach-Ausgabe); Ziesemer II, S. 258–260 mit S. 389, Nr. 154 (Nachweis des Berliner Exemplars 3,415); Dünnhaupt Nr. 1169 (gleichfalls mit Nachweis des Berliner Exemplars). Wir geben wiederum den originalen Wortlaut des Erstdrucks und bitten den interessierten Leser, sich selbst eine Vorstellung von der bibliographischen Qualität der vorliegenden Titelaufnahmen zu machen. Ziesemer zitiert nach der posthumen Dach-Ausgabe und stellt den dort ausgewiesenen Titel seinem Abdruck voran. Warum er nicht auf den Berliner Erstdruck zurückgreift, wird an dieser Stelle wie in anderen vergleichbaren Fällen nicht erläutert. Der Titel des Erstdrucks fehlt bei Ziesemer. Für einen Bibliographen gelten andere Regularien und Maßstäbe.

ziemt sich nicht, so der Dichter, einen solchen Tag ungeachtet aller unmäßigen Beanspruchungen vorübergehen zu lassen, ohne Atem geschöpft zu haben. Seit Antritt der Herrschaft vor neun Jahren haben nur Last und Bürden auf dem Fürsten gelegen. Wie ist es denkbar, daß man nach einem solchen Amt um den Preis von ›Blut‹, von ›eitel Lust und Pracht‹ (Str. 5, V. 2 und 6) streben kann?

> Denn nach Arbeit Müh' und Plagen
> Ringt fürwar kein weiser Mann.
> Ob von Deinen guten Tagen
> Viel ein ander melden kan/
> Jch erkenn' umb dich bißher
> Nichts als Sorgen und Beschwer. (Str. 6)

Kommt die Mühsal von Gott, entspringt sie der ›Trew‹ des Fürsten, die »Nichts verseumen sol und wil«? (Str. 7, V. 5f.) Der Dichter läßt die Frage offen. Er weiß nur eines gewiß, daß nämlich der Fürst alle ihm verbleibenden Kräfte auf die Stiftung von Frieden zu wenden hat.

> Herr/ sol dieser Zwangk der Zeiten
> Der kein gutes lässt entstehn
> Dieses Würgen dieses Streiten
> Nicht ohn Ablaß vor sich gehn
> Vnd zugleich nicht alles Land
> Sol verheert seyn und verbrandt.
>
> So must Du auff Mittel dencken
> Wie der Streit werd' abgethan
> Vnd die Hertzen seyn zu lencken
> Auff die stille Friedens=Bahn/
> Wie Gerechtigkeit und Trew
> Wieder auffzurichten sey. (Str. 8f.)

Wird ein Erstdruck nachgewiesen, so erwartet man dessen Wiedergabe. Der Leser muß also davon ausgehen, daß Dünnhaupt unter der Nr. 1169 den Titel des Erstdrucks zitiert. Das ist jedoch nicht der Fall. Auch er behilft sich mit dem Titel des posthumen Nachdrucks, den er kürzt, mit zwölf Abschreibfehlern darbietet und mit dem erfundenen Zusatz versieht »von | Simon Dachen«.

Der Text des Erstdrucks steht in der dreibändigen Dach-Kollektion der Deutschen Staatsbibliothek zu Berlin im dritten Band an Position 119 (das Ziesemersche Kürzel ›3,415.‹ bezieht sich auf die jeweils in den drei Bänden neu einsetzende Blattzählung!), eingereiht in die mächtige Lyrik-Kollektion an der Systemstelle Yi, hier Yi 851 R.: Vnterthänigste Trew | Welche bey | Des Durchläuchtigsten Fürsten und Herrn/ | Herrn Friderich Wilhelms/ | Marggraffen zu Brandenb. des Heil: Röm: | Reichs ErtzCämmerers und Churfürsten/ zu Magde= | burg/ in Preussen/ zu Gülich/ Cleve/ Berge/ Stettin/ Pom= | mern/ der Cassuben und Wenden/ auch in Schlesien/ zu Crossen und | Jägerndorff Hertzogs/ Burggraffen zu Nürnberg/ Fürsten zu | Halberstad und Minden/ Graffen zu der Marck und | Ravensbergk/ Herrn zu Ravenstein/ | Meines gnädigsten Churfürsten und Herrn. | Wie auch | Des Durchläuchtigsten Fürsten und Herrn/ | Herrn Carl Aemils/ | Marggrafen und ChurErben zu Brandenb. | zu Magdeburg/ in Preussen/ etc. etc. etc. | Hertzogs/ | Meines gnädigsten Fürsten und Herrn/ | Hocherfrewlichen Geburts=Tage/ | Welcher war Sr. Churfl. Durchl. der 38ste/ des | ChurPrintzen der vierdte/ | Gehorsamst erwiesen | ich | Simon Dach. [Strich] Königsberg/ Gedruckt durch Sr. Churfl Durchl. zu Brand. in Preuss. und | der Academien wolbestallten Buchdr. Johann Reusnern/ 1658.

Aber werden die Kräfte ausreichen für dieses herkulische Werk? Wird der Fürst – Gott möge es verhüten – vorzeitig gealtert sein, während der Sohn überhaupt erst noch zum Mann erwachsen soll? Und wer wird die Kosten tragen für die Wiederaufrichtung des zerrütteten Landes? Verflucht sei Mars, der nicht Ruhe gibt, bis er seine Augen an brennenden Schulen und Kirchen, an eingeäscherten Dörfern und Städten weiden kann.

Und doch gibt es Zeichen der Hoffnung. Der Dichter selbst vermag es zu bezeugen. Inmitten des Mordgeschreis darf er ruhig im fernen Preußenland singen. Ein Landgut ist ihm vom Fürsten zuerkannt worden zur Linderung seiner Beschwerden im Alter, das gezeichnet ist von Krankheit.

> Daß ich hier in Ruh kan singen
> Vnd das wilde Mord=Geschrey
> Nicht wie vormahls thar erklingen/
> Rührt von GOtt und Deiner Trew/
> Welche/ Herr/ mit aller Macht
> Vns zu kröhnen ist bedacht.
>
> Hierzu kömpt daß Dein Gemüte
> Meines newlich hoch gelabt
> Vnd aus sonderlicher Güte
> Mit dem Felde mich begabt
> So mein Alter hat begehrt
> Nun mich Kranckheit offt beschwert.
>
> Dieses/ hoff ich/ sol mir geben
> Mein geringes Stücke Brod
> Vnd der Sorgen mich entheben/
> Wenn dieß Land nur seiner Noht
> Durch die güldne Sicherheit/
> Wie wir wünschen/ sich befreyt. (Str. 18–20)

Und so klingt das Gedicht aus mit dem doppelten Akkord des Dankes wie des Segenswunsches für die beiden gekrönten Häupter. Möge unter dem Jubel auch des Dichters Stimme vernehmbar bleiben und der obwaltende Frost ihr nicht die Kraft rauben, wie es im Blick auf die Jahreszeit und zugleich ahnungsvoll im Blick auf den nahenden Tod heißt. Der Treue Louise Henriettes darf der Kurfürst sich ebenso erfreuen wie der Liebe Friedrichs, dem noch im selben Jahr der Gruß des Dichters gelten soll und den der Vater wie der heute geehrte brüderliche Prinz Karl Emil in ihr Herz geschlossen haben.

Das letzte Wort des Dichters ist dem Glück der durch die engsten Bande Verbundenen gewidmet. Dieses Vorrecht des Ponderierens nach eigenem Gutdünken hat sich der preußische Sänger auch in der Toga keinen Moment abhandeln lassen.

> Bleibt in Wolfahrt allzusammen
> Seht mit allzeit besserm Glück
> Dieses Tages lichte Flammen/
> Seyd des Segens Meisterstück

Vnd mit Himmels Gunst begabt
Welchen Jhr zum Vrsprung habt. (Str. 27)

Wir aber haben längst gewahrt, daß hinter dem Rücken des Dichters ein mächtiger Schatten aufgestiegen ist. Wer anders hatte inmitten des tobenden Krieges das Wort ergriffen und, beglaubigt durch sein Sängertum, das ungetrübt auf einem kraft herrscherlicher Verfügung belassenen Landgut sich weiter vernehmen lassen durfte, den künftigen Frieden geweissagt und seine Worte an die Prophetie des namenlosen und doch schon nahenden Friedensfürsten geknüpft als der größte Dichter des lateinischen Abendlandes in seinem bukolischen Erstling?

Der Dichter Simon Dach hatte es nicht nötig, sich zum ›alter Tityrus alias Vergilius‹ aufzuschwingen wie so viele Sänger vor und nach ihm. Eben deshalb ist auch noch der Fürstenpreis in seinen besten Gedichten mehr als Lobpreisung. Er bindet fürstliches bzw. kaiserliches Handeln wie der große Archeget der Regentenpanegyrik an Friedensstiftung und erhebt den Dichter wie selbstverständlich noch einmal zum Fürsprecher dieser Symbiose. Auch dieser Zug will im Bilde Simon Dachs gewahrt und bewahrt sein.

Epilog

Wir aber sollten nicht schließen ohne eine letzte Erinnerung. Der Abschied Dachs vom irdischen Schauplatz ist selbst nochmals zu einem poetischen Ereignis geworden. Viele Federn fühlten sich aufgerufen, an der Stiftung von ›memoria‹ mitzuwirken. Keine Edition bietet uns diese Gedichte, keine Bibliographie führt sie auf. Ziesemer gibt eine kleine Notiz der zur Hochzeit Dachs verfaßten Stücke. Die Epicedien verzeichnet er unbegreiflicherweise nicht mehr. Dünnhaupt erwähnt nicht einmal die *intimatio* zur akademischen Trauerfeier, die immerhin doch bei Ziesemer bereits nachzulesen war.[18]

---

18 Die Gedichte zu Dachs Hochzeit, soweit sie Ziesemer bekannt geworden waren, sind im zweiten Band seiner Dach-Edition (S. 362f.) mit Standort-Nachweisen aufgeführt. Zum Abdruck gelangt ist nur dasjenige von Roberthin. Alle anderen muß man heute mühsam in den erhaltenen Sammelbänden zusammensuchen; Einzelstücke sind nur ausnahmsweise überliefert. Das gesamte verfügbare Material, zumeist aus altem Königsberger Besitz, ist zusammengestellt in der oben erwähnten Abhandlung des Verfassers, auf die verwiesen werden muß. Es ist in Film und Kopie in Osnabrück vorhanden. In Ziesemers Edition auch der Nachweis der Gratulationsschrift zu Dachs Magister-Promotion aus der Sammlung Arletius in Breslau. Unbegreiflicherweise hat Ziesemer sich die große lateinische Zuschrift Kaldenbachs zu dem nämlichen Anlaß unter dem Titel ›Daphne‹ entgehen lassen, die gleichfalls in der Sammlung Arletius zu finden ist (4 E 224/43) und die unbekannt geblieben zu sein scheint. Die Einladung zur Antrittsvorlesung und die Magister-Disputation sind abgedruckt bei Ziesemer II, S. 334–343. Beide Texte galten lange Zeit als verschollen. Die Einladungsschrift konnte in der Nationalbibliothek zu Warschau (XVII.3.6325) und in der Universitätsbibliothek Breslau (4 E 225ª, Nr. 1) wieder aufgefunden werden; der erste Bogen der Disputation findet sich gleichfalls in Warschau (XVII.3.7608). Ein komplettes Exemplar ist bislang nicht nachweisbar. [Vgl. jetzt: Hanspeter Marti, Lothar Mundt: Zwei akademische Schriften von Simon Dach aus den Jahren 1639 und 1640. Analyse und Dokumentation. – In: Simon Dach (Sternchen-Anmerkung oben), S. 67–114].

Der Dichter, der wie kein anderer sein Leben in den Dienst des Zuspruchs, der Tradierung von Wissen und Weisheit in geprägter poetischer Münze von vielerlei Gestalt, der Spendung von Trost und Hoffnung gestellt hatte, er wurde am Ende selbst wie seine angesprochene Witwe Regina Pohl ein Hort poetischen Gedenkens. Kein Sammler, der auf sich hielt und nicht zugleich Sorge dafür trug, die Epicedien in größtmöglicher Vollständigkeit zu versammeln. Keinem gelang dies zur Gänze.

In Osnabrück aber haben wir das derzeit Erreichbare aus aller Welt zusammen.[19] So sei das letzte Wort einem Kollegen, Freund und Zeitgenossen des Dichters Simon Dach vorbehalten, dem Magister und *professor publicus* für Hebräistik an der Albertina, ordinierten Pfarrer auf dem Löbenicht und Diakon Stephan Gorlovius.

---

19 Es gibt, wie gesagt, keinen bibliographischen Nachweis dieses Trauerschrifttums für Dach. Das Ergiebigste findet sich wiederum in den Sammelbänden. Hier sind vor allem zwei heranzuziehen, der eine herrührend aus Königsberg und heute in St. Petersburg, der andere der Sammlung Arletius entstammend und wie seit eh und je in Breslau verwahrt. Es dürfte dem Leser willkommen sein, einen ersten Hinweis zu bekommen. Der St. Petersburger Band stammt – der erhaltenen Altsignatur zufolge – aus der Königsberger Stadtbibliothek und hier, wenn wir die immer wieder begegnende Initiale ›H.B.‹ – einem brieflichen Vorschlag des verehrten bibliothekswissenschaftlichen Kollegen Manfred Komorowski folgend – korrekt übersetzen, womöglich aus der Sammlung des Heinrich Bartsch. Die alte Signatur lautet: H.B.S.5.4°, die neue: 10816q/31953–32093 R. Hier sind am Ende des Sammelbandes ›Gedichte auf Sim: Dachens Absterben‹ zusammengeführt. Auch für diesen Sammelband sei auf die Dach-Abhandlung des Verfassers verwiesen, in der er ausführlich vorgestellt wird. – In der Sammlung Arletius steht das Trauerschrifttum für Dach ordnungsgemäß am Ende der zwei Bände in vier Halbbänden umfassenden mächtigen Sammlung von Dachschen Trauergedichten, der umfänglichsten, die wir besitzen (4 E 222 und 4 E 223). Es setzt ein mit Stück 178 im zweiten Band 4 E 223. Das ist die Einladungsschrift für die akademischen Trauerfeierlichkeiten der ›Albertina‹ zu Ehren ihres illustren Mitglieds. Sie ist auf den 20. April 1659 datiert, jedoch nicht gezeichnet; sehr wohl möglich, daß Thilo sie aufgesetzt hat. Ziesemer hat sie, wie erwähnt, ohne ein irgend erläuterndes Wort neu gedruckt (IV, S. 527–531). Dann folgt der *Lessus*, den ›Collegae et amici‹ anstimmen. Es ist ein bunter Strauß aus deutschen und lateinischen Gedichten, doch die lateinischen überwiegen entsprechend dem durchweg akademischen Beiträgerkreis. Hier findet sich im ersten Drittel das nachfolgend zitierte Gedicht des Gorlovius, unterzeichnet: ›Steph. Gorlovius, M.P.P. Hebr. lingv. ordin. Eccl. Löbn. Regiom. Diacon.‹ Es schließt sich sodann eine nur mit den Initialen ›T.W.D.‹ versehene umfängliche Trauerschrift an. David L. Paisey, der jahrzehntelange Schatzhüter der deutschen Literatur in der British Library, dem wir einen einzig dastehenden Katalog der deutschen Literatur des 17. Jahrhunderts in dieser einzigartigen Bibliothek verdanken, die einen reichen Sammelband mit Dachschen Trauerschriften ihr eigen nennt, hat das Geheimnis gelüftet. Theodor Wolder, berühmter Rechtswissenschaftler der ›Albertina‹ (zu ihm vgl. Fritz Gause sub verbo in der *Altpreußischen Biographie*, Bd. II, S. 821), wird als Verfasser anzusehen sein. Vgl. David L. Paisey: A hitherto unattributed German elegy on the death of Simon Dach, 1659. – In: The British Library Journal II/2 (1976), p. 177s. Zwei weitere Trauerschriften folgen. Dann ergreift Rotger zum Bergen das Wort in Gestalt einer großen lateinischen Lobrede, der auf Deutsch eine umfänglichere Zuschrift an die Witwe vorausgeht. Mit einem Auftritt der Musen unter der Stabführung Apollos endet der Reigen. Der Band selbst wird beschlossen mit einem großen lateinischen Trauergedicht von Kaldenbach auf den Tod von Roberthin, das unbekannt ist. – In anderen Sammelbänden sieht das Bild teils ähnlich, teils anders aus. Das gesamte erreichbare Funeralschrifttum auf Dach, zumeist in Exemplaren aus Mittel- und Osteuropa und zumal aus Königsberg selbst herrührend, findet man in der eingangs zitierten Abhandlung zu Simon Dach ausgebreitet.

Er hat zwar an der einen und der anderen Stelle noch Schwierigkeiten mit dem Versmaß, aber was tut's am Schluß, wenn nur das Wesen getroffen und ein Bild über die Zeiten hinweg lebendig geblieben ist, in dem auch wir uns mit unserem kleinen Versuch gerne wiedererkennen:

> DEn edlen Dachen deckt dieß Grab/
> Doch nimmt sein Ruhm hie nimmer ab/
> Er hat GOtt treühertzig gedienet:
> Die hohe Wissenschafft und Kunst/
> Des Sinn=reichen Gemühtes Gunst
> Macht daß sein Lob ohn Ende grühnet.
>
> Sein auffrichtig getreües Hertz/
> Die Fründligkeit im Ernst und Schertz/
> Der Fleiß in gutter Zucht der Jugend/
> Nach vieler Arbeit schöner Sieg/
> Die freüdig lautende Musick
> Hat kaum ein gleiches seiner Tugend.
>
> Er hat so manches Lied gestellt
> Das GOtt und Menschen wolgefällt/
> Er lehrte Preüssen häuffig schreiben:
> An Festtagen war seine Freüd
> GOtt loben/ ietzt ist Er bereit
> Auff Ostern bey GOtt selbst zu bleiben.
>
> Jch bleibe stets sein eingedenck/
> Was ists das ich ihm danckbahr schenck?
> Den Seinen müsse stets wolgehen/
> GOtt schütze und versorge Sie/
> Sein Bild bleib in den Kindern hie!
> GOtt laß ihm frölich aufferstehn.

Zuerst erschienen unter dem Titel: Zum Bilde Simon Dachs. – In: Simon Dach (1605–1659). Werk und Nachwirken. Hrsg. von Axel E. Walter. – Tübingen: Niemeyer 2008 (= Frühe Neuzeit; 126), S. 1–24. – In der jetzt gedruckten Version wiederholt Bezug genommen auf: Klaus Garber: Die zerstobene Kürbishütte. Eine Studie zur Überlieferung des Werkes von Simon Dach nebst einer Präsentation unbekannter Gedichte. – In: ders.: Martin Opitz – Paul Fleming – Simon Dach. Drei Dichter des 17. Jahrhunderts in Bibliotheken Mittel- und Osteuropas. – Köln, Weimar, Wien: Böhlau 2013 (= Aus Archiven, Bibliotheken und Museen Mittel- und Osteuropas; 4), S. 337–630. Vgl. die Sternchenanmerkung oben.

Städtischer Ordenspräsident und höfischer Dichter

Zur Physiognomie des Nürnberger Dichters Sigmund von Birken*

I Umrisse eines Porträts

Figur am Rande

Ist von den Dichtern des ›Hirten- und Blumenordens an der Pegnitz‹ die Rede, so pflegen Harsdörffer und Klaj auch in der knappsten Darstellung erwähnt zu werden. Tritt ein dritter Name hinzu, so ist es derjenige Sigmund von Birkens. Der Abstand zu den beiden Gründergestalten des Nürnberger Ordens bleibt durchweg auch in der Wertung gewahrt. Neben dem lyrischen Ingenium Klajs vermag Birken so wenig zu bestehen wie neben dem weitgespannten Bildungsradius Harsdörffers. Ist dort ein natürliches Gefälle der poetischen Begabung zu konstatieren, so kommt hier auch Gesellschaftliches ins Spiel.

Birken hat niemals in seinem Leben eine große Studienreise durch die Romania, die Niederlande, geschweige denn nach England absolvieren können, wie sie dem Sohn aus patrizischem Hause seit der Frühzeit des Humanismus selbstverständlich war. Aber selbst neben Gestalten wie Johann Helwig oder Martin Limburger, von denen man seltener hört, wenn es um den Nürnberger Kreis geht, behauptet Birken sich nicht umstandslos. Der berühmte promovierte Mediziner, der Nürnberg freilich frühzeitig verließ, und der Pfarrer in Kraftshof vor den Toren der Stadt – sie sind fest in den kommunalen Verband integriert. Die sozial gefestigte Position teilt sich dem ästhetischen Bereich als Freiheit auch zur Distanz gegenüber der eigenen literarischen Produktion mit.

---

* Die Sprachgesellschaften des 17. Jahrhunderts stehen im Mittelpunkt einer Untersuchung zur Konstitution bürgerlich-gelehrten Bewußtseins in der arkadischen Literatur des 17. Jahrhunderts. Erste Ergebnisse daraus wurden bereits auf dem Wolfenbütteler Sprachgesellschafts-Kolloquium 1973 vorgetragen. Inzwischen ist 1977/78 ein umfängliches Nürnberg-Kapitel der obigen Untersuchung abgeschlossen [jetzt in: Klaus Garber: Wege in die Moderne. Historiographische, literarische und philosophische Studien aus dem Umkreis der alteuropäischen Arkadien-Utopie. Hrsg. von Stefan Anders, Axel E. Walter. – Berlin, Boston: de Gruyter 2012, S. 223–341]. Um Wiederholungen zu vermeiden und nicht erneut Thesen vortragen zu müssen, die der Bewährung am Material bedürfen, hat der Verfasser dankbar die von den Veranstaltern eingeräumte Möglichkeit ergriffen, Fragen der Quellenerschließung aus dem Umkreis der Sprachgesellschaften am Beispiel Birkens aufzugreifen. Gerade theoretisch und historisch exponiertere Ansätze wie der oben angedeutete bedürfen der bestmöglichen bibliographischen und editorischen Fundierung. – Auf dem Wolfenbütteler Kolloquium wurde nach Notizen nur über Birkens Nachlaß referiert. Im folgenden eine für den Druck ausgearbeitete und wesentlich erweiterte Fassung des Beitrags.

Birken hingegen hat ausschließlich auf die Schriftstellerei gesetzt; sie war Inhalt seines Lebens. Ist es die Obsession durch den literarischen Betrieb, die schon die Freunde gelegentlich in kaum merkbare Distanz zu dem mühsam Aufsteigenden treten ließ? War es die Ostentation, mit der die Insignien des Erfolgs zelebriert wurden, welche die Nahestehenden ab und an in verhaltene Reserve lockte? Daß die Ehrgeizigen sich beeindrucken ließen, Gestalten wie Rist oder Neumark, ist verständlich. Und bei den kleineren Geistern, denen Birken durch Dichterkrönung und Aufnahme in den Orden überhaupt erst den Zugang zur Welt der *nobilitas litteraria* verschafft hatte, kannte der Überschwang oftmals keine Grenzen. Aber die Gefestigten, Tieferblickenden, Harsdörffer, den Mentor und Förderer zu Beginn der Karriere, nicht ausgeschlossen?

Nachleben

Ein Blick auf die Nachgeschichte Birkens zeigt, daß die Stimmen der Kritik, gelegentlich der hämischen Schmähung überwiegen.[1] Das beginnt bei Omeis und endet (vorläufig) in der Gesamtdarstellung der deutschen Literatur des 17. Jahrhunderts aus dem Jahr 1962 in der DDR. Omeis, selbst Mitglied des Nürnberger Ordens, mußte diesen gegen Angriffe von Morhof und Neumeister in Schutz nehmen, die Anstoß an Sprache und Stil der Nürnberger, insbesondere ihrem Hang zu Neologismen, nahmen.[2] Die Strategie von Omeis ist einfach. Für Birken wird die Berechtigung der Kritik partiell zugestanden; die Gründer, vor allem Harsdörffer, werden hingegen um so emphatischer verteidigt. In den sechziger Jahren unseres Jahrhunderts liest man, daß sich Birken »durch dichtende Anbiederung an das Nürnberger Patriziat und die erreichbaren Höfe« hervorgetan habe.[3]

Damit sind die Pole, zwischen denen sich die Kritik bewegt, markiert. Sie betrifft einerseits den ästhetischen Habitus der Birkenschen Gebilde, andererseits die gesellschaftliche Orientierung des Dichters. Verspielt, gekünstelt, süßlich, formalistisch, substanzlos, überhitzt, versessen auf neue Wörter und Metaphern, so und ähnlich liest man es seit der Opposition von Galanten und Klassizisten; einmal gemünzt auf den ganzen Orden, einmal zugespitzt auf Birken.

Wenn das Maß der Verunglimpfung im ganzen überschaubar bleibt, vor allem das 18. Jahrhundert für die Rezeption der Nürnberger fast ganz ausfällt, so ist das dem Umstand zu verdanken, daß die zweite schlesische Schule die Masse der kritischen Stimmen auf sich zog. Für die Schlesier sind denn auch die gleichen Stereo-

---

1 Skizze einer Rezeptionsgeschichte der Nürnberger in der erwähnten Abhandlung zu ihren Schäfereien, hier S. 225–242.
2 Vgl. Magnus Daniel Omeis: Gründliche Anleitung zur Teutschen accuraten Reim= und Dicht=Kunst. – Nürnberg: Michahelles und Adolph 1704, S. 52ff.
3 Joachim G. Boeckh, Günter Albrecht, Kurt Böttcher, Klaus Gysi, Paul Günter Krohn, Hermann Strobach: Geschichte der deutschen Literatur. 1600 bis 1700. Mit einem Abriss der Geschichte der sorbischen Literatur. Teil I. – Berlin: Volk und Wissen 1962 (Geschichte der deutschen Literatur von den Anfängen bis zur Gegenwart; 5), S. 336.

type im Umlauf.[4] Bei Birken aber läßt sich dingfest machen, was bei den Schlesiern häufig nur behauptet wird, schwerer hingegen sich beweisen läßt: die Symbiose von exzessivem Manierismus und gesellschaftlichem Opportunismus. Ästhetische Kritik und vulgärsoziologische Abfertigung gehen im Falle Birkens Hand in Hand. Die läppische, gespreizte Rede erscheint dann als Kehrseite höfischer Servilität, wie sie sich in diesem Dichter besonders aufdringlich manifestieren soll.

An der Gattung der Schäferei, die niemand reger, routinierter und virtuoser gehandhabt hatte als Birken, entlud sich die betrogene Erwartung der Kritiker, die Natur suchte und allegorische Denaturierung fand. Gelegentliche freundlichere Stimmen – etwa diejenige Lemckes – blieben ohne Einfluß und mußten es, solange sie nur historistischem Wohlwollen entsprangen.

Es war Gervinus, der als einziger einen unverwechselbaren Akzent setzte. Auch er äußert sich abfällig über Birkens Lieblingskind, die Schäferei. Doch an den großen und maßgeblichen Erzeugnissen, der *Teutonie*, dem *Ostländischen Lorbeerhäyn*, der *Guelfis* nimmt er einen Zuwachs an geschichtlicher Substanz wahr, der die Gattung – in Übereinstimmung mit der Birkenschen Theorie – in die Nähe der großen Romanliteratur des Zeitalters rückt: Verschmelzung von pastoraler und heroischer Tradition im Medium des Fürstenspiegels. Auf dieser Ebene ist ein Zugang zu Birken angebahnt.[5]

Repräsentatives Wirken im geschichtlichen Kräftefeld

Auch im Falle Birkens bleiben Auslotung des geschichtlichen Werkgehalts und Diagnose der ästhetischen Mittel das Ziel kritischer literarhistorischer Arbeit. Hier geht es um zwei Voraussetzungen dafür: die Umrisse einer historischen Situierung Birkens und die gattungsspezifische Gliederung seines Werkes samt dessen editorischer Erschließung aus der Perspektive seines Nachlasses. Die Gestalt Birkens darf, wenn nicht als repräsentativ, so doch als signifikant für die Bedingungen literarischer Produktion und Rezeption im 17. Jahrhundert gelten. Am Lebensweg des Dichters und an der Physiognomie seines Werkes läßt sich mit einer Prägnanz, die eine Parallele nur eine Generation früher in Leben und Werk Martin Opitzens hat, das geschichtliche Kräftefeld studieren, dem ein gut Teil dessen entwachsen ist, was seit knapp hundert Jahren als Barockliteratur bezeichnet zu werden pflegt und in den städtischen sogenannten Sprachgesellschaften neben den Höfen eine eigene Form der Institutionalisierung fand.

---

4 Dazu grundlegend Alberto Martino: Daniel Casper von Lohenstein. Storia della sua ricezione. Vol. 1 (1661–1800). – Pisa: Libreria Editrice Athenaeum 1975 (= Athenaeum; 1), insbesondere p. 339ss.

5 Vgl. Georg Gottfried Gervinus: Geschichte der poetischen National=Literatur der Deutschen. Teil III: Vom Ende der Reformation bis zu Gottsched's Zeiten. – Leipzig: Engelmann 1838 (= Historische Schriften von G.G. Gervinus; 4. Geschichte der deutschen Dichtung; 3), S. 287ff., insbesondere S. 299ff.

Als Sohn eines evangelischen Pfarrers aus Böhmen entstammte Birken einem Berufsstand, der die maßgebliche Trägerschicht der neuen deutschen Kunstdichtung ausmachte.[6] Auch im Nürnberger Orden des 17. Jahrhunderts überwiegen die Theologen bei weitem. Mit der Entscheidung, seinerseits nicht ein »beruffener Kirchen=Diener«, sondern vielmehr »mit geistlichen Schrifften ein Diener GOttes, und Erbauer seiner Kirche zu werden«, begab sich der junge Birken freiwillig der sozialen Sicherheit.[7] Chancen und Grenzen des ›freien Schriftstellers‹ im 17. Jahrhundert werden an seiner Gestalt sinnfällig.

Die Emigration der protestantischen Familie aus dem rekatholisierten Böhmen in die Heimatstadt der Mutter nach Nürnberg war für die literarische Karriere Birkens optimal. Hier fand er in Dilherr und Harsdörffer einflußreiche Förderer und mit den Endters an der Spitze eines reichhaltig ausgebildeten Offizinwesens günstige verlegerische Bedingungen. Die immer noch weitgespannten politischen Verbindungen Nürnbergs, wie sie insbesondere während der Friedensfeierlichkeiten erneut sichtbar wurden, eröffneten ein glänzendes publizistisches Wirkungsfeld, und im Kontakt mit den vielen adligen Exulanten, vornehmlich aus Nieder- und Oberösterreich, die in und um Nürnberg eine Zufluchtsstätte fanden, war für die nötige gesellschaftliche Protektion gesorgt.

Um so aufschlußreicher, daß die Metropole des alten Reichs dem mittellosen Flüchtling den sozialen Rückhalt für seine literarischen Ambitionen nicht zu bieten vermochte. Birken konnte hier vorübergehend und immer nur kurzfristig als Erzieher von Patriziersöhnen tätig werden, den Endters als Korrektor und Berater zur Verfügung stehen, seine Buch- und Schauspielproduktion sowie seine Kasualdichtung für die alteingesessenen ratsfähigen und ehrbaren Geschlechter in klingende Münze umsetzen und schließlich aus seinen Amtshandlungen als nobilitierter Pfalzgraf gelegentliche Einnahmen beziehen. Das reichte nicht, um den Lebensunterhalt zu bestreiten. Überlebt hat Birken nur, weil er zweimal günstig heiratete und vor allem, weil er sich von Anfang an zielstrebig auf den Hof ausrichtete.

---

6 Vgl. Albrecht Schöne: Säkularisation als sprachbildende Kraft. Studien zur Dichtung deutscher Pfarrersöhne. 2., überarb. und ergänzte Aufl. – Göttingen: Vandenhoeck & Ruprecht 1968 (= Palaestra; 226), S. 7ff. Grundlegend zur Biographie Sigmund von Birkens: Otto Schröder: Sigmund von Birken. Quellenstudien zur Biographie (unveröffentlichtes Manuskript). Der Verfasser ist Herrn Schröder (Nürnberg) für Überlassung seiner Arbeit, für vielerlei Hilfe bei der Entzifferung der Birkenschen Handschrift und anderweitige Auskünfte zu großem Dank verpflichtet. – Spezialliteratur zu Birken jeweils am Ort. Nachdrücklich hinzuweisen ist hier nur auf die knappe und offensichtlich wenig bekanntgewordene, aber sehr gehaltvolle Studie von Conrad Wiedemann: Sigmund von Birken. 1626–1681. – In: Fränkische Klassiker. Eine Literaturgeschichte in Einzeldarstellungen mit 255 Abbildungen. Hrsg. von Wolfgang Buhl. – Nürnberg: Verlag Nürnberger Presse 1971, S. 325–336.

7 Johann Herdegen: Historische Nachricht von deß löblichen Hirten= und Blumen=Ordens an der Pegnitz Anfang und Fortgang. – Nürnberg: Riegel 1744, S. 84, im Anschluß an die Birkensche Selbstbiographie.

Ausrichtung auf den Hof

Birken hat sich nach seinem aus finanziellen Gründen abgebrochenen Studium in Jena nur knapp ein Jahr in Nürnberg aufgehalten. Die von Harsdörffer initiierte und publizistisch geförderte Einführung in Stadt und Orden mit einem großen, repräsentativen Schäfergedicht brachte nicht die erhofften Avancen und weiteren Aufträge. Daher im Herbst 1645 die wiederum von Harsdörffer angebahnte Übersiedlung nach Wolfenbüttel in den Dienst Herzog Augusts als Prinzenerzieher. Sie währte nur knapp ein Jahr, stiftete jedoch die lebenslängliche, auch materiell fruchtbare Verbindung zum Welfenhaus, dem Birken in der *Guelfis* im Jahr 1669 ein Denkmal setzte. Das Äquivalent auf katholischer Seite stellte die Verbindung zu den Habsburgern dar, die während der Friedensfeierlichkeiten geknüpft wurde. Mit dem ihm eigenen Instinkt hatte Birken auf diese Seite gesetzt, die ihm üppigere festliche Entfaltungsmöglichkeiten bot, während Klaj aus seiner Überzeugung keinen Hehl machte und für die protestantische Seite einsprang.

Entscheidende Mittlerfunktionen zum Kaiserhaus übte der niederösterreichische Adel aus, an der Spitze Gottlieb von Windischgraetz. Ohne sein Eingreifen wäre Birkens Bemühung um die Nobilitierung ebenso vergeblich geblieben wie seine Bewerbung um Aufnahme in die ›Fruchtbringende Gesellschaft‹ – die beiden Karriereerfolge seines Lebens. Der Adel nahm die Dienste des geschätzten, weil agilen und anpassungsfähigen poetischen Mentors gerne in Anspruch und zahlte dafür. Entscheidend blieb jedoch nach der Ablieferung des *Ostländischen Lorbeerhäyns* (1657) die – unter Demütigungen – vorangehende, fast ein Jahrzehnt beanspruchende panegyrisch-historiographische Arbeit am *Spiegel der Ehren* (1668) für das Kaiserhaus, die zeitweilig den einzigen finanziellen Rückhalt bildete.

Doch auch in den sechziger Jahren suchte Birken die Bindung an eine einzige Institution zu vermeiden. In das gleiche Dezennium fielen die Kontakte zum lutherischen Fürstentum Brandenburg-Bayreuth. Nicht ausgeschlossen, wie Kröll vermutet, daß Birken die Stelle eines Hofdichters anstrebte, um seine stets prekäre Situation zu festigen. Festlicher Aufzug, Fürstliches Diarium und Fürstenspiegel stellen den Ertrag dieser Epoche dar. Über Erdmuth Sophie, erste Gemahlin Christian Ernsts von Brandenburg-Bayreuth, verlief eine Linie zum Kurfürstentum Sachsen, für das Birken in den siebziger Jahren erneut mit einer großen dynastisch-historiographischen Auftragsarbeit, dem *Sächsischen Heldensaal* (1677), tätig wurde.[8]

---

8 Eine dringend benötigte Arbeit zum historiographisch-panegyrischen Schrifttum Birkens fehlt. Vorerst immer noch heranzuziehen: Wilhelm Hausenstein: Der Nürnberger Poet Siegmund von Birken in seinen historischen Schriften. Ein Versuch. – In: Mitteilungen des Vereins für Geschichte der Stadt Nürnberg 18 (1908), S. 197–235. Speziell zur Arbeit am *Ehrenspiegel* vgl. die unten Anm. 25 zitierte Arbeit des Verfassers. Zu Krölls Arbeiten über Birken und Bayreuth vgl. unten Anm. 14 und 15.

Blick auf den ›Pegnesischen Blumenorden‹

So steht Birken im Schnittpunkt von Stadt und Hof. Als Präsident des ›Pegnesischen Blumenordens‹ hat er beinahe zwanzig Jahre lang die Geschicke der Gesellschaft in der Hand gehabt.[9] Er war es gewohnt, literarische Angelegenheiten zugleich als strategische zu behandeln. In der Ordensleitung fand er ein willkommenes Betätigungsfeld für seinen Ehrgeiz. Harsdörffer hatte der Gesellschaft nur zu Anfang sein Interesse zugewendet. Sie stagnierte seit den späten vierziger Jahren und wäre wie die anderen Sozietäten außer der ›Fruchtbringenden Gesellschaft‹ bald wieder von der Bildfläche verschwunden, wenn Birken nicht seine Energie auf ihre Revitalisierung und Expansion gerichtet hätte.

Die sozialen Grenzen waren unverrückbar vorgegeben. Für den Adel war diese städtische, bürgerlich-gelehrte Gründung so wenig attraktiv wie die übrigen kommunalen Dichtervereinigungen. Er strebte in die ›Fruchtbringende Gesellschaft‹ und stellte dort das Gros der Mitglieder.[10] Die drei adligen Personen, die unter Birken hinzukamen, haben für das Prestige des Ordens eine gewisse Rolle gespielt, waren sonst jedoch nicht von Belang. Eine Birken nahestehende Gestalt wie Windischgraetz fehlt im Orden, ist aber selbstverständlich Mitglied der ›Fruchtbringenden Gesellschaft‹.

Und nicht anders steht es mit dem Patriziat. Ein Jahr vor Birkens Tod konnte Christoph Fürer von Haimendorf gewonnen werden. Er sorgte für feste Satzungen und die begehrte Patronatsurkunde des Rats. Das Patriziat selbst stand abseits; die Kaufmannschaft ist mit dem großen Mäzen Ingolstetter sowie mit Einwag und Negelein unterrepräsentiert. Deshalb kann vor der scheinbar so naheliegenden Querverbindung zwischen ›bürgerlichen‹ Zügen in der Dichtung der Nürnberger und ihrer bürgerlich-patrizischen Umwelt nur nachdrücklich gewarnt werden. Kurzschlüsse dieser Art sind geeignet, theoretisch und historisch diffizile Sachverhalte zu diskreditieren.

Es sei erlaubt, an das große Nürnberg-Kapitel in Nadlers Literaturgeschichte zu erinnern, das in der germanistischen Forschung offensichtlich mancherorts in Vergessenheit geraten ist. Man braucht sich die Nadlersche These von der ›Stadtfremdheit‹ des Ordens in dieser Radikalität nicht zu eigen zu machen.[11] Aber in den politisch und ökonomisch maßgeblichen Kreisen war der Orden hier so wenig wie in anderen Städten des 17. Jahrhunderts verwurzelt. Kam es zu Kontakten zwischen

---

9 Zu Birkens Tätigkeit als Ordenspräsident, vor allem zur Aufnahme neuer Ordensmitglieder, immer noch am ausführlichsten: Herdegen: Historische Nachricht (Anm. 7). Dazu Hans-Georg Klindt: Studien zur kulturellen Bedeutung des ›Pegnesischen Blumenordens‹ im Nürnberg des 17. Jahrhunderts. – Staatsarbeit des Fachbereichs IX der Universität Marburg 1976 (Masch.). Der Verfasser dankt Jörg Jochen Berns (Marburg), daß ihm diese wichtige Arbeit zugänglich gemacht wurde.

10 Die politischen Implikationen der ›Fruchtbringenden Gesellschaft‹ sind seit der Jahrhundertwende vergessen und in der neueren Forschung bislang kaum entfaltet worden.

11 Vgl. Josef Nadler: Literaturgeschichte der deutschen Stämme und Landschaften. Bd. II: Die Neustämme von 1300, die Altstämme von 1600–1780. – Regensburg: Habbel 1913, S. 169ff.

Rat und Orden, so vor allem auf dem Weg obrigkeitlicher Reglementierung. Die übervorsichtige Ratspolitik machte auch vor Mitgliedern aus der eigenen Schicht nicht Halt, wie der bekannte Fall Harsdörffer zeigt.[12] Es spricht viel für die Vermutung, daß die späte Aufnahme in den Rat der Stadt mit Harsdörffers Aktivitäten für die Gesellschaft zusammenhing. Mißtrauische Observanz statt kulturpolitischer Repräsentanz im Blick auf die Stadt – das dürfte die vorherrschende Konstellation gewesen sein.

Die Namen der Mitglieder, die Birken in den Orden aufnahm, sind fast alle vergessen oder nur noch dem Spezialisten bekannt. Zu Unrecht ist dieses Schicksal Maria Catharina Stockfleth widerfahren. Ihre Fortsetzung der *Kunst= und Tugendgezierten Macarie* (1673), die von ungleich größerer erzählerischer Begabung und gedanklicher Tiefe zeugt als der erste Teil des Werkes von ihrem Mann (1669), gehört zur großen Romanliteratur des Zeitalters und braucht in der Integration höfischer und pastoraler Elemente keinen Vergleich mit ihrem großen Vorbild, der *Astrée* des Honoré d'Urfé, zu scheuen.[13]

Eine eigenständige Begabung zeigt auch Catharina Margaretha Dobenecker, wie überhaupt die Frauen eine produktive Gruppe innerhalb des Ordens darstellen.[14] Aber wiederum nicht Nürnberg, sondern der Hof in Bayreuth wäre der Ort gewesen, unter dem Patronat Erdmuth Sophies und unter Einschluß der größten Lyrikerin des Jahrhunderts, Catharina Regina von Greiffenbergs – auch sie nicht unter den Pegnitzschäferinnen –, ein kulturelles Zentrum von überregionalem Rang zu schaffen.[15]

---

12 Dokumentiert bei Dietrich Jöns: Literaten in Nürnberg und ihr Verhältnis zum Stadtregiment in den Jahren 1643–1650 nach den Zeugnissen der Ratsverlässe. – In: Stadt – Schule – Universität – Buchwesen und die deutsche Literatur im 17. Jahrhundert. Vorlagen und Diskussionen eines Barock-Symposions der Deutschen Forschungsgemeinschaft. Hrsg. von Albrecht Schöne. – München: Beck 1976 (= Germanistische Symposien-Berichtsbände; 1), S. 84–98, insbesondere S. 90ff.

13 Vgl. dazu Arnold Hirsch: Bürgertum und Barock im deutschen Roman. Ein Beitrag zur Entstehungsgeschichte des bürgerlichen Weltbildes. 2. Aufl. besorgt von Herbert Singer. – Köln, Graz: Böhlau 1957 (= Literatur und Leben. N.F.; 1), S. 107–117, S. 139–143. Wiederabgedruckt in: Europäische Bukolik und Georgik. Hrsg. von Klaus Garber. – Darmstadt: Wissenschaftliche Buchgesellschaft 1976 (= Wege der Forschung; 355), S. 329–346; Volker Meid: Ungleichheit gleich Ordnung. Zur *Macarie* (1669–1673) von Heinrich Arnold und Maria Katharina Stockfleth. – In: Schäferdichtung [...]. Hrsg. von Wilhelm Voßkamp. – Hamburg: Hauswedell 1977 (= Dokumente des Internationalen Arbeitskreises für Deutsche Barockliteratur; 4), S. 59–66.

14 Dazu Joachim Kröll: ›Die Ehre des Gebirges und der hohen Wälder‹: Catharina Margaretha Dobenecker, geborene Schweser. – In: Daphnis 7 (1978), S. 287–339.

15 Dazu die Arbeiten von Joachim Kröll, die dieses Terrain erstmals erschlossen haben: Bayreuther Barock und frühe Aufklärung. Teil I: Markgräfin Erdmuth Sophie (1644–1670) und ihre Bedeutung für Bayreuth. – In: Archiv für Geschichte von Oberfranken 55 (1975), S. 55–175; ders.: Bayreuther Barock und frühe Aufklärung. Teil II: Die Briefe des Bayreuther Generalsuperintendenten Caspar von Lilien an den Nürnberger Dichter Sigmund von Birken. – In: Archiv für Geschichte von Oberfranken 56 (1976), S. 121–234; ders.: Der Bayreuther Hof zwischen 1660 und 1670. Eine Bestandsaufnahme. – In: Sprachgesellschaften, Sozietäten, Dichtergruppen. Hrsg. von Martin Bircher, Ferdinand van Ingen. – Hamburg: Hauswedell 1978 (= Wolfenbütteler Arbeiten zur Barockforschung; 7), S. 181–208.

Der Präsident des Ordens

Um Birken scharte sich die Akademikerschaft: Theologen vom Dorfpfarrer bis zum Generalsuperintendenten und Oberhofprediger, Räte, Canonici, Sekretäre, Schreiber und Kanzlisten in höfischen und städtischen Diensten, Schulmänner, Rektoren und Professoren, Ärzte, Apotheker und Advokaten, einige wenige Ratsmitglieder von auswärts und neben den erwähnten wenigen Adligen, Patriziern und Kaufleuten die Ehefrauen von Ordensgenossen. Es ist jene Schicht, die auch in anderen literarischen Landschaften des 17. Jahrhunderts die neue Kunstdichtung produzierend und rezipierend trägt; die immer noch mächtige Handwerks- und Handelsstadt macht da keine Ausnahme.

Viele der Ordensmitglieder haben sich nur dadurch verewigt, daß sie in Elogen auf ›Floridan‹ oder den ›Erwachsenen‹ ihre Aufnahme in den Orden anbahnten bzw. ihre Dankbarkeit nach erfolgreichem Verfahren zum Ausdruck brachten. Viele auch haben sich wie ihr Meister auf die Gattung der Gelegenheitsschäferei geworfen; sie ist nirgendwo intensiver als in Nürnberg gepflegt worden. Birken selbst hat dem Ritual der Ordensaufnahme, dem Entwurf der Insignien, Embleme, Krönungsurkunden und Gedichte viel Kraft und Zeit gewidmet und die Woge des Dankes gewiß auch als Bestätigung seines Wirkens für die Gesellschaft und die deutsche Sprache betrachtet. Sieht man auf den poetischen Ertrag, so hat nur im Einzelfall wie dem der Stockfleths die Erfahrung des Mitwirkens in der Poeten- und Gelehrtengemeinschaft eine überzeugende Transposition in das Kunstwerk gefunden.

Wichtiger war hier wie in anderen Gesellschaften der Nimbus, der dem neuen poetischen Treiben der Gelehrten vor Patriziat, Adel und Hof durch Ordensmitgliedschaft und Dichterkrönung zuwachsen sollte. Als Vorstand des Ordens war Birken das Objekt zahlloser Gesuche und Huldigungsadressen. Seinen Namen aber hat er sich wie vorher Opitz über seine Verbindung mit dem Hof und die Produktion repräsentativer höfischer Werke gemacht. Sie trugen ihm die Titel ein, die ihn aus der Mehrzahl der Mitglieder des Ordens heraushoben.

Begleitet war dieser Aufstieg von einem kohärenten standespolitischen Schrifttum, in dem auch ein Birken den Anspruch des gelehrten bürgerlichen Dichters auf höfische Würden in Statuskonkurrenz mit den feudalen Privilegien des Adels dezidiert vortrug. Hier aktualisierte sich die humanistische *nobilitas-litteraria*-Tradition. Wo aber in den oberitalienischen Kommunen des 14. und 15. Jahrhunderts der Aufstieg des Handels-, Finanz- und Manufaktur-Bürgertums dem Feudaladel das Gesetz des Handelns diktierte und aus der Erfahrung sozialer Dynamik die Standesgrenzen in der einschlägigen Traktatliteratur unterminiert wurden, da sprach Birken aus einer Kommune heraus, in der das Patriziat im Begriffe stand, sich aus der Stadt zurückzuziehen und seine Refeudalisierung zum Abschluß zu bringen. Ohne Rückhalt in der städtischen Gemeinschaft vollzog sich sein Aufstieg, wie vorher derjenige Opitzens, im Blick auf den Hof.

Archivar des eigenen Werkes

Es gehört zum Bilde des Literaturstrategen Birken, daß er unentwegt planend und entwerfend, archivierend und resümierend tätig ist. Wo andere wie Opitz der Muse nur intermittierend in den Nebenstunden huldigen konnten, war sie Birkens tägliches Geschäft. In der Regel besitzen wir von den Dichtern des 17. Jahrhunderts nur den fertigen, gedruckten Text, allenfalls briefliche Zusätze. Auch das ist im Falle Birkens anders. In seinem Testament hat er dem Orden seine gedruckten Werke und seinen handschriftlichen Nachlaß einschließlich der an ihn gerichteten Briefe überlassen.[16]

Dazu an dieser Stelle ein erstmaliger zusammenhängender Hinweis.[17] Denn in Birkens Nachlaß finden sich keineswegs nur Korrekturen und Varianten in den Handexemplaren seiner gedruckten Schriften. Vielmehr ruht das zur Publikation

---

16 Teildruck des Testaments mit den einschlägigen Verfügungen bei Joachim Kröll: Der Dichter Sigmund von Birken in seinen Beziehungen zu Creußen und Bayreuth. – In: Archiv für Geschichte von Oberfranken 47 (1967), S. 179–276, S. 193ff.

17 Es ist außerordentlich bedauerlich, daß bei der Auslagerungsaktion der Bibliothek des ›Pegnesischen Blumenordens‹ während des Zweiten Weltkrieges auch eine Reihe von Handexemplaren der Birkenschen Werke verloren gegangen ist. Bibliothek und Archiv des ›Pegnesischen Blumenordens‹ wurden 1903 unter Eigentumsvorbehalt in die Stadtbibliothek bzw. das Stadtarchiv Nürnberg überführt und nach dem Zweiten Weltkrieg 1948 als Depositum in der Bibliothek bzw. dem Archiv des Germanischen Nationalmuseums Nürnberg untergebracht. Vgl. Karlheinz Goldmann: Geschichte der Stadtbibliothek Nürnberg. Nebst einem Beitrag: Die Nürnberger Stadtbibliothek als Museum von Wilhelm Schwemmer. – Nürnberg: Goldmann 1957. Es ist jedoch unzutreffend, wenn Goldmann S. 93 schreibt, »daß nur der ältere, wertvollere Bestand« der Bibliothek des Pegnesischen Blumenordens während des Zweiten Weltkrieges gerettet werden konnte. Erstens haben sich neuere Bestände erhalten, zweitens sind unersetzlich ältere verlorengegangen, wie am Beispiel Birkens gezeigt werden kann.

Hier ist neben manchen anderen Verlusten vor allem zu beklagen, daß die von Birken selbst zusammengestellten Sammelbände P.Bl.O. 2, 4°, P.Bl.O. 3, 4° und P.Bl.O. 61, 8° mit Unika Birkens, teils in handschriftlicher Fassung, verlorengegangen sind. Ein komplettes gedrucktes Verzeichnis der Bibliothek des ›Pegnesischen Blumenordens‹ ist in der langen Geschichte des Ordens ebensowenig zustande gekommen wie eine zuverlässige Registratur des handschriftlichen Archivs. Das *Verzeichnis der Büchersammlung des Pegnesischen Blumenordens* (herausgegeben am Jubelfeste seines 250jährigen Bestehens. – Nürnberg, im Oktober 1894) ist keineswegs komplett, weil z.B. die Sammelbände, auf die es gerade ankäme, nicht erschlossen, Pseudonyme nicht aufgelöst sind etc. Emil Reicke hat dieses Problem gesehen, jedoch auf eine vollständige Erfassung des Materials, wie sie ihm unerläßlich für eingehendere Forschungen schien, aus Kostengründen verzichten müssen. In seinem *Katalog der Bücherei des Pegnesischen Blumenordens (gegründet 1644). Band I: Verzeichnis der seit 1750 erschienenen Bücher und gedruckten Schriften* (Nürnberg: Stich 1920) verweist er für die Werke vor 1750 auf den handschriftlichen Zettelkatalog der Stadtbibliothek. Dieser ist jedoch bei der Zerstörung der Stadtbibliothek im Januar 1945 verbrannt.

Infolgedessen ist man zur Rekonstruktion der ehemaligen Bestände der Bibliothek des ›Pegnesischen Blumenordens‹ und vor allem der Werke Birkens neben der einschlägigen Spezialliteratur auf ein handschriftliches ›Verzeichnis von Schriften welche auf den Pegnesischen Blumenorden in Nürnberg und dessen Mitglieder Bezug haben‹, angewiesen, das von dem Ordensmitglied Christian Schwarz (1760–1835) angelegt und von Wilhelm Schmidt im 20. Jahrhundert mit Zusätzen und insbesondere den heute noch gültigen Signaturen versehen wurde. Es konnte von uns erstmals ausgewertet werden. Der ganze Bestand der Bibliothek des ›Pegnesischen Blumenordens‹, der heute in zwei Abteilungen in der Bibliothek des Germanischen Nationalmuseums aufgestellt ist, bedarf einer modernen Neukatalogisierung. Vgl. Elisabeth Rücker: Die Bibliothek. – In: Das Germanische Na-

gebrachte Werk auf einem unterirdischen, weitverzweigten handschriftlichen Stollensystem, das in diesem Umfang von keinem anderen Autor des 17. Jahrhunderts bekannt ist. Birken freilich dürfte in der Intensität, mit der er sich der Verwaltung des eignen Werkes widmete, auch schon zu seinen Lebzeiten von niemandem übertroffen worden sein.

Da werden jahre-, nein jahrzehntelang Gedichtsammlungen verschiedenen Typs nebeneinander geführt, in denen das Gelegenheitsschrifttum gespeichert und geordnet, anderes für den künftigen Bedarf vorsorglich untergebracht ist. Die Sammlungen schwellen mächtig an, die Prinzipien der Gliederung wechseln, dann muß umorganisiert, das ganze System neu in Bewegung gesetzt werden. Da gibt es Dutzende von Werkentwürfen, häufig steht nur – in mustergültiger Kalligraphie – ein Titel da und über Seiten hinweg womöglich spezifizierende Kolumnentitel, aber wenig oder gar kein Text – ein immenser Überschuß der projektiven, die Vollendung antizipierenden Phantasie. Da werden immer neue Anläufe unternommen, das zerstreute Werk unter gattungsspezifischen, thematischen oder dynastischen Einheiten zusammenzufassen, das Vereinzelte dem Zufall zu entreißen und in repräsentativer Form zu überliefern. Doch nur ein Teil der großen, von einem frap-

---

tionalmuseum Nürnberg 1852–1977. Beiträge zu seiner Geschichte. Hrsg. von Bernward Deneke, Rainer Kahsnitz. – München, Berlin: Deutscher Kunstverlag 1978, S. 546–583.

Als Beispiel für das Ausmaß der Verluste sei hier eine Zusammenstellung der von Birken in seiner Autobiographie aufgeführten selbständigen Schriften wiedergegeben, die heute nicht mehr nachweisbar sind (vgl. dazu die in Anm. 25 erwähnte Studie des Verfassers). Die römischen Ziffern in Klammern verweisen auf die Birkensche Numerierung der siebenundzwanzig in den Marginalien seiner Autobiographie aufgeführten Schriften.

1. Glükkwünschende Zuruffung auff den Trauungs Tag des Edelen, Vesten und Hochgelahrten Herrn H. Joh. Friedrich Friesendorff [...] 1650, Hamburg aus der Papischen Drukkerei, 6 fol., 4° (IX); ehemals P.Bl.O. 3 (6) 4°.

2. Der Dorus aus Istrien; Hoher Nymfen und Schöner Hirtinnen, am Donaustrand, Edler Belober und Liebhaber. 1651. 24 fol., 12° (XVI); ehemals P.Bl.O. 61 (2) 8°.

3. Nachspiel dieser Liedereyen, zugestimmet von dem Pegnitzschäfer Floridan. 15 fol., 12° (XVII); ehemals P.Bl.O. 61 (3) 8°.

4. und 5. Neues Trauer-Freudenspiel Psyche, ausbildend den Zustand der Seele; ehemals P.Bl.O. 61 (8) 8°. (Hier dürfte es sich nur um einen kurzen Entwurf der *Psyche* und des Zwischenspiels *Bivium Herculis* (XXI und XXII) gehandelt haben).

6. und 7. Neues Trauer- und Freudenspiel Anthropo ausbildend die Erschaffung, den Sündenfall und die Erlösung des Menschen. Von dem Herrn P. P. Soc. Jesu erfunden und damals vor einem hochansehnlichen Reichskollegio gespielt, anjetzo aber verdeutscht und benebst einem Nachspiel auf den Schauplatz gebracht in Nürnberg; ehemals P.Bl.O. 61 (9) 8° (XXV und XXVI). (Vermutlich wiederum nur kurzer Entwurf. Nicht zu verwechseln mit dem kompletten Druck Wolfenbüttel 1656!).

8. P. P. Herrn Joachim Pipenburgs u.a.m. Andres Ehgelübde. Beglückwünschet von Floridan. Im Wein Monde, des 1655ten Heil Jahres. Hamburg, Gedruckt bey Michael Pfeiffern. 14 fol. (XXVII); ehemals P.Bl.O. 3 (4) 4°.

9. Das unter Nr. XXIV von Birken erwähnte Werk ist eine an Windischgraetz übersandte handschriftliche *Teutsche Reimkunst.*

Mitteilung weiterer verschollener Pastoralia Birkens bei Klaus Garber: Forschungen zur deutschen Schäfer- und Landlebendichtung des 17. Jahrhunderts. – In: Jahrbuch für Internationale Germanistik 3 (1971), S. 226–242, S. 236.

pierenden synthetisierenden Willen zeugenden Projekte ist zustande gekommen, als ein Schlaganfall dem fünfundfünfzigjährigen Dichter die Feder entreißt.

Wir wissen aus der Selbstbiographie und aus den Tagebüchern, wie sorgfältig Birken das tägliche schriftstellerische Pensum registrierte und den Abschluß seiner Arbeiten vermerkte, wissen, wie penibel er Ein- und Ausgang der Post aktenkundig machte etc. Doch auch das Läppische gehört zum Bild, weil es symptomatisch ist für die Bedeutung, die der literarische Betrieb zur Ausfüllung eines häufig öden Alltags besaß, von dem das Tagebuch zeugt. Poetisch-historiographische Arbeit in höchstem Auftrag samt entsprechendem Standesbewußtsein und kleinbürgerlich-gedrückte Existenz gehen im Falle Birkens zusammen. Da werden seitenweise Additionen aller bisher produzierten Verse angestellt, alle bisher verfaßten Eklogen zusammengerechnet etc.; das Nichtige, als solches in der Dichtung benannt, macht sich auch im eigenen Dasein geltend.

Übergang zur handschriftlichen Hinterlassenschaft

Es ist die historisch-soziologisch so aufschlußreiche Konstellation von Birkens Leben und Werk sowie die für das 17. Jahrhundert wohl einmalige Chance zu deren Rekonstruktion aufgrund eines umfänglichen Nachlasses, die die einläßliche Beschäftigung mit diesem Autor einschließlich weit ausgreifender editorischer Anstrengungen legitimiert. Das Werk Sigmund von Birkens ist in seiner gedruckten Form keinesfalls vollständig und in vielem nicht einmal typisch repräsentiert. Es bedarf der Ergänzung durch die Hebung der Schätze im Nachlaß. Vieles war für die Veröffentlichung vorgesehen und wird, nachdem dies nachgeholt ist, das Bild Birkens vor allem in den lyrischen Gattungen modifizieren. Anderes war nicht für die Veröffentlichung gedacht, sondern nur für den privaten Gebrauch bestimmt, an erster Stelle das autobiographische Schrifttum (mit Ausnahme vielleicht des lateinischen Lebenslaufes) sowie die Briefe von und an Birken.

Beidem gilt seit geraumer Zeit das Interesse der Forschung. Und das nicht aus Neugier an der Privatsphäre, sondern um die sozial präformierten Lebensbedingungen und Schreibsituationen, das Netz der literarischen Kommunikation im 17. Jahrhundert genauer kennenzulernen. Dem steht die unzureichende Erschließung des Birkenschen Werkes entgegen. Nur ganz vereinzelt liegen Nachdrucke vor.[18] In das Zentrum ist bislang nur Joachim Kröll mit der Edition der Birkenschen Tagebücher und der Briefe Caspar von Liliens an Birken vorgedrungen.[19]

---

18 Verzeichnis der Neudrucke und Reprints bis 1967 bei Richard Mai: Bibliographie zum Werk Sigmund von Birkens. – In: Jahrbuch der Deutschen Schiller-Gesellschaft 13 (1969), S. 577–640, S. 633f. Hinzugekommen ist inzwischen, ohne Beigaben, Birkens *Teutsche Rede-bind= und Dicht-Kunst.* – Hildesheim, New York: Olms 1973.

19 Die Tagebücher des Sigmund von Birken. Teil I–II. Bearb. von Joachim Kröll. – Würzburg: Schöningh 1971–1974 (= Veröffentlichungen der Gesellschaft für Fränkische Geschichte. Reihe 8: Quellen und Darstellungen zur fränkischen Kunstgeschichte; 5–6); Joachim Kröll: Bayreuther Barock und frühe Aufklärung. Teil II: Die Briefe des Bayreuther Generalsuperintendenten Caspar

Stimmt man der These zu, daß an Gestalt und Werk Birkens wichtige Aufschlüsse zur Soziologie der bürgerlich-gelehrten Literatur des 17. Jahrhunderts zu erwarten sind, so ist nun die Stunde gekommen, der Forschung ein solides Fundament durch eine große Edition zu schaffen. Nur durch Koordination und Integration der sich abzeichnenden verschiedenartigen Aktivitäten kann das Unternehmen bewerkstelligt werden. Dazu einige Erwägungen.

II Morphologie des Birkenschen Nachlasses

Eine Ausgabe der Werke Birkens kann nur unter sinnvollem Einschluß des Nachlasses und der Briefe von und an Birken zustande kommen. Im Nachlaß, vor allem in den Autobiographika und den Briefen, steckt eine Fülle von Informationen zur Genese und Charakteristik des Werkes, die systematisch erschlossen, ausgewertet und mit den gleichfalls sehr reichhaltigen werkbezogenen Daten in den gedruckten Arbeiten vereinigt werden müssen. Schon das nötigt zur Transkription umfangreicherer Teile des Nachlasses und wenigstens regestenartiger Erfassung der Briefe. Ohne diese beiden vorgängigen Arbeitsschritte ist im Falle Birkens keines seiner Werke, auch kein gedrucktes, verantwortlich zu edieren.

Der Nachlaß Birkens ist bisher weder durch die verwahrenden Institutionen noch von seiten der einschlägigen Spezialforschung komplett erfaßt und in seiner inneren Gliederung erkannt worden.[20] Die erstere Aufgabe ist jüngst unter der Leitung von Dietrich Jöns (Mannheim) in Angriff genommen worden und dürfte in absehbarer Zeit zum Abschluß geführt werden.[21] Hier soll daher ein erster Ver-

---

von Lilien an den Nürnberger Dichter Sigmund von Birken (Anm. 15). Vgl. dazu ders.: Hinweise für die Herausgabe von Handschriften des 17. Jahrhunderts. Hier: Sigmund von Birken, Caspar von Lilien, Bayreuther Markgrafen. – In: Deutsche Barockliteratur und europäische Kultur. Hrsg. von Martin Bircher, Eberhard Mannack. – Hamburg: Hauswedell 1977 (= Dokumente des Internationalen Arbeitskreises für Deutsche Barockliteratur; 3), S. 311–314.

20 Im Archiv des Germanischen National-Museums (Nürnberg) existiert zur ersten Information ein maschinenschriftliches, 1955 angefertigtes ›Repertorium‹. Beschrieben sind die Bestände teilweise bei August Schmidt: Sigmund von Birken, genannt Betulius. 1626–1681. – In: Festschrift zur 250jährigen Jubelfeier des Pegnesischen Blumenordens gegründet in Nürnberg am 16. Oktober 1644. Herausgegeben im Auftrage des Ordens von Th. Bischoff und Aug. Schmidt. – Nürnberg: Schrag 1894, S. 481–532, sowie im Vorwort zur Quellenstudie zur Biographie Birkens von Otto Schröder (Anm. 6). Das derzeit maßgebliche, bewußt jedoch nicht Vollständigkeit anstrebende Verzeichnis stammt von Blake Lee Spahr: The Archives of the Pegnesischer Blumenorden. A Survey and Reference Guide. – Berkeley, Los Angeles: University of California Press 1960 (= University of California Publications in Modern Philology; 57), pp. 75–91. [Inzwischen ist in der Osnabrücker Forschungsstelle zur Literatur der Frühen Neuzeit unter Leitung des Verfassers eine umfassende Dokumentation des gedruckten und ungedruckten Werkes von Birkens erarbeitet worden, in die die jahrzehntelangen Recherchen, wie sie insbesondere von Ferdinand van Ingen und dem Verfasser betrieben wurden, eingegangen sind: Hermann Stauffer: Sigmund von Birken (1626–1681). Morphologie seines Werks. Bd. I–II. – Tübingen: Niemeyer 2007].

21 Der Verfasser ist der Arbeitsgruppe in Mannheim und insbesondere Frau Melanie Seuren für vielerlei Auskünfte, Anfertigung von Kopien und die Möglichkeit zur Einsichtnahme in die fertiggestellten Partien des Katalogs zu großem Dank verpflichtet.

such gemacht werden, die vielfältigen Verflechtungen des Nachlasses zu dokumentieren, einzelne Querverbindungen zum gedruckten Werk herzustellen und das heterogene ungedruckte und gedruckte Schrifttum in einer Gattungs-Synopse zu erfassen, die ihrerseits die Grundlage für den Aufbau und die Gliederung einer Ausgabe der Werke Birkens abzugeben vermöchte. Birken selbst hat diesem Anliegen vielfach vorgearbeitet. Es ist nicht in historischer Pietät, sondern durchweg in der Sache selbst begründet, wenn oftmals nur die Intentionen des Dichters aufzunehmen und zu einem Abschluß zu führen sind.

Gedrucktes und nachgelassenes Werk: Relationen und Proportionen

Zu Beginn ist die grundsätzliche Feststellung zu treffen, daß der Nachlaß Birkens zum weitaus überwiegenden Teil ungedruckte Materialien enthält. Birken hat offensichtlich die Manuskripte der Druckvorlagen entweder vom Verleger nicht zurückgefordert oder nicht verwahrt. Sehen wir ab von einzelnen Gedichten, aber auch von Fragmenten und Entwürfen für einzelne Werke vor allem aus dem Umkreis der Friedensdichtungen und für die Singspiel- und Romanproduktion Anton Ulrichs, so sind die zugleich in Handschrift und Druck bezeugten Stücke rasch aufgezählt, ohne daß hier auf Einzelheiten näher eingegangen zu werden brauchte, weil es um eine Typologie von Nachlaß und gedrucktem Werk insgesamt geht.[22]

Es sind dies: Das *Selenianum aeternitati sacrum dicatum domui Augustae* (XV/12c), das Birken im Vorspann zu seiner *Teutonie* (1652) druckte und auch im Panegyrikum auf die Welfen, die *Guelfis* (1669), teilweise wieder verwendete; die beiden Dramen-Handschriften *Schauspiel, Die Wunderthätige Schönheit: samt einem ZwischenSpiel, Tugend- und Laster-Leben* (XIV/1) und *Androfilo oder Die WunderLiebe* (XIV/6), die nach Aufführung im Juni 1655 in Nürnberg unter Fortfall des Zwischenspiels *Tugend- und Laster-Leben* zusammen gedruckt wurden in: *Neues Schauspiel/ Betitelt Androfilo Oder Die WunderLiebe [...] Nebenst einem Nachspiel/ Betitelt Silvia Oder Die Wunderthätige Schönheit* (Wolfenbüttel 1656); des weiteren die poetisch-emblematischen Beiträge Birkens *Zu H. Johann Michael Dilherrns Emblematischer Hand- und Reißpostill, Emblemata, Erklärungen und AndachtLieder. S.v.B. A.C. 1660* (XVI/2), die in Dilherrs *Hertz= und Seelen=Speise* (1663) eingingen, und schließlich Birkens *Gedicht-Spiel von Jacob, Lea und Rahel* (XII/14), das auch im fünften Band von Anton Ulrichs *Aramena* steht.[23]

---

22 Im folgenden werden zusammen mit den Titeln der Archivstücke auch die Archivsignaturen mitgeteilt, zunächst die laufende Nummer des jeweiligen Bündels, sodann die fortlaufende Nummer der darin enthaltenen Stücke.
23 Vgl. Blake Lee Spahr: The Archives of the Pegnesischer Blumenorden (Anm. 20), p. 84, Nr. 19, sowie ders.: Anton Ulrich and Aramena. The Genesis and Development of a Baroque Novel. – Berkeley, Los Angeles: University of California Press 1966 (= University of California Publications in Modern Philology; 76), p. 13. Dort p. 22ss. und p. 55ss. weitere Materialien aus dem Birken-Nachlaß zum *Aramena*-Komplex.

Nachdrücklich ist zu betonen, daß die Handschrift *Todten-Andenken und Himmels-Gedanken. oder Gottes- und Todes-Gedanken* (XIV/2) nicht mit den 1670 bei Kramer in Nürnberg erschienenen *Todes-Gedanken und Todten-Andenken* Birkens verwechselt werden darf.[24] Erstere ist eine Sammlung von Gelegenheitsgedichten, letztere eine Erbauungsschrift anläßlich des Todes von Birkens Frau. Folglich ist diesem Druck eine geistliche Schäferei Birkens auf eben dieses Ereignis unter dem Titel *Floridans Lieb= und Lob-Andenken seiner Seelig-entseelten Margaris* angefügt. Die große Masse also des ca. fünftausend Blatt umfassenden Nachlasses ist unpubliziert und harrt weitgehend noch der Entdeckung.

Dieser Nachlaß umfaßt zwei große Abteilungen: Auf der einen Seite das reichhaltige Corpus der autobiographischen Schriften Birkens sowie der von ihm stammenden bzw. an ihn gerichteten Briefe, auf der anderen Seite die Fragmente und Entwürfe, Reinschriften und Sammlungen von Werken, die für die Veröffentlichung konzipiert waren oder doch Vorarbeiten und Materialien für diesen Zweck enthielten. Der Komplex der Autobiographika und Briefe ist auf dem von Hans-Henrik Krummacher (Mainz) initiierten und geleiteten ›Wolfenbütteler Kolloquium zur Erfassung und Erschließung von Briefen deutscher Autoren des 17. Jahrhunderts‹ beschrieben worden. So erübrigt sich hier eine Wiederholung.[25]

Lyrische Sammelhandschriften

Unter dem ungedruckten Werk ragen die großen, von Birken angelegten Lyriksammlungen ihrem Umfang und ihrem sachlichen Gewicht nach hervor. Birkens Lyrika sind bisher nur verstreut zugänglich. Vor allem das reichhaltige pastorale Werk Birkens bot in der Form der Prosaekloge die Möglichkeit, die lyrische Produktion – und keinesfalls nur die auf den Anlaß zugeschnittene – zwanglos durch die singenden Hirten zu präsentieren. Darüber hinaus sind – neben den separat erschienenen Kasualpoemata – Dutzende von Werken befreundeter oder bekannter Autoren mit Verszuschriften Birkens bestückt.[26]

Die einzige, ausdrücklich als kleine Lyriksammlung eingeführte Veröffentlichung Birkens ist kaum der Erwähnung wert, denn in ihr sind nur fünf, zumeist ältere Liebesgedichte zu einem kleinen Strauß zusammengefaßt und Harsdörffer dargebracht: *Schäfer Floridans/ Poetischer Liebes=Blumen I. Sträußlein/ gepflücket und gebunden an der Pegnitz. 1653. Nürnberg/ Bey Jacob Pillenhofer zufinden.* Die großen Sammlungen ruhen im Nachlaß. Sie sind dank des Archivführers von Spahr

---

24 So irrtümlich Spahr: The Archives of the Pegnesischer Blumenorden (Anm. 20), p. 78, Nr. 2.
25 Vgl. Klaus Garber: Private literarische Gebrauchsformen im 17. Jahrhundert. Autobiographika und Korrespondenz Sigmund von Birkens. – In: Briefe deutscher Barockautoren. Probleme ihrer Erfassung und Erschließung. Hrsg. von Hans-Henrik Krummacher. – Hamburg: Hauswedell 1978 (= Wolfenbütteler Arbeiten zur Barockforschung; 6), S. 107–138 (in diesem Band S. 737–761).
26 Richard Mai: Bibliographie zum Werk Sigmund von Birkens (Anm. 18) hat diese Gelegenheitsgedichte in seiner verdienstvollen Arbeit nur lückenhaft erfassen können. Hier ist ergiebige Nachlese zu halten. [Vgl. dazu oben Anm. 20].

dem Titel nach bekannt.[27] Hier ist der innere Zusammenhang dieser lyrischen Einheiten zu skizzieren.

Geistliche Lyrik

Im Bereich der geistlichen Lyrik gibt es zwei große Sammelhandschriften, zwischen denen im Prinzip klare Trennungslinien verlaufen, auch wenn sie in praxi gelegentlich verwischt sind.[28] Im *Psalterium Betulianum* (XVI/8) sammelt Birken seine geistliche Liedproduktion, in den schon erwähnten *Todten-Andenken und Himmels-Gedanken. oder Gottes- und Todes-Gedanken* (XIV/2) seine geistliche Kasuallyrik, nämlich fast ausschließlich Sterbegedichte. Des weiteren existiert – neben der gleichfalls erwähnten Vorlage für Dilherrs *Emblematische Hand- und Reißpostill* – eine Sammlung von fünfundzwanzig geistlichen Liedern im Anhang zum Handexemplar von Birkens *Todes-Gedanken und Todten-Andenken* (1670).[29] Einige Beiträge sind im erbaulichen Schrifttum plaziert, andere Einzelstücke finden sich verstreut im Nachlaß. Das alles kann hier ebenso unberücksichtigt bleiben wie der Nachweis gedruckter Stücke.

Das *Psalterium Betulianum*, dreiteilig gegliedert, enthält 152 geistliche Lieder.[30] Es stellt »nicht nur ein Sammelbecken dar, worin geistliche Lieder aus anderen Handschriften münden, sondern es bildet auch gleichsam ein Reservoir, woraus Birken – dies vermerkt er meist jeweils am Rande und streicht das Lied senkrecht mit einem Federstrich durch – geistliche Lieder für fast sämtliche Drucke nimmt.«[31] Wie die anderen lyrischen Sammelhandschriften, so ist auch das *Psalterium Betulianum* nicht von Anfang an geführt, sondern erst eingerichtet worden, nachdem schon eine Reihe von Beiträgen vorlagen, die dann am Anfang der Handschrift nachzutragen waren. Mai vermutet als Entstehungszeit des *Psalterium* die Mitte der

---

27 Vgl. Blake Lee Spahr: The Archives of the Pegnesischer Blumenorden (Anm. 20), p. 78ss., Nr. 2, 3, 4, 6, 16. Es fehlt das *Psalterium Betulianum*.
28 Einzelheiten bei Richard Mai: Das geistliche Lied Sigmund von Birkens. – Diss. phil. München 1968.
29 Erhalten in der Bibliothek des ›Pegnesischen Blumenordens‹ (Depositum in GNM Nürnberg) P.Bl.O. 70 8°. [Erschienen sind inzwischen Bd. V (2009) und Bd. VII (2012). Vgl.: Sigmund von Birken: Werke und Korrespondenz. Hrsg. von Klaus Garber, Ferdinand van Ingen, Hartmut Laufhütte, Johann Anselm Steiger. Mitbegründet von Dietrich Jöns. Bd. V: Todten-Andenken und Himmels-Gedanken oder Gottes- und Todes-Gedanken. Teil I: Texte. Teil II: Apparate und Kommentare. Hrsg. von Johann Anselm Steiger. – Tübingen: Niemeyer 2009 (= Neudrucke Deutscher Literaturwerke. N.F.; 59–60); Sigmund von Birken: Werke und Korrespondenz. Bd. VII: Anhang zu Todes-Gedanken und Todten-Andenken. Emblemata, Erklärungen und Andachtlieder zu Johann Michael Dilherrs Emblematischer Hand- und Reisepostille. Teil I: Texte. Teil II: Apparate und Kommentare. Hrsg. von Johann Anselm Steiger. – Berlin, Boston: de Gruyter 2012 (= Neudrucke Deutscher Literaturwerke. N.F.; 67–68)].
30 Diese und die folgenden Angaben des Abschnitts im Anschluß an Richard Mai: Das geistliche Lied Sigmund von Birkens (Anm. 28), die nicht nochmals überprüft wurden.
31 Ebd., S. 34.

fünfziger Jahre, als Abschlußdatum die Publikation der *Todes-Gedanken und Todten-Andenken* 1670.[32]

In den handschriftlichen *Todten-Andenken und Himmels-Gedanken. oder Gottes- und Todes-Gedanken* stehen 297, meist an bestimmte Personen gerichtete Gedichte. Einige konnten mühelos ins *Psalterium Betulianum* übergehen, weil sie nur geringfügige persönliche Anspielungen enthielten. Umgekehrt plazierte Birken in dieser Sammlung von Gelegenheitsgedichten vor allem am Schluß mehrere geistliche Gedichte ohne bestimmten Anlaß – ganz offensichtlich, weil sein *Psalterium* bis auf die letzte Seite gefüllt war.[33] Wichtig aus gleich zu erörternden Gründen ist die Beobachtung, daß die späteste Datierung auf das Jahr 1677 verweist.[34]

Weltliche Lyrik

Im Bereich der weltlichen Lyrik hat Birken nicht weniger als vier umfangreiche Sammelhandschriften nebeneinander geführt: *Floridans Amaranten-Garte, S.v.B. Birken-Wälder, S.v.B. Poetische Lorbeer-Wälder* und das *Betuletum*. Hinzu kommt ein kleines Heft ohne Titel mit offensichtlich ganz frühen Beiträgen auf Personen und Ereignisse in der Jenenser Studienzeit, auch von anderen Autoren (XV/5b), sowie schließlich ein umfängliches Konvolut *Dichterey-Sachen*, das abschließend zu charakterisieren ist.

›Amaranten-Garte‹

Der *Amaranten-Garte* (XIV/4) vereinigt, wie der Titel andeutet, die Liebeslyrik Birkens einschließlich einer Reihe meist pastoral gehaltener Hochzeitsgedichte sowie – vor allem gegen Ende – Gedichte auf Mitglieder des Ordens.[35] Der Bogen spannt sich von frühen, vermutlich noch aus Jena stammenden Liebesgedichten – erst das 26. Stück trägt eine Datierung: 1646 – wiederum bis in das Jahr 1677; das letzte Stück, in der Birkenschen Numerierung das 222., weist auf dieses Datum.[36]

Wenn es eine Revision im Urteil über den lyrischen Birken geben wird, dann dürfte sie von dieser Sammlung ausgehen. Sie enthält neben den obligatorischen petrarkistischen und pastoralen Requisiten und Szenarien unvergleichbare Kost-

---

32 Ebd., S. 34f.
33 Ebd., S. 36ff.
34 Vgl. die Datierung des 253. Stücks.
35 Blake Lee Spahr hat dem Verfasser eine maschinenschriftliche Abschrift des *Amaranten-Gartes* zur Verfügung gestellt; dafür sei auch an dieser Stelle vielmals gedankt. [Inzwischen erschienen: Sigmund von Birken: Werke und Korrespondenz (Anm. 29). Bd. I: Floridans Amaranten-Garte. Teil I: Texte. Teil II: Apparate und Kommentare. Hrsg. von Klaus Garber und Hartmut Laufhütte in Zusammenarbeit mit Ralf Schuster. – Tübingen: Niemeyer 2009 (= Neudrucke Deutscher Literaturwerke. N.F.; 55–56)].
36 Birken hat sich bei fast allen Zählungen seiner Gedichte gelegentlich geirrt. Tatsächlich enthält der *Amaranten-Garte* 238 Stücke.

barkeiten. Man lese das Abschiedsgedicht an Anton Ulrich ›An Dualbe‹ (Antonius Ulricus Dux Brunsvigensis et Lunaeburgensis) (1646), in dem freundschaftliche Intimität das Verhältnis zwischen dem Dichter und dem Prinzen prägt, oder die sechzig Strophen ›Lustreiches LandLeben an der Aurach. und Krönung Floridans‹, in denen die Erfahrung der sommerlichen Freuden auf dem Landbesitz der Familie Rieter, in der Birken 1652 bis 1655 als Hauslehrer wirkte, so plastisch und realistisch vergegenwärtigt ist wie sonst nur bei den Leipziger Lyrikern. Viele dieser Gedichte sind in das gedruckte Werk eingerückt worden. Doch erst in der geschlossenen Form des Lyrikbuchs kommen Birkens vielseitiges Talent und die gelegentliche persönliche Assimilation der lyrischen Formensprache voll zur Geltung.

›Birken-Wälder‹ und ›Lorbeer-Wälder‹

Im *Amaranten-Garte* erscheinen persönliche Bewandtnisse und gesellschaftliche Anlässe bevorzugt verkleidet im pastoralen Gewand. In den *Birken-Wäldern* (XIV/3) ist das lyrische deutschsprachige Gelegenheitsschrifttum zusammengefaßt, ohne daß es um der Einheitlichkeit des Tones willen dieser arkadischen Transposition bedürfte. Wieder spannt sich der Bogen vom Andenken an die Jenenser Studienzeit im Jahre 1643 bis in das Jahr 1677; das vorletzte 397. Stück ist auf dieses Jahr datiert.[37]

Thematisch überwiegen Hochzeitsgedichte, gefolgt von zahllosen poetischen Zuschriften zu Werken bekannter Autoren. Reich vertreten sind auch poetische Behandlungen persönlicher Vorfälle im Leben Birkens, so daß die chronologisch angeordnete Sammlung zugleich beträchtlichen autobiographischen Wert besitzt. Es versteht sich, daß die meisten Gelegenheitsgedichte publiziert wurden, doch dürfte sich nicht alles erhalten haben. So behält dieser handschriftliche Gedichtband, ganz abgesehen von der Bedeutung, die ihm als Synopsis der Kasualproduktion ohnehin zukommt, auch dokumentarisches Interesse.

Abgetrennt zu einem separaten Konvolut hat der den gesellschaftlichen Ordo beobachtende Dichter die Gelegenheitsdichtung auf Standespersonen: *Poetische Lorbeer-Wälder* heißt die entsprechende, im Nachlaß überlieferte Sammlung (XIV/7).[38] Wie nicht anders zu erwarten, nehmen die Huldigungsgedichte auf das Welfenhaus, vor allem auf den Maecenas Anton Ulrich einen bedeutenden Raum ein. Doch auch viele Beiträge auf das Haus Brandenburg-Bayreuth stehen hier. Und natürlich ist der österreichische Adel einschließlich Catharina Regina von Greiffenbergs reich bedacht.

Der Aufenthalt in den oberen ständischen Regionen evoziert auch die entsprechenden literarischen Motive. So handelt das 79. Stück in einem Cartell der Ritter vom ›Lob des Hoflebens‹, das anschließende Cartell der Schäfer vom ›Lob des Feld-

---

37 Tatsächlich enthält die Sammlung 400 Gedichte.
38 Ein früherer Titel dieser Sammlung lautete: *S.v.B. Poetische Lorbeer-Hayne.* Birken hat ›Hayne‹ durchgestrichen und durch ›Wälder‹ ersetzt.

lebens‹. Das viertletzte, nämlich 149. Stück in der Birkenschen Numerierung ist auf das Jahr 1678 datiert.[39] Es folgen noch drei undatierte Beiträge, ein Gedicht auf die Geburt des Markgrafen Georg Wilhelm von Brandenburg (1678), eines auf die Geburt von Anton Ulrichs Enkelin Christina Juliana (1678) und ein letztes zum 35. Geburtstag von Christian Ernst von Brandenburg-Bayreuth (1679). Der zeitliche Rahmen ist also am Schluß etwas weiter gesteckt. Das wird gleich zu erklären sein.

Lateinisches ›Betuletum‹

Auch für das lateinische Gelegenheitsschrifttum in Vers und Prosa hat Birken eine eigene Sammlung angelegt: das *Betuletum* (XV/12 a–b). Es dient – angefangen mit einem ›Idyllion‹ zur Harsdörfferschen Bearbeitung der Kuefsteinschen *Diana*-Übersetzung (1646) – in erster Linie der Huldigung der gelehrten Welt und der Kommunikation mit ihr. Die Überlieferungslage ist hier insofern ungünstiger, aber auch aufschlußreicher, als nicht ein einziges geschlossenes Konvolut vorliegt wie in den bisherigen Fällen.

In einem ersten Heft sind 135 Stücke untergebracht, das vorletzte 134. datiert 1662. Das von Birken noch eigenhändig signierte Blatt 91 des Heftes ist leer. Statt dessen wird die Sammlung auf zwei losen Blättern fortgeführt, von denen das erste wiederum mit ›91‹ foliiert ist, offensichtlich das fehlende Stück von Nr. 135 bringt und dann weiterführt bis zu Nr. 138 für Andreas Ingolstetter; von Nr. 139 bis 144 sind nur die Titel angegeben. Sodann findet sich noch ein zweiseitiger Konspekt ›Zum Betuleto‹. Dort sind zunächst die Titel der Nummern 120 und 126–145 (teilweise unleserlich) untergebracht und nachträglich durchgestrichen worden. Eine zweite Titelzusammenstellung reiht in direktem Anschluß an die Nummer 138 die Überschriften von Nr. 139 bis 153 auf, Nr. 152 datiert 1664.

Im Jahre 1665 setzt dann mit einem Epicedium auf den Tod der Gattin Dilherrs eine zusammenhängende neue Sammlung in zwei Heften ein, nun jedoch nicht mehr von Birken stückweise numeriert, sondern nach Jahren gegliedert. Sie reicht bis zum Jahre 1676.[40]

Bemerkenswert ist in dieser zweiten Sammlung das häufigere Auftreten von Briefzuschriften. Ganz besonderes Interesse verdient jedoch die Tatsache, daß sich unter einem Wust von losen Blättern im *Betuletum*-Konvolut weitere lateinische Gelegenheitsarbeiten befinden, von denen einige in den Konspekten aufgeführt, andere sogar ins *Betuletum* selbst übergegangen sind. Auf diesen losen Blättern nun stehen lateinische Gedichte und Briefentwürfe neben deutschsprachigen Gelegenheitsgedichten, Briefentwürfen, Kirchenliedern, erbaulichen Betrachtungen etc.

---

39 Insgesamt enthält die Sammlung nicht, wie Birken angibt, 152, sondern 154 Gedichte.
40 Beim letzten von Birken datierten Stück für Joh. Friderico Hekelio dürfte dem Autor ein Irrtum unterlaufen sein. Es wird A. MDCLXXVI, statt A. MDCLXVI heißen müssen, denn vor diesem, auf den 7. Januar datierten Stück sind die Gedichte des Jahres 1675 versammelt.

Die Mehrzahl der wenigen erkennbaren Datierungen verweist auf die erste Hälfte der sechziger Jahre.

Es ist zu früh, an diesen Befund bereits Erklärungen anzuschließen. Sie können erst am Ende umfassender Untersuchungen des gesamten überlieferten Materials stehen. Nicht ausgeschlossen jedoch, daß an dieser Stelle Restbestände älterer handschriftlicher Sammlungen Birkens vorliegen, in denen die Trennung der lyrischen Genera noch nicht vorgenommen war. Damit wäre zugleich ein erster Anhaltspunkt für die Datierung der bereits beschriebenen Sammelhandschriften gewonnen. Wenigstens die Anlage gesonderter Sammlungen der lateinischen und deutschen Kasualproduktion würde in die erste Hälfte der sechziger Jahre fallen. Nachdem Birken die Separierung der lateinischen von der deutschen Produktion einmal vollzogen und erstere im *Betuletum* untergebracht hatte, hielt er das fortan entstehende lateinische Schrifttum offensichtlich in den erwähnten beiden Heften fest und nahm häufiger Briefentwürfe oder Briefextrakte mit auf.

›Dichterey-Sachen‹

Es bleibt ein Blick auf Birkens fünfte und letzte Lyriksammlung zu werfen. Weder ist ihr Titel bisher in die Forschung eingeführt, noch ihr Inhalt angemessen charakterisiert.[41] Es handelt sich um *S.v.B. Dichterey-Sachen Vom M. Augusti fine A. MDCLXXVII* (XII/7). Hier wird die lyrische Ernte der letzten vier Lebensjahre gesammelt. Aus unbekanntem Grund hat Birken das kunstvoll errichtete System am Ende seines Lebens wieder preisgegeben und ist zur einfachen Addition des Verschiedenartigen zurückgekehrt. Vielleicht hatte er die Hoffnung aufgegeben, seine lyrischen Sammelhandschriften in der vorgesehenen Form noch zum Druck befördern zu können. Deren Titel sind jedoch in diesem letzten Werk in Form wechselnder Kolumnentitel weiter präsent: *Amaranten-Garte, Birken-Wälder, Lorbeer-Wälder* bzw. *Lorbeerhäyn* bzw. *Poetische Lorbeer-Wälder* oder *-Haine, Gottes-* und *Todes-Gedanken* bzw. *Todes-Gedanken* etc. lauten die Titel für die darunter rubrizierten Gedichte.

Wie schon aus dem Titel ersichtlich, setzt die Sammlung Ende August 1677 ein, schließt also fast nahtlos an die bisherigen Handschriften an und überschneidet sich zeitlich nur mit dem *Lorbeerhäyn*. Tatsächlich stehen dann auch die vier letzten Stücke dieser Sammlung aus dem Jahre 1678 in den *Dichterey-Sachen*, sind hier jedoch durchgestrichen. Birken hat nicht nur die Gedichte dieser letzten Jahre, sondern auch die Verse gezählt: 25 Gedichte und 600 Verse im Jahre 1677 seit Führung des Heftes, 54/1732 im Jahre 1678, 27/2482 im Jahre 1679, 34/1074 (oder 1674) im Jahre 1680.

---

41 Spahr: The Archives of the Pegnesischer Blumenorden (Anm. 20), p. 83, Nr. 16, gibt den Titel nicht an. Außerdem ist die Charakteristik unzutreffend: »A miscellany of Birken's poems, forming either excerpts or addenda to the *Birken-Wälder*, the *Amarantengarten*, or the *Todesgedanken*«. Die Sammlung enthält keine ›excerpts‹, wohl aber auch Gedichte für die *Lorbeer-Wälder*.

1681 ereilte Birken der Tod, das letzte Gedicht ist auf den 4. Juni 1681 datiert. Dann verstummte Birken, ohne eine der großen lyrischen Sammlungen publiziert zu haben. Hier obliegt dem Philologen zu vollenden, was so einleuchtend intendiert war. Vermutlich wird man gut daran tun, die *Dichterey-Sachen* der letzten Jahre in ihrer jetzigen Form wieder aufzulösen und die Gedichte sinngemäß den anderen Sammlungen zuzuweisen, in denen Birken über dreißig Jahre seine lyrische Produktion plazierte. Und hinzunehmen wird man auch, was sich außerhalb dieser lyrischen Einheiten an Einzelstücken erhalten hat, von Birken aber nicht erfaßt wurde. Erst dann wird die lyrische Produktion Birkens in der Geschlossenheit zugänglich sein, die der Dichter als Komplement zu der mit dem Anlaß notwendig gegebenen Zerstreuung stets im Auge hatte.

Erbauliches Schrifttum

Neben der Lyrik ist nur noch eine zweite Textsorte in vergleichbarer Mannigfaltigkeit im Nachlaß vertreten: das geistlich-erbauliche Schrifttum.[42] Und auch hier waltet eine ähnliche Diskrepanz zwischen Publiziertem und Nachgelassenem. Der Leser des gedruckten Werkes kennt Birken als Erbauungs-Schriftsteller außer aus den vielen paränetischen Einlagen vor allem innerhalb der geistlichen Bukolik, die in dem zweiten Teil der *Pegnesis* (1679) zusammengefaßt ist, nur aus den *Todes-Gedanken und Todten-Andenken* (1670) und dem posthumen *Heiligen Sonntags-Handel und Kirch-Wandel* (1681). Im Nachlaß aber lagern mehr als zwei Dutzend weiterer erbaulicher Schriften verschiedensten Umfangs und verschiedensten Vollendungsgrades. Hier ist nur der Ort für einen summarischen Hinweis; das Material ist – von wenigen Ausnahmen abgesehen – bisher noch nicht gesichtet und beschrieben worden.

Da gibt es (seltener) große abgeschlossene, publikationsreife Stücke und andere, von denen nur Titel und Kolumne, allenfalls noch ein paar Textseiten stehen, und dazwischen – durchaus überwiegend – eine Fülle erster flüchtiger und meist schwer lesbarer Niederschriften mit vielen Ausstreichungen, Korrekturen, Ergänzungen etc. Hier möge eine Auswahl der von Birken selbst formulierten Titel ihren Platz finden: *Sonntags-Feyer und Kirchen-Andachtfeuer* (X/3), *Todes-Lehre und Himmels-Ehre* (XII/9), *Spiegel der lezten Belohnung* (bearbeitende Übersetzung) (XII/10 und XV/8), *Weihrauch-Faß* (XII/13), *Der Christ-Monat* (XII/17), *Geistliche Cometen-Post und Pest-Trost* (XIII/3), *Der Wider Christ Mahumed* (XIII/6), *Das Leben Jesu* (XV/3), *Marcelli Palingenij Tugend- u. SittenLehre* (XV/5b), *Psalter Auszug* (XV/9), *Tägliches Christentum* (XV/10), *Geistliche SpringQuelle* (XV/10), *Seelige Himmels-Kundschaft auf Erden, oder HandBüchlein Täglicher Andacht zu Gott: in XXIV Büchern eingetheilet auch mit Sinnbildern u. Liedern gezieret [...] Entworfen A.C. 1668 M. Julio* (XV/10), *Montags-Mund, Dienstags-Dienst* (XV/10), *Heiliges Himmel-*

---

42 Eine Untersuchung dieses Zweiges der Birkenschen Produktion fehlt. Einiges bei Mai: Das geistliche Lied Sigmund von Birkens (Anm. 28) sowie bei Spahr: The Archives of the Pegnesischer Blumenorden (Anm. 20), pp. 81–84, Nr. 8, 9, 12 und 17.

Mahl auf Erden (XVI/3), *GebetBotschaft* (XVI/6a; überwiegend Konspekte), *Versöhnung mit Gott* (XVI/7), *Simeons und Sigmunds von Birken Lezter Schwan-gesang* (XVI/9), *Calamus Calamitatum* (XVI/10a), *Sara-Adelgund. Das Ehren-Ehweib. Der Frauen Spiegel.* (XVI/10b).

Bei diesem letzten Stück verweist ein Titel Birkens explizit auf das ›Frauen‹- bzw. ›Ehe‹-Thema. Es spielt jedoch auch in eine Reihe anderer Texte hinein, in denen die Grenzen zwischen speziellen Ermahnungen an die eigene Ehefrau und generellen erbaulichen Reflexionen fließend sind. Unter Titeln wie *Über die Ehe* (XII/8) oder *Rechtfertigung des Weibes, Lob der weiblichen Vollkommenheit* (XII/15) hat archivalische Bemühung hier teilweise Zusammengehöriges schon fixiert. Ansonsten stechen unter den Birkenschen Titeln geistliche Betrachtungen zu einzelnen Monaten und einzelnen Abschnitten des Tages sowie den mit ihnen verbundenen wechselnden Verrichtungen hervor, die häufig bereits im Titel avisiert werden. Das beliebteste Mittel zur Auflockerung besteht in der Verteilung des Stoffes auf verschiedene Gesprächspartner, gelegentlich ebenfalls bereits über den Titel ›Gespräch-Spiel‹ signalisiert.

In den vorliegenden Zusammenhang gehört auch Birkens Versuch einer Rekonstruktion der menschlichen Geschichte in schöpfungstheologischer Perspektive: *Theophaniae* (XIII/4).[43] Birken ist jedoch in einem ersten Anlauf nur bis zur Gestalt des ›Erzvaters Joseph‹ gekommen, hat dann unter dem Titel *Die Sünd-ersoffene und Zorn-erseufte Erste Welt* weitergearbeitet und auf den Seiten 55–84 ursprünglich auch sein Schauspiel *Psyche* untergebracht, das offensichtlich nach Publikation in seiner Poetik dem Manuskript entnommen wurde, jedenfalls fehlen die entsprechenden Seiten. So ist dieser Entwurf nochmals ein beredtes Beispiel für die Diskrepanz zwischen Projektierung und Realisierung im Schaffen Birkens.

Weitere Bestände im Nachlaß

Mit diesen beiden Komplexen ist die Masse der Werk-Manuskripte im Nachlaß – Autobiographika und Briefe stets ausgeschlossen! – erfaßt. Sieht man ab von einzelnen Fragmenten, Entwürfen und Konspekten, so bedürfen die folgenden Gruppen noch der Erwähnung: Die poetologischen und sprachtheoretisch-lexikographischen Arbeiten – *Kurzer Unterricht von der Teutschen Verse-Kunst in etliche Reguln verfaßt* (X/2) und *Teutsche Sprach-Qwelle* (XII/4 und XVI/1) –, die Vorarbeiten für das von Piccolomini während der Friedensfeiern in Auftrag gegebene Werk *Amalfis* (XII/6), das nicht zum Abschluß kam, weil der Herzog, sehr zum Verdruß Birkens, das Interesse daran verlor,[44] Versuche in der Gattung des Gesprächspiels – *Lob des Schweigens – Lob des Redens – Geistliche Gesprächlust* (XII/11), *Discursus über die Vorzüge des Redens und Schweigens* (XV/4), *Gottselige Gespräch-Lust* (XIII/2) –,

---

43 Dazu Spahr: The Archives of the Pegnesischer Blumenorden (Anm. 20), p. 82, Nr. 10.
44 Vgl. dazu den Teildruck bei Adam Christof Jobst: Sigmund von Birkens *Amalfis*. – In: Unser Egerland 18 (1914) Heft 2/3, S. 17–20; Heft 4, S. 42–44. Merkwürdigerweise werden die Entwürfe dieses Dramas im Archivführer Spahrs nicht aufgeführt.

Fragmente einer Übersetzung von Erasmus' *Institutio principum* (XIII/1), die in zwei Fassungen vorliegen und als Beitrag zur Bayreuther Fürstenspiegel-Diskussion gedacht waren,[45] sowie die wiederum in zwei Fassungen vorliegende Übersetzung des ersten Buchs der Vergilschen *Aeneis* (XIII/5), des weiteren politische Auftragsarbeiten – *Examen axiomatum politicorum Gallicanorum* (XII/5) –, Marginalien zur *Institutio politica* des Cornelius Tacitus (XV/6a), die für Windischgraetz verfaßte Biographie des kaiserlichen Feldmarschalls Peter Strozzi (XIII/1), schließlich Nachschriften von Vorlesungen Dilherrs in Jena und Nürnberg und ein Abriß der Biographie Dilherrs (XII/19) sowie die *Greiffenbergiana* (VI,1a–d, XII/2).

Neben Entwürfen für die Urkunden der von Birken vorgenommenen Dichterkrönungen und einigen wenigen Dokumenten seiner Amtshandlungen als Pfalzgraf sind auch die Insignien seiner Würden überliefert:[46] die von Gosky ausgefertigte Urkunde seiner 1646 in Wolfenbüttel erfolgten Dichterkrönung (IX), die Abschrift seines Adelsbriefes, dessen Original in Wien nicht erhalten ist (XIII/7),[47] sowie Patent und Emblem anläßlich der Aufnahme in die ›Fruchtbringende Gesellschaft‹ (IX). Auch verfügen wir über Birkens Testament (IX) und seine beiden Stammbücher.[48] Und schließlich stößt man im Nachlaß auf dasjenige Material, welches Birken in Form von Auszügen, Abschriften, Notizen, Schemata etc. für die tägliche Arbeit benötigte: Historisches, Genealogisches, Heraldisches, Numismatisches, Geographisches, Juristisches, Titularisches, Versifikatorisches, Legendäres, Theologisches etc. Die Sichtung und Identifizierung dieser Texte bleibt im einzelnen ebenso zu leisten wie die Registratur und Zuordnung der vielen verstreuten poetischen Einzelstücke und Entwürfe im Nachlaß.

Werk-Konspekte

Abschließend sei noch ein Blick auf die besonders wichtigen Notizen Birkens geworfen, welche die Gliederung weiterer Werkeinheiten Birkens betreffen und als vom Autor herrührende für die Schaffung einer Ausgabe seiner Schriften erhebliche Bedeutung besitzen. So haben sich im Nachlaß zwei Konspekte für einen *Frän-*

---

45 Dazu – neben Spahr: The Archives of the Pegnesischer Blumenorden (Anm. 20), p. 81, Nr. 7 – Joachim Kröll: Die Erasmus-Bearbeitung Birkens. Ein Beitrag zur Fürstenspiegel-Literatur. – In: Archiv für Geschichte von Oberfranken 63 (1983), S. 147–218.

46 Dazu eingehend der Eintrag von Erik Amburger: von Birken (Betulius), Siegmund, 1654–1681. – In: Hofpfalzgrafen=Register. Bd. I. Hrsg. vom Herold Verein für Heraldik, Genealogie und verwandte Wissenschaften zu Berlin. Bearb. von Jürgen Arndt. – Neustadt/Aisch: Degener 1964, S. 79–85.

47 Nochmalige persönliche Nachforschungen im Haus-, Hof- und Staatsarchiv Wien sowie im Allgemeinen Verwaltungsarchiv Wien waren vergeblich.

48 Zum Testament vgl. Anm. 16 dieses Beitrags. Die Stammbücher werden im Tresor der Bibliothek des Germanischen Nationalmuseums Nürnberg verwahrt (Hs. 80 152 818/P.Bl.O. 5 und Hs. 80 152 818a/P.Bl.O. 6). Ein näherer Vergleich kann hier nicht durchgeführt werden. Auch ein Verzeichnis der Bibliothek Birkens hat sich erhalten (X/2). Auszugsweise gedruckt bei Mai: Das geistliche Lied Sigmund von Birkens (Anm. 28), S. 18ff.

kischen Lorbeerhayn und einen *Nidersächsischen Lorbeerhayn* erhalten (XIV/2). Letzterer ist 1669 mit der *Guelfis* für die Welfen zustande gekommen. Der *Fränkische Lorbeerhayn* ist hingegen niemals erschienen. Er sollte im wesentlichen die Arbeiten für das Haus Brandenburg-Bayreuth vereinen, an der Spitze das *Singspiel Sophia* und das *Ballet der Natur*, beide aus dem Jahr 1662 stammend.

Birken hat noch zu seinen Lebzeiten erkannt, daß er das Projekt nicht mehr würde realisieren können. So hat er auf dem Titelblatt der Lyriksammlung für hohe Standespersonen, der *Poetischen Lorbeer-Wälder*, den Vermerk untergebracht: »Hierzu und voran gehören die zum Hochfürstl. Brandenb. Ersten Beylager verfärtigte und in fol. gedruckte zwey Stücke Singspiel Sophia und Ballet der Natur«, und diesen Vorsatz in seiner Poetik von 1679 ausdrücklich kurz vor seinem Tode bekräftigt.[49] So ist unter den großen Dynastien, denen er sein Leben lang diente, nur die fränkische Linie der Hohenzollern ohne eigenes Denkmal geblieben. Wichtig für den Editor ist sein Wunsch, die beiden Bayreuther Schaustücke dem Gelegenheitsschrifttum und nicht der Gattung des Dramas zugeordnet zu wissen.

Aber auch für das Drama bestehen auf seiten Birkens präzise Vorstellungen bezüglich einer Anordnung der vorhandenen Stücke. In seinem Nachlaß findet sich ein *Syllabus Carminum & Operum Betulianorum* (XV/7), der als Urfassung des Verzeichnisses seiner wichtigsten Schriften gelten darf, das Birken 1679 in seiner Poetik abdruckte.[50] Aus diesen beiden Dokumenten geht hervor, daß Birken einerseits eine Sammlung seiner Dichtungen für die Friedensfeierlichkeiten 1649/50 in Nürnberg und andererseits eine Sammlung seiner Dramen plante. Als Titel der einen Sammlung war *Teutscher Olivenberg oder Fried-erfreutes Teutschland*, als Titel der anderen *Teutsche Schau-Bühne* vorgesehen.[51] Sie geistern seither durch die wissenschaftlichen Bibliographien, zustande gekommen sind sie indes nicht.

Im *Teutschen Olivenberg* wollte Birken die folgenden Arbeiten unterbringen: ›Geschicht-Schrift vom Teutschen Frieden‹, das ist die *Teutonie* (1652), das ›Friedens-Ballet, beym Kaiserl. FriedensBanquet‹, das ist das allegorische Schaustück *Teutschlands Krieges=Beschluß und FriedensKuß* (1650),[52] die ›FriedensRede oder Kriegs- und Friedensbildung‹, das ist die *Krieges- und Friedensbildung [...] nebenst einer Schäferey* (1649) und schließlich ›Flamais oder der FriedensHeld‹, das ist die nicht zustande gekommene *Amalfis*. In der Poetik von 1679 fehlt bei der Aufzählung folgerichtig das letzte Stück. Gleichwohl realisierte Birken den Plan auch in der reduzierten Form nicht mehr.

In der *Teutschen Schaubühne* sollten *Androfilo, die Wunderliebe*, sodann *Margenis, LiebesGeschichte*, des weiteren *Bivium Herculis, Tugend- und LasterLeben* und schließlich *Silvia, die Wunderthätige Schönheit* vereint werden. Alle Stücke sind erhalten. Das allegorische Schäferdrama *Margenis*, das schon 1651 von Patriziersöh-

---

49 Vgl. Sigmund von Birken: Teutsche Rede-bind= und Dicht-Kunst (Anm. 18), S. 317.
50 Verzeichnis des Autoris Schriften. – In: Teutsche Rede-bind= und Dicht-Kunst (Anm. 18), fol. 3π2ʳ–3π4ʳ.
51 Dazu ausführlich Adam Christof Jobst: Sigmund von Birkens *Teutscher Olivenberg*. – Diss. phil. Wien 1913 (Masch.).
52 Von Birken in der Handschrift fälschlich ›1652‹ datiert.

nen in Nürnberg aufgeführt worden war, brachte Birken noch 1679 komplett zum Druck. Die *Silvia* druckte er gemäß seiner Theorie als Nachspiel zum *Androfilo* (1656).[53] Das ehemals in die *Silvia* eingelegte *ZwischenSpiel, Tugend- und LasterLeben* wurde in der Druckfassung fortgelassen, ist jedoch, wie erwähnt, in der Handschrift der *Silvia* überliefert. Sowohl im handschriftlichen Werkverzeichnis als auch in der gedruckten Bibliographie der Poetik fehlt Birkens Schauspiel *Psyche*, das als Muster im Anhang seiner Poetik gedruckt wurde.[54] Selbstverständlich sollte es gleichfalls in die *Teutsche Schaubühne* mit aufgenommen werden.[55]

Typologisches Resümee

So zeichnet sich, überblickt man abschließend nun Publiziertes und Nachgelassenes als Ganzes, ein imponierendes Werk ab. Der vergebliche Versuch des Autors, seine reiche Produktion in großen Sammelwerken zu bergen, muß in einer historisch-kritischen Edition wieder aufgegriffen und nach Maßgabe des Möglichen realisiert werden. Die gattungsspezifischen Texteinheiten sind vorgegeben. Die Beherrschung der poetologischen Normen ist für den gelehrten Dichter selbstverständlich. Sie findet in der Poetik von 1679, deren Grundrisse bereits in der ersten Hälfte der fünfziger Jahre entwickelt wurden, nicht nur eine zeittypisch-repräsentative Ausprägung. Vielmehr leistet Birken als Kollaborator Anton Ulrichs auf dem Sektor der Romantheorie, wie sie vor allem in der Vorrede zum ersten Band der *Aramena* (1669) entwickelt wurde, zugleich Pionierleistung.

Numerisch steht auch bei Birken die Gelegenheitsdichtung an der Spitze. Sie war für den ›freien Schriftsteller‹ das tägliche Geschäft. Weil Birken aber von seiner Produktion leben mußte, hat er Auftragsarbeiten in den verschiedensten Gattungen verwirklicht. Seine gesellschaftliche Stellung zwischen Stadt und Hof wiederholt sich in der Zweiteilung seiner Kasualpoesie. Hier die Produktion für die Verwandten und Bekannten, die Freunde, die Ordensgenossen und die bürgerlich-gelehrte

---

53 Vgl. Sigmund von Birken: Teutsche Rede-bind= und Dicht-Kunst (Anm. 18), S. 328.
54 S.v.B. SchauSpiel PSYCHE: auf den Schauplatz gebracht in Nürnberg A. 1652. Jezt/ aus dem Latein/ in Teutsche Poesy versetzet. – In: Sigmund von Birken: Teutsche Rede-bind= und Dicht-Kunst (Anm. 18), S. 389–516.
55 Vgl. Sigmund von Birken: Teutsche Rede-bind= und Dicht-Kunst (Anm. 18), S. 327. Zum ganzen Abschnitt einschlägig Birkens letztes Kapitel ›Von den Schauspielen‹ in seiner Poetik, S. 314–340. Birken führt dort sein *Friedens-Ballet* und sein *Ballet der Natur* in der Gattung der ›Ballete oder DanzSpiele‹ ein, sein *Singspiel Sophia* als Exempel für die Gattung des Singspiels, seine *Silvia* und *Tugend= und LasterLeben oder Bivium Herculis* als Repräsentanten der Komödie bzw. der von Birken so genannten ›TugendSpiele‹, die *Margenis*, das *Schauspiel Psyche* und den *Androfilo* als Muster der ›Tragico-Comoedias oder TraurFreudenspiele‹, von Birken auch ›HeldenSpiele‹ genannt. Die Gattung des Trauerspiels bzw. der Tragödie, die er theoretisch kennt, ist in seinem Werk nicht vertreten. Eine Untersuchung der Dramenproduktion Birkens fehlt. Einiges findet man in den Arbeiten von Schmidt und Jobst sowie – zu den Bayreuther Stücken Birkens – in den Untersuchungen von Kröll. [Dazu jetzt die bei Hartmut Laufhütte in Passau entstandene Dissertation von Karl-Bernhard Silber: Die dramatischen Werke Sigmund von Birkens (1626–1681). – Tübingen: Narr 2000 (= Mannheimer Beiträge zur Sprach- und Literaturwissenschaft; 44)].

nobilitas litteraria nah und fern, dort die Huldigungsadressen für das Patriziat, den Adel und das regierende Fürstentum.

In der Schäferdichtung fand zunächst das Ordensmitglied, dann der Präsident des Hirtenordens an der Pegnitz das genuine Medium in Vers- und Prosaekloge.[56] Die lebenslängliche Ausrichtung auf den Hof führte zur Erweiterung der von Opitz bereitgestellten Muster. Im *Ostländischen Lorbeerhäyn* und in der *Guelfis* wurden die Grenzen zur heroischen Gattung des Romans überschritten. Die Birkensche Poetik flektiert diesen Vorgang. Wenn Birken in der Gattung des Romans nicht mit einem eigenen Beitrag hervorgetreten ist, so nur, weil er seine Feder dem Romanwerk seines Schülers Anton Ulrich geliehen hatte.[57] Sein Metier blieb im höfischen Bereich die Historiographie. Zu ihr führte gleichfalls ein Weg über die großen dynastisch-panegyrischen Pastoralen. Hier trat Birken nicht als Präsident seiner bürgerlichen Sozietät, sondern als der ›Erwachsene‹ in der fürstlichen Gründung der ›Fruchtbringenden Gesellschaft‹ auf.

Diese Werke haben neben seiner höfischen Kasualpoesie seinen Ruf bei Hofe, vor allem in Wien, begründet. Hier bewährte er sich als Propagator und Legitimist des absolutistischen Systems. Es waren diese Arbeiten, denen man auch heute noch überall in den Bibliotheken begegnet, die eine erhebliche Verbreitung fanden.[58]

Soziologisch und thematisch in diesen Zusammenhang gehört die Fürstenspiegelliteratur. Sie verband sich für Birken dank des regen Interesses Christian Ernsts und Caspar von Liliens mit dem Hofe Bayreuths. Nur die Teilung in die Verpflichtungen zwischen Habsburg und die Brandenburger Linie in Bayreuth hat verhindert, daß dieser Zweig der höfischen Produktion Birkens voll zur Geltung kam. Die Grenzen zur Pastoralpoesie waren auch hier fließend. Der Aufstieg in den poetisch-historiographischen Hofdienst war anläßlich des Auftritts während der Nürnberger Friedensfeierlichkeiten gelungen, der Birkens Namen mit einem Schlag vor allem bei den Habsburgern bekannt machte.[59]

Die höfisch-repräsentative emblematische Schaustück-Produktion fand in der gleichzeitigen geistlich-allegorischen Dramatik ihr Gegenstück, in der sich Birken katholisch-jesuitischem Einfluß am weitesten öffnete. Doch wie bei so vielen anderen Dichtern des Zeitalters überlagern sich auch in seinem Werk die konfessionellen Traditionen. Neben der *Psyche* und dem *Androfilo* in der Nachfolge Masens

---

56 Hans Ullrich: Über die Schäferdichtungen des Gekrönten Blumenordens an der Pegnitz. – Diss. phil. Wien 1907 (Hs.); Elisabeth Renner: Die Schäfer- und Geschichtsdichtungen Sigmund von Birkens. – Diss. phil. Prag (Deutsche Universität) 1937 (Masch.); Blake Lee Spahr: The Pastoral Works of Sigmund von Birken. – Phil. Diss. Yale University (New Haven/CT) 1952 (Masch.). Die beiden letzten Arbeiten folgen im wesentlichen der bekannten Arbeit von Heinrich Meyer: Der deutsche Schäferroman des 17. Jahrhunderts. – Diss. phil. Freiburg/Br. 1927 (Druck: Dorpat 1928).
57 Dazu grundlegend die in Anm. 23 zitierte Arbeit Spahrs: Anton Ulrich and Aramena.
58 Wie aus einer Notiz Birkens in seinem Nachlaß hervorgeht (IV/1), wurden im Erscheinungsjahr 1664 des *Donau-Strands* vom September bis zum Dezember 1200 Stück vertrieben.
59 Vgl. dazu neben der in Anm. 51 zitierten Arbeit von Jobst auch Eberhard Fähler: Feuerwerke des Barock. Studien zum öffentlichen Fest und seiner literarischen Deutung vom 16. bis 18. Jahrhundert. – Stuttgart: Metzler 1974, S. 149ff.

stehen die protestantischen Kirchenlieder unter dem Einfluß Rists sowie das geistliche Lied mit deutlich synkretistischem Einschlag unter der Einwirkung Dilherrs. Die Kontakte mit Separatisten und Pietisten, die geistlich-erbaulichen Versuche mit dem Akzent auf der täglichen frommen Praxis zeigen, in welcher Richtung auch Birken wenigstens zeitweilig einen Ausweg aus der konfessionellen Krise seines Zeitalters suchte.

Zwischen diesen Polen seiner vermeintlichen Berufung als Diener Gottes mit der Feder und der tatsächlich vorwaltenden Produktion für den Hof ist seine Gestalt angesiedelt. In den Tagebüchern, den Konzeptheften aber erscheint das Bild des Alltags.[60] Hier die Fesseln der täglichen Sorgen, vor allem seit dem Eheschluß, dort das ›Museum‹, in dem für die Überlieferung des eigenen Namens an die Nachwelt Sorge getragen wird. Poetik, weltliche und geistliche Lyrik, Schäferdichtung, Friedensdichtung und Schauspiel, historiographisch-panegyrische Arbeiten, erbauliche Schriften, Übersetzungen, Autobiographika sowie Briefe von und an Birken – das sind die Bausteine, aus denen eine Edition der Werke Birkens zusammengefügt werden muß. Deren Realisierung ist angesichts der singulären Lage der Überlieferung mehr als eine philologische Ehrenpflicht. Die geschichtliche Situierung der bürgerlich-gelehrten Dichtung des 17. Jahrhunderts insgesamt dürfte davon profitieren.

Zuerst erschienen unter dem Titel: Sigmund von Birken. Städtischer Ordenspräsident und höfischer Dichter. Historisch-soziologischer Umriß seiner Gestalt, Analyse seines Nachlasses und Prolegomenon zur Edition seines Werkes. – In: Sprachgesellschaften, Sozietäten, Dichtergruppen. Hrsg. von Martin Bircher, Ferdinand van Ingen. – Hamburg: Hauswedell 1978 (= Wolfenbütteler Arbeiten zur Barockforschung; 7), S. 223–254. Die neuere Literatur in dem übernächsten Beitrag.

---

60 Dazu die in Anm. 25 zitierte Arbeit des Verfassers mit der einschlägigen Literatur.

Private literarische Gebrauchsformen im 17. Jahrhundert

Autobiographika und Korrespondenz Sigmund von Birkens*

Gebrauchstexte privaten Charakters, Briefe, Tagebücher, Autobiographien, Memoiren, gehören zu den raren literarischen Dokumenten des 17. Jahrhunderts in Deutschland.¹ Während sich das Nachbarland Frankreich im gleichen Zeitraum einer anspruchs- und gehaltvollen Brief- und Memoirenliteratur erfreut, kommt es in Deutschland jenseits der vom Späthumanismus gebahnten Wege nur sporadisch und auf ungleich tieferem Niveau zur Ausprägung derartiger Zeugnisse. Wo in Frankreich die Institution des Salons die Ausbildung und Pflege der Briefkultur fördert, wo der soziale Brennpunkt des einen großen Hofes ein Kraftzentrum bildet, das der Memoirenliteratur – auch und gerade der Frondeure – ihren geschichtlichen Nimbus verleiht, da wirkt sich das Fehlen einer weitgefächerten Salon- und einer zentralen Hofkultur in Deutschland wie in den übrigen fiktionalen Gattungen so auch in den Texten mit autobiographischer Funktion form- und substanzprägend aus.

Ohne in den Rang eines öffentlichen, d.h. eines gesellschaftlich institutionalisierten Interesses gehoben zu sein, verfestigen sich die einzelnen Ansätze in Deutschland nicht zur Tradition, innerhalb derer durch Diskussion und Kritik, durch *imitatio* und *variatio*, die Entwicklung des Genres produktiv befördert worden wäre. Das Defizit an normenbildenden soziokulturellen Vermittlungsinstanzen, das schon der sogenannten deutschen Barockdichtung im Vergleich zur Romania ihre unverwechselbare Physiognomie verleiht, dürfte auch in erster Linie verantwortlich sein für die augenfällige Provinzialität der meisten deutschsprachigen Dokumente privaten Charakters.²

---

* Der Verfasser hat während des Kolloquiums über ›Probleme der Erfassung und Erschließung der Briefe deutscher Barockautoren‹ nur nach Notizen einen ersten Überblick über die Birken-Bestände im Archiv des Germanischen Nationalmuseums in Nürnberg geben können. Der jetzt vorliegende Beitrag beruht auf archivarischen Forschungen, die der Verfasser mit Unterstützung der Deutschen Forschungsgemeinschaft im Jahr 1977 in Mannheim und Nürnberg, Wien und Klatovy (CZ) durchführen konnte und die in die Neufassung des Beitrages eingegangen sind.

1 Zur Gattungsterminologie vgl. Horst Belke: Gebrauchstexte. – In: Grundzüge der Literatur- und Sprachwissenschaft. Hrsg. von Heinz Ludwig Arnold, Volker Sinemus. Bd. I: Literaturwissenschaft. – München: Deutscher Taschenbuch Verlag 1973 (= dtv: Wissenschaftliche Reihe; 4226), S. 320–341; ders.: Literarische Gebrauchsformen. – Düsseldorf: Bertelsmann Universitätsverlag 1973 (= Grundstudium Literaturwissenschaft. Hochschuldidaktische Arbeitsmaterialien; 9), S. 130ff.

2 Die Brief- und Tagebuch-, Autobiographie- und Memoirenliteratur Frankreichs ist – unter dem bezeichnenden Oberbegriff ›Prosaische Bekenntnisschriften‹ – ein bevorzugter Forschungsschwerpunkt des Berliner Romanisten Fritz Neubert gewesen. Neben den zahllosen Spezialbehandlungen Neuberts sei hier nur verwiesen auf: Neubert: Einführung in die französische und italienische Epi-

Zugleich wird man hierin einen der Gründe für die Vernachlässigung zu suchen haben, der diese Dokumente bisher in der Forschung zum 17. Jahrhunderts ausgesetzt waren.³ Maßgeblicher für die desolate Forschungssituation auch auf diesem

---

stolarliteratur der Renaissance und ihre Probleme. – In: Romanistisches Jahrbuch 12 (1961), S. 67–93, sowie den – eine Reihe von Einzelstudien zusammenfassenden – Aufsatz: Die Entstehung der französischen Epistolarliteratur im Zeitalter der Renaissance. – In: Zeitschrift für Romanische Philologie 85 (1969), S. 56–92 (mit zahlreichen Hinweisen auf vorangegangene Arbeiten Neuberts). Vgl. vom gleichen Verfasser auch: Die französischen Prosa-Bekenntnisschriften (Memoiren, Tagebücher, Briefe) und ihre Probleme. – In: Forschungen und Fortschritte 35 (1961), S. 11–15, sowie ders.: Zur Problematik der französischen ›Journaux Intimes‹ (Tagebücher). – In: Wissenschaftliche Zeitschrift der Friedrich-Schiller-Universität Jena. Gesellschafts- und Sprachwissenschaftliche Reihe 5 (1955/56), S. 305–324; ders.: Zur Problematik französischer Memoiren. – In: Zur Geschichte und Problematik der Demokratie. Festgabe für Hans Herzfeld. Hrsg. von Wilhelm Berges, Carl Hinrichs. – Berlin: Duncker & Humblot 1958, S. 399–414. Alle drei Aufsätze Neuberts sind wiederabgedruckt in: Fritz Neubert: Französische Literaturprobleme. Gesammelte Aufsätze. – Berlin: Duncker & Humblot 1962, S. 403ff, S. 478ff. Vgl. in diesem Zusammenhang auch die Festgabe für Fritz Neubert: Formen der Selbstdarstellung. Analekten zu einer Geschichte des literarischen Selbstportraits. – Berlin: Duncker & Humblot 1956.

Zur Epistolarliteratur des 17. Jahrhunderts sei hier noch verwiesen auf: Louis Hopp: Les problèmes du genre épistolaire à l'époque du baroque et du classicisme en Europe. – In: Acta Litteraria Academiae Scientiarum Hungaricae 5 (1962), pp. 390–398, sowie auf Bernard Bray: L'epistolier et son public en France au XVIIe siècle. – In: Travaux de linguistique et de littérature 11/2 (1973), pp. 7–17. Als vorbildliche Einzelstudie: Fritz Nies: Gattungspoetik und Publikumsstruktur. Zur Geschichte der Sévignébriefe. – München: Fink 1972 (= Theorie und Geschichte der Literatur und der schönen Künste. Texte und Abhandlungen; 21). Der Artikel von Wolfram Krömer: Briefe und Memoiren im Frankreich des 17. Jahrhunderts. – In: Neues Handbuch der Literaturwissenschaft. Hrsg. von Klaus von See. Bd. X: Renaissance und Barock. Teil II. Hrsg. von August Buck. – Frankfurt a.M.: Athenaion 1972, S. 301–315, ist ohne rechtes Problembewußtsein für die sozialen Implikate beider Gattungen geschrieben. Zur Autobiographie- und Memoirenliteratur vgl. auch: Georg Misch: Die Autobiographie der französischen Aristokratie des 17. Jahrhunderts. – In: Deutsche Vierteljahrsschrift für Literaturwissenschaft und Geistesgeschichte 1 (1923), S. 172–213, sowie Elida Maria Szarota: Memoiren, Gesandtschaftsberichte und Tagebücher des 17. Jahrhunderts. – In: Kwartalnik Neofilologiczny 18 (1971), S. 233–253. Vgl. in diesem Zusammenhang auch den dem Thema ›Mémoires et création littéraire‹ gewidmeten Band der Zeitschrift *XVIIe siècle* 92–93 (1971), sowie Yves Coirault: Autobiographie et mémoires (XVIIe–XVIIIe siècles) ou existence et naissance de l'autobiographie. – In: Revue d'histoire littéraire de la France 75 (1975), pp. 937–953. Programmatisch und mit dem Schwerpunkt auf der Moderne: Fritz Redlich: Autobiographies as Sources for Social History. A Research Program. – In: Vierteljahrschrift für Sozial- und Wirtschaftsgeschichte 62 (1975), pp. 380–390.

3 Die Forschung zu den literarischen Gebrauchsformen mit privatem Charakter im 17. Jahrhundert ist – von einigen Spezialbeiträgen abgesehen – immer noch verwiesen auf die bekannten Darstellungen und Dokumentationen im Rahmen größerer historischer Zusammenhänge. Der abschließende, 1904 entstandene und 1969 posthum veröffentlichte Band von Georg Mischs bekannter *Geschichte der Autobiographie* behandelt aus dem deutschen 17. Jahrhundert eingehender nur Andreaes Selbstbiographie. Vgl. Georg Misch: Geschichte der Autobiographie. Bd. IV/2: Von der Renaissance bis zu den autobiographischen Hauptwerken des 18. und 19. Jahrhunderts. Bearb. von Bernd Neumann. – Frankfurt a.M.: Schulte-Bulmke 1969, S. 685ff. Vgl. weiter Werner Mahrholz: Deutsche Selbstbekenntnisse. Ein Beitrag zur Geschichte der Selbstbiographie von der Mystik bis zum Pietismus. – Berlin: Furche 1919; Theodor Klaiber: Die deutsche Selbstbiographie. Beschreibung des eigenen Lebens, Memoiren, Tagebücher. – Stuttgart: Metzler 1921; Marianne Beyer-Fröhlich: Die Entwicklung der deutschen Selbstzeugnisse. – Leipzig: Reclam 1930 (= Deutsche Literatur. Sammlung literarischer Kunst- und Kulturdenkmäler in Entwicklungsreihen. Reihe: Deutsche Selbstzeugnisse; 1), insbesondere S. 156ff., S. 182ff.; dazu die Dokumentation: Selbstzeugnisse aus dem Drei-

Feld dürfte jedoch die bis vor kurzem gängige Geringschätzung der literarischen Gebrauchsformen insgesamt im Vergleich zur eingebürgerten Gattungstrias und ihrer Subsysteme sein.[4] Galt es zunächst, die Erweiterung des Textbegriffs in der Literaturwissenschaft theoretisch abzusichern und die mannigfaltigen, bisher wenig beachteten literarischen Gebrauchsformen als genuine Gegenstände einer sozialwissenschaftlich und rezeptionstheoretisch fundierten Literaturwissenschaft zu exponieren, so war der Mangel an historisch qualifizierten Arbeiten zur Geschichte einzelner Gebrauchsformen nicht umstandslos zu beseitigen. Weitgehend fehlende Koordination literarhistorischer Forschung (die ihre wesentliche Ursache im Fehlen eines zentralen Instituts für Literaturgeschichte hat) dürfte auch auf diesem Gebiet planmäßig angelegte Aktivitäten verhindern.

Kritik ausdruckspsychologischer Modelle und geschichtlicher Werkgehalt

Immerhin sollte Übereinstimmung darüber zu erzielen sein, daß in einer Historiographie der literarischen Gebrauchsformen, und speziell der Formen mit autobiographischer Funktion, eine vorbehaltlose Distanzierung von ausdruckspsychologischen Modellen zu vollziehen ist. Sie haben bisher so gut wie ausschließlich das sporadische Interesse an den privaten literarischen Gebrauchsformen stimuliert und

---

ßigjährigen Krieg und dem Barock. Hrsg. von Marianne Beyer-Fröhlich. – Leipzig: Reclam 1930 (= Deutsche Literatur. Sammlung literarischer Kunst- und Kulturdenkmäler in Entwicklungsreihen. Reihe: Deutsche Selbstzeugnisse; 6). Überaus knappes historisches Resümee bei Bernd Neumann: Identität und Rollenzwang. Zur Theorie der Autobiographie. – Frankfurt a.M.: Athenäum 1970 (= Athenäum-Paperbacks Germanistik; 3), S. 109ff: Entstehung und Entwicklung der Autobiographie in der Renaissance. Peter Boerner: Tagebuch. – Stuttgart: Metzler 1969 (= Sammlung Metzler. Abteilung E: Poetik; 85) berührt das 17. Jahrhundert in seiner zweiseitigen Übersicht ›Chroniken und Memorialbücher des 15. bis 17. Jahrhunderts‹, S. 40f., nicht. Zur Geschichte des Briefes auch für das 17. Jahrhundert vorerst immer noch unentbehrlich: Georg Steinhausen: Geschichte des deutschen Briefes. Zur Kulturgeschichte des deutschen Volkes. Teil I–II. – Berlin: Gaertner 1889–1891. Grundlegend zur Quellendokumentation: Hans-Henrik Krummacher: Stand und Aufgaben der Edition von Dichterbriefen des deutschen Barock. – In: Probleme der Brief-Edition. Hrsg. von Wolfgang Frühwald, Hans-Joachim Mähl, Walter Müller-Seidel (= Deutsche Forschungsgemeinschaft. Kommission für Germanistische Forschung; Mitteilung 2), S. 61–85. Zu den Briefstellern des 17. Jahrhunderts: Reinhard Martin Georg Nickisch: Die Stilprinzipien in den deutschen Briefstellern des 17. und 18. Jahrhunderts. Mit einer Bibliographie zur Briefschreiblehre (1474–1800). – Göttingen: Vandenhoeck & Ruprecht 1969 (= Palaestra; 254). Zur Theorie: Peter Bürgel: Der Privatbrief. Entwurf eines heuristischen Modells. – In: Deutsche Vierteljahrsschrift für Literaturwissenschaft und Geistesgeschichte 50 (1976), S. 281–297.

4 Vgl. neben den genannten Arbeiten von Horst Belke auch: Gebrauchsliteratur. Methodische Überlegungen und Beispielanalysen. Hrsg. von Ludwig Fischer, Knuth Hickethier, Karl Riha. – Stuttgart: Metzler 1976. Darin vor allem: Dietrich Naumann: Trivialliteratur und Gebrauchsliteratur. Vermutungen über einige Bedingungen der Ausweitung des literaturwissenschaftlichen Gegenstandsbereichs, S. 1–18. Vgl. auch Klaus Ehlert: Gebrauchstexte. – In: Grundriß einer Didaktik und Methodik des Deutschunterrichts in der Sekundarstufe I und II. Hrsg. vom Bremer Kollektiv. – Stuttgart: Metzler 1974, S. 139–186. In beiden Sammelbänden zahlreiche weitere Literaturangaben.

zugleich die armselige theoretische Armatur bei der Beschäftigung mit diesen Quellen geliefert. Briefe und Tagebücher, Autobiographien und Memoiren – so die vor allem von Dilthey entwickelte und von seinen Nachfolgern ausgebaute Anschauung – sollen demnach in intensiverer und prägnanterer Form als andere Textarten Einblick in die psychische Organisationsform und Erlebnisstruktur ihrer Schöpfer, insbesondere der Dichter, gewähren. Der symbolische Charakter aller Sprechakte in bezug auf die psychische Organisation des Sprechenden werde gerade in den autobiographischen Formen besonders manifest und erlaube, wenn auch nicht einen unmittelbaren und direkten, so doch einen authentischen Zugang zum Schreibenden, eben weil dieser sich hier besonders intimer Ausdrucksformen bediene.

Eine Theorie und Geschichte literarischer Formen mit autobiographischer Funktion – ihrerseits Bestandteil einer Theorie und Geschichte literarischer Gebrauchsformen überhaupt – besitzt ihr Fundament nicht in wie auch immer gearteten ausdruckspsychologischen Modellen, unter denen sich neben den individual- besonders die national- und geschlechtspsychologischen besonderer Wertschätzung erfreut haben. Doch auch der rezeptionshistorische Ansatz, der bei den übrigen Spielarten literarischer Gebrauchsformen in der Regel fruchtbare Ergebnisse verspricht, kann bei diesen häufig nicht zur Veröffentlichung bestimmten Dokumenten nur ausnahmsweise mit Erfolg angewendet werden. Was ihnen in einer historisch ausgerichteten Literaturwissenschaft ihr hervorragendes Interesse sichert, liegt weder im psychologischen noch im wirkungsgeschichtlichen, sondern im geschichtlichen Zeugnischarakter dieses Schrifttums.

Prägt sich in den literarischen Formen mit autobiographischer Funktion die Individualität des Schreibenden vielfach deutlicher aus als in anderen Texten, so doch stets und ungeachtet aller singulären Züge als eine gesellschaftlich präformierte. Nicht um den Absprung von der autobiographischen Äußerung zur seelischen Struktur ihres Schöpfers sollte es kunsthistorischer Forschung zu tun sein, sondern um die Entzifferung des in sie eingegangenen gesellschaftlichen Erfahrungsgehalts. Indem sich die Kunstkritik derart um die Ausschöpfung der literarischen Gebrauchsformen privaten Charakters bemüht, ohne stets die besonderen Bedingungen literarischer Fiktionalität kalkulieren zu müssen, rekonstruiert sie mit dem geschichtlichen Erfahrungshorizont, wie er sich in diesen Texten niederschlägt, immer und zugleich auch Rahmenbedingungen literarischer Produktion und Rezeption. In diesem Sinn repräsentieren auch die Überbleibsel privater literarischer Gebrauchsformen des 17. Jahrhunderts ein überaus ergiebiges Quellengut, das weitgehend noch erforscht werden muß.

Das Archiv des ›Pegnesischen Blumenordens‹

Das Archiv des ›Pegnesischen Blumenordens‹ in Nürnberg ist eines der wenigen Institute in Deutschland, von dem man seit langem weiß, daß sich in ihm Gebrauchstexte privaten Charakters aus dem 17. Jahrhundert in größerem Umfang erhalten haben. Gleichwohl sind auch diese Zeugnisse bisher nicht ihrer Bedeutung entsprechend erschlossen worden. Die ungenügende archivalische Aufbereitung des Materials, die häufig prekäre Überlieferung der Dokumente und das eher geistesgeschichtlich bzw. form- und stiltypologisch ausgerichtete Interesse innerhalb der Barockforschung dürften dafür gleichermaßen verantwortlich sein.

Blake Lee Spahr, dem die erste und bisher einzige Übersicht über die hier verwahrten Materialien zu verdanken ist, hat auf dieses Defizit in der Grundlagenforschung zum 17. Jahrhundert immer wieder hingewiesen.[5] Dabei kann es keinen Zweifel geben, daß die Archivalien des ›Pegnesischen Blumenordens‹ geeignet sind, unsere Kenntnis über die historischen Bedingungen der sogenannten Barockliteratur zu fördern. Denn hier sind Schriftstücke überliefert, die uns Einblick ebensowohl in die private Existenz wie die gesellschaftliche Situation des gelehrten Dichters im 17. Jahrhundert vermitteln, uns Bausteine zu einer Rekonstruktion der literarischen Verkehrsformen im 17. Jahrhundert an die Hand geben und insbesondere das Studium der städtischen sogenannten ›Sprachgesellschaften‹ als genuiner soziokultureller Institution des gelehrten Bürgertums neben dem Hof bedeutsam fördern können. Im Zeichen einer neu und richtig verstandenen Historizität literaturwissenschaftlicher Arbeit bieten auch und gerade die Dokumente des ›Pegnesischen Blumenordens‹ die Chance, den geschichtlichen Gehalt der bürgerlich-gelehrten Literatur des 17. Jahrhunderts einschließlich der Bedingungen ihrer Produktion und Reproduktion exakter als bislang zu erfassen.

Der Nachlaß Sigmund von Birkens

Den quantitativ und insbesondere qualitativ bedeutendsten Anteil an den Archivbeständen des ›Pegnesischen Blumenordens‹ hat der handschriftliche Nachlaß Sigmund von Birkens. Birken war sein Leben lang darum bemüht, seine reichhaltige Produktion selbst zu ordnen und teilweise in großen Sammlungen zusammenzufassen, seine Korrespondenz zu registrieren und zu archivieren, seine amtlichen Tätigkeiten als Ordenspräsident und nobilitierter Hofpfalzgraf aktenkundig zu dokumentieren. Er trug überdies durch testamentarische Verfügung dafür Sorge, daß sein Nachlaß einschließlich der Handexemplare seiner Schriften in den Besitz des Ordens überging. Man kann nicht sagen, daß dieser sich des Wertes der Dokumente stets bewußt war, die derart in seinen Besitz kamen. Niemand in der über dreihundertjährigen Geschichte des Ordens hat den Versuch unternommen, einen kompletten Katalog der Hinterlassenschaft anzulegen, geschweige denn die besonders wichtigen Stücke zu edieren.

---

5 Vgl. Blake Lee Spahr: Anton Ulrich and Aramena. The Genesis and Development of a Baroque Novel. – Berkeley, Los Angeles: University of California Press 1966 (= University of California Publications in Modern Philology; 76), p. 1ss.

So läßt sich auch nur erschließen, daß offensichtlich nicht der gesamte Bestand auf uns gekommen ist. Immerhin dürfte sich der weitaus größere Teil erhalten haben.[6] Ein großes Verdienst kommt hier dem ersten Historiker der Gesellschaft, Johann Herdegen, zu. Er hat für seine Ordensgeschichte zum hundertjährigen Jubiläum der Vereinigung das gesamte Material durchgearbeitet und zu ordnen versucht.[7] Ob auf ihn die Signaturen zurückgehen, die noch heute auf vielen der Archivstücke zu sehen sind und nach denen in der (spärlichen) älteren Literatur zitiert zu werden pflegt, muß vorerst offen bleiben. Wilhelm Schmidt, Sohn des Birken-Biographen August Schmidt und von Beruf Gymnasialprofessor für Mathematik und Physik, hat sich dann im 20. Jahrhundert provisorisch und mit wechselndem Erfolg um eine neue Klassifizierung des Materials bemüht.[8]

Auf ihr beruht das Archiv-Repertorium, das 1955 erstellt wurde, nachdem Archiv und Bibliothek des Ordens – beide waren während des Krieges ausgelagert – aus dem Stadtarchiv bzw. der Stadtbibliothek Nürnberg 1948 als Depositum in Archiv und Bibliothek des Germanischen Nationalmuseums überführt worden waren.[9] Blake Lee Spahr kommt wiederum das Verdienst zu, das vielschichtige Material nochmals einer eingehenden Inspektion unterworfen und die für die Barockforschung wichtigen Textcorpora, insbesondere die im Archiv lagernden Briefe deutscher Autoren des 17. Jahrhunderts, aus der Masse des Überlieferten herausgehoben zu haben.[10] Birkens Nachlaß ist in Spahrs Werk zu Recht ein eigener, abschließender Teil vorbehalten. Gleichwohl bietet auch Spahr in bezug auf die Birkenschen Manuskripte bewußt keine vollständige Bestandsaufnahme, sondern eben einen hochwillkommenen Führer zur ersten Information.

Dieses Ziel einer kompletten Registratur hat sich erst eine von Dietrich Jöns (Mannheim) ins Leben gerufene Arbeitsgruppe gesetzt.[11] Die Katalogisierungsarbeiten sind inzwischen weit fortgeschritten, so daß die Birken-Forschung in absehbarer Zeit erstmals über ein vollständiges Inventar des Nachlasses verfügen kann. Damit ist zugleich ein erster Schritt auf dem Weg zur dringend erforderlichen Edi-

---

6 Vgl. zum näheren auch den voranstehenden Birken–Beitrag, S. 722–736.
7 Vgl. Johann Herdegen: Historische Nachricht von deß löblichen Hirten= und Blumen=Ordens an der Pegnitz Anfang und Fortgang. – Nürnberg: Riegel 1744, fol. π1ʳss.
8 Ein gedruckter Bericht darüber ist mir nicht bekannt. Schmidt hat sich auf vielen der handschriftlichen Dokumente durch Signaturen, Verweisungen etc. leider untilgbar verewigt.
9 Darüber näher der Verfasser in dem unten Anm. 12 genannten Beitrag.
10 Blake Lee Spahr: The Archives of the Pegnesischer Blumenorden. A Survey and Reference Guide. – Berkeley, Los Angeles: University of California Press 1960 (= University of California Publications in Modern Philology; 57). Spahr war leider verhindert, an dem Arbeitsgespräch über ›Probleme der Erfassung und Erschließung der Briefe deutscher Barockautoren‹ teilzunehmen. Sonst wäre es an ihm gewesen – wie der Verfasser einleitend zu seinem mündlichen Beitrag feststellte –, Bericht über die Birkensche Hinterlassenschaft im Ordensarchiv zu erstatten.
11 Die Bündel 1–17 und 49 und 50 des Archives des ›Pegnesischen Blumenordens‹ wurden zu diesem Zweck vorläufig in die Universitätsbibliothek Mannheim überführt. Der Verfasser möchte auch an dieser Stelle der Mannheimer Arbeitsgruppe und insbesondere Frau Melanie Seuren für vielerlei Auskünfte und Hilfe danken. Und ein Wort des Dankes gebührt auch dem Fachreferenten für Germanistik der Universitätsbibliothek Mannheim, Klaus Bleeck, für freundlich gewährte Unterstützung während der Arbeiten in Mannheim.

tion der Schriften und des Nachlasses Birkens getan. Der Nachlaß Birkens gliedert sich grob schematisiert in Manuskripte zum gedruckten Werk bzw. für den Druck vorgesehene Werke einerseits, Autobiographika und Briefe von und an Birken andererseits. Dementsprechend ist auch Spahrs Führer im Birken betreffenden Teil zweiteilig aufgebaut. Der Verfasser hat parallel zu dem hier vorgelegten Beitrag den Versuch unternommen, die innere Gliederung der Werk-Manuskripte nachzuzeichnen.[12] Deshalb braucht an dieser Stelle nur eine Charakteristik der Autobiographika und insbesondere der Briefe gegeben zu werden.

Autobiographische Komponente im Werk Birkens

Schon das gedruckte Werk Birkens ist stärker von persönlichen Zügen durchsetzt als das der meisten Autoren des Jahrhunderts. Das beginnt bei den Vorreden zu seinen Werken. Sie sind wie immer darum bemüht, die gewählte Gattung zu charakterisieren, und das heißt zugleich, sie auf dem Wege über Vorbilder zu legitimieren. Darüber hinaus macht aber Birken in der Vorrede gern ausführlich von der humanistischen Lizenz Gebrauch, Ort, Zeit und Umstände der Entstehung des Werkes zu rekapitulieren. Am meisten ist diesem Autor jedoch daran gelegen, die Querverbindungen zwischen dem jeweils vorgelegten Stück zur übrigen Produktion in der gleichen Gattung und zu verwandten Zweigen innerhalb seines Œuvres herzustellen. Da in seinem Leben die großen höfischen Aufträge Vorrang hatten und angesichts der immensen Aufgaben Zeit und Kraft kosteten, blieben eigene Pläne entweder lange Zeit aufgeschoben oder überhaupt unausgeführt. Die Vorrede bildete einen vorläufigen Ersatz, indem sie die Zusammengehörigkeit des Verstreuten unterstrich.

Das Werk selbst aber öffnet sich – ganz abgesehen von den gleichfalls vielen Verweisungen auf die eigene Produktion – den privaten Bezirken des Dichters weiter als vielfach üblich. Das beginnt sogleich in Birkens Erstlingswerk, der *Fortsetzung Der Pegnitz=Schäferey* (1645), in der der Dichter die Möglichkeiten, die diese Gattung zur mehr oder weniger verschlüsselten und stilisierten Präsentation der eigenen Lebensgeschichte bietet, ausschöpft.[13] Wenn er die Prosaekloge, fast schon

---

12 Vgl. Klaus Garber: Sigmund von Birken. Städtischer Ordenspräsident und höfischer Dichter. Historisch-soziologischer Umriß seiner Gestalt, Analyse seines Nachlasses und Prolegomenon zur Edition seines Werkes. – In: Sprachgesellschaften, Sozietäten, Dichtergruppen. Hrsg. von Martin Bircher, Ferdinand van Ingen. – Hamburg: Hauswedell 1978 (= Wolfenbütteler Arbeiten zur Barockforschung; 7), S. 223–254 (in diesem Band S. 711–736). Auf diesen parallel heranzuziehenden Beitrag muß für das Folgende generell ebenso verwiesen werden wie auf ein umfangreiches, inzwischen abgeschlossenes Kapitel über den Nürnberger Hirten- und Blumenorden an der Pegnitz. [Jetzt publiziert in: Klaus Garber: Wege in die Moderne. Historiographische, literarische und philosophische Studien aus dem Umkreis der alteuropäischen Arkadien-Utopie. Hrsg. von Stefan Anders, Axel E. Walter. – Berlin, Boston: de Gruyter 2012, S. 223–341].
13 Dazu Klaus Garber: Vergil und das *Pegnesische Schäfergedicht*. Zum historischen Gehalt pastoraler Dichtung. – In: Deutsche Barockliteratur und europäische Kultur. Hrsg. von Martin Bircher, Eberhard Mannack. – Hamburg: Hauswedell 1977 (= Dokumente des Internationalen Arbeits-

fixiert auf *ein* literarisches Medium, Dutzende von Malen wieder verwendet hat, so liegt in der traditionellen autobiographischen Komponente der Gattung eine der Ursachen dafür.

Auch Birkens Gelegenheitsgedichte, angefangen bei der Studienzeit in Jena, halten zahllose mehr oder weniger prägnante Momente aus dem Leben des Dichters fest. Selbst in Gattungen, die dafür nicht prädestiniert zu sein scheinen, setzt sich diese biographische Neigung durch. In der Vorrede zu seinem geistlich-allegorischen Drama *Androfilo* hat Birken als Quelle des Nachspiels *Silvia* auf Boccaccio verwiesen.[14] Ihm liegt die Novelle ›Cimon wird durch Liebe klug‹ aus dem *Dekameron* zugrunde. ›Silvia‹ – bei Boccaccio ›Efigenia‹ – hatte er während dreier glücklicher Jahre vor allem auf den Landgütern der Patrizierfamilie Rieter immer wieder besungen und umworben. In dem Wandel vom bäurischen Tölpel zum vollendeten Kavalier unter der Wirkung der Liebe verbarg er seine private Liebeserfahrung, die die Wahl des Stoffes offenkundig bestimmte. Interesse am eignen Lebensgang und seiner Deutung sowie ständige Reflexion auf das Werk – beides begünstigte die Pflege autobiographischer Formen. Leben und Werk Birkens durchdringen sich in ihnen aufs engste.

Um Komplikationen zu vermeiden, soll hier nur auf die drei maßgeblichen autobiographischen Schriften Birkens eingegangen werden: seine in lateinischer Sprache verfaßte Selbstbiographie, seine sogenannten ›Konzepthefte‹ und schließlich seine Tagebücher. Sie sind zeitlich ineinander verschachtelt. Die Selbstbiographie reicht von der Geburt 1626 bis in das Jahr 1656. Schon drei Jahre vorher setzen die ›Konzepthefte‹ ein, die sich bis in das Jahr 1672 erstrecken. Parallel zu ihnen laufen seit 1660 die Tagebücher, die – mit Lücken – bis in das Jahr 1679 führen.

Natürlich bleibt das Nebeneinander der Formen nicht ohne Einfluß auf deren Anlage. Der Wechsel des Genres, der Übergang zu geräumigeren autobiographischen Formen ist nur ein Indikator für das weiter gespannte Tätigkeitsfeld des heranreifenden Dichters, dessen Name sich nach den Nürnberger Friedensfeierlichkeiten vor allem im katholischen Süden durchsetzte. Wollte er mit der Registratur der Werke und der sonstigen Aktivitäten Schritt halten, mußte er die knappere chronikalische Form der Autobiographie preisgeben. Nur diese ist in der Biographie des Dichters bisher jedoch ausgiebig genutzt worden. Limburger und andere Ordensmitglieder, die sich gleich nach Birkens Tod an ein großangelegtes pastorales Epicedium machten, haben sich dieser Quelle gern bedient.[15]

Deutlich ist der *Betrübten Pegnesis* anzumerken, wie nach 1656 der Stoff ausgeht und summarische Charakteristiken an die Stelle treten. Herdegen hat sich auf den

---

kreises für Deutsche Barockliteratur; 3), S. 168–203. Unter dem Titel ›Humanistisches Arkadien unter dem Stern Roms. Vergil und das *Pegnesische Schäfergedicht*‹ eingegangen in: ders.: Literatur und Kultur im Europa der Frühen Neuzeit. Gesammelte Studien. – München: Fink 2009, S. 275–300.

14 Zum folgenden vgl. die unten Anm. 17 zitierte Arbeit Otto Schröders.

15 Martin Limburger: Die Betrübte Pegnesis. – Nürnberg: Froberg 1683. Dieses Werk ist vor allem wegen zahlloser Erinnerungen der Ordensgenossen an Leben und Werk Birkens noch immer unentbehrlich.

fast hundert Seiten, die er Birken in seiner Ordensgeschichte widmet, vielfach auf dieses authentische Birkensche Zeugnis gestützt, dankenswerterweise jedoch auch weitere Nachlaßmaterialien hinzugezogen.[16] Niemandem jedoch ist es bisher gelungen, das überreiche Quellengut insbesondere des Nachlasses zur großen Biographie des Dichters zusammenzufügen. Die Biographie Birkens aus allen erreichbaren Lebenszeugnissen Birkens aufzubauen, war das Ziel des umfassenden Versuchs, den Otto Schröder unternommen und bis zur Aufnahme Birkens in die ›Fruchtbringende Gesellschaft‹ gefördert hatte.[17] Die große Aufgabe übersteigt die Kraft eines einzelnen; sie muß künftiger wohlkoordinierter Teamarbeit vorbehalten bleiben.[18]

›Prosapia‹ / ›Biographia‹

Birken leistet dafür mit seiner Selbstbiographie einen wichtigen Beitrag. Exakt hat der Dichter die Chronik seiner Familie aus den ihm vorliegenden Materialien rekonstruiert. Auch in den fortlaufenden Text sind – neben der eigenen dichterischen Produktion – immer wieder anderweitige Texte und Dokumente eingeschaltet, die teilweise offensichtlich aus familiengeschichtlichen Beständen stammen und nur auf diese Weise überliefert wurden. Eine gewisse Berühmtheit hat der Abschiedsbrief der Mutter vor ihrem frühen Tod an den Gatten und die Kinder erlangt, den Limburger in die *Betrübte Pegnesis* übernahm – ein kulturgeschichtliches Dokument ersten Ranges. Wichtig ist die Autobiographie aber auch, weil in ihr die Stationen im Leben des Dichters zugleich mit kommentierenden und deutenden Wendungen bedacht werden. Sie sind vielfach in den Marginalien am Rande untergebracht.

Diese enthalten darüber hinaus exakte Datierungen, aber auch wichtige Vermerke über Einnahmen und vor allem ein komplettes Verzeichnis der bis 1655 erschienenen selbständigen Drucke, angefangen bei der *Pegnitz-Schäferei* bis hin zur Pastorale zur zweiten Hochzeit des Lüneburger Ratsherrn Joachim Pipenburg aus dem Jahr 1656. Derart ist eine authentische und angesichts der Birkenschen Akribie so gut wie lückenlose Bibliographie seiner Frühschriften überliefert, insgesamt 27 Nummern, die dann ihre Fortsetzung in den ›Konzeptheften‹ und Tagebüchern sowie in anderweitigen Notizen des Nachlasses finden sollte.[19] Deutlich ist in der

---

16 Vgl. Herdegen: Historische Nachricht (Anm. 7), S. 79–158, sowie den »Vorbericht an den geneigten und geehrtesten Leser«, fol. π1ʳss.
17 Vgl. Otto Schröder: Sigmund von Birken. Quellenstudien zur Biographie. Der Verfasser ist Otto Schröder (Nürnberg) für jahrelange Hilfe bei seiner auf den Blumenorden gerichteten Arbeiten verpflichtet. Herr Schröder hat ihm nicht nur die fertiggestellten Partien seiner Untersuchung und seine archivalisch so gut wie erschöpfenden Vorarbeiten großmütig zur Einsichtnahme überlassen, sondern ihm auch durch Auskünfte immer wieder zur Seite gestanden.
18 Dazu die Schlußanmerkung des Anm. 12 zitierten Aufsatzes des Verfassers.
19 Mitteilung der derzeit verschollenen Werke Birkens in dem Anm. 12 genannten Aufsatz des Verfassers.

Autobiographie zu beobachten, wie der Platz für die Marginalien nicht mehr ausreicht. Eine Entlastung in dieser Situation sollten offensichtlich die ›Konzepthefte‹ bringen, die Birken seit 1653 führte. Zugleich dürfen sie für eine Weile als wichtige Vorstufe der Tagebücher gelten.

›Konzepthefte‹

Die ›Konzepthefte‹ Birkens gehören unter den wenigen Kennern seines Nachlasses zu den gefürchteten Manuskripten. Im Falle der Autobiographie ist nicht sicher, ob Birken nicht wenigstens an eine teilweise Publikation gedacht hat. Ein Indiz dafür könnte die saubere handschriftliche Fassung sein. Mit Sicherheit hingegen ist eine publizistische Verwendung der ›Konzepthefte‹ auszuschließen. Diese Aufzeichnungen sind nur für den privaten Gebrauch bestimmt. Entsprechend ist die Handschrift überwiegend flüchtig, teilweise kaum entzifferbar. Die ›Konzepthefte‹ sind in gewisser Hinsicht das ergiebigste Dokument, das Birken hinterlassen hat. Sie wurden, falls keine Vorgänger verloren sind, im Januar des Jahres 1653 begonnen.

Birken hat zunächst ganz offensichtlich versucht, eine Art Tagebuch zu entwickeln. Der Stoff ist bis in die zweite Jahreshälfte hinein nach Monaten gegliedert, am Rande sind die Daten der nicht täglich erfolgenden Eintragungen vermerkt – frühe Versuche, im Umgang mit dem neuartigen *genus autobiographicum* gewisse Formen der Systematisierung zu finden, die Birken später in den Tagebüchern immer perfekter handhaben wird. Dem steht zu Anfang ein erfrischendes Nebeneinander der Stoffe gegenüber. Anders nämlich als später in den Tagebüchern hat Birken seine ›Konzepthefte‹ nicht angelegt, um die täglichen Vorkommnisse, und seien sie noch so eintönig, festzuhalten. Vielmehr hat er sich offensichtlich ein Reservoir schaffen wollen, in dem er in zwangloser Reihenfolge erbauliche Betrachtungen, profane Reflexionen, Sprichwörter, gelungene Sentenzen, augenblickliche Einfälle und Kuriosa, vor allem und in erster Linie aber Anekdoten und schwankhafte Stoffe deponieren wollte.

Natürlich sind diese Aufzeichnungen mit dem Blick des ständig projektierenden Schriftstellers auf sein Werk erfolgt: ein Speicher, aus dem man sich bei Bedarf bedienen konnte. Hier in den vielen Anekdoten ist ein Birken zu entdecken, den man so aus den Tagebüchern nicht kennt, voller Interesse für absonderliche Vorkommnisse und mit deutlicher Vorliebe für die Zote, für das obszöne Detail. Und dies präsentiert in einem knappen frappierenden Stil, durchsetzt mit anschaulichen umgangssprachlichen Wendungen, die fern von den gestanzten Formeln des gedruckten Werkes eine urwüchsige erzählerische Begabung mit der Fähigkeit zur treffsicheren, satirischen Formulierung erkennen lassen. »Es mault sich wohl, aber es hirnt sich übel, sagte S.B. vom fremden Bier.«[20] Nichts von der gravitätischen Behäbigkeit des späteren Birken.

---

20 ›Konzepthefte‹ (XVI/6c), fol. 7ʳ.

Zwischen Erzählendes und Betrachtendes, wie es vor allem den ersten Jahrgang beherrscht, sind aber auch schon in den ersten Monaten kurze Vermerke über Empfang oder Absendung von Briefen, kurze Notizen über ein absolviertes Verspensum oder ein abgeschlossenes Werk und sehr frühzeitig auch bereits Erwägungen und Entwürfe für einzelne Briefe eingestreut. Das heißt, Birken hat ursprünglich mit seinen ›Konzeptheften‹ den Plan verfolgt, sich ein geräumiges Medium für das ganze Spektrum seiner schriftstellerischen Produktion zu schaffen. In ihnen sollte Erbauliches und Anekdotisches, Satirisches und Sentenziöses ebenso seinen Platz finden wie die Registratur der schriftstellerischen Aktivitäten einschließlich der Konzeption bzw. Extraktion der epistolarischen Produktion.

Tagebücher

Durchgesetzt hat sich sehr bald das ›Konzeptheft‹ in der Form des Brieftagebuchs. Die Eintragungen mit den täglichen Datierungen verschwinden schon 1653, die monatliche Gliederung wird aufgegeben, anderweitige Ersatzformen bleiben sporadisch, die wenigen anfänglichen Versuche, Werke und Briefe numerisch zu erfassen, werden nachträglich durchgestrichen. Wohl begegnet man auch in den späteren Partien der ›Konzepthefte‹ gelegentlich noch erbaulichen, moralphilosophischen Betrachtungen und anderweitigen vergleichbaren Äußerungen. Die überwiegende Masse des Stoffes ist fortan jedoch der Korrespondenz gewidmet. Es ist im Augenblick noch nicht zu übersehen, ob Birken zwischen 1653 und dem Einsatz des Tagebuchs im April 1660 Buch über seine Schriftstellerei und seinen Briefverkehr geführt hat.[21] Die ›Poetischen Liebesblumen‹ sind hier als 17. Werk verzeichnet, dort aber korrekt als 23. Umgekehrt setzt das Tagebuch an Birkens Geburtstag, dem 25. April 1660, sogleich mit einer fortlaufenden Zählung der Briefe, nämlich mit der Nummer 42 ein. Die Vermutung liegt also nahe, daß Birken entweder schon vor 1660 Tagebuch geführt hat, oder aber – und das ist wahrscheinlicher angesichts des pointierten Datums, an dem das Tagebuch einsetzt – es existierte bereits ein Verzeichnis seiner Produktion.

Wie auch immer – ab 1660 sind wir bis auf die fehlenden Jahrgänge des Tagebuchs – Frühjahr 1661 bis Ende Dezember 1663, 1670 und 1674 – lückenlos über Birkens dichterische Arbeit sowie den Ein- und Ausgang seiner Korrespondenz samt Adressaten informiert.[22] Die seit kurzem vorliegenden Tagebücher bedürfen hier nicht mehr der Vorstellung.[23] Unter epistolographischem Gesichtspunkt stel-

---

21 Bekanntlich ist Birken gleich zu Beginn seines Tagebuchs in der Datierung ein Fehler unterlaufen. Es setzt an seinem Geburtstag, dem 25. April 1660, ein, nicht, wie Birken irrtümlich schreibt, am 25. März. Dazu die unten Anm. 23 angegebene Literatur.
22 Für das Jahr 1678 verzeichnet Birken nur noch sporadisch seinen brieflichen Verkehr, im Jahr 1679 fehlen entsprechende Notizen ganz. Birken war der teilweise komplizierten Registratur offenbar überdrüssig geworden.
23 Die Tagebücher des Sigmund von Birken. Bearb. von Joachim Kröll. Teil I–II. – Würzburg: Schöningh 1971–1974 (= Veröffentlichungen der Gesellschaft für Fränkische Geschichte. Reihe 8:

len sie ein unschätzbares Hilfsmittel zur numerischen Erfassung der Briefe von und an Birken und zur Datierung seiner Briefkonzepte dar, das bei der Rekonstruktion seiner Korrespondenz vielfach in Anspruch zu nehmen sein wird.

Charakteristik der Korrespondenz

Die Birkensche Korrespondenz kulminiert numerisch in den späten sechziger und frühen siebziger Jahren, nachdem sie in den sechziger Jahren diskontinuierlich angewachsen war. Für die fünfziger Jahre sind uns exakte Daten nicht bekannt, im Ganzen dürfte jedoch gleichfalls ein sukzessives Wachstum bis zu dem um 1660 erreichten Umfang anzusetzen sein. In den siebziger Jahren läßt sich dann deutlich ein Absinken beobachten.[24] Gewiß hat Birken im Umfang seiner Korrespondenz nicht über dem Durchschnitt im Vergleich mit anderen Gelehrten und Dichtern des Zeitalters gelegen. Welche Bedeutung der Brief als Medium der Kommunikation in der Gelehrtenwelt innehatte, ist spätestens seit den bahnbrechenden Forschungen von Erich Trunz zur Soziologie des Späthumanismus bekannt.[25]

Das Exzeptionelle im Falle Birkens liegt im Umfang und der Aufbereitung des überlieferten Materials. Während sich umfangreiche Dichternachlässe aus dem 17. Jahrhundert so gut wie gar nicht erhalten haben und die Briefe der Dichter, wenn überhaupt, dann in der Regel nur vereinzelt und verstreut überliefert sind, ist mit dem Archiv des ›Pegnesischen Blumenordens‹ dank des Sammeleifers Birkens ausnahmsweise einmal der größere Teil einer Dichter-Korrespondenz gerettet worden. Daß es auch hier Lücken gibt, läßt sich teilweise aus der vorliegenden älteren ordensgeschichtlichen Literatur ersehen, vor allem aber mit Birkens Hilfe selbst erschließen. Birken hat nämlich nicht nur in seinen Tagebüchern exakt über seine

---

Quellen und Darstellungen zur fränkischen Kunstgeschichte; 5–6). An diese Edition hat sich eine auch für die Erschließung der Tagebücher ergiebige Diskussion angeschlossen. Vgl. Klaus Garber: Die Tagebücher Sigmund von Birkens. Einige Erwägungen anläßlich ihrer Edition. – In: Euphorion 68 (1974), S. 88–96; Blake Lee Spahr: Rezension. – In: Colloquia Germanica 8 (1974), S. 141–143; Martin Bircher: Rezension. – In: Internationales Archiv für Sozialgeschichte der deutschen Literatur 1 (1976), S. 299–306. Vgl. auch Joachim Kröll: Sigmund von Birken. Dargestellt aus seinen Tagebüchern. – In: Jahrbuch für fränkische Landesforschung 32 (1972), S. 111–150.

24 Hier einige Zahlen nach den Tagebuch-Angaben: 1660 verzeichnet Birken 122 Briefe von sich, 117 an sich; 1665 135 von sich, 169 an sich; 1668 144 von sich, 223 an sich; 1669 179 von sich, 223 an sich; 1671 116 von sich, 205 an sich; 1675 74 von sich, 122 an sich; 1677 106 von sich, 140 an sich.

25 Vgl. Erich Trunz: Der deutsche Späthumanismus um 1600 als Standeskultur. – In: Zeitschrift für Geschichte der Erziehung und des Unterrichts 21 (1931), S. 17–53, wiederabgedruckt in: Deutsche Barockforschung. Dokumentation einer Epoche. Hrsg. von Richard Alewyn. 2. Aufl. – Köln: Kiepenhauer & Witsch 1966 (= Neue wissenschaftliche Bibliothek; 7), S. 147–181. Vgl. auch Dieter Lohmeier: Briefwechsel des Späthumanismus. Ein Vorschlag zu ihrer Erschließung. – In: Briefe deutscher Barockautoren. Probleme ihrer Erfassung und Erschließung. Hrsg. von Hans-Henrik Krummacher. – Hamburg: Hauswedell 1978 (= Wolfenbütteler Arbeiten zur Barockforschung; 6), S. 57–74. Der Verfasser dankt Dieter Lohmeier (Kiel) für die Möglichkeit zur Einsichtnahme des Manuskripts noch vor der Drucklegung.

Korrespondenz Buch geführt, sondern auch die gesamte eingehende Post mit genauen Daten des Erhalts und der Beantwortung versehen und vielfach die Briefe, wie in den Tagebüchern, auch jahrgangsweise durchnumeriert. So sind wir auch über das Fehlende recht gut informiert. Natürlich überwiegt in dem Nachlaßmaterial wie immer die an den Dichter gerichtete Briefschaft. Doch gibt es auch wichtige Briefzeugnisse von Birkens Hand. Dieser doppelte Umstand verleiht der Gestalt Birkens einen bedeutsamen Platz in der Geschichte der Epistolographie des 17. Jahrhunderts.

Briefe aus dem Umkreis des Ordens

Hier kann nur ein erster Überblick über die ca. 1650 an Birken gerichteten und erhaltenen Briefe gegeben und das Bedeutsame akzentuiert werden.[26] Im Mittelpunkt stehen die brieflichen Kontakte, die Birken als Mitglied und seit 1662 als Präsident des ›Pegnesischen Blumenordens‹ mit den Ordensgenossen bzw. Anwärtern dafür und darüber hinaus mit den Mitgliedern anderer Vereinigungen gepflegt hat. Aus dem Orden sind so gut wie alle Mitglieder unter der Präsidentschaft Harsdörffers und Birkens mit Beiträgen vertreten, es sei denn, daß sie mehr oder weniger ununterbrochen mündlich mit Birken kommunizieren konnten bzw. die Interims räumlicher Trennung selten und kurz waren.

Zahlreichen Briefen sind Huldigungscarmina beigefügt, andere Zuschriften bestehen überhaupt nur aus solchen Lobgedichten. So ist zusätzlich zu den Briefen die Gestalt Birkens im Spiegel eines reichhaltigen und vielseitigen panegyrischen Schrifttums gegenwärtig. Gerade die weiblichen Mitglieder, auf die der Orden stolz war und deren Teilnahme der Dichter mit bemerkenswerten Argumenten untermauerte, haben Birken ausgiebig gehuldigt. Sie wußten, was sie Birken im Zuge ihrer intellektuellen und poetischen Emanzipation schuldeten. Hier sind die Briefe und Gedichte etwa von Maria Catharina Stockfleth, der Dichterin des zweiten Bandes der *Macarie*, wie diejenigen Catharina Margaretha Dobeneckers hervorzuheben.[27] Manche Zuschriften erschöpfen sich im Gesuch um Aufnahme, um Referenzen und Kontakte oder eben in Danksagung und Lobeshymnik. Vielfach

---

26 Exakte Zahlenangaben werden sich erst machen lassen, wenn das gesamte Archiv des ›Pegnesischen Blumenordens‹ auf Briefe von und an Birken hin durchgearbeitet ist. Der Verfasser hat sich während einer von der Deutschen Forschungsgemeinschaft unterstützten Studienreise auf die Durchsicht der derzeit in Mannheim befindlichen Materialien (vgl. Anm. 11) beschränken müssen und während eines kurzen Aufenthalts in Nürnberg eine Durchsicht des Bündels 61 vornehmen können. Die im folgenden gelegentlich notierten Zahlenangaben können also im einzelnen noch geringfügigen Schwankungen unterliegen, die sich erst nach Abschluß der in Mannheim angestellten Arbeiten werden beseitigen lassen. Differenzen in den Zahlenangaben dieses Beitrags mit anderweitigen gedruckten Mitteilungen gehen in der Regel darauf zurück, daß an dieser Stelle nur Briefe namhaft gemacht werden, nicht jedoch ausschließlich poetische Zuschriften etc.

27 Vgl. Joachim Kröll: ›Die Ehre des Gebirges und der hohen Wälder‹: Catharina Margaretha Dobenecker, geborene Schweser. – In: Daphnis 7 (1978), S. 287–339. Der Verfasser dankt Herrn Kröll (Bayreuth) nicht nur dafür, daß ihm dieser Beitrag bereits vorab zugänglich gemacht wurde,

wird der Briefwechsel jedoch mit geistig oder beruflich interessanten Persönlichkeiten geführt, und das prägt sich in der biographischen, sozialen und intellektuellen Substanz der Briefe in mannigfacher Weise aus. Hier muß es genügen, ein paar Namen zu nennen.

Bekannt ist aus dem Archivführer Spahrs, daß Birken vor allem während seiner Wanderjahre in Norddeutschland (1645–1648) und danach Briefe von Berühmtheiten wie Harsdörffer (12), Rist (8) und Schottel (13) erhalten und verwahrt hat.[28] Man sehe aber, wie reich das Briefmaterial ist, das sich von sonstigen Ordensmitgliedern erhalten hat. Die Namen sagen heute vielfach nur noch dem Historiker der Gesellschaft etwas; ihm aber erlauben diese Zeugnisse die Rekonstruktion eines sozialen Beziehungsgeflechtes, wie es sich in dieser Dichte für keine andere Sozietät des 17. Jahrhunderts knüpfen läßt.

Sieht man ab von den reinen Gedichtszuschriften, so ergibt sich, soweit im Augenblick zu übersehen, das folgende Bild hinsichtlich der erhaltenen Briefe von Ordensmitgliedern im Nachlaß Birkens:[29] Daniel Bärholtz: 11, Simon Bornmeister: 30, Georg Arnold Burger: 1, Anton Burmeister: 2, Christian Donatus: 1, Johann Ludwig Faber: 3, Christian Flemmer: 8, Christoph Frank: 10, Christoph Fürer von Haimendorf: 3, Johann Geuder: 2, Joachim Heinrich Hagen: 44, Johann Helwig: 1, Christian Heuchelin: 6, Friedrich Hoffmann: 5, Samuel Hund: 1, Andreas Ingolstetter: 1, Martin Kempe: 30 (zwei fragmentarisch), Caspar Köler: 3, Michael Kongehl: 7, Johann Lange: 1, Hermann Lebermann: 4, Martin Limburger: 9, Carl Friedrich Lochner: 3, Jacob Hieronymus Lochner: 3, Johann Achatius Lösch: 9, Johann Gabriel Meier: 22, Quirin Moscherosch: 9, Ephraim Nazius: 3, Christoph Adam Negelein: 5, David Nerreter: 8, Georg Neumark: 29, Caspar Nieblich: 1, Philipp Jacob Osswald Freiherr von Ochsenstein: 1, Magnus Daniel Omeis: 35, Christian Franciscus Paulini: 6, Johann Georg Pellicer: 15, Barbara Juliana Penzel: 3, Ferdinand Adam Freiherr von Pernauer: 1, Melchior Rauck: 17, Sebastian Seelmann: 39, Johann Friedrich Spengler: 3, Heinrich Arnold Stockfleth: 23, Johann Leonhard Stöberlein: 6, Johann Tepel: 3, Gottfried Zamehl: 11.

---

sondern darüber hinaus für zahllose interessante briefliche Mitteilungen vor allem über den Bayreuther Hof und Birkens Beziehung zu ihm. Vgl. dazu unten Anm. 38.

28 Vgl. Spahr: The Archives of the Pegnesischer Blumenorden (Anm. 10), p. 9ss., p. 18ss., p. 24ss. Spahr behandelt darüber hinaus explizit die im Archiv vorliegenden Briefe von und an Zesen, Stieler, Kuhlmann, Catharina Regina von Greiffenberg, Quirin Moscherosch, Neumark, Anton Ulrich, Francisci und Omeis. – Die folgenden Zahlenangaben in Klammern verweisen auf die Anzahl der ermittelten Briefe.

29 Genaue Angaben sind leider nicht ohne große Mühe zu machen. Wilhelm Schmidt hat versucht, in den Bündeln 49 und 50 vor allem die Briefschaften der Ordensmitglieder – und das heißt eben in erster Linie ihre Briefe an Birken – zu versammeln. Doch ist das nicht konsequent geschehen. Denn erstens finden sich auch in Bündel 1ff., in denen die Briefe von Nichtmitgliedern an Birken in alphabetischer Reihenfolge untergebracht sind, Zuschriften von Ordensmitgliedern, und zweitens stößt man auch an anderen Stellen – so etwa in Bündel 61, wo Briefschaften der Stockfleths, der Dobeneckerin etc. gesammelt sind – auf Briefe an Birken. Dementsprechend gilt die Anm. 26 getroffene Einschränkung.

Briefpartner aus dem Umkreis Nürnbergs

Selbstverständlich hat Birken auch Briefpartner in Nürnberger Bürgern außerhalb des Ordens gehabt. Erwähnt seien hier etwa die Briefe von Birkens zweitem großen Förderer neben Harsdörffer, Johann Michael Dilherr (11), der sich nicht dazu herbeigelassen hat, dem Orden beizutreten, oder die mit den Endters (7) oder den Sandrarts (7) gewechselten Briefe. Und brieflicher Kontakt bestand gleichfalls mit den Söhnen bestimmter Patrizierfamilien. Auch für sie war der ›Pegnesische Blumenorden‹ keine in Betracht kommende standeswürdige Vereinigung. Diese Patrizier hatten glänzende Bildungsreisen hinter sich und orientierten sich gesellschaftlich zur fränkischen Reichsritterschaft, nicht zum gelehrten Bürgertum des Ordens.

Zu Birken aber bestanden spezielle Beziehungen. Er hatte manche von ihnen nach seiner Rückkehr aus Norddeutschland in Juristerei und Humaniora unterwiesen, bei den Rieters sogar mehrere Jahre als Hauslehrer und Erzieher gewirkt und die Söhne der angesehenen Häuser für die Aufführung seiner Friedensschauspiele und allegorischen Dramen in der ersten Hälfte der fünfziger Jahre gewonnen, die auch beim Rat Anklang fanden und entsprechend honoriert wurden. So knüpften sich bleibende freundschaftliche Beziehungen. Im Nachlaß finden sich etwa briefliche Zeugnisse aus den Familien der Holzschuher, der Imhoff, der Löffelholz, der Rieter, der Scheurl, also aus den Kreisen, die für die Nürnberger Dichter des Ordens beliebte Adressaten ihrer Gelegenheitsdichtung, vor allem ihrer Schäfergedichte, abgaben.

Auswärtige Briefpartner

Und selbstverständlich hatte Birken über die Grenzen der Stadt und des Ordens hinaus Kontakt mit berühmten Dichtern, Gelehrten, Theologen und anderweitigen Persönlichkeiten. Die Verbindungen zwischen Nürnberg und der ›Fruchtbringenden Gesellschaft‹ pflegte symptomatischerweise für den Orden der Patrizier Harsdörffer. Auf dieser Ebene fand er gesellschaftliche und künstlerische Entfaltungsmöglichkeiten, die ihm die städtische Gesellschaft nicht zu bieten vermochte. Unter Birkens Korrespondenz mit der gelehrten Welt hingegen ragen – neben den schon erwähnten Zeugnissen Rists und Schottels – die Briefe von Zesen (3), von Gläser (3), von Dedekind (9), von Schirmer (1), von Stieler (1), von Calisius (6) und Kuhlmann (3) hervor. Auffällig ist das Interesse, das Birken insbesondere in den sechziger Jahren an separatistischen Bestrebungen nahm, die seit alters her in Nürnberg eine Heimstatt gefunden hatten.[30] Nicht weniger als zwölf Briefe Gichtels haben sich erhalten, bevor Birken die Verbindung abbrach; sieben liegen von Breckling vor. Noch im Todesjahr Birkens kommt es zum Briefaustausch zwischen Birken und Spener anläßlich der Erscheinung eines Kometen. Hier nimmt der

---

30 Dazu Richard van Dülmen: Schwärmer und Separatisten in Nürnberg (1618–1648). Ein Beitrag zum Problem des ›Weigelianismus‹. – In: Archiv für Kulturgeschichte 55 (1973), S. 107–137.

Frühpietist gegenüber dem auf traditionellen Auffassungen beharrenden Birken eine erstaunlich moderne Position ein.[31]

Birkens Leben hat sich nicht im Wirken für den Orden und die anderweitigen gelehrten Außenkontakte erschöpft. Als freier Schriftsteller konnte er von kommunalen Aufträgen und dem Erlös seiner Schriften alleine nicht leben. Die neue deutsche Kunstdichtung in der Opitzschen Version war weder in den traditionellen bürgerlichen Mittelschichten noch in der patrizischen Oberschicht verwurzelt, wie sich am Beispiel Nürnbergs studieren läßt. Wohl aber war sie aus einer Reihe von Gründen geeignet, das kulturelle Legitimations- und Repräsentationsbedürfnis des frühabsolutistischen Territorialstaats zu befriedigen. So orientierte sich auch Birken zum Hof hin.

Lebensbestimmend und existenzerhaltend wurden die Beziehungen, die er zu den protestantischen Höfen in Wolfenbüttel und Bayreuth und zum katholischen Kaiserhaus hin knüpfen konnte. Schon als noch nicht Zwanzigjähriger kam er als Kollaborator Schottels zur Prinzenerziehung nach Wolfenbüttel und gewann die lebenslänglich anhaltende Freundschaft Anton Ulrichs. Briefliche Zeugnisse als Reflex auf den Aufenthalt am Wolfenbütteler Hof und die anschließenden ›niederdeutschen Wanderjahre‹ haben sich vielfältig im Nachlaß erhalten.[32] Nur die Zuschriften der wichtigsten Gestalt, nämlich Anton Ulrichs, sind spurlos verschwunden, schon Herdegen standen sie offensichtlich nicht mehr zur Verfügung. Da auch umgekehrt Birkensche Briefe an Anton Ulrich nicht mehr erhalten sind, scheint hier mehr als der Zufall gewaltet zu haben.[33] Um so lebendiger zeichnet sich das Porträt Anton Ulrichs in vielen kleinen Reminiszenzen des Birkenschen Werkes ab.

Das katholische Wien hat Birken persönlich nicht kennengelernt. Doch sind reiche Bestände wichtiger Mittelspersonen wie etwa von Heinrich Grooß im Archiv des Ordens erhalten. Die Briefe aber, die vermutlich am meisten interessieren

---

31 Vgl. Richard Mai: Das geistliche Lied Sigmund von Birkens. – Diss. phil. München 1968, S. 23ff.
32 Dies der Untertitel des besonders ergiebigen Kapitels in Otto Schröders Anm. 17 zitierter Studie S. 127–165a.
33 Vgl. Spahr: The Archives of the Pegnesischer Blumenorden (Anm. 10), p. 62ss., und vor allem ders.: Anton Ulrich and Aramena (Anm. 5), p. 22ss. Vgl. auch Etienne Mazingue: Anton Ulrich, duc de Braunschweig-Wolfenbüttel (1633–1714). Un prince romancier au XVIIème siècle. – Thèse de l'Université de Paris IV 1974, p. 729s. Ein hochinteressantes und offensichtlich bisher nicht ausgewertetes Zeugnis ist von Herdegen überliefert. Demnach habe Anton Ulrich die von Birken an ihn gerichteten Briefe nach dessen Tode dem Orden vermacht, damit sie dem Birkenschen Nachlaß einverleibt werden könnten. Vgl. Herdegen: Historische Nachricht (Anm. 7), S. 99ff. Das würde gegen die Vermutung sprechen, Anton Ulrich und Birken hätten die Spuren von Birkens Mitwirkung an Anton Ulrichs Romanproduktion planmäßig verwischt. Zum Anteil Birkens neben den erwähnten Arbeiten Spahrs auch Adolf Haslinger: Epische Formen im höfischen Barockroman. Anton Ulrichs Romane als Modell. – München: Fink 1970, S. 360ff.; Fritz Martini: Der Tod Neros. Suetonius, Anton Ulrich von Braunschweig, Sigmund von Birken oder: Historischer Bericht, erzählerische Fiktion und Stil der frühen Aufklärung. – Stuttgart: Metzler 1974, S. 93ff.; Mazingue: Anton Ulrich, p. 286ss., p. 315ss.

würden, nämlich diejenigen des kaiserlichen Hofbibliothekars und Historikers Peter Lambeck, sind ebenfalls im Archiv nicht mehr vorzufinden.[34]

Bayreuther Kontakte

Bleibt schließlich Bayreuth. Hier sollte unterschieden werden zwischen den privatfamiliären und den offiziell-höfischen Kontakten. Birken hielt sich zwischen 1657 und 1660 wiederholt in Bayreuth auf.[35] Hier lebte die aus Creußen gebürtige verwitwete Margaretha Magdalena Göring, die er 1658 heiratete. Durch die Tagebücher sind wir hinlänglich über die Geschichte dieser Ehe informiert. Im Nachlaß nun hat sich zusätzlich eine Reihe von Briefen der Eheleute erhalten (26 von Birken, 20 von Margaretha Magdalena), so daß wir ausnahmsweise einmal über die Korrespondenz von Braut- und Eheleuten im 17. Jahrhundert verfügen. Dazu kommen zahllose wechselseitige Gedichtzuschriften, aber auch Korrespondenzen mit der Verwandtschaft von Birkens Frau, insbesondere mit Birkens Schwager, dem Bayreuther Hofrat Adam Volkmann, die eine recht genaue Rekonstruktion von Birkens Leben in diesen Jahren, zumal seines jahrelangen Kampfes in Erbschafts- und Steuerangelegenheiten nach dem Tode seines Schwiegervaters gestatten.[36]

Unter der höfischen Korrespondenz ragt diejenige mit dem vielleicht einflußreichsten Mann im Fürstentum nach Christian Ernst hervor: Caspar von Lilien. 113 Schreiben Liliens an Birken hat Kröll aus dem Nachlaß Birkens publizieren können.[37] Neben der Arbeit Birkens für den Hof, wie sie sich in Schaustücken, in der Bearbeitung des fürstlichen Diariums, der Übersetzung der *Institutio principum* des Erasmus etc. manifestierte, spielte in diesen Briefwechsel auch die politisch brisante Heiratsaffäre der Greiffenbergs hinein.[38] Aber auch für anderweitige, teilweise einflußreiche Persönlichkeiten im Umkreis des Hofes liegt im Nachlaß ein

---

34 Vgl. unten S. 758f.
35 Vgl. Joachim Kröll: Der Dichter Sigmund von Birken in seinen Beziehungen zu Creußen und Bayreuth. – In: Archiv für Geschichte von Oberfranken 47 (1967), S. 179–276.
36 Dieser ganze Komplex ist separat in Bündel VII, 1–2 verwahrt. [Vgl. jetzt: Sigmund von Birken: Werke und Korrespondenz. Hrsg. von Klaus Garber, Ferdinand van Ingen, Dietrich Jöns, Hartmut Laufhütte. Bd. X: Der Briefwechsel zwischen Sigmund von Birken und Margaretha Magdalena von Birken und Adam Volkmann. Teil I: Texte. Teil II: Apparate und Kommentare. Hrsg. von Hartmut Laufhütte, Ralf Schuster. – Berlin, New York: de Gruyter 2010 (= Neudrucke Deutscher Literaturwerke. N.F.; 61–62)].
37 Joachim Kröll: Bayreuther Barock und frühe Aufklärung. Teil II: Die Briefe des Bayreuther Generalsuperintendenten Caspar von Lilien an den Nürnberger Dichter Sigmund von Birken. – In: Archiv für Geschichte von Oberfranken 56 (1976), S. 121–234.
38 Vgl. das Nachwort des Herausgebers zur Edition der Briefe Liliens, insbesondere S. 218ff. Generell zu Bayreuth Joachim Kröll: Bayreuther Barock und frühe Aufklärung. Teil II: Markgräfin Erdmuth Sophie (1644–1670) und ihre Bedeutung für Bayreuth. – In: Archiv für Geschichte von Oberfranken 55 (1975), S. 55–175; ders.: Der Bayreuther Hof zwischen 1660 und 1670. Eine Bestandsaufnahme. – In: Sprachgesellschaften, Sozietäten, Dichtergruppen (Anm. 12), S. 181–208.

ergiebiges briefliches Material vor (Böner, Gebhard, Hermann Hofmann, Roth, Ryssel, Schaffer, Schweser etc.).

Der protestantische Adel Nieder- und Oberösterreichs

Die tiefsten Beziehungen – Anton Ulrich ausgenommen – zwischen den Ordensverpflichtungen dort, der höfischen Karriere hier verbanden Birken mit dem Adel, genauer dem protestantischen Adel Nieder- und Oberösterreichs, der als exilierter teilweise in Nürnberg und Umgebung eine zweite Heimstatt fand. Die hier verlaufenden Verbindungslinien sind vor allem dank der Forschungen Martin Birchers bekannt.[39] An dieser Stelle, wie immer, nur ein Blick auf den brieflichen Ertrag. Das Interesse an derartigen Verbindungen lag durchaus nicht nur auf seiten des Dichters. So wie der Hof die bürgerliche Gelehrtenschicht für seine repräsentativen und historiographisch-panegyrischen Zwecke in Dienst nahm, so der Adel für seine poetischen Ambitionen, sei es für seine privat-amouröse Sphäre, sei es für seine Reputation bei Hof.

Auch hier gibt der Birkensche Nachlaß über den Fall Heinrich von Kielmannseck exakten Aufschluß, wie das vonstatten ging.[40] Was da vom Adel an literarischen Versuchen vor das Auge Birkens kam, bedurfte der durchgreifenden Reinigung. Vor allem, wenn es für den Wiener Hof bestimmt war, denn dort begegneten die tonangebenden Jesuiten der deutschsprachigen Produktion nach wie vor mit Verachtung. Birken hatte einen schweren Stand, wenn er einerseits seinen Namen nicht aufs Spiel setzen, andererseits jedoch seine Klientel nicht enttäuschen wollte. Ganz selbstverständlich wandte man sich an den Dichter, der seine Souveränität während der Friedensfeierlichkeiten unter Beweis gestellt hatte, wenn es galt, rasch mit einem Gelegenheitsgedicht am Hof oder in der ›Fruchtbringenden Gesellschaft‹ bzw. mit einem Strauß poetischer Blumen für die Angebetete zur Stelle zu sein. Birken griff zur Feder, der Besteller überreichte die Produktion in eigenem Namen und zahlte im übrigen gut.

Darüber hinaus wurde der mit ausgezeichneten Verbindungen ausgestattete Dichter gerne auch über die Vermittlung von Hofmeisterstellen in Anspruch genommen. Umgekehrt brauchte Birken den Adel, wenn er seine beiden langfristig angelegten und zäh verfolgten standes- und kulturpolitischen Ziele erreichen woll-

---

39 Vgl. Martin Bircher: Johann Wilhelm von Stubenberg (1619–1663) und sein Freundeskreis. Studien zur österreichischen Barockliteratur protestantischer Edelleute. – Berlin: de Gruyter 1968 (= Quellen und Forschungen zur Sprach- und Kulturgeschichte der germanischen Völker. N.F.; 25). Sehr ergiebig in der historischen Situierung und Analyse auch Urs Herzog: Literatur in Isolation und Einsamkeit. Catharina Regina von Greiffenberg und ihr literarischer Freundeskreis. – In: Deutsche Vierteljahrsschrift für Literaturwissenschaft und Geistesgeschichte 45 (1971), S. 515–546.

40 Vgl. Blake Lee Spahr: Dorus aus Istrien. A Question of Identity. – In: Publications of the Modern Language Association of America 68 (1953), pp. 1056–1067; ders.: Dorus aus Istrien. A Question Answered. – In: Modern Language Notes 72 (1957), pp. 591–596.

te, die Erlangung der Hofpfalzgrafenwürde und die Aufnahme in die ›Fruchtbringende Gesellschaft‹.

Damit sind schon einige der Themen des entsprechenden Briefwechsels genannt. Im Nachlaß Birkens lagern zwölf Briefe von Ernst von Abensperg und Traun, fünf von Adam von Brandis, einer des Grafen von Harrach, vier von Wolf Helmhard von Hohberg, neun von Heinrich von Kielmannseck, einer des Grafen von Lamberg, drei von Adam von Kuefstein, dreiunddreißig von Johann Wilhelm und fünf von Rudolf Wilhelm von Stubenberg, einer von Justinian Ernst von Weltz.[41] Und hierher gehören auch die beiden bedeutendsten Briefschaften, die sich in Birkens Nachlaß erhalten haben, diejenigen Catharina Regina von Greiffenbergs und Gottlieb von Windischgraetz'.[42] Sie sind beide in der Forschung eingeführt und brauchen hier deshalb nicht mehr vorgestellt zu werden.[43]

---

41 Das Material ist vielfach in der Anm. 39 zitierten Studie Birchers ausgewertet. Außerdem wurden die Briefe Hohbergs an Birken publiziert. Vgl. Martin Bircher: Wolfgang Helmhard von Hohberg (1612–1688). Briefe und frühe Gelegenheitsdichtungen. – In: Literaturwissenschaftliches Jahrbuch 11 (1970), S. 37–66, hier S. 52–58.

42 Die Briefe von Catharina Regina von Greiffenberg und Gottlieb von Windischgraetz sind gleichfalls außerhalb der alphabetischen Reihenfolge in separaten Konvoluten (VI/1 und VI/4) verwahrt. Spahr: The Archives of the Pegnesischer Blumenorden (Anm. 10), gibt erstaunlicherweise kein gesondertes Verzeichnis der Briefe von Windischgraetz an Birken. Nach Zählung des Verfassers sind 93 Briefe (wieder ohne Gedichte) erhalten. Unter den Briefen Catharinas müssen in jüngerer Zeit Verluste oder Verlagerungen eingetreten sein. Vgl. Spahr, p. 46. Einen Brief Catharinas vom 19. März 1681 fand der Verfasser beispielsweise in Bündel 50a (Empfangsdatum Birkens). [Zu dem gesamten Fragenkomplex inzwischen: Sigmund von Birken: Werke und Korrespondenz (Anm. 36). Bd. XII: Der Briefwechsel zwischen Sigmund von Birken und Catharina Regina von Greiffenberg. Teil I: Texte. Teil II: Kommentare und Apparate. Hrsg. von Hartmut Laufhütte. In Zusammenarbeit mit Dietrich Jöns und Ralf Schuster. – Tübingen: Niemeyer 2005 (= Neudrucke Deutscher Literaturwerke. N.F.; 49–50); Bd. IX: Der Briefwechsel zwischen Sigmund von Birken und Georg Philipp Harsdörffer, Johann Rist, Justus Georg Schottelius, Johann Wilhelm von Stubenberg und Gottlieb von Windischgraetz. Teil I: Texte. Teil II: Apparate und Kommentare. Hrsg. von Hartmut Laufhütte, Ralf Schuster. – Tübingen: Niemeyer 2007 (= Neudrucke Deutscher Literaturwerke. N.F.; 53)].

43 Außer den erwähnten Arbeiten Spahrs vgl. vor allem Horst-Joachim Frank: Catharina Regina von Greiffenberg. Leben und Welt der barocken Dichterin. – Göttingen: Sachse & Pohl 1967 (= Schriften zur Literatur; 8). Die Briefe von Windischgraetz an Birken sind bis 1658 komplett in Schröders Quellenstudien zur Biographie Birkens ausgewertet. Eine große Biographie über Gottlieb von Windischgraetz fehlt. Die Arbeit von Marianne Pelzl: Gottlieb Windischgrätz. – Diss. phil. Wien 1935 (Masch.), umfaßt nur die letzten Lebensjahre. Einige wenige Informationen auch bei Hugo-Vinzenz Windisch-Graetz: Unsere Familiengeschichte. Bisherige Resultate, Erforschungen der Uranfänge, lose Zusammenhänge und Vermutungen, Denkwürdiges. – Triest: Selbstverlag 1959, S. 114–118. Vgl. auch Bircher: Johann Wilhelm von Stubenberg (Anm. 39), S. 292–307, über Gottlieb von Windischgraetz, sowie unten S. 760f. [Vgl. dazu inzwischen: Gottlieb Graf von Windischgrätz: Die Gedichte. ›Wie gerne wolt' auch ich, die höh' des bergs ersteigen.‹ Hrsg. von Almut und Hartmut Laufhütte. – Tübingen: Niemeyer 1994 (= Frühe Neuzeit; 3). Hier zwei wichtige Kapitel: ›Neues zur Biographie des Grafen Gottlieb von Windischgrätz‹, S. 10–72, und ›Die kurze Poetenlaufbahn des Grafen Gottlieb von Windischgrätz‹, S. 73–123].

Der Briefschreiber Sigmund von Birken

Doch nun zu den Briefen Birkens. Die lückenlose Erfassung aller Entwürfe und Briefe Birkens im Archiv des Pegnesischen Blumenordens steht noch aus. An den verschiedensten Stellen stößt man unvermutet immer wieder auf ein Schreiben Birkens, und keine archivalische Bemühung hat dieses Problem bislang lösen können. Erst nach Abschluß der erwähnten Initiative zur Katalogisierung des Materials in Mannheim werden endgültige Feststellungen zu treffen sein. Hier geht es um einige gezielte Hinweise.

Da existieren aufschlußreiche Einzelstücke, z.B. die ›Copia Schreibens Floridans an Dorilis, wegen Silvien Krönung und Einnahme in den Pegnitz Orden‹, die als ein wichtiges ordensgeschichtliches Dokument anzusprechen ist, und darüber hinaus Entwürfe und Reinschriften an Stieler, an Breckling, an Spener, an Hohberg, an Catharina, ja selbst an Anton Ulrich etc.[44]

An größeren Briefcorpora Birkens ist im Archiv nur weniges in bezug auf Ordensmitglieder bewahrt. Erhalten hat sich neben der Hinterlassenschaft Birkens diejenige des Ordensmitglieds Johann Gabriel Maier.[45] Dort findet man zwar dessen Laureaten-Urkunde im Original, deren Fassung ansonsten nur aus den Birken-

---

[44] Birkens Kopie seines Schreibens an Maria Catharina Stockfleth eröffnet die Dokumentation der oben Anm. 27 zitierten Studie Krölls. Zu Anton Ulrich vgl. die entsprechenden Passagen in den beiden oben Anm. 5 und Anm. 10 zitierten Werken Spahrs. Zum Greiffenberg-Komplex gleichfalls Spahr: The Archives of the Pegnesischer Blumenorden (Anm. 10), p. 38ss. Dort p. 42 auch die drei erhaltenen Briefe Birkens an Catharina. Während die Briefe Catharinas – bis auf die in Anm. 42 erwähnte Ausnahme – heute in Bündel VI/1a untergebracht sind (und nicht mehr, wie noch Spahr angibt, in Bündel 12), finden sich zwei der Birken-Briefe (ein Entwurf vom 29.9.69 und eine undatierte Reinschrift) in VI/1a, ein Briefentwurf vom 21. Januar 1669 hingegen in VI/1b. Wichtig in diesem Zusammenhang auch der Entwurf eines Schreibens Birkens an Lilien vom Oktober 1663, in dem Birken sich für die Ermöglichung der Heirat zwischen Catharina Regina und Hans Rudolf von Greiffenberg einsetzt. Dazu Frank: Catharina Regina von Greiffenberg (Anm. 43), S. 46ff., sowie Kröll: Bayreuther Barock und frühe Aufklärung 2 (Anm. 37), S. 218ff. Erhalten sind auch fünf Briefe Hans Rudolphs an Birken. Dazu Spahr: The Archives of the Pegnesischer Blumenorden (Anm. 10), p. 46s. Der gesamte auf die Heirat der Greiffenbergs bezogene Komplex mit zahllosen anderweitigen wichtigen Dokumenten ist heute in Bündel VI/1d versammelt. Sinnwidrigerweise ist nur Birkens siebenundzwanzigseitige ›Apologia Connubialis Illustr. Uraniae‹ vom 21. Januar 1669 in Bündel XII/2 belassen worden. Dort auch von Birkens Hand Kopie einer Antwort auf dieses Schreiben, dat. Seisenegg 7.2.69. – Abdruck des Briefes Birkens an Stieler bei Herbert Zeman: Kaspar Stieler. Versuch einer Monographie. – Diss. phil. Wien 1965 (Masch.), S. 161–164 (dort auch Abdruck des Stielerschen Briefes an Birken, S. 151–154). Die Briefe an Breckling (21.10.66) und Hohberg (7.12.64) in Bündel VIII/2. Dort auch – neben den Entwürfen an Anton Ulrich – weitere Briefentwürfe Birkens, u.a. der Entwurf eines Briefes an den Kaiser. Außerhalb dieses Konvoluts z.B. Einzelstücke an Dornkreil in Lüneburg (I/2), an den Notar von Forchheim Elias Merkher (III/1), an Bernhard Murhart (III/1) etc. Die vielen Zuordnungsprobleme der nicht adressierten Stücke werden erst nach Transkription und im Zuge einer systematischen Erfassung der Birkenschen Briefe zu lösen sein; weitere Einzelheiten brauchen deshalb hier nicht behandelt zu werden.

[45] Brief Maiers und Krönungsurkunde in Bündel 11. Weitere an Birken gerichtete Materialien laut freundlicher Auskunft von Hartmut Laufhütte Bündel 18ff. [Die Bearbeitung des Birkenschen Briefwechsels im Rahmen der Ausgabe der Werke und Briefe Birkens liegt in den Händen von Hartmut Laufhütte (Passau). Zu Näherem vgl. die nachfolgende Abhandlung in diesem Band].

schen Entwürfen bekannt ist, und auch Maiers Briefe an Birken haben sich daselbst erhalten; erstaunlicherweise sind die Briefe Birkens an Maier jedoch nicht darunter.[46] Dagegen sind zusätzlich zu den fünfunddreißig Briefen von Omeis an Birken sechs von dem Ordenspräsidenten an Omeis vorhanden.[47]

Aus dem Umkreis von Familie und Verwandtschaft existieren neben Einzelstükken und den schon erwähnten sechsundzwanzig Briefen an Birkens erste Frau auch reichhaltige, ins Erbauliche hinüberspielende Schriften an sie.[48] Auch umfängliche Zuschriften an den Bruder Christian sind überliefert.[49] Und als Pendant zu den fünfundzwanzig Briefen des Schwagers Adam Volkmann aus Bayreuth sind nicht weniger als neununddreißig Briefe Birkens an Volkmann heute noch zugänglich – die größte Zahl erhaltener Briefe an einen einzelnen Adressaten überhaupt.[50] Volkmann hat die Briefe entweder selbst vor seinem Tode 1664 an Birken zurückgegeben, oder aber Birken hat die Briefe seines Schwagers seinem Archiv wieder zugeführt.

Schließlich existiert ein Reinschriftheft mit Briefen Birkens aus dem Zeitraum zwischen 1648 und 1653.[51] Es setzt ein mit einer Zuschrift Floridans ›An die löbl. Hirtengesellschaft an der Pegnitz‹ vom Herbst 1648 aus Dannenberg, wo Birken eine Erzieherstelle bei dem Rentmeister Johann Schröder innehatte, und bricht mitten im 22. Brief an Johann Wilhelm von Stubenberg vom 7. Oktober 1653 ab.[52] Dazwischen stehen Briefe an Magdalena Pipenburg in Lüneburg (2), bei deren Familie Birken gleichfalls während seiner Reise durch Norddeutschland weilte, an Johann Grooß (1), an Heinrich von Kielmannseck (1), an die Damen ›Dorilis‹ und ›Silvia‹ im Hause Rieter (1), ›An eine Einbilderin‹ (1), an Harsdörffer (1), an Windischgraetz (5), an Piccolomini (1) und an einen bisher nicht ermittelten Adressaten. Birken plante offensichtlich eine Auswahl repräsentativer Briefe, die womöglich für die Veröffentlichung vorgesehen war. Es ist bedauerlich, daß eine Fortsetzung verschollen ist. Sie muß existiert haben, wie der unvollständige Stubenberg-Brief

---

46 Ein Brief Maiers an Birken vom 6. Februar 1670 befand sich in der Meusebachschen Sammlung der Deutschen Staatsbibliothek Berlin, ist dort jedoch verschollen. Vgl. Richard Mai: Bibliographie zum Werk Sigmund von Birkens. – In: Jahrbuch der Deutschen Schiller-Gesellschaft 13 (1969), S. 577–640, insbesondere S. 580f.: ›Handschriften‹ (der handschriftliche Nachlaß Birkens im Archiv des ›Pegnesischen Blumenordens‹ ist von Mai im einzelnen nicht spezifiziert). Abdruck dieses Briefes – nicht erwähnt bei Mai – in: [August Heinrich] Hoffmann von Fallersleben: Findlinge. Zur Geschichte deutscher Sprache und Dichtung. Bd. I. – Leipzig: Engelmann 1860, S. 164f.
47 Zusammen mit den Briefen von Omeis an Birken verwahrt in Bündel IXL/d.
48 Vgl. dazu den Anm. 12 erwähnten Aufsatz des Verfassers. Die Briefe Birkens an seine erste Frau zusammen mit zahllosen weiteren Dokumenten aus Birkens Bayreuther Verwandtschaft (u.a. ein Brief Birkens an Dorothea Rosina Volkmann vom 24.9.57) in Bündel VII/2. [Vgl. dazu Anm. 36].
49 Vgl. vor allem das fünfundzwanzigseitige Konvolut (1667/68) in Bündel VIII/2.
50 Zusammen mit den Briefen von Volkmann an Birken untergebracht in Bündel VII/1.
51 Bündel XV/1. Otto Schröder (Nürnberg) hat dem Verfasser eine Transkription dieses Briefheftes zur Verfügung gestellt. Dafür sei ebenso herzlich gedankt wie für zahlreiche Hilfen bei der Entzifferung der Birkenschen Handschrift.
52 Vgl. Bircher: Johann Wilhelm von Stubenberg (Anm. 39), S. 310.

beweist, ist aber vielleicht doch nicht mehr allzulange fortgeführt worden, wie gleich zu begründen sein wird.

Blickt man über die Grenzen des Ordensarchivs hinaus, so sind bisher nur die Briefe Birkens an den Sekretär der ›Fruchtbringenden Gesellschaft‹ Georg Neumark bekanntgeworden. Burkhardt hat den Briefwechsel Neumark-Birken sowohl numerisch als auch textlich unvollständig ediert.[53]

In den Diensten der Habsburger

In Wolfenbüttel hat sich die an Anton Ulrich gerichtete Korrespondenz, die das Tagebuch reichlich bezeugt, ebensowenig erhalten wie diejenige an Caspar von Lilien in Bayreuth. So bleibt – sieht man von einigen überlieferten Stücken in Wolfenbüttel ab[54] – unter den großen höfischen Zentren, mit denen Birken Verbindung hatte, nur Wien. Man weiß, daß Birken fast die gesamten sechziger Jahre damit befaßt war, eine von Jakob Fugger um die Mitte des 16. Jahrhunderts in Auftrag gegebene und von dem Augsburger Ratsschreiber Clemens Jäger erarbeitete Chronik des Hauses Habsburg umzuarbeiten, von anti-katholischen Reminiszenzen des Protestanten Jäger zu befreien, der aktuellen politischen Linie seiner Auftraggeber anzugleichen und das unvollendet gebliebene Werk zum Abschluß zu führen.[55]

Während sich die Zusammenarbeit mit den kaiserlichen Beauftragten Suttinger und Mannagetta angenehm anließ, stieß Birken seit 1666 mit Peter Lambeck auf einen widerspenstigen Partner.[56] Der berühmte Gelehrte hielt das Geschichtswerk

---

53 Vgl. Carl August Hugo Burkhardt: Aus dem Briefwechsel Sigmund von Birkens und Georg Neumarks 1656–1669. – In: Euphorion. Ergänzungsheft 3 (1897), S. 12–55. Daß Burkhardt einige Briefe Neumarks an Birken im Archiv übersehen hat, ist schon Spahr: The Archives of the Pegnesischer Blumenorden (Anm. 10), p. 54s., aufgefallen. Eingeschoben in die Edition Burkhardts sind zwei Briefe Birkens an Herzog Wilhelm von Sachsen (9.1.59, 16.7.59) und an Herzog Johann Ernst von Sachsen-Weimar. Auszug des Briefes vom 19.7.62 an Herzog Johann Ernst (neben Mitteilung des Briefes vom 20.6.65 Birkens an Neumark, dem ersten in der Burkhardtschen Edition) auch bei Hoffmann von Fallersleben: Findlinge (Anm. 46), S. 9–12.

54 Jörg Jochen Berns (Marburg) ist die Mitteilung zu verdanken, daß sich in der Herzog August Bibliothek in Wolfenbüttel, Cod. Guelf. 56 Extrav., fol. 26–29, ein Brief Birkens vom 12. Mai 1650 sowie drei weitere undatierte Briefe an Herzog August d.J. erhalten haben. Eine systematische Suche nach Birken-Briefen in Wolfenbüttel konnte vom Verfasser nicht durchgeführt werden.

55 Dazu zusammenfassend und weiterführend unter Berücksichtigung der reichhaltigen älteren Literatur Inge Friedhuber: Der *Fuggerische Ehrenspiegel* als Quelle zur Geschichte Maximilians I. Ein Beitrag zur Kritik der Geschichtswerke Clemens Jägers und Sigmund von Birkens. – In: Mitteilungen des Instituts für Österreichische Geschichtsforschung 81 (1973), S. 101–138. Der Verfasser dankt Adam Wandruszka (Wien) für den Hinweis auf diese wichtige Publikation.

56 Zu Lambeck vgl. die aus den reichhaltigen Quellen gearbeitete Studie von Gebhard König: Peter Lambeck (1628–1680). Leben und Werk mit besonderer Berücksichtigung seiner Tätigkeit als Präfekt der Hofbibliothek in den Jahren 1663–1680. – Diss. phil. Wien 1975 (Masch.). Vgl. auch den gehaltvollen Artikel von Laurenz Strebl über Lambeck in: Geschichte der Österreichischen Nationalbibliothek. Hrsg. von Josef Stummvoll. Teil I: Die Hofbibliothek (1368–1922). – Wien: Prachner 1968 (= Museion. Reihe 2: Allgemeine Veröffentlichungen. N.F.; III/1), S. 163–184.

aus dem 16. Jahrhundert in der Anlage für verfehlt und verfolgte eigene historiographische Pläne, so daß Birken seine Revisionsarbeiten kaum jemals zur Zufriedenheit Lambecks ausführen konnte. Ein ständiges Hin und Her der von Birken bearbeiteten, von Lambeck korrigierten und mit neuen Anweisungen versehenen Bogen war die Folge, begleitet von brieflichen Erörterungen der Materie. Tatsächlich haben sich in dem umfänglichen Nachlaß Lambecks, der in der Nationalbibliothek Wien verwahrt wird, unter den Hunderten von Zuschriften aus der gelehrten Welt Europas auch elf Briefe Birkens erhalten.[57]

Hier einmal böte sich die Chance, einen kulturpolitisch hochbedeutsamen Briefwechsel zu rekonstruieren. So wie Birken von von Lilien zur gleichen Zeit exakte Instruktionen für die Einrichtung des fürstlichen Diariums, des *Brandenburgischen Ulysses* (1668), erhielt, so vom Kaiserhaus aus dem Munde Lambecks für die Bearbeitung des Ehrenspiegels. In beiden Fällen bestand keine Möglichkeit für den gelehrten Dichter, eigene Initiativen jenseits der Zensur zu ergreifen. Herdegen lagen die Briefe Suttingers, Mannagettas und Lambecks noch ebenso vor wie die von Lambeck korrigierten Bogen. Seine Darstellung Birkens erreicht mit der Zitation bzw. Paraphrase dieses Briefguts ihren Höhepunkt. Heute muß sie als einzige Quelle dieser brisanten Periode im Leben Birkens gelten. Die gesamte Wiener Briefschaft in dieser Angelegenheit ist aus dem Archiv des ›Pegnesischen Blumenordens‹ verschwunden. Damit ist eine wichtige Quelle für die Arbeitsbedingungen des bürgerlich-gelehrten Dichters in höfischen Diensten nur noch in dem Maße zugänglich, wie Herdegen sie in der ihm eigenen Sorgfalt dokumentiert hat.

---

57 Vgl. ÖNB Wien (Handschriftenabteilung) Cod. 9712: P. Lambecius Commercium Litterarum I, 1646–1663, fol. 227–229: ein Brief Birkens vom 15. Juli 1663; Cod. 9713: P. Lambecius Commercium Litterarum II, 1664–1669, fol. 99–100: Brief Birkens vom 12. Juli 1666, fol. 116–119: Brief Birkens vom 21. Dezember 1666, fol. 126–127: Brief Birkens vom 17. Februar 1667, fol. 157–158: Brief Birkens vom 30. Mai 1667, fol. 172: Brief Birkens vom 25. August 1667 (inkomplett), fol. 178: Brief Birkens vom 12. September 1667, fol. 191: Brief Birkens ohne Datum, fol. 210–211: Brief Birkens vom 19. März 1668; Cod. 7775/2, fol. 5–6: Brief Birkens vom 20./10. Febr. 1668. Erhalten sind im Cod. 9713 auch zwei Briefe Birkens an den Kaiser aus dem Jahr 1668, des weiteren in Cod. 9712 ein Briefentwurf Lambecks an Birken. Auch finden sich unter der Briefschaft Lambecks zahlreiche Zuschriften der Endters, in deren Verlag der *Spiegel der Ehren* 1668 erschien. Wie aus den nicht erhaltenen, aber bei Herdegen: Historische Nachricht (Anm. 7), S. 138ff., teils im Wortlaut, teils in Paraphrase mitgeteilten zehn Briefen Lambecks an Birken hervorgeht, haben sich einige Briefe Birkens, auf die Lambeck Bezug nimmt, im Nachlaß Lambecks nicht erhalten. In der Handschriftenabteilung der Nationalbibliothek Wien sind weder die Briefe Birkens an Suttinger noch an Mannagetta nachweisbar. Die acht bzw. sechs Briefe Suttingers bzw. Mannagettas an Birken, die Herdegen S. 126ff. zitiert bzw. paraphrasiert, sind, wie erwähnt, im Archiv des ›Pegnesischen Blumenordens‹ gleichfalls nicht auffindbar. – Für liebenswürdige Unterstützung seiner Forschungen in der Handschriftenabteilung der Nationalbibliothek Wien im Zuge einer von der Deutschen Forschungsgemeinschaft finanzierten Recherche nach Briefen Birkens ist der Verfasser Frau Dr. Eva Irblich zu Dank verpflichtet.

Catharina Regina von Greiffenberg und Gottlieb von Windischgraetz im Spiegel der ›Konzepthefte‹

Daß auch die Briefe Birkens an Catharina Regina von Greiffenberg bisher trotz aller Bemühungen nicht wieder aufgefunden werden konnten, ist bekannt.[58] Im Falle von Windischgraetz, von dem sich mit knapp hundert Briefen ebenfalls ein umfängliches Konvolut im Nachlaß Birkens erhalten hat, waren die letzten Hoffnungen an das Familienarchiv geknüpft. Es befand sich früher in Kladrau und Tachau und ist inzwischen im Archiv Plzeň (Pilsen), Zweigstelle Klatovy (Klattau) in Tschechien untergebracht. Das immense Material ist über ein vorbildliches vierbändiges Repertorium durch den Leiter des Archivs in Klatovy, Gustav Hofmann, erschlossen.[59] Die Briefe Birkens sind definitiv nicht darunter, wie der Verfasser während einer von der Deutschen Forschungsgemeinschaft unterstützten Studienreise überprüfen konnte. Sie müssen als verschollen gelten und dürften schon im 18. Jahrhundert nicht mehr unter den Papieren des Archivs gewesen sein. Neuerliche Nachforschungen in Wien waren gleichfalls erfolglos.

Die Lage wäre desolat, gäbe es im Nachlaß nicht die bereits erwähnten ›Konzepthefte‹.[60] Und diese enthalten nun für den Zeitraum von 1653 bis 1672 Hunderte von Briefhandschriften Birkens, setzen also da ein, wo die Briefreinschriften enden. Es ist derzeit noch nicht zu entscheiden, ob Birken hier Vorformulierungen für Reinschriften festhielt oder nachträglich Extrakte der wichtigsten Partien anfertigte; vermutlich ist beides in Anschlag zu bringen. Doch dieses Problem ist zweitrangig angesichts der Tatsache, daß für Dutzende von Korrespondenten Birkens die entsprechenden Anschreiben Birkens wenigstens in Kurzform vorhanden sind. Die Adressaten sind fast immer mit ihren Initialen am Rande vermerkt, so daß sich in

---

58 Vgl. die oben zitierten Arbeiten von Frank, Kröll und Spahr.
59 Gustav Hofmann: Archiv Windischgraetz 1226–1945. Bd. I–IV. – Klatovy/CZ 1970–1975 (Masch.). Im ersten Band bietet Hofmann eine ausführliche Geschichte des Geschlechts sowie des Familienarchivs und beschreibt sodann die heutigen Klassifizierungsprinzipien, die Bände zwei und drei registrieren das Material, Band vier enthält die Register. Vgl. auch ders.: Rodinný Archiv Windischgrätzů a Jeho Vývoj – In: Sborník Archivních Prací 27, Vol. I (1977), pp. 110–142. Das Archiv enthält in bezug auf Gottlieb von Windischgraetz neben zahlreichen Urkunden vor allem interessante kaiserliche Instruktionen für die zahllosen diplomatischen Missionen des Reichsgrafen sowie dessen eigene Berichte und Aufzeichnungen. Die im Nachlaß erhaltenen Briefe entstammen (neben der Familien-Korrespondenz) vor allem dem europäischen Hochadel. Eine einläßlichere Charakterisierung muß der Verfasser sich an dieser Stelle versagen. Er dankt Gustav Hofmann und Frau Marie Tejchmanova für zahlreiche Hinweise und hilfreiche Unterstützung während seines Aufenthaltes in Klatovy. Wie Dr. Franz von Windisch-Graetz (Wien) dem Verfasser freundlicherweise mitteilt, befindet sich eine mehrbändige Gesamtdarstellung der Familiengeschichte in Vorbereitung, die namhaften Historikern übertragen ist. In diesem Zusammenhang sei auch dem Chef des Hauses, Fürst Ludwig von Windisch-Graetz (Siggen/Allgäu), verbindlich für eine Reihe von Auskünften gedankt.
60 Es gehört zu den Überraschungen des Birken-Nachlasses, daß sich neben dem großen zweibändigen ›Konzeptheft‹ (XVI/6c; XVI/10c) noch ein weiteres Heft mit Briefentwürfen erhalten hat (VI/4). Es enthält Briefentwürfe an Windischgraetz, an den ›Wohlgeratenen‹, d.h. an Herzog August von Sachsen-Weißenfels in Halle, an Lambeck und die Endters aus den Jahren 1667 und 1668, also einer Zeit, als auch die regulären ›Konzepthefte‹ geführt wurden.

der Regel keine Zuweisungsprobleme stellen. Überdies notiert Birken meist auch das Datum, so daß hier Vergleiche mit den Tagebuchangaben möglich sind.[61]

Damit aber ist der Birkenphilologie eine große Chance eröffnet. Sie wird einerseits dieses von Birken für seine Zwecke geschaffene Konzept- und/oder Missivenheft als Ganzes editorisch reproduzieren und neben den Tagebüchern als zweites autobiographisches Dokument zugänglich machen müssen. Darüber hinaus aber wird in einer Edition der Birkenschen Korrespondenz das überlieferte Konvolut aufzulösen und das Birkensche Briefgut den Gegenbriefen seiner Partner, soweit auf beiden Seiten erhalten, zuzuordnen sein.

Derart besteht dann auch die Möglichkeit, die schmerzlichen Verluste gerade unter den großen Briefwechseln zu mildern. Denn wie nicht anders zu erwarten, stehen die ›Konzepthefte‹ in den fünfziger Jahren ganz im Zeichen des Namens von Gottlieb von Windischgraetz, so wie in der zweiten Hälfte der sechziger Jahre im Zeichen ›Uraniens‹, also Catharinas.[62] Eine Edition der Birkenschen Korrespondenz, die diesem Umstand nicht Rechnung tragen würde, bliebe von vornherein hinter dem Stand des derzeit Möglichen und Notwendigen zurück.

Die Überlieferung autobiographischer und brieflicher Zeugnisse des 17. Jahrhunderts ist schmal. Großzügiger Umgang mit dem Wenigen ist fehl am Platze; vieles ist bereits unrettbar verloren. Speziell im Falle Birkens dürfte über das antiquarische Interesse hinaus das Bild eines Dichters an Prägnanz gewinnen, dessen Gestalt zwischen Hof, Adel und Bürgertum schon jetzt historisch signifikant für die Situation des bürgerlichen Gelehrten im absolutistischen Staat erscheint.

Zuerst erschienen in: Briefe deutscher Barockautoren. Probleme ihrer Erfassung und Erschließung. Hrsg. von Hans-Henrik Krummacher. – Hamburg: Hauswedell 1978 (= Wolfenbütteler Arbeiten zur Barockforschung; 6), S. 107–138. Die neuere Literatur in der nachfolgenden Abhandlung.

---

61 Da der Verfasser nicht alle Initialen hat auflösen können, muß auf deren Aufführung hier verzichtet werden.
62 [Zur Korrespondenz Birkens mit Windischgraetz und Catharina sei nochmals verwiesen auf Anm. 42].

Auf dem langen Wege zur Edition eines Großschriftstellers

Ein Autoren- und Werk-Porträt Sigmund von Birkens nebst einer forschungsgeschichtlichen Retrospektive

Hartmut Laufhütte in Freundschaft zugeeignet

I Umrisse von Gestalt und Werk

Verspätete Edition eines Großschriftstellers

Mit der Edition der Werke und der Korrespondenz des Nürnberger Poeten Sigmund von Birken (1626–1681) wird die Herausgabe des dichterischen Werkes eines Großschriftstellers in Angriff genommen, dessen Gestalt und dessen Œuvre einzigartig im 17. Jahrhundert dastehen. Diese Singularität manifestiert sich am sinnfälligsten in dem Umstand, daß erst jetzt, fast vierhundert Jahre nach seiner Geburt und weit mehr als dreihundert Jahre nach seinem Tod, der erste ernstzunehmende Versuch einer Publikation seiner schriftstellerischen Hinterlassenschaft erfolgt.

Keinem anderen vergleichbaren Dichter des 17. Jahrhunderts ist ein derartiges Schicksal beschieden gewesen. Der editorische Aufbruch im philologischen Gründungsjahrhundert ist an Sigmund von Birken ebenso vorbeigegangen wie die Etablierung der Werkausgaben in der Phase der erneuerten Barockforschung seit den späten fünfziger und frühen sechziger Jahren des 20. Jahrhunderts. Und wo wissenschaftliche Ausgaben in Gestalt von Neudrucken fehlten, war zumindest durch Reprints für eine leichte Verfügbarkeit von Hauptwerken der großen Dichter und damit für ihr Nachleben Sorge getragen. Auch solche liegen für Birken nur ganz vereinzelt vor. Viele Gründe wären für diese extraordinäre Situation namhaft zu machen. Auf eine denkwürdige Weise kreuzten sich zählebige negative Geschmacksurteile mit einem mehr oder weniger ausgebildeten Bewußtsein, im Falle Birkens vor einer editorischen Herausforderung besonderen, um nicht zu sagen einzigartigen Ausmaßes zu stehen.

Kulturelle Topographie und literarische Erinnerung

Birken gehört nicht zu den Gestalten, an die sich seit ihrem Auftreten eine prägnante Erinnerung geknüpft hätte, wie sie sich über historische Kodifizierung und Kanonisierung herausformt, welche über Nachruhm und Präsenz unter einem gebildeten Publikum vor allem entscheiden. Mit Gründergestalten wie Opitz, Weckherlin oder Zincgref, mit herausragenden lyrischen Figuren der ersten nachopitzischen Generation wie Fleming oder Dach, Rist oder Zesen, mit den Repräsentanten der literarischen Großformen in Drama und Roman, einem Gryphius und Lohenstein, einem Grimmelshausen oder Anton Ulrich, schließlich auch mit den Schöpfern einer geistlichen Kultur zwischen Böhme und Tersteegen verbindet der leidlich literarhistorisch Informierte eine erste und so oder so hinlänglich triftige Vorstellung.

Verläßlicher Indikator für diese Einschätzung ist die Existenz einer oder gleich mehrerer Ausgaben. Dabei wird es stets denkwürdig bleiben, daß den Dichtern der Mitte und der zweiten Hälfte des 17. Jahrhunderts, von den beiden Ausnahmen Gryphius und Grimmelshausen abgesehen, die editorische Gunst insgesamt eher versagt blieb und bestenfalls über Reprints für Ersatz gesorgt wurde. Harsdörffer und Klaj aus Birkens unmittelbarer Nachbarschaft stellen dafür das vielleicht schlagendste Paradigma. Nochmals also: Was ist in Anschlag zu bringen für diesen offenkundigen Sonderfall?

Zu den maßgeblichen Faktoren kulturellen Erinnerns gehören räumliche Fixpunkte und Koordinaten. Der Humanismus, seit der zweiten Hälfte des 15. Jahrhunderts auch nach Deutschland hinüberwirkend, hat die landschaftliche Besonderung des gelehrten und damit des literarischen Treibens in nachhaltiger Weise gefördert. Auch das 17. Jahrhundert ist nach gelehrten und literarischen Provinzen gegliedert, an die sich die Orientierung und Erinnerung primär heftet. Was Zincgref und Lingelsheim für Heidelberg, Bernegger und Rompler für Straßburg, Rist und Zesen für Hamburg, Schein und Fleming für Leipzig, Albert und Dach für Königsberg, später Lohenstein und Hoffmann von Hoffmannswaldau in der Nachfolge der vielen Opitzianer für Breslau – das sind Harsdörffer und Klaj für Nürnberg.

Birken ist eine derartige kommunale Verankerung nicht zuteil geworden. Und das nicht etwa, weil er Zugereister war, das war auch Klaj. Und das erstaunlicherweise auch nicht, obgleich er unvergleichlich viel länger in Nürnberg gelebt hat als seine beiden berühmteren Kollegen. Regionale Repräsentanz ist, mit anderen Worten, eine aus komplexen Quellen herrührende Auszeichnung, die in jedem einzelnen Fall sorgfältig rekonstruiert sein will. An ihr hat das Werk ausschlaggebenden Anteil. Und so bleibt der Literaturwissenschaftler primär für diese Aufgabe zuständig, nicht der Historiker und schon gar nicht der Morphologe natürlicher Vorgaben oder gar vermeintlich völkisch-rassischer Determinanten.

Untypisches Karriere-Muster

Birken dürfte das prominenteste Beispiel einer keinesfalls metaphysischen, wohl aber existenzbegründenden Ortlosigkeit abgeben, wie eine solche auch im 17. Jahrhundert durchaus ungewöhnlich war. Er hat wie kein zweiter um seine soziale Positionierung und Reputation gerungen und das bis in die letzten Jahre seines Lebens hinein. Der Prozeß selbst ist nicht eigentlich zum Abschluß gekommen. Und die Unschärfe, in der sein Bild bei der Nachwelt verblieb, hat eben mit diesem sein

Leben begleitenden Oszillieren und Changieren zu tun, so wenig man sich im übrigen Rechenschaft darüber abgab, worin sie denn wohl begründet sein mochte.

Es ist die Bestimmung der gelehrten Fundierung der humanistischen Literatur der Frühen Neuzeit, daß sie sich an Karrieren knüpft, für die Mobilität typisch ist und der Ausbruch aus den ständisch vorgezeichneten Mustern sich stets wieder erneuert. Opitz hatte dies Schicksal exemplarisch vorgelebt. Aus dem niederen zünftigen Bürgertum sich erhebend, war er aufgestiegen in die exklusive höfische Welt und hatte sich souverän und alsbald geachtet und vielfältig umworben in ihr bewegt. Nur Torheit und Verblendung im bürgerlichen Zeitalter vermochten ihm daraus einen Strick zu winden. Seine Stellung war eine durch und durch gefestigte. Auf andere Weise gilt dies auch für die meisten der soeben namhaft gemachten Gestalten. Und das auch und gerade dann, wenn sie sich, anders als Opitz, in einem vorgezeichneten sozialen Milieu zu beschränken wußten, so wie wiederum auf sehr verschiedene Weise etwa Dach oder Rist. Selbst Unsteten wie Fleming oder Zesen wird man mit der Elle mangelnder sozialer Verortung nicht beikommen, haben sich doch beide in rasch wechselnden und sehr verschiedenen Milieus zu behaupten gewußt. Dagegen der zeitlebens doch überwiegend seßhafte Birken?

Wo das Amt das erstrebte Ziel des studierten ›Gelehrten‹ war, blieb Birken auf eine denkwürdige Weise resistent gegenüber dessen Attraktionen. Den durch den Vater nahegelegten Beruf des Pfarrers schlug er – anders als der kongeniale Klaj, der auf einer namen- und glanzlosen Pfarre untertauchte – im Wissen um die fortan daran sich knüpfenden Risiken aus, um nach einer Reihe vergeblicher Versuche, sich beruflich zu etablieren, allein seinem Werk zu leben. Es war dies eine im 17. Jahrhundert ungewöhnliche Entscheidung. Denn nichts war vorhanden oder längerfristig in Sicht, das als sichernde Stütze sich angeboten hätte.

Mit der Entscheidung des jungen Birken, einen nicht vorgezeichneten, sondern selbstgewählten Weg zu beschreiten, war er fortan auf Gönner, Mäzene und einflußreiche Mentoren verwiesen. Das Bewußtsein des Besonderen war ganz offensichtlich so ausgeprägt, daß er diese stets wieder glaubte verpflichten zu dürfen. Ein Gutteil seiner Bemühungen in ständig wechselnden Szenarien galt dieser Akquirierung von personellen und materiellen Ressourcen. Kein Dichter des 17. Jahrhunderts bietet ein gleich anschauliches Bild einer weit ausgreifenden, bis in den Hochadel und zum Kaiserhof vordringenden Existenz, die zugleich an die niederen und teilweise unwürdigen familiären und bürgerlichen Bedingungen – sei es in der alten Reichsstadt, sei es in der benachbarten Residenzstadt – gefesselt blieb. Zumindest eine Ahnung davon muß sich der Nachwelt mitgeteilt haben, wenn sie nicht davon abließ, den ehrgeizigen Karrieristen und prätentiösen Ordensvorsteher zu verunglimpfen und dabei die moralische Disqualifizierung bruchlos in die ästhetische übergehen zu lassen.[1]

---

[1] Die einschlägige Literatur zu Birken wird im folgenden jeweils am gegebenen Ort namhaft gemeucht. Es sollte am Schluß dieser Abhandlung keine irgend förderliche oder anderweitig aufschlußreiche Studie ungenannt geblieben sein. Hinzuweisen ist jetzt auf den Eintrag von Klaus Garber zu Sigmund von Birken in der zweiten, von Wilhelm Kühlmann betreuten Auflage von *Killys Literaturlexikon*, wo leicht überschaubar das Maßgebliche versammelt ist.

Umrisse eines Porträts

Birkens Geburt fällt in das zweite Dezennium des Dreißigjährigen Krieges. Er hat die Jahrzehnte vor dessen Ausbruch also nicht erlebt, in denen der Humanismus auf mitteleuropäischem Boden in seine fruchtbarste Phase eintrat und Sozialisationen sowie eine ihnen entspringende Sprache zeitigte, die den um 1600 Agierenden als unveräußerliches Erbe verfügbar blieb und sie schied von der nachfolgenden Generation. Umgekehrt war mit der Geburt in den zwanziger Jahren darüber entschieden, daß die produktive publizistische Phase – anders als bei Fleming, Rist oder Dach – tief in die zweite Hälfte des Jahrhunderts hineinreichte. Damit wurden neue Impulse zumal aus der südlichen Romania erfahrbar, die in das Zeitalter des Barock geleiteten.[2]

Das maßgebliche Ereignis, welches für Birken einen nachhaltigen Prestigegewinn mit sich brachte, fiel in die Zeit anläßlich der Friedensfeierlichkeiten im glanzvoll illuminierten Nürnberg der späten vierziger Jahre. Impulse dieses internationalen, ständisch hochbesetzten, das Kleinod des Heiligen Römischen Reiches noch einmal in den Mittelpunkt der Großen Welt rückenden Ereignisses erhielten sich bis in die späte Phase des Birkenschen Schaffens. Schwer vorstellbar, daß diese Chance sich dem Emigranten dargeboten hätte, wenn der junge Dichter nicht in Kindesjahren aus dem böhmischen Wildstein bei Eger in Stadt und Landschaft der Verwandten mütterlicherseits gelangt wäre. Der erzwungene Exodus der evangelischen Pfarrersfamilie aus dem die Rekatholisierung erleidenden Böhmen in eine soeben die Impulse der dichterischen Reformbewegung aufnehmende kulturelle Metropole erwies sich als lebensbestimmend. Umgekehrt wurde rasch offenbar, daß die kulturelle Einbürgerung auch unter diesen Auspizien keineswegs umstands- und problemlos vonstatten gehen mußte. Vor allem aber blieb der Birkensche Lebensentwurf selbst das nach Opitz vielleicht eindringlichste Beispiel dafür, daß es einen ehrgeizigen, auf Großes sinnenden Dichter im städtischen Raum des 17. Jahrhunderts nicht zu halten vermochte, und sei es selbst jener der mit Nimbus begabten alten Reichsstadt, die über Jahrhunderte zugleich erwählte Kaiserstadt gewesen war.

---

2 Zu Birkens Biographie sei zur ersten Information verwiesen auf Conrad Wiedemann: Sigmund von Birken 1626–1681. – In: Fränkische Klassiker. Eine Literaturgeschichte in Einzeldarstellungen mit 225 Abbildungen. Hrsg. von Wolfgang Buhl. – Nürnberg: Nürnberger Presse 1971, S. 325–336; Joachim Kröll: Sigmund von Birken (1626–1681). – In: Fränkische Lebensbilder. Bd. IX. Hrsg. von Alfred Wendehorst, Gerhard Pfeiffer. – Neustadt/Aisch: Kommissionsverlag Degener & Co. 1980 (= Veröffentlichungen der Gesellschaft für Fränkische Geschichte. Reihe 7A: Fränkische Lebensbilder. Neue Folge der Lebensläufe aus Franken; 9), S. 187–203; Ferdinand van Ingen: Sigmund von Birken. Ein Autor in Deutschlands Mitte. – In: ›der Franken Rom‹. Nürnbergs Blütezeit in der zweiten Hälfte des 17. Jahrhunderts. Hrsg. von John Roger Paas. – Wiesbaden: Harrassowitz 1995, S. 257–275. Dazu jetzt die einschlägigen Arbeiten im Kapitel ›Biographisches‹ in dem Werk von Hartmut Laufhütte: Sigmund von Birken. Leben, Werk und Nachleben. Gesammelte Studien. Mit einem Vorwort von Klaus Garber. – Passau: Schuster 2007, S. 49ff. Spezialarbeiten werden weiter unten im Zuge unseres sukzessive sich entfaltenden Forschungsberichts aufgeführt und gelegentlich annotiert.

Birkens Existenz blieb zwischen bürgerlicher und höfischer Welt geteilt. Der Dichter wußte sich die Vorteile der patrizisch geprägten fränkischen Kapitale zunutze zu machen, nahm die Chancen aus der ihr zugewachsenen Rolle als Refugium zumal des österreichischen Adels wahr und blieb doch zeitlebens bestrebt, sich Aufträge von den Dynastien bis hinauf zu den Habsburgern zu verschaffen. Umgekehrt verschmähte es Birken keineswegs, sich zu den zünftigen Bürgerkreisen herabzulassen und die alles beherrschende Schriftstellerei bei Bier und Wein, Kartenspiel und Kegelschieben abzustreifen.

Nicht unterschätzt werden darf zudem das gelehrte Sozialprestige, das ihm aus seiner Aufnahme in die ›Fruchtbringende Gesellschaft‹, aus seiner mit der Nobilitierung verbundenen Hofpfalzgrafenwürde und schließlich aus seiner Mitgliedschaft und späteren langjährigen Präsidentschaft im ›Pegnesischen Blumenorden‹ zuwuchs. Diese Ehren zeitigten ein hohes Maß an Kontakten und Protektionen, die in erster Linie den in diesen Zirkeln tonangebenden gelehrten Stand betrafen, sich immer wieder jedoch auch darüber erhoben. Wir kennen keinen zweiten Dichter des 17. Jahrhunderts, der einen so weiten sozialen Radius durchmaß, eine ständisch so weitgefächerte Klientel um sich scharte, sich in so verschiedenen sozialen Milieus zugleich bewegte und schließlich so viele Gunstbeweise heterogener Provenienz vorzuweisen hatte. Daß damit Neid und Entfremdung einhergingen, ist ein anderes Kapitel.

Physiognomie des Werkes

Diese Rahmendaten seiner Existenz in aller Kürze zu erinnern ist geboten, weil die Physiognomie seines Werkes davon unabtrennbar ist. Es ist in seinen zur Publikation gelangten Teilen ein so gut wie ausschließlich von Vorgaben und Aufträgen bestimmtes. Das war nicht zuletzt die Konsequenz aus dem Umstand, daß der Lebensunterhalt über die Schriftstellerei bestritten werden mußte, von diesem primären Zweck ablenkende bzw. wegführende Angebote alsbald nicht mehr gesucht und, wo sie sich boten, ausgeschlagen wurden. Birkens Werk ist, wie die knappe und in diesem Fall präzise zutreffende Formel lautet, durchweg anlaß- und adressatenbezogen. Und dies in einem Maße, daß nicht nur Gedichte und anderweitige poetische Kleinformen davon betroffen sind, sondern auch Gattungen wie die Chronistik, das Reisetagebuch, der Fürstenspiegel, ja noch der Roman und die Poetik, an die alle wiederholt jahrelange Arbeit zu wenden war.

So lag es nahe, daß sich der verächtlich gemeinte und als solcher gehandhabte Begriff des Auftragsschriftstellers in Verbindung mit seinem Namen wie mit keinem anderen des 17. Jahrhunderts sonst gleichsam naturwüchsig einstellte. Birken formte indes in dieser Rolle nur hochgradig professionell aus, was mehr oder weniger latent Bestimmung alteuropäischen Dichtens in Erbschaft der Antike überhaupt war und den Stempel des Makels erst im 18. Jahrhundert verpaßt bekam.

Auf der anderen Seite ist einzuräumen, daß die Zeit für das auftragsfreie Schreiben knapp bemessen und entsprechend die Zahl der nicht bestimmten Vorgaben und Zwecken geschuldeten Titel im Werk insgesamt gering blieb. Aber wer befindet darüber, daß dies ein Mangel sein sollte? An Birkens Œuvre lassen sich exemplarisch Rang, Abstufung und soziale Schattierung öffentlichen poetischen Agierens wie an kaum einem Dichter des Zeitalters sonst studieren. Das mag hinüberleiten zu einem Blick auf das Spektrum der Gattungen – Richtschnur und Ordnungsmacht ersten Grades im vorsentimentalen dichterischen Haushalt.

Dichten bei Gelegenheit

Im Späthumanismus um 1600 florierte die Epigrammkultur wie zu keiner Zeit sonst. In einer der späthumanistischen Herzlandschaften wie Schlesien brachten es Dichter wie Caspar Cunrad, Balthasar Exner oder Johann Heermann mühelos jeweils auf mehrere tausend. Es handelte sich um personenbezogene Texte, mittels derer amikale, ständische, konfessionelle Kontakte befestigt und die durchgängige – lateinische! – Akkulturation der Region ganz im Sinne der Vorstellungen etwa eines Conrad Celtis bezeugt wurde. Diese poetische Errungenschaft hat sich in gleicher Dichte und Prägnanz im alsbald deutschsprachigen Dichten nicht erhalten. Als durchgängige Erbschaft indes bleibt das an eine Person gerichtete Gelegenheitsgedicht in Umlauf, welches die lyrische Physiognomie des 17. Jahrhunderts wie nichts sonst prägt. Niemand dürfte sich ihm mit gleicher Intensität verschrieben haben wie der Nürnberger Pegnitzschäfer und nachmalige Ordenspräses.

Plausibilität wird diese Einschätzung erst erhalten, wenn die entsprechende Produktion gesammelt und editorisch zugänglich geworden ist. Denn bislang ist sie zerstreut. Sie teilt damit das Los, welches der äußeren Anlässen geschuldeten Produktion im Umkreis des Humanismus durchweg zuteil wurde – sofern nicht Sorge getragen war für die Vereinigung des Verstreuten in Sammelbänden, sei es von der Hand des Dichters selbst, sei es von Freunden, Kollegen, Nachfahren. Das mochte angehen, wo das Gelegenheitsgedicht eine produktive Äußerung neben anderen blieb. Im Falle Birkens ging das Beste seines Schaffens ein in diesen Zweig seines Werkes. Es zählt in lateinischer wie in deutscher Sprache nach vielen hundert Titeln.

Mag das im Blick auf einzelne Dichter wie etwa Dach auch nicht gänzlich ungewöhnlich sein, so hat die soziale Bandbreite und vor allem die Vielgestaltigkeit der Formgebung im Zeitalter jedoch keine Parallele. Dieser der Göttin Gelegenheit aus selbstgegriffenem Auftrag frönende Dichter wird erst in seinem erfinderischen Facettenreichtum zu bewundern sein, wenn sein diesbezügliches Werk geschlossen vorliegt. Ein humanistisches Genus geselligen, huldigenden, verewigenden Dichtens ist von Birken fortgeschrieben und überzeugend nochmals zur Geltung gebracht worden. Seine letzten Ausläufer reichen hinein in eine Zeit, da der Degout an dieser bis dato prominenten Schreibkultur sich eben abzuzeichnen begann.[3]

---

3 Eine einläßliche formtypologische Arbeit zu Birkens Lyrik fehlt. Eine erste motivgeschichtliche Untersuchung liegt vor von Konrad Wieland: Der Fels in der Brandung. Beständigkeitsdenken und Beständigkeitsbilder im Corpus der Gedichte des Sigmund von Birken (1626–1681). – Ber-

Schäferdichtung

Charakteristisch für die Birkensche Gelegenheitsdichtung ist der wiederum singuläre Umstand, daß er sie zu Dutzenden von Malen verschmolz mit einer weiteren Gattung, die dafür prädestiniert erschien, keineswegs jedoch auf sie festgelegt war. Birken hat von seinen frühesten dichterischen Versuchen bis in seine spätesten poetischen Verlautbarungen hinein für die Behandlung gesellschaftlicher Anlässe und dynastischer Panegyrik sich der Form des Schäfergedichts in allen denkbaren Spielarten bedient. Birken ist der pastorale Schriftsteller des 17. Jahrhunderts *kat' exochen*, und niemand hat ihm diese Stellung streitig gemacht. Innerhalb seines zum Druck gelangten Werkes ragt die Schäferdichtung als prägnanteste und geschlossenste Gattung deutlich sichtbar hervor.[4]

---

lin: Weidler 2006 (= Studium litterarum; 11). Eine Osnabrücker Studie zum lateinischen Epithalamium Birkens wird hoffentlich noch zum Abschluß gelangen. Eine Monographie zur deutschsprachigen anlaßbezogenen Produktion ist dringendes Desiderat. An Einzelstudien kann verwiesen werden auf Michael Titzmann: Zur Dichtung der Nürnberger ›Pegnitz-Schäfer‹: ›O Pan/ der du in Wäldern irrest‹ – ein Gedicht von Birken und Klaj und sein Kontext. – In: Handbuch der Literatur in Bayern. Vom Frühmittelalter bis zur Gegenwart. Geschichte und Interpretationen. Hrsg. von Albrecht Weber. – Regensburg: Pustet 1987, S. 221–234; Dietrich Jöns: Auftrag und Ausführung. Sigmund von Birkens Gedicht auf die Hochzeit von Christoph Fürer von Haimendorf mit Anna Lucia Löffelholz von Colberg am 13. September 1659. – In: Bausteine zu einem transatlantischen Literaturverständnis = Views on Literature in a Transatlantic Context. Hrsg. von Hans W. Panthel, Peter Rau. – Frankfurt a.M. u.a.: Lang 1994, S. 131–149; John Roger Paas: In Praise of Johann Michael Dilherr. Occasional Poems Written in 1644 by Sigmund von Birken, Georg Philipp Harsdörffer, and Johann Klaj. – In: Daphnis 21 (1992), pp. 601–613.

4 Zur Schäferdichtung Birkens vgl. Heinrich Meyer: Der deutsche Schäferroman des 17. Jahrhunderts. – Diss. phil. Freiburg/Br. 1927 (Druck: Dorpat 1928); Elisabeth Renner: Die Schäfer- und Geschichtsdichtungen Sigmund von Birkens. – Diss. phil. Prag (Deutsche Universität) 1937 (Masch.); Blake Lee Spahr: The Pastoral Works of Sigmund von Birken. – Phil. Diss. Yale University (New Haven/CT) 1952 (Masch.); ders.: Dorus aus Istrien. A Question of Identity. – In: Publications of the Modern Language Association of America 68 (1953), pp. 1056–1067; ders.: Dorus aus Istrien. A Question Answered. – In: Modern Language Notes 72 (1957), pp. 591–596. Beide Arbeiten wiederabgedruckt in: Blake Lee Spahr: Problems and Perspectives. A Collection of Essays on German Baroque Literature. – Frankfurt a.M, Bern: Lang 1981 (= Arbeiten zur mittleren deutschen Literatur und Sprache; 9), pp. 17–31, pp. 33–39; Klaus Garber: Der locus amoenus und der locus terribilis. Bild und Funktion der Natur in der deutschen Schäfer- und Landlebendichtung des 17. Jahrhunderts. – Köln, Wien: Böhlau 1974 (= Literatur und Leben. N.F.; 16); ders.: Vergil und das *Pegnesische Schäfergedicht*. Zum historischen Gehalt pastoraler Dichtung. – In: Deutsche Barockliteratur und europäische Kultur. Hrsg. von Martin Bircher, Eberhard Mannack. – Hamburg: Hauswedell 1977 (= Dokumente des Internationalen Arbeitskreises für Deutsche Barockliteratur; 3), S. 168–203. Unter dem Titel ›Humanistisches Arkadien unter dem Stern Roms. Vergil und das *Pegnesische Schäfergedicht*‹ eingegangen in: ders.: Literatur und Kultur im Europa der Frühen Neuzeit. Gesammelte Studien. – München: Fink 2009, S. 275–300; ders.: Martin Opitz' *Schäferey von der Nymphe Hercinie*. Ursprung der Prosaekloge und des Schäferromans in Deutschland. – In: Martin Opitz. Studien zu Werk und Person. Hrsg. von Barbara Becker-Cantarino. – Amsterdam: Rodopi 1982 (= Daphnis; XI/3), S. 547–603 (darin S. 579–590: Sigmund von Birken: Schönheit-Lob und Adels-Prob) (in diesem Band S. 341–387, darin S. 370–377); ders.: Arkadien und Gesellschaft. Skizze zur Sozialgeschichte der Schäferdichtung als utopischer Literaturform Europas. – In: Utopieforschung. Interdisziplinäre Studien zur neuzeitlichen Utopie. Bd. I–III. Hrsg. von Wilhelm Voßkamp. – Stuttgart: Metzler 1982, Bd. II (auch als Suhrkamp-

Birken hat – von dem Gründungsdokument inspiriert, mit dem Harsdörffer und Klaj ihren poetischen Bund pastoral besiegelten – zeit seines Lebens seinen Ehrgeiz darein gelegt, dem Schäfergedicht alle nur denkbaren Gestaltungen vom schlichten Liebeslied bis hin zum opulenten Fürstenspiegel, von der locker geschürzten Erzählung bis hin zur spekulativ überformten pastoralen Allegorie, vom heiteren Gesprächspiel bis hin zur herben Zeitdiagnostik abzugewinnen. Und er ist darin zum Inaugurator und Sachwalter eines pastoralen Kosmos herangewachsen, für den nicht nur in der deutschen, sondern auch in der europäischen Literatur keine Parallele namhaft zu machen sein dürfte. Neben Sannazaro und Garcilaso, neben Ronsard und Edmund Spenser, um nur ein paar Namen von Rang zu nennen, bedarf aus dem deutschen Sprachraum Sigmund von Birken als Bukoliker an erster Stelle einer allfälligen Erschließung und einer daran sich knüpfenden Rehabilitation.

Im Blick auf die eminente Bedeutung dieses Zweiges der Birkenschen Produktion will es folglich als kein Zufall erscheinen, daß nur in ihm zwei – freilich gänzlich verschiedenartige – Synopsen zustande kamen, die man sich für das sonstige Birkensche Werk gleichfalls gewünscht hätte und wie sie der Dichter plante, ohne sie verwirklichen zu können. Es sind bezeichnenderweise Produkte der Spätzeit, in der sich der Wunsch, das Werk zu ordnen, zusammenzuführen und der Nachwelt in geschlossenen Corpora zu übergeben, gebieterisch geltend machte. Wäre Birken mit diesem Geschäft auch nur halbwegs an ein Ende gelangt, das Bild, das wir von ihm besäßen, nähme sich anders aus. Es tritt als das, was es repräsentierte, überhaupt erst Jahrhunderte nach seinen Erdentagen in einer großen ihm gewidmeten Edition in authentischer Gestalt an die Öffentlichkeit. Erst mit ihr dürfte deutlich werden, daß Birkens Werk in der von dem Dichter intendierten, aber nicht zur Realisierung gelangten Form keine Parallele in der deutschen Literatur des 17. Jahrhunderts hat. Der Vorsatz, alles auf die eine schriftstellerische Karte zu setzen, hätte sich dann zu später Stunde definitiv als der richtige erwiesen, auch wenn es seinem Urheber nicht vergönnt war, die Früchte seiner Mühen selbst noch zu ernten.

Taschenbuch; 1159), S. 37–81, hier S. 58ff. zu Birken, eingegangen in: ders.: Literatur und Kultur im Europa der Frühen Neuzeit (wie oben), S. 229–274; das Kapitel ›Surpassing the Prototype: Birken's *Fortsetzung der Pegnitz-Schäferey*‹ in ders.: Nuremberg, Arcadia on the Pegnitz. The Self-Stylization of an Urban Sodality. – In: Imperiled Heritage. Tradition, History, and Utopia in Early Modern German Literature. Selected Essays by Klaus Garber. Ed. and with an Introduction by Max Reinhart. – Aldershot u.a.: Ashgate 2000 (= Studies in European Cultural Transition; 5), pp. 117–208, hier pp. 142–165; Maria Fürstenwald: Letztes Ehren-Gedächtnüß und Himmel-klingendes SCHAEFERSPIEL. Der literarische Freundschafts- und Totenkult im Spiegel des barocken Trauerschäferspiels. – In: Daphnis 2 (1973), S. 32–53; Jane O. Newman: ›FrauenZimmers Geberden‹ und ›Mannesthaten‹. Authentizität, Intertextualität und ›la querelle des femmes‹ in Sigmund von Birkens *Ehren-Preis des Lieb-löblichen Weiblichen Geschlechts* (1669/73). – In: ›der Franken Rom‹ (Anm. 2), S. 314–330; Michael Schilling: Gesellschaft und Geselligkeit im *Pegnesischen Schäfergedicht* und seiner *Fortsetzung*. – In: Geselligkeit und Gesellschaft im Barockzeitalter. Teil I–II. Hrsg. von Wolfgang Adam. – Wiesbaden: Harrassowitz 1997 (= Wolfenbütteler Arbeiten zur Barockforschung; 28), S. 473–482.

Zu sprechen ist folglich zunächst von Birkens letztem großen und noch zu Lebzeiten publizierten Alterswerk, der zweibändigen *Pegnesis* (1673 und 1679).[5] In ihr führte er aus seinem reichhaltigen bukolischen Werk zusammen, was einen Bezug zu seiner Wahlheimat Nürnberg und Umgebung aufwies. Daß nicht Vollständigkeit angestrebt werden konnte oder auch nur sollte, lag dabei von vornherein auf der Hand. Vereinigt wurde in durchweg überarbeiteter Version die Mehrzahl der erzählend angelegten Schäfereien. Die selbständigen lyrischen Schäfergedichte, also die ›Verseklogen‹ im Unterschied zu den von uns so titulierten ›Prosaeklogen‹, blieben durchweg ausgespart. Neun Stücke im ersten und acht im zweiten Teil treten zusammen. Ungeachtet der Tatsache, daß Birken häufig mehrere ehemals selbständige Einzelstücke zusammenfaßte, repräsentiert die *Pegnesis* doch nur einen Ausschnitt aus seiner reichhaltigen erzählenden pastoralen Produktion. Auch ließ sich die intendierte Scheidung in weltliche und geistliche Bukolika nicht durchhalten.

Immerhin wurde erkennbar, in welche Richtung der auf Statuierung des fortan gültigen dichterischen Vermächtnisses gerichtete Impetus des Dichters zielte. Profiliert wurde vor allem der Lyriker. Und erkennbar werden sollte, wie nachdrücklich der Bukoliker es verstanden hatte, das Erbe der Harsdörfferschen *Gesprächspiele* in der Gattung seiner Wahl anzutreten. Jeden erdenklichen Stoff legte er den plaudernden, räsonierenden, disputierenden Schäferinnen und Schäfern in den Mund und behielt sich selbst – wie Rist in den *Monatsgesprächen* – gerne als Weisheitskundigem wenn nicht das letzte, so doch das wegweisende Wort vor. Vielfach reduziert oder getilgt wurden die erzählerischen Eingänge, die dem Aufbau des pastoralen Szenariums gewidmeten Passagen, nicht zuletzt die zahlreichen autobiographischen Reminiszenzen, die sich ihrerseits zwanglos mit dem sozietären Treiben der Hirten an der Pegnitz verbanden. Kurzum, die *Pegnesis* ist im ganzen ärmer an erzählerischem Fluidum als die ihr zugrundeliegenden Erstfassungen. Und darum ist es ein editorisches Gebot, diese ebenso wie die pastorale norische Summe in Gestalt der *Pegnesis* zum Abdruck zu bringen.

---

5 Im folgenden wird, wo immer möglich, nach den Exemplaren aus Birkens Handbibliothek zitiert. Sie haben als Referenz-Exemplare selbstverständlich Priorität. Für bibliographische Erörterungen ist ansonsten hier in der Regel nicht der Platz. – Vgl.: PEGNESJS: oder der Pegnitz Blumgenoß-Schäfere FeldGedichte in Neun Tagzeiten: meist verfasset/ und hervorgegeben/ durch Floridan. Nürnberg/ Gedruckt und verlegt von Wolf Eberhard Felseckern. A.C. MDCLXXIII. – PEGNESJS Zweyter Theil: begreifend Acht Feldgedichte der Blumgenoß-Hirten an der Pegnitz/ Geistliches Jnhalts: meist verfasset/ und hervorgegeben/ durch Floridan. Nürnberg Gedruckt/ bei Wolf Eberhard Felseckern. A.C. MDCLXXIX. (8° P.Bl.O. 144/1-2). – Eine Untersuchung zur *Pegnesis* fehlt bislang. Nicht einmal eines Reprints wurde sie in den vergangenen Jahrzehnten gewürdigt.

Pastoraler Fürstenspiegel und Regenten-Panegyrik

Einen anderen Weg beschritt Birken in seiner vier Jahre vor dem ersten Teil der *Pegnesis* erschienenen *Guelfis* (1669).[6] Auch sie darf in ihrem auf Abschluß und damit auf Stiftung von Vermächtnis zielenden Duktus zu seinen Alterswerken gezählt werden. In ihr ging es darum, dem Fürstenhaus, welches von Jugendzeit an bestimmend in sein Leben hineingewirkt hatte und zu welchem – vermittelt vor allem über Anton Ulrich – ein Verhältnis wechselseitiger Verpflichtung sich ausgebildet hatte, ein Denkmal zu setzen. Der junge Birken hatte in überaus reizvollen (und inzwischen äußerst raren) schäferlichen Erzählungen, in Eklogen und in einem Falle sogar in einer an Cervantes gemahnenden satirischen Camouflage seine Erfahrungen mit dem Welfenhaus, wie er sie in der Mitte der vierziger Jahre in Wolfenbüttel machen konnte, pastoral verschlüsselt verarbeitet und dabei mit Huldigung und Hofkritik ebensowenig wie mit weitausgreifendem dichterischem Selbstentwurf gespart. In unvergleichlicher Anmut war es ihm gelungen, die Atmosphäre seiner niedersächsischen Lehr- und Wanderjahre der offenen und wandlungsfähigen Gattung der Pastorale zu amalgamieren.[7]

Dieses kostbare poetische Gut aus dem niederdeutschen Raum, gruppiert um die fürstliche Regentschaft und um Gönner und Freunde wie Johann Rist und Joachim Pipenburg, denen er begegnet war, verlangte nach Zusammenführung und Schlußredaktion, sollte es nicht den Zufällen der Überlieferung überantwortet bleiben, denen auch die zumeist zum Kleinschrifttum zählende schäferliche Kasualproduktion stets ausgesetzt war. Anders aber als in der späteren *Pegnesis* nutzte er den gewonnenen Raum, um dem Welfenhaus und den ihm nahestehenden Personen ein Denkmal in Gestalt einer Vergegenwärtigung der einschlägigen Memorialstätten der Welfen und einer Rekapitulation ihrer Dynastie zu setzen, das zudem

---

6 GUELFJS oder NiderSächsischer Lorbeerhayn: Dem HochFürstlichen uralten Haus Braunsweig und Lüneburg gewidmet/ auch mit Dessen Alten und Neuen Stamm-Tafeln bepflanzet: durch Sigmund von Birken/ in der Hochlöbl. Fruchtbring. Gesellschaft den Erwachsenen. Nürnberg/ Zu finden bey Johann Hofmann: Gedruckt bey Christof Gerhard. A.C. MDCLXIX. (8° P.Bl.O. 69). – Auch zur *Guelfis* fehlt eine eingehende Untersuchung bzw. ein Reprint.

7 Die pastorale Substanz der *Guelfis* wird im wesentlichen aus den folgenden drei niedersächsischen Schäfereien aus der zweiten Hälfte der vierziger Jahre gewonnen: Götterschenkungen zu dem Freud=feyerlichen Myrten= und EhrenFeste des Lobwürdigen FONTANO und Seiner Viel=Tugendbegabten MARGARJS Verehret/ und mit einem Hertzmeinenden Wunschgedichte beygeschikkt. (Wolfenbüttel: Bißmarck 1646). (Ehemals in Birkens Handbibliothek 4° P.Bl.O. 3 (28). Exemplar: NLB Hannover Cm 389 (5)). – Dannebergische Helden=Beut/ [i.e. ›Blüt‹/] in den Jetzischen Blum=Feldern beglorwürdiget. Hamburg/ Gedruckt/ bey Jacob Rebenlein. im Jahr/ 1648. (Birkens Handexemplar 4° P.Bl.O. 3 (10) ist verschollen. Ersatz im Germanischen Nationalmuseum Nürnberg (aus der Bibliothek Hans von und zu Aufseß): L. 490. 4°). – Floridans Des Pegnitzschäfers Niedersächsische Letze/ Seinen Wehrten und Geehrten Hausgenossen und andern Gutgönnern und Freunden zu Dankbarer Erwiederung und Gutem Andenken hinterlassen Jn Dannenberg. Jm Jahr unsers Erlösers M.D.C.JJL. [Horaz-Motto] Hamburg/ Gedrukkt bey Jakob Rebenlein. (Birkens Handexemplar 4° P.Bl.O. 3 (9) ist gleichfalls verschollen. Ein Ersatzexemplar, möglicherweise aus einer Birkenschen Kollektion, die nicht mehr zur Bindung gelangte: 4° P.Bl.O. 41 (4a)). Hinzu treten ein Schäfergedicht aus dem fünften Band von Harsdörffers *Gesprächspielen* und Teile seines gleichfalls pastoralen lateinischen *Selenianum* (1650).

geschmückt war mit zahlreichen Ehrengedichten. Es entstand ein üppiger *Nider-Sächsischer Lorbeerhayn*, wie es im Nebentitel heißt. Die Pastorale war weitergesponnen worden zum Fürstenspiegel.

Dafür gab es im Birkenschen Werk bereits ein prominentes Vorbild, das bewies, wie sehr der Schäferdichter gerade auch auf diese Verbindung setzte. 1654 war ihm vom Kaiser das Adelsdiplom nebst Palatinat verliehen worden. Er zeigte sich wenig später erkenntlich mit einem *Ostländischen Lorbeerhäyn* (1657).[8] Als könne der versierte und inzwischen als solcher bekannte Bukoliker nicht anders, legte er auch ihn pastoral an. Wie er in seinem ersten großen Schäfergedicht, der *Fortsetzung Der Pegnitz=Schäferey* (1645), den Helden des Dreißigjährigen Krieges gehuldigt hatte, so schickte er sich nun an, das Kaiserhaus mit dem Glorienschein der Pastorale zu umgeben, der der Gattung seit Vergil eignete, und an ihm wiederum die im Umkreis wirkenden hohen Standespersonen insbesondere aus dem nieder- und oberösterreichischen Adel teilhaben zu lassen.

Und so endet die anspielungsreich um den ›Osten‹ kreisende gelehrte Exkursion der Schäfer wie bei so vielen der Vorgänger an einem ›Ehren-Tempel‹, nun dem Kult der Habsburger gewidmet, angefangen bei Rudolf I. und endend bei Ferdinand III. Nicht genug damit, daß schon der Erzählung abschließend Gedichte auf Mitglieder des kaiserlichen Hauses einverleibt worden sind, hat Birken es sich nicht nehmen lassen, in einem ›Anhang von Ehrengedichten/ an Fürsten/ Grafen, und Herren‹ seine Verbundenheit mit dem ihm wie der Stadt Nürnberg vielfach nahestehenden Adel zu bekunden und mittels eines ›Oesterreichischen Stamm=und Zeit=Registers‹ sich als getreuer Historiograph der Habsburger zu empfehlen. In dem elf Jahre später nach jahrelangen Mühen und aufreibenden Auseinandersetzungen zustande gekommenen *Spiegel der Ehren des* [...] *Erzhauses Oesterreich*, einem mächtigen Folianten von knapp 1500 Seiten, sollte diese Strategie zum Erfolg führen.[9]

---

8 Ostländischer Lorbeerhäyn/ Ein Ehrengedicht/ Von Dem höchstlöbl. Erzhaus Oesterreich: Einen Fürsten=Spiegel/ in XII. Sinnbildern/ und eben sovielen Keyser= und Tugend=Bildnissen/ Neben Dem Oesterreichischen Stamm= und Zeit= Register/ Kürtzlich vorstellend: Samt Einem Anhang von Ehrengedichten/ an Fürsten/ Grafen und Herren. Durch Sigismundum à Birken/ dict. Betulium, C. Com. Pal. N. Nürnberg/ Bey Michael Endter: Jm Jahr des Heils MDCLVII. (8° P.Bl.O. 67).

9 Spiegel der Ehren des Höchstlöblichsten Kayser- und Königlichen Erzhauses Oesterreich oder Ausführliche GeschichtSchrift von Desselben/ und derer durch Erwählungs= Heurat= Erb- und Glücks-Fälle ihm zugewandter Käyserlichen HöchstWürde/ Königreiche/ Fürstentümer/ Graf= und Herrschaften/ Erster Ankunft/ Aufnahme/ Fortstammung und hoher Befreundung mit Käyser= König= Chur= und Fürstlichen Häusern; auch von Derer aus diesem Haus Erwählter Sechs Ersten Römischen Käysere/ Jhrer Nachkommen und Befreundten/ Leben und Großthaten: mit Käys. Rudolphi I GeburtsJahr 1212 anfahend/ und mit Käys. Maximiliani I TodesJahr 1519 sich endend. Erstlich vor mehr als C Jahren verfasset/ Durch Den Wohlgebornen Herrn Herrn Johann Jacob Fugger/ Herrn zu Kirchberg und Weissenhorn/ der Röm. Käys. und Kön. Maj. Maj. Caroli V und Ferdinandi I Raht; Nunmehr aber auf Röm. Käys. Maj. Allergnädigsten Befehl/ Aus dem Original neu-üblicher ümgesetzt/ und in richtige Zeit-rechnung geordnet/ aus alten und neuen Geschichtschriften erweitert/ in etlichen StammTafeln bis auf gegenwärtiges Jahr erstrecket/ mit derer vom Erzhaus abstammenden Chur= und Fürstlichen Familien Genealogien/ auch vielen Conterfäten/ Figuren und Wappen-Kupfern/ gezieret/ und in Sechs Bücher eingetheilet/ Durch Sigmund von Birken/ Röm. Käys. Maj. Comitem Palatinum, in der Hochlöbl. Fruchtbringenden Gesellschaft den Erwachsenen. Nürnberg/ Bey Michael und Johann Friderich Endtern. Anno

Versagt blieb dem Dichter des pastoralen Fürstenspiegels hingegen die von langer Hand geplante Synopsis seiner auf das Haus Brandenburg-Bayreuth gerichteten Arbeiten. Dem *Ostländischen* und dem *NiderSächsischen* sollte ein *Fränkischer Lorbeerhayn* zur Seite treten, wie einem Konspekt von des Dichters eigener Hand zu entnehmen ist.[10] »Hierzu und voran gehören die zum Hochfürstl. Brandenb. Ersten Beylager verfärtigte und in fol. gedruckte zwey Stücke Singspiel Sophia und Ballet der Natur«, so hatte sich der Dichter auf dem Vorsatzblatt zu seinen *Poetischen Lorbeer-Wäldern* vernehmen lassen und in der poetologischen Summe seiner Spätzeit, der *Rede-bind= und Dicht-Kunst,* bekräftigt.[11]

Damit hätte ein anderer und der Bukolik affiner Zweig im Gattungsspektrum des Dichters deutlichere Konturen angenommen, das Singspiel und das Ballet.[12] Und mit Gewißheit hätte er auch dieses dem Seitenzweig der Hohenzollern gewidmete Werk ausgestattet mit Ehrengedichten an Personen des Hauses und seines Umkreises, wie sie überreich zur Verfügung standen. Nun bleibt es Aufgabe der Editoren, für die späte Vereinigung des Zusammengehörigen Sorge zu tragen. Wenn es Birken also auch nicht vergönnt war, das Feld im Blick auf das Haus Brandenburg-Bayreuth letztwillig zu bestellen, so hat er sich doch mit einem ande-

---

Christi MDCLXVIII. (2° P.Bl.O. 2). – Dazu die wichtige Publikation von Inge Friedhuber: Der ›Fuggerische Ehrenspiegel‹ als Quelle zur Geschichte Maximilians I. Ein Beitrag zur Kritik der Geschichtswerke Clemens Jägers und Sigmund von Birkens. – In: Mitteilungen des Instituts für Österreichische Geschichtsforschung 81 (1973), S. 101–138.

10 Archiv des Pegnesischen Blumenordens P.Bl.O. B 2.1.23 (XIV/2). Im folgenden werden jeweils die aktuelle und die ehemalige Signatur der entsprechenden Archivalien aus dem Orden mitgeteilt, um Titel in älteren Arbeiten mit den seinerzeit verbindlichen Signaturen leicht auffindbar zu machen. Die Siglierung im Archiv weicht geringfügig ab von derjenigen in der Bibliothek des ›Pegnesischen Blumenordens‹. Hier ist das Kürzel ›P.Bl.O.‹ mit Angabe des Formats und der laufenden Nummer weiterhin verbindlich. Zu beachten bleibt, daß in der Bibliothek gleichlautende laufende Nummern für verschiedene Formate vergeben worden sind. Zur Neuordnung und Neuverzeichnung des Archivs des ›Pegnesischen Blumenordens‹ vgl. eingehend unten S. 868–878.

11 Teutsche Rede-bind= und Dicht-Kunst/ oder Kurze Anweisung zur Teutschen Poesy/ mit Geistlichen Exempeln: verfasset durch Ein Mitglied der höchstlöblichen Fruchtbringenden Gesellschaft Den Erwachsenen. Samt dem Schauspiel Psyche und Einem Hirten-Gedichte. Nürnberg/ Verlegt durch Christof Riegel. Gedruckt bey Christof Gerhard. A.C. MDCLXXIX. (8° P.Bl.O. 478), S. 317. Ein Reprint des Werkes erschien 1973 im Olms-Verlag, Hildesheim.

12 Die beiden einschlägigen Titel: Singspiel/ betitelt SOPHJA: zu Des Durchleuchtigsten Fürsten und Herrn/ Herrn Christian=Ernstens Markgravens zu Brandenburg/ [...] mit Der Durchleuchtigsten ChurPrincessinn/ Freulein Sophien=Erdmuht/ Herzoginn zu Sachßen/ Gülich/ Cleve und Berg/ [...] Hochfürstlichem Beylager/ unterthänigst übergeben. Gedruckt zu Bayreuth/ durch Johann Gebhardt/ Anno MDCLXII. (2° P.Bl.O. 1 (9)); BALLET der Natur/ welche Mit ihren Vier Elementen/ frölich und Glückwünschend sich vernehmen lässt/ bey hochansehnlichster Heimführung und höchstgewünschter Ankunfft in die Hochfürstliche Brandenburgische Residenz Bayreuth Der Durchleuchtigsten Fürstin und Frauen Frauen Erdmuht=Sophien/ [...] als glücklichst=angehender HöchstgeEhrtester Hoch=Fürstlicher LandesMutter: Anno 1662. den 30. Wintermonats/ auf dem Fürstl. Hofsaal daselbst in einem Tanze vorgestellet. Gedruckt zu Bayreuth/ bey Johann Gebhardt. (2° P.Bl.O. 1 (11)). – Der Folio-Sammelband aus Birkens Bibliothek versammelt zahlreiche Arbeiten aus dem Umkreis des Hauses Brandenburg-Bayreuth.

ren Werk der Dynastie erkenntlich gezeigt, dem *HochFürstl. Brandenburgischen Ulysses* (1668 u.ö.).[13]

Hier schlüpfte er in die Rolle des literarisch ambitionierten Hofmeisters und bearbeitete das Reisetagebuch Markgraf Christian Ernsts, versah es mit Stammtafeln und dokumentierte die Verwandtschaftsverhältnisse mit den kaiserlichen, königlichen und fürstlichen Dynastien und sorgte mit Caspar von Lilien für den Druck der 1659 von dem Fürsten in der Straßburger Akademie gehaltenen ›De principatus bene regendi artibus oratio‹, der eine deutsche Übersetzung beigefügt wurde.[14] So stellte sich zwanglos eine Verbindung her zu dem Birken mit den Humanisten gemeinen Thema des gelehrten Tugendadels und einer darauf gegründeten weisen und frommen Regentschaft, wie es auch in einer dem beliebten Vorwurf des Reisens gewidmeten Einleitung anklang.

Erwähnen wir in diesem Zusammenhang, daß Birken auch dem mit dem Haus Brandenburg-Bayreuth verwandtschaftlich verbundenen Sächsischen Kurfürstenhaus zu einem aufwendigen und repräsentativen memorialen *Sächsischen Helden-Saal* (1677) verhalf,[15] daß er den Habsburgern neben der Neueinrichtung eines *Spiegels der Ehren des* [...] *Erzhauses Oesterreich* auch mit einem *Donau-Strand* (1664)

---

13 HochFürstl. Brandenburgischer ULYSSES: oder Verlauf der LänderReise/ welche Der Durchleuchtigste Fürst und Herr/ Herr Christian Ernst Marggraf zu Brandenburg [...] durch Teutschland/ Frankreich/ Italien und die Niederlande höchstlöbl. verrichtet: Aus denen Reis-Diariis zusammengetragen und beschrieben/ durch Sigmund von Birken C. Com. Pal. Mit Sr. Churf. Durchl. zu Sachsen sonderbarem Privilegio. zum zweytenmal Gedruckt in Bayreuth/ durch Joh. Gebhard/ An. 1676. (8° P.Bl.O. 71). Die Erstausgabe befand sich in dem Birkenschen Sammelband 4° P.Bl.O. 2, der im Krieg mit unersetzlichen Unikaten verschollen ist. Vgl. unten S. 845f. Vgl. zum *Ulysses* Martin Disselkamp: Ein Held auf Reisen. Verfahrensweisen und Programmatik politischer Repräsentation in den Italien-Kapiteln aus Sigmund von Birkens *Brandenburgischem Ulysses* (1668). – In: Deutschland und Italien. 300 Jahre kultureller Beziehungen. Hrsg. von Peter Ihring, Friedrich Wolfzettel. – Frankfurt a.M.: Verlag für Deutsch-Italienische Studien, Berlin: Pädagogischer Zeitschriftenverlag 2004 (= Themen der Italianistik), S. 9–42.

14 Christiani Ernesti Marchionis Brandenburg. etc. De Principatus Bene Regendi Artibus Oratio, Habita In Academia Argentoratensi XXI. Apr. An. MDCLIX. (8° P.Bl.O. 71 (1)). – Der deutsche Titel: Kunst=Rede des Durchleuchtig: Hochgebornen Fürsten und Herrn/ H. Christian Ernst Marggrafens zu Brandenburg/ etc. von Rechten Fürstlichen Regir=Künsten Jn Lateinischer Sprache gehalten auf der Hohen Schul zu Straßburg/ den 21. April. Anno 1659. Bayreuth/ Gedruckt bey Johann Gebhardt/ im Jahr Christi/ 1660. (2° P.Bl. 1 (2)). Im Birkenschen Handexemplar des *Brandenburgischen Ulysses* (Anm. 13) findet sich ein abweichendes und bislang offensichtlich unbekanntes Exemplar ohne Impressum, Vorspann und sonstige Beigaben: Kunst=Rede Des Durchleuchtigsten Fürsten und Herrn/ Herrn Christian Ernst Marggrafens zu Brandenburg/ etc. Von Fürstlichen Wohl=Regir=Künsten/ Jn Lateinischer Sprache auf der Hohen Schul zu Straßburg/ den 21 April. Anno 1659. (8° P.Bl.O. 71 (2)).

15 Chur- und Fürstlicher Sächsischer Helden-Saal; Oder Kurze/ jedoch ausführliche Beschreibung der Ankunft/ Aufnahme/ Fortpflanzung und vornemster Geschichten Dieses höchstlöblichen Hauses/ samt Dessen Genealogie/ Wappen und KupferBildnisen. als eine Sächsische Chronik/ zusammengetragen und vorgestellet durch Sigmund von Birken/ in der höchstlöbl. Fruchtbringenden Gesellschaft den Erwachsenen. Nürnberg/ Jn Verlegung Johann Hofmann/ Kunst= und Buchhändlern. Gedruckt daselbst bey Christof Gerhard. Anno Christi MDCLXXVII. Es ist kein Exemplar in Birkens Handbibliothek nachweisbar. Vgl. zum Kontext den gehaltreichen Eintrag in der *Bibliographie der sächsischen Geschichte* von Rudolf Bemmann, Bd. I/1 (1918), S. 63.

huldigte,[16] dem er eine Ungarn- und eine Türken-Chronik sowie einen Bericht über den aktuellen Stand der Türkenkriege einverleibte – das Werk erfreute sich offenkundig auch deshalb erheblicher Beliebtheit und wurde noch im 18. Jahrhundert wiederholt aufgelegt und erweitert –, so sind die großen historiographischen und dynastisch-panegyrischen Werke namhaft gemacht, mit denen sich der Name Birkens vor allem verknüpft.

Wenn irgendwo mit Blick auf die Literatur des 17. Jahrhunderts der Begriff des ›Barock‹ eine gewisse Triftigkeit beanspruchen könnte, so angesichts dieser durchweg in die zweite Jahrhunderthälfte hineinreichenden Huldigungs-Szenarien. Die Dynastien waren im Begriff, sich zu regenerieren nach einem Jahrhundert der konfessionellen Verwerfungen. Nichts kam ihnen mehr zupaß als die Feder gelehrter Schriftsteller, die ihr Metier beherrschten und ihre Dienste entboten, ohne das Odium des Peinlichen zu streifen, das ihnen spätere Eiferer immer wieder nachsagten. Allen Werken dieses Genres sind stets auch humanistische Überzeugungen und Maximen einverleibt. Regentschaft wird in Erasmischer Tradition auf Normen verpflichtet, die anderes und mehr bergen als bare Akklamation.

Dazu trug nicht zuletzt die von Birken wie von niemandem sonst souverän gehandhabte Verschmelzung mit der Pastorale bei. Fragen wir indes, was ihn zu dieser kühnen Symbiose zu wiederholten Malen ermutigte, so liegt auf der Hand, daß sich hinter den Nürnbergern und Opitz, hinter Lope de Vega und Sannazaro die Gestalt Vergils erhob. Indem er seinen Eklogen die Verkündigung einer heraufziehenden Friedensherrschaft unter Oktavian einschrieb, das *genus humile* mit dem Anspruch des *genus grande* ausstattete, begabte er die Gattung mit jener Dignität, vermittelst derer sie zum Höchsten sich ermächtigt wußte. Birken hat diese Lizenz wie kein anderer Dichter im 17. Jahrhundert ergriffen.

---

16 Der Donau-Strand mit Allen seinen Ein= und Zuflüssen/ angelegenen Königreichen/ Provinzen/ Herrschaften und Städten/ auch dererselben Alten und Neuen Nahmen/ vom Ursprung bis zum Ausflusse: in Dreyfacher LandMappe vorgestellet auch samt kurtzer Verfassung einer Hungar= u. Türkischen Chronik und Heutigen Türken-Kriegs, beschrieben durch Sigmund von Birken C. Com. Pal. Nebenst XXXIII. Figuren der vornehmsten Hungarischen Städte und Vestungen in Kupfer hervorgegeben von Jacob Sandrart/ Kupferstecher und Kunsthändler in Nürnberg. Anno Christi MDCLXIV. (8° P.Bl.O. 68). Vgl. John Roger Paas: The Publication of a Seventeenth-Century Bestseller. Sigmund von Birken's *Der Donau-Strand* (1664). – In: The German Book. 1450–1700. Festschrift David L. Paisey. Ed. by John L. Flood, William A. Kelly. – London: British Library 1995 (= The British Library Studies in the History of the Book), pp. 233–245; Horst Helge Fassel, Klaus H. Schroeder: Das Rumänienbild bei Sigmund von Birken (1626–1681). – In: Südostforschungen 31 (1972), S. 164–177; Horst Helge Fassel: Sigmund von Birken und Siebenbürgen. – In: Wolfenbütteler Barock-Nachrichten 5 (1978), S. 140–142.

› *Teutscher Olivenberg* ‹

Nirgendwo bewährte sich die Symbiose von Pastorale und Politik überzeugender als in der Verpflichtung auf Frieden. So nimmt es nicht wunder, daß Birken auch diese Symbiose theoretisch wie praktisch immer wieder umkreist hat und auf diesem Feld ebenfalls zu einem literarischen Repräsentanten herangewachsen ist. Er wußte dies und war erneut bestrebt, das thematisch verwandte Schrifttum in einem Sammelwerk zusammenzuführen. *Teutscher Olivenberg oder Fried-erfreutes Teutschland* war der den vereinigten Friedensstücken zugedachte Titel. Die Sammlung ist nicht zustande gekommen, läßt sich indes sehr wohl rekonstruieren und entsprechend edieren.[17] Im *Teutschen Olivenberg* wären – von einer gewichtigen Ausnahme abgesehen – Birkens auf die Nürnberger Friedensfeierlichkeiten der Jahre 1649/50 gerichteten Stücke zu lesen gewesen.[18]

Mit einer Rede zum Thema ›Krieges- und Friedensbildung‹ war Birken zu Anfang des Jahres 1649 bei einem Gastmahl im Augustinerhof hervorgetreten.[19] Als

---

17 Vgl. das ›Verzeichnis des Autoris Schriften‹. – In: Teutsche Rede-bind= und Dicht-Kunst (Anm. 11), fol. 3π2ʳ–3π5ʳ. Dort (fol. 3π2ʳ) figuriert der *Teutsche Olivenberg* als erster Titel: »Teutscher Olivenberg oder Fried-erfreutes Teutschland: inhaltend (1) die Kunst-Rede vom Krieg und Frieden/ (2) die Geschichtschrift vom Teutschen Frieden A. 1650, samt (3) dem FriedensBallet. Sind vordessen bei W. Endtern und J. Dümlern einzeln gedruckt worden/ aber abgegangen.« Sie waren also allesamt vergriffen. Das in der Poetik gedruckte Verzeichnis hat eine handschriftliche Vorstufe, die sich erhalten hat: Syllabus Carminum et Operum Betulianorum. (PBlO.B.2.1.11), (P.Bl.O. XV/7). Das Verzeichnis trägt auf fol. 2ʳ auch einen deutschen Titel: Sigmunds von Birken hervorgebene Schriften. In der Handschrift erscheint der Titel gleichfalls an erster Stelle, die Beschreibung des Inhalts indes ist entschieden präziser und ausführlicher: »I Teutscher Olivenberg, oder Fried=erfreutes Teutschland. darinn. 1 GeschichtSchrift vom Teutschen Frieden. bei Jerem[ias] Dümlern in 4. 1652 2 das FriedensBallet, beym kaiserl[ichen] FriedensBanquet. ap[ud] Eund[em] 1652. 3 FriedensRede oder Kriegs= und Friedens=bildung. bey Wolf[gang] Endter Sen[ior] 1649. sind alle dreye abgegangen. 4 Flamais oder der Friedensheld. NB was in I lateinisch ist, muß hinweg bleiben, gehört ins Betuletum.« (fol. 1ʳ). – Vgl. Adam Christof Jobst: Sigmund von Birkens *Teutscher Olivenberg*. Bd. I–II. – Diss. phil. Wien 1913 (Masch. mit Transkription des Versepos *Amalfis*). Dazu unten S. 829f. mit Anm. 166.

18 Dieses Feld ist gut erforscht. Vgl. Hartmut Laufhütte: Der gebändigte Mars. Kriegsallegorie und Kriegsverständnis im deutschen Schauspiel um 1648. – In: Ares und Dionysos. Das Furchtbare und das Lächerliche in der europäischen Literatur. Hrsg. von Hans-Jürgen Horn, Hartmut Laufhütte. – Heidelberg: Winter 1981 (= Mannheimer Beiträge zur Sprach- und Literaturwissenschaft; 1), S. 121–135; John Roger Paas: Sigmund von Birken's *Des Friedens Vermählung mit Teutschland*. – In: Wolfenbütteler Barock-Nachrichten 17 (1990), pp. 82–89; Klaus Garber: Sprachspiel und Friedensfeier. Die deutsche Literatur des 17. Jahrhunderts auf ihrem Zenit im festlichen Nürnberg. – In: Der Westfälische Friede. Diplomatie, politische Zäsur, kulturelles Umfeld, Rezeptionsgeschichte. Hrsg. von Heinz Duchhardt. Redaktion Eva Ortlieb. – München: Oldenbourg 1998 (= Historische Zeitschrift. Beihefte. N.F.; 26), S. 679–713 (in diesem Band S. 263–298); ders.: Pax pastoralis. Zu einer Friedensgattung der europäischen Literatur. – In: 1648. Krieg und Frieden in Europa. Hrsg. von Klaus Bußmann, Heinz Schilling. – Münster: Westfälisches Landesmuseum für Kunst und Kulturgeschichte 1998. Textband II: Kunst und Kultur, S. 319–322; Hartmut Laufhütte: Das Friedensfest in Nürnberg 1650. – In: 1648. Krieg und Frieden in Europa (wie oben). Textband II, S. 347–357. Jetzt in der ursprünglichen erweiterten Version in: ders.: Sigmund von Birken (Anm. 2), S. 153–169.

19 Krieges= und Friedensbildung; in einer/ Bey hochansehnlicher Volkreicher Versammelung/ offentlich vorgetragenen Rede/ aufgestellet/ Nebenst einer Schäferey/ Durch Sigismund Betulius.

FriedensRede oder Kriegs- und Friedensbildung sollte sie in den *Teutschen Olivenberg* eingehen. Auf Wunsch Piccolominis war sodann für das kaiserliche Gastmahl auf dem Schießplatz bei St. Johannis ein Schauspiel zu verfassen. *Teutscher Kriegs Ab= vnd Friedens Einzug* betitelte Birken die 1650 erschienene Szenenfolge.[20] Auch das Festmahl selbst wurde – unter Einschluß des Schauspiels – eingehend beschrieben und in einem repräsentativen Druck der Öffentlichkeit zugänglich gemacht, der wiederholte Nachdrucke erlebte.[21] Für den *Teutschen Olivenberg* hatte Birken selbst nur das *FriedensBallet, beym kaiserlichen FriedensBanquet* notiert. Es muß offen bleiben, ob die umfänglichere Gesamtdokumentation womöglich darin doch ihren Platz gefunden hätte.

Noch vier Jahre nach dem Friedensschluß wandte sich Birken dem welthistorischen Ereignis in seiner *Fried=erfreueten Teutonie* erneut zu. Als ›Geschichtschrifft von dem Teutschen Friedensvergleich‹ qualifizierte er das nochmals der Bukolik verpflichtete Werk im Untertitel.[22] Auf diesen rekurrierend, hatte er das ›GeschichtGedicht‹, wie der vielsagende Gattungsbegriff in der späten Poetik lauten wird, für den *Teutschen Olivenberg* vorgesehen. Nicht mehr zustande kam das Piccolomini zugedachte Versepos *Amalfis*, das als *Flamais oder der Friedensheld* in seinem frühen handschriftlichen Verzeichnis seiner Schriften noch figuriert, in der Poetik indes nicht mehr auftaucht; es war zwischenzeitlich preisgegeben worden.[23]

Nürnberg/ Gedruckt und verlegt durch Wolfgang Endter. Jm Jahr M.DC.XLIX. Die angehängte Schäferei führt – bei durchlaufender Foliierung und Paginierung – einen eigenen Titel, nicht jedoch ein eigenes Impressum: Schäferey: behandelt durch Floridan/ bey Unterredung Fillokles und Rosidans. Das Birkensche Handexemplar befand sich als zweites Beistück wie andere seiner Friedensarbeiten in dem mit Unikaten wiederum reich bestückten Sammelband 4° P.Bl.O. 3, der ebenfalls im Krieg verschollen ist.

20 Teutscher Kriegs Ab= vnd Friedens Einzug/ Jn etlichen Auffzügen bey allhier gehaltenem hochansehnlichen Fürstlichen Amalfischen Freudenmahl/ Schawspielweiß vorgestellt/ Durch S.B.P.L.C. Nürnberg/ Jm M.D.C.L. Heiljahr. Die Szenenfolge befand sich als Einzeltitel offensichtlich nicht in dem Sammelband 4° P.Bl.O. 3. In den Sammlungen des ›Pegnesischen Blumenordens‹ ist sie – herrührend aus Birkenschem Besitz – in dem Sammelband 4° P.Bl.O. 30 (14) erhalten.

21 Teutschlands Krieges=Beschluß/ und FriedensKuß/ beklungen und besungen Jn den Pegnitzgefilden von dem Schäfer Floridan. Ein nachfolgender Haupttitel faßte zusammen, was da geboten wurde: Eigentliche Beschreibung/ auch Grund= und Perspectivischer Abriß des FRJED= und FREUDENMAHLS/ SCHAUSPJEL und FEUERWERKS; so auf allergnädigsten Befehl der RÖM. KEYS. MAJ. Denen/ Suedischen Generalissimo, Herrn Pfaltzgr. Carl Gustav/ Chur:Fürsten und Stände H. H. Abgesandten/ auch anwesenden Fürstl. und andern Standspersonen/ von H. General Lieut. Duca d'Amalfi angestellet und gehalten worden/ bey Nürnberg/ auff S. Johannes Schießplatz/ den 14/4 Heumonds/ im Jahr nach der Christgeburt 1650. Mit Röm. Kais. Majest. Freyheit nicht nachzudrucken/ und bey Jeremia Dümlern zu finden. Das Birkensche Handexemplar, als erstes Beistück in dem Sammelband 4° P.Bl.O. 3 plaziert, ist mit diesem verloren gegangen.

22 Die Fried=erfreuete TEVTONJE. Eine Geschichtschrifft von dem Teutschen Friedensvergleich/ was bey Abhandlung dessen/ in des H. Röm. Reichs Stadt Nürnberg/ nachdem selbiger von Osnabrügg dahin gereiset/ denkwürdiges vorgelauffen; mit allerhand Staats= und Lebenslehren/ Dichtereyen/ auch darein gehörigen Kupffern gezieret/ in vier Bücher abgetheilet/ ausgefertiget von SIGISMUNDO BETULIO, J.Cult. Caes.P. Nürnberg. Jn Verlegung Jeremiä Dümlers/ im 1652. Christjahr. Der verlorene Sammelband 4° P.Bl.O. 3 aus Birkens Bibliothek mit seinen Handexemplaren wurde mit der *Teutonie* eröffnet. Das Stück ist anderweitig reichhaltig bezeugt.

23 Vgl. Hartmut Laufhütte: ›Amalfische promeßen‹ und ›Apollo Hofgericht‹. Sigmund von Birkens unvollendetes Versepos *Amalfis*. – In: Regionaler Kulturraum und intellektuelle Kommunikation

›Teutsche Schaubühne‹

Kenner des Birkenschen Werkes werden einen auf das Friedensfest bezogenen Titel vermissen, der in der Birkenschen Produktion an vorderster Stelle rangierte. 1651 kam in Nürnberg das *Vergnügte/ Bekriegte und Widerbefriedigte Teutschland* zur Aufführung – wiederum unter der Stabführung Birkens dargeboten von Patriziersöhnen der Stadt.[24] Nur ein Szenarium wurde danach gedruckt. Es gehört nach dem Verlust seines Handexemplars zu den Rarissima seines Werkes.[25] Ganz offensichtlich plante der Dichter Größeres mit dem Stoff. Er hat ihn sein Leben lang mit sich getragen und es vermocht, ihm kurz vor seinem Tod bleibende Gestalt zu verleihen. *Margenis oder Das vergnügte bekriegte und wiederbefriedigte Teutschland* lautete nun der Titel der 1679 erschienenen Druckfassung.[26]

Es ist zu einem großen allegorischen Spiel um die aktuell gebliebene Frage nach Krieg und Frieden herangewachsen, in dem die ›ReligionsStrittigkeit‹ als das Krebsgeschwür der Zeit diagnostiziert wird. Da läßt sich auch der geistliche Dichter vernehmen, der zudem die pastoral verschlüsselte Sprache der Politik, wie sie die europäische Schäferdichtung durchzog, inzwischen meisterhaft beherrschte. Das Drama hatte sich vom Westfälischen Friedensschluß gelöst und ausgegriffen auf eine metaphysische Dichotomie. So bestimmte es Birken nicht für den *Teutschen Olivenberg*, sondern für eine letzte hier namhaft zu machende Synopsis seines Werkes.

---

vom Humanismus bis ins Zeitalter des Internet. Festschrift für Klaus Garber. Hrsg. von Axel E. Walter. – Amsterdam, New York: Rodopi 2005 (= Chloe. Beihefte zum Daphnis; 36), S. 431–487. Jetzt in: ders.: Sigmund von Birken (Anm. 2), S. 171–206.

24 Kurzer Entwurf eines neuen Schauspiels/ darinnen ausgebildet wird das Vergnügte/ Bekriegte und Widerbefriedigte Teutschland: erfunden und auf den Schauplatz gebracht in Nürnberg von Sigismundo Betulio, J. Cult. P.C. Jm Jahr 1651.

25 Der Text stand als sechstes Stück in dem gleichfalls seit dem Krieg verschollenen Oktav-Band 8° P.Bl.O. 61. Er hat sich in der Dilherrschen Bibliothek erhalten, die im Landeskirchlichen Archiv zu Nürnberg verwahrt wird (Fen. II. 87. (3) 12°).

26 Das Werk führt nur einen Kupfertitel und keinen eigens gedruckten: Margenis oder Das vergnügte bekriegte und wiederbefriedigte Teutschland. Sigmunds von Birken. Nürnberg in Verlegung Georg Scheürers Kunsthändlers. A°. 1679. Das Werk befindet sich in der Birkenschen Bibliothek im Anschluß an die im gleichen Jahr erschienene *Rede-bind= und Dicht-Kunst* unter der Signatur 8° P.Bl.O. 478 (1). Vgl. zur *Margenis* u.a. Christiane Caemmerer: Schäferspiel als politische Allegorie. Sigmund von Birken: *Das Vergnügte/ Bekriegte und Widerbefriedigte Teutschland* (1651) und *Margenis* (1679). – In: dies.: Siegender Cupido oder Triumphierende Keuschheit. Deutsche Schäferspiele des 17. Jahrhunderts dargestellt in einzelnen Untersuchungen. – Stuttgart-Bad Cannstatt: frommann-holzboog 1998 (= Arbeiten und Editionen zur Mittleren Deutschen Literatur. N.F.; 2), S. 305–341; vgl. auch das Kapitel ›Margenis und Irenian: Lockerung ständischer Hierarchien‹ in einer in den siebziger Jahren vom Verfasser geschriebenen Studie, die jetzt unter dem Titel ›Der Nürnberger Hirten- und Blumenorden an der Pegnitz. Soziale Mikroformen im schäferlichen Gewand‹ publiziert wurde in: Klaus Garber: Wege in die Moderne. Historiographische, literarische und philosophische Studien aus dem Umkreis der alteuropäischen Arkadien-Utopie. Hrsg. von Stefan Anders, Axel E. Walter. – Berlin, Boston: de Gruyter 2012, S. 223–341, hier S. 295–297.

In einer *Teutschen Schaubühne* gedachte Birken seine Dramen zu vereinigen.[27] Aber was hieß Drama in diesem Zeitalter, das ganz andere Vorstellungen mit ihm verband als durch eine spätere Zeit nahegelegt? Noch einmal figuriert da eine eindrucksvolle Werkgruppe, die den um Bild, Emblem und allegorische Figur sich gruppierenden öffentlichen Gestus des barocken Dichters auf seinem ureigensten Gebiet, dem theatralischen Schaustück, sinnfällig manifestiert. Nach Ausweis der Poetik sollten in der *Teutschen Schaubühne* vier Stücke vereinigt werden. Nur die *Margenis* lag 1679 komplett gedruckt vor; »die drei andere sollen folgen«, hieß es lakonisch, aber prinzipiell zutreffend, denn auch sie waren so oder so bereits vorhanden.[28]

Die komplizierte Überlieferungsgeschichte hat hier nicht ihren Ort. Deshalb zur ersten Orientierung nur so viel: Der *Androfilo* erschien 1656 in Wolfenbüttel bei Johann Bißmarck unter dem Titel *Neues Schauspiell/ Betitelt Androfilo Oder Die WunderLiebe [...] Nebenst einem Nachspiell/ Betitelt Silvia Oder Die Wunderthätige Schönheit*.[29] Mit diesem Doppeltitel hatte es folgendes auf sich: Der *Androfilo* figurierte genauso wie die *Margenis* und das *SchauSpiel Psyche* in der für die frühneuzeitliche Gattungstheorie wichtigen und von Birken in seiner Poetik als solche weiterentwickelten Mischform der ›Tragico-Comoedias oder TraurFreudenspiele‹. Eben der *Rede-bind= und Dicht-Kunst* hatte Birken – neben dem Exempel eines Schäfergedichts – auch eine ›Tragikomödie‹ im Anhang beigefügt, nämlich das *SchauSpiel Psyche*. Es war 1652 in Nürnberg in lateinischer Sprache aufgeführt worden und kam nun erstmals in einer deutschen Version zum Druck.[30]

---

27 Zu Birkens Dramen vgl. Jean-Marie Valentin: Birken et Boccacce. La Comédie de *Sylvia*. – In: Barocker Lust-Spiegel. Studien zur Literatur des Barock. Festschrift für Blake Lee Spahr. Hrsg. von Martin Bircher, Jörg-Ulrich Fechner, Gerd Hillen. – Amsterdam: Rodopi 1984 (= Chloe. Beihefte zum Daphnis; 3), pp. 115–138; Judith P. Aikin: Happily Ever After: An Alternative Affective Theory of Comedy and Some Plays by Birken, Gryphius, and Weise. – In: Daphnis 17 (1988), pp. 55–76; Markus Paul: Reichsstadt und Schauspiel. Theatrale Kunst im Nürnberg des 17. Jahrhunderts. – Tübingen: Niemeyer 2002 (= Frühe Neuzeit; 69), S. 110ff., 280ff., 344ff.; Karl-Bernhard Silber: Die dramatischen Werke Sigmund von Birkens (1626–1681). – Tübingen: Narr 2000 (= Mannheimer Beiträge zur Sprach- und Literaturwissenschaft; 44).

28 Vgl. die entsprechende Notiz in der Poetik (fol. 3π2ᵛ), wo der Titel an fünfter Stelle im Werkverzeichnis erscheint: »Teutsche Schau-Bühne: IV Schauspiele 1 die Verliebte/ Betrübte und Wiedererfreute Margenis/ 2 Androfilo oder die WunderLiebe/ 3 Silvia oder die Wunderthätige Schönheit/ 4 Bivium Herculis oder Tugend= und Laster-Leben. NB Das erste ist in 12 zu finden bei G. Scheurer in Nürnb. die drei andere sollen folgen.« In der handschriftlichen Version, in der der Titel gleichfalls an fünfter Stelle steht, hatte es knapper und in anderer Reihenfolge geheißen: »Teutsche Schaubühne, 4 Schauspiele: 1 Androfilo, die Wunderliebe. 2 Margenis, LiebesGeschichte. 3 Bivium Herculis, Tugend= u[nd] Lasterleben. 4 Silvia, die Wunderthätige Schönheit. Jst 1 und 4 bey Cubach zu Lüneb[urg] verlegt; seither abgegangen. in 8.« (PBlO.B.2.1.11, fol. 2ʳ).

29 Das Werk hat sich in Birkens Bibliothek erhalten: 8° P.BI.O. 894 (2).

30 Vgl. das Kapitel ›Psyche (1652). Sigmund von Birken (1626–1681)‹ bei Mara R. Wade: The German Baroque Pastoral ›Singspiel‹. – Bern u.a.: Lang 1990 (= Berner Beiträge zur Barockgermanistik; 7), pp. 191–262; Hartmut Laufhütte: ›Animae sub involucro historia‹. Sigmund von Birkens Drama *Psyche* als allegorische Inszenierung der Heilsgeschichte. – In: Theodramatik und Theatralität. Ein Dialog mit dem Theaterverständnis von Hans Urs von Balthasar. Hrsg. von Volker Kapp, Helmuth Kiesel, Klaus Lubbers. – Berlin: Duncker & Humblot 2000 (= Schriften zur Lite-

Ein Schauspiel, so Birken gleichfalls in seiner Poetik, könne mit Zwischen- und Nachspiel ausgestattet sein. Entsprechend versah er den Druck des *Androfilo* mit einem Nachspiel in Gestalt der *Silvia*, die er in seiner Poetik der Komödie zuordnete. In der handschriftlichen Version der *Silvia* gab es auch bereits ein Zwischenspiel, das im Druck fortfiel und das der Dichter ebenfalls der Komödie zurechnete. Es ist kein anderes als das Zwischenspiel *Bivium Herculis oder Tugend= und Laster-Leben*, das nun in der *Teutschen Schaubühne* selbständig neben der *Silvia* zum Druck kommen sollte.[31] Ob Birken das *SchauSpiel Psyche* nochmals mit aufgenommen hätte, ist nicht mehr zu ermitteln. In einer Edition seiner gesammelten Dramen hat es selbstverständlich seinen Platz.

Höfischer Roman

Wenn es neben dem Theater im weitesten Sinn, die Oper, den Aufzug, den Tanz, das Ballet etc. inbegriffen, eine zweite Gattung gab, in der eine barocke Sicht der Welt sich in bevorzugter Weise zu artikulieren vermochte, so war es der großräumige Roman, und zwar in der Ausprägung des höfisch-heroischen Staatsromans, als welcher er das Erbe des alteuropäischen Epos antrat. Seit Opitz wußte man auch in Deutschland, daß die Zeit für das Epos keine günstige mehr war. Entsprechend hatte sich schon Opitz an die Eindeutschung eines repräsentativen politischen Romans gemacht, der dem 17. Jahrhundert in John Barclays *Argenis* vor Augen stand.

Birken, wie Opitz auf ein Maximum an mustergültigen Gattungsausprägungen bedacht, hat auch in dieser Charge ein gewichtiges Wort mitgesprochen. Zugute kam ihm dabei der schriftstellerische Ehrgeiz seines einstigen Zöglings Anton Ulrich. Der fürstliche Wille, einem großen Romanprojekt zugewandt – das war eine Aufgabe, die nach einem gelehrten und literarisch versierten Mentor verlangte. Birken muß die hier sich auftuende Chance erkannt haben. Als Kollaborateur bot sich die Möglichkeit, an der Ausgestaltung der modernsten Spielart der europäischen Literatur mitzuwirken. Und dies unter fürstlichem Patronat, also ausgestattet mit dem entsprechenden ständischen Prestige.

Birken hat Jahre darauf verwandt, der *Aramena* Anton Ulrichs den stilistischen Schliff zu verleihen und sie derart publikationsreif zu machen.[32] Wie weit und in welchem Umfang er auf Anlage und Handlungsführung selbst Einfluß nahm, wissen wir nicht im Detail, denn der diesbezügliche Briefwechsel hat sich frühzeitig verloren. Aber daß sich der poetische Berater nicht entgehen ließ, zumindest im Vorwort mit einer gewichtigen poetologischen Äußerung zu der Gattung sich vernehmen zu lassen, verwundert niemanden, der mit dem Literaturstrategen Sigmund

---

raturwissenschaft; 14), S. 139–146. Jetzt in ders.: Sigmund von Birken (Anm. 2), S. 413–431. Vgl. auch Silber: Die dramatischen Werke Sigmund von Birkens (Anm. 27), S. 203–257.

31 Der vollständige Titel der handschriftlichen Version der *Silvia* lautet: Schauspiel, Die Wundertätige Schönheit: samt einem ZwischenSpiel, Tugend= und Laster-Leben. Die gegenwärtige Nachlaß-Signatur: PBlO.B.1.0.4; die vormalige Signatur: XIV/1.

32 Vgl. unten Anm. 188.

von Birken Bekanntschaft gemacht hat. Auch als erster namhafter Theoretiker der Gattung Roman ist er über seine *Aramena*-Vorrede in die Literaturgeschichte eingegangen.[33]

Poetik

Damit sind die großen Werkzyklen und einschlägigen Gattungs-Ausprägungen namhaft gemacht, die Birken zur Publikation bringen konnte bzw. denen er eine letztwillige Gestalt verleihen zu können hoffte. Natürlich wäre eine Reihe weiterer Titel zu erwähnen. Der eine oder andere wird sogleich noch zur Sprache kommen. Verwundern dürfte vor allem, daß bislang so gut wie kein Wort zur sogenannten geistlichen Dichtung verlautete. Spielt sie in fast jedes Werk von Rang im 17. Jahrhundert hinein, so gilt dies in besonderer Weise für dasjenige Sigmund von Birkens.

Er hat sich mit zunehmendem Alter als Repräsentant geistlicher Dichtung innerhalb der deutschen Literaturlandschaft gesehen. Und er hat diesen Anspruch sinnfällig unter Beweis gestellt, indem er seine Poetik ausdrücklich unter einem theologischen Vorzeichen anlegte und sich anschickte, das gesamte humanistische Gattungs-Repertoire unter dieser Vorgabe zu rekonstruieren und mit entsprechenden Deutungs-Anweisungen zu versehen.[34]

Natürlich konnte – und durfte! – ein solcher Versuch nur partiell gelingen. Der rigorose Versuch nähme sich anders aus, wenn es Birken vergönnt gewesen wäre, Anspruch und Wirklichkeit publizistisch in ein ausgewogenes Gleichgewicht zu bringen. Das Gegenteil ist der Fall. Nur ein Bruchteil der geistlichen Produktion gelangte zum Druck. Die Masse der geistlichen Dichtung Birkens verbirgt sich in seinem Nachlaß. Und das gleichermaßen in Vers und Prosa.

Folglich ist der Schritt zum zweiten und ebenso bedeutenden Teil des Birkenschen Werkes zu tun, der Vergegenwärtigung seines Nachlasses.

---

33 Vgl. Wilhelm Voßkamp: Romantheorie in Deutschland. Von Martin Opitz bis Friedrich von Blanckenburg. – Stuttgart: Metzler 1973 (= Germanistische Abhandlungen; 40), S. 69–71.

34 Vgl. in diesem Kontext etwa Hartmut Laufhütte: Programmatik und Funktionen der allegorischen Verwendung antiker Mythenmotive bei Sigmund von Birken (1626–1681). – In: Die Allegorese des antiken Mythos. Hrsg. von Hans-Jürgen Horn, Hermann Walter. – Wiesbaden: Harrassowitz 1997 (= Wolfenbütteler Forschungen; 75), S. 287–310. Jetzt in ders.: Sigmund von Birken (Anm. 2), S. 387–401; Ferdinand van Ingen: Mythenkritik und mythologische Invention. Daniel Heinsius, Sigmund von Birken, Philipp von Zesen. – In: Euphorion 100 (2006), S. 333–358. Vgl. auch die unten Anm. 220 zitierte Abhandlung Theodor Verweyens.

Der Nachlaß Sigmund von Birkens

Birken war im Gegensatz zu vielen seiner Kollegen durch förmliche Amtsgeschäfte nicht gebunden. Und ihm oblagen auch nicht politische, diplomatische, gesandtschaftliche Verpflichtungen, zu denen die Humanisten als Vertreter ihrer Stadt oder bei Hof bevorzugt herangezogen wurden. Er erfreute sich des Vorzugs, in leidlich eingeschränkten Verhältnissen seiner schriftstellerischen Arbeit leben zu können, die freilich keineswegs immer auch eine selbstgewählte war. Dies zu wiederholen besteht Anlaß, weil sich nur unter diesem Aspekt eines der Rätsel löst, welches sich mit der Existenz des umfassendsten literarischen Nachlasses verbindet, von dem die deutsche Literaturwissenschaft zum 17. Jahrhundert Kenntnis besitzt.

Ein Leben, das sich in schriftstellerischen Aufgaben verwirklichte, war prädisponiert für eine Dokumentation des in diesem Metier Geleisteten. Die Buchführung des täglichen Arbeitspensums und der dieses begleitenden Reflexionen, die Fixierung der weitgespannten personellen Kontakte, die Pflege eines ausgedehnten Briefverkehrs, die Bündelung der Produktion zu großen Werk- und Gattungseinheiten und was sonst der schriftlichen Formung sich anbot – verbürgten sie nicht Konsistenz, verliehen sie einem ganz auf die Schriftstellerei setzenden Leben nicht einen Rahmen, ja einen Sinn, der sich womöglich über die eigene Lebensspanne hinweg einer späteren Zeit mitzuteilen vermochte?

Wir haben Anlaß, Vorsicht walten zu lassen, die Spekulation zu zügeln und vor allem den rasch sich einstellenden psychologischen Vermutungen Einhalt zu gebieten. Umstandslos zur philologischen Registratur überzugehen, verbietet sich indes gleichfalls. Vielmehr gilt es, den Sachverhalt zu betonen, daß der Philologie und den am literarischen Leben des 17. Jahrhunderts Interessierten mit der Birkenschen Hinterlassenschaft ein Vermächtnis überkommen ist, das einzig dasteht und deshalb nach geeigneten Maßnahmen für seine Erschließung verlangt. Diese Erkenntnis stand hinter der vor langer Zeit erhobenen Forderung nach einer Edition seines gedruckten und seines handschriftlichen Werkes. Und diese hat nichts von ihrer Dringlichkeit verloren. Im Gegenteil. In Zeiten, da ein kulturwissenschaftliches Interesse sich ausgebildet hat, darf die Erwartung gehegt werden, daß das Birkensche Werk und speziell sein Nachlaß einem solchen in hervorragender Weise entgegenkommt.[35]

Birken hat das Seine nicht nur zur täglichen Pflege, sondern auch zur langfristigen Überlieferung seines Nachlasses getan. Er bestimmte ihn als ganzen, Handschriften, Handexemplare seines gedruckten Werkes und Bibliothek betreffend,

---

35 Vgl. neben den beiden vorangehenden Arbeiten in diesem Band hier beispielsweise nur Hartmut Laufhütte: Der literarische Nachlaß Sigmund von Birkens als Gegenstand neuesten Forschungsinteresses. – In: Mitteilungen des Vereins für Geschichte der Stadt Nürnberg 76 (1989), S. 349–353; ders.: Philologisches Detektivspiel. Der Nürnberger Birken-Nachlaß als Materialfundus und Stimulus für die Erforschung der Literatur des 17. Jahrhunderts. – In: Stadt und Literatur im deutschen Sprachraum der Frühen Neuzeit. Hrsg. von Klaus Garber unter Mitwirkung von Stefan Anders und Thomas Elsmann. Bd. I–II. – Tübingen: Niemeyer 1998 (= Frühe Neuzeit; 39), Bd. I, S. 491–508, eingegangen in ders.: Sigmund von Birken (Anm. 2), S. 33–47.

der Obhut des ›Pegnesischen Blumenordens‹, dem er in den letzten knapp zwanzig Jahren seines Lebens als Präses vorgestanden hatte. Es war dies eine weitsichtige Entscheidung. Birken hatte keine Erben. Und er durfte die Hoffnung hegen, daß die Gesellschaft, die unter seiner Führung einen sichtbaren Aufschwung genommen hatte, eine Zukunft vor sich haben würde.

Darin täuschte er sich nicht. Denn während alle anderen gelehrten Dichtervereinigungen die Schwelle zum 18. Jahrhundert nicht überschritten, florierte der Orden der Pegnitzschäfer auch im neuen Saeculum. Und das war bedeutsam, weil sich allenthalben im 18. Jahrhundert im kommunalen Raum ein Interesse an der eigenen kulturellen Vergangenheit regte. Das 18. Jahrhundert ist – entgegen landläufiger Vorstellung – auch eines der kulturellen Restauration. War das Bewußtsein lebendig, daß man in den eigenen Mauern einen Schatz hütete, der nach pfleglicher Behandlung verlangte, so ließen sich Personen herbei, die dieser Verpflichtung Rechnung trugen. Nürnberg machte da keine Ausnahme. Die bahnbrechenden Leistungen sind auch im Blick auf die aus dem 17. Jahrhundert überkommene Erbschaft – und damit im Falle Nürnbergs auch hinsichtlich des ›Pegnesischen Blumenordens‹ – im nachfolgenden 18. Jahrhundert erfolgt. Das Werk Birkens profitierte davon in allen Zweigen. Wir kommen darauf in der wissenschaftsgeschichtlichen Betrachtung zurück.

Der Birkensche Nachlaß enthält abgeschlossene, weitgehend vollendete und Fragment gebliebene Werke sowie eine Reihe von Sammelhandschriften insbesondere seines lyrischen Werkes. Er vereinigt in großem Umfang Ego-Dokumente aller Art, darunter vor allem Tagebücher, Briefe und ›Konzepthefte‹. Und er birgt urkundliche, vor allem aus dem Palatinat herrührende Schriftstücke.

Weder vom Umfang noch von der textsortenspezifischen Vielfalt der Überlieferung her ist ein vergleichbarer dichterischer Nachlaß aus dem 17. Jahrhundert bekannt. Allen drei Nachlaß-Einheiten kommt gleich große Bedeutung für die Erkenntnis produktiver, rezeptiver und kommunikativer Bedingungen gelehrten Schreibens und gelehrter Existenz im 17. Jahrhundert zu. Ihnen allen ist daher eine gleich intensive Bemühung zuzuwenden. Hier geht es um eine Rekapitulation der einschlägigen Texteinheiten.[36]

---

36 Im folgenden wird zurückgegriffen auf zwei Abhandlungen aus den siebziger Jahren, in denen die hier resümierten Zusammenhänge im einzelnen erstmals entwickelt wurden. Vgl. Klaus Garber: Sigmund von Birken. Städtischer Ordenspräsident und höfischer Dichter. Historisch-soziologischer Umriß seiner Gestalt, Analyse seines Nachlasses und Prolegomenon zur Edition seines Werkes. – In: Sprachgesellschaften, Sozietäten, Dichtergruppen. Hrsg. von Martin Bircher, Ferdinand van Ingen. – Hamburg: Hauswedell 1978 (= Wolfenbütteler Arbeiten zur Barockforschung; 7), S. 223–254 (in diesem Band S. 711–736); ders.: Private literarische Gebrauchsformen im 17. Jahrhundert. Autobiographika und Korrespondenz Sigmund von Birkens. – In: Briefe deutscher Barockautoren. Probleme ihrer Erfassung und Erschließung. Hrsg. von Hans-Henrik Krummacher. – Hamburg: Hauswedell 1978 (= Wolfenbütteler Arbeiten zur Barockforschung; 6), S. 107–138 (in diesem Band S. 737–761).

Weltliche lyrische Sammelhandschriften

Herausragendes Merkmal des werkbezogenen Nachlasses ist die Existenz einer Reihe von lyrischen Sammelhandschriften. Birken dürfte Mitte der sechziger Jahre mit ihrer Anlage begonnen haben und pflegte sie bis kurz vor seinem Tode. Es kommt damit neuerlich ein auf Synopsis gerichtetes schriftstellerisches Bestreben zum Tragen, wie es vom gedruckten Werk her bekannt ist und wie es sich im handschriftlich nachgelassenen wiederholt.

Dabei ist grundsätzlich bei dem gedruckten wie dem ungedruckt gebliebenen Werk von einem Mischbestand in der Überlieferung auszugehen. Alle lyrischen Sammelhandschriften enthalten in verschiedener prozentualer Zusammensetzung gedruckte und ungedruckte Texte. Gemeinsam ist allen Handschriften, daß sie in der von Birken intendierten Form nicht zum Druck gelangten. Natürlich ist die Frage berechtigt, ob eine Publikation von Sammlungen, die sich überwiegend aus bereits gedruckten Texten zusammensetzten, überhaupt intendiert war. Gewiß ist jedoch, daß die Bündelung des Verstreuten, wie sie Sammelhandschriften bieten, der Werk-Physiognomie eine veränderte, ja einzig dastehende Vielfalt, Dichte und Prägnanz verlieh. Das Bild Sigmund von Birkens wäre ein anderes, wenn seine lyrische Hinterlassenschaft in der ihr von dem Dichter verliehenen Ordnung gedruckt ans Tageslicht getreten wäre.[37]

Der sammlerische Aufbau ist derart konsequent, daß er auch für die Poetologie und Soziologie lyrischer Produktion im Umkreis des Humanismus fruchtbare Einsichten verspricht. Poetische und speziell lyrische Sozialisation beginnt mit der Abfassung von Liebesgedichten. Entsprechend hat Birken eine Sammlung der Gattung seiner ›Amatoria‹ vorbehalten. Sein *Amaranten-Garte* stellt das von Birken selbst zusammengefügte Zeugnis dieses Zweiges seiner lyrischen Produktion dar.[38]

Ein Blick in den Text lehrt, daß die Handschrift mehr enthält als Liebesgedichte. Vor allem ist er – wie sonst nur die Pastorale – den lebensgeschichtlichen Bewandtnissen des Dichters und seines Ordenskreises weit geöffnet. So ist es mehr als ein Zufall, wenn schäferliche Motivik den *Amaranten-Garte* durchzieht und eine schäferliche Sprechhaltung stets wieder verlautet. Die großen autobiographisch durchwirkten Gedichte, wie sie diese Sammlung kennt, dürften dazu angetan sein, nicht nur das Bild des Lyrikers Birken, sondern die Möglichkeiten lyrischen Sprechens im 17. Jahrhundert überhaupt neu ins Blickfeld zu rücken. Die – freilich wenigen – Experten, die im Birkenschen Nachlaß sich auskannten, haben immer wieder

---

[37] Eine erste, aus dem lyrischen Nachlaß geschöpfte Arbeit liegt vor in der Untersuchung von Konrad Wieland. Vgl. dazu oben Anm. 3.
[38] Eine kleine zum Druck gelangte lyrische Anthologie fällt demgegenüber nicht ins Gewicht. Vgl. Schäfer Floridans/ Poetischer Liebes=Blumen I. Sträußlein/ gepflücket und gebunden an der Pegnitz. 1653. Nürnberg/ Bey Jacob Pillenhofer zufinden. Das Birkensche Handexemplar ist im Zweiten Weltkrieg verschollen (8° P.Bl.O. 61 (10)). Erhalten hat sich das Exemplar aus Dilherrs Bibliothek (Landeskirchliches Archiv Nürnberg. Fen. II. 87 (5) 12°).

betont, daß es sich beim *Amaranten-Garte* um eine Perle seines Werkes handeln würde. Hier ist indes nicht der Ort für eine nähere Charakteristik.[39]

Wenn sich das lyrische Fluidum dieser Gedichte vielfach spontan mitteilt, so womöglich auch, weil Birken in Übereinstimmung mit seiner Zeit eine Scheidung zwischen seiner Liebes- und seiner Gelegenheitsdichtung im engeren Sinn, also seiner anlaß- und adressatenbezogenen und entsprechend durchweg personenbezogenen lyrischen Produktion vornahm. Daß sich eine klare Trennung nicht immer markieren ließ, liegt auf der Hand und war womöglich auch nicht intendiert. Gerade die Pastorale drängt zur Applikation auf das konkrete Ereignis. Um so dankbarer sind die Editoren, daß sie auf diesem Felde vor keine Entscheidungen gestellt werden, weil Birken sie ihnen abgenommen hat. Nicht weniger als drei weltliche lyrische Sammelhandschriften hat Birken geführt, um die anlaßbezogene Produktion zu bergen. Die gewählte Ordnung ist einleuchtend und sprechend zugleich.

Mit den *Birken-Wäldern* und den *Poetischen Lorbeer-Wäldern* nahm er den eingeführten Titel der *Silvae* wieder auf und stellte ihn seinen deutschsprachigen Gelegenheitsgedichten voran.[40] Denn um solche handelt es sich in beiden Fällen. Die Scheidung erfolgt um der Wahrung des gesellschaftlichen Ordo willen. Während in den *Lorbeer-Wäldern* – genauso wie in den zum Druck gelangten bzw. für den Druck vorgesehenen drei *Lorbeer-Haynen*, von denen wir sprachen – hohen Standespersonen gehuldigt wird, entfällt in den *Birken-Wäldern* die ständische Auszeichnung. Bei dieser Separierung war nicht nur ein Gebot des poetischen und sozialen Decorum zu beachten. Vielmehr konnte Birken derart auch seine ausgedehnten Verbindungen zu den Fürstenhäusern und zum hohen Adel unter Beweis stellen.

153 Gedichte hat Birken allein in den *Lorbeer-Wäldern* zusammengebracht. Er dürfte mit diesen einer ständischen Elite gewidmeten Poemata vermutlich an der Spitze im Zeitalter stehen. Die drei auch in seiner gedruckten Prosa vorwaltenden Dynastien der Welfen, der Habsburger und der Brandenburger im Zweig des Hauses Bayreuth stellen zusammen mit dem österreichischen Adel das Gros der Adressaten. In den *Birken-Wäldern* stehen nochmals erheblich mehr, nämlich fast 400 Gedichte. Thematisch überwiegen Hochzeitsgedichte und poetische Zuschriften zu Werken von Autoren, mit denen Birken Umgang pflegte. Auch in dieser Sammlung finden persönliche Begebenheiten aus dem Leben Birkens Platz. Sie ist also gleichfalls eine bedeutende biographische bzw. dichtersoziologische Quelle.

Die deutsche Lyrik ist im 17. Jahrhundert zweisprachig. Alle Autoren von Rang dichteten deutsch und lateinisch. Und sofern sie zu Sammlungen ihrer Gedichte fortschritten bzw. Freunde oder Kollegen sich an deren Einsammlung machten,

---

39 Das Werk liegt inzwischen im Rahmen der Birken-Ausgabe vor: Sigmund von Birken: Werke und Korrespondenz. Hrsg. von Klaus Garber, Ferdinand van Ingen, Dietrich Jöns, Hartmut Laufhütte. Bd. I: Floridans Amaranten-Garte. Teil I: Texte. Teil II: Apparate und Kommentare. Hrsg. von Klaus Garber und Hartmut Laufhütte in Zusammenarbeit mit Ralf Schuster. – Tübingen: Niemeyer 2009 (= Neudrucke Deutscher Literaturwerke. N.F.; 55–56).

40 Die Nachlaß-Signaturen: PBlO.B.3.1.1 (XIV/3) und PBlO.B.3.1.3 (XIV/7). Die beiden Werke erscheinen als Band 2 und Band 3 in der Ausgabe der *Werke und Korrespondenz* Birkens.

dominierte die Scheidung in deutschsprachige und lateinische Titel. Das hatte Opitz so gehalten, das war von Flemings Nachlaßverwaltern intendiert und das praktizierte nun auch Birken. In dem von ihm so genannten *Betuletum* ist seine lateinischsprachige Gelegenheitsdichtung nebst einer Reihe von Briefen und anderweitigen Texten versammelt.[41]

Das *Betuletum* dient – angefangen bei einem *Idyllion* für Harsdörffers Bearbeitung der *Diana*-Übersetzung von Hans Ludwig von Kuefstein – in erster Linie der Huldigung der gelehrten Kollegenschaft und der oftmals verschlüsselten Kommunikation mit ihr. Die Überlieferungslage ist in diesem Fall komplizierter. Nicht in allen Fällen entspricht bereits vorhandenen Titeln auch schon Text – eine insgesamt typische Situation für zahlreiche Stücke des Nachlasses. Auch läuft die Folge der Gedichte nicht in einem durch, sondern wird wiederholt unterbrochen. Damit korrespondiert, daß keine durchgängige Zählung mehr vorhanden ist. Eine solche reicht durchgehend in den ersten sieben Heften, die in einem Block zusammengebunden sind, nur bis zur Nummer 135; das vorletzte 134. Stück datiert auf das Jahr 1662. Ein achtes, loses Heft enthält den Schluß des Gedichtes Nr. 135 und die nachträglich in die Zählung einbezogenen Gedichte Nr. 135–144, ferner verschiedene Listen von mit Nummern versehenen Gedichtsüberschriften, die teilweise gestrichen sind.

Die Folge reicht bis in das Jahr 1676. Auch gesellen sich Briefabschriften zu den Gedichten. Zahlreiche lose Blätter liegen dem Konvolut bei. Sie bergen nicht nur lateinische Gedichte und Briefentwürfe, sondern auch deutschsprachiges Schrifttum verschiedener Art. Es ist nicht auszuschließen, daß an diesen Stellen Reste älterer handschriftlicher Überlieferungskomplexe sich erhalten haben, die – womöglich interimistisch – dem *Betuletum* zugeordnet wurden oder nur zufällig überliefert sind. Das Bild ist in jedem Fall ein uneinheitliches und komplexes.

Geistliche lyrische Sammelhandschriften

Auch in dem geistlichen Zweig seiner Lyrik hat Birken das Prinzip einer auf Zusammenfassung der mit den Jahren herangewachsenen und stetig fortschreitenden Produktion beobachtet.[42] Zu ihm gehören zwei geistliche lyrische Sammelhandschriften, denen sich eine Seiten-Überlieferung beigesellt.

---

41 Die Nachlaß-Signatur: PBlO.B.3.1.4 (XV/12a–b). Das Werk erscheint als Band 4 in der Ausgabe der *Werke und Korrespondenz* Birkens.

42 Auch eine Sammlung geistlicher Lyrik hat Birken in jungen Jahren zum Druck gebracht: Geistlicher Weihrauchkörner Oder Andachtslieder I. Dutzet; samt einer Zugabe XII Dutzet Kurzer Tagseufzer. Nürnberg/ Bey Jeremia Dümlern/ im 1652 Heiljahr. Zur geistlichen Lyrik Birkens liegt eine Spezialuntersuchung von Richard Mai vor, auf die unten S. 858f. eingegangen wird. Dort auch weitere Literatur. Neuerdings: Johann Anselm Steiger: Pfau und Kranich. Ein Beitrag zur Emblematik in der geistlichen Dichtung Sigmund von Birkens (1626–1681). – In: Praktische Theologie und Landeskirchengeschichte. Dank an Walther Eisinger. Hrsg. von Johannes Ehmann. – Berlin, Münster: Lit 2008 (= Heidelberger Studien zur praktischen Theologie; 12. Sonderveröffentlichungen des Vereins für Kirchengeschichte in der Evangelischen Landeskirche in

In einer wiederum von ihm so benannten Handschrift *Psalterium Betulianum* sammelte Birken seine geistliche Lyrik.[43] Die Handschrift ist in drei Teile untergliedert und enthält insgesamt 152 Stücke. Eine zweite Sammelhandschrift trägt den Titel *Todten-Andenken und Himmels-Gedanken. oder Gottes- und Todes-Gedanken*.[44] In ihr treten nochmals ganz überwiegend Gelegenheitsgedichte zusammen. Aber nun sind es durchweg Epicedien, doch auch Gedichte anderen geistlichen Inhalts. Knapp 300 Gedichte werden in der Handschrift geführt, die sich wiederum hinsichtlich der datierten Kasualia bis in das Jahr 1677 erstreckt.

Einige von ihnen wollte Birken in das *Psalterium Betulianum* versetzen, weil allgemeine Betrachtungen die personenbezogenen dominierten. Umgekehrt hat Birken in das *Todten-Andenken* gegen Ende zunehmend auch geistliche Lieder ohne speziellen Anlaß plaziert. Die Grenzen sind also nicht scharf, die Intention einer Verteilung der Produktion auf zwei Sammelhandschriften indes eindeutig. Hinzuweisen ist darauf, daß – neben der handschriftlichen Vorlage für Dilherrs *Emblematische Hand- und Reißpostill* – noch eine kleinere Sammlung mit 25 geistlichen Liedern Birkens existiert. Er hat sie in das Handexemplar seiner gedruckten *Todes-Gedanken und Todten-Andenken* – das große erbauliche Werk anläßlich des Todes seiner Frau aus dem Jahr 1670 – in einem Anhang eingetragen.[45]

Baden; 5), S. 349–363; ders.: Luther und der Schwan. Bemerkungen zu einem Bildmotiv bei Jacob von Sandrart und Sigmund von Birken. – In: Solo verbo. Festschrift für Bischof Dr. Hans Christian Knuth. Hrsg. von Knut Kammholz, Henning Kiene, Gerhard Ulrich, Redlef Neubert-Stegemann. – Kiel: Lutherische Verlagsgesellschaft 2008, S. 114–124.

43 Die Nachlaß-Signatur: PBlO.B.3.3.3 (XVI/8). Das Werk erscheint als Band 6 in der Ausgabe der *Werke und Korrespondenz* Birkens.

44 Die Nachlaß-Signatur: PBlO.B.3.3.1 (XIV/2). Das Werk liegt inzwischen im Rahmen der Birken-Ausgabe vor: Sigmund von Birken: Werke und Korrespondenz (Anm. 39). Bd. V: Todten-Andenken und Himmels-Gedanken oder Gottes- und Todes-Gedanken. Teil I: Texte. Teil II: Apparate und Kommentare. Hrsg. von Johann Anselm Steiger. – Tübingen: Niemeyer 2009 (= Neudrucke Deutscher Literaturwerke. N.F.; 59–60).

45 Vgl.: Sigmunds von Birken Com. Pal. Caes. Todes-Gedanken und Todten-Andenken: vorstellend eine Tägliche Sterb-bereitschaft und Zweyer Christl. Matronen Seelige SterbReise. Nürnberg/ Zu finden bey Johann Kramern. Gedruckt in Bayreuth/ durch Johann Gebhard. A.C. 1670. (8° P. Bl.O. 70). Das Werk ist nicht zu verwechseln mit der ähnlich betitelten geistlichen lyrischen Sammelhandschrift. Birken hat ihm in seinem Handexemplar ein handschriftliches Register vorangestellt. – Die beiden erwähnten lyrischen geistlichen Texte Birkens sind inzwischen im Rahmen der Birken-Ausgabe erschienen: Sigmund von Birken: Werke und Korrespondenz (Anm. 39). Bd. VII: Anhang zu Todesgedanken und Todten-Andenken. Emblemata, Erklärungen und Andachtlieder zu Johann Michael Dilherrs Emblematischer Hand- und Reisepostille. Teil I: Texte. Teil II: Apparate und Kommentare. Hrsg. von Johann Anselm Steiger. – Berlin, New York: de Gruyter 2012 (= Neudrucke Deutscher Literaturwerke. N.F.; 67–68).

›*Dichterey-Sachen*‹

Abschließend ist von einer weiteren und nunmehr siebten lyrischen Sammelhandschrift zu sprechen. Es handelt sich nicht, wie bei den anderen, um eine inhaltlich homogene Sammlung, sondern um ein Arbeitsbuch. Anläßlich seiner Vorstellung im Jahr 1978 war zu konstatieren, daß es in der Forschung bislang nicht bemerkt worden war. Das hat sich inzwischen geändert. Bei dem fraglichen Titel handelt es sich um: *S.v.B. Dichterey-Sachen Vom M. Augusti fine A. MDCLXXVII*.[46] Die Handschrift versammelt also die lyrische Produktion der letzten Jahre im Birkenschen Schaffen. Das späteste Gedicht aus dem Todesjahr 1681 ist auf den 4. Juni datiert. Die Scheidung in die erwähnten weltlichen und geistlichen lyrischen Werkeinheiten ist aufgegeben und die gesamte lyrische Produktion fortlaufend in einem Heft versammelt.

In Form von Kolumnentiteln bzw. Einfügungen am Seitenrand werden die Sammelhandschriften indes noch mitgeführt. Äußerte der Entdecker dieser Handschrift seinerzeit die Vermutung, daß Birken »[i]n einem unableitbaren Akt der Kontraktion [...] das kunstvoll errichtete System am Ende seines Lebens wieder preisgegeben« habe und »zur einfachen Addition des Heterogenen zurückgekehrt« sei, so legt sich inzwischen eine einfachere Erklärung nahe.[47] Birken hat in der Regel über längere Zeit seine lyrische Produktion fortlaufend notiert und ist sodann in unregelmäßigen Abständen dazu übergegangen, diese in die thematisch gegliederten Sammelhandschriften zu überführen. Dann konnten die Vorgänger vernichtet werden.

Entsprechend liegt in den *Dichterey-Sachen* eine letzte dieser die gesamte lyrische Produktion fortschreibenden Handschriften vor. Birken bewahrte sie, weil die Übertragung in die einzelnen Sammelhandschriften noch nicht vollzogen war. Für die Editoren seines lyrischen Werkes kann dieser eher zufällige Befund nicht bindend sein. Vielmehr ist es geboten, die einzelnen Gedichte aus den *Dichterey-Sachen* den jeweiligen Sammelhandschriften in fortlaufender chronologischer Reihenfolge zuzuordnen und derart die lyrische Produktion jeweils bis zum letzten in den *Dichterey-Sachen* überlieferten Stück zu dokumentieren. Dieser Vorschlag wurde schon in den späten siebziger Jahren gemacht.[48] Er ist unwidersprochen geblieben und wird in der Ausgabe der Birkenschen Schriften umgesetzt werden. Sie dürfte derart Birkens letztem Willen entgegenkommen.

---

46 Die Nachlaß-Signatur: PBlO.B.3.2.1 (XII/7).
47 Vgl. Garber: Sigmund von Birken. Städtischer Ordenspräsident und höfischer Dichter (Anm. 36), S. 239; Hartmut Laufhütte: Freundschaften. Ihre Spuren im Briefarchiv Sigmund von Birkens. – In: Ars et amicitia. Beiträge zum Thema Freundschaft in Geschichte, Kunst und Literatur. Festschrift für Martin Bircher. Hrsg. von Ferdinand van Ingen, Christian Juranek. – Amsterdam, Atlanta/GA: Rodopi 1998 (= Chloe. Beihefte zum Daphnis; 28), S. 309–329, hier S. 314.
48 Vgl. Garber: Sigmund von Birken. Städtischer Ordenspräsident und höfischer Dichter (Anm. 36), S. 240: »Vermutlich wird man gut daran tun, die letzte Sammlung in ihrer jetzigen Form wieder aufzulösen und die Gedichte sinngemäß den anderen Sammlungen zuzuweisen, in denen Birken über dreißig Jahre seine lyrische Produktion plaziert.«

Geistliches Prosa-Schrifttum

Birken hatte, wie erwähnt, als Dichter weltlicher Lyrik im Jahr 1653 nur einen schmalen Gedichtband zum Druck gebracht. Das anspruchslose kleine Heftchen, fünf zumeist ältere Liebeslieder zusammenfassend, war als Hommage an Harsdörffer gedacht. Man ermesse demnach, welche Bedeutung der handschriftlichen Überlieferung gegenüber der zum Druck gelangten zukommt. Eine vergleichbare und zugleich gänzlich anders gelagerte Disproportion zwischen Gedrucktem und Ungedrucktem gibt es im Birkenschen Werk nur noch ein zweites Mal. Zu sprechen ist von dem geistlichen Prosa-Schrifttum Birkens. Denn auch dieses verbirgt sich fast ausschließlich in seinem Nachlaß.[49]

Wir kennen den geistlichen Schriftsteller Birken neben den beiden erwähnten handschriftlichen Lyriksammlungen und den gleichfalls kurz berührten *Todes-Gedanken und Todten-Andenken* (1670) vor allem aus einer frühen Sammlung *Geistlicher Weihrauchkörner* aus dem Jahr 1652, aus den Vorreden zu Catharina Regina von Greiffenbergs *Geistlichen Sonnetten* (1662) und zu Anton Ulrichs *ChristFürstlichem Davids-Harpfen-Spiel* (1667) sowie aus dem zweiten Band der *Pegnesis* (1679), in die in siebter Position auch das *Lieb- und Lob-Andenken seiner Seelig-entseelten Margaris* eingegangen ist.[50]

Nicht mehr erlebt hat Birken das Erscheinen des *Heiligen Sonntags-Handels und Kirch-Wandels* aus dem Jahr 1681. Er konnte ihn kurz vor seinem Tod weitgehend

---

49 Nur Teilkomplexe sind bislang erschlossen. Vgl. die Nachweise unten Anm. 52.

50 In Birkens Bibliothek hat sich ein von ihm zusammengestelltes Exemplar mit einigen seiner kleineren geistlichen Schriften erhalten, das neuerlich seine Befähigung zur Synopsis unter Beweis stellt. Der Oktavband P.Bl.O. 894 enthält die Vorrede zu Anton Ulrichs Gedichte-Buch *Christ-Fürstliches Davids-Harpfen-Spiel*, die erwähnte Vorrede zum ersten Teil der *Aramena* Anton Ulrichs, die Birken interessanterweise an dieser Stelle bewahrt wissen wollte, das gleichfalls erwähnte Drama *Neues Schauspiel/ Betitelt Androfilo* mit dem *NachSpiel Betitelt Sylvia/ Oder Die Wunderthätige Schönheit*, sodann im Auftrag des Verlegers Johann Gebhard verfaßte Huldigungsverse auf Erdmann Philipp von Brandenburg-Kulmbach nebst einer gleichfalls von Birken stammenden Vorrede, des weiteren *H[errn] J[oachim] P[ipenburgs] Sterb-Lied* nebst einer *Erklärung des Kupffer-Tittelblats und XIIständigen Sinnbildes* aus dem Jahr 1661, ein *Danck-Lied über Den im Obern Fürstenthum Burggrafthums Nürnberg neu-entsprungenen Heil- und Wunder Brunnen* aus dem Jahr 1660, ein *AndachtLied in Denen Glieder- und Fuß-wehen/ auch andern Schmertzen* aus dem folgenden Jahr, einen *Trauer-Gesang* (1655) anläßlich des Todes von dem Sohn des Stadtmusikus Georg Dretzel und schließlich ein *Seeligen Abschieds Gedächtniß* (1653) für Susanna Kindermann, die Ehefrau des Organisten der Aegidius-Kirche Johann Erasmus Kindermann. Außerdem sind dem Band die Birken gewidmetes *GOTTSELIGEN Liebes-Flämmelein* (1668; eine Übersetzung der erstmals 1629 erschienenen *Flammulae Amoris* des Michael Hoyer) sowie die Birken, Georg Neumark und Georg Wende gewidmeten *Grabe-schrifften* Quirinus Kuhlmanns (1671) beigefügt. Von einem Gedicht *Virtvs & Voluptas* (1585) des Großvaters von Birken und Kantors zu Eger Daniel Betulius sind nur das Titelblatt und das erste Blatt der Widmung nebst einer Annotation Birkens erhalten. Dem Band kommt also eine zentrale Stelle für die Erkenntnis des geistlichen Dichters Sigmund von Birken zu. Er bedürfte unter diesem Gesichtspunkt einer eigenen Behandlung. – Das Handexemplar von Birkens *Geistlichen Weihrauchkörnern* aus dem Jahr 1652 ist verschollen. Es befand sich als erstes Stück in dem Sammelband 8° P.Bl.O. 61, der im Krieg verloren ging. Ersatz ist in Nürnberg wiederum aus der Bibliothek Dilherrs vorhanden, die einging in das Landeskirchliche Archiv der Stadt Nürnberg (Fen II. 87 (1) 12°).

noch selbst einrichten. Die Heraugabe übernahm Johann Jakob von Sandrart, bei dem das Werk auch erschien. Er setzte die Widmungs-Vorrede für Anton Ulrich auf. Und er dürfte – unter Verwendung Birkenscher Textsubstanz? – auch die »Vor-Ansprach/ An den Andacht-liebenden Leser« gestaltet haben. Hier nun ist nachzulesen, daß »der Wolseelige Erwachsene« die meisten der Andachten verfaßt habe, aber eben nicht alle. Sollten dem Leser »mehr und andere Geist-Schrifften des Seelig gedachten Verfassers belieben: so wird dir die löbliche Blumgenosschaft an der Pegnitz/ die sie/ nach dem lezten Willen des Wolseeligen in Verwahrung hat/ hiermit gerne bedienet seyn.«[51]

Damit war das entscheidende Stichwort gegeben. Die große Masse des geistlicherbaulichen Werkes Birkens ruht im Nachlaß. Wiederum harrt hier der Birken-Philologie eine erhebliche editorische Aufgabe. Und wiederum gilt, daß sich Birkens Stellung wie in der Geschichte der weltlichen Lyrik so auch in der der geistlichen Formensprache des 17. Jahrhunderts sowie in der Frömmigkeitsgeschichte seiner Zeit erst hinlänglich genau übersehen läßt, wenn auch dieser Fundus seines Nachlasses gehoben ist. Der vor allem über die Briefe und Tagebücher bezeugte rege Austausch mit namhaften theologischen Vertretern wie Dilherr, von Lilien und Wülfer, Gichtel und Breckling, Kuhlmann und Spener in Birkens Spätzeit verspricht auch auf diesem Sektor einen nicht unerheblichen Erkenntniszuwachs hinsichtlich der Stellung einer exponierten gelehrten Existenz der zweiten Hälfte des 17. Jahrhunderts in geistlichen Angelegenheiten.

Kennzeichnend für die Physiognomie des geistlichen Schrifttums im Nachlaß ist der verschiedene Grad der Durchgestaltung der Texte. Einige von ihnen sind bis zur Druckreife gediehen, andere weisen eine weitausgreifende Gliederung auf, enthalten aber nur wenige Seiten Text, wieder andere bergen Notizen, flüchtig hingeworfene Einfälle, Pläne und Paralipomena. Es handelt sich bei diesen Zeugnissen so gut wie ausschließlich um Arbeiten in Prosa. Birken hat sich einer Fülle von Themen zugewandt, gelegentlich äußeren Anlässen geschuldet, aber auch Lektüren, Gesprächen, brieflichem Verkehr etc. verpflichtet. Hinzu treten eine Reihe von Übersetzungen oder Bearbeitungen fremder Texte. Wir haben weit mehr als ein Dutzend Titel vor langer Zeit notiert.[52]

Birken ist unerschöpflich gewesen in der Erfindung sinnreicher Titel. Dabei hat womöglich auch das Bestreben mitgewirkt, neben den großen Erbauungsschriftstellern in der Stadt wie Dilherr und Wülfer bestehen zu können. Ein besonderes

---

51 Sigmund von Birken: Heiliger Sonntags-Handel und Kirch-Wandel/ Oder: Anweisung/ wie man den Sonntag mit Andacht zubringen/ und in der Kirche sich GOTT-gefällig verhalten solle: Nach den Hauptstücken Christlicher Lehre eingerichtet/ auch mit Sinnbild- und Geschicht-Kupfern neben neuen Liedern gezieret Durch Sigmund von Birken/ Com. Pal. Caes. in dem Durchl. Palmen-Orden den Erwachsenen. Samt dem gewöhnlichen Kirch-Lieder-Büchlein. Mit Churfl. Sächs. gnädigsten Privilegio. – Nürnberg: Johann Jakob von Sandrart (Druck: Christian Sigmund Froberg) 1681. Das Zitat hier fol. π6^{v}ss.

52 Vgl. Garber: Sigmund von Birken. Städtischer Ordenspräsident und höfischer Dichter (Anm. 36), S. 240ff. Das geistliche Prosa-Schrifttum wird in Auswahl in Band 8 der *Werke und Korrespondenz* Birkens erscheinen.

Interesse dürften die vielen auf das weibliche Geschlecht gerichteten sowie die Ehe als Lebensform umkreisenden Texte beanspruchen, in denen Birken – wie in seinen Tagebüchern – auch eigene Erfahrungen verarbeitete. Findet sich dann ein Titel wie *Lob der weiblichen Vollkommenheit* darunter, so wird deutlich, daß auch das gedruckte Werk und zumal die in ihm gestalteten Gespräche und Diskussionen mit den Ordensgenossinnen und Ordensgenossen aus einem reichen Fonds im Nachlaß sich speisen.

Das gilt auch in formaler Hinsicht. Zahlreiche Betrachtungen sind auf mehrere Gesprächspartner verteilt. Die für die Nürnberger charakteristische Erfindung Harsdörffers prägt sich auch in Birkens Nachlaß aus. Gedrucktes Werk und Nachlaß sind durch vielerlei Fäden miteinander verknüpft, eine Erkenntnis des einen ist ohne das andere nicht möglich und eine verantwortliche Edition schon gar nicht.

Varia und Übersetzungen

Entsprechend ist die skizzenhafte Präsentation des Nachlasses an dieser Stelle unter dem Gesichtspunkt zum Abschluß zu bringen, daß das Repertoire an Genera im Birkenschen Werk erst aus der Zusammenschau von Gedrucktem und Nachgelassenem kenntlich wird. So hat beispielsweise die Poetik, die Birken noch vor seinem Tod abschließen konnte, Parallelen in einem vermutlich von Birken stammenden *Kurzen Unterricht von der Teutschen Verse-Kunst in etliche Reguln verfaßt* sowie in einer *Teutschen Sprach-Qwelle*.[53]

Der Nachlaß ist sodann zu aktivieren, wenn es um die Erkenntnis und Edition der dramatischen Hinterlassenschaft geht. Wir hatten von ihr schon zu sprechen, denn zum Druck Gelangtes und ungedruckt Gebliebenes halten sich in etwa die Waage. So kam das für die Friedensfeierlichkeiten von Piccolomini in Auftrag gegebene Versepos *Amalfis* niemals zum Abschluß. Der Nachlaß aber enthält das fast vollendete Werk.[54] Nicht vorgesehen für einen Wiederabdruck, so weit zu sehen, hatte Birken sein *Gedicht-Spiel von Jacob, Lea und Rahel*. Es war in den fünften Band von Anton Ulrichs *Aramena* eingegangen, und auch deshalb hielt Birken es vermutlich zurück. Aber er verwahrte es sorgfältig, und in seinem Nachlaß hat es sich erhalten.[55]

In diesem zeichnet sich auch – unabhängig von den geistlichen Ausprägungen – die Bedeutung der Gattung ›Gesprächspiel‹ für die Birkensche Schriftstellerei ab. Titel wie *Lob des Schweigens – Lob des Redens – Geistliche Gesprächlust* oder *Discur-*

---

[53] Der *Kurze Unterricht von der Teutschen Verse-Kunst* war im Bündel X/2 untergebracht, die *Teutsche Sprach-Qwelle* in den Bündeln XII/4 und XVI/1. Die jetzigen Signaturen: PBlO.C.404.4.41 und PBlO.B.2.2.1. Das Manuskript der *Verse-Kunst* ist von fremder Hand geschrieben.
[54] Nachlaß-Signatur: PBlO.B.1.0.1 (XII/6).
[55] Nachlaß-Signatur: PBlO.B.1.0.2 (XII/14).

sus über die Vorzüge des Redens und Schweigens oder eben *Gottselige Gespräch-Lust* verweisen darauf.[56]

Eine thematisch ergiebige Gruppe von Manuskripten bilden Übersetzungen und Bearbeitungen. In die späteren fünfziger Jahre fallen die Übersetzungen eines *Collegium Electorale* (1657) von Johann Frischmann, der *Satyra contra abusum tabaci* (1657) von Jakob Balde und des *Orbis sensualium pictus* (1658) von Comenius.[57] Aus der späteren Zeit haben sich beispielsweise Fragmente einer Übersetzung von Erasmus' *Institutio principum* erhalten, die hineingehören in Birkens Versuche aus der Bayreuther Zeit, die Gattung des Fürstenspiegels zu beleben.[58] Wiederum in zwei Fassungen liegt eine Übersetzung des ersten Buches der Vergilschen *Aeneis* vor, auch sie ähnlich gearteten Interessen zuzuordnen.[59]

Zu entdecken ist der an den politischen Diskussionen seiner Zeit teilnehmende Birken. Aus seinem Nachlaß wird dazu Aufschlußreiches beigesteuert. Zu erwähnen sind etwa sein *Examen axiomatum politicorum Gallicanorum* sowie seine Marginalien zu einer *Institutio politica*.[60] Auch die für Windischgraetz verfaßte Biographie des kaiserlichen Feldmarschalls Peter Strozzi wäre namhaft zu machen.[61] Wie sehr dieses Genus Birken wiederum beschäftigte, wissen wir nicht nur aus seinem gedruckten Werk. Im Nachlaß verbirgt sich beispielsweise ein Abriß der Biographie Dilherrs.[62] Auch darf es als ein Glücksfall betrachtet werden, daß sich Nachschriften der Vorlesungen Dilherrs aus Jena und Nürnberg in seinem Nachlaß erhalten haben.[63] Seine *Greiffenbergiana* sind erst kürzlich ans Licht gehoben, ediert und umfassend kommentiert worden.[64]

In der Edition der Werke Birkens wird je nach Lage der Überlieferung das vorhandene gedruckte und handschriftliche Gut einmal in den dem Nachlaß gewidmeten Teilen unterzubringen, ein anderes Mal den gedruckten Texten zuzuordnen sein. Eindeutige Grenzen sind nicht zu ziehen, und entscheidend ist allein, daß das

---

56 Nachlaß-Signaturen: PBlO.B.1.0.9, B.1.0.7, B.4.4.1, B.2.2.1. Ehemals untergebracht in den Bündeln: XII/11, XV/9, XV/4 und XIII/2.
57 Vgl. Hartmut Laufhütte: Sollen historische Übersetzungen ediert werden – und wenn ja: wie? – In: Edition und Übersetzung. Zur wissenschaftlichen Dokumentation des interkulturellen Transfers. Hrsg. von Bodo Plachta, Winfried Woesler. – Tübingen: Niemeyer 2002 (= Beihefte zu Editio; 18), S. 81–92; ders.: Comenius ›Teutsch‹ – Spuren der Bearbeitung des *Orbis Pictus* im Briefarchiv Sigmund von Birkens. – In: Comenius-Jahrbuch 9–10 (2001–2002), S. 62–78. Auch in: Daphnis 33 (2004), S. 641–656; ders.: Ökumenischer Knaster. Sigmund von Birkens *Truckene Trunkenheit* und Jacob Baldes *Satyra contra Abusum Tabaci*. – In: Jacob Balde im kulturellen Kontext seiner Epoche. Zur 400. Wiederkehr seines Geburtstages. Hrsg. von Thorsten Burkard, Günter Hess, Wilhelm Kühlmann, Julius Oswald. – Regensburg: Schnell & Steiner 2006 (= Jesuitica; 9), S. 114–132. Diese wichtigen Arbeiten zusammengeführt in ders.: Sigmund von Birken (Anm. 2), S. 219–257.
58 Nachlaß-Signatur: PBlO.B.2.5.3 (XIII/1).
59 Nachlaß-Signatur: PBlO.B.2.3.8 und B.4.2.1. (XIII/5).
60 Nachlaß-Signaturen: PBlO.B.2.3.1 und PBlO.D.3 (XII/5 und XV/6a).
61 Nachlaß-Signatur: PBlO.B.2.4.12 (XIII/1).
62 Nachlaß-Signatur: PBlO.B.2.4.4 (XII/19).
63 Nachlaß-Signaturen: PBlO.B.2.3.3–6 (gleichfalls ehemals Bündel XII/19).
64 Sie waren in den Bündeln VI/1a–d und XII/2 untergebracht und sind jetzt in der lange bewahrten Reihenfolge nicht mehr beisamman. Dazu unten S. 870–873 mit der entsprechenden Literatur.

von Gattung und Form her Zusammengehörige in den einzelnen Bänden jeweils einen gemeinsamen Platz findet. Die unten abschließend wiedergegebene Schematisierung der Birken-Edition mag veranschaulichen, welche Anordnung gefunden wurde. Zu betonen ist, daß selbstverständlich auch Birkens im Nachlaß verwahrte Dokumente seiner Amtshandlungen als *comes palatinus* aufgenommen werden. Sie sind als personenbezogene und als poetologische Zeugnisse gleichermaßen von Interesse.[65]

Ego-Dokumente

So sei abschließend ein Blick auf die persönlichen Dokumente in Birkens Nachlaß geworfen. Das kann angesichts der bereits geleisteten Vorarbeiten wiederum mit nur wenigen Sätzen geschehen.[66] Schon seit geraumer Zeit liegen Birkens Autobiographie und seine Tagebücher in gedruckter Form vor.[67] Nicht nur in den jeweiligen Vorworten, sondern auch in vereinzelten Charakteristiken und vor allem in ausführlichen Rezensionen wurde dieses Corpus des Birkenschen Werkes wiederholt gewürdigt. Neuerlich besteht Veranlassung, auf das Extraordinäre dieser Überlieferung zu verweisen.

Das 17. Jahrhundert ist zumal in Deutschland arm an biographischen und tagebuchförmigen Zeugnissen. Gewiß muß mit einer nicht unerheblichen Verlustrate gerechnet werden. Doch dürften andere Gründe hineinspielen. Auch autobiographische Zeugnisse setzen Foren geselligen Austausches und gesellschaftlicher Kommunikation voraus, die sie speisen und die sich in ihnen reflektieren. Es bedarf eines ausgebildeten Bewußtseins dafür, Zeitgenosse einer bedeutenden Epoche zu

---

65 Vgl. dazu: Gustav A. Seyler: Geschichte der Heraldik (Wappenwesen, Wappenkunst und Wappenwissenschaft). – Nürnberg: Bauer & Raspe 1885–1889, S. 365f., S. 674; Erik Amburger: Eintrag ›von Birken (Betulius), Siegmund, 1654–1681‹. – In: Hofpfalzgrafen=Register. Bd. I. Hrsg. vom Herold Verein für Heraldik, Genealogie und verwandte Wissenschaften zu Berlin. Bearb. von Jürgen Arndt. – Neustadt/Aisch: Degener 1964, S. 79–85; John L. Flood: Poets Laureate in the Holy Roman Empire. A Bio-Bibliographical Handbook. Vol. I: A–C. – Berlin, New York: de Gruyter 2006, pp. 182–191 (mit weiterer Literatur).

66 Es darf rückverwiesen werden auf die Abhandlung von Klaus Garber: Private literarische Gebrauchsformen im 17. Jahrhundert (Anm. 36).

67 Vgl. Sigmund von Birken: Werke und Korrespondenz (Anm. 39). Bd. XIV: Prosapia / Biographia. Hrsg. von Dietrich Jöns, Hartmut Laufhütte. – Tübingen: Niemeyer 1988 (= Neudrucke Deutscher Literaturwerke. N.F.; 41); Die Tagebücher des Sigmund von Birken. Teil I–II. Bearb. von Joachim Kröll. – Würzburg: Schöningh 1971–1974 (= Veröffentlichungen der Gesellschaft für Fränkische Geschichte. Reihe 8: Quellen und Darstellungen zur fränkischen Kunstgeschichte; 5–6). Vgl. dazu Joachim Kröll: Sigmund von Birken. Dargestellt aus seinen Tagebüchern. – In: Jahrbuch für fränkische Landesforschung 32 (1972), S. 111–150. Zu der Edition der Tagebücher vgl. Klaus Garber: Die Tagebücher Sigmund von Birkens. Einige Erwägungen anläßlich ihrer Edition. – In: Euphorion 68 (1974), S. 88–96; Martin Bircher: Rezension. – In: Internationales Archiv für Sozialgeschichte der deutschen Literatur 1 (1976), S. 299–306; Hans-Henrik Krummacher: Die Tagebücher des Sigmund von Birken. Zur Ausgabe und Kommentierung durch Joachim Kröll. – In: Zeitschrift für deutsches Altertum und deutsche Literatur 112/2 (1983), S. 125–147.

sein, um die Feder zu beflügeln und das Erlebte und Erfahrene im bezeugenden Wort festzuhalten. Mehr aber noch dürfte gelten, daß eine Tradition vor allem im eigenen Land vorhanden sein muß, in die Schreibende sich mit prekären Äußerungsformen, wie Selbstbiographie und Tagebuch sie darstellen, einzureihen vermögen. Gerade daran mangelte es. Birken hat folglich in beiden Zweigen experimentiert und sich um eine ihm entgegenkommende Form der schriftstellerischen Bewältigung bemüht. In dieser Zweiheit von Biographie und Tagebuch stellt sein Nachlaß ein Unikum im 17. Jahrhundert dar.

Bislang kaum in ihrer Bedeutung erkannt und nur partiell ausgeschöpft sind Birkens ›Konzepthefte‹, das dritte Medium seiner autorbezogenen Schreibarbeit.[68] Es sind Dokumente von großer inhaltlicher Vielfalt und erheblicher Ergiebigkeit für die Rekonstruktion der Birkenschen Biographie in ihrem zeitgeschichtlichen Kontext. Die eingebürgerte Bezeichnung ›Konzepthefte‹ bzw. ›Briefkonzepthefte‹ ist freilich irreführend, denn Briefentwürfe enthält keines von ihnen, wie aus der folgenden Beschreibung ersichtlich.

Das Heft mit dem chronologisch am weitesten zurückreichenden Inhalt, offenbar ein Fragment, dessen Schluß – wenigstens ein Blatt – fehlt, enthält sehr sorgfältig ausgeführte Reinschriften an meist höhergestellte Personen, deren Namen in den Überschriften mit Anfangsbuchstaben oder durch Umschreibungen angedeutet sind. Die Briefe stammen aus den Jahren von 1648 bis 1653. Die Art des Heftes legt die Vermutung nahe, daß Birken einen Briefsteller geplant haben könnte.[69]

Das zweite ›Konzeptheft‹, das Birken von 1653 bis 1658 geführt hat, wurde tagebuchartig begonnen. Verzeichnet wurden Briefein- und -ausgänge, die Anfertigung bestellter Gedichte und Ähnliches. Bald tritt die Aufzeichnung von Anekdoten, Reflexionen, Sprichwörtern, geistlichen Betrachtungen, Themen möglicher Gedichte, von Inhalten und Motiven im Auftrag bearbeiteter Gedichte und anderes hinzu. Weitaus wichtigster Bestandteil, gegen Ende immer dichter, sind Teilabschriften eigener Briefe, deren Adressaten mit Nameninitialen oder Pseudonymen verzeichnet und die meist auch datiert sind. Die tagebuchförmigen Passagen des Anfangs hat Birken später gestrichen und teilweise unleserlich gemacht.[70]

Das dritte ›Konzeptheft‹ schließt chronologisch an; es wurde von 1658 bis Mitte 1672 geführt und enthält außer zahlreichen geistlichen Betrachtungen (z.B. Beichttexten und Predigtzusammenfassungen) vor allem sehr ausführliche Teilabschriften oder gar vollständige Abschriften eigener Briefe Birkens.[71]

Außer diesen drei Heften gibt es eine Anzahl von Sammlungen loser Blätter, die aus aufgelösten Arbeits- und ›Konzeptheften‹ Birkens stammen und die offenbar aufbewahrt wurden, weil sie ihm wichtige Abschriften eigener Briefe enthielten.[72]

---

68 Vgl. Garber: Private literarische Gebrauchsformen im 17. Jahrhundert (Anm. 36), S. 115. Zu den ›Konzeptheften‹ dort S. 113ff.
69 PBlO.B.2.1.2 (XV/1).
70 PBlO.B.5.0.3 (XVI/6c).
71 PBlO.B.5.0.41 (XVI/10c).
72 PBlO.B.5.0.24; PBlO.B.5.0.26–28 (XV/12b).

Briefe von und an Birken

Damit kommen wir zur letzten Gruppe seines Nachlasses, den Briefen. Wiederum ist hervorzuheben, daß im Blick auf die briefliche Hinterlassenschaft kein anderer Dichter aus dem 17. Jahrhundert namhaft zu machen wäre, der mit Birken verglichen werden könnte. Da er penibel eingehende Briefe registrierte, sie mit Eingangsdatum versah und auch den Zeitpunkt der Beantwortung notierte, war es eine Selbstverständlichkeit, daß er auch für ihre Archivierung Sorge trug. Birken hat vorsätzlich keine Briefe vernichtet. Wo sie bezeugt sind, aber zwischenzeitlich verloren gingen, müssen andere Gründe für den Verlust verantwortlich sein. Die Auszählarbeiten dauern an. Nicht ausgeschlossen, daß am Ende die Zahl der Briefe von und an Birken sich um die 2000 einpendelt.[73]

Was das im Blick nicht nur auf die Birkensche Biographie, sondern mehr noch im Blick auf Mentalität und Kommunikation unterschiedlichster Personengruppen und Standesvertreter des Zeitalters zu besagen hat, liegt auf der Hand. Birkens Korrespondenz umspannt den persönlichen, nämlich familiären und verwandtschaftlichen Bereich, schließt den gesamten sozietären Mitgliederkreis in und vor allem außerhalb Nürnbergs ein, erstreckt sich auf einen weitgefächerten epistolarischen Umgang mit der Gelehrtenschaft, türmt sich im Verkehr zumal mit dem nieder- und oberösterreichischen Adel zu mächtigen Überlieferungskomplexen auf und gipfelt schließlich im mehr oder weniger regen Kontakt mit den Repräsentanten der großen fürstlichen Dynastien, die sein Leben prägten. Das alles ist an anderer Stelle eingehender beschrieben worden und bedarf nicht der Wiederholung.[74]

Zurückzukommen ist statt dessen auf eine Besonderheit der brieflichen Überlieferung Birkens. Nachlässe von zeitgenössischen Autoren pflegen Briefe der Partner zu enthalten und nur in Ausnahmefällen solche der Schreiber selbst. Bei Birken ist auch das anders. Er hat noch zu Lebzeiten eine Reihe von eigenen Briefen zurückerhalten. Zudem trug der Orden dafür Sorge, daß Briefgut, sofern es auftauchte, seinem Nachlaß zugeführt wurde. Vor allem aber hatte Birken selbst die maßgebli-

---

73 Dazu neben der Anm. 36 erwähnten Abhandlung des Verfassers zu den privaten literarischen Gebrauchsformen im 17. Jahrhundert (S. 116–126) Hartmut Laufhütte: Das Briefarchiv Sigmund von Birkens. Bestand und Erschließung – Dimensionen seiner Ergiebigkeit – Einige Ergebnisse. – In: Editionsdesiderate zur Frühen Neuzeit. Teil I–II. Hrsg. von Hans-Gert Roloff. – Amsterdam, Atlanta/GA: Rodopi 1997 (= Chloe. Beihefte zum Daphnis; 24–25). Teil I, S. 185–206 (eingegangen in ders.: Sigmund von Birken (Anm. 2), S. 19–31); ders.: Ein frühneuzeitliches Briefarchiv – editorische Perspektiven und Probleme. – In: ›Ich an Dich‹. Edition, Rezeption und Kommentierung von Briefen. Hrsg. von Werner M. Bauer, Johannes John, Wolfgang Wiesmüller. – Innsbruck: Institut für deutsche Sprache, Literatur und Literaturkritik 2001 (= Innsbrucker Beiträge zur Kulturwissenschaft. Germanistische Reihe; 62), S. 47–62. Sodann exemplarisch: ders.: ›Ja dan würde Er an mir viel einen andern finden, als ich Jhm beschrieben worden‹. Philipp von Zesens Versuch, mit Sigmund von Birken in Briefkontakt zu gelangen. – In: Daphnis 34 (2005), S. 185–201 (eingegangen in ders.: Sigmund von Birken (Anm. 2), S. 115–124); Ralf Schuster: ›Jst es hier nit Eitelkeit!‹ Der Briefwechsel zwischen Sigmund von Birken und Johann Rist als Beispiel für literarisches Konkurrenzdenken im Barock. – In: Daphnis 34 (2005), S. 571–602.
74 Vgl. Garber: Private literarische Gebrauchsformen im 17. Jahrhundert (Anm. 36).

che Zuarbeit geleistet. Schon in jungen Jahren hatte er eine Reinschrift mit ihm wichtigen Briefen angelegt.[75]

Diese Form der Dokumentation wurde freilich bald wieder preisgegeben. Je umfänglicher der Briefwechsel sich entfaltete, um so weniger konnte die aufwendige Form der kompletten Zweitschrift weiter gepflegt werden. Die ›Konzepthefte‹ im engeren Sinn traten, wie gezeigt, an diese Stelle. Sie erlauben in vielen Fällen, wo Birkens Briefe sich nicht erhalten haben – und das ist in der ganz überwiegenden Mehrzahl der Fall –, eine Substitution durch die in den ›Konzeptheften‹ vorhandene epistolarische Materie.[76]

Zusammen mit den Briefein- und -ausgangsregesten in Birkens Tagebüchern, den Eingangs- und Beantwortungsvermerken, die er auf Partnerbriefen angebracht hat, den zahlreichen Abschriften eigener lateinischer Briefe im *Betuletum* und den in Birkens Archiv zurückgelangten Brieforiginalen ermöglichen die ›Konzepthefte‹ eine nahezu vollständige Rekonstruktion des Birkenschen Briefwechsels. Der Briefnachlaß vermittelt insgesamt ein facettenreiches Bild des Schriftstellers Sigmund von Birken und bildet zugleich ein Zeugnis für die Erkenntnis des großen Epistolaristen, der Birken auch war.[77]

Die lyrischen Sammelhandschriften und die geistlichen Erbauungsschriften sowie die Autobiographie, die Tagebücher und die Briefe von und an Birken sind die

---

75 Vgl. oben Anm. 69. Die Briefreinschrift umfaßt 22 Briefe aus den Jahren zwischen 1648 und 1653. Vgl. die Charakteristik bei Garber: Private literarische Gebrauchsformen im 17. Jahrhundert (Anm. 36), S. 124.

76 Diese seinerzeit ausgesprochene Anregung (Garber: Private literarische Gebrauchsformen (Anm. 36), S. 126f.): Es liegt nahe, »das überlieferte Konvolut aufzulösen und die Birkenschen Schreiben den Gegenbriefen seiner Partner, soweit auf beiden Seiten erhalten, zuzuordnen« ist unter der Stabführung von Hartmut Laufhütte im Zuge der vorgelegten Briefwechsel mit damals nicht voraussehbarem Erfolg umgesetzt worden.

77 Die Ausgabe der *Werke und Korrespondenz* Birkens trägt dem Rechnung, indem fünf der vierzehn für die Präsentation des Birkenschen Nachlasses vorgesehenen Bände seiner Korrespondenz vorbehalten werden. Es liegen vor: Sigmund von Birken: Werke und Korrespondenz (Anm. 39). Bd. IX: Der Briefwechsel zwischen Sigmund von Birken und Georg Philipp Harsdörffer, Johann Rist, Justus Georg Schottelius, Johann Wilhelm von Stubenberg und Gottlieb von Windischgrätz. Teil I: Texte. Teil II: Apparate und Kommentare. Hrsg. von Hartmut Laufhütte, Ralf Schuster. – Tübingen: Niemeyer 2007 (= Neudrucke Deutscher Literaturwerke. N.F.; 53); Bd. X: Der Briefwechsel zwischen Sigmund von Birken und Margaretha Magdalena von Birken und Adam Volkmann. Teil I: Texte. Teil II: Apparate und Kommentare. Hrsg. von Hartmut Laufhütte, Ralf Schuster. – Berlin, New York: de Gruyter (Edition Niemeyer) 2010 (= Neudrucke Deutscher Literaturwerke. N.F.; 61–62); Bd. XII: Der Briefwechsel zwischen Sigmund von Birken und Catharina Regina von Greiffenberg. Teil I: Texte. Teil II: Apparate und Kommentare. Hrsg. von Hartmut Laufhütte. In Zusammenarbeit mit Dietrich Jöns und Ralf Schuster. – Tübingen: Niemeyer 2005 (= Neudrucke Deutscher Literaturwerke. N.F.; 49–50); Bd. XIII/1: Der Briefwechsel zwischen Sigmund von Birken und Mitgliedern des Pegnesischen Blumenordens und literarischen Freunden im Ostseeraum. Teil I: Texte. Teil II: Apparate und Kommentare. Hrsg. von Hartmut Laufhütte, Ralf Schuster. – Berlin, New York: de Gruyter 2012 (Edition Niemeyer) (= Neudrucke Deutscher Literaturwerke. N.F.; 65–66). – Es steht aus der Band 11 der Ausgabe, der den Briefwechsel mit dem Theologen und Bayreuther Superintendenten Caspar von Lilien und den Nürnberger Theologen Johann Michael Dilherr, Daniel Wülfer und anderen Personen aus deren Umkreis enthalten wird, sowie der zweite Teilband des Bandes 13, der den Briefwechsel mit Mitgliedern des ›Pegnesischen Blumenordens‹ aus dem Umkreis Nürnbergs enthalten wird.

Schwerpunkte, um die sich eine Ausgabe der dem Nachlaß gewidmeten Schriften Birkens gruppiert.[78]

II Forschungsgeschichtliche Aspekte im Blick auf Bibliographie und Edition des Birkenschen Werkes

Eingang

Im zweiten Teil der vorliegenden Abhandlung wird es darum gehen, zu rekapitulieren, was an Arbeiten namhaft zu machen ist, die einer Ausgabe der Schriften Birkens zugute kommen. Intendiert ist folglich kein Forschungsbericht. Es geht um die Akzentuierung der auf die Zusammenstellung seiner Schriften, die Erschließung seines Nachlasses und die Herausgabe einzelner Werke gerichteten Aktivitäten. Eine derartige Retrospektive ist nicht nur eine philologische Ehrenpflicht, sondern auch eine Voraussetzung für die gediegene Anlage einer jeden Edition.

Hier ist neuerlich von einer eher ungewöhnlichen Situation auszugehen. Die Bemühungen um Leben und Werk Sigmund von Birkens sind unmittelbar nach seinem Tode am intensivsten, erhalten sodann anläßlich des hundertjährigen Ordensjubiläums einen Schub und finden danach für mehr als zwei Jahrhunderte ein Ende. Ab der Mitte des 18. Jahrhunderts – der Hochzeit der Empfindsamkeit – entfallen die Voraussetzungen für einen produktiven Umgang mit seinem Werk. Was vorher an Gehaltreichem zu verzeichnen ist, verdankt sich der Erinnerung an die große Zeit des Ordens und einen seiner Repräsentanten, der ihm zwanzig Jahre seine Kräfte geliehen hatte. Danach verkümmert die Erinnerung in der Stadt zu einer wohlgemeinten und rhetorisch aufwendig umspielten Gebärde; das tatsächliche Fehlen wirklichen Verständnisses und tatkräftiger Initiativen ist nur allzu offenkundig.

Die allgemeine Literaturgeschichte aber beschritt andere Wege, so daß für das Verständnis Birkens nichts Ersprießliches mehr zu erwarten war. Und da er auch von der positivistischen Wende in der Literaturwissenschaft so gut wie gar nicht profitierte, die Geistesgeschichte ohnehin andere Interessen verfolgte, mußten alle entscheidenden Schritte überhaupt erst in der Nachkriegszeit eingeleitet werden. Da trafen sich lokale Bemühungen mit fachinternen, welch letztere sich weniger auf Deutschland als die Vereinigten Staaten erstreckten. Wir haben also den Schwerpunkt unserer Betrachtung auf die jüngere Zeit zu legen.[79]

---

78 Es ist darauf hinzuweisen, daß sich auch zwei Stammbücher von Birken erhalten haben. Vgl. Werner Wilhelm Schnabel: Stammbuchsammlungen in Nürnberg. Genese, Zusammensetzung und Erschließung der Albenbestände in Nürnberger Bibliotheken und Archiven. – In: Bibliothek und Wissenschaft 28 (1995), S. 27–94; Eberhard Slenczka: Die Stammbücher Sigmund von Birkens. – In: monats anzeiger. Museen und Ausstellungen in Nürnberg. Nr. 242 (Mai 2001), S. 4–6.

79 Vgl. dazu auch die unten Anm. 253 zitierte Birken-Morphologie von Hermann Stauffer aus dem Jahr 2007, die nach Abfassung des vorliegenden Berichts erschien, sowie die bereits erwähnte Studie zum ›Pegnesischen Blumenorden‹ (Anm. 26).

Das wichtigste Hilfsmittel für die Planung einer Edition stellen die von Birken selbst getroffenen Vorkehrungen dar. Birken hat keine Ausgabe letzter Hand schaffen können. Es dürfte deutlich geworden sein, wie sehr das Birkensche Werk und innerhalb desselben vor allem seine handschriftliche Hinterlassenschaft nach einer zusammenführenden Edition verlangt. Eine solche ist über weite Strecken nicht auf herausgeberische Entscheidungen verwiesen, sondern kann in Übereinstimmung mit einem letztwilligen Autoren-Vermächtnis eingerichtet werden. Dieses bezieht seine Verbindlichkeit aus seiner Überzeugungskraft. Insofern beginnt die Forschungsgeschichte und speziell die auf Verzeichnis und Herausgabe des Birkenschen Werkes gerichtete Betrachtung mit dem Autor selbst als einer die maßgeblichen Richtlinien vorgebenden Instanz. Seine eigenen Schritte zur Sicherung und synoptischen Vereinigung seines Werkes prägen auch die Wegmarkierungen in der ihm gewidmeten Edition.

›Betrübte Pegnesis‹

Gleich nach dem Tode Birkens vereinigte sich der Orden, um seinem Präsidenten die letzte Ehre zu erweisen. Das geschah in der von Birken wie von seinen Ordensgenossen bevorzugten Form der Schäferei. Sie wuchs sich zu einem monumentalen Denkmal aus. Birkens Leben und Werk wurden umständlich rekapituliert, paraphrasiert und exegiert.

Verantwortlich zeichnete Birkens Nachfolger als Ordenspräsident und Pfarrer in Kraftshof Martin Limburger. Birkens Verewigung war ein reiches Bouquet an Abschiedszeilen in Vers und Prosa beigefügt, zu dem sich die Blumenhirten ein letztes Mal im Angesicht Birkens vereinten. Sie nahmen in der der Schäferei gemäßen Form in Gesprächen und Gedichten Anteil an dem Gang des pastoral-funeralen Geschehens und beteiligten sich an den Diskussionen um aktuelle Fragen, wie sie gleichfalls in die Trauerekloge eingingen. Insofern darf die *Betrübte Pegnesis* als eine Gemeinschaftsarbeit des Ordens angesehen werden, in der sich das rege gesellige Treiben, wie es unter Birken vorgewaltet hatte, nun anläßlich seines Todes noch einmal wiederholte. Wir haben nur festzuhalten, was hinsichtlich von Werkverzeichnis und Werkausgabe als den beiden Parametern unserer Betrachtung zu konstatieren ist.[80]

---

80 Limburgers *Betrübte Pegnesis* erschien erstmals 1683. Ein Exemplar hat sich in der Bibliothek des ›Pegnesischen Blumenordens‹ erhalten (8° P.Bl.O. 1704). Das Werk wurde gleich im folgenden Jahr in einer Titelauflage wieder vorgelegt. Die Ausgabe von 1684 ist entschieden häufiger und wurde daher auch dem Reprint zugrundegelegt: Die Betrübte Pegnesis/ Den Leben/ Kunst- und Tugend-Wandel Des Seelig-Edlen Floridans/ H. Sigm. von Birken/ Com. Pal. Caes. Durch 24 Sinn-bilder/ in Kupfern Zur schuldigen Nach-Ehre/ fürstellend/ Und mit Gespräch= und Reim-Gedichten erklärend/ Durch ihre Blumen-Hirten. Nürnberg/ druckts Christian Sigm. Froberg. Zu finden daselbst bey Joh. Jac. von Sandrart/ und in Frankfurt und Leipzig bey David Funken/ Kunst= und Buchhändlern. 1684. Reprint Hildesheim, Zürich, New York: Olms 1993 (= Emblematisches Cabinet). Der Reprint ist mit einem ergiebigen Nachwort des Herausgebers Dietrich

Das Limburgersche Werk einschließlich der angehängten Leichenpredigt des gekrönten Poeten und Diakons bei St. Lorenz Paul Martin Alberti eröffnet die Reihe der Porträts des Dichters. Die *Betrübte Pegnesis* ist in gedruckter Form die ausführlichste Lebensbeschreibung geblieben, die wir von Birken besitzen. Aber sie genügt eben auch den Regularien der pastoralen Gattung. In den schäferlichen Partien ist auf verschiedene Gesprächspartner verteilt, was ansonsten am Faden der verfügbaren Daten von einem einzigen Verfasser dargeboten wird. Und vor allem ist die Chance genutzt worden, die bekannten – und vielfach auf Birken selbst zurückgehenden – Daten zu Leben und Werk nicht als faktologisches Material zu präsentieren, sondern in wechselseitigem Austausch auf ihren Sinn hin zu befragen und auszulegen.

Die Trauerekloge als gegebenes Medium der geistlichen Betrachtung nicht anders als der emblematischen Sinnschöpfung wird von dem dichtenden Pfarrer, der es, wie es in der Vorrede heißt, nicht mit ›Sylben‹, sondern mit ›Seelen‹ zu tun hat, in ihren Möglichkeiten ausgeschöpft. In einer Geschichte der Nürnberger Pastorale nimmt die *Betrübte Pegnesis* daher einen gewichtigen Platz ein. Sie ist das aufwendigste und beredteste Zeugnis über Birken geblieben. Als solches will sie ausgiebig gewürdigt sein, wozu an anderer Stelle Gelegenheit ist.

Limburger hat den Pegnitz-Hirten auch eine Unterredung über Birkens Schriften in den Mund gelegt, und zwar gleichermaßen über die gedruckten wie die nachgelassenen. Alsbald nach Birkens Tod war daher weit über den Nürnberger Raum und weit auch über den Kreis der Ordensmitglieder hinaus die Existenz eines Nachlasses bekannt. Die erzählerische Anknüpfung scheint eine eher zufällige. Sie erfolgt über den Witwenstand Birkens. Zum Druck gelangt sei nur eine der geplanten beiden Trauereklogen, nämlich die erwähnte für ›Margaris‹. Die für seine zweite Frau ›Florinda‹ habe der Autor unter der Feder gehabt und dann angesichts des nahenden Todes zugunsten der *Sonntags=Andachten* zurückgestellt.[81] Das nun gibt Limburger Veranlassung zu der aufschlußreichen Bemerkung, daß er letzte Hand an das Werk gelegt habe, was sich in der Pastorale so ausnimmt, daß er »seinen Purpur mit meinen Leinen gebrämet/ und seiner Seiden meine Ziegen=Haare/ mit den armen Jsraeliten/ zugesetzet/ mich lieber ungeschickt als undankbar zu zeigen.«[82] Und so ist dann das Gespräch über ›Floridans Schrifften‹ eröffnet, wie es in der mitgeführten Kolumne heißt.

Jöns versehen. Zu Limburger selbst grundlegend: Renate Jürgensen: Magister Martin Limburger (1637–1692), Myrtillus II. – der ›Blumen-Fürst‹. – In: ›der Franken Rom‹ (Anm. 2), S. 342–363.

81 Diese liegt tatsächlich als Separatum in Birkens Handbibliothek vor, das allerdings nur den Birkenschen Beitrag birgt. Vgl.: Klag-Stimme FLORJDANS Uber den zwar seeligen/ aber ihme trübseligen Todes-Hintritt/ Seiner HerzLiebsten FLORJNDA: Samt der Zustimmung eines andern Freundes; den 20 May-MonatsTag A. 1679. Das Stück steht in dem Sammelband 4° P.Bl.O. 62 (28). Das Birkensche Gedicht ist mit 15 Strophen komplett, wie der Vergleich mit der *Betrübten Pegnesis* zeigt. Eine Kustode auf dem letzten vorhandenen Blatt A3ᵛ des Einzeldrucks zeigt jedoch an, daß weiterer Text, vermutlich eben der Beitrag des ›zustimmenden Freundes‹, folgte.

82 Limburger: Betrübte Pegnesis (Anm. 80), S. 251.

Als geistlichen Schriftsteller wünschen die Hirten ihren Ordensvorsteher vor allem gewürdigt zu sehen. Wäre ihm länger zu schreiben vergönnt gewesen, so wäre »die Gottes=Kirche/ durch seine geistliche Arbeit/ ferner erbauet und gebessert worden [...]; weil seine Feder in dieser Schrifft=Art sonderlich Herz=durchdringlich gewesen.«[83] Auch wissen die Hirten von Titeln zu berichten, die ihnen niemals zu Gesicht gekommen seien. Wo verbergen sie sich? Damit ist dieses schwierige Feld betreten. Manche Titel, so Myrtillo-Limburger, seien als Einzelschriften unter einem anderen Titel erschienen als dem aus der Poetik geläufigen.

Und nun versuchen sich diejenigen unter den Mitschäfern, die »am längsten seiner vertrauten Kundschafft gepflogen«, tatsächlich an einem Rückblick auf das Birkensche Schaffen am Leitfaden der Chronologie. Hätten seine späteren Biographen und Kompilatoren einen Blick in die *Betrübte Pegnesis* geworfen – hier schon wären sie belehrt worden, daß der *Teutsche Olivenberg* als Sammlung seiner Friedensschriften geplant war, aber eben nie erschienen ist.[84] Auch wäre wohl zu wünschen gewesen, »daß seine Schau=Spiele miteinander an das Liecht gelangeten.«[85] Auch hier also stand seit langem fest, daß die *Teutsche Schaubühne* als solche nicht zustande gekommen war. Die Arbeit am »Oesterreichischen Ehren=Spiegel« habe Birken sechs Jahre gekostet, »welches ihm/ durch seinen unausgesetzten Nacht=Fleis/ Gesicht und Leibes=Kräften schwächete«.[86]

Und so über Seiten fort. Nie wieder ist so detailliert und kenntnisreich über die Birkensche Produktion in ihrer Ganzheit gehandelt worden wie hier im schäferlichen Gespräch der mit Birken Vertrauten. Der Wunsch, mit denen die Hirten dieses Kapitel beschließen, behält Aktualität bis in die jüngste Zeit hinein: »Jm übrigen«, so Myrtillo, »mögte sich künftig noch jemand finden/ dem diese Ordnung/ wegen Zeit=Muß/ besser als uns anstünde.«[87] Es dauerte lange, bis diese Zeit kam.[88]

---

83 Ebd.
84 »Es ist auch vormals (erwähnte Celadon) gedacht worden/ daß er seine Friedens=Rede noch in dem Lenzen=Alter abgelegt habe. Eben diese Fried= und Kriegs=Bildung (ersetzte Poliander) ware er/ neben der Fried=Geschicht/ und den herrlichen Aufzügen/ die er einer Hochansehnlichen Reichs=Versammlung mit sonderer Vergnügung fürgestellet/ unter dem Namen des Teutschen Oliven=Bergs/ oder Fried=erfreueten Teutschlands/ herfürzugeben gesonnen.« (Ebd., S. 253).
85 Ebd., S. 254.
86 Ebd., S. 255.
87 Ebd., S. 258.
88 Keine detailliertere Kenntnis besitzen die Mitgenossen offensichtlich von den Birkenschen Lyrika. Hier werden – neben einer »versprochenen Haus=Capelle« – nur die *Lorbeer-Wälder* erwähnt und mit dem Zusatz versehen: »Hiervon (antwortete Asterio) ist nichts zusammen=geordnetes gefunden worden/ und müssen/ sonderlich die letztere/ aus ihrer Zerstreuung gleichsam gehaben/ und in richtige Schichten verpflanzet werden« (ebd., S. 257f.). Die lyrischen Sammelhandschriften waren also entweder nicht bekannt oder aber in ihrer Anlage nicht erkannt worden. Auch daran sollte sich bis in die jüngste Zeit nichts ändern.

Herdegens ›Historische Nachricht‹

Nur noch ein Werk vergleichbarer Bedeutung – selbstverständlich jedoch nicht vergleichbaren Charakters – trat zu der *Betrübten Pegnesis*. Seine Vorbereitung und Publikation erfolgte anläßlich des hundertjährigen Jubiläums des Ordens. Und wieder war es ein Ordensbruder und Pfarrer, der die Initiative ergriff, nun jedoch als Sekretär eine wichtige Funktion in der Gesellschaft innehatte. Johann Herdegen (1692–1750) war der geeignete Mann, dem Orden und seinen Mitgliedern ein Denkmal zu setzen, wie es in dieser Form keine andere städtische Sozietät des 17. Jahrhunderts ihr eigen nennen durfte.[89]

Herdegen hatte in Altdorf studiert, war daselbst mit einer rechtsgeschichtlichen Disputation unter Christian Gottlieb Schwarz hervorgetreten und bekleidete im Anschluß an eine Reise durch Mittel- und Norddeutschland, auf der er unter anderem mit Erdmann Neumeister und Michael Richey in Hamburg zusammentraf, zunächst die Stelle eines Diakons bei St. Ägidien, sodann die eines Pfarrers zu Wöhrd und schließlich die eines Predigers am Heilig-Geist-Spital.

> Ao. 1732. wurde ich/ nachdem unser Hoch=Ehrwürdiger Herr Florando [i.e. Joachim Negelein] das aufgetragene Praesidium über die löbliche Blumen=Gesellschafft gütigst übernommen/ Consiliarius und Secretarius gedachter löblichen Gesellschafft/ und von der Zeit an/ da ich/ nebst dem Gesellschaffts=Schrein/ die darinnen befindliche geschriebene und gedruckte Documenta in meine Verwahrung überkommen/ fande ich Gelegenheit/ bey müssigen Stunden das nöthige zu diesem geringen Werk nicht ohne viele Mühe zusammen zu tragen.[90]

Diese dem Sekretär von Amts wegen zugefallene Chance, über das gesamte Ordensmaterial verfügen zu können, hat Herdegen genutzt. Man gäbe viel darum, eine Aufstellung dessen, was ihm zugänglich war, zu besitzen. Nie wieder, so wird man mutmaßen dürfen, war das erste Jahrhundert des Ordens aktenmäßig so komplett zusammen wie eben in dem nun unter der Obhut Herdegens stehenden Ordensschrein. Herdegen hat sich in ihm ordnend und gewiß auch ergänzend, zuschreibend und gelegentlich annotierend betätigt. Vieles ist nicht mehr vorhanden. Sein Werk ist daher die maßgebliche Quelle für die Geschichte des Ordens und die Porträts seiner Mitglieder zwischen 1644 und 1744 geblieben und konnte in seiner Eigenschaft als ein streckenweise zeitgenössisches Zeugnis nicht eigentlich überholt werden.

---

89 Zu Herdegen vgl. zuletzt das Porträt bei Renate Jürgensen: Melos conspirant singuli in unum. Repertorium bio-bibliographicum zur Geschichte des Pegnesischen Blumenordens in Nürnberg (1644–1744). – Wiesbaden: Harrassowitz 2006 (= Beiträge zum Buch- und Bibliothekswesen; 50), S. 694–696, mit der einschlägigen Literatur.

90 Johann Herdegen: Historische Nachricht von deß löblichen Hirten= und Blumen=Ordens an der Pegnitz Anfang und Fortgang/ biß auf das durch Göttl. Güte erreichte Hunderste Jahr/ mit Kupfern geziert, und verfasset von dem Mitglied dieser Gesellschafft Amarantes. Nürnberg/ bey Christoph Riegel/ Buch= und Kunsthändler unter der Vesten. 1744. Das Zitat hier S. 713.

Es ist für alle nachfolgenden Versuche und gerade auch für bio-bibliographische Recherchen das erste Mittel der Wahl nach Art eines rechten Vademecums des ›Pegnesischen Blumenordens‹ gewesen. Hier kann es nur mit Blick auf Birken kurz charakterisiert werden. Doch auch in dieser Beschränkung wird seine Bedeutung hervortreten. Und das keinesfalls nur deshalb, weil der Eintrag mit knapp 100 Seiten der weitaus längste des knapp 1000 Seiten umfassenden Kompendiums darstellt.[91]

Herdegen ist es, der – in Korrektur einer Angabe in der *Betrübten Pegnesis* – sichergestellt hat, daß die Übernahme der Präsidentschaft durch Birken in das Jahr 1662 fiel und daß erst mit diesem Ereignis eine neue, nämlich zweite Phase in der Geschichte der Gesellschaft einsetzte, nachdem das sozietäre Leben in den Jahren davor de facto zum Erliegen gekommen war.[92] Diese Mitteilung eröffnet das Herdegensche Porträt trefflich, denn mit ihr ist klargestellt, daß Birken nach Harsdörffer als zweite Gründergestalt des Ordens angesprochen werden darf.

Die sich daran sogleich anschließende Biographie vermag aus drei Gründen einen fortan bevorzugten Platz in der Birken-Philologie beanspruchen. Sie ist durchsetzt mit brieflichen Zeugnissen, darunter einer ganzen Reihe von solchen, die später nicht mehr verfügbar waren. Der berühmteste Fall betrifft die Briefe Anton Ulrichs an Birken, die ebenso verschwunden sind wie die von Birken an Anton Ulrich gerichteten. Letztere erstattete der Herzog gemäß dem Herdegenschen Zeugnis zurück, nachdem er Kenntnis von Birkens Absicht erhalten hatte, ein Ordensarchiv einschließlich seines Nachlasses einzurichten.[93] Aber auch die einläßliche Präsentation der Briefe Suttingers, Mannagettas und Lambecks anläßlich der Neugestaltung des *Österreichischen Ehrenspiegels* wäre hier zu erwähnen.

Die Herdegensche Darstellung enthält des weiteren Dokumente wie die Wolfenbütteler Bestallungs- und Entlassungs-Urkunde nebst der Birkenschen Bestätigung anläßlich der Einstellung. Birken hatte sie bereits in seine Selbstbiographie aufgenommen. Aber da sie ungedruckt blieb, wurden diese Dokumente erst durch Herdegen bekannt. Und sie birgt schließlich sonstige Schriftstücke wie etwa Gedichte des jungen Anton Ulrich auf Birken, die ebenfalls teilweise zu den zwischenzeitlich eingetretenen Verlusten zu zählen sind. Die Herdegensche Vita Birkens hat in zahlreichen Fällen den Rang einer primären Quelle angenommen und will als solche ausgeschöpft sein.

Unergiebig ist Herdegen hingegen im Blick auf die Verzeichnung der Birkenschen Schriften. Hier begnügte er sich damit, den aus zwanzig Titeln bestehenden Katalog aus der Birkenschen Poetik zu wiederholen, ohne eigene Recherchen anzustellen. So werden auch die nicht erschienenen Werke mitgeführt, ohne daß eine Erkundung über ihr tatsächliches Erscheinen angestellt worden wäre. Hier blieb

---

91 Das Birken-Porträt steht in dem fünften Kapitel ›Von den Präsidenten, oder Vorstehern des Blumen=Ordens‹ nach demjenigen Harsdörffers (S. 63–79) auf den Seiten 79–158, gefolgt von demjenigen Limburgers (S. 158–168).
92 Vgl. den entsprechenden Passus in der *Historischen Nachricht* Herdegens (Anm. 90), S. 80.
93 Vgl. ebd., S. 99f.

Herdegen entschieden hinter Limburger, aber auch hinter Birken selbst zurück. Nur mit dem Hinweis auf die zwischenzeitlich erfolgte Bibliographie der geistlichen Lieder aus der Feder Wetzels und die von Birken herrührenden Stücke in ihr sowie mit dem Nachweis von Birkens Beiträgen zu dem nach dem Vorbild von Heinrich Müllers *Geistlichen Erquick=Stunden* eingerichteten und 1691 in Nürnberg erschienenen *Poetischen Andacht-Klang* betrat er Neuland.

Gleichfalls hat Herdegen sich die Chance entgehen lassen, den Nachlaß verzeichnend und annotierend näher zu charakterisieren. Auch hier führte er fast nur an, was Birken selbst schon in seiner Poetik namhaft gemacht hatte. Eigens verwies er freilich auf »viele geschriebene lateinische Gedichte in dem Gesellschaffts=Schreine befindlich, die der Selige in seinem Ost=Ländischen Lorbeer=Hain/ unter dem Titul: Betuletum, herauszugeben versprochen«.[94] Und zu schließen vermochte er dann doch mit einem vielsagenden Satz, der allemal hätte aufhorchen lassen und weitere Nachforschungen in Gang setzen müssen: »So bestehet auch der Brief=Wechsel, den der Selige mit hohen/ vornehmen und gelehrten Personen, in und ausser Teutschland geführet, aus mehr als tausend Stücken, die meistens Historica, Critica und Literaria in sich enthalten.«[95]

Das Jubelfest 1794 und Panzers Anteil

Die Stunde gediegener Arbeit im 18. Jahrhundert, wie sie etwa einem Opitz oder Dach oder auch Fleming zuteil wurde, kam für Birken nicht. Im Gegenteil machte sich im Umkreis des Ordens ein auf Erbauung, Ehrfurcht und Pietät gemünztes Schrifttum breit, das im übrigen die ins Auge springende Tatenlosigkeit bestenfalls zeitweilig zu kaschieren vermochte. Nehmen wir als Beispiel wiederum nur eine zweite Jubiläumsschrift in Augenschein. 1794 beging der Orden sein 150jähriges Bestehen. Die Festbeschreibung hat sich erhalten.[96] Man feierte vor den Toren der Stadt im Irrhain. Die Festrede hielt der Präsident, mit dessen Wirken sich allgemein die Erinnerung an eine neue Phase in der Geschichte der Gesellschaft verband. Der namhafte Inkunabel- und Frühdruckforscher Georg Wolfgang Panzer (1729–1805) war 1784 an die Spitze der Sozietät gewählt worden.[97]

---

94 Ebd., S. 158. Der etwas mißverständliche Satz meint, daß Birken eine entsprechende Ankündigung im *Ostländischen Lorbeerhäyn* ausgesprochen habe.
95 Ebd.
96 Vgl. die *Beschreibung der von dem Nürnbergischen Pegnesischen Blumenordens am 15 und 16 Jul. 1794 begangenen einhundert und funfzigjährigen Jubelfeyer*, die im gleichen Jahr – mit dem Verweis »Aus den Materialien zur Nürnbergischen Geschichte. Band. III. St. XVII. Seite 257 u. f.« – zusammen mit einem Kupfer der festlichen Illumination separat zum Druck kam. (4° P.Bl.O. 59b (1)).
97 Zu Panzer vgl. die Trauerrede seines Sohnes, des Pfarrers und Ordensmitglieds Johann Friedrich Heinrich Panzer: Versuch einer Ansicht der vollendeten Lebenstage Georg Wolfgang Panzers[,] der Theologie und Philosophie Doctors, Schaffers an der Haupt= und Pfarrkirche zu St. Sebald, des Pegnesischen Blumenordens zu Nürnberg Vorstehers, der Gesellschaft zur Beförderung vaterländischer Jndustrie zu Nürnberg und der deutschen Gesellschaft zu Leipzig Mitglieds, seines Amts und seiner geführten Ehe Jubiläus[,] dargestellt im Namen des Blumenordens [...]. – Nürn-

Das ›Jubelfest‹ markierte den Höhepunkt seines Wirkens für sie, und der Rede ist der hochgemute Gestus anzumerken. Erfüllt von patriotischem Stolz, wandte der geborene Altdorfer sich zurück in die Geschichte des Ordens und zur Phase seiner Gründung.[98] Es sind die wiederholt angesprochenen ›Hochverehrlichen Herren, Gönner und Freunde‹, denen der Redner die Verdienste einer in ihrer Stadt immer noch tätigen gelehrten Vereinigung zu vergegenwärtigen sucht. Sie ist daher – wie so viele der nachfolgenden Verlautbarungen – ein mentalitätsgeschichtliches Zeugnis ersten Ranges, als welches es in der ausstehenden Geschichte des Ordens gewürdigt sein will.

Für eine Skizze des Wachstumsprozesses in den auf Verzeichnung und editorische Erschließung gerichteten Bemühungen um das Birkensche Werk gibt sie nichts her.[99] Und dies um so weniger, als Birken ohnehin nur wenige Sätze gewidmet werden. Nur ein Mann wie Birken, so Panzer, durfte es wagen, sich zu erkühnen, die Nachfolge Harsdörffers anzutreten.

> Geschätzt von Deutschlands Fürsten und andern verehrungswürdigen Großen, selbst von dem höchsten Oberhaupte desselben auf die huldvolleste Art geehret, von den würdigsten Gelehrten bewundert, konnte der vortrefliche Mann dasjenige für die Gesellschaft leisten, was sich dieselbe nicht leicht von irgend einem andern Manne aus jenem Zeitalter würde haben versprechen können.[100]

Das Werk Georg Andreas Wills im Blick auf Birken

Nicht die Festtagsrede, sondern die – lokal begrenzte – Gelehrtengeschichte sowie die Morphologie der Geistigkeit eines kommunalen Verbandes war der Ort, an dem Ersprießliches auch für den Orden und einen seiner Protagonisten zu erwarten war. Nürnberg hat das Glück gehabt, im litterärgeschichtlichen Gründungsjahrhundert

---

berg 1805. (4° P.Bl.O. 59b (20)). Hinzuzunehmen der Eintrag in dem unten (Anm. 105) aufgeführten *Nürnbergischen Gelehrten=Lexicon* von Will und Nopitsch, Bd. VII (1806), S. 94–99 (mit Schriften-Verzeichnis), sowie derjenige von Severin Corsten im *Lexikon des gesamten Buchwesens* 5 (1999), Sp. 521, mit der daselbst nachgewiesenen Literatur.

98 Erneuertes Gedächtniß des vor hundert und funfzig Jahren gestifteten Pegnesischen Blumenordens in einer vor einer feyerlichen Versammlung der gegenwärtigen Ordensmitglieder am 15 Julius 1794. gehaltenen Rede von dem Vorsteher des Ordens Georg Wolfgang Panzer, Schaffer an der Hauptkirche zu St. Sebald in Nürnberg. – Nürnberg: Stiebner 1794.

99 Panzer erwähnt unter den Birkenschen Werken neben dem *Österreichischen Ehren-Spiegel* anmerkend nur noch ein zweites und das verbunden mit einer Notiz, die den Kenner sehr wohl verrät: »Daß er das Mausoleum Regni Apostolici Regum et Ducum des unglücklichen Grafen Franz Nadasti, in das deutsche übersetzt habe, welche Uebersetzung zugleich mit dem lateinischen Text und den treflichsten in Kupfer gestochenen Bildnissen der Ungarischen Könige 1664. in fol. in Nürnberg gedruckt worden ist, verdient auch hier bemerket zu werden, da dieser Umstant, wie es scheint, nicht allgemein bekannt ist« (ebd., S. 18, Anm. h). Birken und ihm folgend Herdegen hatten es freilich unter der Nummer XI in ihren Verzeichnissen geführt; auch bei Limburger war es schon berührt worden. Das Werk eröffnet heute als mächtiger Folio-Druck die Folge der aus Birkens Bibliothek herrührenden Titel (P.Bl.O. 1. 2°).

100 Ebd., S. 18.

einen Mann am Werk zu wissen, der vorbildlich die reiche Ernte der zeitweilig führenden kulturellen Metropole im alten Reich einfuhr. Und das gleichermaßen als Sammler wie als Bio-Bibliograph. Diese Symbiose verspricht in der Regel besonders fruchtbare Resultate zu zeitigen. Ihre hohe Zeit fällt in das 18. Jahrhundert, das unter diesem Gesichtspunkt zu entdecken bleibt. Zu sprechen ist im Blick auf Nürnberg von einem dieser Repräsentanten, die ihr Leben und ihre Einkünfte einem patriotischen Zweck opferten, Georg Andreas Will (1727–1798).[101]

Will entstammte einer alten Pfarrers- und Gelehrtenfamilie, deren Wurzeln er selbst bis in das Zeitalter der Reformation zurückführen konnte. Seine eigene gelehrte Arbeit verdankte sich einbekanntermaßen dem Impuls, den Spuren der zumeist im Nürnbergischen wirkenden Vorfahren väter- und mütterlicherseits nachzugehen. Will war von Stolz erfüllt ob dieser Ahnenreihe. Sein Vater hatte noch bei Omeis in Altdorf gehört, bei dem er zum Thema ›De claris Norimbergensibus‹ disputiert hatte. In Halle war er August Hermann Francke und Michaelis begegnet. So schien der Lebensweg des Sohnes durch den Vater präformiert.

Während sich diesem jedoch der Wunsch, eine universitäre Laufbahn einzuschlagen, nicht erfüllte – er wirkte die längste Zeit seines beruflichen Lebens als Diakon an verschiedenen Kirchen –, erwarb sich der frühreife und hochbegabte Sohn bemerkenswerte akademische Meriten. Er war durch seinen Vater in die drei heiligen Sprachen eingeführt worden, hatte Negeleins und Herdegens öffentliche Vorlesungen besucht, bevor er sich zum Studium nach Altdorf und sodann nach Halle begab. Der Eindruck der in Blüte stehenden Hallenser Anstalt, bevor die allmähliche Ablösung durch Göttingen erfolgte, währte ein Leben lang. Baumgarten und Wolff gehörten hier zu seinen Lehrern; Gottsched und anderen begegnete er. Schon in Halle begann er mit dem Abhalten von Vorlesungen, die er nach Erwerb der *venia legendi* im Jahr 1748 auf den verschiedensten Gebieten in Altdorf fortsetzte, das aufgeklärte Ideal des Universalgelehrten in seiner Person noch einmal unter Beweis stellend. So war er gerüstet für das Werk, das er sich auferlegte.[102]

---

101 Zu Will vgl. neben dem Selbsteintrag im vierten Band seines *Gelehrten=Lexicons* und der Fortsetzung durch Nopitsch im achten Band (s.u. Anm. 104 und 105) insbesondere den aus dem reichen Nachlaß Wills geschöpften Artikel von Friedrich Bock: Georg Andreas Will. Ein Lebensbild aus der Spätzeit der Universität Altdorf. – In: Mitteilungen des Vereins für Geschichte der Stadt Nürnberg 41 (1950), S. 404–427. (»Je kleiner aber eine Hochschule, desto ausschlaggebender ist in den dünn besetzten Fakultäten die Lehrerpersönlichkeit, zumal wenn sie lange lebt und wirkt, wie es bei Georg Andreas Will der Fall war, den wir als den letzten bezeichnenden Vertreter des Altdorfer wissenschaftlichen Lebens anzusprechen haben.« [!] (S. 404)). Zu dem Litterärhistoriker Will vgl. Horst Walter Blanke: Georg Andreas Wills *Einleitung in die historische Gelahrtheit* (1766) und die Anfänge moderner Historik-Vorlesungen in Deutschland. – In: Dilthey-Jahrbuch für Philosophie und Geschichte der Geisteswissenschaften 2 (1984), S. 193–265.
102 Ein Verzeichnis der Schriften Wills findet sich außer im eigenen *Gelehrten=Lexicon*, Bd. IV (1758), S. 254–258, und im Nopitsch'schen Supplement, Bd. IV (1808), S. 395–404, auch an offensichtlich wenig wahrgenommener Stelle, nämlich in Wills *Bibliotheca Norica* (unten Anm. 107), Bd. V, S. 134–139, Nr. 560–622, und zwar wiederum von Wills Hand selbst, der damit einem nach eigenem Zeugnis immer wieder geäußerten Wunsch nachkam. Dieses Verzeichnis seiner ›akademischen Arbeiten‹ hat im Gegensatz zu den beiden anderen, chronologisch angeordneten den Vorzug, in ›Classen‹ eingeteilt zu sein. ›Introductoria‹, ›Theologica‹, ›Philologica‹, ›Philosophica‹, ›Rhetorica et

Für unsere Zwecke ist das Willsche *Nürnbergische Gelehrten=Lexicon*, welches in seinen Vorzügen hier nicht charakterisiert werden kann, das vergleichsweise unergiebigere Werk.[103] Die Kurzbiographie auf anderthalb Seiten hätte nicht informativer gearbeitet werden können; sie zeigt den geschulten Historiker mit dem Blick für alles Wesentliche und zeittypisch Bemerkenswerte.[104] Ein so gearteter lexikalischer Eintrag war hinsichtlich des Lebensganges und der einschlägigen personellen Kontakte in dieser Abbreviatur nicht mehr zu überbieten.

Es fehlte die Charakteristik des Werkes, die man von einem universal konzipierten Gelehrtenlexikon nur um den Preis des Dilettantismus erwarten durfte. Will bot wie sein Vorgänger Herdegen ein Werkverzeichnis, ohne den Ehrgeiz an den Tag zu legen, diesen hierin zu überbieten. Erst mit fortschreitender Erschließung der kulturellen und damit auch der gelehrten Topographie Nürnbergs, wie sie Hand in Hand ging mit dem Wachstum seiner auf Nürnberg gerichteten Bibliothek, notierte er weitere, bei Herdegen nicht figurierende Titel, die von seinem Nachfolger Nopitsch dann aufgenommen und in einer zweiten, gleichfalls vier Bände umfassenden Folge des *Nürnbergischen Gelehrten=Lexicons*, das sich ausdrücklich als ein Supplement verstand, mit verarbeitet wurden.[105] Jetzt konnten knapp 20 weitere

---

Poetica‹ und ›Historica‹ werden ausgewiesen. Das durchschossene Exemplar der Bibliothek Amberger (s.u. Anm. 107) ist reichlich bestückt mit Zusätzen, aber auch mit der Anzeige von Verlusten, wie sie für die Willsche Bibliothek erstmals bereits anläßlich einer Revision im Jahr 1888 festgestellt wurden.

103 Zu Will und seinen beiden Hauptwerken, dem *Gelehrten=Lexicon* und der *Bibliotheca Norica* grundlegend im Kontext der Bildungs- und Kirchengeschichte sowie dem Archiv- und Bibliothekswesen Nürnbergs zumal im 18. Jahrhundert Renate Jürgensen: Norimberga Literata. A: Das *Nürnbergische Gelehrten-Lexikon* Georg Andreas Wills als Grundlage für eine Topographie der Nürnberger Literaturlandschaft der Frühen Neuzeit; B: Ein Gang durch Nürnberger Bibliotheken und Archive am Leitfaden der ›Mikrologie‹ Georg Andreas Wills. – In: Stadt und Literatur im deutschen Sprachraum der Frühen Neuzeit (Anm. 35), S. 425–490.

104 Georg Andreas Will: Nürnbergisches Gelehrten=Lexicon oder Beschreibung aller Nürnbergischen Gelehrten beyderley Geschlechtes nach Jhrem Leben/ Verdiensten und Schrifften zur Erweiterung der gelehrten Geschichtskunde und Verbesserung vieler darinnen vorgefallenen Fehler aus den besten Quellen in alphabetischer Ordnung. Teil I–IV. – Nürnberg, Altdorf: Schüpfel 1755–1758. Der Birken-Eintrag hier im Bd. I (1755), S. 115–117. Zum Willschen Werk der herausragende Artikel von Dietrich Blaufuß: ›Jöcher‹ Specialis'. Das *Nürnbergische Gelehrten-Lexicon* von Georg Andreas Will 1755–1758. Reichsstädtische Biographik am Ende des Alten Reichs. – In: Mitteilungen des Vereins für Geschichte der Stadt Nürnberg 73 (1986), S. 77–93. In der Willschen Bibliothek, Depositum in der Handschriften- und Rara-Abteilung der Nürnberger Stadtbibliothek, hat sich ein durchschossenes Exemplar erhalten, das mit ungezählten Zusätzen von der Hand Wills versehen ist. Vgl. den entsprechenden Eintrag in der *Bibliotheca Norica* Wills (Anm. 107), Bd. III (1774), S. 15f., Nr. 60–77: »Jn dieses mein Handexemplar habe ich von Zeit zu Zeit Vermehrungen und Verbesserungen eingetragen, die ich etwann noch zu der längst versprochenen Ausgabe eines Haupt=Supplementen=Bandes nützen werde.« Sie wurden von seinem Nachfolger verwendet. Vgl. unten Anm. 105. Im durchschossenen Exemplar der Bibliothek Amberger, das man heute in der Stadtbibliothek benutzt, ist der Besitzstand im einzelnen ausgewiesen.

105 Georg Andreas Will's [...] Nürnbergisches Gelehrten=Lexicon oder Beschreibung aller Nürnbergischen Gelehrten beyderley Geschlechts nach Jhrem Leben, Verdiensten und Schriften, zur Erweiterung der gelehrten Geschichtskunde und Verbesserung vieler darinnen vorgefallenen Fehler aus den besten Quellen in alphabetischer Ordnung fortgesetzt von Christian Conrad Nopitsch [,] Pfarrer zu Altenthann. Teil V–VIII oder Supplementband I–IV. – Altdorf: Selbstverlag, Nürn-

Titel hinzugefügt werden, einige davon bereits bei Will geführt, nun jedoch mit Kommentaren vor allem hinsichtlich der Erscheinungsdaten versehen.[106] Nopitsch hatte sich neben den Willschen Ergänzungen auch der Limburgerschen *Betrübten Pegnesis* bedient, diese freilich keineswegs komplett ausgeschöpft. Der entscheidende Zuwachs auch in der Erkenntnis von Birkens Werk wurde von Will selbst geliefert. Und zwar an einer Stelle, an der man dies nicht unbedingt erwartete.

Ein gutes Jahrzehnt nach seinem *Gelehrten=Lexicon* ging Will daran, ein zweites Werk zu schultern, an dem er mehr als zwanzig Jahre bis in das Jahrzehnt seines Todes hinein arbeitete.[107] Es ist zu der vielleicht bedeutendsten bibliographischen Topographie einer Kommune im alten Reich herangewachsen. Der besonderen Stellung Nürnbergs als jahrhundertelangem Kleinod im Heiligen Römischen Reich Deutscher Nation wurde derart ein Denkmal gesetzt. Zugleich verewigte sich sein Schöpfer mit ihm selbst. Denn er bot im wesentlichen eine Dokumentation aus den

---

berg: Lechner (Komm.) (Bd. V); Altdorf: Selbstverlag, Leipzig: Besson (Komm.) (Bd. VI–VII); Altdorf: Selbstverlag (Bd. VIII) 1802–1808. Zu Nopitsch vgl. den Selbsteintrag mit Schriftenverzeichnis im siebten Band des zitierten Werkes, S. 38–40.

106 Der Eintrag zu Birken von Nopitsch findet sich im ersten Supplementband (1802), S. 97f. Im vierten Supplementband (1808) erfolgte dann noch ein Zusatz (S. 444), in dem auf eine Auflage des *Ulysses* aus dem Jahr 1668 verwiesen wird. Will hatte die Erstauflage von 1667 sowie eine weitere Auflage von 1678 namhaft gemacht. Im Eintrag von Nopitsch aus dem Jahr 1802 war die Vermutung geäußert worden, daß der *Ulysses* womöglich nicht schon 1667, sondern überhaupt erst 1669 gedruckt worden sei, da die Zueignungsschrift auf »den 30. des Herbstmonats 1668. datiret worden« sei (S. 98). So machte die Korrektur im Schlußband durchaus Sinn.

107 Georg Andreas Will: Bibliotheca Norica Williana Oder Kritisches Verzeichniß aller Schriften, welche die Stadt Nürnberg angehen, und die zur Erläuterung deren Geschichte seit vielen Jahren gesammlet hat, nun aber im öffentlichen Drucke beschreibet Georg Andreas Will. Teil I–VI. – Altdorf: Meyer 1772–1778. Teil VII–VIII: Altdorf, Nürnberg: Monath-Kußler 1792–1793 (die Teile VII–VIII ausgewiesen als Supplement-Bände). In der Stadtbibliothek zu Nürnberg existiert ein 22 Blatt umfassendes Typoskript, das eine Art Leitfaden durch das Werk darstellt: Will, Georg Andreas. Bibliotheca Norica Williana. Hinweise, Arbeits- und Orientierungshilfen. (Stadt Nürnberg 413/02. Kopie dank freundlicher Vermittlung von Elisabeth Beare in Osnabrück). Das wichtigste der zahlreichen in der Stadtbibliothek vorhandenen Exemplare ist dasjenige mit der Signatur ›HbH VIII,45 (= Amb 5335.8°)‹, da in ihm die Nachträge und Revisionsergebnisse am ausgiebigsten vermerkt sind. Es konnte dank freundlicher Vermittlung von Elisabeth Beare 1994 für die Bibliothek des Osnabrücker Frühneuzeit-Instituts verfilmt werden und wurde für die Birken-Edition ebenso wie für den hier vorliegenden Bericht konsultiert. – Renate Jürgensen hat das Willsche Alterswerk *Bibliotheca Norica* abschließend in ihrer nicht zufällig gleichnamigen Studie zu großen Nürnberger Büchersammlern der Frühen Neuzeit eingehend charakterisiert. Vgl. Renate Jürgensen: Bibliotheca Norica. Patrizier und Gelehrtenbibliotheken in Nürnberg zwischen Mittelalter und Aufklärung. Teil I–II. – Wiesbaden: Harrassowitz 2002 (= Beiträge zum Buch- und Bibliothekswesen; 43), Teil II, S. 1563–1641. Der Verzeichnung des Vorhandenen steht freilich eine genauso umfängliche des vermeintlich Fehlenden gegenüber. Hier hat sich ein Mißverständnis eingeschlichen. Will verzeichnet selbstverständlich nur Titel mit Bezug auf Nürnberg, nicht anderweitige von Nürnberger Autoren oder Nürnberger Druckern herrührende, die Renate Jürgensen vielfach als fehlend reklamiert.

Schätzen seiner eigenen, auf die ›vaterländische‹ Geschichte seiner Wahlheimat ausgerichteten Bibliothek.[108]

Sie blieb dank entsprechender Verfügung als geschlossene Einheit in der von Will entworfenen Systematik und der darauf beruhenden Aufstellung bewahrt. So ist es bis heute möglich, die historische und kulturgeschichtliche Vermessung des Nürnberger Raumes zugleich als einen Katalog zu benutzen und unter Angabe von Band und Nummer des Titels das Gewünschte zu bestellen. Und da sich die Bibliothek nahezu unversehrt erhalten hat – die Verluste sind (ebenso wie Zusätze) in einem durchschossenen Exemplar aus der Bibliothek Amberger notiert – erfreut sich die im Zweiten Weltkrieg zerstörte Stadt eines Vorzugs, dessen die meisten Städte vergleichbarer Größenordnung heute ermangeln, nämlich ihre Vergangenheit – gespiegelt in allen Ausprägungen ihrer Geistigkeit – über ungezählte und anderweitig nicht mehr verfügbare Quellen erkunden zu können. Will hatte sich neben dem Erwerb handschriftlicher Zeugnisse bevorzugt auf das Sammeln von ephemeren Schriften verlegt. Er antizipierte über sein Verfahren der ›Mikrologie‹ Sichtweisen und Forschungen, die erst viel später zum Tragen kamen. Seine *Bibliotheca Norica* (1771–1793) ist ein selten versagendes Instrument der Stiftung kommunalen Gedächtnisses.

Das Willsche Werk ist systematisch aufgebaut, wobei Will nach eigenem Zeugnis den Grundsatz bewahrte, nicht fiktive Systemstellen zu schaffen, sondern die Ordnung flexibel den tatsächlichen Schwerpunkten in der Bibliothek anzupassen. Personengeschichtlich folgte daraus, daß es keine geschlossenen Einträge geben konnte. Dafür figurieren Personen nun in sachlichen Kontexten. Entsprechend erschließt sich ihr Werk in vielfältigen Zusammenhängen. So auch und gerade dasjenige eines auf so vielen Feldern tätigen Autors wie Sigmund von Birken. Dieser Aspekt macht das Willsche Werk auch für die Birken-Forschung zu einem unverzichtbaren Hilfsmittel. Und da Will das in den siebziger Jahren auf fünf Bände herangewachsene Werk durch ein gediegenes Personen-Register erschloß, das ihm nach eigenem Bekenntnis mehr Mühe machte als die Ausarbeitung des Werkes selbst – das Sachregister delegierte er an den Rektor der Altdorfer Stadtschule Bern-

---

108 Zur Willschen Bibliothek vgl. den Eintrag von Renate Jürgensen zur Stadtbibliothek – einem der mustergültigen Artikel des gesamten Werkes – im *Handbuch der historischen Buchbestände in Deutschland*. Bd. XII: Bayern I–R. Hrsg. von Eberhard Dünninger. Bearb. von Irmela Holtmeier. Unter Mitarbeit von Birgit Schaefer. – Hildesheim, Zürich, New York: Olms-Weidmann 1996, S. 111–152; hier S. 115f. (Ziffer 1.17) und S. 132–134 (Ziffer 2.71–2.77). Anläßlich einer Ausstellung in Friedrich Bocks langjähriger Wirkungsstätte, der Stadtbibliothek zu Nürnberg, war Will von der ersten Sachkennerin Elisabeth Beare eine eigene Vitrine eingeräumt. Vgl.: Bibliotheken in der Stadtbibliothek (14.–20. Jahrhundert). Ausstellung und Katalog: Elisabeth Beare. – Nürnberg: Stadtbibliothek 1982 (= Ausstellungskatalog der Stadtbibliothek Nürnberg; 93): Vitrine V (der Katalog unpaginiert). Den Kaufvertrag mit der Stadt findet man dokumentiert bei Johann Carl Sigmund Kiefhaber: Leben und Verdienste Georg Andreas Wills […]. – Nürnberg: Zehe 1799, S. 108–112. Vgl. Blaufuß: ›Jöcher‹ Specialis' (Anm. 104), S. 79, Anm. 12. Er datiert auf das Jahr 1792. 1816 wurde die Willsche Bibliothek mit der der Stadt vereinigt. Nachträgliche Einreihungen in den Bestand sind in den durchschossenen Exemplaren des Willschen Katalogs durch hochgestellte Exponenten gekennzeichnet.

hard Friedrich Hummel –, ist der Zugang auch in personenkundlicher Hinsicht ein problemloser.[109] Wiederum müssen wenige Hinweise reichen.

Das Werk führt im dritten Teil – einer Königsdisziplin des 18. Jahrhunderts, der ›Historia Literaria‹, gewidmet – ein eigenes Kapitel zu den ›Societates‹, darunter der ›Societas florigera ad Pegnesum‹.[110] Hier sind aus der Frühzeit des Ordens gleich mehrfach schäferliche Stücke aufgeführt, an denen Birken mitgewirkt hatte und die zu den Rarissima der Birken-Philologie gehören.[111] Hinzu tritt in dem durchschossenen Exemplar aus der Bibliothek Amberger eine Reihe von handschriftlichen Zusätzen mit weiteren Titeln bzw. der Nominierung weiterer Exemplare, die das Willsche Werk zu einem Auskunftsinstrument ersten Ranges für die Erkenntnis des Nürnberger Ordens und eines seiner Protagonisten erhebt.

Wechselt dann der Benutzer zum ersten Band, ›Scriptorum ad historiam politicam pertinentivm‹ betreffend, so stößt er auf eine Rubrik ›Scriptores de bellis et pacibvs‹.[112] Da figurieren die Pegnitz-Schäfer als Beiträger u.a. zu den Friedensfeierlichkeiten. Will hat sich auch dieses Material mehr als ein Jahrhundert später noch weitgehend sichern können. Hier in seiner ›Mikrologie‹ beginnt das Schrifttum zu sprechen, indem es neben Gleichzeitiges bzw. thematisch Verwandtes in Manuskript und Druck gerückt erscheint. Der Bibliograph wie der Editor wird sich diese Chance zunutze zu machen wissen. Und so nicht anders hinsichtlich des geistlichen Schrifttums, das man in dem zweiten, der Kirchengeschichte gewidmeten Band verarbeitet findet. Selbstverständlich hat Will Flugblätter, Flugschriften, Porträts, Leichenpredigten etc. gesammelt und war bemüht, alles Greifbare zu erwerben. Auch diese Titel sind von Belang für eine Inspektion und Ausschöpfung im Blick auf Betuliana.

Ein solches Werk war nicht zu wiederholen. Es war als ›vaterländisches‹, wie Will sich immer wieder ausdrückte, ganz aus Geist und Mentalität des Jahrhunderts der Aufklärung erwachsen. Wohl aber ist an dieser Stelle Gelegenheit, in wenigen Sätzen einiger anderer großer Sammlergestalten zu gedenken, die das Ihrige

---

109 Dem Nominal- und dem Real-Register ist ein eigener sechster, 1778 erschienener Band des Werkes gewidmet. Die beiden Supplementbände VII und VIII aus den neunziger Jahren sind dann jeweils mit eigenen Registern ausgestattet. Zu Wills rührigem Compagnon Bernhard Friedrich Hummel vgl. den Eintrag im Nopitsch'schen Supplement, Bd. II (1805), S. 139–144, in dem die Mitwirkung an dem Registerwerk der *Bibliotheca Norica* ausdrücklich erwähnt wird. Hier auch ein Schriftenverzeichnis. Wills Eingeständnis in bezug auf den von ihm gefertigten Nominalkatalog: »Jch aber fertigte das Nominal=Register, und, ich kan es nicht läugnen, habe beschwerlicher und unlustiger an diesem kleinen Stücke gearbeitet, als an den fünf Theilen der Bibliothek selbst« (Vorrede, S. IV).
110 Bd. III, S. 171–177; Bd. VIII, S. 53–55.
111 Will besaß die beiden frühen anonymen Titel *Des Süßspielenden STREPHONS Namens=Feyer* und *Der Pegnitz Hirten FrülingsFreude*, die schon Birken sorgfältig in seiner Handbibliothek archiviert hatte. Vgl. Will III, Nr. 810 und 811, sowie 4° P.Bl.O. 4 (15 und 16). Zu den damit verbundenen Problemen der Autorenzuweisung und zur Verarbeitung in der Birkenschen *Pegnesis* vgl. Klaus Garber im Nachwort zur Edition des *Pegnesischen Schäfergedichts. 1644–1645.* Hrsg. von Klaus Garber. – Tübingen: Niemeyer 1966 (= Deutsche Neudrucke. Reihe: Barock; 8), S. 31*f.
112 Bd. I, S. 111–132; Bd. VII, S. 54–60.

dazu beitrugen, daß sich das vielfach ephemere, weil dem Tage geschuldete Schrifttum auch der Pegnesen über die Zeiten hinweg erhielt.

Jede Stadt von Rang hatte solche Sammler in ihren Mauern und wiederum in keinem Jahrhundert mehr als im achtzehnten. In Nürnberg vergrößerte sich ihre Schar genauso wie in Straßburg oder Zürich, Hamburg oder Leipzig, Breslau oder Danzig etc., weil zu den gelehrten Verbindungen die ökonomischen Voraussetzungen und Rahmenbedingungen kamen, die die Freisetzung erheblicher Mittel für den Aufbau der Sammlungen gestatteten. Was auf diesem Felde gerade in Nürnberg möglich war und welchen Ertrag dieses sammlerische Wirken speziell für die Überlieferungsgeschichte der Pegnesen bewirkte, ist erst jüngst im Detail sichtbar gemacht worden.[113]

Die Patrizierfamilien ebenso wie die weit über Nürnberg bzw. Altdorf hinaus bekannten Gelehrten pflegten zumeist gediegene Bibliotheken, in denen das lokale Element durchzuschlagen pflegte. Wenn Nürnberg gerade auf dem Gebiet des Klein- und Gelegenheitsschrifttums und damit auch der Pastoraldichtung noch heute hervorragend und vielfach mit Mehrfachexemplaren ausgestattet ist, so ist dies dem Sammeleifer vor Ort geschuldet. Bibliotheken wie die der Amberger, Dilherr, Fenitzer, Merkel, Solger, Trew und wie sie heißen sind eine Fundgrube für die Pegnesen und damit zumeist auch für das Werk Birkens.

Seitenblick auf Meusebach

Daß auch im 19. Jahrhundert diese Impulse fortlebten, nun gerne auf nationale statt auf lokale Sammlungsziele gerichtet, beweist geradezu exemplarisch das sammlerische Vermächtnis des Freiherrn Gregor von Meusebach. Indem er unter den vielen Facetten seines auf Sicherung der Überlieferung bedachten Werkes auch das auf Personen bezogene Gelegenheitsschrifttum im Auge hatte, errichtete er ein memoriales Pantheon, das – nach Regionen gegliedert – schließlich zu einem nationalen Denkmal geriet.[114] Die Bände Yf 6817 und Yf 6818 aus der ehemals Königlichen Bibliothek zu Berlin, Nürnberg nebst Regensburg und damit vorzüglich den Pegnesen gewidmet, versammeln ungezählte Rarissima, darunter eine Reihe von Unikaten.[115] Auch diese seltener wahrgenommenen sammlerischen Bemühun-

---

113 Vgl. Renate Jürgensen: Patrizier und Gelehrten-Bibliotheken in Nürnberg (Anm. 107).
114 Vgl. Klaus Garber: Das alte Buch im alten Europa. Auf Spurensuche in den Schatzhäusern des alten Kontinents. – München: Fink 2006, S. 626ff. mit der Literatur.
115 Der Band Yf 6817 R 4° befindet sich heute wieder in Berlin; der Band Yf 6818 R 4° gehört zu den Berliner Beständen in der Jagiellonen-Bibliothek zu Krakau. Speziell für Birken lagen in der Preußischen Staatsbibliothek zu Berlin zwei Sammelbände vor, der eine in der Abteilung der deutschen Lyrik des 17. Jahrhunderts (Yi 3791 R 4°), der andere in der Abteilung zum deutschen Roman (Yu 4731 R 4°). Der eine umfaßte ›Gelegenheits-Gedichte 1649–1668‹, der andere ›Schäfereien. 7 Nummern‹. Nur einer der beiden Bände hat sich erhalten. Der Band Yi 3791 R 4° war nach Gröditzburg ausgelagert und ist verschollen; der Band Yu 4731 R 4° war nach Fürstenstein ausgelagert und wird heute in Krakau verwahrt. Auch im Falle Birkens besaß die Berliner Staatsbibliothek die umfassendste Sammlung, die außerhalb Nürnbergs verfügbar war.

gen gehören hinein in einen um Bibliographie und Edition gruppierten Bericht zur Überlieferungsgeschichte eines Autors bzw. einer Autorengruppe, ohne daß Einzelheiten ausgebreitet werden dürften, die in die entsprechenden Spezialarbeiten gehören.[116]

1844: Mönnich und Tittmann

Überschreiten wir die Zeitmargen der Frühen Neuzeit und wechseln hinüber in das 19. Jahrhundert, so ist nur noch ganz ausnahmsweise von nennenswerten Leistungen im Blick auf das an dieser Stelle verfolgte Problem zu sprechen, denn die literarhistorischen Darstellungen, wie sie nun in großem Stil einsetzen, müssen im vorliegenden Zusammenhang unberücksichtigt bleiben.

Das 200jährige Jubiläum hat zwei nennenswerte Publikationen gezeitigt. Zum Datum selbst erschien eine *Festgabe*, die von Mönnich mit einer allgemeinen ordensgeschichtlichen Einleitung versehen war.[117] Sie führte über das 18. Jahrhundert hinaus in das 19. Jahrhundert hinein, in dem die Vereinigung sich zunehmend einem gebildeten Publikum öffnete, ein Vortragswesen in Gang kam und die Produktion von Gelegenheitsgedichten noch auf Panzers Betreiben hin durch Gedenkreden abgelöst wurde. Das hieß nicht, daß im Mitgliederkreis nicht fleißig weiter gedichtet worden wäre. Die *Festgabe* selbst bestand aus ›Gedichten von Mitgliedern des Pegnesischen Blumenordens‹. Befreit von den – vermeintlichen – Fesseln unmittelbarer Anlässe und Aufträge, glaubte man sich berechtigt, die Musen vereinzelter Nebenstunden von Bürgermeistern, Pfarrern, Advokaten, Kaufleuten, Buchhändlern etc. einem größeren Publikum im Druck übergeben zu dürfen. Daß es sich dabei nur um die Spitze eines Eisberges handelte, zeigt ein Blick in das Ordensarchiv, in dem eine reiche, ausschließlich handschriftliche poetische Überlieferung – genau wie übrigens in jeder beliebigen anderen lokalen, auf Geselligkeit gegründeten Vereinigung – bewahrt wird.

Der andere, leicht verspätete, aber auch nicht eigentlich auf die Festlichkeit ausgerichtete Beitrag stammte von Julius Tittmann.[118] Er war ambitionierter angelegt, suchte sein Verfasser doch das nationalliterarische Prinzip, wie es Gervinus soeben glanzvoll – übrigens auch für Nürnberg sehr ergiebig! – unter Beweis gestellt und wie es sich nun auch des 17. Jahrhunderts bemächtigt hatte, auf die lokale Literaturgeschichtsschreibung den gewandelten Voraussetzungen entsprechend zu über-

---

116 Wie wichtig auch auswärtige Sammler für die Befestigung lokaler Überlieferungen werden können, zeigt im Blick auf Nürnberg das sammlerische Vermächtnis des Zwickauer Rektors Christian Daum. Vgl. Jürgensen: Melos conspirant singuli in unum (Anm. 89), S. XXI.
117 Festgabe zur zweihundertjährigen Stiftungsfeier des Pegnesischen Blumenordens. Hrsg. von Wilhelm B. Mönnich. – Nürnberg: Bauer und Raspe 1844.
118 Julius Tittmann: Die Nürnberger Dichterschule. Harsdörfer, Klaj, Birken. Beitrag zur deutschen Literatur= und Kulturgeschichte des siebzehnten Jahrhunderts. – Göttingen: Dieterich 1847 (= Kleine Schriften zur deutschen Literatur= und Kulturgeschichte; 1). Reprint: Wiesbaden: Sändig 1965.

tragen. »Die größere Arbeit ist gethan, die kleinere, die Bearbeitung des Einzelnen, bleibt noch übrig.«[119] Doch ging dieser vermeintlich bescheidene Anspruch durchaus zusammen mit einem sehr viel weiter reichenden, über »ein geselliges Leben in geschlossenem Kreise [...] zugleich einige nicht unwichtige Beiträge zur Geschichte der Kultur des Jahrhunderts zu geben.«[120] Tittmann bemühte sich, das eigenständige Gruppenprofil der frühen Nürnberger herauszuarbeiten.

> Nachdem die Nürnberger Dichter lange das Unglück gehabt hatten, bei Seite gesetzt und mißachtet zu werden, hat man in der neuesten Zeit wenigstens anerkannt, daß sie die Ersten waren, welche von der ersten schlesischen Schule in wesentlich verschiedener Richtung sich trennten. Wir möchten ihr Andenken jetzt vollständiger und gerechter erneuern, als dies bisher geschehen ist.[121]

Tittmann, der sich mit dieser Arbeit bei Wilhelm Müller in Göttingen habilitierte (ohne je eine Professur zu erlangen), bedarf hier der Erwähnung, weil er – nach Gervinus – der erste ist, der der Nürnberger Pastoraldichtung aus der Frühzeit des Ordens ein eigenes Kapitel widmet. Es ist, wie das gesamte Buch, gruppiert um die drei Gründergestalten Harsdörffer, Klaj und Birken, wobei Birken naturgemäß in den Mittelpunkt rückt. Tittmann, in Göttingen aus dem Vollen schöpfend, hat es sich versagt, seine Untersuchung auf eine breitere Materialgrundlage zu stellen, wählt selbst unter den drei Autoren und zumal bei Birken aus, scheint aber auch keineswegs alles Einschlägige zu kennen. Immerhin wurde nach dem Vorgang von Gervinus nun der Übergang der Pastorale in die quasiepische Formgebung der Historiographie und Dynastik bestätigt, auch wenn die Werturteile durchweg anachronistisch bleiben. Tittmann hat es unterlassen, sein Werk mit Anmerkungen, Quellenverzeichnissen und Literaturhinweisen zu versehen. Für die Grundlagenforschung trägt es so gut wie nichts bei, doch durfte es als umfänglichste Darstellung zu den Nürnbergern aus dem 19. Jahrhundert nicht übergangen werden.

Das Schwarz-Schmidtsche Verzeichnis der ›Pegnesia‹

Die eigentliche Leistung im Blick auf die Nürnberger und speziell auf Birken in der ersten Hälfte des 19. Jahrhunderts kam, insofern es um die Werk-Registratur ging, an versteckter Stelle zustande, gelangte niemals zum Druck und wurde erst in den siebziger Jahren von uns ans Licht gezogen. Es war das Werk eines Amateurs und Außenseiters. In deren Händen lag die – häufig nur allzu dilettantische – Sachwaltung um das Ordenserbe bis in die Mitte des 20. Jahrhunderts ganz überwiegend.

Seitdem – gleichfalls auf den Anstoß Panzers hin – Mitgliederlisten des Ordens zum Druck gelangten, figurierte in ihnen ein gewisser Christian Schwarz.[122] Er war

---

119 Ebd., Vorrede, S. VII.
120 Ebd.
121 Ebd., Vorrede, S. VIII.
122 Diese Mitgliederverzeichnisse findet man vereinigt in dem zitierten Sammelband P.Bl.O. 59b 4°, der mit dem Panzerschen Beitrag eröffnet wird.

im Jahr 1789 in die gelehrte Vereinigung aufgenommen worden. Im Mitgliederverzeichnis aus dem Jahr 1801 lautet der Zusatz ›Rechnungs=Syndicus und Calculator bey der Löbl. Rentkammer.‹ Fünf Jahre später trat der Zusatz ›auch Hessen-Cassel. Hofrath‹ hinzu. 1818 und 1820 schließlich lautete der Eintrag ›k.b. Administrator der Waitzenbier=Bräuanstalt und Kurfürstlich Hessen=Casselischer Hofrath‹. In dem nächsten uns vorliegenden Mitglieder-Verzeichnis aus dem Jahr 1836 ist sein Name verschwunden. Nopitsch hat seinen Lebensweg bis zum Erscheinen des letzten Bandes seines *Gelehrten=Lexicons* im Jahre 1808 begleitet.[123] Seine Mitgliedschaft im ›Pegnesischen Blumenorden‹, in dem er – als 206. Mitglied – den Namen ›Eudemus‹ trug, findet keine Erwähnung. Hervorgehoben werden seine Verdienste im Bereich der Insektenkunde, wie sie auch publizistisch ihren Niederschlag fanden. Dem gediegenen Eintrag von Renate Jürgensen zur Nürnberger Stadtbibliothek entnehmen wir, daß auch Schwarz eine Norica-Bibliothek geführt hat. In seinem Todesjahr »1830 wurden 1500 Drucke und eine umfangreiche Mandatensammlung aus der systematisch angelegten Norica-Bibliothek des Hofrats Christian Schwarz (1760–1830) erworben«.[124] Später wurde diese Bibliothek mit der Ambergischen vereinigt.[125] Damit sind wir auf der entscheidenden Fährte.

Im Archiv des ›Pegnesischen Blumenordens‹ lagert ein handschriftliches *Verzeichnis von Schriften [,] welche auf den Pegnesischen Blumenorden in Nürnberg und dessen Mitglieder Bezug haben [,] gesammlet von Christian Schwarz unter dem Namen*

---

123 Vgl. den Eintrag zu Christian Schwarz im Nopitsch'schen Supplement (Anm. 105), Bd. IV (1808), S. 172–173.
124 Renate Jürgensen: Eintrag ›Stadtbibliothek‹ im *Handbuch der historischen Buchbestände in Deutschland* (Anm. 108), S. 117 (Ziffer 1.22).
125 Zur Vereinigung der Schwarzschen Bibliothek mit derjenigen Ambergers vgl. auch den Eintrag von Karlheinz Goldmann: Nürnberg, Stadtbibliothek. – In: Regionalbibliotheken in der Bundesrepublik Deutschland. Hrsg. von Wilhelm Totok, Karl-Heinz Weimann. – Frankfurt a.M.: Klostermann 1971 (= Zeitschrift für Bibliothekswesen und Bibliographie. Sonderheft; 11), S. 307–315. Hier S. 310f. die einschlägige Bemerkung: »Vermehrt wurde die Norica-Sammlung der Bibliothek (1821) durch die Ebnersche Manuskriptensammlung und vor allem durch die von dem Kaufmann Georg Paul Amberger seiner Vaterstadt vermachte Norica-Sammlung (1844), welche heute, verbunden mit der Schwarzschen Sammlung, unter der Bezeichnung ›Georg Paul Ambergersche Norica-Sammlung‹ getrennt aufgestellt ist und durch Druckschriften ständig erweitert wird.« So hat sich also der Name von Christian Schwarz als eines namhaften Beiträgers zur Nürnberger Norica-Sammlung – anders als derjenige Wills oder Ambergers – aus der Nomenklatur der bibliophilen Sondersammlungen der alten Stadtbibliothek verloren. Vgl. dazu auch: Bericht und Stichwortverzeichnis zur Neuordnung der Amberger-Willschen Norikasammlung (A.W.). – Nürnberg: 1959 (Typoskript). Der Bestand selbst wurde vordem noch korrekt unter Ausweis beider Namen verzeichnet: Katalog der Stadtbibliothek in Nürnberg. Erste Abtheilung. Schwarz-Amberg'sche Norica-Sammlung. – Nürnberg: Campe & Sohn 1876. Erhalten hat sich unter den historischen handschriftlichen Katalogen die folgende Quelle: Aeltere Kataloge über Stücke der Schwarz'schen Noricasammlung, welche revidirt und in den Hauptkatalog der Schwarz'schen Sammlung nachgetragen wurden. [Angebunden:] Biographische und genealogische Notizen von nürnbergischen Familien [sic] mit Portraiten, Wappen, Stammbaeumen, Prospecten [...] gesammelt von Christian Schwarz [Alte Kat. 33 (1–2)]. Der Nachweis übernommen aus dem Artikel zur Stadtbibliothek von Renate Jürgensen (Anm. 108), S. 141. Dort S. 143 auch der Nachweis des oben aufgeführten Typoskripts.

Eudemus des Ordens Mitglied.[126] Es umfaßt 217 Seiten, darunter einige weiße. Hinzu tritt ein unpaginiertes *Alphabethisches Register über das Verzeichnis von Schriften welche auf den Pegnesischen Blumen-Orden in Nürnberg und dessen Mitglieder Bezug haben*. Beide Manuskripte weisen neben der Schwarzschen Handschrift eine zweite auf. Sie rührt her von dem letzten Ordens-Sekretär aus der Vorkriegszeit, Wilhelm Schmidt, mit dem wir uns an späterer Stelle zu befassen haben. De facto sind die Eingriffe und Ergänzungen Schmidts in beiden Fällen so erheblich, daß mit Berechtigung von einem Gemeinschaftswerk gesprochen werden kann.

Schmidt hat die Bearbeitung im Jahre 1942 vorgenommen. Er hat dem Katalog eine kurze Notiz vorangestellt.[127] Demnach wurde Schwarz – dessen Todesdatum Schmidt mit dem 6. Juli 1835 (!) angibt – am 2. November 1789 als ›Eudemus‹ in den Orden aufgenommen und wählte sich als Blume, wie sie alle Mitglieder bis ins frühe 19. Jahrhundert ihr eigen nannten, die ›Dodecatheon Meadia‹. Ordensbänder, so Schmidt, seien schon seit 1789 nicht mehr üblich gewesen. Schwarz, so gleichfalls Schmidt, zeichnete die Laube, die am 3. August 1791 zu Ehren Panzers im Irrhain errichtet worden war, und veranlaßte die Fertigung eines Kupferstichs. Wichtig ist der Schlußsatz der kleinen Einführung, wonach Schwarz »anfangs alle mit Schäfernamen bezeichneten Personen für Mitglieder des Ordens« hielt. Er »schreibt daher manche solche Namen fälschlich einem früheren oder späteren Mitglied zu. S. 57 kommen ihm jedoch Zweifel, ob alle Schäfernamen Ordensmitglieder bezeichnen.« Man sieht, die so verdienstvolle Bewerkstelligung einer allfälligen Aufgabe lag nicht in professionellen Händen, sondern wurde von einem Amateur und Liebhaber verrichtet.[128]

---

126 P.Bl.O. 114. Vgl. Garber: Sigmund von Birken: Städtischer Ordenspräsident (Anm. 36), S. 249f., Anm. 17; ders.: Ein Blick in die Bibliothek Sigmund von Birkens. Handexemplare der eigenen Werke und der Ordensfreunde – Überliefertes und Verschollenes. – In: Methodisch reflektiertes Interpretieren. Festschrift für Hartmut Laufhütte. Hrsg. von Hans-Peter Ecker. – Passau: Rothe 1997, S. 157–180, hier S. 164f. Wiederabgedruckt unter dem Titel: Zur Krisis reichsstädtischer Überlieferung. Die Bibliothek des Pegnesischen Blumenordens in Nürnberg und die verschollenen Handexemplare Sigmund von Birkens. – In: ders.: Das alte Buch im alten Europa (Anm. 114), S. 285–312, hier S. 293f.
127 Diese findet sich auf S. 2 des Verzeichnisses.
128 Das Manuskript findet sich bereits erwähnt in dem unten Anm. 132 aufgeführten Werk von Theodor Bischoff zu Harsdörffer, S. 216. Die Bemerkung blieb unbeachtet. Das von Schwarz gefertigte und von Schmidt ergänzte Namens- und Titelregister (letztere nur gelegentlich) enthält auch ein verdienstvolles – und gleichfalls bislang nicht beachtetes – Register der ›Hochzeit-Gedichte‹, der ›Trauer-Gedichte‹ und der ›Denkmale‹. Letztere sind mit dem Zusatz von Schwarz versehen: »Diese kamen von 1789 an, an die Stelle der Trauer Gedichte.« Von Schwarz stammt übrigens auch ein gleichfalls unter P.Bl.O. 114 (Archiv) plaziertes Manuskript, das einen Anhang zu seinem dem ›Pegnesischen Blumenorden‹ gewidmeten Verzeichnis darstellt: ›Fruchtbringende Gesellschaft oder Palmen Orden, errichtet 1617.‹ Es ist von Schmidt titularisch in Analogie zum Haupttitel des Schwarzschen Verzeichnisses sinnvoll ergänzt worden, enthält ansonsten jedoch keine Schmidtschen Zusätze: ›Schwarz, Verzeichnis von Schriften, welche auf den Palmenorden Bezug haben.‹ Es ist nicht zu sehen, daß die Materialien, sofern erhalten (Schwarz/Schmidt teilen keine Signaturen mit), für die Geschichte der beiden Gesellschaften schon ausgeschöpft worden wären.

Bei dem undatierten Manuskript handelt es sich insbesondere dank der Schmidtschen Zusätze in vielen Fällen um das einzig noch verfügbare Auskunftsmittel im Rahmen einer auf den Orden und speziell auf Birken gerichteten buchkundlichen Philologie. Das sichert ihm seinen bleibenden Platz. Schwarz hat sinnvollerweise mit den Ordensgesetzen und Mitglieder-Verzeichnissen eingesetzt, die dann von Schmidt bis in die Gegenwart fortgeführt wurden. Der erste aus seiner Feder stammende Titel ist Harsdörffers und Klajs *Pegnesisches Schäfergedicht* aus dem Jahr 1644. Schwarz hat ihn mit der Angabe der Seitenzahl und dem Verweis auf das Exemplar in der Sammlung Will (Bd. III, Nr. 807) versehen, das ihm offensichtlich vorlag.

Schmidts Beitrag besteht nun darin, annotierend neben gelegentlichen Hinweisen auf Literatur weitere Titel und Exemplare vor allem aus Sammelbänden der Birkenschen Handbibliothek nachzuweisen. Und da eben diese mehrfach nicht mehr verfügbar sind, ist eine Identifizierung der auf Birken zurückgehenden Sammlungen und der Stellung der einzelnen Titel innerhalb derselben häufig nur noch über sein Zeugnis möglich. Schwarz hat eine chronologische Anordnung beobachtet, ohne daß eine solche sich in allen Fällen einhalten ließ; mehrfach mußten Nachträge eingeschoben werden.

Das Schwarzsche Verzeichnis erstreckt sich bis in das Jahr 1828. Danach übernimmt Schmidt die weitere Verzeichnung bis in das Jahr 1940 hinein. Ein für 1941 vorgesehener Eintrag ist nicht mehr erfolgt. Die große Masse der Titel bezieht sich naturgemäß auf das 17. Jahrhundert. Gerade hier hat Schmidt teilweise seitenweise Ergänzungen geliefert. Auch Birkensche Manuskripte, wie sie ihm gleichfalls wohl als letztem Benutzer durch die Hand gingen, hat er verarbeitet. Das alles ist im einzelnen vor geraumer Zeit dokumentiert worden.[129] Das Schwarz-Schmidtsche Verzeichnis umfaßt die gesamte Schaffenszeit Birkens seit 1644/45. Als solches ist es die wichtigste Quelle geblieben, die in der Geschichte des Ordens zur Erfassung des Birkenschen Werkes zustande kam.

Das Jubiläumsjahr 1894

Orientieren wir uns weiterhin am Leitfaden der im Abstand von einem halben Jahrhundert statthabenden Ordensjubiläen, so gelangen wir bereits in das Jahr 1894. Und wieder ist der zweifachen Begehung in Gestalt von festlichem Gepränge und Grundlagenarbeit zu gedenken. Der Orden publizierte eine über 500 Seiten umfassende *Festschrift*, die ein überaus disproportioniertes Wesen aufweist.[130] Man erinnerte sich Herdegens und Mönnichs und mußte einbekennen, daß eine neuerliche Geschichte des Ordens mit allzu »viel Zeit und Mühe« verbunden sein wür-

---

129 Vgl. die Nachweise oben Anm. 126.
130 Festschrift zur 250jährigen Jubelfeier des Pegnesischen Blumenordens gegründet in Nürnberg am 16. Oktober 1644. Hrsg. von Th. Bischoff und Aug. Schmidt. – Nürnberg: Schrag 1894.

de.¹³¹ Also wandte man sich den Stiftern Harsdörffer und Birken zu. Aber mit welchem Resultat! Für die Harsdörffer gewidmete Arbeit wurde Theodor Bischoff gewonnen, der sich auf fast 500 Seiten verbreitete.¹³² So nahm der fünfzig Seiten umfassende Beitrag von August Schmidt zu Birken notgedrungen den Charakter eines Appendix an.¹³³

»Der Umstand aber, daß mit den Stiftern des Pegnesischen Blumenordens, Harsdörfer und Klaj, stets auch Sigmund von Birken genannt wird, ließ es als notwendig erscheinen, auch seines Lebens und Wirkens zu gedenken.«¹³⁴ Wieder handelt es sich um die Arbeit eines Dilettanten. Sie bedarf an dieser Stelle nur insofern der Erwähnung, als sich Schmidt in den abschließenden, dem Werk gewidmeten Abschnitten – willkürlich und ohne erkennbare gedankliche Ordnung – gleichermaßen gedruckter und ungedruckter Titel bedient, mit keinem Wort auf die Existenz und den Gehalt des handschriftlichen Nachlasses eingeht und eine irgend geartete begründete Auswahl infolgedessen nicht erkennen läßt. Ungedruckte Arbeiten werden wie gedruckte behandelt. Ein Literaturverzeichnis fehlt. Zur Erkenntnis der Physiognomie des Birkenschen Werkes trägt die Jubiläumsschrift nichts bei.¹³⁵

Nicht anders steht es mit den drei um das Jubiläum gruppierten Bänden *Altes und Neues aus dem Pegnesischen Blumenorden* (1889–1897). Die beiden ersten Bände enthalten ausschließlich Vorträge von Mitgliedern des Ordens, die nicht ordensspezifischen Themen gewidmet sind. Der dritte, auf das Jubiläum gerichtete Band wird, wie üblich, eingeleitet mit einer Rekapitulation der Ordensgeschichte von Wilhelm Beckh. Als substantiellen quellenkundlichen Beitrag enthielt er die verdienstvolle Dokumentation des Harsdörfferschen Briefwechsels von Burkhardt, geschöpft aus den Beständen des Archivs der ›Fruchtbringenden Gesellschaft‹ zu Weimar.¹³⁶ Für Birken fiel auch in diesem Band nichts ab.

Dafür gelangte im gleichen Jahr an anderer Stelle die ebenfalls von Burkhardt betreute Publikation des Briefwechsels zwischen Birken und Neumark zum Druck.¹³⁷

---

131 Ebd., Vorwort, S. 1.
132 Theodor Bischoff: Georg Philipp Harsdörfer [!]. Ein Zeitbild aus dem 17. Jahrhundert. – In: Festschrift zur 250jährigen Jubelfeier des Pegnesischen Blumenordens (Anm. 130), S. 1–473 (mit einem sechzehnseitigen Vorspann, der u.a. ein ›Verzeichnis der benützten Schriften‹ enthält).
133 Aug. Schmidt: Sigmund von Birken, genannt Betulius. 1626–1681. – In: Festschrift zur 250jährigen Jubelfeier der Pegnesischen Blumenordens (Anm. 130), S. 476–532.
134 Ebd., Vorwort von Schmidt, S. [479].
135 Wilhelm Schmidt hat im Jahr 1950 in einem Brief vom 24. Dezember an Blake Lee Spahr eine Liste der Irrtümer zusammengestellt, die den beiden Autoren unterlaufen sind. Das Typoskript des Briefes liegt uns vor.
136 Aus dem Briefwechsel Georg Philipp Harsdörffers zur Geschichte der Fruchtbringenden Gesellschaft 1647–1658. Hrsg. von Carl A.H. Burkhardt. – In: Altes und Neues aus dem Pegnesischen Blumenorden. Bd. III. – Nürnberg: Schrag 1897, S. 23–140. Die Ausgabe ist mit einer Einleitung Burkhardts und mit einem Register versehen.
137 Carl A.H. Burkhardt: Aus dem Briefwechsel Sigmund von Birkens und Georg Neumarks 1656–1669. – In: Euphorion. Ergänzungsheft 3 (1897), S. 12–55. Burkhardt wirkte als herzoglicher Bibliothekar und Archivar in Weimar. Seine Einschätzung hinsichtlich der Rolle seiner Vorgänger und insbesondere Neumarks selbst ist wenig erfreulich. »Höchst mangelhaft« sei »die definitive Ordnung des Erzschreins, die von Neumark selbst herstammt«, gewesen, so daß Burkhardt selbst sich

Warum der Orden sich die Chance entgehen ließ, diese wichtige quellenkundliche Arbeit zu Birken mit der Harsdörffer zugedachten zu vereinen, bleibt ein Rätsel. Der Abdruck von Gedichten aus dem Mitgliederkreis war offensichtlich wichtiger. Die hier im Vorgriff auf einen späteren, den Birken-Editionen gewidmeten Passus zu erwähnende Arbeit Burkhardts ist deshalb so verdienstvoll, weil sie sich um Vollständigkeit in der Dokumentation bemühte – ungeachtet der üblichen abwertenden Äußerungen, nun bezogen auf den Briefschreiber Birken – und erstmals in der Vorrede nähere Informationen über Birkens Lebensverhältnisse bot, sofern sie sich in den Briefen spiegelten. Daß die Beziehungen zu der illustren Sozietät, zu ihrem Oberhaupt Herzog Wilhelm von Sachsen-Weimar und zu dem Ordenssekretär Neumark wiederholt hineinspielen, ist in einer aus Weimarer Perspektive geschriebenen Vorrede verständlich. Der Briefwechsel zwischen Birken und Neumark ist reich an Einblicken gleichermaßen in die Birkensche Produktion wie die Stellung des Ordens in den Weimarer Hofkreisen. Burkhardt hatte wie im Falle Harsdörffers so auch im Blick auf Birken eine ergiebige Quelle aufgetan.

Verfehlte Bücherkunde

Eine ganz anders geartete Gelegenheit, den Orden in das Blickfeld einer interessierten Öffentlichkeit in und außerhalb Nürnbergs zu rücken, hätte das gleichfalls zum Jubiläum auf den Weg gebrachte Verzeichnis der Buchbestände des Ordens geboten.[138] Dessen ältesten Bestand bildeten die Birkenschen Handexemplare und

---

veranlaßt gesehen habe, im Erzschrein »eine völlige Neuordnung der festen Bände« vorzunehmen (Vorrede, S. 15). An einem Hinweis darauf, daß Birkens »gesamter literarischer überaus reicher Nachlaß, der sich im Besitz des Pegnesischen Blumenordens befindet, allseitig durchgearbeitet und Birkens Briefe möglichst dazu herangezogen« sein müßten, bevor sich Verbindliches über Birken äußern ließe, fehlte es gleichfalls nicht (Vorrede, S. 16). Daß Birken im übrigen lebhaften Anteil an der Entstehung von Neumarks *Neu=Sprossendem Palmbaum* aus dem Jahr 1668 nahm, ist seit Erscheinen des Briefwechsels bekannt. Neumark revangierte sich kollegial, indem er Birken sympathisch porträtierte und ein erstes gedrucktes Verzeichnis seiner Schriften bot. Vgl. Georg Neumark: Der Neu=Sprossende Teutsche Palmbaum. Oder Ausführlicher Bericht/ Von der Hochlöblichen Fruchtbringenden Gesellschaft Anfang/ Absehn/ Satzungen/ Eigenschaft/ und deroselben Fortpflanzung/ mit schönen Kupfern ausgezieret/ samt einem vollkommenen Verzeichnüß/ aller/ dieses Palmen=Ordens Mitglieder Derer Nahmen/ Gewächsen und Worten/ hervorgegeben Von dem Sprossenden. – Nürnberg: Hoffmann 1668. Der von Martin Bircher frühzeitig besorgte Reprint (München: Kösel 1970) (Die Fruchtbringende Gesellschaft. Quellen und Dokumente in vier Bänden; 3. – Deutsche Barock-Literatur), wurde mit einem ›Anhang‹ versehen, in dem Bircher die Mitgliederliste, aus Herdegens Geschichte des Nürnberger Blumenordens (S. 858–868) geschöpft, bis zum Erlöschen der Gesellschaft im Jahr 1680 fortführte. Das von Herdegen beigebrachte Dokument entstammte dem Nachlaß Birkens, der es von Neumark im Jahr 1680 erhalten hatte – ein Jahr vor ihrer beider Tod. Das Porträt Birkens findet sich im *Neu=Sprossenden Palmbaum* auf S. 459. Der Erwachsene habe »mit einer sonderbaren nachdenklich=wolsteigender Schreibahrt/ voll Feuer und Kern/ unterschiedliche Werklein heraus geben«, die sodann aufgezählt werden. »Wird auch/ mit Gott ins künftige noch etliche gelehrte Schriften/ so Er allbereits unter Händen/ der liebhabenden Welt mittheilen.« Vgl. auch eine weitere auf Birken gemünzte Bemerkung S. 454.

138 Verzeichniss der Büchersammlung des Pegnesischen Blumenordens. Herausgegeben am Jubelfeste seines 250jährigen Bestehens. – Nürnberg: 1894 (Exemplar in der Norica-Abteilung der Stadtbi-

von Birken zusammengebrachten eigenen Schriften sowie die seiner Mitgenossen. Nur das wenigste davon gehörte zur Gattung des ausgewachsenen Buches. Die überwiegende Mehrzahl machte das für das Zeitalter wie für den Orden und für Birken typische Kleinschrifttum aus, auf das Birkens sammlerische Bemühung besonders gerichtet war.

In dem anonymen Katalog des Ordens sucht man es vergebens. Der Verfasser hat sich nicht die Mühe gemacht – oder war nicht beauftragt –, Sammelbände oder sonstige Sammlungen mit Kleinschrifttum zu verzeichnen. Und wo er zu ihnen griff, da begnügte sich mit der Wiedergabe des ersten Titels. Hier wurde zu einer Zeit, da das wirtschaftliche Leben florierte und Mittel für eine aufwendigere Publikation gewiß aufzutreiben gewesen wären, eine einzigartige Chance vertan. Sie sollte nicht wiederkehren – mit allen gerade für die Birken-Philologie verhängnisvollen Folgen.[139]

Der Beitrag Goedekes

In die gleiche Zeit fiel die Neubearbeitung des dritten, dem 17. Jahrhundert gewidmeten Bandes von Goedekes *Grundrisz*. In der sinnvollerweise überwiegend nach Räumen gegliederten Darbietung der Titel nahmen auch die Nürnberger einen eigenen Platz ein.[140] Die Mitglieder der Gesellschaft nebst ihren Ordensnamen hatte Goedeke zusammen mit der einschlägigen Literatur am Eingang seines Werkes zusammengeführt. So konnte er an späterer Stelle im wesentlichen Personalbibliographien nebst einer gelegentlichen biographischen Notiz und – sofern überhaupt vorhanden – der personenbezogenen Spezialliteratur bieten. Letztere war

---

bliothek, Nor. 2839. 4°). Später erschien von dem Ordensbibliothekar Emil Reicke nochmals ein gedruckter Katalog. Er war als ein erster Band deklariert, dem kein weiterer mehr folgte: Katalog der Bücherei des Pegnesischen Blumenordens (gegründet 1644). Bd. I: Verzeichnis der seit 1750 erschienenen Bücher und gedruckten Schriften. – Nürnberg: Stich 1920. Der einzig belangvolle, nämlich älteste Bestand an Titeln aus dem 17. und frühen 18. Jahrhundert erfuhr folglich zu keinem Zeitpunkt in der Geschichte des Ordens eine Publikation. Zu den Konsequenzen vgl. unten S. 837f., sowie Garber: Zur Krisis reichsstädtischer Überlieferung (Anm. 126), S. 292–294

139 Das Birkensche Werk, sofern wahrgenommen, hat man unter den Namen Betulius, Birken und Floridan zu suchen. Ob dem anonymen Kompilator bekannt war, daß es sich um ein und dieselbe Person handelt? Neun Titel bringt er zusammen. Harsdörffer und Klaj sind unter diesen ihren Namen jeweils mit einem einzigen Titel vertreten, Omeis mit zwei. Fürer von Haimendorf muß man unter ›Lilidor‹ suchen. An späterer Stelle taucht das *Pegnesische Schäfergedicht* unter ›Strephon u. Clajus‹ auf. Neumarks Geschichte der Fruchtbringenden Gesellschaft ist unter ›Palmbaum‹ verbucht; Limburgers Gedächtnisschrift für Birken unter *Pegnesis*. Etc.

140 Karl Goedeke: Grundrisz zur Geschichte der deutschen Dichtung aus den Quellen. 2., ganz neu bearb. Aufl. Bd. III: Vom dreissigjährigen bis zum siebenjährigen Kriege. – Dresden: Ehlermann 1887. Hier § 183, S. 107–121, das mit Harsdörffer eröffnete Kapitel. Der Birken-Eintrag S. 113–116. Zum Unternehmen Goedekes und der vorwaltenden räumlichen Strukturierung vgl. Klaus Garber: Der Bibliograph als Wegebahner für eine Kulturraumkunde des alten deutschen Sprachraums. – In: *Goedekes Grundriss zur Geschichte der deutschen Dichtung aus den Quellen* und die bibliographische Erschließung literarischer Texte. Gespräch mit Freunden. Herbert Jacob zum 26. Dezember 2004. Hrsg. von Hans-Albrecht Koch. – Overath: Bücken & Sulzer 2004, S. 65–81.

auch zu Ende des 19. Jahrhunderts im Falle Birkens immer noch schmal und dürftig. Das entsprach dem Urteil, das Goedeke knapp und lakonisch fällen zu dürfen glaubte: »Öder, geschraubter Dichter.«

Dessen ungeachtet bietet er die ausführlichste Bibliographie zu Birken, die als solche bis in die zweite Hälfte des 20. Jahrhunderts unüberholt blieb und – wie in ungezählten anderen Fällen – die Grundlage für die wissenschaftliche Beschäftigung mit der Literatur des 17. Jahrhunderts bildete. Sechzig Titel führt Goedeke auf. Den Beschluß macht Limburgers *Betrübte Pegnesis*. Alles seinerzeit Bekannte und in der Regel in Göttingen Vorhandene faßte Goedeke in chronologischer Reihenfolge zusammen. Die Berliner Bestände zumal aus der Sammlung Meusebach wurden nicht berücksichtigt. Und auch das Ordensarchiv wurde verständlicherweise nicht einbezogen. So handelt es sich im wesentlichen um die eingeführten Titel der zumeist größeren Werke.

Daß Goedeke dem kasualen Kleinschrifttum grundsätzlich die Aufnahme verweigerte, wie gelegentlich behauptet, kann nicht bestätigt werden. Wo er in Göttingen auf einen Titel stieß, verzeichnete er ihn.[141] Aber natürlich wäre sein Unternehmen rasch an die Grenzen gestoßen, wenn er die Suche systematisch eröffnet hätte. Auch die fiktiven Titel wie der *Teutsche Olivenberg* oder die *Teutsche Schaubühne* kehren wieder. Dies freilich mit ausdrücklichem Verweis auf Herdegen und im zweiten Fall auch auf Will – Indiz dafür, daß Goedeke sich nur auf Gewährsleute berufen konnte und insofern ordnungsgemäße bibliographische Praxis. Die in Göttingen vorhandenen Titel wurden mit Angabe der (alten) Signatur versehen. Eine einzige ausführlichere Annotation betraf den *Spiegel der Ehren* für das Haus Österreich:

> Bearbeitung des fuggerschen Ehrenwerks, die Birken 1660 ungeachtet der nur auf Interesse an der Sache selbst beruhenden Gegenvorstellungen Lambecks übertragen war und die übel genug ausgefallen ist. Vgl. L. Ranke, Zur Kritik neuerer Geschichtschreiber. Berlin 1824. S. 58.[142]

Man sieht, daß jedes Verständnis für die besonderen Bewandtnisse panegyrisch-dynastischer Literatur im Zeitalter des Barock inzwischen abhanden gekommen war.

---

141 Goedeke konnte auf den wichtigen Sammelband 8° Poet. Germ. I. 6308 mit ›Pegnesiaca‹ zurückgreifen.
142 S. 115 zu Nr. 27. Unter der Nummer 34 ist Goedeke ein Irrtum unterlaufen, der Folgen bis in Albrecht Schönes Anthologie der deutschen Literatur des 17. Jahrhunderts hatte. Die dort unter Ziffer 34 b. aufgeführten vier Titel sind nicht, wie es den Anschein erweckt, die äußerst seltenen Erstdrucke, sondern entstammen dem zweiten Teil der *Pegnesis*, wo sie die Nummer eins bis vier bilden. Vgl.: Die deutsche Literatur. Texte und Zeugnisse. Hrsg. von Walther Killy. Bd. III: Das Zeitalter des Barock. Texte und Zeugnisse. Hrsg. von Albrecht Schöne. 2., verbesserte u. erweiterte Aufl. – München: Beck 1968, S. 1223, Nr. 47. Auch *Floridans Verliebter und Geliebter Sireno. MDCLVI.*, Werkverzeichnis Nr. 49, entstammt der *Pegnesis*, stellt also eine Spätfassung dar. Die Erstfassung von 1656 ist seit dem Verlust des Birkenschen Handexemplars nicht mehr nachweisbar. Unter der von Schöne ausgewiesenen Signatur ›Lh 313.1816, 186‹ in der Niedersächsischen Landesbibliothek Hannover verbirgt sich Birkens zweiteilige *Pegnesis*.

Im Zeichen des Krieges: Wilhelm Schmidts archivalische Bemühungen

In den ersten Dezennien des 20. Jahrhunderts belebte sich die Birken-Forschung zaghaft. Wilhelm Hausenstein wandte sich Birkens historiographischen Arbeiten zu.[143] Für das unvollendet und ungedruckt gebliebene Versepos *Amalfis* trug Jobst in den ›Egerländischen Heimatblättern‹ Förderliches bei.[144] Eine Monographie, wie sie etwa Harsdörffer und Klaj zuteil wurde, blieb Birken versagt, wenn man absieht von Jobsts nicht zum Druck gelangter Wiener Dissertation zum *Teutschen Olivenberg* Birkens.[145] So bietet der Leitfaden der Ordensjubiläen sich nochmals an, um eine aus dem Orden selbst heraus erfolgende Bemühung zu würdigen. Daß 1944 kein ›Jubelfest‹ in der schon schwer getroffenen Stadt zu begehen war, der im Januar 1945 endgültig der Todesstoß versetzt wurde, liegt auf der Hand. Eine Zusammenkunft im Irrhain vor den Toren der Stadt mußte – wie schon die Jahre zuvor – wegen mangelnder Fahrgelegenheiten ausfallen.

Im Ordensarchiv waltete der schon erwähnte Wilhelm Schmidt in den frühen vierziger Jahren seines Amtes. Er betätigte sich registrierend, Akten studierend und ordnend, wozu dankenswerterweise auch gehörte, daß er das Kleinschrifttum zusammenführte, auf dem er sich mit dicken Farbstiften bleibend verewigte. Die Bearbeitung des Schwarzschen Verzeichnisses fiel in diese Zeit. Schmidt setzte ungeachtet der widrigen Umstände aber auch zu einer Ordensgeschichte an. Sie kam nicht mehr zum Druck, hat sich jedoch im Ordensarchiv erhalten.[146]

›Beiträge zur Geschichte des Pegnesischen Blumenordens. (Festschrift zum 300-jährigen Jubelfest.)‹ ist das Typoskript betitelt. Es umfaßt 117 Seiten; die Vorrede ist auf den Oktober 1944 datiert. Das Typoskript ist vom Autor durchkorrigiert. Man muß bedauern, daß es ungeachtet mancher Unzulänglichkeiten nicht zum Druck gelangte. Es stellt zweihundert Jahre nach Herdegen die umfassendste Verlautbarung zur Geschichte des Ordens dar und enthält vielerlei nur an dieser Stelle Überliefertes.

Die Vorrede zum Text nimmt sich in der Bescheidenheit des Tons und in der Verehrung für die Vorgänger sympathisch aus. Der Vorsatz ist denkbar schlicht. Es sollen vor allem Lücken in der Überlieferung geschlossen werden, und dort, wo die Vorgänger knapp blieben oder auch Irrtümern unterlagen, nachgearbeitet werden. Schmidt war von der Sorge umgetrieben, »dass die heute noch vorhandene münd-

---

143 Vgl. Wilhelm Hausenstein: Der Nürnberger Poet Siegmund von Birken in seinen historischen Schriften. Ein Versuch. – In: Mitteilungen des Vereins für Geschichte der Stadt Nürnberg 18 (1908), S. 197–235.
144 Vgl. oben Anm. 17 und unten Anm. 166.
145 Vgl. oben Anm. 17.
146 Wilhelm Schmidt: Beiträge zur Geschichte des Pegnesischen Blumenordens (Festschrift zum 300-jährigen Jubelfest.). [Vorrede datiert:] Oktober 1944 (Typoskript): P.Bl.O. K. 156a. Vgl. Irmtraud von Andrian-Werburg: Das Archiv des Pegnesischen Blumenordens. – In: ›der Franken Rom‹ (Anm. 2), S. 406–424, hier S. 423, Anm. 1.

liche Überlieferung in absehbarer Zeit ganz versiegt«, und eben deshalb »solle noch rechtzeitig der Stoff über die letzten hundert Jahre notdürftig gesammelt werden«.[147]

Rückblickend sind wir über diese auf Sicherung der Fakten bedachte Bemühung sehr viel glücklicher als über so manchen festlich gestimmten, aber im Vagen verbleibenden Beitrag. Für eine ganze Reihe von Details ist Schmidt der letzte Gewährsmann geblieben. Natürlich wußte er, daß Mönnichs Darstellung nicht entfernt hinreichte. Als entscheidende Zäsur in der Geschichte des Ordens nach dem Vorgang Herdegens machte er das Jahr 1786 aus. Seither flossen auf die erwähnte Intervention Panzers hin die Quellen üppiger und regelmäßiger. Auf sie griff Schmidt daher vor allem zurück und ergänzte sie zugleich bis in die jüngste Zeit hinein, indem er selbst Informationen beisteuerte. Eben dies sichert dem Werk seine Authentizität und erhebt es zu einem unverzichtbaren.

Womit zugleich gesagt ist, daß Schmidt sich nicht anheischig machte, Neues zur Frühzeit des Ordens beizutragen. Das geschah, wie erwähnt, anhand des Schwarzschen Verzeichnisses. Immerhin ist das erste Kapitel mit seinen zwanzig Seiten zur Ordensgeschichte zwischen 1644 und 1786 gespickt mit wichtigen Informationen, durchweg aus dem Schmidt ein letztes Mal komplett verfügbaren Archiv, das er bestechend gut übersah. So gelangen ihm auf dem Gebiet der Personenkunde und damit der Identifizierung von Schäfernamen einige durchaus beachtenswerte Hinweise, und dies mehrfach in Gestalt von Korrekturen umlaufender Fehlattributionen und falscher Datierungen. Auch hat Schmidt wichtige Dokumente wie die erste nur handschriftlich überlieferte und offensichtlich von ihm überhaupt erst entdeckte Satzung des Ordens aus dem Jahr 1699 in vollem Wortlaut mitgeteilt (S. 13–17). Spätere Historiker des Ordens, die diese Schmidtsche Quelle nicht kannten, entbehrten also durchaus eines respektablen Hilfsmittels.

Zu einem Glanzstück ist das zweite Kapitel über den noch unter Birkens Präsidentschaft angelegten und dann von Limburger ausgestalteten Irrhain geraten. Zahlreiche neue Details vor allem für die Zeit nach 1744 weiß Schmidt zum Irrhain mit seinen Hütten der Schäferinnen und Schäfer nebst Wahlsprüchen, Gedenksteinen, Inschriften, Gemälden und anderweitigen Insignien beizubringen. Der Irrhain bot den Rahmen für manches schöne Fest. Der Beginn des Zweiten Weltkrieges bezeichnete wiederum die entscheidende Zäsur.

> Beim Fliegerangriff in der Nacht vom 8. auf 9. März 1943 wurde nicht nur Kraftshof sehr stark in Mitleidenschaft gezogen und seine schöne alte Kirche verwüstet, sondern durch Druckwirkung in den Wald gefallener Sprengbomben auch der Irrhainzaun beschädigt und in der Kellerhütte Kisten und Kasten aufgerissen und Geschirr und Bilder zertrümmert.[148]

---

147 Schmidt: Beiträge zur Geschichte des Pegnesischen Blumenordens (Anm. 146), Vorwort, S. 1.
148 Ebd., S. 43.

Wo sonst hätte man das lesen können? Eine Reihe von wichtigen und von Schmidt beigebrachten Zeugnissen ist bislang in keiner der neueren Darstellungen verarbeitet.

Editorische Aktivitäten

Wir haben abschließend in diesem Kapitel einen Blick auf die bescheidenen Bemühungen um die editorische Pflege des Birkenschen Werkes zu werfen. Von den Vorstößen in das 17. Jahrhundert, wie sie im 18. Jahrhundert energischer als bekannt erfolgten, hat Birken so wenig wie seine Nürnberger Zunftgenossenschaft profitiert. Das Interesse war auf die Repräsentanten der ersten Jahrhunderthälfte gerichtet. Wenn irgendwo der Begriff des ›vorbarocken Klassizismus‹, wie Richard Alewyn ihn prägte, einer Bewährungsprobe hinsichtlich seiner Nachgeschichte unterlag, so angesichts herausgeberischer Präferenzen. Mit der Opitz-Generation vermochten sich die Gottschedianer und Nachfolger in Maßen zu identifizieren, weil Themen, Sprachduktus und patriotisches Ethos verwandte Saiten zum Klingen brachten. Die Gedenkreden zu den hundertjährigen Jubiläen anläßlich von Geburts- und Todestagen, aber auch anläßlich von Vereinsjubiläen und politischen oder kirchlichen herausragenden Ereignissen, wie das 17. Jahrhundert sie gleichfalls kannte, sind ein ergiebiges Beobachtungsfeld. Aber eben auch Anthologien.

In der *Neukirchschen Anthologie*, die sich den späten Schlesiern weit öffnete, hat keiner der Nürnberger einen Platz. Ein daselbst figurierender Dichter wie Kongehl kam als Königsberger hinein, nicht als Mitglied des Nürnberger Blumenordens. Mantzels Reihe der *Vortrefflichsten Teutschen Poeten* (1721–1725) ist nicht über vier Bände hinausgelangt und für das 17. Jahrhundert bei Opitz, Tscherning und Dach sowie bei Fleming und Rist stehengeblieben. Aber auch in der doch wohl bedeutendsten Anthologie des 18. Jahrhunderts, Zachariaes und nachmalig Eschenburgs *Auserlesenen Stücken der besten Deutschen Dichter von Martin Opitz bis auf gegenwärtige Zeiten* (3 Bände, 1766–1778), sucht man die Nürnberger vergeblich. Das 18. Jahrhundert ist für die Rezeption und speziell für die Edition der Nürnberger insgesamt unergiebig.

Schwäbische Seitenpfade: Kerner, Uhland und Haug

Eine erst in jüngster Zeit aufgetane Spur, die sich indes nicht verfestigte, geleitete aus dem 18. Jahrhundert in das 19. Nicht aus der Jenenser oder der Heidelberger, sondern aus der schwäbischen Romantik ließ sich für einen Moment lang ein überraschendes und sympathisches Echo vernehmen.[149] Zusammen mit Uhland und

---

[149] Es ist das Verdienst der Arbeit von Dieter Martin, diese Spur energisch verfolgt zu haben, nachdem schon Goedeke, der sich in diesem Milieu auskannte, auf den Kernerschen Beitrag hingewiesen hatte. Vgl. Dieter Martin: Barock um 1800. Bearbeitung und Aneignung deutscher Literatur des 17. Jahrhunderts von 1770 bis 1830. – Frankfurt a.M.: Klostermann 2000 (= Das Abendland.

Schwab begründete Justinus Kerner im Jahr 1812 den ›Poetischen Almanach‹ für dieses Jahr, dem gleich darauf wiederum mit Uhland und sodann mit Fouqué ein ›Deutscher Dichterwald‹ folgte. In das erste der beiden so kurzlebigen Organe fand überraschend auch Birken Eingang. Uhland war es gelungen, den Pegnitzschäfer ›Floridan‹ mit Birken zu identifizieren. Fünf Gedichte ›Floridans‹ werden eines Neudrucks gewürdigt, darunter ein ›Rosenlied‹ zum Auftakt der Anthologie.[150]

Die Überraschung zerstreut sich indes, wenn man einen Blick in das ›Morgenblatt für gebildete Stände‹ vom Oktober 1814 wirft, in dem sich eine ›Erinnerung an Sigmund von Birken‹ aus der Feder von Kerner findet.

> Es ist Pflicht, auch manchmal einen von Denen wieder zu uns in den Reigen des Lebens zu führen, die man entweder darum nicht mehr beachtet, weil ihre Schöne durch die Formen einer zu ihrer Zeit gerade herrschenden Schule (wie durch den Modereifrock die schlanke Gestalt) entstellt wurde, oder die man darum nicht mehr aufführt, weil sie zu wenig auf dem Markte erschienen, und an die Menge sprachen, als daß die stillen, prunklosen Kinder ihres Geistes, die einfachen, nur von Thau gefüllten Blumen, aus dem buntwogenden Felde der geistigen Erzeugnisse hätten hervorragen können.[151]

Wann wären so schöne Worte, auf Birken gemünzt, je verlautet; wann wären sie noch einmal zu vernehmen gewesen? Kerner kennt Birken aus Limburgers *Betrübter Pegnesis* und ist im Besitz des ersten Teils der *Pegnesis*, die ihn entzückt haben muß. Läse man darin

> *Schäfersfreude, Lob der Liebe, Kriegestrost* etc., so ist es einem, als vernähme man einen Sangvogel, der, in ein schöngeputztes Käfig verschlossen, künstliche Triller, die man ihn

---

N.F.; 26). Hier Seite 86ff. zur Wiederentdeckung Harsdörffers und Birkens als Lyriker im zweiten Jahrzehnt des 19. Jahrhunderts. Herangezogen wird insbesondere auch der Briefwechsel zwischen Kerner und Uhland, dem nähere interessante Informationen zum Hintergrund der Publikationsgeschichte in den erwähnten Anthologien zu entnehmen sind. Vgl.: Justinus Kerners Briefwechsel mit seinen Freunden. Hrsg. von Theobald Kerner. Durch Einleitungen und Anmerkungen erläutert von Dr. Ernst Müller. Bd. I–II. – Stuttgart, Leipzig: Deutsche Verlags-Anstalt 1897. Eine Zusammenstellung der Birken-Drucke in den Anthologien zwischen 1812 und 1825 findet man bei Martin im Literaturverzeichnis s.v. Sigmund von Birken, S. 605f.
150 Vgl.: Poetischer Almanach für das Jahr 1812. Besorgt von Justinus Kerner. Faksimiledruck nach der Erstausgabe Heidelberg 1811. Hrsg. und mit einer Einführung von Hannelore Schlaffer. – Bern u.a.: Lang 1991 (= Seltene Texte aus der deutschen Romantik; 11). Hier in der ›Einführung‹ der Herausgeberin eine eingehende Charakteristik der Anthologie und ihrer Stellung in der Zeit. Birken ist der einzige Dichter des 17. Jahrhunderts, der in der Anthologie zu Wort kommt. Das ›Rosenlied‹ zum Eingang ist Birkens *Fortsetzung Der Pegnitz=Schäferey* entnommen. Drei Strophen wurden fortgelassen. Das fünfte Gedicht ›Hoff, wo nichts zu hoffen ist‹ (S. 153f.) steht im *Pegnesischen Schäfergedicht* (1644) und stammt von Harsdörffer. Es ist wie die anderen Texte ganz erheblich bearbeitet und einem romantischen Gestus anverwandelt. Darauf kann hier ebensowenig eingegangen werden wie auf eine Ermittlung der Vorlagen der übrigen Gedichte, die gleichfalls nicht alle von Birken stammen. Der gesamte Komplex bedürfte einer eingehenden Untersuchung.
151 Justinus Kerner: Erinnerung an Sigmund von Birken. – In: Morgenblatt für gebildete Stände. Nr. 257 (Donnerstag, 27. Oktober, 1814), S. 1026f.; Nr. 258 (Freitag, 28. Oktober, 1814), S. 1029f. Das vorgelegte Zitat hier S. 1026. Vgl. zum Kontext die Einleitung von Bernhard Zeller zu: Das Sonntagsblatt für gebildete Stände. Eine Zeitschrift der Tübinger Romantiker. Nach der Handschrift hrsg. von Bernhard Zeller. – Marbach a.N.: Schiller-Nationalmuseum 1961 (= Turmhahn-Bücherei. N.F.; 2). Es handelt sich um eine Edition des Jahrgangs 1807.

lehrte, hervorbringt, der aber mitten in dieser Arbeit plötzlich wieder in die Töne seines ihm angebornen, vollen Waldgesangs verfällt; weiter, glaubt man in einem französischen Garten zu gehen, wo hier und da in steife Formen geschnittene Bäume, heimlich, noch nicht bemerkt vom alten, halbblinden Gärtner, lange, schlanke Blüthenzweige, auf denen bequem sich die Vögel wiegen, in den blauen Himmel ausstrecken.[152]

Und dann folgen Passagen aus den frühen Birkenschen Schäfergedichten, die in die *Pegnesis* eingingen, ein aus dem Geist der Romantik gezeugtes Organ sehr wohl zu zieren vermochten und dazu angetan gewesen wären, die alsbald einsetzenden Schmähreden zum Verstummen zu bringen. Man wird Kerner attestieren dürfen, daß er mit sicherem Gespür Perlen des Lobpreises schäferlichen Lebens inmitten einer heiteren und gütigen Natur sowie eines neuplatonisch gefärbten Bildes vom Menschen ausfindig machte, die so gar nicht in das Schema des gespreizten Hofdichters paßten, in das Birken fortan gepreßt wurde. Doch hatte es mit der kleinen Ehrenrettung auch noch eine andere Bewandtnis. Birken wurde einen Moment lang im Kreis um Uhland und Kerner als gesellschaftskritischer, die kriegerischen Umtriebe geißelnder, zu seinem Vaterland sich bekennender Dichter wahrgenommen, der er eben – wie so viele der Dichter des 17. Jahrhunderts seit Weckherlin, Opitz, Zincgref u.a. – sehr wohl auch war.

Als Exempel fungiert eine von Kerner so betitelte ›Kriegsklage‹, wie er sie gleichfalls in der *Pegnesis* fand.[153] Sie hatte bereits eine kleine, aber frappante Geschichte hinter sich. Kerner und Freunde wollten 1813 das anspruchslose Stück in den in Hamburg erscheinenden ›Deutschen Dichterwald‹ aufnehmen. Doch die französische Zensur schritt ein und verhinderte, eben dieses Gedichtes wegen, den Druck der Sammlung. Kerner unterlief also mit dem Abdruck geschickt auch eine soeben im hohen Norden verhängte Zensur und nutzte die Gelegenheit zugleich zu einem Kommentar, in dem er sich unversehens dem pastoral-allegorischen Sprechen anbequemte, wie es auch Birken überzeugend gehandhabt hatte.

> Dieses im Jahre 1644 gedichtete Lied wird uns durch die erst kurz verflossenen Tage, besonders durch das gleiche traurige Schicksal der Elbbewohner, ganz neu. Jm Jahre 1813 wurde es dem von mir mitbesorgten *deutschen Dichterwalde* einverleibt, da er aber zu Hamburg erscheinen sollte, versagte die französische Censur daselbst, eben jenes alten *von Birkenschen* Gedichtes wegen, den Druck der ganzen Sammlung: dazumal aber weidete noch manche reiche Herde an dem schönen Strande der Elbe!![154]

---

152 Morgenblatt für gebildete Stände, Nr. 257, S. 1026.
153 Das vorgelegte Gedicht stammt nicht von Birken. Birken hatte in seiner *Pegnesis* von 1673 das *Pegnesische Schäfergedicht* von Harsdörffer und Klaj aus dem Jahr 1644 als erstes wieder abgedruckt. Da die Herausgeber Birken als Verfasser der *Pegnesis* kannten, wähnten sie auch in diesem Fall Birken als Autor. Das Gedicht, das im *Pegnesischen Schäfergedicht* von Clajus gesungen wird, ist wiederum lebhaft bearbeitet und dem ›patriotischen‹ Anliegen der Herausgeber angepaßt. Von ›deutschen Liedern‹ ist in der Vorlage ebenso wenig die Rede wie von der ›deutschen Erde‹, wohl aber vom ›Vaterland‹, das vor der Flucht ›Hirt und Herd‹ nährte. Der aktuelle politische Impetus des *Schäfergedichts* ist genial erkannt und in der Weiterverarbeitung geschickt zur Geltung gebracht.
154 Morgenblatt für gebildete Stände, Nr. 258, S. 1029.

Die Miszelle geriet also auch zu einem versteckten Nachruf auf eine verheißungsvolle, nun aber gescheiterte Anthologie.

Kerner tat zudem ein übriges, indem er auf die 1812 im ›Morgenblatt‹ abgedruckten ›herrlichsten Gedichte‹ von Birken alias ›Floridan‹ nochmals verwies und seine Wertschätzung des Dichters in einem ihm zugesprochenen Sonett bekräftigte – möglicherweise dem einzigen panegyrischen Poem, das aus der nachbarocken Ära auf den einst umworbenen Dichterfürsten auf uns gekommen ist. Es legt in geschickter Überblendung der Zeiten, wie sie politischem Dichten seit je eignete, ein im Werk Birkens auch virulentes, bislang historisch überzeugend jedoch noch nicht nachgezeichnetes patriotisches Ferment frei.

> Laß dieses Wort des Danks zu Dir gelangen,
> Du sel'ger Meister! für die theuren Lieder!
> Schwebtest in Lieb' in unsern Garten nieder,
> Wo wir von Rosen, Wald und Sternen sangen.
>
> Bekannte Töne Dir entgegen klangen,
> Weckten in Dir die alten Lieder wieder.
> Erkanntest uns als treue, deutsche Brüder,
> Die tröstend sich in gleichem Leid umfangen.
>
> Vom sel'gen Bündniß gleichgestimmter Geister,
> Von des gepressten Vaterlands Beschwerde,
> Von Kraft durch Hoffnung hat dein Lied gesungen.
>
> Wie warst du uns willkommen, sel'ger Meister!
> Zerrissen lag und kalt die deutsche Erde;
> Deutscher Gesang nur hielt uns treu umschlungen.[155]

Die Worte blieben nicht ohne Wirkung. Die Redaktion des Cottaschen ›Morgenblattes‹, in dem sie verlauteten, lag in den Händen von Friedrich Haug, dem Freund Schillers und nachmaligen Bibliothekar der Stuttgarter ›Öffentlichen Bibliothek‹. 1819 trat er mit einem – vom Titel her an Neumark gemahnenden – *Poëtischen Lustwald* hervor.[156] In ihm kommen die Nürnberger, darunter auch Birken, gleich mehrfach zu Wort.[157] Ja, Haug hatte Birken schon zwei Jahre vorher unter dem zugkräftigen Titel ›An meine deutschen Brüder‹ publizistisch lanciert.[158]

---

155 Ebd., S. 1029f.
156 Vgl.: Poëtischer Lustwald. Sammlung von Gedichten älterer großentheils jetzt unbekannter Dichter. Hrsg. von Friederich Haug. – Tübingen: Osiander 1819.
157 Haugs Kommentar in der Vorrede: »Daß man von Birker, Harsdörfer und Zesen künftig vortheilhafter urtheilen werde, lässt nach den vorgelegten Proben sich hoffen.« (S. 2 der unpaginierten Vorrede). Im Register (S. 283) ist ›Birker‹ richtig als ›Siegmund von Birken‹ ausgewiesen. Sechs ›Lieder‹ werden aufgeführt (S. 203–211). Harsdörffer ist mit zwölf ›Liedern‹ vertreten, Klaj indes nur mit einem. Selbst Christoph Francks *SCHÄFERGEDJCHT und SCHÜTZENGESCHJCHT/ in dem BEGNESJSCHEN ERLENTHAL* (Nürnberg: Endter 1658) ist Haug nicht entgangen. Vgl. Martin: Barock um 1800 (Anm. 149), S. 88, Anm. 198.
158 In: Der Gesellschafter oder Blätter für Geist und Herz 1 (1817), S. 601. – Auch in Haugs *Almanach poetischer Spiele auf das Jahr 1816* (Frankfurt a.M.: Wilmans 1816), S. 270–273, und in der

Auch wenn das Gedicht nicht von Birken stammte, nahm es doch bis in die Titelgebung hinein einen um Kerner und Uhland wirksamen Impuls wieder auf, der zu seiner Wiederentdeckung geführt hatte.

In dieser Perspektive nimmt es daher kaum wunder, daß Birken auch in den von Hoffmann von Fallersleben angeregten ›Findlingen‹ das Wort erhielt.[159] Wie anders hätte das Nachleben ›Floridans‹ sich gestaltet, wenn diese aus den besten Quellen der Romantik und des Vormärz gespeiste Überlieferung sich gefestigt hätte.

Birken in den Textreihen des 19. und frühen 20. Jahrhunderts

Statt dessen hat Birken von den erst im 19. Jahrhundert einsetzenden Bemühungen um Darbietung größerer Textcorpora, zumal in Gestalt von Reihenwerken, nur ganz am Rande profitiert. Tittmann, eifrig an den von ihm mit Goedeke ins Werke gesetzten Textsammlungen zum 16. und zum 17. Jahrhundert beteiligt, hatte für die Nürnberger keinen eigenen Band reserviert, obgleich er doch um ihre Ehrenrettung so bemüht war. Der Grund dürfte sein, daß es in der Reihe Wilhelm Müllers – nicht zu verwechseln mit Tittmanns gleichnamigem Göttinger Lehrer! – schon früher zu einer Anthologie gekommen war. Die erstmals exklusiv dem 17. Jahrhundert gewidmete Reihe Müllers mit dem Titel *Bibliothek deutscher Dichter des siebzehnten Jahrhunderts*, die später von Karl Förster fortgesetzt wurde, brachte es zwischen 1822 und 1838 immerhin auf 14 Bände.[160]

Aehrenlese aus der Vorzeit von Theodor von Haupt (Elberfeld: Büschler 1816), S. 276–278, ist Birken vertreten. Vgl. Martin: Barock um 1800 (Anm. 149), S. 605.

159 Vgl.: Weimarisches Jahrbuch für deutsche Sprache, Litteratur und Kunst. Hrsg. von Hoffmann von Fallersleben und Oskar Schade. Bd. IV. – Hannover: Rümpler 1856, S. 153f. Hier findet sich ein von F.G. Hainkirch mitgeteiltes ›Räthsel an die jungen Gesellen‹. Es ist – ohne Angabe einer Provenienz – einem Hochzeitsgedicht auf Isaac Schönauer aus dem Dezember 1644 entnommen, würde also, wie der Herausgeber bemerkt, zu den ganz frühen Stücken Birkens gehören. Seine Zweifel hinsichtlich der Autorschaft sind berechtigt. Und das nicht, weil ein ›Floridan‹ 1644 dem Orden noch nicht angehören, sondern weil er 1644 schwerlich zu einem in Basel erscheinenden Gedicht beitragen konnte. Das tut der Bedeutung des Textes im vorliegenden Zusammenhang keinen Abbruch. Das kecke Lied eines jungen Burschen paßte in das Literaturkonzept des Anwalts kleiner Leute auch *in poeticis*.

160 Zur Charakteristik der Müllerschen Textreihe vgl. wiederum Martin: Barock um 1800 (Anm. 149), S. 85ff. Hervorzuheben ist der gehaltreiche Artikel von Hildegard Eilert: Georg Philipp Harsdörffer bei Wilhelm Müller. – In: Georg Philipp Harsdörffer. Ein deutscher Dichter und europäischer Gelehrter. Hrsg. von Italo Michele Battafarano. – Bern u.a.: Lang 1991 (= Forschungen zur europäischen Kultur; 1), S. 333–363. Hier das bislang Informativste im Abschnitt ›Die *Bibliothek deutscher Dichter des siebzehnten Jahrhunderts*‹, S. 342ff. (mit einem kleinen Fehler bei der Aufzählung der Müllerschen Reihe, S. 347). Zu Müller vgl. den Eintrag im dritten Band der ersten Auflage des Goedeke (1881), S. 347–359. Hier unter Nr. 23 (S. 354) eine Aufführung der einzelnen Bände der Reihe. Dazu die Goedekesche Annotation: »Das Ganze war eine flüchtige Fabrikarbeit.« Die Neubearbeitung des Artikels findet sich im achten Band des Goedeke (1905), S. 255–278; Nachträge S. 707–709, sowie Bd. XI/1 (1951), S. 316, und Bd. XIII (1938), S. 188–194. Das Urteil Goedekes wird auch in der Neubearbeitung des Bandes durch Edmund Goetze wiederholt. Vgl. den entsprechenden Eintrag – nun erweitert um die von Förster betreuten Bände – S. 266f., Nr. 30. Daß dem keineswegs so war, hat Eilert gezeigt. Die von dem Zusatz berei-

Wer aber vermeinte, daß den Nürnbergern wenigstens hier ein eigener Band vorbehalten worden wäre, sieht sich enttäuscht. Die Gründergestalten bestimmen nochmals das Bild. Opitz, Gryphius, Fleming, Weckherlin sowie Albert, Dach und Roberthin, Abschatz und Logau sind eigene Bände gewidmet. Dann zerfasert die Reihe, wie schon an dem letztgenannten (sechsten) Band erkennbar. Paul Gerhardt, Homburg, Tscherning und Zincgref werden besonders sinnwidrig in einem Band zusammengebracht, und – nach einem im Zeichen Rists und Morhofs stehenden Band – gleich sinnwidrig Angelus Silesius, Birken, Harsdörffer, Klaj, Olearius, Schottelius und Andreas Scultetus in dem vorletzten von Müller betreuten neunten Band aus dem Jahr 1826, dem sich in seinem Todesjahr 1827 noch ein weiterer zu Johann Christian Günther anschloß. Eine Erkenntnis von der landschaftlichen Besonderheit der deutschen Dichtung des 17. Jahrhunderts hatte sich noch kaum entwickelt. Die markant ausgeprägte Physiognomie der Nürnberger im Übergang zur zweiten Jahrhunderthälfte blieb dem Herausgeber verschlossen.[161]

Birken selbst war mit neun Gedichten präsent.[162] Auf Harsdörffer entfielen 24. Vor dem Genius Klajs versagte Müller. Nur fünf Gedichte hielt er des Wiederabdrucks für würdig. Adam Olearius und Johannes Scheffler stellen das Gros der Texte. Die ›Vorrede‹ belehrt über die Gründe. Material stand über Meusebachs Sammlungen in großer Zahl zur Verfügung. Der Herausgeber hätte gerne bei den Nürnbergern noch sparsameren Gebrauch von ihnen gemacht als tatsächlich geschehen. Indes galt es, eine Geschmacksverirrung zu dokumentieren, wie sie bei den Nürnbergern sich ankündigte und bei den späten Schlesiern vollendete. In der

> Nürnbergischen Schule [...] haben wir eine sehr wirksame Vorbereitung zu dem verschrieenen Geschmack des *Hoffmannswaldau* und *Lohenstein* zu suchen, welche beide gar viele Sünden ihrer Vorgänger, Zeitgenossen und Nachfolger hergebrachter Maßen tragen müssen.[163]

Die Verirrung liegt an der Gattung, der sie sich verschrieben.

> [K]eine moderne Schäferwelt ist jemals so pedantisch und steif gerathen, wie diese deutsche an der Pegnitz; an läppischer Spielerei mag sie eher im Auslande ihres Gleichen

---

nigte Aufführung der Reihe – nun ergänzt um die zeitgenössischen Rezensionen – in dem vorletzten, meisterhaft von Herbert Jacob bearbeiteten Doppelband XVI (1985) zu den Übersetzungen (§ 349), S. 1064. Die neuere Literatur zu Müller bei Kosch 10 (1986), Sp. 1534–1536, sowie im Quellenlexikon Heiner Schmidts, Bd. XXII (2000), S. 475–483.

161 Förster brachte in der – wohl noch von Müller zumindest teilweise skizzierten – Fortsetzung im Bd. XI (1828) Schwieger, Neumark und Neander zusammen, der Bd. XII (1831) galt Friedrich Spee, im Bd. XIII (1837) fanden sich Lund, Schirmer und Zesen vereinigt, und der Bd. XIV (1838) präsentierte die späten Schlesier einschließlich des Freiherrn von Canitz als ihres Anthologisten und unter Mitnahme von Rompler, der offensichtlich in den Eingangsbänden vergessen worden war.

162 Bibliothek deutscher Dichter des siebzehnten Jahrhunderts. Hrsg. von Wilhelm Müller. Bd. IX: Auserlesene Gedichte von Georg Philipp Harsdörffer, Johann Klaj, Sigmund von Birken, Andreas Scultetus, Justus Georg Schottel, Adam Olearius und Johann Scheffler. – Leipzig: Brockhaus 1826. Hier die Gedichte Birkens S. 77–100.

163 Ebd., S. VIIf.

finden. Wäre es nur bei den Blumen und Schäfernamen geblieben! Aber alle Verhältnisse des Lebens, alle Formen der Kunst, alle Erscheinungen der Natur wurden mit ängstlicher Ziererei in diese poetische Schäferei hineingedrängt, und Birken konnte den Tod seiner geliebten Gattin nicht anders beklagen, als in der Maske eines um seine Hirtin jammernden Hirten.[164]

Damit war an sichtbarer Stelle der Stab über die Gattung und ihren Repräsentanten gebrochen. Wäre nicht ein Dichter wie Angelus Silesius noch in die Reihe aufzunehmen gewesen, die Nürnberger wären bei Müller und Förster schwerlich zu Wort gekommen.

Goedeke und Tittmann brachten es in ihren *Deutschen Dichtern des siebzehnten Jahrhunderts*, die zwischen 1869 und 1885 – parallel zu den gleichfalls von beiden herausgegebenen *Deutschen Dichtern des sechzehnten Jahrhunderts* – bei Brockhaus erschienen, auf insgesamt 15 Bände. Die Nürnberger, wie erwähnt, fehlen. Nach dem Gesagten und der zitierten Feststellung Goedekes über Birken kann es nicht verwundern. Zwischenzeitlich waren von Wilhelm Braune im Niemeyer-Verlag die *Neudrucke deutscher Litteraturwerke des 16. und 17. Jahrhunderts* begründet und 1876 mit Opitzens *Buch von der Deutschen Poeterey* eröffnet worden. Bis zur Zäsur im Jahr 1945 waren zahlreiche Bände erschienen. Nicht einer galt den Nürnbergern oder gar Birken.

Und schließlich ist auch für die beiden großen nationalliterarischen Unternehmungen – sie beide aus ganz verschiedenem Geist erwachsen – Fehlanzeige zu erstatten. Die von Joseph Kürschner begründete Reihe *Deutsche National-Litteratur* im Verlag Spemann ist für zahlreiche Barockdichter geöffnet. Die Nürnberger fehlen. Anders steht es um die von Heinz Kindermann betreute *Deutsche Literatur in Entwicklungsreihen*. Sie profitiert von der inzwischen erfolgten Rehabilitierung der deutschen Literatur des 17. Jahrhunderts. Am Schluß macht sich sogar ein – aus zweifelhaften Motiven herrührendes – lokales Prinzip geltend, ohne noch zur Ausführung zu gelangen. Die Nürnberger kommen in den drei der Lyrik und den acht dem Drama und der Oper gewidmeten Bänden unter der Ägide von Herbert Cysarz wiederholt zu Wort.[165] Auch sonst fanden sie in Anthologien Eingang. Eine eigene Ausgabe wurde ihnen nicht zuteil.

Jobsts ›Amalfis‹-Edition

Ein einziger substantieller editorischer Beitrag neben der erwähnten Publikation des Birken-Neumarkschen Briefwechsels kam bis 1945 zustande. Es handelt sich um die aus dem Nachlaß geschöpfte Wiedergabe von Birkens Fragment gebliebenem

---

164 Ebd., S. XVIIf.
165 Einschlägig ist vor allem der Bd. II der dreibändigen, von Herbert Cysarz herausgegebenen Reihe ›Barocklyrik‹ (Leipzig: Reclam 1937) mit dem Abschnitt ›Die Nürnberger Zunft‹, S. 105–169.

Versepos *Amalfis*.[166] Adam Christof Jobst war auf den Text anläßlich der Vorbereitung einer Dissertation zu Birkens Dramen gestoßen, der er den von Birken herrührenden, verheißungsvollen Titel *Teutscher Olivenberg* gab. Er kannte den handschriftlichen *Syllabus Carminum & Operum Betulianorum* sowie das Schriftenverzeichnis in Birkens Poetik. So war ihm die Sequenz seiner Friedensdichtungen vertraut, die – so Jobst – »seinen Dichterruhm« begründete. Er durfte sich schmeicheln, die Handschrift als erster in Augenschein genommen zu haben, denn Herdegen hatte sie als in lateinischer Sprache abgefaßte qualifiziert, also nicht selbst in der Hand gehabt.

Drei Handschriften mit Bezug auf das Fragment *Amalfis* vermochte Jobst im Archiv des ›Pegnesischen Blumenordens‹ ausfindig zu machen, einen ›Entwurf‹, ein ›Konzept‹ eines ersten und zweiten sowie Teile eines dritten ›Buches‹, insgesamt 1794 Verse, und schließlich eine ›Reinschrift‹, bestehend aus 177 Versen des ersten ›Buches‹. Diese drei Manuskripte hat Jobst im zweiten Band seiner Dissertation publiziert. Damit kommt ihm das Verdienst zu, als erster und einziger vor 1945 einen aus dem Nachlaß geschöpften Text Birkens zugänglich gemacht zu haben. Für seine Publikation hätte er freilich kein abseitigeres Organ finden können neben seiner gleichfalls nur maschinenschriftlich vorliegenden Dissertation. Sie blieb ein verdienstvolles, aber folgenloses Ereignis. Eine Birken-Forschung, die diesen Namen verdient, kam erst nach 1945 in Gang. Diesem Kapitel haben wir uns nun detaillierter zuzuwenden.

III Die Kleinodien des ›Pegnesischen Blumenordens‹ im Zweiten Weltkrieg

Kulturgüter auf der Flucht

Mit dem nationalsozialistischen Umbruch wurde 1933 auch der Pegnesische Blumenorden ›gleichgeschaltet‹ und bekam [eine] ›autoritäre Verfassung‹. Allmächtiger Ordensführer wurde Freiherr von Scheurl, sodaß die Ordensleitung in den bisherigen Händen blieb. [...] Für das 300-Jahr-Fest hat der Verfasser dieser Zeilen im Auftrag des Ordens das Archiv durchgesehen und in eine leidliche Ordnung gebracht. Da jedoch die Bestände vor Luftangriffen gesichert werden mußten, konnte nur ein Teil dessen ausgeführt werden, was wünschenswert wäre. Immerhin wurde der Bestand jetzt einigermassen übersichtlich und der Stoff zur Ordensgeschichte, so gut es ging, gesammelt, die Stammliste nachgetragen und vielfach berichtigt, die Mitglieder von der Ordensgründung an durchgezählt, nach diesen Nummern die Mitgliedakten geordnet, ein Verzeichnis des Archivinhaltes angelegt, ebenso ein Verzeichnis aller gehaltenen Vorträge seit 1786 zusammengestellt, auch ein Nachtrag zum Reickeschen Bücherverzeichnis

---

166 Adam Christof Jobst: Sigmund von Birkens *Amalfis*. – In: Unser Egerland 18 (1914) Heft 2/3, S. 17–20; Heft 4, S. 42–44; ders.: Sigmund von Birkens Amalfis. (Anm. 17). Bd. II: Abdruck der Handschrift A. Zum ganzen Komplex eingehend Hartmut Laufhütte: ›Amalfische promeßen‹ und ›Apollo Hofgericht‹ (Anm. 23).

vorbereitet. Inwieweit diese Vorarbeiten von Nutzen sein würden, mußte der Zukunft überlassen werden.[167]

Der Zweite Weltkrieg, Tribut an ein verbrecherisches Regime, hat noch für die unscheinbarsten kulturellen Organismen einschneidende Folgen gezeitigt. Über Jahrhunderte am angestammten Platz wirkende Einrichtungen verloren ihre Quartiere. Gewiß hatte es immer schon Bewegungen und Umgruppierungen vor Ort gegeben. Sie erfolgten aber zumeist, um Verbesserungen zu erzielen, und insbesondere, um Raumnot zu lindern. Im Archiv- und Bibliothekswesen darf eine Veränderung nur behutsam vonstatten gehen. Neuanfänge gibt es nicht. Ein Krieg jedoch erzwingt sie nur allzu häufig. Und dies nach den ersten Erfahrungen mit dem – gleichfalls von den Nationalsozialisten angezettelten – Luftkrieg in bislang ungeahnten Dimensionen.

Die ›Flüchtung‹, wie der Terminus offiziell hieß, stellte den Versuch dar, der Katastrophe durch Nutzung von Ausweichlagern in vermeintlich sicheren Regionen zu entgehen. Die Geschichte hat gelehrt, daß im totalen Krieg kulturelle Güter so wenig zu schützen sind wie Zivilpersonen. Der Exodus kommunaler Einrichtungen auf Güter, Schlösser, Burgen im Lande hat nur im Ausnahmefall den erhofften Zweck erfüllt. Für alle denkbaren Varianten gibt es Beispiele. In Fällen von besonderer Tragik blieben die heimischen Quartiere unversehrt und die ›geflüchteten‹ Zimelien wurden vernichtet. Selten blieb ein historischer Bestand gänzlich erhalten. In aller Regel traten Verluste ein. Niemals in der Geschichte hat Mitteleuropa einen so weitgehenden Aderlaß seiner kulturellen Habe erleiden müssen wie in der Mitte des 20. Jahrhunderts. Die Memorialstätten von Städten, Regionen, Nationen wurden Opfer von Verheerungen nie erlebten Ausmaßes. Kulturelle Gemeinschaften können sich auch und gerade auf lange Sicht hin von der Versehrung ihrer in Schrift und Monument bezeugten geschichtlichen Überlieferung nicht wieder erholen; die mentalen Beschädigungen sind dauerhafte – und womöglich eben deshalb selten wahrgenommene.[168]

Das Archiv des ›Pegnesischen Blumenordens‹ stellte in gewisser Hinsicht eine einmalige Zimelie in den Mauern der traditionsreichen Stadt dar. Und das in erster Linie wegen des Nachlasses Sigmund von Birkens. Er barg handschriftliches und gedrucktes Material von gleicher Kostbarkeit und stellte in dieser Zusammensetzung ein Unikum im 17. Jahrhundert dar. Im Blick aber auf den Reichtum an Kunstschätzen, den eine Stadt wie Nürnberg ihr eigen nannte, war er einer von vielen Preziosen, für deren Rettung Sorge getragen werden mußte. Insofern ist es als ein Glücksfall – und keinesfalls als eine Selbstverständlichkeit – zu betrachten, daß er zusammen mit anderen wertvollen Dokumenten des Ordens in die Schutzmaßnahmen einbezogen wurde.

---

167 Wilhelm Schmidt: Beiträge zur Geschichte des Pegnesischen Blumenordens (Anm. 146), S. 116f.
168 Klaus Garber: Nation – Literatur – Politische Mentalität. Beiträge zur Erinnerungskultur in Deutschland. Essays – Reden – Interventionen. – München: Fink 2004, S. 145ff. (mit Literatur).

Die Habe des Ordens bis zur kriegsbedingten Auslagerung

Das archivalische und bibliothekarische historische Gut des ›Pegnesischen Blumenordens‹ war – bis zum Umzug des Stadtarchivs ins Pellerhaus im Jahr 1932 – in zwei verschiedenen, räumlich indes unmittelbar benachbarten Institutionen untergebracht. Wie in so vielen deutschen Städten residierten das städtische Archiv und die städtische Bibliothek unter dem gemeinsamen Dach eines ursprünglichen Klostergebäudes. In Nürnberg war es das Dominikanerkloster in der Burggasse. Und wie andernorts kam die Wahrnehmung eines verwandten Auftrages in der Personalunion der Direktion zum Ausdruck. Bis 1921 oblag die Leitung von Archiv und Bibliothek Ernst Mummenhoff, einem angesehenen, publizistisch rührigen Gelehrten, der das Archivwesen in Nürnberg auf eine neue Grundlage stellte.

Dann erfolgte angesichts der wachsenden Aufgaben wie in anderen Städten eine Ämtertrennung, die 1932 mit einer räumlichen Trennung einherging. Die Leitung des städtischen Archivs übernahm der aus Königsberg nach Nürnberg übergesiedelte Emil Reicke – Sohn des Bibliothekars der Wallenrodtschen Bibliothek und seinerseits, wie erwähnt, Verfasser des Katalogs der Bibliothek des ›Pegnesischen Blumenordens‹. An die Spitze der Stadtbibliothek gelangte Dr. Friedrich Bock. Während im Archiv die Nachfolge im Jahr 1930 auf Reinhold Schaffer und sodann im Kriegsjahr 1939 auf Gerhard Pfeiffer überging, blieb Bock dreißig Jahre im Amt und schied erst 1951 hochverdient aus.[169]

Entscheidend in unserem Zusammenhang ist nun die Feststellung, daß die archivalischen Bestandteile aus dem Besitz des Ordens in das Stadtarchiv, die wertvollen historischen Buchbestände hingegen im Jahr 1903 in die Stadtbibliothek überführt wurden. Sie blieben dort als eigenständige Deposita von anderweitigen Beständen separiert. Vorher war das Archivgut insgesamt beim Ersten Ordensrat und später sodann beim Schriftführer verwahrt worden. Aus einem nicht datierten ›Inhaltsverzeichnis des Archivs des Pegnesischen Blumen-Ordens in Nürnberg‹ der zweiten Hälfte des 19. Jahrhunderts geht hervor, »daß das gesamte Material damals in einem Schrank und zwei Kommodenschubladen lag.«[170] Getrennt davon wurden die laufenden Akten und Rechnungen geführt. Für das Jahr 1879 ist bezeugt, daß die Betreuung von Archiv und Bibliothek in einer Hand, nämlich bei dem dritten Ordensrat Johann Paul Priem lag.

Wo die Bibliothek ihre Bleibe hatte, scheint nicht überliefert zu sein. Wahrscheinlich blieb auch sie in der Obhut der jeweiligen Funktionsträger des Ordens. Die eigentlichen Kleinodien, das Große Ordensbuch und die Stammliste der Mitglieder, wie sie Herdegen gefertigt hatte, lagerten 1874 in der Wohnung des dama-

---

[169] Horst-Dieter Beyerstedt, Herbert Schmitz: 125 Jahre Stadtarchiv Nürnberg. Eine Ausstellung des Stadtarchivs Nürnberg. Juli–September 1990. – Nürnberg: Stadtarchiv 1990 (= Ausstellungskataloge des Stadtarchivs Nürnberg; 5); Karlheinz Goldmann: Geschichte der Stadtbibliothek Nürnberg. Nebst einem Beitrag: Die Nürnberger Stadtbibliothek als Museum von Wilhelm Schwemmer. – Nürnberg: Goldmann 1957.

[170] Irmtraud von Andrian-Werburg: Das Archiv des Pegnesischen Blumenordens (Anm. 146), S. 407.

ligen Ersten Vorstands Heinrich Wilhelm Heerwagen. Zu Beginn des 20. Jahrhunderts wurde von Ordensrat Theodor Bügel ein Verzeichnis aller 180 damals vorhandenen Aktenbündel gefertigt. Soweit die bezeugten Daten vor dem Umzug in die beiden Quartiere des Dominikanerklosters.

In der Stadtbibliothek wurde ein Zettelkatalog der Buchbestände des ›Pegnesischen Blumenordens‹ geführt, soweit diese in die Bibliothek gelangt waren und nicht – wie zumal die jüngeren und laufenden Publikationen – beim Orden verblieben. Dieser Zettelkatalog trat neben das Reickesche Verzeichnis, das erst für das Erscheinungsjahr ab 1750 zu benutzen war. Ob und in welchem Umfang Kleinschrifttum bis 1750 und zumal solches aus Sammelbänden in dem Zettelkatalog verzeichnet war, entzieht sich unserer Kenntnis. Der ausdrückliche Verweis bei Reicke auf eben diesen Katalog für die gesamte ältere Literatur macht es wahrscheinlich, daß eine angemessene Tiefenerschließung beobachtet worden war. Zum Druck gelangte der nur im Zettelkatalog verzeichnete Altbestand des Ordens, wie erwähnt, nicht mehr.[171]

Im Stadtarchiv machte sich anläßlich der Vorbereitung des dreihundertjährigen Ordensjubiläums Wilhelm Schmidt an eine Neuordnung der Bestände. Erstmals seit Herdegen wurde damit wieder an die überkommene Überlieferung gerührt. Die Maßnahmen konnten nicht abgeschlossen werden und blieben vielfach provisorisch. Es waren nicht nur Zeitgründe im üblichen Sinn, die einen Abschluß verhinderten. Vielmehr machte die Zeit als politisch hochbrisante in Gestalt des sich rapide verschärfenden Luftkriegs über deutschen Städten gebieterisch ihre Rechte geltend. Auch für Nürnberg, auch für Archiv und Bibliothek und damit für den Orden kam die Stunde der Wahrheit. Historische Quartiere mußten geräumt, provisorische neue für eine ungewisse Zukunft aufgetan werden. Der verdiente, um die Sicherung der Ordensbestände redlich bemühte Archivar wußte offensichtlich, was er sagte, als er seine Arbeit mit einem deutlich vernehmbaren Ton der Resignation der Ungewißheit einer in Dunkel sich hüllenden Zeit überantwortete. Sie hat ihren Historiker bislang nicht gefunden.

---

171 Emil Reicke: Katalog der Bücherei des Pegnesischen Blumenordens (Anm. 138), S. 1f. des Vorworts: »Die Aufnahme der älteren, vor 1750 zurückliegenden, an Einzeldrucken von Gedichten, Leichenprogrammen usw. sehr reichen, für Gelehrte also besonders anziehenden Literatur mußte mit Rücksicht auf die hohen Kosten leider unterbleiben, dafür gibt der in der Stadtbibliothek aufgestellte handschriftliche Zettelkatalog alle wünschenswerten Nachweise. Der Orden behält sich vor, in einer dem Kultus der Musen wieder günstigeren Zeit das Versäumte nachzuholen, wie er auch für die Neuerwerbungen von Zeit zu Zeit weitere gedruckte Verzeichnisse herauszugeben gedenkt.«

Kriegsbedingte Auslagerung der wertvollen Bestände des ›Pegnesischen Blumenordens‹

Wir sind in der glücklichen Lage, einen maschinenschriftlichen Bericht über die Auslagerung der Bestände der Stadtbibliothek zu besitzen. Er stammt von einer Mitarbeiterin der Bibliothek namens Margarethe Meier, ist undatiert und umfaßt 12 Blatt eines Typoskripts.[172] Ein entsprechender Bericht aus dem Stadtarchiv liegt uns nicht vor. Dieser Umstand ist zu bedauern, wird in seinen Konsequenzen jedoch dadurch gemildert, daß Stadtarchiv und Stadtbibliothek vielfach die gleichen Auslagerungsstätten benutzten. Das aus der Sicht der Bibliotheksangestellten Formulierte darf also in Analogie auch für das Archiv gelten.

Und doch auch wiederum nicht. Wie selten in der Geschichte von Institutionen hing ihr Geschick in Zeiten eines zu allem entschlossenen Terrorsystems an Personen. Der Stadtbibliothek stand mit Friedrich Bock ein Mann vor, der sich von vornherein keinerlei Illusionen über die Gefahren hingab, die den ihm anvertrauten Materialien mit dem nahenden Krieg drohten. Er ging daher sogleich 1939 dazu über, die Stadtbibliothek in ihren kostbarsten Beständen sukzessive auszulagern. Und er hatte dabei auch den ›Pegnesischen Blumenorden‹ im Auge. Wenn die Stadtbibliothek Nürnberg mit ihren ungezählten Sonderbeständen den Krieg halbwegs glimpflich überstand, so ist dies das Verdienst von Friedrich Bock. Ihm wie so manchem anderen weitsichtigen, unverblendeten und opfermütigen Retter von Handschriften, Büchern und Kunstschätzen aller Art schuldet die kulturelle Weltgemeinschaft bleibenden Dank. Ungezählte Gegenbeispiele belegen, daß ihr Tun keine Selbstverständlichkeit war.[173]

Im Oktober 1939, zwei Monate nach Kriegsausbruch, begann Bock mit den Auslagerungen, nachdem er ein Jahr vorher anläßlich der befohlenen Bücherverbrennungen nur wertlose Literatur und insbesondere Zweitexemplare für diesen Akt der Barbarei nominiert hatte. Zunächst wurden bombensichere Quartiere in der Stadt selbst mit den weltweit berühmten Zimelien belegt. Als diese Möglichkeiten sich erschöpft hatten, bezog man geeignete Plätze im Umland sukzessive in die Rettungsaktion ein. Sieben Quartiere wurden aufgetan und die gesamte Kriegszeit über unter teilweise unsäglichen Bedingungen mit Kraftfahrzeugen, Fuhrwerken etc. beschickt. An der Spitze stand stets der Direktor selbst. Er half bei der Herausschaffung und Lagerung der Bücher und überzeugte sich regelmäßig von ihrem Zustand vor Ort. Ende 1944 hatten rund 200.000 der ca. 300.000 im Haus befindlichen Bücher das

---

172 Margarethe Meier: Die Verlagerung der Bücherbestände der Stadtbibliothek während des 2. Weltkrieges. Das Typoskript wurde dem Verfasser dankenswerterweise in den siebziger Jahren von Elisabeth Beare und Dr. Günther Thomann überreicht. Es ist mit dem Vermerk versehen: ›Kopie aus der alten Registratur‹. Nähere Angaben können nicht beigebracht werden. Der Bericht liegt auch vor in: Mitteilungen aus der Stadtbibliothek Nürnberg 2 (1954), Heft 4, S. 11–22. Im folgenden zitiert nach dem Typoskript.

173 Vgl.: Norica. Beiträge zur Nürnberger Geschichte. Festschrift Friedrich Bock. Hrsg. von der Stadtbibliothek. – Nürnberg: Fränkische Verlagsanstalt 1961 (= Veröffentlichungen der Stadtbibliothek Nürnberg; 4). Hier S. 9–12 ein Verzeichnis der Schriften Bocks.

historische Quartier an der Burggasse verlassen. Am 2. Januar 1945 wurde es restlos zerstört. Die am Ort verbliebenen Bücher zumeist jüngeren Datums verbrannten zusammen mit den nicht mehr fortgeschafften Katalogen und sonstigem Inventar.[174]

Der Betrieb der Bibliothek war bis zu diesem Zeitpunkt in Gang gehalten worden. Vermutlich wußten nur wenige Eingeweihte, daß die Bibliothek ihrer kostbarsten Habe teilweise seit Jahren entbehren mußte. Ein gigantischer Akt der Umschichtung und Sicherung kostbarsten Guts einer der traditionsreichen Stadtbibliotheken des alten Deutschlands hatte sich – verborgen vor den Augen der Öffentlichkeit – im Stillen vollzogen, gelenkt von einem couragierten Mann, der alles tat, um incognito zu bleiben. Hätte es mehr von ihnen gegeben – so mancher unersetzlichen Bibliothek in den gefährdeten Städten wäre das Schicksal des mehr oder weniger totalen Verlusts ihrer historischen Bestände womöglich erspart geblieben.

Zu den Rätseln des hinsichtlich der Provenienzen sehr detaillierten Berichts von Margarethe Meier, die an allen Auslagerungen beteiligt war und voller Verehrung zu ihrem ›Chef‹ emporblickte, gehört es, daß ihm keine Informationen zu der Verbringung der Archivalien und Bücher des ›Pegnesischen Blumenordens‹ zu entnehmen sind. Bock pflegte die für die Fortschaffung bestimmten Bücher stets selbst zusammenzustellen. Vermutlich erhielt die engagierte Mitarbeiterin in diesem Fall keine Kenntnis von der Einbeziehung des Blumenordens in die Maßnahmen zur Verlagerung. Die entscheidende Information mußte also zu vergleichsweise später Stunde in den siebziger Jahren an anderer Stelle eingeholt werden.

Zu den sieben Ausweichquartieren auf dem Lande gehörte die Rosenburg bei Riedenburg. Meier berichtet ausführlich über die kurz vor Weihnachten 1942 einsetzende Belegung. »Bücher aus allen Wissensgebieten und ein großer Teil der Inkunabeln fanden dort Unterkunft.«[175] Der letzte Transport erfolgte am 9. November 1944. Wie üblich wurden die Maßnahmen durchkreuzt durch Befehle von oben zwecks kurzfristiger Räumung und Umquartierung. Bock gelang es, das Schlimmste zu verhindern, doch muß es schon bei den erzwungenen Umgruppierungen im Haus zu Beschädigungen, wenn nicht zu Verlusten gekommen sein. Schwerwiegendere traten bei Kriegsende ein. Darüber ist hier zu handeln, da auch die Schriften Birkens massiv von ihnen betroffen sind.

---

174 Dazu der Bericht von Margarethe Meier (Anm. 172), S. 8: »Während des Angriffs am 2.1.1945 war ich wenig um unsere Bibliothek besorgt. Ich wußte ja, daß unser Chef Dr. Bock die Nachtwache hatte und daß die Bibliothek, wenn es nur irgendwie möglich war, gerettet würde. Daß es anders gekommen ist, lag nicht am Versagen der Wachen; der größte Teil des Gebäudes war durch Sprengbomben zerstört worden, ein Herankommen an die vielen Brandherde war deshalb unmöglich. Von 19,30 Uhr bis früh 2,30 haben die Wachen gearbeitet. Als sie einsehen mußten, daß in der Bibliothek nichts mehr zu retten war, beteiligten sie sich am Löschen des Brandes im Amtsgebäude Theresienstraße 1–3 und trugen zu dessen Erhaltung bei. Dir. Dr. Bock hat sich über die Verlagerung und über die Ereignisse am 2.1.1945 nur wenig geäußert. Es entsprach nicht seiner Art, über sich selbst und seine Arbeit an der Öffentlichkeit oder gar in der Presse zu berichten. Bei der Zerstörung des Bibliotheksgebäudes in der Burgstraße verlor die Stadtbibliothek etwa 100.000 Bände, vornehmlich die Literatur des 19. und 20. Jahrhunderts.«
175 Ebd., S. 5.

Spurensuche im Dunkeln

»Über das Schicksal der *Rosenburg* waren wir besonders beunruhigt«, heißt es in dem Bericht Margarethe Meiers. »Dir. Dr. Bock bekam im Juni 1945 Gelegenheit, sich in Begleitung eines amerik. Offiziers über die Verhältnisse in Riedenburg zu orientieren. Er mußte feststellen, daß in der Burg an unseren Beständen geplündert war. Die Bücher waren jedoch zum größten Teil [!] vorhanden.«

Erst Ende November konnte der Rücktransport eingeleitet werden. Er erfolgte im engen Zusammenwirken mit dem Stadtarchiv, das gleichfalls auf die Rosenburg ausgelagert hatte. Dem Stadtarchiv stand nach Rückkehr aus dem Krieg Gerhard Pfeiffer vor.

> Nach Aushändigung der Schlüssel durch die Militärregierung konnten wir die Burg betreten. Auf dem Speicher sah es ziemlich wüst aus. Die ganzen Bestände waren durchwühlt. Zwischen den verstreuten Nagel-Fotos lagen Teile des Behaim-Archivs, aufgerissene Pakete usw. Rolle und Seil wurden beschafft und als weitere Mitarbeiter mit dem Lastwagen am 22.11.1945 eintrafen, konnte gleich mit dem Abseilen begonnen werden. Hier gab es keinen Befehl. Der Direktor [des Stadtarchivs, Dr. Pfeiffer] arbeitete genau so wie alle anderen, auch er ging wie Dr. Bock mit gutem Beispiel voran und wir konnten kaum seinem Tempo folgen. Jetzt holten wir fast wöchentlich einen Lastwagen mit Archivalien und Büchern von Riedenburg. Jedesmal mußten aber erneut Verhandlungen mit der amerikanischen Militärregierung in Riedenburg wegen Aushändigung der Schlüssel aufgenommen werden.[176]

Erst am 1. August 1946 erfolgte der letzte Rücktransport. Der Direktor des Nürnberger Stadtarchivs und namhafte Historiker, zumal der Geschichte Nürnbergs, Gerhard Pfeiffer war also direkt an den Bergungsaktionen in Riedenburg beteiligt. Folglich lag es nahe, an ihn mit der Bitte um nähere Auskunft hinsichtlich des Verbleibs der Bestände des ›Pegnesischen Blumenordens‹ heranzutreten, nachdem Friedrich Bock 1964 verstorben war. Die einschlägige Information erfolgte in einem Brief vom 28. September 1977 an den Verfasser:

> Bibliothek und Archiv des Pegnesischen Blumenordens wurden während meiner Militärdienstzeit nach Riedenburg verlagert. Dort können Verluste eingetreten sein, denn in den Tagen, als Riedenburg Niemandsland war, wurde geplündert und gegen Unbekannt wurde von Seiten der Stadt Nürnberg Anzeige erstattet, die sich allerdings vor allem auf Medaillen- und Münzbestände bezog. Die Rückverlagerung habe ich selbst mit Mitarbeitern der Stadtbibliothek und des Stadtarchivs durchgeführt. Nach der Berufung von Dr. Grote zum Generaldirektor des GNM [Germanischen Nationalmuseums] erreichte dieser, daß der Blumenorden seine Bestände von nun an beim Museum deponierte. Ob gesuchte Bestände tatsächlich als verloren zu betrachten sind, kann ich nicht beurteilen. Jedenfalls wurde mir heute im Museum gesagt, daß die von Ihnen genannten Bände P.Bl.O. 1 und 2 4° und 61 8° im Magazin vorlägen.

---

176 Ebd., S. 10f.

Damit war von der ersten Fachkraft verbürgt, daß auch Bestände des Pegnesischen Blumenordens für die Auslagerung bestimmt und nach Riedenburg gelangt waren. Und zwar gleichermaßen Archivalien und Bücher, also Bestände aus dem Stadtarchiv und der Stadtbibliothek. Daß Riedenburg der einzige Auslagerungsort für Ordensgüter war, mußte nach der Auskunft von Gerhard Pfeiffer angenommen werden. Erst viel später wurde bekannt, daß offensichtlich auch andere Quartiere bezogen wurden.[177] Ob und in welchem Umfang Akten zur Verfügung stehen, die nähere Informationen über die Separierung von Teilbeständen enthalten, entzieht sich unserer Kenntnis. Wir sind auf die Auskunft verwiesen, daß es an den ausgelagerten Gütern auf der Rosenburg zu Plünderung und Vandalismus gekommen ist und nicht ausgeschlossen werden kann, daß Bestände des ›Pegnesischen Blumenordens‹ davon mitbetroffen waren.

Also galt es, Recherchen über möglicherweise eingetretene Verluste einzuleiten. Sie gestalteten sich sehr unterschiedlich. Vergleichsweise leicht war es, Verluste im Bestand der Archivalien und handschriftlichen Zeugnisse aus dem ›Pegnesischen Blumenorden‹ ausfindig zu machen. Hier war, wie sogleich zu schildern, von den zuständigen Fachkräften an der neuen Bleibestätte der Materialien, also im Germanischen Nationalmuseum, vorgearbeitet worden. Unklarheit herrschte hinsichtlich des ausgelagerten Buchbestandes. Die zitierte Mitteilung Gerhard Pfeiffers war geeignet, wider Erwarten und ungeachtet zahlreicher zuvor angestellter Bemühungen und Fehlanzeigen noch einmal Hoffnung zu erwecken. Sie sollte sich zerschlagen, zeigte sich doch alsbald, daß Genauigkeit und Sorgfalt bis hinein in die korrekte Überprüfung der Buchformate nicht nur den Fachwissenschaftlern, sondern auch den Magazinern abzuverlangen war.

Wir fassen den bislang ermittelten Sachstand zusammen und leiten über zu dem Folgekapitel. Die als besonders schützenswert deklarierten Bestände des Ordens überstanden nach allem, was wir wissen, den Krieg selbst unversehrt. Wie in ungezählten anderen Fällen drohten die größten Gefahren in den Tagen und Wochen vor und nach der Kapitulation. Der Orden war von ihnen nicht verschont geblieben. Der in der Stadt verbliebene Bestand – darunter die nicht ausgelagerten Teile der Bibliothek – ging mit der Stadt selbst unter. Wollte man die Fiktion eines ordnungsgemäßen Betriebes unter den Augen der braunen Machthaber wahren, so mußte vor allem auf die Verfügbarkeit von Katalogen Obacht gegeben werden.

Entsprechend blieb ganz offensichtlich auch der Zettelkatalog der Bibliothek des ›Pegnesischen Blumenordens‹ am Ort. Er stellte für die Zeit bis 1750 das einzig verfügbare Auskunftsmittel dar. Da er nicht sicherheitsverfilmt war, wurden mit seiner Vernichtung der Orden und die Fachwelt einer unschätzbaren Quelle beraubt. Das wäre prinzipiell verschmerzbar gewesen, wenn der in ihm verzeichnete Bestand geborgen und komplett nach Nürnberg hätte zurückgeführt werden können. Er wurde es ebenso wenig wie der Bestand an Archivalien. Also muß auch das

---

177 Vgl. dazu von Andrian-Werburg: Das Archiv des Pegnesischen Blumenordens (Anm. 146), S. 407f., wonach zumindest Archivbestände auch nach dem Pfarrhof St. Sebald ausgelagert waren. Dazu unten Anm. 179.

historische Ordensgut von den Plünderungen und dem Vandalismus betroffen worden sein, von dem die Zeitzeugen berichteten.

Im Jahr 1945 beginnt folglich wie für ungezählte andere kulturelle Institutionen in Deutschland und Mitteleuropa auch für den ›Pegnesischen Blumenorden‹ sowie seine Archivalien und seine Bibliothek eine neue, nämlich zweite Geschichte. Und wenn es irgend Grund zum Staunen für den Kulturhistoriker gibt, so angesichts des Umstandes, daß diese einschneidende Zäsur nur in wenigen Fällen die entsprechenden historiographischen Konsequenzen zeitigte. Es vergingen – zumindest im Blick auf die Bibliothek – Jahrzehnte, bis das Augenmerk systematisch auf die eingetretenen Verluste gerichtet wurde. Die an Person und Werk Sigmund von Birkens haftende Überlieferung war substantiell von ihnen betroffen.

Verluste im Archiv des ›Pegnesischen Blumenordens‹

Der Schaden wurde zunächst anläßlich einer Registratur der geretteten Archivbestände des Ordens aktenkundig. 1948 waren die einst auf Stadtarchiv und Stadtbibliothek verteilten Archivalien und Bücher, sofern sie gerettet werden konnten, in die Obhut des Germanischen Nationalmuseums gelangt. Hier wurde ein maschinenschriftliches ›Repertorium‹ vornehmlich der Handschriften gefertigt, das den Benutzern nach Fertigstellung seit der Mitte der fünfziger Jahre zur Verfügung stand, während für die zurückgekehrten Bücher des Ordens ein Zettelkatalog angelegt wurde. Aus diesem Repertorium nun ging hervor, daß eine Reihe von Mappen und Faszikeln, in die das Material von Wilhelm Schmidt während des Krieges geordnet worden war, bei der Revision nicht mehr vorgefunden wurde. Die Ordnungsarbeiten Schmidts erwiesen sich bei der Registratur also als unschätzbare Hilfe zur Ermittlung des Vorhandenen und Fehlenden. Schmidt hatte die von ihm neu geordneten Faszikel zugleich mit neuen Numerierungen versehen. Es ging also darum, die Schmidtsche Nummernfolge zu rekonstruieren, die Klassifizierungen zu überprüfen und zu ermitteln, ob und inwieweit Vollständigkeit im Bestand herrschte.

Das auf den 14. Juni 1955 datierte und mit den Namenskürzeln von Dr. [Fritz] Zi.[nk] – dem Leiter des Kupferstichkabinetts des Germanischen Nationalmuseums – und dem Archivangestellten Li.[nk] versehene 68seitige Typoskript ist betitelt ›Archiv des Pegnesischen Blumenordens‹. Es umfaßt 155 Positionen mit teilweise diversen Unterbezifferungen. Eine Lücke tat sich nach Nr. CXXV auf. Das Bündel 125 war Kassenbelegen der Jahre 1944 bis 1949 vorbehalten. Im Anschluß an den entsprechenden Eintrag heißt es: »Die Bündel 126–139 und 141 bis 149 sind laut Angaben im Repertorium des P.Bl.O. im Jahre 1945 einem Brande zum Opfer gefallen. Irrtümlicherweise wurde der Bündel 50 als Nr. 139 bez.«[178]

Von einem Brand auf der Rosenburg war in den verfügbaren Schriftsätzen nicht die Rede gewesen. Die Vermutung liegt nahe, daß es sich bei den Materialien unter

---

178 Repertorium des Archivs des Pegnesischen Blumenordens (Typoskript), S. 65.

den angegebenen Ziffern um laufende Akten handelte, die in Nürnberg verblieben waren und dort verbrannten. Es wäre also von einem Verlust von 23 Bündeln auszugehen.[179] Von großer Bedeutung erwies sich der zitierte Zusatz mit Bezug auf das Bündel L. Es wurde am 20. Juli 1955 wiederaufgefunden und betraf einen zentralen Bestandteil des Birkenschen Nachlasses, nämlich den Briefwechsel zumal mit Ordensmitgliedern. Wir gelangen damit zur entscheidenden Frage nach dem Verbleib der Birkenschen Hinterlassenschaft. Zunächst ist über den handschriftlichen Nachlaß zu handeln, sodann über seine Bibliothek.

Geretteter handschriftlicher Nachlaß Birkens

Mit der Aufführung des Birkenschen handschriftlichen Nachlasses wurde das maschinenschriftliche Repertorium aus dem Jahr 1955 eröffnet. Am Anfang wurden die Briefe verzeichnet, einsetzend unter Ziffer I mit dem ›Briefwechsel v. Birken mit Nichtmitgliedern A–G‹. Diese Rubrizierung wurde im Übergang zum Buchstaben ›H‹ jedoch nicht fortgeführt. Insgesamt wurden für die acht Bündel mit den Ziffern I–VIII 295 Schreiber in fortlaufendem Alphabet ausgewiesen.

In den Bündeln VI und VII waren die Briefe derjenigen Personen zusammengeführt, die in einem besonders regen Briefwechsel mit Birken gestanden hatten, also diejenigen von Catharina Regina und Hans Rudolf von Greiffenberg, Caspar von Lilien, Johann Wilhelm und Rudolf Wilhelm von Stubenberg, Gottlieb Graf von Windischgraetz, Adam Volkmann sowie Margaretha Magdalena von Birken, geb. Göring. Den Beschluß machten ›Unbestimmte Absender‹, unspezifizierte ›Handschriften v. Birkens‹ und ›Dokumente Sigm. v. Birkens‹. In einem eigenen Bündel IX wurden das Birkensche Testament, die Urkunde seiner Aufnahme in die ›Fruchtbringende Gesellschaft‹ sowie seiner Dichterkrönung und seines Wappens verwahrt. Bündel X war unspezifisch ausgewiesen als ›Nachlass von Birken u. Sonstiges‹. Unter Position XI war der Nachlaß des Ordensmitglieds Johann Gabriel Majer einschließlich seines Briefwechsels mit Birken untergebracht.

Die Bündel XII bis XVI (mit einem unspezifizierten Annex in Bündel XVII) waren im wesentlichen den nachgelassenen Manuskripten des Birkenschen Werkes gewidmet, bildeten also das Herzstück des Archivs. Mit Bündel XVIII erfolgte die Rückkehr zum Nachlaß Majer. Ab Bündel XXV wurden Nachlässe bevorzugt von jüngeren Mitgliedern verzeichnet, einsetzend mit den ›Dramatischen Arbeiten von August Schmidt‹ [!]. Unter der Ziffer XLIX wurde eine Abteilung ›Mitgliederakten (meist Briefwechsel)‹ eröffnet, die vermutlich auch die Eingliederung des Birken-

---

179 In dem Bericht von Irmtraud von Andrian-Werburg (Anm. 146) heißt es: »Nach vorübergehender Auslagerung, u.a. in den Sebalder Pfarrhof, und nach Kriegsverlusten, denen 1944/45 mindestens 24 Faszikel zum Opfer fielen, ging der übrige Bestand von rund 150 Faszikeln 1948 vom räumlich stark beengten Stadtarchiv als Depot in das Archiv des Germanischen Nationalmuseums«. (S. 407f.).

schen Briefwechsels nun vorwiegend mit Ordensmitgliedern unter Position fünfzig durch Schmidt erklärt.

Festzuhalten bleibt, daß in der Ziffernfolge der Birken gewidmeten Archivbündel keine Lücken auftauchen. Die vor der Auslagerung geschaffenen Einheiten sind also offenkundig unversehrt geblieben, wenn auch nicht auszuschließen ist, daß es zu Verlusten im einzelnen innerhalb der Bündel gekommen sein kann. Es muß dies als ein Glücksfall und als eine daraus resultierende Verpflichtung angesehen werden. Die Berichte der von uns namhaft gemachten Zeitzeugen beweisen zur Genüge, wie gefährdet die Bestände auf der Rosenburg waren. Der Birkensche handschriftliche Nachlaß darf als ein im wesentlichen geretteter zumindest im Blick auf die Zäsur 1945 betrachtet werden. Mit der Schaffung der Birken-Ausgabe werden daraus die nötigen Konsequenzen gezogen. Der Einsatz mit den handschriftlichen Materialien verdankt sich auch dem Umstand ihrer über die Zeiten hinweg erfolgten Rettung.

Schicksal der Birkenschen Bibliothek

Ganz anders im Blick auf die Bücher. Wir kommen damit zu einem besonders tragischen Kapitel in der Birken-Philologie. Und dies auch deshalb, weil die Klärung sich unvergleichlich schwieriger darstellt und die bislang erfolgten Erkundungen so gut wie ausschließlich in einer einzigen Hand lagen – keine gute Ausgangslage für eine erst in Austausch und Diskussion sich festigende und verstetigende Dokumentation grundlegender Daten der Überlieferungsgeschichte eines Autors.[180]

Ungebundene Sammlungen aus Birkens Bibliothek

Den Eingang wählen wir über eine signifikante Beobachtung. Unter der Ziffer XLI des Archiv-Repertoriums findet sich der Eintrag: ›Schäfergedichte A–S (1638–1696) 62 St. mit 338 Bl.‹ Die folgende Nummer XLII weist ›Ehrengedichte-Drukke 1671–1851 (Namensliste 4 Bl.) (417 Bl.)‹ aus. Unter den Nummern XLIII und XLIV schließen sich ›Mehrstücke der Ehrengedichte bis 1732 (346 Bl.)‹ sowie ›Mehrstücke der Ehrengedichte ab 1732 (426 Bl.)‹ an.

In vier umfänglichen Bündeln waren also Gelegenheitsgedichte aus dem Umkreis des Ordens untergebracht. Die meisten von ihnen lagen im Druck vor. Das ganz überwiegend mit Handschriften bestückte Archiv des ›Pegnesischen Blumenordens‹ barg also auch Drucke. Und das keinesfalls nur aus der späteren Zeit des Ordens, sondern in ganz erheblichem Umfang auch aus seiner Frühzeit. In einem Fall – Bündel XLI – reichte die Überlieferung sogar über das Datum der Gründung des Ordens im Jahr 1644 hinaus. Der Grund dafür läßt sich benennen. Zunächst

---

[180] Zum folgenden Garber: Ein Blick in die Bibliothek Sigmund von Birkens (Anm. 126).

jedoch ist diese Sammlung und innerhalb ihrer das erste Konvolut daraus näher zu charakterisieren.

Der von Wilhelm Schmidt für das Konvolut XLI verliehene Titel lautet: ›Schäfergedichte. A.S.‹ Er ist mit dem Vermerk versehen, daß die Zusammenstellung am 24. August 1942 erfolgte. Bei der Übertragung des Titels in das Nachkriegs-Repertorium hatte sich also ein gravierender Fehler eingeschlichen. Aus den Initialen ›A.S.‹ war ein ›A–S‹ geworden. Das mußte für jeden im Umgang mit Sammlungen von Kasualdrucken vertrauten Benutzer die Vermutung nahelegen, die Sequenz der Schäfergedichte erstrecke sich auf Adressaten mit den Anfangsbuchstaben von A bis S. Das tatsächlich jedoch anders lautende Kürzel konnte so nicht verstanden werden, und ein erster Blick in die Sammlung bestätigte, daß es für einen Rückbezug auf mögliche Adressaten keinen Anhalt gab. Was aber meinte es dann? Der Verweis auf einen Vorbesitzer oder Sammler wäre in dieser verknappten Form gewiß ungewöhnlich, aber nicht gänzlich auszuschließen. Die Vermutung, es könne sich womöglich um die Initialen von August Schmidt, dem Birken-Biographen, handeln, bestätigte sich nicht.

Auf die richtige Spur führte ein Eintrag in dem oben präsentierten Schwarzschen *Verzeichnis von Schriften [,] welche auf den Pegnesischen Blumenorden [...] Bezug haben*. Dort steht das Kürzel ›A.S.‹ für ›Sammlung von Schäfergedichten in 4° im Archiv‹. Und entsprechend findet ein weiteres Kürzel ›A.E.‹ seine Auflösung durch ›Sammlung von Ehrengedichten in 2° im Archiv‹. Es handelte sich also um Abkürzungen, die in die Birken-Forschung keinen Eingang gefunden hatten, weil die entsprechenden Textcorpora offensichtlich zu keinem Zeitpunkt näher in Augenschein genommen worden waren. Wäre das der Fall gewesen, so hätte alsbald Anlaß zu Kritik bestanden.

Weder handelt es sich nämlich bei dem Konvolut Nr. 41 um eines, das alleine mit ›Schäfergedichten‹ gefüllt ist, noch werden in den drei nachfolgenden nur ›Ehrengedichte‹ verwahrt. Beide Begriffe sind arbiträr verwendet. In dem einen Fall liegt die Vermutung nahe, der Umstand, daß die Gedichte häufig von Mitgliedern des ›Pegnesischen Blumenordens‹ herrührten, habe die Wahl der Nomenklatur bestimmt. Im anderen Fall ging es vermutlich nur darum, einen halbwegs konsistenten Terminus für eine Vielzahl verschiedenster personenbezogener Gedichte zu finden. Nähere Einblicke vermag nur die Inspektion der Sammlung selbst zu vermitteln, die sich im vorliegenden Fall im wesentlichen auf den ersten Band beschränkt und unter einer einzigen leitenden Fragestellung erfolgt.

Das von Schmidt dem Konvolut vorangestellte Inhaltsverzeichnis weist 58 Positionen aus. Hinzu treten fünf Zusätze, so daß 63 (nicht wie im Repertorium angegeben 62) Stücke ausgewiesen werden. De facto handelt es sich um 65 Titel. Außerdem hat Schmidt ein ›Namensverzeichnis‹ der ›Ordensmitglieder‹ und ›Nichtmitglieder‹ sowie der ›Trauungen‹ gefertigt, unter welch letzteren er dreißig ausmacht, wobei zwei Hochzeiten mit jeweils zwei Schriften bedacht wurden. Die Vermutung, daß ›Schäfergedicht‹ womöglich für ›Hochzeitsgedicht‹ stehen könnte, führt also gleichfalls ins Leere. Nicht alle, aber doch die meisten Stücke sind von Schmidt mit einer laufenden Nummer – in dickem blauen Stift auf das Titelblatt gesetzt – versehen. Außerdem findet sich – vermutlich gleichfalls von seiner Hand – vielfach auf dem Titelblatt der Verweis auf eine Archiv-Registratur, wie sie Schmidt nach eigenem Zeugnis anläßlich seiner Ordnungsarbeiten in den vierziger Jahren erstellte.

Der Eintrag setzt sich jeweils aus einer Archiv-Nummer nebst hinzugesetzter Ziffer zusammen. Derjenige des ersten Stücks lautet dann beispielsweise: ›P.Bl.O. Av. N° 181 Ziff. 59‹. Außerdem lassen sich gelegentlich ältere Numerierungen, aber auch Namenszuweisungen, Auflösungen von Ordensnamen etc. ausmachen. Es ist dies das übliche Bild von Kleinschrifttum und insbesondere von personenbezogenem Gelegenheitsschrifttum, an dem sich nicht selten Generationen von Sammlern, Gelehrten, Bibliothekaren bzw. Archivaren und Liebhabern versuchten, so daß die Eintragungen im besten Fall eine Genealogie und Überlieferungsgeschichte des jeweiligen Stückes bzw. der Sammlung erlauben. Kaum aber dürfte eine Kollektion existieren, die einen so distinguierten Charakter aufweise wie die im folgenden zur Sprache zu bringende. Wir verharren zunächst bei dem Konvolut Nr. 41.

Bündel XLI im Archiv des ›Pegnesischen Blumenordens‹ aus Birkens Nachlaß

Es wird eröffnet mit *Epithalamia, In festivitatem secundarum Nuptiarum* [...] *Dn. Johannis Rubingeri* [...] *Cum* [...] *Clara Catharina,* [...] *Dn. Ambrosii Boschii* [...] *Filia,* das 1638 bei Dümler in Nürnberg erschien. Es setzt sich aus neun Beiträgen zusammen, sieben lateinischen und zwei deutschsprachigen – das immer noch typische Bild in der Mitte der dreißiger Jahre des 17. Jahrhunderts. Die Hochzeiterin Clara Catharina Bosch wurde in dritter Ehe im Jahr 1673 die Gemahlin Sigmund von Birkens.

Was veranlaßt einen Sammler, aus Dutzenden von Gelegenheitsgedichten, die für jedes Jahr in der Blütezeit der Gattung mit Sicherheit auch aus den Nürnberger Pressen hervorgingen, ein einziges herauszugreifen und aufzubewahren? Selbstverständlich nur ein bestimmtes Interesse an einer Person, einer Personengruppe und bzw. oder einem mit ihr sich verbindenden Ereignis.

Nun darf aus einem Einzelstück gewiß kein voreiliger Schluß abgeleitet werden. Gesellt sich an späterer Stelle jedoch ein weiteres Epithalamium anläßlich der zweiten Heirat derselben weiblichen Person hinzu und weist ein Blick auf das Inhaltsverzeichnis der Sammlung einen einzigen Dichter als weitaus am häufigsten vertretenen auf, dann kann mit an Sicherheit grenzender Wahrscheinlichkeit ein Fazit gezogen werden. Bei der kleinen aus lateinischen und deutschen Beiträgen gefügten Hochzeitsschrift – beileibe kein ›Schäfergedicht‹ – handelt es sich wie in einer Reihe von weiteren Fällen und womöglich sogar in der Mehrzahl um Exemplare aus einer von Sigmund von Birken angelegten Sammlung im Rahmen der von ihm geführten Bibliothek.

Dafür lassen sich Beweise anführen. So hat Birken gelegentlich eine Numerierung auf einem Titelblatt eingetragen oder einen Namen identifiziert. Möglicherweise rührt auch die eine oder andere Anstreichung von ihm her. Am auffälligsten ist jedoch die häufige Präsenz seiner Autorschaft. Und das insbesondere aus seinen letzten Jahren. Hier gibt es ganze Titelfolgen, in denen Birken zumeist in Sammelschriften als erster Beiträger das Wort ergreift. Gelegentlich ist er auch alleiniger Verfasser. Sein Name erscheint dann keineswegs immer schon auf dem Titelblatt, sondern erst unter dem von ihm herrührenden Gedicht oder auch unter zwei zusammengerückten. Bemerkenswert ist die Dominanz der geistlichen Sprechhaltung, wie sie sich in Übereinstimmung mit der späten Birkenschen Poetik nun auch in der schriftstellerischen Praxis durchsetzt.

Natürlich wäre es von Interesse zu wissen, ob das von Schmidt chronologisch eingerichtete Konvolut ansatzweise schon vorher entsprechend angelegt war. Dafür lassen sich keine Indizien namhaft machen. Wohl aber ist erkennbar, wie Stücke aus der Spätzeit des Birkenschen Schaffens dominieren. Es ist nicht auszuschließen, daß sich an dieser Stelle nicht nur Einzelstücke, sondern Sequenzen von Birkenschen Sammlungen erhalten haben.

Die Massierung von Birken-Drucken aus der Spätzeit seines Schaffens paßt zu der Vermutung, daß wir es im vorliegenden Fall eben nicht mit einer bereits in einem Sammelband zusammengeführten Schriftenfolge zu tun haben, sondern mit ungebundenen Einzelstücken. Weder Birken selbst noch ein späterer Archivar haben sich eine Bindung des kostbaren Guts angelegen sein lassen. Birken selbst war möglicherweise aufgrund seines plötzlichen Todes daran gehindert.

Die Tatsache, daß die Stücke aus dem Bündel XLI ebenso wie die zumeist jüngeren der drei folgenden Bündel nicht in die Bibliothek des Ordens eingestellt wurden, dürfte eben damit zu erklären sein, daß es sich um ungebundene Einzelstücke handelte, deren Verwahrung in Bündeln angezeigt erschien, wie sie im Archiv ihre Bleibe hatten. Auch das Archiv des ›Pegnesischen Blumenordens‹ ist also ergiebig für eine Rekonstruktion der Birkenschen Bibliothek.

Sammelbände mit Unikaten aus Birkens Bibliothek

Das aber ist ein Einzelfall geblieben. Ansonsten lag der älteste Buchbestand des ›Pegnesischen Blumenordens‹ in gebundener Form vor. Er war als solcher Bestandteil der Bibliothek – und nicht des Archivs – des Ordens. Er wurde folglich eigens verzettelt und in die Registratur des Archivs nicht mit einbezogen. Innerhalb der Bibliothek aber bewahrte er einen eigenen Status, insofern er als historischer von dem jüngeren und fortlaufend ergänzten Bestand der Ordensbibliothek separiert war.

Als derart ausgezeichneter wurde er in die geschilderte Auslagerung der Stadtbibliothek einbezogen und gelangte nach dem Zeugnis Pfeiffers mit in die Rosenburg. Eines der gravierendsten Probleme, vor das sich die Birken-Philologie gestellt sieht, besteht darin, daß sich offensichtlich keine Unterlagen über den zur Auslagerung gelangten Buchbestand des ›Pegnesischen Blumenordens‹ erhalten haben. Es ist nicht auszuschließen, daß im erwähnten Zettelkatalog der Bibliothek, wie er in der Stadtbibliothek geführt wurde, entsprechende Markierungen angebracht worden waren, wie dies auch anderwärts geschah. Der Katalog jedoch ist ebenso wie der jüngere Bestand der Ordensbibliothek verbrannt.

Wir haben also – anders als beim Ordensarchiv – bislang kein zuverlässiges Instrument zur Hand, das uns einen genauen Abgleich zwischen dem einst Vorhandenen und dem heute noch Verfügbaren gestattete. Und das ist deshalb von so erheblichem Gewicht, weil unter den historischen Beständen der Bibliothek des ›Pegnesischen Blumenordens‹ Dutzende von Exemplaren aus der Bibliothek Sigmund von Birkens stammten. Um deren möglichst komplette Rekonstruktion muß es der Birken-Philologie jedoch neben den auf den handschriftlichen Nachlaß gerichteten Bemühungen zu tun sein. Denn in seiner Bibliothek befanden sich zahlreiche nur an dieser Stelle überlieferte Werke von Birkens Hand.

An anderer Stelle ist im Jahr 1997 ein entsprechender Versuch unternommen worden.[181] Wir dürfen uns unter Verweis auf die einschlägige Publikation folglich auf ein Resümee beschränken. Auszugehen ist von der Feststellung, daß ein penibel seine handschriftliche Produktion verwaltender Autor wie Sigmund von Birken sein Augenmerk auch darauf richtete, das gedruckt an die Öffentlichkeit gelangte Werk in größtmöglicher Vollständigkeit um sich zu versammeln. Und da spätestens in den sechziger Jahren Überlegungen einsetzten, insbesondere die kleinen, diversen Gelegenheiten geschuldeten Arbeiten in größeren Werkeinheiten zusammenzuführen, war die Archivierung des Zerstreuten ein selbstverständliches Gebot.

Birken hat es penibel beobachtet, und seine autobiographischen Schriften legen davon Zeugnis ab. Entscheidend aber blieb, daß Birken die Handexemplare seiner Bibliothek und damit auch seine eigenen Schriften sehr häufig mit Annotationen versah. Eben dies erlaubt ihre Identifizierung als seinem Besitz zugehörig und macht sie zugleich zu einer einzigartigen Quelle. Alle von Birken ausgezeichneten und mit Zusätzen versehenen Exemplare besitzen den Status eines Unikats. Jedes verlorene Stück ist unersetzlich. Und da Birken ganz offensichtlich die Gepflogenheit sich zu eigen gemacht hatte, Zusammengehöriges zu bündeln und in sinnvolle Einheiten zusammenzufassen, wiegt der Verlust von größeren Sammeleinheiten besonders schwer. Eben damit aber sieht sich die Birken-Philologie konfrontiert.

Bezeugte Existenz von zehn Sammelbänden aus Birkens Handbibliothek

In der Birkenschen Bibliothek dürften wenigstens zehn Sammelbände mit Kleinschrifttum in den einschlägigen Folio-, Quart- und Oktav-Formaten zusätzlich zu dem Konvolut P.Bl.O. 41 existiert haben. Die Redeweise muß so unbestimmt bleiben, weil wir auf spätere Nachrichten und Indizien verwiesen sind, nicht auf eine katalogische Synopsis alles bis 1945 Vorhandenen. Die vorliegenden Zeugnisse dürften jedoch hinreichen, um wenigstens mit relativer Sicherheit die Größenord-

---

181 Vgl. Klaus Garber: Ein Blick in die Bibliothek Sigmund von Birkens (Anm. 126).

nungen zu verdeutlichen. Und sie erlauben darüber hinaus eine hinlänglich präzise Charakterisierung ihres Inhalts.

Der entscheidende Sachverhalt ist eindeutig. In der Mehrzahl der Hunderte von Stücken haben wir es zu tun mit Exemplaren, die sich in Birkens Besitz befunden haben, wie Spuren von seiner Hand beweisen. Dutzende von Titeln rühren alleine von ihm her, ungezählte andere weisen ihn als Beiträger aus. Es handelt sich durchweg um Handexemplare des Autors.

Eine derartige Situation existiert unseres Wissens für keinen zweiten namhaften Autor des 17. Jahrhunderts. Teilweise waren sogar handschriftliche Versionen von zum Druck gelangten Titeln der Sammlung einverleibt. Und überdies barg die Kollektion Titel, die offensichtlich in so kleiner Zahl gedruckt worden waren, daß sich nur eben dies eine Exemplar aus der Bibliothek Birkens erhalten hatte. Die Sammlung genoß also prinzipiell den gleichen Status wie der handschriftliche Nachlaß – mit dem einen gravierenden Unterschied, daß auf letzteren das Augenmerk zumindest gelegentlich gerichtet war, während die Überlieferungsgeschichte der Birkenschen Bibliothek insgesamt unbeachtet blieb.

Unter den Sammelbänden der Birkenschen Bibliothek – und nur um sie geht es hier – konnten über Autopsie oder über sekundäre Informationen die folgenden Sammelbände ausgemacht werden: Der Folioband P.Bl.O. 1 mit 40 Stücken, der Quartband P.Bl.O. 2 mit Birkens *Brandenburgischem Ulysses* zu Anfang und wenigstens 25 Beistücken, der Quartband P.Bl.O. 3, eröffnet mit Birkens *Fried=erfreueter Teutonie* und wenigstens 28 Beistücken, der Quartband P.Bl.O. 4 mit insgesamt 20 Titeln, der Quartband P.Bl.O. 30 mit 16 Stücken, der Quartband P.Bl.O. 45 mit 31 Werken, der Quartband P.Bl.O. 60 mit 77 Nummern, der Oktavband P.Bl.O. 61 mit wenigstens 12 Titeln, eröffnet mit Birkens *Geistlichen Weihrauchkörnern*, der Quartband P.Bl.O. 62 mit 36 Kasualia sowie schließlich der Oktavband P.Bl.O. 894 mit elf vorwiegend geistlichen Arbeiten.

Diese zehn Sammelbände wurden vor geraumer Zeit ebenso wie eine Reihe weiterer Bände aus Birkens Bibliothek beschrieben. Dazu wird neuerlich Veranlassung bestehen, wenn aus ihnen für die Birken-Ausgabe geschöpft wird. Hier geht es nur um eine Bilanzierung hinsichtlich des Geretteten und Verschollenen.

Verschollene Sammelbände

Das zu ziehende Fazit ist von Trauer und Niedergeschlagenheit begleitet. So als ob ein Birken-Kenner am Werk gewesen wäre, sind die drei wichtigsten Sammelbände mit einer erheblichen Anzahl Birkenscher Unikate während der Auslagerung verloren gegangen. Die ungefähre numerische Angabe hinsichtlich der Anzahl nachweisbarer Titel verwies bereits indirekt darauf. Die Sammelbände P.Bl.O. 2 4° und P.Bl.O. 3 4° sowie der Sammelband P.Bl.O. 61 8° stehen der Birken-Forschung und damit der Vorbereitung der Birken-Ausgabe nicht mehr zur Verfügung. Sie ist damit in ganz entschiedenem Maße um Chancen der Textdarbietung gebracht, die vor Kriegsbeginn problemlos hätten wahrgenommen werden können.

Anders als bei der handschriftlichen Überlieferung sind bei der gedruckten eminente Verluste zu beklagen. Es grenzte an ein Wunder, wenn einer der drei Bände wieder auftauchen sollte. Die knappe Spanne der herrenlosen Zeit an der für den Schutz der Zimelien des ›Pegnesischen Blumenordens‹ gewählten Auslagerungsstätte hat hingereicht, um den tiefsten Einschnitt in der inzwischen bald dreihundertfünfzigjährigen Geschichte der Überlieferung Birkenscher Texte zu bewirken.

Ähnliches hat sich an ungezählten anderen Orten zugetragen. Eine jede der Tradition zugefügte Versehrung ist jedoch von anderer Qualität. Das Gemeinsame ist das Erschreckende. Immer wird ein in der Regel über Jahrhunderte bewahrter Schatz binnen kürzester Frist um unersetzliche Juwelen gebracht und damit eine Deformation bewirkt, die als Mal des Schreckens fortan auch dem Geborgenen anhaftet. Der Birkensche Nachlaß ist hinsichtlich der gedruckten Handexemplare vermutlich auf Dauer um unersetzliche Bestandteile gebracht und wird infolgedessen nie wieder das sein, was er bis 1944/45 einmal war.

IV Stationen und Resultate der Birken-Philologie nach 1945

Wiederbelebung der Grundlagenforschung

Hier ist zu wiederholen, daß kein Bericht zur Birken-Forschung in toto gegeben wird. Überlieferungsgeschichtliche Fragen und Probleme verbleiben im Fokus der Betrachtung. Nach 1945 setzte erstmals eine auf Person und Werk bezogene Bemühung ein, die sich nicht länger aus der Mitte des Ordens rekrutierte, sondern dem Raum der Fachwissenschaft entstammte. Insgesamt dürfte keine schlüssige Erklärung für das intensivierte Interesse an Birken in Anschlag zu bringen sein.

Offenkundig jedoch ist eine mehrfach explizit zum Ausdruck gebrachte Reserve gegenüber spekulativen geistesgeschichtlichen Höhenflügen. Die geschichtliche Krise, ob als solche benannt oder nicht, zeitigte eine Rückbesinnung auf die Sicherung und Aneignung von Überlieferungsbeständen. Sie kam einem bislang vernachlässigten Autor wie Sigmund von Birken zustatten. Und da sein Werk im Verborgenen geblieben war, beflügelte es den Entdeckergeist.

Unverkennbar ist zudem ein neu erwachtes Interesse an der Profilierung von Gestalten und damit an personenkundlicher Forschung. Auch da boten Birken und die Kreise, denen er sich verbunden wußte, ein dankbares, freilich auch überaus schwierig zu bestellendes Terrain.

Als schließlich die gattungsgeschichtliche Forschung sich belebte, durfte Ersprießliches auch für die Erkenntnis des Birkenschen Werkes erwartet werden. Wir nähern uns den einschlägigen Arbeiten, nur auf das Prinzipielle im Rahmen unserer Fragestellung bedacht, und stellen die aus dem Umkreis Mannheims, Passaus und Osnabrücks erfolgten Vorstöße zunächst zurück.

Otto Schröders unvollendete Birken-Biographie

Der ambitionierteste Versuch wurde vor Ort in Angriff genommen. Otto Schröder, der noch in Wien bei Josef Nadler eine solide Ausbildung erhalten, nach dem Kriege schwer verletzt in seine Heimatstadt zurückgekehrt war und in Erlangen sein Studium fortgesetzt hatte, firmierte formell daselbst als Doktorand Heinz Otto Burgers. De facto saß er im Germanischen Nationalmuseum und arbeitete sich in den Katakomben des Birkenschen Nachlasses voran. Der Vorsatz bestand in nichts Geringerem als der Erarbeitung einer Biographie Sigmund von Birkens, geschöpft aus allen verfügbaren Quellen und also an vorderster Stelle den Materialen in Nürnberg.

Schröder gab sich keinen Illusionen hin über die am Wege lauernden Schwierigkeiten. Ihrer ungeachtet nahm er das Wagnis auf sich. Zu verlockend war die Aussicht, das Bild eines namhaften Autors des 17. Jahrhunderts der Wissenschaft vom Barock gewinnen zu können. Die Nadlerschen Biographien, ob zu Hamann, zu Grillparzer, zu Weinheber, standen als Vorbild gewiß vor Augen. Wie der einst berühmte und nun inkriminierte Wiener Gelehrte verfügte auch sein Schüler über eine erstaunliche Befähigung zur Formulierung, wie sie ihm in späteren Tagen als leitendem Redakteur der ›Nürnberger Nachrichten‹ zugute kam. Er durfte also hoffen, das vorgesetzte Werk schriftstellerisch bewerkstelligen zu können.

Die erhaltenen gut 300 Seiten seiner Arbeit *Sigmund von Birken. Quellenstudien zur Biographie* legen beredtes Zeugnis für sein diesbezügliches Vermögen ab. Zum Abschluß gelangte er nicht. Etwa auf der Hälfte der Wegstrecke mußte er aufgeben. Alle späteren Versuche, die Arbeit wieder aufzunehmen – die ihm Nahestehenden rieten ihm dazu und entboten nach Kräften ihre Hilfe – fruchteten nicht. Der nicht mehr jugendliche Autor hatte ein neues Tätigkeitsfeld gefunden. Er stand mit Rat und Tat selbstlos den Neulingen in der Birken-Forschung zur Seite, nahm lebhaft an deren Arbeiten teil, doch selbst nochmals Hand anzulegen, vermochte er nicht mehr. So ist sein Werk ein Torso geblieben, das unpubliziert nur indirekt Wirkung zu tun vermochte. Schröder hat es generös allen Interessenten zur Verfügung gestellt.

Die Schröderschen Quellenstudien zur Biographie Sigmund von Birkens sind bis in die jüngste Zeit hinein der darstellerisch anspruchsvollste Versuch geblieben, die ausstehende große Birken-Monographie zu schreiben. Mit ihnen wurden für die Biographie Maßstäbe gesetzt, die fortan nicht mehr zu unterschreiten waren. Zugleich aber zeichnete sich erst jetzt der ganze Umfang der Aufgabe ab. Souveräne Kenntnis des gedruckten Werkes und des Nachlasses gehörte ebenso zu den Voraussetzungen wie die Kenntnisnahme des weitverzweigten Netzes der Kommunikation, das Birken vor allem brieflich geknüpft hatte. Für eine Qualifikationsschrift in Gestalt einer Dissertation waren damit fast unüberwindbare Barrieren gesetzt.

Schröder ist die erste eingehendere Nachricht über den Birkenschen Nachlaß zu verdanken, die über lange Zeit verfügbar war. Und das gleichermaßen in Form einer Übersicht zu Beginn seiner Arbeit wie vor allem über die minutiöse Verarbeitung der entsprechenden Materialien jeweils am Ort. Schröder fertigte außerdem in großem Umfang Transkriptionen, derer man sich bedienen konnte. Er galt als Experte der Birkenschen Handschrift. Die mehr als 20 Seiten umfassende Einleitung seiner insgesamt auf acht Kapitel angewachsenen und bis in das Jahr 1660 führenden Arbeit war nach einem Blick auf die Forschung der Charakteristik des Birkenschen Nachlasses gewidmet.[182]

> Wenn man diese Übersicht über die bisherige Literatur auf die Frage hin ansieht, welche Stücke aus den Quellen darin bereits Verwendung gefunden haben, dann fällt sofort auf, daß es sich dabei – außer bei Spahrs Archivbeschreibung – nur um einen geringen Teil des gesamten Bestandes handeln kann. Mehrfach hat man sich auf die Selbstbiographie Birkens bezogen, einige Male auf die Tagebücher. Von den Briefen sind diejenigen Neumarks, der Catharina von Greiffenberg, Liliens, Stubenbergs, einige von Windischgrätz, verschiedene Schreiben an fürstliche oder adelige Herren, Stellen aus der Korrespondenz mit Dilherr und Endter, darüber hinaus eine Reihe von Urkunden und Zeugnissen in Birkens Wiedergabe, sonst aber kaum erwähnenswerte Bruchstücke in Erscheinung getreten. Dazu kommen die wenigen bisher textkritisch erfaßten hinterlassenen Manuskripte. Zusammengesehen, trotz allen für einzelne Belange ausgeschöpften und anzuerkennenden Wertes, im Ergebnis ein reichlich zerrissenes Bild, eine sehr lückenhafte Folge zeitlich und räumlich unzusammenhängender oder nur für bestimmte Bereiche verwandter Dokumente. Dieser Eindruck wird bestätigt und vervielfacht, sobald man dann auch nur einmal oberflächlich zu erfassen versucht, was sonst noch und überhaupt das Archiv des Pegnesischen Blumenordens zum Thema ›Birken und seine Welt‹ enthalten könnte. [...] Geht man aber in einer vorläufigen Feststellung des Umfanges der für das 17. Jahrhundert in Frage kommenden Quellenbestände von Birkens Nachlaß aus und versucht, diesen einigermaßen vollständig zu erfassen, dann steht man vor einer zahlenmäßig erschreckenden Menge von Schriftstücken. Allein dieser Nachlaß besteht nämlich aus 2100 Briefen – Folio und Quart bis zu 6 und mehr Blatt, im Durchschnitt 2 bis 3 Blatt – und außerdem rund 300 weiteren Aktenstücken, nahezu zur Hälfte mit mehr als 10 Blatt, etwa 30 davon mit 50 bis 200 Blatt, 4 mit mehr als 200. Das Format der umfangreicheren Stücke, zum Beispiel der Tagebücher, ist Duodez- und Oktavgröße, durchwegs in einer sehr englinigen und äußerst kleinen Handschrift beschrieben.[183]

Und dann folgt eine detaillierte Charakteristik des Ordens-Archivs unter besonderer Berücksichtigung des Birkenschen Nachlasses aus Schröders Feder, die eine Ahnung von dessen Umfang wie dessen Bedeutung vermittelte. Schröder war der erste, der über die Bemühungen berichtete, den in die Obhut des Germanischen

---

[182] Der Arbeitstitel der Untersuchung sei nochmals notiert: Otto Schröder: Sigmund von Birken. Quellenstudien zur Biographie (unveröffentlichtes Manuskript). Sie setzt sich aus einem Vorwort, einer längeren Einleitung (S. 5–26) und acht ausformulierten Kapiteln nebst reichhaltigen Anmerkungen jeweils auf der Seite zusammen. I: Sigismundus Betulius Egranus. Die Familie und die Verhältnisse in Eger (S. 27–65); II: Studia puerila et liberalium artium. Jugend in Nürnberg (S. 66–89); III: Vita academica. Als Student in Jena 1643–1644 (S. 90–106); IV: Floridan. Die Hirtengesellschaft an der Pegnitz (S. 107–126); V: Poeta laureatus Caesareus. Die niederdeutschen Wanderjahre. (1645–1648) (S. 127–165a); VI: Die Friedensfeiern. ›Ingratitudo et paupertas‹ 1649–1651 (S. 166–192); VII: Silvia oder die wundertätige Schönheit. ›Ephoria – Vita rustica – Comitiva Palatina Caesarea‹. 1652–1655 (S. 193–266); VIII: Der Erwachsene. Paul Winkler – Der Palmenorden – Die erste Ehe – Bayreuth. 1656–1660 (S. 267–298).
[183] Ebd., S. 17f.

Nationalmuseums gelangten Schatz zu sichten und zugänglich zu machen. Es handelte sich um eine ausgewogene Stellungnahme, in der gleichwohl durchklang, wie unzureichend die bisherigen Maßnahmen geblieben waren. Gewürdigt wurde, daß die überkommenen Ordnungseinheiten, die womöglich teilweise noch auf Birken selbst zurückgingen, gewahrt wurden. Viele Unzulänglichkeiten, wie sie offensichtlich aus den Schmidtschen Bemühungen sich herschrieben, konnten jedoch nicht beseitigt werden und kehrten in dem Repertorium, wie es seit 1955 schließlich vorlag, wieder.

> Die Bündel außerhalb des Briefwechsels wurden wohl grob nach sachlichen Gesichtspunkten zusammengestellt, teils sogar noch nach Birkens eigener Methode, dennoch ist es unbefriedigend, wie die verschiedenen Sachgebiete einander überschneiden oder gar sinnwidrig aufeinander folgen und sich mischen. Von einer chronologischen Übersicht kann nur beschränkt die Rede sein. Eine solche mußte für die vorliegende Arbeit durch karteimäßige Registrierung und Einordnung der Abschriften, Photokopien und Registerblätter zu chronologischer Folge erst mühsam erarbeitet werden. Das lohnte sich allerdings schon dadurch, daß es damit gelang, den größeren Teil der bisher undatierten oder auch namentlich nicht zu bestimmenden Dokumente näher zu erklären. Sehr erschwerend für die systematische Bewältigung des Materials ist zumal der Umstand, daß völlig moderne Bestandteile des Archivs mit niederen Faszikelnummern versehen sind, während erhebliche Mengen des ältesten Inhalts unter den oberen Nummern oft zwischen Beständen aus dem 19. Jahrhundert liegen. Sogar in einzelnen Bündeln mischt sich Altes mit Neuem. Ehe man die Unzahl der vorkommenden Eigennamen kennt und zeitlich einigermaßen unterbringen kann, kommt einem nur zustatten, daß bei der Erstellung des Registers [i.e. des Repertoriums] wenigstens zu den einzelnen Briefen auch die feststellbaren Daten nachgetragen worden sind.
> Natürlich läßt sich hier einwenden, daß es schließlich mit zu den Aufgaben des Quellenstudiums gehört, die Quellen zu sichten und zu ordnen, soweit dies noch nicht geschehen ist. Und es war ja auch der besondere Reiz dieser Arbeit, schier unberührtes Neuland zu betreten. Dennoch wird eine gewisse Kritik an den Verhältnissen gestattet sein, wenn sie sich mit dem Wunsche verbindet, daß durch das Aufzeigen der Mängel von geeigneter Stelle Mittel und Wege erschlossen werden, die zur besseren Erfassung und Bewahrung der über alle bisherige Vorstellung wertvollen Dokumente beitragen können.[184]

Dezenter hätte nicht gesprochen und das Wünschenswerte und dringend Erforderliche angemahnt werden können. Die Schrödersche Arbeit samt ihren Annexen hat also – ungeachtet ihres respektablen und vielfach grundlegenden Ertrages im Blick auf die Biographie Sigmund von Birkens – für eine geraume Zeit den Charakter und Vorzug eines Führers durch die Birkensche Hinterlassenschaft besessen, der den Birken-Forschern zugute gekommen ist. Wäre sie abgeschlossen worden und zur Publikation gelangt, hätte die Birken-Forschung mit Gewißheit einen anderen Verlauf genommen und zugleich ein anders geartetes Bild Birkens in die Literaturgeschichte Einzug gehalten. Auch den Bemühungen um eine Edition wäre eine große Biographie des Autors zweifellos förderlich gewesen. Das entsagungsvolle

---

184 Ebd., S. 18f.

Wirken Schröders darf nicht in Vergessenheit geraten. Eine jede künftige Monographie und zumal die Schaffung einer modernen Biographie zu ›Birken und seiner Welt‹ wird auf sie zurückkommen und reichen Ertrag aus ihr schöpfen. Das dürfte die eingehendere Erinnerung an dieser Stelle rechtfertigen.

Der Beitrag Blake Lee Spahrs

Zu den aufs ganze gesehen wenigen Glücksfällen in der Birkenforschung zählt, daß das Problem des Birken-Nachlasses fast zeitgleich von anderer Seite wahrgenommen und tatkräftig auf seine zumindest partielle Beseitigung hingearbeitet wurde. Nun machte sich nicht ein Nürnberger, sondern ein Nachwuchswissenschaftler aus den Vereinigten Staaten an die Arbeit. Schröder hat auch diesen Umstand noch kommentiert und mit Staunen festgestellt, welch andere Möglichkeiten und Mittel zur Förderung gerade auch geisteswissenschaftlicher Forschung in den Vereinigten Staaten zur Verfügung standen. Der räumliche Abstand, der zu überwinden war und mittels reichlich bestellter Filme überbrückt werden konnte, wog indes ohnehin gering angesichts der geistigen Nähe, die aus der Arbeit des jungen Gelehrten sprach.

Sie war angeregt worden von einer der großen Gestalten, wie sie das alte Deutschland vermöge der zumeist aus dem Judentum sich rekrutierenden Sammler, Antiquare und Privatgelehrten in so reicher Zahl kannte. Curt von Faber du Faur hatte in den zwanziger und frühen dreißiger Jahren eine einzigartige Sammlung mit Barockliteratur aufgebaut. Sie war unter anderem gespeist aus der Bibliothek Victor Manheimers, die 1927 bei Karl & Faber zur Auktion kam. Mit dem Emigranten gelangte auch seine Bibliothek an einen neuen Ort. Der geistige Aderlaß Deutschlands, wie er 1933 einsetzte, war auch einer des Verlusts an renommierten Kollektionen, die im Gefolge des Exodus der Vertriebenen Deutschland verließen. An der Yale University fand die Barock-Sammlung eine neue Bleibe und stimulierte die Forschung zum 17. Jahrhundert in den Vereinigten Staaten seither. Es muß ein Vergnügen gewesen sein, von dem Grandseigneur durch die Schätze geführt zu werden.[185]

---

[185] Verwiesen sei an dieser Stelle nur auf die Rezension Richard Alewyns zu Curt von Faber du Faurs Katalog seiner Bibliothek, die sich übrigens auch aus Alewyns in den fünfziger Jahren veräußerten Barock-Beständen rekrutierte. Vgl. Alewyn: Rezension. – In: Euphorion 54 (1960), S. 222f. Erstaunlicherweise fehlten in Faber du Faurs Kollektion sowohl die bei Manheimer noch vorhandene *Guelfis* als auch der bei Manheimer gleichfalls vorhandene erste Teil der *Pegnesis* (1673). Vgl. Curt von Faber du Faur: German Baroque Literature. A Catalogue of the Collection in the Yale University Library. – New Haven/CT: Yale University Press 1958, p. 135ss.: The Shepherds of the Pegnitz. Hier der Birken-Eintrag pp. 143–149, Nr. 527 (*Fortsetzung Der Pegnitz=Schäferey*) bis Nr. 554 (ein pastorales Gemeinschaftswerk, gemeinsam mit Christoph Arnold und Friedrich Lochner). In dem Nachtragsband aus dem Jahr 1969 stehen drei weitere Titel Birkens; die *Guelfis* und die *Pegnesis I* konnten von Faber du Faur nicht mehr erworben werden. Heranzuziehen ist der Katalog der erwähnten Versteigerung der Sammlung Victor Manheimer: Deutsche Barockliteratur von Opitz bis Brockes. Mit Einleitung und Notizen von Karl Wolfskehl. – München: Karl &

Zu denjenigen, die den Vorzug des Umgangs mit Curt von Faber du Faur genossen, gehörte der Deutschamerikaner Blake Lee Spahr. Faber du Faur regte ihn in den späten vierziger Jahren zu einer Dissertation über Sigmund von Birken an. Auch die Birken-Schätze in seiner Bibliothek waren – wie schon ehedem diejenigen Victor Manheimers – beträchtlich. Zusammen mit den anderwärts in den Vereinigten Staaten vorhandenen Beständen und unter Einbezug Nürnbergs durfte man hoffen, über eine solide Basis für ein derartiges Vorhaben auch ohne ständigen Aufenthalt vor Ort zu verfügen.

Spahr plante wie Schröder eine umfassende, wiederum Leben und Werk vereinende Studie. Die Tatsache, daß eine zufriedenstellende Gesamtdarstellung nicht vorlag, gab – nicht das letzte Mal – den Anstoß zu einem entsprechenden Versuch. Er mußte rasch aufgegeben werden, nachdem die Dimensionen der Aufgabe sich abzeichneten. Spahr verlegte sich in Absprache mit Faber du Faur auf einen Ausschnitt, ohne freilich die Option auf eine Gesamtdarstellung preiszugeben. Gewählt wurde die Gattung, in der Birken brilliert hatte, die Schäferdichtung.

Zustande kam eine dreihundertseitige Arbeit, in der die einzelnen Schäferdichtungen Birkens eingehend besprochen wurden, worauf hier nicht eingegangen werden kann. In den Mittelpunkt traten die großen selbständigen Stücke, die auch in Yale verfügbar waren. Spahr kannte selbstverständlich die Dissertation Heinrich Meyers. Ihm war also die Existenz des zahlreichen kleinen Schrifttums, teilweise sogar in Handschrift, bekannt. Zu einer Überprüfung der Überlieferung kam es in der Dissertation nicht. Mit Hilfe der Meyerschen Angaben und anderweitiger verfügbarer Hilfsmittel wurde eine nach Maßgabe des Möglichen komplette Bibliographie der Schäferdichtung erstellt.[186] Daß insgesamt weit weniger als die Hälfte erfaßt wurde, war dem Verfasser womöglich selbst klar und wurde stillschweigend in Kauf genommen. Denn der Autor war frühzeitig entschlossen, die Nürnberger Fährte weiter zu verfolgen. Mit seinem fast zehn Jahre später erschienenen Werk ist er in die Geschichte der Birken-Philologie eingegangen.

Ausgestattet mit Stipendien, installierte sich der junge Doktor in Nürnberg. Nun galt das Interesse jedoch nur noch am Rande der Überlieferung des gedruckten Werkes Birkens. Auch die Erforschung der Pastoralia Birkens wurde allein unter einem bestimmten Aspekt fortgeführt, nicht jedoch geleitet von dem Interesse, das einst unvollständig gebliebene Verzeichnis zu komplettieren. Hier verblieb also ein Forschungsfeld, das erst später bestellt werden konnte. Statt dessen ging Spahr daran, das Archiv des ›Pegnesischen Blumenordens‹ in seinen wertvollsten, aus dem 17. Jahrhundert stammenden Teilen systematisch zu erforschen.

Die Recherchen hatten das Ziel, erstmals in der über dreihundertjährigen Geschichte des Ordens einen gedruckten Führer für diese Materialien zu schaffen.

Faber 1927 (= Versteigerungskatalog. Karl & Faber; 27). Hier S. 13f., Nr. 43–50 die Birken-Einträge. Sie sind – wie alle Titel – so meisterhaft kommentiert von Wolfskehl wie später nur noch einmal, eben von Faber du Faur.
186 Blake Lee Spahr: The Pastoral Works of Sigmund von Birken. – Phil. Diss. Yale University (New Haven/CT) 1952 (Masch.). Appendix A: A Bibliography of Birken's Schäffereyen, pp. 283–288.

Über die Notwendigkeit und den Sinn eines solchen Unternehmens konnte es keinen Zweifel geben. Wie aber sollte das Archiv erschlossen werden, ohne daß sich die Arbeit zu einer das Leben umspannenden Tätigkeit auswuchs? Indem ein pragmatischer Weg beschritten wurde. Spahr verzichtete auf eine komplette Registratur, und das hieß in praxi, auf eine Total-Verzeichnung des Birkenschen Nachlasses. Statt dessen gab er dem Umfeld Birkens den Vorzug, ging also nicht von dem späteren Ordenspräsidenten aus, sondern gruppierte die einzelnen Kapitel um die aus Birkens Kontakten herrührenden Personen, die nun vielfach erstmals Profil gewannen.

Das Ergebnis war frappierend. Es traten nicht nur Harsdörffer oder Klaj, Neumark oder Catharina Regina von Greiffenberg in den Blickpunkt, sondern auch Rist und Zesen, Schottelius und Stieler, Quirin Moscherosch und Kuhlmann, ja noch Francisci und Omeis. Und dies dergestalt, daß alle auf sie zurückgehenden Zeugnisse – in der Regel Briefe und diese zumeist an Birken gerichtet – aufgeführt und alle im Archiv auszumachenden Erwähnungen eben dieser Personen sodann hinzugefügt wurden. In einem anschließenden Abschnitt verdichtete der Autor die Informationen zu Porträts, indem er sie zugleich geschickt mit der einschlägigen Forschung verknüpfte.[187]

Das schien nach einer Umgehung des Birkenschen Nachlasses auszuschauen. Tatsächlich spiegelte Spahr die von Birken herrührende Überlieferung im brieflichen Verkehr und Schaffen seiner Partner. Birken selbst kam im zweiten Teil des Spahrschen Archivführers zur Darstellung. Die wichtigsten im Nachlaß vorgefundenen Werktitel wurden kurz charakterisiert und sodann die ›personal documents‹ besprochen, also die frühe Briefreinschrift, die ›Konzepthefte‹, die Tagebücher, schließlich die Autobiographie. Ein Versuch, innerlich Zusammengehöriges oder über die Gattungen Verwandtes zu bestimmen, wurde noch nicht unternommen. Auch fehlten wichtige Stücke; in einigen wenigen Fällen unterliefen gravierende Fehler.

Das änderte nichts an den Verdiensten, die sich Spahr mit dieser eigenwilligen, literaturgeschichtlich jedoch ergiebigen Registratur erwarb. Dazu trug auch bei, daß das Material detailliert klassifiziert sowie die nur ansatzweise erkennbaren Versuche, archivalische Ordnung zu schaffen, fortgeführt wurden – und dies dankenswerterweise unter Beibehaltung der alten Registratur. Ein Appendix wies alle Materialien, auch die nicht eigens beschriebenen, in einem Register nebst Signatur des Archiv-Repertoriums aus. Der Benutzerwert wurde damit erheblich erhöht.

Schon im Spahrschen Archivführer war der Gestalt Anton Ulrichs gedacht. Nicht ein einziges Dokument des Herzogs konnte beigebracht werden, wohl aber zwei Briefe von Birken an ihn. Statt dessen machte Spahr mehr als dreißig Erwähnungen Anton Ulrichs in den Ordensbriefschaften aus, die meisten herrührend aus

---

[187] Vgl. ders.: The Archives of the Pegnesischer Blumenorden. A Survey and Reference Guide. – Berkeley, Los Angeles: University of California Press 1960 (= University of California Publications in Modern Philology; 57). Vgl. auch dazu die Rezension von Richard Alewyn in: Germanistik 2 (1961), S. 231–232.

Briefen Catharina Regina von Greiffenbergs. Auch in den Birkenschen ›Konzeptheften‹ figurierte der Name des Herzogs. Den Schluß der Registratur bildeten ›Ten pages of the manuscript of *Aramena*‹. Da waren also letzte Zeugen der redaktionellen Tätigkeit Birkens im Nachlaß verblieben, der sonst so akkurat von ihnen gereinigt erschien. Kein Kommentar im Spahrschen Archivführer geriet ausführlicher als derjenige zu dem Verkehr zwischen Birken und Anton Ulrich. Nur erste Linien konnten ausgezogen werden. Der an dieser Stelle sichtbar werdende Komplex bedurfte einer gesonderten Recherche.

Spahr hat sich auch ihr bekanntlich noch unterzogen. Sein großes Buch *Anton Ulrich and Aramena* stellt den Versuch dar, den Anteil Birkens an der unter Anton Ulrichs Namen laufenden Romanproduktion ebenso wie an seinen Schau- und Singspielen detailliert zu bestimmen und in seinen literaturgeschichtlichen Konsequenzen zu würdigen.[188] Spahr verstand sein Werk als einen Beitrag zur Grundlagenforschung im Blick auf das lange vernachlässigte 17. Jahrhundert. Er ließ die in den fünfziger und frühen sechziger Jahren erschienenen Monographien kurz Revue passieren und würdigte noch 1966 Schröders Arbeit als eine »at present *in faciendo*, [which] promises to be the most thorough and authoritative biography of a German Baroque author ever produced in the history of German literary criticism.«[189]

Spahrs Studie ihrerseits bildete das Muster einer philologisch umsichtigen Erkundung. Das Werk Anton Ulrichs wurde vorgestellt, die in Wolfenbüttel vorliegenden Manuskripte – mit einem Seitenblick auf Nürnberg – beschrieben, das Verhältnis Anton Ulrichs zu Sigmund von Birken aus allen verfügbaren Quellen dargelegt und sodann das Zusammenwirken im Entstehungsprozeß der *Aramena* einschließlich der pastoralen Einlagen geschildert. Eine einmalig im 17. Jahrhundert dastehende Kooperation zwischen einem zur Feder greifenden Fürsten und seinem gelehrten poetischen Mentor war der Literaturgeschichte gewonnen – und das nur, weil ein hier wie dort singulärer Quellenfundus diesen Einblick in eine schriftstellerische Gemeinschaftsleistung und damit den Prozeß literarischer Produktion in einem normenverpflichteten Zeitalter gestattete.

Joachim Krölls auf Creußen und Bayreuth gerichtete Forschungen

Halten wir Umschau nach einer dritten Fundamente der Birken-Forschung begründenden Persönlichkeit aus den ersten Nachkriegsjahrzehnten, so ist der Name Joachim Krölls aufzurufen. Sein Verdienst besteht darin, den Bayreuther Hof und die ihm assoziierten Personenkreise als Wirkungsraum Birkens erschlossen zu haben. Seine Forschungen setzten zu dem Zeitpunkt innerhalb der Biographie Birkens ein, da Schröder hatte enden müssen. Die späten fünfziger und die frühen

---

188 Ders: Anton Ulrich and Aramena. The Genesis and Development of a Baroque Novel. – Berkeley, Los Angeles: University of California Press 1966 (= University of California Publications in Modern Philology; 76).
189 Ebd., p. 3.

sechziger Jahre hatte Birken gelegentlich in Creußen und sodann in Bayreuth verbracht, bevor die endgültige Wahl auf Nürnberg fiel. Die lebensgeschichtlich bestimmenden Momente und die um den Bayreuther Hof gruppierten Werke Birkens sind von Kröll erschlossen worden.

Seine Arbeiten, die nicht die eines ausgebildeten Literaturwissenschaftlers, sondern eines Volkskundlers waren, der einen respektablen Namen in der fränkischen und zumal auf Creußen gerichteten Volkskunde besaß,[190] sind vielfach auf Kritik angesichts von Ungenauigkeiten, Lesefehlern und Stiftung irrtümlicher Verbindungen gestoßen. Je weiter der zeitliche Abstand von seinem in die sechziger und siebziger Jahre fallenden Werk wird, um so deutlicher zeichnet sich die Pionierleistung, aber auch die Konsequenz in der Abfolge des eingeschlagenen Weges ab.

Kröll verschaffte sich das Entree in die Birken-Forschung mit einem hundertseitigen Aufsatz über Birkens Beziehungen zu Creußen und Bayreuth.[191] Opulenz blieb ein Kennzeichen der Kröllschen Produktion. Das bevorzugte ›Archiv für Geschichte von Oberfranken‹ bot offensichtlich unbeschränkten Raum. Die Abhandlung wurde mit einer Biographie und Ordensgeschichte eröffnet, die nur so wimmelte von Fehlern. Das Handexemplar des Schreibers dieser Zeilen – bei Kröll wiederholt als ›Klaus Gabert‹ figurierend – ist übersät mit Korrekturen. Im Übergang zu Creußen und Bayreuth wurde deutlich, daß Kröll seine Darstellung nun auf Briefe aus dem Ordensarchiv und auf lokale Quellen zu stützen wußte, die erstmals ein Bild dieser bislang im Dunkel verbliebenen Phase in Birkens Leben und Schaffen hervortreten ließen.

Es dauerte nahezu zehn Jahre, bevor sich Kröll neuerlich zu diesem Thema vernehmen ließ, mit dem er sein eigentliches Arbeitsfeld fand. Die Zwischenzeit war zu einem guten Teil auf die Edition der Birkenschen ›Tagebücher‹ gewandt worden. In einer enormen Arbeitsleistung war das Corpus der Birkenschen Notizen ohne Inanspruchnahme anderweitiger Hilfe transkribiert und für die zweibändige Edition aufbereitet worden. Eine große Abhandlung entwarf neuerlich ein nun auf die Tagebücher gegründetes Porträt Birkens. Die Kritik ließ nicht auf sich warten und wuchs sich zu einem eigenen Zweig der Birken-Forschung aus, der eine Reihe grundsätzlicher Erwägungen im Blick auf eine zu schaffende Birken-Ausgabe zeitigte. Sie war indes durchgehend begleitet von der Artikulation des Respekts, aber auch der Dankbarkeit, einen einzigartigen Quellenfundus fortan zu leichter Verfügung zu haben.[192]

Kröll selbst kehrte auf sein Terrain zurück, in dem er als erste Sachautorität galt. Seine fortan auf Bayreuth gerichteten Forschungen reichten weit über die Nürnberger Literaturszene hinaus, erwiesen sich indes allesamt als fruchtbar im Hinblick auf diejenige Gestalt, von der sie ihren Ausgang genommen hatten. Eine

---

190 Vgl. vor allem Joachim Kröll: Creußener Steinzeug. – Braunschweig: Klinkhardt & Biermann 1980 (= Bibliothek für Kunst- und Antiquitätenfreunde; 54).
191 Vgl. ders.: Der Dichter Sigmund von Birken in seinen Beziehungen zu Creußen und Bayreuth. – In: Archiv für Geschichte von Oberfranken 47 (1967), S. 179–276.
192 Vgl. dazu oben Anm. 67 mit der angegebenen Literatur. Vgl. auch Anm. 2.

vierteilige Sequenz zeichnete sich ab. Eröffnet wurde mit einer Studie über Markgräfin Erdmuth Sophie von Brandenburg-Bayreuth (1644–1670).[193] Sie weitete sich aus zu einem Porträt des Bayreuther Hofes und der fürstlichen gelehrten Gründungen vor Ort, wie sie Erdmuth Sophies Gemahl Christian Ernst initiierte, einschließlich der an ihnen wirkenden Personen mit dem Generalsuperintendenten Caspar von Lilien an der Spitze.

In der eben sich formierenden sozialgeschichtlichen Forschung, wie sie freilich nur sehr partiell zunächst Einzug auch in die Barockforschung hielt, konnte dieser Vorstoß nur begrüßt werden, mangelte es doch bislang an empirischen Studien. Die buchförmige Abhandlung Krölls stellt einen aus der kulturgeschichtlichen Forschung des 17. Jahrhunderts, sofern zentriert um Hof, höfisches kulturelles Leben und weibliche Autorschaft, nicht wegzudenkenden Beitrag dar.

Für die Birken-Forschung neuerlich ergiebig wurde die sich anschließende Edition der an Birken gerichteten Briefe Caspar von Liliens.[194] Über hundert Dokumente kamen zum Abdruck. Ein Versuch, den Beitrag Birkens zu dem Briefwechsel über seine ›Konzepthefte‹ mit einzubringen, erfolgte nicht. Hier verblieb eine Aufgabe für die Zukunft. Nicht zustande kam die geplante Herausgabe der Briefe des Markgrafen Christian Ernst. Wohl aber vermochte Kröll vor seinem Tode noch ein anderes Versprechen einzulösen, mit dem die auf Birken und Bayreuth gerichteten Arbeiten zum Abschluß gelangen sollten.

Die Bearbeitung des – nach Kröll von Caspar von Lilien geführten – Reisetagebuchs Christian Ernsts hatte Birken zu einer Beschäftigung mit Erasmus' *Institutio principis christiani* veranlaßt. Die übersetzerischen Bemühungen Birkens um diesen Text waren in seinem Nachlaß erhalten. Sie nun legte Kröll in einer neuerlich mit einer Einleitung versehenen Edition vor.[195] In der Trias von Tagebuch- und Brief-Edition samt herausgeberischer Erschließung einer wichtigen Übersetzung bezeichnen die Kröllschen Arbeiten einen Markstein in der Birken-Forschung.

Seitenblick auf die Greiffenberg-Forschung

In den Studien aller drei Autoren war die Gestalt Catharina Regina von Greiffenbergs präsent. Frühzeitig zeichnete sich ab, daß sie als die wichtigste Partnerin Birkens im privaten, im poetischen und im geistlichen Austausch gelten durfte. Und da die Existenz einer umfänglichen brieflichen Überlieferung im Archiv des ›Pegnesischen Blumenordens‹ seit langem bekannt war, war es nur eine Frage der Zeit,

---

193 Vgl. Joachim Kröll: Bayreuther Barock und frühe Aufklärung. Teil I: Markgräfin Erdmuth Sophie (1644–1670) und ihre Bedeutung für Bayreuth. – In: Archiv für Geschichte von Oberfranken 55 (1975), S. 55–175.
194 Vgl. ders.: Bayreuther Barock und frühe Aufklärung. Teil II: Die Briefe des Bayreuther Generalsuperintendenten Caspar von Lilien an den Nürnberger Dichter Sigmund von Birken. – In: Archiv für Geschichte von Oberfranken 56 (1976), S. 121–234.
195 Vgl. ders.: Die Erasmus-Bearbeitung Birkens. Ein Beitrag zur Fürstenspiegel-Literatur. – In: Archiv für Geschichte von Oberfranken 63 (1983), S. 147–218.

wann eine Annäherung an diese größte Dichterin des 17. Jahrhunderts erfolgen würde, die ihrerseits einen Beitritt zum Orden so wenig vollzog wie andere Mitglieder adliger Häuser, mit denen Birken verkehrte. Otto Brunner hatte gleich nach dem Kriege in einer bahnbrechenden Studie die Aufmerksamkeit auf das Schicksal des protestantischen niederösterreichischen Adels gelenkt, der im Zeitalter der Konfessionalisierung ein so schweres Schicksal erlitt.[196] Nürnberg galt neben Regensburg als Hochburg der Exulanten, und Birken nutzte die Chancen des Kontaktes souverän. Die hier obwaltenden Verbindungen aufzudecken, die Quellen zu erkunden und darstellerisch zum Sprechen zu bringen, mußte einen Reiz eigener Art ausüben. In den Fokus der Betrachtung rückte wie selbstverständlich Catharina Regina von Greiffenberg.

Eröffnet wurde die Beschäftigung mit ihrem Leben und Werk lange vor dem hier ins Auge gefaßten Berichtzeitraum mit einer Studie von Hermann Uhde-Bernays.[197] Dieser lebte zur Zeit ihrer Abfassung in Nürnberg, arbeitete als Assistent in der Bibliothek des Germanischen Nationalmuseums und wußte schon deshalb um die Existenz des Ordens-Archivs. In seiner 1903 erschienenen Studie betonte er in der Vorrede, daß dem Buch »der von mir eifrig benutzte, im Besitz des pegnesischen Blumenordens befindliche wertvolle Briefwechsel Sigismund von Birkens zugute gekommen« sei.[198]

Die Arbeit war von Max von Waldberg angeregt worden, der Wert auf eine gediegene quellenkundliche Fundierung der von ihm betreuten Arbeiten legte. Entsprechend hieß es einleitend, daß »die folgenden Ausführungen in ihrem ersten Teil auf Grund des neuen aus nürnbergischen Bibliotheken und Archiven gewonnenen Materials [...] es versuchen, die Beziehungen Catharinas zu ihrer Familie und den sie umgebenden Verhältnissen darzulegen.«[199] Die Schilderung der Präsenz des niederösterreichischen Exulanten-Adels in der Freien Reichsstadt war anschaulich und instruktiv und reichte entschieden hinaus über das, was bislang in den biographischen Porträts aus dem Umkreis der Pegnitzschäfer zu lesen gewesen war.

Uhde-Bernays, Sohn des Schriftstellers Hermann Uhde, verstand es zu schreiben; die Lektüre der vergleichsweise schmalen Studie bereitet Vergnügen. In den Anmerkungen war nicht nur die vorliegende Literatur komplett versammelt. Vielmehr zitierte Uhde-Bernays wiederholt eingehend aus dem Briefwechsel zwischen Birken und Catharina Regina von Greiffenberg. Erstmals war eine schriftstellerisch überzeugende Integration der Archivalien aus dem Birkenschen Nachlaß in einer

---

196 Vgl. Otto Brunner: Adeliges Landleben und europäischer Geist. Leben und Werk Wolf Helmhards von Hohberg 1612–1688. – Salzburg: Müller 1949.
197 Vgl. Hermann Uhde-Bernays: Catharina Regina von Greiffenberg (1633–1694). Ein Beitrag zur Geschichte deutschen Lebens und Dichtens im 17. Jahrhundert. – Berlin: Fleischel 1903. Ein weithin identischer Druck war unter dem Titel ›Catharina Regina von Greiffenberg (1633–1694). Ihr Leben und ihre Dichtung‹ erschienen in: Mitteilungen aus dem Germanischen Nationalmuseum 1902, S. 77–141.
198 Ebd., S. 6
199 Ebd., S. 3f.

Studie zu einer Birken nahestehenden Persönlichkeit erfolgt, geeignet, das Augenmerk auf den in Nürnberg ruhenden Schatz zu lenken.

Auch in die Studie Leo Villigers über Catharina Regina von Greiffenberg aus dem Jahr 1952, eine von Max Wehrli angeregte Zürcher Dissertation, spielt der Briefwechsel mit Birken hinein.[200] Ein so gut wie ausschließlich auf das Werk gerichtetes Interesse enthob den Verfasser jedoch einer näheren Auswertung, vielmehr konnte er sich, wo erforderlich, mit einem Rückverweis auf Uhde-Bernays begnügen.

Ganz anders in der wenig später (1958) vorgelegten Dissertation von Horst Frank, die unter den Augen von Adolf Beck in Hamburg entstand, jedoch erst zehn Jahre nach Abschluß und dann auch nur in einem Teildruck (1967) publiziert wurde.[201] Frank wandte sich neuerlich den Nürnberger Quellen zu und mußte feststellen,

> daß noch eine Fülle unerschlossenen biographischen Materials in den Manuskripten enthalten war, das eine genaue Prüfung notwendig machte. Die Auswertung dieses Materials fand ihren Niederschlag in einer neuen und erweiterten *Lebensbeschreibung* der Dichterin, die nun als erster Teil dieser Untersuchung vorgelegt wird. Über die rein biographischen Zusammenhänge hinaus vermittelt sie einen nicht uninteressanten Einblick in damalige Lebensverhältnisse aus der Unmittelbarkeit brieflicher Zeugnisse, vor allem aber in gewisse geistige und seelische Strömungen des frühen Pietismus.[202]

Tatsächlich bietet Frank auf rund hundert Seiten eine hervorragend recherchierte und zugleich in die politischen und sozialen ebenso wie in die geistigen und frömmigkeitsgeschichtlichen Entwicklungen ausgreifende Biographie. Damit gelang für Catharina Regina von Greiffenberg, was für Birken nicht zu meistern war. Franks den Briefwechsel mit Birken ausgiebig heranziehende Arbeit stellt zusammen mit Szyrockis Opitz- und Gryphius-Monographien (1956 bzw. 1959) und Dahlkes Günther-Studie das Repertoire an einläßlicheren Biographien, das in den fünfziger Jahren der Literaturgeschichte zum 17. Jahrhundert zugeführt werden konnte. Es mußte befremden, daß sie anders als diese den Weg zum Druck nur partiell fand. Frank hat die Jahre über den Plan verfolgt, den Briefwechsel zwischen Birken und Catharina Regina von Greiffenberg zu edieren. Zu einer Ausführung des Vorhabens ist es nicht mehr gekommen.[203]

---

200 Vgl. Leo Villiger: Catharina Regina von Greiffenberg (1633–1694). Zu Sprache und Welt der barocken Dichterin. – Zürich: Atlantis-Verlag 1952 (= Zürcher Beiträge zur deutschen Sprach- und Stilgeschichte; 5).
201 Vgl. Horst Frank: Catharina Regina von Greiffenberg. Untersuchungen zu ihrer Persönlichkeit und Sonettdichtung. – Diss. phil. Hamburg 1957 (Masch.); ders.: Catharina Regina von Greiffenberg. Leben und Welt der barocken Dichterin. – Göttingen: Sachse & Pohl 1967 (= Schriften zur Literatur; 8). Im folgenden zitiert nach der maschinenschriftlichen Fassung.
202 Ebd., S. 16.
203 Später hat Ruth Liwerski nochmals eine große Greiffenberg-Studie vorgelegt, in der selbstverständlich auch auf den Briefwechsel mit Birken zurückgegriffen wird. Auch diese anregende Arbeit kam leider nur partiell zum Druck. Ein erster Teil, ›Darstellung‹ betitelt (und gefolgt von einem im Druck über 700 Seiten einnehmenden zweiten Teil ›Deutung‹), der eine detaillierte

Richard Mais Arbeiten zum geistlichen Lied

Vollziehen wir von der geistlichen Dichterin Catharina Regina von Greiffenberg den Schritt zu dem geistlichen Dichter Sigmund von Birken. Dann ist zunächst von Richard Mais bei Walter Müller-Seidel entstandener und 1968 vorgelegter Münchener Dissertation zu sprechen, die als erste in diesen prominent besetzten Bezirk des Birkenschen Schaffens vordrang.[204]

Die Arbeit gründete auf eingehenden auf den Nachlaß gerichteten Quellenstudien sowie auf erstmals systematisch angestellten bibliographischen Recherchen, von denen allein hier wieder zu handeln ist. Wie Schröder und Spahr hatte sich auch Mai eine Gesamtdarstellung Birkens vorgesetzt und mußte wie seine Vorgänger »angesichts der Fülle des ungesichteten und unbearbeiteten Materials« alsbald gleichfalls davon Abstand nehmen.[205] War »es bei Spahr und Schröder vor allem die Masse der völlig ungeordneten Birken-Handschriften«, so bei Mai »die Menge der in den Bibliotheken neu entdeckten Birken-Drucke [...], die einen solchen Plan scheitern ließ.«[206] Beschränkte Spahr »sich auf die Schäfereien, Schröder auf die ›reine‹ Biographie[,] [...] wollen [wir] aus dem Gesamtwerk Birkens einen Aspekt herausgreifen: das geistliche Lied«.[207]

Man sieht, daß sich eine Genealogie gescheiterter Birken-Darstellungen herauszuformen beginnt, die sich ohne viel Aufwand bis in die Gegenwart fortschreiben ließe. Gäbe es ein überzeugenderes Argument für eine Edition, die Abhilfe schafft?

Mai hat erheblichen Anteil an der Durchdringung des Birkenschen Nachlasses. In ihm bildet das geistliche Schrifttum, wie erläutert, eine gewichtige Komponente. Aus ihm galt es, in einem ersten Arbeitsschritt das Liedgut auszusondern. Dabei wurden die folgenden Grundsätze beobachtet:

> Nicht zu den geistlichen Liedern zählten wir: 1. (was den Inhalt betrifft) die fast ausschließlich auf eine gewisse Person abgestimmten Trost- und Sterbelieder, von denen es

---

›Formuntersuchung‹ (S. 13) anstrebte, offenkundig aber noch nicht ausgearbeitet war, wurde für einen späteren Zeitpunkt in Aussicht gestellt, ist jedoch nicht mehr erschienen. Vgl. Ruth Liwerski: Das Wörterwerk der Catharina Regina von Greiffenberg. Teil II: Deutung. Bd. I–II. – Bern u.a.: Lang 1978 (= Berner Beiträge zur Barockgermanistik; 1). Zu verweisen ist an dieser Stelle auch auf die wichtige Studie von Heimo Cerny: Catharina Regina von Greiffenberg, geb. Freiherrin von Seisenegg (1633–1694). Herkunft, Leben und Werk der größten deutschen Barockdichterin. – Amstetten: Stadtgemeinde, Kulturamt 1983 (= Amstettner Beiträge; 1983). Und schließlich hat die in der Nachfolge Otto Brunners entstandene und seinerzeit bahnbrechende Studie von Martin Bircher: Johann Wilhelm von Stubenberg (1619–1663) und sein Freundeskreis. Studien zur österreichischen Barockliteratur protestantischer Edelleute. – Berlin: de Gruyter 1968 (= Quellen und Forschungen zur Sprach- und Kulturgeschichte der germanischen Völker. N.F.; 25 (149)) auch für Leben und Werk Birkens wichtige Aufschlüsse erbracht. Vgl. insbesondere die Kapitel ›Freundschaft mit Birken – Weitere Übersetzungen‹, S. 69ff.; ›Freundeskreis – Neue Werke‹, S. 197ff.; ›Letzte Briefe an Birken‹, S. 244ff. Siehe auch den reichhaltigen Register-Eintrag zu Birken, S. 334.
204 Vgl. Richard Mai: Das geistliche Lied Sigmund von Birkens. – Diss. phil. München 1968.
205 Ebd., S. 4
206 Ebd., S. 5.
207 Ebd., S. 5f.

eine Menge bei Birken gibt, und 2. (was die Form betrifft) die nur aus zwei Strophen bestehenden, von Birken selbst so genannten ›Seufzer‹. Eine eingehende Beschreibung dieses umfangreichen Materials halten wir aus zwei Gründen für gerechtfertigt: einmal weil eine Bestandsaufnahme der handschriftlich überlieferten, aber auch der gedruckten geistlichen Lieder Birkens bisher noch nicht vorliegt, zum anderen weil dadurch nicht nur die Entstehung der geistlichen Lieder, sondern auch eine gewisse Entwicklung sichtbar wird.[208]

Eben dieser ›Bestandsaufnahme‹ unterzog sich Mai. In einem ersten Durchgang wurden neun einschlägige Handschriften mit geistlichem Liedgut ausfindig gemacht und hinsichtlich ihres Inhalts, der Entstehungsdaten und der entwicklungsgeschichtlichen Stellung im Verlauf des über fast vier Jahrzehnte sich erstreckenden geistlichen lyrischen Sprechens Birkens analysiert. In einem zweiten Schritt erfolgte der Übergang zu den Drucken, einsetzend unter Position 1 mit der *Fortsetzung Der Pegnitz=Schäferey* (1645) und endend unter Position 17 mit dem *Heiligen Sonntags-Handel und Kirch-Wandel* (1681).

Das numerische Fazit hinsichtlich der handschriftlichen und gedruckten Überlieferung und ihrer beider Überschneidung war verblüffend und lautete wie folgt:

> An geistlichen Liedern, die Birken zum Verfasser haben, finden sich 370 gedruckt und 350 handschriftlich im Nachlaß. Davon besitzen wir 180 Lieder gedruckt und handschriftlich zugleich, 190 nur gedruckt und 170 nur handschriftlich. Damit kommen wir auf eine Gesamtzahl von 540 (370 veröffentlichten und 170 bisher unveröffentlichten) geistlichen Liedern, die aus Birkens Feder stammen. Und hier sind die verschiedenen handschriftlichen und gedruckten Fassungen eines Liedes noch nicht mitgezählt, die sich bisweilen in relativ großer Anzahl finden, im allgemeinen aber untereinander nur geringe Unterschiede aufweisen.[209]

Entsprechend war klargestellt und verifiziert, was den Ausgangspunkt der Ermittlungen bildete: »Birken zeigt sich uns als einer der fruchtbarsten Dichter von geistlichen Liedern im 17. Jahrhundert. Mit seinen ungefähr 540 geistlichen Liedern steht er – zahlenmäßig gesehen – weit etwa vor Angelus Silesius (205), P. Gerhardt (134), F. v. Spee (52) und P. Fleming (42).«[210] Was immer im einzelnen zu diesen Zahlen zu bemerken sein mag – die numerischen Größenordnungen waren abgesteckt, und der Arbeit Mais oblag es, Substanz und Form der Lieder einer Analyse ihres geistlichen Gehalts zuzuführen.

Eine erste Bibliographie der Birken-Drucke

Das kann nicht Gegenstand dieses Berichts sein. Mai aber, einmal aufmerksam geworden auf den durchgängigen Anteil lyrischen weltlichen wie geistlichen Sprechens, wie es sich über das gesamte gedruckte Werk erstreckte, ging nun daran, die

---

208 Ebd., S. 32.
209 Ebd.
210 Ebd., S. 6.

Birkenschen Drucke zum Gegenstand einer eigenen Untersuchung zu machen. Es war das erste Mal, daß dieser Versuch in der Geschichte der Birken-Philologie unternommen wurde. Und schwerlich dürfte es ein Zufall sein, daß die Expertise in einer der großen deutschen Bibliotheken durchgeführt wurde, die reich ist an Birken-Drucken, der Bayerischen Staatsbibliothek in München, zusätzlich aber auch in der gleichfalls überraschend ergiebigen Universitätsbibliothek daselbst. Die Ergebnisse waren so gewichtig, daß Mai sich zu einer separaten Publikation entschloß.[211]

Den Ausgang nahm Mai von einem seiner Meinung nach aus Birkens Feder stammenden handschriftlichen Katalog seiner Bücher, den Mai offensichtlich als erster auftat und in extenso vorstellte.[212] Etwa 100 Autoren mit über 170 Werken umfaßt er. »Damit ist uns eine Möglichkeit gegeben, Einblick in eine geistige Welt zu gewinnen, die, wenngleich sie Birken nicht unmittelbar beeinflußt haben muß, doch seinen literarischen Horizont erkennen läßt.«[213]

Wie in den verschiedenen Gattungen, auf die Birken sein sammlerisches Interesse richtete, waren auch unter den geistlichen Liedsammlungen Repräsentanten sehr divergierender Sprechhaltungen vertreten, deren beide Pole Mai bezeichnete.

> Da sind auf der einen Seite die ›einfachen‹ Lieder der Pastoren J. Heermann und J. Rist, die beide noch weitgehend aus der Orthodoxie des 16. Jahrhunderts lebten, und auf der anderen Seite etwa die ›schwärmerischen‹ Lieder des der Mystik nahestehenden Konvertiten Angelus Silesius und der holsteinischen Dichterin A. Owena Hoyers, die, wie in Zedlers Universallexikon zu lesen ist, wegen ihrer Schwärmerei und ihrer Verbindung zu den Rosenkreuzern, Schwenkfeldianern und Weigelianern Deutschland verlassen mußte und ihr Werk erst 1650 in Amsterdam veröffentlichen konnte.[214]

Damit gewann Mai erste Anhaltspunkte für seine geistes- und frömmigkeitsgeschichtlichen Untersuchungen anhand des Birkenschen geistlichen Liedcorpus. Die Birkensche Bibliothek selbst, die ja auch die Handexemplare seiner eigenen Werke enthielt, kam nur insoweit zur Sprache, wie sie gedrucktes oder handschriftliches geistliches Liedgut barg. Eine Gesamtanalyse blieb ein Desiderat. Statt dessen wandte sich Mai den in den öffentlichen Bibliotheken nachweisbaren Birkendrucken zu. Das Ergebnis mochte die wenigen Fachleute nicht erstaunen; als Zeugnis für den Stand der bibliographischen Erschließung von Kernbeständen der deutschen Literatur des 17. Jahrhunderts war es bemerkenswert genug.

> Von den 298 bibliographischen Einheiten, die unsere Bibliographie (die wohl Vollständigkeit angestrebt, aber – dessen sind wir uns bewußt – zweifellos nicht erreicht hat) nennt, kennt das bisher größte Werkverzeichnis, Goedekes ›Grundrisz‹, nur 38. Der Umfang von Birkens Werk übertrifft damit, um einen Vergleich zu geben, natürlich rein quantitativ gesehen, z.B. das Werk von A. Gryphius, das nach M. Szyrocki 159 bibliographische Einheiten umfaßt, und reicht nahe an das Werk von M. Opitz heran, das bei

---

211 Vgl. dazu unten Anm. 216.
212 Vgl. Mai: Das geistliche Lied Sigmund von Birkens (Anm. 204), S. 18ff.
213 Ebd., S. 19.
214 Ebd., S. 22.

Szyrocki 308 Einheiten zählt – und dies, obwohl nach 1755, ganz im Gegensatz zu vielen Werken von Opitz und Gryphius, kein Werk von Birken wieder aufgelegt worden ist.[215]

Mai ging, wie in einer Personalbibliographie übliche Praxis, chronologisch vor, gab, wo vorhanden, die entsprechenden Referenzen, nicht selten ergänzt um knappe Annotationen, wies ermittelte Exemplare nach und bezeichnete das für die – grundsätzlich komplette – Titelaufnahme benutzte Exemplar einschließlich einer Angabe der Signatur in der betreffenden Bibliothek.[216] In einer ganzen Reihe von Fällen verwies ein vor der Numerierung angebrachter Asterisk darauf, daß kein Exemplar aufgetan werden konnte. Vielfach waren es kleine Schäfergedichte, die Mai in der Vorkriegs-Dissertation Meyers erwähnt fand, nun aber – anders als Spahr, der an dieser Stelle versagte – als nicht verfügbar kennzeichnete. Die Gründe dafür blieben ihm verborgen.

Prinzipiell galt, daß die Birken-Forschung mit der Maischen Bibliographie erstmals ein qualifiziertes Hilfsmittel gewann, das die Umrisse des gedruckten Werkes hervortreten ließ. Erst jetzt wurde es möglich, Neuzugänge als solche zu gewahren und auszuweisen und also systematisch auf eine Ergänzung hinzuarbeiten.

Bild und Text

Verharren wir für einen Moment noch im geistlichen Genre, um einen Übergang zu den bis vor kurzem wenig beachteten Paratexten Birkens zu gewinnen. Als Beiträger zum geistlichen Werk Dilherrs hatte sich Birken in seinen geistlichen lyrischen Handschriften und in seinen autobiographischen Äußerungen zu erkennen gegeben. Die Aussonderung dieses Bestandes der Überlieferung gehörte mit zum quellensichtenden Geschäft, dem sich Mai zu widmen hatte.

Dilherr war – wie andere Prediger und geistliche Dichter des 17. Jahrhunderts – auch ein Liebhaber des Emblems, das der Ergründung von Spiritualität, wie sie für das Zeitalter insbesondere in ihren post- und transkonfessionellen Verlautbarungen typisch blieb, so eminent entgegenkam. Da aber waren scharfsinnige Geister gesucht, die den im Bild verborgenen und geborgenen Sinn auf die poetisch ansprechende – und eben deshalb gerne ›argute‹ – Formel zu bringen vermochten. Auch darin erwies sich Birken als ein Meister. Und so nimmt es nicht wunder, daß Dilherr den am Ort residierenden Dichter immer wieder in Anspruch nahm für eine auf der Höhe der Zeit stehende poetische Ausstattung seiner geistlich-emblematischen Werke.

Es ist das Verdienst Willard James Wietfeldts, Dilherr als ›Emblematiker‹ der Barockforschung gewonnen und Birkens Beitrag zu dieser Produktion, wie er sich keinesfalls ausschließlich, aber doch vornehmlich an die Gestalt Dilherrs knüpfte,

---

215 Ebd., S. 4f.
216 Vgl. Richard Mai: Bibliographie zum Werk Sigmund von Birkens. – In: Jahrbuch der Deutschen Schiller-Gesellschaft 13 (1969), S. 577–640.

erschlossen und der Birken-Bibliographie bzw. Birken-Edition zugeführt zu haben.[217] Daß diese Bemühungen immer wieder auch zu Catharina Regina von Greiffenberg zurückführten, versteht sich.[218]

Damit war das Forschungsfeld ›Bild und Text‹ betreten, wie es sich in den achtziger Jahren auch in der Literaturwissenschaft konstituierte und Birken gleichfalls zugute kam. Zwei Gattungen mußte die besondere Aufmerksamkeit im Umkreis der Pegnitzschäfer gelten, dem Flugblatt und dem Porträt. Das Flugblatt, wie es durch das Forschungsprojekt von Wolfgang Harms als eine interdisziplinäre Quelle ersten Ranges wieder in das Blickfeld trat, nachdem ihm in der zweiten Hälfte des 19. Jahrhunderts schon einmal eine auch für die Literaturwissenschaft förderliche forscherliche Zuwendung zuteil geworden war, erwies sich alsbald auch als ein ergiebiges Medium für die Birken-Forschung.

Birken, an einer Schaltstelle des europäischen Nachrichtenwesens wie Nürnberg lebend, ausgestattet mit weitreichenden Verbindungen, war neuerlich gefragt, wenn es darum ging, die aktuelle Bildpublizistik mit dem unentbehrlichen zweiten Element in Gestalt des zündenden Wortes zu versehen und also Bild und Wort in jene – zumeist spannungsgeladene – wechselseitige Verweisung einzurücken, wie sie dieses auf Polyfunktionalität nicht anders denn auf Synästhesie erpichte Zeitalter liebte.

Anläßlich der Friedensfeierlichkeiten war deutlich geworden, welche reizvollen neuen Möglichkeiten den soeben auf den Plan tretenden Pegnitzschäfern in diesem Genre sich boten. Birken war alsbald ein Meister darin. Vor allem in den Türkenfeldzügen der sechziger Jahre mobilisierte er sein diesbezügliches Talent nochmals.

---

217 Vgl. Willard James Wietfeldt: The Emblem Literature of Johann Michael Dilherr (1604–1669). An Important Preacher, Educator and Poet in Nürnberg. – Phil. Diss. University of Illinois 1974. Druck: Nürnberg: Korn und Berg 1975 (= Nürnberger Werkstücke zur Stadt- und Landesgeschichte; 15).

218 Vgl. Peter M. Daly: Emblematische Strukturen in der Dichtung der Catharina Regina von Greiffenberg. – In: Europäische Tradition und deutscher Literaturbarock. Internationale Beiträge zum Problem von Überlieferung und Umgestaltung. Hrsg. von Gerhart Hoffmeister. – Bern, München: Francke 1973, S. 189–222; ders.: Dichtung und Emblematik bei Catharina Regina von Greiffenberg. – Bonn: Bouvier 1976 (= Studien zur Germanistik, Anglistik und Komparatistik; 36); Dietrich Jöns: Sigmund von Birken und der Druck der *Geistlichen Sonnette/ Lieder und Gedichte* Catharina Regina von Greiffenbergs. – In: Methodisch reflektiertes Interpretieren (Anm. 126), S. 181–199; Hartmut Laufhütte: Geistlich-literarische Zusammenarbeit im Dienste der ›Deoglori‹. Sigmund von Birkens Emblem-Erfindungen für die Andachtswerke der Catharina Regina von Greiffenberg. – In: Polyvalenz und Multifunktionalität der Emblematik = Multivalence and Multifunctionality of the Emblem. Teil II. Hrsg. von Wolfgang Harms, Dietmar Peil. – Frankfurt a.M. u.a.: Lang 2002 (= Mikrokosmos; 65/2), S. 581–596; ders.: Passion Christi bei Sigmund von Birken und Catharina Regina von Greiffenberg. – In: Passion, Affekt und Leidenschaft in der Frühen Neuzeit. Bd. I. Hrsg. von Johann Anselm Steiger. – Wiesbaden: Harrassowitz 2005 (= Wolfenbütteler Arbeiten zur Barockforschung; 43), S. 271–287; ders.: Ödipus und der Seidenwurm. Zu einem emblematischen Rätsel Sigmund von Birkens. – In: Kunst und Humanismus. Festschrift für Gosbert Schüßler. Hrsg. von Wolfgang Augustyn, Eckhard Leuschner. – Passau: Klinger 2007, S. 475–486. Diese und andere Beiträge jetzt unter dem Titel ›Geistlich-literarische Zusammenarbeit mit Catharina Regina von Greiffenberg‹ versammelt in der umfänglichsten Abteilung des Birken-Werkes von Laufhütte (Anm. 2), S. 293–384.

In Nürnberg florierte unter weithin bekannten Stechern und Verlegern wie Paul Fürst oder den Sandrarts die Porträtkunst gleichfalls.

Auch hier erschloß sich einem um die Entgegennahme von Aufträgen niemals verlegenen Schriftsteller wie Birken ein ersprießliches Tätigkeitsfeld. Heben wir bewußt prononciert wieder den Namen eines einzelnen Forschers heraus, wenn es darum geht, innovative Ansätze auch an Personen zu knüpfen, so muß derjenige von John Roger Paas genannt werden. Über die am Bild haftenden poetischen Beiträge haben sich in jüngster Zeit auch für die Birken-Forschung neue Perspektiven aufgetan. Nicht nur die Bibliographie, sondern auch die Edition profitiert davon.[219]

Palatinats-Urkunden und Poetologie

Ein wichtiger Paratext auch für die Literaturwissenschaft ist der urkundlich geprägte. Er kombiniert die juristisch und institutionell vorgegebene und insoweit normierte Struktur mit den zur poetischen Bearbeitung freigegebenen Feldern, in denen ein unreglementierter poetischer Impetus sich zu behaupten vermag. Als Inbegriff einer rechtsförmigen gelehrten und dichterischen Amtshandlung darf die Dichterkrönung gelten. Sie war auch im 17. Jahrhundert mit jenem Nimbus umgeben, welcher ihr aus der Renaissance seit den Tagen eines Petrarca und Celtis

---

219 Vgl. Jeremy D. Adler: Pastoral Typography. Sigmund von Birken and the ›Picture-Rhymes‹ of Johann Helwig. – In: Visible Language 20 (1986), pp. 121–135; Christian Klemm: Das Nürnberger Friedensmahl am 25. September 1649. – In: Mitteilungen des Vereins für Geschichte der Stadt Nürnberg 75 (1988), S. 77–82; Gerd Dethlefs: Die Nürnberger Dichterschule und die Friedensmedaillen 1648/50. – In: Wolfenbütteler Barock-Nachrichten 16 (1989), S. 1–18; John Roger Paas: Effigies et Poesis. An Illustrated Catalogue of Printed Portraits with Laudatory Verses by German Baroque Poets. Vol. I–II. – Wiesbaden: Harrassowitz 1988; ders.: Sigmund von Birkens anonyme Flugblattgedichte im Kunstverlag des Paul Fürst. – In: Philobiblon 34 (1990), S. 321–339; ders.: Jacob von Sandrarts gedruckte Reiterbildnisse mit Versen des Sigmund von Birken. – In: Philobiblon 38 (1994), S. 16–32; ders.: Unknown Verses by Sigmund von Birken on Maps by Jacob von Sandrart. – In: Wolfenbütteler Barock-Nachrichten 21 (1994), pp. 7–9; ders.: Sigmund von Birken (1626–1681). A Microliterary Study of a German Baroque Poet at Work. – In: The Image of the Baroque. Ed. by Aldo Scaglione, Gianni Eugenio Viola (assoc. editor). – New York u.a.: Lang 1995, pp. 157–174; ders.: Zusammenarbeit in der Herstellung illustrierter Werke im Barockzeitalter. Sigmund von Birken (1626–1681) und Nürnberger Künstler und Verleger. – In: Wolfenbütteler Barock-Nachrichten 24 (1997), S. 217–239; Christian Klemm: Sigmund von Birken und Joachim von Sandrart. Zur Entstehung der *Teutschen Academie* und zu anderen Beziehungen von Literat und Maler. – In: ›Franken Rom‹ (Anm. 2), S. 289–313; Hartmut Laufhütte: Barlaeus – Vondel – Birken. Drei poetische Reaktionen auf einen Gemäldezyklus Joachim von Sandrarts. – In: Festschrift für Erich Trunz. Vierzehn Beiträge zur deutschen Literaturgeschichte. Hrsg. von Dietrich Jöns, Dieter Lohmeier. – Neumünster: Wachholtz 1998 (= Kieler Studien zur deutschen Literaturgeschichte; 19), S. 23–42 (wiederabgedruckt in ders.: Sigmund von Birken (Anm. 2), S. 259–272); ders.: Kaiser Ferdinands III. Adelsurkunde für Sigmund von Birken; Birkens ›Blumen-Ordens Insiegel‹; Birkens Porträt von Kretschmann, 1672. – In: Im Garten der Palme. Kleinodien aus dem unbekannten Barock. Die Fruchtbringende Gesellschaft und ihre Zeit. Hrsg. von Martin Bircher. – Berlin: Akademie-Verlag 1992 (= Ausstellungskataloge der Herzog-August-Bibliothek; 68), S. 75f.

zugewachsen war. Die Krönung aus der Hand des Kaisers, verknüpft mit dem am Palatinat haftenden Recht unter anderem zur Dichterkrönung, galt in einem die ständischen Schranken zeremoniell streng beobachtenden und neu befestigenden Zeitalter als eine mit erheblichem Prestige verbundene Auszeichnung. Birken, 1656 in den Genuß dieser Würde gelangt, nachdem er schon in Wolfenbütteler Tagen zum Dichter gekrönt worden war, hat von dem verliehenen Recht gerne und sehr gezielt Gebrauch gemacht. Er selbst fertigte ein Verzeichnis seiner Amtshandlungen an. Und er ließ es sich nicht nehmen, seine um die *nobilitas litteraria* gruppierte ständepolitische Philosophie dieser honorigen Praxis wiederholt einzuschreiben.[220]

Seiner Poetik von 1679 ist ein ›De Lauru Programma‹ hinzugefügt, das die dem Lorbeer seit der Antike eignende Symbolik, wie sie anläßlich der Krönung Petrarcas von dem Fürsten der Poesie in einer großen Rede erneuert worden war, in meisterhafter rhetorischer Registratur entfaltete.[221] Sie hat vor geraumer Zeit eine ihrerseits schlechterdings meisterhafte Abhandlung erfahren.[222] Dem Kundigen aber war klar, daß hier nur eine besonders eindrückliche Variante des Basisdiskurses der europäischen Humanisten, kreisend um den aktuellen Topos *de vera nobilitate*, zur Ausformung gelangte.

Die auf Gespräch und Gesprächspiel kaprizierten Schäfereien, die allemal dem *genus humile* zugehörten, waren der gehörige Ort, um die ständische Selbstaufwertung nach allen Regeln der Kunst zu betreiben – eine bestimmende Redefigur, die der Gattung zu entdecken bleibt. Nun aber traten die Dokumente der Birkenschen Amtshandlungen erstmals als qualifizierte poetische und mentalitätsgeschichtliche Zeugnisse in das Blickfeld. Spätestens seither unterliegt es keiner Frage, daß auch sie als genuines Birkensches Gut in der Edition einen eigenen Platz beanspruchen dürfen.

Paas' Edition unbekannter Gelegenheitsgedichte

Diese in Abbreviatur gestreiften *genres mineurs* haften im weitesten Sinn am Gelegenheitsgedicht. Hier klafften in der bibliographischen Dokumentation die größten Lücken und hier waltete erhebliche Unsicherheit hinsichtlich der tatsächlichen Größenordnungen der Überlieferung. Darin unterschied sich die Lage im Falle

---

220 Vgl. die entsprechenden Nachweise oben Anm. 65 sowie Theodor Verweyen: Dichterkrönung. Rechts- und sozialgeschichtliche Aspekte literarischen Lebens in Deutschland. – In: Literatur und Gesellschaft im deutschen Barock. Aufsätze. Hrsg. von Conrad Wiedemann. – Heidelberg: Winter 1979 (= Germanisch-Romanische Monatsschrift. Beiheft; 1), S. 7–29.
221 Vgl.: Teutsche Rede-bind= und Dicht-Kunst (Anm. 11), S. 517–530.
222 Theodor Verweyen: Daphnes Metamorphosen. Zur Problematik der Tradition mittelalterlicher Denkformen im 17. Jahrhundert am Beispiel des *Programma Poeticum* Sigmund von Birkens. – In: Rezeption und Produktion zwischen 1570 und 1730. Festschrift für Günther Weydt. Hrsg. von Wolfdietrich Rasch, Hans Geulen, Klaus Haberkamm. – Bern, München: Francke 1972, S. 319–379.

Birkens in nichts von der aller anderen und auch der größten Autoren des 17. Jahrhunderts. Sollten auf diesem Feld für Birken Fortschritte erzielt werden, so durfte man mit Aussicht auf Erfolg nur hoffen, in Nürnberg selbst weitere Betuliana in größerem Umfang aufzutun.

Wieder ergriff ein Forscher aus den Vereinigten Staaten die Initiative. Er hatte auf den Porträts und Flugblättern vielfältige Spuren einer poetischen Betätigung Birkens entdeckt und setzte nun seinen Ehrgeiz daran, für eine Komplettierung auch aus anderweitigen Quellen Sorge zu tragen und das neugewonnene Gut in einer Edition leicht zugänglich zu machen. Das Ergebnis war eine 350 Seiten umfassende Sammlung *Unbekannter Gedichte und Lieder des Sigmund von Birken* – die umfangreichste Textausgabe in einem Neudruck, die die Birken-Philologie bislang zu verzeichnen hatte. Paas war bekannt, daß eine neue Birken-Ausgabe vorbereitet würde. Gleichwohl unternahm er den Vorstoß und dies gewiß in der Erwartung, daß ein jedes neugewonnene Textcorpus der Birken-Forschung gute Dienste leisten würde.[223]

Kenner wußten seit langem, was an unbekannten Quellen auch und gerade im Blick auf Birken in den Bibliotheken und Archiven Nürnbergs noch schlummerte. Sie hatten, wie gleich zu berichten, teilweise schon Jahrzehnte vorher mit der Sichtung und Verfilmung begonnen, das eruierte Material jedoch für spätere Vorhaben zurückgehalten. Paas konnte einen vergleichsweise zügigen Weg einzuschlagen, weil er seine Anthologie so gut wie gar nicht mit Textbeigaben ausstattete und weil er einen weitherzigen Umgang mit der Spezialliteratur pflegte.

> Obwohl wir für die meisten deutschen Barockpoeten kein zuverlässiges Verzeichnis ihrer Casualcarmina haben, ist die Situation für Birken anders, denn uns stehen schon Richard Mais Birken-Bibliographie sowie die zusätzliche und detailliertere Information in Gerhard Dünnhaupts Bibliographie zur Verfügung. Diese Bibliographien bilden einen guten Ansatzpunkt für Birken-Forschungen aller Art, aber sie sind bei weitem nicht vollständig. Unter dem Wort ›unbekannt‹ im Titel der vorliegenden Monographie sind also diejenigen Gedichte und Lieder Birkens gemeint, die weder in diesen zwei sehr nützlichen Bibliographien noch in dem neuen Katalog von gedruckten Porträts mit Begleitversen berühmter deutscher Barockpoeten erfaßt sind.[224]

158 Beispiele Birkenscher Verskunst präsentierte Paas. Daß sie vielfach in der Spezialliteratur schon figurierten, insbesondere die von Paas namhaft gemachten Sammelbände und Archivbündel aus der Birkenschen Bibliothek schon Jahrzehnte früher aufgetan und ausgewertet worden waren, hätte kenntlich gemacht werden sollen. Doch gehört es zu den Eigentümlichkeiten der Edition, daß die Birken-Forschung in ihr selbst nicht präsent ist.

Die Textdarbietung erfolgt diplomatisch getreu. Ansonsten aber wird neben der Kollationsformel nur der Standort des zum Abdruck gelangenden Gedichts nebst Signatur mitgeteilt. Wo mehrere Exemplare ermittelt werden konnten, werden sie

---

223 Unbekannte Gedichte und Lieder des Sigmund von Birken. Hrsg. von John Roger Paas. – Amsterdam, Atlanta/GA: Rodopi 1990 (= Chloe. Beihefte zum Daphnis; 11).
224 Ebd., S. 3.

gleichfalls aufgeführt. Sofern der Druck auch in einer der Birkenschen lyrischen Sammelhandschriften überliefert ist, erfolgt der entsprechende Verweis. Vielfach werden Gedichte aus umfangreicheren Birkenschen Texten herausgelöst. Der Kontext ist dann nicht markiert. Auch sind die bedichteten Personen nicht eigens recherchiert, wohl aber in einem der Register erfaßt. Auch fehlt ein Sachkommentar.

Insofern sah sich die Birken-Forschung auf der einen Seite mit willkommener neuer Textsubstanz versorgt. Insbesondere für die Porträtgedichte und die Beiträge zu Kupfertiteln war ihr neues Terrain gewonnen. Die forscherliche Erschließung aber blieb zu leisten. Wenig zählte dabei, daß keine Vollständigkeit erzielt werden konnte; das wäre bei jedem anderen Dichter des 17. Jahrhunderts nicht anders gewesen. Diese Kalamität konnte nur durch Fortschritte in der Birken-Bibliographie beseitigt werden. Auf diese Bemühungen ist abschließend einzugehen.

Gerhard Dünnhaupts Birken-Bibliographie

1980 erschien der erste Band von Gerhard Dünnhaupts Barock-Bibliographie, der auch ein über 50 Seiten umfassendes Verzeichnis der Birken-Drucke enthält.[225] 259 Titel führt Dünnhaupt auf, gefolgt von zehn ›falschen und unsicheren Attributionen‹. Die Zahl der ermittelten Titel hatte sich also gegenüber Mai nochmals erhöht. Das war angesichts der lebhaften Birken-Forschung in den siebziger Jahren zu erwarten. Dünnhaupt hatte sie zur Kenntnis genommen und in die Registratur der wissenschaftlichen Literatur aufgenommen.

Schwer verständlich bleibt es, daß diese das eine Mal in den bibliographischen Annotationen Erwähnung fanden, das andere Mal nicht. Es mußte so der Eindruck entstehen, daß sie bei den namhaft gemachten Vorgängern nicht vorhanden waren und erstmals innerhalb der nun vorgelegten Bibliographie in Erscheinung traten.

Zwei Beispiele mögen den angesprochenen Sachverhalt verdeutlichen, der grundsätzlichere Bedeutung hat. Bekannt war, daß der *Teutsche Olivenberg* unter diesem Titel nicht zum Druck gelangt war. »Lt. frdl. Mitt. von Herrn Kollegen K. Garber ein Fehlzitat«, lautet der Kommentar in einer Rubrik, da die beiden einschlägigen Arbeiten von Jobst ordnungsgemäß zitiert werden, in denen die Feststellung bereits getroffen und in den Publikationen des von Dünnhaupt erwähnten Kollegen bestätigt worden war.[226] Gleich anschließend unter den ›falschen und unsicheren Attributionen‹ folgt die Erwähnung der *Teutschen Schaubühne*, auch sie in den von Dünnhaupt zitierten Arbeiten des Kollegen bereits als bibliographische Fiktion aus-

---

225 Gerhard Dünnhaupt: Bibliographisches Handbuch der Barockliteratur. 100 Personalbibliographien deutscher Autoren des 17. Jahrhunderts. Teil I–III. – Stuttgart: Hiersemann 1980–1981 (= Hiersemanns bibliographische Handbücher; II/1-3). Die Birken-Bibliographie findet sich im ersten Teil, S. 323–383.
226 Ebd., S. 382 (F 4).

gewiesen. Der Dünnhauptsche Kommentar: »So zit. bei Goedeke III, 113, 13 (nach Herdegen 154 u. Will I, 116); nicht bei Mai.«[227]

Und ein weiteres Beispiel. 1974 erschien eine weiter unten zu charakterisierende Bibliographie der bukolischen Literatur. Dünnhaupt kennt sie. Er verweist in 24 Fällen in dem Referenzapparat auf sie, teilweise mit sorgfältiger Übernahme von Ergebnissen aus einer parallel dazu veröffentlichten Abhandlung. In mehr als dem Doppelten der Fälle fehlt jedoch der entsprechende Nachweis, ohne daß es irgendwelche erkennbaren Gründe dafür gäbe. Das Verzeichnis war nicht gründlich genug studiert, vermutlich nur nach Birken geschaut worden, nicht auf die in unmittelbarer Nachbarschaft befindlichen Titel.

Das Problem ist somit offenkundig. Auch die ausgewiesene wissenschaftliche Literatur hatte nur okkasionell verarbeitet werden können und als solche in den Kommentar Eingang gefunden. Allein die Anlage einer Birken-Bibliographie wäre ein viele Jahre in Anspruch nehmendes Unternehmen gewesen, wenn der Bibliograph auf sie ausschließlich sich hätte konzentrieren können. Dünnhaupt aber legte hundert Personalbibliographien vor. Das war eine von einem Einzelnen nicht mehr zu leistende Aufgabe. Das Zustandegebrachte ist imponierend und zeugt von einer immensen bibliographischen Erfahrung. So ist es verständlich, daß sich ›der Dünnhaupt‹ als einschlägiges Referenzwerk durchgesetzt hat. Im Einzelfall aber bleibt fast für jeden Titel nachzuarbeiten.

Es ist dieser Umstand, der die die Birken-Ausgabe vorbereitenden Kollegen veranlaßte, über Jahre hinweg die Ermittlung weiterer Titel zu betreiben, ohne diese schon bekannt zu geben. In der zehn Jahre später erfolgten zweiten Auflage – das Werk war von drei Bänden auf sechs angewachsen – kam Dünnhaupt auf die Merkwürdigkeit zurück.[228] »Eine seit 1974 von K. Garber und F. van Ingen angekündigte Erweiterung von Mais Birken-Bibliographie lag bei Redaktionsschluß am 1.1.1990 noch nicht vor.«[229] Das klang nach Säumigkeit, wenn nicht Nachlässigkeit. Die Seriosität des einst freundlich erwähnten Kollegen stand offenbar in Zweifel.

Das oben angedeutete Problem der bibliographischen Referenz nahm nun drastische Ausmaße an. Nur noch zwölf Verweisen auf die erwähnte Bibliographie aus dem Jahr 1974 stand jetzt Fehlanzeige in 55 Fällen gegenüber. Gleich zwölfmal war der einstmals vorhandene Verweis gestrichen worden. So kam es zu der im bibliographischen Gewerbe allemal zu vermeidenden Situation, daß in zahllosen Fällen eine bibliographische Referenz nicht beigebracht wurde, vielmehr nur der Hinweis auftauchte ›fehlt bei Mai‹, die damit als Neuentdeckungen ausgewiesenen Titel indes zehn Jahre vorher entweder noch mit einer Referenz ausgestattet waren oder

---

227 Ebd. (F 5).
228 Gerhard Dünnhaupt: Personalbibliographien zu den Drucken des Barock. 2., verbesserte und wesentlich vermehrte Aufl. des Bibliographischen Handbuchs der Barockliteratur. Teil I–VI. – Stuttgart: Hiersemann 1990–1993 (= Hiersemanns bibliographische Handbücher; IX/1–6). Die Birken-Bibliographie steht im Teil I, S. 582–671.
229 Ebd., S. 582.

in der zur Rede stehenden Publikation aus dem Jahre 1974 mühelos nachzuschlagen gewesen wären.

Die parallele Arbeit des nach wie vor um Birkens Schriften bemühten Bibliographen war indes im Zusammenwirken mit Ferdinand van Ingen weiterhin erfolgt, und Vorkehrungen waren getroffen, sie in eine eigenständige Personal-Bibliographie zu Sigmund von Birken und in eine Ausgabe seiner Schriften münden zu lassen. Damit ist der Zeitpunkt gekommen, von den in Mannheim, Passau und Osnabrück unternommenen Bemühungen zu berichten, die Bibliographie und Edition der Schriften Birkens auf eine neue Grundlage zu stellen und über Jahrzehnte betriebene Forschungen auch publizistisch in Erscheinung treten zu lassen.

V Die im Entstehen und im Erscheinen begriffene Ausgabe der Werke und Briefe Birkens

Beginn in Wolfenbüttel

Im Jahre 1972 kam in Wolfenbüttel auf Einladung Paul Raabes, der kurz vorher zum Direktor der Herzog August Bibliothek ernannt worden war, eine Reihe von Kennern des Barock zusammen, um aktuelle Fragen der Forschung zu besprechen und sich über vordringlich in der Zukunft zu bewältigende Aufgaben zu verständigen.[230] Die Leitung lag bei Leonard Forster, der seinen Part souverän wahrnahm. Ins Auge gefaßt wurde die Gründung eines Arbeitskreises. Das war die Geburtsstunde der bis heute florierenden Vereinigung. Ihre Frühgeschichte im ersten Dezennium wäre ein eigenes Kapitel. Das darf hier nicht aufgeblättert werden.

Birken war von Anfang an dabei. Auf der erwähnten Sitzung wurde eine Liste der einstmals in Nürnberg vorhandenen Bukolika vorgelegt, die seit dem Kriege als verschollen galten.[231] Daran knüpften sich Erwägungen für die Schaffung einer Ausgabe der Werke Sigmund von Birkens und speziell für die editorische Behandlung der besonders rege gepflegten pastoralen Produktion. Birken und die Birken-Edition waren seither wiederholt Gegenstand weiterführender Überlegungen. Es mochte in den folgenden Jahren Perioden des Stillstands oder auch des Rückgangs der publizistischen Präsenz geben. Das konnte nicht hindern, daß ein kleiner Kreis von Forschern dem Autor und der Sorge um sein Werk die Treue wahrte. Eben von diesen Aktivitäten ist hier in der gebotenen Kürze zu berichten.

Schon ein Jahr nach dem informellen Wolfenbütteler Treffen fand sich der inzwischen ins Leben gerufene Arbeitskreis zu einer gut besuchten ersten Tagung zusammen. Paul Raabe hatte um einen Tip für einen geeigneten Referenten des Abendvortrages gebeten; der Schreiber dieser Zeilen verwies auf Conrad Wiedemann, der soeben eine bedeutende Abhandlung zum Barock vorgelegt hatte. Fort-

---

230 Vgl. den Bericht in: Jahrbuch für Internationale Germanistik IV/2 (1972), S. 7–106.
231 Vgl. Klaus Garber: Edition der Schäferdichtungen im Rahmen der ›Sämtlichen Werke‹ Sigmund von Birkens. – In: Jahrbuch für Internationale Germanistik 4 (1972), S. 71–72.

an zirkulierte der alsbald zur Publikation gelangende Vortrag als einer der meistzitierten in den einschlägigen Organen.[232] Kaum anders erging es dem Beitrag Ferdinand van Ingens, der die Institutionalisierung der laufenden Arbeiten zu den Sprachgesellschaften in Wolfenbüttel im Gefolge hatte.[233]

›Es fehlen z.B. für das 17. Jahrhundert gegenwärtigen Ansprüchen genügende sozialgeschichtliche Darstellungen der wichtigsten Höfe des 17. Jahrhunderts oder der literarischen Stadtzentren wie Königsberg, Hamburg, Leipzig, Nürnberg u.a. Solange diese jedoch nicht vorhanden sind, haben literatursoziologische Untersuchungen von vornherein nur eine Chance, sofern sie sich auf überschaubare regionale Einheiten oder Biographien beschränken. Demnach müssen – wiederum für das 17. Jahrhundert – in erster Linie Geschichten der einzelnen Sprachgesellschaften und Dichterkreise unter Auswertung alles noch vorhandenen Archivmaterials und Monographien von Dichtern, deren Nachlaß weitgehend erhalten ist, wie etwa derjenige Sigmund von Birkens, geschrieben werden‹. Die vom Verf. [Ferdinand van Ingen] unter Mitwirkung von K. Garber [von dem das Zitat herrührte] vorbereitete Gesamtausgabe der Werke Birkens wird hoffentlich dazu beitragen können, die Lücke z.T. zu schließen.[234]

Damit war das Editionsvorhaben an sichtbarer Stelle nominiert.

Gleichfalls schon 1972 hatte Albrecht Schöne auf der erwähnten Wolfenbütteler Zusammenkunft angekündigt, daß die Deutsche Forschungsgemeinschaft auf seine Initiative hin eine Symposienreihe zu eröffnen gedenke und mit einem Kongreß zu den außerliterarischen Bedingungen der Barockliteratur der Anfang gemacht werden solle. Die Sozialgeschichte hatte sich etabliert, war aber an der Barockforschung – von prominenten Ausnahmen abgesehen – merkwürdig folgenlos vorübergegangen bzw. geriet über die ›Bürgerlichkeits‹-Debatte auf eine Bahn, die zur Mitreise nicht eben ermutigte.

Nun eröffnete sich die Chance auf ein lange erhofftes Forum. Sie wurde wahrgenommen, und ein thematisch reichhaltiger, von qualifizierten Referentinnen und Referenten besuchter Kongreß verlief anregend und zukunftsweisend.[235] Nürnberg kam gleich mehrfach zur Sprache. Hätte der Schreiber dieser Zeilen nicht einen Rückzug angetreten – in der Sektion ›Stadt und Literatur‹ wäre eine Norica-Trilogie zustande gekommen. So sprach zunächst eine in der Birken-Forschung wohlbe-

---

232 Vgl. Conrad Wiedemann: Barockdichtung in Deutschland. – In: Renaissance und Barock. Teil II. Hrsg. von August Buck. – Frankfurt a.M.: Athenaion 1972 (= Neues Handbuch der Literaturwissenschaft; 10), S. 177–201; ders.: Barocksprache, Systemdenken, Staatsmentalität. Perspektiven der Forschung nach Barners ›Barockrhetorik‹. – In: Internationaler Arbeitskreis für deutsche Barockliteratur. Erstes Jahrestreffen 1973. Vorträge und Berichte. Hrsg. von Paul Raabe. – Wolfenbüttel: Bibliothek 1973 (= Dokumente des Internationalen Arbeitskreises für Deutsche Barockliteratur; 1), S. 21–51.
233 Vgl. Ferdinand van Ingen: Überlegungen zur Erforschung der Sprachgesellschaften. – In: Internationaler Arbeitskreis für deutsche Barockliteratur (Anm. 232), S. 82–106.
234 Ebd., S. 93.
235 Vgl.: Stadt – Schule – Universität – Buchwesen und die deutsche Literatur im 17. Jahrhundert. Vorlagen und Diskussionen eines Barock-Symposions der Deutschen Forschungsgemeinschaft. Hrsg. von Albrecht Schöne. – München: Beck 1976 (= Germanistische Symposien-Berichtsbände; 1).

kannte Persönlichkeit. Blake Lee Spahr handelte über Musik und Theater, über Drucker und Verleger und nicht zuletzt über die besondere Ausformung der Religiosität des 17. Jahrhunderts in den Mauern der Stadt als ergiebigen Untersuchungsfeldern.[236]

Zugleich ließ sich Dietrich Jöns aus Mannheim erstmals, so weit zu sehen, zu diesem Thema vernehmen.[237] Sein gleichfalls merklich wahrgenommener Beitrag galt der Frage, welche Stellung der ›Pegnesische Blumenorden‹ in der freien Reichsstadt innehatte. Sie sollte nicht global und abstrakt abgehandelt, sondern am Beispiel der Ratsverlässe aus den Quellen untersucht werden. Damit wurde zugleich ein erfolgversprechender Weg gewiesen, der Fülle der Aufgaben wie des Materials zu begegnen, indem übersehbare Segmente ausgesondert und zum Gegenstand zeitlich begrenzter Forschungen erhoben wurden.

> [O]hne intensive und vor allem koordinierte Archivarbeit und Herausgebertätigkeit und ohne Beschränkung auf überschaubare Gebiete, die noch genug Unüberschaubares enthalten, ist es nicht möglich, zu sicheren und über den gegenwärtigen Forschungsstand hinausführenden Resultaten zu gelangen.[238]

Das war kein Lippenbekenntnis, sondern begleitet von rüstiger Inangriffnahme des als vordringlich Erkannten.

Mannheimer Aktivitäten

Zwei Jahre nach dem gleichfalls in Wolfenbüttel 1974 abgehaltenen DFG-Kongreß erschien an unscheinbarer Stelle ein neuerlicher Beitrag aus der Feder von Dietrich Jöns.[239] Nun konnte bereits ein seit dem Wintersemester 1973/74 laufendes Forschungsprojekt präsentiert werden. Jöns war mit fortgeschrittenen Studenten, darunter eine Reihe Examenskandidaten und Doktoranden, daran gegangen, ein mehrsemestriges Seminar zum Thema ›Literatur und Stadtkultur in Nürnberg im 17. Jahrhundert‹ zu installieren. Beklagt wurde schon damals, daß es an Dauerstellen für Mitarbeiter mangele, die sinnvoll für langfristige Vorhaben eingesetzt werden könnten – ein bis heute andauernder Mißstand.

Rasch herrschte Übereinkunft, daß man sich auf Nürnberg und in der Stadt auf den ›Pegnesischen Blumenorden‹ konzentrieren wolle. Aber auch dieser Rahmen war

---

236 Blake Lee Spahr: Nürnbergs Stellung im literarischen Leben des 17. Jahrhunderts. – In: Stadt – Schule – Universität (Anm. 235), S. 73–83.
237 Dietrich Jöns: Literaten in Nürnberg und ihr Verhältnis zum Stadtregiment in den Jahren 1643–1650 nach den Zeugnissen der Ratsverlässe. – In: Stadt – Schule – Universität (Anm. 235), S. 84–98.
238 Ebd., S. 85.
239 Vgl. Dietrich Jöns: Literatur und Stadtkultur in Nürnberg im 17. Jahrhundert (Bericht über ein Forschungsprojekt). – In: Forschung an der Universität Mannheim. Methoden und Ergebnisse. – Mannheim: Kulturamt 1977 (= Mannheimer Vorträge. Akademischer Winter 76/77), S. 48–56. Vgl. auch ders.: Literatur und Stadtkultur in Nürnberg im 17. Jahrhundert. Bericht über ein Forschungsprojekt an der Universität Mannheim. – In: Sprachgesellschaften, Sozietäten, Dichtergruppen (Anm. 36), S. 217–221.

noch zu weit gespannt. Eine Einschränkung auf den Orden seit seiner Gründung bis zum Todesjahr Birkens schälte sich heraus. De facto war damit eine Birken-Forschungsstelle ins Leben gerufen – mit allen einem jeden Forschungsstellen-Leiter vertrauten Konsequenzen. Die wissenschaftliche Literatur mußte zusammengebracht und ausgewertet werden. Die Quellen-Situation unterlag einer ›Prüfung‹.

Auch hier ging es zunächst darum, Quellen bibliographisch zu erfassen und ihren Standort in Bibliotheken oder Archiven festzustellen. Gedruckte Quellen des 17. Jahrhunderts konnten durch den Leihverkehr beschafft werden, Handschriften mußten an Ort und Stelle eingesehen werden; schienen sie ergiebig zu sein, wurden sie fotokopiert. Die Arbeit an den handschriftlichen Beständen wurde durch etliche mehrtägige Exkursionen der ganzen Gruppe nach Nürnberg geleistet, wobei die Bestände des Germanischen Nationalmuseums mit dem Archiv des ›Pegnesischen Blumenordens‹, des Staatsarchivs, des Stadtarchivs, der Stadtbibliothek und des Archivs des Landeskirchenamtes einer ersten kritischen Sichtung unterzogen wurden.[240]

Neuordnung des Birkenschen Nachlasses

Die Exkursionen blieben nicht folgenlos. Der Nachlaß Birkens rückte in das Zentrum des Interesses. Ihn im Auge, erfolgte eine Entscheidung weitreichendsten und in der Geschichte der Birken-Philologie einmaligen Ausmaßes.

Da wir dies für uns außerordentlich wertvolle Material durcharbeiten wollten und dabei feststellten, daß es relativ unsortiert durcheinanderlag und die Katalogisierung Schwächen aufwies, boten wir dem Leiter des Archivs, Herrn Dr. Veit, an, den gesamten Bestand neu zu katalogisieren und nach brauchbaren Gesichtspunkten zu ordnen, wenn er ihn uns nach Mannheim überlassen würde. Dies Angebot wurde dem noch existierenden ›Pegnesischen Blumenorden‹, der der Eigentümer des Nachlasses ist, übermittelt, vom Vorstand geprüft und angenommen, und seit Beginn des Wintersemesters 1976/77 haben wir den Birken-Nachlaß in der Mannheimer Universitätsbibliothek, wo uns auch ein Arbeitsraum zur Verfügung gestellt worden ist. Von dieser Zeit an sind wir mit der Katalogisierung, Durchsicht und Aufarbeitung dieses außerordentlich wertvollen Materials beschäftigt.[241]

Ein zweites Mal binnen dreißig Jahren also hatte der Nachlaß seinen angestammten Platz in den Mauern der Stadt verlassen. Die Umstände der Zeit waren glücklicherweise gänzlich andere. Jetzt ging es nicht um Schutz vor Vernichtung, sondern um Aufarbeitung. Erfolgte die Verlagerung seinerzeit gemäß einem Gebot der Sicherung aus einer Zwangslage heraus, so nun in wohlerwogener Entscheidung im Blick auf den wissenschaftlichen Ertrag. Vielleicht ist nur dem rückblickenden Historiker das zu Beunruhigung und Sorge Anlaß Gebende des Vorgangs gegenwärtig. Ein filmisch nicht vorab reproduzierter unikater Bestand wurde der musealen Obhut enthoben und auf einen Weg gebracht, auf dem, wie bei jeder Bewe-

---

240 Literatur und Stadtkultur in Nürnberg (Anm. 239) (erste Version), S. 50f.
241 Ebd., S. 52.

gung von unersetzlichem Schriftgut, Gefahren lauern, die auszuschalten die stetige Sorge eben in den angestammten Quartieren gelten muß. Rechtfertigte das Resultat das Risiko?

Sehr sorgfältig wurden die Vorkehrungen an dem neuen Ort in der universitären Forschungsstelle getroffen. Die Katalogisierung »wird nach archivalischen Gesichtspunkten auf Karteikarten durchgeführt mit Vermerkung aller Daten, die zur genauen Erfassung solcher Quellen erforderlich sind.«[242] Im Einvernehmen mit der Nürnberger Archivleitung wurde das Material in drei Gruppen geteilt und entsprechend gesigelt. Die Sigle A wurde für Urkunden u.ä. vergeben, die Sigle B für Werkmanuskripte und die Sigle C für Briefe.

Auch das Nähere der Rubrizierung war fixiert. In der Abteilung B sollte nach Sachgruppen und also vor allem nach gattungsgemäßen Kriterien gegliedert werden. Die Briefe in der Gruppe C sollten alphabetisch nach Ausstellern und intern jeweils nach der Chronologie geordnet werden. Für die Datierung war das Ausstellungsdatum maßgeblich, wo es fehlte, trat das Birkensche Empfangsdatum an die Stelle. Nicht datierte Briefe eines bekannten Ausstellers wurden ans Ende der Reihe gestellt, für nicht bekannte Aussteller wurde am Ende eine eigene Gruppe eröffnet. Für jedes Manuskript, ob Werkmanuskript, Brief oder sonstiges einzelnes Blatt, wurde eine Karteikarte angelegt, die alle relevanten Schlüsseldaten des jeweiligen Textes enthält. Die Dokumente selbst wurden in säurefreie Umschläge eingelegt. Das alles waren wohldurchdachte begrüßenswerte Maßnahmen.

Probleme des Verfahrens

Als entscheidend erwies sich die Vorgabe, neben der neuen Signatur auch die alte vorgefundene zu notieren und darüber hinaus die ursprüngliche Lagerung des jeweiligen Manuskripts im alten Faszikel auszuweisen. Denn das war die einschneidende Konsequenz des an sich einleuchtenden Verfahrens, daß die Manuskripte aus den bestehenden Faszikeln entnommen und gemäß den vorgegebenen Regularien in eine neue Ordnung gebracht wurden. Zu keinem Zeitpunkt in der Geschichte des Ordens war eine Akte darüber geführt worden, wer was zu welchem Zeitpunkt in der Hand gehabt und womöglich umgruppiert hatte. Die letzte bezeugte Ordnung des Materials war, wie geschildert, durch Wilhelm Schmidt vorgenommen worden. Doch ist u.W. keine Notiz aktenkundig, ob und in welchem Umfang Eingriffe in die überkommenen Bündel erfolgten.

Bei dieser Sachlage war es nicht auszuschließen, daß gewisse Ordnungsmaßnahmen noch auf Birken selbst zurückgingen und sich womöglich die Jahrhunderte über erhalten hatten. Dafür gab es seit der Mitte der siebziger Jahre erstmals definitiv keine Gewähr mehr. An einer Stelle wurde das drastisch manifest. Birken hatte – wie jeder auf sich haltende Sammler – das Zusammengehörige zusammengehalten, also z.B. im Falle der Briefe mitgesendete Beilagen im Umschlag belassen. Damit

---

[242] Ebd., S. 55.

war es nach der Neuordnung vorbei. Beigaben erhielten einen eigenen, von dem ursprünglichen Überlieferungsträger getrennten Platz. Selbstverständlich wurde die Maßnahme auf der Karteikarte festgehalten. Aber der ursprüngliche Rahmen der Überlieferung war zerstört, und es bedarf fortan in jedem Einzelfall mühseliger Recherchen, um ihn materialiter zu rekonstruieren.

Überdies lag die Arbeit in den Händen von studentischen und wissenschaftlichen Hilfskräften. Bei der Titelaufnahme und der Wiedergabe von Namen, etwa von Briefschreibern, unterliefen zahlreiche Fehler, die nicht korrigiert wurden. Auch sind Zuordnungen gerade in der schwierigen Abteilung B (Werke) mehrfach nicht nachzuvollziehen. So stehen die beiden Versionen der Birkenschen *Aeneis*-Übersetzung in verschiedenen, weit voneinander entfernten Unterabteilungen. So ist das zeitlich früheste der Birkenschen Tagebücher am Ende der chronologisch gefügten Reihe plaziert. So erscheinen gleiche Aussteller von Briefen an verschiedenen Stellen in der alphabetischen Folge. Der Regensburger Künstler Daniel Neuberger hat einmal mit seinem Namen, ein anderes Mal mit dem Pseudonym ›Ingeniander‹ unterzeichnet. Die beiden Briefgruppen sind nun getrennt, weil nicht erkannt wurde, daß die Schreiber identisch sind. Wer soll das rückgängig machen?

Als besonders gravierend also erweist sich der Eingriff in die Überlieferung, wo es um die Briefe geht. Hier sind mehrfach Briefe von Ausstellern, die ordnungsgemäß in der chronologischen Reihenfolge einsortiert waren, herausgelöst und in die Abteilung der Anonyma überführt worden, nur weil sie nicht namentlich gezeichnet waren. Eine Wiederherstellung des ursprünglichen Zustandes wird damit dem Benutzer zugemutet, nur weil ein an sich sinnvolles Prinzip mechanisch gehandhabt wurde. Besonders mißlich gestaltet sich die Lage bei den Greiffenberg-Briefen. Bei der Neuordnung ist die Angabe der Position der einzelnen Briefe in der vielleicht noch auf Birken zurückgehenden Anordnung teilweise fehlerhaft. Die ursprüngliche Lagerung wird sich nicht wieder rekonstruieren lassen.

Die mit so viel Elan und gutem Willen in Angriff genommene Neuordnung des Birkenschen Nachlasses barg also Probleme erheblichen Ausmaßes. So bleiben Dank und Anerkennung für das Geleistete überschattet von den erwähnten Mängeln, die die Vorbereitung und Durchführung der Ausgabe – wie soeben bei der Edition der Greiffenberg-Briefe manifest geworden – unmittelbar berühren.[243]

---

[243] Anzumerken ist, daß Jöns mit weiteren Arbeiten vornehmlich zum Nürnberger Kasualschrifttum hervortrat, in denen eine sehr erhellende Spezifizierung unter dem Gesichtspunkt adressatenbezogenen Schreibens gelang. Vgl. Dietrich Jöns: Auftrag und Ausführung (Anm. 3). Vgl auch ders: Sigmund von Birken. Zum Phänomen einer literarischen Existenz zwischen Hof und Stadt. – In: Literatur in der Stadt. Bedingungen und Beispiele städtischer Literatur des 15. bis 17. Jahrhunderts. Hrsg. von Horst Brunner. – Göppingen: Kümmerle 1982 (= Göppinger Arbeiten zur Germanistik; 343), S. 167–187.

Transkription des Nachlasses in Mannheim und Passau

Noch von Mannheim aus wurde ein Vorhaben eingeleitet, das sich rasch als das maßgebliche in der Editionsgeschichte Birkens erwies. Begonnen wurde mit der Transkription ausgewählter Bestandteile des Birkenschen Nachlasses. Diese Tätigkeit erfolgte zunächst in Kooperation zwischen und unter Leitung von Dietrich Jöns und Hartmut Laufhütte in Mannheim und ging mit dem Überwechseln auf einen Lehrstuhl in Passau zunehmend auf Hartmut Laufhütte über. In Haupt- und Oberseminaren in Mannheim, aus denen sich die mit der Neuaufnahme und Neuordnung betrauten studentischen Mitarbeiterinnen und Mitarbeiter rekrutierten, war mit der Transkription kleinerer übersehbarer Manuskriptbestände aus dem Birkenschen Briefcorpus begonnen worden – Forschung und Lehre im Bündnis als einstiges Ruhmesblatt der deutschen Universität. Noch in Mannheim waren darüber hinaus Teile der Birkenschen Autobiographie und seiner ›Konzepthefte‹ übertragen worden.

In Passau wurden diese Arbeiten sodann kontinuierlich fortgeführt, indem über Jahre hinweg studentische und wissenschaftliche Hilfskräfte und zuweilen auch wissenschaftliche Mitarbeiter unter Leitung von Hartmut Laufhütte an die systematische Transkription gingen. Es war von vornherein klar, daß man sich auf ein langwieriges Unternehmen eingelassen hatte. Die Form, in der sich die Arbeit vollzog, war die einer akademischen Gemeinschaft einzig geziemende. Von den Mitarbeitern wurden Rohtranskriptionen gefertigt, die in regelmäßigen Sitzungen mit dem Projektleiter gelesen, an den Handschriften überprüft und gegebenenfalls korrigiert wurden. Auf der nächstfolgenden Sitzung wurden die derart entstandenen Reinschriften nochmals überprüft. Dann gingen sie zur Abschrift ins Sekretariat. Almut und Hartmut Laufhütte nahmen an diesen Arbeiten auch abschreibend selbst tätigen Anteil.

Das erzielte Resultat ist imponierend. Transkribiert werden konnten alle in Birkens Archiv vorhandenen Briefe an ihn und von ihm. Ein großer Teil der in lateinischer Sprache vorliegenden Briefe wurde übersetzt. Zugleich wurden die Schreiber der unter den Anonyma geführten Briefe ermittelt, die Briefe transkribiert und in die alphabetisch angelegte Folge der Briefschreiber eingeordnet. Die Transkription ging also einher mit einer nochmaligen ordnungsstiftenden archivalischen Bemühung. Fortgeführt und zum Abschluß gebracht werden konnte die besonders schwierige Transkription der ›Konzepthefte‹ und der ›Konzeptheft‹-Fragmente. Sie bargen, wie erwähnt, nicht nur, aber doch vorwiegend Birkensches Briefgut. Folglich ging man auch hier dazu über, die Abschriften den jeweiligen Briefschreibern zuzuordnen. Damit wurde die Rekonstruktion von Birkenschen Briefwechseln eingeleitet.

Schließlich erstreckten sich die Transkriptionen auch auf das im Nachlaß lagernde dichterische Werk Birkens. Begonnen wurde mit dem wichtigsten Corpus in Gestalt der lyrischen Sammelhandschriften. Da insbesondere das *Betuletum* neben den lateinischen Gedichten auch lateinische Briefe und Briefkonzepte birgt, kam diese Arbeit auch deren Erschließung zugute. Übertragen wurden sodann die im

Nachlaß lagernden Dramen und Dramenfragmente, das Versepos *Amalfis*, die *Aeneis*-Übersetzung, der *Syllabus Carminum*, eine Reihe von geistlichen Texten und kleineren nichtepistolarischen Arbeiten, schließlich die ›Tagebücher‹, die nochmals aus dem Urtext geschöpft wurden.

Damit war die immer wieder geforderte Erschließung des Birkenschen Nachlasses in einem Jahre währenden Arbeitsprozeß vorangetrieben und für zahlreiche Texteinheiten zum Abschluß gebracht worden. Eine auf den Nachlaß gegründete Edition der Werke Birkens sowie der Briefe an ihn und von ihm wurde absehbar. Wie ergiebig sie sich zu gestalten vermöchte, ging nicht zuletzt aus den Publikationen hervor, mit denen der Passauer Projektleiter die entsagungsvolle Arbeit am Nachlaß begleitete.

In mehr als dreißig Arbeiten wurde über den Nachlaß und Teile aus ihm gehandelt, wurden Briefwechsel rekonstruiert und ihre Schreiber vorgestellt, Werkinterpretationen vorgenommen, Werkfragmente inspiziert und, wo möglich, in sinnvolle Kontexte gerückt, damit zugleich immer wieder auch Zuordnungsprobleme gelöst, schließlich die dichtungs-, geistes- und frömmigkeitsgeschichtlichen Zusammenhänge freigelegt, aus denen heraus das Birkensche Werk lebte und sein unverwechselbares Profil gewann. Inzwischen gelangten die auf ›Birken und seine Welt‹ gerichteten Arbeiten Hartmut Laufhüttes in einem Band vereinigt zur neuerlichen Publikation. Es handelt sich, wie jedem Kenner bewußt, um den bedeutendsten Beitrag, den die jüngere Birken-Forschung zu verzeichnen hat.[244]

Aufbau einer Birken-Forschungsstelle in Osnabrück

Zu lösen blieben die mit der Birken-Forschung verknüpften bibliographischen Probleme, die besondere waren, weil Handschriftliches und Gedrucktes gleichermaßen verzeichnend und zusammenführend berücksichtigt werden mußte. Die Arbeiten erfolgten, basierend auf Studien, wie sie in Bonn und Göttingen begonnen worden waren, an der Universität Osnabrück. Auch darüber ist abschließend zu berichten.

Die Beschäftigung von Klaus Garber mit der Schäfer- und Landlebendichtung in den sechziger Jahren unter den Augen Richard Alewyns führte alsbald auf die Nürnberger Fährte. Sehr rasch stellte sich vor Ort heraus, daß ehemals existierende und in der einzig maßgeblichen Arbeit von Heinrich Meyer benutzte Texte im Ordensarchiv nicht mehr vorhanden und mehrfach auch anderweitig nicht mehr

---

244 Vgl. Hartmut Laufhütte: Sigmund von Birken (Anm. 2). [Hinzuzunehmen jetzt: Der Pegnesische Blumenorden unter der Präsidentschaft Sigmund von Birkens. Gesammelte Studien der Forschungsstelle Frühe Neuzeit an der Universität Passau (2007–2013). Hrsg. von Hartmut Laufhütte. – Passau: Schuster 2013].

beschaffbar waren.[245] Zentrale Texte insbesondere des jüngeren Birken mußten als Verlust deklariert werden.[246]

Dieses zu ziehende Fazit war neu und trug wesentlich dazu bei, eine Bibliographie der deutschen Schäfer- und Landlebendichtung in Angriff zu nehmen, in der auch über die aktuellen Besitzverhältnisse in der Nachkriegszeit Auskunft gegeben und verifizierbare Verluste ausgewiesen werden sollten. Die in den sechziger Jahren erfolgten Erhebungen gingen in das Fakultätsexemplar der Dissertation Garbers ein, wurden jedoch im Blick auf weitere Ermittlungen nicht in vollem Umfang publiziert.[247] Die gedruckte Bibliographie enthielt nur ein Kurztitelverzeichnis mit Nachweisen jeweils eines einzigen Exemplars.[248] Wohl aber waren die Verluste nominiert; die Birken betreffenden wurden zudem, wie erwähnt, separat bekannt gemacht.

Mit Hilfe der Deutschen Forschungsgemeinschaft konnten in den siebziger und achtziger Jahren umfängliche Bibliotheksreisen in Europa, den Vereinigten Staaten und der Sowjetunion durchgeführt werden. Sie galten der Komplettierung der Bukolik-Bibliographie und damit auch der Arbeit an der Überlieferung der Werke Birkens, erstreckten sich jedoch zunehmend auf die Erschließung der großen Sammlungen mit Gelegenheitsschrifttum generell und die Ermittlung von Altdrucken aus ehemaligen deutschen Bibliotheken in Mittel- und Osteuropa.

Für die Birken-Forschung ergiebig wurde die Einrichtung einer bibliographischen Arbeitsstelle der DFG an der Universität Osnabrück in den Jahren 1979 bis 1982. In ihr wurde von Renate Jürgensen die Arbeit an der Bukolik-Bibliographie fortgeführt und ein mehrere tausend Seiten umfassendes Manuskript erstellt.[249] Die Nürnberger und insbesondere Birken nehmen darin einen breiten Raum ein.[250] Alle kleineren Texte wurden verfilmt, von allen umfänglicheren key-pages in Auftrag gegeben. Damit war auch materialiter ein Fundament für die Zusammenführung des gedruckten Birkenschen Werkes an einem Ort geschaffen. Als die Arbeiten in der bibliographischen Forschungsstelle 1982/83 endeten, setzten die Bibliotheksrei-

---

245 Vgl. Heinrich Meyer: Der deutsche Schäferroman des 17. Jahrhunderts (Anm. 4), S. 34ff.
246 Klaus Garber: Forschungen zur deutschen Schäfer- und Landlebendichtung des 17. Jahrhunderts. – In: Jahrbuch für Internationale Germanistik 3 (1971), S. 226–242. Die Verlustliste S. 235f.
247 Klaus Garber: Bibliographie der deutschen Schäfer- und Landlebendichtung des 17. Jahrhunderts. – In: Der locus amoenus und der locus terribilis (Anm. 4) S. 460–614.
248 Ebd. S. 312–354.
249 Klaus Garber, Renate Jürgensen: Bibliographie der deutschen Schäfer- und Landlebendichtung des 17. Jahrhunderts. Manuskript Nürnberg, Osnabrück: [s.a.]. Renate Jürgensen hat einen Großteil der auf Nürnberg gerichteten Arbeiten einbringen können in ihre große Dokumentation der ersten hundert Jahre des ›Pegnesischen Blumenordens‹. Der Hinweis auf diese grundlegende Studie sei wiederholt: Melos conspirant singuli in unum. Repertorium bio-bibliographicum zur Geschichte des Pegnesischen Blumenordens in Nürnberg (1644–1744). – Wiesbaden: Harrassowitz 2006 (= Beiträge zum Buch- und Bibliothekswesen; 50).
250 Die Mehrzahl der Titel ist in der Abteilung ›Schäferliche Gelegenheitsdichtung‹ untergebracht, die regional aufgebaut ist. Einschlägig ist hier das Kapitel ›Reichsstadt Nürnberg mit Altdorf‹.

sen zumal in die Sowjetunion ein. Mit Rücksicht auf sie wurde im Einvernehmen mit dem Verlag eine Publikation der erzielten Ergebnisse zurückgestellt.[251]

Eine dritte und letzte Arbeitsphase, die wiederum auch auf Birken Bezug hatte, begann in den neunziger Jahren. Die VolkswagenStiftung förderte über mehr als ein Jahrzehnt unter Einsatz erheblicher Mittel ein Projekt zur Erfassung und Erschließung von personalem Gelegenheitsschrifttum in zwanzig Archiven und Bibliotheken Polens, des Baltikums und Rußlands.[252] Nun konnten Verfilmungsmaßnahmen in großem Umfang durchgeführt werden. Sie kamen auch der Dokumentation des Birkenschen Werkes zugute. In Absprache mit der Stiftung war es möglich, die auf Nürnberg und speziell auf Birken gerichteten Arbeiten fortzusetzen. Die Birkenschen Texte aus seiner Handbibliothek wurden ebenso verfilmt und digitalisiert wie der komplette Nachlaß. Darüber hinaus wurden zahlreiche Bücher aus Birkens Handbibliothek digitalisiert und in Buchform auf der Basis von Papierkopien reproduziert, ungebunden gebliebene Sammeleinheiten wie die beschriebene Folge P.Bl.O. 41–44 gleichfalls in Sammelbänden zusammengefaßt. Die Birken-Bibliothek bildet seither ein Schmuckstück in der reichhaltigen Bibliothek des Instituts für Kulturgeschichte der Frühen Neuzeit.

Diese bestandssichernden Maßnahmen gingen einher mit längeren Aufenthalten des Osnabrücker Projektleiters in den Nürnberger Archiven und Bibliotheken, zumal in der Stadtbibliothek und dem Germanischen Nationalmuseum. Die im Zuge dieser Recherchen ermittelte Literatur aus dem Umfeld Birkens und des Nürnberger Hirten- und Blumenordens insbesondere aus dem 17. und 18. Jahrhundert wurde gleichfalls verfilmt. Auf diese Weise entstand eine mit Quellen hervorragend ausgestattete Arbeitsstelle.

Schaffung einer Drucke und Handschriften integrierenden ›Morphologie‹ des Birkenschen Werkes

Wiederum in Absprache mit der VolkswagenStiftung wurde ein Postdoktoranden-Stipendium ausgeschrieben, um das sich Dr. Hermann Stauffer aus Mainz erfolgreich bewarb. Statt eine auf den alten deutschen Sprachraum des Ostens gerichtete Arbeit in Angriff zu nehmen, wurde die Erarbeitung einer Verzeichnung des Bir-

---

251 Die Bibliographie erscheint im Verlag Hiersemann in ›Hiersemanns Bibliographischen Handbüchern‹.
252 Vgl.: Handbuch des personalen Gelegenheitsschrifttums in europäischen Bibliotheken und Archiven. Im Zusammenwirken mit der Forschungsstelle zur Literatur der Frühen Neuzeit und dem Institut für Kulturgeschichte der Frühen Neuzeit der Universität Osnabrück hrsg. von Klaus Garber. Bd. I–XXXI. – Hildesheim, Zürich, New York: Olms-Weidmann 2001–2013. Vgl. auch: Göttin Gelegenheit. Das Personalschrifttums-Projekt der Forschungsstelle ›Literatur der Frühen Neuzeit‹ der Universität Osnabrück. Hrsg. von der Forschungsstelle ›Literatur der Frühen Neuzeit‹ der Universität Osnabrück unter redaktioneller Bearbeitung von Stefan Anders und Martin Klöker. – Osnabrück: Rasch 2000 (= Kleine Schriften des Instituts für Kulturgeschichte der Frühen Neuzeit; 3).

kenschen Werkes und Nachlasses sowie einer darauf beruhenden Biographie abgesprochen.

Hermann Stauffer hat sich daraufhin in einem knapp zehn Jahre währenden Zeitraum an die Schaffung einer *Morphologie* des Birkenschen Werkes gemacht. Zustatten kamen dieser Arbeit die reichen in Osnabrück vorhandenen Quellen- und Literaturbestände und die über Passau verfügbaren Transkriptionen. Gleichwohl bestätigte sich, was wiederholt artikuliert worden war. Die Durchdringung der komplexen Materie war von so ungewöhnlichen Schwierigkeiten begleitet, daß nur in einer langfristigen Unternehmung, stets unterstützt von studentischen Mitarbeiterinnen und Mitarbeitern sowie dem Projektleiter, tragfähige Ergebnisse zu erzielen waren.

Es ist der VolkswagenStiftung, der Deutschen Forschungsgemeinschaft, der Universität Osnabrück und schließlich dem Niedersächsischen Ministerium für Wissenschaft und Kultur zu verdanken, daß die auf Handschriften und Drucke gleichermaßen bezogenen Arbeiten zu einem Abschluß gebracht werden konnten.[253] Mit ihnen wurde das letzte Glied in einer langen Kette von vorbereitenden Maßnahmen auf dem Weg zur Birken-Ausgabe gefertigt, von dem hier zu berichten war.

Die Birken-Ausgabe im Verlag de Gruyter

In den frühen siebziger Jahren wurden von Hans-Gert Roloff im Zusammenwirken mit Käthe Kahlenberg die *Ausgaben deutscher Literatur des 15. bis 18. Jahrhunderts* ins Leben gerufen. Die verlegerische Betreuung übernahm der Verlag de Gruyter.

> Es erscheinen Gesamtausgaben – in einzelnen Fällen auch Auswahlausgaben – der Werke bedeutender Autoren; sie enthalten neben dem Textcorpus und dem kritischen Apparat auch – soweit vorhanden – Briefwechsel, Tagebücher, Gespräche, Zeugnisse der Zeitgenossen zu Person und Werk des Autors, Bildnisse usw.

---

253 Hermann Stauffer: Sigmund von Birken (1626–1681). Morphologie seines Werks. Bd. I–II. – Tübingen: Niemeyer 2007. CXXXIII, 1286 S. – Der Begriff ›Morphologie‹ wurde auf Vorschlag von Klaus Garber verwendet, um der weit über eine Bibliographie hinausgehenden Präsentation gedruckter und handschriftlicher Quellen terminologisch gerecht zu werden. In der *Morphologie* wird jeder zum Druck gelangte Titel daraufhin überprüft, ob zu ihm gehörige handschriftliche Zeugnisse vorliegen. Erstmals in der Geschichte der Birken-Philologie erfolgt eine durchgängige Zusammenführung der beiden getrennten Überlieferungsschichten. So gut wie jeder Titel ist daher mit einem ausführlichen Kommentar versehen. Das Werk enthält eine umfangreiche forschungsgeschichtliche Einleitung. Sie ist durchweg anders akzentuiert als die hier vorgelegte Abhandlung, so daß eine parallele Lektüre sinnvoll bleibt. Außerdem ist die Bibliographie ausgestattet mit einem umfassenden Verzeichnis der wissenschaftlichen Literatur sowie diversen Registern, nämlich einem Kurztitelverzeichnis der Werke sowie Registern der literarischen Formen, der Anlässe, der Personen, der Drucker und Verleger, der erwähnten Orte und schließlich der Druck- und Verlagsorte.

So in einem Verlagsprospekt (Stand: Oktober 1971). Dreißig Bände waren zu diesem Zeitpunkt bereits erschienen – Folge der problematischen herausgeberischen Entscheidung, Text- und Kommentarbände voneinander zu trennen. Unter den angekündigten Autoren figurierte auch Sigmund von Birken. Ferdinand van Ingen zeichnete – ebenso wie für eine auf 18 Bände berechnete Zesen-Ausgabe – für die Edition des Nürnbergers verantwortlich. Harsdörffer und Klaj waren gleichfalls in dem Prospekt als in späterer Zeit zu berücksichtigende Autoren deklariert – eine veritable, zahlreiche Forscher mehrerer Generationen in Amt und Brot haltende Phalanx.

Birken wurde als Repräsentant »des Manierismus des deutschen Literaturbarock« eingeführt.

> Eine Ausgabe Birkens kommt den derzeitigen literar-historischen Forschungsintentionen wesentlich entgegen, einmal wegen des zunehmenden Interesses am Barock, zum andern aber auch der bei den Pegnitzschäfern stark ausgeprägten bürgerlich-patrizischen Komponente ihrer Dichtung, was diese Texte zu einem bevorzugten Forschungsgegenstand der Literatursoziologie machen dürfte.

Im Gegensatz zur Zesen-Ausgabe war die Birken gewidmete auf sieben Bände neben einem Realienband berechnet. Zwei Bände sollten den Schäferdichtungen vorbehalten sein, ein dritter den dramatischen Dichtungen und der Lyrik, ein vierter den Friedensdichtungen, ein fünfter der Poetik, ein sechster den Erbauungsschriften und ein letzter siebenter ›historischen Schriften‹ und ›Reisebeschreibung‹, womit ersichtlich die panegyrisch-dynastische Literatur sowie der *Brandenburgische Ulysses* gemeint waren. Es war also eine ausschließlich auf das gedruckte Werk gerichtete Ausgabe geplant. Der Nachlaß mit ungedruckt gebliebenen Werken, Übersetzungen, Tagebüchern, ›Konzeptheften‹, Briefen etc. fehlte, obgleich doch ausdrücklich gerade diese Materialien einen Platz in der neugegründeten Editionsreihe haben sollten. Der Skopus im Falle Birkens – die für das 17. Jahrhundert einmalige Lage der handschriftlichen Überlieferung – war also verfehlt.

In einem vier Jahre später vorgelegten neuen Reihen-Prospekt war keine wesentliche Änderung des Sachstandes eingetreten. Die Ausgabe war von acht auf neun Bände erweitert worden, ein dritter Band mit Schäferdichtungen war hinzugetreten. Die Ausgabe wurde weiterhin von Ferdinand van Ingen herausgegeben (der inzwischen auch als Herausgeber der fünfbändigen Klaj-Ausgabe firmierte), nun versehen mit dem Zusatz ›in Verbindung mit Klaus Garber‹.

Gleich nach Bekanntwerden der Berliner Pläne war es zu einem lebhaften Briefwechsel mit den Herausgebern der Gesamtreihe und der Birken-Edition gekommen. Mit Vehemenz wurde die Integration des Nachlasses in die Birken-Ausgabe eingefordert. Die Argumentation überzeugte. Eine Änderung des Vertrages mit dem Verlag war jedoch nicht mehr durchzusetzen. Es war noch kein Band erschienen und doch zeichnete sich bereits ab, daß der Verlag mit dem gewaltigen Vorhaben der *Ausgaben deutscher Literatur* sich übernommen hatte. Es mußten also andere Wege beschritten werden, um den Nachlaß editorisch zu plazieren.

Neukonzeption der Ausgabe

Dies schien nur möglich zu sein, wenn am Ort der Verwahrung des Nachlasses in Nürnberg eine Arbeitsstelle eingerichtet würde, die mit der Sichtung und Ordnung und sodann mit der Transkription der Materialien befaßt sein sollte. Ein entsprechender Antrag wurde im Sommer 1975 der Deutschen Forschungsgemeinschaft vorgelegt. Er war verbunden mit einer Neukonzeption der Ausgabe, für die ein alle seinerzeit bekannten gedruckten und handschriftlichen Zeugnisse im Detail ausweisender Editionsplan erarbeitet worden war. Auf die Berliner Ausgabe wurde Bezug genommen, eine Einbringung des transkribierten Nachlasses in diese konnte indes nicht verbindlich zugesagt werden. Dessen Erschließung blieb ein vordringliches Desiderat.

In einer langen Nachtsitzung auf Schloß Reisenburg diskutierte die Germanistische Kommission der DFG mit dem Antragsteller das Projekt. Es wurde nicht befürwortet. Die verbliebenen Ungewißheiten und Risiken erwiesen sich als zu groß – eine im nachhinein nur allzu verständliche Entscheidung. Der an das Vorhaben sich knüpfende schriftliche und mündliche Austausch mit Hans-Henrik Krummacher, Hans-Joachim Mähl und Albrecht Schöne bezeichnete den eigentlichen Gewinn für den eben ein halbes Jahr im Amt zu Osnabrück befindlichen Antragsteller.

Die zu ziehenden Konsequenzen aus der eingetretenen Situation wurden erleichtert durch den Umstand, daß der bestehende Vertrag mit de Gruyter vom Verlag gekündigt wurde. Alle Ausgaben, die angekündigt, aber noch kein publizistisches Ergebnis gezeitigt hatten, waren von dieser Maßnahme betroffen – und derer waren nicht wenige.

Entsprechend galt es nun, die an der Birken-Forschung aktiv teilnehmenden Personen in einer Arbeitsgruppe zusammenzuführen und einen Neubeginn ins Auge zu fassen. Zu den Forschern, die sich seit längerem mit Birken befaßt hatten wie Horst-Joachim Frank, Richard Mai, Joachim Kröll, Otto Schröder und Blake Lee Spahr, waren jüngere getreten wie Dietrich Jöns und Hartmut Laufhütte. Wolfenbüttel, inzwischen als Forschungsquartier der Barockforschung etabliert, bot sich als Tagungsort wie als Heimstätte der Ausgabe an.

1977 konnte eine erste Konferenz abgehalten werden, auf der nahezu alle erwähnten Personen anwesend waren. Die Zusammenkunft wurde – ebenso wie nachfolgende in Mainz, Tübingen, Nürnberg und Wolfenbüttel – durch den oben geschilderten Umstand bestimmt, daß in Mannheim und alsbald auch in Passau die Arbeiten an der Transkription des Nachlasses aufgenommen worden waren. Es bestand also nicht länger Bedarf an der Einrichtung einer Arbeitsstelle in Nürnberg. Und es zeichnete sich ab, daß die dezentrale Verteilung der Aufgaben auf verschiedene Personen auf Zurückhaltung stieß.

Die Ausgabe im Max Niemeyer-Verlag

In dieser insgesamt offenen Situation gelangte die Frage der verlegerischen Plazierung der Ausgabe zu einer allseits begrüßten Lösung. Sie wurde im Max Niemeyer-Verlag untergebracht und in die von Hans-Henrik Krummacher betreute Reihe der *Neudrucke Deutscher Literaturwerke* aufgenommen. Als Herausgeber der Edition wurden Klaus Garber, Ferdinand van Ingen, Dietrich Jöns und Hartmut Laufhütte nominiert. Verbindlich – mit geringfügigen Varianten – blieb jener der DFG 1975 vorgelegte Editionsplan, der den handschriftlichen Nachlaß wie das gedruckte Werk gleichermaßen umfaßte.

Es bestand Einvernehmen darüber, daß mit der Edition der handschriftlichen Materialien begonnen werden solle. Das bedeutete de facto in der ersten Phase eine Konzentration auf die Autobiographica und die Briefe sowie auf die lyrischen Sammelhandschriften und die diversen geistlichen Texte. Insbesondere die Verfügbarkeit der Briefe nebst Kommentar sowie die Synopsis von gedruckten und ungedruckten Lyrika erwiesen sich als Voraussetzung für die Bearbeitung so gut wie aller Textbände.

Wenn es gleichwohl noch vieler Jahre bedurfte, bis im Jahr 1988 der erste Band der Ausgabe aus dem Nachlaß vorgelegt werden konnte, so spiegelte sich darin auch die mißliche Situation, daß die Herausgeber alle in zeitaufwendige Aufbauarbeiten an den neugegründeten Hochschulen involviert waren, die der Forschung nur in dem Maße zugute kamen, wie es gelang, mit Drittmitteln und qualifizierten Mitarbeitern ausgestattete Forschungsstellen zu schaffen.

Dieser Weg mußte auch für die Birken-Edition beschritten werden, wenn anders ein zügigerer Fortschritt gewährleistet werden sollte. 25 Jahre nach dem ersten Anlauf wurde daher von Osnabrück aus ein neuer Antrag an die DFG gerichtet. Hier waren eine Forschungsstelle für Literatur der Frühen Neuzeit und ein Interdisziplinäres Institut für Kulturgeschichte der Frühen Neuzeit ins Leben gerufen und erhebliche Drittmittel eingeworben worden, so daß auch institutionell für Kontinuität gebürgt werden konnte.

In dem Antrag durfte darauf hingewiesen werden, daß die Generation der ausgewiesenen Birken-Forscher nur noch eine übersehbare Zeit im Amt verweilen würde, Eile also geboten sei, wenn anders einer der großen editorischen Herausforderungen der deutschen Philologie des 17. Jahrhunderts mit Aussicht auf Erfolg begegnet werden solle. Von vornherein war eine Teilung der Aufgaben zwischen Osnabrück und Passau vorgesehen, wie sie oben beschrieben wurde und der DFG plausibel gemacht werden konnte.

Die Konzentration auf den Nachlaß hatte nichts von ihrer Dringlichkeit eingebüßt. Entsprechend standen die Editionen der lyrischen Sammelhandschriften und der Briefe neben dem Abschluß der Birken-Bibliographie im Mittelpunkt des Antrags. Auch wurde darauf verwiesen, daß über die Akquirierung eines theologisch versierten Sachbearbeiters die Edition der geistlichen Schriften Birkens befördert werden könne. Er wurde in Johann Anselm Steiger gefunden.

Vor allem die Deutsche Forschungsgemeinschaft, aber auch das Niedersächsische Ministerium für Wissenschaft und Kultur haben sich zu einer namhaften Förderung der Birken-Edition verstanden. Es konnten – teilweise zeitversetzt – Arbeitsstellen in Hamburg (Johann Anselm Steiger), Osnabrück (Klaus Garber) und Passau (Hartmut Laufhütte) eingerichtet und mit wissenschaftlichen Mitarbeitern ausgestattet werden. Die Vollendung der Edition des Nachlasses ermöglichte in der Schlußphase dankenswerterweise die Thyssen-Stiftung. Wie aus dem Vorgetragenen ersichtlich, handelt es sich bei der Schaffung einer Ausgabe der Werke und Briefe Sigmund von Birkens um ein klassisches Langzeitvorhaben. Mit seiner Realisierung wäre die Ehrenschuld einem lange Zeit vernachlässigten Autor gegenüber abgegolten und der Forschung ein Terrain erschlossen, das zu Erkundungen vielfältigster Art einladen dürfte.

Auszug zu einer Einleitung in: Sigmund von Birken: Werke und Korrespondenz. Hrsg. von Klaus Garber, Ferdinand van Ingen, Dietrich Jöns, Hartmut Laufhütte. Bd. I: Floridans Amaranten-Garte. Teil I: Texte. Teil II: Apparate und Kommentare. Hrsg. von Klaus Garber, Hartmut Laufhütte in Zusammenarbeit mit Ralf Schuster. – Tübingen: Niemeyer 2009 (= Neudrucke Deutscher Literaturwerke. N.F.; 55–56). Teil I, S. XIX–CXXXI.

Zur Statuskonkurrenz von Adel und gelehrtem Bürgertum im politischen Schrifttum des 17. Jahrhunderts

Veit Ludwig von Seckendorffs *Teutscher Fürstenstaat* und die deutsche ›Barock‹-Literatur

Eingang

Die Erörterung des Statuskonflikts zwischen Adel und gelehrtem Bürgertum hat nur marginalen Charakter in Veit Ludwig von Seckendorffs *Teutschem Fürstenstaat*. Er ist denn auch in der Seckendorff-Literatur bisher kaum eigens erörtert worden.[1] Seckendorff berührt das Problem beiläufig im zweiten Teil seines Werkes und fügt an entsprechender Stelle in seinen ›Additiones‹, die das Werk ab der dritten Auflage von 1665 begleiten, einige durchaus persönlich gehaltene Äußerungen hinzu.

An dieser Stelle wird bewußt darauf verzichtet, das schmale stoffliche Terrain zu erweitern. Das übrige Seckendorffsche Werk soll nicht konsultiert, weiteres theoretisches Quellengut nicht herangezogen werden. Statt dessen werden sich an die Vorführung und Erklärung des Befundes im *Teutschen Fürstenstaat* einige grundsätzliche Erörterungen zur historisch-dialektischen Exegese der sogenannten ›Barockliteratur‹ anschließen, in der sich dieser Statuskonflikt auf andere Weise wiederholt. Statt stofflicher Extension also hermeneutische Konzentration.

---

1 Die einschlägige Seckendorff-Literatur findet man – außer in der *Althusius-Bibliographie* (1973) (Nr. 5731a–5739) und der *Fränkischen Bibliographie* III/1 (1973) (Nr. 42091–42108) [bis 1945] – zusammengefaßt bei Dietrich Blaufuß: Veit Ludwig von Seckendorffs Commentarius de Lutheranismo (1692) und der Beitrag des Augsburger Seniors Gottlieb Spizel. – In: Zeitschrift für Bayerische Kirchengeschichte 39 (1970), S. 138–164, S. 269–276, hier S. 161–163 und S. 275–276; ders.: Der fränkische Edelmann Veit Ludwig von Seckendorff (1626–1692) als Reformationshistoriker. – In: Jahrbuch für Fränkische Landesforschung 36 (1976), S. 81–91, hier S. 81, Anm. 1; Michael Stolleis: Veit Ludwig von Seckendorff. – In: Staatsdenker im 17. und 18. Jahrhundert. Reichspublizistik – Politik – Naturrecht. Hrsg. von Michael Stolleis. – Frankfurt a.M.: Metzner 1977, S. 148–173, hier S. 172f. Hinzuzuziehen der Seckendorff-Abschnitt bei Jutta Brückner: Staatswissenschaften, Kameralismus und Naturrecht. Ein Beitrag zur Geschichte der Politischen Wissenschaft im Deutschland des späten 17. und frühen 18. Jahrhunderts. – München: Beck 1977 (= Münchener Studien zur Politik; 27), S. 9–32. – Bezug auf das vorliegende Thema etwa bei Horst Kraemer: Der deutsche Kleinstaat des 17. Jahrhunderts im Spiegel von Seckendorffs *Teutschem Fürstenstaat*. Mit einer Vorbemerkung zum Neudruck von Walther Hubatsch. – Darmstadt: Wissenschaftliche Buchgesellschaft 1974 (= Reihe Libelli; 336) (Erstdruck 1922/24), S. 45 und S. 47f.; Wilhelm Lüdtke: Veit Ludwig von Seckendorff. Ein deutscher Staatsmann und Volkserzieher des 17. Jahrhunderts. – In: Jahrbücher der Akademie gemeinnütziger Wissenschaften zu Erfurt. N.F. 54 (1939), S. 39–137, S. 89; Hans Barth: Rechtsgeschichtliche und rechtsphilosophische Betrachtungen zu Seckendorffs *Fürstenstaat*. – Diss. jur. Erlangen 1947, S. 73f.; Hildegard Banholzer: Veit Ludwig von Seckendorff als Kameralist. – Diss. rer. pol. Innsbruck 1964 (Masch.), S. 51ff.

Der Erweis für die explikatorische Kraft der hier entwickelten Thesen ist – wie stets in den historisch-philologischen Disziplinen – nicht auf deduktivem Wege zu erbringen, sondern nur durch Beibringung und Interpretation von möglichst weit gestreuten Zeugnissen verschiedener Provenienz. Dies ist Studien vorbehalten, die insbesondere der Schäfer- und Landlebendichtung des 17. Jahrhunderts gelten. In ihnen wird der hier generell skizzierte Sachverhalt im einzelnen entfaltet und damit überhaupt erst zu einem konkreten im dialektischen Sinn dieses Begriffs.[2]

I Seckendorffs ›Teutscher Fürstenstaat‹

Physiognomie des Seckendorffschen Werkes

Seckendorffs 1656 erstmals erschienener *Teutscher Fürstenstaat* hat im 17. Jahrhundert zahlreiche weitere Auflagen erlebt. Auch die 1720 durch von Biechling veranstaltete kommentierte Ausgabe kam im 18. Jahrhundert noch mehrfach heraus.[3] Seckendorff hat selbst seine Verwunderung darüber in der Vorrede zu den ›Additiones‹ zum Ausdruck gebracht. Bücher dieser Art »in der mutter-sprache« hätten »kein langes alter oder grosse nachfrage«.[4] Tatsächlich ist es zweifelhaft, ob man die Verbreitung des Werkes auf das Konto seiner Deutschsprachigkeit setzen darf. Näher liegt es, seinen durchaus pragmatischen Charakter für den Erfolg verantwortlich zu machen. Dieser kommt in den dreizehn Bestallungsurkunden für geheime Räte und Kanzler, Konsistorial- und Kammerräte, Hof- und Stallmeister, wie sie der Anhang bzw. später der vierte Teil bietet, am klarsten zur Ausprägung. Doch durchzieht er auch weite Teile des übrigen Werkes.

Den Duktus strenger politischer Theorie sucht man denn auch in Seckendorffs *Fürstenstaat* vergeblich. Mit den großen Entwürfen des Calvinisten Althusius[5] und

---

2 Vgl. Klaus Garber: Vergil und das *Pegnesische Schäfergedicht*. Zum historischen Gehalt pastoraler Dichtung. – In: Deutsche Barockliteratur und europäische Kultur. Hrsg. von Martin Bircher, Eberhard Mannack. – Hamburg: Hauswedell 1977 (= Dokumente des Internationalen Arbeitskreises für Deutsche Barockliteratur; 3), S. 168–203.

3 Die Biechlingsche Ausgabe ist leicht zugänglich in: Veit Ludwig von Seckendorff: Deutscher Fürstenstaat. Samt des Autors Zugabe sonderbarer und wichtiger Materien. Verbessert, mit Anmerkungen, Summarien und Register versehen von Andres Simson von Biechling. Neudruck der Ausgabe Jena 1737. – Aalen: Scientia 1972. Hiernach im folgenden zitiert. Auch die 3. Auflage mit den ›Additiones‹ liegt – umfassend eingeleitet – im Reprint vor: Veit Ludwig von Seckendorff: Teutscher Fürstenstaat. Mit einem Vorwort von Ludwig Fertig. Bd. I–II. – Glashütten/Ts.: Auvermann 1976.

4 Additiones (Anm. 3), S. 3.

5 Vgl. etwa Peter Jochen Winters: Die *Politik* des Johannes Althusius und ihre zeitgenössischen Quellen. Zur Grundlegung der politischen Wissenschaft im 16. und im beginnenden 17. Jahrhundert. – Freiburg/Br.: Rombach 1963 (= Freiburger Studien zu Politik und Soziologie); Hans-Ulrich Scupin: Der Begriff der Souveränität bei Johannes Althusius und bei Jean Bodin. – In: Der Staat 4 (1965), S. 1–26; Carl Joachim Friedrich: Johannes Althusius und sein Werk im Rahmen der Entwicklung der Theorie von der Politik. – Berlin: Duncker & Humblot 1975 (dazu kritisch: Michael Stolleis in: Zeitschrift für Historische Forschung 4 (1977), S. 364–365).

des Aristotelikers Arnisaeus und der Helmstedter Schule,[6] aber auch der katholischen Staatslehre eines Adam Contzen,[7] von den großen romanischen Vorgängern ganz zu schweigen, ist Seckendorff nicht zu vergleichen. Das zentrale Thema des Jahrhunderts zwischen 1550–1650, die Statuierung und theoretische Fixierung staatlicher Souveränität, ist auch in Seckendorffs Werk gegenwärtig, doch nicht als eminentes Problem politischer Philosophie, sondern als empirisches Faktum, verkörpert in der frommen Obrigkeit lutherischer Provenienz.[8]

Was Seckendorffs Werk an theoretischem Gehalt abgeht, wächst ihm an repräsentativer Statur zu. Die deskriptive Tendenz seines Werkes gewährleistet, daß sich in ihm die Physiognomie des fürstlichen Territorialstaates lutherischer Prägung deutlicher abzeichnet als im theoretisch exponierteren politikwissenschaftlichen Schrifttum seiner Vorgänger und Zeitgenossen. Die Fundierung politischer Theorie und Praxis im christlichen Selbstverständnis ist bei Seckendorff ungebrochen.

Es ist diese von der modernen politischen Theorie wenn nicht unberührte, so doch unbeeindruckte Identifizierung mit den leitenden Prinzipien des christlichen Obrigkeitsstaates im lutherischen Raum, die Seckendorff seine nachhaltige Resonanz vor allem in den gelehrten Beamtenkreisen und beim Adel gesichert haben dürfte. Auf eine schwer beschreibbare Weise ähnelt der Gestus des Seckendorffschen Traktats dem der protestantischen Barockdichtung. Das Thema Widerstandsrecht ist hier wie dort tabu bzw. zugunsten leidenden Gehorsams entschieden; der kühnere Schwung calvinistischen Staats- und Politikverständnisses frommer loyalistischer Untertanengesinnung gewichen. Ein Anflug von Provinzialität liegt über diesem Entwurf ebenso wie über mancher gleichzeitigen Dichtung. Er rührt her von der relativen geistigen Isolierung des Luthertums in den Kommunen und kleinen Territorien, nachdem mit dem Untergang des Calvinismus auf deutschem Boden auch der Kontakt zum westlichen Europa wenn nicht abgerissen, so doch eingeschränkt war.

---

6 Dazu grundlegend: Horst Dreitzel: Protestantischer Aristotelismus und absoluter Staat. Die *Politica* des Henning Arnisaeus (ca. 1575–1636). – Wiesbaden: Steiner 1970 (= Veröffentlichungen des Instituts für Europäische Geschichte Mainz; 55. Abteilung Universalgeschichte). Hier auch, insbesondere S. 129ff., eine ausgezeichnete Einführung in die verschiedenen Strömungen politischer Philosophie der frühen Neuzeit. Vgl. von Dreitzel auch den großangelegten Forschungsbericht: Das deutsche Staatsdenken in der Frühen Neuzeit. – In: Neue Politische Literatur 16 (1971), S. 17–42, S. 256–271, S. 407–422.

7 Dazu Ernst-Albert Seils: Die Staatslehre des Jesuiten Adam Contzen, Beichtvater Kurfürst Maximilian I. von Bayern. – Diss. phil. Hamburg 1968 (= Historische Studien; 405); ders.: Die Staatslehre des Jesuiten A. Contzen. – In: Der Staat 10 (1971), S. 191–213. Von literaturwissenschaftlicher Seite hinzuzuziehen die Arbeit von Dieter Breuer: Adam Contzens Staatsroman. Zur Funktion der Poesie im absolutistischen Staat. – In: Literatur und Gesellschaft im deutschen Barock. Aufsätze. Hrsg. von Conrad Wiedemann. – Heidelberg: Winter 1979 (= Germanisch-Romanische Monatsschrift. Beiheft; 1) S. 77–126. Hier Verweis auf weitere Arbeiten von Breuer.

8 Dazu neben der angegebenen Literatur: Gustav Klemens Schmelzeisen: Der verfassungsrechtliche Grundriß in Veit Ludwig Seckendorffs *Teutschem Fürstenstaat*. – In: Zeitschrift der Savigny-Stiftung für Rechtsgeschichte. Germanistische Abteilung 87 (1970), S. 190–223. Zum übergeordneten Zusammenhang vgl. den Sammelband: Staatsräson. Studien zur Geschichte eines politischen Begriffs. Hrsg. von Roman Schnur. – Berlin: Duncker & Humblot 1975.

Disposition des Textes

Seckendorffs *Fürstenstaat* ist – sieht man ab von den Bestallungsurkunden und den ›Additiones‹ – dreiteilig aufgebaut. Der erste, relativ knappe und kaum besonders gewichtige Teil stellt Prinzipien auf, wie ein Fürstentum »nach seiner sichtbaren und äusserlichen Beschaffenheit« zu beschreiben sei.[9] Der dritte, weitaus umfangreichste und im engeren Sinne kameralwissenschaftliche Teil des *Fürstenstaats* handelt »von eines Landes=Herrn eigenen Gütern und Einkünfften, Vorzügen und Regalien, dadurch er, neben Fürstlicher und Herrlicher Præeminentz und Hoheit, die Mittel zu seiner Fürstlichen und Standesgebührlichen Unterhaltung und Ergetzlichkeit erlanget, und wie er daraus sein Cammer= und Hauß=Wesen führet und bestellet«, also von den Einnahmequellen und deren Verwaltung für die staatlichen Aufgaben wie die Bedürfnisse des Regenten, der fürstlichen Familie und deren Hofhaltung.[10]

Mit dem zweiten Teil kommt Seckendorff, wie er selbst sagt, zum ›hauptwerck‹ seines Unternehmens.[11] Dieser ist der klassischen Materie der ›Politik‹ gewidmet. Hier berührt Seckendorff unter dem Titel der ›obersten Botmäßigkeit‹ das Souveränitätsproblem.[12] Auch die fürstliche Gewalt ist eine abgeleitete, im Reichsrecht fundierte. Sie verweist auf den Kaiser als oberste und letzte Instanz zurück. Und natürlich bleibt sie angewiesen auf die Kooperation mit den Landständen. Doch diese Herrschaftsstände mögen mit noch so vielen und verschiedenartigen herkömmlichen Rechten ausgestattet sein – »sie sind gegen dem Landes=herrn insgesamt und insonderheit für unterthanen zu achten.«[13]

Insoweit hat sich die Dichotomie von Monopolisierung staatlicher Gewalt in der Hand des Fürsten und staatsrechtlich homogener Untertanenschicht, der das Merkmal der ›obersten Botmäßigkeit‹ abgeht, auch bei Seckendorff durchgesetzt. Indem Seckendorff nochmals uneingeschränkt die religiöse Legitimation und Funktion weltlicher Herrschaft zur Geltung bringt, umgekehrt jedoch die Untertanenschaft zu unbedingtem Gehorsam gegenüber dem Landesherrn verpflichtet und also auch zu geduldigem Ausharren gegenüber dem gottlosen, bezeichnet er jene Kontamination konfessioneller und obrigkeitsstaatlicher Mentalität, die in den Nachbarländern in den progressiven politischen Theorien mit der Statuierung einer autonomen staatlich-politischen Sphäre bereits außer Kraft gesetzt worden war, in den lutherischen Territorien hingegen noch in der Metamorphose des aufgeklärten Absolutismus fortlebte.

---

9 Seckendorff: Teutscher Fürstenstaat (Anm. 3), S. 1.
10 Ebd., S. 357.
11 Ebd., S. 32.
12 Ebd., S. 33ff.
13 Ebd., S. 34.

»Von guten eigenschafften, verstand und tugend« der fürstlichen Berater

Ordnungsgemäße Regentschaft bewährt sich nicht zuletzt in der verantwortungsbewußten Auswahl und Hinzuziehung der Bediensteten zur Regierung. So intensiv sich der Fürst nach Seckendorff der Regierungsgeschäfte selbst anzunehmen hat, so sehr bleibt er angewiesen auf die Zusammenarbeit mit seinen sachverständigen Räten. Empfehlung, so Seckendorff, besage hier wenig, um so mehr jedoch Examination durch geschulte Beamte.[14] Während der gelegentliche Rückgriff auf die Räte von Haus aus einen fürstlichen Gunstbeweis vor allem gegenüber dem Adel darstelle, müßten Herkunft und persönliches Vertrauensverhältnis bei der Auswahl der beamteten Räte hinter leistungs- und sachorientierten Qualifikationsmerkmalen zurücktreten. »Von guten eigenschafften, verstand und tugend« müssen die beamteten Räte sein.[15]

Hinter dieser aus der ›Barock‹-Literatur bekannten Formel verbirgt sich jene Symbiose moderner weltmännisch-galanter und herkömmlicher christlich-stoischer Werte, wie sie den Aufstieg des absolutistischen Staates in seiner maßgeblichen Trägerschicht, der gelehrten Beamtenschaft, begleitet. Der gelehrte Rat habe sich durch »gute qualitäten, als wissenschafft der sprachen, beredsamkeit, höffliche sitten, erfahrung und kundschafft anderer länder« auszuzeichnen, damit man ihn »in= und ausserhalb des landes desto füglicher gebrauchen«, und er habe die Tugenden »der gottesfurcht, demuth, und erbarkeit, höfflichkeit, aufrichtigkeit, redlichkeit, vermeidung des geitzes, warhafftigkeit, verschwiegenheit und gnügsamkeit« zu beobachten, damit er derart »GOttes ehre und des landes wohlfarth fördern, das recht männiglich unpartheyisch ertheilen, und das übel im lande abschaffen« könne.[16]

Unschwer ist die divergente soziale Provenienz dieses Tugendkatalogs für den angehenden Staatsdiener auszumachen. Kenntnis des Auslandes und der modernen Nationalsprachen, vor allem der Romania, gewandtes Auftreten einschließlich entsprechender rhetorischer Fähigkeiten sind ein Privileg des Adels und des häufig nobilitierten Patriziats, das allein die nötigen ökonomischen Ressourcen und sozialen Kontakte für derartige Kavaliersreisen besaß; Bürgerlichen bot sich als Hofmeistern in der Eigenschaft von Reisebegleitern eine Chance. Die Applikation dieses Bildungsideals auf den Gelehrtenstand pflegt in die Generation Weises und Thomasius', also in die zweite Hälfte des 17. Jahrhunderts, verlegt zu werden. Tatsächlich ist sie jedoch Gemeingut des noch zu wenig erforschten Schulschrifttums um 1600.[17]

---

14 Vgl. ebd., S. 83f.
15 Ebd., S. 91.
16 Ebd., S. 92f.
17 Dazu grundlegend Wilhelm Kühlmann: Gelehrtenrepublik und Fürstenstaat. Entwicklung und Kritik des deutschen Späthumanismus in der Literatur des Barockzeitalters. – Habilitationsschrift Freiburg/Br. 1980.. [Seinerzeit in dem maschinenschriftlichen Fakultätsexemplar benutzt. Inzwischen seit langem gedruckt vorliegend: Wilhelm Kühlmann: Gelehrtenrepublik und Fürstenstaat.

Aufstieg des ›politischen‹ Schrifttums im Gefolge der konfessionspolitischen Bürgerkriege

Die Theorie des Frühabsolutismus, wie sie als Antwort auf die konfessionspolitischen Bürgerkriege in Frankreich, England und den Niederlanden noch vor Ausbruch des Dreißigjährigen Krieges auch in Deutschland und insbesondere im Umkreis des Calvinismus ausgebildet wird, legt in eins mit der Statuierung einer von den Konfessionen unabhängigen obersten Staatsgewalt und ihrer pazifierenden Funktion auch die Statusmerkmale der Staatsdienerschaft fest, die ebenso ein gewandtes weltmännisches Auftreten wie die Praktizierung eines geläuterten Christentums umschließen.[18]

Die Ethisierung des Christentums, kirchengeschichtlich in die Aufklärung verlegt, beginnt nach der Diskreditierung der Konfessionen in den Bürgerkriegen. Sie stellt das geistliche Pendant zum Aufstieg des absolutistischen Staats und seiner Entwurzelung aus den religiösen Fundamenten dar. Aus diesem Grund wäre die von Benjamin für das 17. Jahrhundert eingeführte Säkularisations-These neu zu durchdenken.

Die Artikulation des *elegantia*- und *prudentia*-Ideals um 1600, die den rechten Umgang mit der christlichen Lehre umgreift, bezeichnet eine entscheidende Etappe in der Politisierung des europäischen Späthumanismus. Sie muß zugleich als Antwort auf die Bürgerkriege begriffen werden, in die viele seiner führenden Köpfe verwickelt waren.[19]

Argumentative Figur des Hofes

Umgekehrt sind die christlich-stoischen Ideale, die den zweiten Bestandteil des vorgelegten Seckendorffschen Zitats ausmachen, aus dem Schrifttum der Sprachgesellschaften bekannt. Sie werden dort gerne unter hofkritischen Vorzeichen eingeführt. So nimmt es nicht wunder, daß sie von einer dialektisch nicht geschulten Literaturwissenschaft als Zeugnisse einer antihöfischen, womöglich gar antiromanischen ›deutschen Bewegung‹ gelesen werden konnten.[20]

Entwicklung und Kritik des deutschen Späthumanismus in der Literatur des Barockzeitalters. – Tübingen: Niemeyer 1982 (= Studien und Texte zur Sozialgeschichte der Literatur; 3)].

18 So beispielsweise zu studieren am Programm des Schönaichianums in Beuthen. Dazu vorerst: Jörg-Ulrich Fechner: Der Lehr- und Lektüreplan des Schönaichianums in Beuthen als bildungsgeschichtliche Voraussetzung der Literatur. – In: Stadt – Schule – Universität – Buchwesen und die deutsche Literatur im 17. Jahrhundert. Hrsg. von Albrecht Schöne. – München: Beck 1976, S. 324–334.

19 Vgl. etwa Roman Schnur: Die französischen Juristen im konfessionellen Bürgerkrieg des 16. Jahrhunderts. Ein Beitrag zur Entstehungsgeschichte des modernen Staates. – Berlin: Duncker & Humblot 1962.

20 Am krassesten – in der Nachfolge Karl Viëtors – bei Erika Vogt: Die gegenhöfische Strömung in der deutschen Barockliteratur. – Leipzig: Weber 1932 (= Von deutscher Poeterey; 11).

Tatsächlich, das beweist der Seckendorffsche Beleg, wird im Namen dieser Normen keine Sezession vom Hof eingeleitet, sondern im Gegenteil eine besondere Amtsqualifikation für den Staatsdienst begründet. Wenn in den deutschen kommunalen Sprachgesellschaften aufs Ganze gesehen das Tugend- vor dem *elegantia*-Ideal rangiert, so setzt sich darin nur die lutherische Prävalenz der inneren Glaubensgewißheit vor den gesellschaftlichen Anforderungen fort. Ihr Träger ist nicht zufällig das gelehrte Bürgertum. Gibt es einen sozialen und politischen Konflikt in dem hier zur Rede stehenden Aktionsfeld, so nicht nach Maßgabe eines schlichten antihöfischen Schemas, sondern innerhalb der Führungsschicht des absolutistischen Staates selbst.

Qualifikation der gelehrten Räte

»Ihrem stande und herkommen nach, werden entweder gebohrne edelleute, oder solche personen, die ihrer geschicklichkeit und wissenschafft halben auf den hohen schulen mit einem ehren=titul und gradu, wie mans nennet, eines Doctorn oder Licentiaten gewürdiget werden, oder doch denenselben gleich zu schätzen, zu räthen bestellet.«[21] Die Lakonie, mit der Seckendorff diese Feststellung trifft, hat schon seinen Editor von Biechling zu einem Verweis auf die ›Additiones‹ veranlaßt. Offenbar hatte er den Eindruck, daß die Frage der Qualifikation auch unter dem Aspekt der sozialen Provenienz erörtert werden müßte. Tatsächlich verlangte die Erwähnung von Adel und Gelehrtentum als den beiden Ständen, aus denen sich die Räteschaft zusammensetzt, so zwangsläufig eine Erörterung der Präferenzen, daß deren Aussparung an dieser Stelle auffallen mußte.

Um so überraschender die Offenheit, mit der Seckendorff in den ›Additiones‹ den fälligen Nachtrag liefert. Den Aufhänger bildet die Besoldung der Bediensteten. Seckendorff plädiert realistisch für ein angemessenes Mittelmaß. Eine zu geringe Besoldung befördere die nicht sachdienliche Fluktuation; zu hohe Bezahlung strapaziere die Finanzkraft, zeitige darüber hinaus jedoch gerade bei den aus niederem Stand Aufsteigenden einen unangemessenen Aufwand, der den Nachfahren – nun an Komfort und hohe Ansprüche gewöhnt – sehr schnell zum Verderben gereichen könne. Hier, so Seckendorff, läge die Wurzel für den Hochmut, den der Adel vielfach gegenüber den Nichtadligen in höfischen Ämtern bezeuge. Es lohnt sich, Seckendorffs Stellungnahme dazu ebenso wie zur Integration der Nichtadligen in den Dienst des absolutistischen Staats im vollen Wortlaut zu vernehmen.

---

21 Seckendorff: Teutscher Fürstenstaat (Anm. 3), S. 92.

Die Stimme Seckendorffs:

Zwar verwerffe ich allerdings den thörichten und nicht adelichen, sondern recht bäuerischen hochmuth etlicher von der ritterschafft, oder auch höhern standes, die da denenjenigen so gar gehäßig sind, welche durch ihre eigene tugend und geschicklichkeit von geringer ankunfft in hohe ämter und ehren=stellen, folglich auch zu ansehnlichen gütern und mitteln gelangen, etwa auch, mit gutem willen ihrer Herrschafften, und durch Kayserliche gnade, zu höherm stande sich qualificiren lassen. Denn es kan fürwahr, wenn man es recht bedencket, nichts einfältigeres und ungereimteres seyn, als daß die guten leute vom ritter= und höhern stande allein auf solche ihre geburt trotzen, und vermeynen wollen, daß andere menschen nicht auch verstand und qualitäten erlangen, und nicht eben so wohl redlich, geschickt und genereus seyn könten, wiewohl solche tugenden, leider! bey dem adel auch gar dünne gesäet sind. Man weiß ja wohl, oder soll es wissen, daß die nobilitas civilis ein merè positivum ist und so wenig an und für sich selbst zu ämtern und verrichtungen geschickt, als für GOtt seelig mache. Es schimpffen auch solche übermüthige leute ihr eigen geschlecht, welches nicht anders, als aus geringem stande, durch blosse tugend oder glück, als im kriege, durch tapfferkeit, (mit welchem nahmen das würgen der menschen und raub frembder güter schon längst geadelt worden) und im friede durch die feder oder kauffmannschafft, zum anfang des adelichen standes, und etwa durch die blosse zeit in einen mehrern ruff und aufnehmen gelanget. Pralern und verächtern, sage ich, stimme ich keinesweges bey, preise vielmehr diejenigen für hoch glückselig, welche alles, oder das meiste, nechst GOtt, ihrer eigenen tugend, mühe und fleiß, und wenig oder nichts der zufälligen geburt dancken dörffen. Giebe auch GOtt solchen personen ercleckliche mittel, und treibet sie ihr gemüth dahin, durch erlangung ehren=titul und adel standes, ihr gedächtniß zu verlängern, und ihren kindern desto mehrern vortheil, zu verfolgung ihrer rühmlichen fußstapffen zu geben, das soll niemand tadeln, wenn es, wie erwehnet, mit rechtschaffenen guten mitteln, auch gnugsamen fundament und nachdruck, geschiehet; Darnebenst aber thun gewißlich diejenigen gar unbehutsam, welche aus geringem stande zu ehren=stellen und erklecklichen mitteln erhaben werden, aber die maasse nicht treffen können, sondern meynen, man wüste nicht, daß sie nunmehro anders anzusehen und zu ehren seyen wenn sie sich nicht mit einem überflüßigen titul behängeten; Oder sie wären gantz unglücklich, wenn sie sich und die ihrigen nicht köstlich genug in kleidung und zehrung tractireten. Dieser gebrechen fähet sich von geringen schreibern, oder dergleichen bedienten an, und steiget biß in die höchste ämter, also, daß dannenhero (um wieder auf unser vorhaben zu kommen) nicht eine geringe ursach entstehet, daß mancher mit ziemlicher besoldung nicht auskommen kan. Verständige leute wissen ihre glückseligkeit anders, als in kleidern und leckerbißlein zu suchen, und je mehr sie sich einziehen, demüthig, höfflich und bescheiden sind, und auf solche art auch ihre weiber und kinder zu regieren wissen, je mehr werden sie von Herren und andern vornehmen personen geliebet und hoch geachtet, und erlangen weit mehr, als wenn sie zur unzeit nach allzu hohem stande und reichthum streben, oder sonst sich nicht begreiffen wollen; Die vom ritterstande können auch dergleichen leuten nicht allein nichts anhaben, noch sie an ihrem glück hindern, sondern müssen vielmehr selbst in viel wege und mancherley ursachen halben darzu behülfflich seyn. Denn es heisset doch endlich: Sapiens dominabitur altris, und GOtt erhebet, durch verleyhung seiner gaben, den geringen aus dem staub, und setzet ihn neben die fürsten seines volcks.[22]

---

22 Ebd., Additiones, S. 143–146 (zweite Paginierung).

Die Paraphrase von Biechlings:

> Es lieset ihnen aber der Herr autor allhier eine recht schöne lection, und zeiget damit an, daß er keine thörichte einbildung auf den leeren adel bey sich geheget habe. Die alten haben bereits gesagt, quod sola virtus nobilitet, und ist der adel an und vor sich selbst eine nulle, welche, nachdem die ziffer der tugend dazu kömmet, viel oder wenig gilt. Wenn also der adel vor andern ein vorrecht behaupten will, muß er auch der rechten tugend und geschicklichkeit sich befleißigen, denn man sonst nicht siehet, warum die Pallas nicht so wohl einem, der seine ahnen nicht zehlet, als einem von adel das ehren=kleid sticken solte. Gewiß wollen es hier das tantzen, fechten, jagen, voltisiren und reiten so wenig als das wort von und zehlung der ahnen ausmachen; sondern gleichwie das letztere auch unter dem so genannten büger=stande sich findet, daß einige ihre vorfahren von etlichen hundert jahren her nahmhafft machen können, welches aber dieselben nicht so gleich geschickt und tugendhafft machet: also habe ich auch noch nicht gesehen oder gelesen, daß durch die erst benannten exercitia, die zwar an sich gut, aber auch von personen unadelichen standes so gut und meistentheils noch besser erlernet werden, jemand der republic einen wichtigen dienst geleistet, und z.e. einen ersprießlichen rathschlag herausgefochten oder voltisiret, und durch zierliche courbetten oder affectirte sarabande eine noth abgewendet hätte. Denn alle solche dinge sind ein nebenwerck, und lernet sich noch zeit genug, wie man eine verwegene volte machen, oder zwey beine über ein pferd hängen könne. Aber mit emsigen studiis den leib abzumatten, und sich damit gleichsam der republic aufzuopffern, ist ein ander werck, welches, da es von vielen adelichen standes gescheuet, und wohl gar mit allerhand schimpfflichen nahmen beleget wird, so darff es ihnen auch nicht verdriessen, wenn andere rechtschaffene leute, die eher mit ihnen reiten, tantzen und fechten, als sie mit jenen in gelehrten geschäfften es aufnehmen können, ihnen vor dem hamen fischen. Wobey mir denn die frage einfället, ob einem fürsten rathsamer, bediente von adelichen und andern hohen= oder mittelmäßigen und geringen stande zu nehmen? Welche aus obigen und sonst angeführten leicht zu deciriren: Am besten ist, wenn ein fürst zuförderst auf gottesfurcht, und gute qualitäten bey einem diener siehet, das übrige bleibt als ein nebenwerck dahin gestellet, doch daß man sich auch vor leute von gar schlechter und übelberüchtigter ankunfft wahrnehme, und scheinet diese intention denen Reichs= und Cammer=gerichts=satzungen gemäß zu seyn.[23]

Noch einmal Seckendorff: Ständische Hierarchie und Ämterbesetzung

Bedürfte es noch eines Beweises, daß hier nicht ein obligater akademischer Topos aufgegriffen, sondern eine brisante aktuelle Thematik verhandelt wird, so liefert ihn Seckendorff selbst anläßlich der Besetzung der Stelle des Ratsdirektors bzw. Kanzlers. Es gehe nicht an, so Seckendorff, daß

> der Director nicht gnugsam den sachen gewachsen, sondern etwa mehr, in ansehung seines standes, oder durch die blosse zeit und fortrückung, an die höchste stelle kommen ist. Denn solcher gestalt würde er sich prostituiren, da hingegen mancher, wenn er umfraget, oder sonst nach andern votiret, seine unwissenheit leichter verbergen, und aus den angehörten votis eine meynung zusammen lesen kan, daß es das ansehen gewinnet, er sey der sachen gar wohl verständig, bevorab wenn er von natur eine fertige zunge,

---

[23] Ebd., S. 153–154.

und etwan etliche generalia und brocardica aus langer übung gefasset hat; Auf dergleichen weise kommen zuweilen etliche, bevorab vom herrn oder ritterstande, an hohe dienste, und werden von der Herrschafft, oder andern, die nicht gnugsam penetriren, für geschickte leute gehalten, die collegen aber, welche täglich mit ihnen umgehen, und ein nachdencken haben, werden des handels bald inne, und können so dann unterschiedliche incommoda daraus entstehen, entweder daß bey der direction hernach, wenn der Regent und die räthe den mangel mercken, kein respect mehr ist, oder wo die person sehr beliebt, und zu hof mächtig wäre, so siehet man nicht darauf, mit was grunde er agiret und votiret, sondern, wie man es mit ihme hält ihn obligiret, und seine Fehler um geniesses willen verdrucket und erträget.

Bey dieser gelegenheit muß ich, zur warnung und besserung meiner mitgenossen, von der ritterschafft unangezeiget nicht lassen, daß, meines erachtens, dieses nicht die geringste ursach sey warum an etlichen Höfen der adel=stand sich beschimpfft und zurück gesetzet befindet, nemlich, Fürsten und Herren, welche genauen verstandes und nachsinnens seyn, oder doch ihren nutzen und schaden aus relation der diener leicht begreiffen können, oder es auf deren ausschlag stellen, lassen sich lieber leute recommendiren, die etwas würckliches praestiren und ausrichten können, und etwa weniger, oder doch nicht mehr kosten, als solche personen, die auf den blossen stand, oder etliche nicht zulängliche qualitäten, trotzen, und allenthalben die geschäffte in händen haben wollen, gleichwohl aber denselben nicht gewachsen sind, sondern das meiste an die gelehrten und geschäfftigen allein lassen müssen; Ein edelmann seyn, sprachen und exercitien können, hofbräuche wissen, auch zumal ein ehrlich und aufrichtig gemüth haben, dem geitz und partiten gram seyn, sind löbliche und gute stücke,* sie reichen aber nicht zu, um eine rath=stube zu dirigiren, oder auch sonst grosse und gewisse stellen, darinnen mit rechter würcklichkeit zu bedienen, sondern es gehöret mehr, und fürnemlich dieses darzu, daß man des juris publici, und eines guten theils juris privati, erfahren, und in tractation der geschäffte, auch führung der feder, läuffig und just sey. Darum wo sich der ritter=stand releviren, und in diesen klugen und spitzfündigen zeiten, so wol, als etwa bey der alten einfalt geschehen, den vorzug mit bestand behaupten will, so muß er dahin er bedacht seyn, die nothwendige qualitäten zu erlangen, und zu dem ende die jugend anderst und besser, als bey den meisten geschiehet, zu erziehen; Sonsten wo die von adel die ihrigen gar auf andere weise, als anderer ehrlicher leute kinder, gezogen wissen, und nicht recht angreiffen, sondern ihnen nur oben hin, was ohne mühe in sie gehet, beybringen lassen wollen, auch ihnen zu denen also genannten exercitiis mehr zeit und anlaß, als zu gründlichen studiis, geben, sich aber der rechten wissenschafft, welche beym regiment erfordert wird, wie nichts weniger der dienste und arbeit, wodurch man sich anfangs darzu qualificirt machet, schämen, die müssen sich nicht verdriessen lassen, wenn sie einen oder mehr von bürgerlichem stande, der seine zeit besser angewendet, ihnen und den ihrigen vorgezogen sehen; Fürsten und Herren aber, welchen etwas am adel gelegen, haben auch darauf zu dencken, wie sie die bösen verderblichen sitten mit gutem exempel und vorsorge aus diesem stande bringen, auch armen gesellen von der ritterschafft mittel geben oder lassen, daß sie ihre kinder, welche von GOtt mit fähigkeit begabet, besser erziehen können. Denn das vermögen gebricht vielen, daß sie ihre kinder nicht in gute schulen, viel weniger auf universitäten schicken können, sondern wenn es hoch kömmet, halten sie ihnen zu hauß einen praeceptorem, worzu sich meistentheils gantz schlechte und ungeschickte gesellen, die sonst nirgends hin wissen, gebrauchen lassen, die weder bey denen erwachsenden jungen edelleuten, und noch viel weniger bey ihren eltern, einigen respect haben, thun und lehren also, was sie wollen oder können, lauffen im felde und wäldern mit herum, zechen, spielen, musiciren, oder verderben sonst die zeit noch liederlicher, mit und benebenst ihren discipulis, und diese, wenn sie 16, oder mehr jahr alt sind, und den junkker zu agiren anfangen, sind hernach zu aller disciplin unbequem, und ist zwar dieses verderben nicht allein bey armen, sondern auch bey reichen und vermögenden eltern zu finden, die da keinen verstand noch lust an den studiis haben, und zehenmal mehr auf andere unnöthige dinge, als auf ihre kinder, wenden, oder meynen, es wäre den kindern an ihrem stande schimpfflich, und an der gesundheit schädlich, wenn sie, wie andere menschen, die etwas lernen wollen, sich informiren lassen solten. Ferner mangelt es auch erwachsenen, oder noch etwas jungen von adel, die das ihrige wohl gethan, offt an dem, daß, wenn sie von universitäten und reisen kommen, und die studia allein zu continuiren nicht weiter nöthig haben, oder ihre meiste mittel schon damit verzehret, daß sie darnach solche ihre qualitäten nicht bald anlegen noch üben können, sondern offt unter dem blossen vorwand ihrer jugend, und daß sie, als edelleute, nicht genug studiret zu haben scheinen, lange warten, und inzwischen versauren und verderben müssen, biß etwa zufälliger weise ein amt und stelle für sie erlediget wird; Von welchem fehler aber schon oben ist gesagt und erinnert worden, daß es wohl gethan wäre, wenn Fürsten und Herren junge leute bald, jedoch mit gewisser maasse und absicht, zu etwas rechtes und ernstliches gebrauchen, und sie bey Hof in müßiggang nicht verderben liessen.[24]

Und auch dazu wieder von Biechling:

Sie sind aber auch dem adel nicht allein eigen, sondern man trifft diese und andere tugenden und geschicklichkeiten ja wohl bey andern rechtschaffenen leuten an, ebenfalls man hingegen, wie nicht zu leugnen, unter edlen und unedeln leute antrifft, die lasterhafft und ungeschickt sind. Sonnenklar ist ja, daß die zufällige geburth oder nahme nichts bey der sache thun können, und wer sich bloß an solchen vergaffet, der wird seinem geschlechte und sich selbst zur unehre und last werden. Die ursach aber, daß eine zeit her der adel so gar viel auf seinen stand sich verlassen hat, rühret gäntzlich von der erziehung her, da man den kindern von jugend auf beybringet, und sie des eiteln dunstes voll machet, als ob sie besser wie andere leute wären. Die übrigen ursachen sind schon anderwärts in diesem buche, und auch allhier im texte berühret worden.[25]

Der Stand des Adels in den Augen zweier adeliger Staatsdiener

Bemerkenswert an diesen Äußerungen von Seckendorffs und seines Herausgebers von Biechling ist zunächst, daß sie aus der Feder zweier Adliger stammen. Entschiedener hätten sie auch von bürgerlich-gelehrter Seite nicht artikuliert werden können, die in aller Regel für dieses Thema zuständig ist. Im Gegenteil ist von ihr zumindest im Bereich der Dichtung eher eine nur allzu begründete Vorsicht beobachtet worden. Davon kann in den vorgelegten Passagen keine Rede sein. Die Kritik am eigenen Stand belegt in ihrer Radikalität die definitiv vollzogene Trennung der adligen Staatsdienerschaft von ihrem sozialen Ursprung, dem landsässigen Feudaladel, und die daraus resultierende Ausbildung konträrer Handlungsnormen.

In den Augen des in leitender staatlicher Position tätigen Adligen sind die traditionalen Wertsetzungen seines Standes annulliert, weil sie im Rahmen des absolutistischen Staatsgefüges funktionslos geworden sind. Herkunft, Standesbewußt-

---

24 Ebd., S. 160–164.
25 Ebd., S. 164–165.

sein, herrschaftliche Prärogative und Verhaltensmuster – sie erscheinen als nichtig und allenfalls als sekundär gegenüber dem *einen* Anspruch, dem sich der Adel von den Vertretern seines eigenen Standes ausgesetzt sieht, nämlich den Anforderungen des modernen Staates gewachsen zu sein. Sie begründen die tiefste Krise dieses Standes. Nur die Adaption der – im Vergleich zum Herkommen – divergierenden sozialen Maximen bot einen Ausweg, ohne daß jene die quasi naturwüchsige Legitimität dieses Standes hätte wiederherstellen können. Sie blieb eine abgeleitete.

Qualifikationen, so Seckendorff dezidiert, verdanke man nicht der ›zufälligen geburt‹, sondern der ›eigenen tugend, mühe und fleiß‹. Selbsterworbene Fähigkeiten und Fertigkeiten, im weitesten Sinn Kriterien der Leistung, nicht der Herkunft, fundieren den sozialen Aufstieg, der nur legitim ist, wo er eben darauf beruht.

Geburtsadel und Amtsadel

Der Rekurs auf die Genesis des Adelstitels vieler Geschlechter stützt diesen Sachverhalt. Rührt er gelegentlich aus weniger ehrenwerten Quellen her, so ist der Amtsadel als das kaiserliche Siegel auf ›eigene tugend und geschicklichkeit‹ ohne jeden Makel. Neidlos und unbestechlich gesteht der Sproß aus altadligem Geschlecht dem Tüchtigen ›von geringer ankunfft‹ den beruflichen und sozialen Aufstieg im Staatsdienst zu. Nicht der höhere Rang des Adligen erlaubt einen unverbindlichen Akt des Wohlwollens gegenüber dem minder Privilegierten. Vielmehr läßt sich der durch Gelehrsamkeit Ausgezeichnete zu einem Plädoyer herbei für die nichtadligen Schichten. Soziale Mobilität über den Staatsdienst wird kraft Tugend und Leistung möglich, und der Adlige, der diesen Weg selbst beschritten hat, bekennt sich ausdrücklich dazu.

Dagegen scheint es auf den ersten Blick tatsächlich nur ›unbedachtsam‹, wie Seckendorff mit einem bezeichnenden Ausdruck sagt, wenn die Emporgestiegenen sich mit Titeln brüsten und das rechte ›Maaß‹ bis hin zu Kleidung und Trank nicht zu finden wissen. Doch auch hier liegt ein Problem. Nicht nur aus der Sicht christlicher *humilitas* ist ein derartiges Verhalten suspekt. Die Aufsteiger geben sich auch eine Blöße gegenüber dem Ritterstand. Derart funktionalisiert, erweist sich die Gebärde christlicher Demut zugleich als Stimulans der Staatskarriere – ein anderer Aspekt der schon angesprochenen Säkularisation.

Umrisse einer neuen Amtsethik

Deutlich greifbar werden bei Seckendorff die Ansätze zu einer Amtsethik, die auf der Ebene der Staatsdienerschaft das Äquivalent zu dem im *Fürstenstaat* gleichfalls ausführlich dargebotenen Fürstenspiegel darstellt. Unauffälligkeit, Loyalität und nicht zuletzt Sachkompetenz sind ihre hervorstechendsten Ingredienzen. Gerhart Schröder hat in einem tiefdringenden Beitrag zu Gracián zeigen können, wie sich in einer von allseitigem Mißtrauen geprägten Hofmoral der gleiche Konkurrenzmechanismus wie in dem kurzfristig in Spanien zur Herrschaft gelangenden Kapitalismus durchsetzt.²⁶ In der Amtssphäre jenseits des Hofes im engeren Sinn greift auf andere Weise, wie Seckendorff zeigt, ein Moment durchgängiger Vorsicht Platz. Gerade die von unten Aufrückenden sollen ›sich einziehen, demüthig, höfflich und bescheiden‹ sein.

Das ist der Preis für die Durchbrechung fester ständischer Hierarchien, wie sie weniger bei Hofe als im Staatsdienst innerhalb der Beamtenschaft mit der Etablierung des absolutistischen Staates möglich wird. Seit der Wende vom 16. zum 17. Jahrhundert liegt eine Reihe von Zeugnissen – beispielsweise wiederum aus dem Gymnasium in Beuthen – vor, in denen sich die keinesfalls unproblematische Integration niederer Standesvertreter meist bürgerlicher Herkunft in eine Amtsdienerschaft flektiert, der stets auch eine staatsrepräsentative Funktion zukommt. Auffälliges, nicht amtsgemäßes Gebaren ist staatsschädigend. Auch diesen Aspekt muß man hinter Seckendorffs Einlassung sehen. Ungleich gravierender jedoch wiegt mangelnde Qualifikation, und das natürlich besonders bei hohen Ämtern.

Einschlägig ist hier die Äußerung Seckendorffs zur exponierten Stellung des Kanzlers. Sachliche Inkompetenz an der Spitze der Ratsstube bleibt nicht ohne Einfluß auf Arbeit und Verhalten der Räte und damit die ordnungsgemäße Abwicklung der Regierungsgeschäfte. Die Prärogative, die der Adel beim Landesherrn bzw. dessen Examinatoren besäße, leiste Fehlbesetzungen Vorschub. Gibt es eine Stelle im *Fürstenstaat*, an der eine geheime Sympathie des Autors mit seinem Stand zum Vorschein kommt, so hier. Der Adel wird bei der Landesherrschaft, so bedeutet Seckendorff seinen ›mitgenossen‹, nur dann eine Chance haben, wenn er sich den modernen, vom absolutistischen Staat ausgehenden Aufgaben gewachsen zeigt.

Umfunktionierung des Tugend-Kanons

Weder die hergebrachten adligen Tugenden der Conduite, der Turnierfähigkeit, der Sprachkompetenz, noch die bürgerlichen der Aufrichtigkeit und Ehrlichkeit reichen länger hin für die Ausfüllung von Spitzenpositionen. Gefordert ist gelehrtes Wissen und das wiederum vor allem im öffentlichen Recht und im Privatrecht. Derart sieht sich der Adel auf ein ihm von Haus aus fremdes Curriculum verpflichtet, in dem die Wissenschaft vor den standesüblichen ritterlichen Erziehungsidealen rangiert.

Entsprechend wird der Adel, wenn anders er seine Stellung im Staatsgefüge gegenüber den übrigen Ständen und insbesondere gegenüber den aus dem Bürgertum aufsteigenden Personen bewahren will, auf die von den Gelehrten verwalteten Wissenschaften verwiesen. Nur durch deren Adaptation vermag er die vom absolutistischen Staat ausgelöste Krise zu überwinden. Es wirft ein bezeichnendes Licht

---

26 Gerhart Schröder: Gracián und die spanische Moralistik. – In: Renaissance und Barock (II. Teil). Hrsg. von August Buck. – Frankfurt a.M.: Athenaion 1972 (= Neues Handbuch der Literaturwissenschaft; 10), S. 257–279.

auf die ökonomische Verfassung zahlreicher Vertreter dieses Standes, wenn Seckendorff die Landesherren selbst aufrufen muß, die Ritterschaft mit den Mitteln für ein ordnungsgemäßes Studium zu versehen. Nicht deutlicher könnte die Abhängigkeit des Adels von der Landesherrschaft und deren neuen Ansprüchen auf Regierungsebene hervortreten.

Daß diese Vorhaltungen Seckendorffs zu Anfang des 18. Jahrhunderts nichts an Aktualität eingebüßt haben, zeigen die Annotationen von Biechlings. Die Lektion, die Seckendorff dem Adel erteilt habe, beweise, daß er einen richtigen, nämlich auf Tugend und Können gegründeten Begriff vom Adel gefaßt habe. Denn gerade mit den herkömmlichen adligen Fertigkeiten sei der Republik nicht gedient. Dienst an ihr führe nur über das Studium. Nur so sei die Konkurrenz mit den nichtadligen Fachkräften zu bestehen. Standesprivilegien werden angesichts der Staatsaufgaben zweitrangig, geburtsständische Muster und Normen unterminiert und der Feuerprobe staatlicher Effizienz unterworfen.

II Aspekte der ›Barock‹-Literatur im Lichte Seckendorffs

Soweit die Analyse des Seckendorffschen Textes. Im Blick auf die deutsche Literatur des 17. Jahrhunderts überrascht die Koinzidenz der Positionen. Und das einerseits hinsichtlich des Verständnisses fürstlicher Herrschaft, das hier wie dort – wenigstens im Umkreis der protestantischen Sozietäten – getragen ist von der Verpflichtung der Obrigkeit auf christliche Grundsätze in der Staatsführung und deshalb eine autonome, von theologischen Maximen emanzipierte Setzung der politischen Sphäre so gut wie nicht kennt. Und das andererseits in der Verpflichtung des Adels auf bürgerlich-gelehrte Normen als staatsqualifizierender.

Heuristische Vergewisserung: ›Wechselseitige Erhellung‹

Derartige Parallelen zwischen Quellen von grundsätzlich verschiedenem Status haben prinzipiellen heuristischen Wert für die Erschließung der theoretisch fundierten und gattungsmäßig gebundenen Literatur des 17. Jahrhunderts. Natürlich kennt das theoretische Schrifttum des Zeitalters ebenso wie das fiktionale den Rückgriff auf die maßgeblichen Gewährsleute, angefangen bei Aristoteles.[27]

Die Sonderung der unverbindlichen von der geschichtlich aktuellen Äußerung gilt hier wie dort. Doch dürften schon die wenigen vorgelegten Passagen aus Seckendorffs Werk gezeigt haben, daß im nichtfiktionalen intentionalen Quellenmaterial –

---

27 Dazu Hans Maier: Die Lehre der Politik an den deutschen Universitäten vornehmlich vom 16. bis 18. Jahrhundert. – In: Wissenschaftliche Politik. Eine Einführung in Grundfragen ihrer Tradition und Theorie. Hrsg. von Dieter Oberndörfer. – Freiburg/Br.: Rombach 1962 (= Freiburger Studien zu Politik und Soziologie), S. 59–116; ders.: Die ältere deutsche Staats- und Verwaltungslehre (Polizeiwissenschaft). Ein Beitrag zur Geschichte der politischen Wissenschaft in Deutschland. – Neuwied, Berlin: Luchterhand 1966 (= Politica; 13).

auch und gerade dort, wo sein theoretischer Anspruch eingestandenermaßen geringer ist und der Akzent auf der Empirie liegt – eine direktere Erörterung politischer und sozialer Probleme und Konflikte möglich ist als gemeinhin in der Dichtung.

Die Beiziehung theoretischer Äußerungen hat aus der Perspektive der Literaturwissenschaft den Sinn, die Erkenntnis der Aktualia in den ästhetischen Texten abzusichern, wenn man so will eine hermeneutisch legitime Form wechselseitiger Erhellung. Letztlich fundiert bleibt sie in beiden Fällen in der funktionsanalytischen Erklärung aus dem gesamthistorischen Kontext.

Indem Seckendorff eines der kardinalen Probleme der Dichtung des 17. Jahrhunderts seinerseits aufgreift und keinen Zweifel daran läßt, daß es ein bestimmendes des angesprochenen Standes und seiner Gegenwart ist, erledigen sich die immer wieder zu hörenden Einwände bezüglich des ›topischen‹ Charakters der zur Rede stehenden Problematik von selbst, wären sie nicht ohnehin grundsätzlich unstatthaft, weil über geschichtliche Bedeutung und Aktualität nicht motiv- bzw. gattungsimmanent zu befinden ist.

Forschung zum Statuskonflikt wenig ausgebildet

Warum aber ist eines der großen Themen der deutschen Dichtung des 17. und mutatis mutandis auch des 18. Jahrhunderts, der Statuskonflikt zwischen Adel und gelehrtem Bürgertum, bisher so wenig erschlossen?[28] Zwar mehren sich die Anzeichen dafür, daß auch die ›Barockforschung‹ den Weg von den Werken zu deren sozialen Kontexten zurückfindet. Erwähnt seien die vielversprechenden, weil ein überschaubares, teilweise auch quellenmäßig gut bezeugtes Terrain erobernden institutionsgeschichtlichen und -soziologischen Arbeiten.[29]

Staats-Mentalität sozialgeschichtlich zu explizieren

Eine gewisse Gefahr zeichnet sich dagegen in der etatistischen Mentalitätsforschung ab.[30] Solange nämlich der Hof und vor allem der sich ausbildende absolutistische Staat als fixe Größen behandelt werden, statt auf ihre soziale Basis proji-

---

28 Eine Ausnahme macht die bedeutende Untersuchung von Volker Sinemus: Poetik und Rhetorik im frühmodernen deutschen Staat. Sozialgeschichtliche Bedingungen des Normenwandels im 17. Jahrhundert. – Göttingen: Vandenhoeck & Ruprecht 1978 (= Palaestra; 269), in der ein vergleichbarer Frageansatz wie in der vorliegenden Studie verfolgt wird.
29 Verwiesen sei beispielsweise auf: Sprachgesellschaften, Sozietäten, Dichtergruppen. Hrsg. von Martin Bircher, Ferdinand van Ingen. – Hamburg: Hauswedell 1978 (= Wolfenbütteler Arbeiten zur Barockforschung; 7); Theodor Verweyen: Dichterkrönung. Rechts- und sozialgeschichtliche Aspekte literarischen Lebens in Deutschland. – In: Literatur und Gesellschaft im deutschen Barock (Anm. 7), S. 7–29.
30 Vgl. dazu das von Dieter Breuer eröffnete ›Streitgespräch‹ zum Thema: Gibt es eine bürgerliche Literatur im Deutschland des 17. Jahrhunderts? Über die Grenzen eines sozialgeschichtlichen Interpretationsschemas. – In: Germanisch-Romanische Monatsschrift 61, N.F. 30 (1980), S. 211–

ziert und als solche mit den ästhetischen Phänomenen vermittelt zu werden, ersetzt das schlichte Analogon die geschichtliche Erklärung.

Es käme gerade darauf an, die mit der Ausbildung des absolutistischen Staates einhergehenden und diese überhaupt erst ermöglichenden sozialgeschichtlichen Prozesse zu studieren und auf die literarische Produktion zu beziehen. Das Faszinosum des aus den konfessionspolitischen Bürgerkriegen aufsteigenden absolutistischen Staates und seiner monarchischen Repräsentanten an der Spitze der Hofgesellschaft hat in der Geschichts- und in der Literaturwissenschaft die angemessene Wahrnehmung der sozialen Implikationen dieses Prozesses verhindert. In ihnen aber ist der hier thematisierte Konflikt fundiert.

Staatliche Konsolidierung und Aufstieg der gelehrten Räte: Ein Aperçu zur Forschung

Seit den Anfängen der sozial- und verfassungsgeschichtlichen Erforschung des Absolutismus, wie sie mit den Namen Schmollers und Hintzes vor allem verbunden ist, hat die Frage der Genesis von Regierungsinstitutionen sowie der personellen Ressourcen des absolutistischen Staates eine feste Tradition.[31] Die mit dem Aufstieg des frühmodernen Staates einhergehende Formierung der Beamtenschaft ist eines ihrer klassischen Themen, das inzwischen zunehmend auch von der Barockforschung rezipiert wird. Mit dem Rückgriff auf ein qualifiziertes Personal staatlicher Hoheitsträger stand und fiel die Durchsetzung des Souveränitätsanspruchs gegenüber den Ständen ebenso wie die Selbstbehauptung nach außen, die an einer effizienten Regierung und Verwaltung kaum weniger hing als am stehenden Heer.

---

226. Dazu die gleichnamige Stellungnahme des Verfassers in: Germanisch-Romanische Monatsschrift 62, N.F. 31 (1981), S. 462–470 (in diesem Band S. 113–121).

31 Zum folgenden vgl. den grundlegenden Forschungsbericht von Rudolf Vierhaus: Absolutismus. – In: Sowjetsystem und demokratische Gesellschaft. Eine vergleichende Enzyklopädie. Bd. I. Hrsg. von Claus D. Kernig. – Freiburg, Basel, Wien: Herder 1966, Sp. 17–37. Die Arbeiten Hintzes sind leicht zugänglich in der großen, von Gerhard Oestreich veranstalteten dreibändigen Dokumentation: Otto Hintze: Staat und Verfassung. Gesammelte Abhandlungen zur allgemeinen Verfassungsgeschichte. 3. durchgesehene und erweiterte Aufl.; ders.: Soziologie und Geschichte. Gesammelte Abhandlungen zur Soziologie, Politik und Theorie der Geschichte. 2. erweiterte Aufl.; ders.: Regierung und Verwaltung. Gesammelte Abhandlungen zur Staats-, Rechts- und Sozialgeschichte Preussens. 2. durchgesehene Aufl. – Göttingen: Vandenhoeck & Ruprecht 1964–1970. Vgl. von Hintze auch: Die Behördenorganisation und die allgemeine Staatsverwaltung Preußens im 18. Jahrhundert. Bd. VI/1: Einleitende Darstellung der Behördenorganisation und allgemeinen Verwaltung in Preußen beim Regierungsantritt Friedrichs II. – Berlin: Parey 1901 (= Acta Borussica. Denkmäler der Preußischen Staatsverwaltung im 18. Jahrhundert. Behördenorganisation und allgemeine Staatsverwaltung; 6). Von Schmoller vor allem heranzuziehen: Gustav Schmoller: Ueber Behördenorganisation, Amtswesen und Beamtenthum im Allgemeinen und speciell in Deutschland und Preußen bis zum Jahre 1713. Einleitung zu: Die Behördenorganisation und die allgemeine Staatsverwaltung Preußens im 18. Jahrhundert. Bd. I: Akten von 1701 bis Ende Juni 1714. Bearb. von Gustav Schmoller und Otto Krauske. – Berlin: Parey 1894 (= Acta Borussica. Denkmäler der Preußischen Staatsverwaltung im 18. Jahrhundert. Behördenorganisation und allgemeine Staatsverwaltung; 1), S. 13–143.

Die ständegeschichtliche Forschung, angeregt durch Brunners *Land und Herrschaft* und repräsentiert durch Carsten und Gerhard, brachte mit der Würdigung des ständischen Beitrags zum absolutistischen Staat zugleich die Wiederentdeckung der autogenen, vom absolutistischen Zentralismus nicht erfaßten lokalen Gewalten.[32] Der Adel gerade in seinen vom Absolutismus nicht oder nur peripher berührten autochthonen Herrschaftsrechten trat neu ins Bild.

Das Bestechende der Marxschen Theorie des Absolutismus schließlich – stets nur okkasionell, jedoch mit der Marx eigenen historischen Prägnanz umrissen – liegt darin, daß sie den Aufstieg der absoluten Monarchie aus einer geschichtlich einmaligen Konstellation zwischen Adel und Bürgertum begreift und damit die Entstehung des frühneuzeitlichen Staatsapparats in der Standes- bzw. Klassenanalyse fundiert.[33] Läßt sich die Marxsche, vornehmlich an Westeuropa orientierte Konzeption bei entsprechender Modifikation auch auf die Verhältnisse der deutschen Territorialstaaten übertragen?

Soziale Umschichtung und kulturgeographische Verlagerung

Hier ist – bei allen Unterschieden zwischen den Territorien im einzelnen – auszugehen von der Tatsache, daß der sukzessive Aufbau des Territorialstaates seit der Mitte des 16. Jahrhunderts – durch Reformation wie durch Gegenreformation und die mit ihnen einhergehende Konfessionalisierung gleichermaßen gefördert –

---

32 Vgl. F.L. Carsten: Princes and Parliaments in Germany. From the Fifteenth to the Eighteenth Century. – Oxford: Clarendon Press 1959; ders.: Die deutschen Landstände und der Aufstieg der Fürsten. – In: Die Welt als Geschichte 20 (1960), S. 16–29; ders.: Die Ursachen des Niedergangs der deutschen Landstände. – In: Historische Zeitschrift 192 (1961), S. 273–281. Des weiteren: Ständische Vertretungen in Europa im 17. und 18. Jahrhundert. Hrsg. von Dietrich Gerhard. – Göttingen: Vandenhoeck & Ruprecht 1969. Vgl. auch die einschlägigen Arbeiten in den beiden Aufsatzsammlungen Gerhards: Alte und neue Welt in vergleichender Geschichtsbetrachtung. – Göttingen: Vandenhoeck & Ruprecht 1962 (= Veröffentlichungen des Max-Planck-Instituts für Geschichte; 10) sowie ders.: Gesammelte Aufsätze. – Göttingen: Vandenhoeck & Ruprecht 1977 (= Veröffentlichungen des Max-Planck-Instituts für Geschichte; 54). Heranzuziehen des weiteren: Kurt von Raumer: Absoluter Staat, korporative Libertät, persönliche Freiheit. – In: Absolutismus. Hrsg. von Walther Hubatsch. – Darmstadt: Wissenschaftliche Buchgesellschaft 1973 (= Wege der Forschung; 314), S. 152–201 (Erstdruck 1957); Rudolf Vierhaus: Ständewesen und Staatsverwaltung in Deutschland im späten 18. Jahrhundert. – In: Dauer und Wandel der Geschichte. Aspekte europäischer Vergangenheit. Festschrift Kurt von Raumer. Hrsg. von Rudolf Vierhaus, Manfred Botzenhart. – Münster: Aschendorff 1966 (= Neue Münstersche Beiträge zur Geschichtsforschung; 9), S. 337–360; ders.: Land, Staat und Reich in der politischen Vorstellungswelt deutscher Landstände im 18. Jahrhundert. – In: Historische Zeitschrift 223 (1976), S. 40–60, sowie Gerhard Oestreich: Die ständische Verfassung in der westlichen und in der marxistisch-sowjetischen Geschichtsschreibung. – In: Anciens Pays et Assemblées d'Etats (= Standen en Landen) 67, Miscellanea 33 (1976), S. 5–54.

33 Vgl. die entsprechenden Nachweise in dem Forschungsbericht von Rudolf Vierhaus (Anm. 31). [Vgl. jetzt auch: Klaus Garber: Alteuropäische Welt und Heraufkunft der Moderne. Ein historiographischer Konspekt. – In: ders.: Wege in die Moderne. Historiographische, literarische und philosophische Studien aus dem Umkreis der alteuropäischen Arkadien-Utopie. Hrsg. von Stefan Anders, Axel E. Walter. – Berlin, Boston: de Gruyter 2012, S. 1–60].

Hand in Hand geht mit dem gerade von Marx wiederholt konstatierten Niedergang der ökonomischen und politischen Potenz der alten großbürgerlichen Handels- und Finanzoligarchien insbesondere in den oberdeutschen Reichsstädten.[34] Die Gründe für diesen prinzipiell bekannten Vorgang sollen hier nicht aufgeführt, statt dessen einige kulturpolitische Konsequenzen bedacht werden.

Symptomatisch für die Krise ist der Übergang der literarischen Produktion von den oberdeutschen Zentren auf die protestantischen Kommunen des Nordostens. Nürnberg, Zentrum der stadtbürgerlichen Kultur des 15. und 16. Jahrhunderts, aber auch der im Patriziat verankerten humanistischen Bewegung, zeigt das paradigmatisch.[35]

Die im ›Pegnesischen Blumenorden‹ institutionalisierte Literatur des 17. Jahrhunderts hat in den traditionellen mittleren bürgerlichen Schichten gar keinen und in der patrizischen Oberschicht so gut wie keinen Rückhalt mehr.[36] Harsdörffers Position hat daran nichts ändern können. Diese Literatur ist hier wie in den anderen Städten und Territorien das Werk von Akademikern, die häufig – bei Opitz angefangen – aus dem zünftigen Bürgertum oder aber bereits aus studierten Kreisen stammen.

Neue bürgerlich-gelehrte Schicht

Der für die Literatur des 17. Jahrhunderts inkriminierte Begriff des ›Bürgerlichen‹ gibt also einen Sinn nur in bezug auf den Gelehrtenstand.[37] Und das nicht aus Gründen der Provenienz, sondern der Mentalität, die ihrerseits in einer tiefgreifenden sozialen Umschichtung wurzelt. Denn der Abstieg der alten bürgerlichen Füh-

---

34 Vgl. zu diesem Vorgang die reiche Literatur in: Handbuch der deutschen Wirtschafts- und Sozialgeschichte. Bd. I: Von der Frühzeit bis zum Ende des 18. Jahrhunderts. Hrsg. von Hermann Aubin, Wolfgang Zorn. – Stuttgart: Union 1971.
35 Vgl. Dietrich Jöns: Literaten in Nürnberg und ihr Verhältnis zum Stadtregiment in den Jahren 1643–1650 nach den Zeugnissen der Ratsverlässe. – In: Stadt – Schule – Universität – Buchwesen und die deutsche Literatur im 17. Jahrhundert (Anm. 18), S. 84–98; Klaus Garber: Sigmund von Birken. Städtischer Ordenspräsident und höfischer Dichter. Historisch-soziologischer Umriß seiner Gestalt, Analyse seines Nachlasses und Prolegomenon zur Edition seines Werkes. – In: Sprachgesellschaften, Sozietäten, Dichtergruppen (Anm. 29), S. 223–254 (in diesem Band S. 711–736); ders.: Private literarische Gebrauchsformen im 17. Jahrhundert. Autobiographika und Korrespondenz Sigmund von Birkens. – In: Briefe deutscher Barockautoren. Probleme ihrer Erfassung und Erschließung. Hrsg. von Hans-Henrik Krummacher. – Hamburg: Hauswedell 1978 (= Wolfenbütteler Arbeiten zur Barockforschung; 6), S. 107–138 (in diesem Band S. 737–761). [Jetzt: Klaus Garber: Der Nürnberger Hirten- und Blumenorden an der Pegnitz. Soziale Mikroformen im schäferlichen Gewand. – In: ders.: Wege in die Moderne (Anm. 33), S. 223–341].
36 Das ist instruktiv gezeigt in einer aus der Schule von Jörg Jochen Berns hervorgegangenen unveröffentlichten Staatsarbeit von Hans-Georg Klindt: Studien zur kulturellen Bedeutung des ›Pegnesischen Blumenordens‹ im Nürnberg des 17. Jahrhunderts. – Staatsarbeit des Fachbereichs 9 der Universität Marburg 1976 (Masch.).
37 Knapp entwickelt bei Klaus Garber: Martin Opitz, ›der Vater der deutschen Dichtung‹. Eine kritische Studie zur Wissenschaftsgeschichte der Germanistik. – Stuttgart: Metzler 1976, S. 1ff. Dazu die oben Anm. 28 zitierte Untersuchung von Sinemus.

rungsschichten und die Stagnation des mittleren zünftigen Bürgertums hat ihr Komplement im 16. Jahrhundert im sozialen Aufstieg des Gelehrtenstandes.[38] Er vollzieht sich aufs Ganze gesehen weniger in den Kommunen, in denen gerade die Juristenschaft bereits in der Blütezeit einflußreiche Konsulentenstellungen einnehmen konnte, als in den sich formierenden Territorialstaaten mit ihrem stets wachsenden Bedarf an akademisch geschultem Personal.

Genau an dieser Stelle ist das Verhältnis von Adel und Bürgertum zu situieren und historisch zu konkretisieren. Denn die von Marx beobachtete Ausbalancierung und geschickt ausgenutzte Rivalität von Adel und Großbürgertum in der absolutistischen Monarchie hat ihre speziellere Variante in der Statuskonkurrenz von Adel und gelehrtem Bürgertum, in der sich der Antagonismus der beiden Stände in Deutschland vor allem manifestiert.[39]

Es ist dies die Konsequenz aus der angesprochenen Tatsache, daß sich die Territorialherren in Deutschland bei ihrem Versuch, die hergebrachten Privilegien des Adels zu beschneiden, kaum je auf ein ökonomisch potentes Bürgertum stützen konnten. Gerade in den klassischen Domänen des großen Handelsbürgertums, in Franken, in Schwaben, am Oberrhein, greift der Territorialisierungsprozeß nicht eigentlich. Er liegt schwerpunktmäßig neben Bayern und – unter anderen Voraussetzungen – Württemberg in den mittleren und östlichen Regionen des Reiches, also dort, wo auch die neue Kunstdichtung nach dem Untergang der Pfalz an den vielen Höfen meist mittleren Zuschnitts und am Rande in den Städten – vorab in Königsberg und Danzig, Breslau und Leipzig – ihre Heimstatt findet.

Beobachtungsfeld ›Obere Kollegialorgane‹

Eine große, für die Sozial- wie die Kulturgeschichte gleich wichtige Bewegung, der Aufstieg der bürgerlichen Gelehrtenschicht und akademisch geschulten Beamtenschaft sowie die damit einhergehende latente oder offene Auseinandersetzung mit dem privilegierten alten Feudaladel, ist bisher von historischer wie von kulturhistorischer Seite nur unzulänglich erforscht. Sie bildet einen der Forschungsschwerpunkte von Bernd Wunder.[40]

Wunder bestätigt, daß die dominante verfassungsgeschichtliche Tradition der deutschen Geschichtswissenschaft eine entsprechende sozialgeschichtliche Aufar-

---

38 Dazu mit weiterer Literatur: Alberto Martino: Daniel Casper von Lohenstein. Geschichte seiner Rezeption. Bd. I: 1661–1800. Aus dem Italienischen von Heribert Streicher. – Tübingen: Niemeyer 1978; ders.: Barockpoesie, Publikum und Verbürgerlichung der literarischen Intelligenz. – In: Internationales Archiv für Sozialgeschichte der deutschen Literatur 1 (1976), S. 107–145.
39 Dieser Aspekt tritt in Martinos Modell einer Integration von Adel und gelehrtem Bürgertum bei Hofe zu wenig hervor.
40 Hier sei nur verwiesen auf Bernd Wunder: Die Sozialstruktur der Geheimratskollegien in den süddeutschen protestantischen Fürstentümern (1660–1720). Zum Verhältnis von sozialer Mobilität und Briefadel im Absolutismus. – In: Vierteljahrschrift für Sozial- und Wirtschaftsgeschichte 58 (1971), S. 145–220.

beitung dieses Vorgangs bislang verhindert habe. Erst neuerdings bahnt sich eine Wende an. Verwiesen sei wiederum beispielhaft neben den Studien von Wunder auf die grundlegende Arbeit von Volker Press.[41] Ergebnisse sind auf diesem schwierigen Feld nur über eine exakte, auch statistisch untermauerte Aufarbeitung der Verhältnisse in den einzelnen Territorien zu erzielen. Darüber kann hier nicht berichtet werden.[42]

Das gegebene Beobachtungsfeld stellen die obersten weltlichen Kollegialorgane dar, nicht der Hof selbst. Denn die klassischen Hofämter liegen fest in der Hand des Adels. Dieser Umstand wird beispielsweise auch von Seckendorff nicht problematisiert. Eine Chance zum Aufstieg für das gelehrte Bürgertum gibt es nur in den Kollegialorganen. Dieser Prozeß aber ist angemessen nur zu erfassen, wenn er synoptisch mit einem parallelen auf seiten des Adels gesehen wird. Und hier differiert die Konstellation von Territorium zu Territorium.

Sozialgeschichtlicher Dreischritt

Unter diesem ausdrücklichen Vorbehalt darf vielleicht zur vorläufigen Verständigung das folgende dreiphasige Schema skizziert werden.

In einem ersten Schritt im 15. und 16. Jahrhundert gelingt es gelehrten Räten nichtadliger Provenienz neben den adligen Räten von Haus aus, in den sukzessive sich konsolidierenden Ratskollegien Fuß zu fassen und nicht selten den Adel auch in den Spitzenpositionen abzulösen. Dennoch erfolgt kein radikaler Durchbruch allein nach Leistungskriterien.

Die Stände wissen sich in den adligen Bänken ihren Anteil zu reservieren, suchen über eigene Bildungsinstitutionen wie etwa die ›Ritterakademien‹ die Herausforderung zu parieren und besetzen seit der zweiten Hälfte des 16. Jahrhunderts zunehmend wieder die zeitweilig verlorenen Spitzenpositionen in den Kollegialorganen.

Die letzte Phase dieser Entwicklung ist durch den Begriff der ›Reprivilegierung‹ (der statthafter erscheint als der der ›Refeudalisierung‹) angedeutet. Sie erstreckt sich bis tief in das 18. Jahrhundert hinein und kulminiert in ihm.[43] Hatte sich die Krongewalt bei ihrem Aufstieg auf das Groß- sowie das Gelehrtentum gestützt und im Bündnis mit ihm die politische Adelsmacht gebrochen, so setzt im 17. Jahrhundert eine durchgängig zu beobachtende soziale Rehabilitierung des Adels von seiten der Krone ein, welche neben den Chargen bei Hof auch in Verwaltung, Militär und Diplomatie dem Adel die einschlägigen Spitzenposten unangefochten sichert.

---

41 Volker Press: Calvinismus und Territorialstaat. Regierung und Zentralbehörden der Kurpfalz 1559–1619. – Stuttgart: Klett 1970 (= Kieler historische Studien; 7).

42 Ausbreitung des bisherigen Forschungsertrags bei Martino: Daniel Casper von Lohenstein (Anm. 38), S. 73ff.

43 Vgl. Martino, ebd., S. 24ff. mit weiterer Literatur.

Soziale Fundierung des Diskurses ›de vera nobilitate‹

Diese hier in kaum noch zulässiger Weise zusammengeraffte Bewegung prägt das klassizistische Schrifttum seit der italienischen Frührenaissance bis an die Schwelle der Französischen Revolution nachhaltiger als bisher bekannt. Was in der verspäteten deutschen ›Barockdichtung‹ als hergebrachtes Argument erscheint, verdankt sich tatsächlich einem geschichtlichen Prozeß, der für die literarische Trägerschicht des Gelehrtentums von erheblicher Aktualität ist.

Als unerläßlich erweist sich anläßlich einer historischen Rekonstruktion bürgerlich-gelehrter Mentalität der Rückgang in die italienische Frührenaissance, tritt in ihr doch prägnant die ursprüngliche Verankerung der humanistischen *nobilitas-litteraria*-Thematik im Aufstieg des Großbürgertums der oberitalienischen Kommunen, vor allem in Florenz, vor Augen.[44]

Ein Blick in die entsprechende Traktatliteratur etwa eines Poggio reicht hin, um den dialektisch geschulten Leser zu überzeugen, daß hier nicht nur eine antike Thematik spielerisch erneuert, sondern vielmehr die Erfahrung einer unerhörten sozialen Dynamik in antikisierend-dialogischem Gewande nachgezeichnet wird. Jener Aufstieg einer neuen Klasse, der dem alten Feudaladel nur die Alternative beläßt, selbst in das Handels- und Finanzgeschäft bzw. in das Manufakturwesen einzusteigen oder aber auf dem Lande von der modernen Entwicklung in den Kommunen abgeschnitten zu werden, teilt sich der humanistischen Traktatliteratur *de vera nobilitate* als Lobpreisung menschlicher Leistung, menschlichen Könnens, menschlicher Fertigkeit mit.

Natürlich hat diese ihren Schwerpunkt in der Akzentuierung geistiger Potenz. Keine Frage jedoch, daß die hier im Rückgriff auf antike Autoritäten vollzogene Infragestellung des adligen Führungsanspruchs aufgrund von Geburt und Herkommen die Zeugenschaft der Geburtsstunde und des Aufstiegs einer neuen, eben der großbürgerlichen Klasse voraussetzt. Daß an der politischen Spitze eines Stadtstates wie Florenz als Kanzler Humanisten wie Poggio, wie Salutati wirkten, die dieser Erfahrung sozialer Mobilität ihre Stimme leihen, belegt nur von anderer Seite jene ursprüngliche Symbiose von Humanismus und Großbürgertum, wie sie sich auch im deutschen Humanismus der oberdeutschen Reichsstädte gelegentlich vollzog.

Soziale Umfunktionierung eines Topos der Frührenaissance

Dieser Konnex wird mit dem Niedergang der kommunalen Macht und dem Aufstieg der Territorialfürstentümer unterbrochen. Wenn gleichwohl die im italienischen Frühhumanismus ausgebildeten Argumentationsschemata mit Variationen in Kraft bleiben, so deshalb, weil im absolutistischen Staat der Konflikt zwischen

---

44 Aus der umfänglichen Literatur sei hier nur das bekannte, freilich nicht unproblematische Werk von Alfred von Martin genannt: Soziologie der Renaissance. 3. Aufl. – München: Beck 1974 (= Beck'sche Schwarze Reihe; 106) (1. Aufl. 1932).

Adel und gelehrtem Bürgertum modifiziert in der angedeuteten Weise fortlebt. Gerade weil es bei der Formierung des absolutistischen Staats um die Gewinnung von Funktionsträgern geht, die ein Studium absolviert haben und namentlich eine juristische Schulung besitzen, vermag der humanistische Primat der Vernunft umstandslos erneuert und in den Dienst der aufsteigenden Akademikerschicht gestellt zu werden.

Wir besitzen keine Geschichte der Traktatliteratur über den wahren Adel.[45] Desgleichen wurde dieses Problem bislang nicht systematisch in der europäischen Literatur verfolgt. Die Modifikationen sind, soweit bisher übersehbar, beträchtlich. Was sich jedoch durchhält, ist die Insistenz auf Können und Leistung, auf selbsterworbene Fähigkeiten und Fertigkeiten. Darin gibt sich der antitraditionale und antifeudale Ursprung dieses Schrifttums einschließlich seiner Verästelung in den verschiedenen literarischen Gattungen am deutlichsten zu erkennen. Die Dispensierung der auf Herkommen basierenden Normen und Privilegien stellt einen Bruch mit dem Wertsystem des Adels dar.

Wenn es Wandlungen gibt, so betreffen diese auch den Adressaten. Artikuliert in der frühhumanistischen Traktatliteratur eine gelehrte Elite die Erfahrung einer gesellschaftlichen neuen Schicht mit Blick auf den Feudaladel, so rückt mit dem Aufstieg des Territorialstaats das Fürstentum in die Zielperspektive entsprechender Äußerungen. Ihm muß bedeutet werden, daß seine Interessen allein bei einer Trägerschaft des Staates aufgehoben sind, die zur Wahrnehmung der Staatsgeschäfte qualifiziert, d.h. im Besitz des nötigen instrumentellen Wissens ist. Es liegt auf der Hand, daß dieses Thema an Brisanz in dem Maße gewinnen muß, wie der Adel verlorengegangene Positionen zurückzuerobern vermag und das gelehrte Bürgertum sich erneut mit der Reprivilegierung eines ohnehin mit höherem Sozialprestige ausgestatteten Standes konfrontiert sieht. Eben dieser Umstand sichert der Argumentation ihre Aktualität im 17. wie im 18. Jahrhundert.

›Nobilitas duplex‹

Was das fiktionale Schrifttum angeht, so haben nur klar umgrenzte gattungstheoretische und historische Untersuchungen eine Chance. Unser Beobachtungsfeld bildet die Bukolik und Georgik. Sie ist aus einer Reihe von Gründen für die Adaptation des zur Rede stehenden Problems besonders qualifiziert. Der Statuskonflikt zwischen Adel und gelehrtem Bürgertum ist für sie gattungskonstitutiv. Und dies nicht in der Art, die Wilhelm Voßkamp im Blick auf den deutschen Schäferroman in die Diskussion einführte, wonach das gelehrte Bürgertum dem Adel im ästhetischen Gewande Lösungsvorschläge angesichts dessen Legitimationskrise offerierte,

---

45 Die bisher beste Darstellung bei Sinemus: Poetik und Rhetorik im frühmodernen deutschen Staat (Anm. 28), S. 207ff. [Vgl. jetzt die umfängliche Abhandlung von Klaus Garber: ›De vera nobilitate‹. Zur Formation humanistischer Mentalität im Quattrocento. – In: ders.: Literatur und Kultur im Europa der Frühen Neuzeit. – München: Fink 2009, S. 443–503 (Originalbeitrag)].

sondern stets so, daß das gelehrte Bürgertum den Adel als privilegierten Konkurrenten erfährt, der auf die bürgerlich-gelehrten Normen festgelegt und ›wahrer‹ Adel deshalb nur als tugendhafter und wissensbegabter anerkannt wird.[46]

Es gehört zur Dialektik dieser Bewegung, daß der Adel in dem Maße, wie er sich auf diese Norm einläßt, zu einem doppelt gefährlichen Konkurrenten wird. Hinter der Chiffre der *nobilitas duplex* ist dieses Problem verborgen. Verfehlt ist es aus diesem Grund, der Bukolik und Georgik a priori ein latentes oder manifestes antihöfisches Potential zu unterstellen.[47] Und das nicht nur wegen der bekannten Affinität des Hofes zur Pastorale, sondern vor allem, weil in der bürgerlich-gelehrten Spielart der Gattung der Fürst als Bündnispartner des Gelehrtentums anvisiert ist.

Statt von einer antihöfischen, wäre also sinnvoller von einer latent adelskritischen Komponente wenigstens im Umkreis der bürgerlich-gelehrten Variante der Gattung zu sprechen. Kritisiert wird der Fürst, sofern er sich bürgerlich-gelehrten Maßstäben versagt und willkürliche Gunst bezeugt, statt Leistung, Qualifikation zu honorieren. Die hofkritischen Partien koinzidieren in der Präsentation eines Hofadels, dem Tugend und Vernunft mangeln.

Fluchtpunkt 18. Jahrhundert

Diese Konstruktion bleibt prinzipiell beim Übergang ins 18. Jahrhundert in Kraft. Nur daß es zunehmend weniger die intellektuellen und gelehrten als vielmehr die empfindsamen und moralischen Werte sind, in deren Namen die Standesaufwertung erfolgt.[48] Daß der Adel – und zwar fast ausschließlich der Landadel – häufig selbst als Träger empfindsamer Ideale auftritt, sollte nicht täuschen. Es gehört zum Wesen dieser vom gebildeten Bürgertum getragenen Bewegung, daß sie ihre Utopie als eine ständeübergreifende artikuliert, weil nur in ihr der Anspruch auf eine vernünftige – sprich natürliche – Daseinsordnung aufgehoben ist.

Die sozialphilosophische Begründung dafür mag man in der Einleitung zu den Marxschen *Grundrissen* nachlesen.[49] Auf der Gegenseite erscheint der Hof als Inbegriff der Korruption. Hier vollzieht sich mit der Empfindsamkeit eine Radikalisie-

---

46 Vgl. Wilhelm Voßkamp: Landadel und Bürgertum im deutschen Schäferroman des 17. Jahrhunderts. – In: Stadt – Schule – Universität – Buchwesen und die deutsche Literatur im 17. Jahrhundert (Anm. 18), S. 99–110.
47 Hierin besteht völlige Übereinstimmung mit Conrad Wiedemann. Vgl. Conrad Wiedemann: Heroisch – Schäferlich – Geistlich. Zu einem möglichen Systemzusammenhang barocker Rollenhaltung. – In: Schäferdichtung. Hrsg. von Wilhelm Voßkamp. – Hamburg: Hauswedell 1977 (= Dokumente des Internationalen Arbeitskreises für Deutsche Barockliteratur; 4), S. 96–122.
48 Zum 18. Jahrhundert – neben der bekannten Arbeit von Renate Böschenstein-Schäfer: Idylle. 2. durchgesehene und ergänzte Aufl. – Stuttgart: Metzler 1977 (= Sammlung Metzler; 63) – grundlegend: Helmut J. Schneider: Die sanfte Utopie. Zu einer bürgerlichen Tradition literarischer Glücksbilder. – In: Idyllen der Deutschen. Hrsg. von Helmut J. Schneider. – Frankfurt a.M.: Insel 1978, S. 353–424.
49 [Dazu jetzt Klaus Garber: Betrachtungen zum Frühwerk Hegels. Mit einem Blick auf Kant und Marx. – In: ders.: Wege in die Moderne (Anm. 33), S. 343–530].

rung der Kritik. Bleibt die Karriere in fürstlichem Dienst im 17. Jahrhundert Fixpunkt der Intelligenz, so ist die sezessive Komponente in der Empfindsamkeit des 18. Jahrhunderts unverkennbar. Das empfindsame Ideal ist nur jenseits des Hofes, jenseits des Staates in privatem Milieu zu praktizieren, die Natur der bevorzugte Ort der Realisation, daher die Sympathie für den Landadel bzw. die *gentry*.

Die kritische Invektive richtet sich zumeist gegen den Hofadel, das Hofschranzentum; die monarchische Spitze bleibt merklich ausgespart. Noch bei Maler Müller figuriert das Wunschbild des frommen aufgeklärten Landesvaters inmitten der idyllischen Welt. Diese Schranke fällt erst gelegentlich im Sturm und Drang als der letzten Phase der vorrevolutionären Aufklärung; die Kritik am absolutistischen System wird total. Statt Paralysierung des adligen Ethos und Selbstaufwertung des gelehrten bzw. gebildeten Bürgertums im Hinblick auf das regierende Fürstentum erfolgt nun dessen Inkriminierung selbst, sofern es sich Aufklärung verschließt.

Damit ist das Ende des alten humanistischen Diskurses über den ›wahren Adel‹, in dem die Statuskonkurrenz zwischen Adel und gelehrtem Bürgertum sich vornehmlich artikulierte, gekommen.

Zuerst erschienen unter dem Titel: Zur Statuskonkurrenz von Adel und gelehrtem Bürgertum im theoretischen Schrifttum des 17. Jahrhunderts. Veit Ludwig von Seckendorffs ›Teutscher Fürstenstaat‹ und die deutsche ›Barockliteratur‹. – In: Hof, Staat und Gesellschaft in der Literatur des 17. Jahrhunderts. Hrsg. von Elger Blühm, Jörn Garber, Klaus Garber. – Amsterdam: Rodopi 1982 (= Daphnis; 11), S. 115–143.

V

DER DEUTSCHE SONDERWEG
POLITISCH – LITERARISCH – WISSENSCHAFTSGESCHICHTLICH

Der deutsche Sonderweg

Gedanken zu einer kleindeutsch-calvinistischen Alternative*

Was mir vor allem fehlt, ist Vertrauen. Aber es kommt mir vor, als liege das nicht an mir, sondern an den Verhältnissen. An denen der Nation. Sie erlauben kein Vertrauen. Diese Nation, als gespaltene, ist eine andauernde Quelle der Vertrauensvernichtung. Diese Nation widerspricht sich. Ich bin unfähig, nur weil ich in der BRD lebe, nur als Bewohner der BRD zu denken und zu empfinden. Aber noch weniger kann ich mir die DDR zu eigen machen. Ich kann keinen der beiden deutschen Staaten in mir oder überhaupt verteidigen.

Spätestens seit Martin Walsers unüberhörbaren Interventionen ist das Thema ›Nation‹ auch in der Intelligenz wieder akut. Der Seufzer der Erleichterung gerade innerhalb der Linken war deutlich vernehmbar. Daran änderten die Invektiven einiger vermeintlich besonders aufgeklärter Kosmopoliten gar nichts. Inzwischen hat das Thema eine Belebung erfahren, die auch von sensiblen Futurologen vor einigen Jahren schwerlich hätte vorausgesagt werden können. Es ehrt – wenn dies gesagt werden darf – die Veranstalter und Organisatoren, daß sie ihm Einlaß auf dem ersten Nachkriegskongreß der Internationalen Germanistik auf deutschem Boden gewährten und der lebhafte Zuspruch bestätigt, wie richtig, wie historisch angemessen die Entscheidung war.

---

* Die vielschichtige Literatur zu dem komplexen Fragenkreis kann hier nicht aufgeführt werden. Besonders perspektivenreich die beiden erwähnten englischen Studien von Frances A. Yates: Aufklärung im Zeichen des Rosenkreuzes. – Stuttgart: Klett 1975 (= Edition Alpha) (Erstausgabe 1972) und von R.J.W. Evans: Rudolf II. Ohnmacht und Einsamkeit. – Graz, Wien, Köln: Styria 1980 (Englische Erstausgabe 1973). Dazu die eindringliche Studie von Hans Sturmberger: Aufstand in Böhmen. Der Beginn des Dreißigjährigen Krieges. – München, Wien: Oldenbourg 1959 (= Janus-Bücher. Berichte zur Weltgeschichte; 13). An literaturwissenschaftlichen Beiträgen sei hier nur verwiesen auf: Dieter Mertens: Zu Heidelberger Dichtern von Schede bis Zincgref. – In: Zeitschrift für deutsches Altertum und deutsche Literatur 103 (1974), S. 200–241, sowie auf: Klaus Garber: Martin Opitz. – In: Deutsche Dichter des 17. Jahrhunderts. Ihr Leben und Werk. Hrsg. von Harald Steinhagen, Benno von Wiese. – Berlin: Erich Schmidt 1984, S. 116–184 (in diesem Band S. 563–639). Hier sowie in: Internationales Archiv für Sozialgeschichte der deutschen Literatur 5 (1980), S. 262–268 (in diesem Band S. 555–562), weitere Literatur.
 [Reichhaltige eigenständige bibliographische Kompilationen auch in den Anhängen zu den drei Kapiteln des zweiten Teils mit dem Titel: Kulturnation Deutschland? – In: Klaus Garber: Nation – Literatur – Politische Mentalität. Beiträge zur Erinnerungskultur in Deutschland. Essays – Reden – Interventionen. – München: Fink 2004, S. 79–144. Hier die Literaturverzeichnisse S. 99–109, S. 126–130, S. 140–144].
 Das Eingangszitat: Martin Walser: Händedruck mit Gespenstern. – In: Stichworte zur ›Geistigen Situation der Zeit‹. Hrsg. von Jürgen Habermas. Bd. I: Nation und Republik. – Frankfurt a.M.: Suhrkamp 1979 (= Edition Suhrkamp; 1000), S. 39–50, S. 44.

Die Renaissance des nationalen Gedankens ist verknüpft mit der eines überraschenden, gleichfalls unvorhersehbaren Interesses an der Geschichte – zumal der deutschen. Beides bedürfte als Fluchtpunkt der nachfolgenden Überlegungen eingehender Klärung und Spezifikation.

Ist es vorstellbar, daß die benachbarten Nationen auf eine geschichtliche Katastrophe derartigen Ausmaßes so reagiert hätten wie die deutsche? Die großen nationalen kulturellen Institutionen, angefangen bei der Deutschen Staatsbibliothek über die gelehrten akademischen Organisationen, die Dichtergesellschaften, selbst noch die bibliographischen Organe und die historisch-kritischen Editionen sind vielfach ohne Not preisgegeben (das trostlose Schicksal der ›Jahresberichte‹!), aufgespalten in westliche und östliche Parallelaktionen (die als getrennte selten wieder den Vorkriegsstandard erreichen); derart verlängert sich die ja nicht nur aufgezwungene, sondern aktiv mitbeförderte politische Teilung verhängnisvoll in den kulturellen Sektor hinein.

Ist es denkbar, daß die Nachbarn derart barbarisch mit der verbliebenen baulichen Substanz umgegangen wären wie die Deutschen? Wäre die Sprengung des Stadtschlosses der eigenen, wie auch immer kurzlebigen Hauptstadt in irgendeinem anderen Land praktizierbar oder gegen die Bevölkerung durchsetzbar gewesen? Warum muß man heute nach Polen reisen, um eine zerstörte Kapitale nach Maßgabe des Möglichen glanzvoll wiedererstanden, um das Antlitz der alten deutschen Bürgerstädte heute auf polnischem Boden respektgebietend rekonstruiert zu sehen?

Und was verbirgt sich hinter jenem Historismus, wie er uns seit jüngstem im Frankfurter Römer und anderwärts entgegentritt? Wie ist der Wille zum Hergebrachten, das Insel-Dasein des Geretteten und allzu spät Gehegten zu vermitteln mit den gigantischen Monumenten des Kapitals in der nächsten Umgebung, wie mit dem erbarmungslosen Kahlschlag zum Zwecke des puren Funktionalismus hüben, der demonstrativen staatlichen Legitimität drüben? Nein, der postmoderne traditionale Gestus ist in Deutschland nicht einfach die erfreuliche Alternative zur blinden Euphorie der Aufbauphase. Auch er ist berührt – um nicht zu sagen: stigmatisiert – von einem gestörten Verhältnis zur Tradition, wie es sich in der nationalen Frage stets kristallisierte.

Die Rückbesinnung auf diese Frage, auf den historischen Weg der Deutschen, ihr nationales Schicksal, ihre politische, ihre soziale, ihre kulturelle Identität, stößt zwangsläufig auf theologisches, auf religionshistorisches, auf konfessionspolitisches Wurzelwerk, zumal lutherisch-protestantisches. Und das nicht erst seit 1945, seit Thomas Mann die Nachkriegs-Erörterung in inzwischen wiederum bereits klassischer Manier eröffnete. Das Thema nationaler Einheit und deutscher Selbstvergewisserung ist so alt wie der Protestantismus selbst.

Es genügt aus literaturwissenschaftlicher Perspektive, an die spezifisch deutschprotestantische Wendung zu erinnern, die der Humanismus des 16. Jahrhunderts gegenüber dem älteren humanistischen Patriotismus der Celtis-Generation nimmt; genügt, der protestantischen Schubkraft eingedenk zu sein, die die Opitzsche Dichtungsreform in den lutherischen Kommunen und Territorien Nord-, Mittel-

und Ostdeutschlands erfährt; genügt, die präfigurative Rolle zu gewahren, die Luther noch – oder wieder – in Gottscheds Kulturprogramm einnimmt und die sich in mannigfachen Metamorphosen bis zu Herder wiederholt.

Die gesamte Thematik bedürfte für die Frühe Neuzeit jener zusammenhängenden Behandlung, die ihr für das 19. und 20. Jahrhundert seit langem angediehen ist. Ob in der Konstruktion der jungdeutschen, der liberalen, der linkshegelianischen Historiographie und Literaturgeschichtsschreibung – überall figuriert Luther als die säkulare Gestalt, mit der die Neuzeit eröffnet und das heißt in diesem Kontext stets auch: mit der das geistige Entree Deutschlands im Konzert der europäischen Stimmen in verbindlicher, bis zur Dichtung und Philosophie der Goethezeit bzw. des Idealismus nachwirkender Form sich vollzieht. Die spätere Symbiose des Nationalliberalismus mit dem Protestantismus ist ebenso vertraut wie überhaupt die Formation des Kulturprotestantismus, die eine so enge Verbindung mit dem Wilhelminismus einging, von den deutsch-nationalen Derivaten im 20. Jahrhundert ganz zu schweigen.

Wenig beachtet dagegen wurde eine Alternative, die sich Deutschland zwei bzw. drei Generationen nach dem Auftreten Luthers bot und die, wäre sie geschichtliche Wirklichkeit geworden, den weiteren Gang der deutschen Dinge gewiß so nachhaltig beeinflußt hätte wie die lutherische Weichenstellung. Ich weiß um die Mißlichkeit, im Irrealis der Geschichte zu reden. Aber steht diese Redeform nicht gerade dem Kulturhistoriker gut an? Darf, ja muß er nicht gleich und womöglich mehr besorgt sein um das, was geschichtlich nicht zur Geltung kam als um das, was sich durchsetzte? Benjamins Wort von der Verpflichtung, die Geschichte gegen den Strich zu bürsten, meinte auch diesen Aspekt. Ist nicht gerade das nicht in die Wirklichkeit Getretene wo nicht Grund zur Hoffnung, so doch ein hilfreiches Korrektiv, das Faktische im Lichte des Potentiellen um seine Macht zu bringen? Mögen die wenigen folgenden Hinweise in diesem Geiste aufgenommen werden.

Die Geschichtswissenschaft wie die Theologie haben in den beiden vergangenen Jahrzehnten verstärkt die Aufmerksamkeit auf die sogenannte ›zweite Reformation‹ gelenkt. Wie immer im einzelnen die theologischen Motive und politischen Beweggründe zu differenzieren sein mögen – dreierlei darf vorab aus literaturwissenschaftlicher Sicht akzentuiert werden: Überall geht es um die Rettung Melanchthons und damit gleichermaßen um die Wahrung seiner lebenslänglichen interkonfessionellen Anstrengungen (wo Luther auf der Reinheit der *sola fide*-Theologie bestanden hatte) wie um die Integration des antik-humanistischen Erbes in die protestantische Bewegung. Der Versuch theologischer Vermittlung findet seine Entsprechung im politischen Raum in der Sammlung aller protestantischen Kräfte auf deutschem Boden sowie in der lebhaften Pflege der Kontakte zum westeuropäischen Protestantismus, in dem umgekehrt die bündnispolitischen Hoffnungen über Jahrzehnte auf Melanchthon gerichtet sind. Die ›zweite Reformation‹ dringt folglich ihrem Wesen nach zum Abschluß und zur Vollendung in einer protestantischen Union, wie sie sich unter Pfälzer Führung und auf nachhaltiges Betreiben Christian von Anhalts hin im ersten Dezennium des neuen Jahrhunderts im Gegenzug zur katholischen ligistischen Bewegung in deutlichen Konturen abzeichnet.

Doch warum dieser Exkurs in die Theologiegeschichte? Weil die Ursprünge der sogenannten deutschen ›National‹-Literatur mit dieser konfessionspolitischen Formierung aufs innigste verquickt sind (ohne daß die sogenannte ›Barock‹-Philologie diesen Fragen geschichtlicher Filiation bisher konsequent nachgegangen wäre). Wohlgemerkt: Hier sollen keine Parallelen zwischen der reformierten Theologie und der Dichtungsreform um die Jahrhundertwende konstruiert, auch nicht die Affinitäten zwischen der Psalmen-Tradition im Calvinismus und den Übersetzungsleistungen um Melissus Schede akzentuiert werden. Es geht darum, die Einsicht vorzubereiten, daß der Calvinismus seine regen politischen Aktivitäten auch auf den kulturellen Sektor ausdehnen mußte. Und hier bot sich – mit Blick auf Frankreich und keinesfalls nur das hugenottische, mit Blick auf die Niederlande und auf das elisabethanische England – die Bemühung um eine Kunstdichtung in deutschem Idiom an, mit der die Ansätze im deutschen Südwesten, zumal um Fischart, fortgeführt wurden.

Eine solche erfüllte wiederum wenigstens drei dominierende Aufgaben: Sie war geeignet – wie durchaus schon von den Reformatoren, sodann von Brant, von Fischart u.a. intendiert –, einen nichtlatinisierten Rezipientenkreis zu erreichen, was angesichts des direkten politischen Auftrags der Dichtung als unverzichtbares Desiderat gelten mußte. Sie bekräftigte derart neben dem politischen auch den kulturellen Führungsanspruch der reformierten Fürstentümer, indem diese sich zu Fürsprechern und Promotoren der modernsten Literaturbewegung machten, wie sie um Franz I. und Elisabeth I. ihre gleich repräsentative Ausprägung empfangen hatte. Und schließlich war die neue, von stadtbürgerlichen, provinziellen, dialektologischen Restbeständen gereinigte Dichtung dazu bestimmt, ein einigendes kulturelles Band um die protestantisch-reformierten Territorien und Kommunen zu schlingen sowie die kulturpolitische Identität gegenüber dem imperialen Anspruch des nachtridentinischen Katholizismus zu befördern, wie er in der machtvoll erneuerten universalen Latinität zumal der Jesuiten seinen Ausdruck fand. Zincgref hielt diesen engen Konnex zwischen politischer und kulturell-literarischer Autonomie hellsichtig in der Vorrede zu seiner mit viel Leidenschaft betriebenen (und ihm nur wenig gedankten) Edition der Opitzschen Gedichte fest.

Es kann und soll hier nicht zu den Aufgaben gehören, das Erwachen der deutschen Kunstdichtung zu schildern, wie es im Umkreis calvinistischer bzw. kryptocalvinistischer Zentren zwischen Böhmen und Schlesien hier, der Pfalz und dem Oberrhein dort zu konstatieren ist. Man muß das Glück gehabt haben, in einer der erhaltenen großen pfälzisch-böhmischen Sammlungen die poetisch-publizistische Literatur eines Opitz, eines Zincgref, eines Denaisius, eines Venator, eines Scultetus und ungezählter anderer durchzublättern, um eine angemessene Vorstellung von der Hoffnung, von dem Engagement, von der bedingungslosen Hingabe an die als richtig erkannte Sache zu gewinnen.

Diese Intelligenz, die sich um den Heidelberger Hof gruppierte, geschart um die großen Mentoren, um Lingelsheim und Bernegger, Camerarius und Scultetus, Gruter und Loefenius und Dutzende andere des europäischen Späthumanismus, sie hatte sich mit glühendem Herzen der politischen Aufbruchbewegung verschrieben, wie sie sie in der Gestalt Friedrichs V. verkörpert sah und wie sie ihren krönenden Abschluß in der Inthronisation des Pfälzer Kurfürsten als böhmischer König finden sollte. Denn erst dann wäre sichergestellt gewesen, daß im Herzen Europas, in Böhmen, wo über die Geschicke Zentraleuropas seit je entschieden wurde, der Protestantismus in seiner reformierten Version verankert gewesen wäre, von hier aus die Sammlung aller protestantischen Kräfte auf deutschem Boden hätte betrieben, die Konföderation der protestantischen Kommunen und Territorien vielleicht hätte gelingen, womöglich gar die Kaiserkrone den Habsburgern hätte entwunden werden können.

Verbunden mit dem Frankreich Heinrichs IV. bzw. Richelieus, dem England Jakobs I., der niederländischen Republik, aber auch dem Ungarn Bethlen Gábors, dem Polen Wladislaws IV., den nordischen Monarchien wäre damit der Übermacht Roms und Madrids, Wiens und Münchens im Reich gewehrt und der Protestantismus konsolidiert worden. Dieses Ziel haben die Berater um Friedrich V. in wechselnden Graden politischer Radikalität und die Dichter in ihren Experimenten mit einer klassizistisch erneuerten deutschen Sprache vor Augen gehabt. Die deutsche Dichtung sollte den Nachbarländern ebenbürtig werden, sollte dem Hof Friedrichs und dem anderer Fürstentümer zur Zierde gereichen und nicht zuletzt als Organon des politisch-kulturellen Projekts fungieren.

Man muß die publizistisch-poetischen Versuche der Pfälzer, wie sie in Opitzens *TrostGedichte* und in Zincgrefs *Quodlibetisches Weltkefig* gipfeln, studiert haben, um ermessen zu können, welche agitatorischen, welche satirischen, welche utopischen, welche insgesamt öffentlichen Potenzen der deutschen Dichtung für eine kurze Spanne gewonnen wurden. Hier ist in der Schubkraft der ›zweiten Reformation‹ eine im besten Sinn große politische Dichtung zustande gekommen, für die das 17. Jahrhundert über und bis tief in das 18. Jahrhundert hinein nur wenige Gegenstücke namhaft gemacht werden können. In der ungeschriebenen Geschichte der politischen Dichtung Deutschlands in der Frühen Neuzeit nehmen diese Zeugnisse eine ebenso herausragende wie unbeachtete Stelle ein.

Es ist bekannt, daß die hochgespannten Erwartungen alsbald Enttäuschung, Verzweiflung und Resignation wichen. Friedrich vermochte sich in Prag nur wenige Monate zu halten. Eben noch triumphal in Breslau empfangen, durcheilte er wenig später flüchtend Schlesien, Brandenburg und Anhalt, um in Den Haag Zuflucht und lebenslanges Exil zu nehmen. Die vielfältigen Ursachen des Scheiterns sollen hier nicht aufgereiht werden. Die gesamte Aktion erfolgte zu einem verspäteten Zeitpunkt. Ferdinand II. war einen Tag nach der Wahl Friedrichs mit der Pfälzer Stimme zum Kaiser gewählt worden, eine protestantische Alternative nicht zustande gekommen. Frankreich war nach der Ermordung Heinrichs IV. ebenso wenig zur vorbehaltlosen Unterstützung zu gewinnen wie Jakob I., der Schwiegervater des Pfälzers, bzw. die in innerreformierte Streitigkeiten verstrickten Niederlande.

Die Pfalz stand außenpolitisch ohne potente Bündnispartner da und hatte innenpolitisch weiter mit dem zögernden, stets zum Ausgleich mit Habsburg tendierenden kursächsischen Gegenspieler zu rechnen. Auf der anderen Seite vermochte die gegnerische Front den gleichfalls traditionellen Gegensatz zwischen Habsburg und Wittelsbach angesichts der den Habsburgischen Kronländern drohenden Gefahr kurzfristig zu überbrücken. Vor allem dem energischen militärischen Auftreten Maximilians II. verdankte Habsburg sein Überleben und seine weitere Anwesenheit auf deutschem Boden; der konsequente frühabsolutistische Aufbau eines bürokratisch und militärisch funktionierenden Staatswesens auf bayrischer Seite hatte einen ersten Erfolg gezeigt.

Von den Folgen, der Nachgeschichte der Schlacht am Weißen Berg bei Prag am 8. November 1620 muß nun in knappsten Strichen die Rede sein.

Die Niederlage des Winterkönigs ist für den Germanisten zunächst und zuerst auch ein einschlägiges – bislang jedoch so gut wie gar nicht wahrgenommenes – literaturgeschichtliches Datum. Schwer auszumalen, welche Blüte die deutsche Dichtung gleich zu Beginn des 17. Jahrhunderts hervorgebracht hätte, wenn Friedrich in Prag sich hätte behaupten können. Evans und Yates haben ein eindringliches Porträt des florierenden geistigen, künstlerischen, wissenschaftlichen Lebens am Hofe Rudolfs II. gezeichnet. Friedrich V. hätte vielleicht die humanistische Intelligenz an seinem neuen Wirkungskreis heimisch machen können, so wie schon seine Heidelberger Residenz zum strahlenden Mittelpunkt festlichen Wesens im protestantischen Deutschland aufgerückt war.

Eine neue Dimension, wohl geeignet, Augusteische Reminiszenzen wachzurufen, schien sich den jungen Dichtern aufzutun, die sich anschickten, einen einschneidenden Paradigmenwechsel zu vollziehen, indem sie von der neulateinischen zur ›nationalen‹ Literatursprache übergingen. Überall in Europa war dieser Schritt bereits erfolgt. Nun unter pfälzisch-schlesischer Führung wäre er womöglich im Umkreis des böhmischen Königsthrons gleichfalls getan worden. Ein reiches Feld panegyrischer Optionen wäre zu bestellen gewesen. Das ›Friedrich‹-Epos, im Kern schon von Zincgref noch in Heidelberg unter diesem Titel konzipiert, wäre in großer Manier gewiß zustande gekommen. Vor allem jedoch hätte ein Brückenschlag zur ›Fruchtbringenden Gesellschaft‹ stattgehabt; entsprechend wäre die Führung des von ihr eingeleiteten Sozietäts- und Literaturprozesses von dem kleinen, aber rührigen Anhaltiner Fürstentum und den vielfältigen Bestrebungen in den reformierten Territorien auf die neue Metropole der Pfälzer im Herzland Europas übergegangen.

Das wäre nicht nur der von Ludwig von Anhalt-Köthen zielstrebig beförderten Übertragung der romanischen literarischen Exempel ins Deutsche zugute gekommen. Vielmehr wären die Großformen des Epos und des Romans, des Dramas und des Theaters wahrscheinlich schon im zweiten oder dritten Jahrzehnt in Angriff genommen worden, deren spätes Erscheinen im Deutschland des 17. Jahrhunderts immer wieder Verwunderung erregte.

Und harrte jenseits der Panegyrik nicht ein verlockender kulturpolitischer Auftrag der Dichter? Der gewiß über Heidelberg und Prag alsbald ins Werk gesetzte Versuch der politischen Unierung der deutschen Territorien in einer Föderation, der in seinen Schwierigkeiten kaum absehbare Prozeß der Verständigung zwischen den reformierten und den lutherischen Territorien, hätte lebhafter publizistischer Unterstützung der auf interkonfessionellen Ausgleich verpflichteten humanisti-

schen Intelligenz bedurft. Statt dessen wurde der Einsatz der Humanisten für die
Pfälzer Sache binnen weniger Monate zum existenzgefährdenden Makel. Man versenke sich in die teilweise ergreifenden Biographien der Parteigänger Friedrichs,
angefangen bei der Exilierung des greisen Nestors Lingelsheim, vergegenwärtige
sich das Schicksal Gruters, Venators, Zincgrefs und nicht zuletzt Opitzens in den
zwanziger Jahren, um zu begreifen, welch tiefe und irreversible Zäsur das Desaster
Friedrichs für die pfälzische wie die schlesische Intelligenz bezeichnete.

Sie nötigte nach der Rettung des nackten Lebens nicht nur zu vorsichtigem
publizistischem Taktieren, wie an Opitz sinnfällig zu studieren. Sie bedrohte überhaupt die Chance öffentlichen Wirkens im Medium der Poesie und damit die Fortführung einer eben erst begründeten Tradition politischer Rede im Gewand der
neuen Dichtung. Wenn deren Spuren im Deutschland des 17. Jahrhunderts vereinzelt und verstreut geblieben sind, sofern man absieht von der Gustav-Adolf-Publizistik, so ist dies der Erfahrung zu Anfang des Jahrhunderts geschuldet, da die
Führer der deutschen ›National‹-Literaturbewegung den politischen Rahmen ihrer
Bemühungen zerbrochen sahen. Die Formen indirekten allegorischen Sprechens,
wie sie Opitz und seine Freunde in humanistischer Tradition erneuerten, wären
auch in dieser Perspektive zu betrachten.

Doch hier sollen nicht die literaturgeschichtlichen Linien in das 17. Jahrhundert hinein ausgezogen werden. Es geht um die historischen Konsequenzen dieses
Schlüsseldatums im Leben der Deutschen und ihres Weges zur Nation. Mit der
Beseitigung der von einem reformierten Prag für den deutschen wie den europäischen Katholizismus drohenden Gefahr wurde entschieden, daß auch der Verband
der innerdeutschen nichthabsburgischen Territorien zumindest bikonfessionell
bleiben würde. Die von den Calvinisten intendierte Eindämmung, wo nicht Zurückdrängung des Katholizismus auf die Habsburger Erblande (allenfalls unter
Einschluß Bayerns) war gescheitert, die Weichen für die Rekonsolidierung des Katholizismus auf deutschem Boden nach der Prager Niederlage gestellt, das Fazit des
Westfälischen Friedens antizipiert.

Ebenso wichtig jedoch dürfte ein weniger offenkundiger und deshalb weniger
bedachter Aspekt sein. Hat man einmal begonnen, das geistige, das politische, das
kulturelle Kräftefeld um 1600 zu vermessen, so fasziniert die Internationalität der
gelehrten Kontakte. Das ist ein Spezifikum des europäischen Humanismus insgesamt. In den entscheidenden Dezennien zwischen 1560/70 und 1620/30 jedoch
gewann es für die deutsche Intelligenz einen besonderen, so weder vorher noch
nachher dagewesenen bzw. wiederkehrenden Akzent.

Diese in Böhmen und Schlesien, in Prag und Breslau, in den mitteldeutschen
Fürstentümern einschließlich Kassels, in Heidelberg und Straßburg beheimatete
nobilitas litteraria blickte nach Westen, zumal nach Frankreich, in die Niederlande,
nach England und wenn – wie seit jeher – nach Italien, so bevorzugt zum Reformkatholizismus vornehmlich in Venedig. Die wie auch immer latente Orientierung
am Calvinismus bzw. am antitridentinischen Katholizismus brachte es mit sich,
daß dieser Gelehrten- und Diplomatenschicht grenzüberschreitende europäische
Kontakte selbstverständlich waren.

Damit aber nahm die späthumanistische Elite nicht nur aktiv teil an den Bemühungen, eine nationale bzw. protestantische Front gegenüber dem päpstlichen und spanischen Katholizismus aufzubauen. Vielmehr kam sie auch in Berührung mit jenen vielfältigen Strömungen moderner moralphilosophischer und politischer Theorie, wie sie als Fazit der konfessionellen Dissoziierung am frühesten in Frankreich und alsbald auch in den Niederlanden und England sich artikulierten.

Ist es erlaubt, auch hier wieder vereinfachend zu skizzieren, so scheint das Zukunftsweisende in drei Komponenten des neuen Denkens zu liegen:

1. In der erstmaligen theoretischen Exposition des modernen weltanschaulich wie konfessionell neutralen Staates, der seine Legitimität aus seiner sicherheits- und friedensstiftenden Funktion zieht, idealiter allen konkurrierenden Überzeugungen Raum bietet, selbst jedoch mit keiner sich länger identifiziert und deshalb über das Gewaltmonopol verfügt.

2. In der Formulierung einer säkularen Ethik, die im privaten wie im staatlichen Raum gleichermaßen Geltung besitzt und sich in dem einen Grundsatz resümiert, jedwede Handlung der alles steuernden Vernunft zu unterwerfen als der Garantie-Instanz gleichermaßen gegenüber dem konfessionellen Fanatismus wie gegenüber der Obsession durch das Triebsystem. Indem im vorbildlichen Regenten die Inkarnation dieser Vernunft gefeiert wird, bildet die erneuerte Stoa zugleich einen tragenden Grund für den frühabsolutistischen Fürstenstaat.

3. In der Qualifikation einer neuen staatstragenden Führungsschicht. Indem die humanistische Intelligenz im Rückgriff auf Erasmus und andere Gewährsleute zum maßgeblichen Träger dieser Staatsphilosophie aufrückt, bietet sie sich als deren Vollstreckungsgewalt an. Die Reformulierung der gelehrten Qualitäten des älteren Humanismus im Lichte der neuen postkonfessionellen öffentlichen Anforderungen und damit die Integration des *elegantia*- in das *eruditio*-Ideal schon um 1600 – und durchaus nicht erst in der Generation Weises! – ist ihr Werk, die moderne antitraditionale Beamtenkonzeption in Theorie und Praxis als internationale Koine um 1600 vollendet.

Der jeweils divergierende nationale Aufstieg Frankreichs, Englands und der Niederlande aus den konfessionspolitischen Bürgerkriegen ist bekannt. Hier soll auf den folgenschweren Umstand Gewicht gelegt werden, daß die deutschen Territorien nach dem Untergang des zentraleuropäischen Calvinismus ihre traditionelle enge Fühlung mit den drei westlichen Nachbarn verlieren mußten. Die Vertreibung der Pfälzer aus der ihnen angestammten Kurwürde, der Verlust der Oberpfalz, die Rekatholisierung der Habsburgischen Kronländer bewirkte auch, daß der auf deutschem Boden dominierende lutherische Protestantismus in Mittel-, Nord- und Ostdeutschland zusammengedrängt wurde und damit der – für den Calvinismus bestimmenden – Außenkontakte verlustig ging. Man wird hier einen der Einsatzpunkte für die Entfremdung Deutschlands vom Westen markieren dürfen, wie sie sich schon in der Elsaß-Lothringen-Politik Richelieus und insbesondere in der Reunions-Politik Ludwigs XIV. verhängnisvoll verschärfte und später die Rezeption Frankreichs im Zeitalter der Aufklärung mitprägte.

Zugleich aber war klar, daß der weitere Weg Deutschlands über Jahrhunderte nur über die einzelnen Territorialstaaten, nicht aber über die Föderation führen würde, denn die Initiative zur Unierung ging vom Calvinismus, nicht aber vom Luthertum aus. Indem jener als gestaltende Kraft aus dem Reichsverband ausschied, fiel die politische Führung an die Territorien zurück, die schon Luther als Schutzherrn der neuen Religion erkoren hatte.

Wurde damit nicht auch die Chance blockiert, den Schritt zur nationalen Konsolidierung im Gleichschritt mit den westlichen Nachbarn zu vollziehen statt in jahrhundertelanger Verspätung mit allen bekannten Konsequenzen ideologischer Kompensation? Niemand vermag zu sagen, wie der schwierige Ausgleich zwischen dem Wittenberger und Genfer Protestantismus auf deutschem Boden hätte vonstatten gehen sollen und ob er überhaupt möglich gewesen wäre. Niemand dürfte eine Antwort parat haben, welche politischen Organisationsformen die konfessionell immer noch gemischte Konföderation in ihrem Schoß geboren hätte, sofern sie überhaupt zustande gekommen wäre. Und niemand weiß schließlich, welche Folgen die Aussperrung des Katholizismus gezeitigt, welche Konsequenzen das frühzeitige Ausscheiden Habsburgs und womöglich Bayerns für die politische wie die kulturelle Entwicklung der protestantischen Union gehabt hätte.

Sicher ist nur – und das war der Ausgangspunkt dieses hypothetischen Exkurses in die deutsche Geschichte –, daß den Deutschen die späte bismarcksche kleindeutsche Lösung im Zeitalter hochexplosiver imperialistischer Polarisierungen erspart geblieben wäre. Und der Appell an die nationalen Instinkte im 20. Jahrhundert hätte schwerlich so tief greifen können, wäre er nicht zu einer Zeit ertönt, da das eben erst errungene und vermeintlich kostbarste Gut nationaler Größe bereits wieder verspielt erschien.

Hätte ein calvinistisch-protestantisches zentraleuropäisches Deutschland die Kraft zur frühzeitigen Zeugung demokratischer Traditionen gehabt und damit ein geschichtlich gesichertes institutionelles wie auch sozialpsychologisches Potential zur Abwehr des nationalchauvinistischen und nationalsozialistischen Totalitarismus und Terrorismus entwickeln können? Es läßt sich nicht hindern, daß jeder geschichtliche Rückblick im Potentialis zur Erwägung darüber führt, ob die tiefste deutsche Katastrophe hätte vermieden werden können. Die Frage bleibt unbeantwortbar. Genug, wenn sie als sinnvolle akzeptiert wird und in diesem Sinn als Alternative zur Faktizität des Gewordenen dem historischen Eingedenken überantwortet werden darf.

Zuerst erschienen unter dem Titel: Der deutsche Sonderweg. Gedanken zu einer calvinistischen Alternative um 1600. – In: Kontroversen, alte und neue. Bd. IX: Deutsche Literatur in der Weltliteratur. Kulturnation statt politischer Nation? Hrsg. von Franz Norbert Mennemeier, Conrad Wiedemann. – Tübingen: Niemeyer 1986, S. 165–172.

Zentraleuropäischer Calvinismus und deutsche ›Barock‹-Literatur

Zu den konfessionspolitischen Ursprüngen der deutschen Nationalliteratur[1]

Eingang im Zeichen Max Webers

In den Jahren 1904/05 erschienen im Jafféschen *Archiv für Sozialwissenschaft und Sozialpolitik* (dem großen Organ des ›Kathedersozialismus‹) Max Webers Studien *Die protestantische Ethik und der Geist des Kapitalismus*, mit denen die moderne Religionssoziologie eröffnet wurde. Sie lösten eine der lebhaftesten Debatten in den Geistes- und Sozialwissenschaften des 20. Jahrhunderts aus. Eine – von dem verdienstvollen Weber-Herausgeber Johannes Winckelmann besorgte – kritische Neuausgabe enthält in einem Begleitband der Kritiken und Antikritiken zu dem berühmten Werk auch eine Bibliographie. Sie vereinigt nur »eine Bibliographie der wichtigsten Schriften aus der umfangreichen Kontroversialliteratur, die zu Max Webers Analyse der soziologischen Bedeutung des sich entfaltenden Protestantismus erwachsen ist«, und umfaßt doch ein gutes halbes Tausend Titel.[2] Diese Literatur ist in den vergangenen zehn Jahren nochmals beträchtlich angeschwollen.[3]

---

1 Der Beitrag auf Einladung von Heinz Schilling von literaturwissenschaftlicher Seite aus vorbereitet für das vom 2. bis 5. Oktober 1985 in Reinhausen bei Göttingen abgehaltene fünfte Symposion des Vereins für Reformationsgeschichte zum Problem der ›Zweiten Reformation‹ in Deutschland. Die Anmerkungen zu dem inzwischen viel zitierten Beitrag, der in Reinhausen nicht vorgetragen werden konnte, wurden auf dem Stand des Erstdrucks belassen, wie stets in diesem Band. Hinzugefügt für den Neudruck nur einige unerläßliche Zusätze. Zu verweisen jetzt vor allem auf den Band: Schlesien und der deutsche Südwesten um 1600. Späthumanismus – reformierte Konfessionalisierung – politische Formierung. Hrsg. von Joachim Bahlcke, Albrecht Ernst. – Heidelberg: Verlag Regionalkultur 2012 (= Pforzheimer Gespräche; 5). Er wird eröffnet mit einem Beitrag des Verfassers zum Thema: Schlesisch-pfälzischer Brückenschlag um 1600 im Zeichen von Späthumanismus und Konfessionalismus, S. 13–39. Dort eingehende Literatur auch neueren Datums.

2 Max Weber: Die protestantische Ethik. Bd. I: Eine Aufsatzsammlung. Hrsg. von Johannes Winckelmann. 5., erneut überarb. und mit einem Nachwort versehene Aufl. – Gütersloh: Mohn 1979 (= Gütersloher Taschenbücher Siebenstern; 53); ders.: Die protestantische Ethik. Bd. II: Kritiken und Antikritiken. Hrsg. von Johannes Winckelmann. 3., hinsichtl. der Bibliographie erweiterte Aufl. – Gütersloh: Mohn 1978 (= Gütersloher Taschenbücher Siebenstern; 119). Die Bibliographie: Bd. II, S. 395–427. Das Zitat: Bd. I, S. 8. Vgl. auch die von Max Weber kurz vor seinem Tod noch besorgte Wiedervorlage, die die berühmte dreibändige Folge seiner religionssoziologischen Abhandlungen eröffnet, die zu vollenden ihm nicht mehr vergönnt war. Schmerzlich vermißt man die geplanten Arbeiten zum Frühen Christentum und zum Islam, für die nach dem Zeugnis von Marianne Weber schon Vorarbeiten vorhanden waren. Vgl. Max Weber: Gesammelte Aufsätze zur Religionssoziologie. Bd. I. Zweite, photo-mechanisch gedruckte Aufl. – Tübingen: Mohr (Paul Siebeck) 1922, S. 17–205. Die Widmung – *Marianne Weber. 1893 ›bis ins Pianissimo des höchsten Alters‹* – ist datiert auf den 7. Juni 1920. Am 14. Juni 1920 starb Max Weber.

3 Vgl. beispielsweise Gordon Marshall: In Search of the Spirit of Capitalism. An Essay on Max Weber's Protestant Ethic Thesis. – New York: Columbia University Press 1982; Gianfranco Poggi:

Nicht nur Max Weber, sondern auch die Zeitgenossen, ob nun Ernst Troeltsch oder Georg Simmel oder der ältere Wilhelm Dilthey, erleben gegenwärtig eine noch vor kurzem nicht voraussehbare Renaissance.[4] Der Hegel- und insbesondere der Marx-Woge der späten sechziger und der frühen siebziger Jahre folgt so die der großen spätbürgerlichen Morphologen der modernen frühbürgerlichen Welt. Die historischen, die kulturwissenschaftlichen Disziplinen insgesamt können davon nur profitieren. Die universale historische Optik ist allemal geeignet, dem gewiß unerläßlichen, aber stets auch problematischen Spezialistentum Perspektiven, Impulse, fruchtbare interdisziplinäre Aspekte zu vermitteln. Wie nötig diese sind, erhellt schon aus einem schlichten, aber symptomatischen Befund: Die Bibliographie Winckelmanns enthält nicht eine einzige Arbeit, die dem hier zu verfolgenden Problem gewidmet wäre. Die konfessionspolitische Erschließung der deutschen Literatur im Spannungsfeld von Späthumanismus und Calvinismus zwischen 1560/70 und 1620/30 bleibt demnach eine der großen und lohnenden Aufgaben frühneuzeitlicher Philologie.

Herbert Schöffler und Josef Nadler

Wenn der formativen kulturpolitischen Rolle des zentraleuropäischen Calvinismus bislang zu wenig Aufmerksamkeit gewidmet wurde, so wird man dafür auch die allzu oft anzutreffende und allzu schematische Entgegensetzung von norddeutsch-protestantischem und süddeutsch-katholischem Kulturraum verantwortlich machen dürfen, wie sie seit Nadler und Cysarz in der Barock-Philologie eine feste Tradition hat.[5] Diese hat ihre Entsprechung in der Aufspaltung der protestantischen

---

 Calvinism and the Capitalist Spirit. Max Weber's ›Protestant Ethic‹. – Amherst: The University of Massachusetts 1983.
4 Symptomatisch dafür die Gründung des *Dilthey-Jahrbuchs für Philosophie und Geschichte der Geisteswissenschaften*, herausgegeben von Frithjof Rodi, bzw. der *Troeltsch-Studien*, herausgegeben von Horst Renz und Friedrich Wilhelm Graf. Zu Troeltsch vgl.: Gerhold Becker: Neuzeitliche Subjektivität und Religiosität. Die religionsphilosophische Bedeutung von Heraufkunft und Wesen der Neuzeit im Denken von Ernst Troeltsch. – Regensburg: Pustet 1982. Zu Simmel vgl. den Sammelband: Georg Simmel und die Moderne. Neue Interpretationen und Materialien. Hrsg. von Heinz-Jürgen Dahme, Otthein Rammstedt. – Frankfurt a.M.: Suhrkamp 1984 (= Suhrkamp-Taschenbuch Wissenschaft; 469), sowie David Frisby: Georg Simmel. – London, New York: Routledge 1984 (= Key Sociologists). Zu Dilthey gleichfalls den Sammelband: Materialien zur Philosophie Wilhelm Diltheys. Hrsg. von Frithjof Rodi, Hans-Ulrich Lessing. – Frankfurt a.M.: Suhrkamp 1984 (= Suhrkamp-Taschenbuch Wissenschaft; 439). Dazu Thomas Kornbichler: Deutsche Geschichtsschreibung im 19. Jahrhundert. Wilhelm Dilthey und die Begründung der modernen Geschichtswissenschaft. – Pfaffenweiler: Centaurus-Verlagsgesellschaft 1984 (= Reihe Geschichtswissenschaft; 1); Hans-Ulrich Lessing: Die Idee einer Kritik der historischen Vernunft. Wilhelm Diltheys erkenntnistheoretisch-logisch-methodologische Grundlegung der Geisteswissenschaften. – Freiburg, München: Alber 1984; Günther Fütterer: Historische Phantasie und praktische Vernunft. Eine kritische Auseinandersetzung mit Diltheys Theorie historischer Rationalität. – Würzburg: Königshausen & Neumann 1985 (= Studien zur Anthropologie; 11).
5 Zu diesen Zusammenhängen vgl. Hans-Harald Müller: Barockforschung. Ideologie und Methode. Ein Kapitel deutscher Wissenschaftsgeschichte 1870–1930. – Darmstadt: Thesen Verlag 1973

Bewegung in eine calvinistisch-puritanisch geprägte Kultur Westeuropas und eine lutherisch-protestantisch geprägte Mittel- und Nordeuropas, zumal Nord-, Mittel- und Ostdeutschlands.[6]

Angesichts derartig globaler binärer Zuweisungen, wie sie insbesondere in der deutschen Geisteswissenschaft gepflegt wurden, geraten Sonderformen wie der deutsche Calvinismus gerade in ihrer kulturellen Ausstrahlungskraft nur allzu rasch aus dem Blickfeld. Auch ist einzuräumen, daß die Literaturwissenschaft die großen religionssoziologischen Entwürfe der Jahrhundertwende nur partiell rezipiert und nur selektiv ihrem Gegenstand assimiliert hat. Für die Anglistik lag die Anknüpfung an Weber näher als für die Germanistik. Die bekannten Arbeiten Herbert Schöfflers und Levin L. Schückings stehen dafür vor allem ein.[7]

So ist es symptomatisch, daß der große religionssoziologische Literatur- und Kulturwissenschaftler Herbert Schöffler dort, wo er auf die Verhältnisse im deutschen Sprachraum zu sprechen kommt, sich entweder den reformierten Literaturlandschaften wie der Schweiz zuwendet – aus seiner Feder stammt die immer noch maßgebliche Darstellung des literarischen Zürich im 18. Jahrhundert! – oder aber auf reichsdeutschem territorialem Boden die traditionsbildenden lutherischen Elemente akzentuiert und im Vergleich zu den calvinistischen gelegentlich überblendet. Natürlich kennt der Autor, der die konfessionelle Kulturgeographie Schlesiens erschlossen hat wie niemand vor und nach ihm, die Namen der Calvinisten bzw. der mit dem Calvinismus sympathisierenden Dichter und Denker. Und doch lebt sein Buch von der – seinen Verfasser faszinierenden – Überlagerung und Symbiose des Lutherischen und Katholischen in Schlesien: »das Lutherische die Grundlage aus Herkunft und Erziehung, das Katholische aus Umwelt und Atmosphäre.«[8]

Der Calvinismus ist in diesem Buch in einem Kapitel über den Einfluß Leidens auf die schlesische Intelligenz präsent – einem der großen Stücke deutscher kulturgeschichtlicher Essayistik des 20. Jahrhunderts, unüberholt in seiner Dichte wie in

---

(= Germanistik; 6), S. 97ff., S. 149ff.; Herbert Jaumann: Die deutsche Barockliteratur. Wertung – Umwertung. Eine wertungsgeschichtliche Studie in systematischer Absicht. – Bonn: Bouvier 1975 (= Abhandlungen zur Kunst-, Musik- und Literaturwissenschaft; 181), S. 401ff., S. 429ff.

6 So vor allem ausgearbeitet in den großen religionshistorischen Studien von Ernst Troeltsch, zusammengeführt in: Ernst Troeltsch: Die Soziallehren der christlichen Kirchen und Gruppen. – Tübingen: Mohr 1912 (Gesammelte Schriften; 1). Das Gesamtwerk von Troeltsch dargeboten in: Ernst Troeltsch Bibliographie. Hrsg. von Friedrich Wilhelm Graf, Hartmut Ruddies. – Tübingen: Mohr 1982.

7 Vgl. vor allem Herbert Schöffler: Protestantismus und Literatur. Neue Wege zur englischen Literatur des achtzehnten Jahrhunderts. 2. Aufl. – Göttingen: Vandenhoeck & Ruprecht 1958; ders.: Das literarische Zürich 1700–1750. – Frauenfeld, Leipzig: Huber 1925 (= Die Schweiz im deutschen Geistesleben. Eine Sammlung von Darstellungen und Texten; 40); ders.: Deutscher Geist im 18. Jahrhundert. Essays zur Geistes- und Religionsgeschichte. Hrsg. von Götz von Selle. – Göttingen: Vandenhoeck & Ruprecht 1956. Dazu die Sammlung: Wirkungen der Reformation. Religionssoziologische Folgerungen für England und Deutschland. – Frankfurt a.M.: Klostermann 1960; Levin L. Schücking: Die puritanische Familie in literar-soziologischer Sicht. 2., verbesserte Aufl. – Bern, München: Francke 1964.

8 Herbert Schöffler: Deutsches Geistesleben zwischen Reformation und Aufklärung. Von Martin Opitz zu Christian Wolff. 2. Aufl. – Frankfurt a.M.: Klostermann 1956, S. 108.

seiner Fülle der Einsichten. Und doch: Den politischen, den konfessionellen, den im engeren Sinn literarhistorischen Radius, der die Ursprünge der deutschen Nationalliteraturbewegung und damit die Ursprünge der schlesischen Literatur auf der Wende vom 16. zum 17. Jahrhundert zu umspannen imstande wäre, hat auch Schöffler nicht ausgemessen.

Hier empfiehlt es sich beispielsweise, auf den kulturgeographischen Antipoden, auf Josef Nadler, zurückzugehen, dessen Kapitel über Heidelberg, über Kassel und Köthen auf der einen Seite, über die Grundlagen der mittel- und ostdeutschen Dichtung sowie über Schlesien und die Lausitz auf der anderen Seite immer noch zu dem Erhellendsten gehören, was die deutsche Philologie zu der ungelösten Frage nach den formativen gesamthistorischen Bedingungen der neueren deutschen Kunstdichtung bislang beigetragen hat – und das nicht wegen, sondern trotz des unhaltbaren stammesgeschichtlichen Ansatzes.[9]

Dominanz lutherisch-protestantischer Traditionsbildung

Die Literaturgeschichtsschreibung seit dem frühen 19. Jahrhundert hat aus wechselnden Interessen und Perspektiven die Rolle Luthers und der Reformation im frühneuzeitlichen Literaturprozeß Deutschlands stets erneut thematisiert.[10] Nachdem Herder – in genuin aufgeklärter Optik kritisch gleichermaßen gegenüber Hof, Klerus und Gelehrtentum – den Blick auf die unausgeschöpften Möglichkeiten der ›Volkspoesie‹ gelenkt hatte, rückte Luther alsbald zur nationalen Leitfigur und zum Patron einer ›volkstümlichen‹ Literaturtradition auf, deren Physiognomie und Funktion schon bei den pathetischen Sprechern der Freiheitskriege um Horn, Wachler und Hegewisch zu verschwimmen begannen. Es ist nicht uninteressant zu beobachten, wie die literarhistorische Aufwertung Luthers im Zeichen des Populären auch noch die Annäherung der marxistischen Literaturwissenschaft an das 16. – wie das 17. Jahrhundert – prägt und steuert.

Niemand wird die Freisetzung der nicht nur sprachlichen, sondern ebensowohl formalen gattungsgeschichtlichen Potenzen der deutschen Literatur während des Auftretens Luthers und danach leugnen. Mit der Ausbreitung der Lutherischen Lehre in Predigt, Flugblatt, Flugschrift, Sendschreiben, Fabel, Sprichwort, Lied, Drama, Dialog, Erzählung, Erbauungsschrifttum etc. wird ein ständeübergreifen-

---

9 Josef Nadler: Literaturgeschichte der deutschen Stämme und Landschaften. 3. Aufl. Bd. I: Die altdeutschen Stämme (800–1740). – Regensburg: Habbel 1929, S. 457ff.; Bd. II: Sachsen und das Neusiedelland (800–1786). – Regensburg: Habbel 1931, S. 285ff.

10 Die Literatur zusammengestellt bei Herbert Wolf: Germanistische Luther-Bibliographie. Martin Luthers deutsches Sprachschaffen im Spiegel des internationalen Schrifttums der Jahre 1880–1980. – Heidelberg: Winter 1985. Als interessante Fallstudie: Volker Mehnert: Protestantismus und radikale Spätaufklärung. Die Beurteilung Luthers und der Reformation durch aufgeklärte deutsche Schriftsteller zur Zeit der Französischen Revolution. – München: Saur 1982 (= Minerva-Publikation). Zum Kontext: Luther in der Neuzeit. Wissenschaftliches Symposion des Vereins für Reformationsgeschichte. Hrsg. von Bernd Moeller. – Gütersloh: Mohn 1983 (= Schriften des Vereins für Reformationsgeschichte; 192).

der Literarisierungsprozeß im Medium des Deutschen eingeleitet, wie er im frühneuzeitlichen Europa singulär geblieben ist.[11] Aber um welchen Preis? Diese Frage zu stellen heißt zugleich, einem nach wie vor herrschenden Rezeptionsmuster in der Dichotomie und Bewertung gelehrter und volkstümlicher Überlieferungen entgegenzuarbeiten.

Mit der Reformation wird die in drei Generationen bewerkstelligte Adaptation des vornehmlich italienischen Humanismus – getragen wie in Italien von den Oberschichten der Kommunen zumal in den mächtigen oberdeutschen Reichsstädten und Stadtstaaten sowie von einzelnen Territorialherren – und damit die Schaffung genuiner institutioneller Kristallisationspunkte in den gelehrten ›Sodalitäten‹ wo nicht unterbrochen, so doch in eine neue Richtung gelenkt und mit neuen Erwartungen und Aufgaben verknüpft.[12] Kein Land war optimaler prädisponiert zur Rezeption des italienischen Humanismus als die deutschen Territorien und Kommunen. Die fruchtbare Spannung zwischen dezentraler Organisation und nationaler Inspiration unter dem Stern Roms im Ursprungsland wiederholte sich im Heiligen Römischen Reich Deutscher Nation mit einer Prägnanz wie in keinem Land Europas sonst – und das unter Zuhilfenahme eines ›nordischen‹ Substituts in Gestalt der Germanen-Mythologie.

Folgen für die Rezeption des Humanismus

Entsprechend waren die Weichen zur volkssprachigen Weiterbildung des lateinischen Humanismus parallel zum europäischen zu Anfang des 16. Jahrhunderts gestellt und ein Celtis poetisch, programmatisch und institutionell gerüstet, das Werk in Angriff zu nehmen, das sich im Nachbarland im Umkreis Franz' I. und der Pléiade so eindrucksvoll vollzog. Die lutherische Revolte hat literarhistorisch gesehen also nicht nur die deutsche Sprache als Medium einer breitenwirksamen und formschöpferischen Massenliteratur freigesetzt, sondern zugleich eine geschichtlich ebenfalls notwendige und verheißungsvolle Möglichkeit deutscher Sprach-

---

11 Prägnant dargestellt etwa in: Ingeborg Spriewald, Hildegard Schnabel, Werner Lenk, Heinz Entner: Grundpositionen der deutschen Literatur im 16. Jahrhundert. 2. Aufl. – Berlin, Weimar: Aufbau-Verlag 1976 (Akademie der Wissenschaften der DDR. Zentralinstitut für Literaturgeschichte).

12 Vgl. etwa: Lewis W. Spitz: The Course of German Humanism. – In: Itinerarium Italicum. The Profile of the Italian Renaissance in the Mirror of its European Transformations. Ed. by Heiko A. Oberman, Thomas A. Brady. – Leiden: Brill 1975 (= Studies in Medieval and Reformation Thought; 14), pp. 371–435; Humanismus und Reformation als kulturelle Kräfte in der deutschen Geschichte. Ein Tagungsbericht. Hrsg. von Lewis W. Spitz. – Berlin: de Gruyter 1981 (= Veröffentlichungen der Historischen Kommission zu Berlin; 51); L'humanisme allemand (1480–1540). – München: Fink, Paris: Vrin 1979. Eine Geschichte der humanistischen Sodalitäten in Deutschland fehlt und ist dringendes Desiderat. Vgl. Heinrich Lutz: Die Sodalitäten im oberdeutschen Humanismus des späten 15. und frühen 16. Jahrhunderts. – In: Humanismus im Bildungswesen des 15. und 16. Jahrhunderts. Hrsg. von Wolfgang Reinhard. – Weinheim: Acta humaniora 1984 (= Mitteilung XII der Kommission für Humanismusforschung der Deutschen Forschungsgemeinschaft), S. 45–60.

und Formkultur sistiert und paralysiert, nämlich die Entwicklung einer volkssprachigen humanistischen Renaissance-Literatur im Gleichschritt und im Austausch mit den westlichen Nachbarn.

Die Klagen aus den Gelehrtenkreisen über die Gefährdung der *studia humaniora* durch die lutherische Umwälzung sind ebenso unüberhörbar wie die enthusiastischen Bekundungen eines Hutten, ja noch eines Fischart, das Werk der Renaissance im Zeichen einer Reinigung der Kirche fortzusetzen und damit in Deutschland und nur in ihm jene beiden großen frühneuzeitlichen Reformbewegungen zusammenzuführen und in diesem Sinne zu vollenden.[13] Tatsache ist, daß die Wiederaufnahme der Eindeutschung des Humanismus in der zweiten Hälfte des Jahrhunderts, zumal im Südwesten, unter erheblich erschwerten Bedingungen erfolgte und ohne höfische Protektion aussichtslos blieb.[14] Vor allem aber war das freie Spiel der Musen, war die zweckfreie Form gelehrter Existenz nicht zu restituieren, nachdem theologische wie moralische Ansprüche Leben und Werk der Humanisten gleichermaßen reguliert hatten. Die protestantische Überformung der antiken und modernen klassizistischen Literaturformen hat im 16. Jahrhundert eingesetzt, sich bis tief in das 17. Jahrhundert hinein erstreckt und selbst noch jene Gattungen geprägt, die aufgrund ihrer formalen wie motivischen Konsistenz besonders resistent gegenüber derartigen Versuchen waren.[15]

Neueinsatz im 17. Jahrhundert mit Opitz

So mag es nach dem Gesagten nicht nur als Zufall oder literatur-strategisches Kalkül erscheinen, wenn der Name Luthers im poetischen wie poetologischen Reformwerk Opitzens an einschlägiger Stelle nicht fällt. Opitz hat sich in Deutschland programmatisch zurückbezogen auf die höfische Dichtung des hohen und späten Mittelalters sowie die lateinische Literatur um Karl den Großen und der neulateinischen Humanisten. Die stadtbürgerliche Dichtung des 15. und 16. Jahrhunderts hat er als Pritschmeister-Poesie abgetan, den lutherischen Beitrag zur Formation einer deutschen Literatursprache – im Gegensatz zu manchem seiner Zeit-

---

13 Dazu die perspektivenreiche Arbeit von Jan-Dirk Müller: Zum Verhältnis von Renaissance und Reformation in der deutschen Literatur des 16. Jahrhunderts. – In: Renaissance – Reformation. Gegensätze und Gemeinsamkeiten. Hrsg. von August Buck. – Wiesbaden: Harrassowitz 1984 (= Wolfenbütteler Abhandlungen zur Renaissanceforschung; 5), S. 227–253. Vgl. auch Helmar Junghans: Der junge Luther und die Humanisten. – Weimar: Böhlau 1984 (= Arbeiten zur Kirchengeschichte; 8).

14 Zu diesem Fragenkomplex vgl. Erich Kleinschmidt: Stadt und Literatur in der Frühen Neuzeit. Voraussetzungen und Entfaltung im südwestdeutschen, elsässischen und schweizerischen Städteraum. – Köln, Wien: Böhlau 1982 (= Literatur und Leben. N.F.; 22).

15 Das wurde gezeigt von Klaus Garber: Pétrarquisme pastoral et bourgeoisie protestante. La poésie pastorale de Johann Rist et Jakob Schwieger. – In: Le genre pastoral en Europe du XVe au XVIIe siècle. Ed. par Claude Longeon. – Saint-Étienne: Publications de l'Université de Saint-Étienne 1980 (= Centre d'Études de la Renaissance et de l'Âge Classique), pp. 269–297 (in deutscher Version in diesem Band S. 403–428).

genossen und Nachfolger – keines Wortes gewürdigt.[16] Er wollte der Erste sein, der das europäische klassizistische Literatursystem auf das Deutsche umstellte. Daher die eifersüchtige Rivalität mit den Gönnern und Freunden im Südwesten.[17]

Natürlich hatte Opitz das historische Recht auf seiner Seite, wenn er Luthers Werk im Rahmen seiner Zwecke unberücksichtigt ließ. Die auf Luther zurückführenden Linien auszuziehen, hätte bedeutet, das Prekäre neben dem historisch Fälligen, das Restriktive neben dem Inspirierenden im eigenen Werk zu thematisieren. Denn wenn es Opitzens Größe war, den Anschluß an die höfisch-gelehrte Kultur Europas zielstrebig, zäh und kompromißlos wiederhergestellt zu haben, so war es doch zugleich sein Verhängnis, daß er sein Werk allein auf die Gelehrten, den Adel, die Höfe abstellen mußte. Geschichtliche Breitenwirkung, wie sie Luther zugefallen war und wie sie auf andere Weise die stadtbürgerliche literarische Produktion des 15. und 16. Jahrhunderts auszeichnete, war ihm versagt und war auch nicht intendiert. Sein Werk blieb das einer humanistischen und sozialen Elite, und vielleicht konnte es nur in dieser Esoterik zu jener formalen Eleganz und Virtuosität gedeihen, die stets wieder Staunen hervorrufen wird.

Volkspoesie versus Gelehrtenpoesie

Schließlich aber – um die Erwägungen zum historischen Rahmen, und das heißt zur rezeptionsgeschichtlichen Dimension des Themas abzuschließen – will es wiederum symptomatisch erscheinen, daß der dritte große frühneuzeitliche Reformator und Organisator des literarischen Lebens auf deutschem Boden – allzu lange im Schatten Lessings, Herders und der Klassik verharrend und erst durch die DDR-Literaturwissenschaft rehabilitiert –, daß also Gottsched bei seinen neuerlichen und inzwischen um zwei Jahrhunderte verspäteten Bemühungen um die Etablierung der deutschen Nationalliteratur Luther und Opitz als die beiden großen Ahnherren und Gewährsmänner in einem Atemzug nennen kann.[18] Denn Gottsched möchte sein Vorhaben dem übergeordneten Zweck der Aufklärung zuführen, und

---

16 Dazu Volker Sinemus: Poetik und Rhetorik im frühmodernen deutschen Staat. Sozialgeschichtliche Bedingungen des Normenwandels im 17. Jahrhundert. – Göttingen: Vandenhoeck & Ruprecht 1978 (= Palaestra; 269), S. 12ff.; Gunter E. Grimm: Literatur und Gelehrtentum in Deutschland. Untersuchungen zum Wandel ihres Verhältnisses vom Humanismus bis zur Frühaufklärung. – Tübingen: Niemeyer 1983 (= Studien zur deutschen Literatur; 75), S. 115ff.; Klaus Garber: Martin Opitz. – In: Deutsche Dichter des 17. Jahrhunderts. Ihr Leben und Werk. Hrsg. von Harald Steinhagen, Benno von Wiese. – Berlin: Erich Schmidt 1984, S. 116–184, S. 133ff. (in diesem Band S. 563–639); Heinz Entner: Der Weg zum *Buch von der Deutschen Poeterey*. Humanistische Tradition und poetologische Voraussetzungen deutscher Dichtung im 17. Jahrhundert. – In: Heinz Entner, Werner Lenk, Ingrid Schiewek, Ingeborg Spriewald: Studien zur deutschen Literatur im 17. Jahrhundert. – Berlin, Weimar: Aufbau-Verlag 1984 (Akademie der Wissenschaften der DDR. Zentralinstitut für Literaturgeschichte), S. 11–144.
17 Vgl. die in Anm. 25 und Anm. 29 zitierte Literatur.
18 Dazu und zum folgenden: Klaus Garber: Martin Opitz – ›der Vater der deutschen Dichtung‹. Eine kritische Studie zur Wissenschaftsgeschichte der Germanistik. – Stuttgart: Metzler 1976, S. 44ff. [Inzwischen liegt vor: Europäische Barock-Rezeption. In Verbindung mit Ferdinand van

dies ist an Breitenwirkung und damit an Deutschsprachigkeit zwingend gebunden. Gottsched feiert deshalb Opitzens wie Luthers Übergang zum Deutschen als Tat aus dem Geist der Aufklärung, ohne zu gewahren, daß Opitz an einer nichtgelehrten ›bürgerlichen‹ Öffentlichkeit desinteressiert war.

Herder wird noch weiter gehen und Opitz in jene ›altdeutsche‹ Tradition der Stadtbürgerkultur wieder einrücken, für die Luther als prominentester Zeuge steht, welche aber doch Opitz gerade negierte. Der einfache Grund? Herder mobilisiert das 16. wie das frühe 17. Jahrhundert um Opitz, Weckherlin, Dach und Balde im Kampf gegen jene von ihm inkriminierte nachopitzsche höfische Dichtung zumal der späteren Schlesier, deren obstinate Form ihm in der eigenen Gegenwart das eigentliche Hemmnis für eine nationale und populäre, nämlich wahrhaft aufgeklärte Gestalt der Poesie bildet.

Erst nach der Französischen Revolution wird die Polarisierung Luthers und Opitzens virulent und zunehmend problematisch. Während die restaurative, teilweise offen reaktionäre Literaturgeschichtsschreibung das Werk der Gelehrten im Zeichen nebulöser Volkstümlichkeits-Parolen verwirft und damit nicht selten auch die Aufklärung zu treffen sucht, formiert sich die liberale Historiographie, indem sie den frühneuzeitlichen Literaturprozeß in allen Phasen als geschichtlich sinnvollen begreift und darin auch der humanistisch-gelehrten Variante zu Anfang des 17. Jahrhunderts Gerechtigkeit widerfahren läßt. Wir haben allen Anlaß, dieses liberale – und gelegentlich radikal-demokratische – Bild unserer literarischen Kultur auf der Wende vom 16. zum 17. Jahrhundert, wie es im Werk von Gervinus seinen Meister fand, erinnernd zu bewahren und fortzuentwickeln, wenn anders das Jahrhundert des ›Barock‹ nach den geistesgeschichtlichen Verirrungen der Entwicklung frühneuzeitlicher Kultur reintegriert werden soll.

Einsatz im Zeichen des Calvinismus

Hier geht es um eine wenig beachtete Formation, die den Charakter einer geschichtlich nicht zur Geltung gelangten Alternative besitzt und als nur potentielle die besondere Aufmerksamkeit des Historikers beanspruchen darf.[19] Nach wie vor liegen die geschichtlichen Hintergründe für die Anfänge der klassizistischen ›National‹-Literatur-Bewegung, wie sie sich vor allem mit dem Namen Martin Opitzens verbinden, im Dunkeln. Darf man sich damit begnügen, auf den musterprägenden Prozeß

Ingen, Wilhelm Kühlmann, Wolfgang Weiß hrsg. von Klaus Garber. Bd. I–II. – Wiesbaden: Harrassowitz 1991 (= Wolfenbütteler Arbeiten zur Barockforschung; 20)].

19 Dazu der kleine Parallel-Beitrag des Verfassers zu diesem Versuch: Der deutsche Sonderweg. Gedanken zu einer calvinistischen Alternative um 1600. – In: Kontroversen, alte und neue. Akten des VII. Internationalen Germanisten-Kongresses. Hrsg. von Albrecht Schöne. Bd. IX: Deutsche Literatur in der Weltliteratur. Kulturnation statt politischer Nation? Hrsg. von Franz Norbert Mennemeier, Conrad Wiedemann. – Tübingen: Niemeyer 1986, S. 165–172 (in diesem Band S. 909–917).

in der Romania, England und den Niederlanden zu verweisen, an den Deutschland verspätet Anschluß sucht und findet?

Die im folgenden zu entfaltende These lautet, daß literaturinterne Kriterien zur Erklärung so wenig hinreichen wie sozialgeschichtliche Deutungsschemata. Innovative Prozesse pflegen in der Frühen Neuzeit in aller Regel an theologische bzw. konfessionspolitische geknüpft zu sein. Den hier obwaltenden Verflechtungen ist gerade im Blick auf die Wende vom 16. zum 17. Jahrhundert bislang zu wenig Aufmerksamkeit geschenkt worden. Es sollte wenigstens umrißhaft plausibel gemacht werden können, daß der literarische Erneuerungs- oder, wenn man so will, Modernisierungsprozeß in diesem Zeitraum nicht ausschließlich, aber doch eng mit der ›Zweiten Reformation‹ in Zentraleuropa und damit der zentraleuropäischen calvinistischen Bewegung verknüpft ist.[20]

I Vorreiterrolle der Pfalz

Psalmendichtung aus calvinistischem Geist

Es gibt eine Reihe von Gründen, die Geschichte der deutschen Literatur des 17. Jahrhunderts spätestens im Jahre 1570 zu eröffnen.[21] Zu den im obigen Sinne literaturinternen und durchaus symptomatischen gehört die Eindeutschung der französischen Psalmendichtung.[22] Die reformierte deutsche Psalmen-Version Me-

---

20 Dazu liegt nur eine kleine Spezialstudie vor von Kåre Langvik-Johannessen: Die Rolle der Kalvinisten in der ästhetischen Entwicklung der deutschen Literatur. – In: Dikt og idé. Festskrift til Ole Koppang på syttiårsdagen. Redigert av Sverre Dahl. – Oslo: Germanistisches Institut 1981 (= Osloer Beiträge zur Germanistik; 4), S. 59–72. Eine religionshistorisch fundierte Untersuchung mit Schwerpunkt auf der zweiten Reformation, wie sie die Geschichtswissenschaft mit der großen Arbeit von Heinz Schilling: Konfessionskonflikt und Staatsbildung. Eine Fallstudie über das Verhältnis von religiösem und sozialem Wandel in der Frühneuzeit am Beispiel der Grafschaft Lippe. – Gütersloh: Mohn 1981 (= Quellen und Forschungen zur Reformationsgeschichte; 48), besitzt, fehlt in der Barockforschung und ist ein Desiderat.
21 Es ist erfreulich zu sehen, daß die Literaturgeschichtsschreibung diesen Umstand wiederholt berücksichtigt. Verwiesen sei – neben den grundlegenden Arbeiten von Erich Trunz, Leonard Forster und Richard Newald – hier nur auf die beiden literarhistorischen Darstellungen: Studien zur deutschen Literatur im 17. Jahrhundert (Anm. 16), sowie: Zwischen Gegenreformation und Frühaufklärung. Späthumanismus, Barock. 1572–1740. Hrsg. von Harald Steinhagen. – Reinbek bei Hamburg: Rowohlt Taschenbuch Verlag 1985 (Deutsche Literatur. Eine Sozialgeschichte; 3. rororo; 6252). Die gesamthistorischen Folgerungen aus diesem Einsatz und ihre Vermittlung mit dem Literaturprozeß unter dem Aspekt der ›Barock‹-Debatte stehen freilich noch weitgehend aus. Das setzte eine Neuerschließung des europäischen Späthumanismus voraus. Am weitesten vordringend Wilhelm Kühlmann: Gelehrtenrepublik und Fürstenstaat. Entwicklung und Kritik des deutschen Späthumanismus in der Literatur des Barockzeitalters. – Tübingen: Niemeyer 1982 (= Studien und Texte zur Sozialgeschichte der Literatur; 3).
22 Diesem Problem sind die frühen Studien von Erich Trunz gewidmet. Hier sei nur verwiesen auf ders.: Die deutschen Übersetzungen des Hugenottenpsalters. – In: Euphorion 29 (1928), S. 578–617; ders.: Die Entwicklung des barocken Langverses. – In: Euphorion 39 (1938), S. 427–468; ders.: Über deutsche Nachdichtungen der Psalmen seit der Reformation. – In: Gestalt, Gedanke, Geheimnis. Festschrift Johannes Pfeiffer. – Berlin: Verlag ›Die Spur‹ 1967, S. 365–380. Vgl. auch

lissus Schedes (1572) ist in bewußter Konkurrenz und mit dem Ziel einer Überbietung der lutherischen des Ambrosius Lobwasser (1565 abgeschlossen, 1573 publiziert) erfolgt.[23] Während Lobwasser – gebürtiger Sachse – sich der Protektion des Herzogs Albrecht von Preußen erfreute, ist das Wirken Schedes aufs engste mit der reformierten Metropole Heidelberg verknüpft. Beide Dichter weilten in Heidelberg. Aber für Melissus wurde die Begegnung mit dem westlichen Nachbarland lebensbestimmend, fügte sie sich doch ein in die traditionell engen Kontakte des calvinistischen Kurfürstenhauses und seines Militär- und Beamtenapparates zu Frankreich.

Lobwassers Frankreichreise als Hofmeister stand im Zeichen des Studiums der Rechtswissenschaft (Löwen, Paris, Bourges, Anjou). Melissus dagegen begegnete der führenden poetischen *nobilitas litteraria* des Kreises um die Pléiade, als er 1567 nach Frankreich aufbrach (Paris, Besançon, später Genf): Jean Dorat, Jodelle, Florent Chrestien. Hinzu kam die Bekanntschaft mit Ramus, mit Estienne, Scaliger, Lambinus, Auratus, mit dem in der Bartholomäusnacht ermordeten großen Musiker Goudimel, schließlich in Genf mit Beza, dem Nachfolger Marots in der Psalmendichtung. Diese Kontakte blieben in der Pfalz unter Kurfürst Friedrich III., der Schede mit der Psalmenübersetzung beauftragte, lebendig, während Lobwasser in Königsberg von ihnen abgeschnitten und Zeuge der heftigen theologischen Auseinandersetzungen zwischen Lutheranern und Osiandristen wurde, denen er selbst im Geiste der Toleranz und des interkonfessionellen Ausgleichs auch mit seinem Psalmen-Werk zu begegnen suchte.

So ist die Reform des deutschen Verses noch im letzten Drittel des 16. Jahrhunderts mit der Eindeutschung der reformierten geistlich-lyrischen Ausdrucksform eng verwoben. Schon bei Schede wird deutlich, wie das gemeinsame calvinistische Bekenntnis zur Stiftung einer parallelen deutschsprachigen Gattung neben der französischen Version führt.

> In Genf hatte er unter Franzosen gelebt, die ihre Nationalsprache als Medium der Dichtung selbstbewußt neben die antiken Sprachen stellten, und sah sich als deutscher Dichter herausgefordert. Zudem machten ihm die Kontakte zwischen französischen und deutschen Kalvinisten die Notwendigkeit einer Vermittlung der deutschen Sprache bewußt.[24]

Klaus-Peter Ewald: Engagierte Dichtung im 17. Jahrhundert. Studie zur Dokumentation und funktionsanalytischen Bestimmung des ›Psalmdichtungsphänomens‹. – Stuttgart: Heinz 1975 (= Stuttgarter Arbeiten zur Germanistik; 6).

23 Zu Schede vgl. Eckart Schäfer: Deutscher Horaz. Conrad Celtis, Georg Fabricius, Paul Melissus, Jacob Balde. Die Nachwirkung des Horaz in der neulateinischen Dichtung Deutschlands. – Wiesbaden: Steiner 1976, S. 65–108. Zu Lobwasser grundlegend und nicht überholt: Erich Trunz: Ambrosius Lobwasser. Humanistische Wissenschaft, kirchliche Dichtung und bürgerliches Weltbild im 16. Jahrhundert. – In: Altpreußische Forschungen 9 (1932), S. 29–97.

24 Schäfer: Deutscher Horaz (Anm. 23), S. 69.

Heidelberger Späthumanismus international vernetzt

Doch hier steht das schwierigere Problem des Ursprungs der weltlichen Kunstdichtung zur Rede. Wiederum führt die entscheidende Spur nach Heidelberg.[25] Schon vor dem Übertritt zum reformierten Bekenntnis war der im 16. Jahrhundert sich rasch konsolidierende Pfälzer Territorialstaat ein Anziehungspunkt für die in Basel und Straßburg ausgebildete, zumeist reformierte Gelehrten- und insbesondere Juristenschaft. Als Friedrich III. zum reformierten Bekenntnis überging, war dieser Schritt für die Stellenpolitik nicht nur in den kirchlichen Gremien, sondern auch an der Universität und den territorialen Kollegialorganen von weitreichender Bedeutung.

Der Heidelberger Späthumanismus ist um diese beiden Institutionen zentriert. Auf universitärer Seite reicht es, an einen Namen wie den des niederländischen Exulanten Janus Gruter zu erinnern – seit 1602 Nachfolger Melissus Schedes im Amt der Verwaltung der ›Palatina‹ –, im Oberrat an diejenigen Otto von Grünrades, Volrad von Plessens, Michael Loefenius', Ludwig Camerarius' und insbesondere Georg Michael Lingelsheims.[26] Hier ist nicht der Ort, ihre Biographien zu verfolgen.[27]

---

25 Die große Monographie zur Heidelberger Dichtung um 1600 steht aus. Sie könnte am ehesten mit der in Angriff genommenen Zincgref-Ausgabe entstehen. Dazu Dieter Mertens, Theodor Verweyen: Bericht über die Vorarbeiten zu einer Zincgref-Ausgabe. – In: Jahrbuch für Internationale Germanistik IV/2 (1972), S. 125–150; vgl. auch die Rezension des Verfassers in: Internationales Archiv für Sozialgeschichte der deutschen Literatur 5 (1980), S. 262–268 (in diesem Band S. 555–562). Sodann die maßgebliche Studie von Dieter Mertens: Zu Heidelberger Dichtern von Schede bis Zincgref. – In: Zeitschrift für deutsches Altertum und deutsche Literatur 103 (1974), S. 200–241. Einschlägig auch – neben den zitierten Arbeiten von Erich Trunz – die Studien von Leonard Forster: Zu den Vorläufern von Martin Opitz, zusammengefaßt in: ders.: Kleine Schriften zur deutschen Literatur im 17. Jahrhundert. – Amsterdam: Rodopi 1977 (= Daphnis VI/4), S. 57–161.

26 Ihre Biographen haben bislang nur Gruter und Camerarius gefunden. Vgl. Gottfried Smend: Jan Gruter. Sein Leben und Wirken. Ein Niederländer auf deutschen Hochschulen. Letzter Bibliothekar der alten Palatina zu Heidelberg. – Bonn: Scheur 1939; dazu: Leonard Forster: Janus Gruter's English Years. Studies in the Continuity of Dutch Literature in Exile in Elizabethan England. – Leiden: University Press (= Publications of the Sir Thomas Browne Institute, Leiden; 3); Friedrich Hermann Schubert: Ludwig Camerarius 1573–1651. Eine Biographie. – Kallmünz/Obf.: Lassleben 1955 (= Münchener Historische Studien. Abteilung Neuere Geschichte; 1).

27 Die wichtigste Quelle dafür: Briefe G.M. Lingelsheims, M. Berneggers und ihrer Freunde. Nach Handschriften. Hrsg. von Alexander Reifferscheid. – Heilbronn: Henninger 1889 (= Quellen zur Geschichte des geistigen Lebens in Deutschland während des siebzehnten Jahrhunderts nach Handschriften; 1). Eine Fortführung dieses mit dem ersten Band steckengebliebenen Unternehmens ist dringliches Desiderat. Vgl.: Briefe deutscher Barockautoren. Probleme ihrer Erfassung und Erschließung. Hrsg. von Hans-Henrik Krummacher. – Hamburg: Hauswedell 1978 (= Wolfenbütteler Arbeiten zur Barockforschung; 6); Monika Ammermann: Gelehrten-Briefe des 17. und frühen 18. Jahrhunderts. – In: Gelehrte Bücher vom Humanismus bis zur Gegenwart. Hrsg. von Bernhard Fabian, Paul Raabe. – Wiesbaden: Harrassowitz 1983 (= Wolfenbütteler Schriften zur Geschichte des Buchwesens; 9), S. 81–96. [Vgl. inzwischen auch: Axel E. Walter: Späthumanismus und Konfessionspolitik. Die europäische Gelehrtenrepublik um 1600 im Spiegel der Korrespondenzen Georg Michael Lingelsheims. – Tübingen: Niemeyer 2004 (= Frühe Neuzeit; 95)].

Sie lehren aufs Ganze gesehen ein Doppeltes: Die über die Institution des Rats vermittelte und in persönlicher Überzeugung verwurzelte Konsolidierung des jungen Bekenntnisses ist wesentlich das Werk dieser gelehrten Oberschicht. Und dies nicht zuletzt, weil die reformierte Gelehrtenschaft nicht nur mit den Reformierten am Oberrhein und in der Schweiz, sondern auch mit der calvinistischen wie der gemäßigten und ›liberalen‹ katholischen *nobilitas litteraria* zumal in Frankreich, aber auch in den Niederlanden, in England und in Italien aufs engste verbunden ist. Man verfolge die Korrespondenz Lingelsheims, wie sie Reifferscheid in Auswahl zugänglich gemacht hat, um sich eine Vorstellung dieses europäischen Horizonts der Pfälzer Humanisten und Diplomaten zu verschaffen. Das alles darf nach der bahnbrechenden Arbeit von Volker Press als bekannt vorausgesetzt werden.[28] Hier geht es um die konfessionspolitischen Implikationen und Konsequenzen für die neue deutsche Dichtung.

In Heidelberg – das haben die Forschungen von Mertens und Verweyen, Höpfner und anderen bestätigend gezeigt – ist zu unterscheiden zwischen einer älteren Dichtergeneration um Melissus Schede sowie um Petrus Denaisius und Friedrich Lingelsheim und einer jüngeren mit Julius Wilhelm Zincgref im Mittelpunkt.[29] Die ältere wie die jüngere Generation findet in Georg Michael Lingelsheim ebenso einen Nestor und Mentor wie in der großen Straßburger Persönlichkeit Matthias Berneggers – beide als erste Adressen in der späthumanistischen *nobilitas litteraria* mit den exzellenten Kontakten über ganz Europa ausgestattet, von denen die Heidelberger Dichter profitierten.[30] So beispielsweise Denaisius, der über Lingelsheim im diplomatischen Dienst des Pfälzer Hofes tätig wurde und Gesandtschaften u.a. an den englischen Hof übernahm, bevor er Beisitzer am Kammergericht von Speyer wurde.[31]

---

28 Volker Press: Calvinismus und Territorialstaat. Regierung und Zentralbehörden der Kurpfalz 1559–1619. – Stuttgart: Klett 1970 (= Kieler Historische Studien; 7).

29 Dazu neben den in Anm. 25 zitierten Arbeiten auch die nicht veraltete, offensichtlich auf einer größeren Monographie beruhende Abhandlung von Ernst Höpfner: Reformbestrebungen auf dem Gebiete der deutschen Dichtung des XVI. und XVII. Jahrhunderts. – Progr. K. Wilhelms-Gymnasium Berlin 1866.

30 Dazu die Biographie von C. Bünger: Matthias Bernegger. Ein Bild aus dem geistigen Leben Straßburgs zur Zeit des Dreißigjährigen Krieges. – Straßburg: Trübner 1893; Wilhelm Kühlmann: Gelehrtenrepublik und Fürstenstaat (Anm. 21), S. 43ff., sowie Wilhelm Kühlmann, Walter E. Schäfer: Frühbarocke Stadtkultur am Oberrhein. Studien zum literarischen Werdegang J.M. Moscheroschs (1601–1669). – Berlin: Erich Schmidt 1983 (= Philologische Studien und Quellen; 109).

31 Vgl. Theodor Verweyen: Über die poetische Praxis vor Opitz – am Beispiel eines Sonetts aus dem Englischen von Petrus Denaisius. – In: Daphnis 13 (1984), S. 137–165.

Denaisius' ›Bedencken An die Königliche May: in Franckreich/ Vber der Jesuiter‹

Wenn sein Name unter literaturwissenschaftlichen Spezialisten nicht ganz vergessen ist, so wegen eines poetischen Beitrags zu einer unten zu behandelnden Anthologie Zincgrefs. Aber dieser bildet nur die Spitze einer viel weiter gespannten publizistischen Wirksamkeit, die allein genommen bereits geeignet ist, ein Schlaglicht auf die Konstitutionsprobleme der deutschen Dichtung zu werfen. Hier sei ein Beispiel – von vielen möglichen! – herausgegriffen. Man kennt die publizistische Schlacht um das Ansinnen Heinrichs IV., den Jesuitenorden in Frankreich im Zuge der konfessionellen Befriedungspolitik wieder zuzulassen.[32] Denaisius hat sich nicht gescheut, die vehemente Kampfschrift des Pariser Parlamentsmitglieds Antoine Arnauld in das Deutsche zu übertragen und mit einer an Deutlichkeit schwer zu überbietenden Vorrede zu versehen.[33]

Die Jesuiten, so Denaisius in Übereinstimmung nicht nur mit Arnauld, sondern mit der gesamten Fraktion der staatstragenden *politiques*, seien zu einer Gefahr für die eben aus den Bürgerkriegen aufsteigende Monarchie geworden, und diese Gefahr sei keineswegs gebannt. Als »verführer der jugend/ zerstörer der gemeinen Ruhe/ vnd feind des Königs vnd Königreichs« werden die Jesuiten gebrandmarkt, denn »vmb vndertruckung vnd zerzerrung der Königlichen Eminentz vnd Frantzösischen Monarchi« sei es ihnen zu tun gewesen. Sie würden sich nicht scheuen, diejenigen, die diese ihre Praxis durchschauten, »für Ketzer/ oder ja für solche Leuth/

---

[32] Vgl. zum publizistischen Umfeld etwa Henri Hauser: Les sources de l'histoire de France. XVIe siècle (1494–1610). Vol. IV: Henri IV (1589–1610). – Paris: Picard 1915 (= Manuels de bibliographie historique; 2) (Reprint 1967), p. 200ss.; Nr. 3195ss.: ›Rétablissement des Jésuites‹; French Political Pamphlets. 1547–1648. A Catalog of Major Collections in American Libraries. Ed. by Robert O. Lindsay, John Neu. – Madison: The University of Wisconsin Press 1969; Simonne Guenée: Bibliographie de l'histoire des universités françaises des origines à la révolution. Tome I: Généralités – Université de Paris. – Paris: Picard 1981, p. 564, Nr. 4895ss.; Louis Desgraves: Répertoire des ouvrages de controverse entre catholiques et protestants en France 1598–1685. Tome I: 1598–1628. – Genève: Droz 1984 (= École Pratique des Hautes Études – IVe Section, Sciences Historiques et Philologiques. 6: Histoire et Civilisation du Livre; 14).

[33] Dazu der wichtige Denaisius-Artikel in der ›Neuen Deutschen Biographie‹, Bd. III (1957), S. 592–593, von Kurt Hannemann. Die Arnauld-Publizistik einschließlich der deutschen Übersetzungen am vollständigsten im Berliner Gesamtkatalog der Preußischen Bibliotheken VI (1934), S. 866–869. Hinzuzuziehen die Kataloge der BN Paris IV (1900), pp. 356–361, der BL London, Compact Edition I (1967), pp. 159–161, sowie der NUC. Zu Arnauld selbst der informative Artikel in: Pierre Bayle: Historisches und Critisches Wörterbuch. Hrsg. von Johann Christoph Gottsched. Mit einem Vorwort von Erich Beyreuther. – Hildesheim, New York: Olms 1974, Bd. I, S. 340–342. Sodann Zedler II (1732), S. 1568f.; Ersch-Gruber V/1 (1969), S. 369f.; Michaud ^{2}II (1966), p. 146s.; Hoefer III (1852), p. 281s. Weitere Literatur in dem eingehenderen Artikel in R. Barroux im *Dictionnaire de biographie française* III (1939), pp. 850–859, sowie im *Dictionnaire des lettres françaises* III: Le dix-septième siècle (1954), p. 98, schließlich bei Cioranesco: Bibliographie de la littérature française du seizième siècle. – Paris: Klincksieck 1959, p. 89s. Eine Biographie über Arnauld scheint zu fehlen.

die mit den Ketzern leichen/ vnd einer Politischen Religion anhengig weren/ außzuschreien vnd offentlich zu beschüldigen.«[34]

Zincgrefs ›Quodlibetisches Weltkefig‹

Einer ganz ähnlichen Sprache wird sich der jüngere Zincgref bedienen. Er ist als wortgewaltiger und überzeugter Parteigänger der calvinistisch-kurpfälzischen Sache in der Böhmen-Politik von seinem ersten Biographen Franz Schnorr von Carolsfeld schon gewürdigt worden, und auch hier konnten seine verdienstvollen Editoren das Bild bestätigen und um neue Aspekte bereichern.[35]

Am Ende und bereits als Antwort auf die Pfälzer Katastrophe, die den Heidelberger Kreis für immer zerriß, steht das *Quodlibetische Weltkefig* (1623), das 1632 im allzu kurzen Befreiungsjahr der Pfalz wieder aufgelegt werden wird: *Quotlibetisches Welt vnd Hummel Kefig*:

> Darinnen das jetziger Zeit gegenwertiges tyrannisirende/ rauberische Weltgetümmel/ Gehümmel vnd Getrümmel/ wüten vnd toben/ jrren/ verwirren/ *synceriren,* liegen/ triegen/ vnnd kriegen/ gleichsam als in einem klaren Spiegel vor Augen gestellet/ vnd erwiesen wird/ Daß in Teutschland kein beständiger Fried zu hoffen/ ehe vnd zuvor die Ketzer alle gut Catholisch seyen.[36]

Zincgref hat sich auch nach der Niederlage die freie Stimme nicht rauben lassen. Lange vor dem mit so vielen Hoffnungen begleiteten, dann in bitterer Schmach endenden Böhmenfeldzug des Winterkönigs habe die Vernichtung der Pfalz das Handeln der katholischen Partei geleitet:

> So lange ein Füncklein vom ›Concilio Tridentino‹ glimmet [...] ist das Vrtheil den Ketzern schon gefellet/ der Stab vorlengst gebrochen/ vnd hat nur bißhero gemangelt an des Bapst ›Executorn‹, dem Käyser vnd Spanier/ vnnd mögen alle Vncatholische dieses kecklich glauben/ daß wie die Gense jhre Mertens Nacht/ vnd die Frantzosen jhre Bartels Nacht haben/ Also die Teudschen (aber es ist wahr/ diese haben keine Nacht/ son-

---

34 Bedencken An die Königliche May: in Franckreich/ Vber der Jesuiter bey deroselben gesuchten außsöhnung/ vnd widereinkommung in jhrer May. Landen. Newlicher tagen außgangen/ vnd auß der Frantzösischen in vnsere Teutsche Sprach versetzet. Sampt einer Vorred/ vnd zu ende angehertter Erklärung etlicher dunckeler Päß darinnen. Gedruckt zu Heidelberg/ im Jahr/ 1602. Hier: Vorrede, fol. a7ʳˢ., a4ʳ und a3ʳ.

35 Zu Zincgref neben den zitierten Arbeiten von Mertens und Verweyen vor allem: Franz Schnorr von Carolsfeld: Julius Wilhelm Zincgrefs Leben und Schriften. – In: Archiv für Litteraturgeschichte 8 (1879), S. 1–58, S. 446–490. [Jetzt: Julius Wilhelm Zincgref und der Heidelberger Späthumanismus. Zur Blüte- und Kampfzeit der calvinistischen Kurpfalz. In Verbindung mit Hermann Wiegand hrsg. von Wilhelm Kühlmann. – Ubstadt-Weiher etc.: verlag regionalkultur 2011 (= Mannheimer historische Schriften; 5)].

36 So der Titel der zweiten Auflage. Zur Bibliographie: Schnorr von Carolsfeld: Julius Wilhelm Zincgrefs Leben und Schriften (Anm. 35), S. 55 und S. 44ff. Vgl. auch Emil Weller: Der Dichter Zinkgref als Verfasser des Welt- und Hummel-Käfigs. – In: Anzeiger für Kunde der deutschen Vorzeit. N.F. 3 (1856), S. 297–300; ders.: Zinkgref als Politiker. – In: Serapeum 28 (1867), S. 156; J. Franck: Eine anonyme Schrift Jul. Wilh. Zincgref's. – In: Serapeum 27 (1866), S. 262–263.

dern halten nur den Tag) Jch wolte sagen/ also haben sie jhre gewisse Schlacht: vnd Metzeltag nach gewissem vmblauff der Zeiten/ bald zu Costantz am Bodensee/ bald in Nieder Teudschland/ bald in Steyermarck vnd anders wo.[37]

Der Erwerb der Königskrone will auch im nachhinein als einzig mögliche und sinnvolle Präventivmaßnahme erscheinen. Zincgref hat solch konsequente Parteinahme nicht nur mit einem unsteten Leben als Flüchtling bezahlt. Er hat sich vielmehr noch als Emigrant im Widerstandszentrum Straßburg mit Unterstützung Berneggers und Lingelsheims um die poetische und poetologische Ernte des inzwischen zwei Generationen währenden dichterischen Aufbruchs im deutschen Südwesten gemüht.

Zincgrefs Anthologie-Vorrede

In seiner Anthologie *Vnderschiedlicher außgesuchter Getichten anderer mehr teutschen Poeten* hat Zincgref den Freunden und Weggenossen ein bleibendes Denkmal gesetzt.[38] Die Namen Schedes, Petrus Denaisius', Balthasar Venators tauchen darin neben vielen anderen – darunter vor allem demjenigen Georg Rudolf Weckherlins und Zincgrefs eigenem – wieder auf. So mag sie helfen, ein erstes Resümee zu ziehen. Zincgref hat die Sammlung in nobler Bescheidenheit der gleichfalls von ihm veranstalteten ersten Sammlung der deutschsprachigen Gedichte von Martin Opitz aus dem Jahre 1624 nachgestellt und beiden eine bedeutende Widmungsadresse an den elsässischen Adligen Eberhard von Rappoltstein vorausgeschickt.

Dichtung in der Nationalsprache ist kein Werk, so Zincgref, welches nur die Ausländer zu vollbringen vermöchten. Zu ihm seien auch die Deutschen fähig. Das unter Beweis zu stellen, sei nicht nur für die Außendarstellung der Deutschen wichtig. Ein solches habe ermutigenden und beflügelnden Charakter auch für die eigenen Landsleute. Mit der ›gewelschten‹ Praxis könne es auf deutschem Boden jetzt ein Ende haben, nachdem in der deutschen Sprache ein erfolgreicher Anfang gemacht worden sei. Verharrten die Deutschen gleichwohl in ihrer Anlehnung an das Ausland, so sei unzweifelhaft, daß sie sich

---

37 Hier zitiert nach einer bei Schnorr von Carolsfeld fehlenden Ausgabe aus dem Jahre 1623, die in der Niedersächsischen Staats- und Universitätsbibliothek Göttingen bewahrt wird (H. Germ. un. VIII, 77 [40]): Quodlibetisches Weltkefig/ Darinnen gleichsamb/ als in einem Spiegel/ das gegenwertige Weltgetümmel/ gehümmel/ vnd Getrümmel/ Wüten vnd Toben/ Liegen/ Triegen vnd Kriegen/ Jrren/ Wirren vnnd Synceriren/ Schwarm vnd Alarm zusehen. Gedrückt Jm Jahr/ 1623, fol. A3ʳ.s.
38 Jetzt leicht (und gut kommentiert) wieder greifbar in: Martin Opitz: Gesammelte Werke. Kritische Ausgabe. Hrsg. von George Schulz-Behrend. Bd. II: Die Werke von 1621 bis 1626. 1. Teil. – Stuttgart: Hiersemann 1978 (= Bibliothek des Literarischen Vereins in Stuttgart; 300), S. 218–290.

muthwillig zu Sclaven frembder Dienstbarkeit machen/ sintemahl es nicht ein geringeres Joch ist/ von einer außländischen Sprach/ als von einer außländischen Nation beherrschet vnd Tyrannisiret werden. Gerahten also/ durch diesen jhren Alberen Wohn/ endlich dahin/ daß sie daheim billich verhast vnd veracht werden.[39]

Damit ist in einem zeitgenössischen Zeugnis zum Ausdruck gebracht, was auch ohne dieses aus der hier in Abbreviatur umrissenen literarhistorischen Konfiguration hätte extrapoliert werden können. Die neue deutsche Kunstdichtung verdankt sich mehr und anderem als dem humanistischen Wettstreit der Nationen. Sie ist getragen – oder vorsichtiger: begleitet – von einer Publizistik, deren Deutschsprachigkeit das Korrelat der intendierten Wirkung einer dezidiert antikatholischen Propaganda darstellt. Der Übergang in die poetische Sphäre fand in der Psalmendichtung einen Kristallisationspunkt. Im psalmistischen Gesang hatten die Hugenotten ein gemeinschaftsstiftendes Medium entwickelt, das dem lutherischen Kirchenlied in eben dieser Funktion nicht nachstand. Davon konnte in der weltlichen Kunstpoesie keine Rede sein. Aber das Zincgrefsche Zeugnis will ja auch explizit nicht auf diese eingeschränkt sein.

Heidelberger Resümee

Es ging darum, die Artikulation in der deutschen Sprache einzuüben, um sich der eigenen, der deutschen und in diesem Sinn der nationalen Identität in der Sprache und durch sie zu vergewissern. Die Poesie bildete in diesem Programm nur einen Zweig. Daß Zincgref mit solchen Anschauungen keineswegs allein stand, wird gleich zu zeigen sein. Wohl aber ist an seinem Werk und dem seiner Freunde und Vorgänger offenkundig, wie die antikatholische Option der reformierten Gelehrten im Kontext der Pfälzer Politik den Primat des Deutschen auch *in poeticis* hervortreiben mußte. Die Poesie sollte einer Transposition in das Deutsche unterworfen werden, weil nur so der gegenreformatorischen und speziell der jesuitischen kulturellen und ideologischen Offensive wirkungsvoll, und das hieß umfassend, begegnet werden konnte, die sich weitgehend im Medium des Latein vollzog.

Derart schuf die aktivste politische Macht auf seiten der protestantischen Union zugleich die Voraussetzungen für die entsprechenden künstlerischen Versuche, wie sie sich im Umkreis Heidelbergs am frühesten und deutlichsten manifestierten. Calvinismus und neuere deutsche Kunstdichtung zusammenzuführen heißt also nicht, theologische Prädispositionen dafür innerhalb der reformierten Konfession zu unterstellen. Es heißt, die Geburtsstunde der neueren Dichtung einem historischen und konfessionspolitischen Kräftefeld zuzuordnen, dessen Gravitationszentrum in Heidelberg lag.

---

39 Ebd., S. 168–171, S. 169.

I Einsatz im Osten: Schlesien

Konfessioneller Pluralismus

Ein weiteres Zentrum muß man im Osten suchen, das für den Einsatz der deutschen Dichtung um die Jahrhundertwende kaum weniger bedeutsam war: Schlesien.[40] Die konfessionelle Situation war hier ungleich komplizierter. Darin lagen jedoch zugleich auch Chancen.

> In gesellschaftlicher, konfessioneller, weltanschaulicher, politischer, nationaler und kultureller Hinsicht bot das Land ein buntes Durcheinander. Die Spannung zwischen den Lagern, die Kampfstimmung, die Kräfteverschiebungen, die Atmosphäre der Diskussion und Kritik bedrohten das Dogma und erleichterten dem Neuen den Weg. [...]
> Die stärkste Gruppe bildeten die Lutheraner. Die ihnen zahlenmäßig stark unterlegenen Katholiken wiesen durch die kraftvolle Unterstützung Habsburgs eine nicht geringe Aktivität auf und waren bestrebt, die im vorigen Jahrhundert verlorenen Positionen zurückzuerobern. Im dritten Lager standen die Reformierten, die zwar von dem Augsburger Religionsfrieden nicht mit erfaßt wurden, die aber durch die lutherischen Fürsten Schlesiens, die am Anfang des 17. Jahrhunderts zum Kalvinismus übergetreten waren, Unterstützung fanden. An die Reformierten hielten sich verschiedene andere Sekten, die es nicht wagen konnten, selbständig öffentlich aufzutreten, ohne sofort sowohl von den Lutheranern als auch von den Katholiken aufs heftigste bekämpft zu werden. Die Wiedertäufer, die Böhmischen Brüder, die Arianer, die auch Sozinianer oder polnische Brüder genannt wurden, sowie die unterschiedlichsten mystischen Strömungen fanden in Schlesien ihre Anhänger. [...]
> Es ist eine merkwürdige Erscheinung, daß gerade das politisch, religiös und national uneinheitliche Schlesien mit einer stark gemischten deutsch-polnischen, ja sogar tschechischen Bevölkerung im Entstehungsprozeß der deutschen Nationalliteratur eine bahnbrechende Rolle spielte.[41]

Nimmt man diese Äußerungen des besten Kenners der Frühgeschichte barocker Dichtung in Schlesien – denen diejenigen Elida Maria Szarotas zum Spätbarock zur Seite zu stellen sind – mit den einschlägigen Herbert Schöfflers zusammen, so zeichnen sich die Umrisse einer konfessionspolitischen Theorie zum Ursprung der neueren Kunstdichtung in Schlesien ab, die stets mit den sozial- und verfassungshistorischen Gegebenheiten zu kombinieren bleiben, über die hier nicht gesprochen werden kann.[42]

---

40 Die reichhaltige Literatur – vor allem auch älteren Datums – umfassend dokumentiert bei Klaus Garber: Martin Opitz (Anm. 16), S. 170ff. Des weiteren hinzuzuziehen: Schlesischer Barock. Literatur, Geschichte, Kunst. Hrsg. von Werner Bein, Franz Heiduk. – Würzburg: Stiftung Kulturwerk Schlesien 1979, S. 28ff.; Manfred P. Fleischer: Späthumanismus in Schlesien. Ausgewählte Aufsätze. – München: Delp 1984 (= Silesia; 32). Weitere Literatur in den beiden zitierten Sammelbänden Steinhagens (Anm. 16 und Anm. 21). Vgl. auch die unten Anm. 54 zitierte Studie des Verfassers mit ausführlicher Literatur zu Schlesien.
41 Marian Szyrocki: Der junge Gryphius. – Berlin: Rütten & Loening 1959 (= Neue Beiträge zur Literaturwissenschaft; 9), S. 14ff.
42 Vgl.: Geschichte Schlesiens. Bd. II: Die Habsburgerzeit 1526–1740. Hrsg. von Ludwig Petry, J. Joachim Menzel. – Darmstadt: Bläschke 1973; Felix Rachfahl: Die Organisation der Gesamt-

Sonderrolle des Calvinismus in einem Habsburger Nebenland

Die Weichen für den Protestantismus generell, den Calvinismus speziell, wurden für Schlesien mit dem Augsburger Religionsfrieden in besonderer Weise gestellt, da der Calvinismus von ihm ausgeschlossen und Schlesien als böhmisches Nebenland nur mittelbar in die Abmachungen einbezogen war.

> So konnte späterhin die schwerwiegende Frage entstehen, ob Schlesien vom Religionsfrieden überhaupt miterfaßt worden sei, oder ob es außerhalb geblieben sei, da ihm ja die Reichsstandschaft fehle. [...]
> Wie zahlreiche Territorien, große und kleine, in Westdeutschland bis fast zu den Toren von Wittenberg (Anhalt 1596) sich der radikaleren westlichen Form des Protestantismus erschlossen, so fielen selbst am östlichen Rande des Deutschtums, eben in Schlesien, zahlreiche einflußreiche Herren diesem Glauben anheim, vor allem die selbständigen evangelischen Herzöge Nieder- und Mittelschlesiens, d.h. die von Münsterberg-Oels und die von Liegnitz-Brieg-Wohlau, dazu eine Anzahl Adliger, wie die Herren von Carolath-Beuthen, und in Oberschlesien der hohenzollerische Inhaber von Jägerndorf. [...]
> Die ganze bekenntnismäßig-kulturelle Lage, wie sie sich in der Union, in welcher die Calvinisten die Oberhand hatten, widerspiegelte, galt auch für Schlesien – wenn auch nicht für sehr lange.[43]

Calvinistisch inspirierte ›nobilitas litteraria Silesiae‹

So nimmt es nicht wunder, daß viele der großen schlesischen Dichter in die politischen und konfessionellen Auseinandersetzungen hineingezogen wurden, sie vielfach von Opitz bis Lohenstein aktiv mitgestalteten und in aller Regel die gefährdete protestantisch-calvinistische Sache gegenüber Habsburg nach Kräften zu fördern suchten.[44] Solange der Calvinismus die Hoffnung beflügelte, unter seinem Banner

---

staatsverwaltung Schlesiens vor dem Dreißigjährigen Kriege. – Leipzig: Duncker & Humblot 1894 (= Staats- und Sozialwissenschaftliche Forschungen; XIII/1); Hans Hübner: Die Gesamtstaatsverfassung Schlesiens in der Zeit des 30 jährigen Krieges. – Diss. phil. Frankfurt a.M. 1922 (Masch.), Kurzfassung unter dem Titel: Die Verfassung und Verwaltung des Gesamtstaats Schlesien in der Zeit des Dreißigjährigen Krieges. – In: Zeitschrift des Vereins für Geschichte Schlesiens 59 (1925), S. 74–89. Hinzuzunehmen Otto Hintzes grundlegende Untersuchung: Die Behördenorganisation und die allgemeine Staatsverwaltung Preußens im 18. Jahrhundert. Bd. VI/1: Einleitende Darstellung der Behördenorganisation und allgemeinen Verwaltung in Preußen beim Regierungsantritt Friedrichs II. – Berlin: Parey 1901 (= Acta Borussica. Denkmäler der Preußischen Staatsverwaltung im 18. Jahrhundert. Behördenorganisation und allgemeine Staatsverwaltung; 6).

43 Herbert Schöffler: Deutsches Geistesleben zwischen Reformation und Aufklärung (Anm. 8), S. 7ff.

44 Unter dieser Perspektive wäre die bekannte Arbeit von Hans Heckel: Geschichte der deutschen Literatur in Schlesien. Bd. I: Von den Anfängen bis zum Ausgange des Barock. – Breslau: Ostdeutsche Verlagsanstalt 1929 (= Einzelschriften zur Schlesischen Geschichte; 2), neu zu schreiben. Eine Arbeit wie die von Elida Maria Szarota: Lohensteins Arminius als Zeitroman. Sichtweisen des Spätbarock. – Bern, München: Francke 1970, besitzen wir für die Zeit um 1600 nicht. Dafür müßte vor allem das in die Zehntausende gehende Gelegenheitsschrifttum dieser Zeit, das in der

mit den Verbündeten des Westens dem territorialen Druck Habsburgs zu wehren, ist mehr als einer der Gelehrten und Dichter im Umkreis der jungen Konfession zu identifizieren. Ob Caspar Cunrad oder Nicolaus Henel von Hennenfeld, Johannes von Hoeckelshoven oder Bartholomäus Nigrinus, Caspar Kirchner oder Christoph Köler – sie und so viele andere Opitz zumeist Nahestehende haben die Pfälzer Politik mehr oder weniger offen zu ihrer eigenen gemacht und gehören dementsprechend zumeist zu den treibenden Kräften bei der Einrichtung einer reformierten Gemeinde in Breslau.

Sie haben, wie fast alle führenden Köpfe Schlesiens, eine Zeitlang im Westen geweilt, in Heidelberg, in Straßburg, in Basel, in den Niederlanden, in Frankreich, gelegentlich sogar in England. Meist führte sie das Studium an eine der in der Regel reformierten Hochschulen. Die Pfalz dankte diesem schlesischen Zustrom unendlich viel. Es reicht, an Namen wie Zacharias Ursinus, den Mitschöpfer des Heidelberger Katechismus, oder den Hofprediger Abraham Scultetus, neben Christian von Anhalt und Ludwig Camerarius treibende Kraft der Pfälzer Böhmenpolitik, zu erinnern. Damit aber war sichergestellt, daß Schlesien frühzeitig mit den theologischen wie mit den philosophischen Umwälzungen, wie sie sich im Westen seit dem Ausbruch des Bürgerkriegs 1560/70 vollzogen, bekannt wurde. Die Spuren davon lassen sich allenthalben nachweisen.[45]

Breslauer Stadtbibliothek gesammelt war und jetzt fast komplett erhalten in der Universitätsbibliothek Wrocław zugänglich ist, aufgearbeitet werden. Vgl. die Arbeiten des verdienstvollen Bibliothekars Adam Skura: Trauerschriften vom 16. bis zum 18. Jahrhundert in der Universitätsbibliothek Wrocław. – In: Leichenpredigten als Quelle historischer Wissenschaften. Bd. III. Hrsg. von Rudolf Lenz. – Marburg: Schwarz 1984, S. 337–345.

45 Zum Voranstehenden vgl. J.F.A. Gillet: Crato von Crafftheim und seine Freunde. Ein Beitrag zur Kirchengeschichte. Bd. I–II. – Frankfurt a.M.: Brönner 1860; G. Hecht: Schlesisch-kurpfälzische Beziehungen im 16. und 17. Jahrhundert. – In: Zeitschrift für die Geschichte des Oberrheins 81. N.F. 42 (1929), S. 176–222; Ludwig Petry: Mittelrhein und Schlesien als Brückenlandschaften der deutschen Geschichte. – In: Geschichtliche Landeskunde und Universalgeschichte. Festgabe Hermann Aubin. – Hamburg: Nölke 1950, S. 205–216. Zu den konfessionspolitischen Implikationen neben den bekannten Kirchengeschichten zu Schlesien und den einzelnen Territorien G. Jaeckel: Die staatsrechtlichen Grundlagen des Kampfes der evangelischen Schlesier um ihre Religionsfreiheit. – In: Jahrbuch für Schlesische Kirche und Kirchengeschichte N.F. 37 (1958), S. 102–136; 38 (1959), S. 74–109; 39 (1960), S. 51–90; 40 (1961), S. 7–30; 41 (1962), S. 46–74; 42 (1963), S. 25–49; 43 (1964), S. 67–88; 45 (1966), S. 71–110; 47 (1968), S. 7–40; 49 (1970), S. 64–117; Eberlein: Zur kryptocalvinistischen Bewegung in Oberschlesien. – In: Correspondenzblatt des Vereins für Geschichte der evangelischen Kirche Schlesiens IV/3 (1895), S. 150–161; Ernst Siegmund-Schultze: Kryptocalvinismus in den schlesischen Kirchenordnungen. – In: Jahrbuch der Schlesischen Friedrich Wilhelms Universität Breslau 5 (1960), S. 52–68. Hinzunehmen die oben Anm. 40 zitierte Arbeit von Fleischer sowie Hans-Henrik Krummacher: Der junge Gryphius und die Tradition. Studien zu den Perikopensonetten und Passionsliedern. – München: Fink 1976, S. 486ff.

Die Stiftungsurkunde des ›Gymnasium Schönaichianum‹

Schlesien verfügte zwar über keine eigene Landesuniversität, dafür jedoch über hervorragende schulische Institutionen.[46] Neben der unmittelbar benachbarten brandenburgischen Universität Frankfurt/Oder, an der viele Dichter ihr Studium begannen, ist an erster Stelle das ›Gymnasium Schönaichianum‹ im reformierten Fürstentum Carolath-Beuthen zu nennen. Sein Gründer Georg von Schönaich läßt wiederum jene für Schlesiens geistige Elite um 1600 typische Orientierung am reformierten Bekenntnis erkennen, verbindet sie jedoch mit jener gleich signifikanten erasmisch-humanistischen Komponente des um Irenik und damit um theologischen Ausgleich bemühten Landesherrn, der sich unter solchen Vorzeichen die gedeihlichste Entwicklung auch einer von ihm selbst ins Leben gerufenen Bildungsinstitution versprach.[47]

Georg von Schönaich hat die Stiftungsurkunde zu der bedeutendsten und leider nur allzu kurzlebigen Schulgründung auf schlesischem Boden selbst verfaßt; sie wurde am 6. Januar 1616 von ihm unterzeichnet.[48] Was in Schlesien von refor-

---

46 Dazu grundlegend die zahllosen – dringend zu sammelnden und neu zu edierenden – Arbeiten von Gustav Bauch. Hinzuzunehmen die in Anm. 40 zitierte Studie von Fleischer.

47 Diese wichtigste Bildungsinstitution Schlesiens ist nur über das alte Schrifttum angemessen zu studieren. Vgl. Daniel Heinrich Hering: Geschichte des ehemahligen berühmten Gymnasiums zu Beuthen an der Oder. Erste bis fünfte Nachlese. – Progr. Kgl. Friedrich-Gymnasium Breslau 1784–1788 (Teil 1–4 in der Staatsbibliothek zu Berlin, Stiftung Preußischer Kulturbesitz; Teil 1–5 in der BU Wrocław); ders.: Ein Anhang zur Geschichte des beuthnischen Gymnasiums. – Progr. Kgl. Friedrich-Gymnasium Breslau 1789 (BU Wrocław); C.D. Klopsch: Geschichte des berühmten Schönaichischen Gymnasiums zu Beuthen an der Oder. Aus den Urkunden des Fürstlich-Carolatischen Archivs und den besten darüber vorhandenen Schriften gesammelt. – Groß-Glogau: Günter 1818 (Ex. gleichfalls SB Berlin, StPrK). Neuerdings: Marian Szyrocki: Martin Opitz. 2. Aufl. – München: Beck 1974, S. 14ff.; Jörg-Ulrich Fechner: Der Lehr- und Lektüreplan des Schönaichanums in Beuthen als bildungsgeschichtliche Voraussetzung der Literatur. – In: Stadt – Schule – Universität – Buchwesen und die deutsche Literatur im 17. Jahrhundert. Hrsg. von Albrecht Schöne. – München: Beck 1976, S. 324–334; Heinz Entner: Zum Kontext von Martin Opitz' *Aristarchus*. – In: Germanica Wratislaviensia 47 (1982), S. 3–58; Leonard Forster: Martin Opitz und das Album von Michael Wider. – In: Barocker Lust-Spiegel. Studien zur Literatur des Barock. Festschrift Blake Lee Spahr. Hrsg. von Martin Bircher, Jörg-Ulrich Fechner, Gerd Hillen. – Amsterdam: Rodopi 1984 (= Chloe. Beihefte zum Daphnis; 3), S. 75–99; Klaus Garber: Martin Opitz (Anm. 16), S. 118f., S. 172. [Jetzt mit der neueren Literatur das Kapitel ›Das Gymnasium Schönaichianum zu Beuthen an der Oder und ein zeitgenössischer Sammelband aus seinem Umkreis‹ in Klaus Garber: Daphnis. Ein unbekanntes Epithalamium und eine wiederaufgefundene Ekloge von Martin Opitz in einem Sammelband des schlesischen Gymnasium Schönaichanum zu Beuthen in der litauischen Universitätsbibliothek Vilnius. – In: ders.: Martin Opitz – Paul Fleming – Simon Dach. Drei Dichter des 17. Jahrhunderts in Bibliotheken Mittel- und Osteuropas. – Köln, Weimar, Wien: Böhlau 2013 (= Aus Archiven, Bibliotheken und Museen Mittel- und Osteuropas; 4), S. 3–157, hier S. 15–36].

48 Neudruck von Konrad Kolbe: Stiftungsurkunde der Schule und des Gymnasiums zu Beuthen an der Oder aus dem Jahre 1616. – In: Mitteilungen der Gesellschaft für deutsche Erziehungs- und Schulgeschichte 3 (1893), S. 209–268. Zu dem Geschlecht der von Schönaichs: Christian David Klopsch: Geschichte des Geschlechts von Schönaich. Heft I–IV. – Glogau: Gottschalk 1847–1856; Günther Grundmann: Die Lebensbilder der Herren von Schoenaich auf Schloß Carolath. – In: Jahrbuch der Schlesischen Friedrich-Wilhelms-Universität zu Breslau 6 (1961),

mierter Seite kurz vor Erfüllung der kühnsten Träume und dem sogleich folgenden bittersten Absturz denkend und glaubend möglich war, dürfte sich an diesem historischen Dokument explizieren lassen. Es gehört der edlen Persönlichkeit seines Schöpfers an und atmet zugleich allenthalben den Geist des erasmischen Späthumanismus, wie er mit der Rekatholisierung in den späten zwanziger Jahren erstickt wurde.

Sein Herzstück besitzt es in der Regulierung der prekären konfessionellen Obliegenheiten. Alle Lehrenden sind gehalten, darauf zu sinnen, »Wie Gottes ehre vnndt erkänttnüß, neben dem Vhralten wahren Catholischen Christlichen Glauben, in dieser Schule, *Gymnasio* vnndt Herrschafft, befördertt, rein erhalten, gelehret, gelehrnet, geübt, vnndt auff die Nachkomben brachtt vnndt gepflanzett werden möge.«[49]

Worauf aber beruht dieser ›uralte wahre katholische christliche Glaube‹? Er läßt sich nach dem Zeugnis Georg von Schönaichs in vier Artikel zusammenziehen:

> Erstlichen wan Einer gleubet vnnd bekennet, daß ein einiger wahrer Gott sey, in dreyen vnderschiedlichen Personen, Gott Vatter, Sohn vnnd Heiliger Geist, vnnd daß Christus wahrer Gott vnnd Mensch in zweien vnzertrenneten vnnd vnuermengten Naturen, eine Person sey, [...] Vnnd daß dieser einiger Gott, vnnd hochgelobte heilige Dreyfaltigkeitt Gott Vatter, Sohn vnnd Heiliger Geist, also anzubetten vnnd zu erkennen, zu ehren, zu fürchten, zu loben vnnd preysen sey, wie Er sich in seinem Wortt, alten vnnd Newen Testament, geoffenbahret, vnnd vnß hieruon vntterrichtt vnndt anleittung geben, die drey Haubt *Symbola*, *Apostolicúm*, *Nicenúm* vnndt *Athanasianúm*, vnndt die Vier Haubt *Concilia*, alß *Nicenúm*, *Constantinopolitanúm Primúm*, *Ephesinúm* vnnd *Chalcedonense*.
>
> Vorß Andere, Wan Einer glaubt vnnd bekennet, daß der Sündliche mensch gerechtt vnnd selig werde, erlange vergebung der Sünden, die Gnade Gotteß vnnd daß ewige Leben, auß Gnaden, einig vnnd allein durch daß tewre verdienst, leiden vnnd sterben, *Jesu Christi*, in wahrem Glauben ergrieffen.
>
> Vorß Dritte, Wan einer sich helt vnndt gebrauchet der heiligen Tauffe vnnd deß Hochwürdigen Abendtmalß des Leibes vnnd Blutts Christi, alß heiliger Sacramentten, wie Sie von Christo selbst eingesezt gehalten vnnd verordnet worden.
>
> Vorß Vierde, Wan Einer glaubt, daß das Christliche Gebett zu Gott, vnndt gutte wergke alß früchte deß Glaubenß nottwendig sein zum Christenthumb, sich auch in wahrer Buß vnnd bekerung deß herzens von allen Kräften denselben ergiebt, vnnd sich derer befleißet, vnnd zwar der Jenigen, so Gott in den Zehen Geboten außgesezet, vnnd darzu wir von Christo vnnd den heiligen Aposteln im Newen *Testament* angewiesen werden, Nach welchen auch Christus am Jüngsten Tage richtten wiel die lebendigen vnndt die Todten.[50]

S. 229–329; ders.: Georg Freiherr von Schönaich. – In: Schlesier des 16. bis 19. Jahrhunderts. Hrsg. von Friedrich Andreae, Erich Graber, Max Hippe. – Breslau: Priebatsch 1931. Reprint: Sigmaringen: Thorbecke 1985 (= Schlesische Lebensbilder; 4), S. 68–74.
49 Stiftungsurkunde (Anm. 48), S. 239.
50 Ebd., S. 239f.

Modernisierung der Studien

Auf diese vier Artikel wird die Lehrerschaft verpflichtet; auf ihnen allein beruht der ›Christen seligkeitt‹. Alle weiteren, stets nur zu Streit Anlaß gebenden dogmatischen Fragen sinken zu sekundären herab; ihre polemische Verfolgung stellt eine Gefahr für das Seelenheil dar. Christentum, so Georg, bewähre sich in guten Werken, nicht in Lehrgezänk. Jedem Mitglied der Schule wird darüber hinaus zugestanden, sich in den Auseinandersetzungen der Protestanten untereinander seine Meinung zu bilden; wichtig ist allein, daß dies ohne Aufsehen zu erregen und ohne öffentliches Ärgernis geschieht. Darauf ist präventiv alles abgestellt.

Die Stiftung erfolgt in Kenntnis des Unheils, das die konfessionellen Kämpfe über die Staaten gebracht haben. Im Namen der urchristlichen Botschaft hatte Erasmus – das konfessionelle Schisma und seine politischen Folgen vor Augen – den Konsequenzen der Reformation zu wehren gesucht. Die Besten blieben diesem Ethos auch nach Ausbruch der Bürgerkriege treu. Praxis behauptet den Primat. Doch diese artikuliert sich wie bei den gemäßigten Katholiken im Westen nun auch bei den gemäßigten Reformierten vornehmlich in etatistischen Kategorien. Der unbedingte Wille zur Toleranz findet seine Erfüllung in der Respektierung und Beförderung staatlicher Autorität. Wohin man blickt unter den zum Calvinismus neigenden Humanisten wird man diese Argumentationsfigur wieder antreffen, in der sich alte humanistische und moderne – wenn man so will: postkonfessionelle – Orientierung begegnen. Ist es verwunderlich, daß sie gerade in konfessionell gemischten Landschaften und aus minoritären Positionen heraus besonders eindringlich formuliert wird?

Georg von Schönaich zog auch praktisch die Konsequenz aus seiner Überzeugung. Er richtete erstmals neben der ›Professur pietatis‹ eine weitere ›Professur morum‹ ein. Ihr oblag gemäß Satzung gerade die Qualifikation des nichtadligen Personals, zeige doch die Erfahrung,

> daß den gelertten vntter den Euangelischen so niedriges Standeß sindt, sonderlich den *Theologis, Pastoribus* vnnd *Philosophis* an Ihrem aufnemben, fortkomben, vnnd nüzlichen anlegen Ihrer *Studien* offtmalß nichts mehr vorhinderlich ist, denn daß Sie *in moribús* so gar nicht vntterrichtet, vnnd sich gar nit gegen den Obern, vnnd in daß gemeine weltliche wesen vnnd zustandt, zu schicken vnnd zu richten wißen, gereicht auch der Euangelischen Kirchen nit zu geringer verachttung.[51]

Dementsprechend müsse der ›Professor morum‹ »vor allen Diengen ein gutter *Historicús* vnnd *Politicús* sein«.[52] Georg hatte das Glück, einen solchen in Caspar Dornau zu finden, der über die besten Kontakte zum Westen verfügte und zu den Anhängern des Winterkönigs zählte.[53] Seinen Auftrag am Gymnasium sah er mit

---

51 Ebd., S. 246.
52 Ebd., S. 247.
53 Eine Monographie zu Dornau fehlt. Zu der in Anm. 47 zitierten Literatur hinzuzunehmen: Kühlmann: Gelehrtenrepublik und Fürstenstaat (Anm. 21), S. 140ff. [Jetzt grundlegend: Robert Sei-

Unterstützung Georgs in der Schulung weltklugen Handelns seiner Adepten, und das schloß die Kenntnis des staatlichen, des ›politischen‹ Betriebs bis hin zur intimen Vertrautheit mit dem gesellschaftlichen Zeremoniell ein. Gesellschaftlicher Conduite, Beobachtung der gesellschaftlichen Etikette, das ließe sich an dem reichhaltigen Schulschrifttum Dornaus zeigen, wird der vornehmste Platz eingeräumt.

So verweisen die geistliche wie die weltliche Professur aufeinander. Die Theologie wird entdogmatisiert und um Praxis zentriert, deren moderne politische Version der erneuerten Lehre der Sittlichkeit anheimgestellt bleibt. Eindeutig soll ein von konfessionellem Hader befreiter, ein pazifierter Raum statuiert werden, in dem die religiösen, zugleich aber die staatlichen und die geselligen Tugenden zur Entfaltung gelangen können. Niemand wird die tiefe christliche Überzeugung Georg von Schönaichs in Abrede stellen wollen, wie sie sich in der Stiftungsurkunde zu seiner Anstalt manifestiert. Doch der beschwörende Aufruf zum konfessionellen Konsens geht einher mit einer nüchternen Einschätzung der staatlichen Belange. In diesem Sinn gewinnt der Osten über ein Institut aus reformiertem Geist wie dem Schönaichianum Anschluß an die entkonfessionalisierte Moralphilosophie im Zeichen des modernen Staates, für die die Namen eines Bodin und eines Lipsius nur stellvertretend stehen. Am Werk des gewiß berühmtesten Schülers der Beuthener Anstalt, Martin Opitzens, läßt sich das zeigen.

Stationen des Opitzschen Lebensweges unter dem Stern des Calvinismus

An anderer Stelle wurde geschildert, wie eng der Lebensweg Opitzens mit der Geschichte des zentraleuropäischen Calvinismus verflochten ist.[54] Von den frühesten Kontakten mit den zum Westen ausgerichteten Gönnern und Freunden über den Besuch des zum Calvinismus tendierenden Magdaleneums in Breslau, des Schönaichianums in Beuthen, der Hochschule in Frankfurt/Oder spannt sich der Bogen über den lebensbestimmenden Aufenthalt in Heidelberg und – nach dem Zusammenbruch der Pfalz – in Leiden, über den kurzfristigen Dienst im reformierten Siebenbürgen Bethlen Gábors und der Herzöge von Liegnitz und Brieg bis hin zu den Kontakten mit dem irenischen Politiker und Gelehrten Bernegger in Straßburg und dem ›Cabinet Dupuy‹ in Paris, um dann in der Begegnung mit dem für seine Toleranz gerühmten Polen und der bunten Vielheit seiner Bekenntnisse sich

---

del: Späthumanismus in Schlesien. Caspar Dornau (1577–1631). Leben und Werk. – Tübingen: Niemeyer 1994 (= Frühe Neuzeit; 20)].

54 Vgl. Garber: Martin Opitz (Anm. 16). Vgl. auch eine 1978/79 verfaßte Studie, die jetzt zum Druck gelangt ist: Klaus Garber: Der junge Martin Opitz. Umrisse einer kulturpolitischen Biographie. – In: ders.: Wege in die Moderne. Historiographische, literarische und philosophische Studien aus dem Umkreis der alteuropäischen Arkadien-Utopie. Hrsg. von Stefan Anders, Axel E. Walter. – Berlin, New York: de Gruyter 2012, S. 77–145. Hinzuzunehmen: Martin Opitz. Studien zu Werk und Person. Hrsg. von Barbara Becker-Cantarino. – Amsterdam: Rodopi 1982 (= Daphnis; XI/3).

zu senken; der allzu frühe Tod ereilte den Dichter in Danzig im Umkreis der dortigen reformierten Gemeinde.

Nichts wäre verkehrter, als Opitz deshalb zum dezidierten Calvinisten zu stempeln. Und das schon deshalb, weil Zuordnungen dieser Art – wie schon im Falle Georg von Schönaichs – um 1600 ihren Sinn verlieren. Es geht um das geschichtliche Kräftefeld, von dem die Späthumanisten angezogen wurden und in dem sie zu wirken suchten. Bekanntlich fügt sich Opitzens Übertritt in den Dienst des katholischen Statthalters in Schlesien Karl Hannibal von Dohna in den Jahren 1626 bis 1632 diesem Bild nicht. Aber seine vermeintliche Volte wurde ihm von seinen bürgerlichen Biographen im 19. und 20. Jahrhundert offensichtlich mehr verübelt als von seinen Freunden und Zeitgenossen. Sie wandten sich auch während seines Wirkens unter Dohna nicht von ihm ab und nahmen ihn gleich nach dessen Tod wieder in ihre Reihen auf. Opitz blieb bemüht, das Los der Protestanten in Schlesien im Zuge einer forcierten Rekatholisierung gerade in diesen Jahren zu mildern und nach Kräften zum Wohle Schlesiens zu wirken. Seine Paris-Reise, die ihm den Kontakt mit den Theoretikern des frühabsolutistischen Staats wie dem irenischen Flügel um Grotius brachte, dessen *Wahrheit von der Christlichen Religion* er alsbald übersetzte, stand ganz auch im Dienst derartiger konfessioneller Befriedungspolitik.[55] Sie dürfte das geschichtlich größte Verdienst der europäischen Späthumanisten bleiben. In welchem Geiste sie aber praktiziert wurde, lehrt treffender als jedes andere Dokument die Literatur und im Falle Opitzens seine größte Dichtung, das *TrostGedichte Jn Widerwertigkeit Deß Krieges*.

Das ›TrostGedichte‹ als späthumanistisches Vermächtnis

Das Werk ist nach der Böhmen-Katastrophe in der Einsamkeit Jütlands 1621 geschrieben, aber erst 1633 im Zeichen neuer protestantischer Hoffnungen publiziert worden.[56] Es darf als Vermächtnis der leitenden Überzeugungen des jungen Opitz und aller an der reformierten Politik auf deutschem Boden Teilnehmenden angesehen werden, wie sie in der Unterstützung des Pfälzer Kurfürsten Friedrichs V. ihren Ausdruck fand. Der Text ist vielfach chiffriert und mit moralphilosophischem Gedankengut unter dem Gattungsaspekt der *consolatio*-Tradition durch-

---

55 Dazu Klaus Garber: Paris, die Hauptstadt des europäischen Späthumanismus. Jacques Auguste de Thou und das Cabinet Dupuy. – In: Res publica litteraria. Die Institutionen der Gelehrsamkeit in der Frühen Neuzeit. Hrsg. von Sebastian Neumeister, Conrad Wiedemann. – Wiesbaden: Harrassowitz 1987 (= Wolfenbütteler Arbeiten zur Barockforschung; 14), S. 71–92 [wiederabgedruckt in überarbeiteter Fassung in: ders.: Literatur und Kultur im Europa der Frühen Neuzeit. Gesammelte Studien. – München: Fink 2009, S. 419–442]. Zum Kontext das wichtige Buch von Christian Gellinek: Pax optima rerum. Friedensessais zu Grotius und Goethe. – New York etc.: Lang 1984 (= Germanic Studies in America; 49).

56 Die Literatur in erreichbarer Vollständigkeit bei Garber: Martin Opitz (Anm. 16), S. 182f., Anm. 108. Die Interpretation ebd., S. 145–163.

setzt. Der zeitspezifische Gehalt, die politisch-konfessionelle Option, läßt sich gleichwohl in behutsamer Analyse entfalten.

Das *TrostGedichte* ist getragen von der Gewißheit, daß auch der protestantischen Konfession ein Lebensrecht gebührt. Der das Gedicht durchziehende Begriff der ›Freiheit‹ meint diese konfessionelle ›Libertät‹ besonders, aber nicht nur. Schwerlich dürfte es ein Zufall sein, daß Opitz sich vor allem des französischen und des niederländischen Paradigmas bedient. An ihm war ein Doppeltes zu zeigen: daß die katholische Seite, Rom und Madrid an der Spitze, sich nicht scheute, den Protestantismus und speziell den Calvinismus gewaltsam zu vernichten. Und daß dieser Versuch zum Scheitern verurteilt blieb, wo die Protestanten zum Widerstand gerüstet und ihr Leben ihrer Überzeugung zu opfern bereit waren. Opitz konnte sich auf eine bereits vorliegende calvinistische Dichtungstradition zurückbeziehen, wie sie in Frankreich vor allem durch du Bartas und d'Aubigné, in den Niederlanden durch Marnix und Heinsius bezeichnet wurde.

Entsprechend gipfelt sein Werk in einem an Deutlichkeit hinter der Pfälzer Publizistik nicht zurückstehenden Aufruf an die Deutschen, die aggressiven Potenzen zumal des ausländischen Katholizismus wahrzunehmen und vereinigte Anstrengungen zur Gegenwehr zu unternehmen:

> Jetzt steht die Freyheit selbst wie gleichsam auff der Spitzen/
> Die schreyt vns sehnlich zu/ die müssen wir beschützen:
> Es mag das Ende nun verlauffen wie es kan/
> So bleibt die Sache gut vmb die es ist gethan.
> Wann die Religion wird feindlich angetastet/
> Da ist es nicht mehr Zeit daß jemand ruht vnd rastet.
> [...]
> Ach/ Deutschland/ folge nach! Laß doch nicht weiter kommen
> Die so durch falschen Wahn so viel schon eingenommen/
> Zu Schmach der Nation; Erlöse deinen Rhein/
> Der jetzund Waffen trägt/ vor seinen guten Wein.[57]

Es gehört zu dem nur auf den ersten Blick Verwirrenden dieser wie anderer späthumanistischer Texte, daß die katholische Seite geschmäht und zugleich doch partiell als Bündnisgenosse aufgerufen werden kann. Über den sich bekriegenden konfessionellen Parteien erhebt sich wie in Frankreich als unantastbarer Wert die Einheit, die Würde, die Autogenität der Nation. Sie umgreift Lutheraner, Calvinisten und Katholiken gleichermaßen. Wenn in keines anderen, so müßten in ihrem Namen die ›Brüder‹ die Waffen aus der Hand legen bzw. sich gemeinsam wappnen gegen den Aggressor von außen. Genauso hatte Bernegger in seiner *Tuba Pacis* argumentiert, nicht anders die politische Fraktion in Frankreich an die Nation appelliert.[58]

---

57 Der Text jetzt zuverlässig in der Opitz-Ausgabe von Schulz-Behrend: Martin Opitz: Gesammelte Werke. Kritische Ausgabe. Hrsg. von George Schulz-Behrend. Bd. I: Die Werke von 1614 bis 1621. – Stuttgart: Hiersemann 1968 (= Bibliothek des Literarischen Vereins in Stuttgart; 295), S. 187–266. Die vorgelegten Zitate S. 237 und S. 241.

58 Vgl. Waltraud Foitzik: ›Tuba Pacis‹. Matthias Bernegger und der Friedensgedanke des 17. Jahrhunderts. – Diss. phil. Münster 1955.

Die Idee der Nation aber, dieses Integral inmitten allseitiger Dissoziation, war mehr als pragmatisches Programm. Sie war seit den Tagen Petrarcas und Rienzos von religiösen Weihen umgeben und nun während der Bürgerkriege in jene Aura des Friedens gehüllt, für deren dichterische Vergegenwärtigung nur die Vision eines jenseitigen Reiches angemessen schien.

> Was vmb vnd vmb wird seyn wird alles Frieden heissen;
> Da wird sich keiner nicht vmb Land vnd Leute reissen/
> Da wird kein Ketzer seyn/ kein Kampff/ kein Zanck vnd Streitt/
> Kein Mord/ kein Städte-brand/ kein Weh vnd Hertzeleid.[59]

Literaturpolitische Konsequenzen

Opitz hat schon in seiner Beuthener Zeit unter dem unmittelbaren Einfluß seines Lehrers Dornau in lateinischer Sprache sein Programm einer deutschsprachigen Dichtung niedergelegt.[60] Er stand mit ihm nicht nur nicht allein, sondern er teilte mit anderen die am Beispiel Zincgrefs aufgewiesene Überzeugung von der wechselseitigen Bedingtheit politischer und literarischer Aktivitäten im Medium der einen ›nationalen‹ Muttersprache. Blütezeiten von Stämmen bzw. Nationen, von Fremdbestimmung unbehelligt, so Opitz am Beispiel der Germanen wie der Römer, gehen stets einher mit der Ausprägung einer eigenständigen Kultur im heimischen Idiom; die Dominanz auswärtiger Mächte flektiere sich stets hingegen auch in kultureller Überformung.

Derart ist auch für den jungen Opitz der politische Horizont der sprachreformerischen Arbeit abgesteckt. Gleichwohl wäre es verkehrt, das Opitzsche Werk wie das seiner Zeitgenossen unter diesem Aspekt allein zu mustern. Schon das klassische Dokument der neuen Richtung, die programmatische Schrift *Von der Deutschen Poeterey* (1624), ist gegenüber direkten kulturpolitischen Implikationen abgeschirmt. Diese wollen nicht als unmittelbarer Befund an den Texten abgelesen, sondern in einer historischen Rekonstruktion aufgedeckt werden. In diesem Sinne darf die politische Orientierung auch des ›Vaters der deutschen Dichtung‹ mit seiner Dichtungsreform in Verbindung gesetzt werden.

Sein diplomatisches Agieren, durchweg im Dienst der protestantischen Seite und eingangs publizistisch vorbehaltlos auf seiten des Winterkönigs, resümiert sich zu einem guten Teil im Wirken für das protestantische Bündnis, dessen Schaffung den Reformierten klarer vor Augen stand als den Lutheranern. Unierung aber und Stiftung nationaler Identität hatten auch in einer Sprache und Dichtung statt, deren normierende Potenzen den Partikularismus zu überbrücken versprachen und deren nationale Physiognomie wohl geeignet erschien, einen linguistisch-kulturellen Limes gegenüber der universalen lateinischen Katholizität zu bilden.

---

59 Opitz: Trostgedichte (Anm. 57), S. 262.
60 Dazu die in Anm. 16 und in Anm. 47 versammelte Literatur.

Deshalb wird man der Einsicht Marian Szyrockis schwerlich die Zustimmung verweigern können, deren weitreichende Perspektiven sich jetzt vielleicht abzuzeichnen beginnen:

> Um der Gegenreformation entgegenzuarbeiten, versuchte man auf die breitesten Schichten der Bevölkerung einzuwirken. Die Propaganda mußte also in einer dem Volke verständlichen Sprache betrieben werden. Den Anfang machte eigentlich schon die Reformation. Doch am weitesten im Kampf um die nationale Sprache gingen die Sekten der Wiedertäufer, Arianer und Böhmischen Brüder. Opitzens Angriff des Lateins war sozusagen ein Angriff gegen die heilige Sprache Roms, gegen die Tradition, gegen die konservative gelehrte Welt. [...]
> Opitzens Verteidigung der Nationalsprache erwuchs auf dem Boden des Kalvinismus und der gesellschaftlich fortschrittlichen Sekten, die aus Gründen der Taktik diese Sprache pflegten.[61]

III Die ›Fruchtbringende Gesellschaft‹ und das Reformiertentum

Sozietätsbewegung auf europäischem und deutschem Boden

Wir haben zwei Einsatzpunkte in der Pfalz und in Schlesien markiert. Es bleibt abschließend ein Blick auf den mitteldeutschen Raum und damit auf die bedeutendste kulturpolitische Organisation auf dem deutschen Boden des 17. Jahrhunderts, auf die ›Fruchtbringende Gesellschaft‹, zu werfen.[62] Opitz hatte sein Reformwerk auf Adel und Fürstentum abgestellt. Wie richtig seine Einschätzung war, beweist die ›Fruchtbringende Gesellschaft‹. Sie bedurfte als fürstliche Gründung seiner Impulse nicht. Es genügte der Blick auf das Ausland, um den Gedanken zur Gründung entsprechender Organisationen zu fassen. Die ›Fruchtbringende Gesellschaft‹ ist nach dem Vorbild der Florentiner ›Accademia della Crusca‹ erwachsen, deren Mitglied Fürst Ludwig von Anhalt-Köthen seit 1600 war.

Damit geraten wir auch und gerade in einer konfessionsgeschichtlichen und literarhistorischen Untersuchung in den Kontext der europäischen Akademie- bzw. Sozietätsbewegung.[63] Es gehört zu den Überraschungen, welche die Kulturge-

---

61 Szyrocki: Der junge Gryphius (Anm. 41), S. 21.
62 Die gesamte Literatur zusammengetragen in zweiten Band der dreibändigen Dokumentation zur ›Fruchtbringenden Gesellschaft‹, die 1985 in der ›Edition Leipzig‹ und im selben Jahr als Lizenzausgabe der VCH Verlagsgesellschaft in Weinheim erschien. Der Titel des zweiten Bandes: Klaus Conermann: Die Fruchtbringende Gesellschaft und ihr Köthener Gesellschaftsbuch. Eine Einleitung. Günther Hoppe: Fürst Ludwig I. von Anhalt-Köthen. Bilddokumentation: Das Köthener Gesellschaftsbuch. Wappen des zweiten und dritten Bandes. Die Weimarer Gemälde der Fruchtbringenden Kräuter. – Weinheim: VCH Acta humaniora 1985 (Fruchtbringende Gesellschaft. Der Fruchtbringenden Gesellschaft geöffneter Erzschrein. Das Köthener Gesellschaftsbuch Fürst Ludwigs I. von Anhalt-Köthen 1617–1650; 2). Hier im zweiten Band S. 317–374 die Verzeichnung der wissenschaftlichen Literatur.
63 Diese ist zusammenhängend noch nicht untersucht und war Gegenstand eines 1989 in Paris abgehaltenen Kongresses: Europäische Sozietätsbewegung und demokratische Tradition. Die europäischen Akademien der Frühen Neuzeit zwischen Frührenaissance und Spätaufklärung. Bd. I–II.

schichtsschreibung der Frühen Neuzeit bereithält, daß dieses große und faszinierende Thema bislang zusammenhängend nicht behandelt wurde. Das Interesse konzentriert sich auf die Gesellschaften im Zeitalter der Aufklärung.[64] Der Anschluß an die frühneuzeitliche Akademiebewegung im Humanismus und im 17. Jahrhundert ist keinesfalls zureichend hergestellt, obgleich er auf der Hand liegt und im 18. Jahrhundert unter den Wortführern allenthalben gegenwärtig ist. Unter sozialgeschichtlichem Aspekt sind die antihierarchischen ›egalisierenden‹ Momente seit den frühesten Gründungen im Quattrocento ebenso wenig zu übersehen wie die antikonfessionellen irenisch-unierenden.

Das Köthener ›Gesellschaftsbuch‹

Beide prägen auch die Physiognomie der ›Fruchtbringenden Gesellschaft‹, die sich überhaupt erst im Kontext der ›Zweiten Reformation‹ konturiert. Inzwischen ist das – vom Gründer der Gesellschaft Fürst Ludwig von Anhalt-Köthen geführte – dreibändige sogenannte Köthener ›Gesellschaftsbuch‹ wieder zugänglich geworden.[65] Es reicht bis zum Todesjahr Ludwigs im Jahr 1650 und umfaßt im ersten bis 1629 sich erstreckenden Teil die kolorierten Wappen sowie in der Regel die handschriftlichen Eintragungen und Unterschriften der ersten zweihundert Mitglieder (als 200. Mitglied wurde Opitz 1629 als der ›Gekrönte‹ aufgenommen!), dazu die gestochenen Pflanzenembleme mit Gesellschaftsnamen, die sogenannten ›Reimge-

---

Hrsg. von Klaus Garber, Heinz Wismann. – Tübingen: Niemeyer 1996 (= Frühe Neuzeit; 26–27). Vgl. des weiteren: The Fairest Flower. The Emergence of Linguistic National Consciousness in Renaissance Europe. Ed. by Fredi Chiappelli. – Firenze: Presso L'Accademia della Crusca 1985. Wichtig auch: Università, Accademie e Società scientifiche in Italia e in Germania dal Cinquecento al Settecento. A cura di Laetitia Boehm e Ezio Raimondi. – Bologna: Il Mulino 1981. Zur ersten Information auch: Der Akademiegedanke im 17. und 18. Jahrhundert. Hrsg. von Fritz Hartmann, Rudolf Vierhaus. – Bremen, Wolfenbüttel: Jacobi 1977 (= Wolfenbütteler Forschungen; 3). Eine dringend benötigte große Geschichte der deutschen Sprachgesellschaften fehlt. Ersatzweise vorerst: Sprachgesellschaften, Sozietäten, Dichtergruppen. Hrsg. von Martin Bircher, Ferdinand van Ingen. – Hamburg: Hauswedell 1978 (= Wolfenbütteler Arbeiten zur Barockforschung; 7). Zur wichtigsten italienischen Gesellschaft im Blick auf das 17. Jahrhundert und die Fruchtbringende Gesellschaft, die ›Accademia della Crusca‹, umfassend das gleichfalls dreibändige Dokumentationswerk: Roberto Paolo Ciardi, Lucia Tongiorgi Tomasi: Le pale della Crusca. Cultura e simbologia. – Firenze: Presso L'Accademia 1983; Severina Parodi: Quattro secoli di Crusca 1583–1983. – Firenze: Accademia della Crusca 1983; Catalogo degli accademici dalla fondazione. A cura di Severina Parodi. – Firenze: Accademia della Crusca 1983 (= IV Centenario dell'Accademia della Crusca).

64 Vgl. etwa: Deutsche patriotische und gemeinnützige Gesellschaften. Hrsg. von Rudolf Vierhaus. – München: Kraus 1980 (= Wolfenbütteler Forschungen; 8). Anregend und weiterführend mit umfänglicher Literatur auch Klaus Eder: Geschichte als Lernprozeß? Zur Pathogenese politischer Modernität in Deutschland. – Frankfurt a.M.: Suhrkamp 1985, S. 155ff.

65 Faksimiliert im ersten Band der Conermannschen Dokumentation (vgl. oben Anm. 62). Der Titel des Werkes: Der Fruchtbringenden Gesellschaft Vorhaben, Namen, Gemälde und Wörter. Faksimile des ersten Bandes des im Historischen Museum Köthen aufbewahrten Gesellschaftsbuches Fürst Ludwigs I. von Anhalt-Köthen. Hrsg. von Klaus Conermann.

setze‹ und schließlich die Initialen, Eintrittsjahr und fortlaufende Nummer jedes Mitglieds.

Der zweite und dritte Teil des Köthener ›Gesellschaftsbuches‹ weist keine Impresenbilder auf. Doch kann der Benutzer zurückgreifen auf das ›Gesellschaftsbuch‹ aus dem Jahre 1646 (Nr. 201–400), während für die meisten Mitglieder des dritten Bandes (Nr. 401–527) die entsprechenden Impresen im Staatsarchiv Weimar verwahrt sind (insgesamt 90) und nun gleichfalls erstmals wieder reproduziert werden.[66] Für die hier verfolgte genetische Fragestellung reicht der faksimilierte erste Band hin, der eine Augenweide und ein gewichtiges Dokument der deutschen Literatur und Kultur des 17. Jahrhunderts darstellt.

Abstandnahme vom Glaubenshader

In der Vorrede zu ihm aus dem Jahr 1629 findet man aus der Feder Fürst Ludwigs die Ziele und Satzungen der Gesellschaft resümiert, wie sie dann in allen Darstellungen zur Geschichte der Gesellschaft, die noch im 17. Jahrhundert beginnen, wiederzukehren pflegen. Demnach sei während einer Zusammenkunft anläßlich einer Trauerfeier im Jahre 1617 eine Anzahl »Fürstlicher und Adelicher Personen« übereingekommen, angesichts der besonderen Qualitäten der deutschen Sprache eine Gesellschaft zu gründen.

> Worauff dann geschlossen worden/ diese Gesellschafft/ wiewol anfangs in der enge/ doch also anzurichten/ damit jedermänniglichen so ein liebhaber aller Erbarkeit/ Tugend und Höfligkeit/ vornemlich aber des Vaterlands/ durch anleitung der darzu erkornen überflüssigen Matery/ anlaß hette/ desto eher nach einnehmung dieses guten vorhabens/ sich freywilliglich hinein zu begeben.

Ihr »eigentlicher zweck und vorhaben« sei sodann in zwei Punkten fixiert worden:

> Erstlich/ daß sich ein jedweder in dieser Gesellschafft/ erbar/ nütz= und ergetzlich bezeigen/ und also überall handeln solle/ bey Zusammenkunfften gütig/ frölich/ lustig und verträglich in worten und wercken seyn/ auch wie darbey keiner dem andern ein ergetzlich wort für übel auffzunehmen/ also soll man sich aller groben verdrießlichen reden und schertzes enthalten.

---

[66] Die 1646 bei Merian in Frankfurt erschienene letzte Ausgabe des ›Gesellschaftsbuches‹, die nun insgesamt vierhundert Einträge umfaßte, wurde schon frühzeitig von Martin Bircher wieder zugänglich gemacht: Fürst Ludwig von Anhalt-Köthen: Der Fruchtbringenden Gesellschaft Nahmen/ Vorhaben/ Gemählde und Wörter. Mit Georg Philipp Harsdörffers ›Fortpflanzung der hochlöblichen Fruchtbringenden Gesellschaft‹. – München: Kösel 1971 (Die Fruchtbringende Gesellschaft. Quellen und Dokumente in vier Bänden; 1. – Deutsche Barock-Literatur). – Eine Reproduktion der Weimarer Impresen in: Fruchtbringende Gesellschaft. Hrsg. von Klaus Conermann (Anm. 62), Bd. II, S. 171–314. Martin Birchers Verdienst ist es, die letzte Hallenser Phase der ›Fruchtbringenden Gesellschaft‹ erschlossen zu haben. Vgl. vor allem: Halle unter dem ›Wohlgeratenen‹. Herzog August von Sachsen-Weißenfels als Oberhaupt der Fruchtbringenden Gesellschaft. – In: Archiv für Geschichte von Oberfranken 62 (1982), S. 207–228.

Fürs ander/ daß man die Hochdeutsche Sprache in jhrem rechten wesen und standt/ ohne einmischung frembder ausländischer wort/ auffs möglichste und thunlichste erhalte/ und sich so wol der besten aussprache im reden/ als der reinesten und deutlichsten art im schreiben und Reimen=dichten befleissige.[67]

Man sieht: Das linguistische Argument dominiert. Unter dem Aspekt der sogenannten ›Sprachgesellschaften‹ sind Vereinigungen wie die ›Fruchtbringende Gesellschaft‹ denn auch vorwiegend traktiert worden.[68] Doch wollen sie in weiterer Perspektive erschlossen sein. Das zeichnet sich selbst im programmatischen Vorspann des Fürsten ab. Ein Akzent liegt auf der Einübung sozialer und speziell höfischer Tugenden und Umgangsformen, ein weiterer auf der Liebe zum ›Vaterland‹ und ein dritter schließlich auf der ›Verträglichkeit‹ der Mitglieder, der Georg von Schönaich in seiner Stiftungsurkunde auch schon nachdrückliche Aufmerksamkeit gewidmet hatte. Die jetzt zugänglichen Quellen erlauben es, diese Textbeobachtungen zu vertiefen.

Das Zeugnis von Hilles

Karl Gustav von Hille, selbst als der ›Unverdrossene‹ Mitglied der Gesellschaft und ihr erster Historiker, hat noch vor Reproduktion der Satzungen auf einen besonderen Umstand bei der Gründung aufmerksam gemacht und vor allem anderen ein nationales Ziel im Wirken für die deutsche Sprache ins Auge gefaßt:

> Es ist aber sonderlich zu beobachten/ daß wolberührte hochberühmte Gesellschaft ihren Anfang genommen/ als eben vor hundert Jahren/ das seligmachende Liecht des Heiligen Evangelii hervorgeleuchtet/ und die H. Schrift unter der Banck hervorgezogen/ in unsere Teutsche Sprache wolvernemlich/ und so viel eines Mannes Fleiß leisten können/ kunstgründig gedolmetschet worden: Für welche hohe Wolthat wir den allgütigen Gott zu dancken/ und üm Erhaltung solches wehrten Schatzes zu bitten billiche Ursachen haben. [...] Jst also mehrermeldte Gesellschaft gestiftet/ zu Erhaltung und Fortpflantzung aller Ritterlichen Tugenden/ Aufrichtung und Vermehrung Teutschen wolgemeinten Vertrauens (wie gesagt) und sonderlich daß unsere bishero/ verlassene/ verachtete/ und in letzten Zügen ligende Teutschinne sich erholend/ ihre nohtleidende Kinder/ Teutsches Geblüts und Gemüts/ in etwas zu ermuntern/ folgende hertzbrechende Wörter seufzet:
> Ach du armes Vaterland/ voller Noht und Jammer/
> Vormals grosser Völker Hauß/ grosser Schätze Kammer.
> Hochberühmter Helden Ort/ aller Tugend Schoß
> Armes Teutschland! du empfindst jetzt den Herzenstoß.[69]

---

67 Hier zitiert nach dem Conermannschen Reprint (Anm. 65), fol. A2ᵛ und A3ᵛ. In den späteren Ausgaben trägt diese Einlassung des Fürsten einen Titel: Kurtzer Bericht Von der Fruchtbringenden Gesellschaft Zwecke und Vorhaben.

68 Dazu die Grundzüge der Rezeptionsgeschichte bei Christoph Stoll: Sprachgesellschaften im Deutschland des 17. Jahrhunderts. – München: List 1973 (= List-Taschenbücher der Wissenschaft. Literatur als Geschichte: Dokument und Forschung; 1463), S. 147ff.

69 Der Teutsche Palmbaum. Das ist/ Lobschrift Von der Hochlöblichen/ Fruchtbringenden Gesellschaft Anfang/ Satzungen/ Vorhaben/ Namen/ Sprüchen/ Gemählen/ Schriften und unverwelkli-

So wird die Gesellschaft von von Hille zurückbezogen auf die Reformation und ihr nichts weniger zur Aufgabe gesetzt als dem verspätet nun auch auf deutschem Boden ausgebrochenen Bürgerkrieg nach Kräften entgegenzuarbeiten. Der Verschlingung von Nation und Religion auf der einen Seite, von Sprache und Literatur auf der anderen Seite muß daher bei der Analyse der Gesellschaft die besondere Aufmerksamkeit gelten.

»im ganzen Reich, ein einträchtige Sprach«

Aus dem Jahre 1643 liegt die Übersetzung einer kleinen Schrift des Hugenotten Paul Geslin de La Piltière vor, die Ludwig selbst vornahm. In ihr stellt der calvinistische Verfasser

> gegenüber der römisch-katholischen Kirche die grundsätzliche Einheit der übrigen europäischen Kirchen als einer ›Abendländischen Kirche nemlich der Reformirten/ welche den Papst schlechter dinge verwirft‹ (S. 51) [heraus]. In seiner Vorrede verglich Ludwig die Mitgliederzahl dieser christlichen Kirche mit der der römischen Kirche und sprach derselben daher die behauptete Katholizität ab. Nicht der Papst ist das Oberhaupt der ›reformierten‹ christlichen Gesamtkirche, sondern Christus ist, wie es in einem Sonett ›Uber die geistliche Weltbeschreibung‹ heißt,
>
> [...] das Haubt/ der seine Kirch' aus macht
> allein beschützt: Wer sie auch sucht zutrennen
>   Der ist misfällig ihm': Er leitet die gemein'
>   Und wil das ausser ihm kein mensche sonst allein'
> Darin regieren sol [...].[70]

Dem korrespondiert das von Conermann in diesem Zusammenhang eingeführte Interesse Ludwigs am reformpädagogischen Wirken Ratkes, der schon vorher die Unterstützung Moritz von Hessens genossen hatte und während der Gründungszeit der ›Fruchtbringenden Gesellschaft‹ zeitweilig von Ludwig protegiert wurde. Er hatte 1612 in einem Memorial an das Reich darzulegen versprochen, wie »im ganzen Reich, ein einträchtige Sprach, ein einträchtige Regierung, und endlich auch ein einträchtige Religion bequemlich einzuführen und friedlich zu erhalten sei.«[71] Wie eine späte Antwort klingt es, wenn Ludwig 1647 in einem Brief an Christian II. von Anhalt-Bernburg, den ›Unveränderlichen‹, feststellt, daß die konfessionellen Fragen im Fürstentum wie in der Gesellschaft selbst beiseite ständen

---

chem Tugendruhm. Allen Liebhabern der Teutschen Sprache zu dienlicher Nachrichtung verfasset/ durch den Vnverdrossenen Diener derselben. Mit vielen kunstzierlichen Kupfern gedruckt/ und verlegt durch Wolffgang Endtern. Nürnberg 1647. – Reprint: Carl Gustav von Hille: Der Teutsche Palmbaum. Hrsg. von Martin Bircher. – München: Kösel 1970 (Die Fruchtbringende Gesellschaft. Quellen und Dokumente in vier Bänden; 2. – Deutsche Barock-Literatur), S. 9f.

70 Zitiert nach der wichtigen Einleitung Conermanns, in: Fruchtbringende Gesellschaft (Anm. 62), Bd. II, S. 27.
71 Ebd., S. 26.

und folglich ein Calvinist bei der Bewerbung um Aufnahme keinerlei Präferenz besitze. Entsprechend heißt es, es nehme

> der gantzen Fruchtbringenden Geselschaft höchlich wunder, das die Unverenderliche die lange Zeit über, so sie in diesem Fürstentume gewonet so viel sich noch nicht erbauet, oder erlernet, das wir in diesem lande keine Calvinisten seind noch heißen, ob schon andere sich Lutheraner und nach Menschen nennen. Ja es ist bisher noch keiner mit dem nahmen eines Calvinisten, sondern als ein guter Christ in die geselschaft auf und eingenommen worden, wird auch hinfüro mit den Rottischen Nahmen keiner eingenommen werden.[72]

Soziale Rekrutierung der Mitglieder

Im Falle der ›Fruchtbringenden Gesellschaft‹ sind wir in der Lage, diese intentionalen Verlautbarungen an Aufnahmepraxis und Mitgliederbestand der Sozietät zu überprüfen und damit wiederholt geäußerte Vermutungen an statistischem Material, wie es von Conermann bereitgestellt wurde, zu verifizieren. Von den 527 bis 1650 aufgenommenen Mitgliedern

> gehörten vor ihrem Eintritt oder spätestens im Jahre des Eintritts 73 (13,9%) dem Fürstenstand (Kurfürst, Herzog, Fürst, Markgraf, Landgraf, Pfalzgraf), 42 (8%) dem gräflichen, 19 (3,6%) dem Herren- oder freiherrlichen und 330 (62,6%) dem alt- oder uradeligen Stand an, während 30 (5,7%) einer (in der väterlichen oder großväterlichen Generation) geadelten Familie (23) entstammten oder selbst geadelt wurden (7). Bürgerlicher (einschließlich patrizischer oder ehrbarer) oder bäuerlicher (I; Nr. 214) Herkunft (ohne Geadelte) sind 31 (5,9%) Mitglieder. Dazu kommen 2 (0,4%) ihrem Stand nach gänzlich unbestimmte Mitglieder.[73]

Des weiteren sind von den 527 Mitgliedern vermutlich 507 (96,2%) Protestanten gewesen. Zwischen den sicher festzustellenden Reformierten (127 = 24,1%) und Lutheranern (122 = 23,1%) herrscht nahezu Gleichgewicht. Ab 1626, also neun Jahre nach Gründung, wurden vereinzelt auch Katholiken aufgenommen, insgesamt jedoch nur 17 (3,2%), darunter einige fürstliche und gräfliche Konvertiten. Fügen wir hinzu, daß in der Frühzeit der Gesellschaft die reformierten Mitglieder gegenüber den Lutheranern deutlich in der Mehrzahl waren, sich erst allmählich ein Gleichgewicht herstellte und dann das lutherische Element leicht überwog, so sind die relevanten Daten rekapituliert, welche das folgende Fazit erlauben, das bewußt summarisch gehalten wird, um den hier allein interessierenden Aspekt zu akzentuieren.

---

72 Der Fruchtbringenden Gesellschaft ältester Ertzschrein. Briefe, Devisen und anderweitige Schriftstücke. Hrsg. nach den Originalen der Herzogl. Bibliothek zu Cöthen von Gottlieb Krause. – Leipzig: Dyk'sche Buchhandlung 1855 (Urkundlicher Beitrag zur Geschichte der deutschen Sprachgesellschaften im XVII. Jahrhunderte). Reprint Hildesheim, New York: Olms 1973, S. 90.
73 Conermann: Einleitung zu: Fruchtbringende Gesellschaft (Anm. 62), Bd. II, S. 31.

Das Gros der Mitglieder wurde durch den niederen Adel gestellt. Er ist mit größeren Werken nur ausnahmsweise hervorgetreten und vielfach schriftstellerisch gar nicht tätig gewesen. Seine Teilnahme kam den eigenen Interessen wie denen der Territorialherren gleichermaßen entgegen. Der Adel wurde eingebunden in das sprachreformatorische Werk und fand zugleich Zugang zur maßgeblichen kulturpolitischen Initiative der ersten Jahrhunderthälfte. Die ›Fruchtbringende Gesellschaft‹ muß auch – und zumal unter italienischem Einfluß – als höfische Zivilisationsinstanz betrachtet werden, an der zu partizipieren dem Adel nur gelegen kam. Sprachliche Verfeinerung, Einübung der höfischen Konversation, des standesgemäßen Auftritts, überhaupt der vornehmen Artikulation wird durchaus in dieser einzigen repräsentativen höfischen Gründung auf deutschem Boden in das Programm einbezogen und prägt sich unscheinbar noch in den vorgelegten Wendungen aus.

Beitrag der Gelehrten

Zugleich aber – und diese Einsicht haben Richard Alewyn und Leonard Forster (zumeist mündlich) immer wieder bekräftigt – kam das sprachregulierende Werk der ›Fruchtbringenden Gesellschaft‹ der Vereinheitlichung der Behörden-, Verwaltungs- und Diplomatensprache und damit der Ablösung des Lateinischen und Französischen im territorial zerklüfteten alten Reich zugute. Darf man dem Zeugnis Bartholds Glauben schenken, daß sich auswärtige Kanzleien Spezialkräfte zur Dechiffrierung dialektgebundener Botschaften aus Deutschland hielten, so wird deutlich, wie dringlich die Normierung des Deutschen gerade auch im Blick auf die Außendarstellung geboten war.[74]

Die eigentlichen Promotoren aber waren der fürstliche Hochadel und die zahlenmäßig schwache bürgerliche Gelehrtenschaft. Die Gründer waren bei ihren poetologischen und poetischen, sprachphilosophischen und sprachhistorischen Bemühungen auf den Sachverstand der Gelehrten angewiesen, so wie diese das höfische Forum für ihre vom Stadtbürgertum abgeschnittenen kulturellen Aktivitäten suchen mußten.

Diese für den Absolutismus insgesamt typische Interaktion ist auf deutschem Boden kulturpolitisch erstmals von der ›Fruchtbringenden Gesellschaft‹ in großem Stil praktiziert worden. Wie immer man die dabei gebräuchliche Form der Anrede mit Gesellschaftsnamen einschätzen mag – sie indiziert zumindest, daß der soziale Rangunterschied angesichts des gemeinsamen Sachinteresses sekundär blieb. Deshalb wußte Ludwig, was er tat, wenn er sich allen Versuchen zur Schaffung einer adligen Standesgesellschaft widersetzte. Was hier jedoch auf der Ebene sozialer Hie-

---

74 Friedrich Wilhelm Barthold: Geschichte der Fruchtbringenden Gesellschaft. Sitten, Geschmacksbildung und schöne Redekünste deutscher Vornehmen vom Ende des XVI. bis über die Mitte des XVII. Jahrhunderts. – Berlin: Duncker 1848. Reprint Hildesheim: Olms 1969, S. 9.

rarchisierungen zu beobachten ist, hat seine Entsprechung im konfessionellen Bereich.

Vorrang der reformierten Fürstenhäuser

Die herangezogenen Äußerungen des Gründers der Gesellschaft verweisen auf ihre Offenheit gegenüber den verschiedenartigen Konfessionen. Als gute Christen finden sie Zugang, nicht als Angehörige einer bestimmten Konfession. Die Gesellschaft sollte wie das Schönaichianum in Beuthen und wie die späteren kommunalen Sprachgesellschaften von konfessionellem Hader freigehalten werden. Deshalb die konsequente Ausschaltung der Theologenschaft. Ungeachtet aller gegenteiligen Beteuerungen wurden in praxi freilich fast ausschließlich Protestanten in der Gesellschaft zusammengeführt. Das hängt auch mit der überwiegend protestantischen Umgebung in Mittel-, Nord- und Ostdeutschland zusammen, erklärt aber keineswegs das verblüffende Übergewicht der Reformierten.

Eine Erklärung dafür gibt es nur im Blick auf die Leitfiguren zumal der ersten zehn Jahre. Es versteht sich, daß die Söhne Joachim Ernsts von Anhalts und Brüder Ludwigs Mitglieder der Gesellschaft werden. Gleichfalls ist die Sachsen-Weimarische Linie so gut wie komplett vertreten. Dazu kommen die großen auswärtigen, zumeist reformierten Gestalten, angefangen bei Christoph von Dohna (dem regen Korrespondenten Paolo Sarpis in Venedig!) über Georg Rudolf von Liegnitz, Moritz und Wilhelm von Hessen-Kassel, Graf Heinrich zu Solms-Laubach, Pfalzgraf Ludwig Philipp von Simmern, Herzog Joachim Ernst von Schleswig etc.

Man versenke sich in die von Conermann zusammengestellten Kurzbiographien dieser führenden Persönlichkeiten des ersten und in gewisser Weise entscheidenden Dezenniums der Gesellschaft.[75] Fast alle sind sie direkt oder indirekt in das Prager Geschehen bzw. das Nachhutgefecht in der Pfalz verwickelt oder nehmen später protestantische Führungspositionen ein. Die Diskrepanz zu den offiziösen Verlautbarungen ist unübersehbar. Wir müssen uns mit dem Gedanken vertraut machen, daß diese – ganz ähnlich wie das Rosenkreuzerschrifttum – auch dazu angetan waren, das politische und militärische Treiben der Gesellschaftsmitglieder abzuschirmen, um die Intervention der katholischen Seite, zumal des Kaisers, zu vermeiden.

Denn daran kann es nach den erstmals ausgebreiteten Dokumenten schwerlich noch einen Zweifel geben: Die ›Fruchtbringende Gesellschaft‹ fungierte kurz vor und sodann nach Ausbruch des Krieges sowie schließlich in den ersten Jahren nach dem Zusammenbruch des Pfälzer Calvinismus auf deutschem Boden als die große

---

75 Zusammengestellt im dritten Band der Conermannschen Dokumentation: Die Mitglieder der Fruchtbringenden Gesellschaft 1617–1650. 527 Biographien. Transkription aller handschriftlichen Eintragungen und Kommentare zu den Abbildungen und Texten im Köthener Gesellschaftsbuch. – Weinheim: VCH Acta humaniora 1985 (= Fruchtbringende Gesellschaft; 3). Diese verdienstvolle, für künftige biographische und literatursoziologische Arbeit unentbehrliche Quellenrecherche kann nicht hoch genug veranschlagt werden.

Sammlungsbewegung der Protestanten und insbesondere der Reformierten.[76] Oder in den Worten ihres jüngsten so verdienstvollen Historikers, mit dessen Werk lange gehegte Vermutungen endlich einen hohen Grad von Gewißheit erlangen:

> Während sich die Verbündeten der protestantischen Union zum großen Angriff auf die Macht der katholischen Habsburger anschickten, zeichnete sich bei der Gründung der Fruchtbringenden Gesellschaft eine ganz andere evangelische Koalition zweier eng verwandter Fürstenhäuser ab, welche ihren christlich-patriotischen Sinn nicht unmittelbar auf eine Reformation des kirchlichen oder weltlichen Gemeinwesens, sondern auf eine Reform der deutschen Sprache richtete. Diese wurde aber selbst wohl wiederum als Mittel und Weg zu der erstrebten christlichen und politischen Erneuerung verstanden. [...]
> Bemerkenswerter erscheint es, daß im Zeitalter des Dreißigjährigen Krieges eine große und weitbekannte Gesellschaft, in der führende frühe Mitglieder der Aktionspartei des Protestantismus (vgl. z.B. Nr. 3, 5, 20 und 26) angehörten und in der die theologischen Traditionen der Gnesiolutheraner, Philippisten und Calvinisten nebeneinander existierten, irenische und patriotische Ziele verfolgen konnte, ohne in politisches oder konfessionelles Parteiengezänk verwickelt zu werden.[77]

Drei reformierte Zentren im Ursprung der neueren deutschen Dichtung

Damit aber werden wir ein letztes Mal zurückgeführt zu jener Symbiose von antikatholischer Konfessionspolitik unter der Vorhut der Reformierten und programmatischem Einsatz für eine gereinigte und normierte deutsche Sprache und Literatur im Zeichen der europäischen Renaissance. Die Philologie verfügt so wenig wie die übrigen historischen Wissenschaften über Mittel des Beweises ›more geometrico‹.

Die geschichtliche Konstellation jedoch sollte zu denken geben. Im reformierten Herzen Deutschlands wie in den beiden reformierten Außenposten im Westen wie im Osten, in der Pfalz und in Schlesien, liegen die Ursprünge der neueren deutschen Kunstdichtung. Diese war, um es zu wiederholen, gewiß nicht einem reformierten Glaubensbekenntnis geschuldet, wohl aber einer einmaligen politischen und konfessionellen Situation abgerungen, die im Zeichen äußerster Polarisierung zwischen Jesuiten und Calvinisten stand.

In ihr votierten die Schöpfer der Renaissancedichtung auf deutschem Boden für die jüngste der Konfessionen. In ihr sahen sie ihr nationales wie ihr irenisches Anliegen als Mitgift der humanistischen Bewegung Europas gegenüber dem Katholizismus am ehesten gewahrt.

---

76 Das ist angedeutet bei Klaus Garber: Der Autor im 17. Jahrhundert. – In: Zeitschrift für Literaturwissenschaft und Linguistik 42 (1981), S. 29–44 (in diesem Band S. 539–554), sowie in ders.: Gelehrtenadel und feudalabsolutistischer Staat. Zehn Thesen zur Sozial- und Mentalitätsgeschichte der ›Intelligenz‹ in der Frühen Neuzeit. – In: Kultur zwischen Bürgertum und Volk. Hrsg. von Jutta Held. – Berlin: Argument-Verlag 1983 (= Argument-Sonderheft; 103), S. 31–43 [wiederabgedruckt in: ders.: Literatur und Kultur im Europa der Frühen Neuzeit (Anm. 55), S. 333–345].

77 Conermann: Einleitung zu: Fruchtbringende Gesellschaft (Anm. 62), Bd. II, S. 24ff.

Und dieser glaubten sie auf ihre Weise in der neuen nationalsprachigen Dichtung am besten zu dienen. Seither hörte die Dichtung in Deutschland nicht auf, als Unterpfand der ausstehenden nationalen Einheit zu figurieren, um freilich sogleich in den besten Schöpfungen ihre oppositionelle Seite herauszukehren, als jene so arg verspätet für ein gutes halbes Jahrhundert politische Wirklichkeit wurde und die Erinnerung an die humanistische Frühzeit sich zunehmend verlor.

Zuerst erschienenen in: Die reformierte Konfessionalisierung in Deutschland. Das Problem der ›Zweiten Reformation‹. Hrsg. von Heinz Schilling. – Gütersloh: Mohn 1986 (= Schriften des Vereins für Reformationsgeschichte; 195. Wissenschaftliches Symposion des Vereins für Reformationsgeschichte; 5), S. 317–348.

Die deutsche Nationalliteratur des 17. Jahrhunderts im historischen Kontext der Deutschen

Ein humanistisches Projekt der Frühen Neuzeit und seine zwiegesichtige Nachgeschichte in der Moderne

Zäsur um 1600?

Die sogenannte deutsche ›Nationalliteratur‹ ist vom ersten Moment ihres Auftretens an begleitet von Theorie und Programmatik. Die Eindeutschung der antiken Literatur samt ihrer Ableger in den Nationalliteraturen der europäischen Renaissance bedurfte der Organisation, der Werbung, der Legitimation, wie sie in den vielen Programmschriften, Vorreden, Poetiken etc. geliefert wurden.

Was an diesen Verlautbarungen verblüfft, ist die Sicherheit, mit der unangefochten ein Jahrhundert über der Neubeginn gefeiert, die Konstitution der neueren deutschen Kunstdichtung auf den Anfang des 17. Jahrhunderts datiert und in der Gestalt Martin Opitzens personalisiert wird. Gewiß regt sich zuweilen eine Kontroverse, ob den Schlesiern oder den Pfälzern, dem Oberrhein oder Württemberg die Ehre des Erstlingsrechts gebühre. Einig aber ist man sich darin, daß zu Beginn des Jahrhunderts die maßgebliche Zäsur in der deutschen Dichtungsgeschichte zu suchen sei. In der Rede von Opitz als dem ›Vater der deutschen Dichtung‹ hat dieser Konsens seine bündige Formulierung gefunden.

Das Bild ist noch im 17. Jahrhundert geprägt worden, wurde im 18. Jahrhundert sogleich wieder aufgegriffen und dann in der Literaturgeschichtsschreibung des 19. Jahrhunderts kanonisiert. Es will jedoch immer von neuem auf seine Geltung hin befragt werden. Dürfen wir hoffen, in der ›Barockforschung‹, wie sie sich um die Wende vom 19. zum 20. Jahrhundert nach dem Vorgang in der Kunstgeschichte durchsetzte, ein Niveau erreicht zu haben, das den freien, d.h. gleichermaßen kompetenten wie kritischen Umgang mit der überkommenen Lehrmeinung erlaubt? Ich fürchte nein und werde ein paar Gründe für meine Befürchtung noch streifen.

Im Gegenteil scheint es so zu sein, daß der heutigen Barockforschung Fragestellungen und damit Antworten verloren gegangen sind, die durch den unstrittigen Zuwachs an Perspektiven und Erkenntnissen allein nicht kompensiert werden können. Es gibt keinen befestigten Punkt in der Gegenwart, von dem aus die literarhistorische Lehrmeinung der Vergangenheit in bezug auf Opitz und sein Jahrhundert durchgängig zu relativieren wäre. Die Frage nach der Vaterschaft Opitzens für die deutsche Dichtung, die Frage nach der Rechtmäßigkeit der Zäsur um 1600, die Frage nach der Stellung der Nationalliteraturbewegung im historischen Kontext der Deutschen zu bedenken, muß also zugleich heißen, Tradition und gegenwärtigen Forschungsstand wechselseitig mit- und gegebenenfalls gegeneinander ins Spiel zu bringen, derart dem Fluchtpunkt der Gegenwart seine historische Dimension wie umgekehrt der kanonisierten Lehre ihre Aktualität, den Status der qualifizierten ›Jetztzeit‹ sichernd.[1]

Richard Alewyns Bild von Opitz

1932 anläßlich des Goethejahres schreibt einer der Großen der Wissenschaft von der Literatur, nein der Kultur des ›Barock‹, schreibt Richard Alewyn seinen Essay ›Goethe und die Antike‹. Wie bei so vielen anderen Barockforschern also auch bei Alewyn der Blick herüber zu dem großen Antipoden – oder vielleicht doch dem großen Erfüller? – des 17. Jahrhunderts, der Blick zu Goethe, der auch bei Alewyn ein lebenswährender bleiben sollte. »Die Renaissance« – so Alewyn in dem einleitenden Passus –,

> die um 1800 über Deutschland heraufzog, unterscheidet sich von allen vorangegangenen abendländischen Renaissancen antiker Kultur dadurch, daß sie sich schon im Aufgang des historischen Zeitalters abspielte, das die Einmaligkeit und Unwiederholbarkeit alles geschichtlichen Geschehens erkannt hatte, und daß ihr damit das heimliche Bewußtsein ihrer Unmöglichkeit zutiefst in die Seele gepflanzt war. Das Ringen mit dem tragischen Bewußtsein, das Unmögliche zu begehren, macht ihre Eigentümlichkeit aus.[2]

Die zweihundert Jahre früher mit Martin Opitz und seinen Getreuen inaugurierte Renaissance-Bewegung hatte der dreiundzwanzigjährige Richard Alewyn in seiner rasch berühmt gewordenen stilphysiognomischen Dissertation über die *Antigone*-Übersetzung des Martin Opitz in ihren geschichtlichen Umrissen skizziert. Opitz, so Alewyn,

> hatte nur eine einzige, simple Idee, die noch nicht einmal ganz originell war: die Nationalisierung der humanistischen Poesie durch Erfindung einer deutschen Kunstdichtung. [...] Wenn man sich einmal daran gewöhnen wollte, Opitz nicht lediglich als Dichter, sondern als Literaturorganisator, als Impresario allergrößten Stils zu betrachten, dann müßte man bekennen, daß hier tatsächlich eine große Aufgabe den richtigen Mann gefunden hatte. Sein Verdienst allein ist es zu nennen, daß bei seinem Tode tatsächlich eine ganze Generation von jungen Dichtern auf dem Plan stand.[3]

---

1 Zum Methodischen die beiden Untersuchungen des Verfassers: Martin Opitz – ›der Vater der deutschen Dichtung‹. Eine kritische Studie zur Wissenschaftsgeschichte der Germanistik. – Stuttgart: Metzler 1976, S. 1–36; ders.: Rezeption und Rettung. Drei Studien zu Walter Benjamin. – Tübingen: Niemeyer 1987 (= Studien und Texte zur Sozialgeschichte der Literatur; 22), S. 29ff.
2 Richard Alewyn: Goethe und die Antike. – In: Das humanistische Gymnasium 43 (1932), S. 114–124, wiederabgedruckt in: ders.: Probleme und Gestalten. Essays. – Frankfurt a.M.: Insel 1974, S. 255–270, hier S. 255ff.
3 Richard Alewyn: Vorbarocker Klassizismus und griechische Tragödie. Analyse der ›Antigone‹-Übersetzung des Martin Opitz. – In: Neue Heidelberger Jahrbücher N.F. 1926, S. 3–63. Reprint: Darmstadt: Wissenschaftliche Buchgesellschaft 1962 (= Libelli; 79), hier S. 12.

Diese von Opitz gezüchtete Kunstpoesie freilich – so Alewyn ein letztes Mal in seinem dreißig Jahre später geschriebenen Johann-Beer-Essay –,

> die wir uns ›Barockliteratur‹ zu nennen gewöhnt haben, gedieh nur zu einem schmächtigen Pflänzchen. Ihre rhetorischen und artistischen Exerzitien, so unumgänglich sie sein mochten, um der Verrohung zu steuern, der die deutsche Bildung am Ausgang der Lutherzeit anheimzufallen drohte, vermochten doch nicht mehr, als einen im Grunde primitiven Kulturzustand mit einem dünnen Firnis von abstrakter Scholastik und geschraubter Eleganz zu verdecken. Ohne einheimische Tradition, eine Schöpfung aus dem Nichts, blieb sie Privileg und Monopol einer gelehrten Zunft, die wir uns bei all ihrer Betriebsamkeit gar nicht exklusiv genug vorstellen können.[4]

Doch damit sind wir schon zu Opitz, zur Literatur des 17. Jahrhunderts und ihrer Soziologie vorgedrungen und nehmen noch einmal Abstand – den Abstand, welchen eine richtig gehandhabte rezeptionshistorische Betrachtungsweise ungeachtet aller Schmähungen von seiten ihrer Verächter zum Vorteil des Gegenstandes wie des Betrachters zu bieten vermag, indem sie die dringend gebotene Historisierung beider befördert.

Die Stimmen Karl Wolfskehls und Walter Benjamins

Alewyn – soeben dreißigjährig auf den Lehrstuhl des Georgianers Friedrich Gundolf in Heidelberg berufen – sandte seinen Goethe-Versuch an einen anderen Großen aus dem George-Kreis, an Karl Wolfskehl. Dieser hatte 1927 die einzigartige Barocksammlung Victor Manheimer zur Versteigerung bei Karl & Faber publizistisch aufbereitet. Seine Annotationen zu den nie wieder zusammengekommenen Schätzen gehören zu dem Einfallsreichsten, das über das 17. Jahrhundert je geäußert wurde, und ersetzen – wie die aus gleichem Geist geschriebenen Artikel des großen Sammlers Curt von Faber du Faur – ganze Literaturgeschichten, weil sie vom geschichtlich geprägten Umgang des Liebhabers und Gelehrten zeugen.[5] Wolfskehl reagierte enthusiasmiert und doch zugleich zurückhaltend. Alewyn, strikter Historiker von seiner ersten Äußerung an, hatte eben die Historizität auch der deutschen Klassik akzentuiert. Dazu Wolfskehl: »Auch sehe ich das Einmalig-

---

[4] Richard Alewyn: Nachwort zu: Johann Beer: Das Narrenspital sowie Jucundi Jucundissimi Wunderliche Lebens-Beschreibung. Mit einem Essay ›Zum Verständnis der Werke‹ und einer Bibliographie neu hrsg. von Richard Alewyn. – Hamburg: Rowohlt 1957 (= Rowohlts Klassiker der Literatur und der Wissenschaft; 9), S. 141–154, wiederabgedruckt in: ders.: Probleme und Gestalten (Anm. 2), S. 59–74, hier S. 59.

[5] Vgl. Sammlung Victor Manheimer: Deutsche Barockliteratur von Opitz bis Brockes. Mit einer Einleitung und Notizen von Karl Wolfskehl. – München: Karl & Faber 1927. Reprint: Hildesheim: Olms 1966; Curt von Faber du Faur: German Baroque Literature. A Catalogue of the Collection in the Yale University Library. Vol. I–II. – New Haven/CT: Yale University Press 1958–1969 (= Bibliographical Series from the Yale University Library Collections).

keits-Problem nicht ›historisch‹, es deutet und löst, ja bestimmt sich für mich nicht durch Wissen und Erfahrung, sondern durchs Erlebnis.«[6]

Aus dem Erlebnis, nicht einem impressionistischen, sondern einem in der seelischen Tiefenschicht verwurzelten, entspringe große Kunst; aus ihm heraus vollzögen sich die ästhetischen Renaissancen, deren letzte zugleich die größte sei, der das Versprechen einer großen Zukunft gehöre: Die Wiedergeburt der deutschen Dichtung aus dem Geist Georges. Dazu Wolfskehl im einleitenden Beitrag mit dem Titel ›Die Blätter für die Kunst und die Neuste Literatur‹ zu dem neugegründeten *Jahrbuch für die geistige Bewegung* aus dem Jahre 1910:

> Noch ist das meiste zu tun übrig. Ja – und den Göttern sei Dank dass es so ist – wir Deutsche sind von gestern, denn darum werden wir von morgen sein. Was bis zu Klopstocks Auftreten die Jahrhunderte aufgehäuft haben, selbst die gewaltige, aber nur in bestimmten Grenzen wirksame Tat der deutschen Bibel, das sind Ansätze, die jedesmal vor der Vollendung abstarben oder vernichtet wurden. Die Renaissance, die für alle andern Völker einschliesslich der vorgeschobenen Slawenstämme in Wahrheit eine Wiedergeburt war, ist der dauernde, heut noch fühlbare und fortzeugende Ausgangspunkt des ganzen übrigen Europa geblieben. Von den Dichtern der Pléjade und Montaigne führt eine lückenlose Dauer desselben Fluidums bis zu Hérédia und Anatole France. In des Shakespeare Antonius und Kleopatra sehen wir Swinburne vorgebildet, ja fast ebenso erfüllt, wie Shaw und Wilde in Troilus und Cressida (womit zugleich bewiesen ist, dass dieser Neusten unenglische Abkunft für ihre objektive Wesenheit gar nicht in Betracht kommt). Das heutige Holland, in seinen geistigsten, vorgeschrittensten Führern, lebt von der triebhaften und bewussten Fortbildung des Form- und Seelenschatzes, den ihnen seine grossen klassischen Dichter, Bredero, Hooft, Vondel vor bald 300 Jahren erworben haben, die holländische Sprache dankt diesen ihre Schmeidigkeit, ihren Klang, ihren Rhythmus, ja in so vielen wunderbar sinnlich gefundenen Neu- und Nachbildungen, ihren Wortreichtum. Welche auch nur näherungsweise ähnliche Reihenbildung des Tons – nicht des Gehalts – fände sich in Deutschland? Was waren wir im gott- und teufelsverworrenen sechzehnten Jahrhundert, wieviel Keime aus dem siebzehnten sind auch nur ins achtzehnte hinübergerettet worden? Wo hat Klopstock, wo Goethe anknüpfen können? Beide haben, in vollster Klarheit über die besondere Art ihres Fugs, zunächst urbar machen müssen, roden müssen, eine Arbeit zu leisten gehabt, die seit Jahrhunderten keinem europäischen Dichter mehr obgelegen hatte. [...] Sprache ist der Dämon jedes Volkstums, ein magisches Geheimnis, das zu hüten höchste Not ist, dem aber nur die Wenigsten Hüter sein dürfen. In ihr fliessen, aus ihr gedeihen alle Quellen seiner mystischen Wirklichkeit. Und das gibt uns die Furcht und das Hoffen, darin wir heute glühen: dass eine Bewegung aus der Tiefe, wenn in Europa dergleichen noch möglich ist, nur von Deutschland ausgehen kann, dem geheimen Deutschland, für das jedes unserer Worte gesprochen ist, aus dem jeder unserer Verse sein Leben und seinen Rhythmus zieht, dem unablässig zu dienen Glück, Not und Heiligung unseres Lebens bedeutet.[7]

---

6 Karl Wolfskehl: Briefe und Aufsätze. München 1925–1933. Mit einer Einleitung und Anmerkungen hrsg. von Margot Ruben. – Hamburg: Claassen 1966, S. 156.
7 Hier zitiert nach dem Wiederabdruck in: Karl Wolfskehl: Gesammelte Werke. Bd. I–II. Hrsg. von Margot Ruben, Claus Victor Bock. – Hamburg: Claassen 1960. Bd. II: Übertragungen. Prosa, S. 235f.

Gut zwanzig Jahre später hatte sich Deutschlands Sendung erfüllt. Sie trieb auch Wolfskehl ins Exil. Walter Benjamin hatte ein Jahr nach Erscheinen seines *Ursprung des deutschen Trauerspiels* einem anderen, wie Wolfskehl hochverehrten Mitglied des George-Kreises, Max Kommerell, anläßlich seines Werkes *Der Dichter als Führer in der deutschen Klassik* die entsprechende Prognose schon 1930 gestellt:

> Ein Mahnmal deutscher Zukunft sollte aufgerichtet werden. Über Nacht werden Geisterhände ein großes ›Zu Spät‹ draufmalen. Hölderlin war nicht vom Schlage derer, die auferstehen, und das Land, dessen Sehern ihre Visionen über Leichen erscheinen, ist nicht das seine. Nicht eher als gereinigt kann diese Erde wieder Deutschland werden und nicht im Namen Deutschlands gereinigt werden, geschweige denn des geheimen, das von dem offiziellen zuletzt nur das Arsenal ist, in welchem die Tarnkappe neben dem Stahlhelm hängt.[8]

Perspektivierung

Eine historische Konstellation von vielen, gewiß. Dennoch geeignet vielleicht, die historischen Dimensionen zu markieren, in denen wir uns zu bewegen haben, soll dem Thema auch nur ansatzweise Genüge getan werden. Hier wird kein Spezialbeitrag zur Opitz-Philologie geboten, keine exemplarische Werkexegese vorgetragen, nicht Leben oder kulturpolitische Theorie oder dichterische Praxis rekapituliert – all das ist an anderem Ort geschehen.[9]

So merklich die Barockforschung mit historisch minutiösen Untersuchungen noch ganz am Anfang steht, so dringlich ist doch zugleich die Erschließung der Tiefenperspektive, in die Opitz und sein Jahrhundert einzurücken bleiben, weil sie immer auch noch die unsere ist. Es geht um mehr als die – unverächtliche – Frage nach der Kontinuität unserer literarischen Bildung in der Frühen Neuzeit; es geht um die Verflechtung der deutschen Literatur mit derjenigen Europas, um die Legitimität der deutschen Renaissance oder Renaissancen im Kontext der europäischen, schließlich um den geschichtlichen Weg der Deutschen in Konsonanz oder Dissonanz mit ihren Nachbarn.[10]

---

8 Walter Benjamin: Wider ein Meisterwerk. Zu Max Kommerell, *Der Dichter als Führer in der deutschen Klassik*. – In: ders.: Gesammelte Schriften. Bd. III: Kritiken und Rezensionen. Hrsg. von Hella Tiedemann-Bartels. – Frankfurt a.M.: Suhrkamp 1972, S. 252–259, hier S. 259.

9 Vgl. mit der einschlägigen Literatur Klaus Garber: Martin Opitz. – In: Deutsche Dichter des 17. Jahrhunderts. Ihr Leben und Werk. Hrsg. von Harald Steinhagen, Benno von Wiese. – Berlin: Erich Schmidt 1984, S. 116–184 (in diesem Band S. 563–639).

10 Dazu umfassend: Nation und Literatur im Europa der Frühen Neuzeit. Hrsg. von Klaus Garber. – Tübingen: Niemeyer 1989 (= Frühe Neuzeit. Studien und Dokumente zur deutschen Literatur im europäischen Kontext; 1).

Historische Situierung der Opitz-Generation

Als Opitz im zweiten Dezennium des 17. Jahrhunderts erstmals programmatisch auftritt – bezeichnenderweise im Medium des Lateinischen, um für das Deutsche zu werben, eben in seinem *Aristarchus sive De Contemptu Linguae Teutonicae* –, geschieht dies in einer politisch sich unaufhaltsam zuspitzenden, der Krisis zutreibenden Situation. Im Erscheinungsjahr des *Aristarchus* war Ferdinand II. zum böhmischen König gewählt worden. Die schon unter Rudolf II. einsetzende Rekatholisierung Böhmens gewann an Schärfe – ein Jahr später (1618) wurden die königlichen Statthalter aus einem Fenster der Prager Burg gestürzt. Das Fanal zum Aufstand der evangelischen böhmischen Stände, die nun nicht mehr zurück konnten und wollten, war gegeben; der Krieg, der bis zur Mitte des Jahrhunderts sich hinziehen sollte, im Herzland Europas, in Böhmen eröffnet.

Ein weiteres Jahr später rückte der Kurfürst von der Pfalz Friedrich V. mit einem Heer aus Heidelberg aus, lebhaft publizistisch ermuntert von dem in Heidelberg weilenden Opitz, seinen Freunden und Gesinnungsgenossen, um die böhmische Königskrone aus den Händen der böhmischen Stände zu empfangen. Am 19. August 1619 erklärten die böhmischen Stände Ferdinand II. für abgesetzt – der zweite revolutionäre Akt! –, am 27. August wurde Friedrich V. von der Pfalz als Friedrich I. böhmischer König. Ein Herzenswunsch der jungen Dichtergeneration um Opitz hatte sich erfüllt. Als Friedrich im Frühjahr 1620 die Huldigung der schlesischen Metropole Breslau entgegennahm, war die gesamte evangelische und kryptocalvinistische Intelligenz der Stadt, die Opitzens erste Bildung geprägt hatte, zur Stelle, um sich vorbehaltlos hinter den calvinistischen Pfälzer Kurfürsten zu stellen; noch heute bewahrt die Universitätsbibliothek in Wrocław den kostbaren Schatz der Empfangs-, Gratulations- und Huldigungsgedichte der *nobilitas litteraria Vratislaviensis*.

Das tödliche Erwachen nach dem Jubel sollte alsbald folgen. 1619, im Krönungsjahr Friedrichs V., war Ferdinand II. zum deutschen Kaiser gewählt worden. Gemeinsam mit dem für diesen Moment unentbehrlichen Rivalen, mit Maximilian I. von Bayern, wurde der katholische Gegenschlag organisiert, am 8. November 1620 fiel die Entscheidung in der Schlacht am Weißen Berg. Das Schicksal des ›Winterkönigs‹ war besiegelt, knapp nur konnte er sich aus Prag retten, flüchtete über Schlesien und die norddeutschen Territorien in die Niederlande, wo er in Den Haag lebenslängliches Asyl fand – nur noch einmal Hoffnung schöpfend, als Gustav Adolf das Heilige Römische Reich vom Norden her aufrollte. Die spanischen Truppen Spinolas vollendeten das Werk in der Pfalz. Der Heidelberger Gelehrten- und Dichterkreis, dem Opitz die wichtigsten literarischen, kulturpolitischen und politischen Impulse seines Lebens verdankte, zerstob in alle Winde; das Herz des deutschen Calvinismus hatte aufgehört zu schlagen.

Konfessionelle Konkretisierung

Die Opitzsche Reformbewegung und damit die Geburt der deutschen Nationalliteratur verdankt sich einer einmaligen und nur allzu kurzen historischen Stunde, ohne daß eine fast zweihundertjährige Beschäftigung mit Leben und Werk Opitzens bzw. den Anfängen der Barockliteratur diesem Rätsel bisher auf die Spur gekommen wäre.[11]

Was Theobald Hock in Böhmen mit seinem *Schönen Blumenfeldt* aus dem Jahre 1601, was Dornau, Exner, Opitz und andere am ›Gymnasium Schoenaichianum‹ zu Beuthen in Schlesien zur Ankurbelung der deutschen Dichtung konzipierten, Coler, Cunrad, Opitz, Czepko und andere in Breslau in die Tat umzusetzen suchten, Ludwig von Anhalt-Köthen und Moritz Landgraf von Hessen-Kassel zu gleicher Zeit von fürstlicher Seite aus über die ›Fruchtbringende Gesellschaft‹ in die Hand nahmen, was schließlich auf der pfälzisch-oberrheinischen Achse zwischen Heidelberg (mit der älteren Generation um Lingelsheim und Melissus Schede, der jüngeren um Zincgref, Denaisius, Venator und Opitz) und dem Oberrhein mit Bernegger in Straßburg gedieh – von Weckherlin und Andreae in Stuttgart sowie von anderen nicht zu reden –, entsprang einer mehr oder weniger ausgeprägten Sympathie für den Calvinismus und dessen politische Aktivitäten.

Dieser Calvinismus war – anders als die lutherischen Kernländer, zumal Sachsen – erfüllt von der Gefahr, die dem Bestand des Protestantismus insgesamt von einem erstarkten nachtridentinischen Katholizismus drohte und in den Rekatholisierungen Ober- und Niederösterreichs um die Jahrhundertwende überall bereits manifest wurde, von den französischen, den niederländischen Vorgängen gar nicht zu reden. Zugleich war er ausgesprochen bündnispolitisch motiviert, auf Einigung des protestantischen Lagers bedacht und, wo immer möglich, bestrebt, auch die

---

11 Hier sei die unumgängliche Literatur angegeben: Leonard Forster: Kleine Schriften zur deutschen Literatur im 17. Jahrhundert. – Amsterdam: Rodopi 1977 (= Daphnis; VI/4); Kåre Langvik-Johannessen: Die Rolle der Kalvinisten in der ästhetischen Entwicklung der deutschen Literatur. – In: Dikt og idé. Festskrift til Ole Koppang på syttiårsdagen. Redigert av Sverre Dahl. – Oslo: Germanistisches Institut 1981 (= Osloer Beiträge zur Germanistik; 4), S. 59–72; Wilhelm Kühlmann: Gelehrtenrepublik und Fürstenstaat. Entwicklung und Kritik des deutschen Späthumanismus in der Literatur des Barockzeitalters. – Tübingen: Niemeyer 1982 (= Studien und Texte zur Sozialgeschichte der Literatur; 3); Heinz Entner: Der Weg zum *Buch von der Deutschen Poeterey*. Humanistische Tradition und poetologische Voraussetzungen deutscher Dichtung im 17. Jahrhundert. – In: Heinz Entner, Werner Lenk, Ingrid Schiewek, Ingeborg Spriewald: Studien zur deutschen Literatur im 17. Jahrhundert. – Berlin, Weimar: Aufbau-Verlag 1984 (Akademie der Wissenschaften der DDR. Zentralinstitut für Literaturgeschichte), S. 11–144; Zwischen Gegenreformation und Frühaufklärung. Späthumanismus, Barock 1572–1740. Hrsg. von Harald Steinhagen. – Reinbek bei Hamburg: Rowohlt Taschenbuch Verlag 1985 (Deutsche Literatur. Eine Sozialgeschichte; 3. – rororo; 6252); Klaus Garber: Zentraleuropäischer Calvinismus und deutsche ›Barock‹-Literatur. Zu den konfessionspolitischen Ursprüngen der deutschen Nationalliteratur. – In: Die reformierte Konfessionalisierung in Deutschland. Das Problem der ›Zweiten Reformation‹. Wissenschaftliches Symposion des Vereins für Reformationsgeschichte 1985. Hrsg. von Heinz Schilling. – Gütersloh: Mohn 1986 (= Schriften des Vereins für Reformationsgeschichte; 195), S. 317–348 (in diesem Band S. 919–954).

deutschsprachigen Katholiken im Namen nationaler Würde, überkonfessioneller Verständigung, monarchischer Souveränität – dieser neuen, soeben aus Frankreich herüberschallenden Losungsworte – gegen Madrid, gegen Rom, wo nötig, auch gegen Wien zu mobilisieren.

Versagte nationale Lösung um 1600

Politische Militanz und konfessionspolitische Irenik gehen daher ein möglicherweise irritierendes, gleichwohl geschichtlich durchaus verständliches Bündnis ein. Es ist der gleiche Geist, den die frühen Programmschriften der ›Fruchtbringenden Gesellschaft‹ unter Ludwig, den die *Friedens-Rede* eines Paris von dem Werder, die *Tuba Pacis* eines Bernegger, den schließlich das *TrostGedichte Jn Widerwertigkeit Deß Krieges* von Opitz sowie die anderen politischen Gedichte der Heidelberger aus dieser Frühzeit atmen. Antirömische, antispanische, antihabsburgische und in diesem Sinn antikatholische Gesinnung und Einsatz für eine neue, den ausländischen Fürstentümern bzw. Monarchien ebenbürtige deutschsprachige Kunstdichtung gehören zusammen. Ohne diese politischen und kulturpolitischen Voraussetzungen hätte es die poetischen und poetologischen Reformversuche im Umkreis von Opitz schwerlich gegeben. Denn, wie Zincgref es unvergeßlich ausdrückte, wäre nicht Vergessen in einem Lande ohne konsistente literarische Tradition an der Tagesordnung: »[...] sintemahl es nicht ein geringeres Joch ist/ von einer außländischen Sprach/ als von einer außländischen Nation beherrscht vnd Tyrannisiret [zu] werden«.[12]

Darum bedeutet die verlorene Schlacht am Weißen Berg so viel mehr in der deutschen Geschichte und Literaturgeschichte als eben eine verlorene Schlacht unter anderen.[13] Die Chance für eine – zugegebenermaßen kleindeutsche, die katholischen Lande ausschließende – politische Union oder Föderation unter pfälzisch-böhmischer Führung war verspielt, die – faktisch unter Bismarck gleichfalls auf

---

12 Julius Wilhelm Zincgref: Dedicatio. – In: Martini Opicii. Teutsche Poëmata vnd Aristarchvs Wieder die verachtung Teutscher Sprach, Item Verteutschung Danielis Heinsij Lobgesangs Iesu Christi, vnd Hymni in Bachum Sampt einem anhang Mehr auserleßener getichte anderer Teutscher Poëten. Der gleichen in dieser Sprach Hiebeuor nicht außkommen. Straßburg In verlegung Eberhard Zetzners Anno 1624, fol. π2ʳ–π4ᵛ. Wiederabgedruckt in: Martin Opitz: Gesammelte Werke. Kritische Ausgabe. Hrsg. von George Schulz-Behrend. Bd. II: Die Werke von 1621–1626. Teil 1. – Stuttgart: Hiersemann 1978 (= Bibliothek des Literarischen Vereins in Stuttgart; 300), S. 168–171, hier S. 169. Zum Kontext grundlegend: Dieter Mertens: Zu Heidelberger Dichtern von Schede bis Zincgref. – In: Zeitschrift für deutsches Altertum und deutsche Literatur 103 (1974), S. 200–241.

13 Vgl. das perspektivenreiche Werk von Hans Sturmberger: Aufstand in Böhmen. Der Beginn des Dreißigjährigen Krieges. – München, Wien: Oldenbourg 1959 (= Janus-Bücher. Berichte zur Weltgeschichte; 13). Dazu die Miszelle von Klaus Garber: Der deutsche Sonderweg. Gedanken zu einer calvinistischen Alternative um 1600. – In: Kontroversen, alte und neue. Akten des VII. Internationalen Germanisten-Kongresses. Hrsg. von Albrecht Schöne. Bd. IX: Deutsche Literatur in der Weltliteratur. Kulturnation statt politischer Nation? Hrsg. von Franz Norbert Mennemeier, Conrad Wiedemann. – Tübingen: Niemeyer 1986, S. 165–172 (in diesem Band S. 909–917).

eine ›kleindeutsche‹ Lösung unter Ausschluß wenn nicht Münchens, so doch Wiens hinauslaufende – Einigung um Jahrhunderte vertagt, die synchrone nationale Rhythmik vor allem mit den westlichen Nachbarn unterbrochen.

Die calvinistischen Fürstentümer und Kommunen und mit ihnen die führenden humanistischen Gelehrten standen in besonders engem Kontakt mit den gemäßigt katholischen Gruppierungen in Frankreich, die aus nationalem Engagement heraus antipäpstlich und antispanisch orientiert waren, hatten enge Beziehungen zu den reformierten Niederlanden mit Leiden als intellektuellem Zentrum, schauten hinüber zum England Elisabeths I. und Jakobs I., des Schwiegervaters Friedrichs V. von der Pfalz, beobachteten schließlich aufmerksam die reformkatholischen Bestrebungen in Italien, vor allem in Venedig um Paolo Sarpi.

Diese westeuropäischen Beziehungen wurden mit dem Untergang des calvinistischen Kernlandes gelockert. Hier liegt einer der Gründe für die Isolierung des lutherischen Deutschland gegenüber dem Westen. Daß ausgerechnet das Ursprungsland des Luthertums, daß Sachsen den katholischen Vormarsch gegen Böhmen flankierte (und dafür mit der Lausitz belohnt wurde), macht ein weiteres Mal deutlich, wie unzureichend die Lutheraner für die nun folgende Auseinandersetzung gerüstet waren.

Nachpfälzische ›Barockdichtung‹

Die sogenannte ›Barockdichtung‹ aber, wie sie sich in der nachopitzschen Generation seit den dreißiger Jahren vornehmlich in den Städten zu regen beginnt, in Leipzig, Königsberg, Danzig, sodann in Straßburg, Hamburg, Nürnberg, um hier nur ein paar Brennpunkte zu nennen, und die mit Namen wie Fleming und Dach, Rist und Zesen, schließlich den Nürnbergern Harsdörffer, Klaj und Birken verbunden ist, war gewiß nicht ausschließlich, aber doch vielfach nicht mehr eine latent calvinistische, sondern eine protestantische Bewegung, und das hat ihren Gestus geprägt.

Wo Opitz und die Seinen vor 1620 im Kontext der späthumanistischen politisierten (und nicht selten militanten) *nobilitas litteraria* Westeuropas aufgebrochen waren und ihr dichterisches Reformwerk in der Hoffnung auf die Pfälzer Politik entwarfen, da kannte die in den kommunalen Sprach- und Dichtergesellschaften auf der Basis der Opitzschen Muster praktizierte sogenannte ›Barockdichtung‹ nicht mehr den großen kulturpolitischen Ordnungsentwurf, sondern bescheidete sich in der *imitatio* und dem Ausbau des Formenrepertoires.

Bevorzugtes Genre war das amikale bzw. panegyrische Kasualgedicht, wie es auch abseits der Zentren in nahezu jeder Stadt zirkulierte. Wohl bleibt die Friedenssehnsucht, der Wunsch nach nationalem Zusammenschluß aller Konfessionen ein gerne behandeltes Thema, und kurzfristig zündet der Funke nochmals während Gustav Adolfs Zug durch Deutschland, aber die öffentlich-agitatorische, die publizistisch-breitenwirksame Handhabung der Poesie, wie die Heidelberger, an der Spitze Zincgref, sie souverän praktizierten, war nicht wiederzubeleben, weil die politischen Rahmenbedingungen fehlten, auch aber, weil das Luthertum ein zum Leiden, zum Ausharren statt zum Aufbegehren tendierendes Politik- und Obrigkeitsverständnis beförderte.

Erst in der zweiten Jahrhunderthälfte entstand in der Großform des höfischhistorischen Romans bei Lohenstein und bei Anton Ulrich sowie im Drama der Schlesier nochmals eine weitgespannte allegorisch verschlüsselte politische Dichtung, deren universaler Aufriß direkt mit den konfessionellen Reunierungsbestrebungen und den utopischen Reichsprojekten eines Leibniz koinzidierte, welche als Vermächtnis in die Aufklärung des 18. Jahrhunderts hinüberreichten.[14]

Verspäteter Einsatz der deutschsprachigen ›Renaissance-Literatur‹

Also doch eine wie auch immer apokryphe Kontinuität vom 17. zum 18. Jahrhundert? Wir müssen ein letztes Mal einhalten und nun nach den konfessionspolitischen die sozialen Determinanten der Opitzschen Reform bestimmen. Zu den vielen Gründen für die ›verspätete Nation‹ gehört auch der im europäischen Vergleich verspätete Einsatz der sogenannten ›deutschen Nationalliteratur‹ erst zu Beginn des 17. Jahrhunderts. Kein Land Europas kannte in der ersten Hälfte des 16. Jahrhunderts eine regere, massenwirksame nationalsprachige Publizistik als Deutschland, wenn dieses Kürzel hier erlaubt ist.[15]

Aber diese war auf das welthistorische Ereignis der Reformation fixiert. Für die Eindeutschung der Antike und ihrer nationalsprachigen Renaissance-Ableger zumal Italiens blieb keine Zeit. Die Assimilation, getragen von den Gelehrten, erfolgte seit der Mitte des 15. Jahrhunderts so gut wie ausschließlich im Lateinischen, und als nach zwei Generationen die Transformation in das Deutsche auf der Tagesordnung stand und von mehr als einem Weitsichtigen tatsächlich ins Auge gefaßt wurde, brach die Reformation los, sistierte diese Versuche und riß auch die Humanisten in ihren Bann.[16]

---

14 Vgl. Elida Maria Szarota: Lohensteins Arminius als Zeitroman. Sichtweisen des Spätbarock. – Bern, München: Francke 1970; ›Monarchus Poeta‹. Studien zum Leben und Werk Anton Ulrichs von Braunschweig-Lüneburg. Hrsg. von Jean-Marie Valentin. – Amsterdam: Rodopi 1985 (= Chloe. Beihefte zum Daphnis; 4). Dazu die monumentale Untersuchung des uns allzu früh entrissenen Barockforschers an der Sorbonne Etienne Mazingue: Anton Ulrich. Duc de Braunschweig-Wolfenbüttel (1633–1714). Un prince romancier au XVIIe siècle. Vol. I–II. – Bern, Frankfurt, Las Vegas: Lang 1978 (= Berner Beiträge zur Barockgermanistik; 2).

15 Vgl. die wichtigen Sammelbände aus dem ›Zentralinstitut für Literaturgeschichte‹ der ›Deutschen Akademie der Wissenschaften zu Berlin [DDR]‹: Ingeborg Spriewald, Hildegard Schnabel, Werner Lenk, Heinz Entner: Grundpositionen der deutschen Literatur im 16. Jahrhundert. – Berlin, Weimar: Aufbau-Verlag 1972; Renaissanceliteratur und frühbürgerliche Revolution. Studien zu den sozial- und ideologiegeschichtlichen Grundlagen europäischer Nationalliteraturen. Hrsg. von Robert Weimann, Werner Lenk, Joachim-Jürgen Slomka. – Berlin, Weimar: Aufbau-Verlag 1976.

16 Dazu die wichtige Untersuchung von Jan-Dirk Müller: Zum Verhältnis von Renaissance und Reformation in der deutschen Literatur des 16. Jahrhunderts. – In: Renaissance – Reformation. Gegensätze und Gemeinsamkeiten. Hrsg. von August Buck. – Wiesbaden: Harrassowitz 1984 (= Wolfenbütteler Abhandlungen zur Renaissanceforschung; 5), S. 227–253.

Höfische Orientierung historisch geboten

Die traditionellen mittelständischen zünftigen Bürgerschichten aber vom Schlage Hans Sachsens vermochten wohl die antike Überlieferung für ihre didaktischen Zwecke nutzbar zu machen, zur Reproduktion oder gar schöpferischen Weiterbildung des antiken Formenkanons waren diese Autodidakten nicht in der Lage; ihre an die Reichsstädte als öffentliches Forum gebundenen kulturellen Potenzen versiegten in der zweiten Hälfte des 16. Jahrhunderts sichtlich. Opitz und die Seinen haben auf diese Handwerkerdichtung mit Hohn und Spott herabgeschaut oder – genauso wirkungsvoll – sie schlicht ignoriert. Sie blickten auf das Ausland, zumal auf die Romania und die eben aus der Schlacht gegen Spanien siegreich hervorgehenden Niederlande, am Rande auch nach England. Und dieser Blick bestätigte, was man aus dem Augusteischen Rom ohnehin wußte: Dichtung bedurfte der Förderung durch fürstliche Mäzene, oder in Opitzens Worten:

> Aus Betrachtung der Zeiten/ vnd Entgegenhaltung des Verlauffs der Dinge/ so sich jemals zugetragen haben/ befinden wir/ daß wie Regimentern vnd Policeyen/ also auch mit jhnen der Geschicklichkeit vnnd freyen Künsten jhr gewisses Ziel vnd Maß gestecket sey/ vnnd sie auff ein mal mit einander entweder steigen oder zu Grunde gehen. Welches wie es zwar zuförderst der grössern Gewalt vber vns zugeschrieben werden muß; jedoch ist nachmals von denen Vrsachen/ die wir Menschen ergründen mögen/ diese wol die fürnembste/ daß gelehrter Leute Zu- vnd Abnehmen auff hoher Häupter vnd Potentaten Gnade/ Mildigkeit vnnd Willen sonderlich beruhet.[17]

Vom ersten Moment seines Auftretens an hat Opitz kompromißlos und ohne zu zögern sein Reformwerk mit den Höfen und dem Adel verknüpft und der älteren stadtbürgerlichen Dichtung, die ihm in Gestalt Fischarts doch noch machtvoll entgegentrat, keine Chance mehr gegeben. Diese höfische Wendung, die er der deutschen Dichtung verlieh, ist von bürgerlichen Liberalen, von Beschwörern der Volkskunst und nicht zuletzt von marxistischen Literaturhistorikern immer wieder angegriffen worden.

Demgegenüber ist auch auf die Gefahr von Mißverständnissen hin festzuhalten: Für Opitz und seine Freunde gab es keine Alternative. Der Territorialstaat war nach dem Augsburger Konfessionsfrieden im Protestantismus wie im Katholizismus auf dem Vormarsch; Opitz verbündete sich also mit der modernsten, zukunftsweisenden Kraft, wohingegen der kommunale Zenit überschritten war. Ohne das fürstliche Interesse an der neuen Schöpfung, die endlich die ersehnte Ebenbürtigkeit mit

---

17 Martin Opitz: Vorrede zu: Martini Opitii Acht Bücher, Deutscher Poematum durch Jhn selber heraus gegeben/ auch also vermehret vnnd vbersehen/ das die vorigen darmitte nicht zu uergleichen sindt. Jnn Verlegung Dauid Müllers Buchhandlers Jnn Breßlaw. 1625, fol. a2ʳ–a7ʳ. Wiederabgedruckt in: Martin Opitz: Gesammelte Werke. Kritische Ausgabe. Hrsg. von George Schulz-Behrend. Bd. II: Die Werke von 1621 bis 1626. Teil 2. – Stuttgart: Hiersemann 1979 (= Bibliothek des Literarischen Vereins in Stuttgart; 301), S. 530–545. Das Zitat hier S. 530f. Dazu neben der angegebenen Literatur: Volker Sinemus: Poetik und Rhetorik im frühmodernen deutschen Staat. Sozialgeschichtliche Bedingungen des Normenwandels im 17. Jahrhundert. – Göttingen: Vandenhoeck & Ruprecht 1978 (= Palaestra; 269), S. 18ff.

den Nachbarn versprach, literarisches Niveau und damit kulturpolitische Legitimation zu gewährleisten schien, wäre die neue Dichtung nicht einmal zu dem schmächtigen Pflänzchen gediehen, von dem einleitend die Rede war.

Unbestechliche Historiker wie Gervinus haben eben dies stets gesehen und betont. Es ergibt keinen Sinn, fürsprechend im Namen der unterdrückten zweiten, wie auch immer ›populären‹ literarischen Überlieferung im Blick auf das 17. Jahrhundert tätig zu werden. Opitz und seine Mitstreiter durften hoffen, im Medium ihres nationalsprachigen Literaturprogramms, der Übersetzung der höfisch-humanistischen Dichtung des Auslands ins Deutsche, zugleich den Prozeß politischer Einigung der Deutschen unter Böhmisch-Pfälzer Führung zu befördern und damit eben jenen Beitrag zur Genese des nationalen Gedankens im Zeichen der Kronegewalt zu leisten, den die Humanisten in Italien, in Frankreich, in England, schließlich in den Niederlanden teils Jahrzehnte, teils Jahrhunderte früher im Auge gehabt hatten. In Kenntnis der konfessionspolitischen Verwerfungen argumentierten sie wie ihre Nachbarn für Toleranz und das übergeordnete Ziel monarchischer Souveränität als eines Integrals nationaler Befreiung und Einigung. Mehr und etwas anderes von ihnen zu verlangen, wäre geschichtlich verfehlt.[18]

Nach 1648

Daß die Entwicklung nach 1648 dann eine so ganz andere als die von Opitz intendierte Richtung nahm, ist nicht dem gelehrten Humanistenstand anzulasten. Wurden im Westfälischen Frieden die Territorialgewalten verfassungsrechtlich überhaupt erst freigesetzt, so unterlag auch die künstlerische Produktion einem immer schon latenten Funktionswandel, der für den Ursprung der Aufklärung entscheidend wurde. Nicht mehr wie um 1600 von dem Gedanken einer antikatholischen Allianz beflügelt, ging der höfischen Kultur mit der humanistischen Mitgift ihr nationales Movens verloren, und allein der Gedanke der monarchischen Repräsentation behauptete sich.

Erst nach 1648 dringt die italienische Oper in großem Stil in die deutschen Höfe ein; ihr folgt die Orientierung an der höfischen Metropole Europas Versailles mit dem selbstverständlichen Primat des Französischen bis tief in das 18. Jahrhundert hinein. Die deutschsprachige Kunstdichtung, ohnehin entgegen landläufiger Ansicht im 17. Jahrhundert mehr in der Stadt als bei Hof verankert, verlor ihre fürstlichen Promotoren bis auf wenige Ausnahmen (zu denen etwa Wolfenbüttel gehört). Die höfische Kultur, an die Deutschland nach 1648 Anschluß findet, ist

---

18 Dazu mit weiterer Literatur: Klaus Garber: Paris, die Hauptstadt des europäischen Späthumanismus. Jacques Auguste de Thou und das Cabinet Dupuy. – In: Res publica litteraria. Die Institutionen der Gelehrsamkeit in der Frühen Neuzeit. Hrsg. von Sebastian Neumeister, Conrad Wiedemann. – Wiesbaden: Harrassowitz 1987 (= Wolfenbütteler Arbeiten zur Barockforschung; 14), S. 71–92 [wiederabgedruckt in bearbeiteter Version in: ders: Literatur und Kultur im Europa der Frühen Neuzeit. Gesammelte Studien. – München: Fink 2009, S. 419–442].

eine europäische und zugleich eine dynastische und territoriale Angelegenheit; ein prospektives nationales Ferment ist ihr nicht mehr beigesellt.

Die Stimme Gottscheds

Dies und nur dies macht erklärlich, warum mehr als ein Jahrhundert nach Opitz ein weiterer großer Reformator der deutschen Dichtung, nämlich Gottsched, die zerrissenen Fäden wiederaufnehmen und mühsam neu zusammenziehen muß, ohne daß es ihm so wenig wie vorher Opitz gedankt worden wäre. Ein niemals von ihm in Zweifel gezogener Fixpunkt aber seiner Bemühungen um die deutsche Nationalsprache und Literatur ist die Gestalt Martin Opitzens, dem er in seiner Gedenkrede aus dem Jahre 1739 ein erhabenes Denkmal gesetzt hat:

> Auf! dankbares Germanien! verwirf die ungeschickten Nachfolger dieses großen Meisters, die dir durch ihr ausschweifendes Wesen, durch ihre regellose Einbildungskraft, durch ihren geilen Witz und ungesalzenen Scherz mehr Schande gemacht, als jener dir Ehre erworben hatte. Verweise doch künftig deine lehrbegierige Jugend fleißiger, als du bisher getan, auf den Vater deiner Poesie. Lehre sie denjenigen Geist bewundern und nachahmen, der so scharfsinnig als weise, so angenehm als tugendhaft, so fruchtbar als edel gewesen ist: Und setze es künftig zu einer Grundregel, daß nur derjenige von deinen Dichtern das größte Lob verdiene, der dem gesunden, dem reinen, dem natürlich schönen Witze des großen Opitz am ähnlichsten geworden ist.[19]

Der Topos von Opitz als dem Vater der deutschen Poesie ist also bereits in Gottscheds Munde. Zwei Jahrhunderte lang wird er wiederkehren und wenigstens das 18. Jahrhundert über stets wie bei Gottsched in Opposition gerückt zu den Dichtern der ›zweiten Schlesischen Schule‹, zu Lohenstein, zu Hoffmann von Hoffmannswaldau und wie sie heißen.

Was es zu begreifen gilt, wenn es um die Frage der Kontinuität der deutschen Nationalliteraturbewegung unter dem Sterne Opitzens geht, ist der Umstand, daß sie nicht nur und nicht in erster Linie auf der dichtungsgeschichtlichen, sondern daß sie ebenso und womöglich noch nachhaltiger auf der programmatischen kulturpolitischen Ebene entschieden wird. Natürlich kannte Gottsched die Opitzsche Dichtung, noch 1690 war bei Fellgiebel in Breslau wieder eine große Ausgabe seiner gesammelten Werke erschienen. Die Antipoden Gottscheds Bodmer und Breitinger standen im Begriff, eine kommentierte Gesamtausgabe zu erstellen, die bis zum Erscheinen der Schulz-Behrendschen in unseren Tagen die maßgebliche, von beispielloser philologischer Treue inspirierte geblieben wäre. Opitz und die Nachfolger waren in Anthologien wie derjenigen Zachariaes präsent.

Und natürlich wußten Gottsched, die Schweizer und Lessing genau, was da zu Anfang des vorangegangenen Jahrhunderts von Weckherlin und Opitz, von Simon

---

19 Johann Christoph Gottsched: Gedächtnisrede auf Martin Opitzen von Boberfeld [1739]. – In: ders.: Schriften zur Literatur. Hrsg. von Horst Steinmetz. – Stuttgart: Reclam 1972 (= Reclams Universal-Bibliothek; 9361–9365), S. 212–238, S. 236.

Dach, Paul Fleming und anderen ins Werk gesetzt worden war: eine Schmeidigung, eine Grazie, eine Anmut, eine Treffsicherheit, gelegentlich eine witzige Pointierungskraft, eine Schlichtheit und Würde der deutschen Sprache als poetischer, von der um 1600 – man lese Theobald Hoeck – niemand zu träumen gewagt hätte. Solange es eine Erinnerung an den Entfaltungsprozeß der deutschen Literatur geben wird, wird diese Integration der europäischen klassizistischen Kunstformen in die deutsche Dichtung, wird die Übersetzung der Renaissancemuster in eine im gleichen Zug überhaupt erst zu schaffende dichterische Sprache denkwürdig bleiben.

Produktiver Rückbezug der Aufklärung

Genauso aber gilt, daß die deutsche Literatur der ersten Hälfte des 17. Jahrhunderts, wie sie sich mit dem Namen Opitzens nicht allein, aber doch vorwiegend verband, einen legitimierenden Fonds abgab, ohne den die Dichtung der Aufklärung seit Gottsched schwerlich zu dem geworden wäre, was sie im zweiten – oder wenn man mit Blick auf das 16. Jahrhundert denn will: im dritten – Anlauf werden sollte: die Basis für den Durchbruch zu europäischer Geltung der deutschen Literatur in der zweiten Hälfte des 18. Jahrhunderts. Umgeben von einer dominanten höfischen Kultur, die in Programm und Praxis der deutschsprachigen Literatur kein Heimatrecht mehr einräumte, leisteten der Rückgriff auf Opitz und die parallelen Bestrebungen in der ›Fruchtbringenden Gesellschaft‹, worauf keine innovative künstlerische Bewegung verzichten kann: die Beglaubigung und Bekräftigung im Namen eines schon ausgebildeten Kunst- und Kulturprinzips.

So hatten sich die italienischen Humanisten einmal auf das republikanische, einmal auf das cäsarische Rom zurückbezogen, so die deutschen Humanisten in lateinischer wie deutschsprachiger Version auf die vermeintlichen poetischen Verdienste der Germanen, so nun Gottsched und die Frühaufklärer auf ihre Vorgänger im 17. Jahrhundert. Stiftung von Tradition *in poeticis* ist ein fremdes Prinzip geworden. Im Zeitalter gelehrter *imitatio*, im Zeitalter des Klassizismus zwischen Renaissance und Revolution, entschied über eine jede Bewegung ihre Fundierung in historischen oder quasihistorischen Ursprüngen. In diesem Sinn hat die Opitz-Generation für die Gottsched-Generation eine gar nicht zu überschätzende, nämlich bekräftigende und unterstützende Rolle gespielt.

Daß dieser Adaptation ein produktives Mißverständnis innewohnte, daß Gottsched glaubte, im Namen Opitzens und seines Einsatzes für die deutsche Sprache publikumswirksame Aufklärung betreiben zu können, wo doch niemand desinteressierter war an Breitenwirkung als Opitz, der allein die oberen Stände ansprechen wollte, ist nur das Siegel auf die ursprüngliche und das heißt geschichtliche Dynamisierung dieser Rezeption.

Noch Herder wird sich in seinem Jugendwerk, den *Fragmenten über die neuere deutsche Literatur*, genauso wie in seinem Alterswerk, den *Briefen zur Beförderung zur Humanität*, nicht nur im Namen Luthers und nicht nur im Namen Hans Sachsens, sondern aus produktivem Mißverständnis heraus auch noch im Namen Opitzens für eine genuine altdeutsche Überlieferungslinie gegenüber der höfischen Überfremdung in der zweiten Hälfte des 17. wie der ersten Hälfte des 18. Jahrhunderts einsetzen, um seiner Generation einen Anknüpfungspunkt für eine nun volksnahe, nicht länger gelehrte Poesie zu vermitteln. Solch Aktualisierungspotential aufzuzeigen, ist der Sinn rezeptionsgeschichtlicher Forschung, nicht aber Rezeptionsakte nur zu addieren, denn immer geht es um den Aufweis von Funktionen.

Noch einmal waren die poetischen Errungenschaften der Opitzianer ein Jahrhundert später im Zeichen von Klarheit, Wahrscheinlichkeit und Vernünftigkeit der Redeweise zu rebuchstabieren nach den vermeintlich manieristischen Verirrungen der deutschen Sprache, die von Gottsched bis Herder einem verderblichen höfischen Einfluß zugerechnet wurden. Gelingen konnte dieses Werk, weil man sich im Einklang mit den großen Vorgängern wußte und in ihrem Namen ein nun stetig sich verbreiterndes Publikum der Gebildeten für die deutsche Poesie zu interessieren suchte.

Trübung des Bildes im 19. Jahrhundert

Ist damit der Brückenschlag vom 17. zum 18. Jahrhundert befestigt, der der großen bürgerlichen Literaturgeschichtsschreibung des 19. Jahrhunderts von Bouterwek über Gervinus bis zu Heinrich Kurz verbindlich war, so darf dieser Rückblick nicht beendet werden, ohne mit wenigen Sätzen auf die noch im 19. Jahrhundert einsetzende und bis heute nicht gebannte Desavouierung dieses hier nur angedeuteten geschichtlichen Bildes einzugehen, für das die Rede von Opitz als dem ›Vater der deutschen Dichtung‹ nur eine anschauliche Personifikation ist.

Schon bei den Archegeten der europäischen wie der deutschen Literaturwissenschaft, schon etwa in August Wilhelm Schlegels Vorlesungen zur europäischen Literatur figuriert die deutsche Dichtung des 17. Jahrhunderts, wie Opitz sie begründet hatte, als letzte und besonders dürftige Schöpfung zwischen den Gipfeln der mittelhochdeutschen Klassik und Goethe. »Es fehlt seiner Poesie« – so äußert sich Schlegel über Opitz – »sowohl an lyrischem Schwunge, als an fantasiereicher Erfindungskraft«, bzw. an anderer Stelle: »Meistens didaktisch. Wenig Anlage zum Lyrischen«.[20] Oder man vergleiche in der Mitte des Jahrhunderts als national-reaktionäre Antwort auf Gervinus' großes Werk die bis in den Nationalsozialismus in Dutzenden von Auflagen weiterlebende Literaturgeschichte von Vilmar, wo über Opitz zu lesen ist:

> Seine Poesie giebt den Ton an für die ganze in sich unwahre, auf willkürlicher Fiction beruhende Poesie des nächsten Jahrhunderts, bis auf Klopstock und Lessing hin; die meisten Gefühle, um nicht zu sagen alle, sind erheuchelt, sind bloß dem Verse und dem

---

20 August Wilhelm Schlegel: Geschichte der romantischen Literatur [1802/03]. Hrsg. von Edgar Lohner. – Stuttgart: Kohlhammer 1965 (= Kritische Schriften und Briefe; 4), S. 61; ders.: Geschichte der Deutschen Sprache und Poesie. Vorlesungen, gehalten an der Universität Bonn seit dem Wintersemester 1818/19. Hrsg. von Josef Körner. – Berlin: Behr 1913 (= Deutsche Literaturdenkmale des 18. und 19. Jahrhunderts; 147. 3. Folge; 27), S. 167.

Worte zu Liebe da, sind da auf dem Papiere, aber weder im Herzen des Dichters noch des Lesers; es sind schöne Phrasen [...].[21]

Und schließlich das Hausbuch des gebildeten Bürgertums im Wilhelminismus, Scherers *Geschichte der Deutschen Litteratur*, wo es heißt, daß nie

> ein unbedeutender Dichter mit so geringem Recht eine bedeutende Stelle in der Literaturgeschichte errungen [habe] wie Opitz. Übersetzen und Nachahmen ward [die] größte Kunst der Gelehrten vom Schlage Opitzens. Sie führten fremde Dichtungsarten, Strophen, Versmaße ein und ließen sich zu ganz albernen und unkünstlerischen Spielereien hinreißen.[22]

Drei Stimmen dreier ganz verschiedener Autoren, die unter kaum vergleichbaren Voraussetzungen zu Opitz und dem 17. Jahrhundert das Wort ergreifen. Und doch: Welch ein Maß an Mißverständnis gegenüber den gelehrten, den klassizistischen, den poetologischen Implikationen der Dichtung des 17. Jahrhunderts im Namen des großen romantischen Künstlers bei Schlegel, der hehren Volkspoesie bei Vilmar, des abstrakten historischen Schematismus mit dem Wellental im 16./17. Jahrhundert zwischen den Kämmen im 12. und 18. Jahrhundert bei Scherer.[23]

Eine Kontroverse um die deutsche Renaissance

Und dann die Revolte gegen diese Verzerrungen zunächst in der Kunstwissenschaft eines Wölfflin, eines Worringer, eines Riegl, dann in der Literaturwissenschaft eines Strich, eines Walzel, eines Benz und wie sie heißen im Namen des neu entdeckten Barock.[24] Nun fungiert Barock als spezifisch nordisch-germanisches Kunstwollen, expressiv, dynamisch, vom Pathos einer ringenden, dem Unendlichen ergebenen Seele durchwaltet, als Antwort des deutschen Geistes auf die klassizistische Renaissancekultur der Romanen, so daß Richard Benz, um hier nur noch einen Wortführer zu zitieren, ein Jahr nach Kriegsausbruch 1915 schreiben kann:

> Wir bedürfen aber nicht nur der Negation des Fremden, wir bedürfen eines positiven Ideals, eines Heilmittels, eines Gegengiftes: wir müssen wieder zurückfinden zu unsrer nationalen künstlerischen Vergangenheit. Es ist eine fast selbstverständliche Forderung, daß wir dort wieder anknüpfen, wo das Eindringen des Fremden, die Renaissance, uns

---

21 A.F.C. Vilmar: Geschichte der deutschen National-Litteratur. 21. vermehrte Aufl. – Marburg, Leipzig: Elwert 1883, S. 288.
22 Wilhelm Scherer: Geschichte der Deutschen Litteratur. – Berlin: Weidmann 1883, S. 327.
23 Die einschlägige Literatur zur Wissenschaftsgeschichte des Faches zusammengeführt bei Garber: Martin Opitz (Anm. 1), S. 204ff: Darstellungen, sowie ders.: Rezeption und Rettung (Anm. 1), S. 20ff: Aufklärung und Historismus.
24 Dazu die beiden grundlegenden Untersuchungen von Hans-Harald Müller: Barockforschung. Ideologie und Methode. Ein Kapitel deutscher Wissenschaftsgeschichte 1870–1930. – Darmstadt: Thesen Verlag 1973 (= Germanistik; 6); Herbert Jaumann: Die deutsche Barockliteratur. Wertung – Umwertung. Eine wertungsgeschichtliche Studie in systematischer Absicht. – Bonn: Bouvier 1975 (= Abhandlungen zur Kunst-, Musik- und Literaturwissenschaft; 181).

abgerissen hat. Aber es hat der Erfahrung eines Weltkriegs bedurft, diese Forderung der Gesammtheit der Nation begreiflich zu machen: der Erfahrung, daß es mit dem Fremden im letzten Sinne keine Verständigung giebt, daß man auf die eigene Kraft, auf die eigene Cultur, auf die eigene Sprache angewiesen bleibt.[25]

Konrad Burdach, der unter Kennern unvergessene Kulturhistoriker der Renaissance, wies solche Spekulationen sogleich scharf zurück.[26] Fand er hinreichend Gehör?

Historischer Fluchtpunkt

Zehn Jahre später lag die Dissertation von Alewyn vor, die wir eingangs zitierten und mit der eine neue Epoche in der Barockforschung eingeleitet wurde. Ob deutlich geworden sein mag, welche Aufgaben unserer harren? Die traditionsgeschichtliche Forschung der letzten fünfzig Jahre, ob nun unter den Stichworten der Poetik, der Rhetorik, der Emblematik oder der Topologie, hat die europäische Verflechtung der deutschen Literatur des 17. Jahrhunderts wie nie zuvor sehen gelehrt.[27] Im 17. Jahrhundert mit Opitz an der Spitze ist sichergestellt worden, daß Deutschland nach der ein Jahrhundert währenden Konzentration auf die Assimilierung der Reformation den geistigen und künstlerischen Anschluß an Europa nicht verlor, sondern die europäische Renaissance zu seiner – und das hieß notgedrungen: zur Sache eines kleinen Gelehrtenkreises – machte.

Damit aber war mehr geschehen, als die Eitelkeit einer gelehrten Kaste befriedigt. Es war zugleich, wie rudimentär und fragmentarisch auch immer, die Basis für das 18. Jahrhundert, für das Jahrhundert der Aufklärung, gelegt, gegen welches im 19. wie im 20. Jahrhundert immer wieder zum geistigen und politischen Schaden der Deutschen im Zeichen eines vermeintlich höheren deutschen Wesens angekämpft wurde. Opitz als Begründer, als ›Vater‹ der deutschen Nationalliteratur

---

[25] Richard Benz: Die Renaissance, das Verhängnis der deutschen Cultur. – Jena: Diederichs 1915 (= Blätter für deutsche Art und Kunst; 1), S. 1–40, hier S. 39.
[26] Konrad Burdach: Deutsche Renaissance. Betrachtungen über unsere künftige Bildung. – Berlin: Mittler 1916. 2., vermehrte Aufl. – Berlin: Mittler 1918. – Unveränderter (anastatischer) Neudruck der 2., vermehrten Aufl. – Berlin: Mittler 1920.
[27] Hier reicht der Verweis auf die drei bekannten Untersuchungen von Joachim Dyck: Ticht-Kunst. Deutsche Barockpoetik und rhetorische Tradition. – Bad Homburg vor der Höhe, Berlin, Zürich: Gehlen 1966 (= Ars Poetica. Texte und Beiträge zur Dichtungslehre und Dichtkunst; 1); Wilfried Barner: Barockrhetorik. Untersuchungen zu ihren geschichtlichen Grundlagen. – Tübingen: Niemeyer 1970; Albrecht Schöne: Emblematik und Drama im Zeitalter des Barock. 2. überarbeitete und ergänzte Aufl. – München: Beck 1968. Vgl. auch: Emblem und Emblematikrezeption. Vergleichende Studien zur Wirkungsgeschichte vom 16. bis 20. Jahrhundert. Hrsg. von Sibylle Penkert. – Darmstadt: Wissenschaftliche Buchgesellschaft 1978; Toposforschung. Eine Dokumentation. Hrsg. von Peter Jehn. – Frankfurt a.M.: Athenäum 1972 (= Republica Literaria; 10).

zu tradieren, ist also mehr als eine literaturgeschichtliche Ehrenpflicht – immer noch steht damit unser kulturelles, unser geschichtliches, unser nationales Selbstverständnis im Kreis der europäischen Nachbarvölker zur Debatte.

Zuerst erschienen in: Zwischen Renaissance und Aufklärung. Beiträge der Interdisziplinären Arbeitsgruppe Frühe Neuzeit der Universität Osnabrück/Vechta. Hrsg. von Klaus Garber, Wilfried Kürschner unter Mitwirkung von Sabine Siebert-Nemann. – Amsterdam: Rodopi 1988 (= Chloe. Beihefte zum Daphnis; 8), S. 179–200.

Personenregister

Abensperg und Traun, Ernst von 755
Abschatz, Hans Aßmann Freiherr von 332, 828
Ackermann, Statius 332
Adorno, Theodor W. 91, 153, 173, 297, 684
Agricola, Rudolf 642
Alba, Fernando Álvarez de Toledo, Herzog von 276, 629
Albert, Heinrich 140, 173, 206, 464, 690-691, 694-695, 700, 703, 764, 828
Alberti, Leon Battista 326
Alberti, Paul Martin 800
Albertiner (Geschlecht) 105
Albertinus, Aegidius 331
Albertsen, Leif Ludwig 408
Albinus, Michael 173, 189-190, 333
Albrecht, Herzog von Preußen 928
Albrecht, Michael von 301
Albrecht Achilles, Markgraf (I.) von Ansbach und Kurfürst (III.) von Brandenburg 243
Albrecht Alcibiades, Markgraf (II.) von Brandenburg-Kulmbach 243
Alewyn, Richard 81, 86-87, 89, 92-93, 95-97, 134-135, 140, 157, 173, 178-180, 182-184, 268, 342, 387, 390, 406, 470, 675, 823, 850, 875, 951, 956-957, 971
Alexander der Große 258
Alfons V. von Aragón, König (I.) von Neapel und Sizilien 168, 329, 610
Alkuin 325
Althusius, Johannes 884
Amberger, Georg Paul 369, 807, 809-811, 814
Anckelmann, Theodor 681
Andreae, Johann Valentin 143, 659, 738, 961
Andrian-Werburg, Irmtraud von 839

Angelus Silesius, eigentl. Johannes Scheffler 333, 675, 685, 828-829, 859-860
Angyal, Andreas 163
Anna Amalia von Braunschweig-Wolfenbüttel, Herzogin von Sachsen-Weimar-Eisenach 106
Anna Wasa, Prinzessin von Schweden 593
Ansbach und Bayreuth (Geschlecht) 243
Anton Ulrich, Herzog von Braunschweig-Wolfenbüttel 89, 134, 167, 180-181, 294, 550, 675, 723, 727-728, 734-735, 750, 752, 754, 756, 758, 764, 772, 781, 790-792, 803, 852-853, 964
Apelles von Löwenstern, Matthäus 170, 204
Aragón (Dynastie) 51, 329
Ariosto, Ludovico 47, 270
Aristoteles 896
Arletius, Johann Caspar 689, 691, 695, 700, 707-708
Arnauld, Antoine 573, 931
Arnim, Bettina (Bettine) von, geb. Brentano 107
Arnisaeus, Henning 885
Arnold, Christoph 370, 850
Arnold, Gottfried 291
Asch, Ronald G. 187
Asche, Matthias 652
Aßmann von Abschatz siehe Abschatz
Aubigné, Théodore Agrippa d' 48-50, 62, 644, 943
Aufseß, Hans von und zu 772
August, Herzog von Sachsen-Weißenfels 552, 760
August II., Herzog von Braunschweig-Wolfenbüttel 660, 715, 758
Augustus (Oktavian), römischer Kaiser 34, 258, 325, 440-441, 476, 480, 517, 607-609, 776
Auratus, Petrus siehe Doré
Axen, von (Familie) 107

PERSONENREGISTER

Baader, Franz von 182
Bach, Johann Sebastian 312
Bacmeister, Lucas 652
Baena, Juan Alfonso de 263
Bärholtz, Daniel 173, 750
Baeumer, Max L. 308
Bahl, Herms 187
Baïf, Jean-Antoine de 172, 326, 331
Baker, Keith M. 187
Balde, Jakob 143, 204, 206, 331, 793, 926
Baldensperger, Fernand 493
Ball, Gabriele 39, 56
Balzac, Honoré de 107, 317
Banér, Johan 591, 594
Barbara Agnes von Brieg, verh. von Schaffgotsch 350
Barclay, John 172, 291, 378, 393, 637, 781
Barner, Wilfried 117, 126, 157, 175
Baron, Hans 29, 118, 219-220, 306
Bartels, Adolf 146, 207
Barth, Caspar von 173, 587
Barthold, Friedrich Wilhelm 951
Bartsch, Heinrich 708
Báthory, Stefan, Großfürst von Litauen, König von Polen 592
Bauch, Gustav 309, 938
Baudelaire, Charles 108, 178, 317-318
Baumann, Georg 648
Baumgarten, Alexander Gottlieb 806
Baur, Johann Wilhelm 332
Bayle, Pierre 49
Beare, Elisabeth 808-809, 834
Bebel, Heinrich 331
Becanus, Martin 635
Beck, Adolf 857
Becker, Carl Ferdinand 410
Beckh, Wilhelm 817
Beer, Johann 92, 179, 957
Beethoven, Ludwig van 106
Beetz, Manfred 186
Behaim (Familie) 836
Behaim, Lukas Friedrich 249
Béhar, Pierre 313
Behm, Michael 695
Belleau, Rémy 328
Bembo, Pietro 35, 172, 266
Bengel, Johann Albrecht 182
Benjamin, Walter 21, 91-92, 154, 178, 297, 487, 511, 674, 888, 911, 957, 959
Benz, Richard 129, 177-178, 970

Bergson, Henri 130
Bernegger, Matthias 67, 170, 276, 309, 540, 556, 573-575, 587, 605, 654, 764, 912, 930, 933, 941, 943, 961-962
Berns, Jörg Jochen 186-187, 436, 716, 758, 900
Bertelli, Sergio 187
Besser, Johann von 334
Bethlen, Gábor, Fürst von Siebenbürgen 542, 584, 913, 941
Betulius, Daniel 790
Betulius, Sigmund *siehe* Birken
Bèze, Théodore de (Theodor Beza) 48, 62, 573, 928
Biechling, Andreas Simson (von) 884, 889, 891, 893, 896
Bircher, Martin 39, 638, 754-755, 818, 947
Birke, Adolf M. 187
Birken, Clara Catharina von, geb. Bosch 842
Birken, Christian 757
Birken, Margaretha Magdalena von, geb. Göring 753, 839
Birken, Sigmund von 57, 85, 204, 208, 222, 226-228, 256-257, 274, 277, 280, 286-295, 297, 324, 331, 333, 344, 367-375, 378, 381, 403, 428-429, 443, 459, 468, 475, 519-520, 524, 544, 546-551, 654, 660-662, 687, 711-737, 741-761, 763-801, 803-805, 807-811, 813, 816-831, 835, 838-869, 871-882, 963
Bischoff, Theodor 817
Bismarck, Otto von 962
Bißmarck, Johann 780
Bleeck, Klaus 742
Bloch, Ernst 297
Blume, Friedrich 184
Boccaccio, Giovanni 24-25, 35, 73, 83, 168, 223, 249, 325-326, 328, 518, 642, 744
Bocer, Johannes 331
Bock, Friedrich 809, 832, 834-836
Bodin, Jean 515, 941
Bodmer, Johann Jakob 143, 469, 967
Boecler, Johann Heinrich 587
Böhme, Helmut 301
Böhme, Jakob 182, 269, 515, 685, 764
Bölhoff, Reiner 219

Böner (Boener), Johann Alexander 754
Börne, Ludwig 107-108
Böttcher, Irmgard 275
Bohse, August 332
Boiardo, Matteo Maria 47, 326, 514
Bongars, Jacques 540
Borchardt, Rudolf 33
Borinski, Karl 171
Bornmeister, Simon 750
Borst, Otto 188, 200, 301
Boscán Almogáver, Juan 172, 266, 331
Bosch, Ambrosius 842
Bosch, Clara Catharina, verh. von Birken 842
Bouterwek, Friedrich 144, 146, 207, 969
Brandenburger (Geschlecht) 786
Brandis, Adam von 755
Brant, Sebastian 912
Braunbehrens, Volkmar 157
Braune, Wilhelm 556, 829
Brauneck, Manfred 83, 132, 157
Braunfels, Wolfgang 641
Braungart, Georg 187
Breckling, Friedrich 291, 751, 756, 791
Bredero, Gerbrand Adriaenzoon 958
Brehme, Christian 173, 333-334, 408, 464, 669-670
Breitinger, Johann Jakob 143, 469, 967
Brentano, Bettina (Bettine), verh. von Arnim 107
Brentano, Clemens 107, 281, 312
Breuer, Dieter 113-116, 118-119, 897
Brockes, Barthold Heinrich 334, 464-465, 467
Brockmann, Dorothea, geb. Temme 389, 391, 399
Brockmann, Reiner 173, 389, 391, 394, 399, 402, 669
Brüggemann, Otto 393
Bruni, Leonardo 25, 102, 198
Brunner, Horst 193-194
Brunner, Otto 187, 856, 858, 899
Bucholtz, Andreas Heinrich 413
Buchner, August 269, 289, 360, 364, 394, 464, 672
Buck, August 160, 163, 187
Büchner, Georg 107
Bügel, Theodor 833
Bumke, Joachim 302
Burckhardt, Jacob 64, 126, 174-177, 297

Burdach, Konrad 23-24, 26-27, 46, 64, 129, 448, 971
Burger, Georg Arnold 750
Burger, Heinz Otto 847
Burkhardt, Carl August Hugo 758, 817-818
Burmeister, Anton 750

Cäsar (Caesar), römischer Kaiser 607
Cahlen, Friedrich von 377
Calderón de la Barca, Pedro 91, 97, 328
Caligula, römischer Kaiser 631
Calisius, Johann Heinrich 751
Calixt, Georg 148, 552, 652
Calpurnius Siculus, Titus 325, 343
Calvin, Jean 43-44
Camerarius, Joachim 331
Camerarius, Ludwig 571, 577-578, 583, 912, 929, 937
Camões, Luís de 161
Campe, August 107
Canetti, Elias 319
Canitz, Friedrich von 334, 828
Cannadine, David 187
Cardini, Franco 187
Carnap, Ernst Günter 386
Carolath-Beuthen (Geschlecht) 936
Carsten, Francis L. 899
Casaubon, Isaac 354, 540
Cato d.J. 626
Cats, Jacob 326, 331, 427
Cattini, Marco 187
Catull 607
Celtis, Conrad 30-37, 39, 61, 65-66, 94, 198, 292, 642, 659, 768, 863, 910, 923
Cervantes Saavedra, Miguel de 24, 91, 329, 403, 514, 685, 772
Chandieu, Antoine de 636
Chaucer, Geoffrey 513
Chrestien, Florent 928
Christenius, Martin 669
Christian I., Fürst von Anhalt-Bernburg 557, 571, 911, 937
Christian II., Fürst von Anhalt-Bernburg 949
Christian IV., König von Dänemark und Norwegen 590, 614, 659
Christian Ernst, Markgraf von Brandenburg-Bayreuth 715, 728, 735, 753, 775, 855

Christina Juliana (Christine Juliane) von Baden-Durlach, Herzogin von Sachsen-Eisenach 728
Christine, Königin von Schweden 700
Chytraeus, David 227, 652
Cicero 29, 624, 655
Cioranescu, Alexandre 589
Claudius, römischer Kaiser 598, 609
Coler (Colerus), Christoph 170, 348, 579, 581, 587-588, 590, 594, 961
Coletti, Vittorio 72
Coligny, Gaspard (II.) de 628
Comenius, Johann Amos, eigentl. Jan Amos Komenský 594, 793
Conermann, Klaus 39, 56, 949-950, 952
Conring, Hermann 148, 552
Contzen, Adam 885
Cordus, Euricius, eigentl. Heinrich Urban Solde 331
Corneille, Thomas 334
Corvinus *siehe* Matthias I. Corvinus
Croce, Benedetto 160
Crocius, Johann 652
Crocius, Ludwig 652
Cubach, Michael 780
Cunrad, Caspar 170, 333, 348, 568, 768, 937, 961
Curtius, Ernst Robert 97, 141, 440
Cysarz, Herbert 130, 157, 171, 829, 920
Czepko von Reigersfeld, Daniel 170, 208, 309, 333, 685, 961
Czernin von Chudenitz, Hermann 659
Czok, Karl 187

Dach, Regina, geb. Pohl 708
Dach, Simon 140, 143, 173, 204, 206, 208, 268, 333, 401, 464, 662-663, 670, 673, 677, 687-696, 698-705, 707-709, 764-766, 768, 804, 823, 828, 926, 963, 967-968
Dahlke, Hans 857
Damman, Theodor 369
Dante Alighieri 21-27, 35, 41, 46, 54, 68, 71-76, 78, 148, 168, 254, 263-264, 270, 276, 283, 324-326, 328, 403, 448, 468, 472, 513, 518, 610, 644, 667
Daum, Christian 812
De la Gardie, Magnus Gabriel 700
Dedekind, Constantin Christian 661
Dedekind, Friedrich 751

Del Popolo, Concetto 72
Della Scala (Familie) 102
Denaisius, Petrus 56, 170, 204, 558, 573, 912, 930-931, 933, 961
Denis, Michael 106
Derks, Paul 172
Dickens, Arthur Geoffrey 187
Dickens, Charles 107, 317
Dieu, Ludwig de 653
Dilherr, Johann Michael 272, 280-281, 370, 548-549, 714, 723, 725, 728, 732, 736, 751, 785, 788, 790-791, 793, 797, 811, 848, 861
Dilthey, Wilhelm 129, 740, 920
Ditzlin, Susanna, verh. Kindermann 790
Dobenecker, Catharina Margaretha, geb. Schweser 717, 749-750
Döblin, Alfred 108
Dönhoff, Gerhard Graf von 380, 593
Dönhoff, Sibylle Margarethe Gräfin von, geb. Prinzessin von Brieg 379-380, 593
Dohna (Familie) 586
Dohna, Abraham von 586
Dohna, Christoph von 952
Dohna, Karl Hannibal von 348, 350, 353, 365-366, 542, 583, 586-587, 590, 942
Domitian, römischer Kaiser 598
Donatus, Aelius 323, 439, 444, 475
Donatus, Christian 750
Dorat, Jean 928
Doré, Pierre (Petrus Auratus) 928
Dornau, Caspar 61, 309, 331, 541, 558, 569-570, 572, 596, 601, 603, 654, 940-941, 944, 961
Dornkreil (Dornkrell), Tobias 756
Dostojewski, Fjodor Michailowitsch 107, 317
Dousa, Janus 540
Dresserus, Matthäus 227
Dretzel, Georg 790
Drosendorf, Dorothea Rosina, verh. Volkmann 757
du Bartas, Guillaume de Salluste, Seigneur 48-49, 62, 540, 644, 943
du Bellay, Joachim 172, 266
Dümler, Jeremias 283, 777, 842
Dünnhaupt, Gerhard 671, 680, 688-690, 696, 701, 705, 707, 865-867
Duhr, Bernhard 183
Dunte, Ludwig 396, 401

Dupuy, Jacques 365, 588, 589, 590
Dupuy, Pierre 365, 588, 589, 590
Dyck, Joachim 117

Eberhard I., Graf und Herzog von Württemberg 103
Ebert, Johann Arnold 334
Ebner (Familie) 241
Eccard, Johannes 173
Egmont, Lamoraal Graf von, Fürst von Gavere 629
Ehalt, Hubert Christian 187
Ehrle, Peter Michael 270
Eichendorff, Joseph Freiherr von 281, 312, 488
Eichhorn, Johann Gottfried 144
Eifler, Gertrud, verh. Moller 204
Eilert, Hildegard 827
Einwag, Johann Konrad 716
Eleonore von Schottland, Erzherzogin von Österreich 103
Elias, Norbert 186
Elisabeth I., Königin von England 52-53, 169, 329, 912, 963
Ellinger, Georg 140
Encina, Juan del 84, 326
Endelechius, Severus Sanctus 325
Endter (Drucker/Verleger) 549, 714, 751, 759-760, 777
Endter, Wolfgang d.Ä. 369, 443, 848
Engel, Eduard 146
Engels, Friedrich 108, 307
Engelsing, Rolf 316
Entner, Heinz 390
Epiktet 497
Erasmus von Rotterdam (Erasmus Desiderius) 30, 76-77, 148, 276, 285, 634, 732, 753, 793, 855, 916, 940
Eratosthenes von Kyrene 604
Erdmann Philipp, Markgraf von Brandenburg-Kulmbach 790
Erdmuth(e) Sophie von Sachsen, Markgräfin von Brandenburg-Bayreuth 715, 717, 855
Erler, Gotthard 146
Erman, Wilhelm 699
Ermatinger, Emil 130, 157, 674
Eschenburg, Johann Joachim 823
Este (Geschlecht) 327
Estienne, Robert 928

Euripides 607
Evans, Robert J.W. 163, 914
Evenius, Sigismund 396
Exner, Balthasar 768, 961
Eyb, Albrecht von 198

Faber, Johann Ludwig 750
Faber du Faur, Curt von 390, 671, 850-851, 957
Fellgiebel, Esaias 967
Fenitzer, Johannes 290, 811
Ferdinand I., König von Neapel 610
Ferdinand I., römisch-deutscher Kaiser 566
Ferdinand II., König von Aragón 542
Ferdinand II., römisch-deutscher Kaiser 350, 542, 913, 960
Ferdinand III., römisch-deutscher Kaiser 258, 660, 773
Filbinger, Hans 153
Finckelthaus, Gottfried 173, 333, 408, 464, 669-670, 680-681
Fischart, Johann 143, 225, 498, 514, 601, 603, 912, 924, 965
Flacius, Matthias 652
Flaubert, Gustave 317
Fleischer, Manfred P. 938
Fleming, Paul 104, 140, 143, 173, 204, 208, 268, 275, 283, 333, 342, 389-390, 392-395, 397-399, 401-402, 406, 444, 451, 464, 662, 669-674, 676-685, 687-688, 764-766, 787, 804, 823, 828, 859, 963, 968
Flemmer, Christian 750
Flemming, Willi 131, 184
Fletcher, John 326
Florian, Jean-Pierre Claris de 334
Floeck, Wolfgang 163
Foerster, Christel 202
Förster, Karl 827-829
Foillet, Jakob 377
Folz, Hans 266
Fontane, Theodor 108, 318
Fontenelle, Bernard Le Bovier de 254
Forster, Georg 506
Forster, Leonard 265, 309, 420, 556, 572, 868, 927, 951
Fouqué, Friedrich de La Motte 824
Fourier, Charles 511
France, Anatole 958

Francisci, Erasmus 750, 852
Franck, Christoph 826
Franck, Johann 205-206
Franck, Sebastian 269
Francke, August Hermann 105, 806
Franckenstein, Christian Friedrich 551
Frank, Christoph 750
Frank, Horst(-Joachim) 760, 857, 880
Franz I., König von Frankreich 67, 165, 610, 912, 923
Freher, Marquard 560
Freiligrath, Ferdinand 107
Freinsheim, Johannes 204, 587
Fricke, Gerhard 171
Friedrich, Hugo 95
Friedrich I., König von Neapel 610
Friedrich I., Kurfürst von der Pfalz 193-194
Friedrich III., Herzog von Schleswig-Holstein-Gottorf 394
Friedrich III., König von Dänemark und Norwegen 659, 672
Friedrich III., Kurfürst von Brandenburg, König (I.) in Preußen 704, 706
Friedrich III., Kurfürst von der Pfalz 557, 571, 573, 928-929
Friedrich III., römisch-deutscher Kaiser 34, 659
Friedrich V., Kurfürst von der Pfalz, König (I.) von Böhmen 350, 363, 541, 557-559, 572, 575-578, 583, 585, 613, 631, 913-915, 942, 960, 963
Friedrich Heinrich von Oranien-Nassau, Statthalter der Niederlande 580
Friedrich Wilhelm, gen. der Große Kurfürst, Kurfürst von Brandenburg 694
Friesen, Henriette Catharina von, verh. von Gersdorf 204
Friesendorff, Anna Ilse, geb. Töbing, verw. Möllner 368
Friesendorff, Johann Friedrich 368-369
Frisch, Maria Catharina, verw. Heden, verh. Stockfleth 186, 334, 381, 387, 717-718, 749-750, 756
Frischmann, Johann 793
Fritsch, Gottfried 651
Fritsch, Margarethe, geb. Ringemuth, verw. Rist 651
Froben, Johann 647

Froschauer, Christoph d.Ä. 647
Frühsorge, Gotthardt 186
Fürer (Familie) 288
Fürer von Haimendorf, Christoph 716, 750, 819
Fürst, Paul 863
Fütterer (Familie) 235
Fugger, Jakob 758

Gaartz, Hans 184
Gadebusch, Friedrich Konrad 673
Gallus, Gaius Cornelius 608
Gambara, Veronica 172
Garber, Klaus 212, 257, 275, 430, 673, 680, 765, 854, 866-867, 869, 875-876, 878-879, 881-882
Garcilaso de la Vega 172, 266, 326, 330-331, 403, 460, 770
Gärtner, Karl Christian 334
Gebhard, Johann 754, 790
Geiger, Ludwig 202
Geller, Ernst 332
Gellert, Christian Fürchtegott 334
Gentz, Friedrich 106
Georg Rudolf, Herzog von Liegnitz und Wohlau 348, 350, 542, 582, 584-586, 590-591, 952
Georg Wilhelm, Markgraf von Brandenburg-Bayreuth 728
George, Stefan 454, 957-959
Gerhard, Dietrich 899
Gerhard von Seeon 198
Gerhardt, Paul 685, 828, 859
Gericke, Anna, verh. Werner 695-696, 698
Gersdorf (Familie) 204
Gersdorf, Henriette Catharina von, geb. von Friesen 204
Gersdorf, Wiegand von 601
Gerteis, Klaus 186
Gervinus, Georg Gottfried 74, 141, 146-147, 182, 207, 210, 297, 307, 555, 713, 812-813, 926, 966, 969
Geslin de La Piltière, Paul 949
Gessner, Salomon 323, 334-335, 403, 467-472, 478-480, 487-494, 497, 499-501, 504-505, 530-532
Geuder, Johann 750
Geyl, Pieter 579
Gichtel, Johann Georg 291, 751, 791
Giesey, Ralph E. 186-187

PERSONENREGISTER

Gil Polo, Gaspar 332
Gillet, Johann Franz Albert 309
Gindely, Anton 571
Giovanni del Virgilio 326, 518
Gläser, Enoch 370, 751
Gleim, Johann Wilhelm Ludwig 334
Gloger, Georg 140, 173, 669, 673
Gluck, Christoph Willibald 106
Gödde, Christoph 91
Goedeke, Karl 145, 211, 409, 819-820, 823, 827, 829, 860, 867
Göring, Margaretha Magdalena, verh. von Birken 753, 839
Goethe, Johann Wolfgang 24, 48, 78, 95-97, 106-107, 146, 159, 263, 301, 307, 312, 457, 471, 478, 482-483, 505-506, 508-509, 529, 532, 674, 677, 685, 956-958, 969
Götz, Johann Nikolaus 334
Goetze, Edmund 827
Goldast, Melchior 560-561, 587, 600, 603
Goldmann, Karlheinz 719
Goldoni, Carlo 87
Goncourt, Edmond Huot de 107
Goncourt, Jules Huot de 107
Gontscharow, Iwan Alexandrowitsch 317
Gorgias, Johann 334, 381, 386
Gorlovius, Stephan 708
Gosky, Martin 732
Gotendorf, Alfred N. 211
Gottfried von Viterbo 198
Gotthelf, Jeremias 107
Gottsched, Johann Christoph 78, 94-95, 117, 141-144, 147, 174, 182, 199, 205, 476, 477, 555, 616, 670, 675, 688, 806, 911, 925-926, 967-969
Goudimel, Claude 928
Gracián y Morales, Baltasar 120, 514, 894
Gramann, Hartmann 682
Grass, Günther 689
Graß, Heinrich 287
Greflinger, Georg 173, 270, 333, 661
Gregor, Joseph 184
Greiffenberg, Catharina Regina Freifrau von 117, 717, 727, 750, 753, 755-756, 760-761, 790, 839, 848, 852-853, 855-858, 862, 873
Greiffenberg, Hans Rudolf von 753, 756, 839
Grillparzer, Franz 847

Grimmelshausen, Hans Jakob Christoffel von 139, 403, 458, 514, 539, 555, 563, 637, 675, 687, 764
Groethuysen, Bernhard 135
Grooß, Heinrich 752
Grooß, Johann 757
Groß, Konrad 245
Großgebauer, Theophil 652
Grote, Ludwig 836
Grotius, Hugo 172, 365, 540, 579, 582, 587-588, 636, 654, 942
Grüninger, Johannes 647
Grünrad, Otto von 929
Gruenter, Rainer 203
Grummer, Theobaldt 410-411
Gruter, Janus 541, 557-558, 572, 578, 912, 915, 929
Gruttschreiber und Czopkendorff, Hans Adam von 380
Gryphius, Andreas 133-134, 140, 167, 204, 208, 334, 403, 551, 563, 637, 666, 675, 687, 764, 828, 857, 860-861
Gryphius, Anna Rosina 217
Gryphius, Christian 349
Guarini, Giovanni Battista 291, 328, 332, 334, 377, 403
Guarini, Guarino 52, 90, 168, 496
Gueintz, Christian 289
Guevara, Antonio de 331
Günther, Johann Christian 208, 670, 674, 687, 828, 857
Gundolf, Friedrich 130, 157, 957
Gurlitt, Cornelius 184
Gurlitt, Johann von 107
Gustav II. Adolf, König von Schweden 267, 354, 367, 590, 639, 960, 963
Guthke, Karl S. 494

Haas, Robert 184
Habrecht, Isaac 559
Habsburger (Dynastie) 180, 333, 367, 491, 541, 576, 584, 586, 786
Hadloub (Hadlaub), Johannes 304
Hagedorn, Friedrich von 105, 334, 464, 467
Hagen, Friedrich Heinrich von der 106
Hagen, Joachim Heinrich 750
Hahn, Heinrich 370
Hainkirch, F.G. 827
Halem, Gerhard Anton von 107

Haller (Familie) 451
Haller, Albrecht von 105, 334, 403, 464, 467, 470, 477-478, 490-491, 494-500, 504-505
Haller von Hallerstein, Hans Albrecht 452
Hallmann, Johann Christian 208, 334
Hałub, Marek 647
Hamann, Johann Georg 78, 182, 475, 478, 847
Hankamer, Paul 173
Hardy, Alexandre 84
Harms, Wolfgang 218, 862
Harper, Anthony J. 408
Harrach, Franz Albrecht Graf von 755
Harsdörffer (Familie) 235, 241
Harsdörffer, Georg Philipp 57, 118, 204, 222, 225-227, 241, 256, 272-277, 279-280, 282, 297, 332-333, 369-370, 374-375, 429, 431-432, 439, 443-445, 448, 454, 459-461, 466-467, 521, 546, 548-549, 575, 654, 659, 667, 711-712, 714-717, 724, 749-751, 757, 764, 770, 772, 787, 790, 792, 803, 805, 813, 815-819, 821, 824-826, 828, 852, 879, 900, 963
Hartfelder, Karl 309
Hartmann, Jürgen 186
Hatzfeld, Helmut A. 159
Haug, Friedrich 823, 826
Haupt, Theodor von 827
Hausenstein, Wilhelm 183, 821
Hauser, Arnold 163, 176
Hayn, Hugo 211
Hebbel, Friedrich 107
Heckel, Hans 189
Heckel (Hekelius), Johann Friedrich 728
Heckel, Martin 164
Heden, Maria Catharina, geb. Frisch, verh. Stockfleth 186, 334, 381, 387, 717-718, 749-750, 756
Heemskerck, Jacob van 54, 582
Heermann, Johann 768, 860
Heerwagen, Heinrich Wilhelm 833
Hegel, Georg Wilhelm Friedrich 134-135, 435, 483, 487, 493-494, 506, 508, 622, 920
Hegewisch, Dietrich Hermann 145, 922
Heiduk, Franz 379
Heine, Heinrich 107-108

Heinrich IV., König von Frankreich 49, 165, 329, 571, 576, 913, 931
Heinrich VII., römisch-deutscher Kaiser 243
Heinrich von Navarra *siehe* Heinrich IV.
Heinrich von Veldeke 198
Heinsius, Daniel 54-55, 140, 172, 266, 268, 460, 540, 580-582, 635-636, 657, 943
Heinsius, Nicolaas 326
Heitz, Gerhard 652
Held, Heinrich 205
Heliodor 291
Hellfaier, Detlev 187
Helwig, Johann 57, 183, 222-227, 229-231, 233-234, 237, 239, 242, 244-248, 250-252, 254, 256-260, 275, 297, 333, 429-430, 443, 451, 711, 750
Henel (Henelius) von Hennenfeld, Nicolaus 348, 568, 937
Hennings, August von 107
Herdegen, Johann 273, 436, 742, 744, 752, 759, 802-807, 816, 818, 820-822, 832-833, 867
Herder, Johann Gottfried 33, 39-41, 78, 95, 106, 143-144, 182, 307, 341, 399, 471, 475, 493, 555, 670, 675, 680, 911, 922, 925-926, 968-969
Heredia, José-Maria de 958
Herrera, Fernando de 330
Hertranft, Christian 669, 681
Hertz, Henriette 106
Herz, Andreas 39, 56
Herzog, Karl 146
Herzog, Urs 117, 187, 385
Hesiod 325
Hessus, Helius Eobanus 331, 465
Hettner, Hermann 146-147
Heuchelin, Christian 750
Heym, Georg 108
Heyne, Christian Gottlob 105, 501
Hille, Karl Gustav von 948-949
Hintze, Otto 898
Hirsch, Arnold 113, 116-117, 135, 185-186, 292, 385-387
Hitler, Adolf 297
Hock (Hoeck), Theobald 238, 331, 961, 968
Hocke, Gustav René 141, 163, 176

Hoeckelshoven, Johannes von 541, 568, 937
Hölderlin, Friedrich 107, 454, 959
Hölmann, Christian 334
Höpfner, Ernst 309, 555-556, 572, 930
Hörnick, Adam Gottfried 173
Hörnick, David 173
Hörnick (Horniceus), Johann 173
Hövel, Ernst 183
Hoffmann, Benjamin Gottlob 107
Hoffmann, E.T.A. (Ernst Theodor Amadeus) 106, 318
Hoffmann, Friedrich 750
Hoffmann von Fallersleben, August Heinrich 146-147, 627, 827
Hoffmann von Hoffmannswaldau, Christian 118, 143, 204, 332, 405, 550, 662, 675, 764, 828, 967
Hofmann, Christina 186
Hofmann, Gustav 760
Hofmann, Hanns Hubert 235
Hofmann, Hermann 754
Hofmannsthal, Hugo von 97, 454
Hohberg, Wolf Helmhard von 134, 755-756
Hohenzollern (Familie) 774
Holwein, Elias 649
Holzschuher (Familie) 241, 288, 751
Homburg, Ernst Christoph 173, 333, 408, 828
Homer 45, 270, 468, 482, 505, 532, 612
Hooft, Pieter Corneliszoon 328, 403, 460, 958
Hopf, Gerhard 369
Horaz 33-34, 330-331, 459, 476, 496, 499, 608, 655
Horn, Ewald 699
Horn, Franz 145, 922
Hoyer, Anna Ovena 860
Hoyer, Michael 790
Hoyer, Siegfried 202
Hudemann, Henrich 657
Hudemann, Johannes 653
Hübner, Tobias 170, 204
Hüttl, Ludwig 187
Hugo, Herman 330
Hugo, Victor 107
Humboldt, Alexander von 106
Humboldt, Wilhelm von 33, 106, 483, 506

Hummel, Bernhard Friedrich 809-810
Hund, Samuel 750
Hutten, Ulrich von 642, 924
Huygens, Constantijn 331

Iffland, August Wilhelm 106
Ignasiak, Detlef 187
Imbach, Ruedi 72
Imhoff (Familie) 245, 251, 288, 751
Ingen, Ferdinand van 638, 722, 867-869, 879, 881
Inglese, Giorgio 72
Ingolstetter, Andreas 716, 728, 750
Irblich, Eva 759
Isselburg, Heinrich 652

Jacob, Herbert 210
Jacobsen, Roswitha 187
Jäckel, Eberhard 301
Jäger, Clemens 758
Jäger, Hans-Wolf 492
Jägerndorf (Geschlecht) 936
Jakob I., König von England 165, 573, 576, 913, 963
Jakob II., König von England 260
Janichius, Henricus 670
Janota, Johannes 193
Janßen, Reinhard 649
Jasky, Andreas 543
Jaumann, Herbert 126, 157, 174
Jerser, Medea 390
Joachim Ernst, Fürst von Anhalt 952
Joachim Ernst, Herzog von Schleswig-Holstein 952
Jobst, Adam Christof 734, 821, 829-830, 866
Jodelle, Étienne 928
Jöns, Dietrich 722, 742, 799-800, 870, 873-874, 880-881
Johann Christian, Herzog von Brieg 350, 379, 542, 570, 582, 584-585, 590-591, 593
Johann Ernst II., Herzog von Sachsen-Weimar 758
Jonson, Ben 331
Jooß, Rainer 301
Jørgensen, Sven Aage 114
Juan de la Cruz 330
Jürgensen, Renate 224, 273, 430, 436, 808-809, 814, 876

Julian, römischer Kaiser 609
Jungius, Joachim 651, 653

Kaemmel, Otto 202
Kahlenberg, Käthe 878
Kaldenbach, Christoph 173, 204, 206, 333, 707-708
Kallimachos 324
Kant, Immanuel 480, 508
Karl, Erzherzog von Österreich 585, 636
Karl August, Herzog von Sachsen-Weimar-Eisenach 106
Karl der Große, römisch-deutscher Kaiser 255, 325, 609, 924
Karl Emil, Kurprinz von Brandenburg 704, 706
Karl Friedrich, Markgraf von Baden 106
Karl Gustav, Pfalzgraf bei Rhein, als Karl X. Gustav König von Schweden 280, 282
Karl IV., römisch-deutscher Kaiser 103, 352, 659
Karl VI., römisch-deutscher Kaiser 180
Karl VIII., König von Frankreich 147, 166
Karl IX., König von Frankreich 628
Karoline, Landgräfin von Hessen-Darmstadt 106
Katharina von Medici, Königin von Frankreich 628
Kayser, Werner 649
Kayser, Wolfgang 178
Keller, Gottfried 304
Kelletat, Alfred 689, 695
Kempe, Martin 750
Kemper, Hans-Georg 46, 171
Kerner, Justinus 823-827
Khuen, Johann 334
Khufstein, Hans Ludwig von *siehe* Kuefstein
Kielmannseck, Heinrich von 754-755, 757
Kiesel, Helmuth 187, 316
Kindermann, Balthasar 661
Kindermann, Heinz 83, 184, 829
Kindermann, Johann Erasmus 790
Kindermann, Susanna, geb. Ditzlin 790
Kirchgässner, Bernhard 202
Kirchhoff, Johann Heinrich 332
Kirchner, Caspar 580, 587, 937
Kirchner, Ernst 19

Klaj, Johann 57, 204, 222, 229, 241, 251, 257, 274, 277, 280-286, 297, 333, 370, 429, 439, 443, 445, 447, 454, 459-461, 464, 466, 468, 678, 711, 715, 764-765, 770, 813, 816-817, 819, 821, 825-826, 828, 852, 879, 963
Klaniczay, Tibor 163
Klawitter, Willy 349
Kleinschmidt, Erich 193, 195, 197, 306
Kleist, Ewald Christian von 335, 467
Klingensmith, Samuel John 187
Klinger, Friedrich Maximilian 107
Klingner, Friedrich 301
Klöker, Martin 310
Klopstock, Friedrich Gottlieb 106, 130, 143, 177, 312, 454, 472, 481, 554, 563, 650, 958, 969
Koberger, Anton 647
Koberstein, August 145, 207
Koch, Andreas 649
Koch, Erduin Julius 106
Koch, Max 146
Köhler, Erich 302
Köhler, Hans-Joachim 218
Köler, Caspar 750
Köler, Christoph 937
König, Robert 146
Koenigsberger, Helmut G. 187
Kommerell, Max 959
Komorowski, Manfred 689, 708
Kongehl, Michael 750, 823
Konrad I., römisch-deutscher König 243
Konrad III., römisch-deutscher König 243
Kopitzsch, Franklin 201, 316
Kramer, Johann 724
Krauss, Werner 500
Krebs, Julius 349
Kreckwitz, Friedrich von 601
Kress von Kressenstein (Familie) 257
Kröll, Joachim 286, 715, 717, 721, 734, 749, 753, 756, 760, 853-855, 880
Krolow, Heinrich 369-370
Krolow, Magdalena, geb. Wulkow 370
Kruedener, Jürgen von 186
Krüger, Kersten 200
Krummacher, Hans-Henrik 216, 724, 880-881
Kuefstein, Adam von 755
Kuefstein, Hans Ludwig Graf von 332, 787

Kühlmann, Wilhelm 73, 132, 172, 188, 275-276, 309, 765
Küpper, Joachim 159
Kürschner, Joseph 829
Kugler, Hartmut 193, 197-199, 306
Kuhlmann, Quirinus 750-751, 790-791, 852
Kurz, Heinrich 307, 969
Kurz, Hermann 146, 147
Kytzler, Bernhard 301

La Serre, Jean-Puget de 635
Laforge, Danielle 428
Lambeck (Lambecius), Peter 549, 753, 758-760, 803, 820
Lamberg, Johann Maximilian Graf von 755
Lambinus, Denys 928
Langbehn, August Julius 128
Lange, Johann 750
Lange, Samuel Gotthold 105
Lappenberg, Johann Martin 390, 672-673, 676, 680-681
Łasky, Jan (Johannes a Lasco) 592
Laube, Heinrich 307
Lauer, Reinhard 187
Laufhütte, Almut 874
Laufhütte, Hartmut 257, 734, 756, 763, 797, 874, 875, 880-882
Lauremberg, Peter 651-653
Laurentius von Schnüffis, eigentl. Johann Martin 334
Lebermann, Hermann 750
Leibniz, Gottfried Wilhelm 33, 148, 269, 654, 964
Leixner, Otto von 146
Lemcke, Carl 713
Lemcke, Ludwig 146, 207
Leo X., Papst 610
León, Fray Luis de 330-331
Leopold I., römisch-deutscher Kaiser 180
Lessing, Gotthold Ephraim 36, 78, 95, 105-106, 142-143, 145, 312, 563, 675, 925, 967, 969
Levin, Rahel, verh. Varnhagen von Ense 106
Lichtenberg, Georg Christoph 105
Lichtenberger, Elisabeth 202

Licinius Calvus, Gaius 607
Liegnitz-Brieg-Wohlau (Geschlecht) 936
Lilien, Caspar von 549, 721, 735, 753, 756, 758-759, 775, 791, 797, 839, 848, 855
Limburger, Martin 333, 429, 711, 744-745, 750, 799-800, 803-805, 819-820, 822, 824
Lingelsheim, Friedrich 558-559, 930
Lingelsheim, Georg Michael 67, 170, 540-541, 556, 558, 571-574, 578, 581, 587, 654, 764, 912, 915, 929-930, 933, 961
Link (Archivangestellter GNM) 838
Lipsius, Justus 575, 580, 623, 654, 941
Lisabon, Heinrich (Henricus Lisbona) 499, 584
Liwerski, Ruth 857
Lobwasser, Ambrosius 928
Lochner, Carl Friedrich 750
Lochner, Friedrich 850
Lochner, Jacob Hieronymus 750
Loefen(ius), Michael von 912, 929
Löffelholz (Familie) 288, 751
Löhneyß, Georg Engelhard von 605
Lösch, Johann Achatius 750
Löw, Joachim 649
Löw, Viktor de 649
Logau, Friedrich von 309, 828
Lohenstein, Daniel Casper von 134, 142-143, 157, 167, 204, 208, 334, 550, 654, 662, 666, 675, 764, 828, 936, 964, 967
Lohmeier, Anke-Marie 427
Lohmeier, Dieter 389, 411, 427, 678, 748
Longos (Longus) 291, 327, 332
Lonitz, Henri 91
Lope de Vega, Félix 91, 161, 168, 328-329, 358, 398, 403, 444, 491, 776
Lotichius Secundus, Petrus 331
Lotze, Hermann 177
Louise Henriette von Oranien, Kurfürstin von Brandenburg 706
Lucae, Friedrich 348
Ludwig, Peter 19

Ludwig I., Fürst von Anhalt-Köthen 40, 67, 139, 170, 255, 331, 546-547, 607-608, 610-611, 676, 914, 945-947, 949, 951-952, 961-962
Ludwig XII., König von Frankreich 166
Ludwig XIV., König von Frankreich 645, 916
Ludwig Philipp, Pfalzgraf von Simmern 952
Lübke, Wilhelm 184
Lütkemann, Joachim 652
Lukács, Georg 307
Lukrez 441
Lund, Zacharias 204, 657, 828
Luther, Martin 36, 43-44, 66, 76-77, 143, 508, 642, 664, 911, 917, 922, 924-926, 968

Mączak, Antoni 187
Maecenas, Gaius Maro 607
Mähl, Hans-Joachim 510, 880
Mai, Richard 725, 757, 787, 858-861, 865, 867, 880
Maier, Johann Gabriel 756-757, 839
Majer, Hans Georg 187
Malapertius, Carolus 699
Maler Müller siehe Müller, Friedrich
Maltzahn, Joachim Freiherr von 350
Manheimer, Victor 850-851, 957
Mann, Heinrich 108
Mann, Thomas 685, 910
Mannack, Eberhard 278, 667
Mannagetta, Johann Wilhelm 758-759, 803
Mannheim, Karl 185
Mannlich, Eilger 332
Mantuanus, Baptista 326
Mantzel, Ernst Johann Friedrich 823
Marazzini, Claudio 72
Marco Valerio 325
Marnix, Philips van, Heer van Sint Aldegonde 540, 601, 943
Marot, Clément 48, 62, 326, 540, 573, 928
Marti, Hanspeter 689
Martial 607
Martin, Alfred von 185, 903
Martin, Dieter 823-824
Martini, Matthaeus 652
Martino, Alberto 142, 901

Marvell, Andrew 328, 331
Marx, Karl 108, 134, 479, 508, 899-901, 920
Masen, Jakob 735
Matthaei, Konrad 703
Matthias I. Corvinus, König von Ungarn 565, 610
Matthias von Kemnat 193
Maximilian I., Herzog und Kurfürst von Bayern 960
Maximilian I., römisch-deutscher Kaiser 34
Maximilian II., römisch-deutscher Kaiser 914
Mechthild von der Pfalz, Gräfin von Württemberg, Erzherzogin von Österreich 103
Medici, Catarina de' siehe Katharina von Medici
Medici, Cosimo de' (gen. il Vecchio) 610
Medici, Lorenzo de' 331, 610
Mehring, Franz 307
Meid, Volker 171, 209, 390
Meier, Albert 209
Meier, Johann Gabriel 750
Meier, Margarethe 834-836
Meier, Peter 411
Meier-Staubach, Christel 86
Melanchthon, Philipp 77, 642, 652, 911
Melissus Schede, Paulus siehe Schede
Mena, Juan de 263
Mencke, Johann Burkhard 205
Mendelssohn, Dorothea, gesch. Veit, verh. Schlegel 106
Mendelssohn, Moses 105
Mercier, Louis Sébastien 106, 316
Merck, Johann Heinrich 106
Merkel, Paul Wolfgang 811
Merkher, Elias 756
Merkle, Gottlieb 183
Mertens, Dieter 557, 559-560, 572, 577, 930, 932
Metellus von Tegernsee 325
Metternich, Clemens Graf (später Fürst) von 107
Meulen, Cornelis van der 649
Meusebach, Karl Hartwig Gregor Freiherr von 689, 703, 811, 820, 828
Meyer, Conrad Ferdinand 304

Meyer, Heinrich 368-370, 386, 429, 851, 861, 875
Michaelis, Johann Heinrich 806
Michelangelo 175, 177, 514
Milton, John 48, 270, 326, 482
Mirandola *siehe* Pico della Mirandola
Misch, Georg 738
Modoin 325
Möller, Eberhard 660
Möller, Vincent 660
Möllner, Anna Ilse, geb. Töbing, verh. Friesendorff 368
Möllner, Heinrich 368-369
Mönnich, Wilhelm Bernhard 812, 816, 822
Möseneder, Karl 187
Moller, Gertrud, geb. Eifler 204
Montaigne, Michel Eyquem de 514, 685, 958
Montemayor, Jorge de 91, 168, 172, 329, 398, 460
Montreux, Nicolas de 332
Moran, Bruce T. 187
Morhof, Daniel Georg 204-206, 651, 688, 712, 828
Moritz, Landgraf von Hessen-Kassel 949, 952, 961
Moritz von Oranien-Nassau, Statthalter der Niederlande 581
Moscherosch, Johann Michael 275, 386, 555
Moscherosch, Quirin 750, 852
Moser, Hans Joachim 184, 641
Mozart, Wolfgang Amadeus 312
Mozzarelli, Cesare 187
Müller, Adam Heinrich, Ritter von Nitterdorf 106
Müller, Barbara Juliana, verh. Penzel 750
Müller, David 636
Müller, Friedrich, gen. Maler Müller 480, 906
Müller, Günther 87, 89, 93, 131, 134, 157, 171, 173, 180-183
Müller, Hans-Harald 126-128, 156-157, 174
Müller, Heinrich 804
Müller, Wilhelm 813
Müller, Wilhelm 827-829
Müller, Wolfgang 212
Müller-Seidel, Walter 858

Münch, Paul 316
Münsterberg-Oels (Geschlecht) 936
Mummenhoff, Ernst 832
Mundt, Theodor 307
Murhart, Bernhard 756
Murner, Thomas 266

Nádasdy (Nadasti), Ferenc 805
Nadler, Josef 69, 88-89, 92-93, 157, 180, 183, 207, 210, 556, 564, 641, 716, 847, 920, 922
Nagel, Friedrich August 836
Napoleon I. (Bonaparte), Kaiser der Franzosen 145
Nazius, Ephraim 750
Neander, Joachim 828
Negelein, Christoph Adam 716, 750
Negelein, Joachim 802, 806
Nemesian 325
Nero, römischer Kaiser 450, 598, 609, 632
Nerreter, David 750
Neuberger, Daniel 873
Neubert, Fritz 737-738
Neukirch, Benjamin 204, 334, 688
Neumark, Georg 204, 333, 344, 409, 548, 712, 750, 758, 790, 817-819, 826, 828, 848, 852
Neumeister, Erdmann 204, 712, 802
Neumeister, Heddy 183
Newald, Richard 207, 210-211, 927
Nicolai, Friedrich 105
Nieblich, Caspar 750
Niehusen (Familie) 680-681
Niehusen, Heinrich 671-672, 680
Niehusen, Anna 389
Niehusen, Elsabe, verh. Salomon 389
Niessen, Carl 86
Nietzsche, Friedrich 126-127, 131, 175-176
Nigrinus, Bartholomäus 542, 594, 937
Noot, Jan Baptista van der 266, 540
Nopitsch, Christian Conrad 806-808, 814
Novalis, eigentl. Friedrich von Hardenberg 182, 297, 510
Nüßler, Bernhard Wilhelm 356, 358, 360-361, 364, 366-367, 394, 570, 587
Nützel (Familie) 240, 369
Nützel, Carl 227

Ochsenstein, Philipp Jacob Osswald Freiherr von 750
Oelhafen (Familie) 288
Oesterley, Hermann 690-691, 695, 699, 701, 703-704
Oestreich, Gerhard 114, 580, 898
Oettinger, Friedrich Christoph 182
Oettinger, Günther 19, 41
Oktavian *siehe* Augustus
Oldenbarnevelt, Johan van 579, 581
Olearius, Adam 393, 397, 399-401, 670-671, 677-678, 682, 828
Olevianus, Caspar 652
Omeis, Magnus Daniel 712, 750, 757, 806, 819, 852
Opitz, Christoph 567
Opitz, Martin 35, 37-40, 49-50, 54, 56, 60-62, 65-67, 75, 94, 104, 114, 116, 120, 130, 137-140, 142-145, 147, 157, 167, 170-173, 181-182, 204-205, 208, 233-234, 265, 268, 270-271, 275-276, 283, 294, 309, 327, 331-333, 341-351, 353-363, 365-367, 370-372, 375, 377-378, 380-382, 384-385, 387, 389-390, 392-395, 397-399, 402, 407, 412, 421, 425, 427-428, 443-444, 448, 450, 454, 459, 461, 464, 467, 498-499, 540-544, 548-558, 563-564, 566-575, 577, 579-591, 593-594, 596-615, 617, 619-623, 625-627, 629-632, 635-639, 654, 657, 659, 661-667, 669-670, 672, 675-676, 679-682, 687-688, 691, 694, 713, 718-719, 735, 763, 765-766, 776, 781, 787, 804, 823, 825, 828-829, 857, 860-861, 900, 912-913, 915, 924-926, 936-937, 941-946, 955-957, 959-963, 965-971
Osiander, Andreas 697
Ossola, Carlo 187
Otto, Karl F. 186, 660
Otto, Magdalena, verh. Pipenburg 369-370, 757
Ovid 608
Oxenstierna, Axel Gustavson Graf 542, 590, 594

Paas, John Roger 273, 863-865
Paisey, David L. 708
Palingènio Stellato, Marcello 730
Pallach, Ulrich-Christian 187
Palm, Hermann 309, 587, 594

Panzer, Georg Wolfgang 804-805, 812-813, 815, 822
Papagno, Giuseppe 187
Pape, Georg 656
Pasquier, Étienne 540
Paulini, Christian Franciscus 750
Paulinus von Nola 325
Paumgartner (Familie) 239
Peil, Dietmar 272
Pellicer, Johann Georg 750
Pentz, Christian von 659
Penzel, Barbara Juliana, geb. Müller 750
Pernauer, Ferdinand Adam Freiherr von 750
Perthes, Friedrich Christoph 107
Peschken, Goerd 151
Peters, Ursula 193-195, 306
Petrarca, Francesco 24-27, 29, 35, 38, 46, 54, 68, 73, 83-84, 102-103, 139, 172, 266, 270, 276, 324-328, 330-331, 406, 448, 472, 482, 518, 610, 642-644, 655, 659, 664, 667, 863-864, 944
Petronius, Gaius (Niger) 283
Peucerus, Caspar 227
Peutinger (Familie) 103
Peutinger, Konrad 306
Pfeiffer, Lorenz 656
Pfeiffer, Gerhard 226, 236, 832, 836-837, 843
Philipp I., Herzog von Pommern-Wolgast 592
Philipp IV., König von Spanien 582
Piasten (Geschlecht) 62, 350-351, 542, 583, 587, 590, 593
Pibrac, Guy Du Faur de 636
Piccart, Michael 227
Piccolomini, Enea Silvio de' *siehe* Pius II.
Piccolomini, Ottavio, Herzog von Amalfi 285, 287, 548, 614, 731, 757, 778, 792
Pico della Mirandola, Giovanni 148
Pillenhofer, Jacob 724
Pindar 325
Pipenburg, Joachim 369, 745, 772, 790
Pipenburg, Magdalena, geb. Otto 369-370, 757
Pirckheimer (Familie) 103
Pirckheimer, Willibald 306
Piscator, Johannes 652
Pithou, Pierre 590

Pius II., Papst (Enea Silvio de' Piccolomini) 198
Platon 23
Plessen, Volrad von 929
Plinius d.J. 609
Plodeck, Karin 186
Poe, Edgar Allan 107, 317-318
Pömer, Georg Wilhelm 397-398, 401
Poggio Bracciolini, Gian Francesco 102, 903
Pohl, Regina, verh. Dach 708
Poliziano, Angelo 327
Polus, Timotheus 173, 395, 397-398, 401, 669
Pontano, Giovanni 168, 329, 460
Poppea Sabina, römische Kaiserin 609
Press, Volker 557, 902, 930
Price, Simon 187
Priem, Johann Paul 832
Promnitz, Seifried von 349, 357
Pseudo-Hierokles 560
Puschmann, Adam 565
Pyra, Immanuel Jakob 105
Pyritz, Hans 178, 390, 406-407, 672, 675

Quintilian 296
Quistorp d.Ä., Johann 652
Quistorp d.J., Johann 652

Raabe, Paul 183, 868
Raabe, Wilhelm 108
Rabelais, François 24, 51, 514, 685
Racan, Honorat de Bueil, Seigneur de 328, 403
Racine, Jean 95-96, 161
Rägknitz (Racknitz), Gallus Freiherr von 286-287
Ragotzky, Hedda 186
Ramler, Karl Wilhelm 334
Ramus, Petrus 928
Rantzau (Familie) 504
Rantzau, Christian Reichsgraf zu 659
Rappoltstein, Eberhard von 606, 933
Ratke, Wolfgang 949
Rau, Peter 26
Rauck, Melchior 750
Rausch, Wilhelm 200
Rebenlein, Jakob 656
Rehefeld, Elias 379
Rehm, Walter 301

Reichelt, Klaus
Reicke, Emil 719, 819, 832-833
Reifferscheid, Alexander 309, 348, 556, 572-573, 930
Reimarus (Familie) 107
Reinbaben, Georg Wilhelm von 332
Reinhard, Caspar 350
Reinhart, Max 222, 430, 436, 451
Reinkingk, Theodor von 605
Rembrandt, eigent. Rembrandt Harmensz. van Rijn 128
Restif de la Bretonne, Nicolas 106, 316
Reuchlin, Johannes 642
Reusner, Christoph 393
Richelieu, Alphonse Louis du Plessis, Herzog von 367, 576, 589, 590, 913, 916
Richey, Michael 802
Richolff, Georg 649
Richter, Dieter 133
Richtsteig, Eberhard 583
Riegl, Alois 157, 176, 970
Rienzo, Cola di 25-26, 64, 944
Rieter (Familie) 548, 727, 744, 751, 757
Rinckart, Martin 673
Rindfleisch (Bucretius), Daniel 568
Ringemuth, Margarethe, verw. Rist, verh. Fritsch 651
Rinuccini, Ottavio 332-333, 637
Rist (Familie) 650
Rist, Caspar 651
Rist, Johann 104, 140, 173, 204, 208, 268, 271, 333, 369, 403, 407-413, 415-416, 418-423, 425-428, 464, 546-547, 648-668, 670, 687-688, 712, 736, 750-751, 764-766, 771-772, 823, 828, 852, 860, 963
Rist, Margarethe, geb. Ringemuth, verh. Fritsch 651
Rist, Maria, geb. Vogt 651
Rist, Melchior 650
Ritter, Gerhard 557
Ritter, Johann Wilhelm 182
Ritter, Moriz 571
Ritzsch, Gregor 393
Rivetus, Andreas 653
Robert, Kyra 390
Roberthin, Robert 173, 206, 707-708, 828
Röling, Johann 204, 206
Roloff, Hans-Gert 404, 878

Romani, Marzio 187
Rompler von Löwenhalt, Jesaias 238, 268, 764, 828
Rondeck, Georg Dietrich Freiherr von 551
Ronsard, Pierre de 49, 172, 266, 326, 482, 655, 770
Rosenplüt, Hans 198
Roth, Johann Georg 754
Rothmann (Familie) 567
Rousseau, Jean-Jacques 479
Rousset, Jean 160
Ruarus, Martin 657
Rubinger, Johann 842
Rudolf I., römisch-deutscher König 255, 773
Rudolf II., römisch-deutscher Kaiser 914, 960
Rudolf August, Herzog von Braunschweig-Lüneburg 660
Ruh, Kurt 192-193
Rusterholz, Peter 345, 366
Rutgers, Johannes 581, 608
Ruzzante, eigentl. Angelo Beolco 84
Ryssel, Christian von 754

Sá de Miranda, Francisco de 331
Sabinus, Georg 699
Sacer, Gottlob Christian 661
Sachs, Curt 184
Sachs, Hans 198, 266, 310, 965, 968
Sager, Heinrich 653
Salomon, Elsabe, geb. Niehusen 389
Salutati, Coluccio 102, 903
Sälzle, Karl 86
Sandrart (Familie) 751, 863
Sandrart, Joachim von 287, 290
Sandrart, Johann Jakob von 791
Sannazaro, Iacopo 51-52, 90, 168, 263, 327-329, 332, 343, 345, 358, 361-362, 365, 377, 392, 398, 403, 460, 469, 491, 514, 770, 776
Sarpi, Paolo 952, 963
Sauer, August 533
Scaliger, Joseph Justus 581
Scaliger, Julius Caesar 172, 296, 354, 432-444, 475, 540, 581, 928
Schäfer, Walter E. 188
Schäffler, Johann 647
Schaffer, Reinhold 754, 832

Schaffgotsch (Familie) 343, 345, 347-349, 352, 354-355, 585
Schaffgotsch, Adam von 349
Schaffgotsch, Barbara Agnes von, geb. Prinzessin von Brieg 350
Schaffgotsch, Christoph von 349
Schaffgotsch, Gotthardt von 352
Schaffgotsch, Hans Ulrich von 343, 348-351, 353-355, 362, 585
Schaffgotsch, Ulrich Freiherr von 352
Scharffenberg, Johann 648
Scharoun, Hans 152
Schattenhofer, Michael 202
Schede, Paul (Paulus Melissus) 61, 170, 174, 309, 331, 556-559, 573, 659, 912, 927-930, 933, 961
Scheffers, Henning 186
Scheffler, Johannes siehe Angelus Silesius
Scheffter, Zacharias 651
Schein, Johann Hermann 173, 390, 408, 676, 764
Schelling, Friedrich Wilhelm Joseph 182
Scherer, Wilhelm 146, 157, 970
Scherillo, Michele 168
Scheurer, Georg 291, 780
Scheurl (Familie) 288, 751
Scheurl, Eberhard Freiherr von 830
Schikaneder, Emanuel 107
Schild, Georg 186
Schiller, Friedrich 96, 106, 145-146, 471, 480, 483, 488, 498, 506, 826
Schilling, Heinz 919
Schindschersitzky (Pseudonym) 380
Schirmer, David 204, 333, 408, 464, 670, 751, 828
Schlegel, August Wilhelm 106, 144, 297, 673, 969-970
Schlegel, Dorothea, geb. Mendelssohn, gesch. Veit 106
Schlegel, Friedrich 106-107, 144-145, 297, 457, 510
Schleiermacher, Friedrich Daniel Ernst 106, 297
Schlüsselfelder (Familie) 235, 288, 451
Schlüsselfelder, Carl 453
Schlüter, Andreas 151
Schmidt, August 742, 817, 839-841

Schmidt, Wilhelm 719, 734, 742, 750, 815-817, 821-823, 833, 838, 841-843, 872
Schmoller, Gustav 898
Schmuck, Sebastian 649
Schneider, Fedor 301
Schneider, Ferdinand Josef 277
Schneider, Michael 332
Schneuber, Johannes Matthias 268
Schnorr von Carolsfeld, Franz 556, 932-933
Schoch, Johann Georg 173, 204, 333, 408, 670
Schöffler, Herbert 183, 201, 564, 580, 920-922, 935
Schönaich (Familie) 541, 558
Schönaich, Fabian von 568
Schönaich, Georg von 568-569, 938-942, 948
Schönauer, Isaac 827
Schönborner, Georg 349-350
Schöne, Albrecht 183, 190, 689, 820, 869, 880
Schönsperger, Johann 647
Scholem, Gershom 91
Schottel (Schottelius), Justus Georg 269, 271-272, 286, 289, 433-434, 548, 750-752, 828, 852
Schramm, Percy Ernst 301
Schröder, Gerhart 163, 894
Schröder, Johann 369, 757
Schröder, Otto 714, 722, 744-745, 752, 755, 757, 847-848, 850-851, 853, 858, 880
Schücking, Levin L. 183, 921
Schütz, Heinrich 333
Schulenburg, Gustav Adolf von der 552
Schupp, Balthasar 657
Schwab, Gustav 824
Schwabe von der Heyde, Ernst 170, 601
Schwarz, Christian 719, 813-816
Schwarz, Christian Gottlieb 802
Schwarz, Sibylla 204
Schweitzer, Friedrich 703
Schweser, Johann Friedrich 754
Schweser, Catharina Margaretha, verh. Dobenecker 717, 749-750
Schwieger, Jakob 173, 334, 381, 386, 403, 407-409, 421-422, 424-428, 657, 828

Scriverius, Petrus, eigentl. Pieter Schrijver 54, 581
Scultetus, Abraham 56, 583, 912, 937
Scultetus, Andreas 331, 828
Scultetus (von Schwanensee und Bregoschitz), Tobias 572, 580, 601, 654
Sebaldus von Nürnberg 245
Sebastian von Cordoba 330
Seckendorff, Veit Ludwig von 605, 883-887, 889-891, 893-897, 902
Seel, Otto 301
Seelbach, Ulrich 186
Seelmann, Sebastian 750
Segebrecht, Wulf 216, 310, 689, 701
Semrau, Max 184
Seneca d.J. 171, 395, 497, 575, 636
Senftleben, Valentin 567, 601
Servius 323, 439, 444, 475
Seuren, Melanie 722, 742
Shakespeare, William 24, 51, 81, 90, 159, 328, 514, 685, 958
Shaw, George Bernard 958
Sibylle Margarethe von Brieg, verh. von Dönhoff 379-380, 593
Sidney, Philip 51-53, 62, 90, 168, 172, 266, 291, 329, 332-333, 378, 380, 403, 448, 460, 491, 521, 540, 637
Sieber, Justus 204
Sieveking (Familie) 107
Sigismund I., Großfürst von Litauen, König von Polen 592
Sigismund II. August, Großfürst von Litauen, König von Polen 592
Sigismund III. Wasa, König von Polen und Schweden 592
Simmel, Georg 920
Simrock, Karl 349
Sinapius, Johann 348
Sinemus, Volker 596
Singer, Herbert 387
Sleidanus, Johannes 227
Smirziz, Sigismund von 569
Solger, Adam Rudolph 811
Solms-Laubach, Heinrich Graf zu 952
Solnon, Jean-François 187
Sophia Amalia von Braunschweig-Calenberg, Königin von Dänemark und Norwegen 659
Sophokles 636
Späth, Lothar 154

Spahr, Blake Lee 429, 724, 726, 731, 741-743, 750, 752, 755-756, 760, 817, 848, 850-853, 858, 861, 870, 880
Spee von Langenfeld, Friedrich 330, 334, 675, 828, 859
Spener, Philipp Jakob 291, 751, 756, 791
Spengler, Johann Friedrich 750
Spengler, Oswald 177
Spenser, Edmund 51-52, 90, 168-169, 172, 266, 270, 326, 329, 403, 448, 460, 482, 491, 514, 540, 770
Sperberg-McQueen, Marian R. 390, 673, 680
Sperling, Paul 651
Spinola, Ambrogio 578, 960
Stachel, Paul 171
Stadler, Ernst 108
Starck (Familie) 235
Starck, Johannes 651
Starkey, David 187
Staufer (Dynastie) 153-154
Stauffer, Hermann 798, 877-878
Stegmann, Josua 653
Steiger, Johann Anselm 881-882
Steinhagen, Harald 148, 172, 209, 342
Stekelenburg, Dick van 189
Stendhal, eigentl. Marie Henri Beyle 107
Stern, Heinrich 649
Stern, Johann 649
Stesichoros 292, 326, 398
Stieler, Kaspar (von) 409, 418, 670, 750-751, 756, 852
Stobaeus, Johann 173, 695, 703
Stockfleth, Heinrich Arnold 186, 334, 381, 387, 429, 718, 750
Stockfleth, Maria Catharina, geb. Frisch, verw. Heden 186, 334, 381, 387, 717-718, 749-750, 756
Stöberlein, Johann Leonhard 750
Stolberg-Stolberg, Christian zu 533
Stolberg-Stolberg, Friedrich Leopold zu 533
Stoll, Christoph 660
Strabo 604
Stranitzky, Josef Anton 107
Straub, Eberhard 187
Strich, Fritz 129-130, 157, 171, 177, 180, 970
Strong, Roy 187

Strozzi, Peter, Graf zu Schrattenthal 732, 793
Stuart (Dynastie) 263
Stubenberg, Johann Wilhelm von 755, 757, 839, 848
Stubenberg, Rudolf Wilhelm von 755, 839
Sturm, Johannes 574, 642
Sue, Eugène 107
Sueton 608
Suttinger, Johann Baptist Ritter von 758-759, 803
Swinburne, Algernon 958
Szarota, Elida Maria 935
Szondi, Peter 133
Szyrocki, Marian 594, 857, 860-861, 945

Tacitus 32, 65, 275, 434, 575, 597, 732
Tapié, Victor-Lucien 160
Tarnow, Johann 652
Tarot, Rolf 183
Tasso, Torquato 47-48, 90, 168, 270, 327-328, 332, 377, 403
Teelinck, Wilhelm 653
Tejchmanova, Marie 760
Tell, Wilhelm 477, 497
Temme, Dorothea, verh. Brockmann 389, 391, 399
Temme (Temmius), Johann 391
Tepel, Johann 750
Teresa de Ávila 330
Tersteegen, Gerhard 764
Tetzel (Familie) 369, 451
Tetzel, Johann Jakob 452
Theokrit 168, 221, 324, 326-327, 361-362, 365, 380, 425, 443, 459-460, 472, 478-480, 488-489, 493, 501-502, 518, 530, 665
Theophrastus 560
Thilo, Valentin d.J. 708
Thomann, Günther 834
Thomas von Aquin 192
Thomas, Johann 334, 379, 386-387, 403
Thomasius, Christian 105, 887
Thomasius, Jacob 551
Thomson, James 169
Thou, Jacques-Auguste de 354, 540, 589
Tiberius, römischer Kaiser 608
Tieck, Ludwig 106, 312
Tiedemann, Rolf 91
Tietz, Peter 568

Tinctorius, Christoph 700
Tintelnot, Hans 126, 184
Tittmann, (Friedrich) Julius 812-813, 827, 829
Titz, Johann Peter 173, 333
Töbing, Anna Ilse, verw. Möllner, verh. Friesendorff 368-369
Trevor-Roper, Hugh R. 163, 187
Trew, Christoph Jacob 811
Troeltsch, Ernst 920-921
Trunz, Erich 117, 185, 188-189, 309, 556, 573, 639, 657, 748, 927, 929
Trzka von Leipa, Adam Erdmann 351
Tschernembl, Erasmus von 571
Tscherning, Andreas 204-206, 823, 828
Tudor (Dynastie) 263
Turgot, Anne Robert Jacques, Baron de l'Aulne 493
Twestreng, Barthold 660

Uhde, Hermann 856
Uhde-Bernays, Hermann 856-857
Uhland, Ludwig 823-825, 827
Uhlig, Claus 187
Ulbricht, Walter 152
Ulrich von Dänemark, Herzog von Holstein 590, 614, 636
Urfé, Honoré d' 52, 330, 372, 377, 381-383, 385, 403, 460, 491, 496, 717
Ursinus, Zacharias 652, 937
Utenhove, Jan 540
Uz, Johann Peter 334

Valla, Lorenzo (della) 27-30, 54, 296
Valois (Dynastie) 50
Varnhagen von Ense, Karl August 106, 201
Varnhagen von Ense, Rahel, geb. Levin 106
Vauquelin de la Fresnaye, Jean 331
Veit, Dorothea, geb. Mendelssohn, verh. Schlegel 106
Veit, Ludwig 871
Veldeke siehe Heinrich von Veldeke
Venator, Balthasar 356, 360-361, 363-365, 394, 578, 912, 915, 933, 961

Venturi, Gianni 187
Verdi, Giuseppe 81
Vergil 33-34, 45-46, 52-53, 101, 168, 221, 258-259, 263-264, 270, 289-290, 301-302, 323-328, 330, 343, 363-366, 376-377, 380, 403-404, 425, 439-441, 443, 459-462, 466, 469, 472, 475-476, 478, 480, 482, 489, 491, 493, 501-502, 505-506, 516-518, 523, 530, 607-608, 612, 665, 707, 773, 776
Verweyen, Theodor 436, 557, 559-560, 572, 577, 782, 930, 932
Vicente, Gil 84
Viebing, Konrad Heinrich 381
Vierhaus, Rudolf 187, 203
Viëtor, Karl 173
Villiger, Leo 857
Vilmar, August Friedrich Christian 145, 969-970
Vischer, Friedrich Theodor 177
Visconti (Familie) 102
Vocelka, Karl 186
Vogt, Caspar 651
Vogt, Hans 651
Vogt, Maria, verh. Rist 651
Volkelt, Johannes Immanuel 177
Volkmann, Adam 753, 757, 839
Volkmann, Dorothea Rosina, geb. Drosendorf 757
Vondel, Joost van den 328, 540, 958
Voss, Ernst Theodor 500, 534
Voß, Johann Heinrich 106, 480-482, 500-505, 529, 532-535
Voss, Jürgen 589
Vossius, Gerardus Joannes, eigentl. Gerrit Janszoon Vos 444, 581
Voßkamp, Wilhelm 904
Vulpius, Henricus 396

Wachler, Ludwig 145, 922
Wackenroder, Wilhelm Heinrich 106
Wade, Mara R. 272
Wagner, Richard 127, 175, 180, 274
Waldberg, Max von 171, 405, 856
Wallenrodt (Familie) 689
Wallenstein, Albrecht Wenzel Eusebius von 267, 351-352, 363, 585
Walser, Martin 69, 909

Walter, Axel E. 687
Walther von der Vogelweide 513
Walzel, Oskar 177, 970
Wandruszka, Adam 758
Watanabe-O'Kelly, Helen 313
Weber, Marianne 919
Weber, Max 44, 919-921
Weckherlin, Georg Rudolf 55-56, 138, 143, 170, 208, 238, 265, 268, 309, 331-332, 418, 454, 464, 543, 555, 636, 662, 670, 675-676, 682, 763-764, 825, 828, 926, 933, 961, 967
Wegrer, Constantin von 349
Wehl, Feodor 201
Wehrli, Max 201, 857
Weichmann, Christian Friedrich 334
Weichmann, Johann 700
Weidner, Johann Leonard 559, 560
Weinheber, Josef 847
Weisbach, Werner 183
Weise, Christian 117, 204, 550-554, 654, 887, 916
Welfen (Dynastie) 105, 295, 333, 786
Weller, Emil 211, 270
Welser (Familie) 288
Weltz, Justinian Ernst von 755
Wende, Georg 790
Wende, Peter 165
Wenzel, Horst 186
Werder, Diederich von dem 170, 204, 672
Werder, Paris von dem 962
Werner, Anna, geb. Gericke 695-696, 698
Werner, Gregor 696
Wessel, Arend 649
Wetzel, Johann Caspar 804
Wiedemann, Conrad 114, 345, 405, 868, 905
Wieland, Christoph Martin 106, 145, 312, 481, 563, 675
Wieland, Konrad 785
Wietersheim, Ernst von 658
Wietersheim, Gabriel von 658
Wietfeldt, Willard James 861
Wilde, Oscar 958
Wilentz, Sean 187
Wilhelm, Herzog von Sachsen-Weimar 758, 818
Wilhelm I. von Oranien-Nassau, Statthalter der Niederlande 582

Wilhelm V., Landgraf von Hessen-Kassel 952
Will, Georg Andreas 805-810, 814, 820, 867
Winckelmann, Johannes 919-920
Windischgraetz, Gottlieb von 290, 548, 715-716, 720, 732, 755, 757, 760-761, 793, 839, 848
Windisch-Graetz, Franz von 760
Windisch-Graetz, Ludwig von 760
Winkler, Karl 387
Winterling, Aloys 187
Witkowski, Georg 201, 556, 596
Witte, Henning 173
Witte, Nikolaus 173
Wittelsbacher (Dynastie) 180, 576
Wladislaw IV. Wasa, Großfürst von Litauen, König von Polen 542, 592-594, 694, 913
Wölfflin, Heinrich 123, 127-128, 157-158, 161, 176-177, 180, 184, 970
Wolder, Theodor 708
Wolff, Christian 105, 806
Wolfskehl, Karl 851, 957-959
Worringer, Wilhelm 128, 157, 177, 970
Wrangel, Carl Gustaf 279, 282
Wülfer, Daniel 791, 797
Wulkow, Magdalena, verh. Krolow 370
Wulkow, Wilhelm 370
Wunder, Bernd 901-902
Wustmann, Rudolf 202

Yates, Frances A. 914

Zachariae, Justus Friedrich Wilhelm 823, 967
Zainer,Johann 647
Zamehl, Friedrich 173, 333
Zamehl, Gottfried 173, 333, 750
Zedler, Johann Heinrich 860
Zesen, Philipp von 140, 173, 204, 208, 296, 332, 334, 379, 444, 464, 546-548, 654, 658, 660-661, 687, 750-751, 764-765, 826, 828, 852, 879, 963
Zetzner,Eberhard 605
Ziesemer, Walther 673, 689-690, 695-701, 703-704, 707-708
Zimmermann, Gerda 187

Zincgref, Julius Wilhelm 55-56, 67, 143, 170, 208, 265, 268, 276, 309, 332, 454, 464, 541, 543, 555-562, 572-573, 575, 577-578, 605-606, 613, 662, 675-676, 764, 825, 828, 912-915, 929-934, 944, 961-963

Zink, Fritz 838
Zola, Émile 107
Zorzi, Elvira Garbero 187
Zum Bergen, Rotger 708